CESPE | Cebraspe

CARREIRAS JURÍDICAS

edital sistematizado

COLEÇÃO **EDITAL SISTEMATIZADO**

Leonardo Garcia
Roberval Rocha

CESPE Cebraspe

Baseado na metodologia
Questão *vem* primeiro

CESPE | Cebraspe

CARREIRAS JURÍDICAS

edital sistematizado

2018

EDITORA *Jus*PODIVM
www.editorajuspodivm.com.br

EDITORA *Jus*PODIVM

www.editorajuspodivm.com.br

Rua Mato Grosso, 164, Ed. Marfina, 1º Andar – Pituba, CEP: 41830-151 – Salvador – Bahia
Tel: (71) 3045.9051
• Contato: https://www.editorajuspodivm.com.br/sac

Capa: Ana Caquetti

Diagramação: Linotec Fotocomposição e Fotolito Ltda. *(www.linotec.com.br)*

ISBN: 978-85-442-2343-7

SOBRE OS ORGANIZADORES

◉ LEONARDO GARCIA

- Procurador do Estado do Espírito Santo.
- Mestre em Direitos Difusos e Coletivos pela PUC/SP.
- Ex-Procurador Federal com exercício no Gabinete do Advogado-Geral da União (AGU) com atuação específica perante o STF.
- Especialista em "Derecho del Consumo y Economía" pela Universidad de Castilla la Mancha/Espanha.
- Assessor do Relator da Comissão Especial de Atualização do CDC no Senado Federal.
- Professor de diversos cursos jurídicos e de pós-graduação.
- Autor e coordenador de diversos livros jurídicos.

◉ ROBERVAL ROCHA

- Mestre em Direito, Universidade Católica de Pernambuco.
- Bacharel em Direito, Universidade Federal de Pernambuco.
- Organizador das séries: Principais Julgamentos, Súmulas Organizadas por Assunto, Anotadas e Comentadas, Direito na Visão dos Tribunais – Para Concursos, Editais Sistematizados, Coleção OAB e Treinando Para Concursos.
- Autor dos livros Sinopses Jurídicas – Direito Tributário e CTN Para Concursos.
- Coautor de diversos livros da Coleção Súmulas Organizadas por Assunto, Anotadas e Comentadas.

APRESENTAÇÃO

O objetivo do ***Edital Sistematizado CESPE/CEBRASPE*** é fornecer ferramentas úteis, objetivas e sistemáticas para a preparação às provas elaboradas por uma das mais conhecidas bancas organizadoras de concursos do país.

O livro condensa os tópicos previstos na maioria dos editais destes concursos, separando-os por ramo do direito e por assunto, e os contempla com:

- questões objetivas e discursivas;
- súmulas (STF, STJ, TST e TSE) e orientações jurisprudenciais (TST);
- enunciados do CJF (Direito Civil, Direito Processual Civil e Direito Comercial);
- seleção de informativos resumidos e recentes (STF, STJ, TST e TSE);
- temas de repercussão geral e de recursos repetitivos resumidos e recentes;
- texto das principais inovações legislativas ocorridas no último ano.

Assim, de modo estruturado e pedagógico, o candidato terá a oportunidade de estudar minuciosamente a jurisprudência e as súmulas aplicáveis dos Tribunais Superiores referentes aos pontos dos editais, e, principalmente, detectar se, e como, os assuntos foram exigidos nas provas anteriores.

Os Informativos dos Tribunais foram selecionados dentre os noticiados nos últimos doze meses, com maior probabilidade de serem cobrados nas provas da carreira, assim como os temas de repercussão geral e de recursos repetitivos dos últimos três anos.

Em relação às questões de provas, foi elaborado um ***RAIO-X*** da incidência nos pontos dos editais, demonstrando a frequência com que os tópicos de estudo são mais, ou menos, exigidos, possibilitando melhor estratégia de direcionamento e abordagem dos conteúdos, e reforço na atenção àqueles assuntos mais explorados pela banca organizadora.

As questões objetivas **não são comentadas** e visam estimular o leitor a **treinar para as provas**. As questões discursivas são apresentadas também com esse intuito e não contém gabaritos oficiais das bancas (que normalmente não divulgam "espelhos" para esse tipo de teste).

Esperamos, assim, propiciar ao leitor melhores condições na árdua preparação para ocupar os tão almejados cargos nas carreiras mais prestigiadas do serviço público brasileiro.

Contem sempre conosco.

Leonardo Garcia & Roberval Rocha

METODOLOGIA "QUESTÃO VEM PRIMEIRO"

A Coleção Editais Sistematizados foi confeccionada com base na metodologia de estudo ***Questão Vem Primeiro***, criada pelo Prof. Leonardo Garcia e aprimorada nesta Coleção pelo Prof. Roberval Rocha. Consiste no método mais moderno e eficaz para a preparação de concursos públicos.

Quebrando o paradigma da utilização de questões de concursos "para treinar" o que foi estudado, a metodologia de estudo ***Questão Vem Primeiro*** propõe justamente o contrário do que muito estudante e candidato à concurso faz (utiliza as questões de concursos após o estudo de determinada matéria para verificar se o conteúdo foi apreendido e se o candidato consegue acertar as questões).

Antes de qualquer estudo (ainda que se trate de matérias que o candidato nunca estudou, nem mesmo na graduação), a metodologia propõe a leitura de questões anteriormente à leitura sobre o assunto. Uma leitura simples, verificando quais temas foram cobrados e como foram elaborados os enunciados das questões e suas alternativas, sem a ansiedade de ter que acertar a questão (até porque, como mencionado, muitas vezes sequer o candidato estudou a matéria).

Por isso, o objetivo desta coleção não foi comentar as questões. Com este propósito, a Editora possui outros livros e coleções. Como salientado, a metodologia ***Questão Vem Primeiro*** utiliza as questões para direcionar e ajudar o candidato à estudar focado para concursos.

Nada melhor do que as próprias questões de concursos para direcionar o estudo dos candidatos à concursos públicos. O erro na metodologia antiga era que o candidato estudava uma matéria sem saber ao certo o que deveria ser absorvido, quais os pontos mais importantes, quais as pegadinhas que precisam ser alertadas, etc.

Lendo as questões anteriormente, o candidato naturalmente começa a perceber em seus estudos o que deve ser guardado, o que é importante e até mesmo começa a visualizar possíveis questões de concursos públicos futuras.

A Coleção Editais Sistematizados visa justamente contemplar um acervo relevante dos últimos certames das carreiras e das bancas examinadoras, separando as questões por tópicos constantes nos editais, ou seja, por assuntos cobrados. Além disso, facilitando ainda mais o estudo do candidato, a coleção contém gráficos e raio x dos pontos mais cobrados, já indicando o que deve ser priorizado nos estudos. A indicação das matérias e dos temas que devem ser priorizados no estudo é fundamental para um estudo focado e de sucesso.

Utilize a metodologia ***Questão Vem Primeiro*** em seus estudos e descubra como isso pode ser um grande aliado em sua preparação.

SUMÁRIO

RAIO-X DAS QUESTÕES

1. DISTRIBUIÇÃO DAS QUESTÕES

A seguir, são apresentadas as tabelas de **Raio-X**, que servem para orientar o estudo a ser desenvolvido, descortinando o grau de exigência e a frequência com que certos temas são explorados nos concursos públicos para ingresso nas carreiras jurídicas jurídicas e afins organizados pela Banca Organizadora em análise.

As tabelas indicam o número total de questões objetivas e as respectivas percentagens de distribuição nas disciplinas abordadas nos concursos.

1. DIREITO ADMINISTRATIVO

ASSUNTOS	QUESTÕES	%
1. Agentes Públicos	49	9,96%
2. Atos Administrativos	60	12,20%
3. Bens Públicos	8	1,63%
4. Entes da Administração Pública	58	11,79%
5. Improbidade Administrativa	38	7,72%
6. Intervenção do Estado na Propriedade	20	4,07%
7. Licitações e Contratos	102	20,73%
8. Processo Administrativo	38	7,72%
9. Responsabilidade Civil do Estado	28	5,69%
10. Serviços Públicos	29	5,89%
11. Teoria, Poderes e Princípios	62	12,60%
TOTAL	492	100%

2. DIREITO AMBIENTAL

ASSUNTOS	QUESTÕES	%
1. Código Florestal	13	9,77%
2. Constituição Federal	12	9,02%
3. Gestão de Florestas Públicas	4	3,01%
4. Lei da Biodiversidade	4	3,01%
5. Lei dos Crimes Ambientais	25	18,80%
6. Política Nacional de Recursos Hídricos	5	3,76%
7. Política Nacional de Resíduos Sólidos	3	2,26%
8. Política Nacional do Meio Ambiente	9	6,77%
9. Sistema Nacional de Unidades de Conservação	14	10,53%
10. Licenciamento Ambiental	10	7,52%
11. Responsabilidade Ambiental	11	8,27%
12. Teoria e Princípios	11	8,27%
13. Tutela Processual	4	3,01%
14. Temas Esparsos	8	6,02%
TOTAL	133	100%

3. DIREITO CIVIL

ASSUNTOS	QUESTÕES	%
1. Das Pessoas	41	12,24%
2. Dos Bens	17	5,07%
3. Dos Fatos Jurídicos	56	16,72%
4. Do Direito das Obrigações	111	33,13%
5. Do Direito das Coisas	31	9,25%
6. Do Direito de Família	23	6,87%
7. Do Direito das Sucessões	9	2,69%
8. Das Disposições Finais e Transitórias	0	0,00%
9. Leis Especiais	47	14,03%
TOTAL	335	100%

4. DIREITO CONSTITUCIONAL

ASSUNTOS	QUESTÕES	%
1. Dos Princípios Fundamentais	12	2,51%
2. Dos Direitos e Garantias Fundamentais	66	13,78%
3. Da Organização do Estado	72	15,03%
4. Da Organização dos Poderes	195	40,71%
5. Da Defesa do Estado e das Instituições Democráticas	9	1,88%
6. Da Tributação e do Orçamento	4	0,84%
7. Da Ordem Econômica e Financeira	21	4,38%
8. Da Ordem Social	12	2,51%
9. Das Disposições Constitucionais Gerais, ADCT	0	0,00%
10. Teoria Constitucional	88	18,37%
TOTAL	479	100%

5. DIREITO DA CRIANÇA E DO ADOLESCENTE

ASSUNTOS	QUESTÕES	%
1. Das Disposições Preliminares	2	3,39%
2. Dos Direitos Fundamentais	9	15,25%
3. Da Prevenção	3	5,08%
4. Da Política de Atendimento	4	6,78%
5. Das Medidas de Proteção	5	8,47%
6. Da Prática de Ato Infracional	14	23,73%
7. Das Medidas Pertinentes aos Pais ou Responsável	1	1,69%
8. Do Conselho Tutelar	6	10,17%
9. Do Acesso à Justiça	8	13,56%
10. Dos Crimes e das Infrações Administrativas	4	6,78%
11. Leis Especiais	3	5,08%
TOTAL	59	100%

6. DIREITO DO CONSUMIDOR

ASSUNTOS	QUESTÕES	%
1. Disposições Gerais	15	18,52%
2. Dos Direitos Básicos do Consumidor	3	3,70%
3. Da Qualidade de Produtos e Serviços, da Prevenção...	18	22,22%
4. Das Práticas Comerciais	19	23,46%
5. Da Proteção Contratual	3	3,70%
6. Das Sanções Administrativas	2	2,47%
7. Das Infrações Penais	8	9,88%
8. Da Defesa do Consumidor em Juízo	9	11,11%
9. Do Sistema Nacional de Defesa do Consumidor	2	2,47%
10. Da Convenção Coletiva de Consumo	2	2,47%
TOTAL	81	100%

7. DIREITO DO TRABALHO

ASSUNTOS	QUESTÕES	%
1. Introdução	7	5,07%
2. Das Normas Gerais de Tutela do Trabalho	31	22,46%
3. Das Normas Especiais de Tutela do Trabalho	6	4,35%
4. Do Contrato Individual de Trabalho	62	44,93%
5. Da Organização Sindical	7	5,07%
6. Das Convenções Coletivas	4	2,90%
7. Das Comissões de Conciliação Prévia	1	0,72%
8. Do Processo de Multas Administrativas	0	0,00%
9. Leis Especiais	10	7,25%
10. Responsabilidade Trabalhista	5	3,62%
11. Teoria e Princípios	3	2,17%
12. Terceirização	2	1,45%
TOTAL	138	100%

8. DIREITO ELEITORAL

ASSUNTOS	QUESTÕES	%
1. Código Eleitoral	28	32,18%
2. Lei das Eleições	17	19,54%
3. Lei das Inelegibilidades	7	8,05%
4. Lei Geral dos Partidos Políticos	7	8,05%
5. Leis Esparsas	2	2,30%
6. Normas Constitucionais	24	27,59%
7. Ministério Público Eleitoral	2	2,30%
TOTAL	87	100%

9. DIREITO EMPRESARIAL

ASSUNTOS	QUESTÕES	%
1. Do Empresário	4	2,86%
2. Da Empresa Individual de Resp. Limitada	2	1,43%
3. Da Sociedade	43	30,71%
4. Do Estabelecimento	6	4,29%
5. Dos Institutos Complementares	8	5,71%
6. Dos Títulos de Crédito	17	12,14%
7. Contratos Mercantis	15	10,71%
8. Direito da Concorrência	12	8,57%
9. Estatuto da Micro. e da Emp. de Pequeno Porte	5	3,57%
10. Lei de Intervenção e Liquidação Extrajudicial	3	2,14%
11. Lei de Propriedade Industrial	6	4,29%
12. Lei de Recuperação e Falência	19	13,57%
TOTAL	140	100%

10. DIREITO FINANCEIRO

ASSUNTOS	QUESTÕES	%
1. Competência Legislativa	8	2,12%
2. Dívida Pública	11	2,92%
3. Fiscalização Contábil, Financeira e Orçamentária	62	16,45%
4. Lei de Responsabilidade Fiscal	31	8,22%
5. Orçamento Público	125	33,16%
6. Precatórios	14	3,71%
7. Receitas e Despesas	113	29,97%
8. Repartição de Receitas Tributárias	4	1,06%
9. Transferência de Recursos	9	2,39%
TOTAL	377	100%

11. DIREITO INTERNACIONAL

ASSUNTOS	QUESTÕES	%
1. Direito Internacional Privado	14	24,56%
2. Direito Internacional Público	43	75,44%
TOTAL	57	100%

12. DIREITO PENAL

ASSUNTOS	QUESTÕES	%
1. Da Aplicação da Lei Penal	14	3,37%
2. Do Crime	40	9,64%
3. Da Imputabilidade Penal	3	0,72%
4. Do Concurso de Pessoas	11	2,65%
5. Das Penas	20	4,82%
6. Das Medidas de Segurança	1	0,24%
7. Da Extinção da Punibilidade	15	3,61%
8. Dos Crimes c/ a Pessoa	14	3,37%
9. Dos Crimes c/ o Patrimônio	24	5,78%
10. Dos Crimes c/ Org. do Trabalho/Prop. Imaterial	6	1,45%
11. Dos Crimes c/ Sentimento Religioso/Respeito...	2	0,48%
12. Dos Crimes c/ Dignidade Sexual	8	1,93%
13. Dos Crimes c/ Incolumidade/Paz Pública	6	1,45%
14. Dos Crimes c/ Fé Pública	22	5,30%
15. Dos Crimes c/ Adm. Pública	52	12,53%
16. Teoria e Princípios	54	13,01%
17. Leis Especiais	123	29,64%
TOTAL	415	100%

13. DIREITO PREVIDENCIÁRIO

ASSUNTOS	QUESTÕES	%
1. Direito Processual Previdenciário	11	4,35%
2. Financiamento da Seguridade Social	28	11,07%
3. Beneficiários	35	13,83%
4. Prestações em Geral	73	28,85%
5. Previdência Complementar	36	14,23%
6. Previdência do Servidor Público	40	15,81%
7. Princípios Constitucionais	19	7,51%
8. Saúde e Assistência Social	11	4,35%
TOTAL	253	100%

14. DIREITO PROCESSUAL CIVIL

ASSUNTOS	QUESTÕES	%
1. Das Normas Processuais Civis	10	3,07%
2. Da Função Jurisdicional	39	11,96%
3. Dos Sujeitos do Processo	52	15,95%
4. Dos Atos Processuais	30	9,20%
5. Da Tutela Provisória	12	3,68%
6. Da Formação, da Suspensão e da Extinção...	6	1,84%
7. Do Processo de Conhecimento e do Cumprimento...	61	18,71%
8. Do Processo de Execução	13	3,99%
9. Dos Processos nos Tribunais e dos Meios...	46	14,11%
10. Disposições Finais e Transitórias	0	0,00%
11. Leis Especiais	28	8,59%
12. Teoria e Princípios	29	8,90%
TOTAL	326	100%

15. DIREITO PROCESSUAL CONSTITUCIONAL

ASSUNTOS	QUESTÕES	%
1. Controle Concentrado	41	30,15%
2. Controle Difuso	8	5,88%
3. Ações Constitucionais	78	57,35%
4. Reclamação Constitucional	4	2,94%
5. Súmula Vinculante	5	3,68%
TOTAL	136	100%

16. DIREITO PROCESSUAL DO TRABALHO

ASSUNTOS	QUESTÕES	%
1. Da Justiça do Trabalho	10	9,26%
2. Do Processo em Geral	37	34,26%
3. Dos Dissídios Individuais	8	7,41%
4. Do Processo de Homologação de Acordo...	0	0,00%
5. Dos Dissídios Coletivos	2	1,85%
6. Da Execução	17	15,74%
7. Dos Recursos	20	18,52%
8. Outros Temas	14	12,96%
TOTAL	108	100%

17. DIREITO PROCESSUAL PENAL

ASSUNTOS	QUESTÕES	%
1. Disposições Preliminares	8	2,23%
2. Do Inquérito Policial	31	8,66%
3. Da Ação	18	5,03%
4. Da Competência	25	6,98%
5. Das Questões e Processos Incidentes	12	3,35%
6. Da Prova	26	7,26%
7. Dos Sujeitos do Processo	4	1,12%
8. Da Prisão, das Medidas Cautelares e da Liberdade...	26	7,26%
9. Das Citações e Intimações	16	4,47%
10. Da Sentença	8	2,23%
11. Dos Processos em Espécie	10	2,79%
12. Das Nulidades e dos Recursos em Geral	23	6,42%
13. Disposições Gerais	2	0,56%
14. Leis Especiais	130	36,31%
15. Teoria e Princípios	19	5,31%
TOTAL	358	100%

18. DIREITO TRIBUTÁRIO

ASSUNTOS	QUESTÕES	%
1. Competência Tributária	7	3,13%
2. Tributos	17	7,59%
3. Legislação Tributária	17	7,59%
4. Obrigação Tributária	28	12,50%
5. Crédito Tributário	53	23,66%
6. Administração Tributária	12	5,36%
7. Limitações do Poder de Tributar	48	21,43%
8. Impostos em Espécie	32	14,29%
9. Lei de Execução Fiscal	10	4,46%
TOTAL	224	100%

19. DIREITOS DIFUSOS E COLETIVOS

ASSUNTOS	QUESTÕES	%
1. ACP/Processo Coletivo	10	7,87%
2. Direito Sanitário	5	3,94%
3. Direito Urbanístico	21	16,54%
4. Direitos Humanos	36	28,35%
5. Estatuto da Pessoa com Deficiência	38	29,92%
6. Estatuto do Idoso	16	12,60%
7. Tutela da Educação	1	0,79%
TOTAL	127	100%

20. TODAS AS DISCIPLINAS (OBJETIVAS)

ASSUNTOS	QUESTÕES	%
1. Direito Administrativo	492	11,38%
2. Direito Ambiental	133	3,08%
3. Direito Civil	335	7,75%
4. Direito Constitucional	479	11,08%
5. Direito da Criança e do Adolescente	59	1,36%
6. Direito do Consumidor	81	1,87%
7. Direito do Trabalho	138	3,19%
8. Direito Eleitoral	87	2,01%
9. Direito Empresarial	140	3,24%
10. Direito Financeiro	377	8,72%
11. Direito Internacional	57	1,32%
12. Direito Penal	415	9,60%
13. Direito Previdenciário	253	5,85%
14. Direito Processual Civil	326	7,54%
15. Direito Processual Constitucional	136	3,14%
16. Direito Processual do Trabalho	108	2,50%
17. Direito Processual Penal	358	8,28%
18. Direito Tributário	224	5,18%
19. Direitos Difusos e Coletivos	127	2,94%
TOTAL	4325	100%

21. TODAS AS DISCIPLINAS (DISCURSIVAS)

ASSUNTOS	QUESTÕES	%
1. Direito Administrativo	31	17,71%
2. Direito Ambiental	5	2,86%
3. Direito Civil	10	5,71%
4. Direito Constitucional	17	9,71%
5. Direito da Criança e do Adolescente	4	2,29%
6. Direito do Consumidor	8	4,57%
7. Direito do Trabalho	3	1,71%
8. Direito Eleitoral	4	2,29%
9. Direito Empresarial	3	1,71%
10. Direito Financeiro	16	9,14%
11. Direito Internacional	0	0,00%
12. Direito Penal	19	10,86%
13. Direito Previdenciário	6	3,43%
14. Direito Processual Civil	8	4,57%
15. Direito Processual Constitucional	5	2,86%
16. Direito Processual do Trabalho	1	0,57%
17. Direito Processual Penal	18	10,29%
18. Direito Tributário	6	3,43%
19. Direitos Difusos e Coletivos	11	6,29%
TOTAL	175	100%

2. ANÁLISE GRÁFICA DOS DADOS

Adiante, são feitas análises gráficas das informações contidas nas tabelas de **Raio-X** apresentadas no tópico anterior, objetivando traduzir visualmente a importância dos conteúdos mais explorados nas provas.

Os gráficos individualizam os dados de cada matéria, em relação às questões objetivas. Ao final, dois gráficos condensando todas as disciplinas: uma em relação às questões objetivas, outro, em relação às discursivas.

2.1. Direito Administrativo

É a disciplina mais versada nos editais da Banca.

Os conteúdos de direito administrativo encontram-se concentrados em alguns temas principais que merecem atenção: **Licitações e Contratos; Teoria, Poderes e Princípios; Atos Administrativos** e **Entes da Administração Pública**, que, juntos, respondem por **quase 60%** das questões deste tópico.

Assuntos menos explorados: Serviços Públicos, Responsabilidade Civil do Estado, Intervenção do Estado na Propriedade e Bens Públicos.

Gráfico 01

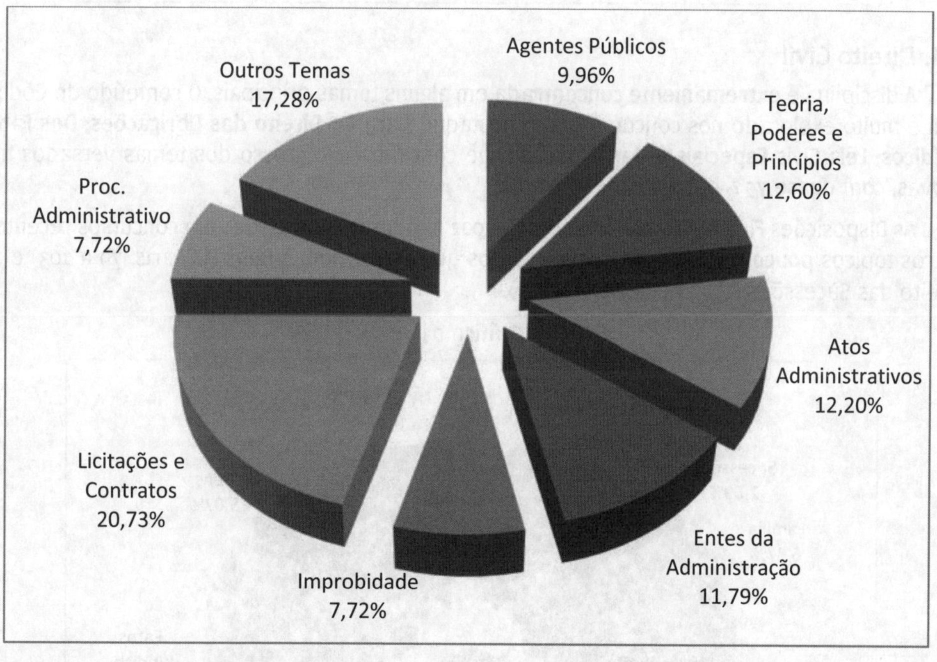

2.2. Direito Ambiental

Os diplomas: **Lei dos Crimes Ambientais** (Lei 9.605/98), **Sistema Nacional de Unidades de Conservação** (Lei 9.985/00), **Código Florestal** (Lei 12.651/12) e **Constituição Federal** (CF/88), nessa mesma ordem, são os assuntos mais abordados nas provas, e agregam **quase metade** do conteúdo.

Pontos **pouco exigidos** nas provas: Lei de Gestão de Florestas Públicas (Lei 11.284/06), Lei da Biodiversidade (Lei 13.123/15), Tutela Processual e Lei da Política Nacional de Resíduos Sólidos (Lei 12.305/10).

Gráfico 02

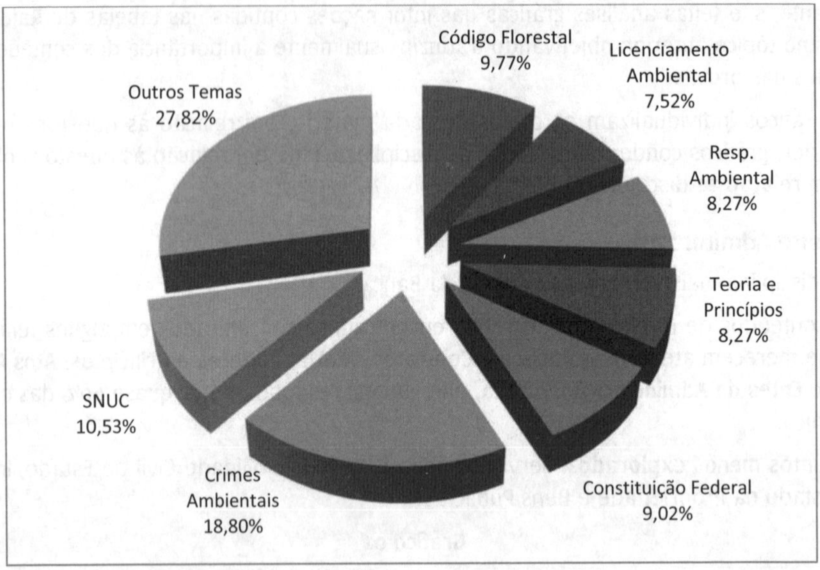

2.3. Direito Civil

A disciplina é **extremamente concentrada** em alguns temas principais. O conteúdo do Código Civil é muito explorado nos concursos, com destaque para **Do Direito das Obrigações; Dos Fatos Jurídicos; Leis Civis Especiais e Das Pessoas,** que concentram o grosso dos temas versados nas provas, com **quase 75%** das questões.

As Disposições Finais e Transitórias do CC/2002 não foram abordadas em concursos recentes. Outros tópicos **pouco pedidos em provas** são os que concernem a Bens (CC, arts. 79 a 103) e ao Direito das Sucessões (CC, arts. 1.784 a 2.027).

Gráfico 03

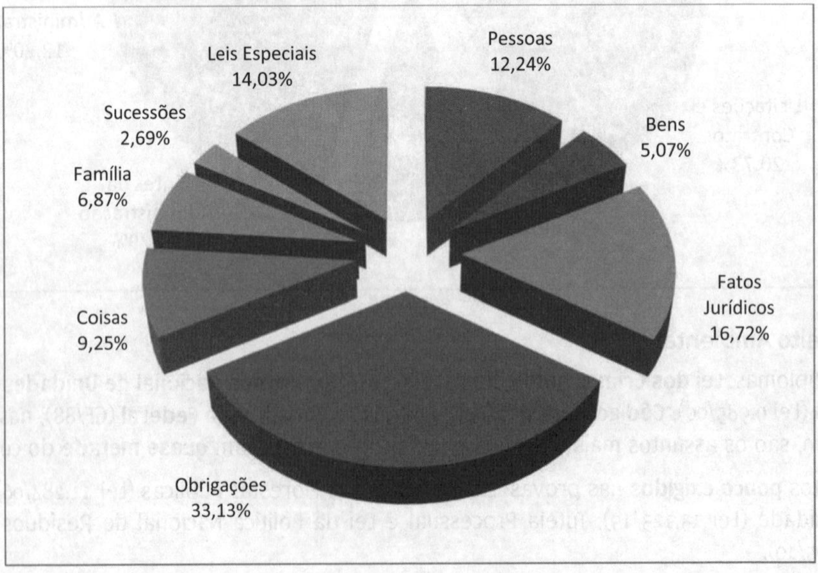

2.4. Direito Constitucional

É a segunda disciplina mais versada nos editais da Banca. Também apresenta **forte concentração** de questões em alguns temas principais.

Nas matérias constitucionais, importante ressaltar que os concursos exigem muitos conhecimentos afetos ao capítulo da **Organização dos Poderes**, que abarca **mais de 40%** do conteúdo das provas desta disciplina. É bom, também, estudar com afinco os tópicos **Teoria Constitucional**, **Organização do Estado** e **Direitos e Garantias Fundamentais.**

Juntos, estes tópicos abrangem **quase 90%** do que é pedido nas provas.

As questões referentes a Direito Tributário, Direito Financeiro, Direito Processual Constitucional (ações e remédios constitucionais) e Direito Previdenciário encontram-se em capítulos próprios, e, por isso, não são contabilizadas nesse levantamento.

Pontos da CF/88 **sem muita relevância** em termos de número de questões: Dos Princípios Fundamentais, Da Defesa do Estado e das Instituições Democráticas, Das Disposições Constitucionais Gerais, e Do Ato das Disposições Constitucionais Transitórias.

Gráfico 04

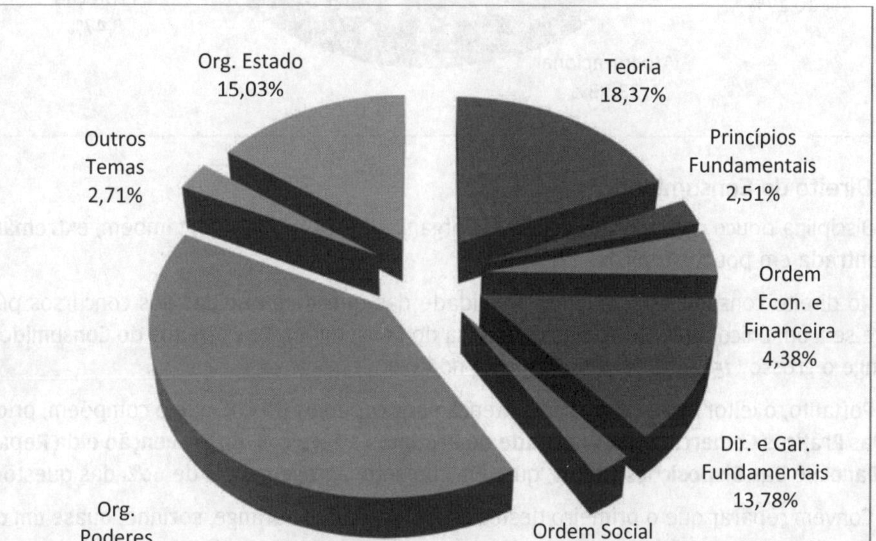

2.5. Direito da Criança e do Adolescente

Disciplina pouco cobrada nos concursos organizados pela Banca.

Mais da metade desta temática diz respeito a apenas três títulos do Estatuto da Criança e do Adolescente (Lei 8.069/90): **Da Prática de Ato Infracional, Dos Direitos Fundamentais e Do Acesso à Justiça.**

Outros tópicos que merecem atenção: Do Conselho Tutelar e Das Medidas de Proteção.

Assuntos **pouco explorados** do ECA: Da Prevenção, Das Disposições Preliminares e Das Medidas Pertinentes aos Pais ou Responsável. As leis especiais sobre direito da criança e adolescente também são pouco lembradas nas provas.

Gráfico 05

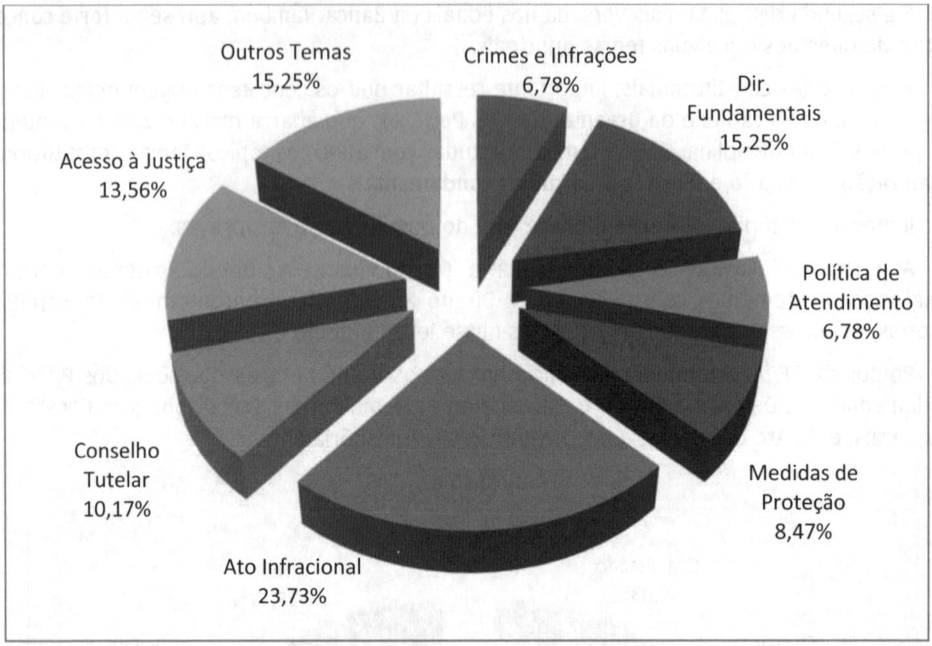

2.6. Direito do Consumidor

Disciplina pouco cobrada nos concursos organizados pela Banca, e, também, **extremamente concentrada** em poucos tópicos.

No direito consumerista, a quase totalidade das questões exigidas nos concursos públicos refere-se a um único título do Código de Defesa do Consumidor: **Dos Direitos do Consumidor**, que abrange o grosso (**75%**) da matéria disposta no livro.

Portanto, o leitor deve dar máxima atenção aos capítulos do CDC que o compõem, priorizando: **Das Práticas Comerciais; Da Qualidade de Produtos e Serviços, da Prevenção e da Reparação dos Danos**; e **Das Disposições Gerais**, que, em conjunto, agregam mais de **60%** das questões.

Convém reparar que o primeiro destes capítulos citados abrange, sozinho, **quase um quarto** da gama de perguntas objetivas.

Assuntos pouco explorados: Da Proteção Contratual, Das Sanções Administrativas, Do Sistema Nacional de Defesa do Consumidor, Da Convenção Coletiva de Consumo.

Gráfico 06

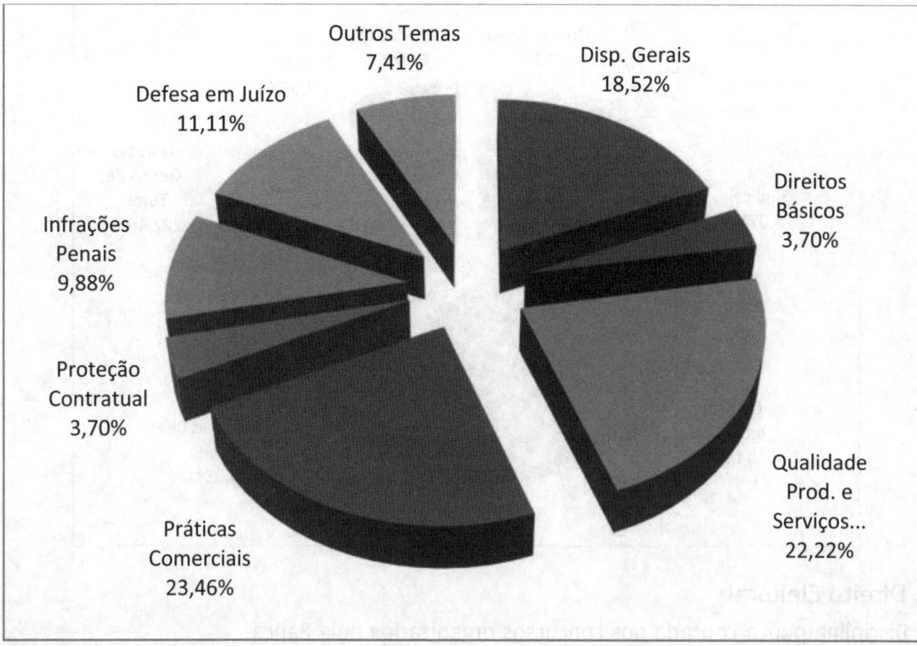

2.7. Direito do Trabalho

Prepondera a exigência de dois grandes eixos temáticos da CLT, os capítulos **Do Contrato Individual do Trabalho** e **Das Normas Gerais de Tutela do Trabalho,** que aglomeram **mais de 2/3** das questões da disciplina.

Seu eixo central, contudo, é mesmo o tópico **"Do Contrato Individual de Trabalho"** (CLT, arts. 442 a 510) que, incrivelmente, concentra **quase metade** das questões que caem nas provas.

Pontos da CLT que são **pouco explorados**: Convenções Coletivas de Trabalho, Comissões de Conciliação Prévia e Processo de Multas Administrativas, com conteúdos que são bem difíceis de serem encontrados nestes concursos. Fora da Consolidação, teoria, princípios e terceirização também são temas vagamente abordados em provas.

*Observação: as recentes alterações empreendidas pela chamada "Reforma Trabalhista" desatualizaram o conteúdo de algumas alternativas de questões da disciplina. Optou-se por mantê-las no livro com o intuito de repassar ao leitor impressões de como a temática é explorada nas provas.

Gráfico 07

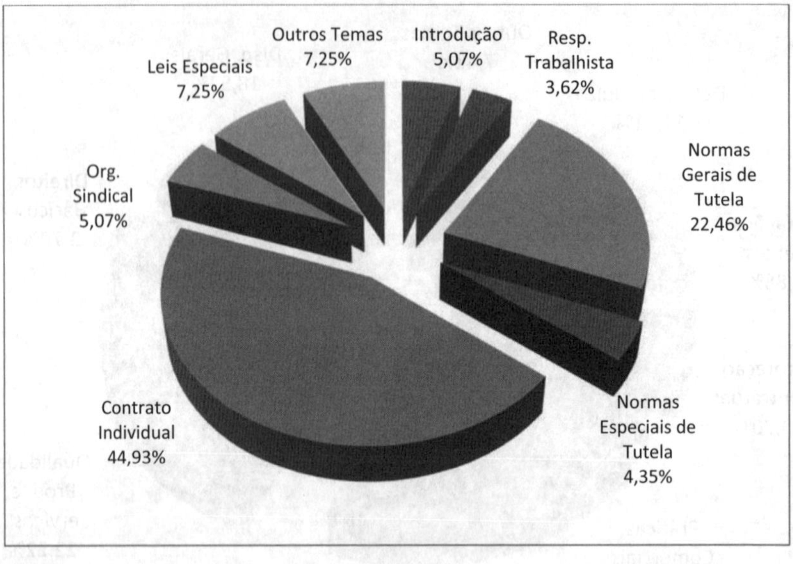

2.8. Direito Eleitoral

Disciplina pouco cobrada nos concursos organizados pela Banca.

Este capítulo apresenta forte concentração de temas ligados às duas principais leis eleitorais: o Código Eleitoral (Lei 4.737/65) e a Lei das Eleições (Lei 9.504/97). Juntas, respondem por aproximadamente **50% das questões** desta disciplina.

Outro tópico relevante refere-se às **normas constitucionais**, com **mais de 1/4** das questões objetivas

As leis eleitorais esparsas e o assunto "Ministério Público Eleitoral" são os **menos exigidos** nas provas.

Gráfico 08

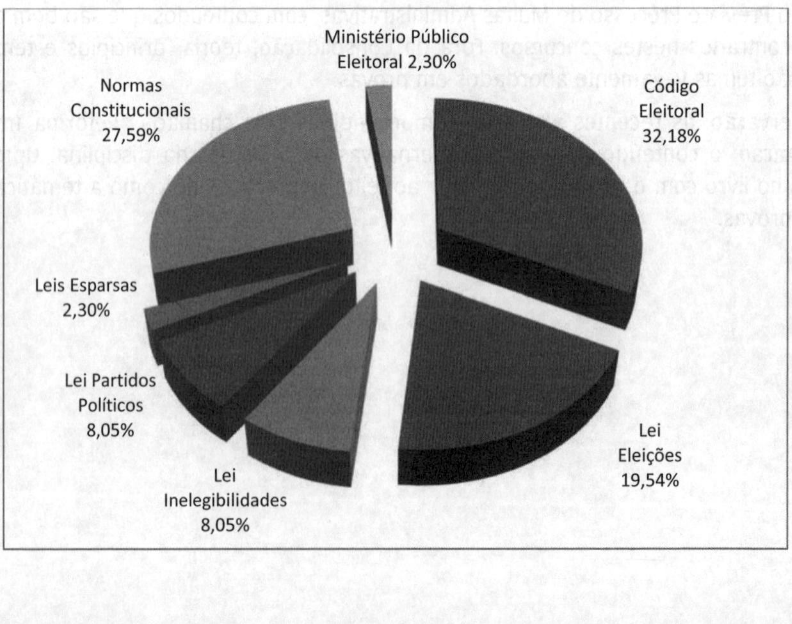

2.9. Direito Empresarial

Mais uma disciplina **extremamente centralizada** em poucos temas.

Destaque para os tópicos **Sociedade** e Títulos de Crédito (capítulos do próprio Código Civil, o último, mesclado com institutos derivados de leis especiais), que congregam **mais de 40% das questões** da disciplina.

Outros dois pontos muito visados vêm de legislação esparsa: a chamada **Nova Lei de Falências** (Lei 11.101/05) – que regula a recuperação judicial, a extrajudicial e a falência do empresário e da sociedade empresária –, e os assuntos referentes a **Contratos Mercantis.**

Tópicos do CC/2002 com **poucas questões** nas últimas provas: "Da Empresa Individual de Responsabilidade Limitada" (EIRELI) e "Do Empresário". Do mesmo modo, a LC 123/2006 (Estatuto da Microempresa e da Empresa de Pequeno Porte) e Lei de Intervenção e Liquidação Extrajudicial (Lei 6.024/74).

Gráfico 09

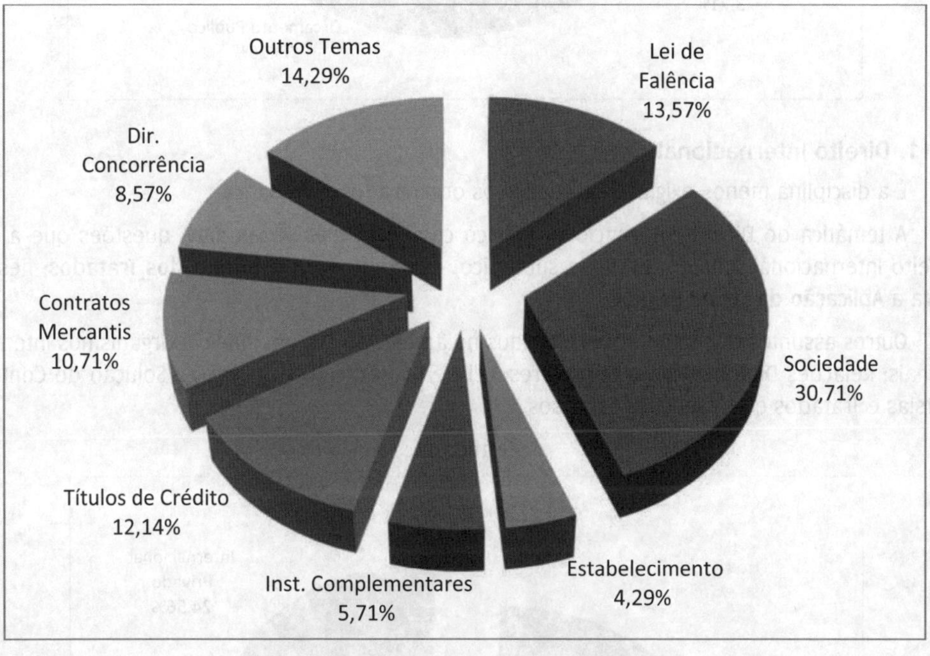

2.10. Direito Financeiro

É uma das disciplinas mais exigidas nos concursos organizados pela Banca.

Os temas afetos ao direito orçamentário são prioridades de estudo: **leis orçamentárias, responsabilidade fiscal** e **receitas e despesas públicas**. Correspondem a quase **70%** das provas. Portanto, convém dar prioridade aos diplomas que originam essas questões, a saber: LC 101/00, Lei 4.320/64 e a CF/88.

Estrutura, regras e funcionamento dos controles interno e externo também são assuntos corriqueiros nas provas.

Tópicos **pouco desenvolvidos** nas questões objetivas: Dívida Pública, Transferência de Recursos, Competência Legislativa e Repartição de Receitas Tributárias.

Gráfico 10

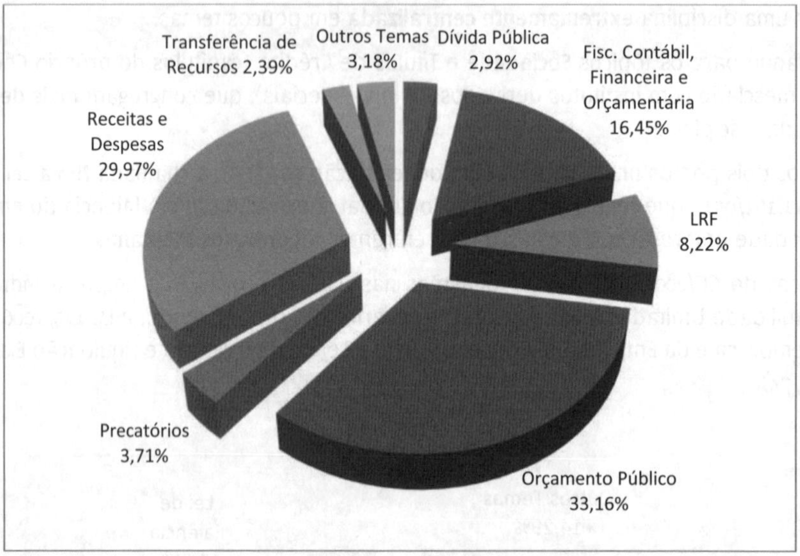

2.11. Direito Internacional

É a disciplina menos exigida nos concursos organizados pela Banca.

A temática do Direito Internacional Público comporta **três vezes mais** questões que a do Direito Internacional Privado. Naquele subtópico, destaque para o **Direito dos Tratados**; neste, para a **Aplicação da Lei no Espaço**

Outros assuntos que são bem explorados no âmbito do Dir. Int. Público: Organismos Internacionais; Relações Diplomáticas e Consulares; Lei de Migração (Lei 13.445/17); Solução de Controvérsias e Tratados e Convenções Esparsos.

Gráfico 11

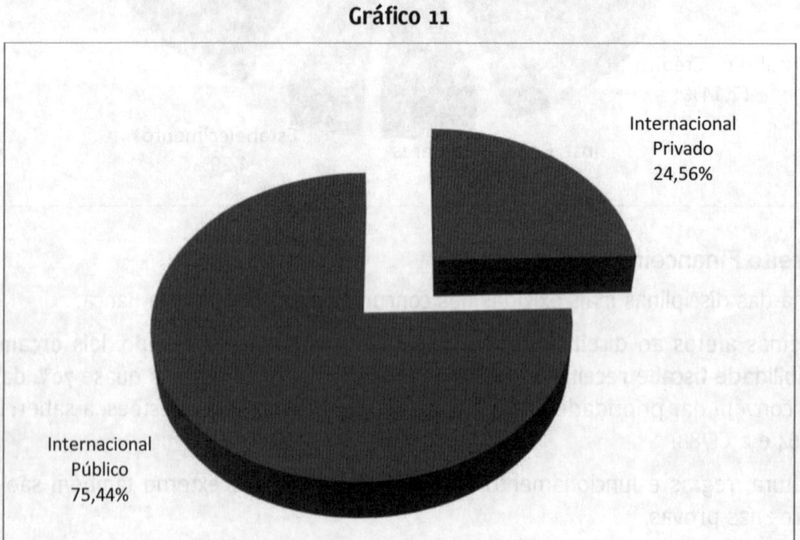

2.12. Direito Penal

É uma das disciplinas mais exigidas nos concursos organizados pela Banca.

As **Leis Especiais** são peças importantes na estratégia de estudos, por serem, de longe, as mais exploradas nesta matéria. A parte doutrinária também é relevante, já que **Teoria e Princípios** é o segundo ponto de penal mais versado nas provas

Outro ponto forte consta na **Parte Especial** do Código Penal (Dos Crimes contra a Administração Pública), de onde são extraídas muitas questões objetivas. Na **Parte Geral**, não se deve relaxar o estudo dos capítulos "Do Crime" e "Das Penas", que abordam muito do que se pede nas provas.

Assuntos pouco explorados: as provas versam pouco sobre alguns crimes em espécie, tais como: crimes contra o sentimento religioso e contra o respeito aos mortos, crimes contra a propriedade imaterial, crimes contra a paz pública, crimes contra a incolumidade pública e crimes contra a dignidade sexual. Na Parte Geral do CP, itens como "Do Concurso de Pessoas", "Da Imputabilidade Penal" e "Das Medidas de Segurança" também pouco chamam a atenção da Banca.

Gráfico 12

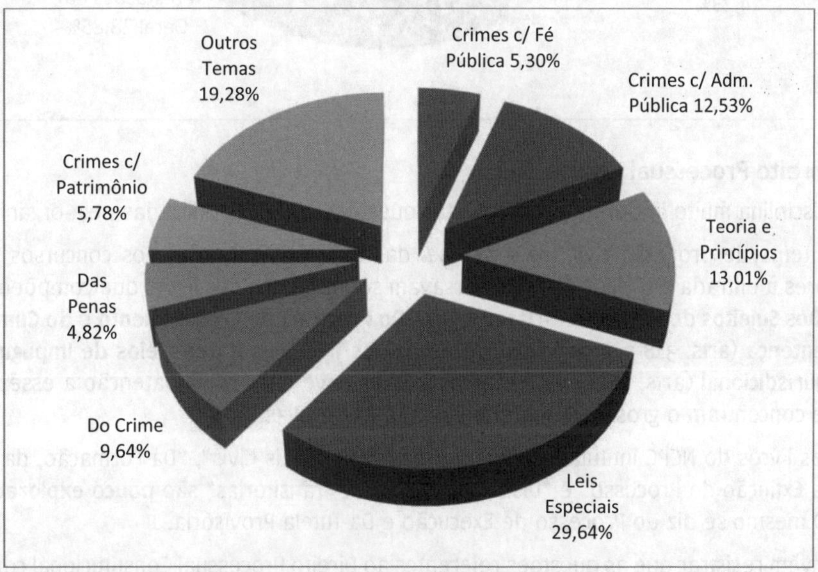

2.13. Direito Previdenciário

O conhecimento dos principais diplomas legais da disciplina (Plano de Custeio da Previdência Social – Lei 8.212/91 e Plano de Benefícios da Previdência Social – Lei 8.213/91) também é corriqueiramente exigido nas provas, como se depreende dos pontos **Prestações em Geral** e **Beneficiários**, que congregam **mais de 40%** das questões.

Previdência do Servidor Público e **Previdência Complementar** também são pontos relevantes e congregam, juntos, **30%** do conteúdo da disciplina.

Direito Processual Previdenciário e Saúde e Assistência Social são **temas raros nas provas.** Contudo, deve-se observar que parte do que poderia ser explorado neste último item encontra-se catalogado no capítulo "Dos Direitos Difusos e Coletivos", analisado adiante.

Gráfico 13

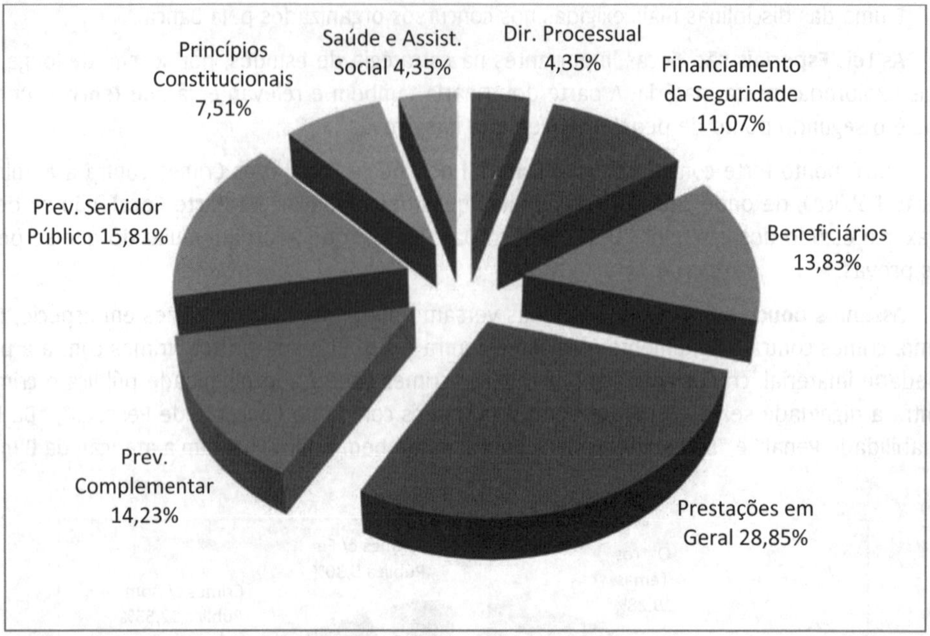

2.14. Direito Processual Civil

É disciplina muito importante, com muitas questões objetivas utilizadas pela organizadora.

Em tema de processo civil, **mais da 60%** das questões cobradas nos concursos jurídicos posteriores à entrada em vigor do NCPC versavam sobre quatro dos livros que compõem o novo código: **Dos Sujeitos do Processo** (arts. 70 a 187), **Do Processo de Conhecimento e do Cumprimento de Sentença** (arts. 318 a 770) e **Dos Processos nos Tribunais e dos Meios de Impugnação Da Função Jurisdicional** (arts. 16 a 69). Portanto, o leitor deve dar máxima atenção a esses conteúdos, que concentram o grosso da matéria versada nas provas.

Já os livros do NCPC intitulados "Das Normas Processuais Civis", "Da Formação, da Suspensão e da Extinção do Processo" e "Disposições Finais e Transitórias" são **pouco explorados** pela banca. O mesmo se diz do Processo de Execução e Da Tutela Provisória.

Convém registrar que as questões referentes ao Direito Processual Constitucional constituem capítulo à parte.

Gráfico 14

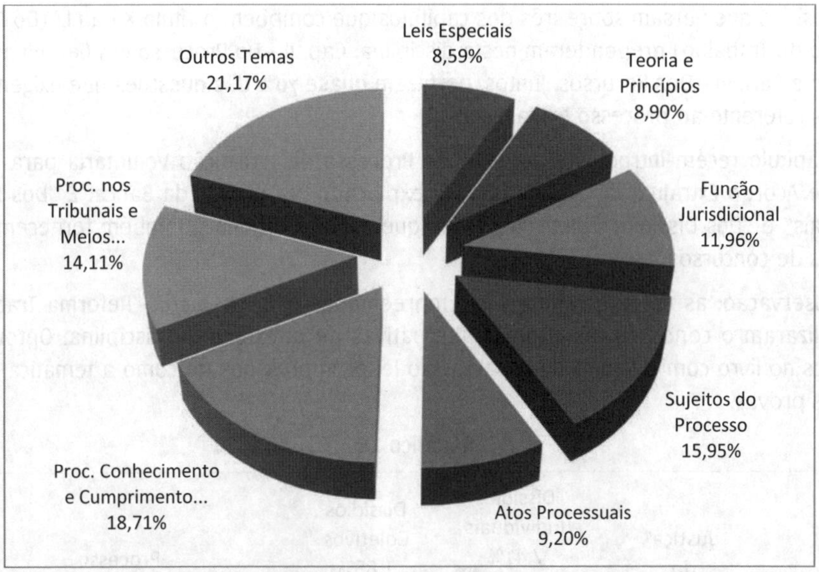

2.15. Direito Processual Constitucional

Em tema de processo constitucional, **quase 60%** das questões cobradas nos concursos versavam sobre ações constitucionais propriamente ditas, os denominados **"remédios constitucionais"** (ação civil pública, ação popular, "habeas corpus", "habeas data", mandado de injunção e mandado de segurança).

Outros **30%** referem-se a **controle concentrado de constitucionalidade.**

A cobrança dos demais conteúdos é **bastante singela** nos concursos.

Gráfico 15

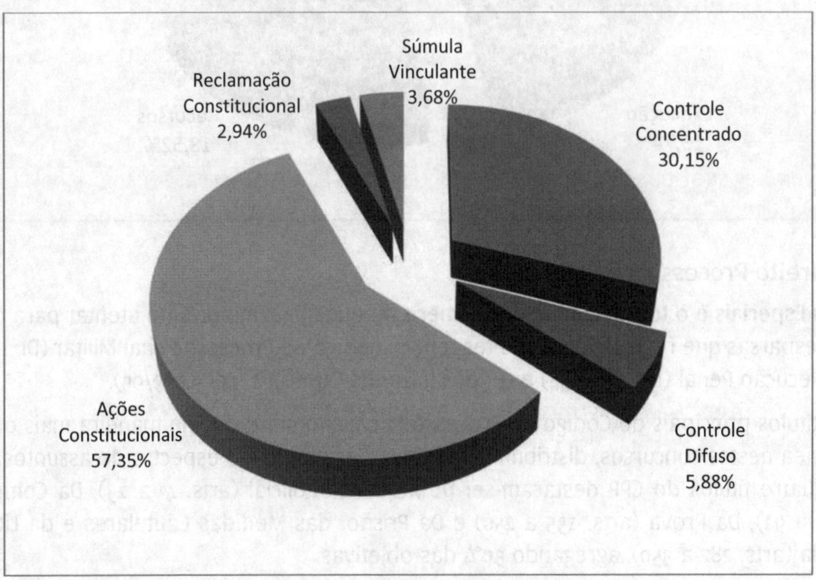

2.16. Direito Processual do Trabalho

Questões que versam sobre três dos capítulos que compõem o Título X da CLT (Do Processo Judiciário do Trabalho) preponderam nesta disciplina: Cap. II – Do Processo em Geral; Cap. V – Da Execução e Cap. VI – Dos Recursos. Juntos, perfazem **quase 70% das questões** que exigem conhecimentos referente ao processo trabalhista.

O capítulo recém introduzido na CLT, "Do Processo de Jurisdição Voluntária para Homologação de Acordo Extrajudicial", ainda **não foi explorado** em provas da Banca. E "Dos Dissídios Individuais" e "Dos Dissídios Coletivos", ainda que mais tradicionais, também fornecem poucas questões de concursos.

*Observação: as recentes alterações empreendidas pela chamada "Reforma Trabalhista" desatualizaram o conteúdo de algumas alternativas de questões da disciplina. Optou-se por mantê-las no livro com o intuito de repassar ao leitor impressões de como a temática é explorada nas provas.

Gráfico 16

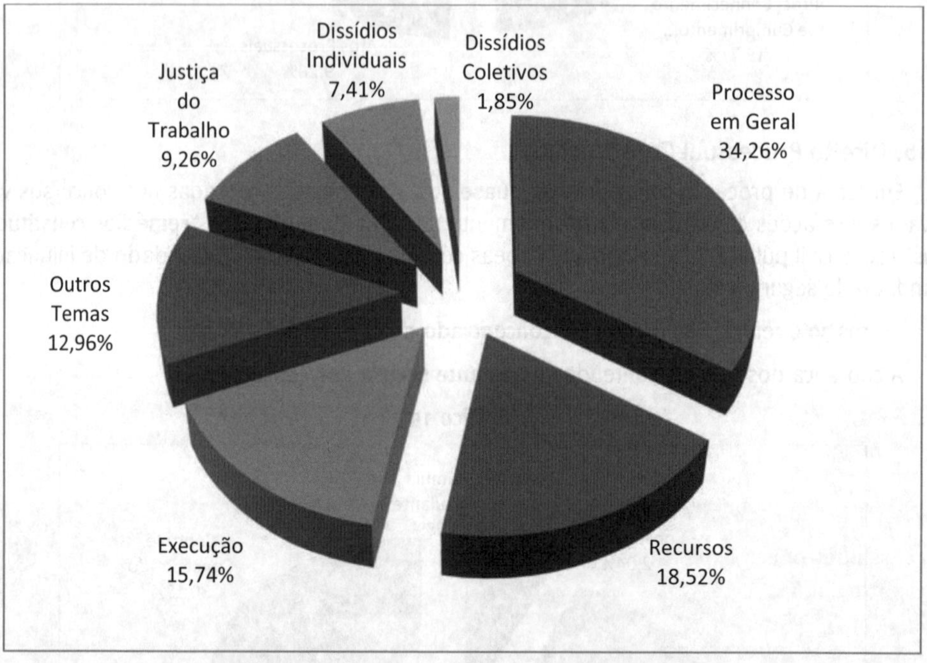

2.17. Direito Processual Penal

Leis Especiais é o tópico com **maior número** de questões. Importante atentar para o estudo das leis esparsas que regulam os seguintes temas: Código de Processo Penal Militar (DL 1.002/69), Lei de Execução Penal (Lei 7.210/84) e Lei dos Juizados Especiais (Lei 9.099/95).

Os títulos principais do Código de Processo Penal são utilizados de maneira mais ou menos homogênea nestes concursos, distribuindo as questões num largo espectro de assuntos. Mesmo assim, quatro títulos do CPP destacam-se: Do Inquérito Policial (arts. 4º a 23), Da Competência (arts. 69 a 91), Da Prova (arts. 155 a 250) e Da Prisão, das Medidas Cautelares e da Liberdade Provisória (arts. 282 a 350), agregando **30%** das objetivas.

Assuntos **pouco explorados**: alguns tópicos do CPP ficam um tanto quanto à deriva dos editais: "Disposições Preliminares", " Dos Sujeitos do Processo", "Das Questões e Processos Incidentes", "Da Sentença" e "Disposições Gerais".

Gráfico 17

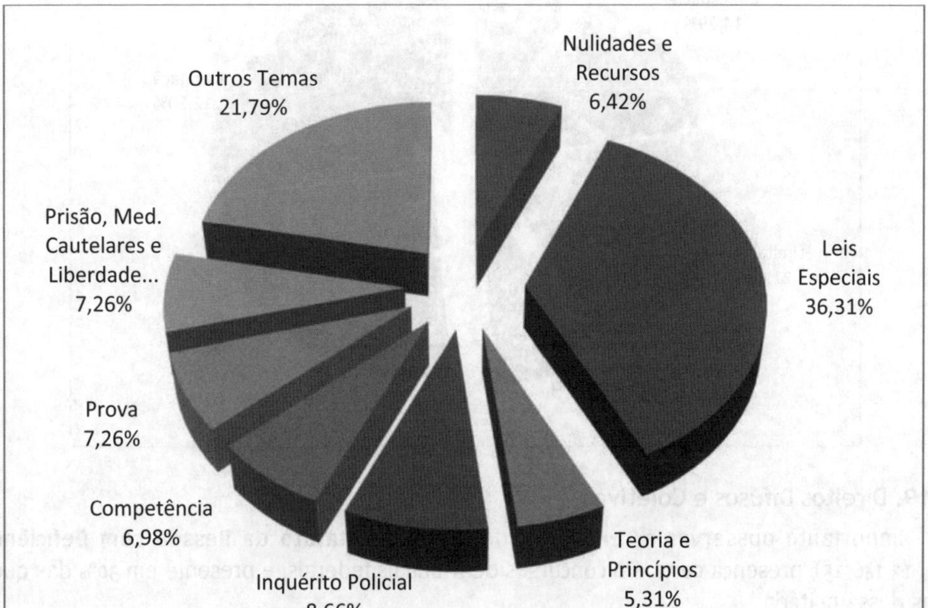

2.18. Direito Tributário

No CTN, é importante aprofundar os estudos referentes aos títulos **Crédito Tributário**; na CF/88, as **Limitações ao Poder de Tributar**. Juntos, congregam quase metade das questões dessa disciplina.

Os **impostos em espécie** (federais, estaduais e municipais) também são muito exigidos nas provas, assim como o ponto "Obrigação Tributária".

Assuntos pouco explorados: "Administração Tributária", "Lei de Execução Fiscal" e "Competência Tributária".

Gráfico 18

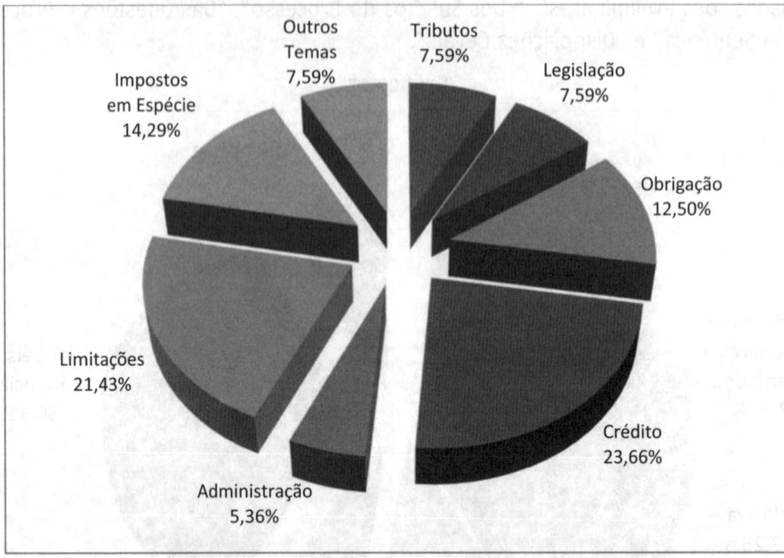

2.19. Direitos Difusos e Coletivos

Importante obsservar a relevância do diploma **Estatuto da Pessoa com Deficiência** (Lei 13.146/15), presença certa em concursos de tribunais federais, e presente em **30%** das questões dessa matéria.

As questões atinentes a **Direitos Humanos** e **Direito Urbanístico** correspondem a **mais de 40%** da disciplina, despertando atenção especial. O estudo do **Estatuto do Idoso** também é relevante para alcançar bons resultados.

O Direito Sanitário e a Tutela da Educação são os conteúdos **menos explorados.**

Gráfico 19

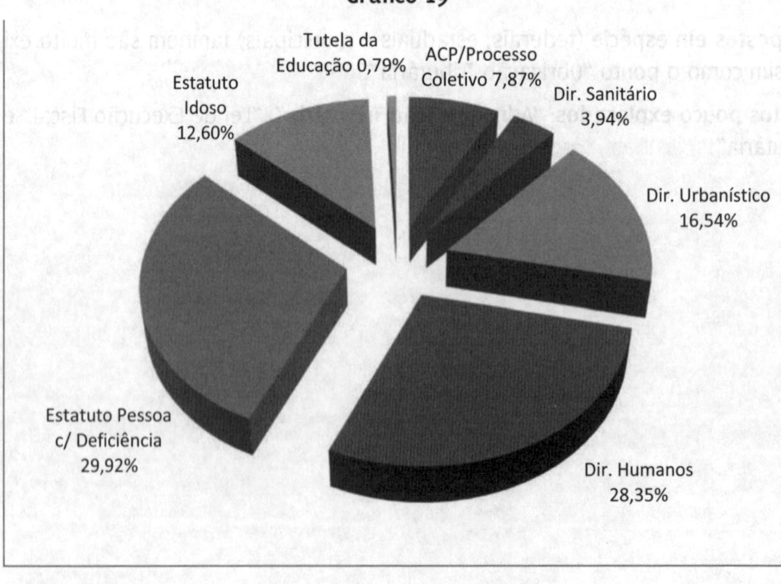

2.20. Todas as Disciplinas (Objetivas)

Na prática, os temas constantes nos editais pulverizam o conteúdo em duas dezenas de disciplinas. Dentre as mais exigidas, nota-se a preponderância de três das "mais tradicionais" para os certames de carreiras jurídicas e afins: **Administrativo, Constitucional e Penal**, que correspondem a **quase um terço** do total de questões.

E, também, **Direito Financeiro**, por conta do grande número de concursos de tribunais e de órgãos federais que exigem bom conhecimento desta matéria.

Por outro lado, as disciplinas com **menor frequência de questões** nas provas são: Difusos e Coletivos, Processual do Trabalho, Eleitoral, Consumidor, Criança e Adolescente e Dir. Internacional.

Gráfico 20

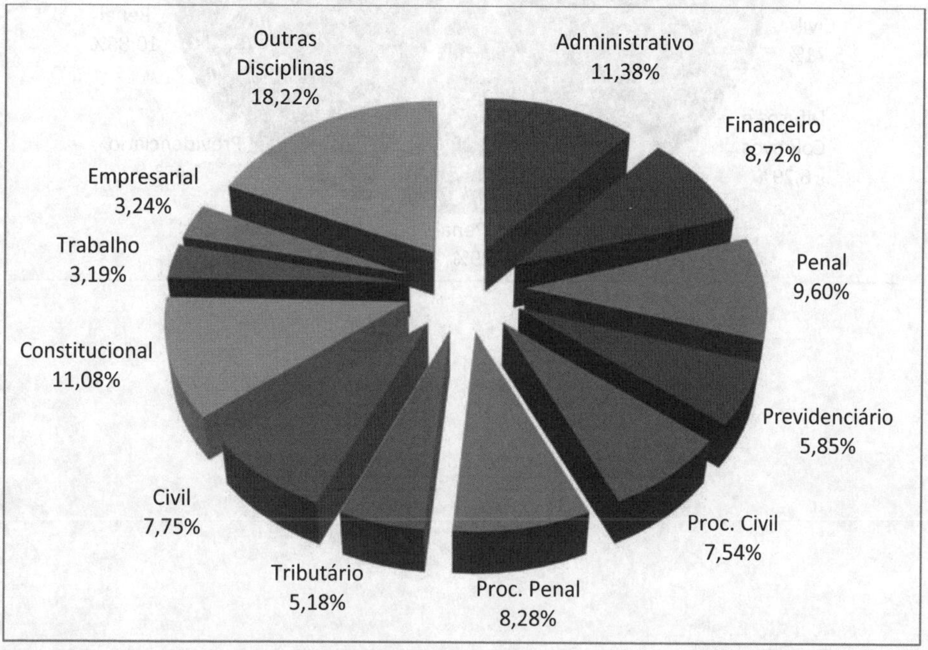

2.21. Todas as Disciplinas (Discursivas)

O livro traz questões discursivas para exemplificar ao leitor como a banca, na segunda fase desses concursos, explora os conteúdos exigido nos editais.

Máxima atenção com Direito Administrativo, Direito Penal e Direito Processual Penal, que são as **disciplinas mais cobradas** nestes tipos de teste.

Direito Constitucional, Direito Financeiro, Direitos Difusos e Coletivos e Direito Civil também **aparecem bastante**. Já Direito Eleitoral, Direito do Trabalho, Direito Empresarial e Direito Processual do Trabalho têm número **pouco expressivo** de questões nas provas. Direito Internacional **sequer aparece**.

Gráfico 21

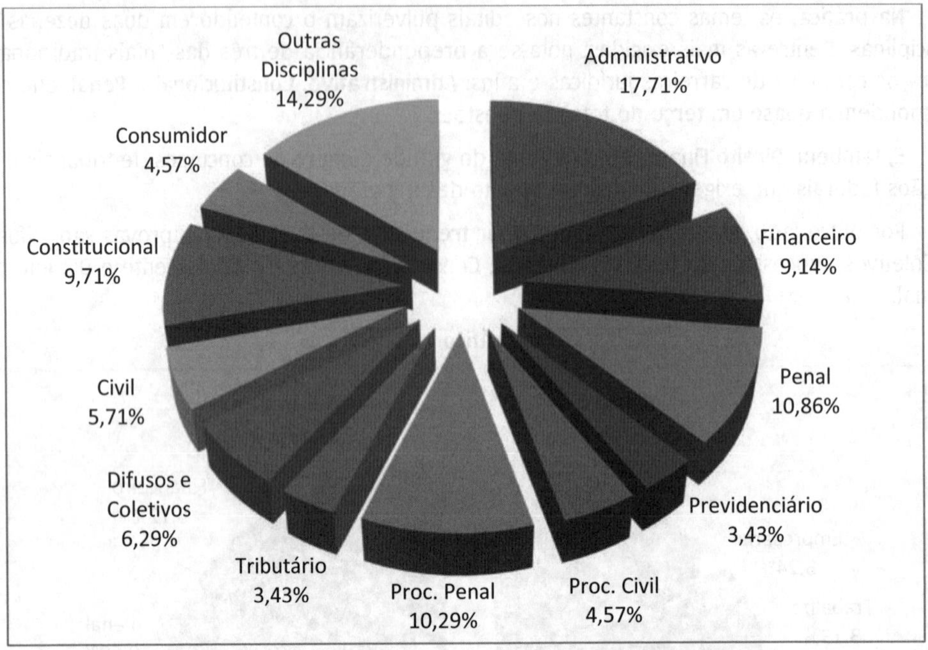
Outras Disciplinas 14,29%
Administrativo 17,71%
Consumidor 4,57%
Constitucional 9,71%
Financeiro 9,14%
Penal 10,86%
Civil 5,71%
Difusos e Coletivos 6,29%
Previdenciário 3,43%
Tributário 3,43%
Proc. Penal 10,29%
Proc. Civil 4,57%

SUMA DOS TEMAS

1. TEMAS MAIS EXIGIDOS NAS PROVAS OBJETIVAS

No texto do livro foram ressaltados os **temas mais exigidos nas provas objetivas.** São verdadeiros pontos-chave de estudo que merecem toda atenção e análise do leitor. Todos sinalizados em realce:

◉ ATENÇÃO: ESTE TEMA É MUITO EXIGIDO NOS CONCURSOS!

Abaixo, uma tabela-resumo desses verdadeiros **"temas sensíveis"** dos concursos organizados pela Banca. São **30** tópicos, que agregam **958** questões e, estatisticamente, representam **mais de um quuinto** do conteúdo desses certames.

CAPÍTULO / TÓPICOS	QUESTÕES
1. DIREITO ADMINISTRATIVO	
1. Agentes Públicos ... 1.1. Disposições Gerais	30
2. Atos Administrativos ... 2.2. Controle	30
5. Improbidade Administrativa	38
7. Licitações e Contratos ... 7.1. Contratos	29
9. Responsabilidade Civil do Estado	28
11. Teoria, Poderes e Princípios ... 11.1. Poderes	30
3. DIREITO CIVIL	
3. Dos Fatos Jurídicos ... 3.4. Da Prescrição e da Decadência	30
4. Do Direito das Obrigações ... 4.8. Da Responsabilidade Civil	27
9. Leis Civis Especiais ... 9.1. LINDB	32
4. DIREITO CONSTITUCIONAL	
2. Dos Direitos ... 2.1. Dos Direitos e Deveres Individuais e Coletivos	46
4. Da Organização dos Poderes ... 4.1.4. Do Processo Legislativo	28
4. Da Organização dos Poderes ... 4.2. Do Poder Executivo	26
4. Da Organização dos Poderes ... 4.4.4. Da Defensoria Pública	41
10. Teoria Constitucional ... 10.3. Hermenêutica Constitucional	26
10. DIREITO FINANCEIRO	
3. Fiscalização Contábil, Financeira e ... 3.1.2. Tribunal de Contas	29
4. Lei de Responsabilidade Fiscal	31
5. Orçamento Público ... 5.4. Princípios Orçamentários	30
7. Receitas e Despesas ... 7.2. Despesas Públicas	32
7. Receitas e Despesas ... 7.4. Receitas Públicas	32
12. DIREITO PENAL	
15. Dos Crimes c/ Adm. ... 15.1. Dos Crimes Pratic. p/ Funcionário...	29

13. DIREITO PREVIDENCIÁRIO	
2. Financiamento da Seguridade Social	28
3. Beneficiários	35
5. Previdência Complementar	36
6. Previdência do Servidor Público	40
14. DIREITO PROCESSUAL CIVIL	
12. Teoria e Princípios	29
15. DIREITO PROCESSUAL CONSTITUCIONAL	
1. Controle Concentrado ... 1.1. ADI/ADC	31
3. Ações Constitucionais ... 3.6. Mandado de Segurança	28
17. DIREITO PROCESSUAL PENAL	
2. Do Inquérito Policial	31
14. Leis Especiais ... 14.1. Código de Processo Penal Militar	38
19. DIREITOS DIFUSOS E COLETIVOS	
5. Estatuto da Pessoa com Deficiência	38

2. TODOS OS TEMAS EXIGIDOS NAS PROVAS OBJETIVAS

A tabela abaixo indica visualmente o **grau de exigência** dos tópicos de cada disciplina. As questões objetivas são totalizadas por símbolos. Cada um dos símbolos utilizados agrega um conjunto de até cinco questões.

O gradiente/simbologia indica o número acumulado de questões em cada item, evidenciando o perfil estatístico que as bancas organizadoras adotam na feitura das provas.

CAPÍTULO / TÓPICOS	QUESTÕES
1. DIREITO ADMINISTRATIVO	
1. Agentes Públicos	○○○○○○●●●
2. Atos Administrativos	○○○○○○●●●ϟϟ
3. Bens Públicos	○○
4. Entes da Administração Pública	○○○○○○●●●ϟϟ
5. Improbidade Administrativa	○○○○○○●
6. Intervenção do Estado na Propriedade	○○○○
7. Licitações e Contratos	○○○○○○●●●ϟϟϟ💣💣💣☢☢☢☠☠
8. Processo Administrativo	○○○○○○●
9. Responsabilidade Civil do Estado	○○○○○
10. Serviços Públicos	○○○○○
11. Teoria, Poderes e Princípios	○○○○○○●●●ϟϟϟ
2. DIREITO AMBIENTAL	
1. Código Florestal	○○○
2. Constituição Federal	○○○
3. Gestão de Florestas Públicas	○
4. Lei da Biodiversidade	○

5. Lei dos Crimes Ambientais	○○○○○
6. Política Nacional de Recursos Hídricos	○
7. Política Nacional de Resíduos Sólidos	○
8. Política Nacional do Meio Ambiente	○○
9. Sist. Nac. de Unid. de Conservação	○○○
10. Licenciamento Ambiental	○○
11. Responsabilidade Ambiental	○○○
12. Teoria e Princípios	○○○
13. Tutela Processual	○
14. Temas Esparsos	○○
3. DIREITO CIVIL	
1. Das Pessoas	○○○○○○●●
2. Dos Bens	○○○○
3. Dos Fatos Jurídicos	○○○○○○●●●⚡⚡
4. Do Direito das Obrigações	○○○○○○●●●⚡⚡⚡💣💣💣☢☢☢☠☠☠☠...
5. Do Direito das Coisas	○○○○○○
6. Do Direito de Família	○○○○○
7. Do Direito das Sucessões	○○
8. Das Disposições Finais e Transitórias	-
9. Leis Especiais	○○○○○○●●●
4. DIREITO CONSTITUCIONAL	
1. Dos Princípios Fundamentais	○○○
2. Dos Direitos e Garantias Fundamentais	○○○○○○●●●⚡⚡⚡💣
3. Da Organização do Estado	○○○○○○●●●⚡⚡⚡💣💣
4. Da Organização dos Poderes	○○○○○○●●●⚡⚡⚡💣💣💣☢☢☢☠☠☠☠...
5. Da Defesa do Estado e das Instituições Democráticas	○○
6. Da Tributação e do Orçamento	○
7. Da Ordem Econômica e Financeira	○○○○○
8. Da Ordem Social	○○○
9. Das Disp. Constitucionais Gerais, ADCT	-
10. Teoria Constitucional	○○○○○○●●●⚡⚡⚡💣💣💣☢☢
5. DIREITO DA CRIANÇA E DO ADOLESCENTE	
1. Das Disposições Preliminares	○
2. Dos Direitos Fundamentais	○○
3. Da Prevenção	○
4. Da Política de Atendimento	○
5. Das Medidas de Proteção	○
6. Da Prática de Ato Infracional	○○○
7. Das Medidas Pertinentes aos Pais ou...	○
8. Do Conselho Tutelar	○○

9. Do Acesso à Justiça	○○
10. Dos Crimes e das Infrações Adm. ...	○
11. Leis Especiais	○
6. DIREITO DO CONSUMIDOR	
1. Disposições Gerais	○○○
2. Dos Direitos Básicos do Consumidor	○
3. Da Qualidade de Produtos e Serviços...	○○○○
4. Das Práticas Comerciais	○○○○
5. Da Proteção Contratual	○
6. Das Sanções Administrativas	○
7. Das Infrações Penais	○○
8. Da Defesa do Consumidor em Juízo	○○
9. Do Sist. Nac. de Defesa do Consumidor	○
10. Da Convenção Coletiva de Consumo	○
7. DIREITO DO TRABALHO	
1. Introdução	○○
2. Das Normas Gerais de Tutela...	○○○○○○
3. Das Normas Especiais de Tutela...	○○
4. Do Contrato Individual de Trabalho	○○○○○○●●●⚡⚡⚡
5. Da Organização Sindical	○○
6. Das Convenções Coletivas	○
7. Das Comissões de Conciliação Prévia	○
8. Do Processo de Multas Administrativas	-
9. Leis Especiais	○○
10. Responsabilidade Trabalhista	○
11. Teoria e Princípios	○
12. Terceirização	○
8. DIREITO ELEITORAL	
1. Código Eleitoral	○○○○○
2. Lei das Eleições	○○○○
3. Lei das Inelegibilidades	○○
4. Lei Geral dos Partidos Políticos	○○
5. Leis Esparsas	○
6. Normas Constitucionais	○○○○○
7. Ministério Público Eleitoral	○
9. DIREITO EMPRESARIAL	
1. Do Empresário	○
2. Da Empresa Individual de Resp. Limitada	○
3. Da Sociedade	○○○○○○●●
4. Do Estabelecimento	○○

5. Dos Institutos Complementares	○○
6. Dos Títulos de Crédito	○○○○
7. Contratos Mercantis	○○○
8. Direito da Concorrência	○○○
9. Estatuto da Microempresa e da EPP	○
10. Lei de Intervenção e Liquidação...	○
11. Lei de Propriedade Industrial	○○
12. Lei de Recuperação e Falência	○○○○
10. DIREITO FINANCEIRO	
1. Competência Legislativa	○○
2. Dívida Pública	○○○
3. Fisc. Contábil, Financeira e Orçamentária	○○○○○○●●●⚡⚡⚡
4. Lei de Responsabilidade Fiscal	○○○○○○
5. Orçamento Público	○○○○○○●●●⚡⚡⚡💣💣💣☢☢☢☠☠☠☠...
6. Precatórios	○○○
7. Receitas e Despesas	○○○○○○●●●⚡⚡⚡💣💣💣☢☢☢☠☠☠☠...
8. Repartição de Receitas Tributárias	○
9. Transferência de Recursos	○○
11. DIREITO INTERNACIONAL	
1. Direito Internacional Privado	○○○
2. Direito Internacional Público	○○○○○○●●
12. DIREITO PENAL	
1. Da Aplicação da Lei Penal	○○○
2. Do Crime	○○○○○○●
3. Da Imputabilidade Penal	○
4. Do Concurso de Pessoas	○○○
5. Das Penas	○○○○
6. Das Medidas de Segurança	○
7. Da Extinção da Punibilidade	○○○
8. Dos Crimes c/ a Pessoa	○○○
9. Dos Crimes c/ o Patrimônio	○○○○○
10. Dos Crimes c/ Org. do Trabalho...	○○
11. Dos Crimes c/ Sentimento Religioso/Respeito...	○
12. Dos Crimes c/ Dignidade Sexual	○○
13. Dos Crimes c/ Incolumidade/Paz Pública	○○
14. Dos Crimes c/ Fé Pública	○○○○○
15. Dos Crimes c/ Adm. Pública	○○○○○○●●●⚡
16. Teoria e Princípios	○○○○○○●●●⚡
17. Leis Especiais	○○○○○○●●●⚡⚡⚡💣💣💣☢☢☢☠☠☠☠...

13. DIREITO PREVIDENCIÁRIO	
1. Direito Processual Previdenciário	○○○
2. Financiamento da Seguridade Social	○○○○○
3. Beneficiários	○○○○○○
4. Prestações em Geral	○○○○○○●●●⚡⚡⚡💣💣
5. Previdência Complementar	○○○○○○●
6. Previdência do Servidor Público	○○○○○○●
7. Princípios Constitucionais	○○○○
8. Saúde e Assistência Social	○○○

14. DIREITO PROCESSUAL CIVIL	
1. Das Normas Processuais Civis	○○
2. Da Função Jurisdicional	○○○○○○●
3. Dos Sujeitos do Processo	○○○○○○●●●⚡
4. Dos Atos Processuais	○○○○○
5. Da Tutela Provisória	○○○○
6. Da Formação, da Suspensão e da...	○○
7. Do Processo de Conhecimento e do...	○○○○○○●●●⚡⚡⚡
8. Do Processo de Execução	○○○
9. Dos Processos nos Tribunais e dos...	○○○○○○●●●
10. Disposições Finais e Transitórias	-
11. Leis Especiais	○○○○○
12. Teoria e Princípios	○○○○○

15. DIREITO PROCESSUAL CONSTITUCIONAL	
1. Controle Concentrado	○○○○○○●●
2. Controle Difuso	○○
3. Ações Constitucionais	○○○○○○●●●⚡⚡⚡💣💣💣
4. Reclamação Constitucional	○
5. Súmula Vinculante	○

16. DIREITO PROCESSUAL DO TRABALHO	
1. Da Justiça do Trabalho	○○
2. Do Processo em Geral	○○○○○○●
3. Dos Dissídios Individuais	○○
4. Do Processo de Homologação de...	-
5. Dos Dissídios Coletivos	○
6. Da Execução	○○○○
7. Dos Recursos	○○○○
8. Outros Temas	○○○

17. DIREITO PROCESSUAL PENAL	
1. Disposições Preliminares	○○
2. Do Inquérito Policial	○○○○○○
3. Da Ação	○○○○
4. Da Competência	○○○○○
5. Das Questões e Processos Incidentes	○○○
6. Da Prova	○○○○○
7. Dos Sujeitos do Processo	○

8. Da Prisão, das Medidas Cautelares...	○○○○○
9. Das Citações e Intimações	○○○○
10. Da Sentença	○○
11. Dos Processos em Espécie	○○
12. Das Nulidades e dos Recursos em Geral	○○○○○
13. Disposições Gerais	○
14. Leis Especiais	○○○○○○●●●ϟϟϟ💣💣💣☢☢☢☠☠☠☠...
15. Teoria e Princípios	○○○○
18. DIREITO TRIBUTÁRIO	
1. Competência Tributária	○○
2. Tributos	○○○○
3. Legislação Tributária	○○○○
4. Obrigação Tributária	○○○○○
5. Crédito Tributário	○○○○○○●●●ϟ
6. Administração Tributária	○○○
7. Limitações do Poder de Tributar	○○○○○○●●●
8. Impostos em Espécie	○○○○○○
9. Lei de Execução Fiscal	○○
19. DIREITOS DIFUSOS E COLETIVOS	
1. ACP/Processo Coletivo	○○
2. Direito Sanitário	○
3. Direito Urbanístico	○○○○○
4. Direitos Humanos	○○○○○○●
5. Estatuto da Pessoa com Deficiência	○○○○○○●
6. Estatuto do Idoso	○○○○
7. Tutela da Educação	○

3. "TOP 5"

No texto do livro foram ressaltados os **conjuntos de temas mais exigidos nas provas objetivas**. São aglomerados de temas afins cujos conteúdos representam grandes porções daquilo que as provas exigem em determinadas disciplinas:

ORDEM	CAPÍTULO	TÓPICOS	QUESTÕES
1º	Direito Constitucional	Da Organização dos Poderes	195
2º	Direito Processual Penal	Leis Especiais	130
3º	Direito Financeiro	Orçamento Público	125
4º	Direito Penal	Leis Especiais	123
5º	Direito Financeiro	Receitas e Despesas	113

Todos alertados em quadros de atenção:

> **☞ 1º no TOP 5! ☜**
> **Com "x" questões, os temas deste tópico estão em primeiro lugar dentre os cinco maiores agregados de assuntos explorados pela Banca:**
> **TEMAS: "a", "b", "c", "d" etc.**

4. MAPA DA CONCENTRAÇÃO DAS QUESTÕES

Muitas vezes, revisões de véspera ou estudos focados para maximizar resultados exigem dos candidatos que procurem o "mapa da mina" das provas que vão enfrentar.

Pensando nisso, a tabela abaixo agrega os pontos de estudo mais relevantes de cada uma das disciplinas presentes no livro, indicando os temas principais que se deve abordar para resolver aquilo que "mais cai" nos concursos.

Demonstra o percentual representativo do somatório das questões destes pontos principais na matéria em estudo e leva o leitor "direto ao que interessa" para atingir a maior pontuação possível nas provas.

CAPÍTULO / TÓPICOS		%
1. DIREITO ADMINISTRATIVO		
2. Atos Administrativos + 7. Licitações e Contratos + 11. Teoria, Poderes e Princípios	=	**45,53%**
2. DIREITO AMBIENTAL		
1. Código Florestal + 2. Constituição Federal + 5. Lei dos Crimes Ambientais + 9. Sistema Nacional de Unidades de Conservação	=	**48,12%**
3. DIREITO CIVIL		
3. Dos Fatos Jurídicos + 4. Do Direito das Obrigações	=	**49,85%**
4. DIREITO CONSTITUCIONAL		
4. Da Organização dos Poderes + 10. Teoria Constitucional	=	**59,08%**
5. DIREITO DA CRIANÇA E DO ADOLESCENTE		
2. Dos Direitos Fundamentais + 6. Da Prática de Ato Infracional + 9. Do Acesso à Justiça	=	**52,54%**
6. DIREITO DO CONSUMIDOR		
3. Da Qualidade de Produtos e Serviços, da Prevenção... + 4. Das Práticas Comerciais	=	**45,68%**
7. DIREITO DO TRABALHO		
2. Das Normas Gerais de Tutela do Trabalho + 4. Do Contrato Individual de Trabalho	=	**67,39%**
8. DIREITO ELEITORAL		
1. Código Eleitoral + 6. Normas Constitucionais	=	**59,77%**

9. DIREITO EMPRESARIAL		
3. Da Sociedade + 12. Lei de Recuperação e Falência	=	44,29%
10. DIREITO FINANCEIRO		
5. Orçamento Público + 7. Receitas e Despesas	=	63,13%
11. DIREITO INTERNACIONAL		
Direito Internacional Público	=	75,44%
12. DIREITO PENAL		
15. Dos Crimes c/ Adm. Pública + 16. Teoria e Princípios + 17. Leis Especiais	=	55,18%
13. DIREITO PREVIDENCIÁRIO		
4. Prestações em Geral + 6. Previdência do Servidor Público	=	44,66%
14. DIREITO PROCESSUAL CIVIL		
3. Dos Sujeitos do Processo + 7. Do Processo de Conhecimento e do Cumprimento... + 9. Dos Processos nos Tribunais e dos Meios...	=	48,77%
15. DIREITO PROCESSUAL CONSTITUCIONAL		
3. Ações Constitucionais	=	57,35%
16. DIREITO PROCESSUAL DO TRABALHO		
2. Do Processo em Geral + 7. Dos Recursos	=	52,78%
17. DIREITO PROCESSUAL PENAL		
2. Do Inquérito Policial + 6. Da Prova + 14. Leis Especiais	=	52,23%
18. DIREITO TRIBUTÁRIO		
5. Crédito Tributário + 7. Limitações do Poder de Tributar	=	45,09%
19. DIREITOS DIFUSOS E COLETIVOS		
4. Direitos Humanos + 5. Estatuto da Pessoa com Deficiência	=	58,27%

1. DIREITO ADMINISTRATIVO

1. AGENTES PÚBLICOS

»»Vide capítulo Direito Previdenciário (Previdência do Servidor Público).

1.1. Disposições Gerais

◉ ATENÇÃO: ESTE TEMA É MUITO EXIGIDO NOS CONCURSOS!

✱ SÚMULAS

STF Súm. 22. O estágio probatório não protege o funcionário contra a extinção do cargo.

STF Súm. 36. Servidor vitalício está sujeito a aposentadoria compulsória, em razão da idade.

STF Súm. 39. À falta de lei, funcionário em disponibilidade não pode exigir, judicialmente, o seu aproveitamento, que fica subordinado ao critério de conveniência da Administração.

STF Súm. 46. Desmembramento de serventia de justiça não viola o princípio de vitaliciedade do serventuário.

STF Súm. 47. Reitor de universidade não é livremente demissível pelo Presidente da República durante o prazo de sua investidura.

STJ Súm. 137. Compete à justiça comum estadual processar e julgar ação de servidor público municipal, pleiteando direitos relativos ao vínculo estatutário.

STJ Súm. 173. Compete à justiça federal processar e julgar o pedido de reintegração em cargo público federal, ainda que o servidor tenha sido dispensado antes da instituição do Regime Jurídico Único.

STJ Súm. 346. É vedada aos militares temporários, para aquisição de estabilidade, a contagem em dobro de férias e licenças não gozadas.

TST OJ/SDI1 216. Aos servidores públicos celetistas é devido o vale-transporte, instituído pela Lei n. 7.418/85, de 16 de dezembro de 1985.

TST OJ/SDI1 247. I. A despedida de empregados de empresa pública e de sociedade de economia mista, mesmo admitidos por concurso público, independe de ato motivado para sua validade; II. A validade do ato de despedida do empregado da Empresa Brasileira de Correios e Telégrafos (ECT) está condicionada à motivação, por gozar a empresa do mesmo tratamento destinado à Fazenda Pública em relação à imunidade tributária e à execução por precatório, além das prerrogativas de foro, prazos e custas processuais.

TST OJ/SDI1 339. As empresas públicas e as sociedades de economia mista estão submetidas à observância do teto remuneratório previsto no inciso XI do art. 37 da CF/1988, sendo aplicável, inclusive, ao período anterior à alteração introduzida pela Emenda Constitucional n. 19/1998.

TST OJ/SDI1 366. Ainda que desvirtuada a finalidade do contrato de estágio celebrado na vigência da Constituição Federal de 1988, é inviável o reconhecimento do vínculo empregatício com ente da Administração Pública direta ou indireta, por força do art. 37, II, da CF/1988, bem como o deferimento de indenização pecuniária, exceto em relação às parcelas previstas na Súmula n. 363 do TST, se requeridas.

✱ REPERCUSSÃO & REPETITIVOS

STF Repercussão Geral 403. É compatível com a CF a previsão legal que exija o transcurso de 24 (vinte e quatro) meses, contados do término do contrato, antes de nova admissão de professor temporário anteriormente contratado. (RE 635648, 14.6.2017)

STF Repercussão Geral 541. I. O exercício do direito de greve, sob qualquer forma ou modalidade, é vedado aos policiais civis e a todos os servidores públicos que atuem diretamente na área de segurança pública. II. É obrigatória a participação do Poder Público em mediação instaurada pelos órgãos classistas das carreiras de segurança pública, nos termos do art. 165 do NCPC, para vocalização dos interesses da categoria (ARE 654432, 5.4.2017)

STF Repercussão Geral 544. A justiça comum, federal ou estadual, é competente para julgar a abusividade de greve de servidores públicos celetistas da Administração pública direta, autarquias e fundações públicas. (RE 846854, 25.5.2017)

* INFORMATIVOS DE JURISPRUDÊNCIA

ADI e providências diante de greve de servidores públicos

STF Julgado improcedente pedido em ADI contra decreto estadual que dispõe sobre as providências a serem adotadas em caso de paralisação de servidores públicos estaduais a título de greve. A norma impugnada determina: i) a convocação dos grevistas a reassumirem seus cargos; ii) a instauração de processo administrativo disciplinar; iii) o desconto em folha de pagamento dos dias de greve; e iv) a contratação temporária de servidores. Prevê, ainda, a exoneração dos ocupantes de cargo de provimento temporário e de função gratificada que participarem da greve. Trata-se de decreto de caráter autônomo, que disciplina, nos termos da competência reservada ao chefe do Poder Executivo pelo art. 84, IV, da CF, as consequências – estritamente administrativas – do ato de greve dos servidores públicos e as providências a serem adotadas pelos agentes públicos no sentido de dar continuidade aos serviços públicos. O decreto não cuida especificamente do direito de greve do servidor público, não regulamenta seu exercício e, ainda que o fizesse, essa matéria não está incluída entre aquelas tidas como de Direito do Trabalho, pois o vínculo do servidor com a Administração Pública não é de natureza trabalhista, mas estatutária. A norma impugnada está em consonância com a orientação fixada no julgamento do MI 708, que determinou, até a edição da legislação específica a que se refere o art. 37, VII, da CF, a aplicação das Leis 7.701/1988 e 7.783/1989 aos conflitos e às ações judiciais que envolvam a interpretação do direito de greve dos servidores públicos civis. No que se refere à possibilidade de contratação temporária excepcional, concluiu que o Poder Público tem o dever constitucional de prestar serviços essenciais que não podem ser interrompidos, e que a contratação, no caso, foi limitada ao período de duração da greve e apenas para garantir a continuidade dos serviços. Ademais, a jurisprudência do STF reconhece a inconstitucionalidade da contratação temporária excepcional para admissão de servidores para funções burocráticas ordinárias e permanentes. ADI 1335, Rel. Min. Cármen Lúcia, j. 13.6.2017. Pleno. (Info 906).

Servidor público. Médico do trabalho. Cargo de auditor-fiscal. Enquadramento. Cumulação com outro vínculo como médico. Impossibilidade.

STJ O Auditor Fiscal do Trabalho, com especialidade em medicina do trabalho, não pode cumular o exercício do seu cargo com outro da área de saúde. 1ª T. REsp 1.460.331, Rel. Acd. Min. Gurgel de Faria, DJ 7.5.2018. (Info 625)

Servidor Público. Remoção de cônjuge a pedido. Acompanhamento. Art. 36, III, "a", da Lei 8.112/90.

STJ O servidor público federal somente tem direito à remoção prevista no art. 36, parágrafo único, III, "a", da Lei 8.112/90, na hipótese em que o cônjuge/companheiro, também servidor, tenha sido deslocado de ofício, para atender ao interesse da Administração (nos moldes do inciso I do mesmo dispositivo). EREsp 1.247.360, Rel. Min. Benedito Gonçalves, DJ 29.11.2017. 1ª S. (Info 617)

* QUESTÕES DISCURSIVAS

01. **(Cespe/TRT/8R/Analista/2016)** Após regular aprovação em concurso público, Maria, casada com João, que não é servidor público, tomou posse em cargo efetivo no Tribunal Regional do Trabalho do Estado X. No entanto, Maria é domiciliada no estado Y, motivo pelo qual gostaria de ser removida para o Tribunal Regional do Trabalho do Estado Y. Para tanto, logo após tomar posse, com base no princípio da preservação da unidade familiar, previsto na CF, Maria requereu a sua remoção a pedido para ficar com a sua família. Com base nas disposições legais e no entendimento jurisprudencial do STJ, faça uma análise jurídica da situação hipotética apresentada. Ao elaborar seu texto, (i) discorra sobre o instituto da remoção, apresentando seu conceito e suas modalidades; (ii) discuta a possibilidade de o pleito de Maria ser atendido.

* QUESTÕES OBJETIVAS

01. **(Cespe/STM/Técnico/2018)** A competência pública conferida para o exercício das atribuições dos agentes públicos é intransferível, mas renunciável a qualquer tempo.

02. **(Cespe/STM/Analista/2018)** Após ser empossado, o servidor que não entrar em exercício no prazo legal será exonerado.

03. **(Cespe/STM/Analista/2018)** A legislação que dispõe sobre o regime estatutário prevê a possibilidade de o servidor público, em determinadas hipóteses, pedir remoção para outra localidade, independentemente do interesse da administração pública.

04. **(Cespe/STM/Analista/2018)** Provimento é o ato emanado da pessoa física designada para ocupar um cargo público, por meio do qual ela inicia o exercício da função a que fora nomeada.

05. **(Cespe/STM/Técnico/2018)** Os empregados das empresas públicas submetem-se ao regime celetista e, por isso, estão fora do rol de agentes públicos.

06. **(Cespe/STM/Técnico/2018)** Em que pese ocuparem cargos eletivos, as pessoas físicas que compõem o Poder Legislativo são consideradas agentes públicos.

07. **(Cespe/CGM/João_Pessoa/Auditor/2018)** A garantia constitucional de permanecer no cargo público após três anos de efetivo exercício denomina-se efetividade.

08. **(Cespe/Sefaz/RS/Auditor/2018)** Maria, ocupante do cargo de assistente social do estado do Rio Grande do Sul, prestou concurso público para o emprego de enfermeira em uma sociedade de economia mista federal. Há compatibilidade de horários no exercício cumulativo das duas funções. Conforme o entendimento do STF, nessa situação Maria

a) não pode acumular as duas funções, pois a Constituição Federal de 1988 (CF) apenas permite a acumulação remunerada de cargo público quando um deles é de nível médio.
b) não pode acumular as duas funções, pois o cargo de assistente social não é considerado cargo da área da saúde.
c) pode acumular as duas funções, pois a situação está abarcada nas hipóteses excepcionais de acumulação remunerada de cargos e empregos públicos.
d) pode acumular as duas funções, pois a proibição constitucional de acumulação apenas abarca cargos e empregos no âmbito de um mesmo ente federativo.
e) pode acumular as duas funções, uma vez que a Constituição Federal de 1988 (CF) permite a acumulação remunerada de um cargo de profissional de saúde com outro técnico ou científico.

09. **(Cespe/TCE/PE/Analista_Gestão/2017)** Demissão, promoção ou morte de servidor público são situações que geram vacância do cargo público.

10. **(Cespe/Sefaz/RS/Auditor/2018)** Conforme o STF, no que se refere às carreiras de segurança pública, o exercício do direito de greve é

a) vedado aos policiais civis e a todos os servidores públicos que atuem diretamente na área de segurança pública.
b) permitido aos servidores públicos civis e aos militares.
c) permitido apenas aos policiais civis, salvo em caso de estado de sítio e estado de defesa.
d) permitido apenas aos policiais civis que atuem diretamente na área de segurança pública.
e) vedado aos policiais civis, salvo se essa atividade for suprida por órgão da iniciativa privada.

11. **(Cespe/TCE/PE/Analista_Gestão/2017)** De acordo com a CF, é vedada a contratação de servidor público por tempo determinado.

12. **(Cespe/TRE/PE/Analista/2017)** O servidor público titular de cargo efetivo de determinada autarquia federal que passe a exercer mandato de deputado estadual:

a) ficará afastado do cargo efetivo e receberá apenas a remuneração do cargo eletivo.
b) ficará afastado do cargo efetivo, podendo optar pela remuneração do cargo efetivo ou do cargo eletivo.
c) poderá desempenhar os dois cargos se houver compatibilidade de horários, caso em que perceberá as vantagens do cargo efetivo, sem prejuízo da remuneração do cargo eletivo, independentemente de submissão ao teto remuneratório.
d) poderá desempenhar os dois cargos mesmo se houver incompatibilidade de horários, caso em que perceberá as vantagens do cargo efetivo, sem prejuízo da remuneração do cargo eletivo, observado o teto remuneratório.
e) poderá ou não se licenciar do cargo efetivo, mas, caso não se licencie, perceberá apenas a remuneração do cargo efetivo.

13. **(Cespe/PGM/Fortaleza/Procurador/2017)** Caso um procurador municipal assuma mandato de deputado estadual, ele deve, obrigatoriamente, se afastar de seu cargo efetivo, devendo seu tempo de serviço ser contado para todos os efeitos legais durante o afastamento, exceto para promoção por merecimento.

14. **(Cespe/TRF/1R/Técnico/2017)** Não há vedação para que servidor público que esteja em gozo de licença para tratar de interesse particular participe da gerência ou administração de sociedade privada.

15. **(Cespe/TRF/1R/Técnico/2017)** Quando um servidor público federal é removido a pedido, com mudança de sede, independentemente do interesse da administração e por motivo de saúde própria, ele faz jus à ajuda de custo no valor de uma remuneração.

16. **(Cespe/TRF/1R/Técnico/2017)** A avaliação especial de desempenho, obrigatória para que servidor adquira a estabilidade, será realizada pelo superior direto do servidor: não há a necessidade de se instituir comissão específica para esse fim.

17. **(Cespe/TRF/1R/Técnico/2017)** A Constituição Federal prevê a possibilidade de contratação de servidor por tempo determinado para atender necessidade temporária de excepcional interesse público.

18. **(Cespe/TRF/1R/Técnico/2017)** Sérgio, aprovado em concurso público, foi nomeado em vinte de outubro de 2015. Um ano e dois meses depois, após ter sido aprovado em outro concurso público, entrou em exercício no novo órgão público no dia quinze de janeiro de 2017. No entanto, durante o estágio probatório, ele se arrependeu da nova investidura e decidiu retornar ao cargo que havia ocupado anteriormente. Nessa situação, Sérgio terá direito a retornar ao cargo anteriormente ocupado em virtude do instituto da recondução.

19. **(Cespe/TRF/1R/Técnico/2017)** Para que pessoas físicas que colaboram com o poder público sejam consideradas agentes públicos é necessário que elas, obrigatoriamente, tenham vínculo empregatício com a administração pública e sejam por esta remuneradas, como ocorre, por exemplo, com os leiloeiros, tradutores e intérpretes públicos.

20. **(Cespe/TRT/7R/Técnico/2017)** Caso determinado cargo público seja extinto, o servidor estável ocupante desse cargo ficará em disponibilidade:

a) com remuneração proporcional ao tempo de serviço, até serem preenchidas as condições necessárias para o seu adequado aproveitamento em outro cargo.
b) com remuneração integral, até serem preenchidas as condições necessárias para a sua aposentadoria.
c) com remuneração integral, até o seu adequado aproveitamento em outro cargo.
d) sem remuneração, até o seu adequado aproveitamento em outro cargo.

21. **(Cespe/TRF/1R/Analista/2017)** Servidor aposentado por invalidez poderá retornar à atividade caso junta médica oficial declare insubsistentes os motivos da sua aposentadoria, hipótese em que se procederá à reversão do servidor.

22. **(Cespe/TRT/7R/Técnico/2017)** Na hipótese de acumular ilegalmente cargos, empregos, ou funções públicas, o funcionário público estará sujeito à penalidade disciplinar de:

a) destituição de cargo em comissão.
b) suspensão.
c) demissão.
d) advertência.

23. **(Cespe/TRF/1R/Analista/2017)** A redução dos riscos inerentes ao trabalho, por meio da implementação de normas de saúde, higiene e segurança, é direito dos trabalhadores em geral, sendo aplicável também aos servidores ocupantes de cargos públicos.

24. **(Cespe/TRT/7R/Analista/2017)** Aprovado em concurso para cargo público federal, Carlos foi nomeado no dia 6/11/2017 e tomou posse no dia 21 do mesmo mês e ano. Trinta dias depois, Carlos se apresentou para entrar em exercício. Nessa situação hipotética, de acordo com a Lei n. 8.112/1990, a administração pública deverá:

a) demitir o servidor.
b) exonerar o servidor.
c) tornar sem efeito o exercício do servidor.
d) tornar sem efeito o ato de provimento do servidor.

25. **(Cespe/TRF/1R/Analista/2017)** Servidor público poderá acumular o seu cargo público com emprego público remunerado vinculado a sociedade de economia mista.

26. **(Cespe/TRT/7R/Analista/2017)** Matilde, servidora pública federal do TRT 7ª Região, será removida, por interesse do serviço, da 1ª Vara do Trabalho da Região do Cariri para a 1ª Vara do Trabalho de Sobral. Sendo a mudança de caráter permanente, caberá ao tribunal compensar as despesas de instalação da servidora na nova sede.

Nessa situação, de acordo com a Lei n. 8.112/1990, Matilde terá o direito à percepção da indenização denominada:

a) diárias.

b) transporte.

c) auxílio-moradia.

d) ajuda de custo.

27. **(Cespe/TRF/1R/Analista/2017)** André integra a diretoria de uma organização de sociedade civil de interesse público e foi nomeado para ocupar cargo público efetivo. Nessa situação, de acordo com a legislação vigente, André poderá continuar integrando a diretoria da entidade mesmo após tomar posse no cargo público.

28. **(Cespe/TRT/7R/Analista/2017)** A respeito do regime constitucional aplicável aos servidores públicos e ao Poder Legislativo, assinale a opção correta:

a) É automática, segundo o STF, a perda do mandato de parlamentar que sofrer condenação criminal em sentença transitada em julgado.

b) Comissões parlamentares de inquérito, seja em nível federal, seja em nível estadual ou municipal, não podem, por si, determinar a quebra de sigilo bancário de investigado, já que tal informação está sujeita à cláusula constitucional de reserva de jurisdição, conforme o entendimento do STF.

c) À servidora ocupante de cargo público é assegurada a proteção ao mercado de trabalho, mediante incentivos específicos, nos termos da lei.

d) Os servidores públicos serão aposentados compulsoriamente, com proventos proporcionais ao tempo de contribuição, aos setenta anos de idade ou aos setenta e cinco anos de idade, na forma de lei específica.

29. **(Cespe/TRF/1R/Analista/2017)** Servidores públicos que paralisem suas atividades por trinta e um dias consecutivos em razão de adesão a movimento grevista, mesmo com o cumprimento das devidas formalidades legais relativas à greve, poderão ser demitidos por abandono de cargo, desde que respeitados os princípios do devido processo legal e da ampla defesa.

30. **(Cespe/TCE/PE/Auditor/2017)** Caso os servidores dos tribunais de contas estaduais exerçam seu direito de greve, serão aplicadas, no que couberem, as disposições da legislação que tratam do direito de greve na iniciativa privada, em razão de omissão legislativa.

1.2. Cargo em Comissão/Função de Confiança

*** SÚMULAS**

STF Súm. Vinculante 13. A nomeação de cônjuge, companheiro ou parente em linha reta, colateral ou por afinidade, até o terceiro grau, inclusive, da autoridade nomeante ou de servidor da mesma pessoa jurídica, investido em cargo de direção, chefia ou assessoramento, para o exercício de cargo em comissão ou de confiança, ou, ainda, de função gratificada na Administração Pública direta e indireta, em qualquer dos Poderes da União, dos Estados, do Distrito Federal e dos municípios, compreendido o ajuste mediante designações recíprocas, viola a Constituição Federal.

STF Súm. 8. Diretor de sociedade de economia mista pode ser destituído no curso do mandato.

STF Súm. 25. A nomeação a termo não impede a livre demissão, pelo Presidente da República, de ocupante de cargo dirigente de autarquia.

STJ Súm. 218. Compete à justiça dos estados processar e julgar ação de servidor estadual decorrente de direitos e vantagens estatutárias no exercício de cargo em comissão.

*** REPERCUSSÃO & REPETITIVOS**

STF Repercussão Geral 454. A nomeação tardia de candidatos aprovados em concurso público, por meio de ato judicial, à qual atribuída eficácia retroativa, não gera direito às promoções ou progressões funcionais que alcançariam houvesse ocorrido, a tempo e modo, a nomeação. (RE 629392, 8.6.2017)

STF Repercussão Geral 509. A comprovação do triênio de atividade jurídica exigida para o ingresso no cargo de juiz substituto, nos termos do inc. I do art. 93 da CF, deve ocorrer no momento da inscrição definitiva no concurso público. (RE 655265, 13.4.2016)

STF Repercussão Geral 763. 1. Os servidores ocupantes de cargo exclusivamente em comissão não se submetem à regra da aposentadoria compulsória prevista no art. 40, § 1º, II, da CF, a qual atinge apenas os ocupantes de cargo de provimento efetivo, inexistindo, também, qualquer idade limite para fins de nomeação a cargo em comissão; 2. Ressalvados impedimentos de ordem infraconstitucional, não há óbice constitucional a que o servidor efetivo aposentado compulsoriamente permaneça no cargo comissionado que já desempenhava ou a que seja nomeado para cargo de livre nomeação e exoneração, uma vez que não se trata de continuidade ou criação de vínculo efetivo com a Administração. (RE 786540, 15.12.2016)

STF Repercussão Geral 784. O surgimento de novas vagas ou a abertura de novo concurso para o mesmo cargo, durante o prazo de validade do certame anterior, não gera automaticamente o direito à nomeação dos candidatos aprovados fora das vagas previstas no edital, ressalvadas as hipóteses de preterição arbitrária e imotivada por parte da administração, caracterizada por comportamento tácito ou expresso do Poder Público capaz de revelar a inequívoca necessidade de nomeação do aprovado durante o período de validade do certame, a ser demonstrada de forma cabal pelo candidato. Assim, o direito subjetivo à nomeação do candidato aprovado em concurso público exsurge nas seguintes hipóteses: I. Quando a aprovação ocorrer dentro do número de vagas dentro do edital; II. Quando houver preterição na nomeação por não observância da ordem de classificação; III. Quando surgirem novas vagas, ou for aberto novo concurso durante a validade do certame anterior, e ocorrer a preterição de candidatos de forma arbitrária e imotivada por parte da administração nos termos acima. (RE 837311, 14.10.2015)

STF Repercussão Geral 838. Editais de concurso público não podem estabelecer restrição a pessoas com tatuagem, salvo situações excepcionais em razão de conteúdo que viole valores constitucionais. (RE 898450, 17.8.2016)

STF Repercussão Geral 916. A contratação por tempo determinado para atendimento de necessidade temporária de excepcional interesse público realizada em desconformidade com os preceitos do art. 37, IX, da CF não gera quaisquer efeitos jurídicos válidos em relação aos servidores contratados, com exceção do direito à percepção dos salários referentes ao período trabalhado e, nos termos do art. 19-A da Lei 8.036/90, ao levantamento dos depósitos efetuados no FGTS. (RE 765320, 16.9.2016)

* QUESTÕES OBJETIVAS

31. **(Cespe/PC/MA/Escrivão/2018)** De acordo com a CF, as funções de confiança

a) devem ser preenchidas exclusivamente por servidores estáveis e ocupantes de cargo efetivo.
b) destinam-se a atribuições de coordenação que demandem relação de confiança pessoal.
c) devem ser preenchidas por servidores de carreira nos percentuais mínimos previstos em lei.
d) podem ser preenchidas indistintamente por servidores ou não servidores, e seus ocupantes são demissíveis ad nutum.
e) destinam-se apenas às atribuições de direção, chefia e assessoramento.

32. **(Cespe/STM/Analista/2018)** As funções de confiança, correspondentes a encargos de direção, chefia ou assessoramento, só podem ser exercidas por titulares de cargos efetivos.

33. **(Cespe/DPU/Analista/2016)** A investidura em cargo público em comissão ocorre com a nomeação e independe de prévia habilitação em concurso público.

1.3. Concurso Público

* SÚMULAS

STF Súm. Vinculante 43. É inconstitucional toda modalidade de provimento que propicie ao servidor investir-se, sem prévia aprovação em concurso público destinado ao seu provimento, em cargo que não integra a carreira na qual anteriormente investido.

STF Súm. Vinculante 44. Só por lei se pode sujeitar a exame psicotécnico a habilitação de candidato a cargo público.

STF Súm. 15. Dentro do prazo de validade do concurso, o candidato aprovado tem o direito a nomeação, quando o cargo for preenchido sem observância da classificação.

STF Súm. 16. Funcionário nomeado por concurso tem direito a posse.

STF Súm. 17. A nomeação de funcionário sem concurso pode ser desfeita antes da posse.

STF Súm. 683. O limite de idade para a inscrição em concurso público só se legitima em face do art. 7º, XXX, da Constituição, quando possa ser justificado pela natureza das atribuições do cargo a ser preenchido.

STF Súm. 684. É inconstitucional o veto não motivado à participação de candidato a concurso público.

STJ Súm. 266. O diploma ou habilitação legal para o exercício do cargo deve ser exigido na posse e não na inscrição para o concurso público.

STJ Súm. 377. O portador de visão monocular tem direito de concorrer, em concurso público, às vagas reservadas aos deficientes.

STJ Súm. 552. O portador de surdez unilateral não se qualifica como pessoa com deficiência para o fim de disputar as vagas reservadas em concursos públicos.

TST Súm. 363. A contratação de servidor público, após a CF/1988, sem prévia aprovação em concurso público, encontra óbice no respectivo art. 37, II e § 2º, somente lhe conferindo direito ao pagamento da contraprestação pactuada, em relação ao número de horas trabalhadas, respeitado o valor da hora do salário mínimo, e dos valores referentes aos depósitos do FGTS.

TST Súm. 430. Convalidam-se os efeitos do contrato de trabalho que, considerado nulo por ausência de concurso público, quando celebrado originalmente com ente da administração pública indireta, continua a existir após a sua privatização.

TST OJ/SDI1 335. A nulidade da contratação sem concurso público, após a CF/1988, bem como a limitação de seus efeitos, somente poderá ser declarada por ofensa ao art. 37, II, se invocado concomitantemente o seu § 2º, todos da CF/1988.

TST OJ/SDI1 65. O acesso de professor adjunto ao cargo de professor titular só pode ser efetivado por meio de concurso público, conforme dispõem os arts. 37, inciso II, e 206, inciso V, da CF/88.

TST OJ/SDI2 38. A assunção do professor-adjunto ao cargo de professor titular de universidade pública, sem prévia aprovação em concurso público, viola o art. 206, inciso V, da Constituição Federal. Procedência do pedido de rescisão do julgado.

TST OJ/SDI2 128. O certame público posteriormente anulado equivale à contratação realizada sem a observância da exigência contida no art. 37, II, da Constituição Federal de 1988. Assim sendo, aplicam-se à hipótese os efeitos previstos na Súmula n. 363 do TST.

✱ INFORMATIVOS DE JURISPRUDÊNCIA

CNJ e anulação de concurso público

STF Cassado ato do CNJ que, nos autos de processo de controle administrativo, determinou a anulação de concurso público para admissão nas serventias extrajudiciais no Estado do Rio de Janeiro. No caso, a anulação se deu em razão da incompatibilidade com os princípios da moralidade e da impessoalidade, caracterizada pela existência de relacionamento pessoal entre o presidente da comissão do concurso e duas candidatas aprovadas. O CNJ também assentou a parcialidade da comissão examinadora ao entender que houve favorecimento das candidatas na correção das questões das provas. O CNJ, na sua competência de controle administrativo, não pode substituir-se ao examinador, seja nos concursos para o provimento de cargos em cartórios, seja em outros concursos para provimento de cargos de juízes ou de servidores do Poder Judiciário. As duas candidatas não puderam se manifestar após o aditamento do requerimento inicial no âmbito do CNJ, situação que ampliou substancialmente o objeto da apuração ao acrescentar novas causas de pedir que, ao final, constituíram-se os fundamentos únicos do ato combatido. Nesse contexto, ocorreu violação da garantia do devido processo legal, tendo em vista a ausência de nova notificação dos interessados para que se manifestassem sobre os novos fundamentos. Também não é possível afirmar a existência de irregularidade ou favorecimento a ensejar a medida extrema adotada pelo CNJ, uma vez que o conselho entendeu haver "fortes indicações de parcialidade", sem, contudo, demonstrar as "evidências de favorecimento" que justificaram anulação de todo o concurso. MS 28775, Rel. Acd. Min. Ricardo Lewandowski, j. 17.10.2017. 2ª T. (Info 882)

Constituição Federal de 1988 e defensores admitidos sem concurso público

STF Lei complementar estadual que permitiu a incorporação de advogados admitidos sem a realização de concurso público à defensoria, foi declarada inconstitucional pela Suprema Corte no julgamento da ADI 1199, ressaltados os efeitos "ex tunc" da decisão. Nesse sentido, a administração estadual solicitou o cumprimento da sentença da ADI e, por conseguinte, o desligamento dos advogados, alegando que sua manutenção estaria causando prejuízos à instituição. Dessa forma, a Turma decidiu pela regularização da composição da defensoria, no sentido de substituir os advogados contratados pelos indivíduos aprovados em concurso que aguardam na fila, visando à organização mais eficiente e apropriada da administração. Conforme tese fixada em repercussão geral (Tema 476), os princípios da segurança jurídica e da proteção da confiança legítima não podem justificar a manutenção no cargo de candidato admitido sem concurso público. Inaplicável o disposto no art. 22 do ADCT ao caso em questão, visto que a contratação dos advogados se deu após a instalação da constituinte. RE 856550, Rel. Acd. Min. Alexandre de Moraes, j. 10.10.2017. 1ª T. (Info 881)

Concurso público. Nomeação tardia. Erro reconhecido pela Administração. Indenização. Remuneração retroativa. Impossibilidade.

STJ A nomeação tardia de candidatos aprovados em concurso público não gera direito à indenização, ainda que a demora tenha origem em erro reconhecido pela própria Administração Pública. REsp 1.238.344, Rel. Min. Sérgio Kukina, DJ 19.12.2017. 1ª T. (Info 617)

Concurso público. Candidato aprovado fora do número de vagas. Desistência de candidatos melhor classificados. Impetrante que passa a figurar no número de vagas previstas no edital. Direito à nomeação. Existência. Segurança concedida.

STJ A desistência de candidatos melhor classificados em concurso público convola a mera expectativa em direito líquido e certo, garantindo a nomeação dos candidatos que passarem a constar dentro do número de vagas previstas no edital. RMS 53.506, Rel. Min. Regina Helena Costa, DJe 29.9.2017. 1ª T. (Info 612)

Concurso público. Defensoria Pública da União. Comprovação de atividade jurídica. Interregno bienal ou trienal. Previsão legal expressa. Regramento editalício distinto. Ilegalidade.

STJ Os requisitos para o ingresso na carreira de Defensor Público da União estabelecidos pelo art. 26 da Lei Complementar n. 80/1994 devem prevalecer mesmo após o advento da EC 80/2014, que possibilitou a aplicação à instituição, no que couber, do disposto no art. 93 da CF/88 – que dispõe sobre o Estatuto da Magistratura. REsp 1.676.831, Rel. Min. Mauro Campbell Marques, DJe 14.9.2017. 2ª T. (Info 611)

Concurso Público. Teste de aptidão física. Modificação na ordem de aplicação das provas. Prévia divulgação por edital complementar. Isonomia. Legalidade.

STJ A simples alteração na ordem de aplicação das provas de teste físico em concurso público, desde que anunciada com antecedência e aplicada igualmente a todos, não viola direito líquido e certo dos candidatos inscritos. RMS 36.064, Rel. Min. Sérgio Kukina, DJ 22.6.2017. 1ª T. (Info 608)

* INOVAÇÕES LEGISLATIVAS

▲ Lei de Contratação Temporária pelo Poder Público (Lei 8.745/93)

▲ Art. 2º Considera-se necessidade temporária de excepcional interesse público: (...). XII – admissão de profissional de nível superior especializado para atendimento a pessoas com deficiência, nos termos da legislação, matriculadas regularmente em cursos técnicos de nível médio e em cursos de nível superior nas instituições federais de ensino, em ato conjunto do Ministério do Planejamento, Desenvolvimento e Gestão e do Ministério da Educação. (Modificações: Lei 13.530/17)

* QUESTÕES OBJETIVAS

34. **(Cespe/PC/GO/Delegado/2017)** A respeito da administração pública, assinale a opção correta de acordo com a CF:

a) Desde a promulgação da CF, não houve, até o presente, inovação a respeito dos princípios constitucionais da administração pública por meio de emenda constitucional.

b) A previsão constitucional de que a investidura em cargo ou emprego público depende de aprovação prévia em concurso público decorre exclusivamente do princípio da razoabilidade administrativa.

c) Em oposição ao que diz o texto constitucional, o STF já se posicionou contrário à cobrança de contribuição previdenciária dos servidores públicos aposentados e pensionistas.

d) Caso um deputado estadual nomeie sua tia materna como assessora de seu gabinete, não haverá violação à súmula vinculante que trata do nepotismo, pois esta veda a nomeação de colaterais de até o segundo grau.

e) Segundo o STF, candidato aprovado em concurso público dentro do número de vagas previsto no edital e dentro do prazo de validade do certame terá direito subjetivo à nomeação.

35. **(Cespe/TCE/PE/Analista_Gestão/2017)** Os cargos públicos podem ser providos somente mediante nomeação em concurso público.

36. **(Cespe/TRF/5R/Juiz/2017)** Com base no princípio da igualdade, o STF julgou constitucional a Lei das Cotas Raciais (Lei n. 12.990/2014), que reserva para negros o percentual de vinte por cento das vagas oferecidas nos concursos públicos para provimento de cargos efetivos e empregos públicos. De acordo com o STF, contudo, tal percentual abrange apenas a administração:

a) direta, autárquica e fundacional do Poder Executivo federal.
b) pública federal direta e indireta, no âmbito dos três Poderes.
c) pública federal, estadual, distrital e municipal, no âmbito do respectivo Poder Executivo.
d) direta do Poder Executivo federal.
e) direta e indireta do Poder Executivo federal.

37. **(Cespe/DPE/AC/Defensor/2017)** Com base nas disposições constitucionais e na jurisprudência do STF, julgue os itens a seguir, a respeito de concursos públicos.

I. Existindo previsão em edital, as provas de títulos poderão ter natureza eliminatória ou classificatória.
II. Candidato condenado em ação penal, ainda que não transitada em julgado, poderá ser excluído do certame na fase de investigação social.
III. O exame psicotécnico deverá ser previsto em lei e basear-se em critérios objetivos de reconhecido caráter científico.
IV. Editais de concurso público não podem estabelecer restrição a pessoas com tatuagem, salvo em razão de conteúdo que afronte valores constitucionais.

Estão certos apenas os itens:

a) I e II.
b) I e III.
c) II e III.
d) II e IV.
e) III e IV.

38. **(Cespe/PGM/Fortaleza/Procurador/2017)** Havendo previsão no edital que regulamenta o concurso, é legítima a exigência de exame psicotécnico para a habilitação de candidato a cargo público.

1.4. Regras Remuneratórias

✱ SÚMULAS

STF Súm. Vinculante 4. Salvo os casos previstos na Constituição Federal, o salário mínimo não pode ser usado como indexador de base de cálculo de vantagem de servidor público ou de empregado, nem ser substituído por decisão judicial.

STF Súm. Vinculante 15. O cálculo de gratificações e outras vantagens do servidor público não incide sobre o abono utilizado para se atingir o salário mínimo.

STF Súm. Vinculante 16. Os artigos 7º, IV, e 39, § 3º (redação da EC 19/98), da Constituição, referem-se ao total da remuneração percebida pelo servidor público.

STF Súm. Vinculante 34. A Gratificação de Desempenho de Atividade de Seguridade Social e do Trabalho – GDASST, instituída pela Lei 10.483/2002, deve ser estendida aos inativos no valor correspondente a 60 (sessenta) pontos, desde o advento da Medida Provisória 198/2004, convertida na Lei 10.971/2004, quando tais inativos façam jus à paridade constitucional (EC 20/1998, 41/2003 e 47/2005).

STF Súm. Vinculante 37. Não cabe ao Poder Judiciário, que não tem função legislativa, aumentar vencimentos de servidores públicos sob o fundamento de isonomia.

STF Súm. Vinculante 42. É inconstitucional a vinculação do reajuste de vencimentos de servidores estaduais ou municipais a índices federais de correção monetária.

STF Súm. Vinculante 51. O reajuste de 28,86%, concedido aos servidores militares pelas leis 8.622/1993 e 8.627/1993, estende-se aos servidores civis do Poder Executivo, observadas as eventuais compensações decorrentes dos reajustes diferenciados concedidos pelos mesmos diplomas legais.

STF Súm. Vinculante 55. O direito ao auxílio-alimentação não se estende aos servidores inativos.

STF Súm. 567. A Constituição, ao assegurar, no § 3º, do art. 102, a contagem integral do tempo de serviço público federal, estadual ou municipal para os efeitos de aposentadoria e disponibilidade não proíbe à União, aos Estados e aos Municípios mandarem contar, mediante lei, para efeito diverso, tempo de serviço prestado a outra pessoa de direito público interno.

STF Súm. 678. São inconstitucionais os incisos I e III do art. 7º da Lei 8.162/91, que afastam, para efeito de anuênio e de licença-prêmio, a contagem do tempo de serviço regido pela CLT dos servidores que passaram a submeter-se ao regime jurídico único.

STF Súm. 679. A fixação de vencimentos dos servidores públicos não pode ser objeto de convenção coletiva.

STF Súm. 682. Não ofende a Constituição a correção monetária no pagamento com atraso dos vencimentos de servidores públicos.

STJ Súm. 97. Compete à justiça do trabalho processar e julgar reclamação de servidor público relativamente a vantagens trabalhistas anteriores à instituição do Regime Jurídico Único.

STJ Súm. 137. Compete à justiça comum estadual processar e julgar ação de servidor público municipal, pleiteando direitos relativos ao vínculo estatutário.

STJ Súm. 170. Compete ao juízo onde primeiro for intentada a ação envolvendo acumulação de pedidos, trabalhista e estatutário, decidi-la nos limites da sua jurisdição, sem prejuízo do ajuizamento de nova causa, com o pedido remanescente, no juízo próprio.

STJ Súm. 218. Compete à justiça dos estados processar e julgar ação de servidor estadual decorrente de direitos e vantagens estatutárias no exercício de cargo em comissão.

STJ Súm. 378. Reconhecido o desvio de função, o servidor faz jus às diferenças salariais decorrentes.

* REPERCUSSÃO & REPETITIVOS

STF Repercussão Geral 257. Computam-se, para efeito de observância do teto remuneratório do art. 37, XI, da CF, também os valores percebidos anteriormente à vigência da EC 41/03 a título de vantagens pessoais pelo servidor público, dispensada a restituição dos valores recebidos em excesso e de boa-fé até o dia 18 de novembro de 2015. (RE 606358, 18.11.2015)

STF Repercussão Geral 377. Nos casos autorizados constitucionalmente de acumulação de cargos, empregos e funções, a incidência do art. 37, XI, da CF pressupõe consideração de cada um dos vínculos formalizados, afastada a observância do teto remuneratório quanto ao somatório dos ganhos do agente público. (RE 612975, 27.4.2017)

STF Repercussão Geral 484. O art. 39, § 4º, da CF não é incompatível com o pagamento de terço de férias e décimo terceiro salário. (RE 650898, 1.2.2017)

STF Repercussão Geral 531. A administração pública deve proceder ao desconto dos dias de paralisação decorrentes do exercício do direito de greve pelos servidores públicos, em virtude da suspensão do vínculo funcional que dela decorre, permitida a compensação em caso de acordo. O desconto será, contudo, incabível se ficar demonstrado que a greve foi provocada por conduta ilícita do Poder Público. (RE 693456, 27.10.2016)

STF Repercussão Geral 921. É vedada a cumulação tríplice de vencimentos e/ou proventos, ainda que a investidura nos cargos públicos tenha ocorrido anteriormente à EC 20/98. (ARE 848993, 7.10.2016)

* INFORMATIVOS DE JURISPRUDÊNCIA

Pagamento de diárias. Magistrados federais convocados pelos tribunais regionais. Arts. 65, IV, da Loman; 58 e 59 da Lei 8.112/1990. Incidência. Dias de efetivo afastamento. Art. 5º da Resolução CJF n. 51/2009. Limitação das diárias. Ilegalidade.

STJ É ilegal a limitação de duas diárias e meia semanais, à luz do art. 5º da Resolução CJF n. 51/2009, quando o deslocamento de juiz federal convocado para substituição em tribunais regionais for superior a esse lapso. REsp 1.536.434, Rel. Min. Og Fernandes, DJe 20.10.2017. 2ª T. (Info 614)

Súmula Vinculante 37: reajuste de 13,23% e Lei 13.317/2016

STF Providos a agravos regimentais em reclamações, nas quais se arguiu afronta ao teor da Súmula Vinculante 37, ao argumento de que o art. 6º da lei 13.317/16 não estendeu o direito à majoração de remuneração aos servidores públicos federais. A fundamentação da decisão com base no princípio da igualdade decorreu tão somente da intenção de afastar a incidência do verbete 37. Ao aplicar a isonomia com base no art. 37, X, da CF, e elevar o percentual de 13,23%, consoante o disposto no art. 6º da referida lei, o Poder Judiciário nada mais fez do que vedar a aplicação da Súmula Vinculante 37. Rcl 25927 AgR, Rel. Acd. Min. Alexandre de Moraes, j. 31.10.2017. 1ª T. (Info 884)

Adicional de Insalubridade. Reconhecimento pela Administração. Retroação dos efeitos do laudo pericial. Impossibilidade.

STJ O termo inicial do adicional de insalubridade a que faz jus o servidor público é a data do laudo pericial. PUIL 413, Rel. Min. Benedito Gonçalves, DJ 18.4.2018. 1ª S. (Info 624)

Militar. Descontos em folha de pagamento. Limite de 70% das remunerações ou

dos proventos. Medida Provisória n. 2.215-10/01. Norma específica.

STJ Os descontos em folha, juntamente com os descontos obrigatórios, podem alcançar o percentual de 70% das remunerações ou dos proventos brutos dos servidores militares. EAREsp 272.665, Rel. Min. Mauro Campbell Marques, DJ 18.12.2017. 1ª S. (Info 618)

Ministério Público. Mandado de Segurança. Membro aposentado. Subsídio. VPNI. Limitação ao teto constitucional. Ausência de direito líquido e certo. Juízo de retratação.

STJ Em adequação ao entendimento do STF, o direito à percepção de VPNI não impede a sua eventual absorção pelo subsídio e, do mesmo modo, não inviabiliza a aplicação do teto constitucional, que inclui a vantagem de caráter pessoal no cômputo da remuneração do servidor para observância do teto. RMS 33.744, Rel. Min. Benedito Gonçalves, DJ 19.4.2018. 1ª T. (Info 624)

Fundação de Atendimento Socioeducativo do Rio Grande do Sul - FASE. Reajuste de 11,84% concedido apenas a alguns empregados. Equiparação salarial. Impossibilidade. OJ 297/SDI1.

TST Da diretriz firmada no art. 37, XIII, da CF, extrai-se que é vedada a pretensão de equiparação salarial entre servidores públicos pertencentes aos quadros da Administração direta, autárquica ou fundacional, inclusive quando contratados pelo regime celetista. O objetivo da norma é assegurar e conformar a atuação da Administração Pública ao regime jurídico-administrativo a que está submetida, em especial, ao princípio da legalidade. E-ED-RR-20098-28.2014.5.04.0018, SDI1, Rel. Min. Cláudio Mascarenhas Brandão, 3.5.2018. (Info 177)

Magistrado. Ajuda de custo. Despesas de transporte e mudança de dependentes. Deslocamento para localidade diversa daquela para a qual o magistrado foi removido. Ausência de previsão legal.

TST As normas que regem a concessão de ajuda de custo para atender às despesas de mudança e transporte do magistrado e de seus dependentes (art. 65, I, da Loman, Dec. 4.004/2001, arts. 53 a 57 da Lei 8.112/90 e Resolução CSJT 112/12) vinculam esse direito à mudança de domicílio para a nova sede (ou nova localidade de exercício), de forma que não há, na legislação, nenhuma previsão de concessão de ajuda de custo para cobrir despesas com mudança e transporte dos dependentes do magistrado para localidade diversa daquela para a qual fora removido. RO-102-63.2015.5.22.0000, Órgão Especial, Rel. Min. Brito Pereira, 2.4.2018. (Info 175)

* QUESTÕES DISCURSIVAS

02. **(Cespe/DPU/Defensor/2017)** Ao analisar seu comprovante de rendimentos, Felipe, servidor público federal inativo, que acabou de se aposentar, percebeu que deixou de receber o que lhe era pago em atividade a título de auxílio-alimentação. Ele então procurou a Defensoria Pública da União pleiteando a incorporação dos valores de auxílio-alimentação em seus proventos de aposentadoria. Diante da situação hipotética apresentada, discorra, de forma fundamentada e de acordo com o ordenamento jurídico e a jurisprudência do STF, sobre a viabilidade ou inviabilidade da demanda e explique como o defensor público federal deverá proceder para, conforme o caso, ajuizar a demanda ou negar o patrocínio da ação judicial pleiteada pelo assistido ou deixar de interpor recurso em ação porventura já ajuizada em favor do assistido.

* QUESTÕES OBJETIVAS

39. **(Cespe/TCE/PB/Auditor/2018)** A respeito da remuneração dos servidores públicos, assinale a opção correta.

a) O servidor público tem direito ao recebimento de remuneração pelo trabalho noturno em valor superior ao do diurno.

b) Em razão do princípio da isonomia, é incabível, no serviço público, a aplicação de incentivos específicos para a proteção do mercado de trabalho da mulher.

c) O servidor público tem direito ao recebimento do décimo terceiro salário com o acréscimo de um terço à remuneração normal.

d) Os secretários estaduais e municipais são remunerados por subsídios acrescidos de gratificação pessoal.

e) Durante todo o tempo em que durar o trabalho no serviço público, o órgão responsável pelos pagamentos deverá efetuar o recolhimento de FGTS do servidor.

40. **(Cespe/TCE/SC/Auditor/2016)** Conforme a jurisprudência do STJ, no setor público, a deflagração do movimento grevista suspende o vínculo funcional e, por conseguinte, desobriga o poder público ao pagamento referente aos dias não trabalhados, podendo haver compensação dos dias de greve.

41. **(Cespe/TRE/PE/Técnico/2017)** Assinale a opção correta acerca dos vencimentos e das remunerações dos servidores públicos:

a) Os acréscimos pecuniários recebidos por servidor público tornam-se vinculativos para o futuro.
b) De regra, é permitida a acumulação remunerada de cargos públicos, ressalvadas as exceções constitucionais.
c) É possível a concessão de equiparação de remuneração de servidores públicos.
d) Os vencimentos dos cargos do Poder Judiciário poderão ser superiores aos pagos pelo Poder Executivo.
e) Como regra, o subsídio e os vencimentos dos ocupantes de cargos e empregos públicos são irredutíveis.

42. **(Cespe/PGM/Fortaleza/Procurador/2017)** Em razão de incorporações legais, determinado empregado público recebe uma remuneração que se aproxima do teto salarial constitucional. Nessa situação, conforme o entendimento do STF, a remuneração do servidor poderá ser superior ao teto constitucional se ele receber uma gratificação por cargo de chefia.

43. **(Cespe/PGM/Fortaleza/Procurador/2017)** Os reajustes de vencimentos de servidores municipais podem ser vinculados a índices federais de correção monetária.

44. **(Cespe/TRF/1R/Técnico/2017)** Servidor público que, embora exerça atribuições semelhantes às de outro servidor, receba subsídio inferior poderá requerer a equiparação da remuneração.

45. **(Cespe/TRF/1R/Analista/2017)** A administração pública poderá determinar o desconto na remuneração do servidor correspondente aos dias não trabalhados no caso de greve deflagrada em razão de atraso no pagamento de salários.

46. **(Cespe/TRF/1R/Analista/2017)** Em casos excepcionais, o reajuste da remuneração de servidores públicos poderá ser fixado por meio de decreto do presidente da República.

47. **(Cespe/TRT/7R/Técnico/2017)** Acerca do instituto da revisão anual da remuneração e do subsídio dos servidores públicos, assinale a opção correta:

a) O texto constitucional estabelece limites máximos para a referida revisão.
b) Tal revisão caracteriza-se como direito público subjetivo.
c) Admitem-se índices diversos de atualização anual da remuneração, conforme as categorias de servidores.
d) A referida revisão deverá ser instituída por meio de ato infralegal.

48. **(Cespe/PGE/SE/Procurador/2017)** À luz do entendimento dos tribunais superiores, assinale a opção correta no que tange à disciplina normativa sobre os direitos e deveres dos servidores e empregados públicos, inclusive quanto ao regime previdenciário:

a) A contratação temporária de pessoal por tempo determinado é possível, desde que sejam demonstrados o interesse público profissional e a imprescindibilidade da contratação, ainda que a excepcionalidade dos casos não esteja prevista em lei.
b) Norma estadual que preveja a redução de vencimentos de servidores públicos afastados de suas funções enquanto estes responderem a processo criminal não violará a cláusula constitucional de irredutibilidade de vencimentos.
c) Ocorre, em cinco anos, a prescrição do fundo do direito quanto à pretensão do servidor público de pleitear a cobrança de remuneração não paga pelo poder público.
d) O candidato aprovado em concurso público cuja classificação entre as vagas oferecidas no edital se der em razão da desistência de candidatos mais bem classificados no certame não terá direito subjetivo à nomeação.
e) A percepção do adicional de periculosidade por servidor público não constitui elemento suficiente para o reconhecimento do direito a aposentadoria especial.

49. **(Cespe/PGE/SE/Procurador/2017)** De acordo com as súmulas vinculantes do STF, será constitucional lei estadual que disponha sobre o(a):

a) utilização de índice federal de correção monetária para reajustar vencimentos de servidores estaduais.
b) valor de depósito prévio para admissibilidade de recurso em ente público estadual.

c) vedação do pagamento de auxílio-alimentação aos servidores estaduais inativos.

d) estabelecimento de bingos e loterias no âmbito estadual.

e) horário de funcionamento de estabelecimento comercial.

2. ATOS ADMINISTRATIVOS

2.1. Atributos/Elementos

✱ QUESTÕES DISCURSIVAS

03. **(Cespe/STJ/Analista/2018)** "A segurança jurídica tem muita relação com a ideia de respeito à boa-fé. Se a administração adotou determinada interpretação como a correta e a aplicou a casos concretos, não pode depois vir a anular atos anteriores, sob o pretexto de que os mesmos foram praticados com base em errônea interpretação. Se o administrado teve reconhecido determinado direito com base em interpretação adotada em caráter uniforme para toda a administração, é evidente que a sua boa-fé deve ser respeitada. Se a lei deve respeitar o direito adquirido, o ato jurídico perfeito e a coisa julgada, por respeito ao princípio da segurança jurídica, não é admissível que os direitos do administrado fiquem flutuando ao sabor de interpretações jurídicas variáveis no tempo" (Maria Sylvia Zanella Di Pietro, Direito administrativo, p. 85, com adaptações). Considerando que o texto apresentado tem caráter estritamente motivador, elabore uma dissertação a respeito dos atos administrativos e da segurança jurídica no direito administrativo brasileiro, abordando, necessariamente, os seguintes aspectos: (i) os elementos de validade do ato administrativo e os critérios para sua convalidação; (ii) distinção entre ato administrativo nulo, anulável e inexistente; (iii) o controle exercido de ofício pela administração pública sobre os seus atos e o dever de agir e de prestar contas.

✱ QUESTÕES OBJETIVAS

50. **(Cespe/STM/Técnico/2018)** A finalidade que um ato administrativo deve alcançar é determinada pela lei, inexistindo, nesse aspecto, liberdade de opção para a autoridade administrativa.

51. **(Cespe/PC/MA/Investigador/2018)** De acordo com a doutrina majoritária, os elementos fundamentais do ato administrativo são o(a)

a) forma, a competência, a atribuição, a finalidade e o objeto.

b) objeto, a finalidade, o motivo, a competência e a tipicidade.

c) competência, a forma, o objeto, o motivo e a finalidade.

d) motivo, o objeto, a finalidade, a autoexecutoriedade e a força coercitiva.

e) objeto, o motivo, a competência, a finalidade e a abrangência.

52. **(Cespe/TCE/PB/Auditor/2018)** Em geral, os atos administrativos são dotados, entre outros, dos atributos de

a) disponibilidade, presunção de legitimidade e imperatividade.

b) consensualidade, autoexecutoriedade e a presunção de legitimidade.

c) consensualidade, discricionariedade e disponibilidade.

d) discricionariedade, imperatividade e autoexecutoriedade.

e) presunção de legitimidade, imperatividade e autoexecutoriedade.

53. **(Cespe/STM/Analista/2018)** De acordo com o princípio da autoexecutoriedade, os atos administrativos podem ser aplicados pela própria administração pública, de forma coativa, sem a necessidade de prévio consentimento do Poder Judiciário.

54. **(Cespe/CGM/João_Pessoa/Auditor/2018)** A execução, de ofício, pela administração pública de medidas que concretizem o objeto de um ato administrativo caracteriza o atributo da imperatividade.

55. **(Cespe/CGM/João_Pessoa/Auditor/2018)** As multas de trânsito, como expressão do exercício do poder de polícia, são dotadas de autoexecutoriedade.

56. **(Cespe/STM/Analista/2018)** A imperatividade é o atributo pelo qual o ato administrativo é presumido verídico até que haja prova contrária à sua veracidade.

57. **(Cespe/TCE/PA/Auditor/2016)** O ato administrativo somente poderá ser realizado de forma válida se o agente responsável pela sua elaboração tiver poder legal para praticá-lo.

58. **(Cespe/TRE/PE/Técnico/2017)** A respeito dos atributos dos atos administrativos, assinale a opção correta:

a) O ato administrativo configura instrumento de realização do interesse público, razão por que ele tem a coercibilidade como atributo absoluto.
b) A imperatividade é atributo que dota de coercitividade todos os atos administrativos.
c) A presunção de legitimidade do ato administrativo é atenuada pela possibilidade de o particular deixar de cumpri-lo quando houver alguma dúvida sobre sua legalidade.
d) A autoexecutoriedade, como atributo, admite exceções, como nas hipóteses de cobrança de multa e de desapropriação.
e) O contraditório e a ampla defesa suprimem a autoexecutoriedade dos processos administrativos.

59. **(Cespe/TRE/PE/Técnico/2017)** O atributo que consiste na possibilidade de certos atos administrativos serem decididos e executados diretamente pela própria administração, independentemente de ordem judicial, denomina-se:
a) presunção de legitimidade.
b) autoexecutoriedade.
c) motivação.
d) tipicidade.
e) imperatividade.

60. **(Cespe/SEDF/Analista/2017)** Mauro editou portaria disciplinando regras de remoção no serviço público que beneficiaram, diretamente, amigos seus. A competência para a edição do referido ato normativo seria de Pedro, superior hierárquico de Mauro. Os servidores que se sentiram prejudicados com o resultado do concurso de remoção apresentaram recurso quinze dias após a data da publicação do resultado. Nessa situação hipotética, a portaria editada por Mauro contém vício nos elementos competência e objeto.

61. **(Cespe/TCE/PE/Analista_Gestão/2017)** Entre os elementos constitutivos do ato administrativo, o motivo é caracterizado pela consequência visada pelo ato, ao passo que a finalidade é a causa legalmente prevista.

2.2. Controle

◉ ATENÇÃO: ESTE TEMA É MUITO EXIGIDO NOS CONCURSOS!

✱ SÚMULAS

STF Súm. Vinculante 3. Nos processos perante o Tribunal de Contas da União asseguram-se o contraditório e a ampla defesa quando da decisão puder resultar anulação ou revogação de ato administrativo que beneficie o interessado, excetuada a apreciação da legalidade do ato de concessão inicial de aposentadoria, reforma e pensão.

STF Súm. 346. A Administração Pública pode declarar a nulidade dos seus próprios atos.

STF Súm. 473. A administração pode anular seus próprios atos, quando eivados de vícios que os tornam ilegais, porque deles não se originam direitos; ou revogá-los, por motivo de conveniência ou oportunidade, respeitados os direitos adquiridos, e ressalvada, em todos os casos, a apreciação judicial.

✱ INOVAÇÕES LEGISLATIVAS

▲ Lei de Acesso à Informação (Lei 12.527/11): sem alterações em 2017/2018.

✱ QUESTÕES DISCURSIVAS

04. **(Cespe/TCE/PR/Analista/2016)** A Escala Brasil Transparente é um indicador que avalia e mede a transparência pública nos estados e municípios brasileiros. Um de seus objetivos é aprimorar as práticas de acesso à informação preconizadas pela Lei de Acesso à Informação (Lei Federal n. 12.527/11) e pela Lei de Responsabilidade Fiscal (Lei Complementar n. 101/2000). No ano de 2015, em sua segunda edição, a Escala Brasil Transparente avaliou 1.613 entes federativos: 1.559 municípios, as 27 capitais, além dos 26 estados e do Distrito Federal. Considerando que o texto acima tem caráter unicamente motivador, redija, de maneira sucinta, um texto dissertativo a respeito da contribuição conjunta da Lei de Responsabilidade Fiscal (LRF) e da Lei de Acesso à Informação (LAI) para a promoção da cidadania e da transparência na gestão pública. Em seu texto, aborde os seguintes tópicos: (i) LRF e a transparência pública; (ii) LAI e a transparência pública; (iii) relação entre a LRF e a LAI.

05. **(Cespe/DPE/AC/Defensor/2017)** Verificada irregularidade na transferência de determinados servidores públicos para cargos pertencentes a carreira diversa, a autoridade administrativa anulou os atos de transferência funcional em questão e determinou o retorno daqueles servidores a seus cargos públicos de origem. Acerca dessa situação hipotética, redija um texto dissertativo, à luz do entendimento jurisprudencial dos tribunais superiores, abordando os aspectos a seguir: (i) O fundamento constitucional para a anulação do ato administrativo. (ii) A possibilidade de a administração pública, "ex officio", reenquadrar os servidores públicos em seus cargos de origem. (iii) A necessidade de realização de oitiva dos servidores envolvidos no ato administrativo. (iv) O prazo de que dispõe a administração pública para a anulação do ato administrativo.

* QUESTÕES OBJETIVAS

62. **(Cespe/STM/Analista/2018)** O Poder Legislativo sustou decreto editado pelo presidente da República, sob o entendimento de que houve exorbitância do poder regulamentar. Nesse caso, o Poder Legislativo agiu errado, haja vista que a competência para sustar atos do Poder Executivo é exercida pelo Poder Judiciário, mediante provocação.

63. **(Cespe/CGM/João_Pessoa/Auditor/2018)** A competência do Poder Judiciário quanto ao controle restringe-se ao mérito e à legalidade do ato impugnado.

64. **(Cespe/PC/MA/Delegado/2018)** É possível a convalidação de atos administrativos quando apresentarem defeitos relativos aos elementos

a) objeto e finalidade.
b) motivo e competência.
c) motivo e objeto.
d) competência e forma.
e) finalidade e forma.

65. **(Cespe/CGM/João_Pessoa/Técnico/2018)** A revogação produz efeitos retroativos.

66. **(Cespe/CGM/João_Pessoa/Técnico/2018)** Os tipos e as formas de controle da atividade administrativa variam segundo o poder, o órgão ou a autoridade que o exercita ou o fundamenta.

67. **(Cespe/CGM/João_Pessoa/Técnico/2018)** A administração pública, no exercício de suas funções, controla seus próprios atos e se sujeita ao controle dos Poderes Judiciário, Legislativo e Executivo.

68. **(Cespe/CGM/João_Pessoa/Técnico/2018)** Quanto ao aspecto controlado, o controle classifica-se em controle de legalidade ou de correção.

69. **(Cespe/CGM/João_Pessoa/Auditor/2018)** Quanto ao órgão que o exerce, o controle pode ser administrativo, legislativo ou judicial.

70. **(Cespe/CGM/João_Pessoa/Auditor/2018)** A competência do Congresso Nacional para sustar atos normativos do Poder Executivo que exorbitem do poder regulamentar constitui hipótese de controle parlamentar.

71. **(Cespe/Sefaz/RS/Auditor/2018)** Determinado prefeito exarou ato administrativo autorizando o uso de bem público em favor de um particular. Pouco tempo depois, lei municipal alterou o plano diretor, no que tange à ocupação do espaço urbano, tendo proibido a destinação de tal bem público à atividade particular. Nessa situação hipotética, o referido ato administrativo de autorização de uso de bem público extingue-se por

a) revogação.
b) anulação.
c) contraposição.
d) caducidade.
e) cassação.

72. **(Cespe/CGM/João_Pessoa/Auditor/2018)** Ocorre anulação do ato administrativo quando o gestor público o extingue por razões de conveniência e oportunidade.

73. **(Cespe/CGM/João_Pessoa/Técnico/2018)** O Poder Judiciário e a própria administração pública possuem competência para anular ato administrativo.

74. **(Cespe/TCE/PE/Auditor/2017)** Caso se verificasse a promoção indevida de servidor do TCE/PE, o ato administrativo pertinente deveria ser anulado, e o servidor teria de restituir os valores percebidos a mais.

75. **(Cespe/DPU/Defensor/2017)** O controle judicial dos atos administrativos discricionários restringe-se ao aspecto da legalidade, estando, portanto, impedido o Poder Judiciário de apreciar motivação declinada expressamente pela autoridade administrativa.

76. **(Cespe/DPU/Defensor/2017)** Jorge, servidor público federal ocupante de cargo de determinada carreira, foi, por meio administrativo, transferido para cargo de carreira diversa. A forma de provimento do cargo público na referida situação – transferência para cargo de carreira diversa – foi inconstitucional, por violar o princípio do concurso público; cabe à administração pública, no exercício do poder de autotutela, anular o ato ilegal, respeitado o direito ao contraditório e à ampla defesa.

77. **(Cespe/TCE/PE/Analista/2017)** A fiscalização hierárquica poderá ser realizada a qualquer tempo, desde que haja provocação da administração ou de órgão a ela vinculado.

78. **(Cespe/TCE/PE/Analista_Gestão/2017)** O controle interno administrativo consiste no poder da administração pública para anular ou revogar seus próprios atos, o que torna coisa julgada administrativa e, consequentemente, impede qualquer questionamento judicial posterior.

79. **(Cespe/TCE/PE/Analista_Gestão/2017)** O ato administrativo deve ser avaliado pelo seu conteúdo, não devendo ser invalidado por desobediência a requisitos de forma.

80. **(Cespe/TCE/PE/Analista_Gestão/2017)** Na revogação, o ato é extinto por oportunidade e conveniência, ao passo que, na anulação, ele é desfeito por motivo(s) de ilegalidade.

81. **(Cespe/TCE/PE/Analista_Controle_Externo/2017)** Atos políticos que causem lesão a direitos individuais ou coletivos estão sujeitos ao controle judicial.

82. **(Cespe/PGM/Fortaleza/Procurador/2017)** Removido de ofício por interesse da administração, sob a justificativa de carência de servidores em outro setor, determinado servidor constatou que, em verdade, existia excesso de servidores na sua nova unidade de exercício. Nessa situação, o ato, embora seja discricionário, poderá ser invalidado.

83. **(Cespe/PGM/Belo_Horizonte/Procurador/2017)** No que concerne a revogação, anulação e convalidação de ato administrativo, assinale a opção correta:

a) Assim como ocorre nos negócios jurídicos de direito privado, cabe unicamente à esfera judicial a anulação de ato administrativo.
b) Independentemente de comprovada má-fé, após o prazo de cinco anos da prática de ato ilegal, operar-se-á a decadência, o que impedirá a sua anulação.
c) O prazo de decadência do direito de anular ato administrativo de que decorram efeitos patrimoniais será contado a partir da ciência da ilegalidade pela administração.
d) Um ato administrativo que apresente defeitos sanáveis poderá ser convalidado quando não lesionar o interesse público, não sendo necessário que a administração pública o anule.

84. **(Cespe/PC/MT/Delegado/2017)** Em março de 2017, o governo de determinado estado da Federação declarou nulo ato que, de boa-fé, havia concedido vantagem pecuniária indevida aos ocupantes de determinado cargo a partir de janeiro de 2011. Nessa situação hipotética:

a) o ato de anulação do ato que havia concedido vantagem pecuniária ofendeu diretamente o princípio da proporcionalidade.
b) o ato de anulação foi legal, pois atendeu a todos os preceitos legais e jurisprudenciais sobre a extinção dos atos administrativos.
c) o correto seria a revogação do ato, e não a sua anulação.
d) a declaração de nulidade do ato é nula de pleno direito, pois ocorreu a decadência do direito.
e) o princípio da autotutela da administração pública protege o ato de anulação determinado pelo governo.

85. **(Cespe/DPE/AL/Defensor/2017)** A prefeitura de determinado município concedeu licença a um comerciante para que o restaurante dele funcionasse em determinado imóvel. Alguns meses após a concessão da licença, o comerciante decidiu transformar seu restaurante em uma boate. Considerando-se essa situação hipotética, a administração municipal deverá proceder à:

a) revogação da licença.
b) cassação da licença.
c) rescisão unilateral da licença.
d) invalidação da licença.
e) anulação da licença.

86. **(Cespe/DPU/Defensor/2017)** Jorge, servidor público federal ocupante de cargo de determinada carreira, foi, por meio administrativo, transferido para cargo de carreira diversa. O direito da administração pública de anular o referido ato administrativo se sujeita ao prazo decadencial de cinco anos.

87. **(Cespe/TCE/PE/Analista/2017)** Um exemplo de convalidação de um ato administrativo é o saneamento do vício de competência por meio da ratificação do ato pela autoridade competente.

88. **(Cespe/TCE/PE/Analista_Controle_Externo/2017)** Determinado contrato público foi assinado por um funcionário subordinado à autoridade competente; um ano depois, ao constatar o problema, a autoridade convalidou o ato, após certificar-se da ausência de potencial lesivo e verificar que os requisitos contratuais haviam sido preenchidos. Nessa situação, a autoridade competente agiu ilicitamente ao convalidar o ato, uma vez que este estava eivado de vício insanável.

89. **(Cespe/TRF/1R/Analista/2017)** Ato administrativo praticado por autoridade incompetente e que apresente defeito não pode ser convalidado.

90. **(Cespe/TRT/7R/Técnico/2017)** A anulação de um ato administrativo, seja pela própria administração pública, seja pelo Poder Judiciário, se dá por motivos de legitimidade ou:

a) interesse.

b) conveniência.

c) legalidade.

d) oportunidade.

91. **(Cespe/TCE/PE/Auditor/2017)** Fundamentada no poder de autotutela, desde que não esteja configurada a decadência do direito, poderá a administração anular atos sob o argumento de estes terem sido praticados com base em interpretação errônea verificada posteriormente.

2.3. Espécies

✱ QUESTÕES OBJETIVAS

92. **(Cespe/CGM/João_Pessoa/Auditor/2018)** Regulamento e ordem de serviço são exemplos, respectivamente, de ato administrativo normativo e de ato administrativo ordinatório.

93. **(Cespe/PGE/PE/Procurador/2018)** À luz da doutrina e da jurisprudência, assinale a opção correta acerca de atos administrativos.

a) Admite-se a convalidação de ato administrativo por meio de decisão judicial, desde que não haja dano ao interesse público nem prejuízo a terceiros.

b) A nomeação dos ministros de tribunais superiores no Brasil é um ato administrativo complexo.

c) Por ser a competência administrativa improrrogável, atos praticados por agente incompetente não se sujeitam a convalidação.

d) Por serem os ocupantes de cargo em comissão demissíveis ad nutum, é sempre inviável a anulação do ato de exoneração de ocupante de cargo em comissão com fundamento na teoria dos motivos determinantes.

e) Independentemente de novo posicionamento judicial, havendo modificação da situação de fato ou de direito, a administração poderá suprimir vantagem funcional incorporada em decorrência de decisão judicial transitada em julgado.

94. **(Cespe/DPE/PE/Defensor/2018)** No que se refere à classificação dos atos administrativos e suas espécies, assinale a opção correta.

a) Parecer é exemplo de ato administrativo constitutivo.

b) Licença para o exercício de determinada profissão é exemplo de ato administrativo vinculado.

c) Autorização administrativa é exemplo de ato de consentimento administrativo de caráter irrevogável.

d) Decisão proferida por órgão colegiado é exemplo de ato administrativo complexo.

e) Cobrança de multa imposta em sede de poder de polícia é exemplo de ato administrativo autoexecutório.

95. **(Cespe/PC/MA/Investigador/2018)** Caracteriza-se como unilateral e vinculado o ato da administração denominado

a) permissão.

b) aprovação.

c) parecer.

d) autorização.

e) licença.

96. **(Cespe/STM/Analista/2018)** A licença consiste em um ato administrativo unilateral e discricionário.

97. **(Cespe/TCE/PA/Auditor/2016)** Atos administrativos de gestão são atos praticados pela administração pública como se fosse pessoa privada, o que afasta a supremacia que lhe é peculiar em relação aos administrados. Atos administrativos de império, por sua vez, são aqueles praticados de ofício pelos agentes públicos e impostos de maneira coercitiva aos administrados, os quais estão obrigados a obedecer-lhes.

98. **(Cespe/TCE/PA/Auditor/2016)** Motivação, finalidade, competência, forma e objeto constituem elementos obrigatórios do ato administrativo e requisitos de validade da sua prática, de modo que a ausência de qualquer um desses elementos implica a nulidade do ato praticado.

99. **(Cespe/PGM/Belo_Horizonte/Procurador/2017)** No que tange a conceitos, requisitos, atributos e classificação dos atos administrativos, assinale a opção correta:

a) Licença e autorização são atos administrativos que representam o consentimento da administração ao permitir determinada atividade; o alvará é o instrumento que formaliza esses atos.

b) O ato que decreta o estado de sítio, previsto na CF, é ato de natureza administrativa de competência do presidente da República.

c) Ainda que submetido ao regime de direito público, nenhum ato praticado por concessionária de serviços públicos pode ser considerado ato administrativo.

d) O atributo da autoexecutoriedade não impede que o ato administrativo seja apreciado judicialmente e julgado ilegal, com determinação da anulação de seus efeitos; porém, nesses casos, a administração somente responderá caso fique comprovada a culpa.

100. **(Cespe/TRE/PE/Analista/2017)** Um servidor público praticou um ato administrativo para cuja prática ele é incompetente. Tal ato não era de competência exclusiva. Nessa situação, o ato praticado será:

a) inexistente.

b) irregular.

c) válido.

d) nulo.

e) anulável.

101. **(Cespe/SEDF/Analista/2017)** José, chefe do setor de recursos humanos de determinado órgão público, editou ato disciplinando as regras para a participação de servidores em concurso de promoção. O veículo normativo adequado para a edição do referido ato é o decreto.

102. **(Cespe/TCE/PE/Analista/2017)** A expressão ato administrativo, por incluir não só os atos praticados no exercício da função administrativa, mas também os atos de direito privado praticados pelo poder público, tem sentido mais amplo que a expressão ato da administração.

103. **(Cespe/PGM/Fortaleza/Procurador/2017)** A prefeitura de determinado município brasileiro, suscitada por particulares a se manifestar acerca da construção de um condomínio privado em área de proteção ambiental, absteve-se de emitir parecer. Nessa situação, a obra poderá ser iniciada, pois o silêncio da administração é considerado ato administrativo e produz efeitos jurídicos, independentemente de lei ou decisão judicial.

104. **(Cespe/TRF/1R/Analista/2017)** Enquanto no ato complexo as manifestações de dois ou mais órgãos se fundem para formar um único ato, no ato composto se pratica um ato administrativo principal que depende de outro ato para a produção plena dos seus efeitos.

105. **(Cespe/DPE/AC/Defensor/2017)** Acerca do ato administrativo de concessão de aposentadoria, assinale a opção correta de acordo com o entendimento do STF:

a) Em nome da segurança jurídica, a não observância do prazo de cinco anos para o exame de legalidade do ato inicial concessivo de aposentadoria resulta na convalidação de eventual nulidade existente.

b) Trata-se de ato administrativo simples, cujos efeitos se produzem a partir da sua concessão pelo órgão de origem do servidor, sujeitando-se a controle a posteriori pelo tribunal de contas competente.

c) Trata-se de ato administrativo complexo, que somente se aperfeiçoa com o exame de sua legalidade e consequente registro no tribunal de contas competente.

d) O exame de legalidade da concessão de aposentadoria, por ser este um ato administrativo concessivo de direitos ao destinatário, submete-se ao prazo decadencial de cinco anos, contado a partir da sua concessão, salvo comprovada má-fé.

e) Em razão do devido processo legal, o exame de legalidade e registro do referido ato junto ao tribunal de contas necessita, impreterivelmente, da observância do contraditório e da ampla defesa do servidor público interessado.

2.4. Prescrição Administrativa

*** SÚMULAS**

STF Súm. 383. A prescrição em favor da Fazenda Pública recomeça a correr, por dois anos e meio, a partir do ato interruptivo, mas não fica reduzida aquém de cinco anos, embora o titular do direito a interrompa durante a primeira metade do prazo.

STF Súm. 443. A prescrição das prestações anteriores ao período previsto em lei não ocorre, quando não tiver sido negado, antes daquele prazo, o próprio direito reclamado, ou a situação jurídica de que ele resulta.

STJ Súm. 85. Nas relações jurídicas de trato sucessivo em que a Fazenda Pública figure como devedora, quando não tiver sido negado o próprio direito reclamado, a prescrição atinge apenas as prestações vencidas antes do quinquênio anterior à propositura da ação.

STJ Súm. 467. Prescreve em cinco anos, contados do término do processo administrativo, a pretensão da Administração Pública de promover a execução da multa por infração ambiental.

*** REPERCUSSÃO & REPETITIVOS**

STF Repercussão Geral 666. É prescritível a ação de reparação de danos à Fazenda Pública decorrente de ilícito civil. (RE 669069, 3.2.2016)

*** INOVAÇÕES LEGISLATIVAS**

▲ Lei da Prescrição Quinquenal (Dec. 20.910/32): sem alterações em 2017/2018.

2.5. Lei de Acesso à informação (Lei 12.527/11)

*** QUESTÕES OBJETIVAS**

106. **(Cespe/TCE/PE/Analista_Gestão/2017)** Entre as diretrizes da Lei n. 12.527/2011 – Lei de Acesso à Informação – inclui-se a utilização de meios de comunicação viabilizados pela tecnologia da informação.

107. **(Cespe/TCE/PE/Auditor/2017)** De acordo com dispositivos da Lei n. 12.527/2011 (Lei de Acesso à Informação), é prerrogativa do agente público a recusa em fornecer informação regularmente requerida nos termos da referida lei, desde que esteja autorizado pela chefia imediata.

108. **(Cespe/TCE/SC/Auditor/2016)** No caso de indeferimento de acesso a informações, o recurso deverá ser apresentado inicialmente à autoridade que exarou a decisão impugnada, cabendo recurso em segunda instância à autoridade hierarquicamente superior.

109. **(Cespe/TCE/PE/Analista_Controle_Externo/2017)** Cidadão estrangeiro apresentou em órgão público federal solicitação, dentro dos padrões estabelecidos, para ter acesso a determinada informação, porém o servidor que o atendeu negou-lhe o andamento do processo, sob a alegação de que apenas brasileiros natos ou naturalizados podem solicitar informações. Nessa situação, o servidor agiu em conformidade com a Lei de Acesso à Informação.

3. BENS PÚBLICOS

*** SÚMULAS**

STF Súm. 340. Desde a vigência do Código Civil, os bens dominicais, como os demais bens públicos, não podem ser adquiridos por usucapião.

STF Súm. 477. As concessões de terras devolutas situadas na faixa de fronteira, feitas pelos Estados, autorizam, apenas, o uso, permanecendo o domínio com a União, ainda que se mantenha inerte ou tolerante, em relação aos possuidores.

STF Súm. 479. As margens dos rios navegáveis são domínio público, insuscetíveis de expropriação e, por isso mesmo, excluídas de indenização.

STF Súm. 480. Pertencem ao domínio e administração da União, nos termos dos artigos 4º, IV, e 186, da Constituição Federal de 1967, as terras ocupadas por silvícolas.

STF Súm. 650. Os incisos I e XI do art. 20 da Constituição Federal não alcançam terras de aldeamentos extintos, ainda que ocupadas por indígenas em passado remoto.

STJ Súm. 103. Incluem-se entre os imóveis funcionais que podem ser vendidos os administrados pelas Forças Armadas e ocupados pelos servidores civis.

STJ Súm. 238. A avaliação da indenização devida ao proprietário do solo, em razão de alvará de pesquisa mineral, é processada no juízo estadual da situação do imóvel.

*** REPERCUSSÃO & REPETITIVOS**

STF Repercussão Geral 676. A EC 46/05 não interferiu na propriedade da União, nos moldes do art. 20, VII, da CF, sobre os terrenos de marinha e seus acrescidos situados em ilhas costeiras sede de Municípios. (RE 636199, 27.4.2017)

*** QUESTÕES OBJETIVAS**

110. **(Cespe/CGM/João_Pessoa/Auditor/2018)** Os rios que banhem mais de um estado e que sejam provenientes de outros países são considerados bens da União.

111. **(Cespe/PGE/PE/Procurador/2018)** De acordo com a conceituação dada pela doutrina pertinente, o ato administrativo unilateral, discricionário e precário pelo qual a administração consente na utilização privativa de bem público para fins de interesse público é denominado

a) permissão de uso de bem público.
b) autorização de uso de bem público.
c) concessão de direito real de uso de bem público.
d) concessão de uso de bem público.
e) cessão de uso de bem público.

112. **(Cespe/DPE/PE/Defensor/2018)** Com relação à disciplina dos bens públicos, assinale a opção correta.

a) À exceção dos bens dominiais não afetados a qualquer finalidade pública, os bens públicos são impenhoráveis.
b) A ocupação irregular de bem público não impede que o particular retenha o imóvel até que lhe seja paga indenização por acessões ou benfeitorias por ele realizadas, conforme entendimento do Superior Tribunal de Justiça.
c) Aos municípios pertencem as terras devolutas não compreendidas entre aquelas pertencentes à União.
d) As terras tradicionalmente reservadas aos índios são consideradas bens públicos de uso especial da União.
e) Bens de uso comum do povo, destinados à coletividade em geral, não podem, em nenhuma hipótese, ser privativamente utilizados por particulares.

113. **(Cespe/PGM/Fortaleza/Procurador/2017)** Determinado município brasileiro construiu um hospital público em parte de um terreno onde se localiza um condomínio particular. Nessa situação, segundo a doutrina dominante, obedecidos os requisitos legais, o município poderá adquirir o bem por usucapião.

114. **(Cespe/PGM/Fortaleza/Procurador/2017)** A associação de moradores de determinado bairro de uma capital brasileira decidiu realizar os bailes de carnaval em uma praça pública da cidade. Nessa situação, a referida associação poderá fazer uso da praça pública, independentemente de autorização, mediante prévio aviso à autoridade competente.

115. **(Cespe/PGM/Belo_Horizonte/Procurador/2017)** Com relação aos bens públicos, assinale a opção correta:

a) Bens dominicais são os de domínio privado do Estado, não afetados a finalidade pública e passíveis de alienação ou de conversão em bens de uso comum ou especial, mediante observância de procedimento previsto em lei.
b) Consideram-se bens de domínio público os bens localizados no município de Belo Horizonte afetados para destinação específica precedida de concessão mediante contrato de direito público, remunerada ou gratuita, ou a título e direito resolúvel.
c) O uso especial de bem público, por se tratar de ato precário, unilateral e discricionário, será remunerado e dependerá sempre de licitação, qualquer que seja sua finalidade econômica.
d) As áreas indígenas são bens pertencentes à comunidade indígena, à qual cabem o uso, o gozo e a fruição das terras que tradicionalmente ocupa para manter e preservar suas tradições, tornando-se insubsistentes pretensões possessórias ou dominiais de particulares relacionados à sua ocupação.

116. **(Cespe/DPE/AL/Defensor/2017)** Aparelho de ressonância magnética adquirido pela prefeitura de determinado município e localizado em hospital de mesma municipalidade classifica-se, quanto à sua destinação, como bem público:

a) dominical.
b) desafetado.
c) de uso especial.
d) municipal.
e) de uso comum do povo.

117. **(Cespe/DPE/AC/Defensor/2017)** Com referência à disciplina constitucional dos bens públicos, assinale a opção correta:

a) As terras tradicionalmente ocupadas pelos índios são exemplos de bens de uso especial e pertencem aos estados.
b) As terras devolutas, não se encontrando afetadas a nenhuma finalidade pública específica, são bens públicos dominiais.
c) Salvo a hipótese de usucapião especial para fins de moradia prevista na CF, não é permitido usucapião de bens públicos.
d) A utilização dos bens de uso comum do povo, os quais são destinados à utilização geral pelos

indivíduos, não pode sofrer restrições por ato do poder público.

e) Os bens de uso especial são aqueles que, por ato formal da administração pública, são destinados à execução dos serviços administrativos e serviços públicos em geral.

4. ENTES DA ADMINISTRAÇÃO PÚBLICA

4.1. Disposições Gerais

*** INOVAÇÕES LEGISLATIVAS**

▲ Lei de Organização da Administração Federal (DL 200/67): sem alterações em 2017/2018.

*** QUESTÕES DISCURSIVAS**

06. **(Cespe/TCE/PB/Agente/2018)** "Para realizar a sua função administrativa, que consiste em satisfazer os interesses da coletividade, o Estado pode organizar-se administrativamente da melhor forma, estando sujeito apenas às limitações e aos princípios constitucionais. Considerada um meio para melhorar a eficiência e a eficácia da administração pública, a descentralização pode contribuir para o aprimoramento de processos e a obtenção de melhores resultados, principalmente em matéria de saúde, educação e assistência social nas regiões mais distantes dos grandes centros urbanos." Considerando que o fragmento de texto acima tem caráter unicamente motivador, discorra sobre o processo de descentralização na administração pública e sua importância para a melhoria da prestação dos serviços públicos, abordando os possíveis ganhos resultantes desse processo para o destinatário – no caso, o cidadão – da prestação de serviços públicos, além das potenciais vantagens e desvantagens do processo de descentralização para a administração pública.

*** QUESTÕES OBJETIVAS**

118. **(Cespe/PGE/PE/Procurador/2018)** Assinale a opção correta acerca da organização administrativa.

a) Ocorre descentralização por serviços quando o poder público contrata empresa privada para desempenhar atividade acessória à atividade finalística da administração.

b) A autorização, a permissão e a concessão de serviços públicos a empresas privadas caracterizam desconcentração administrativa.

c) O ente titular do serviço público pode interferir na execução do serviço público transferido a outra pessoa jurídica no caso descentralização por serviços.

d) A descentralização por colaboração resulta na transferência da titularidade e da execução do serviço público para empresas públicas ou sociedades de economia mista.

e) No caso de descentralização por colaboração, a alteração das condições de execução do serviço público independe de previsão legal específica.

119. **(Cespe/Sefaz/RS/Auditor/2018)** Quanto aos convênios firmados pela administração pública, assinale a opção correta.

a) Da celebração do convênio surge uma personalidade jurídica de direito privado distinta de seus signatários.

b) A celebração de um convênio por entidade pública deve ser precedida de procedimento licitatório.

c) Os valores remanescentes repassados pelo órgão público podem permanecer com o outro participante, a título de taxa de administração, por ocasião do fim do convênio.

d) Para a assinatura de convênio pela administração pública, é necessária autorização legislativa específica.

e) Diferentemente do que ocorre nos contratos administrativos, nos convênios há convergência de propósitos entre os signatários.

120. **(Cespe/CGM/João_Pessoa/Auditor/2018)** A criação de secretaria municipal de defesa do meio ambiente por prefeito municipal configura caso de desconcentração administrativa.

121. **(Cespe/CGM/João_Pessoa/Técnico/2018)** Define-se desconcentração como o fenômeno administrativo que consiste na distribuição de competências de determinada pessoa jurídica da administração direta para outra pessoa jurídica, seja ela pública ou privada.

122. **(Cespe/STM/Técnico/2018)** A descentralização administrativa consiste na distribuição interna de competências agrupadas em unidades individualizadas.

123. **(Cespe/INSS/Analista/2016)** Os institutos da desconcentração e da descentralização, essenciais à organização e repartição de competências da administração pública, podem ser exemplificados, respectivamente, pela relação entre o MPS e a União e pela vinculação entre o INSS e o MPS.

124. (Cespe/TCE/SC/Auditor/2016) Na CF, o conceito de administração pública coincide com o de Poder Executivo e, consequentemente, com o de administração direta, razão por que é impróprio utilizar o termo administração pública em referência aos Poderes Legislativo e Judiciário.

125. (Cespe/TCE/PE/Analista/2017) Significativa distinção entre a descentralização e a desconcentração está no fato de que a primeira pressupõe a transferência de atribuições entre pessoas jurídicas distintas, ao passo que a segunda se refere a uma única pessoa jurídica.

126. (Cespe/TRF/1R/Técnico/2017) Administração direta remete à ideia de administração centralizada, ao passo que administração indireta se relaciona à noção de administração descentralizada.

127. (Cespe/TRF/1R/Técnico/2017) Órgão público é ente despersonalizado, razão por que lhe é defeso, em qualquer hipótese, ser parte em processo judicial, ainda que a sua atuação seja indispensável à defesa de suas prerrogativas institucionais.

128. (Cespe/TRT/7R/Técnico/2017) Ao transferir, por contrato, a execução de atividade administrativa para uma pessoa jurídica de direito privado, a União se utiliza do instituto da:

a) desconcentração.
b) outorga.
c) descentralização.
d) concentração.

129. (Cespe/TRF/1R/Analista/2017) Indivíduo que tenha trabalhado na estrutura decisória de partido político, vinte e quatro meses após o seu desligamento dessa atividade poderá ser indicado como membro do conselho de administração de empresa estatal.

4.2. Autarquias/Agências

* SÚMULAS

1) Agências Executivas/Reguladoras

STJ Súm. 506. A Anatel não é parte legítima nas demandas entre a concessionária e o usuário de telefonia decorrentes de relação contratual.

2) Conselhos de Fiscalização Profissional

STJ Súm. 66. Compete à Justiça Federal processar e julgar execução fiscal promovida por conselho de fiscalização profissional.

STJ Súm. 79. Os bancos comerciais não estão sujeitos a registro nos conselhos regionais de economia.

STJ Súm. 120. O oficial de farmácia, inscrito no Conselho Regional de Farmácia, pode ser responsável técnico por drogaria.

STJ Súm. 275. O auxiliar de farmácia não pode ser responsável técnico por farmácia ou drogaria.

STJ Súm. 413. O farmacêutico pode acumular a responsabilidade técnica por uma farmácia e uma drogaria ou por duas drogarias.

STJ Súm. 561. Os conselhos regionais de farmácia possuem atribuição para fiscalizar e autuar as farmácias e drogarias quanto ao cumprimento da exigência de manter profissional legalmente habilitado (farmacêutico) durante todo o período de funcionamento dos respectivos estabelecimentos.

3) Outros Temas

STF Súm. 25. A nomeação a termo não impede a livre demissão, pelo Presidente da República, de ocupante de cargo dirigente de autarquia.

STJ Súm. 324. Compete à Justiça Federal processar e julgar ações de que participa a Fundação Habitacional do Exército, equiparada à entidade autárquica federal, supervisionada pelo Ministério do Exército.

STJ Súm. 483. O INSS não está obrigado a efetuar depósito prévio do preparo por gozar das prerrogativas e privilégios da Fazenda Pública.

* INFORMATIVOS DE JURISPRUDÊNCIA

Agências reguladoras e função normativa

STF As agências são dotadas de mecanismos para a regulação de setores específicos, o que inclui a competência para editar atos qualificados como normativos. Nesse contexto, o escopo do modelo regulatório adotado no Brasil não se reduz à regulação concorrencial, não se limitando à correção das chamadas "falhas de mercado". Pelo contrário, incorpora também instrumentos necessários para o atingimento de objetivos gerais de interesse público: regulação social, e não apenas econômica. São constitucionais os incs. III e XV do art. 7º da Lei 9.782/99, que atribuem competência à Anvisa para estabelecer normas, propor, acompanhar e executar as políticas, as diretrizes e as ações de vigilância sanitária; e proibir a fabricação, a importação, o armazenamento, a distribuição e a comercialização de produtos e insumos, em caso de violação da legislação pertinente ou de risco iminente à saúde. ADI 4874, Rel. Min. Rosa Weber, j. 1º.2.2018. Pleno. (Info 889)

Conselho de fiscalização profissional. Automóveis. Registro como veículos oficiais. Autorização legal. Ausência.

STJ Os conselhos de fiscalização profissional não possuem autorização para registrar os veículos de sua propriedade como oficiais. AREsp 1.029.385, Rel. Min. Gurgel de Faria, DJ 9.2.2018. 1ª T. (Info 619)

Atividade fiscalizatória dos Conselhos Regionais de Contabilidade. Fiscalização de livros e documentos contábeis de empresário ou sociedade empresária em poder de contadores. Possibilidade legal. Autorização que decorre do Decreto-Lei 9.295/46. Compatibilidade com a restrição prevista no art. 1.190 do Código Civil. Inocorrência de violação à privacidade e ao sigilo profissional.

STJ O ato do Conselho de Contabilidade que requisita dos contadores e dos técnicos os livros e fichas contábeis de seus clientes, a fim de promover a fiscalização da atividade contábil dos profissionais nele inscritos, não importa ofensa aos princípios da privacidade e do sigilo profissional. REsp 1.420.396, Rel. Min. Sérgio Kukina, DJe 29.9.2017. 1ª T. (Info 612)

Treinador de futebol. Conselho Regional de Educação Física. Inscrição. Não obrigatoriedade.

STJ O exercício da profissão de técnico ou treinador profissional de futebol não se restringe aos profissionais graduados em Educação Física, não havendo obrigatoriedade legal de registro junto ao respectivo Conselho Regional. REsp 1.650.759, Rel. Min. Herman Benjamin, DJ 1.8.2017. 2ª T. (Info 607)

* QUESTÕES DISCURSIVAS

07. **(Cespe/TRF/1R/Juiz/2013)** Discorra acerca das possibilidades de controle sobre as agências reguladoras.

08. **(Cespe/TRF/5R/Juiz/2013)** Disserte sobre o tema direito administrativo e regulação, abordando, necessariamente, os seguintes aspectos: (i) do Estado liberal ao Estado regulador (à guisa de introdução); (ii) regulação: conceito e razões justificadoras; (iii) formas tradicionais de regulação e regulação independente; (iv) agências reguladoras: natureza e suas autonomias; (v) competência normativa; (vi) agências reguladoras e controle pelos tribunais de contas e pelo Poder Judiciário.

* QUESTÕES OBJETIVAS

130. **(Cespe/PGE/PE/Procurador/2018)** No que diz respeito à administração indireta e ao regime jurídico das agências reguladoras e executivas, assinale a opção correta.

a) A autonomia técnica das agências reguladoras é compatível com a criação de instâncias administrativas revisoras de seus atos.

b) Embora as agências reguladoras disponham de poder normativo técnico, as normas que resultam do seu poder regulamentar não introduzem direito novo no ordenamento.

c) Desde que apresentem plano de reestruturação e celebrem contrato de gestão com o órgão supervisor, as associações civis podem ser qualificadas como agências executivas.

d) Embora a estabilidade seja a regra para o mandato dos dirigentes das agências reguladoras, a lei instituidora da agência pode estabelecer condições distintas para a perda de cargo de seus dirigentes.

e) De acordo com o STF, é viável condicionar a demissão de conselheiro de agência reguladora estadual durante o mandato a decisão exclusiva da assembleia legislativa local.

131. **(Cespe/STM/Analista/2018)** Quando criadas como autarquias de regime especial, as agências reguladoras integram a administração direta.

132. **(Cespe/TCE/PB/Auditor/2018)** As entidades que integram a administração pública indireta incluem as

a) autarquias, as empresas públicas e as sociedades de economia mista.

b) secretarias estaduais, as autarquias e as fundações privada.

c) autarquias, as fundações e as organizações sociais.

d) organizações sociais, os serviços sociais autônomos e as entidades paraestatais.

e) empresas públicas, as sociedades de economia mista e os serviços sociais autônomos.

133. (Cespe/CGM/João_Pessoa/Técnico/2018) Autarquia é pessoa jurídica criada por lei específica, com personalidade jurídica de direito público.

134. (Cespe/CGM/João_Pessoa/Técnico/2018) No caso das autarquias e das empresas estatais em geral, o controle é pleno e ilimitado.

135. (Cespe/STM/Técnico/2018) As autarquias são pessoas jurídicas criadas por lei e possuem liberdade administrativa, não sendo subordinadas a órgãos estatais.

136. (Cespe/DPU/Analista/2016) Uma autarquia federal, desejando comprar um bem imóvel – não enquadrado nas hipóteses em que a licitação é dispensada, dispensável ou inexigível – com valor de contratação estimado em R$ 50.000,00, efetuou licitação na modalidade concorrência. É prerrogativa da referida autarquia, que certamente foi criada por meio de lei específica, a impenhorabilidade dos seus bens.

137. (Cespe/TRE/PE/Técnico/2017) As autarquias:

a) são criadas, extintas e organizadas por atos administrativos.
b) têm sua criação e sua extinção submetidas a reserva legal, podendo ter sua organização regulada por decreto.
c) têm sua criação submetida a reserva legal, mas podem ser extintas por decreto, podendo ter sua organização regulada por atos administrativos.
d) são criadas e organizadas por decreto e podem ser extintas por essa mesma via administrativa.
e) são criadas e extintas por decreto, podendo ter sua organização regulada por atos administrativos.

138. (Cespe/TRF/1R/Técnico/2017) O Tribunal Regional Federal da 1ª Região, um órgão classificado como autarquia em regime especial, integra a administração indireta da União.

139. (Cespe/DPE/AL/Defensor/2017) Assinale a opção que apresenta a entidade da administração pública indireta que deve obrigatoriamente ser constituída com personalidade jurídica de direito público:

a) sociedade de economia mista.
b) serviços sociais autônomos.
c) autarquia.
d) fundação pública.
e) empresa pública.

140. (Cespe/TCE/PE/Analista_Gestão/2017) As autarquias e as fundações públicas incluem-se entre as entidades que integram a administração pública indireta.

141. (Cespe/TRF/1R/Analista/2017) A sessão pública promovida por determinado ministério para debater alterações no marco regulatório do setor, com o objetivo de conhecer, por meio oral, as opiniões de pessoas e de entidades sobre o tema, de acordo com a legislação pertinente, é denominada consulta pública.

142. (Cespe/TCE/PA/Auditor/2016) Agências reguladoras federais, como a Agência Nacional de Energia Elétrica, a Agência Nacional de Vigilância Sanitária e a Agência Nacional de Petróleo, Gás Natural e Biocombustíveis, embora possuam características especiais conferidas pelas leis que as criaram, são consideradas autarquias.

143. (Cespe/TCE/PE/Auditor/2017) Para que as agências reguladoras atuem de maneira eficiente e efetiva, de modo a atender interesses e direitos dos usuários, é fundamental a sua independência.

144. (Cespe/PGM/Fortaleza/Procurador/2017) Ao instituir programa para a reforma de presídios federais, o governo federal determinou que fosse criada uma entidade para fiscalizar e controlar a prestação dos serviços de reforma. Nessa situação, tal entidade, devido à sua finalidade e desde que criada mediante lei específica, constituirá uma agência executiva.

145. (Cespe/TRT/7R/Analista/2017) As características das agências reguladoras incluem:

a) relações de trabalho regulamentadas pela CLT.
b) personalidade jurídica de direito privado.
c) discricionariedade técnica no exercício do poder normativo.
d) livre exoneração de seus dirigentes.

146. (Cespe/TRT/7R/Técnico/2017) A União, por intermédio do Ministério do Trabalho e Emprego, pretende criar uma autarquia para a execução de determinadas atividades administrativas típicas. Nessa situação hipotética, a autarquia deverá ser criada por:

a) lei complementar.
b) portaria ministerial.

c) decreto presidencial.

d) lei ordinária específica.

147. **(Cespe/SEDF/Analista/2017)** João, servidor público ocupante do cargo de motorista de determinada autarquia do DF, estava conduzindo o veículo oficial durante o expediente quando avistou sua esposa no carro de um homem. Imediatamente, João dolosamente acelerou em direção ao veículo do homem, provocando uma batida e, por consequência, dano aos veículos. O homem, então, ingressou com ação judicial contra a autarquia requerendo a reparação dos danos materiais sofridos. A autarquia instaurou procedimento administrativo disciplinar contra João para apurar suposta violação de dever funcional. No que se refere à situação hipotética apresentada, julgue o item a seguir: João é servidor de entidade integrante da administração indireta.

148. **(Cespe/TRF/1R/Analista/2017)** Alguns meses após a assinatura de contrato de concessão de geração e transmissão de energia elétrica, a falta de chuvas comprometeu o nível dos reservatórios, o que deteriorou as condições de geração de energia, elevando os custos da concessionária. A agência reguladora promoveu, então, alterações tarifárias visando restabelecer o equilíbrio econômico-financeiro firmado no contrato. Todavia, sem que houvesse culpa ou dolo da concessionária, o fornecimento do serviço passou a ser intermitente, o que provocou danos em eletrodomésticos de usuários de energia elétrica. A alteração tarifária promovida pela agência reguladora é exemplo de exercício do poder hierárquico da agência sobre as concessionárias.

4.3. Consórcios Públicos

✱ INOVAÇÕES LEGISLATIVAS

▲ Lei de Consórcios Públicos (Lei 11.107/05): sem alterações em 2017/2018.

✱ QUESTÕES OBJETIVAS

149. **(Cespe/PC/MA/Delegado/2018)** Com relação à organização administrativa, julgue os itens a seguir.

I. As autarquias são pessoas jurídicas com capacidade de autodeterminação, patrimônio e receitas próprias, criadas por lei para o desempenho de atividades típicas do Estado, submetidas ao controle hierárquico pela administração pública direta.

II. As sociedades de economia mista e empresas públicas são entidades de direito privado integrantes da administração indireta, criadas por autorização legal, para o desempenho de atividades gerais de caráter econômico ou, em certas situações, prestação de serviços públicos.

III. Por meio da contratação de consórcios públicos, poderão ser constituídas associações públicas para a realização de objetivos de interesse comum, adquirindo tais entidades personalidade jurídica de direito público e passando a integrar a administração indireta de todos os entes federativos consorciados.

IV. Por serem entes despersonalizados, os órgãos públicos não detêm capacidade processual para a defesa de suas prerrogativas e competências.

Estão certos apenas os itens

a) I e II.

b) I e IV.

c) II e III.

d) I, III e IV.

e) II, III e IV.

150. **(Cespe/CGM/João_Pessoa/Auditor/2018)** O consórcio formado por entes públicos pode assumir a forma de pessoa jurídica de direito privado.

4.4. Empresas Públicas/Sociedades de Economia Mista

✱ SÚMULAS

STF Súm. 8. Diretor de sociedade de economia mista pode ser destituído no curso do mandato.

STF Súm. 508. Compete à Justiça Estadual, em ambas as instâncias, processar e julgar as causas em que for parte o Banco do Brasil, S. A.

STF Súm. 517. As sociedades de economia mista só têm foro na Justiça Federal, quando a União intervém como assistente ou opoente.

STF Súm. 556. É competente a justiça comum para julgar as causas em que é parte sociedade de economia mista.

STJ Súm. 42. Compete à justiça comum estadual processar e julgar as causas cíveis em que é parte sociedade de economia mista e os crimes praticados em seu detrimento.

STJ Súm. 333. Cabe mandado de segurança contra ato praticado em licitação promovida por sociedade de economia mista ou empresa pública.

TST OJ/SDI1 247. I. A despedida de empregados de empresa pública e de sociedade de economia mista, mesmo admitidos por concurso público, independe de ato motivado para sua validade; II. A validade do ato de despedida do empregado da Empresa Brasileira de Correios e Telégrafos (ECT) está condicionada à motivação, por gozar a empresa do mesmo tratamento destinado à Fazenda Pública em relação à imunidade tributária e à execução por precatório, além das prerrogativas de foro, prazos e custas processuais.

TST OJ/SDI1 339. As empresas públicas e as sociedades de economia mista estão submetidas à observância do teto remuneratório previsto no inciso XI do art. 37 da CF/1988, sendo aplicável, inclusive, ao período anterior à alteração introduzida pela Emenda Constitucional n. 19/1998.

* INOVAÇÕES LEGISLATIVAS

▲ Estatuto Jurídico da Empresa Pública e da Sociedade de Economia Mista (Lei 13.303/16): sem alterações em 2017/2018.

* QUESTÕES DISCURSIVAS

09. **(Cespe/DPU/Defensor/2017)** José foi admitido na Empresa Brasileira de Correios e Telégrafos (ECT) mediante concurso público. Desde a sua admissão, a empresa empregadora teve ciência de que José era portador do vírus HIV, motivo pelo qual estava submetido a tratamento médico específico. Com o passar do tempo, os colegas de trabalho descobriram, por meio de seu chefe imediato, que José era soropositivo. Com o intuito de constrangê-lo para que abandonasse o emprego, o submeteram a uma série de rejeições e ofensas. Pouco tempo depois, José foi surpreendido com sua demissão. Tal demissão se deu sem justa causa, mas todas as verbas trabalhistas e previdenciárias foram devidamente pagas. José, então, procurou a Defensoria Pública da União solicitando orientação jurídica. Na qualidade de defensor(a) público(a) federal, considerando o entendimento jurisprudencial e o ordenamento jurídico, apresente a orientação jurídica cabível ao caso de José. Em seu texto, aborde a viabilidade jurídica e os fundamentos de eventual demanda jurídica a ser proposta por José; a competência para o julgamento da eventual demanda a ser proposta; a natureza jurídica da ECT bem como o tratamento dos tribunais superiores em relação a seu quadro de pessoal e bens.

* QUESTÕES OBJETIVAS

151. **(Cespe/PGE/PE/Procurador/2018)** Assinale a opção correta com relação ao regime jurídico das empresas estatais e das sociedades de economia mista.

a) Em razão da posição preponderante da administração pública, aplicam-se as normas de direito público aos contratos de obras celebrados por sociedades de economia mista.

b) A aquisição de bens e serviços pelas empresas estatais prestadoras de serviço público deve seguir o procedimento estabelecido na Lei Geral de Licitações e Contratos.

c) Uma empresa pública pode celebrar contrato de patrocínio com pessoa física para a promoção de atividade cultural, ainda que tal atividade seja desvinculada de sua marca.

d) É dispensável às empresas públicas a realização de licitação para a compra de ações, títulos de crédito e bens que elas comercializem.

e) Por ser atribuição do chefe do Poder Executivo, a extinção de sociedade de economia mista independe de autorização legislativa.

152. **(Cespe/Sefaz/RS/Auditor/2018)** Assinale a opção que apresenta característica comum às sociedades de economia mista e às empresas públicas.

a) Estão sujeitas ao regime de precatórios, como regra.

b) Não gozam de privilégios fiscais não extensíveis ao setor privado.

c) Não precisam realizar procedimento licitatório, a fim de viabilizar a atuação no mercado competitivo.

d) São criadas por lei.

e) Não estão sujeitas à fiscalização dos tribunais de contas.

153. **(Cespe/CGM/João_Pessoa/Técnico/2018)** As sociedades de economia mista sujeitam-se ao regime trabalhista próprio das empresas privadas.

154. **(Cespe/CGM/João_Pessoa/Técnico/2018)** A empresa pública, entidade da administração indireta, possui personalidade jurídica de direito público.

155. **(Cespe/TCE/PA/Auditor/2016)** As empresas públicas, entidades dotadas de personalidade jurídica de direito privado, cuja criação é autorizada por lei, possuem patrimônio próprio e podem ser unipessoais ou pluripessoais.

156. **(Cespe/TRE/PE/Técnico/2017)** As empresas públicas:

a) admitem a criação de subsidiárias, exigindo-se, para tanto, autorização legislativa.

b) dispensam, para sua extinção, autorização legislativa.

c) integram a administração direta.

d) possuem regime jurídico de direito público.

e) são criadas por lei.

157. **(Cespe/TCE/PE/Analista_Controle_Externo/2017)** É permitida ao Estado a criação de empresa pública por meio de lei, ficando atribuídas à empresa assim criada a titularidade e a execução de determinado serviço público.

158. **(Cespe/TRF/1R/Analista/2017)** O principal critério de distinção entre empresa pública e sociedade de economia mista é que esta integra a administração indireta, enquanto aquela integra a administração direta.

159. **(Cespe/PGE/SE/Procurador/2017)** Com relação à administração indireta, assinale a opção correta:

a) O consórcio público poderá ter personalidade jurídica de direito público ou privado, sendo que, em ambas as formas, terão de ser observadas as mesmas normas de direito público para o regime de pessoal.

b) É possível criar uma empresa pública com capital minoritário de sociedade de economia mista, desde que a maioria do capital daquela pertença ao ente federativo que a instituir.

c) Na contratação de parceria público-privada, a administração pública pode assumir a titularidade da maioria do capital com direito a voto das sociedades de propósito específico.

d) Salvo os documentos e informações classificados como sigilosos pelas empresas públicas e sociedades de economia mista, os órgãos de controle externo têm direito ao acesso irrestrito aos dados mantidos por aquelas entidades.

e) As normas gerais sobre licitações e contratos administrativos devem ser aplicadas primariamente às empresas públicas e sociedades de economia mista prestadoras de serviços públicos.

160. **(Cespe/TRT/7R/Técnico/2017)** A respeito do regime jurídico das empresas públicas e das sociedades de economia mista federais, assinale a opção correta:

a) As empresas públicas somente poderão adotar a forma de sociedade anônima.

b) As causas em que as empresas públicas figurarem como autoras serão processadas na justiça comum do estado da Federação onde estiverem sediadas.

c) Os empregados dessas empresas ou dessas sociedades não poderão cumular seus empregos com outros empregos, cargos e funções públicas, a não ser nas hipóteses constitucionalmente previstas.

d) Tanto as empresas públicas quanto as sociedades de economia mista sujeitam-se ao regime falimentar.

161. **(Cespe/PGM/Belo_Horizonte/Procurador/2017)** No que se refere a organização administrativa, administração pública indireta e serviços sociais autônomos, assinale a opção correta:

a) Por execução indireta de atividade administrativa entende-se a adjudicação de obra ou serviço público a particular por meio de processo licitatório.

b) É possível a participação estatal em sociedades privadas, com capital minoritário e sob o regime de direito privado.

c) Desde que preenchidos certos requisitos legais, as sociedades que comercializam planos de saúde poderão ser enquadradas como OSCIPs.

d) Desconcentração administrativa implica transferência de serviços para outra entidade personalizada.

162. **(Cespe/TRF/5R/Juiz/2017)** A respeito de agentes públicos, assinale a opção correta:

a) Conforme entendimento do STF, para a concessão de licença prêmio na forma de indenização a servidor público, deverá ser considerada a remuneração bruta do servidor, sem a limitação constitucional do teto, em razão do seu caráter indenizatório.

b) Caso um ente público com participação em determinada sociedade de economia mista não aporte, para a sociedade, recursos para despesas de pessoal ou custeio em geral, será legítimo que os diretores dessa sociedade percebam remuneração além do teto constitucional.

c) Servidor público federal que ingresse no serviço público após a instituição da previdência complementar no âmbito da União deverá, obrigatoriamente, aderir ao regime de previdência privada.

d) Empregado público ingressou no quadro de servidores de determinada empresa estatal, sem concurso público, seis anos antes do advento da Constituição Federal de 1988. Nesse caso, ele adquiriu a estabilidade excepcional garantida por artigo do Ato das Disposições Constitucionais Transitórias, no entanto a efetividade no cargo só será obtida por concurso público.

e) Servidor público que tenha aderido a plano de previdência complementar administrado por entidade fechada de previdência complementar e que deseje contribuir com 10% acima do valor estabelecido pela entidade administradora do plano somente poderá fazê-lo se a contribuição do ente público ao qual esteja vinculado for também suplementada, a fim de atender ao princípio constitucional da paridade contributiva.

4.5. Fundações Públicas

* ENUNCIADOS CJF

CJF Civil 8. A constituição de fundação para fins científicos, educacionais ou de promoção do meio ambiente está compreendida no CC, art. 62, parágrafo único.

CJF Civil 147. A expressão "por mais de um Estado", contida no § 2º do art. 66, não exclui o Distrito Federal e os Territórios. A atribuição de velar pelas fundações, prevista no art. 66 e seus parágrafos, ao MP local isto é, dos Estados, DF e Territórios onde situadas não exclui a necessidade de fiscalização de tais pessoas jurídicas pelo MPF, quando se tratar de fundações instituídas ou mantidas pela União, autarquia ou empresa pública federal, ou que destas recebam verbas, nos termos da Constituição, da LC n. 75/93 e da Lei de Improbidade.

* QUESTÕES OBJETIVAS

163. **(Cespe/CGM/João_Pessoa/Técnico/2018)** É possível a constituição de fundação pública de direito público ou de direito privado para a exploração direta de atividade econômica pelo Estado, quando relevante ao interesse público.

164. **(Cespe/TRT/7R/Técnico/2017)** Pessoa jurídica da administração indireta criada por lei específica, com personalidade jurídica e patrimônio próprio, e que realiza apenas atividades de interesse público denomina-se:

a) empresa pública.

b) sociedade de economia mista.

c) fundação pública.

d) autarquia.

4.6. Entes Paraestatais

* SÚMULAS

STF Súm. 516. O Serviço Social da Indústria (Sesi) está sujeito à jurisdição da Justiça Estadual.

* INOVAÇÕES LEGISLATIVAS

▲ Lei das Organizações da Sociedade Civil de Interesse Público (Lei 9.790/99): sem alterações em 2017/2018.

▲ Lei das Organizações Sociais (Lei 9.637/98): sem alterações em 2017/2018.

▲ Lei das Parcerias Voluntárias com Organizações da Sociedade Civil (Lei 13.019/14): sem alterações em 2017/2018.

* QUESTÕES DISCURSIVAS

10. **(Cespe/PC/MA/Delegado/2018)** Discorra sobre as entidades denominadas serviços sociais autônomos, abordando os seguintes tópicos: (i) natureza jurídica de referidas entidades e seus objetivos institucionais; (ii) origem dos recursos financeiros dessas entidades; (iii) sujeição de tais entidades a controle por parte do tribunal de contas.

11. **(Cespe/TCE/PR/Analista/2016)** Em auditoria realizada por unidade técnica do tribunal de contas de determinado estado em convênio celebrado entre município com cerca de 77 mil habitantes e determinada organização da sociedade civil de interesse público (OSCIP), para ampliar a rede de atendimento odontológico em três comunidades do município, constatou-se que: (a) os dentistas contratados deveriam cumprir jornada de 20 horas semanais no âmbito do convênio; (b) o município tinha alcançado o patamar de gastos de 56% da receita corrente líquida com despesas de pessoal no Poder Executivo; (c) a referida OSCIP não havia comprovado efetivamente a sua capacidade técnica para a execução dos serviços. Observando os elementos da situação hipotética acima descrita, discorra, com fundamento nos dispositivos legais vigentes, sobre a validade jurídica do referido convênio à luz da Constituição Federal de 1988, da Lei de Responsabilidade Fiscal e da Lei n. 4.320/1964.

* QUESTÕES OBJETIVAS

165. (Cespe/PGE/PE/Procurador/2018) Considerando que a administração pública pretenda celebrar uma parceria, sem a transferência de recursos financeiros, com determinada organização da sociedade civil para a execução de finalidade de interesse público e recíproco na área de educação, assinale a opção que, de acordo com o marco regulatório das organizações da sociedade civil, corresponde ao instrumento adequado a esse caso.

a) convênio
b) termo de fomento
c) termo de colaboração
d) acordo de cooperação
e) protocolo de intenções

166. (Cespe/DPE/PE/Defensor/2018) Considerando-se as novas formas de desestatização da prestação de serviços públicos de caráter social, as pessoas jurídicas de direito privado sem fins lucrativos que, atendidos os requisitos previstos em lei, firmam parceria com o poder público, por instrumento de contrato de gestão, para a execução de atividades de interesse público – especialmente ensino, pesquisa científica, desenvolvimento tecnológico, proteção e preservação do meio ambiente, cultura e saúde – recebem a qualificação de

a) agência executiva.
b) fundação pública.
c) organização social.
d) organização da sociedade civil de interesse público.
e) serviço social autônomo.

167. (Cespe/TCE/PB/Auditor/2018) As organizações sem fins lucrativos que são voltadas à resolução de problemas coletivos de interesse social e podem prestar serviços públicos são

a) as sociedades de economia mista.
b) os consórcios públicos.
c) os convênios públicos.
d) as fundações.
e) as organizações da sociedade civil de interesse público.

168. (Cespe/CGM/João_Pessoa/Auditor/2018) O instrumento que estabelece o vínculo entre o poder público e as organizações da sociedade civil de interesse público é o termo de parceria.

169. (Cespe/TCE/PE/Analista_Gestão/2017) Os requisitos para que uma organização seja qualificada como OSCIP incluem a exigência de que o seu estatuto contenha normas expressas sobre a observância dos princípios da legalidade, da impessoalidade, da moralidade, da publicidade, da economicidade e da eficiência.

170. (Cespe/DPE/AL/Defensor/2017) Os serviços sociais autônomos:

a) são beneficiados pelos privilégios processuais de dilação de prazo recursal.
b) devem ser criados mediante autorização por lei.
c) são alcançados pelos sistemas de precatórios.
d) possuem personalidade jurídica de direito público.
e) estão obrigados a realizar procedimentos licitatórios.

171. (Cespe/TCE/PE/Analista/2017) As organizações da sociedade civil de interesse público têm natureza jurídica de autarquias públicas.

172. (Cespe/TRE/PE/Analista/2017) Pessoa jurídica de direito privado sem fins lucrativos, não integrante da administração pública, que atua na área de ensino e pode contratar diretamente com o poder público por dispensa de licitação, para a prestação de serviços contemplados no contrato de gestão firmado com o ente público, é denominada:

a) sociedade de economia mista.
b) instituição comunitária de educação superior.
c) organização da sociedade civil.
d) organização social.
e) organização da sociedade civil de interesse público.

173. (Cespe/TCE/PE/Analista_Gestão/2017) Uma pessoa jurídica qualificada como organização social pode, simultaneamente, ser qualificada como organização da sociedade civil de interesse público.

174. (Cespe/PGM/Fortaleza/Procurador/2017) No caso de parceria a ser firmada entre a administração pública e organização da sociedade civil, se não houver transferências voluntárias de recursos, deverá ser utilizado o instrumento jurídico estabelecido em lei denominado acordo de cooperação.

175. (Cespe/DPE/AC/Defensor/2017) Acerca dos serviços sociais autônomos, julgue os itens a seguir.

I. As entidades de cooperação governamental, às quais são destinados recursos oriundos de contribuições parafiscais, têm por finalidade desenvolver atividade social que represente a prestação de serviço de utilidade pública em benefício de certos grupamentos sociais ou profissionais.

II. As entidades de cooperação governamental não integram a estrutura da administração pública indireta, e, dada a natureza jurídica de direito privado que ostentam, não se submetem ao controle do tribunal de contas.

III. Conforme entendimento do STF, as entidades de serviços sociais autônomos integrantes do sistema "S" não se submetem à exigência do concurso público para a contratação de pessoal.

IV. As entidades de serviços sociais autônomos submetem-se a licitações para a realização de contratações, em cumprimento aos estritos termos da Lei n. 8.666/1993.

Estão certos apenas os itens:

a) I e II.
b) I e III.
c) II e IV.
d) I, III e IV.
e) II, III e IV.

5. IMPROBIDADE ADMINISTRATIVA

◎ ATENÇÃO: ESTE TEMA É MUITO EXIGIDO NOS CONCURSOS!

✱ INFORMATIVOS DE JURISPRUDÊNCIA

Ação de improbidade administrativa: ministro de estado e foro competente

STF Os agentes políticos, com exceção do Presidente da República, encontram-se sujeitos a duplo regime sancionatório, de modo que se submetem tanto à responsabilização civil pelos atos de improbidade administrativa quanto à responsabilização político-administrativa por crimes de responsabilidade. O foro especial por prerrogativa de função previsto na CF em relação às infrações penais comuns não é extensível às ações de improbidade administrativa. Pet 3240 A, Rel. Acd. Min. Roberto Barroso, j. 10.5.2018. Pleno. (Info 901).

Ato de improbidade atribuído a juiz federal. Inquérito civil. Investigação concomitante pela Corregedoria Regional. Ministério Público. Legitimidade. Notificação para depoimento pessoal. Legalidade.

STJ A mera solicitação para que o juiz preste depoimento pessoal nos autos de inquérito civil instaurado pelo Ministério Público para apuração de suposta conduta ímproba não viola o disposto no art. 33, IV, da LC n. 35/79 (LOMAN). RMS 37.151, Rel. Acd. Min. Sérgio Kukina, DJ 15.8.2017. 1ª T. (Info 609)

Embargos de divergência. Ação de Improbidade administrativa. Reexame necessário. Cabimento. Aplicação, por analogia, do art. 19 da lei 4.717/1965. CPC. Aplicação subsidiária.

STJ A sentença que concluir pela carência ou pela improcedência de ação de improbidade administrativa está sujeita ao reexame necessário, com base na aplicação subsidiária do art. 475 do CPC/73 e por aplicação analógica da primeira parte do art. 19 da Lei n. 4.717/65. EREsp 1.220.667, Rel. Min. Herman Benjamin, DJ 30.6.2017. 1ª S. (Info 607)

✱ INOVAÇÕES LEGISLATIVAS

▲ Lei de Improbidade Administrativa (Lei 8.429/92).

▲ Art. 11. Constitui ato de improbidade administrativa que atenta contra os princípios da administração pública qualquer ação ou omissão que viole os deveres de honestidade, imparcialidade, legalidade, e lealdade às instituições, e notadamente: (...). X – transferir recurso a entidade privada, em razão da prestação de serviços na área de saúde sem a prévia celebração de contrato, convênio ou instrumento congênere, nos termos do parágrafo único do art. 24 da Lei n. 8.080, de 19 de setembro de 1990. (Modificações: Lei 13.650/18)

✱ QUESTÕES DISCURSIVAS

12. (Cespe/DPU/Defensor/2017) Danilo foi eleito prefeito da municipalidade e, quando da escolha de seus secretários de governo, não se precaveu a respeito das vedações jurídicas em relação aos nomes que poderiam ser escolhidos. Para o cargo de secretário de governo, escolheu sua irmã, Virgínia, que é administradora com titulação de mestre e de doutora por renomada instituição. Ainda durante o exercício do seu mandato, o Ministério Público ofereceu ação civil por improbidade administrativa no tribunal de justiça, aduzindo que não poderia haver a citada nomeação para o cargo, em virtude do parentesco. Distribuída a ação no tribunal de justiça, o desembargador determinou a citação de Danilo para o oferecimento da contestação. À luz das normas jurídicas e diante do entendimento do STF sobre o tema, discorra, de forma fundamentada, sobre a viabilidade jurídica da pretensão do Ministério Público, indicando as teses defensivas indispensáveis a eventual contestação.

13. **(Cespe/Abin/Oficial/2018)** Sem ser concursado, Carlos ocupou por dois anos cargo público de diretor, tendo, nesse período, realizado a contratação de emergência de empresa de segurança patrimonial, sob o argumento de que o processo licitatório não teria se encerrado. Durante processo administrativo disciplinar, constatou-se que Carlos ficou com o processo em seu poder por um ano injustificadamente, o que provocou o atraso na conclusão da licitação. O Ministério Público, então, ajuizou ação de improbidade administrativa contra Carlos, tendo requerido a indisponibilidade de seus bens, inclusive de valores em aplicações financeiras provenientes de verbas trabalhistas. Devidamente citado, Carlos apresentou defesa alegando que seu ato não havia gerado qualquer prejuízo ao erário e, por isso, não configurava improbidade. Considerando as informações apresentadas, redija um texto dissertativo respondendo, de forma fundamentada, aos seguintes questionamentos: (i) Os atos de improbidade administrativa configuram ilícito de natureza penal, administrativa ou civil? (ii) Carlos pode ser réu na ação de improbidade mesmo não sendo mais ocupante de nenhum cargo público? (iii) É necessária a comprovação do dano ao erário para a configuração de ato de improbidade? (iv) Deve ser deferido o pedido para a indisponibilidade dos valores em aplicação financeira proveniente de verbas trabalhistas?

14. **(Cespe/TCM/BA/Auditor/2018)** Um agente público autorizou a realização de convênio com o objetivo de incentivar o turismo no estado da Bahia. Após a implementação do convênio, verificou-se que o ato havia gerado prejuízo de R$ 200.000 aos cofres públicos locais. Em razão disso, foi ajuizada ação civil pública fundamentada em ato de improbidade administrativa e instaurada tomada de contas administrativa para apurar irregularidades e o débito. Em ambos os procedimentos, observadas as peculiaridades do caso, sustentou-se que houve enriquecimento ilícito do agente e dano ao erário. Na defesa apresentada na esfera judicial, o requerido informou que, ao contrário do que foi narrado na petição inicial, não ocorreu o dano ao erário, o que afastaria, consequentemente, a imputação de enriquecimento ilícito. Quanto à tomada de contas administrativa, em defesa, o agente alegou que já havia ocorrido a condenação judicial na ação de improbidade, razão pela qual estaria configurado o bis in idem caso se estabelecesse nova condenação de ressarcimento ao erário no procedimento do TCM/BA. Com base na situação hipotética apresentada, redija, de modo fundamentado, um texto dissertativo acerca das alegações apresentadas pelo agente público nas esferas judicial e administrativa. Ao elaborar o seu texto, aborde os seguintes aspectos: (i) possibilidade de condenação judicial do agente público por ato de improbidade que gerou enriquecimento ilícito, mesmo que tivesse sido comprovada a inexistência de dano ao erário, bem como a relação desses atos de improbidade com o dolo e a culpa; (ii) viabilidade da alegação do agente público quanto à ocorrência de "bis in idem"; (iii) procedimento a ser adotado pelo agente público na hipótese de condenação à reparação de danos tanto na via administrativa quanto na judicial.

15. **(Cespe/PGE/SE/Procurador/2017)** No que concerne à ação de improbidade administrativa, redija um texto dissertativo que responda, de forma fundamentada e de acordo com a jurisprudência atual do STJ, aos seguintes questionamentos: (i) A sentença de improcedência se submete ao regime de remessa necessária? (ii) Pode ser considerada válida a sentença condenatória prolatada em processo se não tiver ocorrido a notificação do acusado para a apresentação de defesa preliminar prevista em lei?

✱ QUESTÕES OBJETIVAS

176. **(Cespe/PGE/PE/Procurador/2018)** Conforme a Lei de Improbidade Administrativa, configura ato de improbidade administrativa que atenta contra os princípios da administração pública qualquer ação ou omissão que viole os deveres de honestidade, imparcialidade, legalidade e lealdade às instituições, em especial:

a) perceber vantagem econômica para intermediar a liberação de verba pública de qualquer natureza.
b) utilizar, em obra particular, máquinas de propriedade de entidades da administração pública indireta estadual.
c) frustrar a licitude de processo seletivo para a celebração de parcerias com entidades sem fins lucrativos.
d) realizar operação financeira sem a observância das normas legais e regulamentares.
e) deixar de prestar contas quando esteja obrigado a fazê-lo.

177. **(Cespe/CGM/João_Pessoa/Auditor/2018)** Os atos de improbidade administrativa atingem apenas entidades integrantes do Poder Executivo.

178. **(Cespe/TCE/PB/Auditor/2018)** Uma empresa que presta serviços de vigilância e limpeza para órgão da administração pública, diante de dificuldades financeiras decorrentes do atraso dos pagamentos que lhe são devidos pelos serviços adequadamente prestados, deu vantagem pecuniária aos servidores responsáveis pela liquidação e pagamento da despesa orçamentária empenhada, com o objetivo de acelerar os trâmites administrativos necessários ao efetivo pagamento. Nessa situação hipotética, os servidores responderão por ato de improbidade administrativa por terem

a) concedido indevidamente benefício financeiro, sujeitando-se, entre outras cominações, ao ressarcimento integral do dano causado à administração pública.
b) atentado contra os princípios da administração pública, sujeitando-se, entre outras cominações, à perda dos bens ou valores acrescidos ilicitamente ao patrimônio.
c) aplicado indevidamente benefício tributário, sujeitando-se, entre outras cominações, à proibição de receber benefícios ou incentivos fiscais ou creditícios.
d) causado prejuízo ao erário, sujeitando-se, entre outras cominações, à perda de bens e valores, inclusive aqueles obtidos licitamente.
e) enriquecido ilicitamente, sujeitando-se, entre outras cominações, ao pagamento de multa civil de até três vezes o valor do acréscimo patrimonial.

179. **(Cespe/STM/Analista/2018)** É imprescindível a ocorrência de dolo para a tipificação, como ato de improbidade administrativa, da conduta de agente público que cause prejuízo ao erário.

180. **(Cespe/PGE/PE/Procurador/2018)** Com base nas disposições constitucionais a respeito da administração pública, assinale a opção correta.

a) As funções de confiança devem ser exercidas por servidores ocupantes de cargo efetivo e limitam-se a atribuições de direção, chefia, apoio e assessoramento.
b) Governadores de estado e desembargadores do tribunal de justiça local não podem receber vencimentos superiores aos de deputado estadual.
c) O Poder Judiciário pode determinar a equiparação salarial de servidores públicos com o aumento de salários para garantir a aplicação do princípio da isonomia.
d) Os direitos políticos do agente público que usa de seu cargo ou função para auferir enriquecimento ilícito poderão ser suspensos e seus bens poderão ser decretados indisponíveis.
e) Servidor público efetivo eleito vereador será, necessariamente, afastado de seu cargo.

181. **(Cespe/TCE/PE/Analista/2017)** Nos casos de ato de improbidade administrativa que resulte em lesão ao patrimônio público, o agente público responsável pelo ato omissivo ímprobo somente terá de ressarcir o erário se o ato for doloso.

182. **(Cespe/Sefaz/RS/Auditor/2018)** Para a responsabilização do agente público por ato de improbidade administrativa:

a) é suficiente a ofensa a princípios da administração pública.
b) é possível o ajuizamento de ação judicial a qualquer tempo.
c) exige-se a ocorrência de dano ao erário.
d) exige-se a ocorrência de enriquecimento ilícito do agente público.
e) exige-se o dolo.

183. **(Cespe/PGM/Fortaleza/Procurador/2017)** Um servidor da Procuradoria-Geral do Município de Fortaleza, ocupante exclusivamente de cargo em comissão, foi preso em flagrante, em operação da Polícia Federal, por fraudar licitação para favorecer determinada empresa. Mesmo que o servidor mencionado colabore com as investigações e ressarça o erário, não poderá haver acordo ou transação judicial em sede de ação de improbidade administrativa.

184. **(Cespe/PC/MA/Investigador/2018)** Representa ato de improbidade administrativa que importa enriquecimento ilícito, segundo a Lei n. 8.429/1992:

a) permitir, facilitar ou concorrer para que terceiro se enriqueça ilicitamente.
b) usar, em proveito próprio, bens integrantes do patrimônio das entidades públicas.
c) ordenar a realização de despesas não autorizadas.
d) frustrar a licitude de concurso público.
e) deixar de prestar contas quando obrigado a fazê-lo.

185. **(Cespe/STM/Técnico/2018)** Conforme a Lei de Improbidade Administrativa – Lei n. 8.429/1992 –, se um agente público regularmente processado e condenado por ter causado lesão ao patrimônio público vier a falecer antes de submeter-se às penalidades que lhe tiverem sido impostas, estas não poderão afetar os seus sucessores, tampouco atingir a herança.

186. **(Cespe/PC/MA/Investigador/2018)** À luz da CF, os atos de improbidade administrativa poderão acarretar o(a)

a) suspensão dos direitos políticos.
b) disponibilidade dos bens.
c) cassação de direitos políticos.
d) suspensão da função pública.
e) ressarcimento ao erário, o que inviabiliza a persecução penal.

187. **(Cespe/STM/Analista/2018)** Além dos servidores públicos, são considerados sujeitos ativos de atos de improbidade administrativa os notários e registradores, que podem sofrer as penalidades previstas na lei em apreço.

188. **(Cespe/PC/MA/Escrivão/2018)** De acordo com a Lei de Improbidade – Lei n. 8.429/1992 –, o servidor público que comprovadamente tiver causado lesão ao patrimônio público estará sujeito

a) a detenção de cinco a oito anos.
b) à perda dos bens ou valores acrescidos ilicitamente ao patrimônio.
c) ao ressarcimento correspondente ao dobro do valor integral do dano.
d) ao pagamento de multa civil em valor igual ao do acréscimo patrimonial.
e) a suspensão dos direitos políticos por dez anos.

189. **(Cespe/STM/Técnico/2018)** Conforme a Lei de Improbidade Administrativa – Lei n. 8.429/1992 –, o agente público que revelar, para pessoa de sua confiança, fato de que tem ciência em razão de suas atribuições e sobre o qual deveria manter segredo cometerá conduta antiética, não se configurando, nesse caso, ato de improbidade administrativa.

190. **(Cespe/TCE/PB/Auditor/2018)** Por ter permitido a alienação de um imóvel integrante do patrimônio de uma autarquia pública estadual por preço inferior ao de mercado, determinado agente público causou lesão ao erário. Durante o processo, provou-se que o agente agiu de forma imprudente, bem como constatou-se o nexo causal entre a conduta e o dano. Porém, não houve comprovação de enriquecimento pessoal do agente, nem indício de má-fé. Nessa situação hipotética, segundo a Lei n. 8.429/1992 – Lei de Improbidade Administrativa –, o ressarcimento do dano

a) só seria devido se a conduta tivesse sido omissiva, caso em que teria de ser comprovado o dolo ou a culpa do agente público.
b) será devido tão só em razão de a conduta ter sido comissiva, pouco importando, nesse caso, a comprovação de ter havido dolo ou culpa.
c) só seria exigível caso a conduta em questão se tivesse dado de forma omissiva, já que não houve dolo.
d) não poderá ser cobrado do agente público, independentemente de a conduta ser omissiva ou comissiva, uma vez que não houve a comprovação de dolo.
e) será devido independentemente de a conduta ser omissiva ou comissiva, sendo suficiente para tal a comprovação da culpa do agente público.

191. **(Cespe/DPU/Defensor/2017)** Em ação de improbidade administrativa por ato que cause prejuízo ao erário, a decretação da indisponibilidade dos bens do acusado pode ocorrer antes do recebimento da petição inicial, desde que fique efetivamente demonstrado o risco de dilapidação de seu patrimônio.

192. **(Cespe/PC/MA/Delegado/2018)** É correto afirmar que a ação de ressarcimento ao erário decorrente da prática de ato de improbidade administrativa

a) prescreve em três anos, a contar do conhecimento do prejuízo causado ao erário.
b) prescreve no mesmo prazo que o previsto para o ajuizamento da respectiva ação civil de improbidade administrativa.
c) prescreve em três anos, a contar do trânsito em julgado da ação civil de improbidade administrativa.
d) prescreve em cinco anos, a contar do trânsito em julgado da ação civil de improbidade administrativa.
e) é imprescritível.

193. **(Cespe/TCE/PE/Analista_Controle_Externo/2017)** Fundamenta-se no "periculum in mora" implícito a decretação da indisponibilidade de bens quando estiverem presentes fortes indícios da prática de ato ímprobo.

194. **(Cespe/PC/GO/Delegado/2017)** Se uma pessoa, maior e capaz, representar contra um delegado de polícia por ato de improbidade sabendo que ele é inocente, a sua conduta poderá ser considerada, conforme o disposto na Lei n. 8.429/1992:

a) crime, estando essa pessoa sujeita a detenção e multa.
b) ilícito administrativo, por atipicidade penal da conduta.
c) contravenção penal.
d) crime, estando essa pessoa sujeita apenas a multa.
e) crime, estando essa pessoa sujeita a reclusão e multa.

195. **(Cespe/PGM/Fortaleza/Procurador/2017)** Um servidor da Procuradoria-Geral do Município de Fortaleza, ocupante exclusivamente de cargo em comissão, foi preso em flagrante, em operação da Polícia Federal, por fraudar licitação para favorecer determinada empresa. Segundo o entendimento do STJ, caso o referido servidor faleça durante a ação de improbidade administrativa, a obrigação de reparar o erário será imediatamente extinta, dado o caráter personalíssimo desse tipo de sanção.

196. **(Cespe/TRE/PE/Analista/2017)** Considerando, por mera hipótese, que Sérgio seja servidor público da autarquia X e que, no desempenho de atividades do seu cargo, pratique ato de improbidade administrativa, assinale a opção correta:

a) Qualquer pessoa terá legitimidade para, perante a autoridade administrativa competente, apresentar representação solicitando a instauração de investigação para apurar a prática do ato de improbidade.
b) Caso o referido ato cause lesão ao erário, Sérgio poderá ter os direitos políticos suspensos de oito a dez anos.
c) Sérgio somente sofrerá as sanções previstas em lei se houver efetiva ocorrência de dano ao patrimônio público.
d) A ação de improbidade contra Sérgio somente poderá ser proposta pela pessoa jurídica lesada, ou seja, a autarquia X.
e) Se o ato em questão atentar contra os princípios da administração pública, Sérgio responderá tanto por ação quanto por omissão, tenha ele agido de forma dolosa ou culposa.

197. **(Cespe/TCE/PE/Analista/2017)** A aplicação de sanções por atos de improbidade administrativa que causem prejuízo ao erário depende da aprovação das contas pelo tribunal ou conselho de contas.

198. **(Cespe/TRE/PE/Analista/2017)** Um empresário, proprietário de determinada empresa que firmou contrato com o poder público, contribuiu para a prática de ato de improbidade administrativa levado a efeito por servidor público de determinado órgão estatal. Nessa situação hipotética:

a) o servidor público só estará sujeito ao disposto na Lei de Improbidade Administrativa se pertencer a órgão da administração direta.
b) o empresário só estará sujeito às disposições da Lei de Improbidade Administrativa se o ato de improbidade lhe tiver beneficiado.
c) o servidor só estará sujeito às disposições da Lei de Improbidade Administrativa se tiver sido nomeado para o cargo mediante concurso público.
d) o servidor estará sujeito às disposições da Lei de Improbidade Administrativa ainda que exerça suas funções de forma transitória.
e) o empresário, por não ser agente público, não estará sujeito ao disposto na Lei de Improbidade Administrativa.

199. **(Cespe/TRF/1R/Técnico/2017)** Se servidor público, em conluio com representante de sociedade empresária, cometer ato de improbidade administrativa, ambos responderão pelo integral ressarcimento do dano causado, bem como estarão sujeitos, no que couber a cada um, às penalidades previstas na lei que trata da improbidade administrativa.

200. **(Cespe/PC/GO/Delegado/2017)** Em relação à improbidade administrativa, assinale a opção correta:

a) A ação de improbidade administrativa apresenta prazo de proposição decenal, qualquer que seja a tipicidade do ilícito praticado pelo agente público.

b) Se servidor público estável for condenado em ação de improbidade administrativa por uso de maquinário da administração em seu sítio particular, poderá ser-lhe aplicada pena de suspensão dos direitos políticos por período de cinco a oito anos.

c) O particular que praticar ato que enseje desvio de verbas públicas, sozinho ou em conluio com agente público, responderá, nos termos da Lei de Improbidade Administrativa, desde que tenha obtido alguma vantagem pessoal.

d) Enriquecimento ilícito configura ato de improbidade administrativa se o autor auferir vantagem patrimonial indevida em razão do cargo, mandato, função, emprego ou atividade, mesmo que de forma culposa.

e) Caso um servidor público federal estável, de forma deliberada, sem justificativa e reiterada, deixar de praticar ato de ofício, poderá ser-lhe aplicada multa civil de até cem vezes o valor da sua remuneração, conforme a gravidade do fato.

201. **(Cespe/TRF/1R/Técnico/2017)** Em razão da abrangência protetiva da Lei de Improbidade Administrativa, as ações principais para a apuração de atos de improbidade administrativa podem ser propostas por brasileiro nato ou naturalizado, pelo Ministério Público e pela pessoa jurídica interessada.

202. **(Cespe/PGM/Belo_Horizonte/Procurador/2017)** De acordo com o disposto na Lei de Improbidade Administrativa – Lei n. 8.429/1992 –, assinale a opção correta:

a) A efetivação da perda da função pública, penalidade prevista na lei em apreço, independe do trânsito em julgado da sentença condenatória.

b) A configuração dos atos de improbidade administrativa que importem em enriquecimento ilícito, causem prejuízo ao erário ou atentem contra os princípios da administração pública depende da existência do dolo do agente.

c) O sucessor do agente que causou lesão ao patrimônio público ou que enriqueceu ilicitamente responderá às cominações da lei em questão até o limite do valor da sua herança.

d) O responsável por ato de improbidade está sujeito, na hipótese de cometimento de ato que implique enriquecimento ilícito, à perda dos bens ou dos valores acrescidos ilicitamente ao seu patrimônio, ao ressarcimento integral do dano e à perda dos direitos políticos.

203. **(Cespe/TRF/1R/Técnico/2017)** A configuração de ato de improbidade administrativa dependerá, necessariamente, da existência de dano efetivo ao erário.

204. **(Cespe/DPE/AL/Defensor/2017)** Constitui ato de improbidade administrativa que importa enriquecimento ilícito:

a) concorrer, por qualquer forma, para a incorporação ao patrimônio particular, de pessoa jurídica, de bens integrantes do acervo patrimonial da administração direta estadual.

b) permitir a utilização, em obra particular, de material que seja de propriedade de pessoa jurídica da administração direta estadual.

c) doar à pessoa jurídica, ainda que sem fins patrimoniais, verbas do patrimônio de pessoa jurídica da administração direta estadual.

d) permitir que pessoa física utilize renda integrante do acervo patrimonial de pessoa jurídica da administração indireta estadual.

e) exercer atividade de consultoria para pessoa jurídica que tenha interesse suscetível de ser atingido por ação decorrente das atribuições do agente público, durante a atividade.

205. **(Cespe/TRF/1R/Analista/2017)** Oficial de justiça que receba dinheiro de advogado para dar cumprimento preferencial a uma determinação judicial em detrimento de outras terá praticado, conforme a Lei de Improbidade Administrativa, ato de improbidade que importa enriquecimento ilícito.

206. **(Cespe/TRT/7R/Analista/2017)** Determinado agente público, em troca de recebimento de vantagem econômica, facilitou a alienação de um bem público por preço inferior ao valor de mercado, praticando, assim, ato de improbidade administrativa. Nesse caso, de acordo com a legislação pertinente, o agente público praticou improbidade administrativa:

a) que atenta contra os princípios da administração pública.
b) que importa enriquecimento ilícito.
c) decorrente de concessão ou aplicação indevida de benefício financeiro ou tributário.
d) que causa prejuízo ao erário.

207. (Cespe/TRF/1R/Analista/2017) O servidor público que retardar ou deixar de praticar ato de ofício indevidamente responderá por improbidade administrativa apenas no caso de o ato ter sido praticado por ação ou omissão dolosa.

208. (Cespe/PGE/SE/Procurador/2017) À luz da doutrina e da jurisprudência pertinentes, assinale a opção correta acerca da responsabilidade civil do Estado e da improbidade administrativa:

a) Se um secretário de Estado autorizar a aquisição de equipamentos eletrônicos na loja de um irmão seu, sem licitação, mas com preços aquém dos praticados no mercado, não se configurará a prática de ato de improbidade administrativa, porque se trata de cargo em comissão e não haverá prejuízo ao erário.
b) Um governador de estado que realizar operações financeiras irregulares e sem a observância das normas legais estará sujeito às sanções previstas na Lei de Improbidade Administrativa, ainda que tenha as suas contas aprovadas pelo tribunal de contas pertinente.
c) Caso um motorista de concessionária de serviço de transporte coletivo atropele um ciclista, a responsabilidade civil dessa concessionária será subjetiva, haja vista o fato de, nessa hipótese, o ciclista não ser usuário do serviço público.
d) Inexistirá responsabilização estatal por latrocínio que for praticado logo após a fuga de presos, uma vez que o dano não terá ocorrido enquanto os criminosos se encontravam sob a custódia estatal.
e) Uma empresa, concessionária de serviço de transporte aéreo, não terá direito a indenização estatal em decorrência de prejuízos extensivos e inviabilidade de desempenho do serviço após a regular edição de lei que impuser o congelamento de preços de tarifas aéreas, haja vista que, não havendo vícios na edição da lei, toda a sociedade deve submeter-se às alterações no cenário econômico advindas dessa intervenção estatal.

209. (Cespe/TRF/1R/Analista/2017) Na ação de improbidade administrativa, caso o réu seja primário, o Ministério Público poderá propor transação, desde que o ato praticado não tenha sido lesivo ao patrimônio público e não tenha importado enriquecimento ilícito.

210. (Cespe/PC/MT/Delegado/2017) De acordo com o entendimento do STJ, no curso da ação de improbidade administrativa, a decretação da indisponibilidade de bens do réu dependerá da:

a) constatação da inexistência de meios de prestação de caução.
b) presença de fortes indícios da prática do ato imputado.
c) prova de dilapidação do patrimônio.
d) presença do "periculum in mora" concreto.
e) prova da impossibilidade de recuperação do patrimônio público.

211. (Cespe/TRF/1R/Técnico/2017) As penas previstas na Lei de Improbidade serão sempre aplicadas de forma cumulativa, independentemente da gravidade do fato.

212. (Cespe/TRE/PE/Analista/2017) Um empregado de determinada sociedade de economia mista permitiu que terceiro enriquecesse ilicitamente, em detrimento do patrimônio público, embora não tenha facilitado a prática do ato que resultou no enriquecimento do terceiro nem tenha concorrido para a sua prática. Nessa situação, o empregado:

a) cometeu ato de improbidade administrativa que importa em enriquecimento ilícito.
b) cometeu ato de improbidade administrativa que causa lesão ao erário.
c) não cometeu ato de improbidade administrativa, pois empregados de sociedade de economia mista não estão sujeitos às cominações da Lei de Improbidade Administrativa.
d) não cometeu ato de improbidade, pois o ato de permitir o enriquecimento ilícito de terceiro não está expressamente configurado como improbidade administrativa no ordenamento jurídico brasileiro.
e) não cometeu ato de improbidade administrativa que atenta contra os princípios da

administração pública, pois agiu mediante omissão culposa.

213. (Cespe/PGM/Fortaleza/Procurador/2017) Se, após um inquérito civil público, o MP ajuizar ação de improbidade contra agente público por ofensa ao princípio constitucional da publicidade, o agente público responderá objetivamente pelos atos praticados, conforme o entendimento do STJ.

6. INTERVENÇÃO DO ESTADO NA PROPRIEDADE

6.1. Desapropriação

*** SÚMULAS**

1) Correção Monetária

STF Súm. 561. Em desapropriação, é devida a correção monetária até a data do efetivo pagamento da indenização, devendo proceder-se à atualização do cálculo, ainda que por mais de uma vez.

STJ Súm. 67. Na desapropriação, cabe a atualização monetária, ainda que por mais de uma vez, independente do decurso de prazo superior a um ano entre o cálculo e o efetivo pagamento da indenização.

2) Honorários

STF Súm. 378. Na indenização por desapropriação incluem-se honorários do advogado do expropriado.

STF Súm. 617. A base de cálculo dos honorários de advogado em desapropriação é a diferença entre a oferta e a indenização, corrigidas ambas monetariamente.

STJ Súm. 131. Nas ações de desapropriação incluem-se no cálculo da verba advocatícia as parcelas relativas aos juros compensatórios e moratórios, devidamente corrigidas.

STJ Súm. 141. Os honorários de advogado em desapropriação direta são calculados sobre a diferença entre a indenização e a oferta, corrigidas monetariamente.

3) Juros

STF Súm. 164. No processo de desapropriação, são devidos juros compensatórios desde a antecipada imissão de posse, ordenada pelo juiz, por motivo de urgência.

STF Súm. 416. Pela demora no pagamento do preço da desapropriação não cabe indenização complementar além dos juros.

STF Súm. 618. Na desapropriação, direta ou indireta, a taxa dos juros compensatórios é de 12% (doze por cento) ao ano.

STJ Súm. 12. Em desapropriação, são cumuláveis juros compensatórios e moratórios.

STJ Súm. 56. Na desapropriação para instituir servidão administrativa são devidos os juros compensatórios pela limitação de uso da propriedade.

STJ Súm. 69. Na desapropriação direta, os juros compensatórios são devidos desde a antecipada imissão na posse e, na desapropriação indireta, a partir da efetiva ocupação do imóvel.

STJ Súm. 70. Os juros moratórios, na desapropriação direta ou indireta, contam-se desde o trânsito em julgado da sentença.

STJ Súm. 102. A incidência dos juros moratórios sobre os compensatórios, nas ações expropriatórias, não constitui anatocismo vedado em lei.

STJ Súm. 113. Os juros compensatórios, na desapropriação direta, incidem a partir da imissão na posse, calculados sobre o valor da indenização, corrigido monetariamente.

STJ Súm. 114. Os juros compensatórios, na desapropriação indireta, incidem a partir da ocupação, calculados sobre o valor da indenização, corrigido monetariamente.

STJ Súm. 131. Nas ações de desapropriação incluem-se no cálculo da verba advocatícia as parcelas relativas aos juros compensatórios e moratórios, devidamente corrigidas.

STJ Súm. 408. Nas ações de desapropriação, os juros compensatórios incidentes após a Medida Provisória n. 1.577, de 11.6.1997, devem ser fixados em 6% ao ano até 13.9.2001, e, a partir de então, em 12% ao ano, na forma da Súmula n. 618 do Supremo Tribunal Federal.

4) Outros Temas

STF Súm. 23. Verificados os pressupostos legais para o licenciamento da obra, não o impede a declaração de utilidade pública para desapropriação do imóvel, mas o valor da obra não se incluirá na indenização, quando a desapropriação for efetivada.

STF Súm. 157. É necessária prévia autorização do Presidente da República para desapropriação, pelos Estados, de empresa de energia elétrica.

STF Súm. 476. Desapropriadas as ações de uma sociedade, o poder desapropriante, imitido na posse, pode exercer, desde logo, todos os direitos inerentes aos respectivos títulos.

STF Súm. 652. Não contraria a Constituição o art. 15, § 1º, do DL. 3.365/41 (Lei da Desapropriação por Utilidade Pública).

STJ Súm. 354. A invasão do imóvel é causa de suspensão do processo expropriatório para fins de reforma agrária.

✱ INFORMATIVOS DE JURISPRUDÊNCIA

DL 3.365/1941: desapropriação e juros compensatórios

STF Julgada parcialmente procedente ADI para: i) em relação ao "caput" do art. 15-A do DL 3.365/41, reconhecer a constitucionalidade do percentual de juros compensatórios de 6% a.a. para remuneração do proprietário pela imissão provisória do ente público na posse de seu bem; i-a) declarar a inconstitucionalidade do vocábulo "até"; i-b) dar interpretação conforme a Constituição ao "caput" do dispositivo, de maneira a incidir juros compensatórios sobre a diferença entre 80% do preço ofertado em juízo pelo ente público e o valor do bem fixado na sentença; ii) declarar a constitucionalidade dos §§ 1º e 2º do art. 15-A do DL 3.365/41; iii) declarar a constitucionalidade do § 3º do art. 15-A do DL 3.365/41; iv) declarar a inconstitucionalidade do § 4º do art. 15-A do DL 3.365/41; v) declarar a constitucionalidade da estipulação de parâmetros mínimo e máximo para a concessão de honorários advocatícios e a inconstitucionalidade da expressão "não podendo os honorários ultrapassar R$ 151.000,00 (cento e cinquenta e um mil reais)" prevista no § 1º do art. 27 do DL 3.365/41. ADI 2332, Rel. Min. Roberto Barroso, j. 17.5.2018. Pleno. (Info 902).

✱ INOVAÇÕES LEGISLATIVAS

▲ Lei de Desapropriação por Interesse Social (Lei 4.132/62): sem alterações em 2017/2018.

▲ Lei de Desapropriação por Utilidade Pública (DL 3.365/41)

▲ Art. 34-A. Se houver concordância, reduzida a termo, do expropriado, a decisão concessiva da imissão provisória na posse implicará a aquisição da propriedade pelo expropriante com o consequente registro da propriedade na matrícula do imóvel. § 1º A concordância escrita do expropriado não implica renúncia ao seu direito de questionar o preço ofertado em juízo. § 2º Na hipótese deste artigo, o expropriado poderá levantar 100% (cem por cento) do depósito de que trata o art. 33 deste Decreto-Lei. § 3º Do valor a ser levantado pelo expropriado devem ser deduzidos os valores dispostos nos §§ 1º e 2º do art. 32 deste Decreto-Lei, bem como, a critério do juiz, aqueles tidos como necessários para o custeio das despesas processuais. (Modificações: Lei 13.465/17)

✱ QUESTÕES OBJETIVAS

214. **(Cespe/PGE/AM/Procurador/2016)** Tendo o direito de propriedade garantia constitucional, ao Estado só é lícito desapropriar mediante indenização prévia e se a propriedade não estiver cumprindo sua função social.

215. **(Cespe/DPU/Defensor/2017)** Na desapropriação indireta, por força da afetação do bem ao domínio público, ao proprietário prejudicado só resta pleitear indenização pelos prejuízos advindos da perda da propriedade, acrescidos de juros moratórios e compensatórios, incidindo os últimos a partir da data da efetiva ocupação do bem.

216. **(Cespe/PGM/Fortaleza/Procurador/2017)** Segundo o entendimento do STJ, ao contrário do que ocorre em desapropriação para fins de reforma agrária, é irregular, nos casos de desapropriação por utilidade pública, a imissão provisória na posse pelo poder público.

217. **(Cespe/PGM/Fortaleza/Procurador/2017)** Em se tratando de desapropriação por utilidade pública em que a imissão prévia na posse tenha se dado por ordem judicial e o ente expropriante tenha depositado em juízo o preço ofertado, é incabível o pagamento de juros compensatórios.

218. **(Cespe/TRT/7R/Analista/2017)** O poder público municipal apossou-se de imóvel de particular para a construção de uma quadra poliesportiva de uso comunitário. O prefeito do município ordenou a derrubada de uma cerca e o imediato início das obras, sem qualquer notificação prévia ao proprietário. Considerando-se o modo como os fatos ocorreram, é correto afirmar que houve, na situação descrita:

a) apossamento administrativo, caso em que cabe a revisão imediata pelo Poder Judiciário.
b) ocupação temporária, caso em que cabe ao particular proprietário indenização pelos eventuais danos comprovados.
c) requisição administrativa, caso em que o particular proprietário pode discutir a intervenção estatal em juízo.

d) desapropriação indireta, caso em que resta ao particular proprietário do imóvel pleitear perdas e danos.

219. (Cespe/PGE/SE/Procurador/2017) À luz da doutrina e da jurisprudência sobre a intervenção do Estado na propriedade, assinale a opção correta:

a) Determinada propriedade rural é produtiva e cumpre sua função social em metade de sua extensão, ao passo que, na outra metade, são cultivadas plantas psicotrópicas ilegais. Nessa situação, eventual desapropriação recairá somente sobre a metade que se destina ao cultivo de plantas psicotrópicas ilegais.
b) Um estado emitiu decreto expropriatório para a construção de um hospital. Após a execução do ato expropriatório, a região foi acometida por fortes chuvas, que destruíram um grande número de escolas. Nessa situação, se determinar a alteração da destinação do bem para a construção de escolas, o estado não terá obrigação de garantir ao ex-proprietário o direito de retrocessão.
c) Maria adquiriu um apartamento na cobertura de um edifício. Após a aquisição do imóvel, com a averbação do registro, Maria pleiteou indenização contra o estado, considerando a prévia existência de linha de transmissão em sua propriedade. Nessa situação, Maria terá direito a indenização, desde que o prejuízo alegado não recaia também sobre as demais unidades do edifício.
d) Um imóvel com área efetivamente registrada equivalente a 90% da sua área real, de propriedade de Pedro, foi objeto de desapropriação direta. Nessa situação, o pagamento de indenização a Pedro deverá recair sobre a totalidade da área real do referido imóvel.
e) Um imóvel rural produtivo, mas que não cumpre a sua função social, poderá ser desapropriado para fins de reforma agrária, segundo a CF.

6.2. Outros Tipos de Intervenção

* SÚMULAS

STJ Súm. 56. Na desapropriação para instituir servidão administrativa são devidos os juros compensatórios pela limitação de uso da propriedade.

* INFORMATIVOS DE JURISPRUDÊNCIA

Ação indenizatória. Locação de área para estação de telefonia celular. Compartilhamento de infraestrutura. Sublocação não caracterizada. Direito de uso. Servidão administrativa instituída pela lei em benefício das prestadoras de serviços de telecomunicações de interesse coletivo. Inviabilidade de indenização.

STJ O compartilhamento de infraestrutura de estação rádio base de telefonia celular por prestadoras de serviços de telecomunicações de interesse coletivo caracteriza servidão administrativa, não ensejando direito à indenização ao locador da área utilizada para instalação dos equipamentos. REsp 1.309.158, Rel. Min. Luis Felipe Salomão, DJe 20.10.2017. 4ª T. (Info 614)

* INOVAÇÕES LEGISLATIVAS

▲ Lei de Tombamento (DL 25/37): sem alterações em 2017/2018.

* QUESTÕES OBJETIVAS

220. (Cespe/PC/MA/Delegado/2018) A seguir são apresentadas ações realizadas pelo Estado.

I. Alocação provisória de determinadas máquinas e equipamentos utilizados em execução de obra pública em propriedade privada desocupada.
II. Instalação de redes elétricas em determinada propriedade privada para fins de execução de serviço público.
III. Determinação de ordem urbanística de proibição de construção além de determinada altura em região do município.

As hipóteses apresentadas correspondem, respectivamente, às seguintes modalidades de intervenção do Estado na propriedade

a) ocupação temporária, servidão administrativa e limitação administrativa.
b) requisição administrativa, servidão administrativa e ocupação temporária.
c) requisição administrativa, ocupação temporária e limitação administrativa.
d) servidão administrativa, requisição administrativa e limitação administrativa.
e) ocupação temporária, limitação administrativa e servidão administrativa.

221. (Cespe/TCE/PA/Auditor/2016) A requisição administrativa caracteriza-se por ser ato administrativo autoexecutório, independente de autorização judicial e de natureza transitória, podendo abranger, além de bens móveis e imóveis, serviços prestados por particulares. Seu pressuposto é o perigo público iminente.

222. (Cespe/PGE/AM/Procurador/2016) A limitação administrativa é instituída pela administração pública sobre determinado imóvel privado, para atendimento do interesse público, sem operar transferência de domínio, nem de posse, nem do uso total do bem a terceiros ou ao poder público.

223. (Cespe/PGE/AM/Procurador/2016) O tombamento pode ocorrer no âmbito federal, estadual ou municipal, sendo um de seus principais efeitos a impossibilidade de modificação do bem. Ele pode, ainda, acarretar restrições quanto à destinação e à alienabilidade do bem.

224. (Cespe/PC/GO/Delegado/2017) Um policial andava pela rua quando presenciou um assalto. Ao ver o assaltante fugir, o policial parou um carro, identificou-se ao motorista, entrou no carro e pediu que ele perseguisse o criminoso. Nessa situação, conforme a CF e a doutrina pertinente, tem-se um exemplo típico da modalidade de intervenção do Estado na propriedade privada denominada:

a) limitação administrativa, cabendo indenização ao proprietário, se houver dano ao bem deste.
b) requisição administrativa, cabendo indenização ao proprietário, se houver dano ao bem deste.
c) desapropriação, não cabendo indenização ao proprietário, independentemente de dano ao bem deste.
d) servidão administrativa, não cabendo indenização ao proprietário, independentemente de dano ao bem deste.
e) ocupação temporária, não cabendo indenização ao proprietário, mesmo que haja dano ao bem deste.

225. (Cespe/PGM/Fortaleza/Procurador/2017) A possibilidade de realização de obras para a passagem de cabos de energia elétrica sobre uma propriedade privada, a fim de beneficiar determinado bairro, expressa a concepção do regime jurídico-administrativo, o qual dá prerrogativas à administração para agir em prol da coletividade, ainda que contra os direitos individuais.

226. (Cespe/PGM/Belo_Horizonte/Procurador/2017) Com relação à intervenção do Estado na propriedade, assinale a opção correta:

a) Compete à União, aos estados e ao DF legislar, de forma concorrente, sobre desapropriação, estando a competência da União limitada ao estabelecimento de normas gerais.
b) Expropriação ou confisco consiste na supressão punitiva de propriedade privada pelo Estado, a qual dispensa pagamento de indenização e incide sobre propriedade urbana ou rural onde haja cultura ilegal de psicotrópico ou ocorra exploração de trabalho escravo.
c) Servidão administrativa é a modalidade de intervenção que impõe obrigações de caráter geral a proprietários indeterminados, em benefício do interesse geral abstratamente considerado, e afeta o caráter absoluto do direito de propriedade.
d) Requisição é a modalidade de intervenção do Estado supressiva de domínio, incidente sobre bens móveis e imóveis, públicos ou privados, e, em regra, sem posterior indenização.

227. (Cespe/TRF/1R/Analista/2017) Para se construir na vizinhança de bem público tombado pelo patrimônio histórico, se a obra for reduzir a visibilidade do bem tombado, será necessária a prévia autorização do órgão público competente.

228. (Cespe/DPE/AL/Defensor/2017) Com o intuito de dar apoio logístico à obra de construção de um hospital municipal, o prefeito de determinada cidade exarou ato declaratório informando a necessidade de utilização, por tempo determinado, de um imóvel particular vizinho à obra, o qual serviria como estacionamento para as máquinas e como local de armazenamento de materiais. Nessa situação hipotética, a modalidade de intervenção do ente público na propriedade denomina-se:

a) ocupação temporária.
b) desapropriação.
c) requisição administrativa.
d) servidão administrativa.
e) limitação administrativa.

229. (Cespe/DPE/AL/Defensor/2017) Devido à ocorrência de calamidade natural de grandes proporções em determinado município, o presidente da República, após consultar exclusivamente o Conselho da República e o Conselho

Nacional, decretou o estado de defesa naquela localidade. Com base nessa situação hipotética e considerando as normas previstas na Constituição Federal de 1988 (CF), assinale a opção correta:

a) As medidas coercitivas previstas na CF para aplicação em casos como esse incluem a ocupação e o uso temporário de bens e serviços.
b) O tempo de duração do estado de defesa não poderá ser superior a noventa dias, sendo vedada a sua prorrogação.
c) Se houver fatos que comprovem a ineficácia das medidas tomadas durante o estado de defesa, este será automaticamente convertido em estado de sítio.
d) Durante o estado de defesa, o controle das prisões será político, exercido pelo Congresso Nacional, e judicial, exercido pelo STF.
e) O decreto presidencial é inconstitucional, uma vez que não houve autorização prévia do Congresso Nacional.

230. **(Cespe/TRF/5R/Juiz/2017)** Em cada uma das opções a seguir é apresentada uma situação hipotética acerca das formas de intervenção do Estado na propriedade, seguida de uma assertiva a ser julgada. Assinale a opção correspondente à assertiva correta:

a) O comprador de um imóvel com restrição pretende ser indenizado por ter sofrido limitação administrativa preexistente constante em nota "non aedificandi" – proibição de construir – referente a parte do imóvel, em razão de normas ambientais. Nesse caso, é indevida a indenização pretendida, pois não há perda da propriedade, mas apenas restrições de uso.
b) Um imóvel de propriedade privada situado às margens de um rio navegável que atravessa todo o estado foi objeto de decreto expropriatório. Nessa situação, é devida ao proprietário a indenização de toda a propriedade, incluindo-se a área situada às margens do rio.
c) Uma propriedade particular foi objeto de decreto expropriatório para a construção de um parque público no local. No entanto, o desabamento de uma escola pública situada em área de risco levou o estado a construir emergencialmente uma escola na referida propriedade. Nessa situação, o particular cujo bem foi expropriado poderá utilizar-se da retrocessão para readquirir a sua propriedade, considerando-se a alteração da finalidade do decreto expropriatório.
d) Decreto do presidente da República instituiu estado de defesa em determinado estado da Federação, em razão de fortes chuvas que causaram destruição e fizeram muitos habitantes desabrigados em determinada região. Em virtude do decreto, foi possível a ocupação temporária de uma propriedade privada próxima ao local mais afetado. Nessa situação, considerando-se a relevância do interesse público e a urgência da situação, a União não responderá pelos custos decorrentes da ocupação temporária.
e) Um imóvel de propriedade da União situa-se no centro histórico de um município e conserva todas as características históricas e arquitetônicas da época colonial. Nesse caso, o município é impedido de efetuar o tombamento desse imóvel, pois, apesar de se tratar de hipótese de exercício de competência concorrente, incide o princípio da hierarquia federativa.

231. **(Cespe/PGE/SE/Procurador/2017)** Com referência às formas de limitação da propriedade, à proteção do patrimônio histórico, artístico e cultural e à desapropriação, assinale a opção correta:

a) Após o prazo fixado na lei que define a área sujeita ao direito de preempção, não viola o direito de preferência a venda de imóvel a particular mediante proposta diferente da apresentada ao poder público, ainda que sem previamente consultá-lo.
b) Em virtude da aplicação do princípio da isonomia, incide o prazo prescricional de três anos à pretensão do proprietário para a reparação de prejuízos decorrentes da requisição.
c) Enquanto a requisição administrativa pode ser gratuita ou remunerada, a ocupação temporária, devido ao seu caráter precário, será sempre gratuita.
d) Admite-se a instituição de servidão administrativa de bem da União por município, desde que declarada a utilidade pública e observado o procedimento da desapropriação.
e) Segundo o STJ, não incide o princípio da hierarquia federativa no exercício da competência concorrente para o tombamento de bens públicos, o que autoriza um município a tombar bens do respectivo estado.

232. **(Cespe/PGE/SE/Procurador/2017)** Murilo recebeu como herança um imóvel rural localizado no bioma cerrado. Sem ter como explorá-lo economicamente de forma direta, buscou uma alternativa temporária para auferir do imóvel alguma renda. Assim, por instrumento particular, delimitou temporariamente uma área de sua propriedade, sobre cujo uso fez incidirem limitações, com a finalidade de preservar, conservar e recuperar os recursos naturais ali existentes. Com relação a essa situação hipotética e à política nacional de meio ambiente, assinale a opção correta:

a) Após um período de dez anos, o poder público terá direito de preempção sobre o bem imóvel referido.
b) A área à qual incidem as limitações de uso deve corresponder a, no máximo, 35% do total da propriedade.
c) Foi instituído, na área delimitada por Murilo, um direito de superfície.
d) Foi instituída, na área delimitada por Murilo, uma servidão ambiental.
e) Na área delimitada por Murilo, foi instituída uma reserva particular do patrimônio natural.

233. **(Cespe/PC/MT/Delegado/2017)** Enquanto uma rodovia municipal era reformada, o município responsável utilizou, como meio de apoio à execução das obras, parte de um terreno de particular. Nessa hipótese, houve o que se denomina:

a) servidão administrativa.
b) limitação administrativa.
c) intervenção administrativa supressiva.
d) ocupação temporária.
e) requisição administrativa.

7. LICITAÇÕES E CONTRATOS

7.1. Contratos

⊙ ATENÇÃO: ESTE TEMA É MUITO EXIGIDO NOS CONCURSOS!

*** INOVAÇÕES LEGISLATIVAS**

▲ Lei 8.666/93. Capítulo I – Das Disposições Gerais, Seção VI – Das Alienações

▲ Art. 17. A alienação de bens da Administração Pública, subordinada à existência de interesse público devidamente justificado, será precedida de avaliação e obedecerá às seguintes normas: I – quando imóveis, dependerá de autorização legislativa para órgãos da administração direta e entidades autárquicas e fundacionais, e, para todos, inclusive as entidades paraestatais, dependerá de avaliação prévia e de licitação na modalidade de concorrência, dispensada esta nos seguintes casos: (...). i) alienação e concessão de direito real de uso, gratuita ou onerosa, de terras públicas rurais da União e do Incra, onde incidam ocupações até o limite de que trata o § 1º do art. 6º da Lei n. 11.952, de 25 de junho de 2009, para fins de regularização fundiária, atendidos os requisitos legais; e (...). § 2º A Administração também poderá conceder título de propriedade ou de direito real de uso de imóveis, dispensada licitação, quando o uso destinar-se: (...). II – a pessoa natural que, nos termos de lei, regulamento ou ato normativo do órgão competente, haja implementado os requisitos mínimos de cultura, ocupação mansa e pacífica e exploração direta sobre área rural, observado o limite de que trata o § 1º do art. 6º da Lei n. 11.952, de 25 de junho de 2009; (...). (Modificações: Lei 13.465/17)

*** QUESTÕES DISCURSIVAS**

16. **(Cespe/PGE/PE/Procurador/2018)** Seis meses após a celebração de contrato de prestação do serviço de fornecimento de energia elétrica para as unidades hospitalares mantidas pelo estado de Pernambuco, o governo estadual recebeu, por meio da Secretaria de Administração, requerimento formulado pela companhia responsável pelo serviço, pedindo o reajuste da tarifa em 3,5% sobre o valor contratado, dada haver autorização da agência nacional de regulação do setor elétrico para tanto, o que justificaria o acréscimo ao montante pactuado no contrato ainda no primeiro ano da vigência do ajuste. Após dois meses, não tendo havido resposta do governo estadual, a companhia responsável enviou novo requerimento em que reiterava as razões do pedido anterior, além do aviso de corte do fornecimento de energia em todas as unidades abrangidas pelo contrato em virtude de inadimplência, uma vez que o pagamento havia sido suspenso pela Secretaria de Administração desde o início do período de análise do primeiro requerimento da concessionária. Considerando a urgência da situação, o governo estadual, então, encaminhou o processo administrativo relativo ao requerimento da contratada à PGE/PE para análise e emissão de parecer sobre o caso. Na qualidade de procurador do estado de Pernambuco, elabore parecer jurídico fundamentado na legislação e nos entendimentos doutrinários e jurisprudenciais pertinentes, posicionando-se sobre o pedido da concessionária na situação hipotética apresentada.

Em seu parecer, dispense o relatório, não crie fatos novos e aborde os seguintes tópicos: (i) condições jurídicas do reajuste no contrato administrativo tratado no caso; (ii) natureza jurídica do pagamento realizado pela administração pública pelo serviço contratado; (iii) adequação jurídica do pedido de reajuste no caso e validade do aviso e do corte no fornecimento de energia elétrica.

17. **(Cespe/TRE/RS/Analista/2015)** O Tribunal Regional Eleitoral, mediante prévio procedimento licitatório, celebrou contrato para a realização de determinada obra. Durante a execução do contrato, foram constatados problemas como lentidão, paralisações injustificadas e não comunicadas ao órgão e suspensão da obra em razão de execução irregular. Em decorrência desses fatos, o órgão rescindiu unilateralmente o contrato, retendo a garantia e aplicando cumulativamente as penalidades de advertência, de suspensão temporária de participação em licitação e de impedimento de contratar com a administração pelo prazo de um ano, sendo assegurados ao contratado o contraditório e a ampla defesa no âmbito do processo administrativo. Inconformada, a empresa contratada interpôs recurso administrativo invocando: a) ilegitimidade do ato de rescisão unilateral; b) seu direito à devolução da garantia, caso admitida a rescisão; e c) inviabilidade de aplicação cumulativa das sanções administrativas. Considerando a situação hipotética apresentada, analise os questionamentos apresentados pela empresa contratada, posicionando-se, de forma fundamentada, a respeito de cada um deles.

18. **(Cespe/TCE/PR/Analista/2016)** Considerando que, entre as prerrogativas conferidas à administração pública pelo regime jurídico dos contratos administrativos, a Lei n. 8.666/1993 prevê que a administração pode intervir na propriedade do contratado, discorra sobre a modalidade de intervenção que a administração pública está autorizada a executar em propriedades. Em seu texto, aponte: (i) as possíveis situações em que ocorre tal modalidade; (ii) o fundamento legal para esse tipo de intervenção; (iii) o fundamento principiológico que permite tal intervenção.

19. **(Cespe/TCE/PR/Analista/2016)** Após finalizar a medição dos serviços de uma obra pública, o fiscal constatou que a obra encontrava-se atrasada. Imediatamente, ele registrou o atraso no diário de obras e comunicou ao gestor do contrato o ocorrido. O gestor do contrato, com base nas informações prestadas pelo fiscal, tomou as medidas administrativas cabíveis, tendo em vista o fato de haver indícios de que o atraso é injustificável. À luz das normas legais vigentes aplicáveis a contratos públicos, discorra sobre as providências cabíveis e sobre o procedimento que deverá ser adotado pela administração na situação acima descrita. Em seu texto, atenda ao que se pede a seguir: (i) explique como deve proceder a administração a fim de aplicar a penalidade cabível. (ii) aponte as sanções administrativas previstas em lei.

20. **(Cespe/TCE/PR/Analista/2016)** Durante a execução do contrato de uma obra pública, a empresa construtora atrasou a obra e pleiteou a dilação do prazo de execução. À luz das normais legais pertinentes aos contratos públicos, redija um texto dissertativo que responda aos seguintes questionamentos: (i) que situação(ões) pode(m) ser legalmente aceita(s) como justificativa(s) para prorrogação de prazo de execução? (ii) na situação hipotética considerada, caso o pleito da empresa construtora seja aceito, que procedimentos devem ser adotados para se ajustar o cronograma?

* QUESTÕES OBJETIVAS

234. **(Cespe/PGE/PE/Procurador/2018)** Acerca dos contratos administrativos, julgue os itens a seguir.

I. No caso de atrasos dos pagamentos devidos pela administração contratante, superiores a noventa dias, é possível a aplicação, pelo contratado, da exceção do contrato não cumprido, salvo em casos excepcionais, como calamidade pública ou guerra.

II. A modificação do regime de execução da obra para melhor adequação técnica constitui hipótese de alteração unilateral do contrato.

III. Aos contratos administrativos de prestação de serviços contínuos com dedicação exclusiva de mão de obra aplica-se o reajuste por índices.

IV. É cláusula necessária dos contratos administrativos a que estabelece as penalidades cabíveis para as situações de sua inexecução parcial ou total.

Assinale a opção correta.

a) Apenas os itens I e II estão certos.
b) Apenas os itens I e IV estão certos.
c) Apenas os itens II e III estão certos.
d) Apenas os itens III e IV estão certos.
e) Todos os itens estão certos.

235. **(Cespe/Sefaz/RS/Auditor/2018)** A previsão em lei de cláusulas exorbitantes aplicáveis aos contratos administrativos decorre diretamente do princípio da

a) publicidade.
b) moralidade.
c) legalidade.
d) eficiência.
e) supremacia do interesse público.

236. **(Cespe/STM/Analista/2018)** É possível que a administração pública autorize o início da execução de obra contratada antes da aprovação do respectivo projeto executivo, desde que o projeto básico já tenha sido aprovado.

237. **(Cespe/TCE/PB/Auditor/2018)** Na contratação de obras e serviços por empresas públicas e sociedades de economia mista, segundo a Lei n. 13.303/2016, entende-se como empreitada por

a) preço global aquela que envolve o desenvolvimento do projeto executivo para a entrega final do objeto, sem prévia estipulação do preço total.
b) preço global aquela que envolve empreendimento em sua integralidade, por preço certo de unidades determinadas, com todas as etapas de obras sob inteira responsabilidade da contratada.
c) preço global aquela que envolve todos os elementos de contornos necessários e fundamentais à elaboração do projeto básico, na qual o preço é incerto.
d) preço unitário aquela destinada a pequenos trabalhos por preço certo e global, com fornecimento de material.
e) preço unitário aquela contratação por preço certo de unidades determinadas.

238. **(Cespe/CGM/João_Pessoa/Técnico/2018)** É vedado o estabelecimento de contrato administrativo por prazo indeterminado.

239. **(Cespe/STM/Analista/2018)** A duração dos contratos administrativos de prestação de serviços executados de forma contínua é limitada à vigência dos respectivos créditos orçamentários.

240. **(Cespe/Sefaz/RS/Auditor/2018)** Vencedora em regular processo licitatório, determinada sociedade empresária assinou contrato com a administração pública para a execução de determinada obra. No início dos trabalhos, constatou-se a presença de muitas rochas, fator que dificultaria e encareceria a fixação das fundações. Essa informação não foi indicada no projeto apresentado pela administração pública. Nessa situação hipotética, a presença das rochas

a) permite ao contratado rescindir o contrato.
b) permite ao contratado a revisão do contrato, em razão de sujeição imprevista.
c) é considerada caso fortuito, o que afasta a necessidade de revisão do preço contratual.
d) é considerada força maior, o que afasta a necessidade de revisão do preço contratual
e) é um fato da administração, que dá ensejo à revisão do preço contratual.

241. **(Cespe/CGM/João_Pessoa/Técnico/2018)** A administração possui a prerrogativa de modificar, unilateralmente, os contratos administrativos para melhor adequação às finalidades de interesse público, respeitados os direitos do contratado.

242. **(Cespe/STM/Técnico/2018)** Em razão do princípio da tipicidade, é vedado à administração celebrar contratos inominados.

243. **(Cespe/TCE/PA/Auditor/2016)** Se a obra de reforma de uma escola pública for orçada inicialmente em R$ 150.000, o contrato poderá ser aditado, por acréscimo de serviços já existentes contratualmente em até R$ 90.000, desde que não haja fato anterior que repercuta no seu equilíbrio econômico-financeiro.

244. **(Cespe/TCE/PA/Auditor/2016)** É permitido a qualquer pessoa requisitar informações quantitativas de obras e de preços unitários de obras executadas pela administração pública.

245. **(Cespe/TCE/PA/Auditor/2016)** As compras feitas pela administração pública não poderão ser efetuadas sem a adequada caracterização de seu objeto e a indicação dos recursos orçamentários para seu pagamento, sob pena de nulidade do ato e responsabilidade de quem lhe tiver dado causa.

246. **(Cespe/TCE/PA/Auditor/2016)** É defeso celebrar convênios e contratos de repasse entre órgãos e entidades da administração pública federal, hipótese em que deverá ser observada a realização do instrumento de execução descentralizada.

247. (Cespe/TCE/SC/Auditor/2016) Realizado o procedimento licitatório e celebrado o contrato administrativo, é admissível que a administração revogue o ato de adjudicação do objeto ao vencedor.

248. (Cespe/TCE/SC/Auditor/2016) Seria constitucional lei estadual que previsse que todo contrato celebrado entre o estado e empresa particular dependa de prévio registro e análise perante o tribunal de contas estadual.

249. (Cespe/Funpresp_Jud/Analista/2016) O contratado fica obrigado a aceitar alterações unilaterais promovidas pela administração, desde que estas não excedam 70% do valor do objeto original.

250. (Cespe/Funpresp_Jud/Analista/2016) A inexecução total do objeto licitatório pelo contratado pode acarretar o impedimento definitivo de estabelecer contratos com a administração.

251. (Cespe/Funpresp_Jud/Analista/2016) A supressão parcial do objeto por alteração unilateral da administração confere ao contratado o direito ao ressarcimento dos valores gastos com os materiais adquiridos, sem prejuízo de indenização pelos eventuais danos adicionais devidamente comprovados.

252. (Cespe/Funpresp_Jud/Analista/2016) A duração da prestação de serviços executados de forma contínua, prorrogada por sucessivos períodos, não fica adstrita à vigência dos respectivos créditos orçamentários.

253. (Cespe/Funpresp_Jud/Analista/2016) A fiscalização dos contratos administrativos pela administração não afasta ou atenua a responsabilidade do contratado por eventuais danos que, por sua culpa, advierem da execução do contrato.

254. (Cespe/TCE/PE/Analista_Gestão/2017) A possibilidade de o poder público alterar de forma unilateral as cláusulas de um contrato administrativo é um exemplo de cláusula exorbitante.

255. (Cespe/TRF/1R/Analista/2017) Alguns meses após a assinatura de contrato de concessão de geração e transmissão de energia elétrica, a falta de chuvas comprometeu o nível dos reservatórios, o que deteriorou as condições de geração de energia, elevando os custos da concessionária. A agência reguladora promoveu, então, alterações tarifárias visando restabelecer o equilíbrio econômico-financeiro firmado no contrato. Todavia, sem que houvesse culpa ou dolo da concessionária, o fornecimento do serviço passou a ser intermitente, o que provocou danos em eletrodomésticos de usuários de energia elétrica. A agência reguladora agiu ilegalmente: a falta de chuvas não constitui evento extraordinário ou imprevisível a ensejar o reequilíbrio econômico-financeiro firmado no contrato.

256. (Cespe/TRF/1R/Analista/2017) No âmbito dos contratos administrativos, o seguro-garantia e a fiança bancária são modalidades válidas de garantia.

257. (Cespe/DPE/AC/Defensor/2017) A respeito do princípio da supremacia do interesse público no que tange a contratos administrativos, constitui prerrogativa da administração pública:

a) fiscalizar a execução do contrato e impor sanções motivadas, desde que previstas no instrumento contratual, pela inexecução total ou parcial do ajuste.
b) obrigar o contratado a aceitar, nas mesmas condições contratuais, o acréscimo que se fizer em obras, serviços ou compras, até 50% do valor inicial atualizado do contrato.
c) exigir o cumprimento do contrato administrativo pelos preços inicialmente contratados, ainda que posterior criação ou aumento de tributos venha a repercutir no equilíbrio econômico-financeiro do pactuado.
d) modificar, unilateralmente, por imposição de circunstâncias supervenientes, a forma de pagamento ou a garantia de execução contratual.
e) rescindir, unilateralmente, o contrato, por razões de interesse público de alta relevância e amplo conhecimento, hipótese na qual será o contratado reparado de prejuízos regularmente comprovados.

258. (Cespe/TRT/7R/Analista/2017) Determinada empresa vencedora em processo licitatório, assinou contrato com a administração pública para a execução de obra pública. No decorrer do prazo contratual, o Estado aumentou sensivelmente a alíquota de imposto que impactava no custo para a contratada, tornando a execução do objeto contratual mais onerosa. Assinale a opção correta, a respeito das consequências do aumento de imposto para o referido contrato:

a) Como o aumento da alíquota do imposto é considerado força maior, fica afastada a possibilidade de revisão do preço.

b) A contratada faz jus à revisão do preço contratual, em atenção à teoria do fato do príncipe.

c) Como o contrato tornou-se excessivamente oneroso em razão de uma sujeição imprevista, cabe a revisão do preço.

d) O contrato deve ser rescindido unilateralmente pela contratada, em atenção à teoria da imprevisão.

259. (Cespe/PC/MT/Delegado/2017) O delegado de polícia de determinado município solicitou o aditamento do valor, a ampliação do objeto e a prorrogação de contrato administrativo regulado pela Lei de Licitações e Contratos que tem por objeto a prestação de serviços educacionais a serem executados de forma contínua: curso de língua inglesa ministrado aos policiais lotados na sua delegacia. Nessa situação hipotética:

a) a possibilidade de prorrogação do contrato administrativo dependerá de seu tempo de vigência.

b) se a vigência do contrato estiver encerrada, a sua prorrogação, nos termos requeridos pelo delegado de polícia, será considerada um novo contrato.

c) se ficar comprovada a economicidade, a ampliação do objeto poderá incluir outras línguas estrangeiras.

d) ficará dispensada a análise de condições mais vantajosas do ponto de vista econômico, por já ter sido feita essa análise na etapa da licitação.

e) se o aditamento do valor ultrapassar o limite legal, o contrato de prestação de serviços será considerado um novo contrato.

260. (Cespe/TRE/PE/Técnico/2017) Determinado órgão público formalizou contrato com uma instituição educacional para o treinamento de vinte turmas de servidores em conteúdos de direito administrativo, no montante de R$ 300.000, durante dois anos. Com referência a essa situação, assinale a opção correta acerca da execução do contrato:

a) A prestação de garantia, prevista em instrumento convocatório, poderá ser exigida no valor de R$ 18.000, mediante caução em dinheiro ou títulos da dívida pública, seguro-garantia ou fiança bancária.

b) O órgão público será responsável por eventual inadimplência da instituição educacional referente a encargos trabalhistas, previdenciários, fiscais e(ou) comerciais decorrentes da execução do contrato, até o limite de R$ 75.000, 25% do valor contratado.

c) A rescisão contratual por ato unilateral do órgão público devido a atraso injustificado da instituição no início do treinamento das turmas gera devolução da garantia formalizada no ato do contrato até o limite de valor de uma turma, ou seja, R$ 15.000.

d) Prevendo cortes orçamentários e para garantir a realização do treinamento de turmas no exercício seguinte, o órgão poderá antecipar o pagamento de até dez turmas, no total de R$ 150.000, com os recursos do exercício vigente.

e) O órgão poderá requerer a redução do treinamento de quatro turmas, com a redução de R$ 60.000 no valor do contrato, e a instituição será obrigada a aceitar o referido ajuste nas mesmas condições contratuais.

261. (Cespe/Funpresp_Jud/Analista/2016) A rescisão unilateral de contrato administrativo pela administração em razão de interesse público não afasta o direito do contratado de ser ressarcido dos eventuais prejuízos oriundos da extinção do vínculo.

262. (Cespe/Funpresp_Jud/Analista/2016) É permitida a contratação de terceiros para auxiliar o trabalho do representante da administração que tenha sido designado para acompanhar e fiscalizar a execução do contrato administrativo.

7.2. Lei de Licitações (Lei 8.666/93)

7.2.1. Disposições Gerais

✱ SÚMULAS

STJ Súm. 333. Cabe mandado de segurança contra ato praticado em licitação promovida por sociedade de economia mista ou empresa pública.

✱ INFORMATIVOS DE JURISPRUDÊNCIA

Programa Minha Casa Minha Vida. Caráter social. Legislação própria. Rigorismo da lei de Licitações afastado. Princípios da administração pública preservados.

STJ As regras gerais previstas na Lei 8.666/93 podem ser flexibilizadas no Programa Minha Casa Minha Vida, por força do art. 4º, parágrafo único, da Lei 10.188/01, desde que se observem os princípios gerais da administração pública. REsp 1.687.381, Rel. Min. Francisco Falcão, DJ 23.4.2018. 2ª T. (Info 624)

* INOVAÇÕES LEGISLATIVAS

▲ Lei 8.666/93. Capítulo II – Da Licitação, Seção IV – Do Procedimento e Julgamento

▲ Art. 40. § 5º A Administração Pública poderá, nos editais de licitação para a contratação de serviços, exigir da contratada que um percentual mínimo de sua mão de obra seja oriundo ou egresso do sistema prisional, com a finalidade de ressocialização do reeducando, na forma estabelecida em regulamento. (Modificações: 13.500/17))

* QUESTÕES DISCURSIVAS

21. **(Cespe/STM/Analista/2018)** Após a conclusão do projeto básico de engenharia, um órgão da administração pública decidiu licitar a construção de um prédio onde funcionará o anexo administrativo do órgão. No entanto, para dar início à elaboração do edital, foi solicitado que a equipe técnica apresentasse informações complementares ao projeto básico para licitar a obra. A comissão responsável pela licitação informou que, de acordo com a Lei n. 8.666/1993 (art. 6º, inciso IX, alínea e), o projeto básico de engenharia deveria conter também "subsídios para a montagem do plano de licitação e gestão da obra, compreendendo a sua programação, a estratégia de suprimentos, as normas de fiscalização e outros dados necessários em cada caso", e que tais informações dependeriam de uma análise técnica da equipe que elaborou o projeto em questão. Na oportunidade, a comissão responsável pela licitação solicitou à equipe técnica as seguintes informações complementares: (a) condições que permitam adotar a empreitada por preço global ou a empreitada por preço unitário, no regime de execução; (b) itens que devem ser avaliados e a forma a ser empregada para avaliá-los, como requisitos para habilitação técnica da empresa a ser selecionada. Por fim, a comissão solicitou que fosse avaliada a necessidade de se permitir o consórcio e, em caso afirmativo, quais seriam as condições e o número de participantes. A propósito da situação hipotética acima descrita, na condição de membro da equipe técnica demandada pela comissão de licitação, redija um texto dissertativo apresentando as informações complementares solicitadas pela referida comissão. O conteúdo do seu texto será avaliado mediante a pontuação descrita a seguir: (i) Regime de execução. (ii) Requisitos para habilitação técnica. (iii) Condições para o consórcio.

22. **(Cespe/TCE/PR/Analista/2016)** Considerando as normas gerais sobre licitações e contratos da administração pública pertinentes a obras e serviços de engenharia contidas na Lei n. 8.666/1993, redija um texto dissertativo acerca de aspectos técnicos relativos aos procedimentos licitatórios e à aplicabilidade das modalidades de licitação. Em seu texto, faça o que se pede a seguir: (i) apresente as situações em que contratos podem ser celebrados diretamente com a administração pública, sem a necessidade de realização de licitação. (ii) discorra sobre as modalidades de licitação que podem ser adotadas para a contratação de obras de engenharia, destacando seus limites de valores em reais, estabelecidos na referida lei. (ii) descreva o critério de definição de preços manifestamente inexequíveis para fins de desclassificação das propostas de licitantes. (iv) compare os termos homologação e adjudicação e informe quais responsáveis podem praticar esses atos.

23. **(Cespe/TCE/PR/Analista/2016)** Normalmente, a contratação, mediante processo licitatório, de obras e serviços de engenharia pela administração pública obedece a três etapas: uma etapa relacionada à documentação necessária aos procedimentos licitatórios, uma etapa de acompanhamento da execução dos serviços após a assinatura do contrato e uma etapa de recebimento de obras e(ou) serviços pela contratada. Considerando a documentação necessária ao desenvolvimento de cada uma das etapas mencionadas no texto acima, redija um texto dissertativo que atenda ao que se pede a seguir: (i) defina projeto básico de licitação e informe quem pode ser responsável por essa elaboração, conforme a Lei de Licitações e Contratos. (ii) defina diário de obras e caderno de encargos, apontando os objetivos desses documentos. (iii) cite as etapas para recebimento da obra pela contratante após a execução do contrato.

24. **(Cespe/PGE/PI/Procurador/2014)** Com base em parecer jurídico emitido pela PGE/PI, determinada secretaria do estado do Piauí, que havia solicitado o referido parecer, realizou processo licitatório e, em ato administrativo final, adquiriu o bem objeto da licitação. O tribunal de contas do estado, entretanto, após tomada de contas, apontou ter havido ilegalidade na aquisição do bem, por superfaturamento de preço, o que resultou em prejuízo ao erário. Com base na situação hipotética apresentada e com fundamento no disposto na Constituição Federal de 1988 e na jurisprudência do Supremo Tribunal Federal, elabore um texto dissertativo abordando os seguintes aspectos: (i) competência constitucional da PGE/PI para análise de procedimento licitatório; (ii) possibilidade de anulação ou sustação, pelo tribunal de contas, do contrato administrativo; (iii) responsabilidade do procurador que emitiu o parecer solicitado pela secretaria.

* QUESTÕES OBJETIVAS

263. (Cespe/CGM/João_Pessoa/Técnico/2018) Embora a Constituição Federal de 1988 preveja que o princípio da obrigatoriedade de licitação tem alcance amplo, os municípios com população inferior a dez mil habitantes não estão sujeitos a tal princípio, tendo os prefeitos dessas localidades o poder discricionário de analisar a conveniência e a oportunidade da realização de certame licitatório.

264. (Cespe/Sefaz/RS/Auditor/2018) Determinado estado da Federação incluiu, por meio de emenda constitucional, dispositivo na sua Constituição prevendo que, na análise das licitações estaduais, serão considerados, para a averiguação da proposta mais vantajosa, entre outros itens, os valores relativos aos impostos pagos à fazenda pública do estado. Conforme a jurisprudência do STF, caso seja ajuizada ação direta de inconstitucionalidade contra a referida emenda, o STF deverá

a) extinguir a ação sem resolução de mérito porque não cabe perante o STF controle de constitucionalidade em face de emenda constitucional estadual.
b) pronunciar-se pela procedência da ação porque as constituições analíticas não podem conter matéria alheia a tema inerente ao direito constitucional.
c) arquivar a ação porque não cabe controle de constitucionalidade em face de emenda constitucional.
d) julgar a emenda inconstitucional por afrontar o princípio da isonomia.
e) decidir pela constitucionalidade da emenda por atender aos princípios da finalidade pública e legalidade.

265. (Cespe/Funpresp/Analista/2016) A ausência de recursos orçamentários que assegurem a quitação das obrigações decorrentes de determinada obra a ser executada no exercício financeiro corrente impede a realização do certame licitatório dessa obra, independentemente da modalidade de licitação escolhida pelo administrador público.

266. (Cespe/Funpresp/Analista/2016) Os participantes do certame possuem legitimidade exclusiva de impugnar tempestivamente o ato convocatório por irregularidade na aplicação da Lei n. 8.666/1993.

267. (Cespe/Funpresp/Analista/2016) O órgão promotor da licitação poderá fixar prazo para a apresentação de nova documentação ou de outras propostas, devidamente escoimadas, se todos os licitantes que participem do certame forem inabilitados ou todas as propostas, desclassificadas.

268. (Cespe/Funpresp/Analista/2016) Dado o princípio da transparência dos atos administrativos, o conteúdo das propostas apresentadas na licitação deve ficar disponível à consulta pública até a data de sua abertura.

269. (Cespe/TCE/SC/Auditor/2016) Segundo a jurisprudência do STF, o Tribunal de Contas da União é competente para declarar a inidoneidade de empresa privada para fins de participação em licitações promovidas pela administração pública.

270. (Cespe/TCE/PA/Auditor/2016) Está sujeita à nulidade a celebração de contrato com a administração pública que desrespeite a ordem de classificação das propostas ou que inclua terceiros estranhos ao procedimento licitatório.

271. (Cespe/TCE/PA/Auditor/2016) As normas de licitação e contratos não devem prever tratamento diferenciado para favorecer microempresas e empresas de pequeno porte.

272. (Cespe/TCE/PA/Auditor/2016) Será nulo o edital de licitação que fixar o preço máximo admitido para a aquisição de bens comuns.

273. (Cespe/TRE/PE/Técnico/2017) Na licitação para a aquisição de armários de aço para suprir as unidades de um órgão público, dez empresas apresentaram, em igualdade de condições, armários da mesma marca, com as mesmas especificações técnicas e com o mesmo preço. Na situação apresentada, de acordo com as disposições da Lei n. 8.666/1993 e suas alterações, a preferência recairá, sucessivamente, aos bens:

a) produzidos por empresas brasileiras; produzidos por empresas que invistam em pesquisa e no desenvolvimento de tecnologia no país; produzidos no país.

b) produzidos no país; produzidos por empresas brasileiras; produzidos por empresas que invistam em pesquisa e no desenvolvimento de tecnologia no país.

c) produzidos no país; produzidos por empresas que invistam em pesquisa e no desenvolvimento de tecnologia no país; produzidos por empresas brasileiras.

d) produzidos por empresas que invistam em pesquisa e no desenvolvimento de tecnologia no país; produzidos no país; produzidos por empresas brasileiras.

e) produzidos por empresas brasileiras; produzidos no país; produzidos por empresas que invistam em pesquisa e no desenvolvimento de tecnologia no país.

274. **(Cespe/TRE/PE/Técnico/2017)** O edital de licitação terá de conter, obrigatoriamente:

a) indicação das sanções para o caso de inadimplemento.

b) a descrição técnica detalhada, minuciosa e exauriente do objeto da licitação.

c) a indicação de que os critérios para julgamento serão informados após a fase de habilitação.

d) condições de pagamento que estabeleçam preferência para empresas brasileiras.

e) a previsão de irrecorribilidade das decisões da comissão de licitação.

275. **(Cespe/TCE/PE/Analista_Gestão/2017)** A Lei Geral de Licitações e Contratos compreende, entre outros, os princípios licitatórios da vinculação ao instrumento convocatório, do julgamento objetivo e da adjudicação compulsória ao vencedor.

276. **(Cespe/PGM/Fortaleza/Procurador/2017)** A Procuradoria-Geral do Município de Fortaleza decidiu ceder espaço de suas dependências para a instalação de lanchonete que atendesse aos procuradores, aos servidores e ao público em geral. Nessa situação, por se tratar de ato regido pelo direito privado, não será necessária a realização de processo licitatório para a cessão de uso pelo particular a ser contratado.

277. **(Cespe/TRF/1R/Analista/2017)** De acordo com a Lei n. 8.666/1993, é lícita a determinação, feita de maneira unilateral pela administração, que altere a garantia de execução de contrato de prestação de serviços firmado entre um tribunal e um fornecedor.

278. **(Cespe/TRT/7R/Técnico/2017)** Os aspectos a serem observados tanto no projeto básico como no projeto executivo de obras e serviços incluem:

I. a possibilidade do emprego de mão de obra, materiais, tecnologias e matérias-primas existentes no local para a execução, conservação e operação.

II. a facilidade na execução, conservação e operação, sem prejuízo da durabilidade da obra ou do serviço.

III. o impacto ambiental.

Assinale a opção correta:

a) Apenas os itens I e II estão certos.

b) Apenas os itens I e III estão certos.

c) Apenas os itens II e III estão certos.

d) Todos os itens estão certos.

279. **(Cespe/TRT/7R/Técnico/2017)** A respeito da impugnação de edital de licitação, assinale a opção correta:

a) A administração não tem prazo para responder à impugnação.

b) A impugnação do edital apresentada por licitante não impede que ele apresente idêntica representação junto ao tribunal de contas competente.

c) Somente os licitantes poderão impugnar edital de licitação.

d) O licitante poderá impugnar o edital de licitação até cinco dias úteis antes da data de abertura dos envelopes de habilitação, sob pena de preclusão.

280. **(Cespe/TRT/7R/Técnico/2017)** Conforme a Lei de Licitações e Contratos – Lei n. 8.666/1993 –, nos projetos básico e executivo deve-se observar, entre outros requisitos, a adoção:

a) dos padrões de excelência conforme a normativa internacional.

b) de tecnologias importadas como forma de transferência de conhecimento.

c) de métodos de construção que levem em conta o impacto social.

d) das normas técnicas, de saúde e de segurança do trabalho adequadas.

7.2.2. *Dispensa/Inexigibilidade*

✱ INOVAÇÕES LEGISLATIVAS

▲ Lei 8.666/93. Capítulo II – Da Licitação, Seção I – Das Modalidades, Limites e Dispensa

▲ Art. 24. É dispensável a licitação: (...). XXXV – para a construção, a ampliação, a reforma e o aprimoramento de estabelecimentos penais, desde que configurada situação de grave e iminente risco à segurança pública. (Modificações: 13.500/17))

▲ Art. 26. Parágrafo único. O processo de dispensa, de inexigibilidade ou de retardamento, previsto neste artigo, será instruído, no que couber, com os seguintes elementos: I – caracterização da situação emergencial, calamitosa ou de grave e iminente risco à segurança pública que justifique a dispensa, quando for o caso; (...). (Modificações: 13.500/17))

✱ QUESTÕES DISCURSIVAS

25. **(Cespe/Abin/Oficial/2018)** Após chuvas torrenciais, excepcionais quanto ao volume e duração, parte do aterro do estacionamento de um prédio público cedeu, oferecendo riscos às pessoas e aos carros que transitam próximo ao lugar. Ciente de que a simples interdição do local não elimina os fatores de risco, podendo a situação inclusive se agravar com novas chuvas, a administração decidiu contratar, por dispensa de licitação, um serviço de contenção para resolver o problema. Para garantir o respeito ao princípio da legalidade, alguns cuidados são necessários na contratação. Discorra sobre a situação hipotética apresentada abordando: (i) os fatores que justificam a contratação por dispensa de licitação e as limitações impostas pela lei. (ii) as exigências do processo licitatório que devem ser mantidas na contratação por dispensa de licitação. (iii) as situações excepcionais que dispensam as exigências citadas.

✱ QUESTÕES OBJETIVAS

281. **(Cespe/STM/Técnico/2018)** Na hipótese de rescisão de contrato administrativo de execução de obra, estando esta inacabada, a lei permite que outro prestador de serviços seja contratado mediante dispensa de licitação.

282. **(Cespe/CGM/João_Pessoa/Técnico/2018)** É permitida a contratação direta pela administração pública, em razão da inexigibilidade de licitação, de profissional de qualquer setor artístico, diretamente ou por meio de empresário exclusivo, desde que consagrado pela crítica especializada ou pela opinião pública.

283. **(Cespe/PC/MA/Delegado/2018)** Considerando que, iniciado procedimento licitatório voltado à aquisição de determinados bens de interesse do estado do Maranhão, não tenham aparecido interessados em participar do referido certame, assinale a opção correta de acordo com a legislação pertinente.

a) A falta de interessados no procedimento licitatório é causa de inexigibilidade de licitação, o que possibilita a contratação direta pela administração pública, inclusive com a alteração das condições básicas anteriormente estabelecidas.
b) A falta de interessados no procedimento licitatório é causa de dispensa de licitação, quando tal procedimento, justificadamente, não puder ser repetido sem prejuízo para a administração pública, devendo ser mantidas as condições preestabelecidas.
c) A frustração do procedimento licitatório impõe a alteração das condições preestabelecidas no instrumento convocatório, de modo a atrair interessados em nova licitação.
d) A despeito da falta de interessados no referido certame licitatório, novo processo licitatório deverá ser realizado, sob pena de burla à obrigatoriedade de realização de licitação para as contratações públicas.
e) Mantido o interesse na contratação, a frustração do procedimento licitatório impõe a contratação direta pela administração pública, não havendo de se falar em burla à obrigatoriedade de realização de licitação.

284. **(Cespe/STM/Analista/2018)** Será inexigível a licitação, caso os agentes administrativos com competência técnica para tanto concluam que a característica de determinado objeto atende melhor ao interesse público.

285. **(Cespe/Funpresp/Analista/2016)** Será inexigível a licitação quando houver inviabilidade de competição para contratação de profissional de qualquer setor artístico, diretamente ou por intermédio de empresário exclusivo, se o profissional for consagrado pela crítica especializada ou pela opinião pública.

286. **(Cespe/Funpresp/Analista/2016)** A licitação é dispensável para a aquisição ou restauração de obras de arte e de objetos históricos com autenticidade certificada, desde que compatíveis ou inerentes às finalidades do órgão ou da entidade.

287. **(Cespe/TCE/PA/Analista/2016)** Determinado tribunal de contas, para comemorar o aniversário de sua criação, realizará um evento no qual está prevista a apresentação de renomado músico nacional. Nessa situação, a contratação do referido músico configura hipótese de inexigibilidade de licitação, por se tratar de profissional do setor artístico consagrado pela opinião pública.

288. **(Cespe/TCE/PA/Auditor/2016)** A celebração de contratos de prestação de serviços com as organizações sociais – qualificadas no âmbito das respectivas esferas de governo – para o desenvolvimento de atividades contempladas no contrato de gestão constitui hipótese de inexigibilidade de licitação.

289. **(Cespe/TCE/SC/Auditor/2016)** O Tribunal de Contas de determinado estado da Federação, ao analisar as contas prestadas anualmente pelo governador do estado, verificou que empresa de publicidade foi contratada, mediante inexigibilidade de licitação, para divulgar ações do governo. Na campanha publicitária promovida pela empresa contratada, constavam nomes, símbolos e imagens que promoviam a figura do governador, que, em razão destes fatos, foi intimado por Whatsapp para apresentar defesa. Na data de visualização da intimação, a referida autoridade encaminhou resposta, via Whatsapp, declarando-se ciente. Ao final do procedimento, o Tribunal de Contas não acolheu a defesa do governador e julgou irregular a prestação de contas. O governador não praticou ato ilícito ao contratar diretamente a referida empresa, pois a prestação de serviços publicitários é hipótese de inexigibilidade de licitação, estando incorreto o julgamento do tribunal.

290. **(Cespe/TRE/PE/Analista/2017)** Acerca da inexigibilidade de licitação, assinale a opção correta:

a) As hipóteses de inexigibilidade de licitação estão taxativamente previstas na lei.

b) A lei prevê hipótese de contratação direta por inexigibilidade em caso de guerra ou grave perturbação da ordem.

c) A inexigibilidade de licitação é prevista para situações excepcionais em que a realização da licitação violaria o interesse público em razão da extrema urgência em obter determinados bens ou serviços.

d) Comprovada a ocorrência de superfaturamento, o fornecedor ou o prestador de serviços e o agente público responsável responderão solidariamente pelo dano causado ao erário.

e) É inexigível a licitação em situações em que a competição é possível, mas a sua realização pode não ser conveniente e oportuna para a administração, à luz do interesse público.

291. **(Cespe/TRF/5R/Juiz/2017)** Acerca de licitações e contratações na administração pública, assinale a opção correta:

a) No processo de licitação, a classificação é ato administrativo vinculado mediante o qual a comissão acolhe as propostas apresentadas nos termos e nas condições do edital e, se for constatada fraude nessa etapa, os membros da comissão respondem solidariamente, independentemente de posições individuais divergentes registradas em ata.

b) Uma autarquia federal vinculada à área de educação pretende contratar pessoa jurídica de direito privado, sem fins lucrativos, para a prestação de serviços de educação. Nessa situação, a qualificação da futura contratada como organização social para as atividades de ensino contempladas no contrato de gestão possibilita a contratação com dispensa de licitação.

c) Uma autarquia federal publicou edital para a contratação, pelo regime diferenciado de contratação (RDC), de empresa fornecedora de canetas da marca X. No entanto, um fornecedor de canetas similares, mas de outra marca, solicitou que o instrumento convocatório fosse impugnado. Nessa situação, a impugnação é indevida, já que a indicação da marca é legal, por se tratar de RDC.

d) Lei estadual fixou normas para regular os procedimentos licitatórios em seu âmbito de atuação. Adotou os parâmetros gerais da Lei de Licitações e, de forma específica, estabeleceu que, para a aquisição de bens ou serviços, a empresa licitante deva ter fábrica no respectivo estado da Federação. Conforme entendimento do STF, tem caráter constitucional a referida exigência, devido às singularidades existentes no estado e ao interesse de fomentar o desenvolvimento industrial local.

e) Na hipótese de uma empresa pública pretender vender imóvel desafetado a entidade pertencente ao terceiro setor, configura-se dispensa de licitação, considerando-se o interesse público presente na alienação e as características do imóvel.

292. **(Cespe/DPE/AC/Defensor/2017)** É hipótese de inexigibilidade de licitação:

a) a contratação de profissional do setor artístico, consagrado pela crítica especializada ou pela opinião pública, diretamente ou mediante empresário exclusivo.

b) a venda direta de imóveis residenciais construídos, destinados ou efetivamente utilizados no âmbito de programas habitacionais ou de regularização fundiária de interesse social desenvolvidos por entidade da administração pública.

c) a contratação, para obras e serviços de engenharia, de valor até 10% da importância limitadora da modalidade licitatória convite.

d) a contratação de coleta, processamento e comercialização de resíduos sólidos urbanos recicláveis ou reutilizáveis, em áreas com sistema de coleta seletiva de lixo, efetuados por associações formadas por pessoas de baixa renda.

e) o não atendimento, por parte de interessados, à licitação anterior, quando o procedimento não puder ser repetido sem prejuízo da administração pública.

293. **(Cespe/PGE/SE/Procurador/2017)** Acerca do regime de licitações e contratações na administração pública, assinale a opção correta:

a) Se o TJ/SE adquirir computadores por meio de ata de registro de preços, com bons preços de mercado, o estado de Sergipe poderá fazer aquisição semelhante, mediante adesão à referida ata. Nesse caso, em atenção aos princípios da eficiência e economicidade, será desnecessária a anuência do TJ/SE.

b) Caso opte pelo regime diferenciado de contratação para a contratação de determinado serviço de engenharia, a administração pública poderá, mediante a devida justificativa formal, selecionar licitantes pela marca dos produtos a serem utilizados no serviço, mas não poderá exigir requisitos de sustentabilidade ambiental.

c) Se o estado de Sergipe e o governo federal pretenderem firmar um contrato de programa para a gestão associada de serviço de saúde nas regiões carentes desse estado, ter-se-á, nesse caso, uma hipótese de inexigibilidade de licitação.

d) Caso um estado da Federação realize um pregão para a aquisição de material de expediente, a classificação das propostas, nesse caso, poderá ser feita pelo critério de melhor técnica.

e) É hipótese de inexigibilidade de licitação a contratação de serviço técnico especializado, de natureza singular, executado por profissional de notória especialização, sendo imprescindível a justificativa dos preços contratados.

294. **(Cespe/PC/MT/Delegado/2017)** Configura hipótese de inexigibilidade de licitação a:

a) prestação de serviço de natureza singular para a divulgação de campanha educacional dirigida à população.

b) aquisição de serviço de informática prestado por empresa pública que tenha sido criada para esse fim específico.

c) aquisição de gêneros perecíveis, enquanto durar o processo licitatório correspondente, desde que realizada com base no preço do dia.

d) aquisição de armamento de determinada marca, desde que justificada a escolha por motivos de segurança pública.

e) contratação, por intermédio de empresário exclusivo, de cantor consagrado pela crítica especializada.

7.2.3. *Modalidades*

✱ INFORMATIVOS DE JURISPRUDÊNCIA

Mandado de segurança. Penalidade aplicada com base na Lei n. 10.520/02. Divulgação no Portal da Transparência gerenciado pela CGU. Cadastro Nacional de Empresas Inidôneas e Suspensas - CEIS. Caráter informativo.

STJ A divulgação do Cadastro Nacional de Empresas Inidôneas e Suspensas – CEIS pela CGU tem mero caráter informativo, não sendo determinante para que os entes federativos impeçam a participação, em licitações, das empresas ali constantes. MS 21.750, Rel. Min. Napoleão Nunes Maia Filho, DJ 7.11.2017. 1ª S. (Info 615)

✱ QUESTÕES OBJETIVAS

295. **(Cespe/TCE/PB/Auditor/2018)** Se um órgão da administração pública desejar adquirir trabalho científico com oferta de prêmio aos vencedores, a modalidade de licitação a ser adotada e a quantidade mínima de dias de antecedência em relação ao evento para publicação do edital devem ser, respectivamente:

a) convite; trinta dias.
b) pregão; quinze dias.
c) concurso; quarenta e cinco dias.
d) leilão; quarenta e cinco dias.
e) concorrência; trinta dias.

296. (Cespe/CGM/João_Pessoa/Técnico/2018) É permitida a combinação das modalidades de licitação previstas na Lei n. 8.666/1993, de modo a propiciar ao gestor maior flexibilidade nas contratações públicas.

297. (Cespe/Funpresp/Analista/2016) A alienação é uma modalidade especial de licitação. Ante interesse público devidamente justificado e avaliação prévia, os bens da administração pública podem, se submetidos à alienação, assumir destinação econômica.

298. (Cespe/DPU/Analista/2016) Uma autarquia federal, desejando comprar um bem imóvel – não enquadrado nas hipóteses em que a licitação é dispensada, dispensável ou inexigível – com valor de contratação estimado em R$ 50.000,00, efetuou licitação na modalidade concorrência. Os requisitos para a realização da referida compra incluem a adequada caracterização do seu objeto e a indicação dos recursos orçamentários para o seu pagamento.

299. (Cespe/TCE/PA/Auditor/2016) Concurso é a modalidade de licitação indicada para a escolha de trabalho técnico ou científico, mediante a instituição aos vencedores de prêmios em dinheiro, conforme critérios constantes de edital publicado na imprensa oficial com antecedência mínima de trinta dias.

300. (Cespe/TCE/PA/Auditor/2016) De acordo com a legislação vigente, é permitida, conforme o tamanho do contrato, a criação de novas modalidades de licitação ou a implantação de processos licitatórios mistos e adaptados.

301. (Cespe/DPU/Analista/2016) Uma autarquia federal, desejando comprar um bem imóvel – não enquadrado nas hipóteses em que a licitação é dispensada, dispensável ou inexigível – com valor de contratação estimado em R$ 50.000,00, efetuou licitação na modalidade concorrência. Em virtude do valor de contratação estimado, se cumpridas as exigências legais, seria permitida a realização da licitação sob a modalidade convite.

302. (Cespe/TRE/PE/Técnico/2017) Determinado município pretende contratar empresa para a prestação de serviço de divulgação institucional de políticas públicas, sendo o objeto da contratação avaliado em cinco mil reais. Nessa situação hipotética, a licitação:

a) será inexigível, por tratar-se de serviço técnico especializado de natureza singular.
b) deverá ser realizada na modalidade concorrência.
c) poderá ser realizada, por exemplo, na modalidade convite, embora seja dispensável.
d) deverá ser realizada na modalidade tomada de preços.
e) estará automaticamente dispensada devido ao baixo valor do objeto da contratação.

303. (Cespe/PC/GO/Delegado/2017) Determinado órgão público pretende dar publicidade a um instrumento convocatório com objetivo de comprar armas de fogo do tipo pistola, de calibre 380, usualmente vendidas no mercado brasileiro. O valor orçado da aquisição dos produtos é de R$ 700.000. Nessa situação, a compra poderá ser efetuada mediante licitação na modalidade:

a) tomada de preço do tipo técnica e preço.
b) concorrência do tipo melhor técnica.
c) concorrência do tipo técnica e preço.
d) pregão do tipo menor preço.
e) tomada de preços do tipo menor preço.

304. (Cespe/TCE/PE/Analista_Gestão/2017) Diferentemente de modalidades como a tomada de preços, o convite e a concorrência, o pregão é estabelecido em função do objeto da licitação, e não do valor dela, podendo ser empregado para a aquisição de bens ou serviços comuns.

305. (Cespe/PGM/Fortaleza/Procurador/2017) Pretendendo contratar determinado serviço por intermédio da modalidade convite, a administração convidou para a disputa cinco empresas, entre as quais apenas uma demonstrou interesse apresentando proposta. Nessa situação, a administração poderá prosseguir com o certame, desde que devidamente justificado.

306. (Cespe/TRT/7R/Técnico/2017) Bem imóvel da União, que tiver sido adquirido por meio de procedimento judicial e em relação ao qual não houver destinação pública, poderá ser alienado unicamente por meio de:

a) pregão ou leilão.

b) pregão ou concorrência.

c) leilão ou concorrência.

d) pregão.

307. (Cespe/TRT/7R/Técnico/2017) Órgão da administração pública direta que pretenda realizar serviço de engenharia cujo valor estimado seja superior a R$ 1,5 milhão deve optar pela modalidade de licitação denominada:

a) convite.

b) tomada de preços.

c) leilão pelo menor valor.

d) concorrência.

308. (Cespe/TRE/PE/Técnico/2017) No caso da necessidade de consertos prediais no edifício de um tribunal, em que a obra esteja orçada em R$ 250.000:

a) a licitação será inexigível.

b) a modalidade de licitação aplicável a essa situação é a tomada de preços.

c) a modalidade de licitação aplicável a essa situação é o convite.

d) haverá a dispensa de licitação.

e) a modalidade de licitação aplicável a essa situação é o pregão eletrônico.

309. (Cespe/PGM/Fortaleza/Procurador/2017) Caso, em decorrência de uma operação da Polícia Federal, venha a ser apreendida grande quantidade de equipamentos com entrada ilegal no país, a administração poderá realizar leilão para a venda desses produtos.

7.2.4. Sistema de Registro de Preços

✱ QUESTÕES OBJETIVAS

310. (Cespe/TCE/PB/Auditor/2018) No âmbito da contratação pública por meio do SRP, de acordo com o disposto no Decreto n. 7.892/2013, a licitação para registro de preços pode ser feita nas modalidades

a) leilão ou convite.

b) concorrência ou pregão

c) leilão, concurso ou tomada de preços.

d) concorrência, tomada de preços ou convite.

e) tomada de preços ou pregão.

311. (Cespe/Funpresp/Analista/2016) O quantitativo decorrente das adesões à ata de registro de preços não poderá exceder, na totalidade, cinco vezes o quantitativo de cada item registrado para o órgão gerenciador e para os órgãos participantes, independentemente do número de órgãos que venham a aderir.

312. (Cespe/Funpresp/Analista/2016) Entidades da administração pública federal podem aderir a atas de registro de preços gerenciadas por órgãos e entidades municipais, distritais ou estaduais.

313. (Cespe/TCE/PE/Auditor/2017) A contratação de serviço de operação de equipamentos de inspeção eletrônica de pessoas poderá ocorrer por meio do sistema de registro de preços, ainda que não seja para atender a mais de um órgão.

314. (Cespe/TCE/PE/Analista_Gestão/2017) No sistema de registro de preços, a utilização da ata de registro de preços é restrita aos órgãos que tenham participado dos procedimentos iniciais da licitação.

315. (Cespe/TCE/PE/Analista_Controle_Externo/2017) Na ata para fornecimento de item demandado pela administração pública em licitação processada por meio do Sistema de Registro de Preços (SRP) e destinada a qualquer empresa com potencial para essa finalidade, satisfeitas as exigências legais e de credenciamento, o limite de compras deve ser fixado em R$ 80.000.

316. (Cespe/TCE/PE/Analista_Controle_Externo/2017) Órgão do Poder Executivo optou pela modalidade registro de preços para licitar um item considerado como material de expediente para uso do próprio órgão, pois apenas detinha uma estimativa acerca da quantidade a ser adquirida naquele momento. Conforme o edital do certame, apenas microempresas e empresas de pequeno porte estabelecidas no mercado podem propor lances. Ao ter conhecimento do certame, um órgão do Poder Judiciário solicitou adesão à ata de registro de preços resultante da licitação para o referido item. O ordenador de despesas verificou que, caso a solicitação seja atendida, o somatório das aquisições ultrapassará o limite máximo estabelecido em lei. Nesse caso, o ordenador de despesas deverá negar o pedido de adesão do órgão do Poder Judiciário.

7.3. Lei do Pregão (Lei 10.520/02)

*** INOVAÇÕES LEGISLATIVAS**

▲ Lei do Pregão (Lei 10.520/02): sem alterações em 2017/2018.

*** QUESTÕES OBJETIVAS**

317. **(Cespe/STM/Analista/2018)** Realizado pregão eletrônico por meio de sistema de registro de preços, a contratação do objeto será efetivada quando melhor convier aos órgãos integrantes da ata.

318. **(Cespe/Sefaz/RS/Auditor/2018)** No que se refere ao pregão, regulado pela Lei n. 10.520/2002, assinale a opção correta.

a) A realização do pregão pode se dar em até três dias úteis a partir da publicação do ato convocatório.

b) Para a realização do pregão, é imprescindível que seja constituída uma comissão de licitação.

c) As disposições da Lei n. 8.666/1993 não se aplicam ao pregão, nem mesmo de forma subsidiária.

d) Em se tratando da modalidade pregão, avalia-se somente a habilitação do licitante vencedor.

e) É possível a alienação de bens públicos por pregão.

319. **(Cespe/STM/Técnico/2018)** Por lei, permite-se que a contratação de serviços de limpeza ocorra mediante pregão, desde que atestado que os padrões de desempenho e qualidade desses serviços possam ser objetivamente definidos pelo edital, por meio de especificações usuais no mercado.

320. **(Cespe/PC/MA/Delegado/2018)** Para contratar empresa de serviço de vigilância para os prédios das repartições públicas municipais, determinado município do estado do Maranhão realizou licitação na modalidade pregão. Nessa situação hipotética:

a) é facultada à administração pública a adoção dos critérios melhor técnica e preço ou menor preço, para fins de julgamento e classificação das propostas dos licitantes.

b) a análise dos documentos para a habilitação do licitante vencedor se dará ao término da fase de julgamento das propostas.

c) o pregão não poderia ser a modalidade licitatória escolhida por se destinar exclusivamente ao âmbito federal.

d) o pregão não poderia ser a modalidade licitatória escolhida se o valor estimado da contratação superasse aqueles previstos para as modalidades tomada de preço e concorrência.

e) é exigível, como condição para participação no certame, a garantia de proposta pelos participantes e a aquisição do edital pelos licitantes.

321. **(Cespe/Funpresp/Analista/2016)** O pregão é uma modalidade de licitação destinada à aquisição de bens e serviços comuns pelos entes públicos, sem qualquer restrição em relação ao valor estimado da contratação.

322. **(Cespe/Funpresp/Analista/2016)** Quando houver interesse público, a administração pública poderá exigir dos participantes do pregão garantia das propostas, especialmente nos editais cujo objeto seja de alta complexidade em tecnologia da informação.

323. **(Cespe/TCE/PA/Auditor/2016)** Declarado o vencedor da licitação, na modalidade pregão qualquer licitante poderá manifestar, imediata e motivadamente, a intenção de recorrer, sendo-lhe concedido o prazo de três dias para apresentar as razões do recurso.

324. **(Cespe/TCE/PA/Auditor/2016)** No pregão, os membros da equipe de apoio deverão ser, em sua maioria, servidores que ocupem cargo efetivo ou emprego na administração e que pertençam, preferencialmente, ao quadro permanente do órgão ou entidade responsável pelo evento.

325. **(Cespe/TCE/PA/Auditor/2016)** No pregão, uma vez declarado o licitante vencedor, qualquer pessoa, ainda que não tenha participado da licitação, tem o direito de manifestar motivadamente a intenção de recorrer por motivo de nulidade procedimental.

326. **(Cespe/TRE/PE/Técnico/2017)** Será realizado pregão para a aquisição de 700 exemplares atualizados da Constituição da República Federativa do Brasil para suprir as unidades vinculadas ao tribunal regional eleitoral de determinado estado. O valor estimado da contratação é de R$ 30.000. Existem 50 concorrentes e a proposta inicial de menor valor é de R$ 30 por exemplar, apresentada por apenas um dos concorrentes. Nessa situação:

a) a garantia de proposta exigida será no valor de R$ 420, correspondentes a 2% do montante da oferta de valor mais baixo.
b) todos os concorrentes com propostas iguais ou inferiores a R$ 33 poderão fazer lances iguais e sucessivos até que o vencedor seja proclamado.
c) caso a próxima proposta de menor valor seja de R$ 35 por exemplar, então até 10% dos concorrentes poderão fazer lances iguais e sucessivos até que o vencedor seja proclamado.
d) o pregão será impugnado pelo fato de o montante da licitação ser inferior a R$ 80.000, cujo valor é contemplado pela modalidade convite.
e) todas as propostas com valores superiores a R$ 36 por exemplar serão desconsideradas.

327. **(Cespe/TRE/PE/Técnico/2017)** Assinale a opção correta a respeito do pregão no âmbito da administração pública, à luz das disposições da Lei n. 10.520/2002:

a) O prazo de dez dias úteis para apresentação de propostas, contados a partir da data da publicação do aviso, está adequado.
b) No ato do pregão, será obrigatória, para todos os licitantes, a apresentação, em meio físico, dos documentos de habilitação.
c) Caso a oferta do primeiro licitante classificado não seja aceitável, o pregão será refeito para dar novas oportunidades aos demais licitantes.
d) Declarado o vencedor, os demais licitantes disporão de até três dias após a realização do pregão para manifestar interesse em recorrer.
e) Para participar do certame, o licitante deverá adquirir o edital e apresentar garantia de proposta.

328. **(Cespe/TRT/7R/Técnico/2017)** Para a aquisição de bens e serviços comuns por órgão da administração pública federal pode ser adotada a licitação na modalidade de pregão. A realização dessa modalidade de licitação visa atender à:

a) tecnicidade, já que o principal critério de escolha da proposta vencedora é a qualidade dos bens e serviços comuns.
b) razoabilidade, já que o preço final de bens e serviços comuns é calculado com base na média das três melhores propostas.
c) racionalidade burocrática, já que a abertura dos invólucros contendo os documentos de habilitação dos licitantes é a primeira atividade do pregão.
d) economicidade, já que o pregão é realizado em lances verbais e sucessivos decrescentes até a proclamação do vencedor.

329. **(Cespe/TRT/7R/Técnico/2017)** De acordo com a Lei do Pregão – Lei n. 10.520/2002 –, a exigência de aquisição do edital pelos licitantes como condição para participação no certame é:

a) obrigatória em qualquer caso.
b) opcional conforme o caso.
c) recomendada conforme o caso.
d) vedada em qualquer caso.

7.4. Lei do Regime Diferenciado de Contratação (Lei 12.462/11)

✱ INOVAÇÕES LEGISLATIVAS

▲ Lei do Regime Diferenciado de Contratações Públicas (Lei 12.462/11): sem alterações em 2017/2018.

✱ QUESTÕES DISCURSIVAS

26. **(Cespe/CGM/João_Pessoa/Auditor/2018)** Entre os objetivos da lei que rege as licitações e contratos na administração pública estão o de assegurar a observância do princípio constitucional da isonomia e o de garantir a seleção da proposta mais vantajosa para a administração pública. Por sua vez, o regime diferenciado de contratação (RDC) é caracterizado por uma série de peculiaridades que o diferem da referida lei, uma vez que entre seus objetivos incluem-se ampliar a eficiência nas contratações, aumentar a competitividade entre os licitantes, permitir troca de experiências e tecnologias e incentivar a inovação tecnológica, os quais evidenciam uma abrangência maior do que os previstos na norma geral de licitações. Considerando os objetivos do RDC apresentados no texto acima, redija um texto dissertativo acerca das contribuições desse novo regime de contratação, abordando mecanismos previstos em lei bem como as contribuições destes para que se atinjam os objetivos citados. Em seu texto, discorra sobre: (i) inversão de fases, vícios sanáveis e fase recursal única; (ii) modos de disputa; (iii) orçamento sigiloso.

27. **(Cespe/TRE/PI/Analista/2016)** No Brasil, a legislação sobre compras públicas foi inovada com a introdução da Lei n. 12.462/2011, conhecida como Lei do Regime Diferenciado de Contratações

Públicas (RDC), que foi regulamentada pelo Decreto n. 7.581/2011. Considerando essas informações, redija um texto dissertativo sobre a introdução do RDC no ordenamento jurídico brasileiro, abordando, fundamentadamente, os seguintes aspectos: (i) a motivação para sua criação; (ii) exigências aplicáveis ao objeto da licitação; (iii) objetivos expressos na Lei do RDC; (iv) diretrizes relativas às licitações e aos contratos administrativos.

* QUESTÕES OBJETVAS

330. **(Cespe/PGE/PE/Procurador/2018)** Um estado da Federação, com o objetivo de melhorar a prestação do serviço público de saúde, resolveu construir novos hospitais, de modo a aumentar a infraestrutura física da rede estadual do SUS. Nessa situação hipotética, as empresas responsáveis pelas obras poderão ser selecionadas, independentemente do valor, por meio de

a) licitação na modalidade convite.
b) dispensa de licitação, desde que haja grave risco à saúde pública.
c) licitação na modalidade concorrência.
d) licitação na modalidade tomada de preços.
e) licitação no regime diferenciado de contratação.

331. **(Cespe/TCE/PA/Auditor/2016)** O regime diferenciado de contratações públicas aplica-se às licitações e contratos "built-to-suit", ou de locação sob medida, firmados pela administração pública.

332. **(Cespe/TCE/PE/Analista_Gestão/2017)** No regime diferenciado de contratações públicas, é vedada a contratação integrada para a execução indireta de obras e serviços de engenharia.

333. **(Cespe/TCE/PE/Analista_Controle_Externo/2017)** A construção de unidades de atendimento socioeducativo poderá ser realizada mediante atos regidos pelo regime diferenciado de contratações, utilizando-se a contratação integrada, se necessária inovação técnica.

334. **(Cespe/PGM/Belo_Horizonte/Procurador/2017)** Tendo como referência as disposições da Lei n. 8.666/1993 e a legislação referente ao RDC, assinale a opção correta:

a) No âmbito do RDC, definido o resultado do julgamento, a administração pública poderá negociar com o primeiro colocado condições mais vantajosas.
b) Os contratos administrativos celebrados com base no RDC regem-se pelas regras específicas previstas na Lei n. 12.462/2011, sendo-lhes inaplicáveis, por disposição expressa dessa lei, as regras da Lei n. 8.666/1993.
c) A legislação referente ao RDC, assim como a Lei n. 8.666/1993, veda a indicação de marca ou modelo nas aquisições de bens.
d) Em se tratando de contratação de obras e serviços, inclusive os de engenharia, a remuneração utilizada será a fixa, vinculada ao desempenho da contratada, e respeitará o limite orçamentário fixado pela administração pública para a contratação.

335. **(Cespe/TRF/1R/Analista/2017)** O procedimento licitatório para a construção de hospitais universitários integrantes do SUS poderá seguir as regras do regime diferenciado de contratação.

8. PROCESSO ADMINISTRATIVO

8.1. Processo Comum

* SÚMULAS

STF Súm. Vinculante 21. É inconstitucional a exigência de depósito ou arrolamento prévios de dinheiro ou bens para admissibilidade de recurso administrativo.

STF Súm. 271. Concessão de mandado de segurança não produz efeitos patrimoniais, em relação a período pretérito, os quais devem ser reclamados administrativamente ou pela via judicial própria.

STF Súm. 346. A Administração Pública pode declarar a nulidade dos seus próprios atos.

STF Súm. 429. A existência de recurso administrativo com efeito suspensivo não impede o uso do mandado de segurança contra omissão da autoridade.

STF Súm. 430. Pedido de reconsideração na via administrativa não interrompe o prazo para o mandado de segurança.

STF Súm. 473. A administração pode anular seus próprios atos, quando eivados de vícios que os tornam ilegais, porque deles não se originam direitos; ou revogá-los, por motivo de conveniência ou oportunidade, respeitados os direitos adquiridos, e ressalvada, em todos os casos, a apreciação judicial.

✱ INOVAÇÕES LEGISLATIVAS

▲ Lei do Processo Administrativo Federal (Lei 9.784/99): sem alterações em 2017/2018.

✱ QUESTÕES OBJETIVAS

336. **(Cespe/PGE/PE/Procurador/2018)** Considerando a doutrina, a jurisprudência e o disposto na Lei n. 9.784/1999, assinale a opção correta acerca do processo administrativo.

a) Ao administrado não é permitido alegar em instância superior fato ou prova não trazida na fase inicial do processo administrativo.

b) No processo administrativo, configura vício insanável a prática de ato administrativo por agente público sob suspeição ou impedimento.

c) Admite-se a tutela cautelar no processo administrativo, desde que haja a prévia manifestação do interessado no sentido de sua necessidade.

d) É de dez anos o prazo decadencial para se rever ato administrativo praticado antes da promulgação da Lei n. 9.784/1999.

e) Órgão competente para o julgamento de recursos no processo administrativo poderá agravar a situação do recorrente, desde que lhe seja garantida a oportunidade para a apresentação de alegações.

337. **(Cespe/PC/MA/Delegado/2018)** Pedro interpôs recurso administrativo visando reverter decisão administrativa que havia determinado a interdição de estabelecimento comercial de sua propriedade, com aplicação de multa. Nessa situação hipotética, com base nas disposições legais concernentes aos processos administrativos:

a) se do julgamento do recurso administrativo puder decorrer gravame à situação de Pedro, este deverá ser cientificado para apresentar nova manifestação antes da decisão.

b) salvo disposição legal em sentido contrário, o recurso interposto por Pedro terá efeito devolutivo e suspensivo.

c) interposto o recurso administrativo, o acesso de Pedro ao Poder Judiciário somente poderá ocorrer após o julgamento definitivo na esfera administrativa.

d) o recolhimento do valor da multa aplicada é condição de admissibilidade do recurso administrativo.

e) julgado improcedente o recurso administrativo e mantidas as penalidades administrativas aplicadas, não haverá necessidade de motivação da decisão da instância superior.

338. **(Cespe/STM/Técnico/2018)** A fim de evitar a anulação de processo administrativo, em regra, deverá ser exigido que os documentos juntados aos autos tenham firmas reconhecidas.

339. **(Cespe/TCE/PB/Auditor/2018)** Um servidor público do estado da Paraíba interpôs recurso administrativo contra a pontuação que lhe foi atribuída em concurso de remoção interna da instituição pública na qual ele é lotado. Acerca dessa situação hipotética e de aspectos gerais relacionados à interposição de recurso administrativo por servidor da administração pública, julgue os itens a seguir.

I. Na hipótese considerada, será vedado à administração, pelo princípio da "non reformatio in pejus", rever a pontuação do candidato para piorá-la, mesmo que tal alteração observe estritamente as regras do concurso.

II. Pela presunção de legitimidade dos atos administrativos, o recurso administrativo, como regra, tem efeito apenas devolutivo, ainda que possa o administrador, mesmo de ofício, conceder efeito suspensivo ao ato.

III. O informalismo do processo administrativo permite que o recurso seja interposto de forma diversa da petição escrita, desde que ele seja devidamente protocolado na repartição administrativa competente.

IV. Na situação considerada, mesmo que o edital do concurso não o previsse expressamente, o servidor teria o direito de protocolar o recurso em razão do direito constitucional de petição.

Estão certos apenas os itens

a) I e II.

b) I e III.

c) II e IV.

d) I, III e IV.

e) II, III e IV.

340. **(Cespe/STM/Analista/2018)** A desistência do interessado quanto a pedido formulado à administração pública impede o prosseguimento do processo.

341. **(Cespe/TCE/PA/Analista/2016)** Os pareceres e as notas técnicas são expressões da fase do processo administrativo denominada fase dispositiva ou de julgamento.

342. (Cespe/TCE/PA/Analista/2016) O sistema de contencioso administrativo ocorre no âmbito de tribunais de competência especializada que não integram a estrutura do Poder Judiciário, cujas sentenças são dotadas de força de coisa julgada.

343. (Cespe/TCE/PA/Analista/2016) Recursos administrativos constituem meios hábeis para propiciar o reexame de decisão interna de um órgão da administração por órgão correspondente de outro Poder ou de outra esfera.

344. (Cespe/TCE/PE/Analista_Gestão/2017) O administrado pode ser assistido por seu advogado no processo administrativo, mesmo nos casos em que a representação legal não seja obrigatória.

345. (Cespe/TCE/PE/Analista_Gestão/2017) O princípio constitucional da publicidade de atos processuais alcança não apenas os autos do processo, mas também as sessões e audiências.

346. (Cespe/PGM/Fortaleza/Procurador/2017) No processo administrativo, vige o princípio do formalismo moderado, rechaçando-se o excessivo rigor na tramitação dos procedimentos, para que se evite que a forma seja tomada como um fim em si mesma, ou seja, desligada da verdadeira finalidade do processo.

347. (Cespe/TRE/PE/Técnico/2017) Um processo administrativo instaurado no âmbito de um órgão público estará sujeito a nulidade caso:

a) o administrado formule as alegações e apresente os documentos antes da decisão.
b) haja a recusa de provas apresentadas pelos interessados por serem consideradas protelatórias, mediante decisão fundamentada.
c) o administrado tenha obtido cópias de documentos do processo para a elaboração de sua defesa.
d) haja a atuação de autoridade que tenha interesse, mesmo que indireto, na matéria.
e) a intimação do administrado ocorra com antecedência de um dia útil, mesmo com o seu comparecimento no local, na data e na hora determinados.

348. (Cespe/PGM/Fortaleza/Procurador/2017) Nos termos da jurisprudência do STF, caso um particular interponha recurso administrativo contra uma multa de trânsito, por se tratar do exercício do poder de polícia pela administração, a admissibilidade do recurso administrativo dependerá de depósito prévio a ser efetuado pelo administrado.

349. (Cespe/PC/GO/Delegado/2017) Com base no disposto na Lei n. 9.784/1999, assinale a opção correta, considerando o entendimento dos tribunais superiores e da doutrina sobre o processo administrativo:

a) Os processos de prestação de contas são exemplo de processos administrativos de outorga, cuja finalidade é autorizar o exercício de determinado direito individual.
b) O Supremo Tribunal Federal entende que não é necessária a observância do devido processo legal para a anulação de ato administrativo que tenha repercutido no campo dos interesses individuais.
c) Por ser a ampla defesa um princípio do processo administrativo, a administração não poderá definir a maneira como se realizará seu exercício, definindo, por exemplo, o local de vista aos autos.
d) A competência processante de órgão da administração pode ser delegada, em parte, a outro órgão, ainda que não subordinado hierarquicamente ao órgão delegante, desde que haja conveniência, razão e inexista impedimento legal.
e) Conforme o Supremo Tribunal Federal, é obrigatória a representação por advogado para o exercício do direito à recorribilidade de decisão proferida em processo administrativo.

350. (Cespe/SEDF/Analista/2017) Mauro editou portaria disciplinando regras de remoção no serviço público que beneficiaram, diretamente, amigos seus. A competência para a edição do referido ato normativo seria de Pedro, superior hierárquico de Mauro. Os servidores que se sentiram prejudicados com o resultado do concurso de remoção apresentaram recurso quinze dias após a data da publicação do resultado. Nessa situação hipotética, de acordo com a Lei n. 9.784/1999 – que regula o processo administrativo no âmbito da administração pública federal –, o recurso apresentado pelos servidores que se sentiram prejudicados não deverá ser conhecido pela autoridade competente em razão da sua intempestividade.

351. (Cespe/PGM/Belo_Horizonte/Procurador/2017) No que diz respeito ao processo administrativo, a suas características e à disciplina legal prevista na Lei n. 9.784/1999, assinale a opção correta:

a) A configuração da má-fé do administrado independe de prova no processo administrativo.
b) Segundo o STF, não haverá nulidade se a apreciação de recurso administrativo for feita pela mesma autoridade que tiver decidido a questão no processo administrativo.
c) Ainda que a pretensão do administrado seja contrária a posição notoriamente conhecida do órgão administrativo, sem o prévio requerimento administrativo, falta-lhe interesse para postular diretamente no Poder Judiciário.
d) Não ofende a garantia do devido processo legal decisão da administração que indefere a produção de provas consideradas não pertinentes pelo administrador.

352. (Cespe/TRF/1R/Técnico/2017) Recurso e revisão, instrumentos que permitem o reexame de fatos e provas juntados no processo administrativo, se diferenciam quanto à possibilidade de agravamento da situação do processado: no julgamento do recurso, o órgão competente não agravará a situação do recorrente; na revisão, há expressa determinação legal que permite o aumento da sanção imposta.

353. (Cespe/TRT/7R/Técnico/2017) Conforme a Lei n. 9.784/1999, que regula o processo administrativo no âmbito da administração pública federal, estabelece que é dever do administrado perante a administração, sem prejuízo de outros previstos em ato normativo:

a) prestar as informações que lhe forem solicitadas e colaborar para o esclarecimento dos fatos.
b) tomar ciência da tramitação dos processos administrativos em que tenha a condição de interessado.
c) expor os fatos conforme seu entendimento, desde que respeitado o interesse coletivo.
d) formular alegações e apresentar documentos antes da decisão, os quais serão objeto de consideração pelo órgão competente.

354. (Cespe/TRE/PE/Analista/2017) Conforme a Lei n. 9.784/1999, nos processos administrativos, a administração pública está proibida de aplicar nova interpretação de forma retroativa, em decorrência do princípio do(a):

a) segurança jurídica.
b) legalidade.
c) informalismo ou formalismo mitigado.
d) oficialidade.
e) finalidade.

8.2. Processo Disciplinar

* SÚMULAS

STF Súm. Vinculante 5. A falta de defesa técnica por advogado no processo administrativo disciplinar não ofende a Constituição.

STF Súm. 18. Pela falta residual, não compreendida na absolvição pelo juízo criminal, é admissível a punição administrativa do servidor público.

STF Súm. 19. É inadmissível segunda punição de servidor público, baseada no mesmo processo em que se fundou a primeira.

STF Súm. 20. É necessário processo administrativo, com ampla defesa, para demissão de funcionário admitido por concurso.

STF Súm. 21. Funcionário em estágio probatório não pode ser exonerado nem demitido sem inquérito ou sem as formalidades legais de apuração de sua capacidade.

STF Súm. 55. Militar da reserva está sujeito a pena disciplinar.

STF Súm. 673. O art. 125, § 4º, da Constituição, não impede a perda da graduação de militar mediante procedimento administrativo.

STJ Súm. 591. É permitida a "prova emprestada" no processo administrativo disciplinar, desde que devidamente autorizada pelo juízo competente e respeitados o contraditório e a ampla defesa.

STJ Súm. 592. O excesso de prazo para a conclusão do processo administrativo disciplinar só causa nulidade se houver demonstração de prejuízo à defesa.

STJ Súm. 611. Desde que devidamente motivada e com amparo em investigação ou sindicância, é permitida a instauração de processo administrativo disciplinar com base em denúncia anônima, em face do poder-dever de autotutela imposto à Administração.

* INFORMATIVOS DE JURISPRUDÊNCIA

Alegação de nulidade e aproveitamento de atos processuais

STF Negou-se provimento a agravo regimental em mandado de segurança em que discutida a nulidade de procedimento administrativo avocado pelo CNMP. No caso, o CNMP rejeitou a alegação de que a suspeição de autoridades locais conduziria necessariamente à nulidade de todo o feito por elas instruído, e concluiu pela aplicação da pena de suspensão de membro do ministério público por 45 dias. O Regimento Interno do CNMP permite o aproveitamento dos atos processuais. Os atos que foram objeto de aproveitamento são basicamente as provas documentais e os depoimentos das testemunhas ouvidas sob o crivo do contraditório. Esses atos foram praticados pela comissão processante designada para instruir o feito, sem qualquer atuação da corregedora ou de sua substituta, ambas declaradas suspeitas. Não houve, assim, demonstração de prejuízo pelo acusado. MS 34666 AgR, Rel. Min. Dias Toffoli, j. 29.8.2017. 2ª T. (Info 875)

Aposentadoria compulsória de magistrado: processo disciplinar e prova emprestada

STF O agravante alegou ofensa ao princípio da subsidiariedade, dada ausência de análise prévia da suposta falta pela Corregedoria local; invalidade das provas, as quais haviam sido obtidas durante a investigação de outras pessoas; possibilidade de apontamento de nulidades por meio de petição após o prazo previsto no art. 23 da Lei 12.016/09; incompatibilidade entre o ato de instauração do processo administrativo disciplinar e o acórdão impugnado; e descabimento da sanção imposta por insuficiência probatória. É competência originária e concorrente do CNJ conferida pela Constituição, a aplicação de medidas disciplinares. É possível a utilização de dados obtidos por descoberta fortuita em interceptações telefônicas devidamente autorizadas como prova emprestada em processo administrativo disciplinar. Não se verificou a ocorrência de atraso indevido no envio das provas aos órgãos competentes no que se refere a indivíduos detentores de foro por prerrogativa de função. Destacou-se a incongruência entre dilação probatória e mandado de segurança. Afastada a hipótese de incompatibilidade entre a portaria de instauração do processo e o ato contrariado, visto que a defesa no processo administrativo disciplinar se dá em relação aos fatos descritos na própria portaria de instauração. Ausente conclusão do juízo criminal pela prova da inexistência do fato ou pela negativa de autoria, não estão presentes circunstâncias suscetíveis de autorizar excepcional comunicabilidade das esferas penal e administrativa. Inexiste ilegalidade no ato e é justificada a pena de aposentadoria compulsória, haja vista demonstração probatória de infração disciplinar grave. MS 30361 AgR, Rel. Min. Rosa Weber, j. 29.8.2017. 1ª T. (Info 875)

Servidor público. Diretor-Presidente de fundação de natureza privada. Processo administrativo disciplinar. Atos ilícitos. Recursos públicos. Princípios basilares da administração pública. Lei 8.112/1990. Aplicabilidade.

STJ É legal a instauração de procedimento disciplinar, julgamento e sanção, nos moldes da Lei 8.112/1990 em face de servidor público que pratica atos ilícitos na gestão de fundação privada de apoio à instituição federal de ensino superior. MS 21.669, Rel. Min. Gurgel de Faria, DJe 9.10.2017. 1ª S. (Info 613)

* QUESTÕES DISCURSIVAS

28. **(Cespe/TCU/Procurador/2015)** Servidor público aposentado foi condenado criminalmente às penas de reclusão e de perda de cargo público. Após essa decisão, a sentença foi reformada pelo tribunal com o único fim de afastar a pena de perdimento de cargo. Em razão da prática do mesmo ato que ensejou a condenação criminal, a aposentadoria do servidor foi cassada pela administração pública após a conclusão do processo disciplinar, sendo assegurado ao condenado o direito ao contraditório e à ampla defesa. O servidor ajuizou ação para questionar a pena disciplinar sofrida. Em face dessa situação hipotética, responda, de forma fundamentada e à luz da jurisprudência do STJ, aos seguintes questionamentos: (i) o direito à aposentadoria voluntária pode ser afastado pela administração pública mesmo após o servidor ter cumprido todas as exigências legais inerentes ao período de contribuição? (ii) o poder disciplinar foi legitimamente exercido pela administração pública? (iii) a decisão do juízo criminal pelo afastamento da pena de perdimento de cargo vincula a ação da administração pública?

* QUESTÕES OBJETIVAS

355. **(Cespe/PC/MA/Delegado/2018)** Pela suposta prática de falta funcional, foi instaurado procedimento administrativo disciplinar contra Luiz, servidor público estadual. Luiz respondeu, relativamente aos mesmos fatos, a ação penal ajuizada pelo MP local. À luz da disciplina da responsabilização dos servidores públicos, é correto afirmar que, nessa situação hipotética:

a) eventual sentença absolutória criminal fundamentada no fato de a conduta do servidor público não constituir infração penal não impede a aplicação de penalidade em âmbito administrativo, com base na chamada falta residual.
b) em razão da independência entre as instâncias administrativa e penal, eventual sentença absolutória criminal não repercutirá na esfera administrativa.
c) eventual sentença absolutória criminal fundamentada na falta de provas implicará absolvição na esfera administrativa.
d) em razão da possível influência da sentença criminal na instância administrativa, o procedimento administrativo disciplinar deverá permanecer suspenso até o término da ação penal.
e) eventual sentença extintiva da punibilidade do crime, independentemente de seu fundamento, implicará no arquivamento do procedimento administrativo disciplinar.

356. **(Cespe/PC/MA/Escrivão/2018)** A revisão, de ofício, pela administração pública, de decisões sancionatórias aplicadas a servidor público por meio de regular processo administrativo é

a) vedada, em razão da necessidade de provocação do servidor público.
b) permitida, ainda que tenha ocorrido a preclusão administrativa, em razão do princípio da autotutela.
c) permitida, em decorrência do princípio da oficialidade.
d) permitida apenas se as alegações da revisão coincidirem com as suscitadas pela parte no decorrer do processo.
e) vedada, em obediência ao princípio da economia processual.

357. **(Cespe/Funpresp/Especialista Jurídico/2016)** Será ilegal a execução de penalidade administrativa imposta a servidor público em processo administrativo disciplinar se a decisão ainda não tiver transitado em julgado administrativamente, mesmo que o recurso pendente não possua efeito suspensivo.

358. **(Cespe/TCE/PA/Auditor/2016)** Tratando-se de processo administrativo disciplinar, se o acusado não tiver advogado, deve ser providenciado um "ad hoc" para formulação da sua defesa técnica, sob pena de nulidade do procedimento, por cerceamento de defesa.

359. **(Cespe/TCE/PA/Auditor/2016)** A autoridade competente de determinado TCE da Federação foi informada de que um dos servidores do órgão foi preso em flagrante, devido à prática de crime, e liberado em seguida para responder ao processo em liberdade. Nessa situação, caberá à autoridade aguardar o trânsito em julgado da condenação para determinar que o servidor seja afastado de suas funções.

360. **(Cespe/DPU/Defensor/2017)** É possível a instauração de procedimento administrativo disciplinar com base em denúncia anônima.

361. **(Cespe/PGM/Fortaleza/Procurador/2017)** Um servidor da Procuradoria-Geral do Município de Fortaleza, ocupante exclusivamente de cargo em comissão, foi preso em flagrante, em operação da Polícia Federal, por fraudar licitação para favorecer determinada empresa. Caso o referido servidor seja demitido por decisão de processo administrativo disciplinar, poderá o Poder Judiciário revogar esse ato administrativo se ficar comprovado o cerceamento de defesa, ainda que exista recurso administrativo pendente de decisão.

362. **(Cespe/DPE/AL/Defensor/2017)** Julgue os itens a seguir, com base na jurisprudência do STF.

I. Independentemente da natureza do cargo, é inconstitucional a exigência de idade mínima nos concursos públicos na administração pública direta e indireta.
II. Para que sejam cumpridos, os mandatos constitucionais de criminalização previstos no art. 5º da CF impõem ao legislador o dever de observar o princípio da proporcionalidade, como proibição de excesso e proibição de proteção insuficiente.
III. O direito à liberdade de expressão abrange o denominado discurso de ódio.
IV. É possível utilizar, em processo administrativo disciplinar, provas emprestadas, incluindo-se interceptações telefônicas autorizadas judicialmente para fins de investigação criminal, desde que respeitados a ampla defesa e o contraditório.

Estão certos apenas os itens:

a) I e II.
b) I e III.
c) I e IV.
d) II e III.
e) II e IV.

363. (Cespe/TRT/7R/Analista/2017) Ao cabo de procedimento administrativo disciplinar, a autoridade responsável por decidir aplicou a pena de demissão e remeteu a motivação da decisão ao parecer do departamento jurídico do órgão. Nessa situação hipotética, a decisão é:

a) válida, porém ineficaz, até que a falta de motivação seja suprida.
b) válida, visto que, tendo a motivação sido declarada no parecer, não há necessidade de repeti-la na decisão.
c) nula, por falta de motivação.
d) inexistente, por ausência de motivação, obrigatória para a aplicação de penalidade a servidor.

364. (Cespe/TRF/1R/Técnico/2017) Em 2015, Mateus, servidor público, na presença de vários outros servidores, insubordinou-se gravemente em serviço. Nessa situação, Mateus poderá ser demitido do serviço público e a ação disciplinar relativa a esse fato prescreverá em 2020; no entanto, a instauração de processo disciplinar interromperá a prescrição daquela ação até a decisão final a ser proferida pela autoridade competente.

365. (Cespe/TRF/1R/Analista/2017) A destituição de servidor de cargo em comissão ou de função comissionada não pode ser aplicada como penalidade disciplinar.

366. (Cespe/TRT/7R/Analista/2017) As esferas penal e administrativa são independentes para apurar a responsabilidade de servidor público. Contudo, o procedimento criminal vincula o procedimento administrativo quando conclui que:

a) há insuficiência de provas quanto à existência do fato imputado ao servidor.
b) o servidor não foi o autor da conduta a ele imputada.
c) há insuficiência de provas quanto à autoria do fato.
d) o fato não constitui infração penal.

367. (Cespe/DPU/Defensor/2017) Em procedimento disciplinar por ato de improbidade administrativa, somente depois de ocorrido o trânsito em julgado administrativo será cabível a aplicação da penalidade de demissão.

368. (Cespe/PGM/Fortaleza/Procurador/2017) Um servidor da Procuradoria-Geral do Município de Fortaleza, ocupante exclusivamente de cargo em comissão, foi preso em flagrante, em operação da Polícia Federal, por fraudar licitação para favorecer determinada empresa. Nesse caso, a sentença criminal absolutória transitada em julgado que negar a autoria vinculará, necessariamente, a esfera administrativa.

369. (Cespe/TCE/PE/Analista_Gestão/2017) Uma aluna de um colégio estadual, maior de dezoito anos de idade, foi flagrada depredando o mobiliário da escola. Em razão disso, o diretor do colégio aplicou a ela uma penalidade de suspensão por três dias, na forma do regimento da instituição. Atos como o do diretor do colégio, por consistirem na aplicação de penalidade administrativa simples, dispensam o cumprimento do devido processo legal.

370. (Cespe/PGE/AM/Procurador/2016) Um motorista alcoolizado abalroou por trás viatura da polícia militar que estava regularmente estacionada. Do acidente resultaram lesões em cidadão que estava retido dentro do compartimento traseiro do veículo. Esse cidadão então ajuizou ação de indenização por danos materiais contra o Estado, alegando responsabilidade objetiva. O procurador responsável pela contestação deixou de alegar culpa exclusiva de terceiro e não solicitou denunciação da lide. O corregedor determinou a apuração da responsabilidade do procurador, por entender que houve negligência na elaboração da defesa, por acreditar que seria útil à defesa do poder público alegar culpa exclusiva de terceiro na geração do acidente. O procurador poderá defender-se pessoalmente, advogando em causa própria, se contra ele for instaurado processo administrativo disciplinar. Outras categorias de servidores, contudo, necessitariam contratar advogado, imprescindível para o exercício da ampla defesa no processo administrativo disciplinar.

371. (Cespe/Funpresp_Jud/Analista/2016) Rafael, médico de um tribunal de justiça, foi submetido a processo administrativo disciplinar devido a denúncias de que ele estaria acumulando mais de dois cargos públicos. Na ocasião, foi-lhe dada a oportunidade de optar por duas de três ocupações médicas e, como não se manifestou, o servidor foi demitido. Rafael recorreu do processo administrativo que resultou em sua demissão e solicitou o seu retorno ao serviço público, com base no argumento de que não era razoável a aplicação da referida penalidade. Em sua defesa, alegou, ainda, que atuava como médico nas três instituições e havia compatibilidade de horários, pois a carga horária combinada não ultrapassava sessenta horas semanais; que ocupava apenas dois cargos públicos, no tribunal e em hospital municipal; e que o exercício da sua terceira atividade, em uma fundação pública de saúde, era legítimo, uma vez que o vínculo com a fundação de saúde era celetista e a vedação legal estaria restrita à acumulação de cargos públicos estatutários. Caso a demissão seja invalidada por decisão administrativa ou judicial, o retorno ao serviço público solicitado por Rafael corresponderá à recondução do servidor efetivo ao cargo anteriormente ocupado.

372. (Cespe/DPE/AC/Defensor/2017) Em razão da prática de infração disciplinar tipificada como crime, foi instaurado procedimento administrativo disciplinar em desfavor de determinado servidor público, o qual já responde à ação penal relacionada aos mesmos fatos. Acerca dessa situação hipotética, assinale a opção correta, de acordo com a jurisprudência dos tribunais superiores sobre o assunto:

a) A independência das esferas administrativa e criminal não permite que a efetivação de penalidade de demissão imposta em sede administrativa ocorra anteriormente ao trânsito em julgado da ação penal.
b) É aceita a utilização de prova emprestada no procedimento administrativo disciplinar em curso, desde que autorizada pelo juiz criminal e respeitados o contraditório e a ampla defesa.
c) A absolvição criminal fundada na inocorrência de crime impede a imposição de penalidade em sede do procedimento administrativo disciplinar.
d) A condenação criminal impõe a aplicação da penalidade administrativa em sede de procedimento disciplinar, independentemente da regularidade do procedimento administrativo instaurado.
e) A fim de serem evitadas decisões contraditórias nas instâncias administrativa e penal, impõe-se o sobrestamento do procedimento administrativo disciplinar até o julgamento final da ação penal em tramitação.

373. (Cespe/SEDF/Analista/2017) João, servidor público ocupante do cargo de motorista de determinada autarquia do DF, estava conduzindo o veículo oficial durante o expediente quando avistou sua esposa no carro de um homem. Imediatamente, João dolosamente acelerou em direção ao veículo do homem, provocando uma batida e, por consequência, dano aos veículos. O homem, então, ingressou com ação judicial contra a autarquia requerendo a reparação dos danos materiais sofridos. A autarquia instaurou procedimento administrativo disciplinar contra João para apurar suposta violação de dever funcional. Caso João seja condenado criminalmente pelos fatos narrados, não poderá ser responsabilizado administrativamente pela mesma razão, dada a vedação do "bis in idem".

9. RESPONSABILIDADE CIVIL DO ESTADO

◎ ATENÇÃO: ESTE TEMA É MUITO EXIGIDO NOS CONCURSOS!

✱ REPERCUSSÃO & REPETITIVOS

STF Repercussão Geral 365. Considerando que é dever do Estado, imposto pelo sistema normativo, manter em seus presídios os padrões mínimos de humanidade previstos no ordenamento jurídico, é de sua responsabilidade, nos termos do art. 37, § 6º, da CF, a obrigação de ressarcir os danos, inclusive morais, comprovadamente causados aos detentos em decorrência da falta ou insuficiência das condições legais de encarceramento. (RE 580252, 16.2.2017)

STF Repercussão Geral 592. Em caso de inobservância do seu dever específico de proteção previsto no art. 5º, XLIX, da CF, o Estado é responsável pela morte de detento. (RE 841526, 30.3.2016)

✱ INFORMATIVOS DE JURISPRUDÊNCIA

Furto e responsabilidade civil de concessionária de serviços públicos

STF Existe reponsabilidade civil de pessoa jurídica de direito privado prestadora de serviço público em razão de dano decorrente de crime de furto praticado em suas dependências, nos termos do art. 37, § 6º, da CF. Há nexo causal entre a conduta omissiva (agir com o cuidado necessário quanto à vigilância no posto de pesagem, por ocasião do estacionamento obrigatório do veículo para lavratura do auto de infração), e o dano causado ao recorrente. Caracterizada a falha na prestação e organização do serviço. RE 598356, Rel. Min. Marco Aurélio, j. 8.5.2018. 1ª T. (Info 901).

* QUESTÕES DISCURSIVAS

29. (Cespe/DPE/RN/Defensor/2015) Maurício foi encontrado morto no interior da cela do estabelecimento prisional estadual onde cumpria pena privativa de liberdade. A investigação policial concluiu que ele havia cometido suicídio. Familiares de Maurício, inconformados com a perda do ente, procuraram a Defensoria Pública para orientação sobre a possibilidade de que o Estado fosse responsabilizado pelo ocorrido. Considerando a situação hipotética apresentada, discorra sobre a responsabilidade civil do Estado. Em seu texto devem constar: (i) o fundamento constitucional da responsabilização civil do Estado; (ii) a distinção entre a responsabilidade civil do Estado por atos comissivos e a responsabilidade civil do Estado por atos omissivos; (iii) a natureza jurídica da responsabilidade civil do Estado no caso apresentado; (iv) o entendimento jurisprudencial do STF a respeito dessa matéria.

* QUESTÕES OBJETIVAS

374. (Cespe/STM/Analista/2018) Um servidor público federal que, no exercício de sua função, causar dano a terceiros poderá ser demandado diretamente pela vítima em ação indenizatória.

375. (Cespe/STM/Analista/2018) João, servidor público civil, motorista do Exército brasileiro, enquanto conduzia veículo oficial, no exercício da sua função, colidiu com o automóvel de Maria, que não possui qualquer vínculo com o poder público. Após a devida apuração, ficou provado que os dois condutores agiram com culpa. A União tem direito de regresso em face de João, considerando que, no caso, a responsabilidade do agente público é subjetiva.

376. (Cespe/CGM/João_Pessoa/Técnico/2018) Empresa pública responderá pelos danos que seu empregado, atuando como seu agente, ocasionar, assegurado o direito de regresso nos casos de dolo ou culpa.

377. (Cespe/STM/Analista/2018) No direito brasileiro, constitui objeto do direito administrativo a responsabilidade civil das pessoas jurídicas que causam danos à administração.

378. (Cespe/TRE/PE/Técnico/2017) A responsabilidade do Estado por conduta omissiva:

a) é objetiva, dispensando-se, para sua caracterização, a demonstração de culpa, exigindo-se, para tal, apenas a demonstração do dano.

b) é objetiva, dispensando-se, para sua caracterização, a demonstração de culpa, mas exigindo-se, para isso, demonstração de nexo de causalidade entre a conduta e o dano.

c) caracteriza-se mediante a demonstração de culpa, dispensando-se, para tal, a demonstração de dano.

d) caracteriza-se mediante a demonstração de culpa, de dano e de nexo de causalidade.

e) é descabida.

379. (Cespe/STM/Analista/2018) João, servidor público civil, motorista do Exército brasileiro, enquanto conduzia veículo oficial, no exercício da sua função, colidiu com o automóvel de Maria, que não possui qualquer vínculo com o poder público. Após a devida apuração, ficou provado que os dois condutores agiram com culpa. A culpa concorrente da vítima exclui a responsabilidade da União para a reparação de danos sofridos por Maria.

380. (Cespe/CGM/João_Pessoa/Auditor/2018) A pretensão estatal de ressarcimento do erário em face de agente que tenha enriquecido ilicitamente no exercício de suas funções prescreverá em cinco anos.

381. (Cespe/SEDF/Analista/2017) A exploração e operação de determinado aeroporto foi transferida pelo governo federal para um consórcio de empresas pelo prazo de vinte anos. Em determinado dia, durante a vigência da execução desse serviço público pelo consórcio, uma passageira sofreu um acidente grave em esteira rolante do aeroporto, a qual se encontrava em manutenção devidamente sinalizada. A passageira, por estar enviando mensagem no aparelho celular, não observou a sinalização relativa à manutenção da esteira. Caso se comprove que o acidente decorreu de culpa exclusiva da passageira, o consórcio de empresas não responderá civilmente pelo acidente.

382. (Cespe/TCE/PE/Auditor/2017) Mesmo que determinada lei tenha sido declarada inconstitucional pelo Supremo Tribunal Federal, entende-se que não é viável a responsabilização do Estado pela edição da referida norma, uma vez que o Poder Legislativo é dotado de soberania no exercício da atividade legiferante.

383. **(Cespe/PGE/PE/Procurador/2018)** Segundo o entendimento do STF, a responsabilidade civil do Estado pela morte de detento sob sua custódia é

a) objetiva, com base na teoria do risco integral, sem a possibilidade de aplicação de causas excludentes de responsabilidade.
b) subjetiva, tanto para as condutas estatais comissivas quanto para as omissivas.
c) objetiva, com base na teoria do risco administrativo, mas apenas em relação às condutas estatais comissivas.
d) subjetiva, com base na teoria da falta do serviço, no caso de omissão estatal.
e) objetiva, com base na teoria do risco administrativo, em caso de inobservância do seu dever constitucional específico de proteção, tanto para as condutas estatais comissivas quanto para as omissivas.

384. **(Cespe/DPU/Defensor/2017)** É objetiva a responsabilidade das pessoas jurídicas de direito privado prestadoras de serviços públicos em relação a terceiros, usuários ou não do serviço, podendo, ainda, o poder concedente responder subsidiariamente quando o concessionário causar prejuízos e não possuir meios de arcar com indenizações.

385. **(Cespe/TCE/PE/Analista/2017)** Em se tratando de comportamento comissivo, não haverá responsabilidade extracontratual do Estado se o ato relacionado tiver sido lícito.

386. **(Cespe/TCE/PE/Analista_Gestão/2017)** Na hipótese de responsabilidade do Estado por dano causado por agente público, apenas nos casos de atos dolosos será assegurado ao poder público o direito de regresso.

387. **(Cespe/TCE/PE/Analista_Gestão/2017)** Considera-se causa atenuante da responsabilidade estatal a culpa concorrente da vítima.

388. **(Cespe/PGM/Belo_Horizonte/Procurador/2017)** No que diz respeito à responsabilidade civil do Estado, assinale a opção correta:

a) Como o direito brasileiro adota a teoria do risco integral, a responsabilidade extracontratual do Estado converte-o em segurador universal no caso de danos causados a particulares.
b) Cabe indenização em decorrência da morte de preso dentro da própria cela, em razão da responsabilidade objetiva do Estado.
c) O regime publicístico de responsabilidade objetiva, instituído pela CF, não é aplicável subsidiariamente aos danos decorrentes de atos notariais e de registro causados por particulares delegatários do serviço público.
d) As pessoas jurídicas de direito público e as de direito privado, nas hipóteses de responsabilidade aquiliana, responderão pelo dano causado, desde que exista prova prévia de ter havido culpa ou dolo de seus agentes em atos que atinjam terceiros.

389. **(Cespe/TCE/PE/Analista_Controle_Externo/2017)** No âmbito público, a sub-rogação do contratado poderá ser efetuada, mas estará condicionada à ratificação da responsabilidade, de forma solidária, entre as partes.

390. **(Cespe/DPE/AL/Defensor/2017)** Caio, detento em unidade prisional do estado de Alagoas, cometeu suicídio no interior de uma das celas, tendo se enforcado com um lençol. Os companheiros de cela de Caio declararam que, mesmo diante de seus apelos, nada foi feito pelos agentes penitenciários em serviço para evitar o ato. A família de Caio procurou a Defensoria Pública a fim de obter esclarecimentos quanto à possibilidade de receber indenização do Estado. Nessa situação hipotética, à luz da jurisprudência do Supremo Tribunal Federal, o defensor público responsável pelo atendimento deverá informar a família de Caio de que:

a) será necessário, para o ajuizamento de ação de reparação de danos morais, provar que as condições de cumprimento de pena eram desumanas.
b) é cabível o ajuizamento de ação de reparação de danos morais em face do estado de Alagoas.
c) não houve omissão estatal, pois o suicídio configura ato exclusivo da vítima.
d) houve fato exclusivo de terceiro, pois o dever de evitar o ato cabia aos agentes penitenciários em serviço no momento.
e) não cabe direito a reparação de qualquer natureza, por não ser possível comprovar nexo causal entre a morte do detento e a conduta estatal.

391. **(Cespe/PGM/Fortaleza/Procurador/2017)** De acordo com o entendimento do STF, empresa concessionária de serviço público de transporte responde objetivamente pelos danos causados à família de vítima de atropelamento provocado por motorista de ônibus da empresa.

392. **(Cespe/DPE/AL/Defensor/2017)** Por imperícia, um policial militar disparou, acidentalmente, sua arma de fogo, ao manuseá-la em via pública, ferindo um transeunte. No que tange à responsabilidade civil do Estado nessa situação hipotética, assinale a opção correta:

a) A responsabilidade civil do Estado independe da análise da culpa da conduta estatal.

b) A responsabilidade do Estado é objetiva, devendo ele e o policial figurar no polo passivo da demanda em litisconsórcio necessário.

c) A responsabilidade do Estado é subjetiva, e há litisconsórcio facultativo.

d) Não há responsabilidade civil do Estado, visto que o policial agiu com culpa, devendo, por isso, responder pessoalmente.

e) O Estado responde civilmente em razão da conduta culposa de seu agente, fixando-se a responsabilidade civil subjetiva estatal.

393. **(Cespe/PGM/Fortaleza/Procurador/2017)** Um veículo particular, ao transpassar indevidamente um sinal vermelho, colidiu com veículo oficial da Procuradoria-Geral do Município de Fortaleza, que trafegava na contramão. Nessa situação, não existe a responsabilização integral do Estado, pois a culpa concorrente atenua o "quantum" indenizatório.

394. **(Cespe/TRF/5R/Juiz/2017)** Acerca da responsabilidade civil, assinale a opção correta de acordo com a doutrina e a jurisprudência dos tribunais superiores:

a) Uma autarquia federal, por meio de processo licitatório, celebrou contrato com empresa para a prestação de serviços de limpeza em sua sede. A referida empresa não honrou com as obrigações trabalhistas com os seus empregados, que realizavam os serviços na sede do ente público. Nessa situação, incide a responsabilidade objetiva extracontratual da União, nos termos do entendimento do STF.

b) Lei de determinado estado da Federação estabeleceu a responsabilidade do estado durante a realização de evento internacional na capital dessa unidade federativa: o estado assumiria os efeitos da responsabilidade civil perante os organizadores do evento, por todo e qualquer dano resultante ou que surgisse em função de qualquer incidente ou acidente de segurança relacionado ao referido evento, exceto na situação em que organizadores ou vítimas concorressem para a ocorrência do dano. Conforme entendimento do STF, a referida lei estadual é constitucional, pois a Constituição Federal de 1988 não esgota matéria relacionada à responsabilidade civil.

c) Um professor de escola pública foi agredido por um aluno em sala de aula, tendo sido atingido por disparo de arma de fogo. Nessa situação, incide a responsabilidade subjetiva estatal devido à conduta omissiva do Estado pelo não oferecimento de segurança adequada aos seus servidores.

d) Em caso de dano causado por servidor público, o Estado tem o dever de indenizar a vítima, independentemente da licitude da conduta, cabendo, ainda, ação regressiva contra o servidor, fundada na responsabilidade objetiva e em razão da teoria do risco administrativo.

e) Particular que tenha sofrido danos materiais e morais provocados por servidor público no exercício de suas atribuições poderá ingressar com ação diretamente contra o servidor na busca de reparo pelos prejuízos sofridos, aplicando-se a teoria da imputação volitiva com incidência da responsabilidade objetiva no tocante à comprovação do dano.

395. **(Cespe/PGM/Fortaleza/Procurador/2017)** A regulação das relações jurídicas entre agentes públicos, entidades e órgãos estatais cabe ao direito administrativo, ao passo que a regulação das relações entre Estado e sociedade compete aos ramos do direito privado, que regulam, por exemplo, as ações judiciais de responsabilização civil do Estado.

396. **(Cespe/DPE/AC/Defensor/2017)** Após falecimento de Pedro, vítima de atropelamento em linha férrea, seus herdeiros compareceram à DP para que fosse ajuizada ação indenizatória por danos morais contra a empresa concessionária responsável pela ferrovia onde havia acontecido o acidente, localizada em área urbana. Na ocasião, seus parentes informaram que, apesar de Pedro ter atravessado a ferrovia em local inadequado, inexistia cerca na linha férrea ou sinalização adequada. Com base nessa situação hipotética e no entendimento dos tribunais superiores acerca da responsabilidade civil do Estado, assinale a opção correta:

a) O poder público concedente tem responsabilidade solidária para reparar os danos decorrentes do acidente, devendo vir a figurar no polo passivo da ação indenizatória.

b) A responsabilização do agente responsável pela falha ao deixar de cercar ou sinalizar o local do acidente exigirá a denunciação da lide nos autos da ação indenizatória.

c) A responsabilização civil da empresa concessionária independerá da demonstração da falha na prestação do serviço pela empresa, ante o risco inerente à atividade econômica desenvolvida.

d) A conduta de Pedro, que atravessou a ferrovia em local inadequado, afastará a responsabilização civil da empresa concessionária, ainda que fique demonstrada a falha no isolamento por cerca ou na sinalização do local do acidente.

e) A demonstração da omissão no isolamento por cerca ou na sinalização do local do acidente acarretará a responsabilização civil da empresa concessionária, embora possa haver redução da indenização dada a conduta imprudente de Pedro.

397. **(Cespe/TCE/PE/Analista_Controle_Externo/2017)** Morte de terceiro em decorrência de assalto praticado por indivíduo foragido do sistema prisional tem a faculdade de atrair a responsabilidade civil do Estado.

398. **(Cespe/TRT/7R/Analista/2017)** Prestes a ser morto por dois indivíduos que tentavam subtrair a sua arma, um policial militar em serviço efetuou contra eles disparo de arma de fogo. Embora o policial tenha conseguido repelir a injusta agressão, o disparo atingiu um pedestre que passava pelo local levando-o à morte. Com referência a essa situação hipotética, assinale a opção correta:

a) O Estado não responde civilmente, pois houve o rompimento do nexo causal por fato exclusivo de terceiro.

b) O Estado responde objetivamente pelos danos causados à família do pedestre, ainda que o policial militar tenha agido em legítima defesa.

c) A ocorrência de legítima defesa por parte do policial militar afasta a responsabilidade civil do Estado.

d) O Estado responde subjetivamente pelos danos, já que deve haver prova de falha no treinamento do policial.

399. **(Cespe/TCE/PE/Analista_Gestão/2017)** Para efeito de apuração da responsabilidade civil do Estado, é juridicamente irrelevante que o ato tenha sido comissivo ou omissivo.

400. **(Cespe/PC/MT/Delegado/2017)** Um delegado de polícia, ao tentar evitar ato de violência contra um idoso, disparou, contra o ofensor, vários tiros com revólver de propriedade da polícia. Por erro de mira, o delegado causou a morte de um transeunte. Nessa situação hipotética, a responsabilidade civil do Estado:

a) dependerá da prova de culpa in eligendo.

b) dependerá de o delegado estar, no momento da ocorrência, de serviço.

c) dependerá da prova de ter havido excesso por parte do delegado.

d) existirá se ficar provado o nexo de causalidade entre o dano e a ação.

e) será excluída se o idoso tiver dado causa ao crime.

401. **(Cespe/SEDF/Analista/2017)** João, servidor público ocupante do cargo de motorista de determinada autarquia do DF, estava conduzindo o veículo oficial durante o expediente quando avistou sua esposa no carro de um homem. Imediatamente, João dolosamente acelerou em direção ao veículo do homem, provocando uma batida e, por consequência, dano aos veículos. O homem, então, ingressou com ação judicial contra a autarquia requerendo a reparação dos danos materiais sofridos. A autarquia instaurou procedimento administrativo disciplinar contra João para apurar suposta violação de dever funcional. A autarquia tem direito de regresso contra João.

10. SERVIÇOS PÚBLICOS

10.1. Disposições Gerais

✱ SÚMULAS

STJ Súm. 356. É legítima a cobrança da tarifa básica pelo uso dos serviços de telefonia fixa.

STJ Súm. 407. É legítima a cobrança da tarifa de água, fixada de acordo com as categorias de usuários e as faixas de consumo.

STJ Súm. 412. A ação de repetição de indébito de tarifas de água e esgoto sujeita-se ao prazo prescricional estabelecido no Código Civil.

STJ Súm. 506. A Anatel não é parte legítima nas demandas entre a concessionária e o usuário de telefonia decorrentes de relação contratual.

✱ QUESTÕES DISCURSIVAS

30. **(Cespe/TCE/PR/Analista/2016)** Com fundamento no entendimento do STJ e na doutrina especializada, discorra sobre o princípio da continuidade do serviço público. Em seu texto, faça o que se pede a seguir: (i) conceitue o referido princípio. (ii) à luz do princípio em apreço, comente sobre a possibilidade de suspensão do fornecimento do serviço público na hipótese de inadimplência. (iii) comente sobre a possibilidade ou não de suspensão do serviço, a exemplo do fornecimento de energia elétrica, quando o usuário inadimplente é o poder público.

✱ QUESTÕES OBJETIVAS

402. **(Cespe/CGM/João_Pessoa/Auditor/2018)** Em caso de inadimplemento do usuário, o fornecimento de serviço público pode ser interrompido pelo concessionário, sendo desnecessária a notificação.

403. **(Cespe/PC/MA/Delegado/2018)** De acordo com o entendimento do STJ, atendida a necessária prévia notificação, o inadimplemento do usuário permite que se efetue corte no fornecimento de serviço público essencial, ainda que tal inadimplência se refira a dívida

a) contraída por usuário pessoa jurídica de direito público que não preste serviços indispensáveis à população.
b) contraída por usuário pessoa física que dependa da manutenção do serviço, de forma contínua, para sua sobrevivência.
c) de valor irrisório.
d) não relativa ao mês de consumo.
e) decorrente de suposta irregularidade no hidrômetro ou medidor de energia elétrica apurada unilateralmente pela concessionária.

404. **(Cespe/PC/MA/Escrivão/2018)** A segurança pública é uma forma de serviço público de natureza

a) geral.
b) administrativa.
c) descentralizada.
d) não exclusiva.
e) individual.

405. **(Cespe/TCE/SC/Auditor/2016)** O controle social, realizado por meio de comissões e conselhos de cidadãos para a avaliação da qualidade dos serviços públicos, influi nas mudanças da gestão dos equipamentos sociais.

406. **(Cespe/DPU/Analista/2016)** A classificação de determinado serviço público como singular pressupõe a individualização de seus destinatários, propiciando a medição da utilização individual direta do serviço público prestado.

407. **(Cespe/TRE/PE/Técnico/2017)** O princípio da continuidade dos serviços públicos:

a) afasta a possibilidade de interrupção, ainda que se trate de sistema de remuneração por tarifa no qual o usuário dos referidos serviços esteja inadimplente.
b) diz respeito, apenas, a serviços públicos, não alcançando as demais atividades administrativas.
c) torna ilegal a greve de servidores públicos.
d) tem relação direta com os princípios da eficiência e da supremacia do interesse público.
e) impede a paralisação, ainda que a justificativa desta seja o aperfeiçoamento das atividades.

408. **(Cespe/TRT/7R/Analista/2017)** O princípio que determina que os serviços públicos sejam remunerados por valor acessível ao usuário é denominado princípio da:

a) modicidade.
b) continuidade do serviço público.
c) eficiência.
d) economicidade.

10.2. Autorização, Concessão, Delegação e Permissão

✱ SÚMULAS

STF Súm. 510. Praticado o ato por autoridade, no exercício de competência delegada, contra ela cabe o mandado de segurança ou a medida judicial.

STJ Súm. 506. A Anatel não é parte legítima nas demandas entre a concessionária e o usuário de telefonia decorrentes de relação contratual.

✱ INFORMATIVOS DE JURISPRUDÊNCIA

Contrato de concessão: advento da Lei 12.783/2013 e prorrogação

STF 1. O contrato administrativo se encerra no prazo nele definido, salvo a realização de ajuste, ao final do termo, pela prorrogação contratual, se atendidas as exigências legais para tanto e se presente o interesse público na permanência do contrato. Nesse passo, é incongruente com a natureza da prorrogação contratual a ideia de sua formalização em momento antecedente ao término do contrato, como também é incongruente com sua natureza a garantia indissolúvel de sua realização já no instrumento contratual. 2. A discricionariedade da prorrogação é uma das marcas mais acentuadas do contrato administrativo e, assim, está, inclusive, prevista nas sucessivas legislações relativas às concessões de energia elétrica (leis 9.074/95 e 12.783/13) e, também, no termo cujas cláusulas se questiona nos autos. (...). RMS 34203, Rel. Min. Dias Toffoli, j. 21.11.2017. 2ª T. (Info 885)

Franquias postais. Lei 11.668/08. Licitação. Necessidade. Encerramento de contratos vigentes antes das novas contratações. Impossibilidade. Decreto n. 6.639/08. Extrapolação do poder regulamentar. Violação ao princípio da legalidade.

STJ Os contratos das Agências de Correios Franqueadas em vigor em 27.11.2007 que não sejam precedidos de licitação possuem eficácia até que as novas avenças sejam firmadas, ainda que descumprido o prazo estabelecido pelo art. 7º, parágrafo único, da Lei 11.668/08. AREsp 613239, Rel. Min. Benedito Gonçalves, DJ 16.11.2017. 1ª T. (Info 616)

* INOVAÇÕES LEGISLATIVAS

▲ Lei de Concessão e Permissão da Prestação de Serviços Públicos (Lei 8.987/95).

▲ Art. 9º. § 5º A concessionária deverá divulgar em seu sítio eletrônico, de forma clara e de fácil compreensão pelos usuários, tabela com o valor das tarifas praticadas e a evolução das revisões ou reajustes realizados nos últimos cinco anos. (Modificações: Lei13.673/18)

▲ Lei de Outorga e Prorrogação das Concessões e Permissões de Serviços Públicos (Lei 9.074/95): sem alterações em 2017/2018.

* QUESTÕES OBJETIVAS

409. **(Cespe/CGM/João_Pessoa/Auditor/2018)** Tratando-se de concessão administrativa, a administração pública é usuária direta ou indireta da prestação de serviços, enquanto, no caso de concessão patrocinada, há cobrança de tarifa dos usuários particulares.

410. **(Cespe/PC/MA/Delegado/2018)** É causa de extinção dos contratos administrativos de concessão de serviços públicos por caducidade

a) a falência ou a extinção da empresa concessionária.
b) a retomada, durante o prazo da concessão, do serviço pelo poder concedente, por motivo de interesse público.
c) o descumprimento, pela concessionária, das cláusulas contratuais ou disposições legais concernentes à concessão.
d) o descumprimento, pelo poder concedente, das normas contratuais estabelecidas na concessão.
e) o advento do termo contratual.

411. **(Cespe/TCE/PB/Auditor/2018)** Acerca da delegação de serviços públicos, prevista na Lei n. 8.987/1995, julgue:

I. A interrupção do serviço público não se caracterizará como descontinuidade quando ocorrer por motivos de ordem técnica, desde que ocorra após prévio aviso.
II. Na concessão, o julgamento da licitação pode ser feito com base na melhor proposta técnica, a partir de um preço fixado pelo edital.
III. O contrato de concessão não pode ser rescindido por iniciativa da concessionária.

Assinale a opção correta.

a) Nenhum item está certo.
b) Apenas os itens I e II estão certos.
c) Apenas os itens I e III estão certos.
d) Apenas os itens II e III estão certos.
e) Todos os itens estão certos.

412. **(Cespe/Funpresp/Especialista Jurídico/2016)** Poderá o poder concedente prever no edital de licitação a possibilidade de a concessionária obter outras fontes de receita complementares à tarifa, com vistas a favorecer a modicidade tarifária.

413. **(Cespe/DPU/Analista/2016)** A efetiva prestação de um serviço público e a obrigatoriedade de procedimento licitatório prévio são características comuns ao regime de concessão e ao de permissão de serviços públicos.

414. (Cespe/TCE/PE/Auditor/2017) Diferentemente da delegação, a permissão para prestar um serviço público consiste em ato unilateral da administração, com dispensa de licitação e possibilidade de revogação a qualquer tempo.

415. (Cespe/TCE/PE/Auditor/2017) Para possibilitar a reestruturação financeira e assegurar a continuidade da prestação dos serviços, poderá ser assumida, no curso do contrato de concessão de um aeroporto, a administração temporária da concessionária por seus garantidores, mesmo que com ela não mantenham vínculo societário direto.

416. (Cespe/TCE/PE/Analista/2017) Na concessão de serviço público, o poder concedente pode outorgar à concessionária poderes para promover as desapropriações necessárias, cabendo à concessionária, nesse caso, o pagamento de eventuais indenizações devidas.

417. (Cespe/TCE/PE/Analista/2017) A concessão é feita a título precário; a permissão é contratada por prazo determinado.

418. (Cespe/TCE/PE/Analista_Gestão/2017) É vedada a concessão de serviço público a consórcios de empresas.

419. (Cespe/TCE/PE/Analista_Gestão/2017) É permitido cobrar tarifa pela prestação de um serviço público que tenha sido delegado mediante permissão.

420. (Cespe/PGM/Fortaleza/Procurador/2017) Conforme a doutrina, a União pode firmar contrato de concessão com empresa privada, com prazo indeterminado, para, por exemplo, a construção e manutenção de rodovia federal com posterior cobrança de pedágio.

421. (Cespe/TRF/1R/Analista/2017) Alguns meses após a assinatura de contrato de concessão de geração e transmissão de energia elétrica, a falta de chuvas comprometeu o nível dos reservatórios, o que deteriorou as condições de geração de energia, elevando os custos da concessionária. A agência reguladora promoveu, então, alterações tarifárias visando restabelecer o equilíbrio econômico-financeiro firmado no contrato. Todavia, sem que houvesse culpa ou dolo da concessionária, o fornecimento do serviço passou a ser intermitente, o que provocou danos em eletrodomésticos de usuários de energia elétrica. A concessionária deverá ser responsabilizada pelos danos causados a usuários.

422. (Cespe/DPE/AL/Defensor/2017) Determinado município notificou uma concessionária de transporte público municipal por inadequação do serviço prestado e por paralisação do serviço sem justa causa, dando prazo para que as irregularidades fossem sanadas. Diante da inércia da concessionária, foi instaurado procedimento administrativo, com direito a ampla defesa, para a extinção do contrato administrativo de concessão. Nessa situação hipotética, o contrato de concessão deverá ser:

a) extinto por caducidade, e o ente municipal deverá indenizar o concessionário proporcionalmente aos bens usados na prestação de serviço, descontados multa e eventuais danos causados.
b) rescindido, de forma unilateral, pelo ente municipal, não sendo cabível indenização para o concessionário.
c) extinto por encampação, e o ente municipal deverá indenizar o concessionário proporcionalmente aos bens usados na prestação de serviço, descontados multa e eventuais danos causados.
d) extinto por caducidade, não cabendo indenização a ser paga ao concessionário.
e) extinto por encampação, em razão do inadimplemento do concessionário.

423. (Cespe/TRT/7R/Analista/2017) Define-se concessão administrativa como:

a) parceria público-privada em que a remuneração do parceiro privado é realizada pelo Estado e por tarifa paga pelos usuários do serviço.
b) concessão de serviço público essencial.
c) parceria público-privada que tem a administração pública como usuária direta ou indireta, sem pagamento de tarifas pelos usuários particulares.
d) concessão de serviço público a entidade da administração pública indireta.

424. (Cespe/TRT/7R/Analista/2017) A extinção do contrato de concessão de serviço público, por razão de interesse público, durante o prazo de concessão e sem que o concessionário esteja inadimplente, com a consequente retomada do serviço pelo poder concedente, denomina-se:

a) encampação.

b) reversão.

c) anulação.

d) caducidade.

425. (Cespe/Funpresp_Jud/Analista/2016) A manutenção do reequilíbrio econômico-financeiro é assegurada ao contratado permissionário de serviço de transporte público, ainda que o contrato tenha sido celebrado sem licitação prévia.

426. (Cespe/SEDF/Analista/2017) A exploração e operação de determinado aeroporto foi transferida pelo governo federal para um consórcio de empresas pelo prazo de vinte anos. Em determinado dia, durante a vigência da execução desse serviço público pelo consórcio, uma passageira sofreu um acidente grave em esteira rolante do aeroporto, a qual se encontrava em manutenção devidamente sinalizada. A passageira, por estar enviando mensagem no aparelho celular, não observou a sinalização relativa à manutenção da esteira. Na situação descrita, a transferência do referido serviço público para o consórcio terá obedecido à legislação pertinente se tiver sido realizada por meio de contrato de permissão de serviço público.

427. (Cespe/TRF/1R/Analista/2017) A concessão de serviço público pode ser feita a pessoa física ou jurídica, desde que mediante licitação.

428. (Cespe/Funpresp_Jud/Analista/2016) Excetuados os casos de empreendimentos executados e explorados sob o regime de concessão, é proibido exigir, no objeto da licitação, a obtenção de recursos financeiros para tornar viável a execução do empreendimento.

10.3. Parcerias Público-Privadas

*** INOVAÇÕES LEGISLATIVAS**

▲ Lei da Parceria Público-Privada (Lei 11.079/04). Capítulo I – Disposições Preliminares

▲ Art. 2º. § 4º É vedada a celebração de contrato de parceria público-privada: I – cujo valor do contrato seja inferior a R$ 10.000.000,00 (dez milhões de reais); (...). (Modificações: Lei 13.529/17)

*** QUESTÕES OBJETIVAS**

429. (Cespe/DPE/PE/Defensor/2018) Com relação a parceria público-privada (PPP), assinale a opção correta.

a) Para a contratação de PPP, deverá ser realizada licitação, obrigatoriamente, na modalidade de concorrência ou na modalidade convite.

b) A modalidade de PPP direcionada à prestação de serviços públicos ou obras públicas, que envolve, adicionalmente à tarifa cobrada dos usuários, contraprestação do parceiro público ao parceiro privado, classifica-se como concessão administrativa.

c) É vedado o contrato de PPP que tenha como objeto único o fornecimento de mão de obra ou o fornecimento e a instalação de equipamentos.

d) É cláusula essencial do contrato de PPP a repartição de riscos entre as partes, salvo aquelas referentes a caso fortuito, fato do príncipe ou a álea econômica extraordinária.

e) É obrigatória a constituição prévia de sociedade de propósito específico incumbida de implantar e gerir o objeto da PPP, podendo a administração pública ser titular da maioria do capital votante da referida entidade.

430. (Cespe/TRF/5R/Juiz/2017) Acerca do regime jurídico das agências reguladoras, da concessão de serviços e da parceria público-privada (PPP), assinale a opção correta:

a) A empresa privada X adquiriu a concessão de determinado serviço público, mas, para a regular prestação do serviço, faz-se necessária a desapropriação de alguns imóveis de particulares. Nessa situação, cabem exclusivamente ao poder concedente a declaração de utilidade pública dos imóveis a serem desapropriados, a efetivação da desapropriação e a consequente indenização, estando a participação da concessionária nesse processo proibida em razão de sua natureza privada.

b) O estado X firmou uma PPP, na modalidade patrocinada, com a empresa Y: o objeto é a concessão de uma rodovia estadual. Nos termos das cláusulas de reajustes do contrato de concessão, a concessionária aumentou o valor do pedágio, o que causou forte insatisfação popular. Nessa situação, é legalmente permitido ao estado X revogar o reajuste com alteração da equação econômico-financeira e pagar à concessionária os valores correspondentes.

c) Ato regulamentar de determinada agência reguladora é passível de questionamento por meio de recurso hierárquico dirigido à instância de governo à qual a agência seja vinculada.

d) Em determinada rodovia federal explorada por meio de concessão, o tráfego foi suspenso, em caráter emergencial, em razão de fortes chuvas que assolaram a região e impossibilitaram a circulação de veículos; a concessionária do serviço não adotou qualquer medida para solucionar o problema. Nessa situação, após instauração de regular processo administrativo, deverá ser decretada a intervenção na concessão, bem como extinto o referido contrato, a fim de se realizarem as obras de recuperação da rodovia.

e) O estado X pretende realizar obra de restauração no parque estadual com a construção de pistas de corrida, quadras poliesportivas e parque aquático. Em decorrência de restrição orçamentária, o estado pretende firmar uma PPP para tal fim. Nesse caso, é vedada a realização da PPP, por se tratar exclusivamente de contrato de execução de obra pública.

11. TEORIA, PODERES E PRINCÍPIOS

11.1. Poderes

◉ ATENÇÃO: ESTE TEMA É MUITO EXIGIDO NOS CONCURSOS!

✱ SÚMULAS

STF Súm. Vinculante 38. É competente o município para fixar o horário de funcionamento de estabelecimento comercial.

STF Súm. Vinculante 49. Ofende o princípio da livre concorrência lei municipal que impede a instalação de estabelecimentos comerciais do mesmo ramo em determinada área.

STF Súm. 397. O poder de polícia da Câmara dos Deputados e do Senado Federal, em caso de crime cometido nas suas dependências, compreende, consoante o regimento, a prisão em flagrante do acusado e a realização do inquérito.

STF Súm. 419. Os municípios têm competência para regular o horário do comércio local, desde que não infrinjam leis estaduais ou federais válidas.

✱ QUESTÕES OBJETIVAS

431. **(Cespe/PGE/PE/Procurador/2018)** À luz da jurisprudência dos tribunais superiores sobre o poder de polícia, o poder disciplinar, o poder normativo e o dever de probidade na administração pública, assinale a opção correta.

a) Cabe aos conselhos regionais de farmácia, no exercício do poder de polícia, licenciar e fiscalizar as condições de funcionamento dos estabelecimentos farmacêuticos.

b) O pagamento de multa resultante de autuação por agente de trânsito não implica a desistência da discussão judicial da infração.

c) A configuração de ato de improbidade administrativa requer que haja enriquecimento ilícito ou dano ao erário.

d) A ocorrência do ato de improbidade administrativa, em regra, viabiliza a reparação por dano moral coletivo.

e) Em razão do poder disciplinar da administração pública, é admissível que edital de concurso público proíba a participação de candidatos tatuados.

432. **(Cespe/CGM/João_Pessoa/Auditor/2018)** O controle administrativo deriva do poder-dever de autotutela que a administração pública tem sobre seus próprios atos e agentes.

433. **(Cespe/CGM/João_Pessoa/Auditor/2018)** Decorre do princípio de autotutela o poder da administração pública de rever os seus atos ilegais, independentemente de provocação.

434. **(Cespe/PC/MA/Escrivão/2018)** A administração pública detém determinados poderes, a partir dos quais busca satisfazer o interesse público, que se sobrepõe ao interesse privado. Nesse sentido, o poder de cada ente administrativo de apurar infrações e aplicar penalidades a servidores públicos consiste no poder

a) disciplinar.

b) vinculado.

c) discricionário.

d) hierárquico.

e) regulamentar.

435. **(Cespe/TCE/PE/Analista/2017)** O poder hierárquico está relacionado à apuração de infrações e à aplicação de penalidades aos servidores públicos, ao passo que o poder disciplinar se vincula às sanções impostas a particulares.

436. **(Cespe/TCE/PE/Analista_Gestão/2017)** Uma aluna de um colégio estadual, maior de dezoito anos de idade, foi flagrada depredando o mobiliário da escola. Em razão disso, o diretor do colégio aplicou a ela uma penalidade de suspensão por três dias, na forma do regimento da instituição.

O ato do diretor do colégio é exemplo de exercício do poder disciplinar pela administração pública.

437. **(Cespe/PC/MA/Delegado/2018)** Com relação aos poderes administrativos, a prerrogativa da administração pública de editar atos normativos para ordenar a atuação de órgãos subordinados decorre do exercício do poder

a) discricionário.

b) disciplinar.

c) de polícia.

d) regulamentar.

e) hierárquico.

438. **(Cespe/CGM/João_Pessoa/Auditor/2018)** Define-se poder vinculado da administração pública como a faculdade do gestor público de determinar condutas vinculadas à sua conveniência e oportunidade, observada a legalidade.

439. **(Cespe/PC/MA/Investigador/2018)** Em relação ao poder de polícia, julgue os itens a seguir.

I. O poder de polícia não tem relação com o direito do consumidor.

II. O poder de polícia será sempre exercido em caráter vinculado, nos estritos termos da lei que autoriza o seu exercício.

III. A polícia judiciária é privativa de corporações especializadas – polícias civis e militares –, enquanto a polícia administrativa se distribui entre diversos órgãos da administração.

Assinale a opção correta.

a) Apenas o item I está certo.

b) Apenas o item II está certo.

c) Apenas o item III está certo.

d) Apenas os itens I e II estão certos.

e) Apenas os itens II e III estão certos.

440. **(Cespe/STM/Técnico/2018)** Embora o poder de polícia da administração seja coercitivo, o uso da força para o cumprimento de seus atos demanda decisão judicial.

441. **(Cespe/Sefaz/RS/Auditor/2018)** A respeito dos poderes administrativos, assinale a opção correta.

a) O exercício do poder disciplinar não admite delegação ou avocação de atribuições.

b) O exercício do poder disciplinar pode ser observado na imposição de multas de trânsito.

c) O poder regulamentar é o poder de a administração pública editar leis em sentido estrito.

d) A possibilidade de a administração pública restringir o gozo da liberdade individual em favor do interesse da coletividade decorre do poder de polícia.

e) O poder hierárquico pode ser exercido pela União sobre uma sociedade de economia mista da qual ela seja acionista.

442. **(Cespe/STM/Analista/2018)** No exercício do poder regulamentar, o Poder Executivo pode editar regulamentos autônomos de organização administrativa, desde que esses não impliquem aumento de despesa nem criação ou extinção de órgãos públicos.

443. **(Cespe/STM/Analista/2018)** A contratação de prestação de serviços de manutenção predial está dentro da esfera do poder discricionário da administração.

444. **(Cespe/TRE/PE/Técnico/2017)** O poder de polícia:

a) é indelegável.

b) é delegável no âmbito da própria administração pública, em todas as suas dimensões, a pessoas jurídicas de direito privado e, também, a particulares.

c) é suscetível de delegação no âmbito da própria administração pública, desde que o delegatário não seja pessoa jurídica de direito privado.

d) pode ser delegado em sua dimensão fiscalizatória a pessoa jurídica de direito privado integrante da administração pública.

e) pode ser delegado em suas dimensões legislativa e sancionadora a pessoa jurídica de direito privado integrante da administração pública.

445. **(Cespe/SEDF/Analista/2017)** Mauro editou portaria disciplinando regras de remoção no serviço público que beneficiaram, diretamente, amigos seus. A competência para a edição do referido ato normativo seria de Pedro, superior hierárquico de Mauro. Os servidores que se sentiram prejudicados com o resultado do concurso de remoção apresentaram recurso quinze dias após a data da publicação do resultado. Nessa situação hipotética, Mauro não agiu com abuso de poder.

446. **(Cespe/TRE/PE/Técnico/2017)** Assinale a opção correta com relação ao poder hierárquico:

a) Decorre do poder hierárquico o poder de revisão, por superior, dos atos praticados por subordinado.
b) A disciplina funcional guarda relação com o poder disciplinar, não se ligando ao poder hierárquico.
c) A avocação é regra ampla e geral cuja difusão deve ser estimulada em prol da eficiência.
d) A hierarquia administrativa é restrita ao Poder Executivo.
e) Subordinação e vinculação, como decorrências do poder hierárquico, são institutos que se confundem e que se caracterizam pelo controle que se dá no âmbito de um mesmo ente.

447. **(Cespe/TCE/PE/Auditor/2017)** Ainda que a lei ofereça ao agente público mais de uma alternativa para o exercício do poder de polícia, a autoridade terá limitações quanto ao meio de ação.

448. **(Cespe/DPU/Defensor/2017)** Como decorrência da hierarquia existente no âmbito da administração pública, o órgão superior detém o poder de avocar atribuições de competência exclusiva de órgão a ele subordinado.

449. **(Cespe/PC/GO/Delegado/2017)** A respeito dos poderes e deveres da administração, assinale a opção correta, considerando o disposto na CF:

a) A lei não pode criar instrumentos de fiscalização das finanças públicas, pois tais instrumentos são taxativamente listados na CF.
b) A eficiência, um dever administrativo, não guarda relação com a realização de supervisão ministerial dos atos praticados por unidades da administração indireta.
c) O abuso de poder consiste em conduta ilegítima do agente público, caracterizada pela atuação fora dos objetivos explícitos ou implícitos estabelecidos pela lei.
d) A capacidade de inovar a ordem jurídica e criar obrigações caracteriza o poder regulamentar da administração.
e) As consequências da condenação pela prática de ato de improbidade administrativa incluem a perda dos direitos políticos e a suspensão da função pública.

450. **(Cespe/SEDF/Analista/2017)** José, chefe do setor de recursos humanos de determinado órgão público, editou ato disciplinando as regras para a participação de servidores em concurso de promoção. A edição do referido ato é exemplo de exercício do poder regulamentar.

451. **(Cespe/PC/GO/Delegado/2017)** De acordo com a legislação e a doutrina pertinentes, o poder de polícia administrativa:

a) pode manifestar-se com a edição de atos normativos como decretos do chefe do Poder Executivo para a fiel regulamentação de leis.
b) é poder de natureza vinculada, uma vez que o administrador não pode valorar a oportunidade e conveniência de sua prática, estabelecer o motivo e escolher seu conteúdo.
c) pode ser exercido por órgão que também exerça o poder de polícia judiciária.
d) é de natureza preventiva, não se prestando o seu exercício, portanto, à esfera repressiva.
e) é poder administrativo que consiste na possibilidade de a administração aplicar punições a agentes públicos que cometam infrações funcionais.

452. **(Cespe/PGM/Fortaleza/Procurador/2017)** O exercício do poder de polícia reflete o sentido objetivo da administração pública, o qual se refere à própria atividade administrativa exercida pelo Estado.

453. **(Cespe/PGM/Fortaleza/Procurador/2017)** O exercício do poder regulamentar é privativo do chefe do Poder Executivo da União, dos estados, do DF e dos municípios.

454. **(Cespe/PGM/Fortaleza/Procurador/2017)** Um secretário municipal removeu determinado assessor em razão de desentendimentos pessoais motivados por ideologia partidária. Nessa situação, o secretário agiu com abuso de poder, na modalidade excesso de poder, já que atos de remoção de servidor não podem ter caráter punitivo.

455. **(Cespe/PGM/Belo_Horizonte/Procurador/2017)** Em relação aos poderes e deveres da administração pública, assinale a opção correta:

a) É juridicamente possível que o Poder Executivo, no uso do poder regulamentar, crie obrigações subsidiárias que viabilizem o cumprimento de uma obrigação legal.
b) De acordo com o STF, ao Estado é facultada a revogação de ato ilegalmente praticado, sendo prescindível o processo administrativo, mesmo que de tal ato já tenham decorrido efeitos concretos.

c) De acordo com o STF, é possível que os guardas municipais acumulem a função de poder de polícia de trânsito, ainda que fora da circunscrição do município.

d) Do poder disciplinar decorre a atribuição de revisar atos administrativos de agentes públicos pertencentes às escalas inferiores da administração.

456. **(Cespe/TRF/1R/Técnico/2017)** Em regra, o poder regulamentar é dotado de originariedade e, por conseguinte, cria situações jurídicas novas, não se restringindo apenas a explicitar ou complementar o sentido de leis já existentes.

457. **(Cespe/TRF/5R/Juiz/2017)** Acerca da administração indireta, das formas de intervenção do Estado e do direito administrativo econômico, assinale a opção correta:

a) Segundo o STF, o tratamento constitucional favorecido para empresas de pequeno porte resguarda o acesso aos programas de benefícios fiscais mesmo a empresas de pequeno porte que tenham débitos fiscais.

b) A autarquia X, vinculada ao Ministério Y, foi instituída para fiscalizar as atividades desenvolvidas pelo setor Z. Nessa situação, a transferência de recursos do ente instituidor é vedada à autarquia X, visto que esta possui personalidade jurídica de direito público e autonomia administrativa e financeira.

c) Em razão de grave crise hídrica que assola o estado X, o governo local instituiu empresa subsidiária da empresa de abastecimento primária para atuar nos problemas emergenciais de abastecimento de água. Nessa situação, houve descentralização do serviço por delegação, sendo legal a instituição de subsidiária da empresa de abastecimento.

d) Com base em competência constitucional, o Ministério X proibiu, por meio de portaria, a venda de combustíveis para transportadoras e revendedoras do tipo Y, com o objetivo de combater o transporte clandestino de combustíveis e regulamentar o mercado em defesa do consumidor. Conforme entendimento do STF, a referida portaria é inconstitucional, por ofensa ao princípio da livre iniciativa.

e) Conforme o STJ, embora seja permitido o exercício do poder de polícia fiscalizatório por sociedade de economia mista, é vedada a possibilidade de aplicação de sanções pecuniárias derivadas da coercitividade presente no referido poder.

458. **(Cespe/TRF/1R/Técnico/2017)** Como todo ato administrativo, o poder de polícia encontra limites na lei: por exemplo, no que se refere a sua finalidade, se o poder de polícia violar o princípio da predominância do interesse público sobre o particular, o ato poderá ser anulado, ensejando a responsabilização da autoridade no âmbito civil, penal e administrativo.

459. **(Cespe/TRF/5R/Juiz/2017)** Acerca dos atos administrativos, do poder regulamentar e do poder de polícia, assinale a opção correta:

a) Para o STJ, as balanças de pesagem corporal oferecidas gratuitamente a clientes por farmácias são passíveis de fiscalização pelo Inmetro, a fim de preservar as relações de consumo, sendo, portanto, legítima a cobrança de taxa decorrente do poder de polícia no exercício da atividade de fiscalização.

b) Um servidor público efetivo indicado para cargo em comissão foi exonerado "ad nutum" sob a justificativa de haver cometido assédio moral no exercício da função. Posteriormente, a administração reconheceu a inexistência da prática do assédio, mas persistiu a exoneração do servidor, por se tratar de ato administrativo discricionário. Nessa situação, o ato de exoneração é válido por não se aplicar a teoria dos motivos determinantes.

c) Conforme o STF, o Poder Judiciário não detém competência para substituir banca examinadora de concurso público para reexaminar o conteúdo das questões e os critérios de correção utilizados, admitindo-se, no entanto, o controle do conteúdo das provas ante os limites expressos no edital.

d) A homologação é um ato administrativo unilateral vinculado ao exame de legalidade e conveniência pela autoridade homologante, sendo o ato a ser homologado passível de alteração, em virtude do princípio da hierarquia presente no exercício da atividade administrativa.

e) Lei ordinária instituiu a criação de autarquia federal vinculada ao Ministério X, com o objetivo de atuar na fiscalização e no fomento de determinado setor. Publicada a referida lei, o ministro expediu decreto estabelecendo a estrutura organizacional e o funcionamento administrativo da nova autarquia. Esse caso ilustra a constitucionalidade do decreto regulamentar por delegação do presidente da República.

460. **(Cespe/DPE/AC/Defensor/2017)** A estrutura hierárquica da administração pública permite a:

a) delegação da competência para aplicação de sanções em sede de poder de polícia administrativa à pessoa jurídica de direito privado.
b) revisão por agente de nível hierárquico superior de ato administrativo ou processo administrativo que contiver vício de legalidade.
c) delegação de órgão superior a órgão inferior da atribuição para a edição de atos administrativos de caráter normativo.
d) delegação a órgão diverso da competência para a decisão de recurso administrativo.
e) avocação por órgão superior, em caráter ordinário e por tempo indeterminado, de competência atribuída a órgão hierarquicamente inferior.

11.2. Princípios

✱ SÚMULAS

STF Súm. Vinculante 13. A nomeação de cônjuge, companheiro ou parente em linha reta, colateral ou por afinidade, até o terceiro grau, inclusive, da autoridade nomeante ou de servidor da mesma pessoa jurídica, investido em cargo de direção, chefia ou assessoramento, para o exercício de cargo em comissão ou de confiança, ou, ainda, de função gratificada na Administração Pública direta e indireta, em qualquer dos Poderes da União, dos Estados, do Distrito Federal e dos municípios, compreendido o ajuste mediante designações recíprocas, viola a Constituição Federal.

✱ QUESTÕES DISCURSIVAS

31. **(Cespe/TJ/RR/Cartórios/Ingresso/2013)** Disserte sobre os princípios da administração pública, abordando, especificamente, o princípio da boa-fé objetiva. Estabeleça a distinção entre boa-fé objetiva e boa-fé subjetiva e discorra sobre a aplicação do princípio da boa-fé objetiva na administração pública.

✱ QUESTÕES OBJETIVAS

461. **(Cespe/PC/MA/Escrivão/2018)** O preenchimento de cargos públicos mediante concurso público, por privilegiar a isonomia entre os concorrentes, constitui expressão do princípio constitucional fundamental

a) federativo.
b) da eficiência.
c) da separação de poderes.
d) do valor social do trabalho.
e) republicano.

462. **(Cespe/PGE/PE/Procurador/2018)** Considerando a doutrina e o entendimento jurisprudencial dos tribunais superiores acerca do regime jurídico-administrativo e do princípio constitucional da legalidade na administração pública, assinale a opção correta.

a) O princípio da legalidade veda à administração a prática de atos inominados, embora estes sejam permitidos aos particulares.
b) Em virtude do princípio da reserva legal, a administração pública deve fazer o que está prescrito em lei e abster-se de atuar quando a lei proibir.
c) A utilização de prova emprestada nos processos administrativos disciplinares ofende o princípio da legalidade.
d) Apesar de estar submetida à legalidade estrita, a administração pública poderá interpretar normas de maneira extensiva ou restritiva com relação aos direitos dos particulares quando não existir conteúdo legal expresso.
e) Aplica-se a teoria do fato consumado no caso de remoção de servidor público para acompanhar cônjuge em virtude de decisão judicial liminar, ainda que a remoção não se ajuste à legalidade estrita.

463. **(Cespe/CGM/João_Pessoa/Técnico/2018)** O princípio da eficiência determina que a administração pública direta e indireta adote critérios necessários para a melhor utilização possível dos recursos públicos, evitando desperdícios e garantindo a maior rentabilidade social.

464. **(Cespe/STM/Técnico/2018)** O princípio da impessoalidade está diretamente relacionado à obrigação de que a autoridade pública não dispense os preceitos éticos, os quais devem estar presentes em sua conduta.

465. **(Cespe/STM/Técnico/2018)** Embora não estejam previstos expressamente na Constituição vigente, os princípios da indisponibilidade, da razoabilidade e da segurança jurídica devem orientar a atividade da administração pública.

466. **(Cespe/TCE/PB/Auditor/2018)** A administração pública pode anular e revogar os seus atos, independentemente de solicitação ao Poder Judiciário. Esse poder-dever está consagrado na Súmula n. 346 do STF, que afirma que a administração pública pode declarar a nulidade dos seus próprios atos, e na Súmula n. 473 do STF, que afirma que a administração pode anular os seus próprios atos, quando eivados de vícios que os tornem ilegais, ou revogá-los, por motivo de conveniência e oportunidade. O poder-dever descrito anteriormente corresponde ao princípio da

a) moralidade administrativa.

b) supremacia do interesse público.

c) autotutela.

d) especialidade.

e) legalidade.

467. **(Cespe/PC/MA/Escrivão/2018)** A conduta do agente público que busca o melhor desempenho possível, com a finalidade de obter o melhor resultado, atende ao princípio da

a) eficiência.

b) legalidade.

c) impessoalidade.

d) moralidade.

e) publicidade.

468. **(Cespe/TCE/SC/Auditor/2016)** De acordo com a jurisprudência do STF, em exceção ao princípio da publicidade, o acesso às informações referentes às verbas indenizatórias recebidas para o exercício da atividade parlamentar é permitido apenas aos órgãos fiscalizadores e aos parlamentares, dado o caráter sigiloso da natureza da verba e a necessidade de preservar dados relacionados à intimidade e à vida privada do parlamentar.

469. **(Cespe/TCE/PA/Analista/2016)** Em razão do princípio da indisponibilidade do interesse público, o Estado somente poderá exercer sua função administrativa sob o regime de direito público.

470. **(Cespe/TCE/PA/Auditor/2016)** A supremacia do interesse público sobre o interesse particular, embora consista em um princípio implícito na Constituição Federal de 1988, possui a mesma força dos princípios que estão explícitos no referido texto, como o princípio da moralidade e o princípio da legalidade.

471. **(Cespe/TCE/PE/Analista/2017)** A objetividade no atendimento do interesse público e a vedação à promoção pessoal de autoridades são exemplos da aplicação do princípio constitucional da impessoalidade.

472. **(Cespe/TCE/PE/Analista/2017)** Em razão do princípio do interesse público, não é possível que o poder público atenda aos interesses privados não estatais.

473. **(Cespe/TCE/PE/Analista_Controle_Externo/2017)** O prazo decadencial para tornar sem efeito ato de aposentadoria serve para garantir o princípio da segurança jurídica.

474. **(Cespe/PGM/Fortaleza/Procurador/2017)** Considerando os princípios constitucionais explícitos da administração pública, o STF estendeu a vedação da prática do nepotismo às sociedades de economia mista, embora elas sejam pessoas jurídicas de direito privado.

475. **(Cespe/PGM/Fortaleza/Procurador/2017)** Conforme a doutrina, diferentemente do que ocorre no âmbito do direito privado, os costumes não constituem fonte do direito administrativo, visto que a administração pública deve obediência estrita ao princípio da legalidade.

476. **(Cespe/PGM/Fortaleza/Procurador/2017)** O princípio da legalidade diferencia-se do da reserva legal: o primeiro pressupõe a submissão e o respeito à lei e aos atos normativos em geral; o segundo consiste na necessidade de a regulamentação de determinadas matérias ser feita necessariamente por lei formal.

477. **(Cespe/PGM/Belo_Horizonte/Procurador/2017)** A respeito dos princípios aplicáveis à administração pública, assinale a opção correta:

a) Dado o princípio da autotutela, poderá a administração anular a qualquer tempo seus próprios atos, ainda que eles tenham produzido efeitos benéficos a terceiros.

b) Apesar de expressamente previsto na CF, o princípio da eficiência não é aplicado, por faltar-lhe regulamentação legislativa.

c) Ao princípio da publicidade corresponde, na esfera do direito subjetivo dos administrados, o direito de petição aos órgãos da administração pública.

d) O princípio da autoexecutoriedade impõe ao administrador o ônus de adequar o ato sancionatório à infração cometida.

478. (Cespe/TRF/1R/Técnico/2017) Não existe na Constituição Federal hipótese expressa que determine o necessário esgotamento da via administrativa para se recorrer ao Poder Judiciário, devido ao princípio da inafastabilidade da jurisdição e à determinação de que a lei não excluirá a apreciação pelo Poder Judiciário de lesão ou ameaça de direito.

479. (Cespe/TRF/1R/Analista/2017) Sérgio foi reprovado em concurso público, mas, por força de decisão liminar obteve sua nomeação e tomou posse no cargo pretendido. Seis anos depois, a medida foi revogada por decisão judicial definitiva e Sérgio foi exonerado pela administração. Nessa situação, ao exonerar Sérgio a administração violou o princípio da proteção da confiança legítima.

480. (Cespe/TRF/1R/Analista/2017) Para os autores que defendem o princípio da subsidiariedade, a atividade pública tem primazia sobre a iniciativa privada, devendo o ente particular se abster de exercer atividades que o Estado tenha condições de exercer por sua própria iniciativa e com seus próprios recursos.

481. (Cespe/TRF/5R/Juiz/2017) Acerca dos princípios constitucionais e legais que regem a administração pública, assinale a opção correta:

a) Lei de determinado estado da Federação estipula programa de incentivo fiscal exclusivamente para atletas nascidos no estado e que tenham a melhor classificação no campeonato estadual. Nessa situação, para o STF, a fixação de condições formais para a concessão de benefício fiscal exime a lei estadual de resguardar o tratamento isonômico no que se refere aos concidadãos.

b) Conforme o STJ, o princípio da continuidade dos serviços públicos não impede a interrupção do fornecimento de energia elétrica destinada à iluminação pública de hospital municipal inadimplente.

c) Uma autarquia federal constatou, a partir de denúncia, que servidor efetivo com dois anos de exercício no cargo havia apresentado documentação falsa para a investidura no cargo. Nessa situação, conforme o STF, os atos praticados pelo servidor até o momento são válidos, em razão dos princípios da proteção à confiança e da segurança jurídica.

d) Não configura ofensa ao princípio da moralidade a nomeação de esposa de magistrado, devidamente concursada, para função de confiança diretamente subordinada ao juiz cônjuge.

e) Todo ato administrativo emitido por agente público submete-se ao princípio da legalidade; quando o ato atende exclusivamente à legalidade, exclui-se do controle judicial o juízo de conveniência e oportunidade.

482. (Cespe/TRT/7R/Técnico/2017) Se um ministro de Estado, após editar e publicar ato administrativo que conceda benefícios aos servidores públicos, resolver anulá-lo, por entender ser o ato ilegal, esse ministro terá praticado conduta com base no princípio da:

a) autotutela.

b) moralidade.

c) indisponibilidade.

d) supremacia do interesse público.

483. (Cespe/PGE/SE/Procurador/2017) Considerando os princípios constitucionais e legais, implícitos e explícitos, que regem a atividade da administração pública, assinale a opção correta:

a) Os princípios da legalidade e da indisponibilidade do interesse público guiam a atuação do administrador, de modo que apenas o juízo discricionário excepciona-se ao controle judicial.

b) Em decorrência do princípio da reserva legal, a administração pública está autorizada a fazer apenas aquilo que não seja legalmente proibido.

c) De acordo com o STJ, o princípio da continuidade dos serviços públicos não impede a interrupção do fornecimento de energia elétrica para município inadimplente, ainda que o valor cobrado esteja sob questionamento em sede administrativa.

d) Em virtude dos princípios da proteção à confiança e da segurança jurídica, entende o STF que podem ser considerados válidos os atos praticados por agente público ilegalmente investido.

e) Por ser um princípio estruturante implícito da atuação da administração pública, na prática, a supremacia do interesse público é um conceito jurídico indeterminável.

484. (Cespe/SEDF/Analista/2017) Mauro editou portaria disciplinando regras de remoção no serviço público que beneficiaram, diretamente, amigos seus. A competência para a edição do referido ato normativo seria de Pedro, superior hierárquico de Mauro. Os servidores que se sentiram prejudicados com o resultado do concurso de remoção apresentaram recurso quinze dias após a data da publicação do resultado. Nessa situação hipotética, ao editar a referida portaria, Mauro violou os princípios da legalidade e da impessoalidade.

485. **(Cespe/PGM/Belo_Horizonte/Procurador/2017)** A respeito da administração pública, assinale a opção correta:

a) Um assessor da PGM/BH que, após ocupar exclusivamente cargo em comissão por toda a sua carreira, alcançar os requisitos necessários para se aposentar voluntariamente terá direito a aposentadoria estatutária.

b) A paridade plena entre servidores ativos e inativos constitui garantia constitucional, de forma que quaisquer vantagens pecuniárias concedidas àqueles se estendem a estes.

c) De acordo com o STF, apesar da ausência de regulamentação, o direito de greve do servidor público constitui norma autoaplicável, de forma que é proibido qualquer desconto na remuneração do servidor pelos dias não trabalhados.

d) No Brasil, de acordo com o STF, a regra é a observância do princípio da publicidade, razão pela qual, em impeachment de presidente da República, o sigilo do escrutínio é incompatível com a natureza e a gravidade do processo.

11.3. Teoria

✱ QUESTÕES OBJETIVAS

486. **(Cespe/STM/Técnico/2018)** Entre os objetos do direito administrativo, ramo do direito público, está a atividade jurídica não contenciosa.

487. **(Cespe/TCE/PE/Analista_Gestão/2017)** A administração pública pode estar sujeita tanto ao regime jurídico de direito privado quanto ao regime jurídico de direito público.

488. **(Cespe/TCE/PE/Analista_Gestão/2017)** No Brasil, as fontes do direito administrativo são, exclusivamente, a Constituição Federal de 1988 (CF), as leis e os regulamentos.

489. **(Cespe/TRF/1R/Analista/2017)** Segundo a escola da "puissance publique", as prerrogativas e os privilégios que o Estado possui frente ao particular constituem um critério definidor do direito administrativo.

490. **(Cespe/PGM/Belo_Horizonte/Procurador/2017)** Considerando as modernas ferramentas de controle do Estado e de promoção da gestão pública eficiente, assinale a opção correta acerca do direito administrativo e da administração pública:

a) Em função do dever de agir da administração, o agente público omisso poderá ser responsabilizado nos âmbitos civil, penal e administrativo.

b) O princípio da razoável duração do processo, incluído na emenda constitucional de reforma do Poder Judiciário, não se aplica aos processos administrativos.

c) Devido ao fato de regular toda a atividade estatal, o direito administrativo aplica-se aos atos típicos dos Poderes Legislativo e Judiciário.

d) Em sentido objetivo, a administração pública se identifica com as pessoas jurídicas, os órgãos e os agentes públicos e, em sentido subjetivo, com a natureza da função administrativa desempenhada.

491. **(Cespe/TRF/1R/Técnico/2017)** A administração pública, em seu sentido subjetivo, compreende o conjunto de agentes, órgãos e pessoas jurídicas incumbidos de executar as atividades administrativas, distinguindo-se de seu sentido objetivo, que se relaciona ao exercício da própria atividade administrativa.

492. **(Cespe/PGM/Fortaleza/Procurador/2017)** O prefeito de um município brasileiro delegou determinada competência a um secretário municipal. No exercício da função delegada, o secretário emitiu um ato ilegal. Nessa situação, a responsabilidade pela ilegalidade do ato deverá recair apenas sobre a autoridade delegada.

2. DIREITO AMBIENTAL

1. CÓDIGO FLORESTAL (LEI 12.651/12)

✱ INOVAÇÕES LEGISLATIVAS

▲ Capítulo XIII – Disposições Transitórias, Seção II – Das Áreas Consolidadas em Áreas de Preservação Permanente

▲ Art. 64. Na Reurb-S dos núcleos urbanos informais que ocupam Áreas de Preservação Permanente, a regularização fundiária será admitida por meio da aprovação do projeto de regularização fundiária, na forma da lei específica de regularização fundiária urbana. (...). (Modificações: Lei 13.465/17)

▲ Art. 65. Na Reurb-E dos núcleos urbanos informais que ocupam Áreas de Preservação Permanente não identificadas como áreas de risco, a regularização fundiária será admitida por meio da aprovação do projeto de regularização fundiária, na forma da lei específica de regularização fundiária urbana. § 1º O processo de regularização fundiária de interesse específico deverá incluir estudo técnico que demonstre a melhoria das condições ambientais em relação à situação anterior e ser instruído com os seguintes elementos: (...). (Modificações: Lei 13.465/17)

✱ QUESTÕES OBJETIVAS

01. **(Cespe/TJ/PB/Juiz/2015)** Com base no que dispõe a Lei n. 12.651/2012 – novo Código Florestal –, assinale a opção correta:

a) É permitida a continuidade das atividades agrossilvipastoris, de ecoturismo e de turismo rural em imóveis rurais que estejam localizados em área de preservação permanente, sem que seja necessária a recomposição das suas faixas marginais.

b) É dever do proprietário ou do possuidor rural dirigir-se a um cartório de registro de imóveis para inscrever seu imóvel no cadastro ambiental rural.

c) Áreas cuja vegetação nativa integre reserva legal de pequenas propriedades, isto é, propriedades exploradas mediante trabalho assalariado, podem receber cota de reserva ambiental.

d) A referida lei criou a cota de reserva ambiental – título nominativo representativo de área com vegetação nativa, existente ou em processo de recuperação – sob regime de servidão ambiental, instituída de acordo com a lei que implantou a PNMA.

e) O poder público poderá instituir incentivos financeiros para estimular, exclusivamente, donos de pequenas propriedades rurais a investirem em atividades como a implantação de sistemas agroflorestal e agrossilvipastoril.

02. **(Cespe/TRF/5R/Juiz/2015)** Ao constatar a existência de um condomínio de casas de veraneio em APP às margens de um grande rio que banha dois estados, o Ibama lavrou autos de intimação demolitória. Registrou, ainda, que houve desmatamento de área de reserva legal. Na defesa administrativa, foi provado que houve licenciamento ambiental pelo ente estadual competente e que o empreendimento estava em área previamente degradada em zona urbana, conforme o PDOT. Rejeitada a defesa administrativa, os particulares ingressaram com ações anulatórias dos autos de infração em que sustentavam incompetência do Ibama, entre outras alegações de nulidade. Em face dessa situação hipotética, assinale a opção correta:

a) A existência de prévio licenciamento ambiental e a prévia degradação da APP impedem a cominação da pena mais gravosa de demolição.

b) Na situação, é irrelevante a alegação de que a APP se localiza em área urbana, uma vez que as APPs e as reservas legais afetam propriedades públicas e privadas, em perímetro rural ou urbano.

c) O Ibama é competente para a fiscalização, haja vista que qualquer rio que banha dois estados caracteriza-se como bem da União.

d) O Ibama é incompetente para exercer o poder de polícia em relação a empreendimento cujo licenciamento ambiental é de competência local.

e) A largura da APP, em razão de se tratar de área marginal de rio perene, não se altera, esteja o rio em zona urbana ou rural.

03. **(Cespe/TRF/5R/Juiz/2015)** No que se refere à tutela do meio ambiente segundo a CF, assinale a opção correta:

a) A União pode desapropriar, por interesse social, para reforma agrária, imóvel rural de proprietário que não respeite as regras referentes a APP e reserva legal.
b) A indenização por desapropriação de imóvel rural abrangerá, por interesse social, para reforma agrária, benfeitorias necessárias, sendo paga previamente, em títulos da dívida agrária.
c) Compete aos municípios, por meio do PDOT, instituir diretrizes para o desenvolvimento urbano, inclusive habitação, saneamento básico e transportes urbanos.
d) O princípio da participação democrática no direito ambiental é instrumentalizado pela ação popular, mas não pela ACP, devido às diferenças na legitimação ativa.
e) Compete ao Conselho da República propor as condições para uso de áreas de preservação e exploração de recursos naturais, desde que sejam indispensáveis à segurança nacional.

04. **(Cespe/TRF/1R/Juiz/2015)** Um empreendedor e posseiro ocupa informalmente um imóvel rural de cerca de três módulos fiscais em área de floresta na Amazônia Legal e exerce desde 2005 atividades agrossilvipastoris consolidadas em 50% do imóvel, cuja utilização envolve, em uma parte, a plantação de soja, em outra, a criação de gado em APP, próxima a um pequeno córrego para que os animais tenham acesso à água. Nos outros 50% do imóvel, em que a vegetação nativa continua preservada, o empreendedor pretende futuramente utilizar parte da área para novas atividades agrossilvipastoris. O imóvel não apresenta regularização da reserva legal. Considerando essa situação hipotética, assinale a opção correta a respeito da regularização ambiental do imóvel em questão, conforme a legislação aplicável:

a) Para fins de regularização, a área de reserva legal do imóvel deverá estar registrada no CAR do cartório de registro de imóveis.
b) Se houver autorização prévia do órgão competente, será permitido ao empreendedor realizar o corte raso da vegetação nativa de área ainda não utilizada, desde que respeitado o percentual de 20% do imóvel a título de reserva legal.
c) A continuidade da atividade agrossilvipastoril do empreendedor na APP será permitida se a atividade for informada no CAR e se forem atendidos os critérios técnicos previstos na legislação referente à parte da APP a ser recomposta.
d) A regularidade da reserva legal depende da regularidade fundiária, de modo que deve ser requerida pelo seu legítimo proprietário.
e) Desde que previsto no zoneamento ecológico-econômico do estado, o órgão ambiental competente, ouvido o conselho de meio ambiente, poderá dispensar a delimitação de reserva legal do imóvel.

05. **(Cespe/PGE/AM/Procurador/2016)** Caso pretenda delimitar um espaço protegido em seu território, o estado do Amazonas poderá fazê-lo mediante decreto, mas somente por lei poderá reduzi-lo ou suprimi-lo.

06. **(Cespe/DPU/Defensor/2017)** A DP realizou mutirão com famílias que ocupam um imóvel público urbano situado na encosta de um morro. O objetivo era verificar quais diligências poderiam ser feitas em favor daquela comunidade, tendo em vista a intensa fiscalização ambiental e urbanística no local. Em razão do local da ocupação em apreço, a DP tem fundamento jurídico para impugnar autos de infração que indiquem proteção a área de reserva legal.

07. **(Cespe/PGM/Fortaleza/Procurador/2017)** Conforme o Código Florestal, todo proprietário de imóvel rural deve, a título de reserva legal, manter área com cobertura de vegetação nativa, a qual só poderá ser explorada economicamente em caso de manejo sustentável.

08. **(Cespe/PGM/Fortaleza/Procurador/2017)** Para o STJ, se parte de um imóvel urbano for declarada pelo poder público área de preservação permanente, ficará afastada a titularidade do proprietário em relação a essa porção do imóvel. Uma vez transformada em área de preservação permanente, a porção é retirada do domínio privado e passa a ser considerada bem público para todos os efeitos, incluindo-se os tributários.

09. **(Cespe/AGU/Advogado/2015)** A regularidade da reserva legal envolve a conservação de sua vegetação nativa, de modo que a exploração econômica dessa área deve ser feita mediante plano de manejo sustentável previamente aprovado pelo órgão ambiental competente do Sisnama, sem prejuízo da observância das demais normas ambientais pertinentes.

10. **(Cespe/AGU/Advogado/2015)** A reserva legal de propriedade ou posse rural define-se como área protegida com a principal função ambiental de preservar os recursos hídricos, a paisagem e a estabilidade geológica no imóvel.

11. **(Cespe/PGE/AM/Procurador/2016)** A manutenção de área com cobertura vegetal nativa, a título de reserva legal, não é obrigatória para imóveis rurais desapropriados com a finalidade de exploração de potencial de energia hidráulica (geração de energia elétrica) e de ampliação de capacidade de rodovias.

12. **(Cespe/PGE/SE/Procurador/2017)** A área protegida possuidora ou não de vegetação nativa com o intuito de, além de garantir o bem-estar da população humana, preservar também a biodiversidade, a paisagem, os recursos hídricos e a estabilidade geológica, bem como assegurar a proteção do solo e facilitar o fluxo gênico da fauna e da flora, é denominada:

a) reserva biológica.
b) reserva particular do patrimônio nacional.
c) área de preservação permanente.
d) reserva legal.
e) área de proteção ambiental.

13. **(Cespe/TRF/5R/Juiz/2017)** A supressão de vegetação nativa fora de área de preservação permanente (APP):

a) poderá ser autorizada caso a vegetação abrigue espécie da flora ameaçada de extinção, segundo lista oficial, independentemente da adoção de medidas compensatórias.
b) poderá ser realizada pelo proprietário rural independentemente de autorização prévia, conforme as finalidades econômicas da propriedade.
c) depende de prévia autorização do órgão ambiental competente, qualquer que seja sua localização.
d) depende de prévia autorização do órgão ambiental competente apenas se integrar reserva legal ou unidade de conservação.
e) poderá ser autorizada ao proprietário rural cujo imóvel tenha registro no Cadastro Ambiental Rural (CAR), ainda que haja áreas abandonadas na propriedade.

2. CONSTITUIÇÃO FEDERAL

2.1. Da Repartição de Competências

*** INFORMATIVOS DE JURISPRUDÊNCIA**

Amianto e competência legislativa concorrente

STF Julgados improcedentes pedidos em ADI de leis estaduais que proíbem o uso, a comercialização e a produção de produtos à base de amianto/asbesto naquelas unidades federativas. Declarada, também, incidentalmente, a inconstitucionalidade do art. 2º da Lei Federal 9.055/95. ADPF 109, Rel. Min. Edson Fachin, j. 30.11.2017. Pleno. (Info 886)

Competência legislativa concorrente e direito ambiental

STF Julgada improcedente ADI ajuizada pelo governador de Santa Catarina, contra Lei estadual que estabelece normas sobre controle de resíduos de embarcações, oleodutos e instalações costeiras. No caso, aponta-se ofensa ao art. 22, "caput" e I, da CF (competência privativa da União legislar sobre direito marítimo e civil) e à Convenção sobre Prevenção da Poluição Marinha por Alijamento de Resíduos e Outras Matérias, concluída em Londres, em 29.9.1972, e promulgada no Brasil pelo Decreto 87.566/82. Não conhecido o pedido de declaração de inconstitucionalidade quanto à ofensa à referida convenção, promulgada pelo Decreto 87.566/82, pois não se admite exame de contrariedade à norma infraconstitucional em sede de controle concentrado. As questões atinentes a direito marítimo não constituem o objeto principal da lei vergastada, mas sim a tutela ao meio ambiente. Não se trata de legislação sobre responsabilidade civil. O caso é de responsabilidade do agente causador por dano ao meio ambiente, nos limites do disposto no art. 24, VIII, da CF. É, portanto, matéria de competência legislativa concorrente. Cabe à União editar normas gerais, sem estabelecer pormenores. Tendo em vista que, à época da edição da Lei não havia lei geral sobre o tema, o Estado de Santa Catarina tinha competência legislativa plena nessa matéria. ADI 2030, Rel. Min. Gilmar Mendes, j. 9.8.2017. Pleno. (Info 872)

*** INOVAÇÕES LEGISLATIVAS**

▲ Lei de Cooperação de Proteção Ambiental (LC 140/11): sem alterações em 2017/2018.

* QUESTÕES OBJETIVAS

14. **(Cespe/AGU/Advogado/2015)** Dada a competência privativa da União para exercer controle e fiscalização ambiental, é exclusiva da União a competência para instituir taxa de fiscalização e controle do meio ambiente cujo fundamento seja o exercício regular do poder de polícia.

15. **(Cespe/PGE/AM/Procurador/2016)** Se o estado do Amazonas pretender abrigar, em seu território, instalações industriais para a produção de energia nuclear, a referida construção estará subordinada à autorização da Assembleia Legislativa do estado, por meio de lei, que poderá prever plebiscito para sua ratificação, haja vista atividade nuclear ser assunto da competência concorrente da União e dos estados da Federação.

16. **(Cespe/AGU/Advogado/2015)** Na zona costeira nordestina, uma empresa estrangeira construiu um empreendimento turístico hoteleiro de grande porte próximo ao mar, sem o licenciamento ambiental prévio exigido por lei, ocupando ilegalmente área de preservação permanente na margem de um rio e afetando diretamente uma comunidade lindeira composta em sua maioria por pescadores. Seis meses após a inauguração do empreendimento, o empresário estrangeiro vendeu o negócio a uma empresa brasileira, que vem operando o hotel há cerca de um ano, sem, contudo, ter efetuado ainda a regularização do licenciamento ambiental. Além disso, após reclamações provenientes da comunidade afetada, foram constatados os seguintes problemas: ausência de recolhimento e de disposição adequados dos resíduos líquidos e sólidos, com prejuízos ao bem-estar da referida comunidade; e impedimento de livre acesso à praia, o que prejudicou as atividades econômicas dos pescadores da comunidade. Uma vez que o empreendimento irregular está localizado na zona costeira, patrimônio ambiental nacional e bem da União, a fiscalização e a aplicação de penalidade administrativa ambiental ao empreendimento compete exclusivamente ao órgão ambiental federal.

17. **(Cespe/Funpresp/Especialista Jurídico/2016)** A FUNPRESP-EXE decidiu contratar uma empresa especializada para a construção de um prédio de três andares no município X. No imóvel, funcionará um centro de processamento de dados, necessário para a operação da rede de dados da fundação. Concluída a construção, o município X aplicou uma multa ambiental à fundação, sob a alegação de que a execução da obra havia sido feita em desacordo com o art. 3º da Lei Municipal n. 1, que prevê regras ambientais específicas do município relativas à defesa do solo, inclusive normas técnicas de construção destinadas a evitar a contaminação do solo por metais pesados. A multa aplicada à FUNPRESP-EXE foi de R$ 1.000.000, valor condizente com os limites da referida legislação. Ao tentar impugnar, na via administrativa, a multa ambiental, a FUNPRESP-EXE foi avisada de que, para recorrer administrativamente, deveria recolher previamente 50% do valor da multa aplicada mediante Guia de Arrecadação, expedida pela Secretaria Municipal de Meio Ambiente, conforme previsão do art. 5º da referida lei municipal, sob pena de o recurso administrativo nem sequer ser conhecido. O art. 3º da lei em apreço é inconstitucional por incompetência legislativa para a matéria nele tratada.

18. **(Cespe/TCE/PE/Analista/2017)** A proteção ao meio ambiente é de competência comum da União, dos estados, do DF e dos municípios.

19. **(Cespe/TCE/PE/Analista_Gestão/2017)** Lei municipal de interesse local que tratar de combate à poluição contrariará a CF, uma vez que esta competência é privativa da União.

20. **(Cespe/DPU/Defensor/2017)** Os estados e os municípios podem legislar sobre responsabilidade por dano ao meio ambiente.

21. **(Cespe/TRF/5R/Juiz/2017)** Por entender insuficiente a proibição de lei federal para o cultivo de organismos geneticamente modificados (OGMs) em determinadas áreas, determinado estado-membro editou lei mais rigorosa, ampliando o rol relativo aos tipos de áreas em que tal atividade é vedada no seu território. Além disso, o estado-membro criminalizou condutas relacionadas ao cultivo de OGMs, que, na esfera federal, são consideradas meras infrações administrativas. Essa lei estadual é:

a) ilegal quanto à ampliação do rol de áreas de cultivo proibido e constitucional na parte criminal.
b) ilegal em relação a ambos os aspectos, por violação a lei federal.
c) constitucional em relação aos dois aspectos, em decorrência do exercício de competência legislativa suplementar.
d) inconstitucional em relação a ambas as inovações, por vício de competência.

e) constitucional quanto à ampliação do rol de áreas de cultivo proibido e inconstitucional na parte criminal.

2.2. Do Meio Ambiente

* REPERCUSSÃO & REPETITIVOS

STF Repercussão Geral 479. No atual estágio do conhecimento científico, que indica ser incerta a existência de efeitos nocivos da exposição ocupacional e da população em geral a campos elétricos, magnéticos e eletromagnéticos gerados por sistemas de energia elétrica, não existem impedimentos, por ora, a que sejam adotados os parâmetros propostos pela Organização Mundial de Saúde, conforme estabelece a Lei 11.934/09. (RE 627189, 8.6.2016)

* INOVAÇÕES LEGISLATIVAS

▲ Constituição Federal (CF/88)

▲ Art. 225. § 7º Para fins do disposto na parte final do inciso VII do § 1º deste artigo, não se consideram cruéis as práticas desportivas que utilizem animais, desde que sejam manifestações culturais, conforme o § 1º do art. 215 desta Constituição Federal, registradas como bem de natureza imaterial integrante do patrimônio cultural brasileiro, devendo ser regulamentadas por lei específica que assegure o bem-estar dos animais envolvidos. (Modificações: EC 96/17)

* QUESTÕES OBJETIVAS

22. **(Cespe/PC/PE/Delegado/2016)** Considere que, em 1999, a União tenha criado, por decreto presidencial, determinada unidade de conservação. Nessa situação, de acordo com a CF, a União:

a) poderá alterá-la por meio de decreto.

b) poderá suprimi-la por meio de decreto.

c) somente poderá alterá-la ou suprimi-la por meio de lei.

d) poderá alterá-la por meio de portaria do Ministério do Meio Ambiente.

e) terá cometido ato nulo, já que o ato de criação dessa unidade deveria ter sido a lei.

23. **(Cespe/TRT/8R/Analista/2016)** Acerca das finanças públicas, da ordem econômica e financeira, da reforma agrária, do sistema financeiro nacional e da ordem social, assinale a opção correta de acordo com a CF:

a) O sistema financeiro nacional regula-se por leis complementares, salvo no que se refere à participação de capital estrangeiro nas instituições financeiras, que será regulada por tratados internacionais.

b) É direito fundamental da pessoa humana o direito ao meio ambiente ecologicamente equilibrado, cabendo ao Estado e à coletividade a garantia desse direito.

c) O texto constitucional atribui ao Congresso Nacional a competência para fiscalizar a emissão de moeda no país, exclusivamente pelo Banco Central, nos termos de lei complementar.

d) O concessionário dependerá de autorização ou concessão do proprietário do solo para a exploração de jazidas e demais recursos minerais, cabendo ao proprietário participação nos resultados da lavra.

e) A alienação ou a concessão de terras públicas com área superior a dois mil e quinhentos hectares para fins de reforma agrária dependerá de prévia aprovação do Congresso Nacional.

24. **(Cespe/TJ/AM/Juiz/2016)** No que se refere à proteção conferida pela CF ao meio ambiente, assinale a opção correta:

a) Sob o monopólio da União são permitidas atividades nucleares de qualquer natureza, mediante a aprovação do Congresso Nacional, o que gera a responsabilização objetiva por eventuais danos.

b) É da competência concorrente da União, dos estados e do DF proteger o meio ambiente e combater a poluição em qualquer de suas formas.

c) Compete aos municípios a promoção do adequado ordenamento territorial, mediante planejamento e controle do uso, do parcelamento e da ocupação do solo urbano.

d) Com o objetivo de defender o meio ambiente, o poder público pode impor várias restrições e penas aos particulares, salvo a desapropriação de imóveis, pois o direito de propriedade é direito fundamental.

e) No caso de atividade de extração de minério, advém das conclusões do EPIA a necessidade, ou não, de impor-se ao explorador a obrigação de recuperar o meio ambiente degradado.

25. **(Cespe/PGM/Belo_Horizonte/Procurador/2017)** A respeito do direito ambiental, assinale a opção correta de acordo com o disposto na CF:

a) A proteção jurídica fundamental do meio ambiente ecologicamente equilibrado é estritamente antropocêntrica, uma vez que se considera o bem ambiental um bem de uso comum do povo.
b) Além de princípios e direitos, a CF prevê ao poder público e à coletividade deveres relacionados à preservação do meio ambiente.
c) Será inválida a criação de espaços territoriais ambientalmente protegidos por ato diverso da lei em sentido estrito.
d) O direito ao meio ambiente ecologicamente equilibrado consta expressamente na CF como direito fundamental, o que o caracteriza como direito absoluto.

3. GESTÃO DE FLORESTAS PÚBLICAS (LEI 11.284/06)

✱ QUESTÕES OBJETIVAS

26. **(Cespe/PC/PE/Delegado/2016)** A concessão florestal, prevista na Lei n. 11.284/2006, é:

a) uma delegação, a pessoas físicas ou jurídicas, do direito de praticar manejo florestal sustentável.
b) um instrumento da Política Nacional do Meio Ambiente.
c) uma delegação onerosa que dispensa licitação.
d) vedada a pessoas jurídicas de pequeno porte.
e) uma delegação gratuita formalizada mediante contrato.

27. **(Cespe/PGE/AM/Procurador/2016)** Determinada pessoa jurídica venceu processo licitatório de concessão florestal, com delegação do direito de praticar manejo florestal sustentável para exploração de certo produto em uma unidade de manejo. Nessa situação, à referida pessoa jurídica poderá ser outorgado o direito de comercialização de créditos decorrentes da emissão evitada de carbono em florestas naturais.

28. **(Cespe/AGU/Advogado/2015)** As três modalidades de gestão de florestas públicas nacionais para produção sustentável são a concessão florestal ao setor privado, a destinação de florestas públicas às comunidades locais, além da gestão direta governamental pelo órgão competente integrante do Sistema Nacional de Unidades de Conservação.

29. **(Cespe/AGU/Advogado/2015)** O Serviço Florestal Brasileiro, órgão gestor da concessão de florestas públicas nacionais, vinculado ao Ministério do Meio Ambiente, deve emitir a licença ambiental prévia antes da publicação de edital de licitação para a concessão florestal.

4. LEI DA BIODIVERSIDADE (LEI 13.123/15)

✱ QUESTÕES OBJETIVAS

30. **(Cespe/TJ/DFT/Juiz/2015)** De acordo com a legislação vigente e com a jurisprudência do STF e do STJ sobre competência em matéria ambiental, sanções por infrações administrativas e cadastro ambiental rural, assinale a opção correta:

a) Uma infração contra o patrimônio genético sujeitará o agente a sanções administrativas, como o embargo da atividade e a proibição de contratar com a administração pública por até cinco anos, que independem de eventuais sanções judiciais de natureza cível.
b) O registro de sentença declaratória de usucapião de imóvel rural sem matrícula em cartório de registro de imóveis dispensa o prévio registro da reserva legal no cadastro ambiental rural.
c) É inconstitucional a cobrança de taxa pelos entes da Federação em razão de fiscalização ambiental, pois o exercício do poder de polícia, como atividade essencial, não pode ser objeto de cobrança.
d) Lei municipal que proíba a queima de palha de cana-de-açúcar e o uso do fogo em atividades agrícolas em seu território será constitucional mesmo que exista lei estadual versando de forma distinta, pois prevalece a regulamentação municipal no tratamento de temas de interesse local.
e) Será constitucional lei municipal ou estadual que dispense a elaboração de estudo prévio de impacto ambiental para obras de infraestrutura.

31. **(Cespe/TJ/DFT/Juiz/2015)** À luz da legislação nacional referente à biodiversidade e da Convenção sobre Diversidade Biológica, assinale a opção correta:

a) Em caso de relevante interesse público, o ingresso em área privada para acesso a amostra de componente do patrimônio genético pode ocorrer sem que os titulares sejam previamente informados.

b) A Convenção sobre Diversidade Biológica consagrou a primazia da conservação "ex situ" dos componentes da diversidade biológica.

c) Segundo a convenção em apreço, a biodiversidade é patrimônio comum da humanidade, o que restringe os direitos soberanos dos Estados sobre seus recursos naturais, restringindo-lhes, ainda, o poder para legislar sobre o acesso a recursos genéticos.

d) Atividades e projetos que envolvam organismos geneticamente modificados e seus derivados podem ser desenvolvidos por entidades de direito público ou privado ou por pessoas físicas em atuação autônoma, desde que mantenham vínculo empregatício com pessoa jurídica.

e) O Conselho de Gestão do Patrimônio Genético tem competência para estabelecer normas técnicas e diretrizes para a elaboração do contrato de utilização do patrimônio genético e de repartição de benefícios.

32. **(Cespe/TJ/AM/Juiz/2016)** Acerca de biodiversidade, patrimônio genético e conhecimento tradicional associado, assinale a opção correta:

a) A gestão do patrimônio genético e o acesso ao conhecimento tradicional associado competem aos municípios, por se tratar de assunto de interesse local.

b) As ações que visem ao acesso ao conhecimento tradicional associado à biodiversidade podem transcorrer mesmo sem o consentimento prévio dos povos indígenas e de outras comunidades locais.

c) O conhecimento tradicional associado ao patrimônio genético decorrente de práticas das comunidades indígenas nacionais integra o patrimônio cultural brasileiro.

d) A divisão dos benefícios decorrentes de exploração econômica de produto desenvolvido a partir de conhecimento tradicional associado ocorrerá sob formas que permitam quantificação de valores, vedadas as contribuições na forma de capacitação de recursos humanos.

e) A diversidade biológica será legalmente protegida se tiver potencial para uso humano.

33. **(Cespe/TRF/5R/Juiz/2015)** A respeito de biodiversidade e de proteção jurídica do conhecimento tradicional associado, assinale a opção correta:

a) A preservação de ecossistemas é fundamental à biodiversidade, pois há espécies vegetais e animais cuja conservação só é viável "ex situ", ou seja, em seus habitats naturais.

b) Compete exclusivamente à União gerir o patrimônio genético e o acesso ao conhecimento tradicional associado, respeitadas as atribuições setoriais.

c) O patrimônio genético e o conhecimento tradicional a ele associado são patrimônio comum da humanidade e não devem ser utilizados economicamente pelos países de origem.

d) As definições constitucional e legal de conhecimento tradicional associado abrangem modos de criar, fazer e viver.

e) O Protocolo de Nagoya não trouxe avanços significativos às prévias conquistas alcançadas no âmbito da Convenção sobre Diversidade Biológica.

5. LEI DOS CRIMES AMBIENTAIS (LEI 9.605/98)

*** INOVAÇÕES LEGISLATIVAS**

▲ Lei dos Crimes Ambientais (Lei 9.605/98): sem alterações em 2017/2018.

5.1. Da Apreensão do Produto/Instrumento de Infração/Crime

*** REPERCUSSÃO & REPETITIVOS**

STJ Repetitivo 405. O art. 2º, § 6º, VIII, do Dec. 3.179/99 (redação original), quando permite a liberação de veículos e embarcações mediante pagamento de multa, não é compatível com o que dispõe o art. 25, § 4º, da Lei 9.605/98; entretanto, não há ilegalidade quando o dispositivo admite a instituição do depositário fiel na figura do proprietário do bem apreendido por ocasião de infração nos casos em que é apresentada defesa administrativa - anote-se que não se está defendendo a simplória liberação do veículo, mas a devolução com a instituição de depósito (e os consectários legais que daí advêm), observado, entretanto, que a liberação só poderá ocorrer caso o veículo ou a embarcação estejam regulares na forma das legislações de regência (CTB, p. ex). (REsp 1133965, 11.5.2018)

5.2. Dos Crimes Ambientais

*** REPERCUSSÃO & REPETITIVOS**

STF Repercussão Geral 648. Compete à Justiça Federal processar e julgar o crime ambiental de caráter transnacional que envolva animais silvestres, ameaçados de extinção e espécimes exóticas ou protegidas por compromissos internacionais assumidos pelo Brasil. (RE 835558, 9.2.2017)

* INFORMATIVOS DE JURISPRUDÊNCIA

Crime do art. 54 da Lei 9.605/98. Natureza formal do delito. Realização de perícia. Desnecessidade. Potencialidade de dano à saúde.

STJ O delito previsto na primeira parte do artigo 54 da Lei 9.605/98 possui natureza formal, sendo suficiente a potencialidade de dano à saúde humana para configuração da conduta delitiva. EREsp 1.417.279, Rel. Min. Joel Ilan Paciornik, DJ 20.4.2018. 3ª S. (Info 624)

Crimes ambientais. Termo de ajustamento de conduta. Denúncia. Justa causa. Recebimento.

STJ A assinatura do termo de ajustamento de conduta com órgão ambiental não impede a instauração de ação penal. Corte Especial. APn 888, Rel. Min. Nancy Andrighi, DJ 10.5.2018. (Info 625)

Art. 54, § 2º, V da Lei n. 9.605/98. Poluição. Deságue de esgoto em nascentes localizadas em área de proteção ambiental. Programa habitacional popular. Fiscalização da aplicação dos recursos públicos pela Caixa Econômica Federal (CEF). Atuação como mero agente financeiro. Contrato que isenta a CEF de responsabilidade pela higidez da obra. Competência da Justiça estadual.

STJ Compete à Justiça estadual o julgamento de crime ambiental decorrente de construção de moradias de programa habitacional popular, nas hipóteses em que a Caixa Econômica Federal atue, tão somente, na qualidade de agente financiador da obra. CC 139.197, Rel. Min. Joel Ilan Paciornik, DJ 9.11.2017. 3ª S. (Info 615)

Crime ambiental. Transporte de produtos tóxicos, nocivos ou perigosos. Art. 56, caput, da Lei 9.605/1998. Resolução da ANTT n. 420/2004. Crime de perigo abstrato. Perícia. Prescindibilidade.

STJ O crime previsto no art. 56, caput da Lei 9.605/1998 é de perigo abstrato, sendo dispensável a produção de prova pericial para atestar a nocividade ou a periculosidade dos produtos transportados, bastando que estes estejam elencados na Resolução n. 420/2004 da ANTT. REsp 1.439.150, Rel. Min. Rogério Schietti Cruz, DJe 16.10.2017. 6ª T. (Info 613)

* QUESTÕES OBJETIVAS

34. **(Cespe/PGE/PE/Procurador/2018)** É considerada circunstância atenuante da pena o fato de o agente

a) praticar o delito em estado de embriaguez voluntária.
b) praticar o crime sob a influência de multidão em tumulto, ainda que o tenha provocado.
c) possuir baixo grau de instrução do agente, no caso de crimes ambientais.
d) praticar crime ambiental em período de defeso à fauna.
e) possuir bons antecedentes.

35. **(Cespe/PC/MA/Delegado/2018)** No que tange à tutela penal do meio ambiente e às disposições da Lei n. 9.605/1998, que trata das sanções penais e administrativas aplicáveis a condutas e atividades lesivas ao meio ambiente, assinale a opção correta.

a) Em regra, em se tratando de crimes ambientais de menor potencial ofensivo, é possível a transação penal sem a prévia composição do dano ambiental.
b) É circunstância agravante, quando não constitui ou qualifica o crime, a prática de crimes ambientais em domingos, feriados ou à noite.
c) Caracteriza crime ambiental a conduta daquele que produz sons e ruídos em quaisquer atividades, desrespeitando as normas de silêncio.
d) É cabível o perdão judicial em caso de guarda doméstica de animal silvestre, mesmo tratando-se de espécie ameaçada de extinção.
e) Conforme a referida lei, a tipificação da prática de maus tratos contra animais restringe-se aos animais silvestres.

36. **(Cespe/TCE/PA/Auditor/2016)** O Ministério Público ofereceu denúncia contra pessoa jurídica e seus representantes legais (pessoas físicas) pela prática de delito ambiental previsto na Lei n. 9.605/1998. Os representantes legais da pessoa jurídica foram absolvidos sumariamente. Nessa situação, é possível a responsabilização penal da pessoa jurídica por delitos ambientais independentemente da responsabilização concomitante das pessoas físicas que agiam em seu nome.

37. **(Cespe/TRE/PI/Analista/2016)** Acerca dos crimes em espécie, assinale a opção correta:

a) Em se tratando de crime ambiental, não se admite a incidência do princípio da insignificância.
b) A apreensão de arma de fogo na posse do autor dias após o cometimento de crime de roubo não constitui crime autônomo, sendo fato impunível.
c) A nulidade do exame pericial na arma de fogo descaracteriza o crime de porte ilegal, mesmo diante de conjunto probatório idôneo, conforme entendimento do Supremo Tribunal Federal.
d) O particular não pode responder pela prática do crime de abuso de autoridade, nem mesmo como partícipe.
e) Conforme o entendimento do Supremo Tribunal Federal, é possível a condenação de pessoa jurídica pela prática de crime ambiental, mesmo que absolvidas as pessoas físicas ocupantes de cargos de presidência ou direção.

38. **(Cespe/TJ/DFT/Juiz/2016)** Acerca da competência constitucional em matéria ambiental e da legalidade dos múltiplos aspectos do direito ambiental, assinale a opção correta:

a) Apenas os funcionários dos órgãos ambientais integrantes do Sisnama designados para as atividades de fiscalização são autoridades competentes para lavrar auto de infração ambiental e instaurar processo administrativo.
b) A realização de pesquisa e lavra de recursos minerais é vedada nas terras, formalmente delimitadas, ocupadas pelas comunidades indígenas, devido ao alto grau de dano ambiental causado por essa atividade, que interfere no equilíbrio do meio ambiente, necessário à subsistência desses povos.
c) A União detém competência privativa para legislar sobre jazidas, minas, caça, pesca e atividades nucleares de qualquer natureza, nos termos da carta constitucional.
d) O uso comercial de tecnologia que envolva manipulação genética visando à desativação de genes relacionados à fertilidade das plantas por indutores químicos externos está sujeito a prévio licenciamento ambiental, nos termos da lei de biossegurança.
e) A comprovação de que a pessoa jurídica foi constituída com a finalidade de viabilizar a prática de crime definido na lei de crimes ambientais possibilita a decretação de sua liquidação forçada e a consideração de seu patrimônio como instrumento de crime.

39. **(Cespe/PGE/AM/Procurador/2016)** Durante festividade junina, um grupo de pessoas adultas e capazes soltou balões com potencial de provocar incêndio em floresta situada nas redondezas do local da festa. Nessa situação, para serem tipificadas como crime, tais condutas independerão de prova de que a probabilidade de lesão ao meio ambiente era efetiva, por constituírem infração de perigo abstrato.

40. **(Cespe/PGE/AM/Procurador/2016)** Cláudio, maior e capaz, caçou e matou espécime da fauna silvestre, sem a devida autorização da autoridade competente. Segundo o atual entendimento do STJ, a competência para julgar o referido crime será da justiça federal, independentemente de a ofensa ter atingido interesse direto e específico da União, de suas entidades autárquicas ou de empresas públicas federais, pois basta que os crimes sejam contra a fauna para atrair a competência do Poder Judiciário federal.

41. **(Cespe/DPU/Defensor/2015)** Exportar para o exterior peles e couros de mamíferos, em estado bruto, sem a autorização da autoridade competente caracteriza crime ambiental, devendo o autor desse crime ser processado e julgado pela justiça federal.

42. **(Cespe/PGM/Fortaleza/Procurador/2017)** Cortar madeira de lei para transformá-la em carvão constitui crime tipificado na legislação brasileira; caso o referido crime seja praticado com o objetivo de exploração econômica, a pena será agravada.

43. **(Cespe/PGM/Belo_Horizonte/Procurador/2017)** Com relação às responsabilidades ambientais e à atuação administrativa do órgão ambiental, assinale a opção correta:

a) Independentemente de designação prévia para a atividade de fiscalização, servidor do órgão ambiental que constatar infração administrativa ambiental é competente para, no exercício do poder de polícia, lavrar o respectivo auto de infração.
b) É vedada a apreensão, pelo órgão ambiental, de veículo utilizado na prática de infração ambiental, sanção que só é aplicada no âmbito penal e por determinação judicial.
c) Membro de conselho ou auditor pode ser responsabilizado pela prática de crime ambiental

no caso de, tendo tomado conhecimento de conduta criminosa de outrem, não a ter impedido, embora pudesse agir para evitá-la.

d) Sendo a conduta definida como infração administrativa ambiental e também como crime, o pagamento da multa ao órgão ambiental substitui a multa determinada judicialmente em ação penal ambiental.

44. **(Cespe/PGM/Salvador/Procurador/2015)** A pena aplicada a pessoa física que produza, embale, transporte e comercialize substância tóxica e nociva à saúde humana e ao meio ambiente, em desacordo com as exigências estabelecidas em lei, poderá ser aumentada se o crime praticado:

a) resultar em dano irreversível à fauna.
b) resultar em lesão corporal de natureza leve em outrem.
c) resultar na morte de outrem.
d) tiver sido cometido durante a noite, em domingo ou feriado.
e) tiver sido cometido no período de formação de vegetações.

45. **(Cespe/PGM/Salvador/Procurador/2015)** Carlos foi autuado pela prática do crime previsto no art. 29 da Lei n. 9.605/1998 (apanhar espécime da fauna silvestre sem autorização), por manter em sua residência, sem autorização da autoridade ambiental, uma arara-azul, animal não ameaçado de extinção. Nessa situação hipotética:

a) o sujeito passivo do delito praticado por Carlos é o espécime da fauna silvestre mantido em cativeiro.
b) será possível substituir pena privativa de liberdade que eventualmente seja imposta a Carlos por pena restritiva de direitos somente se o crime for considerado culposo.
c) caso Carlos seja condenado, o juiz poderá, com base nas circunstâncias específicas, deixar de aplicar a pena.
d) se Carlos provar que a arara-azul nasceu em cativeiro, e, portanto, não se trata de animal silvestre, isso afastará a tipicidade da sua conduta.
e) o órgão responsável pela lavratura do auto deveria fazer constar do documento a determinação, a Carlos, de encaminhamento da arara-azul a instituição especializada na guarda e cuidados animais – um estabelecimento comercial, do ramo aviário, por exemplo –, sob pena de agravamento da eventual punição.

46. **(Cespe/DPE/AC/Defensor/2017)** Considerando-se a legislação pertinente, bem como o entendimento dos tribunais superiores, no que tange aos crimes contra o meio ambiente:

a) são aplicadas às pessoas jurídicas, isolada, cumulativa ou alternativamente, somente as penas de multa, as restritivas de direitos e a prestação de serviços à comunidade.
b) a responsabilização penal da pessoa jurídica é condicionada à simultânea persecução penal da pessoa física responsável no âmbito da empresa.
c) o dever de reparar dano decorrente da condenação penal não se submeterá a prescrição.
d) trata-se de infrações penais instantâneas e de efeito permanente, pois sua consumação se protrai no tempo e provoca a violação contínua e duradoura do bem jurídico tutelado.
e) quando praticados por pessoa jurídica, não será possível a suspensão condicional da pena, por expressa vedação legal.

47. **(Cespe/PGE/SE/Procurador/2017)** Ao praticar conduta lesiva ao meio ambiente na esfera penal, uma pessoa jurídica:

a) poderá ser responsabilizada, se a conduta for cometida por decisão do seu representante legal e em benefício da empresa.
b) poderá ser responsabilizada, embora o instituto da desconsideração da pessoa jurídica seja inaplicável aos crimes ambientais.
c) poderá ser responsabilizada, mesmo que o ato não tenha sido praticado para benefício econômico da empresa.
d) não poderá ser responsabilizada, caso o tipo penal seja praticado pelo sócio minoritário da empresa.
e) não poderá ser responsabilizada, se for trancada a ação penal direcionada contra pessoa física diretamente envolvida.

5.3. Da Infração Administrativa

✱ SÚMULAS

STJ Súm. 467. Prescreve em cinco anos, contados do término do processo administrativo, a pretensão da Administração Pública de promover a execução da multa por infração ambiental.

✱ QUESTÕES OBJETIVAS

48. **(Cespe/DPU/Defensor/2017)** Um agricultor autuado por infração ambiental solicitou auxílio da DP. No auto de infração, constam: a conduta de impedir a regeneração natural de floresta localizada em APP, por manter a área como pasto; a indicação da pena de multa em razão da ilegalidade. Segundo o agricultor, na verificação, os agentes públicos federais afirmaram ser possível a responsabilização nas esferas administrativa, criminal e civil. Ele argumentou, por fim, que comprou a propriedade já no estado atual e que desconhecia as supostas ilegalidades. O auto de infração em apreço só terá legalidade se tiver sido lavrado por autoridade policial e contiver o valor da multa, cujo pagamento, entretanto, só deverá ser feito após o julgamento administrativo, já que depende de confirmação de incidência.

49. **(Cespe/PC/PE/Delegado/2016)** Se uma pessoa física e uma pessoa jurídica cometerem, em conjunto, infrações previstas na Lei n. 9.605/1998 – que dispõe sobre as sanções penais e administrativas derivadas de condutas e atividades lesivas ao meio ambiente, e dá outras providências:

a) as atividades da pessoa jurídica poderão ser totalmente suspensas.

b) a responsabilidade da pessoa física poderá ser excluída, caso ela tenha sido a coautora das infrações.

c) a pena será agravada, se as infrações tiverem sido cometidas em sábados, domingos ou feriados.

d) a pena será agravada, se ambas forem reincidentes de crimes de qualquer natureza.

e) será vedada a suspensão condicional da pena aplicada.

50. **(Cespe/PC/PE/Delegado/2016)** Determinada pessoa física foi autuada por, supostamente, ter comercializado produtos, instrumentos e objetos que implicam a caça de espécimes da fauna silvestre. Considerando essa situação hipotética, assinale a opção correta com base no Decreto n. 6.514/2008 – que dispõe sobre as infrações e sanções administrativas ao meio ambiente, estabelece o processo administrativo federal para apuração destas infrações, e dá outras providências:

a) A defesa do autuado deverá ser conhecida, ainda que seja apresentada fora do prazo.

b) O autuado não poderá ser intimado da lavratura do auto de infração por meio de edital.

c) O autuado não poderá ser intimado da lavratura do auto de infração por meio de carta registrada.

d) Se o auto de infração apresentar erro no enquadramento legal, o vício será insanável.

e) Se o auto de infração apresentar vício sanável, ele poderá ser convalidado a qualquer tempo.

51. **(Cespe/TJ/AM/Juiz/2016)** O fiscal de determinado órgão ambiental constatou que um madeireiro cortava árvores de espécies protegidas. O madeireiro apresentou autorização para cortar exemplares que apresentavam risco de queda, mas, dado o excesso de espécimes cortados, o fiscal considerou que a situação configurava tanto infração administrativa como crime ambiental. Considerou, ainda, após exame da autorização, que o documento estava em desacordo com as normas ambientais aplicáveis, inclusive por vício de competência. Com base nessa situação hipotética, assinale a opção correta acerca de infrações ambientais e poder de polícia:

a) É correto afirmar que o órgão de lotação do fiscal é o Ibama.

b) Cabem ao fiscal a lavratura do auto de infração ambiental e a instauração tanto do processo administrativo quanto do inquérito criminal contra o madeireiro.

c) Para a lavratura do auto de infração, é desnecessária análise do elemento subjetivo do madeireiro, pois a responsabilidade civil por dano ambiental é objetiva.

d) Se deixar de proceder à apuração mediante processo administrativo próprio, o fiscal poderá ser corresponsabilizado pelo corte ilegal das árvores.

e) A concessão de autorização em desacordo com as normas ambientais só configura crime se tiver havido dolo do servidor que a concedeu.

52. **(Cespe/DPU/Defensor/2017)** Um agricultor autuado por infração ambiental solicitou auxílio da DP. No auto de infração, constam: a conduta de impedir a regeneração natural de floresta localizada em APP, por manter a área como pasto; a indicação da pena de multa em razão da ilegalidade. Segundo o agricultor, na verificação, os agentes públicos federais afirmaram ser possível a responsabilização nas esferas administrativa, criminal e civil. Ele argumentou, por fim, que comprou a propriedade já no estado atual e que desconhecia as supostas ilegalidades. e ficar constatado que a área degradada pode ser recuperada por simples regeneração natural, a pena de multa indicada no auto de infração não poderá ser convertida em reparação de danos.

53. (Cespe/TRF/1R/Juiz/2015) Considerando o que dispõem as normas ambientais aplicáveis em matéria de responsabilidade administrativa ambiental e de infrações administrativas, assinale a opção correta:

a) Se um indivíduo cometer mais de uma infração administrativa ambiental de mesma natureza, ele deverá ser apenado com aplicação de multa em triplo, desde que no momento do julgamento da nova infração tenha havido trânsito em julgado administrativo da infração anterior.

b) Por ocasião do julgamento de infração administrativa contra a flora, caso a infração tenha sido cometida no interior de unidade de conservação da natureza, poderá haver agravamento da multa indicada, com sua aplicação em dobro.

c) Há impossibilidade jurídica na aplicação de mais de uma multa ao mesmo empreendimento irregular, com fundamento em tipos administrativos distintos, haja vista a proibição de "bis in idem".

d) Após a lavratura do auto de infração por falta de licenciamento ambiental, é possível, mediante pedido de regularização pelo infrator ao órgão licenciador, afastar a cobrança da multa aplicada que não tenha sido inscrita em dívida ativa.

e) Até a apreensão definitiva de caminhão utilizado em transporte irregular de produtos florestais, não se admite a posse nem a utilização desse veículo pela administração pública federal.

54. (Cespe/TRF/1R/Juiz/2015) Acerca do poder de polícia ambiental, da responsabilidade ambiental e das infrações ambientais no âmbito federal, assinale a opção correta de acordo com a legislação vigente:

a) Na apuração de infrações administrativas ambientais, aplicar-se-á prescrição intercorrente quando os processos instaurados ficarem paralisados por mais de dois anos sem julgamento ou despacho.

b) Uma vez aplicada advertência para os casos de infrações de menor potencial ofensivo, o órgão ambiental não poderá aplicar multa pelo mesmo fato.

c) O cumprimento de termo de compromisso perante o órgão ambiental relativo à conversão de multa simples em prestação de serviços de preservação do meio ambiente, obedecidas as exigências legais, provoca efeitos tanto na esfera administrativa quanto na esfera civil.

d) Haverá ilegalidade na aplicação de sanções administrativas cuja fundamentação jurídica específica indique ilícito constante de decreto regulamentar, visto que a responsabilização administrativa ambiental exige descrição de fatos ilícitos em lei.

e) O Instituto Chico Mendes de Conservação da Biodiversidade é incompetente para a lavratura dos autos de infrações cometidas no interior de unidade de conservação federal, dado que o poder de polícia ambiental no âmbito federal é exclusivo do Ibama.

55. (Cespe/PC/GO/Delegado/2017) Foi constatado que um fazendeiro estava impedindo a regeneração natural de florestas em área de preservação permanente na sua propriedade rural, por pretender manter a área como pasto. Nessa situação hipotética, conforme a legislação pertinente:

a) a autoridade ambiental que constatou a infração deve promover sua apuração imediata, sob pena de corresponsabilização.

b) a conduta configura infração administrativa, mas não configura crime.

c) a responsabilização será objetiva em todas as esferas cabíveis.

d) caberá à autoridade policial que constatou a conduta lavrar o auto de infração ambiental e instaurar processo administrativo.

e) inexiste hipótese de reparação civil, haja vista que a terra da propriedade rural pertence ao próprio infrator.

56. (Cespe/DPU/Defensor/2017) Um agricultor autuado por infração ambiental solicitou auxílio da DP. No auto de infração, constam: a conduta de impedir a regeneração natural de floresta localizada em APP, por manter a área como pasto; a indicação da pena de multa em razão da ilegalidade. Segundo o agricultor, na verificação, os agentes públicos federais afirmaram ser possível a responsabilização nas esferas administrativa, criminal e civil. Ele argumentou, por fim, que comprou a propriedade já no estado atual e que desconhecia as supostas ilegalidades. O argumento de desconhecimento da ilegalidade poderá ser eficiente para afastar eventual condenação criminal, mas não evitará a responsabilização civil.

57. (Cespe/PGM/Fortaleza/Procurador/2017) Rafael resolveu entregar, espontaneamente, ao órgão ambiental competente uma ave migratória nativa da floresta amazônica que possuía em casa sem a devida anuência da autoridade competente. Nessa situação, Rafael está sujeito ao pagamento de multa, e seu ato será considerado atenuante na aplicação da penalidade.

58. **(Cespe/AGU/Advogado/2015)** Na zona costeira nordestina, uma empresa estrangeira construiu um empreendimento turístico hoteleiro de grande porte próximo ao mar, sem o licenciamento ambiental prévio exigido por lei, ocupando ilegalmente área de preservação permanente na margem de um rio e afetando diretamente uma comunidade lindeira composta em sua maioria por pescadores. Seis meses após a inauguração do empreendimento, o empresário estrangeiro vendeu o negócio a uma empresa brasileira, que vem operando o hotel há cerca de um ano, sem, contudo, ter efetuado ainda a regularização do licenciamento ambiental. Além disso, após reclamações provenientes da comunidade afetada, foram constatados os seguintes problemas: ausência de recolhimento e de disposição adequados dos resíduos líquidos e sólidos, com prejuízos ao bem-estar da referida comunidade; e impedimento de livre acesso à praia, o que prejudicou as atividades econômicas dos pescadores da comunidade. A legislação veda a aplicação de multa no caso de responsabilização administrativa do empreendimento por não elaborar o prévio licenciamento ambiental, devendo ser aplicada advertência com a indicação de prazo para a regularização do licenciamento junto ao órgão competente.

6. POLÍTICA NACIONAL DE RECURSOS HÍDRICOS (LEI 9.433/97)

✻ INOVAÇÕES LEGISLATIVAS

▲ Título I – Da Política Nacional de Recursos Hídricos, Capítulo II – Dos Objetivos

▲ Art. 2º São objetivos da Política Nacional de Recursos Hídricos: (...) IV – incentivar e promover a captação, a preservação e o aproveitamento de águas pluviais. (Modificações: Lei 13.501/17)

✻ QUESTÕES OBJETIVAS

59. **(Cespe/TJ/AM/Juiz/2016)** Com relação aos recursos hídricos, assinale a opção correta:

a) Compete ao Comitê Nacional de Recursos Hídricos organizar, implantar e gerir o Sistema Nacional de Informações sobre Segurança de Barragens.

b) Além do representante da Funai, os comitês de bacias hidrográficas de rios que abranjam terras indígenas incluirão representante das comunidades indígenas.

c) Conforme a localização dos corpos d'água, seu domínio divide-se entre a União, os estados (e por analogia o DF) e os municípios.

d) As competências dos comitês de bacias hidrográficas incluem o exercício do poder de polícia.

e) Cabe à Agência Nacional de Águas, outorgar, mediante permissão, o direito de uso de recursos hídricos em corpos de água de domínio da União, dos estados e do DF.

60. **(Cespe/TJ/PB/Juiz/2015)** A respeito de licenciamento ambiental e de empreendimentos de exploração de potencial hidráulico, assinale a opção correta com base nas normas e na jurisprudência aplicável:

a) Cabe ao órgão ambiental decidir se o licenciamento ambiental para obras de exploração do potencial hidráulico de um rio deverá considerar a totalidade do rio ou partes dele, realizando-se licenciamentos distintos para cada parte.

b) É estadual a competência para licenciar empreendimentos de exploração do potencial hidráulico de rio que passe por terras indígenas localizadas no interior de somente um estado da Federação.

c) Para fomentar a cooperação entre os entes federativos, os empreendimentos de exploração de potencial hidráulico poderão ser licenciados por mais de um ente federativo.

d) A atuação supletiva do órgão federal para realizar um licenciamento de exploração de potencial hidráulico é possível, haja vista que esse é um procedimento de competência constitucional comum, que requer somente a solicitação do ente originalmente competente.

e) Embora a extração de combustíveis fósseis esteja disposta em resolução do Conama como atividade potencialmente causadora de danos ambientais, o que enseja a elaboração de estudo de impacto ambiental, a extração de minérios, como regra, não impõe essa exigência.

61. **(Cespe/PGE/AM/Procurador/2016)** Conforme os fundamentos da PNRH, a gestão de tais recursos deve sempre proporcionar o uso múltiplo das águas.

62. **(Cespe/PGM/Fortaleza/Procurador/2017)** De acordo com a Lei n. 9.433/1997, a unidade territorial para a implementação da Política Nacional de Recursos Hídricos é a bacia hidrográfica, cuja gestão é centralizada e de responsabilidade dos entes da Federação por ela abrangidos.

63. **(Cespe/TRF/5R/Juiz/2017)** Os comitês de bacias hidrográficas são:

a) competentes para implantar e gerir o Sistema Nacional de Informações sobre Segurança de Barragens.

b) competentes para outorgar o direito de uso de recursos hídricos em corpos de água de domínio da União, mediante permissão.

c) incompetentes para aprovar o Plano de Recursos Hídricos da bacia.

d) incompetentes para arbitrar administrativamente conflitos relacionados a recursos hídricos.

e) incompetentes para o exercício do poder de polícia.

7. POLÍTICA NACIONAL DE RESÍDUOS SÓLIDOS (LEI 12.305/10)

*** INOVAÇÕES LEGISLATIVAS**

▲ Lei da Política Nacional de Resíduos Sólidos (Lei 12.305/10): sem alterações em 2017/2018.

*** QUESTÕES OBJETIVAS**

64. **(Cespe/TRE/PE/Analista/2017)** Acerca do conceito de desenvolvimento sustentável e da Política Nacional de Resíduos Sólidos, assinale a opção correta:

a) Compete aos estados a gestão dos resíduos sólidos no território dos municípios, bem como o controle e a fiscalização da responsabilidade pelo gerenciamento desses resíduos.

b) Cabe exclusivamente à União organizar e manter o Sistema Nacional de Informações sobre a Gestão dos Resíduos Sólidos.

c) Considera-se gestão integrada de resíduos sólidos o conjunto de ações voltadas para a busca de soluções para os problemas decorrentes do descarte de tais resíduos, de forma a se considerarem as dimensões política, econômica, ambiental, cultural e social, sob a premissa do desenvolvimento sustentável.

d) Para os efeitos legais, consideram-se geradores de resíduos sólidos as pessoas físicas ou jurídicas que gerem tais resíduos por meio de suas atividades, delas excetuado o consumo.

e) O conceito de desenvolvimento sustentável consta de tratados internacionais dos quais o Brasil é signatário, embora a Constituição Federal de 1988 seja silente a esse respeito.

65. **(Cespe/TRE/PE/Analista/2017)** À luz das disposições da Lei n. 12.305/2010, que trata da Política Nacional de Resíduos Sólidos, assinale a opção correta:

a) A lei considera resíduos perigosos aqueles que apresentem significativo risco à saúde pública, mas não os que apresentem risco à qualidade ambiental.

b) Os planos de gerenciamento de resíduos sólidos elaborados pela União e pelos estados têm vigência indeterminada, mas devem ser atualizados anualmente.

c) Estarão sujeitos à elaboração de plano de gerenciamento de resíduos sólidos os estabelecimentos comerciais e os prestadores de serviços que gerarem resíduos perigosos ou resíduos que, por suas características, não possam ser equiparados aos resíduos domiciliares.

d) Os prestadores de serviços públicos de limpeza urbana são os principais responsáveis pela implementação de sistemas de logística reversa para o retorno, aos fabricantes, de produtos usados que tenham potencial poluente, como os artigos eletroeletrônicos.

e) Cabe à União fornecer ao Sistema Nacional de Informações sobre a Gestão dos Resíduos Sólidos as informações referentes aos resíduos na esfera de competência de todos os entes federativos.

66. **(Cespe/DPU/Defensor/2017)** Embora, como meta da Política Nacional de Resíduos Sólidos, seja um nítido avanço civilizatório, a eliminação dos lixões representa sério risco de agravamento da precariedade da condição social dos catadores que neles laboram.

8. POLÍTICA NACIONAL DO MEIO AMBIENTE (LEI 6.938/81)

*** INOVAÇÕES LEGISLATIVAS**

▲ Lei da Política Nacional do Meio Ambiente (Lei 6.938/81): sem alterações em 2017/2018.

* QUESTÕES OBJETIVAS

67. (Cespe/PGE/PE/Procurador/2018) Conforme a Lei n. 6.938/1981 e suas alterações, a servidão ambiental instituída para limitar o uso de parte de imóvel para a preservação de recursos naturais deve

a) ser onerosa.
b) ser instituída pelo proprietário.
c) atender o prazo mínimo previsto em lei.
d) ser instituída por instrumento público.
e) respeitar a reserva legal mínima exigida.

68. (Cespe/TJ/DFT/Juiz/2016) Com relação à Política Nacional do Meio Ambiente, definida pela Lei n. 6.938/1981, assinale a opção correta:

a) O detentor que tenha recebido a servidão ambiental, de forma gratuita, em razão do caráter personalíssimo dessa, não poderá aliená-la a título oneroso e em caráter definitivo.
b) O estabelecimento de normas e padrões nacionais de controle da poluição por veículos automotores, aeronaves e embarcações, mediante audiência dos ministérios competentes, é atribuição privativa do Ibama.
c) A competência para administrar o Cadastro Técnico Federal de Atividades e Instrumentos de Defesa Ambiental e o Cadastro Técnico Federal de Atividades Potencialmente Poluidoras ou Utilizadoras de Recursos Ambientais é do Conama.
d) O órgão superior do Sisnama é o Conama, que tem a função de assessorar o presidente da República na formulação da política nacional e nas diretrizes governamentais para o meio ambiente e os recursos ambientais.
e) Como forma de recuperar os danos ambientais existentes, o proprietário ou possuidor de imóvel poderá instituir servidão ambiental por instrumento público, particular ou por termo administrativo, exceto em áreas de preservação permanente e exceto em relação à reserva legal mínima exigida.

69. (Cespe/TJ/PB/Juiz/2015) Com relação ao direito ambiental em uma perspectiva econômica, à PNMA e à PNRH, assinale a opção correta:

a) Apesar de a PNRH estabelecer que a água é um recurso dotado de valor econômico, os institutos previstos na lei não são suficientes para se efetivar o uso econômico desse recurso.
b) A lei que instituiu a PNMA é silente em estabelecer instrumentos que regulem a atividade econômica de iniciativa privada que causar dano ao meio ambiente.
c) O princípio do protetor-recebedor, que se refere ao pagamento por serviços ambientais, não é previsto expressamente na lei que instituiu a PNMA.
d) A CF regulamenta a fruição do meio ambiente como bem apropriável e valorável.
e) O pagamento por serviços ambientais é fundamentado no princípio do poluidor-pagador, pois aquele que vier a causar dano ao meio ambiente deverá ser obrigado, primeiramente, a indenizar ou a reparar o dano causado.

70. (Cespe/TRF/5R/Juiz/2015) Uma mineradora apresentou EIA-Rima com o objetivo de viabilizar a exploração de recursos minerais em determinado local. O órgão ambiental competente exigiu, então, apresentação de PRAD. A empresa considerou a exigência ilegal e impetrou mandado de segurança por meio do qual busca dar continuidade ao procedimento de obtenção de licença ambiental sem que cumpra tal exigência. Considerando essa situação hipotética, assinale a opção correta:

a) A imposição às mineradoras do dever de recuperarem as áreas degradadas viola o princípio da legalidade, conforme resolução do Conama.
b) É legítima e tem base legal a exigência do impetrado de apresentação do PRAD, cujo objetivo é viabilizar a compensação ambiental.
c) A recuperação de áreas degradadas é um dos princípios da Política Nacional do Meio Ambiente; em relação às mineradoras, é ela uma exigência constitucional.
d) É incabível a exigência do PRAD quando a atividade nem sequer foi iniciada, porque não se trata de instrumento de prevenção, mas sim de recuperação.
e) Não cabe à mineradora apresentar o PRAD, mas sim ao órgão técnico, que deve elaborá-lo e exigir seu cumprimento pelo particular.

71. (Cespe/PGM/Fortaleza/Procurador/2017) Conforme o disposto na Política Nacional do Meio Ambiente, poluição consiste na degradação da qualidade ambiental resultante de atividade que crie, ainda que indiretamente, condição desfavorável ao desenvolvimento de atividades econômicas.

72. (Cespe/PGM/Fortaleza/Procurador/2017) Compete privativamente ao Conselho

Nacional do Meio Ambiente estabelecer normas e padrões nacionais de controle da poluição ocasionada por veículos automotores.

73. (Cespe/TRF/5R/Juiz/2017) O instrumento econômico da Política Nacional do Meio Ambiente que envolve a delegação onerosa de direito de praticar manejo sustentável em uma unidade de manejo, mediante licitação, por prazo determinado, é denominado:

a) seguro ambiental.
b) servidão ambiental.
c) concessão florestal.
d) zoneamento ambiental.
e) terceirização de manejo.

74. (Cespe/DPE/AC/Defensor/2017) Para preservar área de proteção ambiental permanente, uma lei municipal determinou recuo obrigatório de construção em propriedades situadas em localidade de certo município. Nessa situação hipotética, ocorre restrição ao direito de propriedade denominada:

a) servidão administrativa.
b) tombamento.
c) apossamento administrativo.
d) desapropriação por utilidade pública.
e) limitação administrativa.

75. (Cespe/PGE/AM/Procurador/2016) A servidão ambiental, que pode ser onerosa ou gratuita, temporária ou perpétua, embora constitua um dos instrumentos econômicos da PNMA, não se aplica às áreas de preservação permanente nem à reserva legal mínima exigida.

9. SISTEMA NACIONAL DE UNIDADES DE CONSERVAÇÃO (LEI 9.985/00)

* INOVAÇÕES LEGISLATIVAS

▲ Lei do Sistema Nacional de Unidades de Conservação (Lei 9.985/00): sem alterações em 2017/2018.

* QUESTÕES OBJETIVAS

76. (Cespe/PC/PE/Delegado/2016) O órgão consultivo e deliberativo responsável pelo SISNAMA e pelo SNUC é o:

a) Ministério do Meio Ambiente.
b) Conselho Nacional do Meio Ambiente.
c) Instituto Chico Mendes.
d) IBAMA:
e) Conselho de Governo.

77. (Cespe/PC/PE/Delegado/2016) As unidades de conservação:

a) devem possuir um plano de manejo, com exceção das reservas particulares do patrimônio natural.
b) são constituídas de espaços territoriais e seus recursos naturais, com exceção das águas jurisdicionais.
c) de proteção integral devem ser de posse e de domínio públicos.
d) de uso sustentável devem ser de posse e de domínio privados.
e) devem possuir zonas de amortecimento, com exceção das áreas de proteção ambiental e das reservas particulares do patrimônio natural.

78. (Cespe/TJ/DFT/Juiz/2016) De acordo com a Lei n. 9.985/2000, que instituiu o Sistema Nacional de Unidades de Conservação (SNUC), assinale a opção correta:

a) Pode haver área particular localizada em unidade de conservação designada como Monumento Natural; nessas áreas, no entanto, não pode haver criação de animais domésticos nem plantio de qualquer espécie, sendo vedada essa autorização, se houver, no plano de manejo.
b) O parque nacional, a reserva de fauna, a estação ecológica e o refúgio de vida silvestre constituem exemplos, nos termos da lei, de unidades de proteção integral.
c) A presença de habitantes é inadmissível na floresta nacional, área com cobertura florestal de espécies predominantemente nativas e de posse e domínio públicos.
d) As pesquisas científicas, realizadas em estação ecológica, que gerem impacto superior à simples observação ou à coleta controlada de componentes dos ecossistemas devem ocorrer em área correspondente a, no máximo, 3% da extensão total da unidade e até o limite de 1.500 hectares.
e) O subsolo e o espaço aéreo também integram os limites das unidades de conservação, e se consideram incluídos na proteção ambiental conferida à unidade, ainda que não constem no ato de criação ou no plano de manejo.

79. (Cespe/TJ/DFT/Juiz/2015) Com relação ao SNUC e ao Código Florestal, assinale a opção correta:

a) Não é permitido ao órgão ambiental licenciar empreendimento cujo estudo de impacto ambiental comprove que a atividade causará significativa degradação do meio ambiente.

b) O licenciamento de atividade potencialmente causadora de degradação do meio ambiente prescinde, na esfera federal, de autorização do ICMBio, salvo se se tratar de unidade de conservação de proteção integral.

c) O manejo sustentável para exploração florestal eventual, limitada a vinte metros cúbicos, sem propósito comercial e para consumo no próprio imóvel, independe de autorização dos órgãos competentes.

d) É vedado o cômputo das áreas de preservação permanente no cálculo do percentual da reserva legal do imóvel.

e) A reserva de biosfera não está prevista expressamente na lei que instituiu o SNUC, embora seja um modelo adotado internacionalmente.

80. **(Cespe/TJ/AM/Juiz/2016)** Considerando que se confere especial proteção ambiental a áreas com características ambientais relevantes, assinale a opção correta:

a) Pode haver, indistintamente, APPs e áreas de reserva legal em propriedades urbanas e rurais.

b) A identificação física de determinadas APPs depende da edição de ato normativo, sendo outras APPs identificáveis por sua localização, a partir de mera aplicação do Código Florestal.

c) Nas unidades de conservação situadas em áreas particulares, é de direito privado o regime jurídico especial de proteção que impõe restrições ao uso do solo.

d) A criação de espaços territoriais especialmente protegidos constitui uma das metas da Política Nacional do Meio Ambiente.

e) Segundo o Código Florestal, as APPs são áreas protegidas, cobertas por vegetação nativa, com a função de preservar os recursos hídricos e a biodiversidade.

81. **(Cespe/TRF/5R/Juiz/2015)** Determinada lei federal criou um refúgio de vida silvestre que abrange áreas particulares repletas de nascentes e lagos. Decorridos seis anos, os proprietários das áreas abrangidas ajuizaram ação de indenização por desapropriação indireta. O poder público apresentou contestação em que alegou prescrição e o descabimento de indenização, uma vez que a criação da unidade de conservação não impôs gravames adicionais além dos que já incidiam por força de leis anteriores, como o Código Florestal. O poder público aduziu, ainda, que não promovera o desapossamento das terras. Com relação a essa situação hipotética e considerando a legislação de regência e a jurisprudência do STJ, assinale a opção correta:

a) O pagamento de indenização só ocorrerá se for caracterizada a desapropriação indireta, pois outras restrições ao direito de propriedade não são indenizáveis.

b) Há APPs na área objeto da lide, mas isso é irrelevante para o deslinde da causa.

c) Caso não tenha havido o desapossamento irreversível da propriedade, como alega o poder público, não restará caracterizada a desapropriação indireta.

d) No caso em apreço, a prescrição foi consumada, uma vez que é quinquenal o prazo para se obter indenização da fazenda pública em decorrência de desapropriação indireta.

e) A criação de unidade de conservação de proteção integral em área privada implica, necessariamente, o pagamento de indenização.

82. **(Cespe/TRF/1R/Juiz/2015)** Acerca do Sistema Nacional de Unidades de Conservação e das normas relativas à criação, implantação e gestão dessas unidades, assinale a opção correta:

a) Admite-se a transformação parcial de unidade de conservação de uso sustentável em unidade de conservação de proteção integral, desde que por meio de lei e obedecidas as exigências de prévios estudos e consulta pública.

b) À luz do entendimento do STF, é vedada a criação pelo poder público de mais de um tipo de unidade de conservação a partir de um mesmo procedimento administrativo.

c) As populações tradicionais residentes, de maneira irregular, em unidades de conservação poderão continuar a exercer as mesmas atividades já realizadas nas áreas ocupadas quando da criação da unidade.

d) O subsolo e o espaço aéreo, desde que contribuam para a estabilidade do ecossistema protegido, integram os limites das unidades de conservação.

e) As categorias de unidades de conservação de área de proteção ambiental e reserva particular de patrimônio natural devem contar com a delimitação de uma zona de amortecimento no seu entorno, cujo regime jurídico aplicável é o de uma limitação administrativa imposta aos proprietários, com vistas a minimizar os impactos negativos no interior da unidade de conservação.

83. (Cespe/PGE/AM/Procurador/2016) No estado do Amazonas, há uma RPPN sobreposta a uma APA, e outra RPPN sobreposta a uma RDS. Sabe-se que todas essas unidades de conservação são estaduais. Nesse caso, todas as sobreposições mencionadas contrariam a Lei Complementar do Amazonas n. 53/2007, que veda tais situações.

84. (Cespe/PC/GO/Delegado/2017) A respeito da legislação que trata da proteção das florestas e das unidades de conservação, assinale a opção correta:

a) O imóvel rural pode tornar-se reserva particular do patrimônio natural a partir do interesse do proprietário, mediante edição de lei municipal e após a concordância do órgão ambiental local.

b) Desde que haja autorização pelo órgão ambiental estadual, admite-se a exploração econômica mediante o manejo sustentável dos recursos naturais do imóvel rural ou urbano localizado em área de preservação permanente.

c) Com vistas à regularização ambiental, a reserva legal do imóvel rural localizado na Amazônia Legal poderá ser reduzida para até 50% da propriedade mediante autorização do órgão ambiental estadual, se o proprietário demonstrar a sustentabilidade do seu projeto de uso alternativo do solo.

d) Devem constar no Cadastro Ambiental Rural a identificação do proprietário ou possuidor do imóvel e a comprovação da propriedade ou posse, apesar de o cadastramento não constituir título de reconhecimento de posse ou propriedade.

e) O Sistema Nacional de Unidades de Conservação da Natureza classifica essas unidades em três grupos ou categorias, com características e objetivos específicos: as unidades de proteção integral, as unidades de uso sustentável e as unidades de preservação permanente.

85. (Cespe/PGM/Fortaleza/Procurador/2017) Nos parques nacionais, que são unidades de proteção integral, é permitida a realização de atividades educacionais e de recreação bem como o turismo ecológico.

86. (Cespe/AGU/Advogado/2015) A floresta nacional é unidade de conservação de uso sustentável, de posse e de domínio públicos, cuja criação deve ser precedida de estudos técnicos e de consulta pública que permitam identificar a localização, a dimensão e os limites mais adequados para a unidade, com vistas ao seu objetivo básico de uso múltiplo sustentável dos recursos florestais e pesquisa científica.

87. (Cespe/TRF/5R/Juiz/2017) A Lei que instituiu o Sistema Nacional de Unidades de Conservação da Natureza (Lei n. 9.985/2000), em seu art. 36, estabelece a seguinte modalidade de compensação ambiental: nos casos de licenciamento ambiental de empreendimentos de significativo impacto ambiental, o empreendedor é obrigado a apoiar a implantação e a manutenção de unidade de conservação do grupo de proteção integral. Considerando essa informação, assinale a opção que apresenta o princípio que embasa tal previsão legal, conforme a jurisprudência do Supremo Tribunal Federal (STF):

a) função social da propriedade.

b) usuário-pagador.

c) preponderância do interesse público.

d) solidariedade intergeracional.

e) precaução.

88. (Cespe/TRF/5R/Juiz/2017) Uma área em geral extensa, com certo grau de ocupação humana, dotada de atributos abióticos, bióticos, estéticos ou culturais especialmente importantes para a qualidade de vida e o bem-estar das populações humanas, e que tem como objetivos básicos proteger a diversidade biológica, disciplinar o processo de ocupação e assegurar a sustentabilidade do uso dos recursos naturais é considerada, pela legislação do Sistema Nacional de Unidades de Conservação da Natureza:

a) unidade de uso sustentável da categoria área de relevante interesse ecológico.

b) unidade de uso sustentável da categoria reserva de desenvolvimento sustentável.

c) unidade de proteção integral da categoria área de relevante interesse ecológico.

d) unidade de proteção integral da categoria área de proteção ambiental.

e) unidade de uso sustentável da categoria área de proteção ambiental.

89. (Cespe/PGE/AM/Procurador/2016) Segundo o SNUC, a reserva da biosfera é constituída por áreas de domínio público ou privado.

10. LICENCIAMENTO AMBIENTAL

* QUESTÕES DISCURSIVAS

01. **(Cespe/PGE/SE/Procurador/2017)** Determinado proprietário de terras, depois de instalar um empreendimento – modesta criação de animais silvestres de pequeno porte para o abate e consumo humano – no entorno de uma área de proteção ambiental, foi autuado por órgão fiscal ambiental, que argumentou estar o produtor rural desenvolvendo atividade econômica em imóvel localizado na zona de amortecimento daquela unidade de conservação, o que é vedado. Considerando a situação hipotética apresentada acima e a legislação pertinente sobre o assunto, elabore um texto dissertativo, respondendo, de modo fundamentado, aos seguintes questionamentos: (i) Há base legal para que subsista a autuação imposta ao proprietário com o fundamento utilizado pelo órgão de fiscalização ambiental? (ii) Dada a natureza do empreendimento, seriam necessárias a obtenção de licenciamento ambiental prévio e a apresentação de estudo de impacto ambiental?

* QUESTÕES OBJETIVAS

90. **(Cespe/PC/PE/Delegado/2016)** Determinada sociedade empresária pretende realizar, no mar territorial que banha o município de Recife/PE, atividade potencialmente causadora de significativa degradação ambiental. Nessa situação, de acordo com a Lei Complementar n. 140/2011, o licenciamento ambiental dessa atividade será promovido pelo(a):

a) município de Recife ou, caso ele não possua órgão ambiental capacitado para promover esse licenciamento, pelo estado de Pernambuco.
b) União.
c) município de Recife.
d) estado de Pernambuco.
e) estado de Pernambuco ou, caso ele não possua conselho de meio ambiente, pela União.

91. **(Cespe/TJ/PB/Juiz/2015)** Com base na jurisprudência do STF a respeito da ordem social na CF, assinale a opção correta especificamente em relação à seguridade social, à proteção ao meio ambiente, aos índios e ao adolescente:

a) Ao se condicionar a aprovação de licenciamento ambiental à prévia autorização de assembleia legislativa, viola-se o princípio da separação de poderes.
b) Em "habeas corpus", a invocação da condição de menoridade pelo paciente é suficiente para comprovar sua condição de inimputável.
c) Assegura-se aos índios a propriedade das terras que eles tradicionalmente ocupem e o usufruto exclusivo das riquezas encontradas em seu solo, rios e lagos.
d) A seguridade social tem caráter contributivo e filiação obrigatória.
e) Quanto à proteção ao meio ambiente, compete ao poder público definir espaços territoriais protegidos, em todas as unidades da Federação. Para tal, é necessário fazê-lo por meio de lei em sentido formal.

92. **(Cespe/TRF/5R/Juiz/2015)** A respeito do EIA-Rima, assinale a opção correta:

a) A Resolução Conama n. 1/1986 traz rol taxativo de atividades para cujo licenciamento ambiental é imprescindível o prévio EIA-Rima.
b) Entre outras hipóteses, a audiência pública para análise e discussão de EIA-Rima será realizada quando houver solicitação de cinquenta ou mais cidadãos.
c) A multidisciplinaridade da equipe habilitada para realização do EIA-Rima não é mais um requisito exigível devido a mudanças nas normas de regência.
d) Constatados impactos negativos de um empreendimento, o EIA-Rima definirá, obrigatoriamente, medidas mitigadoras, tais como cursos de educação ambiental à comunidade.
e) Os estados e municípios não podem legislar sobre o EIA, pois se trata de matéria de competência da União, atualmente delegada por lei ao Conama.

93. **(Cespe/TRF/1R/Juiz/2015)** Assinale a opção correta acerca do EIA e do procedimento de licenciamento ambiental:

a) Para o licenciamento ambiental de empreendimentos a serem instalados em municípios com mais de vinte mil habitantes, exige-se a realização de audiência pública para expor o conteúdo do EIA e do respectivo RIMA, bem como para recolher sugestões e dirimir dúvidas.
b) No âmbito do conteúdo do EIA, os impactos ambientais a serem analisados são os capazes de afetar direta ou indiretamente a biota e a qualidade dos recursos naturais, afastando-se os impactos de ordem econômica ou social.

c) O empreendedor e os profissionais que elaboram o EIA são responsáveis pelas informações apresentadas ao órgão ambiental competente e estão sujeitos a sanções nos âmbitos administrativo, penal e civil.

d) Para fins de orientar o poluidor no cumprimento de medidas de recuperação e(ou) indenização por danos causados em virtude de atividade industrial, exige-se o instrumento do licenciamento ambiental.

e) Nos casos devidamente justificados, para se aumentar a economicidade e eficiência, admite-se o procedimento de licenciamento ambiental conjunto, por exemplo, entre os órgãos ambientais federal e estaduais.

94. **(Cespe/TRF/1R/Juiz/2015)** Dado que, em determinadas situações, o instrumento do licenciamento ambiental se relaciona com as unidades de conservação da natureza, assinale a opção correta de acordo com a legislação ambiental e sua jurisprudência:

a) Se o empreendimento de significativo impacto ambiental afetar a zona de amortecimento da unidade de conservação, o órgão licenciador deverá solicitar opinião do órgão ambiental responsável pela gestão da unidade.

b) No licenciamento ambiental de empreendimento causador de significativo impacto ambiental, o empreendedor é obrigado a apoiar a implantação e a manutenção de unidade de conservação de proteção integral a título de compensação ambiental. Esse apoio é feito mediante investimento, cujo montante deve pagar, no mínimo, meio por cento dos custos totais da implantação do empreendimento.

c) A indicação, pelo órgão licenciador, do montante total a ser pago a título de compensação ambiental, à luz do entendimento do STF, deve ocorrer de acordo com o grau de impacto significativo negativo do empreendimento indicado no EIA e respectivo relatório (EIA/Rima).

d) Ao se aplicarem recursos de compensação ambiental na manutenção de unidades de conservação já criadas, devem-se priorizar as pesquisas sobre o manejo da unidade e área de amortecimento em relação à aquisição de bens e serviços necessários à implantação, gestão, monitoramento e proteção.

e) As atividades humanas no interior de unidades de conservação de uso sustentável, desde que compatíveis com os objetivos dessas unidades, devem ser precedidas de licenciamento ambiental.

95. **(Cespe/TRF/1R/Juiz/2015)** Um empreendedor deu entrada em pedido de licenciamento ambiental no órgão estadual competente. Após paralisar o procedimento por dez meses, o órgão estadual informou que não teria capacidade técnico-administrativa para licenciar o empreendimento e que só a teria após a realização e a conclusão de concurso público para a contratação de servidores, o que demoraria um ano aproximadamente. Diante desses fatos, o empreendedor pediu arquivamento do pedido no órgão estadual e solicitou a atuação do órgão ambiental federal, que assumiu o procedimento de licenciamento ambiental. Nessa situação hipotética, à luz da Lei Complementar n. 140/2011, a atuação do órgão federal:

a) decorreu de competência residual com o intuito de fornecer apoio técnico ao órgão estadual que continuará responsável pelo licenciamento.

b) decorreu de competência delegada por força de lei, que dispensa delegação formal pelo titular do órgão estadual.

c) decorreu da competência vertical, exercida diante da prevalência do interesse federal, superior hierarquicamente aos interesses dos demais entes da Federação.

d) foi regular, desde que as licenças ambientais tenham sido emitidas sob a responsabilidade dos titulares dos órgãos estadual e federal.

e) foi supletiva, em substituição ao órgão estadual originariamente detentor da atribuição para licenciar.

96. **(Cespe/PGM/Belo_Horizonte/Procurador/2017)** Um empreendedor pretende desenvolver atividade que utiliza recursos ambientais e é potencialmente poluidora. Nesse caso, o órgão de meio ambiente municipal detém a competência para o controle ambiental. Nessa situação:

a) cabem ao órgão ambiental municipal os estudos ambientais prévios necessários para a emissão de licença ambiental.

b) poderá dispensar-se o procedimento de licenciamento ambiental se o responsável pelo empreendimento assinar termo comprometendo-se a atender a legislação ambiental, em especial as normas de qualidade ambiental.

c) além da licença ambiental, exige-se que o empreendimento tenha registro no cadastro técnico federal de atividades potencialmente poluidoras ou utilizadoras de recursos ambientais.

d) se a atividade for exercida em desacordo com a licença ambiental emitida, será necessária, para a aplicação de multa, a comprovação de que foram causados danos ambientais significativos.

97. (Cespe/PGE/SE/Procurador/2017) Caio deseja iniciar uma criação de pacas ("Cuniculus paca"), com um plantel de quatro animais, para o fornecimento de carnes a um mercado consumidor desejoso de novidades. Para tanto, Caio apresentou ao órgão ambiental competente um pedido de licenciamento ambiental. Nesse caso, Caio poderá iniciar a atividade:

a) automaticamente após apresentar aos órgãos responsáveis o estudo de impacto ambiental e o relatório de impacto ambiental.
b) imediatamente após a concessão do licenciamento ambiental por ele requerido.
c) imediatamente após protocolar o pedido de licenciamento ambiental no órgão competente.
d) automaticamente, após o prazo de cento e vinte dias, caso o órgão ambiental se mantenha omisso na apreciação do pedido apresentado por ele.
e) imediatamente após protocolar novo pedido, a outro órgão ambiental, caso ocorra demora na análise do pedido apresentado originalmente.

98. (Cespe/PGE/AM/Procurador/2016) Determinado empreendimento obteve licença ambiental do estado X sem observância das exigências normativas previstas, o que resultou em lesão ao meio ambiente. Nessa situação, brasileiro naturalizado, residente e eleitor no estado Y, terá legitimidade para ajuizar ação popular no juízo competente contra o estado X com o objetivo de anular o ato concessório.

99. (Cespe/PGE/AM/Procurador/2016) O Ministério do Meio Ambiente é o órgão do Sisnama responsável por estabelecer normas e critérios para o licenciamento de atividades efetiva ou potencialmente poluidoras, a ser concedido pelos estados e supervisionado pelo IBAMA.

11. RESPONSABILIDADE AMBIENTAL

✱ SÚMULAS

STJ Súm. 613. Não se admite a aplicação da teoria do fato consumado em tema de direito ambiental.

✱ QUESTÕES DISCURSIVAS

02. (Cespe/PGM/Fortaleza/Procurador/2017) Durante a construção de uma barragem por determinada usina hidrelétrica, houve considerável diminuição da pesca artesanal na localidade, fazendo que a renda dos pescadores fosse reduzida drasticamente no período de um ano, o que prejudicou o sustento próprio deles e de suas famílias. Além disso, durante três meses, foi proibida a pesca na região em razão do período de defeso. Embora envidados esforços durante a ação judicial, o dano não foi mitigado pela usina, que afirmou não ter sido provado que ela foi causadora do dano e, também, que este seria decorrente de culpa exclusiva de terceiro. A propósito da situação hipotética acima descrita, responda, com fundamento na legislação e no entendimento do STJ, aos seguintes questionamentos: (i) Os pescadores têm direito a indenização por dano moral a partir do dano ambiental verificado e, também, por lucros cessantes no período em que foi proibida a pesca? (ii) Eventual culpa exclusiva de terceiro excluiria a responsabilidade ambiental da usina hidrelétrica? (iii) Em qual circunstância seria possível transferir para a usina o encargo de provar que sua conduta não ensejou riscos para o meio ambiente?

✱ QUESTÕES OBJETIVAS

100. (Cespe/PGE/PE/Procurador/2018) Determinada atividade poluiu parte de um rio no interior do estado de Pernambuco, o que comprometeu a pesca de subsistência no local. Diante dessa situação, um dos afetados pelos danos causados ajuizou ação indenizatória contra o responsável. Nessa situação hipotética, a ação poderá ser julgada

a) improcedente, se for comprovado que o poluidor observou os limites da emissão de poluentes, haja vista a sua responsabilidade ser subjetiva.
b) improcedente, se o dano perseguido for de cunho moral, uma vez que os danos extrapatrimoniais não são alcançáveis em demandas com fundo de direito ambiental.
c) improcedente, se for comprovado que a atividade que causou o dano era lícita, o que, por si só, caracteriza uma excludente da responsabilidade.
d) procedente, independentemente do nexo causal entre a conduta e o dano, uma vez que a responsabilidade do poluidor é objetiva.

e) procedente, independentemente da licitude da atividade e da observância dos limites de emissão de poluentes, uma vez que a responsabilidade do poluidor é objetiva.

101. **(Cespe/PC/PE/Delegado/2016)** A responsabilidade civil por grave acidente ambiental ocorrido em uma região de determinado estado da Federação será:

a) subjetiva, informada pela teoria do risco proveito.

b) objetiva, informada pela teoria do risco criado.

c) objetiva, informada pela teoria do risco integral.

d) subjetiva, informada pela teoria do risco criado.

e) subjetiva, informada pela teoria do risco integral.

102. **(Cespe/TJ/DFT/Juiz/2015)** Antônio depositou, a céu aberto, resíduos tóxicos em terreno de sua propriedade. Embora a área fosse cercada e houvesse placas de sinalização informando a presença de material tóxico, o acesso ao terreno era fácil, consentido e costumeiro. Joaquim, um morador que não conhecia bem a vizinhança, passou pelo local e sofreu, por conduta não dolosa, graves queimaduras decorrentes do contato com os resíduos tóxicos, pois, ao ver esse material, ficou curioso, se aproximou e o tocou. Acerca dessa situação hipotética, assinale a opção correta à luz do entendimento do STJ:

a) Aplica-se ao caso a teoria do risco integral, de modo que Antônio deverá responder pelos danos sofridos por Joaquim, a menos que fique comprovada a culpa exclusiva da vítima ou a ocorrência de caso fortuito ou força maior.

b) Não é aplicável ao caso a teoria do risco integral, uma vez que Joaquim era um estranho que não tinha qualquer relação jurídico-contratual com Antônio, a lesão foi cometida a indivíduo e não ao meio ambiente e foram colocadas placas de sinalização indicando a presença de material tóxico.

c) Caso Antônio tivesse depositado os resíduos na condição de agente de entidade estatal e não como particular, sua provável responsabilidade obedeceria ao regime do risco administrativo.

d) A conduta de Antônio enquadra-se no conceito de dano ambiental e a ela devem ser aplicados o princípio do poluidor-pagador e a responsabilidade objetiva por risco integral.

e) Se Antônio tivesse depositado os resíduos na condição de agente de entidade estatal, sua responsabilidade seria de natureza subjetiva, sendo necessário provar culpa lato sensu para que o Estado respondesse por condutas omissivas causadoras de dano ao meio ambiente.

103. **(Cespe/TRF/5R/Juiz/2015)** A Funai ajuizou ação contra o proprietário de imóvel rural lindeiro ao seu com a intenção de ser indenizada pelos danos decorrentes de incêndio iniciado nessa propriedade vizinha, ocasionado pela prática de queimada de palha de cana-de-açúcar. A Funai demonstrou que o fogo alcançou instalações de uma fazenda que ela utilizava para proporcionar qualificação em trabalho rural e extrativismo aos indígenas. Por sua vez, o MP, em razão desses fatos, ajuizou ACP em que objetivava a recomposição das áreas de reserva legal e o pagamento de indenização pelo dano ambiental. O réu alegou ilegitimidade passiva porque o fogo fora ateado por arrendatário de sua fazenda e, no mérito, alegou, ainda, ausência de dolo ou culpa de sua parte e que detinha autorização, pelo órgão competente, para efetivar a queimada da palha. Acerca dessa situação hipotética, assinale a opção correta:

a) A alegada autorização para a queima da palha de cana-de-açúcar é nula diante da proibição, expressa no Código Florestal, do uso de fogo para se erradicar vegetação.

b) Caso seja comprovado que o arrendatário realizou a queimada, deve ser afastada a responsabilidade do réu em ambas as ações.

c) Na ACP, haverá responsabilização objetiva, o que não ocorre com a ação ajuizada pela Funai.

d) Os danos patrimoniais sofridos pela Funai caracterizam-se como dano ambiental por ricochete.

e) O pedido de indenização na ACP tem de ser subsidiário ao pedido de recomposição "in natura", por ser a recomposição o principal interesse da tutela ambiental.

104. **(Cespe/PGM/Fortaleza/Procurador/2017)** De acordo com o entendimento do STJ, não se considera o novo proprietário de área degradada parte legítima para responder ação por dano ambiental, independentemente da existência ou não de culpa.

105. **(Cespe/PGM/Belo_Horizonte/Procurador/2017)** Em determinado município, há resíduos de construção civil e ocupações nas faixas marginais situadas a menos de trinta metros das bordas das calhas dos leitos de estreitos cursos d'água, perenes e intermitentes, que, em conjunto, abastecem a Lagoa da Prata. Tais resíduos estão provocando, nas últimas décadas, o assoreamento das margens e, por consequência, severos danos ambientais à bacia hidrográfica. Considerando essa situação hipotética, assinale a opção correta:

a) Será admitida a ocupação das referidas faixas marginais para a realização urgente de atividades de segurança nacional e obras de interesse da defesa civil que visem prevenir acidentes, desde que devidamente autorizadas pelo órgão ambiental competente.

b) Mesmo que intervenção irregular em uma das citadas faixas marginais tenha sido realizada por ação de proprietário anterior de determinado imóvel, será admitida a responsabilização civil de seu atual proprietário, que será responsável pela recomposição ambiental.

c) Para a preservação das citadas faixas marginais, é necessária a edição de lei municipal que as declare áreas de proteção ambiental e que proíba ocupações e depósitos de resíduos na largura de trinta metros.

d) Por força de mandamento constitucional, para a preservação das faixas marginais de recursos hídricos, não se admite intervenção nem ocupação por particulares, nem mesmo em caráter excepcional.

106. **(Cespe/AGU/Advogado/2015)** Conforme jurisprudência do STJ, ao contrário da responsabilidade administrativa ambiental, em que se exige pessoalidade da conduta, a responsabilidade civil ambiental pode ser exigida do novo proprietário do empreendimento, que deverá promover a recomposição da área de preservação permanente ilegalmente ocupada.

107. **(Cespe/AGU/Advogado/2015)** Os efeitos do empreendimento irregular que prejudicam o bem-estar da comunidade e sua atividade econômica de pesca enquadram-se na definição de degradação ambiental, de modo a ensejar a responsabilização civil ambiental.

108. **(Cespe/AGU/Advogado/2015)** A emissão de licença de operação para o funcionamento do empreendimento construído irregularmente e que se encontra consolidado será inexigível caso a reparação civil dos danos ambientais causados seja cumprida integralmente.

109. **(Cespe/PGM/Salvador/Procurador/2015)** O rompimento da barragem de uma empresa de mineração provocou o vazamento de um bilhão de litros de resíduos de lama tóxica, a qual percorreu vários quilômetros, atingiu várias cidades nos arredores e inundou casas, provocando o desabrigamento de várias famílias. Em razão disso, o MP entrou com ACP contra a empresa, a fim de buscar indenização pelos danos ambientais causados à coletividade e, além disso, o ressarcimento dos prejuízos materiais e morais sofridos pelos moradores. Com referência a essa situação hipotética, assinale a opção correta:

a) Caso a empresa seja condenada a ressarcir os danos ambientais causados, o valor terá de ser depositado em um fundo para ressarcimento dos particulares que se habilitarem na fase de execução da sentença.

b) De acordo com a teoria do risco integral, não basta a ocorrência do ato ilícito para a configuração da obrigação de indenizar por parte da empresa mineradora, sendo necessária a configuração do nexo causal entre o evento danoso e o dano causado.

c) A responsabilidade pelo dano ambiental poderá ser afastada caso fique comprovado em juízo que foram obtidas pela empresa todas as licenças ambientais para operação das atividades de mineração.

d) Caso fique comprovado que, além do rompimento da barragem, fortes chuvas concorreram para a inundação das casas, ter-se-á uma excludente de responsabilidade que afastará a obrigação da empresa de indenizar os danos sofridos.

e) O MP tem legitimidade para pleitear indenização por danos à coletividade, mas não poderia ajuizar a ação para ressarcimento dos danos materiais e morais sofridos pelos particulares.

110. **(Cespe/PC/GO/Delegado/2017)** Uma mineradora está respondendo por supostamente ter causado poluição capaz de gerar danos à saúde dos moradores de área próxima ao local de suas atividades. Alguns sócios com poderes de gerência foram apontados como corresponsáveis na esfera criminal. Foram impostas duas multas administrativas elevadas, uma por ente estadual e outra por ente federal, com base na mesma conduta. Na motivação, foi invocado o alto poder econômico da empresa como fator para gradação das multas. Alguns moradores já ajuizaram ações cíveis de reparação de danos. Com relação a essa situação hipotética, assinale a opção correta à luz da legislação pertinente e das posições doutrinárias majoritariamente aceitas:

a) A situação econômica do infrator não poderia ser levada em consideração para estabelecer o valor das multas impostas.
b) Ainda que tenha inexistido dolo na geração da poluição, poderá haver responsabilização criminal no caso.
c) Ainda que seja a mesma hipótese de incidência, as duas multas administrativas – federal e estadual – deverão ser pagas.
d) Como as esferas de responsabilização por infração ambiental são independentes entre si, inexiste situação em que a decisão criminal repercutirá nas demais e vice-versa.
e) Se a pessoa jurídica for condenada criminalmente, ficará excluída a responsabilidade criminal dos seus sócios-gerentes.

12. TEORIA E PRINCÍPIOS

12.1. Princípios

*** INFORMATIVOS DE JURISPRUDÊNCIA**

Princípio da insignificância e pesca no período de defeso

STF O princípio da bagatela não se aplica ao crime previsto no art. 34, "caput" c/c parágrafo único, II, da Lei 9.605/98 . HC 122560, Rel. Min. Marco Aurélio, j. 8.5.2018. 1ª T. (Info 905).

*** QUESTÕES OBJETIVAS**

111. **(Cespe/STM/Técnico/2018)** Constitui regra de garantia do direito humano fundamental ao meio ambiente a possibilidade de qualquer cidadão ser legitimado a propor ação popular visando à anulação de ato lesivo ao meio ambiente.

112. **(Cespe/PGE/PE/Procurador/2018)** A realização do estudo prévio de impacto ambiental como condição para que a Agência Estadual de Meio Ambiente do Estado de Pernambuco licencie determinada atividade ou empreendimento caracteriza a aplicação do princípio da

a) precaução.
b) prevenção.
c) cooperação.
d) informação.
e) participação.

113. **(Cespe/PC/PE/Delegado/2016)** Conforme previsto na CF, é necessária a realização de estudo prévio de impacto ambiental antes da implantação de empreendimentos e de atividades consideradas efetiva ou potencialmente causadoras de degradação ambiental, que constitui exigência que atende ao princípio do(a):

a) prevenção.
b) poluidor-pagador.
c) proibição do retrocesso ambiental.
d) participação comunitária.
e) usuário-pagador.

114. **(Cespe/TRF/1R/Juiz/2015)** No direito ambiental, o princípio do poluidor-pagador, em sentido estrito, fundamentado na teoria econômica, pode ser observado, por exemplo, na hipótese de:

a) conversão de multa em prestação de serviços de preservação, melhoria e recuperação do meio ambiente, desde que os custos desses serviços não sejam inferiores ao valor da multa convertida.
b) imposição de limitações administrativas à propriedade privada, nos casos em que o proprietário pretenda exercer atividade econômica potencial ou efetivamente poluidora em imóvel rural.
c) imposição ao empreendedor de obrigação de manter investimentos em desenvolvimento científico contínuo, quando houver incertezas científicas sobre a ameaça de danos ambientais graves ou irreversíveis causados pela sua atividade econômica.
d) imposição de multa administrativa pelo órgão ambiental fiscalizador ao responsável por atividade econômica poluidora, de forma a garantir, por meio de compensação pecuniária, o exercício da atividade econômica poluidora.
e) imposição ao empreendedor, pelo órgão competente, de obrigação de arcar com os custos de prevenção, mitigação e compensação de impactos ambientais causados pela atividade econômica, como condição para o licenciamento.

115. **(Cespe/PGM/Fortaleza/Procurador/2017)** Por disciplinar situações que podem ocorrer antes do dano, o princípio da prevenção não inclui a restauração de recursos ambientais.

116. **(Cespe/PGM/Fortaleza/Procurador/2017)** Ao usuário será imposta contribuição pelos custos advindos da utilização de recursos ambientais com fins econômicos.

117. **(Cespe/PGM/Belo_Horizonte/Procurador/2017)** Acerca do conteúdo e da aplicação dos princípios do direito ambiental, assinale a opção correta:

a) A participação ambiental da sociedade não substitui a atuação administrativa do poder público, mas deve ser considerada quando da tomada de decisões pelos agentes públicos.

b) A legislação ambiental não promove exigência relacionada à aplicação do princípio do usuário-pagador, que impõe o pagamento pelo uso do recurso ambiental.

c) Conforme a doutrina majoritária, os princípios da prevenção e da precaução são sinônimos, já que ambos visam inibir riscos de danos ao meio ambiente.

d) A essência do princípio do poluidor-pagador está relacionada à compensação dos danos causados ao meio ambiente: no sentido de "poluiu pagou".

118. **(Cespe/PGM/Salvador/Procurador/2015)** A respeito dos princípios do direito ambiental, assinale a opção correta:

a) Determinada conduta apenas poderá ser proibida se houver certeza científica sobre sua prejudicialidade ao meio ambiente.

b) O princípio da ubiquidade implica que cada estado deve atuar para evitar o dano ambiental nos limites do seu território.

c) De acordo com o princípio do desenvolvimento sustentável, devem ser eliminadas todas as atividades econômicas que impliquem degradação do meio ambiente natural.

d) No direito ambiental, vige o princípio da reparação do dano ambiental, segundo o qual cabe ao autor do dano promover o ressarcimento in natura ou em dinheiro, conforme a gravidade do dano causado.

e) O princípio do poluidor pagador pode incidir também em casos de conduta lícita do particular.

119. **(Cespe/PGE/SE/Procurador/2017)** Determinada indústria têxtil elimina seus componentes químicos no rio que abastece uma cidade, alterando as características do meio ambiente e prejudicando a segurança e o bem-estar da população. Nesse caso, o princípio ambiental que determina o dever da indústria de arcar com as consequências econômicas da atividade descrita é o princípio:

a) da precaução.

b) da equidade intergeracional.

c) da prevenção.

d) do poluidor-pagador.

e) do usuário-pagador.

120. **(Cespe/PC/GO/Delegado/2017)** No que concerne à Constituição Federal de 1988 (CF) e ao meio ambiente, assinale a opção correta:

a) Entende-se a previsão constitucional de um meio ambiente ecologicamente equilibrado tanto como um direito fundamental quanto como um princípio jurídico fundamental que orienta a aplicação das regras legais.

b) O princípio da livre iniciativa impede que o poder público fiscalize entidades dedicadas à pesquisa e à manipulação de material genético.

c) O estudo prévio de impacto ambiental será dispensado nos casos de obras públicas potencialmente causadoras de significativa degradação ambiental quando elas forem declaradas de utilidade pública ou de interesse social.

d) Os espaços territoriais especialmente protegidos, definidos e criados por lei ambiental, poderão ser suprimidos por meio de decreto do chefe do Poder Executivo municipal para permitir a moradia de população de baixa renda em área urbana.

e) A competência para proteger o meio ambiente e combater a poluição em todas as suas formas é concorrente entre a União, os estados, o Distrito Federal (DF) e os municípios, de modo que a ação administrativa do órgão ambiental da União prevalece sobre a ação dos demais entes federativos.

121. **(Cespe/PGE/AM/Procurador/2016)** O art. 36 da Lei n. 9.985/2000 dispõe que "Nos casos de licenciamento ambiental de empreendimentos de significativo impacto ambiental, assim considerado pelo órgão ambiental competente, com fundamento em estudo de impacto ambiental e respectivo relatório – EIA/RIMA, o empreendedor é obrigado a apoiar a implantação e manutenção de unidade de conservação do Grupo de Proteção Integral, de acordo com o disposto neste artigo e no regulamento desta Lei". Segundo o STF, esse artigo materializa o princípio do usuário-pagador, instituindo um mecanismo de assunção partilhada da responsabilidade social pelos custos ambientais derivados da atividade econômica.

13. TUTELA PROCESSUAL

✱ QUESTÕES DISCURSIVAS

03. **(Cespe/AGU/Procurador/2013)** Tendo em vista que, na atualidade, inúmeras ações judiciais têm sido impetradas contra autarquias federais, visando à liberação de bens apreendidos por estarem sendo utilizados em infrações ambientais, como, por exemplo, caminhões utilizados no transporte de madeira ilegalmente extraída; gaiolas e malas utilizadas no transporte de animais silvestres; e tratores utilizados para desmatamento ou parcelamento irregular, redija um texto dissertativo a respeito da apreensão de bens utilizados na prática de infrações administrativas ambientais. Ao elaborar seu texto, aborde, necessariamente, os seguintes pontos: (i) apreensão como cautela ou como sanção administrativa; (ii) momentos de aplicação da apreensão; (iii) aplicabilidade ou não das modalidades de apreensão à esfera penal; (iv) possibilidade ou não da apreensão administrativa definitiva se houver absolvição do autuado na esfera penal.

✱ QUESTÕES OBJETIVAS

122. **(Cespe/PGE/PE/Procurador/2018)** Determinado empreendimento licenciado pelo estado de Pernambuco tem desrespeitado normas ambientais, o que vem causando danos ao meio ambiente. Diante desse fato, determinada associação legitimada deseja propor ação civil pública contra os responsáveis pelo dano. À luz da Lei n. 7.347/1985 e suas alterações. Nessa situação hipotética:

a) o foro competente será o do local do dano.

b) a parte autora não poderá desistir da ação após sua propositura.

c) o objeto da ação deverá ser condenação em dinheiro.

d) o MP deverá ser habilitado como litisconsorte.

e) as custas processuais deverão ser adiantadas pela parte autora.

123. **(Cespe/TRF/5R/Juiz/2017)** Em se tratando de ação civil pública por danos ambientais ajuizada:

a) por associação de vítimas, eventuais multas processuais serão revertidas em favor dos associados.

b) pelo Ministério Público, a indenização arbitrada em sentença será destinada às vítimas diretas do prejuízo ambiental.

c) por estado-membro, a indenização arbitrada em sentença será destinada ao erário estadual.

d) por associação, a indenização arbitrada em sentença será destinada aos associados.

e) pelo Ministério Público, eventuais multas processuais serão revertidas em favor do Fundo de Direitos Difusos.

124. **(Cespe/TRF/5R/Juiz/2017)** O Ministério Público ajuizou ações na esfera cível e criminal contra empresa exploradora de petróleo, alegando prejuízos decorrentes de vazamento de óleo combustível em águas marinhas. O vazamento de óleo resultou na mortandade da fauna aquática e o Instituto Brasileiro do Meio Ambiente e dos Recursos Naturais Renováveis (IBAMA) determinou, então, a imediata proibição de pesca na região, por seis meses. Na fase de provas, foram provadas a regularidade das instalações da empresa, que contava com as melhores tecnologias disponíveis, e a idoneidade dos esforços para a reparação do problema, tendo o prejuízo ocorrido por motivo de força maior. Determinado pescador profissional ajuizou ação indenizatória individual pelos mesmos fatos, requerendo danos materiais e morais. A respeito dessa situação hipotética, assinale a opção correta:

a) A pretensão indenizatória na ação civil pública pelo dano ambiental difuso é imprescritível.

b) A pretensão do pescador é imprescritível.

c) A responsabilidade da empresa pela poluição gerada é objetiva em todas as ações.

d) Se reconhecida processualmente, a força maior afastará a obrigação de indenizar.

e) O reconhecimento da força maior como determinante do dano não tem repercussão na ação criminal.

125. **(Cespe/TRF/5R/Juiz/2017)** Em um processo administrativo sancionador no âmbito do Ibama, foi proferida decisão – ainda sujeita a recurso – aplicando multa ao autor de infração administrativa ambiental. A respeito dessa situação hipotética, é correto inferir que:

a) a infração administrativa sob análise está tipificada também como contravenção penal.

b) a aplicação de multa foi antecedida pela aplicação da pena de advertência em processo anterior.

c) a multa aplicada é prevista em portaria do Ibama.

d) a admissibilidade de recurso administrativo está condicionada ao prévio depósito do valor da multa.

e) ainda não está em curso o prazo prescricional para a cobrança da multa.

14. TEMAS ESPARSOS

* INOVAÇÕES LEGISLATIVAS

▲ Lei da Gestão de Florestas Públicas (Lei 11.284/06): sem alterações em 2017/2018.

▲ Lei do Bioma Mata Atlântica (Lei 11.428/06): sem alterações em 2017/2018.

* QUESTÕES DISCURSIVAS

04. **(Cespe/DPU/Defensor/2017)** Por muitos anos, Humberto manteve em sua residência, como animal de estimação, um papagaio, animal silvestre não ameaçado de extinção. O animal era bem tratado, mas não havia qualquer documentação de origem. Após denúncia anônima, a fiscalização do Ibama apreendeu o animal, diante da ausência de documentos, com fundamento na legislação ambiental. Nessa situação hipotética, é possível a Humberto postular, judicialmente, com sucesso, a restituição da guarda do referido papagaio? Explique e fundamente sua resposta.

05. **(Cespe/TJ/ES/Cartórios/Remoção/2013)** A 19ª Conferência da Organização das Nações Unidas (ONU) sobre Mudança Climática, realizada em Varsóvia, em novembro de 2013, apesar de poder ser vista como uma preparação de terreno para a reunião de Paris, em 2015, que selará as bases para o novo acordo global de redução da emissão de Gases do Efeito Estufa (GEE) que começa a valer em 2019, é estratégica. Isso porque muitos temem que se os principais pontos de embate entre os países não começarem a ser solucionados, em 2015 não haverá tempo suficiente para fechar um texto consensual. O Globo, 12.11.2013, p. 29 (com adaptações). Considerando que o fragmento de texto acima tem caráter unicamente motivador, redija um texto dissertativo acerca do seguinte tema: "O planeta em perigo: o combate às causas do aquecimento global é tarefa de todos". Ao elaborar seu texto, aborde, necessariamente, os seguintes aspectos: (i) as ações humanas que resultam em alterações climáticas; (ii) o modelo de desenvolvimento e o aquecimento global; (iii) a questão ambiental e a agenda política do mundo contemporâneo.

* QUESTÕES OBJETIVAS

126. **(Cespe/STM/Analista/2018)** A Constituição vigente veda a prática de atividades desportivas que envolvam animais, por considerá-las cruéis, sendo irrelevante, sob a ótica constitucional, que a atividade esteja registrada como patrimônio cultural brasileiro ou regulamentada por lei específica.

127. **(Cespe/PC/PE/Delegado/2016)** O Instituto Chico Mendes de Conservação da Biodiversidade (Instituto Chico Mendes) é uma:

a) sociedade de economia mista criada pela União.

b) empresa pública federal.

c) autarquia federal.

d) fundação pública de direito público.

e) instituição da administração direta do Poder Executivo federal.

128. **(Cespe/TJ/PB/Juiz/2015)** Acerca de biossegurança, OGMs e responsabilidade ambiental no âmbito do direito ambiental e dos principais instrumentos de proteção internacional, assinale a opção correta:

a) O princípio da prevenção é aplicado em julgamentos relacionados à incerteza científica dos possíveis danos causados ao meio ambiente pelos OGMs.

b) A legislação que regulamenta as atividades que envolvam OGM prevê hipóteses em que será permitida a comercialização de material biológico.

c) A responsabilidade por danos ambientais causados pela exploração de OGMs possui natureza de responsabilidade compartilhada, que difere da responsabilidade solidária.

d) O Protocolo de Cartagena foi negociado no âmbito da Convenção sobre Diversidade Biológica como um instrumento mais preciso e específico que essa convenção.

e) A CF é silente em relação às atividades de pesquisa e manipulação de material genético.

129. (Cespe/TJ/PB/Juiz/2015) A componente ambiental da definição de função social da propriedade é um dos elementos fundamentais da sua configuração. No entanto, atualmente, a expressão mais adequada seria função socioambiental da propriedade. A esse respeito, tendo como base as normas jurídicas aplicáveis e a jurisprudência dos tribunais superiores, assinale a opção correta:

a) Para que novo adquirente de propriedade seja responsabilizado por danos causados nessa propriedade pelo antigo proprietário, é necessário que se demonstre o nexo de causalidade entre o causador do dano e o dano em si.
b) A área de propriedade com reserva legal, conservada e inscrita no cadastro ambiental rural, que exceder o mínimo legal exigido deverá constituir servidão ambiental, implementada por meio de cota de reserva ambiental.
c) Conforme disposto no Código Florestal, os proprietários de imóveis rurais e urbanos em que seja instituída uma reserva legal devem conservar o meio ambiente na área determinada pela lei.
d) O STF, ao interpretar a função social da propriedade, garante a preponderância dos critérios sociais e ambientais sobre o critério econômico no que concerne à desapropriação de imóveis rurais para fins de reforma agrária.
e) A função socioambiental da propriedade está prevista no Código Civil como um limite às faculdades do proprietário.

130. (Cespe/TJ/PB/Juiz/2015) A respeito da normatização nacional das atividades de mineração, assinale a opção correta:

a) A pesquisa e a lavra de recursos minerais em terras indígenas dependem, entre outros fatores, de autorização da Presidência da República e da garantia de participação dos indígenas em, no mínimo, 10% dos resultados da lavra.
b) A mineração em terras indígenas dispensa regulamentação específica, já que tal atividade está suficientemente normatizada na CF.
c) A reserva de desenvolvimento sustentável e a reserva extrativista, instituídas pelo SNUC, são as duas unidades de conservação onde é permitida a realização de atividades de mineração.
d) O Código de Minas regulamenta a fiscalização, por parte do governo federal, da pesquisa, da lavra, das atividades da indústria mineral e da mineração em terras indígenas.
e) Conforme está previsto na CF, os recursos minerais existentes em terras indígenas pertencem à União, sendo permitido, na forma da lei, que atividades de mineração sejam exercidas nessas áreas.

131. (Cespe/PGM/Fortaleza/Procurador/2017) O conceito de meio ambiente que vem embutido na norma jurídica não abrange o conjunto de leis que rege a vida em todas as suas formas.

132. (Cespe/TRE/PE/Analista/2017) Com base no disposto pela Política Nacional sobre Mudanças do Clima (PNMC) e pela Resolução n. 23.474/2016 do TSE, assinale a opção correta:

a) Em razão da repartição de competências federativas, as diretrizes da PNMC restringem-se ao apoio à participação do governo federal na execução de programas e ações relacionados a mudanças climáticas, cabendo aos governos estaduais e municipais estabelecer, de modo independente, suas próprias estratégias.
b) As instituições financeiras oficiais disponibilizarão linhas de crédito e financiamento voltadas especificamente a órgãos e entidades públicas, visando à observância e à execução da PNMC.
c) A PNMC visa, entre outros objetivos, ao abandono do uso de fontes energéticas que utilizem combustíveis fósseis.
d) Os ônus e encargos decorrentes das medidas a serem adotadas no âmbito da PNMC devem ser distribuídos entre os setores econômicos, devendo ser eximidas dessa responsabilidade as populações e comunidades interessadas.
e) A implementação de processo judicial eletrônico e a informatização dos processos e procedimentos administrativos guardam relação com o uso sustentável de recursos naturais, com o combate ao desperdício e com o consumo consciente de materiais.

133. (Cespe/TRF/5R/Juiz/2017) Assinale a opção que apresenta o instrumento de cooperação internacional para a consecução dos princípios e objetivos da Convenção da Diversidade Biológica e que abrange o tema da repartição dos benefícios advindos da utilização dos conhecimentos tradicionais associados à biodiversidade:

a) Protocolo de Cartagena.
b) Convenção da Basileia.
c) Convenção de Ramsar.
d) Protocolo de Quioto.
e) Protocolo de Nagoya.

3. DIREITO CIVIL

1. DAS PESSOAS

1.1. Das Pessoas Naturais

✱ SÚMULAS

CJF Súm. 387. É lícita a cumulação das indenizações de dano estético e dano moral.

CJF Súm. 403. Independe de prova do prejuízo a indenização pela publicação não autorizada de imagem de pessoa com fins econômicos ou comerciais.

✱ ENUNCIADOS CJF

1) Da Personalidade e da Capacidade

CJF Civil 1. A proteção que o Código defere ao nascituro alcança o natimorto no que concerne aos direitos da personalidade, tais como nome, imagem e sepultura.

CJF Civil 2. Sem prejuízo dos direitos da personalidade nele assegurados, o art. 2º do Código Civil não é sede adequada para questões emergentes da reprogenética humana, que deve ser objeto de um estatuto próprio.

CJF Civil 3. A redução do limite etário para a definição da capacidade civil aos 18 anos não altera o disposto no art. 16, I, da Lei n. 8.213/91, que regula a específica situação de dependência econômica para fins previdenciários e outras situações similares de proteção, previstas em legislação especial.

CJF Civil 272. Não é admitida em nosso ordenamento jurídico a adoção por ato extrajudicial, sendo indispensável a atuação jurisdicional, inclusive para a adoção de maiores de dezoito anos.

CJF Civil 273. Tanto na adoção bilateral quanto na unilateral, quando não se preserva o vínculo com qualquer dos genitores originários, deverá ser averbado o cancelamento do registro originário de nascimento do adotado, lavrando-se novo registro. Sendo unilateral a adoção, e sempre que se preserve o vínculo originário com um dos genitores, deverá ser averbada a substituição do nome do pai ou da mãe natural pelo nome do pai ou da mãe adotivos.

CJF Civil 397. A emancipação por concessão dos pais ou por sentença do juiz está sujeita a desconstituição por vício de vontade.

CJF Civil 530. A emancipação, por si só, não elide a incidência do Estatuto da Criança e do Adolescente.

2) Dos Direitos da Personalidade

CJF Civil 4. O exercício dos direitos da personalidade pode sofrer limitação voluntária, desde que não seja permanente nem geral.

CJF Civil 5. (1) As disposições do art. 12 têm caráter geral e aplicam-se inclusive às situações previstas no art. 20, excepcionados os casos expressos de legitimidade para requerer as medidas nele estabelecidas; (2) As disposições do art. 20 do novo Código Civil têm a finalidade específica de regrar a projeção dos bens personalíssimos nas situações nele enumeradas. Com exceção dos casos expressos de legitimação que se conformem com a tipificação preconizada nessa norma, a ela podem ser aplicadas subsidiariamente as regras instituídas no art. 12.

CJF Civil 6. A expressão "exigência médica", contida no art. 13, refere-se tanto ao bem-estar físico quanto ao bem-estar psíquico do disponente.

CJF Civil 139. Os direitos da personalidade podem sofrer limitações, ainda que não especificamente previstas em lei, não podendo ser exercidos com abuso de direito de seu titular, contrariamente à boa-fé objetiva e aos bons costumes.

CJF Civil 140. A primeira parte do art. 12 do Código Civil refere-se às técnicas de tutela específica, aplicáveis de ofício, enunciadas no art. 461 do Código de Processo Civil, devendo ser interpretada com resultado extensivo.

CJF Civil 274. Os direitos da personalidade, regulados de maneira não exaustiva pelo Código Civil, são expressões da cláusula geral de tutela da pessoa humana, contida no art. 1º, III, da Constituição (princípio da dignidade da pessoa humana). Em caso de colisão entre eles, como nenhum pode sobrelevar os demais, deve-se aplicar a técnica da ponderação.

CJF Civil 275. O rol dos legitimados de que tratam os arts. 12, parágrafo único, e 20, parágrafo único, do Código Civil também compreende o companheiro.

CJF Civil 276. O art. 13 do Código Civil, ao permitir a disposição do próprio corpo por exigência médica, autoriza as cirurgias de transgenitalização, em conformidade com os procedimentos estabelecidos pelo Conselho Federal de Medicina, e a consequente alteração do prenome e do sexo no Registro Civil.

CJF Civil 277. O art. 14 do Código Civil, ao afirmar a validade da disposição gratuita do próprio corpo, com objetivo científico ou altruístico, para depois da morte, determinou que a manifestação expressa do doador de órgãos em vida prevalece sobre a vontade dos familiares, portanto, a aplicação do art. 4º da Lei n. 9.434/97 ficou restrita à hipótese de silêncio do potencial doador.

CJF Civil 278. A publicidade que venha a divulgar, sem autorização, qualidades inerentes a determinada pessoa, ainda que sem mencionar seu nome, mas sendo capaz de identificá-la, constitui violação a direito da personalidade.

CJF Civil 279. A proteção à imagem deve ser ponderada com outros interesses constitucionalmente tutelados, especialmente em face do direito de amplo acesso à informação e da liberdade de imprensa. Em caso de colisão, levar-se-á em conta a notoriedade do retratado e dos fatos abordados, bem como a veracidade destes e, ainda, as características de sua utilização (comercial, informativa, biográfica), privilegiando-se medidas que não restrinjam a divulgação de informações.

CJF Civil 398. As medidas previstas no art. 12, parágrafo único, do Código Civil podem ser invocadas por qualquer uma das pessoas ali mencionadas de forma concorrente e autônoma.

CJF Civil 399. Os poderes conferidos aos legitimados para a tutela "post mortem" dos direitos da personalidade, nos termos dos arts. 12, parágrafo único, e 20, parágrafo único, do CC, não compreendem a faculdade de limitação voluntária.

CJF Civil 400. Os parágrafos únicos dos arts. 12 e 20 asseguram legitimidade, por direito próprio, aos parentes, cônjuge ou companheiro para a tutela contra a lesão perpetrada "post mortem".

CJF Civil 401. Não contraria os bons costumes a cessão gratuita de direitos de uso de material biológico para fins de pesquisa científica, desde que a manifestação de vontade tenha sido livre e esclarecida e puder ser revogada a qualquer tempo, conforme as normas éticas que regem a pesquisa científica e o respeito aos direitos fundamentais.

CJF Civil 402. O art. 14, parágrafo único, do Código Civil, fundado no consentimento informado, não dispensa o consentimento dos adolescentes para a doação de medula óssea prevista no art. 9º, § 6º, da Lei n. 9.434/1997 por aplicação analógica dos arts. 28, § 2º (alterado pela Lei n. 12.010/2009), e 45, § 2º, do ECA.

CJF Civil 403. O direito à inviolabilidade de consciência e de crença, previsto no art. 5º, VI, da Constituição Federal, aplica-se também à pessoa que se nega a tratamento médico, inclusive transfusão de sangue, com ou sem risco de morte, em razão do tratamento ou da falta dele, desde que observados os seguintes critérios: a) capacidade civil plena, excluído o suprimento pelo representante ou assistente; b) manifestação de vontade livre, consciente e informada; e c) oposição que diga respeito exclusivamente à própria pessoa do declarante.

CJF Civil 404. A tutela da privacidade da pessoa humana compreende os controles espacial, contextual e temporal dos próprios dados, sendo necessário seu expresso consentimento para tratamento de informações que versem especialmente o estado de saúde, a condição sexual, a origem racial ou étnica, as convicções religiosas, filosóficas e políticas.

CJF Civil 405. As informações genéticas são parte da vida privada e não podem ser utilizadas para fins diversos daqueles que motivaram seu armazenamento, registro ou uso, salvo com autorização do titular.

CJF Civil 531. A tutela da dignidade da pessoa humana na sociedade da informação inclui o direito ao esquecimento.

CJF Civil 532. É permitida a disposição gratuita do próprio corpo com objetivos exclusivamente científicos, nos termos dos arts. 11 e 13 do Código Civil.

CJF Civil 533. O paciente plenamente capaz poderá deliberar sobre todos os aspectos concernentes a tratamento médico que possa lhe causar risco de vida, seja imediato ou mediato, salvo as situações de emergência ou no curso de procedimentos médicos cirúrgicos que não possam ser interrompidos.

CJF Civil 576. O direito ao esquecimento pode ser assegurado por tutela judicial inibitória.

CJF Civil 613. A liberdade de expressão não goza de posição preferencial em relação aos direitos da personalidade no ordenamento jurídico brasileiro.

3) Da Ausência

CJF Civil 97. No que tange à tutela especial da família, as regras do Código Civil que se referem apenas ao cônjuge devem ser estendidas à situação jurídica que envolve o companheirismo, como por exemplo na hipótese de nomeação de curador dos bens do ausente (art. 25 do Código Civil).

CJF Civil 614. Os efeitos patrimoniais da presunção de morte posterior à declaração da ausência são aplicáveis aos casos do art. 7º, de modo que, se o presumivelmente morto reaparecer nos dez anos seguintes à abertura da sucessão, receberá igualmente os bens existentes no estado em que se acharem.

* QUESTÕES OBJETIVAS

01. **(Cespe/STM/Analista/2018)** O companheiro do ausente na ocasião do desaparecimento deste deve ser considerado como seu curador legítimo e possui preferência, em relação aos pais ou descendentes da pessoa desaparecida, para exercer essa função.

02. **(Cespe/PC/MA/Delegado/2018)** O início da personalidade civil das pessoas físicas e das pessoas jurídicas de direito privado ocorre, respectivamente, com

a) o nascimento com vida e com a inscrição do ato constitutivo no respectivo registro, precedida de autorização ou aprovação do Poder Executivo, quando necessária.

b) o registro civil do nascido com vida e com a inscrição do ato constitutivo no respectivo registro, precedida de autorização ou aprovação do Poder Executivo, quando necessária.

c) a concepção do nascituro e com a autorização ou aprovação do Poder Executivo, quando necessária.

d) o registro civil do nascido com vida e com a autorização ou aprovação do Poder Executivo.

e) a concepção do nascituro e com a inscrição do ato constitutivo no respectivo registro, precedida de autorização ou aprovação do Poder Executivo, quando necessária.

03. **(Cespe/TCE/PA/Auditor/2016)** Será considerada absolutamente incapaz a pessoa que, por causa permanente, não puder exprimir sua vontade, caso em que necessitará de representante legal para exercer os atos da vida civil.

04. **(Cespe/PC/PE/Delegado/2016)** Com base nas disposições do Código Civil, assinale a opção correta a respeito da capacidade civil:

a) Os pródigos, outrora considerados relativamente incapazes, não possuem restrições à capacidade civil, de acordo com a atual redação do código em questão.

b) Indivíduo que, por deficiência mental, tenha o discernimento reduzido é considerado relativamente incapaz.

c) O indivíduo que não consegue exprimir sua vontade é considerado absolutamente incapaz.

d) Indivíduos que, por enfermidade ou deficiência mental, não tiverem o necessário discernimento para a prática dos atos da vida civil são considerados absolutamente incapazes.

e) Somente os menores de dezesseis anos de idade são considerados absolutamente incapazes pela lei civil.

05. **(Cespe/TCE/SC/Auditor/2016)** A pessoa maior de dezoito anos que, em decorrência de lesão causada em acidente, entre em estado de coma e, por isso, fique transitoriamente impedida de exprimir sua vontade será considerada absolutamente incapaz de exercer os atos da vida civil.

06. **(Cespe/Funpresp/Especialista Jurídico/2016)** O uso do nome em propaganda comercial, sem autorização, não constituirá ilícito se esse fato não expuser a pessoa ao desprezo público.

07. **(Cespe/TRE/PI/Analista/2016)** Pedro, em razão de ter mudado de cidade, concedeu a seu amigo Carlos, que tem dezesseis anos de idade, poderes para, em seu nome, praticar os atos necessários à venda de um imóvel. Considerando essa situação hipotética, assinale a opção correta:

a) Caso Carlos desatenda a alguma instrução, Pedro se desobriga a cumprir o contrato.

b) Para que o contrato se aperfeiçoe, Carlos deverá aceitar expressamente.

c) Caso Pedro venha a falecer, Carlos poderá agir no interesse dos herdeiros, se houver.

d) O fato de Carlos ter dezesseis anos não torna anulável o contrato.

e) Por ser ato "intuitu personae", é vedado a Carlos substabelecer.

08. **(Cespe/TRT/8R/Oficial_Justiça/2016)** A respeito da pessoa natural e da pessoa jurídica, assinale a opção correta:

a) Os partidos políticos, assim como os municípios e a União, são pessoas jurídicas de direito público interno.

b) Ao permitir que o nascituro pleiteie alimentos ao suposto pai, por meio de ação judicial, a lei reconheceu-lhe personalidade jurídica.

c) No caso de um tutor pretender adquirir para si bens do tutelado, é correto afirmar que aquele tem capacidade para a prática desse negócio jurídico, mas carece de legitimação para realizar tal aquisição.

d) São considerados absolutamente incapazes os menores de dezesseis anos de idade, os pródigos e aqueles que, mesmo por causa transitória, não puderem exprimir sua vontade.

e) A dotação especial de bens livres do instituidor para a criação da fundação só tem validade se feita por escritura pública, sendo vedada a sua instituição mediante testamento.

09. (Cespe/DPE/PE/Defensor/2015) A exagerada e indefinida exploração midiática de crimes e tragédias privadas deve ser impedida, a fim de se respeitar o direito ao esquecimento das vítimas de crimes e, assim, preservar a dignidade da pessoa humana.

10. (Cespe/DPE/PE/Defensor/2015) O espólio possui legitimidade para postular indenização por danos morais pelos prejuízos decorrentes de ofensa à imagem do falecido, em virtude da contratação de cartão de crédito após a morte do usuário, com a inscrição do seu nome nos cadastros de devedores inadimplentes.

11. (Cespe/TJ/AM/Juiz/2016) Assinale a opção correta a respeito da pessoa natural e da pessoa jurídica:

a) Será tido como inexistente o ato praticado por pessoa absolutamente incapaz sem a devida representação legal.

b) Pelo critério da idade, crianças são consideradas absolutamente incapazes e adolescentes, relativamente incapazes.

c) As fundações são entidades de direito privado e se caracterizam pela união de pessoas com o escopo de alcançarem fins não econômicos.

d) Para se adquirir a capacidade civil plena, é necessário alcançar a maioridade civil, mas é possível que, ainda que maior de dezoito anos, a pessoa natural seja incapaz de exercer pessoalmente os atos da vida civil.

e) O reconhecimento da morte presumida, quando for extremamente provável a morte de quem estava com a vida sob risco, independe da declaração da ausência.

12. (Cespe/TJ/PB/Juiz/2015) Acerca das pessoas naturais, assinale a opção correta:

a) A emancipação voluntária depende de decisão judicial e de averbação no cartório do registro civil do lugar onde estiver registrada a pessoa emancipada.

b) A comoriência é a presunção de simultaneidade de óbitos e o seu reconhecimento depende da demonstração de que os comorientes faleceram nas mesmas condições de tempo e local, não se podendo comprovar qual morte precedeu às demais.

c) O registro civil das pessoas naturais é obrigatório e tem natureza constitutiva.

d) A legislação civil brasileira admite o reconhecimento de morte sem a existência de cadáver e sem a necessidade de declaração de ausência.

e) Os menores de dezesseis anos são absolutamente incapazes, de fato e de direito, e, mesmo que representados, não têm legitimação para determinados atos.

13. (Cespe/PGE/AM/Procurador/2016) Uma pessoa poderá firmar contrato que limite seus direitos da personalidade caso o acordo seja-lhe economicamente vantajoso.

14. (Cespe/Funpresp_Jud/Analista/2016) Pessoa que se encontre com paralisia cerebral é considerada absolutamente incapaz porque não pode exprimir sua vontade.

15. (Cespe/PC/GO/Delegado/2017) No que concerne à pessoa natural, à pessoa jurídica e ao domicílio, assinale a opção correta:

a) Sendo o domicílio o local em que a pessoa permanece com ânimo definitivo ou o decorrente de imposição normativa, como ocorre com os militares, o domicílio contratual é incompatível com a ordem jurídica brasileira.

b) Conforme a teoria natalista, o nascituro é pessoa humana titular de direitos, de modo que mesmo o natimorto possui proteção no que concerne aos direitos da personalidade.

c) De acordo com o Código Civil, deve ser considerado absolutamente incapaz aquele que, por enfermidade ou deficiência mental, não possuir discernimento para a prática de seus atos.

d) A ocorrência de grave e injusta ofensa à dignidade da pessoa humana configura o dano moral, sendo desnecessária a comprovação de dor e sofrimento para o recebimento de indenização por esse tipo de dano.

e) Na hipótese de desaparecimento do corpo de pessoa em situação de grave risco de morte, como, por exemplo, no caso de desastre marítimo, o reconhecimento do óbito depende de prévia declaração de ausência.

16. **(Cespe/SEDF/Analista/2017)** Contratos escritos que objetivem a limitação, a transmissão e(ou) a renúncia de direitos da personalidade serão considerados nulos.

17. **(Cespe/DPU/Defensor/2017)** Se o indivíduo A publicar, com fins econômicos ou comerciais, imagens do indivíduo B, sem autorização deste, será devida indenização independentemente de comprovação de prejuízo, entendimento que não será aplicável caso a publicação seja relativa a propaganda político-eleitoral.

18. **(Cespe/PGM/Fortaleza/Procurador/2017)** Conforme o modo como for feita, a divulgação de fato verdadeiro poderá gerar responsabilidade civil por ofensa à honra da pessoa natural.

19. **(Cespe/AGU/Advogado/2015)** Entre os direitos ressalvados pela lei ao nascituro estão os direitos da personalidade, os quais estão entre aqueles que têm por objeto os atributos físicos, psíquicos e morais da pessoa.

20. **(Cespe/AGU/Advogado/2015)** De acordo com entendimento do STJ, a emancipação, seja ela legal, voluntária ou judicial, não tem o condão de excluir a responsabilidade civil dos pais pelos atos praticados por seus filhos menores.

21. **(Cespe/TCE/RN/Assessor_Jurídico/2015)** A incapacidade é uma forma de proteger o incapaz, de modo que seja possível afastar a decretação de nulidade de ato praticado por ébrio habitual se ausente o prejuízo.

22. **(Cespe/TCE/RN/Auditor/2015)** Devido ao fato de serem absolutamente incapazes, os menores de dezesseis anos de idade não são considerados sujeitos de direitos e de obrigações.

23. **(Cespe/TRT/7R/Analista/2017)** Após o naufrágio de embarcação em alto mar, constatou-se a falta de um dos passageiros, que nunca foi encontrado. Nessa situação, com relação ao desaparecido, será declarada a sua morte presumida:

a) mesmo sem o encerramento das buscas e averiguações.
b) após a declaração de sua ausência.
c) após um ano de seu desaparecimento.
d) mesmo sem a decretação de ausência.

1.2. Das Pessoas Jurídicas

✱ SÚMULAS

STJ Súm. 227. A pessoa jurídica pode sofrer dano moral.

STJ Súm. 525. A Câmara de vereadores não possui personalidade jurídica, apenas personalidade judiciária, somente podendo demandar em juízo para defender os seus direitos institucionais.

✱ ENUNCIADOS CJF

1) Disposições Gerais

CJF Civil 7. Só se aplica a desconsideração da personalidade jurídica quando houver a prática de ato irregular, e limitadamente, aos administradores ou sócios que nela hajam incorrido.

CJF Civil 51. A teoria da desconsideração da personalidade jurídica – "disregard doctrine" fica positivada no novo Código Civil, mantidos os parâmetros existentes nos microssistemas legais e na construção jurídica sobre o tema.

CJF Civil 141. A remissão do art. 41, parágrafo único, do CC às "pessoas jurídicas de direito público, a que se tenha dado estrutura de direito privado", diz respeito às fundações públicas e aos entes de fiscalização do exercício profissional.

CJF Civil 142. Os partidos políticos, os sindicatos e as associações religiosas possuem natureza associativa, aplicando-se-lhes o Código Civil.

CJF Civil 143. A liberdade de funcionamento das organizações religiosas não afasta o controle de legalidade e legitimidade constitucional de seu registro, nem a possibilidade de reexame pelo Judiciário da compatibilidade de seus atos com a lei e com seus estatutos.

CJF Civil 144. A relação das pessoas jurídicas de Direito Privado, constante do art. 44, incs. I a V, do Código Civil, não é exaustiva.

CJF Civil 145. O art. 47 não afasta a aplicação da teoria da aparência.

CJF Civil 146. Nas relações civis, interpretam-se restritivamente os parâmetros de desconsideração da personalidade jurídica previstos no art. 50 (desvio de finalidade social ou confusão patrimonial). (Este Enunciado não prejudica o enunciado n. 7).

CJF Civil 280. Por força do art. 44, § 2º, consideram-se aplicáveis às sociedades reguladas pelo Livro II da Parte Especial, exceto às limitadas, os arts. 57 e 60, nos seguintes termos: a) Em havendo previsão contratual, é possível aos sócios deliberar a exclusão de sócio por justa causa, pela via extrajudicial, cabendo ao contrato disciplinar o procedimento de exclusão, assegurado o direito de defesa, por aplicação analógica do art. 1.085; b) As deliberações sociais poderão ser convocadas pela iniciativa de sócios que representem 1/5 (um quinto) do capital social, na omissão do contrato. A mesma regra aplica-se na hipótese de criação, pelo contrato, de outros órgãos de deliberação colegiada.

CJF Civil 281. A aplicação da teoria da desconsideração, descrita no art. 50 do Código Civil, prescinde da demonstração de insolvência da pessoa jurídica.

CJF Civil 282. O encerramento irregular das atividades da pessoa jurídica, por si só, não basta para caracterizar abuso de personalidade jurídica.

CJF Civil 283. É cabível a desconsideração da personalidade jurídica denominada "inversa" para alcançar bens de sócio que se valeu da pessoa jurídica para ocultar ou desviar bens pessoais, com prejuízo a terceiros.

CJF Civil 284. As pessoas jurídicas de direito privado sem fins lucrativos ou de fins não econômicos estão abrangidas no conceito de abuso da personalidade jurídica.

CJF Civil 285. A teoria da desconsideração, prevista no art. 50 do Código Civil, pode ser invocada pela pessoa jurídica em seu favor.

CJF Civil 286. Os direitos da personalidade são direitos inerentes e essenciais à pessoa humana, decorrentes de sua dignidade, não sendo as pessoas jurídicas titulares de tais direitos.

CJF Civil 406. A desconsideração da personalidade jurídica alcança os grupos de sociedade quando presentes os pressupostos do art. 50 do Código Civil e houver prejuízo para os credores até o limite transferido entre as sociedades.

CJF Comercial 9. Quando aplicado às relações jurídicas empresariais, o art. 50 do Código Civil não pode ser interpretado analogamente ao art. 28, § 5º, do CDC ou ao art. 2º, § 2º, da CLT.

2) Das Associações

CJF Civil 280. Por força do art. 44, § 2º, consideram-se aplicáveis às sociedades reguladas pelo Livro II da Parte Especial, exceto às limitadas, os arts. 57 e 60, nos seguintes termos: a) Em havendo previsão contratual, é possível aos sócios deliberar a exclusão de sócio por justa causa, pela via extrajudicial, cabendo ao contrato disciplinar o procedimento de exclusão, assegurado o direito de defesa, por aplicação analógica do art. 1.085; b) As deliberações sociais poderão ser convocadas pela iniciativa de sócios que representem 1/5 (um quinto) do capital social, na omissão do contrato. A mesma regra aplica-se na hipótese de criação, pelo contrato, de outros órgãos de deliberação colegiada.

CJF Civil 407. A obrigatoriedade de destinação do patrimônio líquido remanescente da associação a instituição municipal, estadual ou federal de fins idênticos ou semelhantes, em face da omissão do estatuto, possui caráter subsidiário, devendo prevalecer a vontade dos associados, desde que seja contemplada entidade que persiga fins não econômicos.

CJF Civil 534. As associações podem desenvolver atividade econômica, desde que não haja finalidade lucrativa.

CJF Civil 577. A possibilidade de instituição de categorias de associados com vantagens especiais admite a atribuição de pesos diferenciados ao direito de voto, desde que isso não acarrete a sua supressão em relação a matérias previstas no art. 59 do CC.

CJF Civil 615. As associações civis podem sofrer transformação, fusão, incorporação ou cisão.

3) Das Fundações

CJF Civil 8. A constituição de fundação para fins científicos, educacionais ou de promoção do meio ambiente está compreendida no CC, art. 62, parágrafo único.

CJF Civil 9. O art. 62, parágrafo único, deve ser interpretado de modo a excluir apenas as fundações de fins lucrativos.

CJF Civil 10. Em face do princípio da especialidade, o art. 66, § 1º, deve ser interpretado em sintonia com os arts. 70 e 178 da LC n. 75/93.

CJF Civil 147. A expressão "por mais de um Estado", contida no § 2º do art. 66, não exclui o Distrito Federal e os Territórios. A atribuição de velar pelas fundações, prevista no art. 66 e seus parágrafos, ao MP local isto é, dos Estados, DF e Territórios onde situadas não exclui a necessidade de fiscalização de tais pessoas jurídicas pelo MPF, quando se tratar de fundações instituídas ou mantidas pela União, autarquia ou empresa pública federal, ou que destas recebam verbas, nos termos da Constituição, da LC n. 75/93 e da Lei de Improbidade.

✱ QUESTÕES OBJETIVAS

24. **(Cespe/DPE/PE/Defensor/2018)** A respeito da desconsideração da personalidade jurídica, assinale a opção correta.

a) O Código de Defesa do Consumidor (CDC) exige a comprovação de confusão patrimonial ou desvio de finalidade para a desconsideração da personalidade jurídica, não sendo suficiente que a pessoa jurídica seja obstáculo ao ressarcimento dos consumidores.

b) O Código Civil de 2002 adotou a teoria menor: basta o mero prejuízo à parte para que a desconsideração da personalidade jurídica seja deferida.

c) A desconsideração inversa da pessoa jurídica não é admitida no ordenamento jurídico brasileiro.

d) Para aplicar a desconsideração da personalidade jurídica, faz-se necessária a prévia decretação de falência ou insolvência da pessoa jurídica.

e) Segundo jurisprudência do Superior Tribunal de Justiça (STJ), não se pode presumir o abuso da personalidade jurídica diante da mera insolvência ou o encerramento de modo irregular das atividades da pessoa jurídica para justificar a sua desconsideração.

25. **(Cespe/TCE/PA/Auditor/2016)** Determinada associação civil ajuizou ação indenizatória em face de uma sociedade empresária jornalística, com o intuito de receber indenização por danos materiais e morais decorrentes de publicação de reportagem com informações falsas, cujo único objetivo era macular a imagem e a credibilidade da associação civil, conforme ficou provado no processo. A proteção dos direitos da personalidade positivada no Código Civil é aplicável, na medida do possível, à associação civil autora, que sofre dano moral em caso de grave violação a sua imagem e honra objetiva.

26. **(Cespe/Funpresp/Especialista Jurídico/2016)** Os sócios de uma empresa decidiram dissolvê-la após a morte de um deles, mas não deram baixa na junta comercial. Nessa situação, tal fato, por si só, não dá ensejo à aplicação da teoria da desconsideração da personalidade jurídica com vistas a atingir os bens particulares do sócio-administrador para pagamento de dívidas da sociedade.

27. **(Cespe/TCE/SC/Auditor/2016)** A transferência de quota de associação de um associado para seu filho não importará na atribuição da qualidade de associado ao filho, salvo se houver disposição estatutária nesse sentido.

28. **(Cespe/TCE/PA/Auditor/2016)** De acordo com o Código Civil, o encerramento irregular de determinada sociedade empresária é, por si só, causa suficiente para a desconsideração da personalidade jurídica.

29. **(Cespe/TJ/DFT/Juiz/2016)** No que se refere às pessoas, assinale a opção correta:

a) A declaração de ausência é a condição eficiente ao recebimento da indenização do seguro de vida da pessoa desaparecida.

b) Está consolidado o entendimento, na doutrina e na jurisprudência, que a oposição de consciência ou de crença pode ser exercida por representante legal de adolescente para impedir transfusão de sangue, ainda que urgente e necessária.

c) Dentre as pessoas jurídicas de direito público interno, estão as autarquias, as associações públicas, as entidades de caráter privado que se tenha dado estrutura de direito público.

d) Conforme entendimento prevalente do STJ, a dissolução da sociedade comercial, ainda que irregular, não é causa que, isolada, baste à desconsideração da personalidade jurídica.

e) A emancipação voluntária dos pais é ato revogável, com efeitos a partir do ato de revogação.

30. **(Cespe/DPE/PE/Defensor/2015)** Caso determinada rede de rádio, por informações veiculadas em sua programação, atinja a honra e a imagem do próprio Estado, será admitida, nessa hipótese, ação indenizatória por dano moral pelo ente federativo em desfavor da empresa de radiodifusão, devendo o locutor responder regressivamente se tiver agido com dolo ou culpa. Nesse caso, se o locutor for economicamente hipossuficiente, deverá a DP atuar na defesa dele.

31. **(Cespe/PGE/AM/Procurador/2016)** As fundações privadas são de livre criação, organização e estruturação, cabendo aos seus instituidores definir os seus fins, que podem consistir na exploração de entidades com fins lucrativos nas áreas de saúde, educação ou pesquisa tecnológica, e outras de cunho social.

32. **(Cespe/SEDF/Analista/2017)** A União é considerada pessoa jurídica de direito público interno, ao passo que as autarquias são consideradas pessoas jurídicas de direito privado.

33. **(Cespe/DPU/Defensor/2017)** B é sócio cotista da sociedade empresária A Ltda., que está encerrando suas atividades e, consequentemente, dissolvendo a sociedade. Nessa situação, em eventual demanda judicial envolvendo B e a figura jurídica A Ltda., esta poderá requerer a desconsideração da personalidade jurídica da sociedade empresária, tendo como fundamento único o seu término.

34. **(Cespe/DPU/Defensor/2017)** Uma senhora procurou a DP para ajuizar ação de alimentos contra o pai de seu filho menor de idade. Ela informou que o genitor não possuía bens em seu nome, mas exercia atividade empresarial em sociedade com um amigo: a venda de quentinhas. Apresentou cópia do contrato social, que, contudo, não era inscrito no órgão de registro próprio. Considerando essa situação hipotética e a necessidade de se obter o pagamento da pensão, se o pai não pagar os alimentos espontaneamente e não forem encontrados bens de sua titularidade, caberá à DP invocar a teoria da desconsideração da personalidade jurídica contra a sociedade empresária.

35. **(Cespe/TRF/1R/Técnico/2017)** A pessoa jurídica se responsabiliza pelos atos praticados por seus administradores, desde que esses atos sejam exercidos nos limites dos poderes estabelecidos no ato constitutivo.

36. **(Cespe/TRF/1R/Analista/2017)** Na extinção de associação, os valores referentes às quotas dos associados não são revertidos a eles, visto que associações não possuem fins econômicos.

37. **(Cespe/TRF/1R/Analista/2017)** As fundações podem ser criadas independentemente da dotação especial de bens livres pelo instituidor.

38. **(Cespe/TRF/1R/Analista/2017)** As cooperativas têm natureza jurídica de pessoa jurídica de direito privado.

39. **(Cespe/TRF/1R/Analista/2017)** Existem direitos e obrigações recíprocas entre associados.

40. **(Cespe/PGM/Salvador/Procurador/2015)** Consoante a jurisprudência do STJ, a desconsideração da personalidade jurídica é medida excepcional e está subordinada à comprovação do abuso da personalidade jurídica, caracterizado por:

a) confusão patrimonial e dissolução irregular.
b) desvio de finalidade conjugado com confusão patrimonial.
c) desvio de finalidade ou confusão patrimonial.
d) desvio de finalidade e dissolução irregular.
e) mera dissolução irregular.

41. **(Cespe/DPE/AL/Defensor/2017)** Constitui ato constitutivo da pessoa jurídica de direito privado:

a) a certidão simplificada.
b) o registro de imóvel.
c) a procuração pública.
d) o balanço patrimonial.
e) o contrato social.

1.3. Do Domicílio

*** SÚMULAS**

STJ Súm. 363. A pessoa jurídica de direito privado pode ser demandada no domicílio da agência, ou estabelecimento, em que se praticou o ato.

*** ENUNCIADOS CJF**

STJ Civil 408. Para efeitos de interpretação da expressão "domicílio" do art. 7º da Lei de Introdução às Normas do Direito Brasileiro, deve ser considerada, nas hipóteses de litígio internacional relativo a criança ou adolescente, a residência habitual destes, pois se trata de situação fática internacionalmente aceita e conhecida.

2. DOS BENS

*** SÚMULAS**

1) Bens Públicos

STF Súm. 340. Desde a vigência do Código Civil, os bens dominicais, como os demais bens públicos, não podem ser adquiridos por usucapião.

STF Súm. 477. As concessões de terras devolutas situadas na faixa de fronteira, feitas pelos Estados, autorizam, apenas, o uso, permanecendo o domínio com a União, ainda que se mantenha inerte ou tolerante, em relação aos possuidores.

STF Súm. 479. As margens dos rios navegáveis são domínio público, insuscetíveis de expropriação e, por isso mesmo, excluídas de indenização.

STF Súm. 480. Pertencem ao domínio e administração da União, nos termos dos artigos 4º, IV, e 186, da Constituição Federal de 1967, as terras ocupadas por silvícolas.

STF Súm. 650. Os incisos I e XI do art. 20 da Constituição Federal não alcançam terras de aldeamentos extintos, ainda que ocupadas por indígenas em passado remoto.

STJ Súm. 496. Os registros de propriedade particular de imóveis situados em terrenos de marinha não são oponíveis à União.

2) Cláusula de Inalienabilidade/Incomunicabilidade

STF Súm. 49. A cláusula de inalienabilidade inclui a incomunicabilidade dos bens.

* ENUNCIADOS CJF

CJF Civil 11. Não persiste no novo sistema legislativo a categoria dos bens imóveis por acessão intelectual, não obstante a expressão "tudo quanto se lhe incorporar natural ou artificialmente", constante da parte final do art. 79 do CC.

CJF Civil 287. O critério da classificação de bens indicado no art. 98 do Código Civil não exaure a enumeração dos bens públicos, podendo ainda ser classificado como tal o bem pertencente a pessoa jurídica de direito privado que esteja afetado à prestação de serviços públicos.

CJF Civil 288. A pertinência subjetiva não constitui requisito imprescindível para a configuração das universalidades de fato e de direito.

CJF Civil 535. Para a existência da pertença, o art. 93 do Código Civil não exige elemento subjetivo como requisito para o ato de destinação.

* QUESTÕES OBJETIVAS

42. **(Cespe/PC/MA/Delegado/2018)** Determinado indivíduo tinha direito de usufruto de uma casa. Tal direito era transmissível a seus sucessores que com ele habitassem à época de sua morte. Além disso, ele era proprietário de um pequeno barco. Quando de seu falecimento, foi aberta a sucessão. De acordo com o Código Civil, os referidos bens – direito real de usufruto; direito real sobre o barco; direito à sucessão aberta – são classificados, respectivamente, como bens

a) imóvel, móvel e imóvel.
b) móvel, imóvel e móvel.
c) imóvel, imóvel e imóvel.
d) móvel, móvel e móvel.
e) imóvel, móvel e móvel.

43. **(Cespe/TRT/8R/Analista/2016)** Com referência aos bens, assinale a opção correta:

a) As benfeitorias úteis são aquelas indispensáveis à conservação do bem ou para evitar sua deterioração, acarretando ao mero possuidor que as realize o direito à indenização e retenção do bem principal.
b) Um bem divisível por natureza não pode ser considerado indivisível pela simples vontade das partes, devendo tal indivisibilidade ser determinada por lei.
c) O direito à sucessão aberta é considerado bem imóvel, ainda que todos os bens deixados pelo falecido sejam móveis.
d) Bens infungíveis são aqueles cujo uso importa sua destruição.
e) Os frutos são as utilidades que não se reproduzem periodicamente; por isso, se os frutos são retirados da coisa, a sua quantidade diminui.

44. **(Cespe/TCE/PA/Auditor/2016)** Para serem objeto de negócio jurídico, os frutos devem estar já separados do bem principal.

45. **(Cespe/TCE/SC/Auditor/2016)** O valor decorrente do aluguel de determinado imóvel é considerado bem acessório.

46. **(Cespe/TJ/AM/Juiz/2016)** A propósito dos bens e do domicílio, assinale a opção correta com fundamento nos dispositivos legais, na doutrina e no entendimento jurisprudencial pátrio:

a) Possuem domicílio necessário ou legal o militar, o incapaz, o servidor público, a pessoa jurídica de direito privado e o preso.
b) Pelo princípio da gravitação jurídica, a propriedade dos bens acessórios segue a sorte do bem principal, podendo, entretanto, haver disposição em contrário pela vontade da lei ou das partes.
c) O atributo da fungibilidade de um bem decorre exclusivamente de sua natureza.
d) Os rendimentos são considerados produto da coisa, já que sua extração e sua utilização não diminuem a substância do bem principal.
e) Ao possuidor de boa-fé faculta-se o exercício do direito de retenção para ver-se indenizado das benfeitorias úteis e voluptuárias, quando estas não puderem ser levantadas sem prejuízo ao bem principal.

47. **(Cespe/TJ/PB/Juiz/2015)** Assinale a opção correta com relação a bens:

a) O entendimento sumulado pelo STF é no sentido de que, em regra, o adquirente de imóvel responde pelas benfeitorias realizadas pelo locatário.

b) A lei veda a instituição de bem de família por um dos cônjuges sem a outorga do outro.

c) A proteção dos bens corpóreos e dos incorpóreos pode ser realizada por meio de tutela possessória.

d) A infungibilidade de um bem pode decorrer da manifestação de vontade da parte.

e) Os produtos são acessórios produzidos com periodicidade, e sua retirada não prejudica a substância da coisa principal.

48. **(Cespe/TRF/5R/Juiz/2015)** No que se refere a bens, assinale a opção correta:

a) Os bens dominicais, diferentemente dos demais bens públicos, se submetem primordialmente às regras do direito privado.

b) Os bens incorpóreos não admitem usucapião, mas, como regra, admitem tutela possessória.

c) A consuntibilidade que um bem gera é incompatível com a infungibilidade.

d) A divisibilidade, ou não, de uma coisa, sob o aspecto jurídico, decorre de um critério utilitarista.

e) Os bens acessórios são aqueles que, não sendo partes integrantes do bem principal, se destinam de modo duradouro ao uso de outro.

49. **(Cespe/PGE/AM/Procurador/2016)** Consideram-se bens públicos dominicais aqueles que constituem o patrimônio das pessoas jurídicas de direito público como objeto de direito pessoal ou real, tais como os edifícios destinados a sediar a administração pública.

50. **(Cespe/PGM/Fortaleza/Procurador/2017)** Por não se admitir a posse dos bens incorpóreos, tais bens são insuscetíveis de aquisição por usucapião.

51. **(Cespe/TRF/1R/Técnico/2017)** Os bens públicos estão sujeitos à usucapião.

52. **(Cespe/TRF/1R/Técnico/2017)** Os bens públicos dominicais são inalienáveis.

53. **(Cespe/DPE/AL/Defensor/2017)** Assinale a opção que apresenta exemplo de bem imóvel:

a) tijolo de casa demolida.

b) hipoteca de um navio.

c) penhor de joia rara.

d) energia elétrica de uma fábrica de cimento.

e) maçã pendente de colheita.

54. **(Cespe/DPU/Defensor/2015)** Considerando a existência de relação jurídica referente a determinado objeto envolvendo dois sujeitos, caso a referida relação jurídica consista em um negócio jurídico de compra e venda e seu objeto seja um bem imóvel, não havendo declaração expressa em contrário, será considerado integrante desse imóvel seu mobiliário, uma vez que o acessório deve seguir o principal.

55. **(Cespe/TCE/RN/Assessor_Jurídico/2015)** As pertenças, em regra, não seguem o bem principal posto que não se constituem em partes integrantes.

56. **(Cespe/TCE/RN/Auditor/2015)** A energia elétrica, considerada um bem móvel, é suscetível de apropriação alheia e passível de causar dano patrimonial.

57. **(Cespe/PGE/SE/Procurador/2017)** De acordo com a classificação doutrinária dos bens, o valor pago a título de aluguel ao proprietário de um imóvel é denominado:

a) fruto.

b) pertença.

c) benfeitoria.

d) imóvel por acessão.

e) produto.

58. **(Cespe/PC/MT/Delegado/2017)** O prédio onde funciona a delegacia de polícia de determinado município é de propriedade do respectivo estado da Federação. Nessa situação hipotética:

a) a desafetação do prédio resultará em sua reversão para bem de uso comum.

b) se for abandonado, o prédio poderá ser objeto de usucapião, desde que pro misero.

c) o prédio poderá ser adquirido por terceiros.

d) o prédio poderá ser objeto de hipoteca legal.

e) o prédio está na categoria de bem dominical.

3. DOS FATOS JURÍDICOS

3.1. Do Negócio Jurídico

3.1.1. Disposições Gerais

✱ ENUNCIADOS CJF

CJF Civil 289. O valor de 30 salários mínimos constante no art. 108 do Código Civil brasileiro, em referência à forma pública ou particular dos negócios jurídicos que envolvam bens imóveis, é o atribuído pelas partes contratantes e não qualquer outro valor arbitrado pela Administração Pública com finalidade tributária.

CJF Civil 409. Os negócios jurídicos devem ser interpretados não só conforme a boa-fé e os usos do lugar de sua celebração, mas também de acordo com as práticas habitualmente adotadas entre as partes.

CJF Civil 421. Os contratos coligados devem ser interpretados segundo os critérios hermenêuticos do Código Civil, em especial os dos arts. 112 e 113, considerada a sua conexão funcional.

✱ QUESTÕES OBJETIVAS

59. **(Cespe/TJ/PB/Juiz/2015)** Acerca da interpretação dos negócios jurídicos e do princípio da boa-fé objetiva, assinale a opção correta:

a) A boa-fé objetiva limita os direitos subjetivos e constitui fonte de obrigação aos contratantes, de forma a estabelecer deveres implícitos que não estão previstos expressamente no contrato.

b) Os negócios jurídicos que estabeleçam benefício devem ter interpretação ampla.

c) De acordo com o Código Civil de 2002, não é permitido que o silêncio de um dos participantes seja interpretado como caracterizador de concordância com o negócio.

d) A boa-fé objetiva importa para a interpretação dos contratos, mas não pode ser fundamento para relativização da força obrigatória das avenças.

e) O negócio jurídico celebrado com reserva mental de um dos contratantes, com ou sem conhecimento do outro, deve ser considerado inexistente.

3.1.2. Da Condição, do Termo e do Encargo

✱ SÚMULAS

STJ Súm. 35. Incide correção monetária sobre as prestações pagas, quando de sua restituição, em virtude da retirada ou exclusão do participante de plano de consórcio.

STJ Súm. 176. É nula a cláusula contratual que sujeita o devedor à taxa de juros divulgada pela Anbid/Cetip.

✱ QUESTÕES OBJETIVAS

60. **(Cespe/PC/MA/Delegado/2018)** Em geral, todas as condições do negócio jurídico que não sejam contrárias à lei, à ordem pública e aos bons costumes são lícitas. Entretanto, condição física ou juridicamente impossível imposta por uma das partes do negócio à outra uma

a) invalidará o negócio jurídico, se for resolutiva.

b) invalidará o negócio jurídico, caso seja suspensiva.

c) será considerada inexistente, seja ela suspensiva ou resolutiva.

d) será considerada anulável, se for resolutiva.

e) será considerada inexistente, caso seja suspensiva.

61. **(Cespe/PC/PE/Delegado/2016)** A respeito dos elementos acidentais do negócio jurídico, assinale a opção correta:

a) Maria celebrou contrato de doação de bem imóvel a João. Na negociação, ficou estipulado que a transferência do bem somente se aperfeiçoará quando da morte da doadora. Nessa situação, o evento morte funciona como condição.

b) O encargo é elemento acidental característico dos negócios jurídicos que envolvam liberalidade. Em caso de inexecução do encargo pelo beneficiado, não há previsão de mecanismos de coerção direta ou indireta por parte do disponente.

c) O termo não essencial é aquele que não admite o cumprimento do objeto do negócio jurídico após o seu vencimento.

d) Denomina-se condição a cláusula acessória pela qual as partes subordinam a eficácia do negócio a acontecimento futuro e incerto.

e) Em caso de nulidade do negócio jurídico, a condição voluntariamente declarada pelas partes não será alcançada, permanecendo válida.

62. **(Cespe/Funpresp/Especialista Jurídico/2016)** Ainda que o negócio jurídico consista em evento futuro dotado de certeza, o seu termo inicial suspende a aquisição do direito.

63. **(Cespe/PGE/SE/Procurador/2017)** Assinale a opção que apresenta o conceito de condição, no âmbito dos negócios jurídicos:

a) Cláusula que sujeita o negócio ao emprego das técnicas de domínio do devedor.
b) Cláusula que submete a eficácia do negócio jurídico a determinado acontecimento.
c) Acontecimento futuro e certo que suspende a eficácia de um negócio jurídico.
d) Imposição de obrigação ao beneficiário de determinada liberalidade.
e) Cláusula que visa eliminar um risco que pesa sobre o credor.

64. **(Cespe/Funpresp_Jud/Analista/2016)** Ainda que o negócio jurídico seja celebrado com termo inicial, este não suspende a aquisição do direito.

65. **(Cespe/PGM/Fortaleza/Procurador/2017)** Não constitui condição a cláusula que subordina os efeitos de um negócio jurídico à aquisição da maioridade da outra parte.

3.1.3. Dos Defeitos do Negócio Jurídico

✱ SÚMULAS

STJ Súm. 195. Em embargos de terceiro não se anula ato jurídico, por fraude contra credores.

✱ ENUNCIADOS CJF

1) Do Erro ou Ignorância

CJF Civil 12. Na sistemática do art. 138, é irrelevante ser ou não escusável o erro, porque o dispositivo adota o princípio da confiança.

2) Do Estado de Perigo

CJF Civil 148. Ao "estado de perigo" (art. 156) aplica-se, por analogia, o disposto no § 2º do art. 157.

3) Da Lesão

CJF Civil 149. Em atenção ao princípio da conservação dos contratos, a verificação da lesão deverá conduzir, sempre que possível, à revisão judicial do negócio jurídico e não à sua anulação, sendo dever do magistrado incitar os contratantes a seguir as regras do art. 157, § 2º, do Código Civil de 2002.

CJF Civil 150. A lesão de que trata o art. 157 do Código Civil não exige dolo de aproveitamento.

CJF Civil 290. A lesão acarretará a anulação do negócio jurídico quando verificada, na formação deste, a desproporção manifesta entre as prestações assumidas pelas partes, não se presumindo a premente necessidade ou a inexperiência do lesado.

CJF Civil 291. Nas hipóteses de lesão previstas no art. 157 do Código Civil, pode o lesionado optar por não pleitear a anulação do negócio jurídico, deduzindo, desde logo, pretensão com vista à revisão judicial do negócio por meio da redução do proveito do lesionador ou do complemento do preço.

CJF Civil 410. A inexperiência a que se refere o art. 157 não deve necessariamente significar imaturidade ou desconhecimento em relação à prática de negócios jurídicos em geral, podendo ocorrer também quando o lesado, ainda que estipule contratos costumeiramente, não tenha conhecimento específico sobre o negócio em causa.

4) Da Fraude Contra Credores

CJF Civil 151. O ajuizamento da ação pauliana pelo credor com garantia real (art. 158, § 1º) prescinde de prévio reconhecimento judicial da insuficiência da garantia.

CJF Civil 292. Para os efeitos do art. 158, § 2º, a anterioridade do crédito é determinada pela causa que lhe dá origem, independentemente de seu reconhecimento por decisão judicial.

✱ QUESTÕES OBJETIVAS

66. **(Cespe/PGE/PE/Procurador/2018)** Quando alguém obtém lucro exagerado, desproporcional, aproveitando-se da situação de necessidade real e notória do outro contratante, configura-se o vício do negócio jurídico denominado

a) abuso de direito.
b) lesão.
c) dolo de aproveitamento.
d) coação.
e) estado de perigo.

67. **(Cespe/STM/Analista/2018)** Determinada entidade bancária ofereceu a um cliente a oportunidade de financiar dívida vencida de trinta mil reais, informando que, caso não ocorresse a regularização da situação de inadimplência, tomaria as medidas cabíveis para a inclusão do consumidor em cadastro de devedores. Nessa situação hipotética, embora a oferta de financiamento seja válida, a cobrança da dívida está viciada pela presença do vício de consentimento denominado coação.

68. (Cespe/TCE/PA/Auditor/2016) Em observância ao princípio da conservação contratual, caso ocorra o vício do consentimento denominado lesão, a parte lesionada pode optar pela revisão judicial do negócio jurídico, ao invés de pleitear sua anulação.

69. (Cespe/PC/PE/Delegado/2016) Assinale a opção correta a respeito dos defeitos dos negócios jurídicos:

a) Na lesão, os valores vigentes no momento da celebração do negócio jurídico deverão servir como parâmetro para se aferir a proporcionalidade das prestações.
b) Os negócios jurídicos eivados pelo dolo são nulos.
c) A coação exercida por terceiro estranho ao negócio jurídico torna-o nulo.
d) Age em estado de perigo o indivíduo que toma parte de um negócio jurídico sob premente necessidade ou por inexperiência, assumindo obrigação manifestamente desproporcional ao valor da prestação oposta ferindo o caráter sinalagmático do contrato.
e) Se em um negócio jurídico, ambas as partes agem com dolo, ainda assim podem invocar o dolo da outra parte para pleitear a anulação da avença.

70. (Cespe/TRE/PI/Analista/2016) A remissão de dívida que leve o devedor à insolvência configura:

a) abuso de direito.
b) má-fé.
c) fraude contra credores.
d) dolo.
e) lesão.

71. (Cespe/TCE/RN/Assessor_Jurídico/2015) A fraude contra credores, vício social do negócio jurídico, tem caráter objetivo e o seu reconhecimento prescinde de demonstração do consilium fraudis.

72. (Cespe/DPE/AC/Defensor/2017) Pedro, recém-chegado a Rio Branco, adquiriu de Ana um apartamento na cidade e, posteriormente, descobriu que havia pagado, pelo imóvel, valor equivalente ao dobro da média constatada no mercado, uma vez que desconhecia a real situação imobiliária local e tinha pressa em adquirir um apartamento para abrigar sua família. Nessa situação hipotética, o negócio poderá ser anulado, uma vez que apresenta o vício de consentimento denominado:

a) dolo.
b) lesão.
c) fraude contra credores.
d) estado de perigo.
e) coação.

3.1.4. Da Invalidade do Negócio Jurídico

✱ ENUNCIADOS CJF

CJF Civil 13. O aspecto objetivo da convenção requer a existência do suporte fático no negócio a converter-se.

CJF Civil 152. Toda simulação, inclusive a inocente, é invalidante.

CJF Civil 153. Na simulação relativa, o negócio simulado (aparente) é nulo, mas o dissimulado será válido se não ofender a lei nem causar prejuízos a terceiros.

CJF Civil 293. Na simulação relativa, o aproveitamento do negócio jurídico dissimulado não decorre tão-somente do afastamento do negócio jurídico simulado, mas do necessário preenchimento de todos os requisitos substanciais e formais de validade daquele.

CJF Civil 294. Sendo a simulação uma causa de nulidade do negócio jurídico, pode ser alegada por uma das partes contra a outra.

CJF Civil 536. Resultando do negócio jurídico nulo consequências patrimoniais capazes de ensejar pretensões, é possível, quanto a estas, a incidência da prescrição.

CJF Civil 537. A previsão contida no art. 169 não impossibilita que, excepcionalmente, negócios jurídicos nulos produzam efeitos a serem preservados quando justificados por interesses merecedores de tutela.

CJF Civil 538. No que diz respeito a terceiros eventualmente prejudicados, o prazo decadencial de que trata o art. 179 do Código Civil não se conta da celebração do negócio jurídico, mas da ciência que dele tiverem.

CJF Civil 545. O prazo para pleitear a anulação de venda de ascendente a descendente sem anuência dos demais descendentes e/ou do cônjuge do alienante é de 2 (dois) anos, contados da ciência do ato, que se presume absolutamente, em se tratando de transferência imobiliária, a partir da data do registro de imóveis.

CJF Civil 578. Sendo a simulação causa de nulidade do negócio jurídico, sua alegação prescinde de ação própria.

CJF Civil 616. Os requisitos de validade previstos no Código Civil são aplicáveis aos negócios jurídicos processuais, observadas as regras processuais pertinentes.

* QUESTÕES OBJETIVAS

73. **(Cespe/DPE/PE/Defensor/2018)** Nonato ficou desempregado e deixou de pagar as prestações do financiamento de sua única casa. Na iminência de ter a sua residência leiloada e sem outro local para morar com a família, Nonato procurou Raimundo e a ele vendeu o seu veículo por R$ 5.000; o valor de mercado do veículo era R$ 25.000 e Raimundo sabia da desesperada situação financeira de Nonato. Três anos depois, Nonato procurou a Defensoria Pública com o intuito de reaver o seu veículo. Com referência a essa situação hipotética, assinale a opção correta.

a) Operou-se a decadência para discutir a venda do veículo: o prazo decadencial para anular o negócio jurídico em virtude de vício de consentimento é de dois anos.
b) O negócio jurídico realizado por Nonato e Raimundo é anulável pelo vício de consentimento da lesão.
c) Trata-se de anulação de negócio jurídico por vício de consentimento, então, dessa forma, não é possível a revisão do contrato para que Raimundo pague pelo veículo o valor de mercado da época da realização do negócio.
d) O negócio jurídico é anulável pelo dolo, já que Raimundo se aproveitou da situação desesperadora de Nonato.
e) O caso é de anulação de negócio jurídico pelo estado de perigo: Nonato, sob premente perigo de perder seu único imóvel, assumiu obrigação excessivamente onerosa.

74. **(Cespe/AGU/Advogado/2015)** Dada a existência de íntima ligação entre o abuso de direito e a boa-fé objetiva, a lei estabelece a decretação da nulidade como sanção ao autor do ato abusivo.

75. **(Cespe/AGU/Advogado/2015)** É absolutamente nulo e sem possibilidade de conversão substancial o compromisso de compra e venda fictício celebrado entre locador de imóvel residencial e terceiro, com o objetivo de reaver imóvel do locatário mediante ação de despejo proposta pelo suposto adquirente do bem.

76. **(Cespe/TCE/RN/Auditor/2015)** Pessoa que formalizar negócio jurídico com indivíduo relativamente capaz e, posteriormente, arrepender-se da negociação poderá alegar a falta de capacidade do outro contratante para exigir a nulidade do negócio firmado.

77. **(Cespe/TRT/7R/Analista/2017)** Com a finalidade de se eximir de pagar as verbas trabalhistas devidas, uma pessoa jurídica simulou a venda dos veículos registrados em seu nome. Nessa situação hipotética, o negócio jurídico da venda é:

a) nulo.
b) anulável no todo.
c) válido.
d) anulável em parte.

78. **(Cespe/TRF/5R/Juiz/2017)** Beneficiário de nota promissória nula requereu em juízo que ela fosse aproveitada como confissão de dívida. Seu pedido foi aceito, ante a presença dos elementos objetivos e subjetivos. Nesse caso, aplicou-se a:

a) teoria da máxima intenção nos negócios jurídicos.
b) redução equivalente do negócio jurídico.
c) conversão substancial do negócio jurídico.
d) confirmação inversa do negócio jurídico.
e) convalidação elementar subjetiva do negócio jurídico.

3.2. Dos Atos Jurídicos Lícitos, Dos Atos Ilícitos

* SÚMULAS

STJ Súm. 43. Incide correção monetária sobre dívida por ato ilícito a partir da data do efetivo prejuízo.

* ENUNCIADOS CJF

CJF Civil 37. A responsabilidade civil decorrente do abuso do direito independe de culpa, e fundamenta-se somente no critério objetivo-finalístico.

CJF Civil 159. O dano moral, assim compreendido todo o dano extrapatrimonial, não se caracteriza quando há mero aborrecimento inerente a prejuízo material.

CJF Civil 411. O descumprimento de contrato pode gerar dano moral quando envolver valor fundamental protegido pela Constituição Federal de 1988.

CJF Civil 412. As diversas hipóteses de exercício inadmissível de uma situação jurídica subjetiva, tais como "supressio", "tu quoque", "surrectio" e "venire contra factum proprium", são concreções da boa-fé objetiva.

CJF Civil 413. Os bons costumes previstos no art. 187 do CC possuem natureza subjetiva, destinada ao controle da moralidade social de determinada época, e objetiva, para permitir a sindicância da violação dos negócios jurídicos em questões não abrangidas pela função social e pela boa-fé objetiva.

CJF Civil 414. A cláusula geral do art. 187 do Código Civil tem fundamento constitucional nos princípios da solidariedade, devido processo legal e proteção da confiança e aplica-se a todos os ramos do direito.

CJF Civil 539. O abuso de direito é uma categoria jurídica autônoma em relação à responsabilidade civil. Por isso, o exercício abusivo de posições jurídicas desafia controle independentemente de dano.

CJF Civil 550. A quantificação da reparação por danos extrapatrimoniais não deve estar sujeita a tabelamento ou a valores fixos.

CJF Civil 551. Nas violações aos direitos relativos a marcas, patentes e desenhos industriais, será assegurada a reparação civil ao seu titular, incluídos tanto os danos patrimoniais como os danos extrapatrimoniais.

CJF Civil 617. O abuso do direito impede a produção de efeitos do ato abusivo de exercício, na extensão necessária a evitar sua manifesta contrariedade à boa-fé, aos bons costumes, à função econômica ou social do direito exercido.

*** QUESTÕES OBJETIVAS**

79. **(Cespe/PGE/AM/Procurador/2016)** Constitui ato lícito a ação de destruir o vidro lateral de veículo alheio, de alto valor comercial, a fim de removê-lo das proximidades de local onde se alastrem chamas de incêndio.

80. **(Cespe/SEDF/Analista/2017)** Se uma pessoa relativamente incapaz celebrar um negócio jurídico com uma pessoa jurídica, tal negócio firmado não será nulo de pleno direito, mas poderá ser anulado.

81. **(Cespe/PGM/Fortaleza/Procurador/2017)** O ato jurídico em sentido estrito tem consectários previstos em lei e afasta, em regra, a autonomia de vontade.

82. **(Cespe/DPE/AL/Defensor/2017)** Se, após uma tempestade, uma árvore cair sobre um veículo e causar danos a alguém, esse evento será classificado como:

a) ato fato jurídico.
b) ato unilateral.
c) negócio jurídico.
d) fato jurídico em sentido estrito.
e) ato jurídico em sentido estrito.

3.3. Da Prescrição e da Decadência

*** SÚMULAS**

STF Súm. 149. É imprescritível a ação de investigação de paternidade, mas não o é a de petição de herança.

STF Súm. 150. Prescreve a execução no mesmo prazo de prescrição da ação.

STF Súm. 154. Simples vistoria não interrompe a prescrição.

STF Súm. 383. A prescrição em favor da Fazenda Pública recomeça a correr, por dois anos e meio, a partir do ato interruptivo, mas não fica reduzida aquém de cinco anos, embora o titular do direito a interrompa durante a primeira metade do prazo.

STF Súm. 443. A prescrição das prestações anteriores ao período previsto em lei não ocorre, quando não tiver sido negado, antes daquele prazo, o próprio direito reclamado, ou a situação jurídica de que ele resulta.

STJ Súm. 85. Nas relações jurídicas de trato sucessivo em que a Fazenda Pública figure como devedora, quando não tiver sido negado o próprio direito reclamado, a prescrição atinge apenas as prestações vencidas antes do quinquênio anterior à propositura da ação.

STJ Súm. 101. A ação de indenização do segurado em grupo contra a seguradora prescreve em um ano.

STJ Súm. 106. Proposta a ação no prazo fixado para o seu exercício, a demora na citação, por motivos inerentes ao mecanismo da Justiça, não justifica o acolhimento da arguição de prescrição ou decadência.

STJ Súm. 229. O pedido do pagamento de indenização à seguradora suspende o prazo de prescrição até que o segurado tenha ciência da decisão.

STJ Súm. 278. O termo inicial do prazo prescricional, na ação de indenização, é a data em que o segurado teve ciência inequívoca da incapacidade laboral.

STJ Súm. 412. A ação de repetição de indébito de tarifas de água e esgoto sujeita-se ao prazo prescricional estabelecido no Código Civil.

STJ Súm. 547. Nas ações em que se pleiteia o ressarcimento dos valores pagos a título de participação financeira do consumidor no custeio de construção de rede elétrica, o prazo prescricional é de vinte anos na vigência do Código Civil de 1916. Na vigência do Código Civil de 2002, o prazo é de cinco anos se houver previsão contratual de ressarcimento e de três anos na ausência de cláusula nesse sentido, observada a regra de transição disciplinada em seu art. 2.028.

* ENUNCIADOS CJF

1) Da Prescrição – Disposições Gerais

CJF Civil 14. (1) O início do prazo prescricional ocorre com o surgimento da pretensão, que decorre da exigibilidade do direito subjetivo; (2) O art. 189 diz respeito a casos em que a pretensão nasce imediatamente após a violação do direito absoluto ou da obrigação de não fazer.

CJF Civil 154. O juiz deve suprir de ofício a alegação de prescrição em favor do absolutamente incapaz.

CJF Civil 155. O art. 194 do Código Civil de 2002, ao permitir a declaração "ex officio" da prescrição de direitos patrimoniais em favor do absolutamente incapaz, derrogou o disposto no § 5º do art. 219 do CPC.

CJF Civil 295. A revogação do art. 194 do Código Civil pela Lei n. 11.280/2006, que determina ao juiz o reconhecimento de ofício da prescrição, não retira do devedor a possibilidade de renúncia admitida no art. 191 do texto codificado.

CJF Civil 415. O art. 190 do Código Civil refere-se apenas às exceções impróprias (dependentes/não autônomas). As exceções propriamente ditas (independentes/autônomas) são imprescritíveis.

CJF Civil 579. Nas pretensões decorrentes de doenças profissionais ou de caráter progressivo, o cômputo da prescrição iniciar-se-á somente a partir da ciência inequívoca da incapacidade do indivíduo, da origem e da natureza dos danos causados.

CJF Civil 581. Em complemento ao Enunciado 295, a decretação "ex officio" da prescrição ou da decadência deve ser precedida de oitiva das partes.

2) Das Causas que Impedem ou Suspendem a Prescrição

CJF Civil 156. Desde o termo inicial do desaparecimento, declarado em sentença, não corre a prescrição contra o ausente.

CJF Civil 296. Não corre a prescrição entre os companheiros, na constância da união estável.

3) Das Causas que Interrompem a Prescrição

CJF Civil 416. A propositura de demanda judicial pelo devedor, que importe impugnação do débito contratual ou de cártula representativa do direito do credor, é causa interruptiva da prescrição.

CJF Civil 417. O art. 202, I, do CC deve ser interpretado sistematicamente com o art. 219, § 1º, do CPC, de modo a se entender que o efeito interruptivo da prescrição produzido pelo despacho que ordena a citação é retroativo até a data da propositura da demanda.

4) Dos Prazos da Prescrição

CJF Civil 418. O prazo prescricional de três anos para a pretensão relativa a aluguéis aplica-se aos contratos de locação de imóveis celebrados com a administração pública.

CJF Civil 419. O prazo prescricional de três anos para a pretensão de reparação civil aplica-se tanto à responsabilidade contratual quanto à responsabilidade extracontratual.

CJF Civil 420. Não se aplica o art. 206, § 3º, V, do Código Civil às pretensões indenizatórias decorrentes de acidente de trabalho, após a vigência da Emenda Constitucional n. 45, incidindo a regra do art. 7º, XXIX, da Constituição da República.

CJF Civil 580. É de três anos, pelo art. 206, § 3º, V do CC, o prazo prescricional para a pretensão indenizatória da seguradora contra o causador de dano ao segurado, pois a seguradora sub-roga-se em seus direitos.

* REPERCUSSÃO & REPETITIVOS

CJF Repercussão Geral 666. É prescritível a ação de reparação de danos à Fazenda Pública decorrente de ilícito civil. (RE 669069, 3.2.2016)

STJ Repetitivo 610. Na vigência dos contratos de plano ou de seguro de assistência à saúde, a pretensão condenatória decorrente da declaração de nulidade de cláusula de reajuste nele prevista prescreve em 20 anos (art. 177 do CC/1916) ou em 3 anos (art. 206, § 3º, IV, do CC/02), observada a regra de transição do art. 2.028 do CC/02. (REsp 1360969, 10.8.2016)

STJ Repetitivo 932. O prazo prescricional para as ações de repetição de indébito relativo às tarifas de serviços de água e esgoto cobradas indevidamente é de: (a) 20 anos, na forma do art. 177 do CC/1916; ou (b) 10 anos, tal como previsto no art. 205 do CC/02, observando-se a regra de direito intertemporal, estabelecida no art. 2.028 do CC/02. (EREsp 1532514, 10.5.2017)

STJ Repetitivo 949. Na vigência do CC/02, é quinquenal o prazo prescricional para que o condomínio geral ou edifício (horizontal ou vertical) exercite a pretensão de cobrança da taxa condominial ordinária ou extraordinária constante em instrumento público ou particular, a contar do dia seguinte ao vencimento da prestação. (REsp 1483930, 23.11.2016)

3.4. Da Prescrição e da Decadência

⊙ ATENÇÃO: ESTE TEMA É MUITO EXIGIDO NOS CONCURSOS!

∗ INFORMATIVOS DE JURISPRUDÊNCIA

Ação indenizatória. Defeitos aparentes da obra. Art. 26 do CDC. Prazo decadencial. Inaplicabilidade à pretensão indenizatória. Sujeição a prazo prescricional. Art. 205 do CC/02.

STJ Aplica-se o prazo prescricional do art. 205 do CC/02 às ações indenizatórias por danos materiais decorrentes de vícios de qualidade e de quantidade do imóvel adquirido pelo consumidor, e não o prazo decadencial estabelecido pelo art. 26 do CDC. REsp 1.534.831, Rel. Acd. Min. Nancy Andrighi, DJ 2.3.2018. 3ª T. (Info 620)

Ação monitória. Prescrição. Interrupção. Ato inequívoco pelo devedor que reconheça direito. Pedido de prazo. Análise de documentos. Dívida não reconhecida.

STJ O pedido de concessão de prazo para analisar documentos com o fim de verificar a existência de débito não tem o condão de interromper a prescrição. REsp 1.677.895, Rel. Min. Nancy Andrighi, DJ 8.2.2018. 3ª T. (Info 619)

∗ QUESTÕES OBJETIVAS

83. **(Cespe/STM/Analista/2018)** A renúncia a prazo decadencial fixado em lei somente será considerada válida se for feita de modo expresso e na forma escrita.

84. **(Cespe/TCE/PA/Auditor/2016)** Não terá direito à repetição do indébito o devedor que saldar dívida prescrita.

85. **(Cespe/TCE/PA/Auditor/2016)** Não se aplicam à decadência as normas que interrompem a prescrição, salvo disposição legal em contrário.

86. **(Cespe/TCE/PA/Auditor/2016)** Por ser matéria de ordem pública, a renúncia à decadência fixada em lei é anulável.

87. **(Cespe/TCE/PA/Auditor/2016)** Corre normalmente a prescrição contra os ausentes do país a serviço público dos municípios.

88. **(Cespe/TCE/PA/Auditor/2016)** Admite-se dilação ou diminuição dos prazos prescricionais, conforme o interesse das partes que assim o ajustarem.

89. **(Cespe/TCE/PA/Auditor/2016)** As partes contratantes podem, de comum acordo, alterar os prazos prescricionais referentes a pretensões de direitos disponíveis e, nessa hipótese, a prescrição terá natureza convencional.

90. **(Cespe/PC/PE/Delegado/2016)** Acerca de prescrição e decadência no direito civil, assinale a opção correta:

a) A prescrição não pode ser arguida em grau recursal.
b) Desde que haja consenso entre os envolvidos, é possível a renúncia prévia da decadência determinada por lei.
c) A prescrição não corre na pendência de condição suspensiva.
d) Ao celebrarem negócio jurídico, as partes, em livre manifestação de vontade, podem alterar a prescrição prevista em lei.
e) É válida a renúncia da prescrição, desde que determinada expressamente antes da sua consumação.

91. **(Cespe/Funpresp/Especialista Jurídico/2016)** O prazo prescricional iniciado contra uma pessoa continuará a correr contra o seu sucessor.

92. **(Cespe/TCE/SC/Auditor/2016)** Conforme a jurisprudência do STJ, em se tratando de ação de indenização, o início da fluência do prazo prescricional ocorre com o conhecimento da violação ou da lesão ao direito da vítima.

93. **(Cespe/TJ/DFT/Juiz/2015)** À luz da legislação e da jurisprudência pertinentes, assinale a opção correta no que se refere aos fatos jurídicos:

a) Na denominada simulação relativa, quando o negócio jurídico pactuado tem por objeto encobrir outro de natureza diversa, a legislação impede que o negócio jurídico dissimulado subsista.

b) As declarações das partes que estejam consubstanciadas em documento público não podem ser elididas, razão pela qual o juiz, ao apreciar determinado negócio jurídico, estará impedido de formar sua convicção em sentido contrário ao que constar do documento registrado.

c) Situação hipotética: O adquirente de determinado bem móvel, cento e vinte dias após a data da aquisição, constatou que o bem continha vício que, por sua própria natureza, somente poderia ser por ele conhecido com o decurso do tempo. Imediatamente após a constatação, o adquirente apresentou em juízo pretensão redibitória e a parte contrária invocou a ocorrência da decadência. Assertiva: Nessa situação, o juiz não poderá declarar a decadência, já que o autor exercitou o seu direito no prazo legal.

d) Se, no âmbito de uma ação judicial, o indivíduo reconhecer voluntariamente filho havido fora do casamento, mediante manifestação direta e expressa perante o juiz, ainda assim a validade do ato de reconhecimento dependerá de escritura pública ou particular arquivada em cartório.

e) Caso a quitação de determinado negócio jurídico tenha sido dada em escritura pública e tenha sido objeto de questionamento judicial, não poderá o juiz afastar a validade do ato, já que a quitação dada em escritura pública gera a presunção absoluta do pagamento.

94. **(Cespe/TJ/DFT/Juiz/2015)** No que se refere aos institutos da prescrição e da decadência no direito civil, assinale a opção correta:

a) As causas suspensivas dos prazos prescricionais se justificam pela ausência da inércia do credor e envolvem, assim, uma atitude deliberada do credor em direção à preservação do seu direito.

b) O rol das causas suspensivas da prescrição previstas na lei civil é, ao contrário do que ocorre com o das causas interruptivas, exemplificativo – "numerus apertus".

c) É admissível, por expressa convenção, renunciar previamente à prescrição, desde que a situação não envolva direito de pessoa incapaz.

d) O juiz deve conhecer, de ofício, a decadência prevista em lei ou a convencionada livremente pelos interessados.

e) Se, de negócio nulo, resultarem consequências patrimoniais capazes de ensejar pretensões, será possível a incidência, quanto a estas, da prescrição.

95. **(Cespe/TJ/DFT/Juiz/2016)** Suponha que, entabulado contrato facultativo de seguro de vida e acidentes pessoais, em decorrência do sinistro, o segurado pleiteou da seguradora o respectivo pagamento. Assinale a opção correta no que se refere à prescrição:

a) O prazo prescricional anual é interrompido com o pedido administrativo do pagamento, bem como com o pagamento parcial, diante da nova pretensão de complementação.

b) O prazo prescricional anual é interrompido com o pedido administrativo do pagamento, voltando a correr por inteiro a partir de eventual negativa da seguradora.

c) O prazo prescricional trienal é suspenso com o pedido administrativo de pagamento, voltando a correr a partir de eventual negativa da seguradora.

d) O prazo prescricional anual é suspenso com o pedido administrativo do pagamento, voltando a correr pelo tempo restante a partir da eventual negativa da seguradora, mas se há pagamento parcial o prazo é interrompido voltando a correr por inteiro.

e) Na hipótese de resseguro, o prazo prescricional é diverso do previsto para a ação do segurado contra o segurador.

96. **(Cespe/TRF/5R/Juiz/2015)** Acerca da prescrição, assinale a opção correta:

a) Entre os cônjuges, na constância da sociedade conjugal, o prazo prescricional poderá ser interrompido, mas não suspenso, já que vai de encontro à ordem pública o alongamento indefinido do prazo.

b) Diferentemente do que ocorre com a renúncia expressa, o Código Civil estabelece que a renúncia tácita à prescrição somente poderá ocorrer após a consumação do prazo.

c) Por ser medida que vai ao encontro do interesse público, a redução dos prazos prescricionais é permitida pelo Código Civil.

d) A prescrição poderá ser alegada por cônjuge, ascendente ou descendente, da parte que aproveite, caso seja demonstrado benefício jurídico que os afete direta ou indiretamente.

e) De acordo com o STJ, o termo inicial do prazo prescricional das ações indenizatórias, em observância ao princípio da "actio nata", é a data em que a lesão e os seus efeitos são constatados.

97. **(Cespe/PGE/AM/Procurador/2016)** Será nula de pleno direito cláusula de contrato de seguro firmado entre pessoa física e determinada empresa que preveja prazo prescricional de um ano, contado do infortúnio, para o beneficiário reclamar da seguradora o valor de eventuais danos sofridos.

98. **(Cespe/Funpresp_Jud/Analista/2016)** Se uma associação for constituída e houver defeito no ato, o prazo prescricional para a anulação começará a correr a partir da publicação de sua inscrição no registro respectivo.

99. **(Cespe/TRE/PE/Analista/2017)** Com relação a negócios jurídicos, prescrição e provas, assinale a opção correta à luz do Código Civil e da jurisprudência do STJ:

a) A pretensão condenatória decorrente da declaração de nulidade de cláusula contratual que preveja reajuste em plano de saúde prescreve em três anos.

b) A prova exclusivamente testemunhal é admitida somente para negócios jurídicos cujo valor não ultrapasse o décuplo do maior salário mínimo vigente no país ao tempo que forem celebrados.

c) A presunção é inferida a partir de um fato jurídico indireto e, por essa razão, não consta no rol dos meios de prova do Código Civil.

d) Nas declarações de vontade, prevalece o sentido literal da linguagem em detrimento da intenção nelas consubstanciada.

e) A validade do negócio jurídico pode subordinar-se, se convencionado pelas partes, a evento futuro e incerto, mediante condição.

100. **(Cespe/DPU/Defensor/2017)** O condômino B deve taxas condominiais extraordinárias, estabelecidas em instrumento particular, ao condomínio edilício A. Nessa situação, o condomínio A goza do prazo de cinco anos, a contar do dia seguinte ao do vencimento da prestação, para exercer o direito de cobrança das referidas taxas.

101. **(Cespe/TRF/1R/Técnico/2017)** Decai em três anos o direito de anular a constituição das pessoas jurídicas de direito privado.

102. **(Cespe/TRF/1R/Técnico/2017)** O juiz pode reconhecer, de ofício, a decadência, mesmo quando convencionada pelas partes.

103. **(Cespe/TRF/1R/Técnico/2017)** A prescrição ocorrerá em dez anos, caso a lei não lhe tenha fixado prazo menor.

104. **(Cespe/AGU/Advogado/2015)** Conforme entendimento consolidado do STJ, o prazo prescricional previsto no Código Civil aplica-se às ações indenizatórias decorrentes de ato ilícito formuladas contra a fazenda pública.

105. **(Cespe/PGM/Salvador/Procurador/2015)** João deseja propor ação judicial para receber indenização em razão da ocorrência de desapropriação indireta. O suposto direito decorre de situação fática em que o apossamento indevido pelo poder público ocorreu no ano de 2001. Nessa situação hipotética, conforme entendimento jurisprudencial do STJ sobre o tema, a consumação do prazo prescricional para exercício da pretensão indenizatória em virtude da desapropriação indireta:

a) se dará no ano de 2016.

b) se dará no ano de 2021.

c) se deu no ano de 2006.

d) se deu no ano de 2011.

e) se deu no ano de 2013.

106. **(Cespe/TCE/RN/Assessor_Jurídico/2015)** No sistema do Código Civil, uma vez interrompida a prescrição, o prazo voltará a fluir por inteiro, de forma que fica afastada a possibilidade de prescrição intercorrente.

107. **(Cespe/TCE/RN/Auditor/2015)** Considerando determinada situação de agressão física de que tenha resultado incapacidade laboral, a vítima tem três anos para pleitear em juízo os danos de ordem material e moral decorrentes do ato criminoso.

108. **(Cespe/TCU/Procurador/2015)** A respeito de obrigações, prova do fato jurídico e institutos da prescrição e decadência, assinale a opção correta:

a) O prazo de prescrição para a revisão de cláusula abusiva que estabeleça fatores de aumento do prêmio do seguro de acordo com a implementação de determinada faixa etária é, conforme a jurisprudência, decenal.

b) O instrumento particular assinado por quem esteja na livre disposição e administração de seus bens opera efeitos quanto a terceiros independentemente de registro no registro público.

c) Conforme estabelece expressamente o Código Civil, quando se trata de seguro de vida em grupo, o prazo de prescrição aplicável ao terceiro beneficiário é de cinco anos.

d) Segundo a jurisprudência, não será cabível a cominação de multa diária (astreintes) contra a fazenda pública quando se tratar de instrumento para o cumprimento de obrigação de fazer infungível.

e) No pagamento em consignação, a partir do momento em que o depósito é efetuado, cessam os juros da dívida e os riscos, não podendo o devedor requerer o levantamento do valor depositado.

109. (Cespe/TRT/7R/Analista/2017) No que se refere a prescrição e decadência em desfavor de um indivíduo de dezessete anos de idade, assinale a opção correta:

a) Correm normalmente tanto os prazos prescricionais como os decadenciais.

b) Os prazos prescricionais somente se iniciam quando o indivíduo completar dezoito anos de idade.

c) Adota-se tanto para os prazos prescricionais quanto para os decadenciais o prazo de dez anos.

d) Não correm os prazos prescricionais nem decadenciais.

110. (Cespe/PGE/SE/Procurador/2017) Se uma pessoa, no dia 5 de dezembro de 2017, terça-feira, sofrer dano material em decorrência de acidente provocado por motorista que avançou sobre a faixa de pedestre, o prazo prescricional para que ela obtenha a indenização será contado a partir do dia:

a) 5 de dezembro de 2017.

b) 11 de dezembro de 2017.

c) 6 de dezembro de 2017.

d) 8 de dezembro de 2017.

e) 7 de dezembro de 2017.

111. (Cespe/SEDF/Analista/2017) Caso uma pessoa com sessenta e cinco anos de idade seja vítima de um acidente de veículo que lhe cause dano material, o prazo prescricional para que haja a reparação civil será de três anos a partir da data do fato.

112. (Cespe/PGE/AM/Procurador/2016) Para se eximir de obrigações contraídas com o poder público, Aroldo alienou todos os seus bens, tendo ficado insolvente. Nesse caso, o poder público terá o prazo decadencial de quatro anos, contados da data em que Aroldo realizou os negócios jurídicos, para requerer a anulação destes.

3.5. Da Prova

* SÚMULAS

STF Súm. 259. Para produzir efeito em juízo não é necessária a inscrição, no registro público, de documentos de procedência estrangeira, autenticados por via consular.

STF Súm. 261. Para a ação de indenização, em caso de avaria, é dispensável que a vistoria se faça judicialmente.

* ENUNCIADOS CJF

CJF Civil 157. O termo "confissão" deve abarcar o conceito lato de depoimento pessoal, tendo em vista que este consiste em meio de prova de maior abrangência, plenamente admissível no ordenamento jurídico brasileiro.

CJF Civil 158. A amplitude da noção de "prova plena" (isto é, "completa") importa presunção relativa acerca dos elementos indicados nos incisos do § 1º, devendo ser conjugada com o disposto no parágrafo único do art. 219.

CJF Civil 297. O documento eletrônico tem valor probante, desde que seja apto a conservar a integridade de seu conteúdo e idôneo a apontar sua autoria, independentemente da tecnologia empregada.

CJF Civil 298. Os arquivos eletrônicos incluem-se no conceito de "reproduções eletrônicas de fatos ou de coisas", do art. 225 do Código Civil, aos quais deve ser aplicado o regime jurídico da prova documental.

* QUESTÕES DISCURSIVAS

01. (Cespe/PGE/BA/Procurador/2013) No que se refere ao instituto da prova, previsto no Código Civil de 2002, redija um texto dissertativo, atendendo, necessariamente, ao que se pede a seguir: (i) conceitue prova, conforme a dimensão material; (ii) defina documento público, em sentido amplo, e esclareça se, à luz do Código Civil de 2002, esse documento possui natureza de fonte probatória ou de meio de prova; (iii) aponte duas diferenças essenciais entre a escritura pública de compra e venda-instrumento público – e o boletim de ocorrência policial – documento público – para fins de prova.

* QUESTÕES OBJETIVAS

113. **(Cespe/PGE/AM/Procurador/2016)** A confissão como instrumento de prova de fato jurídico pode ser firmada pela parte ou por seu representante ou pode, ainda, ser obtida por intermédio de testemunha.

114. **(Cespe/Funpresp_Jud/Analista/2016)** A prova testemunhal é admissível como subsidiária da prova por escrito nos negócios jurídicos celebrados com o objetivo de transmitir direitos.

4. DO DIREITO DAS OBRIGAÇÕES

»»Vide capítulo Direito Empresarial (Títulos de Crédito).

4.1. Das Modalidades das Obrigações

* ENUNCIADOS CJF

1) Das Obrigações de Dar

CJF Civil 15. As disposições do art. 236 do novo Código Civil também são aplicáveis à hipótese do art. 240, "in fine".

CJF Civil 160. A obrigação de creditar dinheiro em conta vinculada de FGTS é obrigação de dar, obrigação pecuniária, não afetando a natureza da obrigação a circunstância de a disponibilidade do dinheiro depender da ocorrência de uma das hipóteses previstas no art. 20 da Lei n. 8.036/90.

2) Das Obrigações Divisíveis e Indivisíveis

CJF Civil 540. Havendo perecimento do objeto da prestação indivisível por culpa de apenas um dos devedores, todos respondem, de maneira divisível, pelo equivalente e só o culpado, pelas perdas e danos.

3) Das Obrigações Solidárias

CJF Comercial 22. Não se presume solidariedade passiva (art. 265 do Código Civil) pelo simples fato de duas ou mais pessoas jurídicas integrarem o mesmo grupo econômico.

CJF Civil 347. A solidariedade admite outras disposições de conteúdo particular além do rol previsto no art. 266 do Código Civil.

CJF Civil 348. O pagamento parcial não implica, por si só, renúncia à solidariedade, a qual deve derivar dos termos expressos da quitação ou, inequivocadamente, das circunstâncias do recebimento da prestação pelo credor.

CJF Civil 349. Com a renúncia da solidariedade quanto a apenas um dos devedores solidários, o credor só poderá cobrar do beneficiado a sua quota na dívida; permanecendo a solidariedade quanto aos demais devedores, abatida do débito a parte correspondente aos beneficiados pela renúncia.

CJF Civil 350. A renúncia à solidariedade diferencia-se da remissão, em que o devedor fica inteiramente liberado do vínculo obrigacional, inclusive no que tange ao rateio da quota do eventual codevedor insolvente, nos termos do art. 284.

CJF Civil 351. A renúncia à solidariedade em favor de determinado devedor afasta a hipótese de seu chamamento ao processo.

* QUESTÕES OBJETIVAS

115. **(Cespe/PGE/PE/Procurador/2018)** Em determinado contrato, uma pessoa garantiu satisfazer ao credor uma obrigação assumida pelo devedor. A dívida é futura e o devedor não anuiu ao contrato. Nessa situação, se o devedor não cumprir a obrigação:

a) o contrato será passível de invalidação.
b) será admitida a interpretação extensiva para beneficiar o devedor.
c) o contrato será nulo.
d) o garantidor poderá utilizar o benefício de ordem.
e) será restabelecida a garantia diante da evicção da coisa dada em pagamento.

116. **(Cespe/TCE/PA/Auditor/2016)** Indivíduo que se comprometer ao pagamento da obrigação em prestações sucessivas terá a seu favor a presunção de pagamento se tiver recibo de quitação da última.

117. **(Cespe/Funpresp/Especialista Jurídico/2016)** Na obrigação de fazer fungível, se houver recusa ou mora do devedor, ao credor será facultado, em caso de emergência, o exercício da autoexecutoriedade.

118. **(Cespe/TRE/PI/Analista/2016)** Se toda obrigação se tornar inválida pela perda do objeto em razão de a prestação principal padecer de impossibilidade originária, haverá uma obrigação:

a) solidária.

b) indivisível.

c) alternativa.

d) modal.

e) facultativa.

119. **(Cespe/TRT/8R/Analista/2016)** Com relação ao direito das obrigações, assinale a opção correta:

a) Tratando-se de obrigação com objeto indivisível e pluralidade de credores, presume-se a solidariedade ativa.

b) Dada a natureza da obrigação, a exoneração, pelo credor, da solidariedade a um dos devedores, aproveitará aos demais.

c) Em se tratando de obrigação solidária, ainda que somente um dos devedores seja o culpado pela impossibilidade de seu cumprimento, todos os demais continuam obrigados ao pagamento do valor equivalente.

d) Se a obrigação "intuitu personae" se tornar impossível, ainda que não haja culpa das partes, haverá conversão em perdas e danos em favor do credor.

e) Havendo impossibilidade de cumprimento, por culpa do devedor, de apenas uma das obrigações alternativas, ao credor restará ficar com a obrigação que subsistiu, independentemente de caber a ele a escolha.

120. **(Cespe/TJ/AM/Juiz/2016)** Acerca do direito das obrigações, assinale a opção correta:

a) Na hipótese de pluralidade de devedores obrigados ao pagamento de objeto indivisível, presume-se a existência de solidariedade passiva, a qual, entretanto, é afastada na hipótese de conversão da obrigação em perdas e danos.

b) Nas obrigações "in solidum", todos os devedores, embora estejam ligados ao credor por liames distintos, são obrigados pela totalidade da dívida.

c) Caso um credor solidário faleça e seu crédito seja destinado a três herdeiros, cada um destes poderá exigir, por inteiro, a dívida do devedor comum, já que a morte não extingue a solidariedade anteriormente estabelecida.

d) Havendo pluralidade de credores e devedores, importa verificar se as obrigações são solidárias ou indivisíveis, já que, nas solidárias, poderá o devedor opor a todos os credores exceção pessoal que tenha contra apenas um deles, enquanto, nas indivisíveis, a exceção pessoal não se estende aos demais credores.

e) Nas obrigações de dar coisa incerta, se for silente o contrato, terá o devedor a atuação na fase de concentração do débito, cabendo-lhe entregar ao credor a melhor coisa.

121. **(Cespe/DPE/RN/Defensor/2015)** Com relação ao direito das obrigações, assinale a opção correta:

a) É permitido transformar os bens naturalmente divisíveis em indivisíveis se a alteração se der para preservar a natureza da obrigação, por motivo de força maior ou caso fortuito, mas não por vontade das partes.

b) As obrigações ambulatórias são as que incidem sobre uma pessoa em decorrência de sua vinculação a um direito pessoal, haja vista que da própria titularidade lhe advém a obrigação.

c) As obrigações conjuntivas possuem múltiplas prestações ou objetos, de tal modo que seu cumprimento será dado como efetivado quando todas as obrigações forem realizadas.

d) As obrigações disjuntivas são aquelas em que a prestação ou objeto material são indeterminados, isto é, há apenas referência quanto a gênero e quantidade.

e) A desconcentração é característica das obrigações de dar coisa incerta. É configurada pela escolha, ato pelo qual o objeto ou prestação se tornam certos e determinados, sendo necessário, para que possa produzir efeitos, que o credor seja disso cientificado.

4.2. Da Transmissão das Obrigações

✱ ENUNCIADOS CJF

CJF Civil 16. O art. 299 do Código Civil não exclui a possibilidade da assunção cumulativa da dívida quando dois ou mais devedores se tornam responsáveis pelo débito com a concordância do credor.

CJF Civil 352. Salvo expressa concordância dos terceiros, as garantias por eles prestadas se extinguem com a assunção de dívida; já as garantias prestadas pelo devedor primitivo somente são mantidas no caso em que este concorde com a assunção.

CJF Civil 353. A recusa do credor, quando notificado pelo adquirente de imóvel hipotecado, comunicando-lhe o interesse em assumir a obrigação, deve ser justificada.

CJF Civil 422. A expressão "garantias especiais" constante do art. 300 do CC/2002 refere-se a todas as garantias, quaisquer delas, reais ou fidejussórias, que tenham sido prestadas voluntária e originariamente pelo devedor primitivo ou por terceiro, vale dizer, aquelas que dependeram da vontade do garantidor, devedor ou terceiro para se constituírem. (Fica mantido o teor do Enunciado n. 352)

CJF Civil 423. O art. 301 do CC deve ser interpretado de forma a também abranger os negócios jurídicos nulos e a significar a continuidade da relação obrigacional originária em vez de "restauração", porque, envolvendo hipótese de transmissão, aquela relação nunca deixou de existir.

CJF Civil 424. A comprovada ciência de que o reiterado pagamento é feito por terceiro no interesse próprio produz efeitos equivalentes aos da notificação de que trata o art. 303, segunda parte.

CJF Civil 618. O devedor não é terceiro para fins de aplicação do art. 288 do Código Civil, bastando a notificação prevista no art. 290 para que a cessão de crédito seja eficaz perante ele.

* QUESTÕES OBJETIVAS

122. **(Cespe/PGE/PE/Procurador/2018)** Uma obrigação foi extinta em virtude da constituição de uma nova obrigação – com novo devedor – que ocupou o lugar da primeira. Nesse caso:

a) a nova obrigação será inválida se o débito primitivo estiver sujeito a termo.
b) a nova obrigação representará renúncia a sua invocação se estiver prescrito o débito primitivo.
c) será lícito ao novo devedor alegar as exceções que beneficiariam o devedor anterior.
d) a dívida será satisfeita pelo devedor primitivo em caso de insolvência do novo devedor.
e) a exigência do primeiro débito ficará suspensa até a extinção da dívida atual.

123. **(Cespe/TCE/PR/Analista/2016)** Carlos se obrigou a entregar a Roberto um automóvel fabricado em 1970, mas, diante da dificuldade de adimplemento, ficou acordada a substituição da obrigação pela entrega de um veículo zero km fabricado no corrente ano. Nessa situação hipotética, de acordo com o Código Civil, ocorreu uma:

a) compensação.
b) novação.
c) sub-rogação convencional.
d) transação.
e) remissão.

124. **(Cespe/TJ/AM/Juiz/2016)** Em cada uma das seguintes opções, é apresentada uma situação hipotética, seguida de uma assertiva a ser julgada conforme institutos relacionados ao adimplemento das obrigações. Assinale a opção que apresenta a assertiva correta:

a) Após ter efetuado o pagamento de determinada dívida, Lauro constatou que, antes desse pagamento, tal dívida se encontrava prescrita. Nessa situação, Lauro poderá requerer a restituição do valor pago, mas o credor só estará obrigado a devolver o principal, sem atualização monetária nem incidência de juros de mora.
b) Em situação típica de solidariedade passiva, Jorge era credor de Matias, Pedro e Vênus, mas, verificando a crítica situação financeira de Matias, resolveu perdoar-lhe a dívida. Nessa situação, não pode o credor comum conceder remissão da dívida a apenas um dos codevedores, razão por que o perdão concedido a Matias alcançará Pedro e Vênus.
c) João foi fiador de Pedro em contrato de locação e pagou a dívida inteira referente a seis meses de aluguéis em atraso. Nessa situação, houve sub-rogação legal e João adquiriu todos os direitos, ações, privilégios e garantias do credor primitivo, podendo, inclusive, consoante entendimento pacificado pelo STJ, penhorar o atual imóvel residencial do locatário afiançado.
d) Verificando que seu amigo Paulo não tinha condições de quitar dívida em dinheiro contraída com Manoel, Carlos dirigiu-se ao credor e disse querer assumir a obrigação. Nessa situação, se Manoel aceitar Carlos como novo devedor, em substituição a Paulo, não será necessária a concordância deste, hipótese em que haverá novação subjetiva passiva por expromissão.
e) Júlio tem direito a indenização correspondente a R$ 5.000 em razão da meação de bens comuns que ficaram com sua ex-cônjuge Maria. Entretanto, Júlio deve a Maria R$ 2.000 a título de alimentos. Nessa situação, Júlio poderá compensar as dívidas, já que, na hipótese, há reciprocidade de obrigações, sendo as dívidas líquidas, atuais e vencidas.

125. (Cespe/TJ/DFT/Juiz/2015) Assinale a opção correta acerca da transmissão das obrigações nos termos do Código Civil:

a) Salvo disposição em contrário, a cessão de um crédito não abrange seus acessórios.

b) Na assunção de dívida, o novo devedor pode opor ao credor as exceções, de qualquer natureza, que competiam ao devedor primitivo.

c) A cessão de crédito tem plena e imediata eficácia em relação ao devedor, independentemente de este ter sido notificado da cessão feita ou ter dado ciência dessa cessão.

d) Na falta de previsão contrária, vige a regra pela qual o cedente do crédito responde pela solvência do devedor.

e) O silêncio do credor notificado da assunção de dívida deve ser interpretado como recusa, mas, na hipótese de assunção de débito garantido por hipoteca, o silêncio, decorrido o prazo de trinta dias, deve ser interpretado como anuência.

126. (Cespe/TJ/DFT/Juiz/2016) Em atenção ao direito das obrigações, assinale a opção correta:

a) Se há assunção cumulativa, compreende-se como estabelecida a solidariedade obrigacional entre os devedores.

b) A multa moratória e a multa compensatória podem ser objeto de cumulação com a exigência de cumprimento regular da obrigação principal.

c) A obrigação portável ("portable") é aquela em que o pagamento deve ser feito no domicílio do devedor, ficando o credor, portanto, obrigado a buscar a quitação.

d) Na solidariedade passiva, a renúncia e a remissão são tratados, quanto aos seus efeitos, de igual forma pelo Código Civil.

e) Na assunção de dívida, a oposição da exceção de contrato não cumprido é permitida ao assuntor em face do devedor primitivo, mas vedada em face do credor.

127. (Cespe/DPU/Defensor/2015) Supondo que duas partes tenham estabelecido determinada relação jurídica, caso o credor da relação jurídica ceda seu crédito a terceiro, a ausência de notificação do devedor implicará a inexigibilidade da dívida.

4.3. Do Adimplemento e Extinção das Obrigações

✱ ENUNCIADOS CJF

1) Do Pagamento

CJF Civil 425. O pagamento repercute no plano da eficácia, e não no plano da validade, como preveem os arts. 308, 309 e 310 do Código Civil.

CJF Civil 17. A interpretação da expressão "motivos imprevisíveis", constante do art. 317 do novo Código Civil, deve abarcar tanto causas de desproporção não previsíveis como também causas previsíveis, mas de resultados imprevisíveis.

CJF Civil 18. A "quitação regular", referida no art. 319 do novo Código Civil, engloba a quitação dada por meios eletrônicos ou por quaisquer formas de "comunicação à distância", assim entendida aquela que permite ajustar negócios jurídicos e praticar atos jurídicos sem a presença corpórea simultânea das partes ou de seus representantes.

2) Da Novação

CJF Civil 547. Na hipótese de alteração da obrigação principal sem o consentimento do fiador, a exoneração deste é automática, não se aplicando o disposto no art. 835 do Código Civil quanto à necessidade de permanecer obrigado pelo prazo de 60 (sessenta) dias após a notificação ao credor, ou de 120 (cento e dias) dias no caso de fiança locatícia.

3) Da Compensação

CJF Civil 19. A matéria da compensação, no que concerne às dívidas fiscais e parafiscais de Estados, do Distrito Federal e de Municípios, não é regida pelo art. 374 do Código Civil.

✱ QUESTÕES OBJETIVAS

128. (Cespe/STM/Analista/2018) Nas obrigações de prestações sucessivas, a quitação da última parcela acarreta a presunção absoluta de que as anteriores foram pagas.

129. (Cespe/Funpresp/Especialista Jurídico/2016) Aquele que pagar a quem não seja o verdadeiro credor terá direito à restituição do indébito, independentemente da comprovação do erro.

130. (Cespe/TCE/SC/Auditor/2016) Depositado o valor referente ao pagamento em consignação, o devedor poderá requerer o levantamento, o qual dependerá de anuência do credor, ainda que este não tenha declarado que aceita o depósito ou não tenha impugnado o seu valor.

131. **(Cespe/DPE/PE/Defensor/2015)** Os deveres secundários da prestação obrigacional vinculam-se ao correto cumprimento dos deveres principais, como ocorre com a conservação da coisa até a tradição. Por sua vez, os deveres acessórios ou laterais são diretamente relacionados ao correto processamento da relação obrigacional, tais como os de cooperação, de informação, de sigilo e de cuidado.

132. **(Cespe/Funpresp_Jud/Analista/2016)** Na imputação do pagamento, são exigidas, além da pluralidade de débitos e identidade das partes, a igual natureza das dívidas e a possibilidade de o pagamento resgatar mais de um débito.

133. **(Cespe/Funpresp_Jud/Analista/2016)** O pagamento efetuado sem causa jurídica é considerado indevido; no entanto, de acordo com o STJ, não configura enriquecimento ilícito as hipóteses cujos pagamentos tenham sido válidos, mas perderam sua causa jurídica com o passar do tempo.

134. **(Cespe/TRE/PE/Analista/2017)** Assinale a opção correta no que se refere ao adimplemento das obrigações:

a) O pagamento feito por terceiro ao credor não obriga o reembolso pelo devedor, se este tiver ciência da prescrição da pretensão do credor e se opuser ao adimplemento.

b) Caso haja dúvida quanto ao fato de o terceiro ter efetuado pagamento em nome próprio ou do devedor, presume-se que o tenha feito em nome do devedor.

c) Embora a quitação seja um direito subjetivo do devedor, ele não pode reter o pagamento como forma de compelir o credor a fornecer-lhe o recibo.

d) Caso sejam designados dois ou mais lugares para o pagamento, a escolha do local para efetuá-lo caberá ao devedor, em exceção à regra geral de que o pagamento seja efetuado no domicílio do credor.

e) O terceiro não interessado que paga a dívida, em nome próprio, se sub-roga nos direitos do credor.

135. **(Cespe/DPU/Defensor/2017)** A correção monetária objetiva a manutenção do poder aquisitivo da moeda, corrigindo o valor nominal da obrigação. Por isso, essa atualização deve observar as oscilações inflacionárias positivas e desconsiderar as negativas.

136. **(Cespe/PGM/Belo_Horizonte/Procurador/2017)** João celebrou contrato de locação de imóvel residencial com determinada imobiliária, que realizou negócio jurídico de administração do bem com Júlio, proprietário do referido imóvel. Conforme convencionado entre João e a imobiliária, o aluguel deveria ser pago a Carlos, um dos sócios da imobiliária, o qual costumeiramente recebia os aluguéis e dava quitação. Em determinado momento, João foi surpreendido com uma ação de despejo, na qual se argumentava que alguns pagamentos efetuados a Carlos não extinguiram a obrigação locatícia, porquanto ele tinha se retirado da sociedade no curso do contrato e o locatário não havia observado a alteração societária. De acordo com o Código Civil, nessa situação:

a) João deverá demonstrar que o pagamento foi revertido em favor da sociedade, para se eximir das cobranças.

b) os pagamentos efetuados por João são válidos, pois Carlos é considerado credor putativo.

c) a validade dos pagamentos realizados por João depende de ratificação por Júlio, proprietário do imóvel.

d) João terá de pagar novamente o valor cobrado.

137. **(Cespe/DPU/Defensor/2015)** Supondo que duas partes tenham estabelecido determinada relação jurídica, considere que as prestações periódicas de tal negócio jurídico tenham sido cumpridas, reiteradamente e com a aceitação de ambas as partes, no domicílio de uma das partes da relação jurídica. Nesse caso, ainda que tenha sido disposto na avença que as prestações fossem cumpridas no domicílio da outra parte, esta não poderia exigir, unilateral e posteriormente, o cumprimento de tal disposição.

138. **(Cespe/DPU/Defensor/2015)** Supondo que duas partes tenham estabelecido determinada relação jurídica, extinta a relação jurídica por culpa de uma das partes, a outra parte poderá pleitear indenização em face do que lucraria em investimento financeiro de risco com a manutenção da relação jurídica desfeita.

139. **(Cespe/AGU/Advogado/2015)** De acordo com o que dispõe o Código Civil, a compensação legal opera-se de pleno direito quando há liquidez e exigibilidade do débito e fungibilidade das prestações, não havendo impedimento para a compensação devido a prazo de favor concedido por uma das partes.

140. (Cespe/TRF/5R/Juiz/2017) Na hipótese de um credor aceitar, em vez do valor prometido, a entrega de um bem móvel pelo devedor, ocorrerá a:

a) sub-rogação convencional.
b) dação em pagamento.
c) novação.
d) compensação.
e) sub-rogação objetiva.

141. (Cespe/DPE/AC/Defensor/2017) Em uma relação de consumo, foi estabelecido que o pagamento deveria ser realizado de determinada maneira. No entanto, após certo tempo, o pagamento passou a ser feito, reiteradamente, de outro modo, sem que o credor se opusesse à mudança. Nessa situação, considerando-se a boa-fé objetiva, para o credor ocorreu o que se denomina:

a) "venire contra factum proprium".
b) "tu quoque".
c) "surrectio".
d) "supressio".
e) "exceptio doli".

142. (Cespe/TRT/7R/Analista/2017) Maria, credora de Pedro no valor de R$ 50 mil, aceitou no vencimento da dívida, para adimplir a obrigação, um veículo de igual valor oferecido por Pedro. A dívida foi, então, quitada. Nessa situação hipotética, de acordo com disposições do Código Civil, o adimplemento se deu por:

a) compensação.
b) pagamento em consignação.
c) dação em pagamento.
d) imputação do pagamento.

143. (Cespe/DPE/AC/Defensor/2017) No que se refere à extinção das obrigações, julgue os itens a seguir.

I. O segurador, por reparar ato danoso suportado pelo segurado, o sub-roga legalmente no direito contra o autor do dano.

II. Havendo recusa no recebimento de valores, o devedor poderá realizar o depósito da quantia devida em estabelecimento bancário, em nome do credor, e garantir a extinção da obrigação.

III. A dação em pagamento constitui direito subjetivo do devedor.

Assinale a opção correta:

a) Apenas o item I está certo.
b) Apenas os itens I e II estão certos.
c) Apenas os itens I e III estão certos.
d) Apenas os itens II e III estão certos.
e) Todos os itens estão certos.

4.4. Do Inadimplemento das Obrigações

✱ SÚMULAS

1) Comprovação da Mora na Alienação Fiduciária

STJ Súm. 72. A comprovação da mora é imprescindível à busca e apreensão do bem alienado fiduciariamente.

STJ Súm. 245. A notificação destinada a comprovar a mora nas dívidas garantidas por alienação fiduciária dispensa a indicação do valor do débito.

2) Correção Monetária

STJ Súm. 43. Incide correção monetária sobre dívida por ato ilícito a partir da data do efetivo prejuízo.

STJ Súm. 362. A correção monetária do valor da indenização do dano moral incide desde a data do arbitramento.

3) Juros Moratórios

STF Súm. 163. Salvo contra a Fazenda Pública, sendo a obrigação ilíquida, contam-se os juros moratórios desde a citação inicial para a ação.

STF Súm. 254. Incluem-se os juros moratórios na liquidação, embora omisso o pedido inicial ou a condenação.

STJ Súm. 54. Os juros moratórios fluem a partir do evento danoso, em caso de responsabilidade extracontratual.

STJ Súm. 379. Nos contratos bancários não regidos por legislação específica, os juros moratórios poderão ser convencionados até o limite de 1% ao mês.

4) Outros Temas

STF Súm. 412. No compromisso de compra e venda com cláusula de arrependimento, a devolução do sinal, por quem o deu, ou a sua restituição em dobro, por quem o recebeu, exclui indenização maior a título de perdas e danos, salvo os juros moratórios e os encargos do processo.

STJ Súm. 76. A falta de registro do compromisso de compra e venda de imóvel não dispensa a prévia interpelação para constituir em mora o devedor.

STJ Súm. 380. A simples propositura da ação de revisão de contrato não inibe a caracterização da mora do autor.

* ENUNCIADOS CJF

1) Disposições Gerais

CJF Civil 426. Os honorários advocatícios previstos no art. 389 do Código Civil não se confundem com as verbas de sucumbência, que, por força do art. 23 da Lei n. 8.906/1994, pertencem ao advogado.

CJF Civil 443. O caso fortuito e a força maior somente serão considerados como excludentes da responsabilidade civil quando o fato gerador do dano não for conexo à atividade desenvolvida.

CJF Civil 548. Caracterizada a violação de dever contratual, incumbe ao devedor o ônus de demonstrar que o fato causador do dano não lhe pode ser imputado.

2) Da Mora

CJF Civil 162. A inutilidade da prestação que autoriza a recusa da prestação por parte do credor deverá ser aferida objetivamente, consoante o princípio da boa-fé e a manutenção do sinalagma, e não de acordo com o mero interesse subjetivo do credor.

CJF Civil 354. A cobrança de encargos e parcelas indevidas ou abusivas impede a caracterização da mora do devedor.

CJF Civil 427. É válida a notificação extrajudicial promovida em serviço de registro de títulos e documentos de circunscrição judiciária diversa da do domicílio do devedor.

CJF Civil 619. A interpelação extrajudicial de que trata o parágrafo único do art. 397 do Código Civil admite meios eletrônicos como e-mail ou aplicativos de conversa on-line, desde que demonstrada a ciência inequívoca do interpelado, salvo disposição em contrário no contrato.

3) Das Perdas e Danos

CJF Civil 161. Os honorários advocatícios previstos nos arts. 389 e 404 do Código Civil apenas têm cabimento quando ocorre a efetiva atuação profissional do advogado.

CJF Civil 163. A regra do art. 405 do novo Código Civil aplica-se somente à responsabilidade contratual, e não aos juros moratórios na responsabilidade extracontratual, em face do disposto no art. 398 do novo CC, não afastando, pois, o disposto na Súmula 54 do STJ.

CJF Civil 428. Os juros de mora, nas obrigações negociais, fluem a partir do advento do termo da prestação, estando a incidência do disposto no art. 405 da codificação limitada às hipóteses em que a citação representa o papel de notificação do devedor ou àquelas em que o objeto da prestação não tem liquidez.

4) Dos Juros Legais

CJF Civil 20. A taxa de juros moratórios a que se refere o art. 406 é a do art. 161, § 1º, do Código Tributário Nacional, ou seja, 1% (um por cento) ao mês. A utilização da taxa SELIC como índice de apuração dos juros legais não é juridicamente segura, porque impede o prévio conhecimento dos juros; não é operacional, porque seu uso será inviável sempre que se calcularem somente juros ou somente correção monetária; é incompatível com a regra do art. 591 do novo Código Civil, que permite apenas a capitalização anual dos juros, e pode ser incompatível com o art. 192, § 3º, da Constituição Federal, se resultarem juros reais superiores a 12% (doze por cento) ao ano.

CJF Civil 164. Tendo a mora do devedor início ainda na vigência do Código Civil de 1916, são devidos juros de mora de 6% ao ano até 10 de janeiro de 2003; a partir de 11 de janeiro de 2003 (data de entrada em vigor do novo Código Civil), passa a incidir o art. 406 do Código Civil de 2002.

5) Da Cláusula Penal

CJF Civil 165. Em caso de penalidade, aplica-se a regra do art. 413 ao sinal, sejam as arras confirmatórias ou penitenciais.

CJF Civil 354. A cobrança de encargos e parcelas indevidas ou abusivas impede a caracterização da mora do devedor.

CJF Civil 355. Não podem as partes renunciar à possibilidade de redução da cláusula penal se ocorrer qualquer das hipóteses previstas no art. 413 do Código Civil, por se tratar de preceito de ordem pública.

CJF Civil 356. Nas hipóteses previstas no art. 413 do Código Civil, o juiz deverá reduzir a cláusula penal de ofício.

CJF Civil 357. O art. 413 do Código Civil é o que complementa o art. 4º da Lei n. 8.245/91. Revogado o Enunciado 179 da III Jornada.

CJF Civil 358. O caráter manifestamente excessivo do valor da cláusula penal não se confunde com a alteração de circunstâncias, a excessiva onerosidade e a frustração do fim do negócio jurídico, que podem incidir autonomamente e possibilitar sua revisão para mais ou para menos.

CJF Civil 359. A redação do art. 413 do Código Civil não impõe que a redução da penalidade seja proporcionalmente idêntica ao percentual adimplido.

CJF Civil 429. As multas previstas nos acordos e convenções coletivas de trabalho, cominadas para impedir o descumprimento das disposições normativas constantes desses instrumentos, em razão da negociação coletiva dos sindicatos e empresas, têm natureza de cláusula penal e, portanto, podem ser reduzidas pelo Juiz do Trabalho quando cumprida parcialmente a cláusula ajustada ou quando se tornarem excessivas para o fim proposto, nos termos do art. 413 do Código Civil.

CJF Comercial 67. Na locação "built to suit", é válida a estipulação contratual que estabeleça cláusula penal compensatória equivalente à totalidade dos alugueres a vencer, sem prejuízo da aplicação do art. 416, parágrafo único, do Código Civil.

* QUESTÕES OBJETIVAS

144. **(Cespe/DPE/PE/Defensor/2015)** Na promessa de compra e venda de determinado imóvel, foi estipulada multa de mora para o caso de atraso na entrega, o que de fato ocorreu, e, diante disso, o promitente comprador buscou assistência da DP, que ingressou em juízo em seu favor para pleitear, além do cumprimento da obrigação e do valor fixado como cláusula penal moratória prevista no contrato, a indenização correspondente aos lucros cessantes pela não fruição do imóvel durante o período de mora. Nessa situação, a DP atuou de forma tecnicamente acertada em favor de seu assistido.

145. **(Cespe/TRF/5R/Juiz/2015)** A respeito do inadimplemento das obrigações, assinale a opção correta:

a) A redução da cláusula penal quando a obrigação principal tiver sido cumprida em parte deve-se dar no percentual de dias cumpridos do contrato.

b) Se, devido a mora do devedor, a prestação não for mais de interesse do credor, este poderá rejeitá-la e exigir a satisfação das perdas e dos danos.

c) Devido a obrigação proveniente da prática de ato ilícito, o devedor será considerado em mora desde o ajuizamento da ação indenizatória.

d) Devido ao fato de a obrigação principal e a multa compensatória terem naturezas diversas, a cobrança desta não impede que o credor exija o cumprimento daquela.

e) Em caso de inexecução involuntária do contrato, o inadimplente pode ser compelido a pagar as perdas e os danos se tiver se responsabilizado pelos prejuízos resultantes de caso fortuito ou de força maior.

146. **(Cespe/TRF/1R/Juiz/2015)** Lino ajuizou ação ordinária de cobrança contra Marcos e Carlos, seu fiador, em decorrência do inadimplemento absoluto de aluguéis mensais e encargos condominiais, previstos em contrato escrito de locação de imóvel residencial celebrado entre as partes. O autor requereu o pagamento da cláusula penal estipulada no valor correspondente a vinte aluguéis mensais. Em sua defesa, Marcos alegou que Pedro, um terceiro, havia assumido a dívida que constava de notificação extrajudicial que lhe fora anteriormente endereçada por Lino com relação aos mesmos valores. Afirmou, ainda, que havia expedido a Lino, com aviso de recebimento, uma cópia do documento assinado por Pedro, assinalando o prazo de quarenta e oito horas para o consentimento na assunção da dívida, porém sem resposta do credor. Marcos aduziu, ainda, que possuía crédito decorrente de comodato pactuado com Lino e requereu a compensação de parte da dívida, bem como a redução, pelo juiz, da cláusula penal:

a) respeito dessa situação hipotética, assinale a opção correta à luz das normas do direito civil referentes a obrigações:

a) Marcos poderá compensar parte da dívida com Lino, já que a diferença de causas não impede a compensação.

b) A cláusula penal é obrigação acessória e convencional, razão pela qual deve ser preservada a autonomia das vontades de Lino e Marcos, não podendo o juiz intervir na relação negocial e reduzir a penalidade.

c) Diante do inadimplemento absoluto da obrigação, a culpa contratual é, em regra, presumida contra o devedor e há, nesse caso, uma inversão do ônus da prova, cabendo a Marcos a prova da ausência de culpa.

d) Se a assunção da dívida por Pedro vier a ser anulada, a garantia prestada por Carlos, em regra, será restaurada, pois o acessório segue o principal.

e) O silêncio de Lino sobre a assunção de dívida gera a presunção de sua aceitação, podendo Pedro invocar as exceções pessoais que competiam a Marcos.

147. **(Cespe/PGE/AM/Procurador/2016)** Isabel firmou com Davi contrato em que se comprometia a dar-lhe coisa certa em data aprazada. Em função da mora no recebimento, ocasionada por Davi, a coisa estragou-se, sem que Isabel tenha concorrido para tal. Nesse caso, Davi poderá exigir indenização equivalente à metade do dano suportado.

148. **(Cespe/PGM/Fortaleza/Procurador/2017)** Em se tratando de obrigações negativas, o devedor estará em mora a partir da data em que realizar a prestação que havia se comprometido a não efetivar.

149. **(Cespe/SEDF/Analista/2017)** Nas relações jurídicas que tiverem por objeto uma obrigação de não fazer, o inadimplemento se configurará a partir do momento em que a parte obrigada expressar sua vontade em realizar o ato de que deveria se abster.

4.5. Dos Contratos em Geral

✱ SÚMULAS

STF Súm. 335. É válida a cláusula de eleição do foro para os processos oriundos do contrato.

STJ Súm. 181. É admissível ação declaratória, visando a obter certeza quanto à exata interpretação de cláusula contratual.

STJ Súm. 286. A renegociação de contrato bancário ou a confissão da dívida não impede a possibilidade de discussão sobre eventuais ilegalidades dos contratos anteriores.

✱ ENUNCIADOS CJF

1) Disposições Gerais

1.1) Preliminares

CJF Civil 21. A função social do contrato, prevista no art. 421 do novo Código Civil, constitui cláusula geral, a impor a revisão do princípio da relatividade dos efeitos do contrato em relação a terceiros, implicando a tutela externa do crédito.

CJF Civil 22. A função social do contrato, prevista no art. 421 do novo Código Civil, constitui cláusula geral, que reforça o princípio de conservação do contrato, assegurando trocas úteis e justas.

CJF Civil 23. A função social do contrato, prevista no art. 421 do novo Código Civil, não elimina o princípio da autonomia contratual, mas atenua ou reduz o alcance desse princípio quando presentes interesses metaindividuais ou interesse individual relativo à dignidade da pessoa humana.

CJF Civil 24. Em virtude do princípio da boa-fé, positivado no art. 422 do novo Código Civil, a violação dos deveres anexos constitui espécie de inadimplemento, independentemente de culpa.

CJF Civil 25. O art. 422 do Código Civil não inviabiliza a aplicação, pelo julgador, do princípio da boa-fé nas fases pré e pós-contratual.

CJF Civil 26. A cláusula geral contida no art. 422 do novo Código Civil impõe ao juiz interpretar e, quando necessário, suprir e corrigir o contrato segundo a boa-fé objetiva, entendida como a exigência de comportamento leal dos contratantes.

CJF Civil 27. Na interpretação da cláusula geral da boa-fé, deve-se levar em conta o sistema do Código Civil e as conexões sistemáticas com outros estatutos normativos e fatores metajurídicos.

CJF Civil 166. A frustração do fim do contrato, como hipótese que não se confunde com a impossibilidade da prestação ou com a excessiva onerosidade, tem guarida no direito brasileiro pela aplicação do art. 421 do Código Civil.

CJF Civil 167. Com o advento do Código Civil de 2002, houve forte aproximação principiológica entre esse Código e o Código de Defesa do Consumidor, no que respeita à regulação contratual, uma vez que ambos são incorporadores de uma nova teoria geral dos contratos.

CJF Civil 168. O princípio da boa-fé objetiva importa no reconhecimento de um direito a cumprir em favor do titular passivo da obrigação.

CJF Civil 169. O princípio da boa-fé objetiva deve levar o credor a evitar o agravamento do próprio prejuízo.

CJF Civil 170. A boa-fé objetiva deve ser observada pelas partes na fase de negociações preliminares e após a execução do contrato, quando tal exigência decorrer da natureza do contrato.

CJF Civil 171. O contrato de adesão, mencionado nos arts. 423 e 424 do novo Código Civil, não se confunde com o contrato de consumo.

CJF Civil 172. As cláusulas abusivas não ocorrem exclusivamente nas relações jurídicas de consumo. Dessa forma, é possível a identificação de cláusulas abusivas em contratos civis comuns, como, por exemplo, aquela estampada no art. 424 do Código Civil de 2002.

CJF Civil 360. O princípio da função social dos contratos também pode ter eficácia interna entre as partes contratantes.

CJF Civil 361. O adimplemento substancial decorre dos princípios gerais contratuais, de modo a fazer preponderar a função social do contrato e o princípio da boa-fé objetiva, balizando a aplicação do art. 475.

CJF Civil 362. A vedação do comportamento contraditório ("venire contra factum proprium") funda-se na proteção da confiança, tal como se extrai dos arts. 187 e 422 do Código Civil.

CJF Civil 363. Os princípios da probidade e da confiança são de ordem pública, estando a parte lesada somente obrigada a demonstrar a existência da violação.

CJF Civil 364. No contrato de fiança é nula a cláusula de renúncia antecipada ao benefício de ordem quando inserida em contrato de adesão.

CJF Civil 546. O § 2º do art. 787 do Código Civil deve ser interpretado em consonância com o art. 422 do mesmo diploma legal, não obstando o direito à indenização e ao reembolso.

CJF Civil 582. Com suporte na liberdade contratual e, portanto, em concretização da autonomia privada, as partes podem pactuar garantias contratuais atípicas.

CJF Civil 621. Os contratos coligados devem ser interpretados a partir do exame do conjunto das cláusulas contratuais, de forma a privilegiar a finalidade negocial que lhes é comum.

1.2) Da Formação dos Contratos

CJF Civil 173. A formação dos contratos realizados entre pessoas ausentes, por meio eletrônico, completa-se com a recepção da aceitação pelo proponente.

CJF Civil 430. No contrato de adesão, o prejuízo comprovado do aderente que exceder ao previsto na cláusula penal compensatória poderá ser exigido pelo credor independentemente de convenção.

CJF Civil 431. A violação do art. 421 conduz à invalidade ou à ineficácia do contrato ou de cláusulas contratuais.

CJF Civil 432. Em contratos de financiamento bancário, são abusivas cláusulas contratuais de repasse de custos administrativos (como análise do crédito, abertura de cadastro, emissão de fichas de compensação bancária, etc), seja por estarem intrinsecamente vinculadas ao exercício da atividade econômica, seja por violarem o princípio da boa-fé objetiva.

CJF Civil 433. A cláusula de renúncia antecipada ao direito de indenização e retenção por benfeitorias necessárias é nula em contrato de locação de imóvel urbano feito nos moldes do contrato de adesão.

CJF Civil 434. A ausência de denunciação da lide ao alienante, na evicção, não impede o exercício de pretensão reparatória por meio de via autônoma.

CJF Civil 435. O contrato de promessa de permuta de bens imóveis é título passível de registro na matrícula imobiliária.

CJF Civil 436. A cláusula resolutiva expressa produz efeitos extintivos independentemente de pronunciamento judicial.

1.3) Dos Vícios Redibitórios

CJF Civil 28. O disposto no art. 445, §§ 1º e 2º, do Código Civil reflete a consagração da doutrina e da jurisprudência quanto à natureza decadencial das ações edilícias.

CJF Civil 174. Em se tratando de vício oculto, o adquirente tem os prazos do caput do art. 445 para obter redibição ou abatimento de preço, desde que os vícios se revelem nos prazos estabelecidos no parágrafo primeiro, fluindo, entretanto, a partir do conhecimento do defeito.

CJF Civil 583. O art. 441 do Código Civil deve ser interpretado no sentido de abranger também os contratos aleatórios, desde que não inclua os elementos aleatórios do contrato.

1.4) Da Evicção

CJF Civil 29. A interpretação do art. 456 do novo Código Civil permite ao evicto a denunciação direta de qualquer dos responsáveis pelo vício.

1.5) Do Contrato Preliminar

CJF Civil 30. A disposição do parágrafo único do art. 463 do novo Código Civil deve ser interpretada como fator de eficácia perante terceiros.

2) Do Distrato

CJF Civil 584. Desde que não haja forma exigida para a substância do contrato, admite-se que o distrato seja pactuado por forma livre.

3) Da Extinção do Contrato

3.1) Da Cláusula Resolutiva

CJF Civil 31. As perdas e danos mencionadas no art. 475 do novo Código Civil dependem da imputabilidade da causa da possível resolução.

CJF Civil 361. O adimplemento substancial decorre dos princípios gerais contratuais, de modo a fazer preponderar a função social do contrato e o princípio da boa-fé objetiva, balizando a aplicação do art. 475.

CJF Civil 437. A resolução da relação jurídica contratual também pode decorrer do inadimplemento antecipado.

CJF Civil 548. Caracterizada a violação de dever contratual, incumbe ao devedor o ônus de demonstrar que o fato causador do dano não lhe pode ser imputado.

CJF Civil 586. Para a caracterização do adimplemento substancial (tal qual reconhecido pelo Enunciado 361 da IV Jornada de Direito Civil – CJF), levam-se em conta tanto aspectos quantitativos quanto qualitativos.

3.2) Da Exceção de Contrato não Cumprido

CJF Civil 438. A exceção de inseguridade, prevista no art. 477, também pode ser oposta à parte cuja conduta põe manifestamente em risco a execução do programa contratual.

3.3) Da Resolução por Onerosidade Excessiva

CJF Civil 175. A menção à imprevisibilidade e à extraordinariedade, insertas no art. 478 do Código Civil, deve ser interpretada não somente em relação ao fato que gere o desequilíbrio, mas também em relação às consequências que ele produz.

CJF Civil 176. Em atenção ao princípio da conservação dos negócios jurídicos, o art. 478 do Código Civil de 2002 deverá conduzir, sempre que possível, à revisão judicial dos contratos e não à resolução contratual.

CJF Civil 365. A extrema vantagem do art. 478 deve ser interpretada como elemento acidental da alteração de circunstâncias, que comporta a incidência da resolução ou revisão do negócio por onerosidade excessiva, independentemente de sua demonstração plena.

CJF Civil 366. O fato extraordinário e imprevisível causador de onerosidade excessiva é aquele que não está coberto objetivamente pelos riscos próprios da contratação.

CJF Civil 367. Em observância ao princípio da conservação do contrato, nas ações que tenham por objeto a resolução do pacto por excessiva onerosidade, pode o juiz modificá-lo equitativamente, desde que ouvida a parte autora, respeitada a sua vontade e observado o contraditório.

CJF Civil 439. A revisão do contrato por onerosidade excessiva fundada no Código Civil deve levar em conta a natureza do objeto do contrato. Nas relações empresariais, observar-se-á a sofisticação dos contratantes e a alocação de riscos por eles assumidas com o contrato.

CJF Civil 440. É possível a revisão ou resolução por excessiva onerosidade em contratos aleatórios, desde que o evento superveniente, extraordinário e imprevisível não se relacione com a álea assumida no contrato.

* REPERCUSSÃO & REPETITIVOS

STJ Repetitivo 908. Impossibilidade de revisão de cláusulas contratuais em ação de prestação de contas. (REsp 1497831, 14.9.2016)

* INFORMATIVOS DE JURISPRUDÊNCIA

Compra e venda de veículo com intermediação. Impossibilidade de transferência da propriedade pela adquirente. Bloqueio judicial. Existência de gravame. Resolução do contrato. Evicção.

STJ Caracteriza-se evicção a inclusão de gravame capaz de impedir a transferência livre e desembaraçada de veículo objeto de negócio jurídico de compra e venda. REsp 1.713.096, Rel. Min. Nancy Andrighi, DJ 23.2.2018. 3ª T. (Info 621)

Ação de resolução de promessa de compra e venda de imóvel c/c pedido de revisão de cláusulas contratuais. Cláusula penal compensatória. Arras. Natureza indenizatória. Cumulação. Impossibilidade.

STJ Na hipótese de inexecução do contrato, revela-se inadmissível a cumulação das arras com a cláusula penal compensatória, sob pena de ofensa ao princípio do "non bis in idem". REsp 1.617.652, Rel. Min. Nancy Andrighi, DJe 29.9.2017. 3ª T. (Info 613)

Pretensão estimatória ("quanti minoris"). Negócio jurídico. Vício redibitório. Direito de uso, gozo e fruição da área de laje da

cobertura. Autorização municipal posterior. Afastamento da pretensão de abatimento do preço.

STJ O saneamento de vício redibitório limitador do uso, gozo e fruição da área de terraço na cobertura de imóvel objeto de negócio jurídico de compra e venda – que garante o seu uso de acordo com a destinação e impede a diminuição do valor –, afasta o pleito de abatimento do preço. REsp 1.478.254, Rel. Min. Luis Felipe Salomão, DJe 4.9.2017. 4ª T. (Info 610)

✱ QUESTÕES OBJETIVAS

150. **(Cespe/TRT/8R/Analista/2016)** Em cada uma das seguintes opções, é apresentada uma situação hipotética seguida de uma assertiva a ser julgada acerca de institutos relacionados ao adimplemento e à extinção das obrigações. Assinale a opção que apresenta a assertiva correta:

a) César, que deve a Caio a quantia correspondente a R$ 1.000, passa por situação de dificuldade financeira, razão por que Caio resolveu perdoar-lhe a dívida. Nessa situação, a remissão, que tem o único objetivo de extinguir a dívida, independe da aceitação de César.

b) Márcio contraiu duas dívidas com Joana, nos valores de R$ 300 e R$ 150, com vencimento, respectivamente, em 20/12/2015 e em 5/1/2016; em 10/1/2016, Márcio entregou a Joana R$ 150, mas não indicou qual dívida desejava saldar. Joana tampouco apontou qual dívida estava sendo quitada. Nessa situação, presume-se que o pagamento refere-se à dívida vencida em 5/1/2016, já que o valor entregue importa em sua quitação integral.

c) João contraiu obrigação, tornando-se devedor de Pedro, mas nada foi estabelecido quanto ao local do efetivo cumprimento da obrigação. Nessa situação, considera-se o local de cumprimento a casa do credor, uma vez que, na ausência de estipulação do local de pagamento, se presume que a dívida é portável ("portable").

d) Mário, estando obrigado a pagar R$ 50.000 a Paulo, ofereceu-lhe, na data do pagamento, um veículo para solver a dívida, o que foi aceito por Paulo, que, após receber o veículo, teve que entregá-lo a um terceiro em decorrência de uma ação de evicção. Nessa situação, como Paulo foi evicto da coisa recebida em pagamento, será restabelecida a obrigação primitiva.

e) Ana tem uma dívida já prescrita no valor de R$ 300 com Maria, que, por sua vez, deve a quantia de R$ 500, vencida recentemente, a Ana. Nessa situação, ainda que sem a concordância de Ana, Maria poderá compensar as dívidas e pagar a Ana apenas R$ 200, porquanto, embora prescrita, a dívida de Ana ainda existe e é denominada obrigação moral.

151. **(Cespe/TCE/PA/Auditor/2016)** O adimplemento substancial do contrato tem sido reconhecido como impedimento à resolução unilateral, havendo ou não cláusula expressa.

152. **(Cespe/DPE/PE/Defensor/2015)** Nos contratos aleatórios, é admitida a revisão ou resolução por onerosidade excessiva em razão da ocorrência de evento superveniente, extraordinário e imprevisível que não se relacione com a álea assumida no contrato.

153. **(Cespe/DPE/RN/Defensor/2015)** No tocante à extinção dos contratos, assinale a opção correta:

a) Nos contratos bilaterais, o credor pode exigir a realização da obrigação pela outra parte, ainda que não cumpra a integralidade da prestação que lhe caiba.

b) A extinção do contrato decorrente de cláusula resolutiva expressa configura exercício do direito potestativo de uma das partes do contrato de impor à outra sua extinção e depende de interpelação judicial.

c) Joaquim, mediante contrato firmado, prestava serviços de contabilidade à empresa de Joana. Joaquim e Joana decidiram encerrar, consensualmente, o pactuado e dar fim à relação contratual. Nessa situação, configurou-se a resilição do contrato por meio de denúncia de uma das partes.

d) A cláusula resolutiva tácita é causa de extinção contemporânea à celebração ou formação do contrato, e a presença do vício torna o contrato nulo.

e) A resolução do contrato por onerosidade excessiva não se aplica aos contratos de execução instantânea, pois ocorre quando, no momento da efetivação da prestação, esta se torna demasiadamente onerosa para uma das partes, em virtude de acontecimentos extraordinários e imprevisíveis.

154. (Cespe/TJ/DFT/Juiz/2016) A respeito dos contratos regidos pelo Código Civil, assinale a opção correta:

a) Na promessa de fato de terceiro, decorre do tratamento legal do Código Civil que o promitente responda pela ratificação e pela execução da obrigação.
b) O mandatário não se responsabiliza, ainda que agindo em nome próprio, desde que o negócio seja de conta do mandante.
c) No contrato de fiança, a sub-rogação opera-se automaticamente, salvo se o adimplemento pelo fiador tenha sido voluntário.
d) No que se refere ao contrato preliminar, a outra parte desobriga-se diante da inércia do estipulante.
e) A doação remuneratória, tal como a pura, não sujeita o doador às consequências do vício redibitório.

155. (Cespe/TJ/PB/Juiz/2015) André e Bernardo, filhos de Carla e Daniel, obrigaram-se solidariamente perante Eduardo e Fernando a entregar-lhes dez sacas de café em dezembro de 2014. No entanto, por problemas na colheita, André e Bernardo ficaram impossibilitados de cumprir com a entrega das sacas. Para ajudar seus filhos, como proposta, Carla e Daniel obrigaram-se solidariamente a dar quarenta sacas de milho em substituição à antiga obrigação. Eduardo e Fernando aceitaram a proposta e, assim, adimpliram a dívida de André e Bernardo. Com relação a essa situação hipotética, assinale a opção correta no que se refere à teoria das obrigações:

a) A existência de solidariedade ativa permite que Eduardo oponha a Fernando exceção pessoal que tenha em relação a André.
b) Na obrigação da entrega das dez sacas de café, a solidariedade de André e Bernardo é presumida, não havendo necessidade de que ela seja constituída por um ato de vontade das partes.
c) Caso houvesse a conversão em perdas e danos, o vínculo de solidariedade de André e Bernardo deveria ser afastado, de forma que Eduardo e Fernando só poderiam exigir de cada devedor a metade do valor total.
d) O acordo de Eduardo e Fernando com Carla e Daniel, que substituiu a obrigação da entrega das dez sacas de café pela entrega de quarenta sacas de milho, independe da concordância de André e Bernardo.
e) Caso Eduardo venha a falecer, cada um de seus herdeiros poderá exigir de Carla e Daniel as quarenta sacas de milho.

156. (Cespe/TRF/5R/Juiz/2015) No que se refere à teoria da imprevisão prevista no Código Civil, assinale a opção correta:

a) Mesmo quando comprovada a imprevisibilidade do evento, o enriquecimento sem causa de uma parte em detrimento da outra, em função desse evento, não é requisito essencial à extinção do contrato.
b) Será afastada a aplicabilidade dessa teoria se assim estiver expressamente estipulado em contrato de execução continuada ou diferida.
c) Os efeitos da sentença que extinguir o contrato retroagirão à data da citação, e não à data do evento imprevisível que tiver dado causa à extinção do contrato.
d) A referida teoria não pode ser utilizada pelo devedor quando se tratar de evento que afete contrato unilateral pelo qual ele assumiu obrigações.
e) A teoria da imprevisão pode dar causa à redução da prestação da parte prejudicada pelo acontecimento, mas não pode ser utilizada para modificar as condições do contrato.

157. (Cespe/TRF/1R/Juiz/2015) No que concerne à teoria geral dos contratos, assinale a opção correta:

a) A fase de puntuação na formação do contrato não vincula os participantes a sua celebração definitiva, o que impede inferir-se eventual responsabilização contratual nas tratativas.
b) A atividade médica realizada sem o consentimento informado do paciente, ainda que exitosa, constitui hipótese de violação positiva do contrato.
c) A parte lesada pelo inadimplemento pode pleitear a resolução do contrato, que é um direito potestativo do credor, razão pela qual o adimplemento substancial da obrigação pelo devedor não impede a extinção do negócio jurídico.
d) Para a aplicação da teoria da imprevisão, exige-se que o contrato seja sinalagmático, oneroso, comutativo e de trato sucessivo e que surja fato superveniente que gere um desequilíbrio entre as partes contratantes.
e) Os vícios redibitórios atingem o plano de validade do contrato e podem gerar sua anulabilidade mediante o manejo de ação redibitória.

158. **(Cespe/TRF/1R/Juiz/2015)** Maria, médica cardiologista, que namora Paulo, mas com ele não mantém união estável, ajuizou ação anulatória de negócio jurídico de compra e venda contra a empresa Biotecnologia Ltda. Para tanto, sustentou que adquiriu da ré um aparelho do tipo marca-passo, que foi implantado em seu namorado Paulo, em caráter de urgência, mediante a emissão de um cheque no valor de R$ 10.000,00. O aparelho em questão é comumente vendido no mercado por R$ 4.000,00. Nessa situação hipotética:

a) Maria teve sua vontade viciada, pois agiu fundada no temor de dano iminente e considerável a Paulo.

b) Maria, por inexperiência, se obrigou ao pagamento de valor desproporcional ao praticado no mercado no ato de celebração do negócio jurídico.

c) para que o pedido seja julgado procedente, deve ficar demonstrado por Maria o dolo de aproveitamento da fornecedora do material, ou seja, a vilania do outro contratante.

d) Maria não tem legitimidade para propor a demanda, já que Paulo não é seu marido nem com ela convive em regime de união estável.

e) segundo a legislação de regência, a hipótese é de nulidade do negócio jurídico, e o juiz deve reconhecer de ofício o vício de consentimento mediante a prolação de sentença declaratória.

159. **(Cespe/PGE/AM/Procurador/2016)** Mauro firmou contrato com determinada empresa, por meio do qual assumiu obrigações futuras a serem cumpridas mediante prestações periódicas. No decurso do contrato, em virtude de acontecimento extraordinário e imprevisível, as prestações se tornaram excessivamente onerosas para Mauro e extremamente vantajosas para a referida empresa. Nessa situação, Mauro poderá pedir a resolução do contrato, a redução da prestação ou a alteração do modo de executá-lo.

160. **(Cespe/TCE/RN/Assessor_Jurídico/2015)** No âmbito contratual, admite-se a existência de direitos secundários os quais perduram mesmo depois do adimplemento da obrigação principal.

161. **(Cespe/TCE/RN/Auditor/2015)** É legítima a cláusula contratual por meio da qual um contratante se compromete a cumprir obrigação em determinado prazo, de modo que, caso este faleça sem o cumprimento da referida obrigação, o credor estará autorizado a adjudicar bens pertencentes a esse contratante.

162. **(Cespe/TCU/Procurador/2015)** Com base na jurisprudência do STJ a respeito dos contratos, assinale a opção correta:

a) Na venda com reserva de domínio, a cláusula de reserva de domínio terá de ser estipulada por escrito e não dependerá de registro para valer contra terceiros.

b) A transação efetivada entre um dos devedores solidários e seu credor extingue a dívida em relação aos demais codevedores, mesmo que o credor não dê quitação de toda a dívida.

c) Caso o compromisso de compra e venda de imóvel não tenha sido levado a registro, a responsabilidade pelas despesas de condomínio recairá sobre o promissário vendedor.

d) A renegociação de contrato bancário ou a confissão de dívida, assim como a extinção contratual decorrente de quitação, não obstam a discussão sobre eventuais ilegalidades dos contratos anteriores.

e) Na alienação fiduciária de imóveis em garantia, o contrato se extingue por força da consolidação da propriedade em nome do credor fiduciário, e não pela alienação do bem em leilão público.

163. **(Cespe/TRF/5R/Juiz/2017)** Estabelecido contrato de fornecimento de insumos para empresa que comercializa produtos químicos, será juridicamente possível o fornecedor pedir, de acordo com a lei civil, a resolução do contrato, se a sua prestação se tornar excessivamente onerosa:

a) com extrema vantagem para a outra parte, por acontecimento extraordinário, ainda que previsível.

b) por acontecimento extraordinário, ainda que sem proveito para a outra parte.

c) com vantagem extrema para a outra parte em razão de acontecimento extraordinário e imprevisível.

d) por acontecimento extraordinário, ainda que não imprevisível.

e) por acontecimento extraordinário, ainda que não imprevisível, provocado por fato do príncipe.

164. **(Cespe/DPE/AC/Defensor/2017)** Entre outros aspectos, é motivo capaz de ensejar revisão ou rescisão contratual, com base na teoria da imprevisão:

a) o dolo do contratante que obtém vantagem excessivamente onerosa.
b) a onerosidade do contrato de natureza continuada ou diferida.
c) a dificuldade financeira do devedor, proveniente de desempregado involuntário.
d) o fato de o contrato ser de execução instantânea.
e) a previsibilidade de acontecimentos futuros.

165. **(Cespe/PGE/SE/Procurador/2017)** Aquele que receber, de forma indevida, mas de boa-fé, pagamento relativo a um contrato:
a) responderá pela deterioração da coisa.
b) não terá direito de retenção de valores relativos às benfeitorias necessárias.
c) estará desobrigado de restituir a coisa caso o indébito tenha natureza objetiva.
d) fará jus aos frutos decorrentes da coisa recebida.
e) não terá direito à indenização por benfeitorias úteis.

4.6. Das Várias Espécies de Contrato

4.6.1. Da Compra e Venda

*** SÚMULAS**

STF Súm. 412. No compromisso de compra e venda com cláusula de arrependimento, a devolução do sinal, por quem o deu, ou a sua restituição em dobro, por quem o recebeu, exclui indenização maior a título de perdas e danos, salvo os juros moratórios e os encargos do processo.

STF Súm. 413. O compromisso de compra e venda de imóveis, ainda que não loteados, dá direito à execução compulsória, quando reunidos os requisitos legais.

STF Súm. 489. A compra e venda de automóvel não prevalece contra terceiros, de boa-fé, se o contrato não foi transcrito no registro de títulos e documentos.

STJ Súm. 76. A falta de registro do compromisso de compra e venda de imóvel não dispensa a prévia interpelação para constituir em mora o devedor.

STJ Súm. 308. A hipoteca firmada entre a construtora e o agente financeiro, anterior ou posterior à celebração da promessa de compra e venda, não tem eficácia perante os adquirentes do imóvel.

*** ENUNCIADOS CJF**

CJF Civil 177. Por erro de tramitação, que retirou a segunda hipótese de anulação de venda entre parentes (venda de descendente para ascendente), deve ser desconsiderada a expressão "em ambos os casos", no parágrafo único do art. 496.

CJF Civil 178. Na interpretação do art. 528, devem ser levadas em conta, após a expressão "a benefício de", as palavras "seu crédito, excluída a concorrência de", que foram omitidas por manifesto erro material.

CJF Civil 368. O prazo para anular venda de ascendente para descendente é decadencial de dois anos (art. 179 do Código Civil).

CJF Civil 441. Na falta de acordo sobre o preço, não se presume concluída a compra e venda. O parágrafo único do art. 488 somente se aplica se houverem diversos preços habitualmente praticados pelo vendedor, caso em que prevalecerá o termo médio.

CJF Civil 545. O prazo para pleitear a anulação de venda de ascendente a descendente sem anuência dos demais descendentes e/ou do cônjuge do alienante é de 2 (dois) anos, contados da ciência do ato, que se presume absolutamente, em se tratando de transferência imobiliária, a partir da data do registro de imóveis.

CJF Civil 592. O art. 519 do Código Civil derroga o art. 35 do Decreto-Lei n. 3.365/1941 naquilo que ele diz respeito a cenários de tredestinação ilícita. Assim, ações de retrocessão baseadas em alegações de tredestinação ilícita não precisam, quando julgadas depois da incorporação do bem desapropriado ao patrimônio da entidade expropriante, resolver-se em perdas e danos.

CJF Civil 623. Ainda que sejam muitos os condôminos, não há direito de preferência na venda da fração de um bem entre dois coproprietários, pois a regra prevista no art. 504, parágrafo único, do Código Civil, visa somente a resolver eventual concorrência entre condôminos na alienação da fração a estranhos ao condomínio.

*** INFORMATIVOS DE JURISPRUDÊNCIA**

Alienação judicial de bem objeto de compromisso de compra e venda. Possibilidade jurídica do pedido. Concordância do promitente-vendedor. Condição.

STJ É juridicamente possível o pedido de alienação judicial de bem imóvel objeto de compromisso de compra e venda. 3ª T. REsp 1.501.549, Rel. Min. Nancy Andrighi, DJ 11.5.2018. (Info 625)

Compra e venda de imóvel. Atraso na entrega. Lucros cessantes. Cabimento. Prejuízo presumido.

STJ O atraso na entrega do imóvel enseja pagamento de indenização por lucros cessantes durante o período de mora do promitente vendedor, sendo presumido o prejuízo do promitente comprador. 2ª S. EREsp 1.341.138, Rel. Min. Maria Isabel Gallotti, DJ 22.5.2018. (Info 626)

Venda de cotas societárias de ascendente a descendente. Reconhecimento de paternidade "post mortem". Falta de anuência da filha. Nulidade do negócio jurídico. Inexistência.

STJ O reconhecimento de paternidade "post mortem" não invalida a alteração de contrato social com a transferência de todas as cotas societárias realizada pelo genitor a outro descendente. REsp 1.356.431, Rel. Min. Luis Felipe Salomão, DJe 21.9.2017. 4ª T. (Info 611)

* QUESTÕES OBJETIVAS

166. (Cespe/DPE/PE/Defensor/2018) Joaquim fez com Norberto contrato de promessa de compra e venda para adquirir deste um imóvel por R$ 200.000: Joaquim deu R$ 150.000 de sinal e pretendia conseguir financiamento dos R$ 50.000 restantes em uma instituição bancária. Segundo cláusula do contrato que regulava o negócio, em caso de inexecução por culpa do comprador, este perderia o sinal em favor do vendedor. Por desídia de Joaquim, que não apresentou todos os documentos exigidos pela instituição bancária, o financiamento não foi aprovado, de maneira que o contrato não pôde ser cumprido. Joaquim buscou ajuda na justiça comum. Considerando essa situação hipotética, assinale a opção correta de acordo com a legislação pertinente e a posição dos tribunais superiores.

a) Joaquim deverá alegar prejuízo para exigir de Norberto a devolução do sinal, mesmo existindo previsão contratual.

b) Já que Norberto recebeu os R$ 150.000 adiantados e teve a oportunidade de aplicá-los no mercado de capitais, Joaquim deverá ser restituído do valor dado de sinal acrescido de correção com base no rendimento da caderneta de poupança.

c) Mesmo que comprove perdas e danos pelo negócio não concluído, Norberto não poderá exigir indenização suplementar.

d) Joaquim perderá os R$ 150.000 para Norberto e não há, por parte do juiz da causa, a possibilidade de se reduzir o montante perdido.

e) Conforme o STJ, é possível reduzir a perda de Joaquim, já que, nesse caso, a diferença entre o valor inicial pago e o total do negócio pode gerar enriquecimento sem causa para Norberto.

167. (Cespe/TCE/PR/Auditor/2016) A respeito dos contratos em geral e suas espécies, assinale a opção correta:

a) Em se tratando de venda "ad mensuram" de imóveis, há presunção relativa de tolerância de variação de até 5% na extensão do imóvel.

b) O defeito oculto de uma coisa autoriza a rejeição de todas as outras vendidas em conjunto com ela, dado o princípio da função social do contrato.

c) É anulável a permuta de bens de valores desiguais entre ascendentes e descendentes sem o consentimento dos demais descendentes, ainda que o ascendente receba o bem de maior valor.

d) É ilícita a compra e venda, entre cônjuges, de imóvel que pertença exclusivamente a um deles.

e) O condômino de condomínio pro diviso não poderá vender a sua parte a estranho se outro condômino a quiser em igualdade de condições.

168. (Cespe/TCE/PR/Analista/2016) A respeito da disciplina do negócio jurídico no Código Civil, assinale a opção correta:

a) Em ação que vise à discussão de cláusulas contratuais, o juiz deverá, de ofício, declarar a nulidade do negócio caso verifique que o devedor foi coagido a contratar.

b) Um contrato de compra e venda de imóvel que for realizado sem escritura pública poderá ser convertido em promessa de compra e venda.

c) Caso o juiz decrete a nulidade de obrigação que uma pessoa pagou a um incapaz, ficará afastada a possibilidade de o devedor reclamar o que pagou ao credor incapaz, independentemente de este ter ou não se beneficiado do negócio.

d) Se um dos declarantes ocultar sua verdadeira intenção quanto aos efeitos jurídicos do negócio, este será inexistente por ausência de manifestação qualificada.

e) O silêncio de uma das partes quanto ao negócio jurídico proposto não tem o condão de criar vínculo, sendo necessária declaração de vontade expressa.

169. **(Cespe/TRF/5R/Juiz/2015)** Mário, casado com Luísa em regime de comunhão parcial de bens, contratou com a esposa a venda, para ela, de um veículo raro, herdado de seu pai, pelo preço de R$ 50,00. Na negociação, ficou combinado que a esposa poderia utilizar o veículo pelo prazo de cinco dias, e, se, durante esse período, não se sentisse satisfeita, poderia devolvê-lo. Com referência a essa situação hipotética, assinale a opção correta:

a) O contrato é viciado, já que ele condiciona o recebimento da coisa a condição potestativa.
b) A compradora já detém direito real sobre o bem devido ao consenso existente entre as partes.
c) O preço ínfimo estabelecido para o bem não afeta a natureza do negócio.
d) O contrato seria afetado pelo regime de casamento apenas se o regime de bens fosse a comunhão universal de bens.
e) A venda é nula porque se deu entre pessoas casadas.

170. **(Cespe/AGU/Advogado/2015)** Se vendedor e comprador estipularem o cumprimento das obrigações de forma simultânea em venda à vista, ficará afastada a utilização do direito de retenção por parte do vendedor caso o preço não seja pago.

171. **(Cespe/TCE/RN/Assessor_Jurídico/2015)** A cláusula "constituti", que não se presume em contrato de compra e venda de imóvel, é uma das formas de aquisição da posse.

172. **(Cespe/PGE/SE/Procurador/2017)** O direito que o vendedor de um imóvel guarda de reavê-lo, no prazo máximo previsto no Código Civil, restituindo ao comprador o valor recebido e reembolsando-lhe as despesas – entre elas, as que se efetuaram mediante autorização escrita do proprietário bem como aquelas destinadas à realização de benfeitorias necessárias –, constitui a:

a) venda a contento.
b) resolução potestativa.
c) retrovenda.
d) preempção.
e) reserva de domínio.

173. **(Cespe/DPE/AL/Defensor/2017)** Jonatas adquiriu de Carlos, mediante contrato de compra e venda, um veículo usado de alto valor, cujos acessórios eram de valor insignificante. Seis meses após a aquisição do bem, Jonatas perdeu a propriedade do veículo em virtude de sentença judicial transitada em julgado, em processo movido por José contra Carlos. No que se refere a essa situação hipotética, assinale a opção correta:

a) A perda da propriedade somente dos acessórios do veículo abre a possibilidade de Jonatas optar pela rescisão do contrato entabulado com Carlos.
b) Jonatas poderá demandar Carlos pela perda do veículo, requerer a restituição do valor pago pelo bem e dos honorários do seu advogado, ainda que fique comprovado que, desde a assinatura do contrato, ele sabia que o veículo era objeto de disputa judicial.
c) Carlos deverá responder, em favor de Jonatas, pela perda da propriedade do veículo, já que essa responsabilidade somente não subsistiria se Jonatas tivesse adquirido o veículo em hasta pública.
d) Jonatas, sem conhecer o risco da perda, terá o direito de receber o valor que pagou pelo veículo, ainda que haja cláusula expressa no contrato que exclua qualquer responsabilização pela perda.
e) Caso um meliante desconhecido pratique furto das quatro rodas do veículo no dia anterior à entrega do carro a José, Jonatas não terá o direito de receber o valor integral que pagou pelo carro.

4.6.2. Da Troca ou Permuta, Do Contrato Estimatório, Da Doação

✱ ENUNCIADOS CJF

CJF Civil 32. No contrato estimatório (art. 534), o consignante transfere ao consignatário, temporariamente, o poder de alienação da coisa consignada com opção de pagamento do preço de estima ou sua restituição ao final do prazo ajustado.

CJF Civil 33. O novo Código Civil estabeleceu um novo sistema para a revogação da doação por ingratidão, pois o rol legal previsto no art. 557 deixou de ser taxativo, admitindo, excepcionalmente, outras hipóteses.

CJF Civil 549. A promessa de doação no âmbito da transação constitui obrigação positiva e perde o caráter de liberalidade previsto no art. 538 do Código Civil.

CJF Civil 622. Para a análise do que seja bem de pequeno valor, nos termos do que consta do art. 541, parágrafo único, do Código Civil, deve-se levar em conta o patrimônio do doador.

✱ QUESTÕES OBJETIVAS

174. **(Cespe/TRT/8R/Analista/2016)** A respeito dos contratos, assinale a opção correta:

a) O doador pode fixar cláusula de reversão, pela qual o bem doado volta ao seu patrimônio se ele sobreviver ao donatário.

b) A pessoa que se tornar fiadora de devedor declarado insolvente poderá invocar o benefício de ordem quando for cobrada pela dívida antes do devedor principal.

c) A outorga de mandato por meio de instrumento público desautoriza o substabelecimento mediante instrumento particular.

d) Tratando-se de contrato consensual, considera-se concluído o comodato no momento do acordo de vontades.

e) Em caso de descumprimento de acordo que previa o direito de preferência na venda de um imóvel, a parte preterida terá o direito de desfazer o negócio sobre o qual tinha prelação.

175. **(Cespe/TJ/DFT/Juiz/2016)** No que se refere ao contrato estimatório do Direito Civil, assinale a opção correta:

a) Pode ter por objeto bem fungível, e a restituição, se for o caso, será por coisa de igual gênero, qualidade e quantidade.

b) Os riscos são do consignante, que suporta a perda ou deterioração da coisa.

c) Após a entrega da coisa, a posse é exercida em nome do consignante, que a mantém de forma mediata ou indireta.

d) O preço de estima é ato unilateral do consignatário e, se não alcançado em determinado lapso temporal, emerge o dever de restituir a coisa.

e) Em decorrência da natureza própria do contrato, especialmente a obtenção da posse e o poder de disposição, o Código Civil exige a forma escrita.

176. **(Cespe/DPE/AL/Defensor/2017)** Isabel doou uma casa no valor de R$ 100.000 às suas sobrinhas Ana, de quatorze anos de idade, e Clara, de oito anos de idade, filhas de sua irmã Juliana. Nessa situação hipotética:

a) a doação importa em adiantamento ao que lhes cabe na herança.

b) Isabel poderá estipular que o imóvel seja revertido ao patrimônio de Juliana, caso Ana e Clara faleçam antes dela.

c) Isabel não poderá estipular que a doação seja distribuída de forma desigual entre Ana e Clara sem o aval de Juliana.

d) a aceitação do imóvel por parte de Ana e Clara ou de Juliana é dispensada.

e) a doação verbal é considerada válida.

177. **(Cespe/TRT/7R/Analista/2017)** João doou um apartamento para Mário, em decorrência dos longos anos de amizade. Em momento posterior, Mário tentou matar João, utilizando-se de uma faca. Nessa situação hipotética, o ato de doação:

a) não pode ser revogado, pois João continua vivo.

b) pode ser revogado, mesmo que tenha sido feito como presente de casamento para Mário.

c) pode ser revogado, em decorrência da ingratidão.

d) é irrevogável.

4.6.3. Da Locação de Coisas, Do Empréstimo, Da Prestação de Serviço

✱ SÚMULAS

STF Súm. 492. A empresa locadora de veículos responde, civil e solidariamente com o locatário, pelos danos por este causados a terceiro, no uso do carro locado.

STJ Súm. 26. O avalista do título de crédito vinculado a contrato de mútuo também responde pelas obrigações pactuadas, quando no contrato figurar como devedor solidário.

✱ ENUNCIADOS CJF

1) Locação

CJF Civil 179. A regra do art. 572 do novo CC é aquela que atualmente complementa a norma do art. 4º, 2ª parte, da Lei n. 8.245/91 (Lei de Locações), balizando o controle da multa mediante a denúncia antecipada do contrato de locação pelo locatário durante o prazo ajustado. (Cancelado pelo Enunciado n. 357).

CJF Civil 180. A regra do parágrafo único do art. 575 do novo CC, que autoriza a limitação pelo juiz do aluguel-pena arbitrado pelo locador, aplica-se também ao aluguel arbitrado pelo comodante, autorizado pelo art. 582, 2ª parte, do novo CC.

2) Mútuo

CJF Civil 34. No novo Código Civil, quaisquer contratos de mútuo destinados a fins econômicos presumem-se onerosos (art. 591), ficando a taxa de juros compensatórios limitada ao disposto no art. 406, com capitalização anual.

3) Prestação de Serviços

CJF Civil 541. O contrato de prestação de serviço pode ser gratuito.

CJF Comercial 32. Nos contratos de prestação de serviços nos quais as partes contratantes são empresários e a função econômica do contrato está relacionada com a exploração de atividade empresarial, as partes podem pactuar prazo superior a quatro anos, dadas as especificidades da natureza do serviço a ser prestado, sem constituir violação do disposto no art. 598 do Código Civil.

CJF Comercial 33. Nos contratos de prestação de serviços nos quais as partes contratantes são empresários e a função econômica do contrato está relacionada com a exploração de atividade empresarial, é lícito às partes contratantes pactuarem, para a hipótese de denúncia imotivada do contrato, multas superiores àquelas previstas no art. 603 do Código Civil.

* QUESTÕES OBJETIVAS

178. (Cespe/TCE/SC/Auditor/2016) Em se tratando de comodato celebrado verbalmente sem prazo determinado, admite-se a presunção do tempo necessário à retomada do bem.

179. (Cespe/TRE/PE/Analista/2017) A empresa Bebidas Bom Preço Ltda. celebrou com uma empresa de alimentos, por prazo determinado, contrato de comodato cujo objeto era o empréstimo de um freezer. Era dever da comodatária armazenar somente produtos adquiridos da comodante. Nessa situação hipotética, conforme a legislação aplicável ao caso e o entendimento doutrinário sobre o tema:

a) por ter natureza pessoal, o contrato de comodato não se estenderá no caso de sucessão empresarial da empresa comodatária.

b) a comodante não poderá suspender o uso da coisa antes do término do prazo do contrato, ainda que demonstre necessidade imprevista e urgente.

c) o negócio jurídico perfez-se com a assinatura do contrato.

d) a empresa comodatária pode cobrar da empresa comodante as despesas referentes ao uso e ao gozo da coisa emprestada.

e) a cláusula de exclusividade acerca dos produtos que devem ficar armazenados no freezer não poderia ter sido estipulada.

180. (Cespe/PGM/Salvador/Procurador/2015) Carla alugou apartamento de Juliana – que é casada com Marcos – por vinte e quatro meses, mediante contrato garantido por fiador. Com relação a essa situação hipotética, assinale a opção correta:

a) Antes de findo o prazo ajustado para a locação do imóvel, será vedado a Juliana pedir a substituição da garantia estipulada.

b) Em caso de alienação, o prazo determinado de duração do contrato impedirá a denúncia por parte do adquirente.

c) Caso Carla subloque o imóvel, a demora de Juliana em manifestar formalmente possível oposição presumirá seu consentimento.

d) A ausência de vênia de Marcos quanto à locação do apartamento não constituirá óbice à validade do contrato.

e) Se Carla instalar um armário embutido em um dos quartos do imóvel, ainda que com autorização de Juliana, ficará afastado o uso do direito de retenção por não se tratar de benfeitoria necessária.

181. (Cespe/Funpresp_Jud/Analista/2016) Com relação ao contrato de prestação de serviços, é permitida, de acordo com o Código Civil, a subcontratação sem autorização da outra parte, nos casos em que o prestador da obrigação de fazer garanta o resultado.

4.6.4. Da Empreitada, Do Depósito, Do Mandato

* SÚMULAS

STF Súm. Vinculante 25. É ilícita a prisão civil de depositário infiel, qualquer que seja a modalidade do depósito.

STJ Súm. 130. A empresa responde, perante o cliente, pela reparação de dano ou furto de veículo ocorridos em seu estacionamento.

STJ Súm. 60. É nula a obrigação cambial assumida por procurador do mutuário vinculado ao mutuante, no exclusivo interesse deste.

STJ Súm. 476. O endossatário de título de crédito por endosso-mandato só responde por danos decorrentes de protesto indevido se extrapolar os poderes de mandatário.

* ENUNCIADOS CJF

1) Empreitada

CJF Civil 181. O prazo referido no art. 618, parágrafo único, do CC, refere-se unicamente à garantia prevista no "caput", sem prejuízo de poder o dono da obra, com base no mau cumprimento do contrato de empreitada, demandar perdas e danos.

CJF Comercial 34. Com exceção da garantia contida no artigo 618 do Código Civil, os demais artigos referentes, em especial, ao contrato de empreitada (arts. 610 a 626) aplicar-se-ão somente de forma subsidiária às condições contratuais acordadas pelas partes de contratos complexos de engenharia e construção, tais como EPC, EPC-M e Aliança.

1) Mandato

CJF Civil 182. O mandato outorgado por instrumento público previsto no art. 655 do CC somente admite substabelecimento por instrumento particular quando a forma pública for facultativa e não integrar a substância do ato.

CJF Civil 183. Para os casos em que o parágrafo primeiro do art. 661 exige poderes especiais, a procuração deve conter a identificação do objeto.

CJF Civil 184. Da interpretação conjunta desses dispositivos, extrai-se que o mandatário tem o direito de reter, do objeto da operação que lhe foi cometida, tudo o que lhe for devido em virtude do mandato, incluindo-se a remuneração ajustada e o reembolso de despesas.

* QUESTÕES OBJETIVAS

182. **(Cespe/TCE/PR/Analista/2016)** Acerca da disciplina dos contratos no Código Civil, assinale a opção correta:

a) Se coisa recebida em virtude de contrato comutativo for enjeitada por defeito oculto que lhe diminua o valor, o alienante terá de restituir o que receber, acrescido de perdas e danos, ainda que desconheça o vício.

b) A ausência de fixação de preço em determinado contrato de compra e venda de material de construção tornaria nulo o referido contrato.

c) Decretada judicialmente a nulidade de um contrato por ter a prestação do devedor se tornado excessivamente onerosa, a sentença terá efeito a partir de sua publicação.

d) Sob pena de nulidade, o contrato preliminar deve observar a mesma forma prescrita em lei para a celebração do contrato definitivo.

e) Aprovado o projeto, é lícito ao proprietário da obra introduzir modificações de pequena monta sem anuência do autor, ainda que a execução tenha sido confiada a terceiro por contrato de empreitada.

183. **(Cespe/Funpresp/Especialista Jurídico/2016)** A resolução de contrato de serviço residencial a ser realizado uma vez por semana, no qual não conste cláusula que estipule prazo, dependerá de demonstração de justa causa.

184. **(Cespe/TJ/PB/Juiz/2015)** No que se refere a contrato de empreitada, assinale a opção correta:

a) Na empreitada mista, a responsabilidade do empreiteiro refere-se à solidez e segurança do trabalho realizado em razão dos materiais utilizados, excluídos os problemas de solidez decorrentes do solo.

b) Desde que o contrato de empreitada e o projeto sejam escritos, o dono da obra não é obrigado a pagar ao empreiteiro por aumentos e acréscimos que, mesmo que não ignorados por ele, não foram autorizados por escrito.

c) Salvo se ajustado em consideração às qualidades pessoais do empreiteiro, o contrato de empreitada não se extingue com a morte de qualquer um dos contratantes.

d) No silêncio do contrato, a presunção é de que o empreiteiro contratado utilizará seu próprio material na obra.

e) A empreitada de mão de obra caracteriza-se pela relação de subordinação do empreiteiro com o dono da obra.

185. **(Cespe/TRF/5R/Juiz/2015)** A respeito da transação, do mandato, da empreitada, da prestação de serviço e do pagamento indevido, assinale a opção correta:

a) Ainda que o empreiteiro forneça os materiais para a execução de determinada obra, a responsabilidade pelos danos causados nos prédios vizinhos será solidária com o proprietário da obra.

b) A nulidade de uma cláusula constante de transação realizada para dirimir dúvida não contamina todo o ato.

c) É considerada não escrita a cláusula pela qual o mandatário assume a obrigação de não renunciar ao mandato.

d) O contrato de prestação de serviços celebrado por tempo superior ao permitido em lei deve ter sua nulidade decretada com efeitos "ex nunc".

e) Para dar ensejo à repetição do indébito, o erro pode ser de fato ou de direito, mas não pode ser grosseiro.

186. **(Cespe/TRF/1R/Juiz/2015)** De acordo com o Código Civil, assinale a opção correta a respeito da prestação de serviço, da empreitada, do mandato, do transporte e do depósito:

a) No contrato de depósito, em caso de superveniente incapacidade do depositário, o depósito será estendido, até o prazo avençado, à pessoa que assumir a administração dos bens.

b) No contrato de prestação de serviço, a ausência de habilitação para o serviço contratado acarreta o não recebimento do objeto e o impedimento do pagamento.

c) No contrato de empreitada, a ausência de verificação da obra por parte do comitente não obsta a rejeição da obra.

d) No mandato, os atos praticados pelo substabelecido serão considerados inexistentes se a proibição de substabelecer constar da procuração.

e) No contrato de transporte, o conhecimento de transporte é documento essencial para a comprovação do recebimento da carga e para a conclusão do negócio.

187. **(Cespe/PGM/Fortaleza/Procurador/2017)** Tratando-se de contrato de mandato, o casamento do mandante não influenciará nos poderes já conferidos ao mandatário.

188. **(Cespe/AGU/Advogado/2015)** Caso os materiais para construção de obra decorrente de contrato em que o empreiteiro se responsabilize apenas pela mão de obra pereçam, o prejuízo recairá sobre o dono do empreendimento.

189. **(Cespe/AGU/Advogado/2015)** No mandato outorgado por mandante capaz, são válidos os atos praticados por mandatário com dezesseis anos de idade, ainda que não emancipado, desde que não sejam excedidos os limites do mandato.

190. **(Cespe/PGM/Salvador/Procurador/2015)** Carlos celebrou contrato de empreitada com João para que este construísse uma casa. No contrato, foi pactuado o fornecimento dos materiais por João e o pagamento da obra por preço certo. Com referência a essa situação hipotética, assinale a opção correta:

a) Iniciada a construção, Carlos não poderá suspendê-la sem comprovar justa causa.

b) Concluída a obra após o prazo previsto no contrato, João deverá receber de forma proporcional ao tempo nela empregado.

c) A inobservância de regras técnicas não será causa suficiente para a rejeição da obra; nesse caso, o preço deverá ser abatido em proporção correspondente às regras não observadas.

d) Carlos não poderá alterar o projeto após o início da construção.

e) Até a data em que Carlos receber a obra, os riscos da construção correrão por conta de João.

4.6.5. Da Comissão, Da Agência e Distribuição, Da Corretagem

*** ENUNCIADOS CJF**

CJF Comercial 31. O contrato de distribuição previsto no art. 710 do Código Civil é uma modalidade de agência em que o agente atua como mediador ou mandatário do proponente e faz jus à remuneração devida por este, correspondente aos negócios concluídos em sua zona. No contrato de distribuição autêntico, o distribuidor comercializa diretamente o produto recebido do fabricante ou fornecedor, e seu lucro resulta das vendas que faz por sua conta e risco.

CJF Comercial 36. O pagamento da comissão, no contrato de corretagem celebrado entre empresários, pode ser condicionado à celebração do negócio previsto no contrato ou à mediação útil ao cliente, conforme os entendimentos prévios entre as partes. Na ausência de ajuste ou previsão contratual, o cabimento da comissão deve ser analisado no caso concreto, à luz da boa-fé objetiva e da vedação ao enriquecimento sem causa, sendo devida se o negócio não vier a se concretizar por fato atribuível exclusivamente a uma das partes.

4.6.6. Do Transporte, Do Seguro

*** SÚMULAS**

1) Seguro

STF Súm. 188. O segurador tem ação regressiva contra o causador do dano, pelo que efetivamente pagou, até o limite previsto no contrato de seguro.

STF Súm. 257. São cabíveis honorários de advogado na ação regressiva do segurador contra o causador do dano.

STJ Súm. 101. A ação de indenização do segurado em grupo contra a seguradora prescreve em um ano.

STJ Súm. 229. O pedido do pagamento de indenização à seguradora suspende o prazo de prescrição até que o segurado tenha ciência da decisão.

STJ Súm. 246. O valor do seguro obrigatório deve ser deduzido da indenização judicialmente fixada.

STJ Súm. 278. O termo inicial do prazo prescricional, na ação de indenização, é a data em que o segurado teve ciência inequívoca da incapacidade laboral.

STJ Súm. 402. O contrato de seguro por danos pessoais compreende os danos morais, salvo cláusula expressa de exclusão.

STJ Súm. 465. Ressalvada a hipótese de efetivo agravamento do risco, a seguradora não se exime do dever de indenizar em razão da transferência do veículo sem a sua prévia comunicação.

STJ Súm. 529. No seguro de responsabilidade civil facultativo, não cabe o ajuizamento de ação pelo terceiro prejudicado direta e exclusivamente em face da seguradora do apontado causador do dano.

STJ Súm. 537. Em ação de reparação de danos, a seguradora denunciada, se aceitar a denunciação ou contestar o pedido do autor, pode ser condenada, direta e solidariamente junto com o segurado, ao pagamento da indenização devida à vítima, nos limites contratados na apólice.

STJ Súm. 610. O suicídio não é coberto nos dois primeiros anos de vigência do contrato de seguro de vida, ressalvado o direito do beneficiário à devolução do montante da reserva técnica formada.

STJ Súm. 616. A indenização securitária é devida quando ausente a comunicação prévia do segurado acerca do atraso no pagamento do prêmio, por constituir requisito essencial para a suspensão ou resolução do contrato de seguro.

2) Transporte

STF Súm. 161. Em contrato de transporte, é inoperante a cláusula de não indenizar.

STF Súm. 187. A responsabilidade contratual do transportador, pelo acidente com o passageiro, não é elidida por culpa de terceiro, contra o qual tem ação regressiva.

STJ Súm. 145. No transporte desinteressado, de simples cortesia, o transportador só será civilmente responsável por danos causados ao transportado quando incorrer em dolo ou culpa grave.

* ENUNCIADOS CJF

1) Seguro

1.1) Disposições Gerais

CJF Civil 185. A disciplina dos seguros do Código Civil e as normas da previdência privada que impõem a contratação exclusivamente por meio de entidades legalmente autorizadas não impedem a formação de grupos restritos de ajuda mútua, caracterizados pela autogestão.

CJF Civil 370. Nos contratos de seguro por adesão, os riscos predeterminados indicados no art. 757, parte final, devem ser interpretados de acordo com os arts. 421, 422, 424, 759 e 799 do Código Civil e 1º, inc. III, da Constituição Federal.

CJF Civil 371. A mora do segurado, sendo de escassa importância, não autoriza a resolução do contrato, por atentar ao princípio da boa-fé objetiva.

CJF Civil 372. Em caso de negativa de cobertura securitária por doença pré-existente, cabe à seguradora comprovar que o segurado tinha conhecimento inequívoco daquela.

CJF Civil 376. Para efeito de aplicação do art. 763 do Código Civil, a resolução do contrato depende de prévia interpelação.

CJF Civil 542. A recusa de renovação das apólices de seguro de vida pelas seguradoras em razão da idade do segurado é discriminatória e atenta contra a função social do contrato.

CJF Civil 543. Constitui abuso do direito a modificação acentuada das condições do seguro de vida e de saúde pela seguradora quando da renovação do contrato.

CJF Civil 585. Impõe-se o pagamento de indenização do seguro mesmo diante de condutas, omissões ou declarações ambíguas do segurado que não guardem relação com o sinistro.

1.2) Do Seguro de Dano

CJF Civil 373. Embora sejam defesos pelo § 2º do art. 787 do Código Civil, o reconhecimento da responsabilidade, a confissão da ação ou a transação não retiram ao segurado o direito à garantia, sendo apenas ineficazes perante a seguradora.

CJF Civil 544. O seguro de responsabilidade civil facultativo garante dois interesses, o do segurado contra os efeitos patrimoniais da imputação de responsabilidade e o da vítima à indenização, ambos destinatários da garantia, com pretensão própria e independente contra a seguradora.

CJF Civil 546. O § 2º do art. 787 do Código Civil deve ser interpretado em consonância com o art. 422 do mesmo diploma legal, não obstando o direito à indenização e ao reembolso.

CJF Civil 552. Constituem danos reflexos reparáveis as despesas suportadas pela operadora de plano de saúde decorrentes de complicações de procedimentos por ela não cobertos.

1.3) Do Seguro de Pessoa

CJF Civil 186. O companheiro deve ser considerado implicitamente incluído no rol das pessoas tratadas no art. 790, parágrafo único, por possuir interesse legítimo no seguro da pessoa do outro companheiro.

CJF Civil 187. No contrato de seguro de vida, presume-se, de forma relativa, ser premeditado o suicídio cometido nos dois primeiros anos de vigência da cobertura, ressalvado ao beneficiário o ônus de demonstrar a ocorrência do chamado "suicídio involuntário".

CJF Civil 374. No contrato de seguro, o juiz deve proceder com equidade, atentando às circunstâncias reais, e não a probabilidades infundadas, quanto à agravação dos riscos.

CJF Civil 375. No seguro em grupo de pessoas, exige-se o quórum qualificado de 3/4 do grupo, previsto no § 2º do art. 801 do Código Civil, apenas quando as modificações impuserem novos ônus aos participantes ou restringirem seus direitos na apólice em vigor.

CJF Civil 542. A recusa de renovação das apólices de seguro de vida pelas seguradoras em razão da idade do segurado é discriminatória e atenta contra a função social do contrato.

2) Transporte

CJF Civil 369. Diante do preceito constante no art. 732 do Código Civil, teleologicamente e em uma visão constitucional de unidade do sistema, quando o contrato de transporte constituir uma relação de consumo, aplicam-se as normas do Código de Defesa do Consumidor que forem mais benéficas a este.

CJF Civil 559. Observado o Enunciado 369 do CJF, no transporte aéreo, nacional e internacional, a responsabilidade do transportador em relação aos passageiros gratuitos, que viajarem por cortesia, é objetiva, devendo atender à integral reparação de danos patrimoniais e extrapatrimoniais.

CJF Civil 559. Observado o Enunciado 369 do CJF, no transporte aéreo, nacional e internacional, a responsabilidade do transportador em relação aos passageiros gratuitos, que viajarem por cortesia, é objetiva, devendo atender à integral reparação de danos patrimoniais e extrapatrimoniais.

* INFORMATIVOS DE JURISPRUDÊNCIA

Contrato de seguro de vida em grupo. Caráter temporário. Ausência de formação de reserva matemática. Regime financeiro de repartição simples. Cláusula de não renovação. Ausência de abusividade.

STJ Nos contratos de seguro de vida em grupo não há direito à renovação da apólice sem a concordância da seguradora ou à restituição dos prêmios pagos em contraprestação à cobertura do risco no período delimitado no contrato. REsp 1.569.627, Rel. Min. Maria Isabel Gallotti, DJ 2.4.2018. 2ª S. (Info 622)

Seguro de vida. Acidente de trânsito. Embriaguez do segurado. Exclusão de cobertura. Vedação.

STJ É vedada a exclusão de cobertura de seguro de vida em razão da embriaguez do segurado. EREsp 973.725, Rel. Min. Lázaro Guimarães, DJ 2.5.2018. 2ª S. (Info 625)

Seguro de vida em grupo e acidentes pessoais. Aposentadoria por invalidez. Presunção relativa da incapacidade. Perícia médica. Necessidade.

STJ A aposentadoria por invalidez permanente concedida pelo INSS não confere ao segurado o direito automático de receber indenização de seguro contratado com empresa privada, sendo imprescindível a realização de perícia médica para atestar o grau de incapacidade e o correto enquadramento na cobertura contratada. EREsp 1508190, Rel. Min. Ricardo Villas Bôas Cueva, DJ 20.11.2017. 2ª S. (Info 616)

Seguro de automóvel. Garantia de responsabilidade civil. Acidente de trânsito. Terceiro prejudicado. Ação de reparação de danos. Inclusão única da seguradora. Possibilidade.

STJ A vítima de acidente de trânsito pode ajuizar demanda direta e exclusivamente contra a seguradora do causador do dano quando reconhecida, na esfera administrativa, a responsabilidade deste pela ocorrência do sinistro e quando parte da indenização securitária já tiver sido paga. REsp 1.584.970, Rel. Min. Ricardo Villas Bôas Cueva, DJe 30.10.2017. 3ª T. (Info 614)

✱ QUESTÕES OBJETIVAS

191. **(Cespe/DPE/RN/Defensor/2015)** Em relação aos contratos, assinale a opção correta:

a) Caso um indivíduo firme contrato de seguro com determinada instituição financeira, e não haja dia previamente ajustado pelas partes para o pagamento de prestação do prêmio, o contrato não será desfeito automaticamente com o descumprimento da prestação pelo segurado no termo pactuado. Para o desfazimento do contrato, será necessária a prévia constituição em mora do contratante pela seguradora, mediante interpelação.

b) O Código Civil adotou o critério subjetivo da premeditação para determinar a cobertura relativa ao suicídio do segurado. Desse modo, a seguradora não será obrigada a indenizar se houver prova cabal da premeditação do suicídio, mesmo após o decurso do período de carência de dois anos.

c) No contrato do seguro de acidentes pessoais, como garantia por morte acidental, a seguradora se obriga, em virtude de expressa disposição legal, a indenizar também o beneficiário no caso de morte do segurado por causa natural.

d) No contrato de seguro de automóvel, o reconhecimento da responsabilidade, a confissão da ação ou a transação retiram do segurado de boa-fé o direito à indenização e ao reembolso, pois são prejudiciais à seguradora, a menos que haja prévio e expresso consentimento desta.

e) Se, em caso de risco, o comodatário privilegiar a segurança de seus próprios bens, abandonando os bens do comodante, responderá pelo dano que venha a ser sofrido pelo comodante, exceto nas hipóteses de caso fortuito ou força maior.

192. **(Cespe/TJ/AM/Juiz/2016)** A respeito dos contratos regidos pelo Código Civil, assinale a opção correta:

a) No contrato de transporte de pessoas, a responsabilidade do transportador pelo acidente com o passageiro será afastada quando for comprovada culpa exclusiva de terceiro.

b) Se o suicídio do segurado ocorrer dentro do prazo dos dois primeiros anos de vigência do contrato de seguro de vida, seus beneficiários não terão direito a indenização, ainda que não premeditado o suicídio, mas o segurador será obrigado a devolver o montante da reserva técnica já formada.

c) No silêncio do contrato, o empreiteiro contratado deve contribuir para execução da obra com seu trabalho e com os materiais necessários à sua conclusão.

d) Na venda "ad corpus", o imóvel é alienado com especificação de sua área, de modo que, na falta de correspondência entre a área mencionada e a efetiva área adquirida, poderá o comprador reclamar a resolução do contrato ou o abatimento proporcional do preço.

e) O pacto de retrovenda é condição resolutiva expressa que permite ao credor reaver, a qualquer tempo, o imóvel alienado, desde que restitua ao adquirente o preço recebido, acrescido de todas as despesas por ele realizadas.

193. **(Cespe/PGM/Salvador/Procurador/2015)** Com relação ao contrato de seguro de dano, assinale a opção correta:

a) Pago o prêmio em prestações, o segurado fará jus à percepção do valor do seguro somente após a quitação.

b) Veda-se ao segurado fazer mais de um seguro para proteger o bem contra o mesmo risco.

c) A insolvência do segurador afasta do segurado a responsabilidade pela reparação dos danos.

d) Se for nominativa a apólice, o contrato poderá ser transferido ao adquirente da coisa segurada.

e) Garantia de risco proveniente de ato doloso exige estipulação expressa e destacada no contrato.

194. **(Cespe/PGE/SE/Procurador/2017)** Acerca dos contratos de seguro, é correto afirmar que:

a) a diminuição do risco no curso do contrato de seguro, em regra, acarreta a redução do prêmio estipulado.

b) o segurador poderá pagar em títulos o prejuízo resultante do risco assumido, hipótese na qual o prêmio será pago em dobro.

c) a recondução tácita do contrato pelo mesmo prazo, mediante expressa cláusula contratual, só poderá operar uma única vez.

d) o segurado poderá comunicar à seguradora o sinistro a qualquer tempo.

e) a mora do segurador no pagamento do sinistro obriga à atualização monetária, mas não aos juros moratórios.

4.6.7. Da Fiança, Da Transação, Do Compromisso

✻ SÚMULAS

1) Fiança

STJ Súm. 214. O fiador na locação não responde por obrigações resultantes de aditamento ao qual não anuiu.

STJ Súm. 268. O fiador que não integrou a relação processual na ação de despejo não responde pela execução do julgado.

STJ Súm. 332. A fiança prestada sem autorização de um dos cônjuges implica a ineficácia total da garantia.

✻ ENUNCIADOS CJF

1) Fiança

CJF Civil 364. No contrato de fiança é nula a cláusula de renúncia antecipada ao benefício de ordem quando inserida em contrato de adesão.

CJF Civil 547. Na hipótese de alteração da obrigação principal sem o consentimento do fiador, a exoneração deste é automática, não se aplicando o disposto no art. 835 do Código Civil quanto à necessidade de permanecer obrigado pelo prazo de 60 (sessenta) dias após a notificação ao credor, ou de 120 (cento e dias) dias no caso de fiança locatícia.

2) Transação

CJF Civil 442. A transação, sem a participação do advogado credor dos honorários, é ineficaz quanto aos honorários de sucumbência definidos no julgado.

✻ QUESTÕES OBJETIVAS

195. **(Cespe/TCE/RN/Assessor_Jurídico/2015)** Não se transmitem direitos por meio da transação, a qual, se referir-se a coisa indivisível, só aproveita aos que nela intervierem.

196. **(Cespe/DPE/AC/Defensor/2017)** O contrato de fiança:

a) veda a renúncia ao benefício de ordem.

b) não permite a exoneração do encargo, se relacionado a contrato por tempo indeterminado.

c) é uma espécie de contrato acessório.

d) é uma espécie de contrato de adesão.

e) é um contrato de garantia real.

4.7. Dos Atos Unilaterais

✻ SÚMULAS

STJ Súm. 322. Para a repetição de indébito, nos contratos de abertura de crédito em conta corrente, não se exige a prova do erro.

✻ ENUNCIADOS CJF

CJF Civil 35. A expressão "se enriquecer à custa de outrem" do art. 884 do novo Código Civil não significa, necessariamente, que deverá haver empobrecimento.

CJF Civil 36. O art. 886 do novo Código Civil não exclui o direito à restituição do que foi objeto de enriquecimento sem causa nos casos em que os meios alternativos conferidos ao lesado encontram obstáculos de fato.

CJF Civil 188. A existência de negócio jurídico válido e eficaz é, em regra, uma justa causa para o enriquecimento.

CJF Civil 551. Nas violações aos direitos relativos a marcas, patentes e desenhos industriais, será assegurada a reparação civil ao seu titular, incluídos tanto os danos patrimoniais como os danos extrapatrimoniais.

CJF Civil 620. A obrigação de restituir o lucro da intervenção, entendido como a vantagem patrimonial auferida a partir da exploração não autorizada de bem ou direito alheio, fundamenta-se na vedação do enriquecimento sem causa.

CJF Comercial 75. Havendo convenção de arbitragem, caso uma das partes tenha a falência decretada: (i) eventual procedimento arbitral já em curso não se suspende e novo procedimento arbitral pode ser iniciado, aplicando-se, em ambos os casos, a regra do art. 6º, § 1º, da Lei n. 11.101/2005; e (ii) o administrador judicial não pode recusar a eficácia da cláusula compromissória, dada a autonomia desta em relação ao contrato.

✻ QUESTÕES OBJETIVAS

197. **(Cespe/PGM/Fortaleza/Procurador/2017)** Na hipótese de enriquecimento sem causa, a restituição do valor incluirá atualização monetária, independentemente do ajuizamento de ação judicial.

198. (Cespe/TRF/5R/Juiz/2017) Ronaldo recebeu de Flávia, por meio de instrumento público, poderes para, em nome dela, administrar uma loja de revenda de automóveis. Considerando-se essa situação hipotética, assinale a opção correta:

a) Caso atue fora dos poderes a ele conferidos, Ronaldo passará a ser considerado gestor de negócios.

b) Ronaldo terá a obrigação de transferir a Flávia as vantagens que receber, salvo as que excederem ao pactuado.

c) Em caso de morte de Flávia, assim que tiver ciência do ocorrido, Ronaldo deverá suspender os negócios iniciados, comunicando o ato aos herdeiros.

d) Caso Ronaldo decida substabelecer o contrato a terceiro, deverá observar a mesma forma do contrato original.

e) Se a loja sofrer prejuízos, Ronaldo estará obrigado a indenizar Flávia apenas se ele houver agido com dolo.

4.8. Da Responsabilidade Civil

⊙ ATENÇÃO: ESTE TEMA É MUITO EXIGIDO NOS CONCURSOS!

✱ SÚMULAS

1) Acidente de Trabalho

STF Súm. 35. Em caso de acidente do trabalho ou de transporte, a concubina tem direito de ser indenizada pela morte do amásio, se entre eles não havia impedimento para o matrimônio.

STF Súm. 314. Na composição do dano por acidente do trabalho, ou de transporte, não é contrário à lei tomar para base da indenização o salário do tempo da perícia ou da sentença.

2) Acidente de Trânsito

STJ Súm. 132. A ausência de registro da transferência não implica a responsabilidade do antigo proprietário por dano resultante de acidente que envolva o veículo alienado.

STJ Súm. 145. No transporte desinteressado, de simples cortesia, o transportador só será civilmente responsável por danos causados ao transportado quando incorrer em dolo ou culpa grave.

3) Cálculo da Indenização

STF Súm. 314. Na composição do dano por acidente do trabalho, ou de transporte, não é contrário à lei tomar para base da indenização o salário do tempo da perícia ou da sentença.

STF Súm. 490. A pensão correspondente à indenização oriunda de responsabilidade civil deve ser calculada com base no salário-mínimo vigente ao tempo da sentença e ajustar-se-á às variações ulteriores.

STF Súm. 562. Na indenização de danos materiais decorrentes de ato ilícito cabe a atualização de seu valor, utilizando-se, para esse fim, dentre outros critérios, os índices de correção monetária.

STJ Súm. 43. Incide correção monetária sobre dívida por ato ilícito a partir da data do efetivo prejuízo.

STJ Súm. 54. Os juros moratórios fluem a partir do evento danoso, em caso de responsabilidade extracontratual.

STJ Súm. 246. O valor do seguro obrigatório deve ser deduzido da indenização judicialmente fixada.

STJ Súm. 313. Em ação de indenização, procedente o pedido, é necessária a constituição de capital ou caução fidejussória para a garantia de pagamento da pensão, independentemente da situação financeira do demandado.

STJ Súm. 362. A correção monetária do valor da indenização do dano moral incide desde a data do arbitramento.

4) Contratos de Locação/Seguro/Transporte

STF Súm. 35. Em caso de acidente do trabalho ou de transporte, a concubina tem direito de ser indenizada pela morte do amásio, se entre eles não havia impedimento para o matrimônio.

STF Súm. 161. Em contrato de transporte, é inoperante a cláusula de não indenizar.

STF Súm. 187. A responsabilidade contratual do transportador, pelo acidente com o passageiro, não é elidida por culpa de terceiro, contra o qual tem ação regressiva.

STF Súm. 188. O segurador tem ação regressiva contra o causador do dano, pelo que efetivamente pagou, até o limite previsto no contrato de seguro.

STF Súm. 492. A empresa locadora de veículos responde, civil e solidariamente com o locatário, pelos danos por este causados a terceiro, no uso do carro locado.

5) Dano Moral

STJ Súm. 37. São cumuláveis as indenizações por dano material e dano moral oriundos do mesmo fato.

STJ Súm. 227. A pessoa jurídica pode sofrer dano moral.

STJ Súm. 281. A indenização por dano moral não está sujeita à tarifação prevista na Lei de Imprensa.

STJ Súm. 326. Na ação de indenização por dano moral, a condenação em montante inferior ao postulado na inicial não implica sucumbência recíproca.

STJ Súm. 362. A correção monetária do valor da indenização do dano moral incide desde a data do arbitramento.

STJ Súm. 370. Caracteriza dano moral a apresentação antecipada de cheque pré-datado.

STJ Súm. 385. Da anotação irregular em cadastro de proteção ao crédito, não cabe indenização por dano moral, quando preexistente legítima inscrição, ressalvado o direito ao cancelamento.

STJ Súm. 387. É lícita a cumulação das indenizações de dano estético e dano moral.

STJ Súm. 388. A simples devolução indevida de cheque caracteriza dano moral.

STJ Súm. 402. O contrato de seguro por danos pessoais compreende os danos morais, salvo cláusula expressa de exclusão.

STJ Súm. 403. Independe de prova do prejuízo a indenização pela publicação não autorizada de imagem de pessoa com fins econômicos ou comerciais.

STJ Súm. 420. Incabível, em embargos de divergência, discutir o valor de indenização por danos morais.

6) Instituições Financeiras

STF Súm. 28. O estabelecimento bancário é responsável pelo pagamento de cheque falso, ressalvadas as hipóteses de culpa exclusiva ou concorrente do correntista.

STJ Súm. 479. As instituições financeiras respondem objetivamente pelos danos gerados por fortuito interno relativo a fraudes e delitos praticados por terceiros no âmbito de operações bancárias.

7) Lei de Imprensa

STJ Súm. 221. São civilmente responsáveis pelo ressarcimento de dano, decorrente de publicação pela imprensa, tanto o autor do escrito quanto o proprietário do veículo de divulgação.

STJ Súm. 281. A indenização por dano moral não está sujeita à tarifação prevista na Lei de Imprensa.

8)Título de Crédito

STJ Súm. 475. Responde pelos danos decorrentes de protesto indevido o endossatário que recebe por endosso translativo título de crédito contendo vício formal extrínseco ou intrínseco, ficando ressalvado seu direito de regresso contra os endossantes e avalistas.

STJ Súm. 476. O endossatário de título de crédito por endosso-mandato só responde por danos decorrentes de protesto indevido se extrapolar os poderes de mandatário.

9) Outros Temas

STF Súm. 159. Cobrança excessiva, mas de boa fé, não dá lugar às sanções do art. 1.531 do Código Civil.

STF Súm. 491. É indenizável o acidente que cause a morte de filho menor, ainda que não exerça trabalho remunerado.

STJ Súm. 529. No seguro de responsabilidade civil facultativo, não cabe o ajuizamento de ação pelo terceiro prejudicado direta e exclusivamente em face da seguradora do apontado causador do dano.

STJ Súm. 130. A empresa responde, perante o cliente, pela reparação de dano ou furto de veículo ocorridos em seu estacionamento.

* ENUNCIADOS CJF

1) Da Obrigação de Indenizar

CJF Civil 38. A responsabilidade fundada no risco da atividade, como prevista na segunda parte do parágrafo único do art. 927 do novo Código Civil, configura-se quando a atividade normalmente desenvolvida pelo autor do dano causar a pessoa determinada um ônus maior do que aos demais membros da coletividade.

CJF Civil 39. A impossibilidade de privação do necessário à pessoa, prevista no art. 928, traduz um dever de indenização equitativa, informado pelo princípio constitucional da proteção à dignidade da pessoa humana. Como consequência, também os pais, tutores e curadores serão beneficiados pelo limite humanitário do dever de indenizar, de modo que a passagem ao patrimônio do incapaz se dará não quando esgotados todos os recursos do responsável, mas se reduzidos estes ao montante necessário à manutenção de sua dignidade.

CJF Civil 40. O incapaz responde pelos prejuízos que causar de maneira subsidiária ou excepcionalmente, como devedor principal, na hipótese do ressarcimento devido pelos adolescentes que praticarem atos infracionais, nos termos do art. 116 do Estatuto da Criança e do Adolescente, no âmbito das medidas socioeducativas ali previstas.

CJF Civil 41. A única hipótese em que poderá haver responsabilidade solidária do menor de 18 anos com seus pais é ter sido emancipado nos termos do art. 5º, parágrafo único, inc. I, do novo Código Civil.

CJF Civil 42. O art. 931 amplia o conceito de fato do produto existente no art. 12 do Código de Defesa do Consumidor, imputando responsabilidade civil à empresa e aos empresários individuais vinculados à circulação dos produtos.

CJF Civil 43. A responsabilidade civil pelo fato do produto, prevista no art. 931 do novo Código Civil, também inclui os riscos do desenvolvimento.

CJF Civil 44. Na hipótese do art. 934, o empregador e o comitente somente poderão agir regressivamente contra o empregado ou preposto se estes tiverem causado dano com dolo ou culpa.

CJF Civil 45. No caso do art. 935, não mais se poderá questionar sobre a existência do fato ou sobre quem seja o seu autor se essas questões se acharem categoricamente decididas no juízo criminal.

CJF Civil 189. Na responsabilidade civil por dano moral causado à pessoa jurídica, o fato lesivo, como dano eventual, deve ser devidamente demonstrado.

CJF Civil 190. A regra do art. 931 do novo CC não afasta as normas acerca da responsabilidade pelo fato do produto previstas no art. 12 do CDC, que continuam mais favoráveis ao consumidor lesado.

CJF Civil 191. A instituição hospitalar privada responde, na forma do art. 932 III do CC, pelos atos culposos praticados por médicos integrantes de seu corpo clínico.

CJF Civil 377. O art. 7º, inc. XXVIII, da Constituição Federal não é impedimento para a aplicação do disposto no art. 927, parágrafo único, do Código Civil quando se tratar de atividade de risco.

CJF Civil 378. Aplica-se o art. 931 do Código Civil, haja ou não relação de consumo.

CJF Civil 443. O caso fortuito e a força maior somente serão considerados como excludentes da responsabilidade civil quando o fato gerador do dano não for conexo à atividade desenvolvida.

CJF Civil 444. A responsabilidade civil pela perda de chance não se limita à categoria de danos extrapatrimoniais, pois, conforme as circunstâncias do caso concreto, a chance perdida pode apresentar também a natureza jurídica de dano patrimonial. A chance deve ser séria e real, não ficando adstrita a percentuais apriorísticos.

CJF Civil 445. O dano moral indenizável não pressupõe necessariamente a verificação de sentimentos humanos desagradáveis como dor ou sofrimento.

CJF Civil 446. A responsabilidade civil prevista na segunda parte do parágrafo único do art. 927 do Código Civil deve levar em consideração não apenas a proteção da vítima e a atividade do ofensor, mas também a prevenção e o interesse da sociedade.

CJF Civil 447. As agremiações esportivas são objetivamente responsáveis por danos causados a terceiros pelas torcidas organizadas, agindo nessa qualidade, quando, de qualquer modo, as financiem ou custeiem, direta ou indiretamente, total ou parcialmente.

CJF Civil 448. A regra do art. 927, parágrafo único, segunda parte, do CC aplica-se sempre que a atividade normalmente desenvolvida, mesmo sem defeito e não essencialmente perigosa, induza, por sua natureza, risco especial e diferenciado aos direitos de outrem. São critérios de avaliação desse risco, entre outros, a estatística, a prova técnica e as máximas de experiência.

CJF Civil 449. A indenização equitativa a que se refere o art. 928, parágrafo único, do Código Civil não é necessariamente reduzida sem prejuízo do Enunciado n. 39 da I Jornada de Direito Civil.

CJF Civil 450. Considerando que a responsabilidade dos pais pelos atos danosos praticados pelos filhos menores é objetiva, e não por culpa presumida, ambos os genitores, no exercício do poder familiar, são, em regra, solidariamente responsáveis por tais atos, ainda que estejam separados, ressalvado o direito de regresso em caso de culpa exclusiva de um dos genitores.

CJF Civil 451. A responsabilidade civil por ato de terceiro funda-se na responsabilidade objetiva ou independente de culpa, estando superado o modelo de culpa presumida.

CJF Civil 452. A responsabilidade civil do dono ou detentor de animal é objetiva, admitindo-se a excludente do fato exclusivo de terceiro.

CJF Civil 453. Na via regressiva, a indenização atribuída a cada agente será fixada proporcionalmente à sua contribuição para o evento danoso.

CJF Civil 454. O direito de exigir reparação a que se refere o art. 943 do Código Civil abrange inclusive os danos morais, ainda que a ação não tenha sido iniciada pela vítima.

CJF Civil 551. Nas violações aos direitos relativos a marcas, patentes e desenhos industriais, será assegurada a reparação civil ao seu titular, incluídos tanto os danos patrimoniais como os danos extrapatrimoniais.

CJF Civil 553. Nas ações de responsabilidade civil por cadastramento indevido nos registros de devedores inadimplentes realizados por instituições financeiras, a responsabilidade civil é objetiva.

CJF Civil 554. Independe de indicação do local específico da informação a ordem judicial para que o provedor de hospedagem bloqueie determinado conteúdo ofensivo na internet.

CJF Civil 555. "Os direitos de outrem" mencionados no parágrafo único do art. 927 do Código Civil devem abranger não apenas a vida e a integridade física, mas também outros direitos, de caráter patrimonial ou extrapatrimonial.

CJF Civil 556. A responsabilidade civil do dono do prédio ou construção por sua ruína, tratada pelo art. 937 do CC, é objetiva.

CJF Civil 557. Nos termos do art. 938 do CC, se a coisa cair ou for lançada de condomínio edilício, não sendo possível identificar de qual unidade, responderá o condomínio, assegurado o direito de regresso.

CJF Civil 558. São solidariamente responsáveis pela reparação civil, juntamente com os agentes públicos que praticaram atos de improbidade administrativa, as pessoas, inclusive as jurídicas, que para eles concorreram ou deles se beneficiaram direta ou indiretamente.

CJF Civil 562. Aos casos do art. 931 do Código Civil aplicam-se as excludentes da responsabilidade objetiva.

CJF Civil 587. O dano à imagem restará configurado quando presente a utilização indevida desse bem jurídico, independentemente da concomitante lesão a outro direito da personalidade, sendo dispensável a prova do prejuízo do lesado ou do lucro do ofensor para a caracterização do referido dano, por se tratar de modalidade de dano "in re ipsa".

CJF Civil 588. O patrimônio do ofendido não pode funcionar como parâmetro preponderante para o arbitramento de compensação por dano extrapatrimonial.

CJF Civil 589. A compensação pecuniária não é o único modo de reparar o dano extrapatrimonial, sendo admitida a reparação in natura, na forma de retratação pública ou outro meio.

CJF Civil 590. A responsabilidade civil dos pais pelos atos dos filhos menores, prevista no art. 932, inc. I, do Código Civil, não obstante objetiva, pressupõe a demonstração de que a conduta imputada ao menor, caso o fosse a um agente imputável, seria hábil para a sua responsabilização.

2) Da Indenização

CJF Civil 46. A possibilidade de redução do montante da indenização em face do grau de culpa do agente, estabelecida no parágrafo único do art. 944 do novo Código Civil, deve ser interpretada restritivamente, por representar uma exceção ao princípio da reparação integral do dano.

CJF Civil 47. O art. 945 do Código Civil, que não encontra correspondente no Código Civil de 1916, não exclui a aplicação da teoria da causalidade adequada.

CJF Civil 48. O parágrafo único do art. 950 do novo Código Civil institui direito potestativo do lesado para exigir pagamento da indenização de uma só vez, mediante arbitramento do valor pelo juiz, atendidos os arts. 944 e 945 e a possibilidade econômica do ofensor.

CJF Civil 192. Os danos oriundos das situações previstas nos arts. 949 e 950 do Código Civil de 2002 devem ser analisados em conjunto, para o efeito de atribuir indenização por perdas e danos materiais, cumulada com dano moral e estético.

CJF Civil 379. O art. 944, caput, do Código Civil não afasta a possibilidade de se reconhecer a função punitiva ou pedagógica da responsabilidade civil.

CJF Civil 380. Atribui-se nova redação ao Enunciado n. 46 da I Jornada de Direito Civil, com a supressão da parte final: não se aplicando às hipóteses de responsabilidade objetiva.

CJF Civil 381. O lesado pode exigir que a indenização, sob a forma de pensionamento, seja arbitrada e paga de uma só vez, salvo impossibilidade econômica do devedor, caso em que o juiz poderá fixar outra forma de pagamento, atendendo à condição financeira do ofensor e aos benefícios resultantes do pagamento antecipado.

CJF Civil 455. Embora o reconhecimento dos danos morais se dê, em numerosos casos, independentemente de prova ("in re ipsa"), para a sua adequada quantificação, deve o juiz investigar, sempre que entender necessário, as circunstâncias do caso concreto, inclusive por intermédio da produção de depoimento pessoal e da prova testemunhal em audiência.

CJF Civil 456. A expressão "dano" no art. 944 abrange não só os danos individuais, materiais ou imateriais, mas também os danos sociais, difusos, coletivos e individuais homogêneos a serem reclamados pelos legitimados para propor ações coletivas.

CJF Civil 457. A redução equitativa da indenização tem caráter excepcional e somente será realizada quando a amplitude do dano extrapolar os efeitos razoavelmente imputáveis à conduta do agente.

CJF Civil 458. O grau de culpa do ofensor, ou a sua eventual conduta intencional, deve ser levado em conta pelo juiz para a quantificação do dano moral.

CJF Civil 459. A conduta da vítima pode ser fator atenuante do nexo de causalidade na responsabilidade civil objetiva.

CJF Civil 460. A responsabilidade subjetiva do profissional da área da saúde, nos termos do art. 951 do Código Civil e do art. 14, § 4º, do Código de Defesa do Consumidor, não afasta a sua responsabilidade objetiva pelo fato da coisa da qual tem a guarda, em caso de uso de aparelhos ou instrumentos que, por eventual disfunção, venham a causar danos a pacientes, sem prejuízo do direito regressivo do profissional em relação ao fornecedor do aparelho e sem prejuízo da ação direta do paciente, na condição de consumidor, contra tal fornecedor.

CJF Civil 551. Nas violações aos direitos relativos a marcas, patentes e desenhos industriais, será assegurada a reparação civil ao seu titular, incluídos tanto os danos patrimoniais como os danos extrapatrimoniais.

CJF Civil 560. No plano patrimonial, a manifestação do dano reflexo ou por ricochete não se restringe às hipóteses previstas no art. 948 do Código Civil.

CJF Civil 561. No caso do art. 952 do Código Civil, se a coisa faltar, dever-se-á, além de reembolsar o seu equivalente ao prejudicado, indenizar também os lucros cessantes.

CJF Civil 629. A indenização não inclui os prejuízos agravados, nem os que poderiam ser evitados ou reduzidos mediante esforço razoável da vítima. Os custos da mitigação devem ser considerados no cálculo da indenização.

CJF Civil 630. Culpas não se compensam. Para os efeitos do art. 945 do Código Civil, cabe observar os seguintes critérios: (i) há diminuição do quantum da reparação do dano causado quando, ao lado da conduta do lesante, verifica-se ação ou omissão do próprio lesado da qual resulta o dano, ou o seu agravamento, desde que (ii) reportadas ambas as condutas a um mesmo fato, ou ao mesmo fundamento de imputação, conquanto possam ser simultâneas ou sucessivas, devendo-se considerar o percentual causal do agir de cada um.

CJF Civil 631. Como instrumento de gestão de riscos na prática negocial paritária, é lícita a estipulação de cláusula que exclui a reparação por perdas e danos decorrentes do inadimplemento (cláusula excludente do dever de indenizar) e de cláusula que fixa valor máximo de indenização (cláusula limitativa do dever de indenizar).

* REPERCUSSÃO & REPETITIVOS

STF Repercussão Geral 666. É prescritível a ação de reparação de danos à Fazenda Pública decorrente de ilícito civil. (RE 669069, 3.2.2016)

STJ Repetitivo 983. Nos casos de violência contra a mulher praticados no âmbito doméstico e familiar, é possível a fixação de valor mínimo indenizatório a título de dano moral, desde que haja pedido expresso da acusação ou da parte ofendida, ainda que não especificada a quantia, e independentemente de instrução probatória. (REsp 1643051, 28.2.2018)

* INFORMATIVOS DE JURISPRUDÊNCIA

Ação de indenização por danos materiais e compensação por danos morais. Reportagem jornalística. Divulgação de imagem sem autorização. Fatos históricos de repercussão social. Direito à memória. Prévia autorização. Desnecessidade.

STJ A Súm. 403/STJ é inaplicável às hipóteses de divulgação de imagem vinculada a fato histórico de repercussão social. REsp 1.631.329, Rel. Acd. Min. Nancy Andrighi, DJe 31.10.2017. 3ª T. (Info 614)

Ação indenizatória. Roubo de motocicleta. Emprego de arma de fogo. Área externa de lanchonete. Estacionamento gratuito. Fortuito externo. Súmula n. 130/STJ. Inaplicabilidade.

STJ A incidência do disposto na Súm. 130/STJ não alcança as hipóteses de crime de roubo a cliente de lanchonete, praticado mediante grave ameaça e com emprego de arma de fogo, ocorrido no estacionamento externo e gratuito oferecido pelo estabelecimento comercial. REsp 1.431.606, Rel. p/ a. Min. Ricardo Villas Bôas Cueva, DJe 13.10.2017. 3ª T. (Info 613)

Danos morais. Pessoa jurídica. Natureza "in re ipsa". Impossibilidade. Comprovação necessária.

STJ O dano moral sofrido pela pessoa jurídica não se configura "in re ipsa", o que não obsta, contudo, que sua comprovação ocorra por meio da utilização de presunções e regras de experiência no julgamento da controvérsia. REsp 1.564.955, Rel. Min. Nancy Andrighi, DJ 15.2.2018. 3ª T. (Info 619)

Ação de compensação por danos morais. Prisão efetuada por policial fora do exercício

das funções. Ofensa à liberdade pessoal. Dano configurado.

STJ A privação da liberdade por policial fora do exercício de suas funções e com reconhecido excesso na conduta caracteriza dano moral "in re ipsa". REsp 1.675.015, Rel. Min. Nancy Andrighi, DJe 14.9.2017. 3ª T. (Info 612)

Ação indenizatória. Danos morais e materiais. Acidente automobilístico. Transporte de passageiros. Morte do genitor. Filhas menores. Demora para ajuizamento da demanda. Desinfluência no arbitramento.

STJ A demora na busca da compensação por dano moral, quando justificada pela interrupção prescricional da pretensão dos autores – menores à época do evento danoso – não configura desídia apta a influenciar a fixação do valor indenizatório. REsp 1.529.971, Rel. Min. Ricardo Villas Bôas Cueva, DJe 19.9.2017. 3ª T. (Info 611)

Compensação por danos morais. Injúrias irrogadas a policial militar durante show musical. Possibilidade.

STJ As ofensas generalizadas proferidas por artista a policiais militares que realizavam a segurança ostensiva durante show musical implicam dano moral "in re ipsa", indenizável a cada um dos agentes públicos. REsp 1.677.524, Rel. Min. Nancy Andrighi, DJ 10.8.2017. 3ª T. (Info 609)

Reparação por danos morais. Atos praticados por deputado federal. Ofensas veiculadas pela imprensa e por aplicações de internet. Imunidade parlamentar. Alcance de limitações. Atos praticados em função do mandato legislativo. Não abrangência de ofensas pessoais. Violência à mulher.

STJ As opiniões ofensivas proferidas por deputados federais e veiculadas por meio da imprensa, em manifestações que não guardam nenhuma relação como o exercício do mandato, não estão abarcadas pela imunidade material prevista no art. 53 da CF/88 e são aptas a gerar dano moral. REsp 1.642.310, Rel. Min. Nancy Andrighi, DJ 18.8.2017. 3ª T. (Info 609)

* QUESTÕES DISCURSIVAS

02. **(Cespe/DP/DF/Defensor/2013)** Discorra sobre a aplicação da teoria da responsabilidade civil pela perda de uma chance em caso de erro médico.

* QUESTÕES OBJETIVAS

199. **(Cespe/CGM/João_Pessoa/Auditor/2018)** A obrigação financeira da pessoa falecida de reparar determinado dano pode ser estendida aos seus sucessores, sendo limitada ao valor do patrimônio transferido pela sucessão decorrente do óbito.

200. **(Cespe/PGE/PE/Procurador/2018)** Em razão da premente necessidade da entrega das mercadorias que transportava, o motorista contratado pela empresa de transporte conduziu o veículo de carga em alta velocidade, vindo a colidir com outro veículo, o que causou a morte do condutor desse veículo. Nesse caso, a responsabilidade do empregador é objetiva:

a) desde que provado que o empregado estava em horário de trabalho.
b) mas depende da prova da culpa in elegendo.
c) mas depende da prova da culpa in vigilando.
d) estando de acordo com a teoria da substituição.
e) independentemente de prova da conduta culposa do empregado.

201. **(Cespe/PC/MA/Delegado/2018)** De acordo com o Código Civil, responderá, em caso de reparação civil, o

a) agente público, objetivamente, se nessa qualidade causar acidente fatal.
b) indivíduo que, gratuitamente, participar nos produtos do crime, até o valor concorrente.
c) patrão por ato de seu empregado, desde que fique provada a culpa "in vigilando" ou "in eligendo".
d) pai, objetivamente, pelos danos que forem causados pelo filho menor, ressalvado o direito de ação regressiva daquele contra este.
e) hospital, objetivamente, pela morte de paciente aos cuidados de médico-empregado, independentemente de culpa deste.

202. **(Cespe/DPE/PE/Defensor/2018)** Daniel, em 2010, com quinze anos de idade, sem que seu pai Douglas soubesse, pegou o carro da família e saiu para se divertir. Alcoolizado, Daniel atropelou Ana na faixa de pedestre, que, em decorrência do atropelamento, perdeu uma das pernas. Em 2016, Douglas foi absolvido no processo penal, em sentença transitada em julgado, por ausência de provas em relação a sua culpa no atropelamento causado por seu filho Daniel. Com referência a essa situação hipotética, assinale a opção correta.

a) Douglas é civilmente responsável pelo ato praticado por Daniel, de maneira objetiva, independentemente de culpa.

b) Tendo decorrido mais de três anos da data do acidente, a pretensão de indenização cível de Ana está prescrita.

c) A absolvição de Douglas no processo penal faz coisa julgada no processo cível, de modo que Ana não poderá mais acioná-lo civilmente.

d) Caso seja responsabilizado civilmente pelo ato, Douglas poderá reaver do seu filho Daniel, responsável pelo acidente, o valor pago.

e) Ana poderá ajuizar ação para pleitear danos morais e materiais, mas não danos estéticos isoladamente: dano moral já engloba dano estético.

203. (Cespe/PC/MA/Escrivão/2018) Um condenado faleceu e deixou como herança R$ 30.000 para seu filho, seu único herdeiro. Contudo, a sentença criminal pela qual o falecido foi condenado, além de determinar a pena privativa de liberdade, cumprida parcialmente em razão da morte, determinava a reparação do dano causado, no valor de R$ 50.000. Nessa situação hipotética, a obrigação de reparar o dano poderá ser

a) estendida ao herdeiro, que deverá saldá-la até o limite do patrimônio transferido.

b) extinta, pois se trata de pena personalíssima e intransferível.

c) executada contra o herdeiro pelo valor integral previsto na sentença, se ficar provado que ele renunciou à herança para fraudar credores.

d) anulada, bem como extinta a pena privativa de liberdade.

e) transferida ao herdeiro, que deverá saldá-la no valor integral previsto na sentença de condenação de seu pai.

204. (Cespe/TCE/PA/Auditor/2016) Determinada associação civil ajuizou ação indenizatória em face de uma sociedade empresária jornalística, com o intuito de receber indenização por danos materiais e morais decorrentes de publicação de reportagem com informações falsas, cujo único objetivo era macular a imagem e a credibilidade da associação civil, conforme ficou provado no processo. Na situação em apreço, para fixar o valor da condenação pelos danos materiais, o juiz deve considerar os denominados danos hipotéticos ou eventuais, pois, ainda que não tenha sido comprovado efetivo prejuízo material, presume-se que a conduta ilícita causou lesão à associação.

205. (Cespe/TCE/SC/Auditor/2016) De acordo com a jurisprudência do STF, a aplicação da sanção derivada da cobrança de débito já solvido na forma regulada pelo Código Civil independe da constatação de que o credor agira de má-fé com o objetivo deliberado de angariar proveito indevido.

206. (Cespe/TCE/SC/Auditor/2016) De acordo com o entendimento do STJ, os pais que não exercem autoridade de fato sobre o filho menor, ainda que detenham o poder familiar, não respondem por ato ilícito praticado pelo filho.

207. (Cespe/TCE/PR/Analista/2016) Com relação à responsabilidade civil à luz do Código Civil, assinale a opção correta:

a) Por filiar-se à teoria do risco, o Código Civil estabelece como regra a responsabilidade objetiva, a qual prescinde da demonstração da culpa.

b) Os pais exonerar-se-ão da obrigação de reparar dano causado pelo filho se provarem não ter havido negligência da parte deles.

c) A escola terá direito de regresso contra o aluno, caso seja obrigada a indenizar prejuízo por ele causado a terceiros.

d) Provado o vínculo de subordinação, o empregador responderá pelos danos causados pelo empregado a terceiros, por culpa in eligendo.

e) Para que se possa exigir a restituição de pessoa que recebeu gratuitamente o produto de um crime para o qual não tenha concorrido, deve-se comprovar eventual vantagem econômica auferida.

208. (Cespe/PC/PE/Delegado/2016) João, menor impúbere, de sete anos de idade, jogou voluntariamente um carrinho de brinquedo do alto do 14º andar do prédio onde mora com a mãe Joana. Ao cair, o carrinho danificou o veículo de Arthur, que estava estacionado em local apropriado. Tendo como referência essa situação hipotética, assinale a opção correta, considerando as disposições vigentes a respeito de responsabilidade civil no Código Civil:

a) O dever de reparar o dano provocado por João não alcança Joana, já que não há como provar sua culpa em relação à atitude do filho.

b) Embora a responsabilidade de Joana seja objetiva, seu patrimônio somente será atingido se João não tiver patrimônio próprio ou se este for insuficiente para reparar o prejuízo causado a Arthur.

c) Caso seja provada a culpa de João, a mãe, Joana, responderá objetivamente pelos danos causados pelo filho.

d) A responsabilidade civil de João é objetiva.

e) A mãe de João tem responsabilidade subjetiva em relação ao dano causado no veículo de Arthur.

209. **(Cespe/TRT/8R/Analista/2016)** A respeito da responsabilidade civil, assinale a opção correta:

a) Conforme o entendimento sumulado do STJ, a indenização em decorrência de publicação não autorizada de imagem de pessoa, com fins econômicos ou comerciais, depende da comprovação do prejuízo.

b) A pessoa lesada não terá direito à indenização quando os danos que lhe foram causados decorrerem de conduta praticada em estado de necessidade, ainda que ela não seja responsável pelo perigo.

c) Em decorrência da própria condição de incapacidade, o menor incapaz não pode responder pelos prejuízos que causar a terceiros.

d) A sentença criminal que absolve o réu, por qualquer dos fundamentos previstos em lei, impede o reexame dos mesmos fatos para fins de responsabilização civil.

e) De acordo com o entendimento sumulado do STF, presume-se a culpa do empregador pelos atos culposos de seus prepostos e empregados.

210. **(Cespe/Funpresp/Especialista Jurídico/2016)** Operadora de plano de saúde que se recusar injustificadamente a cobrir tratamento de segurado ofenderá o direito da personalidade, sendo tal conduta considerada dano moral.

211. **(Cespe/TCE/PR/Auditor/2016)** Assinale a opção correta relativa à responsabilidade civil:

a) A indenização é mensurada pela extensão do dano, de modo que aquele que sofrer dano deverá ser indenizado pela integralidade do prejuízo, não se admitindo qualquer redução.

b) Admitida a responsabilidade civil do incapaz que tiver causado prejuízos a terceiros, a indenização deverá ser fixada de forma equitativa.

c) Não tendo culpa em relação ao fato ocorrido, o pai não é responsável pela reparação civil dos danos causados por filhos menores de idade que estejam sob sua guarda.

d) A responsabilidade civil será objetiva sempre que a lei não dispuser ser ela subjetiva.

e) Sempre que o empregado, no exercício de suas funções, causar prejuízos a terceiros, o empregador será responsável pela reparação civil.

212. **(Cespe/TJ/DFT/Juiz/2016)** A respeito da responsabilidade civil, assinale a opção correta:

a) De acordo com o Código Civil, a possibilidade legal de redução equitativa da indenização pelo juiz é aplicável às hipóteses de responsabilidade subjetiva e objetiva.

b) Se houver concorrência de culpas e danos a ambas as partes, cada qual deve arcar com seus respectivos prejuízos.

c) Nos termos explicitados no Código Civil, a gradação de culpa possui relevância para a configuração do ato ilícito.

d) Segundo a atual orientação do STJ, a reparação pela lesão extrapatrimonial deve seguir o método denominado bifásico na aferição do valor da indenização.

e) Conforme jurisprudência prevalente do STJ, a cobrança indevida já traz em si a ilicitude, bastando a prova de que se deu por meio judicial para se impor a devolução em dobro, prevista no Código Civil.

213. **(Cespe/DPE/RN/Defensor/2015)** A respeito dos atos ilícitos e da responsabilidade civil, assinale a opção correta segundo a jurisprudência do STJ:

a) O acordo extrajudicial firmado pelos pais em nome de filho menor, para fins de recebimento de indenização por ato ilícito, dispensa a intervenção do MP.

b) Para a aplicação da teoria da perda de uma chance, não se exige a comprovação da existência do dano final, mas a prova da certeza da chance perdida, que é o objeto de reparação.

c) Na hipótese de indenização por dano moral decorrente da prática de ato ilícito, os juros moratórios devem fluir a partir da data do ajuizamento da ação respectiva.

d) Segundo dispõe o Código Civil, caso repare o dano que seu filho relativamente incapaz causar a terceiro, o pai poderá reaver do filho o que pagar a título de indenização.

e) De acordo com o entendimento do STJ, se determinado preposto, valendo-se de circunstâncias proporcionadas pelo seu labor, praticar ato culposo fora do exercício do trabalho que lhe for confiado, causando prejuízo a terceiro, não será possível a responsabilização do empregador.

214. **(Cespe/PC/GO/Delegado/2017)** Um oficial do corpo de bombeiros arrombou a porta de determinada residência para ingressar no imóvel vizinho e salvar uma criança que corria grave perigo em razão de um incêndio. A respeito dessa situação hipotética e conforme a doutrina dominante e o Código Civil, assinale a opção correta:

a) O oficial tem o dever de indenizar o proprietário do imóvel danificado, devendo o valor da indenização ser mitigado em razão da presença de culpa concorrente.

b) O ato praticado pelo oficial é ilícito porque causou prejuízo ao dono do imóvel, inexistindo, entretanto, o dever de indenizar, dada a ausência de nexo causal.

c) Não se aplica ao referido oficial a regra do Código Civil segundo a qual o agente que atua para remover perigo iminente pode ser chamado a indenizar terceiro inocente.

d) Conforme disposição do Código Civil, o oficial teria o dever de indenizar o dono do imóvel no valor integral dos prejuízos existentes, tendo direito de regresso contra o responsável pelo incêndio.

e) Não se pode falar em responsabilidade civil nesse caso, pois, na hipótese de estado de necessidade, o agente causador do dano nunca terá o dever de indenizar.

215. **(Cespe/DPU/Defensor/2017)** A aplicação da teoria da perda da chance pressupõe uma possibilidade concreta, real e com alto grau de probabilidade de se garantir um benefício ou sofrer um prejuízo, bem como que a ação ou omissão do agente tenha nexo causal com a perda da oportunidade de exercer a chance.

216. **(Cespe/DPU/Defensor/2017)** A recusa injustificada da operadora de plano de saúde em autorizar cobertura financeira de tratamento médico a que esteja contratualmente obrigada enseja indenização a título de danos morais.

217. **(Cespe/PGM/Fortaleza/Procurador/2017)** No que se refere às famílias de baixa renda, há presunção de dano material e moral em favor dos pais em caso de morte de filho menor de idade, ainda que este não estivesse trabalhando na data do óbito.

218. **(Cespe/PGM/Belo_Horizonte/Procurador/2017)** À luz da legislação aplicável e do entendimento doutrinário prevalecente a respeito da responsabilidade civil, assinale a opção correta:

a) O abuso do direito, ato ilícito, exige a comprovação do dolo ou da culpa para fins de responsabilização civil.

b) No contrato de transporte de pessoas, a obrigação assumida pelo transportador é de resultado, e a responsabilidade é objetiva.

c) O dever de indenizar pressupõe, necessariamente, a prática de ato ilícito.

d) No que se refere ao nexo causal, elemento da responsabilidade civil, o Código Civil adota a teoria da equivalência das condições.

219. **(Cespe/PGM/Salvador/Procurador/2015)** A respeito da responsabilidade civil, assinale a opção correta à luz do entendimento do STJ:

a) Por impossibilidade de comprovação, fica afastada a possibilidade de indenização por dano moral quando o pai não presta assistência ao filho.

b) A teoria da perda de uma chance aplica-se tanto ao dano moral quanto ao dano material, mesmo não comprovada a existência de dano final.

c) Na hipótese de morte de detento sob a custódia do Estado, a responsabilidade civil do ente público dependerá da análise da culpabilidade.

d) Para fins de responsabilidade de instituição financeira, o estelionato na abertura de conta compara-se ao caso fortuito externo.

e) A aquisição de obra de arte fraudulenta – seja material, seja imaterial – não tem o condão de gerar responsabilidade civil.

220. **(Cespe/TCE/RN/Assessor_Jurídico/2015)** A indenização pela utilização da imagem de determinada pessoa, sem autorização e para fins comerciais, dependerá da existência de dano moral.

221. **(Cespe/TCE/RN/Auditor/2015)** Considerando determinada situação de agressão física de que tenha resultado incapacidade laboral, para efeito de indenização por danos materiais, a vítima pode exigir o pagamento dos lucros cessantes e das despesas com o tratamento médico até o fim de sua convalescença, além de pensão correspondente à remuneração pelo trabalho para o qual se inabilitou.

222. **(Cespe/TRF/5R/Juiz/2017)** De acordo com o entendimento do STJ, a responsabilidade civil do incapaz pela reparação de danos que houver causado, quando seus pais não tiverem meios de repará-los, será:

I. solidária, mas mitigada.

II. condicional.

III. subsidiária e equitativa.

IV. de eficácia diferida.

Estão certos apenas os itens:

a) I e II.
b) I e III.
c) I e IV.
d) II e III.
e) III e IV.

223. **(Cespe/DPE/AC/Defensor/2017)** A responsabilidade civil, de acordo com o Código Civil:

a) na hipótese de pai e filho maior que concorrem para o ato ilícito, recairá sobre o pai, devendo o filho ser responsabilizado subsidiariamente.
b) não poderá ser atribuída a pessoa diferente daquela que houver causado o dano.
c) será indevida quando não for possível quantificar a extensão do dano causado.
d) no caso de ato danoso praticado por animal, será imputável ao dono deste, se não houver culpa da vítima.
e) se referente a ato ilícito que resulte em diminuição da capacidade laboral, fornece à vítima o direito a exigir danos morais ou pensão equivalente à depreciação sofrida.

224. **(Cespe/DPE/AC/Defensor/2017)** A respeito da ação civil "ex delicto", assinale a opção correta:

a) Após o trânsito em julgado da sentença penal condenatória pela prática de homicídio culposo, aos familiares da vítima é permitido questionar, na esfera cível, a respeito da existência do fato ou da sua autoria.
b) O dever de indenizar no âmbito cível pode resultar de culpa grave ou leve, mas não de culpa levíssima.
c) É permitido ao réu fazer prova de ter havido concorrência culposa da vítima, o que viabiliza o arbitramento equitativo da indenização de reparação por danos morais.
d) O prazo prescricional para o ajuizamento de ação de reparação civil deduzida contra o autor de homicídio inicia-se a partir do dia do acidente de trânsito.
e) A aferição do grau de culpabilidade do autor do delito é medida irrelevante no momento de dimensionar a extensão da indenização de reparação aos familiares da vítima.

225. **(Cespe/TRE/PE/Analista/2017)** Quando caminhava pelo acostamento de uma via pública, Francisco foi atropelado por veículo de propriedade de uma locadora de veículos conduzido por Pedro. Em razão do acidente, Francisco sofreu fratura do fêmur e ficou internado por um mês. As lesões por ele sofridas geraram debilidade permanente, que o impedem de trabalhar, e cicatrizes na perna, que lhe causam constrangimento. Nessa situação hipotética, conforme a legislação aplicável e a jurisprudência dos tribunais superiores:

a) Francisco não pode cumular pedido de compensação por danos morais e estéticos, porquanto os danos estéticos estão incluídos nos danos morais.
b) se Francisco não comprovar o valor auferido por seu trabalho, o juiz poderá determinar que a eventual indenização arbitrada seja paga de uma só vez, mesmo contra a vontade da vítima.
c) a locadora de veículos e Pedro são solidariamente responsáveis pelos danos causados a Francisco.
d) caso Francisco viesse a óbito, cessariam seus direitos da personalidade e seus pais não poderiam pleitear perdas e danos.
e) a debilidade permanente causada a Francisco pode dar causa ao pagamento de pensão alimentícia pela causadora do dano, no valor de no máximo um salário mínimo, até ele completar sessenta e cinco anos de idade.

5. DO DIREITO DAS COISAS

✱ INOVAÇÕES LEGISLATIVAS

▲ CC/2002. Livro III – Do Direito das Coisas, Título II – Dos Direitos Reais, Capítulo Único – Disposições Gerais

▲ Art. 1.225. São direitos reais: (...). XII – a concessão de direito real de uso; e XIII – a laje. (Modificações: Lei 13.465/17)

5.1. Da Posse

✱ SÚMULAS

STF Súm. 415. Servidão de trânsito não titulada, mas tomada permanente, sobretudo pela natureza das obras realizadas, considera-se aparente, conferindo direito a proteção possessória.

✱ ENUNCIADOS CJF

1) Da Posse e sua Classificação

CJF Civil 76. O possuidor direto tem direito de defender a sua posse contra o indireto, e este contra aquele (art. 1.197, "in fine", do novo Código Civil).

CJF Civil 237. É cabível a modificação do título da posse "interversio possessionis" na hipótese em que o até então possuidor direto demonstrar ato exterior e inequívoco de oposição ao antigo possuidor indireto, tendo por efeito a caracterização do "animus domini".

CJF Civil 301. É possível a conversão da detenção em posse, desde que rompida a subordinação, na hipótese de exercício em nome próprio dos atos possessórios.

CJF Civil 302. Pode ser considerado justo título para a posse de boa-fé o ato jurídico capaz de transmitir a posse "ad usucapionem", observado o disposto no art. 113 do Código Civil.

CJF Civil 303. Considera-se justo título para presunção relativa da boa-fé do possuidor o justo motivo que lhe autoriza a aquisição derivada da posse, esteja ou não materializado em instrumento público ou particular. Compreensão na perspectiva da função social da posse.

CJF Civil 492. A posse constitui direito autônomo em relação à propriedade e deve expressar o aproveitamento dos bens para o alcance de interesses existenciais, econômicos e sociais merecedores de tutela.

CJF Civil 493. O detentor (art. 1.198 do Código Civil) pode, no interesse do possuidor, exercer a autodefesa do bem sob seu poder.

CJF Civil 563. O reconhecimento da posse por parte do Poder Público competente anterior à sua legitimação nos termos da Lei n. 11.977/2009 constitui título possessório.

2) Da Aquisição da Posse

CJF Civil 77. A posse das coisas móveis e imóveis também pode ser transmitida pelo constituto possessório.

CJF Civil 236. Considera-se possuidor, para todos os efeitos legais, também a coletividade desprovida de personalidade jurídica.

CJF Civil 494. A faculdade conferida ao sucessor singular de somar ou não o tempo da posse de seu antecessor não significa que, ao optar por nova contagem, estará livre do vício objetivo que maculava a posse anterior.

3) Dos Efeitos da Posse

CJF Civil 78. Tendo em vista a não recepção, pelo novo Código Civil, da "exceptio proprietatis" (art. 1.210, § 2º) em caso de ausência de prova suficiente para embasar decisão liminar ou sentença final ancorada exclusivamente no "ius possesionis", deverá o pedido ser indeferido e julgado improcedente, não obstante eventual alegação e demonstração de direito real sobre o bem litigioso.

CJF Civil 79. A "exceptio proprietatis", como defesa oponível às ações possessórias típicas, foi abolida pelo Código Civil de 2002, que estabeleceu a absoluta separação entre os juízos possessório e petitório.

CJF Civil 80. É inadmissível o direcionamento de demanda possessória ou ressarcitória contra terceiro possuidor de boa-fé, por ser parte passiva ilegítima, diante do disposto no art. 1.212 do novo Código Civil. Contra o terceiro de boa-fé cabe tão-somente a propositura de demanda de natureza real.

CJF Civil 81. O direito de retenção previsto no art. 1.219 do CC, decorrente da realização de benfeitorias necessárias e úteis, também se aplica às acessões (construções e plantações) nas mesmas circunstâncias.

CJF Civil 238. Ainda que a ação possessória seja intentada além de "ano e dia" da turbação ou esbulho, e, em razão disso, tenha seu trâmite regido pelo procedimento ordinário (CPC, art. 924), nada impede que o juiz conceda a tutela possessória liminarmente, mediante antecipação de tutela, desde que presentes os requisitos autorizadores do art. 273, I ou II, bem como aqueles previstos no art. 461-A e §§, todos do CPC.

CJF Civil 239. Na falta de demonstração inequívoca de posse que atenda à função social, deve-se utilizar a noção de "melhor posse", com base nos critérios previstos no parágrafo único do art. 507 do CC/1916.

CJF Civil 302. Pode ser considerado justo título para a posse de boa-fé o ato jurídico capaz de transmitir a posse "ad usucapionem", observado o disposto no art. 113 do Código Civil.

CJF Civil 495. No desforço possessório, a expressão "contanto que o faça logo" deve ser entendida restritivamente, apenas como a reação imediata ao fato do esbulho ou da turbação, cabendo ao possuidor recorrer à via jurisdicional nas demais hipóteses.

* QUESTÕES OBJETIVAS

226. **(Cespe/DPE/PE/Defensor/2015)** Se João tiver ingressado no terreno de Pedro há seis meses, pacificamente, sem ocultar a invasão, e lá construído um barraco, não se terá caracterizado, nessa situação hipotética, o esbulho, visto que não ocorreu violência, clandestinidade ou precariedade, elementos caracterizadores da posse injusta.

227. **(Cespe/DPE/PE/Defensor/2018)** Francisco comprou, em janeiro de 2014, um lote de 240 m2 de Antônio, que se apresentou como proprietário do imóvel. Francisco construiu uma casa de alvenaria, instalando-se no local com sua família. Depois de três anos de posse mansa e pacífica, Danilo, o verdadeiro proprietário, ajuizou ação para reaver a posse do imóvel. Só então, Francisco descobriu que fora vítima de uma fraude, pois Antônio havia falsificado os documentos para induzi-lo a erro. Considerando essa situação hipotética, assinale a opção correta.

a) Francisco não poderá adquirir o terreno mediante pagamento de indenização a Danilo, ainda que a construção exceda consideravelmente o valor do terreno.

b) Não tendo observado a fraude no momento da contratação, Francisco não poderá pleitear indenização em face de Antônio.

c) Danilo perderá o terreno em favor de Francisco, cabendo-lhe apenas o direito à indenização.

d) Francisco adquiriu, em 2017, a propriedade do imóvel pela usucapião especial urbana, ficando, nesse caso, dispensado de pagar indenização a Danilo.

e) Francisco, que agira de boa-fé, perderá em favor de Danilo os direitos sobre as construções realizadas no terreno, devendo, no entanto, ser indenizado.

228. **(Cespe/DPE/RN/Defensor/2015)** No que se refere aos bens jurídicos e a aspectos inerentes à posse e à propriedade, assinale a opção correta:

a) A aquisição da posse pode ocorrer pela apreensão, a qual, segundo a doutrina, pode ser concretizada não apenas pela apropriação unilateral da coisa sem dono, como também pela retirada da coisa de outrem sem sua permissão.

b) A tradição constitui uma das hipóteses de perda da posse que pode ser vislumbrada, por exemplo, na entrega da coisa a um representante para que este a administre.

c) Os bens naturalmente divisíveis não se podem tornar indivisíveis por vontade das partes.

d) Segundo o STJ, o usufrutuário pode valer-se de ações possessórias contra o nu-proprietário, mas não de ações de natureza petitória.

e) O perecimento da coisa é hipótese de perda da propriedade que não pode resultar de ato voluntário do proprietário, já que demanda, para a sua concretização, a ocorrência de fenômenos naturais, como terremotos ou inundações.

229. **(Cespe/TJ/PB/Juiz/2015)** Com base no Código Civil e à luz da jurisprudência dominante do STJ, assinale a opção correta a respeito do direito das coisas:

a) Associação de moradores constituída com o objetivo de defesa e preservação de interesses comuns da respectiva área habitacional pode cobrar cotas condominiais do proprietário, ainda que este não seja seu associado, conforme jurisprudência prevalente do STJ.

b) Na usucapião tabular, o lapso temporal para aquisição da propriedade é de dez anos.

c) A cessação dos atos de posse e o não pagamento dos ônus fiscais relativos ao bem resultam em presunção relativa de abandono do imóvel urbano.

d) No constituto-possessório, subentende-se a tradição quando o transmitente continua na posse do bem.

e) É do promitente vendedor a responsabilidade pelo pagamento das obrigações condominiais, independentemente da efetiva imissão, na posse, pelo promitente comprador, até que seja registrado o compromisso de compra e de venda.

230. **(Cespe/TJ/DFT/Juiz/2016)** A respeito da posse e do direito das coisas, assinale a opção correta:

a) A posse "ad interdicta" dá ensejo à prescrição aquisitiva originária pela usucapião.

b) A propriedade, conforme disposição legal, incide exclusivamente sobre bens corpóreos.

c) A resolução da propriedade determinada por causa originária, prevista no título, produzirá efeitos "ex nunc" e "inter partes".

d) A sentença que reconhece a usucapião tem natureza constitutiva.

e) A posse pode ser adquirida por terceiro, sem mandato do pretendente, caso em que a aquisição depende de ratificação.

231. **(Cespe/TRF/5R/Juiz/2015)** Roberto, juntamente com sua família, ocupou, cercou e construiu uma casa, um curral e um pequeno lago artificial em uma terra pública situada em área rural. O poder público, ao tomar ciência da ocupação, ajuizou ação de reintegração de posse. Em defesa, Roberto alegou que a posse se dera de boa-fé e que ele já havia feito um pedido administrativo requerendo a regularização da propriedade. O réu ainda alegou que, caso o pedido do poder público fosse procedente, ele deveria ser indenizado pelas benfeitorias erigidas, com direito de retenção:

a) respeito dessa situação hipotética, assinale a opção correta:

a) Com exceção do lago artificial, Roberto fará jus a indenização pelas demais benfeitorias erigidas no imóvel.

b) Roberto terá direito à indenização pela casa, mas lhe será descontado o valor correspondente ao tempo de permanência no imóvel.

c) O direito de retenção pelas benfeitorias necessárias não poderá ser deferido.

d) A posse não pode ser considerada de má-fé, o que torna indenizáveis as benfeitorias úteis e necessárias feitas por Roberto.

e) A indenização pelo curral depende de prova de utilidade pelo poder público após a retomada do imóvel.

232. **(Cespe/PGE/AM/Procurador/2016)** Por meio de esbulho, Ronaldo obteve a posse de lote urbano pertencente ao estado do Amazonas. Nesse lote, ele construiu sua residência, na qual edificou uma série de benfeitorias, tais como piscina e churrasqueira. O estado do Amazonas, por intermédio de sua procuradoria, ingressou em juízo para reaver o imóvel. Nessa situação, Ronaldo poderá exigir indenização por todas as benfeitorias realizadas e exercer o direito de retenção enquanto não for pago o valor da indenização.

233. **(Cespe/DPE/AL/Defensor/2017)** João, ciente de que seu vizinho Luciano estava realizando uma longa viagem, invadiu a casa que era de propriedade de Luciano e passou a residir no imóvel com seus familiares, sem o consentimento do proprietário. Luciano cultivava em seu terreno inúmeras hortaliças, as quais João passou a comercializar. Com o lucro auferido em razão da venda das hortaliças, João instalou uma piscina no quintal de Luciano e uma rampa para cadeirantes próxima à porta de entrada da residência, já que ele sabia que Luciano tinha uma filha usuária de cadeira de rodas. Ainda durante o período em que João residiu na casa, houve uma tempestade que danificou o telhado da casa de Luciano. Luciano retornou ao imóvel e retomou sua posse por ação judicial. Considerando-se essa situação hipotética, é correto afirmar que João:

a) poderá retirar a piscina, desde que repare os eventuais danos provocados pela sua instalação.

b) não responderá pelas hortaliças colhidas para consumo próprio.

c) responderá pela danificação do telhado da casa de Luciano.

d) deverá ser ressarcido pela construção da rampa, assistindo-lhe o direito de retenção.

e) terá direito às despesas de manutenção do cultivo das hortaliças.

5.2. Da Propriedade

5.2.1. Da Propriedade em Geral

✱ ENUNCIADOS CJF

CJF Civil 49. A regra do art. 1.228, § 2º, do novo Código Civil interpreta-se restritivamente, em harmonia com o princípio da função social da propriedade e com o disposto no art. 187.

CJF Civil 82. É constitucional a modalidade aquisitiva de propriedade imóvel prevista nos §§ 4º e 5º do art. 1.228 do novo Código Civil.

CJF Civil 83. Nas ações reivindicatórias propostas pelo Poder Público, não são aplicáveis as disposições constantes dos §§ 4º e 5º do art. 1.228 do novo Código Civil.

CJF Civil 84. A defesa fundada no direito de aquisição com base no interesse social (art. 1.228, §§ 4º e 5º, do novo Código Civil) deve ser arguida pelos réus da ação reivindicatória, eles próprios responsáveis pelo pagamento da indenização.

CJF Civil 240. A justa indenização a que alude o parágrafo 5º do art. 1.228 não tem como critério valorativo, necessariamente, a avaliação técnica lastreada no mercado imobiliário, sendo indevidos os juros compensatórios.

CJF Civil 241. O registro da sentença em ação reivindicatória, que opera a transferência da propriedade para o nome dos possuidores, com fundamento no interesse social (art. 1.228, § 5º), é condicionada ao pagamento da respectiva indenização, cujo prazo será fixado pelo juiz.

CJF Civil 304. São aplicáveis as disposições dos §§ 4º e 5º do art. 1.228 do Código Civil às ações reivindicatórias relativas a bens públicos dominicais, mantido, parcialmente, o Enunciado 83 da I Jornada de Direito Civil, no que concerne às demais classificações dos bens públicos.

CJF Civil 305. Tendo em vista as disposições dos §§ 3º e 4º do art. 1.228 do Código Civil, o Ministério Público tem o poder-dever de atuação nas hipóteses de desapropriação, inclusive a indireta, que envolvam relevante interesse público, determinado pela natureza dos bens jurídicos envolvidos.

CJF Civil 306. A situação descrita no § 4º do art. 1.228 do Código Civil enseja a improcedência do pedido reivindicatório.

CJF Civil 307. Na desapropriação judicial (art. 1.228, § 4º), poderá o juiz determinar a intervenção dos órgãos públicos competentes para o licenciamento ambiental e urbanístico.

CJF Civil 308. A justa indenização devida ao proprietário em caso de desapropriação judicial (art. 1.228, § 5º) somente deverá ser suportada pela Administração Pública no contexto das políticas públicas de reforma urbana ou agrária, em se tratando de possuidores de baixa renda e desde que tenha havido intervenção daquela nos termos da lei processual. Não sendo os possuidores de baixa renda, aplica-se a orientação do Enunciado 84 da I Jornada de Direito Civil.

CJF Civil 309. O conceito de posse de boa-fé de que trata o art. 1.201 do Código Civil não se aplica ao instituto previsto no § 4º do art. 1.228.

CJF Civil 310. Interpreta-se extensivamente a expressão "imóvel reivindicado" (art. 1.228, § 4º), abrangendo pretensões tanto no juízo petitório quanto no possessório.

CJF Civil 311. Caso não seja pago o preço fixado para a desapropriação judicial, e ultrapassado o prazo prescricional para se exigir o crédito correspondente, estará autorizada a expedição de mandado para registro da propriedade em favor dos possuidores.

CJF Civil 496. O conteúdo do art. 1.228, §§ 4º e 5º, pode ser objeto de ação autônoma, não se restringindo à defesa em pretensões reivindicatórias.

CJF Civil 507. Na aplicação do princípio da função social da propriedade imobiliária rural, deve ser observada a cláusula aberta do § 1º do art. 1.228 do Código Civil, que, em consonância com o disposto no art. 5º, inciso XXIII, da Constituição de 1988, permite melhor objetivar a funcionalização mediante critérios de valoração centrados na primazia do trabalho.

5.2.2. Da Aquisição/Perda da Propriedade

* SÚMULAS

1) Da Aquisição da Propriedade Imóvel

STF Súm. 237. O usucapião pode ser arguido em defesa.

STF Súm. 340. Desde a vigência do Código Civil, os bens dominicais, como os demais bens públicos, não podem ser adquiridos por usucapião.

STF Súm. 391. O confinante certo deve ser citado pessoalmente para a ação de usucapião.

STJ Súm. 11. A presença da União ou de qualquer de seus entes, na ação de usucapião especial, não afasta a competência do foro da situação do imóvel.

2) Da Aquisição da Propriedade Móvel

STJ Súm. 193. O direito de uso de linha telefônica pode ser adquirido por usucapião.

* ENUNCIADOS CJF

1) Da Aquisição da Propriedade Imóvel

1.1) Da Usucapião

CJF Civil 85. Para efeitos do art. 1.240, caput, do novo Código Civil, entende-se por "área urbana" o imóvel edificado ou não, inclusive unidades autônomas vinculadas a condomínios edilícios.

CJF Civil 86. A expressão "justo título", contida nos arts. 1.242 e 1.260 do CC, abrange todo e qualquer ato jurídico hábil, em tese, a transferir a propriedade, independentemente de registro.

CJF Civil 312. Observado o teto constitucional, a fixação da área máxima para fins de usucapião especial rural levará em consideração o módulo rural e a atividade agrária regionalizada.

CJF Civil 313. Quando a posse ocorre sobre área superior aos limites legais, não é possível a aquisição pela via da usucapião especial, ainda que o pedido restrinja a dimensão do que se quer usucapir.

CJF Civil 314. Para os efeitos do art. 1.240, não se deve computar, para fins de limite de metragem máxima, a extensão compreendida pela fração ideal correspondente à área comum.

CJF Civil 315. O art. 1.241 do Código Civil permite que o possuidor que figurar como réu em ação reivindicatória ou possessória formule pedido contraposto e postule ao juiz seja declarada adquirida, mediante usucapião, a propriedade imóvel, valendo a sentença como instrumento para registro imobiliário, ressalvados eventuais interesses de confinantes e terceiros.

CJF Civil 317. A "accessio possessionis", de que trata o art. 1.243, primeira parte, do Código Civil, não encontra aplicabilidade relativamente aos arts. 1.239 e 1.240 do mesmo diploma legal, em face da normatividade do usucapião constitucional urbano e rural, arts. 183 e 191, respectivamente.

CJF Civil 497. O prazo, na ação de usucapião, pode ser completado no curso do processo, ressalvadas as hipóteses de má-fé processual do autor.

CJF Civil 498. A fluência do prazo de 2 anos previsto pelo art. 1.240-A para a nova modalidade de usucapião nele contemplada tem início com a entrada em vigor da Lei n. 12.424/2011.

CJF Civil 500. A modalidade de usucapião prevista no art. 1.240-A do Código Civil pressupõe a propriedade comum do casal e compreende todas as formas de família ou entidades familiares, inclusive homoafetivas.

CJF Civil 501. As expressões "ex-cônjuge" e "ex-companheiro", contidas no art. 1.240-A do Código Civil, correspondem à situação fática da separação, independentemente de divórcio.

CJF Civil 502. O conceito de posse direta referido no art. 1.240-A do Código Civil não coincide com a acepção empregada no art. 1.197 do mesmo Código.

CJF Civil 564. As normas relativas à usucapião extraordinária (art. 1.238, caput, CC) e à usucapião ordinária (art. 1.242, caput, CC), por estabelecerem redução de prazo em benefício do possuidor, têm aplicação imediata, não incidindo o disposto no art. 2.028 do Código Civil.

CJF Civil 569. No caso do art. 1.242, parágrafo único, a usucapião, como matéria de defesa, prescinde do ajuizamento da ação de usucapião, visto que, nessa hipótese, o usucapiente já é o titular do imóvel no registro.

CJF Civil 594. É possível adquirir a propriedade de área menor do que o módulo rural estabelecido para a região, por meio da usucapião especial rural.

CJF Civil 595. O requisito "abandono do lar" deve ser interpretado na ótica do instituto da usucapião familiar como abandono voluntário da posse do imóvel somado à ausência da tutela da família, não importando em averiguação da culpa pelo fim do casamento ou união estável.

CJF Civil 596. O condomínio edilício pode adquirir imóvel por usucapião.

CJF Civil 627. O direito real de laje é passível de usucapião.

1.2) Da Aquisição pelo Registro do Título

CJF Civil 87. Considera-se também título translativo, para fins do art. 1.245 do novo Código Civil, a promessa de compra e venda devidamente quitada (arts. 1.417 e 1.418 do CC e § 6º do art. 26 da Lei n. 6.766/79).

CJF Civil 503. É relativa a presunção de propriedade decorrente do registro imobiliário, ressalvado o sistema Torrens.

CJF Civil 624. A anulação do registro, prevista no art. 1.247 do Código Civil, não autoriza a exclusão dos dados invalidados do teor da matrícula.

1.3) Da Aquisição por Acessão

CJF Civil 318. O direito à aquisição da propriedade do solo em favor do construtor de má-fé (art. 1.258, parágrafo único) somente é viável quando, além dos requisitos explícitos previstos em lei, houver necessidade de proteger terceiros de boa-fé.

2) Da Perda da Propriedade

CJF Civil 242. A aplicação do art. 1.276 depende do devido processo legal, em que seja assegurado ao interessado demonstrar a não cessação da posse.

CJF Civil 243. A presunção de que trata o § 2º do art. 1.276 não pode ser interpretada de modo a contrariar a norma-princípio do art. 150, IV, da Constituição da República.

CJF Civil 316. Eventual ação judicial de abandono de imóvel, caso procedente, impede o sucesso de demanda petitória.

CJF Civil 565. Não ocorre a perda da propriedade por abandono de resíduos sólidos, que são considerados bens socioambientais, nos termos da Lei n. 12.305/2012.

CJF Civil 597. A posse impeditiva da arrecadação, prevista no art. 1.276 do Código Civil, é efetiva e qualificada por sua função social.

* INFORMATIVOS DE JURISPRUDÊNCIA

Aquisição de imóvel com proventos de crime. Ocupação posterior por terceiros. Alegação de usucapião. Sequestro e posterior confisco do bem pelo juízo criminal. Prevalência sobre o juízo cível. Extinção da ação de usucapião. Perda de objeto.

STJ Há perda de objeto da ação de usucapião proposta em juízo cível na hipótese em que juízo criminal decreta a perda do imóvel usucapiendo em razão de ter sido adquirido com proventos de crime. REsp 1.471.563, Rel. Min. Paulo de Tarso Sanseverino, DJe 10.10.2017. 3ª T. (Info 613)

* QUESTÕES DISCURSIVAS

03. (Cespe/DPE/PE/Defensor/2015) Um cidadão hipossuficiente procurou a Defensoria Pública para postular em juízo o seu direito de usucapião de determinado imóvel que ocupa há quinze anos, sem interrupção, nem oposição, independentemente de título e boa-fé. O defensor requisitou informações sobre o imóvel ao cartório de registro de imóveis, a partir das quais constatou a existência de uma hipoteca judicial, que foi gravada sobre esse bem muito antes do início da posse "ad usucapionem". Na ocasião, o defensor decidiu ingressar em juízo para postular a usucapião em prol do assistido. Com relação a essa situação hipotética, com base em aspectos legais e jurisprudenciais a ela relacionados, responda, de forma justificada, aos questionamentos seguintes: (a) A usucapião configura forma de aquisição da propriedade? (b) Qual a natureza da sentença que reconhece a usucapião e quais seus efeitos? (c) Na situação considerada, a usucapião prevalece sobre a hipoteca judicial que gravou o referido imóvel muito antes da posse "ad usucapionem"?

* QUESTÕES OBJETIVAS

234. (Cespe/PC/MA/Delegado/2018) Determinado indivíduo, não sendo proprietário rural nem urbano, possui como sua, por mais de cinco anos ininterruptos, sem oposição, área rural contínua de vinte hectares. Tal indivíduo tornou a área produtiva com seu trabalho e nela fez sua morada. Nessa situação, o referido indivíduo poderá adquirir o domínio da referida área rural mediante o instituto denominado

a) enfiteuse.
b) anticrese.
c) averbação rural.
d) procedimento sumário.
e) usucapião especial.

235. (Cespe/DPE/PE/Defensor/2018) Roberto abandonou o lar e sua companheira, Francisca, no Recife/PE e foi para São Paulo/SP, deixando um imóvel urbano de 120 m2, adquirido onerosamente na constância da união estável, mas registrado no cartório de imóveis apenas no nome de Roberto. Francisca não tinha outra propriedade imóvel e residiu no local ininterruptamente e sem oposição. Após três anos, Roberto voltou ao Recife/PE com o propósito de retirar Francisca do imóvel. Considerando essa situação hipotética, assinale a opção correta.

a) Francisca não terá direito ao imóvel, uma vez que o bem estava registrado apenas no nome de Roberto.
b) Francisca terá direito à metade do imóvel caso comprove que contribuiu financeiramente para a sua aquisição na constância da união estável.
c) Roberto, por ter abandonado o lar, não terá direito ao imóvel, porque Francisca usucapiu o bem.
d) Roberto terá direito ao imóvel, porque, para Francisca usucapir o bem, ela teria de atender ao requisito temporal mínimo de cinco anos.
e) A residência do casal deverá ser partilhada na proporção de 50% para cada companheiro, tendo em vista que, em se tratando de união estável, aplica-se o regime de comunhão parcial de bens.

236. (Cespe/DPE/PE/Defensor/2015) De acordo com a jurisprudência do STJ, a presença da União na ação de usucapião especial, não afasta a competência do foro da situação do imóvel, de modo que, se não existir vara federal no referido foro, o processamento do feito caberá à justiça estadual.

237. (Cespe/TJ/DFT/Juiz/2015) De acordo com a jurisprudência do STJ, assinale a opção correta relativamente ao direito das coisas e ao direito das sucessões:

a) O ato "inter vivos" de disposição patrimonial representado pela cessão gratuita da meação aos herdeiros constitui cessão de direitos hereditários, para a qual é dispensada a escritura pública.

b) A acessão artificial configura modo de aquisição originária da propriedade imóvel, razão pela qual não é devida indenização ao possuidor que tenha semeado e plantado, ainda que de boa-fé, em terreno alheio.

c) A jurisprudência considera que o instrumento de compra e venda configura justo título, apto a ensejar a declaração de usucapião ordinária, pois o promitente comprador tem o direito à adjudicação compulsória do imóvel independentemente do registro e, quando registrado, o compromisso de compra e venda passa a integrar a categoria de direito real pela legislação civil.

d) A legislação civil não conferiu ao cônjuge sobrevivente, casado sob o regime de separação convencional, a condição de herdeiro necessário que concorre com os descendentes do cônjuge falecido.

e) Caso sobrevenha descendente sucessível ao testador, o qual não era conhecido quando da elaboração do ato, não será possível o rompimento do testamento em todas as suas disposições, ainda que o referido descendente sobreviva ao testador.

238. **(Cespe/PGE/AM/Procurador/2016)** Determinada empresa adquiriu de Paulo a posse de um imóvel urbano particular que, havia alguns anos, ele ocupava de forma mansa, pacífica e com justo título. Nessa situação, para efeito de tempo exigido para a aquisição por usucapião, a empresa poderá contar com o tempo da posse exercida por Paulo.

239. **(Cespe/PC/GO/Delegado/2017)** Em cada uma das opções seguintes, é apresentada uma situação hipotética, seguida de uma assertiva a ser julgada, a respeito de posse, propriedade e direitos reais sobre coisa alheia. Assinale a opção que apresenta assertiva correta conforme a legislação e a doutrina pertinentes:

a) Durante o prazo de vigência de contrato de locação de imóvel urbano, o locatário viajou e, ao retornar, percebeu que o imóvel havia sido invadido pelo próprio proprietário. Nesse caso, o locatário não pode defender sua posse, uma vez que o possuidor direto não tem proteção possessória em face do indireto.

b) Determinado indivíduo realizou, de boa-fé, construção em terreno que pertencia a seu vizinho. O valor da construção excede consideravelmente o valor do terreno. Nessa situação, não havendo acordo, o indivíduo que realizou a construção adquirirá a propriedade do solo mediante pagamento da indenização fixada pelo juiz.

c) Caio realizou a doação de um bem para Fernando. No contrato celebrado entre ambos, consta cláusula que determina que o bem doado volte para o patrimônio do doador se ele sobreviver ao donatário. Nessa situação, a cláusula é nula, pois o direito brasileiro não admite a denominada propriedade resolúvel.

d) Roberto possui direito real de superfície de bem imóvel e deseja hipotecar esse direito pelo prazo de vigência do direito real. Nesse caso, a estipulação de direito real de garantia é ilegal porque a hipoteca somente pode ser constituída pelo proprietário do bem.

e) Determinado empregador cedeu bem imóvel de sua propriedade a seu empregado, em razão de relação de confiança decorrente de contrato de trabalho. Nesse caso, ainda que desfeito o vínculo trabalhista, é juridicamente impossível a conversão da detenção do empregado em posse.

240. **(Cespe/DPU/Defensor/2017)** A DP realizou mutirão com famílias que ocupam um imóvel público urbano situado na encosta de um morro. O objetivo era verificar quais diligências poderiam ser feitas em favor daquela comunidade, tendo em vista a intensa fiscalização ambiental e urbanística no local. Será cabível o ajuizamento de ação de usucapião pró-moradia para benefício das famílias da referida ocupação que possuam como sua área de até duzentos e cinquenta metros quadrados por período superior a cinco anos.

241. **(Cespe/DPE/AL/Defensor/2017)** Assinale a opção que apresenta um modo de aquisição ordinária da propriedade:

a) renúncia.
b) usucapião.
c) desapropriação.
d) alienação.
e) abandono.

242. **(Cespe/DPU/Defensor/2015)** Supondo que duas partes tenham estabelecido determinada relação jurídica, caso uma das partes venha a transferir veículo gravado com propriedade fiduciária à outra parte, sem o consentimento desta, o terceiro poderá fazer uso da usucapião, desde que ultrapassados cinco anos, independentemente de título ou boa-fé.

5.2.3. Dos Direitos de Vizinhança

✱ SÚMULAS

STF Súm. 120. Parede de tijolos de vidro translúcido pode ser levantada a menos de metro e meio do prédio vizinho, não importando servidão sobre ele.

✱ ENUNCIADOS CJF

CJF Civil 319. A condução e a solução das causas envolvendo conflitos de vizinhança devem guardar estreita sintonia com os princípios constitucionais da intimidade, da inviolabilidade da vida privada e da proteção ao meio ambiente.

CJF Civil 88. O direito de passagem forçada, previsto no art. 1.285 do CC, também é garantido nos casos em que o acesso à via pública for insuficiente ou inadequado, consideradas inclusive as necessidades de exploração econômica.

CJF Civil 244. O art. 1.291 deve ser interpretado conforme a Constituição, não sendo facultada a poluição das águas, quer sejam essenciais ou não às primeiras necessidades da vida.

CJF Civil 245. Muito embora omisso acerca da possibilidade de canalização forçada de águas por prédios alheios, para fins da agricultura ou indústria, o art. 1.293 não exclui a possibilidade da canalização forçada pelo vizinho, com prévia indenização aos proprietários prejudicados.

CJF Civil 598. Na redação do art. 1.293, "agricultura e indústria" não são apenas qualificadores do prejuízo que pode ser causado pelo aqueduto, mas também finalidades que podem justificar sua construção.

5.2.4. Do Condomínio Geral/Edilício

✱ SÚMULAS

1) Do Condomínio Edilício

STJ Súm. 260. A convenção de condomínio aprovada, ainda que sem registro, é eficaz para regular as relações entre os condôminos.

STJ Súm. 478. Na execução de crédito relativo a cotas condominiais, este tem preferência sobre o hipotecário.

✱ ENUNCIADOS CJF

1) Do Condomínio Edilício

CJF Civil 89. O disposto nos arts. 1.331 a 1.358 do novo Código Civil aplica-se, no que couber, aos condomínios assemelhados, tais como loteamentos fechados, multipropriedade imobiliária e clubes de campo.

CJF Civil 90. Deve ser reconhecida personalidade jurídica ao condomínio edilício.

CJF Civil 91. A convenção de condomínio, ou a assembleia geral, podem vedar a locação de área de garagem ou abrigo para veículos a estranhos ao condomínio.

CJF Civil 92. As sanções do art. 1.337 do novo Código Civil não podem ser aplicadas sem que se garanta direito de defesa ao condômino nocivo.

CJF Civil 96. Alteração do § 1º do art. 1.336 do CC, relativo a multas por inadimplemento no pagamento da contribuição condominial, para o qual se sugere a seguinte redação: "Art. 1.336... § 1º O condômino que não pagar sua contribuição ficará sujeito aos juros moratórios convencionados ou, não sendo previstos, de um por cento ao mês, e multa de até 10% sobre o ou eventual risco de emendas sucessivas que venham a desnaturá-lo ou mesmo inibir a sua entrada em vigor". Não obstante, entendeu a Comissão da importância de aprimoramento do texto legislativo, que poderá, perfeitamente, ser efetuado durante a vigência do próprio Código, o que ocorreu, por exemplo, com o diploma de 1916, com a grande reforma verificada em 1919.

CJF Civil 246. Fica alterado o Enunciado n. 90, com supressão da parte final: "nas relações jurídicas inerentes às atividades de seu peculiar interesse". Prevalece o texto: "Deve ser reconhecida personalidade jurídica ao condomínio edilício".

CJF Civil 247. No condomínio edilício é possível a utilização exclusiva de área "comum" que, pelas próprias características da edificação, não se preste ao "uso comum" dos demais condôminos.

CJF Civil 248. O quorum para alteração do regimento interno do condomínio edilício pode ser livremente fixado na convenção.

CJF Civil 320. O direito de preferência de que trata o art. 1.338 deve ser assegurado não apenas nos casos de locação, mas também na hipótese de venda da garagem.

CJF Civil 328. Propõe-se a supressão do inciso V do art. 1.334 do Código Civil.

CJF Civil 504. A escritura declaratória de instituição e convenção firmada pelo titular único de edificação composta por unidades autônomas é título hábil para registro da propriedade horizontal no competente registro de imóveis, nos termos dos arts. 1.332 a 1.334 do Código Civil.

CJF Civil 505. É nula a estipulação que, dissimulando ou embutindo multa acima de 2%, confere suposto desconto de pontualidade no pagamento da taxa condominial, pois configura fraude à lei (Código Civil, art. 1.336, § 1º), e não redução por merecimento.

CJF Civil 508. Verificando-se que a sanção pecuniária mostrou-se ineficaz, a garantia fundamental da função social da propriedade (arts. 5º, XXIII, da CRFB e 1.228, § 1º, do CC) e a vedação ao abuso do direito (arts. 187 e 1.228, § 2º, do CC) justificam a exclusão do condômino antissocial, desde que a ulterior assembleia prevista na parte final do parágrafo único do art. 1.337 do Código Civil delibere a propositura de ação judicial com esse fim, asseguradas todas as garantias inerentes ao devido processo legal.

CJF Civil 566. A cláusula convencional que restringe a permanência de animais em unidades autônomas residenciais deve ser valorada à luz dos parâmetros legais de sossego, insalubridade e periculosidade.

CJF Civil 625. A incorporação imobiliária que tenha por objeto o condomínio de lotes poderá ser submetida ao regime do patrimônio de afetação, na forma da lei especial.

* REPERCUSSÃO & REPETITIVOS

STJ Repetitivo 949. Na vigência do CC/02, é quinquenal o prazo prescricional para que o condomínio geral ou edifício (horizontal ou vertical) exercite a pretensão de cobrança da taxa condominial ordinária ou extraordinária constante em instrumento público ou particular, a contar do dia seguinte ao vencimento da prestação. (REsp 1483930, 23.11.2016)

* INFORMATIVOS DE JURISPRUDÊNCIA

Ação de cobrança. Cotas condominiais. Obrigação "propter rem". Legitimidade da arrendatária de imóvel para figurar no polo passivo da demanda juntamente com o proprietário.

STJ A ação de cobrança de débitos condominiais pode ser proposta contra o arrendatário do imóvel. REsp 1.704.498, Rel. Min. Nancy Andrighi, DJ 24.4.2018. 3ª T. (Info 624)

* INOVAÇÕES LEGISLATIVAS

▲ CC/2002. Título III – Da Propriedade, Capítulo VII – Do Condomínio Edilício, Seção IV – Do Condomínio de Lotes

▲ Art. 1.358-A. Pode haver, em terrenos, partes designadas de lotes que são propriedade exclusiva e partes que são propriedade comum dos condôminos. § 1º A fração ideal de cada condômino poderá ser proporcional à área do solo de cada unidade autônoma, ao respectivo potencial construtivo ou a outros critérios indicados no ato de instituição. § 2º Aplica-se, no que couber, ao condomínio de lotes o disposto sobre condomínio edilício neste Capítulo, respeitada a legislação urbanística. § 3º Para fins de incorporação imobiliária, a implantação de toda a infraestrutura ficará a cargo do empreendedor. (Modificações: Lei 13.465/17)

* QUESTÕES OBJETIVAS

243. **(Cespe/DPE/RN/Defensor/2015)** No que se refere às disposições acerca de condomínio, aos direitos sobre coisa alheia e à propriedade fiduciária, assinale a opção correta:

a) A alienação da nua propriedade em hasta pública é, segundo o Código Civil, causa de extinção do direito real de usufruto.

b) Para o STJ, afronta o direito de propriedade e sua função social a decisão da assembleia geral de condôminos que determina a suspensão de serviços essenciais em decorrência da inadimplência de taxa condominial, já que o débito deve ser cobrado pelos meios legais.

c) O Código Civil não veda ao condômino dar posse, uso ou gozo da propriedade a estranhos sem a prévia aquiescência dos demais condôminos.

d) De acordo com a legislação civil, o direito de superfície pode ser transferido a terceiro mediante prévio pagamento do valor estipulado pelo concedente para a respectiva transferência.

e) O contrato celebrado pelas partes que tenha por objeto a constituição da propriedade fiduciária poderá conter cláusula que autorize o proprietário fiduciário a ficar com a coisa alienada em garantia, caso a dívida não seja paga no vencimento.

5.2.5. *Da Propriedade Resolúvel/Fiduciária*

* SÚMULAS

1) Da Propriedade Fiduciária

STJ Súm. 28. O contrato de alienação fiduciária em garantia pode ter por objeto bem que já integrava o patrimônio do devedor.

STJ Súm. 72. A comprovação da mora é imprescindível à busca e apreensão do bem alienado fiduciariamente.

STJ Súm. 92. A terceiro de boa-fé não é oponível a alienação fiduciária não anotada no certificado de registro do veículo automotor.

STJ Súm. 245. A notificação destinada a comprovar a mora nas dívidas garantidas por alienação fiduciária dispensa a indicação do valor do débito.

STJ Súm. 384. Cabe ação monitória para haver saldo remanescente oriundo de venda extrajudicial de bem alienado fiduciariamente em garantia.

* ENUNCIADOS CJF

1) Da Propriedade Resolúvel

CJF Civil 509. A resolução da propriedade, quando determinada por causa originária, prevista no título, opera "ex tunc" e "erga omnes"; se decorrente de causa superveniente, atua "ex nunc" e "inter partes".

2) Da Propriedade Fiduciária

CJF Civil 506. Estando em curso contrato de alienação fiduciária, é possível a constituição concomitante de nova garantia fiduciária sobre o mesmo bem imóvel, que, entretanto, incidirá sobre a respectiva propriedade superveniente que o fiduciante vier a readquirir, quando do implemento da condição a que estiver subordinada a primeira garantia fiduciária; a nova garantia poderá ser registrada na data em que convencionada e será eficaz desde a data do registro, produzindo efeito "ex tunc".

* REPERCUSSÃO & REPETITIVOS

STF Repercussão Geral 349. É constitucional o § 1º do art. 1.361 do CC no que revela a possibilidade de ter-se como constituída a propriedade fiduciária de veículos com o registro do contrato na repartição competente para o licenciamento do bem. (RE 611639, 21.10.2015)

* QUESTÕES OBJETIVAS

244. (Cespe/TRF/5R/Juiz/2017) Um devedor pretende transferir a seu credor, a título de garantia, a propriedade resolúvel de determinado bem móvel infungível. Nessa situação:

a) a garantia será desfeita caso o objeto já integre o patrimônio do devedor.
b) a exigência de outras garantias será considerada cláusula não escrita.
c) o credor poderá manter a coisa caso haja inadimplemento absoluto.
d) o devedor poderá ceder o direito eventual que advém do contrato.
e) a propriedade será constituída com a entrega ao credor da coisa que é objeto do contrato.

5.3. Da Superfície/Das Servidões

* SÚMULAS

1) Das Servidões

STF Súm. 120. Parede de tijolos de vidro translúcido pode ser levantada a menos de metro e meio do prédio vizinho, não importando servidão sobre ele.

STF Súm. 415. Servidão de trânsito não titulada, mas tomada permanente, sobretudo pela natureza das obras realizadas, considera-se aparente, conferindo direito a proteção possessória.

* ENUNCIADOS CJF

1) Da Superfície

CJF Civil 93. As normas previstas no Código Civil sobre direito de superfície não revogam as relativas a direito de superfície constantes do Estatuto da Cidade (Lei n. 10.257/01) por ser instrumento de política de desenvolvimento urbano.

CJF Civil 94. As partes têm plena liberdade para deliberar, no contrato respectivo, sobre o rateio dos encargos e tributos que incidirão sobre a área objeto da concessão do direito de superfície.

CJF Civil 249. A propriedade superficiária pode ser autonomamente objeto de direitos reais de gozo e de garantia, cujo prazo não exceda a duração da concessão da superfície, não se lhe aplicando o art. 1.474.

CJF Civil 250. Admite-se a constituição do direito de superfície por cisão.

CJF Civil 321. Os direitos e obrigações vinculados ao terreno e, bem assim, aqueles vinculados à construção ou à plantação formam patrimônios distintos e autônomos, respondendo cada um dos seus titulares exclusivamente por suas próprias dívidas e obrigações, ressalvadas as fiscais decorrentes do imóvel.

CJF Civil 322. O momento da desapropriação e as condições da concessão superficiária serão considerados para fins da divisão do montante indenizatório (art. 1.376), constituindo-se litisconsórcio passivo necessário simples entre proprietário e superficiário.

CJF Civil 510. Ao superficiário que não foi previamente notificado pelo proprietário para exercer o direito de preferência previsto no art. 1.373 do CC é assegurado o direito de, no prazo de seis meses, contado do registro da alienação, adjudicar para si o bem mediante depósito do preço.

CJF Civil 568. O direito de superfície abrange o direito de utilizar o solo, o subsolo ou o espaço aéreo relativo ao terreno, na forma estabelecida no contrato, admitindo-se o direito de sobrelevação, atendida a legislação urbanística.

2) Das Servidões

CJF Civil 251. O prazo máximo para o usucapião extraordinário de servidões deve ser de 15 anos, em conformidade com o sistema geral de usucapião previsto no Código Civil.

* INOVAÇÕES LEGISLATIVAS

▲ CC/2002. Título XI – Da Laje

▲ Art. 1.510-A. O proprietário de uma construção-base poderá ceder a superfície superior ou inferior de sua construção a fim de que o titular da laje mantenha unidade distinta daquela originalmente construída sobre o solo. § 1º O direito real de laje contempla o espaço aéreo ou o subsolo de terrenos públicos ou privados, tomados em projeção vertical, como unidade imobiliária autônoma, não contemplando as demais áreas edificadas ou não pertencentes ao proprietário da construção-base. § 2º O titular do direito real de laje responderá pelos encargos e tributos que incidirem sobre a sua unidade. § 3º Os titulares da laje, unidade imobiliária autônoma constituída em matrícula própria, poderão dela usar, gozar e dispor. § 4º A instituição do direito real de laje não implica a atribuição de fração ideal de terreno ao titular da laje ou a participação proporcional em áreas já edificadas. § 5º Os Municípios e o Distrito Federal poderão dispor sobre posturas edilícias e urbanísticas associadas ao direito real de laje. § 6º O titular da laje poderá ceder a superfície de sua construção para a instituição de um sucessivo direito real de laje, desde que haja autorização expressa dos titulares da construção-base e das demais lajes, respeitadas as posturas edilícias e urbanísticas vigentes. (Modificações: Lei 13.465/17)

▲ Art. 1.510-B. É expressamente vedado ao titular da laje prejudicar com obras novas ou com falta de reparação a segurança, a linha arquitetônica ou o arranjo estético do edifício, observadas as posturas previstas em legislação local. (Modificações: Lei 13.465/17)

▲ Art. 1.510-C. Sem prejuízo, no que couber, das normas aplicáveis aos condomínios edilícios, para fins do direito real de laje, as despesas necessárias à conservação e fruição das partes que sirvam a todo o edifício e ao pagamento de serviços de interesse comum serão partilhadas entre o proprietário da construção-base e o titular da laje, na proporção que venha a ser estipulada em contrato. § 1º São partes que servem a todo o edifício: I – os alicerces, colunas, pilares, paredes-mestras e todas as partes restantes que constituam a estrutura do prédio; II – o telhado ou os terraços de cobertura, ainda que destinados ao uso exclusivo do titular da laje; III – as instalações gerais de água, esgoto, eletricidade, aquecimento, ar condicionado, gás, comunicações e semelhantes que sirvam a todo o edifício; e IV – em geral, as coisas que sejam afetadas ao uso de todo o edifício. § 2º É assegurado, em qualquer caso, o direito de qualquer interessado em promover reparações urgentes na construção na forma do parágrafo único do art. 249 deste Código. (Modificações: Lei 13.465/17)

▲ Art. 1.510-D. Em caso de alienação de qualquer das unidades sobrepostas, terão direito de preferência, em igualdade de condições com terceiros, os titulares da construção-base e da laje, nessa ordem, que serão cientificados por escrito para que se manifestem no prazo de trinta dias, salvo se o contrato dispuser de modo diverso. § 1º O titular da construção-base ou da laje a quem não se der conhecimento da alienação poderá, mediante depósito do respectivo preço, haver para si a parte alienada a terceiros, se o requerer no prazo decadencial de cento e oitenta dias, contado da data de alienação. § 2º Se houver mais de uma laje, terá preferência, sucessivamente, o titular das lajes ascendentes e o titular das lajes descendentes, assegurada a prioridade para a laje mais próxima à unidade sobreposta a ser alienada. (Modificações: Lei 13.465/17)

▲ Art. 1.510-E. A ruína da construção-base implica extinção do direito real de laje, salvo: I – se este tiver sido instituído sobre o subsolo; II – se a construção-base não for reconstruída no prazo de cinco anos. Parágrafo único. O disposto neste artigo não afasta o direito a eventual reparação civil contra o culpado pela ruína. (Modificações: Lei 13.465/17)

* QUESTÕES DISCURSIVAS

04. (Cespe/DPE/RN/Defensor/2015) Redija um texto dissertativo acerca do direito de sobrelevação abordando os seguintes aspectos: (i) conceito; (ii) posicionamentos da doutrina acerca da adoção do instituto pelo ordenamento jurídico brasileiro; (iii) distinção entre direito de sobrelevação e direito de superfície por cisão; (iv) impacto social e econômico do instituto.

* QUESTÕES OBJETIVAS

245. (Cespe/PGE/PE/Procurador/2018) Por meio de escritura pública devidamente registrada, Pedro concedeu a Rodolfo a propriedade, por prazo determinado, de construção que efetuar em área de seu terreno. Essa relação reflete o direito de

a) superfície.
b) servidão contínua contratual.
c) uso.
d) usufruto temporário.
e) habitação.

246. (Cespe/PGM/Fortaleza/Procurador/2017) A servidão predial imposta em razão de servidão administrativa é indivisível e pode subsistir mesmo no caso de divisão do imóvel serviente.

247. (Cespe/PGM/Salvador/Procurador/2015) Acerca da posse e dos direitos reais, assinale a opção correta:

a) Não encontrando o dono, aquele que achar a coisa perdida será seu legítimo proprietário.
b) Permite-se a constituição de hipoteca para garantir dívidas futuras, desde que incondicionadas.
c) As obras necessárias ao uso da servidão, em regra, são realizadas pelo dono do prédio dominante.
d) A obrigação "propter rem" surge com o registro do imóvel no cartório competente.
e) O estado de indivisão da propriedade impede a existência de posse pro diviso.

248. (Cespe/PGE/SE/Procurador/2017) Carlos, proprietário de um terreno, concedeu a Pedro, mediante escritura pública registrada, o direito de cultivar esse terreno pelo período de três anos. Nessa situação hipotética, de acordo com o que dispõe o Código Civil:

a) em caso de falecimento de Pedro, o direito poderá ser transferido a seus herdeiros ou a terceiros.
b) Carlos poderá alienar o direito de cultivo durante o prazo estipulado, mas não poderá alienar o imóvel objeto da concessão.
c) Pedro poderá fazer obra no subsolo para guardar em depósito os insumos destinados à plantação.
d) caso o imóvel seja desapropriado, Pedro também fará jus à indenização.
e) Carlos continuará obrigado ao pagamento dos tributos que incidirem sobre o terreno.

5.4. Do Usufruto, Do Uso, Da Habitação

* ENUNCIADOS CJF

CJF Civil 252. A extinção do usufruto pelo não uso, de que trata o art. 1.410, inc. VIII, independe do prazo previsto no art. 1.389, inc. III, operando-se imediatamente. Tem-se por desatendida, nesse caso, a função social do instituto.

* QUESTÕES DISCURSIVAS

05. (Cespe/TRF/1R/Juiz/2013) O direito real de usufruto, tal como definido no Código Civil, pode ser extinto, aplicando-se analogicamente o prazo de extinção estabelecido para as servidões convencionais?

* QUESTÕES OBJETIVAS

249. (Cespe/PC/PE/Delegado/2016) O direito real, que se notabiliza por autorizar que seu titular retire de coisa alheia os frutos e as utilidades que dela advierem, denomina-se:

a) usufruto.
b) uso.
c) habitação.
d) propriedade.
e) servidão.

250. (Cespe/DPE/PE/Defensor/2015) Ainda que o usufruto tenha sido estabelecido com prazo determinado, o falecimento do usufrutuário não gera direito à sucessão hereditária legítima desse usufruto.

251. (Cespe/TJ/AM/Juiz/2016) Acerca da posse, dos direitos reais e dos direitos reais de garantia, assinale a opção correta à luz da legislação e da jurisprudência:

a) O usufrutuário tem o direito de ceder o exercício do usufruto, a título gratuito ou oneroso, independentemente de autorização do nu-proprietário.
b) O penhor industrial deve ser constituído mediante a lavratura de instrumento público ou particular e levado a registro no cartório de títulos e documentos.
c) O ocupante irregular de bem público tem direito de retenção pelas benfeitorias realizadas se provar que foram feitas de boa-fé.
d) Quando da constituição de penhor, anticrese ou hipoteca, admite-se a imposição de cláusula comissória no contrato.
e) A decisão judicial que reconhece a aquisição da propriedade de bem imóvel por usucapião, a despeito dos efeitos "ex tunc", não prevalece sobre a hipoteca judicial que tenha anteriormente gravado o bem.

252. (Cespe/TCE/RN/Assessor_Jurídico/2015) Penhorada a nua-propriedade, o direito real de usufruto se extinguirá com a adjudicação do imóvel.

5.5. Do Direito do Promitente Comprador

✻ SÚMULAS

STJ Súm. 239. O direito à adjudicação compulsória não se condiciona ao registro do compromisso de compra e venda no cartório de imóveis.

✻ ENUNCIADOS CJF

CJF Civil 95. O direito à adjudicação compulsória (art. 1.418 do novo Código Civil), quando exercido em face do promitente vendedor, não se condiciona ao registro da promessa de compra e venda no cartório de registro imobiliário (Súmula n. 239 do STJ).

CJF Civil 253. O promitente comprador, titular de direito real (art. 1.417), tem a faculdade de reivindicar de terceiro o imóvel prometido à venda.

5.6. Do Penhor, Da Hipoteca, Da Anticrese

✻ SÚMULAS

STJ Súm. 308. A hipoteca firmada entre a construtora e o agente financeiro, anterior ou posterior à celebração da promessa de compra e venda, não tem eficácia perante os adquirentes do imóvel.

STJ Súm. 478. Na execução de crédito relativo a cotas condominiais, este tem preferência sobre o hipotecário.

✻ ENUNCIADOS CJF

CJF Civil 626. Não afronta o art. 1.428 do Código Civil, em relações paritárias, o pacto marciano, cláusula contratual que autoriza que o credor se torne proprietário da coisa objeto da garantia mediante aferição de seu justo valor e restituição do supérfluo (valor do bem em garantia que excede o da dívida).

✻ QUESTÕES OBJETIVAS

253. (Cespe/PGE/AM/Procurador/2016) É legítimo o contrato de penhor de veículo firmado mediante instrumento público ou particular, cujo prazo máximo de vigência é de dois anos, prorrogável até o limite de igual período.

254. (Cespe/PGM/Fortaleza/Procurador/2017) O imóvel objeto de contrato de promessa de compra e venda devidamente registrado pode ser objeto de hipoteca.

255. (Cespe/TCU/Procurador/2015) Com relação a posse, a direitos reais e a direitos reais de garantia, assinale a opção correta de acordo com a jurisprudência do STJ:

a) O usufrutuário vitalício, titular do direito real de usufruto, não pode propor ações que tenham por objeto a proteção da propriedade, por ser essa uma prerrogativa exclusiva do nu-proprietário.
b) A anticrese constitui direito real sobre imóvel que somente se adquire mediante registro no cartório de registro de imóveis.
c) Para que o promitente comprador adquira o direito real à aquisição do imóvel, é imprescindível, além de outras exigências legais, que a promessa de compra e venda seja celebrada por instrumento público.

d) Tratando-se de coisa comum a dois ou mais proprietários, é indispensável o consentimento de todos para que cada um possa individualmente dar em garantia real a parte que tiver.

e) Nas acessões artificiais, o possuidor que tiver semeado, plantado ou edificado em terreno alheio terá direito a indenização pelas benfeitorias necessárias, independentemente de ter agido de boa ou má-fé.

256. (Cespe/DPE/AC/Defensor/2017) A garantia por hipoteca:

a) será extinta caso morra o garantidor.

b) extingue-se pela alienação da coisa hipotecada.

c) é uma obrigação restrita às partes contratantes.

d) faz que o credor assuma a propriedade da coisa hipotecada se a dívida não for paga no vencimento.

e) afeta o objeto da garantia em caráter absoluto, podendo o credor, desde que não preferencial, se opor "erga omnes".

6. DO DIREITO DE FAMÍLIA

6.1. Do Direito Pessoal

*** SÚMULAS**

STF Súm. 149. É imprescritível a ação de investigação de paternidade, mas não o é a de petição de herança.

STJ Súm. 277. Julgada procedente a investigação de paternidade, os alimentos são devidos a partir da citação.

STJ Súm. 301. Em ação investigatória, a recusa do suposto pai a submeter-se ao exame de DNA induz presunção "juris tantum" de paternidade.

STJ Súm. 549. É válida a penhora de bem de família pertencente a fiador de contrato de locação.

*** ENUNCIADOS CJF**

1) Disposições Gerais

CJF Civil 103. O Código Civil reconhece, no art. 1.593, outras espécies de parentesco civil além daquele decorrente da adoção, acolhendo, assim, a noção de que há também parentesco civil no vínculo parental proveniente quer das técnicas de reprodução assistida heteróloga relativamente ao pai (ou mãe) que não contribuiu com seu material fecundante, quer da paternidade socioafetiva, fundada na posse do estado de filho.

CJF Civil 256. A posse do estado de filho (parentalidade socioafetiva) constitui modalidade de parentesco civil.

CJF Civil 519. O reconhecimento judicial do vínculo de parentesco em virtude de socioafetividade deve ocorrer a partir da relação entre pai(s) e filho(s), com base na posse do estado de filho, para que produza efeitos pessoais e patrimoniais.

2) Da Filiação

CJF Civil 104. No âmbito das técnicas de reprodução assistida envolvendo o emprego de material fecundante de terceiros, o pressuposto fático da relação sexual é substituído pela vontade (ou eventualmente pelo risco da situação jurídica matrimonial) juridicamente qualificada, gerando presunção absoluta ou relativa de paternidade no que tange ao marido da mãe da criança concebida, dependendo da manifestação expressa (ou implícita) da vontade no curso do casamento.

CJF Civil 105. As expressões "fecundação artificial", "concepção artificial" e "inseminação artificial" constantes, respectivamente, dos incs. III, IV e V do art. 1.597, deverão ser interpretadas como "técnica de reprodução assistida".

CJF Civil 106. Para que seja presumida a paternidade do marido falecido, será obrigatório que a mulher, ao se submeter a uma das técnicas de reprodução assistida com o material genético do falecido, esteja na condição de viúva, sendo obrigatório, ainda, que haja autorização escrita do marido para que se utilize seu material genético após sua morte.

CJF Civil 107. Finda a sociedade conjugal, na forma do art. 1.571, a regra do inc. IV somente poderá ser aplicada se houver autorização prévia, por escrito, dos ex-cônjuges, para a utilização dos embriões excedentários, só podendo ser revogada até o início do procedimento de implantação desses embriões.

CJF Civil 108. No fato jurídico do nascimento, mencionado no art. 1.603, compreende-se, à luz do disposto no art. 1.593, a filiação consanguínea e também a socioafetiva.

CJF Civil 109. A restrição da coisa julgada oriunda de demandas reputadas improcedentes por insuficiência de prova, não deve prevalecer para inibir a busca da identidade genética pelo investigando.

CJF Civil 126. Proposição sobre o art. 1.597, incs. III, IV e V. Proposta: alterar as expressões "fecundação artificial", "concepção artificial" e "inseminação artificial" constantes, respectivamente, dos incs. III, IV e V do art. 1.597 para "técnica de reprodução assistida".

CJF Civil 127. Proposição sobre o art. 1.597, inc. III. Proposta: alterar o inc. III para constar "havidos por fecundação artificial homóloga".

CJF Civil 128. Proposição sobre o art. 1.597, inc. IV. Proposta: Revogar o dispositivo.

CJF Civil 129. Proposição para inclusão de um artigo no final do Cap. II, Subtítulo II, Cap. XI, Título I, do Livro IV, com a seguinte redação: Art. 1.597-A. "A maternidade será presumida pela gestação. Parágrafo único: Nos casos de utilização das técnicas de reprodução assistida, a maternidade será estabelecida em favor daquela que forneceu o material genético, ou que, tendo planejado a gestação, valeu-se da técnica de reprodução assistida heteróloga."

CJF Civil 130. Proposição sobre o art. 1.601. Redação proposta: "Cabe ao marido o direito de contestar a paternidade dos filhos nascidos de sua mulher, sendo tal ação imprescritível. § 1º. Não se desconstituirá a paternidade caso fique caracterizada a posse do estado de filho. § 2º. Contestada a filiação, os herdeiros do impugnante têm direito de prosseguir na ação."

CJF Civil 257. As expressões "fecundação artificial", "concepção artificial" e "inseminação artificial", constantes, respectivamente, dos incs. III, IV e V do art. 1597 do Código Civil, devem ser interpretadas restritivamente, não abrangendo a utilização de óvulos doados e a gestação de substituição.

CJF Civil 258. Não cabe a ação prevista no art. 1.601 do Código Civil se a filiação tiver origem em procriação assistida heteróloga, autorizada pelo marido nos termos do inc. V do art. 1.597, cuja paternidade configura presunção absoluta.

CJF Civil 339. A paternidade socioafetiva, calcada na vontade livre, não pode ser rompida em detrimento do melhor interesse do filho.

CJF Civil 520. O conhecimento da ausência de vínculo biológico e a posse de estado de filho obstam a contestação da paternidade presumida.

CJF Civil 521. Qualquer descendente possui legitimidade, por direito próprio, para propor o reconhecimento do vínculo de parentesco em face dos avós ou de qualquer ascendente de grau superior, ainda que o pai não tenha iniciado a ação de prova da filiação em vida.

CJF Civil 608. É possível o registro de nascimento dos filhos de pessoas do mesmo sexo originários de reprodução assistida, diretamente no Cartório do Registro Civil, sendo dispensável a propositura de ação judicial, nos termos da regulamentação da Corregedoria local.

CJF Civil 632. Nos casos de reconhecimento de multiparentalidade paterna ou materna, o filho terá direito à participação na herança de todos os ascendentes reconhecidos.

CJF Civil 633. É possível ao viúvo ou ao companheiro sobrevivente, o acesso à técnica de reprodução assistida póstuma - por meio da maternidade de substituição, desde que haja expresso consentimento manifestado em vida pela sua esposa ou companheira.

3) Do Reconhecimento dos Filhos

CJF Civil 570. O reconhecimento de filho havido em união estável fruto de técnica de reprodução assistida heteróloga "a patre" consentida expressamente pelo companheiro representa a formalização do vínculo jurídico de paternidade-filiação, cuja constituição se deu no momento do início da gravidez da companheira.

4) Da Adoção

CJF Civil 110. É inaplicável o § 2º do art. 1.621 do novo Código Civil às adoções realizadas com base no Estatuto da Criança e do Adolescente.

CJF Civil 111. A adoção e a reprodução assistida heteróloga atribuem a condição de filho ao adotado e à criança resultante de técnica conceptiva heteróloga; porém, enquanto na adoção haverá o desligamento dos vínculos entre o adotado e seus parentes consanguíneos, na reprodução assistida heteróloga sequer será estabelecido o vínculo de parentesco entre a criança e o doador do material fecundante.

CJF Civil 259. A revogação do consentimento não impede, por si só, a adoção, observado o melhor interesse do adotando.

5) Do Poder Familiar

CJF Civil 112. Em acordos celebrados antes do advento do novo Código, ainda que expressamente convencionado que os alimentos cessarão com a maioridade, o juiz deve ouvir os interessados, apreciar as circunstâncias do caso concreto e obedecer ao princípio "rebus sic stantibus".

CJF Civil 335. A guarda compartilhada deve ser estimulada, utilizando-se, sempre que possível, da mediação e da orientação de equipe interdisciplinar.

* REPERCUSSÃO & REPETITIVOS

STF Repercussão Geral 622. A paternidade socioafetiva, declarada ou não em registro público, não impede o reconhecimento do vínculo de filiação concomitante baseado na origem biológica, com os efeitos jurídicos próprios. (RE 898060, 21.9.2016)

* INFORMATIVOS DE JURISPRUDÊNCIA

Maternidade socioafetiva "post mortem". Reconhecimento da relação de filiação após falecimento de pessoa maior.

Imprescindibilidade do consentimento. Art. 1.614 do Código Civil. Respeito à memória e a imagem póstumas.

STJ É imprescindível o consentimento de pessoa maior para o reconhecimento de filiação "post mortem". REsp 1.688.470, Rel. Min. Nancy Andrighi, DJ 13.4.2018. 3ª T. (Info 623)

Família. Abandono material. Menor. Descumprimento do dever de prestar assistência material ao filho. Ato ilícito. Danos morais. Compensação. Possibilidade.

STJ A omissão voluntária e injustificada do pai quanto ao amparo material do filho gera danos morais, passíveis de compensação pecuniária. REsp 1.087.561, Rel. Min. Raul Araújo, DJ 18.8.2017. REsp 1.494.302, Rel. Min. Luis Felipe Salomão, DJ 15.8.2017. 4ª T. (Info 609)

EC 66/2010. Divórcio Direto. Requisito Temporal. Extinção. Separação Judicial ou extrajudicial. Coexistência. Institutos distintos. Princípio da autonomia da vontade. Preservação. Legislação infraconstitucional. Observância.

STJ A EC 66/2010 não revogou, expressa ou tacitamente, a legislação ordinária que trata da separação judicial. REsp 1.431.370, Rel. Min. Ricardo Villas Bôas Cueva, DJe 22.8.2017. 3ª T. (Info 610)

* INOVAÇÕES LEGISLATIVAS

▲ CC/2002. Livro IV – Do Direito de Família, Título I – Do Direito Pessoal, Subtítulo II – Das Relações de Parentesco, Capítulo V – Do Poder Familiar, Seção III – Da Suspensão e Extinção do Poder Familiar

▲ Art. 1.638. Perderá por ato judicial o poder familiar o pai ou a mãe que: (...) V – entregar de forma irregular o filho a terceiros para fins de adoção. (Modificações: Lei 13.509/17)

* QUESTÕES DISCURSIVAS

06. **(Cespe/DP/DF/Defensor/2013)** Defina alienação parental, no âmbito do direito de família brasileiro, e discorra sobre o modo de processamento da ação correspondente e sobre as consequências jurídicas da caracterização desse ato para ambos os cônjuges.

* QUESTÕES OBJETIVAS

257. **(Cespe/PGE/PE/Procurador/2018)** Ao autorizar o juiz a regular de maneira diferente dos critérios legais a situação dos filhos em relação aos pais, em caso de haver motivos graves, o Código Civil permite o uso

a) da analogia.
b) da interpretação sistemática.
c) dos princípios gerais do direito.
d) dos costumes.
e) da equidade.

258. **(Cespe/DPE/PE/Defensor/2018)** De acordo com a jurisprudência do Supremo Tribunal Federal (STF) e do STJ acerca da união estável e casamento, assinale a opção correta.

a) É possível o reconhecimento da união estável entre pessoas do mesmo sexo, sendo vedado o casamento civil.
b) A união estável homoafetiva é vedada no ordenamento jurídico brasileiro: união estável consiste de uma relação entre homem e mulher, contínua e duradoura, com o objetivo de constituição de família.
c) Como não se trata de entidade familiar, a relação entre pessoas do mesmo sexo é uma sociedade de fato, inclusive com competência da vara cível, e não da de família, para eventual ajuizamento de ação.
d) A união entre duas pessoas do mesmo sexo é reconhecida como entidade familiar, com convivência pública, contínua, duradoura, com o objetivo de constituição de família, e é de competência da vara de família o ajuizamento de eventual ação a respeito.
e) Diferentemente do instituto do casamento, a companheira ou o companheiro, na vigência da união estável, participará da sucessão do outro apenas quanto aos bens adquiridos onerosamente.

259. **(Cespe/DPE/RN/Defensor/2015)** De acordo com as regras que disciplinam o casamento, assinale a opção correta:

a) Os impedimentos impedientes para o casamento constituem mera irregularidade e geram apenas efeitos colaterais sancionadores, mas não a nulidade do matrimônio.
b) Será nulo o casamento do divorciado, enquanto não for homologada ou decidida a partilha dos bens do casal, ainda que seja demonstrada a inexistência de prejuízo para o ex-cônjuge.
c) O casamento pode ser realizado mediante procuração, por instrumento público ou particular com poderes especiais.

d) A revogação do mandato precisa chegar ao conhecimento do mandatário, pois, celebrado o casamento sem que o mandatário ou o outro contraente tomem ciência da revogação, o casamento será válido, sem que possa o mandante ser compelido a indenizar por perdas e danos.

e) Os impedimentos absolutamente dirimentes para o casamento são proibições legais que, se forem desrespeitadas, geram a nulidade do matrimônio, mas podem ser supridas ou sanadas.

260. (Cespe/DPE/PE/Defensor/2015) Considere que João e Lúcia, após o ajuizamento do pedido de adoção de uma criança, tenham deixado de viver em união estável. Nesse caso, João e Lúcia ainda podem adotar conjuntamente, se comprovado o vínculo de afinidade e afetividade de ambos com a criança, desde que em regime de guarda compartilhada e que o estágio de convivência da criança com ambos os adotantes tenha sido iniciado no período em que estavam juntos.

261. (Cespe/TRE/PE/Analista/2017) A respeito do direito das famílias, assinale a opção correta:

a) O ato jurídico da adoção depende da efetiva assistência do poder público e de sentença constitutiva, ressalvados os casos de maiores de dezoito anos de idade, que independem de sentença.

b) O reconhecimento de filhos havidos fora do casamento pode ser feito por manifestação direta e expressa perante o juiz.

c) Não se admite a alteração do regime de bens no curso do matrimônio.

d) A obrigação de prestar alimentos não é transmitida aos herdeiros do devedor.

e) O bem de família pode ser instituído mediante qualquer instrumento que evidencie a vontade da entidade familiar de destacar parte de seu patrimônio.

262. (Cespe/DPU/Defensor/2017) A existência de vínculo com o pai ou a mãe registral não impede que o filho exerça o direito de busca da ancestralidade e da origem genética, dado que o reconhecimento do estado de filiação configura direito personalíssimo, indisponível e imprescritível.

263. (Cespe/DPU/Defensor/2017) A anulação de registro espontâneo de paternidade pelo pai socioafetivo é admitida na hipótese de "adoção à brasileira", ainda que esta seja fonte de vínculo socioafetivo entre as partes, haja vista tratar-se de negócio jurídico fundamentado na mera liberalidade e realizado à margem do ordenamento pátrio.

264. (Cespe/DPE/AL/Defensor/2017) Antônio, de vinte e cinco anos de idade, casou-se com Carla, de treze anos de idade, que estava grávida quando da realização do casamento. Embora tenha sido consentido pelos pais de Carla, o casamento foi realizado sem autorização judicial, pois os nubentes não estavam cientes dessa exigência legal. A respeito dessa situação hipotética, assinale a opção correta:

a) Carla poderá confirmar o casamento após o nascimento da criança.

b) É vedada a anulação do casamento unicamente pelo fato de Carla ser menor de idade.

c) Anulado o casamento, este retroagirá à data de sua celebração, não produzindo nenhum efeito.

d) Antônio poderá requerer a anulação do casamento devido ao fato de Carla ser menor de idade.

e) O casamento é nulo, pois Carla não tinha idade núbil e não havia autorização judicial.

265. (Cespe/DPU/Defensor/2015) Conforme entendimento do STJ, a paternidade socioafetiva deve prevalecer em detrimento da biológica.

266. (Cespe/DPU/Defensor/2015) Conforme o STF, não se deve considerar a orientação sexual das pessoas no que se refere à interpretação do conceito de família, de modo que o tratamento dado a casais heteroafetivos e a pares homoafetivos deve ser isonômico.

267. (Cespe/Funpresp_Jud/Analista/2016) Não se anula o registro de nascimento de filho não biológico que tenha sido efetivado em decorrência do reconhecimento espontâneo de paternidade, mesmo quando inteirado o pretenso pai de que o menor não era seu filho.

6.2. Do Direito Patrimonial

✻ SÚMULAS

STF Súm. 377. No regime de separação legal de bens, comunicam-se os adquiridos na constância do casamento.

STJ Súm. 197. O divórcio direto pode ser concedido sem que haja prévia partilha dos bens.

STJ Súm. 134. Embora intimado da penhora em imóvel do casal, o cônjuge do executado pode opor embargos de terceiro para defesa de sua meação.

STJ Súm. 332. A fiança prestada sem autorização de um dos cônjuges implica a ineficácia total da garantia.

STJ Súm. 594. O Ministério Público tem legitimidade ativa para ajuizar ação de alimentos em proveito de criança ou adolescente independentemente do exercício do poder familiar dos pais, ou do fato de o menor se encontrar nas situações de risco descritas no art. 98 do Estatuto da Criança e do Adolescente, ou de quaisquer outros questionamentos acerca da existência ou eficiência da Defensoria Pública na comarca.

STJ Súm. 596. A obrigação alimentar dos avós tem natureza complementar e subsidiária, somente se configurando no caso de impossibilidade total ou parcial de seu cumprimento pelos pais.

* ENUNCIADOS CJF

CJF Civil 113. É admissível a alteração do regime de bens entre os cônjuges, quando então o pedido, devidamente motivado e assinado por ambos os cônjuges, será objeto de autorização judicial, com ressalva dos direitos de terceiros, inclusive dos entes públicos, após perquirição de inexistência de dívida de qualquer natureza, exigida ampla publicidade.

CJF Civil 114. O aval não pode ser anulado por falta de vênia conjugal, de modo que o inc. III do art. 1.647 apenas caracteriza a inoponibilidade do título ao cônjuge que não assentiu.

CJF Civil 125. Proposição sobre o art. 1.641, inc. II. Redação atual: "da pessoa maior de sessenta anos". Proposta: revogar o dispositivo.

CJF Civil 131. Proposta a seguinte redação ao § 2º do mencionado art. 1.639: "É inadmissível a alteração do regime de bens entre os cônjuges, salvo nas hipóteses específicas definidas no artigo 1.641, quando então o pedido, devidamente motivado e assinado por ambos os cônjuges, será objeto de autorização judicial, apurada a procedência das razões invocadas e ressalvados os direitos de terceiros, inclusive dos entes públicos, após perquirição de inexistência de dívida de qualquer natureza, exigida ampla publicidade".

CJF Civil 132. Outorga Conjugal em Aval. Suprimir as expressões "ou aval" do inc. III do art. 1.647 do novo Código Civil.

CJF Civil 260. A alteração do regime de bens prevista no § 2º do art. 1.639 do Código Civil também é permitida nos casamentos realizados na vigência da legislação anterior.

CJF Civil 261. A obrigatoriedade do regime da separação de bens não se aplica a pessoa maior de sessenta anos, quando o casamento for precedido de união estável iniciada antes dessa idade.

CJF Civil 262. A obrigatoriedade da separação de bens, nas hipóteses previstas nos incs. I e III do art. 1.641 do Código Civil, não impede a alteração do regime, desde que superada a causa que o impôs.

CJF Civil 331. O estatuto patrimonial do casal pode ser definido por escolha de regime de bens distinto daqueles tipificados no Código Civil (art. 1.639 e parágrafo único do art. 1.640), e, para efeito de fiel observância do disposto no art. 1.528 do Código Civil, cumpre certificação a respeito, nos autos do processo de habilitação matrimonial.

CJF Civil 340. No regime da comunhão parcial de bens é sempre indispensável a autorização do cônjuge, ou seu suprimento judicial, para atos de disposição sobre bens imóveis.

CJF Civil 609. O regime de bens no casamento somente interfere na concorrência sucessória do cônjuge com descendentes do falecido.

CJF Civil 634. É lícito aos que se enquadrem no rol de pessoas sujeitas ao regime da separação obrigatória de bens (art. 1.641 do Código Civil) estipular, por pacto antenupcial ou contrato de convivência, o regime da separação de bens, a fim de assegurar os efeitos de tal regime e afastar a incidência da Súmula 377 do STF.

CJF Civil 635. O pacto antenupcial e o contrato de convivência podem conter cláusulas existenciais, desde que estas não violem os princípios da dignidade da pessoa humana, da igualdade entre os cônjuges e da solidariedade familiar.

* INFORMATIVOS DE JURISPRUDÊNCIA

Divórcio Consensual. Acordo sobre partilha de bens. Homologação por sentença. Posterior ajuste consensual acerca da destinação dos bens. Violação à coisa julgada. Inocorrência. Convenção sobre partilha de bens privados e disponíveis. Partes maiores e capazes. Possibilidade.

STJ A coisa julgada material formada em virtude de acordo celebrado por partes maiores e capazes, versando sobre a partilha de bens imóveis privados e disponíveis e que fora homologado judicialmente por ocasião de divórcio consensual, não impede que haja um novo acordo sobre o destino dos referidos bens. REsp 1.623.475, Rel. Min. Nancy Andrighi, DJ 20.4.2018. 3ª T. (Info 624)

Ação de prestação de contas. Demanda ajuizada pelo filho em desfavor da mãe.

Condição de administradora de seus bens por ocasião de sua menoridade. Art. 1.689, I e II do CC/02. Causa de pedir fundada em abuso de direito. Pedido juridicamente possível. Caráter excepcional.

STJ A ação de prestação de contas ajuizada pelo filho em desfavor dos pais é possível quando a causa de pedir estiver relacionada com suposto abuso do direito ao usufruto legal e à administração dos bens dos filhos. REsp 1.623.098, Rel. Min. Marco Aurélio Bellizze, DJ 23.3.2018. 3ª T. (Info 622)

Ação de oferta de alimentos. Participação nos lucros e resultados. Integração na base de cálculo da verba alimentar. Acréscimo patrimonial decorrente do contrato de trabalho. Incremento da possibilidade do alimentante.

STJ Os valores recebidos a título de participação nos lucros e resultados integram a base de cálculo dos alimentos estabelecidos em porcentagem fixa do salário líquido do alimentante. REsp 1.561.097, Rel. Acd. Min. Marco Buzzi, DJ 2.3.2018. 4ª T. (Info 620)

Ação de investigação de paternidade. Execução de verba pretérita. Prescrição. Termo inicial dos alimentos pretéritos contados do trânsito em julgado da sentença que declarou a paternidade.

STJ O prazo prescricional para o cumprimento de sentença que condenou ao pagamento de verba alimentícia retroativa se inicia tão somente com o trânsito em julgado da decisão que reconheceu a paternidade. REsp 1.634.063, Rel. Min. Moura Ribeiro, DJ 30.6.2017. 3ª T. (Info 607)

Família. Alimentos. Inclusão dos valores percebidos pelo devedor a título de participação em lucros e resultados. Impossibilidade e desnecessidade.

STJ Os valores recebidos a título de participação nos lucros e resultados não se incorporam à verba alimentar devida ao menor. REsp 1.465.679, Rel. Min. Nancy Andrighi, DJ 17.11.2017. 3ª T. (Info 615)

Revisional de alimentos. Antecipação de tutela. Alteração para valor ilíquido. Descabimento. Subtração da eficácia da obrigação de alimentos. Contrariedade ao interesse do menor alimentante.

STJ Não é possível, em tutela antecipada deferida na ação revisional de alimentos, a alteração de valor fixo de pensão alimentícia para um valor ilíquido, correspondente a percentual de rendimentos que virão a ser apurados no curso do processo. REsp 1.442.975, Rel. Min. Paulo de Tarso Sanseverino, DJ 1.8.2017. 3ª T. (Info 608)

Impenhorabilidade do bem de família e contratos de locação comercial

STF Não é penhorável o bem de família do fiador, no caso de contratos de locação comercial. RE 605709, Rel. Acd. Min. Rosa Weber, j. 12.6.2018. 1ª T. (Info 906).

* QUESTÕES DISCURSIVAS

07. **(Cespe/AGU/Advogado/2015)** Pedro e Maria, sua esposa, adquiriram do tio de Pedro, Fernando, bem imóvel localizado no litoral brasileiro. No instrumento de compra e venda, as partes registraram que o imóvel fora negociado pelo valor de vinte e nove salários mínimos, correspondente a um décimo do valor do imóvel, de acordo com a avaliação do fisco. A escritura de compra e venda foi lavrada por meio de instrumento público, por exigência do Cartório de Registro de Imóveis. O imóvel foi gravado como bem de família conforme a vontade manifestada pelos cônjuges, os quais quando da realização do negócio, já eram proprietários de outro imóvel, no qual residem. Alguns dias após a realização do registro da compra e venda, a União, credora de Fernando antes da alienação do bem, ajuizou contra ele ação de execução de título extrajudicial. Considerando essa situação hipotética, redija um texto dissertativo, fundamentado na legislação e na jurisprudência do Superior Tribunal de Justiça, apontando (i) se a exigência, pelo Cartório de Registro de Imóveis, da lavratura do contrato de compra e venda por meio de instrumento público para a alienação do imóvel foi correta; (ii) se o bem adquirido de Fernando por Pedro e sua esposa poderia ter sido instituído como bem de família, considerando-se as hipóteses previstas na Lei n. 8.009/1990; (iii) se a União pode realizar a penhora do imóvel alienado a Pedro e Maria, caso seja demonstrada a existência de fraude contra credores, discorrendo, ainda, sobre os requisitos para a caracterização de fraude contra credores.

08. **(Cespe/DP/DF/Defensor/2013)** Discorra sobre o direito aos alimentos no âmbito do direito civil brasileiro, diferenciando suas espécies quanto à origem (legítimo ou de família, voluntário e ressarcitório). Discorra, ainda, em relação aos alimentos decorrentes do direito de família, sobre o conceito e a possibilidade dos alimentos gravídicos no ordenamento jurídico pátrio.

✱ QUESTÕES OBJETIVAS

268. **(Cespe/DPE/PE/Defensor/2015)** Considerando que Luciana e Carlos sejam casados em regime de comunhão parcial de bens há dez anos e tenham um filho, se Carlos falecer sem deixar bens particulares, Luciana terá direito a uma quota equivalente à que por lei for atribuída ao filho.

269. **(Cespe/DPE/RN/Defensor/2015)** No tocante ao regime de bens do casamento, assinale a opção correta:

a) No casamento sob o regime de participação final nos aquestos, o bem imóvel que for adquirido exclusivamente por um dos cônjuges será de livre administração e alienação, por esse cônjuge.
b) Sob o regime da comunhão parcial de bens, não entram na comunhão os bens adquiridos na constância da sociedade conjugal, por fato eventual, com ou sem o concurso de trabalho ou despesa anterior.
c) No regime da comunhão universal de bens, participam da comunhão todos os bens presentes e futuros do casal, inclusive as dívidas anteriores ao casamento.
d) No regime de comunhão parcial, participam da comunhão as verbas indenizatórias decorrentes do ajuizamento de ação reclamatória trabalhista durante a vigência do vínculo conjugal, ainda que tais verbas venham a ser percebidas por um dos cônjuges após o fim do casamento.
e) O pacto antenupcial é indispensável na celebração do casamento pelo regime da separação obrigatória de bens.

270. **(Cespe/TJ/DFT/Juiz/2016)** Acerca das ações de alimentos, assinale a opção correta:

a) A ação de alimentos não prossegue se o demandado for citado por edital, devendo ser suspenso o processo, que tem natureza personalíssima, enquanto o devedor não for localizado.
b) Na ação de alimentos gravídicos, o prazo para a parte ré citada apresentar resposta é de dez dias.
c) A fixação liminar de alimentos gravídicos, em princípio, perdurará até a sentença final ou até quando uma das partes requeira a revisão desses.
d) Mesmo com o estabelecimento do regime de guarda compartilhada, é possível a fixação da pensão alimentícia em desfavor de um dos genitores.
e) Na ação de alimentos, existe a isenção legal de custas processuais, por já existir, na hipótese, a presunção da hipossuficiência da pessoa requerente.

271. **(Cespe/TJ/PB/Juiz/2015)** Com relação ao direito de família, assinale a opção correta à luz da jurisprudência dominante do STJ:

a) O princípio da imutabilidade absoluta de regime de bens é resguardado pelo Código Civil de 2002.
b) A separação de fato não põe fim ao regime matrimonial de bens.
c) É admissível o levantamento do saldo de conta vinculada ao FGTS para a satisfação de crédito alimentar atual.
d) A constituição de nova família, independentemente de alteração da possibilidade do alimentante, é causa suficiente para a revisão do valor da prestação de alimentos prestados aos filhos havidos na união anterior.
e) O curador é competente para fixar a sua remuneração pela administração do patrimônio do interditado.

272. **(Cespe/TJ/AM/Juiz/2016)** A respeito do direito de família, assinale a opção correta:

a) Dos nubentes que optam pelo regime de comunhão universal de bens não se exige a formulação de pacto antenupcial, ato solene lavrado por escritura pública.
b) É considerado bem de família, insuscetível de penhora, o único imóvel residencial do devedor no qual resida seu familiar, ainda que ele, proprietário, não habite no imóvel.
c) O fato de um casal de namorados projetar constituir família no futuro caracteriza a união estável se houver coabitação.
d) O casamento putativo não será reconhecido de ofício pelo juiz.
e) Se não houver transação em sentido contrário, as verbas indenizatórias integram a base de cálculo da pensão alimentícia.

273. **(Cespe/DPE/AC/Defensor/2017)** No que se refere aos alimentos e à obrigação de prestar alimentos, assinale a opção correta:

a) O direito de exigir alimentos está vinculado à idade ou à incapacidade civil do alimentado.
b) O direito a alimentos prescreve em dois anos.
c) Os alimentos, por constituírem um direito patrimonial, podem ser renunciados.

d) Os alimentos legítimos ou legais decorrem de parentesco, casamento ou união estável.
e) É admissível a prisão civil por inadimplemento de obrigação de alimentos indenizatórios.

6.3. Da União Estável

* SÚMULAS

STF Súm. 382. A vida em comum sob o mesmo teto, "more uxorio", não é indispensável à caracterização do concubinato.

* ENUNCIADOS CJF

CJF Civil 115. Há presunção de comunhão de aquestos na constância da união extramatrimonial mantida entre os companheiros, sendo desnecessária a prova do esforço comum para se verificar a comunhão dos bens.

CJF Civil 135. Proposição sobre o art. 1.726: Proposta: a união estável poderá converter-se em casamento mediante pedido dos companheiros perante o Oficial do Registro Civil, ouvido o Ministério Público.

CJF Civil 346. Na união estável o regime patrimonial obedecerá à norma vigente no momento da aquisição de cada bem, salvo contrato escrito.

CJF Civil 524. As demandas envolvendo união estável entre pessoas do mesmo sexo constituem matéria de direito de família.

CJF Civil 526. É possível a conversão de união estável entre pessoas do mesmo sexo em casamento, observados os requisitos exigidos para a respectiva habilitação.

* INFORMATIVOS DE JURISPRUDÊNCIA

Dissolução de união estável. Partilha de bens. Companheiro sexagenário. Súm. 377/STF. Bens adquiridos na constância da união estável. Partilha igualitária. Demonstração do esforço comum dos companheiros para legitimar a divisão. Necessidade. Prêmio de loteria. Fato eventual ocorrido na constância da união estável. Necessidade de meação.

STJ O prêmio de loteria, recebido por ex-companheiro sexagenário, durante a relação de união estável, deve ser objeto de meação entre o casal. REsp 1.689.152, Rel. Min. Luis Felipe Salomão, DJ 22.11.2017. 4ª T. (Info 616)

Ação de conversão de união estável em casamento. Obrigatoriedade de formulação exclusivamente pela via administrativa. Inexistência. Conversão pela via judicial. Possibilidade.

STJ Os arts. 1.726, do CC/2002 e 8º, da Lei n. 9.278/96 não impõem a obrigatoriedade de que se formule pedido de conversão de união estável em casamento pela via administrativa, antes de se ingressar com pedido judicial. REsp 1.685.937, Rel. Min. Nancy Andrighi, DJ 22.8.2017. 3ª T. (Info 609)

Ação de reconhecimento e dissolução de união estável. Partilha de direitos sobre concessão de uso de bem público. Possibilidade.

STJ Na dissolução de união estável, é possível a partilha dos direitos de concessão de uso para moradia de imóvel público. REsp 1.645.581, Rel. Min. Ricardo Villas Bôas Cueva, DJ 15.8.2017. 4ª T. (Info 609)

* QUESTÕES DISCURSIVAS

09. **(Cespe/TJ/ES/Cartórios/Remoção/2013)** Quando faleceu, Joaquim vivia com Mara. O casal, que teve dois filhos, nunca se casou nem lavrou escritura de união estável. Os dois filhos eram maiores de idade à época do óbito. Joaquim registrou em cartório testamento deixando 50% de seu patrimônio a Mara. Diante dessa situação hipotética, redija um texto dissertativo respondendo, de forma fundamentada, aos seguintes questionamentos: (i) É possível fazerem-se o inventário e o reconhecimento de união estável em cartório extrajudicial? (ii) O reconhecimento da união estável resultará em vantagem patrimonial para Mara?

* QUESTÕES OBJETIVAS

274. **(Cespe/DPE/PE/Defensor/2015)** Considerando que Luciana e Carlos sejam casados em regime de comunhão parcial de bens há dez anos e tenham um filho, de acordo com entendimento do STJ, caso Carlos tenha um relacionamento afetivo extraconjugal duradouro com Carla, se apresentando perante os amigos dela como marido, não será juridicamente admissível o reconhecimento desse relacionamento como união estável, mas poderá a relação ser enquadrada como sociedade de fato.

275. **(Cespe/TJ/DFT/Juiz/2015)** De acordo com a jurisprudência do STJ, assinale a opção correta no que concerne ao instituto da união estável:

a) Diante da inaplicabilidade de analogia com a legislação referente às relações estáveis heteroafetivas, é vedado o reconhecimento post mortem de união homoafetiva.
b) Apesar de não estar previsto no Código Civil, o companheiro supérstite tem o direito real de habitação sobre o imóvel de propriedade do falecido onde o casal residia.

c) É permitida a alienação de bem imóvel adquirido na constância de união estável independentemente da autorização de um dos companheiros.

d) Em uma eventual ação de alimentos que seja posterior à dissolução de união estável homoafetiva, é juridicamente impossível o pedido de alimentos formulado pelo ex-companheiro.

e) Caso um senhor, convivente em união estável, preste fiança sem a outorga uxória de sua companheira, tal fiança será nula.

276. **(Cespe/DPU/Defensor/2017)** Antes da regulamentação legal da união estável, era necessário, para futura partilha igualitária, comprovar o esforço comum dos companheiros na aquisição do patrimônio coletivo, o que não é mais necessário em razão da atual presunção de mútua assistência.

277. **(Cespe/DPE/AC/Defensor/2017)** No que se refere à união estável, ao casamento, à filiação e aos alimentos, julgue os itens a seguir.

I. Será admissível o deferimento de alimentos gravídicos mesmo quando não for verificada hipótese de presunção legal de paternidade.

II. Na união estável, será nulo de pleno direito o contrato firmado entre os companheiros que disponha de regime patrimonial diverso do regime de comunhão parcial de bens.

III. Será vedado ao juiz impor a guarda compartilhada caso um dos genitores declare que não deseja exercer a guarda do menor.

IV. Optando pelo divórcio extrajudicial, os nubentes poderão deliberar, na mesma escritura, sobre partilha de bens, guarda de filhos e alimentos.

Estão certos apenas os itens:

a) I e II.

b) I e III.

c) II e IV.

d) III e IV.

e) II, III e IV.

6.4. Da Tutela, da Curatela e da Tomada de Decisão Apoiada

✱ ENUNCIADOS CJF

CJF Civil 636. O impedimento para o exercício da tutela do inc. IV do art. 1.735 do Código Civil pode ser mitigado para atender ao princípio do melhor interesse da criança.

CJF Civil 637. Admite-se a possibilidade de outorga ao curador de poderes de representação para alguns atos da vida civil, inclusive de natureza existencial, a serem especificados na sentença, desde que comprovadamente necessários para proteção do curatelado em sua dignidade.

CJF Civil 638. A ordem de preferência de nomeação do curador do art. 1.775 do Código Civil deve ser observada quando atender ao melhor interesse do curatelado, considerando suas vontades e preferências, nos termos do art. 755, II, e § 1º, do CPC.

CJF Civil 639. A opção pela tomada de decisão apoiada é de legitimidade exclusiva da pessoa com deficiência. A pessoa que requer o apoio pode manifestar, antecipadamente, sua vontade de que um ou ambos os apoiadores se tornem, em caso de curatela, seus curadores.

CJF Civil 640. A tomada de decisão apoiada não é cabível, se a condição da pessoa exigir aplicação da curatela.

✱ INFORMATIVOS DE JURISPRUDÊNCIA

Ação de interdição. Ausência de interrogatório. Ausência de nomeação de curador à lide. Nulidade.

STJ A ausência de interrogatório e a atuação concomitante do Ministério Público como curador do interditando e como fiscal da ordem jurídica dão ensejo à nulidade do processo de interdição. REsp 1.686.161, Rel. Min. Nancy Andrighi, DJe 15.9.2017. 3ª T. (Info 611)

✱ QUESTÕES OBJETIVAS

278. **(Cespe/TJ/DFT/Juiz/2016)** Com fundamento na jurisprudência do STJ, assinale a opção correta acerca do direito de família:

a) O contrato de união estável pode ter efeitos retroativos, se os conviventes que o assinam tiverem o objetivo de eleger o regime de bens aplicável ao período de convivência anterior a sua assinatura.

b) Em regra, a pensão alimentícia devida a ex-cônjuge deve ser fixada por tempo indeterminado.

c) Nas ações de interdição não ajuizadas pelo MP, a função de defensor do interditando deve ser exercida pelo próprio parquet, o que dispensa a nomeação de curador à lide.

d) Desde que não haja disposição transacional nem decisão judicial em sentido contrário, o aviso prévio deve integrar a base de cálculo da pensão alimentícia.

e) As verbas indenizatórias, auxílio-acidente, vale-cesta e vale-alimentação, integram a base de cálculo para fins de desconto de pensão alimentícia.

279. (Cespe/TRE/PE/Analista/2017) Acerca do instituto da tomada de decisão apoiada, assinale a opção correta:

a) Não é possível ao juiz designar apoiadores em substituição àqueles indicados.
b) A curatela não pode substituir a tomada de decisão apoiada, ainda que ocorra planejamento pessoal do beneficiário nesse sentido.
c) O beneficiário desse instituto conserva sua capacidade de autodeterminação em relação aos atos da vida civil, salvo aqueles previstos no acordo de tomada de decisão apoiada.
d) Tal instituto é aplicável aos casos de pessoas com deficiência que se enquadrem no conceito de relativamente incapazes.
e) A decisão tomada por pessoa apoiada é válida contra terceiros, com restrições, ainda que não figure nos limites do acordo.

7. DO DIREITO DAS SUCESSÕES

7.1. Da Sucessão em Geral, Da Sucessão Legítima

✱ SÚMULAS

1) Da Sucessão em Geral

STF Súm. 149. É imprescritível a ação de investigação de paternidade, mas não o é a de petição de herança.

✱ ENUNCIADOS CJF

1) Da Sucessão em Geral

1.1) Disposições Gerais

CJF Civil 525. Os arts. 1.723, § 1º, 1.790, 1.829 e 1.830 do Código Civil admitem a concorrência sucessória entre cônjuge e companheiro sobreviventes na sucessão legítima, quanto aos bens adquiridos onerosamente na união estável.

CJF Civil 641. A decisão do Supremo Tribunal Federal que declarou a inconstitucionalidade do art. 1.790 do Código Civil não importa equiparação absoluta entre o casamento e a união estável. Estendem-se à união estável apenas as regras aplicáveis ao casamento que tenham por fundamento a solidariedade familiar. Por outro lado, é constitucional a distinção entre os regimes, quando baseada na solenidade do ato jurídico que funda o casamento, ausente na união estável.

1.2) Da Herança e de sua Administração

CJF Civil 266. Aplica-se o inc. I do art. 1.790 também na hipótese de concorrência do companheiro sobrevivente com outros descendentes comuns, e não apenas na concorrência com filhos comuns.

CJF Civil 343. A transmissibilidade da obrigação alimentar é limitada às forças da herança.

1.3) Da Vocação Hereditária

CJF Civil 267. A regra do art. 1.798 do Código Civil deve ser estendida aos embriões formados mediante o uso de técnicas de reprodução assistida, abrangendo, assim, a vocação hereditária da pessoa humana a nascer cujos efeitos patrimoniais se submetem às regras previstas para a petição da herança.

CJF Civil 268. Nos termos do inc. I do art. 1.799, pode o testador beneficiar filhos de determinada origem, não devendo ser interpretada extensivamente a cláusula testamentária respectiva.

CJF Civil 269. A vedação do art. 1.801, inc. III, do Código Civil não se aplica à união estável, independentemente do período de separação de fato (art. 1.723, § 1º).

1.4) Da Aceitação e Renúncia da Herança

CJF Civil 575. Concorrendo herdeiros de classes diversas, a renúncia de qualquer deles devolve sua parte aos que integram a mesma ordem dos chamados a suceder.

1.5) Dos Excluídos da Sucessão

CJF Civil 116. O Ministério Público, por força do art. 1.815 do novo Código Civil, desde que presente o interesse público, tem legitimidade para promover ação visando à declaração da indignidade de herdeiro ou legatário.

2) Da Sucessão Legítima

CJF Civil 117. O direito real de habitação deve ser estendido ao companheiro, seja por não ter sido revogada a previsão da Lei n. 9.278/96, seja em razão da interpretação analógica do art. 1.831, informado pelo art. 6º, caput, da CF/88.

CJF Civil 270. O art. 1.829, inc. I, só assegura ao cônjuge sobrevivente o direito de concorrência com os descendentes do autor da herança quando casados no regime da separação convencional de bens ou, se casados nos regimes da comunhão parcial ou participação final nos aquestos, o falecido possuísse bens particulares, hipóteses em que a concorrência se restringe a tais bens, devendo os bens comuns (meação) ser partilhados exclusivamente entre os descendentes.

CJF Civil 271. O cônjuge pode renunciar ao direito real de habitação, nos autos do inventário ou por escritura pública, sem prejuízo de sua participação na herança.

CJF Civil 527. Na concorrência entre o cônjuge e os herdeiros do "de cujus", não será reservada a quarta parte da herança para o sobrevivente no caso de filiação híbrida.

CJF Civil 610. Nos casos de comoriência entre ascendente e descendente, ou entre irmãos, reconhece-se o direito de representação aos descendentes e aos filhos dos irmãos.

CJF Civil 642. Nas hipóteses de multiparentalidade, havendo o falecimento do descendente com o chamamento de seus ascendentes à sucessão legítima, se houver igualdade em grau e diversidade em linha entre os ascendentes convocados a herdar, a herança deverá ser dividida em tantas linhas quantos sejam os genitores.

* REPERCUSSÃO & REPETITIVOS

STJ Repercussão Geral 498. É inconstitucional a distinção de regimes sucessórios entre cônjuges e companheiros prevista no art. 1.790 do CC/02, devendo ser aplicado, tanto nas hipóteses de casamento quanto nas de união estável, o regime do art. 1.829 do CC/02. (A mesma tese foi fixada para o Tema 809). (RE 646721, 10.5.2017)

* INFORMATIVOS DE JURISPRUDÊNCIA

Sucessão. Ação de anulação de adoção. Casamento e união estável. Impossibilidade de distinção dos regimes jurídicos. Art. 1.790 do Código Civil de 2002. Inconstitucionalidade declarada pelo STF. Ilegitimidade ativa dos irmãos e sobrinho do adotante.

STJ Parentes colaterais não são legitimados ativos para a ação de anulação de adoção proposta após o falecimento do adotante, em virtude da inconstitucionalidade do art. 1790 do Código Civil declarada pelo STF. REsp 1.337.420, Rel. Min. Luis Felipe Salomão, DJe 21.9.2017. 4ª T. (Info 611)

União estável. Vocação hereditária. Partilha. Companheiro. Exclusividade. Colaterais. Afastamento. Arts. 1.838 e 1.839 do CC/02. Incidência.

STJ Na falta de descendentes e ascendentes, será deferida a sucessão por inteiro ao cônjuge ou companheiro sobrevivente, não concorrendo com parentes colaterais do "de cujus". REsp 1.357.117, Rel. Min. Ricardo Villas Bôas Cueva, DJ 26.3.2018. 3ª T. (Info 622)

* INOVAÇÕES LEGISLATIVAS

▲ CC/2002. Livro V – Do Direito das Sucessões, Título I – Da Sucessão em Geral, Capítulo V – Dos Excluídos da Sucessão

▲ Art. 1.815. (...). § 1º O direito de demandar a exclusão do herdeiro ou legatário extingue-se em quatro anos, contados da abertura da sucessão. § 2º Na hipótese do inciso I do art. 1.814, o Ministério Público tem legitimidade para demandar a exclusão do herdeiro ou legatário. (Modificações: Lei 13.532/17)

* QUESTÕES OBJETIVAS

280. **(Cespe/DPE/PE/Defensor/2018)** Joaquim, que era casado com Sônia no regime de comunhão parcial de bens, faleceu deixando apenas uma casa adquirida onerosamente quando do casamento. O falecido não deixou bens particulares. O casal residia no imóvel e não teve filhos, mas Joaquim tinha um filho de relacionamento anterior. Acerca dessa situação hipotética e dos direitos sucessórios, assinale a opção correta.

a) Por ter sido o imóvel adquirido onerosamente na constância do casamento, o filho de Joaquim não concorre na sucessão legítima, sendo Sônia a única herdeira do imóvel.

b) Sônia concorre na sucessão legítima com o filho de Joaquim, mas não terá direito à sua cota-parte do imóvel decorrente do regime de bens do casamento.

c) Tendo sido a casa adquirida na constância do casamento, Sônia concorre na sucessão legítima com o filho de Joaquim, inclusive com o direito de habitação.

d) Sônia não concorre na sucessão legítima com o filho de Joaquim, mas tem o direito real de habitação.

e) Conforme jurisprudência do STJ, Sônia somente tem o direito real de habitação se proceder ao registro no cartório de imóveis.

281. **(Cespe/TJ/PB/Juiz/2015)** No que se refere à exclusão da herança por indignidade, assinale a opção correta:

a) A reabilitação, em testamento ou em outro ato autêntico, é ato personalíssimo do ofendido.

b) O rol das causas enumeradas na lei civil para exclusão da herança por indignidade é exemplificativo – "numerus apertus".

c) O ato infracional equiparado ao homicídio doloso praticado por menor de dezoito anos de idade contra ascendente não é causa de indignidade hábil à exclusão da herança.

d) Como os efeitos da sentença que decreta a indignidade são pessoais, o excluído terá direito ao usufruto e à administração dos bens que couberem a seus filhos.

e) O direito de demandar a exclusão do herdeiro extingue-se em quatro anos, contados a partir da data em que ocorrer o fato objeto da indignidade.

282. **(Cespe/AGU/Advogado/2015)** João recebeu de seu avô, por doação pura e simples, com cláusula de impenhorabilidade e incomunicabilidade, o imóvel no qual reside. Anos mais tarde, João faleceu. Nessa situação, a transmissão do referido imóvel aos herdeiros necessários de João se dará com a cláusula restritiva, devendo a sua alienação ocorrer por autorização judicial.

283. **(Cespe/TJ/AM/Juiz/2016)** Em relação ao direito das sucessões, assinale a opção correta:

a) Não havendo descendentes ou ascendentes, os herdeiros colaterais do autor da herança concorrem com o cônjuge sobrevivente.
b) Em se tratando de casamento sob o regime de comunhão parcial de bens, o cônjuge supérstite concorrerá com os descendentes do cônjuge falecido apenas em relação aos bens particulares deste.
c) Será rompido o testamento válido se o legatário for excluído da sucessão ou falecer antes do legante.
d) Não goza da igualdade de condições com filho legítimo o filho adotado no ano de 1980, se a morte do autor da herança tiver ocorrido antes da vigência da Lei n. 10.406/2012.
e) Tratando-se de sucessão colateral, o direito de representação estende-se ao sobrinho-neto do autor da herança.

284. **(Cespe/TJ/DFT/Juiz/2016)** A propósito do direito das sucessões, com fundamento nos dispositivos legais, na doutrina e no entendimento jurisprudencial pátrio, assinale a opção correta:

a) A herança é considerada um bem divisível, antes mesmo da partilha.
b) O filho do autor da herança tem o direito de exigir de seus irmãos a colação dos bens recebidos por doação, a título de adiantamento da legítima, ainda que não tenha sido concebido ao tempo da liberalidade.
c) O cônjuge supérstite pode opor o direito real de habitação aos irmãos do cônjuge falecido, caso eles já fossem, antes da abertura da sucessão, coproprietários do imóvel em que ela e o marido residiam.
d) O testador só poderá dispor de um terço da herança no caso de haver herdeiros necessários.
e) O cumprimento de legado de coisa que se determine pelo gênero é impossibilitado quando a coisa não mais existir entre os bens deixados pelo testador.

285. **(Cespe/PGE/AM/Procurador/2016)** O herdeiro excluído da herança poderá, a qualquer tempo, demandar o reconhecimento do seu direito sucessório por intermédio da ação de petição de herança.

286. **(Cespe/DPE/AL/Defensor/2017)** A sociedade conjugal de Jorge e Cristina, casados sob o regime de comunhão universal de bens, encerrou-se em 1º.2.2017, devido ao falecimento de Jorge. O casal teve três filhos: Elisa, Cíntia e Vagner, todos maiores e capazes quando da morte de Jorge. O espólio de Jorge é constituído por um imóvel A, quitado, destinado ao aluguel de terceiros; um ágio do imóvel B, financiado, destinado à residência da família; um automóvel; e uma lancha. Jorge não deixou testamento e sua filha Cíntia pagou sozinha, com recursos financeiros próprios, seu funeral. No que concerne a essa situação hipotética, assinale a opção correta:

a) Cristina não concorrerá com seus filhos na sucessão de Jorge, resguardados os direitos de meação.
b) Elisa e Vagner poderão aceitar a herança somente do bem A e ceder para Cíntia o restante da herança, já que ela arcou sozinha com o funeral de Jorge.
c) Presume-se que Cíntia foi a única herdeira de todos os bens, já que ela arcou sozinha com o funeral de Jorge.
d) A sucessão aberta é considerada um bem móvel.
e) É assegurado aos filhos o direito real de habitação sobre o bem A.

7.2. Da Sucessão Testamentária

*** ENUNCIADOS CJF**

CJF Civil 118. O testamento anterior à vigência do novo Código Civil se submeterá à redução prevista no § 1º do art. 1.967 naquilo que atingir a porção reservada ao cônjuge sobrevivente, elevado que foi à condição de herdeiro necessário.

CJF Civil 528. É válida a declaração de vontade expressa em documento autêntico, também chamado "testamento vital", em que a pessoa estabelece disposições sobre o tipo de tratamento de saúde, ou não tratamento, que deseja no caso de se encontrar sem condições de manifestar a sua vontade.

CJF Civil 529. O fideicomisso, previsto no art. 1.951 do Código Civil, somente pode ser instituído por testamento.

CJF Civil 611. O testamento hológrafo simplificado, previsto no art. 1.879 do Código Civil, perderá sua eficácia se, nos 90 dias subsequentes ao fim das circunstâncias excepcionais que autorizaram a sua confecção, o disponente, podendo fazê-lo, não testar por uma das formas testamentárias ordinárias.

CJF Civil 643. O rompimento do testamento (art. 1.973 do Código Civil) se refere exclusivamente às disposições de caráter patrimonial, mantendo-se válidas e eficazes as de caráter extrapatrimonial, como o reconhecimento de filho e o perdão ao indigno.

* INFORMATIVOS DE JURISPRUDÊNCIA

Testamento. Formalidades legais não observadas. Nulidade. Não ocorrência. Primazia da manifestação de vontade.

STJ O descumprimento de exigência legal para a confecção de testamento público – segunda leitura e expressa menção no corpo do documento da condição de cego – não gera a sua nulidade se mantida a higidez da manifestação de vontade do testador. REsp 1.677.931, Rel. Min. Nancy Andrighi, DJe 22.8.2017. 3ª T. (Info 610)

* QUESTÕES OBJETIVAS

287. **(Cespe/Funpresp_Jud/Analista/2016)** Embora os maiores de dezesseis anos de idade possam testar, esse ato será passível de anulação se ausente a assinatura do representante legal.

288. **(Cespe/DPE/AC/Defensor/2017)** Aos setenta anos de idade, Roberto, viúvo, com três filhos maiores, sendo um deles incapaz, pretende firmar testamento a fim de dispor, após sua morte, dos bens de que é proprietário. Nessa situação:

a) a sucessão testamentária só poderá ser realizada mediante testamento público.
b) Roberto só poderá dispor, no testamento, de até vinte e cinco por cento de seus bens.
c) a sucessão testamentária depende da anuência dos filhos capazes e do representante legal do incapaz.
d) a idade de Roberto não é fato impeditivo para firmar testamento.
e) a existência de filho incapaz impede a sucessão testamentária.

7.3. Do Inventário e da Partilha

* ENUNCIADOS CJF

CJF Civil 119. Para evitar o enriquecimento sem causa, a colação será efetuada com base no valor da época da doação, nos termos do caput do art. 2.004, exclusivamente na hipótese em que o bem doado não mais pertença ao patrimônio do donatário. Se, ao contrário, o bem ainda integrar seu patrimônio, a colação se fará com base no valor do bem na época da abertura da sucessão, nos termos do art. 1.014 do CPC, de modo a preservar a quantia que efetivamente integrará a legítima quando esta se constituiu, ou seja, na data do óbito (resultado da interpretação sistemática do art. 2.004 e seus parágrafos, juntamente com os arts. 1.832 e 884 do Código Civil).

CJF Civil 600. Após registrado judicialmente o testamento e sendo todos os interessados capazes e concordes com os seus termos, não havendo conflito de interesses, é possível que se faça o inventário extrajudicial.

CJF Civil 612. O prazo para exercer o direito de anular a partilha amigável judicial, decorrente de dissolução de sociedade conjugal ou de união estável, extingue-se em 1 (um) ano da data do trânsito em julgado da sentença homologatória, consoante dispõem o art. 2.027, parágrafo único, do Código Civil de 2002, e o art. 1.029, parágrafo único, do Código de Processo Civil (art. 657, parágrafo único, do Novo CPC).

CJF Civil 644. Os arts. 2.003 e 2.004 do Código Civil e o art. 639 do CPC devem ser interpretados de modo a garantir a igualdade das legítimas e a coerência do ordenamento. O bem doado, em adiantamento de legítima, será colacionado de acordo com seu valor atual na data da abertura da sucessão, se ainda integrar o patrimônio do donatário. Se o donatário já não possuir o bem doado, este será colacionado pelo valor do tempo de sua alienação, atualizado monetariamente.

* INFORMATIVOS DE JURISPRUDÊNCIA

Ação de inventário. Suspensão. Possibilidade. Regularização dos bens imóveis. Averbação. Condicionante razoável.

STJ É legítima a decisão judicial que determina a averbação, no respectivo registro, das modificações realizadas em bens imóveis submetidos à partilha como condição de procedibilidade da ação de inventário. 3ª T. REsp 1.637.359, Rel. Min. Nancy Andrighi, DJ 11.5.2018. (Info 625)

Sucessão. Bens à colação. Valor dos bens doados. Valor atribuído no ato de liberalidade com correção monetária até a data da sucessão. Aplicação do art. 2.004, caput, do CC/02.

STJ O valor de colação dos bens doados deverá ser aquele atribuído ao tempo da liberalidade, corrigido monetariamente até a data da abertura da sucessão. REsp 1.166.568, Rel. Min. Lázaro Guimarães, DJ 15.12.2017. 4ª T. (Info 617)

Ação de inventário. Arrolamento de bens. Distinção de regime sucessório entre cônjuges e companheiros. Impossibilidade. Art. 1.790 do CC/02. Inconstitucionalidade reconhecida pelo STF.

STJ É inconstitucional a distinção de regimes sucessórios entre cônjuges e companheiros, devendo ser aplicado, em ambos os casos, o regime estabelecido no art. 1.829 do CC/2002. REsp 1.332.773, Rel. Min. Ricardo Villas Bôas Cueva, DJ 1.8.2017. 3ª T. (Info 609)

8. DAS DISPOSIÇÕES FINAIS E TRANSITÓRIAS

✱ SÚMULAS

STF Súm. 170. É resgatável a enfiteuse instituída anteriormente à vigência do Código Civil.

✱ ENUNCIADOS CJF

CJF Civil 50. A partir da vigência do novo Código Civil, o prazo prescricional das ações de reparação de danos que não houver atingido a metade do tempo previsto no Código Civil de 1916 fluirá por inteiro, nos termos da nova lei (art. 206).

CJF Civil 73. Não havendo a revogação do art. 1.160 do Código Civil, nem a modificação do § 2º do art.1.158 do mesmo diploma, é de interpretar-se este dispositivo no sentido de não aplicá-lo à denominação das sociedades anônimas e sociedades Ltda., já existentes, em razão de se tratar de direito inerente à sua personalidade.

CJF Civil 74. Apesar da falta de menção expressa, como exigido pelas LCs 95/98 e 107/2001, estão revogadas as disposições de leis especiais que contiverem matéria regulada inteiramente no novo Código Civil, como, v.g., as disposições da Lei n. 6.404/76, referente à sociedade comandita por ações, e do Decreto n. 3.708/1919, sobre sociedade de responsabilidade limitada.

CJF Civil 75. A disciplina de matéria mercantil no novo Código Civil não afeta a autonomia do Direito Comercial.

CJF Civil 137. Proposta: alteração do art. 2.044 para que o prazo da "vacatio legis" seja alterado de 1 (um) para 2 (dois) anos.

CJF Civil 260. A alteração do regime de bens prevista no § 2º do art. 1.639 do Código Civil também é permitida nos casamentos realizados na vigência da legislação anterior.

CJF Civil 299. Iniciada a contagem de determinado prazo sob a égide do Código Civil de 1916, e vindo a lei nova a reduzi-lo, prevalecerá o prazo antigo, desde que transcorrido mais de metade deste na data da entrada em vigor do novo Código. O novo prazo será contado a partir de 11 de janeiro de 2003, desprezando-se o tempo anteriormente decorrido, salvo quando o não aproveitamento do prazo já decorrido implicar aumento do prazo prescricional previsto na lei revogada, hipótese em que deve ser aproveitado o prazo já decorrido durante o domínio da lei antiga, estabelecendo-se uma continuidade temporal.

CJF Civil 300. A lei aplicável aos efeitos atuais dos contratos celebrados antes do novo Código Civil será a vigente na época da celebração; todavia, havendo alteração legislativa que evidencie anacronismo da lei revogada, o juiz equilibrará as obrigações das partes contratantes, ponderando os interesses traduzidos pelas regras revogada e revogadora, bem como a natureza e a finalidade do negócio.

CJF Civil 394. Ainda que não promovida a adequação do contrato social no prazo previsto no art. 2.031 do Código Civil, as sociedades não perdem a personalidade jurídica adquirida antes de seu advento.

CJF Civil 395. A sociedade registrada antes da vigência do Código Civil não está obrigada a adaptar seu nome às novas disposições.

CJF Civil 396. A capacidade para contratar a constituição da sociedade submete-se à lei vigente no momento do registro.

9. LEIS ESPECIAIS

9.1. Lei de Introdução às Normas do Direito Brasileiro (DL 4.657/42)

◎ ATENÇÃO: ESTE TEMA É MUITO EXIGIDO NOS CONCURSOS!

✱ ENUNCIADOS CJF

CJF Civil 408. Para efeitos de interpretação da expressão "domicílio" do art. 7º da Lei de Introdução às Normas do Direito Brasileiro, deve ser considerada, nas hipóteses de litígio internacional relativo a criança ou adolescente, a residência habitual destes, pois se trata de situação fática internacionalmente aceita e conhecida.

✱ INOVAÇÕES LEGISLATIVAS

▲ Lei de Introdução às Normas do Direito Brasileiro (DL 4.657/42).

▲ Art. 20. Nas esferas administrativa, controladora e judicial, não se decidirá com base em valores jurídicos abstratos sem que sejam consideradas as consequências práticas da decisão. Parágrafo único. A motivação demonstrará a necessidade e a adequação da medida imposta ou da invalidação de ato, contrato, ajuste, processo ou norma administrativa, inclusive em face das possíveis alternativas.

▲ Art. 21. A decisão que, nas esferas administrativa, controladora ou judicial, decretar a invalidação de ato, contrato, ajuste, processo ou norma administrativa deverá indicar de modo expresso suas consequências jurídicas e administrativas. Parágrafo único. A decisão a que se refere o caput deste artigo deverá, quando for o caso, indicar as condições para que a regularização ocorra de modo proporcional e equânime e sem prejuízo aos interesses gerais, não se podendo impor aos sujeitos atingidos ônus ou perdas que, em função das peculiaridades do caso, sejam anormais ou excessivos.

▲ Art. 22. Na interpretação de normas sobre gestão pública, serão considerados os obstáculos e as dificuldades reais do gestor e as exigências das políticas públicas a seu cargo, sem prejuízo dos direitos dos administrados. § 1º Em decisão sobre regularidade de conduta ou validade de ato, contrato, ajuste, processo ou norma administrativa, serão consideradas as circunstâncias práticas que houverem imposto, limitado ou condicionado a ação do agente. § 2º Na aplicação de sanções, serão consideradas a natureza e a gravidade da infração cometida, os danos que dela provierem para a administração pública, as circunstâncias agravantes ou atenuantes e os antecedentes do agente. § 3º As sanções aplicadas ao agente serão levadas em conta na dosimetria das demais sanções de mesma natureza e relativas ao mesmo fato.

▲ Art. 23. A decisão administrativa, controladora ou judicial que estabelecer interpretação ou orientação nova sobre norma de conteúdo indeterminado, impondo novo dever ou novo condicionamento de direito, deverá prever regime de transição quando indispensável para que o novo dever ou condicionamento de direito seja cumprido de modo proporcional, equânime e eficiente e sem prejuízo aos interesses gerais.

▲ Art. 24. A revisão, nas esferas administrativa, controladora ou judicial, quanto à validade de ato, contrato, ajuste, processo ou norma administrativa cuja produção já se houver completado levará em conta as orientações gerais da época, sendo vedado que, com base em mudança posterior de orientação geral, se declarem inválidas situações plenamente constituídas. Parágrafo único. Consideram-se orientações gerais as interpretações e especificações contidas em atos públicos de caráter geral ou em jurisprudência judicial ou administrativa majoritária, e ainda as adotadas por prática administrativa reiterada e de amplo conhecimento público.

▲ Art. 25. (Vetado).

▲ Art. 26. Para eliminar irregularidade, incerteza jurídica ou situação contenciosa na aplicação do direito público, inclusive no caso de expedição de licença, a autoridade administrativa poderá, após oitiva do órgão jurídico e, quando for o caso, após realização de consulta pública, e presentes razões de relevante interesse geral, celebrar compromisso com os interessados, observada a legislação aplicável, o qual só produzirá efeitos a partir de sua publicação oficial. § 1º O compromisso referido no caput deste artigo: I – buscará solução jurídica proporcional, equânime, eficiente e compatível com os interesses gerais; II – (Vetado); III – não poderá conferir desoneração permanente de dever ou condicionamento de direito reconhecidos por orientação geral; IV – deverá prever com clareza as obrigações das partes, o prazo para seu cumprimento e as sanções aplicáveis em caso de descumprimento. § 2º (Vetado).

▲ Art. 27. A decisão do processo, nas esferas administrativa, controladora ou judicial, poderá impor compensação por benefícios indevidos ou prejuízos anormais ou injustos resultantes do processo ou da conduta dos envolvidos. § 1º A decisão sobre a compensação será motivada, ouvidas previamente as partes sobre seu cabimento, sua forma e, se for o caso, seu valor. § 2º Para prevenir ou regular a compensação, poderá ser celebrado compromisso processual entre os envolvidos.

▲ Art. 28. O agente público responderá pessoalmente por suas decisões ou opiniões técnicas em caso de dolo ou erro grosseiro.

▲ Art. 29. Em qualquer órgão ou Poder, a edição de atos normativos por autoridade administrativa, salvo os de mera organização interna, poderá ser precedida de consulta pública para manifestação de interessados, preferencialmente por meio eletrônico, a qual será considerada na decisão.§ 1º A convocação conterá a minuta do ato normativo e fixará o prazo e demais condições da consulta pública, observadas as normas legais e regulamentares específicas, se houver.

▲ Art. 30. As autoridades públicas devem atuar para aumentar a segurança jurídica na aplicação das normas, inclusive por meio de regulamentos, súmulas administrativas e respostas a consultas. Parágrafo único. Os instrumentos previstos no caput deste artigo terão caráter vinculante em relação ao órgão ou entidade a que se destinam, até ulterior revisão. (Modificações: Lei 13.655/18)

* QUESTÕES DISCURSIVAS

10. (Cespe/TJ/PR/Juiz/2017) O direito objetivo contempla o direito subjetivo?

* QUESTÕES OBJETIVAS

289. (Cespe/PC/MA/Delegado/2018) De acordo com a LINDB, no tocante ao fenômeno da repristinação, salvo disposição em contrário, a lei

a) nova que estabeleça disposições gerais a respeito de outras já existentes não revogará leis anteriores.

b) revogada voltará a vigorar se a lei que a revogou for declarada inconstitucional em controle difuso.

c) revogada não se restaurará se a lei revogadora perder a vigência.

d) nova que estabeleça disposições especiais a respeito de outras já existentes não revogará leis anteriores.

e) nova revogará a anterior se regular inteiramente a mesma matéria.

290. (Cespe/TRT/8R/Analista/2016) Assinale a opção correta, em relação à classificação e à eficácia das leis no tempo e no espaço:

a) Quanto à eficácia da lei no espaço, no Brasil se adota o princípio da territorialidade moderada, que permite, em alguns casos, que lei estrangeira seja aplicada dentro de território brasileiro.

b) De acordo com a Lei de Introdução às Normas do Direito Brasileiro (LINDB), em regra, a lei revogada é restaurada quando a lei revogadora perde a vigência.

c) Por ser o direito civil ramo do direito privado, impera o princípio da autonomia de vontade, de forma que as partes podem, de comum acordo, afastar a imperatividade das leis denominadas cogentes.

d) A lei entra em vigor somente depois de transcorrido o prazo da vacatio legis, e não com sua publicação em órgão oficial.

e) Dado o princípio da continuidade, a lei terá vigência enquanto outra não a modificar ou revogar, podendo a revogação ocorrer pela derrogação, que é a supressão integral da lei, ou pela ab-rogação, quando a supressão é apenas parcial.

291. (Cespe/TCE/PR/Auditor/2016) Em relação à Lei de Introdução às Normas do Direito Brasileiro, assinale a opção correta:

a) Em regra, aceita-se o fenômeno da repristinação no ordenamento jurídico brasileiro.

b) Celebrado contrato no período de vigência de determinada lei, qualquer dos contratantes poderá invocar a aplicação de lei posterior que lhes for mais benéfica.

c) Não se admite no ordenamento jurídico pátrio a chamada integração normativa, ainda que para preencher eventuais lacunas do ordenamento.

d) Publicada lei para corrigir texto de lei publicado com incorreção, não haverá novo prazo de "vacatio legis", se a publicação ocorrer antes da data em que a lei corrigida entraria em vigor.

e) autoridade judiciária brasileira tem competência exclusiva para o conhecimento de ações que discutam a validade de hipoteca que recai sobre bens imóveis situados no Brasil, ainda que as partes residam em país estrangeiro.

292. (Cespe/TCE/PA/Auditor/2016) Na aplicação da lei, cabe ao juiz, a fim de criar uma norma individual, interpretá-la buscando atender aos fins sociais a que ela se dirige e às exigências do bem comum.

293. (Cespe/TCE/PA/Auditor/2016) Em caso de lacuna normativa, a revogação de uma lei opera efeito repristinatório automático.

294. (Cespe/TCE/PA/Auditor/2016) É possível que lei de vigência permanente deixe de ser aplicada em razão do desuso, situação em que o ordenamento jurídico pátrio admite aplicação dos costumes de forma contrária àquela prevista na lei revogada pelo desuso.

295. (Cespe/TCE/PA/Auditor/2016) O fenômeno da ultratividade da norma jurídica é exceção à regra de que a lei necessita estar vigente para ser aplicada.

296. (Cespe/TCE/SC/Auditor/2016) Caso determinada lei tivesse sido publicada no dia doze de fevereiro – sexta-feira –, o prazo de "vacatio legis" começaria a fluir no dia quinze de fevereiro.

297. **(Cespe/TRE/PI/Analista/2016)** O aplicador do direito, ao estender o preceito legal aos casos não compreendidos em seu dispositivo, vale-se da:

a) interpretação teleológica.
b) socialidade da lei.
c) interpretação extensiva.
d) analogia.
e) interpretação sistemática.

298. **(Cespe/TJ/AM/Juiz/2016)** A respeito da eficácia da lei no tempo e no espaço, assinale a opção correta conforme a LINDB:

a) Para ser aplicada, a norma deverá estar vigente e, por isso, uma vez que ela seja revogada, não será permitida a sua ultratividade.
b) Tendo o ordenamento brasileiro optado pela adoção, quanto à eficácia espacial da lei, do sistema da territorialidade moderada, é possível a aplicação da lei brasileira dentro do território nacional e, excepcionalmente, fora, e vedada a aplicação de lei estrangeira nos limites do Brasil.
c) Quando a sucessão incidir sobre bens de estrangeiro residente, em vida, fora do território nacional, aplicar-se-á a lei do país de domicílio do defunto, quando esta for mais favorável ao cônjuge e aos filhos brasileiros, ainda que todos os bens estejam localizados no Brasil.
d) Não havendo disposição em contrário, o início da vigência de uma lei coincidirá com a data da sua publicação.
e) Quando a republicação de lei que ainda não entrou em vigor ocorrer tão somente para correção de falhas de grafia constantes de seu texto, o prazo da "vacatio legis" não sofrerá interrupção e deverá ser contado da data da primeira publicação.

299. **(Cespe/TJ/PB/Juiz/2015)** Acerca da eficácia da lei no tempo e no espaço, assinale a opção correta:

a) O direito brasileiro veda o denominado efeito repristinatório das normas, mesmo que previsto expressamente, de modo que uma lei nova não pode prever a recuperação da vigência de lei já revogada.
b) Caso uma lei cujo prazo de vigência não se tenha iniciado seja novamente publicada para correção de erro material constante da publicação anterior, o prazo da "vacatio legis" será contado a partir da primeira publicação, salvo se outra data nela vier expressa.
c) A contagem do prazo para a entrada em vigor das leis que estabeleçam período de vacância deve ser feita nos termos da regra geral do direito civil, de modo a se excluir a data da publicação da lei e se incluir o último dia do prazo.
d) No que se refere à eficácia espacial da lei, o ordenamento pátrio adotou o sistema da territorialidade moderada, de forma a permitir a aplicação de lei brasileira dentro do território nacional e, excepcionalmente, fora, sem, contudo, admitir a aplicação de lei estrangeira nos limites do Brasil.
e) Em razão da denominada ultratividade da norma, mesmo revogado, o Código Civil de 1916 tem aplicação às sucessões abertas durante a sua vigência, ainda que o inventário tenha sido proposto após o advento do Código Civil de 2002.

300. **(Cespe/TJ/DFT/Juiz/2016)** A respeito da hermenêutica e da aplicação do direito, assinale a opção correta:

a) Diante da existência de antinomia entre dois dispositivos de uma mesma lei, à solução do conflito é essencial a diferenciação entre antinomia real e antinomia aparente, porque reclamam do interprete solução distinta.
b) Os tradicionais critérios hierárquico, cronológico e da especialização são adequados à solução de confronto caracterizado como antinomia real, ainda que ocorra entre princípios jurídicos.
c) A técnica da subsunção é suficiente e adequada à hipótese que envolve a denominada eficácia horizontal de direitos fundamentais nas relações privadas.
d) Diante da existência de antinomia entre dois dispositivos de uma mesma lei, o conflito deve ser resolvido pelos critérios da hierarquia e(ou) da sucessividade no tempo.
e) A aplicação do princípio da especialidade, em conflito aparente de normas, afeta a validade ou a vigência da lei geral.

301. **(Cespe/TRF/1R/Juiz/2015)** De acordo com a Lei de Introdução às Normas do Direito Brasileiro e a posição doutrinária em relação à interpretação dessas normas, assinale a opção correta:

a) Novo texto normativo de lei federal poderá entrar em vigor ainda no seu período de "vacatio legis", quando reforçar tendências doutrinárias e jurisprudenciais que se tenham formado na vigência da lei anterior.

b) Consoante o princípio da vigência sincrônica, salvo disposição contrária, a lei orçamentária sujeita-se ao prazo de quarenta e cinco dias para entrada em vigor em todo o país.

c) É defeso ao juiz, ao aplicar a lei, corrigir erro material nela contido e não sanado pelo legislador.

d) A lei, depois de publicada e decorrido o prazo da "vacatio legis", torna-se obrigatória para todos, o que impede a alegação de erro de direito como causa de anulabilidade de um negócio jurídico.

e) Nos casos de omissão da lei, deve o juiz decidir de acordo com a analogia, os costumes, os princípios gerais do direito e a equidade, pois lhe é vedado o "non liquet".

302. **(Cespe/DPE/RN/Defensor/2015)** A respeito da Lei de Introdução às Normas do Direito Brasileiro e de institutos relacionados às pessoas naturais e jurídicas, assinale a opção correta à luz da jurisprudência do STJ:

a) A internação psiquiátrica involuntária é também chamada de internação compulsória, pois decorre de determinação judicial e independe do consentimento do paciente ou de pedido de terceiro.

b) São válidos os negócios jurídicos praticados pelo incapaz antes da sentença de interdição, ainda que se comprove que o estado de incapacidade tenha sido contemporâneo ao negócio.

c) Não configura direito subjetivo da pessoa retificar seu patronímico no registro de nascimento de seus filhos após o divórcio, quando ela deixar de usar o nome de casada.

d) A filial é uma espécie de estabelecimento empresarial que possui personalidade jurídica própria, distinta da sociedade empresária.

e) Não se tratando de contrato de trato sucessivo, descabe a aplicação retroativa da lei nova para alcançar efeitos presentes de contratos celebrados anteriormente à sua vigência.

303. **(Cespe/Funpresp_Jud/Analista/2016)** Ocorre a ultratividade de uma norma jurídica quando essa norma continua a regular fatos ocorridos antes da sua revogação.

304. **(Cespe/PC/GO/Delegado/2017)** A Lei n. YY/YYYY, composta por quinze artigos, elaborada pelo Congresso Nacional, foi sancionada, promulgada e publicada. A respeito dessa situação, assinale a opção correta, de acordo com a Lei de Introdução às Normas do Direito Brasileiro:

a) Se algum dos artigos da lei sofrer alteração antes de ela entrar em vigor, será contado um novo período de vacância para o dispositivo alterado.

b) Caso essa lei tenha revogado dispositivo da legislação anterior, automaticamente ocorrerá o efeito repristinatório se nela não houver disposição em contrário.

c) A lei irá revogar a legislação anterior caso estabeleça disposições gerais sobre assunto tratado nessa legislação.

d) Não havendo referência ao período de vacância, a nova lei entra em vigor imediatamente, sendo eventuais correções em seu texto consideradas nova lei.

e) Não havendo referência ao período de vacância, a lei entrará em vigor, em todo o território nacional, três meses após sua publicação.

305. **(Cespe/SEDF/Analista/2017)** Caso uma lei nova não dispuser sobre a data de início da sua vigência, entende-se que ela entrará em vigor na data da sua publicação.

306. **(Cespe/DPU/Defensor/2017)** Uma lei nova, ao revogar lei anterior que regulamentava determinada relação jurídica, não poderá atingir o ato jurídico perfeito, o direito adquirido nem a coisa julgada, salvo se houver determinação expressa para tanto.

307. **(Cespe/TCE/PE/Analista/2017)** As leis processuais civis e penais não se sujeitam às regras quanto à eficácia temporal das leis constantes da Lei de Introdução às Normas do Direito Brasileiro, uma vez que têm regramento próprio.

308. **(Cespe/PGM/Fortaleza/Procurador/2017)** Utiliza a analogia o juiz que estende a companheiro(a) a legitimidade para ser curador conferida a cônjuge da pessoa ausente.

309. **(Cespe/TRF/1R/Técnico/2017)** Admite-se o costume "contra legem" como instrumento de integração das normas.

310. **(Cespe/TRF/1R/Técnico/2017)** A lei do país em que a pessoa for domiciliada determina as regras sobre o começo e o fim de sua personalidade.

311. (Cespe/TRF/1R/Técnico/2017) A vigência das leis pode ocorrer de forma temporária ou por tempo indeterminado.

312. (Cespe/TRF/1R/Técnico/2017) Derrogação é o fenômeno que ocorre quando há revogação total de uma lei.

313. (Cespe/DPE/AL/Defensor/2017) Em 1º.1.2017, Lúcio, que era brasileiro e casado sob o regime legal com Maria, também brasileira, ambos residentes e domiciliados em um país asiático, faleceu. Lúcio deixou dois filhos como herdeiros, Vanessa e Robson, residentes e domiciliados no Brasil, e os seguintes bens a inventariar: a casa em que residia no exterior, uma casa no Brasil e dois automóveis, localizados no exterior. O casamento de Lúcio e Maria foi celebrado no Brasil. Antes do casamento, ele residia e era domiciliado no Brasil, ao passo que ela residia e era domiciliada em um país africano. O primeiro domicílio do casal foi no exterior. Considerando essa situação hipotética, assinale a opção correta:

a) A lei brasileira regulará a capacidade para suceder de Vanessa e Robson.
b) Aplica-se a lei brasileira quanto ao regime de bens do casal.
c) As regras sobre a morte de Lúcio são determinadas pela lei brasileira.
d) Aplica-se a lei brasileira quanto à regulação das relações concernentes a todos os bens de Lúcio.
e) A sucessão de Lúcio obedecerá à lei brasileira.

314. (Cespe/DPU/Defensor/2015) Considerando a existência de relação jurídica referente a determinado objeto envolvendo dois sujeitos, se a norma jurídica regente da referida relação jurídica for revogada por norma superveniente, as novas disposições normativas poderão, excepcionalmente, aplicar-se a essa relação, ainda que não haja referência expressa à retroatividade.

315. (Cespe/DPU/Defensor/2015) No que concerne à aplicação da lei estrangeira no país, a Lei de Introdução às Normas do Direito Brasileiro refere-se expressamente ao princípio da ordem pública.

316. (Cespe/TCE/PR/Analista/2016) A respeito da interpretação das leis, de pessoas físicas e jurídicas e de bens, assinale a opção correta:

a) O menor, ao completar dezesseis anos de idade, adquire capacidade de direito, ainda que não tenha sido emancipado.
b) A pessoa que viva alternadamente em mais de uma residência terá como domicílio aquela em que passe a maior parte do tempo.
c) Caso a administração de uma associação seja exercida de modo coletivo, suas decisões terão de ser tomadas pela maioria absoluta.
d) Um parque estadual poderá ser submetido à ordem especial de fruição mediante a cobrança para ingresso de pessoas.
e) Pelo método sistemático, interpreta-se a norma a partir do ordenamento jurídico de que esta seja parte, relacionando-a, direta ou indiretamente, com outras de mesmo objeto.

317. (Cespe/AGU/Advogado/2015) Caso a lei a ser aplicada não encontre no mundo fático suporte concreto sobre o qual deva incidir, caberá ao julgador integrar o ordenamento mediante analogia, costumes e princípios gerais do direito.

318. (Cespe/TCU/Procurador/2015) A respeito da Lei de Introdução às Normas do Direito Brasileiro e de institutos relacionados às pessoas físicas e jurídicas, assinale a opção correta à luz da jurisprudência do STJ:

a) Tem caráter absoluto o dispositivo da lei em questão segundo o qual a sucessão por morte ou por anuência obedece à lei do país em que era domiciliado o falecido ou o desaparecido.
b) Não é possível a supressão do patronímico materno por ocasião do casamento, ainda que sob o fundamento de que o nome civil é inerente ao direito de personalidade.
c) A dissolução irregular de sociedade é, por si só, causa para a desconsideração da personalidade civil por configurar desvio da finalidade institucional.
d) É possível hipotecar imóvel de ausente com o fim específico de lhe evitar a ruína, hipótese em que será necessária ordem judicial.
e) A interdição por incapacidade absoluta demanda registro em registro público, providência que é dispensada quando se trata de interdição por incapacidade relativa.

319. (Cespe/TRF/5R/Juiz/2017) A continuidade de aplicação de lei já revogada às relações jurídicas civis consolidadas durante a sua vigência caracteriza:

a) a aplicação do princípio da segurança jurídica.
b) a ultratividade da norma.
c) a repristinação da norma.
d) o princípio da continuidade normativa.
e) a supremacia da lei revogada.

320. **(Cespe/TRT/7R/Analista/2017)** Conforme a Lei de Introdução às Normas do Direito Brasileiro:

a) como regra, a lei revogada se restaura quando a lei revogadora perde sua vigência, instituto conhecido como repristinação.
b) quando a lei for omissa, o juiz decidirá o caso de acordo com a analogia, os costumes e os princípios gerais de direito.
c) as correções a texto de lei já em vigor não são consideradas lei nova.
d) toda lei entra em vigor no país quarenta e cinco dias depois de oficialmente publicada, sem exceção.

9.2. Lei de Locações de Imóveis Urbanos (Lei 8.245/91)

* SÚMULAS

1) Retomada do Imóvel

STF Súm. 374. Na retomada para construção mais útil, não é necessário que a obra tenha sido ordenada pela autoridade pública.

STF Súm. 409. Ao retomante, que tenha mais de um prédio alugado, cabe optar entre eles, salvo abuso de direito.

STF Súm. 410. Se o locador, utilizando prédio próprio para residência ou atividade comercial, pede o imóvel locado para uso próprio, diverso do que tem o por ele ocupado, não está obrigado a provar a necessidade, que se presume.

STF Súm. 483. É dispensável a prova da necessidade, na retomada do prédio situado em localidade para onde o proprietário pretende transferir residência, salvo se mantiver, também, a anterior, quando dita prova será exigida.

STF Súm. 486. Admite-se a retomada para sociedade da qual o locador, ou seu cônjuge, seja sócio, com participação predominante no capital social.

2) Outros Temas

STF Súm. 158. Salvo estipulação contratual averbada no registro imobiliário, não responde o adquirente pelas benfeitorias do locatário.

STF Súm. 411. O locatário autorizado a ceder a locação pode sublocar o imóvel.

STF Súm. 442. A inscrição do contrato de locação no registro de imóveis, para a validade da cláusula de vigência contra o adquirente do imóvel, ou perante terceiros, dispensa a transcrição no registro de títulos e documentos.

STF Súm. 449. O valor da causa, na consignatória de aluguel, corresponde a uma anuidade.

STJ Súm. 214. O fiador na locação não responde por obrigações resultantes de aditamento ao qual não anuiu.

STJ Súm. 335. Nos contratos de locação, é válida a cláusula de renúncia à indenização das benfeitorias e ao direito de retenção.

* ENUNCIADOS CJF

CJF Comercial 67. Na locação "built to suit", é válida a estipulação contratual que estabeleça cláusula penal compensatória equivalente à totalidade dos aluguéres a vencer, sem prejuízo da aplicação do art. 416, parágrafo único, do Código Civil.

* INFORMATIVOS DE JURISPRUDÊNCIA

Locação. Imóvel urbano residencial. Denúncia vazia. Art. 46 da Lei 8.245/1991. "Accessio temporis". Contagem dos prazos de prorrogações. Impossibilidade.

STJ Não é cabível a denúncia vazia quando o prazo de 30 meses, exigido pelo art. 46 da Lei 8.245/91, é atingido com as sucessivas prorrogações do contrato de locação de imóvel residencial urbano. REsp 1.364.668, Rel. Min. Ricardo Villas Bôas Cueva, DJ 17.11.2017. 3ª T. (Info 615)

* INOVAÇÕES LEGISLATIVAS

▲ Lei de Locações de Imóveis Urbanos (Lei 8.245/91): sem alterações em 2017/2018.

* QUESTÕES OBJETIVAS

321. **(Cespe/DPE/PE/Defensor/2018)** Com base na jurisprudência do STJ, assinale a opção correta, a respeito de locação de imóveis urbanos.

a) É impenhorável o bem de família pertencente a fiador em contrato de locação.
b) Em contrato de locação, as benfeitorias voluptuárias não são passíveis de indenização;

finda a locação, essas benfeitorias podem ser levantadas pelo locatário, desde que a sua retirada não afete a estrutura nem a substância do imóvel.

c) Nos contratos de locação, a inclusão de cláusulas de renúncia à indenização das benfeitorias e de direito de retenção é ilegal.

d) Benfeitorias necessárias serão indenizáveis apenas se autorizadas pelo locador.

e) Se o locatário estiver em situação de vulnerabilidade, aplica-se o CDC ao contrato de locação.

322. **(Cespe/TJ/AM/Juiz/2016)** A respeito da locação de imóveis urbanos, assinale a opção correta:

a) Os juros de mora decorrentes de inadimplemento em contrato de locação fluem a partir do vencimento de cada parcela em atraso, exceto em relação ao fiador, caso em que fluem a partir da sua citação no processo de execução.

b) A prorrogação do contrato de fiança acessório da locação por prazo indeterminado depende de pactuação expressa.

c) O antigo proprietário de imóvel locado não tem legitimidade para cobrar os aluguéis que tenham vencido em data anterior à alienação do imóvel, o que cabe somente ao novo proprietário.

d) Na hipótese em que, na data de vencimento, o valor do aluguel seja cobrado com incidência de desconto de bonificação, a multa, em caso de atraso no pagamento, deverá incidir sobre o valor do aluguel com o referido desconto.

e) A data do trânsito em julgado é o termo inicial do prazo de trinta dias para o cumprimento voluntário da sentença que determina a desocupação de imóvel alugado.

323. **(Cespe/TJ/DFT/Juiz/2016)** A respeito da locação dos imóveis urbanos da Lei n. 8.245/1991, assinale a opção correta:

a) Conforme entendimento consolidado do STJ, o prazo de prorrogação da ação renovatória é igual ao do contrato de locação, sem limitação de interregno máximo.

b) É assente na jurisprudência do STJ que a cláusula de renúncia à indenização por benfeitorias viola a boa-fé objetiva e rende ensejo à nulidade.

c) Nas locações comerciais, exige-se a anuência do locador no trespasse empreendido pelo locatário, conforme jurisprudência prevalente do STJ.

d) Conforme entendimento do STF, a penhora de bem de família do fiador do contrato de locação viola o direito social à moradia.

e) A responsabilidade dos fiadores, no caso de prorrogação da locação por tempo indeterminado, depende de previsão contratual estabelecendo a manutenção da garantia até a entrega das chaves.

324. **(Cespe/TJ/PB/Juiz/2015)** Acerca dos contratos de locação de imóveis urbanos, assinale a opção correta à luz da jurisprudência dominante do STJ:

a) O prazo máximo de prorrogação do contrato de locação estabelecido em ação renovatória é de cinco anos.

b) Para a instrução de ação renovatória de locação, é dispensável que o contrato seja escrito, podendo as cláusulas contratuais ser comprovadas por outros meios de produção de prova.

c) Na ação renovatória, para o exercício da retomada para uso próprio, o locador não precisa indicar o ramo de atividade a ser explorado no imóvel.

d) Durante a prorrogação do contrato, o fiador não é responsável por garantir a satisfação do crédito decorrente, ainda que exista cláusula contratual estabelecendo a garantia por fiança até o momento da devolução do imóvel urbano.

e) Devido ao fato de que a lei assegura ao locatário o direito de indenização e retenção pelas benfeitorias, será nula cláusula inserida em contrato de locação urbana de renúncia ao referido direito.

325. **(Cespe/DPE/PE/Defensor/2015)** Se um contrato de locação de imóvel urbano residencial for estipulado com prazo de duração de trinta e seis meses, findo esse prazo, deverá o locador notificar o locatário para que se opere a resolução do contrato.

326. **(Cespe/PGM/Fortaleza/Procurador/2017)** Em se tratando de contrato de locação, se o fiador tiver se comprometido até a devolução do imóvel pelo locatário, a prorrogação do prazo contratual sem sua anuência o desobriga de responder por ausência de pagamento.

327. **(Cespe/TCE/RN/Assessor_Jurídico/2015)** Caso duas pessoas aluguem um imóvel residencial em conjunto, serão consideradas devedoras solidárias, mesmo sem estipulação contratual nesse sentido.

328. (Cespe/TRT/7R/Analista/2017) Em contrato de locação de loja em determinado shopping center consta cláusula que prevê o pagamento do décimo terceiro aluguel. Com base na legislação pertinente a contratos de locação, é correto afirmar que a referida cláusula:

a) contraria o princípio da livre concorrência.

b) é válida, por ser mera previsão contratual.

c) contraria a Lei de Locações (Lei n. 8.245/1991).

d) é nula, por ser abusiva.

9.3. Lei dos Registros Públicos (Lei 6.015/73)

* SÚMULAS

1) Compra e Venda

STF Súm. 167. Não se aplica o regime do Dec.-Lei 58, de 10.12.1937, ao compromisso de compra e venda não inscrito no registro imobiliário, salvo se o promitente vendedor se obrigou a efetuar o registro.

STF Súm. 168. Para os efeitos do Dec.-Lei 58, de 10.12.1937, admite-se a inscrição imobiliária do compromisso de compra e venda no curso da ação.

STF Súm. 489. A compra e venda de automóvel não prevalece contra terceiros, de boa-fé, se o contrato não foi transcrito no registro de títulos e documentos.

STJ Súm. 76. A falta de registro do compromisso de compra e venda de imóvel não dispensa a prévia interpelação para constituir em mora o devedor.

STJ Súm. 84. É admissível a oposição de embargos de terceiro fundados em alegação de posse advinda do compromisso de compra e venda de imóvel, ainda que desprovido do registro.

STJ Súm. 239. O direito à adjudicação compulsória não se condiciona ao registro do compromisso de compra e venda no cartório de imóveis.

2) Contrato de Locação

STF Súm. 158. Salvo estipulação contratual averbada no registro imobiliário, não responde o adquirente pelas benfeitorias do locatário.

STF Súm. 442. A inscrição do contrato de locação no registro de imóveis, para a validade da cláusula de vigência contra o adquirente do imóvel, ou perante terceiros, dispensa a transcrição no registro de títulos e documentos.

3) Documento de Procedência Estrangeira

STF Súm. 259. Para produzir efeito em juízo não é necessária a inscrição, no registro público, de documentos de procedência estrangeira, autenticados por via consular.

4) Outros Temas

STJ Súm. 375. O reconhecimento da fraude à execução depende do registro da penhora do bem alienado ou da prova de má-fé do terceiro adquirente.

STJ Súm. 449. A vaga de garagem que possui matrícula própria no registro de imóveis não constitui bem de família para efeito de penhora.

STJ Súm. 496. Os registros de propriedade particular de imóveis situados em terrenos de marinha não são oponíveis à União.

* ENUNCIADOS CJF

CJF Civil 511. Do leilão, mesmo que negativo, a que se refere o art. 27 da Lei n. 9.514/1997, será lavrada ata que, subscrita pelo leiloeiro, poderá ser averbada no registro de imóveis competente, sendo a transmissão da propriedade do imóvel levado a leilão formalizada mediante contrato de compra e venda.

* INFORMATIVOS DE JURISPRUDÊNCIA

Ação de retificação de registro de nascimento. Troca de prenome e do sexo (gênero). Pessoa transexual. Cirurgia de transgenitalização. Desnecessidade.

STJ O direito dos transexuais à retificação do prenome e do sexo/gênero no registro civil não é condicionado à exigência de realização da cirurgia de transgenitalização. REsp 1.626.739, Rel. Min. Luis Felipe Salomão, DJ 1.8.2017. 4ª T. (Info 608)

* INOVAÇÕES LEGISLATIVAS

▲ LRP. Título I – Das Disposições Gerais, Capítulo IV – Da Publicidade

▲ Art. 19. § 4º As certidões de nascimento mencionarão a data em que foi feito o assento, a data, por extenso, do nascimento e, ainda, expressamente, a naturalidade. (Modificações: Lei 13.484/17)

▲ Título II – Do Registro de Pessoas Naturais, Capítulo I – Disposições Gerais

▲ Art. 29. § 3º Os ofícios do registro civil das pessoas naturais são considerados ofícios da cidadania e estão autorizados a prestar outros serviços remunerados, na forma prevista em convênio, em credenciamento ou em matrícula com órgãos públicos e entidades interessadas. § 4º O convênio referido no § 3º deste artigo independe de homologação e será firmado pela entidade de classe dos registradores civis de pessoas naturais de mesma abrangência territorial do órgão ou da entidade interessada. (Modificações: Lei 13.484/17)

▲ Título II – Do Registro de Pessoas Naturais, Capítulo IV – Do Nascimento

▲ Art. 54. O assento do nascimento deverá conter: (...). 9º) os nomes e prenomes, a profissão e a residência das duas testemunhas do assento, quando se tratar de parto ocorrido sem assistência médica em residência ou fora de unidade hospitalar ou casa de saúde; 10) o número de identificação da Declaração de Nascido Vivo, com controle do dígito verificador, exceto na hipótese de registro tardio previsto no art. 46 desta Lei; e 11) a naturalidade do registrando. (...). § 4º A naturalidade poderá ser do Município em que ocorreu o nascimento ou do Município de residência da mãe do registrando na data do nascimento, desde que localizado em território nacional, e a opção caberá ao declarante no ato de registro do nascimento. (Modificações: Lei 13.484/17)

▲ Título II – Do Registro de Pessoas Naturais, Capítulo VI – Do Casamento

▲ Art. 70 Do matrimônio, logo depois de celebrado, será lavrado assento, assinado pelo presidente do ato, os cônjuges, as testemunhas e o oficial, sendo exarados: 1º) os nomes, prenomes, nacionalidade, naturalidade, data de nascimento, profissão, domicílio e residência atual dos cônjuges; (Modificações: Lei 13.484/17)

▲ Título II – Do Registro de Pessoas Naturais, Capítulo IX – Do Óbito

▲ Art. 77. Nenhum sepultamento será feito sem certidão do oficial de registro do lugar do falecimento ou do lugar de residência do de cujus, quando o falecimento ocorrer em local diverso do seu domicílio, extraída após a lavratura do assento de óbito, em vista do atestado de médico, se houver no lugar, ou em caso contrário, de duas pessoas qualificadas que tiverem presenciado ou verificado a morte. (Modificações: Lei 13.484/17)

▲ Título II – Do Registro de Pessoas Naturais, Capítulo XII – Da Averbação

▲ Art. 97. A averbação será feita pelo oficial do cartório em que constar o assento à vista da carta de sentença, de mandado ou de petição acompanhada de certidão ou documento legal e autêntico. Parágrafo único. Nas hipóteses em que o oficial suspeitar de fraude, falsidade ou má-fé nas declarações ou na documentação apresentada para fins de averbação, não praticará o ato pretendido e submeterá o caso ao representante do Ministério Público para manifestação, com a indicação, por escrito, dos motivos da suspeita. (Modificações: Lei 13.484/17)

▲ Título II – Do Registro de Pessoas Naturais, Capítulo XIV – Das Retificações, Restaurações e Suprimentos

▲ Art. 110. O oficial retificará o registro, a averbação ou a anotação, de ofício ou a requerimento do interessado, mediante petição assinada pelo interessado, representante legal ou procurador, independentemente de prévia autorização judicial ou manifestação do Ministério Público, nos casos de: I – erros que não exijam qualquer indagação para a constatação imediata de necessidade de sua correção; II – erro na transposição dos elementos constantes em ordens e mandados judiciais, termos ou requerimentos, bem como outros títulos a serem registrados, averbados ou anotados, e o documento utilizado para a referida averbação e/ou retificação ficará arquivado no registro no cartório; III – inexatidão da ordem cronológica e sucessiva referente à numeração do livro, da folha, da página, do termo, bem como da data do registro; IV – ausência de indicação do Município relativo ao nascimento ou naturalidade do registrado, nas hipóteses em que existir descrição precisa do endereço do local do nascimento; V – elevação de Distrito a Município ou alteração de suas nomenclaturas por força de lei. §§ 1º a 4º (Revogados). § 5º Nos casos em que a retificação decorra de erro imputável ao oficial, por si ou por seus prepostos, não será devido pelos interessados o pagamento de selos e taxas. (Modificações: Lei 13.484/17)

▲ Título V – Do Registro de Imóveis, Capítulo I – Das Atribuições

▲ Art. 167 – No Registro de Imóveis, além da matrícula, serão feitos. I – o registro: (...). 43. da Certidão de Regularização Fundiária (CRF); 44. da legitimação fundiária. (...). II – a averbação: (...). 31. da certidão de liberação de condições resolutivas dos títulos de domínio resolúvel emitidos pelos órgãos fundiários federais na Amazônia Legal. 32. do termo de quitação de contrato de compromisso de compra e venda registrado e do termo de quitação dos instrumentos públicos ou privados oriundos da implantação de empreendimentos ou de processo de regularização fundiária, firmado pelo empreendedor proprietário de imóvel ou pelo promotor do empreendimento ou da regularização fundiária objeto de loteamento, desmembramento, condomínio de qualquer modalidade ou de regularização fundiária, exclusivamente para fins de exoneração da sua responsabilidade sobre tributos municipais incidentes sobre o imóvel perante o Município, não implicando transferência de domínio ao compromissário comprador ou ao beneficiário da regularização. (Modificações: Lei 13.465/17)

▲ Art. 171. Os atos relativos a vias férreas serão registrados na circunscrição imobiliária onde se situe o imóvel. Parágrafo único. A requerimento do interessado, o oficial do cartório do registro de imóveis da circunscrição a que se refere o caput deste artigo abrirá a matrícula da área correspondente, com base em planta, memorial descritivo e certidão atualizada da matrícula ou da transcrição do imóvel, caso exista, podendo a apuração do remanescente ocorrer em momento posterior. (Modificações: Lei 13.465/17)

▲ Título V – Do Registro de Imóveis, Capítulo II – Da Escrituração

▲ Art. 176. § 9º A instituição do direito real de laje ocorrerá por meio da abertura de uma matrícula própria no registro de imóveis e por meio da averbação desse fato na matrícula da construção-base e nas matrículas de lajes anteriores, com remissão recíproca. (Modificações: Lei 13.465/17)

▲ Título V – Do Registro de Imóveis, Capítulo III – Do Processo do Registro

▲ Art. 195-A. O Município poderá solicitar ao cartório de registro de imóveis competente a abertura de matrícula de parte ou da totalidade de imóveis públicos oriundos de parcelamento do solo urbano implantado, ainda que não inscrito ou registrado, por meio de requerimento acompanhado dos seguintes documentos: (...). IV – planta de parcelamento ou do imóvel público a ser registrado, assinada pelo loteador ou elaborada e assinada por agente público da prefeitura, acompanhada de declaração de que o parcelamento encontra-se implantado, na hipótese de este não ter sido inscrito ou registrado. (...). § 6º Na hipótese de haver área remanescente, a sua apuração poderá ocorrer em momento posterior. § 7º O procedimento definido neste artigo poderá ser adotado para abertura de matrícula de glebas municipais adquiridas por lei ou por outros meios legalmente admitidos, inclusive para as terras devolutas transferidas ao Município em razão de legislação estadual ou federal, dispensado o procedimento discriminatório administrativo ou judicial. § 8º O disposto neste artigo aplica-se, em especial, às áreas de uso público utilizadas pelo sistema viário do parcelamento urbano irregular. (Modificações: Lei 13.465/17)

▲ Art. 195-B. A União, os Estados e o Distrito Federal poderão solicitar ao registro de imóveis competente a abertura de matrícula de parte ou da totalidade de imóveis urbanos sem registro anterior, cujo domínio lhes tenha sido assegurado pela legislação, por meio de requerimento acompanhado dos documentos previstos nos incisos I, II e III do caput do art. 195-A, inclusive para as terras devolutas, dispensado o procedimento discriminatório administrativo ou judicial. § 1º Recebido o requerimento na forma prevista no caput deste artigo, o oficial do registro de imóveis abrirá a matrícula em nome do requerente, observado o disposto nos §§ 5º e 6º do art. 195-A. § 2º O Município poderá realizar, em acordo com o Estado, o procedimento de que trata este artigo e requerer, em nome deste, no registro de imóveis competente a abertura de matrícula de imóveis urbanos situados nos limites do respectivo território municipal. § 3º O procedimento de que trata este artigo poderá ser adotado pela União para o registro de imóveis rurais de sua propriedade, observado o disposto nos §§ 3º, 4º, 5º, 6º e 7º do art. 176 desta Lei. § 4º Para a abertura de matrícula em nome da União com base neste artigo, a comprovação de que trata o inciso II do caput do art. 195-A será realizada, no que couber, mediante o procedimento de notificação previsto nos arts. 12-A e 12-B do Decreto-Lei n. 9.760, de 5 de setembro de 1946, com ressalva quanto ao prazo para apresentação de eventuais impugnações, que será de quinze dias, na hipótese de notificação pessoal, e de trinta dias, na hipótese de notificação por edital. (Modificações: Lei 13.465/17)

▲ Art. 216-A. Sem prejuízo da via jurisdicional, é admitido o pedido de reconhecimento extrajudicial de usucapião, que será processado diretamente perante o cartório do registro de imóveis da comarca em que estiver situado o imóvel usucapiendo, a requerimento do interessado, representado por advogado, instruído com: I – ata notarial lavrada pelo tabelião, atestando o tempo de posse do requerente e de seus antecessores, conforme o caso e suas circunstâncias, aplicando-se o disposto no art. 384 da Lei n. 13.105, de 16 de março de 2015 (Código de Processo Civil); II – planta e memorial descritivo assinado por profissional legalmente habilitado, com prova de anotação de responsabilidade técnica no respectivo conselho de fiscalização profissional, e pelos titulares de direitos registrados ou averbados na matrícula do imóvel usucapiendo ou na matrícula dos imóveis confinantes; (...). § 2º Se a planta não contiver a assinatura de qualquer um dos titulares de direitos registrados ou averbados na matrícula do imóvel usucapiendo ou na matrícula dos imóveis confinantes, o titular será notificado pelo registrador competente, pessoalmente ou pelo correio com aviso de recebimento, para manifestar consentimento expresso em quinze dias, interpretado o silêncio como concordância. (...). § 6º Transcorrido o prazo de que trata o § 4º deste artigo, sem pendência de diligências na forma do § 5º deste artigo e achando-se em ordem a documentação, o oficial de registro de imóveis registrará a aquisição do imóvel com as descrições apresentadas, sendo permitida a abertura de matrícula, se for o caso. (...). § 11. No caso de o imóvel usucapiendo ser unidade autônoma de condomínio edilício, fica dispensado consentimento dos titulares de direitos reais e outros direitos registrados ou averbados na matrícula dos imóveis confinantes e bastará a notificação do síndico para se manifestar na forma do § 2º deste artigo. § 12. Se o imóvel confinante contiver um condomínio edilício, bastará a notificação do síndico para o efeito do § 2º deste artigo, dispensada a notificação de todos os condôminos. § 13. Para efeito do § 2º deste artigo, caso não seja encontrado o notificando ou caso ele esteja em lugar incerto ou não sabido, tal fato será certificado pelo registrador, que deverá promover a sua notificação por edital mediante publicação, por duas vezes, em jornal local de grande circulação, pelo prazo de quinze dias cada um, interpretado o silêncio do notificando como concordância. § 14. Regulamento do órgão jurisdicional competente para a correição das serventias poderá autorizar a publicação do edital em meio eletrônico, caso em que ficará dispensada a publicação em jornais de grande circulação. § 15. No caso de ausência ou insuficiência dos documentos de que trata o inciso IV do caput deste artigo, a posse e os demais dados necessários poderão ser comprovados em procedimento de justificação administrativa perante a serventia extrajudicial, que obedecerá, no que couber, ao disposto no § 5º do art. 381 e ao rito previsto nos arts. 382 e 383 da Lei n. 13.105, de 16 março de 2015 (Código de Processo Civil). (Modificações: Lei 13.465/17)

▲ Título V – Do Registro de Imóveis, Capítulo V – Dos Títulos

▲ Art. 221. § 3º Fica dispensada a apresentação dos títulos previstos nos incisos I a V do caput deste artigo quando se tratar de registro do projeto de regularização fundiária e da constituição de direito real, sendo o ente público promotor da regularização fundiária urbana responsável pelo fornecimento das informações necessárias ao registro, ficando dispensada a apresentação de título individualizado, nos termos da legislação específica. (Modificações: Lei 13.465/17)

▲ Título V – Do Registro de Imóveis, Capítulo VI – Da Matrícula

▲ Art. 235-A. Fica instituído o Código Nacional de Matrícula (CNM) que corresponde à numeração única de matrículas imobiliárias em âmbito nacional. § 1º O CNM referente a matrícula encerrada ou cancelada não poderá ser reutilizado. § 2º Ato da Corregedoria Nacional de Justiça do Conselho Nacional de Justiça regulamentará as características e a forma de implementação do CNM. (Modificações: Lei 13.465/17)

▲ Título V – Do Registro de Imóveis, Capítulo XII – Do Registro Da Regularização Fundiária Urbana

▲ Art. 288-A. O procedimento de registro da regularização fundiária urbana observará o disposto em legislação específica. I a III (Revogados). §§ 1º a 4º (Revogados). (Modificações: Lei 13.465/17)

▲ Arts. 288-B a 288-G. (Revogados). (Modificações: Lei 13.465/17)

✱ QUESTÕES OBJETIVAS

329. **(Cespe/TRF/5R/Juiz/2015)** A respeito do registro civil das pessoas naturais, assinale a opção correta:

a) Entre as pessoas obrigadas a fazer a declaração de nascimento de uma criança não se incluem tios.

b) Atos extrajudiciais de reconhecimento de paternidade devem ser registrados, e não averbados.

c) O registro civil de nascimento é isento de custas.

d) Ao contrário do que ocorre com o registro de imóveis, a publicidade não constitui requisito do registro civil das pessoas naturais.

e) Além da autenticidade, o registro civil das pessoas naturais confere eficácia aos atos registrados.

330. (Cespe/PGM/Fortaleza/Procurador/2017) O registrador não fará o registro de imóvel caso dependa da apresentação de título anterior, ainda que o imóvel já esteja matriculado.

331. (Cespe/PGM/Salvador/Procurador/2015) A respeito do direito registral imobiliário, assinale a opção correta:

a) De acordo com o princípio da instância, uma vez verificada uma incorreção em registro cartorário, qualquer pessoa poderá requerer sua retificação ao oficial registrador.
b) Até que ocorra eventual cancelamento, será válido o ato de registro que apresente vício ou irregularidade intrínseca.
c) O ato de registro não é considerado ato administrativo, pois é praticado por particular e não por servidor público.
d) No caso de pedido de retificação do registro por omissão ou erro, o oficial, ao verificar que a situação é complexa por envolver vários títulos, poderá deixar de decidir e remeter o pedido à via judicial.
e) No sistema de registro imobiliário vigente, o ato de registro documenta um negócio jurídico de compra e venda.

332. (Cespe/TCE/RN/Auditor/2015) Os registros que podem ser realizados no cartório de registro de imóveis incluem a instituição de bem de família, as penhoras, os arrestos e o sequestro de bens imóveis, e a sentença declaratória de usucapião de bens imóveis.

333. (Cespe/DPE/AC/Defensor/2017) Maria e João, casados, adquiriram dois imóveis e instituíram um deles como bem de família e, no outro, houve a concessão de direito real de uso. Dois anos após esses atos, eles se divorciaram, tendo, contudo, restabelecido a sociedade conjugal no ano seguinte. Após reatarem, o casal extinguiu a concessão de direito real de uso existente e constituiu servidão ambiental no mesmo imóvel. Com relação a essa situação hipotética, é correto afirmar que, no registro de imóveis, deverá ter sido feito o registro em cartório do(a):

a) instituição do bem de família.
b) divórcio.
c) servidão ambiental.
d) extinção da concessão de direito real de uso.
e) restabelecimento da sociedade conjugal.

334. (Cespe/PGE/AM/Procurador/2016) Qualquer pessoa pode requerer certidão de registros públicos firmados pelos serviços notariais concernentes a registro de imóveis, casamento, nascimento, óbito e outros que sejam de responsabilidade da serventia, não havendo a necessidade de se informar o motivo ou o interesse do pedido.

335. (Cespe/TJ/DFT/Juiz/2015) Acerca dos registros públicos e da Lei n. 8.935/1994, assinale a opção correta:

a) O juízo competente deve zelar para que os serviços notariais e de registros sejam prestados com rapidez e qualidade satisfatória, incumbindo aos notários e oficiais de registros, mediante autorização judicial, a adoção de sistemas de computação, microfilmagem, disco ótico e outros meios de reprodução.
b) A perda de delegação da atividade notarial e de registro deve ocorrer por sentença judicial transitada em julgado, vedada a perda por decisão administrativa.
c) As serventias de registros públicos têm personalidade jurídica, razão pela qual a pretensão indenizatória decorrente de serviços notariais deve ser dirigida ao tabelionato e não ao titular do cartório.
d) O incidente de suscitação de dúvida relativa a exigência feita por oficial de cartório configura procedimento de natureza administrativa e a decisão que o julga, embora exarada por magistrado, não tem natureza jurisdicional.
e) Cabem ao juízo competente a escolha e a nomeação dos substitutos dos notários e dos oficiais de registros para o desempenho de funções inerentes ao cargo.

4. DIREITO CONSTITUCIONAL

1. DOS PRINCÍPIOS FUNDAMENTAIS

* QUESTÕES DISCURSIVAS

01. (Cespe/PGE/SE/Procurador/2017) O Supremo Tribunal Federal, na ADI n. 4.764, em sede de controle concentrado de constitucionalidade, firmou a seguinte tese: "É vedado às unidades federativas instituir normas que condicionem a instauração de ação penal contra o governador, por crime comum, à prévia autorização da casa legislativa" (...). Para alcançar tal conclusão, utilizou – entre outros argumentos – a natureza e os elementos característicos do princípio republicano conforme a Constituição Federal de 1988 (CF). Discorra, de forma fundamentada, sobre os argumentos constitucionais que amparam o entendimento citado acima, abordando os seguintes aspectos: (i) a natureza e os elementos característicos do princípio republicano na CF; (ii) a existência, a extensão e a forma de instauração de exceções ao princípio republicano; (iii) as consequências para os estados-membros da observância obrigatória ao princípio republicano considerando-se o disposto no art. 51, I, da CF.

* QUESTÕES OBJETIVAS

01. (Cespe/TCE/PB/Auditor/2018) A afirmação de que todo poder emana do povo, que o exerce por meio de seus representantes eleitos, nos termos da CF, retrata o princípio fundamental da República Federativa do Brasil denominado princípio

a) da cidadania.
b) da livre iniciativa.
c) representativo.
d) do pluralismo político.
e) do Estado democrático de direito.

02. (Cespe/CGM/João_Pessoa/Técnico/2018) A soberania, que consiste em um poder político supremo e independente, é um dos fundamentos da República Federativa do Brasil.

03. (Cespe/CGM/João_Pessoa/Técnico/2018) A concessão de asilo político é um ato de soberania estatal de competência dos governadores dos estados e aplica-se em virtude de perseguição a estrangeiro praticada por seu próprio país ou por terceiro.

04. (Cespe/CGM/João_Pessoa/Técnico/2018) Erradicar a pobreza e a marginalização e reduzir as desigualdades sociais e regionais constituem objetivos da República Federativa do Brasil expressos na CF.

05. (Cespe/PC/MA/Investigador/2018) Acerca dos princípios fundamentais previstos na CF, julgue os itens a seguir.

I. O poder que emana do povo será exercido somente por meio de seus representantes eleitos.
II. O Brasil rege-se, nas relações internacionais, pelos princípios da intervenção e da negativa de asilo político.
III. São objetivos fundamentais da República Federativa do Brasil a erradicação da pobreza e da marginalização e a redução das desigualdades sociais.
IV. A República Federativa do Brasil visa à formação de uma comunidade latino-americana de nações por meio da integração econômica, política, social e cultural dos povos da América Latina.

Estão certos apenas os itens

a) I e III.
b) II e IV.
c) III e IV.
d) I, II e III.
e) I, II e IV.

06. (Cespe/PC/MA/Delegado/2018) De acordo com o entendimento do STF, a polícia judiciária não pode, por afrontar direitos assegurados pela CF, invadir domicílio alheio com o objetivo de apreender, durante o período diurno e sem ordem judicial, quaisquer objetos que possam interessar ao poder público. Essa determinação consagra o princípio do(a)

a) legalidade.
b) reserva da jurisdição.

c) ampla defesa.

d) contraditório.

e) direito ao sigilo.

07. **(Cespe/TRE/PI/Analista/2016)** A respeito dos princípios fundamentais constantes da Constituição Federal de 1988 (CF), assinale a opção correta:

a) O Estado brasileiro, atendidos os requisitos legais, é obrigado a conceder asilo político a estrangeiro, em decorrência de princípio orientador de suas relações internacionais constante na CF.

b) Princípios relativos à prestação positiva do Estado não figuram entre os princípios fundamentais constantes da CF.

c) A eletividade e a temporariedade são conceitos inerentes ao princípio republicano extraído da CF.

d) Em decorrência do princípio federativo, há relação de hierarquia entre a União e os demais entes integrantes da Federação.

e) Os objetivos da República Federativa do Brasil estão previstos expressamente em rol taxativo na CF.

08. **(Cespe/TRT/8R/Analista/2016)** Acerca da organização dos poderes, assinale a opção correta:

a) O Senado Federal é composto de representantes dos estados e do Distrito Federal, eleitos pelo princípio proporcional para mandato de oito anos.

b) As comissões parlamentares de inquérito possuem poderes de investigação próprios das autoridades judiciais e só podem ser criadas pela Câmara dos Deputados e pelo Senado Federal, em conjunto.

c) Compete ao Senado Federal fiscalizar as contas das empresas supranacionais de cujo capital social a União participe de forma direta, nos termos do tratado constitutivo.

d) Apenas o vice-presidente da República e o ministro da Justiça devem obrigatoriamente compor tanto o Conselho da República quanto o Conselho de Defesa Nacional, devendo os presidentes da Câmara dos Deputados e do Senado Federal participar da composição de apenas um dos dois.

e) A CF adota o sistema de freios e contrapesos ou de controle do poder pelo poder ao dispor que, embora independentes, os poderes são harmônicos entre si. O princípio da separação dos poderes é cláusula pétrea.

09. **(Cespe/PC/GO/Escrivão/2016)** Assinale a opção que apresenta um dos fundamentos da República Federativa do Brasil previsto expressamente na Constituição Federal de 1988:

a) valores sociais do trabalho e da livre iniciativa.

b) autodeterminação dos povos.

c) igualdade entre os estados.

d) erradicação da pobreza.

e) solução pacífica dos conflitos.

10. **(Cespe/TCE/PE/Analista/2017)** A garantia da dignidade da pessoa humana é um objetivo da República Federativa do Brasil e tem consolidado decisões judiciais para a efetivação de direitos fundamentais previstos na CF.

11. **(Cespe/PGE/AM/Procurador/2016)** Embora o preâmbulo da CF não tenha força normativa, podem os estados, ao elaborar as suas próprias leis fundamentais, reproduzi-lo, adaptando os seus termos naquilo que for cabível.

12. **(Cespe/DPE/AC/Defensor/2017)** Assinale a opção que, segundo o entendimento do STF, representa respeito à independência dos Três Poderes:

a) Proibição, por lei municipal, de cobrança de tarifa de assinatura básica no que concerne aos serviços de água e gás.

b) Decisão judicial que se imiscui nos critérios utilizados na convocação de sessão extraordinária em câmara de vereadores.

c) Criação, por constituição estadual, de órgão de controle administrativo do Poder Judiciário do qual participem representantes de outros poderes ou entidades.

d) Imposição pelo Poder Judiciário à administração pública de obrigação de fazer, visando à execução de obras emergenciais em estabelecimentos prisionais.

e) Criação de lei estadual que confere à Assembleia Legislativa a atribuição de demitir dirigentes de agência reguladora.

2. DOS DIREITOS E GARANTIAS FUNDAMENTAIS

»»Vide capítulo Direito Eleitoral (Dos Direitos Políticos, Dos Partidos Políticos).

2.1. Dos Direitos e Deveres Individuais e Coletivos

⦿ ATENÇÃO: ESTE TEMA É MUITO EXIGIDO NOS CONCURSOS!

* SÚMULAS

STF Súm. Vinculante 1. Ofende a garantia constitucional do ato jurídico perfeito a decisão que, sem ponderar as circunstâncias do caso concreto, desconsidera a validez e a eficácia de acordo constante de termo de adesão instituído pela Lei Complementar 110/2001.

STF Súm. Vinculante 11. Só é lícito o uso de algemas em casos de resistência e de fundado receio de fuga ou de perigo à integridade física própria ou alheia, por parte do preso ou de terceiros, justificada a excepcionalidade por escrito, sob pena de responsabilidade disciplinar, civil e penal do agente ou da autoridade e de nulidade da prisão ou do ato processual a que se refere, sem prejuízo da responsabilidade civil do Estado.

STF Súm. Vinculante 14. É direito do defensor, no interesse do representado, ter acesso amplo aos elementos de prova que, já documentados em procedimento investigatório realizado por órgão com competência de polícia judiciária, digam respeito ao exercício do direito de defesa.

STF Súm. Vinculante 21. É inconstitucional a exigência de depósito ou arrolamento prévios de dinheiro ou bens para admissibilidade de recurso administrativo.

STF Súm. Vinculante 25. É ilícita a prisão civil de depositário infiel, qualquer que seja a modalidade do depósito.

STF Súm. Vinculante 28. É inconstitucional a exigência de depósito prévio como requisito de admissibilidade de ação judicial na qual se pretenda discutir a exigibilidade de crédito tributário.

STF Súm. Vinculante 45. A competência constitucional do tribunal do júri prevalece sobre o foro por prerrogativa de função estabelecido exclusivamente pela constituição estadual.

STF Súm. 1. É vedada a expulsão de estrangeiro casado com brasileira, ou que tenha filho brasileiro, dependente da economia paterna.

STF Súm. 421. Não impede a extradição a circunstância de ser o extraditado casado com brasileira ou ter filho brasileiro.

STF Súm. 654. A garantia da irretroatividade da lei, prevista no art. 5º, XXXVI, da Constituição da República, não é invocável pela entidade estatal que a tenha editado.

STF Súm. 704. Não viola as garantias do juiz natural, da ampla defesa e do devido processo legal a atração por continência ou conexão do processo do corréu ao foro por prerrogativa de função de um dos denunciados.

STJ Súm. 280. O art. 35 do Decreto-lei n. 7.661, de 1945, que estabelece a prisão administrativa, foi revogado pelos incisos LXI e LXVII do art. 5º da Constituição Federal de 1988.

STJ Súm. 419. Descabe a prisão civil do depositário judicial infiel.

TST Súm. 443. Presume-se discriminatória a despedida de empregado portador do vírus HIV ou de outra doença grave que suscite estigma ou preconceito. Inválido o ato, o empregado tem direito à reintegração no emprego.

* REPERCUSSÃO & REPETITIVOS

STF Repercussão Geral 220. É lícito ao Judiciário impor à Administração Pública obrigação de fazer, consistente na promoção de medidas ou na execução de obras emergenciais em estabelecimentos prisionais para dar efetividade ao postulado da dignidade da pessoa humana e assegurar aos detentos o respeito à sua integridade física e moral, nos termos do que preceitua o art. 5º, XLIX, da CF, não sendo oponível à decisão o argumento da reserva do possível nem o princípio da separação dos poderes. (RE 592581, 13.8.2015)

STF Repercussão Geral 280. A entrada forçada em domicílio sem mandado judicial só é lícita, mesmo em período noturno, quando amparada em fundadas razões, devidamente justificadas "a posteriori", que indiquem que dentro da casa ocorre situação de flagrante delito, sob pena de responsabilidade disciplinar, civil e penal do agente ou da autoridade, e de nulidade dos atos praticados. (RE 603616, 5.11.2015)

STF Repercussão Geral 832. O parlamentar, na condição de cidadão, pode exercer plenamente seu direito fundamental de acesso a informações de interesse pessoal ou coletivo, nos termos do art. 5º, XXXIII, da CF e das normas de regência desse direito. (RE 865401, 25.4.2018)

STF Repercussão Geral 925. A execução provisória de acórdão penal condenatório proferido em grau recursal, ainda que sujeito a recurso especial ou extraordinário, não compromete o princípio constitucional da presunção de inocência afirmado pelo art. 5º, LVII, da CF. (ARE 964246, 11.11.2016)

* INFORMATIVOS DE JURISPRUDÊNCIA

Cabimento de reclamação: censura e liberdade de expressão

STF A decisão reclamada determinou, cautelarmente, a retirada de matéria de "blog" jornalístico, bem como a proibição de novas publicações, por haver considerado a notícia ofensiva à honra de delegado da polícia federal. A determinação de retirada de matéria jornalística afronta a liberdade de expressão e de informação, além de constituir censura prévia. Essas liberdades ostentam preferência em relação ao direito à intimidade, ainda que a matéria tenha sido redigida em tom crítico. A ADPF 130 (sobre a Lei de Imprensa) pode ser utilizada como parâmetro para ajuizamento de reclamação que verse sobre conflito entre a liberdade de expressão e de informação e a tutela das garantias individuais relativas aos direitos de personalidade. Rcl 28747, Rel. Acd. Min. Luiz Fux, j. 5.6.2018. 1ª T. (Info 905).

Incitação à discriminação religiosa e liberdade de expressão

STF A incitação ao ódio público contra quaisquer denominações religiosas e seus seguidores não está protegida pela cláusula constitucional que assegura a liberdade de expressão. RHC 146303, Rel. Acd. Min. Dias Toffoli, j. 6.3.2018. 2ª T. (Info 893)

ADI: proselitismo e liberdade de expressão

STF É inconstitucional (afronta os arts. 5º, IV, VI e IX, e 220, da CF) o § 1º do art. 4º da Lei 9.612/98, que proíbe, no âmbito da programação das emissoras de radiodifusão comunitária, a prática de proselitismo, ou seja, a transmissão de conteúdo tendente a converter pessoas a uma doutrina, sistema, religião, seita ou ideologia. A liberdade de pensamento inclui o discurso persuasivo, o uso de argumentos críticos, o consenso e o debate público informado e pressupõe a livre troca de ideias e não apenas a divulgação de informações. ADI 2.566, Rel. Acd. Min. Edson Fachin, j. 16.5.2018. Pleno. (Info 902).

Transgêneros e direito a alteração no registro civil

STF O direito à igualdade sem discriminações abrange a identidade ou a expressão de gênero. A identidade de gênero é manifestação da própria personalidade e, como tal, cabe ao Estado apenas o papel de reconhecê-la, nunca de constituí-la. A pessoa não deve provar o que é, e o Estado não deve condicionar a expressão da identidade a qualquer tipo de modelo, ainda que meramente procedimental. ADI 4275, Rel. Acd. Min. Edson Fachin, j. 28.2 e 1º.3.2018. Pleno. (Info 892)

* QUESTÕES DISCURSIVAS

02. (Cespe/PC/MT/Delegado/2017) À noite, no retorno para a delegacia, depois de cumpridas outras diligências, policiais civis suspeitaram, com razões justificáveis, da ocorrência de tráfico de drogas em determinada residência. Imediatamente, entraram à força no local e realizaram busca e apreensão no domicílio. Considerando o entendimento do STF, responda, de forma fundamentada, aos seguintes questionamentos a respeito da legalidade da entrada na residência e da busca e apreensão realizada na situação hipotética acima descrita. (i) Ao entrarem na residência, naquele momento, os policiais agiram de maneira legal? (ii) Ao realizarem busca e apreensão no domicílio, os policiais agiram legalmente? Em que momento ocorre o controle judicial desse tipo de ação? (iii) Caso a ação dos policiais seja considerada ilícita, quais serão as consequências dessa ação?

03. (Cespe/STJ/Analista/2018) Declaração Universal dos Direitos Humanos: "(...) Art. 19 Todo ser humano tem direito à liberdade de opinião e expressão; esse direito inclui a liberdade de, sem interferência, ter opiniões e de procurar, receber e transmitir informações e ideias por quaisquer meios e independentemente de fronteiras" (Internet: www.unicef.org). Código Civil: "(...) Art. 187 Também comete ato ilícito o titular de um direito que, ao exercê-lo, excede manifestamente os limites impostos pelo seu fim econômico ou social, pela boa-fé ou pelos bons costumes" (Internet: www.planalto.gov.br). "Não podemos confundir liberdade de expressão nas redes sociais com irresponsabilidade, senão o exercício dessa liberdade torna-se abuso de direito", alerta a advogada Patrícia Peck Pinheiro, especialista em direito digital. "O que mais prejudica a liberdade de todos é o abuso de alguns, a ofensa covarde e anônima, isso não é democracia". Os chamados crimes contra a honra na Internet – que envolvem ameaça, calúnia, difamação, injúria e falsa identidade – têm gerado cada vez mais processos judiciais. Um levantamento divulgado pelo Superior Tribunal de Justiça lista sessenta e cinco julgamentos recentes que resultaram em pagamento de indenizações, retirada de páginas do ar, responsabilização de agressores e outras condenações em favor das vítimas. Na opinião de Patrícia Peck, a falta de educação e a impunidade contribuem para os excessos na Internet. Segundo ela, "Sem educação em ética e leis, corremos o risco de a liberdade de expressão e o anonimato digital se converterem em verdadeiros entraves à evolução da sociedade digital, pois tornarão o ambiente da Internet selvagem e inseguro" (Internet: www.cartacapital.com.br, com adaptações). Considerando as ideias precedentes nos fragmentos textuais apresentados anteriormente, redija um texto dissertativo a respeito do seguinte tema: "O anonimato digital e o abuso do direito à liberdade de expressão". Ao construir seu texto, apresente um exemplo de situação em que emissão de opinião no meio digital pode significar abuso de direito e discuta maneiras de prevenir ou coibir esse tipo de comportamento.

04. **(Cespe/DPE/RN/Defensor/2015)** Maior de idade, absolutamente capaz e hipossuficiente nasceu mulher, mas se vê e é percebida perante a sociedade como homem. Embora tenha optado por não realizar cirurgia de transgenitalização, essa pessoa, tendo em vista seu desejo de proceder à retificação de seu registro de nascimento para alterar seu prenome e trocar o gênero feminino para o masculino, procurou a Defensoria Pública do Estado do Rio Grande do Norte para ingressar com a ação competente. Com base nessa situação hipotética, redija um texto dissertativo acerca da temática do neoconstitucionalismo apresentando argumentos de mérito em favor do pleito da assistida. Ao elaborar seu texto, atenda ao que se pede a seguir: (i) apresente o conceito de neoconstitucionalismo; (ii) discorra sobre a constitucionalização do direito, apontando, pelo menos, duas normas da Constituição Federal de 1988 que podem ser aplicadas em defesa da pretensão da assistida; (iii) discuta sobre o ativismo judicial e a concretização do direito à autodeterminação sexual.

* QUESTÕES OBJETIVAS

13. **(Cespe/CGM/João_Pessoa/Auditor/2018)** A lei não pode prejudicar o direito adquirido, o ato jurídico perfeito e a expectativa de direito.

14. **(Cespe/CGM/João_Pessoa/Técnico/2018)** Os direitos e as garantias fundamentais constitucionais estendem-se aos estrangeiros em trânsito no território nacional, mas não às pessoas jurídicas, por falta de previsão constitucional expressa.

15. **(Cespe/STM/Analista/2018)** Ressalvada a hipótese de flagrante delito, a prisão decorrente da prática de transgressão militar dependerá de ordem escrita e fundamentada de autoridade judiciária competente.

16. **(Cespe/STM/Analista/2018)** A Constituição Federal de 1988 prevê de maneira expressa que os crimes militares contra a vida, culposos e dolosos, sejam julgados pelo tribunal do júri específico da justiça castrense.

17. **(Cespe/STM/Técnico/2018)** De acordo com o princípio constitucional da reserva legal, as normas que preveem os crimes militares são taxativas, devendo tais crimes estar tipificados em dispositivo próprio e específico.

18. **(Cespe/TCE/PR/Analista/2016)** Acerca dos direitos e garantias fundamentais previstos na Constituição Federal de 1988, assinale a opção correta:

a) Tratados e convenções internacionais recepcionados pela República Federativa do Brasil, em geral, têm status equivalente ao das emendas constitucionais.

b) Os direitos sociais relativos a educação, saúde, alimentação, trabalho e moradia constituem norma constitucional de conteúdo programático, razão por que não se pode exigir dos poderes públicos atuação no sentido de provê-los.

c) Os direitos e garantias individuais previstos no texto constitucional não são assegurados apenas às pessoas físicas brasileiras e estrangeiras residentes no país, alcançando também as pessoas jurídicas, como, por exemplo, no reconhecimento de indenização por danos morais por violação à imagem.

d) Em nome da proteção constitucional à privacidade, a quebra do sigilo de dados bancários, fiscais, ou informáticos de entes privados somente pode ser determinada por decisão judicial ou de comissão parlamentar de inquérito ou por requisição do Ministério Público.

e) A norma constitucional que prevê o livre exercício da atividade profissional tem eficácia limitada, uma vez que sua aplicabilidade depende da edição de lei posterior.

19. **(Cespe/TCE/PA/Auditor/2016)** No dia 4 de janeiro de 2016, o Movimento Tarifa Zero convocou cidadãos a participarem de manifestação contra o aumento das tarifas de trens, ônibus e metrô. A manifestação seria realizada no dia 3 de fevereiro de 2016 em frente à sede da prefeitura de determinado município. O organizador do movimento encaminhou, previamente à data prevista para a realização do evento, ofício à prefeitura e às demais autoridades competentes avisando sobre a manifestação. Em resposta ao ofício, a prefeitura informou que não autorizaria a realização do movimento em quaisquer áreas públicas daquele município, sob o fundamento de que no município ainda não havia legislação disciplinando o exercício do direito de reunião. Em casos como o descrito não se faz necessário o prévio aviso, de modo que o organizador do movimento poderia ter encaminhado ofício à prefeitura e às demais autoridades competentes em data posterior à realização da reunião.

20. **(Cespe/TCE/PR/Auditor/2016)** Com base na CF e no entendimento do STF, assinale a opção correta quanto aos direitos e garantias fundamentais e aos partidos políticos:

a) A legislação brasileira veda a extradição se, para o crime cometido pelo extraditando, a legislação do país requerente previr pena perpétua, ainda que tal país se comprometa a comutá-la em prisão de, no máximo, trinta anos.

b) O TCU não tem competência para julgar as contas dos partidos políticos ou dos seus gestores, os quais estão submetidos ao controle da justiça eleitoral.

c) A licitude da entrada forçada em domicílio, sem mandado judicial, depende de haver fundadas razões, que devem ser posteriormente informadas, de que ocorre situação de flagrante delito dentro da casa, sob pena de responsabilidade disciplinar, civil e penal do agente ou da autoridade e de nulidade dos atos praticados.

d) Os direitos, as vedações e a forma de investidura do MP junto aos tribunais de contas não estão previstos na CF, devendo ser objeto de lei complementar.

e) Se o estatuto da associação previr, ainda que de forma genérica, que a ela caiba representar judicial e extrajudicialmente os seus associados em todas as ações judiciais, será desnecessária a autorização expressa dos associados nesse sentido em demanda específica.

21. **(Cespe/DPU/Analista/2016)** O direito fundamental à vida também se manifesta por meio da garantia de condições para uma existência digna.

22. **(Cespe/DPU/Analista/2016)** Dada a garantia constitucional de acesso à justiça, é vedada a exigência de prévio ingresso pelas vias extrajudiciais como requisito para o acesso ao Poder Judiciário, não sendo extensível, tal vedação, às ações relativas às competições desportivas.

23. **(Cespe/TCE/PA/Analista/2016)** O direito de petição configura instrumento de controle administrativo: por meio dele, assegura-se a qualquer pessoa a defesa de direitos, individuais ou coletivos, bem como o direito de peticionar contra ilegalidade ou abuso de poder, perante autoridade administrativa competente de qualquer dos poderes constituídos.

24. **(Cespe/TCE/PA/Analista/2016)** A adoção do sistema uno de jurisdição no direito brasileiro permite a apreciação, pelo Poder Judiciário, de lesão ou ameaça de lesão a direitos individuais e coletivos, em qualquer caso, o que inclui a revisão das decisões dos tribunais e conselhos de contas.

25. **(Cespe/Funpresp/Especialista Jurídico/2016)** A FUNPRESP-EXE decidiu contratar uma empresa especializada para a construção de um prédio de três andares no município X. No imóvel, funcionará um centro de processamento de dados, necessário para a operação da rede de dados da fundação. Concluída a construção, o município X aplicou uma multa ambiental à fundação, sob a alegação de que a execução da obra havia sido feita em desacordo com o art. 3º da Lei Municipal n. 1, que prevê regras ambientais específicas do município relativas à defesa do solo, inclusive normas técnicas de construção destinadas a evitar a contaminação do solo por metais pesados. A multa aplicada à FUNPRESP-EXE foi de R$ 1.000.000, valor condizente com os limites da referida legislação. Ao tentar impugnar, na via administrativa, a multa ambiental, a FUNPRESP-EXE foi avisada de que, para recorrer administrativamente, deveria recolher previamente 50% do valor da multa aplicada mediante Guia de Arrecadação, expedida pela Secretaria Municipal de Meio Ambiente, conforme previsão do art. 5º da referida lei municipal, sob pena de o recurso administrativo nem sequer ser conhecido. O art. 5º da lei em questão é inconstitucional por ser incompatível com as garantias constitucionais relativas ao direito de petição e ao princípio do contraditório.

26. **(Cespe/TRE/PI/Analista/2016)** No que se refere aos direitos e às garantias fundamentais, assinale a opção correta:

a) Não poderá ser conhecido "habeas corpus" impetrado em benefício alheio por indivíduo destituído de sanidade mental que não esteja representado ou assistido por outrem.

b) Dado o direito à estabilidade sindical, assegurado pela CF, é vedada a dispensa do empregado sindicalizado a partir da posse no cargo de direção ou representação sindical e até um ano após o término do mandato.

c) As hipóteses de perda ou suspensão de direitos políticos estão previstas na CF em rol exemplificativo.

d) Se uma obrigação imposta a todos contrariar convicção de natureza filosófica de determinado indivíduo, esse indivíduo pode invocar o direito à escusa de consciência.

e) A responsabilidade pela divulgação do direito de resposta proporcional ao agravo é do autor da ofensa, e não da direção do órgão de comunicação.

27. **(Cespe/DPE/RN/Defensor/2015)** Com referência aos direitos fundamentais em espécie, assinale a opção correta com base no entendimento do STF acerca desse tópico:

a) A inviolabilidade domiciliar refere-se à residência que o indivíduo ocupa com intenção de moradia definitiva, mas não alcança seu escritório profissional ou outro local de trabalho.

b) A determinação de foro justificada por prerrogativa de função, ainda que instituída exclusivamente por Constituição estadual, prevalece sobre a competência do tribunal de júri.

c) Por ferir o direito à privacidade, é ilegítima a publicação, em qualquer tipo de veículo, dos nomes de servidores da administração pública e do valor dos vencimentos e vantagens pecuniárias por eles recebidos.

d) O Estado brasileiro reconhece que a família tem como base a união entre o homem e a mulher, fato que exclui a união de pessoas do mesmo sexo do âmbito da proteção estatal.

e) Salvo quando envolver criança e(ou) adolescente, os direitos à reunião e à livre manifestação do pensamento podem ser exercidos mesmo quando praticados para defender a legalização de drogas.

28. **(Cespe/TJ/AM/Juiz/2016)** Considerando a jurisprudência do STF, assinale a opção correta acerca do Poder Judiciário, do STF e das justiças federal, do trabalho e eleitoral:

a) Caso o número total da composição dos tribunais estaduais, TREs e TRFs não seja divisível por cinco, arredondar-se-á a fração restante (seja superior ou inferior à metade) para o número inteiro seguinte, a fim de alcançar-se a quantidade de vagas destinadas ao quinto constitucional assegurado a advogados e membros do MP.

b) Se o fundamento da impetração de mandado de segurança for nulidade ocorrida na elaboração da lista tríplice pelos tribunais competentes, o presidente da República não poderá ser considerado autoridade coatora no mandado de segurança impetrado contra ato de sua competência em que ele tenha nomeado magistrado.

c) A falta ou a insuficiência de fundamentação de prisão preventiva podem ser supridas pela fundamentação constante das informações prestadas em "habeas corpus" ou em acórdão que o denegue ou negue provimento a recurso, o que afasta a causa de nulidade da decisão por descumprimento do disposto na CF acerca da publicidade dos julgamentos.

d) Não satisfaz a exigência de fundamentação das decisões o ato judicial que apenas faz remissão expressa a manifestações ou peças processuais existentes nos autos, produzidas pelas partes, pelo MP ou por autoridades públicas, cujo teor indique os fundamentos de fato e(ou) de direito que justifiquem a decisão emanada do Poder Judiciário.

e) A publicidade assegurada constitucionalmente alcança os autos do processo, e não somente as sessões e audiências, razão pela qual padece de inconstitucionalidade disposição normativa que determine abstratamente segredo de justiça em todos os processos em curso perante vara criminal.

29. **(Cespe/TJ/AM/Juiz/2016)** Assinale a opção correta acerca dos direitos e deveres individuais e coletivos e dos direitos sociais, considerando a jurisprudência do STF:

a) O dispositivo da CF que cuida do direito dos trabalhadores urbanos e rurais à remuneração pelo serviço extraordinário com acréscimo de, no mínimo, 50% não se aplica imediatamente aos servidores públicos, por não consistir norma autoaplicável.

b) A vedação constitucional à dispensa arbitrária ou sem justa causa da empregada gestante, desde a confirmação da gravidez até cinco meses após o parto, não se aplica às militares.

c) Desde que expressamente autorizado pelos sindicalizados, o sindicato tem legitimidade para atuar como substituto processual na defesa de direitos e interesses coletivos ou individuais homogêneos da categoria que representa.

d) Viola os princípios constitucionais da liberdade de associação e da liberdade sindical norma legal que condicione, ainda que indiretamente, o recebimento do benefício do seguro-desemprego à filiação do interessado a colônia de pescadores de sua região.

e) A CF proíbe tão somente o emprego do salário mínimo como indexador, sendo legítima a sua utilização como base de cálculo para o pagamento do adicional de insalubridade.

30. **(Cespe/TJ/DFT/Juiz/2016)** Em atenção aos direitos e garantias fundamentais da Constituição brasileira, assinale a opção correta:

a) A constituição consagra expressamente a teoria absoluta do núcleo essencial de direitos fundamentais.

b) Direitos fundamentais formalmente ilimitados, desprovidos de reserva legal, não podem sofrer restrições de qualquer natureza.

c) O gozo da titularidade de direitos fundamentais pelos brasileiros depende da efetiva residência em território nacional.

d) Há direitos fundamentais cuja titularidade é reservada aos estrangeiros.

e) A reserva legal estabelecida para a inviolabilidade das comunicações telefônicas é classificada como simples, e para a identificação criminal reserva qualificada.

31. **(Cespe/TJ/AM/Juiz/2016)** Tendo em vista que o direito à vida – valor central do ordenamento jurídico – desdobra-se em direito à existência física e direito a uma vida digna, assinale a opção correta:

a) O direito à saúde efetiva-se mediante ações distributivas e alocativas relacionadas à promoção, proteção e recuperação da saúde.

b) Os serviços públicos de saúde integram uma rede regionalizada e hierarquizada, que constitui um sistema único, organizado de forma centralizada.

c) O STF afastou a possibilidade de o SUS pagar por tratamento diferenciado oferecido a pessoa que comprove necessitar de medida curativa ainda não incorporada ao sistema público, para evitar o chamado efeito multiplicador que o precedente judicial poderia causar.

d) Constitui direito dos trabalhadores a assistência dos filhos e dependentes desde o nascimento até cinco anos de idade em creches e pré-escolas mediante pagamento de contraprestação fixada em lei.

e) É dever privativo da União desenvolver políticas públicas que visem à redução de doenças e outros agravos.

32. **(Cespe/TRF/5R/Juiz/2015)** Com relação aos critérios constitucionais de aplicação das leis no tempo, assinale a opção correta à luz da doutrina e da jurisprudência do STF pertinentes a esse tema:

a) Terá eficácia retroativa média a lei nova que atingir apenas os efeitos dos atos anteriores produzidos após a data em que ela entrar em vigor.

b) A União pode invocar a proteção do direito adquirido contra lei federal que suprima direitos da própria União.

c) De acordo com a jurisprudência do STF, uma lei processual que altere o regime recursal terá aplicação imediata, incidindo inclusive sobre os casos em que já haja decisão prolatada pendente de publicação.

d) A CF não positivou expressamente a regra de que as leis não podem atingir fatos ocorridos no passado, adotando, na verdade, a teoria subjetiva de proteção dos direitos adquiridos em face de leis novas.

e) O servidor público tem direito adquirido à manutenção dos critérios legais de fixação do valor da remuneração.

33. **(Cespe/TRF/5R/Juiz/2015)** Com relação aos direitos e garantias fundamentais, assinale a opção correta conforme o entendimento do STF:

a) Viola as garantias do livre exercício do trabalho, ofício ou profissão a exigência, pela fazenda pública, de prestação de fiança para a impressão de notas fiscais de contribuintes em débito com o fisco.

b) A proibição de liberdade provisória nos processos por crimes hediondos veda o relaxamento da prisão processual por excesso de prazo.

c) O direito a ampla defesa não engloba o acesso aos documentos em procedimento investigatório realizado por órgão com competência de polícia judiciária.

d) Deve ser resguardado o nome do servidor público na publicitação dos dados referentes a sua remuneração, porquanto tal divulgação viola a proteção constitucional à intimidade.

e) No âmbito processual criminal, a garantia do juízo natural impede a redistribuição de processos na hipótese de criação de varas especializadas em razão da matéria.

34. **(Cespe/PC/GO/Escrivão/2016)** A respeito dos direitos e garantias fundamentais previstos na Constituição Federal de 1988, assinale a opção correta:

a) De acordo com a lei, a prática da tortura é considerada crime inafiançável e insuscetível de graça ou anistia, por ele respondendo os mandantes, os executores e os que, podendo evitá-lo, se omitirem.

b) A prisão em flagrante deve ser imediatamente relaxada pela autoridade judiciária, devido ao fato de ser vedado levar pessoas à prisão ou mantê-las na prisão nas situações em que a lei admitir a liberdade provisória.

c) Nas hipóteses e na forma que a lei estabelecer para fins de investigação criminal ou instrução processual penal, permite-se que ordem judicial afaste a inviolabilidade do sigilo da correspondência.

d) Constituem crimes inafiançáveis e imprescritíveis o terrorismo e os definidos como crimes hediondos; a ação de grupos armados, civis ou militares, contra a ordem constitucional e o Estado democrático.

e) É permitida a extradição de brasileiro naturalizado, em caso de crime comum praticado após a naturalização ou de comprovado envolvimento em tráfico ilícito de entorpecentes e drogas afins.

35. **(Cespe/TRE/PE/Analista/2017)** "Lei Complementar n. 105/2001: Art. 6º As autoridades e os agentes fiscais tributários da União, dos estados, do Distrito Federal e dos municípios somente poderão examinar documentos, livros e registros de instituições financeiras, inclusive os referentes a contas de depósitos e aplicações financeiras, quando houver processo administrativo instaurado ou procedimento fiscal em curso e tais exames forem considerados indispensáveis pela autoridade administrativa competente". Conforme o entendimento do STF, o dispositivo anteriormente transcrito:

a) fere o direito à privacidade e à intimidade.

b) é inconstitucional, pois o acesso a dados bancários pelo fisco depende de autorização judicial.

c) não ofende o direito ao sigilo bancário.

d) trata especificamente da quebra de sigilo bancário.

e) baseia-se no princípio da transparência dos tributos.

36. **(Cespe/TRE/PE/Técnico/2017)** A respeito dos direitos e deveres individuais e coletivos, assinale a opção correta:

a) É livre a manifestação do pensamento, seja ela exercida por pessoa conhecida ou por pessoa anônima.

b) Ninguém pode fazer ou deixar de fazer alguma coisa senão em virtude de lei.

c) Todos poderão reunir-se pacificamente, em locais abertos ao público, desde que haja prévia autorização do poder público.

d) É plena a liberdade de associação para fins lícitos, inclusa a de caráter paramilitar.

e) A expressão de atividade artística é livre, não estando sujeita a censura ou licença.

37. **(Cespe/DPU/Defensor/2017)** Os direitos fundamentais individuais incluem o direito à intimidade, o direito ao devido processo legal e o direito de greve.

38. **(Cespe/TCE/PE/Analista/2017)** Lei aprovada pelo Congresso Nacional para conferir proteção especial às mulheres, seja qual for o tratamento diferenciado entre os gêneros, contrariará a CF, que prevê a igualdade entre homens e mulheres em direitos e obrigações.

39. **(Cespe/TCE/PE/Analista/2017)** A liberdade para o exercício de qualquer trabalho, ofício ou profissão está condicionada ao atendimento das qualificações profissionais estabelecidas por lei, mas nem todos os ofícios ou profissões, para serem exercidos, estarão sujeitos à existência de lei.

40. **(Cespe/TCE/PE/Analista_Gestão/2017)** A liberdade de reunião e o direito à livre manifestação do pensamento excluem a possibilidade de pessoas se reunirem em espaços públicos para protestar em favor da legalização do uso e da comercialização de drogas no país.

41. **(Cespe/TCE/PE/Analista_Controle_Externo/2017)** De acordo com a CF, somente estarão isentas do pagamento de taxa para obtenção de certidões em repartição pública para defesa de direitos as pessoas que comprovarem sua hipossuficiência.

42. **(Cespe/TCE/PE/Analista_Controle_Externo/2017)** Ainda que se configure relativização do princípio da inviolabilidade da vida privada, admite-se a divulgação na mídia de informações a respeito de indivíduo que exerça cargo público, bastando que se ateste previamente a veracidade delas.

43. **(Cespe/PGM/Fortaleza/Procurador/2017)** Os direitos adquiridos sob a égide de Constituição anterior, ainda que sejam incompatíveis com a Constituição atual, devem ser respeitados, dada a previsão do respeito ao direito adquirido no próprio texto da CF.

44. **(Cespe/PGM/Belo_Horizonte/Procurador/2017)** Acerca dos direitos e garantias fundamentais, assinale a opção correta:

a) Após a condenação criminal transitada em julgado, os direitos políticos do infrator ficarão suspensos enquanto durarem os efeitos da referida condenação.

b) Nas situações em que se fizer necessário, o cidadão poderá impetrar "habeas data" para obter vistas dos autos de processo administrativo de seu interesse.

c) O "habeas corpus" é o instrumento adequado para impedir o prosseguimento de processo administrativo.

d) Os direitos fundamentais são personalíssimos, razão por que somente o seu titular tem o direito de renunciá-los.

45. **(Cespe/PGM/Belo_Horizonte/Procurador/2017)** À luz do entendimento do STF, assinale a opção correta, a respeito dos direitos e garantias fundamentais:

a) A licença-maternidade não é garantida à mulher adotante.

b) Lei para alteração de processo eleitoral pode ser aplicada no mesmo ano das eleições, desde que seja editada cento e oitenta dias antes do pleito.

c) O direito de reunião e o direito à livre expressão do pensamento legitimam a realização de passeatas em favor da descriminalização de determinada droga.

d) As prerrogativas constitucionais de investigação das CPIs possibilitam a quebra de sigilo imposto a processo sujeito ao segredo de justiça.

46. **(Cespe/TRF/1R/Analista/2017)** A Constituição Federal, ao prever, de forma exaustiva, os direitos e garantias fundamentais dos indivíduos, faz que sejam desconsiderados outros direitos humanos, mesmo que estejam previstos em tratados internacionais dos quais o Brasil seja parte.

47. **(Cespe/DPU/Defensor/2015)** Não viola a cláusula do devido processo legal a exigência de arrolamento prévio de bens para fins de admissibilidade de recurso administrativo.

48. **(Cespe/DPU/Defensor/2015)** O direito à liberdade de expressão representa um dos fundamentos do Estado democrático de direito e não pode ser restringido por meio de censura estatal, salvo a praticada em sede jurisdicional.

49. **(Cespe/PGM/Salvador/Procurador/2015)** Acerca dos direitos e das garantias individuais previstos na CF, assinale a opção correta com base na jurisprudência do STF:

a) Em virtude do direito de reunião e do direito de livre manifestação do pensamento, os quais devem ser garantidos a todas as pessoas, serão inconstitucionais as leis municipais que exijam comunicação prévia para a realização de reuniões em praças públicas.

b) O fato de o direito à privacidade ser assegurado a todos faz que seja inconstitucional lei municipal que determine a publicação dos nomes dos servidores do município acompanhados dos valores de seus subsídios.

c) Seria inconstitucional lei que estabelecesse limite de idade para o acesso a cargos públicos da administração pública, ainda que essa limitação fosse justificada pela natureza das atribuições do cargo.

d) De acordo com o princípio da dignidade da pessoa humana, o uso de algemas justifica-se apenas se houver resistência ou fundado receio de fuga ou de perigo à integridade física própria ou alheia, por parte do preso ou de terceiros.

e) Conforme jurisprudência do STF, desde que esteja prevista em lei nacional, será constitucional a exigência do diploma de jornalismo para o exercício dessa profissão.

50. **(Cespe/PGM/Salvador/Procurador/2015)** Ainda com relação aos direitos e às garantias individuais, assinale a opção correta com base na jurisprudência do STF:

a) A competência do júri para o julgamento de crimes dolosos contra a vida não é absoluta e pode ser excepcionada por regra da própria CF, como, por exemplo, o julgamento de prefeitos pelo TJ.

b) Desde que prevista em lei, é constitucional, em processo administrativo, a exigência de depósito ou de arrolamento prévio de bens e de direitos como pressuposto de admissibilidade de recurso administrativo.

c) O princípio da inafastabilidade da jurisdição impede o estabelecimento, no ordenamento jurídico brasileiro, de cláusulas compromissórias de arbitragem em contratos, ainda que estes sejam relativos a direito disponível.

d) O julgamento, pelo Senado Federal, de crime de responsabilidade praticado por presidente ou vice-presidente da República constitui ato de conteúdo político, razão por que não está sujeito a controle jurisdicional.

e) Como as relações entre os servidores públicos e a administração pública são estatutárias, lei posterior poderá revogar vantagem pessoal que esteja incorporada ao patrimônio do servidor, sem que seja cabível a alegação de ofensa a direito adquirido.

51. **(Cespe/STJ/Analista/2015)** Um cidadão detém, mais que o direito, o dever de opor-se à ordem que, emanada de autoridades públicas, se revele manifestamente ilegal.

52. **(Cespe/TCE/RN/Inspetor/2015)** Comumente, confundem-se os princípios da legalidade e da reserva legal. O primeiro, contudo, é mais abrangente e representa o dever de submissão e respeito à lei. O segundo, por sua vez, consiste na imposição constitucional de que determinadas matérias sejam regulamentadas por lei formal.

53. **(Cespe/TCU/Procurador/2015)** Considerando eventuais contextos de crise institucional, assinale a opção correta acerca dos instrumentos disponibilizados pela CF para enfrentar possíveis ameaças à ordem constitucional e ao Estado democrático de direito:

a) Constatada a ocorrência de comoção grave de repercussão nacional, o presidente da República pode, ouvidos o Conselho da República e o Conselho de Defesa Nacional, decretar estado de defesa.

b) Em caso de provimento de representação do procurador-geral da República pelo STF para assegurar a observância dos princípios constitucionais de intervenção, não há impedimento para que a CF seja normalmente emendada, tendo em vista que a intervenção federal, nessa hipótese, limitar-se-á a suspender a execução do ato impugnado.

c) A intervenção em município localizado em estado-membro ocorrerá, em cada caso, conforme as hipóteses estabelecidas livremente na respectiva Constituição estadual, que definirá, entre outras coisas, os seus próprios princípios constitucionais de intervenção.

d) A ação de grupos armados, inclusive militares, contra a ordem constitucional e o Estado democrático de direito constitui crime inafiançável e imprescritível.

e) Em caso de grave comprometimento da ordem pública, a União poderá intervir em estado da Federação, devendo o decreto de intervenção especificar eventuais restrições ao direito de reunião, ainda que exercida no seio de associações.

54. **(Cespe/PGE/SE/Procurador/2017)** Determinada demanda judicial, em que são partes um estrangeiro residente no Brasil e um estado da Federação, prolonga-se por vinte e cinco anos. Nesse caso, à luz da legislação e da doutrina constitucional, o direito à razoável duração do processo:

a) é norma programática e não gera efeitos individuais imediatos no caso concreto.

b) é aplicável em favor do estrangeiro na esfera judicial, mas não o seria no âmbito administrativo.

c) pode amparar ambas as partes e ter efeitos imediatos sobre a situação individual cogitada.

d) não ampara o estado da Federação, por se tratar de direito individual oponível contra o Estado.

e) não ampara o estrangeiro, por ausência de previsão no texto constitucional.

55. **(Cespe/TCE/PE/Analista/2017)** Caso, em determinado estado da Federação, um grupo de pessoas constitua uma associação, para certo fim, que se comprove ilícita por meio de processo regular, somente decisão judicial poderá suspender as atividades da associação, independentemente do trânsito julgado da ação.

56. **(Cespe/TCE/PE/Analista/2017)** Para a interposição de recurso administrativo no caso de indeferimento de pedido protocolado em determinado órgão público, poderá ser exigido depósito prévio de dinheiro ou bem se a causa tratar de questões patrimoniais.

57. **(Cespe/PC/PE/Delegado/2016)** Assinale a opção correta acerca dos direitos sociais, dos remédios ou garantias constitucionais e dos direitos de nacionalidade:

a) Será considerado brasileiro nato o indivíduo nascido no estrangeiro, filho de pai brasileiro ou de mãe brasileira, que for registrado em repartição brasileira competente ou que venha a residir no Brasil e opte, em qualquer tempo, depois de atingida a maioridade, pela nacionalidade brasileira.
b) A duração da jornada normal de trabalho, de, no máximo, oito horas diárias e quarenta e quatro horas semanais, não comporta exceções, no entanto a CF admite a compensação de horários mediante acordo ou convenção coletiva de trabalho.
c) De acordo com o STF, o "habeas data" é ação que permite ao indivíduo o direito de obter informações relativas à sua pessoa, inseridas em repartições públicas ou privadas, podendo ser utilizado para a obtenção de acesso a autos de processos administrativos, como aqueles que tramitam no TCU.
d) A sentença em mandado de injunção gera efeitos "erga omnes", alcançando, de maneira indistinta, todos aqueles privados de exercer quaisquer direitos e liberdades constitucionais por falta de norma regulamentadora.
e) O mandado de segurança coletivo pode ser impetrado por sindicatos, entidades de classe e associações, mas não por partidos políticos, pois se destinam à defesa de interesses coletivos comuns a determinada coletividade de pessoas.

58. **(Cespe/SEDF/Analista/2017)** O governo de determinado estado da Federação publicou medida provisória (MP) que altera dispositivos da Lei de Diretrizes e Bases da Educação Nacional. Em protesto contra a referida MP, alguns estudantes do ensino médio do estado ocuparam as escolas públicas, impedindo que os demais alunos frequentassem as aulas. O Ministério Público estadual ingressou com medida judicial requerendo a imediata reintegração e desocupação das escolas invadidas. A medida judicial requerida foi deferida por um juiz de primeiro grau que tomou posse há vinte meses. O juiz agiu corretamente ao deferir a medida judicial, uma vez que a conduta dos alunos não encontra amparo no direito fundamental à liberdade de expressão e de livre reunião e manifestação.

2.2. Dos Direitos Sociais

✱ SÚMULAS

STF Súm. Vinculante 4. Salvo os casos previstos na Constituição Federal, o salário mínimo não pode ser usado como indexador de base de cálculo de vantagem de servidor público ou de empregado, nem ser substituído por decisão judicial.

STF Súm. Vinculante 6. Não viola a Constituição da República o estabelecimento de remuneração inferior ao salário mínimo para os praças prestadores de serviço militar inicial.

STF Súm. 675. Os intervalos fixados para descanso e alimentação durante a jornada de seis horas não descaracterizam o sistema de turnos ininterruptos de revezamento para o efeito do art. 7º, XIV, da Constituição.

STF Súm. 677. Até que lei venha a dispor a respeito, incumbe ao Ministério do Trabalho proceder ao registro das entidades sindicais e zelar pela observância do princípio da unicidade.

TST OJ/SDI1 410. Viola o art. 7º, XV, da CF a concessão de repouso semanal remunerado após o sétimo dia consecutivo de trabalho, importando no seu pagamento em dobro.

✱ REPERCUSSÃO & REPETITIVOS

STJ Repercussão Geral 782. Os prazos da licença adotante não podem ser inferiores aos prazos da licença gestante, o mesmo valendo para as respectivas prorrogações. Em relação à licença adotante, não é possível fixar prazos diversos em função da idade da criança adotada. (RE 778889, 10.3.2016)

✱ QUESTÕES OBJETIVAS

59. **(Cespe/PC/MA/Investigador/2018)** Entre os direitos sociais previstos pela Constituição Federal de 1988 (CF) inclui-se o direito à

a) amamentação aos filhos de presidiárias.
b) moradia.
c) propriedade.

d) gratuidade do registro civil de nascimento.
e) assistência jurídica e integral gratuita.

60. (Cespe/INSS/Analista/2016) Recentemente, o transporte foi incluído no rol de direitos sociais previstos na CF, que já contemplavam, entre outros, o direito à saúde, ao trabalho, à moradia e à previdência social, bem como a assistência aos desamparados.

61. (Cespe/INSS/Analista/2016) O artigo da CF que prevê os direitos sociais, em consonância com a Declaração Universal dos Direitos Humanos, de 1948, ainda que represente uma conquista, deixou de contemplar o direito básico à moradia ao cidadão brasileiro.

62. (Cespe/TRE/PI/Analista/2016) A respeito dos princípios fundamentais e dos direitos e das garantias fundamentais, assinale a opção correta:

a) Por constituírem direitos relativos às pessoas naturais, os direitos e garantias fundamentais não são extensíveis às pessoas jurídicas.
b) Enquanto os direitos civis e políticos se baseiam em abstenções por parte do Estado, os direitos sociais pressupõem prestações positivas do Estado.
c) De acordo com o STF, um direito fundamental constitucionalmente previsto possui caráter absoluto e se sobrepõe a eventual interesse público.
d) A adoção da Federação como forma de Estado pela CF é embasada na descentralização política e na soberania dos Estados-membros, que são capazes de se auto-organizar por meio de suas próprias constituições.
e) Em relação aos direitos políticos, o mandado de segurança coletivo e o "habeas corpus" são formas de exercício direto da soberania popular, como previsto na CF.

63. (Cespe/TCE/PE/Analista/2017) O transporte e o lazer são direitos sociais expressamente previstos na CF.

64. (Cespe/TCE/PE/Analista_Gestão/2017) Por imposição de lei, se um órgão estadual for criado, os servidores ocupantes de cargo efetivo desse órgão poderão, desde que com prévia autorização do órgão estatal competente, fundar sindicato.

65. (Cespe/DPU/Defensor/2015) A CF, ao garantir o direito social à alimentação adequada, impõe que o poder público implemente políticas e ações que se façam necessárias para promover e garantir a segurança alimentar e nutricional da população.

66. (Cespe/STJ/Analista/2015) O registro do sindicato no órgão competente é exigência constitucional que não se confunde com a autorização estatal para a fundação da entidade.

67. (Cespe/STJ/Analista/2015) A garantia do mínimo existencial, que decorre da proteção constitucional à dignidade da pessoa humana, restringe a invocação da reserva do possível como óbice à concretização do acesso aos direitos sociais.

68. (Cespe/STJ/Analista/2015) O princípio da unicidade, que veda a criação, na mesma base territorial, de mais de uma organização sindical representativa de mesma categoria profissional, não alcança entidades que, no âmbito de um mesmo município, mas em bairros distintos, representem mesma profissão.

69. (Cespe/TRT/7R/Técnico/2017) Quanto à geração ou à dimensão dos direitos fundamentais, os direitos sociais são considerados de:

a) quarta geração ou dimensão.
b) primeira geração ou dimensão.
c) segunda geração ou dimensão.
d) terceira geração ou dimensão.

70. (Cespe/TRT/7R/Técnico/2017) Assinale a opção correspondente a previsão contida na CF a respeito da associação profissional ou sindical:

a) Qualquer sindicalizado tem competência para defender os direitos e interesses coletivos ou individuais da categoria.
b) O aposentado filiado tem direito a votar, mas não pode ser eleito para cargos nas organizações sindicais.
c) A participação dos sindicatos é obrigatória nas negociações coletivas de trabalho.
d) A filiação a sindicato profissional será obrigatória se prevista em contrato, escrito ou verbal.

2.3. Da Nacionalidade

✱ QUESTÕES OBJETIVAS

71. (Cespe/TRT/8R/Analista/2016) Com base nas normas constitucionais que versam sobre direitos e garantias fundamentais, assinale a opção correta acerca do direito de nacionalidade:

a) Configura-se a denominada nacionalidade adquirida no caso em que o indivíduo nascido no estrangeiro, filho de pai ou mãe brasileiros, passa a residir no Brasil e opta pela nacionalidade brasileira depois de ter atingido a maioridade.

b) É proibida qualquer distinção entre brasileiros natos e naturalizados, os quais são detentores dos mesmos direitos e deveres previstos na Constituição Federal de 1988 (CF).

c) A perda da nacionalidade brasileira em razão do reconhecimento de outra nacionalidade originária não se dá automaticamente.

d) Tanto a nacionalidade primária quanto a nacionalidade secundária dependem da vontade do indivíduo, que tem a liberdade de aceitar ou não o vínculo jurídico-positivo que o liga ao Estado brasileiro.

e) Na determinação da nacionalidade primária, no Brasil se adota com primazia o "jus solis" (vínculo de territorialidade), mas também se admitem o "jus matrimoniale" (vínculo de casamento) e o "jus sanguinis" (vínculo de sangue).

72. **(Cespe/DPU/Analista/2016)** O cancelamento da naturalização por meio de sentença judicial transitada em julgado acarreta a perda dos direitos políticos.

73. **(Cespe/TRF/1R/Juiz/2015)** Com referência à defesa do Estado e das instituições democráticas, à segurança pública e aos direitos de nacionalidade, assinale a opção correta:

a) Os cargos de ministro de Estado da Defesa e o de ministro das Relações Exteriores, entre outros, são privativos de brasileiros natos.

b) Considera-se brasileiro nato o indivíduo nascido no estrangeiro e registrado em repartição brasileira competente, desde que seja filho de pai brasileiro ou de mãe brasileira, ainda que seus pais não estejam a serviço da República Federativa do Brasil.

c) Compete exclusivamente ao Congresso Nacional aprovar previamente a decretação do estado de defesa e determinar o seu tempo de duração, bem como as áreas a serem abrangidas e as medidas coercitivas a vigorarem durante sua vigência.

d) O estado de sítio pode ser decretado em locais restritos e determinados, a fim de preservar a ordem pública ou a paz social ameaçadas por grave e iminente instabilidade institucional.

e) Ressalvada a competência da União, as funções de polícia judiciária e a apuração de infrações penais civis e militares cabem às polícias civis.

74. **(Cespe/DPU/Defensor/2017)** Laura, filha de mãe brasileira e pai argentino, nasceu no estrangeiro e, depois de ter atingido a maioridade, veio residir no Brasil, tendo optado pela nacionalidade brasileira. Nessa situação, a homologação da opção pela nacionalidade brasileira terá efeitos "ex tunc" e Laura será considerada brasileira desde o seu nascimento.

75. **(Cespe/DPU/Defensor/2017)** Brasileiro nato que, tendo perdido a nacionalidade brasileira em razão da aquisição de outra nacionalidade, readquiri-la mediante o atendimento dos requisitos necessários terá o status de brasileiro naturalizado.

76. **(Cespe/TCE/PE/Analista_Gestão/2017)** Cláudio, brasileiro nato, por interesse exclusivamente pessoal, residiu em país estrangeiro, onde teve um filho com uma cidadã local. Nessa situação, segundo a CF, o filho de Cláudio poderá ser considerado brasileiro nato, ainda que não venha a residir no Brasil.

77. **(Cespe/TCU/Procurador/2015)** De acordo com a CF, prescinde de prévia decisão judicial:

a) o ingresso, durante o dia, em casa de particular, sem o consentimento deste.

b) a dissolução compulsória das associações ou suspensão compulsória de suas atividades.

c) o cancelamento de concessão ou permissão para serviço de radiodifusão sonora e de sons e imagens, antes de vencido o seu prazo.

d) a perda da nacionalidade pelo brasileiro naturalizado que adquirir outra nacionalidade.

e) a interceptação de comunicações telefônicas para prova em investigação criminal e em instrução processual penal.

78. **(Cespe/PC/MT/Delegado/2017)** O boliviano Juan e a argentina Margarita são casados e residiram, por alguns anos, em território brasileiro. Durante esse período, nasceu, em território nacional, Pablo, o filho deles. Nessa situação hipotética, de acordo com a CF, Pablo será considerado brasileiro:

a) naturalizado, não podendo vir a ser ministro de Estado da Justiça.

b) nato e poderá vir a ser ministro de Estado da Defesa.

c) nato, mas não poderá vir a ser presidente do Senado Federal.

d) naturalizado, não podendo vir a ser presidente da Câmara dos Deputados.

e) naturalizado e poderá vir a ocupar cargo da carreira diplomática.

3. DA ORGANIZAÇÃO DO ESTADO

3.1. Da Organização Político-Administrativa

*** QUESTÕES OBJETIVAS**

79. **(Cespe/CGM/João_Pessoa/Auditor/2018)** Conforme a CF, a União, os estados, o Distrito Federal e os municípios possuem Poder Legislativo, Poder Executivo e Poder Judiciário, independentes e harmônicos entre si.

80. **(Cespe/CGM/João_Pessoa/Auditor/2018)** No âmbito da organização político-administrativa do Estado, apenas a União, os estados e o Distrito Federal são considerados entes autônomos.

81. **(Cespe/TRT/8R/Analista/2016)** A respeito da organização do Estado e da administração pública, assinale a opção correta:

a) É proibida a adoção de requisitos e critérios diferenciados para a concessão de aposentadoria pelo regime de previdência de caráter contributivo e solidário, ainda que para proteger trabalhadores que exerçam atividades sob condições que prejudiquem a saúde ou a integridade física.

b) A vedação de acumulação remunerada de cargos públicos aplica-se aos militares, independentemente da compatibilidade de horário e do tipo de atividade profissional exercida, de modo que o militar que tome posse em cargo civil deverá ser transferido para a reserva, nos termos da lei.

c) A forma de federalismo adotada no Brasil é conhecida como federalismo de segregação e centrífugo, sendo os estados-membros dotados de autogoverno.

d) Deve o presidente da República decretar a intervenção federal, entre outras hipóteses, quando dois estados tentarem incorporar-se entre si ou desmembrar-se, formando novos estados ou territórios federais.

e) O prazo de prescrição para a pretensão de condenar réus pela prática de atos de improbidade administrativa que causem prejuízos ao erário é estabelecido pela CF.

82. **(Cespe/PGM/Belo_Horizonte/Procurador/2017)** Acerca da organização político-administrativa, assinale a opção correta:

a) A fim de fazer cumprir ordem legal, a União poderá decretar intervenção federal nos municípios que se recusarem a cumprir lei federal que tenha sido recentemente sancionada, em razão de discordarem de seu conteúdo.

b) Conforme o entendimento do STF, para realizar o desmembramento de determinado município, é necessário consultar, por meio de plebiscito, a população pertencente à área a ser desmembrada, mas não a população da área remanescente.

c) De acordo com o entendimento do STF, as terras indígenas recebem tratamento peculiar no direito nacional devido ao fato de, juridicamente, serem equiparadas a unidades federativas.

d) O parecer técnico elaborado pelo tribunal de contas tem natureza meramente opinativa, competindo à câmara municipal o julgamento anual das contas do prefeito.

83. **(Cespe/TRF/1R/Técnico/2017)** Em regra, é vedado aos entes federados estabelecer aliança com representantes de cultos religiosos ou igrejas.

84. **(Cespe/AGU/Advogado/2015)** Entre as características do Estado federal, inclui-se a possibilidade de formação de novos estados-membros e de modificação dos já existentes conforme as regras estabelecidas na CF.

85. **(Cespe/AGU/Advogado/2015)** Seria constitucional lei estadual que, fundada no dever de proteção à saúde dos consumidores, criasse restrições ao comércio e ao transporte de produtos agrícolas importados no âmbito do território do respectivo estado.

86. **(Cespe/TCU/Procurador/2015)** Segundo a jurisprudência predominante do STF, determinadas normas da CF voltadas à União são consideradas de observância obrigatória para os demais entes da Federação, independentemente de previsão constitucional expressa para essa extensão, ao passo que outras, ao contrário, são tidas como não obrigatórias e até mesmo vedadas a esses mesmos entes. Diante de tais circunstâncias, assinale a opção correta acerca dos limites constitucionais à autonomia dos entes federativos:

a) De modo geral, se determinada regra da CF voltada à União representa a concretização de princípio constitucional comum a todos os entes da Federação, então essa regra deve ser considerada obrigatória também aos demais entes, como forma de fazer valer o referido princípio. É o que ocorre, por exemplo, com as regras de iniciativa legislativa reservada ao presidente da República, que o STF entende serem uma projeção do princípio da separação de poderes.

b) Embora não previsto expressamente, o princípio da simetria determina que todas as normas da CF voltadas à União devem, sem exceção, ser aplicadas também aos demais entes federativos, especialmente nos casos em que o texto constitucional for silente sobre tal extensão.

c) São de reprodução obrigatória nas Constituições estaduais e leis orgânicas municipais, sob pena de nulidade destas, todas as normas da CF consideradas de observância obrigatória para estados e municípios, dependendo a incidência local destas últimas da sua devida transposição naqueles diplomas fundamentais.

d) As prerrogativas de chefe de governo asseguradas ao presidente da República devem igualmente ser asseguradas aos chefes de Poder Executivo das unidades da Federação, como é o caso da garantia de que, na vigência de seu mandato, não serão responsabilizados por atos estranhos ao exercício de suas funções.

e) É de observância obrigatória para o controle abstrato de constitucionalidade instituído nos estados a norma da CF que estabelece o rol de legitimados para propor ADI perante o STF.

87. **(Cespe/PGM/Fortaleza/Procurador/2017)** A adoção do federalismo cooperativo equilibrado pela CF visa à redução das desigualdades regionais.

3.2. Da União

* SÚMULAS

1) Bens

STF Súm. 477. As concessões de terras devolutas situadas na faixa de fronteira, feitas pelos Estados, autorizam, apenas, o uso, permanecendo o domínio com a União, ainda que se mantenha inerte ou tolerante, em relação aos possuidores.

STF Súm. 479. As margens dos rios navegáveis são domínio público, insuscetíveis de expropriação e, por isso mesmo, excluídas de indenização.

STF Súm. 480. Pertencem ao domínio e administração da União, nos termos dos artigos 4º, IV, e 186, da Constituição Federal de 1967, as terras ocupadas por silvícolas.

STF Súm. 650. Os incisos I e XI do art. 20 da Constituição Federal não alcançam terras de aldeamentos extintos, ainda que ocupadas por indígenas em passado remoto.

2) Competência Legislativa

STF Súm. Vinculante 2. É inconstitucional a lei ou ato normativo estadual ou distrital que disponha sobre sistemas de consórcios e sorteios, inclusive bingos e loterias.

STF Súm. Vinculante 39. Compete privativamente à União legislar sobre vencimentos dos membros das polícias civil e militar e do corpo de bombeiros militar do Distrito Federal.

STF Súm. Vinculante 46. A definição dos crimes de responsabilidade e o estabelecimento das respectivas normas de processo e julgamento são da competência legislativa privativa da União.

STJ Súm. 19. A fixação do horário bancário, para atendimento ao público, é da competência da União.

* INFORMATIVOS DE JURISPRUDÊNCIA

Amianto e competência legislativa concorrente

STF Julgada improcedente ADI contra a Lei 12.684/07, do Estado de São Paulo, que proíbe o uso de produtos, materiais ou artefatos que contenham quaisquer tipos de amianto no território estadual. Além disso, declarou incidentalmente a inconstitucionalidade do artigo 2º da Lei 9.055/1995, que permite a extração, industrialização, comercialização e a distribuição do uso do amianto na variedade crisotila no País. A Corte ressaltou que o processo de inconstitucionalização da Lei 9.055/1995 se operou em razão de mudança no substrato fático da norma. A discussão em torno da eventual necessidade de banimento do amianto é diferente da que havia quando da edição da norma geral. Se, antes, tinha-se notícia de possíveis danos à saúde e ao meio ambiente ocasionados pela utilização da substância, hoje há consenso em torno da natureza altamente cancerígena do mineral e da inviabilidade de seu uso de forma segura. Além disso, atualmente, o amianto pode ser substituído por outros materiais (fibras de PVA e PP), sem propriedade carcinogênica e recomendados pela Anvisa. Portanto, revela-se a inconstitucionalidade material superveniente da Lei 9.055/1995, por ofensa ao direito à saúde, ao dever estatal de redução dos riscos inerentes ao trabalho por meio de normas de saúde, higiene e segurança, e à proteção do meio ambiente. Diante da invalidade da norma geral federal, os Estados-Membros passam a ter competência legislativa plena sobre a matéria, até sobrevinda eventual de nova legislação federal. Como a lei estadual questionada proíbe a utilização do amianto, ela não incide no mesmo vício de inconstitucionalidade material da lei federal. ADI 3937, Rel. Acd. Min. Dias Toffoli, j. 24.8.2017. Pleno. (Info 874)

Competência legislativa: proteção do consumidor e lealdade à Federação

STF Em sede de competência concorrente, o livre espaço para a atividade legislativa estadual é autorizado na hipótese de não existir legislação nacional a contemplar a matéria. Ao existir norma geral, a legislação estadual poderá preencher eventuais lacunas. No caso, a lei impugnada entrou em vigor quando já havia ampla legislação nacional sobre a matéria, e boa parte do conteúdo da norma local estava disciplinada por lei federal. Nesse sentido, a lei estadual especifica exigências mais rígidas do que o previsto na legislação federal, ponto em que fica claro o conflito normativo. Esse conflito fica explícito quando se nota que um mesmo produto não pode ter dois rótulos ou embalagens, um nacional e outro estadual, ainda que as informações contidas no produto em circulação local sejam mais completas, em benefício do consumidor. Isso implicaria, em última análise, criar uma autorização para que houvesse tantos rótulos quantos são os Estados-Membros. Se admitido que os Estados-Membros possuem competência para legislar sobre informações contidas em embalagens de produtos que circulam em seu território, o fim de proteção ao consumidor é alcançado por meio excessivo, pois são criadas dificuldades a produtos provenientes de outros Estados-Membros. Isso significa ferir o denominado princípio da lealdade à Federação. ADI 750, Rel. Min. Gilmar Mendes, j. 3.8.2017. Pleno. (Info 871)

Julgamento de governador por crimes comuns e de responsabilidade e competência legislativa

STF É vedado às unidades federativas instituírem normas que condicionem a instauração de ação penal contra o governador por crime comum à prévia autorização da casa legislativa, cabendo ao Superior Tribunal de Justiça (STJ) dispor fundamentadamente sobre a aplicação de medidas cautelares penais, inclusive o afastamento do cargo. ADI 4777, Rel. Acd. Min. Roberto Barroso, j. 9.8.2017. Pleno. (Info 872)

Lei estadual e prestação de serviço de segurança

STF Lei estadual que impõe a prestação de serviço de segurança em estacionamento a toda pessoa física ou jurídica que disponibilize local para estacionamento é inconstitucional, quer por violar a competência privativa da União para legislar sobre direito civil, quer por violar a livre iniciativa. Lei estadual que impõe a utilização de empregados próprios na entrada e saída de estacionamento, impedindo a terceirização, viola a competência privativa da União para legislar sobre direito do trabalho. ADI 451, Rel. Min. Roberto Barroso, j. 1.8.2017. Pleno. (Info 871)

Lei estadual e serviço de empacotamento

STF Lei estadual que torna obrigatória a prestação de serviços de empacotamento nos supermercados é inconstitucional por afrontar o princípio constitucional da livre inciativa. Ofende a competência privativa da União para legislar sobre Direito do Trabalho a mesma norma, ao exigir que o serviço seja prestado por funcionário do próprio estabelecimento. ADI 907, Rel. Acd. Min. Roberto Barroso, j. 1º.8.2017. Pleno. (Info 871)

✱ QUESTÕES OBJETIVAS

88. **(Cespe/STM/Técnico/2018)** Em caso de iminente perigo e em tempo de guerra, compete privativamente à União legislar sobre requisições militares.

89. **(Cespe/TCE/PR/Analista/2016)** Com base na Constituição Federal de 1988 e na jurisprudência do STF, assinale a opção correta a respeito do concurso público:

a) É incabível o controle judicial do resultado alcançado por avaliação psicológica em etapa eliminatória de concurso público, seja por conta da alta carga do exame, seja por força da presunção de legalidade dos atos administrativos ou, ainda, pela vedação à ingerência judicial no mérito administrativo.

b) As etapas por que passa o concurso público devem ser exaustivamente detalhadas por lei em sentido formal e material.

c) A competência legislativa para a regulamentação do acesso dos estrangeiros aos cargos públicos é dos estados-membros da Federação, e não da União.

d) A demonstração do preenchimento da habilitação legal para ingresso em determinado cargo, aí incluídos o diploma em área de formação e o registro no órgão profissional competente, deve ser feita pelo candidato no momento de sua inscrição no concurso público.

e) É no momento da posse que o candidato deve comprovar o cumprimento do requisito de idade mínima para o cargo, se houver.

90. **(Cespe/TJ/PB/Juiz/2015)** À luz dos entendimentos jurisprudenciais do STF a respeito da repartição de competências entre os entes federativos, assinale a opção correta:

a) Se a Constituição de determinado estado-membro reconhecer aos estudantes o direito de pagar a metade da tarifa de transporte coletivo municipal, não haverá invasão da competência municipal para legislar sobre o tema, por se tratar de benefício estabelecido em Constituição estadual.

b) Caso determinado estado-membro edite lei que disponha sobre normas de processo e julgamento do governador pela prática de crime de responsabilidade, essa lei estará em consonância com a CF, uma vez que esse estado-membro tem competência para legislar sobre a matéria.

c) Na hipótese de uma lei estadual estabelecer restrições ao ingresso, armazenamento e comercialização de produtos agrícolas importados no âmbito do estado-membro, estará caracterizada invasão da competência privativa da União para legislar sobre comércio exterior.

d) É constitucional lei municipal que fixe o horário de funcionamento das agências bancárias e que disponha sobre o tempo máximo de permanência dos usuários nas filas, por se tratar de matéria de interesse local.

e) Caso um estado-membro inove a ordem jurídica ao editar lei que proíba às empresas de telecomunicação a cobrança de taxa para a instalação do segundo ponto de acesso à Internet, não haverá inconstitucionalidade, pois o estado terá agido no âmbito de sua competência para legislar sobre proteção do consumidor.

91. **(Cespe/PGE/AM/Procurador/2016)** A incidência de lei emanada da União é determinada na própria lei, independentemente das regras constitucionais federais sobre repartição de competências: é a previsão na própria lei, quando de sua edição, que determinará se ela se aplicará aos demais entes federativos (lei nacional, portanto) ou apenas à União (lei federal, por conseguinte).

92. **(Cespe/PC/GO/Agente/2016)** Compete privativamente à União:

a) estabelecer política de educação para segurança no trânsito.

b) legislar sobre requisições civis e militares, em caso de iminente perigo e em tempo de guerra.

c) cuidar da proteção e garantia das pessoas portadoras de deficiência.

d) legislar sobre organização, garantias, direitos e deveres da polícia civil.

e) legislar sobre educação, ensino, pesquisa e inovação.

93. **(Cespe/TCE/PA/Auditor/2016)** Compete privativamente à União legislar sobre direito civil, comercial e financeiro.

94. **(Cespe/TCE/PR/Auditor/2016)** Considerando o entendimento do STF a respeito da organização do Estado e da administração pública, assinale a opção correta:

a) As terras tradicionalmente ocupadas pelos índios e devidamente demarcadas são exemplos de bem dominial da União.

b) O registro, o acompanhamento e a fiscalização das concessões de direitos de pesquisa e exploração de recursos hídricos e minerais, em seus respectivos territórios, são de competência comum da União, dos estados, do DF e dos municípios.

c) Será constitucional lei estadual ou distrital que preveja a disponibilidade de servidor público detentor de cargo efetivo e com regime jurídico estatutário pelo prazo de um ano com recebimento de proventos integrais.

d) Viola a CF a reestruturação convergente de carreiras análogas, por caracterizar provimento de cargo público sem concurso público, ao possibilitar que servidor aprovado em concurso de nível médio passe a integrar o sistema remuneratório do servidor aprovado em concurso para cargo de nível superior.

e) Lei estadual que assegure o porte de arma de fogo para os auditores do TCE será constitucional, uma vez que compete aos estados-membros regulamentar o regime jurídico dos seus próprios servidores.

95. **(Cespe/SEDF/Analista/2017)** O governo de determinado estado da Federação publicou medida provisória (MP) que altera dispositivos da Lei de Diretrizes e Bases da Educação Nacional. Em protesto contra a referida MP, alguns estudantes do ensino médio do estado ocuparam as escolas públicas, impedindo que os demais alunos frequentassem as aulas. O Ministério Público estadual ingressou com medida judicial requerendo a imediata reintegração e desocupação das escolas invadidas. A medida judicial requerida foi deferida por um juiz de primeiro grau que tomou posse há vinte meses. A MP é inconstitucional por usurpar competência privativa da União federal.

96. **(Cespe/PGM/Fortaleza/Procurador/2017)** Desenvolver políticas públicas para a redução da ocorrência de doenças e a proteção da saúde da população é competência concorrente da União, dos estados, do DF e dos municípios.

97. **(Cespe/TRF/1R/Técnico/2017)** Os recursos minerais, incluídos os do subsolo, são bens da União.

98. **(Cespe/TRF/1R/Técnico/2017)** É competência comum da União, dos estados, dos municípios e do Distrito Federal legislar sobre normas gerais de licitação para a administração pública direta.

99. **(Cespe/TRF/1R/Técnico/2017)** Compete privativamente à União legislar sobre desapropriação.

100. **(Cespe/TRF/1R/Analista/2017)** Compete exclusivamente à União legislar sobre normas de processo e de julgamento de crimes de responsabilidade.

101. **(Cespe/TRF/1R/Analista/2017)** Compete concorrentemente à União, aos estados, ao Distrito Federal e aos municípios legislar sobre direito tributário, financeiro, urbanístico e eleitoral.

102. **(Cespe/TCU/Procurador/2015)** No que diz respeito às leis aprovadas pela União e ao seu correspondente regime de incidência, assinale a opção correta:

a) A depender da matéria tratada, o conteúdo das leis aprovadas pela União com incidência apenas no âmbito das entidades ligadas a este ente central pode ser incorporado ao ordenamento jurídico de determinado ente federativo por força de lei aprovada pelo respectivo parlamento local.

b) Leis aprovadas pela União, independentemente da matéria sobre a qual disponham, sempre incidirão sobre os demais entes federativos.

c) Leis aprovadas pela União poderão incidir sobre os demais entes federativos, bastando apenas, para tanto, que tal incidência esteja determinada expressamente no texto legislativo.

d) Leis aprovadas pela União incidirão sobre os demais entes federativos apenas quando versarem sobre temas elencados entre as competências legislativas concorrentes.

e) Leis aprovadas pela União no exercício de competência legislativa privativa terão incidência apenas sobre as entidades ligadas a esse ente central.

103. **(Cespe/TCU/Procurador/2015)** De acordo com a CF, são bens indisponíveis ao domínio patrimonial da União:

a) as ilhas costeiras que contenham sede de municípios.

b) os potenciais de energia hidráulica localizados integralmente no território de um único estado.

c) as cavidades naturais subterrâneas localizadas em sede de municípios.

d) as terras devolutas indispensáveis à defesa das fronteiras, quando não alcançarem mais de um estado.

e) as praias marítimas localizadas nas capitais de estados.

104. **(Cespe/TRF/5R/Juiz/2017)** Estado-membro editou lei instituindo requisito novo de habilitação, não previsto na lei federal de licitações e contratos administrativos, o qual passou a ser exigido aos interessados em participar nas licitações estaduais. Nessa situação hipotética, de acordo com o entendimento do STF acerca do tema, a referida lei deverá ser julgada:

a) constitucional, porque a matéria é de competência concorrente da União e dos estados.

b) constitucional, pois compete aos estados suplementar a legislação federal por meio de normas específicas, de acordo com as suas particularidades.

c) inconstitucional, já que é exclusiva da União a competência para legislar sobre licitação.

d) inconstitucional, pois é privativa da União a competência para legislar sobre normas gerais de licitação.

e) constitucional, já que estados podem legislar sobre assuntos de interesse local.

105. **(Cespe/PC/MT/Delegado/2017)** Aprovada pela assembleia legislativa de um estado da Federação, determinada lei conferiu aos delegados de polícia desse estado a prerrogativa de ajustar com o juiz ou a autoridade competente a data, a hora e o local em que estes serão ouvidos como testemunha ou ofendido em processos e inquéritos. Nessa situação hipotética, a lei é:

a) constitucional, pois, apesar de tratar de matéria de competência privativa da União, o estado legislou sobre procedimentos de âmbito estadual.

b) constitucional, pois trata de matéria de competência comum da União, dos estados, do DF e dos municípios.

c) constitucional, pois trata de matéria de competência concorrente da União, dos estados e do DF.

d) inconstitucional, pois o estado legislou sobre direito processual, que é matéria de competência privativa da União.

e) inconstitucional, pois o estado legislou sobre normas gerais de matéria de competência concorrente da União, dos estados e do DF.

106. **(Cespe/PGE/AM/Procurador/2016)** No âmbito das competências concorrentes, lei federal sobre normas gerais suspende a eficácia de lei estadual superveniente, no que esta lhe for contrária.

107. **(Cespe/TCU/Procurador/2015)** Parlamentar federal apresentou projeto de lei com o propósito de estabelecer normas de processo administrativo a serem observadas nos feitos que tramitam perante todos os tribunais de contas do país. Na justificação apresentada com a proposta, sustentou que a União, na condição de ente federativo central, seria a única em condições de estabelecer regras uniformes em todo o território nacional. Ademais, argumentou que a CF, ao inscrever entre as competências concorrentes a legislação sobre "procedimentos em matéria processual" (Art. 24, XI, CF), não fizera distinção entre processo judicial e processo administrativo, de modo que a competência da União para editar normas gerais na matéria abrangeria ambas as modalidades de processo. Com relação a essa situação hipotética, assinale a opção correta:

a) O projeto de lei em apreço é válido, porque, constituindo competência comum de todas as unidades federativas zelar pela guarda da CF, cabe à União editar as correspondentes normas gerais que visem resguardar os direitos fundamentais dos administrados perante as cortes de contas como um todo.

b) O projeto de lei em questão não contém vícios formais, estando correta a justificação apresentada pelo parlamentar.

c) A justificação apresentada pelo parlamentar está incorreta, uma vez que, embora a União possa dispor sobre o tema, o fundamento jurídico para tanto reside na sua competência para legislar privativamente sobre direito processual.

d) A despeito de o Congresso Nacional poder legislar sobre o tema, o projeto de lei em questão contém vício de iniciativa, visto que somente ao TCU caberia apresentá-lo ao parlamento federal.

e) A matéria em questão está situada no poder de auto-organização de cada unidade federativa, cabendo aos tribunais de contas encaminharem projeto de lei a respeito da matéria aos respectivos parlamentos.

108. **(Cespe/PGE/SE/Procurador/2017)** A câmara municipal de Aracaju, preocupada com o risco de acidentes ambientais e com a saúde da população, publicou uma lei decretando a impossibilidade, nos limites do município, de instalação de empresas que lidem com materiais nucleares, bem como de realização de atividades que envolvam esses materiais. Nesse caso, considerando-se a legislação pertinente, a norma municipal publicada é:

a) constitucional, pois compete aos municípios legislar sobre assuntos de interesse local.

b) inconstitucional, uma vez que a competência sobre o assunto é concorrente à União, aos estados e ao DF.

c) inconstitucional, já que a competência sobre o assunto é supletiva dos estados.

d) inconstitucional, haja vista que a competência sobre o assunto é privativa da União.

e) constitucional, porque a competência sobre o assunto é concorrente à União, aos estados, ao DF e aos municípios.

3.3. Dos Estados Federados

✱ SÚMULAS

STF Súm. Vinculante 2. É inconstitucional a lei ou ato normativo estadual ou distrital que disponha sobre sistemas de consórcios e sorteios, inclusive bingos e loterias.

STF Súm. Vinculante 45. A competência constitucional do tribunal do júri prevalece sobre o foro por prerrogativa de função estabelecido exclusivamente pela constituição estadual.

STF Súm. Vinculante 46. A definição dos crimes de responsabilidade e o estabelecimento das respectivas normas de processo e julgamento são da competência legislativa privativa da União.

✱ QUESTÕES OBJETIVAS

109. **(Cespe/CGM/João_Pessoa/Auditor/2018)** Os estados podem legislar de forma concorrente sobre direito tributário.

110. **(Cespe/PC/MA/Investigador/2018)** Acerca da organização político-administrativa do Estado, julgue os itens a seguir.

I. O desmembramento de um município será determinado por lei municipal, dentro do período determinado por lei complementar federal, e dependerá de consulta prévia, mediante plebiscito, às populações dos municípios envolvidos, inexistindo a necessidade de divulgação prévia de estudos de viabilidade municipal na imprensa oficial.

II. Os estados podem incorporar-se entre si, mediante a aprovação da população diretamente interessada, por meio de plebiscito, e do Congresso Nacional, por lei complementar.

III. É permitida somente à União a criação de distinções entre brasileiros.

Assinale a opção correta.

a) Apenas o item I está certo.
b) Apenas o item II está certo.
c) Apenas os itens I e III estão certos.
d) Apenas os itens II e III estão certos.
e) Todos os itens estão certos.

111. **(Cespe/TCE/PA/Auditor/2016)** Os estados-membros, mediante lei ordinária específica, podem instituir regiões metropolitanas, constituídas por agrupamentos de municípios, para integrar a organização, o planejamento e a execução de funções públicas de interesse comum.

112. **(Cespe/TJ/AM/Juiz/2016)** À luz da jurisprudência do STF, assinale a opção correta acerca da CF e da Constituição do Estado do Amazonas, dos estados federados, dos princípios constitucionais e das imunidades parlamentares:

a) Como a regra da CF quanto à iniciativa do chefe do Poder Executivo para projeto a respeito de certas matérias suplanta o tratamento dessas matérias pela assembleia constituinte estadual, é inconstitucional previsão, na Constituição estadual, de escolha do procurador-geral do estado entre integrantes da carreira.
b) O reconhecimento aos deputados estaduais das imunidades dos congressistas não deriva necessariamente da CF, mas decorre de decisão autônoma do constituinte local, de modo que a imunidade concedida a deputados estaduais é restrita à justiça do estado.
c) Compreende-se na esfera de autonomia dos estados a concessão de anistia de infrações disciplinares de seus respectivos servidores, podendo concedê-la a assembleia constituinte estadual, principalmente no que se refere às punições impostas sob o regime da Constituição anterior por motivos políticos, medida concedida pela CF.
d) Os estados organizam-se e regem-se pelas Constituições e leis que adotarem, observados os princípios da CF, sendo, por isso, considerado constitucional o aumento do número de desembargadores pela assembleia constituinte estadual sem prévia proposta do tribunal de justiça.
e) Os princípios constantes da CF sobre processo legislativo não são de observância obrigatória pelos estados-membros em suas Constituições, mas é vedado ao legislador estadual, como ao federal, dispor sobre as matérias de iniciativa privativa do chefe do Poder Executivo.

113. **(Cespe/TRF/5R/Juiz/2015)** De acordo com o entendimento do STF, assinale a opção correta a respeito da repartição de competências legislativas estabelecidas na CF:

a) Não se pode criar, por lei estadual, vara especializada em delitos praticados por organizações criminosas.
b) Os estados-membros podem legislar sobre a definição dos crimes de responsabilidade e o

estabelecimento das respectivas normas de processo e julgamento.

c) Os estados-membros podem editar lei que crie prioridade de tramitação para os processos que tenham como parte mulheres vítimas de violência doméstica.

d) As unidades federadas não possuem competência para fixar índices de correção monetária de créditos fiscais em percentuais superiores aos fixados pela União para o mesmo fim.

e) Por se tratar de matéria referente a servidores públicos, a Constituição estadual pode tratar do regime trabalhista dos empregados de sociedades de economia mista e empresa pública.

114. **(Cespe/TRF/1R/Juiz/2015)** Com base no disposto na CF a respeito da competência dos estados-membros e dos municípios e do procedimento de intervenção federal e estadual, assinale a opção correta:

a) Cabe, em todos os casos, ao presidente da República a iniciativa de decretação de intervenção federal nos estados e no DF, competindo-lhe, ainda, formalizá-la mediante decreto.

b) A intervenção nos municípios cabe somente aos estados-membros, salvo em municípios localizados nos territórios federais, caso em que a concretização da intervenção compete ao Senado Federal.

c) A fiscalização do município compete à assembleia legislativa do respectivo estado, mediante controle externo, com o auxílio dos tribunais de contas dos estados ou do município ou dos conselhos ou tribunais de contas dos municípios, onde houver.

d) O poder de instituir regiões metropolitanas, aglomerações urbanas e microrregiões, constituídas por agrupamentos de municípios limítrofes, é dos estados, que devem editar lei complementar para fazê-lo.

e) É dos estados a competência para instituir diretrizes para o desenvolvimento urbano, inclusive habitação, saneamento básico e transportes urbanos.

115. **(Cespe/PGE/AM/Procurador/2016)** A competência dos estados para suplementar a legislação federal sobre normas gerais é indelegável. As competências oriundas do seu poder remanescente, por sua vez, são delegáveis, conforme disposição na Constituição estadual.

116. **(Cespe/TCE/PR/Analista/2016)** Em relação à organização político-administrativa do Estado brasileiro, assinale a opção correta:

a) Lei estadual que dispuser sobre sistema de consórcios e sorteios não usurpará a competência da União, pois se inserirá no âmbito da competência legislativa suplementar.

b) No exercício de sua competência para legislar sobre assuntos de interesse local, pode o município editar lei municipal que discipline horário comercial e bancário para o atendimento ao público.

c) Em matéria de competência legislativa concorrente, a superveniência de lei federal sobre normas gerais revoga lei estadual anterior no que elas forem contrárias.

d) Em matéria de proteção ao meio ambiente, a competência legislativa concorrente entre a União e os estados não afasta a competência do município para legislar sobre o assunto de forma suplementar.

e) Lei complementar federal pode autorizar estados e municípios a legislar sobre questões específicas de matérias de competência privativa da União.

117. **(Cespe/TRE/PE/Técnico/2017)** Incluem-se entre os bens do estado da Federação:

a) os terrenos de marinha.

b) os recursos minerais, inclusive os do subsolo.

c) as áreas, nas ilhas oceânicas e costeiras, que estiverem no seu domínio.

d) o mar territorial.

e) os potenciais de energia hidráulica.

118. **(Cespe/PC/GO/Delegado/2017)** A respeito dos estados-membros da Federação brasileira, assinale a opção correta:

a) Denomina-se cisão o processo em que dois ou mais estados se unem geograficamente, formando um terceiro e novo estado, distinto dos estados anteriores, que perdem a personalidade originária.

b) Para o STF, a consulta a ser feita em caso de desmembramento de estado-membro deve envolver a população de todo o estado-membro e não só a do território a ser desmembrado.

c) A CF dá ao estado-membro competência para instituir regiões metropolitanas e microrregiões, mas não aglomerações urbanas: a competência de instituição destas é dos municípios.

d) Conforme a CF, a incorporação, a subdivisão, o desmembramento ou a formação de novos estados dependerá de referendo. Assim, o referendo é condição prévia, essencial ou prejudicial à fase seguinte: a propositura de lei complementar.

e) Segundo o STF, os mecanismos de freios e contrapesos previstos em constituição estadual não precisam guardar estreita similaridade com aqueles previstos na CF.

119. **(Cespe/TRE/PE/Técnico/2017)** Com referência à organização político-administrativa do Estado, assinale a opção correta:

a) De acordo com a CF, o Distrito Federal – unidade federada indivisível em municípios – é a capital federal do país.

b) Os municípios são subordinados administrativamente aos estados em que estiverem localizados.

c) Do ponto de vista político-administrativo, os estados federados são subordinados à União.

d) É permitido à União, mas vedado aos estados, recusar fé aos documentos públicos.

e) É vedado a todos os entes da Federação estabelecer cultos religiosos.

120. **(Cespe/TCE/PE/Analista/2017)** Para que um estado federado institua regiões metropolitanas constituídas por municípios limítrofes no âmbito de seu território, será necessária apenas a edição de lei complementar estadual.

121. **(Cespe/PGE/AM/Procurador/2016)** São de observância obrigatória para os estados, devendo ser reproduzidas nas Constituições estaduais, as normas constitucionais federais relativas às imunidades parlamentares, ao processo legislativo e ao regime dos crimes de responsabilidade e às garantias processuais penais do chefe do Poder Executivo federal.

122. **(Cespe/TCE/PA/Analista/2016)** Se a competência para a prestação de determinado serviço público for atribuída aos estados federados de forma privativa, então a prestação desse serviço não poderá ser exercida pela União nem pelos municípios.

123. **(Cespe/AGU/Advogado/2015)** Seria constitucional norma instituída por lei estadual exigindo depósito recursal como pressuposto para sua interposição no âmbito dos juizados especiais cíveis do estado, uma vez que esse tema está inserido entre as competências legislativas dos estados-membros acerca de procedimento em matéria processual.

124. **(Cespe/TCE/RN/Assessor_Jurídico/2015)** Será constitucional lei estadual que estabeleça tramitação prioritária, na justiça estadual, de processos judiciais que tenham como parte mulheres vítimas de violência doméstica.

125. **(Cespe/TCE/RN/Auditor/2015)** No âmbito da competência legislativa concorrente, inexistindo lei federal, os estados exercerão competência legislativa plena, mas eventual promulgação de lei federal dispondo sobre normas gerais tem o efeito de suspender a eficácia da legislação estadual sobre toda a matéria objeto da competência concorrente.

3.4. Dos Municípios

✱ SÚMULAS

STF Súm. Vinculante 38. É competente o município para fixar o horário de funcionamento de estabelecimento comercial.

STF Súm. Vinculante 49. Ofende o princípio da livre concorrência lei municipal que impede a instalação de estabelecimentos comerciais do mesmo ramo em determinada área.

STF Súm. 419. Os municípios têm competência para regular o horário do comércio local, desde que não infrinjam leis estaduais ou federais válidas.

STF Súm. 702. A competência do Tribunal de Justiça para julgar prefeitos restringe-se aos crimes de competência da justiça comum estadual; nos demais casos, a competência originária caberá ao respectivo tribunal de segundo grau.

STF Súm. 703. A extinção do mandato do prefeito não impede a instauração de processo pela prática dos crimes previstos no art. 1º do DL 201/67.

STJ Súm. 208. Compete à Justiça Federal processar e julgar prefeito municipal por desvio de verba sujeita a prestação de contas perante órgão federal.

STJ Súm. 209. Compete à Justiça Estadual processar e julgar prefeito por desvio de verba transferida e incorporada ao patrimônio municipal.

✱ REPERCUSSÃO & REPETITIVOS

STF Repercussão Geral 348. Os municípios com mais de vinte mil habitantes e o Distrito Federal podem legislar sobre programas e projetos específicos de ordenamento do espaço urbano por meio de leis que sejam compatíveis com as diretrizes fixadas no plano diretor. (RE 607940, 29.10.2015)

STF Repercussão Geral 472. É constitucional a atribuição às guardas municipais do exercício de poder de polícia de trânsito, inclusive para imposição de sanções administrativas legalmente previstas. (RE 658570, 6.8.2015)

* INFORMATIVOS DE JURISPRUDÊNCIA

Alteração de limites de municípios e plebiscito

STF Julgado parcialmente procedente pedido em ADI sobre leis estaduais do Rio de Janeiro. As normas impugnadas estabelecem os novos limites territoriais dos Municípios de Cantagalo e Macuco. No que se refere à Lei estadual 3.196/99, houve ofensa ao § 4º do art. 18 da CF, tendo em conta a ausência de consulta prévia, mediante plebiscito, às populações dos municípios envolvidos. A respeito da Lei estadual 2.497/95, o diploma foi elaborado antes do parâmetro constitucional estabelecido pela EC 15/96, tido por violado. ADI 2921, Rel. Acd. Min. Dias Toffoli, j. 9.8.2017. Pleno. (Info 872)

* QUESTÕES DISCURSIVAS

05. **(Cespe/TRF/5R/Juiz/2013)** O governador do estado W editou medida provisória, disciplinando o horário de funcionamento de estabelecimentos comerciais e bancários, tendo a assembleia legislativa aprovado o referido texto, que foi transformado em lei. O governador do Distrito Federal, seguindo o exemplo do governador do estado W, editou medida provisória com o mesmo teor. A Federação Nacional dos Municípios alegou, com base no art. 30 da Constituição Federal, que as medidas provisórias eram inconstitucionais, pois feriam a autonomia municipal para legislar sobre a matéria. Um órgão do governo federal argumentou, com base no disposto no art. 22 da Constituição Federal, que a competência para legislar sobre a matéria era privativa da União. Considerando a situação hipotética apresentada, posicione-se quanto à procedência dos argumentos da Federação Nacional dos Municípios e do órgão do governo da União, em relação às duas medidas provisórias.

* QUESTÕES OBJETIVAS

126. **(Cespe/CGM/João_Pessoa/Auditor/2018)** Os municípios podem criar tribunais e conselhos para a fiscalização das contas municipais, na forma da respectiva Lei Orgânica.

127. **(Cespe/STM/Analista/2018)** É competência comum da União, dos estados e dos municípios fiscalizar a produção e o comércio de material bélico.

128. **(Cespe/TRT/8R/Analista/2016)** No que se refere à organização político-administrativa do Estado, assinale a opção correta:

a) A competência da União e dos municípios é expressa, sendo a competência dos estados remanescente ou residual.

b) É possível, mediante emenda à Lei Orgânica do Distrito Federal, a criação de municípios nessa unidade da Federação, atendidos os princípios estabelecidos na CF.

c) Cada uma das unidades integrantes da Federação brasileira é ente autônomo e soberano, capaz de auto-organização, auto-legislação, autogoverno e autoadministração.

d) Sendo o Brasil um Estado laico, é vedado aos entes federativos estabelecer cultos religiosos e igrejas ou manter com eles ou seus representantes relações de dependência ou aliança, o que inclui a colaboração de interesse público.

e) Dado o poder de autonomia, os estados podem estabelecer, em suas Constituições, a participação da assembleia legislativa na nomeação, exoneração ou destituição, pelo governador, de secretário estadual.

129. **(Cespe/DPE/RN/Defensor/2015)** A respeito do estatuto constitucional das leis orgânicas dos municípios, assinale a opção correta:

a) A lei orgânica municipal será aprovada por dois terços dos membros da câmara municipal, após dois turnos de discussão e votação, podendo ser declarada constitucional ou inconstitucional, em abstrato, tanto pelo TJ do respectivo estado quanto pelo STF.

b) A lei orgânica municipal definirá as situações em que a autoridade local gozará de foro por prerrogativa de função no TJ do respectivo estado-membro.

c) Lei orgânica municipal, por seu caráter hierárquico-normativo superior no âmbito local, pode servir de parâmetro no controle abstrato de constitucionalidade estadual.

d) Como consequência do seu caráter subordinante em relação às leis orgânicas dos municípios localizados no respectivo estado-membro, podem as Constituições estaduais estabelecer limites à auto-organização municipal não previstos na CF.

e) Na condição de lei fundamental do ente municipal, a lei orgânica pode inovar em matéria de direitos básicos do funcionalismo público local, devendo tais direitos ser necessariamente observados pelas leis ordinárias municipais regulamentadoras.

130. **(Cespe/PGE/AM/Procurador/2016)** Embora, conforme a CF, a lei orgânica municipal esteja subordinada aos termos da Constituição estadual correspondente, esta última Carta não pode estabelecer condicionamentos ao poder de auto-organização dos municípios.

131. **(Cespe/TCE/PE/Analista_Gestão/2017)** A criação de um município pelo governador do estado depende de lei estadual e de lei complementar federal, além da realização de consulta prévia às populações envolvidas.

132. **(Cespe/TRF/1R/Analista/2017)** As peculiaridades de cada cidade determinam a competência dos municípios para fixar horários de funcionamento de estabelecimentos comerciais e bancários.

133. **(Cespe/DPE/AL/Defensor/2017)** Considerando-se as normas constitucionais e a jurisprudência do STF, compete:

a) aos municípios legislar sobre o horário de funcionamento de estabelecimentos que comercializam bebidas alcoólicas.

b) ao Distrito Federal organizar e manter a polícia civil distrital.

c) aos estados legislar sobre normas de processo e julgamento dos crimes de responsabilidade praticados por governadores.

d) privativamente aos estados-membros promover políticas públicas voltadas à saúde e à assistência pública das pessoas com deficiência.

e) ao Distrito Federal legislar de forma concorrente sobre sistemas de sorteios, como bingos e loterias.

134. **(Cespe/PGM/Salvador/Procurador/2015)** Com relação às competências dos municípios, assinale a opção correta:

a) Cumpre aos municípios explorar os serviços locais de gás canalizado, sendo vedada a edição de medida provisória para a sua regulamentação.

b) De acordo com a CF, não compete aos municípios suplementar a legislação federal ou a legislação estadual.

c) A competência dos municípios para legislar é residual, haja vista que será atribuição dos municípios disciplinar aquilo que não seja constitucionalmente atribuído à competência da União ou dos estados.

d) São inconstitucionais leis municipais que disciplinem o tempo máximo de permanência em filas de bancos comerciais, uma vez que esse setor é regulado pela União.

e) Compete aos municípios criar, organizar e suprimir distritos, desde que observada a legislação estadual sobre a matéria.

135. **(Cespe/PGM/Salvador/Procurador/2015)** À luz da CF, assinale a opção correta no que se refere à organização político-administrativa dos municípios:

a) As disposições sobre proibições e incompatibilidades fixadas na Constituição do estado para os membros da respectiva assembleia legislativa não são aplicáveis aos vereadores dos municípios localizados no mesmo estado, sob pena de violação da autonomia dos municípios.

b) Os valores dos subsídios do prefeito, do vice-prefeito e dos secretários municipais serão fixados por lei de iniciativa do Poder Executivo.

c) A quantidade de vereadores de cada município será proporcional ao seu número de habitantes. Nos casos de municípios que tenham até um milhão de habitantes, a Constituição estadual deverá fixar o número de vereadores, o qual poderá variar entre nove, no mínimo, e vinte e um, no máximo.

d) Os limites fixados para os valores dos subsídios de prefeitos, vice-prefeitos e secretários municipais serão estabelecidos pela Constituição do respectivo estado-membro, observado o teto constitucional nacional.

e) Os TJs são competentes para julgar os prefeitos nos crimes de competência da justiça comum estadual; nos demais casos, a competência originária para o julgamento é do tribunal de segundo grau de jurisdição.

136. **(Cespe/TRT/7R/Técnico/2017)** Conforme a CF, os municípios são:

a) dotados de soberania no âmbito nacional.

b) regidos por constituição municipal.

c) regidos por lei orgânica municipal.

d) dotados de soberania no âmbito municipal.

137. (Cespe/PGE/AM/Procurador/2016) Em razão do princípio da autonomia política dos entes federativos, estados e municípios não podem ser submetidos a disposições implícitas da CF, devendo obediência, tão somente, às suas disposições expressas.

138. (Cespe/AGU/Advogado/2015) Determinado estado e um dos seus municípios estão sendo processados judicialmente em razão de denúncias acerca da má qualidade do serviço de atendimento à saúde prestado à população em um hospital do referido município. Nessa situação, o estado, em sua defesa, poderá alegar que, nesse caso específico, ele não deverá figurar no polo passivo da demanda, já que a responsabilidade pela prestação adequada dos serviços de saúde à população é do município, e, subsidiariamente, da União.

3.5. Do Distrito Federal e dos Territórios

✻ SÚMULAS

STF Súm. Vinculante 2. É inconstitucional a lei ou ato normativo estadual ou distrital que disponha sobre sistemas de consórcios e sorteios, inclusive bingos e loterias.

STF Súm. Vinculante 39. Compete privativamente à União legislar sobre vencimentos dos membros das polícias civil e militar e do corpo de bombeiros militar do Distrito Federal.

STF Súm. 642. Não cabe ação direta de inconstitucionalidade de lei do Distrito Federal derivada da sua competência legislativa municipal.

✻ QUESTÕES OBJETIVAS

139. (Cespe/TCE/PA/Analista/2016) A criação de território federal pelo Congresso Nacional, mediante lei complementar, independe, se resultante de desmembramento de estado da Federação, de consulta à assembleia legislativa do estado interessado, devendo ser precedida de aprovação da população diretamente interessada.

3.6. Da Intervenção

✻ SÚMULAS

STF Súm. 360. Não há prazo de decadência para a representação de inconstitucionalidade prevista no art. 8º, parágrafo único, da Constituição Federal.

STF Súm. 614. Somente o Procurador-Geral da Justiça tem legitimidade para propor ação direta interventiva por inconstitucionalidade de lei municipal.

✻ QUESTÕES DISCURSIVAS

06. (Cespe/AGU/Procurador/2013) Supondo que o governo de determinado estado da Federação, de forma reiterada, não venha aplicando o mínimo exigido da receita resultante de impostos estaduais, compreendida a proveniente de transferências, nas ações e serviços públicos de saúde, e tomando por base as disposições da Constituição Federal de 1988 acerca desse tema, redija um texto dissertativo que responda, de forma justificada, aos seguintes questionamentos: (i) Na hipótese descrita, que norma constitucional está sendo violada? (ii) Qual providência pode ser adotada – e por quem –, visando resolver a situação? Descreva, em linhas gerais, as possíveis tramitações dessa "providência".

✻ QUESTÕES OBJETIVAS

140. (Cespe/STM/Analista/2018) Nos casos de requisição de intervenção federal, o presidente da República estará obrigado a editar o decreto de intervenção, não lhe cabendo, a despeito da sua condição de chefe do Poder Executivo, exercer juízo de conveniência ou de oportunidade da providência requerida.

141. (Cespe/STM/Analista/2018) De acordo com a vigente Constituição, cabe ao Superior Tribunal Militar requisitar intervenção da União quando outra unidade federativa criar óbice ao cumprimento de decisão de qualquer órgão da justiça militar.

142. (Cespe/DPE/PE/Defensor/2018) Denominam-se princípios constitucionais sensíveis os princípios

a) correlatos à limitação ao poder de tributar.

b) constitucionais passíveis de supressão por emenda constitucional.

c) garantidores de direitos sociais.

d) constitucionais implícitos.

e) constitucionais que, se não observados por determinado estado da Federação, ensejem a decretação de intervenção federal nesse estado.

143. (Cespe/TCE/SC/Auditor/2016) Ante a falta do repasse por parte do Poder Executivo estadual, na forma de duodécimos, dos recursos correspondentes às dotações orçamentárias garantidas ao tribunal de justiça local, este tem a prerrogativa constitucional de solicitar diretamente ao presidente da República a intervenção federal no estado-membro respectivo, com vistas a garantir o livre exercício do Poder Judiciário na correspondente unidade da Federação.

144. (Cespe/TRF/5R/Juiz/2015) Haja vista que, em situações excepcionais textualmente previstas na CF, cabe à União preservar a integridade política, jurídica e física da Federação por meio da intervenção federal, da mesma forma que cabe a estado-membro intervir em município nos casos previstos na CF, assinale a opção correta de acordo com essas regras:

a) Caberá recurso extraordinário contra acórdão de tribunal de justiça que defira pedido de intervenção estadual em município.
b) A intervenção federal para pôr termo a grave comprometimento da ordem pública independe de provimento do Poder Judiciário.
c) A representação interventiva só é cabível contra atos normativos gerais e abstratos que firam princípios constitucionais sensíveis, excluindo-se de sua apreciação os atos concretos.
d) Em razão da excepcionalidade da intervenção federal, não se revela possível a concessão de medida cautelar em processo de representação interventiva submetido ao crivo do STF.
e) A intervenção federal por descumprimento de ordem ou decisão judiciária da justiça do trabalho, por se fundar em direito infraconstitucional, deve ser requisitada pelo STJ.

145. (Cespe/PGE/AM/Procurador/2016) No caso de representação com vistas à intervenção estadual em município para assegurar a observância de princípios indicados na Constituição estadual, o provimento do pedido pelo tribunal de justiça não pode consistir na suspensão da execução do ato normativo impugnado, mesmo que essa medida baste ao restabelecimento da normalidade.

146. (Cespe/PGM/Fortaleza/Procurador/2017) É permitida a intervenção do estado nos seus municípios nas situações em que não for aplicado o mínimo exigido da receita municipal nas ações e nos serviços públicos de saúde.

147. (Cespe/AGU/Advogado/2015) No federalismo pátrio, é admitida a decretação de intervenção federal fundada em grave perturbação da ordem pública em caso de ameaça de irrupção da ordem no âmbito de estado-membro, não se exigindo para tal fim que o transtorno da vida social seja efetivamente instalado e duradouro.

148. (Cespe/TCE/RN/Auditor/2015) É motivo de intervenção de estado em município no seu território o não pagamento da dívida fundada, por dois anos consecutivos, sem motivo de força maior.

149. (Cespe/DPE/AC/Defensor/2017) À luz da CF, do entendimento consolidado pelo STF e pela doutrina pertinente, a intervenção federal será decretada quando:

a) houver ameaça de perturbação da ordem pública.
b) o estado-membro, em qualquer hipótese, desrespeitar lei federal.
c) o estado-membro, ainda que não intencionalmente, deixar de pagar precatórios expedidos contra a fazenda pública.
d) o estado-membro, sem motivo de força maior, deixar de pagar sua dívida fundada por mais de dois anos consecutivos.
e) ocorrer invasão estrangeira, desde que o estado-membro invadido tenho sido conivente com o ato.

150. (Cespe/PGE/SE/Procurador/2017) À luz da disciplina estabelecida na CF, poderá ocorrer intervenção dos estados em seus municípios:

a) se não houver sido aplicado o mínimo exigido da receita municipal na manutenção da segurança pública.
b) para manter a integridade nacional.
c) caso as receitas tributárias constitucionalmente previstas deixem de ser entregues aos estados.
d) caso deixe de ser paga, por dois anos consecutivos e sem motivo de força maior, a dívida fundada.
e) para pôr termo a grave comprometimento da ordem pública.

4. DA ORGANIZAÇÃO DOS PODERES

*** 1º NO TOP 5!**

COM 195 QUESTÕES, OS TEMAS DESTE TÓPICO ESTÃO EM SEGUNDO LUGAR DENTRE OS CINCO MAIORES AGREGADOS DE ASSUNTOS EXPLORADOS PELA BANCA:

4.1. Do Poder Legislativo

»»Vide capítulo Direito Financeiro (Fiscalização Contábil, Financeira e Orçamentária).

4.1.1. Do Congresso, Da Câmara, Do Senado

✱ SÚMULAS

STF Súm. 397. O poder de polícia da Câmara dos Deputados e do Senado Federal, em caso de crime cometido nas suas dependências, compreende, consoante o regimento, a prisão em flagrante do acusado e a realização do inquérito.

✱ INFORMATIVOS DE JURISPRUDÊNCIA

Art. 86 da CF: apreciação das teses da defesa e necessidade de aguardar juízo de admissibilidade da Câmara dos Deputados

STF Resolvida questão de ordem – em inquérito que apura supostos delitos de obstrução de justiça e organização criminosa praticados pelo presidente da República – no sentido de que o juízo político de admissibilidade exercido pela Câmara dos Deputados precede a análise jurídica pelo STF para conhecer e julgar qualquer questão ou matéria defensiva suscitada pelo denunciado. A Corte decidiu, ainda, que a possibilidade de rescisão ou de revisão, total ou parcial, de acordo de colaboração premiada, devidamente reconhecido pelo Poder Judiciário, em decorrência de descumprimento de deveres assumidos pelo colaborador, não propicia conhecer e julgar alegação de imprestabilidade das provas, porque a rescisão ou revisão tem efeitos somente entre as partes, não atingindo a esfera jurídica de terceiros. Inq 4483 QO, Rel. Min. Edson Fachin, j. 21.9.2017. Pleno. (Info 878)

✱ QUESTÕES OBJETIVAS

151. **(Cespe/TCE/PB/Auditor/2018)** Em determinado estado da Federação, a assembleia legislativa, por meio de decreto legislativo, sustou ato expedido pelo governo local, que regulamentava lei estadual para autorizar o Poder Executivo a instituir tratamento excepcional, mediante concessão de remissão e anistia, cumuladas ou não com parcelamento, para a liquidação de créditos tributários referentes ao ICMS. A assembleia legislativa entendeu que o ato administrativo excedia o poder da administração pública de regulamentar a lei estadual. Nessa situação hipotética, a assembleia legislativa exerceu

a) o poder de fiscalização, para derrogar o ato do Poder Executivo.
b) o poder convocatório, para revogar o ato do Poder Executivo.
c) o controle político, para paralisar o ato do Poder Executivo.
d) o controle financeiro, para anular o ato do Poder Executivo.
e) sua função legiferante, para substituir o ato do Poder Executivo.

152. **(Cespe/TCE/PR/Analista/2016)** Com referência às atribuições do Congresso Nacional, da Câmara dos Deputados e do Senado Federal, assinale a opção correta:

a) Cabe ao Senado Federal suspender a execução de atos normativos do Poder Executivo que exorbitem do poder regulamentar ou dos limites de delegação legislativa.
b) Compete privativamente à Câmara dos Deputados autorizar operações externas de natureza financeira de interesse da União, dos estados, do Distrito Federal e dos municípios.
c) Cabe ao Congresso Nacional, com a sanção do presidente da República, dispor sobre a organização e o funcionamento da administração federal, mesmo nos casos em que a disposição não implique aumento de despesa nem a criação ou extinção de órgãos públicos.
d) É de competência exclusiva do Congresso Nacional, mediante decreto legislativo, resolver definitivamente sobre tratados, acordos ou atos internacionais que acarretem encargos ou compromissos gravosos ao patrimônio nacional.
e) A concessão de anistia, indulto e comutação de penas é de competência do Congresso Nacional, mediante lei sancionada pelo presidente da República.

153. **(Cespe/TRT/8R/Analista/2016)** À luz do disposto na CF, assinale a opção correta no que se refere ao Poder Legislativo:

a) Os ministros integrantes do TCU são escolhidos pelo presidente da República, entre os indicados em lista tríplice encaminhada pelo tribunal, e são sabatinados pelo Congresso Nacional.
b) O Poder Legislativo federal é composto pelo Senado Federal, representante dos estados e do Distrito Federal; pela Câmara dos Deputados,

representante do povo; e pelo TCU, responsável por proceder à fiscalização contábil, financeira, orçamentária, operacional e patrimonial da União.

c) No Poder Legislativo da União, há três órgãos deliberativos, já que a Câmara dos Deputados, o Senado Federal e o Congresso Nacional são detentores de competências, regimentos internos, mesas e serviços próprios.

d) As comissões parlamentares de inquérito são permanentes e organizadas por matéria, sendo uma de suas funções receber petições, reclamações, representações ou queixas de qualquer pessoa contra atos ou omissões das autoridades ou entidades públicas.

e) Se não for apreciada em sessenta dias, a medida provisória será automaticamente prorrogada uma única vez, de modo que seu prazo máximo de vigência será de cento e vinte dias, após o qual ela perde sua eficácia.

154. **(Cespe/TCE/PA/Analista/2016)** A Constituição Federal de 1988 reserva ao Congresso Nacional a prerrogativa de autorizar referendos e convocar plebiscitos.

155. **(Cespe/DPE/RN/Defensor/2015)** Assinale a opção correta acerca do perfil constitucional do Estado federal brasileiro:

a) Os territórios federais, quando criados, elegerão um senador para integrar o Congresso Nacional.

b) No tocante às competências legislativas concorrentes, a superveniência de norma suplementar específica proveniente de ente federativo local suspenderá de pronto a eficácia de lei federal sobre normas gerais, no que esta lhe for contrária.

c) A CF não poderá ser emendada na vigência de intervenção federal, salvo por iniciativa de mais da metade das assembleias legislativas das unidades da Federação, manifestando-se, cada uma delas, pela maioria relativa de seus membros.

d) Por não integrarem a Federação, municípios podem ter sua autonomia político-constitucional suprimida por emenda à CF.

e) A despeito de a CF fixar os números mínimo e máximo de deputados federais por unidade da Federação, é ao Congresso Nacional que cabe, dentro dessa margem, fixar o efetivo número desses parlamentares por estado e pelo DF, mediante a edição de lei complementar, sem possibilidade de delegação de tal tarefa a outro órgão estatal.

156. **(Cespe/DPE/RN/Defensor/2015)** Com relação ao regime constitucional das imunidades parlamentares, assinale a opção correta:

a) Para que incida a inviolabilidade do vereador, é necessário que suas opiniões, palavras e votos sejam expressos na circunscrição do município em que ele exerça seu mandato, não se exigindo a demonstração de conexão com o efetivo exercício da vereança.

b) Deputados distritais desfrutam de imunidade formal apenas quanto aos fatos de competência da justiça local.

c) Não perderá o foro por prerrogativa de função o parlamentar federal que estiver licenciado para exercer cargo de ministro de Estado.

d) Vereadores não poderão ser presos desde a expedição do diploma, salvo em caso de flagrante de crime inafiançável cometido fora da circunscrição do município em que forem eleitos.

e) Enquanto deputados federais e senadores compartilham de um regime de imunidades abrangente tanto da chamada inviolabilidade como da imunidade formal, deputados estaduais e vereadores são detentores tão somente da inviolabilidade.

157. **(Cespe/TJ/DFT/Juiz/2015)** Acerca dos Poderes Legislativo e Executivo, assinale a opção correta de acordo com a CF e com a jurisprudência do STF:

a) Situação hipotética: Durante entrevista veiculada pela televisão, um senador da República criticou severamente determinada política de governo, a qual, à época, estava em discussão no Senado Federal. Assertiva: Como o parlamentar emitiu sua opinião fora do âmbito do Congresso Nacional, ele poderá ser responsabilizado nas esferas civil e penal, embora tenha havido vinculação entre seus comentários e o desempenho de seu mandato.

b) O TCU e, pelo princípio da simetria, os tribunais de contas estaduais, têm legitimidade para requisitar, diretamente, informações que importem a quebra de sigilo bancário.

c) É competência do Senado Federal sustar ato regulamentar emitido por agência reguladora que crie obrigação não prevista em lei.

d) Uma comissão parlamentar de inquérito (CPI) instalada para apurar denúncias de desvios de verbas em determinada empresa pública não tem competência para ordenar a indisponibilidade dos bens dos envolvidos, ainda que haja fortes indícios da materialidade das condutas.

e) Se determinada comissão da Câmara dos Deputados conseguir a aprovação, no Congresso Nacional, de projeto de lei que seria de iniciativa privativa do presidente da República, então, nesse caso, a sanção presidencial do referido projeto convalidará o vício de iniciativa.

158. **(Cespe/TJ/DFT/Juiz/2016)** A respeito do Poder Legislativo, assinale a opção correta:

a) A convocação extraordinária do Congresso Nacional realizada pelo presidente do Senado Federal, em caso de relevante interesse público, está na margem de sua discricionariedade política, prescindindo-se, assim, de confirmação.

b) O STF possui entendimento consolidado de que é possível a participação de Assembleia Legislativa na nomeação de dirigentes de autarquias ou fundações públicas.

c) Conforme entendimento consolidado do STF, o direito contra a autoincriminação, facultando-se o silêncio, deve ser observado pelas Comissões Parlamentares de Inquérito, mas os advogados dos depoentes não podem intervir.

d) A rejeição ao veto de LC deve ser realizada pelo Senado Federal no prazo máximo de trinta dias da aposição comunicada ao presidente da Casa.

e) Os trabalhos do Congresso se desenvolvem ao longo da legislatura que compreende período coincidente com o mandato dos senadores.

159. **(Cespe/PC/GO/Escrivão/2016)** A respeito do Poder Legislativo, assinale a opção correta:

a) Cabe aos três poderes da União manter, de forma integrada, sistema de controle interno que inclua, entre suas finalidades, a execução dos programas de governo e dos orçamentos da União.

b) Compete privativamente à Câmara dos Deputados autorizar, por dois terços de seus membros, a instauração de processo por crime de responsabilidade contra o procurador-geral da República.

c) A Câmara dos Deputados e o Senado Federal são compostos por representantes dos estados, eleitos por meio do sistema proporcional.

d) No âmbito do processo legislativo, é permitido ao presidente da República vetar em parte um projeto de lei, podendo o veto parcial abranger fragmento de texto de artigo.

e) É vedada a edição de medida provisória relativa a direito civil ou a processo civil.

160. **(Cespe/TCE/PA/Analista/2016)** Os tratados ou acordos internacionais firmados pelo presidente da República que impliquem compromissos gravosos ao patrimônio nacional somente terão validade se forem aprovados pelo Senado Federal, órgão ao qual compete, em caráter privativo, resolver definitivamente esses temas.

161. **(Cespe/TRE/PE/Técnico/2017)** Compete privativamente à Câmara dos Deputados:

a) processar e julgar os ministros do Supremo Tribunal Federal, nos crimes de responsabilidade.

b) elaborar o regimento interno do Senado Federal.

c) aprovar, previamente, a escolha de ministros do Tribunal de Contas da União.

d) autorizar a instauração de processo contra o presidente da República.

e) processar e julgar o presidente e o vice-presidente da República nos crimes de responsabilidade.

162. **(Cespe/PC/GO/Delegado/2017)** Assinale a opção correta a respeito da organização dos poderes e do sistema de freios e contrapesos no direito constitucional pátrio:

a) Adotada por diversos países, entre eles o Brasil, a ideia de tripartição dos poderes do Estado em segmentos distintos e autônomos entre si – Legislativo, Executivo e Judiciário – foi concebida por Aristóteles.

b) A atividade legislativa e a de julgar o presidente da República nos crimes de responsabilidade são funções típicas do Poder Legislativo.

c) Constitui exemplo de mecanismo de freios e contrapesos a possibilidade de rejeição, pelo Congresso Nacional, de medida provisória editada pelo presidente da República.

d) As expressões poder, função e órgão são sinônimas.

e) A CF adotou o princípio da indelegabilidade de atribuições de forma absoluta, inexistindo qualquer exceção a essa regra.

163. **(Cespe/TCE/PE/Analista/2017)** Estabelecer limites globais e condições para o montante da dívida mobiliária dos estados é atribuição do Congresso Nacional e depende da sanção do presidente da República.

164. (Cespe/TCE/PE/Analista_Controle_Externo/2017) Compete privativamente à Câmara dos Deputados fiscalizar os atos de gestão administrativa da administração direta e indireta.

165. (Cespe/TCE/PE/Analista_Controle_Externo/2017) A competência do Congresso Nacional para sustar atos normativos do Poder Executivo que exorbitem do poder regulamentar ou dos limites de delegação legislativa configura hipótese de controle político.

166. (Cespe/TRT/7R/Técnico/2017) Assinale a opção que apresenta competência exclusiva do Congresso Nacional que independe de sanção do presidente da República:

a) conceder anistia.
b) dispor sobre moeda e seus limites de emissão.
c) sustar atos normativos do Poder Executivo que exorbitem do poder regulamentar ou dos limites da delegação legislativa.
d) dispor sobre matéria financeira, cambial e monetária, instituições financeiras e suas operações.

4.1.2. Dos Deputados e dos Senadores

*** SÚMULAS**

STF Súm. 245. A imunidade parlamentar não se estende ao corréu sem essa prerrogativa.

*** INFORMATIVOS DE JURISPRUDÊNCIA**

Imunidade parlamentar e medida cautelar

STF O Poder Judiciário dispõe de competência para impor, por autoridade própria, as medidas cautelares a que se refere o art. 319 do CPP. Deve-se encaminhar, para os fins a que se refere art. 53, § 2º, da CF, a decisão que houver aplicado medida cautelar sempre que a execução desta impossibilitar direta ou indiretamente o exercício regular do mandato legislativo. No tocante à imunidade parlamentar processual em relação à prisão, a "ratio" da norma constitucional é somente permitir o afastamento do parlamentar do exercício de seu mandato conferido pelo povo em uma única hipótese: prisão em flagrante delito por crime inafiançável. O art. 53, § 2º, da CF protege o integral exercício do mandato parlamentar, ao referir, expressamente, que a restrição à liberdade de ir e vir do parlamentar somente poderá ocorrer na referida hipótese. Dessa forma, a norma constitucional estabeleceu, implicitamente, a impossibilidade de qualquer outro tipo de prisão cautelar. Nesse contexto, sendo a finalidade da imunidade formal proteger o livre exercício do mandato parlamentar contra interferências externas, a "ratio" da norma constitucional não pode ser contornada pela via das medidas cautelares diversas da prisão. Assim, ato emanado do Poder Judiciário que houver aplicado medida cautelar que impossibilite direta ou indiretamente o exercício regular do mandato legislativo, deve ser submetido ao controle político da Casa Legislativa respectiva, nos termos do art. 53, § 2º, da CF. ADI 5526, Rel. Acd. Min. Alexandre de Moraes, j. 11.10.2017. Pleno. (Info 881)

*** QUESTÕES OBJETIVAS**

167. (Cespe/TCE/PE/Analista_Controle_Externo/2017) A permissão de exercício da função de ministro de Estado por um deputado estadual caracterizaria exceção ao princípio da separação dos poderes.

168. (Cespe/TRF/1R/Analista/2017) A perda do mandato de deputado ou de senador que tenha agido de maneira incompatível com o decoro parlamentar será decidida de ofício pela presidência da Câmara dos Deputados ou do Senado Federal.

169. (Cespe/PC/MT/Delegado/2017) De acordo com o entendimento dos tribunais superiores, a condenação criminal de um parlamentar federal em sua sentença transitada em julgado resultará na:

a) perda de seus direitos políticos, cabendo à casa legislativa a decisão acerca da manutenção de seu mandato legislativo.
b) suspensão de seus direitos políticos, mas a perda de seu mandato legislativo dependerá de decisão da Câmara dos Deputados.
c) suspensão de seus direitos políticos, com a consequente perda automática de seu mandato.
d) cassação de seus direitos políticos, o que levará também à perda automática de seu mandato legislativo.
e) perda de seus direitos políticos, o que acarretará a perda automática de seu mandato legislativo.

4.1.3. Das Reuniões, Das Comissões

✱ QUESTÕES DISCURSIVAS

07. **(Cespe/DP/DF/Defensor/2013)** Discorra sobre o processo de criação das comissões parlamentares de inquérito, indicando os requisitos constitucionais para a sua proposição.

✱ QUESTÕES OBJETIVAS

170. **(Cespe/DPE/PE/Defensor/2018)** No âmbito do Poder Legislativo Federal, as comissões parlamentares de inquérito

a) podem investigar fatos referentes a questões de interesse de um estado-membro, ou seja, sem relevância nacional.

b) podem determinar medida de arresto e sequestro de bens de investigados.

c) têm poderes para determinar medida de busca e apreensão domiciliar e interceptação telefônica.

d) podem determinar que um investigado não se ausente do país.

e) têm poderes para quebrar sigilo de dados telefônicos.

171. **(Cespe/CGM/João_Pessoa/Técnico/2018)** As comissões parlamentares de inquérito, em regra, têm os mesmos poderes instrutórios que os magistrados possuem durante a instrução processual penal, com a diferença de que há a possibilidade de exercê-los fora dos limites constitucionais impostos ao Poder Judiciário.

172. **(Cespe/CGM/João_Pessoa/Técnico/2018)** Representa hipótese de controle parlamentar a apuração de irregularidades por comissões parlamentares de inquérito.

173. **(Cespe/TRE/PI/Analista/2016)** Acerca dos Poderes da República e das funções essenciais à justiça, assinale a opção correta:

a) Em razão do princípio da separação dos poderes, a súmula vinculante editada pelo STF é efetiva apenas para os órgãos do Poder Judiciário.

b) Eventual conflito de competência entre um tribunal regional eleitoral e um tribunal regional federal deverá ser revolvido pelo STF.

c) A Advocacia-Geral da União, por ser órgão do Poder Executivo, não detém competência para representar judicialmente o Poder Judiciário.

d) De acordo com o STF, as comissões parlamentares de inquérito possuem poderes de investigação próprios das autoridades judiciais, mas não têm competência para determinar a interceptação telefônica.

e) Convalida o vício de iniciativa a sanção presidencial a projeto de lei de autoria de senador acerca de matéria de iniciativa privativa do presidente da República.

174. **(Cespe/PC/PE/Delegado/2016)** No que se refere a CPI, assinale a opção correta:

a) CPI proposta por cinquenta por cento dos membros da Câmara dos Deputados e do Senado Federal não poderá ser instalada, visto que, conforme exige o texto constitucional, são necessários dois terços dos membros do Congresso Nacional para tanto.

b) As CPIs, no exercício de suas funções, dispõem de poderes de investigação próprios das autoridades judiciais, tais como os de busca domiciliar, interceptação telefônica e decretação de prisão.

c) A CF só admite CPIs que funcionem separadamente na Câmara dos Deputados ou no Senado Federal.

d) Não poderá ser criada CPI que versar sobre tema genérico e indefinido, dada a exigência constitucional de que esse tipo de comissão deva visar à apuração de fato determinado.

e) As conclusões de determinada CPI deverão ser encaminhadas ao TCU para que este promova a responsabilidade civil ou administrativa dos que forem indicados como infratores.

175. **(Cespe/TRE/PI/Analista/2016)** A respeito do Poder Legislativo e da fiscalização contábil, financeira e orçamentária, assinale a opção correta:

a) Se determinada comissão parlamentar de inquérito determinar a indisponibilidade de bens do investigado até o término das investigações, essa comissão extrapolará o âmbito de suas atribuições constitucionais.

b) Compete ao Congresso Nacional, mediante sanção do presidente da República, dispor sobre a concessão e a renovação de concessão de emissoras de rádio e televisão.

c) Compete exclusivamente ao Congresso Nacional dispor sobre planos e programas nacionais, regionais e setoriais de desenvolvimento.

d) Ocorrendo situação de urgência e relevância em período próximo às eleições, o presidente da

República poderá editar medida provisória que tenha por objeto direito eleitoral.

e) Caso seja constatada irregularidade de natureza contábil em contrato celebrado pelo poder público federal, o Tribunal de Contas da União deverá sustar o contrato imediatamente, a fim de evitar lesão ao erário.

176. **(Cespe/PGE/AM/Procurador/2016)** Dado o princípio majoritário adotado pela CF, pode a Constituição estadual prever que o pedido de criação de comissão parlamentar de inquérito efetuado por um terço dos deputados estaduais no âmbito da assembleia legislativa fique condicionado à vontade da maioria do plenário, que, se assim deliberar, poderá impedir a instalação da respectiva comissão.

177. **(Cespe/TCE/PE/Analista/2017)** As comissões parlamentares de inquérito, instauradas pela Câmara dos Deputados ou pelo Senado Federal, terão prazo certo para apurar fato determinado, além de poderes investigatórios próprios das autoridades judiciais.

178. **(Cespe/TCE/PE/Analista_Controle_Externo/2017)** Comissão parlamentar de inquérito que tomar conhecimento de fatos novos, irrefutáveis e diretamente relacionados ao objeto para o qual tenha sido criada poderá alargar o âmbito do inquérito para apurá-los.

179. **(Cespe/PGM/Salvador/Procurador/2015)** No que diz respeito à instauração e ao funcionamento de CPIs, assinale a opção correta:

a) As CPIs federais, estaduais ou municipais possuem poderes de investigação próprios das autoridades judiciais, razão por que podem requisitar cópias de ordens judiciais e dados obtidos em processo judicial protegido por sigilo.

b) As CPIs instauradas no Congresso Nacional têm poderes de investigação próprios das autoridades judiciais, o que justifica os pressupostos para sua instalação não se sujeitarem a controle jurisdicional.

c) Nos municípios, a prerrogativa para instauração e funcionamento de CPI não é assegurada às câmaras municipais.

d) As CPIs instauradas nas câmaras municipais possuem poderes para solicitar informações aos órgãos da administração direta e indireta e para requerer a apresentação de dados protegidos por sigilo bancário.

e) Às assembleias legislativas dos estados assegura-se a prerrogativa para a instauração de CPI com poderes para a solicitação de informações aos órgãos da administração direta e indireta e para requerer a apresentação de dados protegidos por sigilo bancário.

180. **(Cespe/TCU/Procurador/2015)** A respeito dos sistemas de controle dos poderes públicos previstos na CF, assinale a opção correta:

a) Determinada a quebra de sigilo bancário de um investigado por comissão parlamentar de inquérito instaurada no âmbito de assembleia legislativa, deve o BCB fornecer as informações assim requeridas.

b) Sob o argumento do caráter público dos recursos envolvidos em determinada operação financeira realizada por bancos estatais, não podem os tribunais de contas ter acesso às correspondentes informações, sob pena de violação do sigilo bancário dos envolvidos.

c) Havendo procedimentos instaurados tanto em tribunal de contas como no CNJ acerca do mesmo ato administrativo praticado por órgão do Poder Judiciário, terá prevalência na tramitação o procedimento que se tiver iniciado por primeiro, devendo o outro procedimento ficar sobrestado até decisão final daquele.

d) Passados sessenta dias durante os quais anualmente as contas dos municípios ficarão à disposição dos contribuintes, estes somente poderão ter acesso aos respectivos registros e informações de maneira indireta, por meio de eventuais decisões da câmara municipal ou da corte de contas local.

e) Tendo em vista a indivisibilidade da autonomia do estado-membro, não cabe ao Poder Executivo estadual eximir-se de sanções ou responsabilidades impostas pela União, em matéria de operações de crédito, decorrentes do descumprimento do limite de gastos com pessoal por parte do Poder Legislativo, do Poder Judiciário, do MP ou de tribunal de contas da respectiva esfera federativa.

181. **(Cespe/PGE/AM/Procurador/2016)** As comissões parlamentares de inquérito são instrumentos de controle externo destinados a investigar fato determinado em prazo determinado, mas desprovidos de poder condenatório.

182. **(Cespe/TCE/PE/Analista_Gestão/2017)** Controle externo é uma espécie de controle parlamentar ou legislativo, assim como a instauração de comissões parlamentares de inquérito e a aprovação de emendas constitucionais sem necessidade de sanção presidencial.

183. (**Cespe/SEDF/Analista/2017**) No exercício de atividade investigatória, caso se deparem com a necessidade de quebra do sigilo fiscal de alguém, as comissões parlamentares de inquérito deverão requerer tal quebra ao Poder Judiciário, pois elas não possuem poderes de investigação próprios das autoridades judiciais.

4.1.4. Do Processo Legislativo

ATENÇÃO: ESTE TEMA É MUITO EXIGIDO NOS CONCURSOS!

*** SÚMULAS**

STF Súm. Vinculante 54. A medida provisória não apreciada pelo Congresso Nacional podia, até a Emenda Constitucional 32/2001, ser reeditada dentro do seu prazo de eficácia de trinta dias, mantidos os efeitos de lei desde a primeira edição.

*** REPERCUSSÃO & REPETITIVOS**

STF Repercussão Geral 917. Não usurpa competência privativa do Chefe do Poder Executivo lei que, embora crie despesa para a Administração, não trata da sua estrutura ou da atribuição de seus órgãos nem do regime jurídico de servidores públicos (art. 61, § 1º, II, a, c e e, da CF). (ARE 878911, 30.9.2016)

*** QUESTÕES DISCURSIVAS**

08. (**Cespe/DP/DF/Defensor/2013**) Identifique as três fases básicas do processo legislativo ordinário ou comum, explicitando as diversas etapas em que se desdobram e o significado de cada uma dessas etapas.

*** QUESTÕES OBJETIVAS**

184. (**Cespe/PGE/PE/Procurador/2018**) Proposta de emenda constitucional (PEC) que visa instituir o direito de secessão no ordenamento jurídico brasileiro encontra-se em tramitação no Congresso Nacional. Recentemente, o governo decretou intervenção federal em um estado da Federação. No que se refere a essa situação hipotética, considere as asserções apresentadas a seguir.

I. A referida PEC não poderá ser objeto de deliberação.

II. A CF veda emenda ao seu texto na vigência de intervenção federal.

Assinale a opção correta.

a) As asserções I e II são falsas.
b) A asserção I é verdadeira, e a II é falsa.
c) A asserção I é falsa, e a II é verdadeira.
d) As asserções I e II são verdadeiras, e a II é justificativa da I.
e) As asserções I e II são verdadeiras, e a II não é uma justificativa da I.

185. (**Cespe/STM/Analista/2018**) Por iniciativa de deputado federal, tramitou e foi aprovado, no Congresso Nacional, projeto de lei que trata de regime jurídico dos militares das Forças Armadas. Nessa situação, o projeto deverá ser vetado pelo presidente da República, porque existe vício de constitucionalidade formal.

186. (**Cespe/DPE/PE/Defensor/2018**) Com base no tratamento constitucional conferido à Defensoria Pública e no entendimento do Supremo Tribunal Federal (STF), julgue os itens a seguir, relativos à autonomia administrativa e financeira do órgão.

I. É atribuição concorrente do defensor público-geral e do chefe do respectivo Poder Executivo a iniciativa de lei que trate de alteração no número de membros da Defensoria Pública, da criação e da extinção de cargos e da fixação de subsídio dos defensores públicos.

II. Lei estadual que vincule a Defensoria Pública à respectiva administração pública direta ou que atribua ao governador de estado competência para a nomeação de ocupantes dos diferentes cargos de sua estrutura administrativa viola a autonomia administrativa do órgão.

III. Além da elaboração de proposta para a lei orçamentária anual, a iniciativa de proposta orçamentária da Defensoria Pública alcança a necessária participação do órgão na elaboração da lei de diretrizes orçamentárias.

IV. É privativa do presidente da República a iniciativa de projeto de emenda constitucional que trate de matéria relacionada à autonomia administrativa e financeira das defensorias públicas.

Estão certos apenas os itens

a) I e II.
b) I e IV.
c) II e III.

d) I, III e IV.

e) II, III e IV.

187. **(Cespe/PC/PE/Delegado/2016)** Assinale a opção correta acerca do processo legiferante e das garantias e atribuições do Poder Legislativo:

a) A criação de ministérios depende de lei, mas a criação de outros órgãos da administração pública pode se dar mediante decreto do chefe do Poder Executivo.

b) Se um projeto de lei for rejeitado no Congresso Nacional, outro projeto do mesmo teor só poderá ser reapresentado, na mesma sessão legislativa, mediante proposta da maioria absoluta dos membros da Câmara dos Deputados ou do Senado Federal.

c) Uma medida provisória somente poderá ser reeditada no mesmo ano legislativo se tiver perdido sua eficácia por decurso de prazo, mas não se tiver sido rejeitada.

d) Somente após a posse, deputados e senadores passam a gozar do foro por prerrogativa de função, quando deverão ser submetidos a julgamento perante o STF.

e) Os deputados e os senadores gozam de imunidades absolutas, que não podem ser suspensas nem mesmo em hipóteses como a de decretação do estado de defesa ou do estado de sítio.

188. **(Cespe/DPU/Analista/2016)** Para que direitos e garantias expressos em tratados internacionais ratificados pelo Brasil sejam formalmente reconhecidos no sistema jurídico brasileiro, é necessária a aprovação de cada Casa do Congresso Nacional, em dois turnos, por três quintos dos votos dos respectivos membros.

189. **(Cespe/TRT/8R/Oficial_Justiça/2016)** Com base no disposto na CF, assinale a opção correta a respeito de controle de constitucionalidade:

a) A sanção presidencial a projeto de lei não supre vícios de iniciativa, padecendo de vício formal a lei sancionada, a ser declarado por meio de ação judicial própria.

b) Na apreciação do controle de constitucionalidade em grau de recurso, os autos devem ser remetidos ao relator da Câmara Julgadora do Tribunal, que poderá monocraticamente declarar a inconstitucionalidade da lei.

c) Os efeitos da declaração de inconstitucionalidade em controle de constitucionalidade difuso no âmbito do tribunal de justiça são "erga omnes" e "ex nunc", como o são os efeitos de declaração de inconstitucionalidade de lei em controle difuso no âmbito do STF.

d) Entre os legitimados universais para a propositura de ação direta de inconstitucionalidade inclui-se o governador de estado, e entre os legitimados especiais inclui-se o presidente da República.

e) É possível o controle abstrato de constitucionalidade de leis ou atos normativos municipais em face da lei orgânica municipal.

190. **(Cespe/TCE/PA/Analista/2016)** Projeto de lei rejeitado poderá constituir objeto de novo projeto na mesma sessão legislativa se proposto pela maioria absoluta dos membros de qualquer das Casas do Congresso Nacional.

191. **(Cespe/TCE/PA/Analista/2016)** As medidas provisórias vigoram pelo prazo improrrogável de sessenta dias e devem ser votadas em sessão conjunta da Câmara dos Deputados e do Senado Federal.

192. **(Cespe/TRF/1R/Juiz/2015)** Com relação ao plebiscito, aos direitos políticos, à iniciativa popular de lei e aos partidos políticos, assinale a opção correta:

a) No Brasil, o alistamento eleitoral depende da iniciativa da autoridade judicial eleitoral, que deve comunicar ao cidadão que ele está apto a exercer sua capacidade eleitoral ativa por preencher os requisitos exigidos.

b) Os projetos de lei de iniciativa popular devem ser apresentados à Câmara dos Deputados, que fará sua apreciação inicial.

c) Os partidos políticos são pessoas jurídicas de direito público cuja personalidade jurídica se consuma após o registro de seus estatutos no Tribunal Superior Eleitoral.

d) Conforme dispõe a CF, a convocação de plebiscito é competência privativa da Câmara dos Deputados, na condição de casa composta por representantes do povo.

e) Embora não se insiram entre os direitos e garantias fundamentais previstos na CF, os direitos políticos possuem o caráter instrumental de proteção do princípio democrático e investem o indivíduo no "status activae civitati".

193. **(Cespe/PGE/AM/Procurador/2016)** No exercício da competência para o chamado veto jurídico no âmbito dos correspondentes processos legislativos, governadores e prefeitos podem invocar tão somente violações às respectivas leis fundamentais (Constituições estaduais e leis orgânicas municipais), sendo-lhes vedado vetar projetos de lei com base na sua incompatibilidade com a CF.

194. **(Cespe/PC/GO/Agente/2016)** Acerca do processo legislativo pertinente a medidas provisórias, assinale a opção correta:

a) O decreto legislativo editado para regular as relações nascidas a partir do período de vigência de medida provisória posteriormente rejeitada cria hipótese de ultratividade da norma, capaz de manter válidos os efeitos produzidos e, bem assim, alcançar situações idênticas futuras.
b) Muito embora a medida provisória, a partir da sua publicação, não possa ser retirada pelo presidente da República da apreciação do Congresso Nacional, nada obsta que seja editada uma segunda medida provisória que ab-rogue a primeira para o fim de suspender-lhe a eficácia.
c) Por força do princípio da separação de poderes, é vedado ao Poder Judiciário examinar o preenchimento dos requisitos de urgência e de relevância por determinada medida provisória.
d) Em situações excepcionais elencadas no texto constitucional, a medida provisória rejeitada pelo Congresso Nacional somente poderá ser reeditada na mesma sessão legislativa de sua edição.
e) A proibição de edição de medida provisória sobre matéria penal e processual penal alcança as emendas oferecidas ao seu correspondente projeto de lei de conversão, as quais ficam igualmente impedidas de veicular aquela matéria.

195. **(Cespe/TCE/PA/Auditor/2016)** Segundo o STF, configura hipótese de inconstitucionalidade formal, por vício de iniciativa, a edição de lei de iniciativa parlamentar que estabeleça atribuições para órgãos da administração pública.

196. **(Cespe/TCE/PE/Analista/2017)** Matéria reservada a lei complementar não pode ser tratada por meio de medida provisória nem pode ser objeto de lei delegada elaborada pelo presidente da República.

197. **(Cespe/TCE/PE/Analista/2017)** Quando propostas pelo presidente da República e aprovadas pelas casas do Congresso Nacional, as emendas à Constituição deverão ser promulgadas pelo proponente em prazo constitucionalmente determinado.

198. **(Cespe/TCE/PE/Analista_Gestão/2017)** Comissão do Senado Federal poderá propor emenda à Constituição, mas tal emenda, mesmo após discussão e votação em dois turnos em cada casa do Congresso Nacional, não poderá ser promulgada na vigência de intervenção federal.

199. **(Cespe/TCE/PE/Analista_Gestão/2017)** Dado o princípio da simetria, lei estadual para tratar de situação funcional de servidores públicos da administração direta e indireta deverá ser proposta pelo governador do estado.

200. **(Cespe/TCE/PE/Analista_Controle_Externo/2017)** Projeto de lei oriundo de iniciativa popular, desde que subscrito por, no mínimo, 1% do eleitorado nacional, distribuído pelo menos por cinco estados, com não menos de 0,3% dos eleitores de cada um deles, deverá ser obrigatoriamente pautado para votação pela Câmara dos Deputados.

201. **(Cespe/TRF/1R/Analista/2017)** Nas situações de relevância e urgência, o chefe do Poder Executivo federal poderá editar medida provisória que trate de matéria relativa à organização do Poder Judiciário.

202. **(Cespe/TRF/1R/Analista/2017)** Em nenhuma hipótese matéria consignada em projeto de lei rejeitado poderá ser objeto de novo projeto na mesma sessão legislativa.

203. **(Cespe/AGU/Advogado/2015)** Caso uma lei de iniciativa parlamentar afaste os efeitos de sanções disciplinares aplicadas a servidores públicos que participarem de movimento reivindicatório, tal norma padecerá de vício de iniciativa por estar essa matéria no âmbito da reserva de iniciativa do chefe do Poder Executivo.

204. **(Cespe/AGU/Advogado/2015)** O veto do presidente da República a um projeto de lei ordinária insere-se no âmbito do processo legislativo, e as razões para o veto podem ser objeto de controle pelo Poder Judiciário.

205. **(Cespe/AGU/Advogado/2015)** No ordenamento jurídico brasileiro, admitem-se a autorização de referendo e a convocação de plebiscito por meio de medida provisória.

206. **(Cespe/TCU/Procurador/2015)** Considere os seguintes temas: (a) elaboração, redação, alteração e consolidação das leis; (b) criação e extinção de órgãos da administração pública; (c) extinção de cargos públicos vagos; (d) delegação de matéria legislativa ao presidente da República. A partir da disciplina constante da CF, assinale a opção que apresenta as respectivas fontes normativas adequadas para disciplinar cada um dos temas considerados:

a) lei complementar / lei em sentido formal / medida provisória / resolução.
b) regimento interno das casas do Poder Legislativo / decreto autônomo presidencial / lei oriunda de projeto de iniciativa presidencial / decreto legislativo.
c) lei complementar / lei oriunda de projeto de iniciativa presidencial / decreto autônomo presidencial / resolução do Congresso Nacional.
d) regimento interno das casas do Poder Legislativo / lei oriunda de projeto de iniciativa parlamentar / decreto regulamentar presidencial / decreto legislativo.
e) emenda constitucional / decreto autônomo presidencial / lei em sentido formal / lei delegada.

207. **(Cespe/TRF/5R/Juiz/2017)** Se a medida provisória não for apreciada em até quarenta e cinco dias contados de sua publicação, entrará em regime de urgência, subsequentemente, em cada uma das Casas do Congresso Nacional, ficando sobrestadas, até que se ultime a votação, todas as demais deliberações legislativas da Casa em que estiver tramitando. Constituição Federal, art. 62, § 6º. Considerando o artigo referido e interpretando o limite do sobrestamento das deliberações legislativas, o STF fixou entendimento de que o sobrestamento alcança projetos de:

a) lei ordinária sobre temas passíveis de regramento por medida provisória.
b) decreto legislativo da casa em que estiver tramitando a medida provisória.
c) lei complementar e de lei ordinária que tratem de temas não incluídos no âmbito de incidência das medidas provisórias.
d) emenda constitucional e lei complementar.
e) resolução e emenda constitucional.

208. **(Cespe/PGE/SE/Procurador/2017)** Em determinado estado, o governador enviou à assembleia legislativa um projeto de lei sobre a criação de cargos na administração direta estadual, bem como sobre a remuneração desses cargos. Os parlamentares apresentaram emendas a esse projeto, e seu conteúdo foi posteriormente sancionado pelo governador. Nessa situação hipotética, a lei originada será considerada:

a) formalmente constitucional, desde que as emendas não tenham gerado aumento de despesa.
b) formalmente constitucional, desde que, caso tenha havido emendas incrementadoras do dispêndio, elas tenham indicado as fontes de seus recursos.
c) inconstitucional, por vício de iniciativa.
d) formalmente inconstitucional, pois as referidas emendas parlamentares são inadmissíveis.
e) formalmente constitucional, pois a sanção do governador acarretou a convalidação das referidas emendas.

209. **(Cespe/TCE/PE/Analista_Gestão/2017)** O presidente da República poderá vetar alínea de projeto de lei aprovado pelo Congresso Nacional, desde que o faça integralmente.

210. **(Cespe/DPE/AL/Defensor/2017)** O instituto da medida provisória pode ser utilizado pelo presidente da República para:

a) criar novas condições de inelegibilidade, a fim de proteger a probidade administrativa.
b) abrir crédito extraordinário para atender a despesa imprevisível e urgente, como as decorrentes de calamidade pública.
c) regular as limitações constitucionais ao poder de tributar.
d) estabelecer normas gerais de organização das Defensorias Públicas estaduais.
e) aumentar a pena de determinado tipo penal.

211. **(Cespe/TCE/PE/Analista_Gestão/2017)** A regra da separação dos poderes impede que os requisitos de relevância e urgência, necessários à edição de medidas provisórias pelo presidente da República, sejam submetidos ao crivo do Poder Judiciário.

4.2. Do Poder Executivo

◉ ATENÇÃO: ESTE TEMA É MUITO EXIGIDO NOS CONCURSOS!

✱ INFORMATIVOS DE JURISPRUDÊNCIA

Imunidade formal do Presidente da República e aplicabilidade a codenunciados

STF A imunidade formal prevista no art. 51, I, e no art. 86, "caput", da CF, tem por finalidade tutelar o exercício regular dos cargos de Presidente da República e de Ministro de Estado, razão pela qual não é extensível a codenunciados que não se encontram investidos em tais funções. Inq 4483 AgR-2º e Inq 4327 AgR-2º, Rel. Min. Edson Fachin, j. 19.12.2017. Pleno. (Info 888)

* QUESTÕES OBJETIVAS

212. **(Cespe/PC/MA/Investigador/2018)** O presidente da República poderá delegar aos ministros de Estado, ao procurador-geral da República ou ao advogado-geral da União a atribuição de

a) decretar o estado de defesa e o estado de sítio.
b) editar medidas provisórias.
c) conferir condecorações e distinções honoríficas.
d) prover cargos públicos federais, na forma da lei.
e) vetar projetos de lei.

213. **(Cespe/PC/MA/Delegado/2018)** De acordo com a CF, é função de chefe de governo, exercida pelo presidente da República:

a) permitir que forças estrangeiras transitem pelo território nacional ou nele permaneçam temporariamente.
b) controlar a legalidade dos atos normativos e administrativos.
c) fixar limites globais para o montante da dívida mobiliária dos estados.
d) requisitar e designar membros do MP, delegando-lhes atribuições.
e) dispor sobre os limites globais para as operações de crédito externo e interno da União.

214. **(Cespe/DPE/PE/Defensor/2018)** A Constituição Federal de 1988 elenca como atribuição do presidente da República

a) dispor, por decreto, sobre o funcionamento da administração pública federal, ainda que isso implique aumento de despesa.
b) conceder indulto e comutação de penas.
c) autorizar empréstimos contraídos pela União no exterior.
d) celebrar e referendar acordos internacionais, na condição de chefe de Estado.
e) celebrar a paz, com referendo do Senado Federal.

215. **(Cespe/TCE/SC/Auditor/2016)** Constatada a exorbitância de decreto do Poder Executivo em relação à lei objeto de sua regulamentação, poderá o respectivo parlamento sustar tal decreto, independentemente de haver ou não medida judicial que o autorize a tanto.

216. **(Cespe/TCE/SC/Auditor/2016)** Lei ordinária não pode tratar de matéria reservada ao chamado decreto autônomo, de competência do chefe do Poder Executivo, sob pena de ser considerada inválida.

217. **(Cespe/Funpresp/Especialista Jurídico/2016)** Leis que tratem da criação de órgãos da administração pública federal são de iniciativa privativa do presidente da República.

218. **(Cespe/TCE/PA/Analista/2016)** O presidente da República poderá, mediante decreto – independentemente de autorização do Congresso Nacional –, extinguir cargos públicos vagos.

219. **(Cespe/TRE/PI/Analista/2016)** Em relação às atribuições e responsabilidades do presidente da República, assinale a opção correta:

a) O presidente da República pode delegar ao procurador-geral da República a atribuição de prover e extinguir cargo público na administração pública federal.
b) A competência do presidente da República para conferir condecorações e distinções honoríficas não se insere entre aquelas passíveis de delegação a ministro de Estado.
c) Compete ao presidente da República, após aprovação prévia do Congresso Nacional, decretar estado de defesa e estado de sítio.
d) Ofenderia a CF decreto presidencial que tivesse por objeto a extinção de cargos públicos vagos, pois trata-se de matéria de reserva legal.
e) Compete privativamente ao presidente da República conceder anistia e indulto.

220. **(Cespe/PC/PE/Delegado/2016)** Com base na disciplina constitucional acerca dos tratados internacionais, da forma e do sistema de governo e das atribuições do presidente da República, assinale a opção correta:

a) Insere-se no âmbito das competências privativas do Senado Federal resolver definitivamente sobre tratados, acordos ou atos internacionais que acarretem encargos ou compromissos gravosos ao patrimônio nacional.

b) O sistema presidencialista de governo adotado no Brasil permite que o presidente da República, na condição de chefe de Estado, decrete o estado de defesa e o estado de sítio, independentemente de autorização do Congresso Nacional.

c) Da forma republicana de governo adotada pela CF decorre a responsabilidade política, penal e administrativa dos governantes; os agentes públicos, incluindo-se os detentores de mandatos eletivos, são igualmente responsáveis perante a lei.

d) Na condição de chefe de governo, cabe ao presidente da República editar atos administrativos que criem e provejam órgãos públicos federais, na forma da lei.

e) Tratados e convenções internacionais sobre direitos humanos, para que sejam equivalentes a emendas constitucionais, deverão ser aprovados em cada Casa do Congresso Nacional, por maioria absoluta de votos, em dois turnos de discussão e votação.

221. **(Cespe/TJ/AM/Juiz/2016)** Assinale a opção correta acerca do Poder Executivo, considerando o disposto na CF e a doutrina:

a) Os atos do presidente da República que atentem especialmente contra a probidade na administração, a lei orçamentária e o cumprimento das leis e das decisões judiciais são crimes de responsabilidade classificados como crimes funcionais.

b) Admitida a acusação contra o presidente da República, por dois terços da Câmara dos Deputados, será ele suspenso de suas funções e submetido a julgamento perante o Senado Federal, nos casos de crimes de responsabilidade.

c) No texto constitucional, a afirmação de que o Poder Executivo é exercido pelo presidente da República, auxiliado pelos ministros de Estado, indica que a função é compartilhada, caracterizando-se o Poder Executivo como colegial, dependendo o seu chefe da confiança do Congresso Nacional para permanecer no cargo.

d) Se, decorridos dez dias da data fixada para a posse, o presidente ou o vice-presidente eleitos, salvo motivo de força maior, não tiverem assumido o cargo, este será declarado vago, sendo a declaração de vacância ato político feito pelo TSE.

e) A competência privativa do presidente da República para nomear os ministros do STF e dos tribunais superiores, o procurador-geral da República, o presidente e os diretores do Banco Central do Brasil é classificada como função básica de chefia do Estado.

222. **(Cespe/TJ/DFT/Juiz/2015)** A respeito da organização do Estado e do Poder Executivo, assinale a opção correta considerando a jurisprudência do STF:

a) O poder regulamentar deferido aos ministros de Estado legitima-os a editar atos normativos de caráter primário, tendo em vista a possibilidade constitucional de delegação de algumas competências privativas do presidente da República àquelas autoridades.

b) O salário de agentes públicos de sociedade de economia mista não está limitado ao teto salarial constitucional porque esses agentes estão submetidos ao regime celetista e vinculados a uma pessoa jurídica de direito privado.

c) Caso ônibus de empresa privada concessionária de serviço público de transporte atropele alguém, a responsabilização da empresa será subjetiva pelo fato de a vítima não estar na condição de usuária do serviço público no momento do acidente.

d) É lícita a prisão em flagrante de governador de estado da Federação que cometa tentativa de homicídio, uma vez que os governadores não gozam da prerrogativa extraordinária da imunidade a esse tipo de prisão.

e) Caso o presidente e o vice-presidente da República decidam renunciar a seus cargos ao final do primeiro ano de mandato, deverá haver eleição para ambos os cargos, pelo Congresso Nacional, noventa dias após a abertura das vagas.

223. **(Cespe/TRF/1R/Juiz/2015)** Com relação ao Conselho da República, ao Conselho de Defesa Nacional e às atribuições e à responsabilidade do presidente da República, assinale a opção correta:

a) Para a decretação de estado de defesa e estado de sítio e para a declaração de guerra, o presidente da República estará vinculado à manifestação do Conselho da República, órgão de assessoramento superior do Poder Executivo.

b) A presidência do Conselho de Defesa Nacional, do qual são membros natos os comandantes do Exército, da Marinha e da Aeronáutica, é exercida pelo ministro de Estado da Defesa.

c) A criação de órgãos públicos pode se dar mediante a edição, pelo chefe do Poder Executivo, de atos administrativos que versem sobre a organização e o funcionamento da administração federal, mas a criação de entidades dotadas de personalidade jurídica própria, como as autarquias e as fundações públicas, depende da edição de lei.

d) Na vigência de seu mandato, o presidente da República goza de imunidades processuais, podendo, por isso, ser processado pela prática de crimes de responsabilidade praticados no exercício de suas funções, mas não pela prática de infrações penais comuns.

e) Conforme a CF, algumas atribuições privativas do presidente da República podem ser delegadas aos ministros de Estado, ao procurador-geral da República ou ao advogado-geral da União, os quais devem observar, no exercício dessas atribuições, os limites constantes nas respectivas delegações.

224. (Cespe/DPU/Analista/2016) A responsabilidade do chefe de governo e a temporariedade do seu mandato caracterizam, entre outros aspectos, a forma republicana de governo.

225. (Cespe/DPU/Analista/2016) No caso de o presidente da República, na vigência do mandato, praticar crime comum não relacionado às funções do cargo, sua responsabilização perante o Supremo Tribunal Federal estará condicionada à admissibilidade da acusação por dois terços dos membros da Câmara dos Deputados.

226. (Cespe/SEDF/Analista/2017) Na hipótese de o presidente da República, antes da vigência do seu mandato, praticar um homicídio, a acusação terá de ser admitida por dois terços da Câmara de Deputados para, posteriormente, poder ser submetida a julgamento perante o Senado Federal.

227. (Cespe/TCE/PE/Analista/2017) A provisão de cargos públicos federais vagos é atribuição delegável do presidente da República.

228. (Cespe/TCE/PE/Analista_Gestão/2017) Caso pretenda consultar o povo para deliberar sobre matéria de acentuada relevância de natureza legislativa, o presidente da República poderá convocar plebiscito, mediante decreto presidencial.

229. (Cespe/TCE/PE/Analista_Gestão/2017) Quando um cargo público federal estiver vago, o presidente da República poderá extingui-lo por decreto, sendo essa competência indelegável.

230. (Cespe/TCE/PE/Analista_Controle_Externo/2017) É considerado abuso de poder ato praticado pelo presidente da República contra o exercício de direito individual, podendo esse exercício ser protegido por meio de mandado de segurança, cujo julgamento será da competência do Supremo Tribunal Federal (STF).

231. (Cespe/TRF/1R/Analista/2017) Independentemente de lei, o presidente da República pode, por decreto, dispor sobre a extinção de cargo público vago.

232. (Cespe/TRF/1R/Analista/2017) O conceito de administração pública, em seu aspecto orgânico, designa a própria função administrativa que é exercida pelo Poder Executivo.

233. (Cespe/AGU/Advogado/2015) Caso um processo contra o presidente da República pela prática de crime de responsabilidade fosse instaurado pelo Senado Federal, não seria permitido o exercício do direito de defesa pelo presidente da República no âmbito da Câmara dos Deputados.

234. (Cespe/TCE/RN/Auditor/2015) Os atos do presidente da República que atentem contra a lei orçamentária são considerados crimes de responsabilidade, nos termos da CF, e devem ser julgados pelo Senado Federal.

235. (Cespe/DPE/AC/Defensor/2017) O Conselho de Defesa Nacional:

a) tem como atribuição opinar sobre questões relevantes quanto à estabilidade das instituições democráticas.

b) é composto, entre outros membros, pelos líderes da maioria e da minoria no Senado Federal.

c) é composto, entre outros membros, pelos líderes da maioria e da minoria na Câmara dos Deputados.

d) é órgão superior de consulta do presidente da República e do Ministério da Defesa.

e) é órgão de consulta para assuntos relacionados à soberania nacional.

236. (Cespe/TRT/7R/Técnico/2017) Ao presidente da República cabe:

I. a chefia de Estado e a de governo.

II. manter relações com Estados estrangeiros, bem como acreditar seus representantes diplomáticos.
III. permitir que forças estrangeiras transitem em território nacional ou nele permaneçam.

Assinale a opção correta:

a) Apenas o item I está certo.
b) Apenas o item II está certo.
c) Apenas o item III está certo.
d) Todos os itens estão certos.

237. (Cespe/AGU/Advogado/2015) Foi editada portaria ministerial que regulamentou, com fundamento direto no princípio constitucional da eficiência, a concessão de gratificação de desempenho aos servidores de determinado ministério. A portaria em questão poderá vir a ser sustada pelo Congresso Nacional, se essa casa entender que o ministro exorbitou de seu poder regulamentar.

4.3. Do Poder Judiciário

4.3.1. Disposições Gerais

»»Vide capítulo Direito Financeiro (Precatórios).

✱ SÚMULAS

STJ Súm. Vinculante 10. Viola a cláusula de reserva de plenário (CF, art. 97) a decisão de órgão fracionário de tribunal que, embora não declare expressamente a inconstitucionalidade de lei ou ato normativo do Poder Público, afasta a sua incidência no todo ou em parte.

STF Súm. Vinculante 37. Não cabe ao Poder Judiciário, que não tem função legislativa, aumentar vencimentos de servidores públicos sob o fundamento de isonomia.

STF Súm. 40. A elevação da entrância da comarca não promove automaticamente o juiz, mas não interrompe o exercício de suas funções na mesma comarca.

STF Súm. 627. No mandado de segurança contra a nomeação de magistrado da competência do Presidente da República, este é considerado autoridade coatora, ainda que o fundamento da impetração seja nulidade ocorrida em fase anterior do procedimento.

STF Súm. 628. Integrante de lista de candidatos a determinada vaga da composição de tribunal é parte legítima para impugnar a validade da nomeação de concorrente.

STF Súm. 731. Para fim da competência originária do Supremo Tribunal Federal, é de interesse geral da magistratura a questão de saber se, em face da Loman, os juízes têm direito à licença-prêmio.

✱ REPERCUSSÃO & REPETITIVOS

STF Repercussão Geral 509. A comprovação do triênio de atividade jurídica exigida para o ingresso no cargo de juiz substituto, nos termos do inc. I do art. 93 da CF, deve ocorrer no momento da inscrição definitiva no concurso público. (RE 655265, 13.4.2016)

✱ QUESTÕES OBJETIVAS

238. (Cespe/TCE/PR/Analista/2016) De acordo com a jurisprudência do STF, assinale a opção correta acerca da regra do quinto constitucional:

a) Não afrontará o princípio da simetria a norma que, presente em Constituição estadual, imponha a sabatina, pela assembleia legislativa do estado, do candidato escolhido pelo Poder Executivo a partir de lista tríplice para preenchimento de vaga em tribunal de justiça destinada ao quinto constitucional.
b) A inobservância, pelo tribunal, da regra do quinto constitucional para preenchimento de sua composição provoca a nulidade de seus julgamentos, por força do princípio do juiz natural.
c) O juiz de tribunal regional eleitoral ocupante de vaga destinada à advocacia estará impedido de concorrer ao quinto constitucional para preenchimento de vaga no tribunal de justiça de estado também destinada à advocacia.
d) Os tribunais de justiça possuem a prerrogativa de, fundamentada e objetivamente, devolver a lista sêxtupla encaminhada pela Ordem dos Advogados do Brasil para preenchimento de vaga destinada à advocacia quando faltar a algum dos indicados requisito constitucional para a investidura.
e) O quinto constitucional que destina parcela das vagas de um tribunal à advocacia não se estende aos tribunais regionais do trabalho.

239. (Cespe/TRF/1R/Juiz/2015) Com base no que dispõe a CF sobre o Poder Judiciário, assinale a opção correta:

a) A regra constitucional que determina a composição de um quinto dos lugares dos tribunais para membros do MP e para advogados aplica-se aos TRFs, aos tribunais dos estados e do DF e aos tribunais superiores, com exceção do STF e do STM.

b) As causas em que a União figure como autora serão aforadas na seção judiciária onde a outra parte tenha domicílio, mas as causas intentadas contra a União somente poderão ser aforadas na seção judiciária em que houver ocorrido o ato ou fato que tenha dado origem à demanda.

c) Aos juízes federais compete processar e julgar os crimes cometidos a bordo de navios ou aeronaves civis ou militares, estejam eles em solo, no ar ou no mar.

d) Ao Conselho da Justiça Federal, que funciona junto ao STJ, cabe a supervisão funcional, administrativa e financeira da justiça federal de segundo grau, enquanto ao TRF respectivo cabe tomar as providências correicionais relativas à justiça federal de primeiro grau.

e) No exercício da autonomia administrativa e financeira de que dispõe o Poder Judiciário, os tribunais têm competência para elaborar suas propostas orçamentárias dentro dos limites estipulados conjuntamente com os demais poderes na Lei de Diretrizes Orçamentárias .

240. **(Cespe/SEDF/Analista/2017)** O governo de determinado estado da Federação publicou medida provisória (MP) que altera dispositivos da Lei de Diretrizes e Bases da Educação Nacional. Em protesto contra a referida MP, alguns estudantes do ensino médio do estado ocuparam as escolas públicas, impedindo que os demais alunos frequentassem as aulas. O Ministério Público estadual ingressou com medida judicial requerendo a imediata reintegração e desocupação das escolas invadidas. A medida judicial requerida foi deferida por um juiz de primeiro grau que tomou posse há vinte meses. Na situação hipotética em apreço, caso tivesse praticado alguma irregularidade no exercício da função, o juiz poderia perder o cargo por deliberação do tribunal ao qual se encontra vinculado.

241. **(Cespe/TRE/PE/Técnico/2017)** De acordo com a CF, ao juiz:

a) é garantida a inamovibilidade, ainda que haja motivo de interesse público que recomende sua remoção.

b) é permitido dedicar-se à atividade político-partidária, desde que ele esteja em disponibilidade.

c) que esteja em disponibilidade é permitido exercer qualquer outro cargo público.

d) é permitido receber custas em processo judicial, desde que ele esteja em disponibilidade.

e) é garantida a vitaliciedade, que, no primeiro grau, será adquirida após dois anos de exercício.

242. **(Cespe/TCE/PE/Analista_Gestão/2017)** Desembargador aposentado que cometer crime comum será processado e julgado pelo primeiro grau de jurisdição, haja vista o foro por prerrogativa de função restringir-se aos magistrados da ativa.

243. **(Cespe/TRF/1R/Técnico/2017)** O presidente do tribunal competente que, por ação ou omissão, retardar a regular liquidação de precatório cometerá crime de responsabilidade.

244. **(Cespe/TRF/1R/Analista/2017)** Os juízes adquirem vitaliciedade após dois anos de exercício; esse direito não depende de participação em curso oficial ou em curso reconhecido por escola nacional de formação e aperfeiçoamento de magistrados.

245. **(Cespe/SEDF/Analista/2017)** O Tribunal de Justiça do Distrito Federal e Territórios exerce atipicamente a função jurisdicional.

246. **(Cespe/TCE/SC/Auditor/2016)** Por figurar entre as garantias constitucionais da magistratura desde a reforma do Poder Judiciário mediante a promulgação da Emenda Constitucional n. 45/2004, o auxílio moradia assegurado aos magistrados constitui parcela insuscetível de fiscalização e controle, no caso concreto, quanto aos critérios de seu pagamento, sendo sua apreciação vedada com base no princípio constitucional da moralidade administrativa.

4.3.2. Do Supremo Tribunal Federal

»»Vide itens específicos sobre competência nos capítulos Direito Processual Civil, Direito Processual Constitucional e Direito Processual Penal.

✱ SÚMULAS

1) Ação Rescisória

STF Súm. 249. É competente o Supremo Tribunal Federal para a ação rescisória quando, embora não tendo conhecido do recurso extraordinário, ou havendo negado provimento ao agravo, tiver apreciado a questão federal controvertida.

STF Súm. 515. A competência para a ação rescisória não é do Supremo Tribunal Federal, quando a questão federal, apreciada no recurso extraordinário ou no agravo de instrumento, seja diversa da que foi suscitada no pedido rescisório.

2) Competência

STF Súm. 503. A dúvida, suscitada por particular, sobre o direito de tributar, manifestado por dois Estados, não configura litígio da competência originária do Supremo Tribunal Federal.

STF Súm. 691. Não compete ao Supremo Tribunal Federal conhecer de "habeas corpus" impetrado contra decisão do relator que, em "habeas corpus" requerido a tribunal superior, indefere a liminar.

STF Súm. 731. Para fim da competência originária do Supremo Tribunal Federal, é de interesse geral da magistratura a questão de saber se, em face da Loman, os juízes têm direito à licença-prêmio.

* QUESTÕES OBJETIVAS

247. **(Cespe/TJ/DFT/Juiz/2016)** Em atenção à organização dos Poderes, assinale a opção correta:

a) Compete ao governador, recebida a lista tríplice do tribunal, a nomeação de desembargador para o quinto constitucional do Poder Judiciário do DF.

b) Conforme entendimento do STF, sua competência originária contra atos do CNJ deve ser interpretada de forma restrita e se limita às ações tipicamente constitucionais.

c) Se o ato questionado é a lista tríplice do quinto constitucional formada por tribunal estadual, é atribuição do CNJ o controle do procedimento, ainda que ocorra após a nomeação e posse do desembargador.

d) Os ministros de Estado, nos crimes de responsabilidade conexos com os do presidente da República, serão processados e julgados pelo STF.

e) Conferindo a lei prerrogativas, garantias, vantagens e direitos equivalentes aos dos titulares dos ministérios é de se reconhecer ao ocupante do cargo, para as infrações penais, a prerrogativa de foro no STF.

248. **(Cespe/TCE/PE/Analista_Controle_Externo/2017)** O processamento e o julgamento de membro do Tribunal de Contas da União que vier a praticar crime de homicídio doloso serão realizados pelo STF.

4.3.3. Do Conselho Nacional de Justiça

* SÚMULAS

STF Súm. 649. É inconstitucional a criação, por constituição estadual, de órgão de controle administrativo do Poder Judiciário do qual participem representantes de outros poderes ou entidades.

* INFORMATIVOS DE JURISPRUDÊNCIA

CNJ e controle de controvérsia submetida ao Judiciário

STF Descabe ao CNJ, cujas atribuições são exclusivamente administrativas, o controle de controvérsia submetida à apreciação do Poder Judiciário. MS 28845, Rel. Min. Marco Aurélio, j. 21.11.2017. 1ª T. (Info 885)

CNJ: processo disciplinar e competência autônoma

STF A competência originária do CNJ para a apuração disciplinar, ao contrário da revisional, não se sujeita ao parâmetro temporal previsto no art. 103-B, § 4º, V da CF. MS 34685 AgR, Rel. Min. Dias Toffoli, j. 28.11.2017. 2ª T. (Info 886)

* QUESTÕES OBJETIVAS

249. **(Cespe/TCE/PA/Analista/2016)** Embora a CF o insira entre os órgãos jurisdicionais, o Conselho Nacional de Justiça possui atribuições exclusivamente administrativas e disciplinares e submete-se ao controle do Supremo Tribunal Federal.

250. **(Cespe/DPE/PE/Defensor/2015)** O Conselho Nacional de Justiça não tem qualquer competência sobre o STF e seus ministros.

251. **(Cespe/DPE/PE/Defensor/2015)** Pelo princípio da simetria, os estados-membros poderão instituir, por meio de sua constituição estadual, conselho destinado ao controle da atividade administrativa, financeira ou disciplinar de suas respectivas justiças estaduais.

252. **(Cespe/TJ/DFT/Juiz/2016)** Compete ao CNJ, instituído pela EC n. 45/2004 – Reforma do Judiciário:

a) avocar processos disciplinares em curso contra magistrados, e determinar a aplicação das penas de remoção, disponibilidade, aposentadoria compulsória com subsídios proporcionais ao tempo de serviço, ou a demissão a bem do serviço público.

b) receber e conhecer das reclamações em desfavor de órgãos prestadores de serviços notariais e de registro, sem prejuízo da competência disciplinar e correcional dos tribunais de justiça.

c) rever, de ofício ou mediante provocação, processos disciplinares de juízes e membros de tribunais – exceto de integrantes de tribunais superiores – julgados há menos de um ano.

d) processar e julgar ação penal referente a crime contra a administração pública ou de abuso de autoridade praticado por magistrado.

e) apreciar e julgar, em grau de recurso, ato jurisdicional prolatado por órgão judicial em flagrante violação de dever funcional.

253. (Cespe/TRE/PI/Analista/2016) No que se refere ao Poder Judiciário na ordem jurídica constitucional, assinale a opção correta:

a) Cabe recurso contra decisão proferida por tribunal regional eleitoral que conceda mandado de segurança, o qual deve ser dirigido ao Tribunal Superior Eleitoral.

b) Cabe ao presidente da República nomear dois juízes, entre seis advogados indicados pela Ordem dos Advogados do Brasil, para a composição dos Tribunais Regionais Eleitorais.

c) O presidente de determinado tribunal que praticar ato comissivo ou omissivo que retarde a liquidação regular de precatório, incorrerá em infração funcional, a qual não poderá ser apurada pelo Conselho Nacional de Justiça, por ser a apuração de competência privativa da corregedoria do tribunal.

d) Cabe ao Superior Tribunal de Justiça processar e julgar originariamente conflitos de competência entre o Tribunal Superior Eleitoral e tribunal regional eleitoral.

e) No exercício de sua competência correicional, o Conselho Nacional de Justiça pode apreciar reclamações contra membros do Poder Judiciário bem como aplicar as correspondentes sanções, mesmo quando a corregedoria do tribunal tiver absolvido o magistrado pelo ato.

254. (Cespe/TCE/PE/Analista/2017) O Conselho Nacional de Justiça tem competência constitucional para controlar o cumprimento dos deveres funcionais dos juízes, cabendo-lhe elaborar relatório semestral sobre os processos e as sentenças prolatadas, por unidade da Federação, nos diferentes órgãos do Poder Judiciário.

255. (Cespe/TCE/PE/Analista/2017) Membros aposentados do tribunal de contas estadual podem ser indicados para compor o Conselho Nacional de Justiça.

256. (Cespe/TCE/PE/Analista_Gestão/2017) No exercício de suas atribuições, o Conselho Nacional de Justiça é dotado de competência administrativa e jurisdicional.

257. (Cespe/TRF/1R/Técnico/2017) Compete ao CNJ eleger os órgãos diretivos do Tribunal Regional Federal da 1ª Região bem como dispor sobre competência e funcionamento dos órgãos jurisdicionais e administrativos desse tribunal.

258. (Cespe/TRF/1R/Analista/2017) A competência do Conselho Nacional de Justiça para apurar violações aos deveres funcionais se aplica apenas aos servidores do Poder Judiciário; ela não alcança os magistrados, pois, se assim não fosse, caracterizaria afronta à independência funcional.

259. (Cespe/STJ/Analista/2015) O controle administrativo exercido pelo CNJ é subsidiário e pressupõe prévia atuação pelos tribunais ordinários.

260. (Cespe/STJ/Analista/2015) O controle interno exercido pelo CNJ não alcança atos de conteúdo jurisdicional emanados de tribunais.

261. (Cespe/TRT/7R/Técnico/2017) A respeito da composição e competência do Conselho Nacional de Justiça (CNJ), julgue os itens a seguir.

I. O Estatuto da Magistratura pode ampliar o rol de competências do CNJ previsto na CF, uma vez que esse rol é exemplificativo.

II. Ao CNJ, como órgão do Poder Judiciário, é permitido apreciar a constitucionalidade e a legalidade dos atos administrativos.

III. No exercício de seu poder disciplinar, o CNJ pode proceder a investigação sobre faltas disciplinares dos magistrados, desde que por avocação de processos disciplinares já findos nos tribunais, na medida em que sua competência é subsidiária.

Assinale a opção correta:

a) Apenas o item I está certo.

b) Apenas o item II está certo.

c) Apenas o item III está certo.

d) Todos os itens estão certos.

262. **(Cespe/PGE/SE/Procurador/2017)** O CNJ, órgão do Poder Judiciário que possui somente atribuições de natureza administrativa:

a) poderá, apenas por provocação, rever processos disciplinares de membros de tribunais, sem nenhum limite temporal.

b) não terá competência para zelar pela autonomia do Poder Judiciário.

c) é composto por membros com mandato de quatro anos, admitindo-se uma reeleição.

d) é presidido pelo presidente do STF ou, na sua ausência, pelo presidente do STJ.

e) poderá, de ofício, rever processos disciplinares de juízes julgados há menos de um ano.

263. **(Cespe/PGE/AM/Procurador/2016)** O CNJ é órgão externo de controle administrativo, financeiro e disciplinar do Poder Judiciário.

264. **(Cespe/TRF/1R/Analista/2017)** À luz do princípio da simetria, por determinação de constituição estadual, é constitucional a criação de órgão de controle administrativo local do Poder Judiciário do qual participem representantes de outros poderes ou de entidades, à semelhança do Conselho Nacional de Justiça.

4.3.4. Do Superior Tribunal de Justiça

✱ QUESTÕES OBJETIVAS

265. **(Cespe/TRF/1R/Técnico/2017)** Os desembargadores do Tribunal Regional Federal da 1ª Região que cometam crimes de responsabilidade serão processados e julgados originariamente pelo STF.

266. **(Cespe/STJ/Analista/2015)** Compete, originariamente, ao STJ julgar mandados de segurança contra atos do Superior Tribunal de Justiça Desportiva.

267. **(Cespe/TRF/1R/Técnico/2017)** Cabe ao STJ processar e julgar originariamente os conflitos entre a União e os estados.

268. **(Cespe/DPE/PE/Defensor/2015)** Compete, originariamente, ao STF processar e julgar a homologação de sentenças estrangeiras.

4.3.5. Dos Tribunais

✱ SÚMULAS

1) Do TST, dos TRT's e dos Juízes do Trabalho

STF Súm. Vinculante 22. A Justiça do Trabalho é competente para processar e julgar as ações de indenização por danos morais e patrimoniais decorrentes de acidente de trabalho propostas por empregado contra empregador, inclusive aquelas que ainda não possuíam sentença de mérito em primeiro grau quando da promulgação da Emenda Constitucional n. 45/04.

STF Súm. Vinculante 23. A Justiça do Trabalho é competente para processar e julgar ação possessória ajuizada em decorrência do exercício do direito de greve pelos trabalhadores da iniciativa privada.

STF Súm. 433. É competente o Tribunal Regional do Trabalho para julgar mandado de segurança contra ato de seu presidente em execução de sentença trabalhista.

STF Súm. 736. Compete à Justiça do Trabalho julgar as ações que tenham como causa de pedir o descumprimento de normas trabalhistas relativas à segurança, higiene e saúde dos trabalhadores.

STJ Súm. 10. Instalada a junta de conciliação e julgamento, cessa a competência do juiz de direito em matéria trabalhista, inclusive para a execução das sentenças por ele proferidas.

STJ Súm. 180. Na lide trabalhista, compete ao tribunal regional do trabalho dirimir conflito de competência verificado, na respectiva região, entre juiz estadual e junta de conciliação e julgamento.

STJ Súm. 225. Compete ao tribunal regional do trabalho apreciar recurso contra sentença proferida por órgão de primeiro grau da justiça trabalhista, ainda que para declarar-lhe a nulidade em virtude de incompetência.

STJ Súm. 367. A competência estabelecida pela EC n. 45/2004 não alcança os processos já sentenciados.

2) Dos Tribunais e Juízes Eleitorais

STF Súm. 72. No julgamento de questão constitucional, vinculada a decisão do Tribunal Superior Eleitoral, não estão impedidos os ministros do Supremo Tribunal Federal que ali tenham funcionado no mesmo processo, ou no processo originário.

STJ Súm. 368. Compete à justiça comum estadual processar e julgar os pedidos de retificação de dados cadastrais da justiça eleitoral.

STJ Súm. 374. Compete à justiça eleitoral processar e julgar a ação para anular débito decorrente de multa eleitoral.

3) Dos Tribunais e Juízes dos Estados

STF Súm. Vinculante 27. Compete à Justiça Estadual julgar causas entre consumidor e concessionária de serviço público de telefonia, quando a Anatel não seja litisconsorte passiva necessária, assistente, nem opoente.

STF Súm. 330. O Supremo Tribunal Federal não é competente para conhecer de mandado de segurança contra atos dos tribunais de justiça dos Estados.

STF Súm. 498. Compete à justiça dos Estados, em ambas as instâncias, o processo e o julgamento dos crimes contra a economia popular.

STF Súm. 516. O Serviço Social da Indústria (Sesi) está sujeito à jurisdição da Justiça Estadual.

STF Súm. 522. Salvo ocorrência de tráfico com o exterior, quando, então, a competência será da Justiça Federal, compete à justiça dos Estados o processo e o julgamento dos crimes relativos a entorpecentes.

STF Súm. 555. É competente o tribunal de justiça para julgar conflito de jurisdição entre juiz de direito do Estado e a justiça militar local.

STF Súm. 702. A competência do tribunal de justiça para julgar prefeitos restringe-se aos crimes de competência da justiça comum estadual; nos demais casos, a competência originária caberá ao respectivo tribunal de segundo grau.

STJ Súm. 34. Compete à Justiça Estadual processar e julgar causa relativa a mensalidade escolar, cobrada por estabelecimento particular de ensino.

STJ Súm. 42. Compete à justiça comum estadual processar e julgar as causas cíveis em que é parte sociedade de economia mista e os crimes praticados em seu detrimento.

STJ Súm. 55. Tribunal regional federal não é competente para julgar recurso de decisão proferida por juiz estadual não investido de jurisdição federal.

STJ Súm. 224. Excluído do feito o ente federal cuja presença levara o juiz estadual a declinar da competência, deve o juiz federal restituir os autos e não suscitar conflito.

STJ Súm. 238. A avaliação da indenização devida ao proprietário do solo, em razão de alvará de pesquisa mineral, é processada no juízo estadual da situação do imóvel.

STJ Súm. 270. O protesto pela preferência de crédito, apresentado por ente federal em execução que tramita na Justiça Estadual, não desloca a competência para a Justiça Federal.

STJ Súm. 363. Compete à Justiça Estadual processar e julgar a ação de cobrança ajuizada por profissional liberal contra cliente.

STJ Súm. 368. Compete à justiça comum estadual processar e julgar os pedidos de retificação de dados cadastrais da justiça eleitoral.

STJ Súm. 505. A competência para processar e julgar as demandas que têm por objeto obrigações decorrentes dos contratos de planos de previdência privada firmados com a Fundação Rede Ferroviária de Seguridade Social – Refer é da justiça estadual.

4) Dos Tribunais e Juízes Militares

STJ Súm. 53. Compete à justiça comum estadual processar e julgar civil acusado de prática de crime contra instituições militares estaduais.

STJ Súm. 78. Compete à justiça militar processar e julgar policial de corporação estadual, ainda que o delito tenha sido praticado em outra unidade federativa.

STJ Súm. 90. Compete à Justiça Estadual militar processar e julgar o policial militar pela prática do crime militar, e à comum pela prática do crime comum simultâneo àquele.

✱ QUESTÕES OBJETIVAS

269. **(Cespe/STM/Analista/2018)** O Superior Tribunal Militar é composto por quinze ministros vitalícios, que, por serem todos oficiais oriundos das Forças Armadas, devem ser brasileiros natos.

270. **(Cespe/TRF/5R/Juiz/2015)** À luz do entendimento adotado pelo STF, assinale a opção correta acerca do Poder Judiciário:

a) A aposentadoria de desembargador não desloca para a primeira instância a competência para o processamento e o julgamento de eventuais ilícitos penais por ele cometidos no período de exercício do cargo.

b) Se o nome de um juiz figurar por três vezes alternadas na lista tríplice para compor TRF, a escolha do presidente da República tornar-se-á vinculada.

c) Compete à justiça federal processar e julgar mandado de segurança impetrado contra ato do presidente da Câmara dos Deputados.

d) Compete à justiça federal julgar todas as causas entre consumidor e concessionária de serviço público de telefonia.

e) Para o provimento de cargo de ministro do STJ destinado à magistratura federal, deve-se distinguir entre desembargadores de TRF, originários da carreira da magistratura federal, ou provenientes do MPF ou da advocacia.

271. **(Cespe/TCE/PA/Analista/2016)** O Supremo Tribunal Federal fixou o entendimento de que a competência para julgar ações oriundas da relação de trabalho entre servidores e administração pública é da justiça federal, independentemente de serem servidores estatutários ou celetistas.

272. **(Cespe/TRF/1R/Técnico/2017)** Compete à justiça federal julgar processos em que a União seja autora, ré ou assistente, inclusive os decorrentes de acidente de trabalho.

273. **(Cespe/TRF/5R/Juiz/2017)** De acordo com o STF, eventual ajuizamento de ação judicial proposta em razão da demora na expedição de diploma de conclusão de curso em instituição privada de ensino superior deverá ser processada e julgada pela justiça:

a) estadual, se a instituição for mantida por pessoas de direito privado.

b) estadual, porquanto não há interesse da União.

c) federal, ainda que a instituição seja privada.

d) federal, desde que haja repasse de verba federal para a instituição.

e) estadual, se a instituição for administrada por pessoas de direito privado.

274. **(Cespe/TRT/7R/Técnico/2017)** A CF dispõe que um quinto (regra do quinto constitucional) ou um terço (regra de um terço) dos membros de alguns tribunais serão, obrigatoriamente, oriundos do Ministério Público e da advocacia. A partir dessa informação, assinale a opção em que o primeiro tribunal deve respeitar a regra do quinto constitucional para a sua composição, e o segundo, deve respeitar a regra de um terço:

a) tribunal regional federal/tribunal de justiça de estado.

b) STJ/TSE.

c) tribunal regional federal/STF.

d) Tribunal de Justiça do Distrito Federal e Territórios/STJ.

275. **(Cespe/TRT/7R/Analista/2017)** A respeito dos Poderes Executivo, Legislativo e Judiciário, assinale a opção correta:

a) O Conselho da República é composto por seis cidadãos brasileiros natos, com mais de trinta e cinco anos de idade, todos eleitos para mandato de três anos, permitindo-se uma única recondução.

b) Não se prevê a iniciativa do Tribunal de Contas da União para propor projeto de lei ao Congresso Nacional.

c) Os ministros de Estado devem ser escolhidos entre brasileiros maiores de trinta e cinco anos de idade e no pleno exercício dos direitos políticos.

d) O TST tem competência para processar e julgar, de forma originária, reclamação que garanta a autoridade de suas decisões e preserve a sua competência.

4.4. Das Funções Essenciais à Justiça

4.4.1. Do Ministério Público

✱ REPERCUSSÃO & REPETITIVOS

STF Repercussão Geral 946. Os Ministérios Públicos dos Estados e do Distrito Federal têm legitimidade para propor e atuar em recursos e meios de impugnação de decisões judiciais em trâmite no STF e no STJ, oriundos de processos de sua atribuição, sem prejuízo da atuação do Ministério Público Federal. (RE 985392, 26.5.2017)

STJ Repetitivo 766. O Ministério Público é parte legítima para pleitear tratamento médico ou entrega de medicamentos nas demandas de saúde propostas contra os entes federativos, mesmo quando se tratar de feitos contendo beneficiários individualizados, porque se refere a direitos individuais indisponíveis, na forma do art. 1º da Lei 8.625/1993 (LONMP). (REsp 1682836, 25.4.2018)

✱ QUESTÕES OBJETIVAS

276. **(Cespe/STM/Analista/2018)** Cabe ao Ministério Público Federal representar a União em caso de ação judicial proposta por servidor da justiça militar da União que cobre diferenças devidas em razão de erro no cálculo de sua remuneração.

277. **(Cespe/PC/MA/Investigador/2018)** Observada a ordem de nomeação, o ingresso na carreira do Ministério Público se dará mediante concurso público de provas e títulos, exigindo-se do bacharel em direito, no mínimo:

a) cinco anos de atividade jurídica.
b) um ano de atividade jurídica.
c) dois anos de atividade jurídica.
d) três anos de atividade jurídica.
e) quatro anos de atividade jurídica.

278. **(Cespe/PC/MA/Escrivão/2018)** A instituição permanente, essencial à função jurisdicional do Estado, à qual incumbe a defesa da ordem jurídica, do regime democrático e dos interesses sociais e individuais indisponíveis é o(a)

a) advocacia pública.
b) Conselho Nacional de Justiça.
c) polícia judiciária.
d) Defensoria Pública.
e) Ministério Público.

279. **(Cespe/TRF/1R/Juiz/2015)** No que tange à AGU, ao MP e aos servidores públicos, assinale a opção correta:

a) Tanto a União quanto os estados, o DF e os municípios estão obrigados a instituir regime jurídico único e planos de carreira para os ocupantes de cargos públicos da administração direta, mas não para os servidores da administração indireta.
b) A AGU representa os interesses da União no âmbito judicial e na consultoria e assessoramento jurídico aos poderes da República.
c) Dado o princípio da indivisibilidade, o MP é uma instituição una, podendo seus membros, que não se vinculam aos processos nos quais atuam, ser substituídos uns pelos outros de acordo com as normas legais.
d) Constam expressamente na CF dispositivos normativos que investem o MP de poderes investigatórios criminais, sendo-lhe facultado promover a colheita de determinados elementos de prova que demonstrem a autoria e a materialidade de delitos.
e) Os servidores públicos têm direito à irredutibilidade de salário e ao piso salarial proporcional à extensão e à complexidade do trabalho, mas não ao salário-família e ao fundo de garantia do tempo de serviço.

280. **(Cespe/TRE/PI/Analista/2016)** No que diz respeito às funções essenciais à justiça, assinale a opção correta:

a) As Constituições estaduais podem prever outras funções para o Ministério Público em âmbito estadual, além daquelas fixadas pela CF.
b) Cabe à Advocacia-Geral da União desenvolver as atividades de consultoria e assessoramento jurídico da União.
c) Caso pretenda destituir o procurador-geral da República, o presidente da República deverá, previamente, obter autorização da maioria absoluta do Congresso Nacional.
d) Compete ao Ministério Público promover a defesa judicial da Fundação Nacional do Índio.
e) A CF admite a contratação temporária de advogados para o exercício de funções de defensor público.

281. **(Cespe/TCE/PA/Analista/2016)** Cabe ao próprio Ministério Público a iniciativa de propor ao Poder Legislativo a edição de lei ordinária que disponha sobre a criação e a extinção de seus cargos e serviços auxiliares, bem como sobre a política remuneratória e seus planos de carreira.

282. **(Cespe/TCE/PA/Auditor/2016)** É possível que um membro do Ministério Público estadual, aos trinta e seis anos de idade, seja nomeado pelo presidente da República ao cargo de procurador-geral da República, após seu nome ser aprovado pela maioria do Senado Federal, para um mandato de dois anos, permitida a sua recondução por uma única vez.

283. **(Cespe/PC/GO/Delegado/2017)** No modelo de funcionamento da justiça montado no Brasil, entendeu-se ser indispensável a existência de determinadas funções essenciais à justiça. Nesse sentido, a CF considera como funções essenciais à justiça:

a) o Poder Judiciário, o Ministério Público, a Defensoria Pública, a advocacia e as polícias civil e militar.
b) o Ministério Público, a Defensoria Pública, a advocacia pública, a advocacia e as polícias civil e militar.
c) o Poder Judiciário e o Ministério Público.
d) o Ministério Público, a Defensoria Pública, a advocacia pública e a advocacia.
e) o Poder Judiciário, o Ministério Público e a Defensoria Pública.

284. **(Cespe/PC/GO/Delegado/2017)** À luz da CF, assinale a opção correta a respeito do Ministério Público:

a) Segundo a CF, são princípios institucionais aplicáveis ao Ministério Público: a unidade, a indivisibilidade, a independência funcional e a inamovibilidade.

b) Foi com a CF que a atividade do Ministério Público adquiriu o status de função essencial à justiça.

c) O STF, ao tratar das competências e prerrogativas do Ministério Público, estabeleceu o entendimento de que membro desse órgão pode presidir inquérito policial.

d) A CF descreve as carreiras abrangidas pelo Ministério Público e, entre elas, elenca a do Ministério Público Eleitoral.

e) A exigência constitucional de que o chefe do Ministério Público da União, procurador-geral da República, pertença à carreira significa que ele, para o exercício do cargo, pode pertencer tanto ao Ministério Público Federal quanto ao estadual.

285. **(Cespe/TCE/PE/Analista/2017)** O princípio constitucional da indivisibilidade do Ministério Público veda aos integrantes da carreira a possibilidade de substituição de uns pelos outros.

286. **(Cespe/TCE/PE/Analista_Gestão/2017)** Segundo a CF, Ministério Público que atue junto ao TCU ou junto ao tribunal de contas estadual integrará, respectivamente, o Ministério Público da União ou o Ministério Público do estado em questão.

287. **(Cespe/PGM/Fortaleza/Procurador/2017)** Em decorrência do princípio da unidade, membro do MP não pode recorrer de decisão proferida na segunda instância se o acórdão coincidir com o que foi preconizado pelo promotor que atuou no primeiro grau de jurisdição.

288. **(Cespe/TRF/1R/Analista/2017)** O ato de vitaliciamento de membro do Ministério Público, por ter natureza de ato administrativo, está sujeito ao controle de legalidade pelo Conselho Nacional do Ministério Público.

289. **(Cespe/TRF/1R/Analista/2017)** São princípios institucionais do Ministério Público e da Defensoria Pública, enquanto funções essenciais à justiça, a indivisibilidade, a unidade e a independência funcional.

290. **(Cespe/TRF/1R/Analista/2017)** O Ministério Público é instituição permanente e essencial à função jurisdicional cujo rol de funções previsto pela Constituição Federal de 1988 é não exaustivo e inclui a titularidade para promover ação penal pública e ação direta de inconstitucionalidade.

291. **(Cespe/PGM/Salvador/Procurador/2015)** Assinale a opção correta no que diz respeito à disciplina das funções essenciais à justiça:

a) O MP estadual tem legitimidade ativa para promover ACP com o fim de questionar a cobrança e pleitear a restituição de IPTU a respeito do qual se alegue ter sido indevidamente cobrado pelo município.

b) O MP estadual tem legitimidade ativa para promover ACP com a finalidade de obter provimento judicial que obrigue o município a aplicar o mínimo constitucionalmente exigido da receita resultante de impostos na manutenção e desenvolvimento do ensino.

c) A defensor público é assegurado o exercício da advocacia fora das atribuições institucionais, desde que ele respeite a compatibilidade de horário e que não se apure conflito de interesses.

d) A chefia do MPU cabe ao procurador-geral da República, que será escolhido pelo presidente da República entre os integrantes da carreira, maiores de trinta e cinco anos, a partir de lista tríplice fornecida pelo Conselho Nacional do Ministério Público.

e) A chefia da AGU cabe ao AGU, que será escolhido pelo presidente da República entre os integrantes da carreira, maiores de trinta e cinco anos, a partir de lista tríplice fornecida pelo Conselho Superior da AGU.

292. **(Cespe/TCE/RN/Auditor/2015)** Aos membros do Ministério Público junto a tribunal de contas estadual aplicam-se os mesmos direitos, vedações e formas de investidura dos promotores de justiça, uma vez que estão vinculados, em termos administrativos, ao respectivo Ministério Público estadual.

4.4.2. Da Advocacia Pública

✱ QUESTÕES OBJETIVAS

293. **(Cespe/PGE/PE/Procurador/2018)** No que se refere às regras constitucionais aplicáveis à carreira de procurador do estado, assinale a opção correta.

a) O cargo de procurador do estado não está inserido no rol constitucional de cargos e funções essenciais à justiça.
b) A atividade profissional do procurador do estado se resume à prestação de consultoria jurídica para a unidade federada na qual esteja em exercício.
c) A estabilidade é assegurada ao procurador do estado após dois anos de exercício contínuo e ininterrupto de suas funções, preenchidos os demais requisitos legais.
d) A remuneração do procurador consiste exclusivamente em subsídio fixado em parcela única.
e) A participação da OAB é obrigatória somente no decorrer da primeira fase do concurso para procurador do estado.

294. **(Cespe/Sefaz/RS/Auditor/2018)** A respeito das funções essenciais à justiça, julgue os seguintes itens.

I. O Ministério Público estadual possui legitimidade ativa autônoma para ajuizar reclamação no Supremo Tribunal Federal (STF), desde que haja ratificação da inicial pelo procurador-geral da República.
II. A Defensoria Pública possui legitimidade ativa para ajuizar ação civil pública e defender interesses transindividuais – coletivos stricto sensu e difusos – e interesses individuais homogêneos.
III. Os procuradores dos estados, que possuem remuneração estabelecida exclusivamente por subsídio fixado em parcela única, exercem funções de consultoria jurídica e representação judicial dos respectivos entes federados.

Assinale a opção correta.

a) Apenas o item I está certo.
b) Apenas o item II está certo.
c) Apenas os itens I e III estão certos.
d) Apenas os itens II e III estão certos.
e) Todos os itens estão certos

295. **(Cespe/TJ/DFT/Juiz/2015)** A respeito do Poder Judiciário, do controle de constitucionalidade e das funções essenciais à justiça, assinale a opção correta considerando a CF e a jurisprudência do STF:

a) Se o resultado de uma eleição para a presidência de um tribunal de justiça estadual for questionado judicialmente, competirá à procuradoria-geral do estado a representação do tribunal de justiça para defender o ato impugnado.
b) O CNJ, além de suas atribuições de natureza administrativa, detém competência para apreciar a constitucionalidade de atos administrativos, por estar incluído entre os órgãos do Poder Judiciário brasileiro.
c) A ADPF é instrumento adequado para pedir interpretação, revisão e cancelamento de súmula vinculante.
d) Os efeitos de súmula vinculante editada pelo STF em razão de pacificação de controvérsia judicial transcendem o Poder Judiciário e alcançam os Poderes Legislativo e Executivo.
e) O MP junto ao TCU integra o MPU e detém os mesmos direitos e prerrogativas concedidos ao MPF.

296. **(Cespe/Funpresp/Especialista Jurídico/2016)** A consultoria e o assessoramento jurídico das autarquias federais, fundações públicas e privadas, empresas públicas e sociedades de economia mista que sejam controladas pela União são de competência privativa da AGU.

297. **(Cespe/PC/GO/Escrivão/2016)** Acerca das funções essenciais à justiça e do Poder Judiciário, assinale a opção correta:

a) A Advocacia-Geral da União é a instituição competente para representar extrajudicialmente a União, o que inclui, por exemplo, a representação do ente central perante o Tribunal de Contas da União.
b) O Conselho acional de Justiça constitui órgão de controle externo da atividade jurisdicional.
c) Os tribunais regionais federais, diferentemente dos tribunais de justiça dos estados, não poderão ter, em sua composição, desembargadores oriundos da advocacia ou do MP pela sistemática do quinto constitucional.
d) Cabe ao MP a representação judicial do estado de Goiás.
e) Compete à Defensoria Pública a defesa, de forma integral e gratuita, dos direitos individuais e coletivos dos necessitados, bem como a promoção da ação penal pública nas hipóteses de crimes praticados contra os hipossuficientes.

298. **(Cespe/SEDF/Analista/2017)** O governo de determinado estado da Federação publicou medida provisória (MP) que altera dispositivos da Lei de Diretrizes e Bases da Educação Nacional.

Em protesto contra a referida MP, alguns estudantes do ensino médio do estado ocuparam as escolas públicas, impedindo que os demais alunos frequentassem as aulas. O Ministério Público estadual ingressou com medida judicial requerendo a imediata reintegração e desocupação das escolas invadidas. A medida judicial requerida foi deferida por um juiz de primeiro grau que tomou posse há vinte meses. A procuradoria-geral do estado também possui competência para requerer a medida judicial de desocupação das escolas, por não ser essa competência privativa do Ministério Público estadual.

299. **(Cespe/PGM/Fortaleza/Procurador/2017)** De acordo com o entendimento do STF, são garantidas ao advogado público independência funcional e inamovibilidade.

300. **(Cespe/AGU/Advogado/2015)** Compete à AGU a representação judicial e extrajudicial da União, sendo que o poder de representação do ente federativo central pelo advogado da União decorre da lei e, portanto, dispensa o mandato.

301. **(Cespe/TRF/5R/Juiz/2017)** Um juiz federal determinou que a União implantasse determinado direito do autor de ação judicial. A União, após ser intimada da decisão por meio do advogado da União, não cumpriu a determinação judicial. Nessa situação, o advogado da União, atuando no exercício de suas funções:

a) não poderá ser responsabilizado administrativamente, juntamente com a autoridade pública, pelo descumprimento de determinação judicial, mas poderá ser preso.
b) deverá ser preso pelo descumprimento de determinação judicial.
c) deverá ser responsabilizado judicialmente pelo descumprimento de determinação judicial.
d) deverá ser responsabilizado judicialmente, juntamente com a autoridade pública competente, pelo descumprimento de determinação judicial.
e) não poderá ser responsabilizado judicialmente pelo descumprimento de determinação judicial nem poderá ser preso.

302. **(Cespe/PGE/SE/Procurador/2017)** De acordo com a CF e a jurisprudência do STF, o procurador-geral de estado:

a) perderá o cargo efetivo apenas em virtude de sentença judicial transitada em julgado, caso seja integrante da carreira de procurador estadual.
b) deve, necessariamente, ter sido aprovado em concurso público de provas ou de provas e títulos, caso seja integrante da carreira de procurador estadual.
c) goza da garantia de inamovibilidade.
d) ocupa cargo comissionado de livre nomeação e exoneração pelo governador do estado.
e) tem competência para a iniciativa de lei ordinária sobre a organização da procuradoria-geral do estado.

303. **(Cespe/TCE/PA/Auditor/2016)** Compete à Procuradoria-Geral do estado do Pará a representação judicial e a consultoria jurídica do estado, sendo vedado o desempenho de tais atividades por servidores ocupantes exclusivamente de cargo em comissão, ainda que norma estadual preveja expressamente tal hipótese.

304. **(Cespe/TCE/PE/Analista_Gestão/2017)** Aos procuradores do estado, assim como aos membros das defensorias públicas, é garantida, institucionalmente, a inamovibilidade.

4.4.4. Da Defensoria Pública

◎ ATENÇÃO: ESTE TEMA É MUITO EXIGIDO NOS CONCURSOS!

✱ REPERCUSSÃO & REPETITIVOS

STF Repercussão Geral 607. A Defensoria Pública tem legitimidade para a propositura de ação civil pública que vise a promover a tutela judicial de direitos difusos ou coletivos de que sejam titulares, em tese, pessoas necessitadas. (RE 733433, 4.11.2015)

✱ QUESTÕES OBJETIVAS

305. **(Cespe/DPE/RN/Defensor/2015)** Com relação ao tratamento dispensado à assistência judiciária, à assistência jurídica e à DP nas Constituições brasileiras, assinale a opção correta:

a) A Constituição de 1946 foi a primeira a determinar aos estados e à União a criação de órgãos especiais para a concessão de assistência judiciária aos necessitados.
b) O conceito de assistência jurídica, evolução do conceito de assistência judiciária, surgiu pela primeira vez com a promulgação da Constituição Federal de 1967, antes de sua alteração pela EC 1/1969.
c) A instituição da DP foi prevista pela primeira vez com a promulgação da EC n. 1/1969, que

alterou a Constituição Federal de 1967, todavia, sua criação não era obrigatória pelos estados da Federação.

d) A Constituição Imperial de 1824, apesar de não tratar expressamente da assistência judiciária, concedia isenção de emolumentos, custas, taxas e selos nas causas cíveis às pessoas que provassem não ter condições de pagá-los.

e) A determinação dirigida à União e aos estados para a concessão de assistência judiciária aos necessitados surgiu pela primeira vez na Constituição de 1934.

306. **(Cespe/DPU/Analista/2016)** Do princípio institucional da unidade não decorre a vedação à existência de posições discordantes entre os membros da DP, haja vista a independência funcional a eles garantida.

307. **(Cespe/TCE/SC/Auditor/2016)** Como instituição essencial à função jurisdicional do Estado, a Defensoria Pública incumbe-se da orientação jurídica e da defesa dos direitos individuais e coletivos, de forma integral e gratuita, aos necessitados, em todas as esferas judiciais, cabendo-lhe atuar extrajudicialmente, em processos administrativos, apenas de maneira subsidiária, quando não existir, na respectiva localidade, serviço jurídico público ou privado de atendimento gratuito à população.

308. **(Cespe/DPU/Defensor/2017)** No que se refere à defesa dos interesses dos necessitados, cabe à DP a defesa de direitos individuais e coletivos, mesmo no âmbito da esfera extrajudicial.

309. **(Cespe/TCE/PE/Analista/2017)** As defensorias públicas dos estados possuem autonomia funcional e administrativa, sendo-lhes garantida a iniciativa de suas propostas orçamentárias.

310. **(Cespe/TCE/PE/Analista_Gestão/2017)** Emenda à CF reconheceu à Defensoria Pública a independência funcional.

311. **(Cespe/PGM/Fortaleza/Procurador/2017)** Aos defensores públicos é garantida a inamovibilidade e vedada a advocacia fora das atribuições institucionais.

312. **(Cespe/PGM/Fortaleza/Procurador/2017)** O ente federado tanto pode optar pela constituição de Defensoria Pública quanto firmar convênio exclusivo com a OAB para prestar assistência jurídica integral aos hipossuficientes.

313. **(Cespe/DPE/AC/Defensor/2017)** De acordo com a CF e a legislação pertinente, constitui, entre outras, função institucional da DP:

a) defender a ordem jurídica, o regime democrático e os interesses sociais e individuais indisponíveis.

b) convocar audiências públicas para discutir políticas públicas sobre saúde, educação, moradia e segurança.

c) exercer a curadoria especial de natureza material.

d) promover, prioritariamente, a solução extrajudicial dos litígios, por meio de instrumentos que valerão como título executivo.

e) assegurar os princípios constitucionais da ampla defesa e do contraditório.

314. **(Cespe/TRT/7R/Técnico/2017)** No que diz respeito às funções essenciais à justiça insertas na CF, julgue os itens subsequentes.

I. É vedada a recondução de membro nomeado pelo presidente da República para o Conselho Nacional do Ministério Público.

II. A unidade, a indivisibilidade e a independência funcional são princípios institucionais da Defensoria Pública.

III. O advogado é indispensável à administração pública, sendo, em qualquer circunstância, inviolável por seus atos e manifestações no exercício da profissão.

Assinale a opção correta:

a) Apenas o item I está certo.

b) Apenas o item II está certo.

c) Apenas o item III está certo.

d) Todos os itens estão certos.

315. **(Cespe/TRT/7R/Analista/2017)** Considerando os dispositivos constitucionais a respeito dos órgãos do Poder Judiciário, da Advocacia-Geral da União (AGU) e da Defensoria Pública, assinale a opção correta:

a) A Defensoria Pública é instituição permanente, essencial à função jurisdicional do Estado, devendo o número de defensores públicos na unidade jurisdicional ser proporcional à efetiva demanda pelo serviço da Defensoria Pública e à respectiva população.

b) Na AGU, instituição que representa a União, judicial e extrajudicialmente, o ingresso na carreira se dá mediante concurso público de provas e títulos, devendo a OAB participar obrigatoriamente em todas as suas fases.

c) Tanto a Defensoria Pública da União como as dos estados e do DF devem ser organizadas por lei complementar, devendo o ingresso no cargo de defensor público dar-se mediante concurso público de provas e títulos.

d) Os vinte e sete ministros que compõem o Tribunal Superior do Trabalho (TST) devem ser brasileiros natos, de notável saber jurídico e reputação ilibada, e sua escolha depende de nomeação pelo presidente da República após aprovação pela maioria absoluta do Senado Federal.

316. (Cespe/DPE/PE/Defensor/2015) Conforme entendimento do STF, a vertente extrajudicial da assistência jurídica prestada pela DP envolve a orientação jurídica, contudo, não se admitem iniciativas como as de realização de mediações, conciliações e arbitragem.

317. (Cespe/DPE/RN/Defensor/2015) Acerca do estatuto constitucional da DP, assinale a opção correta:

a) Ao DP aplica-se a garantia constitucional da inamovibilidade, que proíbe sua remoção contra sua vontade, a não ser quando determinada por sentença judicial transitada em julgado.

b) A alteração do art. 134 da CF pela EC n. 80/2014 concedeu aos DPs a garantia da vitaliciedade, que é adquirida após três anos de exercício, ficando a perda do cargo, após esse período, dependente de sentençajudicial transitada emjulgado.

c) A CF assegura aos DPs e aos procuradores dos estados aprovados em concurso público de provas e títulos estabilidade após dois anos de efetivo exercício, mediante avaliação de desempenho e relatório circunstanciado das corregedorias.

d) À DP aplicam-se os mesmos princípios institucionais atribuídos ao MP pela CF: a unidade, a indivisibilidade e a independência funcional.

e) A autonomia administrativa prevista na CF permite às DPs estaduais o livre gerenciamento do seu orçamento obtido por meio de aprovação de proposta orçamentária de iniciativa privativa dos governadores dos estados.

318. (Cespe/DPU/Defensor/2017) De acordo com o entendimento do STF, a legitimidade da DP para atuar em ações que visem resguardar o interesse de pessoas necessitadas limita-se à tutela de direitos coletivos e individuais homogêneos.

319. (Cespe/DPU/Defensor/2015) A independência funcional é um princípio institucional previsto na CF que implica a ausência de hierarquia entre os membros da DP tanto no aspecto funcional quanto no âmbito administrativo.

320. (Cespe/DPE/AL/Defensor/2017) À luz do entendimento dos tribunais superiores, julgue os itens a seguir, no que se refere ao papel institucional da Defensoria Pública dos estados.

I. A Defensoria Pública pode firmar convênio com a Ordem dos Advogados do Brasil, mediante lei autorizativa da assembleia legislativa do estado, para a defesa dos necessitados.

II. Cabe ao defensor público patrocinar a ação penal privada e a ação penal subsidiária da pública.

III. A Defensoria Pública tem legitimidade para propor ação civil pública postulatória de direitos difusos e coletivos de interesse das pessoas necessitadas.

IV. A substituição de defensor público em atuação no processo por defensor dativo na realização de ato processual gera nulidade absoluta.

Estão certos apenas os itens:

a) I e III.

b) I e IV.

c) II e III.

d) I, II e IV.

e) II, III e IV.

321. (Cespe/DPU/Analista/2016) As funções institucionais da DP não podem ser exercidas em favor de pessoas jurídicas com fins lucrativos, pois esse tipo de entidade não se enquadra no conceito de necessitados.

322. (Cespe/DPU/Defensor/2017) As funções institucionais da DP incluem a promoção prioritária da solução extrajudicial de conflitos por meio de mediação, conciliação e arbitragem, tendo natureza jurídica de título executivo extrajudicial o instrumento resultante da composição referendado pelo DP.

323. (Cespe/DPU/Defensor/2015) Não obstante o legislador ter vedado aos membros da DPU o recebimento de honorários em razão de suas atribuições, o STJ firmou entendimento no sentido de que serão devidos honorários advocatícios sucumbenciais em favor da DP quando esta patrocinar demanda ajuizada contra ente federativo ao qual ela não pertença.

324. (Cespe/DPE/AL/Defensor/2017) A Defensoria Pública tem legitimidade para propor ações civis públicas que versem sobre:

I. meio ambiente e ordem econômica.

II. patrimônio cultural e recursos hídricos.

III. improbidade administrativa e consumidor.

IV. mercado de capitais e ordem urbanística.

Estão certos apenas os itens:

a) I e II.

b) I e III.

c) II e III.

d) I, II e IV.

e) II, III e IV.

325. (Cespe/DPE/PE/Defensor/2015) Por ser um órgão constitucional autônomo, a DP não está sujeita a controle interno de suas funções administrativas.

326. (Cespe/DPE/PE/Defensor/2015) A autonomia funcional e administrativa conferida à DP não impede sua vinculação à secretaria de justiça do estado ao qual pertença, caso exista tal previsão na respectiva lei complementar estadual.

327. (Cespe/DPU/Defensor/2017) Entre os modelos de assistência jurídica dos Estados contemporâneos, o Brasil adotou, na CF, o sistema "salaried staff model", o que significa que incumbe à DP a prestação de assistência jurídica integral e gratuita aos necessitados.

328. (Cespe/DPU/Defensor/2017) Conforme o entendimento do STF, a autonomia funcional conferida pela CF às DPs, que lhes assegura a iniciativa de propor seu orçamento, não inclui a prévia participação desses órgãos na elaboração das respectivas leis de diretrizes orçamentárias.

329. (Cespe/DPU/Defensor/2017) De acordo com o entendimento do STJ, enquanto os estados, mediante lei específica, não organizarem suas DPs para atuarem continuamente na capital federal, o acompanhamento dos processos em trâmite naquela corte será prerrogativa da DPU.

330. (Cespe/DPU/Defensor/2015) Segundo entendimento do STF, a proposta orçamentária da DP poderá ser inserida na do Poder Executivo, juntamente com as das secretarias de estado ou com as dos ministérios, no âmbito federal, não constituindo tal inserção desrespeito à autonomia administrativa da instituição, nem ingerência no estabelecimento de sua programação financeira.

331. (Cespe/DPU/Defensor/2015) Segundo o STJ, a DP tem legitimidade para ajuizar ações coletivas em defesa de interesses difusos, coletivos ou individuais homogêneos, sendo que, no tocante aos difusos, sua legitimidade será ampla, independentemente de haver benefício a um grupo de pessoas necessitadas, haja vista que o direito tutelado pertence a pessoas indeterminadas. No entanto, quando se tratar de interesses coletivos ou individuais homogêneos, a legitimação deverá ser restrita às pessoas notadamente necessitadas.

332. (Cespe/DPU/Defensor/2015) A assistência jurídica integral e gratuita é garantida aos que comprovarem insuficiência de recursos, sejam eles pessoas naturais ou jurídicas. No caso de pessoas jurídicas de direito privado, é pacífica a jurisprudência do STJ no sentido de que a concessão desse benefício somente será possível quando for efetivamente comprovado seu estado de miserabilidade ou a precariedade de sua situação financeira, não bastando a simples declaração de pobreza.

333. (Cespe/DPU/Defensor/2015) A DPU possui autonomia funcional e administrativa, bem como a prerrogativa de iniciativa de sua proposta orçamentária, observados os limites estabelecidos na Lei de Diretrizes Orçamentárias .

334. (Cespe/DPU/Defensor/2015) A orientação jurídica e a defesa judicial e extrajudicial dos direitos individuais e coletivos dos necessitados, função essencial em um Estado democrático de direito, é realizada, no Brasil, pela DP.

335. (Cespe/DPE/AL/Defensor/2017) Assinale a opção correta, acerca da autonomia funcional, da autonomia administrativa e da autonomia financeira da Defensoria Pública:

a) A autonomia administrativa assegurada constitucionalmente à Defensoria Pública afasta a possibilidade de controle externo, pelas cortes de contas, de atos administrativos emanados da Defensoria.

b) O encaminhamento da proposta orçamentária da Defensoria Pública, a qual prescinde de manifestação prévia do conselho superior, compete ao defensor-geral.

c) A auto-organização e a autolegislação são asseguradas à Defensoria Pública por meio de disposição expressa da Constituição Federal de 1988.

d) A autonomia financeira da Defensoria Pública impede que o Poder Executivo realize ajustes nas propostas orçamentárias encaminhadas pelo referido órgão.

e) A autonomia funcional é prerrogativa de atuação dos membros da instituição.

336. **(Cespe/DPU/Defensor/2015)** Assim como ocorre no MP, os membros da DP têm como garantias a vitaliciedade, a inamovibilidade e a irredutibilidade de vencimentos ou subsídios.

337. **(Cespe/DPU/Analista/2016)** O defensor público, no exercício de suas funções institucionais, tem capacidade postulatória em decorrência exclusivamente de sua nomeação e posse no cargo.

338. **(Cespe/DPU/Analista/2016)** Aos defensores investidos na função antes do advento da Constituição Federal de 1988 foram assegurados o direito de opção pela carreira e o direito ao exercício da advocacia.

339. **(Cespe/DPE/PE/Defensor/2015)** A DP pode defender réu a que é imputado ato lesivo ao patrimônio público, mas não tem legitimidade para propor ação civil pública.

340. **(Cespe/DPE/RN/Defensor/2015)** Assinale a opção correta no que tange às funções da DP na solução de conflitos:

a) A validade, como título executivo extrajudicial, de um instrumento de transação referendado por um DP e celebrado com pessoa jurídica de direito público depende de homologação de um juiz.

b) A atuação da DP na solução de conflitos que envolvam direitos difusos ocorre de modo subsidiário à atuação do MP.

c) A promoção, pela DP, da solução de conflitos envolvendo direitos individuais homogêneos pode englobar grupo de pessoas não hipossuficientes em razão da natureza desses interesses.

d) A DP tem como função institucional, prioritariamente, promover a solução judicial dos conflitos mediante a proposição da ação cabível no caso em concreto.

e) O DP, na promoção da solução extrajudicial dos litígios, pode ser indicado pelas partes como árbitro, em compromisso arbitral.

341. **(Cespe/DPE/PE/Defensor/2015)** De acordo com entendimento sumulado do STJ, não são devidos honorários advocatícios à DP quando esta atuar em processo contra a pessoa jurídica de direito público à qual pertença. A referida Corte fixou entendimento recente, em consonância com a referida jurisprudência, de que são devidos honorários advocatícios sucumbenciais em favor da DP, quando se tratar de demanda ajuizada em face de ente federativo diverso do qual pertença.

342. **(Cespe/DPE/PE/Defensor/2015)** Pessoas jurídicas podem ser atendidas pela DP, portanto, de acordo com a jurisprudência, podem ser beneficiárias da justiça gratuita, porém a mera declaração acerca da insuficiência de recursos não gera presunção "juris tantum", que tem de ser comprovada conforme matéria sumulada pelo STJ.

343. **(Cespe/DPU/Defensor/2017)** De acordo com o entendimento do STJ, apesar de ser função institucional do órgão, a função de curador especial é hipótese de atuação atípica, desvinculada da comprovação de pobreza pelo beneficiário, razão por que a DP faz jus a honorários advocatícios pelo seu exercício.

344. **(Cespe/TCE/PR/Analista/2016)** No que se refere ao Poder Judiciário e às funções essenciais à justiça, assinale a opção correta:

a) O Ministério Público junto ao Tribunal de Contas da União é órgão integrante do Ministério Público da União (MPU), e a seus membros aplicam-se os mesmos direitos, vedações e forma de investidura aplicados ao MPU.

b) A Constituição Federal de 1988 dispõe expressamente acerca das vedações e das garantias conferidas aos membros da Advocacia-Geral da União, que incluem a vitaliciedade após dois anos de exercício profissional, a inamovibilidade e a irredutibilidade dos subsídios.

c) A Defensoria Pública é instituição permanente, essencial à função jurisdicional do Estado, e às defensorias públicas dos estados e da União são asseguradas a autonomia funcional e administrativa e a iniciativa de sua proposta orçamentária dentro dos limites estabelecidos na Lei de Diretrizes Orçamentárias .

d) São funções institucionais do Ministério Público promover o inquérito civil público e a ação civil pública e propor ação popular para a proteção do patrimônio público e social, do meio ambiente e de outros interesses difusos e coletivos.

e) O Conselho Nacional de Justiça é órgão integrante da estrutura do Poder Judiciário brasileiro, responsável pelo controle administrativo, financeiro e disciplinar desse poder, dispondo, por isso, de função jurisdicional.

345. **(Cespe/DPE/AL/Defensor/2017)** Em relação à instituição, a Lei Maior assegurou uma série de garantias e prerrogativas (...), de modo a evitar pressões e interferências de ordem externa. No tocante aos seus membros, assegurou a liberdade para o exercício de suas funções, impedindo uma subordinação que não seja à Constituição, às leis ou à sua própria consciência. (Marcelo Novelino. Direito Constitucional. 6. ed. Rio de Janeiro: Forense; São Paulo: Método, 2012, p. 974-5, com adaptações). O princípio institucional referido no texto, aplicável ao Ministério Público e às Defensorias Públicas, é o princípio da:

a) independência funcional.
b) autonomia administrativa.
c) unidade.
d) indivisibilidade.
e) subordinação legal.

5. DA DEFESA DO ESTADO E DAS INSTITUIÇÕES DEMOCRÁTICAS

5.1. Do Estado de Defesa e do Estado de Sítio

*** QUESTÕES DISCURSIVAS**

09. **(Cespe/Abin/Oficial/2018)** Considerando o regramento estabelecido pela Constituição Federal de 1988 para a defesa do Estado e das instituições democráticas, discorra a respeito do estado de defesa. Em seu texto, descreva: (i) o conceito do instituto e as hipóteses que justificam a sua decretação; (ii) os direitos fundamentais que podem sofrer restrição durante a sua vigência; (iii) os tipos de controle e o momento em que podem ser exercidos.

10. **(Cespe/DP/DF/Defensor/2013)** Distinga estado de defesa de estado de sítio, descrevendo as hipóteses que justificam a decretação de um e de outro e as medidas restritivas aos direitos e garantias fundamentais que a Constituição Federal autoriza durante a vigência de ambos.

*** QUESTÕES OBJETIVAS**

346. **(Cespe/PGE/PE/Procurador/2018)** Acerca do sistema constitucional de defesa do Estado e das instituições democráticas em tempos de crises, assinale a opção correta.

a) É competência exclusiva do Congresso Nacional a decretação e a suspensão do estado de defesa ou do estado de sítio.
b) Instaura-se o estado de sítio em caso de iminente e grave instabilidade institucional que ameace a ordem pública em determinado local.
c) Na vigência do estado de sítio decretado em decorrência de comprovada a ineficácia de medida tomada durante o estado de defesa, poderá haver restrição relativa à liberdade de imprensa.
d) O estado de defesa vigorará pelo prazo máximo de trinta dias, podendo ser prorrogado por novos períodos de até trinta dias, quantas vezes forem necessárias.
e) O estado de defesa visa preservar a localidade em caso de resposta a agressão armada estrangeira.

347. **(Cespe/PGM/Belo_Horizonte/Procurador/2017)** Com relação ao estado de defesa, assinale a opção correta:

a) A prisão por crime contra o Estado, determinada pelo executor da medida, será por este comunicada imediatamente ao juiz competente, ficando a autoridade policial dispensada de apresentar o exame de corpo de delito do detido.
b) O estado de defesa poderá ser instituído por decreto que especifique as áreas a serem abrangidas e as medidas coercitivas a vigorarem, a exemplo de restrições de direitos e ocupação e uso temporário de bens e serviços públicos.
c) O tempo de duração do estado de defesa não poderá ser prorrogado.
d) O sigilo de correspondência e de comunicação telefônica permanecem invioláveis na vigência do estado de defesa.

348. **(Cespe/TCE/RN/Auditor/2015)** A decretação de estado de sítio pode importar na restrição de direitos fundamentais como o direito de reunião, de propriedade e de inviolabilidade da correspondência.

5.2. Das Forças Armadas

✱ SÚMULAS

STF Súm. Vinculante 6. Não viola a Constituição da República o estabelecimento de remuneração inferior ao salário mínimo para os praças prestadores de serviço militar inicial.

STF Súm. 10. O tempo de serviço militar conta-se para efeito de disponibilidade e aposentadoria do servidor público estadual.

STF Súm. 55. Militar da reserva está sujeito a pena disciplinar.

STF Súm. 673. O art. 125, § 4º, da Constituição, não impede a perda da graduação de militar mediante procedimento administrativo.

STF Súm. 674. A anistia prevista no art. 8º do ADCT não alcança os militares expulsos com base em legislação disciplinar ordinária, ainda que em razão de atos praticados por motivação política.

5.3. Da Segurança Pública

✱ INOVAÇÕES LEGISLATIVAS

▲ Lei de Organização dos Órgãos de Segurança Pública (Lei 13.675/18): nova lei.

✱ QUESTÕES OBJETIVAS

349. **(Cespe/PC/MA/Escrivão/2018)** A CF, em seu art. 144, apresenta o rol dos órgãos encarregados da segurança pública. Esse rol é

a) taxativo para a União e inaplicável aos estados e ao Distrito Federal.
b) taxativo para a União e exemplificativo para os estados e o Distrito Federal.
c) exemplificativo para a União e taxativo para os estados e para o Distrito Federal.
d) taxativo para a União, para os estados e para o Distrito Federal.
e) exemplificativo para a União, para os estados e para o Distrito Federal.

350. **(Cespe/PC/MA/Escrivão/2018)** As polícias civis estaduais subordinam-se aos

a) governadores, diferentemente dos corpos de bombeiros militares, que são auxiliares e reserva do Exército.
b) diretores das respectivas corporações, e não aos governadores.
c) governadores, assim como as polícias militares e os corpos de bombeiros.
d) governadores, diferentemente da Polícia Civil do Distrito Federal, que é organizada e mantida pela União, à qual é subordinada.
e) governadores, diferentemente das polícias militares, que são auxiliares e reserva do Exército.

351. **(Cespe/PC/MA/Delegado/2018)** Conforme a CF, às polícias civis, dirigidas por delegados de polícia de carreira, cabe

a) exercer as funções de polícia marítima, aérea e de fronteiras.
b) patrulhar ostensivamente as ferrovias federais.
c) apurar as infrações penais contra a ordem política e social ou em detrimento de bens, serviços e interesses da União.
d) exercer as funções de polícia judiciária e apurar as infrações penais, excetuadas as de natureza militar.
e) responder pelo policiamento ostensivo, pela preservação da ordem pública e pela defesa civil.

352. **(Cespe/PC/MA/Investigador/2018)** De acordo com a CF, às polícias civis cabe a

a) execução de atividades de defesa civil.
b) apuração de infrações penais, exceto as militares.
c) função de polícia de fronteira.
d) função de polícia judiciária da União.
e) função de polícia ostensiva.

353. **(Cespe/DPE/PE/Defensor/2015)** De acordo com o entendimento do STF, é inadmissível que o Poder Judiciário disponha sobre políticas públicas de segurança, mesmo em caso de persistente omissão do Estado, haja vista a indevida ingerência em questão, que envolve a discricionariedade do Poder Executivo.

354. **(Cespe/TRT/7R/Analista/2017)** Tendo como referência as disposições da Constituição Federal de 1988 (CF) a respeito da defesa do estado e das instituições democráticas, em especial a respeito das recentes alterações no regramento constitucional da segurança pública, assinale a opção correta:

a) Para o Supremo Tribunal Federal (STF), é constitucional a atribuição às guardas municipais do exercício do poder de polícia de trânsito, inclusive no que se refere à imposição de sanções administrativas legalmente previstas.

b) Os municípios podem constituir guardas municipais destinadas à proteção de bens, serviços e instalações públicas em geral.

c) A partir da Emenda Constitucional n. 82/2014, a atividade de segurança viária passa a integrar expressamente o texto da CF, com vistas à preservação da ordem social e da incolumidade patrimonial nas vias urbanas.

d) Nos termos da CF, tanto no âmbito da União quanto no dos demais entes federados, a segurança viária compete aos respectivos órgãos e seus agentes de trânsito, estruturados em carreira, na forma da lei.

6. DA TRIBUTAÇÃO E DO ORÇAMENTO

»»Vide capítulo Direito Tributário (Do Sistema Tributário Nacional).

6.1. Das Finanças Públicas

✱ QUESTÕES DISCURSIVAS

11. **(Cespe/Bacen/Procurador/2013)** Considere que determinado estado-membro tenha deslocado o depósito do salário ou remuneração de seus servidores, feito em instituição financeira oficial, para instituição financeira privada e que a legitimidade do ato esteja sendo questionada, sob o fundamento de que tais depósitos somente poderiam ser feitos em instituições financeiras oficiais. Em face dessa situação hipotética, esclareça, com fundamento na jurisprudência do Supremo Tribunal Federal sobre o tema, se o depósito do valor correspondente à remuneração dos servidores públicos estaduais em instituição privada afronta a Constituição Federal no que concerne às normas gerais relativas às finanças públicas.

✱ QUESTÕES OBJETIVAS

355. **(Cespe/PC/PE/Delegado/2016)** Considerando os dispositivos constitucionais relativos ao STN e à ordem econômica e financeira, assinale a opção correta:

a) Como entidades integrantes da administração pública indireta, as empresas públicas e as sociedades de economia mista gozam de privilégios fiscais não extensivos às empresas do setor privado.

b) Em razão do princípio da anterioridade tributária, a cobrança de tributo não pode ser feita no mesmo exercício financeiro em que fora publicada a norma impositiva tributária.

c) De acordo com a CF, é vedado à administração tributária, visando aferir a capacidade econômica do contribuinte, identificar, independentemente de ordem judicial, o patrimônio, os rendimentos e as atividades econômicas do contribuinte.

d) Embora a CF vede a retenção ou qualquer outra restrição à entrega e ao emprego dos recursos atribuídos aos estados, ao DF e aos municípios, neles compreendidos adicionais e acréscimos relativos a impostos, a União e os estados podem condicionar a entrega de recursos.

e) A CF, ao diferenciar empresas brasileiras de capital nacional de empresas estrangeiras, concede àquelas proteção, benefícios e tratamento preferencial.

356. **(Cespe/PGE/AM/Procurador/2016)** Ao tratar do direito financeiro, o constituinte de 1988 nominou de Sistema Financeiro Nacional o capítulo que reúne as normas que regem o que a doutrina denomina sistema financeiro público.

357. **(Cespe/PGE/AM/Procurador/2016)** Salvo disposição de lei estadual em contrário, o estado deve depositar as suas disponibilidades de caixa em instituições financeiras oficiais.

358. **(Cespe/TCE/RN/Auditor/2015)** Segundo a CF, é vedado ao Banco Central conceder, direta ou indiretamente, empréstimos ao Tesouro Nacional ou a órgão ou entidade que não seja integrante do sistema financeiro.

7. DA ORDEM ECONÔMICA E FINANCEIRA

»»Vide capítulo Direitos Difusos e Coletivos (Direito Urbanístico).

7.1. Dos Princípios Gerais da Atividade Econômica

✱ SÚMULAS

STF Súm. Vinculante 49. Ofende o princípio da livre concorrência lei municipal que impede a instalação de estabelecimentos comerciais do mesmo ramo em determinada área.

✱ REPERCUSSÃO & REPETITIVOS

STF Repercussão Geral 210. Nos termos do art. 178 da CF, as normas e os tratados internacionais limitadores da responsabilidade das transportadoras aéreas de passageiros, especialmente as Convenções de Varsóvia e Montreal, têm prevalência em relação ao CDC. (RE 636331, 25.5.2017)

* QUESTÕES OBJETIVAS

359. **(Cespe/Sefaz/RS/Auditor/2018)** Conforme o entendimento do STF, lei estadual que imponha a prestação de serviço de segurança em estacionamento a todo estabelecimento comercial que disponibilize local para estacionamento deverá ser julgada

a) constitucional porque a responsabilidade pela segurança é de todos.
b) constitucional por atender ao princípio da ordem econômica do direito do consumidor.
c) inconstitucional por violar o princípio da livre iniciativa.
d) inconstitucional porque a responsabilidade de conceder segurança é atribuição exclusiva do Estado.
e) constitucional por atender ao princípio da função social da propriedade.

360. **(Cespe/PGE/PE/Procurador/2018)** Acerca da ordem econômica e financeira nacional, assinale a opção correta.

a) Com a aplicação do princípio da soberania nacional à atividade econômica, visa-se evitar a influência descontrolada de outros países na economia brasileira.
b) É inconstitucional o tratamento jurídico favorecido para empresas de pequeno porte constituídas sob as leis brasileiras, em razão de ter sede e administração no país, por afronta ao princípio da igualdade.
c) Exige-se a autorização do órgão público competente para o trabalho e o exercício de qualquer atividade econômica.
d) A defesa do consumidor é um direito fundamental individual, não se enquadrando, por isso, como princípio da atividade econômica.
e) A exploração direta de atividade econômica pelo Estado é permitida irrestritamente, se respeitado o princípio da livre concorrência.

361. **(Cespe/DPE/PE/Defensor/2018)** Considerando que liberdade econômica consiste na possibilidade de o cidadão poder exercer um papel como agente econômico e escolher como usar a sua propriedade, julgue os itens a seguir.

I. A melhora social e econômica do Brasil nas últimas décadas não se reflete plenamente na moradia e no saneamento básico: milhões de brasileiros ainda vivem em aglomerados subnormais e sem acesso a saneamento.
II. O rompimento do ciclo intergeracional da pobreza pode ser atingido por meio de políticas públicas que promovam a autonomia e a liberdade econômica e financeira da mulher, como o acesso igualitário ao mercado de trabalho, a provisão de creches e o apoio aos familiares idosos.
III. A ordem econômica determina que se observe a função social da propriedade e que, ao mesmo tempo, se respeite o bem-estar da sociedade, porém não garante o direito do indivíduo sobre a propriedade.

Assinale a opção correta.

a) Apenas o item I está certo.
b) Apenas o item II está certo.
c) Apenas o item III está certo.
d) Apenas os itens I e II estão certos.
e) Apenas os itens II e III estão certos.

362. **(Cespe/PC/MA/Delegado/2018)** Elencado na CF como princípio geral da atividade econômica, o princípio econômico que só se realiza por meio da equitativa distribuição das riquezas, permitindo que cada um disponha dos meios materiais para viver dignamente, denomina-se princípio da

a) livre iniciativa.
b) livre concorrência.
c) função social da propriedade.
d) busca do pleno emprego.
e) justiça social.

363. **(Cespe/TCE/PA/Auditor/2016)** Cabe ao governo executar as funções econômicas exercidas pelo Estado, as quais se dividem em alocativa, distributiva e estabilizadora.

364. **(Cespe/TRF/1R/Juiz/2015)** Em relação à ordem constitucional econômica e aos princípios gerais da atividade econômica, assinale a opção correta:

a) A responsabilidade civil objetiva do fornecedor depende do reconhecimento, na esfera administrativa ou judicial, da vulnerabilidade do consumidor.

b) No que se refere à defesa do meio ambiente, a CF exige a apresentação de EIA pelo responsável por obra ou atividade potencialmente nociva, finalizada ou em andamento.

c) A intervenção do Estado no domínio econômico é regulada por princípios próprios e específicos da ordem econômica, motivo pelo qual independe da obediência aos princípios da razoabilidade e da proporcionalidade.

d) O princípio da função social da propriedade é aplicado, inclusive, aos bens de produção.

e) Princípio da livre concorrência e princípio da livre iniciativa são conceitos coincidentes, entendidos como fundamento político garantidor da liberdade econômica.

365. (Cespe/TRF/1R/Juiz/2015) Assinale a opção correta relativamente ao instituto da desapropriação e às disposições constitucionais sobre a ordem econômica:

a) Como agente regulador da atividade econômica, cabe ao Estado exercer, de forma indicativa, mas não determinante, as funções de fiscalização, incentivo e planejamento tanto para o setor público como para o setor privado.

b) O Estado não pode explorar, de forma direta ou indireta, atividade econômica, salvo em caso de necessidade relativa à segurança nacional, mediante prévia autorização do Congresso Nacional.

c) A CF prevê expressamente a edição de lei que reprima o abuso do poder econômico que vise à dominação dos mercados, à eliminação da concorrência e ao aumento arbitrário dos lucros.

d) Pessoas jurídicas que pratiquem atos contra a ordem econômica e financeira e contra a economia popular sujeitam-se à responsabilização civil e administrativa, com punições compatíveis com sua natureza, ficando afastada a responsabilização individual de seus dirigentes.

e) A CF prevê que tanto a desapropriação por interesse social quanto a desapropriação por necessidade ou utilidade pública seja feita somente mediante justa e prévia indenização em dinheiro.

366. (Cespe/PGM/Salvador/Procurador/2015) Conforme disposições da CF, assinale a opção correta com relação à ordem econômica e ao regime constitucional das cortes de contas:

a) O TCU, no exercício de suas atribuições, pode requisitar, de forma fundamentada e circunstancialmente, a quebra do sigilo bancário de dados constantes nas instituições financeiras oficiais.

b) Sociedades de economia mista e empresas públicas de prestação de serviços ou que explorem atividade econômica de produção ou comercialização de bens, em razão da sujeição ao regime jurídico próprio das empresas privadas, não estão sujeitas à fiscalização do tribunal de contas.

c) São inconstitucionais leis municipais que criem obstáculos à instalação de empresas do mesmo ramo em determinada área, pois a livre concorrência é pilar da ordem econômica brasileira.

d) É matéria de competência legislativa da União a fixação de horário de funcionamento para comércio dentro da área municipal.

e) Compete à União, aos estados, ao DF e aos municípios legislar concorrentemente sobre produção e consumo.

367. (Cespe/TJ/DFT/Juiz/2015) Com base no disposto na CF e na jurisprudência do STF, assinale a opção correta acerca da ordem econômica:

a) É permitido à União celebrar contratos com empresas estatais ou privadas para realizar pesquisa e lavra dos minérios e minerais nucleares e seus derivados, observadas as condições estabelecidas em lei.

b) As sociedades de economia mista e as empresas públicas prestadoras de serviço público e as que exploram atividade econômica em sentido estrito estão sujeitas ao regime jurídico próprio das empresas privadas.

c) É vedada a concessão de privilégios fiscais que não sejam extensivos às empresas do setor privado a sociedade de economia mista ou empresa pública que prestem serviço ou explorem atividade econômica.

d) Com a edição da norma jurídica que instaurou o regime do Simples Nacional, concretizou-se a diretriz do texto constitucional que institui a obrigatoriedade de tratamento favorecido para as microempresas e empresas de pequeno porte.

e) A pesquisa e a lavra de recursos minerais exigem autorização ou concessão da União, todavia a transferência dessas atividades a terceiros, desde que seja parcial, independerá de anuência do poder concedente.

368. (Cespe/TJ/PB/Juiz/2015) Com base nas disposições constitucionais e na jurisprudência do STF acerca da ordem econômica e financeira, assinale a opção correta:

a) Será materialmente inconstitucional, por ofender o princípio da livre concorrência, lei municipal que, a pretexto de realizar zoneamento urbano, estabeleça distância mínima de quinhentos metros entre uma farmácia e outra.

b) A concessão de serviços públicos de transporte urbano depende de prévia licitação, a qual será dispensável se o serviço for prestado sob o regime de permissão.

c) Será inconstitucional lei que fixe piso salarial regional para determinada categoria por violar o princípio do pleno emprego e da livre iniciativa.

d) As sociedades de economia mista em regime de concorrência não gozam, em regra, dos benefícios deferidos à fazenda pública, salvo o pagamento por precatório.

e) A consagração do princípio da livre iniciativa impõe que a intervenção estatal na economia mediante regulação e fiscalização ocorra excepcionalmente.

369. (Cespe/TJ/DFT/Juiz/2016) Considerando-se as normas contidas na CF acerca da ordem econômica, é correto afirmar que:

a) fundando-se a ordem econômica na valorização do trabalho humano e na livre iniciativa, é vedada a exigência, por lei, de autorizações por órgãos públicos, para o exercício de qualquer atividade econômica.

b) a União, os estados, o DF e os municípios devem incentivar o turismo, como fator de desenvolvimento social e econômico.

c) apenas a livre concorrência e a defesa do consumidor são princípios de observância obrigatória.

d) a refinação do petróleo nacional ou estrangeiro constitui monopólio da União, que pode, para realizá-la, contratar apenas empresas estatais, observadas as condições estabelecidas em lei.

e) a concessão de serviço público deve ser precedida sempre de licitação. A permissão de serviço público, porém, deverá ser feita por contratação direta.

370. (Cespe/STJ/Analista/2015) A livre iniciativa é princípio que subordina as normas de regulação do mercado e de defesa do consumidor.

371. (Cespe/TCU/Procurador/2015) A CF consagra a livre iniciativa como princípio da ordem econômica, razão por que serão inconstitucionais as leis:

a) municipais que fixem o horário de funcionamento de estabelecimentos comerciais.

b) que condicionem o exercício de qualquer atividade econômica à autorização prévia de órgãos públicos.

c) que pretendam regular e determinar as formas de afixação de preços de produtos e serviços.

d) que restrinjam a livre negociação entre as partes, a exemplo de leis que fixem a gratuidade de acesso ao transporte público para pessoas com deficiência, desde que comprovadamente carentes.

e) municipais que impeçam a instalação de estabelecimentos comerciais do mesmo ramo em determinada área.

372. (Cespe/TRF/5R/Juiz/2017) Julgue os itens a seguir, acerca dos princípios constitucionais relativos à atividade econômica.

I. Agente privado poderá instituir empresa que explore pesquisas sobre nanotecnologia, independentemente de autorização de órgãos públicos, desde que atenda às exigências de planificação estatal para o setor.

II. O aproveitamento dos potenciais de energia elétrica será realizado por brasileiros ou por empresa constituída sob as leis brasileiras com sede e administração no país.

III. Estatuto jurídico de sociedade de economia mista que explore atividade econômica de prestação de serviços, além de estar sujeito ao regime jurídico próprio das empresas privadas, deverá dispor, entre outros, sobre as formas de fiscalização pela sociedade.

IV. É vedada a concessão de benefício fiscal a empresas do ramo de reciclagem, para coibir tratamento jurídico e econômico diferenciado e garantir a aplicação do princípio da isonomia.

Estão certos apenas os itens:

a) I e II.

b) I e III.

c) I e IV.

d) II e III.

e) III e IV.

373. (Cespe/PC/MT/Delegado/2017) De acordo com o entendimento dos tribunais superiores, lei municipal que impedir a instalação de mais de um estabelecimento comercial do mesmo ramo em determinada área do município será considerada:

a) inconstitucional, por ofender o princípio da livre concorrência.

b) inconstitucional, por ofender o princípio da busca do pleno emprego.

c) constitucional, por versar sobre assunto de interesse exclusivamente local.

d) constitucional, por não ofender o princípio da defesa do consumidor.

e) inconstitucional, por ofender o princípio da propriedade privada.

374. **(Cespe/TCU/Procurador/2015)** A respeito da ordem econômica prevista na CF, especialmente no que se refere à prestação de serviços públicos, assinale a opção correta:

a) A exploração direta das atividades econômicas cabe preferencialmente ao setor privado e excepcionalmente ao Estado, daí a razão pela qual é inadmissível, inclusive em prestígio ao princípio constitucional da livre concorrência, que o desempenho dessas atividades dependa de prévias autorizações do poder público.

b) O serviço postal é exemplo de atividade econômica em sentido estrito prestada pelo Estado em regime de monopólio legal, conforme consolidado pela jurisprudência do STF.

c) A partir dos anos 90 do século passado, mediante os processos de desestatização e com a introdução no Brasil do conceito de serviço público competitivo ou serviço público econômico, passou-se a admitir a aplicação do princípio da livre concorrência também às empresas públicas prestadoras de serviço público.

d) O conceito de atividade econômica, em sentido estrito, opõe-se ao de serviço público, notadamente no que toca à titularidade: a atividade econômica cabe preferencialmente ao setor privado; os serviços públicos, por sua vez, são da competência direta ou indireta do Estado por meio de concessão ou permissão. Essa diferenciação quanto à titularidade, contudo, não determina uma diversificação quanto ao regime jurídico, pois ambos os conceitos referem-se à atividade econômica em sentido amplo.

e) Pode o Estado ser o titular exclusivo de um serviço público sem ter o dever de prestá-lo diretamente ou por meio de criatura sua, pois são admitidos legalmente os regimes de concessão ou permissão com a transferência do exercício da atividade por entidades privadas, tendo o Estado, nesses casos, o dever de fiscalizar a qualidade do serviço prestado.

7.2. Da Política Agrícola e Fundiária e da Reforma Agrária

✱ SÚMULAS

STJ Súm. 354. A invasão do imóvel é causa de suspensão do processo expropriatório para fins de reforma agrária.

✱ INFORMATIVOS DE JURISPRUDÊNCIA

Amazônia Legal e regularização fundiária

STF Aplicada a técnica da interpretação conforme à Constituição, sem redução de texto: a) ao § 2º do art. 4º da Lei 11.952/09, a fim de afastar qualquer entendimento que permita a regularização fundiária das terras públicas ocupadas por quilombolas e outras comunidades tradicionais da Amazônia Legal em nome de terceiros ou de forma a descaracterizar o modo de apropriação da terra por esses grupos; e b) ao art. 13 do mesmo diploma, a fim de afastar quaisquer interpretações que concluam pela desnecessidade de fiscalização dos imóveis rurais até quatro módulos fiscais, devendo o ente federal utilizar-se de todos os meios referidos em suas informações para assegurar a devida proteção ambiental e a concretização dos propósitos da norma, para somente então ser possível a dispensa da vistoria prévia, como condição para a inclusão da propriedade no programa de regularização fundiária de imóveis rurais de domínio público na Amazônia Legal. ADI 4269, Rel. Min. Edson Fachin, j. 18.10.2017. Pleno. (Info 882)

Desapropriação por interesse social para fins de reforma agrária. Art. 19 da LC 76/93. Assistentes técnicos do Incra e do MPF. Servidores Públicos. Restituição de honorários periciais. Impossibilidade.

STJ Nas ações de desapropriação por interesse social para fins de reforma agrária descabe a restituição, pelo expropriado sucumbente de honorários periciais aos assistentes técnicos do Incra e do MPF. 1ª T. REsp 1.306.051, Rel. Min. Napoleão Nunes Maia Filho, DJ 28.5.2018. (Info 626)

✱ QUESTÕES OBJETIVAS

375. **(Cespe/PGE/AM/Procurador/2016)** A desapropriação para fins de reforma agrária, prevista na CF, incide sobre imóveis rurais que não estejam cumprindo sua função social, sendo o expropriante exclusivamente a União Federal, e a indenização paga por meio de títulos, e não em dinheiro.

376. **(Cespe/PGM/Belo_Horizonte/Procurador/2017)** Considerando as disposições constitucionais acerca da ordem econômica e financeira, assinale a opção correta:

a) Os beneficiários da distribuição de imóveis rurais pela reforma agrária receberão títulos de domínio ou de concessão de uso inegociáveis pelo prazo de dez anos.
b) Compete ao município, concorrentemente, as funções de fiscalização, incentivo e planejamento, sendo esta última determinante para o setor público e indicativo para o setor privado.
c) Lei municipal poderá impedir a instalação de estabelecimentos comerciais do mesmo ramo em determinada área.
d) O Estado favorecerá a organização da atividade garimpeira em OSCIPs que privilegiem a proteção do meio ambiente e a promoção econômico-social dos garimpeiros.

377. **(Cespe/DPE/AC/Defensor/2017)** De acordo com a legislação pertinente, o processo de seleção de indivíduos e famílias para o Programa Nacional de Reforma Agrária deve ser realizado por projeto de assentamento, sendo o primeiro na preferência, para a parcela na qual se situe a sede do imóvel, o:

a) desapropriado.
b) posseiro.
c) trabalhador que atuava em condição análoga à de escravo.
d) arrendatário.
e) parceiro.

378. **(Cespe/DPE/PE/Defensor/2015)** É juridicamente impossível a prescrição aquisitiva de imóvel público rural por meio de usucapião constitucional "pro labore".

379. **(Cespe/DPE/PE/Defensor/2015)** Conforme a jurisprudência do STF, o conceito de propriedade rural equivale ao conceito de imóvel rural.

7.3. Do Sistema Financeiro Nacional

✱ SÚMULAS

STF Súm. Vinculante 7. A norma do parágrafo 3º do artigo 192 da Constituição, revogada pela Emenda Constitucional 40/2003, que limitava a taxa de juros reais a 12% ao ano, tinha sua aplicabilidade condicionada à edição de lei complementar.

8. DA ORDEM SOCIAL

»»*Vide capítulo Direito Ambiental.*

»»*Vide capítulo Direito Previdenciário.*

8.1. Da Educação, da Cultura e do Desporto

✱ SÚMULAS

STJ Súm. 34. Compete à Justiça Estadual processar e julgar causa relativa a mensalidade escolar, cobrada por estabelecimento particular de ensino.

STJ Súm. 570. Compete à justiça federal o processamento e julgamento de demanda em que se discute a ausência de ou o obstáculo ao credenciamento de instituição particular de ensino superior no Ministério da Educação como condição de expedição de diploma de ensino a distância aos estudantes.

STJ Súm. 595. As instituições de ensino superior respondem objetivamente pelos danos suportados pelo aluno/consumidor pela realização de curso não reconhecido pelo Ministério da Educação, sobre o qual não lhe tenha sido dada prévia e adequada informação.

✱ REPERCUSSÃO & REPETITIVOS

STF Repercussão Geral 535. A garantia constitucional da gratuidade de ensino não obsta a cobrança por universidades públicas de mensalidade em cursos de especialização. (RE 597854, 26.4.2017)

✱ INFORMATIVOS DE JURISPRUDÊNCIA

Ensino religioso em escolas públicas

STF O Poder Público, observado o binômio laicidade do Estado e consagração da liberdade religiosa no seu duplo aspecto, deverá atuar na regulamentação integral do cumprimento do preceito constitucional previsto no art. 210, § 1º da CF, autorizando, na rede pública, em igualdade de condições, o oferecimento de ensino confessional das diversas crenças, mediante requisitos formais de credenciamento, de preparo, previamente fixados pelo Ministério da Educação. Dessa maneira, será permitido aos alunos se matricularem voluntariamente para que possam exercer o seu direito subjetivo ao ensino religioso como disciplina dos horários normais das escolas públicas. O ensino deve ser ministrado por integrantes, devidamente credenciados, da confissão religiosa do próprio aluno, a partir de chamamento público já estabelecido em lei para hipóteses semelhantes (Lei 13.204/15) e, preferencialmente, sem qualquer ônus para o Poder Público. A Constituição garante a liberdade de expressão às ideias majoritárias e a minoritárias, progressistas e conservadoras, políticas e ideias religiosas. Assim, não se pode, previamente, censurar a propagação de dogmas religiosos no ensino religioso para aquele que realmente quer essas ideias. Os dogmas de fé são o núcleo do conceito de ensino religioso. Dessa forma, o Estado violaria a liberdade de crença ao substituir os dogmas da fé, que são diversos em relação a cada uma das crenças, por algo neutro. A neutralidade no ensino religioso não existe. O que deve existir é o respeito às diferenças no ensino religioso. ADI 4439, Rel. Acd. Min. Alexandre de Moraes, j. 27.9.2017. Pleno. (Info 879)

Fundef e fórmula de cálculo

STF O valor da complementação da União ao Fundo de Manutenção e Desenvolvimento do Ensino Fundamental e de Valorização do Magistério (Fundef) deve ser calculado com base no valor mínimo nacional por aluno extraído da média nacional. A complementação ao Fundef realizada a partir do valor mínimo anual por aluno fixada em desacordo com a média nacional impõe à União o dever de suplementação de recursos, mantida a vinculação constitucional a ações de desenvolvimento e manutenção do ensino. ACO 648, Rel. Acd. Min. Edson Fachin, j. 6.9.2017. Pleno. (Info 876)

✱ QUESTÕES OBJETIVAS

380. **(Cespe/PGE/PE/Procurador/2018)** Considerando o que preconiza a CF a respeito da ordem social, que objetiva o bem-estar e a justiça social, assinale a opção correta.

a) A proteção da maternidade, um dos objetivos da seguridade social, condiciona-se ao cumprimento do tempo de contribuição para fins de carência.

b) É permitida a destinação de recursos públicos a instituições privadas com fins lucrativos que participem do sistema único de saúde, para auxiliar em suas atividades.

c) Uma das diretrizes do serviço público de saúde é o atendimento integral, com prioridade às atividades preventivas, sem prejuízo dos serviços assistenciais.

d) A seguridade social é financiada por toda a sociedade e pela União, sem participação dos estados e do DF.

e) É expressamente proibida a participação de contribuições sociais sobre a receita de concursos de loteria no financiamento da seguridade social.

381. **(Cespe/TRF/1R/Juiz/2015)** No que se refere à proteção constitucional à família, à educação, à ciência e tecnologia e à comunicação social, assinale a opção correta:

a) De acordo com a CF, lei federal pode, entre outros objetivos, regular as diversões e espetáculos públicos, cabendo ao poder público informar sobre a natureza desses eventos, as faixas etárias a que não se recomendem, locais e horários em que sua apresentação se mostre inadequada.

b) Conforme previsão constitucional, reconhece-se como entidade familiar apenas aquela constituída pelo casamento civil ou religioso com efeitos civis, ainda que garantias constitucionais protejam as diversas formas de relacionamento familiar.

c) A União, os estados e o DF devem aplicar na manutenção e no desenvolvimento do ensino, anualmente, pelo menos de vinte e cinco por cento da receita resultante de tributos.

d) Na organização dos sistemas de ensino, cabe aos municípios atuar prioritariamente no ensino fundamental e médio.

e) A CF veda genericamente a vinculação de receitas orçamentárias, mas admite que a União, os estados, o DF e os municípios vinculem parte de sua receita a entidades públicas de fomento ao ensino e à pesquisa científica e tecnológica.

382. **(Cespe/SEDF/Analista/2017)** O governo de determinado estado da Federação publicou medida provisória (MP) que altera dispositivos da Lei de Diretrizes e Bases da Educação Nacional. Em protesto contra a referida MP, alguns estudantes do ensino médio do estado ocuparam as escolas públicas, impedindo que os demais alunos frequentassem as aulas. O Ministério Público estadual ingressou com medida judicial requerendo a imediata reintegração e desocupação das escolas invadidas. A medida judicial requerida foi deferida por um juiz de primeiro grau que tomou posse há vinte meses. O direito à educação, previsto pela Constituição Federal de 1988, é norma de direito fundamental de eficácia plena e de execução imediata, pois não necessita da atuação do legislador para produzir todos os seus efeitos.

383. **(Cespe/PGM/Fortaleza/Procurador/2017)** Os municípios devem atuar prioritariamente no ensino fundamental e na educação infantil, ao passo que os estados devem atuar prioritariamente no ensino fundamental e no médio.

384. **(Cespe/TRF/1R/Técnico/2017)** De acordo com a Constituição Federal, o Estado deverá garantir a educação da pessoa com deficiência, preferencialmente, em rede especial de ensino, de acordo com as suas necessidades físicas e mentais.

385. **(Cespe/TCE/RN/Assessor_Jurídico/2015)** A CF estabelece que os entes da Federação devem organizar, em regime de colaboração, seus sistemas de ensino, cabendo aos estados atuar, prioritariamente, no ensino fundamental e no ensino médio.

386. **(Cespe/DPE/AC/Defensor/2017)** Segundo a CF, o Estado proverá a educação mediante, entre outras, a oferta de:

a) atendimento educacional especializado a pessoas com deficiência, preferencialmente em rede especial de ensino.

b) educação básica obrigatória e gratuita dos quatro anos de idade aos dezessete anos de idade, sendo facultativa a oferta gratuita àqueles que a ela não tenham tido acesso na idade adequada.

c) ensino fundamental ministrado no idioma vernáculo, sendo assegurada às comunidades indígenas a utilização de suas línguas maternas.

d) ensino religioso, de matrícula facultativa, fora do horário regular das escolas públicas de ensino fundamental.

e) pós-graduação lato sensu gratuita nas universidades públicas.

8.2. Da Comunicação Social

✱ QUESTÕES OBJETIVAS

387. **(Cespe/TCE/PR/Analista/2016)** De acordo com o que dispõe a Constituição Federal de 1988 (CF) e com as regulamentações constitucionais relativas à comunicação social, assinale a opção correta:

a) Nenhuma lei pode conter dispositivo que constitua embaraço à plena liberdade de informação jornalística em veículo de comunicação social.

b) A mídia sonora ou de sons e imagens, mas não a mídia escrita, está sujeita a censura prévia quanto a faixas etárias e horários de exibição, sendo essa a razão pela qual não há restrições sobre a exibição de cenas de violência na mídia escrita.

c) Tendo naturezas distintas, o jornalismo e a liberdade de expressão são tratados constitucional e legalmente de forma separada, referindo-se o primeiro ao exercício de uma profissão regulamentada, e a segunda aos direitos do cidadão.

d) Em termos de controle do Estado, a mídia escrita e a mídia sonora ou de sons e imagens recebem o mesmo tratamento na CF, uma vez que o funcionamento de ambas como meio de comunicação massiva depende de autorização prévia.

e) Aberta a temporada de propaganda eleitoral, tanto a mídia escrita quanto a sonora ou de sons e imagens ficam impedidas de tecer críticas ou elogios a candidatos, sob pena de suspensão de edições ou programas.

8.3. Da Família, da Criança, do Adolescente e do Idoso

✱ QUESTÕES OBJETIVAS

388. **(Cespe/DPU/Defensor/2015)** Independentemente da existência de condições orçamentárias favoráveis, o Estado deve efetivar os direitos sociais, especialmente aqueles referentes a grupos mais vulneráveis, como crianças e idosos.

8.4. Dos Índios

✱ SÚMULAS

STF Súm. 650. Os incisos I e XI do art. 20 da Constituição Federal não alcançam terras de aldeamentos extintos, ainda que ocupadas por indígenas em passado remoto.

STJ Súm. 140. Compete à justiça comum estadual processar e julgar crime em que o indígena figure como autor ou vítima.

* INFORMATIVOS DE JURISPRUDÊNCIA

Terras tradicionalmente ocupadas por indígenas: titularidade e indenização

STF O Estado de Mato Grosso solicitava indenização por desapropriação indireta de terras devolutas a ele pertencentes, sob a alegação de que as terras teriam sido incluídas no perímetro de áreas indígenas sem a obediência ao procedimento expropriatório devido. Desde a Constituição de 1934, não se pode caracterizar as terras ocupadas pelos indígenas como devolutas. A CF estabeleceu que as terras tradicionalmente ocupadas pelos índios são bens da União e dedicou vários dispositivos para tratar da proteção dessas áreas (CF, arts. 20, XI e 213, §§ 1º a 6º). Os laudos antropológicos juntados aos autos deixaram claro que as áreas eram habitadas historicamente por indígenas. Nesse contexto, a titularidade das terras não é do Estado do Mato Grosso, sendo indevida, portanto, a indenização pleiteada. ACO 362, Rel. Min. Marco Aurélio, j. 16.8.2017. Pleno. (Info 873)

Ato de demarcação de terras indígenas. Ciência de interessados. Publicação afixada na Prefeitura Municipal. Notificação pessoal. Desnecessidade.

STJ Não há nulidade em processo de remarcação de terras indígenas por ausência de notificação direta a eventuais interessados, bastando que a publicação do resumo do relatório circunstanciado seja afixada na sede da Prefeitura Municipal da situação do imóvel. MS 22.816, Rel. Min. Mauro Campbell Marques, DJe 19.9.2017. 1ª S. (Info 611)

* QUESTÕES OBJETIVAS

389. (Cespe/TRF/5R/Juiz/2015) No que se refere aos indígenas e suas terras, assinale a opção correta:

a) Nas causas em que forem discutidos direitos e interesses dos índios, de suas comunidades ou organizações, será obrigatória a intervenção do MP estadual.

b) As tradições e costumes de manejo agrícola das comunidades indígenas nas terras tradicionalmente ocupadas devem adequar-se à legislação ambiental em vigor.

c) A pesquisa e a lavra de minerais em terras indígenas dependem de autorização do Congresso Nacional, mesmo que essas atividades sejam exercidas pelos próprios índios.

d) As terras tradicionalmente ocupadas pelos índios são de seu domínio coletivo, sendo inalienáveis e indisponíveis, de modo que cabe a eles o usufruto das riquezas do solo, dos rios e dos lagos nelas existentes.

e) Ainda está em curso o prazo concedido no ADCT para que a União conclua a demarcação das terras indígenas.

390. (Cespe/AGU/Advogado/2015) Os índios, suas comunidades e organizações são partes legítimas para ingresso em juízo em defesa de seus direitos e interesses, competindo à justiça federal processar e julgar os crimes relacionados aos direitos dos índios.

391. (Cespe/TRF/5R/Juiz/2017) A respeito dos indígenas e suas terras, do regime jurídico dos recursos minerais e dos terrenos de marinha, assinale a opção correta de acordo com a doutrina e a jurisprudência vigentes:

a) A propriedade exclusiva da União dos recursos minerais, inclusive os do subsolo, não implica domínio do resultado da lavra de jazidas de petróleo, de gás natural e de outros hidrocarbonetos fluídos: a União pode atribuir a terceiros a exploração desses recursos, sem qualquer ofensa à reserva de monopólio para pesquisa e lavra.

b) Segundo entendimento do STJ, o procedimento de demarcação dos terrenos de marinha produz efeito meramente declaratório da propriedade da União sobre as áreas demarcadas; o registro de propriedade no registro de imóveis faz prova absoluta do direito alegado, sendo oponível à União.

c) Segundo o STF, para efeitos de demarcação de terras indígenas, deve ser considerado o marco temporal de promulgação da Constituição Federal de 1988, perdendo-se a tradicionalidade da posse nativa no caso de renitente esbulho possessório de terceiros à época da promulgação da Carta Magna.

d) Após regular conclusão da demarcação de terras indígenas – cujo processo demarcatório compete à União instaurar, sequenciar e concluir formalmente, bem como efetivá-lo materialmente –, poderá haver revisão administrativa para ampliar ou reduzir a terra indígena, com fundamento no princípio da autotutela administrativa, nos termos de entendimento do STF.

e) O usufruto das riquezas do solo, dos rios e dos lagos em terras indígenas devidamente demarcadas pela União não poderá ser relativizado: no desenvolvimento do processo demarcatório, a União já teve a oportunidade de analisar o interesse público nas eventuais riquezas presentes nas terras demarcadas.

9. DAS DISPOSIÇÕES CONSTITUCIONAIS GERAIS, ADCT

*** SÚMULAS**

STF Súm. 496. São válidos, porque salvaguardados pelas disposições constitucionais transitórias da Constituição Federal de 1967, os decretos-leis expedidos entre 24 de janeiro e 15 de março de 1967.

STF Súm. 674. A anistia prevista no art. 8º do ADCT não alcança os militares expulsos com base em legislação disciplinar ordinária, ainda que em razão de atos praticados por motivação política.

STF Súm. 676. A garantia da estabilidade provisória prevista no art. 10, II, a, do ADCT, também se aplica ao suplente do cargo de direção de comissões internas de prevenção de acidentes (CIPA).

STF Súm. 687. A revisão de que trata o art. 58 do ADCT não se aplica aos benefícios previdenciários concedidos após a promulgação da Constituição de 1988.

*** REPERCUSSÃO & REPETITIVOS**

STF Repercussão Geral 399. A expropriação prevista no art. 243 da CF pode ser afastada, desde que o proprietário comprove que não incorreu em culpa, ainda que "in vigilando" ou "in eligendo". (RE 635336, 14.12.2016)

STF Repercussão Geral 647. É possível o confisco de todo e qualquer bem de valor econômico apreendido em decorrência do tráfico de drogas, sem a necessidade de se perquirir a habitualidade, reiteração do uso do bem para tal finalidade, a sua modificação para dificultar a descoberta do local do acondicionamento da droga ou qualquer outro requisito além daqueles previstos expressamente no art. 243, parágrafo único, da CF. (RE 638491, 17.5.2017)

10. TEORIA CONSTITUCIONAL

10.1. Conceito/Classificação de Constituições/Normas

*** QUESTÕES DISCURSIVAS**

12. **(Cespe/DPE/PE/Defensor/2018)** Discorra a respeito da aplicabilidade imediata dos direitos fundamentais, abordando o preceito de máxima efetividade da Constituição Federal de 1988 e a compatibilidade entre as normas definidoras de direito fundamental e a eficácia plena, a eficácia contida e a eficácia limitada das normas constitucionais.

*** QUESTÕES OBJETIVAS**

392. **(Cespe/Sefaz/RS/Auditor/2018)** No título referente à Ordem Social, o constituinte dispôs o seguinte: "o Estado promoverá e incentivará o desenvolvimento científico, a pesquisa, a capacitação científica e tecnológica e a inovação". Considerando-se a classificação das normas constitucionais quanto a sua eficácia, é correto afirmar que tal dispositivo é uma norma

a) de eficácia plena.
b) de eficácia contida.
c) exaurida.
d) autoexecutável.
e) programática.

393. **(Cespe/PC/MA/Delegado/2018)** De acordo com a doutrina majoritária, quanto à origem, as Constituições podem ser classificadas como

a) promulgadas, que são ditas democráticas por se originarem da participação popular por meio do voto e da elaboração de normas constitucionais.
b) outorgadas, que surgem da tradição, dos usos e costumes, da religião ou das relações políticas e econômicas.
c) cesaristas, que são as derivadas de uma concessão do governante, ou seja, daquele que tem a titularidade do poder constituinte originário.
d) pactuadas, que são formadas por dois mecanismos distintos de participação popular, o plebiscito e o referendo, ambos com o objetivo de legitimar a presença do detentor do poder.
e) históricas, que surgem do pacto entre o soberano e a organização nacional e englobam muitas das Constituições monárquicas.

394. **(Cespe/STM/Analista/2018)** A rigidez constitucional é marca de todas as Constituições brasileiras desde, e inclusive, a de 1824.

395. **(Cespe/PC/MA/Escrivão/2018)** O art. 5º, inciso XIII, da Constituição Federal de 1988 (CF) assegura ser livre o exercício de qualquer trabalho, ofício ou profissão, atendidas as qualificações profissionais que a lei estabelecer. Com base nisso, o Estatuto da Ordem dos Advogados do Brasil estabelece que, para exercer a advocacia, é necessária a aprovação no exame de ordem. A norma constitucional mencionada, portanto, é de eficácia

a) contida.
b) programática.
c) plena.
d) limitada.
e) diferida.

396. **(Cespe/DPE/RN/Defensor/2015)** A respeito da classificação e das concepções de Constituição, do conteúdo do direito constitucional e das normas constitucionais, assinale a opção correta:

a) Consoante Hans Kelsen, a concepção jurídica de Constituição a concebe como a norma por meio da qual é regulada a produção das normas jurídicas gerais, podendo ser produzida, inclusive, pelo direito consuetudinário.
b) No que tange ao conteúdo do direito constitucional e a seus aspectos multifacetários, denomina-se direito constitucional comunitário o conjunto de normas e princípios que disciplinam as relações entre os preceitos de Estados estrangeiros e as normas constitucionais de determinado país.
c) As Constituições rígidas, também denominadas Constituições fixas, são aquelas que só podem ser modificadas por um poder de competência idêntico àquele que as criou.
d) O preâmbulo da CF possui caráter dispositivo.
e) De acordo com a concepção de Constituição trazida por Konrad Hesse, a força condicionante da realidade e a normatividade da Constituição são independentes. Nesse sentido, a Constituição real e a Constituição jurídica devem apresentar-se de forma autônoma.

397. **(Cespe/TRF/1R/Juiz/2015)** A respeito da ordem constitucional brasileira, assinale a opção correta:

a) Não se considera o município entidade federativa, embora se reconheça que ele dispõe de capacidade de auto-organização, autogoverno e autoadministração.
b) As formas de Estado e de governo adotadas na CF são consideradas, devido a previsão expressa, cláusulas pétreas.
c) Quanto ao modo de elaboração, a CF é uma Constituição dogmática, na medida em que se apresenta como produto escrito e sistematizado por um órgão constituinte, a partir de valores predominantes em determinado momento histórico.
d) A matéria constante de proposta de emenda constitucional rejeitada ou havida por prejudicada não pode ser novamente apresentada na mesma legislatura.
e) As normas presentes no ato das disposições constitucionais transitórias, pelo seu caráter temporário, são dispositivos hierarquicamente inferiores às normas constantes do corpo principal da CF.

398. **(Cespe/Funpresp_Jud/Analista/2016)** Quanto à forma e à origem, a CF é classificada em escrita e promulgada; quanto ao modo de elaboração, é classificada como histórica.

399. **(Cespe/TCE/PR/Analista/2016)** Assinale a opção correta no que concerne às classificações das constituições:

a) As Constituições cesaristas são elaboradas com base em determinados princípios e ideais dominantes em período determinado da história.
b) Constituição escrita é aquela cujas normas estão efetivamente positivadas pelo legislador em documento solene, sejam leis esparsas contendo normas materialmente constitucionais, seja uma compilação que consolide, em um só diploma, os dispositivos alusivos à separação de poderes e aos direitos e garantias fundamentais.
c) A classificação ontológica das Constituições põe em confronto as pretensões normativas da Carta e a realidade do processo de poder, sendo classificada como nominativa, nesse contexto, a Constituição que, embora pretenda dirigir o processo político, não o faça efetivamente.
d) As Constituições classificadas como populares ou democráticas são materializadas com o tempo, com o arranjo e a harmonização de ideais e teorias outrora contrastantes.
e) As Constituições semânticas possuem força normativa efetiva, regendo os processos políticos e limitando o exercício do poder.

400. **(Cespe/TCE/SC/Auditor/2016)** A CF classifica-se como Constituição semirrígida, uma vez que, para efeitos de reforma, as normas materialmente constitucionais são consideradas rígidas e as normas apenas formalmente constitucionais são consideradas flexíveis.

401. **(Cespe/TCE/PA/Analista/2016)** A norma constitucional que consagra a liberdade de reunião é norma de eficácia contida, na medida em que pode sofrer restrição ou suspensão em períodos de estado de defesa ou de sítio, conforme previsão do próprio texto constitucional.

402. **(Cespe/TCE/SC/Auditor/2016)** A CF é classificada como dogmática, razão por que o significado normativo de suas cláusulas pétreas, tais como a forma federativa de Estado e a separação dos poderes, deve ser buscado nas formulações ideais dos autores clássicos que primeiramente abordaram esses temas, a exemplo de Madison, Hamilton e Jay, em Os Artigos Federalistas, e Montesquieu, em O Espírito das Leis.

403. **(Cespe/TCE/PA/Auditor/2016)** No dia 4 de janeiro de 2016, o Movimento Tarifa Zero convocou cidadãos a participarem de manifestação contra o aumento das tarifas de trens, ônibus e metrô. A manifestação seria realizada no dia 3 de fevereiro de 2016 em frente à sede da prefeitura de determinado município. O organizador do movimento encaminhou, previamente à data prevista para a realização do evento, ofício à prefeitura e às demais autoridades competentes avisando sobre a manifestação. Em resposta ao ofício, a prefeitura informou que não autorizaria a realização do movimento em quaisquer áreas públicas daquele município, sob o fundamento de que no município ainda não havia legislação disciplinando o exercício do direito de reunião. O município agiu corretamente ao não autorizar a realização da reunião, pois o exercício do direito fundamental de reunião depende de lei regulamentadora, por ser norma constitucional de eficácia limitada (ou reduzida).

404. **(Cespe/TRE/PE/Técnico/2017)** Além de ser uma Constituição escrita, a CF é classificada como:

a) promulgada, flexível, dirigente e histórica.
b) outorgada, rígida, garantia e dogmática.
c) promulgada, flexível, dirigente e histórica.
d) promulgada, rígida, dirigente e dogmática.
e) outorgada, rígida, dirigente e histórica.

405. **(Cespe/TCE/RN/Inspetor/2015)** Em regra, as normas que consubstanciam os direitos e as garantias fundamentais são de eficácia e aplicabilidade imediatas. Em razão disso, havendo conflito entre um direito fundamental e outro direito constitucionalmente previsto, o primeiro deverá prevalecer.

406. **(Cespe/TRF/5R/Juiz/2017)** A Constituição Federal de 1988 veda a instituição de impostos sobre patrimônio, renda ou serviços relacionados às finalidades essenciais dos partidos políticos, dos sindicatos e das instituições de educação e de assistência social sem fins lucrativos, atendidos os requisitos da lei. De acordo com a classificação tradicional da eficácia das normas constitucionais, tal norma é de aplicabilidade:

a) imediata, embora de eficácia contida.
b) diferida, pois de eficácia limitada.
c) diferida, pois de eficácia contida.
d) imediata, pois de eficácia plena.
e) imediata, embora de eficácia limitada.

407. **(Cespe/TRT/7R/Técnico/2017)** Classifica-se a Constituição Federal de 1988 (CF) como:

a) histórica, pelo critério do modo de elaboração.
b) cesarista e outorgada, pelo critério de origem.
c) eclética e ortodoxa, pelo critério da dogmática.
d) prolixa, pelo critério da extensão das matérias contempladas no texto constitucional.

408. **(Cespe/TRT/7R/Analista/2017)** A respeito das concepções e classificações das constituições, assinale a opção correta:

a) Conforme o critério ontológico, as constituições podem ser normativas (ou dogmáticas), nominalistas ou semânticas.
b) Na classificação tradicional, que considera o conteúdo, uma constituição pode ser material (ou estável) ou formal (ou analítica).
c) Segundo o critério político, a validade de uma constituição não se apoia na justiça de suas normas, mas na decisão política que lhe dá existência.
d) Na concepção sociológica, constituição consiste no somatório dos fatores reais de poder em uma sociedade, sendo consideradas sinônimas a constituição real e efetiva e a constituição jurídica.

409. **(Cespe/PGE/SE/Procurador/2017)** Art. 22. Compete privativamente à União legislar sobre: I – direito civil, comercial, penal, processual, eleitoral, agrário, marítimo, aeronáutico, espacial e do trabalho; Art. 37. (...). I – os cargos, empregos e funções públicas são acessíveis aos brasileiros que preencham os requisitos estabelecidos em lei, assim como aos estrangeiros, na forma da lei; Art. 216. (...). § 3º A lei estabelecerá incentivos para a produção e o conhecimento de bens e valores culturais". (Constituição da República Federativa do Brasil). Quanto ao grau de eficácia, as regras constitucionais anteriormente apresentadas classificam-se, respectivamente, como regras de eficácia:

a) plena, limitada e contida.
b) limitada, contida e programática.
c) contida, plena e limitada.
d) plena, contida e limitada.
e) plena, programática e contida.

410. **(Cespe/Funpresp_Jud/Analista/2016)** O direito fundamental à liberdade de crença é norma de eficácia limitada, pois, conforme a CF, a lei pode impor o cumprimento de prestação alternativa no caso de a crença ser invocada contra dispositivo legal.

411. **(Cespe/TRT/8R/Analista/2016)** Assinale a opção correta de acordo com as disposições constitucionais acerca da aplicabilidade das normas constitucionais:

a) A aplicabilidade das normas de eficácia limitada é direta, imediata e integral, mas o seu alcance pode ser reduzido.
b) Em se tratando de norma constitucional de eficácia contida, o legislador ordinário integra-lhe a eficácia mediante lei ordinária, dando-lhe execução mediante a regulamentação da norma constitucional.
c) Dada a presença da expressão "nos termos da lei", em "São direitos dos trabalhadores (...) aviso prévio proporcional ao tempo de serviço, sendo no mínimo de trinta dias, nos termos da lei", é correto afirmar que esse dispositivo constitucional é norma constitucional de eficácia limitada.
d) A norma constitucional que impõe o dever da inviolabilidade do domicílio, salvo em caso de flagrante delito ou desastre, ou para prestar socorro, ou, durante o dia, por determinação judicial, é exemplo de norma constitucional de eficácia plena.
e) Na jurisprudência do Supremo Tribunal Federal (STF), considera-se que as normas constitucionais possuem eficácia absoluta, imediata e diferida, sendo essa a classificação mais adotada também na doutrina.

412. **(Cespe/TRE/PI/Analista/2016)** De acordo com a CF, é direito do trabalhador urbano e rural a participação nos lucros, ou resultados, desvinculada da remuneração. Em relação à aplicabilidade das normas constitucionais, esse dispositivo constitucional classifica-se como norma constitucional:

a) de eficácia contida, já que o legislador constituinte regulou suficientemente os interesses relativos à matéria, sem deixar margem à atuação restritiva do poder público.
b) de eficácia limitada, uma vez que depende de normatividade ulterior para completa incidência sobre os interesses tutelados.
c) programática, pois limita-se a delimitar preceitos a serem cumpridos pelo poder público.
d) de eficácia contida, pois sua aplicabilidade depende de regulamentação.
e) de eficácia plena, visto que produz efeitos desde que a CF entrou em vigor.

10.2. Evolução/História Constitucional

* QUESTÕES OBJETIVAS

413. **(Cespe/Sefaz/RS/Auditor/2018)** A partir da Constituição da República de 1988, o federalismo passou a ser a forma de Estado adotada no Brasil. No federalismo:

a) os entes federados detêm autonomia financeira, administrativa e política.
b) qualquer ente federado está impedido de intervir em outro ente federado.
c) os entes federados são autônomos e soberanos.
d) o poder central concentra o poder político.
e) os municípios são subordinados aos estados.

414. **(Cespe/PGE/PE/Procurador/2018)** No que se refere à evolução histórica do princípio da separação dos poderes, julgue os itens a seguir.

I. As primeiras bases teóricas para a tripartição dos poderes foram lançadas na obra Política, de Aristóteles, na qual se vislumbrava a existência de três funções estatais, exercidas, entretanto, por um único órgão de poder soberano: a edição de normas gerais, a sua aplicação ao caso concreto e o julgamento.

II. Na obra O espírito das leis, Montesquieu aprimorou o pensamento aristotélico, ao propor que as funções estatais se relacionassem com três órgãos distintos, autônomos e independentes entre si, e não mais se concentrassem em um único órgão soberano.

III. A teoria da tripartição dos poderes está presente como dogma constitucional na Declaração Francesa dos Direitos do Homem e do Cidadão de 1789.

IV. John Locke destacou-se como opositor da teoria da tripartição dos poderes e defensor da soberania estatal e fundador do empirismo.

Estão certos apenas os itens

a) I e IV.
b) II e III.
c) II e IV.
d) I, II e III.
e) I, III e IV.

415. **(Cespe/AGU/Advogado/2015)** No neoconstitucionalismo, passou-se da supremacia da lei à supremacia da Constituição, com ênfase na força normativa do texto constitucional e na concretização das normas constitucionais.

416. **(Cespe/DPU/Defensor/2017)** Somente após o advento da República a Constituição brasileira passou a prever um sistema de garantia de direitos individuais e coletivos.

417. **(Cespe/DPE/AL/Defensor/2017)** Acerca do movimento da constitucionalização do direito, julgue os itens a seguir.

I. Uma das consequências da constitucionalização do direito é a chamada eficácia horizontal dos direitos fundamentais.

II. No contexto do Estado constitucional, são legítimos a atuação discricionária do juiz e o controle judicial dos critérios de oportunidade e conveniência do gestor público.

III. O aumento da importância das Constituições democráticas, com a irradiação de suas normas para todo o ordenamento jurídico, ampliou a liberdade de conformação do legislador.

IV. A constitucionalização do direito engloba a constitucionalização-inclusão e a constitucionalização-releitura.

Estão certos apenas os itens:

a) I e II.
b) I e III.
c) I e IV.
d) II e III.
e) III e IV.

418. **(Cespe/DPU/Defensor/2015)** Embora o termo Constituição seja utilizado desde a Antiguidade, as condições sociais, políticas e históricas que tornaram possível a universalização, durante os séculos XIX e XX, da ideia de supremacia constitucional surgiram somente a partir do século XVIII.

419. **(Cespe/PGM/Fortaleza/Procurador/2017)** Não foram recepcionadas pela atual ordem jurídica leis ordinárias que regulavam temas para os quais a CF passou a exigir regramento por lei complementar.

420. **(Cespe/PGM/Fortaleza/Procurador/2017)** Com a promulgação da CF, foram recepcionadas, de forma implícita, as normas infraconstitucionais anteriores de conteúdo compatível com o novo texto constitucional.

421. **(Cespe/DPE/AL/Defensor/2017)** A relação entre a Constituição e as normas jurídicas (constitucionais ou infraconstitucionais) anteriores não pode ser reduzida a um único fenômeno, além de implicar diferenciados efeitos. Há de se levar em conta o fato de se tratar tanto de uma nova ordem constitucional quanto de uma reforma constitucional que venha a se manifestar em relação ao direito constitucional originário ou mesmo em relação à legislação infraconstitucional. (Ingo Sarlet, et al. Curso de Direito Constitucional. São Paulo: Revista dos Tribunais, 2012, p. 187, com adaptações). Entre as situações que podem ocorrer no contexto descrito pelo texto, o Supremo Tribunal Federal (STF) admite a:

a) recepção de lei anterior, desde que materialmente compatível com a nova Constituição.
b) constitucionalidade superveniente de lei ordinária originalmente inconstitucional, por meio de emenda constitucional posterior.
c) manutenção de status constitucional de norma constitucional anterior, ainda que a nova Constituição seja omissa sobre o assunto.
d) inconstitucionalidade superveniente de lei anterior em relação a Constituição posterior, para fins de ajuizamento de ação direta de inconstitucionalidade.
e) desconstitucionalização de norma constitucional anterior, ainda que não haja previsão expressa sobre o assunto na nova Constituição.

422. **(Cespe/DPE/AC/Defensor/2017)** A mutação constitucional:

a) é fenômeno reconhecido apenas pela doutrina, uma vez que o STF evita aplicá-la.
b) ocorre em razão da natureza monossêmica do texto constitucional.
c) acarreta a alteração da configuração verbal do texto constitucional.
d) decorre da técnica de declaração de nulidade de dispositivos legais pelo controle concentrado.
e) é justificada pelas modificações na realidade fática e na percepção do direito.

10.3. Hermenêutica Constitucional

◉ ATENÇÃO: ESTE TEMA É MUITO EXIGIDO NOS CONCURSOS!

✱ QUESTÕES DISCURSIVAS

13. **(Cespe/PGM/Fortaleza/Procurador/2017)** O princípio da proporcionalidade, parâmetro para aferir a (in)constitucionalidade das limitações a direitos fundamentais, é constituído por duas vertentes: a proibição de excesso e a proibição de proteção insuficiente. Valendo-se de conceitos como direito de defesa, direitos de prestação, dever de proteção e reserva do possível, conceitue essas duas vertentes, apresentando, pelo menos, um exemplo de aplicação de cada uma delas. Nesse sentido, considere que seu texto será avaliado da seguinte forma: (i) proibição de excesso, com, pelo menos, um exemplo de aplicação; (ii) proibição de proteção insuficiente, com, pelo menos, um exemplo de aplicação.

14. **(Cespe/DP/DF/Defensor/2013)** Considerando os princípios de interpretação constitucional, discorra sobre o princípio da máxima efetividade e o princípio da unidade da Constituição.

15. **(Cespe/DP/DF/Defensor/2013)** Por serem as normas constitucionais normas jurídicas, sua interpretação requer o entendimento de conceitos e elementos clássicos. Todavia, as normas constitucionais apresentam determinadas especificidades que as singularizam. Em razão disso, foram desenvolvidas ou sistematizadas categorias doutrinárias próprias, identificadas como princípios específicos ou princípios instrumentais de interpretação constitucional, que constituem premissas conceituais, metodológicas ou finalísticas que devem anteceder, no processo intelectual do intérprete, a solução concreta da questão posta. Tais princípios, embora não expressos no texto da Constituição, são reconhecidos pacificamente pela doutrina e pela jurisprudência. (Luís Roberto Barroso. Curso de direito constitucional contemporâneo: os conceitos fundamentais e a construção do novo modelo. 4.. ed., 2013, p. 322, com adaptações). Considerando que o fragmento de texto acima apresentado tem caráter meramente motivador, discorra sobre o significado dos seguintes princípios de interpretação constitucional: unidade da Constituição; interpretação conforme a Constituição; presunção de constitucionalidade; efetividade.

✱ QUESTÕES OBJETIVAS

423. **(Cespe/PGE/PE/Procurador/2018)** Os direitos destinados a assegurar a soberania popular mediante a possibilidade de interferência direta ou indireta nas decisões políticas do Estado são direitos

a) políticos de primeira dimensão.
b) políticos de terceira dimensão.
c) políticos de segunda geração.
d) sociais de segunda geração.
e) sociais de primeira dimensão.

424. **(Cespe/PGE/PE/Procurador/2018)** Considere as duas afirmações a seguir.

I. Em um processo judicial, o Estado deve assegurar a observância do contraditório e da ampla defesa.
II. Nas relações entre a imprensa e os particulares, a imprensa deve observar o direito à honra, sob pena de consequências como direito de resposta e indenização por dano material ou moral.

As afirmações I e II contemplam situações que exemplificam a

a) eficácia horizontal dos direitos fundamentais.
b) eficácia externa dos direitos fundamentais.
c) eficácia diagonal dos direitos individuais.
d) eficácia vertical e a eficácia horizontal dos direitos individuais, respectivamente.
e) eficácia externa e a eficácia vertical dos direitos individuais, respectivamente.

425. **(Cespe/PC/MA/Delegado/2018)** Acerca da doutrina e da jurisprudência do STF a respeito das técnicas de interpretação constitucional, julgue os itens a seguir.

I. A técnica da interpretação conforme pode ser utilizada tanto no controle de constitucionalidade difuso quanto no abstrato.

II. Como técnica de exegese, a interpretação conforme impõe a decretação da inconstitucionalidade da norma, atendendo à vontade do legislador.

III. A interpretação constitucional segue os mesmos cânones hermenêuticos da interpretação das demais normas jurídicas.

IV. A declaração de nulidade sem redução de texto gera o vício de inconstitucionalidade da norma e o seu afastamento do mundo jurídico.

Estão certos apenas os itens

a) I e II.

b) I e III.

c) III e IV.

d) I, II e IV.

e) II, III e IV.

426. **(Cespe/PC/MA/Delegado/2018)** O princípio da alteridade é violado em caso de

a) proibição de mulher transexual utilizar banheiro público feminino.

b) arbitramento de indenização por danos morais contra pessoa jurídica.

c) violação de correspondência alheia.

d) impedimento do exercício do direito de livre associação.

e) uso da força para coibir manifestação violenta.

427. **(Cespe/DPE/PE/Defensor/2018)** As medidas de discriminação reversa que, com o objetivo de proteger grupos historicamente discriminados ou vulneráveis, promovem políticas compensatórias focais são denominadas

a) liberdade de consciência.

b) ações afirmativas.

c) movimentos raciais.

d) segregação positiva.

e) igualdades materiais.

428. **(Cespe/DPE/PE/Defensor/2018)** A colisão entre dois ou mais direitos fundamentais resolve-se com a aplicação preponderante do princípio

a) da força normativa.

b) da dignidade da pessoa humana.

c) da concordância prática.

d) da eficiência.

e) do efeito integrador.

429. **(Cespe/TCE/SC/Auditor/2016)** Segundo o entendimento jurisprudencial acerca do princípio da simetria, todas as normas da CF voltadas à União devem, igualmente, ser observadas por estados e municípios, que têm a obrigação de reproduzir os termos dessas normas nas respectivas leis fundamentais, sob pena de inconstitucionalidade por omissão.

430. **(Cespe/TRT/8R/Analista/2016)** Acerca do conceito de Constituição, da classificação das Constituições, da classificação das normas constitucionais e dos princípios estabelecidos na Constituição Federal de 1988 (CF), assinale a opção correta:

a) Normas constitucionais de eficácia plena são autoaplicáveis ou autoexecutáveis, como, por exemplo, as normas que estabelecem o mandado de segurança, o "habeas corpus", o mandado de injunção e o "habeas data".

b) Quanto à estabilidade, a CF classifica-se como super-rígida, porque, em regra, pode ser alterada por processo legislativo ordinário diferenciado, sendo, excepcionalmente, imutável em alguns pontos (cláusulas pétreas).

c) A repristinação ocorre quando uma norma infraconstitucional revogada pela anterior ordem jurídica é restaurada tacitamente pela nova ordem constitucional.

d) A CF, compreendida como norma jurídica fundamental e suprema, foi originalmente concebida como um manifesto político com fins essencialmente assistencialistas, tendo a atuação do constituinte derivado positivado direitos políticos e princípios de participação democrática no texto constitucional.

e) Decorrem do princípio da supremacia das normas constitucionais tanto a exigência de que os estados-membros se organizam obedecendo ao modelo adotado pela União quanto a de que as unidades federativas estruturem seus governos de acordo com o princípio da separação de poderes.

431. **(Cespe/DPE/RN/Defensor/2015)** Acerca da distinção entre princípios e regras, do princípio da proibição do retrocesso social, da reserva do possível e da eficácia dos direitos fundamentais, assinale a opção correta:

a) De acordo com entendimento do STF, não é cabível à administração pública invocar o argumento da reserva do possível frente à imposição de obrigação de fazer consistente na promoção de medidas em estabelecimentos prisionais para assegurar aos detentos o respeito à sua integridade física e moral.

b) Os direitos fundamentais são também oponíveis às relações privadas, em razão de sua eficácia vertical.

c) As colisões entre regras devem ser solucionadas mediante a atribuição de pesos, indicando-se qual regra tem prevalência em face da outra, em determinadas condições.

d) Tanto regras quanto princípios são normas, contudo, tão somente as regras podem ser formuladas por meio das expressões deontológicas básicas do dever, da permissão e da proibição.

e) O princípio da proibição do retrocesso social constitui mecanismo de controle para coibir ou corrigir medidas restritivas ou supressivas de direitos fundamentais, tais como as liberdades constitucionais.

432. (Cespe/DPE/RN/Defensor/2015) Assinale a opção correta em relação aos direitos fundamentais e aos conflitos que podem ocorrer entre eles:

a) A proibição do excesso e da proteção insuficiente são institutos jurídicos ligados ao princípio da proporcionalidade utilizados pelo STF como instrumentos jurídicos controladores da atividade legislativa.

b) Sob pena de colisão com o direito à liberdade de pensamento e consciência, o STF entende que a autorização estatutária genérica conferida à associação é suficiente para legitimar a sua atuação em juízo na defesa de direitos de seus filiados.

c) Como tentativa de evitar a ocorrência de conflito, a legislação brasileira tem imposto regras que impedem o exercício cumulado de diferentes direitos fundamentais.

d) Os direitos fundamentais poderão ser limitados quando conflitarem com outros direitos ou interesses, não havendo restrição a tais limitações.

e) A garantia de proteção do núcleo essencial dos direitos fundamentais está ligada à própria validade do direito, mas não guarda relação com a sua eficácia no caso concreto.

433. (Cespe/DPE/RN/Defensor/2015) No que diz respeito aos direitos sociais, à intervenção judicial na implementação de políticas públicas e ao mínimo existencial, assinale a opção correta:

a) Ocorre o fenômeno conhecido como judicialização da política quando o Poder Judiciário, ao interpretar uma norma, ampliar o seu sentido para abarcar situações aparentemente por ela não previstas.

b) O transporte e a felicidade são direitos fundamentais sociais assegurados pelo Estado a todo cidadão brasileiro como garantia individual.

c) Para o STF, a tese da reserva do mínimo possível é aplicável apenas se restar comprovada a real falta de recursos orçamentários pelo poder público, pois não é admissível como justificativa genérica para eventual omissão estatal na efetivação dos direitos fundamentais.

d) Uma decisão judicial que ordenasse à administração pública a execução de obras emergenciais em um estabelecimento prisional, necessárias para a garantia da integridade física dos detentos, seria uma afronta ao princípio da separação dos poderes, segundo entendimento do STF.

e) O direito ao mínimo existencial, no tocante aos direitos fundamentais, está vinculado às condições estritamente necessárias para a manutenção da vida dos indivíduos.

434. (Cespe/DPE/RN/Defensor/2015) A respeito de constitucionalização simbólica, de hermenêutica e de interpretação constitucional, assinale a opção correta:

a) Os conceitos jurídicos indeterminados são expressões de sentido fluido, que podem ser encontradas na Constituição, destinadas a lidar com situações nas quais o constituinte não pôde ou não quis, no relato abstrato do enunciado normativo, especificar de forma detalhada suas hipóteses de incidência. Assim, a atribuição de sentido a essas cláusulas abertas deve dar-se mediante valoração concreta dos elementos da realidade, a partir de um juízo discricionário.

b) Da relação entre texto constitucional e realidade constitucional, tem-se, como reflexo da constitucionalização simbólica em sentido negativo, uma ausência generalizada de orientação das expectativas normativas conforme as determinações dos dispositivos da Constituição.

c) Como forma básica de manifestação da constitucionalização simbólica, tem-se a constitucionalização-álibi, caracterizada pela presença de dispositivos constitucionais que, sem relevância normativo-jurídica, confirmam as crenças e o modus vivendi de determinados grupos.

d) A hermenêutica filosófica de matriz gadameriana assemelha-se à hermenêutica clássica, na medida em que trabalha com a atribuição de sentido às normas.

e) Casos difíceis são aqueles que não têm uma solução abstratamente prevista e pronta na Constituição, devendo o intérprete, para tanto, valer-se da subsunção.

435. **(Cespe/TJ/AM/Juiz/2016)** À luz da jurisprudência do STF, assinale a opção correta acerca da supremacia da CF e dos diferentes tipos de inconstitucionalidade:

a) Se o Estado deixar de adotar as medidas necessárias à realização concreta dos preceitos da CF, ou seja, a torná-los efetivos, operantes e exequíveis, abstendo-se, em consequência, de cumprir o dever de prestação que a CF lhe impôs, incidirá em violação negativa do texto constitucional. Desse "non facere" ou "non praestare", resultará a inconstitucionalidade por omissão, que pode ser total ou parcial.

b) Lei estadual que regule a comercialização de artigos de conveniência e prestação de serviços de utilidade pública em farmácias e drogarias do estado, editada no exercício de competência suplementar dos estados para legislar sobre a matéria, embora formalmente constitucional, incidirá em inconstitucionalidade material, embora observado o princípio da proporcionalidade.

c) Lei estadual que imponha proibição ao Poder Executivo estadual de iniciar, renovar ou manter, em regime de exclusividade, em qualquer instituição bancária privada, as disponibilidades de caixa estaduais, com clara intenção de revogar o regime anterior e desconstituir todos os atos e contratos firmados com base em suas normas, violará o princípio da separação dos poderes e da segurança jurídica, padecendo de inconstitucionalidade formal.

d) Somente pelo voto da maioria absoluta de seus membros ou dos membros do respectivo órgão especial poderão os tribunais declarar a inconstitucionalidade de lei ou ato normativo do poder público. Por isso, não viola a cláusula de reserva de plenário a decisão de órgão fracionário de tribunal que, embora não declare expressamente a inconstitucionalidade de lei ou ato normativo do poder público, afasta sua incidência, no todo ou em parte.

e) Lei estadual de iniciativa parlamentar que disponha sobre entidades municipais legitimadas a integrar órgão da administração pública estadual ou firmar convênios com o estado-membro, usurpando competência legislativa exclusiva do chefe do Poder Executivo, incidirá em inconstitucionalidade material, mas não formal.

436. **(Cespe/TRF/5R/Juiz/2015)** A prática constitucional brasileira, por se tornar a cada dia mais complexa, exige o incremento do estudo da teoria da Constituição com o objetivo de se compreender e justificar a atuação cada vez mais proeminente do Poder Judiciário. Acerca desse assunto, assinale a opção correta:

a) De acordo com o positivismo de Hans Kelsen, a escolha de uma interpretação dentro da moldura de possibilidades proporcionada pela norma jurídica realiza-se segundo a livre apreciação do tribunal, e não por meio de qualquer espécie de conhecimento do direito preexistente.

b) Para Ronald Dworkin, princípios constitucionais são conceituados como mandamentos de otimização que conduzem à única resposta correta.

c) A corrente doutrinária denominada não interpretacionismo defende que os juízes, ao decidirem questões constitucionais, devem limitar-se a fazer cumprir as normas explícitas ou claramente implícitas na Constituição escrita.

d) A teoria da Constituição dirigente, por conceber um projeto bastante ambicioso e totalizante da Constituição, implica a adoção de uma concepção procedimentalista do papel institucional das cortes constitucionais.

e) Segundo a teoria substancialista, o Poder Judiciário deve decidir os casos constitucionais de maneira estreita e rasa, utilizando-se apenas dos argumentos estritamente necessários para a solução do litígio, deixando de parte questões morais controversas.

437. **(Cespe/TRF/5R/Juiz/2015)** Tendo em vista que, para lidar com as dificuldades decorrentes da declaração de inconstitucionalidade de leis e atos normativos por parte dos tribunais, a doutrina e a jurisprudência têm desenvolvido uma série de métodos e técnicas interpretativas que auxiliam na resolução de casos constitucionais, assinale a opção correta:

a) O STF, pela maioria absoluta de seus membros, pode modular ou limitar os efeitos da declaração de inconstitucionalidade, tendo em vista razões de segurança jurídica ou de excepcional interesse social.

b) O princípio da justeza ou da conformidade funcional preceitua que o órgão encarregado da interpretação constitucional não pode chegar a um resultado que subverta ou perturbe o esquema de repartição de funções constitucionalmente estabelecido.

c) O STF utiliza-se da chamada técnica da interpretação conforme a Constituição para advertir o legislador de que o ato impugnado encontra-se em regime de transição para a inconstitucionalidade.

d) A técnica da declaração de inconstitucionalidade sem pronúncia de nulidade é utilizada para considerar inconstitucional apenas determinada hipótese de aplicação da lei, sem proceder à alteração do seu programa normativo.

e) O princípio da máxima efetividade da Constituição propõe que se dê primazia às soluções hermenêuticas que, compreendendo a historicidade das estruturas constitucionais, possibilitem a sua atualização normativa, garantindo a sua eficácia e permanência.

438. **(Cespe/TCE/PR/Analista/2016)** Assinale a opção correta acerca da interpretação constitucional:

a) Como as Constituições regulam direitos e garantias fundamentais e o exercício do poder, deve-se priorizar o emprego de linguagem técnica em seu texto, restringindo-se a sofisticada atividade interpretativa às instâncias oficiais.

b) A interpretação constitucional deve priorizar o espírito da norma interpretada em detrimento de expressões supérfluas ou vazias; por isso, a atividade do intérprete consiste em extrair o núcleo essencial do comando constitucional, ainda que isso implique desconsiderar palavras, dispositivos ou expressões literais.

c) Sendo a Constituição impregnada de valores, sua interpretação é norteada essencialmente por diretrizes políticas, em detrimento de cânones jurídicos.

d) Na interpretação da Constituição, prepondera a teleologia, de modo que a atividade do hermeneuta deve priorizar a finalidade ambicionada pela norma; o texto da lei, nesse caso, não limita a interpretação nem lhe serve de parâmetro.

e) O caráter aberto e vago de muitas das disposições constitucionais favorece uma interpretação atualizadora e evolutiva, capaz de produzir, por vezes, uma mutação constitucional informal ou não textual.

439. **(Cespe/TCE/PR/Auditor/2016)** Acerca da interpretação e da aplicação das normas constitucionais, assinale a opção correta:

a) Dado o princípio da interpretação adequadora, o ato normativo impugnado declarado inconstitucional é sempre nulo.

b) De acordo com a norma que rege o controle concentrado de constitucionalidade, uma vez declarada a inconstitucionalidade da norma, esta será nula ab initio, não sendo possível, por exemplo, decidir que ela só tenha eficácia a partir de outro momento.

c) Em decorrência do princípio interpretativo da unidade da Constituição, existindo duas normas constitucionais incompatíveis entre si, deverá o intérprete escolher entre uma e outra, não sendo possível uma interpretação que as integre.

d) Dado o princípio da máxima efetividade ou da eficiência, o intérprete deve coordenar a combinação dos bens jurídicos em conflito de forma a evitar o sacrifício total de uns em relação aos outros.

e) A norma constitucional que assegura o livre exercício de qualquer atividade, ofício ou profissão é exemplo de norma de eficácia contida.

440. **(Cespe/PGM/Belo_Horizonte/Procurador/2017)** O STF declarou a inconstitucionalidade da interpretação da norma que proíbe a realização de aborto na hipótese de gravidez de feto anencefálico, diante da omissão de dispositivos penais quanto àquela situação. Essa decisão visou garantir a compatibilidade da lei com os princípios e direitos fundamentais previstos na CF. De acordo com a doutrina pertinente, nesse caso, o julgamento do STF constituiu sentença ou decisão:

a) interpretativa de aceitação.

b) aditiva.

c) substitutiva.

d) interpretativa de rechaço.

441. **(Cespe/AGU/Advogado/2015)** De acordo com o princípio da unidade da CF, a interpretação das normas constitucionais deve ser feita de forma sistemática, afastando-se aparentes antinomias entre as regras e os princípios que a compõem, razão por que não devem ser consideradas contraditórias a norma constitucional que veda o estabelecimento de distinção pela lei entre os brasileiros natos e os naturalizados e a norma constitucional que estabelece que determinados cargos públicos devam ser privativos de brasileiros natos.

442. **(Cespe/TCE/RN/Auditor/2015)** Pelo princípio da unidade do texto constitucional, as cláusulas constitucionais devem ser interpretadas de forma a evitar contradição entre seus conteúdos.

443. **(Cespe/PC/MT/Delegado/2017)** O método de interpretação da Constituição que, por considerá-la um sistema aberto de regras e princípios, propõe que se deva encontrar a solução mais razoável para determinado caso jurídico partindo-se da situação concreta para a norma, é denominado método:

a) hermenêutico clássico.
b) científico-espiritual.
c) tópico-problemático.
d) normativo-estruturante.
e) hermenêutico concretizador.

444. **(Cespe/PGE/AM/Procurador/2016)** Ao afirmar que o estado do Amazonas, nos limites de sua competência, assegura, em seu território, a brasileiros e estrangeiros, a inviolabilidade dos direitos e garantias fundamentais declarados na CF, o constituinte estadual incorporou, na ordem constitucional do estado, os direitos e as garantias fundamentais constantes da CF, fazendo uso, para tanto, da chamada técnica de remissão normativa.

445. **(Cespe/TRE/PI/Analista/2016)** Acerca do direito constitucional, assinale a opção correta:

a) As várias reformas já sofridas pela CF, por meio de emendas constitucionais, são expressão do poder constituinte derivado decorrente.
b) De acordo com a doutrina dominante, a CF, ao se materializar em um só código básico, afasta os usos e costumes como fonte do direito constitucional.
c) O neoconstitucionalismo, ao promover a força normativa da Constituição, acarretou a diminuição da atividade judicial, dado o alto grau de vinculação das decisões judiciais aos dispositivos constitucionais.
d) A derrotabilidade de uma norma constitucional ocorrerá caso uma norma jurídica deixe de ser aplicada em determinado caso concreto, permanecendo, contudo, no ordenamento jurídico para regular outras relações jurídicas.
e) A interpretação da Constituição sob o método teleológico busca investigar as origens dos conceitos e institutos pelo próprio legislador constituinte.

446. **(Cespe/DPU/Defensor/2017)** A CF goza de supremacia tanto do ponto de vista material quanto do formal.

447. **(Cespe/TCU/Procurador/2015)** Acerca das Constituições e das normas constitucionais, assinale a opção correta:

a) O uso da analogia em matéria constitucional pode ser visto como uma imposição do princípio da isonomia.
b) Por ser uma Constituição analítica, a CF não admite lacuna de nenhuma espécie.
c) Por não ser dotado de caráter normativo, o preâmbulo da CF não pode ser utilizado pelo aplicador como vetor de interpretação.
d) Entende-se por "silêncio eloquente" da Constituição um lapso do legislador constituinte que, pretendendo deliberadamente contemplar determinada hipótese de fato, acabe omitindo, por desaviso, a respectiva norma disciplinadora.
e) Em modelos de Constituição formal e rígida como o da brasileira, é inadequado falar-se em normas constitucionais implícitas.

448. **(Cespe/TCE/SC/Auditor/2016)** As lacunas normativas presentes na CF não se confundem com o chamado silêncio eloquente, que se apresenta naquelas situações em que a falta de uma regulamentação constitucional específica possa ser atribuída a uma escolha intencional do constituinte de não prever determinada hipótese normativa.

10.4. Poder Constituinte

✱ QUESTÕES DISCURSIVAS

16. **(Cespe/DPE/PE/Defensor/2015)** Relacione o exercício do poder constituinte derivado à proteção constitucional dos direitos fundamentais e descreva, à luz da teoria da constituição e do direito constitucional positivo brasileiro, as abordagens doutrinárias a esse respeito.

* QUESTÕES OBJETIVAS

449. **(Cespe/PGE/PE/Procurador/2018)** Acerca da teoria do poder constituinte, julgue os seguintes itens.

I. Lei anterior não pode ser inconstitucional em relação à Constituição superveniente.
II. O poder constituinte derivado reformador, também chamado de poder constituinte difuso, refere-se às mutações constitucionais.
III. Se o conteúdo for compatível, a norma anterior será recepcionada, mesmo que sua forma não seja mais admitida pela Constituição superveniente.

Assinale a opção correta.

a) Apenas o item I está certo.
b) Apenas o item II está certo.
c) Apenas os itens I e III estão certos.
d) Apenas os itens II e III estão certos.
e) Todos os itens estão certos.

450. **(Cespe/PC/MA/Delegado/2018)** O poder constituinte originário

a) é fático e soberano, incondicional e preexistente à ordem jurídica.
b) é reformador, podendo emendar e reformular.
c) é decorrente e normativo, subordinado e condicionado aos limites da própria Constituição.
d) é atuante junto ao Poder Legislativo comum, com critérios específicos e de forma contínua.
e) é derivado e de segundo grau, culminando em atividade diferida.

451. **(Cespe/DPE/PE/Defensor/2018)** Com relação ao conceito, às espécies e às características do poder constituinte decorrente, assinale a opção correta.

a) Trata-se do poder incumbido aos estados-membros de auto-organização.
b) Classifica-se como originário se incondicionado ou derivado quando se resume a alterar texto pré-existente.
c) Possui as mesmas limitações materiais que o poder constituinte originário.
d) O Ato das Disposições Constitucionais Transitórias da Constituição Federal de 1988 é manifestação do poder constituinte decorrente.
e) O poder constituinte decorrente reformador manifesta-se por intermédio do Congresso Nacional por ocasião das emendas à Constituição Federal de 1988.

452. **(Cespe/DPE/RN/Defensor/2015)** Com relação ao poder constituinte, assinale a opção correta:

a) Tendo em vista os limites autônomos ao poder constituinte derivado decorrente, devem as Constituições estaduais observar os princípios constitucionais extensíveis, tais como aqueles relativos ao processo legislativo.
b) A mutação constitucional é fruto do poder constituinte derivado reformador.
c) De acordo com a CF, em razão das limitações procedimentais impostas ao poder constituinte derivado reformador, é de iniciativa privativa do presidente da República proposta de emenda à CF que disponha sobre o regime jurídico dos servidores públicos do Poder Executivo federal.
d) Ao poder constituinte originário esgota-se quando se edita uma nova Constituição.
e) Para a legitimidade formal de uma nova Constituição, exige-se que o poder constituinte siga um procedimento padrão, com disposições predeterminadas.

453. **(Cespe/TJ/PB/Juiz/2015)** A respeito dos elementos da CF, assinale a opção correta com relação ao poder constituinte:

a) Conforme entendimento do STF, as normas emanadas do poder constituinte originário não têm, em regra, eficácia retroativa mínima, visto que são incapazes de atingir efeitos futuros de fatos passados.
b) As disposições constitucionais sobre o "habeas data" constituem exemplo de normas de reprodução obrigatória pelos estados-membros no exercício do poder constituinte derivado decorrente.
c) O poder constituinte de reforma está sujeito a limitações materiais que podem estar presentes nas denominadas cláusulas pétreas implícitas.
d) Conforme a definição clássica dos elementos da CF, o Ato das Disposições Constitucionais Transitórias, da CF, é exemplo de elemento de estabilização constitucional.
e) Conforme a teoria positivista do direito, apesar de o poder constituinte originário ser ilimitado do ponto de vista do direito positivo anterior,

esse poder é vinculado aos valores do movimento revolucionário que o ensejou.

454. (Cespe/PGE/AM/Procurador/2016) Por serem normas de observância obrigatória para os estados, os municípios e o DF, as chamadas cláusulas pétreas da CF devem ser reproduzidas nas respectivas leis fundamentais desses entes e constituem os únicos limites materiais a serem observados quando de suas reformas.

455. (Cespe/TCE/PA/Auditor/2016) O estado do Pará, no exercício do seu poder constituinte derivado decorrente, pode inserir em sua Constituição estadual dispositivo que fixe data para o pagamento dos vencimentos dos servidores estaduais da administração direta, autárquica, fundacional, de empresa pública e de sociedade de economia mista, além de determinar a correção monetária dos seus valores em caso de atraso.

456. (Cespe/TCE/PR/Analista/2016) A respeito do poder constituinte, assinale a opção correta:

a) O caráter ilimitado do poder constituinte originário não impede o controle de constitucionalidade sobre norma constitucional originária quando esta conflitar com outra norma constitucional igualmente originária.

b) Se não houver ressalva expressa no seu próprio texto, a Constituição nova atingirá os efeitos pendentes de situações jurídicas consolidadas sob a égide da Carta anterior.

c) O poder constituinte originário não desaparece com a promulgação da Constituição, permanecendo em convívio estreito com os poderes constituídos.

d) As assembleias nacionais constituintes são as entidades que titularizam o poder constituinte originário.

e) O poder constituinte originário é incondicionado, embora deva respeitar os direitos adquiridos sob a égide da Constituição anterior, ainda que esses direitos não sejam salvaguardados pela nova ordem jurídica instaurada.

457. (Cespe/PC/PE/Delegado/2016) Acerca do poder de reforma e de revisão constitucionais e dos limites ao poder constituinte derivado, assinale a opção correta:

a) Além dos limites explícitos presentes no texto constitucional, o poder de reforma da CF possui limites implícitos; assim, por exemplo, as normas que dispõem sobre o processo de tramitação e votação das propostas de emenda não podem ser suprimidas, embora inexista disposição expressa a esse respeito.

b) Emendas à CF somente podem ser apresentadas por proposta de um terço, no mínimo, dos membros do Congresso Nacional.

c) Emenda e revisão constitucionais são espécies do gênero reforma constitucional, não havendo, nesse sentido, à luz da CF, traços diferenciadores entre uma e outra.

d) Não se insere no âmbito das atribuições do presidente da República sancionar as emendas à CF, mas apenas promulgá-las e encaminhá-las à publicação.

e) Se uma proposta de emenda à CF for considerada prejudicada por vício de natureza formal, ela poderá ser reapresentada após o interstício mínimo de dez sessões legislativas e ser apreciada em dois turnos de discussão e votação.

458. (Cespe/TRT/8R/Analista/2016) Acerca do poder constituinte e dos princípios fundamentais da CF, assinale a opção correta:

a) Nas relações internacionais, o Brasil rege-se, entre outros princípios, pela soberania, pela dignidade da pessoa humana e pelo pluralismo político.

b) O preâmbulo da CF constitui vetor interpretativo para a compreensão do significado de suas prescrições normativas, de modo que também tem natureza normativa e obrigatória.

c) O titular do poder constituinte é aquele que, em nome do povo, promove a instituição de um novo regime constitucional ou promove a sua alteração.

d) Embora seja, em regra, ilimitado, o poder constituinte originário pode sofrer limitações em decorrência de ordem supranacional, sendo inadmissível, por exemplo, uma nova Constituição que desrespeite as normas internacionais de direitos humanos.

e) O poder constituinte derivado reformador efetiva-se por emenda constitucional, de acordo com os procedimentos e limitações previstos na CF, sendo passível de controle de constitucionalidade pelo Supremo Tribunal Federal (STF).

459. (Cespe/DPU/Defensor/2017) O poder constituinte originário e o poder constituinte derivado se submetem ao mesmo sistema de limitações jurídicas e políticas, embora os efeitos dessas limitações ocorram em momentos distintos.

460. (Cespe/PGM/Fortaleza/Procurador/2017) O poder constituinte derivado reformador manifesta-se por meio de emendas à CF, ao passo que o poder constituinte derivado decorrente manifesta-se quando da elaboração das Constituições estaduais.

461. (Cespe/PGM/Belo_Horizonte/Procurador/2017) Acerca das Constituições, assinale a opção correta:

a) De acordo com a doutrina, derrotabilidade das regras refere-se ao ato de se retirar determinada norma do ordenamento jurídico, declarando-a inconstitucional, em razão das peculiaridades do caso concreto.
b) O neoconstitucionalismo, que buscou, no pós-guerra, a segurança jurídica por meio de cartas constitucionais mais rígidas a fim de evitar os abusos dos três poderes constituídos, entrou em crise com a intensificação do ativismo judicial.
c) A concepção de Constituição aberta está relacionada à participação da sociedade quando da proposição de alterações politicamente relevantes no texto da Constituição do país.
d) Devido às características do poder constituinte originário, as normas de uma nova Constituição prevalecem sobre o direito adquirido.

462. (Cespe/PGM/Belo_Horizonte/Procurador/2017) Assinale a opção correta, com relação ao direito constitucional:

a) Expresso na CF, o direito à educação, que possui aplicabilidade imediata, é de eficácia contida.
b) De acordo com a doutrina dominante, a possibilidade de o município de Belo Horizonte editar a sua própria lei orgânica provém do poder constituinte derivado decorrente.
c) Conforme entendimento do STF, é vedada a aplicação de multa ao poder público nas situações em que este se negar a cumprir obrigação imposta por decisão judicial, sob o risco de violação do princípio da separação dos poderes.
d) O poder constituinte difuso manifesta-se quando uma decisão do STF altera o sentido de um dispositivo constitucional, sem, no entanto, alterar seu texto.

463. (Cespe/DPU/Defensor/2015) A proteção dos limites materiais ao poder de reforma constitucional não alcança a redação do texto constitucional, visando sua existência a evitar a ruptura com princípios que expressam o núcleo essencial da CF.

464. (Cespe/DPU/Defensor/2015) Desde que observem a cláusula de reserva de plenário, os tribunais podem declarar a revogação de normas legais anteriores à CF com ela materialmente incompatíveis.

465. (Cespe/AGU/Advogado/2015) Diferentemente do poder constituinte derivado, que tem natureza jurídica, o poder constituinte originário constitui-se como um poder, de fato, inicial, que instaura uma nova ordem jurídica, mas que, apesar de ser ilimitado juridicamente, encontra limites nos valores que informam a sociedade.

466. (Cespe/AGU/Advogado/2015) Considerando-se que a emenda constitucional, como manifestação do poder constituinte derivado, introduz no ordenamento jurídico normas de hierarquia constitucional, não é possível a declaração de inconstitucionalidade dessas normas. Assim, eventuais incompatibilidades entre o texto da emenda e a CF devem ser resolvidas com base no princípio da máxima efetividade constitucional.

467. (Cespe/TCE/RN/Assessor_Jurídico/2015) O poder constituinte derivado decorrente autoriza os estados-membros a estabelecerem em suas Constituições estaduais disposições que, embora não estejam previstas pela CF, complementem-na.

468. (Cespe/TCE/RN/Auditor/2015) O poder constituinte derivado decorrente permite a modificação de uma constituição por procedimento disciplinado pelo titular do poder constituinte originário.

469. (Cespe/TRF/5R/Juiz/2017) Foi proposta, por um terço das assembleias legislativas das unidades da Federação, emenda constitucional com o objetivo de alterar dispositivo referente à Defensoria Pública, visando-se aprimorar a estrutura orgânico-institucional desse órgão. Votada em dois turnos nas duas casas do Congresso Nacional, a emenda foi aprovada mediante três quintos dos votos dos membros de cada uma delas. Nesta situação hipotética, a referida proposta deve ser considerada:

a) constitucional, pois o tema tratado na emenda respeita as limitações formais e materiais ao poder constituinte derivado reformador.

b) inconstitucional, já que a emenda fere limitação formal ao poder constituinte derivado reformador.

c) inconstitucional, pois a emenda fere cláusula pétrea da separação dos poderes.

d) inconstitucional, uma vez que a emenda fere cláusula de reserva de iniciativa do chefe do Poder Executivo.

e) constitucional, porquanto o poder constituinte derivado é ilimitado.

470. **(Cespe/TRT/7R/Analista/2017)** A respeito das características do poder constituinte e de sua configuração em originário ou derivado, assinale a opção correta:

a) A criação de novos territórios federais é exemplo do exercício do poder constituinte derivado decorrente.

b) A outorga e a convenção são formas de expressão do poder constituinte originário.

c) A tese da existência de hierarquia entre normas constitucionais decorrentes do exercício do poder constituinte originário é aceita pelo STF.

d) O sistema constitucional brasileiro admite a teoria da dupla revisão.

10.5. Teoria do Estado

✱ QUESTÕES DISCURSIVAS

17. **(Cespe/Abin/Oficial/2018)** Elabore um texto dissertativo a respeito de sistemas de governo, apresentando as definições de presidencialismo, parlamentarismo e sistemas mistos de governo e as vantagens comparativas de cada um desses sistemas.

✱ QUESTÕES OBJETIVAS

471. **(Cespe/PC/GO/Agente/2016)** A respeito de Estado, governo e administração pública, assinale a opção correta:

a) Governo é o órgão central máximo que formula a política em determinado momento.

b) A organização da administração pública como um todo é de competência dos dirigentes de cada órgão, os quais são escolhidos pelo chefe do Poder Executivo.

c) Poder hierárquico consiste na faculdade de punir as infrações funcionais dos servidores.

d) Território e povo são elementos suficientes para a constituição de um Estado.

e) República é a forma de governo em que o povo governa no interesse do povo.

472. **(Cespe/TRT/8R/Analista/2016)** A respeito dos elementos do Estado, assinale a opção correta:

a) Povo, território e governo soberano são elementos indissociáveis do Estado.

b) O Estado é um ente despersonalizado.

c) São elementos do Estado o Poder Legislativo, o Poder Judiciário e o Poder Executivo.

d) Os elementos do Estado podem se dividir em presidencialista ou parlamentarista.

e) A União, o estado, os municípios e o Distrito Federal são elementos do Estado brasileiro.

473. **(Cespe/DPU/Analista/2016)** A repartição do poder estatal em funções – legislativa, executiva e jurisdicional – não descaracteriza a sua unicidade e indivisibilidade.

474. **(Cespe/TRF/5R/Juiz/2015)** É corrente o entendimento de que o Estado constitui uma junção de elementos: uma base territorial, uma dimensão humana e um governo efetivamente estabelecido. Considerando o primeiro desses elementos, costuma-se identificar o elemento territorial ou espacial do Estado. Com relação a essa temática, assinale a opção correta:

a) De acordo com decisão da CIJ, o sobrevoo não autorizado do território de um Estado (X) por aeronave pertencente a outro Estado (Y) não configura desrespeito à soberania territorial de X.

b) O direito de passagem inocente no espaço aéreo ocorre da mesma forma que em relação ao mar territorial.

c) O STF possui entendimento de existência de territórios indígenas, identificando, assim, a possibilidade de determinado povo atuar perante a ordem jurídica internacional.

d) É reconhecido aos navios de todas as nacionalidades o direito de passagem inocente no mar territorial brasileiro, que não compreende a possibilidade de auxílio a pessoas em perigo.

e) A Convenção das Nações Unidas sobre o Direito do Mar admite a possiblidade de expansão da plataforma continental brasileira além dos limites atualmente fixados de duzentas milhas marítimas.

475. **(Cespe/DPU/Defensor/2017)** De acordo com a CF, a República Federativa do Brasil constitui-se em Estado democrático de direito, o que estabelece a prevalência inequívoca do princípio da constitucionalidade.

476. **(Cespe/DPU/Defensor/2017)** Considerando-se que, nos sistemas parlamentaristas de governo, o Poder Executivo depende da confiança da Câmara dos Deputados, que, por sua vez, está sujeita à dissolução pela convocação de eleições antecipadas, devem-se considerar parlamentaristas os sistemas de governo chamados mistos ou semipresidencialistas.

477. **(Cespe/DPU/Defensor/2017)** Dada a duração dos mandatos do presidente da República e dos parlamentares, o que estabelece regra mais previsível para governo e oposição, é correto afirmar que há uma relação positiva entre o sistema presidencialista, de um lado, e estabilidade política e democracia, de outro.

478. **(Cespe/TCE/PE/Analista_Controle_Externo/2017)** Em caso de inadimplência estatal, não violará o pacto federativo determinação do Poder Judiciário de que se implementem políticas públicas previstas constitucionalmente.

479. **(Cespe/PGE/SE/Procurador/2017)** Quanto à forma, o Estado brasileiro é classificado como:

a) democrático, embasado no princípio da igualdade.

b) republicano, fundamentado na alternância do poder.

c) republicano, sendo essa forma protegida como cláusula pétrea.

d) Estado democrático de direito.

e) federativo, sujeito ao princípio da indissolubilidade.

5. DIREITO DA CRIANÇA E DO ADOLESCENTE

1. DAS DISPOSIÇÕES PRELIMINARES

✱ QUESTÕES OBJETIVAS

01. **(Cespe/DPE/RN/Defensor/2015)** No que se refere aos princípios do direito da criança e do adolescente, e aos direitos fundamentais da criança e do adolescente, assinale a opção correta considerando o disposto no ECA:

a) O ECA tutela o direito à vida, à saúde, à alimentação, à educação, à liberdade e à convivência familiar de crianças e adolescentes a partir do nascimento com vida.

b) O princípio da prioridade absoluta não tem previsão na CF, mas está refletido em disposições do ECA e consiste na primazia das crianças e dos adolescentes nos âmbitos judicial, extrajudicial, administrativo, social e familiar.

c) A incidência do princípio do interesse superior da criança e do adolescente está limitada a litígios judiciais ou extrajudiciais que envolvam crianças e adolescentes em situação irregular.

d) O princípio da municipalização é um dos princípios orientadores do direito da criança e do adolescente, o que não elide a atuação – solidária à do município – de estados e da União na tutela dos direitos infantojuvenis.

e) É vedada a aplicação das regras previstas no ECA a pessoas entre dezoito e vinte e um anos de idade.

02. **(Cespe/DPE/AC/Defensor/2017)** Em determinado dia (dia X), foi registrado flagrante relativo ao cometimento de condutas tidas por criminosas por: André, com dez anos de idade, Bruna, com treze anos de idade, Carla, com dezessete anos de idade, e Diego, com dezoito anos de idade completados no referido dia. Na situação hipotética descrita no texto, conforme as disposições do ECA e da Convenção Internacional sobre os Direitos da Criança, no dia X:

a) poderiam ser aplicadas a Bruna, Carla e Diego medidas socioeducativas previstas no ECA, desde que presentes os requisitos legais.

b) Bruna e Carla seriam consideradas adolescentes à luz do ECA, ainda que, para a Convenção Internacional sobre os Direitos da Criança, todos os indivíduos referidos fossem considerados crianças.

c) Bruna, Carla e Diego não seriam considerados crianças à luz do ECA, ao passo que, conforme a Convenção Internacional sobre os Direitos da Criança, André, Bruna e Carla seriam considerados como tal.

d) os quatro indivíduos referidos seriam considerados crianças, e a eles poderiam ser aplicadas medidas socioeducativas previstas no ECA.

e) Bruna e Carla seriam consideradas adolescentes, porém, mesmo se presentes os requisitos legais, a elas não poderiam ser aplicadas medidas de proteção previstas no ECA.

2. DOS DIREITOS FUNDAMENTAIS

2.1. À Vida e à Saúde, À Liberdade, ao Respeito e à Dignidade

✱ INOVAÇÕES LEGISLATIVAS

▲ Parte Geral, Título II – Dos Direitos Fundamentais, Capítulo I – Do Direito à Vida e à Saúde

▲ Art. 10. Os hospitais e demais estabelecimentos de atenção à saúde de gestantes, públicos e particulares, são obrigados a: (...) VI – acompanhar a prática do processo de amamentação, prestando orientações quanto à técnica adequada, enquanto a mãe permanecer na unidade hospitalar, utilizando o corpo técnico já existente. (Modificações: Lei 13.436/17)

▲ Art. 14. § 5º É obrigatória a aplicação a todas as crianças, nos seus primeiros dezoito meses de vida, de protocolo ou outro instrumento construído com a finalidade de facilitar a detecção, em consulta pediátrica de acompanhamento da criança, de risco para o seu desenvolvimento psíquico. (Modificações: Lei 13.438/17)

✱ QUESTÕES OBJETIVAS

03. **(Cespe/DPE/PE/Defensor/2018)** A respeito dos direitos fundamentais da criança e do adolescente, considere as asserções apresentadas a seguir.

I. Adolescente com treze anos de idade poderá ser mantido em centro de formação de categoria de base de clube de futebol profissional, no caso de a família do adolescente residir no interior e o centro de formação situar-se na capital do estado.

II. A Constituição Federal de 1988 assegura aos adolescentes e jovens o direito à profissionalização, embora proíba o trabalho infantil.

Assinale a opção correta.

a) As asserções I e II são falsas.

b) As asserções I e II são verdadeiras, e a II é justificativa da I.

c) A asserção I é falsa, e a II é verdadeira.

d) As asserções I e II são verdadeiras, e a II não é uma justificativa da I.

e) A asserção I é verdadeira, e a II é falsa.

04. **(Cespe/DPE/PE/Defensor/2015)** A garantia, com absoluta prioridade, ao jovem e ao adolescente, do direito à vida, à saúde e à educação, entre outros direitos, compreende destinação privilegiada de recursos públicos municipais necessários ao funcionamento dos conselhos tutelares e à remuneração e formação continuada dos conselheiros tutelares.

2.2. À Convivência Familiar e Comunitária

✱ INFORMATIVOS DE JURISPRUDÊNCIA

Destituição de poder familiar. Indícios de "adoção à brasileira". Hipótese não prevista ao tempo da ação. Princípios protetivos da criança e do adolescente. Estudo psicossocial. Imprescindibilidade.

STJ Na hipótese em que o reconhecimento de "adoção à brasileira" foi fator preponderante para a destituição do poder familiar, à época em que a entrega de forma irregular do filho para fins de adoção não era hipótese legal de destituição do poder familiar, a realização da perícia se mostra imprescindível para aferição da presença de causa para a excepcional medida de destituição e para constatação de existência de uma situação de risco para a infante. REsp 1.674.207, Rel. Min. Moura Ribeiro, DJ 24.4.2018. 3ª T. (Info 624)

Adoção unilateral. Revogação. Possibilidade.

STJ No caso de adoção unilateral, a irrevogabilidade prevista no art. 39, § 1º do Estatuto da Criança e do Adolescente pode ser flexibilizada no melhor interesse do adotando. REsp 1.545.959, Rel. Acd. Min. Nancy Andrighi, DJ 1.8.2017. 3ª T. (Info 608)

✱ INOVAÇÕES LEGISLATIVAS

▲ Título II – Dos Direitos Fundamentais, Capítulo III – Do Direito à Convivência Familiar e Comunitária, Seção I – Disposições Gerais

▲ Art. 19. (...). § 2º A permanência da criança e do adolescente em programa de acolhimento institucional não se prolongará por mais de 18 (dezoito meses), salvo comprovada necessidade que atenda ao seu superior interesse, devidamente fundamentada pela autoridade judiciária. (...). § 5º Será garantida a convivência integral da criança com a mãe adolescente que estiver em acolhimento institucional. § 6º A mãe adolescente será assistida por equipe especializada multidisciplinar. (Modificações: Lei 13.509/17)

▲ Art. 19-A. A gestante ou mãe que manifeste interesse em entregar seu filho para adoção, antes ou logo após o nascimento, será encaminhada à Justiça da Infância e da Juventude. § 1º A gestante ou mãe será ouvida pela equipe interprofissional da Justiça da Infância e da Juventude, que apresentará relatório à autoridade judiciária, considerando inclusive os eventuais efeitos do estado gestacional e puerperal. § 2º De posse do relatório, a autoridade judiciária poderá determinar o encaminhamento da gestante ou mãe, mediante sua expressa concordância, à rede pública de saúde e assistência social para atendimento especializado. § 3º A busca à família extensa, conforme definida nos termos do parágrafo único do art. 25 desta Lei, respeitará o prazo máximo de 90 (noventa) dias, prorrogável por igual período. § 4º Na hipótese de não haver a indicação do genitor e de não existir outro representante da família extensa apto a receber a guarda, a autoridade judiciária competente deverá decretar a extinção do poder familiar e determinar a colocação da criança sob a guarda provisória de quem estiver habilitado a adotá-la ou de entidade que desenvolva programa de acolhimento familiar ou institucional. § 5º Após o nascimento da criança, a vontade da mãe ou de ambos os genitores, se houver pai registral ou pai indicado, deve ser manifestada na audiência a que se refere o § 1º do art. 166 desta Lei, garantido o sigilo sobre a entrega. § 6º (Vetado). § 7º Os detentores da guarda possuem o prazo de 15 (quinze) dias para propor a ação de adoção, contado do dia seguinte à data do término do estágio de convivência. § 8º Na hipótese de desistência pelos genitores – manifestada em audiência ou perante a equipe interprofissional – da entrega da criança após o nascimento, a criança será mantida com os genitores, e será determinado pela Justiça da Infância e da Juventude o acompanhamento familiar pelo prazo de 180 (cento e oitenta) dias. § 9º É garantido à mãe o direito ao sigilo sobre o nascimento, respeitado o disposto no art. 48 desta Lei. § 10. (Vetado).

▲ Art. 19-B. A criança e o adolescente em programa de acolhimento institucional ou familiar poderão participar de programa de apadrinhamento. § 1º O apadrinhamento consiste em estabelecer e proporcionar à criança e ao adolescente vínculos externos à instituição para fins de convivência familiar e comunitária e colaboração com o seu desenvolvimento nos aspectos social, moral, físico, cognitivo, educacional e financeiro. § 2º (Vetado). § 3º Pessoas jurídicas podem apadrinhar criança ou adolescente a fim de colaborar para o seu desenvolvimento. § 4º O perfil da criança ou do adolescente a ser apadrinhado será definido no âmbito de cada programa de apadrinhamento, com prioridade para crianças ou adolescentes com remota possibilidade de reinserção familiar ou colocação em família adotiva. § 5º Os programas ou serviços de apadrinhamento apoiados pela Justiça da Infância e da Juventude poderão ser executados por órgãos públicos ou por organizações da sociedade civil. § 6º Se ocorrer violação das regras de apadrinhamento, os responsáveis pelo programa e pelos serviços de acolhimento deverão imediatamente notificar a autoridade judiciária competente. (Modificações: Lei 13.509/17)

▲ Título II – Dos Direitos Fundamentais, Capítulo III – Do Direito à Convivência Familiar e Comunitária, Seção III – Da Família Substituta, Subseção IV – Da Adoção

▲ Art. 39. § 3º Em caso de conflito entre direitos e interesses do adotando e de outras pessoas, inclusive seus pais biológicos, devem prevalecer os direitos e os interesses do adotando. (Modificações: Lei 13.509/17)

▲ Art. 46. A adoção será precedida de estágio de convivência com a criança ou adolescente, pelo prazo máximo de 90 (noventa) dias, observadas a idade da criança ou adolescente e as peculiaridades do caso. (...). § 2º-A. O prazo máximo estabelecido no caput deste artigo pode ser prorrogado por até igual período, mediante decisão fundamentada da autoridade judiciária. § 3º Em caso de adoção por pessoa ou casal residente ou domiciliado fora do País, o estágio de convivência será de, no mínimo, 30 (trinta) dias e, no máximo, 45 (quarenta e cinco) dias, prorrogável por até igual período, uma única vez, mediante decisão fundamentada da autoridade judiciária. § 3º-A. Ao final do prazo previsto no § 3º deste artigo, deverá ser apresentado laudo fundamentado pela equipe mencionada no § 4º deste artigo, que recomendará ou não o deferimento da adoção à autoridade judiciária. § 5º O estágio de convivência será cumprido no território nacional, preferencialmente na comarca de residência da criança ou adolescente, ou, a critério do juiz, em cidade limítrofe, respeitada, em qualquer hipótese, a competência do juízo da comarca de residência da criança. (Modificações: Lei 13.509/17)

▲ Art. 47. § 10. O prazo máximo para conclusão da ação de adoção será de 120 (cento e vinte) dias, prorrogável uma única vez por igual período, mediante decisão fundamentada da autoridade judiciária. (Modificações: Lei 13.509/17)

▲ Art. 50. § 10. Consultados os cadastros e verificada a ausência de pretendentes habilitados residentes no País com perfil compatível e interesse manifesto pela adoção de criança ou adolescente inscrito nos cadastros existentes, será realizado o encaminhamento da criança ou adolescente à adoção internacional. (...). § 15. Será assegurada prioridade no cadastro a pessoas interessadas em adotar criança ou adolescente com deficiência, com doença crônica ou com necessidades específicas de saúde, além de grupo de irmãos. (Modificações: Lei 13.509/17)

▲ Art. 51. Considera-se adoção internacional aquela na qual o pretendente possui residência habitual em país-parte da Convenção de Haia, de 29 de maio de 1993, Relativa à Proteção das Crianças e à Cooperação em Matéria de Adoção Internacional, promulgada pelo Decreto no 3.087, de 21 junho de 1999, e deseja adotar criança em outro país-parte da Convenção. § 1º A adoção internacional de criança ou adolescente brasileiro ou domiciliado no Brasil somente terá lugar quando restar comprovado: I – que a colocação em família adotiva é a solução adequada ao caso concreto; II – que foram esgotadas todas as possibilidades de colocação da criança ou adolescente em família adotiva brasileira, com a comprovação, certificada nos autos, da inexistência de adotantes habilitados residentes no Brasil com perfil compatível com a criança ou adolescente, após consulta aos cadastros mencionados nesta Lei; (...). (Modificações: Lei 13.509/17)

✱ QUESTÕES OBJETIVAS

05. **(Cespe/DPE/PE/Defensor/2018)** A respeito do poder familiar dos pais, assinale a opção correta.

a) A condenação criminal do pai ou da mãe implica a destituição automática do poder familiar, especialmente no caso de condenação por crime doloso sujeito à pena de reclusão praticado contra o próprio filho ou filha.

b) O poder familiar será exercido apenas pelo pai, a quem compete prover o sustento e o bem-estar da família.

c) O fato de a mãe e o pai terem direitos iguais e deveres e responsabilidades compartilhados no cuidado e na educação da criança implica que apenas as crenças e culturas que lhes sejam comuns deverão ser transmitidas às crianças.

d) A perda do poder familiar poderá ser decretada pelo conselho tutelar do município no caso de descumprimento injustificado dos deveres de sustento, guarda e educação dos filhos.

e) A falta ou a carência de recursos materiais não constitui motivo suficiente para a perda ou a suspensão do poder familiar; nesse caso, a família deverá ser incluída em serviços e programas oficiais de proteção, apoio e promoção.

06. **(Cespe/DPE/PE/Defensor/2018)** Acerca dos institutos guarda, tutela e adoção, previstos no ECA, assinale a opção correta.

a) A morte dos adotantes restabelece o poder familiar dos pais naturais se estes ainda estiverem vivos e não lhes tiver sido destituído o poder familiar.

b) O tutor nomeado por testamento deverá, no prazo de trinta dias após a abertura da sucessão, registrar no cartório competente a sua anuência, sendo dispensada a análise judicial.

c) Em caso de adoção por pessoa ou casal residente fora do Brasil, o estágio de convivência cumprido no território nacional poderá ser dispensado, desde que comprovado o exercício de guarda de fato.

d) O deferimento da guarda de criança ou adolescente a terceiros impossibilita o exercício do direito de visita dos pais e extingue o dever de prestar alimentos.

e) Divorciados podem adotar conjuntamente, desde que haja acordo sobre a guarda e o regime de visitas e desde que o estágio de convivência tenha sido iniciado na constância do casamento e seja comprovada a existência de vínculos de afinidade e afetividade com aquele não detentor da guarda.

07. **(Cespe/DPE/AL/Defensor/2017)** Com referência às disposições do Estatuto da Criança e do Adolescente, assinale a opção correta:

a) Em se tratando de criança acolhida cuja paternidade não tenha sido definida, será ajuizada ação de investigação de paternidade pelo Ministério Público ainda que, após o não comparecimento ou a recusa do suposto pai em assumir a paternidade a ele atribuída, a criança seja encaminhada para adoção.

b) Falta e carência de recursos materiais constituem motivos suficientes para a perda ou a suspensão do poder familiar.

c) A condenação do pai ou da mãe, por crime doloso, à pena de reclusão implicará a destituição do poder familiar, independentemente de contra quem o crime tenha sido praticado.

d) Na colocação de criança indígena em família substituta é obrigatório considerar e respeitar seus costumes e tradições, independentemente de serem compatíveis ou não com os direitos fundamentais reconhecidos pela Constituição Federal.

e) Se uma criança estiver inserida em programa de acolhimento institucional, a sua situação deverá ser reavaliada, no máximo, a cada seis meses, devendo a autoridade judiciária competente, com base em relatório fundamentado, decidir pela possibilidade de reintegração familiar ou colocação em família substituta, nas modalidades de guarda, tutela, ou adoção.

08. **(Cespe/TJ/AM/Juiz/2016)** Com referência aos institutos da família natural e da família substituta, da guarda, da tutela e da adoção, assinale a opção correta:

a) O conceito de família natural abrange o de família extensa, como aquela formada pelos pais ou qualquer deles e seus descendentes, inclusive parentes próximos e vizinhos com os quais a criança ou adolescente conviva e mantenha vínculos de afinidade e afetividade.

b) A colocação em família substituta far-se-á mediante guarda, tutela ou adoção, após definida a situação jurídica da criança ou adolescente por meio de suspensão ou destituição do poder familiar, salvo quando ambos os genitores forem falecidos.

c) Os grupos de irmãos colocados sob adoção, tutela ou guarda terão de permanecer com a mesma família substituta, ressalvada a suspeita da existência de risco de abuso ou outra situação que justifique razoavelmente o rompimento definitivo dos vínculos fraternais.

d) O deferimento da guarda de criança ou adolescente em preparação para adoção não impede o exercício do direito de visitas pelos pais, assim como o dever de prestar alimentos, que serão objeto de regulamentação específica, a pedido do interessado ou do MP.

e) Entre outras exigências legais, criança ou adolescente indígenas ou provenientes de comunidade remanescente de quilombo encaminhados para adoção, tutela ou guarda devem prioritariamente ser colocados em família substituta de sua comunidade ou junto a membros da mesma etnia.

09. **(Cespe/TJ/DFT/Juiz/2016)** Considerando que a colocação em família substituta far-se-á mediante guarda, tutela ou adoção, assinale a opção correta:

a) A ação de guarda proposta por um dos genitores pode ser decidida em favor do outro genitor, desde que formulado pedido reconvencional.

b) A colocação em família substituta admite a transferência de criança ou adolescente a terceiro, desde que o fato seja comunicado ao Juízo da Infância no prazo de vinte e quatro horas, para a regularização respectiva.

c) A adoção é ato personalíssimo. Admite-se, entretanto, a adoção por procuração quando o adotante estiver em local diverso.

d) Em caso de adoção póstuma, nuncupativa ou "post mortem", considera-se definitivamente materializado o parentesco civil desde o trânsito em julgado da sentença proferida, produzindo, a partir de então, todos os seus efeitos.

e) Aquele que for nomeado tutor por ato de última vontade firmado pelos pais do pupilo deverá, no prazo de trinta dias contado da abertura da sucessão, ingressar com pedido destinado ao controle judicial do ato.

10. **(Cespe/DPE/RN/Defensor/2015)** Assinale a opção correta com referência a família substituta e adoção:

a) De acordo com o ECA, a condenação do pai ou da mãe por crime constitui causa ensejadora da perda do poder familiar.

b) Segundo o STJ, no tocante ao ambiente em que se deve desenvolver o convívio familiar, em regra, não há primazia da família natural estendida em relação à família substituta.

c) O STJ, com base no princípio do interesse superior da criança e do adolescente, entende ser necessária a idade de doze anos para que o menor possa ser adotado por pessoa homoafetiva, pois é preciso que esse menor se manifeste previamente a respeito da pretensa adoção.

d) Como a adoção rompe o vínculo de parentesco com a família biológica da criança e do adolescente, é imprescindível que os pais biológicos concordem com a adoção, o que torna necessária a propositura de ação de destituição do poder familiar caso os pais biológicos do adotante sejam desconhecidos.

e) Apesar de a lei exigir o cadastro e a habilitação para a adoção, é possível que pessoas não cadastradas tenham preferência para a adoção de determinada criança ou adolescente, a exemplo do que ocorre no caso de adoção "intuitu personae".

11. **(Cespe/TJ/PB/Juiz/2015)** De acordo com as normas previstas no ECA sobre adoção e acolhimento familiar e institucional e com o entendimento do STJ a respeito desse tema, assinale a opção correta:

a) Em situações excepcionais e de urgência, visando preservar o vínculo familiar, as entidades que mantiverem programa de acolhimento institucional necessitarão de determinação da autoridade competente para efetuar acolhimento de crianças e adolescentes.

b) A adoção de pessoa maior e capaz pelo padrasto independe do consentimento do pai biológico, desde que estabelecido o vínculo afetivo entre adotante e adotando e existente manifestação livre de vontade de quem pretenda adotar e de quem possa ser adotado.

c) Em se tratando de infante fruto de inseminação artificial heteróloga, por doador desconhecido, realizada mediante planejamento de casal homossexual, o STJ tem entendido não ser possível a adoção unilateral da criança pela companheira da mãe biológica da adotanda.

d) A fim de impedir a perpetuação da chamada "adoção à brasileira", o STJ mitigou a aplicação do princípio do melhor interesse da criança e firmou entendimento de que a observância do cadastro de adotantes, ou seja, a preferência das pessoas cronologicamente cadastradas para adotar determinada criança, não contempla exceções.

e) A mãe ou o pai podem manter a convivência com a criança e o adolescente em situação de acolhimento institucional, por meio de visitas periódicas condicionadas à autorização judicial, após regular trâmite processual.

2.3. Do Direito à Educação, à Cultura, ao Esporte e ao Lazer

* QUESTÕES DISCURSIVAS

01. **(Cespe/DPE/AC/Defensor/2017)** Um casal paquistanês imigrou para o Brasil, trazendo seu filho Dinesh, de sete anos de idade. Chegando ao país, os pais do menino procuraram uma escola pública com o intuito de matriculá-lo na educação fundamental. Na escola, porém, foram informados da impossibilidade de admissão da criança, sob o argumento de que ela não é brasileira e de que os documentos escolares apresentados não estavam traduzidos para a língua portuguesa. Considerando a situação hipotética apresentada, elabore – à luz dos direitos da criança e do adolescente previstos no ECA e na Convenção sobre os Direitos da Criança – um texto dissertativo, respondendo, de forma fundamentada, aos questionamentos seguintes: (i) Os direitos de Dinesh estão amparados pelo ECA? (ii) Que medida(s) prevê o ECA para assegurar o direito de Dinesh à educação? (iii) Que dispositivo(s) dos instrumentos internacionais de direitos humanos, ratificados pelo Brasil, pode(m) ser invocado(s) para assegurar o direito de Dinesh à matrícula escolar?

3. DA PREVENÇÃO

* QUESTÕES OBJETIVAS

12. **(Cespe/DPE/RN/Defensor/2015)** No que concerne à prevenção de ameaça ou violação dos direitos da criança e do adolescente e à política de atendimento desses direitos, assinale a opção correta:

a) As ações previstas no ECA como parte da política especializada de promoção dos direitos humanos de crianças e adolescentes têm natureza de recomendação dirigida ao poder público e não de comando normativo de execução obrigatória.

b) A DP deve participar da integração operacional voltada à agilização do atendimento inicial do adolescente a quem se atribua autoria de ato infracional, mas, segundo a doutrina, sua atuação não se estende ao processo de execução de medida socioeducativa eventualmente aplicada.

c) As entidades de atendimento devem inscrever seus programas socioeducativos e de proteção destinados a crianças e adolescentes nos conselhos tutelares, que são os órgãos controladores das ações que integram a política brasileira de atendimento infantojuvenil.

d) No caso de publicações, cabe ao editor responsável verificar se revistas que contenham material impróprio para crianças e adolescentes estão embaladas com lacre opaco e com advertência quanto a seu conteúdo, sob pena de pagamento de multa, sem prejuízo da apreensão da revista.

e) De acordo com o ECA, é dispensável a autorização judicial para viagem ao exterior nos casos em que o responsável tiver a guarda ou a tutela provisória da criança ou adolescente em cuja companhia pretenda deixar o país.

13. **(Cespe/TJ/DFT/Juiz/2015)** Cada uma das próximas opções apresenta uma situação hipotética que envolve crianças e adolescentes. Assinale a opção que apresenta situação em que os direitos das crianças e dos adolescentes estão sendo respeitados, conforme previsto no ECA:

a) Diana, de dezessete anos de idade, viajou desacompanhada para São Paulo. Na pousada em que havia feito reserva, os atendentes ligaram para os pais de Diana para saber se eles autorizariam a hospedagem da adolescente. O check-in foi feito após o consentimento dado pelo telefone.

b) Mariana, devido ao fato de ter nascido durante o período em que sua mãe cumpria pena restritiva de liberdade em estabelecimento prisional, não pôde ser amamentada por sua genitora e, devido à impossibilidade de conviver com a mãe, foi entregue, após o nascimento, aos seus tios, que a mantiveram sob sua guarda até que a mãe cumprisse a reprimenda e recuperasse a liberdade.

c) João Pedro, de treze anos de idade, analfabeto, mudou-se do Paraná para Brasília juntamente com sua família. Em Brasília, sua mãe tentou matriculá-lo em uma escola e foi informada pela direção do estabelecimento que, devido ao fato de o ano letivo estar em curso, a matrícula do adolescente não poderia ser realizada. Diante do ocorrido, a mãe procurou auxílio em um posto de assistência social e o adolescente foi inserido em estágio não remunerado em empresa que ofertava curso de alfabetização.

d) Paula, de doze anos de idade, residente em Brasília, após ter decidido visitar sua madrinha em Fortaleza, viajou desacompanhada em companhia aérea que permitiu o seu embarque independentemente da autorização dos pais.

e) Marcos, de onze anos de idade, foi a uma banca de revistas próxima a sua residência e o dono do estabelecimento permitiu que ele folheasse todas as revistas, inclusive aquelas que continham fotografias pornográficas.

14. **(Cespe/PC/GO/Agente/2016)** Alice, de dez anos de idade, moradora de Goiânia/GO, irá viajar para Salvador/BA e, posteriormente, para o exterior. Nessa situação hipotética, conforme a Lei n. 8.069/1990, se estiver acompanhada de um:

a) dos pais, Alice precisará de autorização judicial para viajar para Salvador/BA e para o exterior.

b) tio que apresente documento comprovando o parentesco, Alice não precisará de autorização judicial para viajar para Salvador/BA.

c) irmão maior de dezoito anos que apresente documento comprovando o parentesco, Alice não precisará de qualquer tipo de autorização para viajar para o exterior.

d) primo adolescente, Alice poderá viajar para Salvador/BA, independentemente de qualquer tipo de autorização.

e) dos pais, Alice não precisará de qualquer tipo de autorização para viajar para o exterior.

4. DA POLÍTICA DE ATENDIMENTO

✱ QUESTÕES DISCURSIVAS

02. **(Cespe/DPE/AC/Defensor/2017)** Uma jovem de vinte anos de idade, mãe de dois filhos, ao ser internada para dar à luz o terceiro filho, comentou com a equipe médica que não dispunha de condições de educar a criança sozinha, razão pela qual estava pensando em colocá-la para a adoção, embora uma amiga advogada, nos últimos dias, tenha se comprometido a ajudá-la. A criança nasceu com a saúde perfeita, porém, em razão do relato, a equipe de serviço social do hospital foi acionada e declarou alta social suspensa da criança. Requisitado, o conselho tutelar compareceu ao hospital e, alegando a suspeita de que a amiga da mãe pudesse burlar as regras de adoção para ficar com a recém-nascida, institucionalizou-a. A instituição de acolhimento recebeu a criança e, com base em recomendação do conselho tutelar, não permitiu visitas da mãe, que, desesperada, buscou auxílio da Defensoria Pública. Considerando essa situação hipotética, discorra sobre a conduta da equipe de serviço social do hospital, do conselho tutelar e da instituição de acolhimento sob a perspectiva dos direitos da criança e do adolescente, previstos no Estatuto da Criança e do Adolescente (ECA). Em seu texto, aborde os seguintes aspectos: (i) cabimento da referida adoção de medida de acolhimento institucional efetivada pela equipe de serviço social do hospital e pelo conselho tutelar; (ii) legalidade do modo de ação na adoção da referida medida de acolhimento institucional pela instituição de acolhimento; (iii) procedimento legal a ser observado pela instituição de acolhimento em decorrência da admissão da criança sem prévia determinação de autoridade competente.

✱ QUESTÕES OBJETIVAS

15. **(Cespe/DPE/PE/Defensor/2018)** As linhas de ação da política de atendimento prevista no Estatuto da Criança e do Adolescente (ECA) incluem a

a) elaboração de banco de dados nacional com as informações necessárias à localização de crianças desaparecidas em substituição ao boletim de ocorrência feito nas delegacias de polícia.

b) proteção jurídica das entidades de defesa dos direitos da criança e do adolescente.

c) realização de campanhas de estímulo ao acolhimento, sob forma de adoção, de crianças e adolescentes temporariamente afastados do convívio familiar.

d) implementação de políticas sociais especiais que visem à satisfação das necessidades e dos anseios de crianças e adolescentes.

e) criação de projetos e benefícios de assistência social que garantam proteção social, prevenção e redução de violações de direitos.

16. **(Cespe/DPE/RN/Defensor/2015)** No que se refere às medidas específicas de proteção da criança e do adolescente, assinale a opção correta:

a) É improrrogável o prazo estabelecido pela legislação em vigor para a permanência da criança ou do adolescente em programa de acolhimento institucional.

b) Em regra, é da competência exclusiva da autoridade judiciária a colocação de criança ou adolescente em programa de acolhimento familiar ou em família substituta mediante a concessão de guarda, tutela ou adoção.

c) A medida de acolhimento institucional pode ser utilizada como punição aplicada a adolescente em conflito com a lei, hipótese em que se assemelha à medida socioeducativa de internação.

d) Na hipótese de ameaça ou violação de direitos, o ECA estabeleceu, em rol taxativo, as medidas específicas de proteção que podem ser aplicadas pela autoridade competente.

e) Ao contrário do acolhimento institucional, a provisoriedade não configura critério a ser observado no tocante à medida de acolhimento familiar.

17. **(Cespe/DPE/RN/Defensor/2015)** Assinale a opção correta a respeito do papel da DP no contexto do sistema de garantia e proteção dos direitos individuais e coletivos da criança e do adolescente:

a) A presença da DP entre os órgãos que compõem a integração operacional prevista no ECA justifica-se quando se tratar de atendimento inicial a adolescente a quem se atribua a autoria de ato infracional, mas não no atendimento de adolescentes inseridos em programa de acolhimento familiar.

b) É exclusiva da DP a legitimidade para ajuizar ação de alimentos em proveito de criança ou adolescente nas situações de risco descritas no ECA.

c) Segundo o STJ, não é cabível a nomeação de curador especial em processo de acolhimento institucional no âmbito do qual a criança figure como mera destinatária da decisão judicial e não como parte.

d) Conforme entendimento do STJ, o prazo para interposição de recurso pela DP começa a fluir na data da audiência em que for proferida a sentença, caso presente o DP, e não da remessa dos autos com vista ou com a entrada destes na instituição.

e) De acordo com o STJ, é da competência da vara da fazenda pública o julgamento de ação ajuizada pela DP visando à obtenção de medicamentos a menor, quando este estiver devidamente representado pelos pais.

18. **(Cespe/DPE/RN/Defensor/2015)** Com referência à execução de medidas socioeducativas impostas a crianças e adolescentes, assinale a opção correta:

a) É vedada a aplicação do sistema recursal previsto no CPC nos procedimentos relativos à execução de medidas socioeducativas.

b) Na fase de execução é vedada, segundo o entendimento do STJ, a substituição de medida socioeducativa aplicada ao adolescente.

c) O encaminhamento a tratamento psiquiátrico não figura entre as medidas às quais se sujeitam os agentes públicos executores de medidas socioeducativas que utilizarem, como forma de disciplina, tratamento degradante à criança ou ao adolescente.

d) O denominado plano individual de atendimento pode ser objeto de impugnação pelo DP ou pelo MP, porém sua execução não será suspensa, salvo determinação judicial em contrário.

e) A execução de programas socioeducativos destinados às crianças e adolescentes em regime de orientação e apoio sociofamiliar não se insere entre as responsabilidades das entidades de atendimento.

5. DAS MEDIDAS DE PROTEÇÃO

✱ INOVAÇÕES LEGISLATIVAS

▲ Parte Especial, Título II – Das Medidas de Proteção, Capítulo II – Das Medidas Específicas de Proteção (arts. 99 a 102)

▲ Art. 100. Parágrafo único. São também princípios que regem a aplicação das medidas: (...). X – prevalência da família: na promoção de direitos e na proteção da criança e do adolescente deve ser dada prevalência às medidas que os mantenham ou reintegrem na sua família natural ou extensa ou, se isso não for possível, que promovam a sua integração em família adotiva; (Modificações: Lei 13.509/17)

▲ Art. 101. § 10. Recebido o relatório, o Ministério Público terá o prazo de 15 (quinze) dias para o ingresso com a ação de destituição do poder familiar, salvo se entender necessária a realização de estudos complementares ou de outras providências indispensáveis ao ajuizamento da demanda. (Modificações: Lei 13.509/17)

* QUESTÕES OBJETIVAS

19. **(Cespe/DPE/PE/Defensor/2018)** No caso de criança de seis anos de idade ser encontrada sozinha na rua, a primeira medida específica de proteção a ser aplicada pelo conselho tutelar será

a) o encaminhamento da criança a entidade que mantenha programa de acolhimento institucional, em decorrência natural da caracterização do abandono.

b) a inclusão da criança em serviço e programa oficial ou comunitário de proteção, apoio e promoção da família e da criança.

c) a orientação, o apoio e o acompanhamento temporários.

d) a inclusão em programa de acolhimento familiar.

e) o encaminhamento da criança aos pais ou ao responsável, mediante termo de responsabilidade.

20. **(Cespe/INSS/Analista/2016)** O acolhimento familiar configura medida de proteção de caráter definitivo da criança e do adolescente.

21. **(Cespe/TJ/AM/Juiz/2016)** O conselho tutelar determinou à autoridade municipal competente a medida de proteção consistente em matrícula e frequência obrigatórias em estabelecimento oficial de ensino fundamental para criança com seis anos de idade. Acerca dessa situação hipotética e de aspectos relativos à atuação e às competências do conselho tutelar, assinale a opção correta:

a) Na situação em tela, uma vez documentada a violação de direitos da criança, a decisão do conselho tutelar prescindiria da oitiva da criança e dos pais.

b) Caso, na hipótese dada, se tratasse de pais moradores de rua, a medida mais adequada para a criança seria a de internação em estabelecimento educacional.

c) Na hipótese considerada, a autoridade municipal poderá deixar de cumprir a determinação, uma vez que não há previsão legal de garantia de oferta, pelo município, de educação formal para crianças com até seis anos de idade.

d) Não há possibilidade legal de os pais da criança em questão se oporem à decisão do conselho tutelar sob o fundamento de liberdade de consciência.

e) A decisão do conselho tutelar, na situação em apreço, somente poderá ser revista pela autoridade judiciária a pedido de quem tenha legítimo interesse.

22. **(Cespe/PC/GO/Agente/2016)** Com base na Lei n. 8.069/1990, assinale a opção que apresenta medida passível de aplicação por autoridade competente tanto a criança quanto a adolescente que cometa ato infracional:

a) prestação de serviços à comunidade.

b) internação em estabelecimento educacional.

c) requisição de tratamento psicológico.

d) inserção em regime de semiliberdade.

e) liberdade assistida.

23. **(Cespe/DPE/AL/Defensor/2017)** Por volta das vinte horas de determinado dia, policiais militares encontraram uma criança indígena de nove anos de idade dormindo no banco da praça da cidade, sozinha e desacompanhada. Os policiais foram orientados pelo comando da guarnição a levar a criança a uma instituição de acolhimento da cidade. Considerando essa situação hipotética, assinale a opção correta de acordo com as normas do Estatuto da Criança e do Adolescente:

a) Mesmo diante da possibilidade de reintegração da criança à família de origem, a entidade acolhedora deverá enviar relatório fundamentado ao Ministério Público recomendando a destituição do poder familiar, como medida de punição pelo abandono da criança.

b) Eventual acolhimento familiar ou institucional deverá ocorrer em local próximo à residência dos pais ou do responsável, como parte do processo de reintegração familiar, mas o contato familiar com a criança será facilitado e estimulado somente depois de a família de origem ter passado por programas obrigatórios oficiais de orientação, de apoio e de promoção social.

c) Se a entidade para onde foi encaminhada a criança mantiver programa de acolhimento institucional, ela, em caráter excepcional e de urgência, poderá acolher a criança sem prévia determinação da autoridade competente, devendo a comunicação do fato ser feita em até vinte e quatro horas ao juiz da infância e da juventude, sob pena de responsabilidade.

d) O fato de ter sido encontrada na rua e desacompanhada enseja o afastamento da criança do convívio familiar, que pode ser determinado pelo conselho tutelar, que detém competência exclusiva para tal, e importa também na deflagração, a pedido do Ministério Público, de procedimento administrativo no qual se garanta aos pais ou ao responsável legal o exercício do contraditório e da ampla defesa.

e) A entidade que acolheu a criança deverá elaborar, imediatamente, um plano individual de atendimento com o objetivo de colocá-la em uma família substituta, a menos que haja ordem escrita e fundamentada em contrário de autoridade judiciária competente.

6. DA PRÁTICA DE ATO INFRACIONAL

6.1. Disposições Gerais

*** SÚMULAS**

STJ Súm. 605. A superveniência da maioridade penal não interfere na apuração de ato infracional nem na aplicabilidade de medida socioeducativa em curso, inclusive na liberdade assistida, enquanto não atingida a idade de 21 anos.

*** QUESTÕES OBJETIVAS**

24. (Cespe/DPE/AC/Defensor/2017) João, aos dezessete anos de idade, foi apreendido em flagrante de ato infracional descrito como crime de homicídio, razão pela qual lhe foi aplicada medida de internação provisória e, depois, medida socioeducativa de internação em estabelecimento educacional. Ambas as medidas devem ser reavaliadas, no máximo, a cada seis meses. Nessa situação hipotética:

a) a internação, antes da sentença, pode ser determinada pelo prazo máximo de quarenta e cinco dias, contados a partir da data da decisão judicial e, no caso de liberação e posterior renovação da internação provisória, será iniciada nova contagem por igual período.

b) a realização da entrevista pessoal feita pela defesa técnica com o socioeducando para o exercício das suas garantias individuais e processuais será assegurada apenas durante o processo de execução das medidas socioeducativas privativas de liberdade.

c) para a reavaliação da medida aplicada, a autoridade judiciária poderá designar audiência, sendo a gravidade do ato infracional fator que isoladamente justifica a não substituição da medida por outra menos grave.

d) o prazo para a reavaliação das medidas aplicadas deve ser contado a partir da data da apreensão de João, podendo a reavaliação ser processada logo após o recebimento do relatório enviado pela unidade de internação, independentemente do escoamento do prazo.

e) a autoridade judiciária não poderá determinar reinício de cumprimento de medida socioeducativa, mesmo na hipótese de a medida ter sido aplicada por ato infracional praticado durante a execução.

6.2. Das Garantias Processuais

*** SÚMULAS**

STJ Súm. 265. É necessária a oitiva do menor infrator antes de decretar-se a regressão da medida socioeducativa.

STJ Súm. 342. No procedimento para aplicação de medida socioeducativa, é nula a desistência de outras provas em face da confissão do adolescente.

6.3. Das Medidas Socioeducativas

*** SÚMULAS**

STJ Súm. 108. A aplicação de medidas socioeducativas ao adolescente, pela prática de ato infracional, é da competência exclusiva do juiz.

STJ Súm. 338. A prescrição penal é aplicável nas medidas socioeducativas.

STJ Súm. 492. O ato infracional análogo ao tráfico de drogas, por si só, não conduz obrigatoriamente à imposição de medida socioeducativa de internação do adolescente.

*** REPERCUSSÃO & REPETITIVOS**

STJ Repetitivo 992. A superveniência da maioridade penal não interfere na apuração de ato infracional nem na aplicabilidade de medida socioeducativa em curso, inclusive na liberdade assistida, enquanto não atingida a idade de 21 anos. (RESp 1705149, 26.3.2018)

*** QUESTÕES DISCURSIVAS**

03. (Cespe/DP/DF/Defensor/2013) O Ministério Público ofereceu representação contra R.

F., adolescente de dezessete anos de idade, preso em flagrante por suposta prática de ato infracional equiparado ao delito de receptação. Durante a audiência de apresentação do adolescente perante a vara da infância e juventude, a juíza ordenou que o adolescente permanecesse algemado, em razão do reduzido número de policiais militares no fórum, a despeito do pedido da Defensoria Pública para que fossem retiradas as algemas, fundado no fato de o adolescente não representar perigo ao desenvolvimento dos trabalhos. Após decidir receber a representação contra R. F. e designar audiência de instrução e julgamento, a juíza manteve a custódia cautelar do adolescente sob o argumento de que o ato infracional era grave e que a medida visava resguardar a segurança pública e a do próprio adolescente infrator. Aduziu, ainda, que o adolescente já havia sido acusado de ter praticado ato infracional análogo ao tráfico de entorpecentes, apesar de não ter havido representação contra ele por esse motivo. Com base nessa situação hipotética, responda, de forma justificada, às seguintes indagações: (i) foi lícita a manutenção do adolescente algemado durante a audiência em razão do argumento utilizado pela juíza? (ii) foi lícita a manutenção da internação cautelar de R.F.?

04. **(Cespe/DPE/RN/Defensor/2015)** Menor de idade foi apreendido em flagrante por ter praticado ato infracional equiparado ao crime de tráfico ilícito de drogas e associação para o tráfico. A autoridade judiciária determinou, na sentença, a aplicação da medida socioeducativa de internação, mediante prova de que o menor, que fizera do tráfico seu meio de vida, estaria associado à cúpula de perigosa facção criminosa, além de já ter descumprido três medidas socioeducativas de liberdade assistida em condenações que envolveram atos infracionais da mesma natureza. A Defensoria Pública (DP) impugnou a decisão, com base em jurisprudência do STJ, destacando a ilegalidade da medida imposta. Considerando essa situação hipotética, disserte sobre a (i)legalidade da medida socioeducativa de internação aplicada ao menor, posicionando-se, conclusivamente, sobre a procedência da impugnação apresentada pela DP. Fundamente sua resposta com base no ECA e na jurisprudência do STJ.

✱ QUESTÕES OBJETIVAS

25. **(Cespe/DPE/AC/Defensor/2017)** Durante inspeção da entidade de execução de medida socioeducativa de internação em estabelecimento educacional, foi apurado que a instituição inspecionada não propicia escolarização e profissionalização. Nessa situação hipotética, a instituição poderá ser penalizada com:

a) afastamento provisório de seus dirigentes, apenas no caso de entidade não governamental.
b) suspensão total ou parcial do repasse de verbas públicas, no caso de entidade governamental.
c) afastamento definitivo de seus dirigentes, no caso de entidade não governamental.
d) fechamento da unidade ou interdição do programa, no caso de entidade governamental.
e) advertência, apenas no caso de entidade não governamental.

26. **(Cespe/DPU/Defensor/2015)** Gerson, com vinte e um anos de idade, e Gilson, com dezesseis anos de idade, foram presos em flagrante pela prática de crime. Após regular tramitação de processo nos juízos competentes, Gerson foi condenado pela prática de extorsão mediante sequestro e Gilson, por cometimento de infração análoga a esse crime. Gilson poderá ser submetido a medidas socioeducativas de meio aberto, como, por exemplo, prestação de serviços à comunidade pelo prazo máximo de doze meses, liberdade assistida por, no mínimo, um mês, ou a regime de semiliberdade.

27. **(Cespe/DPE/PE/Defensor/2018)** Ao adolescente que pratica ato infracional, a autoridade competente poderá aplicar as medidas de

a) reparação do dano com a prestação de serviços, liberdade condicional e acolhimento institucional.
b) internação em estabelecimento educacional, obrigação de reparar o dano e advertência.
c) advertência, obrigação de reparação do dano e prestação de serviços à vítima, se houver.
d) liberdade assistida, inserção em regime prisional e internação em estabelecimento médico-psiquiátrico.
e) obrigação de reparação pecuniária do dano, inserção em regime prisional e advertência.

28. **(Cespe/PC/MA/Delegado/2018)** Com relação aos dispositivos do Estatuto da Criança e do Adolescente que disciplinam a aplicação das medidas socioeducativas, assinale a opção correta.

a) A remição pré-processual concedida pelo MP poderá ser cumulada com medida socioeducativa de semiliberdade.

b) A medida socioeducativa de liberdade assistida terá como prazo máximo de duração a pena mínima estabelecida para o tipo penal praticado.

c) O início do cumprimento de qualquer medida socioeducativa pelo autor de ato infracional somente ocorrerá quando este ainda não tiver completado dezoito anos de idade.

d) A medida de internação provisória determinada cautelarmente terá duração máxima de quarenta e cinco dias, prorrogável, por duas vezes, por igual período.

e) A medida de internação definitiva não comporta prazo determinado, mas, em nenhuma hipótese, excederá a três anos.

29. **(Cespe/TRT/8R/Analista/2016)** Assinale a opção correta acerca da interpretação da Lei n. 8.069/1990 (Estatuto da Criança e do Adolescente), com fundamento na jurisprudência dos tribunais superiores:

a) A confissão do menor admitindo a prática do ato infracional deve, necessariamente, reduzir o rigor da medida socioeducativa a ser imposta, pois a confissão sempre atenua a pena.

b) A produção de outras provas pode ser dispensada caso o menor admita a prática do ato infracional que lhe foi imputado.

c) O ato infracional análogo ao porte de entorpecente para fins de tráfico, não obstante sua ofensividade social, não implica, necessariamente, a medida socioeducativa de internação do menor.

d) A corrupção de menor é crime material, que exige obrigatoriamente a produção do resultado danoso, razão pela qual esse delito não se configura quando o menor já tenha sido anteriormente corrompido.

e) O parecer psicossocial elaborado por especialistas tem caráter vinculativo e é determinante para que o juiz imponha ao menor a medida socioeducativa mais adequada a ser aplicada no caso concreto.

30. **(Cespe/DPE/PE/Defensor/2015)** Após a regular instrução probatória, ficou devidamente comprovado que Jardel, adolescente de quinze anos de idade, vendeu, na porta de sua escola, maconha e crack para diversos colegas. Assim, o MP requereu a procedência da representação apresentada e a fixação da medida socioeducativa de internação. Ficou certificado nos autos que Jardel não possuía qualquer outro registro judicial ou policial. Nessa situação, agiu corretamente o promotor de justiça, uma vez que o ato infracional análogo ao crime de tráfico de drogas é gravíssimo e equiparado a crime hediondo.

31. **(Cespe/DPE/PE/Defensor/2015)** Alberto, adolescente condenado a cumprir medida socioeducativa de internação, diante da inexistência de estabelecimento apropriado na cidade de residência de seus pais, foi custodiado em unidade distante, em razão da superlotação da unidade mais próxima. Nessa situação, houve violação ao direito absoluto do adolescente previsto no ECA: Alberto deveria ter sido enviado para a localidade mais próxima do domicílio dos seus pais, mesmo que a unidade de custódia estivesse superlotada.

32. **(Cespe/PC/GO/Delegado/2017)** Com base no disposto no ECA, assinale a opção correta:

a) Cabe à autoridade judiciária ou policial competente a aplicação das medidas específicas de proteção relacionadas no ECA, mediante prévia notificação do conselho tutelar.

b) É cabível a aplicação de medida socioeducativa de internação ao penalmente imputável com idade entre dezoito e vinte e um anos e que era menor à época da prática do ato infracional.

c) Não há prazo mínimo para o cumprimento da liberdade assistida fixada pelo ECA, sendo o limite fixado de acordo com a gravidade do ato infracional e as circunstâncias de vida do adolescente.

d) O crime de corrupção de menores se consuma quando o infrator pratica infração penal com o menor ou o induz a praticá-la, sendo imprescindível, para sua configuração, a prova da efetiva corrupção do menor.

e) O ECA prevê expressamente os prazos de prescrição das medidas socioeducativas.

* QUESTÕES OBJETIVAS

33. **(Cespe/DPE/AC/Defensor/2017)** Em determinado dia (dia X), foi registrado flagrante relativo ao cometimento de condutas tidas por criminosas por: André, com dez anos de idade, Bruna, com treze anos de idade, Carla, com dezessete anos de idade, e Diego, com dezoito anos de idade completados no referido dia. Considerando as informações apresentadas no texto, assinale a opção correta:

a) André e Bruna têm direito à proteção especial constitucional, mas Bruna pode trabalhar na condição de aprendiz.

b) André, Bruna e Carla podem ser submetidos a procedimento de apuração de ato infracional.

c) O princípio da excepcionalidade deverá ser observado caso seja aplicada medida privativa da liberdade a Bruna e a Carla.

d) No atendimento aos direitos de André, Bruna e Carla, as ações governamentais devem basear-se na diretriz de participação direta da população no controle das ações.

e) A todos os indivíduos em questão é proibido, por força constitucional, o trabalho noturno, perigoso ou insalubre.

6.4. Da Remissão

✱ QUESTÕES OBJETIVAS

34. **(Cespe/DPE/PE/Defensor/2015)** O MP requereu ao juiz a homologação de remissão cumulada com medida socioeducativa de semiliberdade a adolescente supostamente infrator, diante da expressa aceitação do jovem e de seus pais. Antes de decidir, o juiz, verificando que o adolescente não havia constituído advogado, abriu vista à DP. Nessa situação, o defensor público deverá requerer ao juiz o indeferimento da homologação, já que o MP somente pode cumular medidas não privativas de liberdade à remissão.

35. **(Cespe/TJ/PB/Juiz/2015)** Marcos, adolescente com quinze anos de idade, foi flagrado em local público, vendendo maconha a dois adultos. Em razão disso, foi apresentada representação pela prática de ato infracional análogo ao crime de tráfico de entorpecentes, decretando-se sua internação provisória. Após a instrução probatória, a autoria e a materialidade do fato foram provadas, inclusive por meio de confissão, e certificou-se nos autos que era o primeiro ato infracional supostamente cometido por Marcos. Considerando as normas previstas no ECA sobre ato infracional, as garantias processuais e medidas socioeducativas, e o entendimento do STJ, assinale a opção correta acerca da situação hipotética descrita e de aspectos a ela correlatos:

a) Diante da gravidade do ato infracional supostamente cometido por Marcos, o juiz poderá aplicar-lhe a medida socioeducativa de internação mediante decisão devidamente motivada.

b) Conforme entendimento do STJ, a oitiva informal do adolescente é pressuposto para o oferecimento da representação, pois serve para auxiliar o representante do MP a decidir sobre a necessidade de representação para aplicação de medida socioeducativa.

c) Em razão da gravidade do ato infracional supostamente cometido por Marcos, a internação provisória deste poderá exceder o prazo de quarenta e cinco dias, respeitado o limite máximo de noventa dias.

d) Conforme entendimento do STJ, o magistrado poderá conceder remissão cumulada com as medidas de caráter sociopedagógico que julgar necessárias para orientação e reeducação do adolescente, salvo nas hipóteses em que a medida socioeducativa for de semiliberdade e internação.

e) Diante da confissão do adolescente em instrução processual que apure a suposta prática de crime previsto no ECA, é possível à defesa desistir da oitiva de testemunhas.

36. **(Cespe/TJ/DFT/Juiz/2015)** De acordo com as disposições do ECA, assinale a opção correta a respeito da responsabilização das crianças e dos adolescentes em razão do cometimento de atos infracionais:

a) Compete ao MP conceder a remissão como forma de exclusão do processo; no entanto, se não concordar com a remissão, o juiz deverá remeter os autos ao procurador-geral de justiça.

b) No caso de ato infracional de natureza leve, será aplicada medida de proteção substitutiva às medidas socioeducativas, razão por que a representação para o início do procedimento de apuração poderá ser feita pelo conselho tutelar.

c) Para efeito de processamento do ato infracional, a criança ou o adolescente, ainda que tenha sido civilmente identificado, deverá ser submetido a identificação especial.

d) As crianças com deficiência não podem ser responsabilizadas pelo cometimento de atos infracionais, sendo possível aplicar-lhes medidas de proteção em substituição a medidas socioeducativas.

e) A medida socioeducativa de internação comporta prazo determinado não superior a três anos, devendo o juiz considerar, na sentença, o fato de ter havido, ou não, reiteração no cometimento de infrações graves.

37. **(Cespe/DPE/AC/Defensor/2017)** No tocante ao ECA, com base no entendimento dos tribunais superiores, assinale a opção correta:

a) A participação de menores de idade em qualquer conduta criminosa é suficiente para autorizar a condenação, pela prática do crime de corrupção de menores de idade, dos agentes capazes envolvidos no mesmo ato.

b) Admite-se cumular a remissão concedida pelo parquet na fase pré-processual, como forma de exclusão do processo, com a aplicação de medida socioeducativa de liberdade assistida.

c) A medida de internação aplicada aos casos de ato infracional cometido mediante grave ameaça ou violência à pessoa depende da prática de, pelo menos, três infrações graves.

d) Na apuração de ato infracional cometido por adolescente, caso seja imposta medida socioeducativa, o juiz deverá observar as circunstâncias atenuantes e agravantes previstas no CP.

e) Não é admitido, na apuração de ato infracional equiparado a crime contra o patrimônio, o benefício da escusa absolutória prevista no CP.

7. DAS MEDIDAS PERTINENTES AOS PAIS OU RESPONSÁVEL

* QUESTÕES OBJETIVAS

38. **(Cespe/DPE/PE/Defensor/2018)** A respeito da aplicação de medidas ao pai, à mãe ou ao responsável conforme o ECA, assinale a opção correta.

a) Medida mais gravosa, como a perda de guarda, não se aplica em caso de a criança ser reprovada na escola por excesso de faltas, mesmo que a reprovação decorra da falta de acompanhamento adequado de seu responsável.

b) É facultativa a inclusão de pai alcoólatra que, por vezes, seja agressivo ou violento com a criança em programa oficial de tratamento desde que a criança seja encaminhada a programa especial de atendimento a vítimas de violência doméstica.

c) Estando a submissão ou não a tratamento de saúde no âmbito da liberalidade familiar, não é possível a aplicação de medidas a mãe que, por mera desídia, não leva seu filho portador de HIV às consultas programadas.

d) Na hipótese de um adolescente que tenha pais vivos, mas viva com os avós paternos, se encontrar em situação de risco por falta de cumprimento de obrigações a ele relativas, caberá a aplicação de advertência aos genitores, mas não aos avós.

e) Se uma criança em idade escolar estiver fora da escola, o pai, a mãe ou o responsável deverá ser obrigado a matriculá-la, bem como a acompanhar a frequência e o aproveitamento escolar.

8. DO CONSELHO TUTELAR

* QUESTÕES OBJETIVAS

39. **(Cespe/DPE/PE/Defensor/2018)** A respeito do conselho tutelar, assinale a opção correta.

a) O exercício efetivo da função de conselheiro tutelar constitui serviço público relevante e presume idoneidade moral.

b) Em cada comarca haverá, no mínimo, um conselho tutelar como órgão integrante do Poder Judiciário estadual.

c) O candidato a membro do conselho tutelar deve ser pessoa idônea, com idade mínima de dezoito anos completos, e residir na sede da comarca.

d) Lei estadual disporá sobre o local, o dia e o horário de funcionamento do conselho tutelar.

e) Ao tribunal de justiça local caberá encaminhar ao Poder Executivo proposta orçamentária anual com previsão dos recursos necessários ao funcionamento do conselho tutelar.

40. **(Cespe/INSS/Analista/2016)** Conforme o ECA, figura entre as atribuições do Conselho Tutelar promover a execução de suas decisões, podendo ele, para tanto, requisitar serviço público na área de previdência.

41. **(Cespe/DPE/PE/Defensor/2015)** Caso uma criança recém-nascida seja encontrada na rua, caberá ao conselho tutelar encaminhá-la a pessoa da família extensa, mediante termo de responsabilidade, ou determinar sua inclusão em programa de acolhimento familiar.

42. **(Cespe/DPE/RN/Defensor/2015)** Em relação a conselho tutelar, assinale a opção correta:

a) Se constatar que um professor de pré-escola teve ciência de maus-tratos contra criança e não comunicou o fato à autoridade competente, o conselho tutelar poderá iniciar procedimento destinado a impor penalidade administrativa.

b) O conselho tutelar não tem competência para aplicar medida de advertência a pais que, a pretexto de corrigir ou educar uma criança, utilizarem castigo físico.

c) Segundo o ECA, cabe ao conselho tutelar encaminhar ao MP informação a respeito do descumprimento injustificado de suas deliberações para que este faça uma representação à autoridade judiciária competente, para fins de execução das decisões do colegiado.

d) Sob o ponto de vista administrativo, o conselho tutelar é subordinado hierarquicamente a uma das secretarias integrantes do Poder Executivo local.

e) De acordo com o ECA, a escolha dos conselheiros tutelares deve ocorrer por eleição mediante voto indireto.

43. **(Cespe/TJ/DFT/Juiz/2015)** Lucas apresentou complicações respiratórias ao nascer e precisou ficar internado em unidade de terapia intensiva por alguns dias. Nazaré, mãe de Lucas, fugiu do hospital logo após o parto, mas, dois dias depois, retornou para visitá-lo e requereu a declaração de nascido vivo do recém-nascido para providenciar o registro de nascimento da criança. Na ocasião, ela estava acompanhada de Sebastião, que alegou ser o pai de Lucas, e os dois foram entrevistados pelo serviço social do hospital. Na entrevista, eles informaram que eram moradores de uma invasão próxima e que tinham outros dois filhos, de dois e quatro anos de idade, que viviam sob sua guarda e eram atendidos por creche não governamental. O casal, que chegou ao hospital em precárias condições de higiene, também aparentava estar sob o efeito de álcool e de drogas. Ao serem indagados sobre o estado em que se encontravam, os dois explicaram que trabalhavam como catadores de material reciclável e afirmaram que, embora estivessem embriagados, devido ao fato de terem resolvido comemorar o nascimento de seu filho, eles não eram usuários habituais de álcool. Ao ser questionada sobre o motivo de ter fugido do hospital após o parto, Nazaré respondeu que, quando seu segundo filho nasceu, ela ficou internada e não pôde cuidar do filho mais velho, que estava doente no período, e teve medo de que situação semelhante se repetisse. O serviço social do hospital elaborou relatório descrevendo esses fatos e o enviou ao juízo da infância e da juventude. A respeito dessa situação hipotética, assinale a opção correta à luz das disposições do ECA:

a) A atitude de Nazaré configura abandono de filho recém-nascido, fato que autoriza a imediata suspensão do poder familiar e o encaminhamento da criança para adoção.

b) O conselho tutelar deve ser acionado para acompanhar a situação da família de Lucas e, depois que todas as possibilidades de manutenção da criança na família estiverem esgotadas, caberá ao referido conselho representar ao MP.

c) Quando Lucas receber alta, o hospital deverá entregá-lo a abrigo de sua confiança, de modo que a criança possa continuar recebendo os cuidados médicos necessários.

d) A situação precária de vida de Nazaré e Sebastião viola os direitos dos filhos, os quais devem ser acolhidos em instituição durante o processo de perda do poder familiar e o posterior encaminhamento das crianças a família substituta.

e) Em razão das informações contidas no relatório encaminhado pela assistência social ao juízo da infância e da juventude, a declaração de nascimento da criança somente deverá ser entregue após prévia autorização do juiz prevento.

44. **(Cespe/DPE/AL/Defensor/2017)** Paula, que é juíza na vara da infância e juventude de determinado município e atua em parceria com o conselho tutelar, é casada com o tio de Maria, que pretende exercer a função de conselheira tutelar no município. Considerando essa situação hipotética, assinale a opção correta, de acordo com as normas do Estatuto da Criança e do Adolescente sobre impedimentos do conselheiro tutelar:

a) O Estatuto da Criança e do Adolescente veda a nomeação para o mesmo conselho tutelar de parente colateral por afinidade até o terceiro grau, aplicando-se a regra, portanto, a Paula e a Maria.

b) Prevalece o impedimento em relação a Maria, pois não há distinção entre parentes consanguíneos ou afins após o casamento civil, aplicando-se a regra, portanto, a Paula e a Maria.

c) A situação apresentada não constitui impedimento para Maria assumir o conselho tutelar, não havendo justa causa para a negativa de posse, mas apenas para o exercício da função em um mesmo atendimento que envolva Paula como juíza.

d) Há parentesco por afinidade entre Paula e Maria, o que configura impedimento legal previsto no Estatuto da Criança e do Adolescente.

e) O Estatuto da Criança e do Adolescente veda, tão somente, a nomeação para o mesmo conselho tutelar de tio e sobrinho, não se aplicando a regra ao parentesco entre Paula e Maria.

9. DO ACESSO À JUSTIÇA

9.1. Da Justiça da Infância e da Juventude

* SÚMULAS

STJ Súm. 383. A competência para processar e julgar as ações conexas de interesse de menor é, em princípio, do foro do domicílio do detentor de sua guarda.

* INFORMATIVOS DE JURISPRUDÊNCIA

Extinção de medida socioeducativa de liberdade assistida e prestação de serviço à comunidade. Decisão favorável ao menor infrator. Não unânime. Complementação de julgamento. Artigo 942 do CPC/15. Inaplicabilidade. Procedimento mais gravoso que o adotado no processo criminal. Afronta às normas protetivas que regem o ECA.

STJ É inaplicável a técnica de julgamento prevista no artigo 942 do NCPC nos procedimentos afetos à Justiça da Infância e da Juventude quando a decisão não unânime for favorável ao adolescente. REsp 1.694.248, Rel. Min. Maria Thereza de Assis Moura, DJ 15.5.2018. 6ª T. (Info 626)

Suprimento de autorização paterna para viagem do infante ao exterior. Guarda unilateral de filho menor. Pedido incidental. Causa de pedir fundada na violência doméstica. Vara Especializada da Violência Doméstica e Familiar contra a Mulher. Competência híbrida (criminal e civil). Juízo competente.

STJ A Vara Especializada da Violência Doméstica ou Familiar Contra a Mulher possui competência para o julgamento de pedido incidental de natureza civil, relacionado à autorização para viagem ao exterior e guarda unilateral do infante, na hipótese em que a causa de pedir de tal pretensão consistir na prática de violência doméstica e familiar contra a genitora. REsp 1.550.166, Rel. Min. Marco Aurélio Bellizze, DJ 18.12.2017. 3ª T. (Info 617)

* INOVAÇÕES LEGISLATIVAS

▲ Parte Especial, Título VI – Do Acesso à Justiça, Capítulo II – Da Justiça da Infância e da Juventude, Seção III – Dos Serviços Auxiliares

▲ Art. 151. Parágrafo único. Na ausência ou insuficiência de servidores públicos integrantes do Poder Judiciário responsáveis pela realização dos estudos psicossociais ou de quaisquer outras espécies de avaliações técnicas exigidas por esta Lei ou por determinação judicial, a autoridade judiciária poderá proceder à nomeação de perito, nos termos do art. 156 da Lei n. 13.105, de 16 de março de 2015 (Código de Processo Civil). (Modificações: Lei 13.509/17)

▲ Parte Especial, Título VI – Do Acesso à Justiça, Capítulo II – Da Justiça da Infância e da Juventude, Capítulo III – Dos Procedimentos, Seção I – Disposições Gerais

▲ Art. 152. § 2º Os prazos estabelecidos nesta Lei e aplicáveis aos seus procedimentos são contados em dias corridos, excluído o dia do começo e incluído o dia do vencimento, vedado o prazo em dobro para a Fazenda Pública e o Ministério Público. (Modificações: Lei 13.509/17)

* QUESTÕES OBJETIVAS

45. **(Cespe/DPE/RN/Defensor/2015)** A respeito do acesso à justiça relacionado a interesses da criança e do adolescente, assinale a opção correta:

a) Segundo o STJ, para que a criança possa participar, na condição de espectador, de evento público desacompanhada dos pais e(ou) responsáveis, é necessária autorização judicial, como também ocorre caso a criança figure, na condição de participante de espetáculo público, ainda que acompanhada dos pais ou responsáveis.

b) Para o STJ, a regra do ECA que isenta de custas e emolumentos as ações judiciais de competência da justiça da infância e da juventude alcança tanto crianças e adolescentes que sejam partes em ações, quanto outras pessoas que possam participar dessas demandas.

c) Segundo o STJ, em caso de abandono de menor seguido de ajuizamento de ação de destituição de poder familiar pelo MP, é obrigatória a nomeação de defensor público para atuar como curador especial na referida demanda.

d) Atuará em conformidade com o disposto no ECA um órgão de comunicação social que divulgar a ocorrência de ato infracional atribuído a adolescente sem, no entanto, mencionar o nome desse jovem nem mostrar sua imagem, limitando-se a inserir as iniciais de seu nome e sobrenome.

e) Segundo estabelece o ECA, é vedado a lei estadual atribuir a qualquer outro juízo que não seja o da vara da infância e da juventude a competência para o julgamento de crimes sexuais contra crianças e adolescentes.

46. (Cespe/TJ/DFT/Juiz/2016) A respeito do acesso à Justiça da Infância e da Juventude e da Competência da referida Justiça, assinale a opção correta:

a) Em razão da competência absoluta da Justiça da Infância e da Juventude, o "habeas corpus" impetrado em face de ato praticado por delegado da Polícia Federal, que deixa de apresentar adolescente ao MP do DF, no prazo legal, é da competência da Vara da Infância e da Juventude do DF.

b) De acordo com o STJ, o princípio do juízo imediato, previsto no ECA, sobrepõe-se às regras gerais previstas no CPC, tal como o princípio da "perpetuatio jurisdictionis", privilegiando a celeridade e a eficácia em relação à criança. Assim, será legítima a modificação do foro em que tramita a ação, quando houver a mudança do domicílio da criança e de seus responsáveis, mesmo já iniciada a ação.

c) As notícias que envolvam a prática de ato infracional poderão conter identificação da criança e do adolescente mediante mera indicação de iniciais do nome e do sobrenome, desde que não divulgadas fotografias ou imagens do rosto do menor.

d) A propositura das ações judiciais da competência da Justiça da Infância e da Juventude depende do recolhimento de custas e emolumentos, salvo impossibilidade financeira comprovada ou ajuizamento da causa pelo MP ou pela DP.

e) A autorização para o exercício de atividades artísticas por criança ou adolescente, como, por exemplo, contracenar em novelas televisivas, é da competência da Vara da Infância e da Juventude da Circunscrição Judiciária do domicílio do menor.

9.2. Dos Procedimentos

✱ INOVAÇÕES LEGISLATIVAS

▲ Parte Especial, Título VI – Do Acesso à Justiça, Capítulo II – Da Justiça da Infância e da Juventude, Capítulo III – Dos Procedimentos, Seção II – Da Perda e da Suspensão do Pátrio Poder (arts. 155 a 163)

▲ Art. 157. § 1º Recebida a petição inicial, a autoridade judiciária determinará, concomitantemente ao despacho de citação e independentemente de requerimento do interessado, a realização de estudo social ou perícia por equipe interprofissional ou multidisciplinar para comprovar a presença de uma das causas de suspensão ou destituição do poder familiar, ressalvado o disposto no § 10 do art. 101 desta Lei, e observada a Lei n. 13.431, de 4 de abril de 2017. § 2º Em sendo os pais oriundos de comunidades indígenas, é ainda obrigatória a intervenção, junto à equipe interprofissional ou multidisciplinar referida no § 1º deste artigo, de representantes do órgão federal responsável pela política indigenista, observado o disposto no § 6º do art. 28 desta Lei. (Modificações: Lei 13.509/17)

▲ Art. 158. § 3º Quando, por 2 (duas) vezes, o oficial de justiça houver procurado o citando em seu domicílio ou residência sem o encontrar, deverá, havendo suspeita de ocultação, informar qualquer pessoa da família ou, em sua falta, qualquer vizinho do dia útil em que voltará a fim de efetuar a citação, na hora que designar, nos termos do art. 252 e seguintes da Lei n. 13.105, de 16 de março de 2015 (Código de Processo Civil). § 4º Na hipótese de os genitores encontrarem-se em local incerto ou não sabido, serão citados por edital no prazo de 10 (dez) dias, em publicação única, dispensado o envio de ofícios para a localização. (Modificações: Lei 13.509/17)

▲ Art. 161. Se não for contestado o pedido e tiver sido concluído o estudo social ou a perícia realizada por equipe interprofissional ou multidisciplinar, a autoridade judiciária dará vista dos autos ao Ministério Público, por 5 (cinco) dias, salvo quando este for o requerente, e decidirá em igual prazo. § 1º A autoridade judiciária, de ofício ou a requerimento das partes ou do Ministério Público, determinará a oitiva de testemunhas que comprovem a presença de uma das causas de suspensão ou destituição do poder familiar previstas nos arts. 1.637 e 1.638 da Lei n. 10.406, de 10 de janeiro de 2002 (Código Civil), ou no art. 24 desta Lei. § 2º (Revogado). § 4º É obrigatória a oitiva dos pais sempre que eles forem identificados e estiverem em local conhecido, ressalvados os casos de não comparecimento perante a Justiça quando devidamente citados. (...). (Modificações: Lei 13.509/17)

▲ Art. 162. Apresentada a resposta, a autoridade judiciária dará vista dos autos ao Ministério Público, por cinco dias, salvo quando este for o requerente, designando, desde logo, audiência de instrução e julgamento. § 1º (Revogado). § 2º Na audiência, presentes as partes e o Ministério Público, serão ouvidas as testemunhas, colhendo-se oralmente o parecer técnico, salvo quando apresentado por escrito, manifestando-se sucessivamente o requerente, o requerido e o Ministério Público, pelo tempo de 20 (vinte) minutos cada um, prorrogável por mais 10 (dez) minutos. § 3º A decisão será proferida na audiência, podendo a autoridade judiciária, excepcionalmente, designar data para sua leitura no prazo máximo de 5 (cinco) dias. § 4º Quando o procedimento de destituição de poder familiar for iniciado pelo Ministério Público, não haverá necessidade de nomeação de curador especial em favor da criança ou adolescente. (Modificações: Lei 13.509/17)

▲ Art. 163. O prazo máximo para conclusão do procedimento será de 120 (cento e vinte) dias, e caberá ao juiz, no caso de notória inviabilidade de manutenção do poder familiar, dirigir esforços para preparar a criança ou o adolescente com vistas à colocação em família substituta. (...). (Modificações: Lei 13.509/17)

▲ Seção IV – Da Colocação em Família Substituta (arts. 165 a 170)

▲ Art. 166. § 1º Na hipótese de concordância dos pais, o juiz: I – na presença do Ministério Público, ouvirá as partes, devidamente assistidas por advogado ou por defensor público, para verificar sua concordância com a adoção, no prazo máximo de 10 (dez) dias, contado da data do protocolo da petição ou da entrega da criança em juízo, tomando por termo as declarações; e II – declarará a extinção do poder familiar. § 2º O consentimento dos titulares do poder familiar será precedido de orientações e esclarecimentos prestados pela equipe interprofissional da Justiça da Infância e da Juventude, em especial, no caso de adoção, sobre a irrevogabilidade da medida. § 3º São garantidos a livre manifestação de vontade dos detentores do poder familiar e o direito ao sigilo das informações. § 4º O consentimento prestado por escrito não terá validade se não for ratificado na audiência a que se refere o § 1º deste artigo. § 5º O consentimento é retratável até a data da realização da audiência especificada no § 1º deste artigo, e os pais podem exercer o arrependimento no prazo de 10 (dez) dias, contado da data de prolação da sentença de extinção do poder familiar. (...). § 7º A família natural e a família substituta receberão a devida orientação por intermédio de equipe técnica interprofissional a serviço da Justiça da Infância e da Juventude, preferencialmente com apoio dos técnicos responsáveis pela execução da política municipal de garantia do direito à convivência familiar. (Modificações: Lei 13.509/17)

▲ Seção V-A – Da Infiltração de Agentes de Polícia para a Investigação de Crimes contra a Dignidade Sexual de Criança e de Adolescente

▲ Art. 190-A. A infiltração de agentes de polícia na internet com o fim de investigar os crimes previstos nos arts. 240, 241, 241-A, 241-B, 241-C e 241-D desta Lei e nos arts. 154-A, 217-A, 218, 218-A e 218-B do Decreto-Lei n. 2.848, de 7 de dezembro de 1940 (Código Penal), obedecerá às seguintes regras: I – será precedida de autorização judicial devidamente circunstanciada e fundamentada, que estabelecerá os limites da infiltração para obtenção de prova, ouvido o Ministério Público; II – dar-se-á mediante requerimento do Ministério Público ou representação de delegado de polícia e conterá a demonstração de sua necessidade, o alcance das tarefas dos policiais, os nomes ou apelidos das pessoas investigadas e, quando possível, os dados de conexão ou cadastrais que permitam a identificação dessas pessoas; III – não poderá exceder o prazo de 90 (noventa) dias, sem prejuízo de eventuais renovações, desde que o total não exceda a 720 (setecentos e vinte) dias e seja demonstrada sua efetiva necessidade, a critério da autoridade judicial. § 1º A autoridade judicial e o Ministério Público poderão requisitar relatórios parciais da operação de infiltração antes do término do prazo de que trata o inciso II do § 1º deste artigo. § 2º Para efeitos do disposto no inciso I do § 1º deste artigo, consideram-se: I – dados de conexão: informações referentes a hora, data, início, término, duração, endereço de Protocolo de Internet (IP) utilizado e terminal de origem da conexão; II – dados cadastrais: informações referentes a nome e endereço de assinante ou de usuário registrado ou autenticado para a conexão a quem endereço de IP, identificação de usuário ou código de acesso tenha sido atribuído no momento da conexão. § 3º A infiltração de agentes de polícia na internet não será admitida se a prova puder ser obtida por outros meios. (Modificações: Lei 13.441/17)

▲ Art. 190-B. As informações da operação de infiltração serão encaminhadas diretamente ao juiz responsável pela autorização da medida, que zelará por seu sigilo. Parágrafo único. Antes da conclusão da operação, o acesso aos autos será reservado ao juiz, ao Ministério Público e ao delegado de polícia responsável pela operação, com o objetivo de garantir o sigilo das investigações. (Modificações: Lei 13.441/17)

▲ Art. 190-C. Não comete crime o policial que oculta a sua identidade para, por meio da internet, colher indícios de autoria e materialidade dos crimes previstos nos arts. 240, 241, 241-A, 241-B, 241-C e 241-D desta Lei e nos arts. 154-A, 217-A, 218, 218-A e 218-B do Decreto-Lei n. 2.848, de 7 de dezembro de 1940 (Código Penal). Parágrafo único. O agente policial infiltrado que deixar de observar a estrita finalidade da investigação responderá pelos excessos praticados. (Modificações: Lei 13.441/17)

▲ Art. 190-D. Os órgãos de registro e cadastro público poderão incluir nos bancos de dados próprios, mediante procedimento sigiloso e requisição da autoridade judicial, as informações necessárias à efetividade da identidade fictícia criada. Parágrafo único. O procedimento sigiloso de que trata esta Seção será numerado e tombado em livro específico. (Modificações: Lei 13.441/17)

▲ Art. 190-E. Concluída a investigação, todos os atos eletrônicos praticados durante a operação deverão ser registrados, gravados, armazenados e encaminhados ao juiz e ao Ministério Público, juntamente com relatório circunstanciado. Parágrafo único. Os atos eletrônicos registrados citados no caput deste artigo serão reunidos em autos apartados e apensados ao processo criminal juntamente com o inquérito policial, assegurando-se a preservação da identidade do agente policial infiltrado e a intimidade das crianças e dos adolescentes envolvidos. (Modificações: Lei 13.441/17)

▲ Seção VIII – Da Habilitação de Pretendentes à Adoção

▲ Art. 197-C. § 1º É obrigatória a participação dos postulantes em programa oferecido pela Justiça da Infância e da Juventude, preferencialmente com apoio dos técnicos responsáveis pela execução da política municipal de garantia do direito à convivência familiar e dos grupos de apoio à adoção devidamente habilitados perante a Justiça da Infância e da Juventude, que inclua preparação psicológica, orientação e estímulo à adoção inter-racial, de crianças ou de adolescentes com deficiência, com doenças crônicas ou com necessidades específicas de saúde, e de grupos de irmãos. § 2º Sempre que possível e recomendável, a etapa obrigatória da preparação referida no § 1º deste artigo incluirá o contato com crianças e adolescentes em regime de acolhimento familiar ou institucional, a ser realizado sob orientação, supervisão e avaliação da equipe técnica da Justiça da Infância e da Juventude e dos grupos de apoio à adoção, com apoio dos técnicos responsáveis pelo programa de acolhimento familiar e institucional e pela execução da política municipal de garantia do direito à convivência familiar. § 3º É recomendável que as crianças e os adolescentes acolhidos institucionalmente ou por família acolhedora sejam preparados por equipe interprofissional antes da inclusão em família adotiva. (Modificações: Lei 13.509/17)

▲ Art. 197-E. § 2º A habilitação à adoção deverá ser renovada no mínimo trienalmente mediante avaliação por equipe interprofissional. § 3º Quando o adotante candidatar-se a uma nova adoção, será dispensável a renovação da habilitação, bastando a avaliação por equipe interprofissional. § 4º Após 3 (três) recusas injustificadas, pelo habilitado, à adoção de crianças ou adolescentes indicados dentro do perfil escolhido, haverá reavaliação da habilitação concedida. § 5º A desistência do pretendente em relação à guarda para fins de adoção ou a devolução da criança ou do adolescente depois do trânsito em julgado da sentença de adoção importará na sua exclusão dos cadastros de adoção (Modificações: Lei 13.509/17)

▲ Art. 197-F. O prazo máximo para conclusão da habilitação à adoção será de 120 (cento e vinte) dias, prorrogável por igual período, mediante decisão fundamentada da autoridade judiciária. (Modificações: Lei 13.509/17)

* QUESTÕES OBJETIVAS

47. **(Cespe/DPE/PE/Defensor/2018)** Assinale a opção correta, a respeito da fase judicial de apuração de ato infracional praticado por adolescente.

a) No prazo impreterível de cinco dias contados da ciência do adolescente, de seus pais ou do responsável, o advogado constituído ou o defensor nomeado apresentará defesa prévia e rol de testemunhas acerca do oferecimento da representação.

b) Na hipótese de divergência entre a manifestação do adolescente representado e da defesa técnica no que se refere ao recurso, a vontade do adolescente deverá prevalecer se este não tiver interesse de recorrer.

c) No caso de remissão de ato infracional praticado por adolescente, a autoridade judiciária estará obrigada a homologar e a determinar o cumprimento da medida, não podendo discordar do Ministério Público.

d) Oferecida a representação, a autoridade judiciária designará audiência de apresentação, sendo a decretação ou manutenção da internação do adolescente decidida apenas após a audiência.

e) Oferecida pelo Ministério Público, a representação será submetida a análise judicial de admissibilidade.

48. **(Cespe/DPE/PE/Defensor/2015)** Considere que a DP tenha sido chamada pelo juiz da Vara da Infância e da Juventude para atuar como curadora especial em feito no qual um menor tenha sido parte da relação processual. Nessa situação, de acordo com o entendimento do STJ, além da decisão de atuação da DP em casos como o descrito, que envolvem crianças ou adolescentes, é necessário que se vislumbre a real necessidade dessa intervenção para que ela se efetive.

49. **(Cespe/DPE/AL/Defensor/2017)** Considerando que determinado adolescente de dezessete anos de idade tenha sido apreendido em flagrante de ato infracional análogo ao crime de furto, assinale a opção correta:

a) Em caso de não liberação, e sendo impossível a sua apresentação imediata ao Ministério Público, o adolescente será encaminhado pela autoridade policial a entidade de atendimento, que o apresentará ao Ministério Público no prazo de vinte e quatro horas, ou, não havendo na localidade entidade de atendimento e na falta de repartição policial especializada, o adolescente aguardará a apresentação em dependência prisional, ainda que junto a maiores.

b) Apresentado o adolescente, o Ministério Público, no mesmo dia e à vista do auto de apreensão, boletim de ocorrência ou relatório policial, devidamente autuados pelo cartório judicial e com informação sobre os antecedentes do adolescente, dará início a imediata e informal audiência de custódia com a participação dos pais do adolescente ou de seu responsável, da vítima e de testemunhas.

c) O Ministério Público poderá oferecer representação à autoridade judiciária propondo a instauração de procedimento para a aplicação da medida socioeducativa que se afigurar a mais adequada, devendo a representação ser oferecida por petição, que conterá obrigatoriamente breve resumo dos fatos, a classificação do ato infracional, prova pré-constituída da autoria e materialidade e, quando necessário, o rol de testemunhas.

d) Oferecida a representação, a autoridade judiciária designará audiência de apresentação do adolescente e o adolescente e seus pais ou responsável serão cientificados do teor da representação, e notificados a comparecer à audiência, acompanhados de advogado, devendo a autoridade judiciária determinar a condução coercitiva dos pais ou do responsável se eles não forem localizados.

e) Com o comparecimento de qualquer dos pais ou do responsável, o adolescente será prontamente liberado pela autoridade policial, sob termo de compromisso e responsabilidade de sua apresentação ao Ministério Público, no mesmo dia ou, sendo impossível, no primeiro dia útil imediato, exceto quando, pela gravidade do ato infracional e sua repercussão social, deva o adolescente permanecer sob internação para a garantia de sua segurança pessoal ou da manutenção da ordem pública.

9.3. Dos Recursos

✱ QUESTÕES OBJETIVAS

50. **(Cespe/DPE/PE/Defensor/2015)** O defensor público recebeu intimação do juízo da infância e da juventude de decisão negando seguimento à apelação interposta, diante do não cumprimento do prazo recursal de dez dias previsto no ECA. Ficou certificado nos autos que o recurso foi interposto após quinze dias da intimação regular da DP. Nessa situação, não há nada a fazer, pois foi acertada a decisão do juiz: a Lei n. 12.594/2012, ao modificar o ECA, revogou, tacitamente, a previsão legal anterior de prazo em dobro para a DP.

9.4. Do Ministério Público

*** SÚMULAS**

STJ Súm. 594. O Ministério Público tem legitimidade ativa para ajuizar ação de alimentos em proveito de criança ou adolescente independentemente do exercício do poder familiar dos pais, ou do fato de o menor se encontrar nas situações de risco descritas no art. 98 do Estatuto da Criança e do Adolescente, ou de quaisquer outros questionamentos acerca da existência ou eficiência da Defensoria Pública na comarca.

9.5. Da Proteção Judicial dos Interesses Individuais, Difusos e Coletivos

*** INFORMATIVOS DE JURISPRUDÊNCIA**

Ação Civil Pública. Imposição de obrigação de fazer. Atendimento ao plantão de 24 horas em delegacia de menores infratores. Normas da CF, do ECA e da Res 40/33 da Assembleia Geral da ONU. Descumprimento. Controle de legalidade. Possibilidade.

STJ A decisão judicial que impõe à Administração Pública o restabelecimento do plantão de 24 horas em Delegacia Especializada de Atendimento à Infância e à Juventude não constitui abuso de poder, tampouco extrapola o controle do mérito administrativo pelo Poder Judiciário. REsp 1.612.931, Rel. Min. Napoleão Nunes Maia Filho, DJ 7.8.2017. 1ª T. (Info 609)

Dignidade de crianças e adolescentes ofendida por quadros de programa televisivo. Dano moral coletivo. Existência.

STJ A conduta de emissora de televisão que exibe quadro que, potencialmente, poderia criar situações discriminatórias, vexatórias, humilhantes às crianças e aos adolescentes configura lesão ao direito transindividual da coletividade e dá ensejo à indenização por dano moral coletivo. REsp 1.517.973, Rel. Min. Luis Felipe Salomão, DJ 1.2.2018. 4ª T. (Info 618)

*** QUESTÕES OBJETIVAS**

51. **(Cespe/TJ/DFT/Juiz/2015)** Com referência à evolução histórica da proteção jurídica e social da criança e do adolescente, às doutrinas jurídicas de proteção, à proteção internacional dos direitos da criança e do adolescente, à política de atendimento e à atuação do juiz da infância e da juventude, assinale a opção correta:

a) Para garantir a proteção judicial dos interesses individuais, difusos e coletivos da criança e do adolescente, o ECA estabelece, entre outros mecanismos, a possibilidade de o juiz impor ao réu multa diária por descumprimento da obrigação de fazer, independentemente de pedido do autor.

b) De acordo com a CF e o ECA, a proteção aos direitos da criança e do adolescente inicia-se a partir do nascimento com vida.

c) A Política Nacional do Bem-Estar do Menor, como política de atendimento dos direitos da criança e do adolescente estabelecida pelo ECA, apresenta uma proposta pedagógica assistencial progressista que visa garantir atendimento personalizado e respeito aos direitos da criança e do adolescente.

d) A Convenção dos Direitos da Criança não foi ratificada pelo Brasil, embora tenha servido como documento orientador para a elaboração do ECA.

e) No primeiro Código de Menores do Brasil (Dec. n. 5.083/1926), adotou-se a perspectiva de tutelar os direitos subjetivos da criança e do adolescente por meio da adoção de medidas necessárias à sua proteção integral.

52. **(Cespe/DPE/AL/Defensor/2017)** A Defensoria Pública moveu ação civil pública, com base no Estatuto da Criança e do Adolescente, contra determinado município e em favor dos interesses de uma criança de quatro anos de idade, que não havia sido matriculada na educação infantil por falta de vagas. O réu alegou em contestação que a ação civil pública não pode ser utilizada para demandas individuais, que as vagas na educação infantil, em razão da demanda expressiva, não podem ser destinadas para casos específicos, devendo ser observada uma ordem de inscrição, sob pena de violação ao princípio da igualdade perante a lei. Considerando essa situação hipotética, assinale a opção correta:

a) A ação civil pública é inviável na medida em que no Estatuto da Criança e do Adolescente não há previsão expressa de ações de responsabilidade por ofensa aos direitos assegurados à criança e ao adolescente referentes ao não oferecimento ou oferta irregular do atendimento em creche e pré-escola às crianças de zero a cinco anos de idade.

b) A ação civil pública seria viável se o autor fosse o Ministério Público, na medida em que a

Defensoria Pública não é legitimada para ações previstas no Estatuto da Criança e do Adolescente para responsabilização por ofensa aos direitos assegurados à criança e ao adolescente referentes ao não oferecimento ou oferta irregular do ensino obrigatório e de atendimento em creche e pré-escola às crianças de zero a cinco anos de idade.

c) A medida intentada pela Defensoria Pública é descabida: a ação civil pública destina-se a tutelar interesses difusos ou coletivos, não sendo instrumento jurídico-processual hábil a tutelar interesses individuais indisponíveis de apenas uma criança, de modo que o processo deve ser extinto sem resolução de mérito.

d) A ação civil pública é viável na medida em que no Estatuto da Criança e do Adolescente há previsão expressa de ações de responsabilidade por ofensa aos direitos assegurados à criança e ao adolescente referentes ao não oferecimento ou oferta irregular do ensino obrigatório e de atendimento em creche e pré-escola às crianças de zero a cinco anos de idade.

e) A causa terá seguimento, visto que é cabível a ação civil pública na hipótese, mas, no julgamento do mérito, os argumentos do réu deverão ser acolhidos, já que conferir tratamento desigual à criança implica violação ao princípio da igualdade, o que não encontra amparo na norma especial do Estatuto da Criança e do Adolescente.

10. DOS CRIMES E DAS INFRAÇÕES ADMINISTRATIVAS

10.1. Dos Crimes

*** SÚMULAS**

STJ Súm. 338. A prescrição penal é aplicável nas medidas socioeducativas.

STJ Súm. 500. A configuração do crime previsto no artigo 244-B do ECA independe da prova da efetiva corrupção do menor, por se tratar de delito formal.

*** REPERCUSSÃO & REPETITIVOS**

STF Repercussão Geral 393. Compete à Justiça Federal processar e julgar os crimes consistentes em disponibilizar ou adquirir material pornográfico envolvendo criança ou adolescente (arts. 241, 241-A e 241-B da Lei 8.069/90) quando praticados por meio da rede mundial de computadores. (RE 628624, 28.10.2015)

*** INFORMATIVOS DE JURISPRUDÊNCIA**

ECA. Art. 244-B. Corrupção de menores. Participação de dois adolescentes na empreitada criminosa. Prática de dois delitos de corrupção de menores. Concurso formal.

STJ A prática de crimes em concurso com dois adolescentes dá ensejo à condenação por dois crimes de corrupção de menores. REsp 1.680.114, Rel. Min. Sebastião Reis Júnior, DJe 16.10.2017. 6ª T. (Info 613)

*** INOVAÇÕES LEGISLATIVAS**

▲ Título VII – Dos Crimes e das Infrações Administrativas, Capítulo I – Dos Crimes, Seção I – Disposições Gerais, Seção II – Dos Crimes em Espécie

▲ Art. 244-A. Submeter criança ou adolescente, como tais definidos no caput do art. 2º desta Lei, à prostituição ou à exploração sexual: Pena – reclusão de quatro a dez anos e multa, além da perda de bens e valores utilizados na prática criminosa em favor do Fundo dos Direitos da Criança e do Adolescente da unidade da Federação (Estado ou Distrito Federal) em que foi cometido o crime, ressalvado o direito de terceiro de boa-fé. (Modificações: Lei 13.440/17)

*** QUESTÕES OBJETIVAS**

53. **(Cespe/DPE/PE/Defensor/2015)** Marcelino, maior imputável, fotografou sua sobrinha, de treze anos de idade, enquanto ela tomava banho. As fotos mostravam as partes íntimas da adolescente e algumas imagens mostravam apenas os órgãos genitais da garota. Apurou-se que Marcelino jamais praticou qualquer ato libidinoso com a sobrinha nem divulgou o material fotográfico obtido e que ele utilizava as fotos apenas para satisfazer a própria lascívia. Nessa situação, Marcelino responderá por crime previsto no ECA, uma vez que registrou cena pornográfica envolvendo adolescente.

54. **(Cespe/DPE/RN/Defensor/2015)** No que se refere aos crimes e às infrações administrativas previstos no ECA, assinale a opção correta:

a) De acordo com o STJ, o crime de corrupção de menores é de natureza formal, bastando a participação do menor de dezoito anos de idade na prática de infração penal para que haja a subsunção da conduta do agente imputável ao correspondente tipo descrito no ECA.

b) O ECA prevê, na modalidade culposa, o crime de omissão na liberação de criança ou adolescente ilegalmente apreendido.

c) Praticará crime material o agente que embaraçar a ação de autoridade judiciária, de membro de conselho tutelar ou de representante do MP no exercício de função prevista no ECA.

d) O crime de descumprimento injustificado de prazo fixado no ECA em benefício de adolescente privado de liberdade é crime culposo e plurissubsistente.

e) O crime de submissão da criança ou adolescente a vexame ou constrangimento, por ser unissubsistente, não admite a modalidade tentada.

55. **(Cespe/TJ/DFT/Juiz/2016)** Acerca da jurisprudência sumulada do STJ em matéria penal, assinale a opção correta:

a) O delito de corromper menor de dezoito anos, com ele praticando infração penal ou induzindo-o a praticá-la, é crime formal, cuja configuração independe da prova de efetiva corrupção do menor.

b) O reconhecimento do privilégio previsto para o furto simples nos casos de crime de furto qualificado é inadmissível, mesmo que o criminoso seja primário, a coisa furtada seja de pequeno valor e a qualificadora seja de ordem objetiva.

c) É admissível a fixação de pena substitutiva prevista no art. 44 do CP, como condição especial ao regime aberto, nos termos da súmula 493.

d) Por adequação social, nos termos da súmula 502, ainda que presentes a materialidade e a autoria, nos termos da súmula 502, a conduta de expor à venda CDs e DVDs piratas, não tipifica o crime em relação ao direito autoral previsto no art. 184, § 2º, do CP.

e) A causa de aumento de pena pelo concurso de agentes, prevista para o crime de roubo, é aplicável para o crime de furto qualificado.

10.2. Das Infrações Administrativas

✱ QUESTÕES OBJETIVAS

56. **(Cespe/PC/GO/Agente/2016)** Nessas situações hipotéticas, de acordo com o que prevê o ECA:

I. Gabriel, como dirigente de estabelecimento de atenção à saúde de gestantes, deixou de fornecer a uma parturiente, na ocasião da alta médica desta, declaração de nascimento em que constassem as intercorrências do parto e do desenvolvimento do neonato.

II. Júlia, professora de ensino fundamental, teve conhecimento de caso que envolvia suspeita de maus-tratos contra uma aluna de dez anos de idade e deixou de comunicar o fato à autoridade competente.

III. Alexandre hospedou, no hotel do qual é responsável, um adolescente que estava desacompanhado de seus pais ou de um responsável e sem autorização escrita deles ou de autoridade judiciária.

a) somente Gabriel e Alexandre responderão por crime.

b) somente Júlia e Alexandre responderão por infração administrativa.

c) somente Gabriel e Alexandre responderão por infração administrativa.

d) Gabriel, Júlia e Alexandre responderão por crime.

e) somente Gabriel e Júlia responderão por crime.

11. LEIS ESPECIAIS

11.1. Lei da Alienação Parental (Lei 12.318/10)

✱ QUESTÕES OBJETIVAS

57. **(Cespe/TJ/AM/Juiz/2016)** Assinale a opção correta acerca das medidas socioeducativas, da alienação parental e das medidas pertinentes aos pais ou responsáveis:

a) A prática de ato de alienação parental fere direito fundamental da criança ou do adolescente de convivência comunitária saudável, além de constituir abuso moral contra a criança ou o adolescente e descumprimento dos deveres inerentes à autoridade parental ou decorrentes de tutela ou guarda.

b) A autoridade judiciária pode aplicar nova medida de internação, por ato infracional praticado anteriormente, a adolescente que já tenha concluído cumprimento de medida socioeducativa dessa natureza, salvo se o adolescente já tiver sido transferido para cumprimento de medida menos rigorosa.

c) Um dos princípios que regem a execução das medidas socioeducativas é a prioridade a práticas restaurativas e que, sempre que possível, atendam às necessidades das vítimas. Por essa razão, a legislação pertinente prevê a participação de socioeducando na composição da comissão de apuração de faltas disciplinares.

d) Considera-se ato de alienação parental a interferência na formação psicológica da criança ou do adolescente promovida ou induzida por um dos genitores, pelos avós ou pelos vizinhos para que repudie genitor, assim como a interferência que cause prejuízo ao estabelecimento ou à manutenção de vínculos com o genitor.

e) Declarado indício de ato de alienação parental, o juiz pode determinar de ofício medidas provisórias necessárias à preservação da integridade psicológica da criança ou do adolescente, inclusive para assegurar convivência com genitor ou viabilizar a efetiva reaproximação entre ambos.

11.2. Lei do Sinase (Lei 12.594/12)

✱ QUESTÕES OBJETIVAS

58. **(Cespe/DPE/PE/Defensor/2015)** A Lei n. 12.594/2012, que instituiu o Sistema Nacional de Atendimento Socioeducativo (Sinase) e regulamentou a execução das medidas socioeducativas trouxe importantes avanços na área da execução de medidas socioeducativas, que não tinham previsão expressa no ECA, como o direito do adolescente internado a visita íntima, a visita de filhos, independentemente da idade, e a garantia de inserção de adolescentes em cumprimento de medida socioeducativa na rede pública de educação, em qualquer fase do período letivo, contemplando as diversas faixas etárias e níveis de instrução.

11.3. Tratados e Convenções Internacionais

✱ QUESTÕES OBJETIVAS

59. **(Cespe/TJ/DFT/Juiz/2016)** A respeito dos direitos das crianças e dos adolescentes, assinale a opção correta:

a) Os atos de alienação parental descritos na Lei n. 12.318/2010 foram estabelecidos de forma taxativa, "numerus clausus", não admitindo interpretação extensiva.

b) Na mesma linha das diretrizes impostas pelo ECA quanto ao direito à saúde, a Convenção dos Direitos da Criança determina que a criança tem direito de gozar do melhor padrão possível de saúde e dos serviços destinados ao tratamento das doenças e à recuperação da saúde, mediante adoção pelos Estados-Partes dos esforços no sentido de assegurar que nenhuma criança se veja privada de seu direito de usufruir desses serviços sanitários.

c) O ECA relaciona obrigações que devem ser cumpridas pelos hospitais e demais estabelecimentos públicos e particulares de atenção à saúde de gestantes, dentre elas a de manter registro das atividades desenvolvidas, até de prontuários individuais, pelo prazo de cinco anos, sob pena de cometimento de infração administrativa, punida com multa, além de outras sanções administrativas.

d) O regime de capacidade civil gera reflexos no Estatuto, de forma que deve haver ponderação dos direitos positivados pelo ECA em caso de emancipação civil do adolescente.

e) O programa de acolhimento institucional caracteriza-se pela permanência de criança ou de adolescente junto a uma entidade governamental ou não governamental, pelo prazo máximo de três anos, prorrogável por igual período, a critério da autoridade judiciária.

6. DIREITO DO CONSUMIDOR

1. DISPOSIÇÕES GERAIS

✱ SÚMULAS

STJ Súm. 297. O Código de Defesa do Consumidor é aplicável às instituições financeiras.

STJ Súm. 506. A Anatel não é parte legítima nas demandas entre a concessionária e o usuário de telefonia decorrentes de relação contratual.

STJ Súm. 563. O Código de Defesa do Consumidor é aplicável às entidades abertas de previdência complementar, não incidindo nos contratos previdenciários celebrados com entidades fechadas.

STJ Súm. 602. O Código de Defesa do Consumidor é aplicável aos empreendimentos habitacionais promovidos pelas sociedades cooperativas.

STJ Súm. 608. Aplica-se o Código de Defesa do Consumidor aos contratos de plano de saúde, salvo os administrados por entidades de autogestão.

✱ ENUNCIADOS CJF

CJF Comercial 9. Quando aplicado às relações jurídicas empresariais, o art. 50 do Código Civil não pode ser interpretado analogamente ao art. 28, § 5º, do CDC ou ao art. 2º, § 2º, da CLT.

CJF Comercial 19. Não se aplica o Código de Defesa do Consumidor às relações entre sócios/acionistas ou entre eles e a sociedade.

CJF Comercial 20. Não se aplica o Código de Defesa do Consumidor aos contratos celebrados entre empresários em que um dos contratantes tenha por objetivo suprir-se de insumos para sua atividade de produção, comércio ou prestação de serviços.

✱ REPERCUSSÃO & REPETITIVOS

CJF Repercussão Geral 210. Nos termos do art. 178 da CF, as normas e os tratados internacionais limitadores da responsabilidade das transportadoras aéreas de passageiros, especialmente as Convenções de Varsóvia e Montreal, têm prevalência em relação ao CDC. (RE 636331, 25.5.2017)

✱ INFORMATIVOS DE JURISPRUDÊNCIA

Ação de cobrança de seguro obrigatório (DPVAT). Obrigação imposta por lei. Inexistência de relação de consumo. Código de Defesa do Consumidor. Inaplicabilidade.

STJ As normas protetivas do Código de Defesa do Consumidor não se aplicam ao seguro obrigatório (DPVAT). REsp 1.635.398, Rel. Min. Marco Aurélio Bellizze, DJe 23.10.2017. 3ª T. (Info 614)

Ação indenizatória. Extravio de bagagem. Responsabilidade das transportadoras aéreas de passageiros. Indenização tarifada. Preponderância das Convenções de Varsóvia e Montreal em relação ao CDC.

STJ Em adequação ao entendimento do STF, é possível a limitação, por legislação internacional espacial, do direito do passageiro à indenização por danos materiais decorrentes de extravio de bagagem. 3ª T. REsp 673.048, Rel. Min. Marco Aurélio Bellizze, DJ 18.5.2018(Info 626)

✱ QUESTÕES DISCURSIVAS

01. **(Cespe/TJ/PR/Juiz/2017)** Sobre o conceito de consumidor, para os efeitos do caput do art. 2º do CDC, quais as correntes interpretativas existentes e o significado de cada uma? Dentre elas, qual é considerada intermediária e em que princípio do CDC encontra seu fundamento orientador, e qual o significado de tal princípio?

✱ QUESTÕES OBJETIVAS

01. **(Cespe/DPE/PE/Defensor/2018)** Conforme o entendimento do STJ, o CDC aplica-se a

a) relação contratual entre cliente e advogado.
b) contrato de plano de saúde administrado por entidade de autogestão.
c) contratos de previdência complementar celebrados com entidades abertas.
d) litígio entre condômino e condomínio edilício referente à cobrança de taxa de condomínio.

e) contrato de aquisição de equipamento médico por entidade privada proprietária de rede de hospitais.

02. **(Cespe/DPE/PE/Defensor/2015)** Determinada concessionária de veículos contratou seguro empresarial visando proteger o seu patrimônio, incluindo os automóveis ainda não vendidos, porém sem prever cobertura de risco aos clientes da concessionária. O contrato estabelecia que não haveria cobertura de danos no caso de furto qualificado praticado por terceiros, mas não continha nenhuma especificação jurídica do termo "qualificado". Na vigência desse contrato, a empresa foi vítima de furto simples e, após a negativa da seguradora em arcar com a indenização, ingressou em juízo contra esta. Nessa situação, de acordo com a teoria subjetiva ou finalista, a concessionária não poderia ser considerada consumidora e, ademais, foi correta a negativa da seguradora, pois era obrigação da contratante conhecer as cláusulas restritivas previstas no contrato.

03. **(Cespe/TJ/DFT/Juiz/2016)** Fortunato, empresário, proprietário de uma rede de supermercados nesta Capital, enquanto auxiliava seus funcionários na reposição de algumas garrafas de cerveja, colocando-as na prateleira de um de seus estabelecimentos comerciais, foi surpreendido pela explosão de um dos vasilhames, vindo a ser atingido pelos estilhaços da garrafa, que provocam graves e irreversíveis lesões em um de seus olhos. Inconformado, propôs ação de reparação de danos, em face do fabricante do produto. De acordo com o CDC e o entendimento atual do STJ, assinale a opção correta:

a) A inversão do ônus da prova, na situação em exame, poderá ser decretada ("ope judicis"), em favor de Fortunato, caso se convença o juiz, em decisão fundamentada, de que existe, no caso em julgamento, verossimilhança nas alegações ou situação de hipossuficiência por parte do autor.

b) Fortunato, no evento em exame, deve ser legalmente equiparado a consumidor, razão pela qual a responsabilidade do fabricante, pelos danos causados ao empresário, será objetiva e apurada segundo os ditames do CDC.

c) A explosão do vasilhame configura vício do produto, a atrair, por força de presunção legal, a responsabilidade do fabricante, obrigado a indenizar Fortunato, ainda que este não possa, à luz do CDC, ser considerado consumidor.

d) Em razão de sua condição econômica de comerciante, caberá a Fortunato, que não se qualifica como hipossuficiente e nem como destinatário final do produto, comprovar a existência do defeito no vasilhame, para que se possa responsabilizar o fabricante do produto pelos danos causados.

e) No caso em julgamento, para que se possa responsabilizar e submeter o fabricante às normas de proteção do CDC, deve ser aplicada, pelo juiz, a teoria finalista mitigada, a exigir a demonstração de vulnerabilidade, por parte de Fortunato.

04. **(Cespe/TJ/PB/Juiz/2015)** Com relação ao sistema de proteção ao consumidor, assinale a opção correta à luz do entendimento jurisprudencial do STJ:

a) O cabimento de ACP em defesa de direitos individuais homogêneos se restringe àqueles direitos que evolvam relação de consumo, diversamente do que ocorre em relação aos direitos difusos e coletivos.

b) É de consumo a relação nos casos em que os produtos ou serviços destinam-se à implementação da atividade econômica do adquirente.

c) O comerciante, quando concitado pelo consumidor, tem o dever de receber e de encaminhar produto viciado à assistência técnica, mesmo que esta esteja localizada no mesmo município do estabelecimento comercial.

d) A eclosão de vício em revestimento (pisos), quando este está devidamente instalado na residência do consumidor, configura vício do produto, de modo que o prazo decadencial da ação reparatória é de noventa dias, a contar da manifestação do defeito.

e) A teoria da base objetiva ou da base do negócio jurídico tem sua aplicação restrita às relações jurídicas de consumo e não é aplicável às relações contratuais puramente civis.

05. **(Cespe/TJ/PB/Juiz/2015)** Em relação ao conceito de consumidor e aos direitos básicos do consumidor, assinale a opção correta:

a) A vulnerabilidade, pressuposto de aplicação do CDC, é presumida para o consumidor pessoa física, ao passo que, para a pessoa jurídica, tal situação deve ser demonstrada e aferida casuisticamente.

b) Para se aplicar o conceito de consumidor equiparado, tem de haver prévio ajuste contratual com o fornecedor do produto ou serviço.

c) A inversão do ônus da prova depende da análise dos requisitos legais pelo juiz no caso concreto e de requerimento expresso da parte nesse sentido.

d) Os requisitos para a inversão do ônus da prova são alternativos, razão pela qual pode o juiz aplicar tal instituto quando presente a hipossuficiência do consumidor, ainda que o fato alegado seja inverossímil.

e) Segundo entendimento do STJ, o CDC incide na relação jurídica estabelecida entre o estudante e a pessoa jurídica responsável pelo gerenciamento do Fundo de Financiamento Estudantil do governo federal.

06. **(Cespe/TRF/5R/Juiz/2015)** Acerca dos sujeitos integrantes da relação de consumo nos moldes do que é descrito no CDC, assinale a opção correta com base na jurisprudência do STJ:

a) Será considerado consumidor pelo CDC o sujeito que for submetido a publicidade enganosa, desde que ele tenha realizado contrato com fornecedor de produto ou serviço objeto da referida publicidade.

b) As vítimas de um acidente de consumo, mesmo que não tenham adquirido o produto como destinatários finais, são consideradas consumidores pelo CDC.

c) Empresa de transporte de pessoas ou cargas pode ser considerada consumidora em sua relação com a empresa concessionária de rodovia.

d) O condomínio que utiliza a água para o consumo das pessoas que nele residem não deve ser considerado consumidor em sua relação com a empresa concessionária de água.

e) A jurisprudência do STJ consagrou a teoria maximalista para interpretar o conceito de consumidor, admitindo a aplicação do CDC nas relações entre fornecedores e consumidores empresários em que fique evidenciada a relação de consumo.

07. **(Cespe/TRF/1R/Juiz/2015)** No que diz respeito à relação jurídica de consumo, assinale a opção correta:

a) O serviço, como elemento objetivo da relação de consumo, deve ser prestado pelo fornecedor mediante remuneração direta.

b) De acordo com o princípio da vinculação, a oferta publicitária é irretratável e ilimitável.

c) Para que haja a responsabilização civil por fato do produto e do serviço, é necessário que a vítima do evento danoso tenha prévia vinculação contratual com o fornecedor do produto ou do serviço.

d) O fornecedor equiparado é o terceiro intermediário ou aquele que auxilia na relação de consumo principal, a exemplo dos bancos de dados nos serviços de proteção ao crédito.

e) O consumidor potencial é toda pessoa física ou jurídica que adquire ou que utiliza o produto como destinatário final.

08. **(Cespe/SEDF/Analista/2017)** De acordo com o CDC, o que diferencia a figura do consumidor daquela do fornecedor é que o primeiro é toda pessoa física que adquire ou utiliza produtos ou serviços, enquanto que o segundo é toda pessoa jurídica que comercializa ou distribui produtos ou serviços.

09. **(Cespe/DPU/Defensor/2017)** Com base em informações do sistema de escore de crédito, método estatístico de avaliação de risco, determinada instituição financeira recusou pedido de empréstimo em dinheiro feito por João. Em razão da recusa, João ajuizou ação contra a instituição financeira, alegando prática comercial ilegal por parte dela, e requereu a aplicação do CDC. Considerando essa situação hipotética, julgue, à luz do entendimento do STJ: dadas as partes envolvidas na referida situação, o CDC não poderá ser aplicado ao caso, que deverá ser tratado com base nas disposições contratuais do Código Civil.

10. **(Cespe/DPE/AL/Defensor/2017)** Os princípios consagrados no Código de Defesa do Consumidor (CDC) consistem no ponto de partida para a compreensão do sistema adotado pela lei consumerista e dos seus aspectos de proteção aos vulneráveis negociais. Considerando essas informações, assinale a opção correta, acerca dos princípios fundamentais do CDC e de suas consequências práticas:

a) O princípio da equivalência negocial, embora seja um critério limitativo da liberdade contratual, não impede que o fornecedor redija condição geral contratual que determine a utilização compulsória de arbitragem.

b) A falta de clareza na elaboração de uma condição geral contratual não enseja a sua invalidade, já que, nesse caso, deve ser aplicado o princípio da conservação dos pactos contratuais, a fim de tutelar as expectativas das partes.

c) A caracterização da vulnerabilidade do consumidor admite prova em contrário, a qual pode ser demonstrada, em cada caso concreto, por meio das particularidades da situação fático-jurídica.

d) A inversão do ônus da prova, considerada um direito básico do consumidor, exige dois critérios para a sua aplicação: alegação verossímil e hipossuficiência do consumidor.

e) A hipossuficiência do consumidor – que não se relaciona, necessariamente, à condição financeira, política e social do destinatário final do produto – deve ser aferida em cada caso concreto, não podendo ser simplesmente presumida.

11. **(Cespe/DPE/AL/Defensor/2017)** A necessidade de proteção dos destinatários finais dos produtos e serviços ofertados no mercado de consumo abarca as pessoas humana e jurídica, com o objetivo de tutelar a vulnerabilidade e a hipossuficiência dos consumidores. A partir dessa informação, assinale a opção correta, a respeito dos integrantes e do objeto da relação de consumo:

a) Aplica-se o CDC para a relação entre condômino e condomínio no que diz respeito à cobrança de taxas, em decorrência da vulnerabilidade do condômino em relação ao condomínio.

b) Em circunstâncias específicas, pessoas que não firmaram qualquer contrato de consumo podem ser equiparadas a consumidores, para fins de proteção.

c) O conceito de fornecedor não abarca as pessoas jurídicas que atuam sem fins lucrativos, com caráter beneficente ou filantrópico, ainda que elas desenvolvam, mediante remuneração, atividades no mercado de consumo.

d) Com base na teoria finalista, a condição de destinatário final do produto não é requisito essencial para a classificação da pessoa física ou jurídica como consumidora.

e) A teoria maximalista amplia sobremaneira o alcance da relação de consumo, mas não abarca as pessoas jurídicas, devido ao fato de considerar que estas jamais se encontrarão em situação de vulnerabilidade frente ao fornecedor.

12. **(Cespe/TRF/5R/Juiz/2017)** Conforme a jurisprudência do STJ, configura relação jurídica de consumo a relação:

a) jurídica entre entidade aberta de previdência complementar e seus participantes.

b) jurídica entre locador e locatário, nos contratos regidos pela lei que dispõe sobre locações de imóveis urbanos.

c) jurídica estabelecida entre condomínio edilício e condôminos.

d) jurídica no caso de planos de saúde administrados por contrato de autogestão.

e) contratual entre advogado e cliente.

13. **(Cespe/DPU/Defensor/2017)** Aplicam-se as disposições do CDC às relações de consumo estabelecidas pela compra de produtos de camelôs, haja vista o vendedor ser considerado fornecedor.

14. **(Cespe/TRF/1R/Analista/2017)** O contrato de compra e venda de um imóvel não residencial em construção, continha cláusula que determinava a perda total das parcelas pagas caso a compradora, que utilizaria o imóvel como sede empresarial, desistisse do negócio. O contrato foi firmado após a edição do Código de Defesa do Consumidor (CDC). O CDC vigente não se aplica ao caso: a compradora é uma pessoa jurídica e o objeto do contrato é um imóvel comercial.

15. **(Cespe/PGM/Salvador/Procurador/2015)** Com relação ao direito do consumidor e ao CDC, assinale a opção correta:

a) A tutela da informação ao consumidor decorre da boa-fé subjetiva e é resguardada pela necessidade da prestação de informação clara e adequada pelo fornecedor acerca dos produtos e serviços disponibilizados no mercado de consumo.

b) Para revisão de cláusulas contratuais em favor do consumidor, é preciso comprovação de fato superveniente que as tornem excessivamente onerosas, além de demonstração, ao juiz, da inexperiência do consumidor ou da necessidade deste de contratar.

c) O CDC relativiza a autonomia privada dos contratantes e autoriza o Poder Judiciário a conhecer de ofício a abusividade de cláusulas contratuais nos contratos bancários.

d) A proteção do consumidor como direito fundamental aplica-se ao consumidor pessoa física, pois, em relação à pessoa jurídica consumidora, há o limitador da livre inciativa da atividade econômica.

e) O princípio da vulnerabilidade, que orienta a aplicação do CDC e tem como fundamento a fragilidade dos consumidores no mercado de consumo, restringe-se ao aspecto econômico.

2. DOS DIREITOS BÁSICOS DO CONSUMIDOR

* INFORMATIVOS DE JURISPRUDÊNCIA

Ação coletiva. Direito à informação. Dever de informar. Rotulagem de produtos alimentícios. Presença de glúten. Prejuízos à saúde dos doentes celíacos. Insuficiência da informação-conteúdo "contém glúten". Necessidade de complementação com a informação-advertência sobre os riscos do glúten à saúde dos doentes celíacos.

STJ O fornecedor de alimentos deve complementar a informação-conteúdo "contém glúten" com a informação-advertência de que o glúten é prejudicial à saúde dos consumidores com doença celíaca. EREsp 1.515.895, Rel. Min. Humberto Martins, DJe 27.9.2017. Corte Especial. (Info 612)

* QUESTÕES DISCURSIVAS

02. **(Cespe/DP/DF/Defensor/2013)** Caso um contrato de plano de saúde contenha cláusula que preveja, de forma excessivamente onerosa, o reajuste da mensalidade do contratante que complete sessenta anos de idade, devem-se aplicar, para o questionamento da nulidade da cláusula abusiva, as disposições do Código de Defesa do Consumidor ou as do Código Civil?

* QUESTÕES OBJETIVAS

16. **(Cespe/STM/Analista/2018)** Determinada entidade bancária ofereceu a um cliente a oportunidade de financiar dívida vencida de trinta mil reais, informando que, caso não ocorresse a regularização da situação de inadimplência, tomaria as medidas cabíveis para a inclusão do consumidor em cadastro de devedores. Nessa situação hipotética, caso aceite realizar o financiamento, o consumidor poderá, independentemente de previsão contratual e a qualquer tempo, quitar o débito de forma antecipada, mediante a redução proporcional dos juros e demais acréscimos.

17. **(Cespe/TRF/1R/Analista/2017)** O contrato de compra e venda de um imóvel não residencial em construção, continha cláusula que determinava a perda total das parcelas pagas caso a compradora, que utilizaria o imóvel como sede empresarial, desistisse do negócio. O contrato foi firmado após a edição do Código de Defesa do Consumidor (CDC). A obtenção de informações claras sobre o produto antes de firmar o contrato é um direito disponível.

18. **(Cespe/PGM/Salvador/Procurador/2015)** Acerca da distribuição do ônus da prova no CDC, assinale a opção correta:

a) Para que ocorra a inversão do ônus da prova pelo juiz no caso concreto, devem ficar demonstradas a verossimilhança do alegado pelo consumidor e a sua hipossuficiência.

b) O direito básico do consumidor de inversão judicial do ônus da prova pode ocorrer em qualquer momento processual e independe de pedido expresso do consumidor.

c) Na hipótese de acidente de consumo, o fornecedor não será responsabilizado se comprovar a culpa exclusiva da vítima ou de terceiro, a inexistência do defeito do serviço ou do produto, o caso fortuito ou a força maior.

d) No caso de informação ou comunicação publicitária, incumbe ao consumidor comprovar a existência dessa oferta, além de sua veracidade e correção.

e) O consumidor e o fornecedor podem convencionar sobre a distribuição do ônus da prova, para ajustá-lo às especificidades da causa, antes ou durante o processo.

3. DA QUALIDADE DE PRODUTOS E SERVIÇOS, DA PREVENÇÃO E DA REPARAÇÃO DOS DANOS

3.1. Da Proteção à Saúde e Segurança

* INOVAÇÕES LEGISLATIVAS

▲ CDC. Título I – Dos Direitos do Consumidor, Capítulo IV – Da Qualidade de Produtos e Serviços, da Prevenção e da Reparação dos Danos, Seção I – Da Proteção à Saúde e Segurança

▲ Art. 8º (...). § 1º Em se tratando de produto industrial, ao fabricante cabe prestar as informações a que se refere este artigo, através de impressos apropriados que devam acompanhar o produto. § 2º O fornecedor deverá higienizar os equipamentos e utensílios utilizados no fornecimento de produtos ou serviços, ou colocados à disposição do consumidor, e informar, de maneira ostensiva e adequada, quando for o caso, sobre o risco de contaminação. (Modificações: Lei 13.486/17)

✱ QUESTÕES OBJETIVAS

19. **(Cespe/DPU/Defensor/2015)** Considere que, em determinado supermercado constem nas prateleiras informações referentes à quantidade, às características, à composição, à qualidade e ao preço dos produtos, bem como as referentes aos riscos a eles associados, mas não conste informação sobre os tributos incidentes sobre tais produtos. Nessa situação, o supermercado estará infringindo regra constante no CDC.

3.2. Da Responsabilidade pelo Fato do Produto e do Serviço

✱ SÚMULAS

STF Súm. 28. O estabelecimento bancário é responsável pelo pagamento de cheque falso, ressalvadas as hipóteses de culpa exclusiva ou concorrente do correntista.

STJ Súm. 479. As instituições financeiras respondem objetivamente pelos danos gerados por fortuito interno relativo a fraudes e delitos praticados por terceiros no âmbito de operações bancárias.

✱ ENUNCIADOS CJF

CJF Civil 552. Constituem danos reflexos reparáveis as despesas suportadas pela operadora de plano de saúde decorrentes de complicações de procedimentos por ela não cobertos.

✱ INFORMATIVOS DE JURISPRUDÊNCIA

Bancorbrás. Hotel conveniado. Má prestação de serviço. Solidariedade entre todos os integrantes da cadeia de fornecimento de serviços. Legitimidade passiva "ad causam".

STJ A Bancorbrás é parte legítima para figurar no polo passivo de ação indenizatória de dano moral decorrente de defeito do serviço prestado por hotel integrante de sua rede conveniada. REsp 1.378.284, Rel. Min. Luis Felipe Salomão, DJ 7.3.2018. 4ª T. (Info 620)

Ação de indenização por danos morais. Saque indevido de numerário na conta corrente do autor. Ressarcimento dos valores pela instituição bancária. Ausência de dano moral "in re ipsa".

STJ O saque indevido de numerário em conta corrente, reconhecido e devolvido pela instituição financeira dias após a prática do ilícito, não configura, por si só, dano moral "in re ipsa". REsp 1.573.859, Rel. Min. Marco Aurélio Bellizze, DJ 13.11.2017. 3ª T. (Info 615)

✱ QUESTÕES DISCURSIVAS

03. **(Cespe/DP/DF/Defensor/2013)** Carlos e Fernanda ajuizaram ação em face da Beta Construtora e Incorporadora Imobiliária requerendo a resolução de contrato de promessa de compra e venda de imóvel firmado com a ré, bem como a restituição do sinal e das parcelas pagas e compensação por danos morais, diante da paralisação e do abandono das obras pela construtora. Requereram os autores, ainda, a desconsideração da personalidade jurídica da empresa ré, que não possuía recursos para indenizá-los, a fim de alcançar o patrimônio dos seus dois sócios-gerentes. Considerando que os atos dos sócios não foram praticados com excesso de poder ou infração à lei, discorra acerca da possibilidade de desconsideração da personalidade jurídica na situação hipotética apresentada, apontando, ainda, se deve ser deferido o pedido de reparação por danos morais pleiteado.

✱ QUESTÕES OBJETIVAS

20. **(Cespe/DPE/PE/Defensor/2018)** Após ter sofrido grave acidente, Mariana contratou o fisioterapeuta Carlos para cuidar de sua reabilitação. Contudo, o tratamento foi malsucedido, e Mariana, por considerar que ficou inabilitada para o trabalho por tempo excessivo em razão da ineficiência e da má qualidade do serviço, deseja ajuizar demanda contra Carlos, para pleitear lucros cessantes. Nessa situação hipotética, Mariana deve ajuizar ação de responsabilidade

a) pelo vício do serviço, e a responsabilidade de Carlos é subjetiva.
b) pelo fato do serviço, e a responsabilidade de Carlos é subjetiva.
c) pelo vício do serviço, e a responsabilidade de Carlos é objetiva.
d) pelo fato do serviço, e a responsabilidade de Carlos é objetiva.
e) com base no Código Civil, porque não houve relação de consumo.

21. **(Cespe/TJ/DFT/Juiz/2015)** Em cada uma das opções seguintes, é apresentada uma situação hipotética, seguida de uma assertiva a ser julgada.

Assinale a opção que apresenta a assertiva correta de acordo com a jurisprudência do STJ e o CDC:

a) O banco ZYX, ao oferecer serviço de financiamento para compra de imóvel a Mariana, exigiu que ela contratasse seguro para o financiamento diretamente com o agente financeiro ou com seguradora que indicasse. Nessa situação, por ser a aquisição do seguro fator determinante para a preservação do sistema financeiro habitacional, a conduta do banco foi lícita.

b) O MP de determinado estado da Federação ajuizou ACP com pedido de condenação de uma instituição financeira ao pagamento pelos danos morais coletivos decorrentes de reiterados atos ilícitos no atendimento de consumidores deficientes físicos. Nessa situação, em razão da impossibilidade jurídica do pedido, o juiz deverá extinguir o processo sem resolução de mérito.

c) Conforme contrato de abertura de crédito rotativo celebrado entre Carla e uma instituição financeira, esta disponibilizará àquela dez mil reais para empréstimo mediante pagamento de juros remuneratórios. Nessa situação, se a taxa de juros a ser aplicada não estiver indicada expressamente no contrato, será indevida a cobrança de qualquer valor a título de juros remuneratórios.

d) Raysa, estudante de direito, celebrou com uma instituição financeira integrante da administração pública indireta contrato de concessão de crédito educativo oferecido por intermédio de programa governamental para o ensino superior. Nessa situação, existe relação de consumo entre Raysa e a referida instituição financeira porque é manifesta a vulnerabilidade da destinatária do serviço.

e) Paloma realizou saque de valores em espécie na agência bancária da qual é cliente. Ao retornar a seu veículo, foi vítima de roubo dentro do estacionamento que a instituição financeira oferece a seus clientes. Nessa situação, a instituição financeira em questão deverá responder objetivamente pelos danos sofridos por Paloma, e o roubo não caracteriza causa excludente da relação de causalidade.

22. **(Cespe/TJ/DFT/Juiz/2015)** Um consumidor adquiriu, em agência de turismo, pacote de viagem – passagens aéreas, seguro-viagem, transporte terrestre e hospedagem – para um fim de semana em cidade litorânea do Nordeste brasileiro. No embarque, em razão de problemas técnicos na aeronave, ocorreu atraso de cerca de oito horas na decolagem do avião, o que levou o consumidor a ajuizar ação indenizatória contra a agência de turismo para pleitear reparação pelos danos sofridos. Nessa situação, de acordo com o CDC e a jurisprudência do STJ:

a) a agência de turismo deverá responder solidariamente pelos defeitos na prestação dos serviços que integravam o referido pacote.

b) o prazo prescricional para ajuizamento da ação indenizatória pelo fato do serviço é de três anos, iniciando-se a sua contagem a partir da data do embarque aéreo.

c) caso a agência de turismo tenha inserido no contrato cláusula que lhe isente de responsabilidade por danos decorrentes de falha no transporte aéreo, sua responsabilidade deverá ser excluída.

d) o serviço prestado pode ser considerado seguro, segundo os padrões estabelecidos pelo CDC, porque o atraso na decolagem ocorreu para preservar a integridade física dos passageiros.

e) a falha técnica do avião constituiu evento fortuito que interrompe o nexo de causalidade e, portanto, deverá ser excluída a responsabilidade do fornecedor.

23. **(Cespe/TJ/AM/Juiz/2016)** Acerca do tratamento dispensado pelo CDC à pessoa jurídica e à sua desconsideração e responsabilização penal, aos direitos básicos do consumidor e ao instituto do recall, assinale a opção correta à luz da legislação aplicável e da jurisprudência do STJ:

a) Na desconsideração da personalidade jurídica, o CDC adotou a teoria maior, pois, para tal desconsideração, exige-se o desvio de finalidade e a confusão patrimonial.

b) Ao abordar as infrações penais de consumo, relativamente ao concurso de pessoas, o CDC não tratou da responsabilidade do diretor, do administrador ou do gerente da pessoa jurídica.

c) O CDC, ao tratar da possibilidade de modificação e revisão de cláusulas contratuais que estabeleçam prestações desproporcionais ou fatos supervenientes que as tornem excessivamente onerosas, adotou a teoria da imprevisão.

d) O recall efetuado pelo fornecedor mediante anúncios publicitários não afasta a sua obrigação de reparar o consumidor na hipótese de fato do produto pretérito decorrente desse defeito.

e) A pessoa jurídica tem a vulnerabilidade presumida no mercado de consumo na hipótese de relação jurídica estabelecida com empresa concessionária de serviço público essencial.

24. (Cespe/DPE/AL/Defensor/2017) Devido ao fato de a expansão do mercado de consumo ter elevado a vulnerabilidade do consumidor, o CDC, para resguardar esses consumidores, estabeleceu como direito básico do destinatário final do produto e(ou) serviço a prevenção e a reparação de danos patrimoniais, morais, individuais, coletivos e difusos. Considerando esse assunto, assinale a opção correta, a respeito da responsabilidade do fornecedor pelo vício e fato do produto e do serviço:

a) Em caso de vícios aparentes identificados em bens duráveis, o prazo decadencial para exercer o direito de reclamar é de cento e oitenta dias, a contar da ciência inequívoca do vício.

b) Em caso de fato do produto, o prazo prescricional é de três anos, tendo por termo "a quo" o conhecimento do dano e de sua autoria.

c) Em caso de vício do produto, os fornecedores não respondem solidariamente por divergência de qualidade e quantidade, devendo ser identificado, na cadeia produtiva, o fornecedor imediatamente responsável pelo vício alegado.

d) A responsabilidade transubjetiva possibilita à vítima demandar a reparação de danos em face de quem não o tenha praticado diretamente.

e) A responsabilidade do fornecedor pelo produto e(ou) serviço é valorada pelo critério objetivo, isto é, a configuração do dever de reparar prescinde da análise de culpa lato sensu, estando todos os fornecedores submetidos a esse critério.

25. (Cespe/DPU/Defensor/2015) Beatriz contratou Sílvio para prestar serviço de reparos elétricos em sua residência. Dias depois, um de seus equipamentos eletrônicos, que estava ligado a uma tomada reparada por Sílvio, queimou. Beatriz, então, acionou-o judicialmente, pleiteando sua responsabilização pelo ocorrido. Em contestação, Sílvio apresentou laudo técnico cuja conclusão apontava que Beatriz havia ligado o equipamento em tomada com voltagem superior à capacidade do aparelho. Nessa situação hipotética, o juiz deverá concluir pela responsabilização de Sílvio, independentemente de culpa.

26. (Cespe/DPU/Defensor/2015) Se um liquidificador, após poucos dias de uso, explodir e causar sérios ferimentos ao consumidor que o tiver adquirido, o comerciante e o fornecedor serão objetiva e solidariamente responsáveis pelos danos a ele causados.

27. (Cespe/DPU/Defensor/2017) Paulo, dono de estabelecimento comercial, vendeu uma batedeira elétrica de fabricante identificado. Posteriormente, o aparelho explodiu durante o uso, o que causou lesão no consumidor. Nessa situação, não haverá responsabilidade solidária entre o fabricante e Paulo pelo dano causado.

3.3. Da Responsabilidade por Vício do Produto e do Serviço

* SÚMULAS

STJ Súm. 595. As instituições de ensino superior respondem objetivamente pelos danos suportados pelo aluno/consumidor pela realização de curso não reconhecido pelo Ministério da Educação, sobre o qual não lhe tenha sido dada prévia e adequada informação.

* INFORMATIVOS DE JURISPRUDÊNCIA

Aquisição de pacote de biscoito com corpo estranho no recheio de um dos biscoitos. Não ingestão. Levar à boca. Exposição do consumidor a risco concreto de lesão à saúde e segurança. Fato do produto. Existência de dano moral.

STJ O simples "levar à boca" do alimento industrializado com corpo estranho gera dano moral "in re ipsa", independentemente de sua ingestão. REsp 1.644.405, Rel. Min. Nancy Andrighi, DJ 17.11.2017. 3ª T. (Info 616)

Vício do produto. Reparação em 30 dias. Dever de sanação do comerciante, assistência técnica ou diretamente do fabricante. Direito de escolha do consumidor.

STJ Cabe ao consumidor a escolha para exercer seu direito de ter sanado o vício do produto em 30 dias - levar o produto ao comerciante, à assistência técnica ou diretamente ao fabricante. REsp 1.634.851, Rel. Min. Nancy Andrighi, DJ 15.2.2018. 3ª T. (Info 619)

* QUESTÕES OBJETIVAS

28. (Cespe/DPE/PE/Defensor/2018) Acerca da responsabilidade do fornecedor de produtos e serviços, assinale a opção correta de acordo com as regras e os princípios previstos no CDC.

a) O comerciante responde pelo vício do produto que comercializa, mesmo que não tenha conhecimento da existência de falha de adequação que tenha surgido no momento de sua fabricação.

b) O CDC veda que o fornecedor provoque, nas ações propostas pelo consumidor, a intervenção de terceiro por intermédio da denunciação da lide ou do chamamento ao processo.

c) O consumidor pode pleitear a nulidade do contrato quando, por fato superveniente, determinada cláusula contratual se tornar excessivamente onerosa.

d) A informação ou a comunicação publicitária parcialmente falsa, apta a induzir o consumidor a erro, deve ser considerada publicidade abusiva e caracteriza ato ilícito do fornecedor.

e) Independentemente de o consumidor ser pessoa física ou jurídica, será considerada nula de pleno direito a cláusula que atenue a responsabilidade do fornecedor, mesmo diante de situação justificável.

29. **(Cespe/DPE/PE/Defensor/2018)** A respeito de prevenção e reparação de danos ao consumidor, julgue os seguintes itens, de acordo com o entendimento do Supremo Tribunal Federal (STF) e do Superior Tribunal de Justiça (STJ) e com as disposições do Código de Defesa do Consumidor (CDC).

I. De acordo com o STF, no caso de transporte aéreo internacional envolvendo consumidor, normas e tratados internacionais limitadores da responsabilidade do fornecedor têm prevalência em relação ao CDC.

II. Conforme a jurisprudência do STJ, a existência de corpo estranho no interior da embalagem lacrada de produto alimentício adquirido por consumidor é circunstância apta, por si só, a provocar dano moral indenizável ao consumidor, ainda que este não tenha ingerido o produto.

III. A sociedade empresária franqueadora é solidariamente responsável pelos vícios dos serviços prestados ao consumidor pela sociedade empresária franqueada, conforme a jurisprudência do STJ.

Assinale a opção correta.

a) Apenas o item II está certo.

b) Apenas o item III está certo.

c) Apenas os itens I e II estão certos.

d) Apenas os itens I e III estão certos.

e) Todos os itens estão certos.

30. **(Cespe/DPE/PE/Defensor/2015)** Eliana comprou várias garrafas de refrigerante para a festa de aniversário de sua filha. Na comemoração, Eliana serviu sua filha do líquido de uma das garrafas e imediatamente a criança ingeriu parte, porém rejeitou o restante, após um rabo de lagartixa grudar em seus lábios. Apurou-se que a criança não sofreu qualquer problema digestivo. Nessa situação, mesmo expostas a situação desagradável, nem Eliana nem sua filha possuem direito a indenização por danos morais, tendo em vista que, como não houve a ingestão completa do material orgânico impróprio, não se configurou qualquer lesão à saúde e à imagem da criança.

31. **(Cespe/TJ/PB/Juiz/2015)** Assinale a opção correta à luz dos dispositivos do CDC e da jurisprudência do STJ:

a) Em um contrato de compra e venda decorrente de relação de consumo, será abusiva eventual cláusula contratual que reduza o prazo legal para que o vício seja sanado pelo fornecedor.

b) É possível indenização por danos morais e materiais causados pela privação do uso do produto durante o conserto, ainda que o vício seja sanado no prazo legal pelo fornecedor.

c) O comerciante que vender produto com vício sem saber do defeito não terá a obrigação de reparar danos ao consumidor, devendo tal obrigação ser assumida pelo fabricante.

d) Na compra de um produto, a garantia contratual de cobertura sobre defeitos do produto pode substituir as garantias previstas em lei.

e) Por expressa previsão no CDC, a responsabilidade do comerciante é subsidiária à do fabricante quanto a vício do produto.

32. **(Cespe/DPU/Defensor/2015)** O feirante que vender uma fruta estragada não poderá ser responsabilizado pelo vício se o produtor da fruta estiver claramente identificado.

3.4. Da Decadência e da Prescrição

✱ SÚMULAS

STJ Súm. 412. A ação de repetição de indébito de tarifas de água e esgoto sujeita-se ao prazo prescricional estabelecido no Código Civil.

STJ Súm. 477. A decadência do art. 26 do CDC não é aplicável à prestação de contas para obter esclarecimentos sobre cobrança de taxas, tarifas e encargos bancários.

* INFORMATIVOS DE JURISPRUDÊNCIA

Contrato de mútuo garantido por penhor de joias subtraídas na constância do contrato. Falha no serviço. Ação de indenização. Prescrição quinquenal. Art. 27 do CDC.

STJ As pretensões indenizatórias decorrentes do furto de joias, objeto de penhor em instituição financeira, prescrevem em 5 anos, de acordo com o disposto no art. 27 do CDC. REsp 1.369.579, Rel. Min. Luis Felipe Salomão, DJ 23.11.2017. 4ª T. (Info 616)

Ação redibitória. Reclamação que obsta a decadência. Forma documental ou verbal. Admissão. Comprovação pelo consumidor.

STJ A reclamação obstativa da decadência, prevista no art. 26, § 2º, I, do CDC pode ser feita documentalmente ou verbalmente. REsp 1.442.597, Rel. Min. Nancy Andrighi, DJe 30.10.2017. 3ª T. (Info 614)

* QUESTÕES OBJETIVAS

33. **(Cespe/DPE/PE/Defensor/2015)** Jorge, após constatar que havia sido cobrado indevidamente por encargos bancários, requereu ao banco que apresentasse extrato referente aos últimos três anos de sua conta bancária, a fim de verificar se havia ou não outras cobranças irregulares. O banco apresentou somente os extratos dos últimos noventa dias, alegando decadência do direito de reclamar período superior. Nessa situação, não se aplica o prazo decadencial de noventa dias previsto no CDC, razão por que errou o banco em questão.

34. **(Cespe/TJ/AM/Juiz/2016)** Xavier adquiriu, em 20.9.2012, na casa de materiais de construção Materc Ltda., piso em cerâmica fabricado pela empresa Ceramic Ltda. A Materc Ltda. comprometeu-se a instalar na cozinha da residência de Xavier o material comprado e assim o fez, prevendo contratualmente trinta dias de garantia. Posteriormente, em 19.3.2013, o piso passou a apresentar rachaduras. Diante de tal situação, Xavier contatou, em 20.3.2013, os técnicos das empresas envolvidas, que, no mesmo dia, compareceram ao local. O representante da Materc Ltda. não reconheceu a má prestação do serviço; contudo, o preposto da fabricante atestou que os produtos adquiridos apresentavam vícios. Não obstante, este informou que, como já havia transcorrido o prazo da garantia oferecido pelo serviço, bem como o prazo de trinta dias previsto em lei, nada poderia ser feito. Inconformado com os produtos adquiridos, Xavier ingressou com ação de cobrança contra os fornecedores e requereu que estes, solidariamente, restituíssem a quantia paga. Nessa situação hipotética, conforme as disposições do CDC:

a) o defeito descrito caracteriza a existência de fato do produto e, por isso, o prazo prescricional é de cinco anos.
b) ao autor é assegurado o prazo prescricional de três anos previsto legalmente para a reparação civil, razão pela qual ainda não houve a perda da pretensão.
c) a Ceramic Ltda. não pode ser responsabilizada civilmente, pois o autor se insurgiu tão somente contra os produtos adquiridos.
d) a garantia contratual substituiu a garantia legal prevista para o caso em questão e, portanto, está prescrita a pretensão do autor.
e) a relação jurídica estabelecida entre as partes é de consumo e, por se tratar de vício oculto, o direito do autor de reclamar ainda não caducou.

35. **(Cespe/TJ/DFT/Juiz/2016)** A respeito dos institutos jurídicos da prescrição e da decadência, no âmbito das relações de consumo, de acordo com o CDC e o entendimento atual e prevalente do STJ, assinale a opção correta:

a) Pelo princípio da "actio nata", o termo inicial do prazo prescricional para a propositura de ação indenizatória, fundada em inscrição indevida em cadastros restritivos de crédito, é a data em que ocorre, efetivamente, a negativação, em face do caráter público das informações lançadas nos bancos de dados.
b) Para as ações de indenização por danos morais decorrentes de inscrição indevida em cadastro de inadimplentes, promovida por instituição financeira, aplica-se o prazo prescricional de cinco anos, previsto no CDC para as hipóteses de responsabilidade decorrente de fato do serviço.
c) À luz do ordenamento jurídico em vigor, é de cinco anos o prazo para que o consumidor possa reclamar a remoção de vícios aparentes ou de fácil constatação, decorrentes da construção civil, que não estejam ligados à solidez e à segurança do imóvel.

d) A simples reclamação do consumidor, comprovadamente formulada apenas perante o fornecedor de produtos e serviços, não obsta a fluência do prazo decadencial do direito de reclamar, quando se tratar de vício aparente ou de fácil constatação, que será de trinta dias, tratando-se de fornecimento de serviço e de produto não duráveis, e de noventa dias, caso se trate de serviço ou produto durável.

e) O ajuizamento de ação de indenização, fundada em erro médico ocorrido após a entrada em vigor do CDC, deve observar o prazo de prescrição quinquenal, previsto no CDC para os casos de fato do produto ou do serviço, iniciando-se a contagem do prazo a partir do conhecimento do dano e de sua autoria.

36. **(Cespe/TJ/PB/Juiz/2015)** A respeito da prescrição e da decadência nas relações de consumo, assinale a opção correta:

a) O juiz não pode reconhecer de ofício a prescrição e a decadência na relação de consumo, pois se trata de uma interpretação desfavorável ao consumidor.

b) Na ação ordinária em que o consumidor almeje a restituição em dobro das tarifas de água e esgoto, a perda da pretensão ocorre em cinco anos.

c) O prazo decadencial conferido ao consumidor para reclamar das inadequações dos produtos e serviços na hipótese de vício aparente ou de fácil constatação diverge daquele previsto para reclamações por vícios ocultos.

d) A reclamação verbal do vício do produto ou do serviço feita pelo consumidor ao fornecedor por telefone não obsta o prazo decadencial, pois o CDC exige que a comunicação seja comprovada por escrito.

e) Na demanda coletiva amparada em direitos difusos dos consumidores, bem como nas de direito coletivo em sentido estrito em que haja indisponibilidade do direito material tutelado, a pretensão é considerada imprescritível.

4. DAS PRÁTICAS COMERCIAIS

4.1. Das Disposições Gerais, Da Oferta, Da Publicidade

*** QUESTÕES DISCURSIVAS**

04. **(Cespe/DP/DF/Defensor/2013)** Após ler anúncio de venda de veículos em jornal de grande circulação, Pedro procurou o anunciante e adquiriu um carro zero quilômetro. Contudo, o anunciante não era vendedor de veículos e Pedro pagou pelo veículo, mas não o recebeu, tendo sido vítima de estelionato. Nessa situação hipotética, o jornal tem responsabilidade pelo anúncio publicado e o dever de indenizar Pedro? Justifique sua resposta.

*** QUESTÕES OBJETIVAS**

37. **(Cespe/TJ/DFT/Juiz/2015)** Com relação às práticas comerciais reguladas no CDC, assinale a opção correta à luz da legislação aplicável e da jurisprudência do STJ:

a) O estabelecimento comercial que vende veículos automotores de fabricação nacional está obrigado a assegurar ao consumidor a oferta de componentes e peças de reposição enquanto não cessar a fabricação do produto e, uma vez cessada a produção, a oferta deverá ser mantida por tempo razoável, na forma da lei.

b) Os bancos de dados e de cadastros de proteção ao crédito podem manter em seus registros o nome de consumidor inadimplente por, no máximo, dez anos.

c) O consumidor que alegar falsidade nas informações ou nas comunicações em uma relação jurídica de consumo que envolva publicidade deverá assumir o ônus da prova.

d) Todas as pessoas potencialmente expostas às práticas comerciais previstas no CDC são equiparadas a consumidores para fins de aplicação do referido código.

e) Cabe ao consumidor inadimplente, após o pagamento integral da dívida, requerer a exclusão de seu nome dos bancos de dados e de cadastros de consumidores de órgãos de proteção ao crédito.

38. **(Cespe/TJ/AM/Juiz/2016)** Acerca das práticas comerciais previstas no CDC, assinale a opção correta à luz da jurisprudência do STJ:

a) A cobrança de tarifa de água pela concessionária pode ocorrer por estimativa na hipótese comprovada de falta do hidrômetro ou de seu mau funcionamento.

b) Haverá responsabilidade solidária entre a concessionária de veículos seminovos e a fabricante da marca no caso de oferta veiculada por aquela que ateste, com a anuência desta, a qualidade de veículo usado, caso esse bem venha a apresentar vício.

c) A ciência do consumidor é necessária para que ocorra a reprodução objetiva e atualizada pelos órgãos de proteção ao crédito dos registros existentes nos cartórios de protesto.

d) O denominado escore de crédito, que decorre do cadastro positivo, é uma espécie de banco de dados e necessita do consentimento do consumidor para utilização pelos fornecedores.

e) Não caracteriza prática abusiva a distinção no pagamento em dinheiro, cheque ou cartão de crédito, pois esta última modalidade envolve, além do consumidor e do fornecedor, a administradora do cartão.

39. **(Cespe/TJ/PB/Juiz/2015)** A respeito da oferta e da publicidade de produtos e serviços, assinale a opção correta:

a) Cabe ao consumidor a prova da ausência da veracidade da informação ou comunicação publicitária veiculada pelo patrocinador.

b) A publicidade enganosa resultante de erro de terceiro não obriga a empresa por ela beneficiada.

c) Cessada a produção ou a importação de determinado produto, sua oferta deverá ser mantida pelo período de cinco anos.

d) Os fornecedores de produtos ou serviços são subsidiariamente responsáveis pelos atos de seus prepostos que não possuam vínculo trabalhista ou de subordinação.

e) Para que ocorra o reconhecimento da publicidade enganosa, exige-se que haja capacidade de indução a erro do consumidor, sem que seja necessária a comprovação de qualquer prejuízo.

4.2. Das Práticas Abusivas

✱ SÚMULAS

STJ Súm. 532. Constitui prática comercial abusiva o envio de cartão de crédito sem prévia e expressa solicitação do consumidor, configurando-se ato ilícito indenizável e sujeito à aplicação de multa administrativa.

STJ Súm. 609. A recusa de cobertura securitária, sob a alegação de doença preexistente, é ilícita se não houve a exigência de exames médicos prévios à contratação ou a demonstração de má-fé do segurado.

✱ REPERCUSSÃO & REPETITIVOS

STJ Repetitivo 939. Legitimidade passiva "ad causam" da incorporadora, na condição de promitente-vendedora, para responder pela restituição ao consumidor dos valores pagos a título de comissão de corretagem e de taxa de assessoria técnico-imobiliária, nas demandas em que se alega prática abusiva na transferência desses encargos ao consumidor. (REsp 1551951, 24.8.2016)

✱ INFORMATIVOS DE JURISPRUDÊNCIA

Contrato de transporte aéreo de pessoas. Trechos de ida e volta adquiridos conjuntamente. Não comparecimento do passageiro para o trecho de ida ("no show"). Cancelamento de viagem de volta. Conduta abusiva.

STJ É abusiva a prática comercial consistente no cancelamento unilateral e automático de um dos trechos da passagem aérea, sob a justificativa de não ter o passageiro se apresentado para embarque no voo antecedente. REsp 1.595.731, Rel. Min. Luis Felipe Salomão, DJ 1.2.2018. 4ª T. (Info 618)

Serviço de assistência à saúde. Indicação da Classificação Internacional de Doenças (CID) em requisições de exames e serviços de saúde. Condicionamento para a cobertura do serviço e pagamento de honorários médicos. Ausência de abusividade.

STJ Não é abusiva a exigência de indicação da CID (Classificação Internacional de Doenças), como condição de deferimento, nas requisições de exames e serviços oferecidos pelas prestadoras de plano de saúde, bem como para o pagamento de honorários médicos. REsp 1.509.055, Rel. Min. Paulo de Tarso Sanseverino, DJe 25.8.2017. 3ª T. (Info 610)

✱ INOVAÇÕES LEGISLATIVAS

▲ Art. 39. É vedado ao fornecedor de produtos ou serviços, dentre outras práticas abusivas: (...) XIV – permitir o ingresso em estabelecimentos comerciais ou de serviços de um número maior de consumidores que o fixado pela autoridade administrativa como máximo. (Modificações: Lei 13.425/17)

✱ QUESTÕES OBJETIVAS

40. **(Cespe/TJ/DFT/Juiz/2016)** De acordo com as normas que regulam a proteção contratual do consumidor no CDC e, ainda, conforme entendimento jurisprudencial atual e prevalente do STJ, assinale a opção correta:

a) É considerada abusiva a cláusula contratual que preveja a cobrança de juros compensatórios ("juros no pé"), pela incorporadora (promitente vendedora), em contrato de promessa de compra e venda de imóvel em construção, antes da entrega das chaves.

b) É válida a cláusula inserida em contrato de plano de saúde que limita o tempo de cobertura, quando se tratar, especificamente, de internação psiquiátrica prolongada.

c) A diferenciação de preços praticada por lojista para as hipóteses de pagamento em dinheiro, cheque ou cartão de crédito caracteriza prática abusiva no mercado de consumo, por ser considerada nociva ao equilíbrio contratual.

d) Não se mostra abusiva a cláusula contratual que determina a restituição dos valores devidos de forma parcelada, na hipótese de resolução de contrato de promessa de compra e venda de imóvel, quando o desfazimento tenha sido causado pela desistência do consumidor comprador.

e) Aplicam-se, na relação entre o franqueador e o franqueado, os princípios e as normas protetivas do CDC, sendo, por força da presumida hipossuficiência do consumidor aderente (franqueado), nula a cláusula de eleição de foro, estipulada em favor do franqueador, em contrato de franchising firmado por adesão.

41. **(Cespe/TJ/DFT/Juiz/2015)** De acordo com as regras e os princípios previstos no CDC e com a jurisprudência do STJ, assinale a opção correta:

a) As cláusulas previstas em contratos de adesão que limitem ou restrinjam direitos do consumidor aderente devem ser consideradas nulas de pleno direito.

b) Não se aplica ao fornecedor de serviços a medida administrativa de cassação da concessão de serviço público por violação reiterada das normas de proteção ao consumidor.

c) O envio de cartão de crédito a consumidor, sem a sua prévia e expressa solicitação, é considerado prática comercial abusiva, situação que caracteriza ato ilícito indenizável e sujeito a aplicação de multa administrativa.

d) Nas compras realizadas pela Internet, o exercício do direito de arrependimento é condicionado à indicação do vício de qualidade pelo consumidor no prazo legal.

e) O CDC deve ser compreendido como um microssistema de função social que tem a finalidade de proteger a parte vulnerável de uma relação jurídica e que é integralmente constituído por normas de direito público.

42. **(Cespe/DPU/Defensor/2017)** A utilização do escore de crédito é considerada prática comercial ilícita, na medida em que esse sistema constitui banco de dados indevido, por dispensar o consentimento do consumidor para que seus dados sejam nele incluídos.

43. **(Cespe/DPU/Defensor/2017)** A instituição financeira que enviar cartão de crédito para correntista sem a sua solicitação prévia e expressa cometerá prática comercial abusiva, configuradora de ato ilícito indenizável.

44. **(Cespe/PGM/Salvador/Procurador/2015)** Acerca da oferta, das práticas abusivas, do contrato de adesão e das sanções administrativas, assinale a opção correta à luz do CDC e da jurisprudência do STJ:

a) As multas aplicadas por órgãos diversos de proteção ao consumidor, de unidades federativas diferentes, em virtude de um mesmo fato não configuram "bis in idem".

b) O envio de cartão de crédito sem prévia solicitação do consumidor configura ato ilícito indenizável, sem prejuízo da sanção administrativa correspondente.

c) As cláusulas contratuais que restrinjam direitos dos consumidores serão nulas de pleno direito.

d) Não configura a prática da chamada venda casada o fato de o fornecedor condicionar a possibilidade de pagamento parcelado à aquisição de outra mercadoria pelo consumidor.

e) O anunciante pode recusar-se ao cumprimento da oferta veiculada caso constate, posteriormente, erro em sua divulgação.

45. **(Cespe/DPE/AC/Defensor/2017)** Julgue os itens a seguir, acerca de práticas comerciais nas relações de consumo.

I. As práticas abusivas vedadas ao fornecedor de produtos ou serviços são dispostas, no CDC, de modo exemplificativo.

II. É vedado ao comerciante enviar ao consumidor qualquer produto sem que haja prévia solicitação.

III. A cobrança de tarifa básica pelo uso dos serviços de telefonia fixa caracteriza venda casada, sendo considerada ilegítima.

IV. Conforme o CDC, rejeitar cheque como forma de pagamento pela compra de um produto é prática abusiva.

Estão certos apenas os itens:

a) I e II.
b) I e III.
c) II e III.
d) II e IV.
e) III e IV.

46. **(Cespe/DPU/Defensor/2015)** O fornecedor de serviços está obrigado a entregar ao contratante de seus serviços orçamento prévio discriminando o valor da mão de obra e dos materiais, entre outros aspectos, não respondendo o contratante por eventuais ônus ou acréscimos decorrentes da necessidade de contratação, pelo fornecedor, de serviços de terceiros surgida durante a execução do serviço e que não estejam previstos no orçamento prévio.

47. **(Cespe/TRF/5R/Juiz/2017)** Pedro celebrou com uma concessionária de serviço público contrato de prestação de serviço de telefonia fixa e deixou de efetuar o pagamento das faturas referentes ao serviço. Um ano depois, em decorrência de erro na instalação, o cabo de fibra óptica utilizado pela empresa na residência de Pedro pegou fogo, ferindo-o. Ele, então, ajuizou ação de indenização contra a concessionária e contra a Agência Nacional de Telecomunicações (Anatel). Requereu, ainda, o reconhecimento da abusividade da cobrança de tarifa básica e o envio, pelas rés, das faturas discriminadas das ligações efetuadas. Em sua resposta, a concessionária de serviço público argumentou que não poderia atender ao requerido, pois havia suspendido, após o ajuizamento da ação, o serviço de telefonia em decorrência de inadimplência passada de Pedro. A Anatel, por sua vez, alegou não possuir legitimidade passiva nesse tipo de demanda. A respeito dessa situação hipotética, assinale a opção correta à luz da jurisprudência dos tribunais superiores:

a) O argumento oferecido pela concessionária é pertinente, pois, por sua inadimplência pretérita, Pedro estava legalmente sujeito à interrupção do serviço.
b) A alegação da ANATEL é impertinente, pois ela é parte legítima na demanda de Pedro, já que se trata de relação contratual entre usuário e concessionária de serviço público.
c) Competirá à justiça federal o julgamento da ação, já que a ANATEL é parte na demanda.
d) O pedido de Pedro quanto ao reconhecimento de inadmissibilidade de cobrança de tarifa básica é incabível.
e) A concessionária deverá fornecer a discriminação das ligações efetuadas, sendo facultado a ela o repasse do custo desse serviço a Pedro.

4.3. Da Cobrança de Dívidas

✱ SÚMULAS

STF Súm. 159. Cobrança excessiva, mas de boa-fé, não dá lugar às sanções do art. 1.531 do Código Civil.

✱ QUESTÕES OBJETIVAS

48. **(Cespe/DPE/AC/Defensor/2017)** Após prévia notificação pela empresa concessionária do serviço de fornecimento de energia elétrica, foi suspenso o fornecimento de luz na residência de Pedro, em consequência do não pagamento dos débitos contraídos pelo usuário anterior do imóvel. Com relação à situação hipotética apresentada, é correto afirmar, com fundamento na jurisprudência do STJ, que a empresa prestadora do serviço público procedeu:

a) corretamente, pois o corte no fornecimento de serviço público essencial respeitou a necessidade de prévia notificação de Pedro.
b) corretamente, pois os débitos têm natureza "propter rem", sendo de responsabilidade de Pedro quando passou a ser usuário do imóvel.
c) incorretamente, pois, como os referidos débitos têm natureza pessoal, não poderia Pedro ser responsabilizado pela dívida contraída pelo usuário anterior do imóvel.
d) incorretamente, pois, por ser o fornecimento de energia elétrica serviço essencial, não é permitido o corte desse serviço por motivo de não pagamento.
e) incorretamente, pois, por ser o fornecimento de energia elétrica serviço público essencial, o corte desse fornecimento somente poderia decorrer de determinação judicial.

4.4. Dos Bancos de Dados e Cadastros de Consumidores

✱ SÚMULAS

STJ Súm. 323. A inscrição do nome do devedor pode ser mantida nos serviços de proteção ao crédito até o prazo máximo de cinco anos, independentemente da prescrição da execução.

STJ Súm. 359. Cabe ao órgão mantenedor do cadastro de proteção ao crédito a notificação do devedor antes de proceder à inscrição.

STJ Súm. 385. Da anotação irregular em cadastro de proteção ao crédito, não cabe indenização por dano moral, quando preexistente legítima inscrição, ressalvado o direito ao cancelamento.

STJ Súm. 404. É dispensável o aviso de recebimento (AR) na carta de comunicação ao consumidor sobre a negativação de seu nome em bancos de dados e cadastros.

STJ Súm. 548. Incumbe ao credor a exclusão do registro da dívida em nome do devedor no cadastro de inadimplentes no prazo de cinco dias úteis, a partir do integral e efetivo pagamento do débito.

STJ Súm. 550. A utilização de escore de crédito, método estatístico de avaliação de risco que não constitui banco de dados, dispensa o consentimento do consumidor, que terá o direito de solicitar esclarecimentos sobre as informações pessoais valoradas e as fontes dos dados considerados no respectivo cálculo.

STJ Súm. 572. O Banco do Brasil, na condição de gestor do Cadastro de Emitentes de Cheques sem Fundos (CCF), não tem a responsabilidade de notificar previamente o devedor acerca da sua inscrição no aludido cadastro, tampouco legitimidade passiva para as ações de reparação de danos fundadas na ausência de prévia comunicação.

* REPERCUSSÃO & REPETITIVOS

STJ Repetitivo 915. Em relação ao sistema "credit scoring", o interesse de agir para a propositura da ação cautelar de exibição de documentos exige, no mínimo, a prova de: i) requerimento para obtenção dos dados ou, ao menos, a tentativa de fazê-lo à instituição responsável pelo sistema de pontuação, com a fixação de prazo razoável para atendimento; e ii) que a recusa do crédito almejado ocorreu em razão da pontuação que lhe foi atribuída pelo sistema "scoring". (REsp 1304736, 24.2.2016)

STJ Repetitivo 922. A inscrição indevida comandada pelo credor em cadastro de inadimplentes, quando preexistente legítima anotação, não enseja indenização por dano moral, ressalvado o direito ao cancelamento. Inteligência da Súm. 385/STJ. (REsp 1386424, 27.4.2016)

* QUESTÕES DISCURSIVAS

05. **(Cespe/DPU/Defensor/2017)** Antônio possuía dívida com a Caixa Econômica Federal (Caixa) relativa ao cartão de crédito. Em razão do inadimplemento, seu nome foi inscrito em banco de dados restritivo por solicitação da Caixa. Diante da necessidade de realizar uma compra a crédito, com muito esforço, Antônio conseguiu quitar o débito. Oito dias úteis após o pagamento, ele verificou que a Caixa ainda não havia informado ao banco de dados o pagamento da dívida e que seu nome continuava nos cadastros de restrição, exclusivamente em razão desse título. Antônio não chegou a passar pelo constrangimento de tentar realizar uma compra e o crédito ser recusado. Diante da situação hipotética apresentada, responda, de forma justificada com base na legislação vigente e no entendimento jurisprudencial pertinente, se Antônio sofreu dano indenizável decorrente de responsabilidade civil e, em caso de resposta positiva, aponte o tipo de dano sofrido e o responsável pelo pagamento de eventual indenização.

* QUESTÕES OBJETIVAS

49. **(Cespe/DPE/PE/Defensor/2018)** De acordo com a jurisprudência do STJ, a utilização de escore de crédito para a avaliação do risco de concessão de crédito é prática

a) vedada expressamente pelo CDC, mas tolerada apenas se houver consentimento prévio do consumidor.
b) lícita independentemente do consentimento do consumidor, que terá o direito de solicitar esclarecimentos sobre as informações e dados pessoais valorados.
c) permitida para a geração de informações exclusivas para fornecedores, não havendo direito do consumidor em ter acesso aos dados referentes ao escore.
d) permitida apenas para a análise de crédito em situação de inexistência de relação de consumo.
e) abusiva e o seu uso caracteriza dano moral ao consumidor.

50. **(Cespe/DPE/PE/Defensor/2015)** Segundo o entendimento do STJ, caso preexistam outras inscrições regularmente realizadas, a ausência de prévia comunicação ao consumidor da inscrição do seu nome em órgão de proteção ao crédito não ensejará indenização por danos morais.

51. (Cespe/DPE/PE/Defensor/2015) A fim de promover a exclusão de seu nome do banco de dados de órgão de proteção ao crédito, Fernando pagou integralmente o montante da dívida inscrita no referido banco de dados. Nessa situação, a obrigação de promover a baixa do registro será do órgão mantenedor e o prazo para a efetivação dessa obrigação será de cinco dias úteis, a contar do primeiro dia útil subsequente à completa disponibilização do numerário necessário à quitação do débito vencido.

52. (Cespe/DPE/PE/Defensor/2015) O nome de Marcos foi incluído, pela segunda vez, no banco de dados de órgão de proteção ao crédito. Apurou-se que a primeira anotação fora feita de forma regular, mas a segunda ocorrera sem a indispensável notificação prévia a Marcos. Nessa situação, Marcos tem direito à exclusão da segunda anotação, porém não tem direito à compensação por danos morais.

53. (Cespe/DPE/RN/Defensor/2015) Com base no Estatuto do Idoso, no CDC e no entendimento do STJ acerca dos tópicos abarcados por esses dois diplomas legais, assinale a opção correta:

a) Uma operadora de plano de saúde não responde perante o consumidor por falha na prestação dos serviços médicos e hospitalares por ela credenciados.

b) De acordo com o Estatuto do Idoso, na ação de execução de sentença individual e nas ações referentes a interesses individuais indisponíveis, o pagamento das custas processuais pelo idoso deve ocorrer somente ao final do processo.

c) Na ação de indenização movida pelo DP em defesa de consumidor hipossuficiente cujo nome tenha sido inscrito indevidamente em cadastro de inadimplentes, é imprescindível a comprovação do efetivo prejuízo por ele sofrido em decorrência do ato.

d) A comprovação da postagem de correspondência notificando o consumidor da inscrição de seu nome em cadastro de inadimplência é bastante para atender ao disposto no CDC no tocante ao direito de acesso a informação que lhe diga respeito, sendo desnecessário, nesses casos, o aviso de recebimento.

e) O vício de qualidade do produto não confere ao consumidor o direito de substituição do bem, mas sim o de abatimento proporcional do preço, na forma prevista na legislação em vigor.

54. (Cespe/TJ/DFT/Juiz/2016) De acordo com o entendimento adotado, de forma atual e prevalente, pelo STJ, assinale a opção correta:

a) A utilização dos dados extraídos dos registros do cartório de protesto, por órgão cadastral de proteção ao crédito, desde que se trate de reprodução fiel, atualizada, objetiva e clara, não gera o dever de reparar os danos causados ao consumidor, ainda que não tenha este sido previamente cientificado da inclusão de tais informações na base de dados do órgão de proteção.

b) Cabe ao órgão responsável pelo cadastro de proteção ao crédito, e não ao credor, a notificação do devedor, antes de proceder à inscrição desabonadora, exigindo-se, para o fiel atendimento da exigência legal, a prova de efetiva notificação do devedor, por meio de carta com aviso de recebimento.

c) Para a lícita utilização de escore de crédito, método estatístico de avaliação de risco que não constitui banco de dados, exige-se o consentimento do consumidor, que terá o direito de solicitar esclarecimentos sobre as informações pessoais valoradas e as fontes dos dados considerados no respectivo cálculo.

d) A inclusão do nome do consumidor em base de dados do órgão de proteção ao crédito, quando fundada em informação verdadeira, extraída do cartório de distribuição judicial, não tem o condão de ensejar a obrigação de reparar danos, desde que seja observado o dever de prévia notificação do devedor.

e) Verificada, ao tempo em que fora realizada, a legítima inscrição do nome do devedor em cadastro de proteção ao crédito, e, uma vez operado, em momento ulterior, o integral pagamento da dívida, cabe ao devedor interessado postular a exclusão do registro desabonador, posto que a negativação teve origem em ato realizado no exercício regular de um direito do credor.

55. (Cespe/PGM/Salvador/Procurador/2015) Laura, proprietária de uma ótica, dirigiu-se até Jorge, que estava no interior de outro estabelecimento comercial, e cobrou-lhe a quantia de R$ 1.500,00, referente a uma nota promissória por ele emitida para a compra de óculos. Laura afirmou, na presença dos empregados do local em que Jorge se encontrava, que ele era mau pagador e recomendou que não lhe vendessem qualquer produto, argumentando que ele não cumpriria a obrigação.

Ela afirmou, ainda, que o nome de Jorge fora incluído no banco de dados de consumidores inadimplentes e que ele possuía inscrições anteriores solicitadas por outros fornecedores. Jorge, por sua vez, informou que quitara o título, embora este já estivesse prescrito, e acrescentou que iria ingressar com ação condenatória requerendo indenização por danos emergentes e compensação por danos morais. Laura, após retornar ao seu estabelecimento, constatou o equívoco da cobrança e retratou-se do ocorrido. A propósito dessa situação hipotética, à luz da jurisprudência do STJ e de acordo com a legislação aplicável, assinale a opção correta:

a) Compete ao estabelecimento comercial de Laura, após o pagamento efetivo do débito, requerer ao banco de dados a exclusão do nome de Jorge dessa base de registros.
b) A prescrição do título não veda que o banco de dados forneça informações que impeçam ou dificultem o crédito de outros fornecedores ao emitente do título prescrito.
c) As inscrições preexistentes no cadastro de proteção ao crédito em nome de Jorge afastam o dever de indenizar da ótica de Laura em relação ao dano moral.
d) O fato de Laura retratar-se após constatar o equívoco de sua conduta afasta o ilícito civil da cobrança vexatória.
e) Uma vez demonstrado o pagamento do título por Jorge, este fará jus à restituição em dobro do valor pago pelos óculos.

5. DA PROTEÇÃO CONTRATUAL

* SÚMULAS

STJ Súm. 302. É abusiva a cláusula contratual de plano de saúde que limita no tempo a internação hospitalar do segurado.

STJ Súm. 381. Nos contratos bancários, é vedado ao julgador conhecer, de ofício, da abusividade das cláusulas.

STJ Súm. 285. Nos contratos bancários posteriores ao Código de Defesa do Consumidor incide a multa moratória nele prevista.

STJ Súm. 543. Na hipótese de resolução de contrato de promessa de compra e venda de imóvel submetido ao Código de Defesa do Consumidor, deve ocorrer a imediata restituição das parcelas pagas pelo promitente comprador – integralmente, em caso de culpa exclusiva do promitente vendedor/construtor, ou parcialmente, caso tenha sido o comprador quem deu causa ao desfazimento.

STJ Súm. 597. A cláusula contratual de plano de saúde que prevê carência para utilização dos serviços de assistência médica nas situações de emergência ou de urgência é considerada abusiva se ultrapassado o prazo máximo de 24 horas contado da data da contratação.

STJ Súm. 603. É vedado ao banco mutuante reter, em qualquer extensão, os salários, vencimentos e/ou proventos de correntista para adimplir o mútuo (comum) contraído, ainda que haja cláusula contratual autorizativa, excluído o empréstimo garantido por margem salarial consignável, com desconto em folha de pagamento, que possui regramento legal específico e admite a retenção de percentual.

* INFORMATIVOS DE JURISPRUDÊNCIA

Cartão de crédito. Cláusulas abusivas. Compartilhamento de dados pessoais. Necessidade de opção por sua negativa. Desrespeito aos princípios da transparência e confiança.

STJ É abusiva e ilegal cláusula prevista em contrato de prestação de serviços de cartão de crédito que autoriza o banco contratante a compartilhar dados dos consumidores com outras entidades financeiras ou mantenedoras de cadastros positivos e negativos de consumidores, sem que seja dada opção de discordar daquele compartilhamento. REsp 1.348.532, Rel. Min. Luis Felipe Salomão, DJ 30.11.2017. 4ª T. (Info 616)

Despesas administrativas para o banco reaver seu crédito. Ligações telefônicas. Repasse ao consumidor. Abusividade não configurada.

STJ Não há abusividade na cláusula contratual que estabeleça o repasse dos custos administrativos da instituição financeira com as ligações telefônicas dirigidas ao consumidor inadimplente. REsp 1.361.699, Rel. Min. Ricardo Villas Bôas Cueva, DJe 21.9.2017. 3ª T. (Info 611)

Plano de saúde. Transtorno mental. Depressão. Tratamento psicoterápico. Limitação do número de consultas. Abusividade.

STJ Há abusividade na cláusula contratual ou em ato da operadora de plano de saúde que importe em limitação/interrupção de tratamento psicoterápico por esgotamento do número de sessões anuais asseguradas no Rol de Procedimentos e Eventos em Saúde da ANS, devendo as consultas excedentes ser custeadas em regime de coparticipação. REsp 1.679.190, Rel. Min. Ricardo Villas Bôas Cueva, DJe 2.10.2017. 3ª T. (Info 612)

Prestação de serviço de TV a cabo. Cláusula de fidelização. Cobrança proporcional da multa de fidelidade independentemente do cumprimento parcial do prazo de carência.

STJ A cobrança da multa de fidelidade pela prestadora de serviço de TV a cabo deve ser proporcional ao tempo faltante para o término da relação de fidelização, mesmo antes da vigência da Resolução n. 632/2014 da Anatel. REsp 1.362.084, Rel. Min. Luis Felipe Salomão, DJ 1.8.2017. 4ª T. (Info 608)

Promessa de compra e venda de imóvel em construção. Atraso da obra. Cláusula de tolerância. Validade. Previsão legal. Peculiaridades da construção civil. Atenuação de riscos. Benefício aos contratantes.

STJ Não é abusiva a cláusula de tolerância nos contratos de promessa de compra e venda de imóvel em construção que prevê prorrogação do prazo inicial para a entrega da obra pelo lapso máximo de 180 (cento e oitenta) dias. REsp 1.582.318, Rel. Min. Ricardo Villas Bôas Cueva, DJe 21.9.2017. 3ª T. (Info 612)

* QUESTÕES DISCURSIVAS

06. (Cespe/DP/DF/Defensor/2013) Após assistir a um comercial de televisão sobre um creme antirrugas, Cláudia telefonou para o número fornecido no anúncio e efetuou a compra de dois potes do creme. Cinco dias após receber o produto, sem tê-lo usado, resolveu devolvê-lo. Nessa situação hipotética, Cláudia tem o direito potestativo de devolver o produto sem a necessidade de apresentar justificativas? Fundamente sua resposta.

07. (Cespe/DP/DF/Defensor/2013) É lícita a cobrança, por instituição financeira, de tarifa para a abertura de crédito em conta-corrente? Fundamente sua resposta conforme o entendimento do STJ.

* QUESTÕES OBJETIVAS

56. (Cespe/DPE/PE/Defensor/2018) Em cada uma das opções a seguir é apresentada uma situação hipotética a respeito de práticas comerciais e contratos regidos pelo CDC, seguida de uma assertiva a ser julgada de acordo com a jurisprudência do STJ.

a) Determinado consumidor deu causa ao desfazimento de contrato de compra e venda de imóvel realizado junto a determinada construtora. Nesse caso, o consumidor, promitente comprador, tem direito à restituição integral das parcelas pagas.

b) Carlos deseja ajuizar ação de prestação de contas em face de instituição financeira para obter esclarecimentos sobre cobrança de tarifas e encargos bancários. Nesse caso, o ajuizamento da demanda deve observar o prazo decadencial previsto no CDC para a hipótese de vício do serviço.

c) A administração pública aplicou multa administrativa a sociedade empresária em razão de envio reiterado de cartões de crédito sem a prévia e expressa solicitação do consumidor. Nesse caso, a multa é nula por ausência de fundamento legal, cabendo a cada consumidor lesado a busca pela reparação do dano na esfera judicial.

d) O contrato de determinado plano de saúde possui cláusula contratual que limita o período de internação do segurado. Nessa situação, no caso de eventual internação, se o consumidor tiver sido previamente informado, a cláusula é considerada legítima.

e) Para quitar despesas pessoais, Rafael realizou contrato de mútuo com o banco X no valor de R$ 30 mil. Nessa situação, a cobrança, pela instituição financeira, de juros capitalizados será válida apenas se houver disposição contratual expressa nesse sentido.

57. (Cespe/TRF/1R/Analista/2017) O contrato de compra e venda de um imóvel não residencial em construção, continha cláusula que determinava a perda total das parcelas pagas caso a compradora, que utilizaria o imóvel como sede empresarial, desistisse do negócio. O contrato foi firmado após a edição do Código de Defesa do Consumidor (CDC). A referida cláusula é prática manifestamente abusiva, mas não nula de pleno direito.

58. (Cespe/DPU/Defensor/2017) Nas relações de consumo, não se admite cláusula resolutória nos contratos de adesão.

6. DAS SANÇÕES ADMINISTRATIVAS

* QUESTÕES OBJETIVAS

59. (Cespe/DPE/PE/Defensor/2015) Considere que determinada empresa concessionária de serviço público de telefonia tenha sido multada pelo Procon em razão de descumprimento de determinação deste órgão a respeito do prazo para instalação de linha telefônica. Nessa situação, de acordo com o STJ, a multa é ilegal porque a atividade da concessionária está sujeita exclusivamente à fiscalização setorial realizada por agência reguladora de atuação nacional.

60. **(Cespe/TRF/5R/Juiz/2015)** Por ter violado norma de proteção ao consumidor, a instituição financeira XYZ foi punida com penalidade de multa imposta pelo Procon. Tal violação também configurou descumprimento a norma regulatória setorial, razão pela qual a empresa XYZ foi novamente punida com pena de multa, dessa vez pelo BCB. Em ambos os casos, foram observadas as normas processuais administrativas. A referida empresa ingressou com ação judicial em que questionou a legalidade das penalidades aplicadas. Com referência a essa situação hipotética, assinale a opção correta:

a) A competência do BCB no campo regulatório do setor não impede a fiscalização concomitante pelo Procon, com fundamento nas normas do CDC, porém a aplicação de multa pelo mesmo ato configura situação de "bis in idem", vedada pelo ordenamento jurídico brasileiro.

b) A penalidade aplicada pelo BCB deve prevalecer sobre a multa aplicada pelo Procon, que deve ser anulada, por ser a norma regulatória considerada especial em relação à norma consumerista.

c) Não houve ilegalidade na aplicação das duas multas pelo mesmo ato, tendo em vista que se verificou violação concomitante de norma do CDC e de norma regulatória do setor.

d) As duas multas podem ser cumuladas, pois a multa aplicada pelo Procon tem a finalidade de ressarcir o dano causado ao consumidor, enquanto a multa aplicada pelo BCB tem finalidade regulatória, de nítido caráter punitivo.

e) A multa aplicada pelo Procon é nula, pois o CDC não atribui a esse órgão competência para aplicação de penalidades, mas apenas para a prática de atos de fiscalização e conciliação entre fornecedor e consumidor.

7. DAS INFRAÇÕES PENAIS

✻ INOVAÇÕES LEGISLATIVAS

▲ Art. 65. Executar serviço de alto grau de periculosidade, contrariando determinação de autoridade competente: Pena – Detenção de seis meses a dois anos e multa. § 1º As penas deste artigo são aplicáveis sem prejuízo das correspondentes à lesão corporal e à morte. § 2º A prática do disposto no inciso XIV do art. 39 desta Lei também caracteriza o crime previsto no caput deste artigo. (Modificações: Lei 13.425/17)

✻ QUESTÕES OBJETIVAS

61. **(Cespe/PC/MA/Delegado/2018)** Acerca dos crimes previstos no CDC, assinale a opção correta.

a) Em razão do princípio da especialidade, as infrações penais descritas no CDC excluem outras que digam respeito a qualquer relação de consumo.

b) A pena de interdição temporária de direitos somente poderá ser aplicada isoladamente, sendo vedada sua cumulação com pena privativa de liberdade ou multa.

c) No processamento dos crimes de propaganda enganosa ou abusiva, é cabível a transação penal.

d) Nos crimes que envolvam as relações de consumo, a ofensa a indivíduo analfabeto constitui circunstância agravante das penas.

e) Os crimes contra a relação de consumo são, em sua maioria, de perigo concreto, sendo exigida a efetiva ocorrência do dano.

62. **(Cespe/DPE/PE/Defensor/2018)** De acordo com o CDC, o fornecedor de serviços que utilizar peças de reposição ou produtos usados, sem a expressa autorização do consumidor, cometerá

a) crime cuja consumação independe de dano efetivo.

b) crime que admite modalidade culposa, conforme previsão legal.

c) prática costumeira admitida nas relações de consumo.

d) ilícito civil, irrelevante no direito penal.

e) contravenção penal.

63. **(Cespe/PC/PE/Delegado/2016)** Ana contratou Cláudio, prestador de serviços, para consertar seu aparelho de televisão. Sem autorização de Ana e sem motivo justo, Cláudio utilizou, dolosamente, peças de reposição usadas na reparação do aparelho. Nessa situação hipotética, a conduta de Cláudio é considerada:

a) crime previsto no Código de Defesa do Consumidor (CDC).
b) crime previsto no CP.
c) crime previsto na Lei n. 8.137/1990, que define crimes contra a ordem tributária, econômica e contra as relações de consumo, e dá outras providências.
d) atípica, pois não há lei que preveja essa conduta como crime.
e) contravenção penal.

64. **(Cespe/DPE/PE/Defensor/2015)** A situação econômica do réu ou do indiciado é critério que pode ser considerado para fixação do valor da fiança no caso de infração penal prevista no CDC.

65. **(Cespe/TJ/DFT/Juiz/2016)** Sobre as condutas penalmente tipificadas no rol dos crimes contra as relações de consumo, conforme previsão do CDC, assinale a opção correta:

a) A conduta consistente em empregar, na reparação de produtos, peças ou componentes de reposição usados, sem autorização do consumidor, configura crime contra as relações de consumo, sancionado com pena de detenção.
b) Constitui circunstância agravante, prevista no CDC, o fato de haver sido o crime praticado por preposto ou administrador de pessoa jurídica em estado falimentar.
c) Não deve ser admitida, sob pena de se configurar "bis in idem", além das penas privativas de liberdade e de multa, a aplicação cumulativa das penas de prestação de serviços à comunidade e de interdição temporária de direitos.
d) Não se admite, no processo dos crimes contra as relações de consumo, a propositura de ação penal subsidiária.
e) A conduta consistente em deixar de entregar ao consumidor o termo de garantia adequadamente preenchido e com especificação clara de seu conteúdo, a despeito de não se encontrar tipificada, de modo a configurar crime autônomo, pode ser considerada como circunstância legal agravante.

66. **(Cespe/PC/GO/Agente/2016)** Com relação às infrações penais previstas na Lei n. 8.078/1990, que instituiu o CDC, assinale a opção correta:

a) No processo penal referente às infrações previstas no CDC, é vedada a atuação de assistentes do MP.
b) Todas as infrações tipificadas no CDC possuem pena máxima prevista de até dois anos.
c) Para que o infrator possa ser processado e julgado, é necessário que ele tenha agido com dolo.
d) A pena será agravada se a infração for cometida no período noturno.
e) A pena será agravada se a infração for cometida em domingo ou feriado.

67. **(Cespe/DPE/AL/Defensor/2017)** A respeito das infrações penais previstas no CDC, assinale a opção correta:

a) O fornecedor que, na reparação de produtos, emprega peça ou componentes de reposição usados, sem a autorização do consumidor, comete ilícito civil, e não crime contra as relações de consumo.
b) A realização de publicidade enganosa configura crime contra as relações de consumo, com pena de detenção de três meses a um ano e multa.
c) A exposição do consumidor, de forma injustificada, a ridículo ou a situação que prejudique seu trabalho, em razão de cobrança de dívida, embora configure dano moral indenizável, não configura crime contra as relações de consumo.
d) Impedir ou dificultar o acesso do consumidor a informações que sobre ele constem de cadastros, banco de dados, fichas e registros configura ilícito civil, remediado mediante "habeas data" e sem repercussão na seara penal.
e) Qualquer violação do dever de informação constitui crime contra as relações de consumo, por ofensa ao princípio da transparência.

68. **(Cespe/DPE/AC/Defensor/2017)** No ano de 2014, Antônio, comerciante, cometeu crime previsto no CDC, tendo ocorrido a transação penal, prevista na Lei n. 9.099/1995. Entretanto, em 2016, Antônio, ao vender, em seu estabelecimento comercial, um produto para uma pessoa de cinquenta e nove anos de idade, omitiu uma informação relevante a respeito da natureza, característica, qualidade ou segurança desse produto. Nessa situação hipotética, de acordo com o CDC, Antônio responderá por crime:

a) cuja pena poderá ser agravada se o crime houver sido cometido contra servidor público.
b) e poderá ser punido com detenção, desde que verificado que ele agiu dolosamente.
c) e poderá ser punido com detenção, multa e(ou) prestação de serviços à comunidade.

d) cuja pena poderá ser agravada em razão da idade do comprador.

e) e, caso esteja em situação econômica adversa, poderá ser dispensado de pagamento de fiança.

8. DA DEFESA DO CONSUMIDOR EM JUÍZO

* SÚMULAS

STF Súm. Vinculante 27. Compete à Justiça Estadual julgar causas entre consumidor e concessionária de serviço público de telefonia, quando a Anatel não seja litisconsorte passiva necessária, assistente, nem opoente.

STJ Súm. 489. Reconhecida a continência, devem ser reunidas na justiça federal as ações civis públicas propostas nesta e na justiça estadual.

STJ Súm. 601. O Ministério Público tem legitimidade ativa para atuar na defesa de direitos difusos, coletivos e individuais homogêneos dos consumidores, ainda que decorrentes da prestação de serviço público.

* REPERCUSSÃO & REPETITIVOS

STF Repercussão Geral 499. A eficácia subjetiva da coisa julgada formada a partir de ação coletiva, de rito ordinário, ajuizada por associação civil na defesa de interesses dos associados, somente alcança os filiados, residentes no âmbito da jurisdição do órgão julgador, que o fossem em momento anterior ou até a data da propositura da demanda, constantes da relação jurídica juntada à inicial do processo de conhecimento. (RE 612043, 10.5.2017)

STJ Repetitivo 877. O prazo prescricional para a execução individual é contado do trânsito em julgado da sentença coletiva, sendo desnecessária a providência de que trata o art. 94 da Lei 8.078/90. (REsp 1388000, 12.8.2015)

* INFORMATIVOS DE JURISPRUDÊNCIA

Ação civil pública. Cobrança de tarifa de renovação de cadastro bancário. Interesses Individuais Homogêneos. Município. Legitimidade ativa. Pertinência temática e representação adequada presumidas.

STJ Município tem legitimidade "ad causam" para ajuizar ação civil pública em defesa de direitos consumeristas questionando a cobrança de tarifas bancárias. 3ª T. REsp 1.509.586, Rel. Min. Nancy Andrighi, DJ 18.5.2018. (Info 626)

* QUESTÕES DISCURSIVAS

08. **(Cespe/DP/DF/Defensor/2013)** A Defensoria Pública ajuizou ação civil pública com a finalidade de defender o direito de consumidores lesados por relações contratuais firmadas com determinada instituição financeira. A ré, então, invocou a ilegitimidade do órgão para promover, em nome próprio, a defesa dos consumidores, sustentando que a Defensoria Pública teria legitimidade apenas para a defesa individual do consumidor, já que a promoção da defesa coletiva ou difusa dos consumidores seria atribuição institucional exclusiva do Ministério Público. Com base nessa situação hipotética e na legislação e na jurisprudência sobre o tema, indique a natureza dos direitos defendidos na referida ação civil pública e esclareça se a Defensoria Pública tem legitimidade para ajuizar ação civil pública em defesa dos referidos consumidores.

* QUESTÕES OBJETIVAS

69. **(Cespe/DPE/PE/Defensor/2018)** A respeito do ajuizamento de ação civil pública pela Defensoria Pública para tutela de defesa de interesses individuais homogêneos de consumidores, assinale a opção correta de acordo com o entendimento jurisprudencial do STJ.

a) Na hipótese de tutela de direitos individuais homogêneos, a Defensoria Pública somente pode atuar em nome dos indivíduos que expressa e previamente autorizaram propositura de ação coletiva.

b) A Defensoria Pública tem legitimidade para instaurar inquérito civil para reunir elementos de fato e de direito necessários para o ajuizamento de ação civil pública.

c) A Defensoria Pública apenas tem legitimidade para tomar medida individual, e não coletiva, para representar consumidores hipossuficientes ou carentes de recursos financeiros.

d) A legitimidade da Defensoria Pública abrange diversas formas de vulnerabilidades sociais, não se limitando à atuação em nome de carente de recursos econômicos.

e) É vedado à Defensoria Pública firmar compromisso de ajustamento de conduta com entidade responsável por aumento abusivo em mensalidades de plano de saúde em razão de mudança de faixa etária.

70. **(Cespe/DPE/PE/Defensor/2015)** A DP e o MP de determinado estado da Federação ajuizaram ação coletiva, em face de empresa privada, em que pleiteiam a tutela de direitos individuais indisponíveis e homogêneos de consumidores economicamente necessitados. A coisa julgada na referida ação se produz "secundum eventum probationis", portanto, se o pedido vier a ser julgado improcedente em razão da insuficiência de provas, qualquer um dos legitimados coletivos poderá futuramente propor nova demanda com base em nova prova.

71. **(Cespe/DPE/PE/Defensor/2015)** A DP e o MP de determinado estado da Federação ajuizaram ação coletiva, em face de empresa privada, em que pleiteiam a tutela de direitos individuais indisponíveis e homogêneos de consumidores economicamente necessitados. No caso em análise, as duas instituições possuem legitimidade ativa para a propositura da ação, sendo permitido, nessa ação coletiva, o litisconsórcio ativo entre DP e MP.

72. **(Cespe/DPE/PE/Defensor/2015)** A DP e o MP de determinado estado da Federação ajuizaram ação coletiva, em face de empresa privada, em que pleiteiam a tutela de direitos individuais indisponíveis e homogêneos de consumidores economicamente necessitados. Ao receber a petição inicial, o juiz pode determinar a suspensão das ações individuais pendentes que tenham seu objeto também tutelado pela ação coletiva.

73. **(Cespe/TJ/AM/Juiz/2016)** O Procon do estado do Amazonas, por intermédio de seu advogado, ajuizou ação civil pública contra determinada empresa privada de saúde suplementar, pleiteando o reconhecimento judicial da abusividade da cláusula contratual que prevê aumento dos valores cobrados em todo o estado a partir do momento que a pessoa atinge a condição de idoso. Requereu, também, a restituição dos valores pagos por aqueles indivíduos que já haviam atingido a idade de sessenta anos. Com referência a essa situação hipotética, assinale a opção correta de acordo com o tratamento dispensado pelo CDC à defesa do consumidor em juízo:

a) O foro competente para a propositura da ação coletiva em questão é o da sede da empresa requerida.

b) A hipótese retrata a existência de direitos individuais homogêneos, pois os titulares podem ser identificados e se encontram em uma mesma situação fática.

c) Por se tratar de ação coletiva não proposta pelo MP, a atuação deste no processo é desnecessária.

d) A sentença de mérito fará coisa julgada "erga omnes" no caso de procedência do pedido; caso contrário, o consumidor poderá intentar ação individual, ainda que tenha integrado a demanda como litisconsorte.

e) O juiz deverá extinguir o processo sem análise do mérito, pois o Procon não possui legitimidade para o ajuizamento de ação coletiva.

74. **(Cespe/TJ/DFT/Juiz/2015)** No que se refere à defesa do consumidor em juízo e às ações individuais e coletivas para tutela do consumidor, assinale a opção correta de acordo com o CDC e a jurisprudência do STJ:

a) É permitido ao consumidor individual ingressar como litisconsorte ativo em ação coletiva em que se tutele direito individual homogêneo, hipótese em que ficará o consumidor vinculado ao resultado do processo, mesmo no caso de sentença de improcedência na ação coletiva.

b) Conforme o CDC, é expressamente proibida a instituição de compromisso arbitral e, consequentemente, a realização de procedimento arbitral entre consumidor e fornecedor, ainda que decorrente da livre manifestação de vontade das partes.

c) Para propor ação de responsabilidade civil do fornecedor, o consumidor autor da ação é obrigado a fazê-lo no foro de seu próprio domicílio, sendo-lhe proibido renunciar ao direito que possui.

d) Em ação judicial proposta pelo consumidor que tenha por objeto o cumprimento de obrigação de fazer, é vedado ao magistrado conceder medida diversa da requerida pelo consumidor, sob pena de se configurar julgamento extra petita.

e) A desconsideração da personalidade jurídica deve ser requerida em ação judicial autônoma, sendo vedado ao consumidor requerer a responsabilização do sócio de forma incidental em ação ajuizada somente contra o fornecedor pessoa jurídica.

75. **(Cespe/DPE/AL/Defensor/2017)** São considerados direitos decorrentes de origem comum os direitos:

a) indivisíveis.

b) coletivos.

c) individuais homogêneos.

d) difusos.

e) transindividuais.

76. **(Cespe/DPE/AL/Defensor/2017)** No que se refere à defesa do consumidor, assinale a opção correta:

a) A Defensoria Pública possui legitimidade ativa para ajuizar ação civil pública na defesa de interesses difusos, coletivos ou individuais homogêneos.
b) Os legitimados ativos para o ajuizamento de ação coletiva poderão apenas representar os interesses das vítimas, não podendo propor a ação coletiva em nome próprio.
c) Tratando-se de ações de danos de âmbito local que envolvam direitos difusos, a competência territorial para o ajuizamento da ação coletiva será a capital do estado onde tenha ocorrido o dano, ou o Distrito Federal.
d) Os direitos individuais homogêneos caracterizam-se pela transindividualidade, indivisibilidade e indeterminação de titularidade.
e) Nas ações coletivas previstas na Lei n. 8.078/1990, a sentença fará coisa julgada "erga omnes" quando o pedido for julgado improcedente por insuficiência de provas.

77. **(Cespe/DPE/AC/Defensor/2017)** Se a DPE/AC propuser ação coletiva em defesa de interesses individuais homogêneos, a sentença que deverá ser proferida fará coisa julgada:

a) "ultra partes", se a ação for julgada improcedente por falta de provas, sendo vedada nova ação por outro legitimado.
b) "erga omnes", se a ação for julgada improcedente por falta de provas, sendo vedada nova ação por outro legitimado.
c) "erga omnes", somente se a ação for julgada procedente.
d) "erga omnes", se a ação for julgada improcedente por falta de provas, sendo vedada nova ação pelo mesmo legitimado.
e) "ultra partes", se a ação for julgada improcedente por falta de provas, podendo ser proposta nova ação por outro legitimado.

9. DO SISTEMA NACIONAL DE DEFESA DO CONSUMIDOR

✱ QUESTÕES OBJETIVAS

78. **(Cespe/DPE/PE/Defensor/2018)** Julgue os seguintes itens, referentes aos direitos do consumidor.

I. O Sistema Nacional de Defesa do Consumidor é composto apenas por entes públicos que tenham entre suas finalidades a defesa do consumidor.
II. Associação legalmente constituída há pelo menos um ano e que inclua entre seus fins institucionais a defesa dos interesses e direitos do consumidor pode intervir, como assistente do Ministério Público, em processo penal referente a crime previsto no CDC.
III. O consumidor cobrado de forma indevida pelo fornecedor fará jus à repetição em dobro, independentemente do efetivo pagamento do valor cobrado em excesso.
IV. A desconsideração inversa da personalidade é aplicável às relações de consumo.

Estão certos apenas os itens

a) I e II.
b) I e III.
c) II e IV.
d) I, III e IV.
e) II, III e IV.

79. **(Cespe/DPE/PE/Defensor/2015)** No âmbito federal, o Fundo de Defesa de Direitos Difusos (FDD) tem por finalidade reparar danos causados por infração à ordem econômica e a outros interesses difusos e coletivos, excetuados os relativos à defesa do consumidor, que devem ser reparados pelo Fundo de Defesa do Consumidor (FDC) gerido pela Secretaria Nacional do Consumidor do Ministério da Justiça.

10. DA CONVENÇÃO COLETIVA DE CONSUMO

✱ QUESTÕES OBJETIVAS

80. **(Cespe/DPE/PE/Defensor/2018)** Conforme previsão expressa no CDC, possuem legitimidade para firmar convenção coletiva de consumo apenas as

a) associações de fornecedores ou sindicato de categoria econômica e as entidades e os órgãos da administração pública destinados à defesa dos direitos dos consumidores.
b) entidades públicas ou privadas destinadas à defesa dos direitos dos consumidores, as associações de fornecedores e os sindicatos de categoria econômica.
c) entidades civis de consumidores e seus respectivos filiados.

d) entidades civis representativas de consumidores e as associações de fornecedores ou sindicatos de categoria econômica.

e) associações de fornecedores ou sindicatos de categoria econômica, o Ministério Público e a Defensoria Pública.

81. **(Cespe/DPE/AC/Defensor/2017)** Em 18.1.2017, uma entidade civil de consumidores celebrou, por escrito, com uma associação de fornecedores de certo produto, convenção coletiva de consumo, com o objetivo de estabelecer condições relativas ao preço, à garantia e à composição de conflitos de consumo, entre outros aspectos. O instrumento pactuado foi registrado no cartório de títulos e documentos em 19.1.2017. Em fevereiro de 2017, um fornecedor se desligou da associação de fornecedores. Considerando-se essa situação hipotética, a convenção celebrada:

a) tornou-se obrigatória a partir do dia 18.1.2017.

b) é nula no que se refere à composição de conflitos de consumo.

c) somente obrigará os filiados às entidades signatárias.

d) deixou de ser obrigatória ao fornecedor que se desligou.

e) é nula no que se refere à garantia de produto.

7. DIREITO DO TRABALHO

1. INTRODUÇÃO

1.1. Da Prescrição

✱ SÚMULAS

TST Súm. 114. É inaplicável na Justiça do Trabalho a prescrição intercorrente.

TST Súm. 153. Não se conhece de prescrição não arguida na instância ordinária.

TST Súm. 156. Da extinção do último contrato começa a fluir o prazo prescricional do direito de ação em que se objetiva a soma de períodos descontínuos de trabalho.

TST Súm. 206. A prescrição da pretensão relativa às parcelas remuneratórias alcança o respectivo recolhimento da contribuição para o FGTS.

TST Súm. 268. A ação trabalhista, ainda que arquivada, interrompe a prescrição somente em relação aos pedidos idênticos.

TST Súm. 275. I. Na ação que objetive corrigir desvio funcional, a prescrição só alcança as diferenças salariais vencidas no período de 5 (cinco) anos que precedeu o ajuizamento. II. Em se tratando de pedido de reenquadramento, a prescrição é total, contada da data do enquadramento do empregado.

TST Súm. 294. Tratando-se de ação que envolva pedido de prestações sucessivas decorrente de alteração do pactuado, a prescrição é total, exceto quando o direito à parcela esteja também assegurado por preceito de lei.

TST Súm. 308. I. Respeitado o biênio subsequente à cessação contratual, a prescrição da ação trabalhista concerne às pretensões imediatamente anteriores a cinco anos, contados da data do ajuizamento da reclamação e, não, às anteriores ao quinquênio da data da extinção do contrato. II. A norma constitucional que ampliou o prazo de prescrição da ação trabalhista para 5 (cinco) anos é de aplicação imediata e não atinge pretensões já alcançadas pela prescrição bienal quando da promulgação da CF/1988.

TST Súm. 326. A pretensão à complementação de aposentadoria jamais recebida prescreve em 2 (dois) anos contados da cessação do contrato de trabalho.

TST Súm. 327. A pretensão a diferenças de complementação de aposentadoria sujeita-se à prescrição parcial e quinquenal, salvo se o pretenso direito decorrer de verbas não recebidas no curso da relação de emprego e já alcançadas pela prescrição, à época da propositura da ação.

TST Súm. 362. I. Para os casos em que a ciência da lesão ocorreu a partir de 13.11.2014, é quinquenal a prescrição do direito de reclamar contra o não-recolhimento de contribuição para o FGTS, observado o prazo de dois anos após o término do contrato; II. Para os casos em que o prazo prescricional já estava em curso em 13.11.2014, aplica-se o prazo prescricional que se consumar primeiro: trinta anos, contados do termo inicial, ou cinco anos, a partir de 13.11.2014 (STF-ARE-709212/DF).

TST Súm. 373. Tratando-se de pedido de diferença de gratificação semestral que teve seu valor congelado, a prescrição aplicável é a parcial.

TST Súm. 382. A transferência do regime jurídico de celetista para estatutário implica extinção do contrato de trabalho, fluindo o prazo da prescrição bienal a partir da mudança de regime.

TST Súm. 452. Tratando-se de pedido de pagamento de diferenças salariais decorrentes da inobservância dos critérios de promoção estabelecidos em plano de cargos e salários criado pela empresa, a prescrição aplicável é a parcial, pois a lesão é sucessiva e se renova mês a mês.

TST OJ/SDI1 392. O protesto judicial é medida aplicável no processo do trabalho, por força do art. 769 da CLT e do art. 15 do CPC de 2015. O ajuizamento da ação, por si só, interrompe o prazo prescricional, em razão da inaplicabilidade do § 2º do art. 240 do CPC de 2015 (§ 2º do art. 219 do CPC de 1973), incompatível com o disposto no art. 841 da CLT.

✱ REPERCUSSÃO & REPETITIVOS

TST Repetitivo 12. 1. As leis estaduais e municipais referentes às relações trabalhistas no âmbito das empresas são equiparadas a regulamentos de empresas, em face da competência privativa da União para legislar sobre direito do trabalho. O mesmo ocorre com leis federais de efeitos concretos referentes à administração pública federal indireta. Por conseguinte, a pretensão originada em alterações nelas promovidas consistentes em supressão de parcelas devidas a empregados são sujeitas à prescrição total, nos termos da Súm. 294/TST. 2. A Lei 5.615/70, em virtude de dispor sobre o Serviço Federal de Processamento de Dados (Serpro), possui efeitos concretos. 3. Sobre a pretensão ao recebimento do prêmio de produtividade previsto no art. 12 da Lei 5.615/70 incide a prescrição parcial a que alude a ressalva constante da parte final da Súm. 294 até 11.9.1997, dia anterior à vigência da MPv 1.549-34 (sucessivamente reeditada até a sua conversão na Lei 9.649/98). Após a vigência dessa medida provisória, mediante a qual foi extinta a parcela e, portanto, extinto o direito, tem incidência a prescrição total, tendo em vista que, após essa data, o direito ao benefício deixou de ser previsto em lei de efeitos concretos, sendo irrelevante a circunstância de o empregado já ter recebido a parcela na vigência da norma anterior. (ERR 21703-30.2014.5.04.0011, 22.3.2018)

✱ INFORMATIVOS DE JURISPRUDÊNCIA

Gratificação adicional. Avanços trienais. Parcelas previstas em leis estaduais não revogadas. Integração ao contrato de trabalho do reclamante. Prescrição parcial.

TST Lei estadual que cria parcela remuneratória em benefício de servidores públicos celetistas equipara-se a regulamento empresarial, já que é competência privativa da União legislar sobre direito do trabalho (art. 22, I, da CF). Esse fato, porém, não define, por si só, a incidência da prescrição parcial ou da prescrição total. Há de se verificar se a norma em questão permanece vigente, hipótese em que incidirá a prescrição parcial, ou se já houve a sua revogação, caso em que a prescrição será total. E-RR-990-47.2013.5.04.0018, SDI1, Rel. Min. Cláudio Mascarenhas Brandão, 5.10.2017. (Info 167)

Promoções asseguradas em regulamento empresarial. Não concessão. Prescrição parcial. Possibilidade de reconhecimento do direito às promoções em período prescrito. Restrição dos efeitos financeiros ao período não prescrito.

TST Nos termos da Súm. 452/TST, é parcial a prescrição incidente sobre a pretensão de diferenças salariais decorrentes da não concessão pelo empregador de promoções asseguradas em regulamento empresarial, pois se trata de descumprimento contínuo e periódico de obrigação imposta por norma regulamentar. A aplicação da prescrição parcial, todavia, não impede o reconhecimento do direito às promoções em período prescrito (fundo do direito), atingindo tão somente os efeitos financeiros decorrentes das diferenças salariais anteriores ao quinquênio. E-ED-RR-900-31.2012.5.18.0003, SDI1, Rel. Min. Brito Pereira, Rel. Acd. Min. João Oreste Dalazen, 17.8.2017. (Info 162)

✱ INOVAÇÕES LEGISLATIVAS

▲ Art. 11. A pretensão quanto a créditos resultantes das relações de trabalho prescreve em cinco anos para os trabalhadores urbanos e rurais, até o limite de dois anos após a extinção do contrato de trabalho. (...). § 2º Tratando-se de pretensão que envolva pedido de prestações sucessivas decorrente de alteração ou descumprimento do pactuado, a prescrição é total, exceto quando o direito à parcela esteja também assegurado por preceito de lei. § 3º A interrupção da prescrição somente ocorrerá pelo ajuizamento de reclamação trabalhista, mesmo que em juízo incompetente, ainda que venha a ser extinta sem resolução do mérito, produzindo efeitos apenas em relação aos pedidos idênticos. (Modificações: Lei 13.467/17)

▲ Art. 11-A. Ocorre a prescrição intercorrente no processo do trabalho no prazo de dois anos. § 1º A fluência do prazo prescricional intercorrente inicia-se quando o exequente deixa de cumprir determinação judicial no curso da execução. § 2º A declaração da prescrição intercorrente pode ser requerida ou declarada de ofício em qualquer grau de jurisdição. (Modificações: Lei 13.467/17)

✱ QUESTÕES OBJETIVAS

01. **(Cespe/PGE/PE/Procurador/2018)** No processo do trabalho, a prescrição intercorrente ocorrerá no prazo de

a) um ano.
b) dois anos.
c) três anos.
d) quatro anos.
e) cinco anos.

02. **(Cespe/Funpresp_Jud/Analista/2016)** O prazo prescricional para um empregado ingressar com reclamação trabalhista é de dois anos, contados da data da sua dispensa.

03. (Cespe/TRT/7R/Técnico/2017) Findo o contrato de trabalho, o prazo prescricional para a proposição de ação na justiça do trabalho é de:

a) cinco anos.
b) dois anos.
c) três anos.
d) quatro anos.

04. (Cespe/SEDF/Analista/2017) Um empregado ajuizou uma reclamação trabalhista em que pedia horas extras e aviso prévio, mas, por não ter comparecido à audiência inaugural, a demanda foi arquivada. Proposta nova ação, dois meses depois do arquivamento, no mesmo juízo, o mesmo reclamante requereu apenas as horas extras. Nessa hipótese, o TST entende que a prescrição deve ser interrompida, mas apenas em relação às horas extras.

05. (Cespe/DPU/Defensor/2017) De acordo com a jurisprudência do TST, o protesto judicial é medida cabível na seara trabalhista, porém somente gera efeito interruptivo sobre o prazo prescricional bienal, não alcançando a prescrição quinquenal.

06. (Cespe/DPU/Defensor/2015) Se um contrato de trabalho for suspenso em virtude da percepção de auxílio-doença pelo empregado, o prazo da prescrição quinquenal para a pretensão de créditos trabalhistas relativos a esse contrato ficará suspenso, continuando a fluir quando do retorno do empregado ao trabalho.

1.2. Outros Temas

* SÚMULAS

TST Súm. 386. Preenchidos os requisitos do art. 3º da CLT, é legítimo o reconhecimento de relação de emprego entre policial militar e empresa privada, independentemente do eventual cabimento de penalidade disciplinar prevista no Estatuto do Policial Militar.

TST OJ/SDI1 366. Ainda que desvirtuada a finalidade do contrato de estágio celebrado na vigência da Constituição Federal de 1988, é inviável o reconhecimento do vínculo empregatício com ente da Administração Pública direta ou indireta, por força do art. 37, II, da CF/1988, bem como o deferimento de indenização pecuniária, exceto em relação às parcelas previstas na Súmula n. 363 do TST, se requeridas.

* REPERCUSSÃO & REPETITIVOS

TST Repetitivo 1. I. Não é legítima e caracteriza lesão moral a exigência de certidão de antecedentes criminais de candidato a emprego quando traduzir tratamento discriminatório ou não se justificar em razão de previsão de lei, da natureza do ofício ou do grau especial de fidúcia exigido. II. A exigência de certidão de antecedentes criminais de candidato a emprego é legítima e não caracteriza lesão moral quando amparada em expressa previsão legal ou justificar-se em razão da natureza do ofício ou do grau especial de fidúcia exigido, a exemplo de empregados domésticos, cuidadores de menores, idosos ou deficientes (em creches, asilos ou intuições afins), motoristas rodoviários de carga, empregados que laboram no setor da agroindústria no manejo de ferramentas de trabalho perfurocortantes, bancários e afins, trabalhadores que atuam com substâncias tóxicas, entorpecentes e armas, trabalhadores que atuam com informações sigilosas. III. A exigência de certidão de antecedentes criminais, quando ausente alguma das justificativas de que trata o item II, supra, caracteriza dano moral "in re ipsa", passível de indenização, independentemente de o candidato ao emprego ter ou não sido admitido. (RR 184400-89.2013.5.13.0008, 20.4.2017)

* INFORMATIVOS DE JURISPRUDÊNCIA

Arguição de Inconstitucionalidade. Rejeição. Art. 276, caput, da LC 10.098/94 do Estado do Rio Grande do Sul. Transmudação de regime. Validade. Provimento automático de cargos públicos efetivos. Impossibilidade.

TST O Tribunal Pleno decidiu, por unanimidade, rejeitar a declaração de inconstitucionalidade do caput do art. 276 da LC 10.098/94 do Estado do Rio Grande do Sul, segundo o qual "ficam submetidos ao regime jurídico instituído por esta lei, na qualidade de servidores públicos, os servidores estatutários da Administração Direta, das autarquias e das fundações de direito público, inclusive os interinos e extranumerários, bem como os servidores estabilizados vinculados à Consolidação das Leis do Trabalho, aprovada pelo Decreto-Lei 5452, de 1º de maio de 1943". Na hipótese, conclui-se que a expressão "servidores estabilizados vinculados à Consolidação das Leis do Trabalho" não foi prejudicada pela declaração de inconstitucionalidade, na ADI 1150, da expressão "operando-se automaticamente a transposição dos seus ocupantes", contida no § 2º do mesmo art. 276 da LC 10.098/94. Com efeito, no julgamento da ação direita de inconstitucionalidade citada, o STF limitou-se a negar a possibilidade de provimento automático dos cargos efetivos criados na forma do § 2º do art. 276 da lei em questão pelos servidores celetistas estabilizados nos termos do art. 19 do ADCT, porém não considerou inconstitucional a transmudação de regime desses trabalhadores. Em outras palavras, a inconstitucionalidade verificada não residiu propriamente na mudança de regime jurídico, mas no provimento derivado dos recém-criados cargos de provimento efetivo por agentes que não foram previamente aprovados em concursos públicos. Ademais, no julgamento da ADI 180/RS, em que se aferiu a compatibilidade de dispositivo do ADCT da Constituição do Estado do Rio Grande do Sul com a Constituição, assentou-se que a norma estadual assegurou aos servidores estabilizados a organização em quadro especial em extinção, vedando, todavia, a equiparação com as vantagens devidas aos ocupantes de cargos efetivos. ArgInc-105100-93.1996.5.04.0018, Pleno, Rel. Min. Maria Helena Mallmann 21.8.2017. (Info 162)

"Habeas corpus". Cabimento. Jogador de futebol. Livre exercício da profissão.

TST Mantida a decisão monocrática que, em sede de "habeas corpus", concedeu pedido liminar para autorizar jogador de futebol a exercer livremente sua profissão, participando de jogos e treinamentos em qualquer localidade e para qualquer empregador, conforme sua livre escolha. Na espécie, ressaltou-se que não há falar em não cabimento do habeas corpus, pois, na Justiça do Trabalho, a referida ação constitucional não se restringe à proteção do direito à locomoção, mas abrange a defesa da autonomia da vontade contra ilegalidade ou abuso de poder perpetrado tanto pela autoridade judiciária quanto pelas partes da relação de trabalho. Ademais, no caso em tela restou demonstrada a presença da fumaça do bom direito e do perigo da demora, pois o paciente encontra-se impedido de exercer a função de jogador de futebol no clube que lhe interessa, e a manutenção do vínculo com o empregador atual, por tempo indeterminado, ofende o direito de livre exercício da profissão. De outra sorte, o debate travado nos autos reclama medida urgente, pois envolve atleta que, em razão da idade, encontra-se em fim de carreira. AgR-HC-5451-88.2017.5.00.0000, SDI2, Rel. Min. Delaíde Miranda Arantes, 8.8.2017. (Info 162)

* INOVAÇÕES LEGISLATIVAS

▲ Art. 4º. § 1º Computar-se-ão, na contagem de tempo de serviço, para efeito de indenização e estabilidade, os períodos em que o empregado estiver afastado do trabalho prestando serviço militar e por motivo de acidente do trabalho. § 2º Por não se considerar tempo à disposição do empregador, não será computado como período extraordinário o que exceder a jornada normal, ainda que ultrapasse o limite de cinco minutos previsto no § 1º do art. 58 desta Consolidação, quando o empregado, por escolha própria, buscar proteção pessoal, em caso de insegurança nas vias públicas ou más condições climáticas, bem como adentrar ou permanecer nas dependências da empresa para exercer atividades particulares, entre outras: I – práticas religiosas; II – descanso; III – lazer; IV – estudo; V – alimentação; VI – atividades de relacionamento social; VII – higiene pessoal; VIII – troca de roupa ou uniforme, quando não houver obrigatoriedade de realizar a troca na empresa. (Modificações: Lei 13.467/17)

▲ Art. 8º. § 1º O direito comum será fonte subsidiária do direito do trabalho. § 2º Súmulas e outros enunciados de jurisprudência editados pelo Tribunal Superior do Trabalho e pelos Tribunais Regionais do Trabalho não poderão restringir direitos legalmente previstos nem criar obrigações que não estejam previstas em lei. § 3º No exame de convenção coletiva ou acordo coletivo de trabalho, a Justiça do Trabalho analisará exclusivamente a conformidade dos elementos essenciais do negócio jurídico, respeitado o disposto no art. 104 da Lei n. 10.406, de 10 de janeiro de 2002 (Código Civil), e balizará sua atuação pelo princípio da intervenção mínima na autonomia da vontade coletiva. (Modificações: Lei 13.467/17)

* QUESTÕES OBJETIVAS

07. **(Cespe/TRT/8R/Analista/2016)** No que se refere à relação de trabalho e à relação de emprego, assinale a opção correta:

a) A relação de emprego é espécie da relação de trabalho, gênero que engloba a prestação de serviços do funcionário público, do empregado, do avulso, do autônomo, do eventual, do empresário.

b) Nos termos da CLT, considera-se empregado toda pessoa física ou jurídica que prestar serviços de natureza não eventual a empregador, sob a dependência deste e mediante pagamento de valor mensal.

c) Dado o poder de controle e fiscalização do empregador, pode ele realizar revista íntima em suas empregadas.

d) O contrato de trabalho somente será válido se realizado de forma expressa e por escrito.

e) A alteridade, a pessoalidade, a subordinação e a exclusividade são requisitos do contrato de trabalho.

2. DAS NORMAS GERAIS DE TUTELA DO TRABALHO

2.1. Da Identificação Profissional

*** SÚMULAS**

TST Súm. 12. As anotações apostas pelo empregador na carteira profissional do empregado não geram presunção "juris et de jure", mas apenas "juris tantum".

TST OJ/SDI1 82. A data de saída a ser anotada na CTPS deve corresponder à do término do prazo do aviso prévio, ainda que indenizado.

*** INOVAÇÕES LEGISLATIVAS**

▲ CLT. Título II – Das Normas Gerais de Tutela do Trabalho, Capítulo I – Da Identificação Profissional, Seção VII – Dos Livros de Registro de Empregados

▲ Art. 47. O empregador que mantiver empregado não registrado nos termos do art. 41 desta Consolidação ficará sujeito a multa no valor de R$ 3.000,00 (três mil reais) por empregado não registrado, acrescido de igual valor em cada reincidência. § 1º Especificamente quanto à infração a que se refere o caput deste artigo, o valor final da multa aplicada será de R$ 800,00 (oitocentos reais) por empregado não registrado, quando se tratar de microempresa ou empresa de pequeno porte. § 2º A infração de que trata o caput deste artigo constitui exceção ao critério da dupla visita. (Modificações: Lei 13.467/17)

▲ Art. 47-A. Na hipótese de não serem informados os dados a que se refere o parágrafo único do art. 41 desta Consolidação, o empregador ficará sujeito à multa de R$ 600,00 (seiscentos reais) por empregado prejudicado. (Modificações: Lei 13.467/17)

2.2. Da Duração do Trabalho

*** SÚMULAS**

1) Adicional Noturno

STF Súm. 213. É devido o adicional de serviço noturno, ainda que sujeito o empregado ao regime de revezamento.

STF Súm. 214. A duração legal da hora de serviço noturno (52 minutos e 30 segundos) constitui vantagem suplementar, que não dispensa o salário adicional.

STF Súm. 313. Provada a identidade entre o trabalho diurno e o noturno, é devido o adicional, quanto a este, sem a limitação do art. 73, § 3º, da CLT, independentemente da natureza da atividade do empregador.

STF Súm. 402. Vigia noturno tem direito a salário adicional.

TST Súm. 60. I. O adicional noturno, pago com habitualidade, integra o salário do empregado para todos os efeitos. II. Cumprida integralmente a jornada no período noturno e prorrogada esta, devido é também o adicional quanto às horas prorrogadas. Exegese do art. 73, § 5º, da CLT.

TST Súm. 140. É assegurado ao vigia sujeito ao trabalho noturno o direito ao respectivo adicional.

TST Súm. 265. A transferência para o período diurno de trabalho implica a perda do direito ao adicional noturno.

TST OJ/SDI1 127. O art. 73, § 1º da CLT, que prevê a redução da hora noturna, não foi revogado pelo inciso IX do art. 7º da CF/1988

TST OJ/SDI1 259. O adicional de periculosidade deve compor a base de cálculo do adicional noturno, já que também neste horário o trabalhador permanece sob as condições de risco.

TST OJ/SDI1 388. O empregado submetido à jornada de 12 horas de trabalho por 36 de descanso, que compreenda a totalidade do período noturno, tem direito ao adicional noturno, relativo às horas trabalhadas após as 5 horas da manhã.

2) Equiparação Profissional

TST Súm. 346. Os digitadores, por aplicação analógica do art. 72 da CLT, equiparam-se aos trabalhadores nos serviços de mecanografia (datilografia, escrituração ou cálculo), razão pela qual têm direito a intervalos de descanso de 10 (dez) minutos a cada 90 (noventa) de trabalho consecutivo.

TST OJ/SDI1 125. O simples desvio funcional do empregado não gera direito a novo enquadramento, mas apenas às diferenças salariais respectivas, mesmo que o desvio de função haja iniciado antes da vigência da CF/1988.

3) Hora de Sobreaviso

TST Súm. 229. Por aplicação analógica do art. 244, § 2º, da CLT, as horas de sobreaviso dos eletricitários são remuneradas à base de 1/3 sobre a totalidade das parcelas de natureza salarial.

TST Súm. 428. I. O uso de instrumentos telemáticos ou informatizados fornecidos pela empresa ao empregado, por si só, não caracteriza o regime de sobreaviso. II. Considera-se em sobreaviso o empregado que, à distância e submetido a controle patronal por instrumentos telemáticos ou informatizados, permanecer em regime de plantão ou equivalente, aguardando a qualquer momento o chamado para o serviço durante o período de descanso.

4) Hora Extra

STF Súm. 593. Incide o percentual do Fundo de Garantia do Tempo de Serviço (FGTS) sobre a parcela da remuneração correspondente a horas extraordinárias de trabalho.

TST Súm. 61. Aos ferroviários que trabalham em estação do interior, assim classificada por autoridade competente, não são devidas horas extras (art. 243 da CLT).

TST Súm. 109. O bancário não enquadrado no § 2º do art. 224 da CLT, que receba gratificação de função, não pode ter o salário relativo a horas extraordinárias compensado com o valor daquela vantagem.

TST Súm. 113. O sábado do bancário é dia útil não trabalhado, não dia de repouso remunerado. Não cabe a repercussão do pagamento de horas extras habituais em sua remuneração.

TST Súm. 115. O valor das horas extras habituais integra a remuneração do trabalhador para o cálculo das gratificações semestrais.

TST Súm. 118. Os intervalos concedidos pelo empregador na jornada de trabalho, não previstos em lei, representam tempo à disposição da empresa, remunerados como serviço extraordinário, se acrescidos ao final da jornada.

TST Súm. 124. I. O divisor aplicável para o cálculo das horas extras do bancário será: a) 180, para os empregados submetidos à jornada de seis horas prevista no caput do art. 224 da CLT; b) 220, para os empregados submetidos à jornada de oito horas, nos termos do § 2º do art. 224 da CLT. II. Ressalvam-se da aplicação do item anterior as decisões de mérito sobre o tema, qualquer que seja o seu teor, emanadas de Turma do TST ou da SBDI-I, no período de 27.9.2012 até 21.11.2016, conforme a modulação aprovada no precedente obrigatório firmado no Incidente de Recursos de Revista Repetitivos n. TST-IRR-849-83.2013.5.03.0138, DJ 19.12.2016.

TST Súm. 172. Computam-se no cálculo do repouso remunerado as horas extras habitualmente prestadas.

TST Súm. 199. I. A contratação do serviço suplementar, quando da admissão do trabalhador bancário, é nula. Os valores assim ajustados apenas remuneram a jornada normal, sendo devidas as horas extras com o adicional de, no mínimo, 50% (cinquenta por cento), as quais não configuram pré-contratação, se pactuadas após a admissão do bancário. II. Em se tratando de horas extras pré-contratadas, opera-se a prescrição total se a ação não for ajuizada no prazo de cinco anos, a partir da data em que foram suprimidas.

TST Súm. 226. A gratificação por tempo de serviço integra o cálculo das horas extras.

TST Súm. 264. A remuneração do serviço suplementar é composta do valor da hora normal, integrado por parcelas de natureza salarial e acrescido do adicional previsto em lei, contrato, acordo, convenção coletiva ou sentença normativa.

TST Súm. 291. A supressão total ou parcial, pelo empregador, de serviço suplementar prestado com habitualidade, durante pelo menos 1 (um) ano, assegura ao empregado o direito à indenização correspondente ao valor de 1 (um) mês das horas suprimidas, total ou parcialmente, para cada ano ou fração igual ou superior a seis meses de prestação de serviço acima da jornada normal. O cálculo observará a média das horas suplementares nos últimos 12 (doze) meses anteriores à mudança, multiplicada pelo valor da hora extra do dia da supressão.

TST Súm. 340. O empregado, sujeito a controle de horário, remunerado à base de comissões, tem direito ao adicional de, no mínimo, 50% (cinquenta por cento) pelo trabalho em horas extras, calculado sobre o valor-hora das comissões recebidas no mês, considerando-se como divisor o número de horas efetivamente trabalhadas.

TST Súm. 347. O cálculo do valor das horas extras habituais, para efeito de reflexos em verbas trabalhistas, observará o número de horas efetivamente prestadas e a ele aplica-se o valor do salário-hora da época do pagamento daquelas verbas.

TST Súm. 366. Não serão descontadas nem computadas como jornada extraordinária as variações de horário do registro de ponto não excedentes de cinco minutos, observado o limite máximo de dez minutos diários. Se ultrapassado esse limite, será considerada como extra a totalidade do tempo que exceder a jornada normal, pois configurado tempo à disposição do empregador, não importando as atividades desenvolvidas pelo empregado ao longo do tempo residual (troca de uniforme, lanche, higiene pessoal, etc).

TST Súm. 370. Tendo em vista que as Leis n. 3.999/1961 e 4.950-A/1966 não estipulam a jornada reduzida, mas apenas estabelecem o salário mínimo da categoria para uma jornada de 4 horas para os médicos e de 6 horas para os engenheiros, não há que se falar em horas extras, salvo as excedentes à oitava, desde que seja respeitado o salário mínimo/horário das categorias.

TST Súm. 376. I. A limitação legal da jornada suplementar a duas horas diárias não exime o empregador de pagar todas as horas trabalhadas. II. O valor das horas extras habitualmente prestadas integra o cálculo dos haveres trabalhistas, independentemente da limitação prevista no "caput" do art. 59 da CLT.

TST Súm. 423. Estabelecida jornada superior a seis horas e limitada a oito horas por meio de regular negociação coletiva, os empregados submetidos a turnos ininterruptos de revezamento não tem direito ao pagamento da 7ª e 8ª horas como extras.

TST Súm. 449. A partir da vigência da Lei n. 10.243, de 19.6.2001, que acrescentou o § 1º ao art. 58 da CLT, não mais prevalece cláusula prevista em convenção ou acordo coletivo que elastece o limite de 5 minutos que antecedem e sucedem a jornada de trabalho para fins de apuração das horas extras.

TST OJ/SDI1 47. A base de cálculo da hora extra é o resultado da soma do salário contratual mais o adicional de insalubridade.

TST OJ/SDI1 60. I. A hora noturna no regime de trabalho no porto, compreendida entre dezenove horas e sete horas do dia seguinte, é de sessenta minutos. II. Para o cálculo das horas extras prestadas pelos trabalhadores portuários, observar-se-á somente o salário básico percebido, excluídos os adicionais de risco e produtividade.

TST OJ/SDI1 97. O adicional noturno integra a base de cálculo das horas extras prestadas no período noturno.

TST OJ/SDI1 206. Excedida a jornada máxima (art. 318 da CLT), as horas excedentes devem ser remuneradas com o adicional de, no mínimo, 50% (art. 7º, XVI, CF/1988).

TST OJ/SDI1 233. A decisão que defere horas extras com base em prova oral ou documental não ficará limitada ao tempo por ela abrangido, desde que o julgador fique convencido de que o procedimento questionado superou aquele período.

TST OJ/SDI1 235. O empregado que recebe salário por produção e trabalha em sobrejornada tem direito à percepção apenas do adicional de horas extras, exceto no caso do empregado cortador de cana, a quem é devido o pagamento das horas extras e do adicional respectivo..

TST OJ/SDI1 242. Embora haja previsão legal para o direito à hora extra, inexiste previsão para a incorporação ao salário do respectivo adicional, razão pela qual deve incidir a prescrição total.

TST OJ/SDI1 275. Inexistindo instrumento coletivo fixando jornada diversa, o empregado horista submetido a turno ininterrupto de revezamento faz jus ao pagamento das horas extraordinárias laboradas além da 6ª, bem como ao respectivo adicional.

TST OJ/SDI1 332. O tacógrafo, por si só, sem a existência de outros elementos, não serve para controlar a jornada de trabalho de empregado que exerce atividade externa.

TST OJ/SDI1 397. O empregado que recebe remuneração mista, ou seja, uma parte fixa e outra variável, tem direito a horas extras pelo trabalho em sobrejornada. Em relação à parte fixa, são devidas as horas simples acrescidas do adicional de horas extras. Em relação à parte variável, é devido somente o adicional de horas extras, aplicando-se à hipótese o disposto na Súmula n. 340 do TST.

TST OJ/SDI1 415. A dedução das horas extras comprovadamente pagas daquelas reconhecidas em juízo não pode ser limitada ao mês de apuração, devendo ser integral e aferida pelo total das horas extraordinárias quitadas durante o período imprescrito do contrato de trabalho.

5) Hora "In Itinere"

TST Súm. 90. I. O tempo despendido pelo empregado, em condução fornecida pelo empregador, até o local de trabalho de difícil acesso, ou não servido por transporte público regular, e para o seu retorno é computável na jornada de trabalho. II. A incompatibilidade entre os horários de início e término da jornada do empregado e os do transporte público regular é circunstância que também gera o direito às horas "in itinere". III. A mera insuficiência de transporte público não enseja o pagamento de horas "in itinere". IV. Se houver transporte público regular em parte do trajeto percorrido em condução da empresa, as horas "in itinere" remuneradas limitam-se ao trecho não alcançado pelo transporte público. V. Considerando que as horas "in itinere" são computáveis na jornada de trabalho, o tempo que extrapola a jornada legal é considerado como extraordinário e sobre ele deve incidir o adicional respectivo.

TST Súm. 320. O fato de o empregador cobrar, parcialmente ou não, importância pelo transporte fornecido, para local de difícil acesso ou não servido por transporte regular, não afasta o direito à percepção das horas "in itinere".

TST Súm. 429. Considera-se à disposição do empregador, na forma do art. 4º da CLT, o tempo necessário ao deslocamento do trabalhador entre a portaria da empresa e o local de trabalho, desde que supere o limite de 10 (dez) minutos diários.

6) Hora Reduzida

TST Súm. 65. O direito à hora reduzida de 52 minutos e 30 segundos aplica-se ao vigia noturno.

TST Súm. 112. O trabalho noturno dos empregados nas atividades de exploração, perfuração, produção e refinação do petróleo, industrialização do xisto, indústria petroquímica e transporte de petróleo e seus derivados, por meio de dutos, é regulado pela Lei n. 5.811, de 11.10.1972, não se lhe aplicando a hora reduzida de 52 minutos e 30 segundos prevista no art. 73, § 2º, da CLT.

TST OJ/SDI1 395. O trabalho em regime de turnos ininterruptos de revezamento não retira o direito à hora noturna reduzida, não havendo incompatibilidade entre as disposições contidas nos arts. 73, § 1º,da CLT e 7º, XIV, da Constituição Federal.

7) Jornada de Trabalho

7.1) Compensação de Jornada

TST Súm. 85. I. A compensação de jornada de trabalho deve ser ajustada por acordo individual escrito, acordo coletivo ou convenção coletiva. II. O acordo individual para compensação de horas é válido, salvo se houver norma coletiva em sentido contrário. III. O mero não atendimento das exigências legais para a compensação de jornada, inclusive quando encetada mediante acordo tácito, não implica a repetição do pagamento das horas excedentes à jornada normal diária, se não dilatada a jornada máxima semanal, sendo devido apenas o respectivo adicional. IV. A prestação de horas extras habituais descaracteriza o acordo de compensação de jornada. Nesta hipótese, as horas que ultrapassarem a jornada semanal normal deverão ser pagas como horas extraordinárias e, quanto àquelas destinadas à compensação, deverá ser pago a mais apenas o adicional por trabalho extraordinário. V. As disposições contidas nesta súmula não se aplicam ao regime compensatório na modalidade "banco de horas", que somente pode ser instituído por negociação coletiva. VI. Não é válido acordo de compensação de jornada em atividade insalubre, ainda que estipulado em norma coletiva, sem a necessária inspeção prévia e permissão da autoridade competente, na forma do art. 60 da CLT.

TST OJ/SDI1 323. É válido o sistema de compensação de horário quando a jornada adotada é a denominada "semana espanhola", que alterna a prestação de 48 horas em uma semana e 40 horas em outra, não violando os arts. 59, § 2º, da CLT e 7º, XIII, da CF/1988 o seu ajuste mediante acordo ou convenção coletiva de trabalho.

7.1) Jornada Reduzida

TST Súm. 178. É aplicável à telefonista de mesa de empresa que não explora o serviço de telefonia o disposto no art. 227, e seus parágrafos, da CLT.

TST OJ/SDI1 213. O operador de telex de empresa, cuja atividade econômica não se identifica com qualquer uma das previstas no art. 227 da CLT, não se beneficia de jornada reduzida.

TST OJ/SDI1 358. I. Havendo contratação para cumprimento de jornada reduzida, inferior à previsão constitucional de oito horas diárias ou quarenta e quatro semanais, é lícito o pagamento do piso salarial ou do salário mínimo proporcional ao tempo trabalhado. II. Na Administração Pública direta, autárquica e fundacional não é válida remuneração de empregado público inferior ao salário mínimo, ainda que cumpra jornada de trabalho reduzida. Precedentes do Supremo Tribunal Federal.

TST OJ/SDI1 407. O jornalista que exerce funções típicas de sua profissão, independentemente do ramo de atividade do empregador, tem direito à jornada reduzida prevista no artigo 303 da CLT.

7.2) Intervalo Intrajornada

STF Súm. 675. Os intervalos fixados para descanso e alimentação durante a jornada de seis horas não descaracterizam o sistema de turnos ininterruptos de revezamento para o efeito do art. 7º, XIV, da Constituição.

TST Súm. 437. I. Após a edição da Lei n. 8.923/94, a não-concessão ou a concessão parcial do intervalo intrajornada mínimo, para repouso e alimentação, a empregados urbanos e rurais, implica o pagamento total do período correspondente, e não apenas daquele suprimido, com acréscimo de, no mínimo, 50% sobre o valor da remuneração da hora normal de trabalho (art. 71 da CLT), sem prejuízo do cômputo da efetiva jornada de labor para efeito de remuneração. II. É inválida cláusula de acordo ou convenção coletiva de trabalho contemplando a supressão ou redução do intervalo intrajornada porque este constitui medida de higiene, saúde e segurança do trabalho, garantido por norma de ordem pública (art. 71 da CLT e art. 7º, XXII, da CF/1988), infenso à negociação coletiva. III. Possui natureza salarial a parcela prevista no art. 71, § 4º, da CLT, com redação introduzida pela Lei n. 8.923, de 27 de julho de 1994, quando não concedido ou reduzido pelo empregador o intervalo mínimo intrajornada para repouso e alimentação, repercutindo, assim, no cálculo de outras parcelas salariais. IV. Ultrapassada habitualmente a jornada de seis horas de trabalho, é devido o gozo do intervalo intrajornada mínimo de uma hora, obrigando o empregador a remunerar o período para descanso e alimentação não usufruído como extra, acrescido do respectivo adicional, na forma prevista no art. 71, caput e § 4º da CLT.

TST Súm. 438. O empregado submetido a trabalho contínuo em ambiente artificialmente frio, nos termos do parágrafo único do art. 253 da CLT, ainda que não labore em câmara frigorífica, tem direito ao intervalo intrajornada previsto no caput do art. 253 da CLT.

TST Súm. 446. A garantia ao intervalo intrajornada, prevista no art. 71 da CLT, por constituir-se em medida de higiene, saúde e segurança do empregado, é aplicável também ao ferroviário maquinista integrante da categoria "C" (equipagem de trem em geral), não havendo incompatibilidade entre as regras inscritas nos arts. 71, § 4º, e 238, § 5º, da CLT.

TST OJ/SDI1 178. Não se computa, na jornada do bancário sujeito a seis horas diárias de trabalho, o intervalo de quinze minutos para lanche ou descanso.

TST OJ/SDI1 355. O desrespeito ao intervalo mínimo interjornadas previsto no art. 66 da CLT acarreta, por analogia, os mesmos efeitos previstos no § 4º do art. 71 da CLT e na Súmula n. 110 do TST, devendo-se pagar a integralidade das horas que foram subtraídas do intervalo, acrescidas do respectivo adicional.

7.3) Turnos de Revezamento

TST Súm. 110. No regime de revezamento, as horas trabalhadas em seguida ao repouso semanal de 24 horas, com prejuízo do intervalo mínimo de 11 horas consecutivas para descanso entre jornadas, devem ser remuneradas como extraordinárias, inclusive com o respectivo adicional.

TST Súm. 360. A interrupção do trabalho destinada a repouso e alimentação, dentro de cada turno, ou o intervalo para repouso semanal, não descaracteriza o turno de revezamento com jornada de 6 (seis) horas previsto no art. 7º, XIV, da CF/1988.

TST Súm. 391. I. A Lei n. 5.811/72 foi recepcionada pela CF/88 no que se refere à duração da jornada de trabalho em regime de revezamento dos petroleiros. II. A previsão contida no art. 10 da Lei n. 5.811/72, possibilitando a mudança do regime de revezamento para horário fixo, constitui alteração lícita, não violando os arts. 468 da CLT e 7º, VI, da CF/1988.

TST OJ/SDI1 274. O ferroviário submetido a escalas variadas, com alternância de turnos, faz jus à jornada especial prevista no art. 7º, XIV, da CF/1988.

TST OJ/SDI1 360. Faz jus à jornada especial prevista no art. 7º, XIV, da CF/1988 o trabalhador que exerce suas atividades em sistema de alternância de turnos, ainda que em dois turnos de trabalho, que compreendam, no todo ou em parte, o horário diurno e o noturno, pois submetido à alternância de horário prejudicial à saúde, sendo irrelevante que a atividade da empresa se desenvolva de forma ininterrupta.

TST OJ/SDI1 420. É inválido o instrumento normativo que, regularizando situações pretéritas, estabelece jornada de oito horas para o trabalho em turnos ininterruptos de revezamento.

7.4) Outros Temas

TST Súm. 96. A permanência do tripulante a bordo do navio, no período de repouso, além da jornada, não importa presunção de que esteja à disposição do empregador ou em regime de prorrogação de horário, circunstâncias que devem resultar provadas, dada a natureza do serviço.

TST Súm. 338. I. É ônus do empregador que conta com mais de 10 (dez) empregados o registro da jornada de trabalho na forma do art. 74, § 2º, da CLT. A não apresentação injustificada dos controles de frequência gera presunção relativa de veracidade da jornada de trabalho, a qual pode ser elidida por prova em contrário. II. A presunção de veracidade da jornada de trabalho, ainda que prevista em instrumento normativo, pode ser elidida por prova em contrário. III. Os cartões de ponto que demonstram horários de entrada e saída uniformes são inválidos como meio de prova, invertendo-se o ônus da prova, relativo às horas extras, que passa a ser do empregador, prevalecendo a jornada da inicial se dele não se desincumbir.

TST Súm. 444. É valida, em caráter excepcional, a jornada de doze horas de trabalho por trinta e seis de descanso, prevista em lei ou ajustada exclusivamente mediante acordo coletivo de trabalho ou convenção coletiva de trabalho, assegurada a remuneração em dobro dos feriados trabalhados. O empregado não tem direito ao pagamento de adicional referente ao labor prestado na décima primeira e décima segunda horas.

TST OJ/SDI1 308. O retorno do servidor público (administração direta, autárquica e fundacional) à jornada inicialmente contratada não se insere nas vedações do art. 468 da CLT, sendo a sua jornada definida em lei e no contrato de trabalho firmado entre as partes.

TST OJ/SDI1 403. O advogado empregado contratado para jornada de 40 horas semanais, antes da edição da Lei n. 8.906, de 4.7.1994, está sujeito ao regime de dedicação exclusiva disposto no art. 20 da referida lei, pelo que não tem direito à jornada de 20 horas semanais ou 4 diárias.

* REPERCUSSÃO & REPETITIVOS

TST Repetitivo 2. I. O número de dias de repouso semanal remunerado pode ser ampliado por convenção ou acordo coletivo de trabalho, como decorrência do exercício da autonomia sindical (decidido por unanimidade); II. O divisor corresponde ao número de horas remuneradas pelo salário mensal, independentemente de serem trabalhadas ou não (decidido por maioria); III. O divisor aplicável para cálculo das horas extras do bancário, inclusive para os submetidos à jornada de oito horas, é definido com base na regra geral prevista no artigo 64 da CLT (resultado da multiplicação por 30 da jornada normal de trabalho), sendo 180 e 220, para as jornadas normais de seis e oito horas, respectivamente (decidido por maioria); IV. A inclusão do sábado como dia de repouso semanal remunerado, no caso do bancário, não altera o divisor, em virtude de não haver redução do número de horas semanais, trabalhadas e de repouso (decidido por maioria); V. O número de semanas do mês é 4,2857, resultante da divisão de 30 (dias do mês) por 7 (dias da semana), não sendo válida, para efeito de definição do divisor, a multiplicação da duração semanal por 5 (decidido por maioria); VI. Em caso de redução da duração semanal do trabalho, o divisor é obtido na forma prevista na Súmula n. 431 (multiplicação por 30 do resultado da divisão do número de horas trabalhadas por semana pelos dias úteis). (RR 849-83.2013.5.03.0138, 21.11.2016)

* INFORMATIVOS DE JURISPRUDÊNCIA

Advogado empregado. Jornada de trabalho. Art. 20 da Lei 8.906/94. Regime de dedicação exclusiva. Exigência de previsão contratual expressa. Art. 12 do Regulamento Geral do Estatuto da Advocacia e da OAB.

TST A Lei 8.906/94, em seu art. 20, fixa o limite de 4 horas contínuas diárias e 20 horas semanais para a jornada de trabalho do advogado empregado, admitindo exceção por meio de ajuste coletivo ou no caso de dedicação exclusiva. O art. 12 do Regulamento Geral do Estatuto da Advocacia e da OAB, por sua vez, dispõe que, para os efeitos do art. 20 da Lei 8.906/94, o regime de dedicação exclusiva deve estar expressamente previsto no contrato individual de trabalho. Assim, diante da imprescindibilidade de previsão contratual, não há como presumir a dedicação exclusiva, sendo devidas as horas extras excedentes à quarta diária e à vigésima semanal, com o adicional de 100% previsto no art. 20 da Lei 8.906/94, e os reflexos legais. E-RR-1606-53.2011.5.15.0093, SDI1, Rel. Acd. Min. João Oreste Dalazen, 28.9.2017. (Info 166)

Horas extras. Pré-contratação. Configuração. Transferência de empresa de processamento de dados para banco do mesmo grupo econômico. Marco temporal para admissão na condição de bancário.

TST A contratação de labor extraordinário no momento da transferência da empregada de empresa de processamento de dados para banco que integra o mesmo grupo econômico caracteriza a pré-contratação de horas extras, nos termos do item

I da Súm. 199/TST. E-ED-RR-261800-79.1999.5.02.0008, SDI1, Rel. Min. José Roberto Freire Pimenta, 14.9.2017. (Info 164)

Petroleiros. Turnos ininterruptos de revezamento. Reflexos das horas extras nas folgas compensatórias previstas na Lei 5.811/72. Pagamento indevido. Inaplicabilidade da Súm. 172/TST. Violação do art. 7°, XV, da CF. Configuração.

TST Viola o art. 7º, XV, da CF o acórdão que condena a Petrobras S.A. ao pagamento de diferenças de reflexos em horas extras nas folgas previstas na Lei 5.811/72, por aplicação da Súm. 172/TST. Para a categoria dos petroleiros, o labor em turnos de revezamento, bem como as folgas compensatórias usufruídas, decorre do regime especial de trabalho de que trata a Lei 5.811/72. Assim, considerando que os repousos em questão configuram folga compensatória e não se confundem com o descanso hebdomadário a que se refere a Lei 605/49, resulta inaplicável o entendimento contido na Súm. 172/TST, que se restringe às hipóteses de repouso semanal remunerado. RO-10465-40.2015.5.03.0000, SDI2, Rel. Min. Alberto Luiz Bresciani de Fontan Pereira, 26.9.2017. (Info 166)

Intervalo intrajornada. Redução. Autorização do Ministério do Trabalho. Horas extras prestadas sem habitualidade. Pagamento das horas extraordinárias decorrentes da redução do intervalo intrajornada restrito aos dias em que houve efetivo trabalho em sobrejornada.

TST Não se admite a redução do intervalo intrajornada nos dias em que concomitantemente houver prestação de horas extras, ainda que presente a autorização do Ministério do Trabalho a que se refere o art. 71, § 3º, da CLT. TST-E-RR-168000-85.2009.5.02.0027, SBDI-I, Rel. Min. Renato de Lacerda Paiva, 24.5.2018. (Info 179)

Intervalo intrajornada. Redução. Art. 71, § 3°, da CLT. Prova da publicação da portaria de autorização do Ministério do Trabalho. Desnecessidade.

TST Preenchidos os requisitos do art. 71, § 3º, da CLT (refeitório adequado, ausência de prorrogação de jornada e ato do Ministério do Trabalho), é válida a redução do intervalo intrajornada pelo empregador, não havendo necessidade de comprovar nos autos a publicação oficial da portaria do Ministério do Trabalho que autorizou a referida redução. Trata-se de ato administrativo dotado de presunção de veracidade e legitimidade, de modo que a simples ausência de prova de publicação não tem o condão de obstar a validade da redução do intervalo intrajornada. E-ARR-42-19.2014.5.12.0028, SDI1, Rel. Min. Augusto César Leite de Carvalho, 31.8.2017. (Info 163)

Trabalho em minas de subsolo. Tempo de deslocamento da boca da mina ao local de trabalho e vice-versa. Cômputo para efeito de concessão de intervalo intrajornada. Impossibilidade.

TST O período de deslocamento do mineiro entre a boca da mina e a frente de lavra não deve ser computado para efeito de concessão de intervalo intrajornada, pois o labor em minas de subsolo não se submete ao sistema geral de duração do trabalho, conforme excepciona o art. 57, parte final, da CLT. Ao promover o disciplinamento especial do trabalho dos mineiros (arts. 293 a 301 da CLT), o legislador adotou explicitamente tratamento diferenciado entre o tempo de "trabalho efetivo" para efeito de jornada normal e o tempo de deslocamento, dispondo que este último é computado apenas para efeito de pagamento do salário (arts. 293 e 294). Assim, na hipótese em que o empregado em mina de subsolo presta jornada efetiva de seis horas diárias, ainda que perceba 65 minutos de remuneração pelo deslocamento, não tem direito ao cômputo deste tempo para beneficiar-se do intervalo intrajornada do art. 71 da CLT, inaplicável em virtude da norma especial do art. 298 da CLT – que prevê um intervalo intrajornada mais benéfico, de 15 minutos a cada três horas de labor, computado "na duração normal de trabalho efetivo". E-RR-505-29.2010.5.20.0011, SDI1, Rel. Min. Augusto César Leite de Carvalho, Rel. Acd. Min. João Oreste Dalazen, 21.9.2017. (Info 165)

Vendedor. Trabalho externo. Possibilidade de controle da jornada. Não apresentação dos cartões de ponto pelo empregador. Horas extras devidas. Art. 74, § 2°, da CLT. Incidência da Súmula 338, I, do TST.

TST Havendo a possibilidade de controle da jornada de trabalho do empregado, mesmo que esta seja externa, inverte-se o ônus da prova, cabendo ao empregador a apresentação do comprovante de controle de frequência, como prova pré-constituída, nos moldes do art. 74, § 2º, da CLT. Embora os precedentes que informam a Súmula n. 338, I, do TST não se refiram à jornada externa de que trata o art. 62,

I, da CLT, é possível aplicá-la quando houver identidade entre os fatos fundamentais da demanda em análise e aqueles que constam nos precedentes da súmula, quais sejam, possibilidade de controle e fiscalização de jornada e ausência de apresentação dos cartões de ponto em juízo. Trata-se de aplicação da técnica denominada "ampliative distinguishing", cujo objetivo é conferir tratamento isonômico entre as partes, universalizando o precedente ao adotar a mesma "ratio decidendi" para casos não absolutamente iguais, mas cujos fatos fundamentais sejam idênticos ou similares. E-ED-RR-20-26.2014.5.08.0107, SDI1, Rel. Min. José Roberto Freire Pimenta, 12.4.2018. (Info 176)

* INOVAÇÕES LEGISLATIVAS

▲ CLT. Título II – Das Normas Gerais de Tutela do Trabalho, Capítulo II – Da Duração do Trabalho, Seção II – Da Jornada de Trabalho

▲ Art. 58. § 2º O tempo despendido pelo empregado desde a sua residência até a efetiva ocupação do posto de trabalho e para o seu retorno, caminhando ou por qualquer meio de transporte, inclusive o fornecido pelo empregador, não será computado na jornada de trabalho, por não ser tempo à disposição do empregador. (Modificações: Lei 13.467/17)

▲ Art. 58. § 3º (Revogado). (Modificações: Lei 13.467/17)

▲ Art. 58-A. Considera-se trabalho em regime de tempo parcial aquele cuja duração não exceda a trinta horas semanais, sem a possibilidade de horas suplementares semanais, ou, ainda, aquele cuja duração não exceda a vinte e seis horas semanais, com a possibilidade de acréscimo de até seis horas suplementares semanais. (...). § 3º As horas suplementares à duração do trabalho semanal normal serão pagas com o acréscimo de 50% (cinquenta por cento) sobre o salário-hora normal. § 4º Na hipótese de o contrato de trabalho em regime de tempo parcial ser estabelecido em número inferior a vinte e seis horas semanais, as horas suplementares a este quantitativo serão consideradas horas extras para fins do pagamento estipulado no § 3º, estando também limitadas a seis horas suplementares semanais. § 5º As horas suplementares da jornada de trabalho normal poderão ser compensadas diretamente até a semana imediatamente posterior à da sua execução, devendo ser feita a sua quitação na folha de pagamento do mês subsequente, caso não sejam compensadas. § 6º É facultado ao empregado contratado sob regime de tempo parcial converter um terço do período de férias a que tiver direito em abono pecuniário. § 7º As férias do regime de tempo parcial são regidas pelo disposto no art. 130 desta Consolidação. (Modificações: Lei 13.467/17)

▲ Art. 59. A duração diária do trabalho poderá ser acrescida de horas extras, em número não excedente de duas, por acordo individual, convenção coletiva ou acordo coletivo de trabalho. § 1º A remuneração da hora extra será, pelo menos, 50% (cinquenta por cento) superior à da hora normal. (...). § 3º Na hipótese de rescisão do contrato de trabalho sem que tenha havido a compensação integral da jornada extraordinária, na forma dos §§ 2º e 5º deste artigo, o trabalhador terá direito ao pagamento das horas extras não compensadas, calculadas sobre o valor da remuneração na data da rescisão. (...). § 4º (Revogado p/ Lei 13.467/17). § 5º O banco de horas de que trata o § 2º deste artigo poderá ser pactuado por acordo individual escrito, desde que a compensação ocorra no período máximo de seis meses. § 6º É lícito o regime de compensação de jornada estabelecido por acordo individual, tácito ou escrito, para a compensação no mesmo mês. (Modificações: Lei 13.467/17)

▲ Art. 59-B. O não atendimento das exigências legais para compensação de jornada, inclusive quando estabelecida mediante acordo tácito, não implica a repetição do pagamento das horas excedentes à jornada normal diária se não ultrapassada a duração máxima semanal, sendo devido apenas o respectivo adicional. Parágrafo único. A prestação de horas extras habituais não descaracteriza o acordo de compensação de jornada e o banco de horas. (Modificações: Lei 13.467/17)

▲ Art. 60. Parágrafo único. Excetuam-se da exigência de licença prévia as jornadas de doze horas de trabalho por trinta e seis horas ininterruptas de descanso. (Modificações: Lei 13.467/17)

▲ Art. 61. § 1º O excesso, nos casos deste artigo, pode ser exigido independentemente de convenção coletiva ou acordo coletivo de trabalho. (Modificações: Lei 13.467/17)

▲ Art. 62. Não são abrangidos pelo regime previsto neste capítulo: (...). III – os empregados em regime de teletrabalho. (Modificações: Lei 13.467/17)

▲ Título II – Das Normas Gerais de Tutela do Trabalho, Capítulo II – Da Duração do Trabalho, Seção III – Dos Períodos de Descanso

▲ Art. 71. § 4º A não concessão ou a concessão parcial do intervalo intrajornada mínimo, para repouso e alimentação, a empregados urbanos e rurais, implica o pagamento, de natureza indenizatória, apenas do período suprimido, com acréscimo de 50% (cinquenta por cento) sobre o valor da remuneração da hora normal de trabalho. (Modificações: Lei 13.467/17)

* QUESTÕES OBJETIVAS

08. **(Cespe/TRT/8R/Analista/2016)** Assinale a opção correta de acordo com a CF:

a) O seguro contra acidentes de trabalho a cargo do empregador rural somente será devido ao empregado nos casos em que o empregador estiver obrigado ao pagamento de indenização por ter incorrido em dolo ou culpa.

b) Por meio de negociação coletiva pode-se alterar a jornada de seis horas para o trabalho realizado em turnos ininterruptos de revezamento.

c) É proibido o trabalho noturno, perigoso ou insalubre a menores de dezoito anos de idade e de qualquer trabalho a menores de dezessete anos de idade, salvo na condição de aprendiz, a partir de dezesseis anos de idade.

d) Em virtude da complexidade, o trabalho intelectual necessariamente possui maior valor que o manual.

e) Conforme norma expressa na CF, os direitos dos trabalhadores com vínculo empregatício permanente e os dos trabalhadores avulsos são diferentes em virtude da situação peculiar de cada um.

09. **(Cespe/TRT/8R/Oficial_Justiça/2016)** Considerando a jurisprudência pacificada do TST, assinale a opção correta:

a) O repouso semanal remunerado concedido após o sétimo dia consecutivo de trabalho deve ser pago com o adicional de 50% constitucional.

b) Não devem ser descontadas nem computadas como jornada extraordinária as variações de horário do registro de ponto não excedentes de cinco minutos, observado o limite máximo de dez minutos diários; ultrapassado esse limite, será considerada como extra a totalidade do tempo que exceder a jornada normal.

c) No caso de cumprimento integral da jornada noturna, com prorrogação até o período diurno, o adicional noturno não será devido quanto às horas prorrogadas.

d) A compensação de jornada de trabalho se dá por meio do chamado banco de horas e deve ser ajustada por acordo individual escrito, acordo coletivo ou convenção coletiva, sob pena de nulidade.

e) Por se tratar de um instituto próprio e com regras específicas, as horas in itinere são computáveis na jornada de trabalho, sendo o tempo que extrapola a jornada legal pago com adicional de 25% mensal estabelecido, e não com o adicional de horas extras previsto na CF.

10. **(Cespe/DPU/Defensor/2017)** Conforme o entendimento do TST, estará de acordo com a lei a concessão de repouso semanal remunerado após o sétimo dia consecutivo de trabalho, desde que a empresa pague o valor correspondente a um dia de trabalho do empregado.

11. **(Cespe/PGM/Fortaleza/Procurador/2017)** Conforme o entendimento do TST, como o empregador não está obrigado por lei a remunerar o trabalho extraordinário prestado por seus gerentes que exerçam cargos de gestão, o empregado não tem direito ao repouso semanal remunerado.

12. **(Cespe/DPU/Defensor/2015)** Segundo entendimento do STF, a norma da CLT que prevê a obrigatoriedade de um intervalo para descanso de, no mínimo, quinze minutos antes do início do período extraordinário do trabalho da mulher é constitucional, uma vez que tal tratamento não fere a isonomia.

13. **(Cespe/DPU/Defensor/2015)** O empregado que trabalha para determinada empresa das 7hs às 19hs e tem intervalo de descanso e refeição das 12 h às 16 h, sem acordo de prorrogação de intervalo, tem direito a receber duas horas extras diárias, como tempo à disposição do empregador.

14. **(Cespe/AGU/Advogado/2015)** Embora a CF preveja a jornada de seis horas no trabalho realizado em turnos ininterruptos de revezamento, havendo permissão de trabalho de até oito horas por meio de negociação coletiva, o TST entende que os empregados abrangidos pela referida negociação não terão direito ao pagamento da sétima e da oitava hora como extras.

15. **(Cespe/PGM/Salvador/Procurador/2015)** Assinale a opção correta no que se refere à duração do trabalho:

a) Observado o limite máximo de dez minutos diários, não serão descontadas nem computadas como jornada extraordinária as variações de horário do registro de ponto não excedentes de cinco minutos.
b) Os intervalos interjornadas são os lapsos de tempo situados no interior da duração diária de trabalho, em que o empregado pode sustar a prestação de serviços e a sua disponibilidade perante o empregador.
c) O repouso semanal, um direito do trabalhador, caracteriza-se como suspensão do contrato de trabalho, sendo, por isso, um período não computado ao tempo de serviço.
d) É válido, segundo o TST, o acordo tácito de compensação de jornada de trabalho que ocorre quando há declaração oral de vontade por parte do empregador e do empregado.
e) Prontidão é o tempo que o empregado permanece em sua casa aguardando o chamado para o serviço, devendo esse período durar, no máximo, vinte e quatro horas.

16. **(Cespe/TCU/Procurador/2015)** Acerca da duração do trabalho, assinale a opção correta:

a) Ainda que possuam mais de dez empregados por estabelecimento, as microempresas não estão obrigadas a manter registro de controle de jornada dos empregados efetuado mediante cartão de ponto mecânico, manual ou eletrônico.
b) De acordo com a CLT, não se considera tempo de serviço prestado e não deve ser computado na jornada de trabalho o tempo em que o empregado permanece à disposição do empregador.
c) Se o empregado chegar ao portão principal da empresa às 7 horas e tiver de percorrer 15 minutos andando, por acesso restrito a pessoas, até o seu posto de trabalho, não deverá ser computado, na sua jornada, o tempo despendido entre o portão e o posto de trabalho.
d) Em turno ininterrupto de revezamento, João trabalhou 8 horas no sábado, encerrando sua jornada às 22 horas. Após o descanso semanal no domingo, ele retornou ao trabalho na segunda-feira, às 7 horas da manhã. Nessa situação, João terá o direito de receber 2 horas extras acrescidas do respectivo adicional, visto que não foi respeitado o intervalo interjornada.
e) De acordo com o entendimento do STF, é considerado "bis in idem" o fato de o empregado celetista normal que cumpre jornada noturna ser beneficiado, ao mesmo tempo, com adicional noturno e hora reduzida. Nesse caso, o empregado deverá optar por um dos benefícios.

17. **(Cespe/TRT/7R/Técnico/2017)** Tendo cumprido sua jornada de trabalho de oito horas diárias, o empregado somente poderá iniciar a próxima jornada de trabalho após o intervalo mínimo de:

a) nove horas.
b) dez horas.
c) onze horas.
d) oito horas.

18. **(Cespe/PGE/SE/Procurador/2017)** Segundo o TST, a concessão parcial ou a não concessão do intervalo intrajornada mínimo, para repouso e alimentação, obriga o empregador ao pagamento:

a) do período suprimido, com acréscimo de, no mínimo, 50% sobre o valor da remuneração da hora normal de trabalho.
b) do período suprimido, com acréscimo de, no mínimo, 50% sobre o valor do salário básico da hora normal de trabalho.
c) total do período correspondente ao repouso, sem acréscimo remuneratório.
d) total do período correspondente ao repouso, com acréscimo de, no mínimo, 50% sobre o valor da remuneração da hora normal de trabalho.
e) do período suprimido, sem acréscimo remuneratório.

19. **(Cespe/PGE/AM/Procurador/2016)** Com base na teoria do conglobamento, o TST tem entendido ser possível que norma coletiva estipule a exclusão da redução ficta da hora noturna caso haja a concessão de outras vantagens mais benéficas ao trabalhador do que as previstas em lei.

20. **(Cespe/PGE/SE/Procurador/2017)** Segundo o TST, o regime de compensação de jornada de trabalho terá validade garantida apenas se for ajustado mediante:

a) acordo individual tácito ou escrito, acordo coletivo ou convenção coletiva.
b) acordo individual tácito ou escrito, acordo coletivo, convenção coletiva ou arbitragem.
c) convenção coletiva.
d) acordo coletivo ou convenção coletiva.
e) acordo individual escrito, acordo coletivo ou convenção coletiva.

21. **(Cespe/TRT/7R/Analista/2017)** Reclamatória foi ajuizada para pleitear o pagamento de adicional de horas extras. Na análise dos documentos instrutórios, notou-se que, no período em que se baseou o pedido, existia convenção coletiva da categoria fixando o referido adicional em 52% sobre a hora normal, contrato de trabalho entre as partes indicando adicional de 60% sobre a hora normal e regulamento da empresa determinando adicional de 65% sobre a hora normal. Considerando-se que a Constituição Federal de 1988 (CF) prevê que o referido adicional deve ser pago no patamar mínimo de 50% sobre a hora normal, à luz da hierarquia das fontes de direitos na seara trabalhista, caso o pedido seja deferido, deve ser aplicado o adicional previsto:

a) no contrato de trabalho.

b) na CF.

c) na convenção coletiva da categoria.

d) no regulamento da empresa.

2.3. Do Teletrabalho

*** INOVAÇÕES LEGISLATIVAS**

▲ CLT. Título II – Das Normas Gerais de Tutela do Trabalho, Capítulo II-A – Do Teletrabalho

▲ Art. 75-A. A prestação de serviços pelo empregado em regime de teletrabalho observará o disposto neste Capítulo. (Modificações: Lei 13.467/17)

▲ Art. 75-B. Considera-se teletrabalho a prestação de serviços preponderantemente fora das dependências do empregador, com a utilização de tecnologias de informação e de comunicação que, por sua natureza, não se constituam como trabalho externo. Parágrafo único. O comparecimento às dependências do empregador para a realização de atividades específicas que exijam a presença do empregado no estabelecimento não descaracteriza o regime de teletrabalho. (Modificações: Lei 13.467/17)

▲ Art. 75-C. A prestação de serviços na modalidade de teletrabalho deverá constar expressamente do contrato individual de trabalho, que especificará as atividades que serão realizadas pelo empregado. § 1º Poderá ser realizada a alteração entre regime presencial e de teletrabalho desde que haja mútuo acordo entre as partes, registrado em aditivo contratual. § 2º Poderá ser realizada a alteração do regime de teletrabalho para o presencial por determinação do empregador, garantido prazo de transição mínimo de quinze dias, com correspondente registro em aditivo contratual. (Modificações: Lei 13.467/17)

▲ Art. 75-D. As disposições relativas à responsabilidade pela aquisição, manutenção ou fornecimento dos equipamentos tecnológicos e da infraestrutura necessária e adequada à prestação do trabalho remoto, bem como ao reembolso de despesas arcadas pelo empregado, serão previstas em contrato escrito. Parágrafo único. As utilidades mencionadas no caput deste artigo não integram a remuneração do empregado. (Modificações: Lei 13.467/17)

▲ Art. 75-E. O empregador deverá instruir os empregados, de maneira expressa e ostensiva, quanto às precauções a tomar a fim de evitar doenças e acidentes de trabalho. Parágrafo único. O empregado deverá assinar termo de responsabilidade comprometendo-se a seguir as instruções fornecidas pelo empregador. (Modificações: Lei 13.467/17)

2.4. Do Salário Mínimo

*** SÚMULAS**

STF Súm. Vinculante 4. Salvo os casos previstos na Constituição Federal, o salário mínimo não pode ser usado como indexador de base de cálculo de vantagem de servidor público ou de empregado, nem ser substituído por decisão judicial.

STF Súm. Vinculante 6. Não viola a Constituição da República o estabelecimento de remuneração inferior ao salário mínimo para os praças prestadores de serviço militar inicial.

TST Súm. 258. Os percentuais fixados em lei relativos ao salário "in natura" apenas se referem às hipóteses em que o empregado percebe salário mínimo, apurando-se, nas demais, o real valor da utilidade.

TST OJ/SDI1 272. A verificação do respeito ao direito ao salário-mínimo não se apura pelo confronto isolado do salário-base com o mínimo legal, mas deste com a soma de todas as parcelas de natureza salarial recebidas pelo empregado diretamente do empregador.

TST OJ/SDI1 393. A contraprestação mensal devida ao professor, que trabalha no limite máximo da jornada prevista no art. 318 da CLT, é de um salário mínimo integral, não se cogitando do pagamento proporcional em relação a jornada prevista no art. 7º, XIII, da Constituição Federal.

TST OJ/SDI2 71. A estipulação do salário profissional em múltiplos do salário mínimo não afronta o art. 7º, inciso IV, da Constituição Federal de 1988, só incorrendo em vulneração do referido preceito constitucional a fixação de correção automática do salário pelo reajuste do salário mínimo.

✱ INOVAÇÕES LEGISLATIVAS

▲ CLT. Título II – Das Normas Gerais de Tutela do Trabalho, Capítulo III – Do Salário Mínimo, Seção II – Das Regiões e Sub-Regiões

▲ Arts. 84 e 85. (Revogado). (Modificações: Lei 13.467/17)

✱ QUESTÕES OBJETIVAS

22. **(Cespe/PGE/AM/Procurador/2016)** Na hipótese de um estado da Federação contratar empregado público para cumprir jornada de trabalho reduzida, o TST entende ser lícita a remuneração inferior ao salário mínimo, se proporcional à jornada por ele cumprida.

2.5. Das Férias Anuais

✱ SÚMULAS

STF Súm. 198. As ausências motivadas por acidente do trabalho não são descontáveis do período aquisitivo das férias.

TST Súm. 7. A indenização pelo não-deferimento das férias no tempo oportuno será calculada com base na remuneração devida ao empregado na época da reclamação ou, se for o caso, na da extinção do contrato.

TST Súm. 81. Os dias de férias gozados após o período legal de concessão deverão ser remunerados em dobro.

TST Súm. 89. Se as faltas já são justificadas pela lei, consideram-se como ausências legais e não serão descontadas para o cálculo do período de férias.

TST Súm. 149. A remuneração das férias do tarefeiro deve ser calculada com base na média da produção do período aquisitivo, aplicando-se-lhe a tarifa da data da concessão.

TST Súm. 171. Salvo na hipótese de dispensa do empregado por justa causa, a extinção do contrato de trabalho sujeita o empregador ao pagamento da remuneração das férias proporcionais, ainda que incompleto o período aquisitivo de 12 (doze) meses (art. 147 da CLT).

TST Súm. 261. O empregado que se demite antes de complementar 12 (doze) meses de serviço tem direito a férias proporcionais.

TST Súm. 328. O pagamento das férias, integrais ou proporcionais, gozadas ou não, na vigência da CF/1988, sujeita-se ao acréscimo do terço previsto no respectivo art. 7º, XVII.

TST Súm. 450. É devido o pagamento em dobro da remuneração de férias, incluído o terço constitucional, com base no art. 137 da CLT, quando, ainda que gozadas na época própria, o empregador tenha descumprido o prazo previsto no art. 145 do mesmo diploma legal.

✱ INOVAÇÕES LEGISLATIVAS

▲ CLT. Título II – Das Normas Gerais de Tutela do Trabalho, Capítulo IV – Das Férias Anuais, Seção I – Do Direito de Férias e da sua Duração

▲ Art. 130-A. (Revogado). (Modificações: Lei 13.467/17)

▲ Título II – Das Normas Gerais de Tutela do Trabalho, Capítulo IV – Das Férias Anuais, Seção II – Da Concessão e da Época das Férias

▲ Art. 134. § 1º Desde que haja concordância do empregado, as férias poderão ser usufruídas em até três períodos, sendo que um deles não poderá ser inferior a quatorze dias corridos e os demais não poderão ser inferiores a cinco dias corridos, cada um. § 2º (Revogado). § 3º É vedado o início das férias no período de dois dias que antecede feriado ou dia de repouso semanal remunerado. (Modificações: Lei 13.467/17)

▲ Título II – Das Normas Gerais de Tutela do Trabalho, Capítulo IV – Das Férias Anuais, Seção IV – Da Remuneração e do Abono de Férias

▲ Art. 143. § 3º (Revogado). (Modificações: Lei 13.467/17)

✱ QUESTÕES OBJETIVAS

23. **(Cespe/Funpresp_Jud/Analista/2016)** As férias poderão ser gozadas pelo empregado em mais de um período, desde que cada um deles não seja inferior a quinze dias corridos.

24. **(Cespe/Funpresp_Jud/Analista/2016)** Um empregado que realize escalas de trabalho para empregadores diversos não terá direito às férias após doze meses de trabalho, pois, para ter o direito às férias, o empregado deve trabalhar todo o período aquisitivo e concessivo para o mesmo empregador.

25. **(Cespe/TRT/8R/Oficial_Justiça/2016)** Acerca do descanso legal do trabalhador, assinale a opção correta:

a) As férias podem ser concedidas em três períodos, se cada período não for inferior a dez dias, salvo no caso do menor de dezoito anos de idade e dos maiores de cinquenta anos de idade, caso em que serão sempre concedidas de uma só vez.

b) O adicional de horas extras, o adicional noturno e o adicional de insalubridade ou periculosidade não integram a base de cálculo da remuneração das férias.

c) Na hipótese de cessação do trabalho por culpa recíproca, o empregado tem direito a 50% do aviso prévio e do décimo terceiro, sendo devida a integralidade das férias proporcionais.

d) A remuneração das férias do tarefeiro deve ser calculada com base na média da produção do período aquisitivo, aplicando-se-lhe a tarifa da data da concessão.

e) As faltas decorrentes do acidente de trabalho são consideradas para efeito de duração de férias.

26. **(Cespe/TRT/8R/Analista/2016)** Quanto ao período de descanso, ao adicional noturno, férias, à estabilidade da gestante e à licença maternidade, assinale a opção correta:

a) Empregado que incorrer em vinte faltas injustificadas no decorrer do período aquisitivo terá direito a apenas dezoito dias corridos para o gozo de férias.

b) O nascimento de filhos gêmeos ou parto múltiplo assegura à mulher necessariamente a concessão de licença maternidade em dobro.

c) A garantia de emprego da gestante desde a confirmação da gravidez até cinco meses após o parto foi estendida à adotante, nos termos da lei federal.

d) Nos trabalhos contínuos cuja duração exceda seis horas, é obrigatória a concessão de intervalo de duas horas para descanso e alimentação; caso a duração do trabalho não exceda seis horas, o intervalo obrigatório será de quinze minutos.

e) O vigia noturno não tem direito ao recebimento do adicional noturno por ser o labor no período da noite característica essencial de seu trabalho.

27. **(Cespe/PGM/Fortaleza/Procurador/2017)** Embora se trate de direito potestativo do empregado, a regra do abono de férias se aplica aos trabalhadores que gozam de férias coletivas apenas se a conversão for objeto de cláusula da convenção coletiva de trabalho.

28. **(Cespe/AGU/Advogado/2015)** Caso um empregado decida converter um terço do período de férias a que tiver direito em abono pecuniário, sobre essa verba incidirão o FGTS e a contribuição previdenciária.

29. **(Cespe/TRT/7R/Técnico/2017)** Ao completar doze meses de trabalho, o empregado maior de idade passa a ter direito a férias de trinta dias corridos. Nesse caso, as férias serão concedidas:

a) preferencialmente nas férias escolares.

b) sempre a partir do dia seguinte àquele em que se completou o período aquisitivo.

c) no período que melhor convir ao empregador, observado o período concessivo.

d) no período que melhor convir ao empregado, observado o período concessivo.

30. **(Cespe/TRT/7R/Analista/2017)** No que se refere a férias, assinale a opção correta:

a) O empregado receberá, durante as férias, a remuneração que lhe for devida durante o período aquisitivo.

b) O período de férias não é computado como tempo de serviço.

c) O empregado que receber auxílio-doença por mais de sete meses durante o período aquisitivo, ainda que de forma descontínua, perderá o direito às férias.

d) O empregado poderá exigir do empregador que as férias sejam concedidas no período que melhor atenda aos seus interesses.

2.6. Da Segurança e da Medicina do Trabalho

✱ SÚMULAS

1) Adicional de Insalubridade

STF Súm. 194. É competente o Ministro do Trabalho para a especificação das atividades insalubres.

STF Súm. 460. Para efeito do adicional de insalubridade, a perícia judicial, em reclamação trabalhista, não dispensa o enquadramento da atividade entre as insalubres, que é ato da competência do Ministro do Trabalho e Previdência Social.

STF Súm. 736. Compete à Justiça do Trabalho julgar as ações que tenham como causa de pedir o descumprimento de normas trabalhistas relativas à segurança, higiene e saúde dos trabalhadores.

TST Súm. 47. O trabalho executado em condições insalubres, em caráter intermitente, não afasta, só por essa circunstância, o direito à percepção do respectivo adicional.

TST Súm. 80. A eliminação da insalubridade mediante fornecimento de aparelhos protetores aprovados pelo órgão competente do Poder Executivo exclui a percepção do respectivo adicional.

TST Súm. 139. Enquanto percebido, o adicional de insalubridade integra a remuneração para todos os efeitos legais.

TST Súm. 228. A partir de 9 de maio de 2008, data da publicação da Súmula Vinculante n. 4 do Supremo Tribunal Federal, o adicional de insalubridade será calculado sobre o salário básico, salvo critério mais vantajoso fixado em instru-mento coletivo.

TST Súm. 248. A reclassificação ou a descaracterização da insalubridade, por ato da autoridade competente, repercute na satisfação do respectivo adicional, sem ofensa a direito adquirido ou ao princípio da irredutibilidade salarial.

TST Súm. 289. O simples fornecimento do aparelho de proteção pelo empregador não o exime do pagamento do adicional de insalubridade. Cabe-lhe tomar as medidas que conduzam à diminuição ou eliminação da nocividade, entre as quais as relativas ao uso efetivo do equipamento pelo empregado.

TST Súm. 293. A verificação mediante perícia de prestação de serviços em condições nocivas, considerado agente insalubre diverso do apontado na inicial, não prejudica o pedido de adicional de insalubridade.

TST Súm. 448. I. Não basta a constatação da insalubridade por meio de laudo pericial para que o empregado tenha direito ao respectivo adicional, sendo necessária a classificação da atividade insalubre na relação oficial elaborada pelo Ministério do Trabalho. II. A higienização de instalações sanitárias de uso público ou coletivo de grande circulação, e a respectiva coleta de lixo, por não se equiparar à limpeza em residências e escritórios, enseja o pagamento de adicional de insalubridade em grau máximo, incidindo o disposto no Anexo 14 da NR-15 da Portaria do MTE n. 3.214/78 quanto à coleta e industrialização de lixo urbano.

TST OJ/SDI1 103. O adicional de insalubridade já remunera os dias de repouso semanal e feriados.

TST OJ/SDI1 121. O sindicato tem legitimidade para atuar na qualidade de substituto processual para pleitear diferença de adicional de insalubridade.

TST OJ/SDI1 165. O art. 195 da CLT não faz qualquer distinção entre o médico e o engenheiro para efeito de caracterização e classificação da insalubridade e periculosidade, bastando para a elaboração do laudo seja o profissional devidamente qualificado.

TST OJ/SDI1 171. Para efeito de concessão de adicional de insalubridade não há distinção entre fabricação e manuseio de óleos minerais – Portaria n. 3.214 do Ministério do Trabalho, NR 15, Anexo XIII.

TST OJ/SDI1 172. Condenada ao pagamento do adicional de insalubridade ou periculosidade, a empresa deverá inserir, mês a mês e enquanto o trabalho for executado sob essas condições, o valor correspondente em folha de pagamento.

TST OJ/SDI1 173. I. Ausente previsão legal, indevido o adicional de insalubridade ao trabalhador em atividade a céu aberto, por sujeição à radiação solar (art. 195 da CLT e Anexo 7 da NR 15 da Portaria n. 3214/78 do MTE). II. Tem direito ao adicional de insalubridade o trabalhador que exerce atividade exposto ao calor acima dos limites de tolerância, inclusive em ambiente externo com carga solar, nas condições previstas no Anexo 3 da NR 15 da Portaria n. 3214/78 do MTE.

TST OJ/SDI1 278. A realização de perícia é obrigatória para a verificação de insalubridade. Quando não for possível sua realização, como em caso de fechamento da empresa, poderá o julgador utilizar-se de outros meios de prova.

TST OJ/SDI1 345. A exposição do empregado à radiação ionizante ou à substância radioativa enseja a percepção do adicional de periculosidade, pois a regulamentação ministerial (Portarias do Ministério do Trabalho n. 3.393, de 17.12.1987, e 518, de 7.4.2003), ao reputar perigosa a atividade, reveste-se de plena eficácia, porquanto expedida por força de delegação legislativa contida no art. 200, caput, e inciso VI, da CLT. No período de 12.12.2002 a 6.4.2003, enquanto vigeu a Portaria n. 496 do Ministério do Trabalho, o empregado faz jus ao adicional de insalubridade.

TST OJ/SDI2 2. Viola o art. 192 da CLT decisão que acolhe pedido de adicional de insalubridade com base na remuneração do empregado.

2) Adicional de Periculosidade

STF Súm. 212. Tem direito ao adicional de serviço perigoso o empregado de posto de revenda de combustível líquido.

TST Súm. 39. Os empregados que operam em bomba de gasolina têm direito ao adicional de periculosidade (Lei n. 2.573, de 15.8.1955).

TST Súm. 70. O adicional de periculosidade não incide sobre os triênios pagos pela Petrobrás.

TST Súm. 132. I. O adicional de periculosidade, pago em caráter permanente, integra o cálculo de indenização e de horas extras. II. Durante as horas de sobreaviso, o empregado não se encontra em condições de risco, razão pela qual é incabível a integração do adicional de periculosidade sobre as mencionadas horas.

TST Súm. 191. O adicional de periculosidade incide apenas sobre o salário básico e não sobre este acrescido de outros adicionais. Em relação aos eletricitários, o cálculo do adicional de periculosidade deverá ser efetuado sobre a totalidade das parcelas de natureza salarial.

TST Súm. 361. O trabalho exercido em condições perigosas, embora de forma intermitente, dá direito ao empregado a receber o adicional de periculosidade de forma integral, porque a Lei n. 7.369, de 20.9.1985, não estabeleceu nenhuma proporcionalidade em relação ao seu pagamento.

TST Súm. 364. I. Tem direito ao adicional de periculosidade o empregado exposto permanentemente ou que, de forma intermitente, sujeita-se a condições de risco. Indevido, apenas, quando o contato dá-se de forma eventual, assim considerado o fortuito, ou o que, sendo habitual, dá-se por tempo extremamente reduzido. II. Não é válida a cláusula de acordo ou convenção coletiva de trabalho fixando o adicional de periculosidade em percentual inferior ao estabelecido em lei e proporcional ao tempo de exposição ao risco, pois tal parcela constitui medida de higiene, saúde e segurança do trabalho, garantida por norma de ordem pública (arts. 7º, XXII e XXIII, da CF e 193, §1º, da CLT).

TST Súm. 447. Os tripulantes e demais empregados em serviços auxiliares de transporte aéreo que, no momento do abastecimento da aeronave, permanecem a bordo não têm direito ao adicional de periculosidade a que aludem o art. 193 da CLT e o Anexo 2, item 1, "c", da NR 16 do MTE.

TST Súm. 453. O pagamento de adicional de periculosidade efetuado por mera liberalidade da empresa, ainda que de forma proporcional ao tempo de exposição ao risco ou em percentual inferior ao máximo legalmente previsto, dispensa a realização da prova técnica exigida pelo art. 195 da CLT, pois torna incontroversa a existência do trabalho em condições perigosas.

TST OJ/SDI1 259. O adicional de periculosidade deve compor a base de cálculo do adicional noturno, já que também neste horário o trabalhador permanece sob as condições de risco.

TST OJ/SDI1 279. O adicional de periculosidade dos eletricitários deverá ser calculado sobre o conjunto de parcelas de natureza salarial.

TST OJ/SDI1 324. É assegurado o adicional de periculosidade apenas aos empregados que trabalham em sistema elétrico de potência em condições de risco, ou que o façam com equipamentos e instalações elétricas similares, que ofereçam risco equivalente, ainda que em unidade consumidora de energia elétrica.

TST OJ/SDI1 345. A exposição do empregado à radiação ionizante ou à substância radioativa enseja a percepção do adicional de periculosidade, pois a regulamentação ministerial (portarias do Ministério do Trabalho n. 3.393, de 17.12.1987, e 518, de 7.4.2003), ao reputar perigosa a atividade, reveste-se de plena eficácia, porquanto expedida por força de delegação legislativa contida no art. 200, caput, e inciso VI, da CLT. No período de 12.12.2002 a 6.4.2003, enquanto vigeu a Portaria n. 496 do Ministério do Trabalho, o empregado faz jus ao adicional de insalubridade.

TST OJ/SDI1 347. É devido o adicional de periculosidade aos empregados cabistas, instaladores e reparadores de linhas e aparelhos de empresas de telefonia, desde que, no exercício de suas funções, fiquem expostos a condições de risco equivalente ao do trabalho exercido em contato com sistema elétrico de potência.

TST OJ/SDI1 385. É devido o pagamento do adicional de periculosidade ao empregado que desenvolve suas atividades em edifício (construção vertical), seja em pavimento igual ou distinto daquele onde estão instalados tanques para armazenamento de líquido inflamável, em quantidade acima do limite legal, considerando-se como área de risco toda a área interna da construção vertical.

✱ REPERCUSSÃO & REPETITIVOS

TST Repetitivo 5. I. O reconhecimento da insalubridade, para fins do percebimento do adicional previsto no artigo 192 da CLT, não prescinde do enquadramento da atividade ou operação na relação elaborada pelo Ministério do Trabalho ou da constatação de extrapolação de níveis de tolerância fixados para agente nocivo expressamente arrolado no quadro oficial. II. A atividade com utilização constante de fones de ouvido, tal como a de operador de telemarketing, não gera direito ao adicional de insalubridade, tão somente por equiparação aos serviços de telegrafia e radiotelegrafia, manipulação em aparelhos do tipo Morse e recepção de sinais em fones, para os fins do Anexo 13 da Norma Regulamentadora 15 da Portaria n. 3.214/78 do Ministério do Trabalho. (RR 356-84.2013.5.04.0007, 2.6.2017)

✱ INFORMATIVOS DE JURISPRUDÊNCIA

Bancário. Comissão de cargo. Salário disfarçado. Inclusão na base de cálculo do adicional de periculosidade.

TST Na hipótese em que o Tribunal Regional afirma que a "comissão de cargo" paga a bancário é, na verdade, salário disfarçado, constituindo-se, portanto, em salário puro, deve tal verba ser considerada no cálculo do adicional de periculosidade, nos termos do art. 193, § 1º, da CLT. E-RR-151200-04.2007.5.02.0010, SDI1, Rel. Min. Aloysio Corrêa da Veiga, 7.12.2017. (Info 170)

✱ INOVAÇÕES LEGISLATIVAS

▲ CLT. Título II – Das Normas Gerais de Tutela do Trabalho, Capítulo V – Da Segurança e da Medicina do Trabalho, Seção XVI – Das Penalidades

▲ Art. 223-A. Aplicam-se à reparação de danos de natureza extrapatrimonial decorrentes da relação de trabalho apenas os dispositivos deste Título. (Modificações: Lei 13.467/17)

▲ Art. 223-B. Causa dano de natureza extrapatrimonial a ação ou omissão que ofenda a esfera moral ou existencial da pessoa física ou jurídica, as quais são as titulares exclusivas do direito à reparação. (Modificações: Lei 13.467/17)

▲ Art. 223-D. A imagem, a marca, o nome, o segredo empresarial e o sigilo da correspondência são bens juridicamente tutelados inerentes à pessoa jurídica. (Modificações: Lei 13.467/17)

▲ Art. 223-E. São responsáveis pelo dano extrapatrimonial todos os que tenham colaborado para a ofensa ao bem jurídico tutelado, na proporção da ação ou da omissão. (Modificações: Lei 13.467/17)

▲ Art. 223-F. A reparação por danos extrapatrimoniais pode ser pedida cumulativamente com a indenização por danos materiais decorrentes do mesmo ato lesivo. § 1º Se houver cumulação de pedidos, o juízo, ao proferir a decisão, discriminará os valores das indenizações a título de danos patrimoniais e das reparações por danos de natureza extrapatrimonial. § 2º A composição das perdas e danos, assim compreendidos os lucros cessantes e os danos emergentes, não interfere na avaliação dos danos extrapatrimoniais. (Modificações: Lei 13.467/17)

✱ QUESTÕES OBJETIVAS

31. **(Cespe/AGU/Advogado/2015)** De acordo com a CLT, caso seja demonstrado grave e iminente risco para o trabalhador, o auditor-fiscal do trabalho deverá interditar o estabelecimento ou embargar a obra.

32. **(Cespe/TRT/7R/Técnico/2017)** Com relação ao adicional de periculosidade, assinale a opção correta:

a) O adicional de periculosidade será fixado em percentual, observando-se a progressão dos graus mínimo, médio e máximo.

b) A supressão do adicional de periculosidade implica redução salarial.

c) O adicional de periculosidade incidirá sobre o salário, devidamente acrescido de gratificação, se houver.

d) O direito de receber adicional de periculosidade cessará com a eliminação do risco à saúde do empregado.

33. **(Cespe/DPU/Defensor/2017)** De acordo com a jurisprudência do TST, será possível a cumulação de adicionais de insalubridade quando o empregado estiver sujeito a mais de um agente insalubre agressivo.

34. **(Cespe/Funpresp_Jud/Analista/2016)** Um empregado que trabalhe permanentemente com materiais radioativos exerce atividade insalubre.

35. **(Cespe/Funpresp_Jud/Analista/2016)** Um frentista de posto que opere diretamente bomba de gasolina exerce uma atividade considerada perigosa.

36. (Cespe/PGM/Fortaleza/Procurador/2017) De acordo com o TST, é indevido o pagamento do adicional de insalubridade caso a prova pericial evidencie ter havido neutralização do agente ruído por meio do regular fornecimento e utilização de equipamento de proteção individual.

37. (Cespe/PGM/Belo_Horizonte/Procurador/2017) A cumulação dos adicionais de insalubridade e de periculosidade:

a) é permitida, podendo o juiz concedê-la de ofício por ser matéria de ordem pública de saúde e de segurança do trabalhador.
b) é vedada, podendo o empregado fazer a opção pelo adicional que lhe for mais benéfico.
c) é vedada, pois possuem a mesma hipótese de incidência, o que configura "bis in idem".
d) é permitida, desde que o empregado a requeira expressamente.

38. (Cespe/DPU/Defensor/2015) Segundo entendimento consolidado pelo TST, não basta a constatação da insalubridade por meio de laudo pericial para que o empregado tenha direito ao respectivo adicional, sendo necessária a classificação da atividade insalubre na relação oficial elaborada pelo MTE.

3. DAS NORMAS ESPECIAIS DE TUTELA DO TRABALHO

* INFORMATIVOS DE JURISPRUDÊNCIA

Contrato de aprendizagem. Base de cálculo. Atividades de faxineiro, gari, servente, coletor, varredor de rua e similares. Inclusão. Previsão na Classificação Brasileira de Ocupações.

TST Em atenção ao princípio da proteção integral e ao direito do jovem à profissionalização (art. 227 da CF), as atividades de faxineiro, gari, servente, coletor, varredor de rua e similares devem ser computadas na base de cálculo para contratação de aprendizes a que se refere o art. 429 da CLT, pois estão previstas na Classificação Brasileira de Ocupações - CBO, critério objetivo para a definição das funções que demandam formação profissional adotado pelo art. 10 do Dec. 5.598/05. E-RR-191-51.2010.5.03.0013, SDI1, Rel. Min. Hugo Carlos Scheuermann, 5.10.2017. (Info 167)

* INOVAÇÕES LEGISLATIVAS

▲ CLT. Título III - Das Normas Especiais de Tutela do Trabalho, Capítulo I - Das Disposições Especiais Sobre Duração e Condições de Trabalho, Seção XII - Dos Professores

▲ Art. 318. O professor poderá lecionar em um mesmo estabelecimento por mais de um turno, desde que não ultrapasse a jornada de trabalho semanal estabelecida legalmente, assegurado e não computado o intervalo para refeição. (Modificações: Lei 13.415/17)

▲ Título III - Das Normas Especiais de Tutela do Trabalho, Capítulo III - Da Proteção do Trabalho da Mulher, Seção I - Da Duração e Condições do Trabalho

▲ Art. 372. Parágrafo único. (Revogado). (Modificações: Lei 13.467/17)

▲ Título III - Das Normas Especiais de Tutela do Trabalho, Capítulo III - Da Proteção do Trabalho da Mulher, Seção III - Dos Períodos de Descanso

▲ Art. 384. (Revogado). (Modificações: Lei 13.467/17)

▲ Título III - Das Normas Especiais de Tutela do Trabalho, Capítulo III - Da Proteção do Trabalho da Mulher, Seção V - Da Proteção à Maternidade

▲ Art. 391-A. Parágrafo único. O disposto no caput deste artigo aplica-se ao empregado adotante ao qual tenha sido concedida guarda provisória para fins de adoção. (Modificações: Lei 13.509/17)

▲ Art. 392-A. À empregada que adotar ou obtiver guarda judicial para fins de adoção de criança ou adolescente será concedida licença-maternidade nos termos do art. 392 desta Lei. (Modificações: Lei 13.509/17)

▲ Art. 396. Para amamentar seu filho, inclusive se advindo de adoção, até que este complete 6 (seis) meses de idade, a mulher terá direito, durante a jornada de trabalho, a 2 (dois) descansos especiais de meia hora cada um. § 1º Quando o exigir a saúde do filho, o período de 6 (seis) meses poderá ser dilatado, a critério da autoridade competente. § 2º Os horários dos descansos previstos no caput deste artigo deverão ser definidos em acordo individual entre a mulher e o empregador. (Modificações: Lei 13.467/17 e Lei 13.509/17)

▲ Título III - Das Normas Especiais de Tutela do Trabalho, Capítulo IV - Da Proteção do Trabalho do Menor, Seção IV - Dos Deveres dos Responsáveis Legais de Menores e dos Empregadores. Da Aprendizagem

▲ Art. 428. § 2º Ao aprendiz, salvo condição mais favorável, será garantido o salário mínimo hora. (Modificações: Lei 13.420/17)

▲ Art. 429. § 1º-B Os estabelecimentos a que se refere o caput poderão destinar o equivalente a até 10% (dez por cento) de sua cota de aprendizes à formação técnico-profissional metódica em áreas relacionadas a práticas de atividades desportivas, à prestação de serviços relacionados à infraestrutura, incluindo as atividades de construção, ampliação, recuperação e manutenção de instalações esportivas e à organização e promoção de eventos esportivos. (Modificações: Lei 13.420/17)

▲ Art. 430. Na hipótese de os Serviços Nacionais de Aprendizagem não oferecerem cursos ou vagas suficientes para atender à demanda dos estabelecimentos, esta poderá ser suprida por outras entidades qualificadas em formação técnico-profissional metódica, a saber: (...). III – entidades de prática desportiva das diversas modalidades filiadas ao Sistema Nacional do Desporto e aos Sistemas de Desporto dos Estados, do Distrito Federal e dos Municípios. (...). § 3º O Ministério do Trabalho fixará normas para avaliação da competência das entidades mencionadas nos incisos II e III deste artigo. § 4º As entidades mencionadas nos incisos II e III deste artigo deverão cadastrar seus cursos, turmas e aprendizes matriculados no Ministério do Trabalho. § 5º As entidades mencionadas neste artigo poderão firmar parcerias entre si para o desenvolvimento dos programas de aprendizagem, conforme regulamento. (Modificações: Lei 13.420/17)

▲ Art. 431. A contratação do aprendiz poderá ser efetivada pela empresa onde se realizará a aprendizagem ou pelas entidades mencionadas nos incisos II e III do art. 430, caso em que não gera vínculo de emprego com a empresa tomadora dos serviços. (Modificações: Lei 13.420/17)

* QUESTÕES OBJETIVAS

39. **(Cespe/DPU/Defensor/2017)** Em acordo coletivo de trabalho, foi incluída cláusula que aumenta o prazo de estabilidade provisória das empregadas gestantes admitidas por prazo indeterminado, de cento e oitenta dias para duzentos e dez dias. Nessa situação, a cláusula será válida, mesmo resultando em tratamento diferenciado entre as empregadas admitidas por prazo indeterminado e as admitidas por prazo determinado.

40. **(Cespe/DPU/Defensor/2017)** Em razão do princípio constitucional de proteção ao nascituro, assegura-se à empregada pública grávida, mesmo que ela tenha sido contratada sem prévia aprovação em concurso público, a continuidade laboral em razão da garantia de emprego à gestante.

41. **(Cespe/AGU/Advogado/2015)** A aprendizagem é um contrato de trabalho especial que não gera vínculo empregatício entre as partes que o celebram, uma vez que o seu intento não é o exercício profissional em si, mas a formação educativa do menor.

42. **(Cespe/TRT/7R/Técnico/2017)** De acordo com a CLT, em caso de adoção, a empregada tem direito à licença maternidade de:

a) noventa dias.

b) cento e vinte dias.

c) um dia.

d) trinta dias.

43. **(Cespe/TRT/7R/Analista/2017)** Adolescente de dezessete anos de idade participou de entrevista de emprego para exercer a atividade de auxiliar no armazenamento de botijões de gás, os quais seriam expostos para a venda em um posto de gasolina. Nessa situação, o adolescente:

a) poderá ser contratado para trabalhar em horário compatível com o período escolar e anterior às vinte e duas horas.

b) não poderá ser contratado, por expressa proibição legal.

c) após contratado, seus pais ou responsável legal, deverão assinar seus recibos de pagamento de salários.

d) deverá ser contratado na categoria de menor aprendiz.

44. **(Cespe/PGE/SE/Procurador/2017)** Uma lei estadual ampliou para cento e oitenta dias a licença-maternidade para as servidoras gestantes submetidas ao regime estatutário. Com base nisso, uma empregada pública celetista do mesmo estado da Federação requereu para si, em juízo, a extensão do referido benefício. Nessa situação hipotética, conforme o entendimento do TST, o requerimento de extensão do benefício:

a) deverá ser atendido, pois não pode haver discriminação entre as mulheres no ambiente laboral.

b) não poderá ser atendido, visto que a requerente está submetida a regime jurídico diverso daquele do grupo que lhe serviu de paradigma.
c) não poderá ser atendido, porque a CLT proíbe equiparação de qualquer espécie remuneratória para efeito de remuneração de pessoal do serviço público.
d) deverá ser atendido, visto que, nesse caso, se deve aplicar o princípio da isonomia.
e) deverá ser atendido, porque o real beneficiário do direito à licença-maternidade é o nascituro.

4. DO CONTRATO INDIVIDUAL DE TRABALHO

4.1. Disposições Gerais

✻ SÚMULAS

1) Contrato de Trabalho

TST Súm. 13. O só pagamento dos salários atrasados em audiência não ilide a mora capaz de determinar a rescisão do contrato de trabalho.

TST Súm. 69. A partir da Lei n. 10.272, de 5.9.2001, havendo rescisão do contrato de trabalho e sendo revel e confesso quanto à matéria de fato, deve ser o empregador condenado ao pagamento das verbas rescisórias, não quitadas na primeira audiência, com acréscimo de 50% (cinquenta por cento).

TST Súm. 91. Nula é a cláusula contratual que fixa determinada importância ou percentagem para atender englobadamente vários direitos legais ou contratuais do trabalhador.

TST Súm. 129. A prestação de serviços a mais de uma empresa do mesmo grupo econômico, durante a mesma jornada de trabalho, não caracteriza a coexistência de mais de um contrato de trabalho, salvo ajuste em contrário.

TST Súm. 188. O contrato de experiência pode ser prorrogado, respeitado o limite máximo de 90 (noventa) dias.

TST Súm. 212. O ônus de provar o término do contrato de trabalho, quando negados a prestação de serviço e o despedimento, é do empregador, pois o princípio da continuidade da relação de emprego constitui presunção favorável ao empregado.

TST Súm. 277. As cláusulas normativas dos acordos coletivos ou convenções coletivas integram os contratos individuais de trabalho e somente poderão ser modificadas ou suprimidas mediante negociação coletiva de trabalho.

TST Súm. 440. Assegura-se o direito à manutenção de plano de saúde ou de assistência médica oferecido pela empresa ao empregado, não obstante suspenso o contrato de trabalho em virtude de auxílio-doença acidentário ou de aposentadoria por invalidez.

TST OJ/SDI1 199. É nulo o contrato de trabalho celebrado para o desempenho de atividade inerente à prática do jogo do bicho, ante a ilicitude de seu objeto, o que subtrai o requisito de validade para a formação do ato jurídico.

TST OJ/SDI1 350. O Ministério Público do Trabalho pode arguir, em parecer, na primeira vez que tenha de se manifestar no processo, a nulidade do contrato de trabalho em favor de ente público, ainda que a parte não a tenha suscitado, a qual será apreciada, sendo vedada, no entanto, qualquer dilação probatória.

2) Tempo de Serviço

STF Súm. 215. Conta-se a favor de empregado readmitido o tempo de serviço anterior, salvo se houver sido despedido por falta grave ou tiver recebido a indenização legal.

TST Súm. 138. Em caso de readmissão, conta-se a favor do empregado o período de serviço anterior, encerrado com a saída espontânea.

3) Vínculo Empregatício

TST OJ/SDI1 164. Não se caracteriza o vínculo empregatício na nomeação para o exercício das funções de oficial de justiça "ad hoc", ainda que feita de forma reiterada, pois exaure-se a cada cumprimento de mandado.

TST OJ/SDI1 366. Ainda que desvirtuada a finalidade do contrato de estágio celebrado na vigência da Constituição Federal de 1988, é inviável o reconhecimento do vínculo empregatício com ente da Administração Pública direta ou indireta, por força do art. 37, II, da CF/1988, bem como o deferimento de indenização pecuniária, exceto em relação às parcelas previstas na Súmula n. 363 do TST, se requeridas.

✻ REPERCUSSÃO & REPETITIVOS

TST Repetitivo 1. I. Não é legítima e caracteriza lesão moral a exigência de certidão de antecedentes criminais de candidato a emprego quando traduzir tratamento discriminatório ou não se justificar em razão de previsão de lei, da natureza do ofício ou do grau especial de fidúcia exigido; II. A exigência de certidão de antecedentes criminais de candidato a emprego é legítima e não caracteriza lesão moral quando amparada em expressa previsão legal ou justificar-se em razão da natureza do ofício ou do grau especial de fidúcia exigido, a exemplo de empregados domésticos, cuidadores de menores, idosos ou deficientes (em creches, asilos ou intuições afins), motoristas rodoviários de carga, empregados que laboram no setor da agroindústria no manejo de ferramentas de trabalho perfurocortantes, bancários e afins, trabalhadores que atuam com substâncias tóxicas, entorpecentes e armas, trabalhadores que atuam com informações sigilosas.; III. A exigência de certidão de antecedentes criminais, quando ausente alguma das justificativas de que trata o item II, supra, caracteriza dano moral "in re ipsa", passível de indenização, independentemente de o candidato ao emprego ter ou não sido admitido. (RR 184400-89.2013.5.13.0008, 22.9.2017)

* INOVAÇÕES LEGISLATIVAS

▲ CLT. Título IV – Do Contrato Individual de Trabalho, Capítulo I – Disposições Gerais

▲ Art. 443. O contrato individual de trabalho poderá ser acordado tácita ou expressamente, verbalmente ou por escrito, por prazo determinado ou indeterminado, ou para prestação de trabalho intermitente. (...). § 3º Considera-se como intermitente o contrato de trabalho no qual a prestação de serviços, com subordinação, não é contínua, ocorrendo com alternância de períodos de prestação de serviços e de inatividade, determinados em horas, dias ou meses, independentemente do tipo de atividade do empregado e do empregador, exceto para os aeronautas, regidos por legislação própria. (Modificações: Lei 13.467/17)

▲ Art. 444. Parágrafo único. A livre estipulação a que se refere o caput deste artigo aplica-se às hipóteses previstas no art. 611-A desta Consolidação, com a mesma eficácia legal e preponderância sobre os instrumentos coletivos, no caso de empregado portador de diploma de nível superior e que perceba salário mensal igual ou superior a duas vezes o limite máximo dos benefícios do Regime Geral de Previdência Social. (Modificações: Lei 13.467/17)

▲ Art. 448-A. Caracterizada a sucessão empresarial ou de empregadores prevista nos arts. 10 e 448 desta Consolidação, as obrigações trabalhistas, inclusive as contraídas à época em que os empregados trabalhavam para a empresa sucedida, são de responsabilidade do sucessor. Parágrafo único. A empresa sucedida responderá solidariamente com a sucessora quando ficar comprovada fraude na transferência. (Modificações: Lei 13.467/17)

▲ Art. 452-A. O contrato de trabalho intermitente deve ser celebrado por escrito e deve conter especificamente o valor da hora de trabalho, que não pode ser inferior ao valor horário do salário mínimo ou àquele devido aos demais empregados do estabelecimento que exerçam a mesma função em contrato intermitente ou não. § 1º O empregador convocará, por qualquer meio de comunicação eficaz, para a prestação de serviços, informando qual será a jornada, com, pelo menos, três dias corridos de antecedência. § 2º Recebida a convocação, o empregado terá o prazo de um dia útil para responder ao chamado, presumindo-se, no silêncio, a recusa. § 3º A recusa da oferta não descaracteriza a subordinação para fins do contrato de trabalho intermitente. § 4º Aceita a oferta para o comparecimento ao trabalho, a parte que descumprir, sem justo motivo, pagará à outra parte, no prazo de trinta dias, multa de 50% (cinquenta por cento) da remuneração que seria devida, permitida a compensação em igual prazo. § 5º O período de inatividade não será considerado tempo à disposição do empregador, podendo o trabalhador prestar serviços a outros contratantes. § 6º Ao final de cada período de prestação de serviço, o empregado receberá o pagamento imediato das seguintes parcelas: I – remuneração; II – férias proporcionais com acréscimo de um terço; III – décimo terceiro salário proporcional; IV – repouso semanal remunerado; e V – adicionais legais. § 7º O recibo de pagamento deverá conter a discriminação dos valores pagos relativos a cada uma das parcelas referidas no § 6o deste artigo. § 8º O empregador efetuará o recolhimento da contribuição previdenciária e o depósito do Fundo de Garantia do Tempo de Serviço, na forma da lei, com base nos valores pagos no período mensal e fornecerá ao empregado comprovante do cumprimento dessas obrigações. § 9º A cada doze meses, o empregado adquire direito a usufruir, nos doze meses subsequentes, um mês de férias, período no qual não poderá ser convocado para prestar serviços pelo mesmo empregador. (Modificações: Lei 13.467/17)

* QUESTÕES OBJETIVAS

45. **(Cespe/TRT/8R/Oficial_Justiça/2016)** Assinale a opção correta de acordo com a legislação vigente e a jurisprudência do TST:

a) Em qualquer caso de aquisição de empresa pertencente a grupo econômico, o sucessor sempre responde solidariamente por débitos trabalhistas de empresa não adquirida que pertença ao mesmo grupo de empresas.

b) Na análise da existência de grupo econômico entre empresas, não se aplica a teoria da desconsideração da personalidade jurídica.

c) O conceito de grupo econômico, por pressupor a existência de duas ou mais empresas, é incompatível com a atividade e o meio rural.

d) A prestação de serviços a mais de uma empresa do mesmo grupo econômico, durante a mesma jornada de trabalho, não caracteriza a coexistência de mais de um contrato de trabalho, salvo ajuste em contrário.

e) Quando uma ou mais empresas com personalidades jurídicas próprias estiverem sob a direção, o controle ou a administração de outra, constituindo grupo industrial, comercial ou de qualquer outra atividade econômica, serão, para os efeitos da relação de emprego, subsidiariamente responsáveis a empresa principal e cada uma das subordinadas.

46. **(Cespe/AGU/Advogado/2015)** Conforme entendimento consolidado pelo TST, o contrato de trabalho celebrado sem concurso público por empresa pública que venha a ser privatizada será considerado válido e seus efeitos, convalidados.

47. **(Cespe/TRT/7R/Técnico/2017)** Empregado e empregador são os sujeitos do contrato de emprego. Analisados isoladamente, o conceito de empregado demanda a presença de:

a) pessoa física, pessoalidade, não eventualidade, dependência e onerosidade.

b) pessoa jurídica, pessoalidade, não eventualidade, dependência e onerosidade.

c) pessoa jurídica, impessoalidade, não eventualidade, independência e onerosidade.

d) pessoa física, pessoalidade, eventualidade, independência e onerosidade.

48. **(Cespe/TRT/7R/Técnico/2017)** Paulo, empregado de determinada empresa desde janeiro de 2015, ficou viúvo na vigência do contrato laboral. Nesse caso, em razão do falecimento de seu cônjuge, Paulo terá direito de não comparecer ao trabalho, sem prejuízo de seu salário, durante:

a) o tempo que se fizer necessário ao seu restabelecimento emocional.

b) um dia.

c) dois dias.

d) três dias.

4.2. Da Remuneração

* SÚMULAS

1) Correção Salarial e Planos Econômicos

TST Súm. 315. A partir da vigência da Medida Provisória n. 154, de 15.3.1990, convertida na Lei n. 8.030, de 12.4.1990, não se aplica o IPC de março de 1990, de 84,32% (oitenta e quatro vírgula trinta e dois por cento), para a correção dos salários, porque o direito ainda não se havia incorporado ao patrimônio jurídico dos trabalhadores, inexistindo ofensa ao inciso XXXVI do art. 5º da CF/1988.

TST Súm. 319. Aplicam-se aos servidores públicos, contratados sob o regime da CLT, os reajustes decorrentes da correção automática dos salários pelo mecanismo denominado "gatilho", de que tratam os decretos-leis n. 2.284, de 10.3.1986 e 2.302, de 21.11.1986.

TST Súm. 322. Os reajustes salariais decorrentes dos chamados "gatilhos" e URPs, previstos legalmente como antecipação, são devidos tão-somente até a data-base de cada categoria.

TST OJ/SDI1 43. A conversão de salários de cruzeiros para cruzados, nos termos do Decreto-Lei n. 2.284/86, não afronta direito adquirido dos empregados.

TST OJ/SDI1 57. É devido o reajuste da parcela denominada "adiantamento do PCCS", conforme a redação do art. 1º da Lei n. 7.686/88.

TST OJ/SDI1 58. Inexiste direito adquirido ao IPC de junho de 1987 (Plano Bresser), em face da edição do Decreto-Lei n. 2.335/87.

TST OJ/SDI1 59. Inexiste direito adquirido à URP de fevereiro de 1989 (Plano Verão), em face da edição da Lei n. 7.730/89.

TST OJ/SDI1 79. Existência de direito apenas ao reajuste de 7/30 de 16,19% a ser calculado sobre o salário de março e incidente sobre o salário dos meses de abril e maio, não cumulativamente e corrigidos desde a época própria até a data do efetivo pagamento.

TST OJ/SDI1 100. Os reajustes salariais previstos em legislação federal devem ser observados pelos Estados-membros, suas autarquias e fundações públicas nas relações contratuais trabalhistas que mantiverem com seus empregados.

2) Descontos

TST Súm. 155. As horas em que o empregado falta ao serviço para comparecimento necessário, como parte, à Justiça do Trabalho não serão descontadas de seus salários.

TST Súm. 342. Descontos salariais efetuados pelo empregador, com a autorização prévia e por escrito do empregado, para ser integrado em planos de assistência odontológica, médico-hospitalar, de seguro, de previdência privada, ou de entidade cooperativa, cultural ou recreativo-associativa de seus trabalhadores, em seu benefício e de seus dependentes, não afrontam o disposto no art. 462 da CLT, salvo se ficar demonstrada a existência de coação ou de outro defeito que vicie o ato jurídico.

TST OJ/SDI1 160. É inválida a presunção de vício de consentimento resultante do fato de ter o empregado anuído expressamente com descontos salariais na oportunidade da admissão. É de se exigir demonstração concreta do vício de vontade.

TST OJ/SDI1 251. É lícito o desconto salarial referente à devolução de cheques sem fundos, quando o frentista não observar as recomendações previstas em instrumento coletivo.

3) Diárias

TST Súm. 101. Integram o salário, pelo seu valor total e para efeitos indenizatórios, as diárias de viagem que excedam a 50% (cinquenta por cento) do salário do empregado, enquanto perdurarem as viagens.

TST Súm. 318. Tratando-se de empregado mensalista, a integração das diárias no salário deve ser feita tomando-se por base o salário mensal por ele percebido e não o valor do dia de salário, somente sendo devida a referida integração quando o valor das diárias, no mês, for superior à metade do salário mensal.

4) Equiparação Salarial

STF Súm. 202. Na equiparação de salário, em caso de trabalho igual, toma-se em conta o tempo de serviço na função, e não no emprego.

TST Súm. 6. I. Para os fins previstos no § 2º do art. 461 da CLT, só é válido o quadro de pessoal organizado em carreira quando homologado pelo Ministério do Trabalho, excluindo-se, apenas, dessa exigência o quadro de carreira das entidades de direito público da administração direta, autárquica e fundacional aprovado por ato administrativo da autoridade competente. II. Para efeito de equiparação de salários em caso de trabalho igual, conta-se o tempo de serviço na função e não no emprego. III. A equiparação salarial só é possível se o empregado e o paradigma exercerem a mesma função, desempenhando as mesmas tarefas, não importando se os cargos têm, ou não, a mesma denominação. IV. É desnecessário que, ao tempo da reclamação sobre equiparação salarial, reclamante e paradigma estejam a serviço do estabelecimento, desde que o pedido se relacione com situação pretérita. V. A cessão de empregados não exclui a equiparação salarial, embora exercida a função em órgão governamental estranho à cedente, se esta responde pelos salários do paradigma e do reclamante. VI. Presentes os pressupostos do art. 461 da CLT, é irrelevante a circunstância de que o desnível salarial tenha origem em decisão judicial que beneficiou o paradigma, exceto: a) se decorrente de vantagem pessoal ou de tese jurídica superada pela jurisprudência de Corte Superior; b) na hipótese de equiparação salarial em cadeia, suscitada em defesa, se o empregador produzir prova do alegado fato modificativo, impeditivo ou extintivo do direito à equiparação salarial em relação ao paradigma remoto, considerada irrelevante, para esse efeito, a existência de diferença de tempo de serviço na função superior a dois anos entre o reclamante e os empregados paradigmas componentes da cadeia equiparatória, à exceção do paradigma imediato. VII. Desde que atendidos os requisitos do art. 461 da CLT, é possível a equiparação salarial de trabalho intelectual, que pode ser avaliado por sua perfeição técnica, cuja aferição terá critérios objetivos. VIII. É do empregador o ônus da prova do fato impeditivo, modificativo ou extintivo da equiparação salarial. IX. Na ação de equiparação salarial, a prescrição é parcial e só alcança as diferenças salariais vencidas no período de 5 (cinco) anos que precedeu o ajuizamento. X. O conceito de "mesma localidade" de que trata o art. 461 da CLT refere-se, em princípio, ao mesmo município, ou a municípios distintos que, comprovadamente, pertençam à mesma região metropolitana.

TST Súm. 127. Quadro de pessoal organizado em carreira, aprovado pelo órgão competente, excluída a hipótese de equiparação salarial, não obsta reclamação fundada em preterição, enquadramento ou reclassificação.

TST Súm. 159. I. Enquanto perdurar a substituição que não tenha caráter meramente eventual, inclusive nas férias, o empregado substituto fará jus ao salário contratual do substituído. II. Vago o cargo em definitivo, o empregado que passa a ocupá-lo não tem direito a salário igual ao do antecessor.

TST Súm. 455. À sociedade de economia mista não se aplica a vedação à equiparação prevista no art. 37, XIII, da CF/1988, pois, ao admitir empregados sob o regime da CLT, equipara-se a empregador privado, conforme disposto no art. 173, § 1º, II, da CF/1988.

TST OJ/SDI1 16. A isonomia de vencimentos entre servidores do Banco Central do Brasil e do Banco do Brasil, decorrente de sentença normativa, alcançou apenas os vencimentos e vantagens de caráter permanente. Dado o caráter personalíssimo do Adicional de Caráter Pessoal – ACP e não integrando a remuneração dos funcionários do Banco do Brasil, não foi ele contemplado na decisão normativa para efeitos de equiparação à tabela de vencimentos do Banco Central do Brasil.

TST OJ/SDI1 296. Sendo regulamentada a profissão de auxiliar de enfermagem, cujo exercício pressupõe habilitação técnica, realizada pelo Conselho Regional de Enfermagem, impossível a equiparação salarial do simples atendente com o auxiliar de enfermagem.

TST OJ/SDI1 297. O art. 37, inciso XIII, da CF/1988, veda a equiparação de qualquer natureza para o efeito de remuneração do pessoal do serviço público, sendo juridicamente impossível a aplicação da norma infraconstitucional prevista no art. 461 da CLT quando se pleiteia equiparação salarial entre servidores públicos, independentemente de terem sido contratados pela CLT.

TST OJ/SDI1 418. Não constitui óbice à equiparação salarial a existência de plano de cargos e salários que, referendado por norma coletiva, prevê critério de promoção apenas por merecimento ou antiguidade, não atendendo, portanto, o requisito de alternância dos critérios, previsto no art. 461, § 2º, da CLT.

TST OJ/SDI2 26. A extensão da gratificação instituída pela Suframa aos servidores celetistas exercentes de atividade de nível superior não ofende as disposições contidas nos arts. 37, XIII e 39, § 1º, da CF/1988.

5) Gorjetas

TST Súm. 354. As gorjetas, cobradas pelo empregador na nota de serviço ou oferecidas espontaneamente pelos clientes, integram a remuneração do empregado, não servindo de base de cálculo para as parcelas de aviso-prévio, adicional noturno, horas extras e repouso semanal remunerado.

6) Gratificações

6.1) Ajuste

TST Súm. 152. O fato de constar do recibo de pagamento de gratificação o caráter de liberalidade não basta, por si só, para excluir a existência de ajuste tácito.

6.2) Gratificação de Função

TST Súm. 67. Chefe de trem, regido pelo Estatuto dos Ferroviários (Decreto n. 35.530, de 19.9.1959), não tem direito à gratificação prevista no respectivo art. 110.

TST Súm. 372. I. Percebida a gratificação de função por dez ou mais anos pelo empregado, se o empregador, sem justo motivo, revertê-lo a seu cargo efetivo, não poderá retirar-lhe a gratificação tendo em vista o princípio da estabilidade financeira. II. Mantido o empregado no exercício da função comissionada, não pode o empregador reduzir o valor da gratificação.

TST OJ/SDI1 208. A alteração da gratificação por trabalho com raios X, de quarenta para dez por cento, na forma da Lei n. 7.923/89, não causou prejuízo ao trabalhador porque passou a incidir sobre o salário incorporado com todas as demais vantagens.

6.3) Gratificação Natalina

TST Súm. 45. A remuneração do serviço suplementar, habitualmente prestado, integra o cálculo da gratificação natalina prevista na Lei n. 4.090, de 13.7.1962.

TST Súm. 46. As faltas ou ausências decorrentes de acidente do trabalho não são consideradas para os efeitos de duração de férias e cálculo da gratificação natalina.

TST Súm. 50. A gratificação natalina, instituída pela Lei n. 4.090, de 13.7.1962, é devida pela empresa cessionária ao servidor público cedido enquanto durar a cessão.

TST Súm. 148. É computável a gratificação de Natal para efeito de cálculo de indenização.

TST Súm. 157. A gratificação instituída pela Lei n. 4.090, de 13.7.1962, é devida na resilição contratual de iniciativa do empregado.

6.4) Gratificação por Tempo de Serviço

TST Súm. 202. Existindo, ao mesmo tempo, gratificação por tempo de serviço outorgada pelo empregador e outra da mesma natureza prevista em acordo coletivo, convenção coletiva ou sentença normativa, o empregado tem direito a receber, exclusivamente, a que lhe seja mais benéfica.

TST Súm. 203. A gratificação por tempo de serviço integra o salário para todos os efeitos legais.

6.5) Gratificação Semestral

TST Súm. 253. A gratificação semestral não repercute no cálculo das horas extras, das férias e do aviso prévio, ainda que indenizados. Repercute, contudo, pelo seu duodécimo na indenização por antiguidade e na gratificação natalina.

7) Habitualidade

STF Súm. 207. As gratificações habituais, inclusive a de Natal, consideram-se tacitamente convencionadas, integrando o salário.

STF Súm. 209. O salário-produção, como outras modalidades de salário-prêmio, é devido, desde que verificada a condição a que estiver subordinado, e não pode ser suprimido unilateralmente pelo empregador, quando pago com habitualidade.

STF Súm. 459. No cálculo da indenização por despedida injusta, incluem-se os adicionais, ou gratificações, que, pela habitualidade, se tenham incorporado ao salário.

8) Indenizações

TST Súm. 24. Insere-se no cálculo da indenização por antiguidade o salário relativo a serviço extraordinário, desde que habitualmente prestado.

TST Súm. 445. A indenização por frutos percebidos pela posse de má-fé, prevista no art. 1.216 do Código Civil, por tratar-se de regra afeta a direitos reais, mostra-se incompatível com o Direito do Trabalho, não sendo devida no caso de inadimplemento de verbas trabalhistas.

9) Irredutibilidade

TST Súm. 431. Para os empregados a que alude o art. 58, caput, da CLT, quando sujeitos a 40 horas semanais de trabalho, aplica-se o divisor 200 (duzentos) para o cálculo do valor do salário-hora.

TST OJ/SDI1 325. O aumento real, concedido pela empresa a todos os seus empregados, somente pode ser reduzido mediante a participação efetiva do sindicato profissional no ajuste, nos termos do art. 7º, VI, da CF/1988.

TST OJ/SDI1 396. Para o cálculo do salário hora do empregado horista, submetido a turnos ininterruptos de revezamento, considerando a alteração da jornada de 8 para 6 horas diárias, aplica-se o divisor 180, em observância ao disposto no art. 7º, VI, da Constituição Federal, que assegura a irredutibilidade salarial.

10) Repouso Semanal e Feriados

STF Súm. 461. É duplo, e não triplo, o pagamento do salário nos dias destinados a descanso.

TST Súm. 15. A justificação da ausência do empregado motivada por doença, para a percepção do salário-enfermidade e da remuneração do repouso semanal, deve observar a ordem preferencial dos atestados médicos estabelecida em lei.

TST Súm. 27. É devida a remuneração do repouso semanal e dos dias feriados ao empregado comissionista, ainda que pracista.

TST Súm. 146. O trabalho prestado em domingos e feriados, não compensado, deve ser pago em dobro, sem prejuízo da remuneração relativa ao repouso semanal.

TST Súm. 225. As gratificações por tempo de serviço e produtividade, pagas mensalmente, não repercutem no cálculo do repouso semanal remunerado.

TST Súm. 282. Ao serviço médico da empresa ou ao mantido por esta última mediante convênio compete abonar os primeiros 15 (quinze) dias de ausência ao trabalho.

TST OJ/SDI1 394. A majoração do valor do repouso semanal remunerado, em razão da integração das horas extras habitualmente prestadas, não repercute no cálculo das férias, da gratificação natalina, do aviso prévio e do FGTS, sob pena de caracterização de "bis in idem".

TST OJ/SDI1 410. Viola o art. 7º, XV, da CF a concessão de repouso semanal remunerado após o sétimo dia consecutivo de trabalho, importando no seu pagamento em dobro.

11) Salário Família

TST Súm. 254. O termo inicial do direito ao salário-família coincide com a prova da filiação. Se feita em juízo, corresponde à data de ajuizamento do pedido, salvo se comprovado que anteriormente o empregador se recusara a receber a respectiva certidão.

TST Súm. 344. O salário-família é devido aos trabalhadores rurais somente após a vigência da Lei n. 8.213, de 24.7.1991.

12) Salário Maternidade

TST OJ/SDI1 44. É devido o salário maternidade, de 120 dias, desde a promulgação da CF/1988, ficando a cargo do empregador o pagamento do período acrescido pela Carta.

13) Salário Profissional

TST Súm. 143. O salário profissional dos médicos e dentistas guarda proporcionalidade com as horas efetivamente trabalhadas, respeitado o mínimo de 50 (cinquenta) horas.

TST Súm. 301. O fato de o empregado não possuir diploma de profissionalização de auxiliar de laboratório não afasta a observância das normas da Lei n. 3.999, de 15.12.1961, uma vez comprovada a prestação de serviços na atividade.

TST Súm. 358. O salário profissional dos técnicos em radiologia é igual a 2 (dois) salários mínimos e não a 4 (quatro).

TST OJ/SDI2 71. A estipulação do salário profissional em múltiplos do salário mínimo não afronta o art. 7º, inciso IV, da Constituição Federal de 1988, só incorrendo em vulneração do referido preceito constitucional a fixação de correção automática do salário pelo reajuste do salário mínimo.

14) Salário Utilidade

TST Súm. 258. Os percentuais fixados em lei relativos ao salário "in natura" apenas se referem às hipóteses em que o empregado percebe salário mínimo, apurando-se, nas demais, o real valor da utilidade.

TST Súm. 367. I. A habitação, a energia elétrica e veículo fornecidos pelo empregador ao empregado, quando indispensáveis para a realização do trabalho, não têm natureza salarial, ainda que, no caso de veículo, seja ele utilizado pelo empregado também em atividades particulares. II. O cigarro não se considera salário utilidade em face de sua nocividade à saúde.

15) Outras Verbas Salariais

STF Súm. 199. O salário das férias do empregado horista corresponde à média do período aquisitivo, não podendo ser inferior ao mínimo.

TST Súm. 84. O adicional regional, instituído pela Petrobras, não contraria o art. 7º, XXXII, da CF/1988.

TST Súm. 173. Extinto, automaticamente, o vínculo empregatício com a cessação das atividades da empresa, os salários só são devidos até a data da extinção.

TST Súm. 241. O vale para refeição, fornecido por força do contrato de trabalho, tem caráter salarial, integrando a remuneração do empregado, para todos os efeitos legais.

TST Súm. 460. É do empregador o ônus de comprovar que o empregado não satisfaz os requisitos indispensáveis para a concessão do vale-transporte ou não pretenda fazer uso do benefício.

TST OJ/SDI1 91. Os efeitos financeiros da readmissão do empregado anistiado serão contados a partir do momento em que este manifestou o desejo de retornar ao trabalho e, na ausência de prova, da data do ajuizamento da ação.

TST OJ/SDI1 133. A ajuda alimentação fornecida por empresa participante do Programa de Alimentação ao Trabalhador, instituído pela Lei n. 6.321/76, não tem caráter salarial. Portanto, não integra o salário para nenhum efeito legal.

TST OJ/SDI1 181. O valor das comissões deve ser corrigido monetariamente para em seguida obter-se a média para efeito de cálculo de férias, 13º salário e verbas rescisórias.

TST OJ/SDI1 413. A pactuação em norma coletiva conferindo caráter indenizatório à verba "auxílio-alimentação" ou a adesão posterior do empregador ao Programa de Alimentação do Trabalhador – PAT – não altera a natureza salarial da parcela, instituída anteriormente, para aqueles empregados que, habitualmente, já percebiam o benefício, a teor das súmulas ns. 51, I, e 241 do TST.

* INFORMATIVOS DE JURISPRUDÊNCIA

Ação anulatória. Substituição não eventual. Salário do substituto. Limitação temporal. Cláusula inválida. Súm. 159, I, do TST.

TST A partir da interpretação sistemática dos arts. 450 e 461 da CLT, esta Corte, por meio do item I da Súm. 159, consolidou o entendimento de que é garantido ao trabalhador substituto o pagamento do mesmo salário contratual do substituído, enquanto durar a substituição não eventual. Deste modo, é inválida a cláusula de convenção coletiva que estabelece o não recebimento pelo trabalhador substituto do salário equivalente ao do substituído se a substituição for inferior a 30 dias. RO-47-68.2016.5.08.0000, SDC, Rel. Min. Kátia Magalhães Arruda, 19.2.2018. (Info 172)

Participação nos Lucros e Resultados. Base de cálculo restrita ao salário base acrescido de verbas fixas de natureza salarial. Integração das horas extras. Impossibilidade. Verba de natureza variável.

TST Na hipótese em que a norma coletiva da categoria prevê como base de cálculo da Participação nos Lucros e Resultados – PLR "o salário base acrescido de verbas fixas de natureza salarial", não é possível incluir as horas extras, ainda que tenham natureza salarial e sejam prestadas habitualmente, pois possuem caráter variável. E-RR-1088-24.2012.5.09.0084, SDI1, Rel. Min. Alberto Luiz Bresciani de Fontan Pereira, 8.3.2018. (Info 173)

Compensação orgânica. Forma de pagamento estipulada em norma coletiva. Salário complessivo. Não configuração. Princípio da autonomia da vontade coletiva.

TST Não há falar em salário complessivo na hipótese em que a forma de pagamento da verba denominada compensação orgânica (20% de toda a remuneração), prevista em norma coletiva, permite ao trabalhador identificar a parcela e o respectivo valor. Ademais, se a cláusula não afronta norma de ordem pública, nem causa prejuízo ao trabalhador, deve-se prestigiar a negociação coletiva, em atenção ao princípio da autonomia da vontade coletiva (art. 7º, XXVI, da CF). E-RR-2852-66.2011.5.02.0022, SDI1, Rel. Min. Hugo Carlos Scheuermann, 19.10.2017. (Info 168)

Gratificação de função. Supressão. Exercício por mais de dez anos. Sucessão do BESC pelo Banco do Brasil S.A. Empregado que não adere ao quadro funcional do sucessor. Inexistência de justo motivo. Incidência da Súmula n. 372, I, do TST. Preservação dos direitos adquiridos.

TST A sucessão do BESC pelo Banco do Brasil S.A. e a não adesão do reclamante ao quadro funcional do novo empregador não constituem justo motivo para a supressão do direito à incorporação de gratificação de função exercida por mais de dez anos, nos termos do item I da Súm. 372/TST. A sucessão de determinado estabelecimento financeiro por outro importa em preservação dos direitos adquiridos pelos empregados à sua situação jurídica anterior, em atenção ao que dispõem os arts. 10, 448 e 468 da CLT. Ademais, o justo motivo a que se refere a Súm. 372, I, do TST não engloba situação criada pelo próprio empregador. E-ED-RR-9161-82.2011.5.12.0036, SDI1, Rel. Min. Luiz Philippe Vieira de Mello Filho, 7.12.2017

Incidente de Recursos de Revista Repetitivos. "Tema n. 9: Repouso Semanal Remunerado (RSR). Integração das horas extras habituais. Repercussão nas demais parcelas salariais. Bis in idem." Proclamação do resultado. Suspensão. Encaminhamento ao Tribunal Pleno. Art. 171, I, e § 2º, do RITST.

TST A SDI1, por unanimidade, decidiu suspender a proclamação do resultado do julgamento do Tema Repetitivo n. 9, para, nos termos do art. 171, I, e § 2º, do RITST, submeter à apreciação do Tribunal Pleno a questão relativa à revisão da OJ 394/SDI1, uma vez que a maioria dos ministros votou em sentido contrário ao disposto na referida orientação jurisprudencial. IRR-10169-57.2013.5.05.0024, SDI1, Rel. Min. Márcio Eurico Vitral Amaro, 14.12.2017. (Info 170)

Multa administrativa. Auto de infração. Validade. Não pagamento de horas "in itinere" no prazo previsto no art. 459, § 1º, da CLT.

TST Mantida a decisão que declarara válido o auto de infração lavrado em razão de a empresa não pagar as horas "in itinere" até o quinto dia útil do mês subsequente ao vencido. O art. 459, § 1º, da CLT abrange o pagamento das horas de percurso, pois estas detêm natureza jurídica salarial e integram a remuneração dos empregados para todos os efeitos legais (art. 58, § 2º, da CLT, na redação original). O dispositivo não estabelece quais parcelas salariais devem ser adimplidas no prazo por ele estipulado, de modo que não cabe ao intérprete restringir a sua incidência, mas aplicá-lo de forma abrangente, englobando todos os valores de caráter remuneratório. E-RR-623-25.2014.5.18.0171, SDI1, Rel. Min. Luiz Philippe Vieira de Mello Filho, 23.11.2017. (Info 169)

Salário-família. Ônus da prova. Súm. 254/TST. Matéria suspensa para apreciação do Tribunal Pleno.

TST A SDI1 decidiu suspender a proclamação do resultado do julgamento do processo em que se discute se cabe ao empregado ou ao empregador o ônus de provar o direito ao salário-família e, nos termos do art. 158, § 1º, do RITST, remeter os autos ao Tribunal Pleno para revisão, se for o caso, da Súm. 254/TST. E-RR-696-25.2012.5.05.0463, SDI1, Rel. Min. Márcio Eurico Vitral Amaro, 28.9.2017. (Info 166)

* INOVAÇÕES LEGISLATIVAS

▲ CLT. Título IV – Do Contrato Individual de Trabalho, Capítulo II – Da Remuneração

▲ Art. 457. § 1º Integram o salário a importância fixa estipulada, as gratificações legais e as comissões pagas pelo empregador. § 2º As importâncias, ainda que habituais, pagas a título de ajuda de custo, auxílio-alimentação, vedado seu pagamento em dinheiro, diárias para viagem, prêmios e abonos não integram a remuneração do empregado, não se incorporam ao contrato de trabalho e não constituem base de incidência de qualquer encargo trabalhista e previdenciário. § 3º Considera-se gorjeta não só a importância espontaneamente dada pelo cliente ao empregado, como também o valor cobrado pela empresa, como serviço ou adicional, a qualquer título, e destinado à distribuição aos empregados. § 4º Consideram-se prêmios as liberalidades concedidas pelo empregador em forma de bens, serviços ou valor em dinheiro a empregado ou a grupo de empregados, em razão de desempenho superior ao ordinariamente esperado no exercício de suas atividades. (Modificações: Leis 13.419/17 e 13.467/17)

▲ Art. 458. § 5º O valor relativo à assistência prestada por serviço médico ou odontológico, próprio ou não, inclusive o reembolso de despesas com medicamentos, óculos, aparelhos ortopédicos, próteses, órteses, despesas médico-hospitalares e outras similares, mesmo quando concedido em diferentes modalidades de planos e coberturas, não integram o salário do empregado para qualquer efeito nem o salário de contribuição, para efeitos do previsto na alínea q do § 9º do art. 28 da Lei n. 8.212, de 24 de julho de 1991. (Modificações: Lei 13.467/17)

▲ Art. 461. Sendo idêntica a função, a todo trabalho de igual valor, prestado ao mesmo empregador, no mesmo estabelecimento empresarial, corresponderá igual salário, sem distinção de sexo, etnia, nacionalidade ou idade. § 1º Trabalho de igual valor, para os fins deste Capítulo, será o que for feito com igual produtividade e com a mesma perfeição técnica, entre pessoas cuja diferença de tempo de serviço para o mesmo empregador não seja superior a quatro anos e a diferença de tempo na função não seja superior a dois anos. § 2º Os dispositivos deste artigo não prevalecerão quando o empregador tiver pessoal organizado em quadro de carreira ou adotar, por meio de norma interna da empresa ou de negociação coletiva, plano de cargos e salários, dispensada qualquer forma de homologação ou registro em órgão público. § 3º No caso do § 2º deste artigo, as promoções poderão ser feitas por merecimento e por antiguidade, ou por apenas um destes critérios, dentro de cada categoria profissional. (...). § 5º A equiparação salarial só será possível entre empregados contemporâneos no cargo ou na função, ficando vedada a indicação de paradigmas remotos, ainda que o paradigma contemporâneo tenha obtido a vantagem em ação judicial própria. § 6º No caso de comprovada discriminação por motivo de sexo ou etnia, o juízo determinará, além do pagamento das diferenças salariais devidas, multa, em favor do empregado discriminado, no valor de 50% (cinquenta por cento) do limite máximo dos benefícios do Regime Geral de Previdência Social. (Modificações: Lei 13.467/17)

* QUESTÕES OBJETIVAS

49. **(Cespe/PGE/PE/Procurador/2018)** Considerando as alterações introduzidas na legislação pela reforma trabalhista de 2017, julgue os itens subsequentes.

I. As diárias para viagem recebidas no importe de 70% do salário do empregado devem integrar a sua remuneração, constituindo base de incidência de encargos trabalhistas e previdenciários.
II. Desde que haja a concordância do empregado, as férias poderão ser usufruídas em até três períodos, desde que um deles não seja inferior a vinte dias corridos e os demais não sejam inferiores a cinco dias corridos, cada um.
III. Para efeito de equiparação salarial, considera-se trabalho de igual valor aquele realizado com igual produtividade e com a mesma perfeição técnica, exigindo-se que o paradigma e o paragonado não tenham diferença de mais de quatro anos de tempo de serviço para o mesmo empregador e que a diferença de tempo na mesma função não seja superior a dois anos.
IV. A não concessão ou a concessão parcial do intervalo intrajornada mínimo implicará o pagamento apenas do período suprimido, sendo a natureza desse pagamento indenizatória.

Estão certos apenas os itens

a) I e II.
b) I e III.
c) II e IV.

d) III e IV.

e) II, III e IV.

50. (Cespe/PGE/AM/Procurador/2016) Embora a CF garanta aos empregados o adicional de remuneração para atividades penosas, não há norma infraconstitucional que regulamente o respectivo adicional. Tal norma constitucional classifica-se como norma de eficácia limitada, cuja aplicação depende de regulamentação.

51. (Cespe/PGE/AM/Procurador/2016) Inexistindo cláusula expressa em contrário, a empresa pode exigir do empregado a execução de qualquer atividade compatível com sua condição pessoal, desde que lícita e dentro da jornada de trabalho. Nesse caso, segundo o TST, não existe justificativa para a percepção de acréscimo salarial em decorrência de eventual exercício concomitante das duas funções na mesma jornada.

52. (Cespe/PGE/AM/Procurador/2016) Segundo entendimento do TST, não há direito a equiparação salarial no caso de o pessoal de empresa pública estar organizado em quadro de carreira aprovado por ato administrativo do presidente da empresa.

53. (Cespe/Funpresp/Especialista Jurídico/2016) Embora integrem a remuneração do empregado, as gorjetas oferecidas espontaneamente pelos clientes de determinado estabelecimento não são computadas como base de cálculo para aviso prévio, horas extras, adicional noturno e repouso semanal remunerado.

54. (Cespe/Funpresp/Especialista Jurídico/2016) O veículo fornecido pela empresa ao empregado não terá natureza salarial se for utilizado única e exclusivamente para o serviço e indispensável à realização deste. Caso seja utilizado também em atividades particulares, terá natureza salarial.

55. (Cespe/PGM/Fortaleza/Procurador/2017) Segundo o STF, o exercício do direito constitucional dos trabalhadores urbanos e rurais que trata da remuneração por serviço extraordinário com acréscimo de, no mínimo, 50% depende de regulamentação específica.

56. (Cespe/PGM/Fortaleza/Procurador/2017) Uma estatal possui, em seu quadro de funcionários, eletricistas contratados mediante concurso público e eletricistas de empresas terceirizadas, todos trabalhando como eletricistas e prestando serviços ligados à atividade fim da estatal e em seu benefício. Entretanto, os empregados da tomadora realizam tarefas mais especializadas que os empregados da prestadora de serviço. Nessa situação, segundo o entendimento do TST, é devido o direito à isonomia salarial, porquanto o que se exige é a identidade de funções, e não de tarefas.

57. (Cespe/DPU/Defensor/2015) O TST tem admitido a supressão do adicional noturno quando o empregador transfere, por mútuo consentimento, o empregado do horário noturno para o período diurno.

58. (Cespe/DPU/Defensor/2015) Conforme entendimento consolidado pelo TST, o aumento do valor do repouso semanal remunerado em razão da integração das horas extras habitualmente prestadas repercute no cálculo do décimo terceiro salário, não caracterizando "bis in idem".

59. (Cespe/DPU/Defensor/2015) Configura-se a guelta quando, em uma relação empregatícia, o empregado recebe retribuição para estimular a venda ou a comercialização de um produto ou serviço.

60. (Cespe/TRT/7R/Técnico/2017) Em razão da crise econômica, determinada empresa que possui cem empregados acordou a redução dos salários por tempo determinado, conforme documento reduzido a termo, com a anuência dos empregados. Com referência a essa situação hipotética, assinale a opção correta com base no direito constitucional dos trabalhadores e nos princípios que regem o direito do trabalho:

a) O termo assinado pelos empregados é válido: a redução temporária do salário visa valorizar o princípio da continuidade da relação de emprego.

b) O termo assinado pelos empregados é válido: a redução salarial se deu mediante concordância expressa e por escrito.

c) O termo assinado pelos empregados é nulo: a redução salarial só seria lícita se disposta em convenção ou acordo coletivo.

d) O termo assinado pelos empregados é nulo: a irredutibilidade salarial é um princípio absoluto.

61. (Cespe/TRT/7R/Técnico/2017) A respeito do trabalho noturno para trabalhadores urbanos, julgue os itens a seguir.

I. Considera-se trabalho noturno aquele executado entre vinte e duas horas de um dia e cinco horas do dia seguinte.

II. A hora de trabalho noturno equivale a cinquenta e dois minutos.

III. A remuneração da hora noturna trabalhada será acrescida de, pelos menos, 20% da hora diurna.

Assinale a opção correta:

a) Apenas os itens I e II estão certos.
b) Apenas os itens I e III estão certos.
c) Apenas os itens II e III estão certos.
d) Todos os itens estão certos.

62. **(Cespe/TRT/7R/Analista/2017)** No que se refere ao instituto da equiparação salarial, julgue os itens que se seguem.

I. As autarquias podem ter quadro de pessoal organizado em carreira, independentemente de homologação pelo Ministério do Trabalho e Emprego.

II. Em razão da especificidade da individualidade, o trabalho intelectual não pode ser utilizado como parâmetro para fins de equiparação salarial.

III. Para fins de equiparação salarial, é necessário que o empregado e o paradigma exerçam a mesma função, independentemente de sua denominação, desempenhando as mesmas tarefas.

IV. Em relação ao instituto da equiparação salarial, aplica-se a regra da prescrição parcial.

Estão certos apenas os itens:

a) I, II e III.
b) I, II e IV.
c) I, III e IV.
d) II, III e IV.

63. **(Cespe/TRT/7R/Analista/2017)** Empregado vendedor, sujeito a controle de horário e remunerado apenas com comissões sobre as vendas realizadas, ajuizou reclamatória requerendo o pagamento de adicional de horas extras em razão do aumento da sua jornada nos últimos dois anos de trabalho. Nessa situação:

a) o empregado terá direito ao recebimento do adicional de horas extras, cujo valor deverá ser calculado sobre o valor-hora mensal utilizando-se o divisor duzentas e vinte horas trabalhadas.
b) o empregado não terá direito ao recebimento do adicional de horas extras por ser comissionista puro, modalidade incompatível com o recebimento do benefício pleiteado.
c) o empregado terá direito ao recebimento do adicional de horas extras, cujo valor será calculado sobre o valor-hora das comissões do mês, utilizando-se como divisor o número de horas efetivamente trabalhadas.
d) a remuneração por comissões torna benéfico o trabalho em horas extras, constituindo "bis in idem" o recebimento do adicional de horas extras nessa modalidade de remuneração.

64. **(Cespe/PGE/SE/Procurador/2017)** No que concerne à equiparação salarial, julgue os seguintes itens à luz do entendimento do TST.

I. Desde que observados os requisitos legais, a equiparação salarial alcança os trabalhos intelectuais desenvolvidos pelos trabalhadores.

II. Para efeito de equiparação de salários em caso de trabalho igual, conta-se o tempo de serviço no emprego.

III. A equiparação salarial só é possível se o empregado e o paradigma exercerem a mesma função, desempenhando as mesmas tarefas, não importando a denominação dada aos cargos.

IV. Para configurar-se a equiparação, é imprescindível que, ao tempo da reclamação sobre a equiparação salarial, reclamante e paradigma estejam a serviço do estabelecimento.

Estão certos apenas os itens:

a) I e II.
b) I e III.
c) II e III.
d) III e IV.
e) I, II e IV.

65. **(Cespe/PGE/SE/Procurador/2017)** De acordo com o TST, nos casos permitidos em lei, havendo convocação do empregado para trabalhar no domingo ou feriado, a empresa deverá remunerar o empregado:

a) em valor correspondente ao dia de trabalho, sem perda da remuneração relativa ao repouso semanal.
b) em valor correspondente ao dia de trabalho.
c) em dobro ou conceder-lhe outro dia de folga para compensar o trabalho prestado.
d) em dobro ou conceder-lhe dois dias de folga.

e) em dobro, com perda da remuneração relativa ao repouso semanal.

66. **(Cespe/PGE/SE/Procurador/2017)** Tendo em vista que a contribuição para o FGTS incide sobre a remuneração mensal devida ao empregado, mas não sobre as parcelas de natureza indenizatória, assinale a opção que apresenta parcela de natureza remuneratória:

a) participação do empregado nos lucros ou nos resultados da empresa.
b) alimentação decorrente do Programa de Alimentação do Trabalhador.
c) vale-transporte.
d) diárias de viagem excedentes a 50% do salário do empregado.
e) abono pecuniário concernente à conversão de um terço do período de férias.

4.3. Da Alteração

✱ SÚMULAS

TST Súm. 29. Empregado transferido, por ato unilateral do empregador, para local mais distante de sua residência, tem direito a suplemento salarial correspondente ao acréscimo da despesa de transporte.

TST Súm. 43. Presume-se abusiva a transferência de que trata o § 1º do art. 469 da CLT, sem comprovação da necessidade do serviço.

TST OJ/SDI1 76. A alteração contratual consubstanciada na substituição dos avanços trienais por quinquênios decorre de ato único do empregador, momento em que começa a fluir o prazo fatal de prescrição.

TST OJ/SDI1 159. Diante da inexistência de previsão expressa em contrato ou em instrumento normativo, a alteração de data de pagamento pelo empregador não viola o art. 468, desde que observado o parágrafo único, do art. 459, ambos da CLT.

✱ INOVAÇÕES LEGISLATIVAS

▲ CLT. Título IV – Do Contrato Individual de Trabalho, Capítulo III – Da Alteração

▲ Art. 468. § 1º Não se considera alteração unilateral a determinação do empregador para que o respectivo empregado reverta ao cargo efetivo, anteriormente ocupado, deixando o exercício de função de confiança. § 2º A alteração de que trata o § 1º deste artigo, com ou sem justo motivo, não assegura ao empregado o direito à manutenção do pagamento da gratificação correspondente, que não será incorporada, independentemente do tempo de exercício da respectiva função. (Modificações: Lei 13.467/17)

✱ QUESTÕES OBJETIVAS

67. **(Cespe/TRT/8R/Analista/2016)** Acerca da alteração do contrato de trabalho, assinale a opção correta:

a) O "jus variandi", decorrente do poder de direção do empregador, permite que o empregador faça unilateralmente qualquer alteração no contrato de trabalho de seus empregados.
b) O fato de o empregado exercer cargo de confiança ou a existência de previsão de transferência no contrato de trabalho excluem o direito ao adicional de transferência.
c) O mútuo consentimento é o único requisito indispensável para que se considere lícita qualquer alteração das condições elencadas no contrato individual de trabalho.
d) Transferência que acarrete mudança de domicílio garante ao empregado o pagamento de um adicional não inferior a 35% dos salários que ele percebia na localidade de origem.
e) Tem direito a suplemento salarial correspondente ao acréscimo da despesa de transporte o empregado transferido, por ato unilateral do empregador, para local mais distante de sua residência.

68. **(Cespe/PGM/Salvador/Procurador/2015)** Com referência a suspensão e alteração do contrato de trabalho, assinale a opção correta:

a) A suspensão e a interrupção do contrato de emprego impedem, interrompem ou suspendem o prazo prescricional.
b) A suspensão do contrato de trabalho ocorre quando o empregado deixa de prestar serviços, mas sem deixar de receber o seu salário, contando-se esse período como tempo de serviço trabalhado.
c) O empregador que alterar o local de trabalho para localidade mais distante da casa do empregado deverá complementar os gastos deste com o transporte.
d) Não se admite que o empregador passe a exigir o uso de uniforme a empregado se não o exigiu na época da celebração do contrato de emprego.

e) A sucessão de empregadores é forma de alteração do contrato de trabalho que ocorre com empresas urbanas e rurais e com empregadores domésticos.

4.4. Da Suspensão e da Interrupção

* SÚMULAS

TST Súm. 269. O empregado eleito para ocupar cargo de diretor tem o respectivo contrato de trabalho suspenso, não se computando o tempo de serviço desse período, salvo se permanecer a subordinação jurídica inerente à relação de emprego.

TST Súm. 160. Cancelada a aposentadoria por invalidez, mesmo após cinco anos, o trabalhador terá direito de retornar ao emprego, facultado, porém, ao empregador, indenizá-lo na forma da lei

* QUESTÕES OBJETIVAS

69. **(Cespe/Funpresp_Jud/Analista/2016)** Os primeiros quinze dias do afastamento do empregado por doença são computados como tempo de serviço. Nesse caso, configura-se a interrupção do contrato de trabalho.

70. **(Cespe/Funpresp_Jud/Analista/2016)** A aposentadoria por invalidez é um exemplo de suspensão do contrato de trabalho.

71. **(Cespe/TRT/8R/Analista/2016)** Em relação à suspensão, à interrupção e à rescisão do contrato de trabalho, assinale a opção correta:

a) O afastamento do empregado em razão de exigências decorrentes de encargo público é motivo para a rescisão do contrato de trabalho por justa causa.

b) Nos contratos de trabalho por tempo determinado, o período de suspensão ou interrupção influenciará obrigatoriamente na data de cessação do ajuste, acarretando a prorrogação do prazo.

c) Pode o juiz assegurar à mulher em situação de violência doméstica e familiar a manutenção do vínculo trabalhista, constituindo tal hipótese suspensão do contrato de trabalho.

d) O afastamento do empregado por motivo de doença, por período de até quinze dias, constitui causa de suspensão do contrato de trabalho.

e) A aposentadoria por invalidez é forma de rescisão contratual.

72. **(Cespe/DPU/Defensor/2017)** No período em que houver paralisação do serviço por culpa da empresa, ficará configurada a interrupção dos contratos de trabalho, de modo que não terão direito a férias os empregados que, no curso do período aquisitivo, deixarem de trabalhar – com percepção do salário – por mais de trinta dias devido à referida paralisação.

73. **(Cespe/DPU/Defensor/2015)** Quando o empregado suspende a execução dos serviços para a empresa na qual trabalha, mas continua percebendo normalmente sua remuneração, ocorre interrupção do contrato de trabalho.

74. **(Cespe/DPU/Defensor/2015)** Se uma mulher vítima de violência doméstica for afastada temporariamente do local de trabalho, pelo juízo competente, visando preservar a manutenção do vínculo trabalhista e resguardar sua integridade física e psicológica, essa situação configurará hipótese de suspensão do contrato de trabalho.

75. **(Cespe/TCU/Procurador/2015)** Com referência a suspensão e alteração do contrato de trabalho e a equiparação salarial, assinale a opção correta:

a) A suspensão obreira para a propositura de inquérito apuratório de falta grave tem natureza punitiva, já que possibilita a ruptura do pacto laboral por culpa do empregado.

b) Nas situações em que for determinada a interdição de um estabelecimento empresarial devido ao fato de laudos técnicos da fiscalização do trabalho demonstrarem riscos graves e iminentes para os trabalhadores, haverá suspensão dos contratos de trabalho.

c) Para fins de equiparação salarial, a diferença de tempo de serviço entre o paradigma e o paragonado, que não pode ser mais de dois anos, conta-se no emprego, não na função.

d) O ius resistentiae é a prerrogativa do obreiro de se opor a determinações lícitas e ilícitas do empregador derivadas do uso do poder diretivo patronal.

e) De acordo com o entendimento do TST, não obstante suspenso o contrato de trabalho em virtude de auxílio-doença acidentário, assegura-se ao empregado o direito à manutenção de plano de saúde oferecido pela empresa.

76. **(Cespe/PGM/Fortaleza/Procurador/2017)** Conforme o entendimento do TST, a suspensão do contrato de trabalho em virtude de gozo de auxílio-doença não impede a dispensa por justa causa, ainda que a prática do ato faltoso imputado ao trabalhador tenha sido anterior ao afastamento.

4.5. Da Rescisão

✱ SÚMULAS

1) Abandono de Emprego

TST Súm. 32. Presume-se o abandono de emprego se o trabalhador não retornar ao serviço no prazo de 30 (trinta) dias após a cessação do benefício previdenciário nem justificar o motivo de não o fazer.

TST Súm. 62. O prazo de decadência do direito do empregador de ajuizar inquérito em face do empregado que incorre em abandono de emprego é contado a partir do momento em que o empregado pretendeu seu retorno ao serviço.

2) Aposentadoria

TST OJ/SDI1 361. A aposentadoria espontânea não é causa de extinção do contrato de trabalho se o empregado permanece prestando serviços ao empregador após a jubilação. Assim, por ocasião da sua dispensa imotivada, o empregado tem direito à multa de 40% do FGTS sobre a totalidade dos depósitos efetuados no curso do pacto laboral.

3) Demissão Justa/Injusta

STF Súm. 459. No cálculo da indenização por despedida injusta, incluem-se os adicionais, ou gratificações, que, pela habitualidade, se tenham incorporado ao salário.

TST OJ/SDI1 148. É constitucional o art. 31 da Lei n. 8.880/1994, que prevê a indenização por demissão sem justa causa.

4) Falta Grave

STF Súm. 197. O empregado com representação sindical só pode ser despedido mediante inquérito em que se apure falta grave.

STF Súm. 316. A simples adesão à greve não constitui falta grave.

STF Súm. 403. É de decadência o prazo de trinta dias para instauração do inquérito judicial, a contar da suspensão, por falta grave, de empregado estável.

5) Indenização

STF Súm. 219. Para a indenização devida a empregado que tinha direito a ser readmitido, e não foi, levam-se em conta as vantagens advindas a sua categoria no período do afastamento.

STF Súm. 220. A indenização devida a empregado estável, que não é readmitido ao cessar sua aposentadoria, deve ser paga em dobro.

STF Súm. 463. Para efeito de indenização e estabilidade, conta-se o tempo em que o empregado esteve afastado, em serviço militar obrigatório, mesmo anteriormente à Lei 4.072, de 01.06.62.

6) Multas

TST Súm. 388. A massa falida não se sujeita à penalidade do art. 467 e nem à multa do § 8º do art. 477, ambos da CLT.

TST Súm. 462. A circunstância de a relação de emprego ter sido reconhecida apenas em juízo não tem o condão de afastar a incidência da multa prevista no art. 477, § 8º, da CLT. A referida multa não será devida apenas quando, comprovadamente, o empregado der causa à mora no pagamento das verbas rescisórias.

TST OJ/SDI1 54. O valor da multa estipulada em cláusula penal, ainda que diária, não poderá ser superior à obrigação principal corrigida, em virtude da aplicação do artigo 412 do Código Civil de 2002 (art. 920 do Código Civil de 1916).

TST OJ/SDI1 238. Submete-se à multa do artigo 477 da CLT a pessoa jurídica de direito público que não observa o prazo para pagamento das verbas rescisórias, pois nivela-se a qualquer particular, em direitos e obrigações, despojando-se do "jus imperii" ao celebrar um contrato de emprego.

7) Plano de Demissão Voluntária

TST OJ/SDI1 207. A indenização paga em virtude de adesão a programa de incentivo à demissão voluntária não está sujeita à incidência do imposto de renda.

TST OJ/SDI1 270. A transação extrajudicial que importa rescisão do contrato de trabalho ante a adesão do empregado a plano de demissão voluntária implica quitação exclusivamente das parcelas e valores constantes do recibo.

TST OJ/SDI1 356. Os créditos tipicamente trabalhistas reconhecidos em juízo não são suscetíveis de compensação com a indenização paga em decorrência de adesão do trabalhador a Programa de Incentivo à Demissão Voluntária (PDV).

8) Quitação

TST Súm. 330. A quitação passada pelo empregado, com assistência de entidade sindical de sua categoria, ao empregador, com observância dos requisitos exigidos nos parágrafos do art. 477 da CLT, tem eficácia liberatória em relação às parcelas expressamente consignadas no recibo, salvo se oposta ressalva expressa e especificada ao valor dado à parcela ou parcelas impugnadas. I. A quitação não abrange parcelas não consignadas no recibo de quitação e, consequentemente, seus reflexos em outras parcelas, ainda que estas constem desse recibo. II. Quanto a direitos que deveriam ter sido satisfeitos durante a vigência do contrato de trabalho, a quitação é válida em relação ao período expressamente consignado no recibo de quitação.

TST OJ/SDI2 132. Acordo celebrado – homologado judicialmente – em que o empregado dá plena e ampla quitação, sem qualquer ressalva, alcança não só o objeto da inicial, como também todas as demais parcelas referentes ao extinto contrato de trabalho, violando a coisa julgada, a propositura de nova reclamação trabalhista.

TST OJ/SDI1 162. A contagem do prazo para quitação das verbas decorrentes da rescisão contratual prevista no artigo 477 da CLT exclui necessariamente o dia da notificação da demissão e inclui o dia do vencimento, em obediência ao disposto no artigo 132 do Código Civil de 2002 (artigo 125 do Código Civil de 1916).

9) Reintegração

TST OJ/SDI2 65. Ressalvada a hipótese do art. 494 da CLT, não fere direito líquido e certo a determinação liminar de reintegração no emprego de dirigente sindical, em face da previsão do inciso X do art. 659 da CLT.

TST OJ/SDI2 142. Inexiste direito líquido e certo a ser oposto contra ato de juiz que, antecipando a tutela jurisdicional, determina a reintegração do empregado até a decisão final do processo, quando demonstrada a razoabilidade do direito subjetivo material, como nos casos de anistiado pela Lei n. 8.878/1994, aposentado, integrante de comissão de fábrica, dirigente sindical, portador de doença profissional, portador de vírus HIV ou detentor de estabilidade provisória prevista em norma coletiva.

* INFORMATIVOS DE JURISPRUDÊNCIA

BESC. Plano de desligamento voluntário. Negociação coletiva. Cláusula de quitação geral do contrato de emprego. Juízo de retratação realizado pela Turma de origem com base nos aspectos objetivos do processo. Ausência de contrariedade à Súm. 126/TST.

TST Não contraria a Súm. 126/TST decisão turmária que, em juízo de retratação, aplica tese jurídica adotada pelo STF no RE 590415, repercussão geral, no sentido da validade da cláusula de quitação geral do contrato de trabalho prevista no plano de desligamento voluntário do BESC, quando ausente no acórdão do Regional esclarecimento acerca da previsão da quitação total na norma coletiva e nos documentos de rescisão. E-ED-RR-536000-66.2009.5.12.0001, SDI1, Rel. Min. Luiz Philippe Vieira de Mello Filho, 30.11.2017. (Info 170)

Dispensa decorrente do ajuizamento de reclamação trabalhista. Prática discriminatória. Art. 1º da Lei 9.029/95. Rol exemplificativo. Reintegração devida.

TST O rol de práticas consideradas discriminatórias previsto no art. 1º da Lei 9.029/95 sempre foi meramente exemplificativo, mesmo antes da alteração introduzida pela Lei 12.146/2015, que somente acrescentou a expressão "entre outros". Ao efetuar a referida modificação, o objetivo do legislador foi apenas deixar evidente o que já estava estabelecido na redação original do dispositivo, ou seja, a vedação a qualquer atitude discriminatória que impeça o acesso ou a manutenção de relação de trabalho. E-RR-807-35.2013.5.09.0892, SDI1, Rel. Min. Brito Pereira, 26.10.2017. (Info 168)

Empréstimo consignado. Desconto nas verbas rescisórias. Possibilidade. Art. 1º, § 1º, da Lei 10.820/03. Autorização expressa do reclamante.

TST É possível o desconto de valores relativos a empréstimo consignado sobre as verbas rescisórias, desde que respeitado o limite imposto pelo art. 1º, § 1º, da Lei 10.820/03. E-ED-ARR-1610-36.2012.5.15.0132, SDI1, Rel. Min. Hugo Carlos Scheuermann, 21.9.2017. (Info 165)

* INOVAÇÕES LEGISLATIVAS

▲ CLT. Título IV – Do Contrato Individual de Trabalho, Capítulo V – Da Rescisão

▲ Art. 477. Na extinção do contrato de trabalho, o empregador deverá proceder à anotação na Carteira de Trabalho e Previdência Social, comunicar a dispensa aos órgãos competentes e realizar o pagamento das verbas rescisórias no prazo e na forma estabelecidos neste artigo. § 1º (Revogado). (...). 3º (Revogado). § 4º O pagamento a que fizer jus o empregado será efetuado: I – em dinheiro, depósito bancário ou cheque visado, conforme acordem as partes; ou II – em dinheiro ou depósito bancário quando o empregado for analfabeto. (...). § 6º A entrega ao empregado de documentos que comprovem a comunicação da extinção contratual aos órgãos competentes bem como o pagamento dos valores constantes do instrumento de rescisão ou recibo de quitação deverão ser efetuados até dez dias contados a partir do término do contrato. § 7º (Revogado). (...). § 10. A anotação da extinção do contrato na Carteira de Trabalho e Previdência Social é documento hábil para requerer o benefício do seguro-desemprego e a movimentação da conta vinculada no Fundo de Garantia do Tempo de Serviço, nas hipóteses legais, desde que a comunicação prevista no caput deste artigo tenha sido realizada. (Modificações: Lei 13.467/17)

▲ Art. 477-A. As dispensas imotivadas individuais, plúrimas ou coletivas equiparam-se para todos os fins, não havendo necessidade de autorização prévia de entidade sindical ou de celebração de convenção coletiva ou acordo coletivo de trabalho para sua efetivação. (Modificações: Lei 13.467/17)

▲ Art. 477-B. Plano de Demissão Voluntária ou Incentivada, para dispensa individual, plúrima ou coletiva, previsto em convenção coletiva ou acordo coletivo de trabalho, enseja quitação plena e irrevogável dos direitos decorrentes da relação empregatícia, salvo disposição em contrário estipulada entre as partes. (Modificações: Lei 13.467/17)

▲ Art. 482. Constituem justa causa para rescisão do contrato de trabalho pelo empregador: (...). m) perda da habilitação ou dos requisitos estabelecidos em lei para o exercício da profissão, em decorrência de conduta dolosa do empregado. (Modificações: Lei 13.467/17)

▲ Art. 484-A. O contrato de trabalho poderá ser extinto por acordo entre empregado e empregador, caso em que serão devidas as seguintes verbas trabalhistas: I – por metade: a) o aviso prévio, se indenizado; e b) a indenização sobre o saldo do Fundo de Garantia do Tempo de Serviço, prevista no § 1º do art. 18 da Lei n. 8.036, de 11 de maio de 1990; II – na integralidade, as demais verbas trabalhistas. § 1º A extinção do contrato prevista no caput deste artigo permite a movimentação da conta vinculada do trabalhador no Fundo de Garantia do Tempo de Serviço na forma do inciso I-A do art. 20 da Lei n. 8.036, de 11 de maio de 1990, limitada até 80% (oitenta por cento) do valor dos depósitos. § 2º A extinção do contrato por acordo prevista no caput deste artigo não autoriza o ingresso no Programa de Seguro-Desemprego. (Modificações: Lei 13.467/17)

✱ QUESTÕES OBJETIVAS

77. **(Cespe/PGE/PE/Procurador/2018)** Joana trabalha em uma padaria e, há algum tempo, o seu empregador vem demonstrando insatisfação com o serviço prestado por ela. Por sua vez, Joana também está insatisfeita com as medidas que vêm sendo adotadas pelo seu empregador. Por tais razões, o empregador e Joana decidiram, por mútuo acordo, extinguir o contrato de trabalho. Nessa situação hipotética, Joana terá direito

a) à integralidade de todas as verbas trabalhistas.
b) a metade do aviso prévio, se indenizado, além da habilitação no programa de seguro-desemprego.
c) a metade da indenização sobre o saldo do FGTS, além da movimentação da conta vinculada desse fundo, limitada a 50% do valor dos depósitos.
d) a metade de todas as verbas trabalhistas, mas não terá direito a habilitação no programa de seguro-desemprego.
e) a metade da indenização sobre o saldo do FGTS, cuja conta vinculada poderá ser movimentada até o limite de 80%, e metade do aviso prévio, se indenizado, bem como à integralidade das demais verbas trabalhistas, mas não terá direito a habilitação no programa de seguro-desemprego.

78. **(Cespe/PGE/AM/Procurador/2016)** Segundo o TST, na hipótese de uma relação de emprego ter sido reconhecida apenas em juízo, não incidirá a multa pelo não pagamento das parcelas constantes do instrumento de rescisão ou recibo de quitação no prazo legal.

79. **(Cespe/PGE/AM/Procurador/2016)** Segundo o entendimento do TST, a ausência do pagamento das verbas rescisórias, por si só, é motivo suficiente para caracterizar a ocorrência de danos morais, mormente quando o empregador reconhecer a omissão.

80. **(Cespe/Funpresp_Jud/Analista/2016)** O fato de um empregado apresentar-se para trabalhar todos os dias alcoolizado consiste em motivo para que a empresa o demita por justa causa.

81. (Cespe/Funpresp_Jud/Analista/2016) O empregado demitido por justa causa não terá direito ao recebimento de férias e décimo terceiro salário proporcionais.

82. (Cespe/TRT/8R/Oficial_Justiça/2016) No que se refere à alteração ou à extinção do contrato de emprego, assinale a opção correta:

a) Constitui alteração unilateral ilícita a determinação do empregador para que o empregado deixe função de confiança e reverta a cargo efetivo anteriormente ocupado.
b) O adicional de transferência é devido na transferência provisória e na definitiva, sendo equivalente a, no mínimo, 25% dos salários que o empregado percebia na localidade de origem.
c) Em caso de extinção do estabelecimento, é lícita a transferência do empregado, dado o princípio da continuidade da relação de emprego.
d) As despesas resultantes da transferência que acarretem mudança de domicílio correm por conta do empregado.
e) É lícita a rescisão por justa causa do contrato individual de trabalho ante a negativa do empregado à efetivação de qualquer alteração no contrato de trabalho proposta de forma unilateral pelo empregador.

83. (Cespe/TRT/8R/Analista/2016) Em relação à rescisão do contrato de trabalho, ao aviso prévio, à jornada de trabalho e às horas extras, assinale a opção correta:

a) O aviso prévio será concedido no prazo máximo de oitenta dias, conforme a situação de cada trabalhador.
b) Os empregados que exercem cargos de gestão estão sempre sujeitos à jornada de quarenta e quatro horas semanais, sendo credores das horas excedentes de trabalho bem como dos respectivos adicionais.
c) Em decorrência do princípio da autonomia das partes, o acordo individual para a compensação de horas é válido ainda que haja norma coletiva em sentido contrário.
d) Empregado que labora como vendedor e percebe como salário uma parte fixa e outra variável consistente em comissões não tem direito ao recebimento de horas extras laboradas, uma vez que a comissão pelas vendas já o remunera conforme o seu esforço.
e) A exigência, pelo empregador, ao empregado de realização de serviços proibidos por lei constitui causa de rescisão indireta do contrato de trabalho.

84. (Cespe/Funpresp/Especialista Jurídico/2016) Em caso de extinção, sem justa causa, de contrato de trabalho de um empregado, o empregador deverá efetuar o pagamento das férias proporcionais, ainda que incompleto o período aquisitivo de doze meses.

85. (Cespe/DPU/Defensor/2017) Se um empregado com mais de um ano de serviço firmar pedido de demissão do seu emprego, a validade desse pedido condicionar-se-á à assistência do respectivo sindicato ou da autoridade do Ministério do Trabalho, podendo essa assistência ser prestada por um DP em caso de inexistência desses órgãos na localidade.

86. (Cespe/DPU/Defensor/2017) Em determinado órgão público, constatado o aumento excessivo das despesas com pessoal, além do previsto na dotação orçamentária, anulou-se de ofício a nomeação de empregado público concursado que cumpria estágio probatório. Nessa situação, de acordo com o TST, a dispensa será nula, devendo-se determinar o retorno do empregado ao trabalho, uma vez que não houve o regular procedimento administrativo para assegurar o devido processo legal e a ampla defesa.

87. (Cespe/DPU/Defensor/2017) O empregado doméstico que for dispensado terá direito ao benefício do seguro-desemprego se a dispensa se der sem justa causa, mas não terá esse direito se a dispensa se der por justa causa ou por rescisão indireta.

88. (Cespe/PGM/Fortaleza/Procurador/2017) Segundo o STF, nos planos de dispensa incentivada ou voluntária, não é válida cláusula que dê quitação ampla e irrestrita a todas as parcelas decorrentes do contrato de emprego, mesmo que tal item conste de acordo coletivo de trabalho e dos demais instrumentos assinados pelo empregado, porquanto os direitos trabalhistas são indisponíveis e irrenunciáveis.

89. (Cespe/PGM/Belo_Horizonte/Procurador/2017) A dispensa do trabalhador por justa causa é direito do empregador, garantido pela legislação brasileira. Entretanto, há empregados e empregadores que ainda não conhecem os possíveis cenários em que a demissão por justa causa pode acontecer. No art. 482 da CLT, estão previstos diversos motivos de dispensa por justa causa. Uma hipótese ocorre quando o empregado apresenta habitualmente um comportamento irregular e incompatível com a moral, com demonstrações de desregramento da conduta sexual, libertinagem, pornografia ou assédio sexual. Nessa hipótese, a espécie de justa causa é caracterizada por:

a) improbidade.
b) indisciplina.
c) incontinência de conduta.
d) mau procedimento.

90. **(Cespe/DPU/Defensor/2015)** Caso um empregado se afaste do emprego devido à investidura em mandato eletivo e ao efetivo exercício desse mandato, essa hipótese não constituirá motivo para rescisão do contrato de trabalho por parte do empregador.

91. **(Cespe/DPU/Defensor/2015)** Segundo o STJ, o levantamento judicial do valor referente ao seguro-desemprego, que tem por finalidade prover assistência financeira ao trabalhador desempregado em virtude de dispensa sem justa causa, inclusive a indireta, e ao trabalhador resgatado de regime de trabalho forçado ou da condição análoga à de escravo, deve ser requerido à justiça do trabalho.

92. **(Cespe/TCU/Procurador/2015)** Acerca da rescisão do contrato de trabalho e do aviso prévio, assinale a opção correta:

a) Em caso de aviso prévio cumprido em casa, o prazo para o empregador pagar as verbas rescisórias é até o primeiro dia útil imediato ao término do contrato, sob pena de multa.
b) A desobediência a uma ordem geral que regule a execução do trabalho em uma empresa configura insubordinação.
c) Conforme o entendimento do TST, ainda que a rescisão do contrato ocorra antes da distribuição dos lucros, o ex-empregado terá o direito de receber sua parcela de participação nos lucros e nos resultados, de forma proporcional aos meses trabalhados, devido ao fato de ter concorrido para os resultados positivos da empresa.
d) No contrato de aprendizagem, a extinção do contrato por iniciativa do empregador, sem justa causa do empregado, dará a este o direito a uma indenização correspondente à metade da remuneração do período que restar para o término natural do contrato.
e) A morte do empregado extingue automaticamente o liame empregatício, cabendo ao empregador pagar aos sucessores o aviso prévio indenizado.

93. **(Cespe/TRT/7R/Técnico/2017)** Reconhecida a rescisão do contrato de trabalho por culpa exclusiva do empregador, o empregado terá direito a receber:

a) 50% do aviso prévio, do décimo terceiro salário e das férias proporcionais.
b) 50% do salário e das férias integrais.
c) 50% do aviso prévio e 100% das demais verbas devidas.
d) 100% das verbas devidas, inclusive do aviso prévio.

94. **(Cespe/TRT/7R/Analista/2017)** Em determinada empresa, um empregado utilizou seu e-mail corporativo para encaminhar aos colegas de trabalho conteúdos pessoais e fotos íntimas de pessoas que não tinham relação com o quadro de empregados da empresa. Ao tomar conhecimento do fato, a diretoria demitiu o empregado por justa causa. Nessa situação hipotética, a aplicação da justa causa está:

a) correta, pois o empregador pode exercer o controle do e-mail corporativo de seus empregados e a atitude se enquadra como fato ensejador de justa causa.
b) errada, pois a fiscalização do e-mail corporativo do empregado, por ser uma espécie de carta eletrônica, fere o direito à privacidade, constitucionalmente garantido.
c) correta, porém o empregado terá direito a indenização por danos morais face o abuso do poder de fiscalização do empregador.
d) errada, pois a fiscalização do e-mail corporativo do empregado fere sua intimidade e a atitude por ele tomada não guarda qualquer implicação com a relação de trabalho.

95. **(Cespe/PGM/Salvador/Procurador/2015)** No que se refere às fontes e princípios do direito do trabalho, aos direitos constitucionais dos trabalhadores, bem como aos requisitos da relação de emprego, assinale a opção correta:

a) A CLT prevê a exclusividade como requisito para a caracterização da relação de emprego, não podendo o trabalhador formalmente cumular vários empregos.

b) Segundo o STF, em planos de dispensa incentivada, é válida cláusula que dê quitação ampla e irrestrita de todas as parcelas decorrentes do contrato de emprego, desde que tal item esteja previsto em acordo coletivo de trabalho e nos demais instrumentos celebrados com o empregado.

c) Não se admite que o princípio da preservação da empresa sobreponha-se ao princípio da proteção do trabalhador, já que, no direito do trabalho, prevalece a condição mais benéfica ao empregado em detrimento do empregador.

d) O critério adotado pelo legislador trabalhista para classificar a natureza da subordinação existente entre empregado e empregador foi o da subordinação técnica.

e) Segundo o TST, no direito individual do trabalho, o princípio protetivo não inviabiliza a utilização da arbitragem.

96. **(Cespe/PGE/SE/Procurador/2017)** De acordo com o entendimento do TST, se determinada empresa, que conta com cento e cinquenta empregados, dispensar, sem justa causa, trabalhador com deficiência e não fizer, nos termos da legislação pertinente, a contratação de outro empregado nas mesmas condições, tal dispensa será considerada:

a) legal, porque não há obrigação legal de o empregador contratar trabalhadores com deficiência.

b) legal, desde que a empresa mantenha o percentual mínimo legal de cargos preenchidos por trabalhadores com deficiência.

c) ilegal, devido ao fato de não haver justo motivo.

d) ilegal, porque os trabalhadores com deficiência possuem garantia de emprego por tempo indeterminado.

e) ilegal, ainda que não interfira no atendimento ao percentual mínimo legal de cargos preenchidos por trabalhadores com deficiência.

4.6. Do Aviso Prévio

* SÚMULAS

TST Súm. 14. Reconhecida a culpa recíproca na rescisão do contrato de trabalho (art. 484 da CLT), o empregado tem direito a 50% (cinquenta por cento) do valor do aviso prévio, do décimo terceiro salário e das férias proporcionais.

TST Súm. 44. A cessação da atividade da empresa, com o pagamento da indenização, simples ou em dobro, não exclui, por si só, o direito do empregado ao aviso prévio.

TST Súm. 73. A ocorrência de justa causa, salvo a de abandono de emprego, no decurso do prazo do aviso prévio dado pelo empregador, retira do empregado qualquer direito às verbas rescisórias de natureza indenizatória.

TST Súm. 163. Cabe aviso prévio nas rescisões antecipadas dos contratos de experiência, na forma do art. 481 da CLT.

TST Súm. 230. É ilegal substituir o período que se reduz da jornada de trabalho, no aviso prévio, pelo pagamento das horas correspondentes.

TST Súm. 276. O direito ao aviso prévio é irrenunciável pelo empregado. O pedido de dispensa de cumprimento não exime o empregador de pagar o respectivo valor, salvo comprovação de haver o prestador dos serviços obtido novo emprego.

TST Súm. 348. É inválida a concessão do aviso prévio na fluência da garantia de emprego, ante a incompatibilidade dos dois institutos.

TST Súm. 371. A projeção do contrato de trabalho para o futuro, pela concessão do aviso prévio indenizado, tem efeitos limitados às vantagens econômicas obtidas no período de pré-aviso, ou seja, salários, reflexos e verbas rescisórias. No caso de concessão de auxílio-doença no curso do aviso prévio, todavia, só se concretizam os efeitos da dispensa depois de expirado o benefício previdenciário.

TST Súm. 380. Aplica-se a regra prevista no "caput" do art. 132 do Código Civil de 2002 à contagem do prazo do aviso prévio, excluindo-se o dia do começo e incluindo o do vencimento.

TST Súm. 441. O direito ao aviso prévio proporcional ao tempo de serviço somente é assegurado nas rescisões de contrato de trabalho ocorridas a partir da publicação da Lei n. 12.506, em 13 de outubro de 2011.

TST OJ/SDI1 82. A data de saída a ser anotada na CTPS deve corresponder à do término do prazo do aviso prévio, ainda que indenizado.

TST OJ/SDI1 83. A prescrição começa a fluir no final da data do término do aviso prévio.

TST OJ/SDI1 14. Em caso de aviso prévio cumprido em casa, o prazo para pagamento das verbas rescisórias é até o décimo dia da notificação de despedida.

TST OJ/SDI1 268. Somente após o término do período estabilitário é que se inicia a contagem do prazo do aviso prévio para efeito das indenizações previstas nos artigos 9º da Lei n. 6.708/79 e 9º da Lei n. 7.238/84.

TST OJ/SDI1 367. O prazo de aviso prévio de 60 dias, concedido por meio de norma coletiva que silencia sobre alcance de seus efeitos jurídicos, computa-se integralmente como tempo de serviço, nos termos do § 1º do art. 487 da CLT, repercutindo nas verbas rescisórias.

* INFORMATIVOS DE JURISPRUDÊNCIA

Aviso prévio proporcional. Lei 12.506/2011. Direito exclusivo do empregado.

TST A proporcionalidade do aviso prévio a que se refere a Lei 12.506/2011 aplica-se somente aos casos em que o empregador toma a iniciativa de rescindir o contrato de trabalho. Interpretar a norma de forma diversa, ou seja, exigir que o trabalhador cumpra aviso prévio superior a trinta dias, na hipótese em que ele próprio intentar a rescisão do contrato, significaria compactuar com alteração legislativa prejudicial ao empregado. E-RR-1964-73.2013.5.09.0009, SDI1, Rel. Min. Hugo Carlos Scheuermann, 21.9.2017. (Info 165)

* QUESTÕES OBJETIVAS

97. **(Cespe/PGE/AM/Procurador/2016)** O empregado tem direito a aderir a plano de demissão voluntária instituído por seu empregador no curso do seu aviso prévio.

98. **(Cespe/Funpresp/Especialista Jurídico/2016)** Se um empregado contratado a título de experiência por sessenta dias mediante contrato com cláusula assecuratória do direito recíproco de rescisão for demitido no vigésimo dia sem justa causa, será cabível o aviso prévio, visto que haverá rescisão antecipada do contrato de experiência.

99. **(Cespe/PGM/Fortaleza/Procurador/2017)** Considera-se indenizado o aviso prévio quando o empregador desliga o empregado e efetua o pagamento da parcela relativa ao respectivo período. Pode o empregador exigir que o empregado trabalhe parte desse período de aviso prévio.

100. **(Cespe/AGU/Advogado/2015)** O aviso prévio é um instituto aplicado a contratos de emprego por prazo indeterminado, não incidindo em contratos a termo, visto que, nesse tipo de pacto, as partes ajustam, desde o início, o termo final.

101. **(Cespe/TRT/7R/Técnico/2017)** Nos contratos por prazo indeterminado, a comunicação que o contratante deve fazer ao empregado de que seu contrato de trabalho será rescindido, sem justa causa, denomina-se:

a) aviso prévio.
b) advertência.
c) pedido de demissão.
d) termo de rescisão do contrato de trabalho.

4.7. Da Estabilidade

* SÚMULAS

1) CIPA

STF Súm. 676. A garantia da estabilidade provisória prevista no art. 10, II, a, do ADCT, também se aplica ao suplente do cargo de direção de comissões internas de prevenção de acidentes (CIPA).

TST Súm. 339. I. O suplente da CIPA goza da garantia de emprego prevista no art. 10, II, "a", do ADCT a partir da promulgação da Constituição Federal de 1988. II. A estabilidade provisória do cipeiro não constitui vantagem pessoal, mas garantia para as atividades dos membros da CIPA, que somente tem razão de ser quando em atividade a empresa. Extinto o estabelecimento, não se verifica a despedida arbitrária, sendo impossível a reintegração e indevida a indenização do período estabilitário.

TST OJ/SDI2 6. Rescinde-se o julgado que nega estabilidade a membro suplente de CIPA, representante de empregado, por ofensa ao art. 10, II, "a", do ADCT da CF/88, ainda que se cuide de decisão anterior à Súmula n. 339 do TST. Incidência da Súmula n. 83 do TST.

2) Dirigente Sindical

STF Súm. 197. O empregado com representação sindical só pode ser despedido mediante inquérito em que se apure falta grave.

TST Súm. 369. I. É assegurada a estabilidade provisória ao empregado dirigente sindical, ainda que a comunicação do registro da candidatura ou da eleição e da posse seja realizada fora do prazo previsto no art. 543, § 5º, da CLT, desde que a ciência ao empregador, por qualquer meio, ocorra na vigência do contrato de trabalho. II. O art. 522 da CLT foi recepcionado pela Constituição Federal de 1988. Fica limitada, assim, a estabilidade a que alude o art. 543, § 3., da CLT a sete dirigentes sindicais e igual número de suplentes. III. O empregado de categoria diferenciada eleito dirigente sindical só goza de estabilidade se exercer na empresa atividade pertinente à categoria profissional do sindicato para o qual foi eleito dirigente. IV. Havendo extinção da atividade empresarial no âmbito da base territorial do sindicato, não há razão para subsistir a estabilidade. V. O registro da candidatura do empregado a cargo de dirigente sindical durante o período de aviso prévio, ainda que indenizado, não lhe assegura a estabilidade, visto que inaplicável a regra do § 3º do art. 543 da Consolidação das Leis do Trabalho.

TST Súm. 379. O dirigente sindical somente poderá ser dispensado por falta grave mediante a apuração em inquérito judicial, inteligência dos arts. 494 e 543, § 3º, da CLT.

TST OJ/SDI1 365. Membro de conselho fiscal de sindicato não tem direito à estabilidade prevista nos arts. 543, § 3º, da CLT e 8º, VIII, da CF/1988, porquanto não representa ou atua na defesa de direitos da categoria respectiva, tendo sua competência limitada à fiscalização da gestão financeira do sindicato (art. 522, § 2º, da CLT).

TST OJ/SDI1 369. O delegado sindical não é beneficiário da estabilidade provisória prevista no art. 8º, VIII, da CF/1988, a qual é dirigida, exclusivamente, àqueles que exerçam ou ocupem cargos de direção nos sindicatos, submetidos a processo eletivo.

TST OJ/SDI2 65. Ressalvada a hipótese do art. 494 da CLT, não fere direito líquido e certo a determinação liminar de reintegração no emprego de dirigente sindical, em face da previsão do inciso X do art. 659 da CLT.

3) Doença/Enfermidade

TST Súm. 378. I. É constitucional o artigo 118 da Lei n. 8.213/1991 que assegura o direito à estabilidade provisória por período de 12 meses após a cessação do auxílio-doença ao empregado acidentado. II. São pressupostos para a concessão da estabilidade o afastamento superior a 15 dias e a consequente percepção do auxílio-doença acidentário, salvo se constatada, após a despedida, doença profissional que guarde relação de causalidade com a execução do contrato de emprego. III. O empregado submetido a contrato de trabalho por tempo determinado goza da garantia provisória de emprego decorrente de acidente de trabalho prevista no art. 118 da Lei n. 8.213/91.

TST OJ/SDI1 41. Preenchidos todos os pressupostos para a aquisição de estabilidade decorrente de acidente ou doença profissional, ainda durante a vigência do instrumento normativo, goza o empregado de estabilidade mesmo após o término da vigência deste.

4) Falta Grave

STF Súm. 197. O empregado com representação sindical só pode ser despedido mediante inquérito em que se apure falta grave.

STF Súm. 403. É de decadência o prazo de trinta dias para instauração do inquérito judicial, a contar da suspensão, por falta grave, de empregado estável.

TST OJ/SDI2 137. Constitui direito líquido e certo do empregador a suspensão do empregado, ainda que detentor de estabilidade sindical, até a decisão final do inquérito em que se apure a falta grave a ele imputada, na forma do art. 494, "caput" e parágrafo único, da CLT.

5) Indenização

STF Súm. 220. A indenização devida a empregado estável, que não é readmitido ao cessar sua aposentadoria, deve ser paga em dobro.

TST Súm. 28. No caso de se converter a reintegração em indenização dobrada, o direito aos salários é assegurado até a data da primeira decisão que determinou essa conversão.

TST Súm. 54. Rescindindo por acordo seu contrato de trabalho, o empregado estável optante tem direito ao mínimo de 60% (sessenta por cento) do total da indenização em dobro, calculada sobre o maior salário percebido no emprego. Se houver recebido menos do que esse total, qualquer que tenha sido a forma de transação, assegura-se-lhe a complementação até aquele limite.

TST OJ/SDI1 399. O ajuizamento de ação trabalhista após decorrido o período de garantia de emprego não configura abuso do exercício do direito de ação, pois este está submetido apenas ao prazo prescricional inscrito no art. 7º, XXIX, da CF/1988, sendo devida a indenização desde a dispensa até a data do término do período estabilitário.

6) Servidor Público

TST Súm. 390. I. O servidor público celetista da administração direta, autárquica ou fundacional é beneficiário da estabilidade prevista no art. 41 da CF/1988. II. Ao empregado de empresa pública ou de sociedade de economia mista, ainda que admitido mediante aprovação em concurso público, não é garantida a estabilidade prevista no art. 41 da CF/1988.

TST OJ/SDI1 364. Fundação instituída por lei e que recebe dotação ou subvenção do Poder Público para realizar atividades de interesse do Estado, ainda que tenha personalidade jurídica de direito privado, ostenta natureza de fundação pública. Assim, seus servidores regidos pela CLT são beneficiários da estabilidade excepcional prevista no art. 19 do ADCT.

7) Outros Temas

STF Súm. 219. Para a indenização devida a empregado que tinha direito a ser readmitido, e não foi, levam-se em conta as vantagens advindas a sua categoria no período do afastamento.

STF Súm. 221. A transferência de estabelecimento, ou a sua extinção parcial, por motivo que não seja de força maior, não justifica a transferência de empregado estável.

STF Súm. 463. Para efeito de indenização e estabilidade, conta-se o tempo em que o empregado esteve afastado, em serviço militar obrigatório, mesmo anteriormente à Lei 4.072, de 01.06.62.

TST Súm. 244. I. O desconhecimento do estado gravídico pelo empregador não afasta o direito ao pagamento da indenização decorrente da estabilidade (art. 10, II, "b" do ADCT). II. A garantia de emprego à gestante só autoriza a reintegração se esta se der durante o período de estabilidade. Do contrário, a garantia restringe-se aos salários e demais direitos correspondentes ao período de estabilidade. III. A empregada gestante tem direito à estabilidade provisória prevista no art. 10, inciso II, alínea "b", do Ato das Disposições Constitucionais Transitórias, mesmo na hipótese de admissão mediante contrato por tempo determinado..

TST Súm. 396. I. Exaurido o período de estabilidade, são devidos ao empregado apenas os salários do período compreendido entre a data da despedida e o final do período de estabilidade, não lhe sendo assegurada a reintegração no emprego. II. Não há nulidade por julgamento "extra petita" da decisão que deferir salário quando o pedido for de reintegração, dados os termos do art. 496 da CLT.

TST OJ/SDI1 253. O art. 55 da Lei n. 5.764/71 assegura a garantia de emprego apenas aos empregados eleitos diretores de Cooperativas, não abrangendo os membros suplentes.

TST OJ/SDI1 268. Somente após o término do período estabilitário é que se inicia a contagem do prazo do aviso prévio para efeito das indenizações previstas nos artigos 9º da Lei n. 6.708/79 e 9º da Lei n. 7.238/84.

* INFORMATIVOS DE JURISPRUDÊNCIA

Período pré-eleitoral. Estabilidade provisória. Art. 73, V, da Lei 9.504/97. Circunscrição do pleito. Abrangência.

TST A interpretação da expressão "circunscrição do pleito", a que se refere o inciso V do art. 73 da Lei 9.504/97, deve ser a mais abrangente possível, a fim de alcançar o objetivo da norma que é impedir a utilização da máquina estatal como meio de pressão política sobre o empregado. Nesse sentido, independentemente de o vínculo de emprego ser com ente da administração pública federal, estadual ou municipal, deve-se reconhecer a estabilidade provisória no período pré-eleitoral ao empregado que trabalha no limite territorial onde realizada a eleição. Ag-E-ED-ARR-230800-32.2008.5.02.0433, SDI1, Rel. Min. Augusto César Leite de Carvalho, 28.9.2017. (Info 166)

* QUESTÕES OBJETIVAS

102. **(Cespe/Funpresp/Especialista Jurídico/ 2016)** A garantia de estabilidade provisória da gestante não se estende a empregada contratada por tempo determinado.

103. **(Cespe/Funpresp/Especialista Jurídico/ 2016)** A estabilidade do empregado eleito para cargo da CIPA é válida também para membros suplentes, independentemente de estes assumirem o cargo ou permanecerem na suplência.

104. **(Cespe/TRT/8R/Analista/2016)** De acordo com a Constituição Federal de 1988 (CF) e a jurisprudência do Tribunal Superior do Trabalho (TST), assinale a opção correta a respeito da estabilidade da gestante e da licença-maternidade:

a) Se a admissão da gestante se deu mediante contrato de trabalho por prazo determinado, a empregada não tem direito à estabilidade provisória.
b) Caso o empregador desconheça o estado gravídico da gestante, ela não terá direito à indenização decorrente da estabilidade após a cessação do auxílio-doença acidentário.

c) A CF prevê duração de cento e oitenta dias para a licença gestante.

d) Dada a garantia de emprego à gestante, ela pode ser reintegrada mesmo após dois anos da extinção do contrato de trabalho.

e) Passado o período de estabilidade, garantem-se à gestante os salários e demais direitos correspondentes ao período de estabilidade, mas não a reintegração.

105. **(Cespe/TCU/Procurador/2015)** À luz do entendimento do TST, assinale a opção correta acerca da estabilidade e das garantias provisórias no emprego:

a) Empregada gestante admitida mediante contrato de emprego a termo não tem direito a estabilidade provisória.

b) Empregado eleito dirigente sindical de categoria diferenciada faz jus a estabilidade sindical, ainda que não exerça na empresa atividade pertinente à categoria profissional do sindicato para o qual tenha sido eleito dirigente.

c) Servidores celetistas de fundação pública de direito privado instituída por lei e mantida pelo poder público para realizar atividades de interesse do Estado são beneficiários da estabilidade prevista no art. 19 do ADCT da CF.

d) O ajuizamento de ação trabalhista após o decurso do período de garantia de emprego configura abuso do exercício do direito de ação.

e) A estabilidade sindical alcança tanto os membros do conselho administrativo quanto os do conselho fiscal devido ao fato de estes também atuarem em defesa dos interesses da categoria.

106. **(Cespe/Funpresp_Jud/Analista/2016)** Quando da sua contratação, determinada empregada e a empresa que a contratou pactuaram um contrato de experiência por noventa dias. No 45º dia de trabalho, a empregada apresentou exame de sangue atestando gravidez. Nessa situação, não se configura a estabilidade da gestante, de modo que, encerrado o período de experiência, a empresa poderá rescindir o contrato de trabalho com a referida empregada.

4.8. Das Disposições Especiais

✱ INOVAÇÕES LEGISLATIVAS

▲ CLT. Título IV – Do Contrato Individual de Trabalho, Capítulo IX – Disposições Especiais

▲ Art. 507-A. Nos contratos individuais de trabalho cuja remuneração seja superior a duas vezes o limite máximo estabelecido para os benefícios do Regime Geral de Previdência Social, poderá ser pactuada cláusula compromissória de arbitragem, desde que por iniciativa do empregado ou mediante a sua concordância expressa, nos termos previstos na Lei n. 9.307, de 23 de setembro de 1996. (Modificações: Lei 13.467/17)

▲ Art. 507-B. É facultado a empregados e empregadores, na vigência ou não do contrato de emprego, firmar o termo de quitação anual de obrigações trabalhistas, perante o sindicato dos empregados da categoria. Parágrafo único. O termo discriminará as obrigações de dar e fazer cumpridas mensalmente e dele constará a quitação anual dada pelo empregado, com eficácia liberatória das parcelas nele especificadas. (Modificações: Lei 13.467/17)

▲ Art. 510-A. Nas empresas com mais de duzentos empregados, é assegurada a eleição de uma comissão para representá-los, com a finalidade de promover-lhes o entendimento direto com os empregadores. § 1º A comissão será composta: I – nas empresas com mais de duzentos e até três mil empregados, por três membros; II – nas empresas com mais de três mil e até cinco mil empregados, por cinco membros; III – nas empresas com mais de cinco mil empregados, por sete membros. § 2º No caso de a empresa possuir empregados em vários Estados da Federação e no Distrito Federal, será assegurada a eleição de uma comissão de representantes dos empregados por Estado ou no Distrito Federal, na mesma forma estabelecida no § 1º deste artigo. (Modificações: Lei 13.467/17)

▲ Art. 510-B. A comissão de representantes dos empregados terá as seguintes atribuições: I – representar os empregados perante a administração da empresa; II – aprimorar o relacionamento entre a empresa e seus empregados com base nos princípios da boa-fé e do respeito mútuo; III – promover o diálogo e o entendimento no ambiente de trabalho com o fim de prevenir conflitos; IV – buscar soluções para os conflitos decorrentes da relação de trabalho, de forma rápida e eficaz, visando à efetiva aplicação das normas legais e contratuais; V – assegurar tratamento justo e imparcial aos empregados, impedindo qualquer forma de discriminação por motivo de sexo, idade, religião, opinião política ou atuação sindical; VI – encaminhar reivindicações específicas dos empregados de seu âmbito de representação; VII – acompanhar o cumprimento das leis trabalhistas, previdenciárias e das convenções coletivas e acordos coletivos de trabalho. § 1º As decisões da comissão de representantes dos empregados serão sempre colegiadas, observada a maioria simples. § 2º A comissão organizará sua atuação de forma independente. (Modificações: Lei 13.467/17)

▲ Art. 510-C. A eleição será convocada, com antecedência mínima de trinta dias, contados do término do mandato anterior, por meio de edital que deverá ser fixado na empresa, com ampla publicidade, para inscrição de candidatura. § 1º Será formada comissão eleitoral, integrada por cinco empregados, não candidatos, para a organização e o acompanhamento do processo eleitoral, vedada a interferência da empresa e do sindicato da categoria. § 2º Os empregados da empresa poderão candidatar-se, exceto aqueles com contrato de trabalho por prazo determinado, com contrato suspenso ou que estejam em período de aviso prévio, ainda que indenizado. § 3º Serão eleitos membros da comissão de representantes dos empregados os candidatos mais votados, em votação secreta, vedado o voto por representação. § 4º A comissão tomará posse no primeiro dia útil seguinte à eleição ou ao término do mandato anterior. § 5º Se não houver candidatos suficientes, a comissão de representantes dos empregados poderá ser formada com número de membros inferior ao previsto no art. 510-A desta Consolidação. § 6º Se não houver registro de candidatura, será lavrada ata e convocada nova eleição no prazo de um ano. (Modificações: Lei 13.467/17)

▲ Art. 510-D. O mandato dos membros da comissão de representantes dos empregados será de um ano. § 1º O membro que houver exercido a função de representante dos empregados na comissão não poderá ser candidato nos dois períodos subsequentes. § 2º O mandato de membro de comissão de representantes dos empregados não implica suspensão ou interrupção do contrato de trabalho, devendo o empregado permanecer no exercício de suas funções. § 3º Desde o registro da candidatura até um ano após o fim do mandato, o membro da comissão de representantes dos empregados não poderá sofrer despedida arbitrária, entendendo-se como tal a que não se fundar em motivo disciplinar, técnico, econômico ou financeiro. § 4º Os documentos referentes ao processo eleitoral devem ser emitidos em duas vias, as quais permanecerão sob a guarda dos empregados e da empresa pelo prazo de cinco anos, à disposição para consulta de qualquer trabalhador interessado, do Ministério Público do Trabalho e do Ministério do Trabalho. (Modificações: Lei 13.467/17)

5. DA ORGANIZAÇÃO SINDICAL

5.1. Do Enquadramento Sindical

✱ SÚMULAS

STF Súm. 197. O empregado com representação sindical só pode ser despedido mediante inquérito em que se apure falta grave.

STF Súm. 223. Concedida isenção de custas ao empregado, por elas não responde o sindicato que o representa em juízo.

STF Súm. 677. Até que lei venha a dispor a respeito, incumbe ao Ministério do Trabalho proceder ao registro das entidades sindicais e zelar pela observância do princípio da unicidade.

TST Súm. 379. O dirigente sindical somente poderá ser dispensado por falta grave mediante a apuração em inquérito judicial, inteligência dos arts. 494 e 543, § 3º, da CLT.

✱ INOVAÇÕES LEGISLATIVAS

▲ CLT. Título V – Da Organização Sindical, Capítulo I – Da Instituição Sindical, Seção VI – Dos Direitos dos Exercentes de Atividades ou Profissões e dos Sindicalizados

▲ Art. 545. Os empregadores ficam obrigados a descontar da folha de pagamento dos seus empregados, desde que por eles devidamente autorizados, as contribuições devidas ao sindicato, quando por este notificados. (Modificações: Lei 13.467/17)

✱ QUESTÕES DISCURSIVAS

01. **(Cespe/AGU/Advogado/2015)** Determinada categoria profissional específica filiada ao sindicato dos servidores públicos do município Z pretende constituir, no mesmo município, um sindicato próprio e específico para representá-la exclusivamente. Para pôr em prática sua pretensão, realizou pedido administrativo de registro sindical, o qual foi negado pelo Ministério do Trabalho, que entendeu ser o pleito inconstitucional. Considerando a situação hipotética apresentada, redija um texto dissertativo que atenda às seguintes determinações: (ii) discorra sobre as hipóteses de fracionamento sindical que resultam na criação de sindicatos. (ii) avalie a decisão do Ministério do

Trabalho de ter negado pedido administrativo de registro sindical. (iii) indique o juízo competente para julgar eventual ação ajuizada contra a União pelo autor do pedido administrativo para requerer tanto a nulidade do ato que indeferiu seu pedido quanto o registro sindical, considerando o entendimento do STJ sobre a matéria.

* QUESTÕES OBJETIVAS

107. **(Cespe/PGE/PE/Procurador/2018)** Acerca do direito coletivo do trabalho, assinale a opção correta.

a) De acordo com a Convenção n. 87 da OIT, as autoridades públicas devem intervir na elaboração dos estatutos e regulamentos administrativos das organizações de trabalhadores e de entidades patronais.

b) O Brasil não recepcionou a Convenção n. 87 da OIT, já que a plena liberdade e a pluralidade sindicais contrariam o princípio da unicidade sindical.

c) As cláusulas firmadas por convenções ou acordos coletivos poderão ser objeto de impugnação e anulação por meio do ajuizamento de ações individuais.

d) As cláusulas e condições estabelecidas nas convenções coletivas de trabalho deverão prevalecer sobre aquelas estipuladas nos acordos coletivos de trabalho.

e) Esgotado o prazo de vigência previsto na convenção ou no acordo coletivo, aquelas disposições negociadas devem continuar a produzir efeitos até que instrumento posterior determine sua cessação.

108. **(Cespe/PGE/AM/Procurador/2016)** Uma categoria profissional similar ou conexa pode se dissociar do sindicato principal no âmbito do mesmo município, para formar um sindicato específico, desde que a nova entidade ofereça possibilidade de vida associativa regular e de ação sindical eficiente.

109. **(Cespe/Funpresp/Especialista Jurídico/2016)** O estabelecimento de uma base territorial por um sindicato não significa a impossibilidade da criação de outro sindicato da mesma categoria em base territorial menor.

110. **(Cespe/Funpresp/Especialista Jurídico/2016)** Para exercer o cargo de engenheiro em uma indústria metalúrgica, o interessado deverá ser filiado ao sindicato dos metalúrgicos.

111. **(Cespe/PGE/SE/Procurador/2017)** O sistema sindical brasileiro foi estabelecido para manter a correspondência entre a classe trabalhadora e a empresarial, de modo que, para cada sindicato representativo da categoria profissional, deve existir um sindicato representativo da categoria econômica correspondente. Essa regra, que não se aplica à categoria profissional diferenciada, denomina-se:

a) dissociação sindical.

b) desmembramento sindical.

c) paralelismo simétrico sindical.

d) adequação setorial negociada.

e) unicidade sindical.

5.2. Da Contribuição Sindical

* SÚMULAS

STF Súm. 679. A fixação de vencimentos dos servidores públicos não pode ser objeto de convenção coletiva.

STJ Súm. 396. A Confederação Nacional da Agricultura tem legitimidade ativa para a cobrança da contribuição sindical rural.

TST Súm. 432. O recolhimento a destempo da contribuição sindical rural não acarreta a aplicação da multa progressiva prevista no art. 600 da CLT, em decorrência da sua revogação tácita pela Lei n. 8.022, de 12 de abril de 1990.

TST Súm. 190. Ao julgar ou homologar ação coletiva ou acordo nela havido, o Tribunal Superior do Trabalho exerce o poder normativo constitucional, não podendo criar ou homologar condições de trabalho que o Supremo Tribunal Federal julgue iterativamente inconstitucionais.

TST Súm. 374. Empregado integrante de categoria profissional diferenciada não tem o direito de haver de seu empregador vantagens previstas em instrumento coletivo no qual a empresa não foi representada por órgão de classe de sua categoria.

TST Súm. 375. Os reajustes salariais previstos em norma coletiva de trabalho não prevalecem frente à legislação superveniente de política salarial.

TST Súm. 384. I. O descumprimento de qualquer cláusula constante de instrumentos normativos diversos não submete o empregado a ajuizar várias ações, pleiteando em cada uma o pagamento da multa referente ao descumprimento de obrigações previstas nas cláusulas respectivas. II. É aplicável multa prevista em instrumento normativo (sentença normativa, convenção ou acordo coletivo) em caso de descumprimento de obrigação prevista em lei, mesmo que a norma coletiva seja mera repetição de texto legal.

TST OJ/SDI1 322. Nos termos do art. 614, § 3º, da CLT, é de 2 anos o prazo máximo de vigência dos acordos e das convenções coletivas. Assim sendo, é inválida, naquilo que ultrapassa o prazo total de 2 anos, a cláusula de termo aditivo que prorroga a vigência do instrumento coletivo originário por prazo indeterminado.

TST OJ/SDI1 346. A decisão que estende aos inativos a concessão de abono de natureza jurídica indenizatória, previsto em norma coletiva apenas para os empregados em atividade, a ser pago de uma única vez, e confere natureza salarial à parcela, afronta o art. 7º, XXVI, da CF/88.

* REPERCUSSÃO & REPETITIVOS

STF Repercussão Geral 935. É inconstitucional a instituição, por acordo, convenção coletiva ou sentença normativa, de contribuições que se imponham compulsoriamente a empregados da categoria não sindicalizados. (ARE 1018459, 24.2.2017)

* INOVAÇÕES LEGISLATIVAS

▲ CLT. Título V – Da Organização Sindical, Capítulo III – Da Contribuição Sindical, Seção I – Da Fixação e do Reconhecimento da Constituição Sindical

▲ Art. 578. As contribuições devidas aos sindicatos pelos participantes das categorias econômicas ou profissionais ou das profissões liberais representadas pelas referidas entidades serão, sob a denominação de contribuição sindical, pagas, recolhidas e aplicadas na forma estabelecida neste Capítulo, desde que prévia e expressamente autorizadas. (Modificações: Lei 13.467/17)

▲ Art. 579. O desconto da contribuição sindical está condicionado à autorização prévia e expressa dos que participarem de uma determinada categoria econômica ou profissional, ou de uma profissão liberal, em favor do sindicato representativo da mesma categoria ou profissão ou, inexistindo este, na conformidade do disposto no art. 591 desta Consolidação. (Modificações: Lei 13.467/17)

▲ Art. 582. Os empregadores são obrigados a descontar da folha de pagamento de seus empregados relativa ao mês de março de cada ano a contribuição sindical dos empregados que autorizaram prévia e expressamente o seu recolhimento aos respectivos sindicatos. (Modificações: Lei 13.467/17)

▲ Art. 583. O recolhimento da contribuição sindical referente aos empregados e trabalhadores avulsos será efetuado no mês de abril de cada ano, e o relativo aos agentes ou trabalhadores autônomos e profissionais liberais realizar-se-á no mês de fevereiro, observada a exigência de autorização prévia e expressa prevista no art. 579 desta Consolidação. (Modificações: Lei 13.467/17)

▲ Art. 587. Os empregadores que optarem pelo recolhimento da contribuição sindical deverão fazê-lo no mês de janeiro de cada ano, ou, para os que venham a se estabelecer após o referido mês, na ocasião em que requererem às repartições o registro ou a licença para o exercício da respectiva atividade. (Modificações: Lei 13.467/17)

▲ Título V – Da Organização Sindical, Capítulo III – Da Contribuição Sindical, Seção V – Disposições Gerais

▲ Art. 601. (Revogado). (Modificações: Lei 13.467/17)

▲ Art. 602. Os empregados que não estiverem trabalhando no mês destinado ao desconto da contribuição sindical e que venham a autorizar prévia e expressamente o recolhimento serão descontados no primeiro mês subsequente ao do reinício do trabalho. (Modificações: Lei 13.467/17)

▲ Art. 604. (Revogado). (Modificações: Lei 13.467/17)

* QUESTÕES OBJETIVAS

112. **(Cespe/PGM/Fortaleza/Procurador/2017)** Segundo o TST, não é válida cláusula de instrumento coletivo que preveja desconto obrigatório de contribuição assistencial de empregado não sindicalizado, ainda que a ele seja garantido o direito de oposição.

113. **(Cespe/AGU/Advogado/2015)** Conforme entendimento do TST, serão nulas, por ofensa ao direito de livre associação e sindicalização, cláusulas de convenção coletiva que estabeleçam quota de solidariedade em favor de entidade sindical a trabalhadores não sindicalizados.

6. DAS CONVENÇÕES COLETIVAS

* ENUNCIADOS DE SÚMULAS (STF)

STF Súm. 679. A fixação de vencimentos dos servidores públicos não pode ser objeto de convenção coletiva.

* ENUNCIADOS DE SÚMULAS (TST)

TST Súm. 384. I. O descumprimento de qualquer cláusula constante de instrumentos normativos diversos não submete o empregado a ajuizar várias ações, pleiteando em cada uma o pagamento da multa referente ao descumprimento de obrigações previstas nas cláusulas respectivas. II. É aplicável multa prevista em instrumento normativo (sentença normativa, convenção ou acordo coletivo) em caso de descumprimento de obrigação prevista em lei, mesmo que a norma coletiva seja mera repetição de texto legal.

TST Súm. 375. Os reajustes salariais previstos em norma coletiva de trabalho não prevalecem frente à legislação superveniente de política salarial.

TST Súm. 374. Empregado integrante de categoria profissional diferenciada não tem o direito de haver de seu empregador vantagens previstas em instrumento coletivo no qual a empresa não foi representada por órgão de classe de sua categoria.

TST Súm. 190. Ao julgar ou homologar ação coletiva ou acordo nela havido, o Tribunal Superior do Trabalho exerce o poder normativo constitucional, não podendo criar ou homologar condições de trabalho que o Supremo Tribunal Federal julgue iterativamente inconstitucionais.

* INFORMATIVOS DE JURISPRUDÊNCIA

Ação anulatória. Acordo coletivo de trabalho. Regularização da jornada em turnos ininterruptos de revezamento. Quitação extrajudicial de horas extras pretéritas. Transação coletiva sindical. Validade.

TST Mantida decisão que considerou válida cláusulas de termo aditivo em acordo coletivo de trabalho por meio das quais se formalizou expressamente a jornada de 8 horas em regime de trabalho em turnos ininterruptos de revezamento e, concomitantemente, se estabeleceu transação extrajudicial para a quitação das 7ª e 8ª horas como extras relativas ao período pretérito, no qual o regime de turnos ininterruptos era adotado sem respaldo em norma coletiva. Embora os empregados tenham consentido com a satisfação apenas parcial do direito ao pagamento de eventuais horas extras trabalhadas, por outro lado, a norma coletiva assegurou benefícios importantes para a categoria, a revelar a ocorrência de despojamento bilateral e reciprocidade entre os sujeitos coletivos. Houve, portanto, efetiva transação coletiva sindical que redundou na concretização de uma das principais funções do Direito Coletivo do Trabalho, qual seja, a pacificação de conflitos de natureza sociocoletiva, na medida em que o instrumento firmado impediu a exacerbação da litigiosidade e trouxe segurança jurídica em relação à escala de 4x2x4 historicamente desempenhada pela categoria profissional. TST-RO-1000351-52.2015.5.02.0000, SDC, Rel. Min. Mauricio Godinho Delgado, 14.5.2018. (Info 178)

Ação anulatória. Cláusula convencional que proíbe os condomínios de contratarem empregados terceirizados. Nulidade. Ofensa ao princípio constitucional da livre concorrência.

TST Declarada a nulidade de cláusulas de convenções coletivas de trabalho que proíbem aos condomínios residenciais e comerciais a contratação de mão de obra terceirizada para a execução de serviços definidos pelas partes como atividade fim. RO-121-39.2014.5.10.0000, SDC, Rel. Acd. Min. Dora Maria da Costa, 12.3.2018. (Info 174)

Ação anulatória. Acordo coletivo de trabalho. Cláusula que fixa percentual máximo de 50% do salário base para desconto em folha de pagamento. Validade.

TST A Lei 10.820/03, que dispõe sobre a consignação em folha nos casos de prestações decorrentes de operações financeiras, não fixa limites mínimo ou máximo para o desconto salarial. O percentual de 35% determinado no art. 1º, § 1º, da referida lei alude apenas ao limite de comprometimento das verbas rescisórias e não ao limite de desconto nos salários. No caso, a norma coletiva fixou o percentual máximo de desconto de 50% sobre o salário base em folha de pagamento, em consonância, portanto, com a OJ 18/SDC, que delimita os descontos salariais autorizados por meio de norma coletiva a 70% do salário base. TST-RO-560-36.2016.5.08.0000, SDC, Rel. Min. Aloysio Corrêa da Veiga, 14.5.2018. (Info 178)

Plano de saúde. Suspensão após 180 dias de afastamento por auxílio-doença ou acidente de trabalho. Norma coletiva. Invalidade.

TST Não é válida norma coletiva que estabelece a suspensão do plano de saúde pago pela empresa após 180 dias de afastamento do empregado em decorrência de auxílio-doença ou de acidente de trabalho. Embora a suspensão do contrato, a que se refere o art. 475 da CLT, importe na sustação temporária dos principais efeitos do pacto laboral, preserva-se o vínculo de emprego e o dever de cumprir as obrigações não vinculadas diretamente à prestação de serviços, a exemplo do plano de saúde, nos termos da Súm. 440/TST. Ademais, embora se deva observar o princípio da autonomia das vontades coletivas, este não pode prevalecer se violar o princípio da igualdade e causar prejuízo ao trabalhador afastado, como ocorreu no caso em apreço, em que o empregado foi excluído do plano de saúde justamente no momento em que se encontrava incapacitado para o trabalho, em gozo de aposentadoria por invalidez decorrente de acidente de trabalho. E-ARR-1513-39.2012.5.02.0442, SDI1, Rel. Min. Hugo Carlos Scheuermann, 8.3.2018. (Info 173)

Adicional noturno. Jornada mista. Trabalho em período noturno. Prorrogação em horário diurno. Limitação do adicional por norma coletiva. Validade.

TST É válida a cláusula de convenção coletiva de trabalho que considera noturno apenas o trabalho executado entre às 22 horas de um dia e às 5 horas do dia seguinte, mesmo quando prorrogada a jornada após às 5 horas. Os sindicatos possuem parcial autonomia privada coletiva para a negociação dos direitos das respectivas categorias profissionais, podendo, inclusive, firmar acordos ou convenções prevendo redução salarial, nos termos art. 7º, VI e XXVI, da CF. Assim, se o salário pode, excepcionalmente, ser reduzido mediante negociação coletiva, também é lícito aos agentes sociais convencionarem a exclusão do pagamento do adicional em questão quanto ao período não definido como noturno pela legislação. Dessa forma, a negociação coletiva e o princípio do conglobamento em matéria salarial afastam a incidência da Súm. 60, II, do TST. E-RR-142600-55.2009.5.05.0037, SDI1, Rel. Min. João Oreste Dalazen, 14.12.2017. (Info 170)

BESC. Plano de demissão incentivada. Negociação coletiva. Cláusula de quitação ampla do contrato de emprego. Fato incontroverso. Ausência de contrariedade à Súm. 126/TST.

TST Não contraria a Súm. 126/TST, decisão turmária que, fundada em fato incontroverso, conclui pela existência de acordo coletivo a fim de validar o plano de demissão incentivada do BESC. E-ED-RR-115300-41.2009.5.12.0032, SDI1, Rel. Min. Aloysio Corrêa da Veiga, 14.9.2017. (Info 164)

✱ INOVAÇÕES LEGISLATIVAS

▲ CLT. Título VI – Das Convenções Coletivas de Trabalho

▲ Art. 611-A. A convenção coletiva e o acordo coletivo de trabalho têm prevalência sobre a lei quando, entre outros, dispuserem sobre: I – pacto quanto à jornada de trabalho, observados os limites constitucionais; II – banco de horas anual; III – intervalo intrajornada, respeitado o limite mínimo de trinta minutos para jornadas superiores a seis horas; IV – adesão ao Programa Seguro-Emprego (PSE), de que trata a Lei no 13.189, de 19 de novembro de 2015; V – plano de cargos, salários e funções compatíveis com a condição pessoal do empregado, bem como identificação dos cargos que se enquadram como funções de confiança; VI – regulamento empresarial; VII – representante dos trabalhadores no local de trabalho; VIII – teletrabalho, regime de sobreaviso, e trabalho intermitente; IX – remuneração por produtividade, incluídas as gorjetas percebidas pelo empregado, e remuneração por desempenho individual; X – modalidade de registro de jornada de trabalho; XI – troca do dia de feriado; XII – enquadramento do grau de insalubridade; XIII – prorrogação de jornada em ambientes insalubres, sem licença prévia das autoridades competentes do Ministério do Trabalho; XIV – prêmios de incentivo em bens ou serviços, eventualmente concedidos em programas de incentivo; XV – participação nos lucros ou resultados da empresa. § 1º No exame da convenção coletiva ou do acordo coletivo de trabalho, a Justiça do Trabalho observará o disposto no § 30 do art. 80 desta Consolidação. § 2º A inexistência de expressa indicação de contrapartidas recíprocas em convenção coletiva ou acordo coletivo de trabalho não ensejará sua nulidade por não caracterizar um vício do negócio jurídico. § 3º Se for pactuada cláusula que reduza o salário ou a jornada, a convenção coletiva ou o acordo coletivo de trabalho deverão prever a proteção dos empregados contra dispensa imotivada durante o prazo de vigência do instrumento coletivo. § 4º Na hipótese de procedência de ação anulatória de cláusula de convenção coletiva ou de acordo coletivo de trabalho, quando houver a cláusula compensatória, esta deverá ser igualmente anulada, sem repetição do indébito. § 5º Os sindicatos subscritores de convenção coletiva ou de acordo coletivo de trabalho deverão participar, como litisconsortes necessários, em ação individual ou coletiva, que tenha como objeto a anulação de cláusulas desses instrumentos. (Modificações: Lei 13.467/17)

▲ Art. 611-B. Constituem objeto ilícito de convenção coletiva ou de acordo coletivo de trabalho, exclusivamente, a supressão ou a redução dos seguintes direitos: I – normas de identificação profissional, inclusive as anotações na Carteira de Trabalho e Previdência Social; II – seguro-desemprego, em caso de desemprego involuntário; III – valor dos depósitos mensais e da indenização rescisória do Fundo de Garantia do Tempo de Serviço (FGTS); IV – salário mínimo; V – valor nominal do décimo terceiro salário; VI – remuneração do trabalho noturno superior à do diurno; VII – proteção do salário na forma da lei, constituindo crime sua retenção dolosa; VIII – salário-família; IX – repouso semanal remunerado; X – remuneração do serviço extraordinário superior, no mínimo, em 50% (cinquenta por cento) à do normal; XI – número de dias de férias devidas ao empregado; XII – gozo de férias anuais remuneradas com, pelo menos, um terço a mais do que o salário normal; XIII – licença-maternidade com a duração mínima de cento e vinte dias; XIV – licença-paternidade nos termos fixados em lei; XV – proteção do mercado de trabalho da mulher, mediante incentivos específicos, nos termos da lei; XVI – aviso prévio proporcional ao tempo de serviço, sendo no mínimo de trinta dias, nos termos da lei; XVII – normas de saúde, higiene e segurança do trabalho previstas em lei ou em normas regulamentadoras do Ministério do Trabalho; XVIII – adicional de remuneração para as atividades penosas, insalubres ou perigosas; XIX – aposentadoria; XX – seguro contra acidentes de trabalho, a cargo do empregador; XXI – ação, quanto aos créditos resultantes das relações de trabalho, com prazo prescricional de cinco anos para os trabalhadores urbanos e rurais, até o limite de dois anos após a extinção do contrato de trabalho; XXII – proibição de qualquer discriminação no tocante a salário e critérios de admissão do trabalhador com deficiência; XXIII – proibição de trabalho noturno, perigoso ou insalubre a menores de dezoito anos e de qualquer trabalho a menores de dezesseis anos, salvo na condição de aprendiz, a partir de quatorze anos; XXIV – medidas de proteção legal de crianças e adolescentes; XXV – igualdade de direitos entre o trabalhador com vínculo empregatício permanente e o trabalhador avulso; XXVI – liberdade de associação profissional ou sindical do trabalhador, inclusive o direito de não sofrer, sem sua expressa e prévia anuência, qualquer cobrança ou desconto salarial estabelecidos em convenção coletiva ou acordo coletivo de trabalho; XXVII – direito de greve, competindo aos trabalhadores decidir sobre a oportunidade de exercê-lo e sobre os interesses que devam por meio dele defender; XXVIII – definição legal sobre os serviços ou atividades essenciais e disposições legais sobre o atendimento das necessidades inadiáveis da comunidade em caso de greve; XXIX – tributos e outros créditos de terceiros; XXX – as disposições previstas nos arts. 373-A, 390, 392, 392-A, 394, 394-A, 395, 396 e 400 desta Consolidação. Parágrafo único. Regras sobre duração do trabalho e intervalos não são consideradas como normas de saúde, higiene e segurança do trabalho para os fins do disposto neste artigo. (Modificações: Lei 13.467/17)

▲ Art. 614. § 3º Não será permitido estipular duração de convenção coletiva ou acordo coletivo de trabalho superior a dois anos, sendo vedada a ultratividade. (Modificações: Lei 13.467/17)

▲ Art. 620. As condições estabelecidas em acordo coletivo de trabalho sempre prevalecerão sobre as estipuladas em convenção coletiva de trabalho. (Modificações: Lei 13.467/17)

* QUESTÕES OBJETIVAS

114. **(Cespe/PGE/PE/Procurador/2018)** De acordo com a legislação trabalhista em vigor, quando determinada categoria econômica, na fase de negociação coletiva, estiver debatendo as cláusulas da convenção coletiva, será vedado às partes negociarem acerca da supressão ou redução

a) do enquadramento do grau de insalubridade e da prorrogação de jornada em locais insalubres.
b) da participação nos lucros da empresa.
c) do intervalo intrajornada, respeitado o limite de trinta minutos para jornadas superiores a seis horas.
d) do percentual mínimo de acréscimo de 50% à hora normal para remunerar o serviço extraordinário.
e) da troca do dia de feriado.

115. **(Cespe/PGE/AM/Procurador/2016)** O TST tem autorizado a formalização de acordo diretamente entre as partes interessadas – empregados e empresa – no caso de o sindicato representativo da categoria, instado a participar da negociação coletiva, não tomar nenhuma medida negocial.

116. **(Cespe/TRT/8R/Analista/2016)** Com base no direito coletivo do trabalho, assinale a opção correta:

a) É aplicável multa prevista em instrumento normativo – sentença normativa, convenção ou acordo coletivo – no caso de descumprimento de obrigação prevista em lei, ainda que a norma coletiva seja mera repetição de texto legal.
b) É válida a cláusula de acordo ou convenção coletiva de trabalho que contemple a supressão do intervalo intrajornada.
c) Caso o empregador estabeleça gratificação por tempo de serviço e posteriormente seja a mesma gratificação determinada em convenção coletiva da categoria, o empregado terá direito ao recebimento apenas da descrita na convenção coletiva, com exclusão da prevista em seu contrato de trabalho.
d) Para o cálculo do valor da hora suplementar, considera-se apenas o valor da hora normal, integrado por parcela de natureza salarial, não se computando os acréscimos previstos em acordo coletivo ou convenção coletiva.
e) As cláusulas normativas dos acordos coletivos ou convenções coletivas não integram os contratos individuais de trabalho e somente poderão ser modificadas ou suprimidas mediante negociação coletiva de trabalho.

117. **(Cespe/TRT/7R/Técnico/2017)** A negociação coletiva, que é uma forma de ajuste entre empregados e empregador, visa solucionar divergências mediante a realização de convenção ou acordo coletivo de trabalho, cuja celebração pelo sindicato demanda deliberação de assembleia geral especialmente convocada para esse fim. Para a validade, a assembleia dependerá do quórum de comparecimento dos empregados e da votação, que, em primeira convocação, será de:

a) dois terços.
b) um quarto.
c) um terço.
d) um oitavo.

7. DAS COMISSÕES DE CONCILIAÇÃO PRÉVIA

✱ INFORMATIVOS DE JURISPRUDÊNCIA

Comissão de Conciliação Prévia. Suspensão do prazo prescricional. Não limitação ao período de dez dias previsto no art. 625-F da CLT.

TST O prazo de dez dias previsto no art. 625-F da CLT é direcionado à Comissão de Conciliação Prévia – CCP, a fim de dar maior celeridade à tentativa de conciliação, e não à parte que a provocou. Assim, elastecido o período entre a submissão da demanda à CCP e a data em que lavrado o termo de conciliação frustrada, todo esse tempo deve ser computado para efeito de suspensão do prazo prescricional a que alude o art. 625-G da CLT, sob pena de prejudicar a parte que optou em buscar a conciliação. E-ED--ARR-1929-04.2011.5.03.0025, SDI1, Rel. Min. Aloysio Corrêa da Veiga, 14.9.2017. (Info 164)

✱ QUESTÕES OBJETIVAS

118. **(Cespe/AGU/Advogado/2015)** A comissão de conciliação prévia é órgão extrajudicial cuja atribuição legal é conciliar os conflitos individuais de trabalho, não podendo ela exercer a função de órgão de assistência e homologação de rescisão de contrato de trabalho.

8. DO PROCESSO DE MULTAS ADMINISTRATIVAS

✱ INOVAÇÕES LEGISLATIVAS

▲ CLT. Título VII – Do Processo de Multas Administrativas, Capítulo I – Da Fiscalização, da Autuação e da Imposição de Multas

▲ Art. 634. § 1º A aplicação da multa não eximirá o infrator da responsabilidade em que incorrer por infração das leis penais. (Modificações: Lei 13.467/17)

▲ Art. 634. § 2º Os valores das multas administrativas expressos em moeda corrente serão reajustados anualmente pela Taxa Referencial (TR), divulgada pelo Banco Central do Brasil, ou pelo índice que vier a substituí-lo. (Modificações: Lei 13.467/17)

9. LEIS ESPECIAIS

9.1. Lei de Greve (Lei 7.783/89)

✱ SÚMULAS

STF Súm. Vinculante 23. A justiça do trabalho é competente para processar e julgar ação possessória ajuizada em decorrência do exercício do direito de greve pelos trabalhadores da iniciativa privada.

STF Súm. 316. A simples adesão à greve não constitui falta grave.

✱ REPERCUSSÃO & REPETITIVOS

STF Repercussão Geral 544. A justiça comum, federal ou estadual, é competente para julgar a abusividade de greve de servidores públicos celetistas da Administração pública direta, autarquias e fundações públicas. (RE 846854, 25.5.2017)

✱ INOVAÇÕES LEGISLATIVAS

▲ Lei de Greve (Lei 7.783/89): sem alterações em 2017/2018.

✱ QUESTÕES OBJETIVAS

119. **(Cespe/Funpresp/Especialista Jurídico/2016)** A legitimidade para a instauração de greve pertence à organização sindical dos trabalhadores por ela representados, e não ao trabalhador.

120. **(Cespe/DPU/Defensor/2017)** Para o TST, a greve realizada com motivação política explícita, ainda que seja de curta duração, é abusiva.

121. **(Cespe/TRT/7R/Analista/2017)** A respeito do direito de greve e dos serviços essenciais, julgue os itens seguintes.

I. Poderá ser considerada abusiva a greve realizada em setores que a lei define como essenciais se, durante o movimento, não for assegurado o atendimento básico inadiável.

II. Conforme o TST, será considerado abusivo o movimento paredista se inexistir tentativa prévia de solução direta e pacífica do conflito.

III. São considerados essenciais os serviços e as atividades de telecomunicações, de transporte coletivo e de distribuição e comercialização de medicamentos.

IV. Em setores de qualquer natureza, é obrigatória a comunicação prévia do movimento de greve aos empregadores e usuários com a antecedência mínima de setenta e duas horas da paralisação.

Estão certos apenas os itens:

a) I, II e III.

b) I, II e IV.

c) I, III e IV.

d) II, III e IV.

9.2. Lei do FGTS (Lei 8.036/90)

✱ SÚMULAS

STF Súm. 593. Incide o percentual do Fundo de Garantia do Tempo de Serviço (FGTS) sobre a parcela da remuneração correspondente a horas extraordinárias de trabalho.

STJ Súm. 82. Compete à justiça federal, excluídas as reclamações trabalhistas, processar e julgar os feitos relativos à movimentação do FGTS.

STJ Súm. 154. Os optantes pelo FGTS, nos termos da Lei n. 5.958, de 1973, tem direito à taxa progressiva dos juros, na forma do art. 4º da Lei n. 5.107, de 1966.

STJ Súm. 249. A Caixa Econômica Federal tem legitimidade passiva para integrar processo em que se discute correção monetária do FGTS.

STJ Súm. 252. Os saldos das contas do FGTS, pela legislação infraconstitucional, são corrigidos em 42,72% (IPC) quanto às perdas de janeiro de 1989 e 44,80% (IPC) quanto às de abril de 1990, acolhidos pelo STJ os índices de 18,02% (LBC) quanto às perdas de junho de 1987, de 5,38% (BTN) para maio de 1990 e 7,00% (TR) para fevereiro de 1991, de acordo com o entendimento do STF (RE 226.855-7-RS).

STJ Súm. 349. Compete à justiça federal ou aos juízes com competência delegada o julgamento das execuções fiscais de contribuições devidas pelo empregador ao FGTS.

STJ Súm. 353. As disposições do Código Tributário Nacional não se aplicam às contribuições para o FGTS.

STJ Súm. 398. A prescrição da ação para pleitear os juros progressivos sobre os saldos de conta vinculada do FGTS não atinge o fundo de direito, limitando-se às parcelas vencidas.

STJ Súm. 445. As diferenças de correção monetária resultantes de expurgos inflacionários sobre os saldos de FGTS têm como termo inicial a data em que deveriam ter sido creditadas.

STJ Súm. 459. A Taxa Referencial (TR) é o índice aplicável, a título de correção monetária, aos débitos com o FGTS recolhidos pelo empregador mas não repassados ao fundo.

STJ Súm. 466. O titular da conta vinculada ao FGTS tem o direito de sacar o saldo respectivo quando declarado nulo seu contrato de trabalho por ausência de prévia aprovação em concurso público.

STJ Súm. 514. A CEF é responsável pelo fornecimento dos extratos das contas individualizadas vinculadas ao FGTS dos Trabalhadores participantes do Fundo de Garantia do Tempo de Serviço, inclusive para fins de exibição em juízo, independentemente do período em discussão.

STJ Súm. 571. A taxa progressiva de juros não se aplica às contas vinculadas ao FGTS de trabalhadores qualificados como avulsos.

STJ Súm. 578. Os empregados que laboram no cultivo da cana-de-açúcar para empresa agroindustrial ligada ao setor sucroalcooleiro detêm a qualidade de rurícola, ensejando a isenção do FGTS desde a edição da Lei Complementar n. 11/1971 até a promulgação da Constituição Federal de 1988.

TST Súm. 63. A contribuição para o Fundo de Garantia do Tempo de Serviço incide sobre a remuneração mensal devida ao empregado, inclusive horas extras e adicionais eventuais.

TST Súm. 98. I. A equivalência entre os regimes do Fundo de Garantia do Tempo de Serviço e da estabilidade prevista na CLT é meramente jurídica e não econômica, sendo indevidos valores a título de reposição de diferenças. II. A estabilidade contratual ou a derivada de regulamento de empresa são compatíveis com o regime do FGTS. Diversamente ocorre com a estabilidade legal (decenal, art. 492 da CLT), que é renunciada com a opção pelo FGTS.

TST Súm. 125. O art. 479 da CLT aplica-se ao trabalhador optante pelo FGTS admitido mediante contrato por prazo determinado, nos termos do art. 30, § 3º, do Decreto n. 59.820, de 20.12.1966.

TST Súm. 305. O pagamento relativo ao período de aviso prévio, trabalhado ou não, está sujeito a contribuição para o FGTS.

TST Súm. 461. É do empregador o ônus da prova em relação à regularidade dos depósitos do FGTS, pois o pagamento é fato extintivo do direito do autor (art. 373, II, do CPC de 2015).

TST OJ/SDI1 42. I. É devida a multa do FGTS sobre os saques corrigidos monetariamente ocorridos na vigência do contrato de trabalho. Art. 18, § 1º, da Lei n. 8.036/90 e art. 9º, § 1º, do Decreto n. 99.684/90. II. O cálculo da multa de 40% do FGTS deverá ser feito com base no saldo da conta vinculada na data do efetivo pagamento das verbas rescisórias, desconsiderada a projeção do aviso prévio indenizado, por ausência de previsão legal.

TST OJ/SDI1 195. Não incide a contribuição para o FGTS sobre as férias indenizadas.

TST OJ/SDI1 232. O FGTS incide sobre todas as parcelas de natureza salarial pagas ao empregado em virtude de prestação de serviços no exterior.

TST OJ/SDI1 302. Os créditos referentes ao FGTS, decorrentes de condenação judicial, serão corrigidos pelos mesmos índices aplicáveis aos débitos trabalhistas.

TST OJ/SDI1 341. É de responsabilidade do empregador o pagamento da diferença da multa de 40% sobre os depósitos do FGTS, decorrente da atualização monetária em face dos expurgos inflacionários.

TST OJ/SDI1 344. O termo inicial do prazo prescricional para o empregado pleitear em juízo diferenças da multa do FGTS, decorrentes dos expurgos inflacionários, deu-se com a vigência da Lei Complementar n. 110, em 30.6.01, salvo comprovado trânsito em julgado de decisão proferida em ação proposta anteriormente na Justiça Federal, que reconheça o direito à atualização do saldo da conta vinculada.

TST OJ/SDI1 361. A aposentadoria espontânea não é causa de extinção do contrato de trabalho se o empregado permanece prestando serviços ao empregador após a jubilação. Assim, por ocasião da sua dispensa imotivada, o empregado tem direito à multa de 40% do FGTS sobre a totalidade dos depósitos efetuados no curso do pacto laboral.

TST OJ/SDI1 362. Não afronta o princípio da irretroatividade da lei a aplicação do art. 19-A da Lei n. 8.036, de 11.5.1990, aos contratos declarados nulos celebrados antes da vigência da Medida Provisória n. 2.164-41, de 24.8.2001.

TST OJ/SDI1 370. O ajuizamento de protesto judicial dentro do biênio posterior à Lei Complementar n. 110, de 29.6.2001, interrompe a prescrição, sendo irrelevante o transcurso de mais de dois anos da propositura de outra medida acautelatória, com o mesmo objetivo, ocorrida antes da vigência da referida lei, pois ainda não iniciado o prazo prescricional, conforme disposto na Orientação Jurisprudencial n. 344 da SDI-1.

* REPERCUSSÃO & REPETITIVOS

STF Repercussão Geral 916. A contratação por tempo determinado para atendimento de necessidade temporária de excepcional interesse público realizada em desconformidade com os preceitos do art. 37, IX, da CF não gera quaisquer efeitos jurídicos válidos em relação aos servidores contratados, com exceção do direito à percepção dos salários referentes ao período trabalhado e, nos termos do art. 19-A da Lei 8.036/90, ao levantamento dos depósitos efetuados no FGTS. (RE 765320, 16.9.2016)

STJ Repetitivo 731. A remuneração das contas vinculadas ao FGTS tem disciplina própria, ditada por lei, que estabelece a TR como forma de atualização monetária, sendo vedado, portanto, ao Poder Judiciário substituir o mencionado índice. (REsp 1614874, 11.4.2018)

✱ INOVAÇÕES LEGISLATIVAS

▲ Lei do FGTS (Lei 8.036/90)

▲ Art. 13. § 5º O Conselho Curador autorizará a distribuição de parte do resultado positivo auferido pelo FGTS, mediante crédito nas contas vinculadas de titularidade dos trabalhadores, observadas as seguintes condições, entre outras a seu critério: I – a distribuição alcançará todas as contas vinculadas que apresentarem saldo positivo em 31 de dezembro do exercício-base do resultado auferido, inclusive as contas vinculadas de que trata o art. 21 desta Lei; II – a distribuição será proporcional ao saldo de cada conta vinculada em 31 de dezembro do exercício-base e deverá ocorrer até 31 de agosto do ano seguinte ao exercício de apuração do resultado; e III – a distribuição do resultado auferido será de 50% (cinquenta por cento) do resultado do exercício. § 6º O valor de distribuição do resultado auferido será calculado posteriormente ao valor desembolsado com o desconto realizado no âmbito do Programa Minha Casa, Minha Vida (PMCMV), de que trata a Lei n. 11.977, de 7 de julho de 2009. § 7º O valor creditado nas contas vinculadas a título de distribuição de resultado, acrescido de juros e atualização monetária, não integrará a base de cálculo do depósito da multa rescisória de que tratam os §§ 1º e 2º do art. 18 desta Lei. (Modificações: Lei 13.446/17)

▲ Art. 20. A conta vinculada do trabalhador no FGTS poderá ser movimentada nas seguintes situações: (...). I-A – extinção do contrato de trabalho prevista no art. 484-A da Consolidação das Leis do Trabalho (CLT), aprovada pelo Decreto-Lei n. 5.452, de 1º de maio de 1943; (...). XIX – pagamento total ou parcial do preço de aquisição de imóveis da União inscritos em regime de ocupação ou aforamento, a que se referem o art. 4º da Lei n. 13.240, de 30 de dezembro de 2015, e o art. 16-A da Lei no 9.636, de 15 de maio de 1998, respectivamente, observadas as seguintes condições: a) o mutuário deverá contar com o mínimo de três anos de trabalho sob o regime do FGTS, na mesma empresa ou em empresas diferentes; b) seja a operação financiável nas condições vigentes para o Sistema Financeiro da Habitação (SFH) ou ainda por intermédio de parcelamento efetuado pela Secretaria do Patrimônio da União (SPU), mediante a contratação da Caixa Econômica Federal como agente financeiro dos contratos de parcelamento; c) sejam observadas as demais regras e condições estabelecidas para uso do FGTS. (...). § 22. Na movimentação das contas vinculadas a contrato de trabalho extinto até 31 de dezembro de 2015, ficam isentas as exigências de que trata o inciso VIII do caput deste artigo, podendo o saque, nesta hipótese, ser efetuado segundo cronograma de atendimento estabelecido pelo agente operador do FGTS. (Modificações: Lei 13.465/17)

✱ QUESTÕES OBJETIVAS

122. **(Cespe/PGE/AM/Procurador/2016)** Com-pete ao Ministério da Fazenda fiscalizar o cumprimento, pelos empregadores, da exigência de depósitos mensais do percentual referente ao FGTS.

123. **(Cespe/DPU/Defensor/2017)** O empregado com deficiência poderá movimentar sua conta vinculada ao FGTS quando, por prescrição médica, necessitar adquirir órtese ou prótese para favorecer sua acessibilidade e inclusão social.

124. **(Cespe/DPU/Defensor/2017)** Ao prestar assistência jurídica a um necessitado, a DP ajuizou reclamação trabalhista fundamentada na irregularidade dos depósitos do FGTS e alegou que o ônus da prova era do empregador. Nessa situação, foi correta a atuação da DP: o empregador tem o ônus da prova em relação à regularidade dos depósitos do FGTS, pois o pagamento é fato extintivo do direito do autor.

125. **(Cespe/PGM/Fortaleza/Procurador/2017)** Para que município obtenha concessão de empréstimos ou financiamentos junto a quaisquer entidades financeiras oficiais, é obrigatória a apresentação do Certificado de Regularidade do FGTS, fornecido pela Caixa Econômica Federal.

126. **(Cespe/DPU/Defensor/2015)** A exigência, feita pelo empregador a um de seus empregados, para este prestar serviços alheios ao contrato de trabalho configura motivo que possibilita ao empregado a movimentação da respectiva conta vinculada no FGTS para saque do saldo referente ao contrato.

127. **(Cespe/DPU/Defensor/2015)** Segundo recente entendimento do STF, o prazo prescricional para cobrança de valores não depositados no FGTS é de trinta anos, observado o limite de dois anos após a extinção do contrato de trabalho.

128. **(Cespe/AGU/Advogado/2015)** Segundo decisão recente do STF, o prazo prescricional relativo aos valores não depositados no FGTS é quinquenal, haja vista esse fundo ser crédito de natureza trabalhista; entretanto, caso o prazo prescricional já esteja em curso, deverá ser aplicado o que ocorrer primeiro: trinta anos, contados do termo inicial, ou cinco anos, a partir do referido julgado.

10. RESPONSABILIDADE TRABALHISTA

10.1. Responsabilidade por Danos

✱ INFORMATIVOS DE JURISPRUDÊNCIA

Acidente de trabalho ocorrido na vigência do Código Civil de 1916. Responsabilidade objetiva prevista no art. 927, parágrafo único, do Código Civil de 2002. Aplicação retroativa da norma. Não configuração.

TST A aplicação da responsabilidade objetiva prevista no art. 927, parágrafo único, do Código Civil de 2002 a caso ocorrido na vigência do Código Civil de 1916 não revela retroação da norma, pois a teoria objetiva do risco em atividade perigosa decorre de entendimento doutrinário e jurisprudencial adotado antes mesmo do advento do novel diploma civil. E-ED-RR-9953600-29.2006.5.09.0013, SDI1, Rel. Min. Augusto César Leite de Carvalho, 17.8.2017. (Info 162)

Dano moral. Configuração. Intermediação fraudulenta de mão de obra mediante cooperativa.

TST A contratação de empregado para atuar na atividade fim da empresa, condicionada à filiação a cooperativa fraudulenta, enseja o pagamento de indenização por danos morais, pois constitui prática de ato ilícito que precariza a relação laboral e desvirtua a finalidade social do trabalho, estando em desalinho com os princípios constitucionais da dignidade da pessoa humana e do valor social do trabalho. E-RR-216100-08.2008.5.02.0027, SDI1, Rel. Min. Augusto César Leite de Carvalho, 15.3.2018. (Info 174)

Dano moral. Imputação de ato de improbidade. Dispensa por justa causa. Reversão em juízo. Indenização devida. Dano "in re ipsa".

TST No caso de reversão em juízo da dispensa por justa causa, fundada em imputação de ato de improbidade, é devida a indenização por danos morais "in re ipsa", ou seja, independentemente da prova de abalo pessoal sofrido pelo empregado ou de eventual divulgação do ocorrido. A gravidade da acusação (apropriação indébita de diferenças de caixa) e o rigor da punição, sem a devida cautela por parte do empregador, autoriza a presunção de lesão à honra subjetiva do reclamante. E-RR-1123-90.2013.5.08.0014, SDI1, Rel. Min. Walmir Oliveira da Costa, 1º,3.2018. (Info 172)

Dano moral. Não configuração. Dispensa imotivada. Período da estabilidade pré-aposentadoria. Ausência de evidências concretas de violação a direito de personalidade do empregado.

TST A dispensa sem justa causa de empregado portador de estabilidade pré-aposentadoria prevista em norma coletiva não é suficiente, por si só, para caracterizar dano moral. A existência de constrangimento depende de evidências concretas de que o empregador se valeu de artifícios ou praticou ato de discriminação que atingiram direitos da personalidade do reclamante, não se admitindo, portanto, a configuração de dano moral "in re ipsa". E-RR-10648-60.2014.5.01.0013, SDI1, Rel. Min. Augusto César Leite de Carvalho, 15.3.2018. (Info 174)

Doença ocupacional. Construção Civil. Pedreiro que desenvolveu hérnia de disco. Responsabilidade objetiva. Configuração.

TST Em razão do peso e das posições de flexão e rotação realizadas pela coluna vertebral, é inegável o risco ergonômico a que exposto o trabalhador que desempenha a atividade de pedreiro e a possibilidade de adquirir doença profissional com comprometimento da coluna, como ocorreu na espécie, em que o reclamante desenvolveu hérnia de disco e se tornou totalmente incapacitado para a atividade. Assim, estabelecido o nexo causal entre a doença e a execução de atividade de risco, é devido o pagamento de indenização por danos morais, independentemente de haver culpa do empregador. E-RR-89900-22.2008.5.15.0082, SBDI-I, Rel. Min. Alexandre Agra Belmonte, 26.4.2018. (Info 177)

Dano moral. Não configuração. Atribuição de conduta desidiosa ao empregado. Reversão da justa causa em juízo. Ausência de ato ilícito a ser atribuído à empresa.

TST A simples dispensa por justa causa, com atribuição de conduta desidiosa ao empregado, não caracteriza, por si só, ato ilícito ou abuso do poder potestativo do empregador, ainda que haja reversão da aludida justa causa em juízo. A existência de lesão à honra e à imagem do trabalhador deve ser demonstrada. Desse modo, se não provada a má-fé do empregador, ao imputar falta grave ao empregado, nem qualquer publicidade acerca de qual fato determinou a justa causa, não se caracteriza o dano moral apto a ensejar a reparação pleiteada. E-ED-RR-737000-44.2004.5.09.0012, SDI1, Rel. Min. Aloysio Corrêa da Veiga, 31.8.2017. (Info 163)

Indenização por danos morais. Utilização do polígrafo. Ausência de fiabilidade probatória. Violação da dignidade humana e dos direitos de personalidade do empregado. Configuração.

TST A utilização do polígrafo nas relações laborais configura ato ilícito, que atinge a dignidade humana e os direitos da personalidade do empregado, notadamente a honra, a vida privada e a intimidade, dando ensejo ao pagamento de indenização por danos morais. Se, no Brasil, nem mesmo na esfera penal o emprego do detector de metais é admitido, não se justifica a sua aplicação pelo empregador, sem que haja o resguardo do devido processo legal ou de qualquer outro direito fundamental do indivíduo. Prevalece, portanto, o art. 5º, LXIII, da CF, que garante aos acusados o direito de permanecerem em silêncio, bem como o art. 14, 3, g, do Pacto Internacional dos Direitos Civis e Políticos de 1966, ratificado pelo Brasil em 6.7.1992, e o art. 8º, 2, g, da Convenção Americana de Direitos Humanos, ratificada pelo Brasil em 6.11.1992, os quais consagram o princípio de que ninguém é obrigado a produzir prova contra si mesmo. Ademais, no caso dos autos, a ausência de respaldo científico e de fiabilidade probatória, somada à existência de outras medidas eficazes e menos invasivas de combate ao terrorismo na aviação (detectores de metais, inspeção de raio X, vistorias, revistas aleatórias, etc), revelam que o polígrafo não se constitui medida indispensável à garantia da segurança do transporte aéreo de passageiros. E-ED-RR-28140-17.2004.5.03.0092, SDI1, Rel. Min. Cláudio Mascarenhas Brandão, 30.11.2017. (Info 170)

Retenção indevida da CTPS. Comprovação do dano. Desnecessidade. Dano moral "in re ipsa". Art. 53 c/c art. 13, ambos da CLT.

TST A retenção ilícita da Carteira de Trabalho e Previdência Social – CTPS, configurada quando o trabalhador não tem devolvida sua carteira de trabalho após quarenta e oito horas (art. 53 da CLT), acarreta dano moral "in re ipsa", vale dizer, decorrente do próprio ato de retenção, motivo por que não se exige do empregado a comprovação do sofrimento, constrangimento ou prejuízo sofridos. Assim, presume-se o dano moral por ficar impedido o trabalhador, em novas oportunidades oferecidas pelo mercado, de apresentar sua carteira de trabalho, cuja dicção do art. 13 da CLT dispõe se tratar de documento obrigatório para o exercício de qualquer emprego ou para a verificação da situação de benefícios previdenciários. E-RR-189-15.2012.5.05.0641, SDI1, Rel. Min. Márcio Eurico Vitral Amaro, 28.9.2017. (Info 166)

10.2. Responsabilidade por Dívidas Trabalhistas

✱ SÚMULAS

TST OJ/SDI1 92. Em caso de criação de novo município, por desmembramento, cada uma das novas entidades responsabiliza-se pelos direitos trabalhistas do empregado no período em que figurarem como real empregador.

TST OJ/SDI1 185. O Estado-Membro não é responsável subsidiária ou solidariamente com a Associação de Pais e Mestres pelos encargos trabalhistas dos empregados contratados por esta última, que deverão ser suportados integral e exclusivamente pelo real empregador.

TST OJ/SDI1 191. Diante da inexistência de previsão legal específica, o contrato de empreitada de construção civil entre o dono da obra e o empreiteiro não enseja responsabilidade solidária ou subsidiária nas obrigações trabalhistas contraídas pelo empreiteiro, salvo sendo o dono da obra uma empresa construtora ou incorporadora.

TST OJ/SDI1 225. Celebrado contrato de concessão de serviço público em que uma empresa (primeira concessionária) outorga a outra (segunda concessionária), no todo ou em parte, mediante arrendamento, ou qualquer outra forma contratual, a título transitório, bens de sua propriedade: I. Em caso de rescisão do contrato de trabalho após a entrada em vigor da concessão, a segunda concessionária, na condição de sucessora, responde pelos direitos decorrentes do contrato de trabalho, sem prejuízo da responsabilidade subsidiária da primeira concessionária pelos débitos trabalhistas contraídos até a concessão; II. No tocante ao contrato de trabalho extinto antes da vigência da concessão, a responsabilidade pelos direitos dos trabalhadores será exclusivamente da antecessora.

TST OJ/SDI1 261. As obrigações trabalhistas, inclusive as contraídas à época em que os empregados trabalhavam para o banco sucedido, são de responsabilidade do sucessor, uma vez que a este foram transferidos os ativos, as agências, os direitos e deveres contratuais, caracterizando típica sucessão trabalhista.

TST OJ/SDI1 411. O sucessor não responde solidariamente por débitos trabalhistas de empresa não adquirida, integrante do mesmo grupo econômico da empresa sucedida, quando, à época, a empresa devedora direta era solvente ou idônea economicamente, ressalvada a hipótese de má-fé ou fraude na sucessão.

* REPERCUSSÃO & REPETITIVOS

STF Repercussão Geral 246. O inadimplemento dos encargos trabalhistas dos empregados do contratado não transfere automaticamente ao Poder Público contratante a responsabilidade pelo seu pagamento, seja em caráter solidário ou subsidiário, nos termos do art. 71, § 1º, da Lei 8.666/93. (RE 760931, 30.3.2017)

TST Repetitivo 6. I. A exclusão de responsabilidade solidária ou subsidiária por obrigação trabalhista a que se refere a OJ 191/SDI1 não se restringe à pessoa física ou micro e pequenas empresas, compreende igualmente empresas de médio e grande porte e entes públicos (decidido por unanimidade); II. A excepcional responsabilidade por obrigações trabalhistas prevista na parte final da OJ 191, por aplicação analógica do art. 455 da CLT, alcança os casos em que o dono da obra de construção civil é construtor ou incorporador e, portanto, desenvolve a mesma atividade econômica do empreiteiro (decidido por unanimidade); III. Não é compatível com a diretriz sufragada na OJ 191 jurisprudência de TRT que amplia a responsabilidade trabalhista do dono da obra, excepcionando apenas "a pessoa física ou micro e pequenas empresas, na forma da lei, que não exerçam atividade econômica vinculada ao objeto contratado" (decidido por unanimidade); IV) Exceto ente público da Administração Direta e Indireta, se houver inadimplemento das obrigações trabalhistas contraídas por empreiteiro que contratar, sem idoneidade econômico-financeira, o dono da obra responderá subsidiariamente por tais obrigações, em face de aplicação analógica do art. 455 da CLT e culpa "in eligendo". (RR 90-53.2015.5.03.0090, 11.5.2017)

* INFORMATIVOS DE JURISPRUDÊNCIA

Responsabilidade administrativa por dívidas trabalhistas de empresas terceirizadas.

STF Desprovido agravo regimental em reclamação ajuizada contra decisão da Justiça do Trabalho, em que se alegou violação à autoridade do STF por contradição à ADC 16. Afirmou o reclamante ter sido condenado ao pagamento de verbas trabalhistas inadimplidas por empresa contratada, o que afrontaria o disposto no art. 71, § 1º, da Lei 8.666/1993, declarada constitucional pela ADC 16. O Colegiado negou seguimento à reclamação, entendendo que, por ser relacionada a paradigma de tema de repercussão geral (Tema 246, RE 760.931), superveniente à ADC em questão, haveria a necessidade de esgotamento de todas as instâncias ordinárias antes que o processo fosse julgado pela Suprema Corte, conforme art. 988, § 5º, II, do NCPC. Rcl 27789 AgR, Rel. Min. Roberto Barroso, j. 17.10.2017. 1ª T. (Info 882)

Ação rescisória. Embargos de terceiro. Violação dos arts. 10 e 448 da CLT. Não configuração. Mudança de titularidade de cartório. Sucessão trabalhista. Continuidade na prestação dos serviços. Ausência. Ofensa à coisa julgada. Não ocorrência. Sentença que estabeleceu condenação e obrigação futura para quem não participou da relação processual.

TST Não viola os arts. 10 e 448 da CLT o acórdão proferido nos autos de embargos de terceiro que afastou a sucessão de empregadores e determinou a exclusão da responsabilidade do novo titular do cartório pelas dívidas contraídas pelo primeiro titular, pois, nos termos da jurisprudência do TST vigente à época, a alteração da titularidade do serviço notarial, com a correspondente transferência da unidade econômico-jurídica que integra o estabelecimento, somente caracteriza a sucessão de empregadores quando há continuidade na prestação dos serviços, o que não ocorreu no caso. De outra sorte, o acórdão rescindendo não ofendeu a coisa julgada que se formou na ação trabalhista principal, porquanto o art. 472 do CPC/73, ao estabelecer a eficácia da coisa julgada "inter partes", deixa claro que a imutabilidade da coisa julgada somente pode atingir quem efetivamente participou do processo. RO-11518-13.2015.5.01.0000, SDI2, Rel. Min. Luiz Philippe Vieira de Mello Filho, 21.11.2017. (Info 169)

Execução. Responsabilidade solidária. Grupo econômico. Configuração. Existência de sócios em comum. Ausência de demonstração de relação hierárquica entre as empresas. Art. 5º, II, da CF. Violação direta.

TST Viola o princípio da legalidade insculpido no art. 5º, II, da CF, por impor obrigação não prevista no art.

2º, § 2º, da CLT, decisão que, na fase de execução de sentença, reconhece a configuração de grupo econômico e atribui responsabilidade solidária a empresa distinta daquela com a qual se estabeleceu o vínculo de emprego, com fundamento estritamente na existência de sócios comuns, sem a demonstração de relação hierárquica de uma empresa sobre a outra. E-ED-RR-92-21.2014.5.02.0029, SDI1, Rel. Acd. Min. João Oreste Dalazen, 5.10.2017. (Info 167)

* INOVAÇÕES LEGISLATIVAS

▲ CLT. Título I – Introdução

▲ Art. 2º. § 2º Sempre que uma ou mais empresas, tendo, embora, cada uma delas, personalidade jurídica própria, estiverem sob a direção, controle ou administração de outra, ou ainda quando, mesmo guardando cada uma sua autonomia, integrem grupo econômico, serão responsáveis solidariamente pelas obrigações decorrentes da relação de emprego. § 3º Não caracteriza grupo econômico a mera identidade de sócios, sendo necessárias, para a configuração do grupo, a demonstração do interesse integrado, a efetiva comunhão de interesses e a atuação conjunta das empresas dele integrantes (Modificações: Lei 13.467/17)

▲ Art. 10-A. O sócio retirante responde subsidiariamente pelas obrigações trabalhistas da sociedade relativas ao período em que figurou como sócio, somente em ações ajuizadas até dois anos depois de averbada a modificação do contrato, observada a seguinte ordem de preferência: I – a empresa devedora; II – os sócios atuais; e III – os sócios retirantes. Parágrafo único. O sócio retirante responderá solidariamente com os demais quando ficar comprovada fraude na alteração societária decorrente da modificação do contrato. (Modificações: Lei 13.467/17)

* QUESTÕES DISCURSIVAS

02. **(Cespe/PG/DF/Procurador/2013)** O Distrito Federal (DF) criou sociedade de economia mista para a prestação de determinado serviço público e, em 2012, dissolveu a referida sociedade distrital. Ato contínuo, firmado contrato de concessão do referido serviço público com a empresa privada "X", o DF transferiu-lhe a execução do serviço. Ao mesmo tempo, a sociedade de economia mista outorgou-lhe, transitoriamente, mediante arrendamento, os bens de sua propriedade. Ainda em 2012, foram extintos contratos de trabalho com quatro empregados da referida sociedade de economia mista, sendo dois deles antes da entrada em vigor do contrato de concessão e os outros dois após a entrada em vigor do contrato de concessão. Em face dessa situação hipotética, discorra sobre a teoria do empregador único, esclareça, de forma fundamentada, se ela se aplica ao presente caso e indique, segundo entendimento do Tribunal Superior do Trabalho, a responsabilidade da empresa X perante os empregados dispensados pela sociedade de economia mista.

03. **(Cespe/Bacen/Procurador/2013)** Autarquia federal vinculada ao Ministério da Fazenda e cuja finalidade é o acompanhamento e o controle das políticas de crédito e fiscalização do sistema financeiro lançou edital de licitação para a contratação de empresa de vigilância, limpeza e conservação, fazendo constar a determinação de que a empresa contratada não poderia colocar aos serviços da instituição funcionário com restrição financeira ou cujo nome estivesse inscrito nos órgãos de proteção ao crédito. Após denúncia, o Ministério Público do Trabalho se insurgiu contra o edital. Com base na situação hipotética apresentada, discorra sobre a intervenção do Ministério Público do Trabalho em face da autonomia da autarquia com relação aos termos da contratação da empresa terceirizada, justificando os motivos e fundamentos ensejadores de eventual demanda administrativa ou judicial, e sobre a responsabilidade jurídica da autarquia em demanda relacionada a inadimplemento de obrigação trabalhista ajuizada por funcionário contratado pela terceirizada.

* QUESTÕES OBJETIVAS

129. **(Cespe/PGE/PE/Procurador/2018)** Acerca dos grupos econômicos e da sucessão de empregadores, julgue os itens a seguir, considerando a reforma trabalhista de 2017.

I. Uma vez caracterizada a sucessão trabalhista, apenas a empresa sucessora responderá pelos débitos de natureza trabalhista, podendo-se acionar a empresa sucedida somente se comprovada fraude na operação societária que transferiu as atividades e os contratos de trabalho.

II. Para a justiça do trabalho, a mera identidade de sócios é suficiente para configurar a existência de um grupo econômico.

III. Configurado o grupo econômico, as empresas responderão subsidiariamente pelas obrigações decorrentes das relações de emprego.

Assinale a opção correta.

a) Apenas o item I está certo.
b) Apenas o item III está certo.
c) Apenas os itens I e II estão certos.
d) Apenas os itens II e III estão certos.
e) Todos os itens estão certos.

130. **(Cespe/PGE/SE/Procurador/2017)** Com o desmembramento do município X, foi criado o município Y. Nessa situação hipotética, segundo o TST, a responsabilidade trabalhista quanto aos empregados municipais deverá ser suportada:

a) pelo município Y, que deverá suceder os empregados do município X contratados antes da criação do novo município.
b) pelo estado-membro a que os municípios pertencem.
c) por cada um dos municípios pelo período em que cada um deles figurar como real empregador.
d) pelos dois municípios, solidariamente, independentemente do período de vinculação dos empregados.
e) pelo município X, subsidiariamente, em relação aos empregados contratados pelo município Y.

131. **(Cespe/Funpresp_Jud/Analista/2016)** Nos serviços terceirizados, a administração pública tomadora do serviço é, automática e subsidiariamente, responsável por inadimplemento do empregador no cumprimento das obrigações trabalhistas.

132. **(Cespe/TRT/7R/Analista/2017)** A empresa A adquiriu a empresa B, que pertencia ao mesmo grupo econômico da empresa C, a qual não foi adquirida pela empresa A. Meses depois, a empresa A foi surpreendida com reclamação trabalhista de um empregado da empresa C, o qual requereu a condenação solidária das empresas A e B sob o fundamento de que, na época da compra da empresa B pela empresa A, a empresa C era reconhecidamente inidônea. Nessa situação, o pedido de condenação está:

a) correto, porque o simples fato de as empresas pertencerem ao mesmo grupo econômico é suficiente para a condenação solidária em qualquer caso de sucessão trabalhista.
b) errado, porque a empresa C não foi adquirida pela empresa A, de modo que esta não responde pelos débitos trabalhistas daquela.
c) correto, porque as empresas A e B são responsáveis solidariamente pelas condenações da empresa C face à sucessão trabalhista operada.
d) errado, porque a única hipótese de condenação solidária na sucessão trabalhista seria diante da comprovação de fraude na sucessão.

133. **(Cespe/TCU/Procurador/2015)** No que diz respeito a salário e remuneração bem como a sucessão de empregadores, assinale a opção correta:

a) José, empregado da empresa X, após ter recebido um adiantamento do seu décimo terceiro salário, recebeu, no mês subsequente, um aumento salarial. Nessa situação, José não terá direito à diferença referente ao aumento salarial sobre o valor recebido pelo adiantamento, já que esse valor correspondeu exatamente ao salário a que fazia jus à época.
b) Na transferência do negócio, a continuidade na prestação laborativa é requisito imprescindível para que seja configurada a sucessão de empregadores.
c) De acordo com o TST, em caso de criação de novo município por desmembramento, o novo ente responsabilizar-se-á, integralmente, pelos direitos trabalhistas dos empregados que lhe forem cedidos, e subsidiariamente pelos direitos dos empregados do antigo ente federativo.
d) Embora o fato gerador da sucessão trabalhista seja a transferência do negócio, é necessário que o empresário sucessor continue a explorar a mesma atividade fim que o empresário sucedido.
e) Considera-se salário a soma do pagamento direto feito pelo empregador ao empregado pelos serviços prestados bem como o pagamento referente a toda a contraprestação paga por terceiro a obreiro.

11. TEORIA E PRINCÍPIOS

✱ QUESTÕES OBJETIVAS

134. **(Cespe/TRT/8R/Analista/2016)** Em relação aos princípios e às fontes do direito do trabalho, assinale a opção correta:

a) Em virtude do princípio da boa-fé, via de regra, o trabalhador pode renunciar a seu direito de férias, se assim preferir.
b) Na falta de disposições legais ou contratuais, a justiça do trabalho ou as autoridades

administrativas poderão decidir o caso de acordo com os usos e costumes, que são fontes do direito do trabalho.

c) Por conter regras específicas acerca da maioria dos institutos trabalhistas, na análise de um caso concreto, a Consolidação das Leis do Trabalho pode se sobrepor aos dispositivos constantes da Constituição Federal de 1988 (CF).

d) A sentença normativa é fonte do direito do trabalho, mas não o são os atos normativos do Poder Executivo.

e) Os princípios gerais de direito não são aplicados na interpretação das normas do direito do trabalho, ainda que subsidiariamente.

135. **(Cespe/AGU/Advogado/2015)** O princípio constitucional da norma mais favorável ao trabalhador incide quando se está diante de conflito de normas possivelmente aplicáveis ao caso.

136. **(Cespe/DPU/Defensor/2017)** Caso se identifique, em ação de fiscalização do Ministério do Trabalho, situação em que trabalhadores estejam reduzidos a condição análoga à de escravo, esses trabalhadores deverão ser resgatados e terão direito ao recebimento do seguro-desemprego.

12. TERCEIRIZAÇÃO

* SÚMULAS

TST Súm. 331. I. A contratação de trabalhadores por empresa interposta é ilegal, formando-se o vínculo diretamente com o tomador dos serviços, salvo no caso de trabalho temporário (Lei n. 6.019, de 03.01.1974). II. A contratação irregular de trabalhador, mediante empresa interposta, não gera vínculo de emprego com os órgãos da Administração Pública direta, indireta ou fundacional (art. 37, II, da CF/1988). III. Não forma vínculo de emprego com o tomador a contratação de serviços de vigilância (Lei n. 7.102, de 20.06.1983) e de conservação e limpeza, bem como a de serviços especializados ligados à atividade-meio do tomador, desde que inexistente a pessoalidade e a subordinação direta. IV. O inadimplemento das obrigações trabalhistas, por parte do empregador, implica a responsabilidade subsidiária do tomador dos serviços quanto àquelas obrigações, desde que haja participado da relação processual e conste também do título executivo judicial. V. Os entes integrantes da Administração Pública direta e indireta respondem subsidiariamente, nas mesmas condições do item IV, caso evidenciada a sua conduta culposa no cumprimento das obrigações da Lei n. 8.666, de 21.06.1993, especialmente na fiscalização do cumprimento das obrigações contratuais e legais da prestadora de serviço como empregadora. A aludida responsabilidade não decorre de mero inadimplemento das obrigações trabalhistas assumidas pela empresa regularmente contratada. VI. A responsabilidade subsidiária do tomador de serviços abrange todas as verbas decorrentes da condenação referentes ao período da prestação laboral.

TST OJ/SDI1 321. Salvo os casos de trabalho temporário e de serviço de vigilância, previstos nas leis ns. 6.019, de 03.01.74, e 7.102, de 20.06.83, é ilegal a contratação de trabalhadores por empresa interposta, formando-se o vínculo empregatício diretamente com o tomador dos serviços, inclusive ente público, em relação ao período anterior à vigência da CF/88.

TST OJ/SDI1 383. A contratação irregular de trabalhador, mediante empresa interposta, não gera vínculo de emprego com ente da Administração Pública, não afastando, contudo, pelo princípio da isonomia, o direito dos empregados terceirizados às mesmas verbas trabalhistas legais e normativas asseguradas àqueles contratados pelo tomador dos serviços, desde que presente a igualdade de funções. Aplicação analógica do art. 12, "a", da Lei 6.019, de 3.1.1974.

* INFORMATIVOS DE JURISPRUDÊNCIA

C&A Modas Ltda. Atividades de operações com cartões de crédito. Terceirização. Licitude. Enquadramento do empregado como bancário. Impossibilidade.

TST É lícita a terceirização da atividade de operador de cartões de crédito, em razão de contrato de parceria comercial firmado entre a C&A Modas Ltda. e o Bradescard, empresa vinculada ao Banco Bradesco S.A., não havendo falar, portanto, em reconhecimento de vínculo direto com a instituição financeira e o consequente enquadramento da reclamante como bancária. Consta do acórdão do Regional que as atividades desempenhadas pela reclamante consistiam no atendimento de clientes da C&A, para fins de esclarecimento quanto à fatura do cartão de crédito da própria empresa e no oferecimento de produtos a ele relacionados, não havendo correspondência com as práticas tipicamente bancárias, a exemplo de abertura de contas, concessão de empréstimos e manuseio de numerário. Assim, resta evidente que as atribuições da autora não se destinavam a promover a atividade fim do Banco Bradesco, mas sim a atividade empresarial da C&A que, para se manter no mercado varejista de vestuário, teve de modernizar a sua gestão por meio de parcerias com instituições financeiras que viabilizassem as vendas a crédito. E-ED-RR-11266-31.2013.5.03.0030, SDI1, Rel. Min. Alexandre de Souza Agra Belmonte, 30.11.2017. (Info 170)

Instituição financeira. Telemarketing. Atividade-fim. Terceirização ilícita. Contrato de trabalho celebrado e extinto na vigência da Lei 6.019/74. Não incidência da Lei 13.429/2017.

TST A Lei 13.429/2017 não se aplica às relações de trabalho regidas e extintas sob a égide da Lei 6.019/1974, sob pena de afronta ao direito adquirido do empregado a condições de trabalho mais vantajosas. ED-E-ED-RR-1144-53.2013.5.06.0004, SDI1, Rel. Min. João Oreste Dalazen, 3.8.2017. (Info 162)

* QUESTÕES OBJETIVAS

137. (Cespe/DPU/Defensor/2017) A administração pública tomadora de serviços terceirizados será automaticamente responsável pelo pagamento de verbas trabalhistas que não forem adimplidas pela empresa prestadora, em razão da culpa presumida in vigilando do órgão público: a falta de fiscalização da execução do contrato de prestação de serviços.

138. (Cespe/DPU/Defensor/2015) Segundo entendimento consolidado pelo STF, não há responsabilidade subsidiária do Estado pelo pagamento de direitos decorrentes de serviço prestado por meio de terceirização de mão de obra e nem mesmo a ausência de fiscalização da empresa contratada poderá ocasionar a culpa de ente estatal.

8. DIREITO ELEITORAL

1. CÓDIGO ELEITORAL (LEI 4.737/65)

1.1. Dos Órgãos da Justiça Eleitoral

*** SÚMULAS**

1) Do Tribunal Superior Eleitoral

STF Súm. 72. No julgamento de questão constitucional, vinculada a decisão do Tribunal Superior Eleitoral, não estão impedidos os ministros do Supremo Tribunal Federal que ali tenham funcionado no mesmo processo, ou no processo originário.

TSE Súm. 33. Somente é cabível ação rescisória de decisões do Tribunal Superior Eleitoral que versem sobre a incidência de causa de inelegibilidade.

TSE Súm. 34. Não compete ao Tribunal Superior Eleitoral processar e julgar mandado de segurança contra ato de membro de Tribunal Regional Eleitoral.

TSE Súm. 35. Não é cabível reclamação para arguir o descumprimento de resposta a consulta ou de ato normativo do Tribunal Superior Eleitoral.

TSE Súm. 37. Compete originariamente ao Tribunal Superior Eleitoral processar e julgar recurso contra expedição de diploma envolvendo eleições federais ou estaduais.

2) Dos Juízes Eleitorais

STJ Súm. 368. Compete à justiça comum estadual processar e julgar os pedidos de retificação de dados cadastrais da justiça eleitoral.

STJ Súm. 374. Compete à justiça eleitoral processar e julgar a ação para anular débito decorrente de multa eleitoral.

*** QUESTÕES OBJETIVAS**

01. **(Cespe/TJ/DFT/Juiz/2016)** A respeito do direito processual eleitoral, das ações eleitorais e dos respectivos recursos, assinale a opção correta:

a) O ajuizamento de ação eleitoral para punir a doação acima do limite legal deve ocorrer até cento e vinte dias a partir da eleição, sob pena de prescrição.

b) A LC que regulamenta a perda de cargo para os casos de troca de partido sem justa causa não se aplica às eleições majoritárias e a defesa de mérito pode apontar motivos diversos daqueles exemplificativamente estabelecidos na legislação de regência.

c) Dentre as hipóteses de cabimento do recurso inominado, previstas no Código Eleitoral, tendo por destinatário o TRE, não se inserem os atos e as resoluções emanadas dos juízes e das juntas eleitorais em primeiro grau de jurisdição.

d) É cabível recurso extraordinário de decisão do TRE proferida contra disposição expressa da CF.

e) O tribunal formará sua convicção pela livre apreciação dos fatos públicos e notórios, dos indícios e presunções e da prova produzida, atentando para circunstâncias ou fatos, ainda que não indicados ou alegados pelas partes, mas que preservem o interesse público de lisura eleitoral.

02. **(Cespe/TRE/PE/Técnico/2017)** Quanto aos tribunais regionais eleitorais (TREs), assinale a opção correta:

a) Os TREs não têm competência para responder às consultas em tese sobre matéria eleitoral feitas por partido político.

b) Compete aos TREs requisitar diretamente força federal, se isso for necessário ao cumprimento de suas decisões.

c) As decisões dos TREs sobre ações que importem cassação de registro, anulação geral de eleições ou perda de diplomas somente serão tomadas com a presença de todos os seus membros.

d) As atribuições do corregedor-regional serão fixadas pelo TRE perante o qual servir e, supletivamente, pelo TSE.

e) Os TREs deliberam por maioria de votos, em sessão pública, com a presença de dois terços de seus membros.

03. **(Cespe/TRE/PE/Técnico/2017)** Segundo a CF, são órgãos da justiça eleitoral:

a) as zonas eleitorais.

b) os cartórios eleitorais.
c) os juízes eleitorais.
d) os colégios eleitorais.
e) as mesas eleitorais.

04. **(Cespe/TRE/PI/Analista/2016)** Com base no que dispõe o Código Eleitoral (CE), assinale a opção correta:

a) As juntas eleitorais serão compostas por seis membros: um juiz de direito, um promotor de justiça, dois advogados, dois cidadãos de notória idoneidade.
b) Agentes policiais e funcionários no desempenho de cargos de confiança do Executivo podem ser nomeados membros das juntas, escrutinadores ou auxiliares.
c) O partido político pode indicar um membro de seu diretório para servir como escrivão eleitoral nas zonas eleitorais.
d) Ocorrendo falta ou impedimento do escrivão eleitoral, o juiz, de ofício, determinará sua substituição pelo diretor da junta eleitoral.
e) Cabe ao presidente do tribunal regional eleitoral aprovar e nomear, no prazo de sessenta dias antes das eleições, os membros das juntas eleitorais.

05. **(Cespe/TRE/PE/Técnico/2017)** Acerca da organização e das competências da justiça eleitoral e das regras para alistamento, assinale a opção correta:

a) Cabe ao juiz eleitoral indicar os demais integrantes da junta eleitoral, vedada a escolha de agentes policiais para esse fim.
b) Compete ao tribunal regional eleitoral expedir diploma aos eleitos para cargos municipais.
c) O Supremo Tribunal Federal não integra a justiça eleitoral.
d) O presidente e o vice-presidente do Tribunal Superior Eleitoral (TSE) são, respectivamente, um ministro do Supremo Tribunal Federal e um ministro do Superior Tribunal de Justiça.
e) Durante o período do serviço militar obrigatório, aos conscritos é facultativo o alistamento como eleitor.

06. **(Cespe/PC/PE/Delegado/2016)** No que se refere às competências originária e privativa para processar e julgar ações junto aos tribunais eleitorais e à competência dos juízes eleitorais e das juntas eleitorais, assinale a opção correta:

a) Compete aos juízes eleitorais a expedição do diploma de candidatos eleitos para ocupar cargos municipais.
b) Caberá ao presidente do tribunal regional eleitoral, em razão de sua competência privativa, encaminhar à assembleia legislativa estadual proposição de aumento do número de seus juízes eleitorais.
c) A competência originária para processar e julgar ação de cancelamento do registro de candidatos a cargos eletivos será do TSE.
d) Em se tratando de disputa de competência para o julgamento de crime eleitoral praticado na divisa de dois municípios, o conflito de jurisdição será processado e julgado originariamente pelo TSE.
e) As competências das juntas eleitorais incluem a nomeação, em audiência pública, nos respectivos prazos legais, dos membros das mesas receptoras.

1.2. Das Eleições

✱ SÚMULAS

STJ Súm. 368. Compete à justiça comum estadual processar e julgar os pedidos de retificação de dados cadastrais da justiça eleitoral.

✱ INFORMATIVOS DE JURISPRUDÊNCIA

ADI e sigilo do voto

STF Deferida medida cautelar em ADI para suspender, com eficácia "ex tunc", o art. 59-A da Lei 9.504/97, incluído pela Lei 13.165/15 (Lei da Minirreforma Eleitoral), o qual determina que, na votação eletrônica, o registro de cada voto deverá ser impresso e depositado, de forma automática e sem contato manual do eleitor, em local previamente lacrado. Cabe ao legislador fazer a opção pelo voto impresso, eletrônico ou híbrido, visto que a CF nada dispõe a esse respeito, observadas, entretanto, as características do voto nela previstas. O dispositivo impugnado, em princípio, viola o art. 14 e o § 4º do art. 60 da CF, os quais garantem o voto livre e secreto. O art. 59-A e o seu parágrafo único permitem a identificação de quem votou, ou seja, a quebra do sigilo, e, consequentemente, a diminuição da liberdade do voto. ADI 5889, Rel. Acd. Min. Alexandre de Moraes, j. 6.6.2018. (Info 906).

Recurso de terceiro prejudicado, interesse jurídico e constitucionalidade do § 4º do art. 224 do Código Eleitoral

TSE O Tribunal, ao julgar embargos de declaração opostos a acórdão que cassou o mandato do governador e do vice-governador do Amazonas e determinou a realização de novas eleições, entendeu pela inexistência de interesse jurídico que autorizasse, isoladamente, os deputados estaduais do estado a integrar o processo como terceiros prejudicados, reconhecendo, entretanto, a existência de tal interesse por parte da Assembleia Legislativa. O relator destacou que, conforme dispõe o art. 996 do NCPC, o recurso de terceiro prejudicado deve demonstrar a ingerência do julgamento na esfera jurídica de quem pleiteia a intervenção. A solução da lide não repercute no campo dos direitos dos deputados estaduais nem afeta prerrogativas inerentes ao cargo que ocupam, pois a intenção em participar de eventual eleição indireta representa tão somente interesse de fato que não possibilita a ampliação subjetiva da demanda. Em relação aos embargos opostos pela Assembleia Legislativa, há interesse jurídico que enseja o conhecimento do recurso, tendo em vista a discussão sobre a incidência do § 4º do art. 224 do Código Eleitoral, que prevê eleições diretas quando a vacância do cargo ocorrer mais de seis meses antes do final do mandato. EDcl no RO 2246-61, Rel. Min. Luís Roberto Barroso, j. 22.8.2017. (Info 11)

* INOVAÇÕES LEGISLATIVAS

▲ Código Eleitoral (Lei 4.737/65)

▲ Parte Quarta – Das Eleições, Título I – Do Sistema Eleitoral, Capítulo IV – Da Representação Proporcional

▲ Art. 109. § 2º Poderão concorrer à distribuição dos lugares todos os partidos e coligações que participaram do pleito. (Modificações: Lei 13.488/17)

* QUESTÕES DISCURSIVAS

01. **(Cespe/TJ/PR/Juiz/2017)** Manoel, eleitor do município de Curitiba/PR desde 1990 e residente no município de Campo Largo/PR desde 2001, foi eleito ao cargo de Deputado Federal nas eleições 2014, tendo obtido 67,6 % dos seus votos no município de Colombo/PR. No dia 2 de maio de 2017, Manoel comparece à Central de Atendimento ao Eleitor do Fórum Eleitoral de Colombo para requerer a transferência do seu título eleitoral para aquele município. No décuplo legal, o Ministério Público Eleitoral impugnou o requerimento sob a alegação de ausência de comprovação de residência mínima de 3 (três) meses no novo domicílio. Indaga-se: O alistamento deve ser indeferido? Fundamente.

* QUESTÕES OBJETIVAS

07. **(Cespe/PC/PE/Delegado/2016)** Com relação ao alistamento eleitoral, assinale a opção correta à luz do Código Eleitoral:

a) Em razão do princípio da competência privativa dos juízes eleitorais e do princípio da vinculação do processo eleitoral, no caso de perda ou extravio do título de eleitor, a sua segunda via deverá ser requerida junto ao juiz da zona eleitoral em que o eleitor estiver inscrito.

b) Caso o eleitor mude de domicílio, ele poderá requerer a transferência de seu título, desde que observado o tempo mínimo de residência no novo domicílio e o cumprimento da exigência de ter votado em, pelo menos, uma eleição, no caso de inscrição primitiva.

c) O código eleitoral elenca as causas de cancelamento da inscrição eleitoral; a ocorrência de uma dessas causas gerará a exclusão do eleitor, que poderá votar de forma válida até que se processe a sua exclusão.

d) No alistamento eleitoral, será considerado o domicílio eleitoral do cidadão qualificado e inscrito o lugar onde sua residência tiver sido estabelecida com ânimo definitivo.

e) O eleitor ficará vinculado permanentemente à seção eleitoral indicada no seu título.

08. **(Cespe/PC/PE/Delegado/2016)** Com relação ao alistamento eleitoral, à transferência de domicílio eleitoral, à segunda via da inscrição e ao título eleitoral, assinale a opção correta à luz da Resolução n. 21.538/2003 do TSE:

a) Caso o título de eleitor seja inutilizado ou dilacerado, o eleitor poderá, pessoalmente ou por meio de procurador nomeado, requerer junto ao cartório eleitoral competente a expedição de segunda via.

b) Requerimento de inscrição eleitoral ou de transferência não será recebido no prazo de cento e cinquenta dias que antecedem a data da eleição.

c) Nas hipóteses de transferência, de revisão ou de emissão de segunda via do título eleitoral, a data de emissão do título será a data de inscrição originária do alistamento do eleitor junto ao cartório eleitoral competente.

d) A pena de multa será aplicada a não alistado maior de dezoito anos que tenha requerido sua inscrição eleitoral após completar a referida idade.

e) Caso o juiz eleitoral defira o pedido de transferência de domicílio eleitoral de determinado eleitor, o MP Eleitoral terá competência exclusiva para recorrer junto ao tribunal regional eleitoral, no prazo legal, após a sua intimação.

09. **(Cespe/PC/PE/Delegado/2016)** Com relação a acesso às informações constantes de cadastro, restrição de direitos políticos, revisão do eleitorado e justificação do não comparecimento à eleição, assinale a opção correta à luz da Resolução n. 21.538/2003 do TSE:

a) No caso de perda dos direitos políticos, serão considerados documentos hábeis para comprovar a reaquisição ou o restabelecimento de direitos políticos o decreto ou a portaria.

b) Informações de caráter personalizado constantes do cadastro eleitoral poderão ser fornecidas a qualquer cidadão, em razão do princípio eleitoral da publicidade das inscrições dos eleitores.

c) No caso de fraude no alistamento dos eleitores de determinada zona eleitoral de um município, caberá ao juiz presidente da junta eleitoral da comarca, em razão da sua competência, a realização de correição e revisão do eleitorado.

d) O juiz eleitoral deverá, em regra, realizar a revisão do eleitorado do município ou da zona de sua competência, no ano de realização do processo eleitoral, para garantir maior segurança jurídica ao pleito.

e) O eleitor que deixar de votar devido ao fato de estar residindo, no dia do pleito, no exterior deverá justificar a sua ausência, dentro do prazo legal, perante a embaixada do Brasil estabelecida no país onde se encontrar, sob pena de incidência de multa eleitoral.

10. **(Cespe/TRE/PE/Técnico/2017)** Considerando as regras do TSE para a administração e a manutenção do cadastro eleitoral e assuntos correlatos, assinale a opção correta:

a) Via de regra, a revisão de eleitorado ocorre em ano eleitoral.

b) As relações de eleitores constantes do cadastro eleitoral, com dados como filiação e estado civil, serão acessíveis às instituições públicas e privadas, ressalvada a privacidade quanto ao endereço e telefone.

c) A outorga a brasileiro do gozo de direitos políticos em Portugal importará a perda desses mesmos direitos no Brasil.

d) Comunicada a perda de direitos políticos pelo Ministério da Justiça, a corregedoria-regional atualizará a situação das inscrições na Base de Perda e Suspensão de Direitos Políticos.

e) A regularização da situação eleitoral de pessoa com restrição de direitos políticos não ocorre simultaneamente à cessação do impedimento.

11. **(Cespe/TRE/PE/Técnico/2017)** Com base no Código Eleitoral, assinale a opção correta relativamente a juízes, juntas e alistamento eleitoral:

a) Caberá a aplicação de multa ao juiz que deixar de anexar ao processo eleitoral o recibo do eleitor quanto ao título e documento que instruiu o requerimento de alistamento eleitoral.

b) A suspensão dos direitos políticos implica a suspensão do direito de voto, mas não o cancelamento do alistamento eleitoral.

c) Durante o processo de cancelamento do alistamento e até a exclusão, o eleitor não poderá votar.

d) Para o efeito da inscrição, é tido como domicílio eleitoral o lugar de residência do requerente, e, verificado ter este mais de uma, considerar-se-á domicílio a mais antiga.

e) As juntas eleitorais são compostas por um juiz de direito e dois ou quatro cidadãos de notório saber jurídico.

12. **(Cespe/TRE/PE/Analista/2017)** Acerca de eleições e temas correlatos, assinale a opção correta:

a) É proibido aos agentes públicos nomear para cargos em comissão nos três meses que antecedem a eleição até a data da posse dos eleitos.

b) O critério majoritário é utilizado para os cargos do Poder Executivo e o proporcional para os cargos do Poder Legislativo.

c) O título eleitoral do menor que completará dezesseis anos de idade no dia do pleito eleitoral é eficaz desde a data da expedição.

d) O pagamento de multa aplicada ao partido por violação da legislação eleitoral não pode constar como gasto eleitoral na prestação de contas da campanha.

e) No período de campanha eleitoral, é vedada a realização de enquetes relacionadas ao processo eleitoral.

13. **(Cespe/TRE/PE/Técnico/2017)** Considerando as regras do TSE para o alistamento eleitoral e a transferência de domicílio eleitoral, assinale a opção correta:

a) Para comprovar o tempo de residência no novo local, o eleitor deve instruir o pedido de transferência de domicílio eleitoral com contas de luz ou outro documento equivalente.

b) Em ano de eleição, o menor que completar dezesseis anos de idade até a data do pleito poderá optar por alistar-se.

c) Estará sujeito a multa eleitoral o brasileiro naturalizado que não se alistar até um ano antes da data prevista para eleição.

d) O alistamento do analfabeto é facultativo, mas, uma vez que ele se aliste, seu voto será obrigatório.

e) Qualquer delegado de partido político pode recorrer do despacho que indeferir a transferência de determinado eleitor.

14. **(Cespe/PC/GO/Delegado/2017)** A respeito do alistamento eleitoral, assinale a opção correta à luz da Resolução TSE n. 21.538/2003:

a) Apesar da facultatividade do alistamento eleitoral do analfabeto, a partir do momento em que se alfabetizar, o indivíduo deverá requerer a sua inscrição eleitoral, mas, por se tratar de ato extemporâneo, ficará sujeito a multa eleitoral.

b) Contra decisão que indeferir pedido de inscrição eleitoral caberá recurso, a ser interposto mediante a anuência de delegado de partido político.

c) Aplica-se multa ao brasileiro nato que não se alistar até os dezenove anos de idade, caso ele não requeira a sua inscrição eleitoral até o centésimo quinquagésimo primeiro dia anterior à eleição subsequente à data em que completar citada idade.

d) A carteira de identidade e a certidão de nascimento são os únicos documentos válidos para fins de comprovação da nacionalidade no ato de alistamento eleitoral.

e) A justiça eleitoral deverá, após a apresentação dos documentos pelo eleitor, preencher ou digitar o requerimento de alistamento eleitoral, indicando o local de votação, determinado automaticamente, sem direito de escolha, conforme o domicílio do eleitor.

15. **(Cespe/DPU/Defensor/2017)** Para concorrer a determinada eleição, o candidato deve possuir domicílio eleitoral na respectiva circunscrição pelo prazo mínimo de seis meses antes da realização do pleito.

16. **(Cespe/TRE/PI/Analista/2016)** Com base nas disposições do CE, assinale a opção correta:

a) Os diplomados em escolas superiores, professores e serventuários da justiça não podem ser nomeados mesários na própria seção eleitoral.

b) Cabe ao presidente do tribunal regional eleitoral ou da junta eleitoral entregar a cada candidato eleito o diploma assinado, assim como um diploma para cada suplente.

c) Será considerada nula a votação de eleitor que comparecer a zona eleitoral portando identidade falsa e votar em lugar do eleitor chamado.

d) O processo eleitoral realizado no estrangeiro subordina-se direta e exclusivamente ao Tribunal Superior Eleitoral.

e) As seções eleitorais das capitais podem ter no máximo quinhentos eleitores, organizados pelos pedidos de inscrição.

1.3. Disposições Várias

1.3.1. Das Garantias Eleitorais

✱ QUESTÕES OBJETIVAS

17. **(Cespe/PC/MT/Delegado/2017)** Desde quinze dias antes de uma eleição municipal, salvo em caso de flagrante delito, nenhuma autoridade poderá prender ou deter:

a) delegado de partido.

b) fiscal de partido.

c) candidato.

d) eleitor.

e) membro de mesa receptora.

18. **(Cespe/TJ/DFT/Juiz/2016)** Com relação a princípios e garantias do direito eleitoral, dos sistemas eleitorais, dos partidos políticos e dos direitos políticos, assinale a opção correta:

a) O princípio da anualidade não é uma cláusula pétrea e pode ser suprimido por EC.

b) A Cidadania e o Pluralismo Político são objetivos fundamentais da República Federativa do Brasil.

c) O pluralismo político é expressão sinônima de diversidade partidária.

d) São garantias que regem a disciplina dos partidos políticos: a liberdade partidária externa, a liberdade partidária interna, a subvenção pública e a intervenção estatal mínima.

e) O sistema majoritário brasileiro é unívoco.

19. **(Cespe/PC/GO/Agente/2016)** Nas eleições municipais de Goiânia/GO para o ano de 2016:

I. Fernanda foi candidata a vereadora.

II. Flávio foi candidato a prefeito.

III. Clara foi eleitora.

IV. Paulo foi membro da mesa receptora.

V. João foi fiscal de partido político.

Nessas situações hipotéticas, de acordo com a Lei n. 4.737/1965, não poderiam ser detidos ou presos, salvo em flagrante delito, desde quinze dias antes da eleição:

a) Fernanda, Flávio e Clara.

b) Flávio, Clara e João.

c) Paulo e João.

d) Fernanda e Flávio.

e) Clara, Paulo e João.

1.3.2. Dos Recursos

✱ SÚMULAS

1) Disposições Gerais

TSE Súm. 11. No processo de registro de candidatos, o partido que não o impugnou não tem legitimidade para recorrer da sentença que o deferiu, salvo se se cuidar de matéria constitucional.

TSE Súm. 26. É inadmissível o recurso que deixa de impugnar especificamente fundamento da decisão recorrida que é, por si só, suficiente para a manutenção desta.

TSE Súm. 27. É inadmissível recurso cuja deficiência de fundamentação impossibilite a compreensão da controvérsia.

TSE Súm. 65. Considera-se tempestivo o recurso interposto antes da publicação da decisão recorrida.

2) Recurso contra Expedição de Diploma

TSE Súm. 47. A inelegibilidade superveniente que autoriza a interposição de recurso contra expedição de diploma, fundado no art. 262 do Código Eleitoral, é aquela de índole constitucional ou, se infraconstitucional, superveniente ao registro de candidatura, e que surge até a data do pleito.

3) Recurso Especial Eleitoral

TSE Súm. 24. Não cabe recurso especial eleitoral para simples reexame do conjunto fático-probatório.

TSE Súm. 25. É indispensável o esgotamento das instâncias ordinárias para a interposição de recurso especial eleitoral.

TSE Súm. 28. A divergência jurisprudencial que fundamenta o recurso especial interposto com base na alínea "b" do inciso "I" do art. 276 do Código Eleitoral somente estará demonstrada mediante a realização de cotejo analítico e a existência de similitude fática entre os acórdãos paradigma e o aresto recorrido.

TSE Súm. 29. A divergência entre julgados do mesmo Tribunal não se presta a configurar dissídio jurisprudencial apto a fundamentar recurso especial eleitoral.

TSE Súm. 30. Não se conhece de recurso especial eleitoral por dissídio jurisprudencial, quando a decisão recorrida estiver em conformidade com a jurisprudência do Tribunal Superior Eleitoral.

TSE Súm. 31. Não cabe recurso especial eleitoral contra acórdão que decide sobre pedido de medida liminar.

TSE Súm. 32. É inadmissível recurso especial eleitoral por violação à legislação municipal ou estadual, ao Regimento Interno dos Tribunais Eleitorais ou às normas partidárias.

TSE Súm. 71. Na hipótese de negativa de seguimento ao recurso especial e da consequente interposição de agravo, a parte deverá apresentar contrarrazões tanto ao agravo quanto ao recurso especial, dentro do mesmo tríduo legal.

TSE Súm. 72. É inadmissível o recurso especial eleitoral quando a questão suscitada não foi debatida na decisão recorrida e não foi objeto de embargos de declaração.

4) Recurso Extraordinário

STF Súm. 728. É de três dias o prazo para a interposição de recurso extraordinário contra decisão do Tribunal Superior Eleitoral, contado, quando for o caso, a partir da publicação do acórdão, na própria sessão de julgamento, nos termos do art. 12 da Lei 6.055/74, que não foi revogado pela Lei 8.950/94

5) Recurso Ordinário

TSE Súm. 3. No processo de registro de candidatos, não tendo o juiz aberto prazo para o suprimento de defeito da instrução do pedido, pode o documento, cuja falta houver motivado o indeferimento, ser juntado com o recurso ordinário.

TSE Súm. 10. No processo de registro de candidatos, quando a sentença for entregue em cartório antes de três dias contados da conclusão ao juiz, o prazo para o recurso ordinário, salvo intimação pessoal anterior, só se conta do termo final daquele tríduo.

TSE Súm. 36. Cabe recurso ordinário de acórdão de Tribunal Regional Eleitoral que decida sobre inelegibilidade, expedição ou anulação de diploma ou perda de mandato eletivo nas eleições federais ou estaduais (art. 121, § 4º, incisos III e IV, da Constituição Federal).

TSE Súm. 64. Contra acórdão que discute, simultaneamente, condições de elegibilidade e de inelegibilidade, é cabível o recurso ordinário.

* INFORMATIVOS DE JURISPRUDÊNCIA

RCED e competência

STF O TSE é o órgão competente para julgar os Recursos Contra Expedição de Diploma (RCED) nas eleições presidenciais e gerais (federais e estaduais). ADPF 167, Rel. Min. Luiz Fux, j. 7.3.2018. Pleno. (Info 893)

1.3.3. Disposições Penais

* SÚMULAS

STJ Súm. 192. Compete ao juízo das execuções penais do estado a execução das penas impostas a sentenciados pela justiça federal, militar ou eleitoral, quando recolhidos a estabelecimentos sujeitos à administração estadual.

STJ Súm. 234. A participação de membro do Ministério Público na fase investigatória criminal não acarreta o seu impedimento ou suspeição para o oferecimento da denúncia.

* INOVAÇÕES LEGISLATIVAS

▲ CE. Parte Quinta – Disposições Várias, Título IV – Disposições Penais, Capítulo II – Dos Crimes Eleitorais

▲ Art. 354-A. Apropriar-se o candidato, o administrador financeiro da campanha, ou quem de fato exerça essa função, de bens, recursos ou valores destinados ao financiamento eleitoral, em proveito próprio ou alheio: Pena – reclusão, de dois a seis anos, e multa. (Modificações: Lei 13.488/17)

* QUESTÕES DISCURSIVAS

02. **(Cespe/DPU/Defensor/2017)** "José compareceu à seção de atendimento da sede da DPU e narrou que, em 2008, candidatou-se ao cargo de vereador na cidade, mas não declarou, na prestação de contas de campanha, a doação privada efetivada à sua candidatura por Zeca do Boteco, dono do estabelecimento do gênero mais lucrativo da região, porque temia a contaminação da candidatura pela má-fama de Zeca, beberrão e desrespeitoso com as mulheres. Em outubro de 2017, José foi intimado para ser ouvido em investigação da Polícia Federal, tendo-lhe sido permitido, para tanto, constituir advogado ou defensor público. Durante o atendimento na sede da DPU, confessou-se temeroso em relação à prática e às punições de "caixa 2 eleitoral" divulgadas na mídia e argumentou que nunca respondera a um processo penal e que não embolsara o dinheiro da doação, tendo-o utilizado apenas para fazer santinhos e distribuí-los a seus potenciais eleitores." Considerando apenas a situação hipotética acima descrita, responda, de maneira técnico-jurídico-científica, aos seguintes questionamentos, mencionando todos os institutos e artigos de leis pertinentes: (i) Existe crime de "caixa 2 eleitoral"? Justifique sua resposta. (ii) Por qual artigo de lei José responderia e qual seria sua pena se ele fosse condenado? (iii) O que a DPU poderia alegar jurídico-penalmente em benefício de José para impedir que ele seja condenado e preso?

* QUESTÕES OBJETIVAS

20. **(Cespe/TJ/DFT/Juiz/2015)** Em relação aos procedimentos especiais, assinale a opção correta:

a) Nos crimes falimentares, regulamentados pela Lei de Falências, a propositura da ação penal pelo MP independe da sentença que decretar a falência ou conceder a recuperação judicial.
b) Em matéria de direito eleitoral, as ações penais referentes a crimes praticados por meio de propaganda eleitoral, ainda que se trate de crime contra a honra, são sempre públicas e incondicionadas.

c) A competência para processar e julgar crime de abuso de autoridade praticado por militar em serviço será da justiça militar do local em que o ato criminoso for praticado.

d) O homicídio simples, o tráfico ilícito de entorpecentes e os crimes praticados por organizações criminosas são considerados hediondos e insuscetíveis de graça, anistia ou indulto.

e) Nas ações penais que visem reprimir violência doméstica contra a mulher, não se admite a aplicação de medidas de natureza cível, e, se provocado, o juízo deve declinar da competência de ofício.

21. **(Cespe/PC/GO/Agente/2016)** Em determinada eleição municipal:

I. Luciano tentou votar mais de uma vez.

II. ao fazer propaganda eleitoral, Márcio injuriou Carmem, ofendendo-lhe a dignidade.

III. Tatiane tentou violar o sigilo de uma urna.

Nessas situações hipotéticas, à luz da Lei n. 4.737/1965:

a) Tatiane poderá ter a pena reduzida em razão da tentativa.

b) Márcio, necessariamente, terá a pena aplicada pelo juiz, ainda que tenha agido em caso de retorsão imediata que consista em outra injúria.

c) Luciano, Márcio e Tatiane responderão por crime de ação pública.

d) Márcio responderá por crime de ação privada.

e) Luciano poderá ter a pena reduzida em razão da tentativa.

22. **(Cespe/DPU/Defensor/2015)** Zoroastro – servidor público municipal da cidade de Juazeiro/BA, onde exerce permanentemente suas funções na secretaria de assistência social – mora e reside com a família nesse mesmo município, no qual é conhecido por sua militância em defesa das pessoas mais necessitadas economicamente. Com o objetivo de candidatar-se a vereador na cidade de Petrolina/PE, Zoroastro declarou perante a justiça eleitoral desse estado da Federação possuir domicílio eleitoral nesta cidade. Nessa situação hipotética, houve crime impossível pela ineficácia absoluta do meio, decorrente da qualificação do declarante apresentada perante a justiça eleitoral e do domicílio necessário do servidor público, já que, a partir dessas informações, seria plenamente possível ao órgão eleitoral constatar a inverdade da declaração feita por Zoroastro. Além disso, seriam imprescindíveis, para a configuração do crime, a existência de dolo específico e a comprovação da materialidade.

23. **(Cespe/DPU/Defensor/2015)** Nas vésperas de certa eleição, foram divulgadas informações pela imprensa, pelo rádio e pela televisão, na propaganda eleitoral, acerca de fatos inverídicos, porém de natureza favorável ao candidato Marivaldo, capazes de exercerem influência positiva na avaliação dele perante o eleitorado, mas que não ofenderam, denegriram ou distorceram a imagem de adversários políticos de Marivaldo. Nessa situação hipotética, o fato foi penalmente atípico, ainda que enganosa a propaganda, pois esta não ofendeu, denegriu ou distorceu a imagem de adversários políticos de Marivaldo; além disso, para a caracterização de delito, seria obrigatória a demonstração concreta de danos causados pela referida divulgação de informações.

24. **(Cespe/DPU/Defensor/2015)** A competência da justiça eleitoral em matéria criminal segue a simetria constitucional para os agentes que possuam foro por prerrogativa da função, não alcançando os crimes políticos.

25. **(Cespe/DPU/Defensor/2015)** Se houver a prática de crimes comuns conexos com delitos de natureza eleitoral, terá de haver necessária separação de processos, de acordo com preceito expresso do Código Eleitoral, não se aplicando a regra geral do CPP, por se tratar de norma subsidiária ou supletiva.

26. **(Cespe/DPU/Defensor/2015)** O interrogatório do réu, ainda que não contemplado de forma expressa no rito estabelecido no processo penal eleitoral, deve ser realizado ao final da instrução, consoante orientação firmada pelo STF.

27. **(Cespe/DPU/Defensor/2015)** Admite-se a absolvição sumária no processo penal eleitoral, ainda que esta não se encontre prevista de forma expressa no aludido procedimento, conforme inteligência do STF.

1.3.4. Disposições Gerais

✱ SÚMULAS

1) Dos Sujeitos do Processo

TSE Súm. 38. Nas ações que visem à cassação de registro, diploma ou mandato, há litisconsórcio passivo necessário entre o titular e o respectivo vice da chapa majoritária.

TSE Súm. 39. Não há formação de litisconsórcio necessário em processos de registro de candidatura.

TSE Súm. 40. O partido político não é litisconsorte passivo necessário em ações que visem à cassação de diploma.

2) Do Processo de Conhecimento

TSE Súm. 62. Os limites do pedido são demarcados pelos fatos imputados na inicial, dos quais a parte se defende, e não pela capitulação legal atribuída pelo autor.

3) Do Processo de Execução

TSE Súm. 68. A União é parte legítima para requerer a execução de astreintes, fixada por descumprimento de ordem judicial no âmbito da Justiça Eleitoral.

TSE Súm. 56. A multa eleitoral constitui dívida ativa de natureza não tributária, submetendo-se ao prazo prescricional de 10 (dez) anos, nos moldes do art. 205 do Código Civil.

TSE Súm. 63. A execução fiscal de multa eleitoral só pode atingir os sócios se preenchidos os requisitos para a desconsideração da personalidade jurídica previstos no art. 50 do Código Civil, tendo em vista a natureza não tributária da dívida, observados, ainda, o contraditório e a ampla defesa.

Direito subjetivo do réu e suspensão condicional do processo

TSE A suspensão condicional do processo é um poder-dever do "dominus litis" sempre que verificados os requisitos exigidos pelo art. 89 da Lei 9.099/95. HC 0600201-07, Rel. Min. Tarcisio Vieira de Carvalho Neto, j. 8.5.2018. (Info 7)

Obtenção, sem autorização judicial, de registro de informações referente à troca de mensagens em mídias sociais e licitude da prova

TSE Considera-se lícita a obtenção de metadados – registros de informações – em mídias sociais, como o WhatsApp, ainda que sem autorização judicial. Por não ostentarem natureza de comunicação de dados, inexiste violação aos direitos fundamentais à intimidade e à vida privada, mas é ilícita a parte atinente ao acesso aos conteúdos das mensagens trocadas, em razão da ausência de autorização judicial. O sigilo garantido pelo Constituição limita-se ao fluxo de comunicação de dados, e não aos dados em si mesmos. RO 1220-86, Rel. Acd. Min. Luiz Fux, j. 22.3.2018. (Info 4)

Não cumprimento de decisão judicial e aplicação de astreinte

TSE O Tribunal manteve condenação imposta ao Facebook em razão de descumprimento de decisão judicial. A empresa interpôs agravo regimental da decisão que negou seguimento ao recurso especial e manteve a determinação de exclusão de perfil da rede social durante o período da campanha eleitoral, bem como a multa cominatória (astreinte) fixada no montante de R$30 mil por dia de descumprimento, ambas as sanções impostas em representação por propaganda eleitoral irregular. A agravante alegou que a sentença não especificou se a exclusão determinada seria do perfil como um todo ou apenas da publicação tida como ofensiva. A empresa se manteve inerte quanto ao cumprimento da decisão, não interpondo recurso para esclarecer possível imprecisão. A dúvida se cingia à retirada do perfil, não persistindo quanto à exclusão da publicação ofensiva. A imposição de astreinte, no caso, tem como fundamento a proteção à autoridade da prestação judicial, e não ao candidato ofendido. AREspe 14-128, Rel. Min. Tarcisio Vieira de Carvalho Neto, j. 28.9.2017. (Info 13)

✱ QUESTÕES OBJETIVAS

28. **(Cespe/TRE/PE/Analista/2017)** Com base nas disposições do Código Eleitoral, assinale a opção correta:

a) O partido poderá inscrever candidato para a eleição mesmo que não tenha diretório registrado na circunscrição em que ocorrerá o pleito.

b) Servidor do tribunal regional eleitoral que exercer atividade partidária ficará sujeito à pena de demissão.

c) Contra a apuração da votação cabe recurso ao tribunal regional eleitoral, ainda que não tenha havido prévia impugnação perante a junta eleitoral, no ato de apuração.

d) O número de juízes de tribunal regional eleitoral poderá ser elevado para até nove ou reduzido ao mínimo de seis, mediante proposta do TSE.

e) Toda propaganda eleitoral é de responsabilidade dos partidos, os quais responderão solidariamente pelos excessos cometidos por seus candidatos e pelos candidatos de sua coligação.

2. LEI DAS ELEIÇÕES (LEI 9.504/97)

2.1. Disposições Gerais, Das Coligações

✻ SÚMULAS

TSE Súm. 53. O filiado a partido político, ainda que não seja candidato, possui legitimidade e interesse para impugnar pedido de registro de coligação partidária da qual é integrante, em razão de eventuais irregularidades havidas em convenção.

✻ INOVAÇÕES LEGISLATIVAS

▲ Disposições Gerais

▲ Art. 4º Poderá participar das eleições o partido que, até seis meses antes do pleito, tenha registrado seu estatuto no Tribunal Superior Eleitoral, conforme o disposto em lei, e tenha, até a data da convenção, órgão de direção constituído na circunscrição, de acordo com o respectivo estatuto (Modificações: Lei 13.488/17)

✻ QUESTÕES OBJETIVAS

29. **(Cespe/TJ/AM/Juiz/2016)** Considerando que, em um estado da Federação com direito a eleger vinte deputados federais, um partido político regularmente inscrito participará das eleições sem estar coligado a nenhum outro, assinale a opção que apresenta uma quantidade correta de candidatos que poderão concorrer ao cargo de deputado(a) federal pelo referido partido:

a) vinte homens – vinte mulheres.

b) nove homens – vinte e uma mulheres.

c) vinte homens – duas mulheres.

d) vinte e dois homens – oito mulheres.

e) trinta homens – dez mulheres.

30. **(Cespe/PC/PE/Delegado/2016)** De acordo com a Lei das Eleições – Lei n. 9.504/1997 –, assinale a opção correta:

a) As coligações terão denominações próprias, que não poderão coincidir com nome de candidatos, e, na propaganda para o pleito proporcional, cada partido usará apenas a sua legenda sob o nome da coligação.

b) Nas eleições para cargos do legislativo, somente serão computados ao partido os votos dados a candidato que não participe de legenda partidária.

c) Em razão da sua responsabilidade subsidiária, o partido político somente será acionado para o pagamento de multas em face de propaganda eleitoral extemporânea de seus candidatos, caso esses candidatos não realizem o pagamento devido no tempo legal.

d) Nas eleições majoritárias para os pleitos estadual e federal, serão considerados eleitos os candidatos que obtiverem a maioria simples dos votos, excluindo-se os votos brancos e nulos.

e) Em município com mais de duzentos mil habitantes, deve ocorrer segundo turno nas eleições para prefeito.

31. **(Cespe/PC/GO/Delegado/2017)** Em ano eleitoral, na convenção estadual do partido Pdy, a direção apresentou proposta de coligação e relação de candidatos a deputado federal. Com referência a essa situação hipotética, cada uma das próximas opções apresenta uma situação também hipotética, seguida de uma assertiva a ser julgada, de acordo com o que prescreve a Lei n. 9.504/1997, que estabelece normas para as eleições. Assinale a opção que apresenta a assertiva correta:

a) A lista de candidatos a deputado federal do Pdy conta dois candidatos que enfrentam processos, ainda não concluídos, de expulsão do partido. Nessa situação, os nomes desses dois candidatos devem ser substituídos, pois a lei prevê o imediato cancelamento do registro de candidatos submetidos a processo de expulsão do partido a que pertençam.

b) Dos componentes da lista de candidatos do Pdy, 50% deles são do sexo feminino. Nessa situação, de acordo com a lei em apreço, a lista deverá ser recomposta, de forma a conter, no máximo, 30% de candidatos desse sexo e 70%, no mínimo, de candidatos do sexo masculino.

c) O Pdy estadual deliberou coligar-se com outros dois partidos, em afronta direta às diretrizes estatutárias do órgão de direção nacional do Pdy. Nessa situação, o diretório nacional do Pdy poderá, nos termos do estatuto do partido, anular a referida deliberação feita em convenção estadual e os atos dela decorrentes.

d) Na convenção, ficou decidido que seriam apresentados vinte e um candidatos para concorrer às quatorze vagas de deputado federal reservadas para o estado. Nessa situação, o número de candidatos a ser apresentado pelo partido ou pela coligação deveria corresponder a 200% das respectivas vagas, ou seja, vinte e oito candidatos.

e) A lista de candidatos a deputado federal do Pdy inclui um candidato que somente completará vinte e um anos de idade no dia seis de outubro, um dia após a data das eleições. Nessa situação, esse candidato terá de ser substituído por outro candidato que complete a idade mínima de vinte e um anos até a data do certame eleitoral.

32. (Cespe/TRE/PE/Técnico/2017) Com base na legislação que rege as eleições, assinale a opção correta:

a) As normas para a escolha dos candidatos e para a formação de coligações estão estabelecidas taxativamente na lei, em "numerus clausus".

b) O requisito de idade mínima de dezoito anos como condição de elegibilidade é verificado tendo por referência a data da posse no cargo pretendido.

c) Os partidos políticos dentro da mesma circunscrição podem celebrar coligações para eleição majoritária, para eleição proporcional ou para ambas.

d) Nas eleições majoritárias, consideram-se válidos apenas os votos dados a candidatos regularmente inscritos e às legendas partidárias.

e) Candidatos filiados a qualquer partido podem inscrever-se nas chapas de coligação.

2.2. Das Convenções, Do Registro de Candidatos

* SÚMULAS

1) Das Convenções para a Escolha de Candidatos

TSE Súm. 53. O filiado a partido político, ainda que não seja candidato, possui legitimidade e interesse para impugnar pedido de registro de coligação partidária da qual é integrante, em razão de eventuais irregularidades havidas em convenção.

2) Do Registro de Candidatos

TSE Súm. 2. Assinada e recebida a ficha de filiação partidária até o termo final do prazo fixado em lei, considera-se satisfeita a correspondente condição de elegibilidade, ainda que não tenha fluído, até a mesma data, o tríduo legal de impugnação.

TSE Súm. 3. No processo de registro de candidatos, não tendo o juiz aberto prazo para o suprimento de defeito da instrução do pedido, pode o documento, cuja falta houver motivado o indeferimento, ser juntado com o recurso ordinário.

TSE Súm. 4. Não havendo preferência entre candidatos que pretendam o registro da mesma variação nominal, defere-se o do que primeiro o tenha requerido.

TSE Súm. 10. No processo de registro de candidatos, quando a sentença for entregue em cartório antes de três dias contados da conclusão ao juiz, o prazo para o recurso ordinário, salvo intimação pessoal anterior, só se conta do termo final daquele tríduo.

TSE Súm. 11. No processo de registro de candidatos, o partido que não o impugnou não tem legitimidade para recorrer da sentença que o deferiu, salvo se se cuidar de matéria constitucional.

TSE Súm. 43. As alterações fáticas ou jurídicas supervenientes ao registro que beneficiem o candidato, nos termos da parte final do art. 11, § 10, da Lei n. 9.504/97, também devem ser admitidas para as condições de elegibilidade.

TSE Súm. 45. Nos processos de registro de candidatura, o Juiz Eleitoral pode conhecer de ofício da existência de causas de inelegibilidade ou da ausência de condição de elegibilidade, desde que resguardados o contraditório e a ampla defesa.

TSE Súm. 50. O pagamento da multa eleitoral pelo candidato ou a comprovação do cumprimento regular de seu parcelamento após o pedido de registro, mas antes do julgamento respectivo, afasta a ausência de quitação eleitoral.

TSE Súm. 57. A apresentação das contas de campanha é suficiente para a obtenção da quitação eleitoral, nos termos da nova redação conferida ao art. 11, § 7º, da Lei n. 9.504/97, pela Lei n. 12.034/2009.

TSE Súm. 58. Não compete à Justiça Eleitoral, em processo de registro de candidatura, verificar a prescrição da pretensão punitiva ou executória do candidato e declarar a extinção da pena imposta pela Justiça Comum.

TSE Súm. 70. O encerramento do prazo de inelegibilidade antes do dia da eleição constitui fato superveniente que afasta a inelegibilidade, nos termos do art. 11, § 10, da Lei n. 9.504/97.

TSE Súm. 51. O processo de registro de candidatura não é o meio adequado para se afastarem os eventuais vícios apurados no processo de prestação de contas de campanha ou partidárias.

TSE Súm. 52. Em registro de candidatura, não cabe examinar o acerto ou desacerto da decisão que examinou, em processo específico, a filiação partidária do eleitor.

TSE Súm. 45. Nos processos de registro de candidatura, o Juiz Eleitoral pode conhecer de ofício da existência de causas de inelegibilidade ou da ausência de condição de elegibilidade, desde que resguardados o contraditório e a ampla defesa.

TSE Súm. 55. A Carteira Nacional de Habilitação gera a presunção da escolaridade necessária ao deferimento do registro de candidatura.

* INOVAÇÕES LEGISLATIVAS

▲ Das Convenções para a Escolha de Candidatos

▲ Art. 9º Para concorrer às eleições, o candidato deverá possuir domicílio eleitoral na respectiva circunscrição pelo prazo de seis meses e estar com a filiação deferida pelo partido no mesmo prazo. (Modificações: Lei 13.488/17)

▲ Do Registro de Candidatos

▲ Art. 11. § 8º Para fins de expedição da certidão de que trata o § 7º, considerar-se-ão quites aqueles que: (...). III – o parcelamento das multas eleitorais é direito dos cidadãos e das pessoas jurídicas e pode ser feito em até sessenta meses, salvo quando o valor da parcela ultrapassar 5% (cinco por cento) da renda mensal, no caso de cidadão, ou 2% (dois por cento) do faturamento, no caso de pessoa jurídica, hipótese em que poderá estender-se por prazo superior, de modo que as parcelas não ultrapassem os referidos limites; IV – o parcelamento de multas eleitorais e de outras multas e débitos de natureza não eleitoral imputados pelo poder público é garantido também aos partidos políticos em até sessenta meses, salvo se o valor da parcela ultrapassar o limite de 2% (dois por cento) do repasse mensal do Fundo Partidário, hipótese em que poderá estender-se por prazo superior, de modo que as parcelas não ultrapassem o referido limite. (...). § 14. É vedado o registro de candidatura avulsa, ainda que o requerente tenha filiação partidária. (Modificações: Lei 13.488/17)

* QUESTÕES DISCURSIVAS

03. **(Cespe/DPU/Defensor/2017)** Considerando que as mulheres constituem a maioria numérica da população brasileira e que, inequivocamente, há baixa representatividade do sexo feminino no exercício de cargos parlamentares, a legislação estabeleceu, como medida de proteção a candidatas, a garantia de um percentual mínimo de ambos os sexos nas eleições parlamentares (art. 10, § 3º, da Lei n. 9.504/1997). A partir dessa informação, discorra sobre o fundamento constitucional da salvaguarda apresentada, justificando sua legitimidade.

* QUESTÕES OBJETIVAS

33. **(Cespe/TRE/PE/Técnico/2017)** Quanto a registros de candidatos, assinale a opção correta:

a) As causas de inelegibilidade são aferidas no momento do pedido de registro da candidatura, sendo vedada a alteração da decisão por alterações fáticas ou jurídicas supervenientes.

b) É vedado ao partido substituir candidato que for considerado inelegível após o termo final do prazo do registro.

c) Para solicitar à justiça eleitoral o registro de seus candidatos, os partidos políticos terão até as dezenove horas do dia trinta de agosto do ano em que se realizarem as eleições.

d) Entre outros documentos, o pedido de registro de candidato à justiça eleitoral deve ser instruído com declaração de bens assinada pelo candidato.

e) Apenas partidos políticos podem solicitar registro de candidatos.

34. **(Cespe/TJ/AM/Juiz/2016)** Assinale a opção correta acerca dos impedimentos eleitorais previstos na legislação vigente:

a) O pré-candidato que for sobrinho de governador de estado em exercício não poderá se candidatar a governador do mesmo estado no próximo pleito.

b) Não poderá se candidatar a governador pré-candidato condenado em primeira instância por crime contra o patrimônio público e que o recurso por ele interposto não tenha sido apreciado judicialmente até a data da convenção.

c) Pré-candidato a deputado federal filiado ao partido há apenas cinco meses antes da convenção não poderá se candidatar, ainda que tenha domicílio eleitoral no estado há mais de um ano.

d) Não poderá se candidatar a deputado federal pré-candidato que possuir domicílio eleitoral no estado há menos de um ano, ainda que seja filiado ao partido há mais de um ano.

e) Pré-candidato a deputado federal que não tiver completado vinte e um anos de idade até a data da convenção realizada pelo seu partido não poderá se candidatar: ele não atingiu a idade mínima exigida pela CF.

35. **(Cespe/PC/PE/Delegado/2016)** Com relação às convenções partidárias para a escolha de candidatos, assinale a opção correta:

a) O prazo para que os partidos políticos deliberem com relação a seus candidatos e com relação às possíveis coligações é de, no mínimo, seis meses antes da data da eleição.

b) Para que possa concorrer em uma eleição, o candidato a vereador deverá ter domicílio eleitoral na circunscrição e estar com a filiação deferida pelo partido político, no mínimo, seis meses antes da data da eleição.

c) O estatuto de cada partido político regerá as normas para a escolha e a substituição de candidatos; em caso de omissão do referido estatuto, caberá ao órgão de direção nacional do partido, ou ao estadual, ou ao municipal, de acordo com o respectivo pleito eleitoral, estabelecer tais regramentos.

d) Caberá aos diretórios partidários estadual e municipal deliberarem sobre as coligações em seus respectivos pleitos eleitorais; a legislação veda a interferência do diretório nacional em tais decisões, ainda que haja posições divergentes, decorrentes da autonomia das decisões desses diretórios.

e) As candidaturas natas, às quais deputados e vereadores em exercício de seus mandatos eletivos assegurariam o registro de suas candidaturas para o mesmo cargo, não encontram respaldo no ordenamento jurídico brasileiro.

36. **(Cespe/PC/PE/Delegado/2016)** Por meio de convenção estadual, um partido político escolheu os seus candidatos aos cargos majoritário e proporcional e, no prazo legal, solicitou seus pedidos de registros junto ao tribunal regional eleitoral competente. Ao analisar a solicitação, o procurador regional eleitoral impugnou o pedido de registro de candidatura de um candidato ao cargo de deputado federal. Considerando essa situação hipotética, assinale a opção correta:

a) Caso a impugnação tenha se fundamentado em não quitação de multa eleitoral do candidato, o partido poderá efetuar o pagamento ou requerer o parcelamento devido, para fins de regularizar a situação do candidato.

b) Como a legislação eleitoral não estipula prazo legal para o julgamento dos pedidos de impugnação, o candidato impugnado poderá participar do pleito eleitoral até o julgamento final do processo.

c) Caso o candidato impugnado concorra "sub judice", os votos obtidos em sua candidatura somente serão computados ao partido após o deferimento do seu registro.

d) O candidato impugnado somente poderá utilizar o horário de rádio e televisão após o deferimento do seu registro.

e) O partido político poderá requerer a substituição do candidato impugnado até a véspera da eleição, ocasião em que o tribunal regional eleitoral deverá expedir comunicados aos cartórios eleitorais, para que os eleitores sejam informados, no dia da votação, sobre a substituição ocorrida.

37. **(Cespe/TRE/PI/Analista/2016)** À luz do disposto no CE, assinale a opção correta a respeito do registro de candidatos:

a) Qualquer candidato pode solicitar o cancelamento do registro de seu nome, bastando comunicar verbalmente sua decisão na junta eleitoral.

b) A escolha de candidatos deve ser concluída um ano antes das eleições e aprovada nas convenções partidárias a serem realizadas no mesmo período.

c) É permitido o registro de um mesmo candidato para mais de um cargo na mesma circunscrição.

d) O registro de candidatos a governador, vice-governador, prefeito, vice-prefeito, vereadores e juiz de paz é feito no tribunal regional eleitoral.

e) Para se candidatar a cargo eletivo, o militar que tiver menos de cinco anos de serviço deverá ser excluído do serviço ativo.

2.3. Do Fundo Especial de Financiamento de Campanha (FEFC)

✱ INOVAÇÕES LEGISLATIVAS

▲ Do Fundo Especial de Financiamento de Campanha (FEFC)

▲ Art. 16-C. O Fundo Especial de Financiamento de Campanha (FEFC) é constituído por dotações orçamentárias da União em ano eleitoral, em valor ao menos equivalente: I - ao definido pelo Tribunal Superior Eleitoral, a cada eleição, com base nos parâmetros definidos em lei; II - a 30% (trinta por cento) dos recursos da reserva específica de que trata o inciso II do § 3º do art. 12 da Lei n. 13.473, de 8 de agosto de 2017. § 1º (Vetado). § 2º O Tesouro Nacional depositará os recursos no Banco do Brasil, em conta especial à disposição do Tribunal Superior Eleitoral, até o primeiro dia útil do mês de junho do ano do pleito. § 3º Nos quinze dias subsequentes ao depósito, o Tribunal Superior Eleitoral: I - divulgará o montante de recursos disponíveis no Fundo Eleitoral; e II - (Vetado). § 4º a 6º (Vetados). § 7º Os recursos de que trata este artigo ficarão à disposição do partido político somente após a definição de critérios para a sua distribuição, os quais, aprovados pela maioria absoluta dos membros do órgão de direção executiva nacional do partido, serão divulgados publicamente. §§ 8º a 10. (Vetados). § 11. Os recursos provenientes do Fundo Especial de Financiamento de Campanha que não forem utilizados nas campanhas eleitorais deverão ser devolvidos ao Tesouro Nacional, integralmente, no momento da apresentação da respectiva prestação de contas. § 12 a 14 (Vetados). § 15. O percentual dos recursos a que se refere o inciso II do caput deste artigo poderá ser reduzido mediante compensação decorrente do remanejamento, se existirem, de dotações em excesso destinadas ao Poder Legislativo. (Modificações: Lei 13.487/17)

▲ Art. 16-D. Os recursos do Fundo Especial de Financiamento de Campanha (FEFC), para o primeiro turno das eleições, serão distribuídos entre os partidos políticos, obedecidos os seguintes critérios: I - 2% (dois por cento), divididos igualitariamente entre todos os partidos com estatutos registrados no Tribunal Superior Eleitoral; II - 35% (trinta e cinco por cento), divididos entre os partidos que tenham pelo menos um representante na Câmara dos Deputados, na proporção do percentual de votos por eles obtidos na última eleição geral para a Câmara dos Deputados; III - 48% (quarenta e oito por cento), divididos entre os partidos, na proporção do número de representantes na Câmara dos Deputados, consideradas as legendas dos titulares; IV - 15% (quinze por cento), divididos entre os partidos, na proporção do número de representantes no Senado Federal, consideradas as legendas dos titulares. § 1º (Vetado). § 2º Para que o candidato tenha acesso aos recursos do Fundo a que se refere este artigo, deverá fazer requerimento por escrito ao órgão partidário respectivo. (Modificações: Lei 13.488/17)

2.4. Da Arrecadação e da Aplicação de Recursos

✱ SÚMULAS

TSE Súm. 46. É ilícita a prova colhida por meio da quebra do sigilo fiscal sem prévia e fundamentada autorização judicial, podendo o Ministério Público Eleitoral acessar diretamente apenas a relação dos doadores que excederam os limites legais, para os fins da representação cabível, em que poderá requerer, judicialmente e de forma individualizada, o acesso aos dados relativos aos rendimentos do doador.

✱ INFORMATIVOS DE JURISPRUDÊNCIA

Representação por doação acima do limite legal e retificação de Imposto de Renda apenas em sede recursal

TSE O doador de recursos para campanha eleitoral deve observar os limites estabelecidos na legislação eleitoral, considerando como base os rendimentos auferidos pelo doador no ano anterior à eleição. Eventual retificação da declaração junto ao fisco, anexada somente em sede recursal, não surtirá efeitos perante esta Justiça especializada. A retificação de declaração do Imposto de Renda apresentada em fase recursal, após o acórdão, não afasta multa aplicada pela Justiça Eleitoral por doação acima do limite legal. REspe 138-07, Rel. Acd. Min. Tarcisio Vieira de Carvalho Neto, j. 22.2.2018. (Info 1)

Doação para campanha eleitoral e empresário individual

TSE A doação a campanha eleitoral feita por empresário individual deve obedecer ao limite estabelecido no art. 23, § 1º, inciso I, da Lei n. 9.504/1997, sendo possível o somatório de rendimentos percebidos como pessoa natural e como empresário individual para fins de aferição do referido limite. AREspe 57-33, Rel. Min. Admar Gonzaga, j. 12.9.2017. (Info 12)

✱ INOVAÇÕES LEGISLATIVAS

▲ Da Arrecadação e da Aplicação de Recursos nas Campanhas Eleitorais

▲ Art. 18. Os limites de gastos de campanha serão definidos em lei e divulgados pelo Tribunal Superior Eleitoral. (Modificações: Lei 13.488/17)

▲ Art. 22-A. § 3º Desde o dia 15 de maio do ano eleitoral, é facultada aos pré-candidatos a arrecadação prévia de recursos na modalidade prevista no inciso IV do § 4º do art. 23 desta Lei, mas a liberação de recursos por parte das entidades arrecadadoras fica condicionada ao registro da candidatura, e a realização de despesas de campanha deverá observar o calendário eleitoral. § 4º Na hipótese prevista no § 3º deste artigo, se não for efetivado o registro da candidatura, as entidades arrecadadoras deverão devolver os valores arrecadados aos doadores. (Modificações: Lei 13.488/17)

▲ Art. 23. § 3º A doação de quantia acima dos limites fixados neste artigo sujeita o infrator ao pagamento de multa no valor de até 100% (cem por cento) da quantia em excesso. (...). § 4º As doações de recursos financeiros somente poderão ser efetuadas na conta mencionada no art. 22 desta Lei por meio de: (...). IV – instituições que promovam técnicas e serviços de financiamento coletivo por meio de sítios na internet, aplicativos eletrônicos e outros recursos similares, que deverão atender aos seguintes requisitos: a) cadastro prévio na Justiça Eleitoral, que estabelecerá regulamentação para prestação de contas, fiscalização instantânea das doações, contas intermediárias, se houver, e repasses aos candidatos; b) identificação obrigatória, com o nome completo e o número de inscrição no Cadastro de Pessoas Físicas (CPF) de cada um dos doadores e das quantias doadas; c) disponibilização em sítio eletrônico de lista com identificação dos doadores e das respectivas quantias doadas, a ser atualizada instantaneamente a cada nova doação; d) emissão obrigatória de recibo para o doador, relativo a cada doação realizada, sob a responsabilidade da entidade arrecadadora, com envio imediato para a Justiça Eleitoral e para o candidato de todas as informações relativas à doação; e) ampla ciência a candidatos e eleitores acerca das taxas administrativas a serem cobradas pela realização do serviço; f) não incidência em quaisquer das hipóteses listadas no art. 24 desta Lei; g) observância do calendário eleitoral, especialmente no que diz respeito ao início do período de arrecadação financeira, nos termos dispostos no § 2º do art. 22-A desta Lei; h) observância dos dispositivos desta Lei relacionados à propaganda na internet; V – comercialização de bens e/ou serviços, ou promoção de eventos de arrecadação realizados diretamente pelo candidato ou pelo partido político. § 4º-A Na prestação de contas das doações mencionadas no § 4º deste artigo, é dispensada a apresentação de recibo eleitoral, e sua comprovação deverá ser realizada por meio de documento bancário que identifique o CPF dos doadores. § 4º-B As doações realizadas por meio das modalidades previstas nos incisos III e IV do § 4º deste artigo devem ser informadas à Justiça Eleitoral pelos candidatos e partidos no prazo previsto no inciso I do § 4º do art. 28 desta Lei, contado a partir do momento em que os recursos arrecadados forem depositados nas contas bancárias dos candidatos, partidos ou coligações. (...). § 6º Na hipótese de doações realizadas por meio das modalidades previstas nos incisos III e IV do § 4º deste artigo, fraudes ou erros cometidos pelo doador sem conhecimento dos candidatos, partidos ou coligações não ensejarão a responsabilidade destes nem a rejeição de suas contas eleitorais. (...). § 7º O limite previsto no § 1º deste artigo não se aplica a doações estimáveis em dinheiro relativas à utilização de bens móveis ou imóveis de propriedade do doador ou à prestação de serviços próprios, desde que o valor estimado não ultrapasse R$ 40.000,00 (quarenta mil reais) por doador. § 8º Ficam autorizadas a participar das transações relativas às modalidades de doações previstas nos incisos III e IV do § 4º deste artigo todas as instituições que atendam, nos termos da lei e da regulamentação expedida pelo Banco Central, aos critérios para operar arranjos de pagamento. § 9º As instituições financeiras e de pagamento não poderão recusar a utilização de cartões de débito e de crédito como meio de doações eleitorais de pessoas físicas. (Modificações: Lei n. 13.488/17)

▲ Art. 26. São considerados gastos eleitorais, sujeitos a registro e aos limites fixados nesta Lei: (...). IV – despesas com transporte ou deslocamento de candidato e de pessoal a serviço das candidaturas, observadas as exceções previstas no § 3º deste artigo. (...). XV – custos com a criação e inclusão de sítios na internet e com o impulsionamento de conteúdos contratados diretamente com provedor da aplicação de internet com sede e foro no País; § 1º São estabelecidos os seguintes limites com relação ao total do gasto da campanha: I – alimentação do pessoal que presta serviços às candidaturas ou aos comitês eleitorais: 10% (dez por cento); II – aluguel de veículos automotores: 20% (vinte por cento). § 2º Para os fins desta Lei, inclui-se entre as formas de impulsionamento de conteúdo a priorização paga de conteúdos resultantes de aplicações de busca na internet. § 3º Não são consideradas gastos eleitorais nem se sujeitam a prestação de contas as seguintes despesas de natureza pessoal do candidato: a) combustível e manutenção de veículo automotor usado pelo candidato na campanha; b) remuneração, alimentação e hospedagem do condutor do veículo a que se refere a alínea a deste parágrafo; c) alimentação e hospedagem própria; d) uso de linhas telefônicas registradas em seu nome como pessoa física, até o limite de três linhas (Modificações: Lei 13.488/17)

* QUESTÕES OBJETIVAS

38. (Cespe/TJ/DFT/Juiz/2015) Assinale a opção correta no que concerne ao financiamento de campanhas eleitorais:

a) Os gastos espontâneos realizados por eleitor em favor de candidato são equiparados a doações para fins de limitação máxima.
b) A não abertura de conta específica para arrecadação de recursos financeiros para financiamento de campanha eleitoral é fundamento insuficiente para a rejeição das contas do candidato.
c) Pessoa jurídica que for constituída em ano de eleição não poderá realizar doações financeiras a candidatos nas eleições do ano de constituição.
d) É inadmissível a doação a candidato por empresa privada controlada por concessionária de serviço público.
e) Os candidatos podem financiar suas próprias campanhas com recursos próprios, sem restrições de valor.

2.5. Da Prestação de Contas

* SÚMULAS

TSE Súm. 42. A decisão que julga não prestadas as contas de campanha impede o candidato de obter a certidão de quitação eleitoral durante o curso do mandato ao qual concorreu, persistindo esses efeitos, após esse período, até a efetiva apresentação das contas.

* INFORMATIVOS DE JURISPRUDÊNCIA

Ausência de documentos e desaprovação de contas de campanha eleitoral

TSE A ausência de documentação em processo de prestação de contas conduz à desaprovação de contas, e não à declaração de contas não prestada. RESPE 1887-30, Rel. Min. Herman Benjamin, j. 17.10.2017. (Info 14)

* INOVAÇÕES LEGISLATIVAS

▲ Da Prestação de Contas

▲ Art. 28. § 6º Ficam também dispensadas de comprovação na prestação de contas: (...). III – a cessão de automóvel de propriedade do candidato, do cônjuge e de seus parentes até o terceiro grau para seu uso pessoal durante a campanha. (Modificações: Lei 13.488/17)

* QUESTÕES OBJETIVAS

39. (Cespe/TRE/PE/Técnico/2017) Assinale a opção correta a respeito da prestação de contas de campanha eleitoral e da prestação de contas partidárias:

a) Em eleição majoritária, a prestação de contas de candidato terá de ser feita pelo próprio candidato.
b) A prestação de contas de candidato participante de eleição proporcional deverá ser feita pelo comitê financeiro do partido.
c) Caso esteja pendente processo judicial relativo às contas de candidato vitorioso, a documentação quanto a elas só poderá ser destruída depois de cento e oitenta dias da diplomação.
d) Nas eleições para prefeito de municípios com menos de cinquenta mil eleitores, a prestação de contas será feita por sistema simplificado, desde que os gastos sejam inferiores a vinte e cinco mil reais.
e) Eventual sobra de valores ao final de campanha eleitoral deve ser declarada na prestação de contas e, após julgados todos os recursos, devolvida ao candidato.

40. (Cespe/DPU/Defensor/2017) Para a realização da prestação de contas pelo sistema simplificado, a legislação considera o critério do montante de recursos financeiros utilizados na campanha e, no caso das eleições para prefeitos e vereadores, a quantidade de eleitores do município.

2.6. Da Propaganda Eleitoral

* SÚMULAS

TSE Súm. 18. Conquanto investido de poder de polícia, não tem legitimidade o juiz eleitoral para, de ofício, instaurar procedimento com a finalidade de impor multa pela veiculação de propaganda eleitoral em desacordo com a Lei n. 9.504/97.

TSE Súm. 48. A retirada da propaganda irregular, quando realizada em bem particular, não é capaz de elidir a multa prevista no art. 37, § 1º, da Lei n. 9.504/97.

* INFORMATIVOS DE JURISPRUDÊNCIA

Propaganda eleitoral e telemarketing

STF Julgado improcedente pedido em ADI contra a Resolução 23.404/2014 do TSE, que proíbe a realização de propaganda eleitoral via "telemarketing", em qualquer horário. O TSE exerceu o seu poder normativo em atenção aos princípios e diretrizes traçados pela legislação eleitoral em vigor; e não usurpou a competência privativa da União para legislar sobre Direito Eleitoral. Isso porque a ausência de previsão legal quanto à promoção de campanhas eleitorais por meio das novas tecnologias comunicacionais não significa a permissão para seu uso indiscriminado e irrestrito. É nesse silêncio normativo que a atuação da Justiça Eleitoral por meio de resoluções ganha maior importância, ao exigir dos partidos políticos e dos candidatos a observância aos princípios e diretrizes traçados pela legislação eleitoral em vigor. O STF possui jurisprudência no sentido de que a individualização de restrições referentes à utilização de instrumentos de propaganda eleitoral não depende de edição de lei formal, uma vez que a diversificação de técnicas e procedimentos de propaganda exigem a ação imediata e eficiente da Justiça Eleitoral. ADI 5122, Rel. Min. Edson Fachin, j. 5.2018. Pleno . (Info 900)

Pedido explícito de voto e caracterização de propaganda antecipada

TSE Pré-candidato ao cargo de prefeito, anteriormente ao início do período de propaganda eleitoral, concedeu entrevista a um veículo de comunicação, oportunidade em que proferiu o seguinte discurso: "Eu vou ter muita honra de ser prefeito da cidade, se Deus permitir e o povo; a única coisa que eu peço ao povo é o seguinte: ter esta oportunidade de gerir". O TSE entendeu caracterizado pedido explícito de voto e, por conseguinte, propaganda antecipada. AgRg no REspe 10-87, Rel. Min. Jorge Mussi, j. 1.3.2018. (Info 2)

Divulgação de candidato por meio de banner e inexistência de propaganda extemporânea

TSE A divulgação de candidatura por meio de banner afixado em shopping center não caracteriza propaganda antecipada. AREspe 155-93, Rel. Min. Napoleão Nunes Maia Filho, j. 9.11.2017. (Info 15)

Propaganda eleitoral antecipada e pedido expresso de voto

TSE A conduta de pré-candidato que anuncia a pretensa candidatura e exalta suas qualidades pessoais, sem que haja pedido expresso de voto, não configura propaganda eleitoral antecipada, em atenção ao disposto no art. 36-A da Lei n. 9.504/1997. RESPE 85-18, Rel. Min. Admar Gonzaga, j. 3.8.2017. (Info 9)

Propaganda eleitoral antecipada e manifestação sobre continuidade de projeto de governo.

TSE Configuram propaganda eleitoral antecipada manifestações nas quais há menção à continuidade de projeto de governo, uma vez que há, nessas hipóteses, pedido implícito de voto. AgRg no REspe 3913-24, Rel. Min. Nancy Andrighi, j. 28.8.12. (Info 23)

* INOVAÇÕES LEGISLATIVAS

▲ Da Propaganda Eleitoral em Geral

▲ Art. 36. § 2º Não será permitido qualquer tipo de propaganda política paga no rádio e na televisão. (Modificações: Lei 13.487/17)

▲ Art. 36-A. Não configuram propaganda eleitoral antecipada, desde que não envolvam pedido explícito de voto, a menção à pretensa candidatura, a exaltação das qualidades pessoais dos pré-candidatos e os seguintes atos, que poderão ter cobertura dos meios de comunicação social, inclusive via internet: (...). VII – campanha de arrecadação prévia de recursos na modalidade prevista no inciso IV do § 4º do art. 23 desta Lei. (Modificações: Lei 13.488/17)

▲ Art. 37. § 2º Não é permitida a veiculação de material de propaganda eleitoral em bens públicos ou particulares, exceto de: I – bandeiras ao longo de vias públicas, desde que móveis e que não dificultem o bom andamento do trânsito de pessoas e veículos; II – adesivo plástico em automóveis, caminhões, bicicletas, motocicletas e janelas residenciais, desde que não exceda a 0,5 m² (meio metro quadrado). (Modificações: Lei 13.488/17)

▲ Art. 39. § 5º Constituem crimes, no dia da eleição, puníveis com detenção, de seis meses a um ano, com a alternativa de prestação de serviços à comunidade pelo mesmo período, e multa no valor de cinco mil a quinze mil UFIR: (...). IV – a publicação de novos conteúdos ou o impulsionamento de conteúdos nas aplicações de internet de que trata o art. 57-B desta Lei, podendo ser mantidos em funcionamento as aplicações e os conteúdos publicados anteriormente. (...). § 11. É permitida a circulação de carros de som e minitrios como meio de propaganda eleitoral, desde que observado o limite de oitenta decibéis de nível de pressão sonora, medido a sete metros de distância do veículo, e respeitadas as vedações previstas no § 3º deste artigo, apenas em carreatas, caminhadas e passeatas ou durante reuniões e comícios. (Modificações: Lei 13.488/17)

▲ Da Propaganda Eleitoral no Rádio e na Televisão

▲ Art. 46. Independentemente da veiculação de propaganda eleitoral gratuita no horário definido nesta Lei, é facultada a transmissão por emissora de rádio ou televisão de debates sobre as eleições majoritária ou proporcional, assegurada a participação de candidatos dos partidos com representação no Congresso Nacional, de, no mínimo, cinco parlamentares, e facultada a dos demais, observado o seguinte: (...). (Modificações: Lei 13.488/17)

▲ Art. 49. Se houver segundo turno, as emissoras de rádio e televisão reservarão, a partir da sexta-feira seguinte à realização do primeiro turno e até a antevéspera da eleição, horário destinado à divulgação da propaganda eleitoral gratuita, dividida em dois blocos diários de dez minutos para cada eleição, e os blocos terão início às sete e às doze horas, no rádio, e às treze e às vinte horas e trinta minutos, na televisão. (Modificações: Lei 13.488/17)

▲ Art. 51. Durante o período previsto no art. 47 desta Lei, as emissoras de rádio e televisão e os canais por assinatura mencionados no art. 57 desta Lei reservarão setenta minutos diários para a propaganda eleitoral gratuita, a serem usados em inserções de trinta e de sessenta segundos, a critério do respectivo partido ou coligação, assinadas obrigatoriamente pelo partido ou coligação, e distribuídas, ao longo da programação veiculada entre as cinco e as vinte quatro horas, nos termos do § 2º do art. 47 desta Lei, obedecido o seguinte: (...). § 1º É vedada a veiculação de inserções idênticas no mesmo intervalo de programação, exceto se o número de inserções de que dispuser o partido exceder os intervalos disponíveis, sendo vedada a transmissão em sequência para o mesmo partido político. § 2º Durante o período previsto no art. 49 desta Lei, onde houver segundo turno, as emissoras de rádio e televisão e os canais de televisão por assinatura mencionados no art. 57 desta Lei reservarão, por cada cargo em disputa, vinte e cinco minutos para serem usados em inserções de trinta e de sessenta segundos, observadas as disposições deste artigo. (Modificações: Lei 13.488/17)

▲ Da Propaganda na Internet

▲ Art. 57-B. A propaganda eleitoral na internet poderá ser realizada nas seguintes formas: (...). IV – por meio de blogs, redes sociais, sítios de mensagens instantâneas e aplicações de internet assemelhadas cujo conteúdo seja gerado ou editado por: a) candidatos, partidos ou coligações; ou b) qualquer pessoa natural, desde que não contrate impulsionamento de conteúdos. § 1º Os endereços eletrônicos das aplicações de que trata este artigo, salvo aqueles de iniciativa de pessoa natural, deverão ser comunicados à Justiça Eleitoral, podendo ser mantidos durante todo o pleito eleitoral os mesmos endereços eletrônicos em uso antes do início da propaganda eleitoral. § 2º Não é admitida a veiculação de conteúdos de cunho eleitoral mediante cadastro de usuário de aplicação de internet com a intenção de falsear identidade. § 3º É vedada a utilização de impulsionamento de conteúdos e ferramentas digitais não disponibilizadas pelo provedor da aplicação de internet, ainda que gratuitas, para alterar o teor ou a repercussão de propaganda eleitoral, tanto próprios quanto de terceiros. § 4º O provedor de aplicação de internet que possibilite o impulsionamento pago de conteúdos deverá contar com canal de comunicação com seus usuários e somente poderá ser responsabilizado por danos decorrentes do conteúdo impulsionado se, após ordem judicial específica, não tomar as providências para, no âmbito e nos limites técnicos do seu serviço e dentro do prazo assinalado, tornar indisponível o conteúdo apontado como infringente pela Justiça Eleitoral. § 5º A violação do disposto neste artigo sujeita o usuário responsável pelo conteúdo e, quando comprovado seu prévio conhecimento, o beneficiário, à multa no valor de R$ 5.000,00 (cinco mil reais) a R$ 30.000,00 (trinta mil reais) ou em valor equivalente ao dobro da quantia despendida, se esse cálculo superar o limite máximo da multa. (Modificações: Lei 13.488/17)

▲ Art. 57-C. É vedada a veiculação de qualquer tipo de propaganda eleitoral paga na internet, excetuado o impulsionamento de conteúdos, desde que identificado de forma inequívoca como tal e contratado exclusivamente por partidos, coligações e candidatos e seus representantes. (...). § 2º A violação do disposto neste artigo sujeita o responsável pela divulgação da propaganda ou pelo impulsionamento de conteúdos e, quando comprovado seu prévio conhecimento, o beneficiário, à multa no valor de R$ 5.000,00 (cinco mil reais) a R$ 30.000,00 (trinta mil reais) ou em valor equivalente ao dobro da quantia despendida, se esse cálculo superar o limite máximo da multa. § 3º O impulsionamento de que trata o caput deste artigo deverá ser contratado diretamente com provedor da aplicação de internet com sede e foro no País, ou de sua filial, sucursal, escritório, estabelecimento ou representante legalmente estabelecido no País e apenas com o fim de promover ou beneficiar candidatos ou suas agremiações. (Modificações: Lei 13.488/17)

▲ Art. 57-I. A requerimento de candidato, partido ou coligação, observado o rito previsto no art. 96 desta Lei, a Justiça Eleitoral poderá determinar, no âmbito e nos limites técnicos de cada aplicação de internet, a suspensão do acesso a todo conteúdo veiculado que deixar de cumprir as disposições desta Lei, devendo o número de horas de suspensão ser definida proporcionalmente à gravidade da infração cometida em cada caso, observado o limite máximo de vinte e quatro horas. (Modificações: Lei 13.488/17)

▲ Art. 57-J. O Tribunal Superior Eleitoral regulamentará o disposto nos arts. 57-A a 57-I desta Lei de acordo com o cenário e as ferramentas tecnológicas existentes em cada momento eleitoral e promoverá, para os veículos, partidos e demais entidades interessadas, a formulação e a ampla divulgação de regras de boas práticas relativas a campanhas eleitorais na internet. (Modificações: Lei 13.488/17)

* QUESTÕES OBJETIVAS

41. **(Cespe/TJ/DFT/Juiz/2015)** A respeito de propaganda eleitoral, assinale a opção correta:

a) Ao candidato que exerça a profissão de cantor é vedada a realização de shows durante o período eleitoral.

b) É vedada às agremiações políticas integrantes de uma mesma coligação a troca entre si de cadastros que contenham endereços de correio eletrônico para fins de propaganda eleitoral.

c) Admite-se a veiculação de propaganda eleitoral em sítio eletrônico de pessoa jurídica caso o propósito seja eminentemente jornalístico.

d) A cominação de pena ao provedor de conteúdo na Internet pela divulgação de propaganda eleitoral irregular realizada por perfil falso independe do prévio conhecimento acerca do material publicado.

e) É vedada a divulgação na Internet de jornal impresso que contenha propaganda eleitoral paga.

42. **(Cespe/TJ/DFT/Juiz/2015)** Assinale a opção correta acerca da captação ilícita de sufrágio:

a) Para que determinada conduta seja caracterizada como captação ilícita de sufrágio, é indispensável a demonstração de potencialidade lesiva ao resultado das eleições.

b) Para a caracterização da captação ilícita de sufrágio, exige-se a identificação dos eleitores que receberam dádivas em troca de seus votos.

c) A promessa de dádiva para o eleitor que se comprometer a não votar em candidato adversário caracteriza captação ilícita de sufrágio.

d) O dolo específico para a caracterização de captação ilícita de sufrágio exige pedido expresso de voto.

e) Haverá captação ilícita de sufrágio se o candidato, embora sem conhecimento, for beneficiado por oferta de dádivas realizada por terceiros em seu nome a eleitores.

43. **(Cespe/TRE/PI/Analista/2016)** Acerca das eleições, assinale a opção correta:

a) Conforme entendimento do TSE, ainda que ausentes pedido de voto e menção a candidatura, pode determinada ação caracterizar propaganda eleitoral extemporânea, conforme as particularidades do caso concreto.

b) É lícita a propaganda eleitoral veiculada em outdoors.

c) É assegurado ao candidato realizar propaganda eleitoral em estabelecimento prisional, de forma ampla.

d) Agente policial pode ser nomeado para compor mesa receptora.

e) Segundo entendimento do TSE, a Constituição Federal de 1988 (CF) não recepcionou a norma do Código Eleitoral que dispõe que apenas os partidos ou coligações que atingiram o quociente eleitoral poderão participar da distribuição dos lugares não preenchidos.

2.7. Do Direito de Resposta

✱ INOVAÇÕES LEGISLATIVAS

▲ Do Direito de Resposta

▲ Art. 58. § 3º Observar-se-ão, ainda, as seguintes regras no caso de pedido de resposta relativo a ofensa veiculada: (...). IV – em propaganda eleitoral na internet: a) deferido o pedido, o usuário ofensor deverá divulgar a resposta do ofendido em até quarenta e oito horas após sua entrega em mídia física, e deverá empregar nessa divulgação o mesmo impulsionamento de conteúdo eventualmente contratado nos termos referidos no art. 57-C desta Lei e o mesmo veículo, espaço, local, horário, página eletrônica, tamanho, caracteres e outros elementos de realce usados na ofensa; (Modificações: Lei 13.488/17)

2.8. Do Sistema Eletrônico de Votação, Da Totalização dos Votos

✱ QUESTÕES OBJETIVAS

44. **(Cespe/TRE/PI/Analista/2016)** Com base no disposto na Lei n. 9.504/1997, assinale a opção correta:

a) Nas eleições proporcionais, são computados como válidos todos os votos registrados pelas mesas receptoras.

b) As eleições para governador, vice-governador, prefeito, vice-prefeito e vereador realizam-se simultaneamente, no primeiro domingo de outubro do ano de eleições estaduais.

c) Nas eleições proporcionais, consideram-se válidos os votos dados a candidatos regularmente inscritos e às legendas partidárias.

d) Será considerado eleito o candidato a governador que obtiver a maioria absoluta de votos, computados os votos brancos e nulos.

e) Caso candidato a prefeito desista de concorrer à eleição municipal antes do segundo turno, deverá o juiz eleitoral cancelar imediatamente o pleito, devendo convocar novas eleições para o ano seguinte.

2.9. Das Condutas Vedadas

✱ INFORMATIVOS DE JURISPRUDÊNCIA

Renúncia a créditos tributários e conduta vedada

TSE A renúncia a créditos tributários não se enquadra no conceito de distribuição gratuita exigido para caracterizar a conduta vedada prevista no art. 73, § 10, da Lei 9.504/97, que proíbe a distribuição gratuita de bens, valores ou benefícios por parte da administração pública no ano em que se realiza a eleição. RO 171821, Rel. Min. Napoleão Nunes Maia Filho, j. 24.4.2018. (Info 6)

Participação de candidato em inauguração de obra privada não constitui conduta vedada

TSE A participação de candidato em inauguração de obra de instituição privada não caracteriza a conduta vedada prevista no art. 77 da Lei n. 9.504/97, ainda que a obra tenha sido subsidiada com dinheiro público. RESPE 18-212, Rel. Min. Tarcisio Vieira de Carvalho Neto, j. 3.10.2017. (Info 13)

Veiculação de discurso proferido em casa legislativa e inexistência de conduta vedada

TSE A reprodução de discurso proferido por candidato outrora integrante do Poder Legislativo, transmitido pela emissora institucional do órgão estatal, não configura a conduta vedada prevista no art. 73, II, da Lei 9.504/1997. REspe 1560-36, Rel. Acd. Min. Tarcisio Vieira de Carvalho Neto, j. 28.11.2017. (Info 16)

Veiculação de propaganda institucional e caracterização de conduta vedada

TSE Constitui conduta vedada a veiculação de publicidade institucional no período de três meses que antecede o pleito, conforme previsto no art. 73, inciso VI, alínea b, da Lei 9.504/97. RO 1723-65, Rel. Min. Admar Gonzaga, j. 7.12.2017. (Info 17)

✱ QUESTÕES OBJETIVAS

45. **(Cespe/DPU/Defensor/2017)** As sanções previstas na lei para o caso de condutas vedadas nas campanhas eleitorais atingem exclusivamente os agentes públicos responsáveis por elas.

2.10. Disposições Finais

✱ SÚMULAS

TSE Súm. 18. Conquanto investido de poder de polícia, não tem legitimidade o juiz eleitoral para, de ofício, instaurar procedimento com a finalidade de impor multa pela veiculação de propaganda eleitoral em desacordo com a Lei n. 9.504/97.

*** INOVAÇÕES LEGISLATIVAS**

▲ Lei das Eleições (Lei 9.504/97), Disposições Finais

▲ Art. 93-A. O Tribunal Superior Eleitoral, no período compreendido entre 1º de abril e 30 de julho dos anos eleitorais, promoverá, em até cinco minutos diários, contínuos ou não, requisitados às emissoras de rádio e televisão, propaganda institucional, em rádio e televisão, destinada a incentivar a participação feminina, dos jovens e da comunidade negra na política, bem como a esclarecer os cidadãos sobre as regras e o funcionamento do sistema eleitoral brasileiro. (Modificações: Lei 13.488/17)

▲ Art. 99. As emissoras de rádio e televisão terão direito a compensação fiscal pela cedência do horário gratuito previsto nesta Lei. § 1º O direito à compensação fiscal das emissoras de rádio e televisão estende-se à veiculação de propaganda gratuita de plebiscitos e referendos de que dispõe o art. 8º da Lei n. 9.709, de 18 de novembro de 1998, mantido também, a esse efeito, o entendimento de que: (Modificações: Lei 13.487/17)

3. LEI DAS INELEGIBILIDADES (LC 64/90)

3.1. Dos Inelegíveis

*** SÚMULAS**

STF Súm. Vinculante 18. A dissolução da sociedade ou do vínculo conjugal, no curso do mandato, não afasta a inelegibilidade prevista no § 7º do artigo 14 da Constituição Federal.

TSE Súm. 5. Serventuário de cartório, celetista, não se inclui na exigência do art. 1º, II, l, da LC n. 64/90.

TSE Súm. 6. São inelegíveis para o cargo de Chefe do Executivo o cônjuge e os parentes, indicados no § 7º do art. 14 da Constituição Federal, do titular do mandato, salvo se este, reelegível, tenha falecido, renunciado ou se afastado definitivamente do cargo até seis meses antes do pleito.

TSE Súm. 12. São inelegíveis, no município desmembrado, e ainda não instalado, o cônjuge e os parentes consanguíneos ou afins, até o segundo grau ou por adoção, do prefeito do município-mãe, ou de quem o tenha substituído, dentro dos seis meses anteriores ao pleito, salvo se já titular de mandato eletivo.

TSE Súm. 15. O exercício de mandato eletivo não é circunstância capaz, por si só, de comprovar a condição de alfabetizado do candidato.

TSE Súm. 19. O prazo de inelegibilidade decorrente da condenação por abuso do poder econômico ou político tem início no dia da eleição em que este se verificou e finda no dia de igual número no oitavo ano seguinte (art. 22, XIV, da LC n. 64/90).

TSE Súm. 54. A desincompatibilização de servidor público que possui cargo em comissão é de três meses antes do pleito e pressupõe a exoneração do cargo comissionado, e não apenas seu afastamento de fato.

TSE Súm. 59. O reconhecimento da prescrição da pretensão executória pela Justiça Comum não afasta a inelegibilidade prevista no art. 1º, I, e, da LC n. 64/90, porquanto não extingue os efeitos secundários da condenação.

TSE Súm. 60. O prazo da causa de inelegibilidade prevista no art. 1º, I, e, da LC n. 64/90 deve ser contado a partir da data em que ocorrida a prescrição da pretensão executória e não do momento da sua declaração judicial.

TSE Súm. 61. O prazo concernente à hipótese de inelegibilidade prevista no art. 1º, I, e, da LC n. 64/90 projeta-se por oito anos após o cumprimento da pena, seja ela privativa de liberdade, restritiva de direito ou multa.

TSE Súm. 69. Os prazos de inelegibilidade previstos nas alíneas j e h do inciso I do art. 1º da LC n. 64/90 têm termo inicial no dia do primeiro turno da eleição e termo final no dia de igual número no oitavo ano seguinte.

*** REPERCUSSÃO & REPETITIVOS**

STF Repercussão Geral 835. Para os fins do art. 1º, I, g, da LC 64/90, alterado pela LC 135/10, a apreciação das contas de prefeitos, tanto as de governo quanto as de gestão, será exercida pelas Câmaras Municipais, com o auxílio dos Tribunais de Contas competentes, cujo parecer prévio somente deixará de prevalecer por decisão de 2/3 dos vereadores. (RE 848826, 10.8.2016)

STF Repercussão Geral 860. A condenação por abuso de poder econômico ou político em ação de investigação judicial eleitoral transitada em julgado, ex vi do art. 22, XIV, da LC 64/90, em sua redação primitiva, é apta a atrair a incidência da inelegibilidade do art. 1º, I, d, na redação dada pela LC 135/10, aplicando-se a todos os processos de registro de candidatura em trâmite. (RE 929670, 1.3.2018)

* INFORMATIVOS DE JURISPRUDÊNCIA

Retroatividade da inelegibilidade prevista na alínea "d"

TSE É admissível a incidência da inelegibilidade prevista na alínea d do inciso I do art. 1º da Lei Complementar n. 64/1990 a fatos anteriores à sua vigência, ainda que transcorrido o prazo da sanção política deles decorrente, imposta por decisão judicial transitada em julgado. Demais disso, o transcurso do prazo de inelegibilidade após a data das eleições não constitui o fato superveniente referido na parte final do art. 11, § 10, da Lei 9.504/97. REspe 42819, Rel. Min. Tarcisio Vieira de Carvalho Neto, j. 10.4.2018. (Info 5)

Recursos exclusivamente municipais aplicados em execução de convênio e implicações da rejeição das contas pelo Tribunal de Contas

TSE A rejeição das contas, pelo TCE, relativas a convênio firmado entre município e entidade estadual universitária, em que houve repasse de valores exclusivamente pela municipalidade, não implica inelegibilidade do prefeito, por se tratar de contas de gestão do chefe do Executivo Municipal, cujo julgamento compete à Câmara de Vereadores. REspe 169-80, Rel. Min. Rosa Weber, j. 3.4.2018. (Info 4)

Contas rejeitadas por irregularidade documental e não aplicação da inelegibilidade prevista na alínea g do inciso I art. 1° da LC 64/1990

TSE A desorganização contábil de consórcio formado por entes municipais que enseja condenação pelo Tribunal de Contas não configura ato doloso de improbidade administrativa apto a atrair a inelegibilidade prevista na alínea g do inciso I do art. 1º da LC 64/1990. AREspe 109-74, Rel. Acd. Min. Gilmar Mendes, j. 7.11.2017. (Info 15)

Inobservância do investimento mínimo em educação previsto no art. 212 da CF e configuração de ato doloso de improbidade

TSE Aplicam-se os princípios da proporcionalidade e da razoabilidade na verificação da existência de ato doloso de improbidade administrativa, quando as contas de pretenso candidato forem rejeitadas por inobservância do percentual mínimo estipulado no art. 212 da CF. A falta de observação do patamar de investimento na educação previsto na Constituição não redunda automaticamente na configuração de ato doloso, sendo necessário analisar as questões fáticas, bem como o "quantum" descumprido, para se extrair o tipo subjetivo da conduta. RESPE 248-81, Rel. Acd. Min. Napoleão Nunes Maia Filho, j. 17.8.2017. (Info 10)

Inelegibilidade prevista na alínea p do inciso I do art. 1° da LC 64/1990

TSE A inelegibilidade prevista no art. 1º, inciso I, alínea p, da LC 64/1990, decorrente de condenação por doação acima do limite legal, não tem natureza de sanção, mas, sim, de efeito secundário da condenação, a ser verificado em eventual requerimento de registro de candidatura. AREspe 25-49, Rel. Min. Tarcisio Vieira de Carvalho Neto, j. 14.9.2017. (Info 12)

Presidente de Câmara Municipal e exercício da chefia do Poder Executivo em decorrência de dupla vacância

TSE Tem natureza precária o exercício da chefia do Poder Executivo pelo presidente de Câmara de Vereadores no caso de dupla vacância, motivo pelo qual ele não está impedido de concorrer ao cargo de prefeito e, se for eleito, à reeleição. RESPE 154-09, Rel. Acd. Min. Tarcisio Viera de Carvalho Neto, j. 1.8.2017. (Info 9)

* INOVAÇÕES LEGISLATIVAS

▲ Lei das Inelegibilidades (LC 64/90): sem alterações em 2017/2018.

* QUESTÕES OBJETIVAS

46. **(Cespe/TJ/PB/Juiz/2015)** Cada uma das próximas opções apresenta uma situação hipotética, seguida de uma assertiva a ser julgada. Conforme a jurisprudência pertinente às hipóteses de elegibilidade e inelegibilidade, assinale a opção que apresenta a assertiva correta:

a) Maurício foi reeleito prefeito no município Y. Ainda no cargo de prefeito desse município, Maurício pretende candidatar-se consecutivamente ao mesmo cargo no município Z. Nessa situação, Maurício deverá atender aos requisitos para o registro da nova candidatura para tornar-se elegível no município Z.

b) Devido a suspeita de que não saberia ler e escrever, José, candidato a cargo de vereador, foi submetido a teste público e solene, a fim de que fosse apurada sua habilidade de escrita e leitura. Nessa situação, a submissão de José a exames coletivos constituiu instrumento legítimo para a comprovação da aludida condição de elegibilidade.

c) Patrícia, candidata a vice-prefeita em uma chapa, foi reeleita para mandato consecutivo. No meio do segundo mandato, o prefeito renunciou ao cargo, de modo que a vice-prefeita sucedeu ao titular. Nessa situação, Patrícia tornou-se inelegível para concorrer ao cargo de prefeita na eleição subsequente.

d) Glauber, militar na ativa, com o intuito de concorrer ao cargo de vereador, mudou de domicílio para o município X, mas alterou seu domicílio eleitoral apenas nove meses antes do pleito eleitoral. Nessa situação, Glauber será elegível para o cargo de vereador, pois aos militares não se aplicam as regras da filiação partidária e do tempo de domicílio na circunscrição eleitoral.

e) Paulo, vice-governador por dois anos, assumiu o governo do estado devido à morte do titular. No entanto, Paulo deseja concorrer novamente ao cargo de vice-governador em uma chapa encabeçada por outro candidato. Nessa situação, para que seja afastada a sua inelegibilidade, Paulo deverá deixar o cargo de governador no prazo legal.

47. **(Cespe/TJ/DFT/Juiz/2016)** Considerando as interpretações doutrinárias e jurisprudenciais conferidas às normas constitucionais referentes aos direitos políticos, assinale a opção correta:

a) Os direitos políticos insculpidos na Constituição possuem eficácia limitada, ante a necessidade da edição de legislação infraconstitucional para concretizá-los.

b) A dissolução da sociedade conjugal no curso do mandato eletivo de governador de Estado implica a inelegibilidade de sua ex-cônjuge para o cargo de deputado estadual na mesma unidade da Federação para o pleito subsequente.

c) O governador do Distrito Federal que pretende se candidatar ao cargo de deputado federal no pleito subsequente não precisa se desincompatibilizar do cargo que atualmente ocupa, uma vez que tal exigência constitucional aplica-se apenas quando o novo cargo almejado é disputado mediante eleição majoritária.

d) O cidadão naturalizado brasileiro poderá ocupar os cargos eletivos de deputado federal e de governador do Distrito Federal, mas não poderá ser eleito senador ou vice-presidente, diante de vedação constitucional.

e) A capacidade eleitoral passiva limita-se às restrições que estão expressamente veiculadas na CF e a nenhum outro dispositivo legal.

48. **(Cespe/TJ/DFT/Juiz/2015)** Pedro e Marcos, este último casado com Maria, foram eleitos para os cargos de prefeito e de vice-prefeito, respectivamente, do município X. No mandato imediatamente posterior, foram reeleitos nos mesmos cargos. Nos seis meses anteriores ao próximo pleito, Marcos substituiu Pedro temporariamente. Nessa situação hipotética, para as eleições seguintes:

a) Marcos poderá se candidatar ao cargo de prefeito do município.

b) Maria será inelegível no território da jurisdição de Marcos, sendo essa condição classificada como cominada, isto é, sanção jurídica que se aplica a Maria por força de seu casamento.

c) Maria não poderá se candidatar no território da jurisdição de Marcos; sua inelegibilidade é direta, por decorrer de fato específico relacionado a si própria.

d) Pedro ficará inelegível para um terceiro mandato no cargo de prefeito, o que não o impede de transferir seu domicílio eleitoral para município diverso, onde poderá concorrer validamente para o referido cargo.

e) Marcos poderá concorrer novamente ao cargo de vice-prefeito do município.

49. **(Cespe/TRE/PI/Analista/2016)** Assinale a opção correta de acordo com as normas relativas à elegibilidade:

a) A aferição das condições de elegibilidade deve ser realizada até a data da eleição.

b) O número do candidato, tanto quanto o seu nome, tem por fim identificá-lo, e será sorteado a cada convenção partidária, mesmo no caso de candidato à reeleição.

c) Ser brasileiro nato constitui condição de elegibilidade para o cargo de governador de estado.

d) Os analfabetos são inelegíveis em qualquer hipótese, apesar de serem alistáveis.

e) Exige-se que o candidato, no prazo mínimo de um ano antes de sua inscrição para o pleito, fixe sua residência na circunscrição em que pretende se candidatar.

50. **(Cespe/TRE/PI/Analista/2016)** Acerca de inelegibilidade, assinale a opção correta:

a) Ausente qualquer causa de inelegibilidade, o governador de estado não está obrigado à desincompatibilização, pela renúncia ao cargo, para concorrer à vaga de presidente da República.
b) A rejeição, por irregularidade insanável, das contas prestadas por quem exerceu função pública acarreta a inelegibilidade para as eleições que se realizarem nos três anos subsequentes à decisão proferida pelo tribunal de contas competente.
c) A inelegibilidade consiste na ausência de capacidade eleitoral passiva, e sua finalidade é proteger a normalidade e a legitimidade das eleições contra a influência do poder econômico ou do abuso do exercício de função, cargo ou emprego na administração pública.
d) Os casos de inelegibilidade previstos na CF, não tendo eficácia plena e aplicabilidade imediata, foram regulamentados por lei complementar.
e) Lei complementar pode estabelecer hipóteses de inelegibilidade absoluta, ampliando o rol originalmente previsto no texto constitucional.

51. **(Cespe/TRE/PE/Analista/2017)** No que se refere a inelegibilidade, impugnação de registro de candidatura e abuso de poder, assinale a opção correta:

a) Para que seja julgada procedente a representação por abuso de poder econômico, o ato abusivo deve ter potencialidade para alterar o resultado da eleição.
b) A representação por abuso de poder importará na inelegibilidade do representado apenas se julgada procedente antes da proclamação dos eleitos.
c) A impugnação do pedido de registro de candidato feita por um partido político impede a ação do Ministério Público no mesmo sentido.
d) Os demitidos do serviço público em decorrência de processo administrativo são inelegíveis para qualquer cargo pelo prazo de oito anos, a contar da decisão válida e eficaz.
e) A arguição de inelegibilidade deve ser apresentada ao TSE quando se tratar de candidato a senador e deputado federal.

3.2. Da Competência da Justiça Eleitoral

✱ SÚMULAS

TSE Súm. 41. Não cabe à Justiça Eleitoral decidir sobre o acerto ou desacerto das decisões proferidas por outros Órgãos do Judiciário ou dos Tribunais de Contas que configurem causa de inelegibilidade.

TSE Súm. 58. Não compete à Justiça Eleitoral, em processo de registro de candidatura, verificar a prescrição da pretensão punitiva ou executória do candidato e declarar a extinção da pena imposta pela Justiça Comum.

3.3. Das Impugnações ao Registro de Candidatura

✱ SÚMULAS

TSE Súm. 49. O prazo de cinco dias, previsto no art. 3º da LC n. 64/90, para o Ministério Público impugnar o registro inicia-se com a publicação do edital, caso em que é excepcionada a regra que determina a sua intimação pessoal.

3.4. Da Sentença

✱ SÚMULAS

TSE Súm. 3. No processo de registro de candidatos, não tendo o juiz aberto prazo para o suprimento de defeito da instrução do pedido, pode o documento, cuja falta houver motivado o indeferimento, ser juntado com o recurso ordinário.

TSE Súm. 10. No processo de registro de candidatos, quando a sentença for entregue em cartório antes de três dias contados da conclusão ao juiz, o prazo para o recurso ordinário, salvo intimação pessoal anterior, só se conta do termo final daquele tríduo.

TSE Súm. 11. No processo de registro de candidatos, o partido que não o impugnou não tem legitimidade para recorrer da sentença que o deferiu, salvo se se cuidar de matéria constitucional.

3.5. Do Procedimento de Investigação Judicial

✱ SÚMULAS

TSE Súm. 19. O prazo de inelegibilidade decorrente da condenação por abuso do poder econômico ou político tem início no dia da eleição em que este se verificou e finda no dia de igual número no oitavo ano seguinte (art. 22, XIV, da LC n. 64/90).

✱ INFORMATIVOS DE JURISPRUDÊNCIA

Autonomia da AIJE em relação à ação popular e à ação cível de improbidade administrativa que apuram o mesmo fato

TSE É competência desta Justiça especializada analisar se determinada conduta tem potencialidade de ferir a normalidade e a legitimidade do processo eleitoral ainda que o fato já tenha sido apreciado pela Justiça Comum. AREspe 128-76, Rel. Min. Tarcisio Vieira de Carvalho Neto, j. 31.8.2017. (Info 11)

* QUESTÕES OBJETIVAS

52. (Cespe/TJ/PB/Juiz/2015) Humberto foi escolhido para ser candidato à prefeitura de Alfalândia em convenção municipal realizada pelo partido X. Durante o período que transcorreu entre a convenção e o registro da candidatura, o jornal Alfanotícias, único meio de comunicação escrita da região, o qual é distribuído gratuitamente e tem tiragem expressiva, destacou, em suas várias edições, apenas a candidatura a prefeito do partido X, deixando de mencionar, em suas reportagens, os outros concorrentes à prefeitura. No jornal, foram divulgadas ainda as ideias e os apoios políticos de lideranças estaduais e nacionais à candidatura de Humberto, e a distribuição do periódico foi realizada por filiados ao partido X. Indignado com essa situação, Alisson, que não era filiado a qualquer partido, propôs uma ação de investigação judicial eleitoral contra Humberto e o partido político X, a fim de apurar a utilização indevida de meio de comunicação local. A respeito dessa situação hipotética, assinale a opção correta conforme a disciplina legal da ação de investigação judicial eleitoral e o entendimento pacificado do TSE:

a) Em razão do interesse público e em respeito à garantia constitucional ao cidadão do direito de petição, Alisson tem legitimidade "ad causam" para propor a referida ação.
b) O juiz deve julgar o pedido improcedente porque o uso indevido de meio de comunicação antes do período eleitoral não configura causa de pedido de ação de investigação judicial eleitoral.
c) Caso Humberto demonstre que não praticou pessoalmente os atos imputados e que não orientou ou solicitou ao jornal a publicação dos fatos abusivos elencados, o juiz eleitoral deverá julgar o pedido da ação improcedente.
d) Alisson tem capacidade postulatória para propor a ação de investigação judicial eleitoral, pois, assim como ocorre com o "habeas corpus", é facultada a propositura dessa espécie de ação por qualquer eleitor sem o patrocínio de advogado.
e) O partido político X não deve figurar no polo passivo, visto que a ação de investigação judicial eleitoral tem por fim declarar a inelegibilidade ou cassação do registro de candidato.

3.6. Da Suspensão Cautelar da Inelegibilidade

* SÚMULAS

TSE Súm. 44. O disposto no art. 26-C da LC n. 64/90 não afasta o poder geral de cautela conferido ao magistrado pelo Código de Processo Civil.

TSE Súm. 66. A incidência do § 2º do art. 26-C da LC n. 64/90 não acarreta o imediato indeferimento do registro ou o cancelamento do diploma, sendo necessário o exame da presença de todos os requisitos essenciais à configuração da inelegibilidade, observados os princípios do contraditório e da ampla defesa.

4. LEI GERAL DOS PARTIDOS POLÍTICOS (LEI 9.096/95)

4.1. Disposições Preliminares

* INOVAÇÕES LEGISLATIVAS

▲ Título I – Disposições Preliminares

▲ Art. 1º. Parágrafo único. O partido político não se equipara às entidades paraestatais. (Modificações: Lei 13.488/17)

* QUESTÕES OBJETIVAS

53. (Cespe/PC/PE/Delegado/2016) De acordo com as disposições preliminares da Lei dos Partidos Políticos – Lei n. 9.096/1995 –, assinale a opção correta:

a) Para que determinado partido político de caráter nacional obtenha registro de seu estatuto junto ao TSE, serão necessários, entre outros requisitos, o apoio de eleitores não filiados a partidos políticos.
b) O partido político, adquire personalidade jurídica após o registro de seu estatuto junto ao TSE.
c) O partido político poderá subordinar-se a entidades estrangeiras.
d) O pedido de registro de seu estatuto junto ao TSE, assegura aos partidos políticos a exclusividade da sua denominação, da sua sigla e dos seus símbolos.

e) O STF considera os partidos políticos como pessoas jurídicas de direito público, devido ao fato de eles receberem recursos do fundo partidário e de terem acesso gratuito ao rádio e à televisão.

54. **(Cespe/TRE/PI/Analista/2016)** Assinale a opção correta a respeito dos partidos políticos:

a) A perda do mandato em razão de mudança de partido não se aplica aos candidatos eleitos pelo sistema majoritário, sob pena de violação da soberania popular e das escolhas feitas pelo eleitor.

b) Constitui afronta ao princípio da autonomia partidária e da legalidade a exigência de que a agremiação partidária proceda à abertura de conta bancária se não houver qualquer arrecadação de recurso financeiro do fundo partidário.

c) O TSE não possui competência para cancelar o registro civil do partido político, mas apenas para cancelar o registro do estatuto partidário.

d) O partido político pode utilizar os recursos do fundo partidário para efetuar o pagamento de multas eleitorais.

e) Devido a sua autonomia, as agremiações podem deixar de promover e difundir a participação política feminina em sua propaganda partidária.

4.2. Da Organização e Funcionamento

✱ SÚMULAS

TSE Súm. 2. Assinada e recebida a ficha de filiação partidária até o termo final do prazo fixado em lei, considera-se satisfeita a correspondente condição de elegibilidade, ainda que não tenha fluído, até a mesma data, o tríduo legal de impugnação.

TSE Súm. 20. A prova de filiação partidária daquele cujo nome não constou da lista de filiados de que trata o art. 19 da Lei n. 9.096/95, pode ser realizada por outros elementos de convicção, salvo quando se tratar de documentos produzidos unilateralmente, destituídos de fé pública.

TSE Súm. 67. A perda do mandato em razão da desfiliação partidária não se aplica aos candidatos eleitos pelo sistema majoritário.

✱ INFORMATIVOS DE JURISPRUDÊNCIA

Registro de partido político e comprovação dos requisitos legais

TSE Os requisitos para a criação de partido político, descritos na Lei n. 9.096/95 e na Res.-TSE n. 23.465/2015, devem estar preenchidos no momento do protocolo do requerimento, ficando a fase de diligências restrita a esclarecimentos acerca da documentação apresentada e a correção de erros de índole formal. RPP 583-54, Rel. Acd. Min. Tarcisio Vieira de Carvalho Neto, j. 5.10.2017. (Info 13)

✱ QUESTÕES OBJETIVAS

55. **(Cespe/TJ/DFT/Juiz/2015)** Com relação à fidelidade partidária, assinale a opção correta:

a) O dever de observância da fidelidade partidária não alcança os detentores de mandato proporcional.

b) Em tese, não incorrerá em infidelidade partidária o parlamentar que, com a aquiescência do partido, se filiar pela segunda vez a agremiação partidária após ter-se desligado dela sem justa causa.

c) Incorrerá em infidelidade partidária e perderá o mandato o parlamentar que se desligar de agremiação partidária em razão de essa ter-se fundido com partido diverso, de ideologia distinta.

d) O mandato deixado vago pelo partidário infiel deverá ser preenchido por suplente da mesma agremiação partidária, independentemente da existência de coligação.

e) Em tese, não incorrerá em infidelidade partidária o parlamentar que trocar o partido pelo qual foi eleito por outro que participou da coligação integrada pelo seu antigo partido na última eleição.

56. **(Cespe/PC/PE/Delegado/2016)** Cada uma das próximas opções apresenta uma situação hipotética, seguida de uma assertiva a ser julgada, de acordo com as normas de filiação partidária e à luz da Lei dos Partidos Políticos – Lei n. 9.096/1995. Assinale a opção que apresenta a assertiva correta:

a) Um vereador eleito por determinado partido político ao qual estava filiado requereu a sua desfiliação, no período de trinta dias que antecede o prazo de filiação exigido pela legislação, para concorrer à reeleição por outro partido político. O partido original indeferiu o seu pedido de desfiliação e o ameaçou com a perda do mandato. Nessa situação, a atitude do partido foi indevida, já que o vereador agiu em conformidade com as hipóteses de justa causa previstas na legislação.

b) Determinado partido político pretende estabelecer, no ano eleitoral, prazo de filiação partidária superior ao prazo previsto na legislação, com o propósito de orientar as inscrições de seus futuros candidatos a cargos eletivos. Nessa situação, para executar a referida ação, é suficiente que o partido altere seu estatuto, na forma da lei.

c) José, que jamais exerceu cargo eletivo, pretende, após ter sido filiado muitos anos a determinado partido político, desfiliar-se do partido em questão. Nessa situação, é suficiente que José requeira sua desfiliação junto ao órgão de direção municipal do partido.

d) O estatuto de determinado partido político elencou várias possibilidades de cancelamento da filiação partidária, além das previstas na legislação. Nessa situação, há erro insanável no estatuto do partido, que deveria ter previsto apenas as situações elencadas na legislação.

e) Um cidadão, filiado ao partido político X há mais de vinte anos, resolveu se filiar ao partido político Y, sem, contudo, se desfiliar do partido X. Nessa situação, como ficou caracterizada a dupla filiação partidária, ambas as filiações serão consideradas nulas, para todos os efeitos legais.

57. **(Cespe/TRE/PE/Técnico/2017)** Acerca de partidos políticos, assinale a opção correta:

a) O partido político tem soberania para definir sua estrutura interna.

b) Filiados mais antigos podem ter mais direitos que os recentes, desde que assim seja previsto no estatuto do partido político.

c) Os órgãos de direção nacional dos partidos políticos terão pleno acesso às informações de seus filiados constantes do cadastro eleitoral.

d) A ação do partido é exercida de acordo com seu estatuto e programa, podendo haver subordinação da agremiação a entidade estrangeira, desde que expressamente consignado em referidos documentos.

e) É vedada a fusão de partidos políticos.

58. **(Cespe/PC/GO/Delegado/2017)** Em cada uma das próximas opções, é apresentada uma situação hipotética, seguida de uma assertiva a ser julgada conforme a Lei n. 9.096/1995. Assinale a opção que apresenta a assertiva correta:

a) Um grupo de eleitores encaminhou pedido de registro do estatuto do partido político Y (PY) ao Tribunal Superior Eleitoral (TSE). Nessa situação, o TSE somente poderá deferir o registro depois de publicadas as normas que regerão o PY, devido ao fato de os partidos políticos serem pessoas jurídicas de direito público sujeitas ao princípio da publicidade.

b) O partido político W (PW) estabeleceu em seu estatuto que somente poderiam concorrer a cargos eletivos os candidatos que tivessem mais de dois anos de filiação partidária. Nessa situação, os filiados do PW deverão cumprir o estabelecido na referida determinação estatutária, uma vez que é facultado aos partidos estabelecer prazos de filiação superiores aos previstos em lei.

c) O partido político Z (PZ) requereu o registro do seu estatuto no Tribunal Superior Eleitoral (TSE), tendo juntado ao pedido documentos comprobatórios de apoiamento de eleitores, todos filiados a partidos políticos e com representantes das diversas unidades da Federação, inclusive do DF. Nessa situação, o TSE deverá deferir o pedido de registro do estatuto do PZ em caráter nacional.

d) Um deputado federal pretende desfiliar-se do partido político A, em razão da criação do partido político B, ao qual ele pretende filiar-se. Nessa situação, é possível a troca de partido sem perda do cargo parlamentar, pois a criação de um novo partido político é justa causa para desfiliação partidária.

e) Um eleitor, já filiado ao partido político X, filiou-se também a outro partido. Tal situação caracteriza dupla filiação, e ambas as filiações serão consideradas nulas para todos os efeitos legais.

4.3. Das Finanças e Contabilidade

✱ INOVAÇÕES LEGISLATIVAS

▲ Título III – Das Finanças e Contabilidade dos Partidos, Capítulo I – Da Prestação de Contas

▲ Art. 31. É vedado ao partido receber, direta ou indiretamente, sob qualquer forma ou pretexto, contribuição ou auxílio pecuniário ou estimável em dinheiro, inclusive através de publicidade de qualquer espécie, procedente de: (...). II – entes públicos e pessoas jurídicas de qualquer natureza, ressalvadas as dotações referidas no art. 38 desta Lei e as proveniente do Fundo Especial de Financiamento de Campanha; III – (revogado); (...). V – pessoas físicas que exerçam função ou cargo público de livre nomeação e exoneração, ou cargo ou emprego público temporário, ressalvados os filiados a partido político. (Modificações: Lei 13.488/17)

*** QUESTÕES OBJETIVAS**

59. **(Cespe/TJ/AM/Juiz/2016)** De acordo com as normas que regulam o funcionamento dos partidos políticos no Brasil:

a) não há restrições à fusão ou incorporação de partidos políticos que tenham obtido o registro definitivo do TSE.

b) as mudanças de filiação partidária não são consideradas para efeito da distribuição dos recursos do fundo partidário entre os partidos políticos.

c) o desvio reiterado do programa partidário, a grave discriminação política pessoal e a filiação a novo partido são considerados justas causas de desfiliação de detentores de mandato eletivo.

d) o apoiamento de eleitores filiados a determinado partido político pode ser computado para fins de registro do estatuto de um novo partido político.

e) o tempo de propaganda partidária gratuita no rádio e na televisão é distribuído entre os partidos proporcionalmente aos votos obtidos na eleição mais recente para deputado federal.

4.4. Disposições Gerais

▲ Título V – Disposições Gerais

▲ Art. 53. § 1º O instituto poderá ser criado sob qualquer das formas admitidas pela lei civil. § 2º O patrimônio da fundação ou do instituto de direito privado a que se referem o inciso IV do art. 44 desta Lei e o caput deste artigo será vertido ao ente que vier a sucedê-lo nos casos de: I – extinção da fundação ou do instituto, quando extinto, fundido ou incorporado o partido político, assim como nas demais hipóteses previstas na legislação; II – conversão ou transformação da fundação em instituto, assim como deste em fundação. § 3º Para fins do disposto no § 2º deste artigo, a versão do patrimônio implica a sucessão de todos os direitos, os deveres e as obrigações da fundação ou do instituto extinto, transformado ou convertido. § 4º A conversão, a transformação ou, quando for o caso, a extinção da fundação ou do instituto ocorrerá por decisão do órgão de direção nacional do partido político. (Modificações: Lei 13.487/17)

5. LEIS ESPARSAS

5.1. Lei da Ficha Limpa (LC 135/10)

*** QUESTÕES OBJETIVAS**

60. **(Cespe/TRE/PI/Analista/2016)** Em relação ao alistamento eleitoral e seus requisitos e à restrição de direitos políticos, assinale a opção correta:

a) A suspensão dos direitos políticos decorrente de condenação criminal transitada em julgado é consequência natural e inafastável da sentença condenatória.

b) A restrição dos direitos políticos decorrente da declaração de inelegibilidade não fundada em improbidade impede a filiação partidária, segundo entendimento do Tribunal Superior Eleitoral (TSE).

c) Será cancelada a inscrição do eleitor que se abstiver de votar em três eleições consecutivas, salvo se ele cumprir simultaneamente os seguintes critérios: não for obrigado ao exercício do voto e tiver mais de oitenta anos de idade.

d) À agremiação partidária é franqueado o acesso ao cadastro eleitoral para a obtenção de dados de seus filiados.

e) A perda da nacionalidade brasileira, como ocorre, por exemplo, no caso de naturalização voluntária, não acarreta a perda dos direitos políticos.

61. **(Cespe/TRE/PI/Analista/2016)** Ainda acerca de eleições, assinale a opção correta:

a) As mesas receptoras no exterior, nas eleições para presidente e vice-presidente da República, serão organizadas pelo Tribunal Regional Eleitoral do Distrito Federal mediante proposta dos chefes de missão e cônsules-gerais, devendo-se designar juiz eleitoral específico para acompanhar e dirimir qualquer questão surgida durante a votação.

b) Compete ao TSE requisitar a força policial para garantir a normalidade das eleições, desde que ouvido o MP.

c) Tratando-se de eleições majoritárias, a substituição de candidatos poderá ser requerida até dez dias antes do pleito, desde que haja ampla divulgação perante o eleitorado.

d) O encerramento da votação antes das dezessete horas não acarreta a nulidade da votação.

e) A perda do mandato, em sentença transitada em julgado, de candidato eleito em pleito majoritário acarreta a realização de novas eleições, independentemente do número de votos anulados, as quais correrão às expensas da justiça eleitoral e serão indiretas, se a vacância ocorrer a menos de seis meses do final do mandato, e direta, em todos os demais casos.

6. NORMAS CONSTITUCIONAIS

6.1. Dos Direitos Políticos

*** SÚMULAS**

STF Súm. Vinculante 18. A dissolução da sociedade ou do vínculo conjugal, no curso do mandato, não afasta a inelegibilidade prevista no § 7º do artigo 14 da Constituição Federal.

TSE Súm. 6. São inelegíveis para o cargo de Chefe do Executivo o cônjuge e os parentes, indicados no § 7º do art. 14 da Constituição Federal, do titular do mandato, salvo se este, reelegível, tenha falecido, renunciado ou se afastado definitivamente do cargo até seis meses antes do pleito.

TSE Súm. 9. A suspensão de direitos políticos decorrente de condenação criminal transitada em julgado cessa com o cumprimento ou a extinção da pena, independendo de reabilitação ou de prova de reparação dos danos.

TSE Súm. 13. Não é autoaplicável o § 9º do art. 14 da Constituição, com a redação da Emenda Constitucional de Revisão n. 4/94.

TSE Súm. 15. O exercício de mandato eletivo não é circunstância capaz, por si só, de comprovar a condição de alfabetizado do candidato.

*** REPERCUSSÃO & REPETITIVOS**

STF Repercussão Geral 781. As hipóteses de inelegibilidade previstas no art. 14, § 7º, da CF, inclusive quanto ao prazo de seis meses, são aplicáveis às eleições suplementares. (RE 843455, 7.10.2015)

*** INFORMATIVOS DE JURISPRUDÊNCIA**

Hipótese de cabimento de RCED e inelegibilidade superveniente

TSE A inelegibilidade superveniente que justifica o manejo do recurso contra expedição de diploma é a ocorrida até a data da eleição, nos termos da Súm. 47/TSE. RESPE 550-80, Rel. Min. Tarcisio Vieira de Carvalho Neto, j. 17.10.2017. (Info 14)

*** QUESTÕES DISCURSIVAS**

04. **(Cespe/DP/DF/Defensor/2013)** Conceitue direitos políticos negativos, indique as espécies em que eles se dividem e discorra sobre suas características básicas.

*** QUESTÕES OBJETIVAS**

62. **(Cespe/CGM/João_Pessoa/Técnico/2018)** Conforme o princípio democrático, todo o poder emana do povo, que o exerce diretamente ou por meio de representantes eleitos.

63. **(Cespe/CGM/João_Pessoa/Auditor/2018)** Conforme a CF, o poder emana do povo e é exercido por meio de representantes eleitos, não havendo previsão do exercício do poder diretamente pelo povo.

64. **(Cespe/TJ/PB/Juiz/2015)** Acerca da ação de impugnação de mandato eletivo, assinale a opção correta conforme entendimento pacificado do TSE:

a) A reprovação das contas de campanha de um candidato a cargo majoritário implica a sua cassação, cabendo ao MPE propor, dentro do prazo legal, a ação de impugnação de mandato eleitoral.

b) É incabível agravo contra decisões interlocutórias em uma ação de impugnação de mandato eletivo, pois não há previsão desse recurso no Código Eleitoral. Contudo, será cabível a impetração de mandado de segurança caso a parte prejudicada queira revisão da decisão judicial pelo TRE.

c) Julgado procedente o pedido na ação de impugnação de mandato eletivo em uma eleição majoritária cuja nulidade atinja mais da metade dos votos, deve o magistrado, observando o mesmo regime procedimental estabelecido para a ação de investigação judicial eleitoral, convocar os demais candidatos, de acordo com a votação.

d) O provimento judicial na ação de impugnação de mandato eletivo lastreia-se em fatos e provas robustas, fato que impossibilita a aplicação, pelo juízo eleitoral, do instituto do julgamento antecipado da lide.

e) Haverá litisconsórcio passivo necessário entre o prefeito e seu vice na ação de impugnação de mandato eletivo, cabendo ao juiz eleitoral extinguir o processo sem resolução do mérito na hipótese de o vice-prefeito, transcorrido o prazo para a sua propositura, não estar incluso no polo passivo.

65. **(Cespe/TRE/PI/Analista/2016)** Assinale a opção correta no que se refere ao direito de sufrágio:

a) No direito brasileiro, os conceitos de voto e de sufrágio são equivalentes.

b) O sufrágio é um direito público subjetivo democrático, que cabe ao povo, respeitados o princípio da universalidade e o princípio da igualdade de voto e de elegibilidade.

c) O direito de sufrágio ativo não é pressuposto do direito de sufrágio passivo.

d) Da obrigatoriedade do voto, determinada pela CF, decorre, para o eleitor, o dever jurídico de emitir o seu voto.

e) A liberdade do voto manifesta-se pela preferência a um candidato, mas não pela anulação do voto ou pela opção de depositar cédula em branco na urna.

66. **(Cespe/DPU/Defensor/2017)** Uma vez que o direito de ser votado integra o rol dos direitos e garantias individuais e que estes, por força constitucional, não podem ser abolidos, as condições de elegibilidade não podem ser objeto de proposta de emenda à CF.

67. **(Cespe/DPU/Defensor/2017)** No texto constitucional, os direitos políticos estão vinculados ao exercício da soberania popular, restritos, portanto, aos direitos de votar e de ser votado.

68. **(Cespe/TRE/PI/Analista/2016)** Assinale a opção correta acerca dos direitos e das garantias fundamentais:

a) Deverão ser cassados os direitos políticos de parlamentar condenado por crime de corrupção em sentença criminal transitada em julgado.

b) Lei que altere o processo eleitoral editada no mesmo ano de um pleito eletivo, ainda que em vigor, será aplicada no ano subsequente, conforme o princípio da anterioridade eleitoral.

c) Gravação de conversa telefônica sem autorização judicial, registrada por um dos interlocutores, é considerada prova ilícita, ante o sigilo das comunicações telefônicas, constitucionalmente assegurado.

d) A instauração de processo administrativo disciplinar contra servidor público para apuração de irregularidade funcional garante ao servidor o direito de impetrar "habeas corpus" para impedir o prosseguimento do processo administrativo.

e) Estrangeiro de qualquer nacionalidade pode se candidatar a cargos eletivos, com exceção dos cargos para os quais se exige a condição de brasileiro nato.

69. **(Cespe/TCE/PR/Analista/2016)** Com base na jurisprudência do STF, assinale a opção correta a respeito dos direitos políticos:

a) O princípio da anterioridade da lei eleitoral subordina, inclusive, a incidência das hipóteses de inelegibilidade introduzidas por normas constitucionais originárias constantes da Constituição Federal de 1988.

b) As condições de elegibilidade podem ser estabelecidas por simples lei ordinária federal, diferentemente das hipóteses de inelegibilidade, que são reservadas a lei complementar.

c) É constitucional a exigência legal que, independentemente da identificação civil, condiciona o voto à apresentação, pelo eleitor, do título eleitoral.

d) É dos estados a competência para legislar sobre condições específicas de elegibilidade dos juízes de paz.

e) A filiação partidária como condição de elegibilidade não se estende aos juízes de paz.

70. **(Cespe/TCE/PA/Analista/2016)** A alistabilidade, que se refere à capacidade do indivíduo de ser eleitor, com direito de participar da escolha dos mandatários, é vedada aos estrangeiros e, durante o período do serviço militar obrigatório, aos conscritos.

71. **(Cespe/PC/PE/Delegado/2016)** Acerca dos direitos e garantias fundamentais previstos na CF, assinale a opção correta:

a) Em obediência ao princípio da igualdade, o STF reconhece que há uma impossibilidade absoluta e genérica de se estabelecer diferencial de idade para o acesso a cargos públicos.

b) Conforme o texto constitucional, o civilmente identificado somente será submetido à identificação criminal se a autoridade policial, a seu critério, julgar que ela é essencial à investigação policial.

c) São destinatários dos direitos sociais, em seu conjunto, os trabalhadores, urbanos ou rurais, com vínculo empregatício, os trabalhadores avulsos, os trabalhadores domésticos e os servidores públicos genericamente considerados.

d) Embora a CF vede a cassação de direitos políticos, ela prevê casos em que estes poderão ser suspensos ou até mesmo perdidos.

e) Os direitos e garantias fundamentais têm aplicação imediata, razão por que nenhum dos direitos individuais elencados na CF necessita de lei para se tornar plenamente exequível.

72. **(Cespe/TCE/PA/Auditor/2016)** Servidor público na ativa, com trinta e quatro anos de idade à época da eleição para deputado distrital, não poderá concorrer ao cargo eletivo, ainda que se afaste de seu cargo público antes da eleição, dada a sua idade.

73. **(Cespe/DPU/Defensor/2017)** Legislação infraconstitucional pode condicionar o exercício de direitos políticos à idade.

74. **(Cespe/TCE/PE/Analista/2017)** O governador de determinado estado, no curso do segundo mandato, rompeu o vínculo conjugal com sua esposa, que também se interessa pela vida política. Nessa situação, a ex-esposa, caso deseje, poderá candidatar-se, nas eleições seguintes, a cargo eletivo naquele estado, desde que o divórcio ocorra seis meses antes do pleito.

75. **(Cespe/TCE/PE/Analista/2017)** Estrangeiro que resida no Brasil há mais de quinze anos ininterruptos e não tenha condenação penal poderá tornar-se, após requerimento, brasileiro naturalizado e, nessa condição, candidatar-se a deputado federal ou senador, mas, se eleito, estará impedido de presidir a casa legislativa à qual pertencer.

76. **(Cespe/TCE/PE/Analista_Gestão/2017)** Se, no ano de 2018, o presidente da assembleia legislativa de um estado, em seu primeiro mandato, substituir o governador nos seis meses anteriores ao pleito eleitoral, ele poderá concorrer ao cargo de governador, no mesmo estado, nas eleições estaduais daquele ano, mas não poderá concorrer à reeleição no pleito posterior.

77. **(Cespe/AGU/Advogado/2015)** Vice-governador de estado que não tenha sucedido ou substituído o governador durante o mandato não precisará se desincompatibilizar do cargo atual no período de seis meses antes do pleito para concorrer a outro cargo eletivo.

78. **(Cespe/TRE/PE/Técnico/2017)** O alistamento eleitoral e o voto são obrigatórios para:

a) maiores de setenta e cinco anos de idade.

b) maiores de dezoito anos de idade.

c) maiores de dezesseis e menores de dezoito anos de idade.

d) analfabetos.

e) maiores de setenta anos de idade.

6.2. Dos Partidos Políticos

✱ INOVAÇÕES LEGISLATIVAS

▲ Constituição Federal (CF/88).

▲ Art. 17. (...). § 1º É assegurada aos partidos políticos autonomia para definir sua estrutura interna e estabelecer regras sobre escolha, formação e duração de seus órgãos permanentes e provisórios e sobre sua organização e funcionamento e para adotar os critérios de escolha e o regime de suas coligações nas eleições majoritárias, vedada a sua celebração nas eleições proporcionais, sem obrigatoriedade de vinculação entre as candidaturas em âmbito nacional, estadual, distrital ou municipal, devendo seus estatutos estabelecer normas de disciplina e fidelidade partidária. (...). § 3º Somente terão direito a recursos do fundo partidário e acesso gratuito ao rádio e à televisão, na forma da lei, os partidos políticos que alternativamente: I – obtiverem, nas eleições para a Câmara dos Deputados, no mínimo, 3% (três por cento) dos votos válidos, distribuídos em pelo menos um terço das unidades da Federação, com um mínimo de 2% (dois por cento) dos votos válidos em cada uma delas; ou II – tiverem elegido pelo menos quinze Deputados Federais distribuídos em pelo menos um terço das unidades da Federação. (...). § 5º Ao eleito por partido que não preencher os requisitos previstos no § 3º deste artigo é assegurado o mandato e facultada a filiação, sem perda do mandato, a outro partido que os tenha atingido, não sendo essa filiação considerada para fins de distribuição dos recursos do fundo partidário e de acesso gratuito ao tempo de rádio e de televisão. (Modificações: EC 97/17)

✱ QUESTÕES OBJETIVAS

79. **(Cespe/TJ/AM/Juiz/2016)** De acordo com o que está expresso na CF acerca dos partidos políticos, é livre a criação, a fusão, a incorporação e a extinção de partidos políticos, resguardados a soberania nacional, o regime democrático, o pluripartidarismo e os direitos fundamentais da pessoa humana, desde que observado(a):

a) a obrigação de prestar contas à justiça eleitoral.
b) a apreciação da legalidade dos atos de admissão de pessoal para fins de registro.
c) a vinculação entre as candidaturas em âmbito nacional, estadual, distrital ou municipal em caso de coligações eleitorais.
d) o caráter regional do novo partido que se pretenda criar.
e) a ampla publicidade dos orçamentos dos partidos políticos.

80. (Cespe/TRE/PE/Técnico/2017) De acordo com o que estabelece a Constituição Federal de 1988 (CF), os partidos políticos:

a) podem receber recursos financeiros de entidade ou governo estrangeiros.
b) não são obrigados a registrar seus estatutos no Tribunal Superior Eleitoral, se, antes, eles adquirirem personalidade jurídica.
c) podem utilizar organização paramilitar.
d) têm autonomia para definir sua estrutura interna, sua organização e seu funcionamento.
e) têm, em regra, de pagar pelo acesso ao rádio e à televisão.

81. (Cespe/TRE/PE/Técnico/2017) Com relação a partidos políticos, assinale a opção correta:

a) O partido político é pessoa jurídica de direto público destinada a assegurar a autenticidade do sistema representativo e a defesa dos direitos fundamentais.
b) Em ano de eleição, é facultado ao partido político alterar, em seu estatuto, os prazos de filiação partidária.
c) Apenas o eleitor em pleno gozo de seus direitos políticos pode filiar-se a partido.
d) Para desligar-se do partido, o filiado tem de fazer comunicação escrita ao órgão de direção regional desse partido e ao tribunal regional eleitoral.
e) Com o registro do estatuto do partido no registro civil das pessoas jurídicas fica-lhe assegurada a exclusividade de uso dos seguintes elementos identificatórios: denominação, sigla, símbolos e uniforme.

82. (Cespe/TRE/PE/Analista/2017) Acerca de partidos políticos, assinale a opção correta:

a) A fusão de dois partidos não é causa para o cancelamento de seus registros originais junto ao ofício civil e ao tribunal regional eleitoral.
b) O detentor de mandato eletivo que se desfiliar sem justa causa do partido pelo qual foi eleito perderá o mandato.
c) A responsabilidade por violação dos deveres partidários deve ser apurada e punida pelo Ministério Público.
d) Para ter acesso gratuito à televisão, o partido deve ter registrado seu estatuto no tribunal regional eleitoral.
e) O requerimento do registro de partido deve ser dirigido a cartório do registro civil das pessoas jurídicas da capital do estado de registro.

83. (Cespe/TRT/8R/Analista/2016) Acerca dos direitos e das garantias fundamentais previstos na CF, assinale a opção correta:

a) É permitido ao preso provisório e ao maior de dezoito anos de idade internado ao tempo em que era adolescente alistar-se ou transferir o título de eleitor para o domicílio dos estabelecimentos penais e de internação onde se encontrem.
b) A CF assegura personalidade jurídica aos partidos políticos, na forma da lei, além de estabelecer as sanções cabíveis no caso de indisciplina partidária, que podem ser tanto a advertência quanto a perda do mandato.
c) Os direitos sociais assegurados à categoria dos trabalhadores domésticos incluem a proteção do mercado de trabalho da mulher, mediante incentivos específicos e piso salarial proporcional à extensão e à complexidade do trabalho, atendidas as condições estabelecidas em lei.
d) Todos os direitos e as garantias expressos na CF foram expressamente editados como cláusula pétrea, constituindo rol taxativo, cuja ampliação depende de edição de emendas constitucionais.
e) No que se refere aos direitos e garantias fundamentais elencados na CF, os estrangeiros residentes e não residentes no Brasil equiparam-se aos brasileiros.

84. (Cespe/TCE/PE/Analista/2017) A liberdade de criação de partidos políticos é um direito constitucional, o que impede que normas estabeleçam controle quantitativo e qualitativo sobre eles.

85. **(Cespe/TCE/PE/Analista_Gestão/2017)** Os partidos políticos adquirem personalidade jurídica na forma da lei eleitoral, devendo seus estatutos ser registrados no Tribunal Superior Eleitoral e no tribunal regional eleitoral do estado em que estiverem sediados.

6.3. Dos Tribunais e Juízes Eleitorais

✱ SÚMULAS

STF Súm. 72. No julgamento de questão constitucional, vinculada a decisão do Tribunal Superior Eleitoral, não estão impedidos os ministros do Supremo Tribunal Federal que ali tenham funcionado no mesmo processo, ou no processo originário.

STJ Súm. 368. Compete à justiça comum estadual processar e julgar os pedidos de retificação de dados cadastrais da justiça eleitoral.

STJ Súm. 374. Compete à justiça eleitoral processar e julgar a ação para anular débito decorrente de multa eleitoral.

TSE Súm. 33. Somente é cabível ação rescisória de decisões do Tribunal Superior Eleitoral que versem sobre a incidência de causa de inelegibilidade.

TSE Súm. 34. Não compete ao Tribunal Superior Eleitoral processar e julgar mandado de segurança contra ato de membro de Tribunal Regional Eleitoral.

TSE Súm. 35. Não é cabível reclamação para arguir o descumprimento de resposta a consulta ou de ato normativo do Tribunal Superior Eleitoral.

TSE Súm. 37. Compete originariamente ao Tribunal Superior Eleitoral processar e julgar recurso contra expedição de diploma envolvendo eleições federais ou estaduais.

7. MINISTÉRIO PÚBLICO ELEITORAL

✱ QUESTÕES OBJETIVAS

86. **(Cespe/TRE/PE/Analista/2017)** Em relação ao Ministério Público Eleitoral (MPE), assinale a opção correta:

a) Em caso de suspeita de infração penal, se o órgão do Ministério Público, em vez de apresentar a denúncia, requerer o arquivamento da comunicação, o juiz será obrigado a atender ao pedido.

b) O procurador-geral da República exercerá as funções de procurador-geral junto ao TSE e poderá designar outros membros do Ministério Público da União para auxiliá-lo.

c) Em se tratando de crimes na esfera eleitoral, prevê-se ação pública ou pública condicionada, sendo o Ministério Público o titular exclusivo da ação criminal.

d) A carreira autônoma do MPE foi criada pela Constituição Federal de 1988.

e) O MPE atua nas áreas penal e administrativa, mas não na cível.

87. **(Cespe/TRE/PE/Analista/2017)** No que concerne ao Ministério Público Eleitoral (MPE), assinale a opção correta de acordo com o entendimento do STF:

a) O MPE é um ramo do Ministério Público, possui estrutura própria e tem como chefe o procurador regional eleitoral.

b) O MPE só pode investigar suspeita de crime eleitoral após determinação da justiça eleitoral.

c) A designação, por procurador regional eleitoral, que é membro do Ministério Público Federal, de membro do Ministério Público local para promotor eleitoral não afronta a autonomia administrativa do Ministério Público estadual.

d) Enquanto exercer a função de promotor eleitoral, o membro do Ministério Público ficará afastado de sua função institucional de promotor de justiça.

e) O procurador-geral da República não detém a prerrogativa de iniciar projetos de lei que versem sobre a organização e as atribuições do MPE.

9. DIREITO EMPRESARIAL

1. DO EMPRESÁRIO

✱ ENUNCIADOS CJF

1) Da Caracterização e da Inscrição

CJF Civil 53. Deve-se levar em consideração o princípio da função social na interpretação das normas relativas à empresa, a despeito da falta de referência expressa.

CJF Civil 54. É caracterizador do elemento empresa a declaração da atividade-fim, assim como a prática de atos empresariais.

CJF Civil 193. O exercício das atividades de natureza exclusivamente intelectual está excluído do conceito de empresa.

CJF Civil 194. Os profissionais liberais não são considerados empresários, salvo se a organização dos fatores da produção for mais importante que a atividade pessoal desenvolvida.

CJF Civil 195. A expressão "elemento de empresa" demanda interpretação econômica, devendo ser analisada sob a égide da absorção da atividade intelectual, de natureza científica, literária ou artística, como um dos fatores da organização empresarial.

CJF Civil 198. A inscrição do empresário na Junta Comercial não é requisito para a sua caracterização, admitindo-se o exercício da empresa sem tal providência. O empresário irregular reúne os requisitos do art. 966, sujeitando-se às normas do Código Civil e da legislação comercial, salvo naquilo em que forem incompatíveis com a sua condição ou diante de expressa disposição em contrário.

CJF Civil 199. A inscrição do empresário ou sociedade empresária é requisito delineador de sua regularidade, e não da sua caracterização.

CJF Civil 200. É possível a qualquer empresário individual, em situação regular, solicitar seu enquadramento como microempresário ou empresário de pequeno porte, observadas as exigências e restrições legais.

CJF Civil 201. O empresário rural e a sociedade empresária rural, inscritos no registro público de empresas mercantis, estão sujeitos à falência e podem requerer concordata.

CJF Civil 202. O registro do empresário ou sociedade rural na Junta Comercial é facultativo e de natureza constitutiva, sujeitando-o ao regime jurídico empresarial. É inaplicável esse regime ao empresário ou sociedade rural que não exercer tal opção.

CJF Civil 465. A "transformação de registro" prevista no art. 968, § 3º, e no art. 1.033, parágrafo único, do Código Civil não se confunde com a figura da transformação de pessoa jurídica.

CJF Civil 466. Para fins do direito falimentar, o local do principal estabelecimento é aquele de onde partem as decisões empresariais, e não necessariamente a sede indicada no registro público.

2) Da Capacidade

CJF Civil 197. A pessoa natural, maior de 16 e menor de 18 anos, é reputada empresário regular se satisfizer os requisitos dos arts. 966 e 967; todavia, não tem direito a concordata preventiva, por não exercer regularmente a atividade por mais de dois anos.

CJF Civil 203. O exercício da empresa por empresário incapaz, representado ou assistido somente é possível nos casos de incapacidade superveniente ou incapacidade do sucessor na sucessão por morte.

CJF Civil 204. A proibição de sociedade entre pessoas casadas sob o regime da comunhão universal ou da separação obrigatória só atinge as sociedades constituídas após a vigência do Código Civil de 2002.

CJF Civil 205. Adotar as seguintes interpretações ao art. 977: (1) a vedação à participação de cônjuges casados nas condições previstas no artigo refere-se unicamente a uma mesma sociedade; (2) o artigo abrange tanto a participação originária (na constituição da sociedade) quanto a derivada, isto é, fica vedado o ingresso de sócio casado em sociedade de que já participa o outro cônjuge.

CJF Civil 467. A exigência de integralização do capital social prevista no art. 974, § 3º, não se aplica à participação de incapazes em sociedades anônimas e em sociedades com sócios de responsabilidade ilimitada nas quais a integralização do capital social não influa na proteção do incapaz.

✱ QUESTÕES OBJETIVAS

01. **(Cespe/PGE/AM/Procurador/2016)** Pessoa física pode exercer a atividade como empresário individual, que é a figura jurídica normatizada como sociedade individual de responsabilidade limitada.

02. **(Cespe/DPE/AL/Defensor/2017)** Assinale a opção que apresenta a denominação dada a pessoa capaz ordenada ao exercício profissional de atividade economicamente organizada para a produção ou a circulação de bens ou serviços:

a) sociedade anônima.
b) sociedade limitada.
c) empresa.
d) empreendedor.
e) empresário.

03. **(Cespe/AGU/Advogado/2015)** O incapaz não pode ser autorizado a iniciar o exercício de uma atividade empresarial individual, mas, excepcionalmente, poderá ele ser autorizado a dar continuidade a atividade preexistente.

04. **(Cespe/PGE/SE/Procurador/2017)** Com relação ao empresário e aos prepostos, assinale a opção correta de acordo com a legislação pertinente:

a) A inscrição do empresário na junta comercial é requisito para a sua caracterização.
b) A lei prevê cobrança de multa do incapaz que exercer diretamente atividade própria de empresário.
c) O gerente de empresa poderá delegar poderes de representação, uma vez que as prerrogativas a ele conferidas, embora pessoais, são transferíveis.
d) No exercício de suas funções, os prepostos são pessoalmente responsáveis, perante terceiros, pelos atos culposos.
e) O empresário casado pode alienar os bens imóveis que integram o patrimônio da empresa sem outorga conjugal.

2. DA EMPRESA INDIVIDUAL DE RESPONSABILIDADE LIMITADA

✱ ENUNCIADOS CJF

CJF Comercial 3. A empresa individual de responsabilidade limitada – EIRELI não é sociedade unipessoal, mas um novo ente, distinto da pessoa do empresário e da sociedade empresária.

CJF Comercial 4. Uma vez subscrito e efetivamente integralizado, o capital da empresa individual de responsabilidade limitada não sofrerá nenhuma influência decorrente de ulteriores alterações no salário mínimo.

CJF Comercial 5. Quanto às obrigações decorrentes de sua atividade, o empresário individual tipificado no art. 966 do Código Civil responderá primeiramente com os bens vinculados à exploração de sua atividade econômica, nos termos do art. 1.024 do Código Civil.

CJF Comercial 6. O empresário individual regularmente inscrito é o destinatário da norma do art. 978 do Código Civil, que permite alienar ou gravar de ônus real o imóvel incorporado à empresa, desde que exista, se for o caso, prévio registro de autorização conjugal no Cartório de Imóveis, devendo tais requisitos constar do instrumento de alienação ou de instituição do ônus real, com a consequente averbação do ato à margem de sua inscrição no Registro Público de Empresas Mercantis

CJF Comercial 62. O produtor rural, nas condições mencionadas do art. 971 do CCB, pode constituir EIRELI.

CJF Civil 468. A empresa individual de responsabilidade limitada só poderá ser constituída por pessoa natural.

CJF Civil 469. A empresa individual de responsabilidade limitada (EIRELI) não é sociedade, mas novo ente jurídico personificado.

CJF Civil 470. O patrimônio da empresa individual de responsabilidade limitada responderá pelas dívidas da pessoa jurídica, não se confundindo com o patrimônio da pessoa natural que a constitui, sem prejuízo da aplicação do instituto da desconsideração da personalidade jurídica.

CJF Civil 471. Os atos constitutivos da EIRELI devem ser arquivados no registro competente, para fins de aquisição de personalidade jurídica. A falta de arquivamento ou de registro de alterações dos atos constitutivos configura irregularidade superveniente.

CJF Civil 472. É inadequada a utilização da expressão "social" para as empresas individuais de responsabilidade limitada.

CJF Civil 473. A imagem, o nome ou a voz não podem ser utilizados para a integralização do capital da EIRELI.

✱ QUESTÕES OBJETIVAS

05. **(Cespe/TJ/DFT/Juiz/2016)** A respeito da empresa individual de responsabilidade limitada, assinale a opção correta:

a) A empresa individual de responsabilidade limitada não pode resultar da concentração das quotas de outra modalidade societária em um único sócio.

b) A pessoa natural que constituir empresa individual de responsabilidade limitada pode figurar em outras pessoas dessa espécie.

c) A expressão "EIRELI" deve compor o nome empresarial, devendo constar após a firma ou denominação social da empresa.

d) O capital social desse tipo de empresa não pode ser superior a cem vezes o maior salário mínimo vigente no país.

e) Aplicam-se à empresa individual de responsabilidade limitada, no que couber, as regras previstas para as sociedades simples.

06. **(Cespe/TRF/1R/Técnico/2017)** As empresas individuais de responsabilidade limitada são exemplo de pessoa jurídica de direito privado.

3. DA SOCIEDADE

3.1. Disposições Gerais

✱ ENUNCIADOS CJF

CJF Comercial 13. A decisão que decretar a dissolução parcial da sociedade deverá indicar a data de desligamento do sócio e o critério de apuração de haveres.

CJF Comercial 16. O adquirente de cotas ou ações adere ao contrato social ou estatuto no que se refere à cláusula compromissória (cláusula de arbitragem) nele existente; assim, estará vinculado à previsão da opção da jurisdição arbitral, independentemente de assinatura e/ou manifestação específica a esse respeito.

CJF Comercial 19. Não se aplica o Código de Defesa do Consumidor às relações entre sócios/acionistas ou entre eles e a sociedade.

CJF Civil 57. A opção pelo tipo empresarial não afasta a natureza simples da sociedade.

CJF Civil 196. A sociedade de natureza simples não tem seu objeto restrito às atividades intelectuais.

CJF Civil 207. A natureza de sociedade simples da cooperativa, por força legal, não a impede de ser sócia de qualquer tipo societário, tampouco de praticar ato de empresa.

CJF Civil 382. Nas sociedades, o registro observa a natureza da atividade (empresarial ou não art. 966); as demais questões seguem as normas pertinentes ao tipo societário adotado (art. 983). São exceções as sociedades por ações e as cooperativas (art. 982, parágrafo único).

CJF Civil 474. Os profissionais liberais podem organizar-se sob a forma de sociedade simples, convencionando a responsabilidade limitada dos sócios por dívidas da sociedade, a despeito da responsabilidade ilimitada por atos praticados no exercício da profissão.

CJF Civil 475. Considerando ser da essência do contrato de sociedade a partilha do risco entre os sócios, não desfigura a sociedade simples o fato de o respectivo contrato social prever distribuição de lucros, rateio de despesas e concurso de auxiliares.

CJF Civil 476. Eventuais classificações conferidas pela lei tributária às sociedades não influem para sua caracterização como empresárias ou simples, especialmente no que se refere ao registro dos atos constitutivos e à submissão ou não aos dispositivos da Lei n. 11.101/2005.

CJF Civil 477. O art. 983 do Código Civil permite que a sociedade simples opte por um dos tipos empresariais dos arts. 1.039 a 1.092 do Código Civil. Adotada a forma de sociedade anônima ou de comandita por ações, porém, ela será considerada empresária.

✱ INFORMATIVOS DE JURISPRUDÊNCIA

Ação de dissolução parcial de sociedade. Apuração de haveres. Coerdeiro necessário. Ilegitimidade ativa.

STJ O herdeiro necessário não possui legitimidade ativa para propositura de ação de dissolução parcial de sociedade em que se busca o pagamento de quotas sociais integrantes do acervo hereditário quando não for em defesa de interesse do espólio. REsp 1.645.672, Rel. Min. Marco Aurélio Bellizze, DJe 29.8.2017. 3ª T. (Info 611)

✱ QUESTÕES DISCURSIVAS

01. **(Cespe/PGE/BA/Procurador/2013)** Discorra sobre a teoria da desconsideração da personalidade jurídica, incluindo, necessariamente, os seguintes pontos: (i) conciliação da "disregard doctrine" com a personalização das sociedades empresárias; (ii) elementos subjetivos e objetivo autorizadores de sua aplicação e razão para a instituição do elemento objetivo; (iii) positivação no direito brasileiro (leis que autorizam sua aplicação); (iv) requisitos para sua aplicação ao sócio majoritário; (v) efeito quanto ao ato constitutivo da sociedade empresária; (vi) conceito de desconsideração inversa e exemplo de situação em que seja aplicada.

* QUESTÕES OBJETIVAS

07. (Cespe/TCE/PR/Auditor/2016) No que se refere a empresas e sociedades comerciais, assinale a opção correta:

a) Atos ultra vires do administrador de sociedade simples não poderão ser opostos a terceiros.
b) O sócio incapaz legalmente admitido não poderá exercer a administração da sociedade.
c) Não é admitida a designação de administrador não sócio nas sociedades limitadas.
d) A alienação de imóveis pertencentes a sociedade comercial depende da outorga do cônjuge do empresário casado sob o regime da comunhão universal de bens.
e) A pessoa natural que constituir empresa individual de responsabilidade limitada não poderá ser admitida como sócia de nenhuma outra sociedade comercial.

08. (Cespe/DPE/PE/Defensor/2015) Considerando que Luciana e Carlos sejam casados em regime de comunhão parcial de bens há dez anos e tenham um filho, Luciana e Carlos poderão contratar sociedade com terceiros, mas não entre si.

09. (Cespe/TRF/5R/Juiz/2015) Considerando uma sociedade empresária cujo capital social esteja dividido em ações nominativas, assinale a opção correta no que diz respeito à responsabilidade civil:

a) O sócio fundador que não tiver exercido função de administrador ou de conselheiro fiscal não será responsabilizado por irregularidades nos atos constitutivos da sociedade.
b) Não haverá responsabilidade de conselheiro fiscal em razão de ato praticado por administrador, haja vista que as atribuições e os deveres de cada um deles são diversos.
c) Poderá haver responsabilidade subsidiária do administrador que não procurar impedir a prática de atos ilícitos de outros administradores.
d) O juiz poderá excluir a responsabilidade do administrador que, ao atuar dentro de suas atribuições, causar prejuízo à sociedade, caso fique demonstrada a boa-fé ao agir.
e) A assembleia geral não poderá responsabilizar a sociedade pelos atos praticados pelos primeiros administradores antes de cumpridas as formalidades de constituição.

10. (Cespe/PC/GO/Delegado/2017) Assinale a opção correta no que se refere ao direito societário:

a) Compete ao poder público municipal do local da sede autorizar o funcionamento de sociedades cujo funcionamento dependa de autorização do Poder Executivo.
b) É nulo todo o contrato social de sociedade limitada que contenha cláusula que exclua qualquer sócio da participação nos lucros e nas perdas.
c) A sociedade em comum e a sociedade de fato ou irregular são não personificadas, conforme classificação do Código Civil.
d) O sócio remisso pode ser excluído da sociedade pelos demais, caso em que deve ser-lhe devolvido, com os abatimentos cabíveis, o montante com o qual tenha contribuído para o capital social.
e) Os tipos societários previstos no Código Civil são exemplificativos, podendo as sociedades organizar-se de formas distintas das expressamente listadas.

11. (Cespe/TRF/1R/Analista/2017) As disposições legais referentes às associações aplicam-se subsidiariamente às sociedades.

12. (Cespe/DPU/Defensor/2015) Considerando a existência de relação jurídica referente a determinado objeto envolvendo dois sujeitos, caso um dos sujeitos da relação jurídica seja uma sociedade, admite-se excepcionalmente a desconsideração da regra de separação patrimonial entre a sociedade e seus sócios com o intuito de evitar fraude, situação em que haverá a dissolução da personalidade jurídica.

13. (Cespe/DPU/Defensor/2015) Conforme a jurisprudência do STJ, admite-se a desconsideração inversa da pessoa jurídica.

14. **(Cespe/AGU/Advogado/2015)** O sócio que transferir crédito para fins de integralização de quota social responderá pela solvência do devedor e o que transmitir domínio de imóvel responderá pela evicção.

15. **(Cespe/AGU/Advogado/2015)** No regime da sociedade de pessoas, todos os sócios respondem solidariamente pela exata estimação de bens conferidos ao capital social, até o prazo de cinco anos da data do registro da sociedade.

16. **(Cespe/TCU/Procurador/2015)** Acerca das sociedades empresárias, assinale a opção correta:

a) Conforme o Código Civil, empresa é a pessoa jurídica que atua profissionalmente em atividade econômica organizada para a produção ou a circulação de bens ou de serviços.
b) Quanto à sua composição, as sociedades empresárias classificam-se em contratuais – por exemplo, a sociedade limitada – ou institucionais – por exemplo, a sociedade anônima.
c) De acordo com a teoria maior, é suficiente que haja prejuízo ao credor não negocial para que seja cabível a desconsideração da personalidade jurídica da sociedade empresária.
d) Se uma cooperativa exercer atividade própria de empresário, essa cooperativa será considerada sociedade empresária e ficará sujeita a registro na junta comercial.
e) Profissionais liberais não são considerados empresários, salvo se a organização dos fatores de produção for mais importante que a atividade pessoal desenvolvida.

17. **(Cespe/PGE/SE/Procurador/2017)** Considerando a teoria da personalização da sociedade empresária e a da desconsideração da personalidade jurídica, julgue os itens a seguir.

I. O incidente de desconsideração da personalidade jurídica será instaurado a pedido da parte ou do MP e acarretará a dissolução ou liquidação da pessoa jurídica.
II. O incidente de desconsideração é cabível em todas as fases do processo de conhecimento, no cumprimento de sentença e na execução fundada em título executivo extrajudicial.
III. O administrador que tenha contribuído culposamente, de forma ilícita, para lesar a coletividade de credores de uma instituição financeira, mas sem auferir benefício pessoal, não poderá ser atingido propriamente pela desconsideração da personalidade jurídica.
IV. O contrato social das sociedades limitadas estabelecerá à sociedade uma natureza personalista caso determine que a cessão ou a alienação de quotas não será condicionada à audiência prévia dos demais sócios.

Estão certos apenas os itens:

a) I e II.
b) I e III.
c) II e III.
d) III e IV.
e) I, II e IV.

3.2. Da Sociedade não Personificada

*** ENUNCIADOS CJF**

CJF Civil 58. A sociedade em comum compreende as figuras doutrinárias da sociedade de fato e da irregular.

CJF Civil 208. As normas do Código Civil para as sociedades em comum e em conta de participação são aplicáveis independentemente de a atividade dos sócios, ou do sócio ostensivo, ser ou não própria de empresário sujeito a registro (distinção feita pelo art. 982 do Código Civil entre sociedade simples e empresária).

CJF Civil 209. O art. 986 deve ser interpretado em sintonia com os arts. 985 e 1.150, de modo a ser considerada em comum a sociedade que não tenha seu ato constitutivo inscrito no registro próprio ou em desacordo com as normas legais previstas para esse registro (art. 1.150), ressalvadas as hipóteses de registros efetuados de boa-fé.

CJF Civil 210. O patrimônio especial a que se refere o art. 988 é aquele afetado ao exercício da atividade, garantidor de terceiro, e de titularidade dos sócios em comum, em face da ausência de personalidade jurídica.

CJF Civil 211. Presume-se disjuntiva a administração dos sócios a que se refere o art. 989.

CJF Civil 212. Embora a sociedade em comum não tenha personalidade jurídica, o sócio que tem seus bens constritos por dívida contraída em favor da sociedade, e não participou do ato por meio do qual foi contraída a obrigação, tem o direito de indicar bens afetados às atividades empresariais para substituir a constrição.

✱ QUESTÕES OBJETIVAS

18. **(Cespe/DPU/Defensor/2017)** Uma senhora procurou a DP para ajuizar ação de alimentos contra o pai de seu filho menor de idade. Ela informou que o genitor não possuía bens em seu nome, mas exercia atividade empresarial em sociedade com um amigo: a venda de quentinhas. Apresentou cópia do contrato social, que, contudo, não era inscrito no órgão de registro próprio. Considerando essa situação hipotética e a necessidade de se obter o pagamento da pensão, o maquinário utilizado para a produção das quentinhas é classificado como patrimônio especial, do qual os dois sócios são titulares em comum.

19. **(Cespe/TJ/DFT/Juiz/2016)** Com relação às sociedades em conta de participação, assinale a opção correta à luz do Código Civil:

a) Em caso de falência do sócio participante, ocorrerá a dissolução da sociedade e a liquidação da respectiva conta, cujo saldo constituirá crédito quirografário.

b) O sócio ostensivo tem a faculdade de admitir novo sócio, independentemente de consentimento expresso dos demais.

c) O contrato social produz efeito somente entre os sócios apenas até eventual inscrição de seu instrumento em qualquer registro, momento em que a sociedade passará a possuir personalidade jurídica.

d) A liquidação da sociedade em conta de participação, se rege pelas normas relativas à prestação de contas, na forma da lei processual.

e) Os bens sociais respondem por ato de gestão apenas do sócio ostensivo.

20. **(Cespe/DPU/Defensor/2015)** Na sociedade em comum, o sócio responderá solidária e ilimitadamente pelas obrigações sociais, mas fará jus a benefício de ordem, se não tiver sido aquele que contratou pela sociedade.

21. **(Cespe/DPU/Defensor/2017)** Uma senhora procurou a DP para ajuizar ação de alimentos contra o pai de seu filho menor de idade. Ela informou que o genitor não possuía bens em seu nome, mas exercia atividade empresarial em sociedade com um amigo: a venda de quentinhas. Apresentou cópia do contrato social, que, contudo, não era inscrito no órgão de registro próprio. Considerando essa situação hipotética e a necessidade de se obter o pagamento da pensão, o contrato social apresentado, mesmo sem registro no órgão competente, servirá como prova da existência da sociedade, seja para a finalidade pretendida na ação de alimentos, seja para eventual discussão entre os sócios acerca da titularidade dos bens sociais.

22. **(Cespe/TRF/5R/Juiz/2017)** Considerando-se os dispositivos legais pertinentes, em caso de dívida assumida por ente despersonalizado:

a) os sócios responderão de forma limitada, e o ente de forma ilimitada.

b) os sócios responderão de forma subsidiária, desde que não tenham praticado atos contrários ao estatuto ou ao contrato social.

c) os sócios responderão de forma solidária e ilimitada pelas obrigações assumidas pelo grupamento.

d) o sócio administrador responderá solidariamente pelos ilícitos praticados.

e) o sócio gestor responderá de forma subsidiária e limitada pelo ato de má gestão.

23. **(Cespe/PGM/Fortaleza/Procurador/2017)** O registro do ato constitutivo da sociedade de fato produzirá efeitos "ex tunc" se presentes, desde o início, os requisitos legais para a constituição da pessoa jurídica.

24. **(Cespe/DPU/Defensor/2015)** Os sócios de sociedade em nome coletivo devem ser pessoas físicas e podem, sem prejuízo da responsabilidade perante terceiros, limitar entre si a responsabilidade de cada um.

25. **(Cespe/TCE/RN/Auditor/2015)** Na constituição de uma sociedade de propósito específico, deve-se eleger um dos tipos societários previstos em lei para essa finalidade, que não incluem, por exemplo, a sociedade em conta de participação.

3.3. Da Sociedade Personificada

3.3.1. Da Sociedade Simples

✱ ENUNCIADOS CJF

1) Do Contrato Social

CJF Comercial 10. Nas sociedades simples, os sócios podem limitar suas responsabilidades entre si, à proporção da participação no capital social, ressalvadas as disposições específicas.

CJF Civil 206. A contribuição do sócio exclusivamente em prestação de serviços é permitida nas sociedades cooperativas (art. 1.094, I) e nas sociedades simples propriamente ditas (art. 983, 2ª parte).

CJF Civil 213. O art. 997, inc. II, não exclui a possibilidade de sociedade simples utilizar firma ou razão social.

CJF Civil 215. A sede a que se refere o caput do art. 998 poderá ser a da administração ou a do estabelecimento onde se realizam as atividades sociais.

CJF Civil 383. A falta de registro do contrato social (irregularidade originária art. 998) ou de alteração contratual versando sobre matéria referida no art. 997 (irregularidade superveniente art. 999, parágrafo único) conduzem à aplicação das regras da sociedade em comum (art. 986).

CJF Civil 384. Nas sociedades personificadas previstas no Código Civil, exceto a cooperativa, é admissível o acordo de sócios, por aplicação analógica das normas relativas às sociedades por ações pertinentes ao acordo de acionistas.

CJF Civil 385. A unanimidade exigida para a modificação do contrato social somente alcança as matérias referidas no art. 997, prevalecendo, nos demais casos de deliberação dos sócios, a maioria absoluta, se outra mais qualificada não for prevista no contrato.

CJF Civil 478. A integralização do capital social em bens imóveis pode ser feita por instrumento particular de contrato social ou de alteração contratual, ainda que se trate de sociedade sujeita ao registro exclusivamente no registro civil de pessoas jurídicas.

CJF Civil 479. Na sociedade simples pura (art. 983, parte final, do CC/2002), a responsabilidade dos sócios depende de previsão contratual. Em caso de omissão, será ilimitada e subsidiária, conforme o disposto nos arts. 1.023 e 1.024 do CC/2002.

2) Dos Direitos e Obrigações dos Sócios

CJF Civil 216. O quorum de deliberação previsto no art. 1.004, parágrafo único, e no art. 1.030 é de maioria absoluta do capital representado pelas quotas dos demais sócios, consoante a regra geral fixada no art. 999 para as deliberações na sociedade simples. Esse entendimento aplica-se ao art. 1.058 em caso de exclusão de sócio remisso ou redução do valor de sua quota ao montante já integralizado.

CJF Comercial 63. O nu-proprietário de quotas ou ações gravadas com usufruto, quando não regulado no respectivo ato institutivo, pode exercer o direito de fiscalização da sociedade.

3) Da Administração

CJF Comercial 11. A regra do art. 1.015, parágrafo único, do Código Civil deve ser aplicada à luz da teoria da aparência e do primado da boa-fé objetiva, de modo a prestigiar a segurança do tráfego negocial. As sociedades se obrigam perante terceiros de boa-fé.

CJF Civil 59. Os sócios-gestores e os administradores das empresas são responsáveis subsidiária e ilimitadamente pelos atos ilícitos praticados, de má gestão ou contrários ao previsto no contrato social ou estatuto, consoante estabelecem os arts. 990, 1.009, 1.016, 1.017 e 1.091, todos do Código Civil.

CJF Civil 60. As expressões de peita ou suborno do § 1º do art. 1.011 do novo Código Civil devem ser entendidas como corrupção, ativa ou passiva.

CJF Civil 218. Não são necessárias certidões de nenhuma espécie para comprovar os requisitos do art. 1.011 no ato de registro da sociedade, bastando declaração de desimpedimento.

CJF Civil 219. Está positivada a teoria "ultra vires" no direito brasileiro, com as seguintes ressalvas: (a) o ato "ultra vires" não produz efeito apenas em relação à sociedade; (b) sem embargo, a sociedade poderá, por meio de seu órgão deliberativo, ratificá-lo; (c) o Código Civil amenizou o rigor da teoria "ultra vires", admitindo os poderes implícitos dos administradores para realizar negócios acessórios ou conexos ao objeto social, os quais não constituem operações evidentemente estranhas aos negócios da sociedade; (d) não se aplica o art. 1.015 às sociedades por ações, em virtude da existência de regra especial de responsabilidade dos administradores (art. 158, II, Lei n. 6.404/76).

CJF Civil 220. É obrigatória a aplicação do art. 1.016 do Código Civil de 2002, que regula a responsabilidade dos administradores, a todas as sociedades limitadas, mesmo àquelas cujo contrato social preveja a aplicação supletiva das normas das sociedades anônimas.

4) Das Relações com Terceiros

CJF Civil 61. O termo "subsidiariamente", constante do inc. 8º do art. 997 do Código Civil, deverá ser substituído por "solidariamente" a fim de compatibilizar esse dispositivo com o art. 1.023 do mesmo Código.

CJF Civil 386. Na apuração dos haveres do devedor, por consequência da liquidação de suas quotas na sociedade, não devem ser consideradas eventuais disposições contratuais restritivas à determinação de seu valor.

CJF Civil 387. A opção entre fazer a execução recair sobre o que ao sócio couber no lucro da sociedade, ou na parte que lhe tocar em dissolução, orienta-se pelos princípios da menor onerosidade e da função social da empresa.

CJF Civil 388. O disposto no art. 1.026 do Código Civil não exclui a possibilidade de o credor fazer recair a execução sobre os direitos patrimoniais da quota de participação que o devedor possui no capital da sociedade.

CJF Civil 389. Quando se tratar de sócio de serviço, não poderá haver penhora das verbas descritas no art. 1.026, se de caráter alimentar.

5) Da Resolução da Sociedade em Relação a um Sócio

CJF Civil 62. Com a exclusão do sócio remisso, a forma de reembolso das suas quotas, em regra, deve-se dar com base em balanço especial, realizado na data da exclusão.

CJF Civil 67. A quebra do "affectio societatis" não é causa para a exclusão do sócio minoritário, mas apenas para dissolução (parcial) da sociedade.

CJF Civil 221. Diante da possibilidade de o contrato social permitir o ingresso na sociedade do sucessor de sócio falecido, ou de os sócios acordarem com os herdeiros a substituição de sócio falecido, sem liquidação da quota em ambos os casos, é lícita a participação de menor em sociedade limitada, estando o capital integralizado, em virtude da inexistência de vedação no Código Civil.

CJF Civil 391. A sociedade limitada pode adquirir suas próprias quotas, observadas as condições estabelecidas na Lei das Sociedades por Ações.

CJF Civil 481. O insolvente civil fica de pleno direito excluído das sociedades contratuais das quais seja sócio.

CJF Civil 482. Na apuração de haveres de sócio retirante de sociedade holding ou controladora, deve ser apurado o valor global do patrimônio, salvo previsão contratual diversa. Para tanto, deve-se considerar o valor real da participação da holding ou controladora nas sociedades que o referido sócio integra.

6) Da Dissolução

CJF Civil 67. A quebra do "affectio societatis" não é causa para a exclusão do sócio minoritário, mas apenas para dissolução (parcial) da sociedade.

CJF Civil 483. Admite-se a transformação do registro da sociedade anônima, na hipótese do art. 206, I, d, da Lei n. 6.404/1976, em empresário individual ou empresa individual de responsabilidade limitada.

CJF Civil 487. Na apuração de haveres de sócio retirante (art. 1.031 do CC), devem ser afastados os efeitos da diluição injustificada e ilícita da participação deste na sociedade.

* QUESTÕES OBJETIVAS

26. **(Cespe/DPE/RN/Defensor/2015)** Em relação ao direito de empresa, assinale a opção correta à luz do Código Civil de 2002:

a) Na sociedade em comum, os sócios, nas relações entre si, podem comprovar a existência da sociedade por qualquer meio.

b) Na sociedade simples, o cedente responde solidariamente com o cessionário, perante terceiros, pelas obrigações que tinha como sócio, até dois anos depois de averbada a modificação do contrato social.

c) Na sociedade limitada, permite-se a contribuição em serviços para o contrato social.

d) Os cônjuges podem contratar sociedade entre si, seja qual for o regime de bens do casamento.

e) A cooperativa poderá ser sociedade simples ou empresária, a depender do seu objeto.

27. **(Cespe/PGM/Salvador/Procurador/2015)** A respeito dos tipos de sociedade, assinale a opção correta:

a) Na sociedade em comum, são os bens particulares dos sócios que respondem pelos atos de gestão.

b) A sociedade simples poderá ter fim econômico ou lucrativo.

c) Vencido seu prazo de duração, a sociedade simples converter-se-á em sociedade irregular.

d) A filial de sociedade empresária também é sujeito de direitos.

e) Estabelecimento é o imóvel em que se situa a sociedade simples ou empresária.

3.3.2. Da Sociedade Anônima

* SÚMULAS

STJ Súm. 389. A comprovação do pagamento do "custo do serviço" referente ao fornecimento de certidão de assentamentos constantes dos livros da companhia é requisito de procedibilidade da ação de exibição de documentos ajuizada em face da sociedade anônima.

STJ Súm. 551. Nas demandas por complementação de ações de empresas de telefonia, admite-se a condenação ao pagamento de dividendos e juros sobre capital próprio independentemente de pedido expresso. No entanto, somente quando previstos no título executivo, poderão ser objeto de cumprimento de sentença.

* ENUNCIADOS CJF

CJF Comercial 14. É vedado aos administradores de sociedades anônimas votarem para aprovação/rejeição de suas próprias contas, mesmo que o façam por interposta pessoa.

CJF Comercial 15. O vocábulo "transação", mencionado no art. 183 § 1º, d, da Lei das S.A., deve ser lido como sinônimo de "negócio jurídico", e não no sentido técnico que é definido pelo Capítulo XIX do Título VI do Livro I da Parte Especial do Código Civil brasileiro.

CJF Comercial 16. O adquirente de cotas ou ações adere ao contrato social ou estatuto no que se refere à cláusula compromissória (cláusula de arbitragem) nele existente; assim, estará vinculado à previsão da opção da jurisdição arbitral, independentemente de assinatura e/ou manifestação específica a esse respeito.

CJF Comercial 19. Não se aplica o Código de Defesa do Consumidor às relações entre sócios/acionistas ou entre eles e a sociedade.

CJF Comercial 65. O mandatário do sócio residente ou domiciliado no exterior (art. 119 da Lei 6.404/1976) não é responsável pelas obrigações de seu mandante.

CJF Comercial 66. A limitação de distribuição de dividendos periódicos de que trata o art. 204, § 1º da Lei das Sociedades por Ações refere-se ao lucro distribuível, reconhecido em balanço intermediário levantado conforme o estatuto social, e não à antecipação do pagamento de dividendos por conta do lucro cuja existência é provável, nos termos da legislação tributária.

CJF Civil 68. Suprimir os arts. 1.088 e 1.089 do novo Código Civil em razão de estar a matéria regulamentada em lei especial.

CJF Civil 230. A fusão e a incorporação de sociedade anônima continuam reguladas pelas normas previstas na Lei n. 6.404/76, não revogadas pelo Código Civil (art. 1.089), quanto a esse tipo societário.

* INFORMATIVOS DE JURISPRUDÊNCIA

Ação regressiva. Condenação ao pagamento de diferença de ações. Debêntures conversíveis em ação preferencial. Cisão parcial. Dívidas próprias de natureza societária.

STJ Cabe ação de regresso para ressarcimento de condenação relativa a obrigações tipicamente societárias suportada exclusivamente por empresa cindida contra empresa resultante da cisão parcial, observando-se a proporção do patrimônio recebido. REsp 1.642.118, Rel. Acd. Min. Marco Aurélio Bellizze, DJ 20.2.2018. 3ª T. (Info 619)

Inventário. Participação acionária. Sociedade anônima. Inventariante. Alteração do poder de controle. Acervo patrimonial. Alienação. Impossibilidade. Atuação. Limite. Administração e conservação dos bens.

STJ O inventariante, representando o espólio, não tem poder de voto em assembleia de sociedade anônima da qual o falecido era sócio, com a pretensão de alterar o controle da companhia e vender bens do acervo patrimonial, cujo benefício não se reverterá a todos os herdeiros. REsp 1.627.286, Rel. Min. Ricardo Villas Bôas Cueva, DJe 3.10.2017. 3ª T. (Info 612)

Sociedade Anônima. Alienação de ações. Direito aos dividendos. Proprietário ou usufrutuário das ações. Marco temporal. Data do ato de declaração. Dano para o ex-proprietário. Inexistência.

STJ Não faz jus ao recebimento de dividendos o sócio que manteve essa condição durante o exercício financeiro sobre o qual é apurado o lucro, mas se desliga da empresa, por alienação de suas ações, em data anterior ao ato de declaração do benefício. REsp 1.326.281, Rel. Min. Luis Felipe Salomão, DJe 1.9.2017. 4ª T. (Info 610)

Sociedade anônima de capital fechado. Incorporação, pela controladora, de companhia controlada. Direito de retirada. Exercício. Sócio minoritário dissidente. Reembolso. Valor das ações. Critérios de cálculo. Valor justo de mercado. Infringência aos ditames da Lei 6.404/1976. Inexistência.

STJ A definição do valor justo de mercado como critério a ser utilizado para o cálculo do valor de reembolso das ações do acionista dissidente retirante, por ocasião da incorporação da companhia controlada, não infringe o disposto no art. 45, § 1º, da Lei 6.404/76 (Lei das S. A). REsp 1.572.648, Rel. Min. Ricardo Villas Bôas Cueva, DJe 20.9.2017. 3ª T. (Info 611)

Sociedade Anônima. Incorporação de ações. Transformação de controlada em subsidiária integral. Oferta pública. Ausência de previsão legal. Equiparação a fechamento de capital. Aplicação do art. 4º, § 4º, da Lei das S/A por analogia. Descabimento.

STJ Não configura o fechamento em branco ou indireto de capital a hipótese de incorporação de ações de sociedade controlada para fins de transformação em subsidiária integral (art. 252 da Lei das S/A), realizada entre sociedades de capital aberto, desde que se mantenha a liquidez e a possibilidade de os acionistas alienarem as suas ações. REsp 1.642.327, Rel. Min. Paulo de Tarso Sanseverino, DJe 26.9.2017. 3ª T. (Info 612)

* QUESTÕES DISCURSIVAS

02. **(Cespe/Bacen/Procurador/2013)** Estabeleça a diferença entre dissolução (ou resolução) parcial em sentido estrito e exclusão de sócio. Em seguida, explique por que as sociedades anônimas são chamadas de "intuitus pecuniae" e esclareça, com fundamento na legislação, na doutrina e na jurisprudência, se é admissível a dissolução parcial desse tipo de sociedade.

* QUESTÕES OBJETIVAS

28. **(Cespe/TJ/DFT/Juiz/2015)** Assinale a opção correta a respeito dos acionistas nas sociedades por ações conforme dispõe a Lei n. 6.404/1976:

a) Os acionistas que totalizem um mínimo de 5% do capital social da empresa detêm legitimidade subsidiária à da companhia para propor ação de responsabilidade civil contra os administradores.

b) Por meio do estatuto da sociedade, é permitido limitar os direitos dos acionistas preferenciais, incluído o direito de participação nos lucros sociais.

c) Para que a conduta do sócio controlador de uma sociedade seja caracterizada como exercício abusivo de poder, é preciso que ela se enquadre nas modalidades típicas previstas na referida lei.

d) É proibida a acumulação da função de sócio controlador com a de conselheiro fiscal.

e) Na composição do conselho fiscal de uma sociedade por ações, é obrigatória a presença de um acionista e é permitida a reeleição de seus membros.

29. **(Cespe/TJ/AM/Juiz/2016)** Com a finalidade de reduzir o montante de impostos devidos, o administrador de determinada sociedade anônima simulou a ocorrência de prejuízos à companhia. Após alguns anos de êxito, sua conduta foi descoberta e, devido ao recolhimento a menor, foi necessário complementar os impostos pagos, tendo incidido multa e havido outras despesas decorrentes de honorários de advogados, contadores e outros profissionais requeridos para a correção do equívoco. Ao final, os valores pagos para corrigir a falha superaram em muito o valor que deveria ter sido pago inicialmente, conforme a lei. Com base nessa situação hipotética, assinale a opção correta:

a) O administrador não poderá ser responsabilizado pessoalmente por eventuais prejuízos causados a terceiros, pois agiu em nome da sociedade.

b) Os acionistas individualmente prejudicados não poderão propor ação contra o administrador, devendo-se subordinar à deliberação da assembleia geral.

c) É necessária a aplicação da teoria da desconsideração da personalidade jurídica da empresa para que se obtenha a responsabilização pessoal do administrador.

d) Se a referida simulação decorrer de exercício abusivo do poder de controle, o controlador poderá ser responsabilizado pelos prejuízos, desde que comprovado dolo na atuação.

e) Caberá à assembleia geral da companhia deliberar pelo ajuizamento, ou não, da ação de responsabilidade civil contra o administrador pelos prejuízos causados.

30. **(Cespe/TJ/DFT/Juiz/2015)** A respeito das sociedades anônimas, assinale a opção correta:

a) Na ação de exibição da certidão de assentamentos constantes nos livros da companhia, é dispensável a comprovação do pagamento do "custo de serviço" referente ao fornecimento desse documento.

b) O acionista de uma sociedade anônima que votar de forma abusiva com o fim de causar dano deverá responder pelos danos que vierem a ser causados, ainda que seu voto não tenha prevalecido.

c) Para que se aperfeiçoe a constituição de garantia real sobre ação nominal, é bastante a averbação da garantia nos livros da instituição financeira custodiante das ações.

d) Apesar de ser inadmissível a constituição de sociedade anônima unipessoal, considera-se uma exceção a essa regra a constituição de sociedade subsidiária integral por uma só pessoa natural.

e) Em obediência ao princípio da efetividade, uma sociedade anônima deve ter capital social determinado, invariável e único.

31. **(Cespe/TJ/PB/Juiz/2015)** Com relação às sociedades anônimas, assinale a opção correta:

a) Os acionistas minoritários, desde que representem pelo menos 5% do capital social, poderão, mediante ordem judicial, ter acesso a instrumentos de contratos imobiliários de vendas de ativos que, em tese, lhes tenham causado prejuízo.

b) Situação hipotética: José, na ocasião do divórcio com Jeane, omitiu da partilha uma fração de suas ações da companhia Gama. Posteriormente, ele foi condenado a dar a Jeane parte dessas ações. Assertiva: Nessa situação, é cabível, em regra, o bloqueio de créditos da própria sociedade anônima em processo por ela ajuizado em face de seus devedores particulares.

c) A companhia poderá efetuar emissão de debêntures, que terão valores nominais expressos em moeda nacional, sendo-lhe defesa a estipulação de pagamentos em moeda estrangeira.

d) Em caso de danos ao patrimônio da sociedade, se a assembleia geral for contrária à propositura de ação judicial contra os administradores ou se recusar a deliberar acerca dessa proposta, os acionistas poderão ajuizar a demanda, como representantes da companhia, desde que reúnam percentual mínimo legal do capital social.

e) Caso uma companhia promova ação de execução contra acionista remisso para cobrar importâncias que lhe sejam devidas, essa companhia não poderá, após a citação, vender as respectivas ações em bolsa de valores.

32. **(Cespe/TRF/1R/Juiz/2015)** De acordo com a lei de regência das sociedades anônimas, assinale a opção correta:

a) É solidária a responsabilidade dos administradores de companhias de capital aberto pelos prejuízos que causarem em virtude do não cumprimento dos deveres impostos pela legislação para assegurar o funcionamento normal da sociedade empresária.

b) Companhia de capital aberto cujo capital social seja estabelecido por seu estatuto em R$ 100.000.000,00 divididos em 100.000.000 de ações sem valor nominal não poderá estabelecer valor nominal para as ações de determinada classe preferencial, porque suas ações não possuem valor nominal.

c) Se resolver onerar por penhor ou caução as suas ações, o acionista deverá encaminhar proposta para deliberação do conselho administrativo. Caso o conselho aprove a proposta, o ato será averbado no livro de registro de ações.

d) Na constituição do conselho fiscal da companhia, os titulares de ações preferenciais sem direito a voto terão direito de eleger um membro e seu respectivo suplente em votação em separado.

e) Em caso de emissão de valores imobiliários cujo objetivo seja captar recursos para a realização de empreendimentos de grande porte, a companhia deverá valer-se das notas promissórias com vencimentos em dez anos, conhecidas como "commercial papers".

33. **(Cespe/AGU/Advogado/2015)** A adoção do regime legal das companhias permite maior liberdade quanto à disciplina das relações sociais, o que constitui uma vantagem desse regime em relação ao das sociedades contratualistas.

34. **(Cespe/TCE/RN/Auditor/2015)** Em geral, um consórcio amparado pela Lei das Sociedades Anônimas não detém personalidade jurídica, todavia, a jurisprudência admite a sua capacidade negocial e judiciária.

35. **(Cespe/TRF/5R/Juiz/2017)** Conforme a Lei das Sociedades Anônimas, as competências privativas da assembleia geral incluem a:

a) autorização para emissão de debêntures e para a contratação de empréstimos.

b) solicitação ao conselho de administração para que providencie em dez dias a eleição ou a destituição de liquidantes.

c) fixação de orientação geral dos negócios da companhia.

d) indicação de lista tríplice ao conselho de administração para eleição, a qualquer tempo, de administradores e fiscais da companhia.

e) deliberação sobre as demonstrações financeiras e contas apresentadas anualmente pelos administradores.

3.3.3. Da Sociedade em Comandita por Ações

*** ENUNCIADOS CJF**

CJF Civil 59. Os sócios-gestores e os administradores das empresas são responsáveis subsidiária e ilimitadamente pelos atos ilícitos praticados, de má gestão ou contrários ao previsto no contrato social ou estatuto, consoante estabelecem os arts. 990, 1.009, 1.016, 1.017 e 1.091, todos do Código Civil.

3.3.4. Da Sociedade Limitada

*** ENUNCIADOS CJF**

1) Disposições Preliminares

CJF Civil 65. A expressão "sociedade limitada", tratada no art. 1.052 e seguintes do novo Código Civil, deve ser interpretada "stricto sensu", como "sociedade por quotas de responsabilidade limitada".

CJF Civil 214. As indicações contidas no art. 997 não são exaustivas, aplicando-se outras exigências contidas na legislação pertinente para fins de registro.

CJF Civil 217. Com a regência supletiva da sociedade limitada, pela Lei das Sociedades por Ações, ao sócio que participar de deliberação na qual tenha interesse contrário ao da sociedade aplicar-se-á o disposto no art. 115, § 3º, da Lei n. 6.404/76. Nos demais casos, aplica-se o disposto no art. 1.010, § 3º, se o voto proferido foi decisivo para a aprovação da deliberação, ou o art. 187 (abuso do direito), se o voto não tiver prevalecido.

CJF Civil 222. O art. 997, V, não se aplica a sociedade limitada na hipótese de regência supletiva pelas regras das sociedades simples.

CJF Civil 223. O parágrafo único do art. 1.053 não significa a aplicação em bloco da Lei n. 6.404/76 ou das disposições sobre a sociedade simples. O contrato social pode adotar, nas omissões do Código sobre as sociedades limitadas, tanto as regras das sociedades simples quanto as das sociedades anônimas.

2) Das Quotas

CJF Comercial 12. A regra contida no art. 1.055, § 1º, do Código Civil deve ser aplicada na hipótese de inexatidão da avaliação de bens conferidos ao capital social; a responsabilidade nela prevista não afasta a desconsideração da personalidade jurídica quando presentes seus requisitos legais.

CJF Comercial 18. O capital social da sociedade limitada poderá ser integralizado, no todo ou em parte, com quotas ou ações de outra sociedade, cabendo aos sócios a escolha do critério de avaliação das respectivas participações societárias, diante da responsabilidade solidária pela exata estimação dos bens conferidos ao capital social, nos termos do art. 1.055, § 1º, do Código Civil.

CJF Comercial 12. A regra contida no art. 1.055, § 1º, do Código Civil deve ser aplicada na hipótese de inexatidão da avaliação de bens conferidos ao capital social; a responsabilidade nela prevista não afasta a desconsideração da personalidade jurídica quando presentes seus requisitos legais.

CJF Civil 224. A solidariedade entre os sócios da sociedade limitada pela exata estimação dos bens conferidos ao capital social abrange os casos de constituição e aumento do capital e cessa após cinco anos da data do respectivo registro.

CJF Civil 225. Sociedade limitada. Instrumento de cessão de quotas. Na omissão do contrato social, a cessão de quotas sociais de uma sociedade limitada pode ser feita por instrumento próprio, averbado junto ao registro da sociedade, independentemente de alteração contratual, nos termos do art. 1.057 e parágrafo único do Código Civil.

CJF Civil 391. A sociedade limitada pode adquirir suas próprias quotas, observadas as condições estabelecidas na Lei das Sociedades por Ações.

3) Da Administração

CJF Civil 66. A teor do § 2º do art. 1.062 do Código Civil, o administrador só pode ser pessoa natural.

CJF Comercial 64. Criado o conselho de administração na sociedade limitada, não regida supletivamente pela Lei de Sociedade por Ações (art. 1.053, parágrafo único, do Código Civil) e, caso não haja regramento específico sobre o órgão no contrato, serão aplicadas, por analogia, as normas da sociedade anônima.

4) Das Deliberações dos Sócios

CJF Civil 226. A exigência da presença de três quartos do capital social, como quorum mínimo de instalação em primeira convocação, pode ser alterada pelo contrato de sociedade limitada com até dez sócios, quando as deliberações sociais obedecerem à forma de reunião, sem prejuízo da observância das regras do art. 1.076 referentes ao quorum de deliberação.

CJF Civil 227. O quorum mínimo para a deliberação da cisão da sociedade limitada é de três quartos do capital social.

CJF Civil 228. As sociedades limitadas estão dispensadas da publicação das demonstrações financeiras a que se refere o § 3º do art. 1.078. Naquelas de até dez sócios, a deliberação de que trata o art. 1.078 pode dar-se na forma dos §§ 2º e 3º do art. 1072, e a qualquer tempo, desde que haja previsão contratual nesse sentido.

CJF Civil 229. A responsabilidade ilimitada dos sócios pelas deliberações infringentes da lei ou do contrato torna desnecessária a desconsideração da personalidade jurídica, por não constituir a autonomia patrimonial da pessoa jurídica escudo para a responsabilização pessoal e direta.

CJF Civil 392. Nas hipóteses do art. 1.077 do Código Civil, cabe aos sócios delimitarem seus contornos para compatibilizá-los com os princípios da preservação e da função social da empresa, aplicando-se, supletiva (art. 1.053, parágrafo único) ou analogicamente (art. 4º da LICC), o art. 137, § 3º, da Lei das Sociedades por Ações, para permitir a reconsideração da deliberação que autorizou a retirada do sócio dissidente.

CJF Civil 484. Quando as deliberações sociais obedecerem à forma de reunião, na sociedade limitada com até 10 (dez) sócios, é possível que a representação do sócio seja feita por outras pessoas além das mencionadas no § 1º do art. 1.074 do Código Civil (outro sócio ou advogado), desde que prevista no contrato social.

CJF Civil 485. O sócio que participa da administração societária não pode votar nas deliberações acerca de suas próprias contas, na forma dos arts. 1.071, I, e 1.074, § 2º, do Código Civil.

5) Da Resolução da Sociedade em Relação a Sócios Minoritários

CJF Comercial 17. Na sociedade limitada com dois sócios, o sócio titular de mais da metade do capital social pode excluir extrajudicialmente o sócio minoritário desde que atendidas as exigências materiais e procedimentais previstas no art. 1.085, caput e parágrafo único, do CC.

CJF Civil 67. A quebra do "affectio societatis" não é causa para a exclusão do sócio minoritário, mas apenas para dissolução (parcial) da sociedade.

* INFORMATIVOS DE JURISPRUDÊNCIA

Sociedade limitada. Ação de dissolução parcial. Sócio majoritário. Prática de falta grave. Exclusão. Iniciativa dos sócios minoritários. Dispensa da maioria de capital social. Possibilidade.

STJ O quórum deliberativo para exclusão judicial do sócio majoritário por falta grave no cumprimento de suas obrigações deve levar em conta a maioria do capital social de sociedade limitada, excluindo-se do cálculo o sócio que se pretende jubilar. REsp 1.653.421, Rel. Min. Ricardo Villas Bôas Cueva, DJ 13.11.2017. 3ª T. (Info 616)

Ação de dissolução parcial de sociedade limitada. Sócio que detém parte das quotas sociais empenhadas. Apuração de haveres. Deferimento apenas àquelas livres de ônus reais, com exclusão de qualquer possibilidade de participação do sócio retirante.

STJ A dissolução parcial de sociedade limitada por perda da "affectio societatis" pode ser requerida pelo sócio retirante, limitada a apuração de haveres às suas quotas livres de ônus reais. REsp 1.332.766, Rel. Min. Luis Felipe Salomão, DJ 1.8.2017. 4ª T. (Info 608)

* QUESTÕES OBJETIVAS

36. **(Cespe/PGE/PE/Procurador/2018)** No que se refere à pessoa jurídica de direito privado que tenha por objeto a prestação de serviços médicos com finalidade lucrativa, sob a forma de limitada, assinale a opção correta.

a) Essa pessoa jurídica poderá ser constituída com sócios pessoas naturais ou pessoas jurídicas.

b) Exige-se, para a sua constituição, que o contrato social seja realizado por instrumento público.

c) O administrador dessa pessoa jurídica deverá ser um de seus sócios.

d) O capital dessa pessoa jurídica poderá ser constituído por contribuição relativa à prestação de serviços.

e) O ato instituidor da sociedade será declarado nulo se omitir-se quanto à distribuição dos resultados.

37. **(Cespe/PC/MA/Delegado/2018)** Considere que determinada sociedade limitada constituída por três sócios, sendo um deles o sócio administrador, ainda não esteja com seu capital social totalmente integralizado. Nessa situação, a responsabilização

a) deverá recair primeiramente sobre os sócios que ainda não tiverem integralizado suas quotas de capital social.
b) dos sócios restringir-se-á aos valores de suas quotas de capital.
c) dos sócios será subsidiária, devendo o sócio administrador ser responsabilizado em primeiro lugar.
d) será do sócio administrador, em razão de suas atribuições sociais.
e) será solidária em face da não integralização total do capital social.

38. **(Cespe/PC/PE/Delegado/2016)** Considerando a legislação em vigor a respeito da responsabilidade dos sócios nos diversos tipos societários, assinale a opção correta:

a) Nas sociedades cooperativas, o contrato social deverá prever, necessariamente, a responsabilidade ilimitada aos sócios.
b) O acionista responde ilimitadamente com o próprio patrimônio no que se refere às obrigações assumidas pela sociedade anônima.
c) Nas sociedades anônimas, os acionistas respondem solidariamente pela integralização do capital social.
d) Nas sociedades limitadas, os sócios respondem solidariamente pela integralização do capital social.
e) Na sociedade comandita por ações, todos os sócios respondem ilimitadamente pelos débitos societários.

39. **(Cespe/TJ/PB/Juiz/2015)** Maria adquiriu de Alice, por tempo indeterminado, 40% das cotas de determinada sociedade empresária de responsabilidade limitada que atua na área de eventos. Com isso, o quadro societário ficou composto por Maria e Joana – sócia fundadora, detentora de 60% do capital social –, com o capital social integralizado. Dois anos depois, houve desentendimentos entre as sócias em relação à forma da realização dos eventos, com consequente quebra da "affectio societatis". Joana, que tencionava permanecer com as atividades empresariais, notificou Maria no sentido de que esta não seria mais sócia e que lhe seriam imediatamente devolvidos, com correção monetária, os valores que pagara para aquisição das cotas de Alice. Após a notificação, Maria não aceitou a proposta e resolveu prosseguir com o exercício de suas atividades societárias sem esboçar qualquer vontade de se retirar. O contrato social nada dispôs a respeito do montante a ser pago à retirante no caso da resolução da sociedade. Com relação a essa situação hipotética, assinale a opção correta:

a) Na dissolução parcial da sociedade, são observadas regras diversas da dissolução total, a fim de garantir ao sócio retirante a justa e igualitária percepção de haveres.
b) Caso seja formalizada a retirada de uma das sócias, a sociedade passará a ser unipessoal, situação em que a sociedade empresária deverá ser dissolvida de pleno direito mesmo que a sócia remanescente venha requerer, em tempo hábil, a transformação do registro da sociedade para empresária individual no registro público de empresas mercantis.
c) Joana, por ser sócia fundadora e deter o maior número de cotas, tem o direito de permanecer na sociedade. No entanto, ela está equivocada quanto ao valor que pretende restituir a Maria.
d) Joana e a sociedade empresária podem ingressar com ação judicial para liquidar a sociedade, no âmbito da qual o juiz deverá considerar o dia do efetivo recebimento da notificação extrajudicial como sendo a data-base para eventual apuração dos haveres, mediante balanço de determinação.
e) Caso Maria ajuíze ação judicial para exercer seu suposto direito de recesso da sociedade, a sentença prolatada que o reconhecer terá efeitos "ex tunc".

40. **(Cespe/AGU/Advogado/2015)** Para que se efetive a exclusão do sócio remisso no âmbito das sociedades limitadas, é imprescindível que tal hipótese conste do contrato social.

41. **(Cespe/AGU/Advogado/2015)** Condenados por crime falimentar ou contra a economia popular não podem figurar como sócios em sociedade limitada, ainda que sem função de gerência ou administração.

3.3.5. Da Sociedade Cooperativa

✱ ENUNCIADOS CJF

CJF Civil 69. As sociedades cooperativas são sociedades simples sujeitas a inscrição nas juntas comerciais.

CJF Civil 206. A contribuição do sócio exclusivamente em prestação de serviços é permitida nas sociedades cooperativas (art. 1.094, I) e nas sociedades simples propriamente ditas (art. 983, 2ª parte).

*** QUESTÕES OBJETIVAS**

42. **(Cespe/PC/PE/Delegado/2016)** Assinale a opção que apresenta, respectivamente, as espécies societárias que somente podem ser consideradas, a primeira, como sociedade empresária e, a segunda, como sociedade simples, em razão de expressa imposição legal:

a) sociedade comandita por ações / sociedade comandita simples.
b) sociedade anônima / sociedade cooperativa.
c) sociedades estatais / associações.
d) sociedade anônima / sociedade limitada.
e) sociedade em nome coletivo / sociedade limitada.

3.3.6. Da Transformação, da Incorporação, da Fusão e da Cisão das Sociedades

*** ENUNCIADOS CJF**

CJF Civil 70. As disposições sobre incorporação, fusão e cisão previstas no Código Civil não se aplicam às sociedades anônimas. As disposições da Lei n. 6.404/76 sobre essa matéria aplicam-se por analogia às demais sociedades naquilo em que o Código Civil for omisso.

CJF Civil 231. A cisão de sociedades continua disciplinada na Lei n. 6.404/76, aplicável a todos os tipos societários, inclusive no que se refere aos direitos dos credores. Interpretação dos arts. 1.116 a 1.122 do Código Civil.

CJF Civil 232. Nas fusões e incorporações entre sociedades reguladas pelo Código Civil, é facultativa a elaboração de protocolo firmado pelos sócios ou administradores das sociedades; havendo sociedade anônima ou comandita por ações envolvida na operação, a obrigatoriedade do protocolo e da justificação somente a ela se aplica.

*** QUESTÕES OBJETIVAS**

43. **(Cespe/PGE/PE/Procurador/2018)** A respeito das operações societárias, julgue os itens a seguir.

I. Na fusão há um ato desconstitutivo de duas sociedades e um ato constitutivo de uma nova sociedade, a qual pode, inclusive, ser de um tipo diferente.
II. A transformação não acarreta a dissolução da sociedade, mas apenas muda a disciplina legal.
III. A incorporação cria nova sociedade, com o mesmo tipo societário, a qual assumirá todos os direitos e obrigações das incorporadas.
IV. Será nula de pleno direito a cisão em que apenas parte do patrimônio de uma sociedade seja transferida à outra.

Estão certos apenas os itens

a) I e II.
b) I e IV.
c) II e III.
d) I, III e IV.
e) II, III e IV.

44. **(Cespe/PC/GO/Delegado/2017)** Depende do consentimento de todos os sócios ou acionistas – salvo em caso de previsão no ato constitutivo, hipótese em que o dissidente poderá retirar-se da sociedade – a operação societária denominada:

a) incorporação.
b) fusão.
c) cisão.
d) liquidação.
e) transformação.

45. **(Cespe/TCE/RN/Auditor/2015)** Serão extintas duas sociedades que vierem a se fundir, assim como também serão extintos todos os direitos delas.

46. **(Cespe/TCU/Procurador/2015)** Assinale a opção correta acerca de operações societárias, dissolução, liquidação e extinção de sociedades:

a) Caso ocorra falência da sociedade transformada, seus efeitos poderão excepcionalmente ser estendidos aos sócios do tipo anterior em benefício de credores do tipo atual.
b) Compete aos sócios votar o laudo de avaliação do patrimônio da sociedade de que façam parte a fim de viabilizar a fusão desta com outra sociedade à qual tenha pretensão de fundir-se.
c) Compete à sociedade incorporada, após serem aprovados os atos de incorporação, declarar a sua própria extinção e promover a respectiva averbação no registro próprio.
d) Ocorrerá a dissolução total da sociedade seguradora que tiver sido apenada pelo BCB com cassação de sua autorização para funcionar.

e) A conversão de uma companhia em subsidiária integral de outra companhia brasileira mediante incorporação de todas as ações será submetida à deliberação da assembleia geral de ambas.

3.3.7. *Outros Tipos Societários*

✱ QUESTÕES OBJETIVAS

47. **(Cespe/TJ/DFT/Juiz/2016)** Assinale a opção correta acerca das sociedades personificadas, de acordo com o Código Civil:

a) Na sociedade em nome coletivo, o uso da firma é privativo, nos limites do contrato, dos que tenham os necessários poderes para usá-la; na sociedade em comandita simples, não pode o nome do sócio comanditário constar na firma social, sob pena de ficar sujeito às mesmas responsabilidades de sócio comanditado.

b) Assim como o sócio comanditário na sociedade em comandita simples, o sócio pessoa física da sociedade em nome coletivo, como regra geral, responde solidária e ilimitadamente pelas obrigações sociais.

c) Na sociedade simples, não constitui causa de dissolução de pleno direito da sociedade a não reconstituição, no prazo de cento e oitenta dias, da pluralidade de sócios, ao contrário do que acontece no regime da sociedade limitada.

d) A sociedade simples constitui-se mediante contrato escrito, na forma pública ou particular. A sociedade limitada, porém, constitui-se apenas com observância de forma pública.

e) É obrigatório constar a firma social nos contratos da sociedade simples.

48. **(Cespe/TRF/5R/Juiz/2015)** Assinale a opção correta a respeito das sociedades dependentes de autorização governamental para funcionamento:

a) A sociedade terá o prazo de doze meses para obter ratificação da autoridade governamental em caso de alteração dos fins sociais, sob pena de cassação.

b) Ao contrário das sociedades de leasing, as administradoras de consórcio não necessitam de autorização governamental para funcionarem.

c) A origem do capital investido na sociedade pouco importa para que esta seja considerada de nacionalidade brasileira.

d) A competência para autorizar o funcionamento de sociedade anônima será do ente federativo onde estiver situada a sede da empresa.

e) Não havendo prazo no ato governamental que expeça a autorização, esta não caducará se a sociedade não entrar em funcionamento.

49. **(Cespe/TCE/RN/Auditor/2015)** Determinada pessoa jurídica que depende fundamentalmente de autorização para o seu funcionamento perdeu definitivamente essa autorização. Nesse caso, dar-se-á o imediato cancelamento da pessoa jurídica.

4. DO ESTABELECIMENTO

✱ SÚMULAS

CJF Súm. Vinculante 38. É competente o município para fixar o horário de funcionamento de estabelecimento comercial.

CJF Súm. Vinculante 49. Ofende o princípio da livre concorrência lei municipal que impede a instalação de estabelecimentos comerciais do mesmo ramo em determinada área.

CJF Súm. 419. Os municípios têm competência para regular o horário do comércio local, desde que não infrinjam leis estaduais ou federais válidas.

✱ ENUNCIADOS CJF

CJF Comercial 7. O nome de domínio integra o estabelecimento empresarial como bem incorpóreo para todos os fins de direito.

CJF Comercial 8. A sub-rogação do adquirente nos contratos de exploração atinentes ao estabelecimento adquirido, desde que não possuam caráter pessoal, é a regra geral, incluindo o contrato de locação.

CJF Comercial 58. O empresário individual casado é o destinatário da norma do art. 978 do CCB e não depende da outorga conjugal para alienar ou gravar de ônus real o imóvel utilizado no exercício da empresa, desde que exista prévia averbação de autorização conjugal à conferência do imóvel ao patrimônio empresarial no cartório de registro de imóveis, com a consequente averbação do ato à margem de sua inscrição no registro público de empresas mercantis.

CJF Comercial 59. A mera instalação de um novo estabelecimento, em lugar antes ocupado por outro, ainda que no mesmo ramo de atividade, não implica responsabilidade por sucessão prevista no art. 1.146 do CCB.

CJF Civil 233. A sistemática do contrato de trespasse delineada pelo Código Civil nos arts. 1.142 e ss., especialmente seus efeitos obrigacionais, aplica-se somente quando o conjunto de bens transferidos importar a transmissão da funcionalidade do estabelecimento empresarial.

CJF Civil 234. Quando do trespasse do estabelecimento empresarial, o contrato de locação do respectivo ponto não se transmite automaticamente ao adquirente.

CJF Civil 393. A validade da alienação do estabelecimento empresarial não depende de forma específica, observado o regime jurídico dos bens que a exijam.

CJF Civil 488. Admite-se a penhora do website e de outros intangíveis relacionados com o comércio eletrônico.

CJF Civil 490. A ampliação do prazo de 5 (cinco) anos de proibição de concorrência pelo alienante ao adquirente do estabelecimento, ainda que convencionada no exercício da autonomia da vontade, pode ser revista judicialmente, se abusiva.

* QUESTÕES DISCURSIVAS

50. **(Cespe/PC/PE/Delegado/2016)** A respeito de estabelecimento empresarial, aviamento e clientela, assinale a opção correta:

a) Estabelecimento empresarial corresponde a um complexo de bens corpóreos organizados ao exercício de determinada empresa.
b) O estabelecimento empresarial não é suscetível de avaliação econômica e, por consequência, não pode ser alienado.
c) Aviamento refere-se à aptidão que determinado estabelecimento empresarial possui para gerar lucros.
d) De acordo com a doutrina, aviamento e clientela são sinônimos.
e) Na legislação vigente, não há mecanismos de proteção legal à clientela.

* QUESTÕES OBJETIVAS

51. **(Cespe/TJ/AM/Juiz/2016)** Acerca da teoria do estabelecimento comercial, assinale a opção correta:

a) Se não houver vedação expressa no contrato de trespasse, o alienante poderá constituir nova sociedade para explorar o mesmo ramo de atividade imediatamente após a alienação do estabelecimento.
b) A ação renovatória de locação é uma proteção especial ao estabelecimento comercial e será julgada procedente mesmo que o locador não queira a renovação, desde que o locatário tenha no máximo um mês de inadimplência no contrato cuja renovação deseja.
c) O estabelecimento empresarial, por ser o local onde o empresário exerce sua atividade empresarial, é impenhorável.
d) É condição de eficácia perante terceiros o registro do contrato de trespasse na junta comercial e sua posterior publicação.
e) O adquirente do estabelecimento comercial é responsável pelos débitos anteriores à transferência que não estejam contabilizados, pois estes seguem a coisa (in "propter rem").

52. **(Cespe/TRF/1R/Analista/2017)** Após a alienação e entrega de um estabelecimento comercial, entre duas sociedades empresárias, o objeto do negócio foi penhorado em face de dívida contabilizada do vendedor constituída antes do negócio. O negócio jurídico realizado na referida situação hipotética constitui um trespasse.

53. **(Cespe/TRF/1R/Analista/2017)** Após a alienação e entrega de um estabelecimento comercial, entre duas sociedades empresárias, o objeto do negócio foi penhorado em face de dívida contabilizada do vendedor constituída antes do negócio. A referida penhora será considerada legal apenas se o alienante não tiver outros bens suficientes para solver o passivo do estabelecimento.

54. **(Cespe/TRF/1R/Analista/2017)** Após a alienação e entrega de um estabelecimento comercial, entre duas sociedades empresárias, o objeto do negócio foi penhorado em face de dívida contabilizada do vendedor constituída antes do negócio. O estabelecimento comercial é todo o complexo de bens, inclusive bens de natureza imóvel, organizados para o exercício da empresa.

55. **(Cespe/AGU/Advogado/2015)** O imóvel no qual se localize o estabelecimento da empresa é impenhorável, inclusive por dívidas fiscais.

5. DOS INSTITUTOS COMPLEMENTARES

* SÚMULAS

STF Súm. 260. O exame de livros comerciais, em ação judicial, fica limitado às transações entre os litigantes.

STF Súm. 390. A exibição judicial de livros comerciais pode ser requerida como medida preventiva.

STJ Súm. 389. A comprovação do pagamento do "custo do serviço" referente ao fornecimento de certidão de assentamentos constantes dos livros da companhia é requisito de procedibilidade da ação de exibição de documentos ajuizada em face da sociedade anônima.

* ENUNCIADOS CJF

1) Do Registro

CJF Civil 55. O domicílio da pessoa jurídica empresarial regular é o estatutário ou o contratual, em que indicada a sede da empresa, na forma dos arts. 968, IV, e 969, combinado com o art. 1.150, todos do Código Civil.

CJF Civil 209. O art. 986 deve ser interpretado em sintonia com os arts. 985 e 1.150, de modo a ser considerada em comum a sociedade que não tenha seu ato constitutivo inscrito no registro próprio ou em desacordo com as normas legais previstas para esse registro (art. 1.150), ressalvadas as hipóteses de registros efetuados de boa-fé.

1) Do Nome Empresarial

CJF Comercial 1. Decisão judicial que considera ser o nome empresarial violador do direito de marca não implica a anulação do respectivo registro no órgão próprio nem lhe retira os efeitos, preservado o direito de o empresário alterá-lo.

CJF Comercial 2. A vedação de registro de marca que reproduza ou imite elemento característico ou diferenciador de nome empresarial de terceiros, suscetível de causar confusão ou associação (art. 124, V, da Lei n. 9.279/1996), deve ser interpretada restritivamente e em consonância com o art. 1.166 do Código Civil.

CJF Civil 71. Suprimir o artigo 1.160 do Código Civil por estar a matéria regulada mais adequadamente no art. 3º da Lei n. 6.404/76 (disciplinadora das S.A) e dar nova redação ao § 2º do art. 1.158, de modo a retirar a exigência da designação do objeto da sociedade.

CJF Civil 72. Suprimir o art. 1.164 do novo Código Civil.

CJF Civil 491. A proteção ao nome empresarial, limitada ao Estado-Membro para efeito meramente administrativo, estende-se a todo o território nacional por força do art. 5º, XXIX, da Constituição da República e do art. 8º da Convenção Unionista de Paris.

3) Da Escrituração

CJF Civil 235. O pequeno empresário, dispensado da escrituração, é aquele previsto na Lei n. 9.841/99.

* QUESTÕES OBJETIVAS

56. **(Cespe/TJ/AM/Juiz/2016)** No que se refere às espécies de empresário, seus auxiliares e colaboradores e aos nomes e livros empresariais, assinale a opção correta:

a) É suficiente autorização verbal do empresário para que seu preposto possa fazer-se substituir no desempenho da preposição.
b) Caso crie o chamado caixa dois, falsificando a escrituração do empresário preponente, o contabilista responderá subsidiariamente ao empresário pelas consequências de tal conduta.
c) São livros empresariais todos os exigidos do empresário por força das legislações empresarial, trabalhista, fiscal e previdenciária.
d) A empresa individual de responsabilidade limitada será constituída por uma única pessoa e seu nome empresarial será necessariamente a firma seguida da sigla EIRELI.
e) Em observância ao princípio da veracidade, o nome do sócio que falecer não pode ser conservado na firma social.

57. **(Cespe/DPU/Defensor/2017)** Considerando que tenha sido decretada a falência de Roma & Cia. Ltda., sociedade de André Roma e Bruno Silva, administrada apenas por André, o nome empresarial Roma & Cia. Ltda. é classificado como denominação social.

58. **(Cespe/PGE/AM/Procurador/2016)** Dado o princípio constitucional de livre iniciativa, é permitido ao empresário iniciar suas atividades comerciais concomitantemente com o pedido de sua inscrição no registro público de empresas mercantis.

59. **(Cespe/PGE/AM/Procurador/2016)** Sociedade empresária poderá ser registrada tanto nos órgãos de registro de comércio quanto nos cartórios de títulos, devendo a sociedade simples ser obrigatoriamente registrada em cartório de registro de pessoas jurídicas.

60. **(Cespe/AGU/Advogado/2015)** Uma das sanções imponíveis à sociedade empresária que funcione sem registro na junta comercial é a responsabilização ilimitada dos seus sócios pelas obrigações da sociedade.

61. **(Cespe/AGU/Advogado/2015)** Sociedade rural que não seja registrada na junta comercial com jurisdição sobre o território de sua sede é considerada irregular, razão por que não pode contratar com o poder público.

62. **(Cespe/TCE/RN/Auditor/2015)** A empresa que, durante dez anos consecutivos, não apresentar qualquer ato societário à respectiva junta comercial será considerada irregular, perdendo automaticamente o direito ao registro.

63. **(Cespe/TCE/RN/Auditor/2015)** Sociedade empresária que não estiver devidamente inscrita não terá direito de autenticação de livros obrigatórios em junta comercial.

6. DOS TÍTULOS DE CRÉDITO

6.1. Disposições Gerais

* SÚMULAS

STF Súm. 189. Avais em branco e superpostos consideram-se simultâneos e não sucessivos.

STF Súm. 387. A cambial emitida ou aceita com omissões, ou em branco, pode ser completada pelo credor de boa-fé antes da cobrança ou do protesto.

STF Súm. 600. Cabe ação executiva contra o emitente e seus avalistas, ainda que não apresentado o cheque ao sacado no prazo legal, desde que não prescrita a ação cambiária.

STJ Súm. 26. O avalista do título de crédito vinculado a contrato de mútuo também responde pelas obrigações pactuadas, quando no contrato figurar como devedor solidário.

STJ Súm. 60. É nula a obrigação cambial assumida por procurador do mutuário vinculado ao mutuante, no exclusivo interesse deste.

STJ Súm. 475. Responde pelos danos decorrentes de protesto indevido o endossatário que recebe por endosso translativo título de crédito contendo vício formal extrínseco ou intrínseco, ficando ressalvado seu direito de regresso contra os endossantes e avalistas.

* ENUNCIADOS CJF

CJF Comercial 39. Não se aplica a vedação do art. 897, parágrafo único, do Código Civil, aos títulos de crédito regulados por lei especial, nos termos do seu art. 903, sendo, portanto, admitido o aval parcial nos títulos de crédito regulados em lei especial.

CJF Civil 52. As disposições relativas aos títulos de crédito do Código Civil aplicam-se àqueles regulados por leis especiais, no caso de omissão ou lacuna.

CJF Civil 461. As duplicatas eletrônicas podem ser protestadas por indicação e constituirão título executivo extrajudicial mediante a exibição pelo credor do instrumento de protesto, acompanhado do comprovante de entrega das mercadorias ou de prestação dos serviços.

CJF Civil 462. Os títulos de crédito podem ser emitidos, aceitos, endossados ou avalizados eletronicamente, mediante assinatura com certificação digital, respeitadas as exceções previstas em lei.

CJF Civil 463. A prescrição da pretensão executória não atinge o próprio direito material ou crédito, que podem ser exercidos ou cobrados por outra via processual admitida pelo ordenamento jurídico.

CJF Civil 464. As disposições relativas aos títulos de crédito do Código Civil aplicam-se àqueles regulados por leis especiais, no caso de omissão ou lacuna.

CJF Comercial 69. Prescrita a pretensão do credor à execução de título de crédito, o endossante e o avalista, do obrigado principal ou de coobrigado, não respondem pelo pagamento da obrigação, salvo em caso de locupletamento indevido.

* QUESTÕES OBJETIVAS

64. **(Cespe/Funpresp/Especialista Jurídico/2016)** Carlos assinou nota promissória a título de pagamento de veículo automotor adquirido de Pedro. Nessa situação, caso faltem ao título requisitos legais de emissão, o negócio jurídico carecerá de validade.

65. **(Cespe/PC/PE/Delegado/2016)** Com referência às disposições do Código Civil acerca de endosso e aval, assinale a opção correta:

a) É válido o aval parcial de títulos de crédito.

b) O Código Civil veda o aval parcial e, por se tratar de norma posterior, revogou o dispositivo da Lei Uniforme de Genebra que permite o aval parcial em notas promissórias.

c) O Código Civil veda tanto o aval parcial quanto o endosso parcial.

d) Dado o princípio da autonomia, caso o avalista pague o título, não haverá possibilidade de ação de regresso contra os demais coobrigados.

e) É válido o endosso parcial de títulos de crédito.

66. **(Cespe/DPE/PE/Defensor/2015)** A firma do emissor de cheque expressa a sua vontade, razão pela qual, agindo o terceiro de boa-fé, não exercita direito próprio, uma vez que oponível eventual direito pessoal do devedor contra o credor em prol da segurança da circulação dos títulos de crédito.

67. **(Cespe/TJ/DFT/Juiz/2016)** Assinale a opção correta, no que diz respeito a aval:

a) Se o título de crédito avalizado for vinculado a contrato de mútuo, o avalista deverá responder pelas obrigações nele contidas, ainda que ali não figure como devedor solidário.

b) No caso do cheque, se houver dois avais superpostos e em branco, considera-se que houve aval de aval.

c) Os avais simultâneos estabelecem entre os coavalistas uma relação fundada na solidariedade de direito comum, e não cambiária. Assim, se um deles pagar a dívida, terá o direito de exigir do outro apenas a quota parte que caberia a este.

d) O avalista de cheque prescrito deverá responder pelo pagamento deste em ação monitória, independentemente da prova de ter-se beneficiado da dívida.

e) O avalista citado para pagar o valor constante do título poderá invocar em seu favor benefício de ordem, de forma que, primeiro, sejam excutidos bens do avalizado.

68. **(Cespe/TRF/1R/Juiz/2015)** Em decorrência de compra e venda mercantil, determinada sociedade anônima sacou uma duplicata a ser paga por sociedade empresária limitada em data certa previamente estabelecida mediante contrato firmado entre as partes. As mercadorias foram entregues e recebidas sem quaisquer avarias, vícios, defeitos ou diferenças relativos a qualidade e quantidade, e não houve divergências quanto ao prazo ou ao preço estipulados entre as referidas sociedades. Considerando essa situação hipotética, assinale a opção correta:

a) A possibilidade de estipulação, pela sociedade empresária, de vencimento a certo termo da data e a certo termo da vista para o cumprimento de obrigação mercantil contraída pelas partes decorre da natureza cambial e causal das duplicatas.

b) A sociedade empresária poderia decidir dar ou não o aceite, uma vez que tal ato é livre e normalmente decorrente de outras obrigações assumidas entre o sacador e o sacado.

c) As partes poderiam inserir cláusula não à ordem na cártula e, assim, convencionar a cessão ordinária de crédito como efeito do endosso.

d) Havendo aval no título de crédito, as partes devem indicar, de forma expressa, o seu avalizado, pois a ausência de indicação acarretaria nulidade do aval.

e) Em caso de falência da referida sociedade empresária, a sociedade anônima poderá requerer o vencimento antecipado da cártula.

69. **(Cespe/PGE/AM/Procurador/2016)** A doutrina relativa ao direito cambiário trata do princípio da abstração, um subprincípio derivado do princípio da autonomia, que destaca a ligação entre o título de crédito e o fato jurídico que deu origem à obrigação que ele representa.

70. **(Cespe/PGM/Belo_Horizonte/Procurador/2017)** Paulo emitiu à sociedade empresária CT Ltda. cheque, com cláusula sem protesto, que não foi compensado por insuficiência de fundos disponíveis. A sociedade, então, ingressou com ação cambial contra Paulo e Fernanda, titulares de conta conjunta. Nessa situação hipotética:

a) a CT Ltda. deverá expor, na petição inicial, o negócio jurídico que deu origem ao cheque.

b) a CT Ltda. poderá cobrar, na ação, as despesas efetuadas com o protesto do título.

c) os juros legais devem incidir desde o dia da apresentação do cheque.

d) houve solidariedade passiva entre Paulo e Fernanda em razão da inadimplência do título.

6.2. Protesto

✱ SÚMULAS

STJ Súm. 248. Comprovada a prestação dos serviços, a duplicata não aceita, mas protestada, é título hábil para instruir pedido de falência.

STJ Súm. 361. A notificação do protesto, para requerimento de falência da empresa devedora, exige a identificação da pessoa que a recebeu.

STJ Súm. 475. Responde pelos danos decorrentes de protesto indevido o endossatário que recebe por endosso translativo título de crédito contendo vício formal extrínseco ou intrínseco, ficando ressalvado seu direito de regresso contra os endossantes e avalistas.

STJ Súm. 476. O endossatário de título de crédito por endosso-mandato só responde por danos decorrentes de protesto indevido se extrapolar os poderes de mandatário.

* ENUNCIADOS CJF

CJF Comercial 70. O prazo estabelecido no art. 21, § 1º, da Lei n. 9.492/97, para o protesto por falta de aceite é aplicável apenas na falta de disposição diversa contida em lei especial referente a determinado título de crédito (por exemplo, duplicatas). Aplica-se, portanto, a disposição contida no art. 44, 2ª alínea, da Lei Uniforme de Genebra, ao protesto por falta de aceite de letra de câmbio.

* REPERCUSSÃO & REPETITIVOS

STJ Repetitivo 902. A legislação de regência estabelece que o documento hábil a protesto extrajudicial é aquele que caracteriza prova escrita de obrigação pecuniária líquida, certa e exigível. Portanto, a sustação de protesto de título, por representar restrição a direito do credor, exige prévio oferecimento de contracautela, a ser fixada conforme o prudente arbítrio do magistrado. (REsp 1340236, 14.10.2015)

STJ Repetitivo 921. I. O tabelião, antes de intimar o devedor por edital, deve esgotar os meios de localização, notadamente por meio do envio de intimação por via postal, no endereço fornecido por aquele que procedeu ao apontamento do protesto; II. É possível, à escolha do credor, o protesto de cédula de crédito bancário garantida por alienação fiduciária, no tabelionato em que se situa a praça de pagamento indicada no título ou no domicílio do devedor. (REsp 1398356, 24.2.2016)

* INFORMATIVOS DE JURISPRUDÊNCIA

Protesto de cheques prescritos. Irregularidade. Higidez da dívida. Possibilidade de manejo de ação de cobrança fundada na relação causal e de ação monitória. Abalo de crédito inexistente. Dano moral não caracterizado.

STJ O protesto irregular de cheque prescrito não caracteriza abalo de crédito apto a ensejar danos morais ao devedor, se ainda remanescer ao credor vias alternativas para a cobrança da dívida consubstanciada no título. REsp 1.677.772, Rel. Min. Nancy Andrighi, DJ 20.11.2017. 3ª T. (Info 616)

* INOVAÇÕES LEGISLATIVAS

▲ Lei do Protesto de Títulos e Documentos (Lei 9.492/97): sem alterações em 2017/2018.

* QUESTÕES OBJETIVAS

71. **(Cespe/DPE/PE/Defensor/2015)** Em decorrência de dívida oriunda de título de crédito sacado contra uma sociedade empresária, o credor protestou o citado título; em razão da ausência, no momento da intimação, dos sócios e do administrador não sócio, um empregado dessa sociedade recebeu a intimação do protesto. Nessa situação, para a validade da intimação do citado protesto, conforme preconiza a legislação que regulamenta os serviços concernentes ao protesto de títulos, seu recebimento deveria ter sido feito por sócio ou por representante legal da sociedade empresária.

72. **(Cespe/PGE/AM/Procurador/2016)** A promoção prévia de protesto válido do título é condição para que o credor de título de crédito válido mova uma ação de execução contra o devedor principal.

73. **(Cespe/TCU/Procurador/2015)** Com relação à responsabilidade civil, aos títulos de crédito e aos privilégios creditórios, assinale a opção correta:

a) Caso o título de crédito esteja em circulação, tanto ele quanto os direitos e as mercadorias que ele representa podem ser dados, separadamente, em garantia.

b) Não produz efeitos jurídicos válidos a aquisição de título à ordem por meio diverso do endosso.

c) De acordo com o Código Civil, o privilégio especial compreende os bens sujeitos, por disposição de lei ou por vontade das partes interessadas, ao pagamento do crédito que o privilégio especial favorece.

d) Segundo a jurisprudência, o protesto indevido de título de crédito gera, por si só, o dever de indenizar, hipótese em que o dano moral se configura in re ipsa, prescindindo de prova.

e) O furto de veículo sofrido por cliente em estacionamento oferecido por estabelecimento comercial caracteriza caso fortuito, que afasta o dever de indenizar.

74. (Cespe/TRF/5R/Juiz/2017) Em relação aos títulos de crédito, assinale a opção correta:

a) A duplicata tem prazo prescricional de execução estipulado em seis meses, contados do pagamento, para os coobrigados exercerem o direito de regresso.

b) A cláusula "sem garantia" pode ser aposta em qualquer fase da circulação do título e proíbe a realização de endosso a partir do momento de sua introdução no título.

c) A duplicata e o cheque são classificados como causais, e a nota promissória e a letra de câmbio como não causais.

d) A cláusula "não aceitável" é cabível somente nos títulos de crédito com vencimento a certo termo de vista.

e) A cláusula "sem despesas" transforma em facultativo o protesto necessário contra quaisquer devedores.

6.3. Títulos de Crédito em Espécie

* SÚMULAS

1) Cheque

STF Súm. 28. O estabelecimento bancário é responsável pelo pagamento de cheque falso, ressalvadas as hipóteses de culpa exclusiva ou concorrente do correntista.

STF Súm. 600. Cabe ação executiva contra o emitente e seus avalistas, ainda que não apresentado o cheque ao sacado no prazo legal, desde que não prescrita a ação cambiária.

STJ Súm. 299. É admissível a ação monitória fundada em cheque prescrito.

STJ Súm. 370. Caracteriza dano moral a apresentação antecipada de cheque pré-datado.

STJ Súm. 388. A simples devolução indevida de cheque caracteriza dano moral.

STJ Súm. 503. O prazo para ajuizamento de ação monitória em face do emitente de cheque sem força executiva é quinquenal, a contar do dia seguinte à data de emissão estampada na cártula.

STJ Súm. 531. Em ação monitória fundada em cheque prescrito, ajuizada contra o emitente, é dispensável a menção ao negócio jurídico subjacente à emissão da cártula.

2) Duplicata

STJ Súm. 248. Comprovada a prestação dos serviços, a duplicata não aceita, mas protestada, é título hábil para instruir pedido de falência.

3) Nota Promissória

STJ Súm. 258. A nota promissória vinculada a contrato de abertura de crédito não goza de autonomia em razão da iliquidez do título que a originou.

STJ Súm. 504. O prazo para ajuizamento de ação monitória em face do emitente de nota promissória sem força executiva é quinquenal, a contar do dia seguinte ao vencimento do título.

* ENUNCIADOS CJF

CJF Comercial 40. O prazo prescricional de 6 (seis) meses para o exercício da pretensão à execução do cheque pelo respectivo portador é contado do encerramento do prazo de apresentação, tenha ou não sido apresentado ao sacado dentro do referido prazo. No caso de cheque pós-datado apresentado antes da data de emissão ao sacado ou da data pactuada com o emitente, o termo inicial é contado da data da primeira apresentação.

CJF Comercial 71. A prescrição trienal da pretensão à execução, em face do emitente e seu avalista, de nota promissória à vista não apresentada a pagamento no prazo legal ou fixado no título, conta-se a partir do término do referido prazo.

CJF Civil 461. As duplicatas eletrônicas podem ser protestadas por indicação e constituirão título executivo extrajudicial mediante a exibição pelo credor do instrumento de protesto, acompanhado do comprovante de entrega das mercadorias ou de prestação dos serviços.

* REPERCUSSÃO & REPETITIVOS

STJ Repetitivo 942. Em qualquer ação utilizada pelo portador para cobrança de cheque, a correção monetária incide a partir da data de emissão estampada na cártula, e os juros de mora a contar da primeira apresentação à instituição financeira sacada ou câmara de compensação. (REsp 1556834, 22.6.2016)

STJ Repetitivo 945. I. a pactuação da pós-datação de cheque, para que seja hábil a ampliar o prazo de apresentação à instituição financeira sacada, deve espelhar a data de emissão estampada no campo específico da cártula; II. sempre será possível, no prazo para a execução cambial, o protesto cambiário de cheque, com a indicação do emitente como devedor. (REsp 1423464, 27.4.2016)

* QUESTÕES OBJETIVAS

75. **(Cespe/DPE/PE/Defensor/2015)** No título de crédito, a indicação de vencimento e do lugar em que se deve efetuar o pagamento não são requisitos indispensáveis. Na falta dessas informações, a nota promissória será considerada nota à vista e pagável no local de sua emissão.

76. **(Cespe/DPE/PE/Defensor/2015)** A sociedade empresária X firmou contrato com a sociedade empresária Y, para que Y lhe prestasse determinado serviço, tendo Y recebido como título de crédito uma nota promissória, sem indicação expressa da sua vinculação ao citado contrato. Caso o contrato não seja cumprido e a sociedade Y ponha a nota promissória em circulação, o devedor não poderá opor-se ao pagamento a terceiro que apresente o referido título de crédito, em face da autonomia da cártula e da inoponibilidade das exceções ao terceiro de boa-fé.

77. **(Cespe/TJ/PB/Juiz/2015)** Guilherme sustou o pagamento de três cheques pós-datados, emitidos no dia 30.1.2015, para adimplir obrigação decorrente de negócio jurídico celebrado com a sociedade empresária Alfa. O motivo da sustação foi que ele não recebeu os produtos do referido negócio jurídico. Cada um dos três cheques teve suas especificidades. No primeiro cheque, pós-datado para o dia 28.2.2015, o campo da data da emissão ficou em branco. O segundo cheque, pós-datado para o dia 30.3.2015, foi nominado a Maria, sócia da sociedade empresária Alfa, que o endossou a Pedro. Este, por sua vez, apresentou o segundo cheque ao banco sacado para compensação no dia 2.2.2015. Em relação ao terceiro cheque, Maria o levou a protesto depois de seis meses do prazo concebido para o ajuizamento da ação de execução de título extrajudicial. Com referência a essa situação hipotética, assinale a opção correta, sabendo que os cheques foram emitidos na praça em que deveriam ser apresentados e pagos:

a) O protesto do terceiro cheque foi pertinente, porque, a despeito de lhe faltar certeza e exigibilidade para aparelhar ação de execução, esse cheque não perdeu a característica de documento de dívida suficiente para a prática de tal ato.
b) O segundo cheque não comporta ação de execução ajuizada no dia 10.10.2015, uma vez que a pretensão ao crédito decorrente da cártula se encontra prescrita.
c) No eventual processamento da execução do terceiro cheque, os juros (simples) de mora incidirão a partir da citação do devedor e a correção monetária, desde a data da apresentação.
d) A falta de indicação da data implica nulidade do primeiro cheque para fins de execução.
e) Pedro, mesmo dentro do prazo legal, não pode ajuizar ação de execução contra Maria porque, com a circulação do título, prevalecem, na situação posta, os princípios da autonomia, abstração e não oponibilidade das exceções pessoais derivadas do negócio jurídico subjacente.

78. **(Cespe/TJ/DFT/Juiz/2015)** Para pagar uma dívida que tinha com cooperativa de crédito, Agenor repassou a essa instituição cédula de crédito emitida em dólares estadunidenses por banco com o qual celebrou contrato de crédito bancário em conta-corrente. Na própria cédula, foi dada garantia real da dívida, que recaiu sobre imóvel não residencial de propriedade exclusiva de Agenor. No entanto, essa garantia não foi registrada nem averbada no ofício de imóveis competente. Posteriormente, a cooperativa, mediante ação judicial, promoveu a cobrança de valor maior que o expresso na cédula de crédito bancário. Nessa situação hipotética:

a) a cédula de crédito bancário em questão não é título executivo extrajudicial, pois, de acordo com entendimento consolidado do STJ, contratos de abertura de crédito não constituem títulos executivos, ainda que acompanhados de extratos de conta-corrente.
b) a cédula de crédito bancário somente poderia ser emitida em favor de instituição financeira ou entidade a esta equiparada. Por tal razão, a cooperativa de crédito não estaria autorizada a figurar como credora do título.
c) a garantia real prestada por Agenor carece de validade e eficácia, uma vez que não houve seu registro nem averbação no ofício de imóveis competente, requisito exigido por lei para que a garantia produza efeitos em relação tanto ao emitente quanto a terceiros.
d) por ter cobrado valor diferente do expresso na cédula de crédito bancário, a cooperativa ficou obrigada a pagar a Agenor o dobro do que

cobrou a maior, que pode ser compensado na própria ação de cobrança.

e) o fato de a cédula de crédito bancário ter sido emitida em dólares causou-lhe a nulidade, pois é vedada a emissão desse tipo de título em moeda estrangeira.

79. (Cespe/DPE/AL/Defensor/2017) Neste ano de 2017, determinada pessoa está sendo executada judicialmente com base em nota promissória vencida e válida, com aposição de local e data pelo portador. A nota promissória refere-se ao ano de 2016. Das informações a respeito da situação hipotética apresentada infere-se que:

a) a aposição de local e data no título prejudica a sua execução.
b) a denominação "nota promissória" foi redigida por extenso e na língua em que foi emitida.
c) o emitente do título é um brasileiro nato.
d) ocorreu prescrição para a propositura da ação de execução do título extrajudicial contra o devedor do título.
e) o negócio concretizado com a emissão da nota promissória se deu entre pessoas jurídicas.

80. (Cespe/DPE/AC/Defensor/2017) Com relação à nota promissória, assinale a opção correta:

a) Para que a cartularidade dessa nota seja garantida, é necessário aceite.
b) É vedada, nesse tipo de título, a utilização de cláusula não à ordem.
c) A obrigação constante desse título deve ficar sujeita a uma condicionante.
d) A referida nota é uma promessa de pagamento.
e) A emissão dessa nota exige vinculação a um negócio jurídico.

7. CONTRATOS MERCANTIS

✱ SÚMULAS

1) Arrendamento Mercantil

STJ Súm. 138. O ISS incide na operação de arrendamento mercantil de coisas móveis.

STJ Súm. 293. A cobrança antecipada do valor residual garantido (VRG) não descaracteriza o contrato de arrendamento mercantil.

STJ Súm. 369. No contrato de arrendamento mercantil (leasing), ainda que haja cláusula resolutiva expressa, é necessária a notificação prévia do arrendatário para constituí-lo em mora.

STJ Súm. 564. No caso de reintegração de posse em arrendamento mercantil financeiro, quando a soma da importância antecipada a título de valor residual garantido (VRG) com o valor da venda do bem ultrapassar o total do VRG previsto contratualmente, o arrendatário terá direito de receber a respectiva diferença, cabendo, porém, se estipulado no contrato, o prévio desconto de outras despesas ou encargos pactuados.

2) Contratos Bancários

2.1) Alienação Fiduciária

STJ Súm. 28. O contrato de alienação fiduciária em garantia pode ter por objeto bem que já integrava o patrimônio do devedor.

STJ Súm. 72. A comprovação da mora é imprescindível à busca e apreensão do bem alienado fiduciariamente.

STJ Súm. 92. A terceiro de boa-fé não é oponível a alienação fiduciária não anotada no certificado de registro do veículo automotor.

STJ Súm. 245. A notificação destinada a comprovar a mora nas dívidas garantidas por alienação fiduciária dispensa a indicação do valor do débito.

STJ Súm. 384. Cabe ação monitória para haver saldo remanescente oriundo de venda extrajudicial de bem alienado fiduciariamente em garantia.

2.2) Código de Defesa do Consumidor

STJ Súm. 285. Nos contratos bancários posteriores ao Código de Defesa do Consumidor incide a multa moratória nele prevista.

STJ Súm. 297. O Código de Defesa do Consumidor é aplicável às instituições financeiras.

STJ Súm. 477. A decadência do art. 26 do CDC não é aplicável à prestação de contas para obter esclarecimentos sobre cobrança de taxas, tarifas e encargos bancários.

STJ Súm. 479. As instituições financeiras respondem objetivamente pelos danos gerados por fortuito interno relativo a fraudes e delitos praticados por terceiros no âmbito de operações bancárias.

2.3) Comissão de Permanência

STJ Súm. 30. A comissão de permanência e a correção monetária são inacumuláveis.

STJ Súm. 294. Não é potestativa a cláusula contratual que prevê a comissão de permanência, calculada pela taxa média de mercado apurada pelo Banco Central do Brasil, limitada à taxa do contrato.

STJ Súm. 296. Os juros remuneratórios, não cumuláveis com a comissão de permanência, são devidos no período de inadimplência, à taxa média de mercado estipulada pelo Banco Central do Brasil, limitada ao percentual contratado.

STJ Súm. 472. A cobrança de comissão de permanência – cujo valor não pode ultrapassar a soma dos encargos remuneratórios e moratórios previstos no contrato – exclui a exigibilidade dos juros remuneratórios, moratórios e da multa contratual.

2.4) Conta Corrente

STJ Súm. 247. O contrato de abertura de crédito em conta corrente, acompanhado do demonstrativo de débito, constitui documento hábil para o ajuizamento da ação monitória.

STJ Súm. 259. A ação de prestação de contas pode ser proposta pelo titular de conta corrente bancária.

STJ Súm. 300. O instrumento de confissão de dívida, ainda que originário de contrato de abertura de crédito, constitui título executivo.

STJ Súm. 322. Para a repetição de indébito, nos contratos de abertura de crédito em conta corrente, não se exige a prova do erro.

2.5) Outros Temas de Contratos Bancários

STJ Súm. 286. A renegociação de contrato bancário ou a confissão da dívida não impede a possibilidade de discussão sobre eventuais ilegalidades dos contratos anteriores.

STJ Súm. 298. O alongamento de dívida originada de crédito rural não constitui faculdade da instituição financeira, mas direito do devedor, nos termos da lei.

STJ Súm. 379. Nos contratos bancários não regidos por legislação específica, os juros moratórios poderão ser convencionados até o limite de 1% ao mês.

STJ Súm. 381. Nos contratos bancários, é vedado ao julgador conhecer, de ofício, da abusividade das cláusulas.

3) Outros Temas

STF Súm. 151. Prescreve em um ano a ação do segurador sub-rogado para haver indenização por extravio ou perda de carga transportada por navio.

STJ Súm. 109. O reconhecimento do direito a indenização, por falta de mercadoria transportada via marítima, independe de vistoria.

STJ Súm. 371. Nos contratos de participação financeira para a aquisição de linha telefônica, o Valor Patrimonial da Ação (VPA) é apurado com base no balancete do mês da integralização.

* ENUNCIADOS CJF

CJF Comercial 20. Não se aplica o Código de Defesa do Consumidor aos contratos celebrados entre empresários em que um dos contratantes tenha por objetivo suprir-se de insumos para sua atividade de produção, comércio ou prestação de serviços.

CJF Comercial 21. Nos contratos empresariais, o dirigismo contratual deve ser mitigado, tendo em vista a simetria natural das relações interempresariais.

CJF Comercial 23. Em contratos empresariais, é lícito às partes contratantes estabelecer parâmetros objetivos para a interpretação dos requisitos de revisão e/ou resolução do pacto contratual.

CJF Comercial 24. Os contratos empresariais coligados, concretamente formados por unidade de interesses econômicos, permitem a arguição da exceção de contrato não cumprido, salvo quando a obrigação inadimplida for de escassa importância.

CJF Comercial 25. A revisão do contrato por onerosidade excessiva fundada no Código Civil deve levar em conta a natureza do objeto do contrato. Nas relações empresariais, deve-se presumir a sofisticação dos contratantes e observar a alocação de riscos por eles acordada.

CJF Comercial 26. O contrato empresarial cumpre sua função social quando não acarreta prejuízo a direitos ou interesses, difusos ou coletivos, de titularidade de sujeitos não participantes da relação negocial.

CJF Comercial 27. Não se presume violação à boa-fé objetiva se o empresário, durante as negociações do contrato empresarial, preservar segredo de empresa ou administrar a prestação de informações reservadas, confidenciais ou estratégicas, com o objetivo de não colocar em risco a competitividade de sua atividade.

CJF Comercial 28. Em razão do profissionalismo com que os empresários devem exercer sua atividade, os contratos empresariais não podem ser anulados pelo vício da lesão fundada na inexperiência.

CJF Comercial 29. Aplicam-se aos negócios jurídicos entre empresários a função social do contrato e a boa-fé objetiva (arts. 421 e 422 do Código Civil), em conformidade com as especificidades dos contratos empresariais.

CJF Comercial 30. Nos contratos de "shopping center", a cláusula de fiscalização das contas do lojista é justificada desde que as medidas fiscalizatórias não causem embaraços à atividade do lojista.

CJF Comercial 31. O contrato de distribuição previsto no art. 710 do Código Civil é uma modalidade de agência em que o agente atua como mediador ou mandatário do proponente e faz jus à remuneração devida por este, correspondente aos negócios concluídos em sua zona. No contrato de distribuição autêntico, o distribuidor comercializa diretamente o produto recebido do fabricante ou fornecedor, e seu lucro resulta das vendas que faz por sua conta e risco.

CJF Comercial 32. Nos contratos de prestação de serviços nos quais as partes contratantes são empresários e a função econômica do contrato está relacionada com a exploração de atividade empresarial, as partes podem pactuar prazo superior a quatro anos, dadas as especificidades da natureza do serviço a ser prestado, sem constituir violação do disposto no art. 598 do Código Civil.

CJF Comercial 33. Nos contratos de prestação de serviços nos quais as partes contratantes são empresários e a função econômica do contrato está relacionada com a exploração de atividade empresarial, é lícito às partes contratantes pactuarem, para a hipótese de denúncia imotivada do contrato, multas superiores àquelas previstas no art. 603 do Código Civil.

CJF Comercial 34. Com exceção da garantia contida no artigo 618 do Código Civil, os demais artigos referentes, em especial, ao contrato de empreitada (arts. 610 a 626) aplicar-se-ão somente de forma subsidiária às condições contratuais acordadas pelas partes de contratos complexos de engenharia e construção, tais como EPC, EPC-M e Aliança.

CJF Comercial 35. Não haverá revisão ou resolução dos contratos de derivativos por imprevisibilidade e onerosidade excessiva (arts. 317 e 478 a 480 do Código Civil).

CJF Comercial 36. O pagamento da comissão, no contrato de corretagem celebrado entre empresários, pode ser condicionado à celebração do negócio previsto no contrato ou à mediação útil ao cliente, conforme os entendimentos prévios entre as partes. Na ausência de ajuste ou previsão contratual, o cabimento da comissão deve ser analisado no caso concreto, à luz da boa-fé objetiva e da vedação ao enriquecimento sem causa, sendo devida se o negócio não vier a se concretizar por fato atribuível exclusivamente a uma das partes.

CJF Comercial 37. Aos contratos de transporte aéreo internacional celebrados por empresários aplicam-se as disposições da Convenção de Montreal e a regra da indenização tarifada nela prevista (art. 22 do Decreto n. 5.910/2006).

CJF Comercial 38. É devida devolução simples, e não em dobro, do valor residual garantido (VRG) em caso de reintegração de posse do bem objeto de arrendamento mercantil celebrado entre empresários.

* INFORMATIVOS DE JURISPRUDÊNCIA

Ação de prestação de contas. Interesse processual. Alienação fiduciária. Busca e apreensão. Leilão extrajudicial. Veículo automotor. Administração de interesse de terceiro. Cabimento.

STJ Mesmo antes do advento da Lei 13.043/2014, que deu nova redação ao art. 2º do DL 911/69, já era cabível o ajuizamento de ação de prestação de contas relativas aos valores auferidos com o leilão extrajudicial de veículo apreendido em busca e apreensão. REsp 1.678.525, Rel. Min. Antonio Carlos Ferreira, DJe 9.10.2017. 4ª T. (Info 613)

Factoring. Compra e venda em prestações. Cessão do contrato. Anuência do devedor. Legitimidade passiva da cessionária.

STJ A empresa de factoring, que figura como cessionária dos direitos e obrigações estabelecidos em contrato de compra e venda em prestações, de cuja cessão foi regularmente cientificado o devedor, tem legitimidade para figurar no polo passivo de demandas que visem a revisão das condições contratuais. REsp 1.343.313, Rel. Acd. Min. Antônio Carlos Ferreira, DJ 1.8.2017. 4ª T. (Info 608)

Prestações de mútuo firmado com instituição financeira. Desconto em conta-corrente e desconto em folha. Hipóteses distintas. Aplicação, por analogia, da limitação legal ao empréstimo consignado ao mero desconto em conta-corrente, superveniente ao recebimento da remuneração. Inviabilidade. Dirigismo contratual sem supedâneo legal. Impossibilidade.

STJ A limitação de desconto ao empréstimo consignado, em percentual estabelecido pelos arts. 45 da

Lei 8.112/1990 e 1º da Lei 10.820/2003, não se aplica aos contratos de mútuo bancário em que o cliente autoriza o débito das prestações em conta-corrente. REsp 1.586.910, Rel. Min. Luis Felipe Salomão, DJe 3.10.2017. 4ª T. (Info 612)

✱ QUESTÕES OBJETIVAS

81. **(Cespe/PGE/PE/Procurador/2018)** Se uma instituição financeira antecipar a determinado cliente o valor de crédito não vencido desse cliente contra terceiro e receber o crédito em cessão, então, essa situação configura

a) o mútuo bancário.

b) a faturização.

c) o desconto bancário.

d) o depósito bancário.

e) a abertura de crédito.

82. **(Cespe/DPE/RN/Defensor/2015)** A respeito de títulos de crédito e de contratos bancários, assinale a opção correta:

a) Atualmente, ainda é válida a pactuação das tarifas de abertura de crédito e de emissão de carnê na cobrança por serviços bancários, segundo o entendimento do STJ.

b) Conforme entendimento do STJ, o ajuizamento isolado de ação revisional de contrato bancário é capaz de descaracterizar a mora do devedor.

c) A omissão de qualquer requisito legal que retire a validade do título de crédito implica também a invalidade do negócio jurídico que lhe deu origem.

d) O pagamento do título de crédito pode ser garantido por aval dado de forma parcial.

e) De acordo com o STJ, a estipulação de juros remuneratórios superiores a 12% ao ano, por si só, não indica abusividade.

83. **(Cespe/TRF/5R/Juiz/2015)** Arnaldo celebrou contrato com determinado banco, o qual se obrigou a disponibilizar ao cliente, por prazo determinado, certa quantia em dinheiro, aceitando os saques por ele efetuados. Com referência a essa situação hipotética, assinale a opção correta:

a) Juros e comissão somente poderão ser cobrados se Arnaldo fizer uso do crédito.

b) Caso pague ao banco valor indevido, Arnaldo não precisará provar o erro para a repetição de indébito.

c) Não solvida dívida oriunda de crédito utilizado por Arnaldo, o contrato em questão servirá como título executivo.

d) Nesse contrato, será abusiva a cobrança de taxa de juros remuneratórios superior a 12% ao ano.

e) Para garantir a dívida, Arnaldo pode assinar nota promissória, que gozará de autonomia e liquidez.

84. **(Cespe/TJ/AM/Juiz/2016)** Em relação aos contratos bancários, assinale a opção correta:

a) No contrato de abertura de crédito, é abusivo cobrar do cliente comissão pela simples disponibilização do montante, ainda que este não venha a ser utilizado.

b) O contrato de alienação fiduciária em garantia não pode ter por objeto bem que já integrava o patrimônio do devedor.

c) Denomina-se leasing o contrato de fomento mercantil.

d) O depósito bancário é contrato real.

e) O mútuo bancário é uma operação passiva dos bancos.

85. **(Cespe/TJ/DFT/Juiz/2016)** Acerca da teoria jurídica da atividade bancária e do sistema em que essa atividade esta está inserida, assinale a opção correta:

a) Importante para a determinação das taxas de juros nos contratos bancários, o spread bancário é formado não só pelo lucro a ser obtido pelo banco, mas também por custos administrativos, tributários e financeiros.

b) As operações típicas dos bancos são tradicionalmente classificadas pela doutrina em ativas e passivas. As primeiras são aquelas pelas quais o banco se torna devedor, por receber recursos do cliente, ficando obrigado a lho devolver quando solicitado; as segundas, quando o banco se torna credor, por fornecer recurso a seu cliente, ficando este obrigado a lho devolver na forma contratada.

c) União e estados têm competência concorrente para fiscalização das operações de natureza financeira, limitada a destes aos Bancos Estaduais, quando houver.

d) O Sistema Financeiro Nacional deve ser regulamentado por uma única LC, devendo conter, segundo a jurisprudência do STF, a regulamentação de toda atividade bancária, inclusive a respeito das taxas de juros.

e) O Banco Central do Brasil tem competência para o estabelecimento, à vista da conjuntura econômica, das taxas máximas de juros a serem praticadas no mercado financeiro.

86. **(Cespe/TJ/DFT/Juiz/2016)** Assinale a opção correta relativa a juros, encargos moratórios e taxas dos contratos bancários:

a) A cobrança de taxa de cadastro só é permitida no primeiro contrato celebrado pelo consumidor com a instituição financeira, não podendo ser cobrada nos posteriores.

b) É abusiva a previsão de cobrança dos juros contratuais incidentes sobre o valor do Imposto Sobre Operações Financeiras (IOF), cujo pagamento tenha sido diluído nas parcelas do contrato bancário.

c) A capitalização de juros simples é proibida no caso da cédula de crédito bancário.

d) A comissão de permanência pode ser cobrada no período de adimplência do mutuante, desde que se limite à taxa de juros prevista no contrato ou à cobrada no momento do pagamento.

e) Em contrato bancário, é permitida a capitalização de juros, desde que nele conste, expressamente, cláusula que mencione tal possibilidade, sendo vedada, por violação ao dever de informação, a menção apenas matemática do fenômeno.

87. **(Cespe/TJ/DFT/Juiz/2015)** Maria adquiriu um carro em determinada concessionária, por meio de contrato de mútuo bancário com instituição financeira. Conforme estabelecido no contrato, o carro foi dado em garantia por alienação fiduciária. Após sucessivos atrasos no pagamento das prestações, o banco ajuizou ação para a retomada do automóvel, com pedido liminar de busca e apreensão do bem que, no entanto, não foi localizado. Em face dessa situação hipotética, assinale a opção correta:

a) Maria passou a ser considerada proprietária fiduciária do carro no momento da assinatura do contrato, independentemente do registro desse instrumento na repartição competente para o licenciamento.

b) Por ter ingressado judicialmente com ação cautelar de busca e apreensão do bem alienado fiduciariamente, o banco deverá ajuizar ação principal no prazo máximo de trinta dias.

c) Maria poderá se valer do instrumento da purga da mora, efetivando o depósito das parcelas em aberto, mais juros moratórios, correção monetária e honorários advocatícios, o que ensejará a revogação da liminar.

d) Como o bem não foi localizado, o credor poderá postular judicialmente a conversão do pedido de busca e apreensão em ação de depósito.

e) Na situação em apreço, o contrato de alienação fiduciária configura um contrato meio de garantia de cumprimento do contrato de mútuo bancário.

88. **(Cespe/DPE/PE/Defensor/2015)** À vista do inadimplemento, quando se tratar de contrato de alienação fiduciária de bem imóvel, a reversão do bem deverá ser processada pelo oficial do cartório de registro de imóveis, independendo, portanto, de ação judicial para a satisfação desse direito do credor.

89. **(Cespe/DPE/PE/Defensor/2015)** No contrato de alienação fiduciária de bem móvel, a mora de qualquer das obrigações contratuais por parte do fiduciante facultará ao fiduciário o vencimento antecipado da dívida, independentemente de aviso ou notificação.

90. **(Cespe/TJ/PB/Juiz/2015)** A respeito de contratos mercantis, assinale a opção correta:

a) A denúncia imotivada, por parte do representado, do contrato de representação comercial por prazo indeterminado celebrado há mais de três anos confere ao representante o direito de aviso prévio e do recebimento de indenização prevista em lei, com a ressalva do decote por compensação de quantias decorrentes da cláusula "del credere", desde que previamente ajustada entre os contratantes.

b) O contrato de franquia, regularmente celebrado, tem sua validade entre partes diferida para o momento do seu registro no INPI.

c) As disposições da chamada Lei Ferrari, que rege a concessão comercial entre produtores e distribuidores de veículos automotores de via terrestre, aplicam-se, por analogia, aos demais contratos de concessão mercantil.

d) No contrato de factoring, o faturizado transfere ao faturizador, em regra geral, créditos pro solvendo.

e) O contrato de distribuição comercial, classificado como pacto de colaboração e que transborda da mera intermediação, não implica na hipossuficiência do distribuidor em relação ao fabricante. Todavia, nesse contrato, que se celebra por adesão, o fornecedor realiza controle e padronização da atividade desenvolvida pelo distribuidor.

91. **(Cespe/TRF/5R/Juiz/2015)** A empresa Gama Factoring ajuizou execução contra Beta Comércio e Mauro da Silva, com o objetivo de receber nota promissória dada em garantia de duplicatas sacadas contra a empresa Jota Comércio, que foram recebidas pela exequente mediante endosso subscrito pelos executados, no âmbito de contrato de fomento mercantil:

a) respeito dessa situação hipotética, assinale a opção correta:

a) A existência do crédito em si não pode mais ser discutida pela Gama Factoring.

b) De acordo com o entendimento do STJ, a Gama Factoring caracteriza-se como instituição financeira.

c) A regra é que a Gama Factoring assuma o risco e não tenha direito à ação de regresso contra Beta Comércio e Mauro da Silva.

d) Nesse tipo contratual, os executados devem garantir a solvência do crédito.

e) A executada não poderá alegar defesa que tenha contra a emitente da duplicata.

92. **(Cespe/DPU/Defensor/2015)** Supondo que duas partes tenham estabelecido determinada relação jurídica, se a referida relação jurídica for do tipo empresarial e tiver sido entabulada por contrato de execução continuada, na hipótese de a prestação se tornar excessivamente onerosa para uma das partes e extremamente vantajosa para a outra, a parte onerada poderá pedir a resolução do contrato, independentemente da natureza do objeto do pacto.

93. **(Cespe/TRF/5R/Juiz/2017)** A respeito dos contratos empresariais, assinale a opção correta:

a) No contrato de franquia, o franqueador deve fornecer aos interessados a Circular de Oferta de Franquia contendo, obrigatoriamente, as informações essenciais da operação, conforme a legislação específica, sob pena de anulabilidade do contrato.

b) No contrato de fomento mercantil, as empresas faturizadoras não são obrigadas a manter sigilo sobre as suas operações ativas e passivas e sobre os serviços prestados.

c) No contrato de arrendamento mercantil, só pode ter por objeto bem imóvel ou móvel de produção nacional.

d) No contrato de distribuição, o distribuidor ou agente serão obrigatoriamente remunerados pelos negócios realizados fora do seu espaço, em razão do desrespeito à cláusula de territorialidade.

e) No contrato de compra e venda mercantil, o vendedor deve transferir o domínio da coisa vendida, mas não se compromete a responder por evicção e por vício redibitório.

94. **(Cespe/DPE/AC/Defensor/2017)** O contrato de arrendamento mercantil:

a) é um contrato de natureza acessória, pois fica vinculado à aquisição de bens para uma atividade empresarial de cunho mercantil desempenhada pelo arrendatário.

b) possibilita que, concluído o prazo contratual estipulado, o arrendatário adquira a coisa arrendada pelo pagamento de valor residual.

c) é um contrato especial de venda e compra a prazo por meio do qual a arrendadora assume a promessa de readquirir o objeto da transação, após a quitação do contrato, mediante pagamento do preço integral em parcela única.

d) é um instrumento jurídico destinado a atender exclusivamente à necessidade das pessoas jurídicas que exercem atividade mercantil, por meio da aquisição de equipamentos e veículos destinados a sua atividade empresarial.

e) possibilita que o bem arrendado possa ser alienado no curso do contrato sem a anuência da arrendadora, hipótese na qual o adquirente assumirá a condição de arrendatário.

95. **(Cespe/PGE/SE/Procurador/2017)** Em relação aos contratos mercantis, julgue os itens a seguir.

I. O atraso longo e habitual no pagamento das parcelas do prêmio ajustado em contrato de seguro é suficiente para a constituição da mora, ainda que não haja notificação prévia da seguradora.

II. A cobrança antecipada do valor residual garantido não descaracteriza o contrato de arrendamento mercantil.

III. As cláusulas de exclusividade e de territorialidade são típicas de um contrato de factoring.

IV. Na hipótese de inadimplemento no contrato de alienação fiduciária em garantia, o credor poderá vender a coisa a terceiros, independentemente de leilão, hasta pública, avaliação prévia ou medida judicial.

Estão certos apenas os itens:

a) I e II.
b) I e III.
c) II e III.
d) III e IV.
e) I, II e IV.

8. DIREITO DA CONCORRÊNCIA

* QUESTÕES DISCURSIVAS

03. **(Cespe/TCU/Procurador/2015)** Uma das principais inovações da chamada nova Lei de Defesa da Concorrência, Lei n. 12.529/2011, foi a submissão prévia dos atos de concentração econômica ao Conselho Administrativo de Defesa Econômica (CADE). A respeito desse tema, responda, sempre que possível de modo fundamentado, aos questionamentos seguintes: (i) quais são as hipóteses de início de contagem, suspensão e prorrogação do prazo que o CADE tem para apreciar ato de concentração econômica? (ii) quais as consequências jurídicas para o descumprimento da regra de submissão prévia do ato de concentração à deliberação do CADE? (iii) como se poderá comprovar que determinadas empresas consumaram o ato de concentração antes de submetê-lo à deliberação do CADE, na hipótese de o valor da operação se enquadrar nos casos de submissão obrigatória? Indique atos que podem revelar a consumação prévia do ato de concentração.

* QUESTÕES OBJETIVAS

96. **(Cespe/AGU/Advogado/2015)** Dominar mercado relevante, para efeito de infração prevista na lei em questão, corresponde ao fato de um agente econômico conquistar o mercado mediante processo natural, fundado na maior eficiência em relação a seus competidores.

97. **(Cespe/AGU/Advogado/2015)** Para que se configure a infração de exercer de forma abusiva posição dominante, há que se provar o dolo na prática da conduta.

98. **(Cespe/TRF/5R/Juiz/2015)** No que se refere à defesa da concorrência, assinale a opção correta:

a) A Lei de Proteção à Concorrência considera infração da ordem econômica quaisquer atos que impliquem as consequências econômicas que ela enumera, tratando-se, nesse caso, de hipótese de tipificação fechada.
b) Segundo importante precedente do STJ, a competência para julgar aquisições e fusões bancárias é do CADE, afastando do BCB a competência nessa matéria.
c) Uma decisão do plenário do Tribunal Administrativo de Defesa Econômica do CADE pela aplicação de multa ou pela imposição de obrigação de fazer ou não fazer constitui título executivo judicial.
d) A aplicação da denominada "regra da razão" permite avaliar, em tese, se a conduta praticada implica ou não violação das normas concorrenciais, ou seja, se causa ou não dano a mercado relevante.
e) O CADE, autarquia federal vinculada ao Ministério da Justiça, é entidade judicante com jurisdição em todo o território nacional.

99. **(Cespe/TRF/1R/Juiz/2015)** Assinale a opção correta acerca do direito concorrencial:

a) A doutrina das infraestruturas essenciais, ou "essential facilities", pressupõe situações de dependência de um agente econômico em relação a outro, titular de bem crucial para a produção de determinado bem ou serviço.
b) O acordo tácito para a uniformização de preços e condições de venda entre concorrentes não caracteriza colusão horizontal, visto que esta deve ser expressamente acordada entre os concorrentes.
c) O combate à exclusão de concorrentes por predação ou por negociação compulsória tem por finalidade impedir a dominação dos mercados, o que constitui fim diverso do combate à colusão horizontal, visto que esta afeta os preços para o consumo, mas não interfere na dinâmica dos mercados.
d) Conforme entendimento do STF, não se aplica imunidade tributária à Empresa de Correios e Telégrafos nos casos em que esta exercer atividades econômicas em concorrência com a iniciativa privada.
e) O Estado, ainda que motivado por interesse público ou social, não pode intervir sobre a liberdade de iniciativa.

100. **(Cespe/TRF/1R/Juiz/2015)** No que se refere ao direito concorrencial e à Lei n. 12.529/2011, que estrutura o Sistema Brasileiro de Defesa da Concorrência, assinale a opção correta:

a) A emissão de parecer por membro do MPF que atue perante o CADE é condicionada a eventual requerimento do presidente ou do conselheiro-relator do parquet.

b) O CADE é constituído pelo TADE e pela Secretaria de Acompanhamento Econômico do Ministério da Fazenda.

c) Conforme entendimento do STF, tal como nas causas intentadas contra a União, a ação ajuizada contra o CADE pode ser aforada, a critério do autor, na seção judiciária de seu domicílio, naquela onde houver ocorrido o ato ou fato que deu origem à demanda ou onde esteja situada a coisa, ou, ainda, no DF.

d) A perda de mandato do presidente ou dos conselheiros do TADE só poderá ocorrer por decisão judicial.

e) É vedado ao TADE responder a consultas sobre condutas em andamento.

101. **(Cespe/TRF/1R/Juiz/2015)** De acordo com o que determina a Lei Antitruste (Lei n. 12.529/2011), assinale a opção correta no que tange à execução judicial das decisões do CADE:

a) A decisão do juiz que decreta a intervenção judicial da empresa para fins de execução específica prescinde de fundamentação para sua validade e adequação legal, apenas se exigindo que o juiz indique, clara e precisamente, as providências a serem adotadas pelo interventor nomeado.

b) Em intervenção judicial relativa a execução específica, o interventor, assim que é nomeado, assume automaticamente a administração da empresa, devendo apresentar relatório mensal de suas atividades ao juiz.

c) Compete exclusivamente ao juízo federal da sede do domicílio do executado processar e julgar os processos executivos concernentes à concorrência, quando o título executivo impuser obrigação de fazer ou não fazer.

d) Os processos de execução judicial das decisões do CADE têm preferência sobre todas as demais espécies de ação.

e) A suspensão da execução pela oposição de embargos é condicionada à garantia do juízo no valor das multas aplicadas objeto do título exequendo.

102. **(Cespe/TRF/1R/Juiz/2015)** A respeito das infrações contra a ordem econômica previstas na Lei n. 12.529/2011, assinale a opção correta:

a) O rol das infrações previstas na lei é taxativo e sua tipificação pressupõe a valoração de seus efeitos e impactos na ordem econômica.

b) A conquista de mercado relevante de bens ou serviços que decorrer de maior eficiência de um agente econômico em relação aos seus concorrentes constituirá infração à ordem econômica.

c) O conceito de mercado relevante prescinde do elemento geográfico.

d) Para o cálculo de multa nas infrações administrativas contra a ordem econômica previstas na lei em questão, é irrelevante o fato de ter ou não se consumado a infração.

e) Se um procedimento administrativo que tenha por fim julgar possíveis infrações da ordem econômica estiver paralisado e aguardando decisão há mais de três anos, será permitido o reconhecimento de ofício da prescrição intercorrente.

103. **(Cespe/TCU/Procurador/2015)** À luz da legislação concorrencial brasileira, assinale a opção correta:

a) Não existe distinção de fundo entre o preço predatório e o chamado dumping, razão pela qual as duas hipóteses são puníveis à luz da legislação concorrencial.

b) A existência de altas barreiras à entrada de novos concorrentes torna improvável o exercício de poder de mercado, razão suficiente para descaracterizar a ocorrência de prática restritiva da concorrência.

c) O fato de determinada empresa ter posição dominante em certo mercado relevante, independentemente de culpa, de per se, constitui prática restritiva da concorrência, razão de sua ilicitude perante o direito concorrencial.

d) Estabelecer acordos e combinações e realizar manipulações ou ajustes com concorrentes no que se refere a preços de bens ou serviços ofertados individualmente constitui prática restritiva da concorrência classificada como unilateral e horizontal.

e) O acordo de cooperação com vista à atuação coordenada, se firmado por pequenos comerciantes incapazes de exercer, ainda que de forma coordenada, poder de mercado, não constitui infração à Lei n. 12.529/2011 (Lei de Defesa da Concorrência).

104. **(Cespe/TCU/Procurador/2015)** Acerca do acordo de leniência firmado nos termos da Lei de Defesa da Concorrência, assinale a opção correta:

a) Na hipótese de não reunir as condições para a celebração do acordo de leniência em relação a uma primeira infração, a empresa infratora poderá firmar acordo relacionado a uma segunda infração, da qual o CADE não tenha conhecimento prévio, com a finalidade de obter redução de um terço na pena que lhe seria aplicável, sem prejuízo dos benefícios do acordo em relação à segunda infração.

b) O acordo de leniência é pessoal e não pode ser estendido às empresas do mesmo grupo econômico ou mesmo em benefício dos sócios ou administradores da empresa.

c) O acordo de leniência firmado com o CADE por intermédio da Superintendência-Geral desse órgão não tem efeitos sobre a punibilidade dos crimes relacionados ao mesmo fato.

d) Na hipótese de se frustrar a tentativa de firmar o acordo de leniência, o CADE poderá continuar a investigar os fatos e até mesmo utilizar os documentos e as informações fornecidas pela empresa proponente do acordo durante a negociação do acordo.

e) Para firmar o acordo de leniência, não se pode exigir que a empresa confesse sua participação na infração, pois ninguém pode ser obrigado a produzir prova contra si.

105. **(Cespe/TRF/5R/Juiz/2017)** A respeito do dumping, assinale a opção correta:

a) É permitido ao Conselho de Política Aduaneira celebrar com o exportador ou o governo do país exportador acordo que elimine os efeitos prejudiciais decorrentes da prática de dumping.

b) É vedada a aplicação de direitos provisórios durante a fase de investigação, salvo se envolver a concessão de subsídios à indústria agrícola.

c) O combate a essa prática destina-se à proteção do setor da economia global atingido pela discriminação interna de preços.

d) Os direitos compensatórios e os direitos antidumping serão cobrados independentemente de quaisquer obrigações de natureza tributária relativas à importação de produtos afetados.

e) Considera-se dumping a introdução de um produto em mercado estrangeiro a preço superior a seu valor normal, se comparado a preço de produto similar praticado no país exportador.

106. **(Cespe/AGU/Advogado/2015)** O fato de empresas coligadas do mesmo grupo econômico acordarem ou combinarem os preços dos seus produtos caracteriza a prática de infração contra a ordem econômica.

107. **(Cespe/AGU/Advogado/2015)** Empresa que arbitrariamente aumentar seus lucros, mesmo que não tenha concorrente no mercado, praticará infração contra a ordem econômica.

9. ESTATUTO DA MICROEMPRESA E DA EMPRESA DE PEQUENO PORTE (LC 123/2006)

* QUESTÕES OBJETIVAS

108. **(Cespe/PGE/SE/Procurador/2017)** Considerando as normas do regime tributário do Simples Nacional e o disposto no Estatuto da Microempresa e da Empresa de Pequeno Porte – Lei Complementar n. 123/2006 –, julgue os itens a seguir.

I. A empresa individual de responsabilidade limitada não pode ser enquadrada como microempresa para efeito de adesão ao Simples Nacional.

II. Para o enquadramento como microempresa ou empresa de pequeno porte, a sociedade empresária deve, em cada ano-calendário, ter receita bruta inferior a determinado montante legal, excluídas as vendas canceladas e os descontos incondicionais eventualmente concedidos.

III. O recolhimento de tributo pelo regime especial unificado de arrecadação do SIMPLES Nacional não exclui a incidência do ICMS devido nas operações sujeitas ao regime de substituição tributária.

Assinale a opção correta:

a) Apenas o item I está certo.

b) Estão certos apenas os itens I e II.

c) Estão certos apenas os itens I e III.

d) Estão certos apenas os itens II e III.

e) Todos os itens estão certos.

109. **(Cespe/DPE/PE/Defensor/2015)** A baixa ou a extinção de empresa de pequeno porte poderá ocorrer independentemente da regularidade de suas obrigações tributárias, previdenciárias ou trabalhistas.

110. **(Cespe/TCE/RN/Auditor/2015)** A empresa que se enquadrar no conceito de microempresa terá, à luz das disposições da Lei

Complementar n. 123/2006, benefícios do regime próprio dessa lei, neles incluídos a apuração e o recolhimento dos impostos da União, dos estados, do Distrito Federal e dos municípios, o que não implica, todavia, qualquer alteração no cumprimento de obrigações trabalhistas e previdenciárias previstas para outras empresas.

111. **(Cespe/TCE/RN/Auditor/2015)** Para os efeitos da Lei Complementar n. 123/2006, uma sociedade empresária e uma sociedade simples podem ser consideradas microempresas; esse conceito, todavia, não abrange a empresa individual de responsabilidade limitada nem o empresário individual de responsabilidade limitada.

112. **(Cespe/DPE/AL/Defensor/2017)** O tratamento jurídico diferenciado concedido às sociedades empresárias enquadradas como microempresas e empresas de pequeno porte pode ser exercido por pessoa jurídica:

a) constituída sob a forma de cooperativa de consumo.
b) de cujo capital participe outra pessoa jurídica.
c) com sede no exterior.
d) constituída sob a forma de sociedade por ações.
e) que exerça atividade de banco de investimento.

10. LEI DE INTERVENÇÃO E LIQUIDAÇÃO EXTRAJUDICIAL (LEI 6.024/74)

* QUESTÕES OBJETIVAS

113. **(Cespe/TRF/5R/Juiz/2015)** Com base na jurisprudência do STJ, assinale a opção correta a respeito da liquidação extrajudicial de instituição financeira:

a) Na liquidação extrajudicial, o liquidante atua em nome e por conta da pessoa jurídica, como verdadeira "longa manus" da instituição financeira liquidanda, administrando-a sob as diretrizes ditadas pelo BCB.
b) Decretada a liquidação extrajudicial de determinada instituição financeira, ocorrerá, de imediato, a interrupção da prescrição das obrigações de tal instituição.
c) O fato de uma instituição financeira estar em regime de liquidação extrajudicial, sob intervenção do BCB, retira a competência da justiça estadual para apreciar eventual litígio em que a instituição seja parte.
d) Ao procedimento de liquidação extrajudicial de instituições financeiras que se submete a rito próprio é vedada a aplicação da legislação falimentar.
e) Se não houver completa insolvência da pessoa jurídica, será incabível a liquidação extrajudicial, ainda que seja comprovado grave desrespeito às normas de regência das instituições financeiras.

114. **(Cespe/TRF/1R/Juiz/2015)** Assinale a opção correta com base nas normas sobre liquidação extrajudicial das instituições financeiras:

a) Um dos principais efeitos da decretação da liquidação extrajudicial de um banco é a suspensão da prescrição relativa a obrigações de responsabilidade da instituição, de modo que, ao final da liquidação, os prazos prescricionais se reiniciam a partir da data em que a suspensão acaba.
b) Com a decretação da liquidação extrajudicial de determinada instituição financeira, haverá incidência de correção monetária sobre a totalidade de suas obrigações, desde o vencimento até o seu efetivo pagamento, sem qualquer interrupção ou suspensão.
c) Instituição financeira que decidir interpor recurso de decisões do liquidante deverá fazê-lo junto ao Banco Central do Brasil; o efeito do recurso, nesse caso, será suspensivo.
d) Diferentemente das normas do procedimento falimentar das sociedades empresárias, as normas que regem a liquidação extrajudicial da instituição financeira não dispõem sobre a fixação de um termo legal quando da decretação da liquidação.
e) Conforme entendimento do STJ, os juízos falimentares não podem mitigar a regra de suspensão das ações e execuções iniciadas sobre direitos e interesses relativos ao acervo da entidade liquidanda, devido ao caráter público das normas que regem as instituições financeiras.

115. **(Cespe/TRF/5R/Juiz/2017)** Os efeitos imediatos da decretação da liquidação extrajudicial de instituição financeira incluem:

a) a inexigibilidade das cláusulas penais dos contratos unilaterais antecipadamente vencidos em virtude da decretação da liquidação extrajudicial.
b) o impedimento da instituição para ajuizar, enquanto durar a liquidação, ações sobre direitos

e interesses relativos ao acervo da entidade liquidanda, embora as que se encontram em tramitação possam continuar.

c) o vencimento antecipado das obrigações da liquidanda, com continuidade de contagem do prazo prescricional das obrigações de responsabilidade da instituição.

d) a incorporação nas dívidas principais das penas pecuniárias por infração de leis penais e administrativas.

e) a fluência de juros estipulados contra a massa, enquanto não integralmente pago o passivo.

11. LEI DE PROPRIEDADE INDUSTRIAL (LEI 9.279/96)

* SÚMULAS

STJ Súm. 143. Prescreve em cinco anos a ação de perdas e danos pelo uso de marca comercial.

* ENUNCIADOS CJF

CJF Comercial 1. Decisão judicial que considera ser o nome empresarial violador do direito de marca não implica a anulação do respectivo registro no órgão próprio nem lhe retira os efeitos, preservado o direito de o empresário alterá-lo.

CJF Comercial 2. A vedação de registro de marca que reproduza ou imite elemento característico ou diferenciador de nome empresarial de terceiros, suscetível de causar confusão ou associação (art. 124, V, da Lei n. 9.279/1996), deve ser interpretada restritivamente e em consonância com o art. 1.166 do Código Civil.

CJF Comercial 60. Os acordos e negócios de abstenção de uso de marcas entre sociedades empresárias não são oponíveis em face do Instituto Nacional de Propriedade Industrial – INPI, sem prejuízo de os litigantes obterem tutela jurisdicional de abstenção entre eles na Justiça Estadual.

CJF Civil 551. Nas violações aos direitos relativos a marcas, patentes e desenhos industriais, será assegurada a reparação civil ao seu titular, incluídos tanto os danos patrimoniais como os danos extrapatrimoniais.

* REPERCUSSÃO & REPETITIVOS

STJ Repetitivo 950. As questões acerca do "trade dress" (conjunto-imagem) dos produtos, concorrência desleal, e outras demandas afins, por não envolverem registro no INPI e cuidando de demanda entre particulares, são inequivocamente de competência da justiça estadual, já que não afetam interesse institucional da autarquia federal. No entanto, compete à Justiça Federal, em ação de nulidade de registro de marca, com a participação do INPI, impor ao titular a abstenção do uso, inclusive no tocante à tutela provisória. (REsp 1527232, 13.12.2017)

* INFORMATIVOS DE JURISPRUDÊNCIA

Propriedade industrial. Uso indevido de marca de empresa. Dano moral. Aferição "in re ipsa".

STJ O dano moral por uso indevido da marca é aferível "in re ipsa". REsp 1.327.773, Rel. Min. Luis Felipe Salomão, DJ 15.2.2018. 5ª T. (Info 619)

Propriedade industrial. Conjunto-imagem ("trade dress"). Comercialização de produto afim. Embalagens assemelhadas. Concorrência desleal. Perícia técnica. Necessidade.

STJ A caracterização de concorrência desleal por confusão, apta a ensejar a proteção ao conjunto-imagem ("trade dress") de bens e produtos é questão fática a ser examinada por meio de perícia técnica. REsp 1.353.451, Rel. Min. Marco Aurélio Bellizze, DJe 28.9.2017. 3ª T. (Info 612)

Propriedade industrial. Patentes. Falta de pagamento de retribuição anual. Obrigatoriedade de notificação do arquivamento do pedido ou da extinção da patente. Restauração garantida pelo art. 87 da Lei n. 9.279/96 até três meses contados da notificação.

STJ Para arquivamento de pedido ou extinção de patente por falta de pagamento da retribuição anual prevista no art. 84 da Lei n. 9.279/1996, exige-se notificação prévia do respectivo depositante ou titular. REsp 1.669.131, Rel. Min. Paulo de Tarso Sanseverino, DJ 1.8.2017. 3ª T. (Info 608)

* INOVAÇÕES LEGISLATIVAS

▲ Lei de Propriedade Industrial (Lei 9.279/96): sem alterações em 2017/2018.

* QUESTÕES OBJETIVAS

116. **(Cespe/DPE/PE/Defensor/2015)** Ao requerente de licença compulsória que invoque abuso de direitos patentários ou abuso de poder econômico será concedida, pelo Instituto Nacional da Propriedade Industrial, licença com iguais privilégios concedidos ao inventor, como, por exemplo, a exclusividade para a exploração da licença.

117. **(Cespe/TJ/DFT/Juiz/2015)** Com referência à propriedade industrial da marca, assinale a opção correta:

a) A proteção especial prevista para marca de notoriedade reconhecida em seu respectivo ramo de atividade depende de registro ou depósito dessa marca no INPI.

b) Embora o reconhecimento de marca como de alto renome se dê por declaração do INPI, uma sentença judicial dada em ação movida pelo interessado nesse reconhecimento poderá substituir essa declaração e desencadear por si só a proteção legal devida a essa espécie de marca.

c) Ao ceder o uso de marca mediante contrato que não estabeleça condições nem efeitos limitadores, o titular do registro renuncia ao controle sobre essa marca, inclusive no que se refere à natureza e à qualidade dos serviços e produtos a ela vinculados.

d) De acordo com a jurisprudência do STJ e com a doutrina nacional majoritária, apesar de ser prática comum no exterior, a veiculação de propaganda em que sejam comparados produtos ou serviços concorrentes é condenável por ser considerada violação dos direitos de proteção às marcas envolvidas.

e) Caso uma marca registrada constitua expressão que passe a ser de uso comum no segmento mercadológico do produto, a regra da exclusividade decorrente do registro poderá ser mitigada, como forma de proteger a concorrência e o mercado em geral.

118. **(Cespe/TJ/PB/Juiz/2015)** No que se refere a nome empresarial, marca e propriedade industrial, assinale a opção correta com base na jurisprudência do STJ:

a) De acordo com o princípio "first come, first served", com base no qual se concede o domínio eletrônico ao primeiro requerente que satisfizer as exigências para o registro de nomes comerciais na rede mundial de computadores, é incabível contestação do titular de signo distintivo similar ou idêntico que anteriormente tenha registrado o nome ou a marca na junta comercial e no INPI.

b) Para que a reprodução ou imitação de elemento característico ou diferenciado de nome empresarial de terceiros constitua óbice ao registro de marca – que possui proteção nacional –, é necessário que a reprodução ou imitação seja suscetível de causar confusão ou associação com esses sinais distintivos e que a proteção ao nome empresarial não goze somente de tutela restrita a alguns estados, mas detenha a exclusividade sobre o uso do nome em todo o território nacional.

c) As formas de proteção ao uso das marcas e do nome de empresa têm como único propósito resguardar a marca ou o nome da empresa contra usurpação.

d) No caso de colidência entre denominações e marcas de sociedades empresárias diversas, o conflito deve ser dirimido com base no princípio da anterioridade, que prepondera em princípio da especificidade.

e) O pedido de arquivamento dos atos constitutivos da empresa nas juntas comerciais das demais unidades da Federação, de forma complementar ao registro inicialmente realizado, não induz à possibilidade de proteção nacional ao seu nome comercial.

119. **(Cespe/TJ/PB/Juiz/2015)** A fundação X, detentora de canal de televisão, veiculou propaganda publicitária em um de seus programas, devido a contrato realizado com a empresa de publicidade Y. A propaganda publicitária divulgava um modelo de trator vendido pela sociedade empresária Z e comparava os diferentes preços e as qualidades técnicas de tratores vendidos por outras sociedades empresárias. Cláudio, seduzido pelas vantajosas condições anunciadas, decidiu adquirir um trator para utilizar em seu pequeno sítio. Ele pagou um sinal de vinte mil reais, porém o produto não lhe foi entregue. Posteriormente, ele percebeu ter sido vítima de estelionato, bem como verificou que a empresa Y não existia nem possuía inscrição na Receita Federal. Assim, Cláudio ingressou na justiça com ação de indenização para reparar os danos sofridos, na qual logrou êxito. Entretanto, havendo o trânsito em julgado e iniciada a fase de cumprimento da sentença, não foram encontrados bens que pudessem ser excutidos. Nessa situação hipotética:

a) o juiz poderá aplicar, na fase de cumprimento da sentença, desde que mediante prévio requerimento do exequente, a desconsideração inversa da personalidade jurídica com fundamento no critério subjetivo albergado pelo CDC.

b) caso a fundação X venha a ser considerada ré no processo, será vedada a desconsideração de sua personalidade jurídica em relação ao devedor, visto que ela é pessoa jurídica sem fins econômicos.

c) a publicidade divulgada pela empresa Y é ato jurídico regido pela legislação consumerista e de propriedade industrial, tanto no âmbito do direito de marcas quanto no do concorrencial.

d) a empresa de publicidade Y tem responsabilidade solidária pelos danos causados a Cláudio e a fundação X está eximida da responsabilidade porque o dano é de culpa exclusiva da sociedade empresária Z.

e) haja vista a relação jurídica de consumo, o juiz da causa deve automaticamente inverter o ônus da prova em favor de Cláudio, podendo a inversão ser aplicada até a prolação da sentença.

120. **(Cespe/TRF/1R/Juiz/2015)** Acerca da propriedade industrial, assinale a opção correta:

a) A licença compulsória com exclusividade é concedida por ato do Poder Executivo federal ao licenciado para que, no prazo de um ano, inicie a sua exploração e atenda aos casos de emergência nacional ou interesse público.

b) A extinção dos direitos sobre uma marca coletiva ou de certificação depende de um processo administrativo instaurado junto ao Instituto Nacional da Propriedade Industrial, podendo a parte interessada requerer o seu registro imediatamente após a extinção.

c) A degeneração da marca simboliza a perda de sua função distintiva, passando ela a se confundir com o próprio produto ofertado no mercado.

d) A proteção às marcas notoriamente conhecidas, às quais não se aplica o princípio da especialidade, estende-se a outros ramos de atividade a que o empresário eventualmente se dedique.

e) É patenteável o desenho industrial cujo objeto de uso prático apresente uma nova forma, seja passível de industrialização e gere uma melhoria funcional em um objeto já existente.

121. **(Cespe/PGE/SE/Procurador/2017)** É atividade que pode ser considerada invenção e, assim, passível de patenteamento:

a) o desenvolvimento de técnicas e métodos operatórios ou cirúrgicos.

b) a indicação do genoma ou germoplasma dos seres vivos naturais.

c) a produção de obras literárias, arquitetônicas, artísticas e científicas.

d) a formulação de regras de jogo.

e) a produção de fármacos com a anuência prévia da autoridade sanitária.

12. LEI DE RECUPERAÇÃO E FALÊNCIA (LEI 11.101/05)

✱ INOVAÇÕES LEGISLATIVAS

▲ Lei de Recuperação Judicial, Extrajudicial e Falência (Lei 11.101/05): sem alterações em 2017/2018.

12.1. Falência

✱ SÚMULAS

1) Crimes Falimentares

STF Súm. 592. Nos crimes falimentares, aplicam-se as causas interruptivas da prescrição, previstas no Código Penal.

2) Regras Processuais

STJ Súm. 25. Nas ações da Lei de Falências, o prazo para a interposição de recurso conta-se da intimação da parte.

STJ Súm. 264. É irrecorrível o ato judicial que apenas manda processar a concordata preventiva.

STJ Súm. 480. O juízo da recuperação judicial não é competente para decidir sobre a constrição de bens não abrangidos pelo plano de recuperação da empresa.

3) Requerimento de Falência

STJ Súm. 29. No pagamento em juízo para elidir falência, são devidos correção monetária, juros e honorários de advogado.

STJ Súm. 248. Comprovada a prestação dos serviços, a duplicata não aceita, mas protestada, é título hábil para instruir pedido de falência.

STJ Súm. 361. A notificação do protesto, para requerimento de falência da empresa devedora, exige a identificação da pessoa que a recebeu.

4) Restituição de Adiantamento de Contrato de Câmbio

STF Súm. 193. Para a restituição prevista no art. 76, parágrafo 2, da Lei de Falências, conta-se o prazo de quinze dias da entrega da coisa e não da sua remessa.

STF Súm. 417. Pode ser objeto de restituição, na falência, dinheiro em poder do falido, recebido em nome de outrem, ou do qual, por lei ou contrato, não tivesse ele a disponibilidade.

STF Súm. 495. A restituição em dinheiro da coisa vendida a crédito, entregue nos quinze dias anteriores ao pedido de falência ou de concordata, cabe, quando, ainda que consumida ou transformada, não faça o devedor prova de haver sido alienada a terceiro.

STJ Súm. 36. A correção monetária integra o valor da restituição, em caso de adiantamento de câmbio, requerida em concordata ou falência.

STJ Súm. 133. A restituição da importância adiantada, a conta de contrato de câmbio, independe de ter sido a antecipação efetuada nos quinze dias anteriores ao requerimento da concordata.

STJ Súm. 307. A restituição de adiantamento de contrato de câmbio, na falência, deve ser atendida antes de qualquer crédito.

* ENUNCIADOS CJF

CJF Comercial 42. O prazo de suspensão previsto no art. 6º, § 4º, da Lei n. 11.101/2005 pode excepcionalmente ser prorrogado, se o retardamento do feito não puder ser imputado ao devedor.

CJF Comercial 43. A suspensão das ações e execuções previstas no art. 6º da Lei n. 11.101/2005 não se estende aos coobrigados do devedor.

CJF Comercial 45. O magistrado pode desconsiderar o voto de credores ou a manifestação de vontade do devedor, em razão de abuso de direito.

CJF Comercial 47. Nas alienações realizadas nos termos do art. 60 da Lei n. 11.101/2005, não há sucessão do adquirente nas dívidas do devedor, inclusive nas de natureza tributária, trabalhista e decorrentes de acidentes de trabalho.

CJF Comercial 48. A apuração da responsabilidade pessoal dos sócios, controladores e administradores feita independentemente da realização do ativo e da prova da sua insuficiência para cobrir o passivo, prevista no art. 82 da Lei n. 11.101/2005, não se refere aos casos de desconsideração da personalidade jurídica.

CJF Comercial 49. Os deveres impostos pela Lei n. 11.101/2005 ao falido, sociedade limitada, recaem apenas sobre os administradores, não sendo cabível nenhuma restrição à pessoa dos sócios não administradores.

CJF Comercial 50. A extensão dos efeitos da quebra a outras pessoas jurídicas e físicas confere legitimidade à massa falida para figurar nos polos ativo e passivo das ações nas quais figurem aqueles atingidos pela falência.

CJF Comercial 51. O saldo do crédito não coberto pelo valor do bem e/ou da garantia dos contratos previstos no § 3º do art. 49 da Lei n. 11.101/2005 é crédito quirografário, sujeito à recuperação judicial.

CJF Comercial 56. A Fazenda Pública não possui legitimidade ou interesse de agir para requerer a falência do devedor empresário.

CJF Comercial 73. Para que seja preservada a eficácia do disposto na parte final do § 2º do artigo 6º da Lei n. 11.101/05, é necessário que, no juízo do trabalho, o crédito trabalhista para fins de habilitação seja calculado até a data do pedido da recuperação judicial ou da decretação da falência, para não se ferir a "par condicio creditorum" e observarem-se os arts. 49, "caput", e 124 da Lei n. 11.101/2005.

CJF Comercial 75. Havendo convenção de arbitragem, caso uma das partes tenha a falência decretada: (i) eventual procedimento arbitral já em curso não se suspende e novo procedimento arbitral pode ser iniciado, aplicando-se, em ambos os casos, a regra do art. 6º, § 1º, da Lei n. 11.101/2005; e (ii) o administrador judicial não pode recusar a eficácia da cláusula compromissória, dada a autonomia desta em relação ao contrato.

CJF Comercial 80. Para classificar-se credor, em pedido de habilitação, como privilegiado especial, em razão do art. 83, IV, "d" da Lei de Falências, exige-se, cumulativamente, que: (a) esteja vigente a LC 147/2014 na data em que distribuído o pedido de recuperação judicial ou decretada a falência do devedor; (b) o credor faça prova de que, no momento da distribuição do pedido de recuperação judicial ou da decretação da falência, preenchia os requisitos legais para ser reconhecido como microempreendedor individual, microempresa ou empresa de pequeno porte.

* REPERCUSSÃO & REPETITIVOS

STJ Repetitivo 976. A competência para processar e julgar demandas cíveis com pedidos ilíquidos contra massa falida, quando em litisconsórcio passivo com pessoa jurídica de direito público, é do juízo cível no qual for proposta a ação de conhecimento, competente para julgar ações contra a Fazenda Pública, de acordo as respectivas normas de organização judiciária. (REsp 1643856, 13.12.2017)

* INFORMATIVOS DE JURISPRUDÊNCIA

Sentença trabalhista condenatória. Crédito previdenciário reconhecido. Título executivo judicial. Falência do empregador. Pedido de habilitação do crédito. Possibilidade. Certidão de dívida ativa. Dispensabilidade.

STJ É desnecessária a apresentação de CDA para habilitação, em processo de falência, de crédito previdenciário resultante de decisão judicial trabalhista. REsp 1.591.141, Rel. Min. Paulo de Tarso Sanseverino, DJ 18.12.2017. 3ª T. (Info 618)

Ação de usucapião. Efeitos da decretação da falência. Patrimônio afetado como um todo. Usucapião. Interrupção da prescrição aquisitiva. Massa falida objetiva. Art. 47 do DL n. 7.661/45. Inaplicabilidade.

STJ O curso da prescrição aquisitiva da propriedade de bem que compõe a massa falida é interrompido com a decretação da falência. REsp 1.680.357, Rel. Min. Nancy Andrighi, DJe 16.10.2017

Construção e incorporação imobiliária. Falência da construtora. Rescisão do contrato de permuta do terreno mediante sentença falimentar. Nova alienação sem a indenização devida aos antigos adquirentes das unidades autônomas do empreendimento frustrado.

STJ O proprietário de terreno objeto de contrato de permuta com incorporadora/construtora, rescindido por decisão judicial no curso do processo falimentar desta, tem responsabilidade pelos danos sofridos pelos antigos adquirentes de unidades autônomas no empreendimento imobiliário inacabado. REsp 1.537.012, Rel. Min. Paulo de Tarso Sanseverino, DJ 26.6.2017. 3ª T. (Info 607)

Falência. Cálculo de juros e correção monetária em habilitação de crédito. Decretação da quebra. Efeitos materiais que incidem desde a prolação da sentença independentemente da publicação.

STJ No processo de falência, a incidência de juros e correção monetária sobre os créditos habilitados deve ocorrer até a decretação da quebra, entendida como a data da prolação da sentença e não sua publicação. REsp 1.660.198, Rel. Min. Nancy Andrighi, DJ 10.8.2017. REsp 1.660.198, Rel. Min. Nancy Andrighi, DJ 10.8.2017. 3ª T. (Info 609)

* QUESTÕES OBJETIVAS

122. **(Cespe/DPE/PE/Defensor/2015)** Em ação revocatória proposta pelo administrador judicial de determinada massa falida, o juiz de falência ordenou, como medida preventiva, o sequestro dos bens retirados do patrimônio do devedor e que se encontravam em poder de terceiros. Julgada procedente a ação revocatória, a sentença determinará o retorno dos bens à massa falida em espécie, com todos os acessórios, ou o valor de mercado, acrescido das perdas e danos, podendo-se recorrer dessa sentença mediante apelação.

123. **(Cespe/TJ/DFT/Juiz/2016)** Acerca de falência, assinale a opção correta:

a) Segundo a jurisprudência do STJ, os honorários advocatícios, na falência, são créditos quirografários qualquer que seja o seu valor.
b) O encerramento da falência tem por efeito a extinção de todas as obrigações do falido não satisfeitas no processo.
c) De acordo com a legislação brasileira, a situação falimentar do empresário se revela quando as dívidas excedem a importância de seu patrimônio.
d) Um empresário deverá comprovar a regularidade do exercício da atividade empresarial, mediante a apresentação de certidão da junta comercial, para requerer a falência de outro empresário.
e) O MP terá legitimidade para propor ação para anular atos praticados pelo falido em fraude a credores caso, no prazo de três anos da decretação da falência, os credores ou o administrador não a proponham.

124. **(Cespe/PGE/AM/Procurador/2016)** Se a falência for decretada por sentença em processo de falência, todos os bens do falido tornar-se-ão indisponíveis, mesmo aqueles que façam parte das atividades normais do devedor, se autorizada a continuação provisória destas.

125. **(Cespe/PGE/AM/Procurador/2016)** Aberto um processo de falência, as ações em que se demande quantia ilíquida contra o falido permanecerão sendo processadas no juízo original da ação.

126. **(Cespe/DPU/Defensor/2017)** Considerando que tenha sido decretada a falência de Roma & Cia. Ltda., sociedade de André Roma e

Bruno Silva, administrada apenas por André, na situação apresentada, os sócios deverão ser citados individualmente para apresentar contestação acerca dos termos da ação falimentar.

127. **(Cespe/PGM/Belo_Horizonte/Procurador/2017)** Marcos, advogado, prestava serviços advocatícios, sem vínculo empregatício, a determinada sociedade empresária que lhe pagava R$ 10 mil mensais. Tendo ficado sem receber a quantia relativa a um dos meses de prestação de serviços, o advogado tomou conhecimento de que a empresa havia decretado falência. Ainda assim, o administrador judicial decidiu, com a anuência do comitê de credores, pela continuidade do contrato em relação à massa falida, para evitar o aumento do passivo. Acerca dessa situação hipotética, assinale a opção correta à luz da legislação aplicável:

a) Após a decretação da falência, o crédito de Marcos é considerado extraconcursal.

b) A decisão do administrador pela continuidade do contrato deve ser considerada inválida, pois depende de autorização judicial.

c) O crédito de Marcos anterior à decretação da falência é quirografário.

d) Como os honorários advocatícios não decorreram de vínculo empregatício, Marcos não poderá habilitar seu crédito.

128. **(Cespe/TCU/Procurador/2015)** A falência de uma empresa X foi decretada e ela recorreu da sentença. Em seguida, foi ajuizada contra a referida empresa uma execução fiscal; no entanto, a demanda executiva foi extinta in limine, sob o argumento de ilegitimidade passiva devido à sentença declaratória de falência. Com referência a essa situação hipotética, assinale a opção correta:

a) A execução fiscal deveria ter sido ajuizada contra a massa falida, contudo foi incorreta sua extinção in limine.

b) A extinção da execução fiscal, cujos autos deveriam apenas ser remetidos ao juízo universal da falência, foi incorreta.

c) A sentença de decretação da quebra implica extinção da personalidade jurídica da sociedade falida, razão por que está correta a extinção in limine da execução.

d) Há argumentos para apelar contra a sentença extintiva da execução fiscal, embora tal recurso tenha apenas efeito devolutivo, assim como a apelação contra a sentença que decretou a falência.

e) É possível que a ré na execução fiscal e requerida no processo de falência seja sociedade de economia mista, visto que estas são sujeitas ao mesmo regime das empresas privadas.

129. **(Cespe/TCU/Procurador/2015)** Acerca do regime jurídico dos atos e dos contratos do falido e de seus credores, assinale a opção correta:

a) A citação dos sócios, após ser ajuizada ação de falência contra sociedade na qual a responsabilidade desses sócios seja ilimitada, somente ocorrerá se a pessoa jurídica não realizar o depósito elisivo.

b) Os contratos do devedor falido extinguem-se de pleno direito em razão da decretação da falência, devendo o administrador judicial interpelar os contratantes para a resolução em perdas e danos.

c) A decretação da falência suspende o exercício do direito de retenção pelos credores sobre bens sujeitos à arrecadação, os quais deverão ser entregues ao administrador judicial.

d) O falido perderá o direito de administrar seus bens até que seja proferida sentença que extinga suas obrigações; no entanto, como é inconstitucional privá-lo de trabalho, ele não poderá ser impedido de exercer atividade empresarial durante o período em questão.

e) O juiz pode autorizar, após serem arrecadados os bens do falido, que quaisquer interessados, em razão dos custos e no interesse da massa falida, adquiram esses bens, de imediato, pelo valor da avaliação.

130. **(Cespe/PGE/SE/Procurador/2017)** No que se refere ao direito falimentar, é correto afirmar que:

a) o juízo competente para julgar o pedido de falência é o do local do domicílio do credor.

b) a sentença declaratória é pressuposto material objetivo da falência.

c) cabe ao juiz analisar se o empresário se encontra em estado de insolvência.

d) as sociedades cooperativas estão sujeitas à falência.

e) o sujeito ativo da falência deverá ser, necessariamente, empresário.

131. **(Cespe/DPU/Defensor/2017)** Considerando que tenha sido decretada a falência de Roma & Cia. Ltda., sociedade de André Roma e

Bruno Silva, administrada apenas por André, eventual responsabilidade pessoal de Bruno deverá ser apurada mediante ação própria, a ser proposta no próprio juízo da falência, no prazo prescricional de dois anos, contados do trânsito em julgado da sentença que encerrar a falência.

132. (Cespe/TCE/RN/Auditor/2015) Se uma empresa for caracterizada como irregular, não terá ela o direito de requerer a falência de outra empresa que seja regular.

12.2. Recuperação Judicial e Extrajudicial

*** SÚMULAS**

STJ Súm. 480. O juízo da recuperação judicial não é competente para decidir sobre a constrição de bens não abrangidos pelo plano de recuperação da empresa.

*** ENUNCIADOS CJF**

CJF Comercial 44. A homologação de plano de recuperação judicial aprovado pelos credores está sujeita ao controle judicial de legalidade.

CJF Comercial 46. Não compete ao juiz deixar de conceder a recuperação judicial ou de homologar a extrajudicial com fundamento na análise econômico-financeira do plano de recuperação aprovado pelos credores.

CJF Comercial 52. A decisão que defere o processamento da recuperação judicial desafia agravo de instrumento.

CJF Comercial 53. A assembleia geral de credores para deliberar sobre o plano de recuperação judicial é una, podendo ser realizada em uma ou mais sessões, das quais participarão ou serão considerados presentes apenas os credores que firmaram a lista de presença encerrada na sessão em que instalada a assembleia geral.

CJF Comercial 54. O deferimento do processamento da recuperação judicial não enseja o cancelamento da negativação do nome do devedor nos órgãos de proteção ao crédito e nos tabelionatos de protestos.

CJF Comercial 55. O parcelamento do crédito tributário na recuperação judicial é um direito do contribuinte, e não uma faculdade da Fazenda Pública, e, enquanto não for editada lei específica, não é cabível a aplicação do disposto no art. 57 da Lei n. 11.101/2005 e no art.191-A do CTN.

CJF Comercial 57. O plano de recuperação judicial deve prever tratamento igualitário para os membros da mesma classe de credores que possuam interesses homogêneos, sejam estes delineados em função da natureza do crédito, da importância do crédito ou de outro critério de similitude justificado pelo proponente do plano e homologado pelo magistrado.

CJF Comercial 74. Embora a execução fiscal não se suspenda em virtude do deferimento do processamento da recuperação judicial, os atos que importem em constrição do patrimônio do devedor devem ser analisados pelo juízo recuperacional, a fim de garantir o princípio da preservação da empresa.

CJF Comercial 76. Nos casos de emissão de títulos de dívida pela companhia recuperanda, na qual exista agente fiduciário ou figura similar representando uma coletividade de credores, caberá ao agente fiduciário o exercício do voto em assembleia-geral de credores, nos termos e mediante as autorizações previstas no documento de emissão, ressalvada a faculdade de qualquer investidor final pleitear ao juízo da recuperação o desmembramento do direito de voz e voto em assembleia para exercê-los individualmente, unicamente mediante autorização judicial.

CJF Comercial 77. As alterações do plano de recuperação judicial devem ser submetidas à assembleia geral de credores, e a aprovação obedecerá ao quórum previsto no art. 45 da Lei n. 11.101/05, tendo caráter vinculante a todos os credores submetidos à recuperação judicial, observada a ressalva do art. 50, § 1º, da Lei n. 11.101/05, ainda que propostas as alterações após dois anos da concessão da recuperação judicial e desde que ainda não encerrada por sentença.

CJF Comercial 78. O pedido de recuperação judicial deve ser instruído com a relação completa de todos os credores do devedor, sujeitos ou não à recuperação judicial, inclusive fiscais, para um completo e adequado conhecimento da situação econômico-financeira do devedor.

CJF Comercial 79. O requisito do inc. III do § 1º do art. 58 da Lei n. 11.101 aplica-se a todas as classes nas quais o plano de recuperação judicial não obteve aprovação nos termos do art. 45 desta Lei.

CJF Comercial 81. Aplica-se à recuperação judicial, no que couber, o princípio da "par condicio creditorum".

✱ INFORMATIVOS DE JURISPRUDÊNCIA

Ação de compensação por danos morais. Devedor em recuperação judicial. Constituição do crédito. Evento danoso ocorrido em momento anterior ao pedido recuperacional. Submissão aos efeitos da recuperação judicial. Sentença condenatória proferida posteriormente. Irrelevância.

STJ O crédito derivado de fato ocorrido em momento anterior àquele em que requerida a recuperação judicial deve sujeitar-se ao plano de soerguimento da sociedade devedora. 3ª T. REsp 1.727.771, Rel. Min. Nancy Andrighi, DJ 18.5.2018. (Info 626)

Homologação de sentença estrangeira. Natureza constitutiva. Recuperação judicial. Inexistência de incompatibilidade. Não incidência do art. 6º da Lei 11.101/2005.

STJ O fato da empresa se encontrar em recuperação judicial não obsta a homologação de sentença arbitral estrangeira. SEC 14.408, Rel. Min. Luis Felipe Salomão, DJe 31.8.2017. Corte Especial. (Info 610)

Recuperação Judicial. Assembleia Geral. Direito de voto. Credores afetados pelo plano de recuperação. Bondholders. Autorização judicial para votar. Possibilidade.

STJ Os "bondholders" – detentores de títulos de dívida emitidos por sociedades em recuperação judicial e representados por agente fiduciário – têm assegurados o direito de voto nas deliberações sobre o plano de soerguimento. REsp 1.670.096, Rel. Min. Nancy Andrighi, DJ 27.6.2017. 3ª T. (Info 607)

Recuperação judicial. Habilitação de crédito. Atualização. Tratamento igualitário. Novação. Juros e correção. Data do pedido da recuperação.

STJ Não ofende a coisa julgada, a decisão de habilitação de crédito que limita a incidência de juros de mora e correção monetária, delineados em sentença condenatória de reparação civil, até a data do pedido de recuperação judicial. REsp 1.662.793, Rel. Min. Nancy Andrighi, DJe 14.8.2017. 3ª T. (Info 610)

✱ QUESTÕES OBJETIVAS

133. **(Cespe/TJ/AM/Juiz/2016)** Considerando que determinado juiz tenha concedido a recuperação judicial a um devedor, após a aprovação do plano de recuperação em assembleia geral de credores, assinale a opção correta:

a) O juiz é competente para decidir sobre a constrição de bens do devedor, mesmo que não tenham sido abrangidos pelo plano de recuperação da empresa.

b) As execuções individuais ajuizadas contra o próprio devedor devem ser extintas, diante da novação resultante da concessão da recuperação judicial.

c) Um dos efeitos da referida decisão judicial é interromper a prescrição de todas as ações e execuções em face do devedor.

d) Se, decorridos mais de dois anos da referida decisão judicial, o devedor inadimplir obrigação prevista no plano, o juiz deverá convolar a recuperação em falência.

e) É correto afirmar que o devedor beneficiado pela decisão nunca faliu antes.

134. **(Cespe/TJ/DFT/Juiz/2016)** Acerca da recuperação judicial, assinale a opção correta:

a) O juiz, mesmo tendo ultrapassado o prazo de dois anos da homologação do plano de recuperação judicial, deve, de ofício, decretar a falência do devedor, caso ele não o cumpra.

b) A ação de despejo proposta contra empresário que tem deferido o processamento da recuperação judicial deve ser suspensa pelo prazo de cento e oitenta dias.

c) A execução fiscal, deferido o processamento da recuperação judicial, não se suspende, mas serão da competência do juízo da recuperação os atos de alienação do patrimônio da sociedade.

d) O MP assumirá a legitimidade para impugnar o plano de recuperação judicial, caso nenhum credor o faça.

e) Se a assembleia geral de credores rejeitar o plano de recuperação judicial, o juiz devera determinar o arquivamento do processo, ficando vedado ao devedor fazer novo requerimento pelo prazo de dois anos.

135. **(Cespe/TJ/PB/Juiz/2015)** No que se refere a recuperação judicial e falência, assinale a opção correta:

a) Transcorridos cento e oitenta dias contados do deferimento do processamento da recuperação judicial, é restabelecido o direito dos credores de iniciar ou continuar suas ações e execuções, independentemente de pronunciamento judicial e do motivo do atraso no cumprimento do plano de recuperação judicial.

b) Caso tenham ocorrido, nos dias 10.10.2014 e 16.4.2015, respectivamente, a penhora e a adjudicação de bem imóvel em execução trabalhista, com superveniente deferimento da recuperação judicial do devedor no dia 17.4.2015, a posterior expedição do auto de adjudicação será de competência do juízo falimentar, devido à força atrativa deste.

c) Em se tratando de execução fiscal, não são decididos pelo juízo universal os atos que importem em constrição do patrimônio de sociedade empresarial em recuperação judicial.

d) A assembleia de credores é soberana em suas decisões sobre a aprovação ou desaprovação do plano de recuperação judicial, razão por que as suas deliberações estão infensas ao controle judicial, salvo no que se refere aos requisitos de validade dos atos jurídicos em geral.

e) Deve ser suspensa a ação de execução em que o autor seja portador de nota promissória firmada por empresário em recuperação e o réu seja o garante desse título executivo extrajudicial, uma vez que a recuperação judicial do devedor principal induz suspensão de ações contra seus coobrigados.

136. **(Cespe/TRF/1R/Juiz/2015)** A respeito da recuperação judicial, da recuperação extrajudicial e da falência do empresário e da sociedade empresária, assinale a opção correta:

a) Caberá à parte prejudicada interpor o recurso de agravo, na forma estabelecida no CPC, caso o juízo falimentar decida pela restituição de determinado bem ou por seu o retorno à massa falida em decorrência de procedimento revocatório.

b) A legislação falimentar determina, em rol taxativo de modalidades, a realização da alienação do ativo por meio de leilão, proposta fechada ou pregão.

c) Em uma assembleia-geral de credores, as sociedades empresárias coligadas ou controladoras do falido têm direito a voto proporcional ao valor de seus créditos e são consideradas para fins de verificação do quórum de instalação e de deliberação.

d) O magistrado pode indeferir a petição inicial de recuperação judicial da sociedade empresária nas hipóteses elencadas no CPC, caso em que haverá a convolação do pedido de recuperação judicial em falência.

e) O plano de recuperação extrajudicial poderá estabelecer a produção de efeitos anteriores à sua homologação judicial desde que se refira à modificação do valor ou da forma de pagamento dos credores subscritores.

137. **(Cespe/AGU/Advogado/2015)** A novação decorrente da concessão da recuperação judicial após aprovado o plano em assembleia enseja a suspensão das execuções individuais ajuizadas contra a própria devedora.

138. **(Cespe/TCU/Procurador/2015)** Considerando que uma sociedade empresária tenha protocolado pedido de recuperação judicial que esteja pendente de apreciação, assinale a opção correta:

a) A requerente poderá ser uma administradora de consórcio e, nesse caso, se o pedido for deferido, os consorciados integrarão a assembleia geral de credores como titulares de créditos quirografários com privilégio especial.

b) A viabilidade do pedido independe da análise do tempo de atividade do devedor.

c) O foro competente para o referido pedido é o foro da sede administrativa da empresa.

d) O devedor, caso logre êxito na negociação com seus credores, poderá requerer homologação do plano extrajudicial enquanto estiver pendente a apreciação do pedido de recuperação judicial.

e) Na situação considerada, o prazo para apresentar o plano de recuperação judicial ainda não está em curso.

139. **(Cespe/TRF/5R/Juiz/2017)** Maria, credora de um título de crédito, ingressou com um processo de execução somente contra o avalista João, já que o devedor principal, José, empresário individual, não possuía bens disponíveis para uma eventual constrição judicial. No curso do processo de execução, sobreveio a recuperação judicial de José, o que motivou o executado João a solicitar, com esse fundamento, que o juiz proferisse decisão que impedisse o prosseguimento do processo de execução e habilitasse o crédito no feito da recuperação judicial. Nessa situação hipotética, considerando o entendimento jurisprudencial sumulado a respeito da matéria, o juiz da causa executiva deverá:

a) solicitar informações sobre a fase em que se encontra a recuperação judicial.

b) extinguir o processo de execução, devendo o credor se habilitar no processo de recuperação judicial.

c) solicitar a reserva, na recuperação judicial, do valor correspondente ao título executado.

d) suspender a ação de execução pelo prazo máximo e improrrogável de cento e oitenta dias.

e) indeferir o pedido e prosseguir normalmente a execução.

140. **(Cespe/AGU/Advogado/2015)** A sociedade empresária irregular não tem legitimidade ativa para pleitear a falência de outro comerciante, mas pode requerer recuperação judicial, devido ao princípio da preservação da empresa.

10. DIREITO FINANCEIRO

1. COMPETÊNCIA LEGISLATIVA

*** QUESTÕES OBJETIVAS**

01. **(Cespe/Sefaz/RS/Auditor/2018)** Emenda à Constituição de determinado estado da Federação que extinga os tribunais de contas dos municípios desse ente federado será

a) inconstitucional, porque a CF proíbe expressamente tanto a criação quanto a supressão desses órgãos, se existentes.

b) inconstitucional, porque a extinção por norma estadual atenta contra o pacto federativo.

c) constitucional, porque a CF não proíbe a extinção de tribunais de contas dos municípios.

d) constitucional, uma vez que não haverá prejuízo ao controle externo, pois o Tribunal de Contas da União assumirá suas funções.

e) inconstitucional, porque, em decorrência do princípio do controle fiscalizatório, financeiro e patrimonial, é proibida a extinção de tribunais de contas dos municípios.

02. **(Cespe/TCE/PR/Analista/2016)** No que se refere às normas de direito financeiro constantes na Constituição Federal de 1988 (CF), assinale a opção correta:

a) Os estados da Federação podem criar bancos para a emissão de moedas estaduais, diferentes da moeda nacional.

b) Os estados da Federação não têm competência para legislar sobre direito financeiro.

c) A competência legislativa da União sobre direito financeiro limita-se ao estabelecimento de normas gerais.

d) A Lei de Diretrizes Orçamentárias é de iniciativa do Poder Legislativo.

e) A lei que dispõe sobre finanças públicas e fiscalização financeira da administração direta e indireta é lei ordinária.

03. **(Cespe/PGE/AM/Procurador/2016)** A competência legislativa municipal suplementar não se estende ao direito financeiro, uma vez que o constituinte, ao tratar da competência concorrente para legislar sobre tal matéria, não contemplou os municípios.

04. **(Cespe/TCE/PE/Auditor/2017)** Os estados-membros e o Distrito Federal estão impedidos de editar normas gerais acerca da elaboração dos seus orçamentos, porque a CF atribui tal competência legislativa à União.

05. **(Cespe/TRT/7R/Analista/2017)** De acordo com os dispositivos constitucionais sobre finanças públicas, ordem econômica e financeira, devem ser disciplinadas por lei complementar matérias como a:

a) remessa de lucros ao exterior por empresas de capital estrangeiro.

b) repressão ao abuso do poder econômico que vise à dominação dos mercados.

c) concessão de garantias pelas entidades públicas.

d) emissão de moeda pelo Banco Central do Brasil.

06. **(Cespe/TCE/PE/Analista_Controle_Externo/2017)** Será inconstitucional a norma de constituição estadual que conferir competência privativa à assembleia legislativa para analisar e julgar as contas do Poder Legislativo.

07. **(Cespe/PGM/Fortaleza/Procurador/2017)** No que diz respeito ao direito financeiro, a CF pode ser classificada como semirrígida, uma vez que restringe a regulação de certos temas de finanças públicas a lei complementar e deixa outros à disciplina de lei ordinária.

08. **(Cespe/PGM/Fortaleza/Procurador/2017)** Os municípios não gozam de autonomia para criar novos tribunais, conselhos ou órgãos de contas municipais.

2. DÍVIDA PÚBLICA

*** QUESTÕES OBJETIVAS**

09. **(Cespe/TCE/SC/Auditor/2016)** Os conceitos de dívida fundada e dívida flutuante aplicam-se indistintamente à dívida ativa e à dívida passiva.

10. **(Cespe/TCE/SC/Auditor/2016)** Se determinado ente da Federação assinar contrato de adimplência de obrigação financeira ou contratual assumida por entidade vinculada a este ente, a operação deverá ser incluída no montante da dívida pública consolidada.

11. **(Cespe/TCE/PR/Auditor/2016)** De acordo com o disposto na Lei n. 4.320/1964 e na Lei Complementar n. 101/2000 sobre contabilidade orçamentária e financeira, assinale a opção correta:

a) Os restos a pagar, excluídos os serviços da dívida, não integram a dívida flutuante.

b) O compromisso de adimplência das obrigações financeiras assumidas pelos entes da Federação, inclusive das entidades a eles vinculadas, representam as concessões de garantia integrantes da dívida pública.

c) Se receber antecipadamente valores provenientes da venda a termo de bens, o ente público deverá classificar o respectivo valor em dívida pública mobiliária.

d) É vedado a titular de poder, em qualquer hipótese, contrair obrigações de despesas nos últimos dois quadrimestres de seu mandato, quando essas obrigações forem contratadas em parcelas vincendas no exercício seguinte.

e) Operações que não constem na execução orçamentária, mas que porventura gerem débitos ou créditos financeiros, não serão objeto de registro contábil, em decorrência da falta de previsão orçamentária.

12. **(Cespe/TRE/PI/Analista/2016)** No que se refere a dívida pública, assinale a opção correta:

a) A amortização de dívida flutuante ocorre em prazo superior a doze meses.

b) Suprimento de fundos é a autorização de execução orçamentária que, pela sua excepcionalidade, não possui dotação orçamentária específica.

c) Restos a pagar correspondem a empenhos processados, vinculados a contratos de fornecimento de materiais, de execução de obras, incluindo seus respectivos encargos financeiros, e não pagos ao término do seu exercício financeiro.

d) Serviços de dívidas a pagar são empenhos processados, vinculados a contratos de prestação de serviços, com seus respectivos encargos financeiros, e não pagos ao término do seu exercício financeiro.

e) Compromissos financeiros reconhecidos pelo governo após o encerramento do exercício correspondente fazem parte de despesas de exercícios anteriores.

13. **(Cespe/TCE/SC/Auditor/2016)** Os títulos de responsabilidade do Banco Central do Brasil devem ser incluídos na dívida pública consolidada da União.

14. **(Cespe/TCE/PR/Analista/2016)** Acerca do regime jurídico do crédito público, assinale a opção correta:

a) Ultrapassado o limite de endividamento fixado pelo Senado Federal para o quadrimestre, o ente federado estará proibido de realizar operação de crédito, salvo por antecipação de receita.

b) Incluem-se na dívida flutuante os restos a pagar, os depósitos judiciais e os títulos vincendos derivados de operações de crédito.

c) As obrigações contraídas entre os entes federados e seus respectivos fundos, autarquias e fundações são classificadas como dívida consolidada.

d) Os títulos da dívida pública dos estados e dos municípios poderão ser oferecidos em caução para a garantia de empréstimos.

e) Depende de autorização da câmara de vereadores a abertura de processo contra o prefeito que contrair empréstimo sem previsão legal.

15. **(Cespe/TCE/PA/Auditor/2016)** A União pode realizar operações de crédito por meio da emissão de títulos, mas, nesse caso, deverá observar o limite da dívida mobiliária federal definido pelo Senado Federal.

16. **(Cespe/TCE/PE/Auditor/2017)** Em respeito ao princípio constitucional da autonomia federativa, é facultativo que o titular do Poder Executivo de cada ente federativo envie à União as informações relativas às respectivas dívidas públicas interna e externa.

17. **(Cespe/TCE/PE/Analista/2017)** Operação de crédito com prazo inferior a doze meses realizada por ente da Federação será excluída da dívida pública consolidada.

18. **(Cespe/TCE/PE/Analista_Controle_Externo/2017)** Operações de crédito cujas receitas constem do orçamento integram a dívida pública consolidada, ainda que tenham prazo inferior a doze meses.

19. **(Cespe/PGM/Fortaleza/Procurador/2017)** Integram a dívida pública consolidada as operações de crédito de prazo inferior a doze meses e cujas receitas tenham sido contabilizadas no orçamento.

3. FISCALIZAÇÃO CONTÁBIL, FINANCEIRA E ORÇAMENTÁRIA

3.1. Controle Externo

3.1.1. Poder Legislativo

✱ QUESTÕES OBJETIVAS

20. **(Cespe/CGM/João_Pessoa/Auditor/2018)** Cabe ao Poder Legislativo o controle da execução orçamentária com fins de verificar a probidade da administração pública e o legal emprego dos dinheiros públicos.

21. **(Cespe/CGM/João_Pessoa/Auditor/2018)** Cabe ao Congresso Nacional exercer, entre outras competências, a fiscalização contábil da União, mediante controle externo.

22. **(Cespe/TCE/PA/Auditor/2016)** No âmbito federal, o titular do controle externo é o Tribunal de Contas da União; no âmbito estadual, é o tribunal de contas do estado.

23. **(Cespe/CGM/João_Pessoa/Técnico/2018)** Cabe ao Congresso Nacional exercer, mediante controle externo, a fiscalização contábil, financeira, orçamentária, operacional e patrimonial da União.

24. **(Cespe/TCE/PB/Auditor/2018)** Os sistemas de controle são o conjunto de instrumentos contemplados no ordenamento jurídico que têm por objetivo a fiscalização da legalidade dos atos da administração pública. No Brasil, a CF consagra o sistema de controle

a) contencioso-administrativo, em vista da previsão expressa das competências dos TCs.

b) uno de jurisdição, haja vista que a lei não pode excluir da apreciação do Poder Judiciário lesão ou ameaça a direito.

c) inglês, tendo em vista a possibilidade de exercício de função jurisdicional pela administração pública somente em determinadas matérias.

d) dual de jurisdição, tendo em vista que o Poder Legislativo exerce competência jurisdicional e profere decisões com caráter terminativo sobre algumas matérias.

e) francês, diante da possibilidade de revisão de qualquer ato da administração pelo Poder Judiciário.

25. **(Cespe/TCE/PR/Auditor/2016)** Acerca da fiscalização contábil, financeira e orçamentária e dos tribunais de contas, assinale a opção correta:

a) Compete ao TCU fiscalizar a aplicação de recursos repassados pela União aos estados ou municípios, quando decorrentes da participação ou compensação no resultado da exploração de petróleo, xisto betuminoso e gás natural.

b) A Controladoria-Geral da União exerce, juntamente com o TCU, o controle externo do Poder Executivo.

c) Compete ao TCU examinar, previamente, a validade de contratos administrativos celebrados pelo poder público.

d) Não violará a CF a previsão contida em Constituição estadual que confira competência exclusiva à assembleia legislativa para fiscalizar as contas do respectivo tribunal de contas.

e) Compete ao tribunal de contas fiscalizar a administração direta, autárquica ou fundacional, mas não as empresas públicas e as sociedades de economia mista.

26. **(Cespe/TCE/PR/Auditor/2016)** Relativamente ao controle na administração pública brasileira, assinale a opção correta:

a) O TCU, em regra, tem jurisdição de contas (jus dicere), ou seja, tem competência para aplicar o direito no caso concreto, de modo definitivo, com força de coisa julgada, em especial quando, na condição de órgão auxiliar do Congresso Nacional, emite parecer prévio sobre as contas do presidente da República.

b) No Brasil, a relação de accountability entre o Congresso Nacional, o administrador público e o auditor de tribunal de contas pode ser assim contextualizada: as leis propiciam condições ao administrador público para aplicar de forma eficiente e eficaz os recursos para suprir a necessidade da população, enquanto ao auditor cabe verificar a regularidade e a economicidade da aplicação desses recursos e reportar ao parlamento o resultado dos exames realizados.

c) O TCU é competente para realizar exame prévio da validade de contratos administrativos celebrados pelo poder público.

d) Toda a administração pública se sujeita ao julgamento do tribunal de contas competente, cuja competência alcança todos os poderes e órgãos e todas as entidades da administração indireta; entretanto, conforme o entendimento do STF, excetuam-se de tal alcance as contas relativas à gestão administrativo-orçamentária das casas legislativas.

e) O auditor lotado nos TCEs e nos TCMs, devidamente nominado pela CF como conselheiro substituto, equipara-se, quando exigido, ao juiz corregedor-geral do próprio tribunal ou ao desembargador do TJ e, nas demais funções, a juiz de entrância superior ou de entrância especial.

27. **(Cespe/TCE/PA/Analista/2016)** No âmbito do controle externo, estão sujeitas ao dever de prestar contas as pessoas físicas e as pessoas jurídicas que utilizem, guardem, gerenciem ou administrem dinheiros, bens e valores públicos, desde que submetidas a regime de direito público.

28. **(Cespe/TCE/PE/Analista/2017)** A fiscalização de recursos repassados pela União para município mediante convênio não será objeto de controle externo pela câmara municipal com o auxílio do tribunal de contas do respectivo estado.

29. **(Cespe/TCE/PE/Analista_Gestão/2017)** Lei estadual que preveja que o Poder Legislativo poderá realizar o controle das contas dos tribunais de contas que o auxiliam estará de acordo com a CF.

30. **(Cespe/TCE/PE/Analista_Controle_Externo/2017)** Com base nas peculiaridades administrativas e financeiras locais, as Constituições estaduais poderão prever modalidades de controle diversas daquelas dispostas na Constituição Federal de 1988 (CF), desde que não as contrariem.

31. **(Cespe/TRF/1R/Analista/2017)** O controle externo a cargo do Congresso Nacional é exercido com o auxílio do Tribunal de Contas da União, que possui a atribuição, de natureza jurisdicional, de julgar as contas dos administradores e demais responsáveis pela gestão do dinheiro público.

32. **(Cespe/CGM/João_Pessoa/Técnico/2018)** O Tribunal de Contas da União é órgão auxiliar e subordinado ao Poder Legislativo, cabendo-lhe a prática de atos de natureza administrativa concernentes a fiscalização.

33. **(Cespe/TCE/PA/Analista/2016)** O controle exercido pelos tribunais de contas sobre as casas legislativas é considerado controle interno, haja vista a posição dos tribunais de contas no âmbito do Poder Legislativo.

34. **(Cespe/TCE/PE/Auditor/2017)** Órgãos auxiliares do Poder Legislativo no exercício do controle externo, os tribunais de contas estaduais exercem, no que se refere à economicidade, a fiscalização contábil, financeira, orçamentária, operacional e patrimonial dos estados e das entidades da administração direta e indireta.

35. **(Cespe/TCE/PE/Analista/2017)** O controle externo é exercido pelo Poder Legislativo com auxílio dos tribunais de contas.

36. **(Cespe/TCE/PE/Analista_Gestão/2017)** Conforme previsto na Constituição Federal de 1988, o controle externo é competência do Poder Legislativo, que o exerce mediante auxílio do Tribunal de Contas da União, órgão subordinado àquele Poder.

37. **(Cespe/TCE/PE/Analista_Gestão/2017)** Em caso de crime de responsabilidade, caberá à assembleia legislativa local processar e julgar membros do tribunal de contas estadual, desde que a Constituição do estado assim determine.

38. **(Cespe/CGM/João_Pessoa/Auditor/2018)** O julgamento das contas prestadas anualmente pelo presidente da República compete à Câmara dos Deputados, com o auxílio do controle interno.

39. **(Cespe/TCE/PB/Auditor/2018)** Tendo em vista que a organização político-administrativa da República brasileira compreende, de forma autônoma, a União, os estados, o DF e os municípios, assinale a opção correta.

a) A fiscalização pelo sistema de controle interno do município será exercida pelo Poder Legislativo municipal.

b) No tocante à autonomia, a legislação acerca de regras gerais de licitação é estabelecida pelos estados-membros e deverá ser observada em processos de auditoria interna nos órgãos municipais.

c) A auditoria de controle da câmara municipal, mediante controle externo, é exercida com o auxílio dos TCs do estado ou do município.

d) A autonomia administrativa constitucionalmente estabelecida permite que os estados ou os municípios criem órgãos de contas municipais.

e) O município deve prestar contas acerca da arrecadação dos tributos, exceto, em razão da autonomia administrativa, no que se refere à aplicação de tais rendas nas questões de interesse local.

40. (Cespe/TCE/PE/Auditor/2017) O controle político exercido pelas comissões parlamentares de inquérito é uma espécie de controle externo de competência do Poder Legislativo.

3.1.2. Tribunal de Contas

◉ ATENÇÃO: ESTE TEMA É MUITO EXIGIDO NOS CONCURSOS!

✱ SÚMULAS

STF Súm. Vinculante 3. Nos processos perante o Tribunal de Contas da União asseguram-se o contraditório e a ampla defesa quando da decisão puder resultar anulação ou revogação de ato administrativo que beneficie o interessado, excetuada a apreciação da legalidade do ato de concessão inicial de aposentadoria, reforma e pensão.

STF Súm. 6. A revogação ou anulação, pelo Poder Executivo, de aposentadoria, ou qualquer outro ato aprovado pelo Tribunal de Contas, não produz efeitos antes de aprovada por aquele tribunal, ressalvada a competência revisora do Judiciário.

STF Súm. 248. É competente, originariamente, o Supremo Tribunal Federal, para mandado de segurança contra ato do Tribunal de Contas da União.

STF Súm. 347. O Tribunal de Contas, no exercício de suas atribuições, pode apreciar a constitucionalidade das leis e dos atos do Poder Público.

STF Súm. 653. No Tribunal de Contas estadual, composto por sete conselheiros, quatro devem ser escolhidos pela Assembleia Legislativa e três pelo chefe do Poder Executivo estadual, cabendo a este indicar um dentre auditores e outro dentre membros do Ministério Público, e um terceiro à sua livre escolha.

✱ REPERCUSSÃO & REPETITIVOS

STF Repercussão Geral 157. O parecer técnico elaborado pelo Tribunal de Contas tem natureza meramente opinativa, competindo exclusivamente à Câmara de Vereadores o julgamento das contas anuais do Chefe do Poder Executivo local, sendo incabível o julgamento ficto das contas por decurso de prazo. (RE 729744, 10.8.2016)

✱ INFORMATIVOS DE JURISPRUDÊNCIA

Fundação Banco do Brasil e fiscalização do TCU

STF Por possuírem caráter eminentemente público, os recursos provenientes do Banco do Brasil (BB) destinados à Fundação Banco do Brasil (FBB) se submetem à fiscalização do TCU. MS 32703, Rel. Min. Dias Tóffoli, j. 10.4.2018. 2ª T. (Info 897)

Extinção de Tribunais de Contas dos Municípios

STF A Constituição Federal não proíbe a extinção de Tribunais de Contas dos Municípios. Os Estados, considerada a existência de tribunal de contas estadual e de tribunais de contas municipais, podem optar por concentrar o exame de todas as despesas em apenas um órgão, sem prejuízo do efetivo controle externo. O meio adequado para fazê-lo é a promulgação de norma constitucional local. O legislador constituinte permitiu a experimentação institucional dos entes federados, desde que não fossem criados conselhos ou tribunais municipais, devendo ser observado o modelo federal, com ao menos um órgão de controle externo. É possível, portanto, a extinção de tribunal de contas responsável pela fiscalização dos Municípios por meio da promulgação de Emenda à constituição estadual, pois a Constituição Federal não proibiu a supressão desses órgãos. ADI 5763, Rel. Min. Marco Aurélio, j. 26.10.2017. Pleno. (Info 883)

TCU: redução de pensão e direito individual

STF Decisão do TCU determinou, em 2015, a redução no valor de pensão em decorrência do falecimento do marido da impetrante, que era servidor público. A impetração sustentou óbice à revisão implementada, em razão da decadência, pois o benefício foi deferido em 2007. Além disso, alegou cerceamento de defesa e violação do devido processo legal, pela ausência de participação da beneficiária no processo administrativo. O TCU atuou não apenas no sentido de alterar a pensão recebida pela impetrante, mas realizou auditoria relativa a proventos e pensões oriundos do órgão onde trabalhava o marido dela. Assim, a defesa de um direito individual não poderia ser exercida quanto àquele ato, porque, se admitidos todos os possíveis interessados em um pronunciamento do TCU, estaria inviabilizada a fiscalização linear, externa, da corte de contas. A irresignação, portanto, deveria ser dirigida ao órgão em que trabalhava o falecido, e não o TCU. MS 34224, Rel. Min. Marco Aurélio, j. 15.8.2017. 1ª T. (Info 873)

✱ QUESTÕES DISCURSIVAS

01. (Cespe/CGM/João_Pessoa/Auditor/2018) Com o advento da Lei de Acesso à Informação – Lei Federal n. 12.527/2011 –, que fortaleceu os mecanismos de controle e reforçou o dever do Estado de garantir a divulgação de informações claras e de forma transparente, a preocupação com a transparência e a divulgação de informações por parte das entidades públicas têm-se intensificado nos últimos anos". Considerando que o fragmento de texto acima tem caráter unicamente motivador, redija um texto dissertativo acerca de controle externo e transparência na administração pública. Ao elaborar seu texto, aborde os seguintes aspectos: (i) Transparência como ferramenta de controle. (ii) Controle externo exercido pelos tribunais de contas com o propósito de garantir a transparência.

02. (Cespe/TCE/PR/Analista/2016) Na Constituição de determinado estado da Federação, há artigos que conferem às decisões impositivas de condenação patrimonial emanadas do Tribunal de Contas estadual (TCE) a condição de título executivo extrajudicial. Os referidos artigos asseguram, ainda, que a legitimidade do TCE e do Ministério Público junto ao TCE (MP/TCE) para o aviamento de execução fundada naquele título executivo extrajudicial será concorrente, atribuída tanto ao próprio TCE quanto ao MP/TCE. Com base na referida regra, um agente público foi condenado pelo TCE a sanção pecuniária pela malversação de recursos públicos. O próprio TCE, então, deu início à execução. Em embargos opostos à execução pelo agente condenado, surgiu a discussão sobre a (in)constitucionalidade do dispositivo da Constituição estadual que assegurara legitimidade ao TCE para aviamento da execução. Acerca da situação hipotética acima descrita, analise a (in)constitucionalidade dos artigos da referida Constituição estadual. Em seu texto, aborde, justificadamente, os seguintes aspectos: (i) (im)possibilidade de controle difuso de constitucionalidade de dispositivo de Constituição estadual; (ii) princípio da simetria; (iii) (im)possibilidade de aplicação da teoria da inconstitucionalidade por arrastamento em controle difuso de constitucionalidade para que eventual declaração de inconstitucionalidade alcance também a legitimidade atribuída ao MP/TCE.

✱ QUESTÕES OBJETIVAS

41. (Cespe/PGE/AM/Procurador/2016) A despeito do seu papel auxiliar em relação a algumas competências das assembleias legislativas, os tribunais de contas dos estados têm igualmente a atribuição de fiscalizá-las, não podendo as Constituições estaduais vedar-lhes tal incumbência.

42. (Cespe/CGM/João_Pessoa/Técnico/2018) Cabe ao TCU fiscalizar a aplicação de quaisquer recursos repassados pela União, excetuados aqueles repassados mediante convênio.

43. (Cespe/CGM/João_Pessoa/Técnico/2018) Compete ao TCU acompanhar, por meio de auditorias, inspeções e análises, a arrecadação da receita a cargo das entidades da administração indireta.

44. (Cespe/CGM/João_Pessoa/Técnico/2018) É vedado ao TCU apreciar a constitucionalidade de leis e atos do poder público.

45. (Cespe/CGM/João_Pessoa/Técnico/2018) Em casos de ilegalidade, é permitido ao TCU, no uso de sua função sancionadora, fixar prazo para que o órgão ou a entidade adote providências necessárias ao exato cumprimento da lei.

46. (Cespe/TCE/PB/Auditor/2018) Representantes do TCU, em auditoria de procedimento licitatório promovido por uma autarquia federal, após constatarem a existência de ilegalidades que atentavam contra a economicidade, conseguiram apontar os responsáveis por dano ao erário, depois de esgotadas todas as fases instrutórias. Todo o procedimento observou os princípios da ampla defesa e do contraditório. Nessa situação hipotética, o TCU

a) poderá aplicar apenas multa proporcional ao dano ao erário, visto que as demais cominações e sanções previstas extrapolam a sua competência constitucional.

b) poderá apenas assinar prazo para que a autarquia adote, em relação aos responsáveis, as providências necessárias para o ressarcimento ao erário e as demais punições cabíveis.

c) deverá comunicar o fato ao Congresso Nacional para que esse órgão, exercendo a sua competência, suste a execução do processo licitatório.

d) está desobrigado de prestar informações ao Congresso Nacional acerca do resultado apurado na fiscalização, em razão de sua competência funcional.

e) tem competência para aplicar aos responsáveis pelo dano ao erário as sanções previstas em lei em razão das ilegalidades apuradas.

47. **(Cespe/CGM/João_Pessoa/Auditor/2018)** Compete ao Tribunal de Contas do Estado da Paraíba, no exercício do controle externo, acompanhar a execução orçamentária das entidades da administração pública direta e indireta do estado, exceto das fundações públicas.

48. **(Cespe/CGM/João_Pessoa/Auditor/2018)** Compete ao Tribunal de Contas da União, entre outras atribuições, representar ao poder competente sobre irregularidades ou abusos apurados.

49. **(Cespe/TCE/PE/Auditor/2017)** No exercício de suas atribuições, os tribunais de contas estaduais podem apreciar a constitucionalidade das leis bem como dos atos do poder público.

50. **(Cespe/TCE/PE/Auditor/2017)** Deve-se observar a regra do quinto constitucional na composição dos tribunais de contas estaduais, os quais são constituídos por sete conselheiros, dos quais quatro são escolhidos pela assembleia legislativa e três pelo chefe do Poder Executivo estadual, cabendo a este indicar um auditor e um membro do Ministério Público, além de um terceiro membro a seu critério.

51. **(Cespe/TCE/PB/Auditor/2018)** O TCU, quando busca promover o aperfeiçoamento da gestão pública por meio do exame da economicidade, eficiência, eficácia e efetividade de organizações, programas e atividades governamentais, atua, quanto ao controle da atividade financeira do Estado, na fiscalização

a) patrimonial.
b) orçamentária.
c) contábil.
d) financeira.
e) operacional.

52. **(Cespe/TCE/PE/Auditor/2017)** Os tribunais de contas estaduais não exercem fiscalização quanto à legalidade e à legitimidade dos atos administrativos praticados pelo Poder Judiciário, que tem autonomia administrativa e financeira.

53. **(Cespe/TCE/PE/Auditor/2017)** Decisão de tribunal de contas estadual de impor multa a responsável por irregularidades no uso de bens públicos possui eficácia de título executivo e pode ser executada por iniciativa do próprio tribunal de contas do estado ou do Ministério Público local.

54. **(Cespe/TCE/PE/Auditor/2017)** A Constituição Federal de 1988 (CF) estabelece a competência dos tribunais de contas estaduais para apreciar os recursos interpostos contra decisões proferidas no âmbito do Poder Executivo em processos administrativos nos quais se discuta questão tributária.

55. **(Cespe/TCE/PE/Auditor/2017)** Embora não tenham poder para anular ou sustar contratos administrativos, os tribunais de contas têm competência para determinar à autoridade administrativa que promova a anulação do contrato e, se pertinente, da licitação da qual ele houver se originado.

56. **(Cespe/TCE/PE/Auditor/2017)** Os tribunais de contas estaduais têm competência constitucional para impor sanções, razão pela qual o Poder Judiciário não pode desempenhar o controle de legalidade dos atos de fiscalização por eles exercidos.

57. **(Cespe/TCE/PE/Auditor/2017)** Constitui prerrogativa constitucional dos tribunais de contas o acesso a dados relacionados a operações financiadas com recursos públicos, as quais não estão protegidas pelo direito à inviolabilidade da intimidade e da vida privada das pessoas consolidado, por exemplo, na garantia ao sigilo bancário.

58. **(Cespe/TCE/PE/Analista/2017)** A legalidade do ato de admissão de uma pessoa para o provimento de cargo em comissão na administração pública direta e indireta deve ser apreciada pelo Tribunal de Contas da União, para fins de registro.

59. **(Cespe/TCE/PE/Analista/2017)** No controle externo, o Tribunal de Contas da União, no exercício de suas atribuições, poderá sustar a execução de ato impugnado, se não atendido, situação em que deve comunicar a decisão às duas casas do Congresso Nacional.

60. **(Cespe/TCE/PE/Analista/2017)** Os membros do Tribunal de Contas da União e dos tribunais de contas dos estados e do DF que cometam crimes comuns serão processados e julgados, originariamente, pelo Superior Tribunal de Justiça.

61. (Cespe/TCE/PE/Analista_Gestão/2017) O Tribunal de Contas da União (TCU) pode realizar, por iniciativa própria, auditoria de natureza contábil, financeira, orçamentária, operacional e patrimonial nas unidades administrativas de todos os poderes da República.

62. (Cespe/TCE/PE/Analista_Gestão/2017) João, servidor público federal, aposentou-se em 2013. No mesmo ano, ao apreciar a legalidade do ato concessório inicial da aposentadoria, o Tribunal de Contas da União (TCU), sem o contraditório e a ampla defesa, considerou-o ilegal. A atuação do TCU foi constitucional, pois a apreciação da referida concessão dispensa a participação do aposentado.

63. (Cespe/TCE/PE/Analista_Controle_Externo/2017) Cabe aos tribunais de contas a anulação de ato ou contrato dos órgãos jurisdicionados eivado de vícios.

64. (Cespe/TCE/PE/Analista_Controle_Externo/2017) O TCU não possui competência para executar decisões próprias que impliquem imputação de débito ou de multa.

65. (Cespe/TCE/PE/Analista_Controle_Externo/2017) Cabe ao TCU emitir parecer prévio a respeito das contas atinentes ao Poder Legislativo, ao Poder Judiciário e ao Ministério Público.

66. (Cespe/TCE/PE/Analista_Controle_Externo/2017) Não cabe aos tribunais de contas estaduais regular matéria relativa ao plano plurianual.

67. (Cespe/PC/MT/Delegado/2017) A fiscalização exercida pelo TCU na prestação de contas de convênio celebrado entre a União e determinado município, com o objetivo de apoiar projeto de educação sexual voltada para o adolescente, insere-se no âmbito do controle:

a) provocado.

b) meritório.

c) subordinado.

d) prévio.

e) vinculado.

68. (Cespe/TCE/PE/Auditor/2017) A despeito de ser um tribunal, uma corte de contas não produz coisa julgada material, de modo que suas decisões podem ser revistas pelo Poder Judiciário.

69. (Cespe/TCE/PE/Auditor/2017) Se o estado de Pernambuco tomar empréstimo de banco federal para a realização de uma grande obra, o controle interno dessa operação será realizado pelo Tribunal de Contas do Estado de Pernambuco, ao passo que o controle externo será realizado pelo Tribunal de Contas da União.

3.2. Controle Interno

* QUESTÕES DISCURSIVAS

03. (Cespe/TCM/BA/Auditor/2018) "O controle interno auxilia as entidades a alcançar objetivos importantes e a sustentar e melhorar o seu desempenho. Desenvolver e implementar um sistema de controle interno eficaz pode ser desafiador; operar esse sistema com eficácia e eficiência no dia a dia pode ser assustador" (Committee of Sponsoring Organizations of the Treadway Commission – COSO – Controle interno – Estrutura integrada – Sumário executivo. Durham: 2013). Considerando que o texto precedente tem caráter unicamente motivador, redija um texto dissertativo que contenha a definição e a relação com a estrutura integrada do sistema de controle interno dos seguintes itens: (i) ambiente de controle; (ii) avaliação de riscos; (iii) atividades de controle; (iv) informação e comunicação; (v) atividades de monitoramento.

04. (Cespe/TCM/BA/Auditor/2018) A população de determinada cidade do interior do Brasil há tempos vem manifestando insatisfação com a atuação do prefeito: ruas esburacadas, falta de saneamento básico, educação e saúde precárias são algumas das reclamações. A prefeitura, desacreditada por grande parte da população, que questiona a capacidade ou as boas intenções dos gestores no tocante à aplicação adequada dos recursos públicos, alega que não dispõe de recursos para satisfazer todas as necessidades da população, o gasto público está elevado e as contas públicas municipais fecharam o ano de 2017 com saldo negativo. A situação atual da prefeitura espelha nos gestores públicos grande inquietação nos aspectos que dizem respeito à inexistência de um controle mais eficiente. Diante da situação hipotética apresentada, responda, de forma justificada, com base na legislação vigente, aos seguintes questionamentos: (i) De que maneira o controle interno pode ser utilizado como instrumento que permita assegurar o bom gerenciamento dos recursos públicos no município em questão? (ii) De que forma pode o sistema de controle interno apoiar o controle externo no exercício de sua missão institucional?

* QUESTÕES OBJETIVAS

70. **(Cespe/CGM/João_Pessoa/Técnico/2018)** Compete ao controle interno auxiliar o Poder Legislativo no julgamento das contas prestadas anualmente pelo presidente da República.

71. **(Cespe/CGM/João_Pessoa/Técnico/2018)** Cabe ao controle interno apoiar o controle externo na sua missão institucional de zelar pela regular aplicação dos recursos públicos.

72. **(Cespe/CGM/João_Pessoa/Técnico/2018)** O controle externo é exercido mediante provocação, ao passo que o controle interno é exercido apenas por iniciativa própria.

73. **(Cespe/CGM/João_Pessoa/Técnico/2018)** O controle externo é efetivado por órgão pertencente à estrutura do órgão responsável pela atividade controlada e abrange a fiscalização e a correção de atos ilegais.

74. **(Cespe/TCE/PA/Analista/2016)** Na administração pública, o controle interno deve restringir-se à fiscalização contábil, financeira e orçamentária.

75. **(Cespe/TCE/PA/Analista/2016)** O controle interno situa-se no âmbito do controle administrativo e é exercido, em cada Poder, sobre seus próprios órgãos e entidades. Qualquer irregularidade que seja detectada e não comunicada ao respectivo tribunal de contas acarreta pena de responsabilidade solidária.

76. **(Cespe/TCE/PE/Analista/2017)** Cabe aos responsáveis pelo controle interno dar ciência ao respectivo tribunal de contas de qualquer irregularidade ou ilegalidade de que tenham conhecimento, sob pena de responsabilidade solidária.

77. **(Cespe/CGM/João_Pessoa/Técnico/2018)** Os Poderes Legislativo, Executivo e Judiciário devem manter, de forma integrada, sistema de controle interno, com a finalidade de avaliar o cumprimento das metas previstas no plano plurianual e a execução dos programas de governo e dos orçamentos da União.

78. **(Cespe/CGM/João_Pessoa/Auditor/2018)** Aos controles internos compete verificar a utilização dos recursos públicos, mas estão dispensados de analisar recursos administrados por entidades de direito privado, como é o caso de parcerias público-privadas, em que há aplicação de recursos públicos e privados.

79. **(Cespe/CGM/João_Pessoa/Auditor/2018)** Entre as finalidades dos controles internos, excluem-se a de comprovar a legalidade e a de avaliar os resultados da gestão orçamentária, financeira e patrimonial.

80. **(Cespe/TCE/PE/Analista_Gestão/2017)** Conforme a Constituição Federal de 1988, o sistema de controle interno de cada Poder deve apoiar o controle externo no exercício de sua função, razão por que o controle interno é subordinado ao controle externo.

81. **(Cespe/TCE/PE/Analista/2017)** O controle interno, ao qual compete a fiscalização contábil, financeira, orçamentária e operacional, bem como o apoio ao controle externo, não se caracteriza como controle de mérito.

4. LEI DE RESPONSABILIDADE FISCAL (LC 101/00)

◉ ATENÇÃO: ESTE TEMA É MUITO EXIGIDO NOS CONCURSOS!

* SÚMULAS

STJ Súm. 615. Não pode ocorrer ou permanecer a inscrição do município em cadastros restritivos fundada em irregularidades na gestão anterior quando, na gestão sucessora, são tomadas as providências cabíveis à reparação dos danos eventualmente cometidos.

* INOVAÇÕES LEGISLATIVAS

▲ LRF. Capítulo VII – Da Dívida e do Endividamento, Seção IV – Das Operações de Crédito, Subseção I – Da Contratação

▲ Art. 32. § 6º O prazo de validade da verificação dos limites e das condições de que trata este artigo e da análise realizada para a concessão de garantia pela União será de, no mínimo, 90 (noventa) dias e, no máximo, 270 (duzentos e setenta) dias, a critério do Ministério da Fazenda. (Modificações: LC 159/17)

* QUESTÕES DISCURSIVAS

05. **(Cespe/CGM/João_Pessoa/Auditor/2018)** "As demonstrações contábeis consolidadas da União, também chamadas de Balanço Geral da

União, são instrumentos de prestação de contas do presidente da República ao fim de cada exercício financeiro e consolidam informações dos três poderes da República, além do Ministério Público da União e da Defensoria Pública da União. A Constituição Federal de 1988, a Lei n. 4.320/1964, a Lei de Responsabilidade Fiscal e as Normas Brasileiras de Contabilidade Aplicadas ao Setor Público apresentam uma série de disposições normativas que estão relacionadas às demonstrações contábeis dos entes públicos e reforçam a importância dessas demonstrações como ferramenta de transparência do governo. Uma das peculiaridades da contabilidade pública que representa uma diferença em relação à contabilidade das empresas privadas é a exigência de elaboração de três espécies de balanço, cada um acerca de um enfoque diferente em relação às contas públicas". A partir do assunto tratado no texto, redija um texto dissertativo acerca das características das três espécies de balanço exigidas dos entes públicos, identificando em que sentido elas se distinguem. Em seu texto, apresente: (i) a denominação dos balanços exigidos dos entes públicos; (ii) as principais características de cada um dos balanços elaborados pelos entes públicos; (iii) exemplos de informações que podem ser obtidas de cada um dos referidos balanços.

06. **(Cespe/TCE/PR/Analista/2016)** A prefeitura de determinado município solicitou ao respectivo tribunal de contas estadual (TCE) orientação sobre como proceder caso o limite prudencial estabelecido pela Lei de Responsabilidade Fiscal (LRF) para a despesa com pessoal no Poder Executivo municipal seja alcançado. Mais especificamente, o gestor municipal quer saber se é possível: a) prover cargos de professor municipal com candidatos aprovados no último concurso público, cuja homologação é iminente; b) conceder reajuste a duas categorias de servidores municipais, com as quais a negociação está próxima de ser concluída. Com referência à situação hipotética acima, faça o que se pede no tópico 1 a seguir e responda, justificadamente, aos questionamentos apresentados nos tópicos 2 e 3. (1) Discorra sobre o limite prudencial previsto na LRF para a despesa com pessoal do Poder Executivo municipal, explicando seu objetivo e indicando a porcentagem de receita corrente líquida do município que corresponde a esse limite. (2) É permitido o provimento dos cargos de professor municipal, uma vez alcançado o limite prudencial? (3) É cabível conceder reajuste salarial a servidores depois de alcançado o limite prudencial?

07. **(Cespe/PGM/Salvador/Procurador/2015)** Considerando que, em determinado município, após importante queda de arrecadação de tributos, a despesa com pessoal tenha ultrapassado os limites do percentual admitido em lei, responda aos seguintes questionamentos. (i) em que dispositivo legal estão previstos os limites para despesas com pessoal e quais são esses limites? (ii) que medidas devem ser adotadas para a eliminação do percentual excedente? (iii) qual o prazo para que essa eliminação aconteça?

08. **(Cespe/AGU/Advogado/2015)** Determinado estado da Federação, inscrito no Cadastro de Inadimplentes (Cadin) do governo federal em decorrência de atos praticados na vigência da atual gestão, pretende firmar convênio com o Fundo Nacional de Desenvolvimento da Educação (FNDE) – órgão vinculado ao Ministério da Educação – para, com as verbas federais repassadas, adquirir veículos escolares novos e padronizados e garantir a manutenção da frota e, com isso, proporcionar o transporte de crianças e adolescentes das zonas rurais para as escolas mais próximas dos locais onde residem. Considerando o disposto na Lei de Responsabilidade Fiscal, discorra sobre a possibilidade jurídica da realização do repasse pretendido. Em seu texto, aborde: (i) o tipo de transferência de recursos a ser realizado no caso do convênio pretendido, conceituando-o; (ii) a constitucionalidade da utilização do Cadin para o controle e a fiscalização de repasse de verbas e de cumprimento de obrigações referentes ao repasse; (iii) a consequência advinda da inscrição do estado no Cadin e as exceções à ocorrência dessa consequência.

09. **(Cespe/TC/DF/Auditor/2014)** Tendo como base a Lei Complementar n. 101/2000 – Lei de Responsabilidade Fiscal (LRF), faça o que se pede a seguir. (i) Descreva a respeito do objetivo central da LRF. (ii) Sob o enfoque da LRF, descreva a respeito das exigências para aumento das despesas. (iii) Descreva a respeito dos tratamentos que são dados às despesas com pessoal na esfera estadual, particularmente em ano eleitoral.

* QUESTÕES OBJETIVAS

82. **(Cespe/TCE/PB/Auditor/2018)** Os dispositivos da Lei Complementar n. 131/2009

a) determinam que os entes da federação devem disponibilizar acesso a informações sobre receitas e despesas, desde que tais informações sejam solicitadas por pessoas físicas.

b) prescrevem que, para municípios com menos de cinquenta mil habitantes, o prazo para apresentar informações sobre relatórios de gestão fiscal é de até um ano.

c) aplicam-se exclusivamente à execução orçamentária e financeira da união e dos estados brasileiros.

d) preveem a participação popular durante a elaboração de planos, mas restringe esse acesso a decisões orçamentárias.

e) estabelecem que partidos políticos são partes legítimas para denunciar descumprimentos aos tribunais de contas.

83. **(Cespe/CGM/João_Pessoa/Auditor/2018)** O relatório de gestão fiscal, de periodicidade quadrimestral, deverá conter a avaliação do cumprimento do limite para a dívida consolidada e indicará as medidas a serem adotadas caso o limite seja descumprido.

84. **(Cespe/CGM/João_Pessoa/Auditor/2018)** As transferências recebidas de outros entes não integram a receita corrente líquida.

85. **(Cespe/CGM/João_Pessoa/Técnico/2018)** Coube à LRF estabelecer normas gerais de direito financeiro destinadas à elaboração e ao controle dos orçamentos da União, dos estados, dos municípios e do Distrito Federal.

86. **(Cespe/PGE/PE/Procurador/2018)** À luz da LRF, considera-se despesa de pessoal para fins de atendimento aos limites orçamentários o(a)

a) auxílio-transporte.

b) FGTS.

c) indenização por demissão de servidores ou empregados.

d) assistência para custeio de educação pré-escolar.

e) auxílio-alimentação.

87. **(Cespe/PGE/PE/Procurador/2018)** Determinado estado da Federação, objetivando suprir insuficiência de caixa, apresentou consulta à PGE local sobre as possibilidades de obter recursos financeiros, em fevereiro de 2018 e sem autorização legislativa, mediante pagamento a prazo a ser quitado até novembro do mesmo ano. Nessa situação hipotética, considerando as disposições da LRF, a PGE poderá indicar, para atender às necessidades do estado, a realização de

a) operação de crédito, devendo a monta ser incluída na dívida pública fundada.

b) emissão de títulos da dívida pública, devendo a monta ser incluída na dívida pública fundada.

c) empréstimo em instituição financeira controlada pelo ente estatal, devendo a monta ser incluída na dívida pública fundada.

d) antecipação de receita de tributo cujo fato gerador ocorra em abril do mesmo ano, devendo a monta ser incluída na dívida pública flutuante.

e) operação de antecipação de receita orçamentária, devendo a monta ser incluída na dívida pública flutuante.

88. **(Cespe/CGM/João_Pessoa/Técnico/2018)** Nos termos da LRF, transferência voluntária é a entrega de recursos a título de cooperação, auxílio ou assistência financeira a ente público ou privado, para a execução de atividade de interesse público.

89. **(Cespe/PGE/AM/Procurador/2016)** O fato de o estado-membro não poder celebrar operação de crédito com a União não obsta que ele aplique suas disponibilidades em títulos da dívida federal.

90. **(Cespe/PGE/AM/Procurador/2016)** É vedada a aplicação das disponibilidades de caixa do regime próprio de previdência dos servidores públicos estaduais em ações e outros papéis relativos às empresas controladas pelo estado, mas não em títulos da dívida pública estadual.

91. **(Cespe/TCE/PE/Analista/2017)** Gastos com pessoal e encargos sociais das fundações públicas federais estão incluídos no limite de despesas de pessoal aplicável à União.

92. **(Cespe/TCE/PR/Analista/2016)** À luz do que dispõe a Lei Complementar n. 101/2000 (Lei de Responsabilidade Fiscal), assinale a opção correta:

a) A autorização legislativa para a renúncia de receita poderá ser conferida desde que previstas as medidas de compensação durante a vigência da renúncia e demonstrada a ausência de impacto para as metas fixadas.

b) Se um estado ultrapassar o limite com as despesas de pessoal, ficará impedido de receber transferências voluntárias no primeiro bimestre do último ano de mandato do titular do Poder Executivo.

c) Em municípios com menos de cinquenta mil habitantes, a verificação do cumprimento dos limites de despesas com pessoal deve ser feita até trinta dias após o encerramento do exercício financeiro.

d) A estimativa de receita considerada para fins de alteração legislativa será acompanhada de sua demonstração evolutiva dos dois anos anteriores, além da projeção para os três anos seguintes, independentemente da metodologia de cálculo e das premissas utilizadas.

e) A lei veda o repasse correspondente às transferências voluntárias ao ente federado que não inclua na própria gestão fiscal a previsão e a efetiva arrecadação de taxas e contribuições.

93. **(Cespe/TCE/PA/Auditor/2016)** A doutrina classifica como limite prudencial para despesas com pessoal do Poder Executivo o equivalente a noventa por cento do limite máximo estabelecido para essa categoria de gasto público.

94. **(Cespe/TCE/PR/Auditor/2016)** No que se refere à gestão patrimonial no contexto da responsabilidade fiscal, assinale a opção correta:

a) Ainda que o depósito das disponibilidades de caixa dos regimes de previdência dos servidores públicos se faça em conta separada das demais disponibilidades do ente federado, esses recursos não poderão ser destinados à concessão de empréstimos aos segurados.

b) A LRF permite que recursos recebidos na venda de bens públicos sejam usados para a amortização da dívida pública e para o pagamento dos respectivos juros.

c) Somente emenda constitucional poderia permitir que as disponibilidades de caixa das empresas controladas pelos estados-membros fossem depositadas em instituições financeiras não oficiais.

d) É permitido ao estado-membro usar títulos da dívida pública de vencimento no curto prazo para o pagamento de desapropriação de imóvel urbano.

e) Quando o contrato de gestão prevê que se estabeleçam objetivos e metas de desempenho, na forma da lei, a empresa estatal federal passa a dispor de autonomia gerencial, orçamentária e financeira, deixando de integrar o orçamento de investimento da União.

95. **(Cespe/TCE/PA/Auditor/2016)** É facultada a divulgação de relatório de gestão fiscal em periodicidade semestral por municípios com população inferior a cinquenta mil habitantes.

96. **(Cespe/TCE/SC/Auditor/2016)** Integra a administração indireta municipal, como empresa controlada, a sociedade empresária de cuja maioria das ações o município seja titular, ainda que não tenha direito a voto.

97. **(Cespe/TCE/PA/Analista/2016)** Mecanismo de controle da atividade financeira do Estado, a verificação bimestral da capacidade de cumprimento das metas de resultado contidas na Lei de Diretrizes Orçamentárias, em face do comportamento da receita, pode levar os Poderes e o Ministério Público a promoverem contingenciamento das dotações orçamentárias e retenção dos recursos financeiros.

98. **(Cespe/TCE/PR/Auditor/2016)** Assinale a opção correta a respeito de transparência, controle e fiscalização de acordo com a LRF:

a) O relatório de gestão fiscal do Poder Legislativo deve conter um comparativo da dívida consolidada e mobiliária com os limites previstos na LRF.

b) Sempre que verificar que as despesas de pessoal de Poder Executivo estadual atingiram o limite prudencial – 95% do limite máximo das despesas com pessoal –, o TCE deverá emitir alerta sobre esse fato, na forma da LRF.

c) As contas prestadas pelo chefe do Poder Executivo serão objeto de parecer prévio do respectivo tribunal de contas no prazo de sessenta dias do recebimento, se outro lapso não estiver previsto no regimento interno desse tribunal.

d) O fato de o município não atender o prazo para a publicação do relatório de gestão fiscal lhe gera a mesma espécie de sanção prevista na LRF para a conduta de não encaminhar tempestivamente suas contas ao Poder Executivo da União.

e) O relatório de gestão fiscal, que deverá ser publicado em até trinta dias após o encerramento do período a que corresponder, com amplo acesso ao público, inclusive por meio eletrônico, engloba o relatório resumido de execução orçamentária.

99. **(Cespe/TCE/PE/Analista_Gestão/2017)** Gastos com passagens e despesas com locomoção para fins de fiscalização de obra pública em andamento são despesas correntes do grupo pessoal e encargos sociais, sujeitas aos limites estabelecidos na LRF.

100. **(Cespe/TCE/PE/Analista_Gestão/2017)** Nas situações em que houver frustração de receitas e ficar evidenciado o não cumprimento das metas de resultado primário ou nominal estabelecidas em instrumento de transparência da gestão fiscal, os empenhos e a movimentação financeira deverão ser limitados.

101. (Cespe/TCE/PE/Analista_Controle_Externo/2017) O município XY, controlador da empresa estatal XY-Gás, determinou que essa empresa repassasse, de forma antecipada, recursos financeiros não compreendidos como lucros ou dividendos, na forma da legislação, ao caixa municipal, para devolução no prazo de trinta dias. Nessa situação, a operação realizada pelo município equipara-se a uma operação de crédito que é vedada pela LRF.

102. (Cespe/PGM/Belo_Horizonte/Procurador/2017) A respeito das condutas do chefe do Poder Executivo no último ano de mandato, assinale a opção correta à luz do disposto na legislação pertinente:

a) No último mês do mandato, ao prefeito municipal é vedada a realização de empenho em valor superior ao duodécimo da despesa consignada na LOA, mesmo na hipótese de despesas extraordinárias decorrentes de calamidade pública.

b) É proibida a assunção pelo chefe do Poder Executivo, nos últimos oito meses do mandato, de obrigação de despesa cuja execução orçamentária não possa ser cumprida integralmente nesse período, ainda que assegurada disponibilidade de caixa para o pagamento em parcelas com vencimento no exercício seguinte.

c) É nulo de pleno direito o ato do qual resulte aumento de despesa com pessoal expedido nos cento e oitenta dias anteriores ao final do mandato eletivo.

d) Ultrapassado o limite da dívida consolidada do ente federativo ao final do primeiro quadrimestre do último ano de seu mandato, o chefe do Poder Executivo deverá reduzir em um quarto o excedente no quadrimestre subsequente, podendo, para tanto, realizar operação de crédito por antecipação de receita.

103. (Cespe/TCE/PE/Analista_Controle_Externo/2017) No final do primeiro quadrimestre de 2017, as despesas com pessoal do Poder Executivo do município AB estavam no patamar de 52% de sua receita corrente líquida. Nessa situação, o município deverá reduzir o excedente dessas despesas nos dois quadrimestres seguintes, sendo a redução de, no mínimo, um terço no primeiro deles.

104. (Cespe/PGM/Fortaleza/Procurador/2017) Embora o princípio da responsabilidade fiscal tenha adquirido grande relevância no ordenamento jurídico brasileiro, seu descumprimento não gera responsabilidade penal.

105. (Cespe/PGM/Fortaleza/Procurador/2017) A exigência de previsão de dotação orçamentária suficiente para a contratação de pessoal, prevista na LRF, não alcança os contratos temporários e os relativos à terceirização de mão de obra.

106. (Cespe/PGM/Fortaleza/Procurador/2017) A previsão de compensação dos efeitos produzidos por atos que impliquem redução de receitas e aumento de despesas de duração continuada e que perdurem por mais de três anos constitui uma inovação substancial do controle orçamentário na LRF.

107. (Cespe/PGM/Belo_Horizonte/Procurador/2017) À luz das disposições da Lei de Responsabilidade Fiscal acerca de receita e operação de crédito, assinale a opção correta:

a) Dispensa-se a aplicação dos limites globais fixados pelo Senado Federal relativamente à dívida consolidada na contratação de operações de crédito entre municípios e instituições financeiras privadas.

b) A prevenção de insolvência das instituições que integram o Sistema Financeiro Nacional realiza-se por meio da alocação de recursos públicos destinados à concessão de operações de crédito.

c) Se frustração de receita constatada na verificação bimestral impactar no cumprimento das metas de resultado primário, os Poderes Executivo, Legislativo e Judiciário e o MP deverão adotar medidas de restrição de empenho.

d) É vedado o oferecimento de receitas tributárias próprias como contragarantia exigida pela União em operações de crédito interno realizadas por estados e municípios.

108. (Cespe/TRF/1R/Analista/2017) Apesar da previsão de disponibilização em tempo real das informações relativas à execução orçamentária e financeira, o conhecimento sobre a aplicação de recursos públicos por parte da sociedade fica prejudicado devido à fixação de prazo de até um ano para que a União torne públicas essas informações.

109. **(Cespe/TRF/1R/Analista/2017)** Para que a sociedade possa acompanhar a aplicação dos recursos públicos, os entes federativos devem disponibilizar as informações relativas a bens adquiridos e serviços contratados, incluindo-se dados do fornecedor, valores e, quando pertinente, o procedimento licitatório realizado.

110. **(Cespe/TRF/1R/Analista/2017)** A LRF incentiva a realização de audiências públicas com o objetivo de fomentar a participação popular na elaboração do orçamento anual, mas, em razão dos aspectos técnicos envolvidos, no desenvolvimento da Lei de Diretrizes Orçamentárias, essa participação não é incentivada.

111. **(Cespe/TRF/1R/Analista/2017)** Para todos os poderes da União, a aplicação de recursos públicos em despesas de pessoal é limitada pela LRF. No caso do Poder Judiciário, o limite percentual da receita corrente líquida é rateado de forma proporcional à participação de cada órgão judiciário, excetuando-se o STF e o Conselho Nacional de Justiça, no limite total desse poder.

112. **(Cespe/PGE/SE/Procurador/2017)** Considerando as previsões constitucionais e legais relativas a despesas de pessoal, assinale a opção correta:

a) Para a concessão de aumento na remuneração aos servidores públicos, é suficiente previsão na lei orçamentária anual.
b) O percentual que limita as despesas de pessoal ativo somente poderá ser alterado por emenda constitucional.
c) A exoneração de servidores públicos estáveis poderá ser executada apenas após a exoneração de todos os cargos em comissão e funções de confiança.
d) O pagamento dos proventos de aposentados é classificado como despesas correntes de custeio.
e) De acordo com a LRF, há diferença classificatória e de planejamento entre mão de obra terceirizada que substitua servidores e mão de obra da área-meio.

5. ORÇAMENTO PÚBLICO

✱ 3º NO TOP 5!

◉ COM 125 QUESTÕES, OS TEMAS DESTE TÓPICO ESTÃO EM TERCEIRO LUGAR DENTRE OS CINCO MAIORES AGREGADOS DE ASSUNTOS EXPLORADOS PELA BANCA:

✱ INOVAÇÕES LEGISLATIVAS

▲ Lei de Normas Gerais de Direito Financeiro (Lei 4.340/64): sem alterações em 2017/2018.

5.1. Lei Orçamentária Anual (LOA)

✱ INFORMATIVOS DE JURISPRUDÊNCIA

ADI e vinculação de receitas de impostos

STF São inconstitucionais as normas que estabelecem vinculação de parcelas das receitas tributárias a órgãos, fundos ou despesas, por desrespeitarem a vedação contida no art. 167, IV, da CF. ADI 553, Rel. Min. Cármen Lúcia, j. 13.6.2018. Pleno. (Info 906).

ADPF e expropriação de recursos administrados pelo poder público estadual

STF 1. As reiteradas decisões do TJRJ e do TRT 1ª Região que resultaram em bloqueio, arresto, penhora, sequestro e liberação de valores administrados pelo Poder Executivo do RJ para atender demandas relativas a pagamento de salário de servidores ativos e inativos, satisfação imediata de créditos de prestadores de serviços e tutelas provisórias definidoras de prioridades na aplicação de recursos públicos traduzem, em seu conjunto, ato do Poder público passível de controle pela via da arguição de descumprimento de preceito fundamental, cabível nos moldes dos arts. 1º, caput, e 4º, § 1º, da Lei 9.882/99. 2. A efetividade do modelo de organização da Administração Pública preconizado pela CF supõe a observância dos princípios e regras do sistema orçamentário, do regime de repartição de receitas tributárias e da garantia de pagamentos devidos pela Fazenda Pública em ordem cronológica de apresentação de precatórios. Expropriações de numerário existente nas contas do RJ, para saldar os valores fixados nas decisões judiciais, que alcancem recursos de terceiros, escriturados contabilmente, individualizados ou com vinculação orçamentária específica implicam alteração da destinação orçamentária de recursos públicos e remanejamento de recursos entre categorias de programação sem prévia autorização legislativa, o que não se concilia com o art. 167, VI e X, da CF. A aparente usurpação de competências constitucionais reservadas ao Poder Executivo – exercer a direção da Administração – e ao Poder Legislativo – autorizar a transposição, remanejamento ou transferência de recursos de uma categoria de programação para outra ou de um órgão para outro – sugere lesão aos arts. 2º, 84,

II, e 167, VI e X, da CF. "Fumus boni juris" evidenciado. 3. Satisfeito o requisito do "periculum in mora" ante o elevado risco de comprometimento do patrimônio e das receitas correntes do Estado do Rio de Janeiro. 4. Deferimento apenas parcial para suspender os efeitos das decisões judiciais impugnadas exclusivamente nos casos em que as medidas constritivas nelas determinadas tenham recaído sobre recursos escriturados, com vinculação orçamentária específica ou vinculados a convênios e operações de crédito, valores de terceiros sob a administração do Poder Executivo e valores constitucionalmente destinados aos Municípios, em afronta aos arts. 2º, 84, II, e 167, VI e X, da CF. (...). ADPF 405 MC, Rel. Min. Rosa Weber, j. 14.6.2017.

* QUESTÕES OBJETIVAS

113. **(Cespe/CGM/João_Pessoa/Auditor/2018)** Se o Estado receber determinado recurso na condição de depositário, sem que a correspondente restituição se sujeite à autorização legislativa, o ingresso não será incluído na lei orçamentária anual.

114. **(Cespe/CGM/João_Pessoa/Auditor/2018)** O orçamento de investimento de determinada empresa somente deve ser incluído na lei orçamentária anual se a União detiver a maioria do capital social com direito a voto dessa empresa.

115. **(Cespe/CGM/João_Pessoa/Auditor/2018)** A lei orçamentária anual compõe-se de três peças orçamentárias: o orçamento fiscal, o de investimento das estatais e o da seguridade social.

116. **(Cespe/STM/Analista/2018)** A lei orçamentária anual permite a consignação de dotações orçamentárias a diferentes unidades administrativas subordinadas a um mesmo órgão público.

117. **(Cespe/CGM/João_Pessoa/Técnico/2018)** A lei orçamentária anual não pode conter dispositivo estranho à previsão da receita e à fixação da despesa, de modo que é vedada a autorização para a abertura de créditos suplementares e a contratação de operações de crédito, ainda que por antecipação de receita, nos termos disciplinados em lei.

118. **(Cespe/STM/Analista/2018)** Os objetivos das políticas monetária, creditícia e cambial devem ser apresentados no projeto da lei orçamentária anual.

119. **(Cespe/CGM/João_Pessoa/Técnico/2018)** A lei orçamentária anual deve compreender, além do orçamento fiscal e da seguridade social, o orçamento de investimento das empresas em que a União, direta ou indiretamente, detenha a maioria do capital social com direito a voto.

120. **(Cespe/Sefaz/RS/Auditor/2018)** A lei orçamentária anual (LOA), emanada do Poder Executivo, estabelece as receitas e as despesas projetadas para o exercício seguinte. No que se refere à classificação, a esfera orçamentária da LOA tem como finalidade identificar se a despesa pertence ao

a) nível de atividade, de projeto ou de operação especial.
b) nível geral, específico ou de encargos especiais.
c) orçamento fiscal, da seguridade social ou de investimento.
d) orçamento federal, estadual ou municipal.
e) orçamento originário, administrativo ou organizacional.

121. **(Cespe/Sefaz/RS/Auditor/2018)** Sabendo que os princípios orçamentários visam estabelecer diretrizes a fim de conferir racionalidade, eficiência e transparência para os processos de elaboração, execução e controle do orçamento público, assinale a opção que apresenta regra decorrente do princípio da unidade.

a) As receitas e as despesas constantes na LOA serão registradas pelo valor total bruto, vedadas quaisquer deduções.
b) Cada ente federado deve ter seu próprio orçamento, a fim de se evitarem múltiplos orçamentos paralelos dentro da mesma pessoa política.
c) A LOA de cada ente federado deve conter as receitas e as despesas dos respectivos poderes, órgãos, entidades, fundos e fundações instituídas e mantidas pelo poder público.
d) O período de tempo ao qual a previsão das receitas e a fixação das despesas registradas na LOA se refiram deve coincidir com o ano civil: de 1. de janeiro a 31 de dezembro de cada ano.
e) A LOA será única e não conterá dispositivo estranho à previsão da receita e à fixação da despesa.

122. **(Cespe/TCE/PA/Auditor/2016)** A LOA é composta integralmente por dois orçamentos: o fiscal e o da seguridade social.

123. (Cespe/TCE/PA/Auditor/2016) Considerando-se a definição dos termos crédito e recurso no contexto da técnica orçamentária, é correto afirmar que a execução financeira trata da utilização dos créditos consignados na LOA.

124. (Cespe/TCE/PA/Auditor/2016) Para reformar, em 2009, um estádio de futebol situado em Belém – PA, o governo estadual contratou uma empresa que estimou o orçamento para a execução das obras em R$ 18 milhões. Caso os recursos para a execução da reforma tivessem ultrapassado o orçamento inicial previsto na LOA, poderiam ter sido abertos créditos suplementares para a conclusão da obra.

125. (Cespe/TRT/8R/Analista/2016) Considerando que a lei orçamentária anual (LOA) compreende a discriminação da receita e da despesa, assinale a opção correta:

a) Ao aprovar a LOA, o Poder Legislativo autoriza que o Poder Executivo aplique os recursos financeiros em gastos necessários à manutenção dos serviços públicos ao longo do exercício financeiro, o qual não coincide com o ano civil.

b) Por previsão constitucional, a própria LOA poderá conter autorização para contratação de operações de crédito por antecipação de receita orçamentária.

c) A LOA prevê as despesas para o decurso do exercício financeiro e, após aprovada, garante aos entes públicos que suas necessidades de recursos financeiros serão plenamente atendidas.

d) Conforme dispositivo legal, a LOA compreende o orçamento de investimento das estatais, limitado às empresas em que a União detenha, de forma direta, a maioria do capital social.

e) O início de programas ou projetos não inclusos na LOA poderá se realizar mediante a comprovação da existência de recursos financeiros acima daqueles previstos na execução do orçamento.

126. (Cespe/TRT/8R/Analista/2016) Acerca do plano plurianual, da Lei de Diretrizes Orçamentárias e dos orçamentos anuais, assinale a opção correta:

a) A lei orçamentária anual é desvinculada do plano plurianual e da Lei de Diretrizes Orçamentárias .

b) A Lei de Diretrizes Orçamentárias fundamenta e orienta a elaboração do plano plurianual.

c) O orçamento fiscal, é um instrumento da LDO que determina as metas e prioridades para a administração pública.

d) O legislador tem a prerrogativa de apresentar qualquer tipo de modificação à lei orçamentária anual, quando essa é submetida à aprovação do Congresso Nacional.

e) A lei orçamentária anual é composta pelos orçamentos fiscal, de investimento das empresas estatais e da seguridade social.

127. (Cespe/TCE/PR/Analista/2016) De acordo com a Lei n. 4.320/1964, assinale a opção correta:

a) As receitas correntes incluem as receitas tributárias, de contribuições, patrimonial, agropecuária, industrial e de serviços, excluídas aquelas provenientes de recursos financeiros recebidos de outras pessoas de direito público ou privado, quando destinadas a atender despesas classificáveis em despesas correntes.

b) É permitido incluir, na lei de orçamento, receitas com as deduções provenientes de retenções.

c) Na lei de orçamento, é permitido consignar dotações globais destinadas a atender indiferentemente a despesas de pessoal, material, serviços de terceiros e transferências.

d) As receitas de capital incluem as receitas provenientes da realização de recursos financeiros oriundos de constituição de dívidas e o superávit do orçamento corrente, que constituirá item da receita orçamentária.

e) A lei de orçamento compreenderá todas as receitas, inclusive as de operações de crédito autorizadas em lei. No entanto, não serão incluídas na lei de orçamento as receitas provenientes de operações de crédito por antecipação da receita nem as entradas compensatórias no ativo e passivo financeiro.

128. (Cespe/TCE/PE/Auditor/2017) Para que determinada emenda ao projeto de lei orçamentária seja aprovada, é suficiente que ela tenha sido apresentada na Comissão Mista de Orçamentos e não anule despesas de pessoal e encargos sociais, do serviço da dívida ou de transferências constitucionais.

129. (Cespe/TCE/PE/Auditor/2017) Dado o princípio da anualidade orçamentária, os orçamentos públicos das diversas esferas de governo devem ter vigência de um exercício financeiro e coincidir com o ano civil.

130. (Cespe/TCE/PE/Analista/2017) A elaboração do projeto de lei orçamentária é condicionada à aprovação do plano plurianual do exercício de referência.

131. (Cespe/TCE/PE/Analista/2017) O Poder Executivo é o único dos três poderes que dispõe de órgãos setoriais do sistema de planejamento e de orçamento federal.

132. (Cespe/TCE/PE/Analista_Gestão/2017) A previsão de arrecadação na lei orçamentária anual é obrigatória e constitui condição para que uma receita seja classificada como orçamentária.

133. (Cespe/TCE/PE/Analista_Controle_Externo/2017) Integram o orçamento fiscal, previsto na lei orçamentária anual, os fundos de incentivos fiscais e o orçamento das empresas públicas independentes.

134. (Cespe/PGE/AM/Procurador/2016) De acordo com a CF, o presidente da República não pode propor alterações ao projeto de lei orçamentária em relação a matéria cuja votação já tenha se iniciado na comissão mista permanente competente para emitir parecer no âmbito do Congresso Nacional.

135. (Cespe/PGM/Belo_Horizonte/Procurador/2017) No que tange à execução orçamentária, assinale a opção correta:

a) É vedada a realização de despesa sem prévio empenho, admitindo-se, todavia, a sua realização por estimativa de despesas submetidas a parcelamento.

b) Para a manutenção do equilíbrio entre a receita arrecadada e a despesa realizada, o Poder Executivo aprovará durante o exercício um quadro de cotas trimestrais da despesa que cada unidade orçamentária fica autorizada a utilizar.

c) O saldo positivo do fundo especial apurado em balanço será transferido para o exercício seguinte, sem vinculação prévia a nenhuma despesa ou categoria de programação.

d) Com fundamento na lei orçamentária, o Poder Executivo fixará cotas trimestrais de despesa para assegurar o equilíbrio da execução orçamentária, desconsiderando-se, para essa finalidade, os créditos adicionais aprovados pelo Poder Legislativo.

5.2. Lei de Diretrizes Orçamentárias (LDO)

* QUESTÕES OBJETIVAS

136. (Cespe/CGM/João_Pessoa/Auditor/2018) O anexo de metas fiscais deve ser obrigatoriamente incluído na lei de diretrizes orçamentárias, mas a inclusão do anexo de riscos fiscais é facultativa.

137. (Cespe/CGM/João_Pessoa/Auditor/2018) A lei orçamentária anual somente pode ser elaborada após a aprovação da lei de diretrizes orçamentárias.

138. (Cespe/CGM/João_Pessoa/Auditor/2018) Alterações na legislação tributária, incluindo reduções ou aumentos de alíquotas de impostos, devem constar do texto da lei de diretrizes orçamentárias.

139. (Cespe/CGM/João_Pessoa/Técnico/2018) A lei de diretrizes orçamentárias é o instrumento que regula a elaboração da lei orçamentária anual e dispõe sobre as prioridades da administração pública.

140. (Cespe/TCE/PB/Auditor/2018) À luz da CF, assinale a opção correta quanto às leis orçamentárias.

a) Se o Poder Judiciário não encaminhar a proposta orçamentária no prazo previsto na LDO, o Poder Executivo deverá enviar para o Poder Legislativo o projeto da LOA sem contemplar os recursos destinados a esse poder.

b) A LDO deve anteceder a edição da LOA, independentemente da esfera federativa, em virtude do seu caráter anual.

c) As eventuais alterações na legislação tributária com impacto na previsão de receita devem ser incorporadas à LOA.

d) O objetivo constitucional de construir um programa geoeconômico e social visando à redução das desigualdades regionais deve ser contemplado, prioritariamente, na LDO.

e) Ao presidente da República é vedado o envio de mensagem modificativa dos projetos relativos às leis orçamentárias subsequente ao parecer da comissão mista de deputados e senadores.

141. **(Cespe/TCE/PB/Auditor/2018)** O anexo de metas fiscais, que integra o projeto de LDO, deve dispor sobre

a) as normas relativas ao controle de custos.
b) a avaliação do RGPS.
c) as exigências para transferências de recursos a entidades privadas.
d) o equilíbrio entre receitas e despesas.
e) os critérios e a forma de limitação de empenho.

142. **(Cespe/DPE/PE/Defensor/2018)** A Defensoria Pública de determinado estado da Federação encaminhou ao Poder Executivo local proposta de orçamento anual da instituição. Consolidada com cortes de despesas de pessoal e de custeio, a proposta foi inserida no corpo do projeto de lei orçamentária anual do estado, que foi enviado à Assembleia Legislativa para apreciação. Com referência a essa situação hipotética, assinale a opção correta à luz da jurisprudência do Supremo Tribunal Federal (STF).

a) A proposta orçamentária da Defensoria Pública é meramente sugestiva; compete ao Executivo a sua consolidação, adequação e envio ao Poder Legislativo.
b) Os limites da autonomia da Defensoria Pública permitem que o governador decida, unilateralmente, por cortes nas despesas de pessoal previstas na proposta de orçamento anual recebida.
c) O governador poderia propor cortes, unilateralmente, apenas em relação às despesas de custeio.
d) O governador poderia efetuar o corte das despesas indicadas na proposta de orçamento e não previstas na lei de diretrizes orçamentárias.
e) Na apreciação da proposta de orçamento da Defensoria Pública, a Assembleia Legislativa poderá aprová-la ou rejeitá-la integralmente, não lhe cabendo fazê-lo apenas parcialmente.

143. **(Cespe/TCE/PB/Auditor/2018)** O envio de projeto de LDO compete ao

a) TCU, que o encaminha ao Congresso Nacional.
b) presidente da República, que o encaminha ao TCU.
c) presidente da República, que o encaminha ao Congresso Nacional.
d) TCU, que o encaminha ao presidente da República.
e) ministro da Fazenda, que o encaminha ao presidente da República.

144. **(Cespe/TCE/PA/Auditor/2016)** As políticas das agências financeiras oficiais de fomento deverão ser estabelecidas na LDO.

145. **(Cespe/TCE/PA/Auditor/2016)** A Lei de Diretrizes Orçamentárias (LDO) pode conter dispositivos que instituam, suprimam, reduzam ou ampliem alíquotas de tributos.

146. **(Cespe/TCE/PR/Auditor/2016)** Assinale a opção correta acerca do PPA, da LDO e da LOA:

a) As propostas orçamentárias que visem a criação de cargos, empregos e funções devem constar na LDO.
b) O projeto de LOA da União para o exercício seguinte deve ser enviado ao Congresso Nacional até o final do exercício corrente.
c) No nível federal, o Ministério da Fazenda é o órgão federal responsável pela elaboração do orçamento.
d) Conforme a LRF, a avaliação de riscos fiscais deverá estar contida no PPA.
e) De acordo com a CF, alterações na legislação tributária da União devem ser processadas em conformidade com princípios e determinações contidos na LOA.

147. **(Cespe/TCE/PR/Analista/2016)** A lei que tem por objetivos orientar a elaboração do orçamento, dispor sobre as alterações na legislação tributária e estabelecer a política de aplicação das agências financeiras oficiais de fomento denomina-se:

a) Lei n. 4.320/1964, que estatui normas gerais de direito financeiro.
b) plano plurianual.
c) lei orçamentária anual.
d) Lei de Diretrizes Orçamentárias .
e) Lei de Responsabilidade Fiscal.

148. **(Cespe/TCE/PA/Auditor/2016)** Depende de autorização específica na Lei de Diretrizes Orçamentárias do estado-membro a admissão ou contratação de pessoal por sociedade de economia mista estadual.

149. **(Cespe/TCE/PR/Auditor/2016)** A respeito do orçamento público e das leis orçamentárias, assinale a opção correta:

a) Em seu anexo de metas fiscais, a LDO deverá prever as metas anuais relativas a receitas, despesas, resultados nominal e primário e montante da dívida pública, para o período em que vigorar o PPA.

b) A única função do orçamento de investimentos da União é fixar as receitas e as despesas das empresas em que este ente central detenha, direta ou indiretamente, a maioria do capital social com direito a voto.

c) Caso se concretizem passivos contingentes e outros riscos capazes de afetar as contas públicas, a LDO deverá apresentar um anexo de riscos fiscais, para informar as providências a serem tomadas.

d) Sob pena de ser considerado inválido, o decreto que estabelece o PPA não pode deixar de especificar, de forma regionalizada, as metas e as prioridades do governo para os quatro anos seguintes à sua aprovação, relativamente às despesas de capital e outras delas decorrentes, e também as despesas de duração continuada.

e) Para dar maior concretude às previsões abstratas do PPA, a LDO não deve conter matéria estranha àquelas veiculadas no referido plano.

150. **(Cespe/PGE/AM/Procurador/2016)** Ainda que não haja vedação na LDO, é proibida a abertura de crédito adicional para destinar recursos à cobertura, direta ou indireta, de necessidades de pessoas físicas, ainda que por meio de lei específica.

151. **(Cespe/PGE/AM/Procurador/2016)** A LDO, tal como o parecer prévio do tribunal de contas estadual sobre as contas do governador, são instrumentos de transparência da gestão fiscal.

152. **(Cespe/TCE/PE/Auditor/2017)** Se determinado projeto não for incluído na relação de prioridades e metas da Lei de Diretrizes Orçamentárias, sua inclusão na lei orçamentária anual será vedada.

153. **(Cespe/PGM/Fortaleza/Procurador/2017)** Na LDO será estabelecida a política de aplicação a ser executada pelas agências oficiais de fomento.

154. **(Cespe/PGM/Fortaleza/Procurador/2017)** Constitui ofensa à competência reservada ao chefe do Poder Executivo a iniciativa parlamentar que prevê, na LDO, a inclusão de desconto no imposto sobre a propriedade de veículos automotores, em caso de pagamento antecipado.

155. **(Cespe/TCE/PE/Auditor/2017)** Determinado subsídio constituído por renúncia de receita pública poderá ser aprovado e colocado em execução ainda que não esteja incluído no demonstrativo da estimativa de renúncia de receita da Lei de Diretrizes Orçamentárias.

156. **(Cespe/TRF/1R/Analista/2017)** Se, na elaboração da Lei de Diretrizes Orçamentárias, forem constatados fatores que possam afetar o equilíbrio das finanças públicas, a administração pública deverá incluir não somente as informações acerca desses possíveis fatores, mas também as medidas que serão adotadas caso as previsões se concretizem.

157. **(Cespe/TCE/PE/Analista_Gestão/2017)** A Lei de Diretrizes Orçamentárias deve prever medidas a serem tomadas nos casos de passivos contingentes capazes de afetar as contas públicas, caso se materializem.

5.3. Plano Plurianual (PPA)

*** QUESTÕES OBJETIVAS**

158. **(Cespe/CGM/João_Pessoa/Auditor/2018)** A duração do plano plurianual é de quatro anos: inicia-se no primeiro ano do mandato presidencial e encerra-se no último ano do mesmo mandato.

159. **(Cespe/CGM/João_Pessoa/Auditor/2018)** No âmbito do plano plurianual, as metas devem expressar as escolhas de políticas públicas para a transformação de determinada realidade.

160. **(Cespe/CGM/João_Pessoa/Técnico/2018)** As diretrizes, os objetivos e as metas da administração pública federal para as despesas relativas aos programas de duração continuada serão fixados no plano plurianual.

161. **(Cespe/CGM/João_Pessoa/Técnico/2018)** O plano plurianual é estabelecido por lei de iniciativa do Poder Legislativo.

162. **(Cespe/Sefaz/RS/Auditor/2018)** As políticas públicas do governo federal são estabelecidas no plano plurianual (PPA), um instrumento de planejamento estratégico das ações governamentais cujo período de vigência

a) é prorrogável por mais quatro anos, em caso de reeleição do presidente da República.
b) coincide com os quatro anos do mandato do presidente da República eleito.
c) tem início no segundo ano de um mandato governamental e se encerra no final do primeiro ano do mandato seguinte.
d) coincide com a vigência da lei de diretrizes orçamentárias (LDO).
e) está condicionado ao cumprimento das metas anteriormente aprovadas.

163. **(Cespe/TCE/PA/Auditor/2016)** O PPA estabelece não só as despesas de capital, mas também outras despesas delas decorrentes.

164. **(Cespe/TCE/SC/Auditor/2016)** No Plano Plurianual, é vedado o estabelecimento de metas direcionadas a públicos específicos.

165. **(Cespe/TCE/PA/Auditor/2016)** O Poder Executivo, ao elaborar o orçamento geral do estado do Pará (OGE/PA) para o exercício de 2016, propôs: (i) dotação orçamentária, consignada na LOA, no valor de R$ 500 milhões para custear a construção da chamada ferrovia da soja, para ligar os estados do Pará e Mato Grosso; (ii) instituição do programa paraense de incentivo ao primeiro emprego, um programa assistencial continuado de incentivo ao primeiro emprego para jovens com idade entre 18 e 20 anos, ao custo de R$ 500 por jovem. O programa de incentivo ao primeiro emprego poderá ser incluído no OGE/PA, mesmo que não conste do PPA estadual.

166. **(Cespe/TCE/PA/Auditor/2016)** Com duração de quatro anos, a vigência do PPA coincidirá com os quatro anos do mandato do presidente da República eleito.

167. **(Cespe/TCE/SC/Auditor/2016)** O plano plurianual (PPA) é instrumento que possibilita a participação social, apresenta as diretrizes que devem orientar os gestores públicos, estipula os objetivos que se buscam alcançar na gestão e estabelece as metas para os programas de governo.

168. **(Cespe/TCE/SC/Auditor/2016)** No plano plurianual, devem-se discriminar os programas temáticos por esfera orçamentária.

169. **(Cespe/TRT/8R/Analista/2016)** No tocante às diretrizes constitucionais pertinentes ao plano plurianual (PPA) e à Lei de Diretrizes Orçamentárias (LDO), assinale a opção correta:

a) Os valores que possam vir a desequilibrar as contas públicas, a exemplo dos passivos contingentes, assim como as ações e programas necessários para saná-los, devem constar no PPA.
b) Os riscos fiscais – anexados à LDO – são classificados em riscos orçamentários e riscos da dívida; a restituição de tributos superior aos valores previstos é um exemplo de riscos da dívida.
c) A avaliação dos custos dos serviços públicos prestados é inviabilizada pela ausência de normas relativas ao controle de custos dos programas, seja na LOA, LDO ou PPA.
d) De acordo com os dispositivos legais, o desenvolvimento do projeto de lei do PPA pelo governo federal deve considerar a plenitude dos estados e municípios para que se atenda ao quesito da regionalização dos programas.
e) O chefe do Poder Executivo exercerá seu primeiro ano de mandato executando programas e ações de governo de seu antecessor, visto que o PPA a que ele se reporta foi desenvolvido pela equipe do gestor governamental anterior.

170. **(Cespe/TRE/PI/Analista/2016)** No que se refere a orçamento público no Brasil, assinale a opção correta. Considere que as siglas PPA e LOA, sempre que utilizadas, se referem, respectivamente, a plano plurianual e lei orçamentária anual:

a) O anexo no qual consta a avaliação do cumprimento das metas relativas ao exercício anterior acompanha a LOA.
b) Os mesmos programas constantes na LOA devem estar no PPA, mantendo-se a estrutura programática proposta neste último.
c) As expressões sistema orçamentário e processo orçamentário são utilizadas indistintamente para se referir ao documento orçamentário.
d) O PPA deve estabelecer como uma de suas despesas os recursos de operação e manutenção de investimentos em bens de capital.
e) A autorização para aumento de remuneração dos membros do Poder Legislativo deve estar contida no PPA.

171. **(Cespe/TCE/SC/Auditor/2016)** Para licitar serviços, é imperioso que o ordenador de despesas do órgão licitante declare que os gastos atrelados ao futuro contrato estarão adequados à lei de orçamento e compatíveis com o plano plurianual e com a Lei de Diretrizes Orçamentárias .

172. **(Cespe/TCE/PR/Analista/2016)** A respeito das espécies legislativas que tratam do orçamento, assinale a opção correta:

a) Cabe ao presidente da República propor o projeto de lei do PPA, que deve observar as diretrizes, objetivos e metas da administração federal em programas de ação continuada e considerar as peculiaridades regionais do país.

b) A vigência do PPA é de quatro anos e coincide com a vigência do mandato do chefe do Poder Executivo.

c) O repasse dos recursos orçamentários derivados de emendas individuais constantes da lei orçamentária anual não poderá ser realizado se o ente federativo destinatário do recurso estiver inadimplente com a União.

d) As disposições aprovadas na Lei de Diretrizes Orçamentárias (LDO) criam direitos e obrigações orçamentárias do Estado perante terceiros, salvo se ocorrer mudança na legislação tributária.

e) Não poderão ser utilizados os recursos não autorizados em virtude de veto ou rejeição do projeto de lei orçamentária anual, ainda que haja posterior e específica autorização legal.

173. **(Cespe/TCE/PR/Analista/2016)** Considerando as normas constitucionais relativas ao orçamento público, assinale a opção correta:

a) O texto constitucional assegura o princípio do equilíbrio orçamentário, segundo o qual a lei orçamentária não poderá dispor de matéria distinta à fixação de despesa e à previsão de receita anuais.

b) Se a execução do investimento ultrapassar um exercício financeiro, tal investimento só poderá ser iniciado após prévia inclusão no plano plurianual (PPA) ou em lei que autorize a sua inclusão.

c) Cabe à lei ordinária dispor sobre a gestão financeira e patrimonial da administração pública direta e indireta.

d) Recebido o projeto de lei orçamentária pelo Congresso Nacional, cabe às comissões de cada casa legislativa receber as emendas apresentadas.

e) Em hipótese de calamidade pública ou comoção interna, o Congresso Nacional poderá, por resolução, delegar ao presidente da República a competência para editar leis orçamentárias.

174. **(Cespe/TCE/PE/Auditor/2017)** No plano plurianual, é vedada a regionalização de metas por meio de critérios que abranjam territórios maiores que as macrorregiões econômicas.

175. **(Cespe/TCE/PE/Analista_Gestão/2017)** Despesas orçamentárias de agregação neutra, como dívidas e ressarcimentos, não integram o plano plurianual.

5.4. Princípios Orçamentários

◉ ATENÇÃO: ESTE TEMA É MUITO EXIGIDO NOS CONCURSOS!

✱ QUESTÕES OBJETIVAS

176. **(Cespe/CGM/João_Pessoa/Auditor/2018)** Para ser considerada princípio orçamentário, a regra deve estar expressamente prevista na Constituição Federal de 1988.

177. **(Cespe/CGM/João_Pessoa/Auditor/2018)** É vedada a vinculação das receitas próprias geradas pelos impostos municipais à prestação de contragarantia à União.

178. **(Cespe/TCE/PB/Auditor/2018)** Com relação aos princípios que regem a atividade financeira do Estado, assinale a opção correta.

a) De acordo com o princípio da unidade, os programas e projetos devem ser estabelecidos em um único sistema ou método orçamentário, ainda que não haja unidade documental.

b) A vedação à inclusão das chamadas caudas orçamentárias na lei que fixa as receitas e despesas decorre do princípio da universalidade.

c) Os programas de duração continuada devem constar do plano plurianual e são regidos pelo princípio da programação, embora, quanto à liberação de recursos, contemple a possibilidade de que a despesa não esteja antecipadamente prevista.

d) Segundo o princípio da não vinculação da receita derivada dos impostos, lei específica não poderá tratar de várias espécies de incentivos fiscais relativas a tributos diversos e ao mesmo tempo cuidar de matérias afins.

e) A anualidade orçamentária exige que o orçamento deva ser aprovado antes do início do exercício financeiro, evitando que a lei nova possa atingir fatos passados.

179. **(Cespe/STM/Técnico/2018)** O princípio da exclusividade proíbe que a lei orçamentária contenha autorização para a contratação de operações de crédito.

180. (Cespe/STM/Técnico/2018) O princípio da não afetação das receitas veda a vinculação de tributos a órgão, fundo ou despesa, ressalvadas as exceções estabelecidas pela Constituição Federal de 1988.

181. (Cespe/STM/Técnico/2018) O princípio orçamentário da unidade estabelece que a lei orçamentária anual deve conter todas as receitas e despesas de todos os poderes, órgãos, entidades, fundações e fundos instituídos e mantidos pelo poder público.

182. (Cespe/TCE/PB/Auditor/2018) A CF prevê, expressamente, o princípio orçamentário

a) da uniformidade.
b) da exclusividade.
c) do orçamento bruto.
d) da programação.
e) da participação.

183. (Cespe/CGM/João_Pessoa/Técnico/2018) O princípio da unidade orçamentária determina que todas as despesas e todas as receitas de todos os poderes, órgãos e fundos estejam compreendidas no orçamento.

184. (Cespe/TCE/PR/Analista/2016) A Lei de Responsabilidade Fiscal reforça o princípio segundo o qual as obrigações assumidas no exercício devem ser compatíveis com os recursos financeiros obtidos no mesmo exercício. O princípio orçamentário vinculado a essa norma denomina-se princípio da:

a) unidade.
b) uniformidade.
c) clareza.
d) anualidade.
e) legalidade.

185. (Cespe/TCE/PA/Auditor/2016) De acordo com o princípio da exclusividade, autorizações para aberturas de créditos suplementares e contratações de operações de crédito, apesar de constituírem dispositivos estranhos à previsão de receitas e à fixação de despesas, podem constar da lei orçamentária anual (LOA).

186. (Cespe/TCE/PR/Analista/2016) Considerando o entendimento do Supremo Tribunal Federal sobre as normas gerais de direito financeiro e orçamento público, assinale a opção correta:

a) Não se admite o controle de constitucionalidade de medida provisória que autoriza a abertura de crédito extraordinário, pois os requisitos de relevância e urgência sujeitam-se à ampla discricionariedade do presidente da República.
b) Desde a edição da Emenda Constitucional n. 62/2009, é inconstitucional a aplicação dos índices de remuneração da caderneta de poupança em correção monetária no regime de precatórios.
c) A vedação constitucional à vinculação da receita de impostos não se estende às taxas e contribuições instituídas por estados e municípios.
d) É constitucional norma estadual que atribui à assembleia legislativa a competência para aprovar acordos, convênios ou contratos que importem ônus não previsto na lei orçamentária.
e) A LDO disporá sobre as alterações na legislação tributária, excluídos os decretos e as resoluções que tratem de isenções, anistias ou remissões.

187. (Cespe/TCE/SC/Auditor/2016) Apesar de os entes federados serem obrigados a elaborar um orçamento fiscal, um orçamento de investimento das empresas estatais e um orçamento da seguridade social, é correto afirmar que vigora no Brasil o princípio da unidade orçamentária.

188. (Cespe/TCE/SC/Auditor/2016) A despeito de no direito financeiro brasileiro vigorar o princípio da anualidade orçamentária, os créditos adicionais podem ser incorporados ao orçamento do exercício financeiro subsequente ao da sua autorização.

189. (Cespe/TCE/PE/Auditor/2017) Em observância ao princípio da universalidade orçamentária, devem estar reunidos no orçamento estadual todos os recursos que um estado-membro esteja autorizado a arrecadar e todas as dotações necessárias ao custeio de serviços públicos estaduais.

190. (Cespe/TCE/PE/Analista_Controle_Externo/2017) De acordo com o princípio orçamentário da não afetação – que, no Brasil, é aplicável somente às receitas de impostos –, as receitas públicas não podem estar vinculadas a qualquer tipo de despesa pública.

191. (Cespe/TCE/PE/Analista_Controle_Externo/2017) Em decorrência do princípio da anualidade orçamentária, os créditos orçamentários, ordinários ou adicionais abertos para determinado exercício financeiro possuem vigência restrita ao ano civil, sem qualquer exceção.

192. (Cespe/TCE/PE/Analista_Controle_Externo/2017) Em razão do princípio da exclusividade orçamentária, a lei orçamentária deve conter todas as receitas e despesas, qualquer que seja a sua natureza, procedência ou o seu destino.

193. (Cespe/PGM/Fortaleza/Procurador/2017) De acordo com o entendimento do STF, a destinação de determinado percentual da receita de ICMS ao financiamento de programa habitacional ofende a vedação constitucional de vincular receita de impostos a órgão, fundo ou despesa.

194. (Cespe/PGM/Fortaleza/Procurador/2017) Decorre do princípio da unidade do orçamento a vedação à inclusão, no orçamento, de qualquer dispositivo de lei material que não verse sobre previsão de receita ou autorização de despesa.

195. (Cespe/TRF/1R/Analista/2017) A Constituição Federal prevê exceções a alguns princípios orçamentários, entre elas, a autorização para abertura de créditos suplementares na lei orçamentária anual.

196. (Cespe/TRF/1R/Analista/2017) Os princípios orçamentários surgiram com a necessidade de se estabelecer regras para a instituição orçamentária, e alguns deles foram incorporados à legislação brasileira há mais de cinco décadas.

197. (Cespe/TRF/1R/Analista/2017) O princípio da totalidade surgiu em razão da necessidade de se reformular o princípio da unidade, o qual substituiu, tornando possível a elaboração de múltiplos orçamentos, que devem ser consolidados para a apreciação legislativa.

198. (Cespe/TRF/1R/Analista/2017) O princípio da exatidão determina que o orçamento público deva ser apresentado em linguagem compreensível a todas as pessoas que precisem ou desejem acompanhá-lo.

199. (Cespe/TRF/1R/Analista/2017) Em decorrência da inconstância na publicação dos instrumentos orçamentários legais, o princípio da publicidade não tem sido formalmente cumprido pela administração pública federal.

200. (Cespe/TRF/5R/Juiz/2017) A respeito dos princípios orçamentários, assinale a opção correta:

a) O princípio do equilíbrio orçamentário foi alterado para considerar a possibilidade da previsão de déficit nas contas públicas, desde que mantido em níveis controláveis e nos parâmetros impostos pela legislação.

b) O princípio da transparência orçamentária diz respeito à necessidade de divulgação anual do orçamento para conhecimento, pelos cidadãos, da estimação de receita e despesa.

c) O princípio da não afetação refere-se à impossibilidade de vinculação de impostos a determinadas despesas, salvo se a vinculação se referir exclusivamente ao pagamento de dívida pública.

d) O princípio da especialidade ou especificação do orçamento define que somente o orçamento pode tratar de matéria orçamentária, podendo conter autorização para a abertura de créditos suplementares e operações de crédito.

e) O princípio participativo orçamentário refere-se à possibilidade de o cidadão fazer representações perante os órgãos de controle interno e externo e de fiscalização para a apuração de fatos relacionados ao cumprimento do orçamento.

201. (Cespe/TCE/PE/Analista_Gestão/2017) O tratamento dado aos recursos destinados à educação e à saúde constitui uma exceção ao princípio orçamentário da não vinculação.

202. (Cespe/PGE/AM/Procurador/2016) Dado o modo como está constitucionalmente enunciado, o princípio da exclusividade não impede que a lei orçamentária anual do Estado contenha autorização para que o Poder Executivo realize operações de crédito.

203. (Cespe/TCE/PE/Analista/2017) O caixa único do Tesouro Nacional destina-se a efetivar o princípio orçamentário da unidade.

204. (Cespe/TCE/PE/Analista_Controle_Externo/2017) Ao consagrar o modelo do federalismo dual, a CF, no que tange à distribuição de recursos orçamentários, assegurou maior grau de separação entre o poder central e as unidades federadas.

205. (Cespe/TCE/PE/Analista_Controle_Externo/2017) Violará o princípio da não afetação da receita a promulgação de lei estadual que impuser aos municípios a aplicação em financiamento de programa habitacional estadual de 50% do ICMS a eles destinado.

5.5. Processo Legislativo

✻ QUESTÕES DISCURSIVAS

10. **(Cespe/TCE/PB/Auditor/2018)** Constituição da República Federativa do Brasil: "(...) Art. 166. Os projetos de lei relativos ao plano plurianual, às diretrizes orçamentárias, ao orçamento anual e aos créditos adicionais serão apreciados pelas duas Casas do Congresso Nacional, na forma do regimento comum. (...) § 2º As emendas serão apresentadas na comissão mista, que sobre elas emitirá parecer, e apreciadas, na forma regimental, pelo plenário das duas Casas do Congresso Nacional. (...)". Considerando que o fragmento de texto acima tem caráter exclusivamente motivador, redija um texto dissertativo acerca do seguinte tema: "Recursos orçamentários obrigatoriamente destinados à saúde". Ao elaborar seu texto, aborde, necessariamente, os seguintes aspectos: (i) diretrizes para a elaboração do projeto de lei orçamentária: obrigação dos entes da Federação / objetivos dos critérios do rateio dos recursos; (ii) diretrizes para a apresentação e aprovação de emendas parlamentares ao projeto de lei orçamentária: objetivos, vedações, orçamento impositivo.

11. **(Cespe/Abin/Oficial/2018)** "O processo orçamentário brasileiro é um processo legislativo especial, com fases e operações determinadas na Constituição Federal de 1988. Atendidas as regras ou os preceitos especiais, aplicam-se aos projetos que tratam de matéria orçamentária as demais normas relativas ao processo legislativo comum" (Sérgio Jund, Administração, Orçamento e Contabilidade Pública, Rio de Janeiro: Elsevier, com adaptações). Considerando que o texto apresentado tem caráter unicamente motivador, discorra sobre o processo legislativo orçamentário, abordando as regras específicas para a aprovação do projeto de lei orçamentária, as consequências da não apresentação e da não aprovação do projeto de lei orçamentária nos prazos legais, bem como as regras comuns ao processo legislativo ordinário.

✻ QUESTÕES OBJETIVAS

206. **(Cespe/STM/Analista/2018)** Se o Congresso Nacional não receber a proposta orçamentária elaborada pelo Poder Executivo no prazo fixado pela Constituição Federal, ele deverá elaborar sua própria proposta orçamentária, sem prejuízo da imposição de sanções cabíveis.

207. **(Cespe/CGM/João_Pessoa/Técnico/2018)** O ciclo orçamentário inicia-se com a elaboração do projeto de lei orçamentária e se encerra com a publicação da lei do orçamento pelo Poder Executivo, após sua aprovação pelo Poder Legislativo.

208. **(Cespe/TCE/PB/Auditor/2018)** Considerando o regime constitucional das leis que tratam do orçamento público, assinale a opção correta.

a) Em razão do princípio da eficiência orçamentária, o Poder Executivo, mesmo sem prévia autorização legislativa, pode utilizar os recursos que não tenham despesa correspondente aprovada em virtude de emenda no projeto da LOA.
b) A LOA compreende o orçamento da seguridade social das entidades e órgãos vinculados à União, inclusive de todas as fundações, autarquias, empresas públicas e sociedades de economia mista.
c) O modelo de orçamento anual adotado na CF é meramente autorizativo, apesar da existência de dispositivos constitucionais que tornam obrigatória a despesa nas áreas de saúde e educação.
d) A LOA prevê a realização de operações de crédito que excedam o montante das despesas de capital, desde que a proposta seja aprovada por maioria qualificada.
e) O plano plurianual tem por objetivo estabelecer a previsão da receita e a fixação da despesa para o período de quatro anos.

209. **(Cespe/TCE/PA/Auditor/2016)** O processo orçamentário é concluído com a aprovação das diversas leis orçamentárias que, em seu decorrer, foram elaboradas.

210. **(Cespe/TCE/PR/Analista/2016)** Acerca das etapas do processo orçamentário e dos instrumentos do orçamento público, assinale a opção correta:

a) No processo orçamentário, a aprovação da lei orçamentária anual representa a fase final de um processo complexo, formado por diversas etapas que antecedem essa aprovação.
b) No modelo de integração entre planejamento e orçamento, o plano plurianual representa um instrumento que operacionaliza os programas de curto prazo do governo federal.
c) A apreciação de emendas ao projeto de lei orçamentária, apresentadas por parlamentares,

prevê a solicitação de informações a especialistas, a participação em audiências públicas bem como discussões e consultas, em razão das determinações legais que as disciplinam.

d) A dimensão estratégica da Lei de Diretrizes Orçamentárias pauta a agenda de governo e as políticas públicas que serão implementadas e que devem ser apresentadas na forma de objetivos e programas temáticos a serem cumpridos no médio prazo.

e) Ainda que a etapa de controle, prevista no processo orçamentário e exercida pelos tribunais de contas, compreenda avaliações que são realizadas antes dos atos de gestão, os dispositivos legais determinam que a verificação da legalidade desses atos se restrinja ao período da execução orçamentária.

211. **(Cespe/TCE/PA/Auditor/2016)** As fases do processo orçamentário incluem previsões, fixação de valores, determinação de limites e processo legislativo.

212. **(Cespe/TCE/PA/Auditor/2016)** No processo orçamentário, depois de o Congresso Nacional apreciar o projeto de lei orçamentária, cabe ao presidente da República aprová-lo ou vetá-lo integralmente. Nesse processo, vetos parciais não são cabíveis.

213. **(Cespe/TCE/PR/Analista/2016)** Com relação ao ciclo orçamentário, assinale a opção correta:

a) O plano plurianual estabelece diretrizes para as despesas de capital.

b) A Lei de Diretrizes Orçamentárias apresenta os recursos que serão mobilizados para a execução das políticas públicas.

c) A lei de orçamento anual inclui as alterações na legislação tributária do exercício financeiro.

d) São duas as leis que instituem o ciclo orçamentário: a Lei de Diretrizes Orçamentárias e a lei do orçamento anual.

e) As leis que instituem o ciclo orçamentário são de proposição exclusiva do Poder Legislativo.

214. **(Cespe/CGM/João_Pessoa/Auditor/2018)** No âmbito das finanças públicas, é necessária a existência de prévia autorização legislativa para a instituição de fundos de qualquer natureza.

5.6. Teoria do Orçamento Público

✱ QUESTÕES DISCURSIVAS

12. **(Cespe/TCU/Procurador/2015)** "O equilíbrio orçamentário é desejável em certos casos. Pode ser impossível e inelutável em outros. E será nocivo em circunstâncias especiais. Os Estados Unidos da América (EUA), em cento e sessenta e três anos de existência política, marcada por progressão espetacular, registram noventa e cinco exercícios equilibrados contra sessenta e sete em déficit; dos últimos vinte e quatro anos, vinte e um foram deficitários. Muitos desses balanços desequilibrados, nos EUA, resultaram da impossibilidade manifesta de ajustar, no mesmo nível, gastos e receitas. Mas, nos últimos tempos, ganhou larga receptividade a corrente de ideias que sustenta a conveniência da política de 'deficit spending', ou déficit sistemático, como sendo a mais adequada às quadras de depressão. Em oitenta e três exercícios, entre 1890 e 1973, no Brasil, houve superávit em quinze e déficit nos outros sessenta e oito. Não é difícil demonstrar que, pelo menos para alguns, esse superávit está longe da realidade, porque corresponde a dívidas proteladas". (Aliomar Baleeiro. Uma introdução à ciência das finanças. 16ª ed., rev. e atualizada por Dejalma Campos. Rio de Janeiro: Forense, 2004, com adaptações). Considerando que o fragmento de texto acima tem caráter unicamente motivador, responda, à luz das disposições constitucionais relativas às finanças públicas e das normas gerais de direito financeiro atualmente vigentes, ao seguinte questionamento: É admissível que o Poder Legislativo aprove orçamento público deficitário? Em seu texto, aborde os seguintes tópicos: (i) finanças públicas, orçamento-programa e exigência de planejamento orçamentário por meio das leis orçamentárias; (ii) equilíbrio fiscal, natureza jurídica e correlação com a gestão fiscal responsável; (iii) déficit orçamentário e limites de endividamento do Estado.

13. **(Cespe/TC/DF/Técnico/2014)** "O orçamento público representa um dos instrumentos de que o Poder Legislativo dispõe para pôr em prática sua missão de controlador dos gastos públicos, principalmente os do Poder Executivo, contemplado com a maior parcela do orçamento, além de constituir um instrumento necessário para revelar as ações e metas governamentais para determinado período de tempo, de forma a delimitar e orientar a ação dos administradores públicos no seu papel de executores do orçamento." (Francisco Glauber Mota. Contabilidade aplicada ao setor público. 1. ed., Brasília: Estefania Gonçalves, p. 18, com adaptações). Em face do texto acima apresentado, meramente motivador, redija um texto dissertativo acerca dos diversos tipos de orçamento público, abordando, necessariamente, os seguintes aspectos: (i) o orçamento clássico ou tradicional; (ii) o orçamento-programa; (iii) o orçamento base-zero.

* QUESTÕES OBJETIVAS

215. (Cespe/STM/Analista/2018) Os programas executados de acordo com a técnica do orçamento-programa devem ser zerados ao final do exercício financeiro, a fim de que os órgãos públicos sejam obrigados a demonstrar os custos e benefícios de cada programa, sob pena de descontinuidade dos programas.

216. (Cespe/CGM/João_Pessoa/Técnico/2018) O orçamento-programa consiste no processo de elaboração de orçamento que exige dos gestores, a cada novo exercício, a justificativa detalhada dos recursos solicitados.

217. (Cespe/TCE/PE/Analista_Gestão/2017) O orçamento participativo é fundamentado na discussão de prioridades com a população organizada, por isso se contrapõe ao orçamento-programa, que é construído com base em preceitos racionais-legais que não contemplam a participação popular.

218. (Cespe/TCE/PA/Auditor/2016) Além de ser um dos instrumentos de gestão mais antigos da administração pública, o orçamento público é um conceito estático cujas funções têm permanecido inalteradas desde a sua criação.

219. (Cespe/TCE/PR/Analista/2016) O orçamento de determinado país, que expressa, financeira e fisicamente, os programas de trabalho de governo, possibilita: a integração do planejamento com o orçamento; a quantificação de objetivos e a fixação de metas; as relações insumo-produto; as alternativas programáticas; o acompanhamento físico-financeiro; a avaliação de resultados; a gerência por objetivos. Com base nessa informação, é correto afirmar que a técnica orçamentária que melhor se aproxima da utilizada pelo referido país denomina-se orçamento:

a) de base zero.
b) de desempenho.
c) programa.
d) tradicional.
e) clássico.

220. (Cespe/TCE/PA/Auditor/2016) O foco primordial do orçamento tradicional é o detalhamento da despesa, e não o atendimento às necessidades da sociedade ou aos objetivos que motivam a elaboração do orçamento.

221. (Cespe/TRT/8R/Analista/2016) Acerca do orçamento-programa, assinale a opção correta:

a) A adoção do orçamento-programa no Brasil não representou grandes avanços em relação aos sistemas orçamentários anteriores, devido à ausência de indicadores para medição de resultado dos programas.
b) O orçamento-programa tem como um de seus objetivos incrementar financeiramente o orçamento de um exercício para o outro.
c) Um orçamento cuja ênfase esteja voltada mais às realizações de um governo do que às suas aquisições possui características de orçamento-programa.
d) No orçamento-programa, as decisões orçamentárias estão diretamente relacionadas às necessidades financeiras dos entes da administração pública.
e) O principal critério de classificação orçamentária previsto no orçamento-programa corresponde às unidades administrativas.

222. (Cespe/TRE/PI/Analista/2016) A técnica orçamentária que exige análise, revisão e avaliação de todas as despesas propostas, e não apenas daquelas que ultrapassem o nível de gastos já existente, é denominada orçamento:

a) base-zero.
b) clássico.
c) de desempenho.
d) programa.
e) participativo.

223. (Cespe/TCE/SC/Auditor/2016) O orçamento público viabiliza a intervenção do governo na atividade econômica com vistas à geração de emprego e renda.

224. (Cespe/TCE/PR/Auditor/2016) A função do orçamento público que visa melhorar a posição de algumas pessoas em detrimento de outras e, com isso, corrigir falhas do mercado é denominada função:

a) controladora.
b) alocativa.
c) distributiva.
d) estabilizadora.
e) econômica.

225. (Cespe/TCE/PE/Auditor/2017) Prevalece no Brasil a compreensão de que o orçamento público é lei apenas em sentido formal, visto que é aprovado pelo Poder Legislativo, mas é substancialmente ato de natureza político-administrativa, insuscetível de hospedar normas gerais ou abstratas próprias de lei em sentido material.

226. (Cespe/TCE/PE/Auditor/2017) Além de apresentar harmonia com o plano plurianual e estar voltado para a redução de desigualdades entre as diversas regiões brasileiras, o orçamento federal de investimento deve conter as previsões de receitas e despesas de todas as empresas nas quais a União detenha participação societária.

227. (Cespe/TCE/PE/Analista_Gestão/2017) Constituído por diversas etapas, desde a proposta orçamentária até a aprovação da lei orçamentária, o ciclo orçamentário é, ao longo de todo exercício, um processo intermitente no que diz respeito a análises e decisões.

228. (Cespe/TCE/PE/Analista_Gestão/2017) As metas e os riscos fiscais são gerados na etapa de planejamento do processo de elaboração do orçamento anual.

229. (Cespe/TCE/PE/Analista_Controle_Externo/2017) Em se tratando da avaliação da execução dos programas de governo e dos orçamentos da União, os Poderes Legislativo, Executivo e Judiciário manterão sistema de controle interno de forma integrada.

230. (Cespe/TCE/PE/Analista_Controle_Externo/2017) O orçamento base-zero facilita o processo de revisão da decisão a respeito da alocação dos recursos públicos, sendo, por essa razão, adequado às situações em que as despesas públicas são limitadas por um teto de gastos.

231. (Cespe/PGM/Fortaleza/Procurador/2017) Em consonância com a ideia de orçamento-programa, a diretriz de controle incluída na Lei n. 4.320/1964 abrange a eficiência, a eficácia e a efetividade das ações governamentais.

232. (Cespe/PGM/Belo_Horizonte/Procurador/2017) Com relação aos princípios orçamentários, às leis orçamentárias e às vedações orçamentárias, assinale a opção correta:

a) Crédito especial aberto nos últimos quatro meses do exercício incorporado ao orçamento do exercício subsequente pode ser remanejado para categoria de programação diversa, a critério do ordenador de despesa.
b) É discricionária a execução orçamentária e financeira de programações decorrentes de emendas individuais ao projeto de lei orçamentária, assegurada a execução equitativa de despesas destinadas a ações e serviços públicos de saúde.
c) Admite-se proposta de alteração do projeto de lei orçamentária anual de iniciativa do chefe do Poder Executivo até a deliberação final pela Câmara dos Deputados, após a aprovação plenária do Senado Federal.
d) O orçamento pressupõe a realização dos planos de ação governamental estipulados no PPA, na LDO e na LOA.

233. (Cespe/TRF/5R/Juiz/2017) O orçamento moderno, diferentemente do orçamento tradicional, é instrumento de planejamento governamental e necessário para a consecução das políticas públicas. A respeito desse assunto, que envolve o conceito de orçamento e princípios orçamentários, assinale a opção correta:

a) O orçamento moderno trabalha com a ideia central de que os recursos a serem arrecadados devem servir à aquisição de meios para fazer face exclusivamente às despesas contingenciais.
b) O orçamento público é um instrumento que confere ao Poder Executivo poder discricionário para a reformulação de políticas públicas, sem a necessidade de autorização legislativa para tanto.
c) O orçamento público moderno deve garantir o equilíbrio fiscal, por meio do cumprimento das metas de resultados fiscais estipuladas.
d) O orçamento moderno, assim como o tradicional, exige que as receitas sejam matematicamente iguais às despesas.
e) A concepção moderna de orçamento público enfatiza seu aspecto contábil e gerencial, distanciando-se da avaliação de eficiência e efetividade.

234. (Cespe/TCE/PE/Auditor/2017) O orçamento participativo é uma técnica orçamentária caracterizada pela participação da sociedade, em substituição ao poder público, como agente elaborador da proposta orçamentária que é posteriormente enviada ao Poder Legislativo.

235. (Cespe/TCE/PE/Analista/2017) Órgão público que pretenda destinar parte de seu orçamento à geração de bens e serviços públicos voltados para uma demanda específica da sociedade deverá fazê-lo, obrigatoriamente, mediante a inclusão de um projeto.

236. (Cespe/TCE/PE/Analista/2017) Uma descentralização orçamentária é pré-requisito indispensável para a execução de uma descentralização financeira.

237. (Cespe/TCE/PE/Auditor/2017) Além de disciplinar o Sistema Financeiro Nacional, o direito financeiro regulamenta a atividade financeira do Estado no que diz respeito a orçamento público, receita pública, despesa pública, crédito público, responsabilidade fiscal e controle da execução orçamentária.

6. PRECATÓRIOS

* SÚMULAS

STF Súm. Vinculante 17. Durante o período previsto no parágrafo 1º do artigo 100 da Constituição, não incidem juros de mora sobre os precatórios que nele sejam pagos.

STF Súm. Vinculante 47. Os honorários advocatícios incluídos na condenação ou destacados do montante principal devido ao credor consubstanciam verba de natureza alimentar cuja satisfação ocorrerá com a expedição de precatório ou requisição de pequeno valor, observada ordem especial restrita aos créditos dessa natureza.

STF Súm. 655. A exceção prevista no art. 100, caput, da Constituição, em favor dos créditos de natureza alimentícia, não dispensa a expedição de precatório, limitando-se a isentá-los da observância da ordem cronológica dos precatórios decorrentes de condenações de outra natureza.

STJ Súm. 144. Os créditos de natureza alimentícia gozam de preferência, desvinculados os precatórios da ordem cronológica dos créditos de natureza diversa.

STJ Súm. 311. Os atos do Presidente do Tribunal que disponham sobre processamento e pagamento de precatório não têm caráter jurisdicional.

* REPERCUSSÃO & REPETITIVOS

STF Repercussão Geral 355. É válida a penhora em bens de pessoa jurídica de direito privado, realizada anteriormente à sucessão desta pela União, não devendo a execução prosseguir mediante precatório. (RE 693112, 9.2.2017)

STF Repercussão Geral 45. A execução provisória de obrigação de fazer em face da Fazenda Pública não atrai o regime constitucional dos precatórios. (RE 573872, 24.5.2017)

STF Repercussão Geral 831. O pagamento dos valores devidos pela Fazenda Pública entre a data da impetração do mandado de segurança e a efetiva implementação da ordem concessiva deve observar o regime de precatórios previsto no art. 100 da CF. (RE 889173, 8.8.2015)

STF Repercussão Geral 873. Não viola o art. 100, § 8º, da CF a execução individual de sentença condenatória genérica proferida contra a Fazenda Pública em ação coletiva visando à tutela de direitos individuais homogêneos. (ARE 925754, 18.12.2015)

STF Repercussão Geral 877. Os pagamentos devidos, em razão de pronunciamento judicial, pelos conselhos de fiscalização não se submetem ao regime de precatórios. (RE 938837, 19.4.2017)

STF Repercussão Geral 96. Incidem os juros da mora no período compreendido entre a data da realização dos cálculos e a da requisição ou do precatório. (RE 579431, 19.4.2017)

* INFORMATIVOS DE JURISPRUDÊNCIA

Empresas Públicas e execução de débitos via precatório

STF As empresas públicas e sociedades de economia mista não têm direito à prerrogativa de execução via precatório. RE 851711 AgR, Rel. Min. Marco Aurélio, j. 12.12.2017. 1ª T (Info 888)

Lei estadual e requisição de pequeno valor

STF O art. 87 do ADCT não delimita um piso, irredutível, para o pagamento dos débitos dos estados e dos municípios por meio de RPV. Portanto, é lícito aos entes federados fixar o valor máximo para essa especial modalidade de pagamento, desde que se obedeça ao princípio constitucional da proporcionalidade. ADI 4332, Rel. Min. Alexandre de Moraes, j. 7.2.2017. Pleno. (Info 890)

Execução contra a Fazenda Pública. RPV. Juros de mora. Período compreendido entre a data da elaboração da conta de liquidação e a expedição do requisitório. Incidência. Julgamento proferido pelo STF no RE n. 579.431/RS, em regime de repercussão geral. Art. 1.030, II, do CPC/15. Juízo de retratação.

STJ Em adequação ao entendimento do STF, a Corte Especial do STJ adota orientação jurisprudencial no sentido de que incidem juros da mora no período compreendido entre a data da realização dos cálculos e a da requisição ou do precatório. EREsp 1.150.549, Rel. Min. Og Fernandes, DJ 12.12.2017. Corte Especial. (Info 617)

Cessão de crédito. Honorários advocatícios de sucumbência. Direito autônomo do causídico. Possibilidade de habilitação do cessionário em processo judicial. Requisitos formais. Escritura pública referente à cessão de créditos e discriminação do valor devido no precatório a título de verba honorária.

STJ O cessionário de honorários advocatícios tem legitimidade para se habilitar no crédito consignado em precatório desde que comprovada a validade do ato de cessão por escritura pública e seja discriminado o valor devido a título de verba honorária no próprio requisitório, não preenchendo esse último requisito a simples apresentação de planilha de cálculo final elaborada pelo Tribunal de Justiça. EREsp 1.127.228, Rel. Min. Benedito Gonçalves, DJ 29.6.2017. Corte Especial (Info 607)

* QUESTÕES OBJETIVAS

238. **(Cespe/STM/Analista/2018)** Será constitucional lei estadual que permita que o credor da fazenda estadual utilize crédito em precatório para a aquisição de imóvel público do respectivo ente federado.

239. **(Cespe/TCE/PB/Auditor/2018)** Com relação à disciplina constitucional dos precatórios, assinale a opção correta.

a) O Poder Executivo deverá abrir créditos adicionais com a indicação de recursos suficientes para saldar o débito no caso de esgotamento dos recursos destinados ao pagamento dos precatórios requisitados pelo Poder Judiciário.

b) Os créditos de natureza alimentícia devidos aos maiores de sessenta anos de idade terão preferência sobre os demais débitos inscritos em precatório, vedado o seu fracionamento para tal finalidade.

c) Os juros de mora devem incidir no período compreendido entre a data de elaboração dos cálculos e a data de expedição do precatório.

d) O pagamento dos precatórios deve ser feito rigorosamente de acordo com a ordem cronológica de sua apresentação, independentemente do valor da obrigação imposta pela condenação judicial.

e) Aos débitos judiciais dos conselhos de fiscalização profissional aplica-se o regime de precatórios e requisições de pequeno valor.

240. **(Cespe/Funpresp/Especialista Jurídico/2016)** O pagamento dos valores devidos pela fazenda pública em decorrência de concessão de mandado de segurança impetrado por pessoa física não se submete ao regime constitucional de precatório, desde que esses valores se refiram a período posterior à data da impetração do mandado de segurança e anterior à efetiva implementação da ordem concessiva.

241. **(Cespe/TCE/PA/Auditor/2016)** Consoante o texto constitucional, havendo desequilíbrio orçamentário com déficit primário, a União pode deixar de pagar os precatórios do respectivo exercício financeiro, salvo os de natureza alimentar.

242. **(Cespe/TCE/PA/Auditor/2016)** Para fins de aplicação dos limites da dívida consolidada municipal, devem ser considerados os precatórios judiciais não pagos durante a execução do orçamento no qual houverem sido incluídos.

243. **(Cespe/TRF/1R/Juiz/2015)** Aos sessenta e cinco anos de idade, Antônio foi atropelado culposamente por um automóvel da administração pública federal o que lhe ocasionou invalidez para o exercício do trabalho. A vítima ingressou com uma ação fundada em responsabilidade civil do Estado, na qual logrou êxito, uma vez que a sentença que condenou a União a lhe pagar indenização transitou em julgado. O precatório gerado foi inscrito no orçamento aprovado para o exercício fiscal do ano de 2015. Considerando essa situação hipotética, assinale a opção correta em conformidade com a disciplina constitucional dos precatórios:

a) Antônio, independentemente da concordância do ente ou órgão devedor, poderá ceder seu precatório a terceiros.

b) O crédito somente será válido se houver dotação na lei orçamentária anual com a designação expressa de que o precatório é de titularidade de Antônio.

c) O crédito de Antônio não possui natureza alimentar, uma vez que foi fundamentado em ato ilícito civil da administração pública federal que ensejou indenização por invalidez.

d) Dado que Antônio tem mais de sessenta anos, o crédito terá prioridade sobre todos os demais créditos, e deverá ser pago integralmente independentemente do seu valor.

e) Caso o crédito de Antônio seja considerado por lei como de pequeno valor, seu precatório será pago com preferência sobre todos os demais.

244. (Cespe/TCE/PE/Auditor/2017) Sem a concordância do ente público devedor, é vedada a cessão parcial de crédito em precatório cuja dívida seja de natureza alimentícia.

245. (Cespe/TCE/PE/Analista_Controle_Externo/2017) Os pagamentos devidos pelos conselhos de fiscalização profissional em decorrência de condenação judicial sujeitam-se ao regime constitucional dos precatórios.

246. (Cespe/PGM/Fortaleza/Procurador/2017) De acordo com o STF, não configura violação ao princípio da isonomia a incidência, sobre os precatórios, de juros moratórios corrigidos pelo índice de remuneração da caderneta de poupança.

247. (Cespe/PGM/Salvador/Procurador/2015) Uma associação de servidores públicos que ingressou com ação judicial contra determinado estado da Federação obteve sentença judicial condenatória transitada em julgado em 2015, a qual condenou a fazenda pública a pagar a cada associado um valor certo e determinado, em razão de correção de remuneração não implementada corretamente pela administração. Nessa situação hipotética:

a) não havendo a alocação de recursos suficientes para o pagamento dos débitos no prazo previsto na CF, caberá ao presidente do tribunal que proferir a decisão exequenda determinar ao chefe do Poder Executivo que inclua os recursos devidos na previsão orçamentária para o exercício financeiro imediatamente subsequente, vedado, nessa hipótese, o sequestro da quantia respectiva.

b) o pagamento deverá ser feito pelo sistema de precatórios judiciais, quaisquer que sejam os valores das condenações.

c) a depender do valor total da condenação, os pagamentos poderão ser fracionados em até dez anos, corrigidos monetariamente a cada pagamento.

d) se, na data da expedição dos precatórios, houver beneficiários com mais de sessenta anos de idade, os débitos a eles correspondentes deverão ser pagos com preferência sobre os demais, sem que se exceda o valor correspondente ao triplo do fixado em lei para pagamento de requisições de pequeno valor, admitindo-se o fracionamento para essa finalidade.

e) a atualização dos valores desde a expedição do requisitório até o pagamento efetivo será feita pela aplicação da taxa SELIC, não incidindo sobre tais valores juros de mora ou juros compensatórios.

248. (Cespe/TRF/5R/Juiz/2017) Pagamentos devidos pela fazenda pública federal, estadual, distrital e municipal em virtude de sentença judiciária deverão ser feitos exclusivamente na ordem cronológica de apresentação dos precatórios. Conforme o entendimento do STF, é aplicável o regime de precatório apenas à:

a) União, aos estados, ao Distrito Federal, aos municípios, às autarquias, às fundações públicas, às empresas públicas e às sociedades de economia mista prestadoras de serviço público próprio do Estado.

b) União, aos estados, ao Distrito Federal, aos municípios, às autarquias, às fundações públicas, às empresas públicas, às sociedades de economia mista prestadoras de serviço público próprio do Estado e aos conselhos profissionais.

c) União, aos estados, ao Distrito Federal e aos municípios.

d) União, aos estados, ao Distrito Federal, aos municípios, às autarquias e às fundações públicas.

e) União, aos estados, ao Distrito Federal, aos municípios, às autarquias, às fundações públicas e aos conselhos profissionais.

249. (Cespe/TRF/1R/Analista/2017) Os pagamentos devidos pelas fazendas públicas dos entes federados, em virtude de sentença judiciária, deverão ser efetuados exclusivamente na ordem cronológica de apresentação dos precatórios; são de natureza administrativa as decisões dos tribunais proferidas no cumprimento dos precatórios judiciais.

250. **(Cespe/PGE/AM/Procurador/2016)** Não tem natureza jurisdicional, mas sim administrativa, o ato do presidente de tribunal de justiça que solicita ao Poder Executivo a realização de despesa com obrigação decorrente de sentença judicial condenatória proferida contra o Estado.

251. **(Cespe/TCU/Procurador/2015)** Em relação ao regime de pagamento de despesas decorrentes de decisões judiciais, assinale a opção correta:

a) Em relação à atualização monetária dos créditos de precatórios federais, o STF determinou a aplicação do Índice de Preços ao Consumidor Amplo Especial (IPCA-E), exceto para os precatórios tributários, que deverão observar os mesmos critérios pelos quais a fazenda pública corrige seus créditos tributários.

b) A jurisprudência do STF orienta a aplicação do regime de precatórios e requisições de pequeno valor às empresas públicas e sociedades de economia mista, uma vez que tais entidades integram a administração pública e submetem-se ao orçamento de investimento dos entes federativos.

c) No exercício da competência de gestão, controle e liquidação dos precatórios, o presidente do tribunal exerce função jurisdicional, pois é sua incumbência determinar o sequestro da verba necessária à liquidação do valor em virtude do preterimento do direito de precedência ou de não alocação orçamentária do valor necessário à satisfação do débito, além de responder por crime de responsabilidade.

d) Independentemente de regulamentação, admite-se na atualidade a compensação do crédito consubstanciado em precatório com o valor correspondente aos débitos líquidos e certos, inscritos ou não em dívida ativa e constituídos contra o credor original pela fazenda pública devedora, incluídas as parcelas vincendas de parcelamentos, ressalvados aqueles cuja execução esteja suspensa em virtude de contestação administrativa ou judicial.

e) O precatório de natureza alimentar cedido a pessoa com mais de sessenta anos de idade passa a ter prioridade de pagamento sobre todos os demais débitos, até o valor equivalente ao triplo do fixado em lei, admitido o fracionamento para essa finalidade, sendo o restante pago na ordem cronológica de apresentação do precatório.

7. RECEITAS E DESPESAS

✻ 5º NO TOP 5!

◉ COM 113 QUESTÕES, OS TEMAS DESTE TÓPICO ESTÃO EM QUINTO LUGAR DENTRE OS CINCO MAIORES AGREGADOS DE ASSUNTOS EXPLORADOS PELA BANCA:

✻ INOVAÇÕES LEGISLATIVAS

▲ Lei de Normas Gerais de Direito Financeiro (Lei 4.340/64): sem alterações em 2017/2018.

7.1. Créditos Adicionais, Especiais, Extraordinários e Suplementares

✻ QUESTÕES OBJETIVAS

252. **(Cespe/CGM/João_Pessoa/Auditor/2018)** É vedada a utilização dos recursos provenientes de excesso de arrecadação como fonte para a abertura de créditos suplementares ou especiais.

253. **(Cespe/STM/Técnico/2018)** Embora seja admitida para atender despesas imprevisíveis, a abertura de créditos extraordinários depende da indicação dos recursos correspondentes.

254. **(Cespe/CGM/João_Pessoa/Auditor/2018)** O superávit financeiro apurado no balanço financeiro do exercício anterior constitui fonte de recursos para a abertura de créditos especiais e suplementares.

255. **(Cespe/STM/Analista/2018)** Os créditos extraordinários podem ser abertos ainda que não haja dotações orçamentárias disponíveis para a realização da despesa.

256. **(Cespe/STM/Técnico/2018)** Os créditos suplementares previamente autorizados na lei orçamentária anual são abertos por decreto do Poder Executivo.

257. **(Cespe/STM/Técnico/2018)** Os créditos suplementares possuem vigência exclusivamente dentro do exercício financeiro em que são abertos.

258. **(Cespe/CGM/João_Pessoa/Auditor/2018)** Quanto aos créditos orçamentários adicionais, o crédito suplementar incorpora-se ao orçamento vigente, adicionando-se à dotação orçamentária que deva reforçar, ao passo que os créditos especiais são destinados a despesas para as quais não haja dotação orçamentária específica.

259. (Cespe/CGM/João_Pessoa/Técnico/2018) Poderão ser abertos créditos suplementares ao orçamento desde que haja recursos disponíveis, ainda que oriundos de operações de crédito autorizadas nos termos legais.

260. (Cespe/Sefaz/RS/Auditor/2018) Na execução do orçamento, as dotações inicialmente aprovadas na LOA podem se mostrar insuficientes, condição que permite que tal lei seja modificada por meio de créditos adicionais classificados como créditos especiais, os quais se

a) destinam a despesas para as quais não exista dotação orçamentária específica, dependem da existência de recursos para a sua abertura e devem ser autorizados por lei.
b) destinam apenas ao exercício em que forem autorizados, sem exceção quanto a extensão de sua vigência.
c) destinam somente a despesas imprevisíveis e urgentes, como as decorrentes de guerra, calamidade pública ou comoção interna.
d) destinam a reforçar a dotação orçamentária e limitados a determinada importância ou percentual, sem a necessidade de submissão ao Poder Legislativo.
e) incorporam ao orçamento do exercício financeiro seguinte ao exercício em que foram autorizados.

261. (Cespe/TCE/PA/Auditor/2016) A autorização para a abertura de créditos suplementares e a contratação de crédito, ainda que por antecipação de receitas, não pode ser realizada por meio da lei orçamentária anual.

262. (Cespe/TCE/PA/Auditor/2016) Créditos especiais são aqueles destinados a despesas urgentes e imprevistas, como nos casos de calamidade pública.

263. (Cespe/TCE/PA/Auditor/2016) Para reformar, em 2009, um estádio de futebol situado em Belém/PA, o governo estadual contratou uma empresa que estimou o orçamento para a execução das obras em R$ 18 milhões. Se tivessem sido necessários mais R$ 2 milhões para a execução da reforma, a abertura de créditos adicionais dependeria de indicação prévia da fonte de recursos para suportar essa despesa.

264. (Cespe/TCE/PA/Auditor/2016) Despesas públicas não computadas na lei de orçamento anual ou insuficientemente dotadas poderão ser autorizadas por meio dos denominados créditos adicionais.

265. (Cespe/TCE/PA/Auditor/2016) O Poder Executivo, ao elaborar o orçamento geral do Estado do Pará (OGE/PA) para o exercício de 2016, propôs: (i) dotação orçamentária, consignada na LOA, no valor de R$ 500 milhões para custear a construção da chamada ferrovia da soja, para ligar os estados do Pará e Mato Grosso; (ii) instituição do programa paraense de incentivo ao primeiro emprego, um programa assistencial continuado de incentivo ao primeiro emprego para jovens com idade entre 18 e 20 anos, ao custo de R$ 500 por jovem. Caso necessite alterar o planejamento inicial para a construção da ferrovia durante o exercício de 2016, por meio da adição ou supressão da dotação orçamentária de R$ 500 milhões inicialmente consignada na LOA, o governo deverá encaminhar projeto de lei de créditos adicionais à Assembleia Legislativa.

266. (Cespe/TCE/SC/Auditor/2016) Caso seja necessário modificar os atributos de determinado crédito orçamentário, a modificação deverá ser feita por meio de créditos suplementares, créditos especiais ou créditos extraordinários.

267. (Cespe/TRT/8R/Analista/2016) Com relação aos créditos adicionais, cuja finalidade é atender despesas não previstas ou insuficientemente dotadas no orçamento público, assinale a opção correta:

a) Age em conformidade com os dispositivos legais a autoridade pública que abre créditos extraordinários, sem a autorização do legislativo, em casos de calamidade pública.
b) O pagamento de despesas de pequeno vulto sem previsão orçamentária pode ser realizado mediante a abertura de créditos adicionais extraordinários autorizados na lei orçamentária anual.
c) A classificação dos créditos adicionais está prevista em quatro tipos: suplementares, especiais, extraordinários e superavitários.
d) A variação de preços de bens e serviços no decorrer do exercício financeiro não é fato justificável para solicitação de abertura de créditos suplementares.

e) A vigência de todas as modalidades de créditos adicionais é restrita ao exercício financeiro em que foram abertas, sem possibilidade de reabertura de seu saldo em exercício seguinte.

268. **(Cespe/TCE/PR/Auditor/2016)** Os créditos adicionais que demandam a abertura de um novo programa de trabalho após a aprovação da LOA são os créditos:

a) extraordinários e suplementares.
b) especiais e urgentes.
c) urgentes e complementares.
d) especiais e extraordinários.
e) suplementares e especiais.

269. **(Cespe/TCE/PA/Auditor/2016)** Os chefes dos Poderes Executivo, Legislativo e Judiciário podem determinar a abertura de créditos suplementares, desde que autorizados por lei previamente aprovada.

270. **(Cespe/TCE/SC/Auditor/2016)** Ainda que haja autorização por lei específica e conformidade com a Lei de Diretrizes Orçamentárias, não é permitido ao município usar recursos previstos em créditos suplementares para cobrir déficits de pessoas jurídicas.

271. **(Cespe/PGM/Belo_Horizonte/Procurador/2017)** Assinale a opção correta de acordo com as normas de direito financeiro constantes na CF:

a) O descumprimento do limite de despesas com pessoal impõe como medida derradeira a demissão de servidores estáveis, com a consequente extinção dos seus respectivos cargos públicos, cuja recriação poderá ocorrer imediatamente após a recondução da despesa ao limite.
b) A LDO estabelecerá, de forma regionalizada, as diretrizes, os objetivos e as metas da administração pública federal para as despesas de capital e de outras delas decorrentes e para as relativas aos programas de duração continuada.
c) O controle externo é atividade precípua do tribunal de contas, não lhe incumbindo, todavia, as atividades de controle interno, que são exclusivas dos Poderes Executivo, Legislativo e Judiciário.
d) A abertura de crédito extraordinário somente será admitida para atender a despesas imprevisíveis e urgentes.

272. **(Cespe/TCE/PE/Analista/2017)** Crédito adicional aberto com base em autorização dada pela lei orçamentária anual corresponde a um crédito suplementar.

273. **(Cespe/TCE/PE/Analista_Controle_Externo/2017)** No ano 201X, o Departamento de Polícia Federal informou que as dotações orçamentárias para custear a emissão de passaportes, previstas na lei orçamentária anual daquele exercício financeiro, teriam sido totalmente utilizadas até o mês de julho, o que o obrigou a suspender esse serviço. Nessa situação, é necessária a aprovação e a publicação de uma lei de créditos adicionais do tipo especial para que o serviço de emissão de passaportes seja retomado.

7.2. Despesas Públicas

◉ ATENÇÃO: ESTE TEMA É MUITO EXIGIDO NOS CONCURSOS!

✱ REPERCUSSÃO & REPETITIVOS

STF Repercussão Geral 220. É lícito ao Judiciário impor à Administração Pública obrigação de fazer, consistente na promoção de medidas ou na execução de obras emergenciais em estabelecimentos prisionais para dar efetividade ao postulado da dignidade da pessoa humana e assegurar aos detentos o respeito à sua integridade física e moral, nos termos do que preceitua o art. 5º, XLIX, da CF, não sendo oponível à decisão o argumento da reserva do possível nem o princípio da separação dos poderes. (RE 592581, 13.8.2015)

✱ QUESTÕES DISCURSIVAS

14. **(Cespe/TCE/PR/Analista/2016)** Considerando a classificação das despesas orçamentárias, redija um texto acerca das diferenças entre despesas correntes e despesas de capital. Ao elaborar seu texto, faça o que se pede a seguir: (i) conceitue despesas correntes. (ii) conceitue despesas de capital. (iii) disserte sobre as diferenças entre despesas correntes e despesas de capital quanto aos seus efeitos patrimoniais.

✱ QUESTÕES OBJETIVAS

274. **(Cespe/Sefaz/RS/Auditor/2018)** O regime de adiantamento de numerários é aplicável a casos de despesas públicas definidas em lei. A respeito de adiantamento de numerários, assinale a opção correta.

a) Em razão da sua natureza de urgência, no regime de adiantamento é possível realizar empenho em dotação própria da despesa.

b) Por força de impedimento legal, o adiantamento de numerário não pode cobrir despesas relativas a diárias e ajuda de custo de servidor em viagem a serviço.

c) O regime de adiantamento é regulamentado pelo governo federal, que estabelece as regras para a prestação de contas, devendo ser adotadas por todos os entes federativos.

d) O regime de adiantamento consiste na entrega de recursos financeiros a servidor, a critério do ordenador de despesas e sob a sua responsabilidade.

e) O regime de adiantamento representa a única exceção às etapas pertinentes à despesa pública, visto que o dispêndio acontece preliminarmente ao empenho.

275. **(Cespe/CGM/João_Pessoa/Auditor/2018)** O suprimento de fundos é caracterizado como um adiantamento de valores que se faz a um servidor para futura prestação de contas e que não constitui uma despesa orçamentária.

276. **(Cespe/CGM/João_Pessoa/Auditor/2018)** O empenho do tipo global é utilizado para despesas contratuais ou outras de valor determinado, sujeitas a parcelamento.

277. **(Cespe/TCE/PB/Auditor/2018)** Acerca da despesa pública, assinale a opção correta.

a) As subvenções são transferências destinadas ao custeio de programas sociais e econômicos previamente aprovados na lei orçamentária.

b) O prévio empenho é dispensável na medida em que a legislação admite o adiantamento de pagamento de despesas que não se subordinam ao processo normal de aplicação.

c) O empenho é o ato da autoridade competente que estabelece o cronograma de pagamento segundo a estimativa da despesa prevista na lei orçamentária.

d) A despesa de custeio engloba os gastos públicos com o pagamento dos juros e encargos da dívida pública e sua amortização.

e) A liquidação da despesa pública é o pagamento mediante a apresentação de nota que certifica a prestação do serviço ou a entrega do produto.

278. **(Cespe/CGM/João_Pessoa/Técnico/2018)** A Lei do Direito Financeiro define subvenção econômica como uma despesa corrente destinada a empresa agrícola, pastoril, industrial ou comercial.

279. **(Cespe/CGM/João_Pessoa/Técnico/2018)** O pagamento é o último estágio da despesa pública e só será realizado após a regular liquidação da despesa.

280. **(Cespe/STM/Analista/2018)** O ato de suprimento de fundos constitui uma despesa orçamentária, embora a despesa patrimonial correspondente deva ocorrer somente em momento futuro.

281. **(Cespe/CGM/João_Pessoa/Auditor/2018)** A liquidação consiste na verificação do direito adquirido pelo credor, tendo por base os títulos e documentos comprobatórios do respectivo crédito, e tem por objetivo apurar a origem e o objeto do que se deve pagar, a importância exata a pagar e a quem se deve pagar a importância para extinguir a obrigação.

282. **(Cespe/TCE/PB/Auditor/2018)** Os empenhos aplicáveis às despesas relacionadas ao consumo de energia elétrica e os aplicáveis aos compromissos decorrentes de aluguéis classificam-se, respectivamente, em

a) estimativos e globais.

b) estimativos e ordinários.

c) globais e estimativos.

d) ordinários e estimativos.

e) ordinários e globais.

283. **(Cespe/CGM/João_Pessoa/Técnico/2018)** Denomina-se despesa orçamentária a despesa que tenha sido realizada com o sacrifício de receitas orçamentárias, ainda que não tenha sido objeto de dotação orçamentária.

284. **(Cespe/TCE/PB/Auditor/2018)** A respeito do ato de limitação de empenho decorrente do acompanhamento da execução orçamentária, assinale a opção correta.

a) Cabe ao Poder Executivo definir os critérios de limitação de empenho.

b) A recomposição das dotações, objeto do ato de limitação, depende do restabelecimento integral da receita.

c) A limitação de empenho implica a desvinculação dos recursos previamente vinculados a finalidade específica.

d) É vedada a limitação de despesas que constituam obrigações constitucionais e legais do ente.

e) O referido ato pode ser publicado em qualquer momento da execução, a critério do Poder Executivo.

285. **(Cespe/TCE/PA/Auditor/2016)** De acordo com a classificação financeira por categoria econômica, as despesas públicas podem ser de três tipos: despesas correntes, despesas de capital e despesas da dívida pública.

286. **(Cespe/TCE/PA/Auditor/2016)** As despesas decorrentes de sentença judicial são classificadas como operações especiais, por não gerarem produtos.

287. **(Cespe/TCE/SC/Auditor/2016)** O estágio de pagamento da despesa caracteriza-se pelo despacho por meio do qual a autoridade competente determina que a despesa seja liquidada.

288. **(Cespe/TCE/PR/Analista/2016)** A respeito de despesa pública, que se refere a pagamentos efetuados por parte do agente público competente, assegurados por autorização legislativa, para a execução de finalidade governamental, assinale a opção correta:

a) A classificação institucional da despesa é fundamental ao exercício do controle social porque possibilita ao usuário da informação identificar todos os programas de governo.

b) O gestor de unidade orçamentária com servidores ativos e inativos deverá, no orçamento programa, classificar o dispêndio, com as respectivas remunerações, como operações especiais, por representarem a contraprestação direta sob a forma de serviços.

c) A classificação funcional, uma das classificações econômicas da despesa, objetiva apresentar as ações e os programas de governo realizados no atendimento às demandas da sociedade.

d) Na elaboração da proposta orçamentária de tribunal, a verba destinada à construção de um prédio será classificada, conforme a classificação programática, como atividade, visto que o edifício irá atender a meta de estender as atividades administrativas.

e) As despesas do governo federal incluem as transferências constitucionais decorrentes do rateio da receita corrente de impostos entre os entes federados, cuja finalidade é reduzir as desigualdades sociais.

289. **(Cespe/TCE/SC/Auditor/2016)** Se um órgão público reconhecer dívida referente a exercício financeiro já encerrado, a despesa poderá ser inscrita na conta de despesas de exercícios anteriores, ainda que o orçamento respectivo não consignasse crédito próprio para o pagamento.

290. **(Cespe/TCE/PA/Auditor/2016)** O empenho, primeiro estágio da despesa pública, consiste em reserva de dotação orçamentária para um fim específico e deve ser assinado pelo ordenador da despesa.

291. **(Cespe/TCE/SC/Auditor/2016)** A fixação da despesa, que compreende a adoção de medidas em determinada situação idealizada, conforme os recursos disponíveis e as diretrizes e prioridades traçadas pelo governo, é um dos estágios da despesa pública previstos na legislação em vigor.

292. **(Cespe/TRT/8R/Analista/2016)** As despesas orçamentárias são organizadas e classificadas conforme a natureza econômica, o grupo de despesa, a modalidade de aplicação e o elemento de despesa. Quanto à natureza econômica da despesa, assinale a opção correta:

a) As despesas de capital destinam-se à manutenção de serviços e obras de engenharia.

b) As despesas orçamentárias, quanto à categoria econômica, podem ser classificadas como despesa corrente e de capital.

c) As despesas orçamentárias, classificadas no grupo de despesas sob o título de investimento, são enquadradas quanto a sua natureza em despesas correntes.

d) As despesas correntes são destinadas à classificação de amortização de dívidas.

e) Os juros e encargos da dívida vinculam-se à despesa de capital.

293. **(Cespe/TCE/PA/Auditor/2016)** A simples prorrogação de despesa criada por prazo determinado não configura aumento de despesa pública.

294. **(Cespe/TCE/PE/Auditor/2017)** Se um projeto cujo objetivo seja a realização de obra resultar em incremento no custo das atividades regulares de determinado órgão público, o aumento de despesa deverá ser registrado nos atributos do subtítulo correspondente ao projeto.

295. (Cespe/TCE/PE/Auditor/2017) Os gastos com a construção de um hospital público e com a aquisição de móveis usados são considerados despesas de capital, ao passo que a compra de papel para impressão e a quitação de juros da dívida pública se enquadram como despesas correntes.

296. (Cespe/TRT/8R/Analista/2016) Acerca das receitas e despesas constantes do orçamento público, bem como suas classificações, assinale a opção correta:

a) A administração pública, ao fazer investimento com a obtenção de títulos representativos de participação no capital social de outras entidades em funcionamento, deverá classificar o gasto como despesas de capital – inversões financeiras.

b) Todas as despesas, sejam elas classificadas como orçamentárias ou extraorçamentárias, demandam autorização legislativa para serem realizadas.

c) No orçamento federal, o pagamento dos juros pela rolagem da dívida pública e as parcelas de amortização do principal da dívida são classificados como despesas de capital, na modalidade transferência de capital.

d) A entrega de um conjunto habitacional para moradia popular indica, na previsão orçamentária, o aumento da receita corrente de contribuições, advinda da expectativa de aumento da arrecadação da taxa de limpeza pública.

e) A receita de dívida ativa proveniente da inclusão do nome de contribuintes que não efetuam o pagamento de seus impostos até o final do exercício financeiro deve ser classificada, pela administração pública, como receita corrente tributária.

297. (Cespe/TCE/PE/Analista/2017) O empenho de despesa impõe ao Estado uma obrigação de pagamento, ainda que o bem correspondente não tenha sido fornecido ou o serviço correspondente não tenha sido prestado.

298. (Cespe/TCE/PE/Analista/2017) Somente despesas que contribuam para manutenção, expansão ou aperfeiçoamento das ações de governo podem ser incluídas na lei orçamentária.

299. (Cespe/TCE/PE/Analista_Controle_Externo/2017) As despesas de investimentos, que devem estar previstas no plano plurianual, correspondem às dotações previstas para a amortização da dívida pública.

300. (Cespe/PGM/Belo_Horizonte/Procurador/2017) A respeito do regime normativo das despesas constante na CF e na legislação complementar em matéria financeira, assinale a opção correta:

a) A subvenção econômica em empresa pública pode ser realizada para o aumento de seu capital social, devendo estar contemplada em lei específica, com expressa inclusão da despesa no orçamento fiscal.

b) A expansão quantitativa do atendimento e dos serviços de saúde e assistência social prestados pelo município deve ser compensada pelo aumento permanente de receita ou pela redução de outra despesa de custeio.

c) As subvenções sociais e econômicas são transferências realizadas a pessoas jurídicas públicas ou privadas para cobrir despesas de custeio.

d) Qualificada como despesa de capital obrigatória, a despesa de pessoal é dotada de caráter continuado.

301. (Cespe/TCE/PE/Analista_Controle_Externo/2017) Classifica-se como extraorçamentária a despesa correspondente à devolução de valores de terceiros temporariamente em poder do ente público.

302. (Cespe/PGM/Fortaleza/Procurador/2017) Os gastos com contratos de terceirização de mão de obra incluem-se no cálculo do limite de despesas com pessoal e são contabilizados como pagamentos aos ocupantes de cargos, funções ou empregos públicos.

303. (Cespe/PGM/Fortaleza/Procurador/2017) Não é exigível prévia dotação orçamentária para a concessão de vantagem ou aumento de remuneração em recomposição salarial orientada pela reposição do poder aquisitivo em virtude da inflação.

304. (Cespe/PGE/SE/Procurador/2017) Acerca dos limites da despesa total de gastos com pessoal, assinale a opção correta:

a) Os percentuais desses limites previstos na legislação incidem sobre a receita corrente nominal.

b) Os percentuais de gastos para o MPU e o Poder Judiciário são equivalentes.

c) Estão previstos na CF os percentuais referentes a esses limites.

d) Os percentuais previstos para esses limites são os mesmos para cada ente federativo.

e) São excluídas desses limites as despesas com indenização por demissão de servidores.

305. **(Cespe/TCE/PE/Analista_Controle_Externo/2017)** A finalidade da classificação funcional é identificar o objeto de cada uma das despesas.

7.3. Operações de Crédito

*** QUESTÕES OBJETIVAS**

306. **(Cespe/STM/Analista/2018)** Se o prazo para pagamento de determinada operação de crédito for inferior a doze meses e se as respectivas receitas constarem do orçamento, a operação será incluída na dívida pública consolidada.

307. **(Cespe/TCE/PR/Analista/2016)** A operação de crédito por antecipação de receita (ARO):

a) pode ser livremente contratada pelos entes da Federação, desde que se realize procedimento licitatório da modalidade concorrência com as instituições financeiras interessadas.

b) pode ser contratada até o final do mandato do governador ou do prefeito.

c) pode ser realizada independentemente de haver outra operação da mesma natureza não integralmente resgatada.

d) deve ser integralmente liquidada até o dia 31 de dezembro de cada ano.

e) não poderá prever tarifas ou outros encargos, além da taxa de juros da operação, cobrados pela instituição financeira contratada.

308. **(Cespe/TCE/PR/Analista/2016)** No primeiro dia de mandato do prefeito do município X, sua equipe apresentou-lhe a situação das contas municipais. A equipe alegou que não havia recursos suficientes em caixa para o pagamento das despesas correntes do município até o final do primeiro mês do ano, mas assegurou ao prefeito que ele poderia recorrer à ARO como forma de obter a quantia necessária ao atendimento das despesas. O prefeito do município X, referido no texto, não poderá realizar operações de ARO no período entre o dia:

a) 1º de dezembro de um exercício e o último dia de fevereiro do exercício seguinte.

b) 1º de janeiro e o último dia de fevereiro de cada exercício.

c) 1º de janeiro e o dia 31 de março de cada exercício.

d) 10 de janeiro e o dia 31 de março de cada exercício.

e) 10 de dezembro de um exercício e o dia 9 de janeiro do exercício seguinte.

309. **(Cespe/TCE/PR/Auditor/2016)** Assinale a opção correta a respeito de receita pública:

a) Operações de crédito são receitas de capital originárias da contratação de empréstimos junto a entidades públicas ou privadas, internas ou externas.

b) Durante o exercício, as receitas cujos valores extrapolarem o originalmente previsto na LOA serão classificadas como ingressos extraordinários.

c) No âmbito da União, o órgão que normatiza a classificação orçamentária da receita é a Secretaria do Tesouro Nacional.

d) Segundo a classificação oficial, as receitas públicas podem ser originárias ou complementares.

e) As receitas de capital e as receitas correntes provocam, ambas, efeito positivo no patrimônio líquido do Estado.

310. **(Cespe/TCE/PR/Auditor/2016)** Com base na jurisprudência atual e dominante dos tribunais superiores em matéria de direito financeiro, assinale a opção correta:

a) As operações de crédito de ente federado não podem superar as despesas de capital, salvo quando autorizadas mediante créditos suplementares ou especiais com finalidade precisa aprovados pelo Poder Legislativo por maioria absoluta.

b) Excetuada a revisão de aposentadoria, pensão ou reforma, serão assegurados, nos processos perante os tribunais de contas, o contraditório e a ampla defesa sempre que da decisão a ser proferida puder decorrer revogação ou anulação de ato que tenha beneficiado o interessado.

c) Quando a receita realizada no bimestre sinalizar que não se atingirão as metas fiscais, e o Poder Legislativo não cumprir tempestivamente a obrigação de limitar empenho e movimentação financeira, o Poder Executivo poderá, substitutivamente, fazê-lo, conforme os critérios fixados pela LDO.

d) Em razão da impossibilidade de se interpretar extensivamente as competências constitucionais e as competências do regime jurídico de direito privado que regula as sociedades de economia mista, o TCU não deve abrir fiscalização contra essa espécie empresarial, senão nos casos em que haja fundada suspeita de atos danosos ao erário.

e) É incompatível com a CF norma de constituição estadual que preveja que as contas prestadas por quem administra o TCE devam ser apreciadas e julgadas pela assembleia legislativa do estado-membro.

311. **(Cespe/TCE/RN/Auditor/2015)** Se determinado órgão público realizar operação de crédito, sem oferecer como garantia sua receita futura, e receber recursos não previstos no orçamento em decorrência dessa operação, os ingressos serão classificados como receita orçamentária.

312. **(Cespe/PGM/Fortaleza/Procurador/2017)** De acordo com a LRF, é vedada a realização de transferência voluntária ao ente federativo que exceder o limite da despesa total com pessoal no primeiro quadrimestre do último ano do mandato do titular do Poder Executivo, mas não é vedada a contratação de operação de crédito.

7.4. Receitas Públicas

◉ ATENÇÃO: ESTE TEMA É MUITO EXIGIDO NOS CONCURSOS!

✱ QUESTÕES OBJETIVAS

313. **(Cespe/Sefaz/RS/Auditor/2018)** Na contabilidade pública, receita orçamentária é definida legalmente como

a) o recurso empregado pelo Estado em programas e ações cuja finalidade principal é atender às necessidades privadas e demandas do Congresso Nacional.

b) toda receita pública que observa as seguintes etapas, nessa ordem: arrecadação, recolhimento e lançamento.

c) toda receita arrecadada que representa ingresso financeiro orçamentário, inclusive, com algumas ressalvas, aquelas provenientes de operações de crédito.

d) as receitas públicas nas quais os ingressos auferidos pelo poder público para cobertura das despesas públicas são de caráter devolutivo.

e) as receitas privadas que ingressam durante o exercício e que aumentam o saldo financeiro do ente federativo.

314. **(Cespe/TCE/PA/Auditor/2016)** Desde que destinadas a atender despesas correntes, classificam-se como receitas correntes os recursos financeiros recebidos de outras pessoas de direito público.

315. **(Cespe/CGM/João_Pessoa/Técnico/2018)** Arrecadação de receita pública é o ato de transferir aos cofres públicos os valores monetários entregues pelos contribuintes.

316. **(Cespe/CGM/João_Pessoa/Auditor/2018)** São classificadas como receita orçamentária, sob as rubricas próprias, todas as receitas arrecadadas – incluídas as provenientes de operações de crédito, ainda que não previstas no orçamento –, as operações de crédito por antecipação da receita e as emissões de papel-moeda.

317. **(Cespe/CGM/João_Pessoa/Auditor/2018)** De acordo com a atual classificação da receita conforme a sua natureza, o último dígito da natureza de receita tem a finalidade de identificar o tipo de arrecadação.

318. **(Cespe/CGM/João_Pessoa/Técnico/2018)** A concessão de um serviço público para um particular representará uma receita de capital caso implique cessão de patrimônio imobiliário do Estado a terceiro.

319. **(Cespe/TCE/PB/Auditor/2018)** A respeito de receita pública e da sua repartição no sistema constitucional, assinale a opção correta.

a) As multas administrativas não são incluídas no conceito de receita pública porque são atos punitivos.

b) Todo ingresso de receita nos cofres do Estado pressupõe sua previsão na lei orçamentária, pois a movimentação de recursos financeiros exige a prévia autorização legislativa.

c) O princípio da unidade de tesouraria implica a centralização de todo o ingresso de receitas no tesouro público para que seja contabilizado como receita provisória.

d) A retenção de recursos públicos atribuídos aos estados e derivados da receita dos impostos é vedada à União, razão pela qual é inconstitucional o condicionamento do repasse ao pagamento de créditos devidos ao governo federal.

e) As parcelas do imposto sobre a renda retidas na fonte incidente sobre os rendimentos pagos pelos estados lhes pertencem, incorporando-se, desde logo, às respectivas receitas correntes.

320. **(Cespe/CGM/João_Pessoa/Auditor/2018)** Do ponto de vista orçamentário, as receitas são reconhecidas a partir da sua arrecadação.

321. **(Cespe/CGM/João_Pessoa/Auditor/2018)** A etapa de arrecadação da receita consiste na transferência dos valores arrecadados à conta específica do Tesouro, observando-se o princípio da unidade de tesouraria ou de caixa.

322. **(Cespe/CGM/João_Pessoa/Auditor/2018)** As receitas agropecuárias e industriais são exemplos típicos de receitas extraorçamentárias.

323. **(Cespe/CGM/João_Pessoa/Técnico/2018)** São critérios para a classificação da receita orçamentária a sua natureza e a fonte/destinação dos recursos.

324. **(Cespe/TCE/PB/Auditor/2018)** A respeito da receita pública e de sua classificação, assinale a opção correta.

a) O recebimento de amortização da dívida pública e o ingresso de recursos financeiros decorrentes de operações de crédito se classificam como receita corrente.

b) As contribuições sociais e de melhoria, assim como as multas decorrentes do não pagamento de impostos, classificam-se como receitas tributárias.

c) A definição de receita pública originária inclui a caução dada em garantia pelo particular que contrata com o poder público.

d) O pagamento pelo consumo de energia elétrica e a taxa de prevenção a incêndio constituem exemplos de receita pública originária e derivada, respectivamente.

e) A receita proveniente da arrecadação tributária dos estados é classificada como originária por estar diretamente relacionada ao exercício da competência constitucional daqueles entes federativos.

325. **(Cespe/CGM/João_Pessoa/Auditor/2018)** A classificação da receita pública por esfera orçamentária deve ser utilizada para diferenciar os recursos que serão diretamente utilizados pelo ente arrecadador daqueles que devem ser transferidos para outros entes da Federação.

326. **(Cespe/CGM/João_Pessoa/Auditor/2018)** A modificação do valor do patrimônio financeiro de um ente público por ocasião do seu registro contábil é uma das características das receitas extraorçamentárias.

327. **(Cespe/CGM/João_Pessoa/Auditor/2018)** As receitas extraorçamentárias não pertencem ao Estado, têm caráter temporário e são reconhecidas na contabilidade como passivos financeiros.

328. **(Cespe/CGM/João_Pessoa/Técnico/2018)** Receita orçamentária efetiva é aquela que recebeu prévio reconhecimento do direito ou constitui obrigação correspondente.

329. **(Cespe/TCE/PB/Auditor/2018)** Multas e juros de mora que incidem sobre tributos arrecadados por entidades do setor público enquadram-se nas receitas

a) extraorçamentárias, originárias e vinculadas.

b) orçamentárias, correntes, originárias e vinculadas.

c) extraorçamentárias, originárias e não vinculadas.

d) orçamentárias, de capital, derivadas e não vinculadas.

e) orçamentárias, correntes, derivadas e não vinculadas.

330. **(Cespe/TCE/PA/Auditor/2016)** Desde que destinadas a atender despesas de capital, classificam-se como receitas de capital os recursos recebidos de outras pessoas de direito público ou privado.

331. **(Cespe/TCE/PE/Auditor/2017)** Para identificar a origem de determinada receita pública de acordo com o acontecimento real que ocasionou o ingresso da receita nos cofres públicos, utiliza-se a classificação por natureza de receita.

332. (Cespe/TCE/PE/Auditor/2017) A entrada de recurso decorrente da venda, em leilões, de automóveis usados que integrem o patrimônio público é classificada como receitas de capital.

333. (Cespe/TCE/PE/Analista/2017) A classificação da receita orçamentária é de utilização obrigatória por todos os entes da Federação.

334. (Cespe/TCE/PE/Analista_Controle_Externo/2017) As custas e os emolumentos recebidos em razão da prestação dos serviços de registradores e notários estão incluídos na categoria de receita pública originária.

335. (Cespe/PGM/Fortaleza/Procurador/2017) O ingresso de recursos derivados de empréstimos não se inclui na contabilidade da receita pública, embora seja incluído no orçamento anual.

336. (Cespe/TRF/5R/Juiz/2017) A respeito de receita pública, assinale a opção correta:

a) Os valores provenientes de empréstimos compulsórios têm natureza de receitas públicas, em virtude de ingressarem no caixa de forma efetiva.
b) A cobrança de preços públicos, entrada de recursos no caixa com natureza de perenidade, é considerada ingresso público, e não receita pública.
c) A receita proveniente de impostos tem a mesma classificação que a proveniente do pagamento de caução, dado que acabam ingressando no caixa do governo, mesmo que a caução seja eventualmente devolvida.
d) São receitas públicas originárias as provenientes de atividade exclusiva estatal, como, por exemplo, a cobrança de tributos.
e) Os ingressos de recursos no caixa do governo, que constem dos valores previstos no orçamento, têm caráter permanente.

337. (Cespe/TRF/1R/Analista/2017) A etapa em que determinado banco privado transfere à conta específica do Tesouro os valores pagos pelos contribuintes referentes a certo tributo federal corresponde ao estágio de arrecadação da receita pública.

338. (Cespe/TRF/1R/Analista/2017) Os dividendos recebidos por determinada entidade pública são classificados como receita corrente patrimonial.

339. (Cespe/TRF/1R/Analista/2017) No lançamento do IPVA, o estado deverá registrar uma receita sob o enfoque orçamentário, que consistirá em uma variação patrimonial aumentativa.

340. (Cespe/PGE/SE/Procurador/2017) Do ponto de vista orçamentário, os empréstimos compulsórios com prazo de devolução superior a doze meses:

a) são classificados, quanto à entrada orçamentária, como receita corrente, por configurarem tributo.
b) auferem valores que integram a dívida pública mobiliária.
c) geram créditos exigíveis que integrarão a dívida ativa não tributária.
d) são classificados como créditos públicos voluntários.
e) integram o montante da dívida pública flutuante.

341. (Cespe/TCE/PE/Auditor/2017) A inscrição de crédito em dívida ativa corresponde à representação contábil de um fato permutativo resultante da transferência de valor não recebido no prazo estabelecido, dentro do próprio ativo.

342. (Cespe/TCE/PE/Analista_Controle_Externo/2017) De acordo com a classificação econômica da receita, a receita corrente tributária não se amolda à classificação tripartite dos tributos, pois não inclui as receitas com contribuições de melhoria, apesar de incluir a arrecadação das multas decorrentes de impostos e taxas.

343. (Cespe/TCE/PE/Analista_Gestão/2017) A receita de tributos é uma receita orçamentária corrente cuja previsão pode ser alterada pelo Poder Legislativo, se comprovada ocorrência de erro ou omissão de ordem técnica ou legal.

344. (Cespe/PGM/Fortaleza/Procurador/2017) De acordo com o entendimento dos tribunais superiores, o valor de benefício previdenciário concedido mediante fraude inclui-se na categoria de dívida ativa não tributária.

7.5. Restos a Pagar

* QUESTÕES OBJETIVAS

345. (Cespe/CGM/João_Pessoa/Auditor/2018) Ao efetuar o pagamento de restos a pagar, o ente público está convertendo uma despesa extraorçamentária em uma despesa orçamentária.

346. **(Cespe/CGM/João_Pessoa/Auditor/2018)** Os compromissos reconhecidos após o encerramento do exercício fazem parte das despesas de exercícios anteriores, que poderão ser pagas à conta de dotação específica consignada no orçamento do exercício financeiro vigente.

347. **(Cespe/CGM/João_Pessoa/Auditor/2018)** São restos a pagar apenas as despesas regularmente empenhadas e liquidadas, do exercício atual ou anterior, mas não pagas ou canceladas até 31 de dezembro.

348. **(Cespe/CGM/João_Pessoa/Técnico/2018)** Uma despesa empenhada e não paga no exercício social em que havia sido prevista integra os restos a pagar e será classificada como despesa extraorçamentária do exercício em que se der o seu efetivo pagamento.

349. **(Cespe/STM/Analista/2018)** No final do exercício, as despesas orçamentárias empenhadas e não pagas deverão ser inscritas em restos a pagar e, assim, constituirão dívida flutuante.

350. **(Cespe/STM/Técnico/2018)** O pagamento de restos a pagar processados corresponde a uma despesa orçamentária da entidade.

351. **(Cespe/STM/Técnico/2018)** Os restos a pagar não processados em liquidação são aqueles em que houve o adimplemento da obrigação pelo credor e cujo direito adquirido está em fase de verificação.

352. **(Cespe/CGM/João_Pessoa/Técnico/2018)** A obrigação de pagamento criada em função de lei e reconhecida como direito do reclamante somente em exercício posterior constitui despesa de exercícios anteriores.

353. **(Cespe/CGM/João_Pessoa/Auditor/2018)** O relatório resumido de execução orçamentária deve conter demonstrativo específico dedicado aos restos a pagar, evidenciando-se os valores inscritos, os pagamentos realizados e o montante a pagar.

354. **(Cespe/STM/Técnico/2018)** Os restos a pagar com prescrição interrompida são as despesas cuja inscrição como restos a pagar tenha sido cancelada, mas cujo direito do credor permaneça vigente.

355. **(Cespe/TCE/PA/Auditor/2016)** Os restos a pagar processados terão validade até o dia trinta e um de dezembro do exercício subsequente, quando serão automaticamente cancelados.

356. **(Cespe/TCE/PR/Analista/2016)** No que se refere à despesa pública, especialmente suprimento de fundos, restos a pagar e despesas de exercícios anteriores, assinale a opção correta:

a) A imprevisibilidade de valores que serão necessários ao pagamento de despesas de exercícios anteriores não permite incluí-los na lei orçamentária anual; a liquidação dessas despesas será realizada por meio de créditos adicionais.

b) Servidor que recebe numerário para pagar despesa do tribunal ao qual pertence, despesa esta que não possa se enquadrar no processo normal de aplicação, o receberá na forma de suprimento de fundos, podendo ser responsável, ao mesmo tempo, por até três suprimentos distintos.

c) No caso de valores destinados a suprimento de fundos, os estágios da despesa acontecem de forma invertida: primeiro o pagamento da despesa, seguido da liquidação e do empenho no momento da prestação de contas.

d) Os valores inscritos em restos a pagar de tribunal, referentes a despesas não liquidadas, se caracterizam como dívidas flutuantes, uma vez que sua previsão de pagamento é de curto prazo.

e) Se o fato gerador de despesa de tribunal tiver ocorrido em determinado ano e, por alguma razão, a despesa ficar para ser paga somente no ano seguinte, considerando a mudança de exercício, essa despesa, para que possa ser paga, deverá ser inscrita, ao final do primeiro ano, como despesa de exercícios anteriores.

357. **(Cespe/TCE/PA/Auditor/2016)** Restos a pagar são despesas empenhadas e não pagas no exercício. Seu impacto orçamentário ocorre no exercício corrente e o financeiro, no exercício posterior.

358. **(Cespe/TCE/SC/Auditor/2016)** Se empenhos referentes a determinada obra pública, cuja execução esteja prevista para mais um exercício financeiro, não puderem ser pagos até 31/12 de cada ano, eles deverão ser inscritos em restos a pagar no exercício em que tiverem sido empenhados.

359. **(Cespe/TCE/PR/Auditor/2016)** A respeito de despesa pública, assinale a opção correta:

a) Dívida ativa corresponde à despesa originada em exercício anterior, presente no orçamento corrente.
b) Garantias ou cauções recebidas de terceiros para a execução de contratos de prestação de serviços são denominadas débitos de tesouraria.
c) A execução orçamentária se inicia com a verificação de certeza da liquidez do credor.
d) Restos a pagar não geram, necessariamente, obrigações financeiras para o Estado.
e) A dívida fundada corresponde ao montante de obrigações financeiras a serem amortizadas em menos de doze meses.

360. **(Cespe/TCE/PA/Auditor/2016)** As despesas caracterizadas como restos a pagar são extraorçamentárias na inscrição e orçamentárias no pagamento.

361. **(Cespe/TCE/SC/Auditor/2016)** As despesas empenhadas e não pagas até o dia 31 de dezembro e que estejam liquidadas devem ser registradas por exercício e por credor na categoria restos a pagar processados.

362. **(Cespe/TCE/PE/Auditor/2017)** A parcela da dívida flutuante que não for paga até o final do exercício financeiro será obrigatoriamente inscrita em restos a pagar.

363. **(Cespe/TCE/PE/Analista_Controle_Externo/2017)** Em 2016, o órgão público X empenhou R$ 1.000.000 em favor do fornecedor YZ Ltda., para a importação de máquinas. As máquinas não foram entregues no prazo e o empenho foi cancelado ao final do exercício. Em 2017, o fornecedor entregou as máquinas e apresentou a fatura, alegando que o atraso ocorrera por conta de problemas alfandegários. Nessa situação, o órgão X deverá fazer a inscrição em restos a pagar relativos ao orçamento de 2017 para efetuar a liquidação e o pagamento do respectivo débito com o fornecedor.

364. **(Cespe/STJ/Analista/2015)** São passíveis de inscrição em restos a pagar as despesas empenhadas e liquidadas, mas não pagas. Logo, o empenho da despesa não liquidada será considerado anulado, salvo em situações específicas, como, por exemplo, se for do interesse do gestor efetuar a inscrição sem que o serviço tenha sido executado, por estarem as partes em fase de negociação para assinatura de um contrato.

8. REPARTIÇÃO DE RECEITAS TRIBUTÁRIAS

✱ SÚMULAS

STF Súm. Vinculante 30. É inconstitucional lei estadual que, a título de incentivo fiscal, retém parcela do ICMS pertencente aos municípios.

✱ REPERCUSSÃO & REPETITIVOS

STF Repercussão Geral 653. É constitucional a concessão regular de incentivos, benefícios e isenções fiscais relativos ao IR e IPI por parte da União em relação ao Fundo de Participação de Municípios e respectivas quotas devidas às Municipalidades. (RE 705423, 17.11.2016)

✱ INOVAÇÕES LEGISLATIVAS

▲ Lei dos Critérios de Rateio de Impostos Estaduais aos Municípios (LC 63/90)

▲ Art. 3º. § 14. O valor da produção de energia proveniente de usina hidrelétrica, para fins da apuração do valor mencionado no inciso I do § 10, corresponderá à quantidade de energia produzida, multiplicada pelo preço médio da energia hidráulica comprada das geradoras pelas distribuidoras, calculado pela Agência Nacional de Energia Elétrica (Aneel). (Modificações: LC 158/17)

✱ QUESTÕES OBJETIVAS

365. **(Cespe/TCE/PA/Auditor/2016)** A Constituição Federal de 1988 adotou o modelo de federalismo cooperativo, de modo que a autonomia financeira dos entes federativos é assegurada pela atribuição de competências tributárias e participação nas receitas tributárias arrecadadas de tributos de competência de outros entes.

366. **(Cespe/TCE/PR/Analista/2016)** No regime de repartição de receitas tributárias:

a) classifica-se como participação direta aquela na qual o ente da Federação recebe parcela da arrecadação de receita tributária de outro ente por intermédio de fundos que distribuem os valores conforme critérios estabelecidos em lei.
b) os municípios podem ficar com a totalidade da arrecadação do imposto sobre a propriedade territorial rural, caso assumam a fiscalização e a cobrança do imposto.
c) os estados não estão autorizados a condicionar a entrega de recursos ao pagamento de seus créditos pelo município recebedor.

d) a União não está autorizada a condicionar a entrega de recursos à observância, pelo município recebedor, das regras constitucionais de aplicação de percentuais das receitas de impostos em ações e serviços públicos de saúde.

e) os estados devem repassar aos municípios 30% da receita de imposto sobre operações relativas à circulação de mercadorias e prestação de serviço de transporte interestadual e intermunicipal e de comunicação.

367. **(Cespe/TCE/PA/Auditor/2016)** O produto arrecadado pela União proveniente do imposto de renda é partilhado com os estados e municípios de forma indireta, por meio da instituição de fundos, qualificando-se como direito subjetivo dos entes federativos beneficiados.

368. **(Cespe/TCE/PR/Auditor/2016)** No que concerne à repartição de receitas tributárias, assinale a opção correta:

a) A União é parte passiva legítima em ações que discutam matéria relacionada ao imposto sobre a renda retido na fonte de servidor público estadual, demanda que deve ser processada na justiça federal.

b) Compete ao Ministério da Fazenda efetuar o cálculo das quotas referentes aos fundos de participação e editar as normas e instruções complementares necessárias ao pleno cumprimento das regras de repartição constitucional de tributos.

c) Se, com a instituição de um imposto fundamentado em sua competência extraordinária, a União arrecadar R$ 1.000.000, serão devidos R$ 250.000 aos estados.

d) Caso arrecade R$ 3.000.000 referentes ao imposto sobre a propriedade territorial rural incidente sobre imóveis rurais localizados em determinado município, a União deverá R$ 750.000 a esse município.

e) Se o estado do Paraná arrecadar R$ 5.000.000 com o IPVA de veículos registrados no município de Curitiba, R$ 2.500.000 serão devidos a esse município.

9. TRANSFERÊNCIA DE RECURSOS

* INOVAÇÕES LEGISLATIVAS

▲ Lei de Recuperação Fiscal (LC 159/17): nova lei.

* QUESTÕES DISCURSIVAS

15. **(Cespe/TCU/Procurador/2015)** A Lei n. 7.675/1988 instituiu a fiscalização da aplicação dos recursos federais transferidos aos estados, ao Distrito Federal, aos territórios e aos municípios, bem como dos recursos destinados a entidades da administração indireta e fundações. Os tipos de transferências e suas finalidades são diversos, bem como as correspondentes responsabilidades dos gestores, os quais devem zelar para que os recursos recebidos produzam o impacto social esperado, isto é, que cada política pública seja instrumento de transformação social. Considerando que o fragmento de texto acima tem caráter unicamente motivador, discorra a respeito dos seguintes tópicos, relativos às transferências de recursos da União para os demais entes da Federação: (i) caráter unilateral das transferências. (ii) principais tipos de transferências. (iii) Lei de Responsabilidade Fiscal e exigências para a realização das transferências no âmbito do setor público.

16. **(Cespe/TCE/PR/Analista/2016)** "As transferências voluntárias realizadas mediante convênios, contratos de repasse e termos de parceria constituem um sistema de cooperação entre a União e as entidades governamentais dos demais entes da Federação, além das organizações não governamentais, para a execução de ações de interesse recíproco, financiadas com recursos do orçamento federal. Esse sistema de cooperação, no entanto, tem sido alvo de fundadas críticas quanto aos seus mais diversos aspectos". (Convênios e outros repasses. TCU). Considerando que o texto acima tem caráter unicamente motivador e tendo em vista que convênios e contratos são os dois instrumentos de maior utilização/relevância para a execução dos orçamentos federal e estaduais, discorra sobre esses dois instrumentos jurídicos. Em seu texto, defina cada um desses instrumentos e descreva ao menos três diferenças legais entre eles.

* QUESTÕES OBJETIVAS

369. **(Cespe/TCE/PB/Auditor/2018)** No que se refere a vedações constitucionais em matéria orçamentária dispostas nas normas gerais de direito financeiro da CF, assinale a opção correta.

a) A CF não veda a abertura de crédito suplementar ou especial, mesmo sem a indicação dos recursos correspondentes e a prévia autorização legislativa.

b) O início de programas e projetos não incluídos na LOA é admitido excepcionalmente pela CF, desde que a sua execução não ultrapasse a previsão orçamentária fixada no exercício financeiro anterior.

c) A CF veda aos estados e às suas instituições financeiras a realização de transferência voluntária de recursos aos municípios para pagamento de despesas com pessoal.

d) A LOA permite a inclusão de dispositivo estranho à previsão da receita e à fixação da despesa.

e) A CF admite a edição de medida provisória para a abertura de crédito extraordinário para o atendimento de despesas imprevisíveis e urgentes, desde que haja autorização prévia do Poder Legislativo.

370. **(Cespe/TCE/PA/Auditor/2016)** Descentralização financeira corresponde ao repasse, em caráter emergencial, de recursos da União para os estados, o Distrito Federal e os municípios.

371. **(Cespe/TCE/SC/Auditor/2016)** Para que o estado-membro receba da União transferências voluntárias destinadas ao pagamento de despesas com pessoal inativo, é condição inarredável a prévia autorização por lei específica autorizativa no âmbito federal, aprovada por maioria absoluta.

372. **(Cespe/PGE/SE/Procurador/2017)** As subvenções econômicas, sob a ótica da lei orçamentária – Lei n. 4.320/1964 –, são classificadas como:

a) inversões financeiras.

b) despesas de custeio.

c) transferências de capital.

d) transferências correntes.

e) despesas de capital.

373. **(Cespe/PGE/AM/Procurador/2016)** Em operação de crédito firmada por um estado da Federação junto a banco estrangeiro com a garantia da União, esta pode exigir do ente mutuário, a título de contragarantia, a vinculação de receitas provenientes de transferências constitucionais, mas não de receitas tributárias diretamente arrecadadas, porquanto elas são indispensáveis ao funcionamento da administração estadual.

374. **(Cespe/TCE/RN/Assessor_Jurídico/2015)** O fato de um município não ter instituído o imposto sobre serviços de qualquer natureza (ISSQN) o impede de receber transferências voluntárias da União.

375. **(Cespe/TCE/RN/Auditor/2015)** A realização de transferência voluntária deve-se operar, sob pena de contrariedade à LRF, por meio de convênio que estabeleça, entre outros pontos, a previsão orçamentária de contrapartida do ente recebedor da transferência e o compromisso de não utilizar os recursos transferidos em finalidade diversa da pactuada.

376. **(Cespe/PGE/SE/Procurador/2017)** Com relação às transferências voluntárias, assinale a opção correta:

a) As exigências estabelecidas na Lei de Diretrizes Orçamentárias são suficientes para a realização de tais transferências.

b) Essas transferências podem destinar-se ao pagamento de pessoal inativo do beneficiário.

c) Um cadastro nacional possibilita a consulta de dados sobre restrições relativas aos beneficiários dessas transferências.

d) As referidas transferências podem ser utilizadas para finalidade diversa da pactuada, caso haja fundado interesse público.

e) Trata-se de repasses impositivos por força de dispositivo constitucional.

377. **(Cespe/AGU/Advogado/2015)** A União, como sanção pelo descumprimento do prazo estabelecido para a publicação do RGF, ficará impedida de receber transferências voluntárias.

11. DIREITO INTERNACIONAL

1. DIREITO INTERNACIONAL PRIVADO

1.1. Aplicação da Lei no Espaço

✱ QUESTÕES OBJETIVAS

01. (Cespe/DPU/Defensor/2017) A execução forçada de eventual sentença condenatória trabalhista contra Estado estrangeiro somente será possível se existirem, no território brasileiro, bens do executado estranhos à representação diplomática ou consular.

02. (Cespe/DPU/Defensor/2017) Imunidade de jurisdição é atributo inerente aos organismos internacionais decorrente do fato de estes serem considerados pessoas jurídicas de direito internacional.

03. (Cespe/DPU/Defensor/2017) O caráter laico do Estado brasileiro impede a homologação de sentenças estrangeiras eclesiásticas de anulação de matrimônio confirmadas pela Santa Sé.

04. (Cespe/AGU/Advogado/2015) A autoridade judiciária brasileira é competente, com exclusão de qualquer outra autoridade, para conhecer de ações relativas a imóveis situados no Brasil.

05. (Cespe/AGU/Advogado/2015) Regras de conexão são normas que indicam o direito aplicável a situações jurídicas que digam respeito a mais de um ordenamento jurídico.

06. (Cespe/AGU/Advogado/2015) No que se refere ao reenvio, a teoria da subsidiariedade estabelece que o Estado, ainda que tenha direito de legislar unilateralmente sobre temas relativos a conflito de leis, deve observar outros sistemas jurídicos, a fim de evitar que obrigações contraditórias sejam atribuídas a uma mesma pessoa.

07. (Cespe/AGU/Advogado/2015) Para que uma norma costumeira internacional torne-se obrigatória no âmbito do direito internacional privado, são necessários a aceitação e o reconhecimento unânimes dos Estados na formação do elemento material que componha essa norma.

08. (Cespe/TRF/5R/Juiz/2017) Assinale a opção correta quanto à aplicação do direito estrangeiro por juiz brasileiro:

a) Admite-se que o STF realize o controle concentrado de constitucionalidade da legislação estrangeira utilizando como parâmetro a Constituição brasileira.

b) Na hipótese de uma lei estrangeira ser indicada pela legislação brasileira para regular determinada questão jurídica, o juiz brasileiro não poderá exercer o controle de convencionalidade da lei estrangeira adotando como parâmetro os tratados em vigor no Estado estrangeiro.

c) Aquele que alegar direito estrangeiro deverá provar-lhe o teor e a vigência, considerando-se que no direito brasileiro as normas estrangeiras equiparam-se a fatos.

d) Segundo entendimento do STF, não se admite a interposição de recurso extraordinário nos casos de lei estrangeira enquanto esta não estiver inserida ou equiparada a lei federal.

e) O juiz brasileiro pode realizar o controle de constitucionalidade de lei estrangeira em face da Constituição estrangeira, salvo se não for possível ao juiz estrangeiro o controle difuso (por existir apenas o concentrado no país de origem) ou por ser vedada essa espécie de verificação constitucional ao Poder Judiciário do Estado de origem.

09. (Cespe/TRF/5R/Juiz/2017) Assinale a opção correta de acordo com as normas de direito internacional privado (DIPr):

a) Na hipótese de uma fábrica situada na fronteira entre dois países explodir, por negligência ou imprudência, e destruir propriedades situadas para além do Estado onde se localiza, deve-se utilizar como elemento de conexão o lugar da conduta.

b) No DIPr, a qualificação, que significa determinar a natureza do fato ou instituto para o fim de enquadrá-lo em uma categoria jurídica existente, se relaciona às obrigações, devendo-se aplicar a lei do país em que se constituírem.

c) No DIPr, considera-se questão prévia a delimitação da competência do juízo.

d) No caso de uma norma jurídica estipular como formas alternativas de regência de atos entre vivos a lei do lugar de celebração do ato, a do lugar que regula a substância do ato e a lei nacional dos contraentes (se for comum), aplicar-se-á o elemento de conexão que indicar a norma mais favorável à validade formal do ato.

e) Para o direito brasileiro, na hipótese de um domiciliado no Brasil e uma domiciliada na Argentina vierem a se casar e estabelecer como domicílio comum primeiro o Brasil e depois a Argentina, o regime de bens será regulado pela legislação argentina.

10. **(Cespe/DPU/Defensor/2017)** A existência de sentença estrangeira transitada em julgado que verse sobre guarda ou obrigação de alimentos impede a propositura de nova ação de guarda ou de alimentos na justiça brasileira.

1.2. Comércio e Contratos Internacionais

* QUESTÕES OBJETIVAS

11. **(Cespe/TRF/5R/Juiz/2015)** Objetivando proteger a indústria automobilística nacional, o presidente da República editou decreto que aumentou a alíquota geral do IPI em 30% e concedeu desconto, no mesmo percentual, às empresas nacionais fabricantes de automóveis. Tal medida teve como consequência a redução de 60% no volume de importação de veículos. Considerando a situação hipotética acima descrita, assinale a opção correta:

a) O acordo sobre subsídios e medidas compensatórias, caracterizado como um acordo comercial plurilateral, está incorporado ao Acordo Constitutivo da OMC.

b) Qualquer membro da OMC pode apresentar demanda ao órgão de solução de controvérsias da organização, alegando a contrariedade entre as referidas medidas tributárias adotadas pelo Brasil e os acordos comerciais por este firmados, sujeitando-o à sua jurisdição.

c) O Acordo Constitutivo da OMC incorporou o acordo denominado GATT-1947, mantendo a voluntariedade no cumprimento de suas regras pelos países em desenvolvimento, a exemplo do Brasil, até o alcance do seu pleno desenvolvimento econômico.

d) Na situação considerada, se a CF e as leis locais tiverem sido observadas, não poderá haver responsabilização internacional do Brasil por violação de acordos multilaterais de comércio, como no caso dos acordos firmados no âmbito da OMC.

e) A medida em questão pode ser caracterizada, à luz do direito comercial internacional, como medida compensatória, justificável com fundamento na proteção do interesse nacional.

1.3. Homologação de Sentença Estrangeira

* QUESTÕES OBJETIVAS

12. **(Cespe/TRF/5R/Juiz/2015)** A respeito das regras atinentes ao processo internacional e à homologação de sentenças estrangeiras, assinale a opção correta:

a) O ajuizamento de demanda no Brasil constitui empecilho à homologação de sentença estrangeira.

b) Para fins de homologação de sentença arbitral, exige-se que a regular citação de pessoa residente no território brasileiro tenha sido realizada por carta rogatória.

c) Por ocasião do cumprimento de carta rogatória, aplica-se a lei processual da justiça rogada, sendo irrelevante solicitação da justiça rogante no sentido de se aplicar sua legislação.

d) Para fins de homologação de sentença estrangeira, exige-se que ela não ofenda a soberania nacional, a ordem pública, os bons costumes e a reciprocidade no reconhecimento das sentenças brasileiras.

e) Em casos específicos, o STJ poderá reexaminar, a requerimento do interessado, as decisões já proferidas em pedidos de homologação de sentenças estrangeiras.

13. **(Cespe/DPU/Defensor/2017)** Pode ser homologada sentença penal estrangeira que determine o perdimento de imóvel situado no Brasil reconhecido como produto de crime de lavagem de dinheiro.

14. **(Cespe/TRF/5R/Juiz/2017)** A respeito da homologação de sentenças estrangeiras, assinale a opção correta:

a) Na hipótese de tutela provisória de urgência estrangeira, o beneficiário que tiver interesse na sua execução no território brasileiro deverá requerer a respectiva homologação ao STJ.

b) Conforme entendimento do STJ, a comprovação da definitividade da decisão homologanda só será admitida por meio da certidão de seu trânsito.

c) O indeferimento de pedido de homologação de sentença estrangeira impede a propositura de novo pedido, em função da coisa julgada.

d) No caso de sentença estrangeira que regulamenta alimentos homologada pelo STJ, admite-se a superveniência de decisão posterior, pelo Poder Judiciário brasileiro, que disponha de forma diferente.

e) Caso um interessado pretenda fazer valer a eficácia, no Brasil, de decisão estrangeira de divórcio consensual ou conflituoso, deverá requerer ao STJ a respectiva homologação.

2. DIREITO INTERNACIONAL PÚBLICO

2.1. Direito dos Tratados

✱ INFORMATIVOS DE JURISPRUDÊNCIA

Hipoteca naval. Tratados internacionais e legislação interna. Inexistência de primazia hierárquica. Plataforma petrolífera estrangeira. Disciplina do Código de Bustamante. Registro de hipoteca realizado no porto de origem do navio. Eficácia no âmbito nacional.

STJ A hipoteca de navio registrada no país de nacionalidade da embarcação tem eficácia extraterritorial, alcançando o âmbito interno nacional. REsp 1.705.222, Rel. Min. Luis Felipe Salomão, DJ 1.2.2018. 4ª T. (Info 618)

✱ QUESTÕES OBJETIVAS

15. **(Cespe/PC/MA/Delegado/2018)** De acordo com a Convenção de Viena, a submissão de um Estado a determinado tratado manifesta-se pela adesão quando

a) os Estados negociadores tiverem acordado que a ratificação seja exigida.

b) o tratado estiver sujeito a ratificação e o representante do referido Estado o tiver assinado.

c) a intenção do Estado de assinar o tratado sob reserva de ratificação decorrer dos plenos poderes de seu representante ou tiver sido manifestada durante a negociação.

d) todas as partes acordarem, posteriormente, que tal consentimento possa ser manifestado, pelo referido Estado, mediante adesão.

e) esse tratado dispuser que esse consentimento se manifeste pela ratificação.

16. **(Cespe/TRF/5R/Juiz/2015)** A respeito dos tratados internacionais, assinale a opção correta:

a) Como regra, um Estado não pode invocar as disposições de seu direito interno para justificar o inadimplemento de um tratado, salvo na hipótese de violação manifesta a norma de direito interno de importância fundamental sobre competência para concluir tratados.

b) A Convenção de Viena sobre Direito dos Tratados, de 1969, conceitua como tratado o acordo internacional concluído por escrito entre Estados e regido em conformidade com o direito internacional, desde que sua denominação se inicie por um dos seguintes termos: tratado, acordo ou pacto.

c) A reserva significa uma declaração unilateral feita por um Estado, ao assinar, ratificar, aceitar ou aprovar um tratado, com o objetivo de excluir ou modificar efeito jurídico de certas disposições de um tratado multilateral ou bilateral.

d) Para que um tratado internacional entre em vigor é necessário que ele seja registrado na Secretaria das Nações Unidas.

e) A superveniência de uma norma de "jus cogens" que esteja em conflito com um tratado acarretará a suspensão temporária das disposições ajustadas até que haja modificação do que tiver sido pactuado.

17. **(Cespe/TRF/5R/Juiz/2015)** Assinale a opção correta relativamente à personalidade jurídica internacional e à condição jurídica do estrangeiro:

a) A personalidade jurídica internacional é reconhecida de forma ampla, equiparando-se, nesse aspecto, à personalidade estatal.

b) Eventual acordo de concessão entre a multinacional General Motors e o Estado brasileiro será regido pelo direito dos tratados, haja vista a constatação de personalidade jurídica internacional das empresas multinacionais.

c) Não se admite a extradição na hipótese de o Brasil não possuir tratado com o país requerente.

d) Para a concessão de asilo político, exige-se a caracterização de crime de natureza política ou ideológica, admitindo-se, em determinadas situações, o critério da reciprocidade.

e) A capacidade de que são dotadas as organizações internacionais intergovernamentais para firmar tratados decorre essencialmente de personalidade jurídica dessas organizações e das normas que as regem.

18. (Cespe/TRF/5R/Juiz/2015) No que tange a convenções, tratados de direito internacional relativos ao processo penal e relações jurisdicionais com autoridade estrangeira, assinale a opção correta:

a) A regra para a produção de provas em Estado estrangeiro é a expedição de cartas rogatórias, nas quais deverá constar a necessidade de nomeação de defensor ao réu, pelo juízo rogado, caso a defesa constituída não compareça ao ato.

b) Para que possa aplicar a Convenção de Mérida, o Estado requerente deve demonstrar que os delitos mencionados em sua requisição causaram-lhe dano ou prejuízo patrimonial.

c) De acordo com a Convenção de Mérida, pode haver, antes mesmo de decisão transitada em julgado no Estado requerente, restituição de ativos confiscados no Estado requerido.

d) Os pedidos de auxílio direto e de cooperação jurídica internacional para prática de atos no território nacional devem ser analisados pelo STJ e exigem a reserva material do procedimento mediante carta rogatória e "exequatur".

e) Embora a sentença penal estrangeira possa obrigar o condenado a reparar o dano na esfera cível, ela não produz os efeitos da reincidência penal nem pode resultar em aplicação de pena ou medida de segurança a cidadão brasileiro.

19. (Cespe/TRF/1R/Juiz/2015) A respeito do direito dos tratados, assinale a opção correta:

a) É vedado que mais de dois Estados sejam depositários de um mesmo tratado.

b) Diferentemente da Convenção de Havana sobre Tratados, a Convenção de Viena sobre o Direito dos Tratados não traz qualquer definição do termo tratado.

c) Um tratado somente pode criar obrigações para um terceiro Estado que dele não faça parte se este consentiu expressamente, por escrito, nesse sentido.

d) É vedada a extinção de um tratado multilateral em virtude de violação substancial de suas disposições por uma das partes.

e) Um ato relativo à conclusão de um tratado por pessoa que não possa ser considerada representante de um Estado gera nulidade insanável no instrumento.

20. (Cespe/DPU/Defensor/2015) Normas "jus cogens" não podem ser revogadas por normas positivas de direito internacional.

21. (Cespe/DPU/Defensor/2015) De acordo com a jurisprudência do STF, os tratados de direitos humanos e os tratados sobre direito ambiental possuem estatura supralegal.

22. (Cespe/DPU/Defensor/2015) Segundo a Convenção de Viena sobre Direitos dos Tratados, o Estado é obrigado a abster-se de atos que frustrem o objeto e finalidade do tratado, quando houver trocado instrumentos constitutivos do tratado, sob reserva de aceitação.

23. (Cespe/AGU/Advogado/2015) Os tratados incorporados ao sistema jurídico brasileiro, dependendo da matéria a que se refiram e do rito observado no Congresso Nacional para a sua aprovação, podem ocupar três diferentes níveis hierárquicos: hierarquia equivalente à das leis ordinárias federais; hierarquia supralegal; ou hierarquia equivalente à das emendas constitucionais.

24. (Cespe/AGU/Advogado/2015) Diferentemente dos tratados, os costumes internacionais reconhecidos pelo Estado brasileiro dispensam, para serem aplicados no país, qualquer mecanismo ou rito de internalização ao sistema jurídico pátrio.

25. (Cespe/TRF/5R/Juiz/2017) Um problema perene que envolve discussões teóricas e práticas é a coexistência de normas internacionais com normas nacionais. A esse respeito, assinale a opção correta:

a) As correntes teóricas que estabelecem critérios para justificar a solução de conflitos normativos entre as normas internacionais e as normas internas prescindem dos ordenamentos jurídicos nacionais.

b) O fato de um Estado não poder invocar uma norma jurídica doméstica para se escusar de uma obrigação internacional significa que o direito internacional ignora o direito interno.

c) Na hipótese de conflito entre uma norma constitucional e uma norma internacional prevalecerá a primeira, pois apregoa-se a obrigatoriedade do direito internacional às regras do direito interno, em decorrência de uma percepção teórica de um monismo do tipo internacionalista.

d) As correntes teóricas dualistas, ainda que moderadas, apregoam uma visão que engloba de forma indistinta tratados internacionais, costumes e princípios gerais de direito.

e) Considera-se o monismo do tipo internacionalista dialógico uma corrente adequada para tratar de conflitos normativos que envolvam direitos humanos, visto que poderia haver a aplicação da norma de direito interno em detrimento da de direito internacional ou vice-versa.

26. **(Cespe/TRF/5R/Juiz/2017)** Acerca dos tratados internacionais, assinale a opção correta:

a) Admite-se que a entrada em vigor de um tratado ocorra a partir do implemento de uma condição, como, por exemplo, o depósito junto ao secretário-geral da Organização das Nações Unidas (ONU).

b) Na hipótese de um tratado não ter entrado em vigor, um Estado signatário pode praticar atos que acarretem a inviabilidade prática de aplicação do ato internacional.

c) Admite-se que, por ocasião da aprovação do texto convencional de tratado, o Congresso Nacional do Estado efetue emendas a esse tratado, de modo que a ratificação seja realizada com reservas.

d) A expedição de decreto presidencial executório de tratado internacional, após sua ratificação, pelo presidente da República, junto ao depositário, é expressamente prevista na Constituição Federal de 1988.

e) Não se admite que se considere o preâmbulo do tratado para fins de interpretar o contexto desse mesmo tratado.

27. **(Cespe/AGU/Advogado/2015)** A dupla incriminação tem sido considerada requisito dispensável em certos acordos de cooperação jurídica em matéria penal celebrados pelo Brasil.

2.2. Domínio Público Internacional

✱ QUESTÕES OBJETIVAS

28. **(Cespe/TRF/1R/Juiz/2015)** No que se refere à regulação internacional do espaço aéreo e do espaço extra-atmosférico, assinale a opção correta:

a) Os Estados que desenvolvam atividade no espaço cósmico têm o dever de informar o secretário-geral da ONU sobre a natureza dessas atividades.

b) Em caso de sequestro de aeronave, é autorizado ao comandante exigir a ajuda de qualquer passageiro, a fim de tomar medidas coercitivas contra o indivíduo que cometer esse ilícito.

c) O TPI é a corte competente para exercer a jurisdição em casos de sequestro de aeronaves, salvo se o Estado de matrícula da aeronave se dispuser a processar o acusado.

d) A exploração e o uso do espaço cósmico, inclusive da Lua e dos demais corpos celestes, se fundamenta nos princípios da cooperação, da assistência mútua e da efetividade.

e) A Convenção sobre Responsabilidade Internacional por Danos Causados por Objetos Espaciais dispensa o esgotamento prévio de recursos internos em caso de pedido de indenização ao Estado lançador.

29. **(Cespe/TRF/1R/Juiz/2015)** Ao realizar um cruzeiro turístico, uma embarcação de pavilhão do Estado A parou em área situada na zona econômica exclusiva do Estado B e lá permaneceu. Após dez dias, autoridades do Estado B apreenderam a embarcação sob a alegação de que esta deveria ter informado que permaneceria parada naquela área, sendo a ausência de informação motivo para suspeitar de seu engajamento em atividade ilícita. Nessa situação hipotética, a atitude do Estado B violou:

a) o direito de passagem em trânsito da embarcação.

b) a liberdade de navegação da embarcação.

c) a liberdade de exploração econômica da embarcação.

d) a liberdade do estatuto de bandeira da embarcação.

e) o direito de passagem inocente da embarcação.

2.3. Organismos Internacionais

✱ QUESTÕES OBJETIVAS

30. **(Cespe/TRF/5R/Juiz/2015)** Assinale a opção correta relativamente à fundamentação, às fontes e às características do direito internacional público:

a) Admite-se a escusa de obrigatoriedade de um costume internacional se o Estado provar de forma efetiva que se opôs ao seu conteúdo desde a sua formação.

b) Não há previsão expressa de princípios gerais do direito internacional no Estatuto da CIJ.

c) O Estatuto da CIJ estabelece que as decisões proferidas pelas organizações internacionais sejam consideradas fontes do direito internacional público.

d) A corrente voluntarista considera que a obrigatoriedade do direito internacional deve basear-se no consentimento dos cidadãos.

e) O consentimento perceptivo da corrente objetivista significa que a normatividade jurídica do direito internacional nasce da pura vontade dos Estados.

31. **(Cespe/DPU/Defensor/2015)** A Convenção das Nações Unidas sobre Imunidade Jurisdicional do Estado e de sua Propriedade garante a aplicação do princípio da imunidade absoluta do Estado.

32. **(Cespe/DPU/Defensor/2015)** A Carta das Nações Unidas não se refere explicitamente à personalidade jurídica da Organização das Nações Unidas, ao passo que o Protocolo de Ouro Preto prevê que o Mercosul tenha personalidade jurídica de direito internacional.

33. **(Cespe/TRF/5R/Juiz/2017)** Com relação à personalidade internacional, ao Estado, aos princípios e às organizações internacionais, assinale a opção correta:

a) A doutrina Tobar, com referência a Carlos Tobar, ministro das relações exteriores do Equador, surgiu em 1907 e pautava-se no princípio da não intervenção.

b) Embora possa haver exceções, como é o caso da ONU, a criação de organizações internacionais decorre essencialmente do direito consuetudinário internacional.

c) Em razão da própria evolução dos direitos humanos, os indivíduos são os sujeitos principais e originais do direito internacional.

d) Os grupos beligerantes que se organizam politicamente com o intuito de desmembramento ou de mudança de governo ou de regime vigente, devido ao seu caráter temporário, não se sujeitam às normas do direito internacional em matéria de conflito bélico, mas sim ao ordenamento jurídico doméstico.

e) O reconhecimento de governo deve ser tratado diferentemente do reconhecimento de Estado, considerando-se que os efeitos jurídicos são diversos no direito internacional.

34. **(Cespe/TRF/1R/Juiz/2015)** Entre os órgãos do TPI, inclui-se o(a):

a) sala para crimes contra a humanidade.

b) gabinete do procurador.

c) sala "ad hoc" para a ex-Iugoslávia.

d) sala do júri.

e) gabinete do diretor-geral.

2.4. Relações Diplomáticas e Consulares

✱ QUESTÕES OBJETIVAS

35. **(Cespe/TRF/5R/Juiz/2015)** Assinale a opção correta com referência a imunidade jurisdicional:

a) O fundamento para se reconhecer a imunidade de jurisdição das organizações internacionais repousa na divisão entre atos decorrentes de "jure imperii" ou de "jure gestionis".

b) A renúncia de imunidade de jurisdição por um Estado estrangeiro implica a impossibilidade de se invocar a impenhorabilidade de bens desse Estado por ocasião do processo de execução.

c) Conforme entendimento do STJ, tratando-se de ato de guerra, haverá imunidade absoluta de jurisdição, por ser tal ato considerado como ato de império.

d) A imunidade de jurisdição das organizações internacionais intergovernamentais é do tipo relativa por força do costume internacional.

e) A impenhorabilidade dos bens de Estado estrangeiro decorre de regra do direito costumeiro internacional.

36. **(Cespe/TRF/5R/Juiz/2015)** Considerando a possibilidade de determinado fato ocasionar responsabilidade internacional, assinale a opção correta:

a) Os danos indiretos advindos de ato ilícito são aceitos como causa de pedir reparação por dano.

b) Caso um fato ilícito internacional seja praticado por um funcionário estatal em evidente ilegalidade de acordo com o direito nacional, não se poderá falar em imputação de responsabilidade ao Estado empregador desse funcionário.

c) Atos praticados por violência popular ou insurreição não acarretam responsabilidade internacional do Estado, salvo se este não agir com a devida diligência ou for negligente.

d) Não se admite a responsabilidade internacional do Estado brasileiro na hipótese de decisão liminar ser concedida por juiz federal para evitar lesão grave ou de difícil reparação e que, ao mesmo tempo, afaste a aplicabilidade de tratado internacional.

e) Pode ser atribuída a determinado Estado responsabilização internacional pela prática de ato ilícito de que não tenha resultado dano.

37. **(Cespe/TRF/1R/Juiz/2015)** Raul, nacional do Estado X, solicitou asilo diplomático na embaixada do Estado Y, localizada no território do Estado Z, alegando que tem sofrido perseguição política por ação conjunta dos Estados X e Z. O asilo diplomático foi concedido pelo Estado Y, que reconhece como norma de direito internacional costumeiro o asilo diplomático, ao passo que o Estado Z alega que nunca reconheceu tal norma como válida e obrigatória para si. Nessa situação hipotética:

a) o Estado Y não pode entregar Raul às autoridades do Estado Z, após a concessão do asilo, mas pode entregá-lo às autoridades de seu próprio Estado.

b) o Estado Z está obrigado a conceder a Raul um salvo-conduto para que ele deixe o seu território.

c) a embaixada do Estado Y, localizada no território do Estado Z, é inviolável, mesmo estando Raul em seu interior.

d) Raul tem direito a ter reconhecido pelo Estado Z o asilo diplomático concedido pelo Estado Y.

e) o Estado Y tem o dever de aplicar a Raul o princípio "aut dedere aut judicare".

38. **(Cespe/AGU/Advogado/2015)** O titular de visto diplomático cujo prazo previsto de estada no Brasil seja superior a noventa dias deverá providenciar seu registro no Ministério das Relações Exteriores.

39. **(Cespe/AGU/Advogado/2015)** Pessoa estrangeira casada há mais de cinco anos com diplomata do Brasil poderá ser naturalizada se contar com, no mínimo, cinco anos de residência contínua em território nacional.

40. **(Cespe/DPU/Defensor/2017)** Estado soberano estrangeiro possui imunidade de jurisdição em matéria tributária, situação que impede a cobrança de imposto sobre a importação de bebidas alcoólicas para consumo na respectiva embaixada.

2.5. Lei de Migração (Lei 13.445/17)

*** INFORMATIVOS DE JURISPRUDÊNCIA**

Dupla extradição: requisitos e competência

STF Em caso de reingresso de extraditando foragido, não é necessária nova decisão jurisdicional acerca da entrega, basta a emissão de ordem judicial. Ext 1225, Rel. Min. Gilmar Mendes, j. 21.11.2017. 2ª T. (Info 885)

Extradição e expulsão de estrangeiro pai de filho brasileiro

STF Deferido, parcialmente, pedido de extradição pela República de Portugal contra extraditando condenado pela prática de dois crimes de homicídio, na forma tentada, e um crime de porte ilegal de arma de fogo. A defesa afirmou que o extraditando tem dois filhos brasileiros com sua companheira também brasileira, que dele dependem para seu sustento. Assim, pediu o sobrestamento do caso para aguardar decisão do STF no RE 608.898-RG, no qual se discute a possibilidade de expulsão de cidadão estrangeiro cujo filho nasceu posteriormente ao fato motivador do ato expulsório. Alegou que o julgamento poderia resultar na revisão da Súmula 421/STF. O Colegiado reconheceu a prescrição do crime de porte ilegal de arma de fogo e determinou a extradição em relação aos crimes de homicídio, na forma tentada. Foram atendidos os requisitos da dupla tipicidade e da dupla punibilidade, e satisfeitas todas as condições legais e convencionais. A questão discutida no RE 608.898-RG diz respeito à expulsão de cidadão estrangeiro e não à extradição, institutos diferentes. A extradição é um instrumento de cooperação na repressão internacional a delitos comuns. O fato de o extraditando ter filhos brasileiros menores, incapazes, dependentes de economia paterna não ostenta relevância jurídica. Ext 1497, Rel. Min. Ricardo Lewandowski, j. 15.8.2017. 2ª T. (Info 873)

Extradição e instrução deficiente

STF Deferido pedido de extradição instrutória apresentado sem a cópia dos textos legais aplicáveis aos fatos que, em tese, correspondem aos crimes de tráfico de drogas e de associação para o tráfico. O requerimento foi instruído de forma deficiente. No entanto, a defesa não discutiu isso, e o estrangeiro demonstrou interesse em ser prontamente extraditado. Foi compulsada a lei sobre o tráfico de substâncias em vigor na Bélgica, ser a conduta típica e prevista, especificamente, no tratado de extradição. O STF não poderia conceder o pleito extradicional, se existissem dúvidas quanto à legalidade, estivesse prescrita a pretensão ou houvesse outra impossibilidade. O art. 87 da nova Lei de Migração (Lei 13.445/2017), apesar de ainda não estar em regime de plena eficácia, estabelece alguns parâmetros presentes na espécie. Ext 1512, Rel. Min. Gilmar Mendes, j. 24.10.2017. 2ª T. (Info 883)

* INOVAÇÕES LEGISLATIVAS

▲ Lei de Migração (Lei 13.445/17): nova lei.

* QUESTÕES OBJETIVAS

41. **(Cespe/DPU/Defensor/2017)** Constitui óbice ao deferimento do pedido de extradição a inexistência, no ordenamento jurídico do Estado requerente, de sistema de progressão de regime de cumprimento de pena privativa de liberdade.

42. **(Cespe/DPU/Defensor/2017)** A existência de vínculos conjugais e(ou) familiares do extraditando estrangeiro com pessoas de nacionalidade brasileira não se qualifica como causa obstativa da extradição.

43. **(Cespe/DPU/Defensor/2017)** Será excluído da detração o período em que o extraditando tiver ficado preso cautelarmente no Brasil por crimes cometidos em território nacional que não estiverem elencados no pedido de extradição.

44. **(Cespe/DPU/Defensor/2017)** Se o estrangeiro manifestar de modo inequívoco o seu desejo de ser extraditado, ficarão dispensadas as formalidades inerentes ao processo de extradição.

45. **(Cespe/TRF/5R/Juiz/2017)** A retirada compulsória de estrangeiro do território nacional, efetuada pelo Estado brasileiro em razão de delito cometido no Brasil decorrente de conduta nociva ou incompatível com os interesses nacionais, constitui:

a) expulsão.
b) deportação.
c) asilo político.
d) banimento.
e) extradição.

46. **(Cespe/PC/MT/Delegado/2017)** O indivíduo estrangeiro que atentar contra a moralidade pública brasileira será passível de:

a) expulsão, se o ato não implicar extradição inadmitida pela legislação brasileira.
b) extradição, cabendo ao STF apreciar o caráter da infração.
c) expulsão por ato do ministro de Estado da Justiça.
d) extradição mediante decreto do presidente da República.
e) deportação, desde que isso seja conveniente aos interesses nacionais.

2.6. Solução de Controvérsias

* QUESTÕES OBJETIVAS

47. **(Cespe/TRF/5R/Juiz/2015)** Tendo em vista que o conflito de interesses é comum a toda sorte de sociedade, e que essa característica não poderia ser diferente ao se considerar a sociedade internacional, assinale a opção correta:

a) A arbitragem é uma forma jurisdicional de solução pacífica de conflitos internacionais e a Corte Permanente de Arbitragem de Haia não representa efetivamente um tribunal internacional.
b) O direito de angária é uma das espécies de embargo sob o qual o Estado requisita os meios de transporte estrangeiro que estejam em seu território mediante indenização.
c) Como condição de eficácia para serem cumpridas no Brasil, sentenças da CIJ têm de ser homologadas pelo STJ.
d) A negociação prévia é condição de admissibilidade de ação ajuizada perante tribunal internacional.
e) O inquérito é utilizado como forma de se estabelecer previamente a materialidade dos fatos exclusivamente em uma instância jurisdicional internacional.

48. **(Cespe/TRF/5R/Juiz/2015)** Considerando que empresa pública federal brasileira estabeleça contrato internacional com empresa privada sediada na Argentina, assinale a opção correta:

a) Havendo cláusula expressa de submissão à arbitragem, admite-se que as partes possam escolher, livremente, as regras de direito que serão aplicadas na arbitragem, inclusive aquelas do direito argentino, desde que não haja violação aos bons costumes e à ordem pública.

b) Se o contrato possuir a cláusula "hardship", isso significará que, havendo um elemento da natureza que torne impossível o cumprimento da avença, ocorrerá a extinção do contrato sem indenização por perdas e danos.

c) Se, do contrato em questão originar-se controvérsia que envolva os Estados-parte (Brasil e Argentina) e se tal controvérsia for submetida ao Tribunal Permanente de Revisão do Mercosul, eventual laudo arbitral proferido por esse tribunal será de cumprimento facultativo.

d) Na hipótese de dúvida sobre o direito civil aplicável (brasileiro ou argentino), pode estar presente o instituto do reenvio, que ocorre quando o direito internacional privado brasileiro indica o direito argentino como aplicável ao caso, e o direito internacional privado argentino indica, na mesma hipótese, a aplicação de seu próprio direito civil.

e) Na hipótese de haver conflito sobre a interpretação de cláusula contratual, ainda que o juiz conheça o direito argentino, ele não poderá decidir o caso sem a prova da existência e aplicação do direito estrangeiro.

49. **(Cespe/TRF/1R/Juiz/2015)** O instrumento que regula atualmente a solução de controvérsias no âmbito do Mercosul é o A Protocolo de Ouro Preto.

b) Protocolo de Brasília.

c) Protocolo de Assunção.

d) Protocolo de las Leñas.

e) Protocolo de Olivos.

50. **(Cespe/AGU/Advogado/2015)** Como é vedado o uso da força nas relações internacionais, os Estados não podem executar atos beligerantes com o aval do direito internacional, ressalvada a hipótese de legítima defesa em caso de agressão externa.

51. **(Cespe/AGU/Advogado/2015)** Compete ao Tribunal Permanente de Revisão do Mercosul, instituído por meio do Protocolo de Olivos, julgar, em última instância, os recursos interpostos contra decisões de tribunais "ad hoc" prolatadas em procedimentos de arbitragem instaurados para a solução de controvérsias entre os Estados-partes do Mercosul relativas à interpretação, à aplicação ou ao não cumprimento das normas desse bloco econômico.

52. **(Cespe/TRF/5R/Juiz/2017)** Considere que haja controvérsia entre determinado país que se posicionou contrário à política de outro Estado de concessão de subsídios à exportação de produtos automobilísticos. A respeito desse caso, assinale a opção correta considerando as normas da Organização Mundial do Comércio (OMC) bem como as fases do processo decisório desse organismo:

a) Ao Órgão Especial da OMC compete a fase de conciliação, na qual se decidem questões de fato e de direito.

b) Em caso de apelação, o plenário da OMC deve decidir, nessa fase, sobre as questões fáticas trazidas à revisão, em audiência.

c) Mesmo que o país interessado leve o caso a outro foro internacional, a jurisdição compulsória recairá sobre a OMC, se as partes envolvidas forem membros da organização.

d) O país descontente poderá postular diretamente em face das empresas automobilísticas envolvidas, desde que sejam empresas multinacionais.

e) Recebida a petição acerca da controvérsia, a OMC deverá organizar um painel com sete membros, escolhidos entre uma lista de trinta especialistas, a fim de decidir a questão.

2.7. Tratados e Convenções Esparsos

* QUESTÕES OBJETIVAS

53. **(Cespe/AGU/Advogado/2015)** A AGU é a autoridade central federal que deve dar cumprimento às obrigações impostas pela Convenção Relativa à Proteção das Crianças e à Cooperação em Matéria de Adoção Internacional.

54. **(Cespe/PC/GO/Delegado/2017)** Com relação aos tratados e convenções internacionais, assinale a opção correta à luz do direito constitucional brasileiro e da jurisprudência do Supremo Tribunal Federal (STF):

a) Segundo o entendimento do STF, respaldado na teoria da supralegalidade, a ratificação do Pacto de São José da Costa Rica revogou o inciso LXVII do art. 5º da CF, que prevê a prisão do depositário infiel.

b) O sistema constitucional brasileiro adotou, para efeito da executoriedade doméstica de um tratado internacional, a teoria dualista extremada, pois exige a edição de lei formal distinta para tal executoriedade.

c) O Pacto de São José da Costa Rica influenciou diretamente a edição da súmula vinculante proferida pelo STF, a qual veda a prisão do depositário infiel.

d) A Convenção de Palermo tem como objetivo a cooperação para a prevenção e o combate do crime de feminicídio no âmbito das nações participantes.

e) Elaborada pelas Nações Unidas, a Convenção de Mérida, que trata da cooperação internacional contra a corrupção, ainda não foi ratificada pelo Brasil.

55. **(Cespe/TRF/1R/Juiz/2015)** Assinale a opção correta com relação ao estatuto de igualdade entre brasileiros e portugueses:

a) O brasileiro ou o português beneficiário do estatuto de igualdade que se encontrar em um terceiro Estado poderá gozar da proteção diplomática tanto do Estado da residência habitual quanto do Estado da nacionalidade.

b) Excetuam-se do regime de equiparação somente os direitos expressamente reservados em lei por ambos os Estados.

c) No Brasil, o estatuto de igualdade será atribuído por ato conjunto do ministro da Justiça e do ministro das Relações Exteriores.

d) O brasileiro em Portugal ou o português no Brasil, independentemente de requerimento à autoridade competente, poderá gozar de direitos políticos após dois anos de residência habitual.

e) O brasileiro ou o português beneficiário do estatuto de igualdade não estará sujeito à extradição, salvo se essa for requerida pelo governo do Estado da nacionalidade.

56. **(Cespe/DPU/Defensor/2015)** O Brasil denunciou a Convenção de Nova York sobre Prestação de Alimentos no Estrangeiro em novembro de 2014.

57. **(Cespe/TRF/5R/Juiz/2017)** Na hipótese de aplicação da Convenção sobre os Aspectos Civis do Sequestro Internacional de Crianças (Haia, 1980), o juiz brasileiro poderá rejeitar o pedido de retorno da criança se:

a) ficar comprovado que a pessoa, instituição ou organismo que tinha a seu cuidado a criança não exercia efetivamente o direito de guarda por ocasião do seu nascimento.

b) ficar comprovado que existe grave risco de a criança, no seu retorno, ficar sujeita a perigos de ordem física, não sendo considerados impedimentos para o retorno da criança os possíveis perigos de ordem psíquica.

c) for verificado que a criança se opõe ao retorno, desde que já possua doze anos ou mais de idade, idade a partir da qual se deve considerar suas opiniões sobre o assunto.

d) houver expirado o período de um ano entre a data da transferência ou da retenção indevidas e a data do início do processo, independentemente da integração da criança no novo seio de convívio.

e) houver razões para crer que a criança tenha sido levada para outro Estado.

12. DIREITO PENAL

1. DA APLICAÇÃO DA LEI PENAL

✱ SÚMULAS

STF Súm. 611. Transitada em julgado a sentença condenatória, compete ao juízo das execuções a aplicação de lei mais benigna.

STF Súm. 711. A lei penal mais grave aplica-se ao crime continuado ou ao crime permanente, se a sua vigência é anterior à cessação da continuidade ou da permanência.

STJ Súm. 501. É cabível a aplicação retroativa da Lei n. 11.343/2006, desde que o resultado da incidência das suas disposições, na íntegra, seja mais favorável ao réu do que o advindo da aplicação da Lei n. 6.368/1976, sendo vedada a combinação de leis.

✱ INFORMATIVOS DE JURISPRUDÊNCIA

Atentado violento ao pudor e regime inicial semiaberto

STF Negado provimento a ROMS em que se pretendia a absolvição do recorrente pela prática de atentado violento ao pudor, em razão de suposta insuficiência probatória. A defesa alegou que a condenação estaria lastreada em elementos produzidos na fase inquisitorial. Além disso, argumentou que a recusa do recorrente em fornecer material para realização de exame de DNA teria sido valorada na condenação, sendo cediço que o réu não é obrigado a produzir prova que lhe prejudique. A condenação não se baseou exclusivamente nos elementos de informação do inquérito, bem assim que, abstraída a presunção de inocência do recorrente em razão da falta de exame de DNA, subsistiria prova suficiente para lastrear a condenação. Concedida a ordem, de ofício, para fixar o regime semiaberto para início de cumprimento de pena. De acordo com a jurisprudência da Corte, caso favoráveis todas as circunstâncias judiciais, de modo que a pena-base seja fixada no mínimo legal, não cabe a imposição de regime inicial mais gravoso. RHC 131133, Rel. Min. Dias Toffoli, j. 10.10.2017. 2ª T. (Info 881)

Dosimetria. Valoração indevida de uma das circunstâncias judiciais reputadas desfavoráveis ao réu. Utilização de elementares inerentes aos tipos penais de concussão e corrupção passiva (obtenção de lucro fácil e cobiça) como motivos dos crimes.

STJ A obtenção de lucro fácil e a cobiça constituem elementares dos tipos de concussão e corrupção passiva (arts. 316 e 317 do CP), sendo indevido utilizá-las, para exasperação da pena-base, no momento em que analisados os motivos do crime – circunstância judicial prevista no art. 59 do CP. EDv nos EREsp 1.196.136, Rel. Min. Reynaldo Soares da Fonseca, DJ 1.8.2017. 3ª S. (Info 608)

✱ QUESTÕES OBJETIVAS

01. **(Cespe/PC/MA/Delegado/2018)** Com relação a lugar do crime e territorialidade e extraterritorialidade da lei penal, conforme previstos no CP, assinale a opção correta.

a) Nos crimes tentados, o lugar do crime será onde o agente pretendia que tivesse ocorrido a consumação do delito.
b) Nos crimes conexos, não se aplica a teoria da ubiquidade, devendo cada crime ser julgado pela legislação penal do país em que for cometido.
c) No concurso de pessoas, o lugar do crime será somente aquele em que ocorrerem os atos de participação ou coautoria, independentemente do local do resultado.
d) No crime continuado, somente será aplicada a lei nacional quando todos os fatos constitutivos tiverem sido praticados em território brasileiro, por se tratar de delito unitário.
e) Nos crimes complexos, não se aplica a teoria da ubiquidade, mesmo que o delito-meio tenha sido cometido em território brasileiro.

02. **(Cespe/PC/MA/Delegado/2018)** Em relação à lei penal no tempo e à irretroatividade da lei penal, é correto afirmar que à lei penal mais

a) severa aplica-se o princípio da ultra-atividade.
b) benigna aplica-se o princípio da extra-atividade.
c) severa aplica-se o princípio da retroatividade mitigada.

d) severa aplica-se o princípio da extra-atividade.
e) benigna aplica-se o princípio da não ultra-atividade.

03. **(Cespe/PC/MA/Investigador/2018)** Para solucionar o conflito aparente de normas, são empregados os princípios da

a) especialidade e da subsidiariedade.
b) especialidade e da proporcionalidade.
c) proporcionalidade e da subsidiariedade.
d) subsidiariedade e da fragmentariedade.
e) fragmentariedade e da especialidade.

04. **(Cespe/PC/MA/Escrivão/2018)** O Código Penal estabelece como hipótese de qualificação do homicídio o cometimento do ato com emprego de veneno, fogo, explosivo, asfixia, tortura ou outro meio insidioso ou cruel, ou de que possa resultar perigo comum. Esse dispositivo legal é exemplo de interpretação

a) analógica.
b) teleológica.
c) restritiva.
d) progressiva.
e) autêntica.

05. **(Cespe/PC/MA/Delegado/2018)** No direito penal, a analogia

a) é uma forma de autointegração da norma penal para suprir as lacunas porventura existentes.
b) é uma fonte formal imediata do direito penal.
c) utiliza, na modalidade jurídica, preceitos legais existentes para solucionar hipóteses não previstas em lei.
d) corresponde a uma interpretação extensiva da norma penal.
e) é uma fonte formal mediata, tal como o costume e os princípios gerais do direito.

06. **(Cespe/TCE/SC/Auditor/2016)** No Código Penal brasileiro, adota-se a teoria da ubiquidade, conforme a qual o lugar do crime é o da ação ou da omissão, bem como o lugar onde se produziu ou deveria produzir-se o resultado.

07. **(Cespe/TJ/DFT/Juiz/2016)** Com relação à aplicação da lei penal, assinale a opção correta:

a) As frações de dia são computadas como um dia integral de pena nas penas privativas de liberdade e nas restritivas de direitos.
b) O direito penal, quanto ao tempo do crime, considera praticado o crime no momento do seu resultado.
c) A sentença estrangeira, quando a aplicação da lei brasileira produz as mesmas consequências, poderá ser homologada no Brasil para todos os efeitos, exceto para obrigar o condenado à reparação do dano.
d) Ficam sujeitos à lei brasileira os crimes contra o patrimônio ou a fé pública do DF, de estado, de município, de empresa pública, sociedade de economia mista, autarquia ou fundação instituída pelo poder público, embora cometidos no estrangeiro, sendo o agente punido segundo a lei brasileira, ainda que absolvido no estrangeiro.
e) Não é aplicável a lei brasileira aos crimes praticados a bordo de aeronaves ou embarcações estrangeiras de propriedade privada, ainda que achando-se aquelas em pouso no território nacional ou em voo no espaço aéreo correspondente, e estas em porto ou mar territorial do Brasil.

08. **(Cespe/PC/GO/Escrivão/2016)** Considerando os princípios constitucionais e legais informadores da lei penal, assinale a opção correta:

a) Por adotar a teoria da ubiquidade, o CP reputa praticado o crime tanto no momento da conduta quanto no da produção do resultado.
b) A lei material penal terá vigência imediata quando for editada por meio de medida provisória, impactando diretamente a condenação do réu se a denúncia já tiver sido recebida.
c) Considerando os princípios informativos da retroatividade e ultratividade da lei penal, a lei nova mais benéfica será aplicada mesmo quando a ação penal tiver sido iniciada antes da sua vigência.
d) A "novatio legis in mellius" só poderá ser aplicada ao réu condenado antes do trânsito em julgado da sentença, pois somente o juiz ou tribunal processante poderá reconhecê-la e aplicá-la.
e) Ainda que se trate de crime permanente, a "novatio legis in pejus" não poderá ser aplicada se efetivamente agravar a situação do réu.

09. **(Cespe/TRF/1R/Técnico/2017)** Em sete de janeiro de 2017, João praticou conduta que, à época, configurava crime punível com prisão. O resultado desejado pelo autor, no entanto, foi alcançado somente dois meses depois, ou seja, em sete de março do mesmo ano, momento no qual a conduta criminosa tinha previsão de ser punida com pena menos grave, de restrição de direitos. João não poderá ser condenado com a pena de prisão em razão da retroatividade da lei mais benéfica.

10. **(Cespe/TCE/RN/Assessor_Jurídico/2015)** Pelo princípio da irretroatividade da lei penal, não é possível a aplicação de lei posterior a fato anterior à edição desta. É exceção ao referido princípio a possibilidade de retroatividade da lei penal benéfica que atenue a pena ou torne atípico o fato, desde que não haja trânsito em julgado da sentença penal condenatória.

11. **(Cespe/TCE/RN/Assessor_Jurídico/2015)** O crime contra a fé pública de autarquia estadual brasileira cometido no território da República Argentina fica sujeito à lei do Brasil, ainda que o agente seja absolvido naquele país.

12. **(Cespe/TCE/RN/Auditor/2015)** João, brasileiro, residente em Portugal, cometeu crime de corrupção e de lavagem de dinheiro no território português, condutas essas tipificadas tanto no Brasil quanto em Portugal. Antes do fim das investigações, João fugiu e retornou ao território brasileiro. Nessa situação, a lei brasileira pode ser aplicada ao crime praticado por João em Portugal.

13. **(Cespe/TCE/RN/Auditor/2015)** A revogação de um tipo penal pela superveniência de lei descriminalizadora alcança também os efeitos extrapenais de sentença condenatória penal.

14. **(Cespe/TRF/1R/Técnico/2017)** Em sete de janeiro de 2017, João praticou conduta que, à época, configurava crime punível com prisão. O resultado desejado pelo autor, no entanto, foi alcançado somente dois meses depois, ou seja, em sete de março do mesmo ano, momento no qual a conduta criminosa tinha previsão de ser punida com pena menos grave, de restrição de direitos. considera-se praticado o crime somente em sete de março de 2017, momento em que se alcançou o resultado desejado.

2. DO CRIME

2.1. Relação de Causalidade

*** QUESTÕES DISCURSIVAS**

01. **(Cespe/PC/PE/Delegado/2017)** Otávio, maior e capaz, frequentava determinado bar e, regularmente, jogava sinuca com Carlos, também maior e capaz. Em uma das partidas, eles se desentenderam e Otávio, com a intenção de matar Carlos, aplicou-lhe dois golpes com uma faca, ferindo-o e fazendo-o sangrar. Imediatamente, o dono do bar e outras pessoas presentes no estabelecimento detiveram o autor do delito, acionaram a polícia e chamaram uma ambulância, que conduziu o ferido após os primeiros socorros terem sido prestados. No deslocamento para o hospital, a ambulância colidiu com um caminhão e, em razão exclusivamente da colisão, todas as pessoas que estavam na ambulância faleceram instantaneamente. Considerando a situação hipotética apresentada, redija um texto dissertativo destacando as teorias da relação de causalidade previstas no Código Penal e a teoria de causalidade aplicável à conduta de Otávio no que se refere ao falecimento de Carlos.

*** QUESTÕES OBJETIVAS**

15. **(Cespe/PC/PE/Delegado/2016)** A relação de causalidade, estudada no conceito estratificado de crime, consiste no elo entre a conduta e o resultado típico. Acerca dessa relação, assinale a opção correta:

a) Para os crimes omissivos impróprios, o estudo do nexo causal é relevante, porquanto o CP adotou a teoria naturalística da omissão, ao equiparar a inação do agente garantidor a uma ação.

b) A existência de concausa superveniente relativamente independente, quando necessária à produção do resultado naturalístico, não tem o condão de retirar a responsabilização penal da conduta do agente, uma vez que não exclui a imputação pela produção do resultado posterior.

c) O CP adota, como regra, a teoria da causalidade adequada, dada a afirmação nele constante de que "o resultado, de que depende a existência do crime, somente é imputável a quem lhe deu causa; causa é a ação ou omissão sem a qual o resultado não teria ocorrido".

d) Segundo a teoria da imputação objetiva, cuja finalidade é limitar a responsabilidade penal, o resultado não pode ser atribuído à conduta do agente quando o seu agir decorre da prática de um risco permitido ou de uma conduta que diminua o risco proibido.

e) O estudo do nexo causal nos crimes de mera conduta é relevante, uma vez que se observa o elo entre a conduta humana propulsora do crime e o resultado naturalístico.

16. **(Cespe/TCE/PR/Analista/2016)** Considerando a relação de causalidade prevista no Código Penal, assinale a opção correta:

a) As causas supervenientes relativamente independentes possuem relação de causalidade com conduta do sujeito e não excluem a imputação do resultado.

b) As causas preexistentes relativamente independentes não possuem relação de causalidade com a conduta do sujeito e excluem a imputação do resultado.

c) As causas preexistentes absolutamente independentes possuem relação de causalidade com a conduta do sujeito e não excluem o nexo causal.

d) As causas concomitantes relativamente independentes não possuem relação de causalidade com a conduta do sujeito e não excluem a imputação do resultado.

e) As causas concomitantes absolutamente independentes não possuem relação de causalidade com a conduta do sujeito e excluem o nexo causal.

17. **(Cespe/TRF/1R/Técnico/2017)** Antônio, renomado cientista, ao desenvolver uma atividade habitual, em razão da pressa para entregar determinado produto, foi omisso ao não tomar todas as precauções no preparo de uma fase do procedimento laboratorial, o que acabou ocasionando dano à integridade física de uma pessoa. A omissão de Antônio é penalmente relevante porque foi esse comportamento que criou o risco de ocorrência do resultado danoso à integridade física.

18. **(Cespe/AGU/Advogado/2015)** Como a relação de causalidade constitui elemento do tipo penal no direito brasileiro, foi adotada como regra, no CP, a teoria da causalidade adequada, também conhecida como teoria da equivalência dos antecedentes causais.

2.2. Crime Consumado, Tentativa

✱ QUESTÕES OBJETIVAS

19. **(Cespe/PC/MA/Escrivão/2018)** Pune-se a tentativa no crime de

a) omissão de socorro.

b) injúria cometida verbalmente.

c) induzimento a suicídio sem resultado lesivo.

d) lesão corporal leve dolosa.

e) homicídio culposo.

20. **(Cespe/DPE/PE/Defensor/2018)** Com relação à tentativa, à desistência voluntária e ao arrependimento, assinale a opção correta.

a) No arrependimento eficaz, o agente interrompe a execução do crime; na desistência voluntária, o resultado é impedido após o agente ter praticado todos os atos.

b) O arrependimento posterior pode ser aplicado aos crimes cometidos com violência ou grave ameaça.

c) Em se tratando de tentativa branca ou incruenta, a vítima não é atingida e não sofre ferimentos; se tratar-se de tentativa cruenta, a vítima é atingida e é lesionada.

d) A diferença entre a tentativa e a tentativa abandonada é que, no primeiro caso, o agente diz "eu consigo, mas não quero" e, no segundo, o agente diz "eu quero, mas não consigo".

e) A desistência voluntária e a tentativa abandonada são espécies de arrependimento eficaz.

21. **(Cespe/DPE/RN/Defensor/2015)** No que tange a nexo de causalidade, "iter criminis", espécies e aplicação da pena, assinale a opção correta à luz da legislação e jurisprudência do STJ:

a) Lino e Vítor, mediante complexa logística, escavaram por dois meses um túnel de setenta metros entre um imóvel que adquiriram e o cofre de uma instituição bancária que pretendiam furtar, cessando a empreitada em decorrência de prisão em flagrante, quando estavam a doze metros do ponto externo do banco. Nesse contexto, Lino e Vítor colocaram em risco o bem jurídico tutelado e praticaram atos executórios do crime de furto qualificado.

b) Na aplicação da pena, na primeira fase do processo dosimétrico, o julgador encontra-se vinculado a critério objetivo, sendo que, na hipótese de aferir negativamente circunstância judicial, não pode exasperar a pena-base do réu em fração superior a um sexto.

c) Situação hipotética: A vítima Lúcia foi alvejada e ferida por disparo de arma de fogo desfechado por Aldo, que agiu com animus laedandi. Internada em um hospital, Lúcia faleceu não em decorrência dos ferimentos sofridos, mas em razão de queimaduras causadas por um incêndio que destruiu toda a área de internação dos enfermos. Assertiva: Nessa situação, e considerando a teoria da equivalência dos antecedentes ou da conditio sine qua non, Aldo será responsabilizado criminalmente pelo resultado naturalístico (morte).

d) O agente condenado a pena privativa de liberdade inferior a quatro anos de reclusão, reincidente e com circunstância judicial desfavorável somente pode iniciar o cumprimento da sanção corporal em regime semiaberto.

e) O aumento da pena de multa no concurso formal de crimes, dentro do intervalo de um sexto a um meio previsto no art. 70 do CP, deve adotar o critério da quantidade de infrações praticadas. Assim, aplica-se o aumento de um sexto pela prática de duas infrações; um quinto, para três infrações; um quarto, para quatro infrações; um terço, para cinco infrações; um meio, para seis infrações ou mais infrações.

22. **(Cespe/DPU/Defensor/2015)** Em relação à tentativa, adota-se, no Código Penal, a teoria subjetiva, salvo na hipótese de crime de evasão mediante violência contra a pessoa.

23. **(Cespe/TCU/Procurador/2015)** Ainda com relação aos elementos do crime, assinale a opção correta:

a) A impropriedade relativa do meio leva ao que se denomina crime putativo.

b) A coação física, assim como a coação moral irresistível, constitui excludente de culpabilidade.

c) O tipo aberto indica adequação indireta.

d) No crime omissivo próprio, verifica-se uma relação normativa entre o resultado e a omissão, enquanto que, no omissivo impróprio, deve-se observar a relação física de causalidade.

e) No crime comissivo por omissão, admite-se a forma tentada.

24. **(Cespe/TRF/5R/Juiz/2017)** João foi flagrado pela fiscalização, em determinada estação ecológica que proíbe a pesca, portando vara de pescar e com um espécime de peixe ainda vivo. A equipe de fiscalização então devolveu o peixe ao rio no qual ele havia sido pescado. João argumentou que não sabia que era proibido pescar ali e não resistiu à ação da fiscalização. Nessa situação hipotética, configura-se:

a) desistência voluntária e arrependimento eficaz.

b) crime tentado.

c) erro sobre a ilicitude do fato.

d) crime consumado, mas penalmente irrelevante.

e) crime impossível.

2.3. Desistência Voluntária, Arrependimento Eficaz/Posterior

* QUESTÕES OBJETIVAS

25. **(Cespe/PGE/PE/Procurador/2018)** Com a intenção de praticar um golpe, Luiz pagou diversos produtos comprados em determinada loja com um cheque clonado pré-datado. Antes da data do vencimento do cheque, Luiz, arrependido, retornou à loja e trocou o cheque por dinheiro em espécie, tendo quitado o débito integralmente. A respeito da conduta de Luiz na situação hipotética apresentada, assinale a opção correta.

a) Houve arrependimento eficaz.

b) Houve desistência voluntária.

c) Houve arrependimento posterior.

d) A conduta foi atípica, devido ao fato de o cheque ter sido pré-datado.

e) A conduta configurou tentativa.

26. **(Cespe/TCE/PR/Auditor/2016)** Assinale a opção correta a respeito dos institutos da desistência voluntária, do arrependimento eficaz e do arrependimento posterior:

a) A voluntariedade e a espontaneidade da interrupção da execução do crime são requisitos caracterizadores fundamentais das hipóteses de desistência voluntária.

b) Conforme previsto no CP, a consequência penal do arrependimento eficaz é a mesma do arrependimento posterior.

c) Caso a restituição da coisa ou a reparação do dano se dê até o recebimento da denúncia, configurar-se-á o arrependimento posterior. Caso se dê após o recebimento da denúncia e até a sentença, a restituição ou reparação será considerada circunstância atenuante.

d) No arrependimento posterior, o agente pratica todos os atos executórios, e, arrependido, assume nova conduta, visando impedir que o resultado inicialmente almejado se concretize.

e) De acordo com o artigo pertinente do CP, a restituição da coisa, quando cabível e desde que feita até o recebimento da denúncia, é condição indispensável para a redução da pena em razão do arrependimento posterior, mas a recusa do ofendido em receber a coisa de volta inviabilizará a referida causa de diminuição da pena.

27. **(Cespe/DPU/Defensor/2015)** Configura-se a desistência voluntária ainda que não tenha partido espontaneamente do agente a ideia de abandonar o propósito criminoso, com o resultado de deixar de prosseguir na execução do crime.

28. **(Cespe/AGU/Advogado/2015)** João, empregado de uma empresa terceirizada que presta serviço de vigilância a órgão da administração pública direta, subtraiu aparelho celular de propriedade de José, servidor público que trabalha nesse órgão. Se devolver voluntariamente o celular antes do recebimento de eventual denúncia pelo crime, João poderá ser beneficiado com redução de pena justificada por arrependimento posterior.

29. **(Cespe/TCE/RN/Assessor_Jurídico/2015)** André, que tinha praticado crime de roubo e subtraído, na ocasião, R$ 1.000 de Bruno, restituiu voluntariamente o referido valor a este antes do recebimento da denúncia. Nessa situação, a restituição do dinheiro subtraído configura arrependimento posterior, o que incorre no reconhecimento de causa de diminuição de pena.

30. **(Cespe/DPE/AC/Defensor/2017)** Com referência ao arrependimento posterior, assinale a opção correta:

a) O arrependimento posterior é causa obrigatória de diminuição de pena, admitindo-se a reparação do dano ou a restituição da coisa até o trânsito em julgado da ação penal.

b) O autor da infração, ao arrepender-se, deverá, para que sua pena seja reduzida, reparar voluntariamente danos ou restituir a coisa subtraída, até o recebimento da queixa ou da denúncia.

c) O arrependimento posterior incide exclusivamente nos crimes contra o patrimônio e impõe a restituição espontânea e integral da coisa até o recebimento da denúncia ou da queixa.

d) Intervenção de terceiros na reparação do dano ou na restituição da coisa, desde que ocorra antes do julgamento, não afastará o reconhecimento de arrependimento posterior.

e) Para que sua pena seja reduzida, o agente deverá, espontaneamente, logo após a consumação do crime, minorar as consequências dele e, até a data do julgamento, reparar danos.

2.4. Crime Impossível

✱ SÚMULAS

STF Súm. 145. Não há crime, quando a preparação do flagrante pela polícia torna impossível a sua consumação.

✱ QUESTÕES OBJETIVAS

31. **(Cespe/DPE/AL/Defensor/2017)** Jonas descobriu, na mesma semana, que era portador de doença venérea grave e que sua esposa, Priscila, planejava pedir o divórcio. Inconformado com a intenção da companheira, Jonas manteve relações sexuais com ela, com o objetivo de lhe transmitir a doença. Ao descobrir o propósito de Jonas, Priscila foi à delegacia e relatou o ocorrido. No curso da apuração preliminar, constatou-se que ela já estava contaminada da mesma moléstia desde antes da conduta de Jonas, fato que ela desconhecia. Nessa situação hipotética, considerando-se as normas relativas a crimes contra a pessoa, a conduta perpetrada por Jonas constitui:

a) tentativa de perigo de contágio venéreo.

b) crime impossível, em razão do contágio anterior.

c) delito putativo de contágio por moléstia grave.

d) perigo de contágio por moléstia grave consumado.

e) tentativa de lesão corporal, devido ao perigo de contágio venéreo.

32. **(Cespe/TCE/RN/Assessor_Jurídico/2015)** Se a preparação de flagrante pela polícia impedir a consumação do crime, estará caracterizado crime impossível.

2.5. Crime Doloso/Culposo

✱ QUESTÕES OBJETIVAS

33. **(Cespe/TCE/SC/Auditor/2016)** Caracteriza-se o dolo eventual no caso de um caçador que, confiando em sua habilidade de atirador, dispara contra a caça, mas atinge um companheiro que se encontra próximo ao animal que ele desejava abater.

34. **(Cespe/TRF/1R/Técnico/2017)** Antônio, renomado cientista, ao desenvolver uma atividade habitual, em razão da pressa para entregar determinado produto, foi omisso ao não tomar todas as precauções no preparo de uma fase do procedimento laboratorial, o que acabou ocasionando dano à integridade física de uma pessoa. Embora não tenha desejado o resultado danoso, Antônio poderá ser punido devido à imperícia na execução do procedimento laboratorial.

35. **(Cespe/TCE/RN/Assessor_Jurídico/2015)** Carlos, indivíduo perfeitamente saudável, se embriagou voluntariamente em virtude da celebração de seu aniversário e, sob essa condição, causou lesão grave a Daniel, seu primo. Nessa situação, se for condenado, Carlos poderá ter a pena atenuada ou substituída por tratamento ambulatorial.

36. **(Cespe/TCU/Procurador/2015)** Em relação aos elementos do crime, assinale a opção correta:

a) Na sistemática brasileira penal, o erro de proibição inevitável afasta a ilicitude da conduta.
b) De acordo com a teoria adotada pelo CP, em regra, a consciência da ilicitude é requisito essencial do dolo.
c) O crime culposo, considerando-se o seu elemento subjetivo, não admite a participação, seja dolosa, seja culposa.
d) A embriaguez culposa é causa excludente de culpabilidade.
e) A aferição de um resultado classificado a título subjetivo de preterdolo exige a constatação efetiva da previsibilidade subjetiva.

37. **(Cespe/PGE/SE/Procurador/2017)** Um elemento que integra o conceito de culpabilidade aplicado ao direito brasileiro é o(a):

a) obediência hierárquica.
b) dolo.
c) real consciência da ilicitude.
d) nexo causal.
e) exigibilidade de conduta diversa.

2.6. Erro Tipo/ Pessoa/Ilicitude

* QUESTÕES OBJETIVAS

38. **(Cespe/STM/Analista/2018)** A descriminante putativa por erro de proibição, na hipótese de suposição errônea acerca de causa excludente de ilicitude, é considerada erro de proibição indireto e gera as mesmas consequências do erro de proibição direto.

39. **(Cespe/STM/Analista/2018)** O erro de proibição evitável exclui a culpabilidade.

40. **(Cespe/PC/PE/Perito/2016)** Em relação ao fato típico e aos elementos do crime, assinale a opção correta:

a) É isento de pena o agente que, por embriaguez completa, proveniente de culpa ou de caso fortuito, ao tempo da ação ou da omissão, era parcialmente incapaz de entender o caráter ilícito desse fato ou de determinar-se conforme esse entendimento.
b) É caracterizada como estado de necessidade a conduta praticada por bombeiro para salvar de perigo atual ou iminente, não provocado por sua vontade, direito próprio ou alheio, cujo sacrifício, nas circunstâncias, não era razoável exigir-se.
c) Os elementos imputabilidade, potencial consciência da ilicitude, inexigibilidade de conduta diversa e punibilidade são requisitos da culpabilidade penal.
d) A coação física e a coação moral irresistível excluem a conduta do agente, pois eliminam totalmente a vontade pelo emprego da força, de modo que o fato passa a ser atípico.
e) É considerado erro evitável, capaz de reduzir a pena, aquele em que o agente atue ou se omita sem a consciência da ilicitude do fato, quando lhe era possível, nas circunstâncias, ter ou atingir essa consciência.

41. **(Cespe/TCE/SC/Auditor/2016)** A culpa imprópria ocorre nas hipóteses de descriminantes putativas em que o agente, em virtude de erro evitável pelas circunstâncias, dá causa dolosamente a um resultado, mas responde como se tivesse praticado um delito culposo.

42. **(Cespe/TJ/AM/Juiz/2016)** Júlio foi denunciado em razão de haver disparado tiros de revólver, dentro da própria casa, contra Laura, sua companheira, porque ela escondera a arma, adquirida dois meses atrás. Ele não tinha licença expedida por autoridade competente para possuir tal arma, e a mulher tratou de escondê-la porque viu Júlio discutindo asperamente com um vizinho e temia que ele pudesse usá-la contra esse desafeto. Raivoso, Júlio adentrou a casa, procurou em vão o revólver e, não o achando, ameaçou Laura, constrangendo-a a devolver-lhe a arma. Uma vez na sua posse, ele disparou vários tiros contra Laura, ferindo-a gravemente e também atingindo o filho comum, com nove anos de idade, por erro de pontaria, matando-o instantaneamente. Laura só sobreviveu em razão de pronto e eficaz atendimento médico de urgência. Com referência à situação hipotética descrita, assinale a opção correta de acordo com a jurisprudência do STJ:

a) Júlio cometeu homicídio doloso contra Laura e culposo contra o filho, porque não teve intenção de matá-lo.

b) Júlio deverá responder por dois homicídios dolosos, sendo um consumado e o outro tentado, e as penas serão aplicadas cumulativamente, por concurso material de crimes, já que houve desígnios distintos nos dois resultados danosos.

c) A hipótese configura "aberractio ictus", devendo Júlio responder por duplo homicídio doloso, um consumado e outro tentado, com as penas aplicadas em concurso formal de crimes, sem se levar em conta as condições pessoais da vítima atingida acidentalmente.

d) O fato configura duplo homicídio doloso, consumado contra o filho, e tentado contra Laura, e, em razão de aquele ter menos de quatorze anos, a pena deverá ser aumentada em um terço.

e) Houve, na situação considerada, homicídio privilegiado consumado, considerando que Júlio agiu impelido sob o domínio de violenta emoção depois de ter sido provocado por Laura.

2.7. Coação Irresistível e Obediência Hierárquica

* QUESTÕES OBJETIVAS

43. **(Cespe/PC/MA/Investigador/2018)** A prática de crime em decorrência de coação moral irresistível configura

a) inexigibilidade de conduta diversa.

b) excludente de antijuridicidade.

c) inimputabilidade penal.

d) circunstância atenuante de pena.

e) atipicidade da conduta.

44. **(Cespe/STM/Analista/2018)** Preenchidos os requisitos legais, a coação irresistível e a obediência hierárquica são causas excludentes de culpabilidade daquele que recebeu ordem para cometer o fato, mantendo-se punível o autor da coação ou da ordem.

2.8. Exclusão de Ilicitude

* QUESTÕES OBJETIVAS

45. **(Cespe/STM/Analista/2018)** A embriaguez acidental, proveniente de força maior ou caso fortuito, exclui a culpabilidade, ainda que o sujeito ativo possuísse, ao tempo da ação, parcial capacidade de entender o caráter ilícito do fato que praticou.

46. **(Cespe/PC/MA/Investigador/2018)** Durante o cumprimento de um mandado de prisão a determinado indivíduo, este atirou em um investigador policial, o qual, revidando, atingiu fatalmente o agressor. Nessa situação hipotética, a conduta do investigador configura

a) legítima defesa própria.

b) exercício regular de direito.

c) estrito cumprimento do dever legal.

d) homicídio doloso.

e) homicídio culposo.

47. **(Cespe/PC/MA/Escrivão/2018)** Determinado policial, ao cumprir um mandado de prisão, teve de usar a força física para conter o acusado. Após a concretização do ato, o policial continuou a ser fisicamente agressivo, mesmo não havendo a necessidade. Nessa situação hipotética, o policial

a) excedeu o estrito cumprimento do dever legal.

b) abusou do exercício regular de direito.

c) prevaleceu-se de condição excludente de ilicitude.

d) agiu sob o estado de necessidade.

e) manifestou conduta típica de legítima defesa.

48. **(Cespe/TJ/DFT/Juiz/2016)** De acordo com o CP, constituem hipóteses de exclusão da antijuridicidade:

a) o estrito cumprimento do dever legal e o estado de necessidade.

b) a insignificância da lesão e a inexigibilidade de conduta diversa.

c) a legítima defesa putativa e o estrito cumprimento do dever legal.

d) o estado de necessidade e a coação moral irresistível.

e) o exercício regular de direito e a inexigibilidade de conduta diversa.

49. **(Cespe/TRF/1R/Analista/2017)** O oficial de justiça encontra-se em exercício regular de direito ao cumprir mandado de reintegração de posse de bem imóvel de propriedade de banco público, com ordem de arrombamento, desocupação e imissão de posse.

50. **(Cespe/TRF/1R/Analista/2017)** Segundo o Código Penal, o agente que tenha cometido excesso quando da análise das excludentes de ilicitudes será punido apenas se o tiver cometido dolosamente.

51. **(Cespe/AGU/Advogado/2015)** A legítima defesa é causa de exclusão da ilicitude da conduta, mas não é aplicável caso o agente tenha tido a possibilidade de fugir da agressão injusta e tenha optado livremente pelo seu enfrentamento.

52. **(Cespe/PC/GO/Agente/2016)** A respeito da aplicação da lei penal e dos elementos e das causas de exclusão de culpabilidade, assinale a opção correta:

a) O princípio da legalidade pode ser desdobrado em três: princípio da reserva legal, princípio da taxatividade e princípio da retroatividade como regra, a fim de garantir justiça na aplicação de qualquer norma.
b) São excludentes de culpabilidade: inimputabilidade, coação física irresistível e obediência hierárquica de ordem não manifestamente ilegal.
c) Se ordem não manifestamente ilegal for cumprida por subordinado e resultar em crime, apenas o superior responderá como autor mediato, ficando o subordinado isento por inexigibilidade de conduta diversa.
d) Emoção e paixão são causas excludentes de culpabilidade.
e) Em razão do princípio da legalidade, a analogia não pode ser usada em matéria penal.

53. **(Cespe/TRF/1R/Analista/2017)** O consentimento do ofendido é uma excludente de antijuridicidade e poderá ser manifestado antes, durante ou depois da conduta do agente.

54. **(Cespe/DPE/AL/Defensor/2017)** Com relação à ilicitude e às causas de exclusão, julgue os itens a seguir.

I. As causas de exclusão de antijuridicidade previstas no CP são taxativas.
II. As fontes das causas de justificação são a lei, a necessidade e a falta de interesse.
III. Os efeitos das causas excludentes de antijuridicidade se estendem à esfera extrapenal.
IV. O consentimento do ofendido é causa de exclusão de ilicitude expressa no CP.

Estão certos apenas os itens:

a) I e III.
b) I e IV.
c) II e III.
d) II e IV.
e) III e IV.

3. DA IMPUTABILIDADE PENAL

✱ SÚMULAS

STF Súm. 245. A imunidade parlamentar não se estende ao corréu sem essa prerrogativa.

✱ QUESTÕES OBJETIVAS

55. **(Cespe/PC/MA/Escrivão/2018)** A imputabilidade é definida como

a) a capacidade mental, inerente ao ser humano, de, ao tempo da ação ou da omissão, entender o caráter ilícito do fato e de determinar-se de acordo com esse entendimento.
b) a contrariedade entre o fato típico praticado por alguém e o ordenamento jurídico, capaz de lesionar ou expor a perigo de lesão bens jurídicos penalmente protegidos.
c) a reprovabilidade ou o juízo de censura que incide sobre a formação e a exteriorização da vontade do responsável pela conduta criminosa.
d) a obediência às formas e aos procedimentos exigidos na criação da lei penal e, principalmente, na elaboração de seu conteúdo normativo.
e) a necessidade de que a conduta reprovável se encaixe no modelo descrito na lei penal vigente no momento da ação ou da omissão.

56. **(Cespe/TRE/PE/Analista/2017)** Um dos elementos da culpabilidade, a imputabilidade será excluída no caso de o agente atuar sob o estado de embriaguez completa:

a) intencional.
b) fortuita.
c) culposa.
d) preordenada.
e) voluntária.

57. **(Cespe/AGU/Advogado/2015)** O CP adota o sistema vicariante, que impede a aplicação cumulada de pena e medida de segurança a agente semi-imputável e exige do juiz a decisão, no momento de prolatar sua sentença, entre a aplicação de uma pena com redução de um a dois terços ou a aplicação de medida de segurança, de acordo com o que for mais adequado ao caso concreto.

4. DO CONCURSO DE PESSOAS

✱ QUESTÕES OBJETIVAS

58. **(Cespe/STM/Analista/2018)** Inexiste, no ordenamento jurídico, a possibilidade de as condições e circunstâncias de caráter pessoal de um agente se comunicarem com as de outro agente que seja coautor de um crime.

59. **(Cespe/TRE/PI/Analista/2016)** A respeito do concurso de pessoas, assinale a opção correta:

a) As circunstâncias objetivas se comunicam, mesmo que o partícipe delas não tenha conhecimento.

b) Em se tratando de peculato, crime próprio de funcionário público, não é possível a coautoria de um particular, dada a absoluta incomunicabilidade da circunstância elementar do crime.

c) A determinação, o ajuste ou instigação e o auxílio não são puníveis.

d) Tratando-se de crimes contra a vida, se a participação for de menor importância, a pena aplicada poderá ser diminuída de um sexto a um terço.

e) No caso de um dos concorrentes optar por participar de crime menos grave, a ele será aplicada a pena referente a este crime, que deverá ser aumentada mesmo na hipótese de não ter sido previsível o resultado mais grave.

60. **(Cespe/TCE/PA/Auditor/2016)** Pedro, funcionário público, solicitou a Maria a quantia de R$ 10.000 para não lavrar auto de infração decorrente de ato ilícito descoberto durante fiscalização fazendária. Ao perceber que teria que pagar uma multa de mais de R$ 20.000, Maria prontamente concordou com a proposta e realizou o pagamento. Nessa situação, Maria responderá como partícipe do delito de corrupção passiva, uma vez que, quanto ao concurso de agentes, o Código Penal adotou exclusivamente a teoria unitária do crime.

61. **(Cespe/DPE/RN/Defensor/2015)** Acerca do concurso de agentes, assinale a opção correta conforme a legislação de regência e a jurisprudência do STJ:

a) A ciência da prática do fato delituoso caracteriza conivência e, consequentemente, participação, mesmo que inexistente o dever jurídico de impedir o resultado.

b) Em um crime de roubo praticado com o emprego de arma de fogo, mesmo que todos os agentes tenham conhecimento da utilização do artefato bélico, somente o autor do disparo deve responder pelo resultado morte, visto que não se encontrava dentro do desdobramento causal normal da ação delitiva. Nesse caso, não há que se falar em coautoria no crime mais gravoso (latrocínio).

c) Não se admite o concurso de agentes no crime de porte ilegal de arma de fogo, haja vista que somente o agente que efetivamente porta a arma de fogo incorre nas penas do delito.

d) É admissível, segundo o entendimento doutrinário e jurisprudencial, a possibilidade de concurso de agentes em crime culposo, que ocorre quando há um vínculo psicológico na cooperação consciente de alguém na conduta culposa de outrem. O que não se admite nos tipos culposos é a participação.

e) O falso testemunho, por ser crime de mão própria, não admite a coautoria ou a participação do advogado que induz o depoente a proclamar falsa afirmação.

62. **(Cespe/TJ/PB/Juiz/2015)** Assinale a opção correta no que se refere ao concurso de pessoas:

a) Inexiste previsão legal referente ao desvio subjetivo de conduta.

b) Segundo a teoria da acessoriedade mínima, uma ação justificada para o autor não constitui crime para o partícipe.

c) Será considerado cúmplice aquele que incutir na mente do autor principal o propósito criminoso.

d) A coautoria pressupõe acordo prévio, o que a doutrina denomina de "pactum sceleris".

e) O crime omissivo admite a participação por meio de comissão.

63. **(Cespe/TJ/PB/Juiz/2015)** Segundo a doutrina dominante e o CP, o juiz, ao aplicar a pena, deve:

a) aplicar pena inferior ao mínimo legal se houver circunstância atenuante.

b) agravar a sanção a ser aplicada a quem tiver coagido outrem a praticar o crime no caso de concurso de pessoas.

c) valer-se de sua discricionariedade no que diz respeito à fixação do regime prisional em que o condenado começará a cumprir a sanção.

d) indicar, no caso de condenado a pena de reclusão, que o cumprimento da sanção deve ser iniciado em regime fechado.

e) considerar eventuais causas de aumento de pena do condenado na segunda fase da dosimetria.

64. **(Cespe/TRF/5R/Juiz/2015)** Com relação ao concurso de crimes e de pessoas e ao crime continuado, assinale opção correta:

a) O crime continuado ocorre quando o agente pratica uma ou mais infrações penais de mesma espécie ou não, de forma concomitante, caso em que a pena pode ser aumentada até o dobro.

b) O CP tipifica como crime a conivência, que ocorre quando o agente, mesmo que não tenha o dever de evitar o resultado, não intervém para fazer cessar a prática de infração penal de que tomou conhecimento.

c) É suficiente para caracterizar a participação em sentido estrito a exteriorização da vontade do partícipe de cooperar na ação criminosa do autor, desde que este tenha conhecimento dessa intenção e aceite a ajuda oferecida.

d) Ocorre concurso formal imperfeito quando há dolo em relação ao delito desejado e dolo eventual no tocante aos outros resultados da mesma ação, situação em que o agente deve ser apenado pelo sistema de acúmulo material.

e) A autoria mediata distingue-se da participação em sentido estrito em razão do domínio do fato. Tem-se, como exemplo da primeira, a utilização de inimputáveis para a prática de crimes.

65. **(Cespe/TRF/1R/Técnico/2017)** José, com vinte anos de idade, e seu primo, Pedro, de quinze anos de idade, saíram para conversar em um bar. José, que estava ingerindo bebida alcoólica, ficou muito bêbado rapidamente em razão do efeito colateral provocado por medicamento de que fazia uso. Pedro, percebendo o estado de embriaguez do primo, fez que este praticasse um ato que sabia ser tipificado como delituoso. José e Pedro cometeram crime em concurso de pessoas, e, haja vista que Pedro foi o mentor, a ele deverá ser imputada punição mais grave que a de José.

66. **(Cespe/TCE/RN/Inspetor/2015)** No concurso de pessoas, o auxílio prestado ao agente, quando não iniciada a execução do crime, é passível de punição.

67. **(Cespe/DPE/AC/Defensor/2017)** A codelinquência será configurada quando houver:

a) reconhecimento da prática da mesma infração por todos os agentes.

b) ajuste prévio, na fase preparatória do crime, entre todos os agentes em concurso.

c) concurso necessário, nas infrações penais, de agentes capazes.

d) exteriorização da vontade de fazer parte da conduta e consciência da ação de outrem.

e) prática dos mesmos atos executivos por todos os agentes.

68. **(Cespe/TCU/Procurador/2015)** José, empregado de empresa responsável pela segurança de determinado estacionamento, percebeu que Lucas pratica furtos nas proximidades do estacionamento. Desse modo, resolveu, em razão de discórdia com seu patrão, deixar a porta da sala de chaves aberta com o objetivo de facilitar o acesso de Lucas, sem que este tivesse conhecimento de seu auxílio. Em razão disso, diversos pertences de veículos estacionados foram subtraídos por Lucas. Com referência a essa situação hipotética, assinale a opção correta:

a) Segundo entendimento majoritário da doutrina e jurisprudência, a desistência voluntária de Lucas não alcançaria a conduta de José.

b) A ausência de conhecimento por parte de Lucas impede a existência de concurso de pessoas, já que um dos requisitos para a configuração da participação é a prévia combinação.

c) Conforme a teoria da acessoriedade limitada, as condições de ilicitude da conduta de Lucas se estendem a José.

d) A conduta de José tem adequação direta com o tipo penal descrito, o furto.

e) Eventual inimputabilidade de Lucas tornaria José autor imediato do crime.

5. DAS PENAS

5.1. Das Espécies, Da Cominação

✱ SÚMULAS

1) Das Espécies de Penas

STJ Súm. 269. É admissível a adoção do regime prisional semiaberto aos reincidentes condenados a pena igual ou inferior a quatro anos se favoráveis as circunstâncias judiciais.

STJ Súm. 440. Fixada a pena-base no mínimo legal, é vedado o estabelecimento de regime prisional mais gravoso do que o cabível em razão da sanção imposta, com base apenas na gravidade abstrata do delito.

STJ Súm. 493. É inadmissível a fixação de pena substitutiva (art. 44 do CP) como condição especial ao regime aberto.

2) Da Cominação das Penas

STF Súm. 718. A opinião do julgador sobre a gravidade em abstrato do crime não constitui motivação idônea para a imposição de regime mais severo do que o permitido segundo a pena aplicada.

STF Súm. 719. A imposição do regime de cumprimento mais severo do que a pena aplicada permitir exige motivação idônea.

STJ Súm. 171. Cominadas cumulativamente, em lei especial, penas privativa de liberdade e pecuniária, é defeso a substituição da prisão por multa.

STJ Súm. 493. É inadmissível a fixação de pena substitutiva (art. 44 do CP) como condição especial ao regime aberto.

✱ QUESTÕES OBJETIVAS

69. **(Cespe/DPE/PE/Defensor/2018)** Em se tratando de regime aberto, a pena deverá ser cumprida em

a) casa de albergado.
b) penitenciária.
c) centro de observação.
d) colônia agrícola.
e) cadeia pública.

70. **(Cespe/TRF/1R/Juiz/2015)** Prevista no CP e em legislações extravagantes, a multa é modalidade de pena que pode ser aplicada em conjunto com a pena privativa de liberdade ou isoladamente. Acerca da disciplina contida no CP sobre a pena de multa, assinale a opção correta:

a) O valor do dia-multa é arbitrado com base no salário mínimo mensal vigente ao tempo da condenação do réu e deve ser atualizado, quando da execução, pelos índices de correção monetária aplicáveis.
b) Ao fixar a pena de multa, o juiz deve atender principalmente ao grau de reprovabilidade do delito e desconsiderar a situação econômica para não apenar diferentemente réus condenados pelo mesmo crime.
c) O CP veda a substituição de pena privativa de liberdade pela pena de multa em condenação por crime doloso, embora tal substituição seja possível em casos de crime culposo e contravenção penal.
d) As hipóteses de interrupção e suspensão da prescrição de penas de multa são as mesmas previstas para as penas privativas de liberdade, tanto antes quanto após o trânsito em julgado da condenação.
e) Se houver concurso formal ou material de crimes punidos com pena de multa, ao condenado devem ser aplicadas distinta e integralmente as multas referentes a cada um dos delitos.

71. **(Cespe/AGU/Advogado/2015)** A pena de multa, que poderia ser fixada em percentual do proveito econômico obtido com a prática do crime, ou do prejuízo causado à administração, terá de ser executada pela procuradoria da fazenda, na vara de execuções fiscais.

5.2. Da Aplicação da Pena

✱ SÚMULAS

1) Circunstâncias Agravantes e Atenuantes

STJ Súm. 231. A incidência da circunstância atenuante não pode conduzir à redução da pena abaixo do mínimo legal.

STJ Súm. 241. A reincidência penal não pode ser considerada como circunstância agravante e, simultaneamente, como circunstância judicial.

STJ Súm. 442. É inadmissível aplicar, no furto qualificado, pelo concurso de agentes, a majorante do roubo.

STJ Súm. 443. O aumento na terceira fase de aplicação da pena no crime de roubo circunstanciado exige fundamentação concreta, não sendo suficiente para a sua exasperação a mera indicação do número de majorantes.

STJ Súm. 444. É vedada a utilização de inquéritos policiais e ações penais em curso para agravar a pena-base.

STJ Súm. 545. Quando a confissão for utilizada para a formação do convencimento do julgador, o réu fará jus à atenuante prevista no art. 65, III, d, do Código Penal.

2) Regime Prisional

STJ Súm. 269. É admissível a adoção do regime prisional semiaberto aos reincidentes condenados a pena igual ou inferior a quatro anos se favoráveis as circunstâncias judiciais.

STJ Súm. 440. Fixada a pena-base no mínimo legal, é vedado o estabelecimento de regime prisional mais gravoso do que o cabível em razão da sanção imposta, com base apenas na gravidade abstrata do delito.

3) Substituição da Pena

STJ Súm. 171. Cominadas cumulativamente, em lei especial, penas privativa de liberdade e pecuniária, é defeso a substituição da prisão por multa.

STJ Súm. 493. É inadmissível a fixação de pena substitutiva (art. 44 do CP) como condição especial ao regime aberto.

4) Suspensão Condicional do Processo

STJ Súm. 243. O benefício da suspensão do processo não é aplicável em relação às infrações penais cometidas em concurso material, concurso formal ou continuidade delitiva, quando a pena mínima cominada, seja pelo somatório, seja pela incidência da majorante, ultrapassar o limite de um (01) ano.

STJ Súm. 337. É cabível a suspensão condicional do processo na desclassificação do crime e na procedência parcial da pretensão punitiva.

5) Outros Temas

STF Súm. 715. A pena unificada para atender ao limite de trinta anos de cumprimento, determinado pelo art. 75 do Código Penal, não é considerada para a concessão de outros benefícios, como o livramento condicional ou regime mais favorável de execução.

STJ Súm. 74. Para efeitos penais, o reconhecimento da menoridade do réu requer prova por documento hábil.

STJ Súm. 501. É cabível a aplicação retroativa da Lei n. 11.343/2006, desde que o resultado da incidência das suas disposições, na íntegra, seja mais favorável ao réu do que o advindo da aplicação da Lei n. 6.368/1976, sendo vedada a combinação de leis.

* QUESTÕES DISCURSIVAS

02. **(Cespe/DP/DF/Defensor/2013)** Sobre o tema reincidência, responda às seguintes questões, justificando suas respostas: (i) Suponha que o réu apresente uma única condenação anterior, transitada em julgado a menos de cinco anos, por crime de furto. No caso de novo processo por crime de roubo, é possível, na sentença condenatória, o aumento da pena-base por maus antecedentes e, em seguida, na segunda fase de aplicação da pena, o aumento em razão de reincidência? (ii) A agravante da reincidência, por ser de caráter objetivo, sempre prevalece sobre eventuais outras circunstâncias atenuantes? (iii) A condenação anterior por contravenção penal transitada em julgado a menos de cinco anos pode gerar reincidência e(ou) maus antecedentes em condenação posterior por crime?

* QUESTÕES OBJETIVAS

72. **(Cespe/PC/MA/Investigador/2018)** Em determinada noite, Pedro arrombou a porta de um centro comercial e subtraiu vários itens de vestuário de oito lojas, de diferentes proprietários. Nessa situação hipotética, se descoberta a conduta de Pedro, ele deverá responder pelos furtos

a) como crime habitual.
b) como crime continuado.
c) como crimes autônomos.
d) em concurso formal.
e) como crime permanente.

73. **(Cespe/DPE/RN/Defensor/2015)** A respeito de arrependimento posterior, crime impossível, circunstâncias judiciais, agravantes e atenuantes, assinale a opção correta à luz da legislação e da jurisprudência do STJ:

a) Existindo duas qualificadoras ou causas de aumento de pena, uma delas implica o tipo qualificado ou a majorante na terceira fase da dosimetria, enquanto a outra pode ensejar, validamente, a valoração negativa de circunstância judicial e a exasperação da pena-base.
b) O arrependimento posterior, por ser uma circunstância subjetiva, não se estende aos demais corréus, uma vez reparado o dano integralmente por um dos autores do delito até o recebimento da denúncia.
c) A existência de sistema de segurança ou de vigilância eletrônica torna impossível, por si só, o crime de furto cometido no interior de estabelecimento comercial.
d) Condenações anteriores transitadas em julgado alcançadas pelo prazo depurador de cinco anos previsto no art. 64, I, do CP, além de afastarem os efeitos da reincidência, também impedem a configuração de maus antecedentes.
e) Na hipótese de o autor confessar a autoria do crime, mas alegar causa excludente de ilicitude ou culpabilidade, não se admite a incidência da atenuante da confissão espontânea, descrita no art. 65, III, d, CP.

74. **(Cespe/DPE/PE/Defensor/2015)** O concurso formal próprio distingue-se do concurso formal impróprio pelo elemento subjetivo do agente, ou seja, pela existência ou não de desígnios autônomos.

75. **(Cespe/DPE/RN/Defensor/2015)** Em cada uma das seguintes opções, é apresentada uma situação hipotética relativa ao concurso de crimes, seguida de uma assertiva a ser julgada. Assinale a opção que apresenta assertiva correta de acordo com a legislação penal e a jurisprudência do STJ:

a) No interior de um ônibus coletivo, Sérgio subtraiu, com o emprego de grave ameaça, os aparelhos celulares de cinco passageiros, além do dinheiro que o cobrador portava. Nessa situação, como houve a violação de patrimônios distintos, Sérgio praticou o crime de roubo simples em concurso material.

b) Plínio praticou um crime de latrocínio (previsto no art. 157, § 3º, parte final, do CP) no qual houve uma única subtração patrimonial, com desígnios autônomos e com dois resultados mortes (vítimas). Nessa situação, Plínio praticou o crime de latrocínio em concurso formal impróprio, disposto no art. 70, caput, parte final, do CP, no qual se aplica a regra do concurso material, de forma que as penas devem ser aplicadas cumulativamente.

c) Túlio, em um mesmo contexto fático, praticou, com uma menor impúbere de treze anos de idade, sexo oral (felação), além de cópula anal e conjunção carnal. Nessa situação, Túlio perpetrou o crime de estupro de vulnerável em concurso material.

d) Zélio foi condenado pela prática de crimes de roubo e corrupção de menores em concurso formal, cometidos em continuidade delitiva. Nessa situação, na dosimetria da pena aplicar-se-ão cumulativamente as regras do concurso formal (art. 70 do CP) e da continuidade delitiva (art. 71 do CP).

e) Múcio, mediante grave ameaça exercida com o emprego de arma de fogo, subtraiu bens pertencentes a Bruna e, ainda, exigiu dela a entrega de cartão bancário e senha para a realização de saques. Nessa situação, Múcio praticou, em concurso formal, os crimes de roubo circunstanciado e extorsão majorada.

76. **(Cespe/TJ/DFT/Juiz/2016)** Considerando as orientações legais relativas à aplicação de penas, assinale a opção correta:

a) Havendo concurso formal de delitos, em que o agente, mediante uma só ação ou omissão, pratica dois ou mais crimes, idênticos ou não, aplicar-se-á a pena privativa de liberdade mais grave, ou, se as penas forem iguais, aplicar-se-á apenas uma delas, majorada, em qualquer caso, de um sexto até metade, sem prejuízo de eventual cumulação de penas, nas situações em que a ação ou a omissão for dolosa, e os crimes resultarem de desígnios autônomos.

b) As agravantes e as atenuantes previstas no CP são "numerus clausus", ou seja, não é possível invocar circunstância atenuante ou agravante que não tenha sido expressamente prevista no texto legal.

c) No caso de concurso material de delitos, quando os crimes forem praticados, mediante mais de uma ação ou omissão, e resultarem na aplicação cumulativa de penas de reclusão e detenção, o agente deverá cumprir, primeiramente, a pena de detenção.

d) O agente, condenado por sentença transitada em julgado pela prática de crime de motim, será considerado reincidente, em caso de sentença condenatória por crime de furto.

e) Se, no curso do prazo, o agente cometer novo crime doloso ou culposo, a suspensão condicional da pena deverá ser revogada; no entanto, se o beneficiado for condenado, irrecorrivelmente, por contravenção penal à pena privativa de liberdade, a revogação será facultativa.

77. **(Cespe/TJ/DFT/Juiz/2016)** À luz da jurisprudência sumulada do STJ, assinale a opção correta referente à aplicação da pena:

a) Em decorrência do princípio da individualização da pena, é possível aplicar a majorante do roubo ao delito de furto qualificado pelo concurso de agentes, desde que essa ação seja fundamentada nas circunstâncias do caso concreto.

b) Ainda que a pena-base tenha sido fixada no mínimo legal, é admissível a fixação de regime prisional mais gravoso que o cabível, em razão da sanção imposta, com fundamento na gravidade concreta ou abstrata do delito.

c) Embora seja vedada a utilização de inquéritos policiais em andamento para aumentar a pena-base, é possível a utilização de ações penais em curso para requerer o aumento da referida pena.

d) É inadmissível a fixação de pena restritiva de direitos substitutiva da pena privativa de liberdade como condição judicial especial ao regime aberto.

e) O número de majorantes referentes ao delito de roubo circunstanciado pode ser utilizado como critério para a exasperação da fração incidente pela causa de aumento da pena.

78. **(Cespe/TRF/5R/Juiz/2015)** Com relação às penas, à sua aplicação e às causas de extinção da punibilidade, assinale a opção correta:

a) Não ofenderá o princípio da legalidade o juiz que, ao prolatar sentença condenatória, reconhecer de ofício, em favor do réu, atenuantes que não estejam previstas em lei nem foram alegadas pelas partes.

b) Segundo a Lei dos Crimes Ambientais, constitui circunstância agravante a prática de infrações penais ambientais em época de grave crise econômica ou social e por ocasião de calamidade pública.

c) O CP preconiza de forma expressa que o prazo da prescrição da pretensão punitiva deve ser aumentado em um terço se houver reincidência.

d) O CP autoriza o juiz a aumentar a pena de multa prevista para o cometimento de delito em até dez vezes se concluir que, diante da situação econômica do réu, mesmo o máximo da multa original será ineficaz.

e) De acordo com preceito expresso do CP, a reincidência penal não pode ser considerada, ao mesmo tempo, circunstância agravante e circunstância judicial, ainda que o sentenciado seja reincidente em mais de um delito.

79. **(Cespe/PGM/Belo_Horizonte/Procurador/2017)** Acerca da aplicação e da execução da pena, assinale a opção correta, conforme o entendimento do STJ:

a) De acordo com o entendimento jurisprudencial, o tempo da internação para o cumprimento de medida de segurança é indeterminado, perdurando enquanto não for averiguada a cessação da periculosidade.

b) No momento da aplicação da pena, o juiz pode compensar a atenuante da confissão espontânea com a agravante da promessa de recompensa.

c) É vedada a concessão de trabalho externo a apenado em empresa familiar em que um dos sócios seja seu irmão.

d) Confissão ocorrida na delegacia de polícia e não confirmada em juízo não pode ser utilizada como atenuante, mesmo que o juiz a utilize para fundamentar o seu convencimento.

80. **(Cespe/TCE/RN/Auditor/2015)** Segundo o STJ, tanto os inquéritos policiais quanto as ações penais sem trânsito em julgado podem ser considerados como maus antecedentes para fins de dosimetria da pena.

81. **(Cespe/DPE/AL/Defensor/2017)** Quanto às circunstâncias agravantes e às atenuantes, assinale a opção correta:

a) Constitui atenuante genérica o erro sobre a ilicitude do fato, embora o desconhecimento da lei seja inescusável.

b) Inexiste, nas agravantes e atenuantes genéricas, previsão legal taxativa acerca do "quantum" a ser aplicado, cabendo ao juiz defini-lo.

c) As circunstâncias agravantes incidem apenas sobre os crimes dolosos.

d) A circunstância atenuante referente à senilidade é definida pelo Estatuto do Idoso.

e) A clemência incide em circunstâncias anteriores à prática do crime, nas hipóteses previstas expressamente no CP.

82. **(Cespe/TRF/5R/Juiz/2017)** Um estrangeiro foi preso sob a acusação de compartilhar arquivos contendo pornografia infantil na chamada deep Web (Internet Profunda), cujo conteúdo não é de fácil acesso para a maioria dos internautas. Segundo a polícia, o estrangeiro é acusado da prática reiterada do crime de pedofilia e estupro de vulnerável. As investigações concluíram que o material pornográfico foi produzido pelo agente no exterior e divulgado – inicialmente, já que, posteriormente houve repasse do material por terceiros – somente por uma troca de email entre o acusado, que residia no Brasil, e um brasileiro também residente no país. Constatou-se, ainda, que ele próprio praticava as cenas de sexo explícito com as vítimas. A respeito dessa situação hipotética, assinale a opção correta:

a) Verificada a conexão entre o estupro de vulnerável e a produção e a divulgação do material pornográfico, as penas deverão ser aplicadas considerando-se as regras do concurso material de crimes.

b) O local da prática deve ser considerado o território nacional, em razão do princípio da territorialidade.

c) Como o agente é estrangeiro e a produção do material ocorreu no exterior, ele não poderá ser julgado por autoridades brasileiras pela produção do material.

d) Mesmo em relação à divulgação do material prevalece o caráter de internacionalidade do crime, dada a utilização da Internet.

e) Deverá ser aplicado o princípio da consunção ou da absorção, uma vez que as condutas de produzir e armazenar são atos preparatórios para a transmissão via Internet.

5.3. Da Suspensão/Livramento Condicional

✱ SÚMULAS

STJ Súm. 441. A falta grave não interrompe o prazo para obtenção de livramento condicional.

✱ QUESTÕES OBJETIVAS

83. **(Cespe/DPE/PE/Defensor/2018)** André e Bruno, companheiros de cela em determinada penitenciária, são assistidos pela Defensoria Pública do Estado de Pernambuco. André cumpre pena de seis anos por furto qualificado e tem como antecedente criminal uma condenação de um ano e oito meses por crime culposo, já cumprida. Bruno, por sua vez, cumpre pena de nove anos por tráfico de drogas e não possui antecedentes criminais. Considerando essa situação hipotética, assinale a opção correta a respeito do livramento condicional de André e Bruno.

a) Bruno não fará jus ao livramento condicional, uma vez que foi condenado por crime equiparado a crime hediondo.

b) Caso André cometa falta grave no cumprimento da pena, o prazo para seu livramento condicional será interrompido.

c) A concessão do benefício do livramento condicional a André dependerá de ele cumprir um terço da pena e a Bruno de ele cumprir dois terços da pena.

d) Apesar de ser hipossuficiente, André será beneficiado com o livramento condicional somente se reparar o dano causado em decorrência da prática do furto qualificado.

e) Por ser reincidente, André atenderá ao requisito temporal para o livramento condicional apenas após ter cumprido metade da pena.

84. **(Cespe/PC/PE/Delegado/2016)** A respeito do livramento condicional, assinale a opção correta:

a) O benefício do livramento condicional é um direito subjetivo do condenado, a ser concedido pelo juiz na sentença condenatória, desde que o réu preencha os requisitos legais subjetivos e objetivos, no momento da sentença penal condenatória, de modo a substituir a pena privativa de liberdade e restritiva de direitos por liberdade vigiada e condicionada.

b) Caso o liberado condicionalmente seja condenado irrecorrivelmente por crime praticado durante o gozo do livramento condicional, sendo a nova pena imposta a privativa de liberdade, haverá a revogação obrigatória do livramento condicional e o tempo do período de prova será considerado para fins de desconto na pena.

c) Em caso de prática de crime durante o período de prova do livramento condicional, o juiz não poderá prorrogar o benefício, devendo declarar extinta a punibilidade quando, ao chegar o fim daquele período fixado, o beneficiário não for julgado em processo a que responde por crime cometido na vigência do livramento.

d) Entre outros requisitos legais, segundo o CP, em caso de crime doloso cometido com violência ou grave ameaça à pessoa, a concessão do livramento condicional ao condenado ficará também subordinada à constatação de condições pessoais que façam presumir que o liberado não voltará a delinquir.

e) A prática de falta grave, devidamente apurada em procedimento disciplinar, interrompe o requisito temporal para a concessão do livramento condicional.

5.4. Dos Efeitos da Condenação, Da Reabilitação

✱ SÚMULAS

TSE Súm. 9. A suspensão de direitos políticos decorrente de condenação criminal transitada em julgado cessa com o cumprimento ou a extinção da pena, independendo de reabilitação ou de prova de reparação dos danos.

✱ QUESTÕES OBJETIVAS

85. **(Cespe/TJ/AM/Juiz/2016)** Um policial militar, em dia de folga e vestido com traje civil, se embriagou voluntariamente e saiu à rua armado, decidido a roubar um carro. Empunhando seu revólver particular, ele abordou um motorista e o ameaçou, obrigando-o a descer do automóvel. A vítima obedeceu, mas, ao perceber a embriaguez do assaltante, saiu correndo com as chaves do carro. Deparando-se adiante com uma viatura da polícia militar, relatou o ocorrido aos componentes da guarnição, que foram ao local e prenderam o policial em flagrante. Em decorrência de tais fatos, o policial foi submetido a processo penal que resultou na sua condenação em três anos, dez meses e vinte dias de reclusão pela tentativa de roubo. Com referência a essa situação hipotética, assinale a opção correta de acordo com a jurisprudência do STJ:

a) Estando ausente qualquer relação da ação com o exercício do cargo público, a exoneração do serviço público como efeito da condenação extrapolaria as funções repressivas e preventivas da sanção penal.
b) Na hipótese descrita e em casos semelhantes, sendo a pena privativa de liberdade inferior a quatro anos, a condenação por si só nunca implica a perda do cargo público.
c) O policial militar não praticou crime funcional típico porquanto o delito previsto no art. 157 do CP – Subtrair coisa móvel alheia, para si ou para outrem, mediante grave ameaça ou violência à pessoa – é comum e, por isso, o réu em questão não poderia ser afastado do cargo.
d) O agente não responderia por crime doloso porque estava em estado de embriaguez, sendo incapaz de entender o caráter criminoso de suas ações.
e) O policial militar, mesmo fora do exercício da função, violou dever inerente a ela, porque está vinculado à administração pública no exercício das atividades cotidianas, sendo cabível a perda do cargo como efeito da condenação.

86. **(Cespe/TRF/1R/Juiz/2015)** Segundo o CP, é efeito da condenação criminal transitada em julgado a:

a) perda de cargo público, que se dá de forma automática e independente de motivação por parte do juiz se houver sido aplicada pena privativa de liberdade igual ou superior a um ano, nos crimes praticados com abuso de poder.
b) obrigatoriedade de indenizar a vítima pelos danos causados pelo crime, desde que a vítima tenha se habilitado como assistente de acusação e formulado prova e pedido expresso acerca do reconhecimento do dano causado.
c) perda, em favor da União, do produto do crime ou de qualquer bem ou valor que constitua vantagem alcançada pelo agente com a prática do fato criminoso, ainda que isso traga prejuízo à vítima, que deve ajuizar ação de perdas e danos contra o condenado se desejar indenização.
d) perda automática da permissão para dirigir ou da carteira de habilitação quando o condenado tiver usado um veículo como meio para a prática de crime doloso, culposo ou contravenção penal.
e) incapacidade para o exercício do pátrio poder no caso de crime doloso apenado com reclusão e cometido contra filho, desde que motivadamente declarada na sentença.

87. **(Cespe/DPE/AL/Defensor/2017)** Constitui efeito extrapenal secundário específico da condenação a:

a) proibição do exercício de profissão, atividade ou ofício que dependam de habilitação especial, licença ou autorização do poder público.
b) declaração de incapacidade para o exercício do pátrio poder, em caso de crime doloso sujeito à pena de reclusão cometido contra filho.
c) suspensão de autorização ou de habilitação para dirigir veículo, quando utilizado como meio para a prática de crime doloso, pelo tempo da pena imposta.
d) proibição de inscrever-se em concurso, avaliação ou exame públicos.
e) proibição do exercício de cargo, função ou atividade pública, bem como de mandato eletivo, nos casos de crimes praticados com violação de dever funcional.

88. **(Cespe/AGU/Advogado/2015)** Um servidor público, concursado e estável, praticou crime de corrupção passiva e foi condenado definitivamente ao cumprimento de pena privativa de liberdade de seis anos de reclusão, em regime semiaberto, bem como ao pagamento de multa. O servidor deve perder, automaticamente, o cargo público que ocupa, mas poderá reingressar no serviço público após o cumprimento da pena e a reabilitação penal.

6. DAS MEDIDAS DE SEGURANÇA

* SÚMULAS

STJ Súm. 527. O tempo de duração da medida de segurança não deve ultrapassar o limite máximo da pena abstratamente cominada ao delito praticado.

✱ QUESTÕES DISCURSIVAS

03. (Cespe/DPE/PE/Defensor/2018) Discorra sobre as medidas de segurança, abordando: (i) as diferenças entre essas medidas de segurança e as penas; (ii) os pressupostos para sua aplicação; (iii) a diferença entre periculosidade real e periculosidade presumida; (iv) as espécies de medidas de segurança; (v) o tempo de duração desse instrumento jurídico, conforme a jurisprudência sumulada do Superior Tribunal de Justiça (STJ).

✱ QUESTÕES OBJETIVAS

89. (Cespe/DPE/AC/Defensor/2017) A respeito das medidas de segurança e dos direitos das pessoas portadoras de transtornos mentais, assinale a opção correta:

a) São vedadas a internação compulsória psiquiátrica e a medida de segurança de internação em caráter cautelar, de modo a impedir o vínculo institucional antes da decisão final do processo.
b) As internações psiquiátricas, em qualquer uma de suas modalidades, deve ter prazo determinado, e as medidas de segurança devem durar, no mínimo, de um a três anos.
c) As medidas de segurança, em razão da natureza e da finalidade, não se submetem ao instituto da extinção de punibilidade.
d) A internação compulsória somente pode ser determinada pelo juiz em instituições com características asilares, sendo vedada a inserção dessa modalidade de internação em hospitais de custódia e de tratamento psiquiátrico.
e) As internações psiquiátricas, em qualquer uma de suas modalidades, somente serão permitidas se demonstrada a insuficiência dos recursos extra-hospitalares.

7. DA EXTINÇÃO DA PUNIBILIDADE

✱ SÚMULAS

STF Súm. 146. A prescrição da ação penal regula-se pela pena concretizada na sentença, quando não há recurso da acusação.

STF Súm. 497. Quando se tratar de crime continuado, a prescrição regula-se pela pena imposta na sentença, não se computando o acréscimo decorrente da continuação.

STF Súm. 592. Nos crimes falimentares, aplicam-se as causas interruptivas da prescrição, previstas no Código Penal.

STJ Súm. 18. A sentença concessiva do perdão judicial é declaratória da extinção da punibilidade, não subsistindo qualquer efeito condenatório.

STJ Súm. 191. A pronúncia é causa interruptiva da prescrição, ainda que o tribunal do júri venha a desclassificar o crime.

STJ Súm. 220. A reincidência não influi no prazo da prescrição da pretensão punitiva.

STJ Súm. 338. A prescrição penal é aplicável nas medidas socioeducativas.

STJ Súm. 415. O período de suspensão do prazo prescricional é regulado pelo máximo da pena cominada.

STJ Súm. 438. É inadmissível a extinção da punibilidade pela prescrição da pretensão punitiva com fundamento em pena hipotética, independentemente da existência ou sorte do processo penal.

STJ Súm. 513. A "abolitio criminis" temporária prevista na Lei n. 10.826/2003 aplica-se ao crime de posse de arma de fogo de uso permitido com numeração, marca ou qualquer outro sinal de identificação raspado, suprimido ou adulterado, praticado somente até 23.10.2005.

✱ REPERCUSSÃO & REPETITIVOS

STJ Repetitivo 931. Nos casos em que haja condenação a pena privativa de liberdade e multa, cumprida a primeira (ou a restritiva de direitos que eventualmente a tenha substituído), o inadimplemento da sanção pecuniária não obsta o reconhecimento da extinção da punibilidade. (REsp 1519777, 26.8.2015)

✱ INFORMATIVOS DE JURISPRUDÊNCIA

Lei de Anistia e prescrição de crimes de lesa-humanidade

STF O crime de sequestro, por ser permanente, não prescreve enquanto não for encontrada a pessoa ou o corpo. Ext 1270, Rel. Acd. Min. Roberto Barroso, j. 12.12.2017. 1ª T (Info 888)

Furto de energia elétrica. Extinção da punibilidade pelo pagamento do débito antes do recebimento da denúncia. Impossibilidade. Novo entendimento.

STJ Não configura causa de extinção de punibilidade o pagamento de débito oriundo de furto de energia elétrica antes do oferecimento da denúncia. HC 412.208, Rel. Min. Felix Fischer, DJ 23.3.2018. 5ª T. (Info 622)

Omissão cartorária. Dúvida em relação ao recebimento da sentença. Art. 389 do CPP. Mero lançamento de movimentação processual na internet. Requisitos não atendidos. Presunção prejudicial ao réu. Extinção da punibilidade pela prescrição retroativa. Ocorrência.

STJ Havendo dúvida resultante da omissão cartória em certificar a data de recebimento da sentença conforme o art. 389 do CPP, não se pode presumir a data de publicação com o mero lançamento de movimentação dos autos na internet, a fim de se verificar a ocorrência de prescrição da pretensão punitiva. HC 408.736, Rel. Min. Maria Thereza de Assis Moura, DJ 15.2.2018. 6ª T. (Info 619)

* QUESTÕES DISCURSIVAS

04. **(Cespe/Abin/Oficial/2018)** Luiz, prefeito de uma cidade interiorana, cometeu uma série de crimes contra a administração pública durante seu mandato. Enquanto opositores políticos de Luiz tentavam juntar provas contra ele, um empreiteiro local resolveu falar que o prefeito havia recebido dinheiro ilícito entre 1990 e 1995 para financiar sua campanha e favorecer posteriormente o empreiteiro em licitações. Abriu-se, então, investigação contra Luiz por corrupção passiva. Em sua defesa, o advogado alegou causa de extinção de punibilidade. Luiz comemorou a alegação do advogado em rádio local, oportunidade em que declarou à população que fora absolvido. Acerca dessa situação hipotética, faça, em texto dissertativo, o que se pede no primeiro tópico abaixo e responda, de forma justificada, ao questionamento apresentado no tópico seguinte: (i) Aponte a causa da extinção da punibilidade alegada pelo advogado, descrevendo tal instituto e indicando suas consequências. (ii) A declaração do prefeito sobre a sua absolvição é correta?

* QUESTÕES OBJETIVAS

90. **(Cespe/DPE/PE/Defensor/2018)** Com relação à punibilidade e às causas de sua extinção, julgue os itens a seguir.

I. A morte do agente extingue todos os efeitos penais, exceto a cobrança da pena de multa e da pena alternativa pecuniária, que poderão ser cobradas dos herdeiros.

II. O instrumento normativo para instrumentalizar o indulto e a anistia é o decreto presidencial; enquanto a graça é concedida por lei.

III. De acordo com o Código Penal, o recebimento de indenização pelo dano resultante do crime caracteriza renúncia tácita ao direito de prestar queixa.

IV. A retratação, prevista no Código Penal, é admitida nos casos de crimes contra a honra, mas apenas se tratar-se de calúnia e difamação, sendo inadmissível na injúria.

V. Em se tratando de crimes contra honra, o Código Penal prevê a possibilidade de retratação exclusivamente pessoal, ou seja, ela não se comunica aos demais ofensores.

Estão certos apenas os itens

a) I e II.

b) I e III.

c) II e V.

d) III e IV.

e) IV e V.

91. **(Cespe/PC/PE/Delegado/2016)** A respeito da prescrição penal, assinale a opção correta:

a) Caso o tribunal do júri venha a desclassificar o crime para outro que não seja de sua competência, a pronúncia não deverá ser considerada como causa interruptiva da prescrição.

b) A reincidência penal caracteriza causa interruptiva do prazo da prescrição da pretensão punitiva.

c) Para crimes praticados em 2016, a prescrição retroativa deverá ser regulada pela pena aplicada, tendo-se por termo inicial data anterior à da denúncia ou da queixa.

d) O prazo de prescrição da pretensão executória deverá iniciar-se no dia em que transitar em julgado a sentença condenatória para a acusação, ainda que haja recurso exclusivo da defesa em tramitação contra a sentença condenatória.

e) No caso de revogação do livramento condicional, a prescrição deverá ser regulada pelo total da pena aplicada na sentença condenatória, não se considerando o tempo de cumprimento parcial da reprimenda antes do deferimento do livramento.

92. **(Cespe/TRE/PI/Analista/2016)** No que se refere ao instituto da prescrição, assinale a opção correta:

a) O Supremo Tribunal Federal entende ser admissível a extinção da punibilidade em virtude da prescrição da pretensão punitiva com base na previsão da pena que hipoteticamente seria aplicada, ou seja, da pena em perspectiva.

b) Não se considera, para fins de aferição da prescrição executória, a redução da pena decorrente da concessão de indulto.

c) Na hipótese de crime continuado, a prescrição regula-se pela pena imposta na sentença, computando-se o acréscimo decorrente da continuação.

d) O recebimento de denúncia por magistrado absolutamente incompetente não interrompe a prescrição penal.

e) Anulada a ação penal após a fixação de pena em segundo grau de jurisdição, a prescrição regula-se pela pena concretizada no título anulado.

93. **(Cespe/TCE/SC/Auditor/2016)** Em se tratando de crimes em que somente se procede mediante queixa, o perdão do ofendido obsta ao prosseguimento da ação. Entretanto, não extingue a punibilidade se ofertado após o trânsito em julgado da sentença condenatória. Além disso, concedido por um dos ofendidos, o perdão não prejudica o direito dos outros.

94. **(Cespe/DPE/RN/Defensor/2015)** o que se refere à extinção da punibilidade, assinale a opção correta:

a) Nos crimes contra a ordem tributária, o pagamento integral do débito tributário após o trânsito em julgado da condenação é causa de extinção da punibilidade.

b) Na compreensão do STF, a decisão que, com base em certidão de óbito falsa, julga extinta a punibilidade do réu não pode ser revogada, dado que gera coisa julgada material.

c) O indulto, ato privativo do presidente da República, tem por escopo extinguir os efeitos primários da condenação, isto é, a pena, de forma plena ou parcial. Todavia, persistem os efeitos secundários, tais como a reincidência.

d) O recebimento de queixa-crime pelo juiz não é condição para o reconhecimento da perempção.

e) O ajuizamento da queixa-crime perante juízo incompetente ratione loci, no prazo fixado para o seu exercício, não obsta o decurso do prazo decadencial.

95. **(Cespe/DPE/PE/Defensor/2015)** O cálculo da prescrição da pretensão punitiva no concurso de crimes é feito isoladamente para cada um dos crimes praticados, desconsiderando-se o acréscimo decorrente do concurso formal ou material ou da continuidade delitiva.

96. **(Cespe/TJ/DFT/Juiz/2016)** A respeito da extinção da punibilidade, assinale a opção correta:

a) A superveniência de causa relativamente independente não exclui a imputação, quando, por si só, produziu o resultado, mas os fatos anteriores são imputados a quem os praticou.

b) O erro sobre elemento constitutivo do tipo legal de crime exclui a culpa, mas permite a punição por crime doloso, caso previsto em lei.

c) A conduta será culposa quando o agente der causa ao resultado por imprudência, negligência ou imperícia e só poderá ser considerada crime se houver previsão do tipo penal na modalidade culposa.

d) A extinção da punibilidade de um dos agentes, nos crimes conexos, impede, quanto aos demais agentes, a agravação da pena resultante da conexão.

e) O agente deixa de responder pelos atos praticados caso desista voluntariamente de prosseguir na execução ou impeça que o resultado se produza.

97. **(Cespe/TJ/PB/Juiz/2015)** Com base na jurisprudência do STJ e nas disposições legais acerca de causas extintivas da punibilidade, assinale a opção correta:

a) É admissível a extinção da punibilidade em razão da prescrição da pretensão punitiva com fundamento em pena hipotética.

b) A sentença concessiva do perdão judicial obsta o cumprimento de pena privativa de liberdade, mas não extingue a punibilidade do réu.

c) Mantém-se a punibilidade do condenado mesmo que haja indulto, visto que este benefício não alcança eventual pena de multa imposta concomitantemente à pena privativa de liberdade.

d) Conforme o CP, a decadência, a perempção e o livramento condicional são causas de extinção da punibilidade.

e) A reincidência não influi no prazo da prescrição da pretensão punitiva, mas impõe a majoração do lapso prescricional no que se refere à prescrição executória.

98. **(Cespe/PC/GO/Delegado/2017)** Assinale a opção correta, acerca de extinção da punibilidade:

a) Uma lei de anistia pode ser revogada por lei posterior, diante de mudança de opinião do Congresso Nacional a respeito da extinção de punibilidade concedida.

b) Graça e indulto somente podem ser concedidos pelo presidente da República, uma vez que tais prerrogativas são insuscetíveis de delegação.

c) A punibilidade de qualquer crime pode ser extinta por meio de graça e indulto.

d) O instituto da prescrição atinge a pretensão de punir ou de executar a pena.

e) A anistia ou abolitio criminis é causa extintiva de punibilidade discutida no âmbito do Poder Legislativo.

99. **(Cespe/TRE/PE/Analista/2017)** O prazo prescricional da pretensão punitiva:

a) será calculado sobre o total da pena aplicada a todos os crimes praticados após a incidência do acréscimo, se se tratar de concurso formal imperfeito.

b) será calculado sobre o total correspondente à soma das penas de todos os crimes praticados, se se tratar de crime continuado.

c) será calculado sobre o total correspondente à soma de todas as penas dos crimes praticados, se se tratar de concurso material.

d) será calculado isoladamente em cada crime praticado, desconsiderando-se o acréscimo decorrente do concurso, se se tratar de concurso formal perfeito.

e) será calculado isoladamente em cada um dos crimes praticados, computando-se o acréscimo decorrente da continuidade, se se tratar de crime continuado.

100. **(Cespe/TRF/1R/Técnico/2017)** Em caso de morte do agente, extingue-se a punibilidade, não podendo a pena alcançar os herdeiros do agente, salvo quanto à obrigação de reparação de dano, no limite do patrimônio herdado.

101. **(Cespe/TRF/1R/Técnico/2017)** O cumprimento de pena no estrangeiro é causa interruptiva de prescrição, assim como a reincidência.

102. **(Cespe/DPE/AL/Defensor/2017)** Considerando-se o entendimento dos tribunais superiores, em caso de furto de energia elétrica, o pagamento integral do débito, desde que efetuado em momento anterior ao recebimento da peça acusatória, configura:

a) escusa absolutória relativa.

b) circunstância atenuante, apenas.

c) arrependimento eficaz.

d) causa supralegal de justificação.

e) causa extintiva da punibilidade.

103. **(Cespe/DPE/AL/Defensor/2017)** Assinale a opção que apresenta causa que acarreta a extinção da punibilidade, extensível aos coautores e partícipes:

a) morte do agente.

b) perempção.

c) perdão judicial.

d) retração do querelado na calúnia.

e) prescrição ao agente menor de vinte e um anos.

104. **(Cespe/TRF/5R/Juiz/2017)** Acerca da extinção da punibilidade, assinale a opção correta:

a) Transitada em julgado a sentença condenatória, a prescrição corre também durante o tempo em que o condenado estiver preso por outro motivo, salvo se a pena estiver sendo cumprida no estrangeiro.

b) A extinção da punibilidade de crime que seja pressuposto, elemento constitutivo ou circunstância agravante de outro crime não se estende a este e, tratando-se de crimes conexos, a extinção da punibilidade de um deles não impede, quanto aos outros, a agravação da pena resultante da conexão.

c) Para fins de prescrição, tratando-se de concurso de crimes, a extinção da punibilidade incidirá sobre a pena de cada um, isoladamente, sendo considerada para efeitos de reincidência a sentença que conceder o perdão judicial.

d) Após o trânsito em julgado da sentença condenatória, a prescrição regula-se pela pena aplicada e, se o crime for hediondo, os prazos aumentam em um terço, ainda que o condenado não seja reincidente.

e) Após o trânsito em julgado da sentença condenatória para a acusação ou após o não provimento de seu recurso, a prescrição regula-se pela pena aplicada, podendo o termo inicial ser a data anterior à da denúncia ou à da queixa.

8. DOS CRIMES CONTRA A PESSOA

8.1. Dos Crimes contra a Vida

*** QUESTÕES OBJETIVAS**

105. **(Cespe/PC/MA/Investigador/2018)** Admite a modalidade tentada o crime de

a) instigação ao suicídio sem resultado lesivo.
b) aborto.
c) lesão corporal culposa.
d) omissão de socorro.
e) difamação cometida verbalmente.

106. **(Cespe/DPE/PE/Defensor/2018)** No que se refere aos crimes contra a pessoa, assinale a opção correta.

a) Ocorre o feminicídio quando o homicídio é praticado contra a mulher por razões da condição de sexo feminino, como quando o crime envolve a violência doméstica e familiar ou o menosprezo ou a discriminação à condição de mulher.
b) A pena pela prática do homicídio doloso simples será aumentada de um terço se o agente deixar de prestar imediato socorro à vítima, não procurar diminuir as consequências do seu ato ou fugir para evitar a prisão em flagrante.
c) Em se tratando de homicídio doloso simples, o juiz poderá deixar de aplicar a pena caso as consequências da infração atinjam o próprio agente de forma tão grave que a sanção penal se torne desnecessária.
d) A pena do feminicídio poderá ser aumentada se o crime for praticado durante a gestação ou nos seis meses posteriores ao parto.
e) Se o agente cometer o crime de homicídio qualificado sob violenta emoção, logo após injusta provocação da vítima, o juiz deve considerar essa circunstância como atenuante genérica na aplicação da pena.

107. **(Cespe/DPE/PE/Defensor/2015)** Caso um dependente químico de longa data morra após abusar de substância entorpecente vendida por um narcotraficante, este responderá por homicídio culposo, devido à previsibilidade do resultado morte nessa hipótese.

108. **(Cespe/DPE/PE/Defensor/2015)** O STJ tem firmado entendimento de que, na tentativa incruenta de homicídio qualificado, deve-se reduzir a pena eventualmente aplicada ao autor do fato em dois terços.

109. **(Cespe/DPE/RN/Defensor/2015)** Dalva, em período gestacional, foi informada de que seu bebê sofria de anencefalia, diagnóstico confirmado por laudos médicos. Após ter certeza da irreversibilidade da situação, Dalva, mesmo sem estar correndo risco de morte, pediu aos médicos que interrompessem sua gravidez, o que foi feito logo em seguida. Nessa situação hipotética, de acordo com a jurisprudência do STF, a interrupção da gravidez:

a) deve ser interpretada como conduta atípica e, portanto, não criminosa.
b) deveria ter sido autorizada pela justiça para não configurar crime.
c) é isenta de punição por ter ocorrido em situação de aborto necessário.
d) configurou crime de aborto praticado por Dalva.
e) configurou crime de aborto praticado pelos médicos com consentimento da gestante.

110. **(Cespe/TJ/DFT/Juiz/2015)** Constitui homicídio qualificado o crime:

a) cometido contra deficiente físico.
b) praticado com emprego de arma de fogo.
c) concretizado com o concurso de duas ou mais pessoas.
d) praticado com o emprego de asfixia.
e) praticado contra menor de idade.

111. **(Cespe/PC/GO/Delegado/2017)** Álvaro e Samuel assaltaram um banco utilizando arma de fogo. Sem ter ferido ninguém, Álvaro conseguiu fugir. Samuel, nervoso por ter ficado para trás, atirou para cima e acabou atingindo uma cliente, que faleceu. Dias depois, enquanto caminhava sozinho pela rua, Álvaro encontrou um dos funcionários do banco e, tendo sido por ele reconhecido como um dos assaltantes, matou-o e escondeu seu corpo. Acerca dessa situação hipotética, assinale a opção correta:

a) Álvaro cometeu os crimes de roubo qualificado e homicídio simples.
b) Samuel cometeu os crimes de roubo simples e homicídio culposo.
c) Álvaro cometeu os crimes de roubo e homicídio qualificados.
d) Álvaro cometeu o crime de homicídio qualificado e será responsabilizado pelo resultado morte ocorrido durante o roubo.
e) Álvaro e Samuel cometeram o crime de roubo qualificado pelo resultado morte.

8.2. Das Lesões Corporais

✱ QUESTÕES OBJETIVAS

112. **(Cespe/PC/PE/Perito/2016)** Em relação aos crimes contra a pessoa, assinale a opção correta:

a) A conduta de quem, por meio de relações sexuais, expõe outra pessoa a contágio de moléstia venérea de que sabe ou deveria saber estar contaminado é crime se o agente pratica o fato com a intenção de transmitir a moléstia; não havendo essa finalidade específica, a conduta é atípica.

b) O infanticídio configura-se na situação em que a mãe mata o próprio filho, durante o parto, sob a influência do estado puerperal, o que exclui a ocorrência do fato logo após o nascimento, que caracterizaria o tipo penal de homicídio doloso.

c) O emprego de veneno, fogo, explosivo, asfixia ou tortura, em crimes de homicídio, é recurso que dificulta a defesa da vítima e, portanto, caracteriza causa de aumento de pena.

d) A inobservância de regra técnica de profissão, arte ou ofício por parte do autor do fato integra o tipo penal do homicídio culposo.

e) O crime de lesão corporal de natureza grave é caracterizado se da conduta do agente resulta incapacidade da vítima para as ocupações habituais por mais de trinta dias; perigo de vida; debilidade permanente de membro, sentido ou função; ou aceleração de parto.

113. **(Cespe/TJ/DFT/Juiz/2015)** Francisco, Pedro e Fábio, todos policiais militares, estavam de serviço em uma mesma guarnição comandada por Pedro, até as seis horas da manhã, quando, por volta das quatro horas da manhã, em via pública, se depararam com Abel, de vinte e três anos de idade, capaz, caminhando. Todos os policiais militares desceram da viatura, momento em que Francisco, já com um cassetete na mão, passou a perguntar a Abel o que ele estava fazendo na rua naquele horário, enquanto lhe golpeava os braços com o cassetete. Abel, que estava desarmado e não esboçou nenhuma reação, após a agressão, foi para casa ferido. A ação de Francisco foi presenciada por Pedro e Fábio, que nada fizeram para impedi-lo e não comunicaram o fato ao oficial de dia. Em decorrência das lesões sofridas, Abel ficou quarenta e cinco dias afastado de suas ocupações habituais, conforme laudo pericial juntado aos autos da ação penal ajuizada. A respeito dessa situação hipotética, assinale a opção correta:

a) Pedro, Fábio e Francisco devem responder por lesões corporais graves na forma comissiva, uma vez que todas as circunstâncias do crime, nesse caso, se comunicam.

b) As lesões corporais sofridas por Abel não são de natureza grave, uma vez que não resultaram em incapacidade permanente para o trabalho.

c) Francisco cometeu crime de lesões corporais graves tipificado no CPM, mas Pedro e Fábio não devem responder por referido crime, uma vez que não participaram das agressões.

d) Não se trata de crime militar, uma vez que Abel é civil e não se encontrava em ambiente militar.

e) Pedro e Fábio devem responder por lesões corporais graves por omissão em concurso de agentes com Francisco, que responderá na forma comissiva.

114. **(Cespe/TJ/DFT/Juiz/2015)** Tendo em vista que cada uma das próximas opções apresenta uma situação hipotética sobre delitos praticados contra a pessoa, assinale a opção que apresenta situação característica de delito de lesão corporal de natureza grave:

a) O médico Rodrigo, sob a justificativa de injetar um analgésico em Luíza, grávida de dois meses, aplicou-lhe anestesia geral e, aproveitando-se da incapacidade de resistência da paciente, realizou, em comum acordo com o namorado da paciente, um procedimento abortivo sem que a gestante tivesse consentido.

b) Pedro, após ter sido preterido em sua expectativa de promoção no emprego, desferiu socos no rosto e no estômago de seu chefe, Elias. Embora a agressão tenha provocado tontura e hematomas na pele de Elias, este não apresentou nenhuma lesão aparente. Em razão da conduta de Pedro, Elias teve de se afastar das suas atividades profissionais durante uma semana, retornando ao trabalho no fim desse período.

c) Cláudio caminhava por uma via pública quando, inesperadamente, um desconhecido desferiu-lhe um soco no rosto. A agressão fez que os óculos da vítima se quebrassem e ferissem o seu rosto, fazendo-a sangrar. Em decorrência da agressão, Cláudio ficou com a vista turva e somente se restabeleceu duas semanas após a agressão.

d) Paulo, após discussão com sua colega de trabalho Regina, que estava grávida, desferiu-lhe um chute com a intenção de apenas machucá-la. Entretanto, em decorrência da conduta de Paulo, Regina entrou antecipadamente em trabalho de parto.

e) Manoel, após provocação, desferiu dois chutes, que não resultaram em lesões, contra seu irmão Isaac. Embora tenha sentido dores durante dois dias, Isaac voltou a exercer normalmente suas atividades habituais no dia seguinte à briga com seu irmão Manoel.

8.3. Dos Crimes contra a Honra

* SÚMULAS

STF Súm. 594. Os direitos de queixa e de representação podem ser exercidos, independentemente, pelo ofendido ou por seu representante legal.

STF Súm. 714. É concorrente a legitimidade do ofendido, mediante queixa, e do Ministério Público, condicionada à representação do ofendido, para a ação penal por crime contra a honra de servidor público em razão do exercício de suas funções.

* INFORMATIVOS DE JURISPRUDÊNCIA

Divulgação de discurso editado e difamação

STF Recebido queixa-crime formulada contra parlamentar pela prática do crime de difamação. De acordo com a inicial, o parlamentar-querelado publicou, em perfil de rede social, trecho editado de discurso feito pelo parlamentar-querelante com objetivo de difamá-lo. A edição do discurso foi feita com a clara intenção de difamar o querelante. O ato de edição, corte ou montagem tem por objetivo guiar o espectador. Nesse contexto, o emprego de tal expediente, quando voltado a difamar a honra de terceiros, configura o dolo da prática criminosa. Pet 5705, Rel. Min. Luiz Fux, j. 5.9.2017. 1ª T. (Info 876)

* QUESTÕES OBJETIVAS

05. **(Cespe/AGU/Advogado/2015)** Durante uma reunião em que se discutia a aplicação à empresa Alfa Ltda. de penalidade de impedimento de licitar – que fora sugerida em parecer elaborado por Marcelo, advogado da União –, o proprietário da empresa, João, com a intenção de atingir a honra do referido servidor público, acusou-o falsamente de estar utilizando seu cargo para beneficiar sua concorrente, a empresa Beta S.A., já que, com a aplicação da penalidade sugerida, a empresa Beta seria a única no mercado nacional apta a fornecer o objeto do contrato. Redija um texto dissertativo a respeito da conduta de João, proprietário da empresa Alfa Ltda. Em seu texto, aborde (i) o crime cometido por João; (ii) o objeto jurídico tutelado pelo Código Penal com a tipificação do crime cometido e os requisitos para a configuração desse delito; (iii) a legitimação para a propositura da ação penal, considerando a doutrina e a jurisprudência do Supremo Tribunal Federal.

* QUESTÕES OBJETIVAS

115. **(Cespe/TRT/8R/Analista/2016)** No dia vinte e oito de junho de 2014, por volta de dezenove horas, na sala de espera de um posto de saúde, Paulo aguardava atendimento e exasperou-se com a demora. A funcionária Márcia, de cor negra, pediu-lhe calma, dizendo que o médico lhe atenderia brevemente, mas Paulo retrucou, exaltado: "Chama logo o doutor, sua negrinha à toa!". Sentindo-se insultada pelos impropérios proferidos, Márcia, constrangida, chorou diante de mais de trinta pessoas que ali estavam esperando atendimento. Considerando a situação hipotética apresentada, assinale a opção correta, considerando a jurisprudência do Superior Tribunal de Justiça:

a) A conduta de Paulo tipifica-se como crime de injúria com elementos referentes à raça e à cor, de modo que a ação penal deve ser procedida por iniciativa do Ministério Público, mediante simples representação da ofendida.

b) Eventual representação de Márcia só terá validade caso preencha todos os requisitos legais e seja reduzida a termo em formulário próprio, conforme modelo aprovado pelos órgãos do Poder Judiciário.

c) Dado que a pretensão punitiva contra crime de injúria qualificada pelo preconceito racial é realizada mediante ação penal pública condicionada à representação, eventual pedido de explicação feito por Márcia suspenderia o prazo decadencial para sua propositura.

d) O fato de Paulo ter se exasperado diante da atitude de Márcia, que lhe pediu para ter calma, configurou retorsão imediata, cabendo, portanto, o perdão judicial com extinção da punibilidade.

e) A conduta de Paulo tipifica-se como crime de racismo e, portanto, a pretensão punitiva não está sujeita à prescrição ou à decadência, haja vista a ofensa ao princípio da dignidade humana.

116. (Cespe/TRF/1R/Analista/2017) Crime de injúria racial cometido contra oficial de justiça no exercício de suas funções ou em razão delas é absorvido pelo crime de desacato, em razão do princípio da consunção.

117. (Cespe/DPE/AC/Defensor/2017) De acordo com a legislação vigente e o entendimento dos tribunais superiores, assinale a opção correta, com relação ao crime de injúria:

a) A ação penal no caso de injúria discriminatória é pública incondicionada, uma vez que o bem jurídico tutelado ultrapassa os limites subjetivos.

b) A injúria racial é crime instantâneo, ao passo que a consumação ocorre no momento em que terceiros tomam conhecimento do teor da ofensa.

c) A exceção da verdade é admitida apenas para alguns dos elementos tutelados pela norma penal e exclui a tipicidade quando a ofensa é irrogada em juízo, na discussão da causa, pela parte ou por seu procurador.

d) A injúria racial é um delito inserido no panorama constitucional do crime de racismo, sendo considerado imprescritível, inafiançável e sujeito à pena de reclusão.

e) No crime de injúria, admite-se a retratação desde que se faça antes da sentença, por escrito, de forma completa, abrangendo tudo o que o ofensor disse.

8.4. Dos Crimes contra a Liberdade Individual

✱ QUESTÕES OBJETIVAS

118. (Cespe/TRF/5R/Juiz/2017) Acerca dos aspectos penais do tráfico interno e internacional de pessoas, assinale a opção correta:

a) O Brasil vem se empenhando em adotar todas as medidas necessárias ao combate ao tráfico de pessoas, tendo tipificado todas as condutas definidas no Protocolo de Palermo desde sua assinatura.

b) O crime de tráfico de pessoas previsto no CP atende aos compromissos assumidos pelo Brasil no âmbito internacional, uma vez que as condutas passíveis de punição são significativamente restritas no código.

c) O CP prevê que são puníveis as condutas consistentes em agenciar, aliciar, recrutar, transportar, transferir, comprar, alojar ou acolher pessoa, mediante grave ameaça, violência, coação, fraude ou abuso, com a finalidade de adoção ilegal ou exploração sexual.

d) O consentimento de pessoa brasileira, maior de idade, para ser levada ao exterior com a finalidade de se prostituir basta para excluir o crime de tráfico de pessoas, uma vez que ela tem consciência do trabalho e de suas condições.

e) O tráfico de pessoas é equiparado aos crimes hediondos, de forma que a concessão do livramento condicional a acusados desse crime deve obedecer aos rigores da respectiva legislação.

9. DOS CRIMES CONTRA O PATRIMÔNIO

9.1. Do Furto

✱ SÚMULAS

STJ Súm. 442. É inadmissível aplicar, no furto qualificado, pelo concurso de agentes, a majorante do roubo.

STJ Súm. 511. É possível o reconhecimento do privilégio previsto no § 2º do art. 155 do CP nos casos de crime de furto qualificado, se estiverem presentes a primariedade do agente, o pequeno valor da coisa e a qualificadora for de ordem objetiva.

STJ Súm. 567. Sistema de vigilância realizado por monitoramento eletrônico ou por existência de segurança no interior de estabelecimento comercial, por si só, não torna impossível a configuração do crime de furto.

✱ REPERCUSSÃO & REPETITIVOS

STJ Repetitivo 934. Consuma-se o crime de furto com a posse de fato da "res furtiva", ainda que por breve espaço de tempo e seguida de perseguição ao agente, sendo prescindível a posse mansa e pacífica ou desvigiada. (REsp 1524450, 14.10.2015)

✱ INFORMATIVOS DE JURISPRUDÊNCIA

Furto e configuração de crime impossível

STF A existência de sistema de vigilância em estabelecimento comercial não constitui óbice para a tipificação do crime de furto. HC 111278, Rel. Acd. Min. Luiz Roberto Barroso, j. 10.4.2018. 1ª T (Info 897)

✱ INOVAÇÕES LEGISLATIVAS

▲ CP. Título II – Dos Crimes contra o Patrimônio, Capítulo I – Do Furto

▲ Art. 155. (...). § 4º-A A pena é de reclusão de 4 (quatro) a 10 (dez) anos e multa, se houver emprego de explosivo ou de artefato análogo que cause perigo comum. (...). § 7º A pena é de reclusão de 4 (quatro) a 10 (dez) anos e multa, se a subtração for de substâncias explosivas ou de acessórios que, conjunta ou isoladamente, possibilitem sua fabricação, montagem ou emprego. (Modificações: Lei 13.654/18)

✱ QUESTÕES DISCURSIVAS

06. **(Cespe/PC/MA/Delegado/2018)** Com o emprego de uma chave falsa, José entrou no depósito de um estabelecimento comercial de material para construção, de onde subtraiu para si objetos da empresa, avaliados em R$ 200, e, também, um telefone celular, avaliado em R$ 100, posteriormente identificado como pertencente ao vigia do local, que o havia deixado sobre uma mesa em frente ao depósito, ao sair para realizar uma ronda. Em seguida, José empreendeu fuga. Após investigações e a juntada de laudo de avaliação dos bens e do laudo que atestou no inquérito ser falsa a chave, José foi acusado de ser o autor do fato, oportunidade em que, também, foi devidamente atestada a sua primariedade. O inquérito está em fase de elaboração de relatório. Com relação à situação hipotética acima descrita, disserte a respeito dos seguintes aspectos: (i) tipificação da conduta de José e possibilidade de coexistência de qualificadora com o privilégio no crime em questão; (ii) emprego de chave falsa; (iii) valor dos bens subtraídos e primariedade do agente; (iv) concurso de crimes e sua consequência.

07. **(Cespe/DP/DF/Defensor/2013)** Jorge, réu reincidente, foi condenado em primeiro grau à pena de dois anos de reclusão em regime fechado por furto consumado de uma garrafa de vodka de dentro de um supermercado, avaliada em R$ 80,00. Toda a ação de Jorge foi acompanhada por agentes de segurança que monitoravam seus movimentos por câmeras de circuito interno de vídeo. Imediatamente ao sair do supermercado sem pagar a garrafa de vodka, Jorge foi preso em flagrante delito pelos agentes de segurança do estabelecimento comercial. Com base nessa situação hipotética, responda as seguintes questões, justificando suas respostas: (i) houve a consumação do furto? (ii) considerando-se as circunstâncias do furto, seria possível alegar-se na defesa de Jorge o princípio da insignificância?

✱ QUESTÕES OBJETIVAS

119. **(Cespe/PC/MA/Escrivão/2018)** Por estar com problemas financeiros, Lara convidou um colega para subtrair bens do patrimônio de Jair. O colega aceitou o convite e o ilícito foi cometido. Nessa situação, haverá isenção de pena se

a) Jair for genitor de Lara, ainda que não tenha reconhecido formalmente a paternidade.
b) Jair for avô de Lara e tiver idade superior a sessenta anos.
c) Lara for mãe dos filhos de Jair, mesmo que ambos estejam divorciados.
d) o crime tiver sido praticado sem violência física, mesmo que sob grave ameaça.
e) o colega dela não tiver vínculo familiar com Jair, ainda que saiba da existência de parentesco entre este e aquela.

120. **(Cespe/PC/MA/Delegado/2018)** No interior de um estabelecimento comercial, João colocou em sua mochila diversos equipamentos eletrônicos, com a intenção de subtraí-los para si. Após conseguir sair do estabelecimento sem pagar pelos produtos, João foi detido, ainda nas proximidades do local, por agentes de segurança que visualizaram trechos de sua ação pelo sistema de câmeras de vigilância. Os produtos em poder de João foram recuperados e avaliados em R$ 1.200. Nessa situação hipotética, caracterizou-se

a) uma tentativa inidônea de crime de furto.
b) um fato atípico, pela incidência do princípio da insignificância.
c) a prática de crime de furto.
d) uma situação de crime impossível por ineficácia absoluta do meio.
e) uma situação de crime impossível por absoluta impropriedade do objeto.

121. **(Cespe/PC/PE/Delegado/2016)** Nos últimos tempos, os tribunais superiores têm sedimentado seus posicionamentos acerca de diversos institutos penais, criando, inclusive, preceitos sumulares. Acerca desse assunto, assinale a opção correta segundo o entendimento do STJ:

a) É possível a consumação do furto em estabelecimento comercial, ainda que dotado de vigilância realizada por seguranças ou mediante câmara de vídeo em circuito interno.

b) A conduta de atribuir-se falsa identidade perante autoridade policial é considerada típica apenas em casos de autodefesa.

c) O tempo máximo de duração da medida de segurança pode ultrapassar o limite de trinta anos, uma vez que não constitui pena perpétua.

d) No que diz respeito à progressão de regime prisional de condenado por crime hediondo cometido antes ou depois da vigência da Lei n. 11.464/2007, é necessária a observância, além de outros requisitos, do cumprimento de dois quintos da pena, se primário, e, de três quintos, se reincidente, para a obtenção do benefício.

e) A incidência da causa de diminuição de pena prevista no tipo penal de tráfico de drogas implica o afastamento da equiparação existente entre o delito de tráfico ilícito de drogas e os crimes hediondos, por constituir novo tipo penal, sendo, portanto, o tráfico privilegiado um tipo penal autônomo, não equiparado a hediondo.

122. **(Cespe/DPE/PE/Defensor/2015)** José, réu primário, após subtrair para si, durante o repouso noturno, mediante rompimento de obstáculo, um botijão de gás avaliado em R$ 50,00 do interior de uma residência habitada, foi preso em flagrante delito. Na tipificação do crime praticado por José, admite-se o reconhecimento da figura do furto privilegiado.

123. **(Cespe/TJ/DFT/Juiz/2015)** No que se refere aos crimes contra o patrimônio, assinale a opção correta à luz da jurisprudência do STJ e do STF:

a) Caso haja concurso de agentes em crime de furto qualificado, deve ser aplicada, por analogia, a causa de aumento de pena referente ao crime de roubo.

b) No crime de roubo, para que seja aplicado o aumento de pena por emprego de arma de fogo, é imprescindível que tenham sido realizadas a apreensão e a perícia no artefato utilizado no crime.

c) Se o agente for primário, a coisa for de valor reduzido e a qualificadora incidente for de ordem objetiva, será permitido o reconhecimento de furto privilegiado nos casos de crime de furto qualificado.

d) O crime de uso de documento falso será absorvido pelo crime de estelionato sempre que ambos forem praticados no mesmo contexto, ainda que o dano provocado ao patrimônio da vítima também alcance outros bens jurídicos.

e) Pode ocorrer o reconhecimento da insignificância da conduta em furto praticado com o rompimento de obstáculo.

124. **(Cespe/TJ/PB/Juiz/2015)** Com base na jurisprudência do STJ e na do STF, assinale a opção correta a respeito dos crimes contra o patrimônio:

a) No crime de roubo, a intimidação realizada com arma de brinquedo permite que se reconheça causa de aumento de pena.

b) No crime de roubo, a multiplicidade de condutas e o concurso de crimes estarão caracterizados caso o agente utilize violência ou grave ameaça contra mais de um indivíduo, mesmo que a intenção seja direcionada à subtração de bem do patrimônio de uma única pessoa.

c) A conduta de subtrair veículo automotor e transportá-lo para município diverso localizado no mesmo estado da Federação constitui crime de furto simples.

d) A subtração de coisa alheia móvel é conduta tipificada como crime de furto e, caso seja praticado contra descendente, tal fato incidirá como circunstância agravante.

e) A conduta de destruir dolosamente bem pertencente a patrimônio de sociedade de economia mista estadual configura crime de dano simples.

125. **(Cespe/TJ/DFT/Juiz/2015)** Cada uma das próximas opções apresenta uma situação hipotética, seguida de uma assertiva a ser julgada à luz do CP, da Lei de Juizados Especiais (Lei n. 9.099/1995) e da legislação penal especial. Assinale a opção que apresenta a assertiva correta:

a) O policial civil Cristiano, durante o expediente de trabalho, algemou e conduziu Orlando a uma viatura, mediante ameaça com emprego de arma de fogo, e o manteve detido no veículo por oito horas devido ao fato de, anteriormente, eles terem tido um desentendimento. Nessa situação, a conduta de Cristiano caracterizou crime de constrangimento ilegal.

b) Wesley foi preso em flagrante porque estava pescando em um local que, conforme prévia regulamentação do órgão competente, era interditado para a pesca. Nessa situação, o crime descrito constitui delito de menor potencial ofensivo, razão por que, caso preencha os requisitos subjetivos exigidos, Wesley poderá ser beneficiado pela transação penal.

c) Téo, réu primário e sem quaisquer antecedentes, foi preso em flagrante por ter cometido o delito de furto simples. Nessa situação, como o crime de furto não é de competência do juizado especial criminal, Téo não poderá ser beneficiado pela suspensão condicional do processo.

d) Gabriel estava recolhendo, em via pública, apostas de transeuntes para o jogo de azar conhecido como jogo do bicho e, imediatamente após anotar a aposta realizada por Ângelo, foi abordado por policiais. Nessa situação, a conduta de Gabriel é tipificada como contravenção penal, ao passo que a conduta de Ângelo é caracterizada como atípica.

e) Januário, maior e capaz, burlou, juntamente com José e Ricardo, ambos menores de dezoito anos, todos com unidade de desígnios, a vigilância de uma loja de departamentos e dela subtraíram, em horário comercial, três aparelhos de DVD novos. Os três foram presos em flagrante, na residência de José, duas horas depois de terem cometido o delito. Nessa situação, se ausentes quaisquer excludentes e comprovados os fatos, Januário deverá ser condenado por crime de furto qualificado e dois delitos de corrupção de menores, todos em concurso formal.

126. **(Cespe/DPU/Defensor/2017)** Caio, com dezoito anos de idade, reside com seu pai, de cinquenta e oito anos de idade, e com seu tio, de sessenta e um anos de idade. Sem dinheiro para sair com os amigos, Caio subtraiu dinheiro de seu pai e, ainda, o aparelho celular do tio. Nessa situação, Caio será processado, mediante ação penal pública, por apenas um crime de furto.

127. **(Cespe/DPU/Defensor/2015)** O agente considerado primário que furta coisa de pequeno valor faz jus a causa especial de diminuição de pena ou furto privilegiado, ainda que esteja presente qualificadora consistente no abuso de confiança.

128. **(Cespe/TCE/RN/Inspetor/2015)** O furto praticado por um irmão em desfavor do outro deve ser considerado isento de pena, por expressa previsão legal.

9.2. Do Roubo e da Extorsão

✱ SÚMULAS

STF Súm. 603. A competência para o processo e julgamento de latrocínio é do juiz singular e não do tribunal do júri.

STF Súm. 610. Há crime de latrocínio, quando o homicídio se consuma, ainda que não se realize o agente a subtração de bens da vítima.

STJ Súm. 96. O crime de extorsão consuma-se independentemente da obtenção da vantagem indevida.

STJ Súm. 442. É inadmissível aplicar, no furto qualificado, pelo concurso de agentes, a majorante do roubo.

STJ Súm. 443. O aumento na terceira fase de aplicação da pena no crime de roubo circunstanciado exige fundamentação concreta, não sendo suficiente para a sua exasperação a mera indicação do número de majorantes.

STJ Súm. 582. Consuma-se o crime de roubo com a inversão da posse do bem mediante emprego de violência ou grave ameaça, ainda que por breve tempo e em seguida à perseguição imediata ao agente e recuperação da coisa roubada, sendo prescindível a posse mansa e pacífica ou desvigiada.

✱ INFORMATIVOS DE JURISPRUDÊNCIA

Roubo e extorsão e a continuidade delitiva

STF Por não constituírem delitos da mesma espécie, não é possível reconhecer a continuidade delitiva na prática dos crimes de roubo e extorsão. HC 114667, Rel. Acd. Min. Roberto Barroso, j. 24.4.2018. 1ª T (Info 899)

Roubo. Emprego de arma branca. Majorante revogada. "Abolitio Criminis". Lei 13.654/18. "Novatio legis in mellius".

STJ Diante da "abolitio criminis" promovida pela Lei 13.654/18, que deixou de considerar o emprego de arma branca como causa de aumento de pena, é de rigor a aplicação da "novatio legis in mellius". 3ª T. REsp 1.519.860, Rel. Min. Jorge Mussi, DJ 25.5.2018. (Info 626)

✱ INOVAÇÕES LEGISLATIVAS

▲ Capítulo II – Do Roubo e da Extorsão

▲ Art. 157. (...). § 2º A pena aumenta-se de 1/3 (um terço) até metade: I – (revogado); (...). VI – se a subtração for de substâncias explosivas ou de acessórios que, conjunta ou isoladamente, possibilitem sua fabricação, montagem ou emprego. § 2º-A A pena aumenta-se de 2/3 (dois terços): I – se a violência ou ameaça é exercida com emprego de arma de fogo; II – se há destruição ou rompimento de obstáculo mediante o emprego de explosivo ou de artefato análogo que cause perigo comum. § 3º Se da violência resulta: I – lesão corporal grave, a pena é de reclusão de 7 (sete) a 18 (dezoito) anos, e multa; II – morte, a pena é de reclusão de 20 (vinte) a 30 (trinta) anos, e multa. (Modificações: Lei 13.654/18)

* QUESTÕES OBJETIVAS

129. **(Cespe/PC/MA/Delegado/2018)** Artur, Romualdo e José decidiram roubar um banco onde sabiam haver vigilantes armados e treinados para garantir a segurança. Com um revólver, Artur rendeu um deles e lhe tomou a pistola, enquanto seus parceiros, também com revólveres, ameaçaram os demais circunstantes e ordenaram aos caixas que juntassem o dinheiro e colocassem-no dentro de sacolas. Consumada a ação, eles correram para onde haviam deixado o carro de fuga, mas não conseguiram chegar até ele em virtude da chegada da polícia. Fingindo-se um cidadão comum, Artur conseguiu obter carona em um caminhão de entregas, livrando-se da iminente prisão em flagrante. Enquanto isso, Romualdo e José abordaram um motorista que estacionava seu carro e lhe tomaram as chaves do veículo. A vítima tentou reagir e foi abatida por dois disparos feitos por José, tendo morrido no local. Os ladrões fugiram com o automóvel, mas foram perseguidos e presos ao fim da perseguição. Horas depois, Artur também foi preso, e em seu poder foi apreendida a pistola tomada do vigilante do banco. Acerca dessa situação hipotética, julgue os itens a seguir de acordo com a legislação e a jurisprudência dos tribunais superiores.

I. Configurou-se o concurso material de roubo circunstanciado e de homicídio qualificado.
II. Artur não tem nenhuma responsabilidade pela morte do motorista, visto que nem mesmo estava no local onde ocorreu o fato.
III. Há crime único, de latrocínio, porque o resultado morte aconteceu como desdobramento causal da ação principal e era previsível para todos os partícipes.
IV. Artur, assim como Romualdo e José, responderá por latrocínio, e sua pena não poderá ser reduzida sob o argumento de participação menos importante.

Estão certos apenas os itens

a) I e II.
b) I e III.
c) III e IV.
d) I, II e IV.
e) II, III e IV.

130. **(Cespe/PC/PE/Perito/2016)** Considere que José tenha subtraído dinheiro de Manoel, após lhe impossibilitar a resistência. Nessa situação hipotética, fica caracterizada a causa de aumento de pena se José tiver cometido o crime:

a) com emprego de chave falsa.
b) com restrição da liberdade de Manoel.
c) com destruição de obstáculo à subtração do dinheiro.
d) mediante fraude, escalada ou destreza.
e) durante o repouso noturno.

131. **(Cespe/TJ/AM/Juiz/2016)** Assinale a opção correta de acordo com a jurisprudência do STJ:

a) Diz-se tentado o latrocínio quando não se realiza plenamente a subtração da coisa, mas ocorre a morte da vítima.
b) Tendo o CP adotado a teoria monista, não há como punir diferentemente todos quantos participem direta ou indiretamente para a produção do resultado danoso.
c) É impossível o concurso de pessoas nos crimes culposos, ante a ausência de vínculo subjetivo entre os agentes na produção do resultado danoso.
d) O crime de latrocínio não admite forma preterdolosa, considerando a exigência do animus necandi na conduta do agente.
e) No crime de roubo praticado com pluralidade de agentes, se apenas um deles usar arma de fogo e os demais tiverem ciência desse fato, todos responderão, em regra, pelo resultado morte, caso este ocorra, pois este se acha dentro do desdobramento normal da conduta.

132. **(Cespe/TJ/DFT/Juiz/2015)** Em cada uma das opções seguintes, é apresentada uma situação hipotética acerca de penas privativas de liberdade e de penas restritivas de direito, seguida de uma assertiva a ser julgada. Assinale a opção que apresenta a assertiva correta:

a) Lana, com vinte e sete anos de idade, capaz, possui condenação definitiva por crime de aborto à pena de três anos de detenção. Decorridos dois anos, Lana foi condenada por crime de receptação à pena privativa de liberdade de dois anos de reclusão. Nessa situação, o juiz não poderá substituir a pena de Lana por pena restritiva de direitos, uma vez que ela é reincidente.

b) Fernando, com trinta anos de idade, capaz, ameaçou de morte sua companheira Tereza, com vinte e nove anos de idade, capaz. Fernando foi processado e condenado, definitivamente, pelo referido crime à pena de cinco meses de detenção. Nessa situação, Fernando tem direito à substituição da pena privativa de liberdade por pena restritiva de direitos.

c) Glauber, com trinta e um anos de idade, capaz, primário, foi condenado, definitivamente, em concurso material, pelo crime de supressão de correspondência comercial, à pena de detenção de dois anos; e, por divulgação de informações sigilosas, à pena de detenção de quatro anos e pena pecuniária. Nessa situação, Glauber tem direito à substituição da pena privativa de liberdade por pena restritiva de direitos.

d) Carla, com vinte e três anos de idade, capaz, primária, devidamente habilitada, fugiu do local para evitar prisão em flagrante, pois, após desviar o veículo que dirigia na velocidade da via de um buraco na pista, o colidiu contra uma mureta que caiu sobre uma criança de três anos de idade, a qual faleceu em decorrência das lesões. Por matar a criança, Carla foi condenada ao crime de homicídio culposo. Nessa situação, Carla tem direito à substituição da pena privativa de liberdade por pena restritiva de direitos.

e) Pedro, com vinte e oito anos de idade, capaz, primário, de corpo avantajado, desarmado, faixa preta em judô, trajando quimono, de forma intimidatória e exalando odor etílico, determinou que Ana, com dezessete anos de idade, capaz, entregasse a ele seu celular, sem que fosse possível a ela impor qualquer resistência. Por tais fatos, Pedro foi condenado, definitivamente, por crime de roubo simples, à pena de quatro anos de reclusão. Nessa situação, há vedação legal para que a pena de Pedro seja substituída por pena restritiva de direitos.

133. **(Cespe/TJ/DFT/Juiz/2015)** Com intuito de conseguir dinheiro, João, imputável, ficou escondido nas proximidades de uma parada de ônibus e, armado com uma faca, abordou Maria, de vinte e um anos de idade, grávida de sete meses, assim que ela desceu do ônibus, em via pública, ordenando-lhe que lhe entregasse sua bolsa e seu celular. Maria não o fez e, por isso, João a esfaqueou, conseguindo, então, levar os objetos desejados. Em decorrência dessas lesões, Maria e o bebê morreram cerca de dez horas após o ocorrido. João foi identificado, processado e, depois do trâmite regular do processo, condenado em caráter definitivo. Nessa situação hipotética, João praticou:

a) homicídio doloso contra Maria, qualificado por motivo torpe e por recurso que dificultou a defesa da vítima, bem como homicídio culposo contra o feto.

b) homicídio doloso contra Maria, qualificado por motivo torpe e por recurso que dificultou a defesa da vítima, cuja pena deve ser agravada devido ao fato de o crime ter sido praticado contra mulher grávida.

c) roubo circunstanciado pelo uso de arma, crime punido com pena pecuniária e pena de reclusão agravada pelo fato de ter sido praticado contra mulher grávida e com recurso que dificultou a defesa da vítima.

d) latrocínio consumado, delito punido com pena pecuniária e pena de reclusão que deve ser agravada por ter sido praticado contra mulher grávida mediante recurso que dificultou a defesa da vítima.

e) homicídio doloso contra Maria e contra o feto, qualificado por motivo torpe e por uso de recurso que dificultou a defesa da vítima.

134. **(Cespe/TJ/DFT/Juiz/2016)** De acordo com as súmulas em vigência do STF, assinale a opção correta:

a) Admite-se continuidade delitiva nos crimes contra a vida.

b) Os crimes falimentares, por serem tipificados em lei especial, não se sujeitam às causas interruptivas da prescrição previstas no CP.

c) A definição dos crimes de responsabilidade e o estabelecimento das respectivas normas de processo e julgamento são da competência legislativa concorrente da União e das unidades da Federação.

d) Ainda que o agente não subtraia bens da vítima, configura-se o crime de latrocínio quando o homicídio se consuma.

e) A conduta de reduzir tributo mediante prestação de declaração falsa às autoridades fazendárias, antes do lançamento definitivo do tributo, configura crime contra a ordem tributária.

135. **(Cespe/PGM/Salvador/Procurador/2015)** Assinale a opção correta acerca dos crimes contra o patrimônio conforme entendimento do STJ e da doutrina majoritária:

a) Indivíduo que vender coisa própria inalienável, gravada de ônus ou litigiosa, ou imóvel que tiver prometido vender a terceiro mediante pagamento em prestações, e silenciar sobre quaisquer dessas circunstâncias, praticará o delito de induzimento à especulação.

b) Se, posteriormente à subtração dos bens, a vítima for obrigada a fornecer senha para a realização de saques em sua conta bancária, será configurado um delito único, ou seja, a extorsão.

c) O crime de roubo se consuma quando o agente se torna possuidor da coisa subtraída, mediante violência ou grave ameaça, ainda que o objeto subtraído não saia da esfera de vigilância da vítima.

d) No crime de apropriação indébita, assim como no de estelionato, o agente detém, anteriormente à prática do crime, a posse lícita da coisa.

e) A destruição de patrimônio de empresa pública, a exemplo da Caixa Econômica Federal, configura dano qualificado.

9.3. Da Usurpação, Do Dano, Da Apropriação Indébita

✱ INOVAÇÕES LEGISLATIVAS

▲ CP. Título II – Dos Crimes contra o Patrimônio, Capítulo IV – Do Dano

▲ Art. 163. (...). Dano qualificado. Parágrafo único. Se o crime é cometido: (...). III – contra o patrimônio da União, de Estado, do Distrito Federal, de Município ou de autarquia, fundação pública, empresa pública, sociedade de economia mista ou empresa concessionária de serviços públicos; (Modificações: Lei 13.531/17)

▲ Capítulo V – Da Apropriação Indébita

▲ Art. 168-A. (...). § 4º A faculdade prevista no § 3º deste artigo não se aplica aos casos de parcelamento de contribuições cujo valor, inclusive dos acessórios, seja superior àquele estabelecido, administrativamente, como sendo o mínimo para o ajuizamento de suas execuções fiscais. (Modificações: Lei 13.606/18)

✱ QUESTÕES OBJETIVAS

136. **(Cespe/TRF/5R/Juiz/2015)** Josué, maior, capaz, líder de grupo comunitário ligado a pessoas sem teto, constatou que um prédio com cinquenta apartamentos, dentro de um conjunto habitacional, encontrava-se vazio, com as chaves de todas as unidades na portaria para fins de vistoria e concessão de alvará para ocupação. Tratava-se de prédio construído no âmbito de programa governamental de moradia, gerido e financiado por banco público federal com recursos do Sistema Financeiro Habitacional e destinado a pessoas de baixa renda, e parte dos apartamentos já havia sido entregue às famílias contempladas pelo programa, que aguardavam somente a autorização para ocupar seus imóveis. Josué, aproveitando-se do fato de o prédio estar vazio, organizou e liderou, no mesmo dia, no período noturno, a invasão do prédio, no fim da qual todas as unidades residenciais foram ocupadas com o fim de utilização como moradia definitiva. Tudo se deu de forma pacífica, sem danos aos imóveis e sem violência, mas o movimento impossibilitou a vistoria e entrega dos apartamentos às famílias que faziam parte do programa de moradia. Após duas semanas da ocupação, Josué, acompanhado de representantes das famílias invasoras, procurou a Defensoria Pública Federal para obter assistência jurídica para regularizar a situação em que se encontravam. Após a consulta jurídica, a desocupação do prédio teve início, e, por fim, as autoridades públicas competentes assumiram compromisso no sentido de prestar às famílias invasoras assistência administrativa e, se fosse o caso, judicial, para que estas pudessem ingressar em programas governamentais de moradia. As famílias foram advertidas acerca das consequências legais da continuidade da ocupação irregular, e, por fim, todos os invasores decidiram, após trinta dias vivendo no prédio, desocupar espontaneamente os apartamentos. Após a saída dos invasores, verificou-se que os apartamentos foram deixados nas mesmas condições em que se encontravam antes da ocupação. Durante os trinta dias de ocupação, o banco gestor, apesar de ter sido formalmente comunicado da invasão pela empresa construtora, não adotou quaisquer medidas administrativas ou judiciais, e não houve instauração de procedimento administrativo investigatório até a desocupação. A respeito dessa situação hipotética, assinale a opção correta:

a) Em relação a Josué, estão configurados, em concurso material, o crime de incitação à prática de crime e o crime de esbulho possessório qualificado, perpetrado contra patrimônio de empresa pública, pelo qual devem responder todos os demais invasores, com a incidência da agravante de concurso de pessoas por ser crime de mera atividade, comissivo e instantâneo.

b) A conduta dos invasores é atípica, pois, devido ao respeito às garantias constitucionais do direito de associação e manifestação, não é possível criminalizar os movimentos sociais legítimos, além de não estar presente na situação o elemento constitutivo do crime de esbulho possessório: a violência real contra pessoas ou coisas ou grave ameaça.

c) Diante do dano causado pelo atraso na entrega dos imóveis, os agentes devem responder, em coautoria, pelo crime único de dano qualificado, perpetrado contra patrimônio de empresa pública, e, condenados, devem ter a pena aumentada em um terço por terem agido durante o repouso noturno.

d) Apesar de os agentes terem cometido o crime de esbulho possessório na modalidade qualificada – contra entidade de direito público e mediante concurso eventual de pessoas –, o juiz deve aplicar ao caso o benefício do arrependimento, já que os invasores agiram sem violência e desocuparam pacificamente os imóveis.

e) Os agentes, que serão isentos de pena por terem desocupado espontaneamente os apartamentos antes de ter sido tomada medida coativa, praticaram o crime de esbulho possessório por concurso de mais de duas pessoas.

137. (Cespe/TRF/5R/Juiz/2017) No que concerne ao crime de apropriação indébita previdenciária previsto no Código Penal (CP), assinale a opção correta:

a) As figuras assemelhadas à apropriação indébita previdenciária constantes do CP são todas condutas omissivas relacionadas à ausência de recolhimento ou repasse de importâncias relacionadas à previdência social.

b) A ação penal relativa a esse crime é pública incondicionada e a competência para processá-la e julgá-la é da justiça federal, ainda que inexista lesão à previdência social, como no caso de falsificação das guias de recolhimento das contribuições previdenciárias.

c) Em relação a esse crime, a legislação penal prevê causa especial de extinção da punibilidade, subordinada ao cumprimento de alguns requisitos pelo agente de forma espontânea, mesmo que já tenha sido iniciada a ação fiscal.

d) Para a consumação desse crime, exige-se a omissão de repasse das contribuições recolhidas à previdência social acrescida do ânimo de assenhorar-se daquelas contribuições, sendo o tipo penal apropriação indébita previdenciária uma modalidade de apropriação indébita.

e) Por estar a consumação desse crime subordinada ao prazo e à forma legal ou convencional para o repasse das contribuições à previdência social, trata-se de exemplo de norma penal incompleta.

9.4. Do Estelionato e Outras Fraudes, Da Receptação

✱ SÚMULAS

STF Súm. 246. Comprovado não ter havido fraude, não se configura o crime de emissão de cheque sem fundos.

STF Súm. 521. O foro competente para o processo e julgamento dos crimes de estelionato, sob a modalidade da emissão dolosa de cheque sem provisão de fundos, é o do local onde se deu a recusa do pagamento pelo sacado.

STF Súm. 554. O pagamento de cheque emitido sem provisão de fundos, após o recebimento da denúncia, não obsta ao prosseguimento da ação penal.

STJ Súm. 17. Quando o falso se exaure no estelionato, sem mais potencialidade lesiva, é por este absorvido.

STJ Súm. 24. Aplica-se ao crime de estelionato em que figure como vítima entidade autárquica da Previdência Social a qualificadora do § 3º do art. 171 do Código Penal.

STJ Súm. 48. Compete ao juízo do local da obtenção da vantagem ilícita processar e julgar crime de estelionato cometido mediante falsificação de cheque.

STJ Súm. 73. A utilização de papel moeda grosseiramente falsificado configura, em tese, o crime de estelionato, da competência da Justiça Estadual.

STJ Súm. 107. Compete à justiça comum estadual processar e julgar crime de estelionato praticado mediante falsificação das guias de recolhimento das contribuições previdenciárias, quando não ocorrente lesão à autarquia federal.

STJ Súm. 244. Compete ao foro do local da recusa processar e julgar o crime de estelionato mediante cheque sem provisão de fundos.

* INOVAÇÕES LEGISLATIVAS

▲ Capítulo VII – Da Receptação

▲ Art. 180. Receptação qualificada. (...). § 6º Tratando-se de bens do patrimônio da União, de Estado, do Distrito Federal, de Município ou de autarquia, fundação pública, empresa pública, sociedade de economia mista ou empresa concessionária de serviços públicos, aplica-se em dobro a pena prevista no caput deste artigo. (Modificações: Lei 13.531/17)

* QUESTÕES OBJETIVAS

138. **(Cespe/PC/MA/Investigador/2018)** Antônio utilizava diariamente o serviço de manobrista de determinado shopping center para estacionar seu carro. Lara, frequentadora do mesmo local, passou a observar a rotina de Antônio e, certa tarde, se apresentou ao manobrista como namorada daquele, informando que havia vindo buscar o carro a pedido do namorado. O manobrista entregou as chaves do carro a Lara, que entrou no veículo e saiu da garagem do estabelecimento em alta velocidade. A conduta de Lara caracteriza crime de

a) estelionato.
b) furto mediante fraude.
c) furto com abuso de confiança.
d) apropriação de coisa havida por erro.
e) apropriação indébita.

139. **(Cespe/DPE/PE/Defensor/2015)** Aquele que vender a terceiro de boa-fé coisa que tenha furtado praticará os crimes de furto e estelionato, já que lesionará bens jurídico-penais de pessoas distintas.

140. **(Cespe/TJ/PB/Juiz/2015)** Gustavo, funcionário público estadual, com o objetivo de obter vantagem patrimonial ilícita para si, utilizou papel-moeda grosseiramente falsificado para efetuar pagamento de compras de alto valor em um supermercado. Em face dessa situação hipotética, assinale a opção correspondente à figura típica do delito praticado por Gustavo:

a) estelionato.
b) moeda falsa.
c) crime assimilado ao de moeda falsa.
d) fraude no comércio.
e) concussão.

141. **(Cespe/TRF/5R/Juiz/2015)** Ana, de quarenta e seis anos de idade, conheceu Silas, de sessenta e três anos de idade, portador de doenças coronárias crônicas. Aproveitando-se da situação de Silas, que era já aposentado por invalidez, Ana começou a manter com ele relacionamento amoroso, visando receber os valores decorrentes de sua aposentadoria. De fato, em pouco tempo e com a aquiescência de Silas, ela obteve declaração formal de união estável e convenceu o companheiro a adotar, mediante processo regular concretizado, seu filho menor, fruto de relacionamento anterior. Durante a união estável, Ana forjou procuração feita em nome de Silas, com auxílio de Lauro, que se passou por Silas no cartório para fins de reconhecimento de firma e em outras ocasiões em que era necessária a presença do outorgante. De posse do instrumento procuratório amplo, Ana fez empréstimos na mesma instituição bancária em que Silas recebia sua aposentadoria, vinculando o pagamento das parcelas do empréstimo ao benefício previdenciário. Além disso, de posse dos mesmos instrumentos, em instituição bancária diversa, Ana firmou contrato de arrendamento mercantil em nome de Silas e transferiu o bem a Lauro. Além disso, passou a perceber, continuamente, a aposentadoria de Silas mediante uso da senha bancária e cartão de benefício, obtidos com uso da aludida procuração. Em data recente, Silas tomou conhecimento de tudo o que Ana havia feito e mais, já que as despesas domésticas estavam sendo pagas com dinheiro proveniente de empréstimos bancários contraídos em seu nome, mês a mês, com prestações que atingiam o percentual de 70% do benefício. Diante disso, Silas encaminhou "notitia criminis" contra a companheira, encerrando o relacionamento. Ao tomar conhecimento da representação, Ana e Lauro passaram a pressionar Silas, mediante grave ameaça, para que ele se retratasse da representação e assumisse as transações realizadas. Em decorrência da situação, Silas sofreu infarto fulminante e faleceu. Com referência a essa situação hipotética, assinale a opção correta:

a) Ana e Lauro devem responder, em tese, pela prática dos seguintes delitos, entre outros: estelionato, em continuidade delitiva, e estelionato qualificado, em concurso com o crime contra sistema financeiro; falsificação de documento particular; e homicídio na modalidade qualificada.

b) O crime perpetrado por Ana será o de estelionato qualificado, uma vez que as condutas antecedentes tinham como único desígnio a percepção da aposentadoria de Silas, sendo irrelevante a representação deste.

c) Se Ana for denunciada pelos crimes patrimoniais descritos, admite-se em seu favor a oposição da escusa absolutória, uma vez que os fatos ocorreram na constância da união estável, não se estendendo essa vantagem a Lauro.

d) Ana e Lauro perpetraram, em concurso de agentes, o crime de falsificação de documento particular em concurso material com o crime de latrocínio, já que a morte de Silas assegurou a ocultação da falsificação e a impunidade dos agentes.

e) Os agentes praticaram o estelionato na modalidade qualificada por terem agido em detrimento de entidade de direito público, em concurso de agentes; além disso, Ana e Lauro devem responder também por crime contra sistema financeiro e homicídio na modalidade qualificada, já que Silas tinha mais de sessenta anos de idade quando morreu.

142. **(Cespe/DPU/Defensor/2017)** Maria não informou ao INSS o óbito de sua genitora e continuou a utilizar o cartão de benefício de titularidade da falecida pelo período de dez meses. Nessa situação, Maria praticou estelionato de natureza previdenciária, classificado, em decorrência de sua conduta, como crime permanente, de acordo com o entendimento do STJ.

10. DOS CRIMES CONTRA A ORGANIZAÇÃO DO TRABALHO/PROPRIEDADE IMATERIAL

✱ SÚMULAS

STJ Súm. 502. Presentes a materialidade e a autoria, afigura-se típica, em relação ao crime previsto no artigo 184, § 2º, do CP, a conduta de expor à venda CDs e DVDs piratas.

STJ Súm. 574. Para a configuração do delito de violação de direito autoral e a comprovação de sua materialidade, é suficiente a perícia realizada por amostragem do produto apreendido, nos aspectos externos do material, e é desnecessária a identificação dos titulares dos direitos autorais violados ou daqueles que os representem.

✱ QUESTÕES OBJETIVAS

143. **(Cespe/PC/MA/Delegado/2018)** Assinale a opção correta no que se refere aos crimes contra a propriedade imaterial.

a) A violação de direito autoral qualificada se configura com o dolo genérico.

b) O plágio de obras literárias, científicas ou artísticas é regido por lei própria, não sendo abrangido pelo tipo de violação de direito autoral nas suas formas simples ou qualificadas.

c) A materialidade do crime de violação de direito autoral pode ser provada mediante perícia por amostragem sobre os aspectos externos do material apreendido.

d) A absolvição do réu no crime de violação de direito autoral é possível com base na teoria da adequação social e no princípio da insignificância.

e) A violação de direitos autorais é crime processado mediante ação pública condicionada à representação, quando cometida na forma simples.

144. **(Cespe/TRT/8R/Oficial_Justiça/2016)** Em relação aos crimes contra a organização do trabalho, assinale a opção correta:

a) Para a configuração do crime de participação de abandono coletivo de trabalho com violência contra a pessoa, é indispensável o concurso de pelo menos três empregados.

b) Consiste em infração penal violadora da liberdade individual, e não em crime contra a organização do trabalho, a conduta do agente que impede alguém de se desligar de serviços de qualquer natureza, mediante a retenção de seus documentos pessoais.

c) No crime de aliciamento de trabalhadores de um local para outro do território nacional, o recrutador que não assegurar condições de retorno do trabalhador ao local de origem estará sujeito a causa específica de aumento de pena.

d) O Código Penal prevê, para todos os crimes contra a organização do trabalho, como causa de aumento de pena o fato de a vítima ser menor de dezoito anos de idade, idosa, gestante, indígena ou portadora de deficiência física ou mental.

e) Processam-se esses crimes por ação penal pública incondicionada, estando o autor de qualquer um deles sujeito à pena de detenção, além da pena correspondente à violência empregada, quando for o caso.

145. **(Cespe/TRT/8R/Analista/2016)** No tocante à interpretação dos crimes de perigo abstrato e dos crimes contra a organização do trabalho, contra a administração pública e contra a dignidade sexual, consoante a jurisprudência dos tribunais superiores, assinale a opção correta:

a) Por se tratar de delito de perigo abstrato, o abandono de incapaz dispensa a prova do efetivo risco de dano à saúde da vítima.
b) O crime de porte ilegal de arma de fogo, classificado como delito de perigo abstrato, não dispensa a prova pericial para estabelecer a sua eficiência na realização de disparos, necessária para demonstrar o risco potencial à incolumidade física das pessoas.
c) O agente que não é funcionário público não pode figurar como sujeito ativo do crime de peculato.
d) No crime de aliciamento para o fim de emigração, pune-se a conduta de recrutar trabalhadores, mediante fraude, com o fim de levá-los para território estrangeiro, como forma de se garantir a proteção à organização do trabalho.
e) Para a caracterização do crime de concussão, a conduta do servidor público deve consistir na exigência de vantagem indevida, necessariamente em dinheiro, para si ou para outrem, em razão da função que o servidor exerce.

146. **(Cespe/DPE/RN/Defensor/2015)** Vanessa foi presa em flagrante enquanto vendia e expunha à venda cerca de duzentos DVDs piratas, falsificados, de filmes e séries de televisão. Realizada a devida perícia, foi confirmada a falsidade dos objetos. Incapaz de apresentar autorização para a comercialização dos produtos, Vanessa alegou em sua defesa que desconhecia a ilicitude de sua conduta. Com relação a essa situação hipotética, assinale a opção correta à luz da jurisprudência dominante dos tribunais superiores:

a) Vanessa é isenta de culpabilidade, pois incidiu em erro de proibição.
b) O MP deve comprovar que os detentores dos direitos autorais das obras falsificadas sofreram real prejuízo para que a conduta de Vanessa seja criminosa.
c) A conduta de Vanessa ofende o direito constitucional que protege a autoria de obras intelectuais e configura crime de violação de direito autoral.
d) A conduta de vender e expor à venda DVDs falsificados é atípica em razão da incidência do princípio da adequação social.
e) A conduta de vender e expor à venda DVDs falsificados é atípica em razão da incidência do princípio da insignificância.

147. **(Cespe/TJ/AM/Juiz/2016)** Acerca do crime de que trata o art. 198 do CP – atentado contra a liberdade de trabalho e boicotagem violenta –, assinale a opção correta:

a) A competência para o processamento de ação que envolva a prática desse crime é da justiça federal, independentemente de se tratar de interesse individual do trabalhador ou coletivo.
b) A conduta de constranger alguém, mediante violência ou grave ameaça, a adquirir de outrem matéria-prima ou produto industrial agrícola configura o crime previsto no referido artigo.
c) Cometerá o referido crime aquele que constranger alguém, mediante violência ou grave ameaça, a não celebrar contrato de trabalho.
d) Haverá concurso de crimes se o agente praticar mais de uma das condutas previstas no art. 198 do CP.
e) O referido crime classifica-se como crime próprio.

148. **(Cespe/TCE/PE/Analista_Gestão/2017)** Cidadão comum que cometer crime contra a organização do trabalho será processado e julgado pela justiça federal.

11. DOS CRIMES CONTRA SENTIMENTO RELIGIOSO/RESPEITO AOS MORTOS

✱ QUESTÕES OBJETIVAS

149. **(Cespe/TJ/PB/Juiz/2015)** Acerca da disciplina legal dos crimes previstos na parte especial do CP, assinale a opção correta:

a) A conduta de subtrair cadáver de sua sepultura configura crime de furto qualificado.
b) O ato de escarnecer de alguém publicamente em razão de sua crença ou de sua função religiosa configura crime de injúria qualificada.
c) Nas figuras qualificadas do crime de direito autoral, é desnecessário que haja o intuito de

obter lucro para que seja configurado o referido crime.

d) No crime de impedimento ou perturbação de enterro ou cerimônia funerária, constitui causa de aumento de pena o fato de o agente praticar o referido crime mediante violência.

e) A ação penal para os crimes contra a propriedade intelectual é de iniciativa privada e deverá ser ajuizada mediante queixa do ofendido.

150. (Cespe/DPE/AL/Defensor/2017) No que tange aos crimes contra o sentimento religioso, assinale a opção correta:

a) Para que configure crime, a prática do escárnio deve expressar o fim específico de ofender o sentimento religioso de um indivíduo, como elemento subjetivo do injusto.

b) A caracterização desse tipo de crime exige que a prática de escárnio seja efetuada na presença do sujeito passivo.

c) Em caso de escárnio por motivo religioso acompanhado de ofensa a honra individual, o agente responderá em concurso formal de crimes.

d) Em se tratando de escárnio por motivo religioso, a pena será acrescida de um terço caso se verifique o exercício de violência, desde que voltada contra objetos e esculturas sagradas.

e) Constitui infração penal o ato de escarnecer, em público, um grupo religioso.

12. DOS CRIMES CONTRA A DIGNIDADE SEXUAL

12.1. Dos Crimes contra a Liberdade Sexual

✱ INFORMATIVOS DE JURISPRUDÊNCIA

Atentado violento ao pudor qualificado e relação de parentesco

STF O bisavô encontra-se, na relação de parentesco com a bisneta, no terceiro grau da linha reta (arts. 1.591 e 1.594 do Código Civil), e não há no ordenamento jurídico nenhuma regra de limitação quanto ao número de gerações. II. É juridicamente possível a majoração da pena privativa de liberdade imposta ao recorrente, bisavô da vítima, em razão da incidência da causa de aumento prevista no inciso II do art. 226 do Código Penal, considerada a figura do ascendente. RHC 138717, Rel. Min. Ricardo Lewandowski, j. 23.5.2017.

✱ QUESTÕES DISCURSIVAS

08. (Cespe/DP/DF/Defensor/2013) Mauro, réu primário, em 2007, foi condenado em primeiro grau por estupro e atentado violento ao pudor em concurso material, praticados contra a vítima Maria, em um terreno baldio, quando ela retornava à noite para sua residência. A ação consistiu na prática de coito vaginal imediatamente seguido de coito anal. A pena total aplicada foi de doze anos de reclusão, seis anos para o estupro e mais seis anos para o atentado violento ao pudor, em regime fechado. Houve apelação, mas o tribunal de justiça manteve a condenação e a pena aplicada. Ocorreu o trânsito em julgado. Agora, em 2013, Mauro, em cumprimento de pena, enviou carta escrita de próprio punho à Defensoria Pública, solicitando a promoção de revisão criminal em seu favor. Levando em consideração a Lei 12.015/2009, que modificou o Código Penal no que se refere aos crimes contra a dignidade sexual, há algo que possa ser alegado em favor de Mauro em sede de revisão criminal?

✱ QUESTÕES OBJETIVAS

151. (Cespe/DPE/PE/Defensor/2018) Maria, pessoa maior e capaz, vivia em união estável com João havia cinco anos quando, em janeiro de 2017, ele, descontente com a participação de Maria em uma confraternização de trabalho, proferiu diversos xingamentos contra ela, tendo atingido sua honra subjetiva, danificou todas as suas roupas e diversos objetos da residência de ambos. À época, Maria compareceu à delegacia de polícia, narrou os fatos, mas desistiu de registrar a ocorrência policial ou requerer a aplicação de medidas protetivas em seu favor. Em junho daquele mesmo ano, tendo Maria recebido a visita de uma amiga em sua residência, João ameaçou ambas de morte: utilizando-se de uma faca, exigiu a saída imediata da visita. Após a saída da amiga, João desferiu um golpe de faca no braço de Maria, tendo-lhe causado lesão leve. Dessa vez, Maria comunicou os fatos à polícia e, determinada a romper o relacionamento, requereu a aplicação de medidas protetivas: a autoridade judiciária determinou o afastamento de João do local de convivência com Maria e proibiu a aproximação ou qualquer contato com ela. Inconformado com a atitude de Maria e com o fim do relacionamento, em julho, João foi até a casa de Maria e, utilizando-se de uma faca, ameaçou-a e constrangeu-a a praticar conjunção carnal com ele. A respeito dessa situação hipotética, assinale a opção correta à luz da legislação aplicável.

a) O crime de ameaça praticado por João contra Maria somente se apura mediante ação penal pública condicionada à representação da ofendida, sendo válida, a qualquer tempo, a retratação da representação junto à autoridade policial para impedir a persecução penal.
b) Não se aplica a Lei Maria da Penha à conduta praticada por João em julho de 2017, considerando-se que naquela ocasião não existia mais, entre o autor do fato e a vítima, união estável e que eles não mais coabitavam.
c) O crime de estupro praticado por João em julho de 2017 será apurado por meio de inquérito policial cuja instauração poderá decorrer do mero registro de ocorrência policial feito pela vítima.
d) As condutas praticadas por João em janeiro de 2017 podem ser apuradas de ofício pela autoridade policial, uma vez que, conforme disposição da Lei Maria da Penha, a instauração de inquérito não dependerá de qualquer providência ou requerimento da ofendida.
e) A ação penal para apurar o crime de lesão corporal praticado por João contra Maria em junho de 2017 é pública condicionada à representação da ofendida, conforme disposição da Lei Maria da Penha.

152. **(Cespe/PC/MA/Investigador/2018)** A ação penal relativa a crime de estupro será pública condicionada à representação se a vítima for

a) incapaz de oferecer resistência por estar em coma.
b) menor de dezoito anos de idade e a relação sexual houver sido consentida.
c) mentalmente enferma e não possuir discernimento para o ato sexual.
d) menor de dezoito anos de idade e maior de quatorze anos de idade e não houver consentido a relação sexual.
e) maior de dezoito anos de idade e capaz.

153. **(Cespe/PC/MA/Escrivão/2018)** Com relação ao crime de estupro, considera-se vulnerável a vítima

a) que morre em consequência da violência sexual.
b) que pratica o ato sexual mediante fraude ou dissimulação.
c) mentalmente enferma, sem discernimento para o ato sexual.
d) com quatorze anos de idade completos.
e) com até dezoito anos de idade.

154. **(Cespe/DPE/AL/Defensor/2017)** Deverá responder por crime de assédio sexual o:

a) líder religioso que, no ambiente ecumênico, por reiteradas vezes, importunar fiel para que realize ato de natureza sexual.
b) agente que, se valendo de lotação elevada em veículo de transporte público, praticar ato libidinoso sem o consentimento da vítima.
c) indivíduo que constranger a vítima, em ambiente virtual, a se expor ou a praticar ato libidinoso diverso da conjunção carnal.
d) sujeito que praticar ato libidinoso diverso da conjunção carnal com vítima alcoolizada incapaz de manifestar livremente sua vontade.
e) empregador que, fora do ambiente laboral, constranger funcionário a conceder favorecimento sexual, valendo-se de sua condição hierárquica.

155. **(Cespe/PC/GO/Agente/2016)** Maura e Sílvio, que foram casados por dez anos, se separaram há um ano e compartilham a guarda de filho menor. Sílvio buscava o filho na escola e o levava para a casa que era do casal, agora habitada somente pela mãe e pela criança, que fica aos cuidados da babá. A convivência entre ambos era pacífica até que ele soube de novo relacionamento de Maura. Sentindo-se ainda apaixonado por Maura, ele elaborou um plano para tentar reconquistá-la. Em uma ocasião, ao levar o filho para casa como fazia cotidianamente, Sílvio, sem que ninguém percebesse, pegou a chave da casa e fez dela uma cópia. Em determinado dia, ele comprou um anel e flores, preparou um jantar e, à noite, entrou na casa para surpreender a ex-esposa – nem Maura nem a criança estavam presentes. Maura havia deixado a criança com a avó e saíra com o namorado. Ao chegar à casa, bastante embriagada, Maura dormiu sem perceber que Sílvio estava na residência. Sílvio tentou acordá-la, mas, não tendo conseguido, despiu-a, tocou-lhe as partes íntimas e tentou praticar conjunção carnal com ela. Como Maura permanecia desacordada, Sílvio foi embora sem consumar o último ato. Nessa situação hipotética, Sílvio:

a) cometeu o crime de tentativa de estupro.
b) não cometeu crime algum porque já foi casado com Maura e tinha franco acesso à casa.

c) não cometeu crime de estupro, porque não houve violência ou grave ameaça.
d) cometeu crime contra a dignidade sexual, pois Maura, na situação em que se encontrava, não poderia oferecer resistência.
e) cometeu apenas o crime de invasão de domicílio.

156. **(Cespe/PC/GO/Agente/2016)** João, que acabara de completar dezessete anos de idade, levou sua namorada Rafaela, de doze anos e onze meses de idade, até sua casa. Considerando ser muito jovem para namorar, a garota aproveitou a oportunidade e terminou o relacionamento com João. Inconformado, João prendeu Rafaela na casa, ocultou sua localização e forçou-a a ter relações sexuais com ele durante o primeiro de treze meses em que a manteve em cativeiro. Após várias tentativas frustradas de fuga, um dia antes de completar quatorze anos de idade, Rafaela, em um momento de deslize de João, conseguiu pegar uma faca e lutou com o rapaz para, mais uma vez, tentar fugir. Na luta, João tomou a faca de Rafaela e, após afirmar que, se ela não queria ficar com ele, não ficaria com mais ninguém, desferiu-lhe um golpe de faca. Rafaela fingiu estar morta e, mesmo ferida, conseguiu escapar e denunciar João, que fugiu após o crime, mas logo foi encontrado e detido pela polícia. Rafaela, apesar de ter sido devidamente socorrida, entrou em coma e faleceu após três meses. Nessa situação hipotética, João:
a) responderá pelo crime de tentativa de homicídio.
b) responderá por crime de estupro de incapaz, previsto no CP.
c) não responderá pelo crime de estupro segundo a lei penal, de acordo com a teoria adotada pelo CP em relação ao tempo do crime.
d) não poderá ser submetido à lei penal pelo cometimento de crime de cárcere privado, pois, à época do crime, ele era menor de idade.
e) responderá pelo crime de homicídio, sem aumento de pena por ter cometido crime contra pessoa menor de quatorze anos de idade, uma vez que Rafaela, à época da morte, já havia completado quatorze anos de idade.

12.2. Dos Crimes Sexuais contra Vulnerável

* SÚMULAS

STJ Súm. 593. O crime de estupro de vulnerável se configura com a conjunção carnal ou prática de ato libidinoso com menor de 14 anos, sendo irrelevante eventual consentimento da vítima para a prática do ato, sua experiência sexual anterior ou existência de relacionamento amoroso com o agente.

* QUESTÕES DISCURSIVAS

09. **(Cespe/MPE/RR/Promotor/2017)** Redija um texto acerca do crime de estupro de vulnerável, discorrendo sobre a admissão, ou não, pelo ordenamento jurídico brasileiro, da exceção Romeu e Julieta nos crimes contra a dignidade sexual, explicando-a. Fundamente sua resposta considerando o entendimento do STJ sobre a matéria.

10. **(Cespe/PC/MA/Delegado/2018)** Juliana compareceu a delegacia de polícia, onde alegou que sua filha Maria, adolescente de treze anos de idade, havia sido violentada, alguns dias atrás, por João, de trinta anos de idade. Realizado exame de corpo de delito em Maria, foi constatado que ela havia praticado conjunção carnal em data recente. Na presença do delegado, João afirmou que sabia a idade de Maria e que, de fato, havia praticado com ela conjunção carnal sob o consentimento dela, visto que eles haviam iniciado um relacionamento amoroso dias antes. Maria, também em depoimento ao delegado, afirmou que tinha praticado conjunção carnal com João de modo consentido, pois tiveram um breve romance, e que ela já possuía uma experiência sexual anterior. Acerca da situação hipotética acima descrita, responda ao questionamento do primeiro tópico abaixo e faça o que se pede nos tópicos subsequentes: (i) Houve prática de crime por parte de João? Se positiva sua resposta, esclareça qual foi o crime praticado. (ii) Comente sobre o consentimento da vítima. (iii) Disserte sobre a existência de relacionamento amoroso entre João e Maria e a experiência sexual anterior de Maria. (iv) Disserte sobre a possibilidade de ter ocorrido erro de proibição na hipótese considerada.

* QUESTÕES OBJETIVAS

157. **(Cespe/DPE/RN/Defensor/2015)** José, com trinta anos de idade, manteve, entre 2013 e 2015, relacionamento amoroso com uma menor que atualmente tem treze anos de idade. Nesse período, constantemente, José, praticava com ela conjunção carnal e outros atos libidinosos diversos. A mãe da menor descobriu o caso e denunciou José à polícia. A menor, em seu depoimento, afirmou que sempre consentiu com o namoro e com os atos sexuais praticados e que, da mesma forma, já havia namorado outros rapazes antes de José. Acerca dessa situação hipotética, assinale a opção correta à luz da jurisprudência dominante, atualmente, no STF e no STJ:

a) A prévia existência de relacionamento amoroso e duradouro entre a menor e José extingue a punibilidade do agente por crime de estupro de vulnerável.
b) José praticou crime de estupro de vulnerável e atentado violento ao pudor em continuidade delitiva.
c) José praticou crime de estupro de vulnerável, ainda que a adolescente tenha consentido em manter com ele relações sexuais.
d) A ausência de representação formulada pela menor ou por sua mãe impede que José seja processado pelos fatos ocorridos.
e) A anterior experiência sexual da vítima afasta sua vulnerabilidade, de forma que José deve responder apenas por corrupção de menor.

158. **(Cespe/TJ/PB/Juiz/2015)** Assinale a opção correta a respeito dos crimes contra a dignidade sexual e a família:

a) No crime de subtração de incapazes, a restituição do menor até o momento da prolação da sentença, desde que este não tenha sofrido maus-tratos ou privações, configura arrependimento posterior.
b) A persecução penal do crime de estupro de vulnerável ocorre mediante ação penal pública condicionada à representação do ofendido.
c) O crime de estupro de vulnerável praticado por dois agentes em concurso de pessoas incorre em causa de aumento de pena prevista na parte especial do CP.
d) O agente solteiro que contrai casamento com pessoa casada, ciente do estado civil desta, pratica conduta atípica.
e) O agente que, conscientemente, registra, em cartório, filho de terceira pessoa como se fosse seu próprio filho pratica conduta atípica.

12.3. Do Lenocínio e do Tráfico de Pessoas para Exploração Sexual

✱ INOVAÇÕES LEGISLATIVAS

▲ CP. Título VI – Dos Crimes contra a Dignidade Sexual, Capítulo V – Do Lenocínio e do Tráfico de Pessoa para Fim de Prostituição ou Outra Forma de Exploração Sexual

▲ Art. 232-A. Promoção de migração ilegal. Promover, por qualquer meio, com o fim de obter vantagem econômica, a entrada ilegal de estrangeiro em território nacional ou de brasileiro em país estrangeiro: Pena – reclusão, de 2 (dois) a 5 (cinco) anos, e multa. § 1º Na mesma pena incorre quem promover, por qualquer meio, com o fim de obter vantagem econômica, a saída de estrangeiro do território nacional para ingressar ilegalmente em país estrangeiro. § 2º A pena é aumentada de 1/6 (um sexto) a 1/3 (um terço) se: I – o crime é cometido com violência; ou II – a vítima é submetida a condição desumana ou degradante. § 3º A pena prevista para o crime será aplicada sem prejuízo das correspondentes às infrações conexas. (Modificações: Lei 13.445/17)

13. DOS CRIMES CONTRA A INCOLUMIDADE/PAZ PÚBLICA

✱ QUESTÕES OBJETIVAS

159. **(Cespe/PC/PE/Delegado/2016)** O CP, em seu art. 14, assevera que o crime estará consumado quando o fato reunir todos os elementos da definição legal. Para tanto, necessária será a realização de um juízo de subsunção do fato à lei. Acerca do amoldamento dos fatos aos tipos penais, assinale a opção correta:

a) A conduta de constituir, organizar, integrar, manter ou custear organização paramilitar, milícia particular, grupo ou esquadrão com a finalidade de praticar qualquer dos crimes previstos no CP configura crime contra a paz pública, sendo considerada como crime vago, uma vez que o sujeito passivo é a coletividade.
b) A doutrina e a jurisprudência são unânimes ao afirmar que configura crime de desacato quando um tenente da polícia militar, no exercício de sua função, ofende verbalmente, em razão da função exercida, um de seus subordinados.
c) Amolda-se no tipo legal de calúnia, previsto nos crimes contra a honra, a conduta de instaurar investigação policial contra alguém, imputando-lhe crime de que se sabe ser inocente.
d) Constituem crime de corrupção ativa, praticado por particular contra a administração geral, as condutas de dar, oferecer ou prometer dinheiro ou qualquer outra vantagem a testemunha, perito, contador, tradutor ou intérprete, para fazer afirmação falsa, negar ou calar a verdade em depoimento, perícia, cálculos, tradução ou interpretação.

e) A fraude processual será atípica, se a inovação artificiosa do estado de coisa, de pessoa ou de lugar, com o fim de induzir a erro o juiz, ocorrer antes de iniciado o processo penal.

160. (Cespe/TRT/8R/Analista/2016) Acerca dos crimes contra a fé pública e dos crimes praticados por associações ou organizações criminosas, assinale a opção correta:

a) Aquele que falsifica documento para, em seguida, usá-lo em procedimento subsequente comete os crimes de falsificação de documento e de uso de documento falso, haja vista a presença de dolos distintos e autônomos em relação a cada conduta praticada.

b) A falsidade ideológica é configurada pelo dolo genérico de se omitir, em documento público ou particular, declaração que dele devia constar, ou nele inserir ou fazer inserir declaração falsa ou diversa da que devia ser escrita, mesmo que não enseje proveito ilícito ou prejuízo a terceiros.

c) A estabilidade e a permanência nas relações entre os agentes reunidos em conjugação de esforços para a prática reiterada de crimes são essenciais para que se configure a associação criminosa, diferenciando-se essa do simples concurso eventual de pessoas para realizaram uma ação criminosa.

d) A associação criminosa, denominação atual do antigo crime de quadrilha ou bando, por ser crime material, só se realiza quando mais de três pessoas se reúnem, em caráter estável e permanente, para o cometimento de crimes, consumando-se com a prática efetiva de um delito.

e) A conduta de se colocar em circulação uma única cédula falsa, no valor de cinquenta reais, não pode ser reputada como algo que efetivamente perturba o convívio social, sendo admissível enquadrá-la como materialmente atípica pela incidência do princípio da insignificância.

161. (Cespe/TJ/DFT/Juiz/2015) Em cada uma das opções subsecutivas, é apresentada uma situação hipotética, seguida de uma assertiva a ser julgada. Considerando a ação penal e a tipicidade das condutas elencadas, assinale a opção que apresenta a assertiva correta:

a) Marcos, com vinte anos de idade, capaz, após o falecimento de seus genitores em um acidente, passou a residir com seu tio paterno Sebastião, com cinquenta e cinco anos de idade, capaz. Após estarem residindo juntos havia cerca de dois anos, Marcos pegou o cartão de crédito de seu tio Sebastião, e, sem autorização dele, conseguiu a senha e sacou a importância de vinte mil reais, gastando-a em seu interesse pessoal. Nessa situação, a conduta de Marcos foi típica e a persecução penal que a reprime ocorre mediante ação privada.

b) Ana, com vinte e dois anos de idade, capaz, após discussão com sua vizinha Marina, com vinte e oito anos de idade, capaz, sabendo que não havia pessoa alguma no imóvel residencial desta, despejou um galão de gasolina e atiçou fogo no referido imóvel, vindo a incendiá-lo. Nessa situação, a conduta de Ana foi típica e a persecução penal que a reprime ocorre mediante ação pública incondicionada.

c) Pedro, capaz, é agricultor e possuía contrato com a entidade pública X, que pretendia distribuir os produtos do cultivo de Pedro à população carente. Antônia, com cinquenta anos de idade, capaz, também agricultora, a fim de prejudicar Pedro enquanto este viajava, sem o consentimento dele, soltou gado em sua propriedade, o qual destruiu grande parte dos produtos que estavam na iminência de serem colhidos e entregues à referida entidade pública. Nessa situação, a conduta de Antônia foi típica e a persecução penal que a reprime ocorre mediante ação pública incondicionada.

d) José, com trinta anos de idade, capaz, efetuou ligação clandestina de sinal de TV a cabo em sua residência, desviando o sinal da residência de sua vizinha, Josefina, com quarenta anos de idade, capaz, sem o consentimento dela, equiparando-se o objeto de desvio à energia elétrica. Nessa situação, a conduta de José foi típica e a persecução penal que a reprime ocorre mediante ação privada.

e) Jane, com dezoito anos de idade, capaz, filha adotiva, por ciúmes de sua irmã Carla, com dezenove anos de idade, capaz, filha biológica de seus pais, aproveitando-se que sua irmã estava acamada, retirou da bolsa desta, sem o seu consentimento, a importância de cinco mil reais, gastando-a com roupas e maquiagem. Nessa situação, a conduta de Jane foi típica e a persecução penal que a reprime ocorre mediante ação privada.

162. (Cespe/TJ/PB/Juiz/2015) Constitui causa de aumento de pena o fato de o crime de incêndio ser praticado:

a) mediante utilização de explosivos.
b) em situação de violência doméstica ou familiar contra a mulher.
c) em estaleiro, fábrica ou oficina.
d) em canteiro de obras em área de grande densidade demográfica e populacional.
e) por motivo fútil ou torpe.

163. **(Cespe/TJ/PB/Juiz/2015)** No que se refere aos crimes contra a paz pública, assinale a opção correta:

a) A conduta de custear milícia privada para a prática de homicídios é tipificada como crime de associação criminosa.
b) No crime de associação criminosa, incide causa de aumento de pena o fato de a associação ser armada ou haver participação de criança ou de adolescente.
c) Constitui crime incitar terceira pessoa a praticar conduta punida pela lei como contravenção penal.
d) Funcionário público que fizer apologia de fato criminoso praticará, na forma qualificada, delito de apologia de crime ou criminoso.
e) O crime de associação criminosa caracteriza-se pela união de duas ou mais pessoas com o fim específico de cometer crimes.

164. **(Cespe/TRE/PE/Analista/2017)** Antônio e mais três pessoas, todas desempregadas, reuniram-se no intuito de planejar e executar crimes de roubos armados a carros-fortes. Nessa situação hipotética, a conduta de Antônio:

a) não caracteriza crime de associação criminosa, pois, havendo mais de três agentes, caracteriza-se a organização criminosa, dado o princípio da especialidade.
b) só poderá ser caracterizada como crime de organização criminosa se a pena máxima prevista pelos delitos praticados for igual ou superior a quatro anos e se estes tiverem caráter transnacional.
c) configura crime de roubo em concurso de pessoas, em face da associação transitória dos agentes, já que não houve divisão de tarefas nem hierarquia entre eles.
d) só poderá ser caracterizada como crime de associação criminosa se os outros agentes forem maiores de idade ou praticarem pelo menos um roubo.
e) configura crime de associação criminosa, ainda que os agentes sejam quatro e a pena máxima prevista para a prática do crime de roubo seja superior a quatro anos.

14. DOS CRIMES CONTRA A FÉ PÚBLICA

14.1. Da Moeda Falsa

✱ SÚMULAS

STJ Súm. 73. A utilização de papel moeda grosseiramente falsificado configura, em tese, o crime de estelionato, da competência da Justiça Estadual.

165. **(Cespe/TCE/PR/Auditor/2016)** Assinale a opção correta com relação aos crimes contra a fé pública:

a) O tipo penal que incrimina a conduta de possuir ou guardar objetos especialmente destinados à falsificação de moeda constitui exceção à impunibilidade dos atos preparatórios no direito penal brasileiro.
b) Os documentos emitidos pelas empresas públicas estaduais são equiparados a documentos particulares para efeitos penais.
c) O servidor público que dolosamente faz afirmação falsa em procedimento de licenciamento ambiental comete o crime de falsidade ideológica, previsto no CP.
d) O agente que falsificar e posteriormente usar documento público cometerá os crimes de falsificação de documento público e uso de documento falso em concurso material, nos termos do CP.
e) Segundo o entendimento consolidado nos tribunais superiores, será tida como atípica a conduta do acusado que, ao ser preso em flagrante, informar nome diverso, uma vez que agirá em legítimo exercício de autodefesa.

166. **(Cespe/TRF/1R/Juiz/2015)** Em cada uma das opções abaixo, é apresentada uma situação hipotética, seguida de assertiva a ser julgada. Assinale a opção que apresenta a assertiva correta:

a) Júlio recebeu de boa-fé moeda falsa em transação comercial e, após saber da falsidade e visando evitar prejuízo, restituiu a moeda à circulação ao realizar compras em um supermercado. Nessa situação, ao fazer pagamento de suas compras com moeda falsa, Júlio praticou crime punido com pena de detenção.

b) Renato, guarda municipal de cidade brasileira, favoreceu a remessa de um lote de trinta armas de fogo de uso permitido, sem autorização da autoridade competente, para país fronteiriço com o Brasil. Nessa situação, Renato praticou crime de tráfico internacional de arma de fogo, sem que incida causa de aumento de pena prevista no Estatuto do Desarmamento.

c) José, com o intuito de enganar representante de instituição bancária para celebrar contrato de mútuo, apresentou contracheque e identidade falsos na ocasião do negócio. Nessa situação, praticou crime contra o sistema financeiro.

d) Paulo e Pedro, ambos com bons antecedentes e sem condenação anterior transitada em julgado, associaram-se a outros quatro indivíduos com o intuito de praticar reiteradamente a venda de substâncias entorpecentes. Nessa situação, Paulo e Pedro cometeram delito de associação para o tráfico e, em razão de seus antecedentes pessoais, devem ser beneficiados com diminuição de pena prevista na Lei de Entorpecentes.

e) Tarcísio, presidente de uma organização não governamental, deixou de repassar à previdência social as contribuições recolhidas dos empregados dessa associação no prazo e na forma legal e convencional. Nessa situação, caso tenha agido com dolo específico, ou seja, com intuito deliberado de fraudar a previdência social, Tarcísio terá cometido delito de apropriação indébita previdenciária.

167. **(Cespe/TCE/RN/Inspetor/2015)** A fabricação de aparelho destinado à falsificação de moeda é fato criminoso, assim como a fabricação de objeto destinado à confecção de documentos particulares falsos.

14.2. Da Falsidade Documental, De Outras Falsidades

* SÚMULAS

STJ Súm. 17. Quando o falso se exaure no estelionato, sem mais potencialidade lesiva, é por este absorvido.

STJ Súm. 62. Compete à Justiça Estadual processar e julgar o crime de falsa anotação na Carteira de Trabalho e Previdência Social, atribuído a empresa privada.

STJ Súm. 104. Compete à Justiça Estadual o processo e julgamento dos crimes de falsificação e uso de documento falso relativo a estabelecimento particular de ensino.

STJ Súm. 200. O juízo federal competente para processar e julgar acusado de crime de uso de passaporte falso é o do lugar onde o delito se consumou.

STJ Súm. 522. A conduta de atribuir-se falsa identidade perante autoridade policial é típica, ainda que em situação de alegada autodefesa.

STJ Súm. 546. A competência para processar e julgar o crime de uso de documento falso é firmada em razão da entidade ou órgão ao qual foi apresentado o documento público, não importando a qualificação do órgão expedidor.

* INFORMATIVOS DE JURISPRUDÊNCIA

Falsidade ideológica e ausência de dolo

STF 1. A materialidade e a prática da conduta estão comprovadas pela assinatura do denunciado em documentos que continham informações falsas. 2. As provas produzidas, no entanto, não evidenciam que o denunciado tivesse ciência inequívoca do conteúdo inverídico dos documentos que assinara na condição de prefeito e tampouco que o tenha feito com o objetivo de prejudicar direito, criar obrigação ou alterar a verdade de fato juridicamente relevante. 3. Ausente o dolo, elemento subjetivo do tipo, é forçoso reconhecer que o fato praticado não constitui infração penal. AP 931, Rel. Min. Roberto Barroso, j. 6.6.2017.

Crime de falsidade ideológica. Currículo Lattes. Dado que não condiz com a realidade. Conduta atípica.

STJ Crime de falsidade ideológica. Não é típica a conduta de inserir, em currículo Lattes, dado que não condiz com a realidade. RHC 81.451, Rel. Min. Maria Thereza de Assis Moura, DJe 31.8.2017. 6ª T. (Info 610)

* QUESTÕES OBJETIVAS

168. **(Cespe/TCE/PB/Auditor/2018)** A clonagem de cartão de crédito constitui o delito denominado

a) falsidade de documento público.

b) falsidade de documento particular.

c) conduta atípica, que só será punível a partir do uso do cartão clonado em fraude posterior.

d) adulteração de peça filatélica, em razão da similaridade com o cartão de crédito.

e) falsidade ideológica.

169. **(Cespe/TCE/PB/Auditor/2018)** Lúcio, ao acompanhar sua esposa a um posto de saúde, apropriou-se de um receituário médico em branco, mas com o carimbo do médico que havia atendido sua esposa. Com o intuito de faltar ao trabalho, ele preencheu o formulário, atestando que deveria ficar cinco dias em repouso. Nessa situação hipotética, Lúcio praticou o crime de

a) falsificação material de documento particular.

b) falsidade ideológica.

c) falsidade de atestado médico.

d) falsidade de sinal público.

e) falsificação material de documento público.

170. **(Cespe/TCE/PB/Auditor/2018)** Antônio foi parado em operação de fiscalização de trânsito e entregou sua carteira de identidade ao policial, que, na verdade, havia lhe solicitado sua CNH. Tal fato gerou suspeita no policial, que decidiu vistoriar o veículo de Antônio e acabou por encontrar uma CNH falsa. Nessa situação hipotética:

a) Antônio deverá responder pelos crimes de uso de documento falso e de falsificação de documento público, em concurso material.

b) Antônio deverá responder pelo crime de uso de documento falso.

c) a conduta de Antônio foi atípica, não devendo ser instaurado inquérito policial.

d) não se pode falar em flagrante delito; deve ser instaurado inquérito para apurar o crime de falsificação de documento público.

e) não se pode falar em flagrante delito; deve ser instaurado inquérito para apurar o crime de falsificação de documento privado.

171. **(Cespe/TCE/PA/Auditor/2016)** A conduta de atribuir-se falsa identidade perante autoridade policial é típica, ainda que em situação de alegada autodefesa.

172. **(Cespe/TRT/8R/Oficial_Justiça/2016)** Caracteriza falsificação de documento particular a alteração de:

a) testamento particular.

b) ações de sociedade comercial.

c) título ao portador ou transmissível por endosso.

d) nota fiscal.

e) livros mercantis.

173. **(Cespe/PC/PE/Perito/2016)** No que se refere aos crimes contra a fé pública, assinale a opção correta:

a) O agente que insere declaração incorreta acerca de seu estado civil por desatenção e falta de cuidado comete crime de falsidade ideológica.

b) O indivíduo que falsifica, para posterior utilização, bilhete ou passe de trânsito concedido por empresa de transporte coletivo municipal pratica os crimes de falsificação de documento público e de uso de documento falso.

c) A conduta do agente que fabrica notas de real, por meio da falsificação de papel-moeda, é apenada com mais gravidade que a conduta do agente que introduz a moeda falsa em circulação.

d) A falsificação de cartão de crédito ou de débito é equiparada, para fins penais, ao crime de moeda falsa.

e) O agente que faz uso indevido de marcas, logotipos, siglas ou símbolos identificadores de órgãos da administração pública comete crime de falsificação de selo ou sinal público.

174. **(Cespe/TCE/PA/Auditor/2016)** Particular que apresentar em seu trabalho atestado médico falso, com assinatura e carimbo de médico inexistente, responderá pelo crime de falsidade ideológica, na modalidade do uso.

175. **(Cespe/TCE/SC/Auditor/2016)** De acordo com o STJ, a conduta do agente que se atribui falsa identidade perante autoridade policial é típica, ainda que em situação de alegada autodefesa.

176. **(Cespe/TRF/1R/Juiz/2015)** Segundo o CP, deverá ser tipificada como crime contra a fé pública a conduta de:

a) agente que adulterar sinais que identifiquem um veículo automotor.

b) funcionário público que inserir dados falsos em banco de dados da administração pública para obter vantagem indevida para si.

c) funcionário público que devassar o sigilo de proposta de concorrência pública.

d) particular que rasgar edital afixado por ordem de funcionário público.

e) agente que devassar indevidamente o conteúdo de correspondência fechada dirigida a outrem.

177. (Cespe/PC/GO/Delegado/2017) Durante a instrução de determinado processo judicial, foi comprovada falsificação da escrituração em um dos livros comerciais de uma sociedade limitada, em decorrência da criação do chamado "caixa dois". A sentença proferida condenou pelo crime apenas o sócio com poderes de gerência. A respeito dessa situação hipotética, assinale a opção correta:

a) A conduta praticada pelo sócio constitui crime falimentar.
b) Na situação, configura-se crime de falsificação de documento público.
c) Sendo o diário e o livro de registro de atas de assembleia livros obrigatórios da sociedade citada, a referida falsificação pode ter ocorrido em qualquer um deles.
d) Em decorrência da condenação criminal, o sócio-gerente deverá ser excluído definitivamente da sociedade.
e) O nome do condenado não pode ser excluído da firma social, que deve conter o nome de todos os sócios, seguido da palavra "limitada".

178. (Cespe/TRE/PE/Analista/2017) Caracteriza crime de falsidade ideológica a conduta consistente em:

a) omitir que está empregado ao preencher cadastro público para obtenção de benefício social.
b) trocar a foto do documento de identificação por outra, própria, mais recente.
c) fingir que é outra pessoa para obter algum benefício, como o ingresso em evento privado.
d) utilizar o título de eleitor do irmão que se encontre em viagem para votar em seu lugar.
e) alterar por conta própria o nome que consta na carteira nacional de habilitação.

179. (Cespe/TCE/PE/Auditor/2017) A omissão involuntária de despesas de campanha eleitoral quando da prestação de contas afasta a eventual incidência do crime de falsidade ideológica.

180. (Cespe/TCE/PE/Auditor/2017) Será considerada atípica, por inexistência de ofensa à fé pública nacional, a conduta do estrangeiro que, para tentar sair irregularmente do Brasil, apresentar à Polícia Federal passaporte falso expedido por outro país.

181. (Cespe/PGM/Belo_Horizonte/Procurador/2017) Com relação aos crimes em espécie previstos no CP, assinale a opção correta, considerando o entendimento jurisprudencial do STJ:

a) O indivíduo que, ao ser preso em flagrante, informa nome falso com o objetivo de esconder seus maus antecedentes pratica o crime de falsa identidade, não sendo cabível a alegação do direito à autodefesa e à não autoincriminação.
b) Para a configuração do crime de descaminho, é necessária a constituição definitiva do crédito tributário por processo administrativo-fiscal.
c) Em se tratando de crime de concussão, a situação de flagrante se configura com a entrega da vantagem indevida.
d) O crime de sonegação fiscal não absorve o crime de falsidade ideológica, mesmo que seja praticado unicamente para assegurar a evasão fiscal.

182. (Cespe/TRF/1R/Analista/2017) No curso de diligência para a citação pessoal de réu em processo criminal, o destinatário da citação apresentou documento de identidade de outra pessoa, em que havia substituído a fotografia original, com o objetivo de se furtar ao ato, o que frustrou o cumprimento da ordem judicial. Nesse caso, o citado praticou o crime de falsa identidade.

183. (Cespe/DPU/Defensor/2015) Praticará o crime de falsidade ideológica aquele que, quando do preenchimento de cadastro público, nele inserir declaração diversa da que deveria, ainda que não tenha o fim de prejudicar direito, criar obrigação ou alterar a verdade sobre fato juridicamente relevante.

184. (Cespe/AGU/Advogado/2015) Os livros mercantis são equiparados a documento público para fins penais, sendo tipificada como crime a falsificação, no todo ou em parte, de escrituração comercial.

185. (Cespe/PGM/Salvador/Procurador/2015) De acordo com o Código Penal, agente que registrar na CTPS de empregado, ou em qualquer documento que deva produzir efeito perante a previdência social, declaração falsa ou diversa daquela que deveria ter sido escrita praticará o delito de:

a) uso de documento falso.
b) falsificação de documento particular.
c) falsa identidade.

d) falsidade ideológica.

e) falsificação de documento público.

186. **(Cespe/TCE/RN/Auditor/2015)** De acordo com a jurisprudência consolidada do STF e do STJ, não pratica o crime de falsa identidade o agente que, no momento da prisão em flagrante, atribuir para si falsa identidade, visto que essa é uma situação de autodefesa.

15. DOS CRIMES CONTRA A ADMINISTRAÇÃO PÚBLICA

15.1. Dos Crimes Praticados por Funcionário Público

◉ ATENÇÃO: ESTE TEMA É MUITO EXIGIDO NOS CONCURSOS!

✱ SÚMULAS

STJ Súm. 147. Compete à Justiça Federal processar e julgar os crimes praticados contra funcionário público federal, quando relacionados com o exercício da função.

STJ Súm. 599. O princípio da insignificância é inaplicável aos crimes contra a administração pública.

✱ INFORMATIVOS DE JURISPRUDÊNCIA

Depositário judicial que vende os bens em seu poder. Ausência da ocupação de cargo público. Peculato. Atipicidade.

STJ O depositário judicial que vende os bens sob sua guarda não comete o crime de peculato. HC 402.949, Rel. Min. Maria Thereza de Assis Moura, DJ 26.3.2018. 6ª T. (Info 623)

Crime de peculato em continuidade delitiva. Tabelião. Ausência de repasse de verbas destinadas ao Fundo de Desenvolvimento do Judiciário Estadual. Trancamento da ação penal. Falta de justa causa.

STJ A ação penal que apura a prática de crime de peculato de quantia de natureza "sui generis" com estreita derivação tributária, por suposta apropriação, por Tabelião, de valores públicos pertencentes a Fundo de Desenvolvimento do Judiciário deve ser suspensa enquanto o débito estiver pendente de deliberação na esfera administrativa em razão de parcelamento perante a Procuradoria do Estado. RHC 75.768, Rel. Min. Antônio Saldanha Palheiro, DJe 11.9.2017. 6ª T. (Info 611)

✱ QUESTÕES OBJETIVAS

187. **(Cespe/PC/MA/Delegado/2018)** Com relação aos crimes contra a administração pública, assinale a opção correta.

a) Ser membro de poder ou exercer cargo de elevada envergadura são circunstâncias irrelevantes para a formulação da pena-base dos crimes contra a administração pública.

b) A corrupção ativa não pode existir na ausência de corrupção passiva, pois tais condutas são tipicamente bilaterais.

c) O princípio da insignificância poderá ser aplicado aos crimes contra a administração pública quando o agente for primário e o prejuízo causado ao erário for inexpressivo.

d) A circunstância elementar do crime de peculato se comunica ao coautor ou partícipe, mesmo que estes não integrem o serviço público.

e) O crime de corrupção ativa é de natureza material e se consuma com a efetiva entrega da vantagem oferecida.

188. **(Cespe/TCE/PB/Auditor/2018)** O servidor público que deixar de praticar ato de ofício, infringindo dever funcional em atenção a pedido de outrem, praticará

a) condescendência criminosa.

b) concussão.

c) prevaricação.

d) corrupção passiva privilegiada.

e) peculato.

189. **(Cespe/TCE/PB/Auditor/2018)** O funcionário público que, aproveitando-se de seu cargo, utilizar-se ilegalmente de passagens e diárias pagas pelos cofres públicos cometerá o delito denominado

a) prevaricação.

b) conduta atípica.

c) corrupção passiva.

d) peculato culposo.

e) peculato.

190. **(Cespe/TCE/PB/Auditor/2018)** Um funcionário público que cobrar de particular multa de forma acintosa praticará

a) excesso de exação

b) advocacia administrativa.

c) prevaricação.

d) conduta atípica.

e) peculato.

191. **(Cespe/PC/MA/Investigador/2018)** Uma investigadora de polícia exigiu de um traficante de drogas o pagamento de determinada importância em dinheiro a fim de que evitasse o indiciamento dele em inquérito policial. O traficante pediu um prazo para o pagamento do valor acordado e, dois dias depois, entregou o dinheiro à investigadora, a qual, então, ocultou as provas contra o traficante. Com relação a essa situação hipotética, assinale a opção correta.

a) A conduta da investigadora configura crime de concussão, consumado quando ela exigiu do traficante o pagamento do valor pecuniário.

b) A investigadora e o traficante, pela aplicação da teoria monista, deverão responder pelo mesmo tipo penal.

c) A investigadora cometeu crime de corrupção passiva, consumado a partir do momento em que o traficante efetuou o pagamento.

d) O cumprimento, pela investigadora, do acordado com o traficante configura circunstância qualificadora do crime.

e) O traficante deverá responder pelo crime de corrupção ativa, consumado a partir do momento em que as provas contra ele foram ocultadas.

192. **(Cespe/TCE/PB/Auditor/2018)** Para fins penais, considera-se funcionário(a) público(a)

a) o tutor.

b) o inventariante.

c) o dirigente sindical.

d) a esposa pensionista de servidor público falecido.

e) o estagiário de defensoria pública.

193. **(Cespe/TRT/8R/Oficial_Justiça/2016)** Oficial de justiça que solicita determinada quantia em dinheiro a advogado, para deixar de cumprir diligência de que estava incumbido, comete o crime de:

a) tráfico de influência.

b) concussão.

c) prevaricação.

d) corrupção ativa.

e) corrupção passiva.

194. **(Cespe/TCE/PA/Auditor/2016)** João, policial civil, exigiu vantagem indevida de particular para não prendê-lo em flagrante. A vítima não realizou o pagamento e prontamente comunicou o fato a policiais civis. Nessa situação, como o delito de concussão é formal, o crime consumou-se com a exigência da vantagem indevida, devendo João por ele responder.

195. **(Cespe/TCE/PR/Analista/2016)** À luz da jurisprudência do STJ, assinale a opção correta, no que se refere aos crimes contra administração pública:

a) O crime de corrupção ativa se consuma com a realização da promessa ou apenas com a oferta de vantagem indevida.

b) O crime de concussão se consuma com o recebimento das vantagens exigidas indevidamente, sendo mero exaurimento a utilização de tais vantagens.

c) O funcionário público que se utiliza de violência ou grave ameaça para obter vantagem indevida em razão de sua função comete o crime de concussão.

d) Em razão da incidência do princípio da bilateralidade nos crimes de corrupção passiva e ativa, a comprovação de um deles pressupõe a do outro.

e) Para a configuração do crime de corrupção passiva, é prescindível a existência de nexo de causalidade entre a conduta do funcionário público e a realização de ato funcional de sua competência.

196. **(Cespe/TRT/8R/Analista/2016)** Considerando a jurisprudência do Superior Tribunal de Justiça relativamente a crimes contra a administração pública e de lavagem de dinheiro, assinale a opção correta:

a) A conduta pautada no oferecimento de propina a policiais militares com o objetivo de safar-se de prisão em flagrante insere-se no âmbito da autodefesa, de modo que não deve ser tipificada como crime de corrupção ativa.

b) No crime de lavagem ou ocultação de bens, direitos e valores, para se tipificar a conduta praticada, é necessário que os bens, direitos ou valores provenham de crime anterior e que o agente já tenha sido condenado judicialmente pelo crime previamente cometido.

c) O agente não integrante dos quadros da administração pública não pode ser sujeito ativo do crime de concussão.

d) A perda do cargo público, quando a pena privativa de liberdade for estabelecida em tempo inferior a quatro anos, apenas pode ser decretada como efeito da condenação quando o crime for cometido com abuso de poder ou com violação de dever para com a administração pública.

e) A conduta no crime de corrupção ativa, por se tratar de crime material, apenas deve ser tipificada caso haja o efetivo pagamento de propina ao servidor público, mesmo que o agente não tenha obtido a vantagem pretendida.

197. **(Cespe/TRE/PI/Analista/2016)** Com relação aos crimes contra a administração pública, assinale a opção correta:

a) O detentor de cargo em comissão não é equiparado a funcionário público para fins penais.

b) A exigência, por funcionário público no exercício da função, de vantagem indevida, configura crime de corrupção ativa.

c) Caso os autores de crime contra a administração pública sejam ocupantes de função de direção de órgão da administração direta, as penas a eles impostas serão aumentadas em um terço.

d) Tratando-se de crime de peculato culposo, a reparação do dano após o trânsito em julgado de sentença penal condenatória ocasiona a extinção da punibilidade do autor.

e) Não configura crime o fato de o funcionário deixar de praticar ato de ofício a pedido de outrem se, com isso, ele não obtiver vantagem patrimonial.

198. **(Cespe/TCE/PA/Auditor/2016)** Será reduzida pela metade a pena de indivíduo condenado por crime de peculato culposo que reparar o dano após o trânsito em julgado do acórdão.

199. **(Cespe/TCE/PR/Analista/2016)** No que se refere ao crime de peculato, assinale a opção correta com base na jurisprudência do Superior Tribunal de Justiça (STJ):

a) A reparação do dano pelo funcionário público antes do recebimento da denúncia exclui a configuração do crime de peculato doloso.

b) A qualidade de funcionário público do sujeito ativo é elementar do crime de peculato, a qual não se comunica a coautores e partícipes estranhos ao serviço público.

c) A circunstância de o sujeito ativo ser funcionário público ocupante de cargo de elevada responsabilidade justifica a majoração da pena-base aplicada em decorrência da condenação pela prática do crime de peculato.

d) A consumação do crime de peculato-apropriação ocorre com a posse mansa e pacífica do objeto material pelo funcionário público.

e) A consumação do crime de peculato-desvio ocorre no momento em que o funcionário público obtém a vantagem indevida com o desvio do dinheiro, ou outro bem móvel, em proveito próprio ou de terceiro.

200. **(Cespe/TCE/PR/Auditor/2016)** Considerando o entendimento doutrinário e jurisprudencial a respeito dos crimes contra a administração pública, assinale a opção correta:

a) João, chefe de determinada repartição pública, deixou de instaurar o devido procedimento administrativo disciplinar para apurar a responsabilidade por falta funcional de Pedro, que, além de ser seu subordinado, era seu amigo de longa data, fato que o fez atuar com um grau de tolerância maior. Nessa situação, João cometeu o crime capitulado no CP como condescendência criminosa.

b) Para efeitos penais, o CP excepciona do conceito de funcionário público os servidores temporários contratados por prazo determinado para atender necessidade transitória de excepcional interesse público.

c) O CP prevê a figura do peculato culposo. Se a reparação do dano ocorrer até o recebimento da denúncia haverá extinção da punibilidade. Caso se dê após o recebimento da denúncia, a reparação ensejará causa de diminuição da pena.

d) Prefeito municipal que der aplicação diversa da estabelecida em lei a verba ou renda pública cometerá crime de emprego irregular de verbas ou rendas públicas, previsto no CP.

e) Cometerá o crime de corrupção passiva o agente público que, na condição de fiscal de tributos, exigir de uma empresa de pequeno porte tributo de competência estadual que saiba ser indevido.

201. **(Cespe/TJ/DFT/Juiz/2015)** Luiz, policial civil lotado em uma delegacia de polícia, deixou de dar andamento a inquérito no qual Francisco estava sendo investigado. Tal interrupção no andamento do inquérito deveu-se ao fato de Mauro, irmão de Francisco, ter pagado ao policial, voluntariamente, a quantia de dois mil reais. Nessa situação hipotética, Luiz cometeu, em tese, o crime de:

a) advocacia administrativa.
b) prevaricação.
c) corrupção passiva.
d) peculato.
e) concussão.

202. (Cespe/TJ/PB/Juiz/2015) Em cada uma das opções seguintes é apresentada uma situação hipotética, seguida de uma assertiva a ser julgada com base nas jurisprudências do STJ e do STF acerca dos crimes contra o patrimônio e contra a administração. Assinale a opção que apresenta a assertiva correta:

a) Paulo emitiu cheque pré-datado como garantia de dívida contraída com Renato. Renato descobriu, ao tentar descontar o cheque, antes de exigível a dívida, que o emitente não possuía fundos para honrá-lo. Nessa situação, Paulo praticou delito de estelionato na modalidade específica conhecida como fraude no pagamento por meio de cheque.
b) Marcos, servidor público do estado da Paraíba, dirigiu-se a um órgão da administração pública do referido estado e, sem se identificar, requereu preferência no andamento de processo administrativo em que Rogério, seu amigo, é parte. Nessa situação, a conduta de Marcos não corresponde ao crime de advocacia administrativa.
c) Luís, guarda municipal em serviço, solicitou R$ 500 a Marcelo por este dirigir veículo sem habilitação. Em troca, Luís não apreenderia o bem nem multaria Marcelo pela infração de trânsito. Nessa situação, Luís praticou o crime de concussão.
d) Jorge, estagiário do governo do estado da Paraíba, subtraiu valores aos quais tinha acesso no exercício da sua função, referentes ao programa social gerido pelo órgão público em que trabalhava. Nessa situação, a conduta de Jorge corresponde ao tipo penal do crime de apropriação indébita qualificada.
e) João, chefe do órgão público no qual trabalhava Rodrigo, ao tomar conhecimento de que este subtraiu valores em dinheiro do órgão público, não abriu processo administrativo disciplinar contra Rodrigo, em razão de compaixão pela origem humilde e vida difícil de seu subordinado. Nessa situação, João praticou o crime de prevaricação.

203. (Cespe/PC/GO/Escrivão/2016) Com referência à tipificação das diversas modalidades de crimes e ao processamento desses crimes, assinale a opção correta:

a) Configura-se o peculato na modalidade de desvio quando o servidor público, consciente e voluntariamente, desvia, em proveito próprio ou de terceiro, verba que detém em razão do cargo que ocupa na sua repartição.
b) Não constitui causa especial de aumento de pena a prática de lesões corporais contra cônjuge ou companheiro(a) de policial civil ou militar em razão dessa condição.
c) O assassinato da esposa ou companheira será classificado como feminicídio apenas quando for praticado no ambiente doméstico e familiar, sujeitando o infrator à pena de doze a trinta anos de reclusão.
d) Consoante a jurisprudência do Supremo Tribunal Federal, reputa-se tentado o latrocínio quando há a morte da vítima, mas o agente não logra obter a subtração da res furtiva pretendida por circunstâncias alheias à sua vontade.
e) O crime de estupro de vulnerável constitui ação penal pública condicionada à representação da pessoa ofendida, que deve estar assistida pelo seu representante legal.

204. (Cespe/TCE/PE/Auditor/2017) Praticará o crime de corrupção passiva o médico – seja ele servidor público ou não – que, em atendimento pelo Sistema Único de Saúde, exigir do segurado quantia em dinheiro para a realização de consulta.

205. (Cespe/TCE/PE/Auditor/2017) O vereador que, em razão do seu cargo, solicitar parte do salário de seus assessores em benefício próprio praticará o crime de concussão.

206. (Cespe/TRF/1R/Analista/2017) Servidor público que tenha revelado fato do qual teve conhecimento em razão do cargo que exerce e que deveria permanecer em segredo terá cometido crime de divulgação de segredo.

207. (Cespe/TRF/1R/Analista/2017) O empréstimo de senha entre servidores de uma mesma repartição para acesso a banco de dados ou a sistema de informações da administração pública comum aos usuários caracteriza crime contra a administração pública.

208. **(Cespe/TRF/1R/Analista/2017)** A distinção fundamental entre os tipos penais tráfico de influência e exploração de prestígio diz respeito à pessoa sobre a qual recairá a suposta prática delitiva.

209. **(Cespe/DPU/Defensor/2015)** Cometerá o crime de corrupção passiva privilegiada, punido com detenção, o DP que, após receber telefonema de procurador da República que se identifique como tal, deixar de propor ação em que esse procurador seja diretamente interessado.

210. **(Cespe/AGU/Advogado/2015)** João, empregado de uma empresa terceirizada que presta serviço de vigilância a órgão da administração pública direta, subtraiu aparelho celular de propriedade de José, servidor público que trabalha nesse órgão. O ato praticado por João configura crime de peculato-furto, em que o sujeito passivo imediato é José e o sujeito passivo mediato é a administração pública.

211. **(Cespe/AGU/Advogado/2015)** João, empregado de uma empresa terceirizada que presta serviço de vigilância a órgão da administração pública direta, subtraiu aparelho celular de propriedade de José, servidor público que trabalha nesse órgão. João é funcionário público por equiparação, devendo ser a ele aplicado o procedimento especial previsto no CP, o que possibilita a apresentação de defesa preliminar antes do recebimento da denúncia.

212. **(Cespe/TCE/RN/Assessor_Jurídico/2015)** No peculato culposo, a reparação do dano antes do recebimento da denúncia incorre em extinção da punibilidade, ao passo que a reparação realizada entre o recebimento da denúncia e o trânsito em julgado da sentença condenatória possibilita a aplicação de causa de diminuição de pena.

213. **(Cespe/TCE/RN/Inspetor/2015)** Para fins penais, pode ser considerado como funcionário público o voluntário que, transitoriamente, auxilia como enfermeiro em hospital público da administração direta municipal, em razão de excepcional estado de calamidade pública e da insuficiência de cargos públicos preenchidos pelo hospital na especialidade.

214. **(Cespe/PGE/SE/Procurador/2017)** Francisco foi acusado de prevaricação por ter deixado de praticar ato legal com a finalidade de satisfazer interesse pessoal. Em sentença, o juiz absolveu Francisco, sob o fundamento de que não ficou demonstrado o interesse pessoal perseguido, e julgou atípica a conduta do funcionário público. Nessa situação hipotética:

a) o crime do qual Francisco fora acusado é punível na modalidade culposa.

b) a absolvição penal impede a propositura de ação cível de reparação de danos promovida pelo ente público contra Francisco.

c) seria cabível a prisão temporária de Francisco, dado o crime pelo qual ele fora acusado.

d) a sentença foi acertada porque o crime exige, para sua configuração, dolo específico consubstanciado na satisfação do interesse ou sentimento pessoal.

e) a sentença pode ser questionada por meio de recurso em sentido estrito, a ser aviado pelo MP.

215. **(Cespe/AGU/Advogado/2015)** Um servidor público, concursado e estável, praticou crime de corrupção passiva e foi condenado definitivamente ao cumprimento de pena privativa de liberdade de seis anos de reclusão, em regime semiaberto, bem como ao pagamento de multa. Na situação considerada, se houvesse suspeita de participação do agente em organização criminosa, o juiz poderia determinar seu afastamento cautelar das funções, sem prejuízo da remuneração; e se houvesse posterior condenação pelo crime de organização criminosa, haveria concurso material entre esse crime e o crime de corrupção passiva.

15.2. Dos Crimes Praticados por Particular

* SÚMULAS

STJ Súm. 147. Compete à Justiça Federal processar e julgar os crimes praticados contra funcionário público federal, quando relacionados com o exercício da função.

STJ Súm. 151. A competência para o processo e julgamento por crime de contrabando ou descaminho define-se pela prevenção do juízo federal do lugar da apreensão dos bens.

STJ Súm. 599. O princípio da insignificância é inaplicável aos crimes contra a administração pública.

✱ REPERCUSSÃO & REPETITIVOS

STJ Repetitivo 157. Incide o princípio da insignificância aos crimes tributários federais e de descaminho quando o débito tributário verificado não ultrapassar o limite de R$ 20 mil, a teor do disposto no art. 20 da Lei 10.522/02, com as atualizações efetivadas pelas Portarias 75 e 130, ambas do Ministério da Fazenda. (REsp 1688878, 4.4.2018)

STJ Repetitivo 933. Quando o falso se exaure no descaminho, sem mais potencialidade lesiva, é por este absorvido, como crime-fim, condição que não se altera por ser menor a pena a este cominada. (REsp 1378053, 10.8.2016)

✱ INFORMATIVOS DE JURISPRUDÊNCIA

Descaminho e crédito tributário

STF É dispensada a existência de procedimento administrativo fiscal com a posterior constituição do crédito tributário para a configuração do crime de descaminho (CP, art. 334), tendo em conta sua natureza formal. HC 121798, Rel. Min. Marco Aurélio, j. 29.5.2018. 1ª T. (Info 904).

Descaminho e princípio da insignificância

STF Aplica-se o princípio da insignificância ao crime de descaminho quando o montante do tributo não recolhido for inferior ao limite de R$ 20 mil – valor estipulado pelo art. 20, Lei 10.522/02, atualizado pelas portarias 75 e 130/2012, do Ministério da Fazenda. HC 155347, Rel. Min. Dias Toffoli, j. 17.4.2018. 2ª T. (Info 898)

Manutenção da tipificação do crime de desacato no ordenamento jurídico. Direitos humanos. Pacto de São José da Costa Rica (PSJCR). Direito à liberdade de expressão que não se revela absoluto. Controle de convencionalidade. Inexistência de decisão proferida pela corte (IDH). Ausência de força vinculante. Preenchimento das condições antevistas no art. 13.2 do PSJCR. Incolumidade do crime de desacato pelo ordenamento jurídico pátrio, nos termos em que disposto no art. 331 do Código Penal.

STJ Não há incompatibilidade do crime de desacato (art. 331 do CP) com as normativas internacionais previstas na Convenção Americana de Direitos Humanos (CADH). HC 379.269, Rel. Acd. Min. Antônio Saldanha Palheiro, DJ 30.6.2017. 3ª S. (Info 607)

✱ QUESTÕES OBJETIVAS

216. **(Cespe/PGE/PE/Procurador/2018)** Considerando o entendimento do STJ com relação aos crimes previstos no CP, assinale a opção correta.

a) A intenção de obter lucro fácil e a cobiça podem ser utilizadas como causas de aumento da pena-base em caso de crime de corrupção passiva.

b) O crime de falsidade não pode ser absorvido pelo crime de descaminho, mesmo quando neste se exaure aquele, ainda que a pena no caso de crime de descaminho seja menor.

c) O crime de desacato não foi recepcionado pela CF.

d) A inserção de dados falsos no currículo Lattes resulta na prática de crime de falsidade ideológica.

e) A importação de coletes à prova de balas sem prévia autorização do comando do Exército configura crime de contrabando.

217. **(Cespe/PC/MA/Delegado/2018)** Lucas, sócio administrador de determinada empresa, importou, no exercício regular da administração e de boa-fé, produtos registrados por nota fiscal fraudada pelo vendedor. Antes do lançamento definitivo do imposto, Lucas foi indiciado pessoalmente pelo crime de descaminho. Após o lançamento, apurou-se que seu débito possuía valor inferior ao mínimo fixado em portaria para que a fazenda nacional promovesse execução fiscal. Nessa situação hipotética, conforme o entendimento dos tribunais superiores

a) Lucas deverá ser responsabilizado pessoalmente pela infração tributária, conforme disposição do CTN.

b) Lucas não poderá valer-se do aproveitamento de créditos de ICMS, devido ao fato de a nota fiscal em questão ser inidônea, embora ele tenha agido de boa-fé.

c) o limite mínimo fixado por ato infralegal não influencia na aplicação do princípio da insignificância ao caso.

d) Lucas não poderá ser beneficiado com a extinção da punibilidade, mesmo se efetuar o pagamento integral da dívida tributária.

e) o início da persecução penal dependerá da constituição definitiva do crédito tributário.

218. **(Cespe/TCU/Procurador/2015)** No que diz respeito aos crimes praticados contra a administração pública, assinale a opção correta:

a) Para efeitos penais, deve-se considerar a remuneração do cargo ou função exercida pelo funcionário.

b) A condenação de funcionário público em processo criminal decorrente de crime funcional prejudica o ajuizamento da ação de improbidade administrativa.

c) A reparação do dano como condição para a progressão de regime prisional ou do cumprimento de pena é destinada tanto ao funcionário público quanto ao particular.

d) Conforme previsão do CP, a agravante de violação de dever inerente ao cargo aplica-se ao crime de peculato.

e) O conceito de funcionário público não abrange a pessoa que trabalha para empresa civil prestadora de serviço contratada ou conveniada para exercer atividade típica da administração pública.

219. **(Cespe/TRF/5R/Juiz/2017)** Julgue os itens a seguir, a respeito do crime de contrabando e de descaminho.

I. A importação de colete à prova de balas sem a prévia autorização do órgão público competente configura crime de contrabando.

II. É inadmissível a aplicação do princípio da insignificância para o crime de contrabando, uma vez que o bem jurídico tutelado não possui caráter exclusivamente patrimonial, mas envolve a vontade estatal de controlar a entrada de determinado produto em prol da segurança e da saúde públicas.

III. Comete o crime de contrabando quem, de qualquer forma, utiliza em proveito próprio ou alheio, no exercício de atividade comercial realizada em residência, mercadoria de procedência estrangeira que introduziu clandestinamente no Brasil.

IV. Como os cigarros estrangeiros são produtos liberados para a comercialização no Brasil – desde que previamente analisados e registrados no país pelos órgãos competentes –, a pessoa que os importa sem autorização comete o crime de descaminho.

Estão certos apenas os itens:

a) I e II.

b) I e III.

c) II e III.

d) II e IV.

e) III e IV.

220. **(Cespe/TCE/RN/Auditor/2015)** Segundo o entendimento do STJ, é desnecessária a constituição definitiva do crédito tributário por processo administrativo-fiscal para a configuração do crime de descaminho.

15.3. Dos Crimes contra a Administração da Justiça

* SÚMULAS

STJ Súm. 165. Compete à Justiça Federal processar e julgar crime de falso testemunho cometido no processo trabalhista.

* QUESTÕES OBJETIVAS

221. **(Cespe/PC/MA/Escrivão/2018)** Rui e Lino, irmãos, combinaram a prática de furto a uma loja. Depois de subtraídos os bens, Pedro, pai de Rui e de Lino, foi procurado e permitiu, em benefício dos filhos, a ocultação dos objetos furtados em sua residência por algum tempo, porque eles estavam sendo investigados. Nessa situação hipotética, a conduta de Pedro configura

a) receptação.

b) favorecimento real.

c) favorecimento pessoal.

d) hipótese de isenção de pena.

e) furto.

222. **(Cespe/PC/MA/Escrivão/2018)** Adão, alegando ter poder de persuasão sobre seu primo, delegado de polícia que presidia inquérito policial em que Cláudio estava sendo investigado, solicitou deste determinada quantia de dinheiro, a pretexto de repassá-la ao delegado, para impedir o indiciamento de Cláudio pela prática de estupro. Nessa situação hipotética, a conduta de Adão configurou o crime de

a) corrupção passiva privilegiada.

b) advocacia administrativa.

c) tráfico de influência.

d) exploração de prestígio.

e) corrupção passiva.

223. **(Cespe/TRT/8R/Oficial_Justiça/2016)** Em relação aos crimes contra a administração da justiça, assinale a opção correta:

a) É atípica a conduta do agente que faz justiça pelas próprias mãos sem o emprego de violência ou com o objetivo de satisfazer pretensão legítima.
b) A configuração do crime de exploração de prestígio depende de a conduta do agente incluir a alegação ou a insinuação de que o dinheiro ou a utilidade também se destina ao juiz, jurado, órgão do Ministério Público, funcionário de justiça, perito, tradutor, intérprete ou testemunha.
c) O agente que acusa a si mesmo, perante a autoridade, de ter cometido infração penal que não ocorreu pratica o crime de comunicação falsa de crime.
d) Em se tratando do crime de falso testemunho, o agente que se retrata ainda durante o processo no qual testemunhou faz jus a causa de diminuição de pena.
e) É isento de pena, ainda que pratique o crime de favorecimento pessoal, o ascendente, o descendente, o cônjuge ou o irmão de criminoso que o auxilia a fugir da ação da autoridade policial.

224. **(Cespe/PC/PE/Perito/2016)** Considerando-se que o perito criminal Martim, durante sua oitiva em inquérito policial que apura um crime de homicídio, tenha omitido informações relevantes a respeito do laudo pericial que elaborou, é correto afirmar que:

a) a finalidade de se obter prova destinada a produzir efeito em processo penal é elementar do tipo penal praticado por Martim.
b) estará caracterizado o crime de corrupção ativa caso o autor do fato tenha oferecido dinheiro a Martim para omitir as informações no laudo pericial.
c) o fato deixará de ser punível se, antes da sentença no processo em que ocorreu o ilícito, Martim se retratar e declarar a verdade a respeito do laudo pericial.
d) a conduta de Martim caracteriza o crime de fraude processual, porque, com suas omissões, tentou induzir a erro o delegado de polícia.
e) E estará caracterizado o crime de favorecimento pessoal caso a conduta de Martim colabore para que o autor do fato não seja indiciado pela autoridade policial.

225. **(Cespe/TCE/PA/Auditor/2016)** O delito de reingresso de estrangeiro expulso não é classificado como delito de mão-própria, uma vez que admite participação.

226. **(Cespe/TRF/1R/Analista/2017)** Enquanto aguardava a audiência de custódia, um indivíduo preso em flagrante pelo delito de tráfico internacional de drogas pediu para ir ao banheiro. Por descuido dos agentes, quebrou uma janela e, mediante grave ameaça, conseguiu fugir. Nessa situação, a evasão do preso é considerada atípica, pois ocorreu violência apenas contra a coisa.

227. **(Cespe/TRF/1R/Analista/2017)** O crime de tergiversação é caracterizado pela conduta do advogado que, após ter sido dispensado por uma das partes, tiver assumido a defesa da parte contrária na mesma causa. A sua consumação exige a prática de ato processual, não bastando a simples outorga de procuração.

228. **(Cespe/DPE/AL/Defensor/2017)** A respeito dos crimes de denunciação caluniosa e comunicação falsa de crime, assinale a opção correta:

a) Em relação a ambos os crimes, admite-se que o agente seja autoridade pública encarregada da persecução criminal.
b) Em relação a ambos os crimes, a instauração da investigação configura elemento normativo dos tipos suficiente para configurar consumação.
c) Exige-se, como elemento normativo dos tipos desses crimes, a indicação de pessoa certa e determinada.
d) Em relação a ambos os crimes, impõe-se ao agente saber da inocência da pessoa a quem se imputa o crime ou infração.
e) A consumação desses crimes se dá desde que o agente, ao comunicar o crime, tenha consciência atual de que inexiste a infração por ele imputada.

229. **(Cespe/TRF/1R/Analista/2017)** Caso a parte resista, com uso de violência, ao cumprimento do mandado judicial e a diligência deixe de ser cumprida em razão disso, ficará configurado o crime de resistência qualificada em concurso material com o crime decorrente da violência.

15.4. Dos Crimes contra as Finanças Públicas

✱ QUESTÕES OBJETIVAS

230. **(Cespe/TCE/PB/Auditor/2018)** Será configurada como conduta atípica a de um funcionário público que ordene

a) a inscrição, em restos a pagar, de despesa que não tenha sido previamente empenhada ou que exceda limite estabelecido em lei.
b) a oferta pública ou a colocação no mercado financeiro de títulos da dívida pública sem que estes tenham sido criados por lei.
c) uma operação de crédito interno sem a prévia autorização legislativa.
d) o cancelamento do montante de restos a pagar inscrito em valor superior permitido em lei.
e) uma operação de crédito interno sem observar resolução do Senado Federal a respeito.

231. **(Cespe/TCE/SC/Auditor/2016)** É crime a conduta de autorizar ou realizar operação de crédito, sem prévia autorização legislativa, constituindo causa de aumento de pena a inobservância de limite, condição ou montante estabelecido em lei ou em resolução do Senado Federal.

232. **(Cespe/TCE/SC/Auditor/2016)** Determinado indivíduo autorizou a assunção de obrigação, no último quadrimestre do mandato, mesmo sabendo que não haveria contrapartida suficiente de disponibilidade de caixa para o pagamento de parcela que venceria no exercício seguinte. Nessa situação, o referido indivíduo praticou crime contra as finanças públicas, estando sujeito a pena de reclusão.

233. **(Cespe/TCE/PA/Auditor/2016)** O crime de ordenação de despesa não autorizada é de natureza material, consumando-se no momento em que a despesa é efetuada.

234. **(Cespe/TCE/PA/Auditor/2016)** O agente público que ordena despesa sem o conhecimento de que tal despesa não era autorizada por lei incide em erro de proibição.

235. **(Cespe/TCE/PA/Auditor/2016)** O agente público que ordena despesa para utilizar-se ilegalmente de passagens aéreas e diárias pagas pelos cofres públicos comete o crime de prevaricação.

236. **(Cespe/TRE/PE/Analista/2017)** Acerca do crime de assunção de obrigação no último ano do mandato ou legislatura, assinale a opção correta:

a) Tal crime classifica-se como crime de mão própria, exigindo-se, para sua tipificação, atuação pessoal e direta do agente, razão pela qual não se admite coautoria ou participação.
b) É típica a conduta do agente que autoriza a assunção de obrigação nos dois últimos quadrimestres do último ano do mandato caso reste parcela a ser paga no exercício seguinte, ainda que haja contrapartida suficiente de disponibilidade de caixa.
c) O sujeito ativo desse crime é o funcionário público competente para ordenar ou autorizar a assunção de obrigação, podendo ser inclusive diretor de fundos, autarquias, fundações e empresas estatais dependentes.
d) O tipo penal em questão prevê as modalidades dolosa e culposa, podendo o comportamento do agente ser comissivo, omissivo próprio ou impróprio.
e) Por se tratar de crime de menor potencial ofensivo, admite-se a transação penal, mas, como a conduta do agente ofende a moralidade e a probidade administrativa, há vedação expressa à concessão de suspensão condicional da pena.

237. **(Cespe/TCU/Procurador/2015)** Acerca de crimes contra as finanças públicas, assinale a opção correta:

a) Na inclusão dos crimes contra as finanças públicas, o legislador não repetiu a redação da legislação esparsa revogada que permitia a aplicação da pena acessória no que diz respeito à inabilitação para o exercício do cargo. Desse modo, fica o juiz impossibilitado de determinar a perda do cargo.
b) As figuras descritas no capítulo do CP que diz respeito aos crimes contra as finanças públicas têm como escopo a proteção das finanças contra condutas fraudulentas ao erário.
c) O crime existente na prestação de garantia graciosa por agente público independe, para a sua consumação, da ocorrência de qualquer prejuízo para a administração, bem como não há necessidade de chamamento do Estado para suprir a prestação do devedor original.
d) O tipo penal consistente em ordenar despesa não autorizada por lei configura crime material, o qual vem a consumar-se com o efetivo pagamento da despesa ordenada.
e) A ordenação de aumento de despesa total com pessoal nos cento e oitenta dias anteriores ao final do mandato ou legislatura não alcança o regime celetista, de modo que tal controle se volta somente aos servidores estatutários.

238. (Cespe/TCU/Procurador/2015) Ainda com relação aos crimes praticados contra a administração pública, assinale a opção correta:

a) O crime de abandono de função é comissivo por omissão.
b) Será automática a perda do cargo, se o crime funcional praticado com abuso de poder ou violação de dever para com a administração pública resultar em condenação a pena privativa de liberdade superior a quatro anos.
c) A falsa apresentação de particular na qualidade de funcionário público configura o crime de usurpação de função pública, na sua modalidade simples.
d) Para a caracterização do crime de emprego irregular de verba ou renda pública, não há que se fazer presente o lucro ou proveito próprio ou de terceiro; esse crime será caracterizado ainda que não haja lucro ou proveito próprio ou de terceiro.
e) O crime de corrupção ativa consiste no ato de exigir para si, ou para outrem, vantagem indevida em razão do cargo e configura crime de mera conduta.

16. TEORIA E PRINCÍPIOS

16.1. Princípios

✱ SÚMULAS

STJ Súm. 589. É inaplicável o princípio da insignificância nos crimes ou contravenções penais praticados contra a mulher no âmbito das relações domésticas.

STJ Súm. 599. O princípio da insignificância é inaplicável aos crimes contra a administração pública.

STJ Súm. 606. Não se aplica o princípio da insignificância a casos de transmissão clandestina de sinal de internet via radiofrequência, que caracteriza o fato típico previsto no art. 183 da Lei n. 9.472/1997.

✱ INFORMATIVOS DE JURISPRUDÊNCIA

Furto. Bem de irrelevante valor pecuniário. Induzimento do próprio filho de nove anos a participar do ato de subtração. Vítima. Associação sem fins lucrativos. Especial reprovabilidade da conduta. Princípio da insignificância. Não incidência.

STJ Não se aplica o princípio da insignificância ao furto de bem de inexpressivo valor pecuniário de associação sem fins lucrativos com o induzimento de filho menor a participar do ato. RHC 93.472, Rel. Min. Maria Thereza de Assis Moura, DJ 27.3.2018. 6ª T. (Info 622)

✱ QUESTÕES DISCURSIVAS

11. (Cespe/DPE/AC/Defensor/2017) Recentemente, o STF julgou recurso extraordinário interposto por detento que havia ajuizado ação contra o Estado visando ao pagamento de indenização por danos morais em decorrência de condições sub-humanas do estabelecimento prisional no qual cumpre pena de reclusão. Entre essas condições, foram apontadas a superlotação e a ausência de condições mínimas de saúde e higiene no estabelecimento carcerário. Com base nas informações do texto acima, redija um texto dissertativo acerca da obrigação do Estado de fornecer condições mínimas de estrutura aos estabelecimentos prisionais. Em seu texto, aborde: (i) o princípio da dignidade da pessoa humana e o princípio da humanidade da pena; (ii) o princípio do mínimo existencial e o da reserva do possível, à luz do entendimento majoritário do STF.

12. (Cespe/PC/MA/Escrivão/2018) Discorra sobre os princípios penais da reserva legal; da anterioridade da lei penal e da intranscendência da pena, abordando o conceito de cada um, sua natureza jurídica e seus objetivos.

✱ QUESTÕES OBJETIVAS

239. (Cespe/PGE/PE/Procurador/2018) De acordo com o entendimento do STJ, é aplicável o princípio da insignificância na hipótese de crime

a) de descaminho, ainda que o agente responda a outros procedimentos fiscais, desde que o benefício econômico do crime seja inferior a dez mil reais.
b) contra a mulher no âmbito das relações domésticas.
c) de peculato, quando o bem jurídico tutelado for suscetível de valoração econômica.
d) de pesca, em período em que essa atividade esteja proibida ou em lugares interditados por órgão competente.
e) contra a fé pública.

240. (Cespe/PC/MA/Investigador/2018) O princípio da legalidade compreende

a) a capacidade mental de entendimento do caráter ilícito do fato no momento da ação ou da omissão, bem como de ciência desse entendimento.
b) o juízo de censura que incide sobre a formação e a exteriorização da vontade do responsável por um fato típico e ilícito, com o propósito de aferir a necessidade de imposição de pena.
c) a oposição entre o ordenamento jurídico vigente e um fato típico praticado por alguém capaz de lesionar ou expor a perigo de lesão bens jurídicos penalmente protegidos.
d) a obediência às formas e aos procedimentos exigidos na criação da lei penal e, principalmente, na elaboração de seu conteúdo normativo.
e) a conformidade da conduta reprovável do agente ao modelo descrito na lei penal vigente no momento da ação ou da omissão.

241. **(Cespe/PC/MA/Escrivão/2018)** A aplicação do princípio da retroatividade benéfica da lei penal ocorre quando, ao tempo da conduta, o fato é

a) típico e lei posterior suprime o tipo penal.
b) típico e lei posterior provoca a migração do conteúdo criminoso para outro tipo penal.
c) típico e lei posterior aumenta a pena correspondente ao crime.
d) típico e lei posterior acrescenta hipótese de aumento de pena.
e) atípico e lei posterior o torna típico.

242. **(Cespe/TRT/8R/Analista/2016)** Assinale a opção correta, considerando a lei e a jurisprudência dos tribunais superiores:

a) A conduta de vender ou expor à venda CDs ou DVDs contendo gravações de músicas, filmes ou shows não configura crime de violação de direito autoral, por ser prática amplamente tolerada e estimulada pela procura dos consumidores desses produtos.
b) Na aplicação dos princípios da insignificância e da lesividade, as condutas que produzam um grau mínimo de resultado lesivo devem ser desconsideradas como delitos e, portanto, não ensejam a aplicação de sanções penais aos seus agentes.
c) O uso de revólver de brinquedo no crime de roubo justifica a incidência da majorante prevista no Código Penal, por intimidar a vítima e desestimular sua reação.
d) A idade da vítima é um dado irrelevante na dosimetria da pena do crime de homicídio doloso.
e) Para a configuração dos crimes contra a honra, exige-se somente o dolo genérico, desconsiderando-se a existência de intenção, por parte do agente, de ofender a honra da vítima.

243. **(Cespe/TCE/PR/Auditor/2016)** A respeito dos princípios aplicáveis ao direito penal, assinale a opção correta:

a) Do princípio da individualização da pena decorre a exigência de que a dosimetria obedeça ao perfil do sentenciado, não havendo correlação do referido princípio com a atividade legislativa incriminadora, isto é, com a feitura de normas penais incriminadoras.
b) Conforme o entendimento doutrinário dominante relativamente ao princípio da intervenção mínima, o direito penal somente deve ser aplicado quando as demais esferas de controle não se revelarem eficazes para garantir a paz social. Decorrem de tal princípio a fragmentariedade e o caráter subsidiário do direito penal.
c) Ao se referir ao princípio da lesividade ou ofensividade, a doutrina majoritária aponta que somente haverá infração penal se houver efetiva lesão ao bem jurídico tutelado.
d) Em decorrência do princípio da confiança, há presunção de legitimidade e legalidade dos atos dos órgãos oficiais de persecução penal, razão pela qual a coletividade deve guardar confiança em relação a eles.
e) Dado o princípio da intranscendência da pena, o condenado não pode permanecer mais tempo preso do que aquele estipulado pela sentença transitada em julgado.

244. **(Cespe/DPU/Analista/2016)** João, aproveitando-se de distração de Marcos, juiz de direito, subtraiu para si uma sacola de roupas usadas a ele pertencentes. Marcos pretendia doá-las a instituição de caridade. João foi perseguido e preso em flagrante delito por policiais que presenciaram o ato. Instaurado e concluído o inquérito policial, o Ministério Público não ofereceu denúncia nem praticou qualquer ato no prazo legal. O fato de a vítima ser juiz de direito demonstra maior reprovabilidade da conduta de João, o que impede o reconhecimento do princípio da insignificância.

245. **(Cespe/DPE/PE/Defensor/2015)** "O Estado, para garantir a segurança dos cidadãos, deve proibir ou restringir todas aquelas ações que se refiram, de maneira imediata, só a quem as realize, das quais derive lesão aos direitos dos outros, isto é, que atinjam sua liberdade e propriedade, sem o seu consentimento ou contra ele, ou das que haja de temê-las provavelmente; probabilidade na qual haverá de considerar a dimensão do dano que se quer causar e a importância da limitação da liberdade produzida por lei proibitiva". (Wilhem Von Humboldt. Los límites de la acción del estado. 1792, p. 122, com adaptações). No fragmento em questão, seu autor, há já mais de duzentos anos, se referia ao que hoje se entende como princípios jurídico-penais da intranscendência e da fragmentariedade.

246. **(Cespe/DPE/PE/Defensor/2015)** José, réu primário, após subtrair para si, durante o repouso noturno, mediante rompimento de obstáculo, um botijão de gás avaliado em R$ 50,00 do interior de uma residência habitada, foi preso em flagrante delito. O crime praticado por José é atípico em razão da incidência do princípio da insignificância.

247. **(Cespe/TJ/PB/Juiz/2015)** Acerca dos princípios e fontes do direito penal, assinale a opção correta:

a) Segundo a jurisprudência do STJ, o princípio da insignificância deve ser aplicado a casos de furto qualificado em que o prejuízo da vítima tenha sido mínimo.
b) Conforme entendimento do STJ, o princípio da adequação social justificaria o arquivamento de inquérito policial instaurado em razão da venda de CDs e DVDs.
c) Depreende-se do princípio da lesividade que a autolesão, via de regra, não é punível.
d) Depreende-se da aplicação do princípio da insignificância a determinado caso que a conduta em questão é formal e materialmente atípica.
e) As medidas provisórias podem regular matéria penal nas hipóteses de leis temporárias ou excepcionais.

248. **(Cespe/TRF/1R/Juiz/2015)** Conforme a jurisprudência do STF, o princípio da insignificância:

a) não se aplica ao crime de contrabando.
b) não se aplica ao tráfico internacional de armas de fogo, exceto em casos que se restrinjam a cápsulas de munição.
c) deve ser adotado em casos de crime de tráfico de drogas.
d) é aplicável ainda que o agente seja reincidente ou tenha cometido o mesmo gênero de delito reiteradas vezes.
e) é aplicável ao crime de roubo.

249. **(Cespe/TRF/5R/Juiz/2015)** No que tange aos princípios básicos do direito penal e à interpretação da lei penal, assinale a opção correta:

a) Embora o princípio da legalidade proíba o juiz de criar figura típica não prevista na lei, por analogia ou interpretação extensiva, o julgador pode, para benefício do réu, combinar dispositivos de uma mesma lei penal para encontrar pena mais proporcional ao caso concreto.
b) Do princípio da culpabilidade procede a responsabilidade penal subjetiva, que inclui, como pressuposto da pena, a valoração distinta do resultado no delito culposo ou doloso, proporcional à gravidade do desvalor representado pelo dolo ou culpa que integra a culpabilidade.
c) O princípio do "ne bis idem" está expressamente previsto na CF e preconiza a impossibilidade de uma pessoa ser sancionada ou processada duas vezes pelo mesmo fato, além de proibir a pluralidade de sanções de natureza administrativa sancionatórias.
d) A infração bagatelar própria está ligada ao desvalor do resultado e(ou) da conduta e é causa de exclusão da tipicidade material do fato; já a imprópria exige o desvalor ínfimo da culpabilidade em concurso necessário com requisitos "post factum" que levam à desnecessidade da pena no caso concreto.
e) O princípio da ofensividade ou lesividade não se presta à atividade de controle jurisdicional abstrata da norma incriminadora ou à função político-criminal da atividade legiferante.

250. **(Cespe/PGM/Salvador/Procurador/2015)** Acerca dos princípios aplicáveis ao direito penal, assinale a opção correta à luz do entendimento do STF e do STJ:

a) Conforme entendimento do STF, os dois únicos requisitos necessários para a aplicação do princípio da insignificância são nenhuma periculosidade social da ação e inexpressividade da lesão jurídica provocada.
b) A aplicação do princípio da insignificância implica reconhecimento da atipicidade formal de perturbações jurídicas mínimas ou leves, as quais devem ser consideradas não só em seu

sentido econômico, mas também em relação ao grau de afetação à ordem social.

c) O princípio da adequação social surgiu como uma regra de hermenêutica, ou seja, possibilita a exclusão de condutas que, embora se ajustem formalmente a um tipo penal – tipicidade formal –, não são mais consideradas objeto de reprovação social e, por essa razão, se tornaram socialmente aceitas e adequadas.

d) O princípio da insignificância propõe ao ordenamento jurídico uma redução dos mecanismos punitivos do Estado ao mínimo necessário, de modo que a intervenção penal somente se justificaria nas situações em que fosse definitivamente indispensável à proteção do cidadão.

e) O agente que pratica constantemente infrações penais que tenham deixado de ser consideradas perniciosas pela sociedade poderá alegar que, em conformidade com o princípio da adequação social, o qual tem o condão de revogar tipos penais incriminadores, sua conduta deverá ser considerada adequada socialmente.

251. **(Cespe/TCE/RN/Inspetor/2015)** Segundo o princípio da intervenção mínima, o direito penal somente deverá cuidar da proteção dos bens mais relevantes e imprescindíveis à vida social.

252. **(Cespe/TRF/5R/Juiz/2017)** Assinale a opção que apresenta princípios que devem ser observados pelas leis penais por expressa previsão constitucional:

a) legalidade, irretroatividade, responsabilidade pessoal, economicidade, individualização da pena.

b) legalidade, irretroatividade, responsabilidade pessoal, presunção da inocência, eficiência da pena.

c) legalidade, irretroatividade, responsabilidade pessoal, presunção da inocência, individualização da pena.

d) legalidade, irretroatividade, moralidade, presunção da inocência, individualização da pena.

e) legalidade, impessoalidade, irretroatividade, presunção da inocência, individualização da pena.

253. **(Cespe/PC/MT/Delegado/2017)** De acordo com o entendimento do STF, a aplicação do princípio da insignificância pressupõe a constatação de certos vetores para se caracterizar a atipicidade material do delito. Tais vetores incluem o(a):

a) reduzidíssimo grau de reprovabilidade do comportamento.

b) desvalor relevante da conduta e do resultado.

c) mínima periculosidade social da ação.

d) relevante ofensividade da conduta do agente.

e) expressiva lesão jurídica provocada.

254. **(Cespe/AGU/Advogado/2015)** O direito penal brasileiro não admite a punição de atos meramente preparatórios anteriores à fase executória de um crime, uma vez que a criminalização de atos anteriores à execução de delito é uma violação ao princípio da lesividade.

16.2. Teoria

16.2.1. Classificação dos Crimes

*** QUESTÕES DISCURSIVAS**

13. **(Cespe/PC/PE/Delegado/2017)** Um médico ginecologista, durante a realização de exame de rotina em sua paciente – pessoa maior e capaz –, afirmou existir um novo procedimento ginecológico – fato esse inverídico e anormal. Para exemplificá-lo, ele esfregou as mãos na vagina de sua paciente, demonstrando claramente que sua lascívia estava sendo saciada com os reiterados toques na genitália. Ato contínuo, a paciente compareceu a uma delegacia de polícia e narrou o fato à autoridade policial. Tendo em vista que, na análise de um crime e de sua autoria, o delegado de polícia deverá conhecer todo o iter criminis percorrido pelo agente, a fim de – no momento do indiciamento do suposto autor do fato – enquadrar o fato delituoso em um dos muitos preceitos legais de crimes existentes, responda aos seguintes questionamentos, relativos à situação hipotética acima apresentada. Nesse sentido, considere que a ocorrência do fato descrito e a sua autoria já tenham sido comprovadas pela autoridade policial. (i) Qual o crime praticado pelo médico? Tipifique-o de forma fundamentada. (ii) O fato hipotético em apreço é classificado como crime de tendência intensificada?

*** QUESTÕES OBJETIVAS**

255. **(Cespe/PC/MA/Delegado/2018)** No que se refere à classificação dos crimes, assinale a opção correta.

a) No crime habitual, as ações que o compõem, consideradas isoladamente, não constituem crimes.

b) No crime à distância, a conduta dá-se em um local e a produção, em outro, dentro do mesmo país.

c) No crime preterintencional, há a conjugação da ação culposa no evento antecedente com o dolo no resultado consequente.

d) Os crimes omissivos impróprios se perfazem com a mera abstenção da realização de um ato, independentemente de um resultado posterior.

e) Nos crimes instantâneos de efeitos permanentes, a consumação do crime perdura até quando o sujeito quiser.

256. **(Cespe/DPE/PE/Defensor/2018)** Com relação à classificação dos crimes, julgue os itens a seguir.

I. Denomina-se crime plurissubsistente o crime cometido por vários agentes.

II. Se o sujeito fizer tudo o que está ao seu alcance para a consumação do crime, mas o resultado não ocorrer por circunstâncias alheias a sua vontade, configura-se crime falho.

III. Havendo, em razão do tipo, dois sujeitos passivos, o crime é denominado vago.

IV. Crime habitual cometido com ânimo de lucro é denominado crime a prazo.

V. Crime praticado por intermédio de automóvel é denominado delito de circulação.

Estão certos apenas os itens

a) I e II.

b) I e IV.

c) II e V.

d) III e IV.

e) III e V.

257. **(Cespe/TJ/PB/Juiz/2015)** Relativamente à classificação doutrinária de crimes, assinale a opção correta:

a) O crime falho, também chamado de tentativa imperfeita, ocorre quando o agente voluntariamente desiste de prosseguir na execução ou impede que o resultado se produza.

b) Para que se verifique o exaurimento do crime, é necessário que, depois de sua consumação, o delito atinja suas últimas consequências.

c) O crime de cárcere privado é tipicamente instantâneo, haja vista que já se consuma com a efetiva restrição ou privação da liberdade de locomoção por tempo juridicamente relevante.

d) As penas privativas de liberdade aplicáveis a indivíduos condenados por contravenções penais são de detenção, não se admitindo a reclusão.

e) Crime próprio é aquele que só pode ser praticado pelo agente pessoalmente, não podendo este utilizar-se de interposta pessoa (a exemplo do que ocorre no falso testemunho).

258. **(Cespe/DPE/AC/Defensor/2017)** No que tange à classificação dos delitos:

a) os crimes de mão própria possuem uma prévia limitação, de natureza normativa, quanto à possibilidade de autoria de indivíduos não contemplados pelo tipo penal.

b) o crime de favorecimento à prostituição é classificado como crime instantâneo de habitualidade preexistente.

c) o agente responderá, no tipo misto alternativo, por todos os crimes que sua conduta alcançar, atingindo mais de um núcleo enunciado na norma.

d) o crime de prevaricação é classificado como delito especial próprio e, quando praticado por agente estranho à administração pública, encontra correlação com outra conduta tipificada em dispositivo penal diverso.

e) a multiplicidade de condutas por parte do agente, uma vez que existe mais de um núcleo, torna-se obrigatória no tipo misto cumulativo, para que o delito seja consumado.

16.2.2. Criminologia

✱ QUESTÕES OBJETIVAS

259. **(Cespe/PC/MA/Delegado/2018)** João nutria grande desejo por sua colega de turma, Estela, mas não era correspondido. Esse desejo transformou-se em ódio e fez que João planejasse o estupro e o homicídio da colega. Para isso, ele passou a observar a rotina de Estela, que trabalhava durante o dia e estudava com João à noite. Determinado dia, após a aula, em uma rua escura no caminho de Estela para casa, João realizou seus intentos criminosos, certo de que ficaria impune, mas acabou sendo descoberto e preso. Conforme a criminologia crítica, o crime praticado contra Estela, descrito no texto, pode ser explicado

a) por traumas de infância desenvolvidos por João, o que tornou difícil a sua relação com as mulheres.

b) pela pouca iluminação da rua que Estela elegeu para voltar para casa depois da aula.

c) pelo comportamento imprudente de Estela, que, no período noturno, andava sozinha em rua mal iluminada.

d) pela existência de alguma característica inata de João, que fatalmente o levaria a cometer os crimes de estupro e homicídio.

e) por multifatores, como uma cultura misógina que desvaloriza as mulheres e que legitima a sua punição quando não forem atendidos os interesses e os desejos masculinos.

260. (Cespe/PC/MA/Delegado/2018) O paradigma da reação social

a) surgiu na Europa a partir do enfoque do interacionismo simbólico.

b) afirma que os grupos sociais criam o desvio, o qual é uma qualidade do ato infracional cometido pela pessoa.

c) indica que é mais apropriado falar em criminalização e criminalizado que falar em criminalidade e criminoso.

d) afirma que a criminalidade tem natureza ontológica.

e) pode ser chamado, também, de labbeling approach, etiquetamento ou paradigma etiológico.

261. (Cespe/PC/MA/Delegado/2018) Dados publicados em dezembro de 2017 pelo Ministério da Justiça mostram que o Brasil tem uma taxa de superlotação nos estabelecimentos prisionais na ordem de 197,4%. (Agência de Notícias, Empresa Brasil de Comunicação). Sob o enfoque da prevenção da infração penal no Estado democrático de direito, a superlotação carcerária aludida no fragmento de texto anterior é um problema que prejudica a

I. prevenção primária.

II. prevenção secundária.

III. prevenção terciária.

Assinale a opção correta.

a) Apenas o item II está certo.

b) Apenas o item III está certo.

c) Apenas os itens I e II estão certos.

d) Apenas os itens I e III estão certos.

e) Todos os itens estão certos.

262. (Cespe/DPE/PE/Defensor/2018) Assinale a opção correta, a respeito da política criminal no Brasil.

a) Diferentemente do que ocorre em diversos países, no Brasil a vítima e a reparação da vítima não constituem pauta de preocupação dos penalistas na orientação da política criminal.

b) As últimas alterações legislativas em matéria criminal garantem que a atuação do Poder Judiciário, além da condenação do agente do crime, resulte na ideal reparação para a pessoa ofendida e até mesmo para a sociedade.

c) No Poder Judiciário não se adota o direito penal de emergência: essa função é desempenhada exclusivamente pelo Poder Legislativo.

d) As constantes edições de leis penais emergenciais pelo Poder Legislativo, com o objetivo de impor reformas pontuais na legislação, melhoram a eficiência da política criminal.

e) A reforma do Código Penal e a revisão de toda a legislação especial são exemplos de sugestões apresentadas pelos doutrinadores criminalistas para a melhoria da política criminal.

263. (Cespe/DPE/PE/Defensor/2018) Com relação às escolas e às teorias jurídicas do direito penal, assinale a opção correta.

a) Os positivistas conclamavam a justiça a olhar para o crime como uma entidade jurídica, enquanto os clássicos encaravam o crime como fatos sociais e humanos.

b) Na primeira metade do século passado, floresceu, na Universidade de Chicago, a chamada teoria ecológica ou da desorganização social, que considerava o crime um fenômeno ligado a áreas naturais.

c) A "labelling approach" enxerga o comportamento criminoso como motivado por razões ontológicas ou intrínsecas, e não como decorrente do sistema de controle social.

d) A escola clássica ficou marcada pelo método de fundo dedutivo que empregava na ciência do direito penal: o jurista deveria partir do concreto, ou seja, das questões jurídico-penais, para passar ao abstrato, ou seja, ao direito positivo.

e) Os clássicos adotavam princípios relativos e que não se sobrepunham às leis em vigor, evitando leis draconianas e excessivamente rigorosas, com penas desproporcionais.

264. (Cespe/PC/MA/Delegado/2018) A criminologia considera que o papel da vítima varia de acordo com o modelo de reação da sociedade ao crime. No modelo

a) clássico, a vítima é a responsável direta pela punição do criminoso, sendo figura protagonista no processo penal.
b) ressocializador, busca-se o resgate da vítima, de modo a reintegrá-la na sociedade.
c) retribucionista, o objetivo restringe-se ao ressarcimento do dano pelo criminoso à vítima.
d) da justiça integradora, a vítima é tida como julgadora do criminoso.
e) restaurativo, o foco é a participação dos envolvidos no conflito em atividades de reconciliação, nas quais a vítima tem um papel central.

265. **(Cespe/PC/MA/Delegado/2018)** Afirmar que a criminologia é interdisciplinar e tem o empirismo como método significa dizer que esse ramo da ciência

a) utiliza um método analítico para desenvolver uma análise indutiva.
b) considera os conhecimentos de outras áreas para formar um conhecimento novo, se afirmando, então, como independente.
c) utiliza um método silogístico
d) utiliza um método racional de análise e trabalha o direito penal de forma dogmática.
e) é metafísica e leva em conta os métodos das ciências exatas para o estudo de seu objeto.

266. **(Cespe/PC/MA/Delegado/2018)** De acordo com a teoria de Sutherland, os crimes são cometidos

a) em razão do comportamento das vítimas e das condições do ambiente.
b) por pessoas de baixa renda, exatamente em razão de sua condição socioeconômica desprivilegiada.
c) em razão do comportamento delinquente herdado, ou seja, de origem biológica.
d) por pessoas que sofrem de sociopatias ou psicopatias.
e) por pessoas que convivem em grupos que realizam e legitimam ações criminosas.

267. **(Cespe/PC/MA/Delegado/2018)** João nutria grande desejo por sua colega de turma, Estela, mas não era correspondido. Esse desejo transformou-se em ódio e fez que João planejasse o estupro e o homicídio da colega. Para isso, ele passou a observar a rotina de Estela, que trabalhava durante o dia e estudava com João à noite. Determinado dia, após a aula, em uma rua escura no caminho de Estela para casa, João realizou seus intentos criminosos, certo de que ficaria impune, mas acabou sendo descoberto e preso. Com relação à situação hipotética descrita no texto e às funções da criminologia, da política criminal e do direito penal, assinale a opção correta.

a) O direito penal tem a função de analisar a forma como o crime foi cometido, bem como estudar os meios que devem ser adotados com relação à pena e à ressocialização de João.
b) O direito penal é o responsável pelo diagnóstico do fenômeno dos crimes cometidos contra as mulheres.
c) A criminologia deverá analisar a conduta de João, subsidiando o juiz quanto ao arbitramento da pena.
d) A política criminal tem a função de propor medidas para a redução das condições que facilitaram o cometimento do crime por João, como a urbanização e a iluminação de ruas.
e) A criminologia deverá indicar os trajetos que precisam de rondas policiais ou os locais para se instalarem postos policiais.

268. **(Cespe/PC/GO/Delegado/2017)** Em busca do melhor sistema de enfrentamento à criminalidade, a criminologia estuda os diversos modelos de reação ao delito. A respeito desses modelos, assinale a opção correta:

a) De acordo com o modelo clássico de reação ao crime, os envolvidos devem resolver o conflito entre si, ainda que haja necessidade de inobservância das regras técnicas estatais de resolução da criminalidade, flexibilizando-se leis para se chegar ao consenso.
b) Conforme o modelo ressocializador de reação ao delito, a existência de leis que recrudescem o sistema penal faz que se previna a reincidência, uma vez que o infrator racional irá sopesar o castigo com o eventual proveito obtido.
c) Para a criminologia, as medidas despenalizadoras, com o viés reparador à vítima, condizem com o modelo integrador de reação ao delito, de modo a inserir os interessados como protagonistas na solução do conflito.
d) A fim de facilitar o retorno do infrator à sociedade, por meio de instrumentos de reabilitação aptos a retirar o caráter aflitivo da pena, o modelo dissuasório de reação ao crime propõe uma inserção positiva do apenado no seio social.

e) O modelo integrador de reação ao delito visa prevenir a criminalidade, conferindo especial relevância ao ius puniendi estatal, ao justo, rápido e necessário castigo ao criminoso, como forma de intimidação e prevenção do crime na sociedade.

269. **(Cespe/DPU/Defensor/2017)** Para a escola clássica, o modelo ideal de prevenção do delito ou do desvio é o que se preocupa com a pena e seu rigor, compreendendo-a como um mecanismo intimidatório; já para a escola neoclássica, mais eficaz que o rigor das penas é o foco no correto funcionamento do sistema legal e em como esse sistema é percebido pelo desviante ou delinquente.

270. **(Cespe/DPU/Defensor/2017)** O desvio ou o delito, objetos da criminologia, devem ser abordados, primordialmente, como um comportamento individual do desviante ou delinquente; em segundo plano, analisam-se as influências ambientais e sociais.

271. **(Cespe/PC/GO/Delegado/2017)** A respeito do conceito e das funções da criminologia, assinale a opção correta:

a) A criminologia tem como objetivo estudar os delinquentes, a fim de estabelecer os melhores passos para sua ressocialização. A política criminal, ao contrário, tem funções mais relacionadas à prevenção do crime.
b) A finalidade da criminologia em face do direito penal é de promover a eliminação do crime.
c) A determinação da etimologia do crime é uma das finalidades da criminologia.
d) A criminologia é a ciência que, entre outros aspectos, estuda as causas e as concausas da criminalidade e da periculosidade preparatória da criminalidade.
e) A criminologia é orientada pela política criminal na prevenção especial e direta dos crimes socialmente relevantes, mediante intervenção nas manifestações e nos efeitos graves desses crimes para determinados indivíduos e famílias.

272. **(Cespe/PC/GO/Delegado/2017)** Considerando que, para a criminologia, o delito é um grave problema social, que deve ser enfrentado por meio de medidas preventivas, assinale a opção correta acerca da prevenção do delito sob o aspecto criminológico:

a) A transferência da administração das escolas públicas para organizações sociais sem fins lucrativos, com a finalidade de melhorar o ensino público do Estado, é uma das formas de prevenção terciária do delito.
b) O aumento do desemprego no Brasil incrementa o risco das atividades delitivas, uma vez que o trabalho, como prevenção secundária do crime, é um elemento dissuasório, que opera no processo motivacional do infrator.
c) A prevenção primária do delito é a menos eficaz no combate à criminalidade, uma vez que opera, etiologicamente, sobre pessoas determinadas por meio de medidas dissuasórias e a curto prazo, dispensando prestações sociais.
d) Em caso de a Força Nacional de Segurança Pública apoiar e supervisionar as atividades policiais de investigação de determinado estado, devido ao grande número de homicídios não solucionados na capital do referido estado, essa iniciativa consistirá diretamente na prevenção terciária do delito.
e) A prevenção terciária do crime consiste no conjunto de ações reabilitadoras e dissuasórias atuantes sobre o apenado encarcerado, na tentativa de se evitar a reincidência.

273. **(Cespe/PC/PE/Delegado/2016)** Acerca dos modelos teóricos explicativos do crime, oriundos das teorias específicas que, na evolução da história, buscaram entender o comportamento humano propulsor do crime, assinale a opção correta:

a) O modelo positivista analisa os fatores criminológicos sob a concepção do delinquente como indivíduo racional e livre, que opta pelo crime em virtude de decisão baseada em critérios subjetivos.
b) O objeto de estudo da criminologia é a culpabilidade, considerada em sentido amplo; já o direito penal se importa com a periculosidade na pesquisa etiológica do crime.
c) A criminologia clássica atribui o comportamento criminal a fatores biológicos, psicológicos e sociais como determinantes desse comportamento, com paradigma etiológico na análise causal-explicativa do delito.
d) Entre os modelos teóricos explicativos da criminologia, o conceito definitorial de delito afirma que, segundo a teoria do "labeling approach", o delito carece de consistência material, sendo um processo de reação social, arbitrário e discriminatório de seleção do comportamento desviado.

e) O modelo teórico de opção racional estuda a conduta criminosa a partir das causas que impulsionaram a decisão delitiva, com ênfase na observância da relevância causal etiológica do delito.

274. **(Cespe/PC/PE/Delegado/2016)** Considerando que, conforme a doutrina, a moderna sociologia criminal apresenta teorias e esquemas explicativos do crime, assinale a opção correta acerca dos modelos sociológicos explicativos do delito:

a) Para a teoria ecológica da sociologia criminal, que considera normal o comportamento delituoso para o desenvolvimento regular da ordem social, é imprescindível e, até mesmo, positiva a existência da conduta delituosa no seio da comunidade.

b) A teoria do conflito, sob o enfoque sociológico da Escola de Chicago, rechaça o papel das instâncias punitivas e fundamenta suas ideias em situações concretas, de fácil comprovação e verificação empírica das medidas adotadas para contenção do crime, sem que haja hostilidade e coerção no uso dos meios de controle.

c) A teoria da integração, ao criticar a teoria consensual na solução do conflito, rotula o criminoso quando assevera que o delito é fruto do sistema capitalista e considera o fator econômico como justificativa para o ato criminoso, de modo que, para frear a criminalidade, devem-se separar as classes sociais.

d) A Escola de Chicago, ao atentar para a mutação social das grandes cidades na análise empírica do delito, interessa-se em conhecer os mecanismos de aprendizagem e transmissão das culturas consideradas desviadas, por reconhecê-las como fatores de criminalidade.

e) A teoria estrutural-funcionalista da sociologia criminal sustenta que o delito é produto da desorganização da cidade grande, que debilita o controle social e deteriora as relações humanas, propagando-se, consequentemente, o vício e a corrupção, que são considerados anormais e nocivos à coletividade.

275. **(Cespe/PC/PE/Delegado/2016)** A criminologia reconhece que não basta reprimir o crime, deve-se atuar de forma imperiosa na prevenção dos fatores criminais. Considerando essa informação, assinale a opção correta acerca de prevenção de infração penal:

a) Para a moderna criminologia, a alteração do cenário do crime não previne o delito: a falta das estruturas físicas sociais não obstaculiza a execução do plano criminal do delinquente.

b) A prevenção terciária do crime implica na implementação efetiva de medidas que evitam o delito, com a instalação, por exemplo, de programas de policiamento ostensivo em locais de maior concentração de criminalidade.

c) No estado democrático de direito, a prevenção secundária do delito atua diretamente na sociedade, de maneira difusa, a fim de implementar a qualidade dos direitos sociais, que são considerados pela criminologia fatores de desenvolvimento sadio da sociedade que mitiga a criminalidade.

d) Trabalho, saúde, lazer, educação, saneamento básico e iluminação pública, quando oferecidos à sociedade de maneira satisfatória, são considerados forma de prevenção primária do delito, capaz de abrandar os fenômenos criminais.

e) A doutrina da criminologia moderna reconhece a eficiência da prevenção primária do delito, uma vez que ela atua diretamente na pessoa do recluso, buscando evitar a reincidência penal e promover meios de ressocialização do apenado.

276. **(Cespe/PC/PE/Delegado/2016)** No que se refere aos métodos de combate à criminalidade, a criminologia analisa os controles formais e informais do fenômeno delitivo e busca descrever e apresentar os meios necessários e eficientes contra o mal causado pelo crime. A esse respeito, assinale a opção correta:

a) A criminologia distingue os paradigmas de respostas conforme a finalidade pretendida, apresentando, entre os modelos de reação ao delito, o modelo dissuasório, o ressocializador e o integrador como formas de enfrentamento à criminalidade. Em determinado nível, admitem-se como conciliáveis esses modelos de enfrentamento ao crime.

b) Como modelo de enfrentamento do crime, a justiça restaurativa é altamente repudiada pela criminologia por ser método benevolente ao infrator, sem cunho ressocializador e pedagógico.

c) O modelo dissuasório de reação ao delito, no qual o infrator é objeto central da análise científica, busca mecanismos e instrumentos necessários à rápida e rigorosa efetivação do castigo ao criminoso, sendo desnecessário o aparelhamento estatal para esse fim.

d) O modelo ressocializador de enfrentamento do crime propõe legitimar a vítima, a comunidade e o infrator na busca de soluções pacíficas, sem que haja a necessidade de lidar com a ira e a humilhação do infrator ou de utilizar o ius puniendi estatal.

e) A doutrina admite pacificamente o modelo integrador na solução de conflitos havidos em razão do crime, independentemente da gravidade ou natureza, uma vez que o controle formal das instâncias não se abdica do poder punitivo estatal.

277. **(Cespe/PC/PE/Delegado/2016)** A criminologia moderna:

a) é uma ciência normativa, essencialmente profilática, que visa oferecer estratégias para minimizar os fatores estimulantes da criminalidade e que se preocupa com a repressão social contra o delito por meio de regras coibitivas, cuja transgressão implica sanções.

b) ocupa-se com a pesquisa científica do fenômeno criminal – suas causas, características, sua prevenção e o controle de sua incidência –, sendo uma ciência causal-explicativa do delito como fenômeno social e individual.

c) ocupa-se, como ciência causal-explicativa-normativa, em estudar o homem delinquente em seu aspecto antropológico, estabelece comandos legais de repressão à criminalidade e despreza, na análise empírica, o meio social como fatores criminógenos.

d) é uma ciência empírica e normativa que fundamenta a investigação de um delito, de um delinquente, de uma vítima e do controle social a partir de fatos abstratos apreendidos mediante o método indutivo de observação.

e) possui como objeto de estudo a diversidade patológica e a disfuncionalidade do comportamento criminal do indivíduo delinquente e produz fundamentos epistemológicos e ideológicos como forma segura de definição jurídico-formal do crime e da pena.

278. **(Cespe/PC/PE/Delegado/2016)** Os objetos de investigação da criminologia incluem o delito, o infrator, a vítima e o controle social. Acerca do delito e do delinquente, assinale a opção correta:

a) Para a criminologia positivista, infrator é mera vítima inocente do sistema econômico; culpável é a sociedade capitalista.

b) Para o marxismo, delinquente é o indivíduo pecador que optou pelo mal, embora pudesse escolher pela observância e pelo respeito à lei.

c) Para os correcionalistas, criminoso é um ser inferior, incapaz de dirigir livremente os seus atos: ele necessita ser compreendido e direcionado, por meio de medidas educativas.

d) Para a criminologia clássica, criminoso é um ser atávico, escravo de sua carga hereditária, nascido criminoso e prisioneiro de sua própria patologia.

e) A criminologia e o direito penal utilizam os mesmos elementos para conceituar crime: ação típica, ilícita e culpável.

16.2.3. Teoria da Pena

*** QUESTÕES DISCURSIVAS**

14. **(Cespe/PC/MA/Delegado/2018)** Com base nos modelos dissuasório e restaurador de reação ao crime, qual resposta pode ser dada à prática dos delitos? Em sua resposta, considere os seguintes aspectos: (i) posição da vítima, do criminoso e do Estado em cada um dos referidos modelos; (ii) críticas que podem ser feitas a cada um desses modelos.

*** QUESTÕES OBJETIVAS**

279. **(Cespe/PC/MA/Delegado/2018)** A respeito das teorias que tratam das funções da pena, assinale a opção correta.

a) A teoria correcionalista considera que a pena se esgota na ideia da retribuição como resposta ao mal causado pelo autor do crime.

b) A teoria preventiva geral positiva considera que a pena tem a função de inibir comportamentos antissociais e moldar comportamentos socialmente aceitos.

c) A teoria absoluta considera que a pena possui caráter retributivo, preventivo e ressocializador.

d) A teoria preventiva geral considera a pena como um meio para prevenir a reincidência do indivíduo.

e) A teoria preventiva especial considera a pena como um meio para intimidar os potenciais praticantes de condutas delituosas.

280. **(Cespe/PC/MA/Delegado/2018)** Acerca do direito penal e do poder punitivo, assinale a opção correta.

a) O garantismo penal impede a intervenção punitiva do Estado, o qual deverá exercer função exclusivamente preventiva e garantidora das liberdades individuais.
b) O direito penal do autor poderá servir de fundamento para a redução da pena quando existirem circunstâncias pessoais favoráveis ao acusado.
c) O direito penal do ato tem como característica a ampliação da tipicidade do crime para atingir também os atos preparatórios e os de tentativa.
d) No direito penal do inimigo, a sanção penal é aplicada com extremo rigor e objetiva punir o inimigo de modo exemplar por atos cometidos, sem, contudo, relativizar ou suprimir garantias processuais.
e) A criminalização secundária tem como características a igualdade e a abstração, uma vez que a lei penal é genérica e a todos dirigida.

281. **(Cespe/DPE/PE/Defensor/2015)** O discurso da teoria da prevenção geral negativa é criticado porque confunde o direito em geral e toda a ética social com o poder punitivo.

282. **(Cespe/DPE/AC/Defensor/2017)** No caso de pluralidade delitiva, deve-se adotar, na determinação da pena:

a) o sistema de cúmulo jurídico, somando-se as penas aplicadas a cada um dos crimes.
b) o sistema da exasperação, quando se tratar de casos de concurso formal imperfeito.
c) o sistema da exasperação, quando se tratar de concurso material heterogêneo, para evitar que a pena ultrapasse o limite legal de cumprimento.
d) o sistema da exasperação, que considera tão somente o número de crimes consumados para definição da pena.
e) o sistema do cúmulo material, quando se tratar de pena pecuniária, independentemente das demais sanções aplicadas, ressalvado o crime continuado.

16.2.4. Teoria do Crime

✱ QUESTÕES DISCURSIVAS

15. **(Cespe/PC/MA/Delegado/2018)** Segundo Becker (Los extraños. 1971, p. 19), "os grupos sociais criam o desvio ao fazer as regras cuja infração constitui o desvio e aplicar ditas regras a certas pessoas em particular e qualificá-las de marginais (estranhos)." Tratando a respeito da mesma teoria, Gomes e Molina afirmam que a "desviação não é uma qualidade intrínseca da conduta, senão uma qualidade que lhe é atribuída por meio de complexos processos de interação social, processos estes altamente seletivos e discriminatórios." Considerando o texto acima, redija um texto dissertativo acerca da teoria defendida por Becker e explanada por Gomes e Molina. Em seu texto, atenda ao que se pede a seguir: (i) Informe a denominação dessa teoria; (ii) Apresente as influências e a tese central da teoria em questão; (iii) Discorra sobre crime e criminoso sob a perspectiva da referida teoria.

✱ QUESTÕES OBJETIVAS

283. **(Cespe/DPE/PE/Defensor/2015)** No direito penal do autor, o delito é visto como um sintoma de um estado do autor, mecânica ou moralmente inferior ao das pessoas consideradas normais.

284. **(Cespe/DPE/PE/Defensor/2015)** "O Estado, para garantir a segurança dos cidadãos, deve proibir ou restringir todas aquelas ações que se refiram, de maneira imediata, só a quem as realize, das quais derive lesão aos direitos dos outros, isto é, que atinjam sua liberdade e propriedade, sem o seu consentimento ou contra ele, ou das que haja de temê-las provavelmente; probabilidade na qual haverá de considerar a dimensão do dano que se quer causar e a importância da limitação da liberdade produzida por lei proibitiva". (Wilhem Von Humboldt. Los límites de la acción del estado. 1792, p. 122, com adaptações). Ao vincular a ideia de crime à violação de direitos subjetivos, o pensamento do autor do fragmento em apreço nega os fundamentos da doutrina privatista de Feuerbach, concepção pioneira a respeito do objeto de tutela penal.

285. **(Cespe/DPE/PE/Defensor/2015)** A coação física irresistível configura hipótese jurídico-penal de ausência de conduta, engendrando, assim, a atipicidade do fato.

286. **(Cespe/PC/MT/Delegado/2017)** A respeito de crimes de mesma espécie, nas mesmas condições de tempo, lugar e forma de execução, com vínculo subjetivo entre os eventos, assinale a opção correta considerando a jurisprudência dos tribunais superiores:

a) A lei penal mais grave aplicar-se-á ao crime continuado ou ao crime permanente, se a sua vigência for posterior à cessação da continuidade delitiva ou da permanência.

b) Admite-se a continuidade delitiva entre os crimes de roubo e de latrocínio.

c) A continuidade delitiva pode ser reconhecida quando se tratar de delitos de mesma espécie ocorridos em comarcas limítrofes ou próximas.

d) Nos crimes dolosos contra vítimas diferentes cometidos com violência ou grave ameaça à pessoa, o aumento da pena pelo crime continuado encontra fundamento na gravidade do delito.

e) O prazo prescricional será regulado pela pena imposta na sentença, com o acréscimo decorrente da continuidade delitiva.

287. **(Cespe/TRE/PE/Analista/2017)** De acordo com os principais teóricos do direito penal, a teoria da imputação objetiva se refere especificamente à:

a) culpabilidade.

b) antijuridicidade.

c) tipicidade material.

d) relação de causalidade.

e) punibilidade.

288. **(Cespe/DPU/Defensor/2015)** No direito penal brasileiro, admite-se a compensação de culpas no caso de duas ou mais pessoas concorrerem culposamente para a produção de um resultado naturalístico, respondendo cada um, nesse caso, na medida de suas culpabilidades.

289. **(Cespe/PC/GO/Escrivão/2016)** Considerando os aspectos legais, doutrinários e jurisprudenciais sobre a infração penal quanto aos elementos constitutivos, às espécies e aos sujeitos, bem como à ilicitude, às excludentes e ao excesso punível, à consumação e tentativa e ao concurso de pessoas, assinale a opção correta:

a) O concurso de agentes na realização de um crime pressupõe sempre o prévio ajuste de vontades na consecução de um resultado danoso desejado por todos.

b) Não será punível o excesso de legítima defesa se a pessoa usar energia exagerada para repelir uma agressão atual ou iminente, porque, em tais casos, não se pode exigir do homem médio agir moderadamente quando tomado de violenta emoção.

c) Diz-se antijurídica e, portanto, punível a título doloso toda conduta contrária ao direito, ainda que praticada na crença sincera de se estar agindo com amparo em causa excludente de ilicitude.

d) São exemplos de excludentes de ilicitude a coação moral irresistível, a legítima defesa, o estado de necessidade e o exercício regular de um direito.

e) Nos crimes materiais, a consumação só ocorre ante a produção do resultado naturalístico, enquanto que, nos crimes formais, este resultado é dispensável.

16.2.5. Outros Temas

✱ QUESTÕES OBJETIVAS

290. **(Cespe/TRT/8R/Oficial_Justiça/2016)** Com base no que dispõe a Constituição Federal de 1988 quanto ao direito penal, assinale a opção correta:

a) Não se permitem penas de caráter perpétuo, de trabalhos forçados, de banimento, cruéis ou de morte, salvo esta última em caso de guerra declarada.

b) Por ser uma pena pecuniária, a multa pode ser, nos termos da lei, estendida aos sucessores e contra eles executada, até o limite do valor do patrimônio transferido.

c) A escolha do estabelecimento onde o agente cumprirá pena restritiva de liberdade depende de aspectos como periculosidade do delito, aptidão para o trabalho, idade, escolaridade e sexo do apenado.

d) É permitida a extradição do brasileiro naturalizado que pratique, após a naturalização, crime comum ou crime de tráfico ilícito de entorpecentes e drogas afins.

e) Constituem crimes inafiançáveis e imprescritíveis o racismo, a tortura, o tráfico ilícito de entorpecentes e drogas afins, o terrorismo e os definidos como crimes hediondos.

291. **(Cespe/DPE/PE/Defensor/2015)** O direito penal, mediante a interpretação das leis penais, proporciona aos juízes um sistema orientador de decisões que contém e reduz o poder punitivo, para impulsionar o progresso do estado constitucional de direito.

292. **(Cespe/TJ/AM/Juiz/2016)** Determinada sentença justificou a dosimetria da pena em um crime de roubo da forma seguinte. A culpabilidade do réu ficou comprovada, sendo a sua conduta altamente reprovável; não constam informações detalhadas sobre seus antecedentes, mas consta que ele foi anteriormente preso em flagrante acusado de roubo – embora não haja prova do trânsito em julgado da condenação – e que responde também a dois inquéritos policiais nos quais é acusado de furtar. A conduta social do réu não é boa e denota personalidade voltada para o crime; os motivos e as circunstâncias do crime não favorecem o réu; e as consequências do fato são muito graves, pois as vítimas, que em nada contribuíram para a deflagração do ato criminoso, tiveram prejuízo expressivo, já que houve desbordamento do caminho usualmente utilizado para a consumação do crime. É relevante observar que, sendo o réu pobre, semianalfabeto, sem profissão e sem emprego, muito provavelmente voltará ao crime, fato que, por si, justifica o aumento da pena-base como forma de prevenção. Tendo em vista os elementos apresentados na justificação hipotética descrita, assinale a opção correta de acordo com a jurisprudência do STJ:

a) Por ser inerente ao crime de roubo, compondo a fase de criminalização primária, a perda material não poderia justificar o aumento da pena-base como consequência negativa do crime.
b) O juiz decidiu corretamente, pois apresentou justificação convincente, baseada no princípio do livre convencimento.
c) Considerando que o réu já tinha sido preso em flagrante por roubo e, mesmo sem o trânsito em julgado da respectiva sentença, ele ainda responde a dois inquéritos policiais por furtos, justifica-se a exacerbação da pena-base.
d) O juiz deveria ter levado em conta o fato de as vítimas em nada terem contribuído para a ocorrência do crime também como motivo para exasperação da pena-base do réu, a fim de atender as funções repressivas e preventivas da sanção penal.
e) A exasperação da pena-base por causa da pobreza, ignorância ou desemprego caracteriza a prática do que a doutrina denomina direito penal do inimigo.

17. LEIS ESPECIAIS

✱ 4º NO TOP 5!

◎ COM 123 QUESTÕES, OS TEMAS DESTE TÓPICO ESTÃO EM QUARTO LUGAR DENTRE OS CINCO MAIORES AGREGADOS DE ASSUNTOS EXPLORADOS PELA BANCA:

17.1. Código de Trânsito Brasileiro (Lei 9.503/97)

✱ SÚMULAS

STJ Súm. 720. O art. 309 do Código de Trânsito Brasileiro, que reclama decorra do fato perigo de dano, derrogou o art. 32 da Lei das Contravenções Penais no tocante à direção sem habilitação em vias terrestres.

STJ Súm. 575. Constitui crime a conduta de permitir, confiar ou entregar a direção de veículo automotor a pessoa que não seja habilitada, ou que se encontre em qualquer das situações previstas no art. 310 do CTB, independentemente da ocorrência de lesão ou de perigo de dano concreto na condução do veículo.

✱ INFORMATIVOS DE JURISPRUDÊNCIA

Homicídio. Embriaguez ao volante. Dolo eventual. Ausência de circunstâncias excedentes ao tipo. Desclassificação. Homicídio culposo.

STJ A embriaguez do agente condutor do automóvel, por si só, não pode servir de premissa bastante para a afirmação do dolo eventual em acidente de trânsito com resultado morte. REsp 1.689.173, Rel. Min. Rogério Schietti Cruz, DJ 26.3.2018. 6ª T. (Info 623)

Homicídio na direção de veículo após suposta ingestão de bebida alcoólica. Dolo eventual versus culpa consciente. Aferição. Juiz togado. Pronúncia. Filtro processual.

STJ Na primeira fase do Tribunal do Júri, ao juiz togado cabe apreciar a existência de dolo eventual ou culpa consciente do condutor do veículo que, após a ingestão de bebida alcoólica, ocasiona acidente de trânsito com resultado morte. REsp 1.689.173, Rel. Min. Rogerio Schietti Cruz, DJ 26.3.2018. 6ª T. (Info 623)

✱ INOVAÇÕES LEGISLATIVAS

▲CTB. Capítulo XIX - Dos Crimes de Trânsito, Seção I - Disposições Gerais

▲Art. 291. (...). § 4º O juiz fixará a pena-base segundo as diretrizes previstas no art. 59 do Decreto-Lei n. 2.848, de 7 de dezembro de 1940 (Código Penal), dando especial atenção à culpabilidade do agente e às circunstâncias e consequências do crime. (Modificações: 13.546/17)

▲Capítulo XIX - Dos Crimes de Trânsito, Seção II - Dos Crimes em Espécie

▲Art. 302. (...). § 3º Se o agente conduz veículo automotor sob a influência de álcool ou de qualquer outra substância psicoativa que determine dependência: Penas – reclusão, de cinco a oito anos, e suspensão ou proibição do direito de se obter a permissão ou a habilitação para dirigir veículo automotor. (Modificações: 13.546/17)

▲Art. 303. (...). § 1º Aumenta-se a pena de 1/3 (um terço) à metade, se ocorrer qualquer das hipóteses do § 1º do art. 302. § 2º A pena privativa de liberdade é de reclusão de dois a cinco anos, sem prejuízo das outras penas previstas neste artigo, se o agente conduz o veículo com capacidade psicomotora alterada em razão da influência de álcool ou de outra substância psicoativa que determine dependência, e se do crime resultar lesão corporal de natureza grave ou gravíssima. (Modificações: 13.546/17)

▲Art. 308. Participar, na direção de veículo automotor, em via pública, de corrida, disputa ou competição automobilística ou ainda de exibição ou demonstração de perícia em manobra de veículo automotor, não autorizada pela autoridade competente, gerando situação de risco à incolumidade pública ou privada: (...). (Modificações: Lei 13.546/17)

* QUESTÕES OBJETIVAS

293. **(Cespe/PC/MA/Delegado/2018)** Assinale a opção correta a respeito dos crimes de trânsito.

a) A condução de veículo automotor em via pública por motorista com a habilitação suspensa configurará crime apenas se a situação gerar perigo de dano.

b) Para a constatação do crime de embriaguez ao volante, é imprescindível a realização de prova por teste de bafômetro ou etilômetro.

c) A lesão corporal culposa cometida na direção de veículo automotor por condutor sob a influência de álcool dispensa a representação do ofendido.

d) A suspensão da habilitação, aplicada cumulativamente na sentença condenatória por homicídio culposo na direção de veículo automotor, deve ter o mesmo prazo da pena de prisão.

e) É causa de aumento de pena a utilização de veículo em que tenham sido adulterados equipamentos ou características que afetem a sua segurança ou o seu funcionamento.

294. **(Cespe/DPE/PE/Defensor/2015)** Ana, conduzindo veículo automotor em via pública, colidiu com o veículo de Elza, que conduzia regularmente seu automóvel. Elza sofreu lesões leves em seus braços e pernas, comprovadas por exame pericial. Ana trafegava à velocidade de 85 km/h, quando o máximo permitido para a via era de 40 km/h. Na delegacia de polícia, Elza fez constar na ocorrência policial que não desejava representar criminalmente contra Ana. Ficou demonstrado ainda, durante o inquérito policial, que Ana não conduzia o veículo sob efeito de álcool e também não participava de corrida não autorizada pela autoridade competente. Ana foi denunciada pelo MP pelo delito de lesão corporal culposa (art. 303 do CTB). Argumentou o representante do parquet que o delito era de ação penal pública incondicionada, haja vista que Ana trafegava a uma velocidade superior ao dobro da permitida para a via. Nessa situação, agiu acertadamente o MP ao oferecer denúncia contra Ana com respaldo no CTB.

295. **(Cespe/PC/GO/Delegado/2017)** Em relação às disposições expressas nas legislações referentes aos crimes de trânsito, contra o meio ambiente e de lavagem de dinheiro, assinale a opção correta:

a) Em relação aos delitos ambientais, constitui crime omissivo impróprio a conduta de terceiro que, conhecedor da conduta delituosa de outrem, se abstém de impedir a sua prática.

b) Para a caracterização do delito de lavagem de dinheiro, a legislação de regência prevê um rol taxativo de crimes antecedentes, geradores de ativos de origem ilícita, sem os quais o crime não subsiste.

c) A colaboração premiada de que trata a Lei de Lavagem de Dinheiro poderá operar a qualquer momento da persecução penal, até mesmo após o trânsito em julgado da sentença.

d) É vedada a imposição de multa por infração administrativa ambiental cominada com multa a título de sanção penal pelo mesmo fato motivador, por violação ao princípio do non "bis in idem".

e) A prática de homicídio culposo descrita no Código de Trânsito enseja a aplicação da penalidade de suspensão da permissão para dirigir, pelo órgão administrativo competente, mesmo antes do trânsito em julgado de eventual condenação.

296. **(Cespe/DPE/AC/Defensor/2017)** Com base no entendimento dos tribunais superiores acerca dos crimes de trânsito, assinale a opção correta:

a) Constitui crime de perigo abstrato trafegar em velocidade incompatível com a segurança próximo a escolas, hospitais e estações de embarque e desembarque de passageiros.

b) O crime de embriaguez ao volante possui elemento objetivo do tipo de natureza exata, o que não permite a aplicação de critérios subjetivos de interpretação para sua configuração.

c) Confiar a direção de veículo automotor a pessoa não habilitada ou em estado de embriaguez constitui delito que tem natureza de infração penal de perigo abstrato.

d) Configura crime de perigo abstrato o ato de dirigir veículo automotor, em via pública, sem a devida permissão ou habilitação para dirigir ou após cassação do direito de dirigir.

e) O crime de embriaguez ao volante, por ser delito mais grave, absorve a infração penal de dirigir veículo automotor em via pública sem permissão ou habilitação.

17.2. Código Penal Militar (DL 1.001/69)

✱ INFORMATIVOS DE JURISPRUDÊNCIA

HC: Crime militar impróprio e competência

STF Indeferido HC pelo qual se discutia a competência para o julgamento de militar denunciado pela suposta prática do crime de falsidade ideológica na forma continuada. No caso, o paciente teria atestado, falsamente, a regularidade técnica para navegação de embarcações civis. A defesa alega a incompetência da justiça militar para o julgamento do feito. O crime em comento tem natureza formal. Configura-se, portanto, independentemente do resultado e, ademais, é praticado em detrimento da fé pública militar. Incide, portanto, o art. 9º, II, "e", do CPM; e o art. 124 da CF. HC 110233, Rel. Acd. Min. Marco Aurélio, j. 10.10.2017. 1ª T. (Info 881)

✱ QUESTÕES DISCURSIVAS

16. **(Cespe/DPU/Defensor/2017)** Discorra sobre a tipicidade da conduta de porte de ínfima quantidade de droga, para uso pessoal, por militar em local sujeito à administração militar. Em sua resposta, aborde, de um lado, os princípios constitucionais penais e, de outro, o posicionamento do STM e do STF a respeito da matéria.

✱ QUESTÕES OBJETIVAS

297. **(Cespe/DPU/Defensor/2017)** Em uma festa de confraternização nas dependências de um quartel, alguns militares, conscientemente, ingeriram bebida alcoólica. Lá mesmo, apresentando sintomas de embriaguez, um deles cometeu crime militar e foi preso, o que o tornou réu em ação penal militar. Nessa situação, o estado de embriaguez do militar será considerado circunstância para atenuar a pena.

298. **(Cespe/DPU/Defensor/2017)** Hélio, que é soldado, desertou e, antes de ele se apresentar ou ser capturado, o CPM foi alterado para aumentar a pena do crime de deserção. Nessa situação, caso seja capturado futuramente, Hélio estará sujeito à nova pena.

299. **(Cespe/DPU/Defensor/2017)** Um oficial foi preso em flagrante delito pelo cometimento de crime militar que não se consumou por circunstâncias alheias à sua vontade, tendo sido denunciado e se tornado réu em ação penal militar. Nessa situação, a depender da gravidade, o juiz poderá aplicar a pena do crime consumado, sem diminuí-la.

300. **(Cespe/DPU/Defensor/2017)** O cometimento de crime de traição, espionagem ou cobardia, ou outros elencados no CPM, sujeita o oficial infrator, independentemente da pena aplicada, a declaração de indignidade para o oficialato.

301. **(Cespe/DPU/Defensor/2017)** O CP prevê prazo máximo para prescrição da ação penal de vinte anos, assim como prevê o CPM para os crimes cometidos em tempo de paz.

302. **(Cespe/DPU/Defensor/2017)** O militar que cometer homicídio contra outro militar dentro de um quartel cometerá um crime propriamente militar, pois o ato terá sido praticado nessa condição.

303. **(Cespe/DPU/Defensor/2017)** Enquanto assumia posto de sentinela de determinado quartel, um soldado foi encontrado portando certa quantidade de substância entorpecente. Nessa situação, dependendo da quantidade de droga encontrada com o soldado, o princípio da insignificância poderá ser aplicado e o militar poderá não ser denunciado pela posse do entorpecente.

304. **(Cespe/DPU/Defensor/2015)** Em determinada organização militar, durante o expediente, dois militares que trabalhavam na mesma seção desentenderam-se e um deles, sem justificativa e intencionalmente, disparou sua arma de fogo contra o outro, que faleceu imediatamente. Nessa situação, o autor do disparo cometeu crime impropriamente militar.

305. **(Cespe/DPU/Defensor/2015)** Um militar das Forças Armadas, durante a prestação de serviço na organização militar onde ele servia, foi preso em flagrante delito por estar na posse de substância entorpecente. Nessa situação, segundo o entendimento do STF, se a quantidade da substância entorpecente for pequena, poder-se-á aplicar ao caso o princípio da insignificância.

306. **(Cespe/DPU/Defensor/2015)** Se um oficial das Forças Armadas cometer crime de furto simples, ele ficará sujeito à declaração de indignidade para o oficialato, qualquer que seja a sua pena.

17.3. Estatuto do Desarmamento (Lei 10.826/03)

✱ SÚMULAS

STJ Súm. 513. A "abolitio criminis" temporária prevista na Lei n. 10.826/2003 aplica-se ao crime de posse de arma de fogo de uso permitido com numeração, marca ou qualquer outro sinal de identificação raspado, suprimido ou adulterado, praticado somente até 23.10.2005.

✱ INOVAÇÕES LEGISLATIVAS

▲ Estatuto do Desarmamento (Lei 10.826/03)

▲ Art. 6º É proibido o porte de arma de fogo em todo o território nacional, salvo para os casos previstos em legislação própria e para: (...). II – os integrantes de órgãos referidos nos incisos I, II, III, IV e V do caput do art. 144 da Constituição Federal e os da Força Nacional de Segurança Pública (FNSP); (Modificações: 13.500/17)

✱ QUESTÕES OBJETIVAS

307. **(Cespe/PC/MA/Delegado/2018)** De acordo com o entendimento da doutrina e dos tribunais superiores sobre o Estatuto do Desarmamento, especialmente quanto às armas de fogo:

a) o crime de tráfico internacional de arma de fogo é insuscetível de liberdade provisória.
b) majora-se a pena em caso de crime de comércio ilegal de arma de fogo mesmo que se trate de armamento de uso permitido.
c) a arma de fogo desmuniciada afasta as figuras criminosas da posse ou do porte ilegal, considerando-se que o objeto jurídico tutelado é a incolumidade física.
d) o porte de arma de fogo de uso permitido com a numeração raspada equivale penalmente ao porte de arma de fogo de uso restrito.
e) o disparo de arma de fogo em via pública e o porte ilegal de arma de fogo de uso permitido configuram situações de inafiançabilidade.

308. **(Cespe/PC/PE/Delegado/2016)** Lucas, delegado de polícia de determinado estado da Federação, em dia de folga, colidiu seu veículo contra outro veículo que estava parado em um sinal de trânsito. Sem motivo justo, o delegado sacou sua arma de fogo e executou um disparo para o alto. Imediatamente, Lucas foi abordado por autoridade policial que estava próxima ao local onde ocorrera o fato. Nessa situação hipotética, a conduta de Lucas poderá ser enquadrada como:

a) crime inafiançável.
b) contravenção penal.
c) crime, com possibilidade de aumento de pena, devido ao fato de ele ser delegado de polícia.
d) crime insuscetível de liberdade provisória.
e) atípica, devido ao fato de ele ser delegado de polícia.

309. **(Cespe/DPE/PE/Defensor/2015)** Tales foi preso em flagrante delito quando transportava, sem autorização legal ou regulamentar, dois revólveres de calibre 38 desmuniciados e com numerações raspadas. O fato de as armas apreendidas estarem desmuniciadas não tipifica o crime de posse ou porte ilegal de arma de fogo de uso restrito em razão da total ausência de potencial lesivo da conduta.

310. **(Cespe/TJ/AM/Juiz/2016)** Júlio foi denunciado em razão de haver disparado tiros de revólver, dentro da própria casa, contra Laura, sua companheira, porque ela escondera a arma, adquirida dois meses atrás. Ele não tinha licença expedida por autoridade competente para possuir tal arma, e a mulher tratou de escondê-la porque viu Júlio discutindo asperamente com um vizinho e temia que ele pudesse usá-la contra esse desafeto. Raivoso, Júlio adentrou a casa, procurou em vão o revólver e, não o achando, ameaçou Laura, constrangendo-a a devolver-lhe a arma. Uma vez na sua posse, ele disparou vários tiros contra Laura, ferindo-a gravemente e também atingindo o filho comum, com nove anos de idade, por erro de pontaria, matando-o instantaneamente. Laura só sobreviveu em razão de pronto e eficaz atendimento médico de urgência. Ainda com referência à situação hipotética descrita e a aspectos legais a ela pertinentes, assinale a opção correta com respaldo na jurisprudência do STJ:

a) Além dos crimes de homicídio, Júlio responderá em concurso material pelo crime de posse irregular de arma de fogo, uma vez que, ao mantê-la guardada em sua residência durante mais de dois meses, já havia consumado esse crime.
b) Opera-se o fenômeno da consunção entre o ato de possuir arma de fogo sem autorização legal e o ato dispará-la com ânimo de matar, uma vez que o crime mais grave sempre absorve o menos grave.
c) O fato de Júlio possuir guardado na sua casa, fora do alcance de crianças, um revólver municiado constitui "ante factum" não punível em relação ao homicídio posteriormente praticado.
d) Laura também deverá responder pelo fato de haver escondido o revólver dentro da residência, sabendo ou devendo saber ser proibido deter sua posse sem licença da autoridade competente.
e) O fato de possuir um revólver guardado em casa e posteriormente utilizá-lo para praticar homicídio pode caracterizar continuidade delitiva.

311. **(Cespe/TJ/PB/Juiz/2015)** Acerca dos crimes em espécie previstos no CP e na legislação penal especial, assinale a opção correta:

a) O crime de lesão corporal praticado por um indivíduo contra seu irmão, no âmbito doméstico, configura apenas o crime de lesão corporal simples, dada a inaplicabilidade da Lei Maria da Penha em casos em que a vítima seja do sexo masculino.
b) O crime de omissão de cautela, previsto no Estatuto do Desarmamento, é delito omissivo, sendo a culpa na modalidade negligência o elemento subjetivo do tipo.
c) O estupro de vulnerável praticado sem a utilização de violência real ou de grave ameaça não pode ser considerado crime hediondo.
d) Deixar de fornecer, quando obrigatória, nota fiscal relativa à venda de mercadoria ou prestação de serviço efetivamente realizado é crime cuja conduta típica classifica-se como material, visto que somente se consuma quando há o lançamento definitivo do tributo.
e) Nos crimes previstos no Código de Trânsito Brasileiro, a suspensão ou a proibição para se obter permissão ou habilitação para dirigir veículo automotor deve ser imposta cumulativamente com outras penalidades, não como pena autônoma.

312. **(Cespe/TJ/DFT/Juiz/2015)** Cada uma das próximas opções apresenta uma situação hipotética sobre crimes previstos no Estatuto do Desarmamento, seguida de uma assertiva a ser julgada. Assinale a opção que apresenta a assertiva correta:

a) Carlos foi preso em flagrante, durante o período de vigência da Lei n. 10.826/2003 – prorrogada pela Lei n. 11.922/2009 –, devido ao fato de a polícia ter encontrado, em um armário de sua residência, uma arma de fogo de uso restrito. Nessa situação, a conduta de Carlos caracterizou-se como atípica em razão da incidência de abolitio criminis temporária.
b) Bruno, militar da Aeronáutica, em um dia de folga, atirou com sua arma de fogo na rua onde residia e assustou moradores e transeuntes que passavam pelo local. Nessa situação, devido ao fato de Bruno ter praticado crime de disparo com arma de fogo, a causa do aumento de pena, prevista no Estatuto do Desarmamento, deverá ser aplicada na sentença durante a terceira fase da dosimetria.
c) André guardou em sua residência, de janeiro de 2015 até sua prisão em flagrante na presente data, uma arma de fogo de uso permitido, devidamente municiada, mas com numeração de série suprimida. Nessa situação, André praticou o crime de posse irregular de arma de fogo de uso permitido e, por isso, deve ser punido com pena de detenção.
d) Ronaldo foi preso em flagrante imediatamente após efetuar – com intenção de matar, mas sem conseguir atingir a vítima – disparos de arma de fogo na direção de José. Nessa situação, Ronaldo cometeu homicídio na forma tentada e disparo de arma de fogo em concurso formal.
e) Júlio, detentor de porte de arma e proprietário de arma de fogo devidamente registrada, vendeu para Tiago, de quatorze anos de idade, uma arma, devidamente municiada, acompanhada do seu documento de registro. Nessa situação, ao permitir que o adolescente se apoderasse da arma de fogo, Júlio praticou o delito de omissão de cautela, previsto no Estatuto do Desarmamento.

313. **(Cespe/DPE/PE/Defensor/2015)** Tales foi preso em flagrante delito quando transportava, sem autorização legal ou regulamentar, dois revólveres de calibre 38 desmuniciados e com numerações raspadas. A apreensão das armas de fogo configurou concurso formal de crimes.

314. **(Cespe/PC/GO/Delegado/2017)** Considerando o atual entendimento dos tribunais superiores quanto aos institutos do Código de Defesa do Consumidor, do Estatuto do Desarmamento e do Estatuto da Criança e do Adolescente (ECA), assinale a opção correta:

a) Ao estabelecer prazo para a regularização dos registros pelos proprietários e possuidores de armas de fogo, o Estatuto do Desarmamento criou situação peculiar e temporária de atipicidade das condutas de posse e porte de arma de fogo de uso permitido e restrito.

b) Aquele que fornece a adolescente, ainda que gratuitamente, arma de fogo, acessório ou munição de uso restrito ou proibido fica sujeito à sanção penal prevista no ECA, em decorrência do princípio da especialidade.

c) Pessoa jurídica não pode figurar como sujeito passivo de infração penal consumerista, porquanto não se enquadra no conceito de consumidor.

d) A conduta daquele que promove propaganda enganosa capaz de induzir o consumidor a se comportar de maneira prejudicial à sua saúde somente é penalmente punível diante da ocorrência de resultado danoso.

e) O porte ou a posse simultânea de duas ou mais armas de fogo de uso restrito ou proibido não configura concurso formal, mas crime único, pois a situação de perigo é uma só.

315. **(Cespe/DPE/AC/Defensor/2017)** Com o intuito de assegurar sua proteção pessoal, Jonas adquiriu, de maneira informal, uma arma de fogo de uso permitido, com numeração raspada, e guardou-a no bar em que trabalha. Duas semanas depois, arrependido da aquisição, Jonas procurou a DP, com o objetivo de resolver, juridicamente, essa situação e escapar das sanções cabíveis previstas na legislação pertinente. Nessa situação hipotética, considerando-se o entendimento dos tribunais superiores acerca do tema, o DP deverá orientar Jonas a:

a) retornar ao local da aquisição imediatamente e requerer que o vendedor entregue recibo da compra e comprovação da origem lícita da arma para que seja efetuado o seu registro.

b) limpar suas digitais e descartar a arma imediatamente, uma vez que, de acordo com a lei, poderá ser preso em flagrante, a qualquer momento, no local de trabalho.

c) procurar a delegacia da cidade e proceder à entrega espontânea da arma, visto que esse ato é causa permanente de exclusão de punibilidade.

d) requerer a autorização para o porte da arma, por ser de uso permitido, e, posteriormente, apresentar a arma na delegacia de polícia para regularização definitiva.

e) comparecer à delegacia, uma vez que a posse de arma de fogo, de per si, constitui crime, sendo inviável, nesse caso, a extinção da punibilidade, obtendo-se o benefício da confissão.

316. **(Cespe/PC/MT/Delegado/2017)** João, ao trafegar com sua moto, foi surpreendido por policiais que encontraram em seu poder arma de fogo – revólver – de uso permitido. João trafegava com a arma sem autorização e em desacordo com determinação legal ou regulamentar. A partir dessa situação hipotética, assinale a opção correta de acordo com o Estatuto do Desarmamento e com o entendimento jurisprudencial dos tribunais superiores:

a) O simples fato de João carregar consigo o revólver, por si só, não caracteriza crime, uma vez que o perigo de dano não é presumido pelo tipo penal.

b) Se o revólver estiver com a numeração raspada, João estará sujeito à sanção prevista para o delito de posse ou porte ilegal de arma de fogo de uso proibido ou restrito.

c) O crime de porte ilegal de arma de fogo de uso permitido é inafiançável.

d) O simples fato de João carregar consigo o revólver caracteriza o crime de posse ilegal de arma de fogo de uso permitido.

e) Se o revólver estiver desmuniciado, o fato será atípico.

317. **(Cespe/PC/MT/Delegado/2017)** José entrou em um ônibus de transporte público e, ameaçando os passageiros com uma arma de fogo, subtraiu de diversos deles determinadas quantias em dinheiro. Nessa situação hipotética, de acordo com a jurisprudência dos tribunais superiores:

a) a prática do delito contra vítimas diferentes em um mesmo contexto e mediante uma só ação configurou concurso material.

b) a simples inversão da posse dos bens – dos passageiros para José – não consumou o crime de roubo; para tal, seria necessária a posse mansa e pacífica ou desvigiada dos valores subtraídos por José.

c) o fato de o delito ter sido praticado em ônibus de transporte público de passageiros será causa de aumento de pena.

d) se a arma utilizada no crime fosse de brinquedo e, ainda assim, tivesse causado fundado temor nas vítimas, deveria ser aplicada majorante do crime de roubo.

e) o crime de porte de arma será absorvido pelo crime de roubo, ante os fatos de haver nexo de dependência entre as duas condutas e de os delitos terem sido praticados em um mesmo contexto fático.

17.4. Lei da Lavagem de Dinheiro (Lei 9.613/98)

* INOVAÇÕES LEGISLATIVAS

▲ Lei da Lavagem de Dinheiro (Lei 9.613/98)

▲ Capítulo IX – Do Conselho de Controle de Atividades Financeiras

▲ Art. 16. § 2º Caberá recurso das decisões do Coaf relativas às aplicações de penas administrativas ao Conselho de Recursos do Sistema Financeiro Nacional. (Modificações: Lei 13.506/17)

* QUESTÕES OBJETIVAS

318. **(Cespe/PC/MA/Delegado/2018)** A colaboração premiada nos casos de lavagem de capitais

a) será válida somente se o colaborador indicar a autoria do crime antecedente que originou a lavagem de ativos.

b) será nula se não contar com a participação do órgão julgador na elaboração do acordo.

c) tem como benefício, entre outros, a substituição da pena privativa de liberdade por penas restritivas de direitos.

d) constitui meio de prova que pode embasar, isoladamente, posterior sentença condenatória.

e) pode ocorrer apenas na fase processual, no curso da competente ação penal.

319. **(Cespe/PC/MA/Investigador/2018)** Determinada pessoa ocultou a origem de bens provenientes diretamente de infração penal. Provado o crime de ocultação, foi instaurada ação penal contra essa pessoa com fundamento nos dispositivos da Lei n. 9.613/1998, que dispõe sobre os crimes de lavagem ou ocultação de bens, direitos e valores. Nessa situação hipotética, conforme a lei nela referida:

a) cumulativamente à penalidade de reclusão, poderá o juiz aplicar multa ao agente, desde que a infração penal tenha sido praticada contra o erário público.

b) a condenação pelo crime de ocultação de valores independerá do julgamento das infrações penais antecedentes.

c) se a pessoa acusada, citada por edital, não comparecer, nem constituir advogado, ficará suspenso o processo.

d) a competência para o processamento e o julgamento será, em qualquer hipótese, da justiça federal.

e) haverá incidência de qualificadora, caso a infração penal tenha sido praticada por intermédio de organização criminosa.

320. **(Cespe/DPU/Defensor/2017)** Em assalto a uma agência bancária, Lúcio conseguiu alta monta financeira. Com parte do dinheiro, ele comprou imóvel em nome próprio, tendo declarado na escritura de compra e venda valor inferior ao que foi efetivamente pago pelo imóvel. Em seguida, Lúcio vendeu o bem pelo valor de mercado, o que tornou lícito o proveito econômico do crime praticado. De acordo com o STF, Lúcio somente poderá ser processado e julgado pelo crime de roubo, pois o direito penal brasileiro não admite o crime de autolavagem – quando o autor do crime antecedente pratica também a lavagem de capitais –, por entender que esse seria um caso de mero exaurimento do fato antecedente.

321. **(Cespe/TCE/PA/Auditor/2016)** Em crimes de lavagem de dinheiro, dada a natureza do delito praticado, é incabível a tentativa.

322. **(Cespe/TRF/1R/Juiz/2015)** Em relação à Lei de Lavagem de Dinheiro (Lei n. 9.613/1998), assinale a opção correta:

a) Os tipos previstos na Lei de Lavagem de Dinheiro são próprios, pois o texto legal exige o pertencimento dos agentes a determinada categoria de pessoas para que fique caracterizada a conduta criminosa.

b) A doutrina majoritária identifica como bem jurídico do delito de lavagem de dinheiro a administração da justiça e(ou) a ordem socioeconômica.

c) Para que tenha direito a benefício resultante de colaboração premiada, é necessário que o agente cumpra dois requisitos: identifique os autores e informe a localização dos bens, direitos ou valores objeto do crime.

d) Caso uma instituição cuja atividade principal seja captação de recursos financeiros de terceiros tenha conhecimento de atos suspeitos previstos nessa lei, deve comunicar o fato ao Conselho de Controle das Atividades Financeiras para evitar ser responsabilizada criminalmente.

e) Se, em um escritório, ocorrer a prática reiterada de delitos previstos na referida lei com o conhecimento dos funcionários, a responsabilização criminal de cada um desses agentes dependerá da comprovação de sua prática efetiva de atos de ocultação de bens, direitos ou valores provenientes de infração penal.

323. (Cespe/DPU/Defensor/2017) Em assalto a uma agência bancária, Lúcio conseguiu alta monta financeira. Com parte do dinheiro, ele comprou imóvel em nome próprio, tendo declarado na escritura de compra e venda valor inferior ao que foi efetivamente pago pelo imóvel. Em seguida, Lúcio vendeu o bem pelo valor de mercado, o que tornou lícito o proveito econômico do crime praticado. Conforme a legislação específica, para que Lúcio seja condenado pelo crime de lavagem de dinheiro, é necessário que haja condenação, ao menos em primeiro grau, pelo crime de roubo à agência bancária.

324. (Cespe/TCE/RN/Auditor/2015) De acordo com a jurisprudência do STJ, o delito de lavagem de dinheiro absorve a infração penal antecedente.

325. (Cespe/TCE/RN/Auditor/2015) A lei brasileira que criminaliza a lavagem de dinheiro classifica-se como de terceira geração, pois admite que o delito de lavagem de dinheiro pode ter como precedente qualquer ilícito penal.

326. (Cespe/PC/MT/Delegado/2017) A respeito do crime de lavagem de dinheiro praticado ao se adquirir bens com o produto de crime antecedente, perpetrado por organização criminosa de que o agente seja integrante, assinale a opção correta:

a) O juiz poderá decretar medidas assecuratórias sobre bens, direitos ou valores para a reparação de dano decorrente do branqueamento de capitais, mas não daquele decorrente da infração penal antecedente.

b) O juiz não poderá determinar, por iniciativa própria, a alienação antecipada de bens constritos, sob a alegação de preservação do valor desses bens.

c) Se o agente acordar com a justiça a colaboração premiada, poderá obter o perdão judicial, mesmo que o acordo ocorra posteriormente à sentença.

d) No caso de colaboração premiada, as proposições do acordo serão formuladas pelo juiz, juntamente com o MP e com o delegado de polícia, e, se for aceito, o acordo será homologado judicialmente.

e) O juiz poderá decretar medidas assecuratórias de bens, direitos ou valores do investigado, independentemente de requerimento do MP ou representação do delegado de polícia.

17.5. Lei das Contravenções Penais (DL 3.688/41)

* SÚMULAS

STF Súm. 720. O art. 309 do Código de Trânsito Brasileiro, que reclama decorra do fato perigo de dano, derrogou o art. 32 da Lei das Contravenções Penais no tocante à direção sem habilitação em vias terrestres.

STJ Súm. 38. Compete à Justiça Estadual comum, na vigência da Constituição de 1988, o processo por contravenção penal, ainda que praticada em detrimento de bens, serviços ou interesse da União ou de suas entidades.

STJ Súm. 51. A punição do intermediador, no jogo do bicho, independe da identificação do "apostador" ou do "banqueiro".

* INFORMATIVOS DE JURISPRUDÊNCIA

Violência doméstica: contravenção penal e possibilidade de substituição da pena

STF Indeferido HC em que solicitada a substituição da pena privativa de liberdade por restritiva de direitos em caso de contravenção penal envolvendo violência doméstica. O paciente foi condenado por vias de fato, nos termos do art. 21 da LCP, a 20 dias de prisão simples, em regime aberto. O juízo de 1º grau concedeu a suspensão condicional da pena ("sursis") pelo prazo de dois anos. Julgou-se improcedente o pedido, com base em interpretação extensiva do art. 44, I do CP, no caso de violência doméstica e familiar contra a mulher, em que a noção de crime abarcaria qualquer conduta delituosa, inclusive contravenção penal. Reconhecida a necessidade de combate à cultura de violência contra a mulher no Brasil, considerou-se a equiparação da conduta do paciente à infração de menor potencial ofensivo incoerente com o entendimento da violência de gênero como grave violação dos direitos humanos. HC 137888, Rel. Min. Rosa Weber, j. 31.10.2017. 1ª T. (Info 884)

✱ INOVAÇÕES LEGISLATIVAS

▲ Lei das Contravenções Penais (DL 3.688/41): sem alterações em 2017/2018.

✱ QUESTÕES OBJETIVAS

327. **(Cespe/PC/PE/Delegado/2016)** O brasileiro nato, maior e capaz, que praticar vias de fato contra outro brasileiro nato:

a) será considerado reincidente, caso tenha sido condenado, em território estrangeiro, por contravenção penal.

b) poderá ser condenado a penas de reclusão, de detenção e de multa.

c) responderá por contravenção penal no Brasil, ainda que a conduta tenha sido praticada em território estrangeiro.

d) responderá por contravenção, na forma tentada, se tiver deixado de praticar o ato por circunstâncias alheias a sua vontade.

e) responderá por contravenção penal e, nesse caso, a ação penal é pública incondicionada.

328. **(Cespe/TJ/DFT/Juiz/2016)** No que concerne à legislação penal extraordinária, assinale a opção correta:

a) A organização criminosa pressupõe a prática de infrações penais de caráter transnacional, ou cujas penas máximas sejam superiores a quatro anos, por uma associação de três ou mais pessoas, com divisão formal de tarefas, para o fim de obter vantagem direta do crime cometido.

b) A prescrição dos crimes previstos na Lei das Sociedades Anônimas rege-se pelas disposições do CP e é suspendida pela decretação da falência do devedor cuja contagem tenha iniciado com a concessão da recuperação judicial ou com a homologação do plano de recuperação extrajudicial.

c) Nos crimes contra o meio ambiente, previstos na Lei n. 9.605/1998, a suspensão condicional da pena pode ser aplicada nos casos de condenação a pena privativa de liberdade não superior a quatro anos.

d) A tentativa de contravenção penal não é passível de punição legal.

e) Autoridade, para os efeitos de crimes previstos na Lei de Abuso de Autoridade, é quem exerce cargo, emprego ou função pública permanente, de natureza civil ou militar e apenas de forma remunerada.

329. **(Cespe/PC/GO/Escrivão/2016)** Se uma pessoa praticar vias de fato contra alguém, sem que o fato constitua crime, ela terá cometido contravenção penal. Entretanto, segundo a Lei das Contravenções Penais:

a) ela será considerada reincidente se tiver cometido crime no exterior, com sentença condenatória transitada em julgado.

b) ela será considerada reincidente se tiver cometido qualquer crime no Brasil, ainda que a sentença condenatória não tenha transitado em julgado.

c) ela responderá por tentativa de contravenção, se o fato ocorrer por circunstância própria da vontade dela.

d) se o fato ocorrer entre brasileiros e no exterior, a lei brasileira será aplicada e a pena, agravada.

e) ela será considerada reincidente se tiver cometido anteriormente contravenção penal no exterior.

330. **(Cespe/PGE/SE/Procurador/2017)** José, cidadão comum, julgando obter sucesso em suas investidas amorosas, começa a se passar por agente da Polícia Federal, até mesmo utilizando uma sirene em seu veículo com o objetivo de dar credibilidade à sua atuação. Nessa situação hipotética:

a) a conduta de José deve ser considerada atípica, visto que o decreto-lei que regulamenta as contravenções penais não foi recepcionado pela CF.

b) a prisão em flagrante de José é cabível, uma vez que a conduta praticada por ele é de natureza permanente.

c) a competência para julgar a referida contravenção penal é da justiça estadual.

d) a ação penal nas contravenções deverá ser iniciada com o auto de prisão em flagrante ou por meio de portaria expedida pela autoridade judiciária ou policial.

e) é cabível a prisão preventiva de José, mesmo que seja primário, em razão não somente da periculosidade de sua conduta, mas também da garantia da ordem pública.

331. **(Cespe/PC/GO/Agente/2016)** Pedro, maior e capaz, compareceu a uma delegacia de polícia para ser ouvido como testemunha em IP. Todavia, quando Pedro apresentou sua carteira de identidade, a autoridade policial a reteve e, sem justo motivo nem ordem judicial, permaneceu com tal documento durante quinze dias. Nessa situação hipotética, a atitude da autoridade policial constituiu:

a) crime punível com multa.
b) fato atípico, pois sua conduta não pode ser considerada crime ou contravenção penal.
c) contravenção penal punível com prisão simples.
d) crime punível com detenção.
e) crime punível com reclusão.

17.6. Lei de Abuso de Autoridade (Lei 4.898/65)

*** INOVAÇÕES LEGISLATIVAS**

▲ Lei do Abuso de Autoridade (Lei 4.898/65): sem alterações em 2017/2018.

*** QUESTÕES OBJETIVAS**

332. **(Cespe/TRT/8R/Oficial_Justiça/2016)** Com base na legislação penal, assinale a opção correta:

a) A representação prevista na lei que trata dos crimes de abuso de autoridade é mera notícia do fato criminoso, inexistindo condição de procedibilidade para a instauração da ação penal.
b) É facultado ao juiz determinar a cassação da licença de funcionamento do estabelecimento onde se verifique a submissão de criança ou adolescente à prostituição ou à exploração sexual, sem prejuízo das demais penas previstas para o crime.
c) A perda do cargo ou função pública constitui efeito automático da condenação do servidor público acusado da prática de crimes resultantes de preconceito de raça ou cor.
d) A coabitação entre os sujeitos ativo e passivo é condição necessária para a aplicação da Lei Maria da Penha no âmbito das relações íntimas de afeto.
e) É crime hospedar em hotel, pensão, motel ou congênere criança ou adolescente desacompanhado dos pais ou responsável, ou sem autorização escrita destes ou da autoridade judiciária.

333. **(Cespe/TCE/PA/Auditor/2016)** O militar em serviço não responde pelos crimes de abuso de autoridade previstos na Lei n. 4.898/1965.

334. **(Cespe/TCE/PR/Auditor/2016)** Assinale a opção correta acerca da tipificação de condutas e das sanções penais constantes da Lei n. 4.898/1965 (abuso de autoridade):

a) As sanções penais previstas no citado diploma para os crimes de abuso de autoridade limitam-se a detenção, perda do cargo e inabilitação para o exercício de qualquer outra função pública por prazo de até três anos.
b) As sanções e os tipos penais previstos na referida lei não se aplicam aos militares, que se sujeitam somente à legislação militar.
c) Constitui abuso de autoridade previsto na lei mencionada qualquer atentado ao sigilo de dados telefônicos constitucionalmente garantido.
d) As sanções penais previstas no citado diploma para os crimes de abuso de autoridade restringem-se a multa pecuniária e detenção.
e) José, suspeito da prática de homicídio, foi conduzido – algemado e submetido a violência física – à delegacia de polícia pela autoridade policial, sem mandado judicial, para prestar depoimento a respeito de fatos em apuração naquela delegacia, tendo sido liberado somente setenta e duas horas depois. Essa situação, além de constituir conduta criminosa da autoridade policial, com pena cominada pela lei em apreço, configura expressão concreta do que a doutrina moderna denomina Sistema Penal Subterrâneo.

335. **(Cespe/TCE/PA/Auditor/2016)** Durante fiscalização em sociedade de economia mista, policiais federais que acompanhavam a operação perceberam que um dos empregados daquela sociedade portava ilegalmente arma de fogo de uso permitido. Na delegacia de polícia, embora tenha verificado que se tratava de hipótese de arbitramento de fiança e que o flagrado se dispunha a recolhê-la, a autoridade policial preferiu não arbitrar a fiança, e remeteu o auto de prisão em flagrante delito para o juiz de direito competente. Nessa situação, a autoridade policial cometeu abuso de autoridade.

336. (Cespe/TJ/AM/Juiz/2016) Com base no disposto na Lei n. 4.898/1965, que trata do crime de abuso de autoridade, e na jurisprudência do STJ, assinale a opção correta:

a) A pessoa física, mas não a pessoa jurídica, pode ser sujeito passivo do crime de abuso de autoridade.
b) De acordo com o STJ, pode caracterizar abuso de autoridade a negativa infundada do juiz em receber advogado, durante o expediente forense, quando este estiver atuando em defesa do interesse de seu cliente.
c) A representação da vítima, dirigida ao MP, é condição de procedibilidade para a instauração da ação penal referente ao crime de abuso de autoridade.
d) Constitui abuso de autoridade submeter pessoa sob sua guarda ou custódia a vexame ou a constrangimento, ainda que o procedimento adotado pela autoridade policial esteja previsto em lei.
e) Constitui crime de abuso de autoridade qualquer atentado à incolumidade física, psíquica e moral do indivíduo.

337. (Cespe/TJ/PB/Juiz/2015) A condenação por crime previsto na lei de abuso de autoridade (Lei n. 4.898/1965) poderá importar na aplicação de sanção penal de:

a) inabilitação para contratar com a administração pública por prazo determinado.
b) reclusão.
c) inabilitação para o exercício de qualquer função pública por prazo determinado.
d) advertência.
e) prisão simples.

338. (Cespe/TJ/DFT/Juiz/2016) A respeito do crime de abuso de autoridade, assinale a opção correta à luz da atual legislação de regência:

a) Em caso de abuso de autoridade cometido por agente de autoridade policial, civil ou militar, poderá ser cominada pena autônoma ou acessória, consistente em não poder o acusado exercer funções de natureza policial pelo prazo de um a cinco anos.
b) O sujeito ativo do crime de abuso de autoridade é toda autoridade pública, considerada como tal o funcionário público que exerça cargo, emprego ou função em caráter efetivo e remunerado.
c) O mesário eleitoral exerce múnus público, motivo pelo qual não pratica o crime de abuso de autoridade, pois o encargo que lhe incumbe não é típico de autoridade pública.
d) O particular não pode ser sujeito ativo do crime de abuso de autoridade, salvo se praticar o fato criminoso em concurso com o funcionário público e se tiver consciência dessa condição elementar.
e) As ações penais relativas aos crimes de abuso de autoridade são públicas, condicionadas à representação da vítima.

339. (Cespe/AGU/Advogado/2015) O crime de abuso de autoridade, em todas as suas modalidades, é infração de menor potencial ofensivo, sujeitando-se seu autor às medidas despenalizadoras previstas na lei que dispõe sobre os juizados especiais cíveis e criminais, desde que preenchidos os demais requisitos legais.

340. (Cespe/AGU/Advogado/2015) Constitui abuso de autoridade impedir que o advogado tenha acesso a processo administrativo ao qual a lei garanta publicidade.

341. (Cespe/AGU/Advogado/2015) De acordo com a legislação pertinente, a ação penal por crime de abuso de autoridade é pública incondicionada, devendo o MP apresentar a denúncia no prazo de quarenta e oito horas.

342. (Cespe/TCE/RN/Auditor/2015) Conforme o entendimento do STJ, ao acusado de crime de abuso de autoridade pode ser feita proposta de transação penal.

17.7. Lei de Drogas (Lei 11.343/06)

✱ SÚMULAS

STF Súm. 522. Salvo ocorrência de tráfico com o exterior, quando, então, a competência será da Justiça Federal, compete à justiça dos Estados o processo e o julgamento dos crimes relativos a entorpecentes.

STJ Súm. 501. É cabível a aplicação retroativa da Lei n. 11.343/2006, desde que o resultado da incidência das suas disposições, na íntegra, seja mais favorável ao réu do que o advindo da aplicação da Lei n. 6.368/1976, sendo vedada a combinação de leis.

STJ Súm. 528. Compete ao juiz federal do local da apreensão da droga remetida do exterior pela via postal processar e julgar o crime de tráfico internacional.

STJ Súm. 587. Para a incidência da majorante prevista no art. 40, V, da Lei n. 11.343/2006, é desnecessária a efetiva transposição de fronteiras entre estados da Federação, sendo suficiente a demonstração inequívoca da intenção de realizar o tráfico interestadual.

STJ Súm. 607. A majorante do tráfico transnacional de drogas (art. 40, I, da Lei n. 11.343/06) configura-se com a prova da destinação internacional das drogas, ainda que não consumada a transposição de fronteiras.

* REPERCUSSÃO & REPETITIVOS

STF Repercussão Geral 959. É inconstitucional a expressão "e liberdade provisória", constante do caput do art. 44 da Lei 11.343/06. (RE 1038925, 19.8.2017)

STJ Repetitivo 600. O tráfico ilícito de drogas na sua forma privilegiada (art. 33, § 4º, da Lei 11.343/06) não é crime equiparado a hediondo. (Pet 11796, 23.11.2016)

* INFORMATIVOS DE JURISPRUDÊNCIA

Participação em organização criminosa e quantidade de drogas

STF I. A grande quantidade de entorpecente, apesar de não ter sido o único fundamento utilizado para afastar a aplicação do redutor do art. 33, § 4º, da Lei 11.343/2006, foi, isoladamente, utilizado como elemento para presumir-se a participação da paciente em uma organização criminosa e, assim, negar-lhe o direito à minorante. II. A quantidade de drogas não poderia, automaticamente, proporcionar o entendimento de que a paciente faria do tráfico seu meio de vida ou integraria uma organização criminosa. Ausência de fundamentação idônea, apta a justificar o afastamento da aplicação da causa especial de diminuição de pena prevista no art. 33, § 4°, da Lei 11.343/2006. III. É patente a contradição entre os fundamentos expendidos para absolver a paciente da acusação da prática do delito tipificado pelo art. 35 da Lei 11.343/2006 e aqueles utilizados para negar-lhe o direito à minorante constante do art. 33, § 4º, do mesmo diploma legal. IV. Recurso ordinário ao qual se dá provimento, em parte, para reconhecer a incidência da causa de diminuição da pena prevista no art. 33, § 4º, da Lei 11.343/2006, e determinar que o juízo a quo, após definir o patamar de redução, recalcule a pena e proceda ao reexame do regime inicial do cumprimento da sanção e da substituição da pena privativa de liberdade por sanções restritivas de direitos, se preenchidos os requisitos do art. 44 do Código Penal. RHC 138715, Rel. Min. Ricardo Lewandowski, j. 23.5.2017.

Tráfico ilícito de drogas. Causa de aumento da pena. Art. 40, III, da Lei 11.343/06. Infração cometida nas imediações de estabelecimento de ensino em uma madrugada de domingo. Ausência de exposição de uma aglomeração de pessoas à atividade criminosa. Interpretação teleológica. Afastamento da majorante.

STJ Não incide a causa de aumento de pena prevista no art. 40, inciso III, da Lei 11.343/06, se a prática de narcotraficância ocorrer em dia e horário em que não facilite a prática criminosa e a disseminação de drogas em área de maior aglomeração de pessoas. REsp 1.719.792, Rel. Min. Maria Thereza de Assis Moura, DJ 26.3.2018. 6ª T. (Info 622)

Tráfico de drogas. Causa especial de diminuição de pena. Art. 33, § 4º, da Lei 11.343/06. Reincidência. Reconhecimento equivocado.

STJ É inviável o reconhecimento de reincidência com base em único processo anterior em desfavor do réu, no qual – após desclassificar o delito de tráfico para porte de substância entorpecente para consumo próprio – o juízo extinguiu a punibilidade por considerar que o tempo da prisão provisória seria mais que suficiente para compensar eventual condenação. HC 390.038, Rel. Min. Rogerio Schietti Cruz, DJ 15.2.2018. 6ª T. (Info 619)

Tráfico de entorpecentes. Momento do interrogatório. Último ato da instrução. Novo entendimento firmado pelo Excelso no bojo do HC 127.900/AM. Modulação dos efeitos. Publicação da ata de julgamento. Acusado interrogado no início da instrução.

STJ Os procedimentos regidos por leis especiais devem observar, a partir da publicação da ata de julgamento do HC 127.900/AM do STF (11.03.2016), a regra disposta no art. 400 do CPP, cujo conteúdo determina ser o interrogatório o último ato da instrução criminal. HC 397.382, Rel. Min. Maria Thereza de Assis Moura, DJ 14.8.2017. 6ª T. (Info 609)

* INOVAÇÕES LEGISLATIVAS

▲ Lei de Drogas (Lei 11.343/06): sem alterações em 2017/2018.

* QUESTÕES OBJETIVAS

343. **(Cespe/PC/MA/Escrivão/2018)** Indivíduo não reincidente que semeie, para consumo pessoal, plantas destinadas à preparação de pequena quantidade de produto capaz de causar dependência psíquica se sujeita à penalidade imediata de

a) perda de bens e valores.
b) medida educativa de internação em unidade de tratamento.
c) advertência sobre os efeitos das drogas.
d) admoestação verbal pelo juiz.
e) prestação pecuniária.

344. **(Cespe/DPE/PE/Defensor/2018)** Assinale a opção correta de acordo com a jurisprudência sumulada do Superior Tribunal de Justiça (STJ).

a) A conduta de atribuir-se falsa identidade perante autoridade policial é atípica, mesmo quando comprovado que a ação ocorreu com o objetivo de autodefesa.
b) Em se tratando de contravenções penais praticadas contra a mulher no âmbito das relações domésticas, é possível a aplicação do princípio da insignificância, se preenchidos determinados critérios.
c) A demonstração inequívoca da intenção do agente de realizar tráfico entre estados da Federação é suficiente para a incidência do aumento de um sexto a dois terços da pena para o crime de tráfico de drogas, sendo desnecessária a efetiva transposição da fronteira entre os estados.
d) A inversão da posse do bem mediante o emprego de violência não configura o crime de roubo, mas sua tentativa, se a coisa roubada for recuperada brevemente após perseguição imediata ao agente.
e) Tratando-se do crime de furto, a comprovação inequívoca da presença de seguranças no interior do estabelecimento comercial da vítima configura crime impossível.

345. **(Cespe/PC/PE/Delegado/2016)** Na análise das classificações e dos momentos de consumação, busca-se, por meio da doutrina e da jurisprudência pátria, enquadrar consumação e tentativa nos diversos tipos penais. A esse respeito, assinale a opção correta:

a) Conforme orientação atual do STJ, é imprescindível para a consumação do crime de furto com a posse de fato da res furtiva, ainda que por breve espaço de tempo, a posse mansa, pacífica e desvigiada da coisa, caso em que se deve aplicar a teoria da ablatio.
b) A extorsão é considerada pelo STJ como crime material, pois se consuma no momento da obtenção da vantagem indevida.
c) O crime de exercício ilegal da medicina, previsto no CP, por ser crime plurissubsistente, admite tentativa, desde que, iniciados os atos executórios, o agente não consiga consumá-lo por circunstâncias alheias a sua vontade.
d) Por ser crime material, o crime de corrupção de menores consuma-se no momento em que há a efetiva prova da prática do delito e a efetiva participação do inimputável na empreitada criminosa. Assim, se o adolescente possuir condenações transitadas em julgado na vara da infância e da juventude, em decorrência da prática de atos infracionais, o crime de corrupção de menores será impossível, dada a condição de inimputável do corrompido.
e) Segundo o STJ, configura crime consumado de tráfico de drogas a conduta consistente em negociar, por telefone, a aquisição de entorpecente e disponibilizar veículo para o seu transporte, ainda que o agente não receba a mercadoria, em decorrência de apreensão do material pela polícia, com o auxílio de interceptação telefônica.

346. **(Cespe/PC/PE/Delegado/2016)** O ordenamento penal brasileiro adotou a sistemática bipartida de infração penal – crimes e contravenções penais –, cominando suas respectivas penas, por força do princípio da legalidade. Acerca das infrações penais e suas respectivas reprimendas, assinale a opção correta:

a) O crime de homicídio doloso praticado contra mulher é hediondo e, por conseguinte, o cumprimento da pena privativa de liberdade iniciar-se-á em regime fechado, em decorrência de expressa determinação legal.
b) No crime de tráfico de entorpecente, é cabível a substituição da pena privativa de liberdade por restritiva de direitos, bem como a fixação de regime aberto, quando preenchidos os requisitos legais.
c) Constitui crime de dano, previsto no CP, pichar edificação urbana. Nesse caso, a pena privativa de liberdade consiste em detenção de um a seis meses, que pode ser convertida em prestação de serviços à comunidade.

d) O STJ autoriza a imposição de penas substitutivas como condição especial do regime aberto.

e) O condenado por contravenção penal, com pena de prisão simples não superior a quinze dias, poderá cumpri-la, a depender de reincidência ou não, em regime fechado, semiaberto ou aberto, estando, em quaisquer dessas modalidades, obrigado a trabalhar.

347. **(Cespe/PC/PE/Delegado/2016)** Se determinada pessoa, maior e capaz, estiver portando certa quantidade de droga para consumo pessoal e for abordada por um agente de polícia, ela:

a) estará sujeita à pena privativa de liberdade, se for reincidente por este mesmo fato.

b) estará sujeita à pena privativa de liberdade, se for condenada a prestar serviços à comunidade e, injustificadamente, recusar a cumprir a referida medida educativa.

c) estará sujeita à pena, imprescritível, de comparecimento a programa ou curso educativo.

d) poderá ser submetida à pena de advertência sobre os efeitos da droga, de prestação de serviço à comunidade ou de medida educativa de comparecimento a programa ou curso educativo.

e) deverá ser presa em flagrante pela autoridade policial.

348. **(Cespe/TRF/5R/Juiz/2015)** Com base na Lei Antidrogas (Lei n. 11.343/06) e no entendimento sumulado pelo STJ, assinale a opção correta:

a) Caso um juiz considere condenar um réu que colaborou, como informante, com uma organização voltada para o tráfico, como consequência lógica, ele deverá condenar esse réu também pela prática de associação para o tráfico.

b) Um réu condenado por associação para o tráfico não pode ser reconhecido como agente de tráfico privilegiado no mesmo feito, haja vista a incompatibilidade de ordem objetiva preconizada pela Lei Antidrogas.

c) No que diz respeito a crime de tráfico internacional de drogas e conforme entendimento sumulado de tribunal superior, o juiz, ao reconhecer, em sua sentença, que a conduta do réu caracteriza tráfico privilegiado, não poderá impor a esse réu pena abaixo do mínimo legal.

d) O juiz pode aplicar causa majorante de pena de um sexto a dois terços quando o crime de tráfico de drogas tiver sido perpetrado com emprego ostensivo de arma de fogo para a intimidação difusa ou coletiva. Se a arma tiver sido utilizada em contexto diverso do de crime de tráfico, tratar-se-á de concurso material de crimes.

e) O ato infracional análogo ao crime de tráfico de drogas cometido por adolescente, por si só, conduz obrigatoriamente à imposição de medida socioeducativa de internação do jovem, salvo na modalidade de tráfico privilegiado.

349. **(Cespe/TJ/DFT/Juiz/2016)** A respeito do processo e do julgamento previsto na Lei Antidrogas, assinale a opção correta:

a) O magistrado, durante a persecução penal em juízo, poderá, independentemente da oitiva do MP, autorizar a infiltração de investigador em meio a traficantes, para o fim de esclarecer a verdade real, ou poderá, ainda, autorizar que não atue diante de eventual flagrante, com a finalidade de identificar e responsabilizar o maior número de integrantes de operações de tráfico e distribuição.

b) O MP e a defesa poderão arrolar até oito testemunhas na denúncia e na defesa preliminar, respectivamente.

c) O agente que praticar crime de porte de drogas para consumo pessoal será processado e julgado perante uma das Varas de Entorpecentes do DF, sob o rito processual previsto na Lei Antidrogas, tendo em vista que a lei especial prevalece sobre a lei geral.

d) O autor do crime de porte de drogas para uso pessoal será processado e julgado perante o Juizado Especial Criminal, sob o rito da Lei n. 9.099/1995.

e) A lavratura do auto de prisão em flagrante e o estabelecimento da materialidade do delito exigem a elaboração do laudo definitivo em substância, cuja falta obriga o juiz a relaxar imediatamente a prisão, que será considerada ilegal.

350. **(Cespe/TJ/PB/Juiz/2015)** No que se refere a denúncia ou queixa, assinale a opção correta:

a) Além dos indícios de autoria, para o exercício da ação penal nos crimes de tráfico de drogas, a Lei n. 11.343/2006 considera suficiente o laudo de constatação.

b) O plenário do STF firmou entendimento no sentido de considerar o despacho que recebe denúncia ou queixa como uma espécie de decisão; por isso, tal despacho deve ser fundamentado.
c) No CPP está prevista a apelação como recurso cabível do não recebimento da denúncia ou queixa.
d) Inexiste possibilidade de litisconsórcio ativo entre o MP e o querelante.
e) A queixa, ainda que a ação penal seja privativa do ofendido, não poderá ser aditada pelo MP.

351. **(Cespe/TJ/DFT/Juiz/2015)** Assinale a opção correta à luz da Lei n. 11.343/2006 (Lei de Drogas), do CP e da jurisprudência do STF:

a) O crime de associação para o tráfico, caracterizado pela associação de duas ou mais pessoas para a prática de alguns dos crimes previstos na Lei de Drogas, é delito equiparado a crime hediondo.
b) O crime de porte de entorpecentes para consumo pessoal, sem autorização ou em desacordo com determinação legal ou regulamentar, está sujeito aos prazos prescricionais do CP.
c) Na dosimetria da pena pela prática do crime de induzir, instigar ou auxiliar alguém ao uso indevido de droga, poderá ser aplicada causa de redução de pena se o agente for primário, tiver bons antecedentes e não se dedicar a atividades criminosas ou integrar organização criminosa.
d) Quanto aos crimes previstos na Lei de Drogas, será isento de pena o agente que, por ser dependente de drogas, for, ao tempo do fato, totalmente incapaz de entender o caráter ilícito da ação praticada.
e) Os crimes previstos na Lei de Drogas são insuscetíveis de anistia, graça e indulto, sendo impossível, àqueles que os praticarem, a concessão de liberdade provisória.

352. **(Cespe/PC/GO/Delegado/2017)** Considerando o disposto na Lei n. 11.343/2006 e o posicionamento jurisprudencial e doutrinário dominantes sobre a matéria regida por essa lei, assinale a opção correta:

a) Em processo de tráfico internacional de drogas, basta a primariedade para a aplicação da redução da pena.
b) Dado o instituto da delação premiada previsto nessa lei, ao acusado que colaborar voluntariamente com a investigação policial podem ser concedidos os benefícios da redução de pena, do perdão judicial ou da aplicação de regime penitenciário mais brando.
c) É vedada à autoridade policial a destruição de plantações ilícitas de substâncias entorpecentes antes da realização de laudo pericial definitivo, por perito oficial, no local do plantio.
d) Para a configuração da transnacionalidade do delito de tráfico ilícito de drogas, não se exige a efetiva transposição de fronteiras nem efetiva coautoria ou participação de agentes de estados diversos.
e) O crime de associação para o tráfico se consuma com a mera união dos envolvidos, ainda que de forma individual e ocasional.

353. **(Cespe/PC/GO/Delegado/2017)** Vantuir e Lúcio cometeram, em momentos distintos e sem associação, crimes previstos na Lei de Drogas (Lei n. 11.343/2006). No momento da ação, Vantuir, em razão de dependência química e de estar sob influência de entorpecentes, era inteiramente incapaz de entender o caráter ilícito do fato. Lúcio, ao agir, estava sob efeito de droga, proveniente de caso fortuito, sendo também incapaz de entender o caráter ilícito do fato. Nessas situações hipotéticas, qualquer que tenha sido a infração penal praticada:

a) Vantuir terá direito à redução de pena de um a dois terços e Lúcio será isento de pena.
b) somente Vantuir será isento de pena.
c) Lúcio e Vantuir serão isentos de pena.
d) somente Lúcio terá direito à redução de pena de um a dois terços.
e) Lúcio e Vantuir terão direito à redução de pena de um a dois terços.

354. **(Cespe/DPU/Defensor/2015)** Considerando que Carlo, maior e capaz, compartilhe com Carla, sua parceira eventual, substância entorpecente que traga consigo para uso pessoal, Carlo responderá pela prática do crime de oferecimento de substância entorpecente, sem prejuízo da responsabilização pela posse ilegal de droga para consumo pessoal.

355. **(Cespe/DPU/Defensor/2017)** Com o intuito de vender maconha em bairro nobre da cidade onde mora, Mário utilizou o transporte público para transportar 3 kg dessa droga. Antes de chegar ao destino, Mário foi abordado por policiais militares, que o prenderam em flagrante. Nessa situação, Mário responderá por tentativa de tráfico, já que não chegou a comercializar a droga.

356. **(Cespe/DPU/Defensor/2017)** Segundo o entendimento do STJ, em eventual condenação, o juiz sentenciante não poderá aplicar ao réu a causa de aumento de pena relativa ao tráfico de entorpecentes em transporte público, se o acusado tiver feito uso desse transporte apenas para conduzir, de forma oculta, droga para comercialização em outro ambiente, diverso do transporte público.

357. **(Cespe/DPU/Defensor/2017)** José, ao comercializar cocaína em espaço público, foi preso em flagrante. Apesar de ele ser primário, o juiz sentenciante não aplicou a causa de diminuição de pena referente ao denominado tráfico privilegiado, sob o argumento de que o réu se dedicava a atividades criminosas, conforme evidenciado por inquéritos e ações penais em curso nos quais José figurava como indiciado ou réu. Nessa situação, de acordo com a jurisprudência do STJ, o juiz feriu o princípio constitucional da presunção de inocência.

358. **(Cespe/DPU/Defensor/2015)** Considerando que Carlo, maior e capaz, compartilhe com Carla, sua parceira eventual, substância entorpecente que traga consigo para uso pessoal, a conduta de Carlo configura crime de menor potencial ofensivo.

359. **(Cespe/TRF/5R/Juiz/2017)** Ricardo, pai de família e esposo dedicado, trabalhador empregado como serventuário da justiça à época dos fatos, primário e de bons antecedentes, não integrante de qualquer organização criminosa, foi surpreendido portando cinquenta pinos de cocaína. Tendo Ricardo sido denunciado pela prática de tráfico de drogas, a defesa requereu que fosse aplicado o benefício da redução da pena previsto na legislação especial, mas o juízo competente negou o pedido sob o argumento de que o réu responde a outros inquéritos policiais e ações penais, de forma que isso demonstraria que ele se dedica a atividades criminosas. Durante o cumprimento da pena por tráfico de drogas, Ricardo convenceu sua esposa, Adriana, menor de idade, mãe dedicada, atendente de telemarketing, primária e de bons antecedentes, não integrante de qualquer organização criminosa, a receber, transportar e negociar trinta quilos de maconha, a fim de saldar dívida do marido contraída na prisão. Quando foi visitar o marido no presídio, Adriana levou, ainda, alguns pinos de cocaína a um conhecido dele que mora bem ao lado do estabelecimento prisional. Adriana foi flagrada. A respeito dessa situação hipotética, assinale a opção correta à luz da Lei Antidrogas:

a) A atuação de Adriana, por si só, induz à conclusão de que ela integra a mesma organização criminosa que seu marido, sendo prescindível a prova de seu envolvimento, estável e permanente, com o grupo criminoso, sendo suficiente para afastar a aplicação da minorante prevista na legislação especial.

b) Como Adriana é adolescente, Ricardo responderá pelo crime de tráfico de drogas em concurso com a corrupção de menores por tê-la utilizado na prática do crime.

c) No que se refere à entrega da cocaína ao amigo de Ricardo residente perto do presídio, não incide a causa de aumento prevista na legislação especial, a qual só poderia ser aplicada se o comprador do entorpecente fosse um dos detentos do estabelecimento.

d) A aplicação da causa de diminuição de pena prevista na legislação especial não é capaz de afastar a hediondez do crime de tráfico de drogas praticado por Ricardo.

e) Agiu corretamente o juízo ao negar o benefício de redução de pena previsto na legislação especial, uma vez que é possível a utilização de inquéritos policiais e ações penais em curso para a formação da convicção do juiz, de modo a afastar o benefício legal.

360. **(Cespe/PC/MT/Delegado/2017)** Com referência aos parâmetros legais da dosimetria da pena para os crimes elencados na Lei n.11.343/2006 – Lei Antidrogas – e ao entendimento dos tribunais superiores sobre essa matéria, assinale a opção correta:

a) A personalidade e a conduta social do agente não preponderam sobre outras circunstâncias judiciais da parte geral do CP quando da dosimetria da pena.

b) A natureza e a quantidade da droga são circunstâncias judiciais previstas na parte geral do CP.

c) A natureza e a quantidade da droga não preponderam sobre outras circunstâncias judiciais da parte geral do CP quando da dosimetria da pena.

d) A natureza e a quantidade da droga apreendida não podem ser utilizadas, concomitantemente, na primeira e na terceira fase da dosimetria da pena, sob pena de "bis in idem".

e) As circunstâncias judiciais previstas na parte geral do CP podem ser utilizadas para aumentar a pena base, mas a natureza e a quantidade da droga não podem ser utilizadas na primeira fase da dosimetria da pena.

17.8. Lei de Falências (Lei 11.101/05)

✱ QUESTÕES OBJETIVAS

361. (Cespe/PC/GO/Delegado/2017) Com base no disposto na Lei n. 11.101/2005 e no Decreto-Lei n. 201/1967, assinale a opção correta:

a) O princípio da bagatela aplica-se aos crimes de responsabilidade praticados por prefeitos no exercício do mandato.

b) A Lei n. 11.101/2005 aplica-se às sociedades de economia mista detentoras de capital público e privado.

c) Findo o mandato de prefeito, veda-se a instauração de processo criminal com base em conduta tipificada no Decreto-Lei n. 201/1967, sendo incabível o oferecimento de denúncia.

d) Em se tratando de recuperação judicial, extrajudicial e falência do empresário e da sociedade empresária, aplicam-se as normas do Código de Processo Penal, inexistindo fase de investigação judicial.

e) Os vereadores, assim como os prefeitos municipais, respondem como autores ou sujeitos ativos das condutas penais definidas no Decreto-Lei n. 201/1967.

17.9. Lei dos Crimes contra a Ordem Tributária (Lei 8.137/90)

✱ SÚMULAS

STF Súm. Vinculante 24. Não se tipifica crime material contra a ordem tributária, previsto no art. 1º, incisos I a IV, da Lei n. 8.137/90, antes do lançamento definitivo do tributo.

STF Súm. 609. É pública incondicionada a ação penal por crime de sonegação fiscal.

✱ REPERCUSSÃO & REPETITIVOS

STF Repercussão Geral 937. Os crimes previstos na Lei 8.137/90 não violam o disposto no art. 5º, inc. LXVII, da CF. (ARE 999425, 3.3.2017)

✱ INFORMATIVOS DE JURISPRUDÊNCIA

Princípio da congruência e "grandes devedores"

STF Denegado HC em que discutida a possibilidade de incidir causa especial de aumento de pena não arrolada na inicial acusatória, bem como o enquadramento da paciente nos termos da Portaria 320/2008 da Procuradoria-Geral da Fazenda Nacional. A paciente foi condenada pela conduta tipificada no art. 1º, I, c/c art. 12, I, ambos da Lei 8.137/90. O impetrante argumentou em favor da não incidência dessa causa de aumento, uma vez que a quantia devida pela paciente não a caracterizava como grande devedora. Não obstante o princípio da correlação entre imputação e sentença – qual seja, princípio da congruência – representar uma das mais relevantes garantias do direito de defesa, não houve contrariedade no caso, uma vez que o juízo criminal não desbordou dos limites da imputação oferecida pelo Ministério Público. A vultosa quantia sonegada – cerca de 4 milhões de reais – é elemento suficiente para caracterização do grave dano à coletividade, constante no inciso I do art. 12, da Lei 8.137/90. Em síntese, o Colegiado assentou que os fatos foram suficientemente elucidados na exordial acusatória, sendo que o juiz, não se desbordando dos lindes da razoabilidade e da proporcionalidade, pode aplicar essa agravante. Quanto à Portaria 320/2008 da PGFN: apenas dispõe sobre o Projeto Grandes Devedores no âmbito dessa Procuradoria, conceituando, para os seus fins, "grandes devedores", com o objetivo de estabelecer, na Secretaria de Receita Federal do Brasil, método de cobrança prioritário a esses sujeitos passivos de vultosas obrigações tributárias, sem limitar ou definir, no entanto, o grave dano à coletividade. HC 129284, Rel. Min. Ricardo Lewandowski, j. 17.10.2017. 2ª T. (Info 882)

Crime contra a ordem tributária. Dados bancários obtidos pela Receita Federal. Compartilhamento com o Ministério Público. Licitude da prova.

STJ É possível a utilização de dados obtidos pela Secretaria da Receita Federal, em regular procedimento administrativo fiscal, para fins de instrução processual penal. HC 422.473, Rel. Min. Sebastião Reis Júnior, DJ 27.3.2018. 6ª T. (Info 623)

Crime contra a ordem tributária. Condenação transitada em julgado. Pagamento do

tributo. Causa de extinção da punibilidade. Artigo 9º, § 2º, da Lei n. 10.684/2003. Coação ilegal caracterizada.

STJ O pagamento do débito tributário, a qualquer tempo, até mesmo após o advento do trânsito em julgado da sentença penal condenatória, é causa de extinção da punibilidade do acusado. HC 362.478, Rel. Min. Jorge Mussi, DJe 20.9.2017. 5ª T. (Info 611)

* INOVAÇÕES LEGISLATIVAS

▲ Lei dos Crimes contra a Ordem Tributária (Lei 8.137/90): sem alterações em 2017/2018.

* QUESTÕES OBJETIVAS

362. **(Cespe/PGE/PE/Procurador/2018)** Pedro, administrador da empresa X, declarou regularmente o valor de ICMS devido, mas não realizou o pagamento no prazo legal, do que resultou a constituição definitiva do crédito tributário. Nessa situação hipotética, conforme a Lei n. 8.137/1990 e a jurisprudência dos tribunais superiores, a conduta de Pedro

a) foi atípica.

b) não será punível se o pagamento for realizado, mesmo fora do prazo.

c) será considerada típica somente se as informações prestadas na declaração forem falsas.

d) configurou crime contra a ordem tributária.

e) configurou fraude.

363. **(Cespe/PC/PE/Delegado/2016)** A respeito da legislação penal extravagante brasileira, assinale a opção correta:

a) Não constitui crime de abuso de autoridade a conduta, consumada ou tentada, de violação de domicílio, fora das hipóteses constitucionais e legais de ingresso em casa alheia, quando praticada por delegado de polícia, uma vez que este está amparado pelo estrito cumprimento do dever legal, como causa legal de exclusão de ilicitude da conduta típica.

b) O direito penal econômico visa tutelar os bens jurídicos de interesse coletivo e difuso, coibindo condutas que lesem ou que coloquem em risco o regular funcionamento do sistema econômico--financeiro, podendo estabelecer como crime ações contra o meio ambiente sustentável.

c) Agente absolvido de crime antecedente de tráfico de drogas, em razão de o fato não constituir infração penal, ainda poderá ser punido pelo crime de branqueamento de capitais, uma vez que a absolvição daquele crime precedente pela atipicidade não tem o condão de afastar a tipicidade do crime de lavagem de dinheiro.

d) Segundo entendimento do STJ, o crime de porte ilegal de arma de fogo é delito de perigo abstrato, considerando-se típica a conduta de porte de arma de fogo completamente inapta a realizar disparos e desmuniciada, ainda que comprovada a inaptidão por laudo pericial.

e) Para o STF, haverá crime contra a ordem tributária, ainda que esteja pendente de recurso administrativo que discuta o débito tributário em procedimento fazendário específico, haja vista independência dos poderes.

364. **(Cespe/DPE/RN/Defensor/2015)** Assinale a opção correta no que se refere a revisão criminal, crime de tortura, nulidades, execução penal, prerrogativas e garantias dos DPs relacionadas com o processo penal:

a) A condenação de policial civil pelo crime de tortura acarreta, como efeito automático, independentemente de fundamentação específica, a perda do cargo público e a interdição para seu exercício pelo dobro do prazo da pena aplicada.

b) A ausência de intimação da expedição de carta precatória para a inquirição de testemunhas gera, segundo entendimento sumulado do STF, nulidade absoluta, por cerceamento de defesa e violação do devido processo legal.

c) Para impugnar decisão do juiz da execução penal que unifique as penas impostas ao sentenciado, é cabível a interposição de recurso em sentido estrito.

d) A ação de revisão criminal deve ser ajuizada no prazo decadencial de dois anos, contados do trânsito em julgado da sentença condenatória.

e) Segundo o entendimento do STJ, à DP, quando ela atua na qualidade de assistente de acusação, representando a vítima de determinado crime em uma ação penal, não se aplica a prerrogativa institucional da concessão de prazo em dobro para a realização de atos processuais.

365. **(Cespe/TJ/AM/Juiz/2016)** Com relação ao direito penal econômico, assinale a opção correta:

a) Para a configuração do crime de lavagem de capitais não se exige a existência de delito antecedente.

b) Constitui crime contra as relações de consumo favorecer ou preferir, com ou sem justa causa, comprador ou freguês, ressalvados os sistemas de entrega ao consumo por intermédio de distribuidores ou revendedores.

c) Em se tratando dos crimes previstos na Lei n. 8.137/1990, havendo quadrilha ou coautoria, deve ser reduzida de um sexto a um terço a pena do coautor ou partícipe que, em confissão espontânea, revelar à autoridade policial ou judicial toda a trama delituosa.

d) Ainda que se trate de crimes contra as relações de consumo, o consentimento do ofendido pode ser considerado excludente da tipicidade.

e) Tanto pode ser doloso quanto culposo o crime de aumento de despesa com pessoal no último ano do mandato ou legislatura, prevista a mesma pena para ambos os casos.

366. **(Cespe/PC/GO/Agente/2016)** De acordo com a Lei n. 8.137/1990, que regula os crimes contra a ordem tributária e econômica e contra as relações de consumo, nas situações hipotéticas apresentadas, somente:

I. Vera destruiu grande quantidade de matéria-prima com o fim de provocar alta de preço em proveito próprio.

II. Túlio formou acordo entre ofertantes, visando controlar rede de distribuição, em detrimento da concorrência.

III. Lucas reduziu o montante do tributo devido por meio de falsificação de nota fiscal:

a) Vera cometeu crime contra a ordem econômica.

b) Lucas cometeu crime contra as relações de consumo.

c) Vera e Túlio cometeram crime contra a ordem tributária.

d) Vera e Lucas cometeram crime contra as relações de consumo.

e) Túlio cometeu crime contra a ordem econômica.

367. **(Cespe/PC/GO/Delegado/2017)** À luz do disposto no Estatuto do Índio (Lei n. 6.001/1973), na Lei de Parcelamento do Solo Urbano (Lei n. 6.766/1979), na Lei de Definição de Crimes Contra a Ordem Econômica (Lei n. 8.176/1991) e na legislação que trata da investigação criminal conduzida pelo delegado de polícia, assinale a opção correta:

a) A distribuição de panfletos anunciando a criação de loteamento irregular com finalidade residencial e urbana caracteriza ato preparatório do crime de parcelamento ilegal, porquanto o tipo penal não prevê a figura tentada do delito.

b) O delegado de polícia, nos termos da legislação que disciplina a sua atividade, pode indeferir diligências requeridas pelo indiciado, pela vítima ou pelo Ministério Público.

c) Considera-se índio ou silvícola, para efeitos do Estatuto do Índio, todo indivíduo de origem e ascendência sul-americana que se identifica como pertencente a um grupo étnico cujas características culturais o distinguem da sociedade nacional.

d) Não caracteriza crime tipificado na Lei Federal n. 6.766/1979 o parcelamento irregular realizado em zona rural, dada a previsão da finalidade urbana do imóvel na lei de regência.

e) Constitui crime contra a ordem econômica na modalidade de usurpação a exploração de lavra, sem autorização ou em desacordo com as obrigações impostas pelo título autorizativo, de matéria-prima pertencente à União.

368. **(Cespe/PC/GO/Delegado/2017)** Considere os seguintes atos, praticados com o objetivo de suprimir tributo:

I. Marcelo prestou declaração falsa às autoridades fazendárias.

II. Hélio negou-se a emitir, quando isso era obrigatório, nota fiscal relativa a venda de determinada mercadoria.

III. Joel deixou de fornecer nota fiscal relativa a prestação de serviço efetivamente realizado.

Nessas situações, conforme a Lei n. 8.137/1990 e o entendimento do STF, para que o ato praticado tipifique crime material contra a ordem tributária, será necessário o prévio lançamento definitivo do tributo em relação a:

a) Hélio e Joel.

b) Marcelo apenas.

c) Hélio apenas.

d) Joel apenas.

e) Hélio, Marcelo e Joel.

369. **(Cespe/PGE/SE/Procurador/2017)** Pedro, contribuinte do ICMS, omitiu a venda de certas mercadorias na declaração prestada ao fisco, referente ao lançamento desse tributo. Dessa forma, deixou de recolher o ICMS devido no prazo legal. Efetuado o lançamento definitivo do tributo, permanecendo Pedro inadimplente, o auditor responsável elaborou uma representação fiscal para fins penais, enquadrando a conduta de Pedro como crime contra a ordem tributária, previsto na legislação pertinente (Lei n. 8.137/1990). Em sua defesa, Pedro alegou a inconstitucionalidade da referida normativa, sustentando que a CF veda a prisão por dívida, com a única exceção do devedor de alimentos. Nessa situação hipotética, conforme a jurisprudência do STF, o argumento de defesa apresentado por Pedro é:

a) apropriado, já que a CF se opõe à criminalização do contribuinte pela simples omissão de rendimentos.
b) adequado, pois a CF proíbe a aplicação de pena de prisão a mero inadimplemento cível, a ser cobrado mediante execução fiscal.
c) inconsistente, em razão da constitucionalidade da Lei n. 8.137/1990, que prevê a prisão apenas por crimes materiais.
d) inconsistente, em razão da constitucionalidade da Lei n. 8.137/1990, que autoriza a prisão pela natureza penal dos crimes contra a ordem tributária, não sendo esse fato hipótese de prisão civil por dívida.
e) adequado, uma vez que a CF veda a prisão criminal por dívida, mesmo que esta seja oriunda de não pagamento de tributo.

17.10. Lei dos Crimes de Responsabilidade (DL 201/67 e Lei 1.079/50)

*** SÚMULAS**

STF Súm. 703. A extinção do mandato do prefeito não impede a instauração de processo pela prática dos crimes previstos no art. 1º do DL 201/67.

*** QUESTÕES OBJETIVAS**

370. **(Cespe/TCE/PR/Analista/2016)** De acordo com o Decreto-lei n. 201/1967 e a jurisprudência dos tribunais superiores, assinale a opção correta:

a) O prazo prescricional referente à pena de perda do cargo decorrente de condenação definitiva de prefeito por crime de responsabilidade previsto no Decreto-lei n. 201/1967 é distinto do prazo prescricional previsto para a pena privativa de liberdade aplicada ao condenado pelo mesmo crime.
b) Para a configuração de crime de responsabilidade previsto no Decreto-lei n. 201/1967, é imprescindível que o desvio de rendas públicas tenha ocorrido em proveito do próprio prefeito.
c) É imprescindível a autorização da respectiva câmara municipal para o julgamento, perante o Poder Judiciário, dos acusados da prática dos crimes de responsabilidade previstos no Decreto-lei n. 201/1967.
d) O prefeito que emprega rendas públicas em proveito próprio para a realização de propagandas autopromocionais comete o crime de peculato-uso.
e) A extinção do mandato impede a condenação do prefeito pela prática de crimes de responsabilidade previstos no Decreto-lei n. 201/1967.

371. **(Cespe/TCE/SC/Auditor/2016)** De acordo com o Decreto-lei n. 201/1967, pratica crime de responsabilidade o prefeito que descumpre o orçamento aprovado para o exercício financeiro, sendo a detenção, de três meses a três anos, a pena prevista para a prática de tal crime.

372. **(Cespe/TCE/PR/Auditor/2016)** Assinale a opção correta à luz do Decreto-lei n. 201/1967, que dispõe sobre a responsabilidade dos prefeitos e vereadores:

a) Os prefeitos não estão sujeitos aos tipos penais descritos no CP, visto que os crimes funcionais que a eles podem ser imputados estão descritos exclusivamente no decreto-lei em questão.
b) O prefeito municipal, mesmo após a extinção do mandato, pode ser responsabilizado por crime previsto no mencionado decreto-lei, por ato praticado no exercício do referido cargo.
c) O sujeito ativo dos crimes descritos no referido diploma é somente o prefeito, não sendo possível imputá-los ao vice-prefeito e ao presidente da câmara municipal por ato praticado no exercício, em substituição, do cargo de prefeito durante as ausências e afastamentos do titular desse cargo.
d) Em relação aos tipos penais descritos no decreto-lei em apreço, não se admite coautoria ou participação, por serem tais tipos crimes próprios.
e) O referido diploma não trata de crimes comuns (infrações penais), mas somente crimes de responsabilidade (infrações político-administrativas).

373. **(Cespe/TCE/PA/Auditor/2016)** Inexiste crime de responsabilidade se o acusado, no momento do oferecimento da denúncia, não mais exerce o cargo que exercia quando cometeu ilícito previsto na Lei n. 1.079/1950, mesmo que permaneça no exercício de outra função pública.

374. (Cespe/TCE/PA/Auditor/2016) É típica a conduta de prefeito municipal que se utiliza, indevidamente, de bens públicos em proveito próprio.

375. (Cespe/TCE/PA/Auditor/2016) É coautor de crime de responsabilidade praticado por prefeitos o vereador que se utiliza indevidamente de veículo do município cedido pelo prefeito e se envolve em sinistro, causando considerável prejuízo ao erário público.

376. (Cespe/TCE/PA/Auditor/2016) O cometimento de crime de responsabilidade de prefeito consistente em deixar de cumprir ordem judicial individualizada e diretamente a ele dirigida depende da presença de dolo preordenado revelador de desprezo institucional para com a administração da justiça.

377. (Cespe/TCE/SC/Auditor/2016) O governador que praticar as condutas previstas na Lei n. 1.079/1950 poderá ser condenado à perda do cargo, com inabilitação de até cinco anos para o exercício de qualquer função pública, e à suspensão dos direitos políticos por até dez anos, sem prejuízo da ação na justiça comum.

378. (Cespe/TCE/RN/Assessor_Jurídico/2015) A conduta de antecipar ou inverter a ordem de pagamento a credores do município, sem vantagem para o erário, é crime de responsabilidade do prefeito municipal, nos termos da legislação de regência.

379. (Cespe/TCE/RN/Auditor/2015) A conduta de apropriar-se de bens ou rendas públicas, ou desviá-las em proveito próprio ou alheio, tipificada na lei que regula os crimes de responsabilidade dos prefeitos, é crime próprio, o qual somente pode ser praticado por prefeito, admitindo-se, contudo, conforme o STF, participação.

17.11. Lei dos Crimes de Tortura (9.455/97)

*** INOVAÇÕES LEGISLATIVAS**

▲ Lei dos Crimes de Tortura (Lei 9.455/97): sem alterações em 2017/2018.

*** QUESTÕES DISCURSIVAS**

17. (Cespe/PC/MA/Delegado/2018) Em uma ação de combate ao tráfico de drogas em determinada cidade, a polícia civil, por meio de departamento especializado em repressão ao narcotráfico, prendeu um homem que portava vinte quilos de entorpecentes, balança de precisão e certa quantia em dinheiro, em cédulas trocadas. Esse indivíduo foi encontrado em um bar de sua propriedade, oportunidade na qual foi algemado e conduzido à delegacia. A operação deflagrada foi possível após a prisão de outro traficante, que forneceu as informações em confissão extrajudicial realizada em sede inquisitorial após a utilização de meios de tortura. Considerando essa situação hipotética, disserte sobre o princípio da proibição à tortura, à luz da Constituição Federal de 1988, da doutrina e do entendimento do STF. Em seu texto, aborde, fundamentadamente, os seguintes aspectos: (i) proibição à tortura como direito fundamental e efeitos jurídicos de eventual violação a esse direito; (ii) extensão dos efeitos da violação ao princípio fundamental da proibição à tortura, no que se refere aos sujeitos; (iii) limites para o uso de algemas em operações policiais.

*** QUESTÕES OBJETIVAS**

380. (Cespe/PC/MA/Investigador/2018) Se, com o objetivo de obter confissão, determinado agente de polícia, por meio de grave ameaça, constranger pessoa presa, causando-lhe sofrimento psicológico:

a) e a vítima for adolescente, o crime será qualificado.
b) estará configurada uma causa de aumento de pena.
c) a critério do juiz, a condenação poderá acarretar a perda do cargo.
d) provado o fato, a pena será de detenção.
e) quem presenciar o crime e se omitir, incorrerá na mesma pena do agente.

381. (Cespe/DPE/PE/Defensor/2018) De acordo com a legislação penal especial, assinale a opção correta.

a) Comete o crime de tortura aquele que, tendo o dever de evitar a conduta, se mantém omisso ao tomar ciência ou presenciar pessoa presa ser submetida a sofrimento físico ou mental, por meio da prática de ato não previsto legalmente.

b) A autoridade policial pode praticar a ação controlada – que consiste no retardamento da intervenção policial para aguardar o momento mais eficaz à formação de provas e obtenção de informações – independentemente de prévia comunicação ao juiz competente.

c) Será interditado do exercício da atividade pública por igual período ao da pena privativa de liberdade prevista no Código Penal para o crime de lavagem de dinheiro o indivíduo que, exercendo cargo ou função pública de qualquer natureza, for condenado pela prática de tal crime.

d) Sendo o servidor público condenado por crime de abuso de autoridade, será decretada a perda do cargo e a sua inabilitação para o exercício de qualquer outra função pública pelo prazo de até cinco anos.

e) Em qualquer hipótese, configura-se o crime de disparo de arma de fogo disparar arma de fogo com a finalidade de praticar outro crime.

382. **(Cespe/PC/GO/Agente/2016)** À luz das disposições da Lei n. 9.455/1997, que trata dos crimes de tortura, assinale a opção correta:

a) O fato de o agente constranger um indivíduo mediante violência ou grave ameaça, em razão da orientação sexual desse indivíduo, causando-lhe sofrimento físico ou mental, caracteriza o crime de tortura na modalidade discriminação.

b) O delegado que se omite em relação à conduta de agente que lhe é subordinado, não impedindo que este torture preso que esteja sob a sua guarda, incorre em pena mais branda do que a aplicável ao torturador.

c) A babá que, mediante grave ameaça e como forma de punição por mau comportamento durante uma refeição, submeter menor que esteja sob sua responsabilidade a intenso sofrimento mental não praticará crime de tortura por falta de tipicidade, podendo ser acusada apenas de maus tratos.

d) O crime de tortura admite qualquer pessoa como sujeitos ativo ou passivo; assim, pelo fato de não exigirem qualidade especial do agente, os crimes de tortura são classificados como crimes comuns.

e) Crimes de tortura são classificados como crimes próprios porque exigem, para a sua prática, a qualidade especial de os agentes serem agentes públicos.

383. **(Cespe/DPU/Defensor/2015)** Caracteriza uma das espécies do crime de tortura a conduta consistente em, com emprego de grave ameaça, constranger outrem em razão de discriminação racial, causando-lhe sofrimento mental.

384. **(Cespe/PGE/SE/Procurador/2017)** No que concerne ao crime de tortura, assinale a opção correta:

a) O indivíduo que se omite ante a prática de tortura quando deveria evitá-la responde igualmente pela conduta realizada.

b) A legislação especial brasileira concernente à tortura aplica-se somente aos crimes ocorridos em território nacional.

c) No crime de tortura, a prática contra adolescente é causa de aumento de pena de um sexto até um terço.

d) A condenação de funcionário público por esse crime gera a perda do cargo, desde que a sentença assim determine e que a pena aplicada seja superior a quatro anos.

e) A submissão de pessoa presa a sofrimento físico ou mental por funcionário público que pratique atos não previstos em lei exige o dolo específico.

17.12. Lei dos Crimes Hediondos (Lei 8.072/90)

✱ SÚMULAS

STF Súm. Vinculante 26. Para efeito de progressão de regime no cumprimento de pena por crime hediondo, ou equiparado, o juízo da execução observará a inconstitucionalidade do art. 2º da Lei n. 8.072, de 25 de julho de 1990, sem prejuízo de avaliar se o condenado preenche, ou não, os requisitos objetivos e subjetivos do benefício, podendo determinar, para tal fim, de modo fundamentado, a realização de exame criminológico.

STJ Súm. 471. Os condenados por crimes hediondos ou assemelhados cometidos antes da vigência da Lei n. 11.464/2007 sujeitam-se ao disposto no art. 112 da Lei n. 7.210/1984 (Lei de Execução Penal) para a progressão de regime prisional.

✱ REPERCUSSÃO & REPETITIVOS

STF Repercussão Geral 972. É inconstitucional a fixação “ex lege”, com base no art. 2º, § 1º, da Lei 8.072/90, do regime inicial fechado, devendo o julgador, quando da condenação, ater-se aos parâmetros previstos no art. 33 do CP. (ARE 1052700, 3.11.2017)

STJ Repetitivo 600. O tráfico ilícito de drogas na sua forma privilegiada (art. 33, § 4º, da Lei 11.343/06) não é crime equiparado a hediondo. (Pet 11796, 23.11.2016)

✱ INOVAÇÕES LEGISLATIVAS

▲ Lei dos Crimes Hediondos (Lei 8.072/90)

▲ Art. 1º. Parágrafo único. Consideram-se também hediondos o crime de genocídio previsto nos arts. 1º, 2º e 3º da Lei n. 2.889, de 1º de outubro de 1956, e o de posse ou porte ilegal de arma de fogo de uso restrito, previsto no art. 16 da Lei n. 10.826, de 22 de dezembro de 2003, todos tentados ou consumados. (Modificações: Lei 13.497/17)

✱ QUESTÕES OBJETIVAS

385. **(Cespe/PC/MA/Escrivão/2018)** Conforme a legislação pertinente, considera-se crime hediondo

a) o favorecimento da exploração sexual de pessoas adultas.

b) o estupro de vulnerável tentado.

c) a lesão corporal dolosa de natureza grave.

d) o sequestro.

e) a extorsão simples.

386. **(Cespe/PC/MA/Delegado/2018)** De acordo com as disposições legais referentes aos crimes hediondos:

a) o agente do crime de sequestro relâmpago qualificado com o resultado morte está sujeito a prisão temporária, por ser tal crime considerado hediondo.

b) a prática não consumada, ou seja, tentada, do crime afasta o caráter hediondo do tipo penal.

c) cumpridos os requisitos legais, será cabível a substituição da pena privativa de liberdade por pena restritiva de direitos.

d) é cabível ao magistrado classificar como hediondo um crime em razão de sua gravidade ou forma de execução.

e) a liberdade provisória, em crimes dessa natureza, é direito subjetivo do autor, condicionado ao pagamento de fiança.

387. **(Cespe/PC/PE/Perito/2016)** A respeito do que dispõe a Constituição Federal de 1988 e a Lei n. 8.072/1990, assinale a opção correta:

a) O agente que pratica homicídio simples, consumado ou tentado, não comete crime hediondo.

b) A prática de racismo constitui crime hediondo, inafiançável e imprescritível.

c) A tortura é crime inafiançável, imprescritível e insuscetível de graça ou anistia.

d) O crime de lesão corporal dolosa de natureza gravíssima é hediondo quando praticado contra parente consanguíneo até o quarto grau de agente da segurança pública, em razão dessa condição.

e) A lei penal e a processual penal retroagem para beneficiar o réu.

388. **(Cespe/TJ/DFT/Juiz/2016)** Com fundamento na Lei n. 11.464/2007, que modificou a Lei n. 8.072/1990 (Lei dos Crimes Hediondos), assinale a opção correta acerca dos requisitos objetivos para fins de progressão de regime prisional:

a) O regime integral fechado poderá ser aplicado no caso de prática de crime de tráfico internacional de drogas, em que, devido à hediondez da conduta, que atinge população de mais de um país, o réu não poderá ser beneficiado com a progressão de regime prisional.

b) Como exceção à regra prevista na legislação de regência, a progressão de regime prisional é vedada ao condenado, que deve cumprir regime integral fechado, pela prática de crime de epidemia de que resulte morte de vítimas.

c) Os condenados por crimes hediondos ou assemelhados cometidos antes da vigência da Lei n. 11.464/2007 sujeitam-se ao disposto no artigo 112 da Lei de Execução Penal para a progressão de regime, que estabelece o cumprimento de um sexto da pena no regime anterior.

d) A Lei dos Crimes Hediondos é especial e possui regra própria quanto aos requisitos objetivos para a progressão de regime prisional, devendo seus atuais parâmetros ser aplicados, independentemente de o crime ter sido praticado antes ou depois da vigência da Lei n. 11.464/2007, com base no princípio da especialidade.

e) Os requisitos objetivos da Lei n. 11.464/2007 devem ser aplicados para fins de progressão de regime prisional, pelo fato de essa lei ser mais benéfica que a lei anterior, que vedava a progressão de regime.

389. **(Cespe/PC/GO/Delegado/2017)** A respeito de crimes hediondos, assinale a opção correta:

a) Embora tortura, tráfico de drogas e terrorismo não sejam crimes hediondos, também são insuscetíveis de fiança, anistia, graça e indulto.
b) Para que se considere o crime de homicídio hediondo, ele deve ser qualificado.
c) Considera-se hediondo o homicídio praticado em ação típica de grupo de extermínio ou em ação de milícia privada.
d) O crime de roubo qualificado é tratado pela lei como hediondo.
e) Aquele que tiver cometido o crime de favorecimento da prostituição ou outra forma de exploração sexual no período entre 2011 e 2015 não responderá pela prática de crime hediondo.

17.13. Lei dos Crimes de Racismo (Lei 7.716/89)

* INOVAÇÕES LEGISLATIVAS

▲ Lei dos Crimes de Racismo (Lei 7.716/89): sem alterações em 2017/2018.

* QUESTÕES OBJETIVAS

390. **(Cespe/PC/PE/Delegado/2016)** Da sentença penal se extraem diversas consequências jurídicas e, quando for condenatória, emergem-se os efeitos penais e extrapenais. Acerca dos efeitos da condenação penal, assinale a opção correta:

a) A licença de localização e de funcionamento de estabelecimento onde se verifique prática de exploração sexual de pessoa vulnerável, em caso de o proprietário ter sido condenado por esse crime, não será cassada, dada a ausência de previsão legal desse efeito da condenação penal.
b) A condenação por crime de racismo cometido por proprietário de estabelecimento comercial sujeita o condenado à suspensão do funcionamento de seu estabelecimento, pelo prazo de até três meses, devendo esse efeito ser motivadamente declarado na sentença penal condenatória.
c) Segundo o CP, constitui efeito automático da condenação a perda de cargo público, quando aplicada pena privativa de liberdade por tempo igual ou superior a um ano, nos crimes praticados com abuso de poder ou violação de dever para com a administração pública.
d) A condenação por crime de tortura acarretará a perda do cargo público e a interdição temporária para o seu exercício pelo dobro do prazo da pena aplicada, desde que fundamentada na sentença condenatória, não sendo efeito automático da condenação.
e) A condenação penal pelo crime de maus-tratos, com pena de detenção de dois meses a um ano ou multa, ocasiona a incapacidade para o exercício do poder familiar, quando cometido pelo pai contra filho, devendo ser motivado na sentença condenatória, por não ser efeito automático.

391. **(Cespe/TJ/AM/Juiz/2016)** Assinale a opção correta em relação a tipos penais diversos:

a) Somente o dolo qualifica os crimes contra a incolumidade pública, se estes resultam em lesão corporal ou morte de pessoa.
b) Não constitui crime vilipendiar as cinzas de um cadáver, sendo tal conduta atípica por ausência de previsão legal.
c) Se três indivíduos, mediante grave ameaça contra pessoa e com emprego de arma de fogo, renderem o motorista e os agentes de segurança de um carro-forte e subtraírem todo o dinheiro nele transportado, haverá apenas duas causas especiais de aumento de pena: o concurso de duas ou mais pessoas e o emprego de arma de fogo.
d) Distribuir símbolos ou propaganda que utilizem a cruz suástica ou gamada para fins de divulgação do nazismo é uma conduta típica prevista em lei.
e) Pratica crime previsto no CP aquele que contrai casamento conhecendo a existência de impedimento que lhe cause a nulidade absoluta ou relativa.

392. **(Cespe/TJ/PB/Juiz/2015)** Assinale a opção correta a respeito das penas e efeitos da condenação previstos na Lei n. 7.716/1989, que define os crimes resultantes de preconceitos de raça ou de cor; na Lei n. 9.455/1997, que define o crime de tortura; na Lei n. 9.605/1998, que dispõe sobre as sanções penais derivadas de condutas e atividades lesivas ao meio ambiente; e na Lei n. 11.343/2006, que define normas para repressão ao tráfico ilícito de drogas:

a) A condenação por crime de tortura somente importará na perda do cargo, função ou emprego público em caso de aplicação de regime semiaberto ou fechado para cumprimento de pena.

b) No caso de reincidência de pessoa jurídica na prática de crimes previstos na lei que reprime condutas e atividades lesivas ao meio ambiente, será efeito automático da condenação a dissolução da pessoa jurídica.

c) A perda do cargo ou função pública pelo servidor público está prevista como efeito da condenação por crimes resultantes de preconceito de raça ou de cor, no entanto, para que isso ocorra, deve o juiz declará-lo motivadamente na sentença.

d) O agente reincidente pelo crime de porte de substâncias entorpecentes sem autorização para consumo pessoal deve ser punido com as penas de prestação de serviços à comunidade e medida educativa de comparecimento a programa ou curso educativo que, cujo não cumprimento importará na conversão automática da pena em privativa de liberdade.

e) Haverá incidência de causa especial de aumento de pena sempre que um dos crimes previstos na lei de entorpecentes for praticado com emprego de arma de fogo.

393. **(Cespe/PC/GO/Delegado/2017)** Uma jovem de vinte e um anos de idade, moradora da região Sudeste, inconformada com o resultado das eleições presidenciais de 2014, proferiu, em redes sociais na Internet, diversas ofensas contra nordestinos. Alertada de que estava cometendo um crime, a jovem apagou as mensagens e desculpou-se, tendo afirmado estar arrependida. Suas mensagens, porém, têm sido veiculadas por um sítio eletrônico que promove discurso de ódio contra nordestinos. No que se refere à situação hipotética precedente, assinale a opção correta, com base no disposto na Lei n. 7.716/1989, que define os crimes resultantes de preconceito de raça e cor:

a) Independentemente de autorização judicial, a autoridade policial poderá determinar a interdição das mensagens ou do sítio eletrônico que as veicula.

b) Configura-se o concurso de pessoas nessa situação, visto que o material produzido pela jovem foi utilizado por outra pessoa no sítio eletrônico mencionado.

c) O crime praticado pela jovem não se confunde com o de injúria racial.

d) Como se arrependeu e apagou as mensagens, a jovem não responderá por nenhum crime.

e) A conduta da jovem não configura crime tipificado na Lei n. 7.716/1989.

17.14. Lei Maria da Penha (Lei 11.340/06)

✱ SÚMULAS

STJ Súm. 588. A prática de crime ou contravenção penal contra a mulher com violência ou grave ameaça no ambiente doméstico impossibilita a substituição da pena privativa de liberdade por restritiva de direitos.

STJ Súm. 589. É inaplicável o princípio da insignificância nos crimes ou contravenções penais praticados contra a mulher no âmbito das relações domésticas.

STJ Súm. 600. Para a configuração da violência doméstica e familiar prevista no artigo 5º da Lei n. 11.340/2006 (Lei Maria da Penha) não se exige a coabitação entre autor e vítima.

✱ REPERCUSSÃO & REPETITIVOS

STJ Repetitivo 177. A ação penal nos crimes de lesão corporal leve cometidos em detrimento da mulher, no âmbito doméstico e familiar, é pública incondicionada. (Pet 11805, 10.5.2017)

✱ INFORMATIVOS DE JURISPRUDÊNCIA

Homicídio qualificado. Qualificadoras com naturezas diversas. Subjetiva e objetiva. Possibilidade. Motivo torpe e feminicídio. Bis in idem. Ausência.

STJ Não caracteriza "bis in idem" o reconhecimento das qualificadoras de motivo torpe e de feminicídio no crime de homicídio praticado contra mulher em situação de violência doméstica e familiar. 6ª T. HC 433.898, Rel. Min. Nefi Cordeiro, DJ 11.5.2018. (Info 625)

Inépcia da denúncia. Lesão corporal leve qualificada pela violência doméstica familiar. Art. 129, § 9º, do CP. Briga entre irmãos. Ambiente de trabalho. Irrelevância. Vínculo familiar. Violência doméstica caracterizada.

STJ Não é inepta a denúncia que se fundamenta no art. 129, § 9º, do CP – lesão corporal leve –, qualificada pela violência doméstica, tão somente em razão de o crime não ter ocorrido no ambiente familiar.

RHC 50.026, Rel. Min. Reynaldo Soares da Fonseca, DJ 16.8.2017. 5ª T. (Info 609)

* INOVAÇÕES LEGISLATIVAS

▲ Título III – Da Assistência à Mulher em Situação de Violência Doméstica e Familiar, Capítulo III – Do Atendimento pela Autoridade Policial

▲ Art. 10-A. É direito da mulher em situação de violência doméstica e familiar o atendimento policial e pericial especializado, ininterrupto e prestado por servidores – preferencialmente do sexo feminino – previamente capacitados. § 1º A inquirição de mulher em situação de violência doméstica e familiar ou de testemunha de violência doméstica, quando se tratar de crime contra a mulher, obedecerá às seguintes diretrizes: I – salvaguarda da integridade física, psíquica e emocional da depoente, considerada a sua condição peculiar de pessoa em situação de violência doméstica e familiar; II – garantia de que, em nenhuma hipótese, a mulher em situação de violência doméstica e familiar, familiares e testemunhas terão contato direto com investigados ou suspeitos e pessoas a eles relacionadas; III – não revitimização da depoente, evitando sucessivas inquirições sobre o mesmo fato nos âmbitos criminal, cível e administrativo, bem como questionamentos sobre a vida privada. § 2º Na inquirição de mulher em situação de violência doméstica e familiar ou de testemunha de delitos de que trata esta Lei, adotar-se-á, preferencialmente, o seguinte procedimento: I – a inquirição será feita em recinto especialmente projetado para esse fim, o qual conterá os equipamentos próprios e adequados à idade da mulher em situação de violência doméstica e familiar ou testemunha e ao tipo e à gravidade da violência sofrida; II – quando for o caso, a inquirição será intermediada por profissional especializado em violência doméstica e familiar designado pela autoridade judiciária ou policial; III – o depoimento será registrado em meio eletrônico ou magnético, devendo a degravação e a mídia integrar o inquérito. (Modificações: Lei 13.505/17)

▲ Art. 12-B. (Vetado). §§ 1º e 2º (Vetados). § 3º A autoridade policial poderá requisitar os serviços públicos necessários à defesa da mulher em situação de violência doméstica e familiar e de seus dependentes. (Modificações: Lei 13.505/17)

▲ Título IV – Dos Procedimentos, Capítulo II – Das Medidas Protetivas de Urgência, Seção IV – Do Crime de Descumprimento de Medidas Protetivas de Urgência

▲ Art. 24-A. Descumprir decisão judicial que defere medidas protetivas de urgência previstas nesta Lei: Pena – detenção, de 3 (três) meses a 2 (dois) anos. § 1º A configuração do crime independe da competência civil ou criminal do juiz que deferiu as medidas. § 2º Na hipótese de prisão em flagrante, apenas a autoridade judicial poderá conceder fiança. § 3º O disposto neste artigo não exclui a aplicação de outras sanções cabíveis.

* QUESTÕES DISCURSIVAS

18. **(Cespe/PC/MA/Delegado/2018)** A Lei n. 11.340/2006, também conhecida como Lei Maria da Penha, criou mecanismos para coibir e prevenir a violência doméstica e familiar contra a mulher, estabelecendo, entre outras, medidas de proteção às mulheres em situações de abuso e de agressões. Considerando as disposições da lei em referência e o entendimento dos tribunais superiores, discorra sobre os seguintes tópicos: (i) Procedimento a ser instaurado pela autoridade policial nos crimes de lesão corporal leve, de ameaça e de injúria cometidos contra a mulher em situação de violência doméstica, levando-se em consideração a natureza da ação penal nos respectivos crimes. (ii) Possibilidade de retratação da vítima, no âmbito policial, quanto aos crimes indicados. (iii) Possibilidade de aplicação da Lei n. 9.099/1995 e de seus institutos despenalizadores nos casos dos referidos crimes cometidos em âmbito doméstico contra a mulher.

19. **(Cespe/DP/DF/Defensor/2013)** Suponha que uma mulher seja vítima de lesões corporais graves praticadas por sua nora, com a qual se relaciona regularmente, embora com ela não resida nem mantenha relação de dependência econômica. A esse caso aplica-se a Lei Maria da Penha? Fundamente sua resposta na legislação de regência e em recentes posicionamentos do STJ sobre o tema.

* QUESTÕES OBJETIVAS

394. **(Cespe/PC/MA/Escrivão/2018)** Configura violência doméstica e familiar contra a mulher qualquer ação ou omissão que, baseada no gênero, lhe cause sofrimento físico e que ocorra

a) dentro da residência da vítima, desde que o agressor seja do sexo masculino.

b) em relação íntima de afeto, somente se o agressor ainda conviver com a vítima.

c) em relação íntima de afeto, independentemente da coabitação dos envolvidos.

d) no âmbito da unidade doméstica, desde que o agressor seja pessoa da família.

e) no âmbito da família, salvo se o agressor não possuir laços naturais com a vítima.

395. **(Cespe/DPE/PE/Defensor/2018)** Com relação aos instrumentos previstos na Lei Maria da Penha, assinale a opção correta.

a) A violência patrimonial contra a mulher se restringe à destruição total de seus documentos pessoais e dos bens e recursos econômicos destinados a satisfazer as suas necessidades.

b) Alguém da convivência da mulher que lhe cause dano moral ou patrimonial não comete crime, porque essas atitudes, à luz da lei, não são consideradas violência doméstica ou familiar.

c) A violência doméstica e familiar contra a mulher constitui uma forma de violação de direitos humanos.

d) Para fins legais, a comprovação da relação íntima de afeto entre o agressor e a ofendida depende de coabitação.

e) A legislação especial, ao se referir à violência moral, não inclui condutas que configurem a calúnia, a difamação ou a injúria.

396. **(Cespe/Sefaz/RS/Auditor/2018)** Assinale a opção que apresenta medida protetiva de urgência a ser aplicada ao agressor no caso de constatação da prática de violência doméstica contra a mulher, conforme o disposto na Lei Maria da Penha – Lei n. 11.340/2006.

a) transferência para outra comarca

b) prestação de serviços em creches e asilos

c) proibição de aproximação ou contato com familiares da ofendida

d) pagamento de multa

e) pagamento de cestas básicas

397. **(Cespe/Sefaz/RS/Auditor/2018)** A Lei Maria da Penha estabelece deveres a serem observados pela autoridade policial no atendimento à mulher em situação de violência doméstica. A respeito desse assunto, julgue os seguintes itens.

I. A mulher deverá ser mantida no lar com escolta policial até que seja encerrado o inquérito ou até que seja concedida medida protetiva de urgência.

II. A autoridade policial deverá garantir que a mulher não tenha contato direto com o agressor ou com pessoas a ele relacionadas, salvo se por meio de familiares e testemunhas.

III. É direito da mulher o atendimento policial e pericial especializado, ininterrupto e prestado por servidores – preferencialmente do sexo feminino – previamente capacitados.

IV. A autoridade policial deverá garantir que não haja revitimização da mulher que tenha sofrido violência familiar, evitando sucessivas inquirições sobre sua vida privada.

Assinale a opção correta.

a) Apenas o item I está certo.

b) Apenas o item II está certo.

c) Apenas os itens I e IV estão certos.

d) Apenas os itens II e III estão certos.

e) Apenas os itens III e IV estão certos.

398. **(Cespe/DPE/RN/Defensor/2015)** Maria alegou ser vítima de violência doméstica praticada pelo seu ex-companheiro Lucas, com quem conviveu por cinco anos, até dele se separar. Após a separação, Lucas passou a fazer frequentes ligações telefônicas para o aparelho celular da ex-mulher durante o dia, no período em que ela está trabalhando, à noite e de madrugada. Embora Maria já tenha trocado de número telefônico algumas vezes, Lucas consegue os novos números com conhecidos e continua a fazer as ligações. Apavorada e em sofrimento psicológico, Maria procurou auxílio e obteve do juiz competente medida protetiva urgente que obriga Lucas a não manter mais contato com ela por qualquer meio de comunicação, ordem que ele, porém, não obedeceu, pois continua a fazer as ligações. A respeito dessa situação hipotética, assinale a opção correta com base na Lei n. 11.340/2006 e na jurisprudência dos tribunais superiores:

a) A medida protetiva de urgência concedida pelo juiz deverá ser considerada inválida, se Lucas não tiver sido previamente intimado nem ouvido, pois isso caracterizaria flagrante desrespeito ao princípio do contraditório.

b) Para garantir que Lucas cumpra a medida protetiva de urgência, o juiz pode requisitar auxílio da força policial.

c) Ao descumprir a medida protetiva imposta pelo juiz, Lucas pratica o crime de desobediência.

d) Como não houve violência física, não ficou caracterizada violência doméstica que justificasse a aplicação da medida protetiva de urgência imposta a Lucas, que deve ser revogada.

e) Para a aplicação e validade da medida protetiva de urgência, eram imprescindíveis a coabitação e a prática da violência no âmbito da unidade doméstica.

399. (Cespe/TJ/PB/Juiz/2015) Com relação ao instituto da suspensão condicional do processo, previsto na Lei n. 9.099/1995, assinale a opção correta:

a) De acordo com o STF, no caso de réu que tenha condenação anterior transitada em julgado, é possível a propositura da suspensão condicional do processo se já houver transcorrido mais de cinco anos entre a extinção da punibilidade pelo delito da condenação e a prática do novo fato criminoso.
b) Presentes os demais requisitos para a concessão do sursis processual, o MP poderá propor, ao oferecer a denúncia, a referida suspensão, ainda que o acusado esteja sendo processado por outro crime.
c) Se, durante o período de suspensão do processo, o acusado for processado por outro crime ou contravenção penal, o benefício poderá ser revogado por meio de decisão fundamentada do juízo.
d) A aceitação da suspensão condicional do processo levará à interrupção do prazo prescricional.
e) Dado que, conforme a jurisprudência do STJ, o sursis processual é um direito subjetivo do réu, na ação penal privada, a lei obriga o querelante a formular proposta de suspensão condicional do processo.

400. (Cespe/TJ/AM/Juiz/2016) Com relação às disposições da Lei n. 11.340/2006 – Lei Maria da Penha –, assinale a opção correta:

a) Para os efeitos da referida lei, a configuração da violência doméstica e familiar contra a mulher depende da demonstração de coabitação da ofendida e do agressor.
b) Os juizados especiais de violência doméstica e familiar contra a mulher têm competência exclusivamente criminal.
c) É tido como o âmbito da unidade doméstica o espaço de convívio permanente de pessoas, com ou sem vínculo familiar, salvo as esporadicamente agregadas.
d) A ofendida poderá entregar intimação ou notificação ao agressor se não houver outro meio de realizar a comunicação.
e) Considera-se violência sexual a conduta de forçar a mulher ao matrimônio mediante coação, chantagem, suborno ou manipulação, assim como a conduta de limitar ou anular o exercício de seus direitos sexuais e reprodutivos.

401. (Cespe/PC/GO/Agente/2016) De acordo com as disposições da Lei n. 11.340/2006 – Lei Maria da Penha –, assinale a opção correta:

a) No caso de mulher em situação de violência doméstica e familiar, quando for necessário o afastamento do local de trabalho para preservar a sua integridade física e psicológica, o juiz assegurará a manutenção do vínculo trabalhista por prazo indeterminado.
b) Para a proteção patrimonial dos bens da sociedade conjugal ou daqueles de propriedade particular da mulher, o juiz determinará a proibição temporária da celebração de atos e contratos de compra, venda e locação de propriedade em comum, salvo se houver procurações previamente conferidas pela ofendida ao agressor.
c) A referida lei trata de violência doméstica e familiar em que, necessariamente, a vítima é mulher, e o sujeito ativo, homem.
d) Na hipótese de o patrão praticar violência contra sua empregada doméstica, a relação empregatícia impedirá a aplicação da lei em questão.
e) As formas de violência doméstica e familiar contra a mulher incluem violência física, psicológica, sexual e patrimonial, que podem envolver condutas por parte do sujeito ativo tipificadas como crime ou não.

402. (Cespe/PC/GO/Delegado/2017) À luz do posicionamento jurisprudencial e doutrinário dominantes acerca das disposições da Lei n. 11.340/2006 (Lei Maria da Penha), assinale a opção correta:

a) Caracteriza o crime de desobediência o reiterado descumprimento, pelo agressor, de medida protetiva decretada no âmbito das disposições da Lei Maria da Penha.
b) Em se tratando dos crimes de lesão corporal leve e ameaça, pode o Ministério Público dar início a ação penal sem necessidade de representação da vítima de violência doméstica.
c) No caso de condenação à pena de detenção em regime aberto pela prática do crime de ameaça no âmbito doméstico e familiar, é possível a substituição da pena pelo pagamento isolado de multa.
d) No âmbito de aplicação da referida lei, as medidas protetivas de urgência poderão ser concedidas independentemente de audiência das

partes e de manifestação do Ministério Público, o qual deverá ser prontamente comunicado.

e) Afasta-se a incidência da Lei Maria da Penha na violência havida em relações homoafetivas se o sujeito ativo é uma mulher.

403. (Cespe/PC/GO/Delegado/2017) Júlio, durante discussão familiar com sua mulher no local onde ambos residem, sem justo motivo, agrediu-a, causando-lhe lesão corporal leve. Nessa situação hipotética, conforme a Lei n. 11.340/2006 e o entendimento do STJ:

a) a ofendida poderá renunciar à representação, desde que o faça perante o juiz.

b) a ação penal proposta pelo Ministério Público será pública incondicionada.

c) a autoridade policial, independentemente de haver necessidade, deverá acompanhar a vítima para assegurar a retirada de seus pertences do domicílio familiar.

d) Júlio poderá ser beneficiado com a suspensão condicional do processo, se presentes todos os requisitos que autorizam o referido ato.

e) Júlio poderá receber proposta de transação penal do Ministério Público, se houver anuência da vítima.

404. (Cespe/DPE/AL/Defensor/2017) Considerando a Lei Maria da Penha e o entendimento dos tribunais superiores acerca de crimes contra a mulher, assinale a opção correta:

a) A Lei Maria da Penha não estabelece medidas próprias para o descumprimento de medidas protetivas, devendo-se, nesse caso, responsabilizar o agente pelo crime de desobediência.

b) Em caso de violência contra mulher, para que se aplique a Lei Maria da Penha, deverá ser demonstrada a situação de vulnerabilidade ou hipossuficiência da vítima, sob a perspectiva de gênero.

c) As medidas protetivas de urgência têm natureza cautelar e temporária, sendo vinculadas à existência, presente ou potencial, de processo-crime ou ação principal contra o agressor.

d) A agravante relativa à violência contra a mulher prevista no Código Penal (CP) não se aplica de modo conjunto com outras disposições da Lei Maria da Penha, sob pena de acarretar o "bis in idem".

e) Ato de violência física contra mulher, em ambiente doméstico, acarreta pena de prisão simples ou de multa, admitindo-se que o magistrado fixe apenas a pena pecuniária.

17.15. Leis Esparsas

* SÚMULAS

STJ Súm. 606. Não se aplica o princípio da insignificância a casos de transmissão clandestina de sinal de internet via radiofrequência, que caracteriza o fato típico previsto no art. 183 da Lei n. 9.472/1997.

* INFORMATIVOS DE JURISPRUDÊNCIA

Delação premiada e sigilo

STF O sigilo sobre o conteúdo de colaboração premiada deve perdurar, no máximo, até o recebimento da denúncia. Inq 4435 AgR, Rel. Min. Marco Aurélio, julgamento em 12.9.2017. 1ª T. (Info 877)

Colaboração premiada. Encontro fortuito de provas. Autoridade com prerrogativa de foro. Competência para homologação do acordo. Teoria do juiz aparente.

STJ A homologação de acordo de colaboração premiada por juiz de primeiro grau de jurisdição, que mencione autoridade com prerrogativa de foro no STJ, não traduz em usurpação de competência desta Corte Superior. Rcl 31.629, Rel. Min. Nancy Andrighi, DJe 28.9.2017. Corte Especial. (Info 612)

* QUESTÕES OBJETIVAS

405. (Cespe/PGE/PE/Procurador/2018) De acordo com o entendimento do STJ, assinale a opção correta a respeito dos crimes previstos na legislação extravagante.

a) A configuração do crime de transporte de carga tóxica em desacordo com as determinações legais e regulamentares depende da ocorrência de lesão efetiva.

b) A prática de furto por adulto com a participação de dois adolescentes enseja a condenação por dois crimes de corrupção de menores, em concurso formal com o crime contra o patrimônio.

c) O transporte de granadas de gás lacrimogêneo configura crime de porte de artefato explosivo.

d) A extinção da punibilidade do crime antecedente por prescrição impede a punição do crime de lavagem de dinheiro.

e) O indivíduo que, em estado de embriaguez, comete homicídio culposo no trânsito deve responder pelas duas condutas de forma autônoma e em concurso material.

406. (Cespe/PC/MA/Investigador/2018) Constitui crime contra o idoso punível com detenção

a) obstar o acesso de alguém a qualquer cargo público por motivo de idade.
b) induzir pessoa idosa sem discernimento de seus atos a outorgar procuração.
c) deixar de cumprir, sem justo motivo, a execução de ordem judicial expedida nas ações em que for parte pessoa idosa.
d) discriminar pessoa idosa, dificultando seu acesso a operações bancárias.
e) lavrar ato notarial que envolva pessoa idosa sem discernimento de seus atos, sem a devida representação legal.

407. (Cespe/PC/MA/Escrivão/2018) Determinada conduta configurará organização criminosa somente se

a) o objetivo exclusivo dos agentes for o de obter vantagem de natureza patrimonial.
b) a associação for ordenada para a prática da infração, ainda que inexista a divisão de tarefas entre os agentes.
c) os agentes cometerem infrações sujeitas a pena de reclusão.
d) houver escalonamento hierárquico entre os agentes.
e) estiverem associadas, no mínimo, três pessoas.

408. (Cespe/PC/MA/Delegado/2018) No âmbito dos crimes contra a propriedade industrial, constitui concorrência desleal

a) utilizar sinal de propaganda alheio, de modo a criar confusão entre os produtos ou estabelecimentos.
b) reproduzir, sem autorização do titular, marca registrada, de modo que se possa induzir confusão.
c) fabricar, sem autorização do titular, produto objeto de patente de invenção.
d) utilizar denominação, sinal ou qualquer outra forma que indique procedência que não a verdadeira.
e) utilizar, sem autorização do titular, processo que seja objeto de patente de invenção.

409. (Cespe/TRT/8R/Analista/2016) Com relação às regras da hermenêutica penal, conforme a interpretação do Superior Tribunal de Justiça e do Supremo Tribunal Federal, assinale a opção correta:

a) A responsabilidade da sociedade empresarial e dos sócios pelo ilícito penal ambiental é objetiva, bastando, para que sejam devidas as sanções, provar o dano produzido ao meio ambiente.
b) Para a responsabilização penal da pessoa jurídica nos crimes contra o meio ambiente, é imprescindível a imputação concomitante da pessoa física que agiu em nome da empresa ou em seu benefício, porque a culpa e o dolo somente podem ser atribuídos à pessoa física.
c) O crime de embriaguez ao volante, previsto no Código de Trânsito Brasileiro, classifica-se como crime de perigo concreto, de modo que, para tipificar a conduta, é obrigatória a prova de que o motorista estava colocando em risco a incolumidade física de outras pessoas.
d) Quanto ao crime de abuso de autoridade, configura-se atípica a conduta do juiz que determina que o preso, ainda que esse não ofereça riscos, seja mantido algemado durante a audiência de instrução e julgamento, já que lhe cabe prevenir eventual tentativa de fuga.
e) Embora previsto na Convenção de Palermo, o tipo penal do crime de organização criminosa só foi definitivamente incorporado ao ordenamento jurídico brasileiro com a publicação de legislação penal extravagante, razão por que apenas as condutas praticadas em momento posterior ao início do vigor da lei podem ser enquadradas nesse tipo penal.

410. (Cespe/PC/GO/Agente/2016) Com base na Lei n. 7.492/1986, a tipificação dos crimes contra o Sistema Financeiro Nacional:

a) inadmite confissão espontânea perante autoridade policial.
b) inadmite coautoria.
c) inadmite partícipe.
d) admite coautoria ou participação, e, se ocorrer confissão espontânea que revele toda a trama delituosa, a pena será reduzida de um a dois terços.
e) admite coautoria ou participação, e, se ocorrer confissão espontânea que revele toda a trama delituosa, será concedido o perdão judicial da pena.

411. **(Cespe/PC/GO/Agente/2016)** De acordo com a Lei n. 10.741/2003, a retenção, sem justo motivo, de cartão magnético de conta bancária relativa a benefícios de pessoa idosa é considerada:

a) crime de ação penal pública incondicionada.
b) infração administrativa.
c) crime punível com reclusão, seja a conduta culposa, seja ela dolosa.
d) fato atípico, pois constitui conduta que não pode ser considerada crime.
e) contravenção penal.

412. **(Cespe/PC/GO/Delegado/2017)** Considerando o entendimento dos tribunais superiores e o posicionamento doutrinário dominante quanto à matéria de que tratam a Lei de Delitos Informáticos e os dispositivos legais que disciplinam a propriedade industrial, a propriedade intelectual de programa de computador e os direitos autorais, assinale a opção correta:

a) Embora o elemento subjetivo dos crimes de violação de direito autoral seja o dolo, admite-se a modalidade culposa em relação a algumas figuras típicas.
b) Tratando-se de crime contra a propriedade imaterial com fundamento em apreensão e em perícia, e sendo o caso de ação penal privativa do ofendido, a decadência opera-se em seis meses, a contar da data da homologação do laudo pericial pelo competente juízo.
c) Em se tratando de crimes contra a propriedade intelectual de programa de computador, a ação penal é privativa do ofendido, mesmo em caso de prática de crime tributário conexo.
d) As limitações aos direitos autorais previstas na legislação de regência constituem causas de exclusão de tipicidade.
e) A invasão de computador de instituição bancária mediante violação indevida de senhas e mecanismos de segurança, com o fim de subtrair e transferir valores de número indeterminado de correntistas, caracteriza o crime de invasão de dispositivo informático em sua forma qualificada.

413. **(Cespe/TRF/5R/Juiz/2017)** A Lei n. 12.984/2014 define como crime de discriminação dos portadores do vírus da imunodeficiência humana e doentes de AIDS a conduta consistente em:

a) proibir a pessoa portadora do HIV e(ou) aquela que já esteja doente de AIDS de entrar em estabelecimento comercial, como por exemplo, em uma loja de departamentos.
b) recusar a inscrição de pessoa portadora do HIV e(ou) daquela que já esteja doente de AIDS como aluno de academia de ginástica, associações desportivas e assemelhados.
c) exonerar ou demitir pessoa portadora do HIV e(ou) aquela que já esteja doente de AIDS de seu cargo ou emprego, bem como negar-lhe emprego ou trabalho.
d) recusar atendimento à pessoa portadora do HIV e(ou) àquela que já esteja doente de AIDS em estabelecimentos como salões de beleza, barbearias, estâncias termais e assemelhados.
e) segregar pessoa portadora do HIV e(ou) aquela que já esteja doente de AIDS nos ambientes de convivência social, como shoppings centers, espetáculos e festas.

414. **(Cespe/PC/GO/Delegado/2017)** Considerando o disposto na legislação referente às licitações e contratos da administração pública e aos crimes contra a economia popular, bem como na Lei n. 12.846/2013, assinale a opção correta:

a) O servidor responsável que negligentemente dispensa processo licitatório exigido por lei na contratação de obra ou serviço pela administração pública pratica crime na modalidade culposa.
b) O acordo de leniência, previsto na Lei Anticorrupção, assegura à pessoa jurídica que praticar atos lesivos à administração pública a redução de sanções pecuniárias no âmbito administrativo e afasta a aplicação de sanções judiciais como, por exemplo, perdimento de bens.
c) A Lei Anticorrupção aplica-se às condutas das pessoas jurídicas de direito privado, abrangendo sociedades, associações, fundações, organizações religiosas, partidos políticos e empresas individuais de responsabilidade limitada.
d) Aquele que, não sendo instituição financeira ou pessoa a esta equiparada, pratica contrato de mútuo cobrando taxas de juros remuneratórios superiores àquelas legalmente permitidas comete crime contra a economia popular, e não contra o Sistema Financeiro Nacional.
e) Tratando-se dos crimes previstos na Lei de Licitações, equipara-se a servidor público quem exerce mandato, cargo, emprego ou função em entidade privada que receba subvenção, benefício ou incentivo fiscal ou creditício de órgão público.

415. **(Cespe/PC/GO/Agente/2016)** De acordo com a Lei n. 7.492/1986, o indivíduo que gerir fraudulentamente determinada instituição financeira:

a) não poderá ser vítima da decretação de prisão preventiva no curso do processo.
b) cometerá crime cuja ação penal será promovida pelo MPF.
c) terá sua pena aumentada de um terço, se a gestão tiver sido temerária.
d) responderá por crime, ainda que tenha agido culposamente.
e) cometerá crime que deverá ser processado e julgado pela justiça estadual.

13. DIREITO PREVIDENCIÁRIO

1. DIREITO PROCESSUAL PREVIDENCIÁRIO

* SÚMULAS

STF Súm. 230. A prescrição da ação de acidente do trabalho conta-se do exame pericial que comprovar a enfermidade ou verificar a natureza da incapacidade.

STJ Súm. 77. A Caixa Econômica Federal é parte ilegítima para figurar no polo passivo das ações relativas às contribuições para o fundo PIS/Pasep.

STJ Súm. 89. A ação acidentária prescinde do exaurimento da via administrativa.

STJ Súm. 110. A isenção do pagamento de honorários advocatícios, nas ações acidentárias, é restrita ao segurado.

STJ Súm. 111. Os honorários advocatícios, nas ações previdenciárias, não incidem sobre as prestações vencidas após a sentença.

STJ Súm. 149. A prova exclusivamente testemunhal não basta à comprovação da atividade rurícola, para efeito da obtenção de benefício previdenciário.

STJ Súm. 175. Descabe o depósito prévio nas ações rescisórias propostas pelo INSS.

STJ Súm. 178. O INSS não goza de isenção do pagamento de custas e emolumentos, nas ações acidentárias e de benefícios, propostas na justiça estadual.

STJ Súm. 204. Os juros de mora nas ações relativas a benefícios previdenciários incidem a partir da citação válida.

STJ Súm. 226. O Ministério Público tem legitimidade para recorrer na ação de acidente do trabalho, ainda que o segurado esteja assistido por advogado.

STJ Súm. 242. Cabe ação declaratória para reconhecimento de tempo de serviço para fins previdenciários.

STJ Súm. 483. O INSS não está obrigado a efetuar depósito prévio do preparo por gozar das prerrogativas e privilégios da Fazenda Pública.

* REPERCUSSÃO & REPETITIVOS

STF Repercussão Geral 149. Compete à Justiça comum o julgamento de conflito de interesses a envolver a incidência de contribuição previdenciária, considerada a complementação de proventos. (RE 594435, 24.5.2018)

STJ Repetitivo 98. Possibilidade de imposição de multa diária (astreintes) a ente público, para compeli-lo a fornecer medicamento à pessoa desprovida de recursos financeiros. (REsp 1474665, 26.4.2017)

* INFORMATIVOS DE JURISPRUDÊNCIA

Contribuição previdenciária e competência

STF Compete à justiça comum o julgamento de conflito de interesses a envolver a incidência de contribuição previdenciária, considerada a complementação de proventos. RE 594435, Rel. Min. Marco Aurélio, j. 24.5.2018. Pleno. (Info 903).

* QUESTÕES DISCURSIVAS

01. **(Cespe/DPU/Defensor/2017)** Ana Luísa, aposentada pelo regime geral de previdência social desde abril de 2006, recebeu, em setembro de 2017, uma comunicação do INSS informando-lhe que seu benefício havia sido calculado de maneira equivocada, por erro de servidor da administração. Segundo a autarquia, quando do cálculo do salário de benefício da aposentação, foram erroneamente calculados em dobro os salários de contribuição mensais. A autarquia informou que, a partir do mês seguinte ao da comunicação, iria promover descontos no benefício de Ana Luísa no importe de 30% dos valores mensais, até o ressarcimento do inteiro valor que lhe fora pago a maior. Inconformada com tal situação, Ana Luísa procurou atendimento na DPU requerendo assistência jurídica para questionar o ato da autarquia previdenciária. Como defensor(a) público(a) federal responsável pelo atendimento a Ana Luísa, apresente os fundamentos jurídicos normativos e jurisprudenciais aplicáveis ao caso.

02. **(Cespe/DPU/Defensor/2017)** Em 2017, Maria compareceu à atermação do juizado especial federal postulando a equiparação do valor de sua aposentadoria ao importe de dois salários mínimos, visto que, no momento da concessão da sua aposentadoria, em 2005, o valor correspondia exatamente àquela quantia e que, atualmente, equivale a um salário mínimo. O juiz de primeiro grau, ao apreciar o feito, extinguiu o processo em virtude da inexistência de requerimento administrativo prévio no INSS, alegando não haver, assim, o interesse em agir para postular em juízo. Cientificada pelo oficial de justiça acerca da extinção do processo, Maria foi informada de que deveria comparecer imediatamente à Defensoria Pública da União, para que fosse esclarecida acerca da decisão. Atendendo à recomendação do oficial de justiça, a beneficiária compareceu à DPU. Na condição de defensor(a) público(a) federal responsável por atender Maria, esclareça se agiu corretamente o magistrado, abordando a pretensão material apresentada por Maria e contemplando o entendimento do STF em relação às hipóteses de exigência de prévio requerimento administrativo e eventuais dispensas no âmbito dos benefícios previdenciários do RGPS.

* QUESTÕES OBJETIVAS

01. **(Cespe/PGE/AM/Procurador/2016)** Nos termos do entendimento do STJ, nas demandas ajuizadas pelo INSS contra o empregador do segurado falecido em acidente laboral nas quais se vise o ressarcimento dos valores decorrentes do pagamento da pensão por morte, o termo "a quo" da prescrição quinquenal será a data do acidente.

02. **(Cespe/DPE/AL/Defensor/2017)** Nas ações previdenciárias, o "jus postulandi" é admissível:

a) no primeiro grau de jurisdição dos juizados especiais federais, se na localidade não tiver advogado.
b) no primeiro grau de jurisdição, nas ações que se processarem nas varas federais da justiça comum.
c) em qualquer ação previdenciária em curso nos juizados especiais federais e nas varas da justiça comuns.
d) em qualquer grau de jurisdição, nas ações de competência dos juizados especiais federais.
e) no primeiro grau de jurisdição, nas ações que se processarem perante o juizado especial federal.

03. **(Cespe/PGE/AM/Procurador/2016)** Nos casos de acidente de trabalho, competirá à justiça comum estadual a apreciação das ações regressivas propostas pelo INSS contra as empresas negligentes.

04. **(Cespe/PGE/AM/Procurador/2016)** De acordo com a jurisprudência do STJ, a posterior reforma de decisão judicial que, tendo antecipado a tutela pleiteada, tiver possibilitado o imediato gozo do benefício previdenciário obrigará o autor da ação a devolver os valores indevidamente recebidos.

05. **(Cespe/TCE/RN/Auditor/2015)** De acordo com o STF, o prévio requerimento administrativo é, como regra, condição para o regular exercício do direito de postular em juízo a concessão de benefício previdenciário.

06. **(Cespe/TCE/RN/Inspetor/2015)** Uma ação que tenha por objetivo haver prestações vencidas devidas pela previdência social está sujeita a prescrição decenal.

07. **(Cespe/TCU/Procurador/2015)** No que diz respeito à prescrição e decadência, acumulação de benefícios e ações judiciais em matéria previdenciária, assinale a opção correta:

a) Conforme entendimento do STJ, o prazo de decadência decenal para a revisão de benefícios previdenciários se aplica aos casos em que o segurado postula a declaração do direito de renúncia e o consequente desfazimento de sua aposentadoria por tempo de contribuição, com a averbação do tempo de serviço prestado após a inativação, para aferir aposentadoria mais vantajosa no mesmo regime de previdência.
b) Na hipótese em que a ação revisional de benefício previdenciário se fundar em decisão da justiça do trabalho, o termo inicial da decadência decenal será a data da coisa julgada na seara trabalhista, de acordo com o STJ.
c) Não é possível a acumulação do benefício previdenciário de pensão por morte com a pensão civil "ex delicto", nos termos do STJ.
d) Valores recebidos a título de benefício previdenciário podem, excepcionalmente, ser penhorados no patamar máximo de 30%.
e) Segundo o STJ, a propositura de ação coletiva pelo MP com vistas, por exemplo, à nulidade dos atos normativos expedidos no sentido de

não admitir prova do tempo de serviço rural em nome de terceiros não interrompe a prescrição quinquenal em relação às demandas individuais propostas com a mesma finalidade.

08. **(Cespe/TRF/5R/Juiz/2017)** A respeito do processo administrativo e da ação previdenciária, assinale a opção correta:

a) A falta de pleito administrativo com o objetivo de manter benefício previdenciário já concedido e cujos fatos já foram analisados pelo órgão administrativo inviabiliza o processamento da ação previdenciária por falta de interesse de agir.

b) Decisão judicial que extingue ação previdenciária sem resolução de mérito por falta de prévio pedido administrativo ofende o princípio da inafastabilidade da jurisdição.

c) A existência de requerimento administrativo pleiteando benefício previdenciário junto ao órgão administrativo impede o processamento de ação judicial que tenha por objeto o mesmo pleito administrativo, até que o requerimento seja decidido na primeira instância da via administrativa.

d) A interposição de recurso administrativo contra decisão do órgão previdenciário que indeferiu pedido de benefício inviabiliza a propositura de ação judicial com o mesmo objeto do pleito denegatório, enquanto não ficar decidido o referido recurso.

e) A existência de tese firmada administrativamente pelo órgão previdenciário contrário ao pleito do segurado não inviabiliza a propositura de ação judicial sem prévio requerimento administrativo.

09. **(Cespe/PGE/SE/Procurador/2017)** Fernando, beneficiário de aposentadoria por idade sob o RGPS desde janeiro de 2010, pretende ajuizar uma ação pleiteando a revisão do referido benefício em novembro de 2017. Nessa situação hipotética:

a) Fernando poderá fundamentar o pedido de revisão de aposentadoria no direito à conversão do tempo de trabalho em condições especiais, como na hipótese do exercício de atividades rurais.

b) Fernando poderá pleitear o recálculo do benefício considerando as contribuições recolhidas entre fevereiro de 2010 e novembro de 2017.

c) se for impetrada, a ação será julgada extinta com resolução do mérito, em decorrência da prescrição do fundo de direito, que terá aniquilado o seu direito à revisão pretendida.

d) se for impetrada, a ação será julgada extinta com resolução do mérito, pois seu direito à revisão terá sido atingido pelo instituto da decadência.

e) Fernando não precisará comprovar o indeferimento, pelo INSS, de requerimento administrativo prévio sobre o assunto, salvo se a revisão depender da análise de matéria de fato ainda não apreciada pela previdência social.

10. **(Cespe/Funpresp_Jud/Analista/2016)** Considerando o disposto na CF e o entendimento consolidado do Supremo Tribunal Federal (STF), julgue: a exigência de prévio requerimento administrativo, enquanto condicionante do ajuizamento de ação judicial para a concessão de benefício previdenciário, não ofende o direito de petição.

11. **(Cespe/INSS/Analista/2016)** Raimunda, segurada da previdência social, conviveu em regime de união estável com Cláudio por doze anos, até falecer. Raimunda não inscreveu Cláudio como seu dependente previdenciário. Nessa situação, caso o INSS exija prova da união estável para a concessão de benefício, Cláudio poderá utilizar-se da justificação administrativa.

2. FINANCIAMENTO DA SEGURIDADE SOCIAL

◎ ATENÇÃO: ESTE TEMA É MUITO EXIGIDO NOS CONCURSOS!

✱ SÚMULAS

1) Contribuições Gerais

STF Súm. 241. A contribuição previdenciária incide sobre o abono incorporado ao salário.

STF Súm. 688. É legítima a incidência da contribuição previdenciária sobre o 13º salário.

STJ Súm. 425. A retenção da contribuição para a seguridade social pelo tomador do serviço não se aplica às empresas optantes pelo Simples.

STJ Súm. 458. A contribuição previdenciária incide sobre a comissão paga ao corretor de seguros.

TST OJ/SDI1 363. A responsabilidade pelo recolhimento das contribuições social e fiscal, resultante de condenação judicial referente a verbas remuneratórias, é do empregador e incide sobre o total da condenação. Contudo, a culpa do empregador pelo inadimplemento das verbas remuneratórias não exime a responsabilidade do empregado pelos pagamentos do imposto de renda devido e da contribuição previdenciária que recaia sobre sua quota-parte.

STJ OJ/SDI1 368. É devida a incidência das contribuições para a Previdência Social sobre o valor total do acordo homologado em juízo, independentemente do reconhecimento de vínculo de emprego, desde que não haja discriminação das parcelas sujeitas à incidência da contribuição previdenciária, conforme parágrafo único do art. 43 da Lei n. 8.212, de 24.7.1991, e do art. 195, I, "a", da CF/1988.

STJ OJ/SDI1 376. É devida a contribuição previdenciária sobre o valor do acordo celebrado e homologado após o trânsito em julgado de decisão judicial, respeitada a proporcionalidade de valores entre as parcelas de natureza salarial e indenizatória deferidas na decisão condenatória e as parcelas objeto do acordo.

STJ OJ/SDI1 398. Nos acordos homologados em juízo em que não haja o reconhecimento de vínculo empregatício, é devido o recolhimento da contribuição previdenciária, mediante a alíquota de 20% a cargo do tomador de serviços e de 11% por parte do prestador de serviços, na qualidade de contribuinte individual, sobre o valor total do acordo, respeitado o teto de contribuição. Inteligência do § 4º do art. 30 e do inciso III do art. 22, todos da Lei n. 8.212, de 24.7.1991.

2) PIS/Cofins

STF Súm. 659. É legítima a cobrança da Cofins, do PIS e do Finsocial sobre as operações relativas a energia elétrica, serviços de telecomunicações, derivados de petróleo, combustíveis e minerais do país.

STJ Súm. 423. A Contribuição para Financiamento da Seguridade Social – Cofins incide sobre as receitas provenientes das operações de locação de bens móveis.

STJ Súm. 468. A base de cálculo do PIS, até a edição da MP n. 1.212/1995, era o faturamento ocorrido no sexto mês anterior ao do fato gerador.

STJ Súm. 508. A isenção da Cofins concedida pelo art. 6º, II, da LC n. 70/1991 às sociedades civis de prestação de serviços profissionais foi revogada pelo art. 56 da Lei n. 9.430/1996.

STJ Súm. 584. As sociedades corretoras de seguros, que não se confundem com as sociedades de valores mobiliários ou com os agentes autônomos de seguro privado, estão fora do rol de entidades constantes do art. 22, § 1º, da Lei n. 8.212/1991, não se sujeitando à majoração da alíquota da Cofins prevista no art. 18 da Lei n. 10.684/2003.

3) Salário de Contribuição

STJ Súm. 310. O auxílio-creche não integra o salário-de-contribuição.

STJ Súm. 456. É incabível a correção monetária dos salários de contribuição considerados no cálculo do salário de benefício de auxílio-doença, aposentadoria por invalidez, pensão ou auxílio-reclusão concedidos antes da vigência da CF/1988.

4) Outros Temas

STF Súm. 466. Não é inconstitucional a inclusão de sócios e administradores de sociedades e titulares de firmas individuais como contribuintes obrigatórios da previdência social.

STJ Súm. 351. A alíquota de contribuição para o Seguro de Acidente do Trabalho (SAT) é aferida pelo grau de risco desenvolvido em cada empresa, individualizada pelo seu CNPJ, ou pelo grau de risco da atividade preponderante quando houver apenas um registro.

* REPERCUSSÃO & REPETITIVOS

STF Repercussão Geral 20. A contribuição social a cargo do empregador incide sobre ganhos habituais do empregado, quer anteriores ou posteriores à EC 20/98. (RE 565160, 29.3.2017)

STF Repercussão Geral 69. O ICMS não compõe a base de cálculo para a incidência do PIS e da Cofins. (RE 574706, 15.3.2017)

STF Repercussão Geral 204. É constitucional a previsão legal de diferenciação de alíquotas em relação às contribuições previdenciárias incidentes sobre a folha de salários de instituições financeiras ou de entidades a elas legalmente equiparáveis, após a edição da EC 20/98. (RE 598572, 30.3.2016)

STF Repercussão Geral 515. É constitucional a majoração diferenciada de alíquotas em relação às contribuições sociais incidentes sobre o faturamento ou a receita de instituições financeiras ou de entidades a elas legalmente equiparáveis. (RE 656089, 6.6.2018)

STF Repercussão Geral 573. Não viola o princípio da isonomia e o livre acesso à jurisdição a restrição de ingresso no parcelamento de dívida relativa à Cofins, instituída pela Portaria 655/93, dos contribuintes que questionaram o tributo em juízo com depósito judicial dos débitos tributários. (RE 640905, 16.12.2016)

STF Repercussão Geral 665. São constitucionais a alíquota e a base de cálculo da contribuição ao PIS, previstas no art. 72, V, do ADCT, destinada à composição do Fundo Social de Emergência, nas redações da ECR 1/94 e das EC 10/96 e 17/97, observados os princípios da anterioridade nonagesimal e da irretroatividade tributária. (RE 578846, 6.6.2018)

STF Repercussão Geral 894. A contribuição ao PIS só pode ser exigida, na forma estabelecida pelo art. 2º da EC 17/97, após decorridos noventa dias da data da publicação da referida emenda constitucional. (RE 848353, 13.5.2016)

STJ Repetitivo 454. Não são dedutíveis da base de cálculo das contribuições ao PIS e Cofins o valor destinado aos acionistas a título de juros sobre o capital próprio, na vigência da Lei 10.637/02 e da Lei 10.833/03. (EREsp 1200492, 14.10.2015)

* INFORMATIVOS DE JURISPRUDÊNCIA

Contribuição previdenciária. Arts. 22, I, e 28, I, da Lei 8.212/1991. Verba denominada quebra de caixa. Natureza salarial. Inexistência de caráter indenizatório. Incidência tributária. Possibilidade.

STJ A verba relativa a "quebra de caixa" possui natureza salarial e sobre ela incide contribuição previdenciária. EREsp 1.467.095, Rel. Acd. Min. Og Fernandes, DJe 6.9.2017. 1ª S. (Info 610)

Contribuição previdenciária. Incidência sobre terço constitucional de férias usufruídas. Impossibilidade. Natureza indenizatória da parcela.

STJ Não incide contribuição previdenciária sobre o terço constitucional de férias usufruídas, conforme decidido pelo STJ no julgamento de incidente de recurso repetitivo (Tema Repetitivo n. 478). Ademais, o art. 28, § 9º, 'd', da Lei 8.212/91, com a redação da Lei 9.528/97, expressamente exclui da base de cálculo da contribuição previdenciária as importâncias recebidas a título de férias indenizadas e o respectivo adicional constitucional, diante da natureza indenizatória das parcelas. Portanto, apesar de incidir contribuição previdenciária sobre as férias gozadas, por se tratar de verba de natureza salarial, não cabe idêntico raciocínio para o terço constitucional de férias, já que tal parcela não se destina à retribuição pelos serviços prestados, nem pelo tempo à disposição do empregador, ostentando natureza indenizatória. E-RR-403-87.2012.5.06.0023, SDI1, Rel. Min. Hugo Carlos Scheuermann, 21.9.2017. (Info 165)

Contribuição para o PIS/Pasep e Cofins. Receitas financeiras. Incidência. Alíquotas. Redução e majoração por ato do executivo. Lei 10.865/2004. Possibilidade.

STJ O Decreto n. 8.426/2015, que restabeleceu as alíquotas da contribuição para o PIS/Pasep e da Cofins incidentes sobre receitas financeiras, conforme limites previstos no art. 27, § 2º, da Lei 10.865/2004, não ofende o princípio da legalidade. REsp 1.586.950, Rel. Acd. Min. Gurgel de Faria, DJe 9.10.2017. 1ª T. (Info 613)

* INOVAÇÕES LEGISLATIVAS

▲ LOAS. Título VI – Do Financiamento Da Seguridade Social, Capítulo VI – Da Contribuição do Produtor Rural e do Pescador

▲ Art. 25. (...). I – 1,2% (um inteiro e dois décimos por cento) da receita bruta proveniente da comercialização da sua produção; (...). § 12. Não integra a base de cálculo da contribuição de que trata o caput deste artigo a produção rural destinada ao plantio ou reflorestamento, nem o produto animal destinado à reprodução ou criação pecuária ou granjeira e à utilização como cobaia para fins de pesquisas científicas, quando vendido pelo próprio produtor e por quem a utilize diretamente com essas finalidades e, no caso de produto vegetal, por pessoa ou entidade registrada no Ministério da Agricultura, Pecuária e Abastecimento que se dedique ao comércio de sementes e mudas no País. § 13. O produtor rural pessoa física poderá optar por contribuir na forma prevista no caput deste artigo ou na forma dos incisos I e II do caput do art. 22 desta Lei, manifestando sua opção mediante o pagamento da contribuição incidente sobre a folha de salários relativa a janeiro de cada ano, ou à primeira competência subsequente ao início da atividade rural, e será irretratável para todo o ano-calendário. (Modificações: Lei 13.606/18)

▲ Capítulo VII – Da Contribuição Sobre a Receita de Concursos de Prognósticos

▲ Art. 26. Constitui receita da Seguridade Social a contribuição social sobre a receita de concursos de prognósticos a que se refere o inciso III do caput do art. 195 da Constituição. § 1º O produto da arrecadação da contribuição será destinado ao financiamento da Seguridade Social. § 2º A base de cálculo da contribuição equivale à receita auferida nos concursos de prognósticos, sorteios e loterias. § 3º A alíquota da contribuição corresponde ao percentual vinculado à Seguridade Social em cada modalidade lotérica, conforme previsto em lei. (Modificações: MPv 841/18)

▲ Capítulo IX – Do Salário-de-Contribuição

▲ Art. 28. § 8º (Revogado). a) (Revogada); (...). § 9º Não integram o salário-de-contribuição para os fins desta Lei, exclusivamente: (...). h) as diárias para viagens; (...). q) o valor relativo à assistência prestada por serviço médico ou odontológico, próprio da empresa ou por ela conveniado, inclusive o reembolso de despesas com medicamentos, óculos, aparelhos ortopédicos, próteses, órteses, despesas médico-hospitalares e outras similares; (...). z) os prêmios e os abonos. (Modificações: Lei 13.467/17)

▲ Título VIII – Das Disposições Finais e Transitórias, Capítulo II – Das Demais Disposições

▲ Art. 89. (...). § 12. O disposto no § 10 deste artigo não se aplica à compensação efetuada nos termos do art. 74 da Lei n. 9.430, de 27 de dezembro de 1996. (Modificações: Lei 13.670/18)

* QUESTÕES OBJETIVAS

12. **(Cespe/INSS/Analista/2016)** Sobre a receita de loterias, apostas e sorteio de números incidirá contribuição social destinada a financiar a seguridade social.

13. **(Cespe/DPE/PE/Defensor/2015)** Rita foi contratada para trabalhar na residência de Zuleica, em atividade sem fins lucrativos, mediante o recebimento de um salário mínimo por mês. Nessa situação hipotética, a contribuição destinada à seguridade social a cargo de Zuleica será de 20% sobre o total das remunerações pagas, devidas ou creditadas, a qualquer título, no decorrer do mês, à segurada.

14. **(Cespe/DPE/PE/Defensor/2015)** Rita foi contratada para trabalhar na residência de Zuleica, em atividade sem fins lucrativos, mediante o recebimento de um salário mínimo por mês. Nessa situação hipotética, a contribuição destinada à seguridade social a cargo de Rita será de 8% sobre o valor de um salário mínimo.

15. **(Cespe/TRF/5R/Juiz/2015)** Tendo em vista que grande parte do custeio do RGPS decorre de contribuições de empresas e trabalhadores, calculadas em razão da remuneração ou do salário de contribuição, assinale a opção correta:

a) A contribuição do empregador ao RGPS relativamente ao faturamento limita-se ao somatório dos salários de contribuição da totalidade dos seus empregados.

b) A contribuição do empregador ao RGPS relativamente a cada empregado tem sua base de cálculo limitada ao salário de contribuição do respectivo empregado.

c) A contribuição do servidor público ao RGPS incide sobre a sua remuneração integral.

d) A contribuição do empregado ao RGPS incide sobre o seu salário de contribuição.

e) A contribuição do empregador ao RGPS relativamente ao lucro limita-se ao somatório dos salários de contribuição da totalidade dos seus empregados.

16. **(Cespe/TRF/1R/Juiz/2015)** Assinale a opção correta no que se refere ao financiamento da seguridade social:

a) Em obediência ao princípio da isonomia, a CF veda a diferenciação entre alíquotas ou bases de cálculo de contribuição social devida por empresas de ramos distintos.

b) Não obstante a determinação constitucional de que a seguridade social seja financiada por toda a sociedade, a União é a responsável pela cobertura de eventuais insuficiências financeiras decorrentes do pagamento de benefícios de prestação continuada da previdência social.

c) As contribuições sociais destinadas ao financiamento da seguridade social não podem ser exigidas no mesmo exercício financeiro em que tiver sido publicada a lei que as instituir, visto que a elas se aplica o princípio da anterioridade constitucionalmente previsto para os tributos em geral.

d) As aposentadorias e o auxílio-doença concedidos pelo RGPS integram o salário de contribuição.

e) Caso opte pela exclusão do direito ao benefício de aposentadoria por tempo de contribuição, é dado ao segurado empregado, ao contribuinte individual e ao facultativo a opção de reduzir pela metade a alíquota de contribuição incidente sobre o seu salário de contribuição.

17. **(Cespe/TCE/PR/Analista/2016)** Com relação ao custeio da seguridade social, assinale a opção correta:

a) Os empregados de uma entidade beneficente de assistência social legalmente isenta de contribuição previdenciária são igualmente isentos de pagar as contribuições sobre sua remuneração.

b) É ilegal a instituição de alíquotas diferenciadas a título de contribuição social dos empregadores, quando a diferenciação provier da atividade econômica, do porte da empresa ou da sua condição estrutural.

c) Conforme a legislação previdenciária vigente, para efeito de custeio da seguridade social, o contribuinte individual é equiparado a empresa, em relação ao segurado que lhe preste serviço.

d) A contribuição do empregador para o custeio da seguridade social é limitada ao teto máximo da contribuição devida pelos empregados e trabalhadores avulsos que lhe prestem serviço.

e) O salário-maternidade e a importância recebida pelo empregado a título de incentivo à demissão são considerados salários de contribuição, incidindo sobre esses valores a contribuição previdenciária.

18. **(Cespe/INSS/Analista/2016)** A contribuição do segurado empregado e a do trabalhador doméstico recaem sobre o valor dos seus salários de contribuição, até um teto máximo fixado por lei.

19. **(Cespe/DPU/Analista/2016)** A contribuição do segurado empregado é feita de forma isonômica, sendo vedada a distinção de alíquotas ou valores de contribuição em decorrência de salários diferenciados.

20. **(Cespe/DPU/Analista/2016)** Segundo a legislação vigente, deve haver incidência de contribuição previdenciária sobre importância recebida a título de incentivo a demissão voluntária e abono de férias.

21. **(Cespe/DPU/Analista/2016)** Em caso de eventual déficit entre os valores arrecadados e os valores pagos a título de benefício previdenciário, o INSS poderá suspender temporariamente o pagamento dos benefícios aos segurados, até que arrecade valor suficiente para efetuar tal pagamento.

22. **(Cespe/DPU/Analista/2016)** Lei que aprovar a majoração de contribuição previdenciária para efeito de custeio de benefício ou serviço da seguridade social só poderá ser aplicada após decorridos noventa dias da data da sua publicação.

23. **(Cespe/TCE/PR/Auditor/2016)** Assinale a opção correta a respeito do custeio da seguridade social:

a) Para o trabalhador filiado ao RGPS, não incide contribuição previdenciária sobre o terço constitucional de férias.

b) Em procedimento de aferição indireta para se determinar o valor do movimento real de remuneração dos segurados a seu serviço, do faturamento e do lucro, durante o exame da escrituração contábil ou de qualquer outro documento da empresa, caso se constate divergência entre a base de cálculo do tributo devido e o efetivamente registrado, o ônus da prova será da fiscalização previdenciária.

c) A COFINS, por incidir sobre o faturamento, não alcança as receitas provenientes da locação de bens móveis.

d) Para que as contribuições para a seguridade social sejam legalmente válidas, é imprescindível que sua instituição se dê por meio de lei complementar, ainda que as fontes de custeio estejam expressas na CF.

e) A contribuição para o Seguro de Acidentes do Trabalho é devida pelas empresas para o financiamento exclusivo dos benefícios por invalidez.

24. **(Cespe/Funpresp/Especialista Jurídico/2016)** As receitas para a seguridade social dos estados, do Distrito Federal e dos municípios provêm de seus respectivos orçamentos e do orçamento da União.

25. **(Cespe/TCE/SC/Auditor/2016)** João, com sessenta e cinco anos de idade, não possui meios de prover a própria manutenção nem a de sua família, cuja renda mensal per capita é inferior a um quarto do salário mínimo. Nessa situação, João só pode requerer o benefício de prestação continuada previsto na Lei Orgânica de Assistência Social se tiver contribuído para a seguridade social.

26. **(Cespe/SEDF/Analista/2017)** A seguridade social representa um conjunto de benefícios prestados pelo poder público ao trabalhador e aos membros de sua família, independentemente de contribuição.

27. **(Cespe/SEDF/Analista/2017)** Integram as fontes de custeio da seguridade social as contribuições provenientes do segurado empregado, cuja alíquota deverá incidir sobre a remuneração auferida de um ou mais empregadores no decorrer do mês, respeitado o limite máximo da contribuição.

28. **(Cespe/TCE/PE/Auditor/2017)** A seguridade social representa um conjunto integrado de ações direcionadas à proteção exclusiva de trabalhadores que mantêm vínculo contributivo com algum órgão de assistência previdenciária.

29. **(Cespe/TCE/RN/Assessor_Jurídico/2015)** Lei complementar disciplinará a cobertura do risco de acidente do trabalho, que deverá ser custeado concorrentemente pelo regime geral de previdência social e pelo setor privado.

30. **(Cespe/TCE/RN/Assessor_Jurídico/2015)** A Constituição Federal de 1988 prevê fontes de custeio da seguridade social, entre elas a receita de concursos de prognósticos e a importação de bens ou serviços. Caso a União deseje criar novas fontes de custeio para manter e expandir a seguridade social, deverá fazê-lo pelo processo legislativo especial da lei complementar.

31. **(Cespe/TCE/RN/Auditor/2015)** As contribuições para a seguridade social devidas pelo empregador podem ter alíquotas e bases de cálculo diferenciadas em razão da atividade econômica, da utilização intensiva da mão de obra, do porte da empresa ou da condição estrutural do mercado de trabalho.

32. **(Cespe/TCE/RN/Auditor/2015)** Os objetivos da seguridade social incluem a universalidade da cobertura e do atendimento, a equidade na forma de participação no custeio e a diversidade da base de financiamento.

33. **(Cespe/TCU/Procurador/2015)** Em relação ao custeio da seguridade social, assinale a opção correta:

a) A responsabilidade tributária pelo recolhimento da contribuição previdenciária de segurado empregado, trabalhador avulso e empregado doméstico será tanto dos segurados quanto das empresas, dos empregadores e de equiparados.

b) A contribuição dos segurados especiais para a previdência social é feita com base no salário de contribuição.

c) Conforme entendimento do STJ, a alíquota de contribuição para o Seguro Acidente do Trabalho, a cargo do empregador, é aferida apenas pelo grau de risco na atividade preponderante, ainda que a pessoa jurídica empregadora possua mais de um estabelecimento empresarial.

d) Não incide contribuição previdenciária sobre o adicional noturno pago pelo empregador.

e) De acordo com o STF, é legítima a cobrança da COFINS, do PIS e do FINSOCIAL sobre as operações relativas a energia elétrica, serviços de telecomunicações, derivados de petróleo, combustíveis e minerais do país.

34. **(Cespe/TRT/7R/Analista/2017)** Mônica é empregada doméstica na casa de Jorge, segurado empregado de uma empresa. Nessa situação hipotética, assinale a opção correta a respeito das contribuições previdenciárias de Mônica e de Jorge:

a) A contribuição previdenciária de Mônica é calculada mediante a aplicação da alíquota de 8% sobre o valor registrado na carteira de trabalho, independentemente do valor da remuneração.

b) Tanto as contribuições previdenciárias de Mônica quanto as de Jorge devem ser recolhidas até o dia vinte do mês subsequente ao da prestação do serviço.

c) A contribuição previdenciária de Jorge deve ser recolhida por seu empregador, enquanto a de Mônica deve ser feita por ela mesma, pessoalmente.

d) Como empregador doméstico, Jorge deve realizar o recolhimento da contribuição patronal de 8% sobre o valor registrado na carteira de trabalho de Mônica, para a seguridade social, bem como 0,8% de contribuição social para financiamento do seguro contra acidentes do trabalho.

35. **(Cespe/PGE/SE/Procurador/2017)** O sistema de custeio da seguridade social é:

a) composto pela contribuição sobre a receita de concursos de prognósticos, mas não pela remuneração recebida por serviços de arrecadação prestados a terceiros.

b) composto, no âmbito da União, por recursos adicionais do orçamento fiscal fixados obrigatoriamente na lei orçamentária anual.

c) assegurado pela contribuição empresária, que é calculada, entre outras, sobre as remunerações pagas aos trabalhadores avulsos prestadores de serviços, deles excluídos os segurados contribuintes individuais.

d) composto, na esfera federal, somente por receitas da União e das contribuições sociais.

e) assegurado também pela participação do empregado, cujo salário-de-contribuição é reajustado anualmente pelos mesmos índices do salário mínimo vigente no país.

36. **(Cespe/PGE/AM/Procurador/2016)** O fato gerador das contribuições destinadas ao custeio da seguridade social, calculadas com base na remuneração, ocorre na data do pagamento dessas contribuições.

37. **(Cespe/DPU/Defensor/2017)** O princípio da equidade na forma de participação no custeio do RGPS não veda a existência de alíquotas de contribuições diferenciadas entre empregadores nem entre empregados.

38. **(Cespe/TCE/SC/Auditor/2016)** De modo geral, a base de cálculo da contribuição previdenciária do empregado é o salário de contribuição. Conforme o STJ, no caso de a empregada estar recebendo o benefício do salário-maternidade, a base de cálculo passa a ser o salário-maternidade.

39. **(Cespe/AGU/Advogado/2015)** Conforme entendimento do STF, não há incidência de contribuição previdenciária nos benefícios do RGPS, incluído o salário-maternidade.

3. BENEFICIÁRIOS (LEI 8.213/91)

◎ ATENÇÃO: ESTE TEMA É MUITO EXIGIDO NOS CONCURSOS!

* QUESTÕES OBJETIVAS

40. **(Cespe/PGE/PE/Procurador/2018)** Hélio, filiado ao RGPS há mais de dez anos, foi demitido do emprego em fevereiro de 2018, interrompendo o recolhimento das contribuições sociais. Nesse caso, Hélio

a) manterá a qualidade de segurado até a readmissão em novo emprego, desde que esta ocorra no prazo de quarenta e oito meses.

b) perderá a qualidade de segurado se não voltar a contribuir para o regime geral de previdência social, ainda que como facultativo, em até sessenta dias após a demissão.

c) manterá a qualidade de segurado, sem limite de prazo, se estiver em gozo de benefício previdenciário.

d) perdeu a qualidade de segurado, automaticamente, na data da demissão, se esta ocorreu por justa causa.

e) manterá a qualidade de segurado por cento e vinte dias, a partir da homologação da demissão.

41. **(Cespe/TRF/5R/Juiz/2015)** Manterá a condição de segurado:

a) independentemente de contribuições, aquele que estiver em gozo de benefício.

b) pelo máximo de até seis meses após a cessação das contribuições, o segurado que deixar de exercer atividade remunerada abrangida pela previdência social.

c) pelo máximo de até dezoito meses após cessar a segregação, o segurado acometido de doença de segregação compulsória.

d) pelo máximo de até dezoito meses após o livramento, o segurado retido ou recluso.

e) pelo máximo de até seis meses após o licenciamento, o segurado incorporado às Forças Armadas para prestar serviço militar.

42. **(Cespe/TRF/1R/Juiz/2015)** Com relação aos beneficiários do RGPS, assinale a opção correta:

a) Para efeitos previdenciários, presume-se que o filho e o enteado com menos de vinte e um anos são economicamente dependentes do segurado.

b) Para que o companheiro de segurado do mesmo sexo integre o rol de dependentes, de modo que faça jus aos mesmos direitos que os casais heterossexuais no que diz respeito ao recebimento de pensão por morte, é indispensável que se comprove, além da vida em comum, a dependência econômica.

c) O brasileiro civil que trabalhe fora do país para organismo oficial internacional do qual o Brasil seja membro efetivo, ainda que lá domiciliado e contratado, será segurado da previdência social como empregado.

d) De acordo com a jurisprudência pacificada do STJ, o trabalho urbano de um dos membros do grupo familiar não descaracteriza, por si só, os demais integrantes como segurados especiais.

e) A pessoa física que tiver deixado de exercer atividade remunerada abrangida pela previdência social manterá a qualidade de segurado, independentemente de contribuições, pelo período de até doze meses. Esse prazo será prorrogado por até dezoito meses, caso se comprove o pagamento de pelo menos cento e vinte contribuições mensais ininterruptas.

43. **(Cespe/TCE/SC/Auditor/2016)** O STF reconhece a união homoafetiva como entidade familiar e, consequentemente, assegura ao(à) companheiro(a) da pessoa segurada a qualidade de dependente para fins previdenciários.

44. (Cespe/Funpresp/Especialista Jurídico/2016) Empregado demitido de determinada empresa após ter contribuído por quinze anos de serviço manterá a qualidade de segurado por até trinta e seis meses, caso comprove a situação de desemprego em órgão próprio da previdência social.

45. (Cespe/INSS/Analista/2016) Aldo e Sandra são casados e pais de três crianças. Sandra é servidora pública efetiva de determinada fundação pública vinculada ao governo federal, e Aldo, que não é concursado, ocupa um cargo em comissão em um órgão público federal. Os filhos de Aldo e Sandra, como dependentes de servidor público, têm direito aos seguintes benefícios do plano de seguridade social: pensão, auxílio-funeral, auxílio-reclusão e assistência à saúde.

46. (Cespe/TCE/PR/Analista/2016) A respeito do regime geral de previdência social (RGPS), assinale a opção correta:

a) A pessoa física que exerce, por conta própria, atividade econômica de natureza urbana sem fins lucrativos é considerada segurado obrigatório do RGPS.

b) O RGPS institui as regras básicas que regulamentam a previdência social no Brasil; dele se extraem os fundamentos da previdência social do serviço público, da iniciativa privada e da previdência complementar.

c) O divórcio resulta na perda da qualidade de dependente, independentemente de o ex-cônjuge receber alimentos após a extinção da relação conjugal.

d) O ministro de confissão religiosa é considerado segurado obrigatório do RGPS na condição de trabalhador avulso.

e) O segurado do RGPS que, na condição de empregado, tiver completado o período de carência e for licenciado sem remuneração perderá a sua condição de segurado a partir do mês seguinte ao seu licenciamento.

47. (Cespe/TCE/PA/Auditor/2016) O regime geral de previdência social constitui um gênero do regime previdenciário, o qual inclui o sistema de previdência que se estende a todos os trabalhadores da iniciativa privada e do serviço público.

48. (Cespe/INSS/Analista/2016) O RGPS constitui um gênero do qual são espécies a previdência dos servidores públicos, a dos trabalhadores empregados da iniciativa privada e a dos trabalhadores autônomos.

49. (Cespe/INSS/Analista/2016) Aldo e Sandra são casados e pais de três crianças. Sandra é servidora pública efetiva de determinada fundação pública vinculada ao governo federal, e Aldo, que não é concursado, ocupa um cargo em comissão em um órgão público federal. Com base na universalidade da cobertura e do atendimento da seguridade social, Aldo terá direito aos mesmos benefícios de plano de seguridade social e de assistência à saúde garantidos a Sandra.

50. (Cespe/SEDF/Analista/2017) Entende-se como companheiro ou companheira para efeito de proteção previdenciária a pessoa com quem o segurado mantém união estável por período superior a cinco anos, independentemente da existência de prole em comum.

51. (Cespe/TCE/PE/Auditor/2017) O adolescente que estiver sob dependência econômica da madrasta, segurada do RGPS, poderá ser inscrito no INSS como dependente desta.

52. (Cespe/DPU/Defensor/2017) Em caso de morte do segurado seringueiro recrutado para a produção de borracha na região amazônica durante a Segunda Guerra Mundial, sua pensão especial vitalícia poderá ser transferida aos seus dependentes reconhecidamente carentes.

53. (Cespe/DPU/Defensor/2017) Para efeito de concessão de benefício aos dependentes, a dependência econômica dos genitores do segurado é considerada presumida.

54. (Cespe/DPU/Defensor/2017) O segurado aposentado pelo RGPS que passar a auferir renda na condição de trabalhador autônomo será segurado obrigatório em relação a essa atividade e participará do custeio da seguridade social.

55. (Cespe/TCE/PE/Analista_Controle_Externo/2017) O estagiário maior de dezesseis anos de idade que receba bolsa de estudos da empresa concedente do estágio será considerado segurado obrigatório do regime geral da previdência social (RGPS).

56. (Cespe/DPU/Defensor/2015) Aquele que, como contrapartida pelo desempenho das atividades de síndico do condomínio edilício onde resida, seja dispensado do pagamento da taxa condominial, sem receber qualquer outro tipo de remuneração, enquadra-se como segurado facultativo do RGPS.

57. **(Cespe/DPU/Defensor/2015)** A lei de benefícios previdenciários prevê expressamente que o menor sob guarda do segurado filiado ao RGPS é seu dependente, havendo discussão jurisprudencial a respeito do tema, dada a existência de normas contrárias no ordenamento jurídico nacional.

58. **(Cespe/DPU/Defensor/2015)** O fato de um dos integrantes do seu núcleo familiar desempenhar atividade urbana não implica, por si só, a descaracterização do trabalhador rural como segurado especial, devendo-se proceder à análise do caso concreto.

59. **(Cespe/DPU/Defensor/2015)** O bolsista remunerado que se dedica em tempo integral à pesquisa e o segurado recolhido à prisão sob regime fechado – e que, nesta condição, exerça atividade artesanal por conta própria dentro da unidade prisional – são segurados obrigatórios do RGPS.

60. **(Cespe/DPU/Defensor/2015)** A lei prevê que o período de graça do segurado obrigatório seja acrescido de doze meses no caso de ele estar desempregado, exigindo-se, em todo caso, conforme entendimento do STJ e da Turma Nacional de Uniformização (TNU), que essa situação seja comprovada por registro no órgão próprio do MTE.

61. **(Cespe/DPU/Defensor/2015)** Em regra, mantêm a qualidade de segurado por até doze meses, independentemente de contribuições, o segurado empregado, o avulso, o doméstico e o facultativo.

62. **(Cespe/AGU/Advogado/2015)** Conforme entendimento do STJ, síndico de condomínio que receber remuneração pelo exercício dessa atividade será enquadrado como contribuinte individual do RGPS, ao passo que o síndico isento da taxa condominial, por não ser remunerado diretamente, não será considerado contribuinte do RGPS.

63. **(Cespe/AGU/Advogado/2015)** De acordo com jurisprudência do STF, devido ao fato de os serviços de registros públicos, cartorários ou notariais serem exercidos em caráter privado, os oficiais de registro de imóveis, para os fins do RGPS, devem ser classificados na categoria de contribuinte individual.

64. **(Cespe/AGU/Advogado/2015)** Howard, cidadão norte-americano, domiciliado no Brasil, foi aqui contratado pela empresa brasileira X, para trabalhar, por tempo indeterminado, em sua filial situada no Canadá. A maior parte do capital votante dessa filial canadense é da empresa X, constituída sob as leis brasileiras e com sede e administração no Brasil. Nessa situação, Howard deverá estar, necessariamente, vinculado ao RGPS como segurado empregado.

65. **(Cespe/TCE/RN/Inspetor/2015)** O servidor público ocupante de cargo em comissão é segurado obrigatório da previdência social na condição de contribuinte individual.

66. **(Cespe/TCU/Procurador/2015)** Acerca de segurados, dependentes, filiação e carência, assinale a opção correta:

a) O menor aprendiz é enquadrado na categoria de segurado facultativo.
b) No que concerne ao concubinato, relação desenvolvida paralelamente ao casamento sem a separação dos cônjuges, o STJ admite a condição de dependente do concubino.
c) Para fins de prorrogação do período gratuito para o segurado desempregado, entende o STJ que a ausência de anotação laboral na CTPS do segurado não é suficiente para comprovar a sua situação de desemprego.
d) Pedro desenvolveu duas atividades laborais de modo concomitante: na primeira, manteve vínculo empregatício; na segunda, vendeu sorvete por conta própria em estádios de futebol aos finais de semana. Nessa situação, não é possível que ele seja filiado, ao mesmo tempo, como segurado empregado e contribuinte individual.
e) Durante o exercício do mandato eletivo, o dirigente sindical perde a filiação ao RGPS.

67. **(Cespe/TRF/5R/Juiz/2017)** Armando, nascido em 10.8.1974, começou a trabalhar aos dez anos de idade, com seus pais e irmãos, em uma pequena propriedade rural, em regime de economia familiar, no interior do nordeste brasileiro. Em 1995, Armando mudou-se para Recife/PE e foi trabalhar como empregado em uma indústria alimentícia, até 2002. Posteriormente, Armando ingressou no serviço público federal, vinculando-se ao regime próprio de previdência social (RPPS). Acerca do reconhecimento de filiação ao regime geral de previdência social (RGPS) do período trabalhado por Armando em regime de economia familiar, e da obtenção da contagem recíproca de tempo de serviço, assinale a opção correta:

a) Poderá ser reconhecida a filiação somente a partir dos quatorze anos e até os dezoito anos de idade, e poderá fazer uso da contagem recíproca de tempo de serviço independentemente do recolhimento da contribuição previdenciária referente ao período trabalhado em regime de economia familiar.
b) Poderá ser reconhecida a filiação somente a partir dos dezesseis anos e até os dezoito anos de idade, se comprovado o recolhimento da contribuição previdenciária do período em que exerceu o trabalho em regime de economia familiar, ou se promovido o seu recolhimento a qualquer tempo.
c) Poderá ser reconhecida a filiação somente a partir dos dezoito anos e até os vinte anos de idade, desde que comprovado o recolhimento da contribuição previdenciária no período em que trabalhava em regime de economia familiar.
d) Poderá ser reconhecida a filiação do período entre os dez e os dezoito anos de idade, enquanto exerceu atividade em regime de economia familiar, se comprovado o recolhimento contemporâneo da contribuição previdenciária do período em que exerceu o trabalho em regime de economia familiar.
e) Poderá ser reconhecida a filiação a partir dos doze anos de idade, enquanto exerceu atividade em regime de economia familiar, e poderá fazer uso da contagem recíproca de tempo de serviço caso promova o recolhimento das contribuições desse período a título de indenização.

68. **(Cespe/TRT/7R/Analista/2017)** Leandra, que trabalha como manicure autônoma há cinco anos, prestando seus serviços diretamente aos seus clientes, que são pessoas físicas, nunca realizou qualquer contribuição previdenciária. Nessa situação hipotética, Leandra:

a) é considerada automaticamente inscrita no RGPS, pelo simples fato de desempenhar a referida atividade profissional.
b) poderá optar por filiar-se ou não ao sistema previdenciário.
c) estará obrigada ao pagamento da contribuição previdenciária somente a partir de sua inscrição no RGPS.
d) é segurada obrigatória do RGPS.

69. **(Cespe/TRT/7R/Analista/2017)** João, segurado obrigatório no RGPS, é casado com Fabiana, pelo regime da separação total de bens, com quem tem dois filhos, Marcos, de dezesseis anos de idade, e Felipe, de vinte e cinco anos de idade, portador de deficiência mental grave desde criança. Nessa situação hipotética, à luz da Lei n. 8.213/1991, considera(m)-se dependente(s) previdenciário(s) de João:

a) Marcos e Felipe, somente.
b) Felipe, somente.
c) Fabiana, somente.
d) Fabiana, Marcos e Felipe.

70. **(Cespe/INSS/Analista/2016)** O RGPS tem como princípio a universalidade de cobertura, o que significa que os segurados vinculados a esse regime e seus dependentes têm direito aos mesmos benefícios e serviços.

71. **(Cespe/TCE/PA/Auditor/2016)** O prefeito municipal que não esteja vinculado a regime próprio de previdência social é segurado obrigatório do regime geral de previdência social.

72. **(Cespe/Funpresp/Especialista Jurídico/2016)** O servidor ocupante exclusivamente de cargo em comissão é filiado obrigatório do regime geral de previdência social.

73. **(Cespe/DPU/Analista/2016)** O servidor público federal filiado ao regime próprio de previdência social que passar a exercer atividade remunerada em empresa privada será considerado segurado obrigatório do regime geral de previdência social.

74. **(Cespe/DPU/Analista/2016)** O deputado estadual que não tem vínculo com regime próprio de previdência social é considerado segurado obrigatório do regime geral de previdência social, e, nessa condição, está obrigado a contribuir para esse regime de previdência.

4. PRESTAÇÕES EM GERAL (LEI 8.213/91)

4.1. Disposições Gerais

✱ SÚMULAS

STF Súm. 687. A revisão de que trata o art. 58 do ADCT não se aplica aos benefícios previdenciários concedidos após a promulgação da Constituição de 1988.

STJ Súm. 148. Os débitos relativos a benefício previdenciário, vencidos e cobrados em juízo após a vigência da Lei n. 6.899/1981, devem ser corrigidos monetariamente na forma prevista nesse diploma legal.

STJ Súm. 557. A renda mensal inicial (RMI) alusiva ao benefício de aposentadoria por invalidez precedido de auxílio-doença será apurada na forma do art. 36, § 7º, do Decreto n. 3.048/1999, observando-se, porém, os critérios previstos no art. 29, § 5º, da Lei n. 8.213/1991, quando intercalados períodos de afastamento e de atividade laboral.

* REPERCUSSÃO & REPETITIVOS

STF Repercussão Geral 503. No âmbito do RGPS, somente lei pode criar benefícios e vantagens previdenciárias, não havendo, por ora, previsão legal do direito à "desaposentação", sendo constitucional a regra do art. 18, § 2º, da Lei 8.213/91. (RE 661256, 26.10.2016)

* INOVAÇÕES LEGISLATIVAS

▲ LBPS. Capítulo II – Das Prestações em Geral, Seção II – Dos Períodos de Carência

▲ Art. 24. Parágrafo único. (Revogado). (Modificações: Lei 13.457/17)

▲ Art. 27-A. No caso de perda da qualidade de segurado, para efeito de carência para a concessão dos benefícios de que trata esta Lei, o segurado deverá contar, a partir da nova filiação à Previdência Social, com metade dos períodos previstos nos incisos I e III do caput do art. 25 desta Lei. (Modificações: Lei 13.457/17)

▲ Seção V – Dos Benefícios, Seção VIII – Das Disposições Diversas Relativas às Prestações

▲ Art. 101. § 1º O aposentado por invalidez e o pensionista inválido que não tenham retornado à atividade estarão isentos do exame de que trata o caput deste artigo: I – após completarem cinquenta e cinco anos ou mais de idade e quando decorridos quinze anos da data da concessão da aposentadoria por invalidez ou do auxílio-doença que a precedeu; ou II – após completarem sessenta anos de idade. (...). § 3º (Vetado). § 4º A perícia de que trata este artigo terá acesso aos prontuários médicos do periciado no Sistema Único de Saúde (SUS), desde que haja a prévia anuência do periciado e seja garantido o sigilo sobre os dados dele. § 5º É assegurado o atendimento domiciliar e hospitalar pela perícia médica e social do INSS ao segurado com dificuldades de locomoção, quando seu deslocamento, em razão de sua limitação funcional e de condições de acessibilidade, imponha-lhe ônus desproporcional e indevido, nos termos do regulamento. (Modificações: Lei 13.457/17)

▲ Art. 115. § 3º Serão inscritos em dívida ativa pela Procuradoria-Geral Federal os créditos constituídos pelo INSS em razão de benefício previdenciário ou assistencial pago indevidamente ou além do devido, hipótese em que se aplica o disposto na Lei n. 6.830, de 22 de setembro de 1980, para a execução judicial. (Modificações: Lei 13.494/17)

* QUESTÕES OBJETIVAS

75. **(Cespe/TCE/PB/Auditor/2018)** A prestação de benefícios e serviços da previdência social será garantida

a) ao cônjuge supérstite, desde que este comprove a dependência econômica do cônjuge segurado que tiver falecido.
b) ao filho maior de vinte e um anos de idade que comprove a matrícula em instituição de ensino superior, até a data da formatura.
c) ao dependente, no caso do benefício de pensão por morte, se o interessado a requerer em até noventa dias depois da data do óbito do segurado.
d) ao segurado que, tendo perdido essa qualidade, volte a se filiar ao RGPS e, a partir da data dessa nova filiação, cumpra a metade dos períodos legalmente previstos.
e) ao segurado, a partir de sua filiação ao RGPS, desde que ele esteja contribuindo há, pelo menos, doze meses.

76. **(Cespe/TRF/5R/Juiz/2015)** As prestações ofertadas pelo RGPS são genericamente chamadas de benefícios e serviços. No que se refere a essas prestações, assinale a opção correta:

a) Caso trabalhe por conta própria, sem relação de trabalho com empresa ou equiparado, e opte por contribuir com alíquota reduzida, o segurado contribuinte individual poderá se aposentar por tempo de contribuição, mas, não, por idade.
b) O aposentado pelo RGPS que, apesar de ter-se aposentado, permanecer em atividade sujeita a esse regime não terá direito ao salário-família, ainda que cumpra os requisitos para tanto.
c) Terá direito ao benefício de auxílio-acidente o contribuinte individual que for vítima de acidente de trabalho.

d) O deputado federal vinculado ao RGPS que for vítima de acidente de trabalho não terá direito ao benefício de auxílio-acidente.

e) Há prestações que se destinam apenas aos segurados; outras, apenas a seus dependentes; e um terceiro grupo de prestações, destinadas tanto àqueles quanto a estes beneficiários do RGPS.

77. **(Cespe/TRF/5R/Juiz/2017)** Quanto à aplicação da lei previdenciária no tempo, assinale a opção correta:

a) Independentemente do benefício pretendido, aplica-se o princípio "tempus regit actum": a lei do tempo em que se preencheram todos os requisitos para a concessão do benefício pretendido pelo segurado.

b) Com exceção das aposentadorias por tempo de contribuição e por idade, aplica-se a lei em vigor à época em que o segurado ingressou no sistema previdenciário.

c) Aplica-se o princípio "lex posterior derrogat priori" para os benefícios devidos aos segurados, independentemente de ser mais ou menos vantajoso; aplicando-se entretanto, a lei em vigor na data de ingresso do segurado no sistema previdenciário para os benefícios devidos aos dependentes.

d) Independentemente do benefício pretendido, será adotada a interpretação que mais se aproxima do ideal de justiça, pautado em princípio valorativo e finalístico, segundo o qual se aplica a lei mais vantajosa ao segurado.

e) Aplica-se o princípio "lex posterior derrogat priori", com a ressalva de que havendo alteração da lei após o ingresso do trabalhador ao sistema previdenciário, será adotada a lei mais vantajosa ao beneficiário segurado ou dependente.

78. **(Cespe/PGE/SE/Procurador/2017)** A respeito das reformas e regras atinentes ao RGPS e ao RPPS, assinale a opção correta:

a) No RPPS, apesar do advento de emendas constitucionais que reformaram regras de concessão e de cálculo de benefícios, ficou mantido o direito à paridade remuneratória entre ativos e inativos.

b) É viável a criação, majoração ou extensão, por lei, de benefícios e serviços da seguridade social, desde que apresentada a fonte de seu custeio total.

c) É vedada, em ambos os regimes previdenciários e sem ressalvas, a adoção de requisitos e critérios diferenciados para a concessão de aposentadorias.

d) É garantido, no âmbito do direito previdenciário, o direito adquirido a regime jurídico previdenciário.

e) A pensão por morte, no RGPS, passou a ser devida em caráter vitalício ao cônjuge/companheiro do segurado, independentemente do tempo de contribuição do falecido.

4.2. Aposentadoria

4.2.1. Aposentadoria Especial

✱ REPERCUSSÃO & REPETITIVOS

STJ Repetitivo 609. O segurado que tenha provado o desempenho de serviço rurícola em período anterior à vigência da Lei 8.213/91, embora faça jus à expedição de certidão nesse sentido para mera averbação nos seus assentamentos, somente tem direito ao cômputo do aludido tempo rural, no respectivo órgão público empregador, para contagem recíproca no regime estatutário se, com a certidão de tempo de serviço rural, acostar o comprovante de pagamento das respectivas contribuições previdenciárias, na forma da indenização calculada conforme o dispositivo do art. 96, IV, da Lei 8.213/91. (REsp 1682678, 30.4.2018)

STJ Repetitivo 642. O segurado especial tem que estar laborando no campo, quando completar a idade mínima para se aposentar por idade rural, momento em que poderá requerer seu benefício. Ressalvada a hipótese do direito adquirido, em que o segurado especial, embora não tenha requerido sua aposentadoria por idade rural, preenchera de forma concomitante, no passado, ambos os requisitos carência e idade. (REsp 1354908, 9.9.2015)

✱ QUESTÕES OBJETIVAS

79. **(Cespe/TCE/PR/Analista/2016)** Com relação ao regime geral de previdência social (RGPS), assinale a opção correta, de acordo com a jurisprudência dos tribunais superiores:

a) Conforme entendimento do STF, aquele que, embora exerça atividades laborais consideradas nocivas à saúde, utilize equipamento de proteção que anula completamente a nocividade durante o desempenho de tais atividades não fará jus à percepção de aposentadoria especial.

b) Servidora pública ocupante de cargo efetivo no estado do Paraná pode filiar-se ao RGPS como segurado facultativo.
c) Aquele que preenche os requisitos legais para a concessão de benefício previdenciário adquire um direito fundamental, inexistindo prazo decadencial para a concessão ou a revisão de benefícios.
d) Para a concessão do benefício de auxílio-reclusão, deve-se considerar a renda da unidade familiar, já que o destinatário do benefício são os dependentes do segurado recluso.
e) Nos termos da jurisprudência do STJ, não tem direito à percepção de benefício de pensão por morte o cônjuge do falecido que, apesar de possuir os requisitos para aposentadoria antes do óbito, tenha perdido a qualidade de segurado.

80. **(Cespe/DPU/Defensor/2015)** Conforme entendimento do STF, o direito à aposentadoria especial pressupõe a efetiva exposição do trabalhador a agente nocivo à sua saúde, de modo que, se o equipamento de proteção individual for realmente capaz de neutralizar a nocividade, não haverá respaldo à concessão constitucional de aposentadoria especial.

4.2.2. Aposentadoria por Idade

✱ QUESTÕES OBJETIVAS

81. **(Cespe/PGE/PE/Procurador/2018)** Em se tratando de prestações de aposentadorias do RGPS, o salário de benefício será

a) dividido pelo fator previdenciário nas aposentadorias por idade e por tempo de contribuição.
b) multiplicado pelo fator previdenciário, obrigatoriamente, nas aposentadorias por tempo de contribuição e especial.
c) multiplicado pelo fator previdenciário, facultativamente, apenas na aposentadoria por tempo de contribuição.
d) dividido pelo fator previdenciário nas aposentadorias por idade e especial.
e) multiplicado pelo fator previdenciário, facultativamente, na aposentadoria por idade.

82. **(Cespe/TCE/PB/Auditor/2018)** À luz da legislação específica pertinente aos RPPSs, julgue os itens a seguir.

I. A Emenda Constitucional n. 41/2003 prevê a possibilidade de aposentadoria do servidor aos cinquenta e três anos de idade sem prejuízo do valor dos proventos.
II. É vedada, sem ressalva, a adoção de requisitos e critérios diferenciados para a concessão de aposentadorias.
III. É vedada a percepção de mais de uma aposentadoria por RPPS, ressalvadas as aposentadorias oriundas de cargos acumuláveis.
IV. É imprescindível o exercício de vinte e cinco anos de serviço público para aposentadoria com fundamento na Emenda Constitucional n. 47/2005.

Estão certos apenas os itens

a) I e II.
b) I e III.
c) III e IV.
d) I, II e IV.
e) II, III e IV.

83. **(Cespe/TCE/PB/Auditor/2018)** Joaquim, que é filiado ao RGPS na condição de contribuinte individual, completará sessenta e cinco anos de idade no dia 1.1.2018, data após a qual ele pretende requerer aposentadoria por idade em uma agência da previdência social. Nessa situação hipotética, Joaquim

a) terá o benefício calculado em 100% do salário de benefício, independentemente do tempo de contribuição.
b) não poderá receber valor inferior a um salário mínimo e não fará jus a abono anual.
c) somente terá direito ao benefício caso tenha, no mínimo, trinta e cinco anos de tempo de contribuição.
d) terá direito ao benefício caso tenha feito, no mínimo, cento e oitenta contribuições mensais ao RGPS.
e) não fará jus à aposentadoria caso seja beneficiário de pensão por morte.

84. **(Cespe/DPE/PE/Defensor/2015)** Pedro mantém vínculo com o Regime Geral da Previdência Social (RGPS) há doze anos e quatro meses, em função do exercício de atividade laboral na condição de empregado de empresa privada urbana. Pedro é viúvo e mora em companhia de seu único filho, Jorge, de dezenove anos de idade. Caso, no mês em curso, Pedro complete sessenta e cinco anos de idade, então, a partir do próximo mês ele terá direito ao benefício da aposentadoria por idade, cujo valor da renda mensal deverá ser de 100% do valor do salário-de-benefício.

85. **(Cespe/DPE/PE/Defensor/2015)** Segundo a legislação, é vedado ao segurado receber mais de uma aposentadoria do RGPS. Entretanto, não há impedimento a que o segurado receba aposentadoria por idade desse regime e aposentadoria por tempo de contribuição do serviço público.

86. **(Cespe/DPU/Defensor/2015)** O fator previdenciário só incidirá na aposentadoria por idade quando a sua aplicação for mais vantajosa ao segurado.

87. **(Cespe/DPU/Defensor/2015)** Para o professor que comprove exclusivamente tempo de efetivo exercício das funções de magistério na educação infantil e no ensino fundamental e médio, os requisitos de idade e de tempo de contribuição, quando se tratar de aposentadoria por idade, serão reduzidos em cinco anos.

88. **(Cespe/TCE/RN/Inspetor/2015)** Um trabalhador urbano, segurado do RGPS, completou sessenta e cinco anos de idade no corrente ano de 2015 e pretende se aposentar por idade. Nessa situação, esse trabalhador terá direito ao benefício desejado desde que comprove ter contribuído para a providência social por, pelo menos, trinta anos.

89. **(Cespe/TCU/Procurador/2015)** Acerca dos benefícios e serviços previdenciários em espécie, assinale a opção correta:

a) O auxílio-doença deve ser equivalente a uma renda mensal igual a 100% do salário de benefício.
b) Conforme a legislação previdenciária atual, a conversão da aposentadoria por invalidez em aposentadoria por idade ocorre de modo automático e sem quaisquer requisitos.
c) No cálculo do salário de benefício da aposentadoria por idade, a média aritmética simples dos maiores salários de contribuição correspondentes a 80% de todo o período contributivo poderá por opção do segurado, ser multiplicada pelo fator previdenciário quando resultar majoração do valor mensal da prestação, nos termos do entendimento do STJ.
d) Conforme entendimento do STJ, a averbação de tempo de serviço rural sem o recolhimento das contribuições previdenciárias prestado anteriormente à Lei n. 8.213/1991 poderá ser computada para fins de elevação da renda da aposentadoria por idade, à razão de 1% por ano de atividade rural prestada.
e) De acordo com o STJ, para fins de aposentadoria especial, é taxativo o rol de agentes nocivos listados em regulamento.

4.2.3. Aposentadoria por Tempo de Serviço

✱ SÚMULAS

STJ Súm. 272. O trabalhador rural, na condição de segurado especial, sujeito à contribuição obrigatória sobre a produção rural comercializada, somente faz jus à aposentadoria por tempo de serviço, se recolher contribuições facultativas.

STJ Súm. 577. É possível reconhecer o tempo de serviço rural anterior ao documento mais antigo apresentado, desde que amparado em convincente prova testemunhal colhida sob o contraditório.

✱ INFORMATIVOS DE JURISPRUDÊNCIA

Aposentadoria de professor. Implementação dos requisitos após a edição da Lei n. 9.876/99. Incidência do fator previdenciário no cálculo da renda mensal inicial - RMI do benefício.

STJ É legítima a aplicação do fator previdenciário no cálculo da aposentadoria do professor da educação básica, ressalvados os casos em que o segurado tenha completado tempo suficiente para a concessão do benefício antes da edição da Lei n. 9.876/99. REsp 1.599.097, Rel. Acd. Min. Sérgio Kukina, DJ 27.6.2017. 1ª T. (Info 607)

✱ QUESTÕES OBJETIVAS

90. **(Cespe/Funpresp/Especialista Jurídico/2016)** João, padeiro, que contribuiu para o regime geral de previdência social (RGPS) por trinta anos, completará sessenta anos de idade em 2016. Ele é casado há mais de vinte anos com Márcia, quarenta e cinco anos de idade, com a qual teve dois filhos: João Carlos, que tem vinte e quatro anos e é inválido, e João Vítor, que tem dez anos de idade. Em 2020, João poderá aposentar-se por tempo de contribuição e optar pela não incidência do fator previdenciário.

91. **(Cespe/SEDF/Analista/2017)** Juliano foi empregado de uma empresa privada por aproximadamente oito anos, quando então pediu rescisão do seu contrato por ter sido aprovado em um concurso público, cujo ente encontra-se vinculado a regime próprio de previdência social (RPPS). Nessa situação, para efeito de aposentadoria por tempo de contribuição ao RPPS, o empregado poderá valer-se do tempo de contribuição do RGPS.

92. **(Cespe/DPU/Defensor/2017)** Em maio de 2015, Antônio, ao completar cinquenta e nove anos de idade e trinta e cinco anos de contribuição para a previdência social na condição de contribuinte individual, deixou de contribuir e não requereu o benefício da aposentadoria por tempo de contribuição. Nessa situação, o direito de Antônio pleitear o benefício da aposentadoria e os proveitos econômicos dela decorrentes prescreverá em cinco anos a contar da data em que ele completou os trinta e cinco anos de contribuição.

93. **(Cespe/DPU/Defensor/2015)** O contribuinte individual que trabalhe por conta própria - sem vinculação a pessoa jurídica, portanto - e o segurado facultativo que optarem pelo regime simplificado de recolhimento - com arrecadação baseada na alíquota de 11% - não terão direito a aposentar-se por tempo de contribuição.

94. **(Cespe/PGE/AM/Procurador/2016)** O segurado que preencher as condições para a percepção da aposentadoria por tempo de contribuição integral poderá optar pela não incidência do fator previdenciário no cálculo da renda mensal inicial se o total resultante da soma de sua idade e de seu tempo de contribuição alcançar os limites mínimos indicados em lei.

95. **(Cespe/INSS/Analista/2016)** Flávia contribuiu para o RGPS durante seis anos, após os quais deixou de contribuir e perdeu a qualidade de segurada. Nessa situação, caso volte a contribuir para o RGPS, Flávia não poderá computar esses seis anos para efeito de aposentadoria por tempo de contribuição.

96. **(Cespe/TCE/PE/Analista_Controle_Externo/2017)** Rita contribuiu para o RGPS por trinta anos, tendo sua renda mensal variado ao longo do período contributivo. Havendo cumprido os requisitos legais, Rita requereu o benefício da aposentadoria por tempo de contribuição. Nessa situação, o valor do salário de benefício de Rita consistirá na média aritmética das últimas trinta e seis contribuições feitas para o RGPS.

4.2.4. Aposentadoria por Invalidez

*** SÚMULAS**

STJ Súm. 576. Ausente requerimento administrativo no INSS, o termo inicial para a implantação da aposentadoria por invalidez concedida judicialmente será a data da citação válida.

STJ Súm. 557. A renda mensal inicial (RMI) alusiva ao benefício de aposentadoria por invalidez precedido de auxílio-doença será apurada na forma do art. 36, § 7º, do Decreto n. 3.048/1999, observando-se, porém, os critérios previstos no art. 29, § 5º, da Lei n. 8.213/1991, quando intercalados períodos de afastamento e de atividade laboral.

*** INOVAÇÕES LEGISLATIVAS**

▲ Capítulo II - Das Prestações em Geral, Seção V - Dos Benefícios, Subseção I - Da Aposentadoria por Invalidez

▲ Art. 43. § 4º O segurado aposentado por invalidez poderá ser convocado a qualquer momento para avaliação das condições que ensejaram o afastamento ou a aposentadoria, concedida judicial ou administrativamente, observado o disposto no art. 101 desta Lei. (Modificações: Lei 13.457/17)

*** QUESTÕES OBJETIVAS**

97. **(Cespe/TCE/PB/Auditor/2018)** Um segurado, contribuinte do RGPS há dez anos, caso seja acometido por mal de Parkinson, terá direito a receber do INSS o benefício de

a) auxílio-doença, desde que não seja a referida doença preexistente à data de filiação ao RGPS.
b) aposentadoria por invalidez, bastando a ele para tal atender à carência exigida em lei.
c) auxílio-doença, a contar do décimo sexto dia do afastamento da atividade, desde que comprovada a incapacidade multiprofissional total e permanente para o trabalho.
d) aposentadoria por invalidez, cuja renda mensal corresponderá a 91% do salário de benefício.
e) aposentadoria por invalidez, se for constatada a incapacidade total e permanente para o trabalho, certificada em perícia médica feita pela referida autarquia.

98. **(Cespe/INSS/Analista/2016)** Roberto, empregado na empresa Silva & Silva Ltda. há mais de um ano e oito meses, da qual recebe salário mensal equivalente a um salário mínimo, deverá afastar-se do trabalho por quatro meses em função de um problema cardíaco atestado em perícia do INSS. Nessa situação hipotética, caso, após seu afastamento do trabalho, Roberto não recupere a saúde, e se comprove a sua incapacidade absoluta para o trabalho, o INSS poderá conceder-lhe aposentadoria por invalidez.

99. **(Cespe/TCE/PR/Auditor/2016)** Em abril de 2013, Jeane sofreu um acidente de trabalho, e o médico da empresa na qual ela trabalhava considerou-a incapaz para retornar a suas atividades e aconselhou-a a solicitar sua aposentadoria por invalidez. Representada por um advogado, Jeane ingressou diretamente em juízo com ação previdenciária, pleiteando a aposentadoria por invalidez. Nessa situação hipotética:

a) segundo o STJ, o prévio requerimento administrativo é prescindível para a admissibilidade da ação previdenciária interposta por Jeane.
b) a data de início do benefício da aposentadoria por invalidez será a data da juntada aos autos do laudo pericial em juízo.
c) caso Jeane necessite de assistência permanente de outra pessoa, o valor da aposentadoria será acrescido de 25%, ainda que o valor do benefício atinja o limite máximo.
d) se for considerada apta para outro tipo de trabalho pela previdência social, a despeito de sua situação cultural e econômica, Jeane não terá direito à aposentadoria por invalidez.
e) a aposentadoria por invalidez requerida por Jeane poderá ser cumulada com o auxílio-acidente.

100. **(Cespe/TCE/PA/Auditor/2016)** A aposentadoria por invalidez permanente é devida ao conjunto de beneficiários do regime próprio de previdência social, incluídos os dependentes do segurado, que forem considerados definitivamente incapacitados para o desempenho de função ou cargo público, por deficiência física, mental ou fisiológica.

101. **(Cespe/DPU/Defensor/2017)** Raul nunca havia contribuído para o RGPS. No entanto, após uma semana do início de atividade laboral em determinado emprego, um acidente de trabalho o tornou incapaz e insuscetível de reabilitação. Nessa situação, Raul não faz jus ao benefício da aposentadoria por invalidez porque não cumpriu o tempo de carência exigido.

102. **(Cespe/TCE/PE/Analista_Controle_Externo/2017)** Flávio, que nunca havia contribuído para o RGPS, foi contratado como empregado de uma empresa privada. No quinto dia de trabalho, ao conduzir sua bicicleta rumo ao seu emprego, Flávio foi atropelado por um veículo, o que o deixou absolutamente incapacitado. Nessa situação, Flávio não terá direito à aposentadoria por invalidez concedida pelo RGPS, por não ter cumprido o tempo mínimo de carência.

103. **(Cespe/DPU/Defensor/2015)** É vedada a cumulação da pensão por morte de trabalhador rural com o benefício da aposentadoria por invalidez, uma vez que ambos os casos apresentam pressupostos fáticos e fatos geradores análogos.

104. **(Cespe/AGU/Advogado/2015)** Desde que tenha sido intercalado com o exercício de atividade laborativa, o período em que o segurado se beneficiar de auxílio-doença deverá ser considerado para fins de cômputo de carência e para o cálculo do tempo de contribuição na concessão de aposentadoria por invalidez, conforme entendimento do STF.

105. **(Cespe/TRT/7R/Analista/2017)** A renda mensal inicial (RMI) de um benefício é o valor que o segurado receberá inicialmente, podendo ser posteriormente reajustado, conforme prevê a legislação. As RMI são calculadas pela aplicação de determinado percentual sobre o salário-de-benefício para vários benefícios do RGPS. Considerando essa informação, assinale a opção que apresenta corretamente o benefício do RGPS e o respectivo percentual do salário-de-benefício correspondente à RMI desse benefício, conforme a Lei n. 8.213/1991:

a) aposentadoria por idade/100%
b) aposentadoria por invalidez/100%
c) auxílio-doença/50%
d) auxílio-acidente/91%

106. **(Cespe/TRT/7R/Analista/2017)** Considere que Laura seja segurada especial do RGPS e não contribua na forma de segurado facultativo, que André seja segurado contribuinte individual e que Fátima seja segurada empregada. Nessa situação, preenchidos os requisitos para a concessão dos benefícios:

a) Laura, Fátima e André farão jus ao salário-família.
b) Laura e Fátima farão jus à aposentadoria especial.

c) Laura, Fátima e André farão jus a auxílio-acidente.

d) Laura e André farão jus à aposentadoria por invalidez.

4.3. Auxílios (Acidente/Alimentação/Doença/Reclusão)

*** SÚMULAS**

STJ Súm. 44. A definição, em ato regulamentar, de grau mínimo de disacusia, não exclui, por si só, a concessão do benefício previdenciário.

STJ Súm. 146. O segurado, vítima de novo infortúnio, faz jus a um único benefício somado ao salário de contribuição vigente no dia do acidente.

STJ Súm. 507. A acumulação de auxílio-acidente com aposentadoria pressupõe que a lesão incapacitante e a aposentadoria sejam anteriores a 11.11.1997, observado o critério do art. 23 da Lei n. 8.213/1991 para definição do momento da lesão nos casos de doença profissional ou do trabalho.

*** REPERCUSSÃO & REPETITIVOS**

STJ Repetitivo 627. O segurado especial, cujo acidente ou moléstia é anterior à vigência da Lei 12.873/13, que alterou a redação do inciso I do artigo 39 da Lei 8.213/91, não precisa comprovar o recolhimento de contribuição como segurado facultativo para ter direito ao auxílio-acidente. (REsp 1361410, 8.11.2017)

STJ Repetitivo 896. Para a concessão de auxílio-reclusão (art. 80 da Lei 8.213/91), o critério de aferição de renda do segurado que não exerce atividade laboral remunerada no momento do recolhimento à prisão é a ausência de renda, e não o último salário de contribuição. (REsp 1485417, 22.11.2017)

*** INFORMATIVOS DE JURISPRUDÊNCIA**

Auxílio-Doença. Requisitos delimitados no art. 59 da Lei 8.213/91. Incapacidade total para o exercício de qualquer trabalho. Ausência de previsão legal.

STJ Não encontra previsão legal a exigência de comprovação de que o segurado esteja completamente incapaz para o exercício de qualquer trabalho para concessão do benefício de auxílio-doença. REsp 1.474.476, Rel. Min. Napoleão Nunes Maia Filho, DJ 18.4.2018. 1ª T. (Info 623)

Auxílio-reclusão. Prisão domiciliar. Reconhecimento administrativo. Instrução Normativa n. 85/2016.

STJ Os dependentes de segurado preso em regime fechado ou semiaberto fazem jus ao auxílio-reclusão ainda que o condenado passe a cumprir a pena em prisão domiciliar. REsp 1.672.295, Rel. Min. Gurgel de Faria, DJe 26.10.2017. 1ª T. (Info 614)

*** INOVAÇÕES LEGISLATIVAS**

▲ Capítulo II – Das Prestações em Geral, Seção V – Dos Benefícios, Subseção V – Do Auxílio-Doença

▲ Art. 60. § 8º Sempre que possível, o ato de concessão ou de reativação de auxílio-doença, judicial ou administrativo, deverá fixar o prazo estimado para a duração do benefício. § 9º Na ausência de fixação do prazo de que trata o § 8o deste artigo, o benefício cessará após o prazo de cento e vinte dias, contado da data de concessão ou de reativação do auxílio-doença, exceto se o segurado requerer a sua prorrogação perante o INSS, na forma do regulamento, observado o disposto no art. 62 desta Lei. § 10. O segurado em gozo de auxílio-doença, concedido judicial ou administrativamente, poderá ser convocado a qualquer momento para avaliação das condições que ensejaram sua concessão ou manutenção, observado o disposto no art. 101 desta Lei. § 11. O segurado que não concordar com o resultado da avaliação da qual dispõe o § 10 deste artigo poderá apresentar, no prazo máximo de trinta dias, recurso da decisão da administração perante o Conselho de Recursos do Seguro Social, cuja análise médica pericial, se necessária, será feita pelo assistente técnico médico da junta de recursos do seguro social, perito diverso daquele que indeferiu o benefício. (Modificações: Lei 13.457/17)

▲ Art. 62. O segurado em gozo de auxílio-doença, insuscetível de recuperação para sua atividade habitual, deverá submeter-se a processo de reabilitação profissional para o exercício de outra atividade. Parágrafo único. O benefício a que se refere o caput deste artigo será mantido até que o segurado seja considerado reabilitado para o desempenho de atividade que lhe garanta a subsistência ou, quando considerado não recuperável, seja aposentado por invalidez. (Modificações: Lei 13.457/17)

*** QUESTÕES DISCURSIVAS**

03. **(Cespe/TRF/5R/Juiz/2013)** Luís, professor do quadro permanente de uma universidade estadual, lecionava, concomitantemente, em uma escola particular da cidade onde morava, na qual trabalhava desde a graduação. Luís laborava corretamente, observando a compatibilidade de horários e era considerado um dos melhores professores da disciplina que ministrava. Em 2.5.1996, Luís se aposentou, por tempo de serviço, junto ao INSS e junto à previdência do estado. Em decorrência de sua excelência no magistério, no mês seguinte ao das aposentadorias, Luís foi convidado a lecionar no Colégio Saber, tendo a instituição assinado a sua carteira de trabalho e previdência social. Em dezembro de 1996, Luís sofreu um acidente que lhe ocasionou redução da capacidade laboral. Após se submeter a perícia, Luís pleiteou o auxílio-acidente perante o INSS, benefício que lhe foi negado administrativamente, o que ensejou ação judicial que está, no momento, conclusa para julgamento após longa instrução probatória. Nessa situação, é possível Luís acumular o auxílio-acidente com os seus proventos de aposentadoria provenientes do INSS e da previdência do estado?

* QUESTÕES OBJETIVAS

107. **(Cespe/PGE/PE/Procurador/2018)** No dia em que completou vinte e cinco anos e um mês de tempo de contribuição ao RGPS na condição de segurada empregada, Maria sofreu acidente de trabalho, o que a incapacitou permanentemente para o exercício de atividades laborais. Nesses vinte e cinco anos e um mês, não houve interrupção no tempo contributivo. Considerando essa situação hipotética e o entendimento dos tribunais superiores, assinale a opção correta.

a) Maria terá direito à aposentadoria especial.
b) O benefício garantido a Maria pela legislação previdenciária nesse caso independe de carência.
c) Pelo fato de a incapacidade ter sido provocada por acidente de trabalho, será garantido a Maria o acréscimo de 25% do valor do benefício a ser recebido.
d) Maria terá o prazo decadencial de cinco anos para ajuizamento de ação previdenciária em caso de indeferimento da concessão do benefício pela previdência social.
e) Caso recupere sua capacidade para o trabalho, Maria poderá retornar à ativa, sem prejuízo de recebimento do benefício em gozo.

108. **(Cespe/DPU/Defensor/2015)** A lei vigente veda a cumulação de auxílio-acidente com aposentadoria.

109. **(Cespe/DPU/Analista/2016)** Maria foi contratada como empregada da empresa Souza & Silva Ltda. Após três anos e dois meses de trabalho, ela foi vítima de acidente de trânsito que lhe provocou fraturas expostas em membro inferior. Em virtude dessa ocorrência, Maria ficou incapacitada temporariamente para o trabalho. Após um ano e oito meses de afastamento do trabalho, peritos do Instituto Nacional do Seguro Social (INSS) constataram que Maria, apesar de se encontrar apta ao trabalho, possuía sequelas provenientes do acidente que reduziam a sua capacidade para a atividade que exercia habitualmente. A partir do momento em que Maria for considerada apta a retornar ao trabalho, o INSS deve cessar o pagamento do auxílio-doença e conceder-lhe o benefício auxílio-acidente.

110. **(Cespe/INSS/Analista/2016)** Roberto, empregado na empresa Silva & Silva Ltda. há mais de um ano e oito meses, da qual recebe salário mensal equivalente a um salário mínimo, deverá afastar-se do trabalho por quatro meses em função de um problema cardíaco atestado em perícia do INSS. Nessa situação hipotética, durante o período de quatro meses de afastamento, Roberto fará jus ao recebimento de auxílio-acidente.

111. **(Cespe/DPU/Analista/2016)** Maria foi contratada como empregada da empresa Souza & Silva Ltda. Após três anos e dois meses de trabalho, ela foi vítima de acidente de trânsito que lhe provocou fraturas expostas em membro inferior. Em virtude dessa ocorrência, Maria ficou incapacitada temporariamente para o trabalho. Após um ano e oito meses de afastamento do trabalho, peritos do Instituto Nacional do Seguro Social (INSS) constataram que Maria, apesar de se encontrar apta ao trabalho, possuía sequelas provenientes do acidente que reduziam a sua capacidade para a atividade que exercia habitualmente. Dada a incapacidade de Maria para o trabalho, a empresa Souza & Silva Ltda. esteve desobrigada de pagar seu salário a partir do acidente, data em que se iniciou o dever do INSS de pagar-lhe o benefício previdenciário.

112. **(Cespe/DPE/AL/Defensor/2017)** O auxílio-acidente é um benefício devido ao segurado que se encontra na condição de:

a) aposentado em razão de acidente e que necessite de assistência permanente de outra pessoa.
b) vítima de acidente de trabalho que fique incapacitado por período inferior a quinze dias.

c) incapacitado para o exercício de suas atividades habituais e que não disponha de tempo suficiente para o recebimento da aposentadoria por invalidez.
d) vítima de acidente que, após consolidadas as lesões decorrentes do acidente e o retorno às suas atividades laborais, sofra redução na capacidade para o trabalho que habitualmente exercia.
e) vítima de acidente e que esteja incapacitado para o trabalho por tempo indeterminado.

113. **(Cespe/TCE/RN/Inspetor/2015)** Aline, segurada da previdência social, sofreu um acidente de trânsito enquanto se deslocava de sua residência para o seu local de trabalho, onde exerce a função de balconista. Nessa situação, o acidente do qual Aline foi vítima equipara-se a acidente do trabalho.

114. **(Cespe/TRF/5R/Juiz/2017)** Com relação a acidente de trabalho e benefícios acidentários no regime geral de previdência social, julgue os itens a seguir.

I. Para efeito de concessão de aposentadoria por invalidez equipara-se a acidente de trabalho aquele acidente sofrido pelo empregado no local de trabalho, por ocasião da satisfação das suas necessidades fisiológicas.
II. Independe de carência a concessão de aposentadoria por invalidez decorrente de acidente sofrido pelo empregado segurado no percurso entre o local de trabalho e a sua residência.
III. O valor do salário de benefício do segurado aposentado por invalidez que necessita da assistência permanente de outra pessoa poderá exceder o teto máximo do salário de benefício fixado em lei.
IV. O benefício do segurado contribuinte individual que permanecer em gozo de aposentadoria por invalidez por até cinco anos e recuperar totalmente sua capacidade de trabalho será cassado integral e imediatamente.

Estão certos apenas os itens:

a) I e III.
b) I e IV.
c) II e IV.
d) I, II e III.
e) II, III e IV.

115. **(Cespe/TRT/7R/Analista/2017)** Amanda foi agredida fisicamente, na loja onde trabalha e em horário de expediente, por cliente da empregadora. Roberto caiu de escada enquanto prestava espontaneamente serviço à empresa, para lhe evitar prejuízo. Tanto Amanda quanto Roberto sofreram lesões que os levaram ao afastamento do trabalho por trinta dias. Considerando-se o disposto na Lei n. 8.213/1991, nessa situação hipotética:

a) nem Amanda nem Roberto sofreram acidente de trabalho por equiparação.
b) somente Amanda sofreu acidente de trabalho por equiparação.
c) Amanda e Roberto sofreram acidente de trabalho por equiparação.
d) somente Roberto sofreu acidente de trabalho por equiparação.

116. **(Cespe/TCE/PA/Auditor/2016)** O segurado do RGPS que se encontre aposentado por idade e continue trabalhando sob o mesmo regime fará jus ao auxílio-doença, caso fique temporariamente impossibilitado para o trabalho.

117. **(Cespe/SEDF/Analista/2017)** O segurado que se aposentar pelo regime geral de previdência social (RGPS) e que continuar trabalhando vinculado a esse mesmo regime de previdência fará jus ao recebimento do auxílio-doença caso se torne incapacitado temporariamente para o trabalho.

118. **(Cespe/TCE/PE/Auditor/2017)** Depois de aposentar-se por tempo de serviço pelo RGPS, José continuou trabalhando como empregado, tendo voltado a contribuir regularmente com a previdência social; porém, após um ano no novo emprego, sofreu um acidente de trabalho e ficou temporariamente incapacitado para laborar. Nessa situação, José terá direito a receber, cumulativamente, a aposentadoria e o auxílio-doença.

119. **(Cespe/AGU/Advogado/2015)** Ricardo, segurado facultativo do RGPS, havia recolhido dez contribuições mensais quando, devido a problemas financeiros, teve de deixar de recolher novas contribuições durante nove meses. Após se restabelecer financeiramente, Ricardo voltou a contribuir, mas, após quatro meses de contribuição, ele foi acometido por uma doença que o incapacitou para o trabalho durante vinte dias. Nessa situação, embora a doença de Ricardo exija carência para o gozo do benefício de auxílio-doença, este perceberá o referido auxílio devido ao fato de ter readquirido a qualidade de segurado a partir do recolhimento de um terço do número de contribuições exigidas para o gozo do auxílio-doença.

120. **(Cespe/TCE/RN/Inspetor/2015)** A concessão de auxílio-doença independe de carência nos casos em que o segurado ficar incapacitado para seu trabalho por mais de quinze dias consecutivos devido a alguma doença profissional ou a um acidente de qualquer natureza.

121. **(Cespe/PGE/SE/Procurador/2017)** Se um empregado de determinada empresa, filiado ao RGPS há dois anos, sofrer acidente de trânsito que o incapacite temporariamente para o exercício de atividade laboral, a ele será assegurado o direito:

a) a aposentadoria por invalidez, que, por sua natureza, independerá de carência, e cujo valor será acrescido de 50% no caso de necessidade de assistência permanente.
b) ao auxílio-doença, que consiste em uma renda mensal correspondente a 91% do salário-de--benefício.
c) ao recebimento de auxílio-doença, desde o primeiro dia de afastamento da atividade e pelo período que durar a sua incapacidade.
d) ao benefício do auxílio-acidente, de caráter vitalício, caso o acidente tenha ocorrido em horário de trabalho.
e) a receber benefício durante a licença pela incapacidade temporária, sendo esse período descontado do tempo de contribuição.

122. **(Cespe/PGE/AM/Procurador/2016)** O auxílio-doença será devido ao segurado empregado a partir do trigésimo dia de seu afastamento da atividade laboral.

123. **(Cespe/DPU/Analista/2016)** O auxílio-reclusão é um benefício devido ao segurado da previdência que, recolhido à prisão, fica impossibilitado de prover o seu próprio sustento e o de sua família.

124. **(Cespe/TCE/PE/Analista_Controle_Externo/2017)** O auxílio-reclusão beneficia os dependentes do segurado recolhido à prisão e independe de carência.

4.4. Benefício de Prestação Continuada

✱ INFORMATIVOS DE JURISPRUDÊNCIA

Benefício assistencial à pessoa com deficiência. Lei de Organização da Assistência Social. Redação original que não fazia distinção quanto à natureza da incapacidade, se permanente ou temporária, total ou parcial. Concessão do benefício.

STJ A Lei Orgânica da Assistência Social (LOAS) não exige incapacidade absoluta de pessoa com deficiência para concessão do Benefício de Prestação Continuada. REsp 1.404.019, Rel. Min. Napoleão Nunes Maia Filho, DJ 3.8.2017. 1ª T. (Info 608)

✱ QUESTÕES DISCURSIVAS

04. **(Cespe/AGU/Procurador/2013)** Pedro, de sessenta e seis anos de idade, deixou, há quarenta meses, seu último emprego, onde laborou por dezoito meses, época em que foram regularmente recolhidas as contribuições mensais devidas à previdência social em face do regime geral de previdência social (RGPS). Desempregado, ele não fez novas contribuições para a previdência social desde então. Em 5 de outubro do corrente ano, Pedro foi vítima de acidente que o deixou incapaz e insuscetível de reabilitação para o exercício de atividade que lhe garanta a subsistência. Pedro reside apenas com seu filho menor, que tem dez anos de idade, sendo que ambos não possuem bens e não auferem qualquer renda, de modo que Pedro se vê sem meios de prover a sua manutenção, assim como a de seu filho. Além desse filho, o único parente de Pedro é uma irmã, que reside em outro município e com a qual ele não mantém contato. Com base na situação hipotética descrita acima, redija um texto dissertativo que responda, de maneira fundamentada, aos seguintes questionamentos: (i) Pedro faz jus ao recebimento do benefício previdenciário de aposentadoria por invalidez previsto na Lei n. 8.213/1991? (ii) Pedro preenche os requisitos legais para a concessão do benefício de prestação continuada previsto na Lei Orgânica da Assistência Social (LOAS) destinado ao idoso? (iii) O benefício de prestação continuada previsto na LOAS gera pensão por morte para o filho menor, caso Pedro venha a falecer no gozo do referido benefício?

✱ QUESTÕES OBJETIVAS

125. **(Cespe/TCE/PB/Auditor/2018)** De acordo com a CF, o RGPS é

a) organizado para garantir a proteção à maternidade, compreendida esta apenas como a exercida pela mãe gestante.
b) garantidor do reajustamento dos benefícios previdenciários apenas para preservar-lhes o valor nominal.

c) de filiação obrigatória, mas sem caráter contributivo.

d) organizado para atender, entre outros, à cobertura de eventos como doenças, invalidez e morte, mas não o desemprego involuntário.

e) garantidor de pelo menos um salário mínimo quando do pagamento de benefícios substitutivos do salário de contribuição ou de rendimento do trabalho.

126. (Cespe/INSS/Analista/2016) Caso uma pessoa com deficiência que receba BPC passe a exercer atividade remunerada na qualidade de microempreendedor individual, o órgão concedente desse benefício deverá suspendê-lo.

127. (Cespe/TCE/PE/Analista_Controle_Externo/2017) Pessoa com deficiência que não disponha de renda para prover suas necessidades terá direito a benefício assistencial mesmo que não tenha contribuído para a seguridade social.

128. (Cespe/TRF/5R/Juiz/2017) O benefício de prestação continuada concedido a pessoa com deficiência será suspenso no caso de o beneficiário:

a) receber a título de herança patrimônio capaz de prover sua manutenção.

b) ser acolhido por instituição assistencial pública ou particular, como, por exemplo, abrigo ou instituição congênere.

c) receber imóvel para fixação de residência, mediante doação de programa social concedido pelo poder público.

d) completar dois anos de recebimento do benefício.

e) passar a exercer atividade remunerada na condição de aprendiz.

4.5. Pensão por Morte

✱ SÚMULAS

STJ Súm. 336. A mulher que renunciou aos alimentos na separação judicial tem direito à pensão previdenciária por morte do ex-marido, comprovada a necessidade econômica superveniente.

STJ Súm. 340. A lei aplicável à concessão de pensão previdenciária por morte é aquela vigente na data do óbito do segurado.

STJ Súm. 416. É devida a pensão por morte aos dependentes do segurado que, apesar de ter perdido essa qualidade, preencheu os requisitos legais para a obtenção de aposentadoria até a data do seu óbito.

✱ REPERCUSSÃO & REPETITIVOS

STJ Repetitivo 732. O menor sob guarda tem direito à concessão do benefício de pensão por morte do seu mantenedor, comprovada sua dependência econômica, nos termos do art. 33, § 3º do ECA, ainda que o óbito do instituidor da pensão seja posterior à vigência da MPv 1.523/96, reeditada e convertida na Lei 9.528/97. Funda-se essa conclusão na qualidade de lei especial do ECA (8.069/90), frente à legislação previdenciária. (REsp 1411258, 11.10.2017)

✱ INFORMATIVOS DE JURISPRUDÊNCIA

Pensão por morte. Acordo efetivado em juízo. Divisão entre companheira do "de cujus" e a genitora deste. Efeitos perante terceiros. Alteração da ordem legal de pensionamento. Impossibilidade.

STJ O acordo de partilha de pensão por morte, homologado judicialmente, não altera a ordem legal do pensionamento, podendo, todavia, impor ao órgão de previdência a obrigação de depositar parcela do benefício em favor do acordante que não figura como beneficiário perante a autarquia previdenciária. RMS 45.817, Rel. Acd. Min. Og Fernandes, DJ 5.2.2018. 2ª T. (Info 618)

✱ QUESTÕES OBJETIVAS

129. (Cespe/DPE/PE/Defensor/2015) Pedro mantém vínculo com o Regime Geral da Previdência Social (RGPS) há doze anos e quatro meses, em função do exercício de atividade laboral na condição de empregado de empresa privada urbana. Pedro é viúvo e mora em companhia de seu único filho, Jorge, de dezenove anos de idade. Se Pedro vier a falecer no presente mês, seu filho Jorge terá direito a pensão por morte, que consiste em renda mensal correspondente a 91% da média aritmética simples dos maiores salários-de-contribuição de Pedro.

130. (Cespe/TCE/PR/Auditor/2016) Cada uma das opções abaixo apresenta uma situação hipotética a respeito da pensão por morte, seguida de uma assertiva a ser julgada. Assinale a opção que apresenta a assertiva correta, considerando que todos os indivíduos mencionados sejam filiados ao RGPS:

a) Carla era dependente de José, falecido em 1994. À época do óbito, a lei estabelecia que a pensão por morte devida a Carla correspondia ao montante de 50% do salário-de-benefício de José. Em 1995, nova lei aumentou o percentual da pensão para 100% do salário-de-benefício. Nessa situação, Carla tem direito à revisão de seu benefício.

b) Jorge, vítima de um tsunami no norte da Oceania, era companheiro de Nicole. Nessa situação, Nicole tinha direito à pensão provisória, enquanto estivesse em curso o processo de reconhecimento de morte presumida para fins previdenciários, no qual, para conceder a prestação previdenciária, a justiça federal teria de declarar a morte presumida de Jorge.

c) Vânia e Jaime estavam separados havia dois anos quando Jaime, que não possuía descendentes, morreu. Nessa situação, dada a manutenção do vínculo matrimonial, presume-se a dependência econômica de Vânia, que, por isso, teria direito à pensão por morte.

d) Miguel tem três anos de idade e seu pai, Rômulo, faleceu em 20.2.2015. Lúcia, sua mãe, solicitou o pagamento da pensão por morte para Miguel em 20.11.2015. Nessa situação, o benefício será devido desde a data do requerimento da pensão, uma vez que transcorreram mais de noventa dias entre o óbito e o requerimento.

e) Mara é pensionista de Sandro, que, quando faleceu, era aposentado por invalidez e gozava do adicional de 25% sobre o valor do benefício, já que necessitava de assistência permanente. Nessa situação, o valor da pensão por morte para Mara deve englobar o referido adicional.

131. **(Cespe/INSS/Analista/2016)** O direito à pensão por morte é assegurado ao cônjuge ou companheiro(a) somente se, no momento do óbito, houver casamento ou união estável por, no mínimo, cinco anos.

132. **(Cespe/Funpresp/Especialista Jurídico/2016)** João, padeiro, que contribuiu para o regime geral de previdência social (RGPS) por trinta anos, completará sessenta anos de idade em 2016. Ele é casado há mais de vinte anos com Márcia, quarenta e cinco anos de idade, com a qual teve dois filhos: João Carlos, que tem vinte e quatro anos e é inválido, e João Vítor, que tem dez anos de idade. Se João falecer após a concessão do benefício previdenciário, seus dependentes terão direito a pensão por morte, salvo João Carlos que já possui vinte e quatro anos de idade.

133. **(Cespe/Funpresp/Especialista Jurídico/2016)** João, padeiro, que contribuiu para o regime geral de previdência social (RGPS) por trinta anos, completará sessenta anos de idade em 2016. Ele é casado há mais de vinte anos com Márcia, quarenta e cinco anos de idade, com a qual teve dois filhos: João Carlos, que tem vinte e quatro anos e é inválido, e João Vítor, que tem dez anos de idade. Em decorrência da reforma previdenciária ocorrida em 2015, a pensão por morte concedida a Márcia no caso do falecimento de João cessaria depois de completados dois anos da percepção do benefício.

134. **(Cespe/TCE/PR/Analista/2016)** De acordo com a jurisprudência do Superior Tribunal de Justiça e do Supremo Tribunal Federal acerca do direito previdenciário, assinale a opção correta:

a) É incabível a ação declaratória para reconhecimento de tempo de serviço para fins previdenciários junto a RPPS.

b) O tempo de serviço prestado exclusivamente em atividade administrativa será computado para efeito de aposentadoria especial de professores.

c) Para efeito de concessão de benefício da pensão previdenciária por morte, aplica-se a lei vigente na data do óbito do segurado.

d) O trabalhador rural, na condição de segurado especial, sujeito à contribuição obrigatória sobre a produção rural comercializada, faz jus à aposentadoria por tempo de serviço, independentemente de contribuições.

e) É indevida a pensão por morte ao companheiro proveniente de relação homoafetiva quando o segurado falecido tiver dependente preferencial.

135. **(Cespe/DPU/Analista/2016)** É admissível a cumulação de pensão por morte com aposentadoria por tempo de contribuição.

136. **(Cespe/TCE/PE/Auditor/2017)** Para a concessão da pensão por morte na condição de companheira ou companheiro, exige-se do interessado a prova da existência de filhos em comum ou da convivência por, no mínimo, dois anos com o segurado falecido.

137. **(Cespe/DPU/Defensor/2017)** Carlos, contribuinte da previdência social por quatorze meses na condição de segurado empregado, faleceu vítima de latrocínio, deixando viúva a sua companheira de vinte e três anos de idade. Nessa situação, a companheira terá direito a receber o benefício da pensão por morte por um período de quatro meses.

138. (Cespe/TRF/5R/Juiz/2017) Assinale a opção que apresenta requisito(s) para o pagamento vitalício de pensão por morte à companheira de segurado do regime geral de previdência social falecido:

a) não exercício, pela companheira, na data do óbito, de atividade remunerada e comprovação de sua dependência econômica do segurado falecido.
b) convivência sob o mesmo teto por mais de dois anos e existência de filhos em comum.
c) invalidez da companheira e comprovação de sua dependência do segurado, independentemente do tempo de contribuição do segurado e da união estável.
d) mais de dezoito contribuições mensais, pelo segurado, na data do óbito, pelo menos dois anos de união estável, e idade mínima de quarenta e quatro anos para a companheira.
e) falecimento do segurado em decorrência de acidente de trabalho, independentemente do tempo de contribuição e do tempo de união estável.

139. (Cespe/PGE/AM/Procurador/2016) Constatada – em processo judicial em que tenham sido assegurados o contraditório e a ampla defesa – simulação ou fraude no casamento ou na união estável com a finalidade de obter benefício previdenciário, o cônjuge, ou o(a) companheiro(a) supérstite, perderá o direito à pensão por morte.

4.6. Salários (Família/Maternidade)

*** QUESTÕES OBJETIVAS**

140. (Cespe/Funpresp/Especialista Jurídico/2016) Terá direito ao salário-família o empregado aposentado que retornar ao trabalho na mesma empresa exercendo a mesma função.

141. (Cespe/DPU/Analista/2016) O salário-família devido ao segurado empregado é pago pelo empregador, enquanto o salário-família devido ao segurado contribuinte individual é pago pelo INSS.

142. (Cespe/TCE/PE/Auditor/2017) A concessão do salário-maternidade à segurada empregada independe de carência.

143. (Cespe/DPU/Defensor/2017) Jânio, microempreendedor individual, tem uma única empregada. Ela se encontra grávida e em tempo de receber o benefício do salário-maternidade. Nessa situação, o benefício será pago diretamente pela previdência social.

144. (Cespe/DPE/AL/Defensor/2017) Se uma pessoa que tenha sido contribuinte individual por trinta anos se aposentar pelo registro geral de previdência social (RGPS) e, após essa primeira aposentadoria, passar a contribuir para o RGPS como segurada-empregada, ela poderá acumular essa aposentadoria por tempo de contribuição com:

a) o salário-maternidade proveniente de adoção.
b) a aposentadoria por idade.
c) a aposentadoria especial.
d) a aposentadoria por invalidez.
e) o auxílio-doença.

145. (Cespe/DPE/AL/Defensor/2017) O valor da renda mensal poderá superar o teto máximo do RGPS se se tratar dos seguintes benefícios:

a) aposentadoria por tempo de contribuição e aposentadoria por idade.
b) salário-família e auxílio-reclusão.
c) aposentadoria por idade e pensão por morte.
d) salário-maternidade e aposentadoria por invalidez, caso o segurado dependa da assistência permanente de outra pessoa.
e) aposentadoria especial e auxílio-doença.

146. (Cespe/TCU/Procurador/2015) Ainda a respeito dos benefícios e serviços previdenciários em espécie, assinale a opção correta:

a) Para a concessão do auxílio-acidente, é imprescindível que a moléstia seja irreversível, de acordo com entendimento do STJ.
b) A pensão por morte, devida ao filho até os vinte e um anos de idade, prorroga-se pela pendência do curso universitário até os vinte e quatro anos de idade, conforme entendimento do STJ.
c) O salário-maternidade é um benefício previdenciário devido a toda segurada do RGPS, sem exceção, que, em razão do nascimento do seu filho ou da adoção de uma criança, visa substituir a sua remuneração.

d) No caso de segurada empregada e da trabalhadora avulsa, o valor do salário-maternidade não poderá superar o teto do RGPS, conforme entendimento do STF.

e) O segurado especial só terá direito a perceber o auxílio-acidente se efetuar recolhimentos sobre o salário de contribuição.

147. **(Cespe/DPU/Defensor/2015)** O salário-maternidade pago à segurada empregada, à segurada doméstica e à segurada avulsa, o auxílio-reclusão e o salário-família prescindem de carência.

5. PREVIDÊNCIA COMPLEMENTAR

◉ ATENÇÃO: ESTE TEMA É MUITO EXIGIDO NOS CONCURSOS!

* SÚMULAS

STJ Súm. 289. A restituição das parcelas pagas a plano de previdência privada deve ser objeto de correção plena, por índice que recomponha a efetiva desvalorização da moeda.

STJ Súm. 290. Nos planos de previdência privada, não cabe ao beneficiário a devolução da contribuição efetuada pelo patrocinador.

STJ Súm. 291. A ação de cobrança de parcelas de complementação de aposentadoria pela previdência privada prescreve em cinco anos.

STJ Súm. 427. A ação de cobrança de diferenças de valores de complementação de aposentadoria prescreve em cinco anos contados da data do pagamento.

* REPERCUSSÃO & REPETITIVOS

STF Repercussão Geral 763. 1. Os servidores ocupantes de cargo exclusivamente em comissão não se submetem à regra da aposentadoria compulsória prevista no art. 40, § 1º, II, da CF, a qual atinge apenas os ocupantes de cargo de provimento efetivo, inexistindo, também, qualquer idade limite para fins de nomeação a cargo em comissão; 2. Ressalvados impedimentos de ordem infraconstitucional, não há óbice constitucional a que o servidor efetivo aposentado compulsoriamente permaneça no cargo comissionado que já desempenhava ou a que seja nomeado para cargo de livre nomeação e exoneração, uma vez que não se trata de continuidade ou criação de vínculo efetivo com a Administração. (RE 786540, 15.12.2016)

STJ Repetitivo 936. I. A patrocinadora não possui legitimidade passiva para litígios que envolvam participante/assistido e entidade fechada de previdência complementar, ligados estritamente ao plano previdenciário, como a concessão e a revisão de benefício ou o resgate da reserva de poupança, em virtude de sua personalidade jurídica autônoma. II. Não se incluem no âmbito da matéria afetada as causas originadas de eventual ato ilícito, contratual ou extracontratual, praticado pelo patrocinador. (REsp 1370191, 13.6.2018)

STJ Repetitivo 941. Nos planos de benefícios de previdência complementar administrados por entidade fechada, a previsão regulamentar de reajuste, com base nos mesmos índices adotados pelo Regime Geral de Previdência Social, não inclui a parte correspondente a aumentos reais. (REsp 1564070, 22.3.2017)

STJ Repetitivo 943. 1.1. Em caso de migração de plano de benefícios de previdência complementar, não é cabível o pleito de revisão da reserva de poupança ou de benefício, com aplicação do índice de correção monetária. 1.2. Em havendo transação para migração de plano de benefícios, em observância à regra da indivisibilidade da pactuação e proteção ao equilíbrio contratual, a anulação de cláusula que preveja concessão de vantagem contamina todo o negócio jurídico, conduzindo ao retorno ao "status quo ante". (REsp 1551488, 14.6.2017)

STJ Repetitivo 944. Nos planos de benefícios de previdência privada patrocinados pelos entes federados – inclusive suas autarquias, fundações, sociedades de economia mista e empresas controladas direta ou indiretamente –, para se tornar elegível a um benefício de prestação que seja programada e continuada, é necessário que o participante previamente cesse o vínculo laboral com o patrocinador, sobretudo a partir da vigência da LC 108/01, independentemente das disposições estatutárias e regulamentares. (REsp 1433544, 9.11.2016)

* INFORMATIVOS DE JURISPRUDÊNCIA

Previdência complementar. Liquidação extrajudicial. Rateio de ativos. Inclusão de ex-participantes. Descabimento.

STJ O desligamento de participante de plano de previdência complementar faz cessar o direito ao rateio de eventual superávit de ativos apurados em posterior liquidação extrajudicial da entidade. REsp 1.441.411, Rel. Min. Paulo de Tarso Sanseverino, DJ 19.4.2018. 3ª T. (Info 624)

Previdência privada fechada. Suplementação de pensão por morte. Indicação de beneficiário no plano. Omissão. Óbito do participante. Companheiro. Inclusão posterior. Possibilidade. Rateio igualitário entre o ex-cônjuge e o companheiro do instituidor da pensão. Presunção de dependência econômica simultânea.

STJ É possível a inclusão de companheiro como beneficiário de suplementação de pensão por morte quando existente, no plano de previdência privada fechada, apenas a indicação de ex-cônjuge do participante. REsp 1.715.485, Rel. Min. Ricardo Villas Bôas Cueva, DJ 6.3.2018. 3ª T. (Info 620)

Complementação de aposentadoria. Regulamento aplicável. Acórdão que afasta a prescrição. Decisão de mérito. Incidência da modulação prevista no item IV da Súm. 288/TST.

STJ A decisão de Turma que afasta a prescrição insere-se no conceito de "decisão de mérito" a que alude a Súm. 288, IV, do TST, na redação conferida pelo Pleno em 12.4.2016 no julgamento do processo TST-E-ED-RR-235-20.2010.5.20.0006. Por conseguinte, o acórdão recorrido que não aplica a modulação dos efeitos, não obstante a Turma haja proferido decisão sobre prescrição antes de 12.4.2016, contraria o item IV da Súmula 288 do TST. TST-E-ED--ARR-397-56.2010.5.01.0034, SBDI-I, Rel. Min. Márcio Eurico Vitral Amaro, 17.5.2018. (Info 178)

* INOVAÇÕES LEGISLATIVAS

▲ Lei de Relação com Entidades de Previdência Complementar (LC 108/01): sem alterações em 2017/2018.

▲ Lei do Regime de Previdência Complementar (LC 109/01): sem alterações em 2017/2018.

* QUESTÕES DISCURSIVAS

05. (Cespe/AGU/Advogado/2015) Redija um texto dissertativo a respeito do regime de previdência complementar, com base nas disposições constitucionais, infraconstitucionais e nos entendimentos jurisprudenciais sobre a matéria. Em seu texto, aborde: (i) a natureza jurídica e as características do regime de previdência complementar e sua regulação constitucional; (ii) a forma de organização, a possibilidade de finalidade lucrativa e a identificação dos responsáveis pela regulação e pela fiscalização das entidades fechadas de previdência complementar (EFPC); (iii) a possibilidade de aplicação da paridade contributiva a situações deficitárias que envolvam EFPC e patrocínio público; (iv) a aplicação do Código de Defesa do Consumidor a casos que envolvam EFPC, segundo o entendimento do Superior Tribunal de Justiça.

* QUESTÕES OBJETIVAS

148. (Cespe/Funpresp/Especialista Jurídico/2016) Na qualidade de patrocinadora, a União federal pode aportar recursos financeiros a entidade de previdência privada. Se o fizer, sua contribuição normal não poderá exceder a do segurado.

149. (Cespe/TRF/1R/Juiz/2015) Acerca do regime previdenciário do servidor estatutário, do regime de previdência privada e das entidades de previdência complementar, assinale a opção correta:

a) Com o fim da regra de paridade entre ativos e inativos, o servidor que ingressar no serviço público federal, no âmbito do Poder Executivo, nos dias atuais não poderá se aposentar voluntariamente, pelo regime próprio, com proventos equivalentes à remuneração do cargo efetivo, devendo o cálculo de seus proventos ser feito com base na média aritmética simples da remuneração percebida nos últimos cinco anos de exercício no cargo.

b) O regime de previdência privada tem como características a complementaridade, a autonomia em relação ao RGPS, bem como o caráter facultativo, e baseia-se na constituição de reservas que assegurem o benefício contratado.

c) As entidades fechadas de previdência complementar têm como objetivo único a administração e execução de planos de benefícios de natureza previdenciária e são constituídas sob a forma de sociedade anônima.

d) Tanto as entidades abertas de previdência complementar quanto as fechadas – bem como os planos de benefícios por elas operados – são acessíveis a quaisquer pessoas interessadas.

e) Após a Emenda Constitucional n. 20/1998, passou-se a exigir um tempo mínimo de cinco anos de efetivo exercício no serviço público para a concessão da aposentadoria voluntária de servidor público. Além disso, passou a ser requisito, concomitantemente com o tempo de contribuição, uma idade mínima de sessenta anos para o homem e de cinquenta e cinco anos para a mulher.

150. (Cespe/PGE/AM/Procurador/2016) A previdência complementar privada é de caráter facultativo, possui natureza jurídica contratual "sui generis" e é organizada de forma autônoma relativamente ao regime geral de previdência social.

151. (Cespe/Funpresp_Jud/Analista/2016) Define-se portabilidade como a faculdade de o participante de plano de benefícios de entidade de previdência complementar fechada transferir os recursos financeiros correspondentes ao seu direito acumulado para outro plano de benefícios de caráter previdenciário operado por entidade de previdência complementar ou sociedade seguradora autorizada a operar o referido plano.

152. (Cespe/Funpresp_Jud/Analista/2016) O empregado participante de plano de benefícios de entidade de previdência complementar fechada que ainda não tenha adquirido o direito ao benefício pleno quando da extinção do vínculo de emprego com o patrocinador poderá optar pelo recebimento de benefício proporcional diferido.

153. (Cespe/Funpresp_Jud/Analista/2016) A concessão antecipada de benefício pleno a participante de plano de benefícios de entidade de previdência complementar fechada não impede o recebimento de benefício proporcional diferido, conforme previsão no regulamento do plano de benefícios da entidade.

154. (Cespe/Funpresp_Jud/Analista/2016) O Conselho Nacional de Previdência Complementar (CNPC), na condição de órgão regulador do regime de previdência complementar, deve apreciar e julgar os recursos interpostos contra decisão da Diretoria Colegiada da Superintendência Nacional de Previdência Complementar.

155. (Cespe/Funpresp_Jud/Analista/2016) A Superintendência Nacional de Previdência Complementar (PREVIC) é uma autarquia de natureza especial, dotada de autonomia administrativa e financeira e patrimônio próprio. À PREVIC compete regulamentar a instituição dos regimes de previdência complementar e os planos de benefícios, com o objetivo de assegurar transparência, solvência, liquidez e equilíbrio econômico-financeiro e atuarial.

156. (Cespe/TCE/SC/Auditor/2016) Conforme o entendimento do STJ, em situações não regulamentadas pela legislação de previdência complementar aplicam-se as normas do Código de Defesa do Consumidor para a relação jurídica entre participantes e entidades fechadas de previdência complementar.

157. (Cespe/TCE/PR/Analista/2016) A respeito do regime de previdência complementar instituído pelas Leis Complementares n. 108/2001 e n. 109/2001, assinale a opção correta:

a) O regime de previdência complementar dos órgãos da administração pública direta e indireta dos entes federativos é de natureza pública e de caráter obrigatório e deve ser organizado de forma vinculada ao RGPS.
b) São considerados participantes das entidades de previdência complementar fechadas dos órgãos da administração pública direta e indireta dos entes federativos todos os servidores públicos que exercem atividades em cargos efetivos nesses órgãos.
c) Os planos de benefícios de entidades fechadas deverão prever a possibilidade de portabilidade para outro plano do direito acumulado pelo participante, assim como o resgate da totalidade das contribuições vertidas ao plano pelo participante, descontadas as parcelas do custeio administrativo.
d) É vedada a participação dos patrocinadores no custeio das despesas administrativas das entidades de previdência complementar que patrocinem, assim como a cessão de seu pessoal para o exercício de atividades nesses órgãos.
e) As entidades fechadas de previdência complementar patrocinadas pela União, pelos estados, pelo Distrito Federal e pelos municípios, inclusive suas autarquias, fundações, sociedades de economia mista e empresas controladas direta ou indiretamente, podem adotar a condição de sociedade de capital aberto, objetivando a obtenção de lucros.

158. (Cespe/TCE/PR/Analista/2016) No que se refere ao regime de previdência complementar (RPC) e às entidades fechadas de previdência complementar (EFPC), assinale a opção correta:

a) O STF entende que não contraria o princípio da facultatividade a imposição no regulamento da EFPC de disposição que condicione ao consentimento do Conselho Deliberativo da EFPC a retirada do participante ou patrocinador.

b) O custeio das EFPC se dará por contribuições de participantes e patrocinadores, cabendo aos participantes o equacionamento de eventual déficit, uma vez que há vedação constitucional de que o patrocinador assuma contribuição distinta da ordinária.

c) No RPC, administrado por EFPC, incide o princípio da paridade contributiva, que obriga que o patrocinador, independentemente de sua natureza jurídica, contribua no mesmo percentual do participante.

d) Servidor público que tiver ingressado em determinada autarquia após a instituição do RPC para servidores e tiver optado por aderir a esse regime perceberá, à época de sua aposentadoria, uma aposentadoria limitada ao teto do RGPS e uma aposentadoria a ser paga pelo RPC.

e) Os regimes de previdência – RGPS, RPPS e RPC – integram a seguridade social, sendo o RPC complementar ao RGPS e ao RPPS, razão por que não goza de autonomia.

159. **(Cespe/Funpresp/Especialista Jurídico/2016)** A Lei Complementar n. 109/2001 autorizou as entidades fechadas de previdência complementar que prestavam serviços de assistência à saúde quando de sua publicação a ofertarem plano de benefício com custeio único que abrangesse contribuições para os benefícios previdenciários e para os serviços de assistência à saúde.

160. **(Cespe/Funpresp/Especialista Jurídico/2016)** O gozo do direito aos benefícios de regime de previdência privada patrocinada pelo empregador depende da concessão do benefício correspondente do regime geral de previdência social.

161. **(Cespe/Funpresp/Especialista Jurídico/2016)** Considerando que Caio seja motorista de ônibus empregado da pessoa jurídica Ômega, que fornece como benefício contratual trabalhista um plano de benefícios de entidade patrocinadora de previdência aos seus empregados, julgue, no que se refere aos regimes de previdência e ao regramento constitucional da previdência complementar: compete à justiça federal discutir eventuais questões referentes à relação de Caio com o regime geral de previdência social e à justiça estadual discutir questões referentes a sua relação com a entidade de previdência complementar.

162. **(Cespe/Funpresp/Especialista Jurídico/2016)** Em se tratando de plano de benefício previdenciário na modalidade de benefício definido administrado por entidade fechada, o valor dos benefícios programados deve ser permanentemente ajustado ao saldo de conta mantida em favor do participante, independentemente dos valores aportados, conforme resolução do Conselho de Gestão de Previdência Complementar.

163. **(Cespe/Funpresp/Especialista Jurídico/2016)** Considerando que Caio seja motorista de ônibus empregado da pessoa jurídica Ômega, que fornece como benefício contratual trabalhista um plano de benefícios de entidade patrocinadora de previdência aos seus empregados, julgue, no que se refere aos regimes de previdência e ao regramento constitucional da previdência complementar: Caio é segurado do regime geral de previdência social e participante de previdência complementar fechada.

164. **(Cespe/Funpresp/Especialista Jurídico/2016)** As entidades de previdência complementar somente poderão instituir e operar planos de benefícios se especificamente autorizados pelo órgão fiscalizador e regulador.

165. **(Cespe/Funpresp/Especialista Jurídico/2016)** Os contratos de previdência complementar são bilaterais, ou seja, aperfeiçoam-se pela declaração de vontade do participante frente à entidade de previdência complementar.

166. **(Cespe/Funpresp/Especialista Jurídico/2016)** As penalidades aplicadas no âmbito de processo administrativo para a apuração de infrações que envolvam a previdência complementar são autônomas, não podendo ser cumuladas.

167. **(Cespe/SEDF/Analista/2017)** O servidor público que, na atualidade, tomar posse em cargo efetivo no poder público poderá optar em manter ou não vínculo com a entidade de previdência complementar vinculada ao respectivo ente público.

168. **(Cespe/AGU/Advogado/2015)** De acordo com entendimento do STF, o princípio da preexistência do custeio em relação ao benefício ou serviço aplica-se à seguridade social financiada por toda sociedade, estendendo-se às entidades de previdência privada.

169. **(Cespe/AGU/Advogado/2015)** A Fundação Previx, caracterizada como EFPC, é patrocinada por empresa pública. O patrimônio dessa fundação é segregado do patrimônio da referida empresa pública, de modo que o custeio dos planos de benefícios ofertados pela fundação constitui responsabilidade da patrocinadora e dos participantes, incluindo os assistidos. Nessa situação, os resultados deficitários deverão ser equacionados por participantes e assistidos, porque se veda à patrocinadora pública qualquer contribuição para o custeio distinta da contribuição ordinária.

170. **(Cespe/AGU/Advogado/2015)** Na relação de previdência complementar administrada por uma EFPC, incide o princípio da paridade contributiva. Nesse sentido, a contribuição de empresa patrocinadora deve ser idêntica à contribuição dos participantes – regra do meio-a-meio.

171. **(Cespe/AGU/Advogado/2015)** Determinado empregado aderiu ao plano de benefícios de previdência privada ofertado pela empresa pública Alfa e administrado pela entidade fechada Previbeta. Após dez anos de contribuições, esse empregado resolveu deixar de contribuir para a previdência privada. Nessa situação, conforme entendimento do STF, embora seja constitucionalmente garantido o direito de esse empregado optar por aderir a plano de previdência privada, após o ingresso nesse sistema, não há possibilidade de ele se desvincular sem o consentimento das demais partes envolvidas – participantes e patrocinadores –, estando, ainda, a retirada de patrocínio condicionada a autorização do órgão fiscalizador.

172. **(Cespe/AGU/Advogado/2015)** Cabe ao Conselho Nacional de Previdência Complementar regular o regime de previdência complementar operado pelas entidades fechadas de previdência complementar, ao passo que compete à Superintendência Nacional de Previdência Complementar fiscalizar e supervisionar as atividades desenvolvidas por essas mesmas entidades.

173. **(Cespe/AGU/Advogado/2015)** As normas para concessão de benefícios pelo regime de previdência privada, independentemente de a gestão do plano de benefícios ser realizada por entidade fechada ou aberta, impõem a necessidade de vinculação ao RGPS.

174. **(Cespe/AGU/Advogado/2015)** A Lei n. 12.618/2012, que instituiu o regime de previdência complementar dos servidores públicos federais, prevê como beneficiários apenas os servidores públicos de cargo efetivo, excluindo do seu alcance, por conseguinte, os servidores ocupantes de cargos comissionados.

175. **(Cespe/TCE/RN/Auditor/2015)** Os estados poderão constituir fundos integrados de bens, direitos e ativos com finalidade previdenciária, sendo vedada a aplicação de recursos em títulos públicos, com exceção dos títulos do governo federal.

176. **(Cespe/TCE/RN/Auditor/2015)** Estado-membro poderá instituir regime de previdência complementar para os seus servidores efetivos por meio de lei complementar de iniciativa do respectivo poder executivo.

177. **(Cespe/PGE/SE/Procurador/2017)** O regime de previdência complementar pode ser constituído:

a) por entidades abertas, que podem instituir planos de benefícios coletivos, garantidos aos empregados de um mesmo empregador, sem possibilidade de alcançar empresas àquele coligadas.
b) por entidades abertas e fechadas, que têm de assegurar aos participantes o direito à portabilidade, inclusive com a transferência de recursos financeiros entre os participantes.
c) sob o modelo de regime de repartição de reservas e tem caráter eminentemente facultativo.
d) por entidades abertas, estas sempre sob a forma de sociedade anônima, sendo acessível a quaisquer pessoas físicas.
e) por entidades fechadas, que devem prever os institutos do resgate e da portabilidade, mesmo se o participante não cessar o vínculo empregatício com o patrocinador.

178. **(Cespe/Funpresp_Jud/Analista/2016)** No plano de benefícios de caráter previdenciário na modalidade de contribuição variável, os benefícios programados apresentam características das modalidades tanto de contribuição definida quanto de benefício definido.

179. **(Cespe/Funpresp_Jud/Analista/2016)** Os valores dos benefícios são previamente estabelecidos no plano de benefício previdenciário na modalidade de benefício definido. Na modalidade de contribuição definida, esses valores devem ser ajustados ao saldo de conta mantido em favor do participante.

180. **(Cespe/Funpresp_Jud/Analista/2016)** Sendo estruturada na forma de fundação de natureza pública, a Funpresp-Jud possui personalidade jurídica de direito público. Além disso, vincula-se ao Supremo Tribunal Federal e possui autonomia administrativa, financeira e gerencial.

181. **(Cespe/Funpresp_Jud/Analista/2016)** São considerados beneficiários dos participantes do Plano de Benefícios da Funpresp-Jud, além do cônjuge ou do companheiro, os filhos ou enteados com até dezoito anos de idade. Se inválidos ou incapazes, os filhos são considerados beneficiários enquanto durar a invalidez ou a incapacidade.

182. **(Cespe/Funpresp_Jud/Analista/2016)** Os proventos de aposentadorias e pensões concedidas pelo regime próprio de previdência social dos servidores ocupantes de cargo efetivo do Poder Judiciário da União, do Ministério Público da União e do Conselho Nacional do Ministério Público que ingressaram no serviço público após a vigência do Plano de Benefícios da Funpresp-Jud não poderão ultrapassar o limite máximo estabelecido para os benefícios do regime geral de previdência social.

183. **(Cespe/Funpresp_Jud/Analista/2016)** A faculdade de aderir ao sistema de previdência privada, previsto no art. 202 da CF, não inclui o direito à desfiliação, segundo o STF.

6. PREVIDÊNCIA DO SERVIDOR PÚBLICO

◉ ATENÇÃO: ESTE TEMA É MUITO EXIGIDO NOS CONCURSOS!

* SÚMULAS

STF Súm. Vinculante 3. Nos processos perante o Tribunal de Contas da União asseguram-se o contraditório e a ampla defesa quando da decisão puder resultar anulação ou revogação de ato administrativo que beneficie o interessado, excetuada a apreciação da legalidade do ato de concessão inicial de aposentadoria, reforma e pensão.

STF Súm. Vinculante 33. Aplicam-se ao servidor público, no que couber, as regras do regime geral da previdência social sobre aposentadoria especial de que trata o artigo 40, § 4º, inciso III da Constituição Federal, até a edição de lei complementar específica.

STF Súm. Vinculante 55. O direito ao auxílio-alimentação não se estende aos servidores inativos.

STF Súm. 6. A revogação ou anulação, pelo Poder Executivo, de aposentadoria, ou qualquer outro ato aprovado pelo Tribunal de Contas, não produz efeitos antes de aprovada por aquele tribunal, ressalvada a competência revisora do Judiciário.

STF Súm. 10. O tempo de serviço militar conta-se para efeito de disponibilidade e aposentadoria do servidor público estadual.

STF Súm. 359. Ressalvada a revisão prevista em lei, os proventos da inatividade regulam-se pela lei vigente ao tempo em que o militar, ou o servidor civil, reuniu os requisitos necessários.

STF Súm. 567. A Constituição, ao assegurar, no § 3º, do art. 102, a contagem integral do tempo de serviço público federal, estadual ou municipal para os efeitos de aposentadoria e disponibilidade não proíbe à União, aos Estados e aos Municípios mandarem contar, mediante lei, para efeito diverso, tempo de serviço prestado a outra pessoa de direito público interno.

STJ Súm. 242. Cabe ação declaratória para reconhecimento de tempo de serviço para fins previdenciários.

* REPERCUSSÃO & REPETITIVOS

STF Repercussão Geral 571. Não se aplica a aposentadoria compulsória prevista no art. 40, § 1º, II, da CF aos titulares de serventias judiciais não estatizadas, desde que não sejam ocupantes de cargo público efetivo e não recebam remuneração proveniente dos cofres públicos. (RE 647827, 15.2.2017)

STF Repercussão Geral 691. Incide contribuição previdenciária sobre os rendimentos pagos aos exercentes de mandato eletivo, decorrentes da prestação de serviços à União, a estados e ao Distrito Federal ou a municípios, após o advento da Lei 10.887/04, desde que não vinculados a regime próprio de previdência (RE 626837, 25.5.2017)

STF Repercussão Geral 754. Os efeitos financeiros das revisões de aposentadoria concedidas com base no art. 6º-A da EC 41/03, introduzido pela EC 70/12, somente se produzirão a partir da data de sua promulgação (30.3.2012). (RE 924456, 5.4.2017)

STF Repercussão Geral 888. É legítimo o pagamento do abono de permanência previsto no art. 40, § 19, da CF ao servidor público que opte por permanecer em atividade após o preenchimento dos requisitos para a concessão da aposentadoria voluntária especial (art. 40, § 4º, da Carta Magna). (ARE 954408, 15.4.2016)

STF Repercussão Geral 965. Para a concessão da aposentadoria especial de que trata o art. 40, § 5º, da CF, conta-se o tempo de efetivo exercício, pelo professor, da docência e das atividades de direção de unidade escolar e de coordenação e assessoramento pedagógico, desde que em estabelecimentos de educação infantil ou de ensino fundamental e médio. (RE 1039644, 13.10.2017)

* INFORMATIVOS DE JURISPRUDÊNCIA

Aposentadoria compulsória e titulares de serventias judiciais não estatizadas

STF Não se aplica a aposentadoria compulsória prevista no art. 40, § 1º, II, da CF aos titulares de serventias judiciais não estatizadas, desde que não sejam ocupantes de cargo público efetivo e não recebam remuneração proveniente dos cofres públicos. RE 647827, Rel. Min. Gilmar Mendes, j. 15.2.2017.

* QUESTÕES DISCURSIVAS

06. **(Cespe/TCU/Procurador/2015)** Em 1979, Maria aposentou-se no cargo de secretária executiva de uma universidade federal. Em 1982, ainda na vigência da Constituição Federal de 1969, que não vedava o retorno do servidor aposentado à ativa, Maria voltou ao serviço público para exercer cargo público em determinada autarquia federal, o que lhe proporcionou nova aposentadoria em 1995, já sob a égide da Constituição Federal de 1988. Em 2007, a administração pública, utilizando a prerrogativa da autotutela, declarou a ilegalidade da acumulação dos proventos percebidos por Maria com relação aos dois cargos acima mencionados. Considerando essa situação hipotética, discorra, de forma justificada, a respeito: (i) das categorias de proventos pagos a servidores aposentados; (ii) da possibilidade de extensão a Maria das vantagens remuneratórias legítimas e de caráter geral conferidas aos funcionários da universidade federal em que trabalhou; (iii) da compatibilidade, ou incompatibilidade, da conduta da administração pública – que declarou ilegal a acumulação dos proventos percebidos por Maria – com a jurisprudência dominante do STF a respeito desse tema.

* QUESTÕES OBJETIVAS

184. **(Cespe/PGE/PE/Procurador/2018)** José é servidor do estado de Pernambuco desde 1/3/2005. Além disso, é segurado do RGPS, como contribuinte individual, desde 9/2/1990. Considerando-se o entendimento dos tribunais superiores, nessa situação hipotética, José

a) incorre em ilegalidade, pois não é permitido ao servidor do estado estar vinculado, concomitantemente, ao RGPS.
b) não poderá auferir a aposentadoria dos dois regimes de previdência, ainda que cumpra, separadamente, os requisitos de cada um.
c) poderá auferir dois benefícios de aposentadoria, um de cada regime, tendo direito à contagem em dobro do período exercido em concomitância.
d) não poderá requerer contagem recíproca do tempo de contribuição.
e) terá direito à contagem recíproca do tempo de contribuição apenas em relação aos períodos que não foram exercidos em concomitância.

185. **(Cespe/TCE/PB/Auditor/2018)** No cálculo dos proventos de aposentadoria dos servidores que tenham ingressado no serviço público a partir da data de promulgação da Emenda Constitucional n. 41/2003, terá de ser observada a

a) limitação mínima do salário de contribuição no mesmo valor fixado para o RGPS.
b) atualização dos proventos na mesma proporção e na mesma data, sempre que se modificar a remuneração dos servidores em atividade.
c) totalidade da remuneração do servidor no cargo efetivo em que se der a aposentadoria.
d) média aritmética simples das maiores contribuições, correspondentes a todo o período contributivo.
e) atualização das remunerações consideradas no cálculo inicial dos proventos, mês a mês, no mesmo índice fixado para o RGPS.

186. **(Cespe/TCE/PB/Auditor/2018)** Ana, que completará cinquenta e três anos de idade em 1.1.2018, tomou posse no cargo de auditor de contas públicas de um TC estadual em 1.1.1998 e, desde então, exerce suas atividades na mesma carreira e no mesmo cargo. Recentemente, ela solicitou ao referido órgão público averbação de dez anos de tempo de contribuição oriundo do RGPS, referente ao período de 1.7.1987 a 30.6.1997, no qual trabalhou como gerente de vendas. Nessa situação hipotética, em janeiro de 2018, Ana

a) terá cumprido apenas vinte anos de tempo de contribuição, relativos ao RPPS, pois não é admitida, na hipótese, a contagem recíproca.
b) cumprirá os requisitos para aposentadoria voluntária por idade no RPPS.

c) ainda terá de trabalhar mais dois anos para que possa se aposentar com proventos integrais.

d) cumprirá os requisitos para recebimento de abono de permanência.

e) não poderá se aposentar, pois, na hipótese considerada, ela terá de cumprir os requisitos da aposentadoria compulsória.

187. **(Cespe/INSS/Analista/2016)** Considerando-se a CF, é correto afirmar que, no cálculo do benefício previdenciário de um servidor do INSS que esteja licenciado do cargo para exercer mandato de deputado federal, os valores serão determinados como se ele estivesse no exercício do cargo na referida autarquia.

188. **(Cespe/TCE/PA/Auditor/2016)** Para viabilizar empréstimos a segurados, admite-se a aplicação das disponibilidades de caixa tanto do regime geral de previdência social quanto do regime próprio de previdência dos servidores públicos.

189. **(Cespe/DPE/PE/Defensor/2015)** As regras do regime geral da previdência social relativas à aposentadoria especial não são aplicáveis ao servidor público enquanto não houver lei complementar específica que assim o determine.

190. **(Cespe/TRF/5R/Juiz/2015)** No que concerne ao regime jurídico do servidor estatutário e do empregado público e ao regime de previdência social para ambos, assinale a opção correta:

a) O RGPS organizado pelo INSS se aplica aos empregados das pessoas jurídicas de direito privado da administração indireta e aos empregados públicos em geral, deles excluídos os servidores ocupantes exclusivamente de cargos em comissão e os servidores temporários.

b) O RGPS é obrigatório para os servidores que ingressaram no serviço público até a data da publicação do ato de instituição desse regime, e facultativo para os que ingressaram no serviço público depois da instituição desse regime.

c) Em que pese a alteração promovida pela Emenda Constitucional n. 19, que implementou, em 1998, a reforma da administração pública, permanece válida a norma constitucional que determina que todos os entes federativos devem instituir regime jurídico único para os servidores da administração pública direta, das autarquias e das fundações de direito público.

d) O regime de emprego público regulamentado pela Lei n. 9.962/2000 incide sobre os servidores da administração federal direta, mas não sobre os servidores das autarquias, das empresas públicas e das sociedades de economia mista.

e) Os cargos em comissão e as funções de confiança podem ser exercidos por qualquer pessoa, servidor público ou não, cabendo à legislação ordinária estabelecer os casos, as condições e os percentuais mínimos de cargos comissionados destinados aos servidores de carreira.

191. **(Cespe/TCE/PA/Auditor/2016)** Maria, servidora pública federal, e Haroldo, empregado de uma empresa privada, contraíram núpcias entre si há mais de vinte anos, e não tiveram filhos. Nessa situação, caso Maria morra, Haroldo terá direito a receber o benefício de pensão por morte pago pelo regime de previdência social dos servidores públicos federais. Todavia, se Haroldo morrer primeiro, Maria terá direito a receber pensão por morte a ser pago pelo RGPS.

192. **(Cespe/TCE/PR/Analista/2016)** O regime próprio de previdência social (RPPS) é o regime de previdência estabelecido para os servidores de cargo efetivo no âmbito da União, dos estados, do Distrito Federal e dos municípios. A respeito do RPPS, assinale a opção correta:

a) Se determinado município deixa de instituir o seu RPPS, seus servidores efetivos vinculam-se ao RPPS do estado.

b) Impôs o STF que o julgamento, pelo Tribunal de Contas, da ilegalidade de aposentadoria pelo RPPS importa a devolução dos valores recebidos, ainda que configurada a boa-fé.

c) Conforme o entendimento do STF, a vedação constitucional à percepção de mais de uma aposentadoria à conta do RPPS não se estende à percepção de duas pensões por morte em favor dos dependentes do servidor falecido.

d) A Constituição Federal de 1988 admite a incidência de contribuição previdenciária sobre a totalidade do benefício percebido por aposentado por invalidez pelo RPPS.

e) Pode-se instituir contribuição previdenciária sobre aposentadorias e pensões por meio de lei estadual, independentemente de previsão na Constituição do estado.

193. **(Cespe/TCE/PR/Analista/2016)** Com relação ao regime próprio de previdência social (RPPS) e às entidades de previdência complementar, assinale a opção correta:

a) É admitida a intervenção na entidade de previdência complementar sempre que se verificar situação atuarial desequilibrada e irregularidade ou insuficiência na constituição das reservas técnicas, provisões e fundos, ou na sua cobertura por ativos garantidores.

b) Desde a promulgação da Emenda Constitucional n. 20/1998, vinculam-se ao RPPS os servidores públicos titulares de cargo efetivo, de cargo em comissão, de cargo temporário, de emprego público ou mandato eletivo.

c) O segurado de RPPS investido de mandato de vereador que exerça, concomitantemente, o cargo efetivo e o mandato não é obrigado a filiar-se ao RGPS.

d) A alíquota de contribuição deve incidir sobre o valor da remuneração recebida, considerados os descontos, como, por exemplo, aqueles decorrentes de faltas ou de quaisquer outras ocorrências.

e) Incumbe ao órgão público patrocinador equacionar integralmente eventual déficit ocorrido nas entidades de previdência complementar fechadas, bem como propor ação regressiva contra dirigentes ou terceiros que derem causa a dano ou prejuízo à entidade.

194. **(Cespe/TCE/PA/Auditor/2016)** Artur ingressou no serviço público federal, por meio de concurso público, para o exercício de cargo técnico que lhe exigia quarenta horas de dedicação semanal. Após a aprovação em outro concurso público federal para o exercício do magistério, Artur passou a exercer os dois cargos públicos concomitantemente, sem que um interferisse no outro. Nessa situação, Artur terá direito ao recebimento de duas aposentadorias por tempo de contribuição concedidas pelo regime próprio de previdência social dos servidores públicos federais.

195. **(Cespe/TCE/PA/Auditor/2016)** É vedado à União instituir mais de um regime previdenciário próprio aos seus servidores, no entanto essa vedação não se aplica aos entes estaduais e municipais.

196. **(Cespe/Funpresp/Especialista Jurídico/2016)** Servidora pública ocupante de cargo efetivo que exerça simultaneamente cargo em comissão de chefe de divisão será obrigatoriamente filiada ao regime próprio de previdência social e, transitoriamente, ao regime geral de previdência social, ou seja, enquanto exercer o cargo em comissão.

197. **(Cespe/Funpresp/Especialista Jurídico/2016)** Tanto o regime de previdência público quanto o privado têm caráter obrigatório, sendo ilegal manter-se o trabalhador sem proteção previdenciária.

198. **(Cespe/TCE/SC/Auditor/2016)** Maria, servidora pública federal desde 2004, ocupante de cargo efetivo na autarquia Y, é filiada obrigatória do RPPS e possui, ainda, plano de benefício complementar administrado pela fundação X – entidade fechada de previdência complementar patrocinada pela autarquia Y. Nesse caso, a contribuição da autarquia Y para o RPPS não poderá ser inferior à contribuição devida por Maria e a contribuição para a previdência complementar não poderá ser superior àquela devida por Maria.

199. **(Cespe/TCE/PA/Auditor/2016)** A contribuição social da União para o custeio do regime próprio de previdência dos seus servidores é proporcional à contribuição dos seus servidores ativos e inativos, cabendo à União responsabilizar-se, ainda, pela cobertura de eventuais insuficiências financeiras do regime decorrentes do pagamento de benefícios previdenciários.

200. **(Cespe/INSS/Analista/2016)** Ana, servidora aposentada por RPPS, recebe R$ 6.500,00 de aposentadoria. Bruno, portador de doença incapacitante devidamente comprovada por perícia médica, é pensionista da União e percebe um benefício de R$ 10.000,00. Caio aposentou-se recentemente pelo RGPS e recebe o teto do salário-de-benefício. Com relação a essas situações hipotéticas, e considerando que o teto do salário-de-benefício corresponda a R$ 5.189,82, empregado aposentado pelo RGPS, Caio deve, assim como os servidores públicos inativos, contribuir para o custeio da seguridade social.

201. **(Cespe/TCE/PR/Analista/2016)** No que se refere ao RPPS, assinale a opção correta:

a) Os aposentados e os pensionistas do Poder Executivo da União que, na data da entrada em vigor da Emenda Constitucional n. 41/2003, estavam em gozo de aposentadoria ficaram isentos da contribuição previdenciária.

b) O servidor ocupante de cargo efetivo em órgão da União que tenha completado as exigências para aposentadoria voluntária e opte por permanecer em atividade fará jus a abono de permanência equivalente ao valor da sua contribuição previdenciária até completar as exigências para a aposentadoria compulsória.

c) As contribuições e os recursos vinculados ao fundo previdenciário da União e dos estados e as contribuições do pessoal civil e militar, ativo e inativo, e dos pensionistas poderão ser utilizadas para o pagamento de benefícios previdenciários a cargo da previdência complementar vinculados a esses órgãos.

d) O Fundo de Participação dos Municípios (FPM) não poderá ser objeto de garantia das prestações devidas pelo município e não repassadas à unidade gestora do RPPS até o seu vencimento.

e) Sempre que for vantajoso, os estados e os municípios poderão adotar mais de uma entidade ou órgão para administrar, gerenciar e operacionalizar o seu RPPS, incluindo a arrecadação e gestão de recursos e fundos previdenciários, a concessão, o pagamento e a manutenção dos benefícios.

202. **(Cespe/TCE/PA/Auditor/2016)** O custeio do RPPS da União, dos estados, do Distrito Federal (DF) e dos municípios, dos militares dos estados e do DF é constituído de contribuições do pessoal civil e militar ativos, para os seus respectivos regimes, sendo que os inativos e os pensionistas, embora recebam benefícios, não participam do custeio desses regimes.

203. **(Cespe/INSS/Analista/2016)** Ana, servidora aposentada por RPPS, recebe R$ 6.500,00 de aposentadoria. Bruno, portador de doença incapacitante devidamente comprovada por perícia médica, é pensionista da União e percebe um benefício de R$ 10.000,00. Caio aposentou-se recentemente pelo RGPS e recebe o teto do salário-de-benefício. Com relação a essas situações hipotéticas, e considerando que o teto do salário-de-benefício corresponda a R$ 5.189,82, Bruno não precisa contribuir com a previdência, pois portadores de doença incapacitante comprovada por perícia médica contribuem apenas sobre as parcelas de proventos de aposentadoria e de pensão que superem o dobro do limite máximo estabelecido para os benefícios do RGPS.

204. **(Cespe/SEDF/Analista/2017)** Um professor de escola particular, que não exerce cargo efetivo no poder público, foi nomeado secretário de educação de uma unidade da Federação que mantém o regime próprio de previdência social (RPPS). Nessa situação, desde o momento de sua posse, o referido professor passará a ser segurado obrigatório do RPPS da respectiva unidade da Federação com que passou a manter vínculo.

205. **(Cespe/TCE/PE/Auditor/2017)** Servidor público titular de cargo efetivo do estado de Pernambuco cedido temporariamente à União, com ônus para esta, permanecerá vinculado ao regime próprio de previdência dos servidores do estado de Pernambuco.

206. **(Cespe/INSS/Analista/2016)** Ana, servidora aposentada por RPPS, recebe R$ 6.500,00 de aposentadoria. Bruno, portador de doença incapacitante devidamente comprovada por perícia médica, é pensionista da União e percebe um benefício de R$ 10.000,00. Caio aposentou-se recentemente pelo RGPS e recebe o teto do salário-de-benefício. Com relação a essas situações hipotéticas, e considerando que o teto do salário-de-benefício corresponda a R$ 5.189,82, de acordo com a CF, incide contribuição previdenciária de 11% sobre o valor total da aposentadoria de Ana, pois seus proventos superam o teto do salário-de-benefício.

207. **(Cespe/TJ/DFT/Juiz/2015)** Assinale a opção correta com relação ao regime jurídico constitucional e legal dos servidores públicos:

a) O prazo prescricional da pretensão da administração para aplicação de punição disciplinar a servidor público distrital que tenha cometido fato tipificado na lei penal e como ato de improbidade administrativa é de cinco anos a contar da ciência do fato pela administração.

b) Os servidores públicos abrangidos pelo regime próprio de previdência social da União, dos estados, do DF e dos municípios fazem jus a aposentadoria por invalidez permanente, com proventos proporcionais ao tempo de contribuição, exceto se a invalidez decorrer de acidente em serviço, moléstia profissional ou doença grave, contagiosa ou incurável, na forma da lei.

c) A perda do cargo de magistrado vitalício pode ocorrer em virtude de sentença judicial transitada em julgado ou de condenação em processo administrativo em que lhe seja assegurada ampla defesa, ou, ainda, em razão da extinção, por meio de lei ordinária, do cargo que ocupe.

d) O servidor público federal, bem como o servidor distrital, faz jus a licença remunerada para acompanhar o cônjuge ou o companheiro deslocado para outro ponto do território nacional, para o exterior ou para exercício de mandato eletivo nos Poderes Executivo e Legislativo.

e) Após cada quinquênio ininterrupto de exercício, os servidores públicos federais e distritais farão jus a três meses de licença, a título de prêmio por assiduidade, com a remuneração do cargo efetivo.

208. (Cespe/Funpresp_Jud/Analista/2016) Dalila, de cinquenta e três anos de idade, é professora e trabalha há vinte e cinco anos na mesma escola pública de educação infantil. Como professora, ela atuou, efetivamente, em sala de aula, por quinze anos, e, no tempo remanescente, atuou como coordenadora e diretora. Nessa situação, Dalila não tem direito a aposentadoria por idade e tempo de contribuição como professora, já que, conforme jurisprudência pacificada do STF, os professores que exercem atividades administrativas em estabelecimentos de ensino não têm direito a aposentadoria por tempo reduzido.

209. (Cespe/Funpresp_Jud/Analista/2016) As pessoas que exercem cargo em comissão em órgão do Poder Judiciário devem ser vinculadas ao regime próprio de previdência dos servidores públicos, o qual é mantido pelos entes públicos da Federação e assegurado tanto aos servidores titulares de cargo efetivo quanto aos detentores de cargo em comissão.

210. (Cespe/Funpresp_Jud/Analista/2016) Oficial de justiça do Poder Judiciário Federal no estado X requereu a concessão de sua aposentadoria especial à Diretoria de Recursos Humanos do referido tribunal, sob a alegação de desenvolver atividade de risco e de inequívoca periculosidade, o que seria evidenciado pelo uso de arma de fogo no cumprimento de mandados, além da percepção de gratificação decorrente da realização de atividade externa. Após analisar o pedido, o Tribunal Regional Federal (TRF) da região que engloba o estado X negou o requerimento, sob o fundamento de que a atividade desempenhada pelos oficiais de justiça não se enquadra entre as atividades de risco. Na decisão, o TRF argumenta que não pode a administração do tribunal suprir omissão legislativa consistente na não edição da lei complementar de que trata o art. 40, § 4º, da CF. Além disso, o requerente não havia apresentado provas suficientes de que cumprira tempo suficiente de serviço em condições perigosas apto à contagem diferenciada para a aposentadoria. Diante da decisão administrativa de rejeição do pedido de aposentadoria, o servidor informou que ingressaria com ação judicial requerendo a concessão da aposentadoria especial, em virtude da omissão legislativa inconstitucional, e a contagem diferenciada do tempo de serviço prestado sob a alegada periculosidade. Conforme o entendimento do STF, dada a ausência da referida lei complementar, aplicam-se as regras do regime geral de previdência social à aposentadoria especial do servidor público.

211. (Cespe/Funpresp_Jud/Analista/2016) Diretoria de Recursos Humanos do referido tribunal, sob a alegação de desenvolver atividade de risco e de inequívoca periculosidade, o que seria evidenciado pelo uso de arma de fogo no cumprimento de mandados, além da percepção de gratificação decorrente da realização de atividade externa. Após analisar o pedido, o Tribunal Regional Federal (TRF) da região que engloba o estado X negou o requerimento, sob o fundamento de que a atividade desempenhada pelos oficiais de justiça não se enquadra entre as atividades de risco. Na decisão, o TRF argumenta que não pode a administração do tribunal suprir omissão legislativa consistente na não edição da lei complementar de que trata o art. 40, § 4º, da CF. Além disso, o requerente não havia apresentado provas suficientes de que cumprira tempo suficiente de serviço em condições perigosas apto à contagem diferenciada para a aposentadoria. Diante da decisão administrativa de rejeição do pedido de aposentadoria, o servidor informou que ingressaria com ação judicial requerendo a concessão da aposentadoria especial, em virtude da omissão legislativa inconstitucional, e a contagem diferenciada do tempo de serviço prestado sob a alegada periculosidade. De acordo com o STF, não cabe ao juiz do caso realizar a contagem diferenciada do tempo de serviço prestado em condições especiais para fins de concessão da aposentadoria de que trata o § 4º do art. 40 da CF.

212. (Cespe/Funpresp/Especialista Jurídico/2016) Até a edição de lei complementar específica, aplicam-se aos servidores públicos federais estatutários as regras do regime geral da previdência social relativas à aposentadoria especial.

213. (Cespe/TCE/PE/Auditor/2017) Concedida aposentadoria a servidor público, o prazo decadencial para a administração rever o ato concessivo terá início somente a partir da manifestação do tribunal de contas sobre o benefício.

214. **(Cespe/TCE/PE/Analista/2017)** De acordo com a CF, é possível a percepção simultânea de proventos de aposentadoria com a remuneração de cargo público de natureza eletiva.

215. **(Cespe/PGM/Fortaleza/Procurador/2017)** É inconstitucional a supressão do auxílio-alimentação em decorrência da aposentadoria do servidor.

216. **(Cespe/DPE/AL/Defensor/2017)** A respeito da contagem recíproca do tempo de serviço, julgue os itens a seguir.

I. A contagem recíproca do tempo de serviço é admissível sempre que o segurado migrar do regime público de previdência social para o RGPS, e vice-versa.

II. Para que a contagem recíproca do tempo de serviço seja admitida, o trabalhador deve indenizar o órgão previdenciário para o qual migrou.

III. É vedada a contagem de tempo exercida concomitantemente no serviço público e na atividade privada.

IV. A aposentadoria resultante da contagem recíproca do tempo de serviço deve ser rateada de forma proporcional por ambos os sistemas previdenciários para o quais o segurado tenha contribuído.

Estão certos apenas os itens:

a) I e II.

b) I e III.

c) II e III.

d) II e IV.

e) III e IV.

217. **(Cespe/TCE/RN/Auditor/2015)** Os regimes próprios de previdência social dos servidores públicos dos estados federados podem conceder benefícios distintos dos previstos no regime geral de previdência social.

218. **(Cespe/TRT/7R/Analista/2017)** Paula foi empregada de uma empresa por dez anos, onde exerceu atividade sujeita a condições especiais. Nesse período, ela contribuiu regularmente para o regime geral de previdência social (RGPS). Aprovada em concurso público, na qualidade de servidora pública estatutária, Paula pretende computar, no regime próprio de previdência social (RPPS), o tempo que contribuiu para o regime geral. Nessa situação hipotética, Paula:

a) poderá computar em dobro os dez anos de contribuição tanto no RGPS quanto no RPPS.

b) não poderá computar o tempo de contribuição para o RGPS no RPPS, por expressa vedação legal.

c) somente terá direito à contagem recíproca do tempo de contribuição se ela mesma compensar financeiramente o RPPS.

d) terá direito somente ao cômputo dos dez anos.

219. **(Cespe/PGE/SE/Procurador/2017)** De acordo com o RPPS, julgue os itens a seguir.

I. O tempo de serviço em atividade privada vinculada à previdência social será contado somente para efeito de aposentadoria e disponibilidade.

II. A concessão de aposentadoria por invalidez permanente ao servidor independe do cumprimento de tempo mínimo de efetivo exercício no serviço público.

III. Mesmo quando cumpridos os requisitos para o recebimento de aposentadoria no RPPS e no RGPS, é vedado o recebimento cumulativo de proventos oriundos dos dois regimes.

IV. Os proventos de aposentadorias e pensões concedidas pelo RPPS são sempre imunes à incidência de contribuição.

Estão certos apenas os itens:

a) I e II.

b) I e III.

c) II e III.

d) II e IV.

e) III e IV.

220. **(Cespe/PGE/AM/Procurador/2016)** No Brasil, iniciou-se o regime próprio de previdência dos servidores públicos com o advento da Lei Eloy Chaves, em 1923, que determinou a criação das caixas de aposentadorias e pensões para os ferroviários.

221. **(Cespe/TCE/SC/Auditor/2016)** Conforme o entendimento dos tribunais superiores, será inconstitucional lei complementar estadual que institua contribuições previdenciárias compulsórias para o custeio de serviços de assistência à saúde dos servidores públicos do respectivo estado, cabendo restituição proporcional do valor referente ao custeio dos serviços de assistência à saúde caso o servidor tenha deles usufruído.

222. **(Cespe/TCU/Procurador/2015)** Em relação ao RPPS dos servidores públicos, contagem recíproca e compensação financeira e previdência complementar, assinale a opção correta:

a) Permite-se a contagem de tempo de contribuição no serviço público com o de contribuição na atividade privada, mesmo quando concomitantes.

b) De acordo com o STF, é cabível a adoção da progressividade de alíquotas das contribuições previdenciárias do servidor público.

c) No âmbito do RPPS, não se admite, de modo absoluto, a adoção de requisitos e critérios diferenciados para a concessão de aposentadoria aos servidores.

d) De acordo com o STF, as entidades políticas que integram a Federação brasileira podem alterar livremente o limite de idade máximo da aposentadoria compulsória.

e) O regime de previdência complementar de cada unidade da Federação poderá ser instituído por lei de iniciativa do Poder Executivo e deverá oferecer aos servidores públicos titulares de cargo efetivo planos de benefícios somente na modalidade de contribuição definida.

223. **(Cespe/TCE/PA/Auditor/2016)** Cláudio trabalhou como empregado de uma empresa privada durante dezessete anos, quando então foi aprovado em um concurso público federal. Nessa situação, Cláudio poderá computar o tempo de serviço na iniciativa privada para efeito de aposentadoria no serviço público, hipótese em que os diferentes sistemas de previdência social se compensarão financeiramente.

7. PRINCÍPIOS CONSTITUCIONAIS

✻ QUESTÕES OBJETIVAS

224. **(Cespe/PGE/PE/Procurador/2018)** Conforme a doutrina, o princípio previdenciário que representa o sistema de repartição da seguridade social e garante a prestação de benefícios e serviços independentemente do aporte individual das contribuições sociais é o princípio da

a) uniformidade da base de financiamento.

b) seletividade e distributividade na prestação de benefícios e serviços.

c) solidariedade.

d) equidade na forma de participação no custeio.

e) diversidade da base de financiamento.

225. **(Cespe/INSS/Analista/2016)** Na organização da seguridade social, o objetivo da universalidade da cobertura e do atendimento diz respeito, mais diretamente, à política de previdência social, dada a superação de sua lógica securitária.

226. **(Cespe/INSS/Analista/2016)** O serviço público deve-se orientar na estruturação da seguridade social pelos seguintes objetivos, entre outros: equidade na forma de participação no custeio e caráter democrático e descentralizado da administração.

227. **(Cespe/DPU/Analista/2016)** O princípio constitucional da universalidade da cobertura e do atendimento implica no entendimento de que o Estado deve prover, por meio da seguridade social, gratuitamente e independentemente de contribuição, assistência social, saúde e previdência a todos que necessitam desses benefícios e serviços.

228. **(Cespe/TCE/SC/Auditor/2016)** Maria recebe proventos de aposentadoria de professora de determinada universidade federal. A administração verificou irregularidades na concessão da aposentadoria a Maria, que, sanadas, resultariam em redução do valor nominal por ela recebido. Nessa hipótese, conforme o entendimento do STF, não é possível a redução do valor nominal da aposentadoria de Maria, dado o princípio constitucional da irredutibilidade do valor do benefício.

229. **(Cespe/TRF/5R/Juiz/2015)** Considerando que, no âmbito do direito previdenciário, os princípios se confundem com os objetivos da seguridade social, assinale a opção correta:

a) A distributividade na prestação dos serviços visa evitar, entre outros efeitos, a concentração de atendimento em certas regiões do país em detrimento de outras.

b) Historicamente, a irredutibilidade do valor dos benefícios tem sido adotada tanto em seu sentido real quanto nominal.

c) A universalidade de cobertura restringe-se ao aspecto objetivo da seguridade social, ao passo que a universalidade de atendimento, ao aspecto subjetivo.

d) A equivalência dos benefícios e serviços prestados às populações urbanas e rurais deve ser entendida com relatividade, admitindo-se, no âmbito principiológico, diferenciações decorrentes da relevância de uns trabalhadores sobre outros.

e) O princípio da seletividade evidencia as diferenças que podem ser admitidas no tratamento entre beneficiários de um mesmo regime.

230. **(Cespe/TRF/1R/Juiz/2015)** Com base na CF e na legislação sobre seguridade social - saúde, previdência e assistência social -, assinale a opção correta:

a) Apesar de ser constitucionalmente previsto o caráter democrático da administração da seguridade social, de sua gestão não participam os trabalhadores e empregados.

b) A previdência está organizada sob a forma de regime geral, de caráter contributivo e de filiação facultativa, ainda que o trabalhador não esteja amparado por regime próprio de previdência.

c) Enquanto o acesso à saúde é universal e independe de qualquer retribuição financeira por parte do usuário, o acesso à previdência e à assistência social exige a contribuição direta do beneficiário ou do assistido.

d) A irredutibilidade do valor dos benefícios está elencada entre os princípios constitucionais da seguridade social.

e) Todas as entidades beneficentes são isentas de contribuição para a seguridade social.

231. **(Cespe/TCE/SC/Auditor/2016)** Segundo o entendimento do STF, mediante lei complementar, é possível criar novas contribuições sociais - além daquelas previstas no texto constitucional -, que poderão ter base de cálculo e fato gerador idênticos aos de impostos discriminados na CF.

232. **(Cespe/TCE/PR/Analista/2016)** O § 9º do art. 201 da Constituição Federal de 1988, que estabelece um sistema geral de compensação, deve ser interpretado à luz dos princípios da solidariedade e da contributividade, que regem o atual sistema previdenciário brasileiro. Acerca da contagem recíproca de tempo de contribuição e compensação financeira, assinale a opção correta:

a) Lei estadual que assegure, para fins de aposentadoria, a contagem recíproca do tempo de contribuição na administração pública e na atividade privada pode restringir a contagem do tempo de serviço privado ao limite de dez anos, nos termos do entendimento do STF.

b) Conforme o STF, admite-se, para fins de aposentadoria no serviço público, a contagem recíproca do tempo de serviço rural, ainda que não tenham sido recolhidas as contribuições previdenciárias correspondentes, por se tratar de atividade de natureza especial.

c) O benefício resultante da contagem recíproca de tempo de contribuição será concedido e pago pelo regime de previdência com o qual o segurado tenha contribuído o maior número de vezes.

d) A compensação financeira visa auxiliar o regime instituidor do benefício e é devida pelo regime de origem, que compartilha a obrigação de manutenção do benefício, considerando-se o tempo de contribuição do segurado para o referido regime.

e) No caso de servidor egresso do RGPS pretender aposentar-se pelo RPPS, atendidas as normas legais vigentes, só será considerado, para fins de cálculo da compensação financeira devida ao RGPS, o valor da renda mensal que o servidor faria jus no RPPS, multiplicado pelo percentual correspondente ao tempo de contribuição ao RGPS no tempo total de contribuição.

233. **(Cespe/TCE/PR/Auditor/2016)** A respeito da natureza, dos princípios, das regras e do histórico da seguridade social, assinale a opção correta:

a) O STJ admite tanto a desaposentação quanto o despensionamento, espécies de renúncia ao gozo de benefício vigente em proveito de benefício mais vantajoso, sem que haja ofensa ao princípio da solidariedade.

b) As contingências sociais que interessam à previdência social são aquelas que repercutem negativamente na vida econômica do trabalhador e decorrem de fatores involuntários, como a invalidez, a idade e a doença.

c) A seguridade social caracteriza-se pela contribuição direta do beneficiário do seguro social, embora se admitam benefícios assistenciais como o seguro-desemprego.

d) O princípio da previdência social que visa conciliar a universalização, objetiva e subjetiva, do seguro social com a capacidade econômica do Estado, de modo a cobrir os riscos sociais reputados mais relevantes, é o da seletividade.

e) A CF veda peremptoriamente a concessão de anistia e remissão de contribuições previdenciárias.

234. **(Cespe/TCE/PR/Analista/2016)** No que concerne à seguridade social e a sua evolução histórica e seus princípios, assinale a opção correta:

a) Em decorrência do princípio da equidade na forma de participação no custeio da seguridade social, as contribuições sociais devidas ao sistema variam segundo a capacidade contributiva dos seus participantes.

b) A Constituição Federal de 1988 provocou profunda transformação na seguridade social no Brasil ao criar, por exemplo, a expressão previdência social e instituir a regra de tríplice custeio: União, empregados e empregadores.

c) A lei que criou o Instituto de Aposentadoria e Pensões dos Marítimos (IAPM), na década de 30 do século passado, é considerada marco fundador do direito previdenciário brasileiro.

d) A consolidação da legislação previdenciária e a unificação dos institutos previdenciários no Brasil ocorreram na década de 80 do século passado, com a promulgação da Constituição Federal de 1988.

e) O acesso à seguridade social, que compreende um conjunto integrado de ações destinadas a assegurar direitos relativos à saúde, previdência e assistência social, é universal e igualitário, mediante contribuição.

235. **(Cespe/TCE/PR/Analista/2016)** Acerca da seguridade social, que compreende um conjunto integrado de ações de iniciativa dos poderes públicos e da sociedade, assinale a opção correta:

a) Conforme jurisprudência do STF, em atenção ao princípio constitucional da universalidade do custeio, o aposentado que retorna às atividades laborais deve arcar com o custeio da seguridade social.

b) A seguridade social é um conceito universal que visa assegurar direitos relativos à saúde, à assistência e à previdência, independentemente de contribuição do beneficiário.

c) Para o STF, decorrem do princípio de irredutibilidade do valor dos benefícios tanto a garantia da manutenção de seu valor nominal quanto a impossibilidade de perda de seu poder aquisitivo.

d) Segundo entendimento do STF, insere-se no rol de benefícios da seguridade social o direito do idoso à gratuidade de transporte coletivo urbano.

e) Conforme a jurisprudência do STF, a União tem competência para instituir contribuições para custeio da seguridade social, e os estados e municípios para fazê-lo nas áreas de previdência e saúde.

236. **(Cespe/TCE/PE/Auditor/2017)** Constitui princípio da seguridade social a isonomia na forma de participação dos contribuintes para o seu custeio.

237. **(Cespe/DPU/Defensor/2017)** Dado o princípio da universalidade de cobertura, a seguridade social tem abrangência limitada àqueles segurados que contribuem para o sistema.

238. **(Cespe/DPE/AL/Defensor/2017)** No que se refere à organização e aos princípios da seguridade social, julgue os itens a seguir.

I. A assistência social integra o conjunto de direitos sociais assegurados aos necessitados e as ações atinentes à seguridade social.

II. A equidade na forma de participação do custeio veda a utilização de alíquotas de contribuições diferenciadas para aqueles que contribuem para o sistema.

III. A universalidade de cobertura preconizada pelo ordenamento jurídico vigente limita a proteção social àqueles que contribuem para o sistema.

IV. A seguridade social é financiada por toda a sociedade, de forma direta e indireta, mediante recursos provenientes das contribuições sociais e dos orçamentos da União, dos estados, do Distrito Federal e dos municípios.

Estão certos apenas os itens:

a) I e III.

b) I e IV.

c) II e III.

d) II e IV.

e) III e IV.

239. **(Cespe/AGU/Advogado/2015)** Conforme a jurisprudência do STF, a irredutibilidade do valor dos benefícios é garantida constitucionalmente, seja para assegurar o valor nominal, seja para assegurar o valor real dos benefícios, independentemente dos critérios de reajuste fixados pelo legislador ordinário.

240. **(Cespe/TCE/RN/Auditor/2015)** De acordo com o princípio da seletividade, os objetivos constitucionais de bem-estar e justiça social devem orientar a escolha dos benefícios e dos serviços a serem mantidos pela seguridade social, bem como a concessão e a manutenção das prestações sociais de maior relevância.

241. (Cespe/TRT/7R/Analista/2017) A CF prevê, entre os objetivos que organizam a seguridade social:

a) a equidade na forma de participação no custeio e a uniformidade da base de financiamento.
b) a seletividade da cobertura e do atendimento e a uniformidade e a equivalência dos benefícios e serviços às populações urbanas e rurais.
c) a uniformidade e a equivalência dos benefícios e serviços às populações urbanas e rurais e a equidade na forma de participação no custeio.
d) a seletividade e a equidade na prestação dos benefícios e serviços e a irredutibilidade do valor dos benefícios.

242. (Cespe/PGE/SE/Procurador/2017) O princípio que, norteando a CF quanto à seguridade social, tem extrema relevância para o cumprimento dos objetivos constitucionais de bem-estar e justiça social, por eleger as contingências sociais a serem acobertadas e os requisitos para a garantia da distribuição de renda, é o princípio da:

a) diversidade da base de financiamento.
b) universalidade da cobertura e do atendimento.
c) uniformidade e equivalência dos benefícios e serviços prestados às populações urbanas e rurais.
d) seletividade e distributividade na prestação dos benefícios e serviços.
e) equidade na forma de participação no custeio.

8. SAÚDE E ASSISTÊNCIA SOCIAL

✱ SÚMULAS

STJ Súm. 352. A obtenção ou a renovação do Certificado de Entidade Beneficente de Assistência Social (Cebas) não exime a entidade do cumprimento dos requisitos legais supervenientes.

✱ REPERCUSSÃO & REPETITIVOS

STF Repercussão Geral 173. Os estrangeiros residentes no país são beneficiários da assistência social prevista no art. 203, V, da CF, uma vez atendidos os requisitos constitucionais e legais. (RE 587970, 20.4.2017)

STF Repercussão Geral 345. É constitucional o ressarcimento previsto no art. 32 da Lei 9.656/98, o qual é aplicável aos procedimentos médicos, hospitalares ou ambulatoriais custeados pelo SUS e posteriores a 4.6.1998, assegurados o contraditório e a ampla defesa, no âmbito administrativo, em todos os marcos jurídicos. (RE 597064, 7.2.2018)

STF Repercussão Geral 479. No atual estágio do conhecimento científico, que indica ser incerta a existência de efeitos nocivos da exposição ocupacional e da população em geral a campos elétricos, magnéticos e eletromagnéticos gerados por sistemas de energia elétrica, não existem impedimentos, por ora, a que sejam adotados os parâmetros propostos pela Organização Mundial de Saúde, conforme estabelece a Lei 11.934/09. (RE 627189, 8.6.2016)

STF Repercussão Geral 579. É constitucional a regra que veda, no âmbito do Sistema Único de Saúde, a internação em acomodações superiores, bem como o atendimento diferenciado por médico do próprio Sistema Único de Saúde, ou por médico conveniado, mediante o pagamento da diferença dos valores correspondentes. (RE 581488, 3.12.2015)

STJ Repetitivo 106. A concessão dos medicamentos não incorporados em atos normativos do SUS exige a presença cumulativa dos seguintes requisitos: (i) Comprovação, por meio de laudo médico fundamentado e circunstanciado expedido por médico que assiste o paciente, da imprescindibilidade ou necessidade do medicamento, assim como da ineficácia, para o tratamento da moléstia, dos fármacos fornecidos pelo SUS; (ii) incapacidade financeira de arcar com o custo do medicamento prescrito; (iii) existência de registro na Anvisa do medicamento. (REsp 1657156, 4.5.2018)

STJ Repetitivo 766. O Ministério Público é parte legítima para pleitear tratamento médico ou entrega de medicamentos nas demandas de saúde propostas contra os entes federativos, mesmo quando se tratar de feitos contendo beneficiários individualizados, porque se refere a direitos individuais indisponíveis, na forma do art. 1º da Lei 8.625/1993 (LONMP). (REsp 1682836, 25.4.2018)

✱ INFORMATIVOS DE JURISPRUDÊNCIA

Planos e seguros privados de assistência à saúde e ressarcimento ao SUS

STF É constitucional o ressarcimento previsto no art. 32 da Lei 9.656/98, o qual é aplicável aos procedimentos médicos, hospitalares ou ambulatoriais custeados pelo SUS e posteriores a 4.6.1998, assegurados o contraditório e a ampla defesa, no âmbito administrativo, em todos os marcos jurídicos. RE 597064, Rel. Min. Gilmar Mendes, j. 7.2.2018. Pleno. (Info 890)

Direito à saúde e amianto

STF Em julgamento desprovido de eficácia vinculante por não alcançar o quórum exigido pelo art. 97 da CF, o Plenário não pronunciou juízo de constitucionalidade ou inconstitucionalidade do art. 2º da Lei 9.055/95, que disciplina a extração, industrialização, utilização, comercialização e transporte do asbesto/amianto crisotila e dos produtos que o contenham. ADI 4066, Rel. Min. Rosa Weber, j. 24.8.2017. Pleno. (Info 874)

* QUESTÕES OBJETIVAS

243. (Cespe/DPU/Analista/2016) O Sistema Único de Saúde é organizado de forma centralizada, com direção única em cada esfera de governo.

244. (Cespe/DPU/Defensor/2017) É vedado às instituições privadas com fins lucrativos participarem do SUS, as quais não podem, ainda, oferecer quartos com custos diferentes para pacientes sujeitos ao mesmo procedimento médico.

245. (Cespe/DPU/Defensor/2017) Lúcio foi internado em um hospital da rede privada para submeter-se a tratamento médico eletivo a ser realizado pelo SUS. Na unidade hospitalar onde ele foi internado, os quartos individuais superiores são reservados a pacientes particulares, e àqueles que desfrutam do atendimento gratuito são disponibilizados quartos coletivos de nível básico. Com o intuito de utilizar um quarto individual, por ser mais confortável, Lúcio se prontificou a pagar o valor da diferença entre as modalidades dos quartos, o que foi recusado pelo hospital, que informou ser vedado o uso das acomodações superiores por pacientes atendidos pelo SUS, mesmo mediante pagamento complementar. A vedação à internação de Lúcio em acomodações superiores mediante o pagamento da diferença é constitucional: o atendimento pelo SUS é orientado, entre outros critérios, pela isonomia.

246. (Cespe/PGM/Fortaleza/Procurador/2017) A rede privada de saúde pode integrar o Sistema Único de Saúde, de forma complementar, por meio de contrato administrativo ou convênio.

247. (Cespe/TRF/5R/Juiz/2017) A respeito da disciplina constitucional do direito à saúde, do Sistema Único de Saúde (SUS), do papel do Poder Judiciário na efetividade das políticas públicas sanitárias e da improbidade administrativa, assinale a opção correta:

a) Por entender que a substância fosfoetanolamina sintética (a pílula do câncer) é ineficaz para o tratamento contra o câncer, o STF declarou a inconstitucionalidade da lei que autorizou a sua produção, distribuição e dispensação no país.

b) Segundo o STJ, configura-se "bis in idem" a condenação por acórdão do TCU e por sentença condenatória em ação civil pública de improbidade referente ao mesmo fato e com imposição de sanção de ressarcimento ao erário.

c) A ausência de prestação de contas do prefeito de determinado município importou na sua condenação por ato de improbidade administrativa, devendo o prefeito ressarcir o valor integral do dano apurado. Os seus direitos políticos foram suspensos e ele ficou proibido de contratar com o poder público por três anos. Conforme entendimento do STJ, após a interposição de recurso, é possível a redução da penalidade aplicada, considerando-se o princípio da proporcionalidade.

d) Entende o STF que a concessão judicial de medicamento de alto custo não previsto nos protocolos do SUS está condicionada, em regra geral, ao registro na Agência Nacional de Vigilância Sanitária e à ausência de tratamento alternativo eficaz.

e) Ao colegiado do Conselho de Saúde compete, em âmbito municipal, formular estratégias e controlar a execução da política de saúde, excluindo-se os aspectos econômicos e financeiros.

248. (Cespe/DPU/Analista/2016) O dever do Estado de prestar assistência social a quem dela necessite independe da comprovação de contribuição à seguridade social.

249. (Cespe/DPU/Analista/2016) A assistência à saúde deve ser exercida pelo poder público por intermédio do Sistema Único de Saúde (SUS), sendo admitida a participação da iniciativa privada de forma complementar, desde que esse serviço seja prestado por entidades filantrópicas e sem fins lucrativos.

250. (Cespe/TRF/5R/Juiz/2015) Consoante o caput do art. 194 da CF, "A seguridade social compreende um conjunto integrado de ações de iniciativa dos poderes públicos e da sociedade, destinadas a assegurar os direitos relativos à saúde, à previdência e à assistência social". No que se refere às distinções entre as três grandes funções de governo que compõem a seguridade social, é correto afirmar que:

a) a função de assistência social destina-se aos segurados da previdência social mais carentes, ao passo que a previdência destina-se ao segurado que não tem plano próprio de previdência privada.

b) as ações do poder público no campo da saúde estão precipuamente voltadas para a prestação de serviços, enquanto aquelas no âmbito da previdência social referem-se à prestação de benefícios previdenciários.

c) a função saúde atende aos segurados que se encontram no gozo dos direitos que, nessa qualidade, lhe são inerentes, ao passo que a assistência social destina-se aos que perderam essa qualidade.

d) o benefício de prestação continuada, previsto na Lei Orgânica da Assistência Social, destina-se a ações direcionadas à saúde e à assistência social.

e) a função saúde não se destina aos segurados da previdência que possuam planos privados de saúde.

251. (Cespe/TCE/PA/Auditor/2016) A saúde e a assistência social integram a seguridade social e são prestadas, independentemente de contribuição, nos casos legais; já a previdência social apresenta caráter contributivo.

252. (Cespe/TCE/PE/Analista_Controle_Externo/2017) Os serviços de saúde integram as ações da seguridade social e poderão ser prestados diretamente pelo poder público e, mediante contrato ou convênio, pela iniciativa privada.

253. (Cespe/AGU/Advogado/2015) As diretrizes que fundamentam a organização da assistência social são a descentralização político-administrativa para os estados, o Distrito Federal e os municípios, e comando único em cada esfera de governo; a participação da população, mediante organizações representativas, na formulação das políticas e no controle das ações; e a prevalência da responsabilidade do Estado na condução da política de assistência social.

14. DIREITO PROCESSUAL CIVIL

1. DAS NORMAS PROCESSUAIS CIVIS

1.1. Das Normas Fundamentais e da Aplicação das Normas Processuais

*** ENUNCIADOS CJF**

CJF Proc. Civil 1. A verificação da violação à boa-fé objetiva dispensa a comprovação do "animus" do sujeito processual.

*** QUESTÕES OBJETIVAS**

01. **(Cespe/PGE/SE/Procurador/2017)** Determinada demanda judicial, em que são partes um estrangeiro residente no Brasil e um estado da Federação, prolonga-se por vinte e cinco anos. Nesse caso, à luz da legislação e da doutrina constitucional, o direito à razoável duração do processo

a) é norma programática e não gera efeitos individuais imediatos no caso concreto.

b) é aplicável em favor do estrangeiro na esfera judicial, mas não o seria no âmbito administrativo.

c) pode amparar ambas as partes e ter efeitos imediatos sobre a situação individual cogitada.

d) não ampara o estado da Federação, por se tratar de direito individual oponível contra o Estado.

e) não ampara o estrangeiro, por ausência de previsão no texto constitucional.

02. **(Cespe/DPE/ES/Defensor/2012)** O princípio da inafastabilidade diz respeito à vinculação obrigatória das partes ao processo, que passam a integrar a relação processual em um estado de sujeição aos efeitos da decisão jurisdicional.

03. **(Cespe/DPE/ES/Defensor/2012)** A aplicação do princípio da "perpetuatio iurisdictionis" não obsta a modificação posterior da competência em caso de competência absoluta.

04. **(Cespe/TCE/RN/Auditor/2015)** O princípio da cooperação processual se relaciona à prestação efetiva da tutela jurisdicional e representa a obrigatoriedade de participação ampla de todos os sujeitos do processo, de modo a se ter uma decisão de mérito justa e efetiva em tempo razoável.

05. **(Cespe/TCE/RN/Assessor_Jurídico/2015)** Com o objetivo de garantir valores fundamentais estabelecidos na Constituição Federal de 1988, é vedado ao juiz conceder tutela provisória de urgência contra uma das partes sem que ela seja previamente ouvida.

06. **(Cespe/PGE/AM/Procurador/2016)** O novo CPC aplica-se aos processos que se encontravam em curso na data de início de sua vigência, assim como aos processos iniciados após sua vigência que se referem a fatos pretéritos.

07. **(Cespe/DPU/Defensor/2017)** Para garantir os pressupostos mencionados em sua exposição de motivos, o CPC estabelece, de forma exaustiva, as normas fundamentais do processo civil.

08. **(Cespe/DPU/Defensor/2017)** Apesar de o CPC garantir às partes a obtenção, em prazo razoável, da solução integral do mérito, esse direito já existia no ordenamento jurídico brasileiro até mesmo antes da Emenda Constitucional n.º 45/2004.

09. **(Cespe/TRE/PE/Analista/2017)** Acerca das normas processuais civis, assinale a opção correta.

a) O juiz não pode decidir com base em fundamento a respeito do qual não tenha sido dada oportunidade de manifestação às partes, ressalvado o caso de matéria que deva decidir de ofício.

b) Os juízes e tribunais terão de, inexoravelmente, atender à ordem cronológica de conclusão para proferir sentença ou decisão.

c) A boa-fé processual objetiva, que não se aplica ao juiz, prevê que as partes no processo tenham um comportamento probo e leal.

d) O modelo cooperativo, que atende à nova ordem do processo civil no Estado constitucional, propõe que o juiz seja assimétrico no decidir e na condução do processo.

e) O contraditório substancial tem por escopo propiciar às partes a ciência dos atos processuais, bem como possibilitar que elas influenciem na formação da convicção do julgador.

10. **(Cespe/DPE/PE/Defensor/2018)** Em um processo civil cooperativo, o exercício do poder jurisdicional exige a consideração da argumentação de todos os sujeitos processuais. Essa exigência corresponde

a) ao dever de tratar de forma isonômica as partes.
b) ao dever de boa-fé processual.
c) à obrigação de determinar que o autor emende a inicial antes de indeferi-la.
d) à oportunidade conferida pelo juiz ao autor para sanar vício relativo a alguma incapacidade processual.
e) ao dever de justificar analiticamente as decisões judiciais.

2. DA FUNÇÃO JURISDICIONAL

2.1. Da Jurisdição e da Ação

✱ SÚMULAS

STF Súm. 258. É admissível reconvenção em ação declaratória.

STJ Súm. 181. É admissível ação declaratória, visando a obter certeza quanto à exata interpretação de cláusula contratual.

STJ Súm. 242. Cabe ação declaratória para reconhecimento de tempo de serviço para fins previdenciários.

STJ Súm. 461. O contribuinte pode optar por receber, por meio de precatório ou por compensação, o indébito tributário certificado por sentença declaratória transitada em julgado.

TST OJ/SDI1 188. Falta interesse de agir para a ação individual, singular ou plúrima, quando o direito já foi reconhecido através de decisão normativa, cabendo, no caso, ação de cumprimento.

TST OJ/SDI1 276. É incabível ação declaratória visando a declarar direito à complementação de aposentadoria, se ainda não atendidos os requisitos necessários à aquisição do direito, seja por via regulamentar, ou por acordo coletivo.

✱ QUESTÕES OBJETIVAS

11. **(Cespe/DPE/ES/Defensor/2012)** A possibilidade de os direitos e obrigações se transformarem em meras expectativas de direitos constitui característica peculiar da relação processual, o que a torna distinta de qualquer outra relação jurídica de direito material.

12. **(Cespe/DPE/ES/Defensor/2012)** Segundo Liebman, a doutrina do processo como situação jurídica destaca certas categorias peculiares à relação processual e distintas das categorias correspondentes ao direito material, explicando o processo em si mesmo como unidade jurídica.

13. **(Cespe/PGE/CE/Procurador/2008)** Com relação à ação e aos pressupostos processuais, assinale a opção correta.

a) Se aplicar o princípio da instrumentalidade do processo, o juiz pode apreciar o mérito da ação mesmo que não estejam presentes as condições dessa ação.
b) Enquanto não proferida a sentença de mérito, o exame dos pressupostos processuais pode ser feito, em qualquer tempo do processo, pelo juízo de primeiro grau, mas não pelo de segundo grau, o que caracterizaria supressão de instância.
c) Ocorre o concurso de ações quando, para fazer valer um mesmo direito em juízo, se verifica a coexistência de ações à disposição e à escolha do autor.
d) Será julgada improcedente a pretensão do autor quando não se encontrar presente a possibilidade jurídica do pedido. Nesse caso, o pedido do autor é juridicamente impossível porque o direito material não o ampara.
e) O interesse de agir, um dos pressupostos processuais, pode ser corretamente definido como a necessidade da tutela jurisdicional para evitar ameaça ou lesão do direito, ou, ainda, como a necessidade de invocar a prestação jurisdicional.

14. **(Cespe/PGE/AM/Procurador/2016)** Segundo as regras contidas no novo CPC, a legitimidade de parte deixou de ser uma condição da ação e passou a ser analisada como questão prejudicial. Sendo assim, tal legitimidade provoca decisão de mérito.

15. **(Cespe/MPE/RO/Promotor/2013)** Acerca da ação, do processo e da jurisdição, assinale a opção correta.

a) segundo a jurisprudência do STJ, é necessária a intervenção da defensoria pública como curadora especial do menor na ação de destituição de poder familiar ajuizada pelo MP.

b) segundo Giuseppe Chiovenda, a jurisdição se caracteriza pela substitutividade e pela atuação da vontade da lei.

c) a teoria da asserção preceitua que as condições da ação devem ser verificadas conforme as afirmações do autor, mesmo depois de produzidas as provas, ou seja, em cognição exauriente.

d) as ações declaratórias possuem eficácia "ex nunc".

e) o MP tem legitimidade para pleitear, em ACP, a indenização decorrente do DPVAT em benefício do segurado.

16. **(Cespe/MPE/TO/Promotor/2012)** Acerca da ação declaratória, assinale a opção correta.

a) a ação declaratória é apropriada para se obter declaração de falsidade ideológica.

b) o direito subjetivo declarado pela sentença meramente declaratória constitui título executivo judicial.

c) cabe o ajuizamento de ação declaratória para o reconhecimento de relações futuras meramente prováveis.

d) a ação declaratória pode ser extinta pela prescrição.

e) admite-se o ajuizamento da ação declaratória mesmo quando já é possível ao autor ajuizar ação condenatória ou constitutiva.

17. **(Cespe/TRF/1R/Juiz/2015)** Assinale a opção correta a respeito da jurisdição e dos equivalentes jurisdicionais.

a) Na jurisdição voluntária, a lei confere maior flexibilidade ao julgador para conduzir o processo, mas o obriga à observância de critérios de legalidade estrita quando da prolação da sentença.

b) A imparcialidade é a característica da jurisdição contenciosa que impede o julgador de determinar, de ofício, a produção de prova em juízo.

c) A autodefesa, excepcionalmente permitida no direito brasileiro para a composição da lide, pode ocorrer antes ou durante o processo.

d) Na arbitragem, as partes podem escolher a norma de direito material a ser aplicada para a solução do conflito.

e) Configura exceção à regra da indelegabilidade da jurisdição a expedição de carta precatória que delegue a oitiva de testemunha a outro juízo.

18. **(Cespe/PGM/Belo_Horizonte/Procurador/2017)** A respeito de ação e preclusão, assinale a opção correta.

a) A consequência processual da inobservância dos prazos impróprios aplica-se a todos os atos processuais, incluído o efeito preclusivo.

b) De acordo com a doutrina, constitui ação cognitiva de natureza constitutiva aquela que, além de apresentar um conteúdo declaratório, também cria, modifica ou extingue um estado ou uma relação jurídica.

c) Em uma relação processual, a legitimidade ativa e a passiva são, exclusiva e respectivamente, daquele que sofre a ameaça ou lesão a um direito e daquele que ameaça ou pratica o ato ofensivo.

d) Sempre que a parte deixar de praticar determinado ato processual dentro do prazo estipulado pelas partes, pelo juízo ou por lei, ficará caracterizada a preclusão consumativa.

19. **(Cespe/TJ/AM/Juiz/2016)** A respeito da ação e dos pressupostos processuais, assinale a opção correta:

a) segundo a teoria da asserção, a análise das condições da ação é feita pelo juiz com base nas alegações apresentadas na petição inicial.

b) na ação de alimentos contra o pai, o menor de dezesseis anos de idade tem legitimidade para o processo, mas não goza de legitimidade para a causa.

c) o direito a determinada prestação jurisdicional se esgota com o simples exercício do direito de ação.

d) conforme a teoria concreta da ação, o direito de agir é autônomo e independe do reconhecimento do direito material supostamente violado.

e) na hipótese de legitimidade extraordinária, a presença e a higidez dos pressupostos processuais serão examinadas em face da parte substituída.

20. **(Cespe/TJ/DFT/Juiz/2014)** Acerca do direito de ação, assinale a opção correta.

a) Na apreciação do pedido formulado em ação de conhecimento, o juiz vincular-se-á aos fatos e fundamentos jurídicos utilizados pela parte, e a não observância dessa regra implicará julgamento extra ou ultra petita.

b) A perda do objeto da ação torna o pedido impossível, o que enseja a extinção do processo sem resolução do mérito.

c) Ao exigir de um indivíduo casado a autorização do cônjuge para o ajuizamento de determinadas ações reais imobiliárias, o Código Civil estabelece uma restrição da capacidade processual.

d) O menor impúbere que pretenda propor ação de investigação de paternidade deve ser representado em juízo pela genitora, visto que ele não possui legitimidade ativa "ad causam".

e) A lei possibilita a atuação do MP, como substituto processual, para a defesa, em nome do menor e no interesse dele, dos direitos que sofram lesão ou ameaça de lesão.

21. **(Cespe/PGM/Belo_Horizonte/Procurador/2017)** No que se refere a pressupostos processuais e condições da ação, assinale a opção correta.

a) Na fase de cumprimento definitivo da sentença, o juiz poderá conhecer de ofício a falta de pressuposto de constituição ocorrido na fase cognitiva e declarar a nulidade da sentença exequenda.

b) A falta de condição da ação, ainda que não tenha sido alegada em preliminar de contestação, poderá ser suscitada pelo réu nas razões ou em contrarrazões recursais.

c) Constatada a carência do direito de ação, o juiz deverá determinar que o autor emende ou complemente a petição inicial e indique, com precisão, o objeto da correção ou da complementação.

d) A inépcia da petição inicial por falta de pedido e a existência de litispendência são exemplos de defeitos processuais insanáveis que provocam o indeferimento in limine da petição inicial.

22. **(Cespe/TCE/PE/Analista/2017)** A doutrina moderna entende que são elementos da jurisdição o poder de decisão, o poder de coerção e o poder de documentação, enquanto, para a concepção clássica, tais elementos são "notio", "vocatio", "coertio", "iudicium" e "executio".

23. **(Cespe/TCE/PE/Analista/2017)** A jurisdição não pode ser considerada uma função unitária, em razão da diversidade de instâncias, juízos, competências e áreas do direito.

24. **(Cespe/TCE/PE/Analista/2017)** A concessão de "habeas corpus" de ofício constitui exemplo de exercício de jurisdição sem ação.

25. **(Cespe/TCE/PE/Analista/2017)** O processo é instrumento da jurisdição.

26. **(Cespe/TCE/PE/Analista/2017)** Configura injusta negativa de acesso à justiça a exigência do magistrado de que a parte comprove a sua necessidade financeira antes do deferimento do benefício da gratuidade de justiça.

27. **(Cespe/TRF/1R/Analista/2017)** O modo de ser de uma relação jurídica pode ser objeto de ação declaratória.

28. **(Cespe/TRF/1R/Analista/2017)** Na jurisdição voluntária não há lide: trata-se de uma forma de a administração pública participar de interesses privados.

29. **(Cespe/TRF/1R/Analista/2017)** Jurisdição consiste na função estatal de compor litígios e de declarar e realizar o direito.

30. **(Cespe/TRF/1R/Analista/2017)** A jurisdição é divisível.

31. **(Cespe/TRF/1R/Analista/2017)** Integram as condições da ação o interesse de agir e a legitimidade "ad causam".

32. **(Cespe/DPE/AC/Defensor/2017)** No que se refere à jurisdição civil nacional, assinale a opção correta.

a) Pode ser de caráter administrativo ou judicial.

b) A desconstituição de uma sentença transitada em julgado por meio de ação rescisória é um exemplo de exercício dessa jurisdição.

c) Em decorrência do princípio da inevitabilidade, essa jurisdição não alcança a todos os indivíduos.

d) O exercício dessa jurisdição inclui a expedição de cartas rogatórias, responsáveis por determinar que os órgãos jurisdicionais brasileiros cumpram atos processuais.

e) Trata-se de direito inerente e exclusivo dos cidadãos brasileiros.

2.2. Dos Limites da Jurisdição Nacional e da Cooperação Internacional

✱ REPERCUSSÃO & REPETITIVOS

STF Repercussão Geral 947. O organismo internacional que tenha garantida a imunidade de jurisdição em tratado firmado pelo Brasil e internalizado na ordem jurídica brasileira não pode ser demandado em juízo, salvo em caso de renúncia expressa a essa imunidade. (RE 1034840, 2.6.2017)

✱ QUESTÕES OBJETIVAS

33. **(Cespe/PGE/AM/Procurador/2016)** O novo CPC reconhece a competência concorrente da jurisdição internacional para processar ação de inventário de bens situados no Brasil, desde que a decisão seja submetida à homologação do STJ.

34. **(Cespe/TJ/PR/Juiz/2017)** Assinale a opção correta de acordo com as regras a respeito de jurisdição e de competência previstas no CPC.

a) A nova sistemática de cooperação jurídica internacional prevista no atual CPC dispensa a atuação de autoridade central para a recepção e transmissão dos pedidos de cooperação.

b) A competência do foro da situação do imóvel objeto de uma ação possessória pode ser modificada para o julgamento conjunto com outro processo, caso haja risco de prolação de decisões conflitantes ou contraditórias.

c) A justiça estadual possui competência para julgar mandado de segurança impetrado contra ato de conselho seccional da OAB

d) Conforme o CPC, permite-se a exclusão de competência da justiça brasileira, quando esta for concorrente, em razão de cláusula contratual de eleição de foro exclusivo estrangeiro previsto em contrato internacional, desde que haja arguição pelo réu em constatação.

35. **(Cespe/TRF/5R/Juiz/2017)** De acordo com as regras do Código de Processo Civil (CPC) que tratam da cooperação jurídica internacional, o denominado auxílio direto passivo

a) depende, para que seja cumprido, da concessão de exequatur, exceto quando tiver por objeto ato de instrução processual.

b) deve ser, caso dependa de medida judicial, pleiteado em juízo pelo Ministério Público, independentemente de quem atue como autoridade central no caso.

c) deve ser encaminhado, pelo Estado estrangeiro interessado, diretamente a órgão do Poder Judiciário brasileiro.

d) pode ser utilizado para qualquer medida judicial ou extrajudicial, desde que não vedada pela lei brasileira e não sujeita a juízo de delibação no Brasil.

e) somente pode ser utilizado nos casos previstos em tratados internacionais ratificados pelo Brasil, dependendo a sua efetivação de homologação no STJ.

36. **(Cespe/TRF/5R/Juiz/2017)** De acordo com as regras do Código de Processo Civil (CPC) que tratam da cooperação jurídica internacional, o denominado auxílio direto passivo

a) depende, para que seja cumprido, da concessão de exequatur, exceto quando tiver por objeto ato de instrução processual.

b) deve ser, caso dependa de medida judicial, pleiteado em juízo pelo Ministério Público, independentemente de quem atue como autoridade central no caso.

c) deve ser encaminhado, pelo Estado estrangeiro interessado, diretamente a órgão do Poder Judiciário brasileiro.

d) pode ser utilizado para qualquer medida judicial ou extrajudicial, desde que não vedada pela lei brasileira e não sujeita a juízo de delibação no Brasil.

e) somente pode ser utilizado nos casos previstos em tratados internacionais ratificados pelo Brasil, dependendo a sua efetivação de homologação no STJ.

2.3. Da Competência Interna

✱ SÚMULAS

1) Disposições Gerais

STF Súm. 335. É válida a cláusula de eleição do foro para os processos oriundos do contrato.

STF Súm. 363. A pessoa jurídica de direito privado pode ser demandada no domicílio da agência, ou estabelecimento, em que se praticou o ato.

STJ Súm. 224. Excluído do feito o ente federal cuja presença levara o juiz estadual a declinar da competência, deve o juiz federal restituir os autos e não suscitar conflito.

STJ Súm. 254. A decisão do juízo federal que exclui da relação processual ente federal não pode ser reexaminada no juízo estadual.

2) Da Competência da Justiça Estadual

STF Súm. Vinculante 27. Compete à Justiça Estadual julgar causas entre consumidor e concessionária de serviço público de telefonia, quando a Anatel não seja litisconsorte passiva necessária, assistente, nem opoente.

STF Súm. 501. Compete à justiça ordinária estadual o processo e o julgamento, em ambas as instâncias, das causas de acidente do trabalho, ainda que promovidas contra a União, suas autarquias, empresas públicas ou sociedades de economia mista.

STF Súm. 508. Compete à Justiça Estadual, em ambas as instâncias, processar e julgar as causas em que for parte o Banco do Brasil, S.A.

STF Súm. 516. O Serviço Social da Indústria (Sesi) está sujeito à jurisdição da Justiça Estadual.

STF Súm. 556. É competente a justiça comum para julgar as causas em que é parte sociedade de economia mista.

STJ Súm. 1. O foro do domicílio ou da residência do alimentando é o competente para a ação de investigação de paternidade, quando cumulada com a de alimentos.

STJ Súm. 11. A presença da União ou de qualquer de seus entes, na ação de usucapião especial, não afasta a competência do foro da situação do imóvel.

STJ Súm. 15. Compete à justiça estadual processar e julgar os litígios decorrentes de acidente do trabalho.

STJ Súm. 34. Compete à justiça estadual processar e julgar causa relativa a mensalidade escolar, cobrada por estabelecimento particular de ensino.

STJ Súm. 42. Compete à justiça comum estadual processar e julgar as causas cíveis em que é parte sociedade de economia mista e os crimes praticados em seu detrimento.

STJ Súm. 206. A existência de vara privativa, instituída por lei estadual, não altera a competência territorial resultante das leis de processo.

STJ Súm. 238. A avaliação da indenização devida ao proprietário do solo, em razão de alvará de pesquisa mineral, é processada no juízo estadual da situação do imóvel.

STJ Súm. 270. O protesto pela preferência de crédito, apresentado por ente federal em execução que tramita na justiça estadual, não desloca a competência para a justiça federal.

STJ Súm. 363. Compete à justiça estadual processar e julgar a ação de cobrança ajuizada por profissional liberal contra cliente.

STJ Súm. 368. Compete à justiça comum estadual processar e julgar os pedidos de retificação de dados cadastrais da justiça eleitoral.

STJ Súm. 505. A competência para processar e julgar as demandas que têm por objeto obrigações decorrentes dos contratos de planos de previdência privada firmados com a Fundação Rede Ferroviária de Seguridade Social – Refer é da justiça estadual.

STJ Súm. 553. Nos casos de empréstimo compulsório sobre o consumo de energia elétrica, é competente a justiça estadual para o julgamento de demanda proposta exclusivamente contra a Eletrobrás. Requerida a intervenção da União no feito após a prolação de sentença pelo juízo estadual, os autos devem ser remetidos ao tribunal regional federal competente para o julgamento da apelação se deferida a intervenção.

3) Competência da Justiça Federal

STF Súm. 689. O segurado pode ajuizar ação contra a instituição previdenciária perante o juízo federal do seu domicílio ou nas varas federais da capital do Estado-membro.

STF Súm. 517. As sociedades de economia mista só têm foro na Justiça Federal, quando a União intervém como assistente ou opoente.

STJ Súm. 32. Compete à justiça federal processar justificações judiciais destinadas a instruir pedidos perante entidades que nela têm exclusividade de foro, ressalvada a aplicação do art. 15, II, da Lei 5.010/1966.

STJ Súm. 150. Compete à justiça federal decidir sobre a existência de interesse jurídico que justifique a presença, no processo, da União, suas autarquias ou empresas públicas.

STJ Súm. 324. Compete à justiça federal processar e julgar ações de que participa a Fundação Habitacional do Exército, equiparada à entidade autárquica federal, supervisionada pelo Ministério do Exército.

STJ Súm. 365. A intervenção da União como sucessora da Rede Ferroviária Federal S/A (RFFSA) desloca a competência para a justiça federal ainda que a sentença tenha sido proferida por juízo estadual.

4) Da Modificação da Competência

STF Súm. 335. É válida a cláusula de eleição do foro para os processos oriundos do contrato.

STJ Súm. 235. A conexão não determina a reunião dos processos, se um deles já foi julgado.

STJ Súm. 489. Reconhecida a continência, devem ser reunidas na justiça federal as ações civis públicas propostas nesta e na justiça estadual.

5) Da Incompetência

STJ Súm. 3. Compete ao tribunal regional federal dirimir conflito de competência verificado, na respectiva região, entre juiz federal e juiz estadual investido de jurisdição federal.

STJ Súm. 33. A incompetência relativa não pode ser declarada de ofício.

STJ Súm. 59. Não há conflito de competência se já existe sentença com trânsito em julgado, proferida por um dos juízos conflitantes.

STJ Súm. 428. Compete ao tribunal regional federal decidir os conflitos de competência entre juizado especial federal e juízo federal da mesma seção judiciária.

* REPERCUSSÃO & REPETITIVOS

STF Repercussão Geral 258. Compete à Justiça Federal processar e julgar ações em que a Ordem dos Advogados do Brasil, quer mediante o Conselho Federal, quer seccional, figure na relação processual. (RE 595332, 31.8.2016)

* INFORMATIVOS DE JURISPRUDÊNCIA

Cláusula compromissória. Competência. Juízo arbitral. Aplicação do princípio "kompetenz-kompetenz". Afastamento do juízo estatal.

STJ A previsão contratual de convenção de arbitragem enseja o reconhecimento da competência do Juízo arbitral para decidir com primazia sobre o Poder Judiciário as questões acerca da existência, validade e eficácia da convenção de arbitragem e do contrato que contenha a cláusula compromissória. REsp 1.550.260, Rel. Acd. Min. Ricardo Villas Bôas Cueva, DJ 20.3.2018. 3ª T. (Info 622)

* QUESTÕES OBJETIVAS

37. **(Cespe/TRF/5R/Juiz/2017)** De acordo com o STF, eventual ajuizamento de ação judicial proposta em razão da demora na expedição de diploma de conclusão de curso em instituição privada de ensino superior deverá ser processada e julgada pela justiça

a) estadual, se a instituição for mantida por pessoas de direito privado.

b) estadual, porquanto não há interesse da União.

c) federal, ainda que a instituição seja privada.

d) federal, desde que haja repasse de verba federal para a instituição.

e) estadual, se a instituição for administrada por pessoas de direito privado.

38. **(Cespe/DPE/RO/Defensor/2012)** Acerca da competência, assinale a opção correta:

a) A competência estabelecida na EC n. 45/2004 não alcança os processos já sentenciados.

b) Compete ao STJ decidir os conflitos de competência entre juizado especial federal e juízo federal da mesma seção judiciária.

c) Caso a União manifeste interesse em processo em curso perante a justiça comum, a esse juízo compete decidir sobre a existência de interesse jurídico.

d) Proposta a execução fiscal, a posterior mudança de domicílio do executado desloca a competência já fixada para seu novo domicílio.

e) A existência de vara privativa instituída por lei estadual altera a competência territorial resultante das leis de processo

39. **(Cespe/DPE/AL/Defensor/2009)** Instituída por lei estadual vara privativa para processar as causas em que a fazenda pública local integre um dos polos da lide, as ações nas quais este ente figure deverão ser processadas apenas nas comarcas em que as referidas varas privativas estejam instaladas.

40. **(Cespe/Funresp/Especialista_Jurídico/2016)** O meio adequado para a arguição de incompetência do juízo, independentemente de sua natureza, é a oposição de exceção de incompetência, que deverá ser devidamente instruída com a indicação do juízo competente para o julgamento da demanda.

41. **(Cespe/TCE/RN/Assessor_Jurídico/2015)** Em razão de critério territorial, pode-se alegar a incompetência como preliminar de contestação.

42. **(Cespe/TJ/PR/Juiz/2017)** Ao receber a petição inicial de processo eletrônico que tramita pelo procedimento comum, o magistrado, postergando o contraditório, deferiu liminarmente a tutela provisória de evidência requerida e intimou o réu para cumprimento no prazo de cinco dias. Considerou o juiz que as alegações do autor foram comprovadas documentalmente e que havia tese firmada em julgamento de casos repetitivos que amparava a medida liminar. Posteriormente, o réu apresentou manifestação alegando a incompetência absoluta do juízo e equívoco do magistrado na concessão da tutela provisória. Acerca dessa situação hipotética, assinale a opção correta.

a) O magistrado cometeu "error in procedendo", porque viola a ampla defesa a concessão de tutela da evidência antes da manifestação do réu.
b) Ainda que venha a ser reconhecida a incompetência absoluta do juízo, os efeitos da decisão serão conservados até que outra seja proferida pelo órgão jurisdicional competente.
c) O magistrado agiu de forma equivocada, porque o CPC não autoriza a concessão de tutela provisória da evidência pelos motivos indicados pelo juiz.
d) Se reconhecer sua incompetência absoluta, o juiz deverá extinguir o processo sem resolução do mérito, justificando a medida na impossibilidade técnica em remeter os autos eletrônicos para o juízo competente.

43. **(Cespe/DPU/Defensor/2017)** Segundo o entendimento do STJ, ainda que possível o reconhecimento da conexão entre dois processos, será impossível a sua reunião quando isso puder implicar modificação de competência absoluta, devendo-se, nesse caso, reconhecer questão de prejudicialidade entre as demandas e suspender uma delas.

44. **(Cespe/DPU/Defensor/2017)** O CPC permite à parte a propositura de ação de execução de título extrajudicial simultaneamente à ação de conhecimento relativa ao mesmo ato jurídico, desde que haja conexão entre as demandas.

45. **(Cespe/PGM/Belo_Horizonte/Procurador/2017)** Acerca de atos processuais e distribuição, assinale a opção correta.

a) O recurso interposto antes da publicação da sentença ou do acórdão será considerado intempestivo e não produzirá efeito jurídico, salvo se a parte ratificar as razões recursais dentro do prazo para a sua interposição após a publicação do ato.
b) A citação de município e suas respectivas autarquias pode ser firmada pelo correio, com aviso de recebimento, caso em que a correspondência deverá ser enviada para o órgão da advocacia pública responsável pela representação judicial do referido ente público.
c) Havendo, na localidade, mais de um juízo competente e estando demonstrada a continência entre uma ação em curso e nova ação a ser proposta, pode o demandante distribuir sua nova ação por dependência ao juízo processante da ação em curso.
d) A legislação processual vigente não permite que as partes e o juiz estabeleçam calendário para a realização de determinados atos processuais, tais como prazo para manifestações das partes e data de realização de audiências, assim como a dispensa de intimação das partes para a prática de atos processuais estabelecidos.

46. **(Cespe/TRF/5R/Juiz/2017)** Após ser demitido de um órgão federal, Afonso ajuizou ação contra a União, pelo procedimento comum, pedindo sua reintegração à administração pública, sob o argumento de que o ato de sua demissão havia sido nulo. Seu processo foi distribuído a uma vara federal comum. Posteriormente, Afonso ajuizou nova demanda, em sede de juizado especial federal, buscando a condenação da União no valor de vinte mil reais, a título de danos morais, em razão dos mesmos fatos que deram ensejo à sua demissão. Nessa situação hipotética, os dois processos

a) deverão ser reunidos na vara federal comum, para que se evitem decisões contraditórias, ainda que não haja conexão pela causa de pedir.
b) poderão ser reunidos apenas se o juiz da vara federal entender que a reunião não comprometerá a razoável duração do primeiro processo.
c) não deverão ser reunidos, e o processo distribuído ao juizado especial federal deverá ser extinto sem resolução do mérito.
d) não poderão ser reunidos para julgamento conjunto, e, por esse motivo, não haverá modificação de competência.
e) deverão ser reunidos, em razão da conexão pela causa de pedir, salvo se um deles já houver sido sentenciado.

47. **(Cespe/PC/MA/Delegado/2018)** De acordo com o CPC, a incompetência relativa

a) é vício que não pode ser superado por acordo entre as partes.
b) deve ser alegada mediante exceção de incompetência relativa.
c) não pode ser alegada pelo MP.
d) pode ser declarada de ofício pelo juiz.
e) será prorrogada se o réu não a alegar na contestação.

48. **(Cespe/TRF/5R/Juiz/2017)** Com base na jurisprudência do Superior Tribunal de Justiça (STJ), julgue os seguintes itens, no que concerne à tutela provisória, à competência e ao cumprimento de sentença.

I. Mesmo após o comparecimento espontâneo do réu em juízo, é indispensável sua intimação formal para que se inicie o prazo para a impugnação na fase de cumprimento de sentença.

II. A justiça federal possui competência para julgar demanda proposta por estudante acerca de credenciamento de instituição privada de ensino superior junto ao Ministério da Educação, com vistas à expedição de diploma de ensino a distância ao autor.

III. Em demanda previdenciária, os valores recebidos por força de tutela provisória de urgência antecipada posteriormente revogada serão irrepetíveis, em razão da natureza alimentar e da boa-fé no seu recebimento.

Assinale a opção correta.

a) Nenhum item está certo.
b) Apenas o item I está certo.
c) Apenas o item II está certo.
d) Apenas o item III está certo.
e) Todos os itens estão certos.

49. **(Cespe/TRF/5R/Juiz/2017)** Após ser demitido de um órgão federal, Afonso ajuizou ação contra a União, pelo procedimento comum, pedindo sua reintegração à administração pública, sob o argumento de que o ato de sua demissão havia sido nulo. Seu processo foi distribuído a uma vara federal comum. Posteriormente, Afonso ajuizou nova demanda, em sede de juizado especial federal, buscando a condenação da União no valor de vinte mil reais, a título de danos morais, em razão dos mesmos fatos que deram ensejo à sua demissão. Nessa situação hipotética, os dois processos

a) deverão ser reunidos na vara federal comum, para que se evitem decisões contraditórias, ainda que não haja conexão pela causa de pedir.
b) poderão ser reunidos apenas se o juiz da vara federal entender que a reunião não comprometerá a razoável duração do primeiro processo.
c) não deverão ser reunidos, e o processo distribuído ao juizado especial federal deverá ser extinto sem resolução do mérito.
d) não poderão ser reunidos para julgamento conjunto, e, por esse motivo, não haverá modificação de competência.
e) deverão ser reunidos, em razão da conexão pela causa de pedir, salvo se um deles já houver sido sentenciado.

3. DOS SUJEITOS DO PROCESSO

3.1. Das Partes e dos Procuradores

3.1.1. Da Capacidade Processual

✱ SÚMULAS

STJ Súm. 134. Embora intimado da penhora em imóvel do casal, o cônjuge do executado pode opor embargos de terceiro para defesa de sua meação.

STJ Súm. 196. Ao executado que, citado por edital ou por hora certa, permanecer revel, será nomeado curador especial, com legitimidade para apresentação de embargos.

STJ Súm. 525. A Câmara de vereadores não possui personalidade jurídica, apenas personalidade judiciária, somente podendo demandar em juízo para defender os seus direitos institucionais.

✱ INFORMATIVOS DE JURISPRUDÊNCIA

Associação de municípios. Representação processual. Impossibilidade.

STJ Associação de Municípios e Prefeitos não possui legitimidade ativa para tutelar em juízo direitos e interesses das pessoas jurídicas de direito público. REsp 1.503.007, Rel. Min. Herman Benjamin, DJe 6.9.2017. 1ª S. (Info 610)

Patrono no exercício de mandato de Deputado Estadual. Ausência de capacidade postulatória. Art. 30, II, da Lei n. 8.906/1994 (Estatuto da OAB). Impedimento do exercício da advocacia contra ou a favor das pessoas jurídicas de direito público de qualquer esfera de poder.

STJ O desempenho de mandato eletivo no Poder Legislativo impede o exercício da advocacia a favor ou contra pessoa jurídica de direito público pertencente a qualquer das esferas de governo – municipal, estadual ou federal. EAREsp 519.194, Rel. Min. Og Fernandes, DJ 23.6.2017. 1ª S. (Info 607)

✱ REPERCUSSÃO & REPETITIVOS

STJ Repetitivo 872. Nos embargos de terceiro cujo pedido foi acolhido para desconstituir a constrição judicial, os honorários advocatícios serão arbitrados com base no princípio da causalidade, responsabilizando-se o atual proprietário (embargante), se este não atualizou os dados cadastrais. Os encargos de sucumbência serão suportados pela parte embargada, porém, na hipótese em que esta, depois de tomar ciência da transmissão do bem, apresentar ou insistir na impugnação ou recurso para manter a penhora sobre o bem cujo domínio foi transferido para terceiro. (REsp 1452840, 14.9.2016)

✱ QUESTÕES OBJETIVAS

50. **(Cespe/DP/DF/Defensor/2013)** Segundo entendimento do STJ, é necessária a intervenção da DP como curadora especial do menor em ação de destituição de poder familiar ajuizada pelo MP.

51. **(Cespe/TCE/RN/Auditor/2015)** Na hipótese de uma sociedade sem personalidade jurídica ser demandada em juízo, admite-se, como matéria de defesa, que ela oponha a própria irregularidade.

52. **(Cespe/TCE/PA/Auditor/2016)** O juiz que constatar a incapacidade processual da parte em determinada ação deverá julgar extinto o processo.

53. **(Cespe/MPE/RR/Promotor/2017)** O espólio de Carlos, representado por inventariante dativo, ajuizou, pelo procedimento comum, demanda para cobrar dívida no valor de R$ 50.000 de um particular. Nessa situação hipotética,

a) o inventariante possui plenos poderes para realizar transação judicial na ação de cobrança, sendo dispensada a manifestação dos sucessores para essa finalidade.

b) será obrigatória a intervenção do MP na ação de cobrança, independentemente da condição dos sucessores ou dos interessados.

c) a lei dispensa a presença de todos os sucessores no polo ativo da ação de cobrança, mas eles deverão ser intimados a respeito da propositura da ação.

d) a ação de cobrança deverá tramitar na mesma comarca em que corra o inventário de Carlos, uma vez que o foro de domicílio do autor da herança é o competente para todas as ações das quais o espólio seja parte.

54. **(Cespe/TRE/BA/Analista/Administrativo/2017)** É sabido que o advogado é indispensável à administração da justiça e que a capacidade postulatória é pressuposto processual de validade dos atos decorrente da representação por advogado. Contudo, conforme o Código de Processo Civil (CPC), mesmo sem procuração o advogado pode

a) postular em juízo para praticar ato considerado urgente.

b) obter cópias de todo e qualquer processo independentemente da fase de tramitação.

c) requerer vista dos autos de qualquer processo.

d) examinar autos de todo e qualquer processo em cartório de fórum e secretaria de tribunal.

e) retirar os autos em conjunto com o procurador da outra parte do processo.

55. **(Cespe/TRF/1R/Analista/2017)** Ninguém poderá pleitear, em seu próprio nome, direito alheio, salvo quando autorizado por lei.

56. **(Cespe/TRF/1R/Analista/2017)** O interesse processual deverá estar presente tanto para propor quanto para contestar a ação.

57. **(Cespe/TRF/1R/Analista/2017)** Os vícios relativos ao interesse de agir e à legitimidade podem ser reconhecidos a qualquer tempo, mesmo após o trânsito em julgado da ação.

3.1.2. Dos Deveres das Partes e de Seus Procuradores

✱ SÚMULAS

1) Despesas, Honorários Advocatícios e Multas

STF Súm. Vinculante 47. Os honorários advocatícios incluídos na condenação ou destacados do montante principal devido ao credor consubstanciam verba de natureza alimentar cuja satisfação ocorrerá com a expedição de precatório ou requisição de pequeno valor, observada ordem especial restrita aos créditos dessa natureza.

STF Súm. 257. São cabíveis honorários de advogado na ação regressiva do segurador contra o causador do dano.

STF Súm. 389. Salvo limite legal, a fixação de honorários de advogado, em complemento da condenação, depende das circunstâncias da causa, não dando lugar a recurso extraordinário.

STF Súm. 450. São devidos honorários de advogado sempre que vencedor o beneficiário de justiça gratuita.

STJ Súm. 14. Arbitrados os honorários advocatícios em percentual sobre o valor da causa, a correção monetária incide a partir do respectivo ajuizamento.

STJ Súm. 29. No pagamento em juízo para elidir falência, são devidos correção monetária, juros e honorários de advogado.

STJ Súm. 105. Na ação de mandado de segurança, não se admite condenação em honorários advocatícios.

STJ Súm. 110. A isenção do pagamento de honorários advocatícios, nas ações acidentárias, é restrita ao segurado.

STJ Súm. 111. Os honorários advocatícios, nas ações previdenciárias, não incidem sobre as prestações vencidas após a sentença.

STJ Súm. 153. A desistência da execução fiscal, após o oferecimento dos embargos, não exime o exequente dos encargos da sucumbência.

STJ Súm. 190. Na execução fiscal, processada perante a justiça estadual, cumpre à Fazenda Pública antecipar o numerário destinado ao custeio das despesas com o transporte dos oficiais de justiça.

STJ Súm. 201. Os honorários advocatícios não podem ser fixados em salários-mínimos.

STJ Súm. 232. A Fazenda Pública, quando parte no processo, fica sujeita à exigência do depósito prévio dos honorários do perito.

STJ Súm. 232. A Fazenda Pública, quando parte no processo, fica sujeita à exigência do depósito prévio dos honorários do perito.

STJ Súm. 303. Em embargos de terceiro, quem deu causa à constrição indevida deve arcar com os honorários advocatícios.

STJ Súm. 326. Na ação de indenização por dano moral, a condenação em montante inferior ao postulado na inicial não implica sucumbência recíproca.

STJ Súm. 483. O INSS não está obrigado a efetuar depósito prévio do preparo por gozar das prerrogativas e privilégios da Fazenda Pública.

STJ Súm. 517. São devidos honorários advocatícios no cumprimento de sentença, haja ou não impugnação, depois de escoado o prazo para pagamento voluntário, que se inicia após a intimação do advogado da parte executada.

2) Gratuidade da Justiça

STF Súm. 450. São devidos honorários de advogado sempre que vencedor o beneficiário de justiça gratuita.

STJ Súm. 481. Faz jus ao benefício da justiça gratuita a pessoa jurídica com ou sem fins lucrativos que demonstrar sua impossibilidade de arcar com os encargos processuais.

* ENUNCIADOS CJF

CJF Proc. Civil 4. A entrada em vigor de acordo ou tratado internacional que estabeleça dispensa da caução prevista no art. 83, § 1º, inc. I do CPC/2015, implica na liberação da caução previamente imposta.

CJF Proc. Civil 5. Ao proferir decisão parcial de mérito ou decisão parcial fundada no art. 485 do CPC, condenar-se-á proporcionalmente o vencido a pagar honorários ao advogado do vencedor, nos termos do art. 85 do CPC.

CJF Proc. Civil 6. A fixação dos honorários de sucumbência por apreciação equitativa só é cabível nas hipóteses previstas no § 8º do art. 85 do CPC.

CJF Proc. Civil 7. A ausência de resposta ao recurso pela parte contrária, por si só, não tem o condão de afastar a aplicação do disposto no art. 85, § 11, do CPC.

CJF Proc. Civil 8. Não cabe majoração de honorários advocatícios em agravo de instrumento, salvo se interposto contra decisão interlocutória que tenha fixado honorários na origem, respeitados os limites estabelecidos no art. 85, §§ 2º, 3º e 8º, do CPC.

CJF Proc. Civil 9. Aplica-se o art. 90, § 4º, do CPC ao reconhecimento da procedência do pedido feito pela Fazenda Pública nas ações relativas às prestações de fazer e de não fazer.

CJF Proc. Civil 10. O benefício do § 4º do art. 90 do CPC aplica-se apenas à fase de conhecimento.

* INFORMATIVOS DE JURISPRUDÊNCIA

Fracionamento de honorários advocatícios: impossibilidade

STF Provido agravo em recurso extraordinário, no qual se arguiu a impossibilidade de fracionamento de honorários advocatícios, em face do art. 100, § 8º, da CF. Apesar de a possibilidade de execução autônoma dos honorários ser ponto pacífico, eles não se confundem com o crédito dos patrocinados. No caso, inexiste a pluralidade de autores titulares de crédito e, por conseguinte, o litisconsórcio. A quantia devida a título de honorários advocatícios é única, e, por se tratar de um único processo, calculada sobre o montante total devido. Por essa razão, o fato de o advogado ter atuado em causa plúrima não torna plúrimo também o seu crédito à verba advocatícia. O argumento de que o litisconsórcio facultativo simples representa, na verdade, várias causas cumuladas não pode ser utilizado para justificar a legitimidade do fracionamento da execução dos honorários advocatícios sucumbenciais. A condenação à verba honorária no título executivo foi global, ou seja, buscou remunerar o trabalho conjunto prestado pelo causídico. RE 1038035 AgR, Rel. Acd. Min. Dias Toffoli, j. 7.11.2017. 2ª T. (Info 884)

Honorários advocatícios de sucumbência. Direito intertemporal. Regime jurídico aplicável. Sentença proferida na vigência do CPC/15. Aplicabilidade do art. 85 da novel legislação. Arbitramento pelo STJ. Supressão de instância.

STJ Configura supressão de grau de jurisdição o arbitramento no STJ de honorários de sucumbência com base no CPC/15, na hipótese em que as instâncias ordinárias utilizaram equivocadamente o CPC/73 para a sua fixação. REsp 1.647.246, Rel. Acd. Min. Regina Helena Costa, DJ 19.12.2017. 1ª T. (Info 617)

* QUESTÕES OBJETIVAS

58. **(Cespe/TRF/5R/Juiz/2017)** No que concerne ao processo de execução contra a fazenda pública, à tutela provisória, ao direito processual intertemporal e aos deveres das partes, assinale a opção correta.

a) Os preceitos sobre direito probatório do atual CPC se aplicam às provas requeridas em data anterior a sua vigência nos casos em que a produção da prova não havia sido concluída no momento em que a Lei n. 13.105/2015 entrou em vigor.

b) Em caso de ação condenatória com pedido único de obrigação de fazer proposta em face da fazenda pública, se o ente público reconhecer a procedência do pedido e cumprir a obrigação, os honorários deverão ser reduzidos pela metade.

c) Cancelamento de precatório, sob qualquer fundamento, em razão de requerimento da administração pública, deverá ser examinado pelo presidente do tribunal responsável pela requisição de pagamento.

d) Caso seja concedida tutela antecipada requerida em caráter antecedente, em sede de ação rescisória, a decisão do magistrado se estabilizará se não for interposto recurso ou impugnação pela parte interessada.

e) Em caso de processo sobrestado no tribunal em razão de afetação de caso paradigma em regime repetitivo, é vedada a apreciação de novo requerimento de tutela provisória de natureza antecipada

59. **(Cespe/TRF/5R/Juiz/2017)** Um juiz federal determinou que a União implantasse determinado direito do autor de ação judicial. A União, após ser intimada da decisão por meio do advogado da União, não cumpriu a determinação judicial. Nessa situação, o advogado da União, atuando no exercício de suas funções:

a) não poderá ser responsabilizado administrativamente, juntamente com a autoridade pública, pelo descumprimento de determinação judicial, mas poderá ser preso.

b) deverá ser preso pelo descumprimento de determinação judicial.

c) deverá ser responsabilizado judicialmente pelo descumprimento de determinação judicial.

d) deverá ser responsabilizado judicialmente, juntamente com a autoridade pública competente, pelo descumprimento de determinação judicial.

e) não poderá ser responsabilizado judicialmente pelo descumprimento de determinação judicial nem poderá ser preso.

60. **(Cespe/PGE/SE/Procurador/2017)** Flávio ajuizou ação contra a fazenda pública, requerendo o pagamento de indenização no valor de cem mil reais. Em sentença, o magistrado condenou a fazenda pública ao pagamento de cinquenta mil reais em favor de Flávio, determinando, ainda, que ambas as partes pagassem cinco mil reais a título de honorários de sucumbência. Autor e réu apelaram integralmente da sentença nos limites de suas respectivas sucumbências. Nessa situação hipotética, o tribunal:

a) se der provimento de forma integral apenas à apelação da fazenda pública, deverá redistribuir os honorários fixados em primeiro grau e arbitrar honorários de sucumbência recursal.

b) para redistribuir o valor da verba honorária fixada pelo juiz, deverá utilizar livremente o critério da equidade, independentemente do resultado do julgamento dos recursos.

c) caso negue provimento a ambos os recursos, não poderá majorar a verba honorária fixada pela sentença.

d) para aumentar a verba honorária, dependerá, necessariamente, de que um dos apelantes tenha pedido a majoração dos honorários em seu recurso.

e) caso negue provimento aos recursos e mantenha a sentença, deverá determinar a compensação da verba honorária devida por cada uma das partes.

61. **(Cespe/TCE/PA/Auditor/2016)** Determinado réu criou embaraço à efetivação de decisão judicial provisória. Considerando a gravidade dessa conduta, o magistrado aplicou multa de 15% sobre o valor da causa. Nessa situação, a imposição da multa é legítima, visto que a conduta do réu constitui ato atentatório à dignidade da justiça.

62. **(Cespe/PGM/Fortaleza/Procurador/2017)** Mesmo já tendo havido condenação em honorários na fase de conhecimento, o juiz deve fixar nova verba honorária em cumprimento de sentença que tenha sido objeto de impugnação pela fazenda pública.

63. **(Cespe/PGM/Belo_Horizonte/Procurador/2017)** Em relação aos sujeitos do processo, à capacidade processual e aos deveres das partes e dos procuradores, assinale a opção correta.

a) Caso, na sentença, não sejam arbitrados os honorários sucumbenciais, o advogado da parte vencedora poderá, após o trânsito em julgado, ajuizar ação autônoma para obter a fixação e a cobrança do valor.

b) Aquele que, de acordo com a lei civil, é considerado absolutamente incapaz não possui legitimidade para figurar no polo passivo de uma relação processual.

c) O indivíduo com idade entre dezesseis e dezoito anos, ainda que seja voluntariamente emancipado, dependerá da assistência dos seus pais para ingressar com ação no juízo civil.

d) Será julgado deserto o recurso da parte que, no ato de sua interposição, deixar de comprovar o pagamento de multa imposta pela prática de ato atentatório à dignidade da justiça.

64. **(Cespe/TRF/1R/Analista/2017)** Procurador estadual que crie embaraços à efetivação de decisão judicial estará sujeito à aplicação de multa pela prática de ato atentatório à dignidade da justiça.

65. **(Cespe/DPE/AC/Defensor/2017)** De acordo com a jurisprudência do STF acerca dos honorários advocatícios decorrentes da atuação da DP, assinale a opção correta.

a) A inexistência de condenação anterior em honorários advocatícios em favor da DP não obsta a fixação de honorários recursais.

b) A DP não poderá receber honorários advocatícios caso ajuíze e vença ação contra o mesmo ente estatal ao qual esteja vinculada.

c) Caso a DP proponha uma ação, de qualquer natureza, e seja vencedora, deverão ser fixados em favor dela honorários advocatícios, em decorrência de sua autonomia institucional.

d) A atuação de DP como curador especial não impede a condenação da parte vencida em honorários advocatícios em favor da DP.

e) Por expressa determinação constitucional, é vedado ao DP, a qualquer título e sob qualquer pretexto, o recebimento de honorários.

3.1.3. Dos Procuradores, Da Sucessão das Partes e dos Procuradores

✱ SÚMULAS

STJ Súm. 375. O reconhecimento da fraude à execução depende do registro da penhora do bem alienado ou da prova de má-fé do terceiro adquirente.

✱ QUESTÕES OBJETIVAS

66. **(Cespe/Funresp/Especialista_Jurídico/2016)** A capacidade postulatória, definida como a autorização legal para atuar em juízo, é prerrogativa de advogados públicos e privados e defensores públicos, por exemplo.

67. **(Cespe/TRT/8R/Analista/2016)** De acordo com as normas previstas no Código de Processo Civil (CPC), assinale a opção correta acerca do processo e do procedimento.

a) A pessoa casada necessita do consentimento de seu cônjuge para propor ação de consignação em pagamento referente a contrato de alienação fiduciária de automóvel.

b) A procuração geral para o foro pode ser outorgada por instrumento particular, independentemente de reconhecimento de firma pela parte, e habilita o advogado a interpor recurso de apelação.

c) O magistrado somente pode condenar o réu por litigância de má-fé se houver expresso requerimento da parte autora nesse sentido, sob pena de violação ao princípio da demanda.

d) A questão preliminar é aquela cuja decisão influencia o teor da decisão do mérito como, por exemplo, a questão jurídica incidental referente à existência de relação de paternidade em uma ação de alimentos.

e) Em decorrência do princípio da razoável duração do processo, o juiz possui a faculdade de prolatar sentença ilíquida, mesmo que o autor tenha formulado pedido certo e determinado.

68. **(Cespe/PGE/PE/Procurador/2018)** A multa por ato atentatório à dignidade da justiça

a) é aplicável às partes e aos seus procuradores.

b) pode ser acumulada com sanções criminais, civis e processuais.

c) enseja a comunicação à respectiva corregedoria se aplicada aos advogados públicos.

d) tem por base o valor da causa, vedada a utilização do salário mínimo em qualquer hipótese.

e) aplica-se quando a parte apresenta defesa que sabe ser destituída de fundamento.

69. **(Cespe/DPE/PE/Defensor/2018)** Artur, réu em uma ação de cobrança, faleceu antes da satisfação do crédito, deixando bens. Seu inventário foi aberto e foi nomeado o inventariante. Só havia herdeiros. Paralelamente, o autor da ação de cobrança cedeu o direito do crédito perseguido a terceiro. Com referência a essa situação hipotética, assinale a opção correta.

a) Até a consecução da partilha, é o espólio, e não os herdeiros, que deve substituir o falecido na ação de cobrança.

b) A sucessão voluntária do autor da ação de cobrança poderia ocorrer em qualquer situação.

c) Independentemente do consentimento da parte devedora, o cessionário pode substituir o cedente no processo de cobrança.

d) O cessionário poderá intervir no processo como assistente litisconsorcial do cedente, após consentimento da parte devedora.

e) O juiz não deve suspender o processo de cobrança: a substituição processual do falecido pelos herdeiros é automática.

70. **(Cespe/TRE/TO/Analista/2017)** A procuração geral para o foro, outorgada pela parte a seu patrono no início da fase de conhecimento, habilita o advogado a

a) assinar declaração de hipossuficiência econômica em nome da parte.

b) atuar na fase de cumprimento de sentença, salvo disposição contrária na procuração.

c) receber citação ou intimação.

d) reconhecer a procedência do pedido.

e) representar a parte que não possa comparecer à audiência de conciliação.

3.2. Do Litisconsórcio

✱ SÚMULAS

STF Súm. 631. Extingue-se o processo de mandado de segurança se o impetrante não promove, no prazo assinado, a citação do litisconsorte passivo necessário.

STF Súm. 701. No mandado de segurança impetrado pelo Ministério Público contra decisão proferida em processo penal, é obrigatória a citação do réu como litisconsorte passivo.

STJ Súm. 358. O cancelamento de pensão alimentícia de filho que atingiu a maioridade está sujeito à decisão judicial, mediante contraditório, ainda que nos próprios autos.

✱ QUESTÕES DISCURSIVAS

01. **(Cespe/DP/DF/Defensor/2013)** Conceitue, sucintamente, litisconsórcio e estabeleça a diferença entre litisconsórcio simples e litisconsórcio unitário, indicando qual deles se aplica à ação contra devedores solidários.

✱ QUESTÕES OBJETIVAS

71. **(Cespe/TRT/8R/Analista/2016)** Pedro e Caio, domiciliados em Macapá/AP, foram vítimas de acidente automobilístico em uma rodovia. Supostamente, o acidente foi provocado por Rafael, domiciliado em Belém/PA. As vítimas propuseram, separadamente, ações de indenização contra Rafael na justiça comum de Macapá. A respeito dessa situação hipotética, assinale a opção correta de acordo com disposições do CPC.

a) Pedro e Caio poderiam ter optado por ingressar em litisconsórcio ativo, caso em que seriam considerados como litigantes distintos em suas relações com a parte adversa, por força do princípio da autonomia dos litisconsortes.

b) Como a demanda indenizatória foi proposta na justiça comum, o processo deverá seguir necessariamente o procedimento ordinário, rito que viabiliza o contraditório e a ampla defesa ao réu nessa situação.

c) A citação do réu deve ser feita necessariamente por oficial de justiça: o CPC veda a citação por via postal nas ações de ressarcimento por danos causados em acidente de veículo de via terrestre.

d) Caso Rafael interponha oportunamente exceção de incompetência relativa, o juiz deve declinar de sua competência.

e) Caso as ações sejam distribuídas para órgãos judicias distintos, os processos poderão ser posteriormente reunidos em razão da existência de continência.

72. **(Cespe/Funresp/Especialista_Jurídico/2016)** O litisconsórcio do tipo unitário ocorre quando um bem jurídico pertence, ao mesmo tempo, a mais de uma pessoa, o que gera pluralidade de sujeitos no polo ativo da relação processual.

73. **(Cespe/PGE/AM/Procurador/2016)** Pedro, motorista da Secretaria de Saúde do Estado do Amazonas, conduzia um veículo do referido ente público, quando provocou acidente automobilístico que resultou na incapacidade física e mental de Flávio. Após a interdição de Flávio, seu advogado pretende ajuizar ação de reparação de danos materiais e morais. A ação de reparação de dano exige a formação de litisconsórcio passivo necessário em que deverão figurar como demandados o motorista Pedro e a Secretaria de Saúde do Estado do Amazonas.

74. **(Cespe/TCE/PA/Auditor/2016)** Na hipótese de substituição processual, é vedada pela legislação processual civil a intervenção do substituído como assistente litisconsorcial.

75. **(Cespe/PGM/Fortaleza/Procurador/2017)** Caso seja convocado de forma superveniente a participar de processo judicial, o litisconsorte unitário ativo poderá optar por manter-se inerte ou por ingressar na relação processual como litisconsorte do autor ou assistente do réu.

76. **(Cespe/TJ/PR/Juiz/2017)** Com referência ao litisconsórcio e à intervenção de terceiros, assinale a opção correta.

a) No incidente de desconsideração da personalidade jurídica, estará sempre presente interesse público que torne obrigatória a intervenção do MP como fiscal da ordem jurídica.

b) O magistrado deve indeferir o requerimento de ingresso de "amicus curiae" em processo que esteja em primeira instância, porque essa hipótese de intervenção de terceiro somente pode ocorrer em causa que tramite no tribunal.

c) Na hipótese de desmembramento do litisconsórcio multitudinário, a interrupção da prescrição deve retroagir à data de propositura da demanda original, inclusive para os autores que forem compor um novo processo.

d) A sentença de mérito, quando proferida sem a integração do contraditório pelo litisconsorte necessário, será nula de pleno direito, não importando que o litisconsórcio seja simples ou unitário.

77. **(Cespe/TRE/PE/Analista/2017)** João e José, residentes em Recife/PE, foram vítimas de acidente automobilístico provocado por Pedro, maior e capaz, domiciliado em Olinda/PE. As vítimas impetraram ações indenizatórias individuais em 10/3/2016, ambas no juízo de Recife/PE. Nessa situação hipotética,

a) caso Pedro oponha incidente de exceção de incompetência relativa após a entrada em vigor do novo CPC, o juiz deverá declinar da competência.

b) João e José poderiam optar por ingressar em litisconsórcio ativo e, nesse caso, seriam considerados como litigantes distintos em suas relações com Pedro.

c) se as ações forem distribuídas para juízos distintos, os processos deverão ser reunidos em razão da existência de continência.

d) ambos os processos devem seguir o rito ordinário, porquanto o procedimento sumário foi extinto no novo CPC.

e) a citação de Pedro deve ocorrer por mandado, por meio de oficial de justiça.

78. **(Cespe/TCE/PR/Analista/2016)** Maria e Fernanda são servidoras de determinado órgão público e, em litisconsórcio ativo, propuseram demanda judicial para a obtenção de vantagem pecuniária supostamente devida em razão do cargo que cada uma delas ocupa. Nessa situação hipotética, tem-se um litisconsórcio classificado como

a) facultativo e comum.

b) facultativo e unitário.

c) multitudinário.

d) necessário e comum.

e) necessário e unitário.

79. **(Cespe/Abin/Oficial/2018)** No caso de substituição processual, o substituído poderá intervir no processo como assistente litisconsorcial, enquanto o substituto processual poderá intervir como litisconsorte nas causas das quais o substituído seja parte.

80. (Cespe/TRF/1R/Analista/2017) É lícito ao juiz limitar o litisconsórcio facultativo quanto ao número de litigantes na fase de conhecimento, mas não por ocasião da execução da sentença.

3.3. Da Intervenção de Terceiros

3.3.1. Da Assistência

*** SÚMULAS**

STJ Súm. 553. Nos casos de empréstimo compulsório sobre o consumo de energia elétrica, é competente a justiça estadual para o julgamento de demanda proposta exclusivamente contra a Eletrobrás. Requerida a intervenção da União no feito após a prolação de sentença pelo juízo estadual, os autos devem ser remetidos ao tribunal regional federal competente para o julgamento da apelação se deferida a intervenção.

*** QUESTÕES OBJETIVAS**

81. (Cespe/DPE/PE/Defensor/2015) O assistente simples pode adotar posição contrária à do assistido: por exemplo, se o assistido formular pedido de desistência da ação, poderá o assistente opor-se a tal requerimento.

82. (Cespe/TCE/PA/Auditor/2016) Terceiro juridicamente interessado requereu sua intervenção no processo na qualidade de assistente, mas uma das partes alegou que faltaria ao requerente o interesse jurídico para intervir. Nessa situação, o juiz deverá determinar a suspensão do processo para decidir o incidente.

83. (Cespe/PGM/Fortaleza/Procurador/2017) A presença de interesse econômico, ainda que indireto ou reflexo, da fazenda pública em determinado processo judicial é suficiente para justificar sua intervenção.

3.3.2. Da Denunciação da Lide, Do Chamamento ao Processo

*** SÚMULAS**

STJ Súm. 537. Em ação de reparação de danos, a seguradora denunciada, se aceitar a denunciação ou contestar o pedido do autor, pode ser condenada, direta e solidariamente junto com o segurado, ao pagamento da indenização devida à vítima, nos limites contratados na apólice.

*** QUESTÕES DISCURSIVAS**

02. (Cespe/DP/DF/Defensor/2013) No que se refere à intervenção de terceiros no âmbito do processo civil brasileiro, conceitue nomeação à autoria, denunciação à lide e chamamento ao processo, estabelecendo a diferença entre esses institutos.

*** QUESTÕES OBJETIVAS**

84. (Cespe/Funresp/Especialista_Jurídico/2016) Para que ocorra a alteração do polo passivo resultante de nomeação à autoria, é imprescindível que haja a dupla aceitação, ou seja, tanto o autor quanto o nomeado devem aceitar a nomeação à autoria, diferentemente do que ocorra na denunciação da lide, que se aperfeiçoará independentemente da aceitação do denunciado.

85. (Cespe/PGM/Fortaleza/Procurador/2017) Em ação indenizatória, o réu denunciou à lide terceiro que estava obrigado, por contrato, a ressarci-lo de forma regressiva. Nessa situação, em caso de procedência das demandas originária e regressiva, o autor da ação originária pode requerer o cumprimento da sentença também contra o denunciado, observadas possíveis limitações da condenação deste último.

86. (Cespe/TRF/5R/Juiz/2017) Julgue os itens a seguir, referentes aos atos processuais, à intervenção de terceiros e ao processo de execução e arbitragem.

I. A União goza da prerrogativa de intimação pessoal nos processos que tramitam nos juizados especiais federais.

II. Na hipótese de condenação do réu e do terceiro denunciado à lide, será vedado ao autor, em qualquer caso, requerer o cumprimento da sentença contra o terceiro denunciado.

III. Adquirente de bem móvel ou imóvel penhorado em execução, em caso de arrematação judicial, poderá efetuar o pagamento de forma parcelada, desde que ao menos vinte e cinco por cento do valor do lance seja pago à vista.

IV. A arbitragem poderá ser utilizada em litígio que envolva entes integrantes da administração pública e, nesses casos, eventual decisão que condene a fazenda pública não se submeterá ao reexame necessário.

Estão certos apenas os itens

a) I e IV.
b) II e III.
c) II e IV
d) I, II e III.
e) I, III e IV.

3.3.4. Do Incidente de Desconsideração da Personalidade Jurídica

✱ ENUNCIADOS CJF

CJF Proc. Civil 11. Aplica-se o disposto nos arts. 133 a 137 do CPC às hipóteses de desconsideração indireta e expansiva da personalidade jurídica.

✱ QUESTÕES OBJETIVAS

87. **(Cespe/DPE/PE/Defensor/2018)** Beatriz ajuizou ação de cobrança contra determinada empresa. Paralelamente, por petição simples, ela instaurou, contra a mesma empresa, incidente de desconsideração da personalidade jurídica contemporânea e em apenso à petição inicial. No âmbito da ação de cobrança, foi julgado procedente o pedido de desconsideração da personalidade jurídica que havia sido formulado. Com relação ao incidente referido na situação hipotética, assinale a opção correta.

a) A alienação de bens será sempre ineficaz em relação à Beatriz, bastando, para tanto, que o seu pedido do referido incidente seja julgado procedente.
b) Como o referido incidente foi instaurado paralelamente à inicial, dispensa-se a comunicação ao distribuidor.
c) Seria dispensável a instauração do referido incidente caso a desconsideração tivesse sido requerida na petição inicial da ação de cobrança.
d) A instauração do referido incidente não provoca, em nenhuma hipótese legal, a suspensão do processo.
e) Contra a decisão que julgará o referido incidente, caberá agravo interno.

3.3.5. Do "Amicus Curiae"

✱ ENUNCIADOS CJF

CJF Proc. Civil 82. Quando houver pluralidade de pedidos de admissão de "amicus curiae", o relator deve observar, como critério para definição daqueles que serão admitidos, o equilíbrio na representatividade dos diversos interesses jurídicos contrapostos no litígio, velando, assim, pelo respeito à amplitude do contraditório, paridade de tratamento e isonomia entre todos os potencialmente atingidos pela decisão.

✱ QUESTÕES OBJETIVAS

88. **(Cespe/TRE/BA/Analista/2017)** De acordo com o Código de Processo Civil, o "amicus curiae"

a) deve ser pessoa jurídica, órgão ou entidade especializada, sendo vedado à pessoa natural atuar nessa condição.
b) depende de autorização da parte interessada para participar da relação processual.
c) pode opor embargos de declaração e ainda recorrer da decisão que julgar o incidente de resolução de demandas repetitivas.
d) pode ingressar somente em demandas que tramitem nos tribunais.
e) tem o direito, assegurado na lei, de realizar sustentação oral em julgamento de qualquer causa da qual participe.

3.4. Do Juiz e dos Auxiliares da Justiça

3.4.1. Dos Poderes, dos Deveres e da Responsabilidade do Juiz

✱ SÚMULAS

STJ Súm. 121. Na execução fiscal, o devedor deverá ser intimado, pessoalmente, do dia e hora da realização do leilão.

✱ ENUNCIADOS CJF

CJF Proc. Civil 13. O art. 139, VI, do CPC autoriza o deslocamento para o futuro do termo inicial do prazo.

3.4.2. Dos Impedimentos e da Suspeição

✱ SÚMULAS

STF Súm. 72. No julgamento de questão constitucional, vinculada a decisão do Tribunal Superior Eleitoral, não estão impedidos os ministros do Supremo Tribunal Federal que ali tenham funcionado no mesmo processo, ou no processo originário.

STF Súm. 252. Na ação rescisória, não estão impedidos juízes que participaram do julgamento rescindendo.

STJ Súm. 33. A incompetência relativa não pode ser declarada de ofício.

✱ INFORMATIVOS DE JURISPRUDÊNCIA

Exceção de impedimento. Violação dos arts. 136 do CPC/73 e 128 da LOMAN. Desembargador que participa como revisor no julgamento de apelação quando seu cônjuge, também desembargadora, proferiu decisão em agravo de instrumento oriundo da mesma causa originária.

STJ Decisão que não aprecia o mérito não gera impedimento por parentesco entre magistrados. REsp 1.673.327, Rel. Min. Nancy Andrighi, DJe 15.9.2017. 3ª T. (Info 611)

✱ QUESTÕES OBJETIVAS

89. (Cespe/PGM/Fortaleza/Procurador/2017) Conforme o STJ, em observância ao princípio da boa-fé objetiva, o reconhecimento, pelo juiz, de sua suspeição por motivo superveniente tem efeitos retroativos e acarreta nulidade dos atos processuais praticados em momento anterior ao fato que tiver dado ensejo à suspeição.

3.4.3. Dos Auxiliares da Justiça

✱ ENUNCIADOS CJF

CJF Proc. Civil 14. A ordem cronológica do art. 153 do CPC não será renovada quando houver equívoco atribuível ao Poder Judiciário no cumprimento de despacho ou decisão.

✱ QUESTÕES OBJETIVAS

90. (Cespe/TRE/BA/Analista/Administrativo/2017) De acordo com o CPC, no que se refere aos atos processuais, cabe ao servidor

a) documentar sentenças pronunciadas oralmente, dispensada a revisão pelo juiz.
b) praticar os atos ordinatórios de juntada e vista obrigatória, com revisão do juiz, se necessário.
c) tomar decisões interlocutórias, com a revisão do juiz, se necessário.
d) documentar acórdão pronunciado oralmente, dispensada a revisão pelo juiz prolator.
e) redigir despachos, com a revisão do juiz, se necessário.

91. (Cespe/TRE/BA/Analista/Administrativo/2017) De acordo com o CPC, é atribuição expressa do chefe de secretaria redigir, na forma legal,

a) ordens judiciais.
b) intimações.
c) citações.
d) mandados.
e) decisões interlocutórias.

3.5. Do Ministério Público

✱ SÚMULAS

STJ Súm. 116. A Fazenda Pública e o Ministério Público têm prazo em dobro para interpor agravo regimental no Superior Tribunal de Justiça.

STJ Súm. 226. O Ministério Público tem legitimidade para recorrer na ação de acidente do trabalho, ainda que o segurado esteja assistido por advogado.

✱ QUESTÕES OBJETIVAS

92. (Cespe/PGE/PE/Procurador/2018) A respeito da fazenda pública em juízo, julgue os itens a seguir.

I. A participação da fazenda pública não configura, por si só, hipótese de intervenção do MP como fiscal da ordem jurídica nos autos.
II. Não se aplica a regra de contagem de prazos em dias úteis do novo diploma processual civil para a oposição dos embargos à execução fiscal.
III. A suspensão dos prazos processuais no período de 20 de dezembro a 20 de janeiro não se estende ao MP, à Defensoria Pública e à Advocacia Pública.

Assinale a opção correta.

a) Apenas o item I está certo.
b) Apenas o item II está certo.
c) Apenas os itens I e III estão certos.
d) Apenas os itens II e III estão certos.
e) Todos os itens estão certos.

93. (Cespe/TRT/8R/Analista/2016) No que se refere à atuação dos sujeitos processuais e ao procedimento ordinário previsto no CPC, assinale a opção correta.

a) Somente mediante expresso requerimento das partes é permitido ao juiz realizar o julgamento antecipado da lide, sob pena de violação ao princípio constitucional do devido processo legal.
b) O réu revel, ainda que compareça extemporaneamente ao processo, não receberá intimações e ficará impedido de praticar atos processuais, inclusive, interpor recurso.
c) De acordo com o CPC, a petição inicial será considerada inepta se a parte for manifestamente ilegítima ou se faltar ao autor o interesse em agir.
d) O Ministério Público, atuando como parte ou como fiscal da lei, deve ser intimado de todos os atos do processo, além de poder produzir provas e ter legitimidade para interpor recurso.
e) A decisão do juiz pelo indeferimento total da petição inicial possui natureza interlocutória e deve ser impugnada por intermédio do recurso de agravo de instrumento.

94. **(Cespe/PGE/AM/Procurador/2016)** Pedro, motorista da Secretaria de Saúde do Estado do Amazonas, conduzia um veículo do referido ente público, quando provocou acidente automobilístico que resultou na incapacidade física e mental de Flávio. Após a interdição de Flávio, seu advogado pretende ajuizar ação de reparação de danos materiais e morais. Proposta a ação de reparação de dano, o MP do Estado do Amazonas deverá ser intimado para intervir como "custos legis" na relação processual em apreço.

95. **(Cespe/MPE/RR/Promotor/2017)** De acordo com a jurisprudência do STJ, ao atuar como exequente em processo judicial, o MP poderá, legitimamente, requerer a penhora

a) de único imóvel pertencente a pessoa solteira, divorciada ou viúva, pois, nessas hipóteses, não existe a proteção familiar dada pela legislação.
b) de quantia existente em caderneta de poupança, ou outra aplicação financeira, seja qual for o valor depositado em instituição bancária.
c) de único imóvel residencial do devedor que esteja locado a terceiros, mesmo que a renda obtida com a locação seja revertida para a moradia da família do executado.
d) de faturamento de sociedade empresária, se for comprovada a inexistência de outros bens passíveis de penhora, desde que o percentual fixado não torne inviável o exercício da atividade empresarial.

96. **(Cespe/MPE/RR/Promotor/2017)** Assinale a opção correta acerca da participação do MP no processo civil.

a) O CPC determina que, nos procedimentos das ações de família, a intervenção ministerial como fiscal da ordem jurídica somente seja exigida se houver interesse de incapaz, caso em que o MP será ouvido antes da eventual homologação de acordo.
b) Ao atuar como fiscal da ordem jurídica, o MP fica impedido de arguir incompetência relativa, uma vez que essa matéria é de interesse exclusivo das partes.
c) O MP deverá manifestar-se como fiscal da ordem jurídica em todo conflito de competência que tramite nos tribunais, exceto naqueles conflitos suscitados pelo próprio MP, pois, nestes, ele terá a qualidade de parte no incidente.
d) Perícias requeridas pelo MP, nos casos em que este atue como parte ou fiscal da ordem jurídica, não serão realizadas por entidades públicas e deverão ser pagas de forma adiantada pela fazenda pública a que o MP esteja vinculado.

97. **(Cespe/TJ/PR/Juiz/2017)** Em cada uma das próximas opções, é apresentada uma situação hipotética, seguida de uma assertiva a ser julgada. Assinale a opção que, de acordo com a legislação processual, apresenta a assertiva correta.

a) Foi distribuída para determinado juiz ação em que é parte instituição de ensino na qual ele leciona. Nessa situação, o magistrado tem de se declarar suspeito, haja vista que a suspeição independe de arguição do interessado.
b) Em determinada ação de cobrança, o magistrado julgou parcialmente procedente o pedido autoral, condenando o réu a pagar metade do valor pleiteado. Nessa situação, os honorários advocatícios deverão ser compensados em razão da sucumbência recíproca.
c) O MP deixou de apresentar parecer após o prazo legal que possuía para se manifestar como fiscal da ordem jurídica. Nessa situação, o juiz deverá requisitar os autos e dar andamento ao processo mesmo sem a referida manifestação.
d) Pedro ajuizou demanda contra Roberto e, na petição inicial, requereu a concessão de gratuidade de justiça. Nessa situação, caberá agravo de instrumento contra a decisão que denegar ou conceder o pedido de gratuidade.

98. (Cespe/PGM/Fortaleza/Procurador/2017) De acordo com o entendimento atual nos tribunais superiores, o MP tem legitimidade extraordinária para promover ação de execução de título formado por decisão do tribunal de contas do estado ou do Tribunal de Contas da União que tenha finalidade de ressarcir o erário.

3.6. Da Advocacia Pública

∗ SÚMULAS

STJ Súm. 116. A Fazenda Pública e o Ministério Público têm prazo em dobro para interpor agravo regimental no Superior Tribunal de Justiça.

3.7. Da Defensoria Pública

∗ ENUNCIADOS CJF

CJF Proc. Civil 15. Aplicam-se às entidades referidas no § 3º do art. 186 do CPC as regras sobre intimação pessoal das partes e suas testemunhas (art. 186, § 2º; art. 455, § 4º, IV; art. 513, § 2º, II e art. 876, § 1º, II, todos do CPC).

∗ QUESTÕES OBJETIVAS

99. (Cespe/DPE/ES/Defensor/2012) São devidos honorários advocatícios à DPE/ES quando esta atua contra município, ainda que este se localize no respectivo ente federativo, por haver compatibilidade lógica da obrigação.

100. (Cespe/DPE/PE/Defensor/2015) De acordo com entendimento sumulado do STJ, não são devidos honorários advocatícios à DP quando esta atuar em processo contra a pessoa jurídica de direito público à qual pertença. A referida Corte fixou entendimento recente, em consonância com a referida jurisprudência, de que são devidos honorários advocatícios sucumbenciais em favor da DP, quando se tratar de demanda ajuizada em face de ente federativo diverso do qual pertença.

101. (Cespe/DPE/PE/Defensor/2015) Caso a DP do estado de Pernambuco obtenha julgamento favorável em demanda contra o município de Recife, o valor referente à condenação em honorários advocatícios deverá ser revertido àquela instituição.

4. DOS ATOS PROCESSUAIS

4.1. Da Forma, do Tempo e do Lugar dos Atos Processuais

∗ SÚMULAS

STF Súm. 310. Quando a intimação tiver lugar na sexta-feira, ou a publicação com efeito de intimação for feita nesse dia, o prazo judicial terá início na segunda-feira imediata, salvo se não houver expediente, caso em que começará no primeiro dia útil que se seguir.

STF Súm. 641. Não se conta em dobro o prazo para recorrer, quando só um dos litisconsortes haja sucumbido.

∗ ENUNCIADOS CJF

CJF Proc. Civil 17. A Fazenda Pública pode celebrar convenção processual, nos termos do art. 190 do CPC.

CJF Proc. Civil 18. A convenção processual pode ser celebrada em pacto antenupcial ou em contrato de convivência, nos termos do art. 190 do CPC.

CJF Proc. Civil 21. A suspensão dos prazos processuais prevista no caput do art. 220 do CPC estende-se ao Ministério Público, à Defensoria Pública e à Advocacia Pública.

∗ QUESTÕES OBJETIVAS

102. (Cespe/PGE/PE/Procurador/2018) O benefício da contagem em dobro do prazo para manifestações da fazenda pública

a) se aplica no âmbito dos juizados especiais da fazenda pública.
b) não se aplica para a contestação em ação popular.
c) se aplica aos procuradores de sociedades de economia mista.
d) não se aplica aos procuradores de fundações de direito público.
e) se aplica cumulativamente ao benefício de prazo em dobro na multiplicidade de litisconsortes com procuradores diversos em autos eletrônicos.

103. (Cespe/PGE/PE/Procurador/2018) O CPC prevê a possibilidade de convenção processual em processos que versem sobre direitos que admitam a autocomposição. Conforme o entendimento doutrinário, esse instituto

a) não poderá ser firmado pela fazenda pública.
b) não poderá ser celebrado em contrato de convivência.
c) não poderá ser objeto de controle de ofício pelo juiz.
d) poderá estipular a interposição de recurso "per saltum" às cortes superiores.
e) poderá estipular a cláusula "sem recurso" bilateralmente.

104. (Cespe/PGE/PB/Procurador/2008) No que se refere aos princípios que regem o processo civil e aos relativos à jurisdição civil, assinale a opção correta.

a) O princípio da publicidade não impede que existam processos em segredo de justiça, no interesse das próprias partes. Esse sigilo é restrito a estranhos, enquanto não prejudicar o interesse público à informação, assim, por autorização do juiz, os atos processuais podem ser investigados e conhecidos por outros, além das partes e seus advogados.
b) Pelo princípio da inafastabilidade do controle jurisdicional, nenhum juiz será afastado de suas funções sem que lhe sejam garantidos, em processo adequado, os direitos inerentes ao contraditório e à ampla defesa.
c) Pelo princípio do contraditório, o autor pode deduzir a ação em juízo, alegar e provar os fatos constitutivos de seu direito, e ao réu é assegurado o direito de contestar todos os fatos alegados pelo autor, como também o de fazer a prova contrária, salvo em caso de revelia.
d) Por representar garantia constitucional que visa à proteção do interesse público representado pelo patrimônio das pessoas de direito público, o duplo grau de jurisdição é exigido em todo e qualquer processo em que tais pessoas sejam partes ou intervenientes.
e) É vedado às pessoas maiores e capazes, mesmo no caso de direito patrimonial disponível, entregar a responsabilidade de solucionar eventual conflito de interesses a pessoa não integrante da estrutura do Poder Judiciário, bem como solucionar a lide por outros caminhos que não a prestação jurisdicional.

105. (Cespe/TCE/RN/Assessor_Jurídico/2015) Embora a lei preveja a realização de atos processuais em dias úteis, das 6 h às 20 h, a prática eletrônica de ato processual pode ocorrer em qualquer horário até as 24 h do último dia do prazo.

106. (Cespe/PGE/AM/Procurador/2016) Pedro, motorista da Secretaria de Saúde do Estado do Amazonas, conduzia um veículo do referido ente público, quando provocou acidente automobilístico que resultou na incapacidade física e mental de Flávio. Após a interdição de Flávio, seu advogado pretende ajuizar ação de reparação de danos materiais e morais. Proposta ação de reparação de dano, a citação deverá ser realizada na Procuradoria do Estado do Amazonas, que terá o prazo em quádruplo para apresentação da sua defesa.

107. (Cespe/TCE/PA/Auditor/2016) As partes poderão negociar as datas em que os atos processuais serão praticados, desde que essas datas atendam às especificidades do processo.

108. (Cespe/TCE/PA/Auditor/2016) Os prazos processuais podem ser fixados em meses, dias, horas, minutos ou outra unidade de medida, quando houver a possibilidade de sua estipulação pelas partes ou pelo juiz; os prazos contados em dias, sejam judiciais ou legais, serão contados somente em dias úteis.

109. (Cespe/TCE/PA/Auditor/2016) As partes capazes podem, antes ou durante o processo, convencionar sobre os seus ônus, poderes, faculdades e deveres processuais, sendo sempre indispensável a homologação judicial para a validade do acordo processual.

110. (Cespe/TCE/PA/Auditor/2016) Os litisconsortes que tiverem diferentes procuradores, de escritórios distintos, terão prazos contados em dobro, incluindo os referentes a processos em autos eletrônicos.

111. (Cespe/TRE/PE/Analista/2017) A respeito dos poderes, deveres e responsabilidades do juiz e dos atos processuais, assinale a opção correta à luz do Código de Processo Civil (CPC).

a) Não podem ocorrer durante as férias forenses citações, intimações e penhoras, ainda que haja autorização judicial.
b) Na ausência de preceito legal ou prazo determinado pelo juiz, será de cinco dias úteis o prazo para a prática de ato processual a cargo da parte.
c) O juiz pode dilatar e reduzir os prazos processuais, adequando-os às necessidades do

conflito, de modo a conferir maior efetividade à tutela do direito.

d) Pode o magistrado declarar-se suspeito no processo por razões de foro íntimo; contudo, para assim fazer, ele deve externar tais razões.

e) O terceiro que demonstre interesse jurídico poderá requerer ao juiz certidão de inteiro teor da sentença, no caso de processo que tramite sob segredo de justiça.

112. **(Cespe/TCE/PE/Analista/2017)** A preclusão constitui sanção processual para a parte que não é diligente na condução dos seus interesses dentro do processo.

113. **(Cespe/PGM/Belo_Horizonte/Procurador/2017)** No que tange aos poderes, aos deveres e às responsabilidades do juiz, do MP, da advocacia pública e da defensoria pública, assinale a opção correta.

a) No que se refere ao cumprimento dos prazos, o advogado privado que atuar "pro bono" gozará das mesmas garantias conferidas à defensoria pública e aos escritórios de práticas jurídicas dos cursos superiores de direito que prestem assistência jurídica gratuita.

b) Dado o princípio da inércia da função jurisdicional, é vedado ao juiz condenar a parte sucumbente ao pagamento das custas processuais e dos honorários advocatícios sem que haja provocação da parte vencedora.

c) O MP possui legitimidade ativa e passiva para as relações jurídicas processuais que envolvam interesses de pessoas incapazes.

d) Nas relações processuais em que o município for parte, salvo quando houver prazo próprio previsto em lei, as suas procuradorias gozarão de prazo em dobro para todas as manifestações processuais, cuja contagem terá início a partir da intimação pessoal.

114. **(Cespe/PGM/Fortaleza/Procurador/2017)** É dever do magistrado manifestar-se de ofício quanto ao inadimplemento de qualquer negócio jurídico processual válido celebrado pelas partes, já que, conforme expressa determinação legal, as convenções processuais devem ser objeto de controle pelo juiz.

115. **(Cespe/TRF/1R/Analista/2017)** Serão considerados intempestivos os atos processuais realizados antes do termo inicial do prazo.

116. **(Cespe/TRF/1R/Analista/2017)** O interesse social é um critério utilizado para determinar que o processo judicial tramite em segredo de justiça.

117. **(Cespe/DPE/PE/Defensor/2018)** Regra geral prevista no Código de Processo Civil determina que os atos processuais sejam realizados em dias úteis, das seis às vinte horas. Com relação aos tempos dos atos processuais, assinale a opção correta, conforme a legislação pertinente.

a) A prática eletrônica de ato processual poderá ocorrer até as vinte e quatro horas do último dia do prazo.

b) Em se tratando de prática eletrônica de ato processual, o horário a ser considerado será aquele vigente no juízo que emitiu o ato.

c) Durante as férias forenses, atos processuais de tutela de evidência podem ser praticados.

d) Ato processual iniciado antes das vinte horas não poderá ser concluído após esse horário, independentemente de o adiamento causar grave dano aos envolvidos no processo.

e) Apenas com autorização judicial as citações poderão ser realizadas durante as férias forenses.

118. **(Cespe/TRF/1R/Analista/2017)** A parte poderá renunciar ao prazo estabelecido exclusivamente em seu favor, desde que o faça expressamente.

4.2. Da Comunicação dos Atos Processuais

4.2.1. Da Citação, Das Cartas, Das Intimações

*** SÚMULAS**

1) Da Citação

STF Súm. 154. Simples vistoria não interrompe a prescrição.

STJ Súm. 106. Proposta a ação no prazo fixado para o seu exercício, a demora na citação, por motivos inerentes ao mecanismo da Justiça, não justifica o acolhimento da arguição de prescrição ou decadência.

STJ Súm. 106. Proposta a ação no prazo fixado para o seu exercício, a demora na citação, por motivos inerentes ao mecanismo da Justiça, não justifica o acolhimento da arguição de prescrição ou decadência.

STJ Súm. 204. Os juros de mora nas ações relativas a benefícios previdenciários incidem a partir da citação válida.

STJ Súm. 426. Os juros de mora na indenização do seguro DPVAT fluem a partir da citação.

STJ Súm. 429. A citação postal, quando autorizada por lei, exige o aviso de recebimento.

* INFORMATIVOS DE JURISPRUDÊNCIA

"Exequatur" de carta rogatória e decisão monocrática

STF É possível a concessão de "exequatur" de carta rogatória, para fins de citação, por meio de decisão monocrática de relator no STJ, posteriormente confirmada na Corte Especial, em homenagem aos princípios da cooperação e da celeridade processual. RE 634595, Rel. Min. Dias Toffoli, j. 3.4.2018. 2ª T. (Info 896)

* QUESTÕES DISCURSIVAS

03. **(Cespe/DP/DF/Defensor/2013)** Em relação aos atos processuais descritos no Código de Processo Civil, responda, de forma justificada, aos seguintes questionamentos. (i) Os atos processuais requerem forma determinada? Preenchida sua finalidade essencial, ainda que realizados da forma diferente da previsto, serão os atos reputados válidos? A que princípio essa situação remete? (ii) Quais são os efeitos da citação válida? Caso o juiz que ordenou a citação seja incompetente para julgar a causa, que efeitos serão produzidos?

* QUESTÕES OBJETIVAS

119. **(Cespe/PGE/SE/Procurador/2017)** Caso dois particulares litiguem em demanda que tramite pelo procedimento comum, a intimação do advogado do réu pelo advogado do autor, de acordo com as regras previstas no CPC:

a) embora contenha vício de forma por ausência de previsão legal, poderá ser convalidada, caso ocorra o comparecimento espontâneo e tempestivo do réu nos autos.

b) deverá ser considerada nula de pleno direito, pois somente o cartório do juízo pode ser responsável por realizar atos de intimação às partes.

c) será possível, desde que seja realizada pelo correio, devendo o advogado do autor juntar aos autos cópia do ofício de intimação e do aviso de recebimento.

d) poderá ser feita por meio eletrônico, desde que seja comprovado que o advogado do réu recebeu cópia do pronunciamento que é objeto da intimação.

e) somente poderá ser feita se houver convenção processual realizada entre as partes que autorize a utilização dessa forma de intimação.

120. **(Cespe/TCE/PA/Auditor/2016)** Citações, intimações e penhoras poderão ser realizadas no período de férias forenses bem como nos feriados e nos dias úteis fora do horário regular, independentemente de autorização judicial, respeitando-se a regra constitucional da inviolabilidade de domicílio.

121. **(Cespe/PGM/Fortaleza/Procurador/2017)** Em ação que tramita pelo procedimento comum, determinado município foi intimado de decisão por meio de publicação no diário de justiça eletrônico. Nessa situação, segundo o CPC, a intimação é válida, uma vez que é tida como pessoal por ter sido realizada por meio eletrônico.

122. **(Cespe/Abin/Oficial/2018)** É válida a entrega de mandado de citação de pessoa jurídica feito pelo correio a funcionário responsável pelo recebimento de correspondências, bem como é válida a entrega de mandado de citação de pessoa física residente em condomínios edilícios a funcionário da portaria.

123. **(Cespe/TRF/1R/Analista/2017)** A ausência de requerimento de citação do réu na inicial não inviabiliza o ato, pois o juiz poderá determiná-lo de ofício.

124. **(Cespe/TRF/1R/Analista/2017)** O administrador do imóvel locado, quando a ação se originar de atos por ele praticados, poderá receber citação em ação movida contra o locador, se este estiver ausente.

125. **(Cespe/TRF/1R/Analista/2017)** Se o oficial de justiça verificar que o réu que reside em condomínio edilício está se ocultando para não receber a citação, o juiz deverá intimar o funcionário da portaria a informar o citando sobre o dia e o horário que o oficial de justiça retornará para efetuar a citação.

126. **(Cespe/TRF/1R/Analista/2017)** O juiz nomeará curador especial ao réu revel citado por edital enquanto este não for encontrado.

127. **(Cespe/DPE/AL/Defensor/2017)** Maria, que ocupa área urbana com cem metros quadrados há oito anos e utiliza-a como moradia, procurou a Defensoria Pública para ajuizar ação requerendo a declaração da usucapião especial urbana da referida área. A respeito dessa situação hipotética, assinale a opção correta.

a) A citação dos confrontantes será necessária, se ocupados os imóveis.

b) O ajuizamento superveniente de ação de reintegração de posse pelo proprietário da área sobrestará a ação proposta por Maria.

c) A citação do titular do registro é de extrema relevância nesse processo.

d) Caso seja necessária perícia, essa ação deverá ser ajuizada sob o rito ordinário.

e) Maria terá o direito de requerer a usucapião da referida área, ainda que seja proprietária de imóvel rural em outro estado.

4.3. Das Nulidades

✱ QUESTÕES OBJETIVAS

128. **(Cespe/TRF/1R/Juiz/2015)** Com relação à teoria das nulidades processuais, assinale a opção correta.

a) É pacífico o entendimento do STJ de que o reconhecimento de nulidade pela falta de intimação do MP de qualquer decisão proferida em processo em que sua atuação é prevista em lei independe da demonstração de prejuízo às partes.

b) No caso de ajuizamento de ação pelo marido, a ausência de outorga da mulher, nas situações em que a lei a considere obrigatória, será causa de nulidade absoluta, que pode ser reconhecida de ofício pelo julgador.

c) A coisa julgada material afasta a possibilidade de discussão sobre a invalidade de atos praticados em processos por ela alcançados.

d) O ato processual absolutamente nulo é inválido de pleno direito e sua ineficácia independe do pronunciamento do julgador.

e) Ocorre a convalidação subjetiva do ato processual quando a parte prejudicada pela prática de ato anulável deixa de requerer sua invalidade no primeiro momento em que deveria se manifestar nos autos.

129. **(Cespe/DPE/PE/Defensor/2018)** Em determinado processo, o réu não foi citado nem apresentou contestação. O magistrado, além de não declarar o processo nulo, julgou-o, no mérito, favoravelmente ao réu. Nessa situação hipotética, a conduta do magistrado foi correta porque

a) ele aproveitou atos que não dependem da citação.

b) ele julgou favoravelmente o mérito da causa para a parte que seria beneficiada caso a nulidade fosse decretada.

c) o autor não requereu a nulidade do processo.

d) o autor foi o causador da nulidade.

e) a declaração de nulidade processual depende de requerimento da parte.

130. **(Cespe/TRF/1R/Analista/2017)** Caso verifique que o Ministério Público não foi intimado em processo que envolva interesse de incapaz, o juiz deverá, com base nos princípios da celeridade e da eficiência, decretar a nulidade do processo, intimando o Ministério Público da decisão.

131. **(Cespe/Abin/Oficial/2018)** Presume-se o prejuízo do processo quando o Ministério Público não for intimado em ação na qual lhe caiba intervir, devendo o juiz declarar de imediato sua nulidade.

5. DA TUTELA PROVISÓRIA

5.1. Disposições Gerais

✱ SÚMULAS

STJ Súm. 212. A compensação de créditos tributários não pode ser deferida em ação cautelar ou por medida liminar cautelar ou antecipatória.

✱ ENUNCIADOS CJF

CJF Proc. Civil 38. As medidas adequadas para efetivação da tutela provisória independem do trânsito em julgado, inclusive contra o Poder Público (art. 297 do CPC).

CJF Proc. Civil 45. Aplica-se às tutelas provisórias o princípio da fungibilidade, devendo o juiz esclarecer as partes sobre o regime processual a ser observado.

✱ INFORMATIVOS DE JURISPRUDÊNCIA

Tutela antecipada. Requerimento em sustentação oral. Viabilidade.

STJ É possível o requerimento de antecipação dos efeitos da tutela em sede de sustentação oral. REsp 1.332.766, Rel. Min. Luis Felipe Salomão, DJ 1.8.2017. 4ª T. (Info 608)

* QUESTÕES OBJETIVAS

132. (Cespe/TCE/PA/Auditor/2016) A tutela provisória requerida pela parte em caráter incidental depende de pagamento de custas.

133. (Cespe/TCE/PA/Auditor/2016) A denominada tutela provisória não pode ter natureza satisfativa, uma vez que essa modalidade de tutela jurisdicional se presta unicamente a assegurar a futura eficácia de tutela definitiva, resguardando direito a ser satisfeito.

134. (Cespe/MPE/RR/Promotor/2017) De acordo com expressa previsão do CPC, o fenômeno processual denominado estabilização da tutela provisória de urgência aplica-se apenas à tutela

a) cautelar, requerida em caráter antecedente.
b) antecipada, incidental ou antecedente.
c) cautelar, incidental ou antecedente.
d) antecipada, requerida em caráter antecedente.

135. (Cespe/TJ/PR/Juiz/2017) No que concerne aos procedimentos especiais previstos no CPC e nas leis extravagantes, assinale a opção correta à luz da legislação e do entendimento dos tribunais superiores.

a) Em se tratando de ação de reintegração de posse, deve-se observar o procedimento comum, se for ajuizada após o prazo de ano e dia do esbulho, caso em que não terá as características inerentes às ações possessórias, como, por exemplo, a fungibilidade.
b) Em observância ao princípio da celeridade, o procedimento dos juizados especiais cíveis é incompatível com qualquer uma das modalidades de intervenção de terceiros previstas no CPC.
c) A utilização do procedimento de arrolamento para o inventário quando o valor dos bens do espólio for igual ou inferior a mil salários mínimos será expressamente proibida se houver interessado incapaz.
d) Tratando-se de tutela provisória que determina a indisponibilidade de bens do réu em ACP por ato de improbidade administrativa, dispensa-se a comprovação de "periculum in mora".

136. (Cespe/PGM/Belo_Horizonte/Procurador/2017) A respeito da tutela provisória, assinale a opção correta.

a) Em caso de tutela provisória antecipada requerida em caráter antecedente, as despesas processuais de preparo serão comprovadas quando do aditamento do pedido de tutela definitiva, momento em que a parte deverá indicar o valor atribuído à causa.
b) Estando o processo no tribunal para julgamento de recurso, a competência para analisar pedido de tutela provisória será do juízo que tiver julgado originariamente a causa.
c) O juiz poderá exigir, para a concessão de liminar de tutela provisória de urgência, a prestação de caução a ser garantida pelo requerente, salvo no caso de hipossuficiência econômica, situação em que tal garantia poderá ser dispensada.
d) Concedida a tutela provisória antecipada em caráter antecedente, caso o autor não promova o aditamento da petição inicial com o pedido de confirmação de tutela definitiva dentro do prazo legal, o processo será extinto sem resolução de mérito, e a liminar será revogada.

137. (Cespe/PGM/Fortaleza/Procurador/2017) Com a consagração do modelo sincrético de processo, as tutelas provisórias de urgência e da evidência somente podem ser requeridas no curso do procedimento em que se pleiteia a providência principal.

138. (Cespe/PGM/Fortaleza/Procurador/2017) Se, antes do trânsito em julgado, ocorrer a estabilização da tutela antecipada requerida contra a fazenda pública, decorrente da não interposição de recurso pelo ente público, será possível a imediata expedição de precatório.

5.2. Da Tutela de Urgência

* SÚMULAS

STJ Súm. 482. A falta de ajuizamento da ação principal no prazo do art. 806 do CPC acarreta a perda da eficácia da liminar deferida e a extinção do processo cautelar.

TST OJ/SDI2 64. Não fere direito líquido e certo a concessão de tutela antecipada para reintegração de empregado protegido por estabilidade provisória decorrente de lei ou norma coletiva.

TST OJ/SDI2 68. Nos tribunais, compete ao relator decidir sobre o pedido de antecipação de tutela, submetendo sua decisão ao colegiado respectivo, independentemente de pauta, na sessão imediatamente subsequente.

TST OJ/SDI2 63. Comporta a impetração de mandado de segurança o deferimento de reintegração no emprego em ação cautelar.

TST OJ/SDI2 76. É indispensável a instrução da ação cautelar proposta sob a vigência do CPC de 1973 com as provas documentais necessárias à aferição da plausibilidade de êxito na rescisão do julgado. Assim sendo, devem vir junto com a inicial da cautelar as cópias da petição inicial da ação rescisória principal, da decisão rescindenda, da certidão do trânsito em julgado da decisão rescindenda e informação do andamento atualizado da execução.

TST OJ/SDI2 131. A ação cautelar não perde o objeto enquanto ainda estiver pendente o trânsito em julgado da ação rescisória principal, devendo o pedido cautelar ser julgado procedente, mantendo-se os efeitos da liminar eventualmente deferida, no caso de procedência do pedido rescisório ou, por outro lado, improcedente, se o pedido da ação rescisória principal tiver sido julgado improcedente.

* ENUNCIADOS CJF

1. Disposições Gerais

CJF Proc. Civil 39. Cassada ou modificada a tutela de urgência na sentença, a parte poderá, além de interpor recurso, pleitear o respectivo restabelecimento na instância superior, na petição de recurso ou em via autônoma.

CJF Proc. Civil 40. A irreversibilidade dos efeitos da tutela de urgência não impede sua concessão, em se tratando de direito provável, cuja lesão seja irreversível.

CJF Proc. Civil 41. Nos processos sobrestados por força do regime repetitivo, é possível a apreciação e a efetivação de tutela provisória de urgência, cuja competência será do órgão jurisdicional onde estiverem os autos.

CJF Proc. Civil 42. É cabível a concessão de tutela provisória de urgência em incidente de desconsideração da personalidade jurídica.

2. Do Procedimento da Tutela Antecipada Requerida em Caráter Antecedente

CJF Proc. Civil 43. Não ocorre a estabilização da tutela antecipada requerida em caráter antecedente, quando deferida em ação rescisória.

CJF Proc. Civil 44. É requisito da petição inicial da tutela cautelar requerida em caráter antecedente a indicação do valor da causa.

3. Do Procedimento da Tutela Cautelar Requerida em Caráter Antecedente

CJF Proc. Civil 46. A cessação da eficácia da tutela cautelar, antecedente ou incidental, pela não efetivação no prazo de 30 dias, só ocorre se caracterizada omissão do requerente.

* QUESTÕES OBJETIVAS

139. **(Cespe/PGE/PE/Procurador/2018)** A respeito da aplicação da tutela de urgência, assinale a opção correta.

a) Poderá ser deferida e efetivada contra o poder público antes do trânsito em julgado do processo.
b) Cassada em sentença, somente poderá ser restabelecida mediante o deferimento de pedido nesse sentido constante no respectivo recurso.
c) Será concedida sempre que caracterizado o manifesto propósito protelatório da parte adversa ou o abuso do direito de defesa, independentemente de demonstração de perigo de dano.
d) Não poderá ser concedida nos processos sobrestados por força do regime repetitivo.
e) Não poderá ser concedida em incidente de desconsideração da personalidade jurídica.

140. **(Cespe/PGE/AM/Procurador/2016)** A tutela provisória antecipada poderá ser concedida em caráter antecedente, liminarmente e incidentalmente a qualquer tempo, ao passo que a tutela provisória cautelar só poderá ser concedida em caráter antecedente.

141. **(Cespe/DPE/AL/Defensor/2017)** De acordo com o Código de Processo Civil (CPC), é passível de estabilização a tutela

a) cautelar de urgência requerida em caráter antecedente, mediante a negociação expressa entre as partes.
b) antecipada concedida em caráter antecedente, se da decisão houver interposição de recurso por assistente simples e o réu não se manifestar.
c) cautelar concedida em caráter antecedente, se da decisão não houver interposição de recurso cabível.

d) antecipada de urgência requerida em caráter antecedente, mediante negociação expressa entre as partes.

e) provisória concedida em caráter incidental, se da decisão não houver interposição tempestiva de recurso.

142. **(Cespe/PC/MA/Delegado/2018)** Julgue os itens a seguir, a respeito do procedimento da tutela antecipada requerida em caráter antecedente.

I. Concedida a tutela antecipada, o autor deverá aditar a petição inicial com a complementação de argumentação e confirmação do pedido de tutela final e, se for o caso, com a juntada de novos documentos.

II. O aditamento da petição inicial deverá ocorrer nos mesmos autos, no prazo de quinze dias, mediante o pagamento de novas custas processuais.

III. O processo será extinto sem resolução do mérito quando não for realizado o aditamento à petição inicial.

Assinale a opção correta.

a) Apenas o item I está certo.
b) Apenas o item II está certo.
c) Apenas os itens I e III estão certos.
d) Apenas os itens II e III estão certos.
e) Todos os itens estão certos.

5.3. Da Tutela da Evidência

*** ENUNCIADOS CJF**

CJF Proc. Civil 47. A probabilidade do direito constitui requisito para concessão da tutela da evidência fundada em abuso do direito de defesa ou em manifesto propósito protelatório da parte contrária.

CJF Proc. Civil 48. É admissível a tutela provisória da evidência, prevista no art. 311, II, do CPC, também em casos de tese firmada em repercussão geral ou em súmulas dos tribunais superiores.

*** QUESTÕES OBJETIVAS**

143. **(Cespe/TRF/1R/Analista/2017)** Para a concessão da tutela de evidência, é exigido que a parte demonstre o perigo de dano ao direito alegado.

6. DA FORMAÇÃO, DA SUSPENSÃO E DA EXTINÇÃO DO PROCESSO

*** QUESTÕES OBJETIVAS**

144. **(Cespe/TCE/PA/Auditor/2016)** Considera-se proposta a ação somente após a citação válida do réu.

145. **(Cespe/TCE/PA/Auditor/2016)** Quando da extinção do processo, o pronunciamento judicial se dará por sentença.

146. **(Cespe/TCE/PA/Auditor/2016)** O juiz deverá conceder à parte oportunidade para corrigir vício que possa resultar na extinção do processo sem resolução do mérito.

147. **(Cespe/TCE/PA/Auditor/2016)** A perda da capacidade processual do representante legal da parte configura hipótese de suspensão do processo.

148. **(Cespe/TRF/1R/Analista/2017)** Se a decisão de mérito depender da verificação da existência de fato delituoso, o juiz poderá determinar a suspensão do processo até o pronunciamento da justiça criminal.

149. **(Cespe/TRF/1R/Analista/2017)** De acordo com o novo Código de Processo Civil, considera-se proposta a ação quando a petição inicial for protocolada, sendo que o efeito da prevenção está vinculado à distribuição ou ao registro da petição inicial.

7. DO PROCESSO DE CONHECIMENTO E DO CUMPRIMENTO DE SENTENÇA

7.1. Do Procedimento Comum

7.1.1. Da Petição Inicial

*** SÚMULAS**

STJ Súm. 318. Formulado pedido certo e determinado, somente o autor tem interesse recursal em arguir o vício da sentença ilíquida.

*** QUESTÕES OBJETIVAS**

150. **(Cespe/TCE/RN/Assessor_Jurídico/2015)** Caso o juiz indefira a petição inicial em virtude de o réu ser parte ilegítima, caberá agravo ao tribunal ou à turma recursal.

151. **(Cespe/TJ/PR/Juiz/2017)** Determinado indivíduo ajuizou ação de indenização por danos morais contra empresa de comunicação e apontou como causa de pedir a publicação de reportagem que alega ter violado sua dignidade. Com referência a essa situação hipotética e a aspectos processuais a ela pertinentes, assinale a opção correta.

a) Havendo incorreção na atribuição do valor da causa pelo autor, poderá o réu impugnar tal valor por meio de petição autônoma a ser oferecida no mesmo prazo de contestação.

b) Na petição inicial de ação indenizatória fundada em dano moral, o autor deve sempre apresentar pedido genérico, porque a iliquidez do pedido decorre da natureza do dano sofrido.

c) Caberá ao magistrado corrigir de ofício o valor da causa se entender que o proveito econômico perseguido pelo autor está em desacordo com o valor atribuído na petição inicial.

d) Em ação indenizatória fundada em dano moral, o autor terá sempre interesse recursal para majorar a indenização, seja qual for o valor fixado na sentença.

152. **(Cespe/DPE/AC/Defensor/2017)** Em uma petição inicial em processo de conhecimento, o autor requereu que sua ação fosse julgada totalmente procedente, para que fosse reconhecida a impenhorabilidade do seu salário. Requereu, ainda, a condenação do réu ao pagamento de honorários sucumbenciais, nos termos da lei. Nessa situação hipotética, quanto aos pedidos formulados pelo autor da ação, assinale a opção correta.

a) os pedidos são próprios de uma ação de execução de sentença.

b) os pedidos são, respectivamente, declaratório e condenatório.

c) o pedido imediato é uma obrigação de fazer.

d) o pedido mediato não é um bem da vida.

e) o pedido imediato é uma obrigação de não fazer.

7.1.2. Da Improcedência Liminar do Pedido

✱ SÚMULAS

STJ Súm. 409. Em execução fiscal, a prescrição ocorrida antes da propositura da ação pode ser decretada de ofício (art. 219, § 5º, do CPC).

✱ ENUNCIADOS CJF

CJF Proc. Civil 22. Em causas que dispensem a fase instrutória, é possível o julgamento de improcedência liminar do pedido que contrariar decisão do Supremo Tribunal Federal em controle concentrado de constitucionalidade ou enunciado de súmula vinculante.

✱ QUESTÕES OBJETIVAS

153. **(Cespe/PGE/SE/Procurador/2017)** Um indivíduo ajuizou demanda com pedido de natureza patrimonial que versa sobre questão jurídica referente à aplicação da legislação estadual. Ao receber a petição inicial, o juiz percebeu que o único pedido apresentado contraria enunciado de súmula do tribunal de justiça local sobre interpretação da legislação estadual. Nessa situação hipotética, presentes os requisitos de admissibilidade da demanda, e se a causa dispensar fase instrutória, o magistrado

a) deverá citar o réu para audiência de conciliação, que, nesse caso, deve ser obrigatoriamente realizada.

b) somente poderá decidir liminarmente o mérito caso já tenha proferido sentença de total improcedência em outros casos idênticos, devendo o juiz reproduzir o teor de decisão prolatada anteriormente.

c) poderá dispensar a citação do réu e julgar liminarmente improcedente o pedido, desde que demonstre que a súmula reflete entendimento decorrente de julgamento de incidente de resolução de demandas repetitivas.

d) deverá, obrigatoriamente, antes de tomar decisão, dar ao réu a oportunidade de se manifestar, porque é necessário observar o contraditório ainda que o juiz trate de matéria que possa conhecer de ofício.

e) deverá julgar liminarmente improcedente o pedido, e o autor poderá apelar, sendo admissível a retratação do magistrado após a interposição do referido recurso.

154. **(Cespe/TCE/RN/Auditor/2015)** Considerando uma demanda hipotética na qual "A" busque a satisfação de seu crédito decorrente de uma obrigação por parte de "B", se o pedido de A contrariar enunciado de súmula do STF e a demanda, pela sua própria natureza, dispensar a fase instrutória, o juiz determinará a citação de "B" e, após o prazo de quinze dias, com ou sem defesa, julgará improcedente o pedido.

155. **(Cespe/PGE/AM/Procurador/2016)** Se, ao analisar a petição inicial, o juiz constatar que o pedido funda-se em questão exclusivamente de direito e contraria entendimento firmado em incidente de resolução de demandas repetitivas, ele deverá, sem ouvir o réu, julgar liminarmente improcedente o pedido do autor.

7.1.3. Da Audiência de Conciliação ou de Mediação

*** ENUNCIADOS CJF**

CJF Proc. Civil 23. Na ausência de auxiliares da justiça, o juiz poderá realizar a audiência inaugural do art. 334 do CPC, especialmente se a hipótese for de conciliação.

CJF Proc. Civil 24. Havendo a Fazenda Pública publicizado ampla e previamente as hipóteses em que está autorizada a transigir, pode o juiz dispensar a realização da audiência de mediação e conciliação, com base no art. 334, § 4º, II, do CPC, quando o direito discutido na ação não se enquadrar em tais situações.

CJF Proc. Civil 25. As audiências de conciliação ou mediação, inclusive dos juizados especiais, poderão ser realizadas por videoconferência, áudio, sistemas de troca de mensagens, conversa online, conversa escrita, eletrônica, telefônica e telemática ou outros mecanismos que estejam à disposição dos profissionais da autocomposição para estabelecer a comunicação entre as partes.

CJF Proc. Civil 26. A multa do § 8º do art. 334 do CPC não incide no caso de não comparecimento do réu intimado por edital.

*** QUESTÕES OBJETIVAS**

156. **(Cespe/MPE/RR/Promotor/2017)** Julgue os itens a seguir, a respeito de provas, revelia, sentença e coisa julgada.

I. Nos casos em que a causa possa ser resolvida por autocomposição, as partes, se plenamente capazes, poderão consensualmente escolher o perito, antecipando-se à nomeação deste pelo juiz.

II. No procedimento comum, a ausência do réu, sem justificativa, à audiência de conciliação ou mediação caracteriza a confissão ficta quanto à veracidade dos fatos alegados pelo autor na inicial.

III. É inadmissível ação rescisória diante de decisão transitada em julgado que não seja de mérito.

IV. Nas hipóteses em que a sentença se sujeite à remessa necessária, caso seja interposta apelação total pelo ente público vencido, o juiz estará dispensado de proceder à formalização do duplo grau obrigatório.

Estão certos apenas os itens

a) I e II.

b) I e IV.

c) II e III.

d) III e IV.

157. **(Cespe/PGM/Belo_Horizonte/Procurador/2017)** Um procurador municipal ajuizou ação regressiva de indenização contra servidor em razão de acidente de trânsito. Na ação, protestou pela juntada posterior da sentença definitiva que condenou o município a indenizar terceiro, com base em responsabilização objetiva do Estado, e que registrou a culpa do servidor. Ao analisar a peça, o juiz percebeu que havia sido utilizado modelo de petição antigo, de 2014, e despachou, litteris: "Emende-se a inicial, para adequação ao novo CPC". Com referência a essa situação hipotética, assinale a opção correta.

a) Na emenda, o procurador deverá, necessariamente, informar sua opção pela realização ou não de audiência de conciliação ou de mediação.

b) É admissível a juntada posterior da sentença mencionada, sob pena de cerceamento de defesa, já que não se trata de documento indispensável à propositura da ação.

c) O despacho do juiz está de acordo com as regras do novo CPC acerca do despacho que determina a emenda à inicial.

d) Na emenda, deverão ser necessariamente acrescentados o CPF, o endereço eletrônico e o estado civil do réu, sob pena de indeferimento da inicial.

158. **(Cespe/DPE/AL/Defensor/2017)** No processo de conhecimento, o réu devidamente citado que, injustificadamente, não comparecer à audiência de conciliação

a) será considerado revel e seu ato será considerado atentatório à dignidade da justiça.

b) será sancionado com multa, cujo valor deve ser revertido em favor da União ou do estado.

c) será considerado revel e sancionado com multa, cujo valor deve ser revertido em favor da União ou do estado.

d) será sancionado com multa, cujo valor deve ser revertido em favor do autor.

e) terá o prazo de dez dias para manifestar seu interesse na autocomposição.

7.1.4. Da Contestação, Da Reconvenção, Da Revelia

✱ SÚMULAS

1) Da Contestação

STJ Súm. 485. A Lei de Arbitragem aplica-se aos contratos que contenham cláusula arbitral, ainda que celebrados antes da sua edição.

✱ REPERCUSSÃO & REPETITIVOS

STJ Repetitivo 622. A aplicação da sanção civil do pagamento em dobro por cobrança judicial de dívida já adimplida (cominação encartada no art. 1.531 do CC/1916, reproduzida no art. 940 do CC/02) pode ser postulada pelo réu na própria defesa, independendo da propositura de ação autônoma ou do manejo de reconvenção, sendo imprescindível a demonstração de má-fé do credor. (REsp 1111270, 25.11.2015)

✱ INFORMATIVOS DE JURISPRUDÊNCIA

Réu citado por edital. Revelia. Nomeação de curador especial. Legitimidade ativa para reconvir.

STJ O curador especial tem legitimidade para propor reconvenção em favor de réu revel citado por edital. REsp 1.088.068, Rel. Min. Antonio Carlos Ferreira, DJe 9.10.2017. 4ª T. (Info 613)

✱ QUESTÕES OBJETIVAS

159. **(Cespe/PGE/PE/Procurador/2018)** O réu apresentou pedido reconvencional, mas não indicou o correspondente valor da causa. Nessa situação hipotética, o juiz deverá determinar

a) a abertura de prazo para a réplica, pois o valor da causa não é necessário na reconvenção.

b) o desentranhamento da reconvenção e o seguimento do processo, considerando apenas a contestação.

c) a abertura de prazo para a réplica, pois não cabe ao juiz, de ofício, corrigir valor da causa ou sua ausência.

d) a emenda da contestação, sob pena de não conhecimento do pedido reconvencional em particular, sem prejuízo da defesa apresentada contra o pedido do autor na mesma peça.

e) a emenda da contestação, sob pena de revelia, ônus aplicável se, após oportunizada a correção pelo juiz, o réu persistir na omissão.

160. **(Cespe/Funresp/Especialista_Jurídico/2016)** A arguição de questões preliminares de litispendência, coisa julgada e defeito de representação constituem modalidades de defesa de natureza dilatória, devendo ser apresentadas na contestação.

161. **(Cespe/TCE/RN/Auditor/2015)** De acordo com o entendimento do STF e do STJ, admite-se a ocorrência da litispendência entre um mandado de segurança e uma ação ordinária.

162. **(Cespe/TJ/AM/Juiz/2016)** Acerca da jurisdição e dos princípios informativos do processo civil, assinale a opção correta:

a) no âmbito do processo civil, admite-se a renúncia, expressa ou tácita, do direito atribuído à parte de participar do contraditório.

b) a jurisdição voluntária se apresenta predominantemente como ato substitutivo da vontade das partes.

c) a carta precatória constitui exceção ao princípio da indeclinabilidade da jurisdição.

d) a garantia do devido processo legal se limita à observância das formalidades previstas no CPC.

e) o princípio da adstrição atribui à parte o poder de iniciativa para instaurar o processo civil.

163. **(Cespe/PGM/Belo_Horizonte/Procurador/2017)** Em determinada demanda, não chegou a ser designada a audiência preliminar de conciliação ou mediação. O réu, citado pelo correio e patrocinado pela defensoria pública, apresentou sua defesa em 14.3.2017, no décimo sexto dia a partir da juntada aos autos do aviso de recebimento cumprido. Em sua defesa, ele sustentou prescrição e incompetência relativa do juízo e, ao final, requereu a improcedência do pedido. Nessa situação hipotética:

a) o juiz poderia conhecer de ofício tanto a prescrição quanto a incompetência relativa, ainda que não tivessem sido alegadas.

b) a contestação poderia ter sido protocolada em foro diverso daquele em que foi ajuizada a demanda.

c) a exceção de incompetência relativa deveria ter sido arguida em petição apartada da contestação.

d) a contestação foi intempestiva.

164. **(Cespe/PGM/Fortaleza/Procurador/2017)** No polo ativo ou passivo da reconvenção poderão ser incluídos terceiros legitimados em litisconsórcio ativo ou passivo.

165. **(Cespe/TRE/BA/Analista/Administrativo/2017)** João ajuizou ação contra Maria e Joana, as quais, citadas, se fizeram representar por diferentes procuradores, de escritórios de advocacia distintos. As procurações foram juntadas aos autos eletrônicos. Nessa situação hipotética, o prazo para Maria e Joana apresentarem suas contestações no processo é de

a) 5 dias.

b) 15 dias.

c) 10 dias.

d) 8 dias.

e) 30 dias.

166. **(Cespe/TCE/PR/Analista/2016)** Com referência ao processo, ao procedimento comum e à intervenção de terceiros, assinale a opção correta de acordo com o Código de Processo Civil (CPC).

a) De acordo com o CPC, sentença é o pronunciamento do magistrado que, com ou sem resolução do mérito, extingue o processo em primeiro grau. Os demais atos decisórios do juiz singular possuem natureza interlocutória.

b) A impugnação da parte principal ao requerimento de ingresso do assistente dá ensejo à suspensão do processo principal até que sobrevenha decisão do juiz quanto ao incidente processual relativo ao ingresso do assistente.

c) No procedimento comum, a ausência injustificada do réu à audiência de conciliação acarreta a decretação de sua revelia e a consequente presunção de veracidade dos fatos alegados pelo autor na petição inicial.

d) No procedimento comum, contestação e reconvenção devem ser apresentadas em uma única peça processual, ressalvada ao réu a possibilidade de apresentar reconvenção isoladamente caso não deseje contestar.

e) O pedido de desconsideração da personalidade jurídica deve ser formulado no momento da propositura da ação, sendo vedado o ingresso superveniente do sócio no processo após a estabilização da demanda.

167. **(Cespe/TRE/TO/Analista/2017)** Após ter sido citado em demanda que tramita pelo procedimento comum, Celso, além de se defender quanto ao mérito das alegações, deseja alegar incompetência relativa e incorreção quanto ao valor da causa, bem como apresentar reconvenção. Nessa situação hipotética, de acordo com o CPC, devem ser apresentadas

a) a defesa de mérito, a incompetência relativa e a incorreção do valor da causa, na contestação; e a reconvenção, em peça distinta.

b) a defesa de mérito, a alegação de incompetência relativa e a reconvenção, na peça de contestação; e a alegação de incorreção do valor da causa, em peça distinta.

c) a defesa de mérito, a alegação de incompetência relativa, a alegação de incorreção do valor da causa e a reconvenção, em uma única peça processual de contestação.

d) a defesa de mérito, na contestação; a alegação de incompetência relativa, por meio de exceção; a alegação de incorreção do valor da causa e a reconvenção, em peças distintas.

e) a defesa de mérito e a incompetência relativa, na contestação; a alegação de incorreção do valor da causa e a reconvenção, em peças distintas.

7.1.5. Das Providências Preliminares e do Saneamento

✱ SÚMULAS

STF Súm. 231. O revel, em processo civil, pode produzir provas, desde que compareça em tempo oportuno.

✱ QUESTÕES OBJETIVAS

168. **(Cespe/PGM/Fortaleza/Procurador/2017)** A decisão de saneamento e de organização do processo estabiliza-se caso não seja objeto de impugnação pelas partes no prazo de cinco dias, vinculando a atividade jurisdicional a partir desse momento processual.

7.1.6. Do Julgamento Conforme o Estado do Processo

✱ SÚMULAS

STF Súm. 424. Transita em julgado o despacho saneador de que não houve recurso, excluídas as questões deixadas, explícita ou implicitamente, para a sentença.

✱ ENUNCIADOS CJF

CJF Proc. Civil 27. Não é necessário o anúncio prévio do julgamento do pedido nas situações do art. 355 do CPC.

CJF Proc. Civil 28. Os incisos do art. 357 do CPC não exaurem o conteúdo possível da decisão de saneamento e organização do processo.

CJF Proc. Civil 29. A estabilidade do saneamento não impede a produção de outras provas, cuja necessidade se origine de circunstâncias ou fatos apurados na instrução.

✱ QUESTÕES OBJETIVAS

169. (Cespe/PGE/SE/Procurador/2017) Ao tratar das hipóteses de julgamento conforme o estado do processo, o CPC determina que o julgamento antecipado do mérito

a) somente deve ser utilizado se o juiz estiver apto a prolatar decisão líquida; caso contrário, este deve prolongar a fase de conhecimento.
b) pode ser realizado de modo parcial, por meio de decisão interlocutória impugnável por agravo de instrumento.
c) depende, para que seja legitimamente procedido, da existência de precedente firmado no julgamento de casos repetitivos.
d) deve ser utilizado sempre que o réu for revel, porque, nesses casos, a instrução probatória é desnecessária.
e) deve ser feito com a utilização da técnica processual denominada tutela provisória, nas modalidades de urgência ou de evidência.

170. (Cespe/TCE/RN/Auditor/2015) Considerando uma demanda hipotética na qual "A" busque a satisfação de seu crédito decorrente de uma obrigação por parte de "B", admite-se que o juiz julgue antecipadamente o pedido, proferindo sentença de improcedência por insuficiência de provas.

171. (Cespe/PGM/Belo_Horizonte/Procurador/2017) Acerca do julgamento conforme o estado do processo, assinale a opção correta.

a) O julgamento parcial de mérito só poderá ocorrer se a obrigação a ser reconhecida for líquida.
b) O julgamento antecipado do mérito feito após providências preliminares de saneamento baseia-se em cognição sumária.
c) A decisão parcial de mérito que se torna definitiva produz coisa julgada e pode ser objeto de ação rescisória.
d) Caberá apelação contra a decisão que julgar antecipadamente parte do mérito.

172. (Cespe/PGM/Fortaleza/Procurador/2017) Em julgamento antecipado parcial de mérito, o magistrado pode reconhecer a existência de obrigação líquida ou ilíquida, e, em qualquer dessas hipóteses, a interposição de recurso contra a decisão do juiz não obsta a liquidação ou execução da decisão interlocutória de mérito, independentemente do oferecimento de caução pelo autor.

173. (Cespe/TRF/1R/Analista/2017) O pedido de julgamento antecipado da lide pelo assistido impede o assistente simples de requerer perícia.

7.1.7. Das Provas

✱ SÚMULAS

1) Disposições Gerais

STJ Súm. 301. Em ação investigatória, a recusa do suposto pai a submeter-se ao exame de DNA induz presunção "juris tantum" de paternidade.

2) Da Produção Antecipada da Prova

STJ Súm. 368. Compete à justiça comum estadual processar e julgar os pedidos de retificação de dados cadastrais da justiça eleitoral.

3) Da Prova Documental

STF Súm. 225. Não é absoluto o valor probatório das anotações da carteira profissional.

STF Súm. 260. O exame de livros comerciais, em ação judicial, fica limitado às transações entre os litigantes.

STJ Súm. 132. A ausência de registro da transferência não implica a responsabilidade do antigo proprietário por dano resultante de acidente que envolva o veículo alienado.

STJ Súm. 132. A ausência de registro da transferência não implica a responsabilidade do antigo proprietário por dano resultante de acidente que envolva o veículo alienado.

4) Da Prova Pericial

STF Súm. 261. Para a ação de indenização, em caso de avaria, é dispensável que a vistoria se faça judicialmente.

5) Da Prova Testemunhal

STJ Súm. 149. A prova exclusivamente testemunhal não basta à comprovação da atividade rurícola, para efeito da obtenção de benefício previdenciário.

✱ ENUNCIADOS CJF

CJF Proc. Civil 30. É admissível a prova emprestada, ainda que não haja identidade de partes, nos termos do art. 372 do CPC.

CJF Proc. Civil 31. A compatibilização do disposto nos arts. 378 e 379 do CPC com o art. 5º, LXIII, da CF/1988, assegura à parte, exclusivamente, o direito de não produzir prova contra si quando houver reflexos no ambiente penal.

CJF Proc. Civil 32. A vedação à apresentação de defesa prevista no art. 382, § 4º, do CPC, não impede a alegação pelo réu de matérias defensivas conhecíveis de ofício.

CJF Proc. Civil 33. No depoimento pessoal, o advogado da contraparte formulará as perguntas diretamente ao depoente.

CJF Proc. Civil 34. A qualificação incompleta da testemunha só impede a sua inquirição se houver demonstração de efetivo prejuízo.

CJF Proc. Civil 35. Considerando os princípios do acesso à justiça e da segurança jurídica, persiste o interesse de agir na propositura de ação declaratória a respeito da questão prejudicial incidental, a ser distribuída por dependência da ação preexistente, inexistindo litispendência entre ambas as demandas (arts. 329 e 503, § 1º, do CPC).

CJF Proc. Civil 50. A eficácia da produção antecipada de provas não está condicionada a prazo para a propositura de outra ação.

✱ INFORMATIVOS DE JURISPRUDÊNCIA

Ação cautelar de exibição de documentos. Dados coletados pelo IBGE. Repasse sem finalidades estatísticas. Impossibilidade. Sigilo das informações individualizadas. Proteção legal.

STJ O Instituto Brasileiro de Geografia e Estatística está legalmente impedido de fornecer a quem quer que seja as informações individualizadas que coleta, no desempenho de suas atribuições, para que sirvam de prova em quaisquer outros procedimentos administrativos. REsp 1.353.602, Rel. Min. Napoleão Nunes Maia Filho, DJ 7.12.2017. 1ª T. (Info 617)

✱ QUESTÕES OBJETIVAS

174. **(Cespe/DPE/PE/Defensor/2015)** Não é permitido às partes estabelecer convenção que distribua de maneira diversa o ônus da prova. Trata-se de regra legal que não se encontra à disposição das partes.

175. **(Cespe/DPE/PE/Defensor/2015)** A teoria da carga dinâmica da prova dispõe que cada parte deverá produzir prova capaz de demonstrar suas alegações, independentemente de quem tenha melhores condições de produzi-la.

176. **(Cespe/TRT/8R/Analista/2016)** Com base nas normas processuais relativas às provas no processo civil, assinale a opção correta.

a) José propôs ação anulatória de infração de trânsito, alegando que ele e seu veículo não estavam no local da autuação na hora indicada na multa. Nessa situação, o réu terá o ônus de comprovar o fato contrário ao alegado por José, haja vista que não se pode exigir do autor a prova de fato negativo.

b) A testemunha submetida ao regime da legislação trabalhista não pode sofrer, por ter comparecido à audiência, perda de salário ou desconto no tempo de serviço, podendo, ainda, qualquer testemunha requerer o pagamento da despesa realizada para ir à audiência.

c) Em 2009, Rafael ajuizou ação indenizatória contra Marcos. Durante a instrução processual, a testemunha inquirida faleceu, três meses depois da inquisição. Em 2011, Luana acionou Marcos em ação que versava sobre o mesmo fato. Nessa situação, a utilização, no processo proposto por Luana, da prova testemunhal do processo ajuizado por Rafael é manifestamente ilegítima.

d) Viola norma expressa do CPC – que determina que a instrução probatória será feita de acordo com o princípio dispositivo – o magistrado que determina de ofício a exibição de documento que estava com o réu.

e) Caso, durante a produção de prova pericial em processo judicial, as partes solicitem prorrogação do prazo legal de cinco dias para indicar assistente técnico e formular quesitos, o juiz deve rejeitar o pedido, dada a natureza peremptória de qualquer prazo legal.

177. **(Cespe/TRE/BA/Analista/Administrativo/2017)** Acerca do procedimento ordinário, assinale a opção correta.

a) A audiência de instrução poderá ser fracionada injustificadamente pelo juiz.

b) Se não houver conexão, não é lícita a cumulação de vários pedidos em um único processo, ainda que contra o mesmo réu.

c) Não se presumem verdadeiros os fatos não impugnados que estiverem em contradição com a defesa, considerada em seu conjunto.

d) Como regra, a confissão é irrevogável e divisível, podendo a parte que a quiser invocar aceitá-la tão somente quanto ao tópico que a beneficiar.

e) Os fatos, ainda que notórios, dependem de prova.

178. **(Cespe/TRE/PE/Analista/2017)** No que se refere às provas no processo civil, assinale a opção correta.

a) Foi adotado o sistema do livre convencimento puro na valoração das provas pelo juiz.

b) O ônus da prova incumbirá à parte que produziu o documento, quando for contestada a autenticidade deste.

c) Devido ao fato de os indivíduos com menos de dezesseis anos de idade serem incapazes para depor, o juiz não pode admitir que eles deponham.

d) É permitido ao advogado requerer o depoimento pessoal da parte que esteja sob o seu patrocínio.

e) São admitidos os meios típicos e atípicos para a prova dos fatos em juízo, ainda que tais meios sejam moralmente ilegítimos.

179. **(Cespe/PC/MA/Legista/2018)** Nas perícias cíveis, quando a prova do fato depender de conhecimento técnico e científico, o juiz será assistido por perito. Após a ciência de sua nomeação, caso não apresente escusa, o perito deverá

a) comprovar regularidade com órgão fiscalizador da profissão em quinze dias.

b) apresentar seu laudo em vinte dias.

c) confirmar, em três dias úteis, a aceitação do encargo pericial.

d) apresentar, em cinco dias, proposta de honorários.

e) oferecer quesitos, caso deseje, em dez dias.

180. **(Cespe/PC/MA/Legista/2018)** De acordo com o Código de Processo Civil, o(a)

I. perito, para o desempenho de sua função, poderá ouvir testemunhas, faculdade que não se estende aos assistentes técnicos.

II. laudo pericial deverá conter a indicação do método utilizado.

III. perito poderá ser intimado para audiência por meio eletrônico.

IV. escolha do perito é prerrogativa exclusiva do juiz.

Estão certos apenas os itens

a) I e II.

b) I e IV.

c) II e III.

d) I, III e IV.

e) II, III e IV.

181. **(Cespe/DPE/PE/Defensor/2018)** Não havendo processo anterior que trate da situação, a demonstração de que determinado fato ocorreu em rede social acessível pela Internet poderá ser realizada com a juntada aos autos

a) de declaração pessoal do autor.

b) de prova emprestada.

c) do computador.

d) da prova pericial.

e) de ata notarial.

182. **(Cespe/DPE/PE/Defensor/2018)** Na ação civil, relaciona-se ao pedido de exibição de documento ou coisa o pressuposto processual consistente na:

a) manifestação do Ministério Público sobre a existência de prejuízo, caso não ocorra a exibição.

b) explicação, pelo autor, de que existe o objeto do pedido e de que ele se encontra em poder da outra parte na relação processual.

c) demonstração, pelo autor, de que pretende conhecer documentos ou coisa para instruir ação de terceiros.

d) existência de documento que comprove a repetição de processos que contenham controvérsia acerca da mesma questão em direito.
e) relevância da questão de direito, que deve ter grande repercussão social, mesmo sem se repetir em múltiplos processos.

7.1.8. Da Sentença e da Coisa Julgada

*** SÚMULAS**

1) Disposições Gerais

STF Súm. 216. Para decretação da absolvição de instância pela paralisação do processo por mais de trinta dias, é necessário que o autor, previamente intimado, não promova o andamento da causa.

STJ Súm. 240. A extinção do processo, por abandono da causa pelo autor, depende de requerimento do réu.

STJ Súm. 409. Em execução fiscal, a prescrição ocorrida antes da propositura da ação pode ser decretada de ofício (art. 219, § 5º, do CPC).

2) Elementos e Efeitos da Sentença

STF Súm. 317. São improcedentes os embargos declaratórios, quando não pedida a declaração do julgado anterior, em que se verificou a omissão.

STJ Súm. 318. Formulado pedido certo e determinado, somente o autor tem interesse recursal em arguir o vício da sentença ilíquida.

3) Remessa Necessária

STJ Súm. 45. No reexame necessário, é defeso ao tribunal agravar a condenação imposta a Fazenda Pública.

STJ Súm. 325. A remessa oficial devolve ao tribunal o reexame de todas as parcelas da condenação suportadas pela Fazenda Pública, inclusive dos honorários de advogado.

STF Súm. 423. Não transita em julgado a sentença por haver omitido o recurso "ex oficio", que se considera interposto "ex lege".

STJ Súm. 490. A dispensa de reexame necessário, quando o valor da condenação ou do direito controvertido for inferior a sessenta salários mínimos, não se aplica a sentenças ilíquidas.

4) Coisa Julgada

STJ Súm. 401. O prazo decadencial da ação rescisória só se inicia quando não for cabível qualquer recurso do último pronunciamento judicial.

*** ENUNCIADOS CJF**

CJF Proc. Civil 36. O disposto no art. 506 do CPC não permite que se incluam, dentre os beneficiados pela coisa julgada, litigantes de outras demandas em que se discuta a mesma tese jurídica.

CJF Proc. Civil 59. Não é exigível identidade absoluta entre casos para a aplicação de um precedente, seja ele vinculante ou não, bastando que ambos possam compartilhar os mesmos fundamentos determinantes.

*** REPERCUSSÃO & REPETITIVOS**

STF Repercussão Geral 499. A eficácia subjetiva da coisa julgada formada a partir de ação coletiva, de rito ordinário, ajuizada por associação civil na defesa de interesses dos associados, somente alcança os filiados, residentes no âmbito da jurisdição do órgão julgador, que o fossem em momento anterior ou até a data da propositura da demanda, constantes da relação jurídica juntada à inicial do processo de conhecimento. (RE 612043, 10.5.2017)

STJ Repetitivo 629. A ausência de conteúdo probatório eficaz a instruir a inicial, conforme determina o art. 320 do NCPC, implica a carência de pressuposto de constituição e desenvolvimento válido do processo, impondo sua extinção sem o julgamento do mérito (art. 485, IV do NCPC) e a consequente possibilidade de o autor intentar novamente a ação (art. 486 do NCPC), caso reúna os elementos necessários à tal iniciativa. (REsp 1352721, 16.12.2015)

*** QUESTÕES DISCURSIVAS**

04. **(Cespe/DP/DF/Defensor/2013)** Defina, sucintamente, coisa julgada no âmbito do processo civil brasileiro, cite as diferentes correntes doutrinárias de referência sobre a matéria e diferencie coisa julgada formal e material.

*** QUESTÕES OBJETIVAS**

183. **(Cespe/DP/DF/Defensor/2013)** Denomina-se coisa julgada material a eficácia, que torna imutável e indiscutível a sentença, não mais sujeita a recurso ordinário ou extraordinário, restando, portanto, consolidada, no instituto da coisa julgada, a verdade dos fatos estabelecida como fundamento da sentença.

184. **(Cespe/DPE/ES/Defensor/2012)** A função positiva da coisa julgada é gerada com base na teoria da identidade da relação jurídica, de modo que é dispensável, para a vinculação ao já decidido em demanda anterior a tríplice identidade de parte, causa de pedir e pedido.

185. **(Cespe/TCE/RN/Auditor/2015)** Considerando uma demanda hipotética na qual "A" busque a satisfação de seu crédito decorrente de uma obrigação por parte de "B", na hipótese de "B" ser o estado do Rio Grande do Norte, a sentença não produzirá efeitos senão depois de confirmada pelo tribunal de justiça, exceto se já houver orientação vinculante firmada no âmbito administrativo do próprio estado, consolidada em manifestação, parecer ou súmula administrativa.

186. **(Cespe/TJ/PR/Juiz/2017)** Determinada sociedade empresária ajuizou demanda contra pequeno município localizado no interior do Paraná e, indicando como causa de pedir o inadimplemento contratual do município, apresentou dois pedidos de indenização: um por danos emergentes no valor de trezentos mil reais; outro por lucros cessantes no valor de duzentos mil reais. Apresentada a defesa pelo ente público e tomadas as providências preliminares, o magistrado julgou procedente o pedido referente aos danos emergentes em decisão interlocutória. Após a produção de outras provas, o juiz prolatou sentença em que julgou procedente também o pedido pertinente aos lucros cessantes, tendo ainda apreciado expressamente questão prejudicial de mérito relativa à validade do contrato. Nenhuma das decisões foi objeto de interposição de recurso pelo município. Nessa situação hipotética:

a) o magistrado não poderia julgar o mérito em decisão interlocutória e, portanto, a decisão interlocutória deverá ser considerada nula quando o tribunal apreciar o processo em sede de remessa necessária.
b) a remessa necessária incidirá apenas em relação à sentença, não podendo recair sobre a decisão interlocutória, mesmo ante o fato de essa decisão ter resolvido o mérito de forma parcial.
c) a decisão interlocutória que versou sobre o mérito da demanda não faz coisa julgada material, porque essa é uma situação jurídica exclusiva das sentenças de mérito, quanto às decisões que são prolatadas em primeiro grau.
d) a coisa julgada sobre a questão prejudicial incidental dependerá de remessa necessária, observados ainda os demais pressupostos para a incidência do duplo grau obrigatório.

187. **(Cespe/TCE/PE/Analista/2017)** A sentença é o produto mais importante da atividade jurisdicional e, assim como a atividade legislativa, normatiza a conduta de todos.

188. **(Cespe/Abin/Oficial/2018)** É prescindível a manifestação das partes acerca de fundamento utilizado em sentença por juiz, quando se trata de matéria a ser decidida de ofício.

189. **(Cespe/DPE/AC/Defensor/2017)** Por determinação legal, o juiz não pode proferir decisão de teor diverso daquele do pedido feito pelo autor, tampouco condenar em quantidade superior ou em objeto diverso do que lhe foi demandado. A partir desse entendimento, assinale a opção correta.

a) É licito ao juiz proferir sentença condicional.
b) A sentença "extra petita" é aquela em que há majoração ilícita de algo requerido na inicial.
c) A sentença "ultra petita" é aquela em que é conferido direito não requerido na inicial.
d) Sentença fundamentada em razões diversas daquelas presentes no recurso não é considerada "extra petita".
e) Se o pedido de correção monetária não for formulado pelo autor, o juiz não poderá se pronunciar sobre a questão.

190. **(Cespe/STM/Analista/Judiciária/2018)** Ao verificar que o impetrante criou obstáculos ao normal andamento do processo, o juiz decretou, de ofício, a perempção da liminar concedida. Nessa situação, agiu erroneamente o juiz, que violou direito garantido constitucionalmente.

7.1.9. Da Liquidação de Sentença

✱ SÚMULAS

STJ Súm. 344. A liquidação por forma diversa da estabelecida na sentença não ofende a coisa julgada.

✱ QUESTÕES OBJETIVAS

191. **(Cespe/TCE/RN/Auditor/2015)** Considerando uma demanda hipotética na qual "A" busque a satisfação de seu crédito decorrente de uma obrigação por parte de "B", caso os pedidos de "A" sejam julgados procedentes e a sentença condene "B" em quantia ilíquida, a liquidação poderá ocorrer tanto a requerimento de "A" quanto de "B", sendo certo que se dará pelo procedimento comum quando houver a necessidade de alegar ou provar fato novo.

7.2. Do Cumprimento da Sentença

* SÚMULAS

1) Disposições Gerais

STJ Súm. 517. São devidos honorários advocatícios no cumprimento de sentença, haja ou não impugnação, depois de escoado o prazo para pagamento voluntário, que se inicia após a intimação do advogado da parte executada.

2) Do Cumprimento Definitivo da Sentença que Reconhece a Exigibilidade de Obrigação de Pagar Quantia Certa

STJ Súm. 517. São devidos honorários advocatícios no cumprimento de sentença, haja ou não impugnação, depois de escoado o prazo para pagamento voluntário, que se inicia após a intimação do advogado da parte executada.

3) Do Cumprimento de Sentença que Reconheça a Exigibilidade de Obrigação de Prestar Alimentos

STF Súm. 490. A pensão correspondente à indenização oriunda de responsabilidade civil deve ser calculada com base no salário-mínimo vigente ao tempo da sentença e ajustar-se-á às variações ulteriores.

STJ Súm. 54. Os juros moratórios fluem a partir do evento danoso, em caso de responsabilidade extracontratual.

STJ Súm. 246. O valor do seguro obrigatório deve ser deduzido da indenização judicialmente fixada.

STJ Súm. 309. O débito alimentar que autoriza a prisão civil do alimentante é o que compreende as três prestações anteriores ao ajuizamento da execução e as que se vencerem no curso do processo.

STJ Súm. 313. Em ação de indenização, procedente o pedido, é necessária a constituição de capital ou caução fidejussória para a garantia de pagamento da pensão, independentemente da situação financeira do demandado.

4) Do Cumprimento de Sentença que Reconheça a Exigibilidade de Obrigação de Pagar Quantia Certa pela Fazenda Pública

STJ Súm. 144. Os créditos de natureza alimentícia gozam de preferência, desvinculados os precatórios da ordem cronológica dos créditos de natureza diversa.

STJ Súm. 394. É admissível, em embargos à execução, compensar os valores de imposto de renda retidos indevidamente na fonte com os valores restituídos apurados na declaração anual.

STJ Súm. 487. O parágrafo único do art. 741 do CPC não se aplica às sentenças transitadas em julgado em data anterior à da sua vigência.

* ENUNCIADOS CJF

1) Disposições Gerais

CJF Proc. Civil 84. O comparecimento espontâneo da parte constitui termo inicial dos prazos para pagamento e, sucessivamente, impugnação ao cumprimento de sentença.

CJF Proc. Civil 85. Na execução de título extrajudicial ou judicial (art. 515, § 1º, do CPC) é cabível a citação postal.

CJF Proc. Civil 87. O acordo de reparação de danos feito durante a suspensão condicional do processo, desde que devidamente homologado por sentença, é título executivo judicial.

2) Do Cumprimento Provisório da Sentença que Reconhece a Exigibilidade de Obrigação de Pagar Quantia Certa

CJF Proc. Civil 88. A caução prevista no inc. IV do art. 520 do CPC não pode ser exigida em cumprimento definitivo de sentença. Considera-se como tal o cumprimento de sentença transitada em julgado no processo que deu origem ao crédito executado, ainda que sobre ela penda impugnação destituída de efeito suspensivo.

3) Do Cumprimento Definitivo da Sentença que Reconhece a Exigibilidade de Obrigação de Pagar Quantia Certa

CJF Proc. Civil 89. Conta-se em dias úteis o prazo do caput do art. 523 do CPC.

CJF Proc. Civil 90. Conta-se em dobro o prazo do art. 525 do CPC nos casos em que o devedor é assistido pela Defensoria Pública.

CJF Proc. Civil 91. Interpreta-se o art. 524 do CPC e seus parágrafos no sentido de permitir que a parte patrocinada pela Defensoria Pública continue a valer-se da contadoria judicial para elaborar cálculos para execução ou cumprimento de sentença.

CJF Proc. Civil 92. A intimação prevista no caput do art. 523 do CPC deve contemplar, expressamente, o prazo sucessivo para impugnar o cumprimento de sentença.

CJF Proc. Civil 93. Da decisão que julga a impugnação ao cumprimento de sentença cabe apelação, se extinguir o processo, ou agravo de instrumento, se não o fizer.

CJF Proc. Civil 94. Aplica-se o procedimento do art. 920 do CPC à impugnação ao cumprimento de sentença, com possibilidade de rejeição liminar nas hipóteses dos arts. 525, § 5º, e 918 do CPC.

CJF Proc. Civil 95. O juiz, antes de rejeitar liminarmente a impugnação ao cumprimento de sentença (art. 525, § 5º, do CPC), deve intimar o impugnante para sanar eventual vício, em observância ao dever processual de cooperação (art. 6º do CPC).

4) Do Cumprimento de Sentença que Reconheça a Exigibilidade de Obrigação de Fazer, de não Fazer ou de Entregar Coisa

CJF Proc. Civil 96. Os critérios referidos no caput do art. 537 do CPC devem ser observados no momento da fixação da multa, que não está limitada ao valor da obrigação principal e não pode ter sua exigibilidade postergada para depois do trânsito em julgado.

* INFORMATIVOS DE JURISPRUDÊNCIA

Cumprimento de sentença. Autos físicos. Prazo para pagamento voluntário. Cômputo em dobro em caso de litisconsortes com procuradores distintos.

STJ O prazo comum para cumprimento voluntário de sentença deverá ser computado em dobro no caso de litisconsortes com procuradores distintos, em autos físicos. REsp 1.693.784, Rel. Min. Luis Felipe Salomão, DJ 5.2.2018. 5ª T. (Info 619)

Impugnação ao cumprimento de sentença. Penhora. Seguro garantia judicial. Indicação. Possibilidade. Equiparação a dinheiro.

STJ Na fase de cumprimento de sentença, é incabível a rejeição do seguro garantia judicial pelo exequente, salvo por insuficiência, defeito formal ou inidoneidade da salvaguarda oferecida. REsp 1.691.748, Rel. Min. Ricardo Villas Bôas Cueva, DJ 17.11.2017. 3ª T. (Info 615)

* QUESTÕES OBJETIVAS

192. (Cespe/TRF/5R/Juiz/2017) Com base na jurisprudência do Superior Tribunal de Justiça (STJ), julgue os seguintes itens, no que concerne à tutela provisória, à competência e ao cumprimento de sentença.

I. Mesmo após o comparecimento espontâneo do réu em juízo, é indispensável sua intimação formal para que se inicie o prazo para a impugnação na fase de cumprimento de sentença.

II. A justiça federal possui competência para julgar demanda proposta por estudante acerca de credenciamento de instituição privada de ensino superior junto ao Ministério da Educação, com vistas à expedição de diploma de ensino a distância ao autor.

III. Em demanda previdenciária, os valores recebidos por força de tutela provisória de urgência antecipada posteriormente revogada serão irrepetíveis, em razão da natureza alimentar e da boa-fé no seu recebimento.

Assinale a opção correta.

a) Nenhum item está certo.

b) Apenas o item I está certo.

c) Apenas o item II está certo.

d) Apenas o item III está certo.

e) Todos os itens estão certos.

193. (Cespe/PGE/SE/Procurador/2017) O tribunal de justiça de um estado, ao dar provimento à apelação interposta pela companheira de servidor falecido, em ação ajuizada contra a administração pública, condenou o ente público a pagar à autora, retroativamente, valores referentes à pensão por morte desde a data do óbito do servidor, além de determinar a imediata implementação da pensão em folha de pagamento. O ente público interpôs, então, recurso especial apenas em relação ao capítulo da obrigação de fazer, tendo sido o recurso recebido somente com efeito devolutivo. Nessa situação hipotética, de acordo com a legislação processual e com a jurisprudência dos tribunais superiores:

a) será possível o cumprimento provisório de obrigação de fazer contra a fazenda pública, bem como o cumprimento definitivo da decisão que reconheceu obrigação de pagar.

b) o cumprimento provisório da obrigação de pagar poderá ser realizado, mas os atos executórios referentes à obrigação de fazer somente poderão ser efetivados quando ocorrer o trânsito em julgado de todos os capítulos do acórdão.

c) é vedada a execução provisória da obrigação de fazer, mas o adimplemento dessa modalidade obrigacional não se submete ao regime de precatórios.

d) os valores referentes à obrigação de fazer deverão ser pagos por precatório, o qual somente deverá ser expedido após o trânsito em julgado.

e) o cumprimento de sentença pela fazenda, seja em relação à obrigação de pagar, seja em relação à obrigação de fazer, deverá aguardar o trânsito em julgado de todos os capítulos do acórdão.

194. **(Cespe/PGE/AM/Procurador/2016)** Caso, em decisão com trânsito em julgado, o réu tenha sido condenado ao pagamento de determinado valor ao autor, a sentença poderá ser objeto de protesto, se, no prazo legal, o réu não realizar o pagamento.

195. **(Cespe/PGE/AM/Procurador/2016)** Proposta pelo estado do Amazonas ação de rescisão contratual cumulada com perdas e danos contra uma empreiteira, o juízo acolheu o pedido e fixou honorários sucumbenciais. Depois de transitada em julgado a decisão e liquidada a sentença, a requerimento do ente autor, a referida empreiteira foi intimada para o cumprimento voluntário da obrigação, não tendo, contudo, cumprido tal obrigação e tampouco apresentado impugnação à medida. Nesse caso, devem ser fixados novos honorários advocatícios referentes à fase de cumprimento de sentença.

196. **(Cespe/PGM/Fortaleza/Procurador/2017)** Os embargos de terceiro somente podem ser utilizados no cumprimento de sentença ou no processo de execução. Por esse motivo, no processo de conhecimento, o terceiro deve defender seus interesses por intermédio de assistência ou oposição.

197. **(Cespe/PGM/Fortaleza/Procurador/2017)** De acordo com o STJ, a sentença declaratória que reconheça a exigibilidade de obrigação de pagar quantia, de fazer, de não fazer ou de entregar coisa constitui título executivo judicial.

198. **(Cespe/TRF/1R/Analista/2017)** Decisão judicial incidente a respeito de parcela incontroversa de dívida observará o rito do cumprimento provisório da sentença.

199. **(Cespe/DPE/AC/Defensor/2017)** Um juiz, nos autos da execução de sentença de determinado processo cível, proferiu despacho determinando que os devedores fossem intimados a efetuar o pagamento do débito, bem como a adimplir as custas recolhidas pelo credor para essa fase do processo. Foi dado aos executados o prazo de quinze dias úteis, sob pena de multa de 10% e de honorários advocatícios de 10% sobre o valor do débito, para que pagassem o débito. Transcorrido esse prazo, caso não houvesse sido realizado o pagamento voluntário, teria início o prazo de quinze dias para que, independentemente de penhora ou de nova intimação, os executados apresentassem, nos próprios autos, sua impugnação, instrumentalizada com o demonstrativo dos cálculos. Considerando-se as informações apresentadas na situação hipotética, conclui-se que a decisão em questão reconhece a exigibilidade de obrigação de

a) pagar quantia certa pela fazenda pública.

b) entregar coisa.

c) fazer.

d) pagar quantia certa.

e) prestar alimentos.

7.3. Dos Procedimentos Especiais

✱ SÚMULAS

1) Da Ação de Exigir Contas

STJ Súm. 259. A ação de prestação de contas pode ser proposta pelo titular de conta corrente bancária.

2) Das Ações Possessórias

STJ Súm. 228. É inadmissível o interdito proibitório para a proteção do direito autoral.

3) Dos Embargos de Terceiro

STJ Súm. 84. É admissível a oposição de embargos de terceiro fundados em alegação de posse advinda do compromisso de compra e venda de imóvel, ainda que desprovido do registro.

STJ Súm. 134. Embora intimado da penhora em imóvel do casal, o cônjuge do executado pode opor embargos de terceiro para defesa de sua meação.

STJ Súm. 195. Em embargos de terceiro não se anula ato jurídico, por fraude contra credores.

STJ Súm. 303. Em embargos de terceiro, quem deu causa à constrição indevida deve arcar com os honorários advocatícios.

4) Da Ação Monitória

STJ Súm. 247. O contrato de abertura de crédito em conta corrente, acompanhado do demonstrativo de débito, constitui documento hábil para o ajuizamento da ação monitória.

STJ Súm. 282. Cabe a citação por edital em ação monitória.

STJ Súm. 292. A reconvenção é cabível na ação monitória, após a conversão do procedimento em ordinário.

STJ Súm. 299. É admissível a ação monitória fundada em cheque prescrito.

STJ Súm. 339. É cabível ação monitória contra a Fazenda Pública.

STJ Súm. 384. Cabe ação monitória para haver saldo remanescente oriundo de venda extrajudicial de bem alienado fiduciariamente em garantia.

STJ Súm. 475. Responde pelos danos decorrentes de protesto indevido o endossatário que recebe por endosso translativo título de crédito contendo vício formal extrínseco ou intrínseco, ficando ressalvado seu direito de regresso contra os endossantes e avalistas.

STJ Súm. 476. O endossatário de título de crédito por endosso-mandato só responde por danos decorrentes de protesto indevido se extrapolar os poderes de mandatário.

STJ Súm. 503. O prazo para ajuizamento de ação monitória em face do emitente de cheque sem força executiva é quinquenal, a contar do dia seguinte à data de emissão estampada na cártula.

STJ Súm. 504. O prazo para ajuizamento de ação monitória em face do emitente de nota promissória sem força executiva é quinquenal, a contar do dia seguinte ao vencimento do título.

STJ Súm. 531. Em ação monitória fundada em cheque prescrito, ajuizada contra o emitente, é dispensável a menção ao negócio jurídico subjacente à emissão da cártula.

5) Do Inventário e da Partilha

STF Súm. 542. Não é inconstitucional a multa instituída pelo Estado-membro, como sanção pelo retardamento do início ou da ultimação do inventário.

* ENUNCIADOS CJF

1) Das Ações Possessórias

CJF Civil 569. No caso do art. 1.242, parágrafo único, a usucapião, como matéria de defesa, prescinde do ajuizamento da ação de usucapião, visto que, nessa hipótese, o usucapiente já é o titular do imóvel no registro.

2) Do Inventário e da Partilha

CJF Proc. Civil 51. Havendo registro judicial ou autorização expressa do juízo sucessório competente, nos autos do procedimento de abertura, registro e cumprimento de testamento, sendo todos os interessados capazes e concordes, poderão ser feitos o inventário e a partilha por escritura pública.

CJF Proc. Civil 52. Na organização do esboço da partilha tratada pelo art. 651 do CPC, deve-se incluir a meação do companheiro.

3) Dos Embargos de Terceiro

CJF Proc. Civil 53. Para o reconhecimento definitivo do domínio ou da posse do terceiro embargante (art. 681 do CPC), é necessária a presença, no polo passivo dos embargos, do réu ou do executado a quem se impute a titularidade desse domínio ou dessa posse no processo principal.

4) Da Habilitação

CJF Proc. Civil 54. Estando o processo em grau de recurso, o requerimento de habilitação far-se-á de acordo com o Regimento Interno do respectivo tribunal (art. 687 do CPC).

CJF Proc. Civil 55. É cabível apelação contra sentença proferida no procedimento especial de habilitação (arts. 687 a 692 do CPC).

5) Da Ação Monitória

CJF Proc. Civil 101. É admissível ação monitória, ainda que o autor detenha título executivo extrajudicial.

6) Dos Procedimentos de Jurisdição Voluntária

CJF Proc. Civil 56. A legitimidade conferida à Defensoria Pública pelo art. 720 do CPC compreende as hipóteses de jurisdição voluntária previstas na legislação extravagante, notadamente no Estatuto da Criança e do Adolescente.

CJF Proc. Civil 57. Todos os legitimados a promover a curatela, cujo rol deve incluir o próprio sujeito a ser curatelado, também o são para realizar o pedido do seu levantamento.

* INFORMATIVOS DE JURISPRUDÊNCIA

Ação de usucapião. CPC/73. Cumulação de pretensões: usucapião e delimitatória. Citação do cônjuge do confinante. Não

ocorrência. Nulidade relativa do feito. Necessidade de demonstração do prejuízo.

STJ A ausência de citação dos confinantes e respectivos cônjuges na ação de usucapião ensejará nulidade relativa, caso se constate o efetivo prejuízo. REsp 1.432.579, Rel. Min. Luis Felipe Salomão, DJ 23.11.2017. 4ª T. (Info 616)

Demanda possessória entre particulares. Oposição pelo ente público. Defesa incidental do domínio e da posse de bem público. Possibilidade.

STJ Em ação possessória entre particulares é cabível o oferecimento de oposição pelo ente público, alegando-se incidentalmente o domínio de bem imóvel como meio de demonstração da posse. EREsp 1.134.446, Rel. Min. Benedito Gonçalves, DJ 4.4.2018. Corte Especial. (Info 623)

Inventário. Exame de questões de alta indagação. Juízo universal. Não exclusividade. Ação autônoma. Possibilidade. Celeridade processual. Art. 984 do CPC/73.

STJ É cabível o ajuizamento de ação autônoma perante o juízo cível quando se constatar, desde logo, a necessidade de dilação probatória incompatível com o rito especial do inventário. REsp 1.480.810, Rel. Min. Nancy Andrighi, DJ 26.3.2018. 3ª T. (Info 622)

Reintegração de posse. Mandado judicial. Cumprimento. Impossibilidade. Apossamento administrativo e ocupação consolidada. Conversão em ação indenizatória de ofício. Viabilidade. Supremacia do interesse público e social. Julgamento "extra petita". Inexistência.

STJ A ação possessória pode ser convertida em indenizatória (desapropriação indireta) – ainda que ausente pedido explícito nesse sentido – a fim de assegurar tutela alternativa equivalente ao particular, quando a invasão coletiva consolidada inviabilizar o cumprimento do mandado reintegratório pelo município. REsp 1.442.440, Rel. Min. Gurgel de Faria, DJ 15.2.2018. 1ª T. (Info 619)

Ação de prestação de contas. Bens e direitos em estado de mancomunhão (entre a separação de fato e a efetiva partilha). Patrimônio comum administrado exclusivamente por ex-cônjuge.

STJ Após a separação de fato ou de corpos, o cônjuge que estiver na posse ou na administração do patrimônio partilhável – seja na condição de administrador provisório, seja na de inventariante – terá o dever de prestar contas ao ex-consorte. REsp 1.274.639, Rel. Min. Luis Felipe Salomão, DJe 23.10.2017. 4ª T. (Info 614)

Ação de reintegração de posse. Veículo. Reparo. Serviço contratado. Pagamento. Recusa. Direito de Retenção. Concessionária. Benfeitoria. Impossibilidade. Posse de boa-fé. Ausência. Detenção do bem.

STJ Oficina mecânica que realiza reparos em veículo, com autorização do proprietário, não pode reter o bem por falta de pagamento do serviço. REsp 1.628.385, Rel. Min. Ricardo Villas Bôas Cueva, DJe 29.8.2017. 3ª T. (Info 610)

Ação monitória. Cobrança. Dívida de jogo. Cassino norte-americano. Possibilidade.

STJ A cobrança de dívida de jogo contraída por brasileiro em cassino que funciona legalmente no exterior é juridicamente possível e não ofende a ordem pública, os bons costumes e a soberania nacional. REsp 1.628.974, Rel. Min. Ricardo Villas Bôas Cueva, DJe 25.8.2017. 3ª T. (Info 610)

Embargos de terceiro. Bloqueio de valor depositado em conta-corrente conjunta. Solidariedade passiva em relação a terceiros. Descabimento. Comprovação da titularidade integral do patrimônio. Inocorrência. Penhora. Apenas da metade pertencente ao executado.

STJ Em se tratando de conta-corrente conjunta solidária, na ausência de comprovação dos valores que integram o patrimônio de cada um, presume-se a divisão do saldo em partes iguais, de forma que os atos praticados por quaisquer dos titulares em suas relações com terceiros não afetam os demais correntistas. REsp 1.510.310, Rel. Min. Nancy Andrighi, DJe 13.10.2017. 3ª T. (Info 613)

* QUESTÕES DISCURSIVAS

05. **(Cespe/DP/DF/Defensor/2013)** Discorra sobre a utilização da usucapião como instrumento de defesa em ações petitórias e possessórias.

* QUESTÕES OBJETIVAS

200. **(Cespe/PGE/PE/Procurador/2018)** Alguns procedimentos especiais referentes a determinadas modalidades de ações foram extintos com o advento do novo CPC, em 2015. Nesses casos, as ações propostas e não sentenciadas antes da entrada em vigor do atual CPC continuam sendo submetidas ao regime disciplinado em procedimento específico previsto no antigo diploma processual civil, de 1973. Esses casos incluem a

a) ação de divisão e de demarcação de terras particulares e a ação de exigir contas.
b) homologação do penhor legal e a ação de usucapião de terras particulares.
c) regulação de avaria grossa e a ação de nunciação de obra nova.
d) ação de vendas a crédito com reserva de domínio e a ação de dissolução parcial de sociedade.
e) ação de anulação e substituição de títulos ao portador e a ação de depósito.

201. **(Cespe/PGE/PE/Procurador/2018)** De acordo com o CPC, no procedimento especial contencioso do inventário e da partilha, o juiz responsável pelo julgamento do processo possui competência para decidir

a) qualquer questão de direito, decorrente ou não de controvérsia fática, que seja relevante para o resultado final do processo.
b) questões de direito que dependam do exame de qualquer modalidade de prova, excepcionada somente a prova pericial.
c) todas as questões de direito, mesmo as que decorram de controvérsia fática, desde que os fatos relevantes estejam provados por documento.
d) apenas questões de direito que não dependam do exame de provas, sendo sempre nula toda decisão que solucione controvérsia fática.
e) controvérsias jurídicas que dependam do exame de provas, desde que haja convenção processual entre as partes para ampliar sua competência.

202. **(Cespe/PGE/SE/Procurador/2017)** De acordo com a jurisprudência do STJ e à luz do CPC, assinale a opção correta a respeito dos procedimentos especiais.

a) No procedimento de inventário e partilha que tramita pelo rito tradicional, o juiz possui competência para, no momento de julgamento do cálculo do imposto de transmissão, apreciar eventual pedido de isenção relacionado a esse tributo.
b) O procedimento denominado habilitação deve ser usado para regularizar a sucessão processual, seja em razão de morte da parte ou em decorrência de ato entre vivos, como no caso de alienação de bem litigioso.
c) Nos procedimentos previstos para as ações de família, será sempre obrigatória a participação do MP, como fiscal da ordem jurídica em razão da natureza da matéria que é objeto do litígio.
d) Caso seja ajuizada ação monitória em face da fazenda pública, o magistrado deverá extinguir o processo sem resolução de mérito, pois esse procedimento é incompatível com as prerrogativas fazendárias.
e) Nas ações possessórias, é vedado ao autor cumular pedido de indenização com pedido de reintegração ou de manutenção da posse.

203. **(Cespe/TRT/8R/Analista/2016)** Antônio ajuizou contra Pedro execução civil de título extrajudicial no valor de R$ 300.000. Para garantia do juízo, foi penhorado bem imóvel pertencente a Pedro e sua esposa, Maria. Apesar de não ser parte da execução, Maria foi intimada da penhora, conforme determinado pela legislação processual. Nessa situação hipotética, caso deseje tomar medida judicial com a única finalidade de proteger sua meação referente ao bem penhorado, Maria deve:

a) aguardar o término da execução e, oportunamente, ingressar com ação de nulidade da sentença.
b) impetrar mandado de segurança, porque o CPC não prevê qualquer outro mecanismo para sua defesa.
c) ingressar no processo como assistente simples de Pedro, demonstrando seu interesse no feito.
d) se valer da modalidade de intervenção de terceiros denominada oposição.
e) oferecer embargos de terceiro, que serão analisados pelo mesmo juízo que determinou a penhora.

204. **(Cespe/PGE/AM/Procurador/2016)** É cabível, segundo o STJ, o ajuizamento de ação monitória contra a fazenda pública, com o objetivo de receber nota promissória prescrita, emitida por ente público e vencida há quatro anos.

205. **(Cespe/MPE/RR/Promotor/2017)** A respeito dos procedimentos especiais de jurisdição voluntária, assinale a opção correta.

a) Na ação de interdição, o laudo médico de incapacidade deverá ser apresentado após o saneamento do processo e somente no caso de o juiz considerar que a alegação de incapacidade precise de comprovação.

b) O requerente deverá valer-se: da notificação, quando pretender que alguém faça ou deixe de fazer algo que afete seu direito; da interpelação, caso deseje informar uma pessoa que com ele possua relação jurídica acerca de seu propósito sobre assunto juridicamente relevante.

c) No divórcio consensual, não havendo acordo entre os cônjuges sobre a partilha dos bens, esta será realizada apenas após a homologação do divórcio pelo juiz.

d) O terceiro que for mero detentor do testamento particular será considerado parte ilegítima para requerer ao juízo a publicação do testamento, por não possuir a condição de herdeiro, legatário ou testamenteiro.

206. **(Cespe/TJ/PB/Juiz/2015)** A respeito de tópicos de direito processual civil que foram objeto de súmulas editadas pelo STJ, assinale a opção correta.

a) Cabe a aplicação de multa cominatória na ação de exibição de documentos.

b) É vedada a concessão do benefício da assistência judiciária gratuita a pessoa jurídica com fins lucrativos.

c) É sempre deserto o recurso que, no momento de sua interposição, estiver desacompanhado da guia de preparo.

d) É inadmissível ação declaratória que objetive determinar a exata interpretação de cláusula contratual.

e) É admissível propor ação monitória em que a fazenda pública figure como ré.

207. **(Cespe/TJ/PR/Juiz/2017)** Assinale a opção correta de acordo com as normas referentes ao cumprimento de sentença, ao procedimento monitório e ao processo de execução.

a) As defesas processuais relativas ao controle da regularidade dos atos executórios no procedimento do cumprimento de sentença somente podem ser arguidas por meio de impugnação ao cumprimento de sentença.

b) A existência de título executivo extrajudicial não é óbice ao ajuizamento de ação condenatória, podendo ainda o credor optar pelo ajuizamento de ação monitória, a despeito da possibilidade de utilização da via executória.

c) É incompatível com o regime de cumprimento provisório da sentença a multa de 10% prevista como sanção ao executado que, devidamente intimado, deixa de adimplir voluntariamente a condenação em quantia certa.

d) O protesto da decisão que determine a prestação de alimentos somente poderá ser feito após o trânsito em julgado da decisão, devendo o autor se valer de outros meios coercitivos para a efetivação de decisão interlocutória que fixe alimentos.

208. **(Cespe/TRF/5R/Juiz/2017)** Em um processo administrativo instaurado com a finalidade de separar terras devolutas da União de imóveis particulares, a comissão especial responsável pela instauração do procedimento realizou, na forma da lei, convocação dos interessados para a apresentação de título e documentos. Entretanto, diversos interessados não atenderam nem ao edital de convocação, nem à notificação para celebrar termo com a União. Nessa situação hipotética, de acordo com a legislação vigente, para que ocorra a devida identificação do imóvel da União, com efeito de registro como título de propriedade:

a) deverá ser proposta ação de divisão e demarcação de terras, conforme procedimento previsto no CPC.

b) o Instituto Nacional de Colonização e Reforma Agrária deverá ajuizar ação discriminatória.

c) deverá ser proposta ação reivindicatória de propriedade, porque a lei presume que os imóveis pertencem ao particular convocado.

d) a União deverá propor ação, pelo procedimento comum, com pedido de tutela provisória, já que não há procedimento especial previsto para esse caso.

e) será dispensável o ajuizamento de ação judicial, porque se presume a renúncia em razão da inércia dos interessados.

209. **(Cespe/DPE/AL/Defensor/2017)** De acordo com o que dispõe o CPC sobre os procedimentos especiais, é admissível a oposição de embargos de terceiro quando

a) tais embargos forem opostos no cumprimento de sentença ou no processo de execução antes da adjudicação, mas sempre depois da assinatura da respectiva carta.

b) pretender o oponente, no todo ou em parte, a coisa ou o direito sobre o que controvertem autor e réu.

c) tais embargos forem opostos em processo de conhecimento, desde que antes da audiência de instrução e julgamento.

d) for considerado executado o oponente indevidamente citado em processo de execução.

e) tais embargos forem fundados em alegação de posse advinda do compromisso de compra e venda de imóvel, ainda que desprovido de registro.

210. (Cespe/Abin/Oficial/2018) É exclusiva a legitimidade do Ministério Público para promover a extinção de fundação cuja finalidade, designada pelo instituidor, tiver se tornado ilícita, impossível ou inútil.

8. DO PROCESSO DE EXECUÇÃO

8.1. Da Execução em Geral

*** SÚMULAS**

1) Disposições Gerais

STJ Súm. 196. Ao executado que, citado por edital ou por hora certa, permanecer revel, será nomeado curador especial, com legitimidade para apresentação de embargos.

2) Das Partes

STJ Súm. 27. Pode a execução fundar-se em mais de um título extrajudicial relativos ao mesmo negócio.

STJ Súm. 268. O fiador que não integrou a relação processual na ação de despejo não responde pela execução do julgado.

3) Dos Requisitos Necessários para Realizar Qualquer Execução

STJ Súm. 233. O contrato de abertura de crédito, ainda que acompanhado de extrato da conta corrente, não é título executivo.

STJ Súm. 248. Comprovada a prestação dos serviços, a duplicata não aceita, mas protestada, é título hábil para instruir pedido de falência.

STJ Súm. 258. A nota promissória vinculada a contrato de abertura de crédito não goza de autonomia em razão da iliquidez do título que a originou.

STJ Súm. 300. O instrumento de confissão de dívida, ainda que originário de contrato de abertura de crédito, constitui título executivo.

4) Da Responsabilidade Patrimonial

STJ Súm. 375. O reconhecimento da fraude à execução depende do registro da penhora do bem alienado ou da prova de má-fé do terceiro adquirente.

*** ENUNCIADOS CJF**

CJF Proc. Civil 86. As prestações vincendas até o efetivo cumprimento da obrigação incluem-se na execução de título executivo extrajudicial (arts. 323 e 318, parágrafo único, do CPC).

CJF Proc. Civil 97. A execução pode ser promovida apenas contra o titular do bem oferecido em garantia real, cabendo, nesse caso, somente a intimação de eventual coproprietário que não tenha outorgado a garantia.

CJF Proc. Civil 98. O art. 782, § 3º, do CPC não veda a possibilidade de o credor, ou mesmo o órgão de proteção ao crédito, fazer a inclusão extrajudicial do nome do executado em cadastros de inadimplentes.

CJF Proc. Civil 99. A inclusão do nome do executado em cadastros de inadimplentes poderá se dar na execução definitiva de título judicial ou extrajudicial.

CJF Proc. Civil 100. Interpreta-se a expressão condomínio edilício do art. 784, X, do CPC de forma a compreender tanto os condomínios verticais, quanto os horizontais de lotes, nos termos do art. 1.358-A do Código Civil.

CJF Proc. Civil 102. A falta de oposição dos embargos de terceiro preventivos no prazo do art. 792, § 4º, do CPC não impede a propositura dos embargos de terceiro repressivos no prazo do art. 675 do mesmo Código.

*** REPERCUSSÃO & REPETITIVOS**

STJ Repetitivo 880. A partir da vigência da Lei 10.444/02, que incluiu o § 1º ao art. 604, dispositivo que foi sucedido, conforme Lei 11.232/05, pelo art. 475-B, §§ 1º e 2º (NCPC, art. 524), todos do CPC/73, não é mais imprescindível, para acertamento de cálculos, a juntada de documentos pela parte executada ou por terceiros, reputando-se correta a conta apresentada pelo exequente, quando a requisição judicial de tais documentos deixar de ser atendida, injustificadamente, depois de transcorrido o prazo legal. Assim, sob a égide do diploma legal citado, incide o lapso prescricional, pelo prazo respectivo da demanda de conhecimento (Súm. 150/STF), sem interrupção ou suspensão, não se podendo invocar qualquer demora na diligência para obtenção de fichas financeiras ou outros documentos perante a administração ou junto a terceiros. (REsp 1336026, 28.6.2017)

* INFORMATIVOS DE JURISPRUDÊNCIA

Embargos à execução. Pequena propriedade rural trabalhada pela entidade familiar. Impenhorabilidade reconhecida. Executado que não reside no imóvel e débito que não se relaciona à atividade produtiva. Circunstâncias irrelevantes.

STJ A impenhorabilidade da pequena propriedade rural não exige que o débito exequendo seja oriundo da atividade produtiva, tampouco que o imóvel sirva de moradia ao executado e à sua família. REsp 1.591.298, Rel. Min. Marco Aurélio Bellizze, DJ 21.11.2017. 3ª T. (Info 616)

* QUESTÕES OBJETIVAS

211. (Cespe/PGE/AM/Procurador/2016) O INSS e a fazenda pública do estado do Amazonas ingressaram em juízo com ações executivas contra determinada empresa. Na fase de expropriação de bens, os exequentes indicaram à penhora o único bem imóvel penhorável pertencente à executada. Nesse caso, segundo interpretação do STJ, a fazenda estadual tem preferência quanto aos valores arrecadados com a venda do imóvel penhorado.

212. (Cespe/TRF/1R/Juiz/2015) No curso de um processo de execução, o juiz determinou o bloqueio da única conta bancária do casal executado por ser o único meio encontrado para satisfazer o débito existente. Diante de informações constantes nos autos de que o casal começou a passar dificuldades financeiras em decorrência do ato de constrição, o juiz determinou, de ofício, a disponibilização de quantia mensal aos executados, enquanto remanescer o bloqueio judicial do numerário em favor da fazenda pública. Nessa situação hipotética, quanto à disponibilização da renda mensal, o juiz:

a) agiu de maneira correta, uma vez que a medida em benefício dos executados manteve-se nos limites do poder geral de cautela que a lei confere aos juízes.

b) praticou "error in procedendo", visto que colocou em risco a efetividade da tutela do direito material da parte exequente e agiu sem pedido da parte executada.

c) procedeu corretamente, uma vez que a liberação do crédito constitui antecipação de tutela baseada no abuso de direito do exequente.

d) agiu de forma equivocada, visto que a disponibilização dessa quantia constitui medida cautelar inominada, que não pode ser concedida de ofício.

e) agiu em desacordo com as normas processuais, pois, embora seja permitida a medida de ofício, a parte exequente deveria ter sido intimada previamente.

213. (Cespe/DPU/Defensor/2017) A requerimento do credor, pode ser determinado prazo judicial para que o executado ou terceiro apresente documentos que estejam em seu poder, com o objetivo de acerto nos cálculos dos valores decorrentes da obrigação contida na sentença, para a fase de execução. Havendo descumprimento injustificado do prazo arbitrado, não fluirá o prazo prescricional para a execução ou o cumprimento de sentença.

214. (Cespe/DPU/Defensor/2017) Nos processos coletivos contra a União, o beneficiário de sentença coletiva procedente que for promover, individualmente, a execução da parte a que tiver direito deverá observar prazo prescricional de cinco anos, contado a partir do início da execução coletiva.

215. (Cespe/Abin/Oficial/2018) Em razão da instrumentalidade das formas, admite-se a presunção da renúncia da imunidade de jurisdição pelo Estado na fase de execução de um processo judicial, quando houver o ato expresso de renúncia na fase de conhecimento do mesmo processo.

8.2. Das Diversas Espécies de Execução

* SÚMULAS

1) Disposições Gerais

STF Súm. 150. Prescreve a execução no mesmo prazo de prescrição da ação.

STJ Súm. 417. Na execução civil, a penhora de dinheiro na ordem de nomeação de bens não tem caráter absoluto.

2) Da Execução das Obrigações de Fazer ou de não Fazer

STJ Súm. 410. A prévia intimação pessoal do devedor constitui condição necessária para a cobrança de multa pelo descumprimento de obrigação de fazer ou não fazer.

3) Da Execução por Quantia Certa

3.1) Disposições Gerais

STF Súm. 458. O processo da execução trabalhista não exclui a remição pelo executado.

3.2) Da Citação do Devedor e do Arresto

STJ Súm. 375. O reconhecimento da fraude à execução depende do registro da penhora do bem alienado ou da prova de má-fé do terceiro adquirente.

3.3) Da Penhora, do Depósito e da Avaliação

3.3.1) Do Objeto da Penhora

STJ Súm. 328. Na execução contra instituição financeira, é penhorável o numerário disponível, excluídas as reservas bancárias mantidas no Banco Central.

STJ Súm. 364. O conceito de impenhorabilidade de bem de família abrange também o imóvel pertencente a pessoas solteiras, separadas e viúvas.

STJ Súm. 417. Na execução civil, a penhora de dinheiro na ordem de nomeação de bens não tem caráter absoluto.

STJ Súm. 449. A vaga de garagem que possui matrícula própria no registro de imóveis não constitui bem de família para efeito de penhora.

STJ Súm. 451. É legítima a penhora da sede do estabelecimento comercial.

STJ Súm. 486. É impenhorável o único imóvel residencial do devedor que esteja locado a terceiros, desde que a renda obtida com a locação seja revertida para a subsistência ou a moradia da sua família.

3.3.2) Da Documentação da Penhora, de seu Registro e do Depósito

STJ Súm. 134. Embora intimado da penhora em imóvel do casal, o cônjuge do executado pode opor embargos de terceiro para defesa de sua meação.

STJ Súm. 319. O encargo de depositário de bens penhorados pode ser expressamente recusado.

3.3.3) Do Lugar de Realização da Penhora

STJ Súm. 375. O reconhecimento da fraude à execução depende do registro da penhora do bem alienado ou da prova de má-fé do terceiro adquirente.

3.3.4) Da Modificações da Penhora

STJ Súm. 406. A Fazenda Pública pode recusar a substituição do bem penhorado por precatório.

3.4) Da Expropriação de Bens

STJ Súm. 121. Na execução fiscal, o devedor deverá ser intimado, pessoalmente, do dia e hora da realização do leilão.

STJ Súm. 128. Na execução fiscal, haverá segundo leilão se, no primeiro, não houver lanço superior à avaliação.

3.5) Da Satisfação do Crédito

STJ Súm. 270. O protesto pela preferência de crédito, apresentado por ente federal em execução que tramita na justiça estadual, não desloca a competência para a justiça federal.

4) Da Execução contra a Fazenda Pública

STJ Súm. 279. É cabível execução por título extrajudicial contra a Fazenda Pública.

* ENUNCIADOS CJF

CJF Proc. Civil 103. Pode o exequente – em execução de obrigação de fazer fungível, decorrente do inadimplemento relativo, voluntário e inescusável do executado – requerer a satisfação da obrigação por terceiro, cumuladamente ou não com perdas e danos, considerando que o caput do art. 816 do CPC não derrogou o caput do art. 249 do Código Civil.

CJF Proc. Civil 104. O fornecimento de certidão para fins de averbação premonitória (art. 799, IX, do CPC) independe de prévio despacho ou autorização do juiz.

CJF Proc. Civil 105. As hipóteses de penhora do art. 833, § 2º, do CPC aplicam-se ao cumprimento da sentença ou à execução de título extrajudicial relativo a honorários advocatícios, em razão de sua natureza alimentar.

CJF Proc. Civil 106. Na expropriação, a apropriação de frutos e rendimentos poderá ser priorizada em relação à adjudicação, se não prejudicar o exequente e for mais favorável ao executado.

* REPERCUSSÃO & REPETITIVOS

STF Repercussão Geral 45. A execução provisória de obrigação de fazer em face da Fazenda Pública não atrai o regime constitucional dos precatórios. (RE 573872, 24.5.2017)

STJ Repetitivo 889. A sentença, qualquer que seja sua natureza, de procedência ou improcedência do pedido, constitui título executivo judicial, desde que estabeleça obrigação de pagar quantia, de fazer, não fazer ou entregar coisa, admitida sua prévia liquidação e execução nos próprios autos. (REsp 1324152, 4.5.2016)

STJ Repetitivo 913. I. A cota de fundo de investimento não se subsume à ordem de preferência legal disposta no inciso I do art. 655 do CPC/73 (ou no inciso I do art. 835 do NCPC). II. A recusa da nomeação à penhora de cotas de fundo de investimento, reputada legítima a partir das particularidades de cada caso concreto, não encerra, em si, excessiva onerosidade ao devedor, violação do recolhimento dos depósitos compulsórios e voluntários do Banco Central do Brasil ou afronta à impenhorabilidade das reservas obrigatórias. (REsp 1388642, 3.8.2016)

* INFORMATIVOS DE JURISPRUDÊNCIA

Execução. Fazenda Pública credora. Medidas expropriatórias. Arts. 647 e 685-C do CPC/73. Adjudicação do bem. Alienação particular. Desinteresse da parte exequente. Hasta pública. Possibilidade.

STJ Manifestado o desinteresse da parte exequente na adjudicação e na alienação particular do imóvel penhorado (arts. 647, I e II e 685-C do CPC/73), poderá ela, desde logo, requerer sua alienação em hasta pública. REsp 1.312.509, Rel. Min. Sérgio Kukina, DJ 14.12.2017. 1ª T. (Info 617)

Execução de título extrajudicial. Mensalidades escolares. Dívidas contraídas em nome dos filhos da executada. Ausência de bens em nome da mãe para a satisfação do débito. Pretensão de inclusão do pai na relação jurídica processual. Possibilidade. Sustento e manutenção do menor matriculado em ensino regular. Responsável solidário. Legitimidade extraordinária.

STJ A execução de título extrajudicial por inadimplemento de mensalidades escolares de filhos do casal pode ser redirecionada ao outro consorte, ainda que não esteja nominado nos instrumentos contratuais que deram origem à dívida. REsp 1.472.316, Rel. Min. Paulo de Tarso Sanseverino, DJ 18.12.2017. 3ª T. (Info 618)

Créditos vinculados aos FIES. Recurso público recebido por instituição privada para aplicação compulsória em educação. Art. 649, IX, do CPC/73. Impenhorabilidade.

STJ São absolutamente impenhoráveis os créditos vinculados ao programa Fundo de Financiamento Estudantil – FIES constituídos em favor de instituição privada de ensino. REsp 1.588.226, Rel. Min. Nancy Andrighi, DJe 20.10.2017. 3ª T. (Info 614)

Execução. Honorários sucumbenciais. Penhora. CPC/73. Saldo do Fundo de Garantia por Tempo de Serviço. FGTS. Impossibilidade.

STJ Não é possível a penhora do saldo do Fundo de Garantia por Tempo de Serviço – FGTS para o pagamento de honorários de sucumbência. REsp 1.619.868, Rel. Min. Ricardo Villas Bôas Cueva, DJe 30.10.2017. 3ª T. (Info 614)

Execução para entrega de coisa incerta. Conversão para procedimento executivo por quantia certa. Coisa perseguida entregue com atraso. Possibilidade.

STJ É possível a conversão do procedimento de execução para entrega de coisa incerta para execução por quantia certa na hipótese em que o produto perseguido for entregue com atraso, gerando danos ao credor da obrigação. REsp 1.507.339, Rel. Min. Paulo de Tarso Sanseverino, DJe 30.10.2017. 3ª T. (Info 614)

Execução de alimentos. Obrigação fixada em pecúnia. Abatimento de prestação "in natura". Possibilidade. Princípio da incompensabilidade dos alimentos. Mitigação.

STJ É possível, em sede de execução de alimentos, a dedução na pensão alimentícia fixada exclusivamente em pecúnia das despesas pagas "in natura", com o consentimento do credor, referentes a aluguel, condomínio e IPTU do imóvel onde residia o exequente. REsp 1.501.992, Rel. Min. Paulo de Tarso Sanseverino, DJ 20.4.2018. 3ª T. (Info 624)

Prisão por dívida de alimentos. Execução iniciada na vigência do CPC/73. Aplicação imediata do art. 528, § 7º, do CPC/15. Possibilidade.

STJ É possível a aplicação imediata do art. 528, § 7º, do CPC/15 em execução de alimentos iniciada e processada, em parte, na vigência do CPC/73. RHC 92.211, Rel. Min. Nancy Andrighi, DJ 2.3.2018. 3ª T. (Info 621)

Prisão civil por alimentos. Obrigação alimentar avoenga. Natureza complementar e subsidiária. Existência de meios executivos e técnicas mais adequadas. Desnecessidade da medida coativa extrema.

STJ Havendo meios executivos mais adequados e igualmente eficazes para a satisfação da dívida alimentar dos avós, é admissível a conversão da execução para o rito da penhora e da expropriação, a fim de afastar o decreto prisional em desfavor dos executados. HC 416.886, Rel. Min. Nancy Andrighi, DJ 18.12.2017. 3ª T. (Info 617)

✱ INOVAÇÕES LEGISLATIVAS

▲ NCPC. Do Processo de Execução, Das Diversas Espécies de Execução, Disposições Gerais

▲ Art. 799. Incumbe ainda ao exequente: (...). X – requerer a intimação do titular da construção-base, bem como, se for o caso, do titular de lajes anteriores, quando a penhora recair sobre o direito real de laje; XI – requerer a intimação do titular das lajes, quando a penhora recair sobre a construção-base. (Modificações: Lei 13.465/17)

✱ QUESTÕES OBJETIVAS

216. **(Cespe/PGE/PE/Procurador/2018)** No que concerne à execução contra a fazenda pública, ao regime de pagamento por precatórios e RPVs, assinale a opção correta de acordo com a jurisprudência do STF.

a) Na execução contra a fazenda pública, incidem juros de mora no período compreendido entre a data de realização dos cálculos e a de expedição da requisição para pagamento.

b) Em mandado de segurança, o pagamento dos valores devidos entre as datas de impetração e de concessão da ordem não se submete ao regime de precatórios.

c) A execução de valores devidos por conselho de fiscalização se submete ao sistema de precatórios previsto na CF, dada a natureza autárquica desses entes.

d) É inconstitucional a execução individual, por meio de RPV, de sentença genérica que tenha condenado a fazenda pública em ação coletiva para a tutela de direitos individuais homogêneos.

e) Quando da impugnação parcial feita pela fazenda pública, deve-se aguardar o trânsito em julgado da discussão acerca da parcela controvertida para iniciar-se a execução da parcela incontroversa.

217. **(Cespe/TRF/1R/Juiz/2015)** A respeito do entendimento do STJ sobre a legislação federal referente à execução contra a fazenda pública, assinale a opção correta.

a) Ao fixar verba honorária, seja a execução embargada ou não, o juiz não pode eleger como base de cálculo o valor da causa, mas deve arbitrar valor fixo e valer-se da equidade.

b) Não é cabível a condenação da fazenda pública em honorários advocatícios nas execuções individuais de sentença proferida em ação coletiva, caso elas não tenham sido embargadas.

c) Se o crédito principal observar o regime dos precatórios, os honorários advocatícios não poderão ser executados mediante requisições de pequeno valor, ainda que se restrinjam ao valor limite dessas requisições.

d) A compensação, ainda que não seja alegada no processo de conhecimento, pode ser objeto dos embargos à execução, a fim de se evitar o enriquecimento sem causa por parte do credor.

e) Não há incidência de juros moratórios entre a data da elaboração da conta em execução e a da expedição do precatório ou da requisição de pequeno valor.

218. **(Cespe/PGM/Fortaleza/Procurador/2017)** De acordo com o STJ, embora seja possível a penhora de precatório judicial, essa forma de pagamento não se iguala ao dinheiro, sendo, portanto, legítima a recusa da fazenda pública à garantia por meio de precatório em execução fiscal se, na nomeação de bens a penhora, o executado tiver preterido a ordem legal.

219. **(Cespe/TRT/8R/Analista/2016)** Antônio ajuizou contra Pedro execução civil de título extrajudicial no valor de R$ 300.000. Para garantia do juízo, foi penhorado bem imóvel pertencente a Pedro e sua esposa, Maria. Apesar de não ser parte da execução, Maria foi intimada da penhora, conforme determinado pela legislação processual. Nessa situação hipotética, caso deseje tomar medida judicial com a única finalidade de proteger sua meação referente ao bem penhorado, Maria deve

a) aguardar o término da execução e, oportunamente, ingressar com ação de nulidade da sentença.

b) impetrar mandado de segurança, porque o CPC não prevê qualquer outro mecanismo para sua defesa.

c) ingressar no processo como assistente simples de Pedro, demonstrando seu interesse no feito.

d) se valer da modalidade de intervenção de terceiros denominada oposição.

e) oferecer embargos de terceiro, que serão analisados pelo mesmo juízo que determinou a penhora.

220. **(Cespe/TRF/1R/Analista/2017)** O oficial de justiça poderá realizar penhora durante as férias forenses, desde que esteja autorizado judicialmente.

221. (Cespe/TRF/1R/Analista/2017) São insuscetíveis de penhora os instrumentos necessários ao exercício da profissão do executado, desde que seja profissão reconhecida pelo Ministério do Trabalho.

222. (Cespe/TRF/5R/Juiz/2017) No que concerne ao processo de execução contra a fazenda pública, à tutela provisória, ao direito processual intertemporal e aos deveres das partes, assinale a opção correta.

a) Os preceitos sobre direito probatório do atual CPC se aplicam às provas requeridas em data anterior a sua vigência nos casos em que a produção da prova não havia sido concluída no momento em que a Lei n. 13.105/2015 entrou em vigor.

b) Em caso de ação condenatória com pedido único de obrigação de fazer proposta em face da fazenda pública, se o ente público reconhecer a procedência do pedido e cumprir a obrigação, os honorários deverão ser reduzidos pela metade.

c) Cancelamento de precatório, sob qualquer fundamento, em razão de requerimento da administração pública, deverá ser examinado pelo presidente do tribunal responsável pela requisição de pagamento.

d) Caso seja concedida tutela antecipada requerida em caráter antecedente, em sede de ação rescisória, a decisão do magistrado se estabilizará se não for interposto recurso ou impugnação pela parte interessada.

e) Em caso de processo sobrestado no tribunal em razão de afetação de caso paradigma em regime repetitivo, é vedada a apreciação de novo requerimento de tutela provisória de natureza antecipada

8.3. Dos Embargos à Execução

*** SÚMULAS**

STJ Súm. 46. Na execução por carta, os embargos do devedor serão decididos no juízo deprecante, salvo se versarem unicamente vícios ou defeitos da penhora, avaliação ou alienação dos bens.

223. (Cespe/PGM/Fortaleza/Procurador/2017) Procurador de determinado município foi intimado em cumprimento de sentença e verificou que, no curso do processo de conhecimento, havia sido pago ao exequente determinado valor que deveria ser compensado. Nessa situação, o procurador deve, nos embargos à execução, alegar o direito à compensação como causa modificativa da obrigação.

8.4. Da Suspensão e da Extinção do Processo de Execução

*** SÚMULAS**

STF Súm. 327. O direito trabalhista admite a prescrição intercorrente.

9. DOS PROCESSOS NOS TRIBUNAIS E DOS MEIOS DE IMPUGNAÇÃO DAS DECISÕES JUDICIAIS

9.1. Da Ordem dos Processos e dos Processos de Competência Originária dos Tribunais

9.1.1. Da Ordem dos Processos no Tribunal

*** SÚMULAS**

STJ Súm. 253. O art. 557 do CPC, que autoriza o relator a decidir o recurso, alcança o reexame necessário.

*** ENUNCIADOS CJF**

CJF Proc. Civil 60. É direito das partes a manifestação por escrito, no prazo de cinco dias, sobre fato superveniente ou questão de ofício na hipótese do art. 933, § 1º, do CPC, ressalvada a concordância expressa com a forma oral em sessão.

CJF Proc. Civil 61. Deve ser franqueado às partes sustentar oralmente as suas razões, na forma e pelo prazo previsto no art. 937, caput, do CPC, no agravo de instrumento que impugne decisão de resolução parcial de mérito (art. 356, § 5º, do CPC).

CJF Proc. Civil 63. A técnica de que trata o art. 942, § 3º, I, do CPC aplica-se à hipótese de rescisão parcial do julgado.

CJF Proc. Civil 66. Admite-se a correção da falta de comprovação do feriado local ou da suspensão do expediente forense, posteriormente à interposição do recurso, com fundamento no art. 932, parágrafo único, do CPC.

*** QUESTÕES OBJETIVAS**

224. (Cespe/TRT/8R/Analista/2016) Determinado indivíduo propôs ação judicial contra empresa pública federal, pelo procedimento ordinário, requerendo o pagamento no valor de R$ 200.000. O juiz proferiu sentença acolhendo o pedido relativo a R$ 100.000 e, quanto aos outros valores objeto da cobrança, reconheceu de ofício a existência de prescrição. Considerando essa situação hipotética, assinale a opção correta.

a) No julgamento de apelação interposta contra a sentença, caso o tribunal verifique a ocorrência de nulidade sanável no processo, deverá obrigatoriamente determinar o retorno dos autos ao juízo que prolatou a sentença.
b) Eventual recurso de apelação interposto pelo autor da ação pode ser provido monocraticamente, pelo relator, caso a sentença esteja em manifesto confronto com súmula de tribunal superior.
c) A sentença é nula de pleno direito porque, conforme o CPC, é vedado ao magistrado reconhecer de ofício a prescrição.
d) A sentença que condenou a empresa pública está sujeita ao reexame necessário e somente produzirá efeitos depois de confirmada pelo tribunal.
e) Se somente a empresa pública apelar da sentença, o tribunal poderá aumentar o valor da indenização caso entenda, pela prova dos autos, não ter havido prescrição.

225. **(Cespe/TCE/PR/Analista/2016)** Rafael ajuizou ação, pelo procedimento comum, contra determinado ente federativo, pedindo anulação de decisão de tribunal de contas. Durante a instrução processual, o juiz indeferiu pedido de juntada superveniente de documento feito por Rafael. Nessa situação hipotética, a decisão que indeferiu o requerimento de juntada de documento feito pelo autor

a) será irrecorrível, mas poderá ser impugnada por mandado de segurança.
b) poderá ser objeto de agravo de instrumento que terá de ser interposto diretamente no tribunal.
c) poderá ser objeto de agravo retido, sob pena de preclusão da decisão interlocutória.
d) poderá ser objeto de recurso em apelação ou contrarrazões de apelação.
e) não poderá ser impugnada por recurso nem por ação autônoma de impugnação.

226. **(Cespe/PGM/Belo_Horizonte/Procurador/2017)** Acerca de normas processuais e jurisdição, assinale a opção correta de acordo com as disposições do CPC.

a) Os processos sujeitos a sentença terminativa sem resolução de mérito ficam excluídos da regra que determina a ordem cronológica de conclusão para a sentença.
b) O novo CPC aboliu o processo cautelar como espécie de procedimento autônomo e as ações cognitivas meramente declaratórias.
c) Sentença estrangeira que verse sobre sucessão hereditária e disposição testamentária de bens situados no Brasil poderá ser executada no Poder Judiciário brasileiro após homologação pelo STJ.
d) As limitações e restrições aplicadas aos processos caracterizados como de segredo de justiça não se estendem aos feitos cujo curso se processe nos órgãos jurisdicionados superiores.

9.1.2. Do Incidente de Assunção de Competência

✱ ENUNCIADOS CJF

CJF Proc. Civil 65. A desistência do recurso pela parte não impede a análise da questão objeto do incidente de assunção de competência.

✱ QUESTÕES OBJETIVAS

227. **(Cespe/TJ/PR/Juiz/2017)** Assinale a opção correta no que concerne a ordem dos processos, incidentes e causas de competência originárias dos tribunais.

a) Em razão de seu caráter vinculante, o mérito do incidente de resolução de demandas repetitivas deve ser julgado pelo plenário ou órgão especial do tribunal de justiça em que tramite a causa que der ensejo ao incidente.
b) Na hipótese de estabilização da tutela provisória antecipada em razão da não interposição de recurso, será cabível ação rescisória para rever, reformar ou invalidar a tutela concedida, sendo de dois anos o prazo para tal, contados da decisão que extinguir o processo.
c) O incidente de assunção de competência pode ter por objeto a solução de relevante questão de direito material ou processual em hipótese em que não caiba julgamento de casos repetitivos.
d) Para o preenchimento do requisito do prequestionamento, a matéria suscitada no recurso

especial deve ter sido debatida no voto condutor do acórdão recorrido e não apenas no voto vencido, porque este não compõe o acórdão para fins de impugnação.

228. (Cespe/Abin/Oficial/2018) Admite-se a assunção de competência quando o julgamento de remessa necessária envolve relevante questão de direito com grande repercussão geral e sem repetição em múltiplos processos, devendo o relator propor que o julgamento se dê por turma definida pelo regimento interno.

229. (Cespe/DPE/AL/Defensor/2017) Determinado recurso especial que diz respeito a uma relevante questão de direito, com grande repercussão jurídica, econômica e política, mas sem repetição em múltiplos processos, foi distribuído para determinada turma do Superior Tribunal de Justiça. Em razão do interesse social da matéria, a Defensoria Pública requereu o julgamento do recurso por órgão colegiado indicado pelo regimento do tribunal. O pedido foi acolhido, tendo o relator proposto que o julgamento fosse realizado por determinada seção, a qual proferiu acórdão, sem revisão de tese, que passou a vincular todos os juízes e órgãos fracionários. Considerando-se essa situação hipotética, é correto afirmar que o instrumento processual suscitado pela Defensoria Pública e proposto pelo relator do recurso especial foi o

a) incidente de resolução de demandas repetitivas.
b) incidente de assunção de competência.
c) julgamento de recursos especiais repetitivos.
d) incidente de arguição de inconstitucionalidade.
e) conflito de competências.

9.1.3. Do Incidente de Arguição de Inconstitucionalidade

✱ SÚMULAS

STF Súm. Vinculante 10. Viola a cláusula de reserva de plenário (CF, art. 97) a decisão de órgão fracionário de tribunal que, embora não declare expressamente a inconstitucionalidade de lei ou ato normativo do Poder Público, afasta a sua incidência no todo ou em parte.

✱ QUESTÕES OBJETIVAS

230. (Cespe/TCE/RN/Auditor/2015) Considerando uma demanda hipotética na qual "A" busque a satisfação de seu crédito decorrente de uma obrigação por parte de "B", proferida a sentença e interposto o adequado recurso perante o tribunal competente, caso haja a arguição incidente de controle de constitucionalidade de lei ou ato normativo do poder público, o relator, após ouvir o Ministério Público e as partes, submeterá a questão à turma ou à câmara à qual competir o conhecimento do processo, admitindo-se que, sendo o ato normativo federal, a União se manifeste, observados os prazos e as condições previstos no regimento interno do tribunal.

9.1.4. Do Conflito de Competência

✱ SÚMULAS

STJ Súm. 59. Não há conflito de competência se já existe sentença com trânsito em julgado, proferida por um dos juízos conflitantes.

9.1.5. Da Homologação de Decisão Estrangeira e da Concessão do Exequatur à Carta Rogatória

✱ INFORMATIVOS DE JURISPRUDÊNCIA

Acórdão estrangeiro. Homologação. Ausência de jurisdição brasileira e de interesse de agir. Extinção do processo sem resolução do mérito.

STJ A ausência de jurisdição brasileira conduz necessariamente à falta de interesse processual na homologação de provimento estrangeiro. SEC 8.542, Rel. Min. Luis Felipe Salomão, DJ 15.3.2018. Corte Especial. (Info 621)

Homologação de sentença estrangeira. Requisitos Materiais. Novo regramento. CPC/15. Aplicação apenas supletiva do RISTJ. Eficácia da decisão no país de origem. Necessidade.

STJ Com a entrada em vigor do CPC/15, tornou-se necessário que a sentença estrangeira esteja eficaz no país de origem para sua homologação no Brasil. Corte Especial. SEC 14.812, Rel. Min. Nancy Andrighi, DJ 23.5.2018. (Info 626)

✱ QUESTÕES OBJETIVAS

231. (Cespe/PGE/SE/Procurador/2017) Com relação às normas processuais, ao litisconsórcio, à jurisdição e aos deveres das partes, julgue os seguintes itens, de acordo com o CPC.

I. A boa-fé no direito processual civil exige a verificação da intenção do sujeito processual.

II. A limitação do litisconsórcio facultativo multitudinário, quando realizada pelo juiz em razão de número excessivo de litigantes, pode ocorrer na fase de conhecimento, na liquidação de sentença ou na execução.

III. A pendência de causa que tramita na justiça brasileira impede a homologação de sentença judicial estrangeira quando exigida para produzir efeitos no Brasil.

IV. Os emolumentos devidos a notário ou registrador em decorrência da prática de registro de ato notarial necessário à efetivação de decisão judicial são alcançados pelo benefício da gratuidade de justiça que tenha sido concedido.

Estão certos apenas os itens

a) I e II.
b) I e III.
c) II e III.
d) II e IV.
e) II, III e IV.

9.1.6. Da Ação Rescisória

✱ SÚMULAS

STF Súm. 343. Não cabe ação rescisória por ofensa a literal dispositivo de lei, quando a decisão rescindenda se tiver baseado em texto legal de interpretação controvertida nos tribunais.

STJ Súm. 33. A incompetência relativa não pode ser declarada de ofício.

STJ Súm. 175. Descabe o depósito prévio nas ações rescisórias propostas pelo INSS.

STJ Súm. 401. O prazo decadencial da ação rescisória só se inicia quando não for cabível qualquer recurso do último pronunciamento judicial.

✱ QUESTÕES DISCURSIVAS

06. **(Cespe/DP/DF/Defensor/2013)** Considerando que, no direito processual civil brasileiro, uma decisão judicial pode ser invalidada após o prazo da ação rescisória, discorra sobre a "querela nullitatis", descrevendo suas características e indicando o juízo competente para sua apreciação.

✱ QUESTÕES OBJETIVAS

232. **(Cespe/DPU/Defensor/2017)** A ausência de contestação na ação rescisória faz presumir que são verdadeiras as alegações da petição inicial, haja vista que, nesse caso, a regra da revelia supera o princípio da preservação da coisa julgada.

233. **(Cespe/PGM/Fortaleza/Procurador/2017)** Ao ser intimado em cumprimento de sentença, o executado tomou conhecimento de que, após o trânsito em julgado da decisão condenatória executada, o STF considerou inconstitucional lei que amparava a obrigação reconhecida no título executivo judicial. Nesse caso, será cabível a utilização de ação rescisória, cujo prazo será contado do trânsito em julgado da decisão proferida pelo STF.

234. **(Cespe/Abin/Oficial/2018)** Cabe ação rescisória em face de sentença transitada em julgado caso verificado que esta tenha sido proferida por juiz absolutamente incompetente, não sendo cabível, portanto, contra decisão interlocutória definitiva de mérito.

9.1.7. Do Incidente de Resolução de Demandas Repetitivas

✱ ENUNCIADOS CJF

CJF Proc. Civil 107. Não se aplica a suspensão do art. 982, I, do CPC ao cumprimento de sentença anteriormente transitada em julgado e que tenha decidido questão objeto de posterior incidente de resolução de demandas repetitivas.

✱ QUESTÕES DISCURSIVAS

07. **(Cespe/DPU/Defensor/2017)** Mariana obteve sentença favorável em face da União, em ação que visava ao reconhecimento de valores que lhe eram devidos. Entretanto, as diferentes turmas do tribunal regional federal local tinham entendimentos diversos sobre o critério de correção monetária a ser adotado para o cálculo da quantia devida. A ação de Mariana foi distribuída e julgada pela turma que adotava o critério que lhe era menos favorável. Um ano após o trânsito em julgado da demanda – ante a ausência de recurso por ambas as partes –, Mariana descobriu que o tribunal regional federal da localidade onde reside, em sede de Incidente de Resolução de Demandas Repetitivas (IRDR), tinha solucionado a controvérsia até então existente, adotando o critério mais favorável aos credores da União. Diante dessa situação hipotética, responda, fundamentadamente, se existe algum remédio judicial apto a tutelar o interesse jurídico de Mariana em obter a revisão dos valores do julgado anterior.

08. (Cespe/PGM/Fortaleza/Procurador/2017) A respeito do julgamento de casos repetitivos, conforme previsto no Código de Processo Civil, atenda às determinações a seguir: (i) Identifique as técnicas ou os institutos processuais legalmente previstos para formar decisões que serão consideradas como julgamento de casos repetitivos. (ii) Diferencie os sistemas de causa-piloto e de procedimento-modelo e os relacione com as técnicas ou os institutos processuais mencionados no tópico anterior. (iii) Discorra sobre a possibilidade de utilização do instituto da reclamação no caso de decisão judicial que desrespeite entendimento formado em julgamento de casos repetitivos.

* QUESTÕES OBJETIVAS

235. (Cespe/PGM/Fortaleza/Procurador/2017) Após distribuição de incidente de resolução de demandas repetitivas, o desembargador relator, por não identificar questão jurídica comum a diversos processos, rejeitou monocraticamente o incidente. Nessa situação, o relator agiu corretamente, pois estava ausente requisito legal para cabimento do incidente.

236. (Cespe/TRE/TO/Analista/2017) De acordo com o Código de Processo Civil (CPC), são consideradas como julgamento de casos repetitivos apenas as decisões proferidas em

a) incidente de resolução de demandas repetitivas e em incidente de assunção de competência.
b) incidente de resolução de demandas repetitivas, em recurso especial repetitivo e em recurso extraordinário repetitivo.
c) incidente de assunção de competência, em recurso especial repetitivo e em recurso extraordinário repetitivo.
d) incidente de assunção de competência, em incidente de resolução de demandas repetitivas, em recursos especiais repetitivos e em recurso extraordinário repetitivo.
e) recurso especial repetitivo e em recurso extraordinário repetitivo.

9.1.8. Da Reclamação

* SÚMULAS

STF Súm. 734. Não cabe reclamação quando já houver transitado em julgado o ato judicial que se alega tenha desrespeitado decisão do Supremo Tribunal Federal.

* ENUNCIADOS CJF

CJF Proc. Civil 64. Ao despachar a reclamação, deferida a suspensão do ato impugnado, o relator pode conceder tutela provisória satisfativa correspondente à decisão originária cuja autoridade foi violada.

* INFORMATIVOS DE JURISPRUDÊNCIA

Repercussão geral e reclamação: impossibilidade

STF É inviável reclamação com fundamento em afronta ao julgado da ADC 16. Rcl 28623 AgR, Rel. Min. Roberto Barroso, j. 12.12.2017. 1ª T (Info 888)

Ministério Público comum e especial e legitimidade processual

STF Negado provimento a agravos regimentais em reclamações, ajuizadas por membros do Ministério Público Especial junto aos Tribunais de Contas. Em ambos os casos, trata-se de concessão indevida de aposentadoria especial a servidor público civil, em suposta afronta ao que decidido pelo STF na ADI 3772. Ausente a legitimidade ativa de causa, visto que a legitimidade processual extraordinária e independente do Ministério Público comum não se estende ao Ministério Público junto aos Tribunais de Contas, cuja atuação se limita ao controle externo, nos termos da Constituição. Rcl 24156 AgR, Rel. Min. Celso de Mello, j. 24.10.2017. 2ª T. (Info 883)

* QUESTÕES OBJETIVAS

237. (Cespe/TCE/PA/Auditor/2016) Caso determinado ente da Federação interponha reclamação constitucional no STF para garantir a observância de súmula vinculante supostamente violada em decisão judicial, ao despachar a petição inicial, o relator da reclamação poderá determinar a suspensão do processo ou do ato impugnado, devendo requisitar informações da autoridade que tiver praticado o ato, além de determinar a citação do beneficiário da decisão impugnada para contestar.

238. (Cespe/MPE/RR/Promotor/2017) Em cada uma das opções a seguir, é apresentada uma situação hipotética acerca dos processos nos tribunais e dos meios de impugnação das decisões judiciais, seguida de uma assertiva a ser julgada. Assinale a opção em que a assertiva está correta de acordo com a legislação processual civil.

a) Ao se manifestar sobre recurso de apelação interposto contra sentença de mérito prolatada após a instrução probatória, o magistrado, em primeiro grau, não conheceu do recurso por considerar ausência de interesse. Nessa situação, caberá reclamação constitucional por usurpação de competência do tribunal.

b) Em outubro de 2016, um cidadão interpôs recurso especial e, no STJ, verificou-se que o recorrente não havia recolhido a importância das despesas de remessa e retorno dos autos. Nessa situação, o STJ não deverá conhecer do recurso pois, não tendo a parte comprovado o pagamento das guias de porte de remessa e retorno, aplica-se automaticamente a pena de deserção.

c) Em convenção processual, as partes acordaram quanto à possibilidade de interposição de recurso contra todos os despachos proferidos no processo. Nessa situação, se a convenção tiver decorrido da livre manifestação das partes, será legítima a criação de nova espécie recursal, porque a legislação processual admite os negócios processuais atípicos.

d) A parte autora interpôs embargos de declaração de sentença de improcedência sob a alegação de obscuridade na fundamentação, e a de que isso dificultará a interposição de futuro recurso para o tribunal. Nessa situação, o juiz deverá intimar o embargado para manifestar-se sobre os embargos opostos porque essa providência decorre de determinação normativa e independe da finalidade do embargante.

239. **(Cespe/PGE/PE/Procurador/2018)** À luz do CPC e do entendimento jurisprudencial sobre a matéria, assinale a opção correta acerca da reclamação constitucional.

a) O CPC contém dispositivo que regula o julgamento do mérito da reclamação constitucional, determinando que compete ao plenário ou a órgão especial da corte examiná-la.

b) Ocorrendo o julgamento de recurso interposto contra a mesma decisão proferida pelo órgão reclamado, a reclamação constitucional será considerada prejudicada.

c) A reclamação poderá ser utilizada como sucedâneo de ação rescisória no caso de trânsito em julgado da decisão reclamada, desde que observado o prazo decadencial de dois anos.

d) A parte sucumbente não poderá ser condenada ao pagamento de honorários advocatícios, uma vez que a interposição da reclamação caracteriza mero incidente processual, dispensando-se o contraditório.

e) A reclamação constitucional poderá ser manejada para garantir a observância de acórdão de recurso extraordinário com repercussão geral reconhecida, quando houver o esgotamento das instâncias ordinárias.

240. **(Cespe/Abin/Oficial/2018)** Cabe reclamação constitucional para garantir a observância de precedente proferido em julgamento de casos repetitivos.

9.2. Dos Recursos

9.2.1. Disposições Gerais

✱ SÚMULAS

STF Súm. 322. Não terá seguimento pedido ou recurso dirigido ao Supremo Tribunal Federal, quando manifestamente incabível, ou apresentando fora do prazo, ou quando for evidente a incompetência do Tribunal.

STF Súm. 392. O prazo para recorrer de acórdão concessivo de segurança conta-se da publicação oficial de suas conclusões, e não da anterior ciência à autoridade para cumprimento da decisão.

STF Súm. 425. O agravo despachado no prazo legal não fica prejudicado pela demora da juntada, por culpa do cartório; nem o agravo entregue em cartório no prazo legal, embora despachado tardiamente.

STF Súm. 515. A competência para a ação rescisória não é do Supremo Tribunal Federal, quando a questão federal, apreciada no recurso extraordinário ou no agravo de instrumento, seja diversa da que foi suscitada no pedido rescisório.

STJ Súm. 55. Tribunal regional federal não é competente para julgar recurso de decisão proferida por juiz estadual não investido de jurisdição federal.

STJ Súm. 99. O Ministério Público tem legitimidade para recorrer no processo em que oficiou como fiscal da lei, ainda que não haja recurso da parte.

STJ Súm. 202. A impetração de segurança por terceiro, contra ato judicial, não se condiciona à interposição de recurso.

STJ Súm. 226. O Ministério Público tem legitimidade para recorrer na ação de acidente do trabalho, ainda que o segurado esteja assistido por advogado.

STJ Súm. 484. Admite-se que o preparo seja efetuado no primeiro dia útil subsequente, quando a interposição do recurso ocorrer após o encerramento do expediente bancário.

STJ Súm. 568. O relator, monocraticamente e no Superior Tribunal de Justiça, poderá dar ou negar provimento ao recurso quando houver entendimento dominante acerca do tema.

* REPERCUSSÃO & REPETITIVOS

STF Repercussão Geral 135. Aplica-se o § 1º do art. 1.007 do NCPC para dispensa de porte de remessa e retorno ao exonerar o seu respectivo recolhimento por parte do INSS. (RE 594116, 3.12.2015)

STF Repercussão Geral 946. Os Ministérios Públicos dos Estados e do Distrito Federal têm legitimidade para propor e atuar em recursos e meios de impugnação de decisões judiciais em trâmite no STF e no STJ, oriundos de processos de sua atribuição, sem prejuízo da atuação do Ministério Público Federal. (RE 985392, 26.5.2017)

STJ Repetitivo 379. Nos casos de intimação/citação realizadas por correio, oficial de justiça, ou por carta de ordem, precatória ou rogatória, o prazo recursal inicia-se com a juntada aos autos do aviso de recebimento, do mandado cumprido, ou da juntada da carta. (REsp 1632777, 17.5.2017)

STJ Repetitivo 959. O termo inicial da contagem do prazo para impugnar decisão judicial é, para o Ministério Público, a data da entrega dos autos na repartição administrativa do órgão, sendo irrelevante que a intimação pessoal tenha se dado em audiência, em cartório ou por mandado. (REsp 1349935, 23.8.2017)

* INFORMATIVOS DE JURISPRUDÊNCIA

Execução de título extrajudicial. Exceção de pré-executividade. Exclusão do executado do polo passivo. Interposição de apelação ao invés de agravo de instrumento. Indução a erro pelo juízo. Relativização da dúvida objetiva. Aplicabilidade do princípio da fungibilidade.

STJ O conceito de "dúvida objetiva", para a aplicação do princípio da fungibilidade recursal, pode ser relativizado, excepcionalmente, quando o equívoco na interposição do recurso cabível decorrer da prática de ato do próprio órgão julgador. EAREsp 230.380, Rel. Min. Paulo de Tarso Sanseverino, DJe 11.10.2017. 2ª S. (Info 613)

* QUESTÕES OBJETIVAS

241. **(Cespe/PGE/PE/Procurador/2018)** Em instância extraordinária, o relator do processo constatou que o advogado subscritor do recurso especial não tinha procuração nos autos. Considerando-se as disposições do CPC, o relator deve. Nessa situação hipotética:

a) declarar o recurso inexistente.
b) oportunizar a regularização da representação processual.
c) oportunizar a regularização da capacidade processual do recorrente.
d) remeter o processo ao colegiado para decisão.
e) deixar de conhecer do recurso especial.

242. **(Cespe/TCE/PA/Auditor/2016)** Se o recurso principal for conhecido, mas não for provido pelo tribunal, o recurso adesivo deverá ser considerado manifestamente prejudicado porque, conforme determinado pela legislação, se subordina ao recurso interposto de forma independente.

243. **(Cespe/PGM/Belo_Horizonte/Procurador/2017)** Considerando a atual sistemática processual, assinale a opção correta, em relação a recursos nos processos de conhecimento e de execução.

a) O recurso interposto sem a comprovação do devido preparo, quando for devido, não será de pronto considerado deserto, mas ensejará o pagamento de multa.
b) O papel do revisor no julgamento de apelação foi ampliado com o advento do novo CPC.
c) Tratando-se de processo de execução, o agravo de instrumento só é cabível contra as decisões interlocutórias listadas taxativamente no CPC.
d) Cabem embargos infringentes contra acórdão não unânime, no prazo de quinze dias, para fazer prevalecer o voto vencido.

244. **(Cespe/PGM/Fortaleza/Procurador/2017)** A sucumbência recursal com majoração dos honorários já fixados na sentença pode ocorrer tanto no julgamento por decisão monocrática do relator como por decisão colegiada, mas, segundo entendimento do STJ, não é possível majorar os honorários na interposição de recurso no mesmo grau de jurisdição.

245. **(Cespe/TRE/BA/Analista/Administrativo/2017)** Acerca do sistema recursal previsto no CPC, julgue os itens a seguir.

I. O recorrente só poderá desistir do recurso com a anuência do recorrido e dos litisconsortes.

II. Os embargos de declaração interrompem o prazo para a interposição de recurso.

III. Não comprovado o recolhimento do preparo no ato da interposição do recurso, a parte será intimada, na pessoa do seu advogado, para realizar o pagamento em dobro, sob pena de deserção.

Assinale a opção correta.

a) Apenas o item I está certo

b) Apenas o item II está certo.

c) Apenas os itens I e III estão certos.

d) Apenas os itens II e III estão certos.

e) Todos os itens estão certos.

9.2.2. Da Apelação

✱ SÚMULAS

STJ Súm. 277. Julgada procedente a investigação de paternidade, os alimentos são devidos a partir da citação.

STJ Súm. 331. A apelação interposta contra sentença que julga embargos à arrematação tem efeito meramente devolutivo.

✱ ENUNCIADOS CJF

CJF Proc. Civil 67. Há interesse recursal no pleito da parte para impugnar a multa do art. 334, § 8º, do CPC por meio de apelação, embora tenha sido vitoriosa na demanda.

CJF Proc. Civil 68. A intempestividade da apelação desautoriza o órgão "a quo" a proferir juízo positivo de retratação.

✱ QUESTÕES OBJETIVAS

246. (Cespe/PGE/PE/Procurador/2018) No processo civil, é vedado ao órgão judicial que prolatar a decisão recorrida exercer o juízo de retratação na hipótese de interposição de

a) agravo de instrumento cuja finalidade seja impugnar decisão interlocutória que tenha determinado a exclusão de litisconsorte.

b) apelação intempestiva, mesmo que o juízo reconheça erro em sua sentença pela improcedência liminar do pedido.

c) agravo interno, sob pena de usurpação de competência de órgão colegiado.

d) recurso especial sobrestado que se submeta ao regime jurídico dos recursos repetitivos.

e) recurso contra decisão de natureza interlocutória prolatada, em primeiro grau, na fase de execução.

247. (Cespe/TRF/5R/Juiz/2017) Contra pronunciamento de magistrado que, em primeiro grau, decida pela impugnação ao cumprimento de sentença, caberá recurso de

a) apelação, se o processo for extinto, ou de agravo de instrumento, se o processo prosseguir.

b) agravo de instrumento, em qualquer caso.

c) agravo de instrumento, apenas se o recorrente demonstrar urgência.

d) apelação, em qualquer caso.

e) apelação, sempre que o juiz acolher a impugnação do executado.

248. (Cespe/PGE/AM/Procurador/2016) Cabe recurso de apelação contra julgamento antecipado parcial de mérito proferido sobre matéria incontroversa

249. (Cespe/TJ/PR/Juiz/2017) Júlio ajuizou ação indenizatória contra Manoel, tendo formalizado pedido único de indenização por danos morais no valor de cem mil reais. Na fase de produção de provas, o juiz indeferiu o pedido de prova pericial feito por Júlio. Ao final da fase de conhecimento, o magistrado julgou integralmente procedente o pedido de indenização. Nessa situação hipotética, de acordo com as regras previstas no CPC, eventual pretensão recursal de Júlio com a finalidade de permitir a realização da perícia

a) poderá ser apresentada em contrarrazões, caso Manoel apele da sentença.

b) estará preclusa caso não tenha sido interposto recurso de agravo de instrumento da decisão que indeferiu a prova.

c) deverá ser rejeitada em qualquer hipótese por falta de interesse recursal.

d) poderá ser alcançada mediante a interposição de recurso de apelação, quando o autor for intimado da sentença de procedência.

250. (Cespe/PGM/Belo_Horizonte/Procurador/2017) Um município brasileiro interpôs apelação contra sentença que havia confirmado tutela provisória que determinava a matrícula de criança em determinada creche. No mesmo processo, estava pendente o julgamento de agravo de instrumento interposto pelo autor, referente à gratuidade de justiça. Nessa situação hipotética:

a) diante do advento da sentença, o agravo de instrumento será julgado prejudicado.

b) o juízo de admissibilidade da apelação caberá exclusivamente ao tribunal, e não ao juízo "a quo".

c) para que o agravo referente à gratuidade seja processado, o agravante terá de recolher as custas ou pedir dispensa ao relator do agravo de instrumento.

d) a apelação terá efeito apenas devolutivo e deverá ser interposta no prazo de quinze dias, contados só os dias úteis.

251. **(Cespe/TRF/5R/Juiz/2017)** Contra pronunciamento de magistrado que, em primeiro grau, decida pela impugnação ao cumprimento de sentença, caberá recurso de

a) apelação, se o processo for extinto, ou de agravo de instrumento, se o processo prosseguir.

b) agravo de instrumento, em qualquer caso.

c) agravo de instrumento, apenas se o recorrente demonstrar urgência.

d) apelação, em qualquer caso.

e) apelação, sempre que o juiz acolher a impugnação do executado.

252. **(Cespe/DPE/AC/Defensor/2017)** A respeito da apelação e considerando-se o entendimento dos tribunais superiores, assinale a opção correta.

a) A eficácia de sentença que decrete a interdição não poderá ser suspensa pelo relator da apelação, mesmo se o apelante demonstrar a probabilidade de provimento do recurso.

b) O valor das astreintes não poderá ser reduzido de ofício, pela segunda instância, quando a questão for suscitada em recurso de apelação não conhecido.

c) Concedida à antecipação dos efeitos da tutela em recurso adesivo, será admitida a desistência do recurso de apelação principal, caso a petição de desistência tenha sido apresentada antes do julgamento dos recursos.

d) Em caso de condenação ao pagamento de alimentos, o efeito suspensivo da apelação é dispensável, pois a sentença não começa a produzir efeitos imediatamente após sua publicação.

e) Em razão da preclusão operada, novas questões de fato não poderão ser suscitadas em sede de apelação, mesmo se a parte comprovar que deixou de provocá-las por força maior.

9.2.3. Do Agravo de Instrumento

*** SÚMULAS**

STF Súm. 315. Indispensável o traslado das razões da revista, para julgamento, pelo Tribunal Superior do Trabalho, do agravo para sua admissão.

STJ Súm. 118. O agravo de instrumento é o recurso cabível da decisão que homologa a atualização do cálculo da liquidação.

STJ Súm. 223. A certidão de intimação do acórdão recorrido constitui peça obrigatória do instrumento de agravo.

*** ENUNCIADOS CJF**

CJF Proc. Civil 69. A hipótese do art. 1.015, parágrafo único, do CPC abrange os processos concursais, de falência e recuperação.

CJF Proc. Civil 70. É agravável o pronunciamento judicial que postergar a análise de pedido de tutela provisória ou condicioná-la a qualquer exigência.

CJF Proc. Civil 71. É cabível o recurso de agravo de instrumento contra a decisão que indefere o pedido de atribuição de efeito suspensivo a embargos à execução, nos termos do art. 1.015, X, do CPC.

CJF Proc. Civil 72. É admissível a interposição de agravo de instrumento tanto para a decisão interlocutória que rejeita a inversão do ônus da prova, como para a que a defere.

CJF Proc. Civil 73. Para efeito de não conhecimento do agravo de instrumento por força da regra prevista no § 3º do art. 1.018 do CPC, deve o juiz, previamente, atender ao art. 932, parágrafo único, e art. 1.017, § 3º, do CPC, intimando o agravante para sanar o vício ou complementar a documentação exigível.

*** REPERCUSSÃO & REPETITIVOS**

STJ Repetitivo 651. Considerando a prerrogativa que possui a Fazenda Nacional de ser intimada das decisões, por meio da concessão de vista pessoal e, em atenção ao princípio da instrumentalidade das formas, pode a certidão de concessão de vistas dos autos ser considerada elemento suficiente à demonstração da tempestividade do agravo de instrumento, substituindo a certidão de intimação legalmente prevista. (REsp 1383500, 17.2.2016)

* INFORMATIVOS DE JURISPRUDÊNCIA

Embargos à execução. Efeito suspensivo. Indeferimento. Agravo de instrumento. Possibilidade. Art. 1.015, X, do CPC/15. Interpretação extensiva. Paralelismo com o art. 1.015, I, do CPC/15. Natureza de tutela provisória.

STJ É admissível a interposição de agravo de instrumento contra decisão que não concede efeito suspensivo aos embargos à execução. REsp 1.694.667, Rel. Min. Herman Benjamin, DJ 18.12.2017. 2ª T. (Info 617)

Exceção de incompetência. Fundamento. CPC/73. Decisão sob a égide do CPC/15. Agravo de instrumento. Admissão. Art. 1.015, III, do NCPC. Interpretação extensiva.

STJ É cabível a interposição de agravo de instrumento contra decisão relacionada à definição de competência, a despeito de não previsto expressamente no rol do art. 1.015 do CPC/15. REsp 1.679.909, Rel. Min. Luis Felipe Salomão, DJ 1.2.2018. 4ª T. (Info 618)

Assistência judiciária gratuita. Incidente instaurado em autos apartados na vigência dos arts. 4º, 7º e 17 da Lei 1.060/50. Decisão de impugnação prolatada na vigência do NCPC. Princípio do "tempus regit actum". Teoria do isolamento dos atos processuais. Recurso cabível. Agravo de instrumento.

STJ Cabe agravo de instrumento contra o provimento jurisdicional que, após a entrada em vigor do NCPC, acolhe ou rejeita incidente de impugnação à gratuidade de justiça instaurado, em autos apartados, na vigência do regramento anterior. REsp 1.666.321, Rel. Min. Nancy Andrighi, DJ 13.11.2017. 3ª T. (Info 615)

* QUESTÕES OBJETIVAS

253. (Cespe/PGM/Fortaleza/Procurador/2017) A certidão de concessão de vistas dos autos ao ente público é elemento suficiente para a demonstração da tempestividade do agravo de instrumento e se equipara à certidão de intimação da decisão agravada para essa finalidade.

254. (Cespe/TRE/BA/Analista/2017) Tendo examinado uma petição inicial com dois pedidos, em demanda que tramitava pelo procedimento comum, o juiz indeferiu parcialmente a petição quanto a um dos pedidos apresentados pelo autor e determinou a citação do réu para que o processo prosseguisse apenas em relação ao outro pedido. Nesse momento processual, o pronunciamento do juiz será

a) recorrível por apelação.
b) irrecorrível.
c) recorrível por agravo retido.
d) recorrível por agravo de instrumento.
e) recorrível por agravo interno.

9.2.4. Do Agravo Interno

* SÚMULAS

STJ Súm. 182. É inviável o agravo do art. 545 do CPC que deixa de atacar especificamente os fundamentos da decisão agravada.

* ENUNCIADOS CJF

CJF Proc. Civil 74. O termo "manifestamente" previsto no § 4º do art. 1.021 do CPC se refere tanto à improcedência quanto à inadmissibilidade do agravo.

CJF Proc. Civil 77. Para impugnar decisão que obsta trânsito a recurso excepcional e que contenha simultaneamente fundamento relacionado à sistemática dos recursos repetitivos ou da repercussão geral (art. 1.030, I, do CPC) e fundamento relacionado à análise dos pressupostos de admissibilidade recursais (art. 1.030, V, do CPC), a parte sucumbente deve interpor, simultaneamente, agravo interno (art. 1.021 do CPC) caso queira impugnar a parte relativa aos recursos repetitivos ou repercussão geral e agravo em recurso especial/extraordinário (art. 1.042 do CPC) caso queira impugnar a parte relativa aos fundamentos de inadmissão por ausência dos pressupostos recursais.

* QUESTÕES OBJETIVAS

255. (Cespe/PGE/SE/Procurador/2017) Ao realizar o juízo de admissibilidade de recurso especial, o vice-presidente de um tribunal de justiça, em decisão monocrática, negou seguimento ao recurso por considerar, simultaneamente, que não existiam pressupostos de admissibilidade recursal e que o acórdão impugnado pelo recorrente estava em conformidade com precedente firmado pelo STJ em sede de recurso repetitivo. Nessa situação hipotética, para impugnar integralmente a decisão que obsta o prosseguimento do recurso aviado, a parte interessada deverá

a) interpor novo recurso especial.
b) interpor recurso de agravo em recurso especial.
c) interpor recurso de agravo interno.
d) interpor, simultaneamente, recurso de agravo interno e recurso de agravo em recurso especial.
e) impetrar mandado de segurança, pois não existe recurso previsto em lei para essa situação.

256. **(Cespe/PGM/Fortaleza/Procurador/2017)** Ao interpor recurso de agravo contra decisão monocrática no tribunal, o recorrente deixou de impugnar especificamente os fundamentos da decisão recorrida. Nesse caso, em observância ao princípio da primazia do julgamento do mérito, o relator deverá intimar o agravante para complementar seu recurso no prazo de cinco dias.

257. **(Cespe/PGM/Fortaleza/Procurador/2017)** Em outubro de 2016, determinada pessoa interpôs para o STJ agravo em recurso especial contra decisão que, na origem, inadmitiu recurso especial com base em entendimento firmado em recursos repetitivos. Nessa situação, o STJ entende que deve ser aplicado o princípio da fungibilidade e deve ser determinada a remessa do agravo ao tribunal "a quo", convertendo-se o recurso de agravo em recurso especial no recurso de agravo interno.

258. **(Cespe/TRE/TO/Analista/2017)** No que concerne ao agravo interno, à comunicação dos atos processuais, aos prazos e à desconsideração da personalidade jurídica, julgue os seguintes itens.

I. Ao prolatar voto em julgamento de agravo interno, o relator pode se limitar a reproduzir a decisão agravada para se manifestar pela improcedência do recurso.
II. Na execução de título extrajudicial, é possível que o executado seja citado pelo correio.
III. Os prazos processuais do Ministério Público, da Defensoria Pública e da Advocacia Pública ficam suspensos no período compreendido entre 20 de dezembro e 20 de janeiro.
IV. É vedado à parte requerer a desconsideração da personalidade jurídica na petição inicial.

De acordo com a legislação processual civil, estão certos apenas os itens

a) I e II.
b) II e III.
c) III e IV.
d) I, II e IV.
e) I, III e IV.

9.2.5. Dos Embargos de Declaração

*** SÚMULAS**

STF Súm. 317. São improcedentes os embargos declaratórios, quando não pedida a declaração do julgado anterior, em que se verificou a omissão.

STJ Súm. 98. Embargos de declaração manifestados com notório propósito de prequestionamento não têm caráter protelatório.

STJ Súm. 211. Inadmissível recurso especial quanto à questão que, a despeito da oposição de embargos declaratórios, não foi apreciada pelo tribunal "a quo".

STJ Súm. 579. Não é necessário ratificar o recurso especial interposto na pendência do julgamento dos embargos de declaração quando inalterado o julgamento anterior.

*** ENUNCIADOS CJF**

CJF Proc. Civil 75. Cabem embargos declaratórios contra decisão que não admite recurso especial ou extraordinário, no tribunal de origem ou no tribunal superior, com a consequente interrupção do prazo recursal.

CJF Proc. Civil 76. É considerada omissa, para efeitos do cabimento dos embargos de declaração, a decisão que, na superação de precedente, não se manifesta sobre a modulação de efeitos.

*** INFORMATIVOS DE JURISPRUDÊNCIA**

ED e juízo de admissibilidade de RE

STF Os embargos de declaração opostos contra a decisão de presidente do tribunal que não admite recurso extraordinário não suspendem ou interrompem o prazo para interposição de agravo, por serem incabíveis. ARE 688776 ED, Rel. Min. Dias Toffoli, j. 28.11.2017. 1ª T. (Info 886)

* QUESTÕES OBJETIVAS

259. **(Cespe/PGM/Fortaleza/Procurador/2017)** Ainda que, em exame de embargos declaratórios, seja mantido o resultado do julgamento anterior, o recorrente deverá ratificar recurso especial que tenha sido interposto antes do julgamento dos embargos.

260. **(Cespe/PGM/Fortaleza/Procurador/2017)** Ao receber a petição inicial de determinada ação judicial, o magistrado deferiu pedido de tutela provisória e determinou que o município réu fosse comunicado para ciência e apresentação de defesa. Nessa situação, a apresentação de embargos de declaração pelo réu pode interromper o prazo para contestação.

261. **(Cespe/DPE/AC/Defensor/2017)** Com relação aos embargos declaratórios, assinale a opção correta.

a) Caso sejam acolhidos e modifiquem a decisão embargada, o embargado que houver aviado outro recurso contra a decisão originária deverá complementar as razões deste recurso.

b) Deverá ser ratificado recurso que houver sido interposto pela outra parte antes do julgamento dos embargos, caso estes sejam rejeitados.

c) Por interromperem o prazo para a interposição de recursos, dispensam a intimação das partes quanto à decisão proferida em virtude do julgamento desses recursos.

d) Se manifestamente protelatórios, o juiz, fundamentadamente, condenará o embargante a pagar ao embargado, inicialmente, multa correspondente a dez por cento sobre o valor da causa.

e) Se forem opostos contra decisão de relator proferida em tribunal, serão decididos monocraticamente pelo órgão prolator de decisão embargada.

9.2.6. *Dos Recursos para o STF e para o STJ*

* SÚMULAS

1) Embargos de Divergência no STF

STF Súm. 300. São incabíveis os embargos da Lei 623, de 19.02.1949, contra provimento de agravo para subida de recurso extraordinário.

STF Súm. 598. Nos embargos de divergência não servem como padrão de discordância os mesmos paradigmas invocados para demonstrá-la mas repelidos como não dissidentes no julgamento do recurso extraordinário.

2) Embargos de Divergência no STJ

STJ Súm. 158. Não se presta a justificar embargos de divergência o dissídio com acórdão de turma ou seção que não mais tenha competência para a matéria neles versada.

STJ Súm. 168. Não cabem embargos de divergência, quando a jurisprudência do Tribunal se firmou no mesmo sentido do acórdão embargado.

STJ Súm. 315. Não cabem embargos de divergência no âmbito do agravo de instrumento que não admite recurso especial.

STJ Súm. 316. Cabem embargos de divergência contra acórdão que, em agravo regimental, decide recurso especial.

STJ Súm. 420. Incabível, em embargos de divergência, discutir o valor de indenização por danos morais.

3) Recurso Especial

3.1) Hipóteses de Cabimento

STJ Súm. 5. A simples interpretação de cláusula contratual não enseja recurso especial.

STJ Súm. 7. A pretensão de simples reexame de prova não enseja recurso especial.

STJ Súm. 86. Cabe recurso especial contra acórdão proferido no julgamento de agravo de instrumento.

STJ Súm. 123. A decisão que admite, ou não, o recurso especial deve ser fundamentada com o exame dos seus pressupostos gerais e constitucionais.

STJ Súm. 126. É inadmissível recurso especial, quando o acórdão recorrido assenta em fundamentos constitucional e infraconstitucional, qualquer deles suficiente, por si só, para mantê-lo, e a parte vencida não manifesta recurso extraordinário.

STJ Súm. 203. Não cabe recurso especial contra decisão proferida por órgão de segundo grau dos juizados especiais.

STJ Súm. 518. Para fins do art. 105, III, a, da Constituição Federal, não é cabível recurso especial fundado em alegada violação de enunciado de súmula.

3.2) Divergência Jurisprudencial

STJ Súm. 13. A divergência entre julgados do mesmo tribunal não enseja recurso especial.

STJ Súm. 83. Não se conhece do recurso especial pela divergência, quando a orientação do tribunal se firmou no mesmo sentido da decisão recorrida.

3.3) Prequestionamento

STJ Súm. 98. Embargos de declaração manifestados com notório propósito de prequestionamento não têm caráter protelatório.

STJ Súm. 211. Inadmissível recurso especial quanto à questão que, a despeito da oposição de embargos declaratórios, não foi apreciada pelo tribunal "a quo".

3.4) Ratificação

STJ Súm. 579. Não é necessário ratificar o recurso especial interposto na pendência do julgamento dos embargos de declaração quando inalterado o julgamento anterior.

4) Recurso Extraordinário

4.1) Fungibilidade

STF Súm. 272. Não se admite como ordinário recurso extraordinário de decisão denegatória de mandado de segurança.

4.2) Hipóteses de Cabimento

STF Súm. 279. Para simples reexame de prova não cabe recurso extraordinário.

STF Súm. 280. Por ofensa a direito local não cabe recurso extraordinário.

STF Súm. 281. É inadmissível o recurso extraordinário, quando couber, na justiça de origem, recurso ordinário da decisão impugnada.

STF Súm. 283. É inadmissível o recurso extraordinário, quando a decisão recorrida assenta em mais de um fundamento suficiente e o recurso não abrange todos eles.

STF Súm. 289. O provimento do agravo, por uma das turmas do Supremo Tribunal Federal, ainda que sem ressalva, não prejudica a questão do cabimento do recurso extraordinário.

STF Súm. 292. Interposto o recurso extraordinário por mais de um dos fundamentos indicados no art. 101, III, da Constituição, a admissão apenas por um deles não prejudica o seu conhecimento por qualquer dos outros.

STF Súm. 389. Salvo limite legal, a fixação de honorários de advogado, em complemento da condenação, depende das circunstâncias da causa, não dando lugar a recurso extraordinário.

STF Súm. 399. Não cabe recurso extraordinário, por violação de lei federal, quando a ofensa alegada for a regimento de tribunal.

STF Súm. 400. Decisão que deu razoável interpretação à lei, ainda que não seja a melhor, não autoriza recurso extraordinário pela letra a do art. 101, III, da Constituição Federal.

STF Súm. 454. Simples interpretação de cláusulas contratuais não dá lugar a recurso extraordinário.

STF Súm. 505. Salvo quando contrariarem a Constituição, não cabe recurso para o Supremo Tribunal Federal, de quaisquer decisões da Justiça do Trabalho, inclusive dos presidentes de seus tribunais.

STF Súm. 513. A decisão que enseja a interposição de recurso ordinário ou extraordinário não é a do plenário, que resolve o incidente de inconstitucionalidade, mas a do órgão (câmaras, grupos ou turmas) que completa o julgamento do feito.

STF Súm. 636. Não cabe recurso extraordinário por contrariedade ao princípio constitucional da legalidade, quando a sua verificação pressuponha rever a interpretação dada a normas infraconstitucionais pela decisão recorrida.

STF Súm. 637. Não cabe recurso extraordinário contra acórdão de tribunal de justiça que defere pedido de intervenção estadual em município.

STF Súm. 638. A controvérsia sobre a incidência, ou não, de correção monetária em operações de crédito rural é de natureza infraconstitucional, não viabilizando recurso extraordinário.

STF Súm. 640. É cabível recurso extraordinário contra decisão proferida por juiz de primeiro grau nas causas de alçada, ou por turma recursal de juizado especial cível e criminal.

STF Súm. 733. Não cabe recurso extraordinário contra decisão proferida no processamento de precatórios.

STF Súm. 735. Não cabe recurso extraordinário contra acórdão que defere medida liminar.

4.3) Medida Cautelar

STF Súm. 634. Não compete ao Supremo Tribunal Federal conceder medida cautelar para dar efeito suspensivo a recurso extraordinário que ainda não foi objeto de juízo de admissibilidade na origem.

STF Súm. 635. Cabe ao presidente do tribunal de origem decidir o pedido de medida cautelar em recurso extraordinário ainda pendente do seu juízo de admissibilidade.

4.4) Prazo

STF Súm. 728. É de três dias o prazo para a interposição de recurso extraordinário contra decisão do

Tribunal Superior Eleitoral, contado, quando for o caso, a partir da publicação do acórdão, na própria sessão de julgamento, nos termos do art. 12 da Lei 6.055/74, que não foi revogado pela Lei 8.950/94

4.5) Prequestionamento

STF Súm. 282. É inadmissível o recurso extraordinário, quando não ventilada, na decisão recorrida, a questão federal suscitada.

STF Súm. 356. O ponto omisso da decisão, sobre o qual não foram opostos embargos declaratórios, não pode ser objeto de recurso extraordinário, por faltar o requisito do prequestionamento.

4.6) Requisitos Formais

STF Súm. 284. É inadmissível o recurso extraordinário, quando a deficiência na sua fundamentação não permitir a exata compreensão da controvérsia.

STF Súm. 287. Nega-se provimento do agravo quando a deficiência na sua fundamentação, ou na do recurso extraordinário, não permitir a exata compreensão da controvérsia.

4.7) Outros Temas

STF Súm. 249. É competente o Supremo Tribunal Federal para a ação rescisória quando, embora não tendo conhecido do recurso extraordinário, ou havendo negado provimento ao agravo, tiver apreciado a questão federal controvertida.

STF Súm. 296. São inadmissíveis embargos infringentes sobre matéria não ventilada, pela turma, no julgamento do recurso extraordinário.

STF Súm. 299. O recurso ordinário e o extraordinário interpostos no mesmo processo de mandado de segurança, ou de "habeas corpus", serão julgados conjuntamente pelo Tribunal Pleno.

STF Súm. 355. Em caso de embargos infringentes parciais, é tardio o recurso extraordinário interposto após o julgamento dos embargos, quanto à parte da decisão embargada que não fora por eles abrangida.

STF Súm. 456. O Supremo Tribunal Federal, conhecendo do recurso extraordinário, julgará a causa, aplicando o direito à espécie.

STF Súm. 515. A competência para a ação rescisória não é do Supremo Tribunal Federal, quando a questão federal, apreciada no recurso extraordinário ou no agravo de instrumento, seja diversa da que foi suscitada no pedido rescisório.

STF Súm. 528. Se a decisão contiver partes autônomas, a admissão parcial, pelo presidente do tribunal "a quo", de recurso extraordinário que, sobre qualquer delas se manifestar, não limitará a apreciação de todas pelo Supremo Tribunal Federal, independentemente de interposição de agravo de instrumento.

STF Súm. 727. Não pode o magistrado deixar de encaminhar ao Supremo Tribunal Federal o agravo de instrumento interposto da decisão que não admite recurso extraordinário, ainda que referente a causa instaurada no âmbito dos juizados especiais.

* ENUNCIADOS CJF

1) Do Recurso Extraordinário e do Recurso Especial (arts. 1.029 a 1.041)

CJF Proc. Civil 78. A suspensão do recurso prevista no art. 1.030, III, do CPC deve se dar apenas em relação ao capítulo da decisão afetada pelo repetitivo, devendo o recurso ter seguimento em relação ao remanescente da controvérsia, salvo se a questão repetitiva for prejudicial à solução das demais matérias.

CJF Proc. Civil 79. Na hipótese do art. 1.032 do CPC, cabe ao relator, após possibilitar que o recorrente adite o seu recurso para inclusão de preliminar sustentando a existência de repercussão geral, oportunizar ao recorrido que, igualmente, adite suas contrarrazões para sustentar a inexistência da repercussão.

CJF Proc. Civil 80. Quando o Supremo Tribunal Federal considerar como reflexa a ofensa à Constituição afirmada no recurso extraordinário, deverá, antes de remetê-lo ao Superior Tribunal de Justiça para julgamento como recurso especial, conceder prazo de quinze dias para que as partes complementem suas razões e contrarrazões de recurso.

CJF Proc. Civil 81. A devolução dos autos pelo Superior Tribunal de Justiça ou Supremo Tribunal Federal ao tribunal de origem depende de decisão fundamentada, contra a qual cabe agravo na forma do art. 1.037, § 13, II, do CPC.

2) Dos Embargos de Divergência (arts. 1.043 a 1.044)

CJF Proc. Civil 83. Caso os embargos de divergência impliquem alteração das conclusões do julgamento anterior, o recorrido que já tiver interposto o recurso extraordinário terá o direito de complementar ou alterar suas razões, nos exatos limites da modificação, no prazo de quinze dias, contados da intimação da decisão dos embargos de divergência.

* INFORMATIVOS DE JURISPRUDÊNCIA

Cabimento de embargos de divergência contra acórdão que, a despeito de negar provimento ao agravo em recurso especial, examinou o mérito da controvérsia, aplicando o óbice da Súmula 83/STJ. Inaplicabilidade da Súmula 315/STJ.

STJ Cabem embargos de divergência no âmbito de agravo que não admite recurso especial com base na Súmula 83/STJ para dizer que, no mérito, o acórdão impugnado estaria em sintonia com o entendimento firmado por esta Corte Superior. EAREsp 200.299, Rel. Min. Mauro Campbell Marques, DJe 1º.9.2017. 1ª S. (Info 610)

* QUESTÕES OBJETIVAS

262. **(Cespe/STM/Analista/Judiciária/2018)** Foi interposto, no tribunal de origem, um recurso especial, oportunidade na qual o vice-presidente daquele tribunal, após a juntada das contrarrazões, admitiu o apelo e o encaminhou ao Superior Tribunal de Justiça. Nessa situação hipotética, se entender que o recurso especial possui vício de admissibilidade, a parte recorrida poderá interpor recurso de agravo em recurso especial contra a decisão do tribunal de origem.

263. **(Cespe/DPU/Defensor/2017)** Sob pena de ser julgado extemporâneo, o recurso especial interposto antes do julgamento de embargos de declaração deve ser ratificado, ainda que o resultado do julgamento anterior não seja alterado.

264. **(Cespe/STM/Analista/Judiciária/2018)** Determinado tribunal de justiça prolatou um acórdão que possui dois capítulos distintos, um, com fundamento constitucional, e outro, com fundamento infraconstitucional referente à aplicação de lei federal. Nessa situação, se a parte vencida interpuser apenas recurso especial, o Superior Tribunal de Justiça deverá considerá-lo inadmissível, porque a decisão recorrida estaria assentada em fundamentos de mais de uma natureza.

265. **(Cespe/STM/Analista/Judiciária/2018)** No caso de interposição de recurso especial, a questão federal que tiver sido debatida somente no voto vencido deverá ser considerada como parte integrante do acórdão, inclusive para fins de prequestionamento.

266. **(Cespe/STM/Analista/Judiciária/2018)** Ressalvada a possibilidade de oposição de embargos de declaração, será irrecorrível a decisão do Supremo Tribunal Federal que não conhecer do recurso extraordinário por considerar que a questão constitucional arguida pelo recorrente não atende à repercussão geral.

267. **(Cespe/STM/Analista/Judiciária/2018)** Foi interposto, no tribunal de origem, um recurso especial, oportunidade na qual o vice-presidente daquele tribunal, após a juntada das contrarrazões, admitiu o apelo e o encaminhou ao Superior Tribunal de Justiça. Conforme o Código de Processo Civil, o vice-presidente do tribunal cometeu um erro procedimental, porque ele não poderia examinar a admissibilidade do recurso; mas, como, posteriormente, o processo foi encaminhado ao Superior Tribunal de Justiça, não houve nulidade a ser declarada, ante a ausência de prejuízo.

268. **(Cespe/STM/Analista/Judiciária/2018)** Haverá repercussão geral sempre que o recurso extraordinário atacar decisão contrária à súmula ou à jurisprudência dominante do Supremo Tribunal Federal.

269. **(Cespe/TRF/5R/Juiz/2017)** Caio impetrou mandado de segurança no STJ apresentando dois pedidos cumulados de reconhecimento de nulidade de dois atos praticados por ministro de Estado. O STJ, em decisão colegiada final, concedeu parcialmente a segurança para reconhecer a nulidade apenas de um dos atos praticados pelo ministro. Para impugnar essa decisão, Caio apresentou recurso ordinário, e a União interpôs recurso extraordinário. Considerando as normas jurídicas e a jurisprudência dos tribunais superiores, assinale a opção correta a respeito dessa situação hipotética.

a) Pedido de concessão de efeito suspensivo a qualquer um dos recursos, se feito entre a interposição e a publicação da decisão de admissão de tal recurso, deverá ser dirigido ao presidente ou ao vice-presidente do STJ.

b) Se o Supremo Tribunal Federal negar provimento ao recurso interposto por Caio e der provimento ao recurso da União, deverão ser fixados honorários de sucumbência em grau recursal.

c) A admissibilidade dos recursos apresentados será examinada na origem, sendo ainda possível que o tribunal recorrido determine o sobrestamento dos recursos.

d) Caso o recurso de Caio verse apenas sobre matéria constitucional, o STJ deverá aplicar o princípio da fungibilidade e receber o recurso como extraordinário.

e) Na hipótese de o presidente ou vice-presidente do STJ determinar, erroneamente, sobrestamento do recurso da União, a União deverá interpor recurso de agravo em recurso extraordinário.

10. DISPOSIÇÕES FINAIS E TRANSITÓRIAS

✱ ENUNCIADOS CJF

CJF Proc. Civil 58. O prazo para interposição do agravo previsto na Lei n. 8.437/92 é de quinze dias, conforme o disposto no art. 1.070 do CPC.

11. LEIS ESPECIAIS

11.1. Lei das Cautelares contra o Poder Público (Lei 8.437/92)

✱ INOVAÇÕES LEGISLATIVAS

▲ Lei das Cautelares contra o Poder Público (Lei 8.437/92): sem alterações em 2017/2018.

✱ QUESTÕES OBJETIVAS

270. (Cespe/TRF/5R/Juiz/2017) Caio impetrou mandado de segurança no STJ apresentando dois pedidos cumulados de reconhecimento de nulidade de dois atos praticados por ministro de Estado. O STJ, em decisão colegiada final, concedeu parcialmente a segurança para reconhecer a nulidade apenas de um dos atos praticados pelo ministro. Para impugnar essa decisão, Caio apresentou recurso ordinário, e a União interpôs recurso extraordinário. Considerando as normas jurídicas e a jurisprudência dos tribunais superiores, assinale a opção correta a respeito dessa situação hipotética.

a) Pedido de concessão de efeito suspensivo a qualquer um dos recursos, se feito entre a interposição e a publicação da decisão de admissão de tal recurso, deverá ser dirigido ao presidente ou ao vice-presidente do STJ.

b) Se o Supremo Tribunal Federal negar provimento ao recurso interposto por Caio e der provimento ao recurso da União, deverão ser fixados honorários de sucumbência em grau recursal.

c) A admissibilidade dos recursos apresentados será examinada na origem, sendo ainda possível que o tribunal recorrido determine o sobrestamento dos recursos.

d) Caso o recurso de Caio verse apenas sobre matéria constitucional, o STJ deverá aplicar o princípio da fungibilidade e receber o recurso como extraordinário.

e) Na hipótese de o presidente ou vice-presidente do STJ determinar, erroneamente, sobrestamento do recurso da União, a União deverá interpor recurso de agravo em recurso extraordinário.

11.2. Lei de Arbitragem (Lei 9.307/96)

✱ INFORMATIVOS DE JURISPRUDÊNCIA

Ação anulatória de procedimento arbitral. Polo passivo. Órgão arbitral institucional. Câmara arbitral. Natureza essencialmente administrativa. Ilegitimidade passiva. Interesse processual. Ausência.

STJ A instituição arbitral, por ser simples administradora do procedimento arbitral, não possui interesse processual nem legitimidade para integrar o polo passivo da ação que busca a sua anulação. REsp 1.433.940, Rel. Min. Ricardo Villas Bôas Cueva, DJe 2.10.2017. 3ª T. (Info 613)

✱ QUESTÕES OBJETIVAS

271. (Cespe/PGE/SE/Procurador/2017) Duas sociedades empresárias firmaram contrato que contém cláusula compromissária de convenção de arbitragem com a previsão de que eventual litígio de natureza patrimonial, referente ao contrato, deveria ser submetido a tribunal arbitral. Nessa situação hipotética, caso seja instaurado procedimento arbitral:

a) o magistrado poderá, de ofício, reconhecer a existência de convenção de arbitragem e extinguir o processo sem resolução do mérito, se o litígio referente ao contrato também for levado ao Poder Judiciário.

b) em eventual execução judicial de sentença arbitral, será vedado ao réu arguir nulidade da decisão arbitral por meio de impugnação ao cumprimento de sentença, devendo o interessado utilizar ação própria para esse fim.

c) as partes não estarão obrigadas a se submeter a esse procedimento, uma vez que a convenção de arbitragem é nula, por excluir da apreciação jurisdicional ameaça ou lesão a direito.

d) a opção feita pelas partes pela arbitragem deverá ser considerada legítima, e a sentença do árbitro, título executivo extrajudicial, conforme o CPC.

e) eventual cumprimento de carta arbitral no Poder Judiciário, referente ao caso, deverá tramitar em segredo de justiça, se houver comprovação de confidencialidade da arbitragem.

272. **(Cespe/TCE/PE/Analista/2017)** No direito brasileiro, a arbitragem deve ser qualificada como um equivalente jurisdicional.

273. **(Cespe/TRF/5R/Juiz/2017)** Julgue os itens a seguir, referentes aos atos processuais, à intervenção de terceiros e ao processo de execução e arbitragem.

I. A União goza da prerrogativa de intimação pessoal nos processos que tramitam nos juizados especiais federais.

II. Na hipótese de condenação do réu e do terceiro denunciado à lide, será vedado ao autor, em qualquer caso, requerer o cumprimento da sentença contra o terceiro denunciado.

III. Adquirente de bem móvel ou imóvel penhorado em execução, em caso de arrematação judicial, poderá efetuar o pagamento de forma parcelada, desde que ao menos vinte e cinco por cento do valor do lance seja pago à vista.

IV. A arbitragem poderá ser utilizada em litígio que envolva entes integrantes da administração pública e, nesses casos, eventual decisão que condene a fazenda pública não se submeterá ao reexame necessário.

Estão certos apenas os itens

a) I e IV.

b) II e III.

c) II e IV

d) I, II e III.

e) I, III e IV.

11.3. Lei de Assistência Judiciária (Lei 1.060/50)

*** QUESTÕES OBJETIVAS**

274. **(Cespe/DPE/AC/Defensor/2017)** No que con-cerne a assistência jurídica integral, assistência judiciária e gratuidade judiciária, assinale a opção correta.

a) A gratuidade judiciária é o instituto mais amplo entre os referidos, tendo abrangido a assistência judiciária.

b) A assistência jurídica integral é exercida por advogados públicos ou privados nomeados pelo Poder Judiciário para prestar auxílio judicial e extrajudicial à população.

c) Exercem a assistência judiciária, entre outros, os profissionais liberais designados para o encargo de perito nos processos judiciais em que tenha sido deferida a gratuidade da justiça.

d) O benefício da gratuidade da justiça é destinado somente às pessoas naturais.

e) A assistência judiciária garante a concessão pelo Poder Judiciário de isenção de custas, taxas e despesas processuais, mas não de emolumentos.

11.4. Leis dos Juizados Especiais

*** INOVAÇÕES LEGISLATIVAS**

▲ Lei dos Juizados Especiais (Lei 9.099/95):

▲ Art. 62. O processo perante o Juizado Especial orientar-se-á pelos critérios da oralidade, simplicidade, informalidade, economia processual e celeridade, objetivando, sempre que possível, a reparação dos danos sofridos pela vítima e a aplicação de pena não privativa de liberdade. (Modificações: Lei 13.603/18)

▲ Lei dos Juizados Especiais da Fazenda Pública (Lei 12.153/09): sem alterações em 2017/2018.

▲ Lei dos Juizados Especiais Federais (Lei 10.259/01): sem alterações em 2017/2018.

*** QUESTÕES OBJETIVAS**

275. **(Cespe/PGE/PE/Procurador/2018)** Observada a regra que determina que o valor da causa não pode ultrapassar o limite de sessenta salários mínimos, o juizado especial da fazenda pública possui competência para julgar

a) ação civil pública para a tutela de direito difuso decorrente de dano ambiental simples.

b) ação que tenha como objeto a impugnação da pena de demissão imposta a servidor civil.

c) ação em que contribuinte questione a validade do lançamento de crédito tributário estadual.

d) mandado de segurança contra ato praticado por servidor municipal em procedimento licitatório.

e) ação proposta por particular para reivindicar bem imóvel de autarquia estadual.

276. (Cespe/TRF/1R/Juiz/2013) Relativamente aos juizados especiais cíveis e considerando as disposições constantes da Lei dos Juizados Especiais Cíveis e Criminais e da Lei dos Juizados Especiais Cíveis e Criminais no âmbito da Justiça Federal, assinale a opção correta.

a) Quando o autor, na fase de conhecimento, formular pedido em valor superior ao fixado para a competência dos juizados federais, o julgador, em face de disposição expressa contida na Lei dos Juizados Especiais Cíveis e Criminais no âmbito da Justiça Federal, deverá considerar que a opção pelo juizado importa em renúncia tácita ao crédito excedente ao limite estabelecido na lei, excetuada a hipótese de conciliação.

b) Se, ao analisar a inicial de ação distribuída para a vara do juizado especial federal, o julgador verifica que a pretensão do autor versa acerca de obrigações vincendas, ele deverá considerar, para fins de análise da competência do juizado federal, o valor de cada parcela, que não poderá exceder o montante de sessenta salários mínimos.

c) Nas comarcas onde não houver vara do juizado especial federal, a causa poderá ser proposta no juizado especial estadual, aplicando-se a lei dos juizados especiais Cíveis e Criminais no âmbito da Justiça Federal no juízo estadual, com observância de que eventual recurso contra a sentença definitiva será apreciado pela Turma Recursal Federal.

d) O incidente de uniformização, quando fundado em divergência entre decisões de turmas recursais de diferentes regiões, terá cabimento quando visar interpretação de lei federal relativamente a questões de direito material. Nessa hipótese, a competência para o processamento e o julgamento será da Turma Nacional de Uniformização da Jurisprudência dos Juizados Especiais Federais.

e) Assim como ocorre na legislação referente aos juizados especiais cíveis estaduais, a Lei dos Juizados Especiais Cíveis e Criminais no âmbito da Justiça Federal veda expressamente a atuação do incapaz como parte autora nos feitos de sua competência.

277. (Cespe/TRF/2R/Juiz/2013) Tendo em vista que a competência da justiça federal é definida pela CF e em leis especiais, assinale a opção correta.

a) Na ação civil pública ajuizada por autarquia federal com o objetivo de proteger bem imóvel público, o juízo competente será o juiz de primeiro grau da justiça estadual, se na localidade do imóvel não houver vara federal.

b) A delegação da competência da justiça federal à justiça estadual de primeiro grau, mesmo encontrando-se autorizada pela CF para outras situações, somente se tem observado com relação às causas previdenciárias.

c) A competência dos juizados especiais federais cíveis será absoluta em relação às causas em que a União seja parte como demandante ou demandada e que tenham valor de até sessenta salários mínimos.

d) O valor da causa, no litisconsórcio ativo, deve ser definido dividindo-se seu montante pelo número de autores para fins de definição de competência do juizado especial federal cível.

e) TRF, ao decidir, em agravo de instrumento, sobre a competência da justiça federal, não poderá pronunciar-se de modo diverso em grau de recurso de apelação na mesma ação.

278. (Cespe/TRF/2R/Juiz/2009) Considerando que determinada pessoa tenha seu automóvel abalroado por veículo de propriedade da União utilizado em serviço e que, com a finalidade de alcançar a reparação de seu patrimônio, ajuíze contra a União ação sob o rito sumaríssimo previsto na Lei dos Juizados Especiais Cíveis Federais, assinale a opção correta.

a) Caso entenda necessário à prova de seu direito documento que se encontre em poder da entidade pública, deve o autor requerer na inicial a exibição do documento, conforme procedimento definido pela lei processual.

b) Após receber a inicial, o juiz deve, de ofício, determinar que a entidade pública apresente, até a audiência de instrução e julgamento, os documentos necessários ao exame da lide que estejam em seu poder.

c) Na situação considerada, a necessidade de esclarecimento técnico determina a conversão do rito em ordinário e a consequente remessa dos autos ao juízo competente.

d) Somente após frustrar-se a tentativa de conciliação durante a audiência designada para esse fim é que será possível a realização de exame técnico, cuja apresentação ocorrerá até a audiência de instrução e julgamento.

e) Independentemente de pedido, a entidade pública deve juntar aos autos a documentação em seu poder que seja importante ao esclarecimento da causa, até a instalação da audiência de conciliação.

279. (Cespe/TRF/2R/Juiz/2011) A respeito dos juizados especiais federais, assinale a opção correta.

a) Nesses juizados, a parte não precisa constituir advogado, ainda que o valor exceda vinte salários mínimos.

b) A citação da União deve ser feita pessoalmente, mas as intimações poderão ser realizadas por meio eletrônico.

c) Os representantes legais dos órgãos públicos federais necessitam de autorização da autoridade competente para transigir.

d) Conforme o STJ, o mandado de segurança não é instrumento hábil para o controle de competência desses juizados.

e) Nos juizados especiais federais, o menor de dezoito anos de idade não pode ser autor de demanda, ao contrário do que ocorre nos juizados especiais estaduais.

280. (Cespe/TRF/5R/Juiz/2013) Assinale a opção correta acerca dos juizados especiais federais.

a) A turma nacional de uniformização admite incidente de uniformização que verse sobre honorários advocatícios.

b) No âmbito da turma nacional de uniformização, é possível o não conhecimento do pedido de uniformização por decisão monocrática se o acordão recorrido não guardar similitude fática e jurídica com o acórdão paradigma.

c) É cabível recurso adesivo no rito dos juizados especiais federais.

d) De acordo com entendimento firmado pelo STF, as restrições em relação à concessão de medidas liminares contra o poder público, previstas em lei específica, também se aplicam às demandas previdenciárias.

e) O principal critério de competência previsto no rito dos juizados especiais federais é o valor da causa, fixado em até sessenta salários mínimos, sendo possível a renúncia tácita sobre parcelas vincendas para fins de fixação de competência.

281. (Cespe/TRF/3R/Juiz/2011) Com referência à obrigação de fazer, determinada por sentença de juizado especial federal, assinale a opção correta.

a) O início do procedimento de cumprimento da sentença necessariamente depende de pedido da parte interessada.

b) O cumprimento mediante ofício torna a expedição, por exemplo, de mandado de busca e apreensão, incompatível com o procedimento.

c) Descumprida a ordem emanada da sentença, cabe a imposição de multa à autoridade comunicada por ato atentatório ao exercício da jurisdição.

d) A intimação dirigida à autoridade citada no processo não supre a necessidade específica de ofício, em se tratando de cumprimento da decisão.

e) A pendência de recurso interposto da sentença que determine a obrigação não afeta o cumprimento da decisão.

282. (Cespe/TRF/5R/Juiz/2007) O STJ é competente para dirimir conflito de competência estabelecido entre o juizado especial federal e o juízo de vara federal na mesma seção judiciária.

283. (Cespe/TRF/1R/Juiz/2009) Julgue os itens abaixo, relativos aos juizados especiais no âmbito da justiça federal:

I. Não há renúncia tácita nos juizados especiais federais para fins de fixação de competência quanto ao valor da causa.

II. Nos juizados especiais federais, o procurador federal tem a prerrogativa de intimação pessoal, não se admitindo outra forma de intimação.

III. O recurso inominado não pode ser interposto pela via adesiva nos juizados especiais federais, pois não se coaduna com a sistemática dos juizados em que as demandas precisam ser rapidamente solucionadas.

IV. A matéria não apreciada na sentença, mas veiculada na inicial, pode ser conhecida no recurso inominado, mesmo não havendo embargos de declaração.

V. Conforme a jurisprudência, é inadmissível mandado de segurança para a turma recursal contra ato jurisdicional dos juizados especiais federais, em qualquer hipótese.

Estão certos apenas os itens:

a) I, II, IV.

b) I, II, V.

c) I, III e IV.

d) II, III e V.

e) III, IV e V.

284. (Cespe/TRF/5R/Juiz/2015) A respeito dos juizados especiais cíveis no âmbito da justiça federal, assinale a opção correta.

a) Contra as sentenças proferidas pelos juizados especiais federais em desfavor da fazenda pública da União deve haver o reexame necessário.

b) A opção pelo procedimento dos juizados especiais federais importa em renúncia tácita ao valor que exceder aos sessenta salários mínimos previstos em lei.

c) O STJ firmou entendimento no sentido de ser cabível a impetração de mandado de segurança com a finalidade de promover o controle de competência dos juizados especiais federais.

d) Nos juizados especiais federais, a União, as autarquias, as fundações públicas e as empresas públicas federais podem ser rés, mas a atuação como autor está limitada às pessoas físicas.

e) A produção de prova pericial não é admitida nos juizados especiais federais, cuja competência está restrita a causas de menor complexidade.

285. (Cespe/TRF/1R/Juiz/2015) Acerca dos sujeitos processuais e do litisconsórcio no processo civil, assinale a opção correta.

a) De acordo com entendimento consolidado pelo STJ, em ação contra o INSS que verse sobre contribuições previdenciárias, admite-se a formação de litisconsórcio facultativo após o ajuizamento da ação.

b) Genitora que defende direitos de titularidade de um filho absolutamente incapaz atua como parte no processo.

c) Em caso de litisconsórcio classificado como necessário, o juiz deve emitir decisão idêntica para todos os litigantes que ocupem o mesmo polo da demanda.

d) Conforme jurisprudência dominante do STJ, a qualificação da relação como sendo de consumo não afasta a possibilidade de denunciação da lide.

e) A vedação da intervenção de terceiros no âmbito dos juizados especiais federais não afasta a possibilidade de formação de litisconsórcio.

286. (Cespe/PGE/PE/Procurador/2009) Acerca de procedimentos dos juizados especiais, assinale a opção correta.

a) Estando o incapaz devidamente representado por seus pais e observada a necessária intervenção do MP, é viável que proponha ação perante o juizado especial.

b) Tratando-se de causa que envolva valor compatível, é possível ajuizar ação do juizado especial contra entidades componentes do sistema financeiro, sejam elas privadas ou públicas, como, por exemplo, a Caixa Econômica Federal.

c) Considerando que é vedado às pessoas jurídicas propor ação nos juizados cíveis, uma microempresa que se veja nas condições de ré em ação processada nesta sede não pode fazer pedido contraposto, sob pena de burlar a citada proibição.

d) Nada impede que uma pessoa física seja cessionária de um crédito de pessoa jurídica para o fim específico de viabilizar o ingresso de ação nos juizados especiais, desde que se respeite o limite de valor que determina o conceito de causa de menor complexidade.

e) Ainda que se verifique no juizado especial ser de alta complexidade a matéria discutida entre autor pessoa física e réu entidade bancária, o juiz não pode determinar ao primeiro a assistência de um advogado.

287. (Cespe/PG/DF/Procurador/2013) Paulo ajuizou ação de cobrança no valor de R$ 3.000,00 contra o DF. A ação foi distribuída a um juizado especial da fazenda pública. Em sua defesa, o DF alegou que já havia pago integralmente a dívida. Realizada a instrução processual, o juiz proferiu sentença acolhendo parcialmente o pedido, no tocante a R$ 2.000,00, sob o fundamento de que, em relação à outra parte, se verificara o pagamento. Para interpor recurso contra a sentença, Paulo não precisará estar representado por advogado.

288. (Cespe/MPE/ES/Promotor/2010) Com relação ao recurso inominado, previsto na Lei dos Juizados Especiais, assinale a opção correta.

a) não se coaduna à finalidade dos juizados especiais a possibilidade do recurso à sentença terminativa, razão pela qual não cabe recurso inominado a essa espécie de sentença.

b) por se tratar de verdadeira apelação aplicada ao procedimento dos juizados, admite-se recurso inominado interposto adesivamente.

c) diante da inexistência de recurso a eventual lesão de direito causada por decisão interlocutória no curso do procedimento dos juizados, é admitida a interposição de recurso inominado a decisão dessa espécie.

d) é cabível o recurso inominado não só à sentença do processo de conhecimento, mas também à sentença nos embargos do processo de execução.

e) toda sentença proferida no procedimento dos juizados é passível de recurso inominado, incluindo-se a sentença que homologa conciliação e a que homologa laudo arbitral.

289. **(Cespe/TJ/AC/Juiz/2012)** A respeito das condições de ação, da competência e dos recursos, assinale a opção correta.

a) Considere a seguinte situação hipotética. Márcio, servidor público estadual, inconformado com ato tido por ilegal de secretário de Estado, que, sem justificativa, indeferiu o seu pedido de férias, resolveu impetrar, no tribunal de justiça competente, mandado de segurança contra essa decisão administrativa. Nesse colegiado, houve acórdão acolhendo a preliminar, de forma que a ação mandamental se extinguiu sem resolução de mérito. Inconformado, o impetrante propôs recurso ordinário, oportunidade em que o STJ superou a preliminar e adentrou ao mérito do pedido. Nessa situação hipotética, agiu acertadamente o STJ, com base em previsão do CPC, segundo a qual, nos casos de extinção do processo sem julgamento de mérito, o tribunal pode julgar desde logo a lide, se a causa versar sobre questão exclusivamente de direito e estiver em condições de imediato julgamento.

b) Como regra, a legitimação ativa para a ação popular é do cidadão, exigindo a lei específica que o ajuizamento se faça acompanhar, necessariamente, do título de eleitor ou de documento equivalente do autor; a jurisprudência pretoriana, entretanto, já tende a aceitar a proposição do eleitor com menos de dezoito anos de idade, sem assistência ou suprimento judicial, assim como a da pessoa jurídica e a do português equiparado.

c) Haja vista a previsão constitucional da competência dos juizados especiais cíveis para causas de menor complexidade, turma do STF definiu a incompetência desses juizados para causas em que tabagistas habituais proponham ações indenizatórias em face de empresas produtoras de cigarros, pugnando ressarcimento pela utilização do produto por anos, por estarem em jogo valores a gerar complexidade que extravasa a simplicidade buscada na CF.

d) Na atual fase de evolução da lei processual brasileira, nos termos da teoria da asserção, deve-se considerar, na aferição das condições da ação, tanto o que foi alegado pelo autor na inicial quanto o que foi apurado, em concreto, após a instrução da causa.

e) Considere que Paulo, proprietário de um lote na zona rural de Cruzeiro do Sul – AC, tenha proposto ação real reivindicatória em face de Raimundo, sob o argumento de este deter o imóvel de forma injusta, e que Raimundo, citado, tenha apresentado contestação, alegando jamais ter ocupado o imóvel e nem mesmo nunca ter estado na referida zona rural. Considere, ainda, que, tendo o juiz determinado, por cautela, que o oficial de justiça fosse ao local, tenha sido comprovado que o bem se encontrava sem nenhum sinal de ocupação recente ou edificações. Nessa situação hipotética, caberá ao juiz anunciar o julgamento antecipado e prolatar sentença de improcedência da ação.

290. **(Cespe/TJ/PR/Juiz/2017)** Jorge ajuizou ação no juizado especial cível, com o objetivo de receber indenização no valor de vinte mil reais por dano causado por pessoa jurídica. Considerando essa situação hipotética, assinale a opção correta.

a) Havendo necessidade de expedição de carta precatória, Jorge deverá custear despesa de cumprimento.

b) A competência para julgar o processo será deslocada em caso de necessidade de desconsideração da personalidade jurídica da empresa ré.

c) A extinção do processo por ausência de Jorge em audiência dependerá de sua prévia intimação pessoal.

d) A ausência de contestação, ainda que a empresa ré esteja presente na audiência de conciliação, acarretará a revelia.

291. **(Cespe/TJ/RN/Juiz/2013)** Acerca do procedimento dos juizados especiais estaduais, assinale a opção correta.

a) A sentença condenatória que, proferida no âmbito dos juizados especiais cíveis, exceder o valor da alçada estabelecida na lei, em razão de atualização monetária e aplicação de juros legais, após o ajuizamento da ação, será ineficaz no que se refere à parte excedente.

b) Compete às turmas recursais o julgamento de ação rescisória contra decisão transitada em julgado proferida nos juizados especiais cíveis.

c) O não comparecimento do demandado à audiência de conciliação ou de instrução e julgamento induz os efeitos da revelia, reputando-se verdadeiras as alegações contidas na petição inicial, de modo que se deve julgar procedente o pedido.

d) No procedimento dos juizados especiais, o magistrado pode determinar a inversão do ônus da prova, em julgamento de equidade e com fundamento nas regras de experiência comum, se configurada a verossimilhança da alegação ou limitação do autor na produção da prova.

e) No que diz respeito à audiência de instrução e julgamento, aplicam-se as normas do CPC relativas ao prazo de apresentação de quesitos e do rol de testemunhas, de modo a viabilizar a intimação pessoal, bem como a oportunizar à parte contrária eventual contradita, e a indicação de assistente técnico à prova pericial.

292. **(Cespe/TJ/MT/Cartórios/2005)** A respeito da Lei dos Juizados Especiais Cíveis – Lei n. 9.099/1995, assinale a opção correta.

a) A presunção de veracidade dos fatos alegados no pedido inicial decorre da ausência do demandado à sessão de conciliação ou à audiência de instrução, e não da falta de defesa. Assim, será decretada a revelia do réu que não comparecer à audiência de instrução e julgamento, ainda que compareça o seu advogado ou que seja apresentada defesa escrita.

b) Segundo os princípios da simplicidade e da informalidade que regem o julgamento nos juizados especiais, qualquer que seja o valor da causa, a parte vencida, ainda que não possua capacidade postulatória, poderá recorrer pessoalmente da decisão monocrática e requerer a sua revisão pela turma recursal.

c) Caso seja proposta ação monitória, perante o juízo cível, objetivando o recebimento da quantia de R$ 500,00, representado por um cheque prescrito, deverá o juiz declinar de sua competência em razão do valor da causa e remeter os autos a uma das varas do juizado especial cível.

d) Contra a decisão proferida em última instância pelo juizado especial cível que afronta a lei infraconstitucional, é cabível o recurso especial para o Superior Tribunal de Justiça.

293. **(Cespe/TJ/PR/Juiz/2017)** A respeito da prova no juizado especial cível, assinale a opção correta de acordo com a Lei n. 9.099/1995.

a) É ônus da parte levar a testemunha à audiência, por não se aplicar a condução coercitiva.

b) A prova pericial poderá ser realizada oralmente, mas o perito deverá entregar o laudo escrito logo após.

c) Será válida prova testemunhal produzida por declaração escrita.

d) Salvo a inspeção judicial, as provas terão de ser produzidas na audiência de instrução e julgamento.

294. **(Cespe/DPE/AL/Defensor/2017)** Caso não seja cumprida voluntariamente sentença transitada em julgado no âmbito do juizado especial cível:

a) o interessado deverá solicitar, por escrito, a execução da sentença, sendo necessária nova citação.

b) o juiz determinará ao vencido o imediato cumprimento da sentença, sob pena de aplicação de multa diária.

c) o juiz procederá, de ofício, à execução da sentença.

d) proceder-se-á desde logo à execução mediante solicitação do interessado, que poderá ser verbal, dispensada nova citação.

e) não será admitida a execução da sentença no próprio juizado.

295. **(Cespe/DPE/AL/Defensor/2017)** Acerca de formação de litisconsórcio, conflito de competência e prazo, assinale a opção correta à luz do entendimento dos tribunais superiores.

a) Na hipótese de litisconsórcio ativo, o valor da causa para fins de fixação da competência do juizado especial federal deve ser calculado a partir da soma do valor pretendido por cada litisconsorte, soma esta que não poderá ultrapassar o patamar de sessenta salários mínimos.

b) No caso de litisconsórcio unitário, a independência da atividade dos litisconsortes é plena.

c) Suscitado o conflito de competência, a intervenção do Ministério Público, na qualidade de custos legis, é facultativa.

d) Município demandado terá prazo em dobro somente para contestar e para recorrer.

e) É competência absoluta dos juizados especiais da fazenda pública processar e julgar as causas de interesse dos estados, do Distrito Federal, dos territórios e dos municípios cujos valores não excedam sessenta salários mínimos, inexistindo impedimento à formação de litisconsórcio passivo do ente estatal com pessoa jurídica de direito privado.

11.5. Lei do Processo Eletrônico (Lei 11.419/06)

*** INOVAÇÕES LEGISLATIVAS**

▲ Lei do Processo Eletrônico (Lei 11.419/06): sem alterações em 2017/2018.

*** QUESTÕES OBJETIVAS**

296. **(Cespe/STM/Analista/Judiciária/2018)** A prática de ato processual por meio eletrônico é uma garantia legal que não pode ser afastada pela ausência de credenciamento do procurador no respectivo tribunal de justiça.

297. **(Cespe/TRF/1R/Analista/2017)** Ato processual eletrônico pode ser praticado em qualquer horário desde que até as vinte horas do último dia do prazo.

12. TEORIA E PRINCÍPIOS

◎ ATENÇÃO: ESTE TEMA É MUITO EXIGIDO NOS CONCURSOS!

*** QUESTÕES OBJETIVAS**

298. **(Cespe/MPE/RO/Promotor/2010)** O princípio da inércia, um dos princípios basilares da jurisdição, não admite exceção.

299. **(Cespe/MPE/RO/Promotor/2010)** A competência é determinada no momento em que a ação é proposta; portanto, segundo o princípio da perpetuação da jurisdição ("perpetuatio jurisdictionis"), não há alteração da competência quando ocorrem modificações irrelevantes do estado de fato ou de direito efetuadas posteriormente à propositura da ação.

300. **(Cespe/TRF/3R/Juiz/2011)** Assinale a opção correta acerca dos princípios do processo civil.

a) Observa o princípio da igualdade das partes o juiz que determina a emenda da inicial, antes de indeferi-la.

b) Ao inverter o ônus da prova em ação que trate de direito do consumidor, o juiz orienta o processo de acordo com o princípio da garantia de duração processual razoável.

c) A possibilidade de o relator de ação rescisória definir prazo superior a quinze dias para o réu apresentar resposta indica influência do princípio da adaptabilidade.

d) Quando o juiz converte o procedimento sumário em ordinário por detectar maior complexidade da prova técnica, ele está aplicando o princípio da cooperação, sob a ótica do esclarecimento.

e) A consideração pelo juiz da possibilidade de existência de propósito protelatório do réu indica análise da situação conforme o princípio da boa fé processual, sob o ângulo objetivo.

301. **(Cespe/TRF/5R/Juiz/2011)** Paulo e Hélio, maiores de idade e capazes, não tendo entrado em acordo quanto ao pagamento de dívida que o segundo contraíra com o primeiro, concluíram que seria necessária a intervenção de terceiro, capaz de propor solução para o problema. Levaram, então, o caso ao conhecimento de Lúcio, professor emérito da faculdade onde Paulo e Hélio estudavam, que propôs que apenas dois terços da dívida fossem pagos no prazo de trinta dias, o que foi aceito pelos interessados. Com base nessa situação hipotética, assinale a opção correta.

a) Ao aceitarem a solução intermediária, os interessados realizaram autocomposição.

b) Configura-se, no caso, a autotutela, dada a inexistência de intervenção do Estado-juiz.

c) A figura do terceiro que conduz os interessados a solução independentemente de intervenção judiciária indica a ocorrência de mediação.

d) Como a solução proposta se fundamenta na regra jurídica aplicável e tem executividade própria, trata-se de verdadeira jurisdição.

e) Dada a ocorrência de solução por intervenção de terceiro, fica caracterizada a arbitragem.

302. **(Cespe/TJ/DFT/Juiz/2015)** Assinale a opção correta com relação a princípios do direito processual.

a) Com base no princípio da estabilidade subjetiva da lide, as partes do processo de execução devem ser as mesmas que atuaram no processo de conhecimento.
b) O princípio da identidade física do juiz é de natureza infraconstitucional e pode ser suprimido do ordenamento jurídico em eventual reforma realizada pelo legislador ordinário.
c) Com base no princípio da territorialidade da jurisdição, é vedada ao oficial de justiça a realização de diligências em foro diverso daquele em que atua.
d) O princípio dispositivo aplica-se às tutelas específicas de adimplemento das obrigações de fazer e não fazer, o que, segundo o STJ, impede o juiz de arbitrar astreintes de ofício nesses casos.
e) De acordo com a doutrina dominante, o princípio da boa-fé objetiva não se aplica ao processo civil, haja vista a ausência de previsão legal.

303. **(Cespe/TJ/MA/Juiz/2013)** No que concerne à lei processual civil superveniente, assinale a opção correta.

a) Encontrando-se o processo em curso, é facultado ao juiz aplicar a lei nova ou a lei anterior que melhor atenda à rápida solução da lide, amparado no princípio constitucional da celeridade processual.
b) Nesse caso, aplica-se a regra do isolamento dos atos processuais, de modo que a lei nova é aplicada aos atos processuais pendentes, tão logo entre em vigor, respeitados os já praticados e seus efeitos.
c) Os efeitos dessa lei atingem os processos ajuizados após a edição da lei, não se aplicando a nova lei processual aos processos em curso.
d) A nova regra processual editada no curso do processo não se aplica no grau de jurisdição em que o processo tramita, repercutindo-se os seus efeitos nos graus de jurisdição subsequentes.

304. **(Cespe/TJ/RR/Cartórios/2013)** Considere que, ao apreciar apelação, o tribunal mantenha a sentença, reduzindo o valor dos honorários fixados pelo juiz de 20% para 10% sobre o valor da condenação, ainda que não haja pedido do vencido nesse sentido. Nesse caso, a decisão do tribunal

a) ratifica o princípio da máxima efetividade do processo.
b) viola o princípio do juiz natural.
c) conforma-se com o princípio da instrumentalidade das formas.
d) viola o princípio da inércia.
e) conforma-se com o princípio da economicidade jurisdicional.

305. **(Cespe/DPU/Defensor/2017)** Voltado para a concepção democrática atual do processo justo, o CPC promoveu a evolução do contraditório, que passou a ser considerado efetivo apenas quando vai além da simples possibilidade formal de oitiva das partes.

306. **(Cespe/TRE/BA/Analista/2017)** Em um tribunal, o relator de determinado recurso concedeu o prazo de cinco dias ao recorrente para que fosse sanado vício e complementada a documentação exigida pela legislação para interposição de recurso. Nessa situação, o magistrado tomou tal providência com base no princípio denominado

a) dialeticidade.
b) fungibilidade.
c) primazia do julgamento do mérito.
d) dispositivo.
e) identidade física do juiz.

307. **(Cespe/TRE/BA/Analista/2017)** Durante a instrução probatória no curso de processo referente a ação de cobrança proposta por indivíduo identificado, na petição inicial, como credor do réu, o juiz verificou que o demandante não era o verdadeiro titular do crédito. Nessa situação, o juiz deve considerar o autor como parte legítima e examinar o mérito do processo se adotar a teoria da

a) carga dinâmica da prova.
b) substanciação.
c) asserção.
d) exposição.
e) causa madura.

308. **(Cespe/TCE/PE/Analista/2017)** Embora influenciadas pelo direito romano, as diversas instituições jurídicas das nações ocidentais contemporâneas criaram métodos originais de resolução de lides, já que o sistema processual, na Roma antiga, era rudimentar e fundamentado em discursos míticos e crenças religiosas.

309. **(Cespe/TCE/PE/Analista/2017)** São etapas da evolução da doutrina processual, entre outras, o praxismo e o processualismo científico.

310. (Cespe/TCE/PE/Analista/2017) A lide é o conflito de interesse qualificado pela existência de uma pretensão resistida, sendo sempre de competência do Poder Judiciário.

311. (Cespe/TCE/PE/Analista/2017) Há relação de instrumentalidade entre o direito processual e o direito material, o qual diz respeito apenas às relações jurídicas em que o cumprimento da norma se dá de forma espontânea, seja em razão da lei ou por força do contrato.

312. (Cespe/TCE/PE/Analista/2017) A doutrina divide-se entre as correntes que sustentam que o direito processual tende à tutela dos direitos subjetivos; as que argumentam que o processo atua simplesmente no âmbito do direito objetivo; e as que buscam conciliar as duas tendências.

313. (Cespe/TCE/PE/Analista/2017) A classificação das normas em materiais ou processuais depende de sua localização no ordenamento jurídico, sendo materiais todas as normas dispostas nos códigos civil e penal, e processuais aquelas situadas nos códigos de processo civil e penal.

314. (Cespe/TCE/PE/Analista/2017) As normas processuais não podem ser consideradas dispositivas, dado o seu caráter coercitivo.

315. (Cespe/TCE/PE/Analista/2017) Os princípios gerais do direito são enunciados gerais e universais que orientam a compreensão do sistema jurídico, em sua aplicação e integração, estando estas positivadas ou não.

316. (Cespe/TCE/PE/Analista/2017) As leis processuais civis e penais não se sujeitam às regras quanto à eficácia temporal das leis constantes da Lei de Introdução às Normas do Direito Brasileiro, uma vez que têm regramento próprio.

317. (Cespe/TCE/PE/Analista/2017) Considerando-se o sistema do isolamento dos atos processuais, a lei processual nova não retroage, aplicando-se imediatamente aos processos em curso, respeitados os atos processuais já praticados e as situações jurídicas já consolidadas sob a vigência da lei anterior.

318. (Cespe/TCE/PE/Analista/2017) A violação do princípio da lealdade processual sujeita o advogado infrator a sanções processuais.

319. (Cespe/TCE/PE/Analista/2017) Na área cível, o princípio da eventualidade impõe ao réu o dever de formular, em sua contestação, todas as defesas que tiver, sob pena de não poder fazê-lo em outro momento processual.

320. (Cespe/TCE/PE/Analista/2017) Dado o princípio da demanda, o juiz não pode agir sem ser provocado pelo interessado, salvo no caso das exceções previstas em lei.

321. (Cespe/TCE/PE/Analista/2017) A cláusula que expressa concordância prévia do devedor com a reintegração liminar do credor na posse do bem, em caso de inadimplemento de obrigação contratual, configura violação ao princípio da inafastabilidade do controle judicial.

322. (Cespe/TCE/PE/Analista/2017) Se todos os pleitos puderem seguir o mesmo procedimento, a determinação judicial de emenda à inicial para que o autor fracione o pedido em demandas distintas violará o princípio da economia processual.

323. (Cespe/TCE/PE/Analista/2017) Não viola o princípio do devido processo legal o juiz que, ao prolatar sentença em ação de alimentos, deixa de atender pedido de produção de provas e depoimento pessoal das partes.

324. (Cespe/TCE/PE/Analista/2017) O princípio da legalidade não impede que o juiz apene o acusado criminal com base nos costumes e que o legislador vote norma penal sancionadora de coação direta, impondo desde logo a pena, sem julgamento.

325. (Cespe/DPE/PE/Defensor/2018) Após encerrar a instrução de determinado processo, a juíza do caso foi removida para outra vara. O juiz substituto que assumiu a vara apreciou o referido processo, já instruído, e proferiu julgamento antecipado parcial do mérito de um dos pedidos da inicial, por ser incontroverso. Com relação a essa situação hipotética, assinale a opção correta.

a) Ainda que interponha recurso, a parte deverá executar, desde logo e mediante prévia caução, a obrigação reconhecida pela decisão do juiz substituto.
b) A decisão do juiz substituto não poderá ser considerada nula com base no princípio da identidade física do juiz.
c) Contra a decisão proferida pelo juiz substituto caberá interposição de recurso de apelação.
d) A decisão do juiz substituto não pode ter reconhecido obrigação ilíquida.

e) O juiz substituto deveria ter designado audiência de instrução e julgamento para apurar o pedido.

326. (Cespe/TRF/1R/Analista/2017) São inerentes à jurisdição os princípios do juiz natural, da improrrogabilidade e da indelegabilidade.

15. DIREITO PROCESSUAL CONSTITUCIONAL

1. CONTROLE CONCENTRADO

1.1. ADI/ADC

◉ ATENÇÃO: ESTE TEMA É MUITO EXIGIDO NOS CONCURSOS!

✻ SÚMULAS

STF Súm. 360. Não há prazo de decadência para a representação de inconstitucionalidade prevista no art. 8º, parágrafo único, da Constituição Federal.

STF Súm. 614. Somente o Procurador-Geral da Justiça tem legitimidade para propor ação direta interventiva por inconstitucionalidade de lei municipal.

STF Súm. 642. Não cabe ação direta de inconstitucionalidade de lei do Distrito Federal derivada da sua competência legislativa municipal.

STF Súm. 729. A decisão na Ação Direta de Constitucionalidade n. 4 não se aplica à antecipação de tutela em causa de natureza previdenciária.

✻ REPERCUSSÃO & REPETITIVOS

STF Repercussão Geral 484. Tribunais de Justiça podem exercer controle abstrato de constitucionalidade de leis municipais utilizando como parâmetro normas da CF, desde que se trate de normas de reprodução obrigatória pelos Estados. (RE 650898, 1.2.2017)

ADI: ITCMD e Procuradoria Geral do Estado

STF A ADI é meio processual inadequado para o controle de decreto regulamentar de lei estadual. As disposições legais sobre a forma de cobrança do ITCMD pela Procuradoria Geral do Estado e de sua intervenção em processos de inventário, arrolamento e outros de interesse da Fazenda Pública são regras de procedimento que não violam o CPC. ADI 4409, Rel. Min. Alexandre de Moraes, j. 6.6.2018. Pleno. (Info 905).

✻ INOVAÇÕES LEGISLATIVAS

▲ Lei de Procedimentos STF/STJ (Lei 8.038/90): sem alterações em 2017/2018.

✻ QUESTÕES DISCURSIVAS

01. **(Cespe/PGE/BA/Procurador/2013)** De acordo com a jurisprudência do STF relativa ao processamento de ADIs federal e estadual em face de uma mesma lei estadual e considerando que o parâmetro de controle estadual seja de observância obrigatória, pelo princípio da simetria, analise, de forma fundamentada, os seguintes aspectos: (i) possibilidade de processamento simultâneo das ADIs federal e estadual em face da mesma norma estadual; (ii) possibilidade de processamento de ADI estadual superveniente, impugnando a constitucionalidade da norma estadual, caso esta venha a ser declarada inconstitucional pelo STF, ao julgar procedente ADI federal em decisão transitada em julgado.

02. **(Cespe/TRF/5R/Juiz/2015)** Disserte sobre o tema controle de constitucionalidade, abordando, necessariamente, os aspectos a seguir: (i) No que se refere ao controle preventivo de constitucionalidade de lei federal pelo Judiciário, considere os seguintes pontos: controle concreto ou abstrato; legitimados ativos e passivos; a(s) hipótese(s) de cabimento; meio(s) viável(is) para a realização de tal controle; e os efeitos da decisão. (ii) Com relação ao controle abstrato de constitucionalidade de lei municipal, considere os seguintes pontos: possibilidade e hipóteses de controle; normas-parâmetro; corte(s) competente(s) para a realização de tal controle em cada hipótese; legitimados à propositura da ação abstrata em cada hipótese; efeitos da decisão em cada hipótese. (iii) Ainda no que tange ao controle abstrato de constitucionalidade de lei municipal, considere o cabimento ou não de recurso extraordinário em face de acórdão do tribunal local que declarar a inconstitucionalidade de lei municipal.

✻ QUESTÕES OBJETIVAS

01. **(Cespe/Sefaz/RS/Auditor/2018)** O chefe do Poder Executivo editou decreto regulamentar visando dar fiel cumprimento a determinada lei. Tal lei, entretanto, foi declarada inconstitucional em ação direta de inconstitucionalidade no STF. A ação não fez qualquer menção ao decreto. Nessa situação hipotética, o STF

a) não poderá declará-lo inconstitucional, porque o decreto não foi objeto da ação constitucional e, no controle concentrado de constitucionalidade, o Poder Judiciário está adstrito ao princípio da congruência.
b) poderá declará-lo inconstitucional, por se tratar de inconstitucionalidade por arrastamento.
c) poderá declará-lo inconstitucional, por se tratar de declaração parcial de inconstitucionalidade sem redução de texto.
d) poderá declará-lo inconstitucional, por se tratar de declaração de inconstitucionalidade com redução parcial de texto.
e) não poderá declará-lo inconstitucional, porque a decisão do órgão julgador deve se limitar estritamente ao que foi pedido na petição inicial.

02. **(Cespe/DPE/PE/Defensor/2018)** No procedimento da ação direta de inconstitucionalidade, é cabível

a) o objeto da ação ser um ato administrativo de efeito concreto emanado da Presidência da República.
b) o parâmetro da ação constituir-se do preâmbulo da Constituição Federal de 1988.
c) a oposição de embargos de declaração, com o objetivo de obter a modulação dos efeitos da decisão.
d) a ação rescisória, por se tratar de controle difuso.
e) o objeto da ação ser um enunciado de súmula do STJ.

03. **(Cespe/DPU/Analista/2016)** O defensor público-geral da União tem legitimidade constitucional para a propositura de ação direta de inconstitucionalidade e de ação declaratória de constitucionalidade.

04. **(Cespe/PC/PE/Delegado/2016)** Com relação ao controle de constitucionalidade, assinale a opção correta:

a) Como atos "interna corporis", as decisões normativas dos tribunais, estejam elas sob a forma de resoluções administrativas ou de portarias, não são passíveis do controle de constitucionalidade concentrado.
b) Se o governador de um estado da Federação ajuizar ADI contra lei editada por outro estado, a ação não deverá ser conhecida pelo STF, pois governadores de estado somente dispõem de competência para ajuizar ações contra leis e atos normativos federais e de seu próprio estado.
c) A ADPF pode ser proposta pelos mesmos legitimados ativos da ADI genérica e da ADC, além do juiz singular quando, na dúvida sobre a constitucionalidade de uma lei, este suscita o incidente de arguição de inconstitucionalidade perante o STF.
d) Se a câmara de vereadores de um município entender que o prefeito local pratica atos que lesam princípios ou direitos fundamentais, ela poderá propor uma ADPF junto ao STF visando reprimir e fazer cessar as condutas da autoridade municipal.
e) São legitimados universais para propor ADI, não se sujeitando ao exame da pertinência temática, o presidente da República, as mesas da Câmara dos Deputados e do Senado Federal, o procurador-geral da República, partido político com representação no Congresso Nacional e o Conselho Federal da OAB.

05. **(Cespe/PGE/PE/Procurador/2018)** Duas ações diretas de inconstitucionalidade foram julgadas procedentes: a primeira, porque a lei continha vício de iniciativa; a segunda, porque um tributo por ela criado não respeitou o princípio da anterioridade tributária, razão por que o tribunal declarou inconstitucional sua cobrança no exercício financeiro de sua criação, e a redação desta lei não precisou ser alterada. Nessa situação, a(s) técnica(s) de decisão de inconstitucionalidade aplicada(s) foi(foram)

a) declaração de nulidade total e declaração de nulidade parcial sem redução de texto, respectivamente.
b) declaração de nulidade total por arrastamento e a interpretação conforme a CF, sem redução de texto, respectivamente.
c) declaração de nulidade parcial com redução de texto e a interpretação conforme a CF, sem redução de texto, respectivamente.
d) declaração de nulidade parcial em ambos os casos: no primeiro, com redução de texto; no segundo, sem redução de texto.
e) declaração de nulidade total em ambos os casos: no segundo, em razão da dependência entre as partes constitucionais e inconstitucionais da lei.

06. **(Cespe/Funpresp/Especialista Jurídico/2016)** A decisão do STF declarando seja a constitucionalidade, seja a inconstitucionalidade de preceito normativo não produz a automática reforma ou rescisão de sentença que lhe seja anterior e na qual tenha sido adotado entendimento contrário a tal decisão, sendo necessário, como regra, que a parte impugne a sentença mediante recurso processualmente adequado ou mediante ação rescisória.

07. **(Cespe/TCE/PA/Auditor/2016)** Para que o STF julgue uma ação direta de inconstitucionalidade interventiva no caso de um estado-membro violar o princípio da autonomia municipal, tal ação deverá ser precedida de representação, oferecida pelo presidente da República. Esse tipo de intervenção denomina-se intervenção espontânea.

08. **(Cespe/TCE/PR/Auditor/2016)** Acerca do controle de constitucionalidade das leis, assinale a opção correta conforme interpretação dada pelo STF:

a) O potencial cabimento de recurso extraordinário afasta o cabimento da arguição de descumprimento de preceito fundamental.

b) Violará a cláusula de reserva de plenário o órgão fracionário de um tribunal que, ao analisar a aplicação de duas leis no caso concreto, decida pela aplicação de uma em detrimento da outra, não tendo sido declarada a inconstitucionalidade da não aplicada.

c) Em caso de representação de inconstitucionalidade no tribunal de justiça local, em face de dispositivo da Constituição estadual de reprodução obrigatória, será possível a proposição de ADI no STF em face do mesmo dispositivo legal, quando então deverá ficar suspensa a representação em curso no TJ local até o julgamento da ADI pelo STF.

d) A declaração de inconstitucionalidade pelo STF, em sede de controle concentrado, operará efeitos "erga omnes" e eficácia "ex tunc", desconstituindo a eficácia da coisa julgada das sentenças que forem proferidas em desconformidade com esse entendimento.

e) De acordo com o STF, não se admite o ingresso do amicus curiae no julgamento de recurso extraordinário, ainda que interposto em face de acórdão de tribunal local proferido em sede de controle normativo abstrato.

09. **(Cespe/TRE/PI/Analista/2016)** A respeito do controle de constitucionalidade, das finanças públicas e da ordem econômica financeira, assinale a opção correta:

a) De acordo com a CF, a realização de licitação para a prestação de serviços públicos é obrigatória sob o regime de concessão, mas dispensável no caso de permissão.

b) Em razão da sua natureza meramente administrativa, o TCU não poderá exercer o controle de constitucionalidade incidental de uma lei ou de atos do poder público quando do julgamento de seus processos.

c) A decisão em sede de ADI, apesar de sua eficácia contra todos e de seu efeito vinculante, não atinge o Poder Legislativo em sua função típica.

d) Lei Orgânica municipal que receba emenda com previsão para obrigação vedada expressamente pela CF, em razão da pertinência temática, poderá ser objeto de ADI perante o STF.

e) Ainda que tenha vedado a possibilidade de abertura de crédito extraordinário por medida provisória para atender despesas imprevisíveis e urgentes, a CF previu a possibilidade de tramitação legislativa em regime de urgência.

10. **(Cespe/TJ/DFT/Juiz/2016)** Em atenção à ADC e à respectiva jurisprudência do STF, assinale a opção correta:

a) A decisão final proferida é irrecorrível, salvo a oposição de embargos de declaração, e eventual propositura de ação rescisória, desde que modificado o entendimento do STF sobre a matéria.

b) A controvérsia judicial relevante diz respeito ao mérito, e não rende ensejo ao indeferimento monocrático da inicial pelo Relator.

c) O parâmetro de controle é a Constituição vigente, excluindo-se os tratados e convenções internacionais, ainda que sobre direitos humanos e aprovados por quórum qualificado no Congresso Nacional.

d) Pode ser deferida medida cautelar, suspendendo-se os processos que envolvam a aplicação da lei ou ato normativo questionado, devendo ser julgada a ação em noventa dias, sob pena de perda de eficácia.

e) Decorrido o prazo da rescisória, a imutabilidade da sentença de mérito transitada em julgado é insuperável, ainda que aplicada lei objeto de ulterior ADC improcedente, com a inconstitucionalidade proclamada pelo STF.

11. **(Cespe/TJ/DFT/Juiz/2015)** À luz da legislação e da jurisprudência do STF pertinente ao tema, assinale a opção correta acerca do controle de constitucionalidade:

a) Cabe medida cautelar em ADC que determine a suspensão de processos que envolvam a aplicação da norma em análise na ADC até que haja o julgamento definitivo do pedido principal.

b) Se uma lei federal afetar diretamente certa política pública de um município e houver pertinência temática entre a lei federal e a política pública municipal prejudicada, o prefeito desse município poderá propor uma ADI perante o STF.

c) Caso o DF promulgue lei que discipline matéria de competência legislativa exclusiva da União, essa norma deverá ser declarada inconstitucional por ausência de requisito material.

d) Uma ADI por omissão não é instrumento cabível para se exigir do Poder Executivo a adoção de medida de índole administrativa necessária para o cumprimento de preceito constitucional, o que deve ser feito mediante mandado de injunção.

e) O procurador-geral da República pode requerer ao presidente do STF a desistência de ADI por ele ajuizada, desde que o faça de forma fundamentada.

12. **(Cespe/TJ/DFT/Juiz/2015)** Depois de várias derrotas políticas nas votações de projetos de lei na respectiva assembleia legislativa, o governador de determinado estado da Federação editou decreto dissolvendo a referida assembleia e proibindo a entrada dos deputados estaduais no prédio do órgão legislativo. Nessa situação hipotética, o instrumento adequado para questionar a constitucionalidade da lei é a ADI interventiva proposta:

a) pelo procurador-geral de justiça do estado em questão.

b) pelo procurador-geral da República.

c) pelo presidente da República.

d) por partido político com representação no Congresso Nacional.

e) pelo Conselho Federal da Ordem dos Advogados do Brasil.

13. **(Cespe/DPE/RN/Defensor/2015)** No tocante à jurisdição constitucional dos TJs estaduais, assinale a opção correta de acordo com a jurisprudência do STF:

a) Pela técnica da remissão normativa, a Constituição estadual pode incorporar o conteúdo de normas da CF, podendo os preceitos constitucionais estaduais de remissão servir de parâmetro no controle abstrato de normas de âmbito estadual.

b) Não será exigido o requisito da pertinência temática para qualquer dos legitimados ao controle abstrato de constitucionalidade estadual, salvo se a Constituição estadual contemplar expressamente essa exigência.

c) Se o autor de representação de inconstitucionalidade estadual invocar como parâmetro de controle norma da Constituição estadual incompatível com a CF, o TJ deverá, mesmo assim, julgar a ação, ainda que em face desse parâmetro local, não lhe sendo admitido controlar incidentalmente a constitucionalidade dessa norma constitucional estadual em face da CF.

d) A decisão de TJ que, em ação direta, declarar inconstitucional lei estadual somente terá eficácia contra todos após a assembleia legislativa do respectivo estado suspender a execução do referido ato normativo.

e) Cabe aos estados instituir a representação de inconstitucionalidade de leis ou de atos normativos estaduais ou municipais em face da Constituição estadual, vedada a instituição de ADI por omissão.

14. **(Cespe/TRF/5R/Juiz/2015)** Assinale a opção correta com referência ao controle de constitucionalidade no Brasil:

a) O preâmbulo da CF e o ADCT nela contido servem como parâmetro de controle de constitucionalidade.

b) É desnecessária a suspensão, pelo Senado Federal, de lei declarada inconstitucional pelo STF no exercício de controle difuso, tendo em vista a ocorrência de mutação constitucional.

c) Se, no exercício de controle concentrado, decisão do STF declarar a inconstitucionalidade de determinada lei estadual, será possível, por meio de reclamação, se questionar lei de idêntico teor editada por outro estado-membro.

d) Diferentemente do STF, que pode declarar a inconstitucionalidade parcial de expressões ou palavras de artigo de lei, o veto parcial do presidente da República com base na inconstitucionalidade da norma deverá abranger texto integral de artigo, de parágrafo, de inciso ou de alínea.

e) No sistema brasileiro, admite-se o exercício, por meio de mandado de segurança impetrado por parlamentar, do controle material de constitucionalidade de projetos de lei que firam cláusulas pétreas.

15. **(Cespe/TRF/5R/Juiz/2015)** A respeito da ADI, assinale a opção correta:

a) Se o pedido da ADI se limitar única e exclusivamente à declaração de inconstitucionalidade formal, o STF ficará impedido de examinar a inconstitucionalidade material da lei.

b) A admissão de "amicus curiae" em ADI independe da demonstração da pertinência temática entre os objetivos estatutários ou as finalidades institucionais da entidade requerente e o conteúdo material da norma questionada.

c) De acordo com o entendimento do STF, se, no curso de ADI proposta por partido político, este vier a perder sua representação no Congresso Nacional, referida ação deverá ser declarada prejudicada.

d) As súmulas editadas pelo STJ, em razão de sua generalidade e abstração, são passíveis de serem atacadas por meio de ADI.

e) A declaração de inconstitucionalidade proferida em ADI vincula o legislador, que fica impedido de promulgar lei de conteúdo idêntico ao do texto anteriormente censurado.

16. **(Cespe/TRF/5R/Juiz/2015)** No tocante às ações de controle concentrado, assinale a opção correta com base no entendimento do STF:

a) Cabe ao STF processar e julgar a ação declaratória de constitucionalidade de lei ou ato normativo federal ou estadual.

b) A despeito do caráter dúplice da ADI, o indeferimento de medida cautelar não dá margem à propositura de reclamação, visto que essa decisão não possui efeito vinculante.

c) A ADPF pode ser utilizada para o fim de rever ou cancelar súmula vinculante.

d) Dado o caráter subsidiário e complementar da ADPF, o município tem legitimidade para propô-la.

e) Não é cabível medida cautelar em ADI por omissão.

17. **(Cespe/TRF/1R/Juiz/2015)** Acerca da ADI, da ADC e da ADPF, assinale a opção correta:

a) Omissão legislativa federal ou estadual que obste a efetividade da CF pode ser objeto de ADI, mas não o pode a omissão administrativa.

b) Diferentemente do que ocorre na ADI e na ADC, na ADPF não se admite a intervenção de "amicus curiae".

c) Segundo entendimento do STF, todos os legitimados para propor ADI possuem capacidade processual plena e podem subscrever a peça inicial da ação sem auxílio de advogado.

d) Declarada a constitucionalidade de lei ou ato normativo federal em ADC, nova análise contestatória da matéria só poderá ser feita mediante a decisão de dois terços dos membros do STF.

e) Podem ser objeto de ADI, entre outros, os atos normativos editados por pessoas jurídicas de direito público, sejam elas federais ou estaduais.

18. **(Cespe/PGE/AM/Procurador/2016)** Ante a constatação de que determinada lei municipal contraria princípio de intervenção (princípio sensível) presente tanto na CF como na Constituição estadual, o governador do estado poderá ajuizar ação de controle abstrato de normas tanto em relação à CF, perante o STF, como em relação à Constituição estadual, perante o respectivo tribunal de justiça.

19. **(Cespe/PGE/AM/Procurador/2016)** Ao instituir sistema estadual de controle abstrato de normas, o estado não estará obrigado a prever em sua Constituição um rol de legitimados para a ação necessariamente equivalente àquele previsto para o controle abstrato de normas no STF.

20. **(Cespe/PGM/Fortaleza/Procurador/2017)** De acordo com o STF, cabe ação direta de inconstitucionalidade para sustentar incompatibilidade de diploma infraconstitucional anterior em relação a Constituição superveniente.

21. **(Cespe/PGM/Belo_Horizonte/Procurador/2017)** De acordo com o previsto na CF e considerando a jurisprudência do STF, assinale a opção correta, a respeito do controle de constitucionalidade:

a) Em relação à ADI interventiva, a intervenção estadual em município será possível quando o Poder Judiciário verificar que ato normativo municipal viola princípio constitucional sensível previsto na Constituição estadual.

b) Turma do STF poderá deliberar sobre revisão de súmula vinculante pelo quórum qualificado de dois terços de seus membros.

c) O CNJ, como órgão do Poder Judiciário, tem competência para apreciar a constitucionalidade de atos administrativos.

d) O ingresso como amicus curiae em ADI independe da demonstração da pertinência temática entre os objetivos estatutários da entidade requerente e o conteúdo material da norma questionada.

22. (Cespe/TRF/1R/Analista/2017) Lei estadual, de iniciativa parlamentar, que crie atribuições para determinada secretaria do estado, deverá ser declarada inconstitucional por vício de iniciativa.

23. (Cespe/TRF/1R/Analista/2017) A propositura de ação direta de inconstitucionalidade caracteriza o sistema concreto de controle de constitucionalidade.

24. (Cespe/DPU/Defensor/2015) De acordo com o STF, é possível o controle judicial de constitucionalidade de emendas constitucionais, desde que ele ocorra por meio da ação direta de inconstitucionalidade ou da arguição de descumprimento de preceito fundamental e desde que, na emenda, haja violação de cláusula pétrea.

25. (Cespe/AGU/Advogado/2015) O presidente da República ajuizou no STF ação direta de inconstitucionalidade que impugna a constitucionalidade de uma lei estadual com base em precedente dessa corte. A petição inicial dessa ação também foi assinada pelo AGU. Nessa situação, conforme entendimento do STF, o AGU deverá defender a constitucionalidade da lei ao atuar como curador da norma.

26. (Cespe/PGM/Salvador/Procurador/2015) Ainda com relação ao sistema brasileiro de controle de constitucionalidade, assinale a opção correta:

a) Decisão proferida pelo STF em recurso extraordinário interposto contra decisão proferida em controle concentrado por TJ em ADI estadual terá eficácia contra todos e efeito vinculante para a magistratura e para os órgãos da administração pública.

b) As leis nacionais, federais e estaduais editadas antes da promulgação da CF estão sujeitas a controle de constitucionalidade concentrado perante o STF mediante o ajuizamento de ADI.

c) É possível, mediante o ajuizamento de arguição de descumprimento de preceito fundamental, a revisão, o cancelamento ou a interpretação conforme a CF de súmula vinculante proferida pelo STF.

d) A eficácia geral e o efeito vinculante de decisão proferida pelo STF em ADI impede que o Poder Legislativo edite nova lei com conteúdo normativo idêntico ao declarado inconstitucional.

e) Decisão do STF que, em ADI, não declarar a inconstitucionalidade do dispositivo impugnado, mas lhe aplicar a técnica da interpretação conforme a CF, possuirá eficácia inter partes e não vinculará magistrados, tribunais e demais entidades da administração pública.

27. (Cespe/TCE/RN/Auditor/2015) A admissibilidade de ação direta de inconstitucionalidade ajuizada por confederação sindical ou entidade de classe de âmbito nacional ou pelo Conselho Federal da Ordem dos Advogados do Brasil depende de cumprimento do requisito de comprovação da pertinência temática da ação com a atividade de representação dessas entidades.

28. (Cespe/TCU/Procurador/2015) Com relação aos mecanismos de freios e contrapesos admitidos pela CF, assinale a opção correta:

a) Admitida a acusação contra o presidente da República por dois terços da Câmara dos Deputados, será ele submetido a julgamento perante o STF nos crimes de responsabilidade.

b) Propostas de emenda à CF não estão sujeitas a sanção ou veto do presidente da República, salvo quando versarem sobre matéria em que o poder de iniciativa para o respectivo projeto de lei seja do chefe do Poder Executivo.

c) Não observado o prazo para deliberação congressual de projeto de lei apresentado pelo presidente da República com pedido de urgência, a proposta estará automaticamente aprovada.

d) Em caso de omissão do Congresso Nacional em legislar sobre determinado tema, medida provisória poderá dispor sobre matéria de lei complementar, cuja edição for requerida para pôr em execução a CF.

e) A deliberação do STF em controle abstrato de constitucionalidade acerca da interpretação de determinada cláusula constitucional não impede que o Congresso Nacional, observados os limites ao poder de reforma, aprove emenda constitucional em sentido contrário à referida deliberação.

29. **(Cespe/PGE/SE/Procurador/2017)** Determinado estado da Federação promulgou sua lei orçamentária anual, a qual teve sua constitucionalidade contestada em sede de controle abstrato de constitucionalidade, sob o argumento de que ela não teria dado oportunidade, na fase de elaboração do seu texto, de participação aos cidadãos, bem como que teria desrespeitado os marcos temporais do ciclo orçamentário estabelecidos pela lei estadual a que deu aplicação. Quanto à situação hipotética apresentada, assinale a opção correta:

a) É admissível, segundo entendimento do STF, o controle abstrato de constitucionalidade de lei orçamentária anual, independentemente do caráter abstrato ou concreto do seu objeto.

b) A constitucionalidade da lei em questão não poderia ter sido questionada, uma vez que o orçamento participativo não tem previsão legal.

c) A constitucionalidade da lei em apreço foi corretamente questionada, pois os estados devem cumprir o prazo de envio e devolução do projeto de lei orçamentária, sendo impedidos de fixar outros marcos temporais.

d) A participação popular é prevista apenas na fase de discussão do projeto de lei orçamentária, não sendo extensiva à fase de elaboração do texto legal.

e) A declaração de inconstitucionalidade da lei possibilitará a aplicação de lei municipal suplementar que verse sobre direito financeiro, mesmo que inexista interesse local.

30. **(Cespe/PGM/Salvador/Procurador/2015)** Com referência ao sistema brasileiro de controle de constitucionalidade, assinale a opção correta:

a) Admite-se o ajuizamento de ADI por governador de estado contra lei editada por outro estado da Federação nos casos em que a lei questionada cause reflexos no estado ajuizador da ação.

b) ACP movida contra ato supostamente inconstitucional do Conselho Nacional de Justiça determina, em razão do órgão, a competência originária do STF.

c) Admite-se o ajuizamento de ADI contra lei que veicule atos concretos cujos efeitos já se exauriram.

d) No julgamento de ações diretas, o relator do processo no STF, considerando a relevância da matéria e a representatividade dos postulantes, poderá admitir a manifestação de órgãos ou entidades como amicus curiae, hipótese em que lhes será garantida a possiblidade para a interposição de recursos.

e) As súmulas dos tribunais, por apresentarem as características de abstração e generalidade próprias de ato normativo, estão sujeitas a controle por jurisdição constitucional concentrada.

31. **(Cespe/PGE/AM/Procurador/2016)** Decreto legislativo editado pelo Poder Legislativo para sustar ato normativo do Poder Executivo por exorbitância do poder regulamentar pode ser apreciado em controle abstrato de normas, oportunidade em que o tribunal competente deverá analisar se tal ato normativo efetivamente extrapolou a lei objeto de regulamentação para, somente depois disso, decidir sobre a constitucionalidade do referido decreto legislativo.

1.2. ADPF

* INOVAÇÕES LEGISLATIVAS

▲ Lei da ADPF (Lei 9.882/99): sem alterações em 2017/2018.

* QUESTÕES DISCURSIVAS

03. **(Cespe/Bacen/Procurador/2013)** À luz da chamada cláusula de reserva de plenário, prevista no art. 97 da Constituição Federal, bem como da legislação que rege o processo e julgamento da ação direta de inconstitucionalidade (ADI), da ação declaratória de constitucionalidade (ADC) e da arguição de descumprimento de preceito fundamental (ADPF), responda, de forma justificada, à seguinte indagação. Ao julgar o mérito de ADPF proposta em face de controvérsia judicial relevante sobre a constitucionalidade de determinada lei, o plenário do Supremo Tribunal Federal poderia declará-la inconstitucional por cinco votos contra quatro, ausentes justificadamente dois ministros?

* QUESTÕES OBJETIVAS

32. **(Cespe/DPE/PE/Defensor/2018)** A respeito do procedimento da arguição de descumprimento de preceito fundamental (ADPF), assinale a opção correta.

a) A concessão de medida liminar em sede de ADPF será limitada à suspensão dos feitos e julgamentos que versem sobre a mesma matéria.

b) A decisão final em sede de ADPF terá, em regra, efeito "ex nunc", salvo decisão de dois terços do plenário do STF para a modulação dos efeitos.

c) O ajuizamento da ADPF deve atender à subsidiariedade, sendo proposta quando inexistir outro meio idôneo para instrumentalização da pretensão de sanar lesão a preceito fundamental.

d) O objeto da ADPF restringe-se às leis federais e estaduais.

e) O objeto da ADPF deve restringir-se à legislação posterior à promulgação da Constituição Federal de 1988.

33. **(Cespe/TCE/PR/Analista/2016)** Conforme o entendimento do Supremo Tribunal Federal (STF), é cabível a arguição de descumprimento de preceito fundamental:

a) contra súmula do STF.

b) contra proposta de emenda à Constituição Federal de 1988.

c) para desconstituir coisa julgada material oriunda de decisão judicial já transitada em julgado.

d) contra normas secundárias regulamentares – como, por exemplo, decretos presidenciais – vulneradoras de preceito fundamental.

e) para revisar, alterar ou cancelar súmula vinculante do STF.

34. **(Cespe/TCE/PA/Auditor/2016)** Pode o STF, por decisão da maioria absoluta de seus membros, deferir pedido de medida liminar na arguição de descumprimento de preceito fundamental.

35. **(Cespe/DPE/RN/Defensor/2015)** Com relação ao mandado de injunção, ao "habeas data" e à ADPF, assinale a opção correta:

a) O STF é competente para processar e julgar originariamente o "habeas data" impetrado contra ato de ministro de Estado.

b) Não se admite a impetração de mandado de injunção coletivo, por ausência de previsão constitucional expressa para tal.

c) Ato normativo já revogado é passível de impugnação por ADPF.

d) É cabível a impetração de mandado de injunção coletivo para proceder à revisão geral anual dos vencimentos dos servidores públicos, conforme entendimento do STF.

e) Quando a sentença conceder o "habeas data", o recurso interposto em face dessa decisão terá efeito suspensivo e devolutivo.

36. **(Cespe/TRE/PE/Analista/2017)** No que se refere à ação de descumprimento de preceito fundamental (ADPF) como instrumento de impugnação de norma pela via abstrata e à sua legitimidade ativa, assinale a opção correta de acordo com o entendimento jurisprudencial e doutrinário sobre a matéria:

a) Se o ato normativo impugnado repercute sobre a esfera jurídica de toda uma categoria profissional, é ilegítima a impugnação da norma pela via abstrata por associação representativa de apenas uma parte dos membros dessa categoria.

b) O advogado-geral da União tem legitimidade universal para ajuizar ADPF.

c) Segundo o STF, o chefe do Poder Executivo municipal tem legitimidade para ajuizar ADPF perante o tribunal de justiça do estado onde se localize o município.

d) O cidadão interessado pode propor ADPF, cabendo ao ministro relator decidir sobre sua legitimidade para propô-la.

e) Qualquer partido político com estatuto registrado no TSE pode propor ADPF.

37. **(Cespe/PC/GO/Delegado/2017)** Tendo em vista que a petição inicial de arguição de descumprimento de preceito fundamental (ADPF) dirigida ao STF deverá conter, entre outros requisitos, a indicação do ato questionado, assinale a opção correta acerca do cabimento dessa ação constitucional:

a) Não cabe ADPF sobre atos normativos já revogados.

b) Cabe ADPF sobre decisão judicial transitada em julgado.

c) Se uma norma pré-constitucional já fosse inconstitucional no regime constitucional anterior e existisse um precedente do STF que reconhecesse essa inconstitucionalidade, caberia ADPF contra essa norma pré-constitucional.

d) Não cabe ADPF sobre ato normativo municipal.

e) Cabe ADPF sobre ato de efeitos concretos como decisões judiciais.

38. **(Cespe/DPE/AL/Defensor/2017)** Caracterizará exercício do controle abstrato de constitucionalidade:

a) decisão do STF que julgue procedente mandado de injunção no caso de omissão legislativa que torne inviável o exercício do direito de greve.

b) incidente de inconstitucionalidade julgado pelo órgão especial dos tribunais de justiça mediante a observância da cláusula de reserva de plenário.

c) a suspensão, pelo Senado Federal, da execução de lei declarada inconstitucional pelo STF.

d) a concessão de medida liminar pelo STF, no âmbito de arguição de descumprimento de preceito fundamental, para suspender os efeitos de lei federal já revogada, em razão da verificação de lesão a preceito fundamental.

e) a apreciação da constitucionalidade das leis e atos normativos do poder público pelos tribunais de contas, desde que no exercício de suas atribuições.

39. **(Cespe/DPE/AL/Defensor/2017)** Após o devido processo legislativo, o prefeito de um município promulgou lei reduzindo direitos fundamentais trabalhistas, com o objetivo de aumentar o número de empregos na localidade. Considerando-se essa situação hipotética e tomando-se como parâmetro do controle de constitucionalidade a Constituição Federal de 1988, é possível questionar a referida lei municipal por meio de:

a) ação declaratória de constitucionalidade ajuizada no tribunal de justiça, desde que haja previsão na constituição estadual.

b) arguição de descumprimento de preceito fundamental ajuizada no STF.

c) ação direta de inconstitucionalidade ajuizada no STF.

d) mandado de segurança impetrado no juízo de primeira instância.

e) ação direta de inconstitucionalidade ajuizada no tribunal de justiça respectivo, independentemente de a matéria ser de reprodução obrigatória na constituição estadual.

40. **(Cespe/TCE/RN/Assessor_Jurídico/2015)** Peculiaridades como dúvida razoável sobre o caráter autônomo de atos infralegais, aliada à alteração superveniente de norma constitucional utilizada como parâmetro de controle, têm o condão de autorizar a fungibilidade entre arguição de descumprimento de preceito fundamental e ação direta de inconstitucionalidade.

41. **(Cespe/DPE/AC/Defensor/2017)** O controle abstrato de constitucionalidade de determinado dispositivo da lei orgânica de Rio Branco em face da CF deverá ser provocado pela:

a) propositura de ADI junto ao TJ/AC.

b) interposição de recurso extraordinário para julgamento pelo STF.

c) impetração de mandado de segurança para julgamento pelo TJ/AC.

d) propositura de ADPF junto ao STF.

e) propositura de ADI junto ao STF.

2. CONTROLE DIFUSO

✱ SÚMULAS

STF Súm. Vinculante 10. Viola a cláusula de reserva de plenário (CF, art. 97) a decisão de órgão fracionário de tribunal que, embora não declare expressamente a inconstitucionalidade de lei ou ato normativo do Poder Público, afasta a sua incidência no todo ou em parte.

✱ REPERCUSSÃO & REPETITIVOS

STF Repercussão Geral 856. É desnecessária a submissão à regra da reserva de plenário quando a decisão judicial estiver fundada em jurisprudência do Plenário ou em súmula deste STF. (ARE 914045, 16.10.2015)

✱ QUESTÕES OBJETIVAS

42. **(Cespe/TRF/5R/Juiz/2015)** Desde a Constituição de 1937, adotou-se, no Brasil, a chamada cláusula de reserva de plenário ("full bench"), prevista atualmente no art. 97 da CF, que preceitua que "somente pelo voto da maioria absoluta de seus membros ou dos membros do respectivo órgão especial poderão os tribunais declarar a inconstitucionalidade de lei ou ato normativo do poder público". A respeito dessa cláusula, assinale a opção correta:

a) A cláusula de reserva de plenário não atinge juizados de pequenas causas e juizados especiais, pois, segundo a configuração que lhes foi atribuída pelo legislador, esses juizados não funcionam, na esfera recursal, sob o regime de plenário ou de órgão especial.

b) Os órgãos fracionários de tribunais podem afastar, no todo ou em parte, a incidência de lei ou ato normativo sem obedecer à cláusula de reserva de plenário, desde que não haja declaração expressa de inconstitucionalidade.

c) A cláusula de reserva de plenário deve ser observada nos casos em que o tribunal conclua que determinada norma pré-constitucional não foi recepcionada pela CF.

d) No controle difuso de normas, é possível declarar a inconstitucionalidade de lei pré-constitucional tendo como parâmetro a Constituição vigente à época de edição da lei, hipótese em que não será necessária a observância da cláusula de reserva de plenário, visto não se tratar de violação à CF.

e) Conforme a cláusula de reserva de plenário, o juiz singular de primeiro grau não pode, incidentalmente, declarar a inconstitucionalidade de lei ou ato normativo em um caso concreto, salvo se já houver precedente no mesmo sentido do pleno ou órgão especial do tribunal ao qual o magistrado se encontre vinculado ou do STF.

43. **(Cespe/DPU/Defensor/2017)** Em relação ao exercício do controle de constitucionalidade pelo Poder Judiciário, o rol de órgãos competentes para o exercício do controle abstrato é mais restrito que o de órgãos aptos ao exercício do controle difuso.

44. **(Cespe/PGM/Fortaleza/Procurador/2017)** Se a demanda versar exclusivamente sobre direitos disponíveis, é vedado ao juiz declarar de ofício a inconstitucionalidade de lei, sob pena de violação do princípio da inércia processual.

45. **(Cespe/TRF/1R/Analista/2017)** No exercício do controle difuso de constitucionalidade, o tribunal que, em decisão de órgão fracionário, afastar a incidência, em parte, de ato normativo do poder público, sem declarar expressamente a sua inconstitucionalidade, violará cláusula de reserva de plenário.

46. **(Cespe/DPU/Defensor/2015)** É possível o controle judicial difuso de constitucionalidade de normas pré-constitucionais, desde que não se adote a atual Constituição como parâmetro.

47. **(Cespe/TRF/5R/Juiz/2017)** À luz do entendimento do Supremo Tribunal Federal (STF), julgue os seguintes itens, acerca do controle incidental de constitucionalidade.

I. Admite-se o controle difuso de constitucionalidade em ação civil pública, desde que a alegação de inconstitucionalidade não se confunda com o pedido principal da causa.

II. Não se admite a modulação temporal de efeitos em controle difuso de constitucionalidade.

III. A cláusula de reserva de plenário se aplica às turmas recursais dos juizados especiais.

IV. A regra da reserva de plenário não se aplica a julgamento de competência singular, podendo o juiz, mesmo de ofício, deixar de aplicar preceitos normativos que considere contrários ao texto constitucional.

Estão certos apenas os itens:

a) I e III.

b) I e IV.

c) II e III.

d) II e IV.

e) I, III e IV.

48. **(Cespe/TRT/7R/Analista/2017)** No que se refere ao controle de constitucionalidade, assinale a opção correta:

a) A cláusula de reserva de plenário exige que somente pela maioria absoluta de seus membros poderão os tribunais declarar a inconstitucionalidade de lei ou de ato normativo do poder público; a mesma cláusula aplica-se também às turmas recursais dos juizados especiais, por serem órgãos colegiados.

b) Ao declarar a inconstitucionalidade ou a não recepção de lei, no âmbito de controle concentrado ou difuso, o STF poderá, por maioria de dois terços de seus membros, restringir os efeitos dessa declaração ou decidir que ela só tenha eficácia a partir de seu trânsito em julgado ou, ainda, em outro momento que venha a ser fixado.

c) Ao apreciar a inconstitucionalidade, em tese, de norma legal ou ato normativo, o STF deverá citar, previamente, o advogado-geral da União, que necessariamente defenderá o ato ou texto impugnado.

d) A Constituição da República de 1891 foi a primeira a prever a possibilidade de controle difuso de constitucionalidade, de forma incidental, trazendo também importante inovação referente à denominada cláusula de reserva de plenário.

49. **(Cespe/TCE/RN/Assessor_Jurídico/2015)** Havendo dúvida razoável quanto à constitucionalidade de uma norma, o Poder Judiciário deverá declarar a sua inconstitucionalidade, em respeito aos princípios da supremacia da Constituição e da segurança jurídica.

3. AÇÕES CONSTITUCIONAIS

3.1. Ação Civil Pública

* SÚMULAS

STF Súm. 643. O Ministério Público tem legitimidade para promover ação civil pública cujo fundamento seja a ilegalidade de reajuste de mensalidades escolares.

STJ Súm. 329. O Ministério Público tem legitimidade para propor ação civil pública em defesa do patrimônio público.

STJ Súm. 489. Reconhecida a continência, devem ser reunidas na Justiça Federal as ações civis públicas propostas nesta e na Justiça Estadual.

TST OJ/SDI2 130. I. A competência para a ação civil pública fixa-se pela extensão do dano. II. Em caso de dano de abrangência regional, que atinja cidades sujeitas à jurisdição de mais de uma Vara do Trabalho, a competência será de qualquer das varas das localidades atingidas, ainda que vinculadas a Tribunais Regionais do Trabalho distintos. III. Em caso de dano de abrangência suprarregional ou nacional, há competência concorrente para a Ação Civil Pública das varas do trabalho das sedes dos Tribunais Regionais do Trabalho. IV. Estará prevento o juízo a que a primeira ação houver sido distribuída.

* REPERCUSSÃO & REPETITIVOS

STF Repercussão Geral 607. A Defensoria Pública tem legitimidade para a propositura de ação civil pública que vise a promover a tutela judicial de direitos difusos ou coletivos de que sejam titulares, em tese, pessoas necessitadas. (RE 733433, 4.11.2015)

* INFORMATIVOS DE JURISPRUDÊNCIA

Projeto de Lei de Plano Diretor de Município. Ação civil pública. Alegação da falta de asseguramento da efetiva participação popular no processo legislativo. Matéria de interesse local. Atribuição típica do Ministério Público Estadual. Ilegitimidade ativa do parquet federal.

STJ O Ministério Público Federal é parte ilegítima para ajuizar ação civil pública que visa à anulação da tramitação de Projeto de Lei do Plano Diretor de município, ao argumento da falta de participação popular nos respectivos trabalhos legislativos. REsp 1.687.821, Rel. Min. Sérgio Kukina, DJ 21.11.2017. 1ª T. (Info 616)

Ação civil pública. Legitimidade extraordinária. Dados cadastrais de correntistas de instituição financeira contratantes de seguro e mútuo financeiro. Sigilo bancário. Direito personalíssimo. Afastamento inviável.

STJ O exercício da legitimação extraordinária, conferida para tutelar direitos individuais homogêneos em ação civil pública, não pode ser estendido para abarcar a disposição de interesses personalíssimos, tais como a intimidade, a privacidade e o sigilo bancário dos substituídos. REsp 1.611.821, Rel. Min. Marco Aurélio Bellizze, DJ 22.6.2017. 3ª T. (Info 607)

Ação civil pública. Petição inicial inepta. Pedido genérico. Emenda após a contestação. Possibilidade.

STJ Admite-se emenda à inicial de ação civil pública, em face da existência de pedido genérico, ainda que já tenha sido apresentada a contestação. REsp 1.279.586, Rel. Min. Luis Felipe Salomão, DJ 17.11.2017. 4ª T. (Info 615)

Ação civil pública. Multa coercitiva. Astreinte. Limitação temporal. Impossibilidade.

STJ Restabelecida a sentença proferida em ação civil pública na parte em que fixou astreinte sem a limitação temporal de 60 dias, caso haja descumprimento da obrigação de fazer reconhecida em juízo. A cominação de multa coercitiva configura meio indireto de execução. Não se pode admitir que o juiz da fase de conhecimento fixe um limite temporal para a aplicação da multa coercitiva, sob pena de retirar do Juízo da execução, responsável pelo cumprimento do julgado, instrumento imprescindível à efetividade da determinação judicial, e de esvaziamento do disposto no § 4º do art. 537 do NCPC, no que determina a incidência da multa enquanto não cumprida a decisão que a tiver cominado. E-ED-RR-747-09.2013.5.24.0031, SDI1, Rel. Min. Augusto César Leite de Carvalho, 5.4.2018. (Info 175)

Ação civil pública. Obrigação de fazer. Cumprimento de normas relativas à jornada de trabalho. Ajustamento da conduta após o ajuizamento da ação. Tutela inibitória. Manutenção.

STJ Deve ser mantida a tutela inibitória concedida pelo descumprimento das normas relativas à jornada de trabalho, ainda que constatada a posterior regularização da situação no curso da ação civil pública. A conduta da ré de ajustar seu procedimento às normas referidas não afasta o interesse processual do MPT de formular tutela inibitória para prevenir a futura lesão de direitos fundamentais trabalhistas. É evidente a necessidade de se admitir a tutela de natureza preventiva, destinada a inibir a repetição pela empresa ré de ato contrário ao direito ao meio ambiente de trabalho equilibrado, seguro e saudável, também no que tange à jornada de trabalho e aos respectivos intervalos para descanso, sob pena de se admitir que as normas que proclamam esse direito ou objetivam protegê-lo não teriam nenhuma significação prática, pois poderiam ser violadas a qualquer momento, restando somente o ressarcimento do dano causado. E-ED-RR-43300-54.2002.5.03.0027, SDI1, Rel. Min. José Roberto Freire Pimenta, 5.4.2018.

Ação civil pública. Nulidade de cláusula de convenção coletiva. Inadequação da via eleita. Necessidade de ajuizamento de ação anulatória.

STJ Dos termos do art. 3º da Lei 7.347/85 depreende-se que a ação civil pública ostenta natureza eminentemente cominatória, ou seja, visa à imposição de condenação pecuniária ou ao cumprimento de uma obrigação de fazer ou de não fazer. Assim, não constitui o meio adequado para postular a declaração de nulidade de cláusula de norma coletiva, a qual desafia o ajuizamento de ação anulatória perante o juízo competente. E-RR-281-80.2014.5.01.0302, SDI1, Rel. Min. Hugo Carlos Scheuermann, 23.11.2017. (Info 169)

* INOVAÇÕES LEGISLATIVAS

▲ Lei de Ação Civil Pública (Lei 7.347/85): sem alterações em 2017/2018.

* QUESTÕES OBJETIVAS

50. **(Cespe/TCE/PA/Analista/2016)** A ação civil pública, um dos meios ou instrumentos de controle jurisdicional da administração pública, objetiva proteger os interesses individuais, como, por exemplo, a defesa dos direitos do consumidor.

51. **(Cespe/PGE/AM/Procurador/2016)** O estado do Amazonas, por intermédio de sua procuradoria, ajuizou ação civil pública na justiça estadual do Amazonas, com o objetivo de prevenir danos ao meio ambiente. Paralelamente, o MPF ingressou com ação idêntica na justiça federal, seção judiciária do Amazonas. Nesse caso, as respectivas ações deverão ser reunidas na justiça federal da seção judiciária do Amazonas.

52. **(Cespe/DPU/Defensor/2017)** De acordo com o TST, em ação civil pública, é possível a exigibilidade, antes do trânsito em julgado, de multa por descumprimento de obrigação de fazer imposta em sentença proferida nos autos do processo.

53. **(Cespe/TRF/1R/Analista/2017)** O servidor público deve provocar o Ministério Público apresentando-lhe informações sobre fatos que sejam objeto de ação civil pública e indicando-lhe elementos de convicção.

54. **(Cespe/DPU/Defensor/2015)** A DP possui legitimidade para ingressar com ação civil pública cujo pedido principal seja a declaração de inconstitucionalidade de lei que condicione o acesso ao SUS à comprovação de rendimento inferior a dois salários mínimos.

55. **(Cespe/TCE/RN/Auditor/2015)** Em ação civil pública, não se admite o deslocamento de pessoa jurídica de direito público do polo passivo para o ativo.

3.2. Ação Popular

* SÚMULAS

STF Súm. 101. O mandado de segurança não substitui a ação popular.

STF Súm. 365. Pessoa jurídica não tem legitimidade para propor ação popular.

* REPERCUSSÃO & REPETITIVOS

STF Repercussão Geral 836. Não é condição para o cabimento da ação popular a demonstração de prejuízo material aos cofres públicos, dado que o art. 5º, LXXIII, da CF estabelece que qualquer cidadão é parte legítima para propor ação popular e impugnar, ainda que separadamente, ato lesivo ao patrimônio material, moral, cultural ou histórico do Estado ou de entidade de que ele participe. (ARE 824781, 28.8.2015)

* INOVAÇÕES LEGISLATIVAS

▲ Lei de Ação Popular (Lei 4.717/65): sem alterações em 2017/2018.

* QUESTÕES OBJETIVAS

56. **(Cespe/Sefaz/RS/Auditor/2018)** A ação constitucional que tem o cidadão como legitimado ativo e que objetiva defender interesse difuso para anular ato lesivo ao patrimônio público, à moralidade administrativa, ao meio ambiente e ao patrimônio histórico e cultural denomina-se

a) mandado de segurança.
b) "habeas data".
c) "habeas corpus".
d) ação civil pública.
e) ação popular.

57. **(Cespe/TJ/AM/Juiz/2016)** Em ação popular ajuizada pretendendo-se a anulação de licença de instalação concedida a determinada empresa para construção de uma represa, foram requeridos, ainda, o desfazimento das obras iniciadas e o retorno da área à situação original. Na ação, apontou-se, entre outros danos, comprometimento de áreas utilizadas para reprodução de aves aquáticas. Na sua defesa, o ente público alegou ilegitimidade ativa, pois o autor era estrangeiro apenas residente no Brasil. Alegou também prescrição da pretensão de anular ato administrativo, pois a licença tinha sido concedida havia mais de seis anos. A empresa que obteve a licença, por sua vez, alegou ilegitimidade passiva e, no mérito, não ocorrência do dano alegado. Com base nessa situação hipotética, assinale a opção correta:

a) O objeto da ação relaciona-se à matéria tratada na Convenção de Ramsar.
b) A defesa do ente público está correta ao alegar prescrição da pretensão de anular ato administrativo, por aplicação do prazo quinquenal para anular atos administrativos.
c) Diante da incerteza científica, o juiz deverá inverter o ônus da prova e determinar que os réus arquem com os custos da perícia, aplicando o princípio do poluidor-pagador.
d) A empresa é parte ilegítima, pois o objeto da ação popular é apenas a anulação de atos ilegais e lesivos ao patrimônio público.
e) A defesa do ente público está correta ao alegar ilegitimidade ativa do estrangeiro, considerando-se o entendimento pacificado da doutrina.

58. **(Cespe/TJ/PB/Juiz/2015)** Acerca do controle jurisdicional dos atos administrativos, assinale a opção correta:

a) As ações judiciais de controle dos atos da administração pública não podem ser manejadas se a lesão a interesse particular for apenas potencial e não efetiva.
b) Caso um particular a quem a administração pública tenha negado pedido de acesso a informação de interesse coletivo impetre "habeas data" para pedir que a justiça lhe garanta essa informação, o juiz que receber a causa deverá admitir a ação e decidir em favor do autor.
c) Para ser admitida pelo juiz, a ação popular deverá comprovar a ilegalidade e a lesividade do ato administrativo que constitua seu objeto, uma vez que essa comprovação é pressuposto elementar da procedência da ação popular e da consequente condenação dos responsáveis ao ressarcimento ao erário.
d) Deve ser considerada inadmissível uma ACP ajuizada por sociedade de economia mista contra ato administrativo supostamente lesivo ao meio ambiente, uma vez que essa espécie de sociedade carece de legitimidade para a propositura desse tipo de ação.
e) Situação hipotética: Leandro participou de concurso público em que concorreu a vaga destinada a pessoa com deficiência, mas foi eliminado por laudo pericial da administração pública que alegava ausência de deficiência. Inconformado, ele impetrou mandado de segurança contra a decisão, juntando aos autos laudo pericial particular que contradizia o laudo da administração. Assertiva: Nessa situação, foi adequada a impetração do mandado de segurança, e o juiz deverá designar perito para a realização de avaliação judicial definitiva.

59. **(Cespe/TJ/DFT/Juiz/2016)** No que se refere à ação popular, assinale a opção correta:

a) A decisão proferida pelo STF em ação popular possui força vinculante para juízes e tribunais, quando do exame de outros processos em que se discuta matéria similar.
b) A ação popular sujeita-se a prazo prescricional quinquenal previsto expressamente em lei, que a jurisprudência consolidada do STJ aplica por analogia à ação civil pública.
c) Para o cabimento da ação popular é exigível a demonstração do prejuízo material aos cofres públicos.
d) O MP, havendo comprometimento de interesse social qualificado, possui legitimidade ativa para propor ação popular.
e) Compete ao STF julgar ação popular contra autoridade cujas resoluções estejam sujeitas, em sede de mandado de segurança, à jurisdição imediata do STF.

60. **(Cespe/DPE/RN/Defensor/2015)** Assinale a opção correta no que diz respeito à ação popular:

a) A competência para processar e julgar ação popular proposta contra o presidente da República é do STF.

b) O menor de dezesseis anos pode propor ação popular, mas, para fazê-lo, tem de ser assistido em juízo.

c) De acordo com o entendimento do STJ, o cidadão autor de ação popular tem de residir no domicílio eleitoral do local onde for proposta a ação, sob pena de indeferimento da inicial.

d) A execução de multa diária por descumprimento de obrigação fixada em medida liminar concedida em ação popular independe do trânsito em julgado desta ação, conforme posição do STJ.

e) A jurisprudência do STJ vem admitindo o emprego da ação popular para a defesa de interesses difusos dos consumidores.

61. **(Cespe/DPE/PE/Defensor/2015)** As coisas julgadas oriundas de ação civil pública e de ação popular têm abrangências semelhantes. Ambas têm eficácia oponível contra todos nos limites da competência territorial dos respectivos órgãos prolatores, exceto nos casos de julgamento de improcedência por insuficiência de provas.

62. **(Cespe/DPE/PE/Defensor/2015)** Além da ação civil pública, admite-se a tutela de um direito coletivo por meio de mandado de segurança, ação de improbidade administrativa ou ação popular.

63. **(Cespe/TCE/PR/Auditor/2016)** A respeito de ação popular, ação civil pública e ação de improbidade administrativa, assinale a opção correta de acordo com entendimento do STJ:

a) Em ação ajuizada com o objetivo de anular ato administrativo e obter o ressarcimento do prejuízo, a inicial somente será recebida após notificação do demandado.

b) Se a prova pericial for requerida pelo MP em ação civil pública por ele ajuizada, os honorários do perito deverão ser adiantados.

c) A decretação da indisponibilidade de bens do demandado em caso de fortes indícios da prática de ato de improbidade administrativa dispensa o "periculum in mora".

d) O fato de uma ação de improbidade administrativa ser ajuizada com pedido idêntico ao de uma ação popular configura litispendência.

e) A condição de eleitor configura condição de legitimidade ativa para a propositura da ação popular, devendo, para tanto, ser comprovado o domicílio eleitoral.

64. **(Cespe/TCE/PE/Analista/2017)** Se determinado dirigente de autarquia estadual editar ato administrativo lesivo ao patrimônio público, qualquer cidadão ou pessoa jurídica poderá propor ação popular para anular o referido ato, sem custas judiciais.

65. **(Cespe/TRF/1R/Analista/2017)** Na ação popular, em regra, a produção de prova testemunhal poderá ser requerida enquanto não for encerrada a instrução probatória.

66. **(Cespe/DPU/Defensor/2015)** Proposta ação popular contra determinado município, admite-se a migração do polo passivo da demanda para o polo ativo, salvo, em decorrência da preclusão consumativa, se já tiver sido ofertada a contestação.

3.3. "Habeas Corpus"

*** SÚMULAS**

STF Súm. 208. O assistente do Ministério Público não pode recorrer, extraordinariamente, de decisão concessiva de "habeas corpus".

STF Súm. 299. O recurso ordinário e o extraordinário interpostos no mesmo processo de mandado de segurança, ou de "habeas corpus", serão julgados conjuntamente pelo Tribunal Pleno.

STF Súm. 344. Sentença de primeira instância concessiva de "habeas corpus", em caso de crime praticado em detrimento de bens, serviços ou interesses da União, está sujeita a recurso "ex officio".

STF Súm. 395. Não se conhece de recurso de "habeas corpus" cujo objeto seja resolver sobre o ônus das custas, por não estar mais em causa a liberdade de locomoção.

STF Súm. 431. É nulo o julgamento de recurso criminal, na segunda instância, sem prévia intimação, ou publicação da pauta, salvo em "habeas corpus".

STF Súm. 606. Não cabe "habeas corpus" originário para o Tribunal Pleno de decisão de turma, ou do plenário, proferida em "habeas corpus" ou no respectivo recurso.

STF Súm. 691. Não compete ao Supremo Tribunal Federal conhecer de "habeas corpus" impetrado contra decisão do relator que, em "habeas corpus" requerido a tribunal superior, indefere a liminar.

STF Súm. 692. Não se conhece de "habeas corpus" contra omissão de relator de extradição, se fundado em fato ou direito estrangeiro cuja prova não constava dos autos, nem foi ele provocado a respeito.

STF Súm. 693. Não cabe "habeas corpus" contra decisão condenatória a pena de multa, ou relativo a processo em curso por infração penal a que a pena pecuniária seja a única cominada.

STF Súm. 694. Não cabe "habeas corpus" contra a imposição da pena de exclusão de militar ou de perda de patente ou de função pública.

STF Súm. 695. Não cabe "habeas corpus" quando já extinta a pena privativa de liberdade.

TST OJ/SDI2 156. É cabível ajuizamento de "habeas corpus" originário no Tribunal Superior do Trabalho, em substituição de recurso ordinário em "habeas corpus", de decisão definitiva proferida por tribunal regional do trabalho, uma vez que o órgão colegiado passa a ser a autoridade coatora no momento em que examina o mérito do "habeas corpus" impetrado no âmbito da corte local.

* INFORMATIVOS DE JURISPRUDÊNCIA

"Habeas corpus" e medida cautelar de afastamento de cargo público

STF O "habeas corpus" pode ser empregado para impugnar medidas cautelares de natureza criminal diversas da prisão. HC 147303, Rel. Min. Gilmar Mendes, j. 18.12.2017. 2ª T. (Info 888)

Execução antecipada da pena e ação cautelar

STF A defesa, em vez de ingressar com "habeas corpus" contra determinação do imediato cumprimento da pena, ajuizou uma ação cautelar para dar efeito suspensivo ao recurso especial. Nesse caso, a ação cautelar tem o mesmo efeito de um "habeas corpus", porque mantém soltos os condenados até que o STJ possa analisar o recurso interposto. Ainda caberia recurso contra a decisão do STJ por se tratar de decisão monocrática de ministro relator. Incide, por analogia, a Súmula 691/STF. Não caracteriza teratologia ou manifesta ilegalidade negar efeito suspensivo a um recurso que, em regra, não o tem. HC 138633, Rel. Acd. Min. Alexandre de Moraes, j. 8.8.2017. 1ª T. (Info 872)

Execução provisória da pena

STF Não é cabível "habeas corpus" contra decisão monocrática. A impetração é substitutiva de agravo regimental. Mesmo que fosse conhecido o "habeas corpus", admite-se a execução provisória da pena a partir de condenação em segundo grau. Ainda que prevalecesse a posição minoritária defendida pelo ministro Dias Toffoli, no sentido de que só é possível a execução provisória da pena a partir de condenação proferida pelo STJ, foi efetivamente esse Tribunal Superior que, sem inovar factualmente nos autos, se valeu de provas já existentes produzidas e consideradas para condenar o paciente. HC 139391, Rel. Acd. Min. Alexandre de Moraes, j. 29.8.2017. 1ª T. (Info 875)

'Habeas corpus' e direito à visitação

STF Não cabe "habeas corpus" para tutelar o direito à visita em presídio. HC 128057/SP, Rel. Acd. Min. Alexandre de Moraes, j. 1º.8.2017. 1ª T. (Info 871)

"Habeas corpus" e estabelecimento prisional adequado

STF Negado provimento a recurso ordinário em "habeas corpus" interposto contra decisão do STJ. No "writ", o sentenciado alegou estar cumprindo pena em regime mais gravoso em razão da ausência de vaga em estabelecimento prisional compatível com o regime semiaberto. Foi constatada a existência de divergência entre o entendimento do juiz de primeiro grau e do TJSC. A decisão do STJ se fiou nos fundamentos sólidos apresentados pelo TJSC. Nesse contexto, é necessário o reexame de fatos e provas para se chegar a um entendimento diverso, e o "habeas corpus" não comporta tal análise, por se tratar de instrumento de cognição restrita. RHC 146317, Rel. Min. Dias Toffoli, j. 22.8.2017. 2ª T. (Info 874)

"Habeas corpus" e visita íntima

STF O "habeas corpus" não é o meio adequado para tutelar visita íntima, por não estar envolvido o direito de ir e vir. HC 138286, Rel. Min. Marco Aurélio, j. 5.12.2017. 1ª T. (Info 887)

Repercussão geral e sobrestamento de processo-crime

STF O "habeas corpus" não é o meio adequado para discutir crime que não enseja pena privativa de liberdade. Não conhecido "habeas corpus" no qual se discutia a suspensão de processo-crime, na hipótese de o tema estar submetido ao STF em sede de repercussão geral. HC 127834, Rel. orig.

Min. Marco Aurélio, red. p/ o ac. Min. Alexandre de Moraes, j. 5.12.2017. 1ª T. (Info 887)

✱ QUESTÕES OBJETIVAS

67. **(Cespe/PC/MA/Investigador/2018)** O "habeas corpus" é o instrumento jurídico correto para

a) impugnar ato monocrático de ministro do Supremo Tribunal Federal.

b) trancar ação de impeachment.

c) discutir a legalidade de medida protetiva de vítima de violência doméstica.

d) discutir o direito de ir e vir, desde que o "habeas corpus" seja patrocinado por advogado constituído.

e) discutir o direito de visita a presidiários.

68. **(Cespe/PC/MA/Escrivão/2018)** O "habeas corpus" pode ser impetrado por

a) condenado a pena de multa, caso ele considere exorbitante o valor desta.

b) militar, contra punição disciplinar imposta sem motivação.

c) pessoa física, para impugnar determinação de suspensão de direitos políticos.

d) estrangeiro, mas sempre em português.

e) pessoa jurídica, em seu favor, quando ela for acusada de crime ambiental.

69. **(Cespe/PC/MA/Delegado/2018)** Uma autoridade policial determinou a instauração de inquérito policial para apurar a prática de suposto crime de homicídio. Entretanto, realizadas as necessárias diligências, constatou-se que a punibilidade estava extinta em razão da prescrição. Nessa situação:

a) é cabível recurso em sentido estrito com o objetivo de trancar o inquérito policial, mas somente após a decisão que recebe a denúncia.

b) não há instrumento processual capaz de trancar o inquérito policial.

c) poderá ser impetrado "habeas corpus" com o objetivo de trancar o inquérito policial.

d) poderá ser impetrado mandado de segurança contra o ato da autoridade policial para trancar o inquérito policial.

e) é cabível recurso de apelação com o objetivo de trancar o inquérito policial, mas somente em caso de sentença penal condenatória.

70. **(Cespe/PC/MA/Escrivão/2018)** Em determinada comarca de um estado da Federação, em razão de uma denúncia anônima e após a realização de diligências, a polícia civil prendeu Maria, de dezoito anos de idade, que supostamente traficava maconha em uma praça nas proximidades da escola pública onde ela estudava. Levada à delegacia de polícia local, Maria foi autuada e indiciada. Depois de reunidos elementos informativos suficientes, o delegado elaborou um relatório com a descrição dos fatos, apontando os indícios de autoria. Com o encerramento das investigações, o inquérito policial foi encaminhado à autoridade competente. Considere que os seguintes fatos sejam adicionais à situação hipotética descrita no texto. Presa preventivamente, Maria teve pedido de liberdade provisória indeferido pelo juiz da comarca, sob o fundamento de que ela havia confessado o delito no interrogatório policial e de que a pena do crime, abstratamente considerada, é superior a quatro anos de reclusão. Cientificado pessoalmente da decisão, o defensor público impetrou "habeas corpus" no tribunal de justiça. Nesse caso, o "habeas corpus":

a) reparará a violação ao direito de ir e vir de Maria, direito esse de responsabilidade da autoridade policial que não arbitrou fiança, o que configura coação ilegal, visto que a paciente foi mantida presa por tempo superior ao permitido.

b) é inadmissível, devendo ser indeferido de plano, porque Maria confessou o delito.

c) poderá ser acolhido, visto que a fundamentação apresentada para negar o pedido de liberdade provisória foi insuficiente por não tratar dos requisitos legais para a manutenção da prisão preventiva.

d) constitui pretensão de natureza constitutiva, com vistas à concessão de salvo conduto.

e) constitui ação autônoma de natureza constitucional, razão por que tem por princípios a celeridade, a formalidade e a gratuidade.

71. **(Cespe/DPE/PE/Defensor/2018)** Conforme o entendimento do STF, o "habeas corpus" será

a) cabível para questionar constrangimento gerado pela imposição de ônus de custas processuais.

b) incabível contra decisão que aplicar medidas cautelares diversas da prisão, por não haver afronta ao direito de locomoção.

c) cabível para arguir o impedimento ou a suspeição de magistrado, mesmo quando a alegação depender de dilação probatória.

d) incabível contra decisão que substituir pena privativa de liberdade por pena pecuniária.

e) cabível para arguir nulidade absoluta, ainda que a sentença penal condenatória já tenha transitado em julgado.

72. **(Cespe/TRE/PI/Analista/2016)** Considerando as disposições legais e jurisprudenciais sobre o "habeas corpus", assinale a opção correta:

a) Na qualidade de titulares de seus cargos, o delegado de polícia, o promotor de justiça e o juiz de direito podem impetrar "habeas corpus" em favor de terceiros.

b) Conforme a lei e a jurisprudência, não se admite liminar em "habeas corpus", ainda que presentes o "fumus boni iuris" e o "periculum in mora".

c) É inadmissível a reiteração de pedido de "habeas corpus", ainda que haja novos fatos, não analisados no pedido anterior.

d) É indispensável, sob pena de nulidade, a manifestação do Ministério Público no procedimento de "habeas corpus" impetrado perante juiz de direito.

e) Qualquer pessoa, quer se trate de brasileiro, quer de estrangeiro não residente no país, pode impetrar "habeas corpus", devendo o writ ser redigido em português.

73. **(Cespe/TCE/PR/Analista/2016)** À luz da jurisprudência do STF, assinale a opção correta acerca de "habeas corpus":

a) O "habeas corpus" é instrumento viável para a revisão de súmulas de tribunais se o teor da súmula atentar abstratamente contra o direito à liberdade de locomoção.

b) A utilização do "habeas corpus" como mecanismo judicial para salvaguarda do direito à liberdade de locomoção é limitada no tempo, sujeitando-se a preclusão e decadência.

c) A inadmissibilidade de impetração sucessiva de "habeas corpus", ou seja, de apreciação de um segundo "habeas corpus" quando ainda não definitivamente julgado o anteriormente impetrado, é relativizada se se tratar de ilegalidade flagrante e prontamente evidente.

d) O "habeas corpus" é meio idôneo para impugnar ato de sequestro ou confisco de bens em processo criminal.

e) O afastamento de cargo público é impugnável por "habeas corpus".

74. **(Cespe/DPE/PE/Defensor/2015)** Os tribunais superiores não mais têm admitido o manejo do "habeas corpus" originário como meio de impugnação substitutivo da interposição de recurso ordinário constitucional.

75. **(Cespe/TJ/DFT/Juiz/2016)** Em atenção aos direitos e garantias fundamentais e às ações constitucionais, assinale a opção correta:

a) É consolidado no STF o entendimento de que, presente a dúvida sobre o real interesse do paciente na impetração do "habeas corpus", deve o juiz intimá-lo para que manifeste sua vontade em prosseguir ou não com a impetração.

b) O direito ao duplo grau de jurisdição é assegurado expressamente na CF, decorre da proteção judiciária efetiva e não admite ressalvas, salvo a preclusão decorrente da própria inação processual.

c) A arbitragem, alheia à jurisdição estatal no que se refere ao compromisso arbitral firmado, tem sua sentença sujeita à revisão judicial, por meio de recurso próprio, em atenção ao princípio da universalidade da jurisdição do Poder Judiciário.

d) Atos ou decisões de natureza política são indenes à jurisdição, ainda que violadoras de direitos individuais, conforme jurisprudência consolidada do STF.

e) O STF possui orientação pacífica segundo a qual a fixação de prazo decadencial para impetração de mandado de segurança ou de "habeas corpus" é compatível com a ordem constitucional.

76. **(Cespe/TJ/DFT/Juiz/2015)** Em cada uma das próximas opções, é apresentada uma situação hipotética a respeito de ação penal, competência e procedimentos em matéria infracional, seguida de uma assertiva a ser julgada. Assinale a opção que apresenta a assertiva correta:

a) Um adolescente cometeu ato infracional análogo ao tráfico de entorpecente. Nessa situação, conforme entendimento do STJ, esse fato, por si só, é suficiente para justificar a imposição de medida socioeducativa de internação desse adolescente.

b) Em uma ação penal privada subsidiária de ação penal pública, o querelante deixou de promover o andamento do processo por mais de trinta dias. Nessa situação, o juiz criminal deverá determinar a extinção da ação penal devido à extinção da punibilidade pela perempção.

c) O vice-governador de um estado da Federação foi acusado do crime de peculato. Nessa situação, caberá ao procurador-geral do MP do referido estado oferecer denúncia, e a ação penal deverá ser processada e julgada perante uma das câmaras criminais do tribunal de justiça do estado.

d) Clóvis, imputável, levou seus cavalos para pastar na fazenda de Lázaro sem o consentimento deste. Nessa situação, a ação penal deverá ser iniciada mediante representação.

e) O MPDFT propôs ação penal contra Adailton. Nessa situação, se houver prova inconteste da prescrição do crime que ensejou a referida ação penal, será cabível "habeas corpus" perante o TJDFT para trancar a ação penal.

77. **(Cespe/TRF/1R/Juiz/2015)** O "habeas corpus":

a) somente pode ser interposto por procurador com poderes especiais, vedada a interposição pelo próprio réu.

b) pode ser interposto pelo MP, com o intuito de obter a liberdade provisória ao réu preso.

c) pode ser interposto por qualquer pessoa em favor do réu, desde que esta possua inscrição de advogado ou estagiário na Ordem dos Advogados do Brasil.

d) deverá ser interposto sempre perante o TRF competente, ainda que a autoridade coatora seja o delegado federal que conduzir o auto de prisão em flagrante.

e) pode ser interposto ainda que apenas pena de multa tenha sido imposta ao sentenciado.

78. **(Cespe/TRE/PE/Analista/2017)** O "habeas corpus" é cabível:

a) para discutir excessivo valor exigido a título de alimentos em decisão que tenha decretado a prisão civil do devedor.

b) em favor de pessoa jurídica, pois tem como objetivo fazer cessar todo e qualquer constrangimento ilegal.

c) contra a aplicação de pena de multa em sentença penal condenatória, pois a pena pecuniária pode ser convertida em prisão.

d) para afastar pena acessória de perda de cargo público imposta em sentença penal condenatória.

e) em casos de flagrante ilegalidade da prisão civil por dívida de alimentos.

79. **(Cespe/PC/GO/Delegado/2017)** Considerando a jurisprudência do STF, assinale a opção correta com relação aos remédios do direito constitucional:

a) É cabível "habeas corpus" contra decisão monocrática de ministro de tribunal.

b) Em "habeas corpus" é inadmissível a alegação do princípio da insignificância no caso de delito de lesão corporal cometido em âmbito de violência doméstica contra a mulher.

c) No mandado de segurança coletivo, o fato de haver o envolvimento de direito apenas de certa parte do quadro social afasta a legitimação da associação.

d) O prazo para impetração do mandado de segurança é de cento e vinte dias, a contar da data em que o interessado tiver conhecimento oficial do ato a ser impugnado, havendo decadência se o mandado tiver sido protocolado a tempo perante juízo incompetente.

e) O "habeas corpus" é o instrumento adequado para pleitear trancamento de processo de impeachment.

80. **(Cespe/DPU/Defensor/2017)** Compete exclusivamente ao STF o julgamento de "habeas corpus" impetrado por ministro de Estado.

81. **(Cespe/TCE/PE/Analista/2017)** A concessão de "habeas corpus" de ofício constitui exemplo de exercício de jurisdição sem ação.

82. **(Cespe/PGM/Fortaleza/Procurador/2017)** Pessoa jurídica pode impetrar "habeas corpus".

83. **(Cespe/DPE/AC/Defensor/2017)** É cabível "habeas corpus":

a) contra decisão que condene, unicamente, a pena pecuniária.

b) contra decisão que tenha indeferido liminar em outro "habeas corpus".

c) caso se busque o reconhecimento da decadência.

d) quando já extinta a pena privativa de liberdade.

e) contra decisão ofensiva à legislação federal nos fundamentos da condenação criminal com pena privativa de liberdade.

84. **(Cespe/TRT/7R/Analista/2017)** Acerca dos princípios, direitos e garantias fundamentais previstos na CF, assinale opção correta:

a) Conforme entendimento do STF, o direito fundamental à liberdade de pensamento e de livre expressão da atividade intelectual, independentemente de censura, deve ser interpretado à luz do mandamento constitucional que prevê a preservação da vida privada e da imagem da pessoa, de modo a ser exigível o consentimento do interessado no caso de publicação de biografia que possa causar sério agravo à intimidade.

b) As relações internacionais da República Federativa do Brasil são regidas pelos princípios da prevalência da ordem democrática e do respeito à separação dos poderes.

c) Ao julgar ação direta de inconstitucionalidade em face da Lei de Biossegurança, o STF firmou entendimento acerca do descabimento de pesquisa com células-tronco embrionárias, como decorrência do direito à vida.

d) Não cabe "habeas corpus" para o trancamento de processo por crime de responsabilidade atribuído ao presidente da República, uma vez que as sanções para tal espécie de infração são de índole político-administrativa.

85. **(Cespe/PC/MT/Delegado/2017)** Com referência ao "habeas corpus" e ao mandado de segurança, julgue os itens seguintes, de acordo com o entendimento do STF.

I. Não caberá "habeas corpus" nem contra decisão que condene a multa nem em processo penal em curso no qual a pena pecuniária seja a única imposta ao infrator.

II. O "habeas corpus" é o remédio processual adequado para garantir a proteção do direito de visita a menor cuja guarda se encontre sob disputa judicial.

III. Nos casos em que a pena privativa de liberdade já estiver extinta, não será possível ajuizar ação de "habeas corpus".

IV. O mandado de segurança impetrado por entidade de classe não terá legitimidade se a pretensão nele veiculada interessar a apenas parte dos membros da categoria profissional representada por essa entidade.

Estão certos apenas os itens:

a) I e II.

b) I e III.

c) II e IV.

d) I, III e IV.

e) II, III e IV.

86. **(Cespe/DPU/Defensor/2017)** Determinado DP, inconformado com a prisão preventiva de um de seus assistidos, impetrou "habeas corpus" no STJ com pedido liminar de soltura. O ministro relator negou a medida antecipatória, em decisão monocrática fundamentada. Nessa situação, contra a decisão monocrática que indeferiu a liminar não cabe novo "habeas corpus" para o STF.

3.4. "Habeas Data"

*** SÚMULAS**

STJ Súm. 2. Não cabe o "habeas data" (CF, art. 5º, LXXII, letra "a") se não houve recusa de informações por parte da autoridade administrativa.

*** INOVAÇÕES LEGISLATIVAS**

▲ Lei do "Habeas Data" (Lei 9.507/97): sem alterações em 2017/2018.

*** QUESTÕES OBJETIVAS**

87. **(Cespe/PGE/PE/Procurador/2018)** Conforme a CF e a jurisprudência das cortes superiores, o "habeas data" pode ser impetrado

a) para obter certidão de tempo de serviço junto ao INSS em bancos de dados privados cujas informações não sejam restritas ao depositário.

b) somente pela pessoa em cujo nome constar o registro, salvo se for morto, quando, então, o herdeiro legítimo ou cônjuge supérstite poderão impetrá-lo.

c) mesmo que não tenha havido prévia negativa ou inércia no fornecimento da certidão.

d) por sindicato, em nome próprio, em substituição processual, para obter dados de seus associados.

e) para se pleitear o direito ao esquecimento, mediante apagamento de registros em bancos de dados.

88. **(Cespe/TCE/PA/Auditor/2016)** Como o "habeas data" não pode ser utilizado por pessoa jurídica, deve ser reconhecida a ilegitimidade ativa na hipótese de pessoa jurídica ajuizar "habeas data" para obter informações de seu interesse constante de dados de determinada entidade governamental.

89. **(Cespe/TJ/PB/Juiz/2015)** Em cada uma das opções seguintes é apresentada uma situação hipotética seguida de assertiva a ser julgada.

Assinale a opção que apresenta a assertiva correta com base na jurisprudência do STF a respeito da tutela constitucional das liberdades:

a) Pedro impetrou "habeas corpus" para afastar decisão judicial que lhe impusera a pena acessória de perda da função pública. Nessa situação, o magistrado deverá reconhecer o cabimento do "habeas corpus", que constitui instrumento apto a questionar a aplicação de pena acessória.

b) Após a impetração de mandado de injunção, pendente de julgamento, o diploma legal objeto da reclamação foi promulgado. Nessa situação, a ação não estará prejudicada por ser possível, na via processual, discutir pretensão do interessado de sanar a lacuna normativa no período pretérito à edição da lei regulamentadora.

c) Em determinada ação popular, o autor da ação não requereu expressamente o pagamento de perdas e danos. Nessa situação, se a demanda for julgada procedente, o magistrado não poderá determinar a condenação dos responsáveis ao pagamento da referida indenização.

d) Determinada organização sindical impetrou mandado de segurança coletivo para defesa de interesse de parte da categoria de profissionais a ela vinculados. Nessa situação, o magistrado deverá reconhecer a ilegitimidade ativa "ad causam", pois além da pertinência temática entre o objeto da impetração e o vínculo associativo, é imprescindível, para o conhecimento do remédio constitucional, que a pretensão veiculada interesse a toda a categoria ligada à organização sindical.

e) Uma empresa impetrou "habeas data" para obter vista dos autos de representação, na qual fora citada, apresentada por terceiro perante a corte de contas do estado. Nessa situação, à luz do entendimento do STF, o magistrado não deverá admitir a ação, já que o "habeas data" não se revela meio idôneo para obter vista de processo administrativo.

90. **(Cespe/TJ/AM/Juiz/2016)** Assinale a opção correta acerca das garantias constitucionais individuais, do funcionamento e atribuições das CPIs e dos chamados remédios constitucionais, considerando a jurisprudência do STF:

a) Embora as CPIs possuam poderes de investigação próprios das autoridades judiciais, é vedada a CPI criada por assembleia legislativa de estado a quebra de sigilo de dados bancários dos investigados.

b) Em decorrência de norma constitucional acrescentada pela EC n. 45/2004, os tratados e convenções internacionais sobre direitos humanos subscritos pelo Brasil antes da promulgação dessa emenda têm status normativo de emenda constitucional.

c) "Habeas data" serve para assegurar o conhecimento de informações relativas ao impetrante, constantes de registros ou bancos de dados de entidades governamentais ou de caráter público, podendo ser impetrado inclusive por pessoa jurídica nacional ou estrangeira.

d) "Habeas data" não é garantia constitucional adequada para obtenção de dados concernentes ao pagamento de tributos do próprio contribuinte constantes de sistemas informatizados de apoio à arrecadação dos órgãos da administração fazendária dos entes estatais.

e) Não se admite que o impetrante desista da ação de mandado de segurança sem aquiescência da autoridade apontada como coatora ou da entidade estatal interessada, após prolação de sentença de mérito.

91. **(Cespe/TCE/PE/Auditor/2017)** O remédio constitucional do "habeas data" permite que o impetrante obtenha informações cadastrais relativas a todas as partes de um processo do qual seja parte, exceto aquelas protegidas por sigilo bancário.

92. **(Cespe/DPU/Defensor/2017)** Sob o aspecto da legitimidade ativa, por meio de "habeas data" é possível obter informações relativas a qualquer pessoa, desde que as informações sejam classificadas como públicas.

3.5. Mandado de Injunção

✱ INOVAÇÕES LEGISLATIVAS

▲ Lei do Mandado de Injunção (Lei 13.300/16): sem alterações em 2017/2018.

✱ QUESTÕES OBJETIVAS

93. **(Cespe/DPE/PE/Defensor/2018)** A respeito dos mecanismos de proteção aos direitos humanos previstos na Constituição Federal de 1988 e dos remédios constitucionais, assinale a opção correta.

a) A ação popular é remédio constitucional para assegurar o conhecimento de informações relativas ao impetrante, constantes de registros ou de bancos de dados de entidades governamentais ou de caráter público.

b) O mandado de segurança coletivo caracteriza-se por ter dois ou mais impetrantes, que sejam pessoas físicas ou jurídicas, no polo ativo.

c) O "habeas data" visa anular ato lesivo ao patrimônio público ou de entidade de que o Estado participe, à moralidade administrativa e ao patrimônio histórico e cultural.

d) Mandado de injunção é o instrumento constitucional a ser utilizado na hipótese de a ausência de norma inviabilizar o exercício de direito ou de liberdade constitucional referente à cidadania ou à soberania.

e) A finalidade do "habeas corpus" é proteger direito líquido e certo quando o responsável pela ilegalidade ou pelo abuso de poder for autoridade pública ou agente de pessoa jurídica no exercício de atribuições do poder público.

94. **(Cespe/PGE/PE/Procurador/2018)** No que concerne a mandado de injunção, ação de improbidade administrativa, ação civil pública e ação popular, julgue os seguintes itens.

I. De acordo com o STJ, a sentença que julgar improcedente a ação de improbidade administrativa se submeterá ao regime de reexame necessário, independentemente do valor atribuído à causa.

II. É vedado ao MP assumir a titularidade de ação popular na hipótese de desistência do autor, ainda que nenhum outro cidadão legitimado promova o prosseguimento da ação.

III. De acordo com lei que disciplina o mandado de injunção, uma vez transitada em julgado a decisão final, o relator poderá, monocraticamente, estender seus efeitos a casos análogos.

IV. O STJ entende que o sindicato possui legitimidade para ajuizar, na qualidade de substituto processual, ação civil pública para a defesa de direitos individuais homogêneos da categoria que ele representa.

Assinale a opção correta.

a) Estão certos apenas os itens I e II.

b) Estão certos apenas os itens I e III.

c) Estão certos apenas os itens II e IV.

d) Estão certos apenas os itens I, III e IV.

e) Estão certos apenas os itens II, III e IV.

95. **(Cespe/TCE/PA/Auditor/2016)** Entre os direitos fundamentais incluem-se os remédios constitucionais, como, por exemplo, o mandado de injunção, criado pela Constituição Federal de 1988 e que tem por finalidade suprir a falta de norma regulamentadora que inviabilize o exercício dos direitos e liberdades constitucionais e das prerrogativas inerentes à nacionalidade, à soberania e à cidadania.

96. **(Cespe/TCE/PA/Auditor/2016)** É do Supremo Tribunal Federal a competência para o processo e o julgamento de mandado de injunção coletivo apontando ausência de norma regulamentadora a cargo do Tribunal de Contas da União (TCU) ajuizado por associação de classe devidamente constituída.

97. **(Cespe/DPE/PE/Defensor/2015)** A jurisprudência do STF acerca do mandado de injunção evoluiu para admitir que, além de declarar omisso o Poder Legislativo, o próprio tribunal edite a norma geral de que depende o exercício do direito invocado pelo impetrante.

98. **(Cespe/PGM/Fortaleza/Procurador/2017)** Pessoa jurídica pode impetrar mandado de injunção.

99. **(Cespe/AGU/Advogado/2015)** De acordo com o atual entendimento do STF, a decisão proferida em mandado de injunção pode levar à concretização da norma constitucional despida de plena eficácia, no tocante ao exercício dos direitos e das liberdades constitucionais e das prerrogativas relacionadas à nacionalidade, à soberania e à cidadania.

3.6. Mandado de Segurança

◉ ATENÇÃO: ESTE TEMA É MUITO EXIGIDO NOS CONCURSOS!

✱ SÚMULAS

1) Cabimento

STF Súm. 101. O mandado de segurança não substitui a ação popular.

STF Súm. 266. Não cabe mandado de segurança contra lei em tese.

STF Súm. 267. Não cabe mandado de segurança contra ato judicial passível de recurso ou correição.

STF Súm. 270. Não cabe mandado de segurança para impugnar enquadramento da Lei 3.780, de 12 de julho de 1960, que envolva exame de prova ou de situação funcional complexa.

STF Súm. 429. A existência de recurso administrativo com efeito suspensivo não impede o uso do mandado de segurança contra omissão da autoridade.

STJ Súm. 202. A impetração de segurança por terceiro, contra ato judicial, não se condiciona à interposição de recurso.

STJ Súm. 213. O mandado de segurança constitui ação adequada para a declaração do direito à compensação tributária.

STJ Súm. 333. Cabe mandado de segurança contra ato praticado em licitação promovida por sociedade de economia mista ou empresa pública.

STJ Súm. 460. É incabível o mandado de segurança para convalidar a compensação tributária realizada pelo contribuinte.

TST Súm. 414. I. A tutela provisória concedida na sentença não comporta impugnação pela via do mandado de segurança, por ser impugnável mediante recurso ordinário. É admissível a obtenção de efeito suspensivo ao recurso ordinário mediante requerimento dirigido ao tribunal, ao relator ou ao presidente ou ao vice-presidente do tribunal recorrido, por aplicação subsidiária ao processo do trabalho do artigo 1.029, § 5º, do CPC de 2015. II. No caso de a tutela provisória haver sido concedida ou indeferida antes da sentença, cabe mandado de segurança, em face da inexistência de recurso próprio. III. A superveniência da sentença, nos autos originários, faz perder o objeto do mandado de segurança que impugnava a concessão ou o indeferimento da tutela provisória.

TST OJ/SDI2 57. Conceder-se-á mandado de segurança para impugnar ato que determina ao INSS o reconhecimento e/ou averbação de tempo de serviço.

TST OJ/SDI2 63. Comporta a impetração de mandado de segurança o deferimento de reintegração no emprego em ação cautelar.

TST OJ/SDI2 66. É incabível o mandado de segurança contra sentença homologatória de adjudicação, uma vez que existe meio próprio para impugnar o ato judicial, consistente nos embargos à adjudicação (CPC, art. 746).

TST OJ/SDI2 88. Incabível a impetração de mandado de segurança contra ato judicial que, de ofício, arbitrou novo valor à causa, acarretando a majoração das custas processuais, uma vez que cabia à parte, após recolher as custas, calculadas com base no valor dado à causa na inicial, interpor recurso ordinário e, posteriormente, agravo de instrumento no caso de o recurso ser considerado deserto.

TST OJ/SDI2 92. Não cabe mandado de segurança contra decisão judicial passível de reforma mediante recurso próprio, ainda que com efeito diferido.

TST OJ/SDI2 98. É ilegal a exigência de depósito prévio para custeio dos honorários periciais, dada a incompatibilidade com o processo do trabalho, sendo cabível o mandado de segurança visando à realização da perícia, independentemente do depósito.

TST OJ/SDI2 99. Esgotadas as vias recursais existentes, não cabe mandado de segurança.

TST OJ/SDI2 140. Não cabe mandado de segurança para impugnar despacho que acolheu ou indeferiu liminar em outro mandado de segurança.

TST OJ/SDI2 144. O mandado de segurança não se presta à obtenção de uma sentença genérica, aplicável a eventos futuros, cuja ocorrência é incerta.

2) Citação de Litisconsorte

STF Súm. 631. Extingue-se o processo de mandado de segurança se o impetrante não promove, no prazo assinado, a citação do litisconsorte passivo necessário.

STF Súm. 701. No mandado de segurança impetrado pelo Ministério Público contra decisão proferida em processo penal, é obrigatória a citação do réu como litisconsorte passivo.

3) Coisa Julgada

STF Súm. 268. Não cabe mandado de segurança contra decisão judicial com trânsito em julgado.

STF Súm. 304. Decisão denegatória de mandado de segurança, não fazendo coisa julgada contra o impetrante, não impede o uso da ação própria.

TST Súm. 33. Não cabe mandado de segurança de decisão judicial transitada em julgado.

4) Competência

STF Súm. 248. É competente, originariamente, o Supremo Tribunal Federal, para mandado de segurança contra ato do Tribunal de Contas da União.

STF Súm. 330. O Supremo Tribunal Federal não é competente para conhecer de mandado de segurança contra atos dos tribunais de justiça dos Estados.

STF Súm. 433. É competente o Tribunal Regional do Trabalho para julgar mandado de segurança contra ato de seu presidente em execução de sentença trabalhista.

STF Súm. 623. Não gera por si só a competência originária do Supremo Tribunal Federal para conhecer do mandado de segurança com base no art. 102, I, n, da Constituição, dirigir-se o pedido contra deliberação administrativa do tribunal de origem, da qual haja participado a maioria ou a totalidade de seus membros.

STF Súm. 624. Não compete ao Supremo Tribunal Federal conhecer originariamente de mandado de segurança contra atos de outros tribunais.

STJ Súm. 41. O Superior Tribunal de Justiça não tem competência para processar e julgar, originariamente, mandado de segurança contra ato de outros tribunais ou dos respectivos órgãos.

STJ Súm. 177. O Superior Tribunal de Justiça é incompetente para processar e julgar, originariamente, mandado de segurança contra ato de órgão colegiado presidido por ministro de Estado.

STJ Súm. 376. Compete à turma recursal processar e julgar o mandado de segurança contra ato de juizado especial.

5) Direito Líquido e Certo

STF Súm. 625. Controvérsia sobre matéria de direito não impede concessão de mandado de segurança.

TST Súm. 415. Exigindo o mandado de segurança prova documental pré-constituída, inaplicável o art. 321 do CPC de 2015 (art. 284 do CPC de 1973) quando verificada, na petição inicial do "mandamus", a ausência de documento indispensável ou de sua autenticação.

TST Súm. 418. A homologação de acordo constitui faculdade do juiz, inexistindo direito líquido e certo tutelável pela via do mandado de segurança.

6) Honorários Advocatícios

STF Súm. 512. Não cabe condenação em honorários de advogado na ação de mandado de segurança.

STJ Súm. 105. Na ação de mandado de segurança, não se admite condenação em honorários advocatícios.

7) Legitimidade Ativa

STF Súm. 628. Integrante de lista de candidatos a determinada vaga da composição de tribunal é parte legítima para impugnar a validade da nomeação de concorrente.

8) Legitimidade Passiva

STF Súm. 510. Praticado o ato por autoridade, no exercício de competência delegada, contra ela cabe o mandado de segurança ou a medida judicial.

STF Súm. 627. No mandado de segurança contra a nomeação de magistrado da competência do Presidente da República, este é considerado autoridade coatora, ainda que o fundamento da impetração seja nulidade ocorrida em fase anterior do procedimento.

9) Liminares

STF Súm. 405. Denegado o mandado de segurança pela sentença, ou no julgamento do agravo, dela interposto, fica sem efeito a liminar concedida, retroagindo os efeitos da decisão contrária.

STF Súm. 626. A suspensão da liminar em mandado de segurança, salvo determinação em contrário da decisão que a deferir, vigorará até o trânsito em julgado da decisão definitiva de concessão da segurança ou, havendo recurso, até a sua manutenção pelo Supremo Tribunal Federal, desde que o objeto da liminar deferida coincida, total ou parcialmente, com o da impetração.

10) Mandado de Segurança Coletivo

STF Súm. 629. A impetração de mandado de segurança coletivo por entidade de classe em favor dos associados independe da autorização destes.

STF Súm. 630. A entidade de classe tem legitimação para o mandado de segurança ainda quando a pretensão veiculada interesse apenas a uma parte da respectiva categoria.

11) Prazo Decadencial

STF Súm. 430. Pedido de reconsideração na via administrativa não interrompe o prazo para o mandado de segurança.

STF Súm. 632. É constitucional lei que fixa o prazo de decadência para a impetração de mandado de segurança.

TST OJ/SDI2 127. Na contagem do prazo decadencial para ajuizamento de mandado de segurança, o efetivo ato coator é o primeiro em que se firmou a tese hostilizada e não aquele que a ratificou.

12) Recursos

STF Súm. 272. Não se admite como ordinário recurso extraordinário de decisão denegatória de mandado de segurança.

STF Súm. 294. São inadmissíveis embargos infringentes contra decisão do Supremo Tribunal Federal em mandado de segurança.

STF Súm. 299. O recurso ordinário e o extraordinário

interpostos no mesmo processo de mandado de segurança, ou de "habeas-corpus", serão julgados conjuntamente pelo Tribunal Pleno.

STF Súm. 392. O prazo para recorrer de acórdão concessivo de segurança conta-se da publicação oficial de suas conclusões, e não da anterior ciência à autoridade para cumprimento da decisão.

STF Súm. 597. Não cabem embargos infringentes de acórdão que, em mandado de segurança decidiu, por maioria de votos, a apelação.

STJ Súm. 604. O mandado de segurança não se presta para atribuir efeito suspensivo a recurso criminal interposto pelo Ministério Público.

TST Súm. 201. Da decisão de tribunal regional do trabalho em mandado de segurança cabe recurso ordinário, no prazo de 8 (oito) dias, para o Tribunal Superior do Trabalho, e igual dilação para o recorrido e interessados apresentarem razões de contrariedade.

TST OJ/SDI2 54. Ajuizados embargos de terceiro (art. 674 do CPC de 2015 – art. 1.046 do CPC de 1973) para pleitear a desconstituição da penhora, é incabível mandado de segurança com a mesma finalidade.

TST OJ/SDI2 69. Recurso ordinário interposto contra despacho monocrático indeferitório da petição inicial de ação rescisória ou de mandado de segurança pode, pelo princípio de fungibilidade recursal, ser recebido como agravo regimental. Hipótese de não conhecimento do recurso pelo TST e devolução dos autos ao TRT, para que aprecie o apelo como agravo regimental.

TST OJ/SDI2 148. É responsabilidade da parte, para interpor recurso ordinário em mandado de segurança, a comprovação do recolhimento das custas processuais no prazo recursal, sob pena de deserção.

TST OJ/SDI2 152. A interposição de recurso de revista de decisão definitiva de tribunal regional do trabalho em ação rescisória ou em mandado de segurança, com fundamento em violação legal e divergência jurisprudencial e remissão expressa ao art. 896 da CLT, configura erro grosseiro, insuscetível de autorizar o seu recebimento como recurso ordinário, em face do disposto no art. 895, "b", da CLT.

13) Via Processual Adequada

STF Súm. 269. O mandado de segurança não é substitutivo de ação de cobrança.

STF Súm. 271. Concessão de mandado de segurança não produz efeitos patrimoniais, em relação a período pretérito, os quais devem ser reclamados administrativamente ou pela via judicial própria.

TST Súm. 365. Não se aplica a alçada em ação rescisória e em mandado de segurança.

* REPERCUSSÃO & REPETITIVOS

STF Repercussão Geral 831. O pagamento dos valores devidos pela Fazenda Pública entre a data da impetração do mandado de segurança e a efetiva implementação da ordem concessiva deve observar o regime de precatórios previsto no art. 100 da CF. (RE 889173, 8.8.2015)

* INFORMATIVOS DE JURISPRUDÊNCIA

Mandado de segurança e prazo decadencial

STJ Provido ROMS interposto contra acórdão do STJ que reconheceu a decadência da impetração e a inadequação da via mandamental. O termo inicial para formalização do mandado de segurança pressupõe a ciência do impetrante quanto ao ato a ser impugnado, quando esse surgir no âmbito de processo administrativo do qual seja parte, nos termos dos arts. 3º e 26 da Lei 9.784/99. Descartou-se a hipótese de inadequação da via mandamental, uma vez que a instrução do processo se deu com documentos suficientes ao exame da pretensão veiculada na petição inicial. RMS 32487, Rel. Min. Marco Aurélio, j. 7.11.2017. 1ª T. (Info 884)

Mandado de Segurança. Legitimidade do Ministério Público de Contas. Impetração contra acórdão do Tribunal de Contas Estadual que determinou a extinção e arquivamento de representação.

STJ O membro do Ministério Público que atua perante o Tribunal de Contas possui legitimidade e capacidade postulatória para impetrar mandado de segurança, em defesa de suas prerrogativas institucionais, contra acórdão prolatado pela respectiva Corte de Contas. RMS 52.741, Rel. Min. Herman Benjamin, DJe 12.9.2017. 2ª T. (Info 611)

Mandado de segurança. Cópias não autenticadas. Declaração de autenticidade firmada na petição inicial não reconhecida pela Corte de origem. Excesso de formalismo. Aplicação do princípio da instrumentalidade das formas.

TST Verifica-se excesso de formalismo quando o TRT despreza a declaração de autenticidade firmada pelo impetrante na petição inicial em razão de conter uma impropriedade ao mencionar que "as peças trasladadas são cópias fiéis do original dos presentes autos" ao invés de se referir às cópias juntadas com a exordial. No caso, aplica-se o princípio da instrumentalidade das formas, podendo-se considerar, portanto, que a declaração de autenticidade abrange todas as peças que instruíram o mandado de segurança, restando atendidas, por analogia, as exigências do art. 830 da CLT. RO-12126-94.2010.5.15.0000, SDI2, Rel. Min. Delaíde Miranda Arantes, 5.12.2017. (Info 170)

* INOVAÇÕES LEGISLATIVAS

▲ Lei do Mandado de Segurança (Lei 12.016/09).

▲ Art. 16. Nos casos de competência originária dos tribunais, caberá ao relator a instrução do processo, sendo assegurada a defesa oral na sessão do julgamento do mérito ou do pedido liminar.

* QUESTÕES DISCURSIVAS

04. **(Cespe/STJ/Analista/2018)** Para defender os interesses de seus associados, determinada associação impetrou mandado de segurança coletivo no STJ contra um ministro de Estado. Ao prestar informações no referido "mandamus", o ministro indicou e comprovou que o seu inferior hierárquico e subordinado imediato foi o responsável pela prática do ato administrativo contestado, porém defendeu o mérito do ato praticado. Considerando essa situação hipotética, faça o que se pede a seguir, à luz da jurisprudência do STJ: (i) Disserte sobre a aplicabilidade da teoria da encampação ao presente caso. (ii) Apresente os requisitos para a aplicação da teoria da encampação em mandado de segurança. (iii) Esclareça se é necessária autorização expressa e específica de cada associado para que a associação aja em juízo em nome de todos eles.

* QUESTÕES OBJETIVAS

100. **(Cespe/PGE/PE/Procurador/2018)** Se determinado indivíduo impetrar mandado de segurança sobre matéria trabalhista contra ato de governador de estado, tal mandado deverá ser processado e julgado pelo

a) tribunal de justiça local.
b) TRT local.
c) TRF local.
d) STJ.
e) STF.

101. **(Cespe/TCE/PB/Auditor/2018)** Servidores públicos de determinado estado da Federação iniciaram movimento grevista, motivados pelo atraso no pagamento de seus vencimentos, na tentativa de regularizar a situação salarial. Inconformado com a paralisação de atividades que julgava essenciais, o gestor público expediu ato administrativo determinando o desconto do salário dos servidores grevistas, bem como o processamento da devida anotação funcional. Nessa situação hipotética, o instrumento processual de controle judicial que o sindicato dos servidores deverá invocar para suspender o ato administrativo de desconto e anotação dos dias não trabalhados é o

a) mandado de injunção.
b) recurso ordinário.
c) "habeas corpus".
d) "habeas data".
e) mandado de segurança.

102. **(Cespe/STM/Analista/2018)** Determinado juiz indeferiu mandado de segurança por verificar que o pedido visava impugnar ato praticado pelo presidente do STM, estando tal ato sujeito a recurso administrativo com efeito suspensivo. Nessa situação, agiu corretamente o juiz.

103. **(Cespe/TCE/PA/Auditor/2016)** No dia 4 de janeiro de 2016, o Movimento Tarifa Zero convocou cidadãos a participarem de manifestação contra o aumento das tarifas de trens, ônibus e metrô. A manifestação seria realizada no dia 3 de fevereiro de 2016 em frente à sede da prefeitura de determinado município. O organizador do movimento encaminhou, previamente à data prevista para a realização do evento, ofício à prefeitura e às demais autoridades competentes avisando sobre a manifestação. Em resposta ao ofício, a prefeitura informou que não autorizaria a realização do movimento em quaisquer áreas públicas daquele município, sob o fundamento de que no município ainda não havia legislação disciplinando o exercício do direito de reunião. O Movimento Tarifa Zero pode impetrar mandado de segurança contra o ato do prefeito que não autorizou a realização do movimento.

104. **(Cespe/TJ/DFT/Juiz/2015)** À luz da Lei n. 12.016/2009, assinale a opção correta a respeito do mandado de segurança:

a) É cabível mandado de segurança contra ato de gestão comercial praticado por administrador de empresa pública, de sociedade de economia mista e de concessionária de serviço público.

b) É admissível o ingresso de litisconsorte ativo até que sejam prestadas as informações pela autoridade coatora.

c) Em caso de urgência, é permitido impetrar mandado de segurança por telegrama, radiograma, fax ou outro meio eletrônico de autenticidade comprovada, desde que observados os requisitos legais.

d) Findo o prazo de dez dias para que sejam prestadas as informações, é facultado ao juiz, dentro de igual prazo, ouvir o representante do MP.

e) O proferimento de sentença que decida o mérito, denegando o pedido feito em mandado de segurança, não impedirá que o requerente pleiteie seus direitos e respectivos efeitos patrimoniais por ação própria.

105. **(Cespe/DPE/RN/Defensor/2015)** A respeito do mandado de segurança coletivo e individual, assinale a opção correta:

a) Para impetrarem mandado de segurança coletivo, as entidades de classe e os sindicatos devem estar em funcionamento há pelo menos um ano.

b) O termo inicial para impetração de mandado de segurança para impugnar critérios de aprovação e classificação de concurso público conta-se da publicação do edital de abertura do certame, segundo entendimento recente do STF.

c) No mandado de segurança coletivo, a liminar só poderá ser concedida após a audiência do representante judicial da pessoa jurídica de direito público, que deverá se pronunciar no prazo de setenta e duas horas.

d) O Poder Judiciário não pode controlar a legalidade dos atos administrativos discricionários por meio de mandado de segurança.

e) Não é cabível a impetração de mandado de segurança contra lei em tese, mesmo quando esta for de efeitos concretos.

106. **(Cespe/DPE/RN/Defensor/2015)** Com relação a processo cautelar, mandado de segurança, sentença e coisa julgada, assinale a opção correta segundo o entendimento do STJ:

a) O direito líquido e certo postulado no mandado de segurança tem caráter personalíssimo e intransferível, não sendo possível a sucessão de partes.

b) O arresto é medida destinada à apreensão de bens determinados com o objetivo de assegurar a futura efetivação de provimento judicial que os tenha como objeto.

c) A sentença é ultra petita quando aprecia matéria estranha ao pedido formulado pelo autor.

d) No caso de improcedência do pedido formulado na ação principal, será exigível a multa cominatória fixada em ação cautelar destinada a resguardar o objeto da ação principal.

e) A alteração de juros de mora na fase de execução ofende a coisa julgada, mesmo quando realizada para adequar o percentual aplicado à legislação civil.

107. **(Cespe/Funpresp_Jud/Analista/2016)** Constitui modalidade de controle preventivo e abstrato a admissão de mandado de segurança impetrado por parlamentar contra as Mesas do Congresso Nacional com a finalidade de impedir a prática de atos incompatíveis com o devido processo legislativo.

108. **(Cespe/TCE/PR/Auditor/2016)** Maria impetrou mandado de segurança contra ato de demissão praticado pelo governador do estado, alegando vício no processo administrativo disciplinar. Nessa situação hipotética:

a) caso seja proferida sentença denegando a segurança, ficará a impetrante impedida de ajuizar ação com mesmo objeto.

b) será vedada a concessão de liminar para suspensão do ato antes de ouvido o governador, por se tratar de ato demissionário.

c) caso seja proferida a sentença, o recurso que vier a ser apresentado pela autoridade coatora será inadmitido liminarmente por ilegitimidade do governador.

d) se proferida sentença que conceda a segurança, o não cumprimento das decisões constituirá crime de desobediência, ainda que interposto recurso de apelação.

e) se passados mais de cento e vinte dias da prática do ato de demissão, o juiz deverá indeferir a liminar pela configuração de decadência.

109. **(Cespe/TCE/PA/Auditor/2016)** Considere que, em procedimento de controle administrativo, o Conselho Nacional de Justiça (CNJ) tenha rejeitado pedido do interessado de reconhecimento da ilegalidade de ato praticado por tribunal de justiça e que, inconformado, o interessado tenha impetrado mandado de segurança contra o CNJ no Supremo Tribunal Federal (STF). Nessa situação, conforme o entendimento do STF, a decisão negativa do CNJ não está sujeita a revisão por meio de mandado de segurança impetrado diretamente na Suprema Corte.

110. **(Cespe/Funpresp_Jud/Analista/2016)** Conforme o STF, por não terem personalidade jurídica própria, as mesas dos Poderes Legislativos estaduais não têm legitimidade ativa para impetrar mandado de segurança.

111. **(Cespe/Funpresp/Especialista Jurídico/2016)** Cabe a impetração de mandado de segurança ao tribunal contra decisão de juiz que, em um processo trabalhista, não tenha homologado acordo firmado entre as partes.

112. **(Cespe/TRE/PE/Analista/2017)** Acerca do prazo decadencial para impetrar mandado de segurança contra a redução ilegal de vantagem integrante de remuneração de servidor público e dos efeitos financeiros decorrentes de eventual concessão da ordem mandamental, assinale a opção correta de acordo com o entendimento do STJ:

a) O prazo renova-se mês a mês e os efeitos financeiros da concessão da ordem retroagem à data do ato impugnado.

b) O prazo conta-se a partir da redução, não havendo efeitos financeiros retroativos de valores eventualmente vencidos, por não haver direito adquirido no regime jurídico.

c) O prazo conta-se a partir da redução, devendo o impetrante ajuizar nova demanda de natureza condenatória para reivindicar os valores vencidos.

d) O prazo renova-se mês a mês, devendo o impetrante ajuizar nova demanda de natureza condenatória para reivindicar os valores vencidos.

e) O prazo conta-se a partir da redução e os efeitos financeiros da concessão da ordem retroagem à data do ato impugnado.

113. **(Cespe/DPU/Defensor/2017)** A tutela provisória concedida na sentença pode ser impugnada pela via do mandado de segurança, admitindo-se a obtenção do efeito suspensivo por requerimento do impetrante.

114. **(Cespe/TCE/PE/Analista/2017)** Se o tribunal de contas de determinado estado proferir, ilegalmente, decisão que casse a aposentadoria de servidor estadual, eventual mandado de segurança deverá ser impetrado no Superior Tribunal de Justiça.

115. **(Cespe/PGM/Fortaleza/Procurador/2017)** Embora não tenham personalidade jurídica própria, os órgãos públicos titulares de prerrogativas e atribuições emanadas de suas funções públicas – como, por exemplo, as câmaras de vereadores, os tribunais de contas e o MP – têm personalidade judiciária e, por conseguinte, capacidade ativa de ser parte em mandado de segurança para defender suas atribuições constitucionais e legais.

116. **(Cespe/PGM/Fortaleza/Procurador/2017)** Segundo o TST, na hipótese de dúvida sobre o cabimento de agravo de petição, cabe mandado de segurança contra decisão que indefira a desconstituição de penhora de numerário nos autos da reclamação trabalhista.

117. **(Cespe/TRF/1R/Analista/2017)** Se o mandado de segurança não for conhecido, será possível a renovação do pedido, desde que observado o prazo decadencial do remédio constitucional.

118. **(Cespe/DPE/AL/Defensor/2017)** O agente público Artur constatou que, em sua remuneração mensal, havia recebido, no que tange a uma de suas vantagens pecuniárias, um valor inferior ao previamente determinado. Artur decidiu, então, impetrar mandado de segurança para que seu direito líquido e certo ao recebimento do valor correto da vantagem fosse garantido. Com base nessa situação hipotética e considerando o entendimento do Superior Tribunal de Justiça, o prazo para que Artur impetre mandado de segurança é de:

a) cinco anos a contar de cada remuneração paga com o valor reduzido da vantagem e tem natureza prescricional.

b) cento e vinte dias após cada remuneração paga com o valor reduzido da vantagem e tem natureza decadencial.

c) cento e vinte dias após o primeiro recebimento do valor indevido, ainda que se trate de pretensão imprescritível, e tem natureza decadencial.

d) cinco anos a partir do recebimento da primeira remuneração paga com o valor reduzido da vantagem.

e) cento e vinte dias após o recebimento da primeira remuneração paga com o valor reduzido da vantagem, tornando-se inviável a impetração de mandado de segurança após o referido prazo.

119. (Cespe/DPE/AL/Defensor/2017) Com o intuito de exercer o controle popular das contas públicas, determinado cidadão solicitou, com base no seu direito constitucional à informação, cópias de documentos relacionados à execução de convênio celebrado entre determinado estado e uma associação, referente à capacitação dos professores da rede estadual de ensino. Ao analisar o requerimento, o secretário de Educação indeferiu o pedido, alegando que as informações requeridas eram sigilosas. Com base nessa situação hipotética e nas normas constitucionais, o indeferimento do pedido:

a) poderá ser questionado por meio da ação constitucional de "habeas data".
b) foi correto, pois o direito à petição aos poderes públicos não abrange a defesa de informações de interesse público.
c) poderá ser questionado por meio de mandado de segurança, pois configura ato estatal ilegal violador de direito líquido e certo.
d) baseou-se em motivo impertinente, uma vez que a Constituição não admite a atribuição de sigilo a documentos públicos.
e) não violou o princípio da publicidade, pois as informações requeridas só poderiam ser divulgadas após a aprovação das contas do convênio.

120. (Cespe/DPU/Defensor/2015) No caso de autoridade federal do Instituto Nacional do Seguro Social indeferir ilegalmente benefício previdenciário a determinado cidadão, caberá o ajuizamento de mandado de segurança, sendo, nesse caso, da justiça estadual a competência para julgá-lo, desde que a comarca não seja sede de vara de juízo federal.

121. (Cespe/DPU/Defensor/2015) Se a indicação do valor da causa na inicial do mandado de segurança não for impugnada pelo reclamado no momento oportuno, o magistrado laboral, segundo entendimento consolidado pelo TST, não poderá, de ofício, majorar o referido valor.

122. (Cespe/AGU/Advogado/2015) Um indivíduo impetrou mandado de segurança visando a liberação de mercadoria proveniente do exterior retida por ordem da autoridade federal responsável pelo ato administrativo de licenciamento. Ao julgar esse caso, o juízo federal prolatou sentença em que determinou a imediata entrega do bem ao impetrante. Nessa situação, a apelação interposta pela União será recebida no efeito meramente devolutivo, sendo permitida a execução provisória de sentença mandamental.

123. (Cespe/PGM/Salvador/Procurador/2015) A respeito do perfil constitucional do mandado de segurança, assinale a opção correta:

a) Prefeito tem legitimidade ativa para ajuizar mandado de segurança contra ato praticado no processo de aprovação de lei pela câmara municipal que não se compatibiliza com o processo legislativo constitucional.
b) Deputado federal tem legitimidade ativa para impetrar mandado de segurança contra ato que considera infringente de prerrogativa da Câmara dos Deputados, visto que os parlamentares exercem parcela de poder do próprio órgão que integram.
c) A impetração de mandado de segurança coletivo por entidade de classe em favor dos associados independe da autorização destes.
d) É pacífica a orientação jurisprudencial segundo a qual não se admite mandado de segurança contra lei em tese; essa compreensão, todavia, não impede a impetração contra atos infralegais, tais como regulamentos e portarias, ainda que estes sejam dotados de abstração e generalidade.
e) Caberá recurso ordinário para o STJ contra a decisão final proferida pelo TJ estadual que conceda mandado de segurança.

124. (Cespe/TCE/RN/Auditor/2015) É pacífico o entendimento de que não cabe mandado de segurança contra ato praticado em licitação promovida por sociedade de economia mista ou empresa pública.

125. (Cespe/TCU/Procurador/2015) No que se refere ao mandado de segurança e à reclamação constitucional, assinale a opção correta à luz da jurisprudência do STJ e do STF:

a) Após a notificação, a desistência da ação de mandado de segurança dependerá da anuência da autoridade coatora.
b) O MP estadual não tem legitimidade ativa para propor ação de mandado de segurança no STJ.
c) Permite-se a utilização da reclamação constitucional como sucedâneo recursal, de modo

excepcional, quando houver violação a direito fundamental.

d) O presidente de tribunal de justiça estadual, ao executar decisão proferida pelo CNJ, é autoridade coatora para fins de impetração de ação de mandado de segurança.

e) Em mandado de segurança, a aplicação da teoria da encampação pressupõe o enfrentamento do mérito da impetração e a existência de vínculo hierárquico entre a autoridade que prestou as informações e a que praticou o ato impugnado.

126. **(Cespe/PC/MT/Delegado/2017)** Uma proposta de emenda constitucional tramita em uma das casas do Congresso Nacional, mas determinados atos do seu processo de tramitação estão incompatíveis com as disposições constitucionais que disciplinam o processo legislativo. Nessa situação hipotética, segundo o entendimento do STF, terá legitimidade para impetrar mandado de segurança a fim de coibir os referidos atos:

a) partido político.

b) governador de qualquer estado da Federação, desde que este seja afetado pela matéria da referida emenda.

c) o Conselho Federal da OAB.

d) o procurador-geral da República.

e) parlamentar federal.

127. **(Cespe/PGE/SE/Procurador/2017)** Embora o sistema brasileiro não admita o controle jurisdicional da constitucionalidade material dos projetos de lei, a jurisprudência do STF reconhece, excepcionalmente, que tem legitimidade para impetrar mandado de segurança:

a) o parlamentar ou o MP, em se tratando de proposta de emenda à CF ou projeto de lei tendente a abolir cláusula pétrea.

b) qualquer cidadão ou o MP, se o projeto de lei tender a abolir cláusula pétrea.

c) apenas o MP, caso se trate exclusivamente de proposta de emenda à CF tendente a abolir cláusula pétrea.

d) o parlamentar, para impugnar inconstitucionalidade formal no processo legislativo ou proposição tendente a abolir cláusulas pétreas.

e) a mesa de qualquer uma das casas legislativas, para impugnar inconstitucionalidade formal no processo legislativo ou proposta de emenda à CF tendente a abolir cláusulas pétreas.

4. RECLAMAÇÃO CONSTITUCIONAL

* SÚMULAS

STF Súm. 368. Não há embargos infringentes no processo de reclamação.

STF Súm. 734. Não cabe reclamação quando já houver transitado em julgado o ato judicial que se alega tenha desrespeitado decisão do Supremo Tribunal Federal.

* QUESTÕES DISCURSIVAS

05. **(Cespe/AGU/Advogado/2015)** Determinado estado-membro ajuizou, perante o juízo de primeiro grau, ação contra a União questionando índice de atualização monetária previsto em convênio celebrado com o ente central. O magistrado determinou a citação da União para que esta apresentasse resposta. Considerando a competência originária do Supremo Tribunal Federal (STF) para processar e julgar causas e conflitos entre a União e os estados, redija um texto dissertativo acerca do eventual cabimento de reclamação constitucional na situação apresentada. Em seu texto: (i) cite as hipóteses em que é cabível reclamação constitucional; (ii) discorra sobre a interpretação do STF a respeito da competência originária para julgar conflitos entre a União e os estados; (iii) aborde a jurisprudência do STF relativa ao cabimento da reclamação em situações como a apresentada.

* QUESTÕES OBJETIVAS

128. **(Cespe/PC/MA/Investigador/2018)** João e Maria são integrantes de uma quadrilha que, mediante o recebimento de propina e com a participação de agentes penitenciários, confeccionava falsos alvarás judiciais de soltura. Após a instauração de inquérito policial, foi determinada a prisão temporária de ambos. Na ocasião, apesar da proibição de uso arbitrário de algemas, editada por súmula vinculante do STF, a autoridade policial, ao cumprir os mandados de prisão temporária, fez uso de algemas, sem qualquer justificativa, portanto de maneira abusiva e arbitrária. Nessa situação hipotética, de acordo com as disposições constitucionais acerca das súmulas vinculantes, o ato da autoridade policial poderá ser questionado junto ao Supremo Tribunal Federal mediante a proposição de

a) reclamação.

b) recurso extraordinário.

c) ação direta de inconstitucionalidade.
d) habeas corpus.
e) mandado de segurança.

129. (Cespe/PGM/Fortaleza/Procurador/2017) Não se admite o manejo de reclamação constitucional contra ato administrativo contrário a enunciado de súmula vinculante durante a pendência de recurso interposto na esfera administrativa. Todavia, esgotada a via administrativa e judicializada a matéria, a reclamação constitucional não obstará a interposição dos recursos eventualmente cabíveis e a apresentação de outros meios admissíveis de impugnação.

130. (Cespe/TCE/RN/Assessor_Jurídico/2015) Não se admite o desvirtuamento da reclamação constitucional, cujo escopo é preservar a competência e a autoridade das decisões do STF, para transmudá-la em instrumento de controle de constitucionalidade.

131. (Cespe/TCE/PR/Analista/2016) No que concerne ao mandado de segurança, à reclamação e às ações popular, civil pública e de improbidade administrativa, assinale a opção correta de acordo com a legislação e com a jurisprudência dos tribunais superiores:

a) O cabimento do mandado de segurança depende da presença de direito líquido e certo e, portanto, esse instrumento será inadequado quando a matéria de direito, objeto da ação, for controvertida.
b) O Superior Tribunal de Justiça possui competência originária para julgar ação popular quando no polo passivo da demanda figurar ministro de Estado.
c) O Superior Tribunal de Justiça reconhece o direito à propositura de ação de improbidade exclusivamente contra particular, nos casos em que não se possa identificar agente público autor do ato de improbidade.
d) A reclamação é a medida que poderá ser utilizada para garantir a observância do caráter vinculante de decisão proferida nos incidentes de resolução de demandas repetitivas e de assunção de competência.
e) O Supremo Tribunal Federal consagrou o entendimento no sentido da indispensabilidade da observância do princípio do contraditório no inquérito civil que fundamente o ajuizamento de ação civil pública.

5. SÚMULA VINCULANTE

✱ INOVAÇÕES LEGISLATIVAS

▲ Lei da Súmula Vinculante (Lei 11.417/06): sem alterações em 2017/2018.

✱ QUESTÕES OBJETIVAS

132. (Cespe/PGE/PE/Procurador/2018) A súmula vinculante, aprovada pelo STF e publicada na imprensa oficial, produz efeito vinculante em relação

a) aos órgãos do Poder Legislativo em todas as esferas federativas.
b) a todos os órgãos do Poder Judiciário, incluindo-se o próprio STF.
c) aos órgãos do Poder Judiciário somente.
d) aos órgãos da administração pública direta e indireta em todas as esferas federativas.
e) aos órgãos do Poder Judiciário e aos órgãos da administração pública direta somente.

133. (Cespe/DPE/RN/Defensor/2015) Em relação a controle de constitucionalidade, assinale a opção correta:

a) Segundo o entendimento do STF, o Conselho Nacional do Ministério Público pode, excepcionalmente, no exercício de suas atribuições de controle da legitimidade dos atos administrativos praticados por membros do MP, afastar a aplicação de norma identificada como inconstitucional.
b) Consoante entendimento do STF, em ADI, após a deliberação a respeito do mérito da declaração de inconstitucionalidade e, mesmo já proclamado o resultado final do julgamento, é possível a reabertura do julgamento para fins de deliberação a respeito da modulação dos efeitos da decisão.
c) De acordo com alteração constitucional promovida por emenda constitucional, o defensor público-geral federal passou a ser um dos legitimados a propor ADI e a ação declaratória de constitucionalidade.
d) A decisão que julgar procedente o pedido em ADPF é irrecorrível, não podendo ser objeto de ação rescisória ou de reclamação contra o seu descumprimento.
e) De acordo com entendimento do STF, para admitir-se a revisão ou o cancelamento de súmula

vinculante, faz-se necessário demonstrar: a evidente superação da jurisprudência do STF no trato da matéria; a alteração legislativa quanto ao tema; ou, ainda, a modificação substantiva de contexto político, econômico ou social.

134. **(Cespe/PC/GO/Agente/2016)** Assinale a opção correta a respeito de súmula vinculante:

a) Durante o processo de aprovação de súmula vinculante, os processos judiciais em curso que tratem da matéria objeto do enunciado serão suspensos em observância à segurança jurídica.

b) A edição de súmula vinculante é matéria de competência absoluta e exclusiva do Supremo Tribunal Federal, sendo vedada a intervenção típica ou atípica de quaisquer terceiros.

c) A súmula vinculante produz efeitos imediatos a partir de sua edição, não admitindo a modulação que pode ter lugar em determinadas hipóteses de controle concentrado.

d) A edição de uma súmula vinculante pelo Supremo Tribunal Federal não impede que o Congresso Nacional possa alterar ou revogar dispositivo constitucional objeto do enunciado dessa súmula.

e) Súmula vinculante vincula o próprio Supremo Tribunal Federal, que haverá de necessariamente ater-se ao comando nela contido.

135. **(Cespe/PGM/Belo_Horizonte/Procurador/2017)** À luz do entendimento do STF, assinale a opção correta, a respeito do controle de constitucionalidade:

a) Admite-se reclamação para o STF contra decisão relativa à ação direta que, proposta em tribunal estadual, reconheça a inconstitucionalidade do parâmetro de controle estadual em face da CF.

b) Lei municipal poderá ser objeto de pedido de representação de inconstitucionalidade, mas não de arguição de descumprimento de preceito fundamental.

c) Ato normativo editado por governo de estado da Federação que proíba algum tipo de serviço de transporte poderá ser questionado mediante ação declaratória de constitucionalidade no STF.

d) Súmula vinculante poderá ser cancelada ou revista se demonstradas modificação substantiva do contexto político, econômico ou social, alteração evidente da jurisprudência do STF ou alteração legislativa sobre o tema.

136. **(Cespe/TRF/1R/Analista/2017)** O STF poderá aprovar, após reiteradas decisões sobre matéria constitucional, súmulas com efeito vinculante, sendo estas passíveis de revisão mediante provocação de legitimados para a propositura de ação direta de inconstitucionalidade.

16. DIREITO PROCESSUAL DO TRABALHO

1. DA JUSTIÇA DO TRABALHO

* SÚMULAS

1) Acidente de Trabalho

STF Súm. Vinculante 22. A Justiça do Trabalho é competente para processar e julgar as ações de indenização por danos morais e patrimoniais decorrentes de acidente de trabalho propostas por empregado contra empregador, inclusive aquelas que ainda não possuíam sentença de mérito em primeiro grau quando da promulgação da Emenda Constitucional n. 45/04.

STF Súm. 501. Compete à justiça ordinária estadual o processo e o julgamento, em ambas as instâncias, das causas de acidente do trabalho, ainda que promovidas contra a União, suas autarquias, empresas públicas ou sociedades de economia mista.

STJ Súm. 15. Compete à justiça estadual processar e julgar os litígios decorrentes de acidente do trabalho.

TST Súm. 392. Nos termos do art. 114, inc. VI, da Constituição da República, a Justiça do Trabalho é competente para processar e julgar ações de indenização por dano moral e material, decorrentes da relação de trabalho, inclusive as oriundas de acidente de trabalho e doenças a ele equiparadas, ainda que propostas pelos dependentes ou sucessores do trabalhador falecido.

2) Conflito de Competência

STJ Súm. 180. Na lide trabalhista, compete ao tribunal regional do trabalho dirimir conflito de competência verificado, na respectiva região, entre juiz estadual e junta de conciliação e julgamento.

STJ Súm. 236. Não compete ao Superior Tribunal de Justiça dirimir conflitos de competência entre juízes trabalhistas vinculados a tribunais regionais do trabalho diversos.

STJ Súm. 225. Compete ao Tribunal Regional do Trabalho apreciar recurso contra sentença proferida por órgão de primeiro grau da justiça trabalhista, ainda que para declarar-lhe a nulidade em virtude de incompetência.

TST Súm. 420. Não se configura conflito de competência entre tribunal regional do trabalho e vara do trabalho a ele vinculada.

TST OJ/SDI2 149. Não cabe declaração de ofício de incompetência territorial no caso do uso, pelo trabalhador, da faculdade prevista no art. 651, § 3º, da CLT. Nessa hipótese, resolve-se o conflito pelo reconhecimento da competência do juízo do local onde a ação foi proposta.

3) Execução

STF Súm. Vinculante 53. A competência da justiça do trabalho prevista no artigo 114, inciso VIII, da Constituição Federal alcança a execução de ofício das contribuições previdenciárias relativas ao objeto da condenação constante das sentenças que proferir e acordos por ela homologados.

TST Súm. 419. Na execução por carta precatória, os embargos de terceiro serão oferecidos no juízo deprecante ou no juízo deprecado, mas a competência para julgá-los é do juízo deprecante, salvo se versarem, unicamente, sobre vícios ou irregularidades da penhora, avaliação ou alienação dos bens, praticados pelo juízo deprecado, em que a competência será deste último.

TST Súm. 454. Compete à Justiça do Trabalho a execução, de ofício, da contribuição referente ao Seguro de Acidente de Trabalho (SAT), que tem natureza de contribuição para a seguridade social (arts. 114, VIII, e 195, I, "a", da CF), pois se destina ao financiamento de benefícios relativos à incapacidade do empregado decorrente de infortúnio no trabalho (arts. 11 e 22 da Lei n. 8.212/1991).

4) FGTS

STJ Súm. 82. Compete à justiça federal, excluídas as reclamações trabalhistas, processar e julgar os feitos relativos à movimentação do FGTS.

STJ Súm. 161. É da competência da justiça estadual autorizar o levantamento dos valores relativos ao PIS/Pasep e FGTS, em decorrência do falecimento do titular da conta.

STJ Súm. 349. Compete à justiça federal ou aos juízes com competência delegada o julgamento das execuções fiscais de contribuições devidas pelo empregador ao FGTS.

5) Greve

STF Súm. Vinculante 23. A Justiça do Trabalho é competente para processar e julgar ação possessória ajuizada em decorrência do exercício do direito de greve pelos trabalhadores da iniciativa privada.

TST Súm. 189. A Justiça do Trabalho é competente para declarar a abusividade, ou não, da greve.

6) Junta de Conciliação e Julgamento

STJ Súm. 10. Instalada a junta de conciliação e julgamento, cessa a competência do juiz de direito em matéria trabalhista, inclusive para a execução das sentenças por ele proferidas.

STJ Súm. 180. Na lide trabalhista, compete ao tribunal regional do trabalho dirimir conflito de competência verificado, na respectiva região, entre juiz estadual e junta de conciliação e julgamento.

7) Servidor Público

STJ Súm. 97. Compete à justiça do trabalho processar e julgar reclamação de servidor público relativamente a vantagens trabalhistas anteriores à instituição do Regime Jurídico Único.

STJ Súm. 137. Compete à justiça comum estadual processar e julgar ação de servidor público municipal, pleiteando direitos relativos ao vínculo estatutário.

STJ Súm. 170. Compete ao juízo onde primeiro for intentada a ação envolvendo acumulação de pedidos, trabalhista e estatutário, decidi-la nos limites da sua jurisdição, sem prejuízo do ajuizamento de nova causa, com o pedido remanescente, no juízo próprio.

STJ Súm. 173. Compete à justiça federal processar e julgar o pedido de reintegração em cargo público federal, ainda que o servidor tenha sido dispensado antes da instituição do Regime Jurídico Único.

STJ Súm. 218. Compete à justiça dos estados processar e julgar ação de servidor estadual decorrente de direitos e vantagens estatutárias no exercício de cargo em comissão.

TST OJ/SDI1 138. Compete à Justiça do Trabalho julgar pedidos de direitos e vantagens previstos na legislação trabalhista referente a período anterior à Lei n. 8.112/90, mesmo que a ação tenha sido ajuizada após a edição da referida lei. A superveniência de regime estatutário em substituição ao celetista, mesmo após a sentença, limita a execução ao período celetista.

8) Outros Temas

STF Súm. 736. Compete à Justiça do Trabalho julgar as ações que tenham como causa de pedir o descumprimento de normas trabalhistas relativas à segurança, higiene e saúde dos trabalhadores.

STJ Súm. 367. A competência estabelecida pela EC n. 45/2004 não alcança os processos já sentenciados.

TST Súm. 19. A Justiça do Trabalho é competente para apreciar reclamação de empregado que tenha por objeto direito fundado em quadro de carreira.

TST Súm. 300. Compete à Justiça do Trabalho processar e julgar ações ajuizadas por empregados em face de empregadores relativas ao cadastramento no Programa de Integração Social (PIS).

TST Súm. 368. I. A Justiça do Trabalho é competente para determinar o recolhimento das contribuições fiscais. A competência da Justiça do Trabalho, quanto à execução das contribuições previdenciárias, limita-se às sentenças condenatórias em pecúnia que proferir e aos valores, objeto de acordo homologado, que integrem o salário de contribuição. II. É do empregador a responsabilidade pelo recolhimento das contribuições previdenciárias e fiscais, resultantes de crédito do empregado oriundo de condenação judicial. A culpa do empregador pelo inadimplemento das verbas remuneratórias, contudo, não exime a responsabilidade do empregado pelos pagamentos do imposto de renda devido e da contribuição previdenciária que recaia sobre sua quota-parte. III. Os descontos previdenciários relativos à contribuição do empregado, no caso de ações trabalhistas, devem ser calculados mês a mês, de conformidade com o art. 276, § 4º, do Decreto n º 3.048/1999 que regulamentou a Lei n. 8.212/1991, aplicando-se as alíquotas previstas no art. 198, observado o limite máximo do salário de contribuição. IV. Considera-se fato gerador das contribuições previdenciárias decorrentes de créditos trabalhistas reconhecidos ou homologados em juízo, para os serviços prestados até 4.3.2009, inclusive, o efetivo pagamento das verbas, configurando-se a mora a partir do dia dois do mês seguinte ao da liquidação (art. 276, "caput", do Decreto n. 3.048/1999). Eficácia não retroativa da alteração legislativa promovida pela Medida Provisória n. 449/2008, posteriormente convertida na Lei n. 11.941/2009, que deu nova redação ao art. 43 da Lei n. 8.212/91. V. Para o labor realizado a partir de 5.3.2009, considera-se fato gerador das contribuições previdenciárias decorrentes de créditos trabalhistas reconhecidos ou homologados em juízo a data da efetiva prestação dos serviços. Sobre as contribuições previdenciárias não recolhidas a partir da prestação dos serviços incidem juros de mora e, uma vez apurados os créditos previdenciários, aplica-se multa a partir do exaurimento do prazo de citação para pagamento, se descumprida a obrigação, observado o limite legal de 20% (art. 61, § 2º, da Lei n. 9.430/96). VI. O imposto de renda decorrente de crédito do empregado recebido acumuladamente deve ser calculado sobre o montante dos rendimentos pagos, mediante a utilização de tabela progressiva resultante da multiplicação da quantidade de meses a que se refiram os rendimentos pelos valores constantes da tabela progressiva mensal correspondente ao mês do recebimento ou crédito, nos termos do art. 12-A da Lei n. 7.713, de 22.12.1988, com a redação conferida pela Lei n. 13.149/2015, observado o procedimento previsto nas Instruções Normativas da Receita Federal do Brasil.

TST Súm. 389. I. Inscreve-se na competência material da Justiça do Trabalho a lide entre empregado e empregador tendo por objeto indenização pelo não-fornecimento das guias do seguro-desemprego. II. O não-fornecimento pelo empregador da guia necessária para o recebimento do seguro-desemprego dá origem ao direito à indenização.

TST OJ/SDI1 26. A Justiça do Trabalho é competente para apreciar pedido de complementação de pensão postulada por viúva de ex-empregado, por se tratar de pedido que deriva do contrato de trabalho.

TST OJ/SDI1 416. As organizações ou organismos internacionais gozam de imunidade absoluta de jurisdição quando amparados por norma internacional incorporada ao ordenamento jurídico brasileiro, não se lhes aplicando a regra do direito consuetudinário relativa à natureza dos atos praticados. Excepcionalmente, prevalecerá a jurisdição brasileira na hipótese de renúncia expressa à cláusula de imunidade jurisdicional.

TST OJ/SDI2 129. Em se tratando de ação anulatória, a competência originária se dá no mesmo juízo em que praticado o ato supostamente eivado de vício.

TST OJ/SDI2 130. I. A competência para a ação civil pública fixa-se pela extensão do dano. II. Em caso de dano de abrangência regional, que atinja cidades sujeitas à jurisdição de mais de uma Vara do Trabalho, a competência será de qualquer das varas das localidades atingidas, ainda que vinculadas a Tribunais Regionais do Trabalho distintos. III. Em caso de dano de abrangência suprarregional ou nacional, há competência concorrente para a Ação Civil Pública das varas do trabalho das sedes dos Tribunais Regionais do Trabalho. IV. Estará prevento o juízo a que a primeira ação houver sido distribuída.

* REPERCUSSÃO & REPETITIVOS

STF Repercussão Geral 853. Compete à Justiça do Trabalho processar e julgar demandas visando a obter prestações de natureza trabalhista, ajuizadas contra órgãos da Administração Pública por servidores que ingressaram em seus quadros, sem concurso público, antes do advento da CF/88, sob regime da CLT. (ARE 906491, 2.10.2015)

STF Repercussão Geral 928. Compete à Justiça do Trabalho processar e julgar ações relativas às verbas trabalhistas referentes ao período em que o servidor mantinha vínculo celetista com a Administração, antes da transposição para o regime estatutário. (ARE 1001075, 9.12.2016)

* INFORMATIVOS DE JURISPRUDÊNCIA

Complementação de pensão e aposentadoria de ferroviários e competência

STF As causas entre o Poder Público e servidores estatutários não são oriundas de relação de trabalho. Rcl 24990 AgR, Rel. Acd. Min. Roberto Barroso, j. 20.3.2018. 1ª T (Info 895)

Vantagens remuneratórias e superveniência de regime jurídico

STF Não compete à Justiça do Trabalho julgar controvérsia referente aos reflexos de vantagem remuneratória, que teve origem em período celetista anterior ao advento do regime jurídico único. Rcl 26064 AgR, Rel. Acd. Min. Dias Toffoli, j. 21.11.2017. 2ª T. (Info 885)

Plano de saúde coletivo. Entidade de autogestão. Ex-empregado aposentado. Manutenção no plano original. Autonomia da saúde suplementar. Não integração no contrato de trabalho. Término da relação de emprego. Caráter cível da lide. Competência. Justiça Comum Estadual.

STJ Compete à Justiça Comum Estadual o exame e o julgamento de feito que discute direitos de ex-empregado aposentado ou demitido sem justa causa de permanecer em plano de saúde coletivo oferecido pela própria empresa empregadora aos trabalhadores ativos, na modalidade de autogestão.

REsp 1.695.986, Rel. Min. Ricardo Villas Bôas Cueva, DJ 6.3.2018. 3ª T. (Info 620)

Incompetência da Justiça do Trabalho. Admissão sem concurso público após a Constituição de 1988. Lei do respectivo ente público estabelecendo o regime estatutário.

TST A competência para processar e julgar ação movida por servidor público contratado na vigência da CF/88, sem prévia aprovação em concurso público, depende da natureza do regime jurídico adotado pelo ente público para seus servidores. Se de natureza administrativa ou estatutária, a competência é da Justiça comum. De outra sorte, se o vínculo for regido pelas disposições da CLT, a competência é da Justiça do Trabalho. E-ED-RR-1114-36.2013.5.05.0201, SDI1, Rel. Acd. Min. Márcio Eurico Vitral Amaro, 12.4.2018. (Info 176)

Ação de prestação de contas entre sindicato e trabalhador a ele filiado. Retenção de honorários advocatícios em crédito trabalhista deferido em juízo. Competência da Justiça do Trabalho. Art. 114, III, da CF.

TST A Justiça do Trabalho é competente para processar e julgar ação proposta por trabalhador em face do sindicato a que é filiado, em que se postula a prestação de contas acerca de valores retidos a título de honorários advocatícios em crédito trabalhista decorrente de ação ajuizada anteriormente pela entidade sindical na condição de substituta processual. A relação entre empregado de determinada categoria e o respectivo sindicato decorre do enquadramento sindical e irradia o principal efeito da defesa dos direitos e interesses da categoria, nos termos do art. 8º, III, da CF e do art. 513, "a", da CLT, inserindo-se, portanto, na expressão contida no art. 114, III, da Constituição, que se refere às ações sobre representação sindical entre sindicatos e trabalhadores. E-ED-RR-128300-64.2008.5.03.0042, SDI1, Rel. Min. Marcio Eurico Vitral Amaro, 17.8.2017. (Info 162)

Empregado aposentado. Reajuste de mensalidade de plano de saúde. Benefício decorrente da relação de emprego. Competência da Justiça do Trabalho.

TST Conforme preceitua o art. 114, IX, da CF, a Justiça do Trabalho é competente para processar e julgar ação que verse sobre reajuste de mensalidade de plano de saúde de empregado aposentado, na hipótese em que o benefício teve origem na relação de emprego. E-ED-RR-10583-96.2015.5.03.0038, SDI1, Rel. Min. Hugo Carlos Scheuermann, 21.9.2017. (Info 165)

* INOVAÇÕES LEGISLATIVAS

▲ CLT. Título VIII – Da Justiça do Trabalho, Capítulo II – Das Juntas de Conciliação e Julgamento, Seção II – Da Jurisdição e Competência das Juntas

▲ Art. 652. Compete às Juntas de Conciliação e Julgamento: (...). f) decidir quanto à homologação de acordo extrajudicial em matéria de competência da Justiça do Trabalho. (Modificações: Lei 13.467/17)

▲ Título VIII – Da Justiça do Trabalho, Capítulo V – Do Tribunal Superior do Trabalho, Seção III – Da Competência do Tribunal Pleno

▲ Art. 702. Ao Tribunal Pleno compete: (...). f) estabelecer ou alterar súmulas e outros enunciados de jurisprudência uniforme, pelo voto de pelo menos dois terços de seus membros, caso a mesma matéria já tenha sido decidida de forma idêntica por unanimidade em, no mínimo, dois terços das turmas em pelo menos dez sessões diferentes em cada uma delas, podendo, ainda, por maioria de dois terços de seus membros, restringir os efeitos daquela declaração ou decidir que ela só tenha eficácia a partir de sua publicação no Diário Oficial; (...). § 3º As sessões de julgamento sobre estabelecimento ou alteração de súmulas e outros enunciados de jurisprudência deverão ser públicas, divulgadas com, no mínimo, trinta dias de antecedência, e deverão possibilitar a sustentação oral pelo Procurador-Geral do Trabalho, pelo Conselho Federal da Ordem dos Advogados do Brasil, pelo Advogado-Geral da União e por confederações sindicais ou entidades de classe de âmbito nacional. § 4º O estabelecimento ou a alteração de súmulas e outros enunciados de jurisprudência pelos Tribunais Regionais do Trabalho deverão observar o disposto na alínea f do inciso I e no § 3º deste artigo, com rol equivalente de legitimados para sustentação oral, observada a abrangência de sua circunscrição judiciária. (Modificações: Lei 13.467/17)

* QUESTÕES OBJETIVAS

01. **(Cespe/PGE/AM/Procurador/2016)** As relações de trabalho decorrentes de estágio se inserem na competência da justiça do trabalho, ainda que o contratante seja ente da administração pública direta.

02. **(Cespe/TRT/8R/Oficial_Justiça/2016)** Carlo, cidadão brasileiro domiciliado em Minas Gerais, veterinário e advogado, ex-empregado público de autarquia federal sediada unicamente em Brasília – DF, foi demitido sem justa causa em 27/1/2015, na capital federal, local onde os serviços foram prestados. Em 28/1/2016, Carlo propôs em juízo pedido de indenização no valor total de R$ 20.000, por entender que diversos de seus direitos trabalhistas haviam sido violados. Nessa situação hipotética:

a) caso não haja conciliação prévia, deve-se adotar a forma verbal para a reclamação trabalhista.
b) o foro competente para apreciação da lide, em primeira instância, seria o Distrito Federal.
c) ambas as partes estão imunes do pagamento de custas processuais.
d) é obrigatória a adoção do rito processual sumaríssimo.
e) a propositura da ação trabalhista foi extemporânea, em virtude do instituto da prescrição.

03. **(Cespe/SEDF/Analista/2017)** O TST firmou entendimento no sentido de que a reclamação trabalhista pode ser ajuizada no foro do domicílio do reclamante quando a reclamada for empresa de grande porte que preste serviços em âmbito nacional.

04. **(Cespe/PGM/Fortaleza/Procurador/2017)** Segundo o TST, em se tratando de relação de trabalho, compete à justiça do trabalho processar e julgar controvérsia em torno do direito de uso, para o exercício de comércio ambulante, de espaço público municipal localizado em rodovia estadual administrada por concessionária.

05. **(Cespe/DPU/Defensor/2015)** A justiça do trabalho é competente para julgar as demandas instauradas entre pessoas jurídicas de direito privado integrantes da administração pública indireta e seus empregados, cuja relação é regida pela CLT, independentemente de a ação ser relativa ao período pré-contratual.

06. **(Cespe/AGU/Advogado/2015)** De acordo com recente entendimento do STF, a justiça do trabalho não detém competência para processar e julgar de ofício a execução das contribuições previdenciárias relativas ao objeto dos acordos por ela homologados.

07. **(Cespe/TRT/7R/Técnico/2017)** Compete originariamente aos tribunais regionais do trabalho processar e julgar:

a) ação de cumprimento.
b) reclamação trabalhista referente a relação de trabalho avulso.
c) mandado de segurança contra ato praticado por superintendente regional do trabalho.
d) mandado de segurança impetrado em decorrência de ato praticado por juízes do trabalho.

08. **(Cespe/TRT/7R/Técnico/2017)** Após longa excursão, um malabarista profissional, contratado por um circo na cidade de Porto Alegre – RS, resolveu romper seu contrato de trabalho durante apresentações em Manaus – AM, local onde fixou residência. Insatisfeito com as verbas rescisórias recebidas, o profissional optou por ajuizar reclamação trabalhista contra o antigo empregador. Nessa situação hipotética, é assegurado ao malabarista ajuizar a reclamação trabalhista:

a) apenas em Manaus, local de seu domicílio.
b) em qualquer local onde o circo tenha se apresentado mesmo sem a prestação de serviço do malabarista.
c) no local onde o contrato foi celebrado ou onde os serviços foram prestados.
d) apenas em Porto Alegre, local onde o contrato foi assinado.

09. **(Cespe/TRT/7R/Analista/2017)** A CF estabelece a competência para o processamento e o julgamento de ações na justiça do trabalho, incluindo, entre outras ações, as ações oriundas da relação de trabalho, abrangidos os entes de direito público externo e da administração pública direta e indireta da União, dos estados, do Distrito Federal e dos municípios. Considerando-se esse assunto, é correto afirmar que a justiça do trabalho tem competência para julgar as demandas que envolvam:

a) contratos de honorários firmados entre trabalhador autônomo e usuário do serviço.
b) servidores vinculados à administração pública por relação de caráter jurídico-administrativo, incluídos os contratos temporários de excepcional interesse público.
c) relações de consumo quando configurarem uma relação de prestação de serviço.
d) contratos que têm como objeto os direitos oriundos da contratação de escreventes de cartórios de notas.

10. **(Cespe/TRT/7R/Técnico/2017)** Pedro, brasileiro, ajuizou duas demandas contra seu empregador, a XWZ Ltda., sociedade privada, com fins lucrativos. Em ambas, Pedro postulou a condenação do empregador em danos morais e materiais. Na primeira demanda, a pretensão deduzida decorre do tratamento dado a Pedro por sócio administrador, que, rotineiramente, utilizava apelido depreciativo para se referir a Pedro – em razão de sua baixa produtividade –, inclusive na presença de outros trabalhadores e até de clientes, causando-lhe constrangimento. Em decorrência das reiteradas condutas do empregador, aquele apelido consolidou-se até mesmo entre seus amigos, embora sempre tenha sido refutado com veemência por Pedro. Na segunda demanda, a pretensão decorre da mutilação de uma de suas mãos, ocorrida durante o uso de uma máquina cortante em sua rotina laboral, o que culminou em sua aposentadoria por invalidez. Nessa situação hipotética, o processamento e julgamento das ações é da competência da justiça:

a) comum estadual, para a primeira causa, e da justiça do trabalho, para a segunda.
b) do trabalho, para a primeira causa, e da justiça comum estadual, para a segunda.
c) comum estadual para ambas as causas.
d) do trabalho para ambas as causas.

2. DO PROCESSO EM GERAL

2.1. Dos Atos, Termos e Prazos Processuais

✱ SÚMULAS

TST Súm. 1. Quando a intimação tiver lugar na sexta-feira, ou a publicação com efeito de intimação for feita nesse dia, o prazo judicial será contado da segunda-feira imediata, inclusive, salvo se não houver expediente, caso em que fluirá no dia útil que se seguir.

TST Súm. 16. Presume-se recebida a notificação 48 (quarenta e oito) horas depois de sua postagem. O seu não-recebimento ou a entrega após o decurso desse prazo constitui ônus de prova do destinatário.

TST Súm. 427. Havendo pedido expresso de que as intimações e publicações sejam realizadas exclusivamente em nome de determinado advogado, a comunicação em nome de outro profissional constituído nos autos é nula, salvo se constatada a inexistência de prejuízo.

TST OJ/SDI1 310. Inaplicável ao processo do trabalho a norma contida no art. 229, caput e §§ 1º e 2º, do CPC de 2015 (art. 191 do CPC de 1973), em razão de incompatibilidade com a celeridade que lhe é inerente.

TST OJ/SDI2 18. O art. 67 da Lei Complementar n. 73/93 interrompeu todos os prazos, inclusive o de decadência, em favor da União no período compreendido entre 14.2.93 e 14.8.93.

✱ INOVAÇÕES LEGISLATIVAS

▲ CLT. Título X – Do Processo Judiciário do Trabalho, Capítulo II – Do Processo em Geral, Seção I – Dos Atos, Termos e Prazos Processuais

▲ Art. 775. Os prazos estabelecidos neste Título serão contados em dias úteis, com exclusão do dia do começo e inclusão do dia do vencimento. § 1º Os prazos podem ser prorrogados, pelo tempo estritamente necessário, nas seguintes hipóteses: I – quando o juízo entender necessário; II – em virtude de força maior, devidamente comprovada. § 2º Ao juízo incumbe dilatar os prazos processuais e alterar a ordem de produção dos meios de prova, adequando-os às necessidades do conflito de modo a conferir maior efetividade à tutela do direito. (Modificações: Lei 13.467/17)

▲ Art. 775-A. Suspende-se o curso do prazo processual nos dias compreendidos entre 20 de dezembro e 20 de janeiro, inclusive. § 1º Ressalvadas as férias individuais e os feriados instituídos por lei, os juízes, os membros do Ministério Público, da Defensoria Pública e da Advocacia Pública e os auxiliares da Justiça exercerão suas atribuições durante o período previsto no caput deste artigo. § 2º Durante a suspensão do prazo, não se realizarão audiências nem sessões de julgamento. (Modificações: Lei 13.545/17)

✱ QUESTÕES OBJETIVAS

11. **(Cespe/Funpresp_Jud/Analista/2016)** Não se aplica ao processo do trabalho o dispositivo constante do Novo Código de Processo Civil que determina o início da contagem do prazo de prescrição intercorrente após o transcurso de um ano da suspensão do processo de execução se não houver bens do executado para penhora.

12. **(Cespe/Funpresp/Especialista Jurídico/2016)** Quarenta e oito horas após a postagem, presume-se recebida a notificação, cabendo à parte destinatária comprovar o não recebimento.

13. **(Cespe/TRT/7R/Analista/2017)** No que se refere aos prazos na justiça do trabalho, assinale a opção correta:

a) Na seara trabalhista, por aplicação subsidiária do CPC, é possível a contagem de prazos processuais em dias úteis.

b) No recesso forense e nas férias coletivas dos ministros do TST, os prazos recursais são interrompidos.

c) O prazo para interpor todos os recursos trabalhistas é de oito dias, exceto quanto aos embargos de declaração, agravo interno e agravo regimental, para os quais o prazo é de cinco dias.

d) Os embargos de declaração interrompem o prazo recursal mesmo se opostos antes da publicação da sentença, não sendo considerados intempestivos por extemporaneidade.

14. **(Cespe/PGM/Fortaleza/Procurador/2017)** Não se aplica ao processo do trabalho a regra processual segundo a qual os litisconsortes que tiverem diferentes procuradores de escritórios de advocacia distintos terão prazos contados em dobro para todas as suas manifestações.

2.2. Da Distribuição, Das Custas e Emolumentos

*** SÚMULAS**

1) Custas

TST Súm. 25. I. A parte vencedora na primeira instância, se vencida na segunda, está obrigada, independentemente de intimação, a pagar as custas fixadas na sentença originária, das quais ficara isenta a parte então vencida; II. No caso de inversão do ônus da sucumbência em segundo grau, sem acréscimo ou atualização do valor das custas e se estas já foram devidamente recolhidas, descabe um novo pagamento pela parte vencida, ao recorrer. Deverá ao final, se sucumbente, reembolsar a quantia; III. Não caracteriza deserção a hipótese em que, acrescido o valor da condenação, não houve fixação ou cálculo do valor devido a título de custas e tampouco intimação da parte para o preparo do recurso, devendo ser as custas pagas ao final; IV. O reembolso das custas à parte vencedora faz-se necessário mesmo na hipótese em que a parte vencida for pessoa isenta do seu pagamento, nos termos do art. 790-A, parágrafo único, da CLT.

TST Súm. 36. Nas ações plúrimas, as custas incidem sobre o respectivo valor global.

TST Súm. 53. O prazo para pagamento das custas, no caso de recurso, é contado da intimação do cálculo.

TST Súm. 170. Os privilégios e isenções no foro da Justiça do Trabalho não abrangem as sociedades de economia mista, ainda que gozassem desses benefícios anteriormente ao Decreto-Lei n. 779, de 21.8.1969.

TST OJ/SDI1 13. A Administração dos Portos de Paranaguá e Antonina – APPA, vinculada à Administração Pública indireta, não é isenta do recolhimento do depósito recursal e do pagamento das custas processuais por não ser beneficiária dos privilégios previstos no Decreto-Lei n. 779, de 21.08.1969, ante o fato de explorar atividade econômica com fins lucrativos, o que descaracteriza sua natureza jurídica, igualando-a às empresas privadas.

TST OJ/SDI1 33. O carimbo do banco recebedor na guia de comprovação do recolhimento das custas supre a ausência de autenticação mecânica.

TST OJ/SDI1 158. O denominado "DARF Eletrônico" é válido para comprovar o recolhimento de custas por entidades da administração pública federal, emitido conforme a IN-SRF 162, de 4.11.88.

TST OJ/SDI1 186. No caso de inversão do ônus da sucumbência em segundo grau, sem acréscimo ou atualização do valor das custas e se estas já foram devidamente recolhidas, descabe um novo pagamento pela parte vencida, ao recorrer. Deverá ao final, se sucumbente, ressarcir a quantia.

TST OJ/SDI1 409. O recolhimento do valor da multa imposta como sanção por litigância de má-fé (art. 81 do CPC de 2015 – art. 18 do CPC de 1973) não é pressuposto objetivo para interposição dos recursos de natureza trabalhista.

TST OJ/SDI2 88. Incabível a impetração de mandado de segurança contra ato judicial que, de ofício, arbitrou novo valor à causa, acarretando a majoração das custas processuais, uma vez que cabia à parte, após recolher as custas, calculadas com base no valor dado à causa na inicial, interpor recurso ordinário e, posteriormente, agravo de instrumento no caso de o recurso ser considerado deserto.

2) Honorários Periciais

TST Súm. 341. A indicação do perito assistente é faculdade da parte, a qual deve responder pelos respectivos honorários, ainda que vencedora no objeto da perícia.

TST Súm. 457. A União é responsável pelo pagamento dos honorários de perito quando a parte sucumbente no objeto da perícia for beneficiária da assistência judiciária gratuita, observado o procedimento disposto nos arts. 1º, 2º e 5º da Resolução n. 66/2010 do Conselho Superior da Justiça do Trabalho – CSJT.

TST OJ/SDI2 98. É ilegal a exigência de depósito prévio para custeio dos honorários periciais, dada a incompatibilidade com o processo do trabalho, sendo cabível o mandado de segurança visando à realização da perícia, independentemente do depósito.

TST OJ/SDI1 198. Diferentemente da correção aplicada aos débitos trabalhistas, que têm caráter alimentar, a atualização monetária dos honorários periciais é fixada pelo art. 1º da Lei n. 6.899/81, aplicável a débitos resultantes de decisões judiciais.

3) Justiça Gratuita

TST Súm. 463. I. A partir de 26.6.2017, para a concessão da assistência judiciária gratuita à pessoa natural, basta a declaração de hipossuficiência econômica firmada pela parte ou por seu advogado, desde que munido de procuração com poderes específicos para esse fim (art. 105 do CPC de 2015); II. No caso de pessoa jurídica, não basta a mera declaração: é necessária a demonstração cabal de impossibilidade de a parte arcar com as despesas do processo.

TST OJ/SDI1 269. I. O benefício da justiça gratuita pode ser requerido em qualquer tempo ou grau de jurisdição, desde que, na fase recursal, seja o requerimento formulado no prazo alusivo ao recurso; II. Indeferido o requerimento de justiça gratuita formulado na fase recursal, cumpre ao relator fixar prazo para que o recorrente efetue o preparo (art. 99, § 7º, do CPC de 2015).

TST OJ/SDI1 348. Os honorários advocatícios, arbitrados nos termos do art. 11, § 1º, da Lei n. 1.060, de 5.2.1950, devem incidir sobre o valor líquido da condenação, apurado na fase de liquidação de sentença, sem a dedução dos descontos fiscais e previdenciários.

TST OJ/SDI2 91. Não sendo a parte beneficiária da assistência judiciária gratuita, inexiste direito líquido e certo à autenticação, pelas secretarias dos tribunais, de peças extraídas do processo principal, para formação do agravo de instrumento.

✱ INFORMATIVOS DE JURISPRUDÊNCIA

Justiça gratuita. Declaração de pobreza. Presunção relativa de veracidade não elidida pelo fato de o reclamante ter percebido salário bastante elevado.

TST O fato de o reclamante ter percebido salário bastante elevado, superior a R$ 40 mil, e de a rescisão do contrato de trabalho ter ocorrido dias antes do ajuizamento da reclamação trabalhista não são suficientes para elidir a presunção de veracidade da declaração de pobreza por ele firmada. TST-E-ARR-464-35.2015.5.03.0181, SDI1, Rel. Min. Hugo Carlos Scheuermann, 8.2.2018. (Info 171)

Justiça gratuita. Indeferimento. Hipossuficiência econômica afastada por circunstâncias reveladas nos autos. Presunção relativa.

TST A presunção legal que decorre da declaração de hipossuficiência econômica é relativa, de modo que pode ser afastada por elementos constantes dos autos ou por prova em sentido contrário. No caso em apreço, o autor teve indeferido seu pedido de gratuidade de justiça pela Corte Regional ao fundamento de que, quem oferta o segundo maior lanço em hasta realizada no processo principal, destinada à alienação de imóvel de elevado valor, e, no próprio dia do leilão, deposita a quantia de R$ 1.340.000,00, não faz jus à referida benesse. Assim, ante o contexto desvelado nos próprios autos, e ausente prova da alegada miserabilidade jurídica, a SDI2, por unanimidade, conheceu do recurso ordinário e, no mérito, por maioria, negou-lhes provimento, mantendo, portanto, a decisão do TRT que indeferira os benefícios da justiça gratuita. RO-76-80.2013.5.06.0000, SDI2, Rel. Min. Douglas Alencar Rodrigues, 6.3.2018. (Info 173)

Ação cautelar de exibição de documentos. Lide decorrente da relação de emprego. Honorários advocatícios por mera sucumbência. Indevidos. Súm. 219, I, do TST.

TST No caso de ação cautelar de exibição de documentos ajuizada em face de entidade fechada de previdência privada, cuja relação com o reclamante decorre de contrato de emprego firmado com outra empresa, não há a possibilidade de concessão de honorários advocatícios com base na mera sucumbência (Súm. 219, III do TST), devendo a parte estar assistida por sindicato da categoria profissional, comprovar a percepção de salário inferior ao dobro do salário mínimo ou encontrar-se em situação econômica que não lhe permita demandar sem prejuízo do próprio sustento ou da respectiva família, conforme exigido pelo item I da Súm. 219/TST. E-RR-1317-55.2010.5.05.0022, SDI1, Rel. Min. Guilherme Augusto Caputo Bastos, 5.10.2017. (Info 167)

Honorários advocatícios. Base de cálculo. Exclusão da cota-parte do empregador relativa aos descontos previdenciários. Crédito de natureza tributária.

TST A cota-parte do empregador relativa aos descontos previdenciários resulta de imposição legal decorrente da prestação de serviço, não constituindo crédito de natureza trabalhista. A Justiça do Trabalho apenas perfaz o cálculo em razão da sua capacidade tributária para arrecadar o tributo do empregador e repassá-lo ao destinatário final, que é a União. Dessa forma, a cota-parte patronal da contribuição previdenciária não pode ser incluída na base de cálculo dos honorários advocatícios. E-RR-779-35.2013.5.03.0019, SDI1, Rel. Min. Augusto César Leite de Carvalho, 19.10.2017. (Info 168)

* INOVAÇÕES LEGISLATIVAS

▲ CLT. Título X – Do Processo Judiciário do Trabalho, Capítulo II – Do Processo em Geral, Seção II – Da Distribuição

▲ Art. 789. Nos dissídios individuais e nos dissídios coletivos do trabalho, nas ações e procedimentos de competência da Justiça do Trabalho, bem como nas demandas propostas perante a Justiça Estadual, no exercício da jurisdição trabalhista, as custas relativas ao processo de conhecimento incidirão à base de 2% (dois por cento), observado o mínimo de R$ 10,64 (dez reais e sessenta e quatro centavos) e o máximo de quatro vezes o limite máximo dos benefícios do Regime Geral de Previdência Social, e serão calculadas: (...). § 3º É facultado aos juízes, órgãos julgadores e presidentes dos tribunais do trabalho de qualquer instância conceder, a requerimento ou de ofício, o benefício da justiça gratuita, inclusive quanto a traslados e instrumentos, àqueles que perceberem salário igual ou inferior a 40% (quarenta por cento) do limite máximo dos benefícios do Regime Geral de Previdência Social. § 4º O benefício da justiça gratuita será concedido à parte que comprovar insuficiência de recursos para o pagamento das custas do processo. (Modificações: Lei 13.467/17)

▲ Art. 790-B. A responsabilidade pelo pagamento dos honorários periciais é da parte sucumbente na pretensão objeto da perícia, ainda que beneficiária da justiça gratuita. § 1º Ao fixar o valor dos honorários periciais, o juízo deverá respeitar o limite máximo estabelecido pelo Conselho Superior da Justiça do Trabalho. § 2º O juízo poderá deferir parcelamento dos honorários periciais. § 3º O juízo não poderá exigir adiantamento de valores para realização de perícias. § 4º Somente no caso em que o beneficiário da justiça gratuita não tenha obtido em juízo créditos capazes de suportar a despesa referida no caput, ainda que em outro processo, a União responderá pelo encargo. (Modificações: Lei 13.467/17)

* QUESTÕES OBJETIVAS

15. **(Cespe/TRT/7R/Técnico/2017)** Na justiça do trabalho, o pagamento das custas processuais deve ser realizado pelo:

a) sucumbente na data determinada em sentença pelo juiz da vara do trabalho.
b) reclamante antes do ajuizamento da reclamação trabalhista.
c) reclamante até oito dias após a interposição de recurso.
d) sucumbente após o trânsito em julgado da decisão, e no caso de recurso, no prazo de sua interposição.

2.3. Das Partes e dos Procuradores

* SÚMULAS

1) Honorários Advocatícios

TST Súm. 219. I. Na Justiça do Trabalho, a condenação ao pagamento de honorários advocatícios não decorre pura e simplesmente da sucumbência, devendo a parte, concomitantemente: a) estar assistida por sindicato da categoria profissional; b) comprovar a percepção de salário inferior ao dobro do salário mínimo ou encontrar-se em situação econômica que não lhe permita demandar sem prejuízo do próprio sustento ou da respectiva família. (art. 14, § 1º, da Lei n. 5.584/1970). II. É cabível a condenação ao pagamento de honorários advocatícios em ação rescisória no processo trabalhista. III. São devidos os honorários advocatícios nas causas em que o ente sindical figure como substituto processual e nas lides que não derivem da relação de emprego. IV. Na ação rescisória e nas lides que não derivem de relação de emprego, a responsabilidade pelo pagamento dos honorários advocatícios da sucumbência submete-se à disciplina do Código de Processo Civil (arts. 85, 86, 87 e 90). V. Em caso de assistência judiciária sindical, revogado o art. 11 da Lei n. 1.060/50 (CPC de 2015, art. 1.072, inc. III), os honorários advocatícios assistenciais são devidos entre o mínimo de dez e o máximo de vinte por cento sobre o valor da condenação, do proveito econômico obtido ou, não sendo possível mensurá-lo, sobre o valor atualizado da causa (CPC de 2015, art. 85, § 2º). VI. Nas causas em que a Fazenda Pública for parte, aplicar-se-ão os percentuais específicos de honorários advocatícios contemplados no Código de Processo Civil.

TST Súm. 329. Mesmo após a promulgação da CF/1988, permanece válido o entendimento consubstanciado na Súmula n. 219 do Tribunal Superior do Trabalho.

TST OJ/SDI1 348. Os honorários advocatícios, arbitrados nos termos do art. 11, § 1º, da Lei n. 1.060, de 5.2.1950, devem incidir sobre o valor líquido da condenação, apurado na fase de liquidação de sentença, sem a dedução dos descontos fiscais e previdenciários.

TST OJ/SDI1 421. A condenação em honorários advocatícios nos autos de ação de indenização por danos morais e materiais decorrentes de acidente de trabalho ou de doença profissional, remetida à Justiça do Trabalho após ajuizamento na Justiça comum, antes da vigência da Emenda Constitucional n. 45/2004, decorre da mera sucumbência, nos termos do art. 85 do CPC de 2015 (art. 20 do CPC de 1973), não se sujeitando aos requisitos da Lei n. 5.584/1970.

2) Instrumento de Mandato

TST Súm. 383. I. É inadmissível recurso firmado por advogado sem procuração juntada aos autos até o momento da sua interposição, salvo mandato tácito. Em caráter excepcional (art. 104 do CPC de 2015), admite-se que o advogado, independentemente de intimação, exiba a procuração no prazo de 5 (cinco) dias após a interposição do recurso, prorrogável por igual período mediante despacho do juiz. Caso não a exiba, considera-se ineficaz o ato praticado e não se conhece do recurso. II. Verificada a irregularidade de representação da parte em fase recursal, em procuração ou substabelecimento já constante dos autos, o relator ou o órgão competente para julgamento do recurso designará prazo de 5 (cinco) dias para que seja sanado o vício. Descumprida a determinação, o relator não conhecerá do recurso, se a providência couber ao recorrente, ou determinará o desentranhamento das contrarrazões, se a providência couber ao recorrido (art. 76, § 2º, do CPC de 2015).

TST Súm. 395. I. Válido é o instrumento de mandato com prazo determinado que contém cláusula estabelecendo a prevalência dos poderes para atuar até o final da demanda. II. Diante da existência de previsão, no mandato, fixando termo para sua juntada, o instrumento de mandato só tem validade se anexado ao processo dentro do aludido prazo. III. São válidos os atos praticados pelo substabelecido, ainda que não haja, no mandato, poderes expressos para substabelecer (art. 667, e parágrafos, do Código Civil de 2002). IV. Configura-se a irregularidade de representação se o substabelecimento é anterior à outorga passada ao substabelecente.

TST Súm. 436. I. A União, Estados, Municípios e Distrito Federal, suas autarquias e fundações públicas, quando representadas em juízo, ativa e passivamente, por seus procuradores, estão dispensadas da juntada de instrumento de mandato e de comprovação do ato de nomeação. II. Para os efeitos do item anterior, é essencial que o signatário ao menos declare-se exercente do cargo de procurador, não bastando a indicação do número de inscrição na Ordem dos Advogados do Brasil.

TST Súm. 456. É inválido o instrumento de mandato firmado em nome de pessoa jurídica que não contenha, pelo menos, o nome do outorgante e do signatário da procuração, pois estes dados constituem elementos que os individualizam.

3) Intervenção de Terceiros

TST Súm. 82. A intervenção assistencial, simples ou adesiva, só é admissível se demonstrado o interesse jurídico e não o meramente econômico.

4) "Jus Postulandi"

TST Súm. 425. O "jus postulandi" das partes, estabelecido no art. 791 da CLT, limita-se às varas do trabalho e aos tribunais regionais do trabalho, não alcançando a ação rescisória, a ação cautelar, o mandado de segurança e os recursos de competência do Tribunal Superior do Trabalho.

✱ INFORMATIVOS DE JURISPRUDÊNCIA

Ação civil pública. Sociedade de advogados. Admissão de advogados como associados para dissimular relações de emprego. Conselho Federal da Ordem dos Advogados do Brasil. Ingresso como assistente simples. Possibilidade.

TST Pode o Conselho Federal da Ordem dos Advogados do Brasil participar como assistente simples em ação civil pública ajuizada em desfavor de sociedade de advogados, cuja controvérsia diz respeito à possibilidade de advogados serem admitidos como associados com o intuito de dissimular relações de emprego. RO-259-46.2016.5.06.0000, SDI2, Rel. Acd. Min. Ives Gandra Martins Filho, 17.10.2017. (Info 168)

Representação processual. Alteração da denominação social da empresa. Ausência de comprovação. Ilegitimidade de parte.

TST A parte que teve sua denominação social alterada deve fazer prova da mudança nos autos e juntar instrumento de mandato contendo a nova razão social, sob pena de configurar-se a irregularidade de representação e a inexistência do recurso. E-ED-RR-33100-87.2006.5.02.0087, SDI1, Rel. Min. Cláudio Mascarenhas Brandão, 31.8.2017. (Info 163)

* INOVAÇÕES LEGISLATIVAS

▲ CLT. Título X – Do Processo Judiciário do Trabalho, Capítulo II – Do Processo em Geral, Seção IV – Das Partes e dos Procuradores

▲ Art. 791-A. Ao advogado, ainda que atue em causa própria, serão devidos honorários de sucumbência, fixados entre o mínimo de 5% (cinco por cento) e o máximo de 15% (quinze por cento) sobre o valor que resultar da liquidação da sentença, do proveito econômico obtido ou, não sendo possível mensurá-lo, sobre o valor atualizado da causa. § 1º Os honorários são devidos também nas ações contra a Fazenda Pública e nas ações em que a parte estiver assistida ou substituída pelo sindicato de sua categoria. § 2º Ao fixar os honorários, o juízo observará: I – o grau de zelo do profissional; II – o lugar de prestação do serviço; III – a natureza e a importância da causa; IV – o trabalho realizado pelo advogado e o tempo exigido para o seu serviço. § 3º Na hipótese de procedência parcial, o juízo arbitrará honorários de sucumbência recíproca, vedada a compensação entre os honorários. § 4º Vencido o beneficiário da justiça gratuita, desde que não tenha obtido em juízo, ainda que em outro processo, créditos capazes de suportar a despesa, as obrigações decorrentes de sua sucumbência ficarão sob condição suspensiva de exigibilidade e somente poderão ser executadas se, nos dois anos subsequentes ao trânsito em julgado da decisão que as certificou, o credor demonstrar que deixou de existir a situação de insuficiência de recursos que justificou a concessão de gratuidade, extinguindo-se, passado esse prazo, tais obrigações do beneficiário. § 5º São devidos honorários de sucumbência na reconvenção. (Modificações: Lei 13.467/17)

▲ Art. 792. (Revogado). (Modificações: Lei 13.467/17)

* QUESTÕES OBJETIVAS

16. **(Cespe/PGE/AM/Procurador/2016)** Segundo o TST, não havendo no instrumento de mandato poderes expressos para substabelecer, serão inválidos os atos praticados pelo substabelecido.

17. **(Cespe/PGE/AM/Procurador/2016)** Estado da Federação pode figurar no polo passivo de demanda individual trabalhista de rito sumaríssimo; nesse caso, se for deferida prova pericial, a fazenda estadual será intimada a manifestar-se sobre o laudo no prazo dobrado de dez dias.

18. **(Cespe/Funpresp_Jud/Analista/2016)** Os honorários do perito assistente devem ser pagos pela parte que tiver utilizado seus serviços. O perito judicial, por outro lado, será remunerado pela parte sucumbente na pretensão do objeto da perícia, salvo se beneficiária da justiça gratuita.

19. **(Cespe/PGE/AM/Procurador/2016)** Procuração outorgada com poderes específicos para ajuizamento de reclamação trabalhista autoriza a propositura de mandado de segurança.

20. **(Cespe/Funpresp_Jud/Analista/2016)** A ação judicial trabalhista e a contestação podem ser apresentadas em juízo diretamente pelas partes, sem advogado, em qualquer caso, em virtude do "jus postulandi".

21. **(Cespe/Funpresp/Especialista Jurídico/2016)** Dado o princípio do "jus postulandi" na justiça do trabalho, não é necessário advogado para que a parte ingresse com ação cautelar em que formule pedido de liminar.

22. **(Cespe/DPU/Defensor/2017)** A parte beneficiária da justiça gratuita é isenta do pagamento de honorários periciais, ainda que sucumbente no objeto da perícia, sendo os encargos transferidos à União.

23. **(Cespe/PGM/Fortaleza/Procurador/2017)** No processo do trabalho, a regra é a exigência da exibição dos estatutos da empresa em juízo como condição de validade do instrumento de mandato outorgado ao seu procurador.

24. **(Cespe/PGM/Fortaleza/Procurador/2017)** Um cidadão postulou ação cautelar em causa própria em tema que envolve matéria sindical, mas não comprovou sua condição de advogado regularmente inscrito nos quadros da OAB. Nessa situação, aplicado o "jus postulandi", será conhecida e processada regularmente a ação.

25. **(Cespe/PGM/Fortaleza/Procurador/2017)** Quando estiver representando o município em juízo, o procurador estará dispensado da juntada de procuração e de comprovação do ato de nomeação durante todo o processamento da demanda, especialmente no caso de reclamação trabalhista de rito sumaríssimo.

26. **(Cespe/PGM/Salvador/Procurador/2015)** Acerca dos procedimentos nos dissídios individuais da justiça do trabalho, assinale a opção correta:

a) Segundo entendimento do TST, o não comparecimento de município reclamado à audiência inaugural não o sujeita aos efeitos da revelia.
b) A compensação de dívidas de natureza trabalhista pode ser alegada pelo reclamado até as razões finais ou pode ser deferida de ofício pelo juiz até a sentença.
c) Proposta a execução de julgado trabalhista, pode o réu apresentar reconvenção contra o autor desde que haja conexão entre reconvenção e ação principal e o juízo seja competente para apreciar a demanda reconvencional.
d) Segundo o TST, quando estiver representado em juízo por seu procurador, o município estará dispensado de juntar instrumento de mandato e de comprovar ato de nomeação, sendo essencial, no entanto, que o signatário declare exercer o cargo de procurador, uma vez que não basta a indicação do número de inscrição na OAB.
e) Caso a parte vencedora da causa na primeira instância seja vencida na segunda, deverá ocorrer entre as duas partes divisão do pagamento das custas processuais fixadas na sentença originária.

27. **(Cespe/TRT/7R/Técnico/2017)** Com relação à capacidade postulatória na justiça do trabalho, julgue os itens a seguir.

I. Os menores de dezoito anos de idade são representados por seus responsáveis legais ou, na falta destes, pela Procuradoria da Justiça do Trabalho, pelo sindicato, pelo Ministério Público estadual ou por curador nomeado em juízo.
II. Os incapazes são representados ou assistidos por seus pais, por tutor ou por curador nomeado pelo juiz.
III. A herança jacente ou vacante deve ser representada por seu inventariante.

Assinale a opção correta:

a) Apenas os itens I e II estão certos.
b) Apenas os itens I e III estão certos.
c) Apenas os itens II e III estão certos.
d) Todos os itens estão certos.

28. **(Cespe/TRT/7R/Analista/2017)** A respeito da capacidade postulatória e da representação das partes na justiça do trabalho, assinale a opção correta:

a) Nos dissídios individuais, os empregados e os empregadores poderão fazer-se representar por intermédio do sindicato, advogado ou preposto, mediante outorga de procuração.
b) A ação rescisória, a ação cautelar e o mandado de segurança estão abrangidos pelo "jus postulandi".
c) Nos dissídios individuais, os empregados e os empregadores poderão fazer-se representar por intermédio do sindicato, de advogado, solicitador, ou provisionado, inscrito na OAB.
d) O "jus postulandi" das partes poderá ser exercido nas varas do trabalho, nos tribunais regionais do trabalho (TRTs) e no TST.

29. **(Cespe/TRT/7R/Analista/2017)** Ana, viúva de Afonso, ajuizou, juntamente com seus filhos menores, reclamação trabalhista em favor do marido falecido. Ela pleiteia o reconhecimento do vínculo de emprego de Afonso com determinada empresa, bem como sua condenação, em danos morais e materiais, devido à morte do representado, a qual decorreu de acidente de trabalho. Nessa situação hipotética:

a) a ausência do Ministério Público na condição de custus legis é causa de nulidade do processo porque, ainda que assistidos por representante legal, menores estão figurando no polo ativo.
b) os representantes têm legitimidade ativa "ad causam", na medida em que a administração da herança caberá ao cônjuge até que haja o compromisso do inventariante no espólio.
c) em razão da controvérsia quanto à relação de emprego, faz-se necessária a apresentação, pelos representantes do de cujus, de prova da qualidade de dependentes junto à previdência social.
d) a apresentação de cópias da certidão de nascimento dos filhos e da certidão de casamento não é suficiente para garantir a legitimidade dos sucessores para a propositura da ação.

30. **(Cespe/TRT/7R/Analista/2017)** Na justiça do trabalho, a condenação em honorários não decorre simplesmente da sucumbência, sendo imprescindível que a parte, concomitantemente, esteja assistida pelo sindicato da categoria e comprove sua hipossuficiência econômica. Com relação a esse assunto, assinale a opção correta:

a) Em caso de substituição processual sindical, excetuados os processos em que a fazenda pública for parte, são devidos os honorários advocatícios.
b) Nas lides que não derivem da relação de emprego, são devidos os honorários advocatícios, desde que cumpridos os requisitos apresentados.
c) Nas ações em que, por substituição processual sindical, são pleiteados direitos individuais homogêneos, os honorários advocatícios são devidos somente se comprovada a hipossuficiência econômica dos substituídos.
d) Na hipótese de substituição processual sindical, os honorários advocatícios são devidos somente se comprovada a hipossuficiência econômica do sindicato.

31. **(Cespe/TRT/7R/Técnico/2017)** Na justiça do trabalho, o sindicato tem legitimidade para substituir os trabalhadores no ajuizamento de:

I. ação de cumprimento.
II. reclamação trabalhista para exigir que o empregador efetue os depósitos do FGTS.
III. reclamatória plúrima.

Assinale a opção correta:

a) Apenas os itens I e II estão certos.
b) Apenas os itens I e III estão certos.
c) Apenas os itens II e III estão certos.
d) Todos os itens estão certos.

2.4. Da Responsabilidade por Dano Processual, Das Nulidades, Das Exceções

* SÚMULAS

TST Súm. 9. A ausência do reclamante, quando adiada a instrução após contestada a ação em audiência, não importa arquivamento do processo.

TST OJ/SDI1 7. A despeito da norma então prevista no artigo 56, § 2º, da Lei n. 4.215/63, a falta de comunicação do advogado à OAB para o exercício profissional em seção diversa daquela na qual tem inscrição não importa nulidade dos atos praticados, constituindo apenas infração disciplinar, que cabe àquela instituição analisar.

TST OJ/SDI1 245. Inexiste previsão legal tolerando atraso no horário de comparecimento da parte na audiência.

* INOVAÇÕES LEGISLATIVAS

▲ CLT. Título X – Do Processo Judiciário do Trabalho, Capítulo II – Do Processo em Geral, Seção IV-A Da Responsabilidade por Dano Processual

▲ Art. 793-A. Responde por perdas e danos aquele que litigar de má-fé como reclamante, reclamado ou interveniente. (Modificações: Lei 13.467/17)

▲ Art. 793-B. Considera-se litigante de má-fé aquele que: I – deduzir pretensão ou defesa contra texto expresso de lei ou fato incontroverso; II – alterar a verdade dos fatos; III – usar do processo para conseguir objetivo ilegal; IV – opuser resistência injustificada ao andamento do processo; V – proceder de modo temerário em qualquer incidente ou ato do processo; VI – provocar incidente manifestamente infundado; VII – interpuser recurso com intuito manifestamente protelatório. (Modificações: Lei 13.467/17)

▲ Art. 793-C. De ofício ou a requerimento, o juízo condenará o litigante de má-fé a pagar multa, que deverá ser superior a 1% (um por cento) e inferior a 10% (dez por cento) do valor corrigido da causa, a indenizar a parte contrária pelos prejuízos que esta sofreu e a arcar com os honorários advocatícios e com todas as despesas que efetuou. § 1º Quando forem dois ou mais os litigantes de má-fé, o juízo condenará cada um na proporção de seu respectivo interesse na causa ou solidariamente aqueles que se coligaram para lesar a parte contrária. § 2º Quando o valor da causa for irrisório ou inestimável, a multa poderá ser fixada em até duas vezes o limite máximo dos benefícios do Regime Geral de Previdência Social. § 3º O valor da indenização será fixado pelo juízo ou, caso não seja possível mensurá-lo, liquidado por arbitramento ou pelo procedimento comum, nos próprios autos.

▲ Art. 793-D. Aplica-se a multa prevista no art. 793-C desta Consolidação à testemunha que intencionalmente alterar a verdade dos fatos ou omitir fatos essenciais ao julgamento da causa. Parágrafo único. A execução da multa prevista neste artigo dar-se-á nos mesmos autos. (Modificações: Lei 13.467/17)

▲ Título X – Do Processo Judiciário do Trabalho, Capítulo II – Do Processo em Geral, Seção VI – Das Exceções

▲ Art. 800. Apresentada exceção de incompetência territorial no prazo de cinco dias a contar da notificação, antes da audiência e em peça que sinalize a existência desta exceção, seguir-se-á o procedimento estabelecido neste artigo. § 1º Protocolada a petição, será suspenso o processo e não se realizará a audiência a que se refere o art. 843 desta Consolidação até que se decida a exceção. § 2º Os autos serão imediatamente conclusos ao juiz, que intimará o reclamante e, se existentes, os litisconsortes, para manifestação no prazo comum de cinco dias. § 3º Se entender necessária a produção de prova oral, o juízo designará audiência, garantindo o direito de o excipiente e de suas testemunhas serem ouvidos, por carta precatória, no juízo que este houver indicado como competente. § 4º Decidida a exceção de incompetência territorial, o processo retomará seu curso, com a designação de audiência, a apresentação de defesa e a instrução processual perante o juízo competente. (Modificações: Lei 13.467/17)

✱ QUESTÕES OBJETIVAS

32. **(Cespe/TRT/8R/Analista/2016)** Acerca das nulidades e exceções aplicáveis ao processo do trabalho, assinale a opção correta:

a) O pronunciamento da nulidade depende do consentimento da parte que lhe tiver dado causa.
b) Pronunciada determinada nulidade, deverá ser declarada, consequentemente, a nulidade de todos os demais atos processuais.
c) Na justiça do trabalho, admitem-se exceções apenas em matéria de defesa quanto ao mérito.
d) O juiz da causa é obrigado a dar-se por suspeito nas situações em que o autor da ação for de sua íntima relação pessoal.
e) A nulidade do processo judicial deve ser declarada em juízo de admissibilidade pela secretaria judicial à qual a ação trabalhista for distribuída.

33. **(Cespe/DPU/Defensor/2017)** O não comparecimento do reclamado à audiência inaugural trabalhista resulta em revelia, além de resultar em confissão quanto à matéria de fato.

34. **(Cespe/AGU/Advogado/2015)** Em audiências de reclamações trabalhistas em que a União seja parte, será obrigatório o comparecimento de preposto que tenha conhecimento do fato objeto da reclamação. Na ausência do representante judicial da União, poderá o preposto assinar e entregar a contestação.

35. **(Cespe/TRT/7R/Técnico/2017)** No que se refere à notificação dirigida ao reclamado para comparecimento à audiência de julgamento, assinale a opção correta, conforme a legislação processual trabalhista e a jurisprudência do Tribunal Superior do Trabalho (TST):

a) Presume-se que a notificação foi recebida quarenta e oito horas depois de sua postagem.
b) Como regra geral, a notificação não pode ser realizada em registro postal com franquia.
c) A notificação deve ser recebida pessoalmente pelo reclamado, por constituir ato pessoal.
d) A entrega da notificação compete exclusivamente ao oficial de justiça.

36. **(Cespe/PGE/SE/Procurador/2017)** Com relação às audiências no processo do trabalho, assinale a opção correta:

a) A contestação deverá ser apresentada no prazo de quinze dias a contar da data da audiência de conciliação.
b) As partes formularão perguntas diretamente às testemunhas, em atenção ao disposto no CPC vigente.
c) Após o interrogatório pessoal dos litigantes, a instrução processual poderá prosseguir sem as partes, permanecendo os seus representantes.
d) O termo de conciliação em audiência vale como decisão irrecorrível e oponível "erga omnes".
e) As partes, ao comparecerem em audiência, devem estar acompanhadas de seu procurador ou defensor público.

37. **(Cespe/PGE/SE/Procurador/2017)** Na audiência de instrução e julgamento de uma reclamação trabalhista, após a qualificação da única testemunha arrolada pelo reclamante, a qual havia trabalhado com ele na empresa demandada, esta apresentou contradita sob a alegação de que a testemunha também havia ajuizado contra ela reclamatória trabalhista, fato que, segundo a companhia, geraria sua suspeição. Nessa situação hipotética, a contradita apresentada deverá ser:

a) deferida, sob o argumento de que trabalhar na mesma empresa pressupõe amizade íntima, também levando à suspeição.
b) indeferida, pois o fato de a testemunha ter ajuizado a reclamação trabalhista constitui causa de impedimento, e não de suspeição.
c) indeferida, por se tratar da única testemunha do reclamante, de modo que acatar a suspeição

consistiria em ofensa ao contraditório e à ampla defesa.

d) deferida, pois o fato de a testemunha ter ajuizado reclamação trabalhista contra a reclamada torna questionável, como meio de prova, o depoimento dela.

e) indeferida, haja vista que o simples fato de litigar contra a mesma reclamada não é razão suficiente para gerar suspeição.

38. (Cespe/Funpresp_Jud/Analista/2016) Atraso injustificado da audiência de instrução na vara do trabalho em tempo superior a trinta minutos do horário marcado para o seu início pode acarretar seu adiamento.

2.5. Das Provas

✱ SÚMULAS

TST Súm. 12. As anotações apostas pelo empregador na carteira profissional do empregado não geram presunção "juris et de jure", mas apenas "juris tantum".

TST Súm. 74. I. Aplica-se a confissão à parte que, expressamente intimada com aquela cominação, não comparecer à audiência em prosseguimento, na qual deveria depor. II. A prova pré-constituída nos autos pode ser levada em conta para confronto com a confissão ficta (arts. 442 e 443, do CPC de 2015 – art. 400, I, do CPC de 1973), não implicando cerceamento de defesa o indeferimento de provas posteriores. III. A vedação à produção de prova posterior pela parte confessa somente a ela se aplica, não afetando o exercício, pelo magistrado, do poder/dever de conduzir o processo.

TST Súm. 357. Não torna suspeita a testemunha o simples fato de estar litigando ou de ter litigado contra o mesmo empregador.

TST OJ/SDI1 36. O instrumento normativo em cópia não autenticada possui valor probante, desde que não haja impugnação ao seu conteúdo, eis que se trata de documento comum às partes.

TST OJ/SDI1 134. São válidos os documentos apresentados, por pessoa jurídica de direito público, em fotocópia não autenticada, posteriormente à edição da Medida Provisória n. 1.360/96 e suas reedições.

TST OJ/SDI1 278. A realização de perícia é obrigatória para a verificação de insalubridade. Quando não for possível sua realização, como em caso de fechamento da empresa, poderá o julgador utilizar-se de outros meios de prova.

TST OJ/SDI1 287. Distintos os documentos contidos no verso e anverso, é necessária a autenticação de ambos os lados da cópia.

TST OJ/SDI2 98. É ilegal a exigência de depósito prévio para custeio dos honorários periciais, dada a incompatibilidade com o processo do trabalho, sendo cabível o mandado de segurança visando à realização da perícia, independentemente do depósito.

✱ INFORMATIVOS DE JURISPRUDÊNCIA

Pedido de adiamento da audiência para intimação de testemunha. Indeferimento. Determinação judicial prévia de apresentação de rol de testemunhas. Inobservância. Cerceamento do direito de defesa. Não caracterização. Art. 825, da CLT. Não violação.

TST Com o objetivo de imprimir razoável duração ao processo, é praxe nos TRT's designar audiências unas e contínuas, em que as partes são previamente notificadas a respeito da necessidade de apresentar o rol de testemunhas antecipadamente ou trazer as não arroladas independentemente de intimação, sob pena de não serem ouvidas. Nesse contexto, o indeferimento do pedido de adiamento da audiência, para que fosse intimada a testemunha não arrolada e que não compareceu espontaneamente, não viola o art. 825 da CLT, nem caracteriza cerceamento do direito de defesa. Reforça tal entendimento o fato de, no caso concreto, além de a parte ter sido previamente informada a respeito das consequências advindas da ausência das testemunhas na data da audiência, não haver justificativa para o não comparecimento, nem prova de que foram realmente convidadas. E-RR-1810-18.2012.5.15.0108, SDI1, Rel. Min. João Oreste Dalazen, Rel. Acd. Min. Hugo Carlos Scheuermann, 12.4.2018. (Info 176)

Pedido de intimação de testemunha. Indeferimento. Determinação judicial prévia de apresentação de rol de testemunhas. Inobservância. Cerceamento de defesa. Não caracterização.

TST Na hipótese em que a parte não observa determinação judicial prévia de apresentação de rol de testemunhas e não comprova a realização de convite à testemunha ausente, o indeferimento do pedido de adiamento de audiência para intimação de testemunha que não compareceu espontaneamente não caracteriza cerceamento do direito de defesa, nem viola o art. 825 da CLT. No caso, foi dada ciência ao reclamante quanto à designação de audiência una, registrando-se a recomendação de que as testemunhas não arroladas previamente deveriam ser trazidas independentemente de intimação, sob pena de preclusão. E-RR-2300-70.2007.5.02.0401, SDI1, Rel. Min. Hugo Carlos Scheuermann, 28.9.2017. (Info 166)

✱ INOVAÇÕES LEGISLATIVAS

▲ CLT. Título X – Do Processo Judiciário do Trabalho, Capítulo II – Do Processo em Geral, Seção IX – Das Provas

▲ Art. 818. O ônus da prova incumbe: I – ao reclamante, quanto ao fato constitutivo de seu direito; II – ao reclamado, quanto à existência de fato impeditivo, modificativo ou extintivo do direito do reclamante. § 1º Nos casos previstos em lei ou diante de peculiaridades da causa relacionadas à impossibilidade ou à excessiva dificuldade de cumprir o encargo nos termos deste artigo ou à maior facilidade de obtenção da prova do fato contrário, poderá o juízo atribuir o ônus da prova de modo diverso, desde que o faça por decisão fundamentada, caso em que deverá dar à parte a oportunidade de se desincumbir do ônus que lhe foi atribuído. § 2º A decisão referida no § 1º deste artigo deverá ser proferida antes da abertura da instrução e, a requerimento da parte, implicará o adiamento da audiência e possibilitará provar os fatos por qualquer meio em direito admitido. § 3º A decisão referida no § 1º deste artigo não pode gerar situação em que a desincumbência do encargo pela parte seja impossível ou excessivamente difícil. (Modificações: Lei 13.467/17)

▲ Art. 819. (...). § 2º As despesas decorrentes do disposto neste artigo correrão por conta da parte sucumbente, salvo se beneficiária de justiça gratuita. (Modificações: Lei 13.660/18)

✱ QUESTÕES OBJETIVAS

39. **(Cespe/Funpresp_Jud/Analista/2016)** Prova já constituída nos autos pode ser utilizada para confrontar confissão ficta, e o indeferimento de provas posteriores não implicará cerceamento de defesa.

40. **(Cespe/TRT/8R/Oficial_Justiça/2016)** Em relação às provas no processo do trabalho e à aplicação subsidiária do Código de Processo Civil (CPC), assinale a opção correta:

a) No processo do trabalho, admite-se o testemunho de pessoa na condição de simples informante, o que significa que ela não precisa prestar compromisso.

b) Não se admite como testemunha o estrangeiro que residir no país, mas não falar a língua portuguesa.

c) No processo do trabalho, em consequência da aplicação subsidiária do CPC, a regra geral é que a parte requerida detém o ônus da prova.

d) É admissível o testemunho de surdo-mudo por meio de intérprete nomeado pela parte interessada no depoimento, ficando as custas do intérprete a cargo da justiça do trabalho.

e) É permitido à testemunha recusar-se a depor.

41. **(Cespe/TRT/7R/Técnico/2017)** Com relação às testemunhas nas audiências de instrução da justiça do trabalho, assinale a opção correta:

a) Nos processos que correm pelo procedimento sumaríssimo, cada parte pode indicar, no máximo, quatro testemunhas.

b) A condução coercitiva de testemunha é vedada na justiça do trabalho, por violar o princípio da celeridade processual.

c) As testemunhas deverão comparecer à audiência independentemente de notificação ou intimação.

d) É vedado ao juiz do trabalho intimar as testemunhas que não comparecerem à audiência.

42. **(Cespe/TRT/7R/Técnico/2017)** Acerca da utilização de documentos como prova na justiça do trabalho, julgue os itens a seguir.

I. Após a apresentação da defesa, é vedado juntar aos autos novos documentos, ainda que destinados a provar fatos ocorridos depois dos articulados ou para contrapô-los aos produzidos nos autos.

II. Na justiça do trabalho, o documento em cópia oferecido para prova poderá ser declarado autêntico pelo próprio advogado, sob sua responsabilidade pessoal.

III. A falsidade de documento pode ser suscitada em qualquer fase do processo, em consonância ao princípio da simplicidade.

Assinale a opção correta:

a) Apenas o item I está certo.

b) Apenas o item II está certo.

c) Apenas o item III está certo.

d) Todos os itens estão certos.

43. **(Cespe/TRT/7R/Analista/2017)** No processo do trabalho em rito ordinário, a audiência una poderá, excepcionalmente, ser adiada por motivo relevante, sendo designada audiência em prosseguimento. A partir dessas informações, assinale a opção correta:

a) É necessária a comprovação de que houve convite para que o juiz determine a intimação de testemunha ausente.

b) Se for pactuado que, independentemente de intimação, a testemunha comparecerá à audiência em prosseguimento, sua ausência implicará preclusão e desistência tácita da oitiva.

c) O prazo de recurso da parte que tiver sido intimada e que não comparecer à audiência em prosseguimento para a prolação da sentença é contado da data de realização da audiência.

d) O juiz poderá determinar a condução coercitiva das testemunhas que a parte se comprometeu a levar a juízo, independentemente de terem sido intimadas.

44. **(Cespe/PGE/SE/Procurador/2017)** Foi ajuizada uma reclamatória trabalhista pleiteando-se, além das verbas rescisórias, o pagamento de adicional de insalubridade em virtude das condições de trabalho do estabelecimento empregador. Assim, foi determinada pelo juízo a realização de perícia técnica, sendo facultado o acompanhamento da diligência por assistente técnico. No início do trabalho, o perito observou que o local onde eram prestados os serviços pelo reclamante estava desativado, o que tornou inviável a realização da perícia determinada. Nessa situação hipotética, de acordo com o entendimento do TST:

a) a perícia para avaliar a caracterização e a classificação da insalubridade deverá ser efetuada por qualquer médico ou engenheiro.

b) embora a perícia seja obrigatória para a verificação da insalubridade, no caso de impossibilidade de sua realização por fechamento do local de trabalho, o magistrado poderá utilizar outros meios de prova.

c) apesar de a perícia ser prova facultativa, a demanda prosseguirá com relação aos demais pedidos, e o pleito de adicional de insalubridade será julgado improcedente por falta de condições de sua comprovação.

d) os honorários do assistente técnico deverão ser arcados pela parte sucumbente na perícia.

e) o comparecimento do perito ao local da diligência gerará honorários periciais, os quais deverão ser suportados, na hipótese de o reclamante ser beneficiário da justiça gratuita, pelo estado no qual está sendo processada a reclamatória.

45. **(Cespe/PGM/Fortaleza/Procurador/2017)** Em lides que possuem objetos e procuradores distintos, torna-se suspeita a testemunha que estiver litigando ou que tenha litigado contra esse mesmo empregador.

46. **(Cespe/PGM/Salvador/Procurador/2015)** Assinale a opção correta, relativamente às provas no processo do trabalho:

a) Nas demandas que envolvam relação de emprego, a parte requerente da perícia deve realizar prévio depósito para custeio dos honorários periciais.

b) Segundo o TST, são inválidos como meio de prova documentos apresentados por município em fotocópia não autenticada.

c) O município, quando for parte em processo trabalhista em procedimento sumaríssimo, pode apresentar, no máximo, duas testemunhas.

d) As testemunhas comparecerão à audiência independentemente de intimação, mas, caso faltem, caberá à parte provar que as convidou e registrar justificativa pela ausência. O TST entende que, se não houver o registro, o indeferimento do requerimento de intimação das testemunhas faltosas não implicará cerceamento do direito de defesa.

e) A inspeção judicial, meio de prova realizado de ofício pelo juiz, independe de intimação prévia das partes.

2.6. Da Decisão e sua Eficácia

✱ SÚMULAS

TST Súm. 303. I. Em dissídio individual, está sujeita ao duplo grau de jurisdição, mesmo na vigência da CF/1988, decisão contrária à Fazenda Pública, salvo: a) quando a condenação não ultrapassar o valor correspondente a 60 (sessenta) salários mínimos; b) quando a decisão estiver em consonância com decisão plenária do Supremo Tribunal Federal ou com súmula ou orientação jurisprudencial do Tribunal Superior do Trabalho. II. Em ação rescisória, a decisão proferida pelo juízo de primeiro grau está sujeita ao duplo grau de jurisdição obrigatório quando desfavorável ao ente público, exceto nas hipóteses das alíneas "a" e "b" do inciso anterior. III. Em mandado de segurança, somente cabe remessa "ex officio" se, na relação processual, figurar pessoa jurídica de direito público como parte prejudicada pela concessão da ordem. Tal situação não ocorre na hipótese de figurar no feito como impetrante e terceiro interessado pessoa de direito privado, ressalvada a hipótese de matéria administrativa.

TST Súm. 394. O art. 493 do CPC de 2015 (art. 462 do CPC de 1973), que admite a invocação de fato constitutivo, modificativo ou extintivo do direito, superveniente à propositura da ação, é aplicável de ofício aos processos em curso em qualquer instância trabalhista. Cumpre ao juiz ou tribunal ouvir as partes sobre o fato novo antes de decidir.

* QUESTÕES OBJETIVAS

47. **(Cespe/PGE/AM/Procurador/2016)** Conforme entendimento do TST, caso um estado da Federação seja condenado em dissídio individual trabalhista, a decisão condenatória não estará sujeita a reexame necessário se a condenação não ultrapassar o valor correspondente a quinhentos salários mínimos.

3. DOS DISSÍDIOS INDIVIDUAIS

* SÚMULAS

TST Súm. 227. A concordata do empregador não impede a execução de crédito nem a reclamação de empregado na Justiça do Trabalho.

TST Súm. 18. A compensação, na Justiça do Trabalho, está restrita a dívidas de natureza trabalhista.

TST Súm. 48. A compensação só poderá ser arguida com a contestação.

TST Súm. 71. A alçada é fixada pelo valor dado à causa na data de seu ajuizamento, desde que não impugnado, sendo inalterável no curso do processo.

TST Súm. 122. A reclamada, ausente à audiência em que deveria apresentar defesa, é revel, ainda que presente seu advogado munido de procuração, podendo ser ilidida a revelia mediante a apresentação de atestado médico, que deverá declarar, expressamente, a impossibilidade de locomoção do empregador ou do seu preposto no dia da audiência.

TST Súm. 263. Salvo nas hipóteses do art. 330 do CPC de 2015 (art. 295 do CPC de 1973), o indeferimento da petição inicial, por encontrar-se desacompanhada de documento indispensável à propositura da ação ou não preencher outro requisito legal, somente é cabível se, após intimada para suprir a irregularidade em 15 (quinze) dias, mediante indicação precisa do que deve ser corrigido ou completado, a parte não o fizer (art. 321 do CPC de 2015).

TST Súm. 377. Exceto quanto à reclamação de empregado doméstico, o preposto deve ser necessariamente empregado do reclamado. Inteligência do art. 843, § 1º, da CLT.

TST OJ/SDI1 152. Pessoa jurídica de direito público sujeita-se à revelia prevista no artigo 844 da CLT.

TST OJ/SDI1 391. A submissão prévia de demanda a comissão paritária, constituída nos termos do art. 23 da Lei 8.630, de 25.2.1993 (Lei dos Portos), não é pressuposto de constituição e desenvolvimento válido e regular do processo, ante a ausência de previsão em lei.

TST OJ/SDI2 70. Sob a égide do CPC de 1973, o manifesto equívoco da parte em ajuizar ação rescisória no TST para desconstituir julgado proferido pelo TRT, ou vice-versa, implica a extinção do processo sem julgamento do mérito por inépcia da inicial.

* INFORMATIVOS DE JURISPRUDÊNCIA

Litigância de má-fé. Violação do dever de lealdade processual. Arestos colacionados nos embargos inservíveis. Súmula n. 337, I, "a", e IV, do TST. URL completa indicada apenas em sede de agravo. Indução do julgador a erro.

TST Considera-se litigante de má-fé, por violação do dever de lealdade processual, a parte que, nos embargos, colaciona arestos inservíveis, nos termos da Súmula n. 337, I, "a", e IV, do TST (não há indicação de datas e da fonte de publicação, as cópias juntadas não estão autenticadas e as URLs são incompletas), mas, nas razões do agravo interposto contra a decisão que denegara seguimento aos embargos, transcreve as URLs de maneira completa e afirma a validade dos paradigmas indicados, induzindo o julgador ao erro. Ag-E-ED-RR-178000-36.2003.5.01.0043, SDI1, Rel. Min. Cláudio Mascarenhas Brandão, 23.11.2017. (Info 169)

Erro no nome da parte. Existência de outros elementos de identificação. Ausência de prejuízo para a parte adversa. Erro material sanável.

TST A indicação incorreta do nome da parte recorrente caracteriza erro material sanável, tendo em vista o caráter instrumental e finalístico do processo. Assim, não há falar em ilegitimidade da parte e em falta de interesse recursal se os demais dados alusivos ao processo não foram inquinados de erro, e se não foi demonstrado prejuízo para a parte adversa. No caso, apesar de na primeira folha dos embargos de declaração constar como recorrente parte estranha à lide, tal erro não tem o condão de impedir a análise do recurso, sobretudo porque possível identificar o feito por outros elementos, tais como a indicação correta do número da reclamação trabalhista, do número do CPF do reclamante, do nome da empresa reclamada e do respectivo número do CNPJ. E-ED-ED-RR-122500-12.2008.5.15.0013, SDI1, Rel. Min. Augusto César Leite de Carvalho, 31.8.2017. (Info 163)

Reclamação e índice de atualização de débitos trabalhistas

STF É improcedente reclamação ajuizada pela Federação Nacional dos Bancos contra decisão do TST que determinou a alteração de índice de atualização de débitos trabalhistas, declarando a inconstitucionalidade, por arrastamento, da expressão "equivalentes à TRD" contida no "caput" do art. 39 da Lei 8.177/91 e determinou a revisão de sua OJ 300/SDI1, que reconhece a TR como índice de atualização monetária de débitos trabalhistas. O TST se apoiou nas ADI 4357 e 4425, propostas em face da EC 62/2009, que alterou a sistemática dos precatórios. Além disso, adotou a técnica de interpretação conforme à Constituição para que o texto remanescente do dispositivo impugnado preservasse o direito à atualização monetária dos créditos trabalhistas. O TST ainda definiu a variação do IPCA-E como fator de atualização a ser utilizado na tabela de atualização monetária dos débitos trabalhistas na Justiça do Trabalho. A Fenaban é parte ilegítima para propor reclamação porque não demonstrou como seu interesse jurídico teria sido afetado pelo acórdão reclamado. O STF já se manifestou contrário à chamada "transcendência" ou "efeitos irradiantes" dos motivos determinantes das decisões proferidas em controle abstrato de normas e que sua jurisprudência é no sentido de inexistir estrita aderência entre o conteúdo das decisões que determinam a utilização de índice diverso da TR para atualização monetária dos débitos trabalhistas e o decidido no julgamento da ADI 4357 e da ADI 4425. Além disso, observou haver recurso interposto contra o acórdão do TST e a reclamação não pode ser utilizada como sucedâneo de recurso. Rcl 22012, Rel. Acd. Min. Ricardo Lewandowski, j. 12.9.2017. 2ª T. (Info 887)

* INOVAÇÕES LEGISLATIVAS

▲ CLT. Título X – Do Processo Judiciário do Trabalho, Capítulo III – Dos Dissídios Individuais, Seção I – Da Forma de Reclamação e da Notificação

▲ Art. 840. § 1º Sendo escrita, a reclamação deverá conter a designação do juízo, a qualificação das partes, a breve exposição dos fatos de que resulte o dissídio, o pedido, que deverá ser certo, determinado e com indicação de seu valor, a data e a assinatura do reclamante ou de seu representante. § 2º Se verbal, a reclamação será reduzida a termo, em duas vias datadas e assinadas pelo escrivão ou secretário, observado, no que couber, o disposto no § 1º deste artigo. § 3º Os pedidos que não atendam ao disposto no § 1º deste artigo serão julgados extintos sem resolução do mérito. (Modificações: Lei 13.467/17)

▲ Art. 841. § 3º Oferecida a contestação, ainda que eletronicamente, o reclamante não poderá, sem o consentimento do reclamado, desistir da ação. (Modificações: Lei 13.467/17)

▲ Seção II – Da Audiência de Julgamento

▲ Art. 843. § 3º O preposto a que se refere o § 1º deste artigo não precisa ser empregado da parte reclamada. (Modificações: Lei 13.467/17)

▲ Art. 844. § 1º Ocorrendo motivo relevante, poderá o juiz suspender o julgamento, designando nova audiência. § 2º Na hipótese de ausência do reclamante, este será condenado ao pagamento das custas calculadas na forma do art. 789 desta Consolidação, ainda que beneficiário da justiça gratuita, salvo se comprovar, no prazo de quinze dias, que a ausência ocorreu por motivo legalmente justificável. § 3º O pagamento das custas a que se refere o § 2º é condição para a propositura de nova demanda. § 4º A revelia não produz o efeito mencionado no caput deste artigo se: I – havendo pluralidade de reclamados, algum deles contestar a ação; II – o litígio versar sobre direitos indisponíveis; III – a petição inicial não estiver acompanhada de instrumento que a lei considere indispensável à prova do ato; IV – as alegações de fato formuladas pelo reclamante forem inverossímeis ou estiverem em contradição com prova constante dos autos. § 5º Ainda que ausente o reclamado, presente o advogado na audiência, serão aceitos a contestação e os documentos eventualmente apresentados. (Modificações: Lei 13.467/17)

▲ Art. 847. Parágrafo único. A parte poderá apresentar defesa escrita pelo sistema de processo judicial eletrônico até a audiência. (Modificações: Lei 13.467/17)

▲ Seção IV – Do Incidente de Desconsideração da Personalidade Jurídica

▲ Art. 855-A. Aplica-se ao processo do trabalho o incidente de desconsideração da personalidade jurídica previsto nos arts. 133 a 137 da Lei n. 13.105, de 16 de março de 2015 – Código de Processo Civil. § 1º Da decisão interlocutória que acolher ou rejeitar o incidente: I – na fase de cognição, não cabe recurso de imediato, na forma do § 1º do art. 893 desta Consolidação; II – na fase de execução, cabe agravo de petição, independentemente de garantia do juízo; III – cabe agravo interno se proferida pelo relator em incidente instaurado originariamente no tribunal. § 2º A instauração do incidente suspenderá o processo, sem prejuízo de concessão da tutela de urgência de natureza cautelar de que trata o art. 301 da Lei n. 13.105, de 16 de março de 2015 (Código de Processo Civil). (Modificações: Lei 13.467/17)

* QUESTÕES OBJETIVAS

48. (Cespe/PGE/PE/Procurador/2018) Julgue os seguintes itens, acerca dos procedimentos nos dissídios individuais.

I. De acordo com o entendimento do TST, o "jus postulandi" abrange a atuação nas varas do trabalho e nos TRTs, inclusive no que se refere aos mandados de segurança.

II. Ao advogado, ainda que atuando em causa própria, serão devidos honorários sucumbenciais, inclusive nas ações contra a fazenda pública.

III. A exceção de incompetência territorial deverá ser suscitada, por petição, antes da realização da audiência, no prazo de cinco dias a contar da notificação.

IV. Ainda que o advogado esteja presente na audiência, a ausência do reclamado impossibilitará a entrega da contestação e de documentos a ela acostados.

Estão certos apenas os itens

a) I e II.
b) I e III.
c) I e IV.
d) II e III.
e) III e IV.

49. (Cespe/PGE/AM/Procurador/2016) Na instrução trabalhista, o momento da contradita ocorre logo após a testemunha firmar o compromisso de dizer a verdade sobre o que sabe e o que lhe for perguntado.

50. (Cespe/Funpresp_Jud/Analista/2016) Serão submetidos ao procedimento sumaríssimo os dissídios individuais contra a administração pública direta, autárquica e fundacional, se o valor não exceder quarenta vezes o valor do salário mínimo vigente na data do ajuizamento da ação.

51. (Cespe/SEDF/Analista/2017) Em procedimento sumaríssimo, apenas se admite o ajuizamento de reclamação trabalhista contra um estado da Federação se o valor do dissídio individual não exceder a quarenta vezes o salário mínimo vigente na data do ajuizamento da ação.

52. (Cespe/DPU/Defensor/2017) O dissídio individual cujo valor seja de até quarenta vezes o salário mínimo vigente na data do ajuizamento da reclamação será submetido ao procedimento sumaríssimo, razão por que, nele, não será possível a produção de prova técnica pericial.

53. (Cespe/TRT/7R/Analista/2017) Antônio ajuizou reclamação trabalhista pleiteando o pagamento de adicional de insalubridade e seus reflexos legais. Apesar de devidamente notificada, a reclamada não compareceu à audiência inicial, mas foi representada por seu advogado, que apresentou contestação fundamentada em razões de fato e de direito para afastar os pedidos autorais. Nessa situação hipotética:

a) a revelia poderá ser ilidida se for apresentado atestado médico pelo preposto que comprove que a ausência da reclamada deveu-se ao comparecimento em consulta em horário coincidente com o da audiência.
b) a revelia, embora acarrete a confissão ficta quanto à matéria de fato arguida, não impede que a reclamada suscite prescrição em recurso ordinário.
c) caso seja declarada a revelia, haverá a condenação da reclamada quanto ao adicional de insalubridade nos exatos termos da reclamação trabalhista, já que a confissão ficta abarca todas as matérias de fato.
d) a presença do advogado munido de defesa afasta os efeitos da revelia, admitindo-se a juntada da contestação e seus documentos como prova pré-constituída.

54. **(Cespe/PGE/SE/Procurador/2017)** Empregado de empresa de serviços gerais e conservação que prestava serviços para uma autarquia ajuizou reclamação trabalhista em desfavor desta e de sua empregadora, pleiteando o pagamento de horas extras e dando à causa o valor equivalente a trinta e oito salários mínimos. Considerando-se a legislação pertinente e o rito processual trabalhista, é correto afirmar que, nessa situação hipotética:

a) a demanda deverá, necessariamente, atender ao procedimento ordinário.
b) cada uma das partes poderá requerer a oitiva de até seis testemunhas.
c) em razão da obrigatoriedade de recurso no caso de a autarquia ser vencida na demanda, o magistrado não poderá tentar a conciliação.
d) a demanda deverá, necessariamente, atender ao procedimento sumaríssimo.
e) caso a petição inicial não apresente os pedidos liquidados, o processo será arquivado, com condenação ao pagamento de custas.

55. **(Cespe/TRT/8R/Oficial_Justiça/2016)** O advogado público Arnaldo, representando João, ex-empregado da instituição X, propôs ação trabalhista contra tal instituição mediante processo judicial eletrônico. A petição inicial foi distribuída diretamente, em formato digital, sem a intervenção da respectiva secretaria ou cartório judicial. O representante legal da referida instituição recebeu a citação válida no prazo legal. A respeito dessa situação hipotética, assinale a opção correta:

a) O patrono da causa não consta no rol daqueles que se podem valer da utilização do processo eletrônico judicial.
b) O representante legal da instituição deve apresentar contrarrazões no prazo de expediente do respectivo órgão judiciário.
c) Não há óbice à utilização do processo judicial eletrônico nessa situação.
d) O advogado da instituição poderá alegar, em contestação, a nulidade da citação por vício na distribuição.
e) É obrigação da instituição exigir o recebimento da citação em mídia impressa.

4. DO PROCESSO DE HOMOLOGAÇÃO DE ACORDO EXTRAJUDICIAL

✱ INOVAÇÕES LEGISLATIVAS

▲ Título X – Do Processo Judiciário do Trabalho, Capítulo III-A – Do Processo de Jurisdição Voluntária para Homologação de Acordo Extrajudicial

▲ Art. 855-B. O processo de homologação de acordo extrajudicial terá início por petição conjunta, sendo obrigatória a representação das partes por advogado. § 1º As partes não poderão ser representadas por advogado comum. § 2º Faculta-se ao trabalhador ser assistido pelo advogado do sindicato de sua categoria. (Modificações: Lei 13.467/17)

▲ Art. 855-C. O disposto neste Capítulo não prejudica o prazo estabelecido no § 6º do art. 477 desta Consolidação e não afasta a aplicação da multa prevista no § 8º art. 477 desta Consolidação. (Modificações: Lei 13.467/17)

▲ Art. 855-D. No prazo de quinze dias a contar da distribuição da petição, o juiz analisará o acordo, designará audiência se entender necessário e proferirá sentença. (Modificações: Lei 13.467/17)

▲ Art. 855-E. A petição de homologação de acordo extrajudicial suspende o prazo prescricional da ação quanto aos direitos nela especificados. Parágrafo único. O prazo prescricional voltará a fluir no dia útil seguinte ao do trânsito em julgado da decisão que negar a homologação do acordo. (Modificações: Lei 13.467/17)

5. DOS DISSÍDIOS COLETIVOS

✱ SÚMULAS

TST Súm. 246. É dispensável o trânsito em julgado da sentença normativa para a propositura da ação de cumprimento.

TST Súm. 286. A legitimidade do sindicato para propor ação de cumprimento estende-se também à observância de acordo ou de convenção coletivos.

TST Súm. 350. O prazo de prescrição com relação à ação de cumprimento de decisão normativa flui apenas da data de seu trânsito em julgado.

TST OJ/SDI1 188. Falta interesse de agir para a ação individual, singular ou plúrima, quando o direito já foi reconhecido através de decisão normativa, cabendo, no caso, ação de cumprimento.

TST OJ/SDI1 277. A coisa julgada produzida na ação de cumprimento é atípica, pois dependente de condição resolutiva, ou seja, da não-modificação da decisão normativa por eventual recurso. Assim, modificada a sentença normativa pelo TST, com a consequente extinção do processo, sem julgamento do mérito, deve-se extinguir a execução em andamento, uma vez que a norma sobre a qual se apoiava o título exequendo deixou de existir no mundo jurídico.

✱ INFORMATIVOS DE JURISPRUDÊNCIA

Dispensa em massa de trabalhadores. Ajuizamento de dissídio coletivo de natureza jurídica. Inadequação da via eleita. Configuração de dissídio individual plúrimo. Extinção do processo sem resolução de mérito.

TST É incabível o ajuizamento de dissídio coletivo de natureza jurídica para obter o reconhecimento da nulidade da dispensa em massa e a condenação da suscitada à reintegração dos trabalhadores e ao pagamento dos respectivos consectários legais. No caso, consignou-se que o provimento pretendido era condenatório, configurando, portanto, hipótese de ajuizamento de dissídio individual plúrimo, de competência da Vara do Trabalho, visto que o dissídio coletivo de natureza jurídica é limitado à interpretação de norma autônoma ou heterônoma específica de uma categoria, nos moldes do disposto na OJ 7/SDC. RO-10782-38.2015.5.03.0000, Pleno, Rel. Acd. Min. Maria Cristina Irigoyen Peduzzi, 18.12.2017. (Info 170)

✱ QUESTÕES OBJETIVAS

56. **(Cespe/Funpresp_Jud/Analista/2016)** Em dissídio coletivo, se opera tão somente coisa julgada formal. Assim, o mandado de segurança e a ação rescisória são os meios adequados para se atacar cláusula reformada em sentença normativa modificada em grau de recurso.

57. **(Cespe/SEDF/Analista/2017)** Para o TST, a instauração de dissídio coletivo prescinde da participação da entidade de classe patronal.

6. DA EXECUÇÃO

✱ SÚMULAS

1) Adjudicação

TST OJ/SDI2 66. É incabível o mandado de segurança contra sentença homologatória de adjudicação, uma vez que existe meio próprio para impugnar o ato judicial, consistente nos embargos à adjudicação (CPC, art. 746).

2) Agravo de Petição

TST Súm. 266. A admissibilidade do recurso de revista interposto de acórdão proferido em agravo de petição, na liquidação de sentença ou em processo incidente na execução, inclusive os embargos de terceiro, depende de demonstração inequívoca de violência direta à Constituição Federal.

TST Súm. 416. Devendo o agravo de petição delimitar justificadamente a matéria e os valores objeto de discordância, não fere direito líquido e certo o prosseguimento da execução quanto aos tópicos e valores não especificados no agravo.

3) Coisa Julgada

TST OJ/SDI1 262. Não ofende a coisa julgada a limitação à data-base da categoria, na fase executória, da condenação ao pagamento de diferenças salariais decorrentes de planos econômicos, quando a decisão exequenda silenciar sobre a limitação, uma vez que a limitação decorre de norma cogente. Apenas quando a sentença exequenda houver expressamente afastado a limitação à data-base é que poderá ocorrer ofensa à coisa julgada.

TST OJ/SDI1 277. A coisa julgada produzida na ação de cumprimento é atípica, pois dependente de condição resolutiva, ou seja, da não-modificação da decisão normativa por eventual recurso. Assim, modificada a sentença normativa pelo TST, com a consequente extinção do processo, sem julgamento do mérito, deve-se extinguir a execução em andamento, uma vez que a norma sobre a qual se apoiava o título exequendo deixou de existir no mundo jurídico.

4) Competência

TST Súm. 419. Na execução por carta precatória, os embargos de terceiro serão oferecidos no juízo deprecante ou no juízo deprecado, mas a competência para julgá-los é do juízo deprecante, salvo se versarem, unicamente, sobre vícios ou irregularidades da penhora, avaliação ou alienação dos bens, praticados pelo juízo deprecado, em que a competência será deste último.

5) Correção Monetária

TST Súm. 187. A correção monetária não incide sobre o débito do trabalhador reclamante.

TST Súm. 211. Os juros de mora e a correção monetária incluem-se na liquidação, ainda que omisso o pedido inicial ou a condenação.

TST Súm. 304. Os débitos trabalhistas das entidades submetidas aos regimes de intervenção ou liquidação extrajudicial estão sujeitos a correção monetária desde o respectivo vencimento até seu efetivo pagamento, sem interrupção ou suspensão, não incidindo, entretanto, sobre tais débitos, juros de mora.

TST Súm. 311. O cálculo da correção monetária incidente sobre débitos relativos a benefícios previdenciários devidos a dependentes de ex-empregado pelo empregador, ou por entidade de previdência privada a ele vinculada, será o previsto na Lei n. 6.899, de 8.4.1981.

TST Súm. 381. O pagamento dos salários até o 5º dia útil do mês subsequente ao vencido não está sujeito à correção monetária. Se essa data limite for ultrapassada, incidirá o índice da correção monetária do mês subsequente ao da prestação dos serviços, a partir do dia 1º.

TST OJ/SDI1 28. Incide correção monetária sobre as diferenças salariais dos servidores das universidades federais, decorrentes da aplicação retroativa dos efeitos financeiros assegurados pela Lei n. 7.596/1987, pois a correção monetária tem como escopo único minimizar a desvalorização da moeda em decorrência da corrosão inflacionária.

TST OJ/SDI1 181. O valor das comissões deve ser corrigido monetariamente para em seguida obter-se a média para efeito de cálculo de férias, 13º salário e verbas rescisórias.

TST OJ/SDI1 198. Diferentemente da correção aplicada aos débitos trabalhistas, que têm caráter alimentar, a atualização monetária dos honorários periciais é fixada pelo art. 1º da Lei n. 6.899/81, aplicável a débitos resultantes de decisões judiciais.

TST OJ/SDI1 300. Não viola norma constitucional (art. 5º, II e XXXVI) a determinação de aplicação da TRD, como fator de correção monetária dos débitos trabalhistas, cumulada com juros de mora, previstos no artigo 39 da Lei n. 8.177/91 e convalidado pelo artigo 15 da Lei n. 10.192/01.

TST OJ/SDI1 341. É de responsabilidade do empregador o pagamento da diferença da multa de 40% sobre os depósitos do FGTS, decorrente da atualização monetária em face dos expurgos inflacionários.

TST OJ/SDI2 11. Não se rescinde julgado que acolhe pedido de correção monetária decorrente da implantação tardia do Plano de Classificação de Cargos de Universidade Federal previsto na Lei n. 7.596/87, à época em que era controvertida tal matéria na jurisprudência. Incidência da Súmula n. 83 do TST.

6) Depositário

TST OJ/SDI2 89. A investidura no encargo de depositário depende da aceitação do nomeado que deve assinar termo de compromisso no auto de penhora, sem o que, é inadmissível a restrição de seu direito de liberdade.

TST OJ/SDI2 143. Não se caracteriza a condição de depositário infiel quando a penhora recair sobre coisa futura e incerta, circunstância que, por si só, inviabiliza a materialização do depósito no momento da constituição do paciente em depositário, autorizando-se a concessão de "habeas corpus" diante da prisão ou ameaça de prisão que sofra.

7) Juros

TST Súm. 200. Os juros de mora incidem sobre a importância da condenação já corrigida monetariamente.

TST Súm. 307. A fórmula de cálculo de juros prevista no Decreto-Lei n. 2.322, de 26.2.1987 somente é aplicável a partir de 27.2.1987. Quanto ao período anterior, deve-se observar a legislação então vigente.

TST Súm. 439. Nas condenações por dano moral, a atualização monetária é devida a partir da data da decisão de arbitramento ou de alteração do valor. Os juros incidem desde o ajuizamento da ação, nos termos do art. 883 da CLT.

TST OJ/SDI1 382. A Fazenda Pública, quando condenada subsidiariamente pelas obrigações trabalhistas devidas pela empregadora principal, não se beneficia da limitação dos juros, prevista no art. 1º-F da Lei 9.494, de 10.9.1997.

TST OJ/SDI1 400. Os juros de mora decorrentes do inadimplemento de obrigação de pagamento em dinheiro não integram a base de cálculo do imposto de renda, independentemente da natureza jurídica da obrigação inadimplida, ante o cunho indenizatório conferido pelo art. 404 do Código Civil de 2002 aos juros de mora.

TST OJ/SDI1 408. É devida a incidência de juros de mora em relação aos débitos trabalhistas de empresa em liquidação extrajudicial sucedida nos moldes dos arts. 10 e 448 da CLT. O sucessor responde pela obrigação do sucedido, não se beneficiando de qualquer privilégio a este destinado.

8) Penhora

TST Súm. 417. I. Não fere direito líquido e certo do impetrante o ato judicial que determina penhora em dinheiro do executado, em execução definitiva, para garantir crédito exequendo, uma vez que obedece à gradação prevista no art. 655 do CPC. II. Havendo discordância do credor, em execução definitiva, não tem o executado direito líquido e certo a que os valores penhorados em dinheiro fiquem depositados no próprio banco, ainda que atenda aos requisitos do art. 666, I, do CPC. III. Em se tratando de execução provisória, fere direito líquido e certo do impetrante a determinação de penhora em dinheiro, quando nomeados outros bens à penhora, pois o executado tem direito a que a execução se processe da forma que lhe seja menos gravosa, nos termos do art. 620 do CPC.

TST OJ/SDI1 226. Diferentemente da cédula de crédito industrial garantida por alienação fiduciária, na cédula rural pignoratícia ou hipotecária o bem permanece sob o domínio do devedor (executado), não constituindo óbice à penhora na esfera trabalhista. (Decreto-Lei n. 167/67, art. 69; CLT, arts. 10 e 30 e Lei n. 6.830/80).

TST OJ/SDI1 343. É válida a penhora em bens de pessoa jurídica de direito privado, realizada anteriormente à sucessão pela União ou por Estado-membro, não podendo a execução prosseguir mediante precatório. A decisão que a mantém não viola o art. 100 da CF/1988.

TST OJ/SDI2 54. Ajuizados embargos de terceiro (art. 674 do CPC de 2015 – art. 1.046 do CPC de 1973) para pleitear a desconstituição da penhora, é incabível mandado de segurança com a mesma finalidade.

TST OJ/SDI2 59. A carta de fiança bancária e o seguro garantia judicial, desde que em valor não inferior ao do débito em execução, acrescido de trinta por cento, equivalem a dinheiro para efeito da gradação dos bens penhoráveis, estabelecida no art. 835 do CPC de 2015 (art. 655 do CPC de 1973).

TST OJ/SDI2 93. Nos termos do art. 866 do CPC de 2015, é admissível a penhora sobre a renda mensal ou faturamento de empresa, limitada a percentual, que não comprometa o desenvolvimento regular de suas atividades, desde que não haja outros bens penhoráveis ou, havendo outros bens, eles sejam de difícil alienação ou insuficientes para satisfazer o crédito executado.

TST OJ/SDI2 153. Ofende direito líquido e certo decisão que determina o bloqueio de numerário existente em conta salário, para satisfação de crédito trabalhista, ainda que seja limitado a determinado percentual dos valores recebidos ou a valor revertido para fundo de aplicação ou poupança, visto que o art. 649, IV, do CPC de 1973 contém norma imperativa que não admite interpretação ampliativa, sendo a exceção prevista no art. 649, § 2º, do CPC de 1973 espécie e não gênero de crédito de natureza alimentícia, não englobando o crédito trabalhista.

9) Outros temas

STF Súm. 227. A concordata do empregador não impede a execução de crédito nem a reclamação de empregado na Justiça do Trabalho.

STF Súm. 327. O direito trabalhista admite a prescrição intercorrente.

STF Súm. 458. O processo da execução trabalhista não exclui a remição pelo executado.

TST OJ/SDI1 87. É direta a execução contra a APPA e Minascaixa (§ 1º do art. 173, da CF/1988).

TST OJ/SDI1 143. A execução trabalhista deve prosseguir diretamente na Justiça do Trabalho mesmo após a decretação da liquidação extrajudicial. Lei n. 6.830/80, arts. 5º e 29, aplicados supletivamente (CLT, art. 889 e CF/1988, art. 114).

TST OJ/SDI2 53. A liquidação extrajudicial de sociedade cooperativa não suspende a execução dos créditos trabalhistas existentes contra ela.

TST OJ/SDI2 56. Não há direito líquido e certo à execução definitiva na pendência de recurso extraordinário, ou de agravo de instrumento visando a destrancá-lo.

✱ REPERCUSSÃO & REPETITIVOS

TST Repetitivo 4. A multa coercitiva do artigo do artigo 523, § 1º do NCPC não é compatível com as normas vigentes da CLT por que se rege o processo do trabalho, ao qual não se aplica. (RR 1786-24.2015.5.04.0000, 30.11.2017)

✱ INFORMATIVOS DE JURISPRUDÊNCIA

Mandado de Segurança. Empresa em recuperação judicial. Depósito recursal anterior ao processamento da recuperação judicial. Integração ao Juízo universal da falência.

TST Embora o depósito recursal fique à disposição do Juízo trabalhista, ele não integra o patrimônio do reclamante, ainda que realizado antes do processamento da recuperação judicial ou da decretação da falência da empresa, de modo que todos os atos de execução referentes às reclamações trabalhistas movidas contra a recuperanda são de competência do Juízo universal, consoante jurisprudência reiterada do STJ. TST-RO-34874.2016.5.13.0000, SBDI-II, red. p/ acórdão Min. Renato de Lacerda Paiva, 15.5.2018. (Info 178)

Mandado de segurança. Empresa em recuperação judicial. Depósito judicial anterior ao processamento da recuperação judicial. Não integração ao Juízo universal de falência. Valores à disposição do Juízo trabalhista.

TST O depósito judicial efetuado antes do deferimento do processo de recuperação judicial desliga-se do patrimônio da empresa e assume o papel de garantia de uma futura execução, razão pela qual não está à disposição do Juízo falimentar, mas do Juízo trabalhista. RO-94-09.2016.5.20.0000, SDI2, Rel. Min. Breno Medeiros, 24.4.2018. (Info 177)

Ação rescisória. Acórdão que rejeitou a preliminar de intempestividade dos embargos de terceiro. Penhora de percentual de faturamento de empresa. Juízo garantido apenas quando o valor total executado se completar. Contagem do prazo para oposição de embargos de terceiro a partir da ciência da penhora. Impossibilidade. Violação dos arts. 184, § 2°, e 1.048 do CPC/73. Não configuração.

TST No caso de penhora de percentual de faturamento de empresa, o juízo somente estará integralmente garantido quando o valor total executado se completar por meio dos depósitos realizados mês a mês (art. 655-A, caput, e § 3º, do CPC/73). Assim, não há como contar o prazo para a apresentação de embargos de terceiro a partir da ciência da penhora, nos termos dos arts. 184, § 2º, e 1.048 do CPC/73, visto que nesse momento a constrição não está completa. RO-11518-13.2015.5.01.0000, SDI2, Rel. Min. Luiz Philippe Vieira de Mello Filho, 21.11.2017. (Info 169)

Mandado de segurança. Ato coator proferido na vigência do NCPC. Determinação de penhora incidente sobre percentual da aposentadoria. Legalidade. Ausência de ofensa a direito líquido e certo dos impetrantes. Art. 833, § 2°, do NCPC. Não aplicação da OJ 153/ SDI2.

TST Na hipótese em que o ato impugnado foi proferido na vigência do NCPC, não ofende direito líquido e certo dos impetrantes a penhora de 15% dos proventos de aposentadoria para pagamento de créditos trabalhistas efetuada nos termos do art. 833, § 2º, do NCPC. O entendimento consagrado na OJ 153/SDI2 não se aplica ao caso em concreto porque a diretriz ali definida restringe-se às penhoras efetuadas quando em vigor o CPC/73. RO-20605-38.2017.5.04.0000, SDI2, Rel. Min. Delaíde Miranda Arantes, 17.10.2017. (Info 168)

* INOVAÇÕES LEGISLATIVAS

▲ CLT. Título X – Do Processo Judiciário do Trabalho, Capítulo V – Da Execução, Seção I – Das Disposições Preliminares

▲ Art. 876. Parágrafo único. A Justiça do Trabalho executará, de ofício, as contribuições sociais previstas na alínea a do inciso I e no inciso II do caput do art. 195 da Constituição Federal, e seus acréscimos legais, relativas ao objeto da condenação constante das sentenças que proferir e dos acordos que homologar. (Modificações: Lei 13.467/17)

▲ Art. 878. A execução será promovida pelas partes, permitida a execução de ofício pelo juiz ou pelo Presidente do Tribunal apenas nos casos em que as partes não estiverem representadas por advogado. Parágrafo único. (Revogado). (Alterados p/ Lei 13.467/17)

▲ Art. 879. § 2º Elaborada a conta e tornada líquida, o juízo deverá abrir às partes prazo comum de oito dias para impugnação fundamentada com a indicação dos itens e valores objeto da discordância, sob pena de preclusão. (...). § 7º A atualização dos créditos decorrentes de condenação judicial será feita pela Taxa Referencial (TR), divulgada pelo Banco Central do Brasil, conforme a Lei n. 8.177, de 1º de março de 1991. (Modificações: Lei 13.467/17)

▲ Seção II – Do Mandado e da Penhora

▲ Art. 882. O executado que não pagar a importância reclamada poderá garantir a execução mediante depósito da quantia correspondente, atualizada e acrescida das despesas processuais, apresentação de seguro-garantia judicial ou nomeação de bens à penhora, observada a ordem preferencial estabelecida no art. 835 da Lei n. 13.105, de 16 de março de 2015 – Código de Processo Civil. (Modificações: Lei 13.467/17)

▲ Art. 883-A. A decisão judicial transitada em julgado somente poderá ser levada a protesto, gerar inscrição do nome do executado em órgãos de proteção ao crédito ou no Banco Nacional de Devedores Trabalhistas (BNDT), nos termos da lei, depois de transcorrido o prazo de quarenta e cinco dias a contar da citação do executado, se não houver garantia do juízo. (Modificações: Lei 13.467/17)

▲ Seção III – Dos Embargos à Execução e da sua Impugnação

▲ Art. 884. § 6º A exigência da garantia ou penhora não se aplica às entidades filantrópicas e/ou àqueles que compõem ou compuseram a diretoria dessas instituições. (Modificações: Lei 13.467/17)

* QUESTÕES OBJETIVAS

58. **(Cespe/PGE/PE/Procurador/2018)** De acordo com o disposto na CLT e com a jurisprudência do TST a respeito da execução trabalhista, a parte executada será citada para pagar a quantia devida ou indicar bens à penhora no prazo de

a) vinte e quatro horas.
b) trinta e seis horas.
c) quarenta e oito horas.
d) sessenta horas.
e) setenta e duas horas.

59. **(Cespe/Funpresp_Jud/Analista/2016)** Iniciada a fase de execução e penhorados os bens, o executado poderá apresentar embargos, nos quais a matéria de defesa deverá restringir-se às alegações de quitação, prescrição da dívida ou cumprimento da decisão ou do acordo.

60. **(Cespe/PGE/AM/Procurador/2016)** É inadmissível a penhora de dinheiro em execução provisória.

61. **(Cespe/TRT/8R/Oficial_Justiça/2016)** Considerando o disposto na legislação trabalhista sobre embargos à execução, revelia e confissão, dissídios coletivos e competência do Tribunal Superior do Trabalho (TST), assinale a opção correta:

a) Nos casos em que o reclamado não comparecer à audiência, o processo deverá ficar suspenso até o reclamante demonstrar não haver concorrido para a ausência da parte requerida.
b) Na audiência designada para a prolação de decisão, deverão comparecer as partes pessoalmente, não se admitindo outorga de poderes; no caso de revelia, poderá a parte presente requerer a nulidade do processo.
c) O TST é competente para julgar originariamente os dissídios coletivos de categorias profissionais representadas por entidades de classe.
d) A oposição de embargos à execução independe da garantia ou penhora de bens.
e) No processo do trabalho, torna-se inexigível o título judicial declarado inconstitucional em decorrência de lei ou ato normativo.

62. **(Cespe/Funpresp/Especialista Jurídico/2016)** No caso de, em execução provisória, o juiz determinar a penhora em dinheiro diretamente na conta-corrente da parte executada que tiver indicado bem imóvel à penhora, caberá impetração de mandado de segurança contra a decisão do juiz.

63. **(Cespe/SEDF/Analista/2017)** Os embargos à execução são processados nos mesmos autos da execução, podendo haver audiência para produção de provas com oitiva de testemunhas arroladas pelas partes. Não sendo arroladas testemunhas, o juiz proferirá sua decisão dentro de cinco dias.

64. **(Cespe/DPU/Defensor/2017)** Deverá ser requerida nos próprios autos da execução trabalhista a devolução de valores levantados a maior em execução de sentença devido a equívoco nos cálculos realizados na liquidação.

65. **(Cespe/PGM/Fortaleza/Procurador/2017)** No caso de ação coletiva em que sindicato atue como substituto processual na defesa de direitos individuais homogêneos, o entendimento do TST é de que o pagamento individualizado do crédito devido pela fazenda pública aos substituídos não afronta a proibição de fracionamento do valor da execução para fins de enquadramento em pagamentos da obrigação como requisição de pequeno valor.

66. **(Cespe/PGM/Belo_Horizonte/Procurador/2017)** Assinale a opção correta, a respeito da execução trabalhista, conforme o entendimento do TST:

a) Os erros de cálculo que existirem na sentença não poderão ser corrigidos na liquidação de sentença, já que a fase de liquidação é igual à de execução.
b) Na execução por carta precatória, salvo se o juízo deprecante indicar o bem constrito ou se a carta já tiver sido devolvida, os embargos de terceiro serão oferecidos no juízo deprecado.
c) Superado o prazo de cento e oitenta dias do deferimento do processamento da recuperação judicial, a continuidade das execuções individuais trabalhistas retorna automaticamente.
d) Depósito realizado em caderneta de poupança até o limite de quarenta salários mínimos é impenhorável, mesmo que essa conta esteja sendo utilizada como conta-corrente, sem o cunho de economia futura e segurança pessoal.

67. **(Cespe/DPU/Defensor/2015)** O TST firmou recente entendimento no sentido de ser possível a penhora do valor referente à restituição de imposto de renda retido na fonte pelo empregador para pagamento da execução trabalhista.

68. **(Cespe/AGU/Advogado/2015)** Elaborados os cálculos de liquidação de sentença, a abertura de prazo pelo juiz do trabalho para impugnação será facultativa em relação às partes e obrigatória para a União.

69. (Cespe/TRT/7R/Técnico/2017) Em demanda trabalhista, a empresa RXW Previ S.A. foi condenada ao pagamento de verbas trabalhistas ao empregado João. Além disso, em razão dessa mesma demanda, foi reconhecida a existência de débitos previdenciários contra a empresa, incidentes sobre os rendimentos do autor da demanda e não recolhidos aos cofres públicos. No que se refere à condenação relativa ao empregado, a empresa cumpriu as determinações da justiça dentro do prazo legal. Em relação ao tributo devido, a empresa não efetuou qualquer recolhimento. Nessa situação hipotética, sabendo que o credor dessa relação jurídica inadimplida é a União, assinale a opção correta acerca da execução da verba previdenciária:

a) O processo executivo poderá ser iniciado, de ofício, pelo próprio juízo sentenciante.
b) Por se tratar de um direito subjetivo, somente poderá ser executado pela União, junto à justiça do trabalho.
c) Por se tratar de um direito subjetivo, somente poderá ser executado pela União, junto à justiça federal.
d) Somente a União poderá executar o débito, podendo escolher se a execução ocorrerá na justiça federal ou na justiça do trabalho.

70. (Cespe/TRT/7R/Técnico/2017) Quanto à natureza jurídica, os embargos à execução constituem um tipo de:

a) medida judicial que pode ser ajuizada por pessoa cujos bens sofram constrição ou estejam ameaçados de sofrê-la, ainda que essa pessoa não seja parte no processo.
b) recurso que pode ser interposto contra despacho que nega seguimento a recurso principal.
c) medida judicial incidente ao processo de execução que pode ser ajuizada pelo executado para desconstituir título executivo judicial ou extrajudicial.
d) recurso que pode ser interposto contra sentença que acolhe ou rejeita total ou parcialmente, a impugnação do exequente.

71. (Cespe/TRT/7R/Analista/2017) Com relação ao processo de execução na seara trabalhista, assinale a opção correta:

a) Se o exequente puder promover a execução por diversos meios, o juiz mandará que se faça pelo modo menos gravoso para o executado, porém, se entender que uma medida executiva é excessivamente gravosa, o executado deverá indicar outros bens ao juízo, que os avaliará por perícia antes de aceitá-los.
b) É absolutamente impenhorável o bem de família voluntário, independentemente do valor, sendo protegido o prédio residencial urbano ou rural com seus pertences e acessórios, desde que destinado ao domicílio familiar e gravado como tal na respectiva escritura pública.
c) Não cabe mandado de segurança contra o ato judicial que determina penhora em dinheiro do executado para garantir crédito exequendo.
d) Na penhora de dinheiro em depósito ou em aplicação financeira, o juiz dará ciência prévia do ato ao executado para assegurar o direito à ampla defesa e ao contraditório.

72. (Cespe/PGE/SE/Procurador/2017) Julgue os seguintes itens, acerca da execução no processo do trabalho.

I. A execução de contribuição social devida em decorrência de decisão condenatória de tribunal do trabalho será iniciada de ofício.
II. O incidente de desconsideração da personalidade jurídica será resolvido por decisão interlocutória passível de agravo de petição, independentemente de garantia do juízo.
III. Da decisão sobre os embargos à execução caberá recurso ordinário no prazo de oito dias.
IV. Na execução por carta precatória, os embargos de terceiro serão opostos no juízo deprecante caso a referida carta já tenha sido devolvida.

Estão certos apenas os itens:

a) I e II.
b) I e III.
c) II e III.
d) III e IV.
e) I, II e IV.

73. (Cespe/PGM/Salvador/Procurador/2015) Com relação a liquidação de sentença e execução trabalhista, assinale a opção correta:

a) Caberá mandado de segurança de decisão de juiz do trabalho que determine penhora de valores depositados em conta de poupança sem observar o limite de quarenta salários mínimos.
b) Na justiça do trabalho, é cabível a execução provisória de títulos executivos judiciais e extrajudiciais.

c) Por fornecer esclarecimentos ao juiz a respeito de questões técnicas, a perícia é plenamente utilizada no processo do trabalho como forma de liquidação de sentença.
d) O TST admite interposição de recurso de revista de acórdão proferido em liquidação de sentença desde que o recorrente demonstre violação direta a literal disposição de lei federal ou à CF.
e) A última oportunidade que o empregador executado tem de juntar recibos de pagamento de verbas já quitadas, não juntados no processo cognitivo, ocorre quando da apresentação dos embargos à execução.

74. **(Cespe/TRT/7R/Técnico/2017)** Se o executado, procurado por duas vezes dentro de quarenta e oito horas, não for encontrado, será feita a citação:

a) por meio eletrônico.
b) pela imprensa.
c) por edital.
d) pelo correio.

7. DOS RECURSOS

* SÚMULAS

1) Admissibilidade

TST Súm. 296. I. A divergência jurisprudencial ensejadora da admissibilidade, do prosseguimento e do conhecimento do recurso há de ser específica, revelando a existência de teses diversas na interpretação de um mesmo dispositivo legal, embora idênticos os fatos que as ensejaram. II. Não ofende o art. 896 da CLT decisão de Turma que, examinando premissas concretas de especificidade da divergência colacionada no apelo revisional, conclui pelo conhecimento ou desconhecimento do recurso.

TST Súm. 422. I. Não se conhece de recurso para o Tribunal Superior do Trabalho se as razões do recorrente não impugnam os fundamentos da decisão recorrida, nos termos em que proferida. II. O entendimento referido no item anterior não se aplica em relação à motivação secundária e impertinente, consubstanciada em despacho de admissibilidade de recurso ou em decisão monocrática. III. Inaplicável a exigência do item I relativamente ao recurso ordinário da competência de Tribunal Regional do Trabalho, exceto em caso de recurso cuja motivação é inteiramente dissociada dos fundamentos da sentença.

TST Súm. 435. Aplica-se subsidiariamente ao processo do trabalho o art. 932 do CPC de 2015 (art. 557 do CPC de 1973).

TST Súm. 459. O conhecimento do recurso de revista, quanto à preliminar de nulidade, por negativa de prestação jurisdicional, supõe indicação de violação do art. 832 da CLT, do art. 489 do CPC de 2015 (art. 458 do CPC de 1973) ou do art. 93, IX, da CF/1988.

2) Agravo

STF Súm. 315. Indispensável o traslado das razões da revista, para julgamento, pelo Tribunal Superior do Trabalho, do agravo para sua admissão.

TST OJ/SDI1 110. A existência de instrumento de mandato apenas nos autos de agravo de instrumento, ainda que em apenso, não legitima a atuação de advogado nos processos de que se originou o agravo.

TST OJ/SDI1 132. Inexistindo lei que exija a tramitação do agravo regimental em autos apartados, tampouco previsão no regimento interno do regional, não pode o agravante ver-se apenado por não haver colacionado cópia de peças dos autos principais, quando o agravo regimental deveria fazer parte dele.

TST OJ/SDI1 217. Para a formação do agravo de instrumento, não é necessária a juntada de comprovantes de recolhimento de custas e de depósito recursal relativamente ao recurso ordinário, desde que não seja objeto de controvérsia no recurso de revista a validade daqueles recolhimentos.

TST OJ/SDI1 282. No julgamento de agravo de instrumento, ao afastar o óbice apontado pelo TRT para o processamento do recurso de revista, pode o juízo "ad quem" prosseguir no exame dos demais pressupostos extrínsecos e intrínsecos do recurso de revista, mesmo que não apreciados pelo TRT.

TST OJ/SDI1 283. É válido o traslado de peças essenciais efetuado pelo agravado, pois a regular formação do agravo incumbe às partes e não somente ao agravante.

TST OJ/SDI1 286. I. A juntada da ata de audiência, em que consignada a presença do advogado, desde que não estivesse atuando com mandato expresso, torna dispensável a procuração deste, porque demonstrada a existência de mandato tácito. II. Configurada a existência de mandato tácito fica suprida a irregularidade detectada no mandato expresso.

TST OJ/SDI1 412. É incabível agravo interno (art. 1.021 do CPC de 2015, art. 557, § 1º, do CPC de 1973) ou agravo regimental (art. 235 do RITST) contra decisão proferida por Órgão colegiado. Tais recursos destinam-se, exclusivamente, a impugnar decisão monocrática nas hipóteses previstas. Inaplicável, no caso, o princípio da fungibilidade ante a configuração de erro grosseiro.

TST OJ/SDI2 91. Não sendo a parte beneficiária da assistência judiciária gratuita, inexiste direito líquido e certo à autenticação, pelas secretarias dos tribunais, de peças extraídas do processo principal, para formação do agravo de instrumento.

3) Comprovação de Divergência

TST Súm. 337. I. Para comprovação da divergência justificadora do recurso, é necessário que o recorrente: a) Junte certidão ou cópia autenticada do acórdão paradigma ou cite a fonte oficial ou o repositório autorizado em que foi publicado; e b) Transcreva, nas razões recursais, as ementas e/ou trechos dos acórdãos trazidos à configuração do dissídio, demonstrando o conflito de teses que justifique o conhecimento do recurso, ainda que os acórdãos já se encontrem nos autos ou venham a ser juntados com o recurso. II. A concessão de registro de publicação como repositório autorizado de jurisprudência do TST torna válidas todas as suas edições anteriores. III. A mera indicação da data de publicação, em fonte oficial, de aresto paradigma é inválida para comprovação de divergência jurisprudencial, nos termos do item I, "a", desta súmula, quando a parte pretende demonstrar o conflito de teses mediante a transcrição de trechos que integram a fundamentação do acórdão divergente, uma vez que só se publicam o dispositivo e a ementa dos acórdãos; IV. É válida para a comprovação da divergência jurisprudencial justificadora do recurso a indicação de aresto extraído de repositório oficial na internet, desde que o recorrente: a) transcreva o trecho divergente; b) aponte o sítio de onde foi extraído; e c) decline o número do processo, o órgão prolator do acórdão e a data da respectiva publicação no Diário Eletrônico da Justiça do Trabalho. V. A existência do código de autenticidade na cópia, em formato PDF, do inteiro teor do aresto paradigma, juntada aos autos, torna-a equivalente ao documento original e também supre a ausência de indicação da fonte oficial de publicação.

4) Depósito Recursal

TST Súm. 128. I. É ônus da parte recorrente efetuar o depósito legal, integralmente, em relação a cada novo recurso interposto, sob pena de deserção. Atingido o valor da condenação, nenhum depósito mais é exigido para qualquer recurso. II. Garantido o juízo, na fase executória, a exigência de depósito para recorrer de qualquer decisão viola os incisos II e LV do art. 5º da CF/1988. Havendo, porém, elevação do valor do débito, exige-se a complementação da garantia do juízo. III. Havendo condenação solidária de duas ou mais empresas, o depósito recursal efetuado por uma delas aproveita as demais, quando a empresa que efetuou o depósito não pleiteia sua exclusão da lide.

TST Súm. 161. Se não há condenação a pagamento em pecúnia, descabe o depósito de que tratam os §§ 1º e 2º do art. 899 da CLT.

TST Súm. 217. O credenciamento dos bancos para o fim de recebimento do depósito recursal é fato notório, independendo da prova.

TST Súm. 245. O depósito recursal deve ser feito e comprovado no prazo alusivo ao recurso. A interposição antecipada deste não prejudica a dilação legal.

TST Súm. 426. Nos dissídios individuais o depósito recursal será efetivado mediante a utilização da Guia de Recolhimento do FGTS e Informações à Previdência Social – GFIP, nos termos dos §§ 4º e 5º do art. 899 da CLT, admitido o depósito judicial, realizado na sede do juízo e à disposição deste, na hipótese de relação de trabalho não submetida ao regime do FGTS.

TST OJ/SDI1 264. Não é essencial para a validade da comprovação do depósito recursal a indicação do número do PIS/Pasep na guia respectiva.

5) Deserção

TST Súm. 86. Não ocorre deserção de recurso da massa falida por falta de pagamento de custas ou de depósito do valor da condenação. Esse privilégio, todavia, não se aplica à empresa em liquidação extrajudicial.

TST OJ/SDI1 140. Em caso de recolhimento insuficiente das custas processuais ou do depósito recursal, somente haverá deserção do recurso se, concedido o prazo de 5 (cinco) dias previsto no § 2º do art. 1.007 do CPC de 2015, o recorrente não complementar e comprovar o valor devido.

TST OJ/SDI1 389. Constitui ônus da parte recorrente, sob pena de deserção, depositar previamente a multa aplicada com fundamento nos §§ 4º e 5º, do art. 1.021, do CPC de 2015 (§ 2º do art. 557 do CPC de 1973), à exceção da Fazenda Pública e do beneficiário de justiça gratuita, que farão o pagamento ao final.

TST OJ/SDI2 148. É responsabilidade da parte, para interpor recurso ordinário em mandado de segurança, a comprovação do recolhimento das custas processuais no prazo recursal, sob pena de deserção.

6) Embargos

TST Súm. 278. A natureza da omissão suprida pelo julgamento de embargos declaratórios pode ocasionar efeito modificativo no julgado.

TST Súm. 297. I. Diz-se prequestionada a matéria ou questão quando na decisão impugnada haja sido adotada, explicitamente, tese a respeito. II. Incumbe à parte interessada, desde que a matéria haja sido invocada no recurso principal, opor embargos declaratórios objetivando o pronunciamento sobre o tema, sob pena de preclusão. III. Considera-se prequestionada a questão jurídica invocada no recurso principal sobre a qual se omite o tribunal de pronunciar tese, não obstante opostos embargos de declaração.

TST Súm. 353. Não cabem embargos para a Seção de Dissídios Individuais de decisão de Turma proferida em agravo, salvo: a) da decisão que não conhece de agravo de instrumento ou de agravo pela ausência de pressupostos extrínsecos; b) da decisão que nega provimento a agravo contra decisão monocrática do Relator, em que se proclamou a ausência de pressupostos extrínsecos de agravo de instrumento; c) para revisão dos pressupostos extrínsecos de admissibilidade do recurso de revista, cuja ausência haja sido declarada originariamente pela Turma no julgamento do agravo; d) para impugnar o conhecimento de agravo de instrumento; e) para impugnar a imposição de multas previstas nos arts. 1.021, § 4º, do CPC de 2015 ou 1.026, § 2º, do CPC de 2015 (art. 538, parágrafo único, do CPC de 1973, ou art. 557, § 2º, do CPC de 1973); f) contra decisão de Turma proferida em agravo em recurso de revista, nos termos do art. 894, II, da CLT.

TST Súm. 421. I. Cabem embargos de declaração da decisão monocrática do relator prevista no art. 932 do CPC de 2015 (art. 557 do CPC de 1973), se a parte pretende tão somente juízo integrativo retificador da decisão e, não, modificação do julgado. II. Se a parte postular a revisão no mérito da decisão monocrática, cumpre ao relator converter os embargos de declaração em agravo, em face dos princípios da fungibilidade e celeridade processual, submetendo-o ao pronunciamento do Colegiado, após a intimação do recorrente para, no prazo de 5 (cinco) dias, complementar as razões recursais, de modo a ajustá-las às exigências do art. 1.021, § 1º, do CPC de 2015.

TST Súm. 433. A admissibilidade do recurso de embargos contra acórdão de turma em recurso de revista em fase de execução, publicado na vigência da Lei n. 11.496, de 26.06.2007, condiciona-se à demonstração de divergência jurisprudencial entre turmas ou destas e a Seção Especializada em Dissídios Individuais do Tribunal Superior do Trabalho em relação à interpretação de dispositivo constitucional.

TST OJ/SDI1 95. Acórdãos oriundos da mesma turma, embora divergentes, não fundamentam divergência jurisprudencial de que trata a alínea "b", do artigo 894 da Consolidação das Leis do Trabalho para embargos à Seção Especializada em Dissídios Individuais, Subseção I.

TST OJ/SDI1 142. I. É passível de nulidade decisão que acolhe embargos de declaração com efeito modificativo sem que seja concedida oportunidade de manifestação prévia à parte contrária. II. Em decorrência do efeito devolutivo amplo conferido ao recurso ordinário, o item I não se aplica às hipóteses em que não se concede vista à parte contrária para se manifestar sobre os embargos de declaração opostos contra sentença.

TST OJ/SDI1 192. É em dobro o prazo para a interposição de embargos declaratórios por pessoa jurídica de direito público.

TST OJ/SDI1 219. É válida, para efeito de conhecimento do recurso de revista ou de embargos, a invocação de orientação jurisprudencial do Tribunal Superior do Trabalho, desde que, das razões recursais, conste o seu número ou conteúdo.

TST OJ/SDI1 336. Estando a decisão recorrida em conformidade com orientação jurisprudencial, desnecessário o exame das divergências e das violações de lei e da Constituição alegadas em embargos interpostos antes da vigência da Lei n. 11.496/2007, salvo nas hipóteses em que a orientação jurisprudencial não fizer qualquer citação do dispositivo constitucional.

TST OJ/SDI1 378. Não encontra amparo no art. 894 da CLT, quer na redação anterior quer na redação posterior à Lei n. 11.496, de 22.06.2007, recurso de embargos interposto à decisão monocrática exarada nos moldes do art. 932 do CPC de 2015 (art. 557 do CPC de 1973), pois o comando legal restringe seu cabimento à pretensão de reforma de decisão colegiada proferida por Turma do Tribunal Superior do Trabalho.

7) Legitimidade Recursal

TST OJ/SDI1 237. I. O Ministério Público do Trabalho não tem legitimidade para recorrer na defesa de interesse patrimonial privado, ainda que de empresas públicas e sociedades de economia mista. II. Há legitimidade do Ministério Público do Trabalho para recorrer de decisão que declara a existência de vínculo empregatício com sociedade de economia mista ou empresa pública, após a Constituição Federal de 1988, sem a prévia aprovação em concurso público, pois é matéria de ordem pública.

TST OJ/SDI1 318. I. Os Estados e os Municípios não têm legitimidade para recorrer em nome das autarquias e das fundações públicas. II. Os procuradores estaduais e municipais podem representar as respectivas autarquias e fundações públicas em juízo somente se designados pela lei da respectiva unidade da federação (art. 75, IV, do CPC de 2015) ou se investidos de instrumento de mandato válido.

8) Prazos Recursais

TST Súm. 30. Quando não juntada a ata ao processo em 48 horas, contadas da audiência de julgamento (art. 851, § 2º, da CLT), o prazo para recurso será contado da data em que a parte receber a intimação da sentença.

TST Súm. 197. O prazo para recurso da parte que, intimada, não comparecer à audiência em prosseguimento para a prolação da sentença conta-se de sua publicação.

TST Súm. 262. I. Intimada ou notificada a parte no sábado, o início do prazo se dará no primeiro dia útil imediato e a contagem, no subsequente. II. O recesso forense e as férias coletivas dos ministros do Tribunal Superior do Trabalho suspendem os prazos recursais.

TST Súm. 385. I. Incumbe à parte o ônus de provar, quando da interposição do recurso, a existência de feriado local que autorize a prorrogação do prazo recursal (art. 1.003, § 6º, do CPC de 2015). No caso de o recorrente alegar a existência de feriado local e não o comprovar no momento da interposição do recurso, cumpre ao relator conceder o prazo de 5 (cinco) dias para que seja sanado o vício (art. 932, parágrafo único, do CPC de 2015), sob pena de não conhecimento se da comprovação depender a tempestividade recursal; II. Na hipótese de feriado forense, incumbirá à autoridade que proferir a decisão de admissibilidade certificar o expediente nos autos; III. Admite-se a reconsideração da análise da tempestividade do recurso, mediante prova documental superveniente, em agravo de instrumento, agravo interno, agravo regimental, ou embargos de declaração, desde que, em momento anterior, não tenha havido a concessão de prazo para a comprovação da ausência de expediente forense.

TST Súm. 387. I. A Lei n. 9.800, de 26.05.1999, é aplicável somente a recursos interpostos após o início de sua vigência. II. A contagem do quinquídio para apresentação dos originais de recurso interposto por intermédio de fac-símile começa a fluir do dia subsequente ao término do prazo recursal, nos termos do art. 2º da Lei n. 9.800, de 26.05.1999, e não do dia seguinte à interposição do recurso, se esta se deu antes do termo final do prazo. III. Não se tratando a juntada dos originais de ato que dependa de notificação, pois a parte, ao interpor o recurso, já tem ciência de seu ônus processual, não se aplica a regra do art. 224 do CPC de 2015 (art. 184 do CPC de 1973) quanto ao "dies a quo", podendo coincidir com sábado, domingo ou feriado. IV. A autorização para utilização do fac-símile, constante do art. 1º da Lei n. 9.800, de 26.05.1999, somente alcança as hipóteses em que o documento é dirigido diretamente ao órgão jurisdicional, não se aplicando à transmissão ocorrida entre particulares.

TST OJ/SDI1 192. É em dobro o prazo para a interposição de embargos declaratórios por pessoa jurídica de direito público.

9) Prequestionamento

TST OJ/SDI1 62. É necessário o prequestionamento como pressuposto de admissibilidade em recurso de natureza extraordinária, ainda que se trate de incompetência absoluta.

TST OJ/SDI1 118. Havendo tese explícita sobre a matéria, na decisão recorrida, desnecessário contenha nela referência expressa do dispositivo legal para ter-se como prequestionado este.

TST OJ/SDI1 119. É inexigível o prequestionamento quando a violação indicada houver nascido na própria decisão recorrida. Inaplicável a Súmula n. 297 do TST.

TST OJ/SDI1 151. Decisão regional que simplesmente adota os fundamentos da decisão de primeiro grau não preenche a exigência do prequestionamento, tal como previsto na Súmula n. 297.

TST OJ/SDI1 256. Para fins do requisito do prequestionamento de que trata a Súmula n. 297, há necessidade de que haja, no acórdão, de maneira clara, elementos que levem à conclusão de que o regional adotou uma tese contrária à lei ou à súmula.

10) Recurso Adesivo

TST Súm. 283. O recurso adesivo é compatível com o processo do trabalho e cabe, no prazo de 8 (oito) dias, nas hipóteses de interposição de recurso ordinário, de agravo de petição, de revista e de embargos, sendo desnecessário que a matéria nele veiculada esteja relacionada com a do recurso interposto pela parte contrária.

11) Recurso de Revista

STF Súm. 457. O Tribunal Superior do Trabalho, conhecendo da revista, julgará a causa, aplicando o direito à espécie.

TST Súm. 23. Não se conhece de recurso de revista ou de embargos, se a decisão recorrida resolver determinado item do pedido por diversos fundamentos e a jurisprudência transcrita não abranger a todos.

TST Súm. 126. Incabível o recurso de revista ou de embargos (arts. 896 e 894, "b", da CLT) para reexame de fatos e provas.

TST Súm. 184. Ocorre preclusão se não forem opostos embargos declaratórios para suprir omissão apontada em recurso de revista ou de embargos.

TST Súm. 218. É incabível recurso de revista interposto de acórdão regional prolatado em agravo de instrumento.

TST Súm. 221. A admissibilidade do recurso de revista por violação tem como pressuposto a indicação expressa do dispositivo de lei ou da Constituição tido como violado.

TST Súm. 266. A admissibilidade do recurso de revista interposto de acórdão proferido em agravo de petição, na liquidação de sentença ou em processo incidente na execução, inclusive os embargos de terceiro, depende de demonstração inequívoca de violência direta à Constituição Federal.

TST Súm. 312. É constitucional a alínea "b" do art. 896 da CLT, com a redação dada pela Lei n. 7.701, de 21.12.1988.

TST Súm. 333. Não ensejam recurso de revista decisões superadas por iterativa, notória e atual jurisprudência do Tribunal Superior do Trabalho.

TST OJ/SDI1 111. Não é servível ao conhecimento de recurso de revista aresto oriundo de mesmo tribunal regional do trabalho, salvo se o recurso houver sido interposto anteriormente à vigência da Lei n. 9.756/1998.

TST OJ/SDI1 147. I. É inadmissível o recurso de revista fundado tão-somente em divergência jurisprudencial, se a parte não comprovar que a lei estadual, a norma coletiva ou o regulamento da empresa extrapolam o âmbito do TRT prolator da decisão recorrida. II. É imprescindível a arguição de afronta ao art. 896 da CLT para o conhecimento de embargos interpostos em face de acórdão de turma que conhece indevidamente de recurso de revista, por divergência jurisprudencial, quanto a tema regulado por lei estadual, norma coletiva ou norma regulamentar de âmbito restrito ao Regional prolator da decisão.

TST OJ/SDI1 219. É válida, para efeito de conhecimento do recurso de revista ou de embargos, a invocação de orientação jurisprudencial do Tribunal Superior do Trabalho, desde que, das razões recursais, conste o seu número ou conteúdo.

TST OJ/SDI1 260. I. É inaplicável o rito sumaríssimo aos processos iniciados antes da vigência da Lei n. 9.957/00. II. No caso de o despacho denegatório de recurso de revista invocar, em processo iniciado antes da Lei n. 9.957/00, o § 6º do art. 896 da CLT (rito sumaríssimo), como óbice ao trânsito do apelo calcado em divergência jurisprudencial ou violação de dispositivo infraconstitucional, o Tribunal superará o obstáculo, apreciando o recurso sob esses fundamentos.

TST OJ/SDI1 282. No julgamento de agravo de instrumento, ao afastar o óbice apontado pelo TRT para o processamento do recurso de revista, pode o juízo "ad quem" prosseguir no exame dos demais pressupostos extrínsecos e intrínsecos do recurso de revista, mesmo que não apreciados pelo TRT.

TST OJ/SDI1 334. Incabível recurso de revista de ente público que não interpôs recurso ordinário voluntário da decisão de primeira instância, ressalvada a hipótese de ter sido agravada, na segunda instância, a condenação imposta.

TST OJ/SDI2 152. A interposição de recurso de revista de decisão definitiva de tribunal regional do trabalho em ação rescisória ou em mandado de segurança, com fundamento em violação legal e divergência jurisprudencial e remissão expressa ao art. 896 da CLT, configura erro grosseiro, insuscetível de autorizar o seu recebimento como recurso ordinário, em face do disposto no art. 895, "b", da CLT.

12) Recurso de Revista no Procedimento Sumaríssimo

TST Súm. 442. Nas causas sujeitas ao procedimento sumaríssimo, a admissibilidade de recurso de revista está limitada à demonstração de violação direta a dispositivo da Constituição Federal ou contrariedade a Súmula do Tribunal Superior do Trabalho, não se admitindo o recurso por contrariedade a Orientação Jurisprudencial deste Tribunal (Livro II, Título II, Capítulo III, do RITST), ante a ausência de previsão no art. 896, § 6º, da CLT.

TST Súm. 458. Em causas sujeitas ao procedimento sumaríssimo, em que pese a limitação imposta no art. 896, § 6º, da CLT à interposição de recurso de revista, admitem-se os embargos interpostos na vigência da Lei n. 11.496, de 22.6.2007, que conferiu nova redação ao art. 894 da CLT, quando demonstrada a divergência jurisprudencial entre Turmas do TST, fundada em interpretações diversas acerca da aplicação de mesmo dispositivo constitucional ou de matéria sumulada.

13) Recurso Extraordinário

STF Súm. 505. Salvo quando contrariarem a Constituição, não cabe recurso para o Supremo Tribunal Federal, de quaisquer decisões da Justiça do Trabalho, inclusive dos presidentes de seus tribunais.

STF Súm. 633. É incabível a condenação em verba honorária nos recursos extraordinários interpostos em processo trabalhista, exceto nas hipóteses previstas na Lei 5.584/70.

14) Recurso Ordinário

TST Súm. 393. I. O efeito devolutivo em profundidade do recurso ordinário, que se extrai do § 1º do art. 1.013 do CPC de 2015 (art. 515, § 1º, do CPC de 1973), transfere ao Tribunal a apreciação dos fundamentos da inicial ou da defesa, não examinados pela sentença, ainda que não renovados em contrarrazões, desde que relativos ao capítulo impugnado. II. Se o processo estiver em condições, o tribunal, ao julgar o recurso ordinário, deverá decidir desde logo o mérito da causa, nos termos do § 3º do art. 1.013 do CPC de 2015, inclusive quando constatar a omissão da sentença no exame de um dos pedidos.

TST OJ/SDI2 69. Recurso ordinário interposto contra despacho monocrático indeferitório da petição inicial de ação rescisória ou de mandado de segurança pode, pelo princípio de fungibilidade recursal, ser recebido como agravo regimental. Hipótese de não conhecimento do recurso pelo TST e devolução dos autos ao TRT, para que aprecie o apelo como agravo regimental.

TST OJ/SDI2 100. Não cabe recurso ordinário para o TST de decisão proferida pelo tribunal regional do trabalho em agravo regimental interposto contra despacho que concede ou não liminar em ação cautelar ou em mandado de segurança, uma vez que o processo ainda pende de decisão definitiva do tribunal "a quo".

15) Outros Temas

TST Súm. 8. A juntada de documentos na fase recursal só se justifica quando provado o justo impedimento para sua oportuna apresentação ou se referir a fato posterior à sentença.

TST Súm. 214. Na Justiça do Trabalho, nos termos do art. 893, § 1º, da CLT, as decisões interlocutórias não ensejam recurso imediato, salvo nas hipóteses de decisão: a) de tribunal regional do trabalho contrária à súmula ou orientação jurisprudencial do Tribunal Superior do Trabalho; b) suscetível de impugnação mediante recurso para o mesmo tribunal; c) que acolhe exceção de incompetência territorial, com a remessa dos autos para tribunal regional distinto daquele a que se vincula o juízo excepcionado, consoante o disposto no art. 799, § 2º, da CLT.

TST Súm. 279. A cassação de efeito suspensivo concedido a recurso interposto de sentença normativa retroage à data do despacho que o deferiu.

TST OJ/SDI1 75. Não produz efeitos jurídicos recurso subscrito por advogado com poderes conferidos em substabelecimento em que não consta o reconhecimento de firma do outorgante. Entendimento aplicável antes do advento da Lei n. 8.952/1994.

TST OJ/SDI1 120. O recurso sem assinatura será tido por inexistente. Será considerado válido o apelo assinado, ao menos, na petição de apresentação ou nas razões recursais

TST OJ/SDI1 257. A invocação expressa no recurso de revista dos preceitos legais ou constitucionais tidos como violados não significa exigir da parte a utilização das expressões "contrariar", "ferir", "violar", etc.

TST OJ/SDI2 92. Não cabe mandado de segurança contra decisão judicial passível de reforma mediante recurso próprio, ainda que com efeito diferido.

TST OJ/SDI2 99. Esgotadas as vias recursais existentes, não cabe mandado de segurança.

* INFORMATIVOS DE JURISPRUDÊNCIA

Divergência jurisprudencial. Não demonstração. Arestos transcritos no agravo regimental

não colacionados no recurso de embargos denegado. Inovação. Multa por litigância de má-fé.

TST Os arestos transcritos no agravo regimental que não foram colacionados no recurso de embargos anteriormente denegado não servem à demonstração de divergência jurisprudencial, porquanto são inovatórios. AgR-E-Ag-AIRR-3900-16.2013.5.13.0012, SDI1, Rel. Min. José Roberto Freire Pimenta, 10.8.2017. (Info 162)

Embargos de declaração. Alegação de fato superveniente. Documento com data anterior ao ajuizamento da reclamação trabalhista. Inovação ilegal no estado de fato da lide. Litigância de má-fé. Configuração.

TST Considera-se litigância de má-fé o fato de a parte, em sede de embargos de declaração, sob a alegação de existência de fato superveniente, apresentar documento com data anterior ao ajuizamento da reclamação trabalhista, sem alegar o justo impedimento a que se refere a Súm. 8/TST. ED-E-RR-17554-76.2014.5.16.0004, SDI1, Min. Walmir Oliveira da Costa, 16.11.2017. (Info 168)

Indenização por dano moral. Valor da condenação. Conhecimento do recurso de revista por violação do art. 5°, X, da CF. Possibilidade.

TST O recurso de revista que se insurge contra o valor da indenização fixada a título de danos morais comporta conhecimento por violação do art. 5º, X, da CF, conforme a jurisprudência prevalente do TST. E-ED-RR-298300-34.2009.5.12.0003, SDI1, Rel. Min. Hugo Carlos Scheuermann, 24.8.2017. (Info 163)

Recurso de revista. Conhecimento. Violação do art. 927, caput, do CC/2002. Impossibilidade. Fato gerador do dano ocorrido sob a vigência do Código Civil de 1916.

TST É inviável o conhecimento de recurso de revista por violação do art. 927, caput, do CC/2002, na hipótese em que o fato gerador do pedido de indenização por danos morais ocorreu no ano de 2000, quando o referido dispositivo legal ainda não se encontrava em vigor. E-ED-RR-353-90.2010.5.10.0000, SDI1, Rel. Acd. Min. Guilherme Augusto Caputo Bastos, 14.12.2017. (Info 170)

Execução. Agravo de petição do exequente. Delimitação de valores prevista no art. 897, § 1°, da CLT. Inexigibilidade.

TST A delimitação dos valores impugnados a que alude o art. 897, § 1º, da CLT é pressuposto de admissibilidade do agravo de petição e visa a execução imediata da parte incontroversa, razão pela qual somente é exigível do executado. O exequente, via de regra, pretende obter um acréscimo ao valor já apurado, de modo que o descumprimento da referida norma não acarreta qualquer prejuízo ao prosseguimento da execução. TST-E-RR-143500-80.2004.5.01.0342, SDI1, Rel. Min. Hugo Carlos Scheuermann, 8.2.2018. (Info 171)

Hospital das Clínicas de Porto Alegre. Ausência de recolhimento de depósito recursal. Deserção não configurada. Gozo dos mesmos privilégios concedidos à Fazenda Pública.

TST O Hospital das Clínicas de Porto Alegre, empresa pública federal, está dispensado do recolhimento de depósito recursal. O art. 15 da Lei 5.604/70 dispõe que "o HCPA gozará de isenção de tributos federais e de todos os favores legais atribuídos à natureza de seus objetivos", ao passo que a MPv 2.216-37/2001 inseriu a esse dispositivo o parágrafo único, segundo o qual "aplica-se ao HCPA o regime de impenhorabilidade de seus bens, serviços e rendas". Assim, se o referido hospital goza dos mesmos privilégios concedidos à Fazenda Pública, submetendo-se ao regime especial de execução das dívidas trabalhistas por precatório ou requisição de pequeno valor, nos termos do art. 100 da CF, além da impenhorabilidade dos seus bens, é logicamente incompatível a exigência do depósito recursal como garantia do juízo. E-ED-RR-1157-40.2013.5.04.0026, SDI1, Rel. Min. José Roberto Freire Pimenta, 1º.3.2018. (Info 172)

* INOVAÇÕES LEGISLATIVAS

▲ CLT. Título X – Do Processo Judiciário do Trabalho, Capítulo VI – Dos Recursos

▲ Art. 896. Cabe Recurso de Revista para Turma do Tribunal Superior do Trabalho das decisões proferidas em grau de recurso ordinário, em dissídio individual, pelos Tribunais Regionais do Trabalho, quando: (...). IV – transcrever na peça recursal, no caso de suscitar preliminar de nulidade de julgado por negativa de prestação jurisdicional, o trecho dos embargos declaratórios em que foi pedido o pronunciamento do tribunal sobre questão veiculada no recurso ordinário e o trecho da decisão regional que rejeitou os embargos quanto ao pedido, para cotejo e verificação, de plano, da ocorrência da omissão. (...). §§ 3º a 6º (Revogados). (...). § 14.

O relator do recurso de revista poderá denegar-lhe seguimento, em decisão monocrática, nas hipóteses de intempestividade, deserção, irregularidade de representação ou de ausência de qualquer outro pressuposto extrínseco ou intrínseco de admissibilidade. (Modificações: Lei 13.467/17)

▲ Art. 896-A. § 1º São indicadores de transcendência, entre outros: I – econômica, o elevado valor da causa; II – política, o desrespeito da instância recorrida à jurisprudência sumulada do Tribunal Superior do Trabalho ou do Supremo Tribunal Federal; III – social, a postulação, por reclamante-recorrente, de direito social constitucionalmente assegurado; IV – jurídica, a existência de questão nova em torno da interpretação da legislação trabalhista. § 2º Poderá o relator, monocraticamente, denegar seguimento ao recurso de revista que não demonstrar transcendência, cabendo agravo desta decisão para o colegiado. § 3º Em relação ao recurso que o relator considerou não ter transcendência, o recorrente poderá realizar sustentação oral sobre a questão da transcendência, durante cinco minutos em sessão. § 4º Mantido o voto do relator quanto à não transcendência do recurso, será lavrado acórdão com fundamentação sucinta, que constituirá decisão irrecorrível no âmbito do tribunal. § 5º É irrecorrível a decisão monocrática do relator que, em agravo de instrumento em recurso de revista, considerar ausente a transcendência da matéria. § 6º O juízo de admissibilidade do recurso de revista exercido pela Presidência dos Tribunais Regionais do Trabalho limita-se à análise dos pressupostos intrínsecos e extrínsecos do apelo, não abrangendo o critério da transcendência das questões nele veiculadas. (Modificações: Lei 13.467/17)

▲ Art. 899. § 4º O depósito recursal será feito em conta vinculada ao juízo e corrigido com os mesmos índices da poupança. § 5º (Revogado). (...). § 9º O valor do depósito recursal será reduzido pela metade para entidades sem fins lucrativos, empregadores domésticos, microempreendedores individuais, microempresas e empresas de pequeno porte. § 10. São isentos do depósito recursal os beneficiários da justiça gratuita, as entidades filantrópicas e as empresas em recuperação judicial. § 11. O depósito recursal poderá ser substituído por fiança bancária ou seguro garantia judicial. (Modificações: Lei 13.467/17)

✱ QUESTÕES OBJETIVAS

75. **(Cespe/PGE/PE/Procurador/2018)** Nas causas sujeitas ao rito sumaríssimo, somente será admitido recurso de revista na hipótese de

a) violação à CLT ou contrariedade a súmula de jurisprudência uniforme do TST.
b) divergência estabelecida entre as turmas do TST.
c) violação às normas estabelecidas em convenção coletiva do trabalho da categoria ou contrariedade a súmula de jurisprudência uniforme do TST.
d) divergência estabelecida entre os TRTs.
e) contrariedade a súmula de jurisprudência uniforme do TST ou a súmula vinculante do STF, bem como por violação direta à CF.

76. **(Cespe/PGE/AM/Procurador/2016)** Conforme entendimento do TST, em caso de violação direta à CF, admite-se interposição de recurso de revista contra acórdão proferido em liquidação de sentença.

77. **(Cespe/Funpresp_Jud/Analista/2016)** Os recursos trabalhistas devem ser interpostos e contra-arrazoados no prazo de oito dias úteis, salvo os embargos de declaração, que devem ser opostos no prazo de cinco dias.

78. **(Cespe/TRT/8R/Analista/2016)** No que se refere aos recursos no processo trabalhista, aos seus respectivos prazos e ao Ministério Público do Trabalho (MPT), assinale a opção correta:

a) O chefe do MPT deve ser nomeado pelo presidente da República entre os nomes constantes de lista tríplice encaminhada pelo Congresso Nacional.
b) O procurador-geral do trabalho subordina-se ao chefe do MPT.
c) Os recursos aos tribunais superiores são uniformes e devem ser interpostos no prazo de até cinco dias úteis, a contar do recebimento da intimação da parte.
d) O agravo de instrumento, instrumento cabível para recorrer das decisões do juiz monocrático adotadas nos procedimentos de execução, deve ser interposto no prazo de até quinze dias.
e) Em se tratando de recurso ordinário em procedimento sumaríssimo, é admissível parecer oral do representante do MPT durante a sessão de julgamento.

79. **(Cespe/Funpresp/Especialista Jurídico/2016)** Tendo constado que um TRT negou provimento a recurso ordinário, determinado advogado que acompanhava a sessão de julgamento protocolizou, antes mesmo da publicação do acórdão, recurso de revista, alegando que a decisão feria diretamente dispositivo constitucional. Nessa situação, o recurso de revista deverá ser conhecido e processado pelo TST.

80. **(Cespe/Funpresp/Especialista Jurídico/2016)** No procedimento sumaríssimo, é possível a interposição de recurso de revista quando a decisão de TRT contrariar orientação jurisprudencial do TST.

81. **(Cespe/Funpresp/Especialista Jurídico/2016)** Caso, em julgamento de embargos de declaração opostos contra decisão de turma do TST que tenha negado provimento ao agravo de instrumento, seja imposta multa por terem sido os embargos considerados protelatórios, será possível a interposição de recurso de embargos para a Seção de Dissídios Individuais no TST.

82. **(Cespe/SEDF/Analista/2017)** Havendo violação de lei ou divergência jurisprudencial, caberá interposição de recurso de revista de decisão definitiva de TRT em ação rescisória ou em mandado de segurança.

83. **(Cespe/DPU/Defensor/2017)** Na hipótese de recolhimento insuficiente do depósito recursal, somente haverá deserção do recurso se, no prazo de cinco dias da intimação, o recorrente não complementar e comprovar o pagamento.

84. **(Cespe/DPU/Defensor/2017)** O agravo de petição só será recebido se o recorrente delimitar as matérias e os valores impugnados e apresentar a respectiva monta atualizada até a data de interposição do recurso.

85. **(Cespe/PGM/Fortaleza/Procurador/2017)** Segundo o TST, não é cabível a interposição de recurso de embargos contra decisão judicial monocrática.

86. **(Cespe/DPU/Defensor/2015)** Caso seja imposta multa por litigância de má-fé a uma das partes do processo trabalhista, o recolhimento do valor dessa multa, segundo entendimento do TST, constituirá pressuposto objetivo para a interposição dos recursos de natureza trabalhista pela parte apenada com a referida sanção pecuniária.

87. **(Cespe/DPU/Defensor/2015)** Na justiça do trabalho, segundo entendimento consolidado pelo TST, é tido como extemporâneo o recurso interposto antes de ser publicado o acórdão impugnado.

88. **(Cespe/DPU/Defensor/2015)** Segundo entendimento do TST, o benefício da justiça gratuita poderá ser requerido em qualquer tempo ou grau de jurisdição, e, se o requerimento do benefício for feito na fase recursal, deverá ser formulado até o prazo final das contrarrazões do alusivo recurso.

89. **(Cespe/TRT/7R/Técnico/2017)** Conforme a disciplina legal, das decisões terminativas ou definitivas das varas do trabalho e dos juízos cabe a interposição de:

a) recurso de revista.
b) embargos.
c) agravos.
d) recurso ordinário.

90. **(Cespe/TRT/7R/Analista/2017)** Ao interpor recurso de revista no protocolo do tribunal, João deixou de juntar o comprovante de pagamento referente às custas processuais. O processo era eletrônico. De acordo com o entendimento jurisprudencial do Tribunal Superior do Trabalho (TST), nessa situação hipotética:

a) configura-se hipótese de dispensa do pagamento das custas, razão por que não haverá prejuízo a João.
b) deve-se determinar o recolhimento em dobro e conceder prazo para a comprovação do pagamento das custas.
c) deve-se determinar a imediata comprovação do pagamento das custas, sem ônus para João.
d) configura-se deserção, razão por que se deve denegar seguimento ao apelo.

91. **(Cespe/TRT/7R/Analista/2017)** Ao analisar o agravo de instrumento interposto por Maria, uma das turmas do TST negou provimento e manteve o despacho pelo qual se denegou seguimento ao seu recurso. O recorrente, então, interpôs agravo interno contra a decisão. De acordo com disposições do CPC e a jurisprudência dos tribunais superiores, nessa situação hipotética:

a) o recurso deve ser conhecido, em decorrência do princípio da fungibilidade.
b) é incabível agravo interno, por se tratar de decisão proferida por órgão colegiado.
c) o relator deve levar o recurso a julgamento, após a intimação do agravado.
d) é obrigatória a manifestação do Ministério Público.

92. **(Cespe/TRT/7R/Analista/2017)** Acerca de efeito suspensivo e efeito devolutivo, assinale a opção correta:

a) Não é possível conceder efeito suspensivo ao recurso interposto contra sentença normativa proferida em dissídio coletivo.

b) Quanto ao efeito devolutivo em profundidade, o tribunal poderá apreciar todos os fundamentos da reclamação trabalhista ou da defesa, inclusive aqueles não examinados em sentença e não renovados em contrarrazões.

c) O tribunal poderá, ao julgar recurso ordinário, decidir desde logo o mérito da causa se o processo estiver em condições, salvo se constatar omissão da sentença quanto a um pedido formulado.

d) O efeito devolutivo em extensão transfere ao tribunal a possibilidade de apreciação integral dos fundamentos, sejam eles da reclamação trabalhista ou da defesa.

93. **(Cespe/PGE/SE/Procurador/2017)** Com relação aos recursos no processo do trabalho, julgue os itens a seguir.

I. É cabível recurso ordinário de decisões definitivas das varas ou tribunais, porém não cabe de decisões terminativas ou monocráticas.

II. A CLT determina ser cabível, em dissídios individuais e coletivos, recurso de revista para as turmas do TST.

III. Não caberá agravo de instrumento contra decisões que indefiram a produção de provas.

IV. Na hipótese de decisão proferida em dissídio coletivo que afete empresa de serviço público, têm legitimidade para interpor recurso, além dos interessados, o presidente do tribunal e a Procuradoria da Justiça do Trabalho.

Estão certos apenas os itens:

a) I e II.

b) I e III.

c) II e III.

d) III e IV.

e) I, II e IV.

94. **(Cespe/PGE/SE/Procurador/2017)** Um empregado eleito membro da CIPA foi demitido durante a vigência de seu mandato, razão pela qual, ainda no período de estabilidade legal, ajuizou reclamação trabalhista na qual requereu, em sede liminar, a reintegração ao emprego. O pedido de tutela provisória de reintegração foi deferido pelo juízo em sentença. Nessa situação hipotética, o meio adequado para a impugnação da tutela provisória concedida é o(a):

a) ação anulatória.

b) ação cautelar.

c) mandado de segurança.

d) recurso ordinário.

e) ação rescisória.

8. OUTROS TEMAS

8.1. Ação Rescisória

✱ SÚMULAS

1) Decisão de Mérito

TST Súm. 299. I. É indispensável ao processamento da ação rescisória a prova do trânsito em julgado da decisão rescindenda. II. Verificando o relator que a parte interessada não juntou à inicial o documento comprobatório, abrirá prazo de 10 (dez) dias para que o faça, sob pena de indeferimento. III. A comprovação do trânsito em julgado da decisão rescindenda é pressuposto processual indispensável ao tempo do ajuizamento da ação rescisória. Eventual trânsito em julgado posterior ao ajuizamento da ação rescisória não reabilita a ação proposta, na medida em que o ordenamento jurídico não contempla a ação rescisória preventiva. IV. O pretenso vício de intimação, posterior à decisão que se pretende rescindir, se efetivamente ocorrido, não permite a formação da coisa julgada material. Assim, a ação rescisória deve ser julgada extinta, sem julgamento do mérito, por carência de ação, por inexistir decisão transitada em julgado a ser rescindida.

TST Súm. 411. Se a decisão recorrida, em agravo regimental, aprecia a matéria na fundamentação, sob o enfoque das súmulas ns. 83 do TST e 343 do STF, constitui sentença de mérito, ainda que haja resultado no indeferimento da petição inicial e na extinção do processo sem julgamento do mérito. Sujeita-se, assim, à reforma pelo TST, a decisão do Tribunal que, invocando controvérsia na interpretação da lei, indefere a petição inicial de ação rescisória.

TST Súm. 412. Pode uma questão processual ser objeto de rescisão desde que consista em pressuposto de validade de uma sentença de mérito.

TST OJ/SDI2 21. É incabível ação rescisória para a desconstituição de sentença não transitada em julgado porque ainda não submetida ao necessário duplo grau de jurisdição, na forma do Decreto-Lei n. 779/69. Determina-se que se oficie ao Presidente do TRT para que proceda à avocatória do processo principal para o reexame da sentença rescindenda.

TST OJ/SDI2 107. Embora não haja atividade cognitiva, a decisão que declara extinta a execução, nos termos do art. 924, incisos I a IV c/c art. 925 do CPC de 2015 (art. 794 c/c 795 do CPC de 1973), extingue a relação processual e a obrigacional, sendo passível de corte rescisório.

TST OJ/SDI2 134. A decisão proferida em embargos à execução ou em agravo de petição que apenas declara preclusa a oportunidade de impugnação da sentença de liquidação não é rescindível, em virtude de produzir tão-somente coisa julgada formal.

2) Divergência Jurisprudencial

TST Súm. 413. É incabível ação rescisória, por violação do art. 896, "a", da CLT, contra decisão transitada em julgado sob a égide do CPC de 1973 que não conhece de recurso de revista, com base em divergência jurisprudencial, pois não se cuidava de sentença de mérito (art. 485 do CPC de 1973).

TST OJ/SDI2 8. Não se rescinde julgado que acolheu pedido de complementação de aposentadoria integral em favor de empregado do Banespa, antes da Súmula n. 313 do TST, em virtude da notória controvérsia jurisprudencial então reinante. Incidência da Súmula n. 83 do TST.

TST OJ/SDI2 9. Não se rescinde julgado que reconheceu garantia de emprego com base no Aviso DIREH 02/84 da CONAB, antes da Súmula n. 355 do TST, em virtude da notória controvérsia jurisprudencial então reinante. Incidência da Súmula n. 83 do TST.

TST OJ/SDI2 11. Não se rescinde julgado que acolhe pedido de correção monetária decorrente da implantação tardia do Plano de Classificação de Cargos de Universidade Federal previsto na Lei n. 7.596/87, à época em que era controvertida tal matéria na jurisprudência. Incidência da Súmula n. 83 do TST.

TST OJ/SDI2 19. Havendo notória controvérsia jurisprudencial acerca da incidência de imposto de renda sobre parcela paga pelo empregador ("abono pecuniário") a título de "desligamento incentivado", improcede pedido de rescisão do julgado. Incidência da Súmula n. 83 do TST.

TST OJ/SDI2 39. Havendo controvérsia jurisprudencial à época, não se rescinde decisão que aprecia a possibilidade de cumulação das antecipações bimestrais e reajustes quadrimestrais de salário previstos na Lei n. 8.222/91. Incidência da Súmula n. 83 do TST.

3) Hipóteses de Cabimento

3.1) Colusão/Fraude/Simulação

TST Súm. 403. I. Não caracteriza dolo processual, previsto no art. 485, III, do CPC, o simples fato de a parte vencedora haver silenciado a respeito de fatos contrários a ela, porque o procedimento, por si só, não constitui ardil do qual resulte cerceamento de defesa e, em consequência, desvie o juiz de uma sentença não-condizente com a verdade. II. Se a decisão rescindenda é homologatória de acordo, não há parte vencedora ou vencida, razão pela qual não é possível a sua desconstituição calcada no inciso III do art. 485 do CPC (dolo da parte vencedora em detrimento da vencida), pois constitui fundamento de rescindibilidade que supõe solução jurisdicional para a lide.

TST Súm. 404. O art. 485, VIII, do CPC de 1973, ao tratar do fundamento para invalidar a confissão como hipótese de rescindibilidade da decisão judicial, referia-se à confissão real, fruto de erro, dolo ou coação, e não à confissão ficta resultante de revelia.

TST OJ/SDI2 94. A decisão ou acordo judicial subjacente à reclamação trabalhista, cuja tramitação deixa nítida a simulação do litígio para fraudar a lei e prejudicar terceiros, enseja ação rescisória, com lastro em colusão. No juízo rescisório, o processo simulado deve ser extinto.

TST OJ/SDI2 154. A sentença homologatória de acordo prévio ao ajuizamento de reclamação trabalhista, no qual foi conferida quitação geral do extinto contrato, sujeita-se ao corte rescisório tão somente se verificada a existência de fraude ou vício de consentimento.

TST OJ/SDI2 158. A declaração de nulidade de decisão homologatória de acordo, em razão da colusão entre as partes (art. 485, III, do CPC), é sanção suficiente em relação ao procedimento adotado, não havendo que ser aplicada a multa por litigância de má-fé.

3.2) Erro de Fato

TST OJ/SDI2 103. É cabível a rescisória para corrigir contradição entre a parte dispositiva do acórdão rescindendo e a sua fundamentação, por erro de fato na retratação do que foi decidido.

TST OJ/SDI2 136. A caracterização do erro de fato como causa de rescindibilidade de decisão judicial transitada em julgado supõe a afirmação categórica e indiscutida de um fato, na decisão rescindenda, que não corresponde à realidade dos autos. O fato afirmado pelo julgador, que pode ensejar ação rescisória calcada no inciso VIII do art. 966 do CPC de 2015 (inciso IX do art. 485 do CPC de 1973), é apenas aquele que se coloca como premissa fática indiscutida de um silogismo argumentativo, não aquele que se apresenta ao final desse mesmo silogismo, como conclusão decorrente das premissas que especificaram as provas oferecidas, para se concluir pela existência do fato. Esta última hipótese é afastada pelo § 1º do art. 966 do CPC de 2015 (§ 2º do art. 485 do CPC de 1973), ao exigir que não tenha havido controvérsia sobre o fato e pronunciamento judicial esmiuçando as provas.

3.3) Impedimento/Incompetência Absoluta

TST OJ/SDI2 124. Na hipótese em que a ação rescisória tem como causa de rescindibilidade o inciso II do art. 966 do CPC de 2015 (inciso II do art. 485 do CPC de 1973), a arguição de incompetência absoluta prescinde de prequestionamento.

3.4) Ofensa à Coisa Julgada

TST Súm. 397. Não procede ação rescisória calcada em ofensa à coisa julgada perpetrada por decisão proferida em ação de cumprimento, em face de a sentença normativa, na qual se louvava, ter sido modificada em grau de recurso, porque em dissídio coletivo somente se consubstancia coisa julgada formal. Assim, os meios processuais aptos a atacarem a execução da cláusula reformada são a exceção de pré-executividade e o mandado de segurança, no caso de descumprimento do art. 514 do CPC de 2015 (art. 572 do CPC de 1973).

TST Súm. 398. Na ação rescisória, o que se ataca é a decisão, ato oficial do Estado, acobertado pelo manto da coisa julgada. Assim, e considerando que a coisa julgada envolve questão de ordem pública, a revelia não produz confissão na ação rescisória.

TST Súm. 401. Os descontos previdenciários e fiscais devem ser efetuados pelo juízo executório, ainda que a sentença exequenda tenha sido omissa sobre a questão, dado o caráter de ordem pública ostentado pela norma que os disciplina. A ofensa à coisa julgada somente poderá ser caracterizada na hipótese de o título exequendo, expressamente, afastar a dedução dos valores a título de imposto de renda e de contribuição previdenciária.

TST OJ/SDI2 35. Não ofende a coisa julgada a limitação à data-base da categoria, na fase executória, da condenação ao pagamento de diferenças salariais decorrentes de planos econômicos, quando a decisão exequenda silenciar sobre a limitação, uma vez que a limitação decorre de norma cogente. Apenas quando a sentença exequenda houver expressamente afastado a limitação à data-base é que poderá ocorrer ofensa à coisa julgada.

TST OJ/SDI2 101. Para viabilizar a desconstituição do julgado pela causa de rescindibilidade do inciso IV, do art. 966 do CPC de 2015 (inciso IV do art. 485 do CPC de 1973), é necessário que a decisão rescindenda tenha enfrentado as questões ventiladas na ação rescisória, sob pena de inviabilizar o cotejo com o título executivo judicial tido por desrespeitado, de modo a se poder concluir pela ofensa à coisa julgada.

TST OJ/SDI2 123. O acolhimento da ação rescisória calcada em ofensa à coisa julgada supõe dissonância patente entre as decisões exequenda e rescindenda, o que não se verifica quando se faz necessária a interpretação do título executivo judicial para se concluir pela lesão à coisa julgada.

TST OJ/SDI2 150. Reputa-se juridicamente impossível o pedido de corte rescisório de decisão que, reconhecendo a configuração de coisa julgada, nos termos do art. 267, V, do CPC, extingue o processo sem resolução de mérito, o que, ante o seu conteúdo meramente processual, a torna insuscetível de produzir a coisa julgada material.

TST OJ/SDI2 157. A ofensa à coisa julgada de que trata o inciso IV do art. 966 do CPC de 2015 (inciso IV do art. 485 do CPC de 1973) refere-se apenas a relações processuais distintas. A invocação de desrespeito à coisa julgada formada no processo de conhecimento, na correspondente fase de execução, somente é possível com base na violação do art. 5º, XXXVI, da Constituição da República.

3.5) Prova Nova

TST Súm. 402. Documento novo é o cronologicamente velho, já existente ao tempo da decisão rescindenda, mas ignorado pelo interessado ou de impossível utilização, à época, no processo. Não é documento novo apto a viabilizar a desconstituição de julgado: a) sentença normativa proferida ou transitada em julgado posteriormente à sentença rescindenda; b) sentença normativa preexistente à sentença rescindenda, mas não exibida no processo principal, em virtude de negligência da parte, quando podia e deveria louvar-se de documento já existente e não ignorado quando emitida a decisão rescindenda.

3.6) Violação de Norma Jurídica

TST Súm. 83. I. Não procede pedido formulado na ação rescisória por violação literal de lei se a decisão rescindenda estiver baseada em texto legal infraconstitucional de interpretação controvertida nos Tribunais. II. O marco divisor quanto a ser, ou não, controvertida, nos tribunais, a interpretação dos dispositivos legais citados na ação rescisória é a data da inclusão, na Orientação Jurisprudencial do TST, da matéria discutida.

TST Súm. 298. I. A conclusão acerca da ocorrência de violação literal a disposição de lei pressupõe pronunciamento explícito, na sentença rescindenda, sobre a matéria veiculada. II. O pronunciamento explícito exigido em ação rescisória diz respeito à matéria e ao enfoque específico da tese debatida na ação, e não, necessariamente, ao dispositivo legal tido por violado. Basta que o conteúdo da norma reputada violada haja sido abordado na decisão rescindenda para que se considere preenchido o pressuposto. III. Para efeito de ação rescisória, considera-se pronunciada explicitamente a matéria tratada na sentença quando, examinando remessa de ofício, o Tribunal simplesmente a confirma. IV. A sentença meramente homologatória, que silencia sobre os motivos de convencimento do juiz, não se mostra rescindível, por ausência de pronunciamento explícito. V. Não é absoluta a exigência de pronunciamento explícito na ação rescisória, ainda que esta tenha por fundamento violação de dispositivo de lei. Assim, prescindível o pronunciamento explícito quando o vício nasce no próprio julgamento, como se dá com a sentença "extra, citra e ultra petita".

TST Súm. 400. Em se tratando de rescisória de rescisória, o vício apontado deve nascer na decisão rescindenda, não se admitindo a rediscussão do acerto do julgamento da rescisória anterior. Assim, não procede rescisória calcada no inciso V do art. 966 do CPC de 2015 (art. 485, V, do CPC de 1973) para discussão, por má aplicação da mesma norma jurídica, tida por violada na rescisória anterior, bem como para arguição de questões inerentes à ação rescisória primitiva.

TST Súm. 410. A ação rescisória calcada em violação de lei não admite reexame de fatos e provas do processo que originou a decisão rescindenda.

TST OJ/SDI2 10. Somente por ofensa ao art. 37, II e § 2º, da CF/1988, procede o pedido de rescisão de julgado para considerar nula a contratação, sem concurso público, de servidor, após a CF/1988.

TST OJ/SDI2 25. Não procede pedido de rescisão fundado no art. 485, V, do CPC quando se aponta contrariedade à norma de convenção coletiva de trabalho, acordo coletivo de trabalho, portaria do Poder Executivo, regulamento de empresa e súmula ou orientação jurisprudencial de tribunal.

TST OJ/SDI2 30. Não se acolhe, por violação do art. 920 do Código Civil de 1916 (art. 412 do Código Civil de 2002), pedido de rescisão de julgado que: a) em processo de conhecimento, impôs condenação ao pagamento de multa, quando a decisão rescindenda for anterior à Orientação Jurisprudencial n. 54 da Subseção I Especializada em Dissídios Individuais do TST (30.5.94), incidindo o óbice da Súmula n. 83 do TST; b) em execução, rejeita-se limitação da condenação ao pagamento de multa, por inexistência de violação literal.

TST OJ/SDI2 34. I. O acolhimento de pedido em ação rescisória de plano econômico, fundada no art. 485, inciso V, do CPC de 1973, pressupõe, necessariamente, expressa invocação na petição inicial de afronta ao art. 5º, inciso XXXVI, da Constituição Federal de 1988. A indicação de ofensa literal a preceito de lei ordinária atrai a incidência da Súmula n. 83 do TST e Súmula n. 343 do STF. II. Se a decisão rescindenda é posterior à Súmula n. 315 do TST (Res. 7, DJ 22.09.93), inaplicável a Súmula n. 83 do TST.

TST OJ/SDI2 41. Revelando-se a sentença "citra petita", o vício processual vulnera os arts. 141 e 492 do CPC de 2015 (arts. 128 e 460 do CPC de 1973), tornando-a passível de desconstituição, ainda que não interpostos embargos de declaração.

TST OJ/SDI2 97. Os princípios da legalidade, do devido processo legal, do contraditório e da ampla defesa não servem de fundamento para a desconstituição de decisão judicial transitada em julgado, quando se apresentam sob a forma de pedido genérico e desfundamentado, acompanhando dispositivos legais que tratam especificamente da matéria debatida, estes sim, passíveis de fundamentarem a análise do pleito rescisório.

TST OJ/SDI2 112. Para que a violação da lei dê causa à rescisão de decisão de mérito alicerçada em duplo fundamento, é necessário que o autor da ação rescisória invoque causas de rescindibilidade que, em tese, possam infirmar a motivação dúplice da decisão rescindenda.

TST OJ/SDI2 135. A ação rescisória calcada em violação do artigo 37, "caput", da Constituição Federal, por desrespeito ao princípio da legalidade administrativa exige que ao menos o princípio constitucional tenha sido prequestionado na decisão.

3.7) *Casos Concretos*

TST Súm. 409. Não procede ação rescisória calcada em violação do art. 7º, XXIX, da CF/88 quando a questão envolve discussão sobre a espécie de prazo prescricional aplicável aos créditos trabalhistas, se total ou parcial, porque a matéria tem índole infraconstitucional, construída, na Justiça do Trabalho, no plano jurisprudencial.

TST Súm. 259. Só por ação rescisória é impugnável o termo de conciliação previsto no parágrafo único do art. 831 da CLT.

TST Súm. 399. I. É incabível ação rescisória para impugnar decisão homologatória de adjudicação ou arrematação. II. A decisão homologatória de cálculos apenas comporta rescisão quando enfrentar as questões envolvidas na elaboração da conta de liquidação, quer solvendo a controvérsia das partes quer explicitando, de ofício, os motivos pelos quais acolheu os cálculos oferecidos por uma das partes ou pelo setor de cálculos, e não contestados pela outra.

TST OJ/SDI2 5. Não se acolhe pedido de rescisão de julgado que deferiu a empregado do Banco do Brasil S.A. horas extras após a sexta, não obstante o pagamento dos adicionais AP e ADI, ou AFR quando a decisão rescindenda for anterior à Orientação Jurisprudencial n. 17, da Seção de Dissídios Individuais do TST (7.11.94). Incidência das súmulas n. 83 do TST e 343 do STF.

TST OJ/SDI2 23. Não procede pedido de rescisão de sentença de mérito que assegura ou nega estabilidade pré-eleitoral, quando a decisão rescindenda for anterior à Orientação Jurisprudencial n. 51, da Seção de Dissídios Individuais do TST (25.11.1996). Incidência da Súmula n. 83 do TST.

TST OJ/SDI2 24. Rescinde-se o julgado que reconhece estabilidade provisória e determina a reintegração de empregado, quando já exaurido o respectivo período de estabilidade. Em juízo rescisório, restringe-se a condenação quanto aos salários e consectários até o termo final da estabilidade.

4) *Inépcia da Inicial*

TST Súm. 408. Não padece de inépcia a petição inicial de ação rescisória apenas porque omite a subsunção do fundamento de rescindibilidade no art. 966 do CPC de 2015 (art. 485 do CPC de 1973) ou o capitula erroneamente em um de seus incisos. Contanto que não se afaste dos fatos e fundamentos invocados como causa de pedir, ao Tribunal é lícito emprestar-lhes a adequada qualificação jurídica ("iura novit curia"). No entanto, fundando-se a ação rescisória no art. 966, inciso V, do CPC de 2015 (art. 485, inciso V, do CPC de 1973), é indispensável expressa indicação, na petição inicial da ação rescisória, da norma jurídica manifestamente violada (dispositivo legal violado sob o CPC de 1973), por se tratar de causa de pedir da rescisória, não se aplicando, no caso, o princípio "iura novit curia".

TST OJ/SDI2 70. Sob a égide do CPC de 1973, o manifesto equívoco da parte em ajuizar ação rescisória no TST para desconstituir julgado proferido pelo TRT, ou vice-versa, implica a extinção do processo sem julgamento do mérito por inépcia da inicial.

5) *Legitimidade*

TST Súm. 407. A legitimidade "ad causam" do Ministério Público para propor ação rescisória, ainda que não tenha sido parte no processo que deu origem à decisão rescindenda, não está limitada às alíneas "a", "b" e "c" do inciso III do art. 967 do CPC de 2015 (art. 487, III, "a" e "b", do CPC de 1973), uma vez que traduzem hipóteses meramente exemplificativas.

TST OJ/SDI2 151. A procuração outorgada com poderes específicos para ajuizamento de reclamação trabalhista não autoriza a propositura de ação rescisória e mandado de segurança, bem como não se admite sua regularização quando verificado o defeito de representação processual na fase recursal, nos termos da Súmula n. 383, item II, do TST.

6) *Litisconsórcio*

TST Súm. 406. I. O litisconsórcio, na ação rescisória, é necessário em relação ao pólo passivo da demanda, porque supõe uma comunidade de direitos ou de obrigações que não admite solução díspar para os litisconsortes, em face da indivisibilidade do objeto. Já em relação ao pólo ativo, o litisconsórcio é facultativo, uma vez que a aglutinação de autores se faz por conveniência e não pela necessidade decorrente da natureza do litígio, pois não se pode condicionar o exercício do direito individual de um dos litigantes no processo originário à anuência dos demais para retomar a lide. II. O Sindicato, substituto processual e autor da reclamação trabalhista, em cujos autos fora proferida a decisão rescindenda, possui legitimidade para figurar como réu na ação rescisória, sendo descabida a exigência de citação de todos os empregados substituídos, porquanto inexistente litisconsórcio passivo necessário.

7) Prazo Decadencial

TST Súm. 100. I. O prazo de decadência, na ação rescisória, conta-se do dia imediatamente subsequente ao trânsito em julgado da última decisão proferida na causa, seja de mérito ou não. II. Havendo recurso parcial no processo principal, o trânsito em julgado dá-se em momentos e em tribunais diferentes, contando-se o prazo decadencial para a ação rescisória do trânsito em julgado de cada decisão, salvo se o recurso tratar de preliminar ou prejudicial que possa tornar insubsistente a decisão recorrida, hipótese em que flui a decadência a partir do trânsito em julgado da decisão que julgar o recurso parcial. III. Salvo se houver dúvida razoável, a interposição de recurso intempestivo ou a interposição de recurso incabível não protrai o termo inicial do prazo decadencial. IV. O juízo rescindente não está adstrito à certidão de trânsito em julgado juntada com a ação rescisória, podendo formar sua convicção através de outros elementos dos autos quanto à antecipação ou postergação do "dies a quo" do prazo decadencial. V. O acordo homologado judicialmente tem força de decisão irrecorrível, na forma do art. 831 da CLT. Assim sendo, o termo conciliatório transita em julgado na data da sua homologação judicial. VI. Na hipótese de colusão das partes, o prazo decadencial da ação rescisória somente começa a fluir para o Ministério Público, que não interveio no processo principal, a partir do momento em que tem ciência da fraude. VII. Não ofende o princípio do duplo grau de jurisdição a decisão do TST que, após afastar a decadência em sede de recurso ordinário, aprecia desde logo a lide, se a causa versar questão exclusivamente de direito e estiver em condições de imediato julgamento. VIII. A exceção de incompetência, ainda que oposta no prazo recursal, sem ter sido aviado o recurso próprio, não tem o condão de afastar a consumação da coisa julgada e, assim, postergar o termo inicial do prazo decadencial para a ação rescisória. IX. Prorroga-se até o primeiro dia útil, imediatamente subsequente, o prazo decadencial para ajuizamento de ação rescisória quando expira em férias forenses, feriados, finais de semana ou em dia em que não houver expediente forense. Aplicação do art. 775 da CLT. X. Conta-se o prazo decadencial da ação rescisória, após o decurso do prazo legal previsto para a interposição do recurso extraordinário, apenas quando esgotadas todas as vias recursais ordinárias.

TST OJ/SDI2 12. I. A vigência da Medida Provisória n. 1.577/97 e de suas reedições implicou o elastecimento do prazo decadencial para o ajuizamento da ação rescisória a favor dos entes de direito público, autarquias e fundações públicas. Se o biênio decadencial do art. 495 do CPC de 1973 findou após a entrada em vigor da referida medida provisória e até sua suspensão pelo STF em sede liminar de ação direta de inconstitucionalidade (ADIn 1753-2), tem-se como aplicável o prazo decadencial elastecido à rescisória. II. A regra ampliativa do prazo decadencial para a propositura de ação rescisória em favor de pessoa jurídica de direito público não se aplica se, ao tempo em que sobreveio a Medida Provisória n. 1.577/97, já se exaurira o biênio do art. 495 do CPC. Preservação do direito adquirido da parte à decadência já consumada sob a égide da lei velha.

TST OJ/SDI2 80. O não-conhecimento do recurso por deserção não antecipa o "dies a quo" do prazo decadencial para o ajuizamento da ação rescisória, atraindo, na contagem do prazo, a aplicação da Súmula n. 100 do TST.

8) Recurso Ordinário

TST Súm. 99. Havendo recurso ordinário em sede de rescisória, o depósito recursal só é exigível quando for julgado procedente o pedido e imposta condenação em pecúnia, devendo este ser efetuado no prazo recursal, no limite e nos termos da legislação vigente, sob pena de deserção.

TST Súm. 158. Da decisão de Tribunal Regional do Trabalho, em ação rescisória, é cabível recurso ordinário para o Tribunal Superior do Trabalho, em face da organização judiciária trabalhista.

TST OJ/SDI2 69. Recurso ordinário interposto contra despacho monocrático indeferitório da petição inicial de ação rescisória ou de mandado de segurança pode, pelo princípio de fungibilidade recursal, ser recebido como agravo regimental. Hipótese de não conhecimento do recurso pelo TST e devolução dos autos ao TRT, para que aprecie o apelo como agravo regimental.

TST OJ/SDI2 152. A interposição de recurso de revista de decisão definitiva de tribunal regional do trabalho em ação rescisória ou em mandado de segurança, com fundamento em violação legal e divergência jurisprudencial e remissão expressa ao art. 896 da CLT, configura erro grosseiro, insuscetível de autorizar o seu recebimento como recurso ordinário, em face do disposto no art. 895, "b", da CLT.

9) Outros Temas

TST Súm. 192. I. Se não houver o conhecimento de recurso de revista ou de embargos, a competência para julgar ação que vise a rescindir a decisão de mérito é do Tribunal Regional do Trabalho, ressalvado o disposto no item II. II. Acórdão rescindendo do Tribunal Superior do Trabalho que não conhece de recurso de embargos ou de revista, analisando arguição de violação de dispositivo de lei material ou decidindo em consonância com súmula de direito material ou com iterativa, notória e atual jurisprudência de direito material da Seção de Dissídios Individuais (Súmula n. 333), examina o mérito da causa, cabendo ação rescisória da competência do Tribunal Superior do Trabalho. III. Em face do disposto no art. 512 do CPC, é juridicamente impossível o pedido explícito de desconstituição de sentença quando substituída por acórdão Regional. IV. É manifesta a impossibilidade jurídica do pedido de rescisão de julgado proferido em agravo de instrumento que, limitando-se a aferir o eventual desacerto do juízo negativo de admissibilidade do recurso de revista, não substitui o acórdão regional, na forma do art. 512 do CPC. V. A decisão proferida pela SDI, em sede de agravo regimental, calcada na Súmula n. 333, substitui acórdão de Turma do TST, porque emite juízo de mérito, comportando, em tese, o corte rescisório.

TST Súm. 405. Em face do que dispõem a MP 1.984-22/2000 e o art. 969 do CPC de 2015, é cabível o pedido de tutela provisória formulado na petição inicial de ação rescisória ou na fase recursal, visando a suspender a execução da decisão rescindenda.

TST OJ/SDI2 7. A Lei n. 7.872/89 que criou o Tribunal Regional do Trabalho da 17ª Região não fixou a sua competência para apreciar as ações rescisórias de decisões oriundas da 1ª Região, o que decorreu do art. 678, I, "c", item 2, da CLT.

TST OJ/SDI2 76. É indispensável a instrução da ação cautelar proposta sob a vigência do CPC de 1973 com as provas documentais necessárias à aferição da plausibilidade de êxito na rescisão do julgado. Assim sendo, devem vir junto com a inicial da cautelar as cópias da petição inicial da ação rescisória principal, da decisão rescindenda, da certidão do trânsito em julgado da decisão rescindenda e informação do andamento atualizado da execução.

TST OJ/SDI2 78. É admissível o ajuizamento de uma única ação rescisória contendo mais de um pedido, em ordem sucessiva, de rescisão da sentença e do acórdão. Sendo inviável a tutela jurisdicional de um deles, o julgador está obrigado a apreciar os demais, sob pena de negativa de prestação jurisdicional.

TST OJ/SDI2 84. São peças essenciais para o julgamento da ação rescisória a decisão rescindenda e/ou a certidão do seu trânsito em julgado, devidamente autenticadas, à exceção de cópias reprográficas apresentadas por pessoa jurídica de direito público, a teor do art. 24 da Lei n. 10.522/2002, ou declaradas autênticas pelo advogado na forma do artigo 830 da CLT com a redação dada pela Lei n. 11.925/2009. Em fase recursal, verificada a ausência de qualquer delas, cumpre ao Relator do recurso ordinário conceder o prazo de 5 (cinco) dias ao recorrente para que seja complementada a documentação exigível, nos termos do art. 932, parágrafo único, do CPC de 2015.

TST OJ/SDI2 146. A contestação apresentada em ação rescisória obedece à regra relativa à contagem de prazo constante do art. 774 da CLT, sendo inaplicável o art. 231 do CPC de 2015 (art. 241 do CPC de 1973).

* INFORMATIVOS DE JURISPRUDÊNCIA

Ação rescisória ajuizada sob a égide do CPC/73. Ilegitimidade ativa "ad causam" do Distrito Federal para requerer a desconstituição de decisão proferida em reclamação trabalhista ajuizada em face da Caesb. Interesse meramente econômico. Terceiro juridicamente indiferente.

TST O DF não possui legitimidade para propor ação rescisória para desconstituir decisão proferida em reclamação trabalhista ajuizada em face da Companhia de Saneamento do Distrito Federal, sociedade de economia mista distrital. Ainda que o DF defenda sua qualidade de terceiro juridicamente interessado para a propositura da ação rescisória, verifica-se que sua única preocupação é a preservação do seu patrimônio, ameaçado pela condenação da Caesb, fato que demonstra a existência de interesse puramente econômico não abrangido pela legislação processual civil que regula a matéria. TST-ReeNec e RO-35-34.2015.5.10.0000, SDI2, Red. p/ ac. Min. Renato de Lacerda Paiva, 6.2.2018. (Info 171)

Ação rescisória. Pretensão desconstitutiva de parte da decisão proferida na fase de conhecimento. Valor da causa. Fixação de modo proporcional ao conteúdo patrimonial ou ao proveito econômico pretendido.

TST O valor da causa da ação rescisória que pretende desconstituir, parcialmente, decisão proferida na fase de conhecimento deve ser estabelecido de modo proporcional ao conteúdo patrimonial ou ao proveito econômico pretendido pelo autor, e não a partir do valor atualizado da condenação. Ag-AR-251-03.2017.5.00.0000, SDI2, Rel. Min. Delaíde Miranda Arantes, 5.12.2017. (Info 170)

* QUESTÕES DISCURSIVAS

01. (Cespe/PG/DF/Procurador/2013) Supondo que o Tribunal Regional do Trabalho da 10ª Região tenha proferido, em ação rescisória, decisão que, embora desfavorável ao Distrito Federal, esteja em consonância com orientação jurisprudencial do Tribunal Superior do Trabalho (TST), discorra sobre o duplo grau de jurisdição obrigatório na justiça do trabalho, esclarecendo, com base no entendimento do TST, se ele é aplicável na hipótese descrita. Indique, ainda, o juízo originário competente para o julgamento da ação rescisória na justiça do trabalho.

* QUESTÕES OBJETIVAS

95. (Cespe/PGE/PE/Procurador/2018) Assinale a opção correta à luz do entendimento do TST acerca da ação rescisória no processo do trabalho.

a) A discussão sobre o prazo prescricional dos créditos trabalhistas, se total ou parcial, pode ser objeto de ação rescisória.
b) A sentença normativa preexistente à sentença rescindenda poderá ser considerada prova nova, mesmo que não tenha sido exibida no processo originário por negligência da parte.
c) O silêncio da parte vencedora a respeito de fatos contrários a ela não constitui dolo processual capaz de subsidiar ação rescisória.
d) O sindicato não possui legitimidade para figurar como réu na ação rescisória, ainda que tenha atuado como substituto processual na reclamação trabalhista que tiver originado a sentença rescindenda.
e) Não é necessário indicar a norma jurídica supostamente violada, ainda que a ação rescisória seja fundamentada em manifesta violação da norma jurídica.

96. (Cespe/PGE/AM/Procurador/2016) Caso se verifique que a parte interessada não tenha juntado à petição inicial o comprovante do trânsito em julgado de decisão objeto de ação rescisória, o relator não deverá indeferir de plano essa ação, devendo abrir prazo para que se junte o referido documento, sob pena de indeferimento.

97. (Cespe/Funpresp_Jud/Analista/2016) Para o processamento de ação rescisória em matéria sujeita à jurisdição trabalhista, é indispensável a prova do trânsito em julgado da decisão que se pretende rescindir. Ao final, é cabível condenação ao pagamento de honorários advocatícios.

98. (Cespe/TRT/8R/Oficial_Justiça/2016) Em 2 de fevereiro de 2015, Gabriel, com dezessete anos de idade, devidamente assistido e representado judicialmente por um advogado privado, propôs ação trabalhista contra a empresa privada Alfa. Os pedidos feitos na petição inicial foram julgados totalmente procedentes. Transitada em julgado, a sentença determinou a indenização ao empregado no valor total de R$ 10.000, correspondente a menos de doze salários mínimos à época da propositura da ação. Considerando essa situação hipotética, assinale a opção correta:

a) A execução da sentença, que deverá ser feita mediante a propositura de execução, depende de solicitação do autor.
b) É permitido à empresa Alfa propor ação rescisória contra a sentença proferida.
c) Dado o valor da indenização, é correto afirmar que os honorários do advogado do autor devem ser fixados em até R$ 2.000.
d) Se o valor da causa tiver sido igual ao valor da indenização, o rito adequado para o processamento da ação foi o ordinário.
e) Gabriel possui legitimidade para a propositura da ação.

99. (Cespe/Funpresp/Especialista Jurídico/2016) No processo do trabalho, não é cabível ação rescisória para impugnar decisão do juiz que homologue a arrematação de um bem.

100. (Cespe/Funpresp/Especialista Jurídico/2016) Em ação rescisória, se a parte ré, citada para apresentar defesa, permanecer inerte, serão aplicados os efeitos da confissão, por não ter sido a ação rescisória contestada.

101. (Cespe/PGM/Fortaleza/Procurador/2017) Salvo prova de miserabilidade jurídica do autor, a ação rescisória se sujeita ao depósito prévio de 20% do valor da causa. Conforme o TST, o reconhecimento da decadência no caso de ação rescisória implica a reversão ao réu do valor do depósito prévio.

102. (Cespe/PGM/Belo_Horizonte/Procurador/2017) Acerca do mandado de segurança e da ação rescisória no processo laboral, assinale a opção correta:

a) Instituição financeira que descumprir ordem judicial para bloquear conta de executado poderá responder pela efetividade do título executivo judicial e ser responsabilizada pelo valor da execução trabalhista, não cabendo, conforme o entendimento do TST, mandado de segurança em razão do referido descumprimento.

b) O TST entende que lide que envolve fase pré-contratual de efetiva formalização da relação empregatícia antecedida de concurso público é exemplo de evidenciação fácil e objetiva de incompetência da justiça do trabalho que justifica a rescisão de decisão de mérito transitada em julgado proferida por juízo absolutamente incompetente.

c) Conforme entendimento do TST, não procede ação rescisória ajuizada sob o fundamento de que o julgado afronta literal disposição de lei se o que tiver sendo alegado contrariar norma de convenção coletiva de trabalho.

d) Situação hipotética: Garantido o juízo, o devedor apresentou exceção de pré-executividade alegando ofensa à coisa julgada. O juiz, por entender que o devedor deveria ajuizar embargos à execução, julgou a exceção improcedente. Nessa situação, o magistrado agiu corretamente, já que, conforme entendimento do TST, não cabe impetração de mandado de segurança contra decisão que tiver rejeitado exceção de pré-executividade.

103. **(Cespe/DPU/Defensor/2015)** Caso, em ação rescisória, um acordo trabalhista seja declarado nulo em razão de ter havido colusão entre as partes, tal declaração deverá ser acompanhada da aplicação, a ambas as partes, de multa por litigância de má-fé.

104. **(Cespe/DPU/Defensor/2015)** Se a sentença de mérito transitada em julgado tiver sido proferida por juiz absolutamente incompetente, não haverá que se falar em juízo rescisório na ação rescisória.

105. **(Cespe/AGU/Advogado/2015)** Conforme entendimento consolidado pelo TST, a apresentação de procuração por meio da qual se outorguem poderes específicos para ajuizar reclamação trabalhista não supre a ausência de nova procuração específica para a propositura de ação rescisória.

106. **(Cespe/TRT/7R/Analista/2017)** A ação rescisória busca a desconstituição da coisa julgada e, para tanto, tramita em rito especial, que tem previsão na legislação processual civil por expressa determinação da Consolidação das Leis do Trabalho. Considerando o entendimento do TST sobre a ação rescisória, assinale a opção correta:

a) Considera-se prova nova a cronologicamente velha, já existente ao tempo do trânsito em julgado da decisão rescindenda, mas ignorada pelo interessado ou de impossível utilização, à época, no processo.

b) A sentença normativa proferida ou transitada em julgado posteriormente à sentença rescindenda é considerada prova apta a viabilizar a desconstituição de julgado.

c) A sentença normativa preexistente à sentença rescindenda, mas não exibida no processo principal em virtude de negligência da parte, é considerada prova nova.

d) Admite-se o reexame de fatos e provas do processo que originou a decisão rescindenda quando a referida ação for fundamentada em violação de lei.

107. **(Cespe/PGE/SE/Procurador/2017)** À luz do entendimento do TST, é correto afirmar que, nas ações rescisórias no processo do trabalho:

a) não é considerada pronunciada explicitamente a matéria quando o tribunal simplesmente a confirma ao examinar remessa de ofício.

b) o ajuizamento do processo poderá ser feito diretamente pela parte que tenha interesse, com fundamento no "jus postulandi".

c) a prova do trânsito em julgado da decisão rescindenda é indispensável ao processamento da ação, sob pena de indeferimento liminar da inicial.

d) são atacados os atos decisórios acobertados pela coisa julgada, de modo que, nelas, a revelia não gera confissão.

e) é incabível a condenação ao pagamento de honorários advocatícios, salvo se patrocinada por sindicato da categoria.

8.2. Ministério Público do Trabalho

✱ SÚMULAS

TST OJ/SDI1 130. Ao exarar o parecer na remessa de ofício, na qualidade de "custos legis", o Ministério Público não tem legitimidade para arguir a prescrição em favor de entidade de direito público, em matéria de direito patrimonial.

TST OJ/SDI1 237. I. O Ministério Público do Trabalho não tem legitimidade para recorrer na defesa de interesse patrimonial privado, ainda que de empresas públicas e sociedades de economia mista. II. Há legitimidade do Ministério Público do Trabalho para recorrer de decisão que declara a existência de vínculo empregatício com sociedade de economia mista ou empresa pública, após a Constituição Federal de 1988, sem a prévia aprovação em concurso público, pois é matéria de ordem pública.

TST OJ/SDI1 350. O Ministério Público do Trabalho pode arguir, em parecer, na primeira vez que tenha de se manifestar no processo, a nulidade do contrato de trabalho em favor de ente público, ainda que a parte não a tenha suscitado, a qual será apreciada, sendo vedada, no entanto, qualquer dilação probatória.

8.3. Princípios Processuais

* QUESTÕES OBJETIVAS

108. **(Cespe/DPU/Defensor/2015)** Amplamente admitido no direito material do trabalho, o princípio da busca da verdade real não se aplica ao direito processual do trabalho, uma vez que a finalidade do processo é a justa e igualitária composição do litígio com mesmos direitos ao contraditório e à ampla defesa.

17. DIREITO PROCESSUAL PENAL

1. DISPOSIÇÕES PRELIMINARES

* QUESTÕES DISCURSIVAS

01. **(Cespe/TRE/TO/Analista/2017)** Em seu art. 5º, inciso LIV, a Constituição Federal de 1988 assevera que ninguém será privado da liberdade ou de seus bens sem o devido processo legal. O princípio do devido processo legal é uma das garantias mais amplas do direito constitucional, além de ser uma premissa essencial nas relações de caráter processual. É, portanto, um princípio intrínseco às atividades dos cargos de analista judiciário, como o processamento de feitos e a função de apoio em julgamentos. Considerando que o texto acima tem caráter unicamente motivador, disserte sobre o princípio do devido processo legal. Em seu texto, aborde os seguintes aspectos, conforme a Constituição Federal de 1988, a doutrina e o entendimento do Supremo Tribunal Federal: (i) as garantias processuais dos indivíduos no Estado democrático de direito, apresentando, pelo menos, quatro prerrogativas constitucionais que se relacionam com o devido processo legal; (ii) a aplicação do princípio do devido processo legal aos estrangeiros; (iii) a aplicação da teoria dos frutos da árvore envenenada no contexto do devido processo legal.

* QUESTÕES OBJETIVAS

01. **(Cespe/PC/MA/Escrivão/2018)** Em relação à aplicação da lei processual penal, é correto afirmar que a lei

a) nova será aplicada sem prejuízo da validade dos atos realizados sob a vigência da lei anterior.
b) processual penal não admitirá aplicação analógica.
c) processual penal não se sujeitará a tratados, convenções ou regras de direito internacional.
d) nova e mais gravosa ao réu terá aplicação imediata somente para os novos processos que se tiverem iniciado depois de sua promulgação.
e) nova será aplicada aos fatos pretéritos que eram regulados pela lei revogada.

02. **(Cespe/STM/Analista/2018)** A lei não poderá restringir a divulgação de nenhum ato processual penal, sob pena de ferir o princípio da publicidade.

03. **(Cespe/PC/MA/Investigador/2018)** Acerca da aplicação da lei processual no tempo e no espaço e em relação às pessoas, julgue os itens a seguir.

I. O Brasil adota, no tocante à aplicação da lei processual penal no tempo, o sistema da unidade processual.
II. Em caso de normas processuais materiais – mistas ou híbridas –, aplica-se a retroatividade da lei mais benéfica.
III. Para o regular processamento judicial de governador de estado ou do Distrito Federal, é necessária a autorização da respectiva casa legislativa – assembleia legislativa ou câmara distrital.

Assinale a opção correta.

a) Apenas o item I está certo.
b) Apenas o item II está certo.
c) Apenas os itens I e III estão certos.
d) Apenas os itens II e III estão certos.
e) Todos os itens estão certos.

04. **(Cespe/PC/MA/Delegado/2018)** Na esfera da legislação processual penal, a repristinação

a) somente se aplicará por força de decisão judicial fundamentada.
b) é aplicável somente nos processos de competência originária dos tribunais.
c) somente se aplicará se houver expressa determinação legal.
d) é inaplicável, por suas características.
e) somente se aplicará se apresentar manifesta vantagem para o réu.

05. **(Cespe/PC/PE/Perito/2016)** Em relação ao direito processual penal, assinale a opção correta:

a) De acordo com o procedimento especial de apuração dos crimes de responsabilidade dos funcionários públicos contra a administração pública, previsto no CPP, recebida a denúncia e cumprida a citação, o juiz notificará o acusado para responder a acusação por escrito, dentro do prazo legal.

b) A interceptação telefônica será determinada pelo juiz na hipótese de o fato investigado constituir infração penal punida com pena de detenção.

c) A decisão que autoriza a interceptação telefônica deve ser fundamentada, indicando a forma de execução da diligência, que não poderá exceder o prazo legal nem ser prorrogada, sob pena de nulidade.

d) A lei processual penal brasileira adota o princípio da absoluta territorialidade em relação a sua aplicação no espaço: não cabe adotar lei processual de país estrangeiro no cumprimento de atos processuais no território nacional.

e) A lei processual penal não admite o uso da analogia ou da interpretação extensiva, em estrita observância ao princípio da legalidade.

06. **(Cespe/PC/PE/Delegado/2016)** Assinale a opção correta acerca do processo penal e formas de procedimento, aplicação da lei processual no tempo, disposições constitucionais aplicáveis ao direito processual penal e ação civil "ex delicto", conforme a legislação em vigor e o posicionamento doutrinário e jurisprudencial prevalentes:

a) No momento da prolação da sentença condenatória, não cabe ao juízo penal fixar valores para fins de reparação dos danos causados pela infração, porquanto tal atribuição é matéria de exclusiva apreciação do juízo cível.

b) Sendo o interrogatório um dos principais meios de defesa, que expressa o princípio do contraditório e da ampla defesa, é imperioso, de regra, que o réu seja interrogado ao início da audiência de instrução e julgamento.

c) É cabível a absolvição sumária do réu em processo comum caso o juiz reconheça, após a audiência preliminar, a existência de doença mental do acusado que, comprovada por prova pericial, o torne inimputável.

d) Lei processual nova de conteúdo material, também denominada híbrida ou mista, deverá ser aplicada de acordo com os princípios de temporalidade da lei penal, e não com o princípio do efeito imediato, consagrado no direito processual penal pátrio.

e) Nos crimes comuns e nos casos de prisão em flagrante, deverá a autoridade policial garantir a assistência de advogado quando do interrogatório do indiciado, devendo nomear defensor dativo caso o indiciado não indique profissional de sua confiança.

07. **(Cespe/PC/GO/Delegado/2017)** Relativamente à aplicação da lei processual penal no tempo e no espaço e aos princípios processuais penais constitucionais, assinale a opção correta:

a) O Código de Processo Penal normatiza o processamento das relações processuais penais em curso perante todos os juízos e tribunais brasileiros, aplicando-se, em caráter subsidiário, as normas procedimentais que versem sobre matérias especiais.

b) Segundo entendimento expendido pelo STF, a atração por continência ou conexão do processo do corréu ao foro por prerrogativa de função de um dos denunciados constitui violação das garantias do juiz natural e da ampla defesa.

c) A gravação ambiental por meio de fita magnética, de conversa entre presentes, feita por um dos interlocutores sem o conhecimento do outro é considerada prova ilícita, pois viola preceito constitucional.

d) O princípio da extraterritorialidade adotado pelo direito processual penal brasileiro não ofende a soberania de outros Estados, já que os ordenamentos jurídicos de todas as nações convergem para o combate às condutas delitivas.

e) A lei processual penal tem aplicação imediata e é aplicável tanto nos processos que se iniciarem após a sua vigência, quanto nos processos que já estiverem em curso no ato da sua vigência, e até mesmo nos processos que apurarem condutas delitivas ocorridas antes da sua vigência.

08. **(Cespe/TRF/1R/Técnico/2017)** A lei processual penal deverá ser aplicada imediatamente, sem que isso prejudique a validade dos atos realizados sob a vigência da lei anterior, tampouco constitua ofensa ao princípio da irretroatividade.

2. DO INQUÉRITO POLICIAL

◎ ATENÇÃO: ESTE TEMA É MUITO EXIGIDO NOS CONCURSOS!

✱ SÚMULAS

STF Súm. Vinculante 14. É direito do defensor, no interesse do representado, ter acesso amplo aos elementos de prova que, já documentados em procedimento investigatório realizado por órgão com competência de polícia judiciária, digam respeito ao exercício do direito de defesa.

STF Súm. 524. Arquivado o inquérito policial, por despacho do juiz, a requerimento do Promotor de Justiça, não pode a ação penal ser iniciada, sem novas provas.

* INOVAÇÕES LEGISLATIVAS

▲ Lei de Infrações de Repercussão Interestadual ou internacional (Lei 10.446/02).

▲ Art. 1º. Na forma do inciso I do § 1º do art. 144 da Constituição, quando houver repercussão interestadual ou internacional que exija repressão uniforme, poderá o Departamento de Polícia Federal do Ministério da Justiça, sem prejuízo da responsabilidade dos órgãos de segurança pública arrolados no art. 144 da Constituição Federal, em especial das Polícias Militares e Civis dos Estados, proceder à investigação, dentre outras, das seguintes infrações penais: (...). VII – quaisquer crimes praticados por meio da rede mundial de computadores que difundam conteúdo misógino, definidos como aqueles que propagam o ódio ou a aversão às mulheres. (Modificações: Lei 13.642/18)

* QUESTÕES DISCURSIVAS

02. **(Cespe/PC/MT/Delegado/2017)** No curso de inquérito policial, um investigado apresentou documentos e testemunhas que comprovavam a participação de parlamentar federal em práticas delituosas no curso do mandato. Diante dos fatos, o delegado de polícia indiciou o referido congressista, que, inconformado, requereu judicialmente a anulação de seu indiciamento. A partir da situação hipotética acima apresentada, responda aos seguintes questionamentos. Fundamente suas respostas no entendimento do STF acerca da instauração de inquéritos e indiciamentos. (i) O indiciamento é ato privativo de delegado de polícia? O que esse ato deve indicar? (ii) O delegado de polícia pode indiciar, de ofício, parlamentar? (iii) Na hipótese considerada, qual deve ser a providência correta com relação ao ato de indiciamento do parlamentar?

03. **(Cespe/PCE/GO/Escrivão/2016)** João foi indiciado em inquérito policial (IP), e, no curso deste, o juiz competente, de ofício, decretou a prisão temporária do dito indiciado. Para defender seus interesses, João constituiu um advogado que, na primeira oportunidade, requereu ao delegado de polícia responsável acesso a todos os elementos de prova no curso do IP, para permitir a ampla defesa de seu cliente, de modo a se garantir, assim, o devido processo legal. Acerca da situação hipotética acima apresentada e do IP, redija um texto dissertativo que atenda, de modo fundamentado, às determinações e aos questionamentos seguintes: (i) Apresente o conceito e a finalidade do IP. (ii) Descreva as características do IP. (iii) Comente sobre o valor probatório do IP. (iv) A instauração de IP é indispensável? (v) Na situação considerada, a prisão temporária de João, nos moldes em que foi decretada – de ofício – foi legal? (vi) Na situação considerada, há fundamento legal para o direito de acesso do defensor de João aos elementos de prova no curso do IP? Em sua resposta, destaque o entendimento do Supremo Tribunal Federal a respeito.

04. **(Cespe/Bacen/Procurador/2013)** A Polícia Federal do Brasil tomou conhecimento, por meio de telefonema anônimo, de que determinado servidor do Bacen estaria repassando informações privilegiadas a operador do mercado de capitais, que, por sua vez, as utilizaria para fins de especulação com títulos imobiliários de algumas companhias. Considerando essa situação hipotética, responda, de modo justificado, aos seguintes questionamentos: (ii) É possível a instauração do inquérito policial após a denúncia anônima? (ii) Qual é o procedimento necessário para a quebra dos sigilos telefônico, fiscal e bancário do referido servidor do Bacen?

* QUESTÕES OBJETIVAS

09. **(Cespe/DPE/PE/Defensor/2018)** Em razão de mandados expedidos por juiz competente, foram realizadas providências cautelares de interceptação telefônica e busca domiciliar na residência de Marcos para a obtenção de provas de crime de tráfico ilícito de entorpecentes a ele imputado e objeto de investigação em inquérito policial. Nessa situação, durante o procedimento investigatório, o advogado de Marcos

a) terá direito de acessar os relatórios e as demais diligências da interceptação telefônica ainda em andamento.

b) terá direito de acessar os relatórios de cumprimento dos mandados de busca e apreensão e os respectivos autos de apreensão.

c) estará impedido de acessar os laudos periciais incorporados aos procedimentos de investigação.

d) terá direito de acessar previamente documentos referentes às diligências do inquérito, inclusive os de cumprimento do mandado de busca e apreensão.

e) estará impedido de acessar os autos de apresentação e apreensão já lavrados.

10. **(Cespe/PC/MA/Delegado/2018)** De acordo com as legislações especiais pertinentes, o inquérito policial deve ser concluído no

a) prazo comum de quinze dias, estando o indiciado solto ou preso, nos casos de crimes de tortura.

b) mesmo prazo estipulado para a apreciação das medidas protetivas, nos casos de crimes previstos na Lei Maria da Penha.

c) prazo comum de dez dias, estando o indiciado solto ou preso, nos casos de crimes contra a economia popular.

d) prazo de trinta dias, se o indiciado estiver solto, e de quinze dias, se ele estiver preso, de acordo com a Lei de Drogas.

e) prazo de quinze dias, se o crime for de porte ilegal de arma de fogo de uso restrito, conforme o Estatuto do Desarmamento.

11. **(Cespe/PC/MA/Escrivão/2018)** Em determinada comarca de um estado da Federação, em razão de uma denúncia anônima e após a realização de diligências, a polícia civil prendeu Maria, de dezoito anos de idade, que supostamente traficava maconha em uma praça nas proximidades da escola pública onde ela estudava. Levada à delegacia de polícia local, Maria foi autuada e indiciada. Depois de reunidos elementos informativos suficientes, o delegado elaborou um relatório com a descrição dos fatos, apontando os indícios de autoria. Com o encerramento das investigações, o inquérito policial foi encaminhado à autoridade competente. Com relação à situação hipotética descrita no texto, assinale a opção correta.

a) O prazo para a conclusão do inquérito policial não poderá ser superior a dez dias.

b) A duplicação do prazo para o encerramento do inquérito policial poderá ser requerida apenas pelo Ministério Público, por ser ele o titular da ação penal.

c) No relatório encaminhado ao titular da ação penal, a autoridade policial não era obrigada a justificar as razões da classificação do delito.

d) O inquérito policial poderia ter sido instaurado em razão de notícia anônima, desde que tivessem ocorrido investigações preliminares para averiguação dos fatos noticiados.

e) Será necessário nomear curador especial para Maria, em razão da natureza hedionda do delito por ela cometido.

12. **(Cespe/PC/MA/Investigador/2018)** A respeito do inquérito policial, assinale a opção correta.

a) No Brasil, a jurisprudência é pacífica quanto a acolher o arquivamento do inquérito policial de forma implícita.

b) No ordenamento nacional, não há previsão de recurso de ofício contra ato de arquivamento de inquérito policial.

c) Em caso de atipicidade da conduta, é possível o trancamento do inquérito policial via "habeas corpus".

d) O inquérito policial é parte necessária da ação penal.

e) O indiciamento pode ser realizado por membro do Ministério Público, mesmo sem a participação de autoridade policial.

13. **(Cespe/PC/MA/Delegado/2018)** Amadeu, com vinte anos de idade, encontrou Márcia, com dezesseis anos de idade, sua ex-vizinha, em um baile de carnaval realizado em uma praia. Ao perceber que Márcia se encontrava em estado de embriaguez, apresentando perda do raciocínio e de discernimento, Amadeu aproveitou para praticar diversos atos libidinosos e ter conjunção carnal com ela, mesmo sem o seu consentimento. Nessa situação hipotética:

a) a autoridade policial só poderá instaurar inquérito mediante representação de Márcia ou de seus pais.

b) a autoridade policial poderá instaurar inquérito de ofício.

c) a autoridade policial não poderá instaurar inquérito policial caso tome ciência do fato por meio da veiculação do fato pela imprensa.

d) a autoridade policial só poderá instaurar inquérito mediante requerimento subscrito pelos pais de Márcia.

e) o MP não poderá requisitar a instauração de inquérito policial.

14. **(Cespe/PC/MA/Delegado/2018)** Após a instauração de inquérito policial para apurar a prática de crime de corrupção passiva em concurso com o de organização criminosa, o promotor de justiça requereu o arquivamento do ato processual por insuficiência de provas, pedido que foi deferido pelo juízo. Contra essa decisão não houve a interposição de recursos. Nessa situação:

a) mesmo com o arquivamento do inquérito policial, a ação penal poderá ser proposta, desde que seja instruída com provas novas.

b) em razão do arquivamento, a ação penal só poderá ser proposta como ação penal privada subsidiária da pública.

c) o arquivamento do inquérito policial gerou a perempção, que provoca a inadmissibilidade da ação penal devido à extinção da punibilidade provocada.

d) em razão da coisa julgada material feita com o trânsito em julgado da decisão que deferiu o arquivamento do inquérito, é inadmissível a propositura de ação penal.

e) outro promotor de justiça, com entendimento contrário ao daquele que requereu o arquivamento, poderá requerer o desarquivamento do inquérito e propor ação penal independentemente da existência de novas provas.

15. **(Cespe/TJ/AM/Juiz/2016)** Carla fez um seguro de vida que previa o pagamento de vultosa indenização a seu marido, José, caso ela viesse a falecer. O contrato previa que o beneficiário não teria direito à indenização se causasse a morte da segurada. Alguns meses depois, Carla foi encontrada morta, tendo o perito oficial que assinou o laudo cadavérico concluído que a causa provável fora envenenamento. Em que pese o delegado não ter indiciado José, o MP concluiu que havia indícios de autoria, razão pela qual ele foi denunciado por homicídio doloso. O juiz recebeu a denúncia e determinou a citação do réu. José negou a autoria do delito, tendo solicitado a admissão de assistente técnico e apresentado defesa em que requereu sua absolvição sumária. O parecer do assistente técnico foi no sentido de que a morte de Carla tivera causas naturais. Acerca dessa situação hipotética, assinale a opção correta:

a) Caso o juiz absolva José por estar provado não ser ele autor do fato, essa decisão não impedirá que os genitores de Carla ingressem com ação civil indenizatória e obtenham o reconhecimento de sua responsabilidade civil.

b) O MP não poderia ter oferecido denúncia sem que o delegado tivesse indiciado José e procedido à sua oitiva na fase extrajudicial, razão pela qual o juiz deveria ter remetido os autos à delegacia para a referida providência.

c) O juiz poderá fundamentar uma sentença absolutória acatando o parecer elaborado pelo assistente técnico contratado por José, rejeitando as conclusões do perito oficial.

d) O laudo de exame cadavérico de Carla é nulo porque a legislação processual penal determina que ele seja elaborado e assinado por dois peritos oficiais.

e) A seguradora poderá intervir no processo criminal como assistente da acusação no intuito de demonstrar que José foi o autor do crime.

16. **(Cespe/TJ/DFT/Juiz/2015)** Em relação ao inquérito policial, assinale a opção correta:

a) Lavrado o auto de prisão em flagrante de crime de adulteração de produto destinado a fins terapêuticos, a autoridade policial poderá conceder ao preso a liberdade provisória mediante o pagamento de fiança.

b) Segundo interpretação do STF, a participação de procurador da República na fase de investigação policial acarreta o seu impedimento para o subsequente oferecimento da denúncia.

c) O superior hierárquico do delegado pode determinar a redistribuição de inquérito policial por motivo de interesse público e mediante despacho fundamentado.

d) A colaboração premiada é admitida na fase policial, quando pode ser concedida pela autoridade policial, e na fase processual, quando é concedida pela autoridade judicial.

e) Havendo indícios de crime praticado por organização criminosa, a autoridade policial poderá autorizar, de ofício, a infiltração de seus agentes de polícia em tarefa de investigação.

17. **(Cespe/PC/PE/Perito/2016)** Acerca do inquérito policial (IP), assinale a opção correta:

a) Concluída a perícia do local do crime, o delegado deve restituir ao respectivo proprietário os instrumentos do crime e os demais objetos apreendidos.

b) O IP, um procedimento administrativo preparatório que tem por finalidade apurar os indícios de autoria e materialidade, é indispensável para o início da ação penal pelo Ministério Público.

c) Em razão do interesse da sociedade pelo esclarecimento dos fatos criminosos, as investigações policiais são sempre públicas.

d) Por ser o IP um procedimento extrajudicial, anterior ao início da ação penal, não há previsão legal de se observarem os princípios do contraditório e da ampla defesa nessa fase investigativa.

e) O relatório de IP que concluir pela ausência de justa causa para o prosseguimento das investigações deverá ser arquivado pelo delegado.

18. **(Cespe/PC/PE/Delegado/2016)** A respeito do inquérito policial, assinale a opção correta, tendo como referência a doutrina majoritária e o entendimento dos tribunais superiores:

a) Por substanciar ato próprio da fase inquisitorial da persecução penal, é possível o indiciamento, pela autoridade policial, após o oferecimento da denúncia, mesmo que esta já tenha sido admitida pelo juízo a quo.

b) O acesso aos autos do inquérito policial por advogado do indiciado se estende, sem restrição, a todos os documentos da investigação.

c) Em consonância com o dispositivo constitucional que trata da vedação ao anonimato, é vedada a instauração de inquérito policial com base unicamente em denúncia anônima, salvo quando constituírem, elas próprias, o corpo de delito.

d) O arquivamento de inquérito policial mediante promoção do MP por ausência de provas impede a reabertura das investigações: a decisão que homologa o arquivamento faz coisa julgada material.

e) De acordo com a Lei de Drogas, estando o indiciado preso por crime de tráfico de drogas, o prazo de conclusão do inquérito policial é de noventa dias, prorrogável por igual período desde que imprescindível para as investigações.

19. **(Cespe/PC/PE/Delegado/2016)** Considerando-se que João tenha sido indiciado, em inquérito policial, por, supostamente, ter cometido dolosamente homicídio simples, e que Pedro tenha sido indiciado, em inquérito policial, por, supostamente, ter cometido homicídio qualificado, é correto afirmar que, no curso dos inquéritos:

a) se a prisão temporária de algum dos acusados for decretada, ela somente poderá ser executada depois de expedido o mandado judicial.

b) João e Pedro podem ficar presos temporariamente, sendo igual o limite de prazo para a decretação da prisão temporária de ambos.

c) o juiz poderá decidir sobre a prisão temporária de qualquer um dos acusados ou de ambos, independentemente de ouvir o MP, sendo suficiente, para tanto, a representação da autoridade policial.

d) o juiz poderá decretar, de ofício, a prisão temporária de Pedro, mas não a de João.

e) o juiz poderá decretar, de ofício, a prisão temporária de João e de Pedro.

20. **(Cespe/PC/GO/Agente/2016)** A respeito do IP, assinale a opção correta:

a) O delegado de polícia, se estiver convencido da ausência de elementos suficientes para imputar autoria a determinada pessoa, deverá mandar arquivar o IP, podendo desarquivá-lo se surgir prova nova.

b) O IP é presidido pelo delegado de polícia sob a supervisão direta do MP, que poderá intervir a qualquer tempo para determinar a realização de perícias ou diligências.

c) A atividade investigatória de crimes não é exclusiva da polícia judiciária, podendo ser eventualmente presidida por outras autoridades, conforme dispuser a lei especial.

d) O IP é indispensável para o oferecimento da denúncia; o promotor de justiça não poderá denunciar o réu sem esse procedimento investigatório prévio.

e) O IP é peça indispensável à propositura da ação penal pública incondicionada, sob pena de nulidade, e deve assegurar as garantias constitucionais da ampla defesa e do contraditório.

21. **(Cespe/PC/GO/Agente/2016)** A respeito do IP e da instrução criminal, assinale a opção correta:

a) O juiz é livre para apreciar as provas e, de acordo com sua convicção íntima, poderá basear a condenação do réu exclusivamente nos elementos informativos colhidos no IP.

b) Como a perícia é considerada a prova mais importante, o juiz não proferirá sentença que contrarie conclusões da perícia, devendo a prova técnica prevalecer sobre os outros meios probatórios.

c) Uma vez arquivado o IP por decisão judicial, a autoridade policial poderá proceder a novas pesquisas, se tiver notícia de uma nova prova.

d) O ofendido e o indiciado não poderão requerer diligências no curso do IP.

e) O IP, peça informativa do processo, oferece o suporte probatório mínimo para a denúncia e, por isso, é indispensável à propositura da ação penal.

22. (Cespe/PC/GO/Escrivão/2016) Acerca de aspectos diversos pertinentes ao IP, assinale a opção correta:

a) O IP, em razão da complexidade ou gravidade do delito a ser apurado, poderá ser presidido por representante do MP, mediante prévia determinação judicial nesse sentido.

b) A "notitia criminis" é denominada direta quando a própria vítima provoca a atuação da polícia judiciária, comunicando a ocorrência de fato delituoso diretamente à autoridade policial.

c) O indiciamento é ato próprio da autoridade policial a ser adotado na fase inquisitorial.

d) O prazo legal para o encerramento do IP é relevante independentemente de o indiciado estar solto ou preso, visto que a superação dos prazos de investigação tem o efeito de encerrar a persecução penal na esfera policial.

e) Do despacho da autoridade policial que indeferir requerimento de abertura de IP feito pelo ofendido ou seu representante legal é cabível, como único remédio jurídico, recurso ao juiz criminal da comarca onde, em tese, ocorreu o fato delituoso.

23. (Cespe/PC/GO/Delegado/2017) O Código de Processo Penal prevê a requisição, às empresas prestadoras de serviço de telecomunicações, de disponibilização imediata de sinais que permitam a localização da vítima ou dos suspeitos de delito em curso, se isso for necessário à prevenção e à repressão de crimes relacionados ao tráfico de pessoas. Essa requisição pode ser realizada pelo:

a) delegado de polícia, independentemente de autorização judicial e por prazo indeterminado.

b) Ministério Público, independentemente de autorização judicial, por prazo não superior a trinta dias, renovável por uma única vez, podendo incluir o acesso ao conteúdo da comunicação.

c) delegado de polícia, mediante autorização judicial e por prazo indeterminado, podendo incluir o acesso ao conteúdo da comunicação.

d) delegado de polícia, mediante autorização judicial, devendo o inquérito policial ser instaurado no prazo máximo de setenta e duas horas do registro da respectiva ocorrência policial.

e) Ministério Público, independentemente de autorização judicial e por prazo indeterminado.

24. (Cespe/DPU/Defensor/2017) A homologação, pelo juízo criminal competente, do arquivamento de inquérito forma coisa julgada endoprocessual.

25. (Cespe/DPU/Defensor/2017) Pedro, servidor público federal, foi indiciado pela Polícia Federal por suposta prática de corrupção passiva no exercício de suas atribuições. O inquérito policial, após remessa ao órgão do MPF, foi arquivado, por requerimento do procurador da República, em razão da atipicidade da conduta, e o arquivamento foi homologado pelo juízo criminal competente. Nessa situação, o ato de arquivamento do inquérito fez exclusivamente coisa julgada formal, o que impossibilita posterior desarquivamento pelo parquet, ainda que diante da existência de novas provas.

26. (Cespe/DPU/Defensor/2017) Lino foi indiciado por tentativa de homicídio. Após remessa dos autos ao órgão do MP, o promotor de justiça requereu o arquivamento do inquérito em razão da conduta de Lino ter sido praticada em legítima defesa, o que foi acatado pelo juízo criminal competente. Nessa situação, de acordo com o STF, o ato de arquivamento com fundamento em excludente de ilicitude fez coisa julgada formal e material, o que impossibilita posterior desarquivamento pelo parquet, ainda que diante da existência de novas provas.

27. (Cespe/TRF/1R/Técnico/2017) Membro do Ministério Público que participe, ativamente, do curso da investigação criminal não poderá oferecer denúncia, devendo, ao final do inquérito policial, encaminhar os documentos cabíveis para outro membro do parquet, que decidirá acerca do oferecimento ou não de denúncia.

28. (Cespe/TRF/1R/Técnico/2017) Apenas no caso em que o investigado estiver preso preventivamente, o inquérito policial deverá se encerrar em até dez dias, contados a partir do dia subsequente à execução da ordem de prisão.

29. (Cespe/TRF/1R/Técnico/2017) Mesmo depois de a autoridade judiciária ter ordenado o arquivamento do inquérito policial por falta de base para a denúncia, a autoridade policial poderá proceder a novas diligências.

30. (Cespe/TRF/1R/Analista/2017) O arquivamento do inquérito policial determinado por autoridade judiciária competente, a pedido do Ministério Público, com fundamento na atipicidade da conduta, por fazer coisa julgada material, obsta seu desarquivamento em razão do surgimento de novas provas.

31. **(Cespe/TRF/1R/Analista/2017)** Apesar de se tratar de procedimento inquisitorial no qual não se possa exigir a plena observância do contraditório e da ampla defesa, a assistência por advogado no curso do inquérito policial é direito do investigado, inclusive com amplo acesso aos elementos de prova já documentados que digam respeito ao direito de defesa.

32. **(Cespe/DPU/Defensor/2015)** Júlio foi preso em flagrante pela prática de furto de um caixa eletrônico da CEF. Júlio responde a outros processos por crime contra o patrimônio. O representante da CEF poderá habilitar-se como assistente da acusação a partir da instauração do inquérito policial, não cabendo impugnação da decisão judicial que negar a habilitação.

33. **(Cespe/DPU/Defensor/2015)** Na hipótese de uma investigação policial pelo crime de latrocínio, a prisão temporária poderá ser decretada pelo prazo de trinta dias, prorrogáveis por igual período, sem prejuízo da possibilidade de decretação da prisão preventiva. Nesse caso, o inquérito deverá ser concluído no prazo, sob pena de constrangimento ilegal.

34. **(Cespe/AGU/Advogado/2015)** Ao receber uma denúncia anônima por telefone, a autoridade policial realizou diligências investigatórias prévias à instauração do inquérito policial com a finalidade de obter elementos que confirmassem a veracidade da informação. Confirmados os indícios da ocorrência de crime de extorsão, o inquérito foi instaurado, tendo o delegado requerido à companhia telefônica o envio de lista com o registro de ligações telefônicas efetuadas pelo suspeito para a vítima. Prosseguindo na investigação, o delegado, sem autorização judicial, determinou a instalação de grampo telefônico no telefone do suspeito, o que revelou, sem nenhuma dúvida, a materialidade e a autoria delitivas. O inquérito foi relatado, com o indiciamento do suspeito, e enviado ao MP. Nessa situação hipotética, considerando as normas relativas à investigação criminal, são nulos os atos de investigação realizados antes da instauração do inquérito policial, pois violam o princípio da publicidade do procedimento investigatório, bem como a obrigação de documentação dos atos policiais.

35. **(Cespe/PGE/SE/Procurador/2017)** A respeito de inquérito policial, assinale a opção correta:

a) O arquivamento desse tipo de investigação criminal nunca faz coisa julgada material, podendo a investigação ser desarquivada a qualquer tempo, se surgirem novas provas.
b) A prorrogação de prazo em inquéritos policiais para ulteriores diligências é possível quando o fato for de difícil elucidação, ainda que o indiciado esteja preso.
c) O arquivamento desse conjunto de atos e diligências pode ser determinado, de ofício, pelo magistrado.
d) O inquérito policial, por ser uma peça investigatória obrigatória, não pode ser dispensado quando da propositura da ação penal.
e) O inquérito policial pode ser instaurado com base em denúncia anônima, desde que comprovada por elementos informativos prévios que denotem a verossimilhança da comunicação.

36. **(Cespe/PC/MT/Delegado/2017)** Conforme súmula do STF, é direito do advogado do investigado o acesso aos autos do inquérito policial. Nesse sentido, o advogado do investigado:

a) deverá obrigatoriamente participar do interrogatório policial do investigado, sob pena de nulidade absoluta do procedimento.
b) terá acesso às informações concernentes à representação e decretação, ainda pendentes de conclusão, de medidas cautelares pessoais que digam respeito ao investigado, excluindo-se aquelas que alcancem terceiros eventualmente envolvidos.
c) terá direito ao pleno conhecimento, sem restrições, de todas as peças e atos da investigação.
d) deverá ser comunicado previamente de todas as intimações e diligências investigativas que digam respeito ao exercício do direito de defesa no interesse do representado.
e) terá acesso amplo aos elementos constantes em procedimento investigatório que digam respeito ao indiciado e que já se encontrem documentados nos autos.

37. **(Cespe/PC/MT/Delegado/2017)** O requerimento de arquivamento do inquérito policial formulado pelo MP:

a) está sujeito, exclusivamente, a controle interno do próprio MP, de ofício ou por provocação do ofendido.

b) não poderá ser indeferido, em respeito aos princípios da independência funcional e do promotor natural.
c) não está sujeito a controle jurisdicional nos casos de competência originária do STF ou do STJ.
d) está sujeito a controle jurisdicional, devendo o juiz do feito, no caso de considerar improcedentes as razões invocadas, designar outro membro do MP para o oferecimento da denúncia.
e) defere ao ofendido, quando acolhido pelo juiz, o direito de ingressar com ação penal subsidiária por via de queixa-crime.

38. (Cespe/PC/MT/Delegado/2017) O inquérito policial instaurado por delegado de polícia para investigar determinado crime:

a) não poderá ser avocado, nem mesmo por superior hierárquico.
b) poderá ser avocado por superior hierárquico somente no caso de não cumprimento de algum procedimento regulamentar da corporação.
c) poderá ser redistribuído por superior hierárquico, devido a motivo de interesse público.
d) poderá ser avocado por superior hierárquico, independentemente de fundamentação em despacho.
e) não poderá ser redistribuído, nem mesmo por superior hierárquico.

39. (Cespe/PGM/Fortaleza/Procurador/2017) De acordo com o STJ, é exigida prévia autorização do Poder Judiciário para a instauração de inquérito ou procedimento investigatório criminal contra prefeito, já que prefeitos detêm foro por prerrogativa de função e devem ser julgados pelo respectivo tribunal de justiça, TRF ou TRE, conforme a natureza da infração imputada.

3. DA AÇÃO

3.1. Da Ação Penal

* SÚMULAS

STF Súm. 524. Arquivado o inquérito policial, por despacho do juiz, a requerimento do Promotor de Justiça, não pode a ação penal ser iniciada, sem novas provas.

STF Súm. 554. O pagamento de cheque emitido sem provisão de fundos, após o recebimento da denúncia, não obsta ao prosseguimento da ação penal.

STF Súm. 594. Os direitos de queixa e de representação podem ser exercidos, independentemente, pelo ofendido ou por seu representante legal.

STF Súm. 609. É pública incondicionada a ação penal por crime de sonegação fiscal.

STF Súm. 696. Reunidos os pressupostos legais permissivos da suspensão condicional do processo, mas se recusando o promotor de justiça a propô-la, o juiz, dissentindo, remeterá a questão ao procurador-geral, aplicando-se por analogia o art. 28 do Código de Processo Penal.

STF Súm. 709. Salvo quando nula a decisão de primeiro grau, o acórdão que provê o recurso contra a rejeição da denúncia vale, desde logo, pelo recebimento dela.

STF Súm. 714. É concorrente a legitimidade do ofendido, mediante queixa, e do Ministério Público, condicionada à representação do ofendido, para a ação penal por crime contra a honra de servidor público em razão do exercício de suas funções.

STJ Súm. 234. A participação de membro do Ministério Público na fase investigatória criminal não acarreta o seu impedimento ou suspeição para o oferecimento da denúncia.

STJ Súm. 542. A ação penal relativa ao crime de lesão corporal resultante de violência doméstica contra a mulher é pública incondicionada.

* INFORMATIVOS DE JURISPRUDÊNCIA

Crime societário, individualização da conduta e teoria do domínio do fato

STF Concedido "habeas corpus" para trancar ação penal envolvendo ex-diretores de empresa de telefonia por crimes contra a Fazenda Pública (art. 1º, II, da Lei 8.137/1990 c/c. art. 71 do CP). De acordo com a denúncia, os impetrantes, com domínio dos fatos na administração da sociedade anônima, teriam fraudado a Fazenda Pública de Pernambuco por meio da inserção de elementos inexatos em livros fiscais. Créditos tributários supostamente inexistentes teriam sido destacados em notas fiscais de aquisição de serviços de telecomunicações para reduzir o valor do ICMS. Além disso, os acusados não apenas detinham poder para decidir sobre a ilicitude, como também para persuadir os funcionários contratados a executarem o ato, sendo responsáveis pela ocorrência da redução do tributo. Não se pode invocar a teoria do domínio do fato, pura e simplesmente, sem nenhuma outra prova, citando de forma genérica os diretores estatutários da empresa, espalhados pelo Brasil, para lhes imputar um crime fiscal que teria sido supostamente praticado no Estado-membro. Em matéria de crimes societários, a denúncia deve apresentar, suficiente e adequadamente, a conduta atribuível a cada um dos agentes, de modo a possibilitar a identificação do papel desempenhado pelos denunciados na estrutura jurídico-administrativa da empresa. No caso, a acusação feita aos pacientes deriva apenas dos cargos por eles ocupados na empresa de telefonia, estando ausente descrição mínima dos supostos atos ilícitos por eles praticados. HC 136250, Rel. Min. Ricardo Lewandowski, j. 23.5.2017.

* QUESTÕES DISCURSIVAS

05. **(Cespe/TJ/PR/Juiz/2017)** Diferencie as condições da ação penal sob a ótica da concepção eclética e sob a teoria da asserção, considerando a justa causa como espécie de condição da ação, discorrendo sobre os efeitos da absolvição sumária bem como da rejeição da peça acusatória.

* QUESTÕES OBJETIVAS

40. **(Cespe/PC/MA/Escrivão/2018)** Assinale a opção correta relativamente ao direito de representação como condição de procedibilidade da ação penal.

a) O direito penal restringe-se ao trato da responsabilidade subjetiva, razão por que as pessoas jurídicas estão impedidas de representar.

b) O requerimento de requisição do ofendido ou de seu representante legal deve conter a assinatura e a narrativa do fato de cada testemunha.

c) O Ministério Público não pode dispensar a instauração do inquérito policial nas ações penais condicionadas a representação.

d) É necessária a classificação jurídica do fato delituoso na representação do ofendido.

e) A representação deve conter todas as informações para a apuração do fato delituoso, permitindo a lei que estas possam ser apresentadas oralmente à autoridade policial.

41. **(Cespe/PC/MA/Delegado/2018)** Um garoto de sete anos de idade foi atendido no pronto-socorro de um hospital com quadro de crise asmática. Embora tenha sido regularmente medicado, ele faleceu trinta e seis horas depois devido a insuficiência respiratória. A médica plantonista foi indiciada por homicídio culposo com imputação de negligência no atendimento. O promotor de justiça, após exaustivas diligências, que incluíram o parecer de renomado pneumologista e outras diligências realizadas pela própria assessoria médica do órgão acusador, pediu o arquivamento da peça inquisitória um mês depois de encerrado o prazo previsto em lei para a propositura da ação penal, a partir da apresentação do relatório final pelo delegado. Nesse ínterim, o pai da criança, inconformado com a demora do MP em promover a denúncia no prazo da lei, ajuizou ação penal privada subsidiária. Acerca dessa situação hipotética e de aspectos a ela correlatos, assinale a opção correta à luz do entendimento dos tribunais superiores.

a) O simples fato de os autos terem ficado sem movimentação externa ao MP por prazo superior a quinze dias não autorizaria a propositura da ação penal privada.

b) Se os autos tiverem estado em diligência a cargo de órgão auxiliar técnico do MP para análise das questões médicas envolvidas, então não houve omissão e, por isso, esteve suspenso o prazo para o exercício da ação penal privada.

c) Caso a família da vítima tomasse ciência da realização de diligências no âmbito interno do MP para esclarecimento dos fatos e se manifestasse nos autos dessas diligências sem questioná-las, isso implicaria anuência, obstando o direito à ação penal privada.

d) O direito de propor ação penal privada subsidiária poderia ser exercido a qualquer tempo, desde que decorrido o prazo legal conferido ao MP.

e) Tendo a CF erigido como fundamental o direito da vítima e de sua família à aplicação da lei penal, a vítima e sua família podem tomar as rédeas da ação penal se o MP não o fizer no devido tempo.

42. **(Cespe/PC/PE/Perito/2016)** Conforme o Código de Processo Penal (CPP), pode ocorrer a decadência na:

a) ação penal pública condicionada a representação do ofendido ou de seu representante legal.

b) ação penal privada subsidiária da pública em que o Ministério Público retome a ação como parte principal.

c) ação penal pública incondicionada.

d) ação penal pública condicionada a requisição do ministro da Justiça.

e) E ação penal por crime praticado em detrimento do patrimônio ou interesse da União.

43. **(Cespe/PC/PE/Delegado/2016)** Acerca da ação penal, suas características, espécies e condições, assinale a opção correta:

a) A perempção incide tanto na ação penal privada exclusiva quanto na ação penal privada subsidiária da ação penal pública.

b) Os prazos prescricionais e decadenciais incidem de igual forma tanto na ação penal pública condicionada à representação do ofendido quanto na ação penal pública condicionada à representação do ministro da Justiça.

c) De regra, não há necessidade de a queixa-crime ser proposta por advogado dotado de poderes específicos para tal fim, em homenagem ao princípio do devido processo legal.

d) Tanto na ação pública condicionada à representação quanto na ação penal privada, se o ofendido tiver menos de vinte e um anos de idade e mais de dezoito anos de idade, o direito de queixa ou de representação poderá ser exercido por ele ou por seu representante legal.

e) É concorrente a legitimidade do ofendido, mediante queixa, e do MP, condicionada à representação do ofendido, para a ação penal por crime contra a honra de servidor público em razão do exercício de suas funções.

44. **(Cespe/DPU/Analista/2016)** João, aproveitando-se de distração de Marcos, juiz de direito, subtraiu para si uma sacola de roupas usadas a ele pertencentes. Marcos pretendia doá-las a instituição de caridade. João foi perseguido e preso em flagrante delito por policiais que presenciaram o ato. Instaurado e concluído o inquérito policial, o Ministério Público não ofereceu denúncia nem praticou qualquer ato no prazo legal. Em razão da omissão do Ministério Público, a vítima poderá oferecer ação privada subsidiária da pública.

45. **(Cespe/DPE/RN/Defensor/2015)** Assinale a opção correta a respeito da denúncia e da queixa-crime conforme o entendimento do STJ:

a) Nos crimes de ação penal privada, na procuração pela qual o ofendido outorga poderes especiais para o oferecimento da queixa-crime, observados os demais requisitos previstos no CPP, não é necessária a descrição pormenorizada do delito, desde que haja, pelo menos, a menção do fato criminoso ou o nomen juris.

b) Em "habeas corpus", pode-se discutir a ausência de justa causa para a propositura da ação penal, mesmo nas hipóteses em que seja necessário um exame minucioso do conjunto fático-probatório em que ocorreu a infração.

c) O prazo de cinco dias para oferecimento da denúncia, nas hipóteses de réu preso, a fim de evitar a restrição prolongada à liberdade sem acusação formada, configura prazo próprio.

d) A queixa-crime apresentada perante juízo incompetente não obsta a decadência, se tiver sido observado o prazo de seis meses previsto no CPP.

e) O ato de recebimento da denúncia veicula manifestação decisória do Poder Judiciário, e não apenas simples despacho de caráter ordinatório.

46. **(Cespe/DPU/Analista/2016)** Em se tratando de crime de ação penal pública, o Ministério Público, ao final da instrução probatória, se convencido da inocência do acusado, poderá pedir a sua absolvição e, nesse caso, o juiz ficará vinculado ao pedido do parquet.

47. **(Cespe/PC/PE/Perito/2016)** Considerando o que dispõe o CPP relativamente à ação penal, assinale a opção correta:

a) Nos crimes que se processem mediante ação penal que exija representação, esta será retratável mesmo após o recebimento da denúncia.

b) Cônjuge, ascendente, descendente ou irmã(o) tem o direito de oferecer a queixa e prosseguir na ação penal privada em caso de morte do ofendido.

c) Tanto a renúncia quanto o perdão, institutos que se estendem aos corréus e extinguem a punibilidade, independentemente de aceite, são atos unilaterais de desistência do ofendido em relação à ação penal privada.

d) Admite-se ação penal privada subsidiária da pública no caso de o Ministério Público manifestar-se pelo arquivamento do IP ou deixar de oferecer denúncia no prazo legal.

e) Em se tratando de ação penal pública condicionada, qualquer cidadão poderá provocar a iniciativa do Ministério Público para a propositura da ação penal, fornecendo-lhe informações sobre o fato e a autoria e indicando o tempo, o lugar e os elementos de convicção.

48. **(Cespe/TRF/1R/Técnico/2017)** No caso de crime processável por ação penal pública, quando o Ministério Público não oferecer a denúncia no prazo legal, o ofendido poderá impetrar ação penal privada subsidiária da pública.

49. (Cespe/TRF/1R/Técnico/2017) Em obediência ao princípio da indivisibilidade da ação penal, não poderá o juiz, em caso de conexão ou continência, separar os processos, mesmo que o número de acusados seja excessivo e que isso acarrete o prolongamento de prisões.

50. (Cespe/TRF/1R/Técnico/2017) O Ministério Público detém, privativamente, a legitimidade para propor ação penal pública, ainda que a proposição seja condicionada à representação do ofendido ou à requisição do ministro da Justiça.

51. (Cespe/TRF/1R/Técnico/2017) Antônio e Pedro são autores de um mesmo crime contra João. Nessa situação, João poderá renunciar ao exercício de seu direito de queixa em relação a Antônio e mantê-lo em relação a Pedro.

52. (Cespe/TRF/1R/Técnico/2017) Desde o advento da Lei n. 11.719/2008, que alterou dispositivos do Código de Processo Penal, as condições da ação penal são a possibilidade jurídica do pedido, o interesse de agir e a legitimidade.

53. (Cespe/DPE/AL/Defensor/2017) Em se tratando de crimes contra a dignidade sexual, a ação penal:

I. se processa exclusivamente mediante ação penal privada.
II. pode ser pública incondicionada ou condicionada à representação, conforme a idade da vítima.
III. pode ser iniciada a qualquer tempo, desde que o fato seja comunicado à polícia ou ao Ministério Público.
IV. será pública incondicionada nas situações em que a vítima tiver menos de quatorze anos, padecer de doença mental incapacitante ou não puder oferecer resistência.

Estão certos apenas os itens:

a) I e II.
b) I e III.
c) II e III.
d) II e IV.
e) I, III e IV.

54. (Cespe/DPE/AL/Defensor/2017) Maria denunciou seu esposo, Antônio, por ele ter insistido em manter relação sexual com ela, contra a sua vontade, após chegar em casa embriagado. Maria afirmou, ainda, que Antônio, diante de sua recusa, a agrediu verbalmente, dirigindo-lhe palavras insultuosas. Antônio foi condenado, mas a sua defesa recorreu, alegando nulidade do pedido e requerendo absolvição por falta de condição de procedibilidade da ação penal ante a ausência de representação formal da vítima. Considerando essa situação hipotética, assinale a opção correta:

a) A situação em apreço se refere a crime de injúria com violência doméstica contra a mulher, razão por que a ação penal pode ser iniciada a qualquer tempo.
b) O crime em questão é de ação pública condicionada e só pode ir adiante se Maria fizer uma representação formal.
c) O fato de Maria ter registrado a ocorrência e pedido providências supre o requisito da representação.
d) A ação penal será arquivada se Maria desistir do registro da ocorrência policial em audiência especial perante o juiz e o representante do Ministério Público.
e) A ausência de lesão corporal impossibilita que o fato em questão seja abrangido pelas normas tutelares da Lei Maria da Penha.

55. (Cespe/DPE/AL/Defensor/2017) Acerca dos ritos especiais de julgamento envolvendo crimes contra a honra, assinale a opção correta:

a) O pedido de explicações, nos casos de crimes contra a honra pode ser formulado a qualquer tempo, antes ou durante o transcorrer da ação penal.
b) Tratando-se de crimes de difamação, não se admite a exceção da verdade, ainda que o ofendido seja funcionário público e a ofensa seja relacionada ao exercício de suas funções.
c) Tratando-se de crime contra a honra do servidor público em razão da função, a ação penal pode ser iniciada mediante queixa-crime do ofendido ou ação pública condicionada à representação.
d) Se o querelante regularmente intimado não comparecer à audiência de reconciliação, reputar-se-á apenas desinteressado em celebrar acordo, prosseguindo o processo normalmente.
e) Em se tratando de crimes contra a honra mediante ação penal pública condicionada à representação, o ofendido poderá, a qualquer

tempo, desistir da ação e solicitar a extinção do processo.

56. (Cespe/PC/MT/Delegado/2017) Assinale a opção correta no que se refere à ação penal:

a) Aplica-se a perempção como forma extintiva da punibilidade às ações penais exclusivamente privadas e às ações privadas subsidiárias das públicas.

b) O princípio da indivisibilidade, quando não observado, impõe ao juiz a rejeição da denúncia nas ações penais públicas.

c) Há legitimidade concorrente do ofendido e do MP para a persecução de crimes contra a honra de funcionário público em razão de suas funções.

d) Na ação penal privada, todas as manifestações de disponibilidade pelo ofendido serão extensivas a todos os réus e(ou) responsáveis pelo fato delituoso, independentemente de qualquer reserva ou condição apresentada por eles.

e) Diante de concurso formal entre um delito de ação penal pública e outro de ação penal privada, caberá ao representante do MP oferecer denúncia em relação aos dois crimes.

3.2. Da Ação Civil

✱ QUESTÕES OBJETIVAS

57. (Cespe/TJ/PB/Juiz/2015) Acerca dos procedimentos especiais previstos no CPP e nas leis extravagantes, assinale a opção correta à luz da jurisprudência dos tribunais superiores:

a) No procedimento do júri, admite-se a intimação da decisão de pronúncia por edital, ainda que o processo tenha transcorrido, desde o início, à revelia do réu citado também por edital.

b) A proposta de composição civil de danos em ação penal privada realizada pelo querelante com relação a apenas um dos querelados beneficiará os demais réus.

c) A leitura, pelo MP, da sentença condenatória de corréu, proferida em julgamento anterior, gera nulidade insanável de sessão de julgamento pelo conselho de sentença.

d) Com referência aos crimes previstos na Lei de Entorpecentes, a realização do interrogatório do réu antes da oitiva das testemunhas é causa de nulidade.

e) No procedimento do júri, o assistente de acusação, devido à subsidiariedade de sua atuação, estará impedido de replicar caso o MP concorde com a tese da defesa e não vá à réplica em plenário.

4. DA COMPETÊNCIA

✱ SÚMULAS

1) Competência por Prerrogativa de Função

STF Súm. Vinculante 45. A competência constitucional do tribunal do júri prevalece sobre o foro por prerrogativa de função estabelecido exclusivamente pela constituição estadual.

STF Súm. 451. A competência especial por prerrogativa de função não se estende ao crime cometido após a cessação definitiva do exercício funcional.

STF Súm. 702. A competência do tribunal de justiça para julgar prefeitos restringe-se aos crimes de competência da justiça comum estadual; nos demais casos, a competência originária caberá ao respectivo tribunal de segundo grau.

STF Súm. 703. A extinção do mandato do prefeito não impede a instauração de processo pela prática dos crimes previstos no art. 1º do DL 201/67.

STF Súm. 704. Não viola as garantias do juiz natural, da ampla defesa e do devido processo legal a atração por continência ou conexão do processo do co-réu ao foro por prerrogativa de função de um dos denunciados.

STJ Súm. 164. O prefeito municipal, após a extinção do mandato, continua sujeito a processo por crime previsto no art. 1º do Decreto-lei n. 201, de 27.2.67.

STJ Súm. 208. Compete à Justiça Federal processar e julgar prefeito municipal por desvio de verba sujeita a prestação de contas perante órgão federal.

STJ Súm. 209. Compete à Justiça Estadual processar e julgar prefeito por desvio de verba transferida e incorporada ao patrimônio municipal.

2) Conflito de Competência entre Justiça Comum e Justiça Militar

STF Súm. 555. É competente o tribunal de justiça para julgar conflito de jurisdição entre juiz de direito do Estado e a justiça militar local.

STJ Súm. 53. Compete à justiça comum estadual processar e julgar civil acusado de prática de crime contra instituições militares estaduais.

STJ Súm. 78. Compete à justiça militar processar e julgar policial de corporação estadual, ainda que o delito tenha sido praticado em outra unidade federativa.

STJ Súm. 90. Compete à Justiça Estadual militar processar e julgar o policial militar pela prática do crime militar, e à comum pela prática do crime comum simultâneo àquele.

3) Conflito de Competência entre Justiça Federal e Justiça Estadual

STF Súm. Vinculante 36. Compete à justiça federal comum processar e julgar civil denunciado pelos crimes de falsificação e de uso de documento falso quando se tratar de falsificação da caderneta de inscrição e registro (CIR) ou de carteira de habilitação de amador (CHA), ainda que expedidas pela Marinha do Brasil.

STF Súm. 498. Compete à justiça dos Estados, em ambas as instâncias, o processo e o julgamento dos crimes contra a economia popular.

STF Súm. 522. Salvo ocorrência de tráfico com o exterior, quando, então, a competência será da Justiça Federal, compete à justiça dos Estados o processo e o julgamento dos crimes relativos a entorpecentes.

STJ Súm. 38. Compete à Justiça Estadual comum, na vigência da Constituição de 1988, o processo por contravenção penal, ainda que praticada em detrimento de bens, serviços ou interesse da União ou de suas entidades.

STJ Súm. 42. Compete à justiça comum estadual processar e julgar as causas cíveis em que é parte sociedade de economia mista e os crimes praticados em seu detrimento.

STJ Súm. 62. Compete à Justiça Estadual processar e julgar o crime de falsa anotação na Carteira de Trabalho e Previdência Social, atribuído a empresa privada.

STJ Súm. 73. A utilização de papel moeda grosseiramente falsificado configura, em tese, o crime de estelionato, da competência da Justiça Estadual.

STJ Súm. 104. Compete à Justiça Estadual o processo e julgamento dos crimes de falsificação e uso de documento falso relativo a estabelecimento particular de ensino.

STJ Súm. 107. Compete à justiça comum estadual processar e julgar crime de estelionato praticado mediante falsificação das guias de recolhimento das contribuições previdenciárias, quando não ocorrente lesão à autarquia federal.

STJ Súm. 122. Compete à Justiça Federal o processo e julgamento unificado dos crimes conexos de competência federal e estadual, não se aplicando a regra do art. 78, II, "a", do Código de Processo Penal.

STJ Súm. 140. Compete à justiça comum estadual processar e julgar crime em que o indígena figure como autor ou vítima.

STJ Súm. 147. Compete à Justiça Federal processar e julgar os crimes praticados contra funcionário público federal, quando relacionados com o exercício da função.

STJ Súm. 546. A competência para processar e julgar o crime de uso de documento falso é firmada em razão da entidade ou órgão ao qual foi apresentado o documento público, não importando a qualificação do órgão expedidor.

STJ Súm. 528. Compete ao juiz federal do local da apreensão da droga remetida do exterior pela via postal processar e julgar o crime de tráfico internacional.

4) Competência pelo Lugar da Infração

STF Súm. 521. O foro competente para o processo e julgamento dos crimes de estelionato, sob a modalidade da emissão dolosa de cheque sem provisão de fundos, é o do local onde se deu a recusa do pagamento pelo sacado.

STJ Súm. 48. Compete ao juízo do local da obtenção da vantagem ilícita processar e julgar crime de estelionato cometido mediante falsificação de cheque.

STJ Súm. 200. O juízo federal competente para processar e julgar acusado de crime de uso de passaporte falso é o do lugar onde o delito se consumou.

STJ Súm. 244. Compete ao foro do local da recusa processar e julgar o crime de estelionato mediante cheque sem provisão de fundos.

STJ Súm. 528. Compete ao juiz federal do local da apreensão da droga remetida do exterior pela via postal processar e julgar o crime de tráfico internacional.

5) Outros Temas

STF Súm. 603. A competência para o processo e julgamento de latrocínio é do juiz singular e não do tribunal do júri.

STJ Súm. 59. Não há conflito de competência se já existe sentença com trânsito em julgado, proferida por um dos juízos conflitantes.

STJ Súm. 151. A competência para o processo e julgamento por crime de contrabando ou descaminho define-se pela prevenção do juízo federal do lugar da apreensão dos bens.

STJ Súm. 165. Compete à Justiça Federal processar e julgar crime de falso testemunho cometido no processo trabalhista.

* INFORMATIVOS DE JURISPRUDÊNCIA

Prerrogativa de foro e interpretação restritiva

STF O foro por prerrogativa de função aplica-se apenas aos crimes cometidos durante o exercício do cargo e relacionados às funções desempenhadas. Após o final da instrução processual, com a publicação do despacho de intimação para apresentação de alegações finais, a competência para processar e julgar ações penais não será mais afetada em razão de o agente público vir a ocupar outro cargo ou deixar o cargo que ocupava, qualquer que seja o motivo. AP 937 QO, Rel. Min. Roberto Barroso, j. 3.5.2018. Pleno. (Info 900)

Crime praticado por procurador da República e competência

STF Concedido "habeas corpus" de ofício em favor de procurador da República e de advogado, presos preventivamente em razão de fatos investigados na "Operação Patmos". Os autos do inquérito tinham sido encaminhados ao TRF da 3ª Região, localidade em que o procurador investigado ocupa seu cargo atualmente. Na época dos fatos, porém, o investigado atuava como procurador da República exclusivamente no âmbito do TRF da 1ª Região. Fixada a competência do TRF da 1ª Região para processar e julgar o investigado, conforme interpretação do art. 108, I, "a", da CF, segundo o qual compete aos TRFs processar e julgar, originariamente, os juízes federais da área de sua jurisdição. O mesmo tratamento dado aos juízes federais no tema deve ser conferido aos membros do Ministério Público e aos advogados, tendo em vista que o vocábulo "jurisdição", do texto constitucional, deve ser entendido também como "atribuição". Assim, o procurador da República precisa ser julgado pelo TRF em cuja área exerce suas atribuições, sob pena de ofensa ao princípio do juiz natural. Destacou-se o art. 70 do CPP, segundo o qual o foro para julgar quaisquer crimes se processa segundo o critério "ratione loci". Pet 7063, Rel. Acd. Min. Ricardo Lewandowski, j. 1º.8.2017. 2ª T. (Info 871)

Encaminhamento de cópia de depoimento e definição de competência

STF Providos agravos regimentais interpostos contra decisão que determinara o envio de cópia dos termos de depoimento de colaboradores na operação Lava-Jato às Seções Judiciárias do Distrito Federal e do Estado do Paraná, em razão do declínio da competência do STF para a supervisão das investigações. No caso específico, os fatos investigados não guardam relação com a operação Lava-Jato. Assim, o tema não deve ser encaminhado à Seção Judiciária do Estado do Paraná, mas sim às varas competentes da Seção Judiciária do Distrito Federal, onde os fatos ocorreram. Ademais, o encaminhamento de cópia a duas varas, para que os juízes definam quem será competente para o julgamento, gera um conflito indesejado e provoca insegurança jurídica. Pet 7075 AgR, Rel. Acd. Min. Gilmar Mendes, j. 15.8.2017. 2ª T. (Info 873)

Fato único: investigados sem prerrogativa de foro e não desmembramento

STF Provido agravo regimental interposto contra decisão do relator que havia determinado o desmembramento e a remessa, ao TRF3, dos autos de inquérito instaurado para investigar a suposta prática de crimes cometidos por senador da República e outros três acusados. Na hipótese, o Ministério Público investiga um fato único, a respeito do qual pleiteia a acusação com desmembramento de funções no fato. Dessa forma, não se aplica a conexão ou continência entre crimes, por haver um único fato separado, o qual deve ser julgado no STF. Precedente do Plenário considerou excepcional o foro por prerrogativa, mas é a união indissociável entre as condutas, e não a mera conexão, que revela a impossibilidade de se proceder ao desmembramento do processo. No caso sob exame, o atual estágio da investigação revela que as condutas dos investigados sem prerrogativa de foro estão indissociavelmente unidas à conduta do parlamentar. Desse modo, estão de tal forma unidas que não seria possível apurar os fatos de maneira dissociada, visto que o desmembramento, diante dos elementos coletados até o presente momento, traria inequívoco prejuízo às investigações. Inq 4506 AgR, Rel. Acd. Min. Alexandre de Moraes, j. 14.11.2017. 1ª T. (Info 885)

Lei de Segurança Nacional e competência do Supremo

STF Negado provimento a recurso-crime, interposto pelo Ministério Público contra sentença absolutória proferida pelo juízo de primeira instância e encaminhado ao STF (CF, art. 102, II, b). A denúncia imputou ao réu a prática de atos preparatórios do crime de sabotagem em virtude de invasão de hidrelétrica, conforme disposto no art. 15, § 2º, da Lei 7.170/1983 (Lei de Segurança Nacional). A Turma entendeu não se tratar de crime político. Negou provimento ao recurso e julgou extinta a ação penal, concluindo pela impropriedade do meio utilizado e pela configuração de crime impossível. RC 1473, Rel. Min. Luiz Fux, j. 14.11.2017. 1ª T. (Info 885)

Crime doloso contra a vida e vara especializada

STF Com o advento da Lei Maria da Penha, o tribunal local criara os juizados de violência doméstica e familiar contra a mulher, inclusive na comarca em que processado o paciente. Resolução do mesmo tribunal, segundo a qual, na hipótese de crimes dolosos contra a vida, a competência dos aludidos juizados estender-se-ia até a fase do art. 421 do CPP, ou seja, até a conclusão da instrução preliminar e a pronúncia. Nos casos de crimes dolosos contra a vida, a instrução e a pronúncia não seriam privativas do presidente do tribunal do júri, e a lei poderia atribuir a prática desses atos a outros juízes. Somente após a pronúncia a competência seria deslocada para a vara do júri, onde ocorreria o julgamento. A distribuição da ação penal ocorrera nos termos da legislação vigente à época da prática do ato. Não há razão, portanto, para que o feito seja inicialmente distribuído à vara do júri. Tanto a criação das varas especializadas de violência doméstica e familiar contra a mulher, quanto a instalação da vara do tribunal do júri, foram realizadas dentro dos limites constitucionais (CF, art. 96, I, a). A alteração da competência dos órgãos do Poder Judiciário, por deliberação dos tribunais, não fere os princípios constitucionais do devido processo legal, do juiz natural e da "perpetuatio jurisdictionis". HC 102150, Rel. Min. Teori Zavascki, 27.5.2014.

Compartilhamento de sinal de TV por assinatura, via satélite ou cabo. "Card Sharing". Convenção de Berna. Transnacionalidade da conduta. Competência da Justiça Federal.

STJ Compete à Justiça Federal processar e julgar os crimes de violação de direito autoral e contra a lei de software decorrentes do compartilhamento ilícito de sinal de TV por assinatura, via satélite ou cabo, por meio de serviços de "card sharing". CC 150.629, Rel. Min. Nefi Cordeiro, DJ 28.2.2018. 3ª S. (Info 620)

Crimes de falsificação de documento e uso de documento falso praticados por brasileiros em território estrangeiro. Cooperação internacional. Relações com estados estrangeiros e cumprimento de tratados firmados (CF/88, artigos 21, I, e 84, VII e VIII). Competência da União. Extradição de Nacional. Inadmissibilidade.

STJ Compete à Justiça Federal o processamento e o julgamento da ação penal que versa sobre crime praticado no exterior que tenha sido transferida para a jurisdição brasileira, por negativa de extradição. 3ª S. CC 154.656, Rel. Min. Ribeiro Dantas, DJ 3.5.2018. (Info 625)

Furto nas dependências de local sujeito à administração militar. Militar em serviço. "Res furtiva" sob administração militar. Competência do juízo castrense.

STJ Compete à Justiça Militar processar e julgar o crime de furto, praticado por civil, de patrimônio que, sob administração militar, encontra-se nas dependências desta. CC 145.721, Rel. Min. Joel Ilan Paciornik, DJ 2.3.2018. 3ª S. (Info 621)

Colaboração premiada. Encontro fortuito de provas. Autoridade com prerrogativa de foro. Remessa imediata dos autos ao foro prevalente. Inexistência. Usurpação de competência. Caracterização.

STJ Ocorrendo a descoberta fortuita de indícios do envolvimento de pessoa com prerrogativa de foro, os autos devem ser encaminhados imediatamente ao foro prevalente, definido segundo o art. 78, III, do CPP, o qual é o único competente para resolver sobre a existência de conexão ou continência e acerca da conveniência do desmembramento do processo. Rcl 31.629, Rel. Min. Nancy Andrighi, DJe 28.9.2017. Corte Especial. (Info 612)

* QUESTÕES OBJETIVAS

58. **(Cespe/TCE/PB/Auditor/2018)** Se um membro do TC de determinado estado fosse preso em flagrante por furtar um veículo em uma concessionária de automóveis, o processamento e o julgamento da respectiva ação penal, nessa hipótese, competiriam, originariamente, ao

a) juízo criminal estadual de primeira instância.

b) STF.

c) tribunal de justiça do estado.

d) TRF.

e) STJ.

59. **(Cespe/STM/Analista/2018)** De acordo com a Constituição Federal de 1988, o membro do Ministério Público Militar que atuar na primeira instância jurisdicional será processado e julgado por tribunal regional federal quando da prática de crime comum, ressalvada a competência da justiça eleitoral.

60. **(Cespe/PC/MA/Investigador/2018)** Conforme a legislação penal e a jurisprudência do Superior Tribunal de Justiça, compete à justiça

a) federal processar e julgar os crimes de falsificação e uso de documento falso relativo a estabelecimento particular de ensino.

b) federal processar e julgar prefeito por desvio de verba transferida e incorporada ao patrimônio municipal.

c) comum estadual processar e julgar crime em que indígena figure como autor ou vítima.

d) federal processar e julgar contravenções praticadas em detrimento de bens, serviços ou interesse da União ou de suas entidades.

e) federal processar e julgar as causas cíveis em que seja parte sociedade de economia mista e os crimes praticados contra esse tipo de sociedade.

61. **(Cespe/PC/MA/Delegado/2018)** Após desentendimento em jantar em sua residência, um deputado estadual esfaqueou um colega, que morreu no local. Para ocultar o ato criminoso, o parlamentar enterrou o corpo da vítima no quintal de sua residência. Após o indiciamento, o MP ofereceu denúncia contra o parlamentar. Nessa situação hipotética, a competência para julgar os crimes de homicídio e de ocultação de cadáver será do

a) tribunal de justiça e do juiz singular da justiça comum estadual, respectivamente.

b) juiz singular da justiça comum estadual.

c) tribunal do júri da comarca em que os crimes foram praticados.

d) tribunal de justiça do estado em que o parlamentar exercer o seu mandato.

e) tribunal do júri e o do juiz singular da justiça comum estadual, respectivamente.

62. **(Cespe/PC/MA/Escrivão/2018)** De acordo com as regras para a fixação da competência no âmbito penal, assinale a opção correta.

a) A competência será definida por conexão, quando duas ou mais pessoas forem acusadas da prática de um mesmo fato delituoso.

b) Não se aplicam as regras de competência aos crimes cometidos fora do território brasileiro.

c) A competência será definida pelo domicílio ou pela residência da vítima, quando a execução do crime iniciar-se, mas este não se consuma por circunstâncias alheias à vontade do agente.

d) Sempre que, no inquérito policial, não se conseguir determinar o local do fato delituoso, a competência será fixada pelo domicílio ou pela residência do réu.

e) No caso de crime consumado, a competência será fixada após a descoberta do paradeiro do réu.

63. **(Cespe/DPE/RN/Defensor/2015)** Assinale a opção correta acerca do processo penal segundo o CPP e o entendimento do STF e do STJ:

a) A prevenção no processo penal, em diversas situações, constitui critério de fixação de competência, como na hipótese em que for possível a dois ou mais juízes conhecerem do mesmo crime – seja por dividirem a mesma competência de juízo, seja pela incerteza da competência territorial – ou, ainda, nos crimes continuados ou permanentes.

b) De acordo com a jurisprudência do STF, é imprescindível a transcrição integral dos diálogos colhidos por meio de interceptação telefônica ou escuta ambiental.

c) Segundo a jurisprudência do STJ, são impossíveis sucessivas prorrogações de interceptações telefônicas, ainda que o pedido de quebra de sigilo telefônico seja devidamente fundamentado, em razão da previsão legal de prazo máximo de quinze dias para tal medida, renovável por igual período.

d) A notícia anônima sobre eventual prática criminosa, por si só, é idônea para a instauração de inquérito policial ou a deflagração de ação penal.

e) A competência, na hipótese de crime continuado ou permanente praticado em território de duas ou mais jurisdições, é fixada pelo lugar onde se praticar o maior número de infrações.

64. **(Cespe/TJ/DFT/Juiz/2015)** A respeito do Poder Judiciário e considerando o entendimento do STF, assinale a opção correta:

a) Por meio de emenda constitucional, passou-se a admitir o fracionamento da execução para requisição de pequeno valor, a fim de facilitar o pagamento de dívidas pelo poder público.
b) No julgamento de deputado federal por crime doloso contra a vida, prevalece a competência do STF sobre a do tribunal do júri por força de norma constitucional especial.
c) Em local onde não houver vara da justiça do trabalho, os processos de matérias trabalhistas deverão ser julgados pelo juiz federal da respectiva região, com recurso para o respectivo TRF.
d) Caso o governo do DF edite lei, derivada de sua competência legislativa municipal, que afronte determinado dispositivo da CF, caberá, contra tal lei, ADI perante o STF.
e) A garantia de inamovibilidade, prevista na CF, alcança juízes e desembargadores titulares, mas não se estende a juízes substitutos.

65. **(Cespe/TJ/AM/Juiz/2016)** Em relação à competência no processo penal e à jurisprudência dos tribunais superiores, assinale a opção correta:

a) Na hipótese de um crime de latrocínio em que haja conexão com um crime de tentativa de homicídio, deve haver a reunião de processos em um só juízo, e preponderará a competência do juízo ao qual esteja associado o crime cominado com pena mais grave, no caso o de latrocínio.
b) Nos crimes culposos contra a vida em que os atos de execução ocorram em um lugar e a consumação, em outro, excepcionalmente adota-se a teoria da atividade, e a competência para julgar o fato será do juízo do local dos atos executórios.
c) É da competência da justiça estadual o processo dos réus acusados pelo crime de redução à condição análoga à de escravo, porque a conduta criminosa atinge a liberdade individual de homem específico, não caracterizando violação a interesse da União.
d) A competência pela prevenção se dá quando, concorrendo dois ou mais juízes igualmente competentes ou com jurisdição cumulativa, um deles anteceda aos outros ao determinar a citação do réu.
e) Os crimes contra a honra da vítima quando praticados pelas redes sociais da Internet são da competência exclusiva da justiça federal.

66. **(Cespe/TJ/DFT/Juiz/2016)** Indivíduo que pratique crime a bordo de aeronave estrangeira em espaço aéreo brasileiro, será processado e julgado pela justiça:

a) da comarca correspondente ao espaço aéreo em que a aeronave se encontrava no exato momento do cometimento do crime ou, não sendo possível precisá-la, pela justiça da comarca em cujo território se verificar o pouso.
b) de seu país de origem, pois, somente se estivesse a bordo de aeronave nacional é que a justiça brasileira seria competente.
c) da comarca correspondente ao espaço aéreo em que a aeronave se encontrava no exato momento do cometimento do crime.
d) do estado da Federação onde ele tiver residido por último ou, se ele nunca tiver residido no Brasil, no juízo da capital da República.
e) da comarca em cujo território ocorrer o pouso ou pela comarca de onde houver partido a aeronave.

67. **(Cespe/TJ/DFT/Juiz/2015)** Cada uma das opções a seguir apresenta uma situação hipotética acerca da competência criminal, seguida de uma assertiva a ser julgada. Assinale a opção que apresenta a assertiva correta:

a) Em operação de fiscalização de trânsito realizada no DF, Eliane foi flagrada dirigindo sem a habilitação. Irritada, a condutora do veículo proferiu palavras que ofenderam o decoro dos profissionais que trabalhavam na fiscalização. Nessa situação, competirá ao juiz da vara de delitos de trânsito julgar as infrações cometidas.
b) Roberto importou do exterior, para venda, grande quantidade de equipamentos eletroeletrônicos. Ele não declarou esses bens à aduana brasileira nem recolheu os tributos que seriam devidos. Antes de chegar a Brasília, destino final, seu voo fez escalas em São Paulo e Goiânia. Nessa situação, havendo a apreensão da mercadoria em Brasília, competirá à justiça federal do DF processar e julgar a ação.
c) João, juiz federal, foi acusado de praticar crime de instigação ao suicídio. Nessa situação, a competência para processar e julgar o acusado será do tribunal do júri da comarca em que ele exerça a sua função.
d) Três amigas, de dezessete, dezoito e dezenove anos de idade, foram acusadas de cometer

crime doloso contra a vida e crimes continentes com este em concurso de pessoas. Nessa situação, a competência para processar e julgar a ação penal contra as acusadas será do tribunal do júri.

e) Aderbal, juiz estadual, e Pablo, autônomo, foram acusados de cometer o crime de roubo em concurso formal. Nessa situação, a separação dos processos para que sejam processados e julgados em juízos distintos gerará nulidade, pois afrontará o princípio do juiz natural.

68. **(Cespe/TJ/PB/Juiz/2015)** Em relação às disposições do CPP sobre competência, assinale a opção correta:

a) Em se tratando de crime permanente praticado em território de duas ou mais jurisdições, a competência será firmada pela residência do réu.

b) Não há mais hipótese no CPP de competência por distribuição.

c) Em se tratando de crimes conexos em que existe corréu acometido por doença mental, a unidade processual permanece, embora não seja possível prolatar sentença condenatória em seu desfavor.

d) A justiça federal deverá julgar os casos de contravenção praticada em detrimento de bens, serviços ou interesses da União.

e) Caso não se conheça o local da infração e o réu tenha mais de um domicílio, será aplicada a regra da prevenção para fins de fixação da competência jurisdicional.

69. **(Cespe/TRE/PI/Analista/2016)** Com relação a jurisdição e competência, assinale a opção correta:

a) Prefeito municipal do estado do Rio Grande do Sul que cometa o delito de porte ilegal de arma em cidade do estado de São Paulo será processado e julgado pelo Tribunal de Justiça do Estado de São Paulo.

b) Caso parlamentar federal cometa crimes de licitações fraudulentas e obras superfaturadas, apurados por inquérito civil durante o exercício funcional, o foro por prerrogativa de função persistirá mesmo após o encerramento do mandato, pois o STF assegura tal prerrogativa nos casos de crimes de improbidade administrativa.

c) Parlamentar estadual que cometa crime contra bens e interesses da União deverá ser processado e julgado pelo tribunal de justiça com jurisdição no local do delito.

d) Prefeito municipal que cometa homicídio doloso será processado e julgado pelo tribunal de justiça local, e não pelo tribunal do júri.

e) Ocorrerá a separação de processos quando um parlamentar federal praticar homicídio doloso em concurso com outro parlamentar estadual, pois, no caso deste, o foro especial é estabelecido pela Constituição estadual.

70. **(Cespe/TRE/PE/Analista/2017)** Em ano sem eleições, João, durante crise de ciúmes, destruiu o título de eleitor de sua esposa, Maria, para causar-lhe transtornos e dificultar que ela obtivesse passaporte. Após queixa de Maria, foi instaurado inquérito policial para a apuração de crime. Nessa situação hipotética, de acordo com a atual jurisprudência dos tribunais superiores, eventual ação penal deverá ser proposta na:

a) justiça estadual, por se tratar de crime de destruição de documento público.

b) justiça federal ou justiça eleitoral, por aplicação da regra da prevenção.

c) justiça federal, por se tratar de crime de destruição de documento público federal.

d) justiça estadual, por não estar o crime vinculado a pleito eleitoral.

e) justiça eleitoral, por se tratar de crime de destruição de documento relativo à eleição.

71. **(Cespe/PC/GO/Delegado/2017)** Cláudio, maior e capaz, residente e domiciliado em Goiânia/GO, praticou determinado crime, para o qual é prevista ação penal privada, em Anápolis/GO. A vítima do crime, Artur, maior e capaz, é residente e domiciliada em Mineiros/GO. Nessa situação hipotética, considerando-se o disposto no Código de Processo Penal, o foro competente para processar e julgar eventual ação privada proposta por Artur contra Cláudio será:

a) Anápolis/GO ou Goiânia/GO.

b) Goiânia/GO ou Mineiros/GO.

c) Goiânia/GO, exclusivamente.

d) Anápolis/GO, exclusivamente.

e) Mineiros/GO, exclusivamente.

72. **(Cespe/PC/GO/Delegado/2017)** Acerca de jurisdição e competência em matéria criminal, assinale a opção correta:

a) Segundo entendimento do STJ, é de competência da justiça estadual processar e julgar crime contra funcionário público federal, estando ou não este no exercício da função.

b) A competência para julgar prefeito municipal por desvio de verba sujeita a prestação de contas perante o órgão federal será dos juízes federais da seção judiciária da localidade em que o prefeito exercer ou tiver exercido o mandato.

c) A competência para julgar governador de estado que, no exercício do mandato, cometa crime doloso contra a vida será do tribunal do júri da unidade da Federação na qual aquela autoridade tenha sido eleita para o exercício do cargo público.

d) A competência para processar e julgar crime de roubo que resulte em morte da vítima será do tribunal do júri da localidade em que ocorrer o fato criminoso.

e) No Estado brasileiro, a jurisdição penal pode ser exercida pelo STF, e em todos os graus de jurisdição das justiças militar e eleitoral, e das justiças comuns estadual e federal, dentro do limite da competência fixada por lei.

73. **(Cespe/DPU/Defensor/2017)** Auditoria do TCU indicou que o prefeito do município X desviou, para benefício próprio, valores oriundos da União ainda sujeitos a prestação de contas perante órgão federal. Nessa situação, conforme o entendimento do STF, a competência para julgamento do prefeito será do tribunal de justiça do respectivo estado por expressa previsão constitucional.

74. **(Cespe/TRF/1R/Analista/2017)** José, vereador do município de Luziânia/GO, foi denunciado pela prática de crime doloso contra a vida praticado contra Antônio, policial rodoviário federal que, no momento do crime, se encontrava no exercício de suas funções em Brasília/DF. A competência para processar e julgar José é, em regra, do tribunal do júri federal situado em Brasília/DF, porém, caso exista previsão de foro por prerrogativa de função para vereadores, estabelecido exclusivamente na Constituição estadual, a competência será do TRF da 1ª Região.

75. **(Cespe/TRF/1R/Analista/2017)** A reunião de processos perante juízo comum ou tribunal do júri, em decorrência da aplicação das regras de conexão e continência, não impede, em relação aos delitos de menor potencial ofensivo, a aplicação dos institutos da transação penal e da composição dos danos civis.

76. **(Cespe/AGU/Advogado/2015)** Um servidor público, concursado e estável, praticou crime de corrupção passiva e foi condenado definitivamente ao cumprimento de pena privativa de liberdade de seis anos de reclusão, em regime semiaberto, bem como ao pagamento de multa. Na hipótese em apreço, a competência seria da justiça federal, caso o servidor público fosse integrante da administração pública federal e o crime cometido tivesse nexo funcional com o cargo ocupado.

77. **(Cespe/TRF/5R/Juiz/2017)** Compete à justiça federal processar e julgar:

a) prática, por militar do Exército da ativa, de crime previsto na Lei n. 8.666/1993 – Lei de Licitações e Contratos –, praticado contra a administração militar.

b) crime de furto praticado em agência do Banco Postal.

c) crime de estelionato praticado em prejuízo do Banco do Brasil.

d) crimes de divulgação pornográfica de adolescentes nas redes sociais.

e) queixa-crime proposta por particular contra particular, quando este prestar depoimento na sede do Ministério Público do Trabalho.

78. **(Cespe/PC/MT/Delegado/2017)** A polícia civil instaurou e concluiu o inquérito policial relativo a roubo havido em uma agência franqueada dos Correios. Encaminhados os autos à justiça estadual, o órgão do MP ofereceu denúncia contra os autores, a qual foi recebida pelo juízo competente. Nessa situação hipotética, conforme o posicionamento dos tribunais superiores acerca dos aspectos processuais que definem a competência para processar e julgar delitos:

a) por ser o sujeito passivo do delito uma empresa pública federal franqueada, a competência para o processo e o julgamento do crime será da justiça federal.

b) por se tratar de uma agência franqueada de uma empresa pública, a competência para o processo e o julgamento do crime será da justiça estadual.

c) a competência para o processo e o julgamento do crime será concorrente, tornando-se prevento o juízo que receber a peça inaugural.

d) o critério balizador para determinar a competência do juízo será exclusivamente territorial.

e) a polícia civil e o MP estadual não têm competência para a persecução pré-processual e processual do delito, respectivamente.

79. **(Cespe/PC/MT/Delegado/2017)** Se o titular de secretaria de determinado estado da Federação for sequestrado e o caso tiver repercussão interestadual ou internacional que exija repressão uniforme, então a investigação a ser feita pelo DPF:

a) dependerá de autorização do ministro de Estado da Justiça, se o crime tiver motivação política.

b) dependerá de mandado do ministro de Estado da Justiça, se o crime acontecer por motivação política.

c) independerá de autorização, se o crime for cometido em razão da função pública exercida ou por motivação política.

d) dependerá de autorização do ministro de Estado da Justiça, se o crime ocorrer em razão da função pública exercida.

e) dependerá de mandado do ministro de Estado da Justiça, se o crime se der em razão da função pública exercida.

80. **(Cespe/AGU/Advogado/2015)** Conforme entendimento do STF, compete à justiça federal processar e julgar o crime de redução à condição análoga à de escravo, por ser este um crime contra a organização do trabalho, se for praticado no contexto das relações de trabalho.

81. **(Cespe/PC/MT/Delegado/2017)** Em determinado estado da Federação, um juiz de direito estadual, um promotor de justiça estadual e um procurador do estado cometeram, em momentos distintos, crimes comuns dolosos contra a vida. Não há conexão entre esses crimes. Sabe-se que a Constituição do referido estado prevê que crimes comuns praticados por essas autoridades sejam processados e julgados pelo respectivo tribunal de justiça. Nessa situação hipotética, segundo o entendimento do STF, será do tribunal do júri a competência para processar e julgar somente o:

a) promotor de justiça.

b) juiz de direito.

c) procurador do estado e o promotor de justiça.

d) promotor de justiça e o juiz de direito.

e) procurador do estado.

82. **(Cespe/PC/MT/Delegado/2017)** No estado de Mato Grosso, Pedro cometeu crime contra a economia popular; Lucas cometeu crime de caráter transnacional contra animal silvestre ameaçado de extinção; e Raí, um agricultor, cometeu crime comum contra índio, no interior de reserva indígena, motivado por disputa sobre direitos indígenas. Nessa situação hipotética, a justiça comum estadual será competente para processar e julgar:

a) somente Pedro e Raí.

b) somente Lucas e Raí.

c) Pedro, Lucas e Raí.

d) somente Pedro.

e) somente Pedro e Lucas.

5. DAS QUESTÕES E PROCESSOS INCIDENTES

* INFORMATIVOS DE JURISPRUDÊNCIA

Incidente de falsidade. Indeferimento. Documento juntado há mais de dez anos. Impugnação após a sentença. Preclusão.

STJ Não há nulidade na decisão que indefere pedido de incidente de falsidade referente à prova juntada aos autos há mais de 10 anos e contra a qual a defesa se insurge somente após a prolação da sentença penal condenatória, uma vez que a pretensão está preclusa. RHC 79.834, Rel. Min. Felix Fischer, DJ 10.11.2017. 5ª T. (Info 615)

* QUESTÕES OBJETIVAS

83. **(Cespe/DPE/PE/Defensor/2015)** Gabriela está sendo processada porque, segundo a denúncia, teria praticado delito de roubo. Há prova segura nos autos para se afirmar que a ré era imputável no momento do delito. No entanto, após o recebimento da denúncia, mas antes da resposta à acusação, sobreveio à ré, no cárcere, doença mental comprovada em incidente de insanidade mental, procedimento que suspendeu o curso do processo. Após a homologação das conclusões dos peritos no incidente de insanidade mental, o juiz competente determinou que o processo retomasse seu curso. Em seguida, a DP apresentou resposta à acusação e o magistrado absolveu sumariamente a ré, impondo-lhe medida de segurança, uma vez que a doença mental que a tornou inimputável era a única tese da defesa. Nessa situação, à luz do CPP, agiu acertadamente o magistrado ao determinar o prosseguimento do processo e, ao final, decretar a absolvição imprópria da acusada nos termos do pedido da defesa.

84. **(Cespe/DPE/RN/Defensor/2015)** A respeito da prova indiciária em processo penal, da prisão em flagrante delito, das medidas assecuratórias, das citações e intimações e da suspensão condicional do processo, assinale a opção correta:

a) O CPP não admite a realização de citação por hora certa.

b) De acordo com a jurisprudência do STJ, a suspensão condicional do processo é aplicável aos crimes praticados em contexto de violência doméstica e familiar contra a mulher.

c) O CPP veda ao juiz a utilização de indícios para fundamentar uma condenação criminal.

d) Admite-se a prisão em flagrante na modalidade de flagrante presumido de alguém perseguido pela autoridade policial logo após o cometimento de um crime e encontrado em situação que faça presumir ser ele o autor da infração.

e) O sequestro consiste na medida assecuratória proposta com o fim de promover a retenção de bens imóveis e móveis do indiciado ou acusado, ainda que em poder de terceiros, quando adquiridos com o proveito da infração penal.

85. **(Cespe/TJ/AM/Juiz/2016)** Assinale a opção correta com referência aos sujeitos da relação processual penal e às questões incidentais:

a) As partes poderão indicar técnicos, quando não houver peritos oficiais, sendo que o profissional nomeado pela autoridade será obrigado a aceitar o encargo público, sob pena de prisão por crime de desobediência.

b) O juiz deve declarar-se impedido e, se não o fizer, poderá ser recusado por qualquer das partes, se ele, seu cônjuge, ou parente, consanguíneo ou afim, até o quarto grau, inclusive, sustentar demanda ou responder a processo que tenha de ser julgado por qualquer das partes.

c) De acordo com o entendimento do STJ, o assistente da acusação não terá direito a réplica, quando o MP tiver anuído à tese de legítima defesa do réu e declinado do direito de replicar.

d) É exigível procuração com poderes especiais para que seja oposta exceção de suspeição por réu representado pela DP, mesmo que o acusado esteja ausente do distrito da culpa.

e) O juiz nomeará advogado ao acusado que não o tiver, podendo o réu, a todo tempo, nomear outro de sua confiança, ou a si mesmo defender-se, caso tenha habilitação. Na hipótese de nomeação de defensor dativo, não será cabível o arbitramento de honorários.

86. **(Cespe/TJ/AM/Juiz/2016)** De acordo com o CPP, em regra, a exceção cuja arguição precederá a qualquer outra é a exceção de:

a) litispendência.

b) incompetência do juízo.

c) ilegitimidade da parte.

d) coisa julgada.

e) suspeição.

87. **(Cespe/TJ/PB/Juiz/2015)** A respeito das exceções previstas no CPP, assinale a opção correta:

a) Da decisão que acolher a suspeição de perito, de intérprete, de serventuário ou de funcionário da justiça cabe recurso em sentido estrito.

b) A processualística penal segue as mesmas hipóteses previstas na legislação processual civil.

c) A suspeição deve ser arguida pela parte antes de qualquer outra alegação, salvo quando sua motivação ocorrer em momento posterior.

d) No juizado especial, em razão do princípio da oralidade, o juiz deve declarar oralmente sua suspeição.

e) Da decisão do magistrado que acolher a arguição de suspeição do órgão do MP cabe recurso em sentido estrito, no prazo de cinco dias.

88. **(Cespe/TRF/5R/Juiz/2015)** No que se refere às questões prejudiciais, assinale a opção correta:

a) De acordo com o CPP, as questões prejudiciais, obrigatórias ou facultativas, podem ser reconhecidas, de ofício, pelo juiz da causa principal, sendo prescindível, em qualquer dos casos, a produção antecipada de provas.

b) Considere que um indivíduo, maior e capaz, tenha feito afirmação falsa, na condição de testemunha, em uma reclamação trabalhista em curso na justiça especializada. Considere, ainda, que, ao final da audiência, o magistrado do trabalho tenha encaminhado as peças ao MPF, e que este tenha ofertado denúncia. Nessa situação, a caracterização do crime de falso testemunho ficará pendente até o encerramento definitivo do processo de reclamação trabalhista, sendo, portanto, uma questão prejudicial heterogênea, e facultativa a suspensão do processo criminal.

c) As questões prejudiciais submetem-se a juízo de prelibação, no qual o juiz criminal faz a análise da necessidade de suspensão do processo e remessa dos autos ao juízo competente, para que seja dirimida a controvérsia incidental. Caso o magistrado rejeite o pedido de suspensão do processo, caberá recurso em sentido estrito da decisão que ordene o seguimento da ação penal.

d) As questões prejudiciais homogêneas cominam a obrigatoriedade da suspensão do processo criminal principal e devem ser necessariamente solucionadas pelo juiz da causa principal.

e) Se, no curso de uma ação penal contra servidor público federal por suposta prática de peculato, na modalidade de apropriação ou desvio de recursos públicos, a defesa apresentar resposta à acusação, alegando regularidade das contas declaradas pelo TCU e idêntico posicionamento encontrado na ação de improbidade administrativa em curso, admitir-se-á a objeção apresentada pela defesa como questão prejudicial heterogênea, o que autoriza a suspensão da ação principal.

89. **(Cespe/TRF/5R/Juiz/2015)** Acerca das medidas assecuratórias, assinale a opção correta:

a) Nos delitos de lavagem ou ocultação de bens, direitos e valores, conforme a legislação de regência, diferentemente do CPP, a indisponibilidade total do patrimônio do investigado ou réu, para fins de satisfação da responsabilidade civil decorrente da infração penal, não é autorizada.

b) De acordo com lei de Lavagem ou Ocultação de Capitais e a Lei Antidrogas, o pedido de restituição não será conhecido sem o comparecimento pessoal do acusado, não sendo passíveis de recursos as decisões judiciais que defiram ou indefiram pedido de sequestro de bens, admitindo-se, todavia, apelação contra a decisão judicial que determine o cancelamento das medidas assecuratórias.

c) A decretação das medidas acautelatórias de natureza patrimonial, previstas na Lei Antidrogas, depende de demonstração de indícios de que os bens e valores decorrem da prática de crime, estando o juiz autorizado, em qualquer fase da persecução, a permitir o uso dos bens apreendidos por entidades de combate ao tráfico de drogas ou a aliená-los, antecipadamente, para preservação do valor dos bens que estiverem sujeitos a qualquer grau de deterioração ou depreciação.

d) Nos pedidos de liberação de bens, direitos e valores apreendidos por força de medidas assecuratórias em ação penal para apurar crime de lavagem ou ocultação de bens e valores, há inversão do ônus da prova com relação à origem ilícita dos objetos atingidos, admitindo-se, igualmente, a possibilidade de o réu oferecer caução suficiente, em dinheiro ou em títulos de dívida pública. Após tal procedimento, o juiz poderá mandar proceder ao levantamento ou à restituição.

e) No curso da implementação de medidas assecuratórias em crime de lavagem ou ocultação de bens, direitos e valores, admite-se a oposição de embargos de terceiros, desde que comprovados a legitimidade do embargante e o comparecimento pessoal do acusado ou réu, sendo vedado o pronunciamento judicial antes do trânsito em julgado da sentença penal.

90. **(Cespe/PC/PE/Delegado/2016)** Conforme a legislação em vigor e o posicionamento doutrinário prevalente, assinale a opção correta com relação à competência e às questões e processos incidentes:

a) Todas as infrações penais, incluindo-se as contravenções que atingirem o patrimônio da União, suas autarquias e empresas públicas, serão da competência da justiça federal.

b) O processo incidente surge acessoriamente no processo principal, cujo mérito se confunde com o mérito da causa principal, devendo, assim, tal processo – o incidente – ser resolvido concomitantemente ao exame do mérito da ação penal, sob pena de decisões conflitantes.

c) A restituição de coisas apreendidas no bojo do inquérito policial ainda não concluído poderá ser ordenada pela autoridade policial, quando cabível, desde que seja evidente o direito do reclamante.

d) Havendo fundada dúvida sobre a sanidade mental do indiciado, o delegado de polícia poderá determinar de ofício a realização do competente exame, com o objetivo de aferir a sua imputabilidade.

e) Tratando-se de foro privativo por prerrogativa de função cuja competência para o conhecimento da causa é atribuída à jurisdição colegiada, esta será determinada pelo lugar da infração.

91. **(Cespe/PC/GO/Delegado/2017)** Com relação a questões e processos incidentes, assinale a opção correta:

a) Não poderá ser arguida a suspeição dos intérpretes.
b) Não poderá ser arguida a suspeição dos funcionários da justiça.
c) Não poderá ser arguida a suspeição do órgão do Ministério Público.
d) Não poderá ser arguida a suspeição das autoridades policiais nos atos do inquérito.
e) Não poderá ser arguida a suspeição dos peritos.

92. **(Cespe/DPU/Defensor/2015)** Os bens apreendidos com terceiro de boa-fé poderão ser restituídos pela autoridade policial quando não for necessária sua retenção para o esclarecimento dos fatos.

93. **(Cespe/TRF/1R/Analista/2017)** Caso o julgamento de ação penal dependa da solução de controvérsia séria e fundada acerca do estado civil das pessoas, caberá ao próprio juízo penal o julgamento da questão prejudicial.

94. **(Cespe/DPU/Defensor/2017)** A juntada de procuração com poderes especiais é indispensável para que o DP oponha exceção de suspeição do magistrado.

6. DA PROVA

* SÚMULAS

STF Súm. Vinculante 14. É direito do defensor, no interesse do representado, ter acesso amplo aos elementos de prova que, já documentados em procedimento investigatório realizado por órgão com competência de polícia judiciária, digam respeito ao exercício do direito de defesa.

STF Súm. 361. No processo penal, é nulo o exame realizado por um só perito, considerando-se impedido o que tiver funcionando anteriormente na diligência de apreensão.

STJ Súm. 74. Para efeitos penais, o reconhecimento da menoridade do réu requer prova por documento hábil.

STJ Súm. 273. Intimada a defesa da expedição da carta precatória, torna-se desnecessária intimação da data da audiência no juízo deprecado.

STJ Súm. 455. A decisão que determina a produção antecipada de provas com base no art. 366 do CPP deve ser concretamente fundamentada, não a justificando unicamente o mero decurso do tempo.

* INFORMATIVOS DE JURISPRUDÊNCIA

Condução coercitiva para interrogatório e recepção pela CF

STF Declarada a não recepção da expressão "para o interrogatório" constante do art. 260 do CPP, e a incompatibilidade com a CF da condução coercitiva de investigados ou de réus para interrogatório, sob pena de responsabilidade disciplinar, civil e penal do agente ou da autoridade e de ilicitude das provas obtidas, sem prejuízo da responsabilidade civil do Estado. A decisão não desconstitui interrogatórios realizados até a data desse julgamento, ainda que os interrogados tenham sido coercitivamente conduzidos para o referido ato processual. ADPF 444, Rel. Min. Gilmar Mendes, j. 14.6.2018. Pleno. (Info 906).

Quebra de sigilo bancário de contas públicas e requisição pelo Ministério Público

STF Negado provimento a ROHC em que se pretendia trancar ação penal instaurada para apurar crimes de desvio de verbas públicas, lavagem de dinheiro e fraudes em licitações. Argumentou-se que as provas seriam ilícitas, pois teriam sido colhidas por meio de quebra de sigilo bancário solicitada por ofício encaminhado pelo Ministério Público, sem autorização judicial, a gerente de instituição financeira. O Tribunal de origem entendeu que as contas públicas, por força dos princípios da publicidade e da moralidade, não têm, em geral, direito à intimidade e à privacidade. Por conseguinte, não são abrangidas pelo sigilo bancário. A defesa alegou que não estaria em discussão a publicidade inerente às contas públicas, conforme consignado no acórdão recorrido, mas sim a violação ao direito fundamental à intimidade da pessoa humana. Sustentou que a ação penal movida contra os recorrentes estaria edificada em provas obtidas por meio inidôneo, pois a autorização judicial é indispensável para a quebra de sigilo bancário. O sigilo de informações necessário à preservação da intimidade é relativizado quando há interesse da sociedade em conhecer o destino dos recursos públicos. Diante da existência de indícios da prática de ilícitos penais envolvendo verbas públicas, cabe ao MP, no exercício de seus poderes investigatórios, requisitar os registros de operações financeiras relativos aos recursos movimentados a partir de conta-corrente de titularidade da prefeitura municipal. Essa requisição compreende, por extensão, o acesso aos registros das operações bancárias sucessivas, ainda que realizadas por particulares, e objetiva garantir o acesso ao real destino desses recursos públicos. Decidir em sentido contrário implicaria o esvaziamento da própria finalidade do princípio da publicidade, que é permitir o controle da atuação do administrador público e do emprego de verbas públicas. RHC 133118, Rel. Min. Dias Toffoli, j. 26.9.2017. 2ª T. (Info 879)

Quebra de sigilo e divulgação em site oficial

STF Os dados obtidos por meio da quebra dos sigilos bancário, telefônico e fiscal devem ser mantidos sob reserva. Concedido mandado de segurança para determinar ao Senado Federal que retire de sua página na Internet os dados obtidos por meio da quebra de sigilo determinada por CPI. MS 25940, Rel. Min. Marco Aurélio, j. 26.4.2018. Pleno. (Info 899)

Violação da ordem de inquirição de testemunhas no processo penal

STF A inquirição de testemunhas pelas partes deve preceder à realizada pelo juízo. HC 111815, Rel. Acd. Min. Luiz Fux, j. 14.11.2017. (Info 885)

Busca e apreensão. Nulidade. Ausência de lacre em todo o material apreendido. Prejuízo não demonstrado. Presunção de validade dos atos praticados por funcionários públicos.

STJ A ausência de lacre em todos os documentos e bens – que ocorreu em razão da grande quantidade de material apreendido – não torna automaticamente ilegítima a prova obtida. RHC 59.414, Rel. Min. Reynaldo Soares da Fonseca, DJ 3.8.2017. 5ª T. (Info 608)

Tráfico e associação para o tráfico de entorpecentes. Disque Denúncia. Ausência de prévia investigação policial para verificar a veracidade das informações recebidas. Fuga de acusado. Inexistência de elementos idôneos para entrada em domicílio sem ordem judicial.

STJ A existência de denúncias anônimas somada à fuga do acusado, por si sós, não configuram fundadas razões a autorizar o ingresso policial no domicílio do acusado sem o seu consentimento ou determinação judicial. RHC 83.501, Rel. Min. Nefi Cordeiro, DJ 5.4.2018. 6ª T. (Info 623)

Dados e conversas registradas no whatsapp. Aparelho de propriedade da vítima falecida. Validade da prova. Autorização judicial. Desnecessidade. Constrangimento ilegal. Inexistência.

STJ Não há ilegalidade na perícia de aparelho de telefonia celular pela polícia, sem prévia autorização judicial, na hipótese em que seu proprietário – a vítima – foi morto, tendo o referido telefone sido entregue à autoridade policial por sua esposa. RHC 86.076, Rel. Acd. Min. Rogerio Schietti Cruz, DJ 12.12.2017. 6ª T. (Info 617)

* QUESTÕES DISCURSIVAS

06. **(Cespe/PC/MA/Delegado/2018)** Dois homens – um empunhando um revólver; o outro, uma faca – abordaram, por volta de 20 h 30 min de determinado dia, duas moças que caminhavam em uma rua e as ameaçaram, exigindo que lhes entregassem seus telefones celulares, tendo sido prontamente atendidos. Comunicado o fato, a autoridade policial instaurou inquérito policial e, dois dias depois, os investigadores chegaram aos dois suspeitos, conhecidos pela contumácia na prática dessa ação criminosa. Levados os suspeitos à delegacia, as vítimas prontamente os reconheceram como autores dos roubos, mas sem que a autoridade policial observasse as normas do Código de Processo Penal que regulam o procedimento de reconhecimento de pessoas (art. 226 do Código de Processo Penal). A partir da situação hipotética acima apresentada, elabore um texto fundamentado no posicionamento dos tribunais superiores, respondendo aos seguintes questionamentos: (i) Em que consiste o reconhecimento de pessoa? (ii) Em que fase da persecução penal deve ocorrer o reconhecimento de pessoa? (iii) Dadas as circunstâncias descritas na situação hipotética em apreço, poderá haver nulidade no auto de reconhecimento de pessoa e, em consequência disso, a anulação do processo penal instaurado com base no inquérito policial?

07. **(Cespe/DPU/Defensor/2017)** Há diferença entre condução coercitiva de testemunha e condução coercitiva de acusado ou investigado? Justifique sua resposta abordando aspectos teóricos constitucionais penais e processuais penais.

08. **(Cespe/PCE/GO/Agente/2016)** No curso de uma investigação policial, atendendo a representação da autoridade policial, foi autorizada judicialmente medida de busca e apreensão de bens e documentos, a ser realizada em endereço determinado, conforme descrito no competente mandado. De posse do mandado, os agentes de polícia, acompanhados da autoridade policial, chegaram ao sobredito imóvel somente no período noturno, devido a vários contratempos havidos no decorrer das diligências. Confirmado o endereço, constatou-se a presença de várias pessoas no interior do imóvel, entre elas, o proprietário da casa, indiciado no inquérito policial que originou o mandado de busca e apreensão. Adicionalmente, constatou-se a existência de três veículos na garagem do imóvel. Considerando a situação hipotética acima apresentada, redija um texto dissertativo acerca do instituto da busca e apreensão no processo penal. Ao elaborar seu texto, aborde, fundamentadamente, os seguintes tópicos: (i) Natureza jurídica da busca e apreensão, seus objetivos e suas características e normas gerais. (ii) Requisitos para o cumprimento da busca e apreensão em suas modalidades domiciliar e pessoal. (iii) Relativamente à situação hipotética apresentada: possibilidade jurídica de realização da diligência no horário noturno. (iv) Relativamente à situação hipotética apresentada: possibilidade jurídica de realização de busca pessoal nas pessoas encontradas no interior do imóvel, bem como no interior dos veículos estacionados na garagem.

09. (Cespe/DP/DF/Defensor/2013) José, preso em flagrante por furto simples, foi agraciado com a liberdade provisória em razão de sua primariedade. Após o recebimento da denúncia, pelo mesmo crime, José não foi localizado e, assim, não foi citado pessoalmente. Citado por edital, também não compareceu nem constituiu advogado. O juiz, então, determinou a suspensão do processo com base no art. 366 do CPP, e determinou a produção antecipada das provas testemunhais, para evitar o esquecimento dos fatos pelas testemunhas arroladas na denúncia dado o decurso do tempo e para preservar a efetividade do processo criminal. Em face dessa situação hipotética, responda, de forma justificada, às seguintes indagações: (i) Como é calculado o prazo de suspensão do processo? (ii) A produção antecipada de provas é possível nesse caso? (iii) Caso as testemunhas tenham sido ouvidas antecipadamente, após eventual prisão do acusado, essas provas poderão ser refeitas em sua presença?

✱ QUESTÕES OBJETIVAS

95. (Cespe/PC/MA/Delegado/2018) Quanto à reprodução simulada, também denominada de reconstituição do crime, assinale a opção correta.

a) A ausência do indiciado poderá ocorrer por sua vontade, mas esse fato induzirá prova contra si.

b) A participação do indiciado será obrigatória caso haja prova da materialidade e indícios de autoria.

c) A participação do indiciado é obrigatória para que o ato seja considerado válido.

d) A participação do indiciado é facultada à sua vontade.

e) A ausência do indiciado nos crimes que deixem vestígios torna o ato ineficaz.

96. (Cespe/PC/MA/Delegado/2018) No que se refere às provas no processo penal, julgue os itens a seguir.

I. Em atendimento ao princípio da legalidade, no processo penal brasileiro são inadmissíveis provas não previstas expressamente no CPP.

II. Caso a infração tenha deixado vestígio, a confissão do acusado não acarretará a dispensa da prova pericial.

III. Havendo evidências da participação do indiciado em organização criminosa, a autoridade policial poderá determinar a quebra do sigilo da sua comunicação telefônica como forma de instruir investigação criminal.

IV. A prova obtida por meios ilícitos não constitui suporte jurídico capaz de ensejar sentença condenatória, ainda que corroborada pela confissão do acusado.

Estão certos apenas os itens

a) I e II.

b) I e III.

c) II e IV.

d) I, III e IV.

e) II, III e IV.

97. (Cespe/DPE/PE/Defensor/2018) Joana, residente em Brasília - DF, está sendo processada em Recife/PE pela prática de crime de associação criminosa e roubo qualificado. Citada e intimada para interrogatório, a acusada alegou não possuir condições financeiras para contratar advogado nem para arcar com os custos do deslocamento para acompanhar o processo. Apresentou, ainda, testemunhas do fato e informou o endereço dessas testemunhas no estado da Bahia. A respeito da oitiva das testemunhas indicadas por Joana e do interrogatório da acusada, assinale a opção correta.

a) Incumbirá ao juiz de Recife intimar as partes sobre a expedição da carta precatória para a oitiva das testemunhas de defesa, sob pena de nulidade absoluta por ofensa ao devido processo legal.

b) O juiz deverá intimar as partes da data em que será realizada a oitiva das testemunhas deprecadas, sob pena de nulidade por ofensa aos princípios do devido processo legal e do contraditório.

c) Expedida a carta precatória para a oitiva das testemunhas de defesa, não haverá suspensão da instrução processual, que seguirá seu curso, não se podendo alegar ter havido prejuízo para a ampla defesa.

d) Joana deverá ser interrogada necessariamente em Recife, lugar sede do órgão julgador, sob pena de nulidade por ofensa ao princípio da identidade física do juiz.

e) A oitiva das testemunhas de defesa indicadas pela acusada poderá ocorrer por intermédio de carta precatória, cuja devolução condicionará a prolação da sentença criminal.

98. **(Cespe/DPE/PE/Defensor/2015)** Pedro, sem autorização judicial, interceptou uma ligação telefônica entre Marcelo e Ricardo. O conteúdo da conversa interceptada constitui prova de que Pedro é inocente do delito de latrocínio do qual está sendo processado. Nessa situação, embora a prova produzida seja manifestamente ilícita, em um juízo de proporcionalidade, destinando-se esta a absolver o réu, deve ser ela admitida, haja vista que o erro judiciário deve ser a todo custo evitado.

99. **(Cespe/DPE/PE/Defensor/2015)** No caso de haver aditamento de fato não contido na denúncia e apurado durante a instrução processual, cada parte poderá arrolar novas testemunhas.

100. **(Cespe/DPE/RN/Defensor/2015)** Acerca das provas no processo penal, assinale a opção correta de acordo com o entendimento do STF e do STJ:

a) As provas testemunhais obtidas por meio de delação premiada, ainda que em consonância com as demais provas produzidas na fase judicial da persecução penal, são elementos inidôneos para subsidiarem a condenação do agente.

b) Conforme o princípio constitucional da razoável duração do processo, não cabem dilações indevidas no processo, sendo que a demora na tramitação do feito deve ser proporcional à complexidade do delito nele veiculado, bem como às diligências e aos meios de prova indispensáveis a seu deslinde.

c) Uma vez que a busca da verdade real se subordina a formas rígidas, a afirmação da reincidência depende de certidão na qual fique atestado cabalmente o trânsito em julgado de anterior condenação.

d) Conforme o entendimento do STF, a valoração da prova diz respeito a mera questão de fato, que não se confunde com o critério de reexame da prova, que é questão de direito.

e) Conforme súmula vinculante do STF, o defensor tem direito, no interesse do representado, de ter acesso amplo aos elementos de prova, os quais, já documentados em procedimento investigatório realizado por órgão com competência de polícia judiciária, refiram-se ao exercício do direito de defesa, inclusive com obtenção de cópia dos autos do inquérito policial, ainda que este tramite sob sigilo.

101. **(Cespe/DPE/RN/Defensor/2015)** Assinale a opção correta com relação ao interrogatório do acusado segundo o entendimento do STJ e do STF:

a) Situação hipotética: Gérson, denunciado por roubo, não obstante a falta de citação prévia, compareceu espontaneamente à audiência designada, ao início da qual foi cientificado da acusação e entrevistou-se, reservadamente, com o DP nomeado para defendê-lo. Ato contínuo, informado do seu direito de permanecer em silêncio, Gérson foi interrogado e negou a imputação. Assertiva: Nessa situação, a falta de citação torna nulo o interrogatório de Gérson.

b) É direito do corréu ser representado por defensor constituído ou dativo no interrogatório dos outros acusados como forma de oportunizar a produção de prova que entender pertinente.

c) O direito de presença e de participação ativa nos atos de interrogatório judicial dos litisconsortes penais passivos encontra suporte legitimador em convenções internacionais, embora não seja previsto na CF.

d) O interrogatório do acusado de tráfico de drogas deve ocorrer no fim da instrução processual, após a oitiva das testemunhas.

e) É nulo o interrogatório do acusado realizado antes da oitiva de testemunhas de acusação inquiridas por meio de carta precatória.

102. **(Cespe/TJ/AM/Juiz/2016)** Acerca dos meios de prova no processo penal, assinale a opção correta:

a) A interceptação telefônica é medida subsidiária e excepcional, só podendo ser determinada quando não houver outro meio para se apurar os fatos tidos por criminosos, sendo ilegal quando for determinada apenas com base em notícia anônima, sem investigação preliminar.

b) A competência para autorizar a interceptação telefônica é exclusiva do juiz criminal, caracterizando prova ilícita o aproveitamento da diligência como prova emprestada a ser utilizada pelo juízo cível ou em processo administrativo.

c) De acordo com o STJ, o prazo de quinze dias é contado a partir da data da decisão judicial que autoriza a interceptação telefônica e pode ser prorrogado sucessivas vezes pelo tempo necessário, especialmente quando o caso for complexo e a prova, indispensável.

d) Em regra, o CPP estabelece que o interrogatório do réu preso será feito pelo sistema de videoconferência ou outro recurso tecnológico de transmissão de sons e imagens em tempo real. Não sendo isso possível por falta de disponibilidade do recurso tecnológico, o preso será apresentado em juízo, mediante escolta.

e) A busca domiciliar poderá ser feita sem autorização do morador, independentemente de dia e horário, no caso de a autoridade judiciária comparecer pessoalmente para efetivar a medida, devendo esta declarar previamente sua qualidade e o objeto da diligência.

103. **(Cespe/TJ/PB/Juiz/2015)** A autoridade policial foi informada da descoberta de um cadáver, com perfurações por toda a região abdominal, às margens de uma rodovia. Próximo ao local, havia também uma faca com marcas de sangue e garrafas de bebida alcoólica. Em face dessa situação, e considerando-se o disposto no CPP, a autoridade policial deverá:

a) oficiar ao Poder Judiciário a fim de que se efetue a retirada do corpo do local.

b) dirigir-se ao local e providenciar que o estado e a conservação das coisas não sejam alterados até a chegada de peritos criminais.

c) determinar de imediato a higienização da faca para proceder a reprodução simulada dos fatos.

d) requerer autorização judicial para que a área seja isolada e para o deslocamento de peritos criminais.

e) pedir autorização judicial para abertura do inquérito policial.

104. **(Cespe/TJ/PB/Juiz/2015)** Assinale a opção correta a respeito de provas no CPP:

a) Em caso de divergência entre os peritos, a controvérsia será resolvida internamente pelo diretor da repartição de lotação dos peritos, que elaborará laudo a fim de apresentar uma versão consensual.

b) No processo penal, a prova do estado de casado deve obedecer às restrições referentes ao estado de pessoas previstas no ordenamento civil.

c) Em respeito ao princípio acusatório, é vedado ao magistrado ordenar de ofício a produção antecipada de provas.

d) Por ser uma peça técnica, o laudo pericial deve ser aceito pelo juiz, sendo-lhe vedado inclusive rejeitá-lo em parte.

e) O assistente técnico atuará no exame de corpo de delito juntamente com o perito oficial.

105. **(Cespe/TRF/5R/Juiz/2015)** O empresário Dimas, cuja empresa está sediada em Petrolina/PE, investigado por crimes contra a ordem tributária e econômica em inquérito instaurado em Caruaru/PE, obteve notícia de que sofreria ação de busca e apreensão na empresa e, minutos antes da chegada da autoridade policial, retirou os documentos e valores, objetos da busca, e os levou para a casa de familiares na cidade de Juazeiro/BA. Os agentes federais, após realizarem a busca na sede da empresa, sem êxito, ouviram os empregados, em rápida diligência, e obtiveram informações acerca do paradeiro do investigado e dos objetos da busca e imediatamente se dirigiram a Juazeiro/BA, onde encontraram o investigado na casa de familiares, juntamente com dois sobrinhos – uma menina de onze anos de idade e um adolescente de treze anos de idade. Após exibirem o mandado judicial direcionado ao endereço da empresa, o investigado ofereceu oposição ao cumprimento da ordem judicial, sob o pretexto de esta não autorizar a busca no local, mantendo-se, assim, resistente ao cumprimento da ordem. Após todas as tentativas, sem sucesso, de fazer que Dimas abrisse a porta, os agentes a arrombaram. Após diligência nesse novo local, os agentes nada encontraram, contudo, desconfiaram da postura dos sobrinhos do investigado e decidiram fazer busca pessoal nos menores, tendo a agente executora encontrado os documentos presos com fita adesiva aos corpos dos jovens, que confessaram ter escondido os documentos por ordem e coação do tio. Ato contínuo, foram todos encaminhados para a delegacia local, a fim de que fossem tomadas as devidas providências, em especial a responsabilização do investigado pelos atos praticados. Considerando-se os meios de prova previstos no CPP, é correto afirmar que, nessa situação hipotética:

a) as regras expressas do CPP chancelam o procedimento adotado pela Polícia Federal e entende-se que, pelo critério da proporcionalidade, os eventuais vícios ocorridos na diligência, pelos meios utilizados, não contaminam o objeto da prova.

b) a atuação dos agentes federais, ao efetuarem a busca pessoal nos sobrinhos menores do investigado, eivou de vício o meio de prova pretendido, por descumprimento das formalidades legais, sendo inadmissíveis as provas obtidas ilicitamente.

c) a diligência não poderia ter sido cumprida em local diverso do constante no mandado judicial, sobretudo devido ao fato de a localização do imóvel estar sob a jurisdição de outro TRF, que não fazia parte do objeto da investigação.

d) para que a busca e apreensão realizada fosse lícita, os agentes federais deveriam ter-se apresentado à competente autoridade policial do local, necessariamente, antes da diligência, e requisitado auxílio e(ou) acompanhamento da diligência, conforme preceito expresso do CPP.

e) a busca pessoal depende de autorização judicial expressa, sobretudo quando executada fora do local constante no mandado, por respeito ao direito à intimidade e à privacidade, havendo restrições legais expressas no CPP.

106. **(Cespe/TRF/5R/Juiz/2015)** Acerca de provas, instrumentos legais de obtenção de prova e procedimento probatório, assinale a opção correta:

a) No sistema processual brasileiro, admite-se prova emprestada, desde que produzida em face das mesmas partes e submetida ao duplo contraditório, ou seja, a observância deste no processo originário será renovada no processo para o qual tiver sido transladada. Por essa razão, não se admitem, no processo penal, os elementos informativos produzidos em inquérito civil, por constituir procedimento não contraditório, assim como não são admitidas as transcrições das interceptações telefônicas autorizadas em ação penal diversa.

b) O interrogatório é considerado hodierna e majoritariamente como meio de defesa. Caso o réu encontre-se preso, cumprirá ao magistrado realizar o ato processual em sala própria, no estabelecimento em que estiver recolhido o réu, assegurando a publicidade interna do ato, ou então ordenar a requisição do preso para participar da audiência de instrução e julgamento, ainda que este tenha manifestado desejo de ser dispensado do ato, ratificado pela defesa, em razão do direito de presença ser indisponível.

c) O sistema processual penal brasileiro assegura ao investigado ou ao réu o direito de não produzir provas contra si mesmo, em qualquer fase da persecução penal, e, desse modo, o investigado ou o réu não poderão ser compelidos a se submeter a procedimentos invasivos, como, por exemplo, o reconhecimento pessoal ou a reconstituição simulada dos fatos.

d) O sistema processual penal brasileiro autoriza a produção antecipada de provas, desde que observados o binômio da urgência e relevância, a adequação ao momento da persecução penal, a legitimação do órgão acusatório e a proporcionalidade da medida. Tem-se como exemplo autorizador a informação acerca do risco de morte de testemunhas ameaçadas por associação criminosa, com possibilidade de perecimento dos depoimentos relevantes.

e) Na obtenção da colaboração premiada, a lei de regência limita o acesso dos defensores aos autos, especialmente no que se refere às diligências em andamento, e impõe o dever de o investigado delator firmar compromisso de dizer a verdade do que souber e do que lhe for perguntado, sendo o depoimento mantido em sigilo até o recebimento da denúncia.

107. **(Cespe/TRF/1R/Juiz/2015)** Em relação à prova testemunhal, assinale a opção correta:

a) Nos termos do CPP, para que um militar seja inquirido em juízo, deve ser feita uma requisição diretamente à autoridade que lhe seja hierarquicamente superior.

b) A legislação brasileira é silente no que se refere à realização de oitiva de testemunha por videoconferência, uma vez que os legisladores reconhecem a dificuldade que muitos municípios teriam em providenciar o equipamento necessário.

c) Quando não for possível obter ou integrar a prova do fato e de suas circunstâncias por outros meios, o ascendente ou descendente do réu não poderá ser eximido de depor sob compromisso.

d) Caso um deputado federal venha a ser réu em uma ação penal, sua inquirição deverá se dar em local, dia e hora que previamente ele ajustar com a autoridade judicial.

e) Para a produção de prova testemunhal em outro juízo, deve a parte requerer a expedição de carta rogatória ou precatória ao juiz, demonstrando, em ambos os casos, a imprescindibilidade da prova testemunhal na motivação do requerimento.

108. **(Cespe/PC/GO/Escrivão/2016)** Quanto à prova e aos seus meios de produção no processo penal, assinale a opção correta:

a) A acareação no processo penal é admitida entre acusados ou entre estes e testemunhas, sendo legalmente vedado tal procedimento entre acusado ou testemunha e a pessoa ofendida.

b) O interrogatório, a ser realizado em momento anterior à inquirição das testemunhas e da produção de outras provas, constitui ato restrito à autoridade judiciária e ao acusado, não podendo o defensor do acusado intervir ou influir, de qualquer modo, nas perguntas e nas respostas.

c) Estão dispensados de depor na condição de testemunha o ascendente ou descendente, o afim em linha reta, o cônjuge, ainda que separado ou divorciado, o irmão e o pai, a mãe, ou o filho adotivo do acusado.

d) A lei não prevê qualquer medida coercitiva contra o ofendido que, intimado para depor, deixar de comparecer em juízo, com ou sem justificado motivo, porquanto sua inquirição no processo não é obrigatória.

e) Para os fins de prova documental a ser formalizada na ação penal, consideram-se documentos apenas os escritos, instrumentos ou papéis públicos cuja originalidade possa ser oficialmente comprovada.

109. **(Cespe/PC/GO/Escrivão/2016)** Quanto à prova pericial, assinale a opção correta:

a) A confissão do acusado suprirá a ausência de laudo pericial para atestar o rompimento de obstáculo nos casos de furto mediante arrombamento, prevalecendo em tais situações a qualificadora do delito.

b) O exame de corpo de delito somente poderá realizar-se durante o dia, de modo a não suscitar qualquer tipo de dúvida, sendo vedada a sua realização durante a noite.

c) Prevê a legislação processual penal a obrigatória participação da defesa na produção da prova pericial na fase investigatória, antes do encerramento do IP e da elaboração do laudo pericial.

d) Os exames de corpo de delito serão realizados por um perito oficial e, na falta deste, admite a lei que duas pessoas idôneas, portadoras de diploma de curso superior e dotadas de habilidade técnica relacionada com a natureza do exame, sejam nomeadas para tal atividade.

e) Em razão da especificidade da prova pericial, o seu resultado vincula o juízo; por isso, a sentença não poderá ser contrária à conclusão do laudo pericial.

110. **(Cespe/PC/GO/Agente/2016)** No que diz respeito às provas no processo penal, assinale a opção correta:

a) Para se apurar o crime de lesão corporal, exige-se prova pericial médica, que não pode ser suprida por testemunho.

b) Se, no interrogatório em juízo, o réu confessar a autoria, ficará provada a alegação contida na denúncia, tornando-se desnecessária a produção de outras provas.

c) As declarações do réu durante o interrogatório deverão ser avaliadas livremente pelo juiz, sendo valiosas para formar o livre convencimento do magistrado, quando amparadas em outros elementos de prova.

d) São objetos de prova testemunhal no processo penal fatos relativos ao estado das pessoas, como, por exemplo, casamento, menoridade, filiação e cidadania.

e) O procedimento de acareação entre acusado e testemunha é típico da fase pré-processual da ação penal e deve ser presidido pelo delegado de polícia.

111. **(Cespe/PC/GO/Delegado/2017)** Suponha que o réu em determinado processo criminal tenha indicado como testemunhas o presidente da República, o presidente do Senado Federal, o prefeito de Goiânia/GO, um desembargador estadual aposentado, um vereador e um militar das Forças Armadas. Nessa situação hipotética, conforme o

Código de Processo Penal, poderão optar pela prestação de depoimento por escrito:

a) o presidente do Senado Federal e o desembargador estadual.
b) o prefeito de Goiânia/GO e o militar das Forças Armadas.
c) o desembargador estadual e o vereador.
d) o presidente da República e o presidente do Senado Federal.
e) o presidente da República e o vereador.

112. **(Cespe/DPU/Defensor/2017)** Arnaldo, empresário, gravou, com seu telefone celular, uma ligação recebida de fiscal ligado a uma autarquia a respeito da liberação de empreendimento da sociedade empresária da qual Arnaldo era sócio. Na conversa gravada, o fiscal exigiu para si vantagem financeira como condição para a liberação do empreendimento. Nessa situação, de acordo com o STF, o referido meio de prova é ilícito por violar o direito à privacidade, não servindo, portanto, para embasar ação penal contra o fiscal.

113. **(Cespe/DPU/Defensor/2017)** Embora o ordenamento jurídico brasileiro tenha adotado o sistema da persuasão racional para a apreciação de provas judiciais, o CPP remete ao sistema da prova tarifada, como, por exemplo, quando da necessidade de se provar o estado das pessoas por meio de documentos indicados pela lei civil.

114. **(Cespe/PGM/Belo_Horizonte/Procurador/2017)** Com base no entendimento do STJ, assinale a opção correta:

a) Somente se houver prévia autorização judicial, serão considerados prova lícita os dados e as conversas registrados no aplicativo WhatsApp colhidos de aparelho celular apreendido quando da prisão em flagrante.
b) O MP estadual não tem legitimidade para atuar diretamente como parte em recurso submetido a julgamento no STJ.
c) Tratando-se de demandas que sigam o rito dos processos de competência originária dos tribunais superiores, considera-se intempestiva a apresentação de exceção da verdade no prazo da defesa prévia, se, tendo havido defesa preliminar, o acusado não tiver nesse momento se manifestado a esse respeito.
d) É ilegal portaria que, editada por juiz federal, estabelece a tramitação direta de inquérito policial entre a Polícia Federal e o MPF.

115. **(Cespe/DPE/AL/Defensor/2017)** Em determinada ação penal, o Ministério Público ofereceu como prova gravação feita por testemunha que tinha gravado um diálogo com o acusado, na qual este admitia que havia pagado propina a um funcionário público para que ele expedisse documento de interesse exclusivo e privado do acusado. Nessa situação hipotética, como providência processual, deve-se:

a) proceder à acareação entre a testemunha e o acusado, para que sejam esclarecidos fatos ou circunstâncias relevantes.
b) considerar a gravação e as demais provas colhidas, para condenar ou absolver o réu, conforme decisão do juiz.
c) considerar contaminado todo o processo, devido à ilicitude na colheita da prova, com fundamento na teoria da árvore dos frutos envenenados.
d) desconsiderar a prova, devido ao fato de ela ser ilícita, e arquivar o inquérito, ação que deve ser realizada pelo delegado após comunicação ao juiz e ao Ministério Público.
e) anular a prova e retirar a gravação dos autos, devido ao fato de ela ter sido feita sem a ciência e o consentimento do réu.

116. **(Cespe/TRF/5R/Juiz/2017)** Acerca da coleta de material genético para fins processuais penais, assinale a opção correta:

a) O réu preso em flagrante pela prática de crime de roubo deve se sujeitar à coleta de material genético para inclusão em banco de dados, mesmo que confesse a conduta e forneça sua identidade civil.
b) Caso seja essencial para as investigações policiais, o preso em flagrante poderá ser obrigado a se sujeitar à coleta de material genético, mediante despacho da autoridade judiciária competente, mesmo que forneça a sua identidade civil.
c) As informações genéticas contidas nos bancos de dados de perfis genéticos poderão revelar traços somáticos ou comportamentais das pessoas.
d) Quando a pena do crime a ser apurado for de detenção, a autoridade policial não poderá colher material genético do preso, mesmo com o consentimento dele.
e) A coleta obrigatória de material genético, à qual são submetidos os condenados por crimes

hediondos, é inconstitucional por ofender o princípio de que ninguém é obrigado a produzir provas contra si mesmo.

117. **(Cespe/TRF/5R/Juiz/2017)** É considerada prova lícita:

a) os dados obtidos pela Receita Federal mediante requisição direta às instituições bancárias em processo administrativo fiscal sem prévia autorização judicial.

b) a gravação de conversa informal entre policial e indiciado durante a lavratura do auto de prisão em flagrante, sem a prévia comunicação de que o indiciado tem o direito de permanecer em silêncio.

c) a gravação ambiental clandestina realizada pela própria vítima do estelionato com o seu advogado.

d) o diálogo obtido pela polícia por meio da extração de mensagens de WhatsApp registradas em telefone celular apreendido na prisão em flagrante, sem a prévia autorização judicial.

e) a interceptação telefônica realizada sem prévia autorização judicial, desde que haja posterior consentimento de um dos interlocutores.

118. **(Cespe/DPE/AC/Defensor/2017)** Acerca da quebra de sigilo telefônico, bancário e fiscal, assinale a opção correta à luz do entendimento dos tribunais superiores:

a) É imprescindível a prévia instauração de inquérito policial para que seja autorizada a medida cautelar de interceptação telefônica.

b) A quebra do sigilo de comunicações telefônicas não poderá exceder o prazo de quinze dias, renovável por igual tempo, sendo vedadas sucessivas prorrogações.

c) A atuação da Receita Federal no exercício de suas atribuições configura quebra de sigilo fiscal, razão pela qual ela necessita de autorização judicial para tal exercício.

d) Ainda que as condutas imputadas ao investigado não guardem relação direta com aquelas que originaram a quebra do sigilo bancário, mostra-se legítima a utilização da referida medida cautelar preparatória, se, por meio dela, se tiver descoberto fortuitamente a prática de outros delitos.

e) É necessária a degravação da íntegra dos diálogos objeto de interceptação telefônica, visto que é insuficiente a transcrição exclusiva dos trechos que digam respeito ao investigado.

119. **(Cespe/DPE/AC/Defensor/2017)** De acordo com o entendimento do STF sobre os meios de prova e seu acesso pela DP:

a) o direito ao acesso amplo aos elementos de prova engloba a possibilidade de obtenção de cópias, por quaisquer meios, de todos os elementos de prova já documentados, inclusive mídias que contenham gravação de depoimentos em formato audiovisual.

b) é permitida a obtenção de informações concernentes à realização das diligências investigatórias pendentes, até mesmo as que se refiram a terceiros envolvidos.

c) é obrigatória a disponibilização ao DP de cópia de tudo que tiver sido registrado, no curso do processo, em audiências realizadas, o que inclui a degravação feita por meio audiovisual.

d) o direito ao amplo acesso aos elementos de prova pelo DP alcança procedimentos de natureza cível ou administrativa.

e) o DP pode ter acesso às diligências que estejam em andamento e ainda não tenham sido documentadas.

120. **(Cespe/DPE/AL/Defensor/2017)** Detido em uma blitz policial por trafegar com o farol apagado, o motociclista Rafael foi submetido a revista, tendo sido encontradas com ele dez porções de cocaína, que totalizaram 10 gramas. Rafael alegou que eram para consumo próprio. Enquanto o motociclista explicava seu álibi para os policiais, uma pessoa o indagou, em uma mensagem de texto recebida no seu telefone celular, pela droga que ele havia se comprometido a entregar. Na ocasião, os policiais exigiram que Rafael entregasse o celular e, com base no teor da mensagem, conduziram o motociclista preso em flagrante e o apresentaram ao delegado, que o indiciou por tráfico de droga. Nessa situação hipotética, considera-se a prova utilizada pelos policiais para prender Rafael:

a) legal, caso seja validada pelo Ministério Público por despacho fundamentado, sujeito a controle judicial.

b) nula, já que essa prova implica desrespeito ao sigilo telefônico e, por isso, não pode ser usada para embasar sua condenação.

c) lícita, já que não se trata de interceptação de conversa telefônica, mas sim de mensagem telefônica.

d) passível de validação posterior pelo juiz diante dos indícios da sua autoria ou participação em crime grave.

e) de nulidade relativa, que se aplica somente se provado prejuízo ao réu.

7. DOS SUJEITOS DO PROCESSO

* SÚMULAS

STF Súm. 208. O assistente do Ministério Público não pode recorrer, extraordinariamente, de decisão concessiva de "habeas corpus".

STF Súm. 210. O assistente do Ministério Público pode recorrer, inclusive extraordinariamente, na ação penal, nos casos dos arts. 584, § 1º e 598 do Código de Processo Penal.

STF Súm. 448. O prazo para o assistente recorrer, supletivamente, começa a correr imediatamente após o transcurso do prazo do Ministério Público.

STJ Súm. 234. A participação de membro do Ministério Público na fase investigatória criminal não acarreta o seu impedimento ou suspeição para o oferecimento da denúncia.

* INFORMATIVOS DE JURISPRUDÊNCIA

Suspeição e inimizade capital

STF A opinião por parte do chefe do Ministério Público da União, por si só, não se qualifica como hipótese de inimizade capital. Mais que isso, a explicitação das ações desencadeadas pelo Ministério Público afigura-se conduta potencialmente consentânea com a transparência que deve caracterizar o agir republicano. O fato de o procurador-geral supostamente não ter informado quais fatos respaldariam eventual acusação por obstrução de Justiça igualmente não traduz inimizade capital, visto que a denúncia sempre deverá observar os requisitos do art. 41 do CPP, bem como submeter-se aos filtros jurídicos e políticos próprios da imputação de crimes ao presidente da República. O requerimento do procurador-geral para que o acesso aos autos do inquérito fosse restringido apenas ao delegado que já estava trabalhando na investigação não se traduz em interferência ministerial na Polícia Federal. Independentemente do acerto ou desacerto desse requerimento, tal proceder, por meio do qual se almejava resguardar a apuração, não indica inimizade capital entre o membro do Ministério Público e qualquer das partes. A alegação no sentido de que membro do Ministério Público diverso do arguido informou a advogado (e não à parte) funcionamentos do instituto da colaboração premiada não consubstancia a realidade normativa que legitimaria o reconhecimento de causa de suspeição. Primeiramente porque tal alegação decorre exclusivamente de informe jornalístico sem corroboração mínima, sendo que, sob a sistemática do CPP, a arguição dessa natureza desafia maior robustez. Não há como presumir o conhecimento do arguido acerca dessa cogitada circunstância. As causas de impedimento e suspeição são sempre pessoais, no sentido de que não é possível acolher a alegação de que eventual esclarecimento prestado por um procurador da República contaminaria, automaticamente, a higidez da atuação do procurador-geral da República. Nesse contexto, não há como potencializar a suposta subordinação entre o referido procurador e o procurador-geral da República. AS 89, Rel. Min. Edson Fachin, j. 13.9.2017. Pleno. (Info 877)

* QUESTÕES OBJETIVAS

121. **(Cespe/TJ/DFT/Juiz/2016)** Assinale a opção correta de acordo com o disposto no CPP sobre os assistentes:

a) O ofendido ou seu representante legal ou, na falta de um deles, o cônjuge, os ascendentes, os descendentes ou irmãos, poderão intervir como assistentes do MP em ações penais públicas condicionada ou incondicionada.

b) Na falta do ofendido ou de seu representante legal, apenas o cônjuge poderá atuar como assistente da acusação, seja a ação penal pública condicionada ou incondicionada.

c) O irmão do ofendido, por ser parente colateral, não tem o direito de atuar como assistente da acusação em ação penal pública condicionada ou incondicionada.

d) Tratando-se de ação penal pública condicionada à representação, não poderão intervir como assistentes do MP nem o ofendido nem parente seu, pois seu direito foi exercido por meio da própria representação.

e) Em se tratando de ação penal pública incondicionada, somente o MP poderá sustentar acusação, não sendo permitida a assistência, sob pena de se caracterizar a vingança privada.

122. **(Cespe/PC/PE/Delegado/2016)** Em consonância com a doutrina majoritária e com o entendimento dos tribunais superiores, assinale a opção correta acerca dos sujeitos do processo e das circunstâncias legais relativas a impedimentos e suspeições:

a) As disposições relativas ao princípio do juiz natural são analogamente aplicadas ao MP.
b) No curso do inquérito policial, se for constatado que o delegado de polícia seja inimigo pessoal do investigado, este poderá opor exceção de suspeição, sob pena de preclusão do direito no âmbito de eventual ação penal.
c) O corréu pode atuar, no mesmo processo, como assistente da acusação do início da ação penal até seu trânsito em julgado, desde que autorizado pelo representante do parquet.
d) Poderá funcionar como perito no processo aquele que tiver opinado anteriormente sobre o objeto da perícia na fase de investigação criminal, em razão da especificidade da prova pericial.
e) A impossibilidade de identificação do acusado pelo seu verdadeiro nome ou por outros qualificativos que formalmente o individualize impede a propositura da ação penal, mesmo que certa a identidade física do autor da infração penal.

123. **(Cespe/DPE/AC/Defensor/2017)** João é o único DP em exercício em uma comarca do interior do estado X. Celso, sobrinho da esposa de João, foi preso em flagrante na referida comarca e declarou, na audiência de custódia, não ter condições de constituir advogado. Por esse motivo, João foi convocado para a audiência, mas sua participação foi impugnada pelo promotor de justiça, que alegou existência de relação de parentesco entre ele e Celso. Considerando essa situação hipotética e a legislação pertinente, no que se refere à atuação institucional de João, o juiz da vara criminal da comarca do interior do estado X deverá:

a) impedi-la, já que o parentesco por afinidade é motivo de impedimento tanto na fase pré-processual quanto na fase processual.
b) impedi-la, uma vez que o parentesco por afinidade dá causa a incompatibilidade, nas fases pré-processual e processual.
c) impedi-la, em qualquer circunstância, pois a relação de parentesco constitui motivo de suspeição.
d) autorizá-la, pois o impedimento de DP ocorre apenas em casos de parentesco consanguíneo ou afim em linha reta ou colateral.
e) autorizá-la, desde que o juiz assim o determine, devendo ser, no entanto, restrita aos atos da fase pré-processual.

124. **(Cespe/DPU/Analista/2016)** João, aproveitando-se de distração de Marcos, juiz de direito, subtraiu para si uma sacola de roupas usadas a ele pertencentes. Marcos pretendia doá-las a instituição de caridade. João foi perseguido e preso em flagrante delito por policiais que presenciaram o ato. Instaurado e concluído o inquérito policial, o Ministério Público não ofereceu denúncia nem praticou qualquer ato no prazo legal. O juiz, vítima do fato, poderá oficiar como juiz da causa no processo criminal eventualmente instaurado para a sua apuração.

8. DA PRISÃO, DAS MEDIDAS CAUTELARES E DA LIBERDADE PROVISÓRIA

8.1. Disposições Gerais

✱ INFORMATIVOS DE JURISPRUDÊNCIA

Senador e imposição de medidas cautelares diversas a prisão

STF Provido parcialmente agravo regimental interposto para restabelecer as medidas cautelares proferidas, além de determinar o recolhimento noturno de senador acusado pela suposta pratica de corrupção passiva e por tentativa de embaraçar investigação a envolver organização criminosa. O Colegiado negou o pedido de prisão preventiva. Sublinhou haver dúvida razoável sobre o sentido e o alcance do art. 53, § 2º, da CF e a sua aplicabilidade neste caso concreto. Entretanto, entendeu configurada a autoria e a materialidade. Afirmou estar documentada nos autos solicitação de vultosa quantia pelo senador por intermédio de sua irmã. Ressaltou a tentativa de ocultação da origem do dinheiro e de providências para embaraçar o curso da operação Lava Jato. Reputou necessário o recolhimento domiciliar noturno do parlamentar, tendo em visa que a Turma decretou a prisão domiciliar dos que teriam sido mandatários da operação. Considerou incongruente decretar a prisão domiciliar aos coautores menos relevantes, sem a aplicação de nenhum tipo de restrição à liberdade de ir e vir de quem supostamente teria sido o mandante. AC 4327 AgR-terceiro-AgR, Rel. Acd. Min. Roberto Barroso, j. 26.9.2017. 1ª T. (Info 879)

✱ INOVAÇÕES LEGISLATIVAS

▲ CPP. Livro I – Do Processo em Geral, Título IX – Da Prisão, das Medidas Cautelares e da Liberdade Provisória, Capítulo I – Disposições Gerais

▲ Art. 292. (...). Parágrafo único. É vedado o uso de algemas em mulheres grávidas durante os atos médico-hospitalares preparatórios para a realização do parto e durante o trabalho de parto, bem como em mulheres durante o período de puerpério imediato. (Modificações: Lei 13.434/17)

* QUESTÕES OBJETIVAS

125. **(Cespe/DPE/AC/Defensor/2017)** Julgue os itens a seguir, relativos à audiência de custódia.

I. Segundo entendimento majoritário do STJ, a não realização de audiência de custódia não enseja a nulidade da prisão preventiva em que posteriormente seja convertida a custódia, se forem observadas as demais garantias processuais e constitucionais.

II. As audiências de custódia são uma garantia de preservação pessoal assumida pelo Brasil em compromissos internacionais, como a Convenção Interamericana de Direitos Humanos.

III. Segundo entendimento do STF, a realização de audiência de apresentação é de observância obrigatória, mas a sua não realização é vício que pode ser suprido pela conversão da prisão em flagrante em prisão preventiva.

IV. As audiências de custódia tornam viável ao magistrado a constatação direta das condições físicas do preso e das circunstâncias de sua prisão.

Estão certos apenas os itens:

a) I e III.
b) II e IV.
c) III e IV.
d) I, II e III.
e) I, II e IV.

8.2. Da Prisão em Flagrante

* SÚMULAS

STF Súm. 397. O poder de polícia da Câmara dos Deputados e do Senado Federal, em caso de crime cometido nas suas dependências, compreende, consoante o regimento, a prisão em flagrante do acusado e a realização do inquérito.

* REPERCUSSÃO & REPETITIVOS

STF Repercussão Geral 280. A entrada forçada em domicílio sem mandado judicial só é lícita, mesmo em período noturno, quando amparada em fundadas razões, devidamente justificadas "a posteriori", que indiquem que dentro da casa ocorre situação de flagrante delito, sob pena de responsabilidade disciplinar, civil e penal do agente ou da autoridade, e de nulidade dos atos praticados. (RE 603616, 5.11.2015)

* QUESTÕES DISCURSIVAS

10. **(Cespe/PC/MT/Delegado/2017)** Considerando os dispositivos da Lei n. 12.403/2011, que promoveu alterações no Código de Processo Penal relativas à prisão processual, discorra sobre a natureza jurídica da prisão em flagrante diante da nova roupagem processual penal, abordando, necessária e fundamentadamente, as justificativas doutrinárias que defendem a sua cautelaridade e as que defendem a sua pré-cautelaridade.

* QUESTÕES OBJETIVAS

126. **(Cespe/DPE/PE/Defensor/2018)** Mais de vinte e quatro horas após ter matado um desafeto, Cláudio foi preso por agentes de polícia que estavam em seu encalço desde o cometimento do crime. Na abordagem, os agentes apreenderam com Cláudio uma faca, ainda com vestígios de sangue, envolvida na camiseta que a vítima vestia no momento do crime. Cláudio informou aos policiais que não tinha advogado para constituir. Não houve a participação de defensor público na autuação, na documentação da prisão e no interrogatório. Considerando essa situação hipotética, assinale a opção correta, acerca da legalidade da prisão de Cláudio.

a) A prisão é legal, tendo-se configurado hipótese de flagrante diferido: a autoridade policial atrasou o momento da prisão, mas manteve o acompanhamento do investigado para conseguir melhores provas do crime.
b) A prisão é ilegal, pois houve falha da autoridade policial, que não poderia ter processado a prisão do autuado sem a presença de advogado ou defensor público.
c) A prisão é legal, tendo-se configurado hipótese de flagrante presumido: a autoridade policial deverá arbitrar o benefício de fiança.
d) A prisão é legal, pois a autoridade policial prescinde da presença do defensor técnico para a conclusão dos atos.
e) A prisão é ilegal, pois não ficou configurada a hipótese de flagrante, tendo em vista que o prazo de vinte e quatro horas entre a execução do crime e o ato policial foi ultrapassado.

127. **(Cespe/DPE/PE/Defensor/2015)** Uma vez informado o nome e o endereço de seu advogado pelo autuado, não haverá necessidade de comunicação da DP a respeito da prisão em flagrante.

128. **(Cespe/PC/GO/Agente/2016)** José subtraiu o carro de Ana mediante grave ameaça exercida com arma de fogo. Após a prática do ato, ele fugiu do local dirigindo o veículo em alta velocidade, mas foi perseguido por outros condutores que passavam pela via e atenderam ao pedido de ajuda da vítima. A partir dessa situação hipotética, assinale a opção correta:

a) Uma vez preso em flagrante, José deverá ser conduzido até autoridade policial, que lavrará o auto de prisão e entregará a nota de culpa no prazo máximo de quarenta e oito horas.
b) José poderá ser preso em flagrante pelo roubo enquanto estiver na posse do veículo de Ana, independentemente do lapso temporal transcorrido.
c) A interrupção da perseguição de José descaracteriza o flagrante impróprio, embora José possa ser preso se encontrado, em seguida, com o objeto do crime e em situação pela qual se presuma ser ele o autor do fato.
d) Caso seja preso em flagrante, José deverá ser informado de suas garantias constitucionais e de seu direito de permanecer calado e de estar acompanhado por advogado, bem como terá direito ao acesso à identificação completa do responsável por sua prisão e da vítima do fato.
e) Embora a perseguição realizada por pessoas da sociedade civil seja importante para as investigações porque propicia a recuperação do veículo e a identificação do autor do fato, esse tipo de perseguição não caracteriza situação de flagrância.

129. **(Cespe/PC/GO/Escrivão/2016)** A situação em que um indivíduo é preso em flagrante delito por ser surpreendido logo após cometer um homicídio caracteriza um:

a) flagrante presumido.
b) flagrante impróprio.
c) flagrante assimilado.
d) flagrante próprio.
e) quase-flagrante.

130. **(Cespe/DPU/Analista/2016)** João, aproveitando-se de distração de Marcos, juiz de direito, subtraiu para si uma sacola de roupas usadas a ele pertencentes. Marcos pretendia doá-las a instituição de caridade. João foi perseguido e preso em flagrante delito por policiais que presenciaram o ato. Instaurado e concluído o inquérito policial, o Ministério Público não ofereceu denúncia nem praticou qualquer ato no prazo legal. O prazo previsto para que a autoridade policial comunique a prisão de João ao juiz competente é de cinco dias.

8.3. Da Prisão Preventiva

* SÚMULAS

STJ Súm. 21. Pronunciado o réu, fica superada a alegação do constrangimento ilegal da prisão por excesso de prazo na instrução.

STJ Súm. 52. Encerrada a instrução criminal, fica superada a alegação de constrangimento por excesso de prazo.

* INFORMATIVOS DE JURISPRUDÊNCIA

Excesso de prazo no julgamento de ação penal

STF Deferido HC para determinar a soltura do paciente, ante o excesso de prazo da prisão cautelar a ele imposta. No caso, ele foi preso preventivamente pela suposta prática de delitos previstos na Lei 11.343/2006 (Lei de Drogas). O impetrante alegou excesso de prazo na conclusão da instrução, sem contribuição da defesa para tanto. A Turma declarou que houve flagrante excesso de prazo na segregação cautelar que se decretou, porquanto já se passaram mais de quatro anos desde a prisão preventiva do paciente, sem haver, sequer, audiência de interrogatório. Asseverou evidente o retardamento injustificado no julgamento da ação penal, configurando, nesse caso, hipótese de situação anômala capaz de comprometer a efetividade do processo. HC 141583, Rel. Min. Edson Fachin, j. 19.9.2017. 2ª T. (Info 878)

Prisão preventiva e excesso de prazo

STF Revogada a prisão preventiva em razão do excessivo prazo de duração da prisão. Determinou-se que o STJ julgue recurso especial referente a esse caso no prazo máximo de dez sessões (entre ordinárias e extraordinárias), contado da comunicação da decisão. A prisão cautelar prolongou-se por mais de sete anos. Os pacientes, embora pronunciados, sequer foram submetidos a julgamento perante o

Tribunal do Júri. Nada justifica a permanência de uma pessoa na prisão, sem culpa formada, quando configurado excesso irrazoável no tempo de sua segregação cautelar. A prisão meramente processual do indiciado ou do réu reveste-se de caráter excepcional, mesmo que se trate de crime hediondo ou de delito a este equiparado. O excesso de prazo, quando exclusivamente imputável ao aparelho judiciário – não derivando, portanto, de qualquer fato procrastinatório causalmente atribuível ao réu –, traduz situação anômala que compromete a efetividade do processo. Além de tornar evidente o desprezo estatal pela liberdade do cidadão, frustra uma prerrogativa básica que assiste a qualquer pessoa: o direito à resolução do litígio sem dilações indevidas (CF, art. 5º, LXXVIII). A duração prolongada, abusiva e irrazoável da prisão cautelar ofende, de modo frontal, o postulado da dignidade da pessoa humana, que representa significativo vetor interpretativo, verdadeiro valor-fonte que conforma e inspira todo o ordenamento constitucional. HC 142177, Rel. Min. Celso de Mello, j. 6.6.2017.

Substituição de prisão preventiva por domiciliar e cuidados maternos

STF A prisão preventiva poderá ser substituída pela domiciliar quando o agente for mulher com filho de até 12 anos de idade. HC 136408, Rel. Min. Marco Aurélio, j. 5.12.2017. 1ª T. (Info 887)

Prisão Preventiva. Fundamentação deficiente. Frustração na realização de delação premiada não autoriza a imposição de segregação cautelar.

STJ O descumprimento de acordo de delação premiada ou a frustração na sua realização, isoladamente, não autoriza a imposição da segregação cautelar. HC 396.658, Rel. Min. Antônio Saldanha Palheiro, DJ 1.8.2017. 6ª T. (Info 609)

* QUESTÕES OBJETIVAS

131. **(Cespe/DPE/PE/Defensor/2018)** Assinale a opção correta, acerca da duração razoável do processo e do excesso de prazo nas prisões cautelares e da autuação e da documentação da prisão e do interrogatório, conforme entendimento dos tribunais superiores.

a) O relaxamento da prisão preventiva por excesso de prazo impede a sua posterior decretação, mesmo diante de outros fundamentos explicitados na sentença.

b) Finalizada a instrução processual, a demora posterior e não justificada não configura constrangimento ilegal por excesso de prazo.

c) O excesso de prazo entre a prisão cautelar e a sentença de pronúncia não pode ser desconsiderado, mesmo que, após esse ato processual, nenhum constrangimento ilegal tenha sido verificado.

d) Diante da superveniência de sentença condenatória, estará prejudicada questão referente ao excesso de prazo da prisão cautelar.

e) O excesso de prazo para o oferecimento da denúncia configura hipótese de constrangimento ilegal, não sendo superado pelo recebimento da denúncia.

132. **(Cespe/PC/MA/Escrivão/2018)** A prisão preventiva poderá ser decretada

a) quando os indícios de autoria e prova da materialidade forem insuficientes para assegurar a aplicação da lei penal.

b) nos crimes de violência doméstica e familiar contra o idoso, para assegurar a execução de medidas protetivas de urgência.

c) em qualquer fase do inquérito policial, mediante ato da autoridade policial.

d) quando o agente for reincidente específico, por sentença transitada em julgado, em crime culposo, dentro do período depurador.

e) nos crimes dolosos punidos com pena máxima inferior a quatro anos.

133. **(Cespe/DPE/PE/Defensor/2015)** Alberto e Adriano foram presos em flagrante delito. O juiz que analisou a prisão em flagrante concedeu a Alberto a liberdade provisória mediante o recolhimento de fiança arbitrada em um salário mínimo. Quanto a Adriano, foi-lhe decretada a prisão preventiva. Antes que o autuado Alberto recolhesse o valor da fiança e que a DP impetrasse "habeas corpus" em favor de Adriano, entrou em vigor lei processual penal nova mais gravosa, que tratou tanto da fiança quanto da prisão preventiva. Nessa situação, a lei processual penal nova que tratou da fiança aplicar-se-á desde logo, sem prejuízo da validade dos atos realizados sob a vigência da lei anterior. Entretanto, à prisão preventiva aplicar-se-ão os dispositivos que forem mais favoráveis ao interessado.

134. **(Cespe/TJ/AM/Juiz/2016)** A respeito das medidas cautelares, assinale a opção correta:

a) As medidas cautelares, como o recolhimento domiciliar no período noturno e a prisão preventiva, poderão ser decretadas pelo juiz, de ofício ou a requerimento das partes, no curso do inquérito policial ou durante o processo penal, quando houver necessidade para aplicação da lei penal, para a investigação ou a instrução criminal.

b) Ausentes os requisitos que autorizem a decretação da prisão preventiva, o juiz deverá conceder liberdade provisória, impondo fiança quando se tratar de crimes afiançáveis. Nesse caso, o arbitramento deverá ser precedido da manifestação do MP.

c) O juiz poderá substituir a prisão preventiva pela domiciliar quando o indiciado for pessoa idosa, hipótese em que este ficará recolhido em sua residência, somente podendo ausentar-se com escolta policial.

d) Em relação ao requisito "periculum libertatis", a fuga do acusado do distrito da culpa é fundamentação suficiente para a manutenção da prisão preventiva ordenada pelo juiz no intuito de garantir a futura aplicação da lei penal.

e) O STF, em caráter liminar, se manifestou pela inconstitucionalidade de provimento de tribunal de justiça que instituiu a obrigatoriedade de audiência de custódia nos casos de prisão em flagrante, devido à ausência de previsão na legislação federal e ao fato de essa obrigatoriedade violar o princípio da separação dos poderes.

135. **(Cespe/DPU/Defensor/2017)** O STJ consolidou entendimento no sentido de que os atos infracionais anteriormente praticados pelo réu não servem como argumento para embasar a decretação de prisão preventiva.

136. **(Cespe/DPE/AC/Defensor/2017)** Conforme o entendimento do STJ, a prisão preventiva:

a) não pode ser decretada, se presentes condições pessoais favoráveis do agente, como primariedade, domicílio certo e emprego lícito, mesmo quando identificados os requisitos legais da cautela.

b) não pode se decretada ou mantida na sentença condenatória, caso o réu seja condenado a pena que deva ser cumprida em regime inicial diverso do fechado.

c) pode ser utilizada como instrumento de punição antecipada do réu, ainda que seja uma medida de natureza cautelar.

d) é um instituto que fere o princípio constitucional da presunção de inocência, pois permite que o Estado trate como culpado aquele que não sofreu condenação penal transitada em julgado.

e) não pode ser decretada com base em atos infracionais graves cometidos durante a menoridade do acusado, visto que a manutenção da custódia constituiria constrangimento ilegal.

137. **(Cespe/PC/MT/Delegado/2017)** Tendo como referência o entendimento dos tribunais superiores e o posicionamento doutrinário dominante a respeito de prisão, medidas cautelares e liberdade provisória, julgue os seguintes itens.

I. A gravidade em abstrato do crime justifica a prisão preventiva com base na garantia da ordem pública, representando, por si só, fundamento idôneo para a segregação cautelar do réu.

II. As medidas cautelares pessoais são decretadas pelo juiz, de ofício ou a requerimento das partes, no curso da ação penal, ou no curso da investigação criminal, somente por representação da autoridade policial ou a requerimento do MP.

III. Em razão do sistema processual brasileiro, não é possível ao magistrado determinar, de ofício, a prisão preventiva do indiciado na fase de investigação criminal ou pré-processual.

IV. A inafiançabilidade dos crimes hediondos e daqueles que lhes são assemelhados não impede a concessão judicial da liberdade provisória sem fiança.

V. A fiança somente pode ser fixada como contracautela, ou seja, como substituição da prisão em flagrante ou da prisão preventiva anteriormente decretada.

Estão certos apenas os itens:

a) I, II e V.
b) I, III e IV.
c) I, IV e V.
d) II, III e IV.
e) II, III e V.

8.4. Da Prisão Domiciliar

✱ QUESTÕES OBJETIVAS

138. **(Cespe/AGU/Advogado/2015)** O juiz poderá substituir a prisão preventiva pela prisão domiciliar, caso o réu tenha mais de oitenta anos ou prove ser portador de doença grave que cause extrema debilidade.

8.5. Das Outras Medidas Cautelares

*** INFORMATIVOS DE JURISPRUDÊNCIA**

Medida cautelar penal diversa da prisão. Diplomata. Imunidade à jurisdição executiva. Proibição de ausentar-se do Brasil sem autorização judicial. Ilegalidade.

STJ A cautelar fixada de proibição para que agente diplomático acusado de homicídio se ausente do país sem autorização judicial não é adequada na hipótese em que o Estado de origem do réu tenha renunciado à imunidade de jurisdição cognitiva, mas mantenha a competência para o cumprimento de eventual pena criminal a ele imposta. RHC 87.825, Rel. Min. Nefi Cordeiro, DJ 14.12.2017. 6ª T. (Info 618)

Medida cautelar de afastamento das funções públicas de vereador e presidente de câmara municipal. ADI 5.526/DF. Parlamentares municipais. Não incidência.

STJ É possível que o Juiz de primeiro grau, fundamentadamente, imponha a parlamentares municipais as medidas cautelares de afastamento de suas funções legislativas sem necessidade de remessa à Casa respectiva para deliberação. RHC 88.804, Rel. Min. Reynaldo Soares Da Fonseca, DJ 14.11.2017. 5ª T. (Info 617)

*** QUESTÕES OBJETIVAS**

139. **(Cespe/Sefaz/RS/Auditor/2018)** Assinale a opção que apresenta o entendimento firmado em jurisprudência do STF a respeito do julgamento de governador por crimes comuns e da competência legislativa.

a) É permitido à unidade federativa instituir norma constitucional que condicione a instauração de ação penal contra o governador por crime comum à prévia autorização da casa legislativa, cabendo ao STF dispor sobre a aplicação de medidas cautelares penais.

b) É vedado à unidade federativa instituir norma constitucional que condicione a instauração de ação penal contra o governador por crime comum à prévia autorização da casa legislativa, cabendo ao tribunal de justiça local dispor sobre a aplicação de medidas cautelares penais.

c) É vedado à unidade federativa instituir norma constitucional que condicione a instauração de ação penal contra o governador por crime comum à prévia autorização da casa legislativa, cabendo ao Superior Tribunal de Justiça dispor sobre a aplicação de medidas cautelares penais.

d) É permitido às unidades federativas instituir norma constitucional que condicione a instauração de ação penal contra o governador por crime comum à prévia autorização da casa legislativa, cabendo ao tribunal de justiça local dispor sobre a aplicação de medidas cautelares penais.

e) É permitido à unidade federativa instituir norma constitucional que condicione a instauração de ação penal contra o governador por crime comum à prévia autorização da casa legislativa, cabendo ao Superior Tribunal de Justiça dispor sobre a aplicação de medidas cautelares penais.

140. **(Cespe/PC/MA/Delegado/2018)** Em inquérito policial para apurar a prática de crime de furto, a autoridade policial reuniu provas suficientes de que o indiciado teria adquirido imóveis e veículos – todos registrados em seu nome – com recurso proveniente do crime. Nessa situação, a autoridade policial poderá

a) representar à autoridade judiciária competente, requerendo o sequestro dos referidos bens.

b) enviar ofício ao juízo ou ao MP para que sejam decretadas as medidas cabíveis, visto que a lei não lhe assegura competência para promover a restrição dos direitos de propriedade do indiciado.

c) realizar a busca e apreensão dos citados bens, independentemente de autorização judicial.

d) proceder à busca e apreensão dos referidos bens, desde que mediante anuência do MP.

e) determinar, de ofício, o arresto ou a hipoteca legal, em decisão fundamentada, e proceder à apreensão dos citados bens.

141. **(Cespe/DPU/Defensor/2015)** A hipoteca legal é medida assecuratória que recai sobre os bens imóveis do réu independentemente da origem ou fonte de aquisição, sendo cabível apelação da decisão judicial que a deferir. O juiz determinará a alienação antecipada para preservação do valor dos bens sempre que houver dificuldade para sua manutenção.

142. (Cespe/DPU/Defensor/2015) Júlio foi preso em flagrante pela prática de furto de um caixa eletrônico da CEF. Júlio responde a outros processos por crime contra o patrimônio. Ao ser comunicado da prisão e verificando a necessidade de evitar a prática de infrações penais, ao juiz será vedado aplicar qualquer medida cautelar alternativa à prisão, mesmo que sejam preenchidos os requisitos da necessidade e da adequação previstos no CPP.

8.6. Da Liberdade Provisória

*** QUESTÕES OBJETIVAS**

143. (Cespe/PC/MA/Delegado/2018) Julgue os próximos itens, relativos a prisão, medidas cautelares e liberdade provisória.

I. A concessão da liberdade provisória pela autoridade policial não impede a decretação da prisão preventiva de ofício pelo juízo, se presentes os seus requisitos.

II. Nos crimes hediondos, o tempo da prisão preventiva varia segundo o limite da pena estabelecida para o tipo penal imputado ao indiciado.

III. Aplicada medida cautelar diversa da prisão, será vedado ao juiz substituí-la por outra ou impor nova medida cumulativamente.

IV. Lavrado o auto de prisão em flagrante por crime de estupro, a autoridade policial poderá conceder ao preso liberdade provisória mediante fiança.

Assinale a opção correta.

a) Apenas o item I está certo.
b) Apenas os itens I e IV estão certos.
c) Apenas os itens II e III estão certos.
d) Apenas os itens II, III e IV estão certos.
e) Todos os itens estão certos.

144. (Cespe/PC/MA/Escrivão/2018) Em determinada comarca de um estado da Federação, em razão de uma denúncia anônima e após a realização de diligências, a polícia civil prendeu Maria, de dezoito anos de idade, que supostamente traficava maconha em uma praça nas proximidades da escola pública onde ela estudava. Levada à delegacia de polícia local, Maria foi autuada e indiciada. Depois de reunidos elementos informativos suficientes, o delegado elaborou um relatório com a descrição dos fatos, apontando os indícios de autoria. Com o encerramento das investigações, o inquérito policial foi encaminhado à autoridade competente. Considere, ainda, que as seguintes informações sejam adicionais à situação hipotética descrita no texto. Maria foi submetida a prisão preventiva pela suposta prática de tráfico de maconha, cuja pena prevista é de cinco a quinze anos de reclusão. Em atenção a determinação legal, tal prisão foi comunicada ao órgão da Defensoria Pública que atua na seara criminal local e, após isso, um defensor público requereu a liberdade provisória de Maria à autoridade judicial. Nessa situação hipotética, a liberdade provisória

a) é cabível, por se tratar de tráfico de droga ilícita.
b) só poderá ser concedida mediante o pagamento de fiança.
c) é incabível, pois constitui instituto que se restringe à prisão temporária e à prisão em flagrante, deixando de parte a prisão preventiva.
d) é incabível, pois há indícios de autoria e da materialidade do fato delituoso.
e) poderá ser concedida pela autoridade policial mediante o pagamento de fiança.

145. (Cespe/TJ/DFT/Juiz/2015) No que se refere às disposições normativas acerca da liberdade provisória, da prisão e de outras medidas cautelares, assinale a opção correta:

a) Um parlamentar que, em pleno exercício do seu mandato, seja preso preventivamente pelo flagrante da prática de crime de extorsão mediante sequestro terá direito a liberdade provisória mediante fiança.
b) A autoridade policial tem legitimidade para arbitrar fiança e conceder liberdade provisória a pessoa presa em flagrante pela prática de furto simples.
c) A autoridade policial pode instaurar inquérito policial e efetuar, de ofício, a prisão temporária de acusado por crime de estupro contra vulnerável.
d) A substituição da prisão preventiva pela domiciliar é direito subjetivo do custodiado que seja imprescindível no cuidado de pessoa de sua família que tenha deficiência mental.
e) O recurso cabível para pedir a reforma de decisão que decretar prisão preventiva a acusado é o recurso em sentido estrito.

146. (Cespe/TJ/PB/Juiz/2015) A respeito da disciplina do CPP sobre a fiança, assinale a opção correta:

a) É admitida a concessão de fiança em caso de prisão civil ou militar.
b) A fiança poderá consistir em pedras, objetos ou metais preciosos.
c) O réu afiançado poderá ausentar-se de sua residência sem comunicar a autoridade processante, desde que o faça por período não superior a trinta dias.
d) Não há previsão de reforço da fiança no CPP.
e) Compete de forma exclusiva à autoridade judicial fixar fiança e decidir pela liberdade provisória.

147. (Cespe/PC/GO/Delegado/2017) Será cabível a concessão de liberdade provisória ao indivíduo que for preso em flagrante devido ao cometimento do crime de:

I. estelionato.
II. latrocínio.
III. estupro de vulnerável.

Assinale a opção correta:

a) Apenas os itens I e III estão certos.
b) Apenas os itens II e III estão certos.
c) Todos os itens estão certos.
d) Apenas o item I está certo.
e) Apenas os itens I e II estão certos.

148. (Cespe/PC/GO/Delegado/2017) Pedro, Joaquim e Sandra foram presos em flagrante delito. Pedro, por ter ofendido a integridade corporal de Lucas, do que resultou debilidade permanente de um de seus membros; Joaquim, por ter subtraído a bicicleta de Lúcio, de vinte e cinco anos de idade, no período matutino – Lúcio a havia deixado em frente a uma padaria; e Sandra, por ter subtraído o carro de Tomás mediante grave ameaça. Considerando-se os crimes cometidos pelos presos, a autoridade policial poderá conceder fiança a:

a) Joaquim somente.
b) Pedro somente.
c) Pedro, Joaquim e Sandra.
d) Pedro e Sandra somente.
e) Joaquim e Sandra somente.

149. (Cespe/DPU/Defensor/2015) Júlio foi preso em flagrante pela prática de furto de um caixa eletrônico da CEF. Júlio responde a outros processos por crime contra o patrimônio. No caso de Júlio ter praticado furto simples, a própria autoridade policial poderia ter arbitrado a fiança com relação a este crime.

150. (Cespe/TRF/5R/Juiz/2017) Antônio foi preso em flagrante pelo crime de descaminho, cuja pena é de um a quatro anos de reclusão. Ele possui diversas passagens na Vara da Infância e Juventude, sem, contudo, ter qualquer condenação criminal por ato praticado depois de alcançada a maioridade penal. Considerando essa situação hipotética, na audiência de custódia o juiz poderá:

a) relaxar a prisão de Antônio em razão da falta dos requisitos para a decretação da prisão preventiva.
b) decretar a prisão preventiva de Antônio em razão das diversas passagens na Vara da Infância e Juventude e do processo atual.
c) conceder liberdade provisória a Antônio, já que é ilegal a conversão da prisão em flagrante em preventiva com base em registros infracionais praticados antes de o indivíduo ter alcançado a maioridade.
d) decretar prisão temporária de Antônio, caso haja pedido do Ministério Público.
e) conceder a Antônio liberdade provisória com medida cautelar diversa da prisão, haja vista o não cabimento da prisão preventiva.

9. DAS CITAÇÕES E INTIMAÇÕES

9.1. Das Citações

*** SÚMULAS**

STF Súm. 351. É nula a citação por edital de réu preso na mesma unidade da federação em que o juiz exerce a sua jurisdição.

STF Súm. 366. Não é nula a citação por edital que indica o dispositivo da lei penal, embora não transcreva a denúncia ou queixa, ou não resuma os fatos em que se baseia.

STF Súm. 701. No mandado de segurança impetrado pelo Ministério Público contra decisão proferida em processo penal, é obrigatória a citação do réu como litisconsorte passivo.

STJ Súm. 415. O período de suspensão do prazo prescricional é regulado pelo máximo da pena cominada.

STJ Súm. 455. A decisão que determina a produção antecipada de provas com base no art. 366 do CPP deve ser concretamente fundamentada, não a justificando unicamente o mero decurso do tempo.

* REPERCUSSÃO & REPETITIVOS

STF Repercussão Geral 613. 1. É constitucional a citação por hora certa, prevista no art. 362, do CPP. 2. A ocultação do réu para ser citado infringe cláusulas constitucionais do devido processo legal e viola as garantias constitucionais do acesso à justiça e da razoável duração do processo. (RE 635145, 3.8.2016)

* QUESTÕES OBJETIVAS

151. **(Cespe/DPE/PE/Defensor/2018)** Tendo como referência as disposições legais do Código de Processo Penal sobre citações e intimações, assinale a opção correta.

a) Estando o réu no estrangeiro, em local sabido, a sua citação será feita por carta rogatória, não havendo necessidade de suspensão do prazo prescricional.

b) Ainda que citado por edital, em caso de posterior comparecimento do acusado, deverá ele ser citado pessoalmente, sob pena de nulidade.

c) No caso de citação por edital, se o acusado não comparecer e não constituir advogado, o processo poderá prosseguir seu curso normal, desde que para ele seja nomeado defensor público.

d) É válida a citação por edital que mencione o dispositivo da lei penal que fundamenta a imputação ao acusado, embora não transcreva o conteúdo da denúncia.

e) Estando completa a citação por hora certa, caso o acusado não apresente resposta escrita no prazo legal, o processo e o prazo prescricional serão suspensos.

152. **(Cespe/DPE/PE/Defensor/2015)** O CPP não admite a citação de réu solto por hora certa.

153. **(Cespe/TJ/AM/Juiz/2016)** Em processo no juizado especial criminal, superada a fase preliminar em razão da ausência do autor do fato, o MP ofereceu denúncia oral pela prática de crime de ameaça. Não tendo o oficial de justiça encontrado o autor para citá-lo nos endereços constantes dos autos, o juiz determinou a sua citação por hora certa. Concluída a citação por hora certa sem que o autor do fato tivesse sido encontrado ou tivesse comparecido à audiência designada, foi-lhe nomeado DP, e sobreveio condenação. Nessa situação hipotética, conforme a legislação penal processual e a jurisprudência dos tribunais superiores, é correto afirmar que a citação realizada foi:

a) válida, e não precisará ser refeita, pois a citação por hora certa é possível quando o acusado não é encontrado nos endereços constantes nos autos.

b) nula, e deverá ser refeita pelo juízo comum, com o devido encaminhamento dos autos pelo juizado especial criminal.

c) válida, e não precisará ser refeita, pois a citação por hora certa sempre precede a citação por edital.

d) válida, e não precisará ser refeita, pois o processo perante os juizados especiais criminais orienta-se pelos princípios da oralidade, simplicidade, economia processual e celeridade.

e) nula, e deverá ser refeita pelo próprio juizado especial criminal, por meio de edital, em atenção aos princípios da celeridade e da economia processual.

154. **(Cespe/DPU/Analista/2016)** Recebida a denúncia por crime de estelionato, o juiz determinou a citação do acusado para apresentar resposta à acusação. O oficial de justiça compareceu ao endereço informado pelo Ministério Público, mas não encontrou o acusado para ser citado. Caso não seja mesmo encontrado, o acusado deverá ser citado por edital, que será fixado à porta do edifício onde funciona o juízo e publicado na imprensa.

155. **(Cespe/DPU/Defensor/2017)** Com relação a determinado acusado, a DPU apresentou resposta à acusação, arguindo, preliminarmente, a nulidade da sua citação por hora certa e, no mérito, a existência de excludente de ilicitude, requerendo, assim, a sua absolvição. O magistrado competente afastou, fundamentadamente, a nulidade da citação; nada declarou quanto ao mérito; confirmou o recebimento da denúncia e designou audiência de instrução. Nessa situação, foi correta a decisão do juiz, visto que houve resposta fundamentada à preliminar e que ele possui a prerrogativa de analisar a questão de mérito em momento posterior à instrução do processo.

156. **(Cespe/TRF/1R/Analista/2017)** José, vereador do município de Luziânia/GO, foi denunciado pela prática de crime doloso contra a vida praticado contra Antônio, policial rodoviário federal que, no momento do crime, se encontrava no exercício de suas funções em Brasília/DF. Na hipótese de o oficial de justiça verificar que, na ocasião da citação, José tenha se ocultado para não ser citado, será procedida a sua citação por edital.

157. **(Cespe/DPU/Defensor/2015)** José foi denunciado pela prática de homicídio doloso contra Carlos, em Brasília. A vítima era policial federal e estava investigando crime de falsificação de moeda que teria sido praticado por José em Goiânia. O juiz determinou a citação de José por edital, devido ao fato de ele não ter sido encontrado no endereço que constava dos autos. Se José não tiver sido encontrado no endereço dos autos por estar preso na penitenciária do DF devido a condenação definitiva em outro processo, a citação por edital será nula.

158. **(Cespe/DPU/Defensor/2015)** José foi denunciado pela prática de homicídio doloso contra Carlos, em Brasília. A vítima era policial federal e estava investigando crime de falsificação de moeda que teria sido praticado por José em Goiânia. O juiz determinou a citação de José por edital, devido ao fato de ele não ter sido encontrado no endereço que constava dos autos. A citação por edital deverá conter a transcrição da denúncia oferecida contra José, ou, pelo menos, o resumo dos fatos, sob pena de nulidade absoluta por violação dos princípios do contraditório e da ampla defesa.

159. **(Cespe/DPU/Defensor/2015)** José foi denunciado pela prática de homicídio doloso contra Carlos, em Brasília. A vítima era policial federal e estava investigando crime de falsificação de moeda que teria sido praticado por José em Goiânia. O juiz determinou a citação de José por edital, devido ao fato de ele não ter sido encontrado no endereço que constava dos autos. A competência para processar e julgar José será do tribunal do júri federal do DF.

160. **(Cespe/TRF/5R/Juiz/2017)** Em razão de não ser localizado para a citação pessoal, o réu foi citado por edital e constituiu advogado nos autos, fazendo o processo transcorrer normalmente. Um mês após ser constituído, o advogado renunciou ao mandado outorgado; o juiz intimou novamente o réu por edital para que comparecesse em juízo e constituísse novo advogado. O acusado permaneceu silente. Nessa situação hipotética, de acordo com o entendimento majoritário do Superior Tribunal de Justiça, o juiz deverá:

a) declarar o réu revel e dar continuidade ao processo, nomeando defensor público ou dativo.
b) intimar o acusado por hora certa.
c) suspender o processo e a prescrição penal com efeito retroativo à citação editalícia.
d) suspender o processo e manter o trâmite regular da prescrição.
e) suspender o processo e a prescrição penal a partir do término do prazo transcorrido da nova intimação por edital.

161. **(Cespe/DPU/Analista/2016)** Recebida a denúncia por crime de estelionato, o juiz determinou a citação do acusado para apresentar resposta à acusação. O oficial de justiça compareceu ao endereço informado pelo Ministério Público, mas não encontrou o acusado para ser citado. Se o acusado estiver se ocultando para não ser citado, será cabível sua citação com hora certa.

162. **(Cespe/TRF/1R/Analista/2017)** José, vereador do município de Luziânia/GO, foi denunciado pela prática de crime doloso contra a vida praticado contra Antônio, policial rodoviário federal que, no momento do crime, se encontrava no exercício de suas funções em Brasília/DF. Caso seja realizada a citação de José por carta precatória, o prazo para apresentação de resposta à acusação será contado da data da realização do ato, não da juntada da precatória aos autos da ação penal.

9.2. Das Intimações

✱ SÚMULAS

STF Súm. 155. É relativa a nulidade do processo criminal por falta de intimação da expedição de precatória para inquirição de testemunha.

STF Súm. 431. É nulo o julgamento de recurso criminal, na segunda instância, sem prévia intimação, ou publicação da pauta, salvo em "habeas corpus".

STF Súm. 707. Constitui nulidade a falta de intimação do denunciado para oferecer contrarrazões ao recurso interposto da rejeição da denúncia, não a suprindo a nomeação de defensor dativo.

STF Súm. 708. É nulo o julgamento da apelação se, após a manifestação nos autos da renúncia do único defensor, o réu não foi previamente intimado para constituir outro.

STF Súm. 710. No processo penal, contam-se os prazos da data da intimação, e não da juntada aos autos do mandado ou da carta precatória ou de ordem.

STJ Súm. 273. Intimada a defesa da expedição da carta precatória, torna-se desnecessária intimação da data da audiência no juízo deprecado.

✱ INFORMATIVOS DE JURISPRUDÊNCIA

Intimação da Defensoria Pública em audiência. Contagem dos prazos. Início. Necessidade de remessa dos autos à instituição.

STJ A data da entrega dos autos na repartição administrativa da Defensoria Pública é o termo inicial da contagem do prazo para impugnação de decisão judicial pela instituição, independentemente de intimação do ato em audiência. HC 296.759, Rel. Min. Rogério Schietti Cruz, DJe 21.9.2017. 3ª S. (Info 611)

✱ QUESTÕES OBJETIVAS

163. (Cespe/DPU/Analista/2016) A intimação da sentença será realizada pessoalmente se o réu estiver preso.

164. (Cespe/PC/GO/Delegado/2017) Com referência a citação e intimação no processo penal, assinale a opção correta:

a) A citação do réu preso poderá ser cumprida na pessoa do procurador por ele constituído na fase policial.
b) As intimações dos defensores públicos nomeados pelo juízo devem ser realizadas mediante publicação nos órgãos incumbidos da publicidade dos atos judiciais da comarca, e não os havendo, pelo escrivão, por mandado ou via postal.
c) Os prazos para a prática de atos processuais contam-se da data da intimação e não da juntada aos autos do mandado ou da carta precatória ou de ordem.
d) Em função dos princípios da simplicidade, informalidade e economia processual, é admissível a citação por edital e por hora certa nos procedimentos sumaríssimos perante juizado especial criminal.
e) No procedimento comum, não se admite a citação ficta nem tampouco a contumácia do réu.

165. (Cespe/TRF/1R/Técnico/2017) No processo penal, os prazos são contados a partir da data da intimação, e não da data de juntada do mandado ou da carta precatória ou de ordem aos autos.

166. (Cespe/TRF/1R/Técnico/2017) Luiz é advogado e foi nomeado para defender José em uma ação penal pública condicionada. Nessa situação, a partir da nomeação de Luiz, a intimação de José deverá ser feita por meio de publicação em diário oficial, sob pena de nulidade.

10. DA SENTENÇA

✱ SÚMULAS

STF Súm. 453. Não se aplicam à segunda instância o art. 384 e parágrafo único do Código de Processo Penal, que possibilitam dar nova definição jurídica ao fato delituoso, em virtude de circunstância elementar não contida, explícita ou implicitamente, na denúncia ou queixa.

STJ Súm. 337. É cabível a suspensão condicional do processo na desclassificação do crime e na procedência parcial da pretensão punitiva.

✱ INFORMATIVOS DE JURISPRUDÊNCIA

Pedido de desclassificação e "emendatio libelli"

STF Indeferido HC no qual se alegava nulidade do processo, por ausência de defesa técnica, e incoerência entre decisão do juiz presidente e entendimento do júri. O paciente foi pronunciado inicialmente por crime de homicídio qualificado, tendo a defesa lançado a tese de desclassificação para o crime de rixa com resultado morte. Ao promover a quesitação, o juiz presidente questionou o júri primeiramente acerca da prática de homicídio, tendo-se constatado concorrência do acusado para o resultado morte. Em seguida, entendeu-se praticado crime menos grave, a rixa. Feitas tais indagações, o juiz prosseguiu à quesitação de qualificadoras do crime de homicídio e condenou o réu por dois crimes, homicídio e rixa, esse último já prescrito. A Turma, apesar de admitir a erronia do Juiz Presidente quanto à explicação e à ordem adequada dos questionamentos, compreendeu a quesitação de crimes autônomos, em concurso material, evidenciando "emendatio libelli", nos termos do art. 383 do CPP. Pontuou, ainda, a inexistência de prejuízo à defesa, haja vista a prescrição do crime de rixa acrescido posteriormente à acusação. HC 122875, Rel. Acd. Min. Alexandre de Moraes, j. 19.9.2017. 1ª T. (Info 878)

Imputação do mesmo fato delituoso em ações penais diversas que tramitaram em juízos diferentes. Ocorrência de coisa julgada. Prevalência da condenação mais favorável ao agente.

STJ Diante do trânsito em julgado de duas sentenças condenatórias por fatos idênticos, deve prevalecer a condenação mais favorável ao réu. HC 281.101, Rel. Min. Sebastião Reis Júnior, DJ 24.11.2017. 6ª T. (Info 616)

* QUESTÕES OBJETIVAS

167. **(Cespe/DPE/RN/Defensor/2015)** Com relação aos institutos da "emendatio" e da "mutatio libelli", da sentença e da coisa julgada, bem como aos procedimentos comum e ordinário, aos juizados especiais cíveis e aos crimes dolosos contra a vida, assinale a opção correta:

a) Situação hipotética: Mauro foi definitivamente condenado pela prática do crime de roubo simples por sentença proferida por juízo estadual absolutamente incompetente. Posteriormente, ele foi novamente condenado pelo mesmo fato, desta feita pelo juízo federal constitucionalmente competente, mas agora a uma pena inferior à anteriormente imposta. Assertiva: Nesse caso, segundo o entendimento do STJ, diante da existência de coisa julgada material, deverá prevalecer a primeira condenação.

b) Situação hipotética: A DP, representando Jonas, ajuizou queixa-crime imputando ao querelado Antônio a prática do delito de injúria. Todavia, o juiz rejeitou a exordial acusatória. Assertiva: Nesse caso, para impugnar essa decisão, é cabível a interposição de recurso em sentido estrito.

c) Segundo a jurisprudência do STJ, não é possível a anulação parcial de sentença proferida pelo júri a fim de determinar submissão do réu a novo julgamento somente em relação às qualificadoras, ainda que a decisão dos jurados seja manifestamente contrária à prova dos autos apenas nesse particular.

d) A figura processual da mutatio libelli se presta à correção da equivocada capitulação jurídica dada ao fato criminoso narrado na denúncia, incorretamente classificado pelo MP. Essa providência, ademais, pode ser conduzida pelo próprio magistrado, sem que haja necessidade de aditamento ministerial ou oitiva prévia da defesa, exceto no caso de a modificação ocasionar agravamento na pena do acusado.

e) Situação hipotética: Paulo foi denunciado pelo crime de furto simples. Devidamente citado, ele ofertou resposta à acusação, alegando não ter sido autor do crime e apresentando documentos. Assertiva: Nessa hipótese, após a oitiva do MP e convencendo-se da procedência dos argumentos lançados pelo acusado, poderá o juiz absolvê-lo sumariamente.

168. **(Cespe/DPE/PE/Defensor/2015)** Considere que, ao receber a resposta à acusação, um juiz tenha verificado que, ao tempo do crime, o acusado era totalmente incapaz de entender o caráter ilícito do fato. Nessa situação, o juiz deverá absolver o acusado sumariamente.

169. **(Cespe/TJ/DFT/Juiz/2015)** No que diz respeito à nulidade, à sentença e à coisa julgada no processo penal, assinale a opção correta:

a) A homologação de transação penal realizada no âmbito de juizado especial criminal faz coisa julgada material, motivo pelo qual o descumprimento de suas cláusulas impossibilita o oferecimento de denúncia.

b) A sentença penal absolutória que reconhece a extinção da punibilidade em razão da decadência não faz coisa julgada no juízo cível.

c) Proferida sentença determinando a extinção de processo pelo reconhecimento da perempção, é prevista na legislação a possibilidade de intentar nova ação penal pelo mesmo fato no prazo de até seis meses, contados do dia em que o querelante tomar conhecimento de quem seja o autor do crime.

d) Não é possível arguir nulidade de sessão de julgamento do tribunal do júri em que o advogado do acusado abandone o plenário após a sustentação oral firmada pela acusação.

e) Anulado o julgamento do tribunal do júri em razão de a decisão ser manifestamente contrária às provas dos autos, jurados da sessão anterior poderão participar da sessão ulteriormente convocada.

170. **(Cespe/DPU/Analista/2016)** Na sentença penal condenatória, o juiz deverá fixar o valor máximo para a reparação dos danos, considerando os prejuízos causados ao ofendido em razão da infração.

171. **(Cespe/DPU/Analista/2016)** Após o pronunciamento de sentença penal condenatória, o réu que esteja solto será imediatamente recolhido à prisão.

172. **(Cespe/DPU/Analista/2016)** Havendo fundada dúvida sobre a ocorrência de legítima defesa, o juiz deverá absolver o réu, determinando sua soltura, caso esteja preso.

173. **(Cespe/DPU/Defensor/2015)** Apesar da independência das esferas penal e civil, a absolvição criminal do réu sob o fundamento de não haver prova da existência do fato faz coisa julgada no juízo cível.

174. **(Cespe/PGE/SE/Procurador/2017)** A propositura de ação na esfera cível ou administrativa é impedida por:

a) sentença que entenda atípica a conduta praticada pelo réu.

b) sentença que verifique a inexistência material do fato.

c) sentença que absolva o acusado por não haver provas da sua coparticipação na infração penal.

d) despacho que determine o arquivamento do inquérito policial.

e) sentença que absolva o réu por ausência de provas.

11. DOS PROCESSOS EM ESPÉCIE

11.1. Do Processo Comum

11.1.1. Da Instrução Criminal

✱ SÚMULAS

STJ Súm. 21. Pronunciado o réu, fica superada a alegação do constrangimento ilegal da prisão por excesso de prazo na instrução.

STJ Súm. 52. Encerrada a instrução criminal, fica superada a alegação de constrangimento por excesso de prazo.

STJ Súm. 64. Não constitui constrangimento ilegal o excesso de prazo na instrução, provocado pela defesa.

✱ QUESTÕES OBJETIVAS

175. **(Cespe/TJ/AM/Juiz/2016)** Em se tratando de procedimento comum ordinário, o juiz deverá absolver sumariamente o acusado quando verificar que:

a) a punibilidade está extinta em razão da ocorrência da prescrição da pretensão punitiva em perspectiva.

b) o fato foi cometido em situação de manifesta inexigibilidade de conduta diversa.

c) estão ausentes indícios mínimos de autoria e materialidade do fato supostamente praticado.

d) o acusado é portador de doença mental, atestada por laudo médico oficial, e inteiramente incapaz de entender o caráter ilícito do fato.

e) o fato foi cometido em estrita obediência a ordem manifestamente ilegal.

11.1.2. Do Tribunal do Júri

✱ SÚMULAS

STF Súm. Vinculante 11. Só é lícito o uso de algemas em casos de resistência e de fundado receio de fuga ou de perigo à integridade física própria ou alheia, por parte do preso ou de terceiros, justificada a excepcionalidade por escrito, sob pena de responsabilidade disciplinar, civil e penal do agente ou da autoridade e de nulidade da prisão ou do ato processual a que se refere, sem prejuízo da responsabilidade civil do Estado.

STF Súm. Vinculante 45. A competência constitucional do tribunal do júri prevalece sobre o foro por prerrogativa de função estabelecido exclusivamente pela constituição estadual.

STF Súm. 156. É absoluta a nulidade do julgamento, pelo júri, por falta de quesito obrigatório.

STF Súm. 206. É nulo o julgamento ulterior pelo júri com a participação de jurado que funcionou em julgamento anterior do mesmo processo.

STF Súm. 603. A competência para o processo e julgamento de latrocínio é do juiz singular e não do tribunal do júri.

STF Súm. 713. O efeito devolutivo da apelação contra decisões do júri é adstrito aos fundamentos da sua interposição.

STF Súm. 712. É nula a decisão que determina o desaforamento de processo da competência do júri sem audiência da defesa.

STJ Súm. 21. Pronunciado o réu, fica superada a alegação do constrangimento ilegal da prisão por excesso de prazo na instrução.

STJ Súm. 191. A pronúncia é causa interruptiva da prescrição, ainda que o tribunal do júri venha a desclassificar o crime.

✱ INFORMATIVOS DE JURISPRUDÊNCIA

Homicídio na direção de veículo automotor e competência do tribunal do júri

STF Negado HC que pleiteava a reforma da decisão que reconheceu a ocorrência de dolo eventual em relação a homicídio cometido por motorista embriagado na direção de veículo automotor, firmada a competência do tribunal do júri, requerendo desclassificação da conduta para o crime previsto no art. 302 do CTB. É legítima a tipificação da conduta como crime doloso, de competência do tribunal do júri, ante o reconhecimento da evolução jurisprudencial na análise do que vem a ser dolo eventual e culpa consciente. No caso, verifica-se a existência de dolo eventual no ato de dirigir veículo automotor sob a influência de álcool, além de fazê-lo na contramão. Esse é, portanto, um caso específico que evidencia a diferença entre a culpa consciente e o dolo eventual. O condutor assumiu o risco ou, no mínimo, não se preocupou com o risco de, eventualmente, causar lesões ou mesmo a morte de outrem. HC 124687, Rel. Acd. Min. Roberto Barroso, j. 29.5.2018. 1ª T. (Info 904).

Tribunal do Júri. Interrogatório do réu. Conduta do juiz. Firmeza. Quebra da imparcialidade. Ausência. Nulidade. Não ocorrência.

STJ A condução do interrogatório do réu de forma firme durante o júri não importa, necessariamente, em quebra da imparcialidade do magistrado e em influência negativa nos jurados. 6ª T. HC 410.161, Rel. Min. Maria Thereza de Assis Moura, j. 17.4.2018, DJ 27.4.2018. (Info 625)

Tribunal do Júri. Juntada de laudo pericial complementar com prévia antecedência de 3 dias úteis. Ciência à defesa. Necessidade.

STJ O prazo de 3 dias úteis a que se refere o art. 479 do CPP deve ser respeitado não apenas para a juntada de documento ou objeto, mas também para a ciência da parte contrária a respeito de sua utilização no Tribunal do Júri. REsp 1.637.288, Rel. Acd. Min. Sebastião Reis Júnior, DJe 1.9.2017. 6ª T. (Info 610)

* QUESTÕES OBJETIVAS

176. **(Cespe/TJ/AM/Juiz/2016)** Com base no entendimento pacificado dos tribunais superiores, é correto afirmar que o excesso de linguagem comprovadamente existente na decisão de pronúncia ocasiona:

a) a proibição da entrega de cópia da decisão de pronúncia aos jurados que eventualmente a requisitarem.

b) a nulidade absoluta da decisão de pronúncia e dos atos processuais subsequentes, independentemente de demonstração de prejuízo causado ao réu.

c) a nulidade relativa da decisão de pronúncia e dos atos processuais subsequentes, se demonstrado prejuízo ao réu.

d) a proibição da leitura da decisão de pronúncia pela acusação durante o julgamento no plenário do júri, para evitar que os jurados sejam influenciados.

e) o desentranhamento e envelopamento da decisão de pronúncia, providência adequada e suficiente para cessar a ilegalidade e contemplar o princípio da economia processual.

177. **(Cespe/TJ/DFT/Juiz/2016)** Assinale a opção correta, acerca do procedimento relativo aos processos de competência do tribunal do júri:

a) O cidadão alistado no serviço do júri, que é de natureza facultativa, ao ser intimado, poderá solicitar sua exclusão mediante simples petição dirigida ao juiz presidente do tribunal do júri.

b) O jurado, por não ser magistrado de carreira, não poderá ser responsabilizado criminalmente nos mesmos termos em que são os juízes togados.

c) O alistamento, no serviço obrigatório do júri, compreenderá os cidadãos maiores de vinte e um anos, de notória idoneidade.

d) O alistamento, no serviço obrigatório do júri, compreenderá os cidadãos maiores de vinte cinco anos, de notória idoneidade, porque o jurado é equiparado ao juiz, para todos os efeitos, e essa é a idade exigida para o ingresso na magistratura.

e) O alistamento, no serviço do júri, de caráter obrigatório, compreenderá os cidadãos maiores de dezoito anos, de notória idoneidade.

178. **(Cespe/TJ/DFT/Juiz/2016)** A respeito do procedimento no Tribunal do Júri, assinale a opção correta:

a) Em análise de recurso exclusivo da acusação, é defeso à instância recursal reduzir, de ofício, a pena fixada na sentença, sob pena de afronta à proibição da reforma.

b) Anulada a sentença do primeiro júri, em razão de recurso exclusivo da defesa, é defeso ao Conselho de Sentença, por ocasião do novo julgamento, reconhecer qualificadora não reconhecida na decisão anulada, sob pena de violação ao princípio da vedação da "reformatio in pejus" indireta.

c) Se houver recurso da defesa para anulação do julgamento e recurso da acusação somente para a agravação da pena e se for acolhido o recurso defensivo para anular a sentença condenatória, poderá o réu, por ocasião do novo julgamento, ser condenado a pena mais grave, sem que isso configure violação ao princípio da vedação da "reformatio in pejus" indireta.

d) Ao analisar recurso exclusivo da defesa, a instância recursal poderá corrigir, de ofício, evidente erro material contido na sentença, ainda que isso resulte em agravamento da pena.

e) A pena concretamente fixada em sentença anulada por recurso exclusivo da defesa não pode ser utilizada como parâmetro para a análise da prescrição da pretensão punitiva, na modalidade retroativa.

179. (Cespe/TJ/PB/Juiz/2015) No que se refere ao procedimento do júri, assinale a opção correta à luz da interpretação dos tribunais superiores e dos dispositivos da legislação processual:

a) A decisão de pronúncia que afirme que a autoria e a materialidade do fato são absolutamente inquestionáveis é nula.

b) O recurso de protesto por novo júri é cabível em qualquer sentença condenatória proferida pelo tribunal do júri.

c) O juiz impronunciará o acusado quando ficar provada a incidência de causa que exclua o crime.

d) A decisão que impronuncia o réu caracteriza-se como interlocutória mista e deve ser atacada por meio de recurso em sentido estrito.

e) O juiz deverá absolver sumariamente o acusado se não houver provas suficientes da materialidade do fato ou da existência de indícios suficientes de autoria ou de participação no crime.

180. (Cespe/DPE/PE/Defensor/2015) João e Lucas foram processados porque, segundo a acusação, teriam praticado o delito de homicídio doloso contra Caio. Nessa situação, devido à pluralidade de réus, nos debates que forem realizados em plenário do tribunal do júri, o tempo destinado à acusação e à defesa será de duas horas e meia para cada parte, e de duas horas para a réplica e de outro tanto para a tréplica.

181. (Cespe/DPE/RN/Defensor/2015) Daniel foi submetido a julgamento pelo tribunal do júri pelo crime de homicídio qualificado e foi, finalmente, absolvido pelo conselho de sentença, que acolheu a tese de legítima defesa. Interposto recurso pelo MP, o TJ competente deu provimento à impugnação ministerial para submeter o acusado a novo julgamento, por reputar a decisão dos jurados manifestamente contrária à prova dos autos. No segundo julgamento, Daniel foi condenado por homicídio simples a pena de seis anos de reclusão. A defesa interpôs recurso, que foi provido, e Daniel foi submetido a terceiro julgamento perante o tribunal do júri, que o condenou por homicídio qualificado a pena de doze anos de reclusão. Acerca dessa situação hipotética, assinale a opção correta, com base no entendimento do STF:

a) Diante do resultado do segundo julgamento, ao conselho de sentença era vedado condenar Daniel por homicídio qualificado.

b) Embora o conselho de sentença estivesse legalmente autorizado a condenar Daniel pelo crime de homicídio qualificado, não poderia o juiz presidente dosar a pena em patamar superior a seis anos de reclusão.

c) Em função do princípio constitucional da soberania dos veredictos, não houve ilegalidade na imposição de pena a Daniel, no terceiro julgamento, em quantidade superior à fixada no segundo julgamento.

d) O recurso interposto pelo MP para impugnar a sentença absolutória do primeiro julgamento é denominado de protesto por novo júri.

e) O recurso interposto pelo MP não poderia ter sido conhecido, uma vez que a impugnação de decisão manifestamente contrária à prova dos autos somente pode ser veiculada em recurso da defesa.

182. (Cespe/PC/PE/Perito/2016) Compete ao tribunal do júri processar e julgar o crime de:

a) homicídio culposo.

b) rixa com resultado morte.

c) lesão corporal seguida de morte.

d) induzimento, instigação ou auxílio ao suicídio.

e) latrocínio.

11.2. Dos Processos Especiais

✱ SÚMULAS

STJ Súm. 330. É desnecessária a resposta preliminar de que trata o artigo 514 do Código de Processo Penal, na ação penal instruída por inquérito policial.

✱ QUESTÕES DISCURSIVAS

11. (Cespe/PGE/SE/Procurador/2017) No que concerne aos crimes contra a administração pública, redija um texto dissertativo, respondendo, de modo fundamentado, aos seguintes questionamentos: (i) Qual é o entendimento dos tribunais superiores a respeito da obrigatoriedade, nas ações instruídas por inquérito policial, da apresentação da defesa prévia, prevista no art. 514 do Código de Processo Penal, e a respeito do resultado da não apresentação da defesa prévia, no que se refere à nulidade? (ii) Qual é o tratamento dado a coautor particular no referido procedimento? (iii) O funcionário público que tiver deixado de exercer o cargo tem direito à defesa prévia?

12. **(Cespe/AGU/Procurador/2013)** Lucas, servidor público, foi denunciado com fundamento na Lei de Licitações por ter frustrado o caráter competitivo de procedimento licitatório com o intuito de obter, para si, vantagem decorrente da adjudicação do objeto da licitação. "Art. 90. Frustrar ou fraudar, mediante ajuste, combinação ou qualquer outro expediente, o caráter competitivo do procedimento licitatório, com o intuito de obter, para si ou para outrem, vantagem decorrente da adjudicação do objeto da licitação: Pena – detenção, de 2 (dois) a 4 (quatro) anos, e multa". (Lei n. 8.666/1993). A propósito da situação hipotética acima e considerando o excerto legal que a ela se segue, discorra sobre a diferença entre crimes funcionais próprios e impróprios. Em seguida, de forma fundamentada, esclareça se Lucas deverá ser notificado para apresentar resposta escrita antes do recebimento da denúncia, conforme o rito especial dos crimes de responsabilidade dos funcionários públicos.

✱ QUESTÕES OBJETIVAS

183. **(Cespe/TRE/PI/Analista/2016)** Acerca dos procedimentos, no juízo singular, dos crimes de responsabilidade dos funcionários públicos, dos crimes de calúnia e injúria e dos crimes contra a propriedade imaterial, assinale a opção correta:

a) Em se tratando de procedimentos dos crimes contra a propriedade imaterial, se a infração deixar vestígios, a queixa será instruída com a perícia realizada, admitindo-se o suprimento por outro meio de prova caso a perícia não possa ser realizada ou os vestígios desapareçam.
b) O procedimento de apuração dos crimes contra a propriedade imaterial independe da natureza da ação penal, pois esses crimes são de ação penal pública incondicionada.
c) Os procedimentos dos crimes contra honra relativos aos processos e julgamentos dos crimes de calúnia e de injúria são inaplicáveis aos crimes de difamação por falta de previsão legal.
d) O rito previsto para o procedimento dos crimes contra honra é idêntico ao previsto para o procedimento comum ordinário, agregando-se, apenas, a audiência de tentativa de conciliação e a possibilidade de serem deduzidas, em determinados casos, as exceções da verdade e notoriedade do fato.
e) De acordo com o CPP, o procedimento dos crimes funcionais aplica-se a todos os crimes funcionais afiançáveis e inafiançáveis.

184. **(Cespe/TRE/PI/Analista/2016)** Assinale a opção correta a respeito dos procedimentos penais:

a) Nos termos da Lei n. 8.038/1990, o relator não poderá decidir sozinho quanto ao recebimento ou à rejeição da exordial, impondo-se ao tribunal, de forma colegiada, deliberar a esse respeito.
b) Tratando-se do procedimento ordinário, expirado o prazo para o oferecimento da defesa inicial, opera-se a preclusão temporal.
c) Em se tratando do procedimento sumaríssimo, não é necessário que a sentença contenha relatório, sendo também prescindível a motivação, devido à celeridade de seus atos processuais.
d) Não será aplicado o procedimento sumaríssimo da lei dos juizados especiais criminais na hipótese de alta complexidade da causa, caso em que o juiz deverá encaminhar os autos ao juiz comum para a adoção do procedimento comum ordinário.
e) De acordo com o Código de Processo Penal (CPP), as hipóteses de absolvição sumária, rejeição da denúncia e resposta do réu aplicam-se a todos os procedimentos penais de primeiro grau e aos procedimentos dos crimes de competência originária dos tribunais.

12. DAS NULIDADES E DOS RECURSOS EM GERAL

12.1. Das Nulidades

✱ SÚMULAS

STF Súm. 155. É relativa a nulidade do processo criminal por falta de intimação da expedição de precatória para inquirição de testemunha.

STF Súm. 160. É nula a decisão do tribunal que acolhe, contra o réu, nulidade não arguida no recurso da acusação, ressalvados os casos de recurso de ofício.

STF Súm. 351. É nula a citação por edital de réu preso na mesma unidade da federação em que o juiz exerce a sua jurisdição.

STF Súm. 361. No processo penal, é nulo o exame realizado por um só perito, considerando-se impedido o que tiver funcionando anteriormente na diligência de apreensão.

STF Súm. 366. Não é nula a citação por edital que indica o dispositivo da lei penal, embora não transcreva a denúncia ou queixa, ou não resuma os fatos em que se baseia.

STF Súm. 523. No processo penal, a falta da defesa constitui nulidade absoluta, mas a sua deficiência só o anulará se houver prova de prejuízo para o réu.

STF Súm. 706. É relativa a nulidade decorrente da inobservância da competência penal por prevenção.

STF Súm. 707. Constitui nulidade a falta de intimação do denunciado para oferecer contrarrazões ao recurso interposto da rejeição da denúncia, não a suprindo a nomeação de defensor dativo.

STF Súm. 708. É nulo o julgamento da apelação se, após a manifestação nos autos da renúncia do único defensor, o réu não foi previamente intimado para constituir outro.

STF Súm. 712. É nula a decisão que determina o desaforamento de processo da competência do júri sem audiência da defesa.

* QUESTÕES OBJETIVAS

185. **(Cespe/DPE/PE/Defensor/2018)** A respeito de nulidade, julgue os itens a seguir.

I. A inobservância da regra de competência por prevenção gera nulidade absoluta por ofensa ao princípio do juiz natural.

II. A inexistência de oportunidade para a entrevista reservada entre o acusado e seu defensor no momento que antecede a audiência de instrução é causa de nulidade relativa.

III. Intimado o defensor, a não apresentação de defesa escrita na primeira fase do procedimento do júri não ensejará nulidade.

IV. A participação de pessoa como jurado em julgamento de processo no qual ela tenha exercido essa mesma função anteriormente não gera nulidade.

Estão certos apenas os itens

a) I e IV.
b) II e III.
c) II e IV.
d) I, II e III.
e) I, III e IV.

186. **(Cespe/DPE/PE/Defensor/2015)** Nulidade ocorrida após a pronúncia deverá ser arguida na fase de especificação das provas que serão produzidas em plenário, sob pena de preclusão.

187. **(Cespe/TJ/DFT/Juiz/2015)** Em relação à disciplina normativa e ao entendimento dos tribunais superiores acerca dos sujeitos da relação processual penal, assinale a opção correta:

a) Se ficar comprovado que o defensor agiu com desídia e que essa conduta foi determinante para a condenação do réu, a sentença poderá ser anulada.
b) Na ação penal privada personalíssima, caso o querelado recorra, o MP não terá legitimidade para interpor recurso contra sentença condenatória.
c) Se processos forem reunidos em razão da continência por concurso de pessoas, um corréu poderá atuar como assistente do MP no mesmo processo.
d) Conforme entendimento do STJ, o MP tem competência para aplicar medida socioeducativa a adolescente que tenha praticado ato infracional.
e) Caso não se tenha habilitado como assistente de acusação até a prolação da sentença no tribunal do júri, a vítima ficará impedida de interpor recurso, ainda que o MP não recorra da sentença absolutória.

188. **(Cespe/TJ/PB/Juiz/2015)** A respeito de nulidades, assinale a opção correta à luz da jurisprudência do STF e do STJ:

a) Haverá nulidade absoluta no caso de ações penais referentes a crimes praticados por funcionários públicos contra a administração pública instruídas por inquérito policial, caso o juízo não permita ao denunciado apresentar resposta preliminar antes do recebimento da peça acusatória.

b) O cerceamento de defesa resultante da rejeição, por parte do juízo, de pedido de réu preso para ser entrevistado por defensor público para subsidiar a elaboração da resposta à acusação acarreta nulidade processual.

c) No processo penal, a falta e a deficiência de defesa constituem nulidade processual absoluta; portanto, o prejuízo é presumido e independe de prova.

d) A ausência de intimação do acusado para apresentar contrarrazões ao recurso interposto da rejeição da denúncia constitui nulidade que não pode ser suprida pelo juízo por meio de nomeação de defensor dativo.

e) A decisão que determina o desaforamento do processo da competência do tribunal do júri sem audiência da defesa caracteriza mera irregularidade.

189. (Cespe/DPU/Defensor/2017) Osvaldo, investigado pela Polícia Federal por falsificação de moeda, constituiu um DP para acompanhar o andamento do seu inquérito policial. Remetido o inquérito ao MPF, Osvaldo foi denunciado. O juiz que recebeu a denúncia dispensou o ato citatório, sob o fundamento de que o ora réu já havia constituído representante legal, e determinou a intimação do DP, que compareceu à audiência de instrução e firmou os demais atos processuais até a sentença condenatória, mesmo sem a presença do acusado. Nessa situação, de acordo com o STJ, o magistrado agiu corretamente, na medida em que o réu constituiu patrono antes do recebimento da denúncia e que todos os atos processuais contaram com a presença do DP, o que afasta a necessidade de citação e a exigência da presença do réu no decurso do processo.

190. (Cespe/DPE/AC/Defensor/2017) De acordo com a doutrina e o entendimento jurisprudencial dominantes, no processo penal, constitui causa de nulidade relativa:

a) a decisão proferida por juiz incompetente em razão do lugar.

b) a ausência de fundamentação no despacho que receba a acusação nos procedimentos que preveem defesa preliminar.

c) o exercício da jurisdição pelo juiz que tiver funcionado no mesmo processo em outra instância.

d) a decisão proferida por juiz incompetente em razão da matéria.

e) o oferecimento de denúncia pelo MP em crime de ação penal privada.

191. (Cespe/TRF/1R/Analista/2017) A ausência de intimação da defesa técnica acerca da expedição de carta precatória para oitiva de testemunhas representa nulidade absoluta, que será declarada independentemente da demonstração de prejuízo à defesa.

12.2. Dos Recursos em Geral

12.2.1. Disposições Gerais

*** SÚMULAS**

STF Súm. 160. É nula a decisão do tribunal que acolhe, contra o réu, nulidade não arguida no recurso da acusação, ressalvados os casos de recurso de ofício.

STF Súm. 344. Sentença de primeira instância concessiva de "habeas corpus", em caso de crime praticado em detrimento de bens, serviços ou interesses da União, está sujeita a recurso "ex officio".

STF Súm. 431. É nulo o julgamento de recurso criminal, na segunda instância, sem prévia intimação, ou publicação da pauta, salvo em "habeas corpus".

STF Súm. 448. O prazo para o assistente recorrer, supletivamente, começa a correr imediatamente após o transcurso do prazo do Ministério Público.

STF Súm. 700. É de cinco dias o prazo para interposição de agravo contra decisão do juiz da execução penal.

STF Súm. 709. Salvo quando nula a decisão de primeiro grau, o acórdão que provê o recurso contra a rejeição da denúncia vale, desde logo, pelo recebimento dela.

STJ Súm. 267. A interposição de recurso, sem efeito suspensivo, contra decisão condenatória não obsta a expedição de mandado de prisão.

STJ Súm. 604. O mandado de segurança não se presta para atribuir efeito suspensivo a recurso criminal interposto pelo Ministério Público.

*** REPERCUSSÃO & REPETITIVOS**

STF Repercussão Geral 946. Os Ministérios Públicos dos Estados e do Distrito Federal têm legitimidade para propor e atuar em recursos e meios de impugnação de decisões judiciais em trâmite no STF e no STJ, oriundos de processos de sua atribuição, sem prejuízo da atuação do Ministério Público Federal. (RE 985392, 26.5.2017)

STJ Repetitivo 959. O termo inicial da contagem do prazo para impugnar decisão judicial é, para o Ministério Público, a data da entrega dos autos na repartição administrativa do órgão, sendo irrelevante que a intimação pessoal tenha se dado em audiência, em cartório ou por mandado. (REsp 1349935, 23.8.2017)

* INFORMATIVOS DE JURISPRUDÊNCIA

Ministério Público e tempestividade de agravo em processo criminal

STF O prazo para interposição de agravo pelo Estado-acusador em processo criminal é de cinco dias. O Ministério Público não possui, em matéria criminal, ao contrário da Defensoria Pública, a prerrogativa de prazo recursal em dobro.HC 120275, Rel. Min. Marco Aurélio, j. 15.5.2018. 1ª T. (Info 902).

Tempestividade e recurso interposto antes da publicação do acórdão

STF Não é extemporâneo recurso interposto antes da publicação do acórdão. HC 113826, Rel. Min. Marco Aurélio, j. 10.4.2018. 1ª T (Info 897)

* QUESTÕES OBJETIVAS

192. (Cespe/TRF/1R/Analista/2017) Na hipótese de divergência entre o acusado e o seu advogado a respeito de interesse recursal manifestado, deve prevalecer o entendimento da defesa técnica, seja no sentido da desistência, seja no sentido da interposição do recurso.

193. (Cespe/TRF/1R/Analista/2017) Em nome do princípio da congruência, é possível atribuir-se, mesmo em grau recursal, definição jurídica diversa da descrição do fato contida na denúncia ou na queixa, não podendo, porém, ser agravada a pena quando somente o réu tiver apelado da sentença.

12.2.2. Do Recurso em Sentido Estrito

* SÚMULAS

STF Súm. 210. O assistente do Ministério Público pode recorrer, inclusive extraordinariamente, na ação penal, nos casos dos arts. 584, § 1º e 598 do Código de Processo Penal.

* QUESTÕES OBJETIVAS

194. (Cespe/DPE/PE/Defensor/2018) Assinale a opção que apresenta a medida judicial cabível contra a decisão que, reconhecendo a ilegitimidade do Ministério Público para ajuizar a ação penal, deixa de receber a denúncia e extingue a punibilidade em face da decadência.

a) correição parcial
b) apelação
c) carta testemunhável
d) recurso em sentido estrito
e) recurso de ofício

195. (Cespe/TRF/1R/Juiz/2015) Assinale a opção correta à luz da disciplina legal dos recursos e da revisão criminal no processo penal:

a) A revisão criminal deixará de ser conhecida pelo órgão julgador se o pedido for feito após a extinção da punibilidade, visto que, no juízo de admissibilidade do recurso, exige-se que o requerimento ocorra antes ou durante o cumprimento da pena, devendo o réu requerer eventual indenização por injusta condenação por meio de ação cível ordinária.
b) É cabível a interposição de recurso em sentido estrito da decisão que declara a incompetência do juízo.
c) Caso deseje recorrer de decisão tomada por vara federal que tenha rejeitado denúncia contra determinado indivíduo por atipicidade do fato, o MPF deverá fazê-lo por meio de apelação, uma vez que a decisão resultou na extinção do processo.
d) A defesa de acusado de cometimento de crime em 2007 e condenado, em primeira instância, em 2015, a uma pena de vinte e dois anos de reclusão poderá ingressar com recurso de protesto por novo júri, pois o crime foi cometido antes da vigência da Lei n. 11.689/2008.
e) Caso sentenciado que tenha ingressado com recurso de revisão criminal junto ao TRF faleça no curso do processo, deve o desembargador federal relator extinguir o processo, reconhecendo a extinção da punibilidade do réu devido ao óbito.

196. (Cespe/TRF/5R/Juiz/2017) O recurso cabível da decisão que revoga medida cautelar diversa da prisão é:

a) o agravo de instrumento.
b) a carta testemunhável.
c) o agravo interno.
d) a apelação.
e) o recurso em sentido estrito.

12.2.3. Da Apelação

*** SÚMULAS**

STF Súm. 210. O assistente do Ministério Público pode recorrer, inclusive extraordinariamente, na ação penal, nos casos dos arts. 584, § 1º e 598 do Código de Processo Penal.

STF Súm. 705. A renúncia do réu ao direito de apelação, manifestada sem a assistência do defensor, não impede o conhecimento da apelação por este interposta.

STF Súm. 713. O efeito devolutivo da apelação contra decisões do júri é adstrito aos fundamentos da sua interposição.

STJ Súm. 347. O conhecimento de recurso de apelação do réu independe de sua prisão.

*** QUESTÕES OBJETIVAS**

197. **(Cespe/TJ/DFT/Juiz/2015)** A respeito do processo e do procedimento nos crimes de competência do juiz singular e do tribunal do júri, assinale a opção correta:

a) No caso de citação por hora certa, a contagem do prazo para apresentação de defesa inicia-se na data da juntada do mandado de citação ou na data da carta precatória ou de ordem.
b) Nos crimes de competência do juiz singular, caso a citação seja realizada por edital e o acusado não compareça nem constitua advogado, o juiz deverá nomear defensor dativo para apresentar defesa no prazo de dez dias.
c) Se for provido o recurso de apelação interposto contra sentença do tribunal do júri que aplicou pena excessiva, o tribunal de apelação deverá retificar a pena.
d) A nulidade de sentença do tribunal do júri por falta de quesito obrigatório deve ser suscitada pela defesa no momento de formação dos quesitos; não o fazendo, incidirá a preclusão.
e) Se, em resposta aos quesitos, os jurados reconhecerem, por unanimidade, que o acusado teve a intenção de roubar e não de matar, o juiz presidente deverá desclassificar a conduta, dissolver o júri e remeter os autos ao juízo singular.

198. **(Cespe/DPE/PE/Defensor/2015)** Contra a decisão que rejeita a denúncia de crime de menor potencial ofensivo, caberá a interposição de recurso de apelação.

199. **(Cespe/TRE/PE/Analista/2017)** Com relação à apelação criminal, assinale a opção correta:

a) O julgamento de apelação por órgão fracionário de tribunal composto majoritariamente por juízes de primeiro grau convocados viola o princípio constitucional do juiz natural.
b) O efeito devolutivo amplo permite ao tribunal competente, no julgamento de apelação exclusiva da defesa, agravar a situação do condenado.
c) Em razão da preclusão, a apresentação extemporânea das razões impede o conhecimento do recurso de apelação tempestivamente interposto.
d) O efeito devolutivo da apelação contra decisões do tribunal do júri é adstrito aos fundamentos nela presentes.
e) A renúncia ao direito de apelar manifestada pelo réu impede o conhecimento de eventual recurso de apelação já interposto pelo seu defensor.

200. **(Cespe/DPU/Defensor/2015)** Conforme posição do STF, será anulável o julgamento da apelação se, após a renúncia do defensor, o réu não tiver sido previamente intimado para constituir outro.

201. **(Cespe/DPE/AC/Defensor/2017)** Após a tempestiva interposição pelo réu de recurso de apelação, por termo nos autos, contra sentença condenatória por crime de estelionato, procedeu-se ao oferecimento das razões do recurso fora do prazo estipulado no CPP. Em decorrência do ocorrido nessa situação hipotética, a atitude a ser tomada será:

a) o não conhecimento, por deserção, da apelação pelo tribunal.
b) o não conhecimento da apelação pelo tribunal em razão da extemporaneidade.
c) o conhecimento da apelação pelo tribunal, pois a apresentação extemporânea das razões constitui mera irregularidade.

d) o conhecimento da apelação pelo tribunal, bem como a abertura de prazo em dobro para o oferecimento de contrarrazões.

e) o não recebimento da apelação pelo juízo de admissibilidade.

12.2.4. Dos Embargos

*** QUESTÕES OBJETIVAS**

202. **(Cespe/DPU/Defensor/2015)** Se a defesa de um indivíduo impetrar "habeas corpus" em tribunal regional federal para trancar ação penal contra ele proposta, e esse tribunal denegar a ordem por maioria de votos, a defesa deverá manejar embargos infringentes.

12.2.5. Da Revisão

*** SÚMULAS**

STF Súm. 393. Para requerer revisão criminal, o condenado não é obrigado a recolher-se à prisão.

*** QUESTÕES OBJETIVAS**

203. **(Cespe/TJ/AM/Juiz/2016)** O tribunal do júri condenou à pena de sete anos de reclusão em regime fechado réu acusado da prática de homicídio simples. Em apelação, o tribunal de justiça negou provimento ao recurso apresentado pela defesa. A condenação transitou em julgado. Ainda inconformado, o condenado pediu o ajuizamento de revisão criminal em seu favor, requerendo sua absolvição, sob o argumento de que a sentença condenatória contrariou a evidência dos autos. Com base na lei processual penal e na jurisprudência dominante dos tribunais superiores, assinale a opção correta acerca da situação hipotética apresentada e de aspectos a ela relacionados:

a) Se o acórdão da revisão criminal reconhecer que a sentença condenatória foi contrária à evidência dos autos, deverá ser realizado novo julgamento do condenado pelo tribunal do júri.

b) Nos processos oriundos do tribunal do júri, não é admitida revisão criminal com fundamento na contrariedade da sentença à evidência dos autos, uma vez que os jurados decidem conforme suas consciências.

c) Em respeito ao princípio constitucional da soberania dos veredictos, decisão na referida revisão criminal não poderá absolver o condenado: a absolvição contrariaria a decisão dos jurados.

d) Eventual decisão favorável na referida revisão criminal poderá apenas reduzir a pena aplicada e alterar o regime inicial de seu cumprimento, que são aspectos definidos pelo juiz na sentença.

e) O acórdão na referida revisão criminal poderá alterar a decisão dos jurados e determinar a absolvição do condenado caso a sentença condenatória tenha sido, de fato, contrária à evidência dos autos.

204. **(Cespe/TJ/DFT/Juiz/2016)** Acerca de recursos, à luz das previsões legais, assinale a opção correta:

a) A desistência do recurso de apelação requerida pelo MP só será homologada caso haja concordância da parte recorrida, antes do trânsito em julgado do resultado do recurso.

b) O MP, como titular da ação penal pública, tem legitimidade para interpor recurso de apelação no prazo de cinco dias, quando o juiz de primeiro grau julgar a prescrição de determinado crime.

c) A revisão criminal poderá ser requerida a qualquer momento, inclusive depois de extinta a pena em decorrência de seu cumprimento.

d) O prazo do recurso de reclamação é de cinco dias, contado da data de ciência do ato, sendo vedado o pedido de reconsideração.

e) No caso de concurso de agentes, a decisão favorável ao recurso interposto por um dos réus, que vise à redução de prazo prescricional pela metade, a despeito da comprovação, nos autos, de que o recorrente tinha dezoito anos de idade na data do fato, deverá estender seus efeitos ao outro réu, maior de dezoito anos, ainda que ele não tenha recorrido.

205. **(Cespe/TJ/PB/Juiz/2015)** São ações autônomas de impugnação na esfera criminal:

a) o mandado de segurança e o agravo em execução.

b) a apelação e o mandado de segurança.

c) o recurso em sentido estrito e o "habeas corpus".

d) os embargos de declaração e a carta testemunhável.

e) a revisão criminal e o "habeas corpus".

206. **(Cespe/DPU/Defensor/2015)** Não se admite revisão criminal contra sentença absolutória imprópria por falta de interesse de agir.

12.2.6. *Do Recurso Extraordinário*

✱ SÚMULAS

STF Súm. 208. O assistente do Ministério Público não pode recorrer, extraordinariamente, de decisão concessiva de "habeas corpus".

STF Súm. 210. O assistente do Ministério Público pode recorrer, inclusive extraordinariamente, na ação penal, nos casos dos arts. 584, § 1º e 598 do Código de Processo Penal.

✱ QUESTÕES OBJETIVAS

207. **(Cespe/DPU/Defensor/2015)** Segundo o STJ, a interposição de recurso especial antes da publicação do acórdão dos embargos de declaração implica a inadmissibilidade desse recurso, salvo se houver ratificação.

13. DISPOSIÇÕES GERAIS

✱ SÚMULAS

STF Súm. 710. No processo penal, contam-se os prazos da data da intimação, e não da juntada aos autos do mandado ou da carta precatória ou de ordem.

✱ QUESTÕES OBJETIVAS

208. **(Cespe/PGM/Belo_Horizonte/Procurador/2017)** Considerando a legislação processual penal e o entendimento jurisprudencial pátrio, assinale a opção correta:

a) Em matéria penal, o MP não goza da prerrogativa da contagem dos prazos recursais em dobro.
b) Interrompe-se a prescrição ainda que a denúncia seja recebida por juiz absolutamente incompetente.
c) Havendo mais de um autor, ocorrerá renúncia tácita com relação àqueles cujos nomes tenham sido omitidos da queixa-crime, ainda que de forma não intencional.
d) A CF prevê expressamente a retroatividade da lei processual penal quando esta for mais benéfica ao acusado.

209. **(Cespe/PC/MT/Delegado/2017)** Quanto à fluência dos prazos no processo penal, assinale a opção correta:

a) Para a Defensoria Pública, os prazos contam-se da data do recebimento dos autos, com vista naquele órgão, e não da aposição no processo do ciente de seu membro.
b) O prazo para a interposição de apelação pelo assistente de acusação, habilitado ou não, será de quinze dias a contar do término do prazo do MP.
c) Tanto para o MP quanto para a Defensoria Pública, os prazos contam-se em dobro.
d) Notadamente nos prazos de comunicação, a regra é a fluência do prazo a partir da juntada do mandado.
e) Para efeitos de contagem de prazo, considera-se intimado o representante do MP por meio de publicação na imprensa oficial ou por via de mandado judicial.

14. LEIS ESPECIAIS

✱ 2º NO TOP 5!

◉ COM 130 QUESTÕES, OS TEMAS DESTE TÓPICO ESTÃO EM SEGUNDO LUGAR DENTRE OS CINCO MAIORES AGREGADOS DE ASSUNTOS EXPLORADOS PELA BANCA:

14.1. Código de Processo Penal Militar (DL 1.002/69)

◉ ATENÇÃO: ESTE TEMA É MUITO EXIGIDO NOS CONCURSOS!

✱ QUESTÕES DISCURSIVAS

13. **(Cespe/DPU/Defensor/2017)** Indique o momento constitucionalmente adequado para a realização do interrogatório no procedimento penal ordinário militar, abordando os aspectos legais e a jurisprudência do STM e do STF sobre o tema.

14. **(Cespe/STM/Analista/2018)** O comandante de determinado quartel instaurou inquérito policial militar para apurar desvios de materiais na seção do almoxarifado. No curso do procedimento, o encarregado indiciou um tenente, um sargento, um cabo e um soldado, imputando-lhes a autoria dos fatos. No indiciamento, os quatro constituíram o mesmo advogado para defendê-los, o qual, de imediato, solicitou ao encarregado o acesso a todos os procedimentos realizados, tenham sido eles documentados ou não, para possibilitar a ampla defesa e o contraditório. A respeito das informações descritas na situação hipotética acima e com base no entendimento do Supremo Tribunal Federal e na legislação e doutrina pertinentes, redija um texto dissertativo acerca do pedido do advogado. Ao elaborar seu texto, aborde, necessariamente, os seguintes aspectos: (i) características do inquérito policial militar; (ii) finalidade do inquérito policial militar e o cabimento de alegações de nulidades nesse procedimento; (iii) possibilidade de deferimento do pedido do advogado.

* QUESTÕES OBJETIVAS

210. **(Cespe/STM/Analista/2018)** Em processo na justiça militar da União, o juiz estará impedido de exercer sua jurisdição se um primo seu for parte ou diretamente interessado na demanda.

211. **(Cespe/STM/Analista/2018)** O Ministério Público Militar ofereceu denúncia em desfavor de um oficial das Forças Armadas. Todavia, o crime prescreveu. Nessa situação, o juiz deverá receber a denúncia e declarar, de ofício, extinta a punibilidade, independentemente da oitiva do órgão ministerial.

212. **(Cespe/STM/Analista/2018)** As atribuições de polícia judiciária militar são indelegáveis aos oficiais da reserva remunerada.

213. **(Cespe/STM/Analista/2018)** Em determinada unidade, o comandante instaurou inquérito policial militar para apurar possível crime de prevaricação cometido por um oficial que lá servia. Ao receber os autos do inquérito, o Ministério Público Militar promoveu o seu arquivamento, sob o fundamento de que a materialidade do delito não foi comprovada. Nessa situação, será incabível a propositura de ação penal privada subsidiária da pública.

214. **(Cespe/STM/Analista/2018)** Militar que for réu em processo criminal na justiça militar da União poderá ser intimado ou notificado para a prática de atos por meio de comunicação telefônica.

215. **(Cespe/STM/Analista/2018)** Sargento das Forças Armadas furtou material de organização militar no Rio de Janeiro/RJ. Todavia, possui residência em São Paulo/SP e serve em quartel na guarnição de Manaus/AM. Foragido, acabou sendo preso em Natal/RN. Nessa situação, a competência para processar e julgar o sargento será da justiça militar da União no Rio de Janeiro/RJ, porém, se o local do furto fosse desconhecido, o foro competente seria o de Manaus/AM.

216. **(Cespe/STM/Analista/2018)** Um oficial cometeu crime militar com elevado dano ao patrimônio da administração castrense. Nessa situação, nas hipóteses previstas no Código de Processo Penal Militar, a autoridade judiciária militar poderá decretar arresto de bens móveis ou imóveis do acusado para satisfação do dano.

217. **(Cespe/STM/Analista/2018)** No âmbito da justiça militar da União, não há previsão para a citação na modalidade por hora certa.

218. **(Cespe/STM/Analista/2018)** Oficial das Forças Armadas que for réu em processo penal militar e estiver preso deverá ser obrigado a comparecer à instrução criminal, pois, no âmbito da justiça militar da União, é vedada a revelia de réu preso.

219. **(Cespe/STM/Analista/2018)** Uma praça sem estabilidade que tenha sido excluída do serviço ativo por deserção, se capturada, deverá ser submetida à inspeção de saúde e, caso constatada incapacidade definitiva para o serviço militar, ela não será reincluída nas Forças Armadas, mas continuará respondendo ao processo perante a justiça militar da União pelo crime de deserção.

220. **(Cespe/STM/Analista/2018)** Quando um crime de insubmissão é consumado, lavra-se um termo de insubmissão, que é o instrumento legal autorizador da captura do insubmisso, para efeito de incorporação.

221. **(Cespe/STM/Analista/2018)** Se um soldado interpuser apelação em um processo na justiça militar da União, e ela não for recebida, ele poderá interpor correição parcial perante o Superior Tribunal Militar.

222. **(Cespe/STM/Analista/2018)** Se uma sentença condenatória transitada em julgado for contrária às evidências dos autos, será cabível a revisão, que poderá ser requerida a qualquer tempo.

223. **(Cespe/STM/Analista/2018)** Nos casos em que houver nulidade em um processo na justiça militar da União, por suspeição do juiz, todos os atos judiciais serão declarados nulos, independentemente de eventuais prejuízos para a acusação ou para a defesa.

224. **(Cespe/STM/Analista/2018)** Se um militar for denunciado pela prática de um delito que seja tipificado tanto na legislação penal comum quanto no Código Penal Militar, a justiça militar será a competente para processar e julgar eventual "habeas corpus" impetrado pelo referido militar.

225. **(Cespe/DPU/Defensor/2015)** Certo militar das Forças Armadas foi condenado por crime militar e, depois de cumpridos todos os requisitos e condições que possibilitavam a concessão de livramento condicional, foi-lhe concedido tal benefício. Nessa situação, se o liberado deixar de cumprir qualquer das obrigações constantes da sentença, a referida concessão deverá ser obrigatoriamente revogada.

226. **(Cespe/DPU/Defensor/2015)** Determinado soldado das Forças Armadas foi condenado por crime militar. Entretanto, inconformado com a decisão proferida em sentença, ele recorreu ao STM, tendo sua condenação sido confirmada por aquela corte por meio de acórdão condenatório. Nessa situação, ocorrerá interrupção do prazo prescricional da ação penal pela publicação tanto da sentença quanto do acórdão recorríveis.

227. **(Cespe/DPU/Defensor/2015)** Se, no curso de determinada ação penal que envolva diversos réus, antes da instrução processual, um deles, encontrando-se em liberdade provisória, formular pedido expresso de dispensa de acompanhar os atos de instrução do processo e igualmente para o interrogatório em juízo e sessão de julgamento, e se essa manifestação for ratificada pelo advogado de defesa e aceita pelo juiz competente, será assegurado ao réu o direito de não se expor ao "strepitus judicii", fato que não impedirá a participação da defesa desse réu no interrogatório dos demais corréus.

228. **(Cespe/DPU/Defensor/2015)** Jonas, praça das Formas Armadas, foi denunciado pelo crime de concussão em concurso com outros agentes militares e, após regular transcurso do processo, com a observância de todas as regras procedimentais e garantias constitucionais asseguradas aos réus, foi o feito levado a julgamento. Na sessão de julgamento, ao apreciar os fatos e provas apresentados pelas partes, entendeu o CPJ que deveria dar ao fato imputado a Jonas nova definição jurídica, diversa da que constava na denúncia, definição esta que resultaria em aplicação de sanção penal mais severa que a até então prevista. Nessa situação hipotética, o CPJ equivocou-se ao dar nova classificação jurídica para aplicar pena mais grave ao réu, uma vez que a "emendatio libelli" no sistema processual castrense exige formulação expressa do MPM em alegações escritas, além de oportunidade de resposta por parte da defesa.

229. **(Cespe/DPU/Defensor/2015)** Júlio, praça das Forças Armadas, foi denunciado pelo crime de furto de armamentos da unidade militar em que servia, em concurso com outros agentes civis. No curso da instrução do processo, a DP ingressou com pedido de reconhecimento de questão prejudicial, atinente ao estado da pessoa: menoridade de um dos corréus. O CPJ reputou que a alegação era irrelevante no momento e que, na verdade, a arguição não era séria nem fundada, pois tinha por escopo procrastinar a persecução penal e alcançar eventual prescrição da pretensão punitiva. Nessa situação hipotética, poderá o CPJ prosseguir com a instrução do feito e submeter os réus a julgamento, uma vez que, no sistema processual penal militar, as questões prejudiciais, ainda que fundadas no estado civil de pessoa (menoridade) envolvida no processo, não redundam em suspensão obrigatória do processo.

230. **(Cespe/DPU/Defensor/2015)** O arresto tem por finalidade a satisfação do dano causado pela infração penal ao patrimônio sob a administração militar, podendo ser decretado, de ofício, pela autoridade judiciária, em qualquer fase da persecução penal, desde que exista certeza da infração e fundada suspeita da sua autoria.

231. **(Cespe/DPU/Defensor/2015)** Caso, em um processo em curso da 9ª Circunscrição Judiciária Militar, seja arrolada pela defesa uma testemunha militar de patente superior à do presidente do CPJ e, apesar de regularmente comunicada, tal testemunha deixe de comparecer, sem justificativa, à sessão de instrução do processo, não poderá ela ser compelida a comparecer, tampouco ser conduzida por oficial de justiça, uma vez que, nesse caso, havendo recusa ou resistência da testemunha em depor ou comparecer, não poderá o CPJ impor-lhe prisão, bem como não poderá o MPM processá-la pelo crime de desobediência, sendo-lhe facultado apresentar depoimento por escrito ou ser inquirida em local, dia e hora previamente ajustados com o citado conselho.

232. **(Cespe/DPU/Defensor/2015)** O comparecimento espontâneo do indiciado ou acusado, ao juízo ou perante o encarregado ou mesmo diante da autoridade policial, no intuito de promover esclarecimentos acerca dos fatos, colaborando efetivamente com a investigação, identificando eventuais coautores ou partícipes da ação criminosa e a recuperação total ou parcial do produto do crime, terá, como efeito imediato, a suspensão da ordem de prisão preventiva ou a imposição de medida cautelar diversa da custódia contra o indiciado ou acusado.

233. (Cespe/DPU/Defensor/2015) Para serem mantidas, as prisões provisórias dependem, em regra, de imediata apresentação do preso à autoridade judiciária militar competente para que esta delibere acerca da custódia, em particular no que se refere à necessidade, utilidade e manutenção desta e à integridade física e mental do aprisionado, medida comumente denominada pela moderna doutrina processual de audiência de custódia, prevista de forma expressa no CPPM.

234. (Cespe/DPU/Defensor/2015) A liberdade provisória mediante o pagamento de fiança é concedida somente aos civis, pois, para os militares, há outros instrumentos jurídicos que obstam a custódia desnecessária, como a menagem, por exemplo.

235. (Cespe/DPU/Defensor/2017) Em tempo de paz, durante uma instrução e na presença de outros militares, um soldado desrespeitou o sargento responsável pela atividade, tendo sido processado, julgado e condenado a um ano de detenção, por desrespeito a superior. Nessa situação, a execução da pena poderá ser suspensa pelo período de dois anos, a depender dos antecedentes do infrator.

236. (Cespe/DPU/Defensor/2017) O livramento condicional de sargento, primário, condenado por crime militar contra o patrimônio estará condicionado ao cumprimento de metade da pena, à reparação do dano, salvo impossibilidade de fazê-lo, e a outros requisitos previstos na lei penal militar.

237. (Cespe/DPU/Defensor/2017) O CPM não admite medida de segurança patrimonial, como, por exemplo, a interdição de sede de associação e o confisco.

238. (Cespe/DPU/Defensor/2017) Um general, ao ser informado da prática de crime militar em uma organização militar a ele subordinada, sediada em outro estado da Federação, determinou ao comandante da unidade, por via radiotelefônica, a instauração de IPM. Nessa situação, mesmo considerando o caráter de urgência que a medida exigia, a ordem foi indevida em razão do meio de transmissão empregado e também pelo fato de que a única autoridade competente para determinar a instauração do IPM seria o próprio comandante da unidade onde ocorreu o crime militar.

239. (Cespe/DPU/Defensor/2017) Os autos de IPM que apurou os fatos relativos a crime militar ocorrido em determinada organização militar foram encaminhados ao MPM. Nessa situação, em caso de inércia ou de o parquet pedir o arquivamento do inquérito, ao ofendido caberá propor ação penal militar de iniciativa privada subsidiária da pública.

240. (Cespe/DPU/Defensor/2017) Em determinada organização militar, um major cometeu crime militar e o comandante da unidade, dada a indisponibilidade de oficial de posto superior ao do indiciado, designou outro major, o mais antigo da unidade, para apurar os fatos por meio de IPM. Nessa situação, o ato de designação deverá ser considerado nulo: o IPM só poderá ser conduzido por oficial de posto superior ao do indiciado.

241. (Cespe/DPU/Defensor/2017) Coronel da reserva remunerada que cometer crime militar será submetido ao Conselho Especial de Justiça, que é constituído por um juiz auditor e quatro juízes militares.

242. (Cespe/DPU/Defensor/2017) Se um tenente que sirva em organização militar sediada no Rio de Janeiro – RJ cometer crime militar em Manaus – AM, à auditoria da circunscrição judiciária do Rio de Janeiro competirá processá-lo e julgá-lo.

243. (Cespe/DPU/Defensor/2017) O capitão que, por designação, conduzir IPM para apurar suposto crime militar praticado por um soldado poderá, no curso do inquérito, representar à autoridade judiciária militar para que seja decretada a prisão preventiva do indiciado.

244. (Cespe/DPU/Defensor/2017) Em ação penal militar na qual o réu seja um sargento, eventual nomeação de perito, preferencialmente oficial da ativa, será procedida pelo juiz, sem intervenção das partes.

245. **(Cespe/DPU/Defensor/2017)** O soldado que, após dois anos de serviço militar, desertar e for capturado no mesmo mês será submetido a inspeção de saúde e, independentemente de o resultado o considerar apto ou inapto, será reincluído no serviço ativo, por ser esta a condição para ele ser processado e julgado pelo crime de deserção.

246. **(Cespe/DPU/Defensor/2017)** O cabo condenado por crime militar, em cuja sentença sejam reconhecidos sua primariedade e os seus bons antecedentes, poderá apelar em liberdade.

247. **(Cespe/DPU/Defensor/2017)** Se um subtenente for denunciado por crime militar perante a autoridade competente e se a denúncia for recebida, então, de acordo com o STF, o seu interrogatório deverá ocorrer ao final da instrução criminal, a despeito de o CPPM prever que esse ato seja realizado antes da oitiva das testemunhas.

14.2. Lei da Prisão Temporária (Lei 7.960/89)

* INOVAÇÕES LEGISLATIVAS

▲ Lei da Prisão Temporária (Lei 7.960/89): sem alterações em 2017/2018.

* QUESTÕES OBJETIVAS

248. **(Cespe/PC/MA/Investigador/2018)** De acordo com a legislação pertinente, caberá prisão temporária para o agente dos crimes de

a) aborto, estupro e lesão corporal gravíssima.
b) homicídio doloso, estupro e sequestro ou cárcere privado.
c) quadrilha ou bando, lesão corporal e induzimento ou instigação ao suicídio.
d) furto e invasão de domicílio.
e) estupro, epidemia com resultado de morte e aborto.

249. **(Cespe/PC/MA/Delegado/2018)** Considere que, no curso de determinada investigação, a autoridade policial tenha representado ao competente juízo pela prisão temporária do indiciado. Nessa situação:

a) a prisão requerida apenas poderá ser decretada para se inquirir o indiciado, devendo a autoridade policial, após o ato, representar pela sua soltura.
b) mesmo que a autoridade policial não tivesse requerido a prisão temporária, o juiz poderia tê-la decretado de ofício.
c) caso se trate de crime hediondo, o prazo máximo da prisão eventualmente decretada será de noventa dias.
d) a prisão não poderá ser decretada após a fase inquisitória da persecução penal.
e) decretada a prisão temporária, o inquérito policial deverá ser concluído no prazo máximo de dez dias.

250. **(Cespe/PC/PE/Delegado/2016)** Considerando a doutrina majoritária e o entendimento dos tribunais superiores, assinale a opção correta a respeito da prisão:

a) O flagrante diferido que permite à autoridade policial retardar a prisão em flagrante com o objetivo de aguardar o momento mais favorável à obtenção de provas da infração penal prescinde, em qualquer hipótese, de prévia autorização judicial.
b) Para a admissibilidade de prisão temporária exige-se, cumulativamente, a presença dos seguintes requisitos: imprescindibilidade para as investigações, não ter o indiciado residência fixa ou não fornecer dados esclarecedores de sua identidade e existência de indícios de autoria em determinados crimes.
c) Configura crime impossível o flagrante denominado esperado, que ocorre quando a autoridade policial, detentora de informações sobre futura prática de determinado crime, se estrutura para acompanhar a sua execução, efetuando a prisão no momento da consumação do delito.
d) Havendo conversão de prisão temporária em prisão preventiva no curso da investigação policial, o prazo para a conclusão das investigações, no âmbito do competente inquérito policial, iniciar-se-á a partir da decretação da prisão preventiva.
e) Havendo mandado de prisão registrado no Conselho Nacional de Justiça (CNJ), a autoridade policial poderá executar a ordem mediante certificação em cópia do documento, desde que a diligência se efetive no território de competência do juiz processante.

251. **(Cespe/PC/PE/Perito/2016)** Juliano está sendo investigado pela prática de latrocínio. O laudo pericial comprovou a materialidade do crime. O indiciado foi devidamente identificado e é primário, não tem antecedentes criminais, possui residência fixa, não exerce atividade laborativa e confessou a autoria do delito. Acerca dessa situação hipotética e do que prevê a lei que regulamenta a prisão temporária, assinale a opção correta:

a) Não se admite que o juiz decrete a prisão temporária de Juliano porque o crime de latrocínio não consta do rol taxativo previsto na lei.

b) Se a autoridade policial liberar Juliano após o esgotamento do prazo legal da prisão temporária, sem a expedição do respectivo alvará de soltura pela autoridade judiciária competente, essa conduta da autoridade será ilegal.

c) Estão presentes os motivos legais que justificam a decretação, de ofício, da prisão temporária de Juliano pela autoridade judiciária, por estar provada a materialidade do crime e haver indícios suficientes de autoria.

d) O fato de o indiciado ter confessado a autoria do delito, por si só, não justifica a decretação da prisão temporária pelo juiz, a qual, considerando os requisitos legais, deverá ser feita a partir de representação do delegado ou de requerimento do Ministério Público.

e) O juiz deverá decretar a prisão temporária de Juliano, por ele não exercer atividade laborativa regularmente e ter sido preso pela prática de crime hediondo punido com reclusão.

252. **(Cespe/PC/GO/Agente/2016)** Marcos praticou crime de extorsão, cuja pena é de reclusão, de quatro a dez anos, e multa. Considerando essa situação hipotética, assinale a opção correta:

a) A presença de indícios de autoria e materialidade é motivo suficiente para o juiz decretar a prisão preventiva de Marcos.

b) Marcos não poderá ser submetido a prisão temporária, porque o crime que cometeu é hediondo, embora não conste no rol taxativo da lei.

c) Caso Marcos seja preso em flagrante, admite-se a imposição de medidas cautelares diversas da prisão em substituição da liberdade provisória sem fiança.

d) Caso Marcos seja preso em flagrante, poderá ser solto mediante arbitramento de fiança pela autoridade policial.

e) Marcos poderá ser submetido a prisão temporária, que tem prazo fixo previsto em lei e admite uma prorrogação por igual período.

253. **(Cespe/PC/GO/Escrivão/2016)** No curso de um IP, segundo a Lei n. 7.960/1989, será possível decretar a prisão temporária do indiciado quando, de acordo com qualquer prova admitida na legislação penal, houver fundadas razões de autoria ou participação dele no delito, se o crime investigado for o de:

a) estelionato.

b) roubo.

c) extorsão indireta.

d) apropriação indébita.

e) furto qualificado.

254. **(Cespe/PC/GO/Delegado/2017)** Com relação à prisão temporária, assinale a opção correta:

a) A prisão temporária poderá ser decretada pelo juiz de ofício ou mediante representação da autoridade policial ou requerimento do Ministério Público.

b) Conforme o STJ, a prisão temporária não pode ser mantida após o recebimento da denúncia pelo juiz.

c) São três os requisitos indispensáveis para a decretação da prisão temporária, conforme a doutrina majoritária: imprescindibilidade para as investigações; existência de indícios de autoria ou participação; e indiciado sem residência fixa ou identificação duvidosa.

d) É cabível a prisão temporária para a oitiva do indiciado acerca do delito sob apuração, desde que a liberdade seja restituída logo após a ultimação do ato.

e) A prisão temporária poderá ser decretada tanto no curso da investigação quanto no decorrer da fase instrutória do competente processo criminal.

255. **(Cespe/TRF/1R/Analista/2017)** A prisão temporária pode ser decretada pelo juiz, de ofício, pelo prazo de cinco dias, prorrogável, excepcionalmente, por igual período em caso de extrema e comprovada necessidade para as investigações policiais.

14.3. Leis das Organizações Criminosas (Leis 12.694/12 e 12.850/13)

✱ INOVAÇÕES LEGISLATIVAS

▲ Lei das Organizações Criminosas (Lei 12.850/13): sem alterações em 2017/2018.

✻ QUESTÕES DISCURSIVAS

15. (Cespe/TJ/PR/Juiz/2017) Aponte a previsão legal da figura do agente de polícia infiltrado, na legislação brasileira, elencando e relacionando os tipos penais que a admitem.

16. (Cespe/PC/MA/Delegado/2018) Com relação aos meios operacionais para a prevenção e repressão de ações praticadas por organizações criminosas, discorra sobre o instituto da ação controlada, previsto na Lei n. 12.850/2013 – que estabelece, entre outros, preceitos legais sobre os crimes organizados –, abordando, necessariamente, os seguintes aspectos: (i) Conceito e alcance do instituto. (ii) Exigência ou não de prévia ordem judicial para a adoção do procedimento pela autoridade policial, à luz da previsão legal e dos posicionamentos doutrinários sobre o assunto.

✻ QUESTÕES OBJETIVAS

256. (Cespe/PC/MA/Delegado/2018) Constitui requisito para a tipificação do crime de organização criminosa

a) a prática de crimes cuja pena máxima seja igual ou superior a cinco anos.

b) a atuação de estrutura organizacional voltada à obtenção de vantagem exclusivamente econômica.

c) a divisão de tarefas entre o grupo, mesmo que informalmente.

d) a prática de crimes antecedentes exclusivamente transnacionais.

e) a estruturação formal de grupo constituído por três ou mais pessoas.

257. (Cespe/TJ/DFT/Juiz/2016) A respeito da colaboração premiada prevista na Lei n. 12.850/2013, que trata das organizações criminosas, é correto afirmar que:

a) o juiz não participará das negociações realizadas entre as partes para a formalização do acordo de colaboração, mas, se esse for realizado, o respectivo termo, com as declarações do colaborador e a cópia da investigação, será remetido, para homologação, ao magistrado, que poderá recusá-la, em caso de não atendimento dos requisitos legais, ou adequá-la ao caso concreto.

b) o juiz poderá homologar a proposta de acordo de colaboração premiada, mas não poderá alterá-la por ser essa decorrente de ato negocial entre as partes, devendo, em caso de necessidade de adequação, remetê-la ao procurador-geral do MP, para suprimento dos requisitos legais e ajuste ao caso concreto.

c) as partes não podem mais se retratar da proposta no caso de o acordo de colaboração já ter sido homologado pelo juiz, sob pena de se ferir o princípio da estabilidade das decisões judiciais e as preclusões consumativas e "pro judicato".

d) o juiz não participará das negociações realizadas entre as partes para a formalização do acordo de colaboração, mas, se esse for realizado, o respectivo termo, com as declarações do colaborador e a cópia da investigação, será remetido ao magistrado para homologação, que não poderá recusá-la.

e) o juiz participará da fase das negociações realizadas entre as partes para formalização do acordo de colaboração, dada a previsão constitucional de que a lei não excluirá da apreciação do Poder Judiciário lesão ou ameaça a direito, e, sendo o magistrado imparcial, incumbe-lhe zelar para que o colaborador não seja pressionado.

258. (Cespe/TJ/DFT/Juiz/2016) Em relação ao procedimento nos crimes decorrentes de organização criminosa, nos termos da Lei n. 12.850/2013, assinale a opção correta:

a) A instrução criminal deverá ser encerrada em prazo não superior a noventa dias, quando o réu estiver preso, prorrogáveis por mais trinta dias, por decisão fundamentada e devidamente motivada pela complexidade da causa ou por fato procrastinatório atribuível ao réu.

b) Se estiver preso o réu, a instrução criminal deverá ser encerrada em prazo razoável, que não exceda a noventa dias, prorrogáveis por igual período, por decisão fundamentada em razão da complexidade da causa ou de fato procrastinatório atribuível ao réu.

c) O juiz poderá decretar o sigilo da investigação para a garantia da celeridade e da eficácia das diligências investigatórias, desde que assegure ao defensor amplo acesso aos elementos de prova e às diligências em andamento.

d) O juiz poderá decretar o sigilo da investigação para a garantia da celeridade e da eficácia das diligências investigatórias, desde que assegure ao defensor amplo acesso a todos os elementos de prova até então colhidas, ressalvadas aquelas relativas às diligências em andamento.

e) Os crimes previstos nesta lei têm procedimento próprio, que deve ser aplicado com base no princípio da especialidade.

259. **(Cespe/TJ/AM/Juiz/2016)** Assinale a opção correta com base no disposto na Lei n. 12.850/2013:

a) Se a colaboração for posterior à sentença, a pena poderá ser reduzida até a metade ou poderá ser admitida a progressão de regime, ainda que ausentes os requisitos objetivos e subjetivos.

b) Não se exige do colaborador a renúncia ao direito de silêncio nos depoimentos nem o compromisso legal de dizer a verdade, devendo a renúncia ser espontânea.

c) Em caso de decretação do sigilo da investigação, é assegurado ao defensor, no interesse do representado e mediante prévia autorização judicial, amplo acesso aos elementos de prova relacionados ao exercício do direito de defesa, ressalvados os referentes às diligências em andamento.

d) Pode-se considerar organização criminosa o grupo de pessoas que se estruturem para cometer infrações penais para as quais seja prevista pena máxima de três anos.

e) O consentimento de perdão judicial por colaboração premiada que possibilite um dos resultados previstos em lei depende do requerimento do MP.

260. **(Cespe/TRF/5R/Juiz/2015)** No que concerne à Convenção das Nações Unidas contra o Crime Organizado Transnacional e à Lei n. 12.850/2013, que trata de ações praticadas por organizações criminosas, assinale a opção correta:

a) Segundo a lei que trata de organização criminosa, a caracterização de "grupo criminoso organizado" envolve a obtenção, direta ou indireta, de vantagem indevida mediante perpetração de contravenções penais.

b) A referida convenção permite incluir pessoas jurídicas como parte em pedidos de cooperação judiciária a ser prestada na fase de investigação, durante o processo ou em atos judiciais relativos a infrações pelas quais essas pessoas possam ser responsabilizadas.

c) A mencionada convenção veda expressamente a possibilidade de os Estados-partes invocarem a ausência de dupla incriminação como motivo para a recusa da cooperação judiciária demandada ou para a apresentação de obstáculo a essa cooperação.

d) Embora a convenção em apreço recomende que os Estados-partes tipifiquem em suas leis internas a conduta caracterizadora do crime de "obstrução à justiça", o legislador brasileiro absteve-se de fazê-lo na lei que trata de organização criminosa.

e) Para aplicação da convenção em apreço, os crimes devem ser graves, conforme entendimento nela descrito para "infração grave", e praticados por "grupo criminoso organizado" em mais de um Estado.

261. **(Cespe/PC/PE/Delegado/2016)** Sebastião, Júlia, Caio e Marcela foram indiciados por, supostamente, terem se organizado para cometer crimes contra o Sistema Financeiro Nacional. No curso do inquérito, Sebastião e Júlia, sucessivamente com intervalo de quinze dias, fizeram acordo de colaboração premiada. Nessa situação hipotética, no que se refere à colaboração premiada:

a) nos depoimentos que prestarem, Sebastião e Júlia terão direito ao silêncio e à presença de seus defensores.

b) o MP poderá não oferecer denúncia contra Sebastião, caso ele não seja o líder da organização criminosa.

c) o MP poderá não oferecer denúncia contra Júlia, ainda que a delação de Sebastião tenha sido a primeira a prestar efetiva colaboração.

d) Sebastião e Júlia poderão ter o benefício do perdão judicial, independentemente do fato de as colaborações terem ocorrido depois de sentença judicial.

e) o prazo para o oferecimento da denúncia em relação aos delatores poderá ser suspenso pelo período, improrrogável, de até seis meses.

262. **(Cespe/PC/GO/Escrivão/2016)** No curso de IP, o delegado de polícia representou à autoridade judicial para que lhe fosse autorizada a infiltração de agentes de polícia em tarefas de investigação. Nessa situação, com base na Lei n. 12.850/2013, que dispõe sobre crime organizado:

a) a infiltração poderá ser admitida, ainda que a prova possa ser produzida por outros meios disponíveis.

b) para que o juiz competente decida, será desnecessário ouvir o MP.

c) se a infiltração for autorizada, o MP poderá requisitar, a qualquer tempo, relatório de infiltração.

d) a infiltração poderá ser autorizada pelo prazo improrrogável de seis meses.

e) se a infiltração for autorizada, ao agente de polícia será vedado a recusa da atuação infiltrada.

263. **(Cespe/PGM/Belo_Horizonte/Procurador/2017)** À luz do CP e da legislação penal extravagante, assinale a opção correta:

a) É crime impossível o peculato praticado por servidor público que subtrai bens da administração pública municipal aos quais tenha acesso em razão do cargo, quando há sistema de vigilância por monitoramento eletrônico.

b) Poderá ser reduzida até a metade a pena de membro de organização criminosa que realizar colaboração premiada após a prolação da sentença.

c) É atípica a conduta de fotografar criança em poses sensuais, com enfoque em seus órgãos genitais, quando estiverem cobertos por peças de roupas.

d) O crime de racismo restringe-se aos atos discriminatórios em função de cor da pele – fator biológico –, em razão do princípio da necessidade da lei estrita do direito penal.

264. **(Cespe/DPE/AC/Defensor/2017)** Considerando-se a legislação pertinente e o entendimento dos tribunais superiores sobre o tema, o crime de organização criminosa:

a) será assim tipificado somente se houver consumação de delitos antecedentes, sendo configurada tentativa quando não demonstrada a efetiva estabilidade do grupo.

b) é de tipo penal misto alternativo, não admite a forma culposa e deve ser punido com a fixação da pena pelo sistema de acumulação material.

c) poderá ser cometido por pessoa jurídica, a qual, nesse caso, conforme expresso em legislação específica, será diretamente responsabilizada pelo crime.

d) será assim caracterizado apenas quando houver a participação de, pelo menos, quatro agentes maiores de idade.

e) exige, para sua tipificação, por expressa previsão legal, que tenha sido obtida vantagem de natureza econômica de origem ilícita.

265. **(Cespe/DPE/AC/Defensor/2017)** Considerando a Lei n. 12.850/2013 e a jurisprudência dos tribunais superiores sobre o assunto, assinale a opção correta acerca da delação premiada:

a) É lícita a inclusão, no acordo de colaboração premiada, de cláusulas concernentes a medidas cautelares de cunho pessoal.

b) Nos atos de colaboração premiada, para que seja concedido benefício ao réu colaborador, são exigidas a voluntariedade, a espontaneidade e a efetividade da colaboração.

c) A realização de acordo de colaboração premiada possibilita o beneficio da revogação da prisão preventiva do colaborador.

d) Os elementos oferecidos pelo colaborador constituem, de imediato, provas para valoração.

e) O perdão judicial, como causa de extinção da punibilidade, condiciona-se à efetividade da colaboração, por ser requisito legal cumulativo ao da voluntariedade.

14.4. Lei de Execução Penal (Lei 7.210/84)

✱ INOVAÇÕES LEGISLATIVAS

▲ Lei de Execução Penal (Lei 7.210/84): sem alterações em 2017/2018.

14.4.1. Do Condenado e do Internado

✱ SÚMULAS

STJ Súm. 40. Para obtenção dos benefícios de saída temporária e trabalho externo, considera-se o tempo de cumprimento da pena no regime fechado.

STJ Súm. 441. A falta grave não interrompe o prazo para obtenção de livramento condicional.

STJ Súm. 526. O reconhecimento de falta grave decorrente do cometimento de fato definido como crime doloso no cumprimento da pena prescinde do trânsito em julgado de sentença penal condenatória no processo penal instaurado para apuração do fato.

STJ Súm. 533. Para o reconhecimento da prática de falta disciplinar no âmbito da execução penal, é imprescindível a instauração de procedimento administrativo pelo diretor do estabelecimento prisional, assegurado o direito de defesa, a ser realizado por advogado constituído ou defensor público nomeado.

STJ Súm. 534. A prática de falta grave interrompe a contagem do prazo para a progressão de regime de cumprimento de pena, o qual se reinicia a partir do cometimento dessa infração.

STJ Súm. 535. A prática de falta grave não interrompe o prazo para fim de comutação de pena ou indulto.

✱ QUESTÕES OBJETIVAS

266. **(Cespe/PC/GO/Agente/2016)** De acordo com a Lei n. 7.210/1984 – LEP –, a prestação de trabalho:

a) decorrente de pena restritiva de direito deve ser remunerada.

b) em ambiente externo tem de ser autorizada pelo juiz da execução penal e depende de critérios como aptidão, disciplina e responsabilidade.

c) a entidade privada depende do consentimento expresso do preso, que terá sua autorização de trabalho revogada se for punido por falta grave.

d) é obrigatória tanto para o preso provisório quanto para o definitivo.

e) externo é proibida ao preso provisório e ao condenado que cumpre pena em regime fechado.

267. **(Cespe/DPE/AL/Defensor/2017)** No que diz respeito a trabalho do preso, assinale a opção correta:

a) Compete à direção do estabelecimento prisional autorizar o trabalho externo.

b) O preso político está obrigado ao trabalho na medida de suas aptidões e capacidade.

c) O trabalho externo será admissível para os presos em regime semiaberto somente em serviço ou obras públicas.

d) A Lei de Execução Penal veda a realização de trabalho interno ou externo ao preso provisório.

e) O trabalho externo é vedado aos presos em regime fechado.

268. **(Cespe/DPE/PE/Defensor/2015)** Enquanto cumpria pena no regime fechado, João foi acusado da prática de falta disciplinar de natureza grave, cometida em 2.1.2012, consistente na posse de um chip para aparelho celular. Em 14.7.2014, o promotor de justiça requereu o reconhecimento da prática da falta grave e a revogação de todo o tempo remido de João. A falta disciplinar de natureza grave imputada a João estava prescrita quando da requisição do promotor de justiça.

269. **(Cespe/PC/GO/Agente/2016)** De acordo com a LEP, se determinado preso provisório cometer crime doloso após o encarceramento, ele estará sujeito ao regime disciplinar diferenciado, sem prejuízo da sanção penal:

a) mediante decisão da autoridade administrativa competente, independentemente da manifestação do juiz competente.

b) por decisão da autoridade administrativa competente, precedida da manifestação do MP e da defesa.

c) caso o novo ato cometido, previsto como crime doloso, seja punível com reclusão.

d) que poderá limitar o número de pessoas e a duração das visitas semanais.

e) depois de transitar em julgado eventual decisão condenatória do crime que motivou a sua prisão, pois, como preso provisório, ele não pode ser sujeito ao referido regime.

270. **(Cespe/PC/GO/Agente/2016)** José subverteu a disciplina interna do estabelecimento prisional por ter praticado ato previsto como crime. Nessa situação hipotética, de acordo com o que prevê a LEP relativamente ao RDD:

a) o RDD poderá ser aplicado a José pelo diretor do estabelecimento prisional, que, na decisão, deverá considerar o comportamento de José e os motivos de sua prisão.

b) a submissão de José ao RDD ocorrerá se o crime praticado por ele for tipificado na modalidade dolosa ou culposa, que cause dano ao patrimônio ou à integridade física de outrem.

c) para que José seja submetido ao RDD, o crime por ele cometido deve ser doloso e ter sido praticado com violência ou grave ameaça a pessoa, hipótese que configura falta grave.

d) não será admitida a aplicação do RDD a José se ele for um preso provisório, uma vez que a LEP prevê ser requisito para esse regime o trânsito em julgado da sentença penal condenatória.

e) se for submetido ao RDD, José ficará recolhido em cela individual, terá direito a visitas semanais e poderá sair da cela diariamente para banho de sol.

14.4.2. Dos Órgãos da Execução Penal

✱ SÚMULAS

STF Súm. 611. Transitada em julgado a sentença condenatória, compete ao juízo das execuções a aplicação de lei mais benigna.

STJ Súm. 192. Compete ao juízo das execuções penais do estado a execução das penas impostas a sentenciados pela Justiça Federal, militar ou eleitoral, quando recolhidos a estabelecimentos sujeitos à administração estadual.

* QUESTÕES OBJETIVAS

271. **(Cespe/DPE/RN/Defensor/2015)** Conforme previsto na LEP, constitui incumbência da DP:

a) diligenciar a obtenção de recursos materiais e humanos para melhor assistência ao preso ou internado, em harmonia com a direção do estabelecimento.

b) requerer a emissão anual do atestado de pena a cumprir.

c) colaborar na fiscalização do cumprimento das condições da suspensão e do livramento condicional.

d) fiscalizar a regularidade formal das guias de recolhimento e de internamento.

e) contribuir na elaboração de planos nacionais de desenvolvimento, sugerindo as metas e prioridades da política criminal e penitenciária.

272. **(Cespe/DPE/AL/Defensor/2017)** Conforme a Lei de Execução Penal, à Defensoria Pública, na regular execução da pena, cabe:

a) postular, caso seja necessário, o cumprimento de pena em outra comarca ou a inserção do preso no regime disciplinar diferenciado para preservar sua integridade física e mental.

b) requerer a internação, a aplicação de medida de segurança e a remoção para o cumprimento de pena em outra comarca ou unidade da federação.

c) solicitar a interdição de estabelecimentos prisionais e fiscalizar a execução de pena de natureza coletiva, somente.

d) manter, obrigatoriamente, um defensor para atuar permanentemente nas unidades prisionais, em local apropriado, para prestar assistência jurídica, integral e gratuita a presos, egressos e seus familiares.

e) atuar, por meio de núcleo especializado em execução penal, para dirimir conflitos e desordens de natureza coletiva e rebeliões mediante autorização do Conselho da Comunidade.

273. **(Cespe/DPE/AL/Defensor/2017)** No que se refere à inclusão ou à transferência de preso para o sistema penitenciário federal, assinale a opção correta:

a) De acordo com a lei de regência, a Defensoria Pública da União deve prestar assistência jurídica ao preso em ambas as etapas do incidente de inclusão ou de transferência para o sistema penitenciário federal.

b) Conforme o decreto regulamentar, se ocorrer progressão de regime de preso custodiado em estabelecimento penal federal, caberá ao diretor, de ofício, providenciar, no estabelecimento penal, a transferência do preso para a ala prisional adequada ao cumprimento do novo regime.

c) Para que seja realizada a inclusão ou a transferência do sentenciado para o sistema penitenciário federal, exige-se que ele se encontre no regime disciplinar diferenciado no sistema prisional de origem.

d) Embora a inclusão de preso no sistema penitenciário federal seja medida de natureza excepcional e temporária, são expressamente admitidas, nesses casos, renovações sucessivas, até o limite de cumprimento da pena.

e) O Departamento Penitenciário Nacional deverá ser ouvido no juízo de origem, federal ou estadual, na primeira etapa do incidente de inclusão ou da transferência do preso, bem como deverá opinar sobre a pertinência da medida, com a eventual indicação do estabelecimento penal federal adequado à custódia.

14.4.3. Da Execução das Penas em Espécie

* SÚMULAS

1) Das Penas Privativas de Liberdade

1.1) Dos Regimes

STF Súm. Vinculante 26. Para efeito de progressão de regime no cumprimento de pena por crime hediondo, ou equiparado, o juízo da execução observará a inconstitucionalidade do art. 2º da Lei n. 8.072, de 25 de julho de 1990, sem prejuízo de avaliar se o condenado preenche, ou não, os requisitos objetivos e subjetivos do benefício, podendo determinar, para tal fim, de modo fundamentado, a realização de exame criminológico.

STF Súm. Vinculante 56. A falta de estabelecimento penal adequado não autoriza a manutenção do condenado em regime prisional mais gravoso, devendo-se observar, nesta hipótese, os parâmetros fixados no Recurso Extraordinário (RE) 641320.

STF Súm. 715. A pena unificada para atender ao limite de trinta anos de cumprimento, determinado pelo art. 75 do Código Penal, não é considerada para a concessão de outros benefícios, como o livramento condicional ou regime mais favorável de execução.

STF Súm. 716. Admite-se a progressão de regime de cumprimento da pena ou a aplicação imediata de regime menos severo nela determinada, antes do trânsito em julgado da sentença condenatória.

STF Súm. 717. Não impede a progressão de regime de execução da pena, fixada em sentença não transitada em julgado, o fato de o réu se encontrar em prisão especial.

STJ Súm. 439. Admite-se o exame criminológico pelas peculiaridades do caso, desde que em decisão motivada.

STJ Súm. 471. Os condenados por crimes hediondos ou assemelhados cometidos antes da vigência da Lei n. 11.464/2007 sujeitam-se ao disposto no art. 112 da Lei n. 7.210/1984 (Lei de Execução Penal) para a progressão de regime prisional.

STJ Súm. 491. É inadmissível a chamada progressão "per saltum" de regime prisional.

STJ Súm. 534. A prática de falta grave interrompe a contagem do prazo para a progressão de regime de cumprimento de pena, o qual se reinicia a partir do cometimento dessa infração.

1.2) Das Autorizações de Saída

STJ Súm. 40. Para obtenção dos benefícios de saída temporária e trabalho externo, considera-se o tempo de cumprimento da pena no regime fechado.

STJ Súm. 520. O benefício de saída temporária no âmbito da execução penal é ato jurisdicional insuscetível de delegação à autoridade administrativa do estabelecimento prisional.

1.3) Da Remição

STF Súm. Vinculante 9. O disposto no artigo 127 da Lei n. 7.210/1984 (Lei de Execução Penal) foi recebido pela ordem constitucional vigente, e não se lhe aplica o limite temporal previsto no caput do artigo 58.

STJ Súm. 341. A frequência a curso de ensino formal é causa de remição de parte do tempo de execução de pena sob regime fechado ou semiaberto.

STJ Súm. 562. É possível a remição de parte do tempo de execução da pena quando o condenado, em regime fechado ou semiaberto, desempenha atividade laborativa, ainda que extramuros.

1.4) Do Livramento Condicional

STJ Súm. 715. A pena unificada para atender ao limite de trinta anos de cumprimento, determinado pelo art. 75 do Código Penal, não é considerada para a concessão de outros benefícios, como o livramento condicional ou regime mais favorável de execução.

STJ Súm. 441. A falta grave não interrompe o prazo para obtenção de livramento condicional.

2) Da Suspensão Condicional

STF Súm. 499. Não obsta a concessão do "sursis" condenação anterior a pena de multa.

* REPERCUSSÃO & REPETITIVOS

STF Repercussão Geral 423. I. A falta de estabelecimento penal adequado não autoriza a manutenção do condenado em regime prisional mais gravoso; II. Os juízes da execução penal poderão avaliar os estabelecimentos destinados aos regimes semiaberto e aberto, para qualificação como adequados a tais regimes. São aceitáveis estabelecimentos que não se qualifiquem como colônia agrícola, industrial (regime semiaberto) ou casa de albergado ou estabelecimento adequado (regime aberto) (art. 33, § 1º, alíneas b e c); III. Havendo déficit de vagas, deverá determinar-se: (i) a saída antecipada de sentenciado no regime com falta de vagas; (ii) a liberdade eletronicamente monitorada ao sentenciado que sai antecipadamente ou é posto em prisão domiciliar por falta de vagas; (iii) o cumprimento de penas restritivas de direito e/ou estudo ao sentenciado que progride ao regime aberto. Até que sejam estruturadas as medidas alternativas propostas, poderá ser deferida a prisão domiciliar ao sentenciado. (RE 641320, 11.5.2016)

STF Repercussão Geral 925. A execução provisória de acórdão penal condenatório proferido em grau recursal, ainda que sujeito a recurso especial ou extraordinário, não compromete o princípio constitucional da presunção de inocência afirmado pelo art. 5º, LVII, da CF. (ARE 964246, 11.11.2016)

STJ Repetitivo 445. I. É recomendável que cada autorização de saída temporária do preso seja precedida de decisão judicial motivada. Entretanto, se a apreciação individual do pedido estiver, por deficiência exclusiva do aparato estatal, a interferir no direito subjetivo do apenado e no escopo ressocializador da pena, deve ser reconhecida, excepcionalmente, a possibilidade de fixação de calendário anual de saídas temporárias por ato judicial único, observadas as hipóteses de revogação automática do art. 125 da LEP. II. O calendário prévio das saídas temporárias deverá ser fixado, obrigatoriamente, pelo Juízo das Execuções, não se lhe permitindo delegar à autoridade prisional a escolha das datas específicas nas quais o apenado irá usufruir os benefícios. Inteligência da Súm. 520/STJ. III. Respeitado o limite anual de 35 dias, estabelecido pelo art. 124 da LEP, é cabível a concessão de maior número de autorizações de curta duração. IV. As autorizações de saída temporária para visita à família e para participação em atividades que concorram para o retorno ao convívio social, se limitadas a cinco vezes durante o ano, deverão observar o prazo mínimo de 45 dias de intervalo entre uma e outra. Na hipótese de maior número de saídas temporárias de curta duração, já intercaladas durante os doze meses do ano e muitas vezes sem pernoite, não se exige o intervalo previsto no art. 124, § 3º, da LEP. (REsp 1544036, 14.9.2016)

* INFORMATIVOS DE JURISPRUDÊNCIA

Custódia cautelar e marco inicial para progressão de regime

STF A custódia cautelar necessariamente deve ser computada para fins de obtenção de progressão de regime e demais benefícios executórios, desde que não ocorra condenação posterior apta a configurar falta grave. Partindo-se da premissa de que, diante da execução de uma única condenação, o legislador não impôs qualquer requisito adicional, impende considerar a data da prisão preventiva como marco inicial para a obtenção de benefícios em sede de execução penal. RHC 142463, Rel. Min. Luiz Fux, j. 12.9.2017. 1ª T. (Info 877)

Remição ficta e omissão do Estado

STF Negado HC em que se discutia a possibilidade de remição ficta da pena, na hipótese em que o Estado não proporciona atividade laboral ou educacional aos internos do sistema penitenciário a fim de obterem a remição da pena. Embora o Estado tenha o dever de prover trabalho aos internos que desejem laborar, reconhecer a remição ficta da pena, nesse caso, faria com que todas as pessoas do sistema prisional obtivessem o benefício, fato que causaria substancial mudança na política pública do sistema carcerário, além de invadir a esfera do Poder Executivo. Na espécie, não foi realizado trabalho, estudo ou leitura, em razão de o paciente estar submetido ao Regime Disciplinar Diferenciado. Portanto, não há que se falar em direito à remição. HC 124520, Rel. Acd. Min. Roberto Barroso, j. 29.5.2018. 1ª T. (Info 904).

Execução penal. Unificação das penas. Superveniência do trânsito em julgado de sentença condenatória. Termo "a quo" para concessão de novos benefícios. Ausência de previsão legal para alteração da data-base.

STJ A alteração da data-base para concessão de novos benefícios executórios, em razão da unificação das penas, não encontra respaldo legal. REsp 1.557.461, Rel. Min. Rogerio Schietti Cruz, DJ 15.3.2018. 3ª S. (Info 621)

Pena privativa de liberdade substituída por restritivas de direitos. Execução provisória. Impossibilidade. Art. 147 da Lei de Execução Penal. Proibição expressa. Ausência de manifestação do STF.

STJ Não é possível a execução da pena restritiva de direitos antes do trânsito em julgado da condenação. EREsp 1.619.087, Rel. Acd. Min. Jorge Mussi, DJ 24.8.2017. 3ª S. (Info 609)

Execução penal. Remição. Trabalho em período anterior ao início da execução. Possibilidade se posterior à prática do delito.

STJ É possível a remição do tempo de trabalho realizado antes do início da execução da pena, desde que em data posterior à prática do delito. 6ª T. HC 420.257, Rel. Min. Nefi Cordeiro, DJ 11.5.2018. (Info 625)

Execução penal. Remição. Atividade realizada em coral. Interpretação extensiva "in bonam partem" do art. 126 da LEP. Redação aberta. Finalidade da execução atendida. Incentivo ao aprimoramento cultural e profissional.

STJ O reeducando tem direito à remição de sua pena pela atividade musical realizada em coral. REsp 1.666.637, Rel. Min. Sebastião Reis Júnior, DJe 09.10.2017. 6ª T. (Info 613)

* QUESTÕES OBJETIVAS

274. **(Cespe/PC/MA/Delegado/2018)** Um sentenciado foi beneficiado com o livramento condicional, cujo término do período de prova estava previsto para 25/5/2016. Porém, no dia 29/2/2016, ele praticou novo delito, pelo qual veio a ser condenado por sentença transitada em julgado. Apesar disso, o juízo da execução penal não procedeu à suspensão cautelar do benefício, tendo praticado tal ato somente no dia 11/9/2016. Com relação a essa situação hipotética e a aspectos a ela correlatos, julgue os seguintes itens.

I. O fato de não ter sido oportunamente suspenso o benefício é irrelevante, pois o livramento deve ser revogado pelo juiz da execução quando sobrevém condenação irrecorrível à pena de prisão.

II. Competiria ao juízo da execução penal determinar a suspensão do livramento condicional, cautelarmente, para revogá-lo depois, se fosse o caso.

III. Julgar-se-ia extinta a pena relativa ao primeiro delito se, relativamente ao segundo, cometido na vigência do livramento condicional, o réu fosse absolvido no segundo grau de jurisdição.

IV. A revogação do benefício seria facultativa se a nova condenação, referente ao crime cometido no período de prova, fosse de pena distinta da privativa de liberdade.

Estão certos apenas os itens

a) I e II.
b) I e III.
c) II e IV.
d) I, III e IV.
e) II, III e IV.

275. **(Cespe/DPE/PE/Defensor/2018)** João cumpria pena no regime semiaberto quando foi flagrado, por agentes penitenciários, com um aparelho de telefone celular em sua cela. Considerando essa situação hipotética, assinale a opção correta à luz da jurisprudência dos tribunais superiores.

a) O juízo da execução penal poderá decretar de plano a perda da integralidade dos dias remidos por trabalho realizado por João durante o cumprimento da pena.
b) Embora a conduta de João seja tipificada como falta grave na legislação de execução penal, é dispensável a instauração de procedimento administrativo para apurar o fato.
c) O prazo para a comutação da pena de João e indulto não será interrompido em razão da falta cometida.
d) No caso de processo administrativo disciplinar, a oitiva de João poderá ser realizada independentemente do acompanhamento de advogado ou defensor público.
e) O prazo de prescrição da falta praticada por João – portar telefone celular em sua cela – é de cinco anos.

276. **(Cespe/PC/MA/Delegado/2018)** Quanto ao instituto da remição na fase de execução da pena, assinale a opção correta.

a) A remição da pena pelo estudo, quando o condenado for autorizado a estudar fora do estabelecimento penal, independerá de aproveitamento satisfatório, bastando a comprovação da frequência escolar.
b) A remição da pena pelo estudo é prevista no ordenamento pátrio apenas por construção jurisprudencial.
c) O benefício da remição da pena será suspenso no caso de o condenado, por acidente, ficar impossibilitado para o trabalho ou o estudo.
d) É possível o acréscimo de um terço do tempo a remir no caso de conclusão, durante o cumprimento da pena, do ensino fundamental, médio ou superior.
e) O tempo remido não será considerado para a obtenção do benefício do indulto.

277. **(Cespe/DPE/PE/Defensor/2018)** Assinale a opção correta, a respeito das regras do regime fechado de cumprimento das penas privativas de liberdade previstas na legislação vigente.

a) Em regra, o condenado a pena privativa de liberdade superior a quatro anos iniciará o seu cumprimento no regime fechado.
b) A pena de reclusão deve ser cumprida exclusivamente em regime fechado.
c) A execução da pena em regime fechado deverá ocorrer exclusivamente em estabelecimento de segurança máxima.
d) O condenado que cumpre pena no regime fechado pode ser autorizado a realizar trabalho externo em serviços ou obras públicas.
e) O condenado que cumpre a pena no regime fechado deve ficar isolado durante o repouso noturno e, durante o dia, deve trabalhar em colônia agrícola, industrial ou estabelecimento similar.

278. **(Cespe/DPE/PE/Defensor/2018)** A respeito da progressão de regime para o cumprimento de pena, assinale a opção correta de acordo com a jurisprudência dos tribunais superiores.

a) O estrangeiro que estiver em situação irregular no país e que estiver preso estará impedido de obter a progressão de regime.

b) O juízo da execução penal deverá negar o pedido de progressão do regime fechado diretamente para o aberto: no ordenamento jurídico pátrio não se admite salto na progressão.

c) A base de cálculo para a progressão de regime dos presos condenados a mais de trinta anos por diversos crimes fica limitada ao tempo máximo de cumprimento de pena disposto na lei penal, isto é, a trinta anos.

d) O juízo da execução penal decidirá quanto à progressão de regime a partir da conclusão do exame criminológico, que deve ser obrigatoriamente realizado.

e) O cometimento de falta grave não motiva a interrupção do prazo para a progressão de regime.

279. **(Cespe/PC/MA/Delegado/2018)** Assinale a opção correta com relação ao entendimento dos tribunais superiores a respeito das penas, das medidas de segurança e de sua aplicação.

a) A medida de segurança perdurará enquanto o exame pericial médico anual não indicar a cessação da periculosidade do internado.

b) A internação do paciente submetido a medida de segurança não interromperá o curso do prazo prescricional.

c) A idade do réu no momento do cometimento do crime é irrelevante na definição do prazo de prescrição.

d) A pena resultante da unificação serve para definir o limite temporal máximo de trinta anos, mas não para calcular a progressão de regime e o livramento condicional.

e) O incremento da pena no crime de roubo na fase final da dosimetria deve ser estabelecido de acordo com a quantidade de majorantes presentes na ação criminosa.

280. **(Cespe/DPE/AC/Defensor/2017)** São efeitos da reincidência:

I. o aumento do prazo da prescrição executória.

II. o impedimento da concessão do livramento condicional em razão da prática de crime de qualquer natureza.

III. o impedimento do início de cumprimento da pena em regime aberto ou semiaberto para crimes de qualquer natureza.

IV. a interrupção do curso da prescrição.

Estão certos apenas os itens:

a) I e II.

b) I e IV.

c) II e III.

d) I, III e IV.

e) II, III e IV.

281. **(Cespe/TJ/DFT/Juiz/2016)** No tocante à jurisprudência sumulada pelo STJ quanto ao direito penal, assinale a opção correta:

a) A extinção da punibilidade pela prescrição da pretensão punitiva, com fundamento em pena hipotética, é admitida, independentemente da existência ou do resultado do processo penal.

b) Fixada a pena-base no mínimo legal, a decisão, fundamentada na gravidade abstrata do delito, poderá estabelecer ao sentenciado regime prisional mais gravoso do que o cabível em razão da sanção imposta.

c) A contagem do prazo para a progressão de regime de cumprimento de pena será interrompida pela prática de falta grave e se reiniciará a partir do cometimento dessa infração.

d) A falta grave interrompe o prazo para a obtenção de livramento condicional.

e) A prática de falta grave interrompe o prazo para o fim de comutação de pena ou indulto.

282. **(Cespe/TJ/AM/Juiz/2016)** Condenado definitivamente pela justiça federal brasileira por crime de tráfico internacional de drogas e cumprindo pena, no regime fechado, em presídio estadual na cidade de Manaus/AM, Pablo, cidadão boliviano, após cumprir mais de dois terços da pena aplicada, pleiteou progressão ao regime aberto. Ele apresenta bom comportamento na prisão e não possui residência fixa no Brasil. O pedido foi indeferido pelo juiz da Vara de Execuções Penais da comarca de Manaus. Inconformado, Pablo, de próprio punho, impetrou "habeas corpus" no Tribunal de Justiça do Amazonas, pleiteando a reforma da decisão de primeiro grau e a obtenção da progressão ao regime aberto. Nessa situação hipotética, de acordo com a jurisprudência dos tribunais superiores, deve-se A denegar o "habeas corpus", pois não é permitida a concessão de progressão de regime a estrangeiro que não comprovar residência fixa no Brasil.

b) negar seguimento ao "habeas corpus", pois a competência para o seu julgamento é do TRF da respectiva região, por se tratar de condenação por crime de tráfico internacional de drogas.

c) negar seguimento ao "habeas corpus", dada a existência na legislação de recurso próprio contra a decisão de indeferimento de progressão de regime, ou seja, o recurso em sentido estrito.

d) denegar o "habeas corpus", pois não é permitida a progressão "per saltum" no ordenamento jurídico nacional.

e) negar seguimento ao "habeas corpus", que não pode ser impetrado por estrangeiro em situação irregular no Brasil.

283. **(Cespe/DPE/RN/Defensor/2015)** Assinale a opção correta acerca da unificação e do cumprimento simultâneo de penas, segundo a LEP e o entendimento do STJ:

a) Sobrevindo nova condenação, incumbirá ao juízo que proferiu a sentença condenatória proceder à unificação das penas, adequando o regime prisional ao resultado da soma ou unificação das penas, observando-se, quando for o caso, a detração ou remição.

b) Segundo jurisprudência do STJ, sobrevindo nova condenação a pena privativa de liberdade a condenado que se encontre cumprindo pena restritiva de direitos, a suspensão do cumprimento desta ou o cumprimento simultâneo das penas mostra-se compatível quando fixado na nova condenação o regime inicial semiaberto ou fechado.

c) A pena alternativa de prestação pecuniária não pode ser executada concomitantemente com o cumprimento da pena privativa de liberdade.

d) A pena alternativa de perda de bens não pode ser executada concomitantemente com o cumprimento da pena privativa de liberdade.

e) Se houver condenação por mais de um crime, no mesmo processo ou em processos distintos, o regime de cumprimento de pena será determinado pelo resultado da soma ou unificação das penas, considerando-se, quando for o caso, a detração ou remição.

284. **(Cespe/TRF/1R/Juiz/2015)** Com base na jurisprudência do STJ e do STF, assinale a opção correta acerca de execução penal, prisão e nulidades:

a) Se houver excesso de prazo na instrução criminal em decorrência de demora na apresentação de documentos pela defesa, será impositiva a concessão de liberdade provisória ao réu.

b) Na execução penal, é inadmissível a progressão imediata do regime prisional fechado para o aberto.

c) A exigência da prisão provisória para apelar não ofende a garantia da presunção de inocência.

d) Será válida a decisão que autorizar a produção antecipada de provas fundamentada no mero decurso do tempo, quando estiverem suspensos o processo penal e a prescrição diante da ausência de citação pessoal do réu.

e) A prática de falta grave acarreta o reinício do prazo para a obtenção do benefício do livramento condicional.

285. **(Cespe/DPU/Defensor/2015)** A gravidade abstrata do delito justifica o estabelecimento de regime prisional mais gravoso do que o cabível em razão da sanção imposta, independentemente de a pena-base ter sido fixada no mínimo legal.

286. **(Cespe/DPU/Defensor/2015)** Se as circunstâncias judiciais forem favoráveis, o reincidente condenado à pena de quatro anos poderá ser submetido ao regime prisional semiaberto.

287. **(Cespe/DPU/Defensor/2015)** Gerson, com vinte e um anos de idade, e Gilson, com dezesseis anos de idade, foram presos em flagrante pela prática de crime. Após regular tramitação de processo nos juízos competentes, Gerson foi condenado pela prática de extorsão mediante sequestro e Gilson, por cometimento de infração análoga a esse crime. Conforme entendimento dos tribunais superiores, tendo sido condenado pela prática de crime hediondo, Gerson deverá ser submetido ao exame criminológico para ter direito à progressão de regime.

288. **(Cespe/DPE/AL/Defensor/2017)** Constatada a inexistência de condições adequadas ao cumprimento de pena, por precariedade, superlotação e falta de estabelecimento prisional compatível, por exemplo, admite-se o deferimento, ao sentenciado, de:

a) remição penal como indenização decorrente das condições precárias ou degradantes a que tiver sido submetido.

b) progressão de regime prisional per saltum, passando-se para um regime mais brando, caso falte vagas no regime intermediário.

c) prisão domiciliar para qualquer dos regimes prisionais, mediante monitoração eletrônica.

d) inserção no sistema penitenciário federal, se este oferecer condições dignas de cumprimento da reprimenda.

e) saída antecipada no regime com falta de vagas, além do cumprimento de penas restritivas de direito.

289. **(Cespe/PC/GO/Agente/2016)** De acordo com a LEP, se um preso for comunicado sobre o falecimento de uma irmã dele:

a) o juiz da execução poderá autorizar a saída temporária do preso para comparecimento ao enterro, desde que ele apresente bom comportamento no estabelecimento prisional.

b) ele não terá direito à saída do estabelecimento prisional, devido ao fato de não haver previsão de concessão desse benefício em caso de falecimento de irmão.

c) o diretor do estabelecimento prisional poderá conceder a permissão de saída ao preso, independentemente de ele ser preso provisório ou de estar cumprindo pena em regime fechado.

d) o diretor do estabelecimento deverá comunicar o falecimento ao juiz da execução, que poderá conceder a permissão de saída para o preso, ficando este sujeito à monitoração eletrônica caso esteja cumprindo pena em regime semiaberto ou aberto.

e) o diretor do estabelecimento poderá autorizar a saída temporária do preso, que, mediante escolta, poderá permanecer fora do estabelecimento prisional pelo tempo que for necessário para cumprir a finalidade da saída.

290. **(Cespe/TJ/PB/Juiz/2015)** Com referência à execução das penas privativas de liberdade, assinale a opção correta:

a) O condenado a pena superior a oito anos pode começar a cumpri-la em regime fechado, desde que o juiz fundamente as razões que ensejam regime inicial diferenciado.

b) Situação hipotética: Após uma discussão, Carlos desferiu ameaça contra a vida de Luís. Para ter coragem de executar o que foi dito, Carlos ingeriu bebida alcoólica. Assertiva: Nessa situação, caso seja condenado, a ingestão de bebida alcoólica será irrelevante na dosimetria da pena.

c) Situação hipotética: Mauro, que cumpria pena de reclusão de cinco anos, foi beneficiado com livramento condicional, mas deixou de cumprir algumas das condições especificadas na sentença e o benefício foi revogado. Assertiva: Nessa situação, novo livramento condicional poderá ser concedido depois que Mauro cumprir um sexto do restante de sua pena.

d) O tempo em que o condenado permaneceu preso preventivamente não deve ser computado na execução da pena privativa de liberdade devido à natureza processual da prisão preventiva.

e) Carlos cumpre pena de reclusão em estabelecimento prisional e estuda, em estabelecimento certificado pelo MEC, para concluir o ensino médio. Nessa situação, se Carlos terminar o ensino médio enquanto estiver cumprindo pena, o tempo a ser remido em função das horas de estudo será acrescido de um terço.

291. **(Cespe/DPE/RN/Defensor/2015)** Acerca do trabalho do condenado e da remição, assinale a opção correta segundo a LEP e o entendimento do STJ:

a) O STJ sedimentou o entendimento de que é vedado o trabalho extramuros ao condenado em regime fechado, mesmo mediante escolta.

b) Aquele que estiver cumprindo pena privativa de liberdade ou que estiver preso provisoriamente será obrigado a trabalhar na medida de suas aptidões e capacidade.

c) A decisão que concede a remição na execução penal tem caráter meramente declarativo. Assim, o abatimento dos dias trabalhados do restante da pena a cumprir fica subordinado a ausência de posterior punição pela prática de falta grave.

d) A remição, cuja aplicação restringe-se exclusivamente ao trabalho interno, é uma recompensa àqueles que procedem corretamente e uma forma de abreviar o tempo de condenação, estimulando o próprio apenado a buscar atividades laborativas lícitas e educacionais durante o seu período de encarceramento.

e) O condenado que executar tarefas como prestação de serviço à comunidade deverá ser remunerado mediante prévia tabela, não podendo sua remuneração ser inferior a um salário mínimo.

292. **(Cespe/DPE/PE/Defensor/2015)** Enquanto cumpria pena no regime fechado, João foi acusado da prática de falta disciplinar de natureza grave, cometida em 2.1.2012, consistente na posse de um chip para aparelho celular. Em 14.7.2014, o promotor de justiça requereu o reconhecimento da prática da falta grave e a revogação de todo o tempo remido de João. A posse exclusivamente de chip para aparelho celular não caracteriza falta disciplinar de natureza grave.

293. **(Cespe/TRF/1R/Analista/2017)** A prática de falta grave pelo apenado, no curso da execução penal, acarreta a perda da totalidade dos dias remidos com trabalho, recomeçando-se a contagem a partir da data da infração disciplinar.

294. **(Cespe/DPU/Defensor/2015)** Gerson, com vinte e um anos de idade, e Gilson, com dezesseis anos de idade, foram presos em flagrante pela prática de crime. Após regular tramitação de processo nos juízos competentes, Gerson foi condenado pela prática de extorsão mediante sequestro e Gilson, por cometimento de infração análoga a esse crime. No cumprimento da pena em regime fechado, Gerson poderá, para fins de remição, cumular atividades laborativas com atividades típicas do ensino fundamental. Nessa hipótese, para cada três dias de trabalho e estudo concomitante, serão abatidos dois dias de sua pena.

295. **(Cespe/DPE/AL/Defensor/2017)** A respeito de remição da pena, assinale a opção correta:

a) Na remição da pena decorrente da realização de trabalho, abate-se um dia de pena a cada três dias de trabalho, o que impõe, para fins de cálculo, a consideração dos dias efetivamente trabalhados, e não a soma das horas.

b) No cumprimento de pena de prestação de serviços à comunidade em entidade ou programa comunitário ou estatal, a jornada de trabalho, embora não seja remunerada, pode ser utilizada para fins de remição.

c) O estudo pode ser utilizado como meio de remição no caso de presos que cumprem a pena em regime fechado, semiaberto e aberto, abatendo-se um dia de pena a cada três dias de estudo, desde que a frequência escolar seja de, no mínimo, doze horas.

d) Como a realização de trabalho para fins de remição da pena é direito do preso e dever do Estado, nas situações em que o Estado não disponibilizar ao preso trabalho e estudo no estabelecimento prisional, será garantido ao apenado o direito de remir a pena com relação ao tempo em que estava ocioso.

e) No cômputo do trabalho para fins de remição, é vedado, nas situações em que houver horas extras excedentes à oitava hora diária, considerar o cálculo de dezoito horas para a remição de um dia de pena.

296. **(Cespe/TRF/5R/Juiz/2017)** Com relação À Lei de Execução Penal, assinale a opção correta:

a) A falta grave interrompe o prazo para obtenção de livramento condicional.

b) Não cabe indulto a réu condenado pelo crime de tráfico ilícito de drogas na sua forma privilegiada.

c) É possível a execução provisória de pena restritiva de direitos.

d) Os tribunais superiores têm admitido a remição da pena pela leitura.

e) O preso provisório não pode ser inserido no regime disciplinar diferenciado.

297. **(Cespe/DPU/Defensor/2017)** Segundo o STF, o trabalho em regime aberto que for realizado fora da casa de albergado não será considerado para fins de remição da pena.

298. **(Cespe/DPE/AL/Defensor/2017)** Celso, réu primário, condenado definitivamente por homicídio qualificado, conseguiu livramento condicional. Durante o cumprimento do livramento condicional, ele foi condenado novamente pelo crime de roubo, o qual havia sido praticado antes da vigência do benefício. A respeito dessa situação hipotética, assinale a opção correta:

a) A situação de Celso enseja prorrogação imediata do período de prova do livramento condicional.

b) O livramento condicional não poderá ser novamente concedido a Celso, em razão da reincidência específica em crimes dolosos.

c) As penas de Celso devem somar-se, para efeito do livramento, quando ocorrer o trânsito em julgado da sentença condenatória.

d) O período em que Celso ficou em liberdade não será computado na pena.

e) A nova condenação de Celso, independentemente do trânsito em julgado da sentença, resulta na revogação imediata do benefício de livramento condicional.

299. (Cespe/TRF/5R/Juiz/2017) Acerca das penas restritivas de direitos, assinale a opção correta:

a) Constituem penas de interdição temporária de direitos a proibição do exercício de cargo, função ou atividade pública, bem como de mandato eletivo, a proibição do exercício de profissão, atividade ou ofício que dependam de habilitação especial, de licença ou autorização do poder público e a proibição de inscrever-se em concurso, avaliação ou exame públicos.

b) As penas restritivas de direitos são prestação pecuniária, perda de bens e valores, recolhimento domiciliar, prestação de serviço à comunidade ou a entidades públicas, interdição temporária de direitos e limitação de fim de semana.

c) Sendo a condenação inferior a seis meses, o juiz pode substituir a pena privativa de liberdade por advertência – que consistirá em admoestação verbal ao condenado – ou por compromisso de frequência a curso ou submissão a tratamento, durante o tempo da pena aplicada.

d) O recolhimento domiciliar baseia-se na autodisciplina e senso de responsabilidade do condenado, de modo que o condenado deve permanecer recolhido nos dias ou horários de folga do trabalho, em residência ou qualquer local destinado à sua moradia habitual, sem vigilância.

e) A pena privativa de liberdade superior a um ano pode ser substituída por uma pena restritiva de direitos e multa ou por duas restritivas de direitos, ainda que o condenado seja reincidente em virtude da prática do mesmo crime, desde que não seja doloso.

14.4.4. Da Execução das Medidas de Segurança

*** INFORMATIVOS DE JURISPRUDÊNCIA**

Competência. Marinheiro militar licenciado do serviço ativo. Medida de segurança imposta pela Justiça Militar. Execução. Competência da Justiça Estadual.

STJ Compete à Justiça Estadual a execução de medida de segurança imposta a militar licenciado. 3ª S. CC 149.442, Rel. Min. Joel Ilan Paciornik, DJ 17.5.2018. (Info 626)

*** QUESTÕES OBJETIVAS**

300. (Cespe/TRF/1R/Juiz/2015) Acerca da aplicação de medida de segurança, assinale a opção correta:

a) O internado por medida de segurança deve ser encaminhado para estabelecimento com características hospitalares, onde deve receber tratamento.

b) Imposta medida de segurança de tratamento ambulatorial ao agente, será vedado ao juiz determinar a internação desse agente mesmo se houver piora do seu quadro de sanidade mental.

c) Se o agente for inimputável, a ele deverá ser imposta medida de segurança de internação, ainda que o crime seja punido com detenção.

d) Extinta a punibilidade, o juiz poderá determinar que o agente seja submetido a tratamento ambulatorial para garantia da ordem pública, se concluir que ele ainda oferece risco para a sociedade.

e) O direito brasileiro proíbe a aplicação de pena privativa de liberdade a agentes semi-imputáveis e restringe a punição a essas pessoas a medidas de segurança de tratamento ambulatorial.

14.4.5. Dos Incidentes de Execução

*** SÚMULAS**

STJ Súm. 535. A prática de falta grave não interrompe o prazo para fim de comutação de pena ou indulto.

*** REPERCUSSÃO & REPETITIVOS**

STF Repercussão Geral 371. Reveste-se de legitimidade jurídica a concessão, pelo Presidente da República, do benefício constitucional do indulto (CF, art. 84, XII), que traduz expressão do poder de graça do Estado, mesmo se se tratar de indulgência destinada a favorecer pessoa que, em razão de sua inimputabilidade ou semi-imputabilidade, sofre medida de segurança, ainda que de caráter pessoal e detentivo. (RE 628658, 4.11.2015)

*** INFORMATIVOS DE JURISPRUDÊNCIA**

Indulto e pena de multa

STF O indulto da pena privativa de liberdade não alcança a pena de multa que tenha sido objeto de parcelamento espontaneamente assumido pelo sentenciado. EP 11 IndCom-AgR, Rel. Min. Roberto Barroso, j. 8.11.2017. Pleno. (Info 884)

✱ QUESTÕES OBJETIVAS

301. **(Cespe/TJ/DFT/Juiz/2016)** Transitada em julgado a sentença penal condenatória, no caso de ser editada lei de natureza penal mais benéfica, competirá ao juiz da vara de execução penal:

a) devolver a carta de guia ao juízo de origem, a fim de que o juiz do processo de conhecimento aplique a pena mais benéfica ou remeta o feito diretamente ao tribunal local ou ao tribunal superior que porventura tenha aplicado, em grau de recurso, a condenação que até então vinha sendo executada.

b) aplicá-la em benefício do condenado, independentemente de a condenação ter sido estabelecida pelo juízo singular, pelo tribunal ou pelos tribunais superiores.

c) aplicá-la em benefício do condenado, salvo se a condenação tiver sido estabelecida pelo STF em ação penal originária, hipótese em que competirá aos ministros modificar seus julgados e ao juiz, remeter carta de guia ao ministro relator.

d) aplicá-la em benefício do condenado, salvo se a condenação tiver sido aplicada pelo STJ, hipótese em que deverá remeter a carta de guia ao ministro relator.

e) intimar o réu e seu defensor para lhes dar conhecimento da lei, a fim de que eles, se desejarem, ajuízem ação de revisão criminal, medida apta a desconstituir o título penal até então executado, dado o princípio da segurança das relações judiciais, conforme o qual a coisa julgada faz lei entre as partes.

302. **(Cespe/DPE/PE/Defensor/2015)** A comutação de penas é de competência privativa do presidente da República, com caráter amplamente discricionário, sendo limitada apenas por vedações decorrentes da CF.

14.4.6. Do Procedimento Judicial

✱ SÚMULAS

STF Súm. 695. Não cabe "habeas corpus" quando já extinta a pena privativa de liberdade.

STF Súm. 700. É de cinco dias o prazo para interposição de agravo contra decisão do juiz da execução penal.

14.5. Lei de Interceptação Telefônica (Lei 9.296/96)

✱ INOVAÇÕES LEGISLATIVAS

▲ Lei da Interceptação Telefônica (Lei 9.296/96): sem alterações em 2017/2018.

✱ QUESTÕES DISCURSIVAS

17. **(Cespe/PC/MT/Delegado/2017)** O art. 1º da Lei n. 9.296/1996 disciplina que "A interceptação de comunicações telefônicas, de qualquer natureza, para prova em investigação criminal e em instrução processual penal, observará o disposto nesta lei e dependerá de ordem do juiz competente da ação principal, sob segredo de justiça". Com base nas disposições da referida norma legal, no entendimento dos tribunais superiores e na conceituação doutrinária dos diversos fluxos de comunicação, faça o que se pede a seguir. (i) Conceitue e diferencie interceptação telefônica, escuta telefônica, gravação telefônica e quebra de sigilo de dados telefônicos e esclareça sobre a sujeição, ou não, de cada uma dessas medidas ao regime da Lei n. 9.296/1996. (ii) Discorra acerca da legalidade ou não do acesso, sem ordem judicial, a arquivos de ligações realizadas e recebidas e à agenda de contatos em aparelho telefônico do indiciado apreendido regularmente pela autoridade policial e esclareça sobre a sujeição, ou não, dessas medidas ao regime da Lei n. 9.296/1996.

✱ QUESTÕES OBJETIVAS

303. **(Cespe/PC/MA/Escrivão/2018)** Em determinada comarca de um estado da Federação, em razão de uma denúncia anônima e após a realização de diligências, a polícia civil prendeu Maria, de dezoito anos de idade, que supostamente traficava maconha em uma praça nas proximidades da escola pública onde ela estudava. Levada à delegacia de polícia local, Maria foi autuada e indiciada. Depois de reunidos elementos informativos suficientes, o delegado elaborou um relatório com a descrição dos fatos, apontando os indícios de autoria. Com o encerramento das investigações, o inquérito policial foi encaminhado à autoridade competente. Considere que os seguintes fatos sejam adicionais à situação hipotética descrita no texto. Entre as várias diligências realizadas envolvendo Maria, que redundaram em sua prisão por tráfico de maconha, a autoridade policial cogitou obter autorização para quebra de seu sigilo de comunicação telefônica como meio de prova na investigação criminal. Considerando-se a situação hipotética descrita no e as informações adicionais anteriormente apresentadas, é correto afirmar, com relação à interceptação telefônica no inquérito policial, que

a) somente a autoridade policial poderá requerer a interceptação telefônica de Maria na fase do inquérito policial.
b) as gravações que não interessarem ao caso terão de ser inutilizadas por determinação da autoridade policial.
c) o material colhido na intercepção, caso seja autorizada, terá de ser autuado em apartado e apensado de forma sigilosa ao inquérito policial, anteriormente ao relatório da autoridade policial.
d) será prescindível cláusula de reserva jurisdicional para sua autorização, porque o delito cometido é de natureza hedionda.
e) será viável a sua realização na investigação do crime hediondo, mesmo que fossem incertos os indícios de autoria.

304. **(Cespe/PC/MA/Investigador/2018)** Com relação às provas no processo penal, julgue os itens a seguir.

I. A interceptação telefônica, a escuta ambiental e a gravação clandestina são métodos iguais e, por isso, devem ser utilizadas da mesma forma.
II. A interceptação telefônica não será admitida quando a prova puder ser obtida por outros meios disponíveis.
III. O juiz não pode determinar de ofício a interceptação telefônica, sob risco de ferir o sistema acusatório.
IV. A decisão que defere o pedido de interceptação telefônica deve indicar o prazo de execução da diligência, que poderá ser renovado se comprovada a indispensabilidade da prova.

Estão certos apenas os itens

a) I e II.
b) I e III.
c) II e IV.
d) I, III e IV.
e) II, III e IV.

305. **(Cespe/TRF/5R/Juiz/2015)** Com relação ao afastamento do sigilo fiscal, bancário e de dados e às interceptações de comunicação, assinale a opção correta:

a) Nos casos de quebra de sigilo fiscal e bancário, cabe à autoridade policial, sob a fiscalização do promotor e do defensor, descartar os elementos que não se relacionem com os fatos apurados.
b) A quebra de sigilo dos dados telefônicos submete-se ao princípio constitucional da reserva de jurisdição, de modo a se preservar a esfera de privacidade das pessoas.
c) Pode ser afastada a exigência legal de declaração de segredo de justiça nos feitos criminais em que tenham ocorrido interceptações de comunicação, quando houver solicitação de comissão parlamentar de inquérito, por exemplo.
d) Para que seja autorizada a interceptação telefônica, não é necessário que haja instauração de inquérito policial, bastando que fique demonstrada a possibilidade de autoria ou participação em infração penal.
e) O réu não está legitimado a postular a medida cautelar de intercepção telefônica no interesse de sua defesa. Entretanto, se esta for produzida de forma clandestina, demonstrando sua inocência, o réu deverá ser absolvido da imputação original, mitigando-se a regra da inadmissibilidade de prova ilícita no âmbito do processo penal.

306. **(Cespe/TRF/1R/Juiz/2015)** A interceptação das comunicações telefônicas poderá ser determinada pelo juiz a requerimento:

a) do assistente de acusação, durante a investigação criminal.
b) do ministro da Fazenda, quando da investigação de crimes contra a ordem tributária.
c) da autoridade policial, durante a investigação criminal.
d) do MP, somente após o recebimento da denúncia.
e) do ministro da Justiça, se o crime praticado envolver a violação de direitos humanos.

307. **(Cespe/AGU/Advogado/2015)** Ao receber uma denúncia anônima por telefone, a autoridade policial realizou diligências investigatórias prévias à instauração do inquérito policial com a finalidade de obter elementos que confirmassem a veracidade da informação. Confirmados os indícios da ocorrência de crime de extorsão, o inquérito foi instaurado, tendo o delegado requerido à companhia telefônica o envio de lista com o registro de ligações telefônicas efetuadas pelo suspeito para a vítima. Prosseguindo na investigação, o delegado, sem autorização judicial, determinou a instalação de grampo telefônico no telefone do suspeito, o que revelou, sem nenhuma dúvida, a materialidade e a autoria delitivas. O inquérito foi relatado, com o indiciamento do suspeito, e enviado ao MP. Nessa situação hipotética, considerando as normas relativas à investigação criminal, a interceptação telefônica efetuada poderá ser convalidada se o suspeito, posteriormente, confessar espontaneamente o crime cometido e não impugnar a prova.

308. **(Cespe/PC/GO/Agente/2016)** Nessas situações hipotéticas, poderá ocorrer a interceptação das comunicações telefônicas:

I. Cláudio responde a IP por supostamente ter cometido crime sujeito a pena de reclusão.

II. Ana é ré em processo criminal por supostamente ter cometido crime sujeito a pena de detenção.

III. Clóvis responde a IP por supostamente ter cometido crime sujeito a pena de detenção:

a) de Cláudio e de Clóvis, mediante requerimento da autoridade policial.

b) somente de Ana, por meio de requerimento do representante do MP.

c) somente de Clóvis, mediante requerimento do representante do MP.

d) de Ana, de Clóvis e de Cláudio, por meio de despacho de ofício do juiz ou mediante requerimento da autoridade policial ou do representante do MP.

e) somente de Cláudio, por meio de despacho de ofício do juiz.

309. **(Cespe/PC/GO/Agente/2016)** Caso uma pessoa seja ré em processo criminal por supostamente ter cometido homicídio qualificado, eventual interceptação de suas comunicações telefônicas:

a) dependerá de ordem do juiz competente, sob segredo de justiça.

b) poderá ser admitida por meio de parecer favorável de representante do MP.

c) não poderá exceder o prazo improrrogável de quinze dias, se concedida pelo juiz.

d) poderá ser admitida, ainda que a prova possa ser feita por outros meios.

e) deverá ser negada, se for requerida verbalmente ao juiz competente.

310. **(Cespe/PC/MT/Delegado/2017)** Acerca dos procedimentos e pressupostos legais da interceptação telefônica, assinale a opção correta:

a) É possível a interceptação telefônica em investigação criminal destinada a apuração de delito de ameaça ocorrido em âmbito doméstico e abrangido pela Lei Maria da Penha.

b) Pode o juiz, excepcionalmente, admitir o pedido de interceptação telefônica feito pela autoridade policial de forma verbal, condicionada a sua concessão à redução do pedido a termo.

c) No curso das investigações e no decorrer da instrução criminal, a interceptação telefônica poderá ser determinada de ofício pelo juiz.

d) Decisão judicial que indefira pedido de interceptação telefônica formulado por autoridade policial será irrecorrível; aquela decisão que indeferir requerimento formulado pelo MP poderá ser impugnada por recurso em sentido estrito.

e) A interceptação telefônica inicialmente realizada sem autorização judicial poderá, mediante consentimento dos interlocutores, ser validada posteriormente pelo juiz da causa.

14.6. Lei dos Juizados Especiais (Lei 9.099/95)

* SÚMULAS

STF Súm. Vinculante 35. A homologação da transação penal prevista no artigo 76 da Lei 9.099/1995 não faz coisa julgada material e, descumpridas suas cláusulas, retoma-se a situação anterior, possibilitando-se ao Ministério Público a continuidade da persecução penal mediante oferecimento de denúncia ou requisição de inquérito policial.

STF Súm. 696. Reunidos os pressupostos legais permissivos da suspensão condicional do processo, mas se recusando o promotor de justiça a propô-la, o juiz, dissentindo, remeterá a questão ao procurador-geral, aplicando-se por analogia o art. 28 do Código de Processo Penal.

STF Súm. 723. Não se admite a suspensão condicional do processo por crime continuado, se a soma da pena mínima da infração mais grave com o aumento mínimo de um sexto for superior a um ano.

STJ Súm. 243. O benefício da suspensão do processo não é aplicável em relação às infrações penais cometidas em concurso material, concurso formal ou continuidade delitiva, quando a pena mínima cominada, seja pelo somatório, seja pela incidência da majorante, ultrapassar o limite de um (01) ano.

STJ Súm. 337. É cabível a suspensão condicional do processo na desclassificação do crime e na procedência parcial da pretensão punitiva.

STJ Súm. 536. A suspensão condicional do processo e a transação penal não se aplicam na hipótese de delitos sujeitos ao rito da Lei Maria da Penha.

* REPERCUSSÃO & REPETITIVOS

STJ Repetitivo 920. Se descumpridas as condições impostas durante o período de prova da suspensão condicional do processo, o benefício poderá ser revogado, mesmo se já ultrapassado o prazo legal, desde que referente a fato ocorrido durante sua vigência. (REsp 1498034, 25.11.2015)

STJ Repetitivo 930. Não há óbice a que se estabeleçam, no prudente uso da faculdade judicial disposta no art. 89, § 2º, da Lei 9.099/95, obrigações equivalentes, do ponto de vista prático, a sanções penais (tais como a prestação de serviços comunitários ou a prestação pecuniária), mas que, para os fins do sursis processual, se apresentam tão somente como condições para sua incidência. (REsp 1498034, 25.11.2015)

* QUESTÕES OBJETIVAS

311. **(Cespe/PC/MA/Delegado/2018)** Com base no disposto na legislação especial penal e processual penal, assinale a opção correta.

a) Oferecida a denúncia pelo MP, caberá exclusivamente ao representante do parquet o indiciamento do autor do crime, caso isso não se tenha realizado na fase inquisitória.

b) O delito de maus tratos com lesão corporal grave praticado contra idoso segue o rito sumaríssimo previsto na Lei dos Juizados Especiais Cíveis e Criminais, vedada, no entanto, a aplicação dos institutos da transação penal e da suspensão condicional do processo.

c) É de competência exclusiva da polícia civil a investigação do crime de extorsão mediante sequestro de prefeito, se praticado em razão da função pública exercida pela vítima.

d) Em regra, o indiciado civilmente identificado não poderá ser submetido a identificação criminal no inquérito policial, sendo possível tal procedimento, de forma excepcional, somente se judicialmente autorizado.

e) O sigilo do inquérito policial se estende ao advogado somente até a fase do indiciamento do representado, após o que será autorizado o acesso a todas as peças já produzidas nos autos, incluindo-se as diligências ainda não documentadas.

312. **(Cespe/PC/MA/Delegado/2018)** Em razão de um procedimento penal instaurado no juizado especial criminal para apurar a contravenção penal de exploração de jogo do bicho, na ocasião da lavratura do termo circunstanciado, foi apreendida a motocicleta de Glauco, servidor público da prefeitura de determinado município, porque, supostamente, ela teria sido utilizada na prática do ilícito. Posteriormente, foi ofertada transação penal pelo representante do MP, prontamente acolhida e integralmente cumprida por Glauco, a quem coube a pena de doação de cinco cestas básicas. Entretanto, a sentença, ao extinguir a punibilidade pelo cumprimento integral das condições pactuadas, decretou a perda da motocicleta em favor da União, por entendê-la proveniente de crime. Nessa situação hipotética, de acordo com o que dispõe a lei penal sobre os efeitos da condenação:

a) não caberia a decretação do perdimento da motocicleta, pois não houve condenação penal.

b) a perda da motocicleta em favor da União constituiu efeito automático da homologação da transação penal.

c) o juiz deveria decretar, também, a imediata perda do cargo, considerando-se que o agente era servidor público.

d) não poderia haver o perdimento do bem se a pena máxima cominada ao tipo fosse de um ano de prisão.

e) só poderia ter sido decretada a perda do bem – motocicleta – se provado ser proveniente da prática do ilícito.

313. **(Cespe/DPE/PE/Defensor/2018)** Acerca dos procedimentos nos juizados especiais criminais, assinale a opção correta.

a) A citação do acusado pode se dar por edital, não havendo deslocamento da competência para o juízo criminal comum.

b) O juizado especial criminal é competente para julgar crimes punidos com pena alternativa de multa, ainda que a pena privativa de liberdade fixada em abstrato seja superior a dois anos.

c) No caso de causa complexa, haverá o deslocamento da competência para o juízo criminal comum, mantendo-se o procedimento sumaríssimo.

d) A medida processual cabível contra a decisão que rejeitar a denúncia ou a queixa-crime será o recurso em sentido estrito, que deverá ser interposto no prazo de dez dias.

e) De acordo com o STJ, no caso de ação penal privada, são aplicáveis os benefícios da transação penal e da suspensão condicional do processo.

314. **(Cespe/PC/MA/Delegado/2018)** Quando, em se tratando de crimes de menor potencial ofensivo em trâmite no juizado especial criminal, o acusado não for encontrado para a citação, o juízo deverá

a) encaminhar as peças existentes ao juízo comum para a adoção do procedimento previsto em lei.

b) encaminhar os autos ao MP para que este proceda como entender de direito.

c) determinar a citação do acusado por edital.

d) determinar a suspensão do processo e do curso do prazo prescricional até que se proceda à citação pessoal do acusado.

e) nomear defensor dativo para o acusado e conceder prazo de quinze dias para o oferecimento da defesa.

315. **(Cespe/PC/MA/Delegado/2018)** Nos juizados especiais criminais, a composição civil dos danos causados por infrações penais

a) terá a eficácia de título executivo judicial a ser executado no juízo civil competente.

b) terá a eficácia de título executivo judicial a ser executado no próprio juizado especial criminal.

c) conduzirá ao perdão do ofendido, quando se tratar de ação penal privada.

d) conduzirá à extinção da punibilidade do autor do fato, no caso de ação penal pública incondicionada.

e) conduzirá à decadência, quando se tratar de ação penal pública condicionada a representação.

316. **(Cespe/TJ/DFT/Juiz/2016)** Assinale a opção correta, em que o magistrado agiu em consonância com a jurisprudência sumulada do STF ou do STJ:

a) Um réu em processo penal renunciou ao direito de apelação interposta pela defesa técnica, tendo manifestado sua vontade sem a assistência de seu defensor, caso em que o magistrado não conheceu da apelação, fundamentando sua decisão na supremacia da vontade do réu sobre a vontade de seu defensor.

b) O juiz de direito substituto, ao tomar conhecimento da prática de falta disciplinar no âmbito da execução penal, por comunicação do diretor do estabelecimento prisional, reconheceu a falta disciplinar, mesmo sem a instauração de procedimento administrativo pelo diretor, fundamentando sua decisão no fato de se tratar de falta flagrante cometida nas dependências do estabelecimento prisional.

c) O juiz de direito substituto, ao tomar conhecimento da falta de intimação do denunciado para oferecer contrarrazões ao recurso interposto da rejeição da denúncia, proferiu decisão suprindo a falta por meio da nomeação de defensor dativo, fundamentada na facultatividade da intimação.

d) Após a homologação da transação penal prevista no artigo 76 da Lei n. 9.099/1995, sobreveio o descumprimento de suas cláusulas, razão pela qual o magistrado acolheu o pedido da acusação, retomando-se a situação anterior, e possibilitando ao MP a continuidade da persecução penal mediante oferecimento de denúncia ou requisição de inquérito policial, ao fundamento de que a homologação não faz coisa julgada material.

e) O juiz de direito substituto, ao julgar crime sujeito ao rito da Lei Maria da Penha, cometido por João contra Maria, sua esposa, acolheu pedido da defesa de João e aplicou a suspensão condicional do processo, sob o fundamento de que houve pacificação da situação fática entre os envolvidos.

317. **(Cespe/TRF/5R/Juiz/2015)** Assinale a opção correta acerca dos juizados especiais federais penais:

a) Se um crime contra a propriedade imaterial for deflagrado perante o juizado especial federal criminal, será imprescindível a participação de representante legal do INPI na audiência de conciliação, autorizado a conciliar e transigir, a fim de viabilizar a composição civil dos danos. Nesse caso, a homologação do acordo acarretará renúncia ao direito de queixa ou representação.

b) De acordo com o procedimento estabelecido para o juizado especial criminal, superada a possibilidade de composição civil dos danos e havendo elementos suficientes à deflagração da persecução penal, o MP oferecerá ao juiz, de imediato, denúncia oral. Após o recebimento da denúncia, será ordenada a citação imediata do réu para apresentar resposta à acusação dentro do prazo mínimo de cinco dias antes da audiência de instrução e julgamento.

c) Na suspensão condicional do processo, além das condições obrigatórias ou legais previstas expressamente na lei de regência, admite-se que o magistrado imponha outras condições, como a prestação pecuniária, desde que adequadas ao fato e à situação pessoal do acusado, em estrita observância aos princípios da adequação e da proporcionalidade, sendo vedada a cumulação da prestação pecuniária com outras penas restritivas de direito previstas no CP.

d) O descumprimento das condições impostas em transação penal homologada por magistrado do juizado especial federal acarreta o oferecimento da denúncia e seguimento da ação penal. Entretanto, não resulta em procedimento automático decorrente da simples inobservância das condições fixadas pelo juízo, impondo a lei de regência, como garantia mínima dos direitos fundamentais, a realização de audiência prévia de justificação.

e) O MP pode recusar o oferecimento da suspensão condicional de processo a réu primário e possuidor de bons antecedentes denunciado por crime na forma tentada, com base em súmula de tribunal superior que declara ser inadmissível a proposta de suspensão do processo com fundamento em pena hipotética ou em perspectiva.

318. **(Cespe/PC/PE/Delegado/2016)** Godofredo tem a obrigação legal de cuidar de determinado idoso, mas o abandonou em um hospital – conduta prevista no art. 98, do Estatuto do Idoso, com pena de detenção de seis meses a três anos e multa. Paulo negou trabalho a um idoso, com a justificativa de que o pretendente ao emprego encontrava-se em idade avançada – conduta enquadrada no art. 100, II, do Estatuto do Idoso, com pena de reclusão de seis meses a um ano e multa. Nessas situações, as medidas despenalizadoras, previstas na Lei n. 9.099/1995 (lei dos juizados especiais):

a) poderão beneficiar ambos os acusados, desde que haja anuência das vítimas.

b) poderão beneficiar Paulo, com a transação penal, ao passo que Godofredo, com a suspensão condicional do processo.

c) não poderão beneficiar Godofredo nem Paulo.

d) poderão beneficiar apenas Godofredo.

e) poderão beneficiar apenas Paulo.

319. **(Cespe/PC/PE/Delegado/2016)** Acerca das alterações processuais assinaladas pela Lei n. 12.403/2011, do instituto da fiança, do procedimento no âmbito dos juizados especiais criminais e das normas processuais pertinentes à citação e intimação, assinale a opção correta:

a) Se o acusado, citado por edital, não comparecer nem constituir advogado, será decretada a revelia e o processo prosseguirá com a nomeação de defensor dativo.

b) Em homenagem ao princípio da ampla defesa, será sempre pessoal a intimação do defensor dativo ou constituído pelo acusado.

c) O arbitramento de fiança, tanto na esfera policial quanto na concedida pelo competente juízo, independe de prévia manifestação do representante do MP.

d) Nos procedimentos previstos na Lei n. 9.099/1995, em se tratando de ação penal pública condicionada à representação e não havendo conciliação na audiência preliminar, caso o ofendido se manifeste pelo não oferecimento de representação, o processo será julgado extinto de imediato, operando-se a decadência do direito de ação.

e) No caso de prisão em flagrante, a autoridade policial somente poderá conceder fiança se a infração penal for punida com detenção e prisão simples; nas demais situações, a fiança deverá ser requerida ao competente juízo.

320. **(Cespe/TRE/PI/Analista/2016)** Assinale a opção correta, no que se refere ao concurso de crimes:

a) Não se admite a suspensão condicional do processo se a soma da pena mínima com o aumento mínimo de um sexto for superior a um ano.

b) Não se aplica a continuidade delitiva quando os delitos atingirem bens jurídicos personalíssimos de pessoas diversas, segundo o entendimento do Supremo Tribunal Federal.

c) O Supremo Tribunal Federal admite a continuidade delitiva entre os crimes de furto e roubo.

d) Configura-se concurso material a ação única lesiva ao patrimônio de diversas pessoas.

e) Conforme o entendimento do Superior Tribunal de Justiça, não se aplica o princípio da consunção entre os crimes de falsidade e estelionato, por se tratar de caso de aplicação do concurso formal.

321. **(Cespe/PC/GO/Agente/2016)** Por ter praticado infração penal contra Lúcio, Ana foi presa em flagrante e conduzida à delegacia, onde se constatou que o tipo penal correspondente à infração praticada por Ana prevê pena máxima de dois anos e multa. Nessa situação hipotética, a autoridade policial deverá:

a) exigir o pagamento da fiança, devido ao fato de o crime admitir pena de multa.

b) instaurar IP mediante a lavratura do auto de prisão em flagrante.

c) converter a prisão em flagrante em prisão preventiva, por não se tratar de crime de menor potencial ofensivo.

d) lavrar termo circunstanciado e encaminhá-lo ao juizado juntamente com a autora do fato e a vítima.

e) encaminhar imediatamente as partes ao juizado, para audiência de conciliação.

322. **(Cespe/PC/GO/Agente/2016)** De acordo com os termos da Lei n. 9.099/1995, que dispõe sobre os juizados especiais cíveis e criminais, na situação em que um indivíduo tenha sido preso em flagrante por ter cometido furto simples - cuja pena prevista é de reclusão, de um a quatro anos, e multa -, o MP, ao oferecer a denúncia, poderá propor a suspensão do processo, por dois a quatro anos, estando presentes os demais requisitos que autorizem a suspensão condicional da pena, previstos em artigo do CP. Nesse caso:

a) o MP poderá propor a suspensão do processo ainda que o réu tenha sido condenado por outro crime na semana anterior à do cometimento do furto.

b) se o juiz deferir a suspensão do processo, o prazo da prescrição penal do crime correrá durante o curso do prazo da suspensão.

c) se for deferida a suspensão do processo, a autoridade judiciária deverá declarar extinta a punibilidade depois de expirado o prazo, sem revogação da suspensão.

d) se o juiz deferir a suspensão do processo, esta será mantida ainda que no seu curso o indivíduo venha a ser processado por contravenção penal.

e) a decisão do juiz, pelo deferimento da suspensão do processo, independerá da aceitação do acusado.

323. **(Cespe/PC/GO/Agente/2016)** Uma pessoa denunciada por crime para o qual a pena mínima é igual a um ano recebeu e aceitou uma proposta do MP prevista na Lei n. 9.099/1995. Nesse caso, a proposta em questão caracteriza-se como uma:

a) suspensão condicional da pena, que poderá ser revogada se a pessoa vier a ser condenada definitivamente por outro crime.

b) transação penal, pois a pessoa cometeu crime de menor potencial ofensivo.

c) transação penal, caso o crime cometido seja de menor potencial ofensivo.

d) suspensão condicional da pena, pois a pessoa cometeu crime de menor potencial ofensivo.

e) suspensão condicional do processo, que poderá ser revogada se a pessoa vier a ser processada por contravenção penal no curso do prazo.

324. **(Cespe/TRE/PE/Analista/2017)** Conforme a Lei n. 9.099/1995 e o entendimento dos tribunais superiores, a suspensão condicional do processo:

a) não será aplicável em caso de infrações penais cometidas em concurso formal, quando a pena mínima cominada resultante da incidência da majorante for inferior a um ano.

b) será aplicável em caso de infrações penais cometidas em concurso formal, quando a pena mínima cominada resultante da incidência da majorante for superior a um ano, mas não ultrapassar dois anos.

c) não será aplicável em caso de infrações penais cometidas em concurso material, quando a pena mínima cominada resultante do somatório for igual a um ano.

d) não será aplicável em caso de infrações penais cometidas em continuidade delitiva, quando a pena mínima cominada resultante da incidência da majorante for superior a um ano.

e) será aplicável em caso de infrações penais cometidas em concurso material, quando a pena mínima cominada resultante do somatório for igual ou inferior a dois anos.

325. (Cespe/PC/GO/Delegado/2017) Acerca de investigação criminal e juizados especiais criminais, assinale a opção correta:

a) No juizado especial criminal, é inadmissível a transação penal caso se comprove que o autor da infração foi condenado em sentença definitiva por crime ou contravenção penal de caráter culposo ou doloso.

b) Para definição da competência do juizado especial criminal no concurso material de crimes, a soma das penas máximas cominadas para cada crime não pode exceder a dois anos.

c) Não se admite a transação penal nem a composição civil dos danos nos processos de competência dos juizados especiais criminais que, por motivo de conexão ou continência, tiverem sua competência deslocada para o tribunal do júri.

d) O delegado-geral de polícia civil, no âmbito estadual, ou o delegado regional, no âmbito territorial, poderão, mediante despacho fundamentado, avocar ou determinar a redistribuição de autos de inquérito policial, sempre que a infração penal a ser apurada for de interesse do Poder Executivo da respectiva unidade da Federação.

e) Caberá recurso especial contra a decisão da turma recursal dos juizados especiais criminais que negue provimento a recurso interposto contra sentença penal condenatória, caso seja demonstrada ofensa a dispositivo de norma infraconstitucional.

326. (Cespe/DPU/Defensor/2015) No âmbito do juizado especial criminal, no intuito de comprovar a materialidade do crime, o exame de corpo de delito pode ser substituído por boletim médico ou prova equivalente.

327. (Cespe/DPE/AC/Defensor/2017) De acordo com a Lei n. 9.099/1995 e com o entendimento doutrinário e jurisprudencial dominantes, a proposta de transação penal:

a) configura hipótese de retratação da ação penal já oferecida.

b) é cabível nos crimes de ação penal privada, caso não haja prévia composição dos danos cíveis.

c) deve ser ofertada, de ofício, pelo juiz ao autor do crime quando não tiver sido apresentada pelo MP.

d) depende do consentimento prévio do ofendido ou de quem o represente na ação penal pública condicionada à representação.

e) prescinde da presença de DP para a aceitação pelo autor do fato.

328. (Cespe/DPE/AL/Defensor/2017) Considerando a jurisprudência dos tribunais superiores, assinale a opção correta relativa à suspensão condicional do processo:

a) O juiz fixará a suspensão condicional do processo pelo prazo de um a três anos, podendo revogá-la a qualquer tempo, se o beneficiário do sursis vier a ser processado por outro crime.

b) O juiz não poderá revogar a suspensão condicional do processo se o beneficiário do sursis vier a ser processado por contravenção penal.

c) Tratando-se de crimes de ação penal pública, somente o Ministério Público é legitimado a ofertar a suspensão condicional do processo.

d) Como o sursis processual é ato discricionário, caso o promotor de justiça não proponha a suspensão condicional do processo, restará ao juiz dar-lhe continuidade.

e) A suspensão condicional do processo depende exclusivamente do preenchimento dos requisitos objetivos fixados para o reconhecimento de infrações de menor potencial ofensivo.

14.7. Leis Esparsas

✱ INOVAÇÕES LEGISLATIVAS

▲ Lei de Identificação Criminal (Lei 12.037/09): sem alterações em 2017/2018.

▲ Lei de Investigação por Delegado (Lei 12.830/13): sem alterações em 2017/2018.

▲ Lei de Proteção a Testemunhas (Lei 9.807/99): sem alterações em 2017/2018.

✱ QUESTÕES OBJETIVAS

329. (Cespe/PC/MA/Investigador/2018) Assinale a opção correta com relação ao processamento e ao julgamento de crimes de responsabilidade cometidos por funcionário público.

a) Será desnecessária a resposta preliminar quando a ação penal for instruída por inquérito policial.

b) No caso de crime inafiançável, a resposta do acusado deve ser apresentada por escrito, no prazo máximo de trinta dias.

c) O processo ficará suspenso enquanto não for reconhecida a residência do acusado ou durante o tempo em que ele estiver fora da jurisdição do juiz responsável.

d) Na instrução criminal, é admitido o número máximo de seis testemunhas, podendo até três serem arroladas pela acusação e as demais, pela defesa.

e) Os crimes cometidos por funcionários públicos são imprescritíveis.

330. **(Cespe/PC/MA/Investigador/2018)** Com referência à ação penal, assinale a opção correta.

a) Nos procedimentos regulados pela Lei Maria da Penha, a renúncia à representação da ofendida é condicionada à realização de audiência prévia para tal fim.

b) No sistema processual penal pátrio, inexiste ação penal que dependa da requisição do ministro da justiça.

c) Na ação penal pública condicionada, a representação deve respeitar rigoroso formalismo, por ser isso condição específica da persecução penal.

d) O ordenamento pátrio não contempla a hipótese de ação privada personalíssima.

e) A renúncia ao direito de queixa e o perdão do ofendido não possuem características diferentes.

331. **(Cespe/PC/MA/Delegado/2018)** Acerca do procedimento penal estabelecido na Lei n. 11.101/2005, que dispõe sobre a recuperação judicial e extrajudicial e sobre a falência do empresário e da sociedade empresária, assinale a opção correta.

a) Por se tratar de legislação especial, as disposições do CPP não são aplicadas subsidiariamente nas hipóteses de procedimento penal previstas na lei em questão.

b) As ações penais relativas aos crimes previstos na lei em apreço devem ser distribuídas por sorteio entre as varas de execuções penais da jurisdição.

c) As ações penais relativas aos crimes previstos na lei em pauta são de natureza pública condicionada.

d) O MP, verificando a ocorrência de qualquer crime previsto na referida lei, promoverá a competente ação penal.

e) Decorrido o prazo legal sem que o representante do MP ofereça denúncia quanto aos crimes previstos na lei em tela, o procedimento será arquivado.

332. **(Cespe/TRF/5R/Juiz/2015)** Assinale a opção correta acerca dos delitos relacionados aos serviços de telecomunicações:

a) De acordo com a Lei de Organização dos Serviços de Telecomunicações, a utilização de rádio clandestina é crime formal, sendo suficiente para sua caracterização a inexistência da prévia autorização do poder público, restando consumado o delito com um único funcionamento e em caráter experimental.

b) Considere a seguinte situação hipotética. Em um município brasileiro, a câmara municipal homenageou uma rádio local e reconheceu que essa empresa prestava relevantes serviços à comunidade. Essa rádio local funcionava com habitualidade e transmitia notícias e informações acerca de serviços públicos, mas não tinha a concessão exigida para tal. Nessa situação hipotética, a atitude da câmara afasta o elemento constitutivo do tipo da clandestinidade previsto no Código Brasileiro de Telecomunicações.

c) A persecução penal nos crimes de telecomunicações fica condicionada a representação feita pela Anatel, que deve ser acompanhada de prova material cautelar e indiciária da atividade de telecomunicação.

d) Segundo o Código Brasileiro de Telecomunicações, constitui delito qualificado o desenvolvimento clandestino de atividades de telecomunicação de que resultem prejuízos a terceiros, caso em que o juiz, se houver condenação, deve impor o valor mínimo de dez mil reais para a reparação do dano.

e) O Código Brasileiro de Telecomunicações considera crime a mera instalação de equipamentos de telecomunicações sem a competente concessão, permissão ou autorização de serviço estabelecido nas normas que regulam o setor.

333. **(Cespe/TRF/5R/Juiz/2015)** Acerca dos crimes contra o serviço postal e o serviço de telegrama, assinale a opção correta:

a) A Lei dos Crimes contra Serviço Postal não reconhece como delito a conduta caracterizada pela ação de possuir ou guardar instrumentos aptos a fabricar selos falsificados, que é reprimida pela regra geral e subsidiária do CP no delito de apetrechos destinados à falsificação de papéis públicos.

b) Constitui crime de descaminho a importação de máquina para confeccionar selos ou franquear correspondência, sem o pagamento, no todo ou em parte, dos impostos devidos pela entrada desacompanhada de documentação legal.

c) De acordo com a Lei dos Crimes contra Serviço Postal, se o delito de violação do monopólio exercido pela União sobre os serviços postais for cometido por pessoa jurídica, deve ser imposta a sanção penal acessória de encerramento ou suspensão das atividades da empresa violadora, sem prejuízo da responsabilidade penal do dirigente dessa empresa que, de qualquer modo, tenha concorrido para o crime.

d) Constitui crime de contrabando especial previsto na Lei dos Crimes contra Serviço Postal a importação ou exportação de bens, objetos e substâncias proscritas no território nacional por intermédio dos serviços dos correios e telégrafos.

e) Se empresa internacional de grande porte, presente em todo território nacional, promover e utilizar serviço próprio de coleta, transporte e entrega de correspondências no âmbito interno de suas filiais, no território nacional e no exterior, sem intermediação comercial, essa atuação não caracterizará o crime de violação do privilégio postal da União.

334. **(Cespe/TRF/5R/Juiz/2015)** No que tange aos crimes previstos no CP, na Lei dos Crimes contra o Mercado de Capitais e na Lei dos Crimes contra o Sistema Financeiro, assinale a opção correta:

a) Embora seja considerada atípica no direito brasileiro a detenção de equipamento destinado à falsificação ou adulteração de cartões de crédito, caso ocorra a falsificação propriamente dita, com a efetiva inserção dos cartões contrafeitos em circulação e o seu uso, fica caracterizado crime contra o Sistema Financeiro Nacional, devido ao abalo da credibilidade do mercado financeiro.

b) Constitui crime contra o Sistema Financeiro Nacional a realização de operações simuladas ou a execução de outras manobras fraudulentas, com a finalidade de alterar artificialmente o regular funcionamento dos mercados de valores mobiliários em bolsa de valores, de mercadorias e de futuros, no mercado de balcão ou no mercado de balcão organizado, com o fim de obter vantagem indevida ou lucro.

c) Considere a seguinte situação hipotética. Com o objetivo de incentivar o conhecimento e a participação da nova classe média de determinada comunidade no mercado de capitais, Jonas passou a atuar, sem receber qualquer remuneração, como administrador de carteira individual de investimentos e agente autônomo de investimento. Para isso, Jonas utilizou conhecimentos obtidos em estágio técnico na área de mercado de valores mobiliários e ficou tão entusiasmado com a possibilidade de ajudar as pessoas da comunidade que não lhe ocorreu pedir autorização ou registro de suas atividades à autoridade administrativa competente. Nessa situação hipotética, mesmo tendo agido com objetivo altruísta e sem fins lucrativos, Jonas cometeu crime contra o mercado de capitais.

d) Considere a seguinte situação hipotética. José, produtor rural, obteve financiamento rural aprovado pelo Pronamp no valor de R$ 380.000,00. Essa quantia deveria ser utilizada, conforme projeto aprovado, na reforma, ampliação e construção de instalações permanentes, na formação de lavouras permanentes, na eletrificação rural e na aquisição de caprinos e ovinos para ampliar produção de laticínios e derivados na região. Ocorre que parte dos recursos foi utilizada na aquisição de camionete cabine dupla o km, não prevista no projeto original, para uso na área rural e transporte de insumos. José honrou todas as parcelas do financiamento, e a compra do bem foi verificada na vistoria final do contrato. Nessa situação hipotética, a conduta do produtor rural no que se refere à compra da camionete é atípica por não trazer prejuízos ao sistema financeiro e pelo fato de os investimentos permanecerem na atividade rural original, ainda que a aquisição do bem não estivesse prevista expressamente no contrato.

e) A Lei dos Crimes contra o Sistema Financeiro e a Lei dos Crimes contra Mercado de Capitais trazem previsão de sanções penais específicas para os administradores e para as pessoas jurídicas envolvidas nas infrações penais nelas preconizadas, e estabelecem penas de multa aplicáveis às pessoas jurídicas com base no dano provocado ou na vantagem ilícita auferida pelos agentes.

335. (Cespe/TRF/1R/Juiz/2015) No que se refere aos atos de comunicação processual no processo penal, assinale a opção correta:

a) De acordo com a lei que dispõe sobre a informatização do processo judicial (Lei n. 11.419/2006), a citação eletrônica é permitida no processo penal quando se tratar de infração de menor potencial ofensivo.

b) Se concluir que o acusado se oculta para não ser citado, o oficial de justiça deverá certificar a ocorrência e considerá-lo citado, devolvendo, em seguida, o mandado de citação ao cartório.

c) No processo penal, os prazos são contados a partir da data da juntada aos autos do mandado ou da carta precatória ou de ordem.

d) Segundo o STF, no processo penal, é nula a citação por edital que se limite a indicar o dispositivo da lei penal sem apresentar transcrição da denúncia ou queixa pertinente nem resumir os fatos em que se baseie.

e) A lei referente à informatização do processo judicial (Lei n. 11.419/06) incide no processo penal e determina que se considerem realizados os atos processuais por meio eletrônico no dia e hora do seu envio ao sistema do Poder Judiciário.

336. (Cespe/TRF/1R/Juiz/2015) Com base nos dispositivos legais que tratam da execução penal e da transferência de presos para estabelecimento prisional federal, bem como na jurisprudência do STF e do STJ, assinale a opção correta:

a) Segundo a jurisprudência do STF e do STJ, para a obtenção do benefício do trabalho externo, o preso que passar a cumprir sua pena em regime semiaberto deverá ter cumprido, pelo menos, um sexto da pena.

b) Conforme a jurisprudência do STJ, a única sanção a que se sujeitará o condenado que, cumprindo pena no regime fechado, cometer falta grave será a perda de até um terço dos dias remidos pelo trabalho ou estudo, se a falta for homologada pelo juízo, uma vez que esse condenado está recolhido no mais gravoso dos regimes.

c) Admite-se a remição de pena pelo estudo, desde que presencial no estabelecimento prisional ou na instituição de ensino, uma vez que não há previsão na Lei de Execuções Penais sobre a possibilidade de remição pelo ensino a distância.

d) São legitimados para requerer o processo de transferência do preso para o presídio federal a autoridade administrativa, o MP e o próprio preso, devendo o processo ser iniciado a partir da admissibilidade exclusiva do juízo federal da necessidade da transferência.

e) Configurada situação de extrema necessidade, o juiz federal poderá autorizar a imediata transferência do preso antes da oitiva das partes, podendo, após a instrução do incidente, decidir pela manutenção ou revogação da medida adotada.

337. (Cespe/PC/PE/Delegado/2016) Com base nos dispositivos da Lei n. 12.830/2013, que dispõe sobre a investigação criminal conduzida por delegado de polícia, assinale a opção correta:

a) São de natureza jurídica, essenciais e exclusivas de Estado as funções de polícia judiciária e a apuração de infrações penais pelo delegado de polícia.

b) A redistribuição ou a avocação de procedimento de investigação criminal poderá ocorrer de forma casuística, desde que determinada por superior hierárquico.

c) A remoção de delegado de polícia de determinada unidade policial somente será motivada se ocorrer de uma circunscrição para outra, não incidindo a exigência de motivação nas remoções de delegados de uma delegacia para outra no âmbito da mesma localidade.

d) A decisão final sobre a realização ou não de diligencias no âmbito do inquérito policial pertence exclusivamente ao delegado de polícia que preside os autos.

e) A investigação de crimes é atividade exclusiva das polícias civil e federal.

338. (Cespe/DPU/Defensor/2017) Ricardo foi denunciado pela prática do crime de lavagem de capitais provenientes do tráfico internacional de drogas. Nessa situação, o crime de lavagem de capitais será processado e julgado pela justiça federal, haja vista a competência constitucional do crime antecedente.

339. (Cespe/TRF/5R/Juiz/2017) Com relação às regras processuais relativas aos crimes de lavagem de dinheiro, assinale a opção correta:

a) O juiz não deve receber a denúncia oferecida pelo crime de lavagem de dinheiro, caso tenha ocorrido a prescrição por crime antecedente.

b) Não é cabível medida cautelar diversa da prisão para crimes de lavagem de dinheiro.

c) O recurso cabível da decisão que determina medida assecuratória nos crimes de lavagem de dinheiro é o da apelação.

d) Se um imóvel situado no Brasil for produto do crime de lavagem de dinheiro praticado por estrangeiro que, por esse crime, tenha sido penalmente condenado em seu país, mesmo com a homologação da sentença penal estrangeira, será vedado o perdimento do imóvel, por se caracterizar um verdadeiro confisco indireto.

e) É inepta a denúncia por crime de lavagem de dinheiro que, devido ao suposto envolvimento de diversos agentes, descreve os fatos de maneira genérica e sistematizada, ainda que haja clareza que permita compreender a conjuntura tida por delituosa.

15. TEORIA E PRINCÍPIOS

* INFORMATIVOS DE JURISPRUDÊNCIA

Princípio do promotor natural e substituição de órgão acusador ao longo processo

STF Indeferido "habeas corpus" no qual se pugnava a nulidade absoluta da ação penal, em face de violação ao princípio do promotor natural. A denúncia se deu por promotor que não o atuante em face do Tribunal do Júri, exclusivo para essa finalidade. O paciente foi denunciado como incurso nas penas dos arts. 121, "caput", do CP e 12 da Lei 6.378/76, por haver ministrado medicamentos em desacordo com a regulamentação legal, tendo a vítima falecido. Não houve ferimento ao princípio do promotor natural. No caso concreto, houve o entendimento de que seria crime não doloso contra a vida, fazendo os autos remetidos ao promotor natural competente. Não obstante, durante toda a instrução se comprovou que, na verdade, tratava-se de crime doloso. Com isso, o promotor que estava no exercício ofereceu a denúncia e remeteu a ação imediatamente ao promotor do Júri, que poderia, a qualquer momento, não a ratificar. Configurada, portanto, ratificação implícita. Há substituição, consubstanciada nos princípios constitucionais do Ministério Público (MP) da unidade e da indivisibilidade, e não da designação de um acusador de exceção. HC 114093, Rel. Acd. Min. Alexandre de Moraes, j. 3.10.2017. 1ª T. (Info 880)

Teoria do domínio do fato e autoria

STF A teoria do domínio do fato não preceitua que a mera posição de um agente na escala hierárquica sirva para demonstrar ou reforçar o dolo da conduta. Do mesmo modo também não permite a condenação de um agente com base em conjecturas. AP 975, Rel. Min. Edson Fachin, j. 3.10.2017. 2ª T. (Info 880)

* QUESTÕES DISCURSIVAS

18. **(Cespe/MPE/RR/Promotor/2017)** Para exercer com qualidade as funções precípuas do MP, de acusador e de fiscal da lei nos moldes estabelecidos pela Constituição Federal de 1988, o promotor de justiça deve dominar os conceitos de crime e de ação para aplicá-los devidamente. Nesse sentido, considerando a omissão legal acerca do conceito de crime, disserte sobre os conceitos material, formal e analítico à luz da doutrina majoritária, diferenciando-os. Discorra, também, a respeito da teoria causal naturalista da ação, da teoria finalista da ação e da teoria social da ação, diferenciando-as.

* QUESTÕES OBJETIVAS

340. **(Cespe/PC/MA/Escrivão/2018)** A disposição constitucional que assegura ao preso o direito ao silêncio consubstancia o princípio da

a) inexigibilidade de autoincriminação.

b) verdade real.

c) indisponibilidade.

d) oralidade.

e) cooperação processual.

341. **(Cespe/STM/Analista/2018)** Ninguém será processado nem sentenciado, senão pela autoridade competente, em respeito ao princípio constitucional do juiz natural.

342. **(Cespe/STM/Analista/2018)** A garantia, aos acusados em geral, de contraditar atos e documentos com os meios e recursos previstos atende aos princípios constitucionais do contraditório e da ampla defesa.

343. **(Cespe/STM/Analista/2018)** A despeito do princípio constitucional da vedação às provas ilícitas, o juiz poderá considerar uma prova ilícita em qualquer situação, desde que se convença de sua importância para a condenação do réu.

344. **(Cespe/PC/MA/Delegado/2018)** O MP de determinado estado ofereceu denúncia contra um indivíduo, imputando-lhe a prática de roubo qualificado, mas a defesa do acusado negou a autoria. Ao proferir a sentença, o juízo do feito constatou a insuficiência de provas capazes de justificar a condenação do acusado. Nessa situação hipotética, para fundamentar a decisão absolutória, o juízo deveria aplicar o princípio do

a) estado de inocência.

b) contraditório.

c) promotor natural.

d) "ne eat judex ultra petita partium".

e) "favor rei".

345. **(Cespe/DPE/RN/Defensor/2015)** No que se refere à classificação dos atos jurisdicionais, assinale a opção correta:

a) O ato processual pelo qual o juiz recebe a denúncia tem natureza jurídica de despacho de mero expediente.

b) O ato jurisdicional que, apreciando o mérito da ação penal, aplica medida de segurança ao acusado é qualificado como sentença absolutória própria.

c) Sentença subjetivamente plúrima é aquela que provém de um órgão colegiado homogêneo, como é o caso dos tribunais de segundo grau de jurisdição.

d) Sentenças simples são as proferidas por um órgão monocrático ou singular, como no caso das sentenças proferidas pelo juiz presidente do tribunal do júri.

e) A decisão que põe termo à primeira fase do rito do tribunal do júri tem natureza de decisão definitiva "stricto sensu".

346. **(Cespe/DPE/RN/Defensor/2015)** Assinale a opção correta a respeito dos sistemas de processo penal e da interpretação da lei processual penal segundo o CPP e o entendimento do STJ:

a) De acordo com o CPP, a analogia equivale à norma penal incriminadora, protegida pela reserva legal, razão pela qual não pode ser usada contra o réu.

b) No sistema inquisitivo, a confissão é considerada a rainha das provas e predominam nele procedimentos exclusivamente escritos.

c) A lei processual penal veda a interpretação extensiva para prejudicar o réu.

d) A interpretação extensiva é um processo de integração por meio do qual se aplica a uma determinada situação para a qual inexiste hipótese normativa própria um preceito que regula hipótese semelhante.

e) Para o uso da analogia, é importante considerar a natureza do diploma de onde se deve extrair a norma reguladora.

347. **(Cespe/TJ/AM/Juiz/2016)** Relativamente aos sistemas e princípios fundamentais do processo penal, assinale a opção correta:

a) A proibição de revisão "pro societate" foi expressamente integrada ao ordenamento jurídico brasileiro pela CF, sendo fruto da necessidade de segurança jurídica a vedação que impede que alguém possa ser julgado mais de uma vez por fato do qual já tenha sido absolvido por decisão passada em julgado, exceto se por juiz absolutamente incompetente.

b) O direito ao silêncio ou garantia contra a autoincriminação derrubou um dos pilares do processo penal tradicional: o dogma da verdade real, permitindo que o acusado permaneça em silêncio durante a investigação ou em juízo, bem como impedindo de forma absoluta que ele seja compelido a produzir ou contribuir com a formação da prova ou identificação pessoal contrária ao seu interesse, revogando as previsões legais nesse sentido.

c) A elaboração tradicional do princípio do contraditório garantia a paridade de armas como forma de igualdade processual. A doutrina moderna propõe a reforma do instituto, priorizando a participação do acusado no processo como meio de permitir a contribuição das partes para a formação do convencimento do juiz, sendo requisito de eficácia do processo.

d) O princípio do juiz natural tem origem no direito anglo-saxão, construído inicialmente com base na ideia da vedação do tribunal de exceção. Posteriormente, por obra do direito norte-americano, acrescentou-se a exigência da regra de competência previamente estabelecida ao fato, fruto, provavelmente, do federalismo adotado por aquele país. O direito brasileiro adota tal princípio nessas duas vertentes fundamentais.

e) A defesa técnica é o corolário do princípio da ampla defesa, exigindo a participação de um advogado em todos os atos da persecução penal. Segundo o STF, atende integralmente a esse princípio o pedido de condenação ao mínimo legal, ainda que seja a única manifestação jurídica da defesa, patrocinada por DP ou dativo.

348. **(Cespe/TJ/DFT/Juiz/2016)** Acerca do princípio do livre convencimento do juiz, assinale a opção correta:

a) Tendo formado sua convicção pela livre apreciação da prova produzida em contraditório judicial, o juiz poderá proferir decisão baseada exclusivamente nas provas não repetíveis, mas não poderá fazê-lo em caso de provas antecipadas ou cautelares.

b) O juiz deve formar sua convicção pela livre apreciação da prova produzida em contraditório judicial, não podendo proferir decisão baseada exclusivamente nos elementos informativos colhidos na fase de investigação, tampouco nas provas cautelares, não repetíveis e antecipadas.

c) Dada a previsão de que o juiz deve formar sua convicção pela livre apreciação da prova produzida em contraditório, a prova produzida na fase de investigação poderá fundamentar a decisão do magistrado se a sua produção tiver sido acompanhada pelo advogado do réu, ou seja, poderá o juiz fundamentar sua decisão exclusivamente nos elementos informativos produzidos na fase de inquérito.

d) Em decorrência do princípio do livre convencimento adotado pelo CPP, o juiz pode decidir de acordo com sua vivência acerca dos fatos, desde que sua decisão seja devidamente fundamentada.

e) O juiz deve formar sua convicção pela livre apreciação da prova produzida em contraditório judicial, e poderá proferir decisão com base exclusivamente nas provas cautelares, não repetíveis e antecipadas.

349. **(Cespe/PC/PE/Delegado/2016)** Em consonância com a doutrina majoritária e com o entendimento dos tribunais superiores, assinale a opção correta acerca dos sistemas e princípios do processo penal:

a) O princípio da obrigatoriedade deverá ser observado tanto na ação penal pública quanto na ação penal privada.

b) O princípio da verdade real vigora de forma absoluta no processo penal brasileiro.

c) Na ação penal pública, o princípio da igualdade das armas é mitigado pelo princípio da oficialidade.

d) O sistema processual acusatório não restringe a ingerência, de ofício, do magistrado antes da fase processual da persecução penal.

e) No sistema processual inquisitivo, o processo é público; a confissão é elemento suficiente para a condenação; e as funções de acusação e julgamento são atribuídas a pessoas distintas.

350. **(Cespe/PC/GO/Delegado/2017)** No que tange ao procedimento criminal e seus princípios e ao instituto da liberdade provisória, assinale a opção correta:

a) O descumprimento de medida cautelar imposta ao acusado para não manter contato com pessoa determinada é motivo suficiente para o juiz determinar a substituição da medida por prisão preventiva, já que a aplicação de outra medida representaria ofensa ao poder imperativo do Estado além de ser incompatível com o instituto das medidas cautelares.

b) Concedida ao acusado a liberdade provisória mediante fiança, será inaplicável a sua cumulação com outra medida cautelar tal como a proibição de ausentar-se da comarca ou o monitoramento eletrônico.

c) Compete ao juiz e não ao delegado a concessão de liberdade provisória, mediante pagamento de fiança, a acusado de crime hediondo ou tráfico ilícito de entorpecente.

d) Caso, após sentença condenatória, advenha a prescrição da pretensão punitiva e seja declarada extinta a punibilidade por essa razão, os valores recolhidos a título de fiança serão integralmente restituídos àquele que a prestou.

e) Ofenderá o princípio constitucional da ampla defesa e do contraditório a defesa que, firmada por advogado dativo, se apresentar deficiente e resultar em prejuízo comprovado para o acusado.

351. **(Cespe/TCE/PE/Analista/2017)** O princípio da legalidade não impede que o juiz apene o acusado criminal com base nos costumes e que o legislador vote norma penal sancionadora de coação direta, impondo desde logo a pena, sem julgamento.

352. **(Cespe/TRF/1R/Técnico/2017)** Juiz que se utilizar do silêncio do acusado para formar seu próprio convencimento não incorrerá em ofensa ao princípio processual penal da não autoincriminação, ainda que a opção do acusado por abster-se de falar não constitua confissão.

353. **(Cespe/TRF/1R/Técnico/2017)** A não comunicação ao acusado de seu direito de permanecer em silêncio é causa de nulidade relativa, cujo reconhecimento depende da comprovação do prejuízo.

354. **(Cespe/PC/MT/Delegado/2017)** Quando da entrada em vigor da Lei n. 9.099/1995, que dispõe sobre os juizados especiais cíveis e criminais, foi imposta como condição de procedibilidade a representação do ofendido nos casos de lesão corporal leve ou culposa. Nas ações em andamento à época, as vítimas foram notificadas a se manifestar quanto ao prosseguimento ou não dos feitos. Nesse caso, o critério adotado no que se refere às leis processuais no tempo foi o da:

a) interpretação extensiva.
b) retroatividade.
c) territorialidade.
d) extraterritorialidade.
e) irretroatividade.

355. **(Cespe/DPE/AL/Defensor/2017)** No processo penal, as características do sistema acusatório incluem:

I. clara distinção entre as atividades de acusar e julgar, iniciativa probatória exclusiva das partes e o juiz como terceiro imparcial e passivo na coleta da prova.
II. neutralidade do juiz, igualdade de oportunidades às partes no processo e repúdio à prova tarifada.
III. predominância da oralidade no processo, imparcialidade do juiz e supremacia da confissão do réu como meio de prova.
IV. celeridade do processo e busca da verdade real, o que faculta ao juiz determinar de ofício a produção de prova.

Estão certos apenas os itens:

a) I e II.
b) I e IV.
c) II e III.
d) I, III e IV.
e) II, III e IV.

356. **(Cespe/PC/MT/Delegado/2017)** O princípio da paridade de armas ("par condicio"):

a) não é aplicável ao processo penal brasileiro em face do sistema acusatório.
b) se aplica ao processo penal de forma absoluta.
c) é também denominado princípio do contraditório.
d) é exercido sem restrições no âmbito do inquérito policial.
e) é mitigado na ação penal pública pelo princípio da oficialidade.

357. **(Cespe/DPE/AL/Defensor/2017)** Assinale a opção que apresenta princípios que regem a ação penal:

a) publicidade, interesse legítimo e celeridade.
b) oficialidade, obrigatoriedade e indisponibilidade.
c) punibilidade, inderrogabilidade e economicidade.
d) inafastabilidade, reserva legal e impessoalidade.
e) incondicionalidade, transcendência e titularidade.

358. **(Cespe/DPU/Defensor/2015)** Considera-se haver ofensa ao princípio da ampla defesa no caso de o defensor dativo de acusado da prática do crime de homicídio apresentar, em defesa do acusado, argumentações genéricas, sem considerar as especificidades do crime por este cometido.

18. DIREITO TRIBUTÁRIO

1. COMPETÊNCIA TRIBUTÁRIA

✱ SÚMULAS

STF Súm. 503. A dúvida, suscitada por particular, sobre o direito de tributar, manifestado por dois Estados, não configura litígio da competência originária do Supremo Tribunal Federal.

STJ Súm. 353. As disposições do Código Tributário Nacional não se aplicam às contribuições para o FGTS.

✱ QUESTÕES OBJETIVAS

01. **(Cespe/CGM/João_Pessoa/Auditor/2018)** Em relação à divisão das competências em matéria tributária, compete ao município instituir o IPTU, o ITBI e o ISSQN.

02. **(Cespe/TCE/PR/Analista/2016)** A Constituição Federal de 1988 (CF) atribui competência aos entes federados para instituir e criar tributos. À luz da legislação constitucional e infraconstitucional, assinale a opção correta, a respeito do instituto da competência tributária:

a) Ao contrário da capacidade tributária ativa, a competência tributária é delegável apenas às pessoas jurídicas de direito público.

b) A instituição do imposto sobre grandes fortunas é de competência da União, mediante lei complementar.

c) Conforme a CF, compete aos municípios instituir imposto sobre a propriedade de veículos automotores.

d) Cabe aos estados a instituição do imposto sobre serviços de qualquer natureza.

e) A União pode instituir imposto extraordinário na iminência ou no caso de guerra externa, desde que o faça mediante lei complementar.

03. **(Cespe/TJ/AM/Juiz/2016)** Execução fiscal de IPTU ajuizada por determinado município do estado do Amazonas foi extinta, sem julgamento de mérito, por juiz de primeiro grau, com base na lei de regência. Acerca dessa situação hipotética, assinale a opção correta:

a) De acordo com a CF, é concorrente a competência entre município e estado-membro para a instituição do IPTU. Assim, na hipótese em apreço, o magistrado poderia fundamentar sua decisão na lei estadual ou na municipal.

b) O estado tem competência para legislar sobre a matéria; portanto, pode o juiz ter-se baseado em legislação estadual para interromper a execução fiscal.

c) A previsão constitucional da autonomia dos entes federados não abrange a hipótese, uma vez que se trata de município do próprio estado-membro.

d) Conforme a CF, é do município a competência para instituir o IPTU; só o ente que tem competência para instituir o tributo tem competência para legislar sobre a matéria.

e) A instituição de lei estadual referente ao IPTU é constitucional e aplica-se aos tributos e às execuções fiscais em curso no âmbito do estado e de seus municípios.

04. **(Cespe/PGE/AM/Procurador/2016)** A capacidade tributária ativa difere da competência tributária, podendo ser delegada a outras pessoas jurídicas de direito público. Nesse caso, a delegação envolverá a transferência legal dos poderes de cobrança, arrecadação e fiscalização.

05. **(Cespe/PGE/AM/Procurador/2016)** As limitações ao poder de tributar são normas de restrição da competência tributária taxativamente previstas na CF.

06. **(Cespe/PGM/Fortaleza/Procurador/2017)** Entende o STF que, em decorrência da autonomia tributária municipal, uma lei estadual que dispense a cobrança de débitos de pequeno valor inscritos em dívida ativa não deve vincular os municípios.

07. **(Cespe/PGM/Fortaleza/Procurador/2017)** Os municípios e o DF têm competência para instituir contribuição para o custeio do serviço de iluminação pública, tributo de caráter "sui generis", diferente de imposto e de taxa.

2. TRIBUTOS

* SÚMULAS

1) Contribuições Especiais

STF Súm. Vinculante 40. A contribuição confederativa de que trata o artigo 8º, IV, da Constituição Federal, só é exigível dos filiados ao sindicato respectivo.

STF Súm. 659. É legítima a cobrança da Cofins, do PIS e do Finsocial sobre as operações relativas a energia elétrica, serviços de telecomunicações, derivados de petróleo, combustíveis e minerais do país.

STF Súm. 732. É constitucional a cobrança da contribuição do salário-educação, seja sob a Carta de 1969, seja sob a CF/1988, e no regime da Lei 9.424/96.

STJ Súm. 423. A Contribuição para Financiamento da Seguridade Social – Cofins incide sobre as receitas provenientes das operações de locação de bens móveis.

STJ Súm. 499. As empresas prestadoras de serviços estão sujeitas às contribuições ao Sesc e Senac, salvo se integradas noutro serviço social.

STJ Súm. 508. A isenção da Cofins concedida pelo art. 6º, II, da LC n. 70/1991 às sociedades civis de prestação de serviços profissionais foi revogada pelo art. 56 da Lei n. 9.430/1996.

STJ Súm. 516. A Contribuição de Intervenção no Domínio Econômico (Cide) para o Incra (Decreto-Lei 1.110/70), devida por empregadores rurais e urbanos, não foi extinta pelas leis 7.787/89, 8.212/91 e 8.213/91, não podendo ser compensada com a contribuição ao INSS.

1) Taxas

STF Súm. Vinculante 12. A cobrança de taxa de matrícula nas universidades públicas viola o disposto no art. 206, IV, da Constituição Federal.

STF Súm. Vinculante 19. A taxa cobrada exclusivamente em razão dos serviços públicos de coleta, remoção e tratamento ou destinação de lixo ou resíduos provenientes de imóveis, não viola o artigo 145, II, da Constituição Federal.

STF Súm. Vinculante 29. É constitucional a adoção, no cálculo do valor de taxa, de um ou mais elementos da base de cálculo própria de determinado imposto, desde que não haja integral identidade entre uma base e outra.

STF Súm. Vinculante 41. O serviço de iluminação pública não pode ser remunerado me-diante taxa.

STF Súm. 595. É inconstitucional a taxa municipal de conservação de estradas de rodagem cuja base de cálculo seja idêntica à do imposto territorial rural.

STF Súm. 665. É constitucional a taxa de fiscalização dos mercados de títulos e valores mobiliários instituída pela Lei 7.940/89.

STF Súm. 667. Viola a garantia constitucional de acesso à jurisdição a taxa judiciária calculada sem limite sobre o valor da causa.

STJ Súm. 178. O INSS não goza de isenção do pagamento de custas e emolumentos, nas ações acidentárias e de benefícios, propostas na Justiça Estadual.

* REPERCUSSÃO & REPETITIVOS

STF Repercussão Geral 16. A segurança pública, presentes a prevenção e o combate a incêndios, faz-se, no campo da atividade precípua, pela unidade da Federação, e, porque serviço essencial, tem como a viabilizá-la a arrecadação de impostos, não cabendo ao Município a criação de taxa para tal fim. (RE 643247, 24.5.2017)

STF Repercussão Geral 540. É inconstitucional, por ofensa ao princípio da legalidade tributária, lei que delega aos conselhos de fiscalização de profissões regulamentadas a competência de fixar ou majorar, sem parâmetro legal, o valor das contribuições de interesse das categorias profissionais e econômicas, usualmente cobradas sob o título de anuidades, vedada, ademais, a atualização desse valor pelos conselhos em percentual superior aos índices legalmente previstos. (RE 704292, 30.6.2016)

STF Repercussão Geral 829. Não viola a legalidade tributária a lei que, prescrevendo o teto, possibilita o ato normativo infralegal fixar o valor de taxa em proporção razoável com os custos da atuação estatal, valor esse que não pode ser atualizado por ato do próprio conselho de fiscalização em percentual superior aos índices de correção monetária legalmente previstos. (RE 838284, 6.10.2016)

* INFORMATIVOS DE JURISPRUDÊNCIA

Contribuição de intervenção no domínio econômico. CIDE-Remessas. Incidência sobre o pagamento a beneficiário no exterior pela exploração de direitos autorais relativos a softwares desacompanhados da "transferência da correspondente tecnologia". Isenção apenas para os fatos geradores posteriores a 31.12.2005.

STJ Configura fato gerador da CIDE-Remessas o envio ao exterior de remuneração pela licença de uso ou de direitos de comercialização ou distribuição de programa de computador (software), ainda que desacompanhado da "transferência da correspondente tecnologia", porquanto a isenção para tais hipóteses somente adveio com a Lei 11.452/2007. REsp 1.642.249, Rel. Min. Mauro Campbell Marques, DJe 23.10.2017. 2ª T. (Info 614)

Taxa para emissão, renovação, transferência e expedição de segunda via de certificado de registro de arma de fogo particular. Isenção. Arts. 6° e 11, § 2°, da Lei 10.826/2003 (Estatuto do Desarmamento). Extensão aos policiais rodoviários federais aposentados. Impossibilidade. Benefício vinculado ao efetivo exercício do cargo.

STJ A isenção do recolhimento da taxa para emissão, renovação, transferência e expedição de segunda via de certificado de registro de arma de fogo particular prevista no art. 11, § 2º, da Lei 10.826/2003 não se estende aos policiais rodoviários federais aposentados. REsp 1.530.017, Rel. Min. Regina Helena Costa, DJe 29.9.2017. 1ª T. (Info 612)

✱ QUESTÕES OBJETIVAS

08. **(Cespe/Sefaz/RS/Auditor/2018)** No Brasil, imposto é

a) tributo cobrado pela prestação de serviço público específico e divisível, efetivamente prestado ou potencialmente colocado à disposição do contribuinte.
b) tributo pago em decorrência de melhoria realizada pelo setor público, com finalidade social e que atenta para o princípio da noventena.
c) de competência privativa da União, dos estados, do Distrito Federal e dos municípios.
d) de caráter extrafiscal, isto é, seu objetivo primordial é arrecadar.
e) todo tributo previsto na CF.

09. **(Cespe/PGE/PE/Procurador/2018)** Determinado município deseja criar um novo tributo com a finalidade específica de custear o serviço de iluminação pública. O valor arrecadado ficará afetado exclusivamente a esse tipo de despesa. De acordo com a CF, nesse caso, o município deve criar

a) um imposto.
b) uma contribuição.
c) uma taxa.
d) um emolumento.
e) um preço público.

10. **(Cespe/PGE/PE/Procurador/2018)** Considerando-se o que dispõe o CTN, é correto afirmar que, como regra geral, os tributos

a) são compulsórios, podendo a sua obrigatoriedade advir da lei ou do contrato.
b) podem ser pagos em pecúnia, in natura ou in labore.
c) são cobrados mediante atividade administrativa, a qual pode ser vinculada ou discricionária.
d) podem incidir sobre bens e rendimentos decorrentes de atos ilícitos, embora não possam ser utilizados como sanção.
e) têm por fato gerador uma situação jurídica abstrata, não sendo possível vincular um tributo a qualquer atividade estatal específica.

11. **(Cespe/TCE/PR/Analista/2016)** A respeito das taxas cobradas pela União, pelos estados, pelo Distrito Federal ou pelos municípios, do poder de polícia e dos serviços públicos, assinale a opção correta:

a) A utilização potencial de serviço público não poderá ser considerada fato gerador das taxas.
b) O regular exercício do poder de polícia trata dos atos do poder público que a lei tenha definido como vinculados.
c) Os serviços públicos específicos são aqueles suscetíveis de utilização, separadamente, por cada um dos seus usuários.
d) As taxas podem ser calculadas em função do capital das empresas.
e) O poder de polícia pode ser definido como a atividade da administração pública que, limitando ou disciplinando direito, interesse ou liberdade, regula a prática de ato ou abstenção de fato, em razão de interesse público.

✱ QUESTÕES OBJETIVAS

12. **(Cespe/TCE/PA/Auditor/2016)** O pagamento da anuidade do Conselho Regional de Medicina é exemplo de contribuição de intervenção no domínio econômico.

13. **(Cespe/TCE/PA/Auditor/2016)** A instituição, pela União, da Contribuição Provisória sobre Movimentação Financeira (CPMF) decorre do exercício de sua competência residual. Para a sua instituição, exige-se a edição de emenda constitucional, uma vez que a hipótese de incidência desse tipo de contribuição não encontra previsão na Constituição Federal de 1988.

14. **(Cespe/TCE/PR/Auditor/2016)** Considerando a jurisprudência do STF, assinale a opção correta acerca do sistema tributário nacional:

a) Município pode instituir contribuição previdenciária incidente sobre a remuneração dos servidores públicos municipais para custeio do regime próprio de previdência, devendo, entretanto, os trabalhadores temporários e comissionados contribuir para o RGPS.

b) Conforme o entendimento do STF, dado o pacto federativo celebrado pela República Federativa do Brasil, é possível a não incidência de contribuições previdenciárias sobre servidores e empregados públicos municipais.

c) De acordo com o entendimento do STF, é vedada a cobrança de taxa de coleta, remoção e tratamento ou destinação de lixo ou resíduos provenientes de imóveis calculada sobre a metragem do imóvel, por ofensa ao princípio que veda a instituição de taxa com base de cálculo própria de imposto.

d) Conforme o STF, a validade da taxa instituída com fundamento na criação de órgão de poder de polícia independe do efetivo exercício desse órgão.

e) Constitui exemplo de contribuição interventiva no interesse de categorias profissionais a contribuição associativa ou confederativa fixada por assembleia geral de determinada categoria com vistas a custear o sistema confederativo de sua representação sindical.

15. **(Cespe/TJ/DFT/Juiz/2016)** De acordo com a jurisprudência sumulada do STF acerca da legislação tributária, assinale a opção correta:

a) O serviço de iluminação pública não pode ser remunerado mediante taxa.

b) O princípio da anterioridade sujeita norma legal que altera o prazo de recolhimento de obrigação tributária.

c) A lei poderá estabelecer alíquotas progressivas para o imposto de transmissão inter vivos de bens imóveis (ITBI) com base no valor venal do imóvel.

d) A ação penal por crime de sonegação fiscal é pública e condicionada, devendo ser comprovada a existência de inscrição na dívida ativa.

e) A adoção, no cálculo do valor de taxa, de um ou mais elementos da base de cálculo própria de determinado imposto pode ser feita, mesmo em caso de identidade integral entre uma base e outra.

16. **(Cespe/TRF/1R/Juiz/2015)** A União instituiu taxa com a finalidade de remunerar a efetiva atividade desenvolvida pela Força Nacional de Segurança Pública. Os cidadãos residentes nas localidades de atuação da Força Nacional deverão pagar a taxa referente apenas ao período em que essa atuação persistir. Nessa situação hipotética, a taxa a ser cobrada:

a) é constitucional, por fundamentar-se na utilização efetiva ou potencial, pelos contribuintes, de serviço público de segurança.

b) é inconstitucional, visto que serviços de segurança pública devem ser remunerados por tarifa.

c) é inconstitucional, uma vez que os serviços de segurança pública não podem ser usufruídos individualmente, mas atendem a um número indeterminado de pessoas.

d) é constitucional, por ser fundamentada no efetivo exercício do poder de polícia pelo Estado.

e) é inconstitucional, por não atender aos critérios da generalidade e da universalidade.

17. **(Cespe/TRF/5R/Juiz/2015)** Assinale a opção correta acerca das contribuições parafiscais:

a) Quando não enquadradas no conceito de contribuições sociais, as contribuições parafiscais destinam-se à intervenção no domínio econômico ou ao interesse de categorias profissionais ou econômicas, vedada outra destinação.

b) As contribuições parafiscais sociais são as únicas que podem incidir sobre as receitas de exportação.

c) É constitucionalmente proibida a incidência de contribuições de intervenção no domínio econômico sobre as importações de serviços.

d) No caso de incidência de contribuição de intervenção no domínio econômico sobre certo faturamento, não será admissível a aplicação de alíquota "ad valorem".

e) Apesar de as contribuições parafiscais serem tributos, nem todas são destinadas a órgãos e entidades públicas.

18. **(Cespe/DPU/Defensor/2017)** No cálculo do valor de determinada taxa, pode haver elementos da base de cálculo de algum imposto, desde que não haja total identidade entre uma base e outra.

19. **(Cespe/PGM/Fortaleza/Procurador/2017)** O imposto é espécie tributária caracterizada por indicar fato ou situação fática relativa ao próprio contribuinte no aspecto material de sua hipótese de incidência.

20. **(Cespe/PGM/Fortaleza/Procurador/2017)** O fato gerador da contribuição de iluminação pública é a prestação de serviço público, específico e divisível, colocado à disposição do contribuinte mediante atividade administrativa em efetivo funcionamento.

21. **(Cespe/PGM/Fortaleza/Procurador/2017)** A relação jurídica tributária, que tem caráter obrigacional, decorre da manifestação volitiva do contribuinte em repartir coletivamente o ônus estatal.

22. **(Cespe/PGM/Belo_Horizonte/Procurador/2017)** Considerando as limitações constitucionais ao poder de tributar, assinale a opção correta:

a) Não poderá ser cobrado ICMS, por um estado ou pelo DF, sobre operações que destinem petróleo a outros entes federados, ressalvada a cobrança sobre lubrificantes e combustíveis líquidos e gasosos derivados daquele produto.

b) Medida provisória que instituir ou majorar taxas só produzirá efeitos no exercício financeiro seguinte ao da sua edição.

c) A União pode instituir empréstimos compulsórios para atender a despesas extraordinárias decorrentes de calamidade pública, desde que o faça mediante lei complementar.

d) Os entes federativos não podem cobrar taxas e impostos que incidam sobre a venda ou sobre o patrimônio dos demais entes da Federação.

23. **(Cespe/TCE/PE/Analista_Controle_Externo/2017)** O pedágio cobrado pela utilização de rodovias mantidas por regime de concessão não tem natureza jurídica de taxa.

24. **(Cespe/PC/GO/Delegado/2017)** O estado de Goiás instituiu, por lei ordinária, um departamento de fiscalização de postos de gasolina com objetivo de aferir permanentemente as condições de segurança e vigilância de tais locais, estabelecendo um licenciamento especial e anual para o funcionamento de tais estabelecimentos e instituindo uma taxa anual de R$ 1.000 a ser paga pelos empresários, relacionada a tal atividade estatal. A respeito dessa situação hipotética, assinale a opção correta:

a) A instituição do departamento de fiscalização de postos de gasolina como órgão competente com funcionamento regular é suficiente para caracterizar o exercício efetivo do poder de polícia.

b) É desnecessária, para justificar a cobrança de taxa, a criação de órgão específico para o desempenho das atividades de fiscalização de postos de gasolina, por se tratar de competências inerentes às autoridades de segurança pública.

c) Para observar o princípio da capacidade contributiva, a taxa deveria ter correspondência com o valor venal do imóvel a ser fiscalizado, sendo inconstitucional a cobrança de valor fixo por estabelecimento.

d) A taxa em questão é inconstitucional, já que a segurança pública é um dever do Estado, constituindo um serviço indivisível, a ser mantido apenas por impostos, o que torna incabível a cobrança de taxa.

e) Por ter caráter contraprestacional, a taxa só será devida caso o departamento de fiscalização de postos de gasolina faça visitas periódicas aos estabelecimentos, certificando-se do cumprimento das normas de segurança e vigilância de tais locais, de acordo com a legislação.

3. LEGISLAÇÃO TRIBUTÁRIA

3.1. Disposições Gerais

✱ QUESTÕES OBJETIVAS

25. **(Cespe/DPE/PE/Defensor/2018)** Em matéria tributária, as medidas provisórias podem

a) regular as limitações constitucionais ao poder de tributar.

b) estabelecer normas gerais a respeito da definição de tributos e de suas espécies.

c) instituir empréstimos compulsórios em favor da União.

d) instituir ou majorar impostos.

e) dispor sobre conflitos de competência entre a União, os estados, o Distrito Federal e os municípios.

26. **(Cespe/TJ/AM/Juiz/2016)** Por decreto do prefeito, de agosto de 2014, o município de Manaus atualizou a base de cálculo do IPTU e sua planta de valores imobiliários, para a cobrança do tributo em 2015. Na atualização, foi usada como referência a taxa Selic para títulos federais, índice oficial para cálculo dos encargos pela mora dos tributos federais. Nessa situação hipotética:

a) o ato é válido, pois, tendo o decreto sido editado no ano de 2014 para surtir efeitos em 2015, foi observado o princípio da anterioridade.
b) o ato é inválido, pois apenas lei municipal poderia indicar a Selic como índice de correção monetária no município.
c) o ato é inválido, por implicar acréscimo real, e não mera correção.
d) o ato é válido, pois sendo o IPTU um tributo extrafiscal, a ele não se aplica o princípio da legalidade.
e) o ato é válido, pois a taxa Selic é índice oficial, não constituindo a sua aplicação, para correção da base de cálculo do IPTU, majoração de tributo.

27. **(Cespe/DPU/Defensor/2015)** Os costumes, como as práticas reiteradamente observadas pelas autoridades administrativas, não são expressamente citados entre as fontes destinadas a colmatar lacunas na legislação tributária; eles são, sim, considerados normas complementares das leis, dos tratados e convenções internacionais e dos decretos.

28. **(Cespe/DPE/AC/Defensor/2017)** Em matéria tributária, é facultado à lei ordinária:

a) alterar a base de cálculo de tributos.
b) majorar a alíquota de impostos, desde que observados os limites legais.
c) definir tratamento favorecido para as microempresas.
d) instituir empréstimos compulsórios, desde que observados os requisitos constitucionais.
e) dispor sobre conflito de competência entre os entes tributantes.

29. **(Cespe/PGM/Fortaleza/Procurador/2017)** As práticas reiteradamente observadas pelas autoridades administrativas são normas complementares consuetudinárias de direito tributário. Assim, na hipótese de a norma ser considerada ilegal, não é possível caracterizar como infracional a conduta do contribuinte que observa tal norma, em razão do princípio da proteção da confiança e da boa-fé objetiva.

30. **(Cespe/PGE/AM/Procurador/2016)** Os convênios firmados pelos estados para dispor a respeito de isenções do ICMS são qualificados como normas complementares, pois não inovam o ordenamento jurídico.

3.2. Vigência e Aplicação

*** QUESTÕES OBJETIVAS**

31. **(Cespe/TCE/PA/Auditor/2016)** Elza foi notificada em 28.3.2016 a pagar imposto que tinha sido objeto de processo então transitado em julgado. Após o trânsito em julgado do processo, adveio lei que excluiu dos fatos geradores da exação a situação discutida. Nessa situação, Elza tem direito de não pagar o imposto.

32. **(Cespe/TJ/DFT/Juiz/2015)** O DF publicou, em 1º.11.2012, lei ordinária isentando espetáculos teatrais da incidência do ISS. A mesma lei estabeleceu multa de R$ 1.000,00 para o contribuinte que cometesse infração consistente em desobediência de requisição de informações pela autoridade tributária, o que resultou em uma minoração em relação à lei anterior, que estabelecia multa de R$ 2.000,00 para essa infração. A nova lei entrou em vigor na data de sua publicação. Em 1º.10.2013, a Companhia Teatral ABC, uma sociedade empresarial, foi intimada por auditor fiscal do DF a apresentar seus livros contábeis em quinze dias, ordem que não cumpriu porque não havia registrado suas operações contábeis nem realizado o pagamento do ISS desde janeiro de 2012. Por tais razões, foi lavrado auto de infração e, posteriormente, foi exigido da referida companhia o pagamento da multa pela infração e dos tributos devidos. Acerca dessa situação hipotética, assinale a opção que apresenta, respectivamente, a data a partir da qual há isenção do ISS para a companhia de teatro e o valor da multa da infração:

a) 30.1.2013 e R$ 1.000,00.
b) 1º.11.2012 e R$ 1.000,00.
c) 31.12.2012 e R$ 1.000,00.
d) 30.1.2013 e R$ 2.000,00.
e) 1º.11.2012 e R$ 2.000,00.

33. **(Cespe/PGM/Salvador/Procurador/2015)** Determinado contribuinte é devedor de ITBI cujo fato gerador ocorreu em 15.3.2014. Nessa época, a alíquota do tributo era de 2% sobre o valor da operação, e a multa pelo inadimplemento, de 50%. Em 2015, o contribuinte resolveu pagar o tributo e ficou sabendo que a alíquota havia sido reduzida para 1%, e a multa, para 25%. Nessa situação hipotética, o contribuinte deverá recolher o ITBI com alíquota de:

a) 2% e pagar multa de 50%, haja vista a lei vigente incidir na data do fato gerador da obrigação tributária.

b) 1% e pagar multa de 50%, visto que somente retroagem em benefício do contribuinte as normas de incidência, não as normas punitivas, conforme entendimento construído pelo STJ, de que, nesse caso, haveria estímulo ao inadimplemento dos tributos e perda de eficácia do sistema.

c) 2% e pagar multa de 25%, dada a incidência da lei vigente na data do fato gerador da obrigação tributária; no entanto, a norma punitiva retroagirá em benefício do contribuinte, desde que não seja definitivamente julgada a pretensão na esfera administrativa.

d) 2% e pagar multa de 25%, devido ao fato de que, na época do fato gerador, incidia a alíquota vigente e que, para o STF, é considerada confiscatória multa de valor superior a 30% do valor do tributo.

e) 1% e pagar multa de 25%, uma vez que, conforme o direito tributário, as normas mais favoráveis sempre retroagem.

34. **(Cespe/TRF/5R/Juiz/2017)** Sob a vigência de determinada norma tributária, contribuintes deixaram de recolher o tributo devido, do que resultou a autuação do fisco e a impugnação dos contribuintes. Antes mesmo do fim do processo administrativo fiscal, foi aprovada e entrou em vigor legislação tributária que concedeu isenção parcial, reduzindo em 50% o referido tributo, para as mesmas operações. Com relação a essa situação hipotética, assinale a opção correta, conforme as normas a respeito da aplicação e vigência da lei tributária dispostas no Código Tributário Nacional (CTN):

a) Os contribuintes inadimplentes não poderão recolher os 50% do tributo devido, dada a impossibilidade de retroação no caso de a lei nova ser interpretativa, o que ocorreu na situação hipotética apresentada.

b) Os contribuintes inadimplentes terão o direito de recolher o valor do tributo em 50%, já que o ato ainda não se encontra definitivamente julgado.

c) A irretroatividade da lei tributária não alcança algumas exceções previstas no Código Tributário Nacional (CTN), como é o caso da concessão da isenção parcial prevista na situação hipotética apresentada, uma vez que a exceção busca aplicação do princípio da segurança jurídica.

d) Os contribuintes inadimplentes não poderão se beneficiar do recolhimento com base na nova lei, já que ela passou a viger após o nascimento da obrigação tributária e não há fundamento legal para desconsiderá-la.

e) Os contribuintes inadimplentes terão o direito de recolher 50% a título de tributo devido, pois a lei retroage para beneficiá-los, mesmo antes do fim do processo administrativo fiscal, dado o princípio da lei mais benigna.

35. **(Cespe/PGM/Fortaleza/Procurador/2017)** Admite-se a aplicação retroativa de norma tributária interpretativa e de norma tributária mais benéfica sobre penalidades tributárias, mesmo diante de ato amparado pela imutabilidade da coisa julgada.

3.3. Interpretação e Integração

*** QUESTÕES OBJETIVAS**

36. **(Cespe/TCE/PR/Analista/2016)** A respeito do que prevê o Código Tributário Nacional sobre a vigência, a aplicação, a interpretação e a integração da legislação tributária, assinale a opção correta:

a) Deverá ser interpretada de forma literal a legislação tributária que dispuser sobre outorga de isenção.

b) No caso de dúvida quanto à natureza da penalidade aplicável, ou à sua gradação, a lei tributária deverá ser interpretada da forma mais favorável ao fisco.

c) A legislação tributária não se aplica imediatamente aos fatos geradores pendentes.

d) É inadmissível, em qualquer hipótese, a aplicação da lei a ato ou fato pretérito.

e) Havendo lacuna da lei tributária, a autoridade competente deverá utilizar a analogia, os princípios gerais do direito tributário, os princípios gerais do direito público e os costumes, nessa ordem.

37. **(Cespe/TJ/AM/Juiz/2016)** Lei ordinária do município de Manaus, promulgada em 20.3.2012, estabeleceu isenção de IPTU para as associações de apoio a deficientes físicos. Em 20.4.2012, parecer aprovado pelo prefeito com efeitos normativos da procuradoria do município, ao interpretar tal isenção, dando início a uma prática reiterada da administração, estendeu-a às associações de apoio a portadores de doença mentais. Tendo novo prefeito tomado posse, a procuradoria do município elaborou, em 20.4.2013, novo parecer pugnando pela ilegalidade da extensão da isenção, em reconsideração do parecer anterior. Com base nessa situação hipotética, assinale a opção correta:

a) Confirmada a ilegalidade do primeiro parecer, as autoridades tributárias estão obrigadas a lançar o tributo, corrigido monetariamente, acrescido de juros e multas, em decorrência do princípio da legalidade.
b) A ilegalidade do parecer decorre da previsão de que a lei tributária concessiva de isenções deve ser interpretada restritivamente.
c) Dado o primeiro parecer, de efeitos normativos, as associações de apoio a doentes mentais deverão pagar apenas o valor principal do tributo corrigido monetariamente e acrescido das multas.
d) O primeiro parecer era ilegal porque a lei tributária concessiva de isenções deve ser interpretada literalmente.
e) Dada a reconsideração da isenção, as associações de apoio a doentes mentais deverão pagar o valor principal do tributo corrigido monetariamente e acrescido de juros, uma vez que o parecer com efeitos normativos tem o efeito de excluir multas.

38. **(Cespe/TJ/PB/Juiz/2015)** O secretário de Fazenda de João Pessoa/PB, em razão de incêndio ocorrido no centro dessa cidade no ano de 2014, decidiu, com base em equidade, não realizar lançamento para cobrança do IPTU referente aos anos de 2015 e 2016 para os proprietários de imóveis na área atingida pelo desastre. Acerca dessa situação hipotética e da legislação a ela correlacionada, assinale a opção correta:

a) Embora a equidade seja um método de integração da legislação tributária, sua aplicação não pode resultar na dispensa do pagamento do tributo devido, ainda que se trate de lançamento de ofício, como ocorre na situação descrita.
b) A equidade constitui um método de integração da legislação tributária e sua utilização pelo secretário de Fazenda, que exerce a administração tributária, para desonerar os contribuintes atingidos pelo incêndio é autorizada por lei.
c) O lançamento tributário tem conteúdo discricionário, de forma que cabe à autoridade tributária, no caso, o secretário de Fazenda, o juízo de conveniência e oportunidade para a realização do ato, por exemplo, de não lançamento para cobrança do IPTU.
d) O IPTU é tributo sujeito a lançamento por homologação, o que torna necessário, na situação descrita, que os contribuintes envolvidos peçam dispensa do pagamento do tributo como condição para validar o ato do secretário de Fazenda.
e) Por ser o IPTU tributo sujeito a lançamento direto, cabe à autoridade tributária verificar de ofício as circunstâncias que cercam o fato gerador, o que dá ao secretário de Fazenda competência para desonerar os contribuintes diante de situações de perda da capacidade contributiva.

39. **(Cespe/PGM/Fortaleza/Procurador/2017)** A interpretação da legislação tributária a partir dos princípios gerais de direito privado é realizada para identificar o conceito, o conteúdo e o alcance dos institutos de direito privado, determinando, assim, a definição dos respectivos efeitos tributários.

40. **(Cespe/PGM/Fortaleza/Procurador/2017)** É vedada a adoção de métodos de interpretação ou qualquer princípio de hermenêutica que amplie o alcance da norma tributária que outorga isenção.

41. **(Cespe/TCE/RN/Assessor_Jurídico/2015)** A modificação da interpretação da legislação tributária possui eficácia "ex nunc", quando realizada pela fazenda pública, e o erro do contribuinte na interpretação da legislação tributária pode ensejar a retificação da declaração no lançamento por declaração, desde que antes da notificação.

4. OBRIGAÇÃO TRIBUTÁRIA

4.1. Disposições Gerais

✱ QUESTÕES OBJETIVAS

42. **(Cespe/TCE/PA/Auditor/2016)** A sociedade empresária XYZ, que tem por objeto social o comércio de roupas e acessórios, encontra estabelecida em Belém – PA. No desenvolvimento de sua atividade empresarial, essa pessoa jurídica prestava as declarações exigidas pela legislação tributária relativamente ao imposto sobre operações relativas à circulação de mercadorias e prestação de serviço de transporte interestadual e intermunicipal e de comunicação (ICMS) e efetuava o pagamento antecipado do crédito tributário. A partir de dezembro de 2011, embora a sociedade empresária tenha continuado a enviar as declarações, deixou de efetuar o pagamento do valor correspondente à obrigação principal. Em fevereiro de 2016, a secretaria de fazenda estadual identificou, mediante fiscalização no estabelecimento empresarial, o descumprimento das obrigações principal e acessórias relativas ao pagamento do ICMS, tais como a emissão de notas fiscais e preenchimento de livro fiscal obrigatório. O descumprimento de obrigação de emissão de nota fiscal dá ensejo à realização, pelo poder público, do lançamento de ofício, para fins de aplicação da penalidade cabível. Nesse caso, a multa aplicada equipara-se ao crédito decorrente da obrigação principal, em virtude da sua natureza jurídica de obrigação de dar.

43. **(Cespe/PGM/Fortaleza/Procurador/2017)** O CTN qualifica como obrigação tributária principal aquela que tem por objeto uma prestação pecuniária, distinguindo-a da obrigação tributária acessória, cujo objeto abrange as condutas positivas e negativas exigidas do sujeito passivo em prol dos interesses da administração tributária e as penalidades decorrentes do descumprimento desses deveres instrumentais.

44. **(Cespe/PGE/AM/Procurador/2016)** Para fins de cobrança, as penalidades pecuniárias impostas ao contribuinte em virtude do descumprimento de obrigações acessórias são equiparadas à obrigação tributária principal, visto que ambas constituem obrigação de dar.

4.2. Fato Gerador

✱ QUESTÕES OBJETIVAS

45. **(Cespe/PGE/PE/Procurador/2018)** Considerando o que dispõe o CTN, assinale a opção correta a respeito das obrigações tributárias.

a) A obrigação tributária surge apenas com a ocorrência da hipótese de incidência do tributo.

b) A obrigação acessória é convertida em obrigação principal na hipótese de sua inobservância.

c) O fato gerador deve ser o mesmo tanto para a obrigação principal quanto para a obrigação acessória.

d) O sujeito ativo da obrigação acessória é denominado responsável tributário.

e) Uma vez modificado o crédito tributário, deve ser igualmente alterada a obrigação tributária dele originada.

46. **(Cespe/PGM/Fortaleza/Procurador/2017)** A identificação do fato gerador é elemento suficiente para a classificação do tributo nas espécies tributárias existentes no ordenamento jurídico: impostos, taxas, contribuições de melhoria, contribuições e empréstimos compulsórios.

47. **(Cespe/PGM/Belo_Horizonte/Procurador/2017)** Com base nas disposições do CTN, assinale a opção correta:

a) A autoridade administrativa não poderá alterar de ofício o lançamento já notificado ao sujeito passivo, mesmo em caso de comprovada falsidade de elemento de declaração obrigatória.

b) Uma taxa pode ser calculada em função do capital social da empresa contribuinte.

c) Em caso de inobservância, pelo responsável, da legislação tributária, a obrigação principal será convertida em obrigação acessória.

d) Interpreta-se a definição legal de fato gerador abstraindo-se da validade jurídica dos atos efetivamente praticados pelos contribuintes, pois para a incidência do tributo, não é relevante a regularidade jurídica dos atos.

4.3. Sujeito Passivo

✱ QUESTÕES OBJETIVAS

48. **(Cespe/PC/PE/Delegado/2016)** Tendo como referência o disposto no CTN, assinale a opção correta:

a) A capacidade tributária passiva é plena e independe da capacidade civil.

b) Não haverá incidência tributária sobre atividades ilícitas.

c) A obrigação tributária principal nasce com o lançamento do fato gerador.

d) Fato gerador corresponde ao momento abstrato previsto em lei que habilita o início da relação jurídico-tributária.

e) A denominação do tributo e a destinação legal do produto de sua arrecadação são essenciais para qualificá-lo.

49. **(Cespe/PC/GO/Delegado/2017)** Ricardo, com quinze anos de idade, traficou entorpecentes por três meses, obtendo uma renda de R$ 20.000. Informado pela autoridade competente, um auditor da Receita Federal do Brasil efetuou lançamento contra o menor. Tendo como referência essa situação hipotética, assinale a opção correta:

a) O tráfico de entorpecente é ato ilícito, sendo responsáveis pelos prejuízos dele decorrentes, nos termos da lei civil, os pais de Ricardo, que deverão recolher o tributo a título de sanção cível.

b) A capacidade tributária independe da capacidade civil, de modo que é correto o lançamento contra o menor que, no caso, percebeu remuneração que pode ser considerada renda.

c) O tráfico de entorpecente é atividade que gera proveito econômico, o que justifica torná-lo fato gerador de tributo, não podendo, no entanto, Ricardo, por ser incapaz, sofrer lançamento, devendo a renda percebida ser imputada aos seus pais.

d) O tráfico de entorpecente, por ser crime, não pode ser objeto de tributação, pois o pagamento de imposto em tal hipótese significaria que o Estado estaria chancelando uma atividade ilícita, sendo, portanto, insubsistente o lançamento.

e) Ricardo, por ser incapaz, não pode sofrer lançamento, não constituindo renda eventuais ganhos econômicos que ele venha a ter.

50. **(Cespe/PGM/Fortaleza/Procurador/2017)** O sujeito passivo da obrigação principal denomina-se contribuinte quando, dada sua vinculação ao fato gerador, sua sujeição decorre expressamente de determinação legal, ainda que não tenha relação pessoal e direta com a ocorrência de tal fato.

4.4. Responsabilidade Tributária

* SÚMULAS

STJ Súm. 251. A meação só responde pelo ato ilícito quando o credor, na execução fiscal, provar que o enriquecimento dele resultante aproveitou ao casal.

STJ Súm. 360. O benefício da denúncia espontânea não se aplica aos tributos sujeitos a lançamento por homologação regularmente declarados, mas pagos a destempo.

STJ Súm. 430. O inadimplemento da obrigação tributária pela sociedade não gera, por si só, a responsabilidade solidária do sócio-gerente.

STJ Súm. 435. Presume-se dissolvida irregularmente a empresa que deixar de funcionar no seu domicílio fiscal, sem comunicação aos órgãos competentes, legitimando o redirecionamento da execução fiscal para o sócio-gerente.

STJ Súm. 554. Na hipótese de sucessão empresarial, a responsabilidade da sucessora abrange não apenas os tributos devidos pela sucedida, mas também as multas moratórias ou punitivas referentes a fatos geradores ocorridos até a data da sucessão.

* QUESTÕES DISCURSIVAS

01. **(Cespe/PGM/Fortaleza/Procurador/2017)** "A centripetação das pessoas ao redor dos centros urbanos, formando enormes massas de indivíduos; a crescente multiplicidade de relações socioeconômicas; a complexidade e a variedade cada vez maior de negócios são os principais fatores que estão tornando impraticável a solução do legislador, na parte referente à escolha do indivíduo que figurará no polo negativo da relação jurídica tributária. Tais fatores estão induzindo o legislador a escolher outro indivíduo para a posição de sujeito passivo da relação jurídica tributária. E esse outro indivíduo consiste precisamente no substituto legal tributário, cuja utilização, na época atual, já é frequentíssima, de tal modo que, dentro de alguns anos, o uso do substituto legal pelo legislador será a regra geral." (Alfredo Augusto Becker. Teoria geral do direito tributário. São Paulo: Saraiva, 1972, p. 501-2, com adaptações). Conforme apregoava Alfredo Augusto Becker já na década de 70 do século passado, a utilização do instituto da substituição tributária tornou-se fundamental para a administração tributária no desempenho de suas atividades de cobrança, arrecadação e fiscalização do cumprimento das obrigações tributárias, especialmente no âmbito dos tributos incidentes sobre o consumo. Considerando o tema do fragmento acima, redija um texto acerca da responsabilidade tributária por substituição que atenda ao que se pede a seguir: (i) Discorra sobre a aplicação do princípio da praticidade e a presunção de ocorrência do fato gerador na substituição tributária. (ii) Comente a respeito da cláusula constitucional de restituição do crédito tributário em caso de divergência entre a base de cálculo presumida e a efetivamente apurada.

* QUESTÕES OBJETIVAS

51. **(Cespe/PGE/PE/Procurador/2018)** Em 2014, quando do falecimento de Anísio, um de seus veículos automotores de passeio permaneceu na posse de seu amigo Bruno. Os herdeiros não tinham conhecimento do veículo e o bem não integrou a partilha, tendo permanecido registrado em nome do "de cujus". Em 2018, a PGE/PE verificou que o IPVA referente ao exercício de 2016 não havia sido pago. Nessa situação hipotética, conforme disposições da Lei estadual n. 10.849/1992, Bruno

a) possui responsabilidade subsidiária em relação ao valor do imposto.
b) é o contribuinte do tributo.
c) não possui responsabilidade em relação ao valor do imposto, devendo o espólio figurar em dívida ativa.
d) possui responsabilidade solidária em relação ao valor do tributo.
e) não possui responsabilidade, pois o veículo não está registrado em seu nome no órgão de fiscalização de trânsito.

52. **(Cespe/Sefaz/RS/Auditor/2018)** Aberta a sucessão após o falecimento de Eriberto, foram verificadas, antes da sentença de partilha, dívidas oriundas do não pagamento de IPVA referente a veículo de propriedade de Eriberto, com fato gerador posterior ao óbito, e do não recolhimento do imposto de renda (IR) referente ao período anterior a sua morte. Nessa situação hipotética, conforme o disposto no Código Tributário Nacional (CTN):

a) os responsáveis tributários pelo IR serão os sucessores e os meeiros.
b) o inventariante será o responsável tributário pela dívida do IPVA.
c) o contribuinte do IR é o espólio.
d) o responsável pelo IR é o "de cujus".
e) o contribuinte do IPVA é o "de cujus" que detinha a propriedade do bem.

53. **(Cespe/TCE/SC/Auditor/2016)** Decidido anteriormente pelo juízo de direito, nos autos da recuperação judicial, que o adquirente de unidade produtiva via alienação naquele processo não responderia pelas obrigações do devedor (art. 60, parágrafo único, da Lei n. 11.101/2005), tal deliberação sobrepõe-se a qualquer decisão sobre a matéria advinda de juízos diversos, sob pena de inibição do propósito tutelar e da operacionalidade do mencionado diploma legal. (AgRg no CC 112638 / RJ, Rel. Min. João Otávio de Noronha, Segunda Seção do STJ, Data 10/8/2011). A referida jurisprudência não afasta a possibilidade de redirecionamento da execução fiscal contra os sócios da sucessora.

54. **(Cespe/TCE/PR/Analista/2016)** No que se refere a obrigação tributária, assinale a opção correta:

a) Fato gerador da obrigação acessória é a situação definida em lei como necessária e suficiente à sua ocorrência.
b) A pessoa jurídica de direito privado que adquira outro estabelecimento comercial não responderá pelos tributos do estabelecimento adquirido, ainda que a alienação se dê em processo de falência ou recuperação judicial.
c) No que se refere a infrações que têm como elementar o dolo específico, a responsabilidade do agente é pessoal.
d) O sujeito ativo da obrigação tributária pode ser a pessoa jurídica de direito privado titular da competência para exigir o seu cumprimento.
e) Os atos ou negócios jurídicos condicionais reputam-se perfeitos e acabados se suspensiva a condição desde o momento da prática do ato.

55. **(Cespe/PC/PE/Delegado/2016)** A respeito de responsabilidade tributária, assinale a opção correta:

a) Nem mesmo as pessoas que possuem interesse comum na situação que constitui o fato gerador da obrigação principal serão solidariamente obrigadas.
b) Um dos efeitos da solidariedade tributária é que a interrupção da prescrição, a favor ou contra um dos obrigados, favorece ou prejudica os demais.
c) As pessoas que são solidariamente obrigadas por expressa determinação legal devem respeitar o benefício de ordem.
d) O pagamento efetuado por um dos obrigados não aproveita os demais.
e) O responsável tributário, também denominado sujeito passivo indireto, corresponde àquele que, apesar de não ser o contribuinte, possui obrigação decorrente de convenção entre as partes.

56. **(Cespe/TJ/AM/Juiz/2016)** A indústria R S.A., que havia declarado regularmente, mas não havia pagado ICMS no valor de R$ 100.000, ciente de iminente fiscalização, já que havia recebido a visita de auditor fiscal, que, no entanto, não lavrou termo algum, decidiu fazer denúncia espontânea de sua inadimplência, tendo feito acompanhá-la de pedido de parcelamento no qual incluiu o principal e os juros de mora, com o objetivo de ser eximida da multa de mora e de outras penalidades. Nessa situação hipotética:

a) a visita do auditor fiscal constitui início de ação fiscal, o que exclui a denúncia espontânea.

b) a eventual homologação da denúncia espontânea pela autoridade não surtiria efeitos sobre a multa de mora, que permaneceria devida.

c) para obter os efeitos da denúncia espontânea, o contribuinte deveria anexar a seu requerimento o comprovante do pagamento da primeira parcela do parcelamento, não sendo o mero pedido de parcelamento meio idôneo a dar suporte aos efeitos da denúncia espontânea.

d) não é cabível denúncia espontânea, pois trata-se de tributo por homologação com declaração regular e pagamento a destempo.

e) o parcelamento é modalidade de pagamento do crédito tributário, por implicar novação, de modo que a denúncia espontânea acompanhada de pedido de parcelamento do principal e dos juros exclui a responsabilidade por infrações.

57. **(Cespe/TJ/AM/Juiz/2016)** Lei ordinária estadual do estado do Amazonas instituiu o regime de substituição tributária do ICMS na fabricação de alimentos congelados, ficando a entidade industrial responsável pelo tributo devido pelo varejista nas vendas ao consumidor final:

a) indústria de congelados G Ltda. recolheu o valor devido por suas operações e pelas operações do varejista, sendo o tributo correspondente a esta última etapa equivalente a R$ 0,50. Em razão de prolongada falta de luz, o supermercado S Ltda. perdeu metade de seu estoque de alimentos congelados, tendo sido, ainda, obrigado a vender o restante do estoque por metade do valor arbitrado, como base de cálculo da substituição. Considerando essa situação hipotética, assinale a opção correta acerca da substituição tributária:

a) Como o fato gerador não ocorreu ou ocorreu com valor menor que o presumido, é permitido ao supermercado S pleitear a restituição do valor pago a maior, de modo que tanto as vendas frustradas como as vendas com desconto lhe gerarão crédito, já que se trata de substituição tributária subsequente.

b) Por se tratar de substituição tributária subsequente, a inocorrência do fato gerador ou a sua ocorrência com valor menor que o presumido, permite à indústria G pleitear a restituição do valor pago a maior, de modo que tanto as vendas frustradas como as em que houve desconto lhe gerarão crédito.

c) Como em caso de substituição tributária subsequente, apenas a inocorrência do fato gerador permite ao substituto, a indústria G, pleitear a restituição do valor pago a maior, não podendo pleitear a restituição para os casos em que houve desconto.

d) Lei que trate de substituição tributária atribui a responsabilidade pelo crédito tributário a terceira pessoa, vinculada ao fato gerador da respectiva obrigação, não podendo criar fatos geradores presumidos, sob pena de tornar inválida a substituição tributária subsequente, como ocorre na situação apresentada.

e) Por se tratar de substituição tributária subsequente, apenas a inocorrência absoluta do fato gerador permitiria ao supermercado S, o substituído, pleitear a restituição do valor pago a maior, não sendo possível pleitear-se a restituição para os casos de desconto.

58. **(Cespe/TCE/SC/Auditor/2016)** Decidido anteriormente pelo juízo de direito, nos autos da recuperação judicial, que o adquirente de unidade produtiva via alienação naquele processo não responderia pelas obrigações do devedor (art. 60, parágrafo único, da Lei n. 11.101/2005), tal deliberação sobrepõe-se a qualquer decisão sobre a matéria advinda de juízos diversos, sob pena de inibição do propósito tutelar e da operacionalidade do mencionado diploma legal. (AgRg no CC 112638 / RJ, Rel. Min. João Otávio de Noronha, Segunda Seção do STJ, Data 10.8.2011). Na hipótese de o adquirente da referida unidade produtiva empresarial ser sócio da empresa submetida ao processo de recuperação judicial, à sua responsabilidade tributária deverá ser destinado o mesmo tratamento que o destinado à responsabilidade do adquirente que for agente do devedor em recuperação judicial.

59. **(Cespe/TJ/PB/Juiz/2015)** Uma empresa foi multada por auditor do estado, em fiscalização que tinha por objeto o ICMS, por não apresentar notas fiscais relativas à circulação de mercadorias. A empresa alegou que não dispunha das notas porque um diretor as havia subtraído para prática de fraude em proveito próprio. Informou ainda que, devido à fraude, esse dirigente havia sido condenado por furto, falsidade ideológica e sonegação, com sentença penal transitada em julgado. Acerca da responsabilidade pela multa nessa situação hipotética, assinale a opção correta:

a) O diretor não poderá ser responsabilizado no âmbito tributário pela não apresentação das notas fiscais, pois a obrigação acessória pela guarda das notas é da empresa.

b) Há responsabilidade solidária entre o diretor e a empresa no que se refere ao pagamento da multa, uma vez que o fato ilícito beneficiou a ambos.

c) Por se tratar de infração com dolo específico, a responsabilidade é pessoal do diretor.

d) Em razão da condenação penal transitada em julgado do diretor, nem ele nem a empresa poderão ser autuados administrativamente, sob pena de ofensa ao princípio do "ne bis in idem"".

e) O pagamento da multa deve ser feito pela empresa, que, no entanto, poderá promover ação regressiva contra o ex-diretor.

60. (Cespe/TRF/5R/Juiz/2015) A respeito de responsabilidade tributária, assinale a opção correta:

a) A responsabilidade tributária derivada é aquela que é transferida a terceiro que tenha ligação direta e pessoal com o fato gerador da obrigação, sem que decorra de expressa previsão legal.

b) A responsabilidade tributária originária é aquela que ocorre com o inadimplemento da obrigação tributária por parte do contribuinte.

c) A responsabilidade tributária por infração a lei tributária praticada por pessoa na gestão de sociedade limitada ficará adstrita ao capital social devidamente integralizado.

d) A responsabilidade tributária por infração implica solidariedade da sociedade com o gestor que cometer infração no pagamento dos tributos.

e) A sujeição passiva indireta pode ser fruto de uma responsabilidade por sucessão, o que caracteriza uma das modalidades de responsabilidade por transferência.

61. (Cespe/PGM/Fortaleza/Procurador/2017) Quanto aos seus efeitos, a responsabilidade tributária pode ser solidária, subsidiária ou pessoal. Sendo pessoal, inexistem coobrigados, mas terceira pessoa que detém a condição de único sujeito passivo responsável pelo cumprimento da obrigação tributária.

62. (Cespe/PGM/Belo_Horizonte/Procurador/2017) No que concerne aos ilícitos tributários e aos crimes contra a ordem tributária, assinale a opção correta:

a) No caso de crime contra a ordem tributária, o coautor que, por confissão espontânea, revelar a trama delituosa à autoridade judicial terá direito à extinção da punibilidade, condicionada ao pagamento do tributo.

b) Em caso de dúvida quanto às circunstâncias materiais do fato, a lei tributária que trata de infrações e penalidades será interpretada da maneira mais favorável ao fisco.

c) Havendo omissão na apresentação de declaração exigida em lei, o inventariante responderá solidariamente pelas infrações tributárias imputáveis ao espólio, excluídas as penalidades de caráter moratório.

d) A denúncia espontânea exclui a responsabilidade do agente que comete infração tributária, desde que esse ato seja anterior ao início de qualquer procedimento administrativo ou medida de fiscalização relacionada com a infração.

63. (Cespe/PGM/Salvador/Procurador/2015) João, proprietário de um imóvel locado para José, microempresário individual que mantém uma barbearia no local, vendeu o imóvel para Lucas. Sobre o imóvel e a atividade há débitos pendentes decorrentes do IPTU, da TLEOUAP e do ISSQN, além de não ter sido expedida quitação de tributos na operação. Com relação a essa situação hipotética, assinale a opção correta desconsiderando questões relacionadas à alienação de imóvel objeto de locação empresarial:

a) João é responsável pelo IPTU, por ser proprietário, e José, pelo ISSQN e pela TLEOUAP, haja vista que, ainda que exista cláusula em sentido contrário aposta no contrato de locação, ela será ineficaz perante o fisco.

b) Lucas é o responsável pelo IPTU e pela TLEOUAP, por ser o adquirente do imóvel, mas não o é sobre o ISSQN, dadas a natureza de imposto real daqueles tributos e a natureza pessoal do ISSQN.

c) Se, no contrato de locação, constar expressamente cláusula que atribua ao proprietário a responsabilidade tributária do imóvel, João será o responsável tributário pelos tributos incidentes sobre a propriedade e sobre a atividade.

d) Se, ao adquirir o imóvel, não tiver solicitado nem recebido quitação expressa dos tributos, Lucas será o responsável tributário pelos tributos incidentes sobre a propriedade e sobre a atividade.

e) José é responsável tributário pelos tributos incidentes sobre a propriedade e sobre a atividade, porque foi ele o contribuinte que deu causa aos fatos jurídicos tributários.

64. **(Cespe/PGM/Salvador/Procurador/2015)** Com relação à responsabilidade tributária por infrações e aos crimes contra a ordem tributária, assinale a opção correta com fundamento na legislação de regência e na jurisprudência do STF:

a) Para o STF, o chamado estelionato previdenciário é crime instantâneo para o beneficiário da prestação previdenciária e delito permanente, de efeitos permanentes, para o terceiro que a viabilizar.

b) A prescrição criminal corre normalmente enquanto houver parcelamento tributário vigente dos créditos tributários do objeto de persecução penal.

c) A vigência de parcelamento do crédito tributário impede a imediata remessa de representação fiscal para fins penais ao MP, que ocorrerá somente após a exclusão da pessoa física ou jurídica do parcelamento.

d) Todos os crimes contra a ordem tributária são materiais, razão pela qual somente é possível ajuizar a ação penal após a constituição definitiva do crédito tributário.

e) Para o STF, é inadmissível a aplicação do princípio da insignificância ao descaminho e ao contrabando.

65. **(Cespe/TCE/SC/Auditor/2016)** Decidido anteriormente pelo juízo de direito, nos autos da recuperação judicial, que o adquirente de unidade produtiva via alienação naquele processo não responderia pelas obrigações do devedor (art. 60, parágrafo único, da Lei n. 11.101/2005), tal deliberação sobrepõe-se a qualquer decisão sobre a matéria advinda de juízos diversos, sob pena de inibição do propósito tutelar e da operacionalidade do mencionado diploma legal. (AgRg no CC 112638 / RJ, Rel. Min. João Otávio de Noronha, Segunda Seção do STJ, Data 10/8/2011). A alienação de filial ou unidade produtiva isolada de uma empresa que sofre processos de execução fiscal – no caso de a sociedade empresária não estar submetida à falência ou processo de recuperação judicial – ensejará a responsabilidade, por sucessão, do adquirente em relação à integridade do crédito tributário se o alienante cessar o exercício de qualquer atividade mercantil.

66. **(Cespe/TCU/Procurador/2015)** Com relação às limitações do poder de tributar, vigência, aplicação, interpretação e integração da legislação tributária, sujeito ativo e domicílio tributário e responsabilidade dos sucessores, assinale a opção correta:

a) O sucessor a qualquer título e o cônjuge meeiro são subsidiariamente responsáveis pelos tributos devidos pelo autor da herança até a data da abertura da sucessão, limitada essa responsabilidade ao montante do quinhão do legado ou da meação.

b) A empresa Livros Técnicos S.A. adquiriu, a título oneroso, estabelecimento empresarial da empresa OBX Ltda. e, três meses depois dessa aquisição, a empresa OBX iniciou nova atividade empresarial, em outro ramo de comércio e indústria. Nesse caso, a Livros Técnicos S.A. será subsidiariamente responsável pelos débitos tributários devidos pela OBX até a data da alienação.

c) Em regra, considera-se como domicílio tributário o lugar da situação do bem ou da ocorrência dos atos ou fatos que derem origem à obrigação.

d) Admite-se que a legislação tributária conceda desconto pela antecipação do pagamento, exigindo-se, para tanto, que haja lei autorizativa específica nesse sentido.

e) A não incidência de contribuições sociais sobre receitas decorrentes de exportação configura hipótese de isenção tributária.

67. **(Cespe/PC/GO/Delegado/2017)** São responsáveis pelos créditos tributários relativos a obrigação de terceiros, quando não for possível exigir-lhes o cumprimento da obrigação principal, independentemente de terem agido com excesso de poderes ou em desacordo com a lei, estatuto ou contrato social:

a) os empregados.
b) os diretores de pessoa jurídica.
c) os representantes legais de pessoas jurídicas de direito privado.
d) os administradores de bens de terceiros.
e) os mandatários.

68. **(Cespe/PGM/Fortaleza/Procurador/2017)** Admite-se a concessão do benefício da denúncia espontânea na hipótese de o contribuinte, depois de apresentar declaração parcial do crédito tributário e realizar o respectivo pagamento, retificar a própria declaração e efetuar o pagamento complementar, antes de qualquer iniciativa da administração tributária.

69. **(Cespe/PGM/Fortaleza/Procurador/2017)** A substituição tributária progressiva, modalidade de responsabilidade tributária por transferência, ocorre quando a obrigação de pagar é adiada para momento posterior ao fato jurídico tributário.

5. CRÉDITO TRIBUTÁRIO

5.1. Constituição

✱ SÚMULAS

STJ Súm. 360. O benefício da denúncia espontânea não se aplica aos tributos sujeitos a lançamento por homologação regularmente declarados, mas pagos a destempo.

STJ Súm. 436. A entrega de declaração pelo contribuinte reconhecendo débito fiscal constitui o crédito tributário, dispensada qualquer outra providência por parte do fisco.

STJ Súm. 446. Declarado e não pago o débito tributário pelo contribuinte, é legítima a recusa de expedição de certidão negativa ou positiva com efeito de negativa.

STJ Súm. 555. Quando não houver declaração do débito, o prazo decadencial quinquenal para o Fisco constituir o crédito tributário conta-se exclusivamente na forma do art. 173, I, do CTN, nos casos em que a legislação atribui ao sujeito passivo o dever de antecipar o pagamento sem prévio exame da autoridade administrativa.

✱ QUESTÕES OBJETIVAS

70. **(Cespe/TCE/PB/Auditor/2018)** O lançamento em que a legislação atribui ao sujeito passivo da obrigação tributária o dever de antecipar o pagamento do tributo sem que haja prévio exame da autoridade administrativa denomina-se lançamento

a) de ofício.
b) direto.
c) por homologação.
d) por declaração.
e) prévio.

71. **(Cespe/PC/PE/Delegado/2016)** Considerando que lançamento é o procedimento pelo qual a autoridade administrativa constitui o crédito tributário, assinale a opção correta:

a) A revisão do lançamento só poderá ser iniciada enquanto não tiver sido extinto o direito da fazenda pública.
b) O ato de lançamento é corretamente classificado como um ato discricionário.
c) Os erros contidos na declaração do sujeito passivo não poderão ser retificados de ofício pela autoridade administrativa responsável.
d) Após a regular notificação do sujeito passivo, o lançamento não poderá ser alterado.
e) Salvo disposição legal em contrário, o lançamento realizado em moeda estrangeira terá a sua conversão para moeda nacional com base no câmbio do dia do pagamento do tributo.

72. **(Cespe/TCE/SC/Auditor/2016)** Autoridade fiscal de determinado município foi denunciada no tribunal de contas do estado (TCE) por ter emitido certidão positiva com efeitos de negativa para uma empresa que detinha débitos de imposto sobre serviços de qualquer natureza (ISS) com o município. Na denúncia, constava que a certidão havia sido expedida durante o período em que era analisado, em processo administrativo tributário, o recurso interposto pela empresa contra a decisão em primeira instância, que havia julgado improcedente a impugnação do contribuinte e concluído pela subsistência do auto de infração, dada a existência de débito da empresa. A esse respeito, dispõe o Código Tributário Nacional (CTN): "Art. 205. A lei poderá exigir que a prova da quitação de determinado tributo, quando exigível, seja feita por certidão negativa, expedida à vista de requerimento do interessado, que contenha todas as informações necessárias à identificação de sua pessoa, domicílio fiscal e ramo de negócio ou atividade e indique o período a que se refere o pedido. Parágrafo único. A certidão negativa será sempre expedida nos termos em que tenha sido requerida e será fornecida dentro de dez dias da data da entrada do requerimento na repartição. Art. 206. Tem os mesmos efeitos previstos no artigo anterior a certidão de que conste a existência de créditos não vencidos, em curso de cobrança executiva em que tenha sido efetivada a penhora, ou cuja exigibilidade esteja suspensa". Na situação em apreço, a constituição do crédito tributário já havia ocorrido com o lançamento, ou seja, em ato anterior ao julgamento da impugnação do contribuinte.

73. **(Cespe/TCE/SC/Auditor/2016)** No exercício do controle fiscal, o tribunal de contas identificou que a secretaria de fazenda do estado vinha, de forma contumaz, retardando por mais de cinco anos a constituição de muitos dos créditos tributários oriundos de tributos sujeitos a lançamento de ofício, fato que gerou, como consectário lógico, a impossibilidade de cobrar do contribuinte o crédito tributário. Nesses casos, não havia possibilidade de a autoridade competente realizar o lançamento. Considerando-se que, nessa situação, não tenha havido anulação de lançamento por vício formal, os tributos referidos deveriam ter sido lançados em até cinco anos, contados do primeiro dia do exercício seguinte àquele em que o lançamento poderia ter sido efetuado.

74. **(Cespe/TCE/SC/Auditor/2016)** No exercício do controle fiscal, o tribunal de contas identificou que a secretaria de fazenda do estado vinha, de forma contumaz, retardando por mais de cinco anos a constituição de muitos dos créditos tributários oriundos de tributos sujeitos a lançamento de ofício, fato que gerou, como consectário lógico, a impossibilidade de cobrar do contribuinte o crédito tributário. Nesses casos, não havia possibilidade de a autoridade competente realizar o lançamento. Caso um contribuinte apresente a declaração exigida por lei e efetive o pagamento antecipado de tributos sujeitos ao lançamento por homologação, desde que inexistente lei estadual que fixe prazo distinto, o prazo para a homologação será de cinco anos, contados da efetiva ocorrência do fato gerador de cada tributo.

75. **(Cespe/TCE/PA/Auditor/2016)** A sociedade empresária XYZ, que tem por objeto social o comércio de roupas e acessórios, encontra estabelecida em Belém – PA. No desenvolvimento de sua atividade empresarial, essa pessoa jurídica prestava as declarações exigidas pela legislação tributária relativamente ao imposto sobre operações relativas à circulação de mercadorias e prestação de serviço de transporte interestadual e intermunicipal e de comunicação (ICMS) e efetuava o pagamento antecipado do crédito tributário. A partir de dezembro de 2011, embora a sociedade empresária tenha continuado a enviar as declarações, deixou de efetuar o pagamento do valor correspondente à obrigação principal. Em fevereiro de 2016, a secretaria de fazenda estadual identificou, mediante fiscalização no estabelecimento empresarial, o descumprimento das obrigações principal e acessórias relativas ao pagamento do ICMS, tais como a emissão de notas fiscais e preenchimento de livro fiscal obrigatório. A declaração de ICMS realizada pelo contribuinte constitui o crédito tributário, de modo que não há a necessidade de realização do ato de lançamento por homologação, iniciando-se o prazo prescricional desde o transcurso do prazo de vencimento da obrigação principal.

76. **(Cespe/TCE/PA/Auditor/2016)** A constituição de um crédito tributário pode ser ato unilateral da administração pública, bem como pode depender de declaração do contribuinte.

77. **(Cespe/TCE/PR/Analista/2016)** No que concerne ao crédito tributário e suas eventuais implicações, assinale a opção correta:

a) A concessão de medida liminar em mandado de segurança não suspende nem extingue o crédito tributário.

b) A exclusão do crédito tributário dispensa o cumprimento das obrigações acessórias dependentes da obrigação principal cujo crédito seja excluído, ou dela consequente.

c) Regularmente notificado o sujeito passivo, o lançamento não poderá ser alterado, de ofício, em recurso.

d) Comprovada a falsidade, o erro ou a omissão quanto a qualquer elemento definido na legislação tributária como de declaração obrigatória, o lançamento deverá ser efetuado e revisto de ofício pela autoridade administrativa.

e) O depósito integral do montante do crédito tributário resulta em sua extinção.

78. **(Cespe/PGM/Fortaleza/Procurador/2017)** No que concerne à atividade de cobrança de tributo, não se admite avaliação do mérito administrativo pelo agente público, uma vez que o motivo e o objeto da atividade administrativa fiscal são plenamente vinculados.

79. **(Cespe/PGM/Fortaleza/Procurador/2017)** Considera-se válida e regular a notificação do lançamento de ofício do imposto predial e territorial urbano por meio de envio de carnê ou da publicação de calendário de pagamento juntamente com as instruções para o cumprimento da obrigação tributária.

80. **(Cespe/PGM/Fortaleza/Procurador/2017)** A declaração prestada pelo contribuinte nos tributos sujeitos a lançamento por homologação não constitui o crédito tributário, pois está sujeita a condição suspensiva de ulterior homologação pela administração tributária.

5.2. Suspensão

✱ SÚMULAS

STJ Súm. 112. O depósito somente suspende a exigibilidade do crédito tributário se for integral e em dinheiro.

STJ Súm. 373. É ilegítima a exigência de depósito prévio para admissibilidade de recurso administrativo.

✱ INFORMATIVOS DE JURISPRUDÊNCIA

Parcelamento tributário. Art. 1°, § 2°, da Lei 11.941/09. Inclusão de percentual de débito isolado. Impossibilidade. Respeito ao período de apuração ou competência do tributo.

STJ O contribuinte pode optar pelo parcelamento de débitos considerados isoladamente, nos termos do art. 1º, § 2º, da Lei 11.941/09, ainda que relativos a uma mesma CDA, não sendo possível o parcelamento de uma fração de competência ou período de apuração. REsp 1.382.317, Rel. Min. Benedito Gonçalves, DJ 14.12.2017. 1ª T. (Info 617)

✱ QUESTÕES OBJETIVAS

81. **(Cespe/PGE/PE/Procurador/2018)** Em relação aos créditos de natureza tributária, a inscrição em dívida ativa

a) interrompe o prazo de prescrição da ação para a cobrança do crédito.
b) suspende o prazo de prescrição da ação para a cobrança do crédito.
c) interrompe o prazo prescricional para o lançamento do crédito.
d) suspende o prazo prescricional para o lançamento do crédito.
e) não interrompe nem suspende o prazo prescricional da ação para a cobrança do crédito.

82. **(Cespe/DPE/PE/Defensor/2018)** De acordo com o Código Tributário Nacional, as hipóteses de suspensão do crédito tributário incluem a

a) moratória, o parcelamento e a remissão.
b) prescrição, a decadência e o parcelamento.
c) remissão, o parcelamento e o depósito do montante integral do crédito.
d) concessão de liminar em favor do sujeito passivo, a compensação e a transação.
e) moratória, o depósito do montante integral do crédito e a concessão de liminar em favor do sujeito passivo.

83. **(Cespe/TJ/AM/Juiz/2016)** A empresa J Ltda. impetrou, em 20.7.2014, mandado de segurança para obter certidão negativa de débitos tributários na Fazenda do Estado do Amazonas. Ao seu nome estavam vinculados três débitos: um primeiro, já com decisão de primeira instância, pendente de intimação, mantendo o lançamento; um segundo, de ICMS, em relação ao qual o contribuinte alegou decadência, tendo o fato gerador ocorrido em 20.6.2009, com declaração e pagamento parcial do tributo à época, sem que tivesse ocorrido até a data da impetração qualquer lançamento; e um terceiro, em fase de execução judicial, com penhora determinada, e não realizada, sobre o faturamento. Nessa situação hipotética:

a) ocorrida a penhora sobre o faturamento, seria possível a expedição da certidão negativa, de acordo com o CTN.
b) não havia possibilidade de expedição de certidão negativa, mas apenas de certidão positiva com efeitos de negativa.
c) a expedição da certidão cabível estava condicionada ao depósito integral do terceiro débito discutido.
d) não havia ocorrido a decadência do segundo débito, pois o início da contagem do prazo de decadência era 1º.1.2010, por força de dispositivo do CTN.
e) a prolação de decisão pela Secretaria de Fazenda do Estado do Amazonas cessou a suspensão da exigibilidade do crédito tributário que permitiria a expedição da certidão cabível.

84. **(Cespe/TJ/DFT/Juiz/2015)** Determinado programa de parcelamento de débitos tributários, que possibilita aos contribuintes parcelarem suas dívidas em até cento e vinte meses, foi instituído por lei pelo DF. A empresa Z, que praticou sonegação com emissão de notas fiscais fraudadas, realizou denúncia espontânea e requereu ingresso em tal programa, com o parcelamento da dívida confessada. A respeito dessa situação hipotética, assinale a opção correta:

a) No caso de dolo, fraude ou simulação por parte do contribuinte, não é possível a concessão de parcelamento, razão por que o requerimento da empresa Z deve ser indeferido.

b) Nessa situação, o parcelamento poderá ser concedido, sendo, no entanto, modalidade de suspensão do crédito tributário, de modo que somente após seu integral cumprimento é que estará excluída a responsabilidade da empresa Z.

c) A comunicação espontânea da empresa à autoridade tributária é suficiente para que seja excluída a sua reponsabilidade pela infração.

d) O parcelamento é modalidade de extinção do crédito tributário, de modo que sua concessão equivale ao pagamento do tributo, o que, aliado à denúncia espontânea, exclui a responsabilidade da empresa Z.

e) Para ser válida, a denúncia espontânea deve ser acompanhada do pagamento do tributo, sendo suficiente para que ela produza efeitos que a empresa Z quite o principal, excluídos os juros e as penalidades.

85. (Cespe/TJ/DFT/Juiz/2015) Determinada unidade da Federação criou norma de processo administrativo tributário que torna obrigatório o depósito de 30% do valor do crédito tributário discutido como condição para recorrer para o tribunal administrativo de recursos fiscais. Após tal modificação, determinado contribuinte recebeu intimação sobre a decisão de primeira instância que lhe foi desfavorável, tendo apresentado recurso desacompanhado de depósito. Antes de intimar o contribuinte, o tribunal administrativo inscreveu o crédito em dívida ativa para interromper a prescrição e declarou a suspensão da exigibilidade do crédito tributário diante da interposição do recurso. A respeito dessa situação hipotética, assinale a opção correta:

a) Como é inconstitucional a exigência de depósito recursal na esfera administrativa, a autoridade agiu corretamente ao suspender a exigibilidade do crédito tributário.

b) Devido ao fato de a ausência de depósito impossibilitar a admissibilidade do recurso, a inscrição do crédito em dívida ativa é válida, pois se refere a crédito líquido e certo.

c) A lei promulgada pelo ente federativo é inválida, pois está em desacordo com o Código Tributário Nacional (CTN), o qual exige que o montante a ser depositado para interpor recurso corresponda ao valor integral do crédito discutido.

d) A ausência de depósito impossibilitou a admissão do recurso administrativo, de modo que não é obrigatória a suspensão da exigibilidade do crédito tributário.

e) A inscrição em dívida ativa interrompeu a prescrição.

86. (Cespe/DPU/Defensor/2017) Nas hipóteses de suspensão da exigibilidade do crédito tributário, fica dispensado o cumprimento das obrigações acessórias dependentes da obrigação principal que for suspensa.

87. (Cespe/DPU/Defensor/2017) É possível a suspensão da exigibilidade do crédito tributário em decorrência da concessão de medida liminar em mandado de segurança.

88. (Cespe/DPU/Defensor/2017) Por meio do instituto da transação tributária, é possível a suspensão do crédito tributário em benefício do contribuinte.

89. (Cespe/DPU/Defensor/2017) A efetividade de medida liminar para suspender a exigibilidade de créditos tributários está condicionada ao exaurimento das instâncias administrativas para a anulação dos autos de infração pertinentes, visto que, nessa situação, não cabe ao Poder Judiciário analisar o mérito administrativo.

5.3. Extinção

✱ SÚMULAS

1) Compensação

STJ Súm. 212. A compensação de créditos tributários não pode ser deferida em ação cautelar ou por medida liminar cautelar ou antecipatória.

STJ Súm. 213. O mandado de segurança constitui ação adequada para a declaração do direito à compensação tributária.

STJ Súm. 460. É incabível o mandado de segurança para convalidar a compensação tributária realizada pelo contribuinte.

STJ Súm. 461. O contribuinte pode optar por receber, por meio de precatório ou por compensação, o indébito tributário certificado por sentença declaratória transitada em julgado.

STJ Súm. 464. A regra de imputação de pagamentos estabelecida no art. 354 do Código Civil não se aplica às hipóteses de compensação tributária.

2) Prescrição e Decadência

STF Súm. Vinculante 8. São inconstitucionais o parágrafo único do artigo 5º do Decreto-lei n. 1.569/1977 e os artigos 45 e 46 da Lei n. 8.212/1991, que tratam de prescrição e decadência de crédito tributário.

3) Repetição de Indébito

STF Súm. 546. Cabe a restituição do tributo pago indevidamente, quando reconhecido por decisão, que o contribuinte "de jure" não recuperou do contribuinte "de facto" o "quantum" respectivo.

STJ Súm. 162. Na repetição de indébito tributário, a correção monetária incide a partir do pagamento indevido.

STJ Súm. 188. Os juros moratórios, na repetição do indébito tributário, são devidos a partir do trânsito em julgado da sentença.

STJ Súm. 447. Os Estados e o Distrito Federal são partes legítimas na ação de restituição de imposto de renda retido na fonte proposta por seus servidores.

STJ Súm. 523. A taxa de juros de mora incidente na repetição de indébito de tributos estaduais deve corresponder à utilizada para cobrança do tributo pago em atraso, sendo legítima a incidência da taxa Selic, em ambas as hipóteses, quando prevista na legislação local, vedada sua cumulação com quaisquer outros índices.

* REPERCUSSÃO & REPETITIVOS

STJ Repetitivo 903. A notificação do contribuinte para o recolhimento do IPVA perfectibiliza a constituição definitiva do crédito tributário, iniciando-se o prazo prescricional para a execução fiscal no dia seguinte à data estipulada para o vencimento da exação. (REsp 1320825, 10.8.2016)

* INFORMATIVOS DE JURISPRUDÊNCIA

Prazo prescricional e tributo declarado inconstitucional

STF Quando do ajuizamento da ação, o STJ entendia que o prazo prescricional tinha início a partir da data da declaração de inconstitucionalidade da exação pelo STF no controle concentrado, ou de resolução do Senado Federal, no controle difuso. Depois, o STJ reviu sua jurisprudência para considerar que, nos tributos sujeitos a lançamento por homologação, o transcurso do prazo prescricional ocorre a partir do recolhimento indevido (REsp 435835). A modificação na jurisprudência em matéria de prescrição não pode retroagir para considerar prescrita pretensão que não o era à época do ajuizamento da ação, em respeito ao posicionamento anteriormente consolidado. ARE 951533, Rel. Acd. Min. Dias Toffoli, j. 12.6.2018. 2ª T. (Info 906).

* QUESTÕES OBJETIVAS

90. **(Cespe/PGE/PE/Procurador/2018)** Segundo o CTN, a conversão do depósito judicial em renda é considerada uma modalidade de

a) remissão do crédito tributário.
b) suspensão do crédito tributário.
c) extinção do crédito tributário.
d) exclusão do crédito tributário.
e) dispensa do crédito tributário.

91. **(Cespe/PGE/PE/Procurador/2018)** Determinado tributo deveria ter sido lançado no dia 5 de setembro de 2016, uma segunda-feira, mas o contribuinte não providenciou a declaração do débito. A legislação desse tributo atribuiu ao sujeito passivo o dever de antecipar o pagamento sem prévio exame da autoridade administrativa. Nessa situação hipotética, considerando-se a posição majoritária do STJ, a data correta para o início da contagem do prazo quinquenal para a fazenda pública constituir o crédito tributário é o

a) dia 5 de setembro de 2016.
b) dia 6 de setembro de 2016.
c) último dia útil de setembro de 2016.
d) primeiro dia útil de outubro de 2016.
e) dia 1. de janeiro de 2017.

92. **(Cespe/PC/PE/Delegado/2016)** No que diz respeito aos institutos da prescrição e da decadência, assinale a opção correta:

a) A prescrição e a decadência estão previstas no CTN como formas de exclusão do crédito tributário.
b) O direito de ação para a cobrança do crédito tributário decai em cinco anos, contados da data da sua constituição definitiva.

c) O protesto judicial é uma forma de interrupção da prescrição.

d) O direito de a fazenda pública constituir o crédito tributário prescreve após cinco anos, contados do primeiro dia do exercício seguinte àquele em que o lançamento poderia ter sido efetuado.

e) As normas gerais sobre prescrição e decadência na matéria tributária devem ser estabelecidas por meio de lei ordinária.

93. **(Cespe/PC/PE/Delegado/2016)** De acordo com as disposições do CTN, é causa de extinção da exigibilidade do crédito tributário:

a) a consignação em pagamento.

b) as reclamações e os recursos, nos termos das leis reguladoras do processo tributário administrativo.

c) a concessão de medida liminar ou de tutela antecipada, em outras espécies de ação judicial.

d) o parcelamento.

e) a concessão de medida liminar em mandado de segurança.

94. **(Cespe/TCE/PA/Auditor/2016)** A concessão de parcelamento tributário não dá ensejo à extinção dos créditos tributários parcelados, pois não ocorre o fenômeno da novação.

95. **(Cespe/TCE/SC/Auditor/2016)** No exercício do controle fiscal, o tribunal de contas identificou que a secretaria de fazenda do estado vinha, de forma contumaz, retardando por mais de cinco anos a constituição de muitos dos créditos tributários oriundos de tributos sujeitos a lançamento de ofício, fato que gerou, como consectário lógico, a impossibilidade de cobrar do contribuinte o crédito tributário. Nesses casos, não havia possibilidade de a autoridade competente realizar o lançamento. A situação hipotética diz respeito à prescrição tributária de tributos estaduais.

96. **(Cespe/PC/PE/Delegado/2016)** A repetição do indébito tributário refere-se à possibilidade de o contribuinte requerer às autoridades fazendárias a devolução de valores pagos indevidamente a título de tributo. A respeito desse assunto, assinale a opção correta:

a) Os juros moratórios na repetição do indébito tributário são devidos a partir da data do fato gerador.

b) Prescreve em dois anos a ação anulatória da decisão administrativa que denegar a restituição.

c) Na repetição do indébito tributário, a correção monetária incide desde a data do fato gerador.

d) O direito do sujeito passivo à restituição total ou parcial do tributo depende necessariamente de prévio protesto.

e) O direito de pleitear a restituição extingue-se após dois anos do pagamento espontâneo do tributo.

97. **(Cespe/TJ/DFT/Juiz/2015)** Em 31.12.2009, o fisco de determinada unidade da Federação, por meio dos seus auditores, efetuou lançamento de ofício relativo ao tributo de ICMS e verificou inexatidão por parte da empresa Y no recolhimento e na declaração do referido imposto. O fisco intimou a contribuinte para que, no prazo de vinte dias, pagasse o crédito tributário, cujo fato gerador ocorreu em 9/9/2009. No entanto, por inadvertência, foi omitido, na intimação, o prazo para a impugnação do lançamento. Após quatro anos e sete meses da data do lançamento, houve a inscrição em dívida ativa do débito da empresa Y. Posteriormente, o fisco propôs a ação de execução fiscal do crédito, tendo o despacho que determinou a citação ocorrido oito meses depois da inscrição do débito em dívida ativa. Acerca dessa situação hipotética, assinale a opção correta:

a) A pretensão do fisco com relação à empresa Y encontra-se prescrita, pois a inscrição em dívida ativa não interrompe a prescrição.

b) O fisco praticou ato inválido ao realizar o lançamento de ofício, porque o ICMS é tributo sujeito a lançamento por homologação.

c) Embora não tenha sido especificado o prazo de defesa, a intimação do lançamento em questão foi válida porque a duração do prazo de impugnação está prevista em lei.

d) Como os prazos decadenciais não são interrompidos, ocorreu a decadência da exigibilidade da obrigação tributária.

e) Na data do despacho que determinou a citação, o crédito tributário encontrava-se exigível pois a inscrição em dívida ativa suspendeu a prescrição.

98. **(Cespe/TJ/PB/Juiz/2015)** Em 20.7.2007, ocorreu fato gerador de ICMS que resultou em obrigação tributária no valor de dez mil reais. O contribuinte realizou pagamento parcial de cinco mil reais, mas a declaração respectiva foi encaminhada de forma incorreta. Em 26.10.2012, um auditor fiscal efetuou lançamento referente ao valor do tributo não pago. O contribuinte impugnou o ato administrativo, em 6.11.2013, mas, posteriormente, preferiu confessar o débito e aderir a programa de parcelamento do crédito tributário, o que resultou na desistência da impugnação realizada. Nessa situação hipotética:

a) ocorreu decadência do direito ao lançamento do crédito tributário, o que permite ao contribuinte pedir restituição ou ajuizar repetição do indébito em relação aos valores do parcelamento já pagos, haja vista que a confissão de débito não é suficiente para reavivar o débito.
b) não ocorreu a prescrição do tributo, pois, no caso, trata-se de tributo com lançamento por homologação, o que faz que o prazo para o lançamento seja contado a partir do primeiro dia do exercício seguinte àquele em que o lançamento poderia ter sido efetuado, mesmo nos casos em que haja pagamento.
c) embora tenha ocorrido prescrição com referência ao tributo em 21.7.2012, o que invalida o lançamento, a confissão de débito legitimou os pagamentos feitos pelo contribuinte durante o parcelamento.
d) não ocorreu a decadência do direito ao lançamento, pois, no caso, o lançamento do tributo se dá por declaração, o que faz que o prazo para o lançamento seja contado a partir do primeiro dia do exercício seguinte àquele em que o lançamento poderia ter sido efetuado.
e) não houve decadência do direito ao lançamento, pois, tratando-se de tributo com lançamento por homologação, o prazo decadencial deve ser contado a partir do primeiro dia do exercício seguinte àquele em que o lançamento poderia ter sido efetuado, mesmo nos casos em que tenha ocorrido pagamento parcial.

99. **(Cespe/TJ/AM/Juiz/2016)** A indústria de armamentos A, considerando-se detentora de créditos fiscais do ICMS originados do uso de projéteis balísticos em testes de qualidade de seus produtos, visando obter a convalidação de compensação tributária realizada em sua contabilidade e declarada nos formulários próprios às autoridades tributárias, impetrou mandado de segurança preventivo contra possível ato do secretário executivo da Receita da Secretaria de Fazenda do Estado do Amazonas. Acerca do cabimento, da adequação e dos efeitos de tal ação em relação às autoridades administrativas, assinale a opção correta:

a) A pretensão de obter créditos fiscais de ICMS pela utilização de projéteis balísticos em testes é incabível, já que, para que um produto intermediário gere créditos, é indispensável que ele integre o produto final.
b) Embora o mandado de segurança em matéria de compensação tributária tenha efeitos condenatórios, é admissível sua utilização para convalidar compensação efetivada pelo contribuinte.
c) É possível a convalidação de compensação efetivada pelo contribuinte, uma vez que é cabível a dilação probatória em mandado de segurança.
d) O mandado de segurança preventivo em matéria de compensação tributária tem efeitos meramente declaratórios, de modo que é compatível com a convalidação de compensação efetivada pelo contribuinte.
e) É cabível a declaração de compensação via mandamental, não podendo, todavia, o Poder Judiciário impor entraves para que a administração tributária apure a liquidez e certeza dos créditos apontados pelo contribuinte nas suas declarações e contabilidade.

100. **(Cespe/TRF/5R/Juiz/2015)** Considerando que um contribuinte devedor do fisco adquira precatórios judiciais a fim de compensar o valor de face dos títulos com o crédito tributário, assinale a opção correta no que se refere à suspensão da exigibilidade do crédito tributário e cobrança do crédito, conforme previsto no CTN:

a) O pedido de compensação do crédito tributário pode ser considerado causa de interrupção da prescrição da cobrança do crédito tributário.
b) O pedido de compensação com a utilização de precatórios judiciais é de mesma natureza que um parcelamento de crédito tributário, com relação à exigência do crédito tributário.
c) A compensação efetiva gera a extinção do crédito tributário, que, desde o pedido, tem sua exigibilidade suspensa.
d) O pedido de compensação gera a impossibilidade jurídica de se iniciar uma execução fiscal.
e) Durante o processo de execução fiscal, não é mais possível a suspensão da exigibilidade do crédito tributário.

101. **(Cespe/PGE/AM/Procurador/2016)** A compensação é modalidade de extinção do crédito tributário que, se tiver por objeto tributo contestado judicialmente, somente se concretizará após a formação da coisa julgada a favor do contribuinte.

102. (Cespe/DPU/Defensor/2015) A moratória e a concessão de medida liminar em mandado de segurança são casos de suspensão do crédito tributário, ao passo que a anistia e a isenção são casos de extinção do crédito tributário.

103. (Cespe/DPU/Defensor/2015) Caso determinado contribuinte tenha dois ou mais débitos tributários vencidos com a União, estes deverão ser cobrados na seguinte ordem de precedência: impostos, taxas e contribuição de melhoria.

104. (Cespe/AGU/Advogado/2015) Carlos ajuizou, em 2006, ação contra Paulo, na qual pleiteou indenização por danos materiais e morais. Após sentença transitada em julgado, ele obteve julgamento de procedência total dos pedidos formulados, razão pela qual recebeu, a título de indenização por danos morais, o valor de R$ 50.000, sendo R$ 20.000 a título de danos morais próprios e R$ 30.000 a título de danos estéticos. Pelos danos materiais, Carlos recebeu R$ 30.000, dos quais R$ 10.000 correspondem a danos emergentes e R$ 20.000 a lucros cessantes. No tempo devido, ele declarou os valores recebidos e efetuou o recolhimento do imposto de renda correspondente. A extinção do crédito tributário ocorrerá cinco anos após o pagamento realizado por Carlos, quando ocorre a homologação tácita da declaração e do pagamento realizado, visto que o imposto de renda é espécie tributária sujeita a lançamento por homologação.

105. (Cespe/AGU/Advogado/2015) O prazo para a propositura de ação de repetição de indébito será de cinco anos a partir do primeiro dia do exercício seguinte à extinção do crédito tributário.

106. (Cespe/TCE/RN/Auditor/2015) Lei estadual poderá prever que a compensação tributária seja utilizada pelo contribuinte devedor para abater créditos, ainda que vincendos, da fazenda pública.

107. (Cespe/TCE/RN/Auditor/2015) Conforme o CTN, lei estadual não poderá autorizar que a compensação tributária abarque tributos de espécies distintas.

108. (Cespe/TCE/RN/Auditor/2015) De acordo com a jurisprudência consolidada do STJ, é possível efetivar a compensação tributária a contribuinte devedor que tenha créditos, por meio de medida liminar obtida na esfera judiciária.

109. (Cespe/TCE/RN/Auditor/2015) A utilização do instituto da compensação tributária nos estados e nos municípios depende de lei ordinária, estadual ou municipal.

110. (Cespe/PGE/SE/Procurador/2017) Uma lei estadual indicou autoridade competente para estabelecer condições que possibilitassem ao contribuinte e à fazenda pública estadual negociar o encerramento de litígios judiciais e administrativos acerca de determinada questão tributária. A referida norma estabeleceu que as partes deveriam fazer determinadas concessões mútuas com o objetivo de alcançar a extinção do crédito tributário. A negociação objeto da situação hipotética apresentada é um exemplo de:

a) compensação.
b) anistia.
c) moratória.
d) remissão.
e) transação.

111. (Cespe/TCU/Procurador/2015) Assinale a opção correta no que se refere a limitações do poder de tributar, distinção entre imunidade, isenção e não incidência, vigência, aplicação, interpretação e integração da legislação tributária, e extinção do crédito tributário:

a) A revogação de isenção obedece ao princípio da anterioridade, não se podendo exigir o tributo imediatamente.
b) Na repetição do indébito tributário, a correção monetária incide a partir da citação da fazenda pública.
c) Na repetição do indébito tributário, os juros moratórios são devidos a partir do arbitramento em sentença.
d) Ainda que um tributo indireto seja pago indevidamente, não caberá a sua restituição, salvo se o contribuinte de direito comprovar que não transferiu o encargo financeiro ao contribuinte de fato ou que está expressamente autorizado pelo contribuinte de fato a receber a restituição.
e) A isenção tributária é um favor legal, podendo, ainda que concedida sob condição onerosa, ser livremente suprimida.

112. (Cespe/TCU/Procurador/2015) Assinale a opção correta com relação a STN, natureza jurídica e suspensão do crédito tributário, extinção do crédito tributário e impostos da União:

a) O restabelecimento da alíquota da CIDE-Combustíveis e do ICMS-Combustíveis é exceção às anterioridades anual e nonagesimal.

b) Incidirá IPI sobre bem industrializado exportado para o exterior por pessoa física ou jurídica, ainda que esta não seja contribuinte habitual do imposto.

c) Conforme o STF, a contribuição destinada ao SEBRAE ostenta natureza de contribuição social geral.

d) A consulta formulada pelo devedor dentro do prazo legal para pagamento do crédito afasta a incidência de juros de mora, mas não a de correção monetária.

e) O CTN veda que lei ordinária autorize o pagamento do tributo em estampilha, em papel selado, ou por processo mecânico, porquanto se impõe o pagamento em moeda nacional.

113. **(Cespe/TCU/Procurador/2015)** Assinale a opção correta com referência a STN, natureza jurídica, obrigação tributária, sujeito passivo e extinção do crédito tributário:

a) Conforme a classificação adotada pelo STF quanto à natureza das espécies tributárias que integram o STN, as contribuições para o Sistema S são, em regra, consideradas contribuições no interesse de categorias profissionais.

b) A simples falta de comunicação de mudança de domicílio fiscal às autoridades competentes não deflagra a responsabilidade tributária do sócio-gerente nem o redirecionamento da execução fiscal.

c) Não cabe mandado de segurança para convalidar compensação tributária realizada pelo contribuinte.

d) A denúncia espontânea exclui a responsabilidade do agente por infrações, desde que apresentada antes do início da ação penal, em relação às infrações conceituadas em lei como crimes.

e) Na compensação tributária, aplica-se a regra de imputação de pagamentos estabelecida no Código Civil quando os dispositivos do CTN não derem solução concreta ao caso.

114. **(Cespe/AGU/Advogado/2015)** Carlos ajuizou, em 2006, ação contra Paulo, na qual pleiteou indenização por danos materiais e morais. Após sentença transitada em julgado, ele obteve julgamento de procedência total dos pedidos formulados, razão pela qual recebeu, a título de indenização por danos morais, o valor de R$ 50.000, sendo R$ 20.000 a título de danos morais próprios e R$ 30.000 a título de danos estéticos. Pelos danos materiais, Carlos recebeu R$ 30.000, dos quais R$ 10.000 correspondem a danos emergentes e R$ 20.000 a lucros cessantes. No tempo devido, ele declarou os valores recebidos e efetuou o recolhimento do imposto de renda correspondente. Por ser tributo sujeito ao autolançamento, não será admitida a repetição de indébito, podendo o valor pago a maior ser utilizado pelo contribuinte em futura compensação com outros créditos tributários.

115. **(Cespe/TCE/RN/Assessor_Jurídico/2015)** A empresa Tripoli Ltda. recolheu ICMS a mais durante determinado período de 2013 em face de errônea interpretação da legislação tributária. Independentemente de protesto, a pessoa jurídica ajuizou ação de repetição de indébito em 2015. Ao despachar a demanda, o juízo competente exigiu que a contribuinte demonstrasse a assunção do ICMS ou que estivesse autorizada por quem o assumiu para demandar contra a fazenda pública. A ação de repetição de indébito tributário foi ajuizada em prazo oportuno, porém o juízo equivocou-se ao condicionar o recebimento da inicial à demonstração da assunção do custo financeiro do tributo, porque o ICMS é considerado tributo direto, cujo ônus financeiro é assumido integralmente pelo contribuinte, como no imposto sobre a renda e, portanto, inaplicável o art. 166 do CTN ao ICMS.

5.4. Exclusão

* SÚMULAS

STF Súm. 539. É constitucional a lei do Município que reduz o imposto predial urbano sobre imóvel ocupado pela residência do proprietário, que não possua outro.

STF Súm. 544. Isenções tributárias concedidas, sob condição onerosa, não podem ser livremente suprimidas.

* QUESTÕES OBJETIVAS

116. **(Cespe/TCE/PA/Auditor/2016)** Mesmo ocorrendo o fato gerador de obrigação tributária, o Estado, por meio de lei, exclui a possibilidade de se exigir o pagamento do crédito tributário relativo a tal obrigação. Essa situação configura hipótese de isenção de tributo.

117. (Cespe/TCE/PR/Auditor/2016) No que se refere a imunidade tributária, isenção, não incidência e princípios tributários, assinale a opção correta:

a) Expressão do poder constituinte decorrente, a Constituição de estado-membro pode imunizar determinadas atividades – imunidade objetiva – ou pessoas – imunidade subjetiva.

b) Constitui exemplo de isenção a não incidência do imposto sobre a propriedade territorial rural sobre um imóvel qualificado como urbano.

c) Isenções de ICMS devem ser objeto de convênio normativo, conforme previsão constitucional, a despeito de ser esse imposto regulamentado por lei complementar.

d) Salvo se ratificadas pelo estado ou pelo município detentor da competência tributária, são inválidas isenções de tributos estaduais e municipais previstas em tratados de direito internacional celebrados pela República Federativa do Brasil.

e) Se suceder empresa pública federal devedora de tributos estaduais e municipais, a União estará imune aos referidos gravames, em decorrência da imunidade recíproca.

118. (Cespe/PGM/Belo_Horizonte/Procurador/2017) Tendo por base os conceitos presentes na legislação tributária, assinale a opção correta:

a) Presume-se fraudulenta a alienação de bens por sujeito passivo em débito com a fazenda pública, ainda que ele tenha reservado bens ou rendas que sejam suficientes para o pagamento total da dívida inscrita.

b) Contribuinte é o sujeito passivo da obrigação principal, ao passo que responsável é o sujeito passivo apenas da obrigação acessória.

c) Decadência é uma modalidade de extinção do crédito tributário; prescrição, uma modalidade de suspensão desse crédito.

d) A isenção exclui o crédito tributário, mas não dispensa o cumprimento das obrigações acessórias dependentes da obrigação principal cujo crédito tenha sido excluído.

119. (Cespe/PGM/Salvador/Procurador/2015) Camilo adquiriu um veículo com isenção de IPVA por ser portador de deficiência física que demanda adaptação veicular. Daniel adquiriu um imóvel com isenção de IPTU por ser esse bem localizado em zona objeto de recuperação urbana, tendo em vista ter sido usada por usuários de crack em passado recente. À luz dessas situações hipotéticas, assinale a opção correta:

a) As isenções em apreço são de natureza objetiva e subjetiva, respectivamente, não necessitam de despacho de autoridade tributária para serem validamente usufruídas e, caso exista solidariedade no fato gerador, extingue-se a obrigação tributária para ambos os contribuintes.

b) A isenção do IPVA é objetiva, depende de despacho da autoridade administrativa e, caso exista solidariedade, somente elide a constituição do crédito tributário para o contribuinte beneficiário. A isenção do IPTU é de natureza subjetiva e, por isso, não necessita de despacho da autoridade tributária para ser validamente usufruída. Caso exista solidariedade no fato gerador, extingue-se a obrigação tributária para ambos os contribuintes.

c) A isenção do IPVA é subjetiva, depende de despacho da autoridade administrativa e, caso exista solidariedade, somente para o contribuinte beneficiário elidirá a constituição do crédito tributário. A isenção do IPTU é de natureza objetiva e, por isso, não necessita de despacho de autoridade tributária para ser validamente usufruída. Caso exista solidariedade no fato gerador, extingue-se a obrigação tributária para ambos os contribuintes.

d) As referidas isenções são de natureza objetiva e, por isso, não demandam, para serem validamente usufruídas, de despacho de autoridade tributária. Em cada caso, se houver solidariedade no fato gerador, extingue-se a obrigação tributária para o contribuinte.

e) As mencionadas isenções são de natureza subjetiva e, por isso, precisam de despacho de autoridade tributária para serem validamente usufruídas. Caso exista solidariedade no fato gerador, extingue-se a obrigação tributária para ambos os contribuintes.

5.5. Garantias e Privilégios

✱ SÚMULAS

STF Súm. 563. O concurso de preferência a que se refere o parágrafo único, do art. 187, do Código Tributário Nacional, é compatível com o disposto no art. 9º, inciso I, da Constituição Federal.

STJ Súm. 560. A decretação da indisponibilidade de bens e direitos, na forma do art. 185-A do CTN, pressupõe o exaurimento das diligências na busca por bens penhoráveis, o qual fica caracterizado quando infrutíferos o pedido de constrição sobre ativos financeiros e a expedição de ofícios aos registros públicos do domicílio do executado, ao Denatran ou Detran.

* QUESTÕES OBJETIVAS

120. **(Cespe/DPE/PE/Defensor/2018)** A empresa Alfa, contribuinte do ICMS, encerrou suas atividades sem fazer qualquer comunicação ao fisco estadual. Posteriormente, constatado que a empresa era devedora de ICMS, ela foi inscrita na dívida ativa e cobrada por meio de execução fiscal. Na execução, verificou-se que a empresa não dispõe de bens para garantir o débito. Considerando a jurisprudência majoritária e atual do Superior Tribunal de Justiça, assinale a opção correta, a respeito da possibilidade de redirecionamento da execução fiscal aos sócios da empresa Alfa.

a) Caberá à fazenda pública, nesse caso, impetrar medida cautelar fiscal para requerer o redirecionamento da execução aos sócios.

b) Para que o redirecionamento da execução fiscal seja autorizado, a fazenda pública deverá demonstrar previamente que os sócios agiram com dolo.

c) Presume-se, nesse caso, a dissolução irregular da sociedade, o que autoriza o redirecionamento da execução fiscal para o sócio-gerente.

d) O redirecionamento da execução fiscal será possível apenas se ficar provado que o sócio-gerente excedeu seus poderes de gestão.

e) Tendo o débito já sido inscrito em dívida ativa, não será mais possível o redirecionamento da execução fiscal.

121. **(Cespe/TCU/Procurador/2015)** Com relação a princípios do direito tributário, distinção entre imunidade, isenção e não incidência, vigência, aplicação, interpretação e integração da legislação tributária, extinção do crédito tributário e garantias e privilégios do crédito tributário, assinale a opção correta:

a) O benefício fiscal da alíquota zero na importação da vitamina E e de seus derivados, consoante previsto no Acordo Geral de Tarifas Aduaneiras e Comércio (GATT), vincula os entes federados, já que o tratado internacional em matéria tributária obriga a República Federativa do Brasil, e não meramente a União. Todavia, conforme o STJ, o mencionado benefício fiscal não prevalece sobre norma tributária superveniente, já que o tratado possui hierarquia normativa de lei ordinária federal e pode ser revogado por norma tributária superveniente.

b) Conforme o CTN, caso as fazendas públicas de um estado, do DF e de um território sejam credoras de determinada pessoa jurídica cuja falência tenha sido decretada, o crédito do território, como forma de descentralização autárquica e territorial da União, terá preferência sobre os créditos do estado e do DF.

c) Conforme o STJ, as contribuições previdenciárias descontadas dos salários dos empregados pelo falido e não repassadas aos cofres previdenciários devem ser restituídas antes do pagamento de qualquer crédito, ainda que trabalhista.

d) Na falência, os tributos referentes a fatos imponíveis ocorridos após a decretação de falência terão de ser pagos antes das quantias fornecidas à massa pelos credores.

e) Prescreverá em cinco anos a ação anulatória da decisão administrativa que denegar a restituição do indébito tributário.

122. **(Cespe/PGE/SE/Procurador/2017)** Um devedor tributário, devidamente citado em execução fiscal, não pagou nem apresentou bens à penhora no prazo legal. Nesse caso, considerando-se as garantias e os privilégios do crédito tributário, a declaração da indisponibilidade dos bens do devedor prevista no CTN dependerá da demonstração do esgotamento das diligências para a localização de bens penhoráveis. Segundo a jurisprudência do STJ, o esgotamento dessas diligências caracteriza-se pela:

a) comprovação da tentativa ou consumação de alienação ou oneração de bens ou rendas após a inscrição em dívida ativa, como acontece na medida cautelar fiscal.

b) diligência da fazenda pública em demonstrar ter realizado buscas razoavelmente exigíveis, já que inexiste na jurisprudência um rol mínimo de diligências a serem realizadas.

c) existência de pedido e determinação, nos autos, de constrição sobre ativos financeiros via BacenJud, expedição de ofícios aos registros públicos do domicílio do executado e ao Departamento Nacional – ou estadual – de Trânsito.

d) existência de pedido e determinação, nos autos, de constrição sobre ativos financeiros via BacenJud, expedição de ofícios aos registros de imóveis do local de residência do executado e da sede da comarca e da capital da respectiva unidade da Federação.

e) simples inexistência de pagamento ou de oferecimento de bens à penhora no prazo legal da contestação, como ocorre na medida cautelar fiscal.

6. ADMINISTRAÇÃO TRIBUTÁRIA

* SÚMULAS

1) Fiscalização

STF Súm. 70. É inadmissível a interdição de estabelecimento como meio coercitivo para cobrança de tributo.

STF Súm. 323. É inadmissível a apreensão de mercadorias como meio coercitivo para pagamento de tributos.

STF Súm. 439. Estão sujeitos à fiscalização tributária ou previdenciária quaisquer livros comerciais, limitado o exame aos pontos objeto da investigação.

STF Súm. 547. Não é lícito à autoridade proibir que o contribuinte em débito adquira estampilhas, despache mercadorias nas alfândegas e exerça suas atividades profissionais.

STJ Súm. 352. A obtenção ou a renovação do Certificado de Entidade Beneficente de Assistência Social (Cebas) não exime a entidade do cumprimento dos requisitos legais supervenientes.

2) Certidão Negativa

STJ Súm. 446. Declarado e não pago o débito tributário pelo contribuinte, é legítima a recusa de expedição de certidão negativa ou positiva com efeito de negativa.

* INFORMATIVOS DE JURISPRUDÊNCIA

Contribuinte inadimplente. Enquadramento na condição de "inapto". Sanção política. Impossibilidade.

STJ O Estado não pode adotar sanções políticas para constranger o contribuinte ao pagamento de tributos em atraso. 1ª T. RMS 53.989, Rel. Min. Gurgel de Faria, DJ 23.5.2018. (Info 626)

* REPERCUSSÃO & REPETITIVOS

STF Repercussão Geral 225. O art. 6º da LC 105/01 não ofende o direito ao sigilo bancário, pois realiza a igualdade em relação aos cidadãos, por meio do princípio da capacidade contributiva, bem como estabelece requisitos objetivos e o translado do dever de sigilo da esfera bancária para a fiscal. (RE 601314, 24.2.2016)

STF Repercussão Geral 856. É inconstitucional a restrição ilegítima ao livre exercício de atividade econômica ou profissional, quando imposta como meio de cobrança indireta de tributos. (ARE 914045, 16.10.2015)

* QUESTÕES OBJETIVAS

123. **(Cespe/CGM/João_Pessoa/Auditor/2018)** Para ser inscrito como dívida ativa, o crédito a favor da fazenda pública deve atender aos seguintes requisitos: ter natureza tributária, ser líquido e certo e encontrar-se vencido há pelo menos trinta dias.

124. **(Cespe/Sefaz/RS/Auditor/2018)** Autoridade fazendária lavrou termo de inscrição de dívida ativa contendo apenas os seguintes dados: nome do devedor, quantia devida, data da inscrição e número do processo administrativo do qual se originou. De acordo com o CTN, o termo deveria conter, ainda, obrigatoriamente:

a) a memória de cálculo detalhada dos juros de mora.

b) os responsáveis tributários.

c) o endereço do devedor.

d) o CPF e o RG do devedor.

e) a previsão legal do crédito.

125. **(Cespe/TCE/PA/Auditor/2016)** A administração tributária poderá fornecer certidão positiva com os mesmos efeitos da certidão negativa na hipótese de créditos tributários com exigibilidade suspensa ou de créditos objeto de execução fiscal garantidos por penhora.

126. **(Cespe/TCE/SC/Auditor/2016)** Autoridade fiscal de determinado município foi denunciada no tribunal de contas do estado (TCE) por ter emitido certidão positiva com efeitos de negativa para uma empresa que detinha débitos de imposto sobre serviços de qualquer natureza (ISS) com o município. Na denúncia, constava que a certidão havia sido expedida durante o período em que era analisado, em processo administrativo tributário, o recurso interposto pela empresa contra a decisão em primeira instância, que havia julgado improcedente a impugnação do contribuinte e concluído pela subsistência do auto de infração, dada a existência de débito da empresa. A esse respeito, dispõe o Código Tributário Nacional (CTN): "Art. 205. A lei poderá exigir que a prova da quitação de determinado tributo, quando exigível, seja feita por certidão negativa, expedida à vista de requerimento do interessado, que contenha todas as informações necessárias à identificação de sua pessoa, domicílio fiscal e ramo de negócio ou atividade e indique o período a que se refere o pedido. Parágrafo único. A certidão negativa será sempre expedida nos termos em que tenha sido requerida e será fornecida dentro de dez dias da data da entrada do requerimento na repartição. Art. 206. Tem os mesmos efeitos previstos no artigo anterior a certidão de que conste a existência de créditos não vencidos, em curso de cobrança executiva em que tenha sido efetivada a penhora, ou cuja exigibilidade esteja suspensa." Agiu corretamente a autoridade fiscal ao expedir a referida certidão, visto que o julgamento do recurso administrativo ainda estava pendente.

127. **(Cespe/TJ/AM/Juiz/2016)** Considerando que a fazenda pública deve observar os princípios constitucionais para a legítima cobrança de tributos, assinale a opção correta com base na jurisprudência do STF:

a) Para o STF, é constitucional a apreensão de mercadorias como forma de obrigar o devedor a pagar os tributos devidos.

b) A exigência, pela fazenda pública, de prestação de fiança para a impressão de notas fiscais de contribuintes em débito com o fisco viola as garantias do livre exercício do trabalho, ofício ou profissão, da atividade econômica e do devido processo legal.

c) É constitucional a exigência de depósito prévio como requisito de admissibilidade de ação judicial na qual se pretenda discutir a exigibilidade de crédito tributário.

d) A imunidade tributária dos impostos sobre a renda não alcança as empresas públicas prestadoras de serviços públicos.

e) Norma local que condicione a concessão de regime especial de tributação à apresentação de certidão negativa de débitos tributários não constitui meio indireto de cobrança de tributo.

128. **(Cespe/TRF/1R/Juiz/2015)** Acerca das regras fiscais de fiscalização e sigilo, assinale a opção correta:

a) De acordo com o Código Tributário Nacional, admite-se a transferência de dados fiscais sigilosos obtidos em razão do exercício dos poderes de fiscalização, se solicitada por outros entes da administração pública. Nessa hipótese, a entrega dos dados, ainda que constitua exceção à regra de preservação do sigilo, deverá ser feita pessoalmente à autoridade solicitante, mediante recibo.

b) O STJ admite a retroatividade de mecanismos de fiscalização instituídos por lei, podendo estes atingir fatos geradores ocorridos anteriormente à sua publicação, mesmo que isso implique novo lançamento tributário.

c) A apreensão de mercadorias até o pagamento do tributo devido inclui-se entre os poderes de fiscalização tributária do fisco.

d) Os livros obrigatórios de escrituração comercial e fiscal devem ser conservados por cinco anos, a contar da data das operações a que se refiram, ainda que o prazo prescricional da pretensão tributária venha a ser interrompido.

e) Conforme jurisprudência do STJ, a guarda e a conservação dos livros de escrituração comercial e fiscal podem ser feitas por microfilmagem dos documentos originais, os quais, após tal procedimento, poderão ser descartados.

129. **(Cespe/TRF/5R/Juiz/2015)** Um contribuinte deixou de recolher determinado tributo no prazo previsto em lei e, por isso, foi alvo de ação do fisco, que procedeu à lavratura de auto de infração cobrando o valor original do referido tributo com juros, correção monetária e multa pecuniária. No referido auto de infração, ficou concedido o prazo de vinte dias para que o contribuinte efetuasse o pagamento ou o impugnasse. Nessa situação hipotética, A o valor cobrado pelo auto de infração constitui dívida ativa não tributária até a inscrição da referida dívida, na forma da lei.

b) o valor cobrado pelo fisco constitui dívida ativa não tributária, visto que admite prova em contrário.

c) o débito constituído por meio de auto de infração corresponde a crédito público, no sentido que o direito financeiro dá a essa expressão, podendo, por isso, ser cobrado judicialmente.

d) durante o referido prazo de vinte dias, a inscrição de dívida ativa tributária estaria impossibilitada, haja vista que o prazo para pagamento ou impugnação não se teria esgotado.

e) o débito apurado contra o contribuinte consolidou-se com a lavratura do auto de infração em dívida ativa tributária.

130. (Cespe/PGE/AM/Procurador/2016) A penhora de bem ou de direito que promova a satisfação integral do crédito tributário assegurará ao sujeito passivo da relação jurídica tributária o direito de obter certidão positiva com os mesmos efeitos da certidão negativa.

131. (Cespe/DPU/Defensor/2017) A fluência de juros de mora de dívida ativa regularmente inscrita exclui a liquidez do crédito.

132. (Cespe/PGM/Fortaleza/Procurador/2017) Caso o contribuinte tenha créditos inscritos em dívida ativa integralmente garantidos por penhora ou créditos com a exigibilidade suspensa, é admitido que lhe seja expedida certidão de regularidade fiscal.

133. (Cespe/TRF/5R/Juiz/2017) Em cada uma das opções a seguir, é apresentada uma situação hipotética. Assinale a opção que apresenta situação que configura quebra de sigilo fiscal conforme as disposições do CTN:

a) Com base nas informações constantes dos livros fiscais obtidos em determinada empresa, o funcionário do fisco lavrou auto de infração e, ao final do procedimento administrativo, sem autorização judicial, encaminhou a informação para apuração criminal.
b) A Fazenda Pública divulgou, por meio de sistemas públicos, sem autorização dos contribuintes, a concessão de moratória ou parcelamentos.
c) Um funcionário da Receita Federal, tendo tomado conhecimento de informações fiscais por conta de sua função, repassou-as a outro funcionário da Receita Federal, do mesmo setor, para providências funcionais, sem expressa autorização da chefia direta.
d) Tendo tomado conhecimento de informações fiscais, um funcionário do fisco lavrou o devido auto de infração e, após o prazo de impugnação, encaminhou-o para a inscrição na dívida ativa, sem conhecimento do secretário da Receita Federal.
e) Tendo verificado práticas ilícitas de natureza tributária, no curso de processo administrativo fiscal, o funcionário do fisco encaminhou a informação ao Ministério Público, ao final do procedimento administrativo, bem como repassou para um jornalista amigo as informações, sob a promessa de sigilo da fonte.

134. (Cespe/PGE/SE/Procurador/2017) Uma certidão positiva com efeitos de negativa consiste em:

a) documento administrativo que indica a existência de créditos inexigíveis ou que já estão garantidos, embora não sirva para a comprovação de regularidade do pagamento de tributos.
b) certidão judicial que indica a existência de créditos exigíveis e não garantidos, apesar de não servir para a comprovação de regularidade do pagamento de determinado tributo.
c) certidão judicial usada para a comprovação de regularidade do pagamento de determinado tributo, ainda que indique a existência de créditos vencidos e exigíveis.
d) documento administrativo utilizado para a comprovação de regularidade do pagamento de determinado tributo, ainda que indique a existência de créditos garantidos ou inexigíveis.
e) certidão administrativa ou judicial que serve para a comprovação de regularidade do pagamento de determinado tributo e que certifica a existência de créditos exigíveis e não adimplidos, mesmo sem garantia.

7. LIMITAÇÕES DO PODER DE TRIBUTAR

7.1. Imunidades

✱ SÚMULAS

STF Súm. Vinculante 52. Ainda quando alugado a terceiros, permanece imune ao IPTU o imóvel pertencente a qualquer das entidades referidas pelo artigo 150, inciso VI, alínea "c", da Constituição Federal, desde que o valor dos aluguéis seja aplicado nas atividades para as quais tais entidades foram constituídas.

STF Súm. 75. Sendo vendedora uma autarquia, a sua imunidade fiscal não compreende o imposto de transmissão "inter vivos", que é encargo do comprador.

STF Súm. 336. A imunidade da autarquia financiadora, quanto ao contrato de financiamento, não se estende à compra e venda entre particulares, embora constantes os dois atos de um só instrumento.

STF Súm. 591. A imunidade ou a isenção tributária do comprador não se estende ao produtor, contribuinte do imposto sobre produtos industrializados.

STF Súm. 657. A imunidade prevista no art. 150, VI, "d", da CF abrange os filmes e papéis fotográficos necessários à publicação de jornais e periódicos.

STF Súm. 730. A imunidade tributária conferida a instituições de assistência social sem fins lucrativos pelo art. 150, VI, "c", da Constituição, somente alcança as entidades fechadas de previdência social privada se não houver contribuição dos beneficiários.

STJ Súm. 612. O certificado de entidade beneficente de assistência social (Cebas), no prazo de sua validade, possui natureza declaratória para fins tributários, retroagindo seus efeitos à data em que demonstrado o cumprimento dos requisitos estabelecidos por lei complementar para a fruição da imunidade.

* REPERCUSSÃO & REPETITIVOS

STF Repercussão Geral 259. A imunidade da alín. "d" do inc. VI do art. 150 da CF alcança componentes eletrônicos destinados, exclusivamente, a integrar unidade didática com fascículos. (RE 595676, 8.3.2017)

STF Repercussão Geral 32. Os requisitos para o gozo de imunidade hão de estar previstos em lei complementar. (RE 566622, 23.2.2017)

STF Repercussão Geral 342. A imunidade tributária subjetiva aplica-se a seus beneficiários na posição de contribuinte de direito, mas não na de simples contribuinte de fato, sendo irrelevante para a verificação da existência do beneplácito constitucional a repercussão econômica do tributo envolvido. (RE 608872, 23.2.2017)

STF Repercussão Geral 385. A imunidade recíproca, prevista no art. 150, VI, a, da CF não se estende a empresa privada arrendatária de imóvel público, quando seja ela exploradora de atividade econômica com fins lucrativos. Nessa hipótese é constitucional a cobrança do IPTU pelo Município. (RE 594015, 6.4.2017)

STF Repercussão Geral 593. A imunidade tributária constante do art. 150, VI, d, da CF/88 aplica-se ao livro eletrônico (e-book), inclusive aos suportes exclusivamente utilizados para fixá-lo. (RE 330817, 8.3.2017)

* INFORMATIVOS DE JURISPRUDÊNCIA

Imunidade tributária e maquinário para impressão de livros

STF A imunidade tributária prevista no art. 150, VI, "d", da CF, não abarca o maquinário utilizado no processo de produção de livros, jornais e periódicos. ARE 1100204, Rel. Acd. Min. Alexandre de Moraes, j. 29.5.2018. 1ª T. (Info 904).

Imunidade tributária. Entidade beneficente de assistência social. Relatório circunstanciado anual. Não apresentação. Obrigação acessória. Descumprimento. Impedimento ao reconhecimento do favor constitucional. Inocorrência.

STJ A apresentação anual de relatório circunstanciado das atividades exercidas por entidades beneficentes de assistência social ao INSS, prevista no art. 55 da Lei 8.212/91, não configura requisito legal para a fruição da imunidade tributária prevista no art. 195, § 7º, da CF. REsp 1.345.462, Rel. Min. Gurgel de Faria, DJ 20.2.2018. 1ª T. (Info 619)

* QUESTÕES DISCURSIVAS

02. **(Cespe/TCE/PR/Analista/2016)** Discorra, de forma fundamentada, a respeito das características do instituto da imunidade tributária e do instituto da isenção tributária, apontando suas principais diferenças.

* QUESTÕES OBJETIVAS

135. **(Cespe/PGE/PE/Procurador/2018)** As hipóteses de limitação ao poder de tributar decorrente do princípio constitucional da imunidade recíproca incluem

a) proibir a União de instituir impostos sobre o patrimônio de estados e municípios.
b) vedar as limitações ao tráfego de pessoas ou bens, por meio de tributos interestaduais ou intermunicipais.
c) proibir que estado estabeleça diferença tributária entre bens e serviços em razão do município de procedência ou de destino.
d) vedar isenções de tributos da competência de outros entes federativos.
e) proibir a instituição de tributo federal que não seja uniforme em todo o território nacional.

136. **(Cespe/Sefaz/RS/Auditor/2018)** Determinada entidade religiosa presta serviços de batismo e casamento, revende artigos religiosos produzidos por uma fábrica e vende artesanato sacro produzido pelos membros da entidade. Além disso, a entidade tem, além do imóvel onde funciona o templo, outros imóveis cuja renda é revertida à composição do patrimônio da entidade. Nessa situação hipotética, a imunidade religiosa relativa ao pagamento de impostos

a) não abrange a venda do artesanato.
b) abrange todas as situações mencionadas.
c) não abrange o IPTU em caso de configuração de concorrência desleal.
d) não abrange os serviços de batismo e casamento.
e) abrange o ICMS relativo à compra e à venda de artigos religiosos da fábrica.

137. **(Cespe/TCE/PA/Auditor/2016)** Conforme o entendimento do Supremo Tribunal Federal, a imunidade recíproca é extensiva às sociedades de economia mista e empresas públicas que prestam serviços públicos essenciais e obrigatórios, ainda que remunerados por tarifas, desde que não haja apropriação privada dos lucros obtidos com a atividade pública, preservando-se, assim, o patrimônio, a renda e os serviços vinculados às suas finalidades essenciais.

138. **(Cespe/TCE/PA/Auditor/2016)** A imunidade das entidades de assistência social sem fins lucrativos abrange seu patrimônio, sua renda e seus serviços. Assim, não incide o imposto sobre a propriedade predial e territorial urbana sobre imóvel de sua propriedade alugado a terceiros, ainda que os aluguéis não sejam revertidos a sua finalidade essencial.

139. **(Cespe/PGE/AM/Procurador/2016)** A imunidade recíproca beneficia sociedades de economia mista que prestem serviços públicos estatais essenciais e exclusivos, como, por exemplo, o serviço de saneamento básico, ainda que tais serviços sejam remunerados por tarifas.

140. **(Cespe/PGM/Fortaleza/Procurador/2017)** A imunidade tributária recíproca que veda à União, aos estados, ao DF e aos municípios instituir impostos sobre o patrimônio, renda ou serviços uns dos outros é cláusula pétrea.

141. **(Cespe/PGM/Fortaleza/Procurador/2017)** As imunidades tributárias incondicionadas são autoaplicáveis e independem de regulamentação, sendo admitida, entretanto, a suspensão de seus efeitos, por ato declaratório da administração tributária, quando ficar demonstrada a sua inaplicabilidade a fato jurígeno tributário.

142. **(Cespe/DPU/Defensor/2015)** A imunidade tributária recíproca entre os entes tributantes veda à União, aos estados, ao DF e aos municípios instituir impostos sobre o consumo, patrimônio e renda uns dos outros.

143. **(Cespe/TCE/RN/Assessor_Jurídico/2015)** Os fonogramas musicais produzidos no Brasil, contendo obras musicais ou literomusicais de autores brasileiros, salvo na etapa de replicação industrial de mídias óticas de leitura a laser, são imunes às contribuições de intervenção econômica e aos impostos em geral, mas não às contribuições para a seguridade social, como as contribuições previdenciárias.

144. **(Cespe/TCE/RN/Auditor/2015)** Determinado município brasileiro criou, por legislação específica, uma autarquia, mantida com recursos municipais, cuja principal atribuição é administrar a oferta e a realização de eventos educacionais e culturais. Nessa situação, a referida autarquia é beneficiada pela imunidade tributária recíproca estabelecida pela CF entre a União, os estados, o Distrito Federal e os municípios no que diz respeito ao patrimônio, à renda e aos serviços vinculados aos eventos na área de educação e cultura ou deles decorrentes.

145. **(Cespe/TCE/RN/Auditor/2015)** Há entendimento do STF segundo o qual é extensível, em alguns casos, a imunidade recíproca às empresas públicas, sob o argumento central de que elas reinvestem seus ganhos ou lucros na própria atividade-fim.

146. **(Cespe/TCE/RN/Auditor/2015)** A CF prevê a aplicação de imunidade tributária sobre contribuições sociais, e não somente sobre impostos.

147. **(Cespe/TCE/RN/Auditor/2015)** A imunidade tributária visa preservar valores políticos, religiosos, sociais, econômicos e éticos da sociedade, com vistas a evitar que determinadas atividades sejam oneradas pela incidência dos tributos.

148. **(Cespe/TCU/Procurador/2015)** Acerca de limitações do poder de tributar, imunidade tributária, vigência, aplicação, interpretação e integração da legislação tributária e responsabilidade tributária, assinale a opção correta:

a) Prevaleceu no STJ o entendimento de que o art. 3º da Lei Complementar n. 118/2005 era dispositivo meramente interpretativo, devendo ser aplicado a fatos imponíveis anteriores à sua vigência.

b) Nos termos do CTN, a responsabilidade dos tutores e curadores pelos tributos devidos por seus tutelados ou curatelados independe da possibilidade de cumprimento da obrigação principal pelo contribuinte.

c) A imunidade tributária não dispensa o contribuinte de observar as obrigações tributárias acessórias, que poderão estar previstas na legislação tributária.

d) A lei tributária não produz ultratividade desfavorável ao contribuinte, razão pela qual a lei que diminuir a alíquota de um tributo deverá, em regra, retroagir em favor dos contribuintes cujos fatos imponíveis ocorrerem sob a égide da lei anterior, cuja alíquota seja mais alta.

e) Os tributos que excepcionam o princípio da anterioridade anual, desde que presente o caráter de urgência e relevância, podem ser instituídos mediante medida provisória.

149. **(Cespe/PGE/SE/Procurador/2017)** A principal distinção entre imunidade tributária e isenção tributária é que:

a) as imunidades estão expressamente previstas na CF e nas leis; e as isenções se referem a fatos não abrangidos pela hipótese de incidência.

b) as imunidades estão previstas na CF; e as isenções, no texto infraconstitucional.

c) as isenções estão previstas na CF; e as imunidades, no texto infraconstitucional.

d) as imunidades se referem ao aspecto subjetivo do contribuinte; e as isenções, ao elemento objetivo do fato gerador.

e) as isenções se referem ao aspecto subjetivo do contribuinte; e as imunidades, ao elemento objetivo do fato gerador.

150. **(Cespe/Funpresp/Especialista Jurídico/2016)** Os imóveis de propriedade de entidades de assistência social sem fins lucrativos que gozem de imunidade tributária por força da Constituição Federal alugados a terceiros não gozam da imunidade de IPTU, ainda que o valor dos aluguéis seja inteiramente aplicado nas atividades para as quais a entidade locadora tiver sido constituída.

7.2. Princípios

✱ SÚMULAS

STF Súm. Vinculante 50. Norma legal que altera o prazo de recolhimento da obrigação tributária não se sujeita ao princípio da anterioridade.

STF Súm. Vinculante 52. Ainda quando alugado a terceiros, permanece imune ao IPTU o imóvel pertencente a qualquer das entidades referidas pelo artigo 150, inciso VI, alínea "c", da Constituição Federal, desde que o valor dos aluguéis seja aplicado nas atividades para as quais tais entidades foram constituídas.

STF Súm. 69. A Constituição Estadual não pode estabelecer limite para o aumento de tributos municipais.

STF Súm. 239. Decisão que declara indevida a cobrança do imposto em determinado exercício não faz coisa julgada em relação aos posteriores.

STF Súm. 667. Viola a garantia constitucional de acesso à jurisdição a taxa judiciária calculada sem limite sobre o valor da causa.

✱ REPERCUSSÃO & REPETITIVOS

STF Repercussão Geral 540. É inconstitucional, por ofensa ao princípio da legalidade tributária, lei que delega aos conselhos de fiscalização de profissões regulamentadas a competência de fixar ou majorar, sem parâmetro legal, o valor das contribuições de interesse das categorias profissionais e econômicas, usualmente cobradas sob o título de anuidades, vedada, ademais, a atualização desse valor pelos conselhos em percentual superior aos índices legalmente previstos. (RE 704292, 30.6.2016)

STF Repercussão Geral 573. Não viola o princípio da isonomia e o livre acesso à jurisdição a restrição de ingresso no parcelamento de dívida relativa à Cofins, instituída pela Portaria 655/93, dos contribuintes que questionaram o tributo em juízo com depósito judicial dos débitos tributários. (RE 640905, 16.12.2016)

STF Repercussão Geral 829. Não viola a legalidade tributária a lei que, prescrevendo o teto, possibilita o ato normativo infralegal fixar o valor de taxa em proporção razoável com os custos da atuação estatal, valor esse que não pode ser atualizado por ato do próprio conselho de fiscalização em percentual superior aos índices de correção monetária legalmente previstos. (RE 838284, 6.10.2016)

✱ INFORMATIVOS DE JURISPRUDÊNCIA

Majoração de taxa por portaria e princípio da reserva legal

STF Provido agravo regimental para determinar o seguimento de recurso extraordinário em que discutida a possibilidade de majoração, por portaria do Ministério da Fazenda, da alíquota da Taxa de Utilização do Sistema Integrado de Comércio Exterior (Siscomex). O ato ministerial majorou em 500% os valores atribuídos à taxa em questão. A Lei 9.716/98, na qual instituído o tributo, sequer estabelece balizas mínimas para eventual exercício de delegação tributária por parte do chefe do Executivo. Por se tratar de taxa, e não de imposto, não há permissivo constitucional para excepcionar-se o princípio da reserva legal em matéria tributária. RE 959274 AgR, Rel. Acd. Min. Roberto Barroso, j. 29.8.2017. 1ª T. (Info 875)

* QUESTÕES DISCURSIVAS

03. (Cespe/TRF/1R/Juiz/2013) Redija um texto dissertativo a respeito do seguinte tema: "Os princípios da igualdade e da vedação ao confisco, conforme a Constituição Federal de 1988 (CF)." Ao elaborar sua dissertação, aborde, necessariamente e na sequência dada, os seguintes aspectos: (i) princípio da igualdade; (ii) igualdade segundo a CF; (iii) dever de distinguir segundo a capacidade econômica (capacidade contributiva como princípio fundamental da justiça tributária); (iv) igualdade e vedação de confisco; (v) direito de propriedade e vedação à tributação confiscatória segundo a CF.

* QUESTÕES OBJETIVAS

151. (Cespe/PGE/PE/Procurador/2018) A técnica de tributação que observa o princípio da capacidade contributiva consiste em

a) diminuir a alíquota na proporção da ampliação da base de cálculo.
b) majorar a carga tributária conforme a essencialidade do produto tributado.
c) estabelecer teto máximo de valor para o pagamento de determinados tributos, mantendo-se a modicidade tributária.
d) fixar alíquotas percentualmente menores para os contribuintes que tenham menor patrimônio pessoal.
e) confiscar bens considerados supérfluos em relação aos contribuintes que apresentem sinais externos de riqueza excessiva.

152. (Cespe/Sefaz/RS/Auditor/2018) Após regular processo administrativo, determinado auditor tributário aplicou multa a contribuinte, em decorrência do não recolhimento de imposto. O valor da multa corresponde ao dobro do montante não recolhido com base em previsão legal. Nessa situação hipotética:

a) não se aplica o princípio do não confisco, porque não se pode confundir multa com tributo.
b) não se aplicará o princípio do não confisco caso haja previsão legal nesse sentido.
c) a redução da multa é condicionada à anulação do processo administrativo.
d) não é possível a redução do valor da multa por decisão judicial.
e) houve violação do princípio do não confisco, dado o valor da multa aplicada.

153. (Cespe/DPE/PE/Defensor/2018) A respeito dos princípios da anterioridade e da irretroatividade, ambos princípios constitucionais do sistema tributário, assinale a opção correta.

a) Todos os impostos se submetem aos princípios da anterioridade e da irretroatividade, mas as taxas, contribuições e demais espécies tributárias somente se submetem ao princípio da irretroatividade.
b) Todos os tributos devem se submeter aos princípios da anterioridade e da irretroatividade.
c) O princípio da irretroatividade aplica-se a todo tributo; o da anterioridade, por sua vez, admite exceções.
d) O princípio da irretroatividade se aplica apenas aos impostos e às taxas; o da anterioridade se aplica a todos os tipos de tributos.
e) O princípio da irretroatividade se aplica apenas aos tributos parafiscais; o da anterioridade, por sua vez, se aplica tanto aos tributos fiscais como aos extrafiscais.

154. (Cespe/Sefaz/RS/Auditor/2018) A respeito de tributo, assinale a opção correta.

a) O tributo somente pode se referir a serviço público específico e divisível.
b) Não se admite dação em pagamento em caso de tributo, o qual é prestação exclusivamente pecuniária.
c) O ato que gera o tributo é sempre lícito, não se confundindo tributo e multa.
d) No tocante à atualização de alíquota, o tributo submete-se ao princípio da legalidade mitigada.
e) A função ou o ônus de arrecadação do tributo não podem ser atribuídos a pessoas de direito privado, conforme o Código Tributário Nacional.

155. **(Cespe/PC/PE/Delegado/2016)** No que diz respeito ao STN, assinale a opção correta:

a) Sempre que for possível, os impostos terão caráter pessoal, facultado à administração tributária identificar o patrimônio, os rendimentos e as atividades econômicas do contribuinte.

b) O imposto sobre produtos industrializados (IPI), além de ser não cumulativo, será progressivo em função da essencialidade do produto.

c) Lei complementar que estabelece normas gerais em matéria tributária não pode instituir um regime único de arrecadação dos impostos e das contribuições da União, dos estados, do DF e dos municípios.

d) Compete à União e aos estados federados instituir contribuições sociais que sejam de interesse das categorias profissionais.

e) As contribuições sociais e as contribuições de intervenção no domínio econômico poderão ter alíquotas "ad valorem" ou específicas: as primeiras têm por base a unidade de medida adotada; as segundas, o faturamento, a receita bruta ou o valor da operação.

156. **(Cespe/TCE/PR/Analista/2016)** Assinale a opção correta, acerca do poder de tributar e de suas limitações:

a) A proibição de que União, estados, Distrito Federal e municípios instituam impostos sobre templos de qualquer culto é exemplo do instituto da isenção.

b) A imunidade recíproca não atinge os impostos sobre a renda dos entes federados.

c) É vedado à União conceder incentivos que visem à promoção do equilíbrio socioeconômico a determinadas áreas do país.

d) É vedado aos estados, ao Distrito Federal e aos municípios estabelecer diferença tributária de qualquer natureza entre bens e serviços em razão de sua procedência ou destino.

e) A União possui a prerrogativa de cobrar tributos relativos a fatos geradores ocorridos antes do início da vigência da lei que os houver instituído ou aumentado.

157. **(Cespe/TCE/PR/Analista/2016)** À luz da jurisprudência do STF, assinale a opção correta acerca das limitações ao poder de tributar:

a) As anuidades exigidas pelos conselhos profissionais, embora ostentem natureza tributária, não se submetem ao princípio da legalidade estrita, podendo sua cobrança ser prevista apenas em ato normativo.

b) Os emolumentos cartorários, por serem destituídos de natureza tributária, podem ser instituídos por atos normativos emanados dos tribunais de justiça dos estados, não se submetendo ao princípio da legalidade estrita.

c) A definição do vencimento das obrigações tributárias não se submete ao princípio da legalidade estrita, podendo ocorrer por decreto do Poder Executivo.

d) É constitucional a concessão de isenções com base na ocupação profissional do contribuinte.

e) O estabelecimento das hipóteses de imunidade tributária é reservado a lei complementar.

158. **(Cespe/TCE/PA/Auditor/2016)** Qualificado como garantia individual do contribuinte e, por conseguinte, como cláusula pétrea da Constituição Federal de 1988, o princípio da anterioridade não se aplica à norma jurídica que altera o prazo de recolhimento da obrigação tributária.

159. **(Cespe/TCE/PA/Auditor/2016)** O princípio da legalidade tributária impede tanto o aumento como a criação de qualquer tributo, senão por meio de lei.

160. **(Cespe/TJ/DFT/Juiz/2016)** A respeito das normas do Código Tributário Nacional (CTN), assinale a opção correta:

a) A conversão de depósito em renda é causa de suspensão do crédito tributário.

b) Os dispositivos de lei relativos à instituição de imposto sobre o patrimônio ou a renda passam a vigorar noventa dias após a publicação da lei.

c) O estabelecimento de diferença tributária entre bens de qualquer natureza, em razão de sua procedência ou de seu destino, é proibido aos estados, ao DF e aos municípios.

d) A capacidade tributária passiva depende da capacidade civil das pessoas naturais.

e) A contribuição de melhoria apresenta, como limite total, a despesa realizada e, como limite individual, o dobro do acréscimo de valor que resultar da obra pública para cada imóvel beneficiado.

161. **(Cespe/TJ/AM/Juiz/2016)** Acerca da competência tributária no âmbito constitucional, assinale a opção correta:

a) Aos estados e aos municípios compete regular a maneira como isenções, incentivos e benefícios fiscais serão concedidos e revogados.

b) Lei estadual poderá prever a possibilidade de concessão de incentivos fiscais a empreendimentos, afastada a necessidade de prévio acordo conjunto entre os estados e o DF.

c) Além dos tributos previstos expressamente na CF, a União detém competência residual para instituir, por lei complementar, outros impostos, ainda que cumulativos.

d) É vedada qualquer distinção em razão de ocupação profissional ou função exercida pelos contribuintes, independentemente da denominação jurídica dos rendimentos, títulos ou direitos.

e) A CF estabelece o limite de 47% do produto da arrecadação do imposto sobre a renda e proventos de qualquer natureza e do imposto sobre produtos industrializados para estados e municípios, por meio dos respectivos fundos de participação.

162. **(Cespe/TRF/1R/Juiz/2015)** Lei federal referente ao imposto de renda publicada em 25.11.2014 introduziu majoração da alíquota do imposto, entretanto não dispôs sobre o início de sua vigência. Nessa situação hipotética, a nova norma teria eficácia a partir de:

a) 23.2.2015, aplicando-se os princípios da anterioridade anual e da anterioridade nonagesimal.

b) 9.1.2015, aplicando-se o princípio da anterioridade anual e desconsiderando-se o princípio da anterioridade nonagesimal.

c) 1º.1.2016, aplicando-se o princípio da anterioridade anual a partir do início da vigência da norma.

d) 1º.1.2015, aplicando-se o princípio da anterioridade anual e sem se considerar o princípio da anterioridade nonagesimal.

e) 23.2.2015, aplicando-se o princípio da anterioridade nonagesimal e desconsiderado o princípio da anterioridade anual.

163. **(Cespe/PGE/AM/Procurador/2016)** Em decorrência do princípio tributário da autonomia dos estabelecimentos, não se admite a penhora de depósitos de titularidade das filiais de uma pessoa jurídica que possua débitos tributários lançados contra a sua matriz.

164. **(Cespe/PC/GO/Delegado/2017)** Sabendo que, por disposição constitucional expressa, em regra, os princípios tributários e as limitações ao poder de tributar não se aplicam de forma idêntica a todas as espécies tributárias, assinale a opção correta a respeito da aplicação desses institutos:

a) Apenas aos impostos estaduais aplica-se o princípio que proíbe o estabelecimento de diferença tributária entre bens e serviços de qualquer natureza em razão de sua procedência ou seu destino.

b) A aplicação do princípio da não vinculação de receita a despesa específica é limitada aos impostos.

c) Em regra, o princípio da anterioridade do exercício aplica-se da mesma forma aos impostos e às contribuições sociais da seguridade social.

d) O princípio da capacidade contributiva aplica-se sempre e necessariamente aos impostos.

e) O princípio da anterioridade do exercício atinge, de forma ampla, as hipóteses de empréstimos compulsórios previstas no texto constitucional.

165. **(Cespe/PGM/Fortaleza/Procurador/2017)** O princípio da progressividade exige a graduação positiva do ônus tributário em relação à capacidade contributiva do sujeito passivo, não se aplicando, todavia, aos impostos reais, uma vez que, em se tratando desses tributos, é impossível a aferição dos elementos pessoais do contribuinte.

166. **(Cespe/PGM/Fortaleza/Procurador/2017)** A alteração de alíquotas do imposto de exportação não se submete à reserva constitucional de lei tributária, tornando-se admissível a atribuição dessa prerrogativa a órgão integrante do Poder Executivo.

167. **(Cespe/PGM/Fortaleza/Procurador/2017)** O princípio da anterioridade do exercício, cláusula pétrea do sistema constitucional, obsta a eficácia imediata de norma tributária que institua ou majore tributo existente, o que não impede a eficácia, no mesmo exercício, de norma que reduza desconto para pagamento de tributo ou que altere o prazo legal de recolhimento do crédito.

168. **(Cespe/PGM/Fortaleza/Procurador/2017)** O princípio da isonomia pressupõe a comparação entre sujeitos, o que, em matéria tributária, é efetivado pelo princípio da capacidade contributiva em seu aspecto subjetivo.

169. (Cespe/PGM/Fortaleza/Procurador/2017) O princípio da seletividade aplica-se impositivamente ao IPI e facultativamente ao ICMS em função da essencialidade dos produtos, das mercadorias e dos serviços, de modo a assegurar a concretização da isonomia no âmbito da tributação do consumo.

170. (Cespe/DPU/Defensor/2015) A União pode instituir uma contribuição social cobrada do empregador e incidente sobre as aplicações financeiras da empresa, desde que se submeta ao princípio da anterioridade nonagesimal.

171. (Cespe/DPU/Defensor/2015) Se, devido a necessidade urgente, a União instituir empréstimo compulsório para custear um investimento público de relevante interesse nacional em determinada data, nesse caso, devido ao princípio da anterioridade, a aplicação do referido tributo só poderá ocorrer no início do exercício fiscal subsequente.

172. (Cespe/AGU/Advogado/2015) Pela aplicação do princípio da anterioridade tributária, quaisquer modificações na base de cálculo ou na alíquota dos tributos terão sua eficácia suspensa até o primeiro dia do exercício financeiro seguinte à publicação da lei que promoveu a alteração.

173. (Cespe/AGU/Advogado/2015) O princípio da isonomia tributária impõe que o tributo incida sobre as atividades lícitas e, igualmente, sobre as atividades ilícitas, de modo a se consagrar a regra da interpretação objetiva do fato gerador. Dessa forma, é legítima a cobrança de IPTU sobre imóvel construído irregularmente, em área non aedificandi, não significando tal cobrança de tributo concordância do poder público com a ocupação irregular.

174. (Cespe/AGU/Advogado/2015) Conforme o princípio da irretroatividade da lei tributária, não se admite a cobrança de tributos em relação a fatos geradores ocorridos em período anterior à vigência da lei que os instituiu ou aumentou. Entretanto, o Código Tributário Nacional admite a aplicação retroativa de lei que estabeleça penalidade menos severa que a prevista na norma vigente ao tempo da prática do ato a que se refere, desde que não tenha havido julgamento definitivo.

175. (Cespe/AGU/Advogado/2015) O princípio da vedação à utilização de tributo com efeito de confisco, previsto expressamente na CF, aplica-se igualmente às multas tributárias, de modo a limitar, conforme jurisprudência pacífica do STF, o poder do Estado na instituição e cobrança de penalidades.

176. (Cespe/AGU/Advogado/2015) De acordo com o princípio da legalidade, fica vedada a criação ou a majoração de tributos, bem como a cominação de penalidades em caso de violação da legislação tributária, salvo por meio de lei.

7.3. Outros Temas

* QUESTÕES DISCURSIVAS

04. (Cespe/PGM/Salvador/Procurador/2015) A República Federativa do Brasil, ente soberano na ordem internacional, celebrou acordo multilateral, no âmbito do Mercosul, que previa isenção tributária em relação à prestação de serviços pelos nacionais dos países celebrantes, ainda que provenientes do exterior. A tributação de alguns desses serviços cabe a estados e municípios, os quais não anuíram ao acordo. À luz da situação hipotética acima apresentada, redija um texto dissertativo que aborde, de forma fundamentada, os seguintes tópicos: (i) isenção heterônoma; (ii) validade da instituição de isenção de tributo alheio em tratado de direito internacional celebrado pela União; (iii) posição hierárquica dos tratados internacionais de direito tributário no ordenamento jurídico brasileiro.

* QUESTÕES OBJETIVAS

177. (Cespe/CGM/João_Pessoa/Auditor/2018) É vedado à União tributar a renda das obrigações da dívida pública dos estados, do Distrito Federal e dos municípios.

178. (Cespe/TJ/DFT/Juiz/2016) No tocante à legislação tributária vigente, assinale a opção correta:

a) O juiz só concederá, em sede de liminar, a medida cautelar fiscal após justificação prévia e prestação de caução pela Fazenda Pública.

b) A supressão ou redução de tributo por meio da conduta de negar ou deixar de fornecer, quando obrigatório, nota fiscal ou documento equivalente, relativo a venda de mercadoria ou prestação de serviço, efetivamente realizada, ou de fornecê-la em desacordo com a legislação, não configura crime contra a ordem tributária, dado que a administração dispõe do processo de execução fiscal para cobrar tais valores.

c) O DF não está sujeito às disposições da Lei de Responsabilidade Fiscal.

d) O juiz da Vara de Fazenda Pública poderá conceder medida cautelar fiscal, mesmo que não exista, nos autos, prova literal da constituição do crédito fiscal.

e) A microempresa ou a empresa de pequeno porte que tenha sócio domiciliado no exterior não poderá recolher os impostos e as contribuições na forma prevista no Simples Nacional.

179. (Cespe/TRF/5R/Juiz/2015) Considerando um acordo bilateral celebrado entre Brasil e Bolívia, no qual a União tenha concedido isenção de tributos estaduais e municipais para as operações do gasoduto Brasil-Bolívia, assinale a opção correta com base na jurisprudência do STF:

a) Tratado internacional na área tributária, desde sua assinatura, pode ser invocado por particulares para a defesa de seus direitos na esfera tributária.

b) Ao estabelecer como princípio regente nas relações internacionais a integração econômica com os países latinoamericanos, a CF alterou o modo como o Brasil deve interpretar e integrar os tratados e convenções internacionais às normas nacionais.

c) O acordo em questão é inconstitucional em virtude de ferir a vedação constitucional da instituição de isenção heterônoma pela União.

d) O Estado Federal brasileiro, por ser representado pela União, não ultrapassou os limites do seu poder tributário ao instituir a referida isenção de tributos de competência de estados e municípios.

e) Os tratados internacionais revogam as leis ordinárias, desde sua assinatura pelas representações dos países, pois vige, no nosso ordenamento jurídico, o postulado da aplicabilidade imediata dos tratados na área tributária.

180. (Cespe/PGM/Belo_Horizonte/Procurador/2017) De acordo com a CF e a jurisprudência dos tribunais superiores, assinale a opção correta, acerca do Sistema Tributário Nacional:

a) A jurisprudência do STF considera a mora do contribuinte, pontual e isoladamente considerada, fator suficiente para determinar a ponderação da multa moratória.

b) Aos estados e aos municípios cabe legislar o modo como isenções, incentivos e benefícios fiscais serão concedidos e revogados.

c) A fazenda pública pode exigir prestação de fiança, garantia real ou fidejussória para a impressão de notas fiscais de contribuintes em débito com o fisco.

d) A exigência de depósito prévio como requisito de admissibilidade de ação judicial na qual se pretenda discutir a exigibilidade de crédito tributário é inconstitucional.

181. (Cespe/PGE/SE/Procurador/2017) Considerando-se as limitações ao poder de tributar previstas no texto constitucional, é juridicamente admissível que um ente público estadual institua a cobrança de:

a) ICMS incidente sobre a comercialização de jornais impressos.

b) ICMS com alíquotas diferenciadas em razão da ocupação profissional do contribuinte.

c) taxa referente a um serviço prestado à União.

d) taxa a ser cobrada no mesmo exercício financeiro em que for publicada a lei que a instituir.

e) IPVA incidente sobre veículos terrestres pertencentes ao poder público municipal e utilizados para transportar autoridades.

182. (Cespe/PGM/Salvador/Procurador/2015) Com relação ao sistema constitucional tributário, assinale a opção correta:

a) A CF estabelece a possibilidade de LC nacional prever um sistema de arrecadação único para tributos de competência da União, dos estados e dos municípios, desde que esse sistema seja em benefício de micro e pequenas empresas.

b) Compete a LC nacional indicar o responsável tributário pelo ISSQN, sendo vedado a lei municipal atribuir a responsabilidade pelo crédito tributário a terceira pessoa, ainda que esta esteja vinculada ao fato gerador da respectiva obrigação.

c) Nos termos da CF, os estados, o DF e os municípios estão obrigados a divulgar, mensalmente, os montantes de cada um dos tributos arrecadados, excluída a União, cuja obrigação consolida-se por meio da prestação de contas anual entregue ao TCU.

d) LC estadual poderá dispor, entre outros temas, sobre os conflitos de competência, em matéria tributária, entre o estado e os municípios.

e) A autonomia dos municípios afasta a aplicabilidade das normas que preconizam limitações ao poder de tributar e das normas gerais previstas em LC nacional.

8. IMPOSTOS EM ESPÉCIE

8.1. Impostos Federais

* SÚMULAS

1) Imposto de Importação

STJ Súm. 95. A redução da alíquota do imposto sobre produtos industrializados ou do imposto de importação não implica redução do ICMS.

2) Imposto de Renda

STF Súm. 93. Não está isenta do imposto de renda a atividade profissional do arquiteto.

STF Súm. 584. Ao imposto de renda calculado sobre os rendimentos do ano-base, aplica-se a lei vigente no exercício financeiro em que deve ser apresentada a declaração.

STF Súm. 586. Incide imposto de renda sobre os juros remetidos para o exterior, com base em contrato de mútuo.

STF Súm. 587. Incide imposto de renda sobre o pagamento de serviços técnicos contratados no exterior e prestados no Brasil.

STJ Súm. 125. O pagamento de férias não gozadas por necessidade do serviço não está sujeito à incidência do imposto de renda.

STJ Súm. 136. O pagamento de licença-prêmio não gozada por necessidade do serviço não está sujeito ao imposto de renda.

STJ Súm. 215. A indenização recebida pela adesão a programa de incentivo à demissão voluntária não está sujeita à incidência do imposto de renda.

STJ Súm. 262. Incide o imposto de renda sobre o resultado das aplicações financeiras realizadas pelas cooperativas.

STJ Súm. 386. São isentas de imposto de renda as indenizações de férias proporcionais e o respectivo adicional.

STJ Súm. 447. Os Estados e o Distrito Federal são partes legítimas na ação de restituição de imposto de renda retido na fonte proposta por seus servidores.

STJ Súm. 463. Incide imposto de renda sobre os valores percebidos a título de indenização por horas extraordinárias trabalhadas, ainda que decorrentes de acordo coletivo.

STJ Súm. 498. Não incide imposto de renda sobre a indenização por danos morais.

STJ Súm. 556. É indevida a incidência de imposto de renda sobre o valor da complementação de aposentadoria pago por entidade de previdência privada e em relação ao resgate de contribuições recolhidas para referidas entidades patrocinadoras no período de 1º.1.1989 a 31.12.1995, em razão da isenção concedida pelo art. 6º, VII, b, da Lei n. 7.713/1988, na redação anterior à que lhe foi dada pela Lei n. 9.250/1995.

STJ Súm. 590. Constitui acréscimo patrimonial a atrair a incidência do imposto de renda, em caso de liquidação de entidade de previdência privada, a quantia que couber a cada participante, por rateio do patrimônio, superior ao valor das respectivas contribuições à entidade em liquidação, devidamente atualizadas e corrigidas.

STJ Súm. 598. É desnecessária a apresentação de laudo médico oficial para o reconhecimento judicial da isenção do imposto de renda, desde que o magistrado entenda suficientemente demonstrada a doença grave por outros meios de prova.

3) Imposto sobre Produtos Industrializados

STF Súm. 591. A imunidade ou a isenção tributária do comprador não se estende ao produtor, contribuinte do imposto sobre produtos industrializados.

STJ Súm. 95. A redução da alíquota do imposto sobre produtos industrializados ou do imposto de importação não implica redução do ICMS.

STJ Súm. 411. É devida a correção monetária ao creditamento do IPI quando há oposição ao seu aproveitamento decorrentes de resistência ilegítima do Fisco.

STJ Súm. 494. O benefício fiscal do ressarcimento do crédito presumido do IPI relativo às exportações incide mesmo quando as matérias-primas ou os insumos sejam adquiridos de pessoa física ou jurídica não contribuinte do PIS/Pasep.

STJ Súm. 495. A aquisição de bens integrantes do ativo permanente da empresa não gera direito a creditamento de IPI.

4) Imposto sobre Operações Financeiras

STF Súm. 664. É inconstitucional o inciso V do art. 1º da Lei 8.033/90, que instituiu a incidência do imposto nas operações de crédito, câmbio e seguros – IOF sobre saques efetuados em caderneta de poupança.

STJ Súm. 185. Nos depósitos judiciais, não incide o imposto sobre operações financeiras.

STJ Súm. 569. Na importação, é indevida a exigência de nova certidão negativa de débito no desembaraço aduaneiro, se já apresentada a comprovação da quitação de tributos federais quando da concessão do benefício relativo ao regime de "drawback".

* REPERCUSSÃO & REPETITIVOS

STF Repercussão Geral 102. É constitucional o art. 1º, IV, da Lei 8.033/90, uma vez que a incidência de IOF sobre o negócio jurídico de transmissão de títulos e valores mobiliários, tais como ações de companhias abertas e respectivas bonificações, encontra respaldo no art. 153, V, da CF, sem ofender os princípios tributários da anterioridade e da irretroatividade, nem demandar a reserva de lei complementar. (RE 583712, 4.2.2016)

STF Repercussão Geral 168. É inconstitucional a aplicação retroativa de lei que majora a alíquota incidente sobre o lucro proveniente de operações incentivadas ocorridas no passado, ainda que no mesmo ano-base, tendo em vista que o fato gerador se consolida no momento em que ocorre cada operação de exportação, à luz da extrafiscalidade da tributação na espécie. (RE 592396, 3.12.2015)

STF Repercussão Geral 643. Incide o IPI na importação de veículo automotor por pessoa natural, ainda que não desempenhe atividade empresarial e o faça para uso próprio. (RE 723651, 3.2.2016)

STF Repercussão Geral 653. É constitucional a concessão regular de incentivos, benefícios e isenções fiscais relativos ao IR e IPI por parte da União em relação ao Fundo de Participação de Municípios e respectivas quotas devidas às Municipalidades. (RE 705423, 17.11.2016)

STF Repercussão Geral 844. O princípio da não cumulatividade não assegura direito de crédito presumido de IPI para o contribuinte adquirente de insumos não tributados, isentos ou sujeitos à alíquota zero. (RE 398365, 28.8.2015)

STJ Repetitivo 912. Os produtos importados estão sujeitos a uma nova incidência do IPI quando de sua saída do estabelecimento importador na operação de revenda, mesmo que não tenham sofrido industrialização no Brasil. (EREsp 1403532, 14.10.2015)

* INFORMATIVOS DE JURISPRUDÊNCIA

IPI. Aquisição de matéria-prima, produto intermediário e material de embalagem submetida ao regime de suspensão. Manutenção e utilização de crédito pelo estabelecimento industrial. Impossibilidade.

STJ A manutenção e a utilização do crédito de IPI submetido à suspensão são incentivos fiscais reservados ao estabelecimento industrial fabricante das matérias-primas, dos produtos intermediários e dos materiais de embalagem que os vende (saída) para empresas que os utilizam na industrialização de produtos destinados à exportação. REsp 1.382.354, Rel. Min. Gurgel de Faria, DJe 4.10.2017. 1ª T. (Info 612)

IR. Remessa de juros ao exterior. Art. 11 do DL 401/68. Responsabilidade por substituição. Imunidade do substituto. Condição que não o exonera do dever de reter o imposto na fonte.

STJ A imunidade de entidade beneficente de assistência social não a exonera do dever de, na condição de responsável por substituição, reter o imposto de renda sobre juros remetidos ao exterior na compra de bens a prazo, na forma do art. 11 do DL 401/68. REsp 1.480.918, Rel. Acd. Min. Herman Benjamin, DJ 1.2.2018. 2ª T. (Info 618)

IRPF. Alienação de imóvel residencial. Ganho de capital. Lei 11.196/05 ("Lei do bem"). Valores parcialmente destinados à quitação de financiamento imobiliário de outro imóvel residencial. Direito à isenção. Restrição imposta por instrução normativa. Ilegalidade.

STJ A isenção prevista no art. 39, § 2º, da Lei 11.196/05, alcança as hipóteses nas quais o produto da venda de imóvel por pessoa física seja destinado, total ou parcialmente, à quitação ou amortização de financiamento de outro imóvel residencial que o alienante já possui. REsp 1.668.268, Rel. Min. Regina Helena Costa, DJ 22.3.2018. 1ª T. (Info 622)

IRPF. Direito de Arena. Art. 42, caput e § 1º, da Lei 9.615/98 ("Lei Pelé"). Natureza indenizatória da parcela. Não configuração. Acréscimo patrimonial. Hipótese de incidência.

STJ A remuneração percebida pelos atletas profissionais a título de direito de arena sujeita-se à incidência do IRPF. 1ª T. REsp 1.679.649, Rel. Min. Regina Helena Costa, DJ 23.5.2018. (Info 626)

Imposto de Renda. Pagamento de precatório judicial. Cessão de crédito. Base de cálculo. Alíquota aplicável. Natureza do crédito originário.

STJ A cessão de crédito de precatório não tem o condão de alterar a base de cálculo e a alíquota do Imposto de Renda, que deve considerar a origem do crédito e o próprio sujeito passivo originariamente favorecido pelo precatório. REsp 1.405.296, Rel. Min. Napoleão Nunes Maia Filho, DJe 28.9.2017. 1ª T. (Info 612)

* QUESTÕES OBJETIVAS

183. **(Cespe/TCE/PR/Analista/2016)** Considerando a matéria tributária definida na CF, assinale a opção correta:

a) É facultado ao Poder Executivo, respeitados as condições e os limites legais, alterar as alíquotas do imposto sobre produtos industrializados.

b) Dado o princípio da isonomia, os impostos não podem ter caráter pessoal.

c) As limitações constitucionais ao poder de tributar podem ser reguladas por lei ordinária.

d) As contribuições de intervenção no domínio econômico não incidem sobre as receitas decorrentes de importação.

e) O imposto sobre a propriedade territorial rural será progressivo e não incidirá sobre pequenas glebas rurais exploradas pelo proprietário, mesmo que ele possua outro imóvel.

184. **(Cespe/TCE/PR/Auditor/2016)** Acerca dos impostos, dos princípios e direitos do contribuinte e das garantias e preferências do crédito tributário, assinale a opção correta:

a) Em caso de falência, pagos os créditos trabalhistas, há preferência do crédito tributário sobre os créditos extraconcursais e os créditos com garantia real, até o valor do bem gravado.

b) A receita líquida do imposto sobre operações financeiras, que incide sobre operações de crédito, câmbio, seguro e sobre operações relativas a títulos e valores mobiliários, destina-se à formação de reservas monetárias, segundo disposição legal, podendo o Poder Executivo, nos limites e nas condições da lei, alterar as alíquotas ou as bases de cálculo desse imposto.

c) Conforme o entendimento do STF, os órgãos de representação consular de Estado estrangeiro não gozam de imunidade tributária quando devido ITCMD incidente sobre doação de imóvel.

d) É vedada a instituição por medida provisória de norma que implique a obrigatoriedade de que todo o contribuinte informe à administração tributária atos e negócios jurídicos que impliquem elisão fiscal lícita.

e) Operação consistente em alienação de imóvel não considerado bem de família e que possa reduzir seu proprietário à insolvência, se realizada antes da inscrição na dívida ativa, mas após notificação do lançamento tributário, será considerada fraude à execução, sendo, por isso, também, considerada sem efeito perante a fazenda pública lesada.

185. **(Cespe/PGM/Belo_Horizonte/Procurador/2017)** Em determinado município, uma associação de produtores rurais solicitou que o prefeito editasse lei afastando a incidência do ITR para os munícipes que tivessem idade igual ou superior a sessenta e cinco anos e fossem proprietários de pequenas glebas rurais, assim entendidas as propriedades de dimensão inferior a trezentos hectares. O prefeito, favorável ao pedido, decidiu consultar a procuradoria municipal acerca da viabilidade jurídica dessa norma. Com relação a essa situação hipotética, assinale a opção correta de acordo com as normas constitucionais e a legislação tributária vigente:

a) O ITR é um imposto da União e, por conseguinte, é vedado atribuir aos municípios, que não detêm competência para legislar sobre essa matéria, a responsabilidade por sua fiscalização.

b) Cabe ao município a competência legislativa sobre o ITR, podendo ele instituir hipóteses de isenção e de não incidência.

c) O ITR é um imposto de competência da União, não podendo o município reduzi-lo ou adotar qualquer renúncia fiscal.

d) A CF prevê a imunidade fiscal para os proprietários de pequenas glebas rurais que tenham idade igual ou superior a sessenta e cinco anos.

186. **(Cespe/TCU/Procurador/2015)** Assinale a opção correta no que diz respeito a responsabilidade tributária, suspensão e extinção do crédito tributário, garantias e privilégios do crédito tributário e impostos da União:

a) O inadimplemento da obrigação tributária pela sociedade gera, por si só, a responsabilidade solidária do sócio-gerente.

b) A consignação em pagamento configura hipótese de suspensão do crédito tributário.

c) Incide o imposto de renda sobre os valores percebíveis a título de indenização por horas extraordinárias trabalhadas, ainda que decorrentes de acordo coletivo.

d) O pagamento de dívida tributária prescrita é irrepetível, porquanto a prescrição não extingue a obrigação natural subjacente.

e) Um contribuinte entregou declaração de imposto de renda, reconhecendo débito fiscal. Por erro, a declaração deixou de incluir certas operações tributáveis, o que implicou pagamento de apenas parte do que era devido. Nesse caso, o valor inadimplido poderá ser objeto de lançamento de ofício no prazo de cinco anos, contados do primeiro dia do exercício seguinte àquele em que o lançamento poderia ter sido efetuado.

8.2. Impostos Estaduais

* SÚMULAS

1) ICMS

STF Súm. Vinculante 32. O ICMS não incide sobre alienação de salvados de sinistro pelas seguradoras.

STF Súm. Vinculante 48. Na entrada de mercadoria importada do exterior, é legítima a cobrança do ICMS por ocasião do desembaraço aduaneiro.

STF Súm. 573. Não constitui fato gerador do imposto de circulação de mercadorias a saída física de máquinas, utensílios e implementos a título de comodato.

STF Súm. 575. À mercadoria importada de país signatário do GATT, ou membro da ALALC, estende-se a isenção do imposto sobre circulação de mercadorias concedida a similar nacional.

STF Súm. 662. É legítima a incidência do ICMS na comercialização de exemplares de obras cinematográficas, gravados em fitas de videocassete.

STJ Súm. 20. A mercadoria importada de país signatário do GATT é isenta do ICM, quando contemplado com esse favor o similar nacional.

STJ Súm. 95. A redução da alíquota do imposto sobre produtos industrializados ou do imposto de importação não implica redução do ICMS.

STJ Súm. 135. O ICMS não incide na gravação e distribuição de filmes e videoteipes.

STJ Súm. 155. O ICMS incide na importação de aeronave, por pessoa física, para uso próprio.

STJ Súm. 163. O fornecimento de mercadorias com a simultânea prestação de serviços em bares, restaurantes e estabelecimentos similares constitui fato gerador do ICMS a incidir sobre o valor total da operação.

STJ Súm. 166. Não constitui fato gerador do ICMS o simples deslocamento de mercadoria de um para outro estabelecimento do mesmo contribuinte.

STJ Súm. 198. Na importação de veículo por pessoa física, destinado a uso próprio, incide o ICMS.

STJ Súm. 237. Nas operações com cartão de crédito, os encargos relativos ao financiamento não são considerados no cálculo do ICMS.

STJ Súm. 334. O ICMS não incide no serviço dos provedores de acesso à internet.

STJ Súm. 350. O ICMS não incide sobre o serviço de habilitação de telefone celular.

STJ Súm. 391. O ICMS incide sobre o valor da tarifa de energia elétrica correspondente à demanda de potência efetivamente utilizada.

STJ Súm. 395. O ICMS incide sobre o valor da venda a prazo constante da nota fiscal.

STJ Súm. 431. É ilegal a cobrança de ICMS com base no valor da mercadoria submetido ao regime de pauta fiscal.

STJ Súm. 432. As empresas de construção civil não estão obrigadas a pagar ICMS sobre mercadorias adquiridas como insumos em operações interestaduais.

STJ Súm. 433. O produto semielaborado, para fins de incidência de ICMS, é aquele que preenche cumulativamente os três requisitos do art. 1º da Lei Complementar n. 65/1991.

STJ Súm. 457. Os descontos incondicionais nas operações mercantis não se incluem na base de cálculo do ICMS.

STJ Súm. 509. É lícito ao comerciante de boa-fé aproveitar os créditos de ICMS decorrentes de nota fiscal posteriormente declarada inidônea, quando demonstrada a veracidade da compra e venda.

2) IPVA

STJ Súm. 585. A responsabilidade solidária do ex-proprietário, prevista no art. 134 do Código de Trânsito Brasileiro CTB, não abrange o IPVA incidente sobre o veículo automotor, no que se refere ao período posterior à sua alienação.

3) ITCMD

STF Súm. 112. O imposto de transmissão "causa mortis" é devido pela alíquota vigente ao tempo da abertura da sucessão.

STF Súm. 114. O imposto de transmissão "causa mortis" não é exigível antes da homologação do cálculo.

STF Súm. 115. Sobre os honorários do advogado contratado pelo inventariante, com a homologação do juiz, não incide o imposto de transmissão "causa mortis".

STF Súm. 331. É legítima a incidência do imposto de transmissão "causa mortis" no inventário por morte presumida.

STF Súm. 542. Não é inconstitucional a multa instituída pelo Estado-membro, como sanção pelo retardamento do início ou da ultimação do inventário.

STF Súm. 590. Calcula-se o imposto de transmissão "causa mortis" sobre o saldo credor da promessa de compra e venda de imóvel, no momento da abertura da sucessão do promitente vendedor.

* REPERCUSSÃO & REPETITIVOS

STF Repercussão Geral 201. É devida a restituição da diferença do Imposto sobre Circulação de Mercadorias e Serviços (ICMS) pago a mais no regime de substituição tributária para a frente se a base de cálculo efetiva da operação for inferior à presumida. (RE 593849, 19.10.2016)

STF Repercussão Geral 69. O ICMS não compõe a base de cálculo para a incidência do PIS e da Cofins. (RE 574706, 15.3.2017)

STF Repercussão Geral 827. O Imposto sobre Circulação de Mercadorias e Serviços (ICMS) incide sobre a tarifa de assinatura básica mensal cobrada pelas prestadoras de serviços de telefonia, independentemente da franquia de minutos concedida ou não ao usuário. (RE 912888, 13.10.2016)

STJ Repetitivo 313. O valor do ICMS, destacado na nota, devido e recolhido pela empresa compõe seu faturamento, submetendo-se à tributação pelas contribuições ao PIS/Pasep e Cofins, sendo integrante também do conceito maior de receita bruta, base de cálculo das referidas exações. (REsp 1144469, 10.8.2016)

STJ Repetitivo 903. A notificação do contribuinte para o recolhimento do IPVA perfectibiliza a constituição definitiva do crédito tributário, iniciando-se o prazo prescricional para a execução fiscal no dia seguinte à data estipulada para o vencimento da exação. (REsp 1320825, 10.8.2016)

* INFORMATIVOS DE JURISPRUDÊNCIA

ICMS e lei estadual

STF É válida lei estadual que dispõe acerca da incidência do ICMS sobre operações de importação editada após a vigência da EC 33/2001, mas antes da LC 114/2002, visto que é plena a competência legislativa estadual enquanto inexistir lei federal sobre norma geral, conforme art. 24, § 3º Constituição Federal. ARE 917950, Rel. Min. Teori Zavascki, j. 5.12.2017. 2ª T. (Info 887)

ICMS. Créditos presumidos concedidos a título de incentivo fiscal. Inclusão nas bases de cálculo do IRPJ e da CSLL. Inviabilidade. Interferência da União na política fiscal adotada por Estado-membro. Ofensa ao princípio federativo e à segurança jurídica.

STJ Crédito presumido de ICMS não integra a base de cálculo do IRPJ e da CSLL. EREsp 1.517.492, Rel. Acd. Min. Regina Helena Costa, DJ 1.2.2018. 1ª S. (Info 618)

ICMS. Energia elétrica. Aquisição no mercado de curto prazo. Câmara de Comercialização de Energia Elétrica - CCEE. Natureza jurídica da operação. Cessão de direitos.

STJ Não incide ICMS sobre as operações financeiras realizadas no Mercado de Curto Prazo da Câmara de Comercialização de Energia Elétrica (CCEE). REsp 1.615.790, Rel. Min. Gurgel de Faria, DJ 9.4.2018. 1ª T. (Info 623)

ICMS. Operação interestadual. Diferencial de alíquota. Cláusula FOB ("free on board"). Tredestinação da mercadoria. Responsabilidade do vendedor. Boa-fé. Verificação. Necessidade.

STJ A empresa vendedora de boa-fé que evidencie a regularidade da operação interestadual realizada com cláusula FOB ("free on board") não pode ser objetivamente responsabilizada pelo pagamento do diferencial de alíquota de ICMS em razão de a mercadoria não ter chegado ao destino declarado na nota fiscal. EREsp 1.657.359, Rel. Min. Gurgel de Faria, DJ 19.3.2018. 1ª S. (Info 622)

ICMS. Substituição tributária progressiva ou para frente. Cláusula de restituição do excesso. Base de cálculo presumida. Base de cálculo real. Restituição da diferença. Juízo de retratação.

STJ Em adequação ao entendimento do STF, é devida a restituição da diferença do Imposto sobre Circulação de Mercadorias e Serviços – ICMS pago a mais no regime de substituição tributária para frente se a base de cálculo efetiva da operação for inferior à presumida. REsp 687.113, Rel. Min. Napoleão Nunes Maia Filho, DJ 18.4.2018. 1ª T. (Info 623)

Não incidência do ICMS na base de cálculo do PIS e da Cofins. Julgamento pelo STF.

STJ Em adequação ao entendimento do STF, o ICMS não compõe a base de cálculo para a incidência do PIS e da Cofins. REsp 1.100.739, Rel. Min. Sérgio Kukina, DJ 8.3.2018. 1ª T. (Info 621)

* INOVAÇÕES LEGISLATIVAS

▲ Lei dos Convênios de Remissão de Créditos (LC 160/17): nova lei.

▲ Lei Kandir (LC 87/96): sem alterações em 2017/2018.

* QUESTÕES DISCURSIVAS

05. **(Cespe/PG/DF/Procurador/2013)** Discorra sobre a tributação do ICMS nas operações de importação por pessoas físicas, ressaltando o posicionamento do Supremo Tribunal Federal a respeito da matéria, a ocorrência do fato gerador e a alíquota aplicável na hipótese de o desembaraço aduaneiro ocorrer em outro estado que não o do destinatário do bem.

* QUESTÕES OBJETIVAS

187. **(Cespe/PGE/PE/Procurador/2018)** Determinada empresa de revenda de veículos usados aceitou automóvel de passeio em consignação com o objetivo de intermediar a venda. Dada a pouca demanda dos clientes pelo veículo, resolveu transportá-lo para uma de suas filiais, dentro do mesmo estado, com maior visibilidade de mercado. No que se refere a essa situação hipotética, considere as asserções apresentadas a seguir.

I. O ICMS incide sobre a operação de transferência entre as filiais, mas não sobre a operação de consignação.

II. Para a incidência do ICMS, exige-se a transferência física da mercadoria.

Assinale a opção correta.

a) As asserções I e II são falsas.

b) A asserção I é verdadeira, e a II, falsa.

c) A asserção I é falsa, e a II, verdadeira.

d) As asserções I e II são verdadeiras, e a II é justificativa da I.

e) As asserções I e II são verdadeiras, e a II não é uma justificativa da I.

188. **(Cespe/PGE/PE/Procurador/2018)** Determinado município ajuizou ação contra o estado de Pernambuco, questionando a diminuição dos valores de repasse constitucional do ICMS. Conforme alegações do município: a diminuição resultou tanto da concessão de benefícios fiscais não aprovados pelo CONFAZ quanto de isenções aprovadas por esse conselho; o repasse total foi inferior a 25% da receita efetivamente auferida pelo estado. No que se refere a essa situação hipotética, considere as asserções apresentadas a seguir.

I. Conforme o entendimento jurisprudencial a respeito da matéria, o juiz responsável pela ação deverá decidir a favor do município.

II. A concessão de benefícios ou isenções não pode impactar o repasse aos municípios, já que a titularidade da receita do ICMS não é exclusiva do estado.

Assinale a opção correta.

a) As asserções I e II são falsas.

b) A asserção I é verdadeira, e a II, falsa.

c) A asserção I é falsa, e a II, verdadeira.

d) As asserções I e II são verdadeiras, e a II é justificativa da I.

e) As asserções I e II são verdadeiras, e a II não é uma justificativa da I.

189. **(Cespe/Sefaz/RS/Auditor/2018)** Considerando que determinada empresa tenha recolhido ICMS por substituição tributária em relação a fatos geradores que ainda não ocorreram no momento do pagamento, assinale a opção correta.

a) A substituição tributária possui previsão constitucional.

b) A responsabilidade só pode ser auferida após a ocorrência do fato gerador.

c) É hipótese de substituição tributária regressiva.

d) É impossível a restituição do tributo, mesmo que a base de cálculo efetiva seja inferior à presumida.

e) São obrigados por lei a pagar o tributo tanto o contribuinte direto quanto o responsável tributário.

190. **(Cespe/TCE/PA/Auditor/2016)** A concessão de isenções, incentivos e benefícios fiscais pelos estados depende de prévia aprovação de convênio interestadual, o que abrange a concessão de diferimento no pagamento de débitos de imposto sobre operações relativas à circulação de mercadorias e prestação de serviço de transporte interestadual e intermunicipal e de comunicação, ainda que inexista redução do valor devido.

191. **(Cespe/TJ/DFT/Juiz/2015)** Determinada associação de defesa de comerciantes, consumidores e contribuintes, que está constituída há sete meses e tem por finalidade a defesa de seus associados no que diz respeito a relações de consumo, tributárias e econômicas, entre outros direitos difusos, coletivos e individuais homogêneos, propôs ACP para questionar a incidência de ICMS "por dentro", ou seja, que na base de cálculo desse imposto, ele próprio esteja incluído, fazendo o ICMS incidir sobre ele mesmo. Considerando essa situação hipotética, assinale a opção correta:

a) O MP teria legitimidade para propor ACP contestando a incidência do ICMS "por dentro" que já foi declarado inconstitucional pelo STF, pois lhe incumbe a defesa de direitos individuais homogêneos referentes a matéria tributária.

b) A incidência do ICMS "por dentro" já foi declarada inconstitucional pelo STF por ofensa aos princípios da não cumulatividade e do "ne bis in idem"", no entanto; a ACP não é cabível por envolver matéria tributária.

c) A ação não é cabível, mas, se houvesse julgamento do mérito, o pedido da ação deveria ser julgado improcedente, pois o valor referente ao ICMS faz parte da importância paga pelo comprador e recebida pelo vendedor na operação.

d) Exceto pela ilegitimidade da associação, a ACP seria cabível. No mérito, o pedido da ação deveria ser julgado procedente, pois a incidência do ICMS "por dentro" ofende os princípios da não cumulatividade e do "ne bis in idem"".

e) Uma vez que a referida associação foi constituída há mais de seis meses e tem como finalidade estatutária a defesa dos direitos em questão, estão cumpridos os requisitos de legitimidade para propor a ACP, que é cabível nessa situação.

192. **(Cespe/PC/GO/Delegado/2017)** Instrução normativa expedida em dezembro de 2015 pelo secretário de Fazenda do Estado de Goiás estabeleceu que, para ter acesso ao sistema de informática de emissão de nota fiscal, relativa ao ICMS, o contribuinte deve estar em dia com suas obrigações tributárias estaduais. Em janeiro de 2016, a empresa Alfa Ltda., com pagamento de tributos em atraso, requereu acesso ao sistema e teve o seu pedido indeferido. Nessa situação hipotética:

a) ainda que a emissão de notas fiscais seja obrigação acessória, o princípio da legalidade estrita, vigente no direito tributário, impõe que tais deveres sejam previstos por lei ordinária, sendo inválida a restrição estabelecida por instrução normativa.

b) o ICMS é tributo sujeito à anterioridade nonagesimal, de modo que, embora válida a instrução normativa, o indeferimento é ato insubsistente, por ter aplicado a instrução normativa antes do prazo constitucional.

c) a interdição de emissão de notas fiscais é meio indireto de cobrança do tributo, já que inibe a continuidade da atividade profissional do contribuinte, o que torna a instrução normativa em questão inválida.

d) o ICMS não é tributo sujeito à anterioridade nonagesimal, de modo que o indeferimento é válido.

e) a emissão de notas fiscais é obrigação acessória, podendo ser regulada por ato infralegal, sendo válida a restrição estabelecida.

193. **(Cespe/PGM/Fortaleza/Procurador/2017)** O sujeito passivo do ICMS não pode, ainda que de boa-fé, aproveitar os créditos decorrentes de nota fiscal posteriormente declarada inidônea e emitida em virtude de efetiva concretização do negócio jurídico de compra e venda.

194. **(Cespe/PGM/Belo_Horizonte/Procurador/2017)** Depois de ter sido regularmente contratada pelo município de Belo Horizonte – MG para o fornecimento de equipamentos médicos de fabricação estrangeira a hospitais municipais, a empresa Alfa, importadora de bens e mercadorias, tornou-se, nos termos do contrato administrativo celebrado com o município, a responsável pela importação e pelo pagamento de todos os tributos exigíveis por ocasião do desembaraço aduaneiro. Tendo os equipamentos ficado retidos na aduana em razão do não recolhimento do ICMS incidente sobre as mercadorias, a Alfa alegou que o imposto deveria ser recolhido pelo município de Belo Horizonte, destinatário final dos produtos. Entendeu a empresa que o ICMS não faz parte do desembaraço aduaneiro, visto que o fato gerador ainda não teria ocorrido e não decorreria do ato de importação, ou seja, o referido imposto somente seria devido no momento da entrada dos bens no estabelecimento do destinatário final. Considerando as regras de direito tributário, assinale a opção correta, a respeito dessa situação hipotética:

a) É devida a retenção aduaneira, pois o ICMS não poderia ser cobrado de quem não é contribuinte habitual do imposto.

b) Na entrada de mercadoria importada do exterior, é legítima a cobrança do ICMS por ocasião do desembaraço aduaneiro.

c) Como os bens não serão comercializados, o ICMS não é devido, pois inexiste o fato gerador do tributo.

d) O ICMS não é devido, dada a imunidade tributária. Nesse caso, somente pode ser exigido o imposto sobre a importação, sendo vedada a bitributação.

195. **(Cespe/AGU/Advogado/2015)** Por dispositivo legal expresso, a obrigação de recolhimento de determinado imposto foi atribuída a pessoa diversa da do contribuinte, devendo esse pagamento ser feito antecipadamente, em momento prévio à ocorrência do fato gerador, previsto para ocorrer no futuro. Na situação considerada, trata-se do instituto denominado substituição tributária progressiva, que tem previsão expressa relativa ao ICMS.

196. **(Cespe/TCE/RN/Assessor_Jurídico/2015)** O ICMS é um tributo não-cumulativo, que incide na cadeia de circulação de mercadorias. Diferentemente do IPI, o ICMS pode ser seletivo, qualidade do tributo que é maior ou menor gravado diante de sua importância e relevância para a economia nacional e bem-estar da população.

197. **(Cespe/TCE/RN/Auditor/2015)** O imposto sobre operações relativas à circulação de mercadorias e sobre prestações de serviços de transporte interestadual e intermunicipal e de comunicação (ICMS), de competência estadual, tem natureza necessariamente não cumulativa, e seletiva em função da essencialidade das mercadorias e dos serviços.

198. **(Cespe/DPU/Defensor/2017)** A isenção ou não incidência do ICMS acarretará a anulação do crédito relativo às operações anteriores, salvo se houver determinação legal em contrário.

199. **(Cespe/PGE/AM/Procurador/2016)** Aplica-se o princípio da tributação na origem e no destino em caso de comercialização de mercadoria por contribuinte do ICMS localizado em estado diverso do estado do consumidor final, o que enseja a repartição do crédito tributário mediante o sistema de alíquotas interestaduais e internas.

200. **(Cespe/TCE/PB/Auditor/2018)** A instituição da alíquota do imposto devido em decorrência da realização de uma doação de bem imóvel mediante negócio realizado entre pessoas residentes no Brasil compete

a) ao estado e ao município ou ao DF.

b) à União e ao estado ou ao DF.

c) à União.

d) ao município de localização do imóvel.

e) ao estado ou ao DF, a depender da localização do imóvel.

201. **(Cespe/TCE/PR/Auditor/2016)** Considerando a jurisprudência dos tribunais superiores, assinale a opção correta a respeito da contribuição previdenciária para o RGPS, do ITCMD e do IPTU:

a) Para evitar a denominada guerra fiscal, foi atribuída ao Senado Federal a competência para a instituição das alíquotas mínimas do IPTU.

b) Incide contribuição previdenciária sobre o terço constitucional de férias gozadas, mas não sobre o terço das férias indenizadas.

c) É cabível em arrolamento sumário a discussão sobre eventual configuração da decadência do direito da fazenda pública de efetuar lançamento tributário referente ao ITCMD.

d) Não incide contribuição previdenciária sobre o salário-paternidade.

e) Conforme o STF, a proximidade parental entre o "de cujus" e os herdeiros não é critério legítimo para a instituição de progressividade de alíquotas do ITCMD.

202. **(Cespe/TCE/PA/Auditor/2016)** O inventário de determinado contribuinte nascido em São Luís e residente em Manaus que faleceu em São Paulo foi aberto em Belo Horizonte. De seu inventário faz parte um imóvel situado em Salvador. Nesse caso, o imposto sobre heranças e doações referente a esse imóvel deve ser pago em Belo Horizonte.

203. **(Cespe/PGE/AM/Procurador/2016)** É inconstitucional a fixação de alíquota progressiva para o ITCMD.

8.3. Impostos Municipais

*** SÚMULAS**

1) IPTU

STF Súm. Vinculante 52. Ainda quando alugado a terceiros, permanece imune ao IPTU o imóvel pertencente a qualquer das entidades referidas pelo artigo 150, inciso VI, alínea "c", da Constituição Federal, desde que o valor dos aluguéis seja aplicado nas atividades para as quais tais entidades foram constituídas.

STF Súm. 539. É constitucional a lei do município que reduz o imposto predial urbano sobre imóvel ocupado pela residência do proprietário, que não possua outro.

STF Súm. 583. Promitente-comprador de imóvel residencial transcrito em nome de autarquia é contribuinte do imposto predial territorial urbano.

STF Súm. 589. É inconstitucional a fixação de adicional progressivo do imposto predial e territorial urbano em função do número de imóveis do contribuinte.

STF Súm. 668. É inconstitucional a lei municipal que tenha estabelecido, antes da Emenda Constitucional 29/2000, alíquotas progressivas para o IPTU, salvo se destinada a assegurar o cumprimento da função social da propriedade urbana.

STJ Súm. 160. É defeso, ao Município, atualizar o IPTU, mediante decreto, em percentual superior ao índice oficial de correção monetária.

STJ Súm. 397. O contribuinte do IPTU é notificado do lançamento pelo envio do carnê ao seu endereço.

STJ Súm. 399. Cabe à legislação municipal estabelecer o sujeito passivo do IPTU.

STJ Súm. 614. O locatário não possui legitimidade ativa para discutir a relação jurídico-tributária de IPTU e de taxas referentes ao imóvel alugado nem para repetir indébito desses tributos.

2) ISSQN

STF Súm. Vinculante 31. É inconstitucional a incidência do Imposto sobre Serviços de Qualquer Natureza – ISS sobre operações de locação de bens móveis.

STF Súm. 588. O imposto sobre serviços não incide sobre os depósitos, as comissões e taxas de desconto, cobrados pelos estabelecimentos bancários.

STF Súm. 663. Os §§ 1º e 3º do art. 9º do DL 406/68 foram recebidos pela Constituição.

STJ Súm. 138. O ISS incide na operação de arrendamento mercantil de coisas móveis.

STJ Súm. 156. A prestação de serviço de composição gráfica, personalizada e sob encomenda, ainda que envolva fornecimento de mercadorias, está sujeita, apenas, ao ISS.

STJ Súm. 167. O fornecimento de concreto, por empreitada, para construção civil, preparado no trajeto até a obra em betoneiras acopladas a caminhões, é prestação de serviço, sujeitando-se apenas à incidência do ISS.

STJ Súm. 274. O ISS incide sobre o valor dos serviços de assistência médica, incluindo-se neles as refeições, os medicamentos e as diárias hospitalares.

STJ Súm. 424. É legítima a incidência de ISS sobre os serviços bancários congêneres da lista anexa ao DL n. 406/1968 e à LC n. 56/1987.

STJ Súm. 524. No tocante à base de cálculo, o ISSQN incide apenas sobre a taxa de agenciamento quando o serviço prestado por sociedade empresária de trabalho temporário for de intermediação, devendo, entretanto, englobar também os valores dos salários e encargos sociais dos trabalhadores por ela contratados nas hipóteses de fornecimento de mão de obra.

3) ITBI

STF Súm. 75. Sendo vendedora uma autarquia, a sua imunidade fiscal não compreende o imposto de transmissão "inter vivos", que é encargo do comprador.

STF Súm. 110. O imposto de transmissão "inter vivos" não incide sobre a construção, ou parte dela, realizada pelo adquirente, mas sobre o que tiver sido construído ao tempo da alienação do terreno.

STF Súm. 470. O imposto de transmissão "inter vivos" não incide sobre a construção, ou parte dela, realizada, inequivocamente, pelo promitente comprador, mas sobre o valor do que tiver sido construído antes da promessa de venda.

STF Súm. 656. É inconstitucional a lei que estabelece alíquotas progressivas para o imposto de transmissão "inter vivos" de bens imóveis – ITBI com base no valor venal do imóvel.

*** REPERCUSSÃO & REPETITIVOS**

STF Repercussão Geral 226. Declarada inconstitucional a progressividade de alíquota tributária, é devido o tributo calculado pela alíquota mínima correspondente, de acordo com a destinação do imóvel. (RE 602347, 4.11.2015)

STF Repercussão Geral 385. A imunidade recíproca, prevista no art. 150, VI, a, da CF não se estende a empresa privada arrendatária de imóvel público, quando seja ela exploradora de atividade econômica com fins lucrativos. Nessa hipótese é constitucional a cobrança do IPTU pelo Município. (RE 594015, 6.4.2017)

STF Repercussão Geral 437. Incide o IPTU, considerado imóvel de pessoa jurídica de direito público cedido a pessoa jurídica de direito privado, devedora do tributo. (RE 601720, 6.4.2017)

STF Repercussão Geral 581. As operadoras de planos privados de assistência à saúde (plano de saúde e seguro-saúde) realizam prestação de serviço sujeita ao ISSQN, previsto no art. 156, III, da CRFB/88. (RE 651703, 29.9.2016)

* INFORMATIVOS DE JURISPRUDÊNCIA

Execução fiscal. IPTU. Alienação de imóvel após o lançamento. Sujeito passivo. Contribuinte. Alienante. Responsabilidade solidária. Art. 130 do CTN.

STJ O alienante possui legitimidade passiva para figurar em ação de execução fiscal de débitos constituídos em momento anterior à alienação voluntária de imóvel. AgInt no AREsp 942.940, Rel. Min. Herman Benjamin, DJe 12.9.2017. 2ª T. (Info 610)

* INOVAÇÕES LEGISLATIVAS

▲ Lei Complementar do ISSQN (LC 116/17): sem alterações em 2017/2018.

* QUESTÕES DISCURSIVAS

06. (Cespe/TJ/PR/Juiz/2017) A empresa Bem Vestida Ltda., sediada em Curitiba, aluga roupas variadas para festas em geral, tais como vestidos longos, curtos, "plus size" etc., para formaturas, casamentos, debutantes, festas e eventos sociais. Essa atividade está prevista na Lista de Serviços anexa à Lei n. 14.710/2009, do Município de Curitiba. Deu-se que essa empresa foi autuada pela Municipalidade, por falta de pagamento do imposto sobre serviços de qualquer natureza (ISS), relativamente aos últimos cinco anos, em virtude do que ela (empresa) ajuizou ação anulatória contra tal exigência tributária. Desenvolva, de modo concludente, todos os fundamentos legais e jurídicos pertinentes e necessários, relativamente a essa exigência do Município, no que diz respeito à sua competência tributária a propósito dessa hipótese de incidência do ISS.

* QUESTÕES OBJETIVAS

204. (Cespe/Sefaz/RS/Auditor/2018) A respeito do Estatuto Nacional da Microempresa e Empresa de Pequeno Porte (Lei Complementar n. 123/06) e do imposto sobre serviços de qualquer natureza (ISSQN), conforme a Lei Complementar n. 116/2003, julgue os itens a seguir.

I. O contribuinte do ISSQN é o tomador do serviço.
II. Considera-se estabelecimento prestador do ISSQN a sede da unidade econômica.
III. É incabível a retenção na fonte do ISSQN a microempresas e empresas de pequeno porte sujeitas à tributação do Simples Nacional por valores mensais fixos.
IV. A diferença entre a alíquota utilizada e a efetivamente apurada nas retenções de ISSQN por microempresas e empresas de pequeno porte deverá ser recolhida por guia de recolhimento do município.

Estão certos apenas os itens

a) I e II.
b) I e IV.
c) III e IV.
d) I, II e III.
e) II, III e IV.

205. (Cespe/DPE/PE/Defensor/2018) A empresa Beta, operadora de plano privado de saúde, foi notificada pelo fisco estadual em razão do não recolhimento de ICMS relativo às operações mistas, que envolvem a prestação de serviços associados ao fornecimento de mercadorias. Em sua defesa, a empresa alegou que o fisco municipal entende que, nesse caso, incide o imposto sobre serviços de qualquer natureza (ISSQN). Considerando o entendimento majoritário e atual do Supremo Tribunal Federal, assinale a opção correta, acerca dos impostos que poderão incidir no presente caso.

a) No caso em tela, deve prevalecer a incidência do ICMS, afastando-se a incidência do ISSQN sobre a operação.
b) Se os serviços prestados pela empresa em questão estiverem previstos na lei complementar

federal que dispõe sobre o ISSQN, prevalecerá a incidência do ISSQN sobre o ICMS.

c) Incidirá, em regra, o ICMS, podendo haver a incidência do ISSQN se o serviço estiver previsto na lei complementar federal que dispõe sobre esse tributo, caso em que, para evitar a bitributação, o valor pago a título de ICMS será deduzido da base de cálculo do ISSQN

d) No caso em tela, incidem tanto ICMS como o ISSQN: o ICMS incidirá sobre a parcela relativa à obrigação de dar e o ISSQN incidirá sobre a parcela referente à obrigação de fazer.

e) Há de se verificar a atividade preponderante do contribuinte: se a atividade preponderante for o fornecimento de mercadorias, ele deve ser tributado pelo ICMS; se for a prestação de serviços, ele será tributado pelo ISSQN.

206. **(Cespe/TCE/SC/Auditor/2016)** Autoridade fiscal de determinado município foi denunciada no tribunal de contas do estado (TCE) por ter emitido certidão positiva com efeitos de negativa para uma empresa que detinha débitos de imposto sobre serviços de qualquer natureza (ISS) com o município. Na denúncia, constava que a certidão havia sido expedida durante o período em que era analisado, em processo administrativo tributário, o recurso interposto pela empresa contra a decisão em primeira instância, que havia julgado improcedente a impugnação do contribuinte e concluído pela subsistência do auto de infração, dada a existência de débito da empresa. A esse respeito, dispõe o Código Tributário Nacional (CTN): "Art. 205. A lei poderá exigir que a prova da quitação de determinado tributo, quando exigível, seja feita por certidão negativa, expedida à vista de requerimento do interessado, que contenha todas as informações necessárias à identificação de sua pessoa, domicílio fiscal e ramo de negócio ou atividade e indique o período a que se refere o pedido. Parágrafo único. A certidão negativa será sempre expedida nos termos em que tenha sido requerida e será fornecida dentro de dez dias da data da entrada do requerimento na repartição. Art. 206. Tem os mesmos efeitos previstos no artigo anterior a certidão de que conste a existência de créditos não vencidos, em curso de cobrança executiva em que tenha sido efetivada a penhora, ou cuja exigibilidade esteja suspensa." Caso a empresa exportasse para outros países serviços desenvolvidos no Brasil e pagos por residentes no exterior, não haveria incidência do ISS, e não haveria, também, impedimento à expedição da certidão negativa de débitos.

207. **(Cespe/TCE/PA/Auditor/2016)** O aspecto material da hipótese de incidência de ISSQN consiste na prestação de serviços, conceito jurídico de direito privado que indica uma obrigação de fazer a favor de terceiros mediante remuneração, de modo que abrange a atividade de locação de bens móveis.

208. **(Cespe/TJ/PB/Juiz/2015)** Conforme o CTN, os contribuintes da obrigação tributária relativa ao IPTU são o proprietário do imóvel, o titular do domínio útil e o possuidor. Nesse contexto, considerando suposta lei complementar que amplie o rol de contribuintes e inclua também o detentor como sujeito passivo, assinale a opção correta:

a) A tributação fundamentada na detenção do imóvel, como definido na hipotética lei, ofenderia o princípio da capacidade contributiva, uma vez que a detenção é exercida em nome de outrem e não configura situação abarcável pelo direito de propriedade.

b) Não seria necessária lei complementar para incluir a detenção como hipótese de incidência do IPTU, já que, por força do princípio da legalidade, cabe à lei ordinária estabelecer o fato gerador e o contribuinte do tributo.

c) Embora não seja contribuinte, o detentor tem interesse comum na situação que constitui a hipótese de incidência da obrigação principal, de maneira que ele pode ser considerado responsável tributário, por força de dispositivo legal.

d) O detentor é titular de direito real e pode ser incluído como contribuinte na hipótese de incidência do IPTU, assim como o possuidor e o titular do domínio útil.

e) A alteração no CTN para incluir o detentor deve dar-se por meio de lei complementar, embora esse código não pertença a essa espécie normativa em sentido material.

209. **(Cespe/PGM/Fortaleza/Procurador/2017)** Não havendo prévia instauração de processo administrativo fiscal, será nulo o lançamento do imposto sobre transmissão de bens imóveis e de direitos a eles relativos no caso de existir divergência entre a base de cálculo declarada pelo contribuinte e o valor arbitrado pela administração tributária.

210. **(Cespe/PGM/Fortaleza/Procurador/2017)** O aspecto material da hipótese de incidência do imposto sobre serviços de qualquer natureza consiste na obrigação de fazer em prol de terceiro, mediante remuneração, quando essa obrigação é objeto de relação jurídica de direito privado. A prestação por delegatário e remunerada pelo usuário de serviços públicos não se submete à incidência dessa espécie tributária devido a interesse público subjacente.

211. (Cespe/PGM/Belo_Horizonte/Procurador/ 2017) No que se refere às normas constitucionais aplicáveis aos tributos de competência municipal, assinale a opção correta:

a) É possível a instituição de ISSQN sobre a prestação de serviços de transporte intermunicipal, desde que observada a alíquota máxima relativa a operações intermunicipais prevista em lei complementar.

b) No caso de subutilização do solo urbano, poderá o poder público municipal, mediante lei específica para a área incluída no plano diretor, exigir a incidência de IPTU progressivo no tempo.

c) Lei editada após a Emenda Constitucional n. 29/2000 deverá ser declarada inconstitucional caso institua cobrança de IPTU com alíquotas diferentes em razão da localização do imóvel.

d) A cobrança do imposto municipal devido por transmissão de bens imóveis por ato inter vivos, a título oneroso, compete ao município do domicílio tributário do alienante.

212. (Cespe/PGM/Salvador/Procurador/ 2015) Vânia é proprietária, no município de Salvador – BA, de um terreno no qual há um barraco de madeira para a utilização dos empregados da obra que ali está sendo realizada. Lucas possui imóvel edificado em área de grande valorização na orla soteropolitana, que tem passado por constantes alagamentos. Com relação às situações hipotéticas acima apresentadas e à regência do IPTU na forma disposta no CTRMS/2006, assinale a opção correta:

a) Para o cálculo do IPTU no município de Salvador, utiliza-se o valor venal do imóvel, grandeza coincidente com o valor unitário padrão de terreno e construção, fixado pelo Poder Executivo, na Planta Genérica de Valores Imobiliários.

b) É inconstitucional a progressividade da base de cálculo do IPTU, tendo em vista que este é tributo real, conforme declarou, com eficácia vinculante, o STF.

c) Como o imóvel de Vânia não possui construção definitiva, ainda não há sobre ele incidência de IPTU.

d) Lucas pode solicitar uma avaliação especial para a fixação do valor venal do imóvel, base de cálculo do IPTU, assim considerado um requerimento formulado pelo contribuinte nos casos de terrenos sujeitos a inundações periódicas.

e) Se Lucas celebrar contrato de promessa de compra e venda de seu imóvel com Vânia, ambos serão considerados, pela legislação local, contribuintes do IPTU.

213. (Cespe/PGM/Salvador/Procurador/ 2015) Assinale a opção correta a respeito do ISSQN, conforme tratamento dado pela CF, pela LC n. 116/2003, pelo CTRMS/2006 e pela interpretação dos tribunais superiores:

a) Quando o serviço prestado por sociedade empresária de trabalho temporário for de intermediação, incidirá ISSQN unicamente sobre a taxa de agenciamento, que é a contraprestação pelo serviço de intermediação de mão de obra, ainda que o valor do contrato englobe os valores dos salários pagos e encargos sociais dos trabalhadores por ela contratados nas hipóteses de fornecimento de mão de obra.

b) O CTRMS/2006 veda expressamente a fixação do valor do imposto a partir de uma base de cálculo estimada, embora o volume ou a modalidade da prestação do serviço dificulte o controle ou a fiscalização. Tal previsão foi motivada pela jurisprudência do STJ, que proíbe a utilização de pautas fiscais.

c) Para fins de incidência do ISSQN no âmbito territorial do município de Salvador, é necessário que o prestador do serviço tenha estabelecimento fixo.

d) Cabe a LC dirimir conflitos de competência entre os entes tributários. Consiste em um típico conflito de competência em matéria tributária saber se o fornecimento de serviços juntamente com mercadorias enseja tributação pelo ISSQN ou pelo ICMS. Nesse caso, a regra é que incide o ICMS, porque se encontra expressamente ressalvada a incidência predominante do fornecimento de mercadorias.

e) Para a incidência do ISSQN, é necessária a ocorrência de uma prestação de serviços, assim considerada uma prestação de fazer, razão pela qual é inconstitucional a incidência desse imposto para operações de locação de bens móveis, pois o legislador municipal não pode alterar o sentido e o alcance de institutos próprios de direito privado.

214. **(Cespe/PGE/SE/Procurador/2017)** Os tributos cuja instituição compete aos municípios incluem o:

a) ITBI, o IPI e o IPVA.

b) ITR, o ITCMD e o IPI.

c) ITBI, o IPVA e o ITCMD.

d) IPTU, o ITR e o ISSQN.

e) IPTU, o ITBI e o ISSQN.

9. LEI DE EXECUÇÃO FISCAL (LEI 6.830/80)

* SÚMULAS

1) Competência

STJ Súm. 58. Proposta a execução fiscal, a posterior mudança de domicílio do executado não desloca a competência já fixada.

STJ Súm. 66. Compete à Justiça Federal processar e julgar execução fiscal promovida por conselho de fiscalização profissional.

STJ Súm. 349. Compete à Justiça Federal ou aos juízes com competência delegada o julgamento das execuções fiscais de contribuições devidas pelo empregador ao FGTS.

2) Despesas Processuais

STJ Súm. 153. A desistência da execução fiscal, após o oferecimento dos embargos, não exime o exequente dos encargos da sucumbência.

STJ Súm. 190. Na execução fiscal, processada perante a Justiça Estadual, cumpre à Fazenda Pública antecipar o numerário destinado ao custeio das despesas com o transporte dos oficiais de justiça.

STJ Súm. 400. O encargo de 20% previsto no DL n. 1.025/1969 é exigível na execução fiscal proposta contra a massa falida.

3) Embargos

STJ Súm. 392. A Fazenda Pública pode substituir a certidão de dívida ativa (CDA) até a prolação da sentença de embargos, quando se tratar de correção de erro material ou formal, vedada a modificação do sujeito passivo da execução.

STJ Súm. 394. É admissível, em embargos à execução, compensar os valores de imposto de renda retidos indevidamente na fonte com os valores restituídos apurados na declaração anual.

4) Legitimidade Ativa

STJ Súm. 139. Cabe à Procuradoria da Fazenda Nacional propor execução fiscal para cobrança de crédito relativo ao ITR.

STJ Súm. 521. A legitimidade para execução fiscal de multa pendente de pagamento imposta em sentença condenatória é exclusiva da Procuradoria da Fazenda Pública.

5) Leilão

STJ Súm. 121. Na execução fiscal, o devedor deverá ser intimado, pessoalmente, do dia e hora da realização do leilão.

STJ Súm. 128. Na execução fiscal, haverá segundo leilão se, no primeiro, não houver lanço superior à avaliação.

6) Penhora

STJ Súm. 406. A Fazenda Pública pode recusar a substituição do bem penhorado por precatório.

STJ Súm. 451. É legítima a penhora da sede do estabelecimento comercial.

7) Petição Inicial

STJ Súm. 558. Em ações de execução fiscal, a petição inicial não pode ser indeferida sob o argumento da falta de indicação do CPF e/ou RG ou CNPJ da parte executada.

STJ Súm. 559. Em ações de execução fiscal, é desnecessária a instrução da petição inicial com o demonstrativo de cálculo do débito, por tratar-se de requisito não previsto no art. 6º da Lei n. 6.830/1980.

8) Prescrição Intercorrente

STJ Súm. 314. Em execução fiscal, não localizados bens penhoráveis, suspende-se o processo por um ano, findo o qual se inicia o prazo da prescrição quinquenal intercorrente.

STJ Súm. 409. Em execução fiscal, a prescrição ocorrida antes da propositura da ação pode ser decretada de ofício (art. 219, § 5º, do CPC).

9) Responsabilidade Tributária

STJ Súm. 251. A meação só responde pelo ato ilícito quando o credor, na execução fiscal, provar que o enriquecimento dele resultante aproveitou ao casal.

STJ Súm. 314. Em execução fiscal, não localizados bens penhoráveis, suspende-se o processo por um ano, findo o qual se inicia o prazo da prescrição quinquenal intercorrente.

STJ Súm. 430. O inadimplemento da obrigação tributária pela sociedade não gera, por si só, a responsabilidade solidária do sócio-gerente.

STJ Súm. 435. Presume-se dissolvida irregularmente a empresa que deixar de funcionar no seu domicílio fiscal, sem comunicação aos órgãos competentes, legitimando o redirecionamento da execução fiscal para o sócio-gerente.

STJ Súm. 554. Na hipótese de sucessão empresarial, a responsabilidade da sucessora abrange não apenas os tributos devidos pela sucedida, mas também as multas moratórias ou punitivas referentes a fatos geradores ocorridos até a data da sucessão.

10) Outros Temas

STJ Súm. 189. É desnecessária a intervenção do Ministério Público nas execuções fiscais.

STJ Súm. 393. A exceção de pré-executividade é admissível na execução fiscal relativamente às matérias conhecíveis de ofício que não demandem dilação probatória.

STJ Súm. 414. A citação por edital na execução fiscal é cabível quando frustradas as demais modalidades.

STJ Súm. 515. A reunião de execuções fiscais contra o mesmo devedor constitui faculdade do Juiz.

STJ Súm. 583. O arquivamento provisório previsto no art. 20 da Lei n. 10.522/2002, dirigido aos débitos inscritos como dívida ativa da União pela Procuradoria-Geral da Fazenda Nacional ou por ela cobrados, não se aplica às execuções fiscais movidas pelos conselhos de fiscalização profissional ou pelas autarquias federais.

* INOVAÇÕES LEGISLATIVAS

▲ Lei de Execução Fiscal (Lei 6.830/80): sem alterações em 2017/2018.

* QUESTÕES OBJETIVAS

215. **(Cespe/PC/MA/Delegado/2018)** Maria foi notificada, fora do domicílio informado ao fisco, a pagar imposto de renda, tendo tomado conhecimento da cobrança somente após a propositura de execução fiscal. Em razão da dívida, seu automóvel foi penhorado e, quinze dias após a penhora, o advogado de Maria foi acionado e pretende alegar, em matéria de defesa e pelo meio processual adequado, a decadência do referido tributo. Com relação a essa situação hipotética e a aspectos legais a ela correlacionados, assinale a opção correta à luz do entendimento dos tribunais superiores.

a) É possível requerer provas e juntar rol de testemunhas quando da oposição dos embargos à execução fiscal.
b) O argumento de defesa cogitado pelo advogado de Maria – decadência – se refere à perda do direito de ação após o lançamento do crédito tributário.
c) É vedada expressamente pelo CTN a eleição do domicílio tributário pelo contribuinte.
d) É impossível a propositura de ação anulatória de débito fiscal após iniciada a execução fiscal.
e) É impossível a oposição da exceção de preexecutividade em razão do decurso do prazo desde a penhora.

216. **(Cespe/PGE/PE/Procurador/2018)** De acordo com a Lei n. 6.830/1980, a PGE/PE pode promover execução fiscal contra

a) o devedor e o interessado economicamente na ocorrência do fato gerador.
b) o fiador e o administrador judicial da massa falida.
c) o depositário e o espólio.
d) o fiador e o responsável tributário.
e) o administrador judicial da massa falida e o responsável tributário.

217. **(Cespe/PC/PE/Delegado/2016)** A respeito da execução fiscal, assinale a opção correta:

a) É admissível, nos embargos à execução fiscal, compensar os valores do imposto de renda retidos indevidamente na fonte com os valores restituídos apurados na declaração anual.
b) A penhora não poderá recair, em nenhuma hipótese, sobre estabelecimento comercial, industrial ou agrícola.
c) A dívida ativa regularmente inscrita goza de presunção absoluta de certeza e liquidez.
d) A produção de provas pela fazenda pública depende de requerimento na petição inicial.
e) Os embargos do devedor na fase de execução fiscal prescindem de garantia à execução.

218. **(Cespe/PGE/AM/Procurador/2016)** No caso de tributo sujeito a lançamento por homologação com indicação legal de termo de pagamento, o prazo prescricional para a propositura da execução fiscal conta-se da data estipulada como vencimento para a quitação do crédito declarado e inadimplido.

219. **(Cespe/PGM/Fortaleza/Procurador/2017)** A inscrição do crédito tributário em dívida ativa é condição para a extração de título executivo extrajudicial que viabilize a propositura da ação de execução fiscal, bem como se revela como marco temporal para a presunção de fraude à execução.

220. **(Cespe/PGM/Fortaleza/Procurador/2017)** A garantia integral do crédito tributário é condição específica de procedibilidade para os embargos à execução fiscal, ensejando a extinção liminar da ação quando constatada a insuficiência da constrição judicial.

221. **(Cespe/PGM/Belo_Horizonte/Procurador/2017)** A respeito da execução fiscal e do processo judicial tributário, assinale a opção correta:

a) No caso de a ação de consignação em pagamento ser julgada procedente, a importância consignada não poderá ser convertida em renda.

b) Em caso de óbito do devedor, a execução fiscal somente poderá ser promovida contra o cônjuge ou os descendentes em linha reta, não podendo ser proposta contra os demais sucessores.

c) O executado pode oferecer seguro-garantia como forma de garantia da execução fiscal, devendo o seguro abranger o valor da dívida, multa de mora, juros e encargos indicados na certidão de dívida ativa.

d) A propositura, pelo contribuinte, de ação de repetição do indébito não implicará renúncia ao poder de recorrer na esfera administrativa acerca da mesma questão.

222. **(Cespe/TCE/RN/Assessor_Jurídico/2015)** Considera-se prescrita, por força da prescrição intercorrente, a execução fiscal que, sem se encontrar garantida por penhora suficiente, permanece por cinco anos arquivada na vara de execução fiscal. Antes do arquivamento, é possível à fazenda pública solicitar ao juízo a suspensão da execução por um ano, findo o qual o processo será arquivado, iniciando o curso do lustro prescricional.

223. **(Cespe/TCE/RN/Assessor_Jurídico/2015)** Em casos de condenação por sentença criminal transitada em julgado, compete ao Ministério Público, estadual ou federal, a cobrança da multa, por intermédio de execução fiscal, cuja certidão de dívida ativa será confeccionada pela fazenda pública pertinente para usufruir de certeza e liquidez.

224. **(Cespe/TCE/PR/Analista/2016)** Em razão do não pagamento de tributos e da consequente inscrição do contribuinte em dívida ativa, determinado município pretende acionar judicialmente esse contribuinte inadimplente. Nessa situação:

a) caso venha a ser ajuizada a ação, haverá obrigatoriedade de participação do Ministério Público no processo como fiscal da ordem jurídica.

b) proposta a ação, o réu inadimplente, quando for eventualmente citado, poderá requerer gratuidade de justiça, mas a concessão dessa gratuidade não afastará definitivamente a responsabilidade do requerente quanto a despesas processuais e honorários advocatícios no processo.

c) o Ministério Público poderá exercer a representação judicial do município, caso esse ente federativo não possua órgão oficial próprio de representação.

d) para receber seu crédito, o município deverá propor ação de conhecimento, com pedido condenatório, no domicílio do réu.

e) se, proposta a ação, surgir a necessidade de nomeação de curador especial para o réu, essa função deverá ser exercida pelo Ministério Público.

19. DIREITOS DIFUSOS E COLETIVOS

1. ACP/PROCESSO COLETIVO

* SÚMULAS

STF Súm. 643. O Ministério Público tem legitimidade para promover ação civil pública cujo fundamento seja a ilegalidade de reajuste de mensalidades escolares.

STJ Súm. 329. O Ministério Público tem legitimidade para propor ação civil pública em defesa do patrimônio público.

STJ Súm. 489. Reconhecida a continência, devem ser reunidas na Justiça Federal as ações civis públicas propostas nesta e na Justiça Estadual.

* QUESTÕES OBJETIVAS

01. **(Cespe/Funpresp/Especialista Jurídico/2016)** A coisa julgada constituída na ação popular, assim como a constituída na ação civil pública, tem eficácia oponível contra todos, nos limites da competência territorial do órgão prolator.

02. **(Cespe/PC/MA/Delegado/2018)** O MP de determinado estado da Federação ajuizou uma ação civil pública por improbidade administrativa contra determinado servidor estadual. Nessa situação hipotética, a ação civil pública:

a) irá tornar prevento o juízo para todas as ações posteriores intentadas que possuam a mesma causa de pedir ou o mesmo objeto.

b) poderá requerer a condenação pecuniária do servidor para a reparação de dano, mas não formular pedido de cumprimento de obrigação de fazer ou não fazer de qualquer natureza.

c) dependerá do pagamento adiantado de custas, emolumentos, honorários periciais e outras despesas.

d) será integrada pelo MP na qualidade de "custos legis".

e) deverá observar integralmente a regulamentação específica, não sendo possível a aplicação subsidiária do CPC.

03. **(Cespe/DPE/PE/Defensor/2015)** No âmbito da tutela coletiva, a competência do foro para ajuizamento da demanda é absoluta.

04. **(Cespe/DPE/RN/Defensor/2015)** A respeito de competência, continência, suspensão do processo, prescrição e execução em ações coletivas, assinale a opção correta à luz da jurisprudência do STJ:

a) Caso seja ajuizada ação coletiva atinente à macrolide geradora de processos multitudinários, não será possível determinar a suspensão do andamento de processos individuais até o julgamento, no âmbito da ação coletiva, da questão jurídica de fundo neles discutida, sob pena de violação ao direito constitucional de acesso à justiça.

b) No âmbito do direito privado, é de cinco anos o prazo prescricional para o ajuizamento de execução individual em pedido de cumprimento de sentença proferida em ACP, salvo se, na ação de conhecimento, já transitada em julgado, tiver sido reconhecida a aplicabilidade do prazo de prescrição vintenário.

c) Após o julgamento procedente de pedido em ACP destinada a reparar lesão a direitos individuais homogêneos, os juros de mora devidos serão calculados a partir da citação inicial na ação coletiva.

d) Compete ao juiz estadual, nas comarcas que não sejam sede de vara federal, processar e julgar ACP, ainda que a União figure no processo.

e) Se duas ações coletivas forem propostas perante juízos de competência territorial distinta, contra o mesmo réu e com a mesma causa de pedir, e o objeto de uma ação for mais abrangente do que o da outra, competirá ao juízo da ação de objeto mais amplo o processamento e julgamento das duas demandas, ainda que ambas sejam propostas por entidades associativas distintas.

05. **(Cespe/DPE/PE/Defensor/2015)** No âmbito do direito privado, cinco anos é o prazo prescricional para o ajuizamento da execução individual em pedido de cumprimento de sentença proferida em ação civil pública.

06. **(Cespe/DPE/RN/Defensor/2015)** No tocante à ACP, assinale a opção correta:

a) A prescrição para a pretensão reparatória de caráter coletivo em matéria ambiental é de cinco anos, conforme entendimento do STJ.

b) É possível o manejo de ACP com o propósito de exercer o controle concentrado de constitucionalidade de leis e atos normativos do poder público.

c) É vedado propor ACP quando houver ação popular ajuizada sobre o mesmo fato controverso.

d) De acordo com o STJ, a inversão do ônus da prova é regra de julgamento, devendo, portanto, ser aplicada no momento da prolação da sentença.

e) O dano moral coletivo prescinde da comprovação de dor, de sofrimento e de abalo psicológico, suscetíveis de apreciação na esfera do indivíduo, mas inaplicável aos interesses difusos e coletivos.

07. **(Cespe/DPE/PE/Defensor/2015)** De acordo com entendimento do STJ, em se tratando de interesses coletivos em sentido estrito ou de interesses individuais homogêneos, diante de grupos determinados de lesados, a legitimação da DP deverá ser restrita às pessoas notadamente necessitadas.

08. **(Cespe/DPE/PE/Defensor/2015)** Em causa que trate de direito individual homogêneo, será permitida a intervenção de terceiro interessado no processo, ainda que essa intervenção possa comprometer a celeridade e a eficiência do feito.

09. **(Cespe/DPE/PE/Defensor/2015)** Agirá corretamente o magistrado que, em liquidação de sentença proferida em ação civil pública relativa a direitos individuais homogêneos, denegue o pedido sob o fundamento de que os efeitos e a eficácia da sentença estão circunscritos a lindes geográficos.

10. **(Cespe/DPE/RN/Defensor/2015)** No que se refere ao termo de ajustamento de conduta, à medida liminar e à sentença em ações coletivas, assinale a opção correta à luz da jurisprudência do STJ:

a) Mesmo com a previsão de multa diária no termo de ajustamento de conduta para o caso de descumprimento de ajuste, o juiz estará autorizado a aumentar o valor pactuado, quando, no caso concreto, esse valor mostrar-se insuficiente para surtir o efeito esperado.

b) O termo de ajustamento de conduta é título executivo extrajudicial, mas somente poderá embasar a execução quando for assinado por duas testemunhas.

c) A superveniência de acórdão que julgue improcedente pedido veiculado em ACP implica a revogação da medida antecipatória conferida pelo juiz de primeiro grau, desde que haja manifestação judicial expressa a esse respeito.

d) A realização de termo de ajustamento de conduta na esfera extrajudicial impede a propositura de demanda coletiva a respeito do objeto transigido.

e) Em ACP, a ausência de publicação do edital destinado a possibilitar a intervenção de interessados como litisconsortes não impede, por si só, a produção de efeitos "erga omnes" de sentença de procedência relativa a direitos individuais homogêneos.

2. DIREITO SANITÁRIO

✱ QUESTÕES OBJETIVAS

11. **(Cespe/INSS/Analista/2016)** A humanização como política pública transversal às diferentes ações e instâncias gestoras do SUS sugere trocas solidárias e comprometidas com a dupla tarefa de produção de saúde e produção de sujeitos.

12. **(Cespe/INSS/Analista/2016)** Os princípios que orientam as ações e os serviços públicos de saúde e serviços privados contratados ou conveniados que integram o SUS incluem a universalidade de acesso, a integralidade de assistência e a descentralização político-administrativa.

13. **(Cespe/DPE/PE/Defensor/2015)** Conforme jurisprudência do STJ, o juiz pode determinar o bloqueio de verbas públicas para garantir o fornecimento de medicamentos.

14. **(Cespe/DPE/RN/Defensor/2015)** Acerca da tutela coletiva do direito do consumidor e do direito à cidade e à moradia, assinale a opção correta:

a) O consumidor tem direito à inversão do ônus da prova em ação consumerista por ele movida, prerrogativa que, conforme entendimento do STJ, não se aplica ao MP quando este figura como autor de ação dessa espécie.

b) A prestação de serviços públicos de saneamento básico por entidade não integrante da administração pública pode ser disciplinada por convênio, termo de parceria ou outro instrumento de natureza precária.

c) De acordo com a legislação de regência, os recursos do Fundo Nacional de Habitação de Interesse Social e dos fundos estaduais, do DF e dos municípios não podem ser associados a recursos onerosos, inclusive os do FGTS, bem como a linhas de crédito de outras fontes.

d) Para o STJ, o direito à moradia está inserido no âmbito dos interesses individuais indisponíveis, razão pela qual não pode ser tutelado pelo MP.

e) Segundo entendimento do STJ, deve ser considerada abusiva previsão feita em contrato de plano de saúde que exclua das responsabilidades da empresa o custeio de meios e materiais necessários a procedimento cirúrgico voltado à cura de uma doença coberta pelo plano.

15. **(Cespe/DPE/AC/Defensor/2017)** Julgue os itens a seguir, acerca dos serviços de saneamento básico.

I. Os serviços públicos de saneamento básico não incluem o acesso a recursos hídricos.

II. Ação de saneamento executada por usuário mediante recursos individuais, sem participação de terceiros na operação dos serviços, não constitui serviço público.

III. É vedada a cobrança de serviço de manejo de águas pluviais urbanas.

IV. Os parâmetros mínimos para a potabilidade da água devem ser definidos pelos estados da Federação.

Estão certos apenas os itens:

a) I e II.

b) I e III.

c) II e III.

d) II e IV.

e) I, III e IV.

3. DIREITO URBANÍSTICO

* ENUNCIADOS CJF

STF Civil 563. O reconhecimento da posse por parte do Poder Público competente anterior à sua legitimação nos termos da Lei n. 11.977/2009 constitui título possessório.

STF Civil 593. É indispensável o procedimento de demarcação urbanística para regularização fundiária social de áreas ainda não matriculadas no Cartório de Registro de Imóveis, como requisito à emissão dos títulos de legitimação da posse e de domínio.

* REPERCUSSÃO & REPETITIVOS

STF Repercussão Geral 348. Os municípios com mais de vinte mil habitantes e o Distrito Federal podem legislar sobre programas e projetos específicos de ordenamento do espaço urbano por meio de leis que sejam compatíveis com as diretrizes fixadas no plano diretor. (RE 607940, 29.10.2015)

* INOVAÇÕES LEGISLATIVAS

▲ Estatuto da Cidade. Capítulo II – Dos Instrumentos da Política Urbana, Seção V – Da usucapião Especial de Imóvel Urbano

▲ Art. 10. Os núcleos urbanos informais existentes sem oposição há mais de cinco anos e cuja área total dividida pelo número de possuidores seja inferior a duzentos e cinquenta metros quadrados por possuidor são suscetíveis de serem usucapidos coletivamente, desde que os possuidores não sejam proprietários de outro imóvel urbano ou rural. (Modificações: Lei 13.465/17)

▲ Capítulo V – Disposições Gerais

▲ Art. 46. O poder público municipal poderá facultar ao proprietário da área atingida pela obrigação de que trata o caput do art. 5º desta Lei, ou objeto de regularização fundiária urbana para fins de regularização fundiária, o estabelecimento de consórcio imobiliário como forma de viabilização financeira do aproveitamento do imóvel. § 1º Considera-se consórcio imobiliário a forma de viabilização de planos de urbanização, de regularização fundiária ou de reforma, conservação ou construção de edificação por meio da qual o proprietário transfere ao poder público municipal seu imóvel e, após a realização das obras, recebe, como pagamento, unidades imobiliárias devidamente urbanizadas ou edificadas, ficando as demais unidades incorporadas ao patrimônio público. § 2º O valor das unidades imobiliárias a serem entregues ao proprietário será correspondente ao valor do imóvel antes da execução das obras. § 3º A instauração do consórcio imobiliário por proprietários que tenham dado causa à formação de núcleos urbanos informais, ou por seus sucessores, não os eximirá das responsabilidades administrativa, civil ou criminal (Modificações: Lei 13.465/17)

▲ Lei de Parcelamento do Solo Urbano (Lei 6.766/79), Capítulo I – Disposições Preliminares

▲ Art. 2º. §7º O lote poderá ser constituído sob a forma de imóvel autônomo ou de unidade imobiliária integrante de condomínio de lotes. § 8º Constitui loteamento de acesso controlado a modalidade de loteamento, definida nos termos do § 1º deste artigo, cujo controle de acesso será regulamentado por ato do poder público Municipal, sendo vedado o impedimento de acesso a pedestres ou a condutores de veículos, não residentes, devidamente identificados ou cadastrados. (Incluídos p/ Lei n. 13.465/17)

▲ Capítulo II – Dos Requisitos Urbanísticos para Loteamento

▲ Art. 4º. § 4º No caso de lotes integrantes de condomínio de lotes, poderão ser instituídas limitações administrativas e direitos reais sobre coisa alheia em benefício do poder público, da população em geral e da proteção da paisagem urbana, tais como servidões de passagem, usufrutos e restrições à construção de muros. (Modificações: Lei 13.465/17)

▲ Capítulo VII – Dos Contratos

▲ Art. 36-A. As atividades desenvolvidas pelas associações de proprietários de imóveis, titulares de direitos ou moradores em loteamentos ou empreendimentos assemelhados, desde que não tenham fins lucrativos, bem como pelas entidades civis organizadas em função da solidariedade de interesses coletivos desse público com o objetivo de administração, conservação, manutenção, disciplina de utilização e convivência, visando à valorização dos imóveis que compõem o empreendimento, tendo em vista a sua natureza jurídica, vinculam-se, por critérios de afinidade, similitude e conexão, à atividade de administração de imóveis. Parágrafo único. A administração de imóveis na forma do caput deste artigo sujeita seus titulares à normatização e à disciplina constantes de seus atos constitutivos, cotizando-se na forma desses atos para suportar a consecução dos seus objetivos. (Modificações: Lei 13.465/17)

✱ QUESTÕES DISCURSIVAS

01. **(Cespe/PGM/Salvador/Procurador/2015)** Jorge celebrou contrato de promessa de compra e venda para aquisição de lote em um condomínio na cidade de Salvador/BA. Ele deu como sinal o valor de R$ 200 mil, tendo sido dividido o restante do pagamento em 180 parcelas mensais. Após o pagamento da sexta parcela, Jorge verificou que as obras não estavam sendo executadas e descobriu que o loteamento, embora em terreno particular, não estava registrado, o que o levou a suspender o pagamento imediatamente e a notificar o vendedor. Considerando a situação hipotética apresentada, redija um texto em que sejam respondidos, de forma justificada, os seguintes questionamentos: (i) a conduta de Jorge está correta? (ii) o município de Salvador tem obrigação de regularizar o loteamento e responsabilidade pelos gastos com a infraestrutura do loteamento? (iii) a responsabilidade do município de Salvador é solidária ou subsidiária? (iv) a aprovação do loteamento configurará licença para Jorge construir?

✱ QUESTÕES OBJETIVAS

16. **(Cespe/PGE/PE/Procurador/2018)** A Lei n. 13.089/2015 – Estatuto das Metrópoles:

a) é a lei específica acerca das regras gerais de política urbana, razão pela qual substituiu o Estatuto das Cidades.
b) aplica-se às regiões metropolitanas e aglomerações urbanas, mas não às microrregiões com características predominantemente urbanas instituídas pelos estados para atender funções públicas de interesse comum.
c) prevê a governança interfederativa como instrumento para o estabelecimento das diretrizes para o desenvolvimento urbano da região metropolitana.
d) prevê como diretriz específica das aglomerações urbanas o estabelecimento de um sistema integrado de alocação de recursos e de prestação de contas.
e) extinguiu a possibilidade de os municípios criarem convênios de cooperação para atuar em funções públicas de interesse comum.

17. **(Cespe/PGE/AM/Procurador/2016)** Na CF, constam bens do patrimônio cultural brasileiro e alguns instrumentos para sua proteção, tais como o inventário e a desapropriação.

18. **(Cespe/PGE/AM/Procurador/2016)** Em cidades com população igual ou superior a vinte mil habitantes, é obrigatória a elaboração de um plano diretor e de um plano de transporte urbano integrado.

19. **(Cespe/PGM/Fortaleza/Procurador/2017)** Caso tenha interesse em criar centro de saúde em imóvel urbano objeto de venda a título oneroso entre particulares, o município poderá exercer o direito de preempção.

20. (Cespe/PGM/Fortaleza/Procurador/2017) Apenas lei em sentido estrito pode limitar o direito de construir.

21. (Cespe/PGM/Fortaleza/Procurador/2017) O cumprimento da função social de propriedade urbana é verificado pelo atendimento às exigências fundamentais de ordenação da cidade, as quais são expressas no plano diretor, quando existir.

22. (Cespe/PGM/Fortaleza/Procurador/2017) O plano diretor da cidade de Fortaleza prevê a política de integração metropolitana, que inclui como diretriz a integração das políticas de habitação da capital às políticas de habitação dos municípios da região metropolitana.

23. (Cespe/PGM/Fortaleza/Procurador/2017) De acordo com o Estatuto da Cidade, o estudo prévio do impacto ambiental é peça obrigatória do estudo de impacto de vizinhança e as análises de uso e ocupação do solo e de adensamento populacional somente são obrigatórias para imóveis com área superior a um hectare.

24. (Cespe/PGM/Fortaleza/Procurador/2017) Conforme a medida provisória que dispõe sobre a concessão de uso especial, o direito de concessão de uso especial para fins de moradia pode ser transferido para terceiros.

25. (Cespe/PGM/Fortaleza/Procurador/2017) Se imóvel integrante do patrimônio cultural for objeto de tombamento compulsório, poderá o proprietário requerer o cancelamento do tombamento se, após notificar o Instituto do Patrimônio Histórico e Artístico Nacional da impossibilidade financeira de proceder às obras de conservação e reparação necessárias, o poder público não adotar nenhuma providência dentro do prazo de seis meses.

26. (Cespe/PGM/Fortaleza/Procurador/2017) No âmbito do parcelamento do solo urbano, desmembramento corresponde à subdivisão de gleba em lotes destinados à edificação, com abertura de novas vias de circulação e criação de logradouros públicos.

27. (Cespe/PGM/Fortaleza/Procurador/2017) Segundo o STF, a competência normativa municipal para a ocupação de espaços urbanos é mais ampla que o conteúdo aprovado no seu plano diretor. Assim, municípios com mais de vinte mil habitantes podem legislar sobre ordenamento urbano em outras leis, desde que compatíveis com diretrizes estabelecidas no plano diretor.

28. (Cespe/PGM/Belo_Horizonte/Procurador/2017) Determinado município, para executar seu planejamento urbanístico, com a valorização de espaços históricos e a otimização de meios de transporte coletivo, desapropriou imóveis que vinham sendo usados de forma incompatível com a previsão do plano diretor. Nessa situação:

a) os cálculos dos valores das indenizações pelas desapropriações devem ser regulamentados pelo Estatuto da Cidade.
b) promovida a readequação do uso, não poderá haver alienação dos bens desapropriados a outros particulares.
c) o município utilizou um instituto jurídico de política urbana, com repercussão sobre o caráter perpétuo do direito de propriedade.
d) as desapropriações fundamentaram-se exclusivamente no requisito do interesse social.

29. (Cespe/PGM/Belo_Horizonte/Procurador/2017) Acerca de instrumentos de tutela de bens culturais materiais e das competências para a proteção do patrimônio cultural, assinale a opção correta:

a) O rito de tombamento de ofício inicia-se com manifestação do IPHAN, órgão vinculado ao Ministério da Cultura.
b) A ação popular não se presta a anular ato lesivo ao patrimônio histórico e cultural.
c) Todos os entes federativos possuem competência para legislar sobre tombamento e competência material para realizá-lo.
d) O ato de tombamento é discricionário, de modo que eventual controle pelo Poder Judiciário não se estende a sua motivação.

30. (Cespe/PGM/Belo_Horizonte/Procurador/2017) Chamado para analisar projetos de parcelamento de solo urbano em áreas impróprias, determinado procurador municipal verificou hipótese de proibição absoluta. Com base nas disposições da Lei n. 6.766/1979, é correto afirmar tratar-se, na situação, de parcelamento do solo em terrenos:

a) onde as condições geológicas não aconselham a edificação.
b) alagadiços e sujeitos a inundações.

c) aterrados com material nocivo à saúde pública.

d) com declividade igual ou superior a 30%.

31. (Cespe/PGM/Belo_Horizonte/Procurador/2017) O Estatuto da Cidade:

a) tipifica novas condutas que poderão caracterizar improbidade administrativa na execução da política urbana.

b) não dispõe sobre plano diretor, o qual é lei reservada à competência municipal.

c) regulamenta a forma de realização de consultas públicas como instrumento de gestão democrática das cidades.

d) inclui, de forma taxativa, a lista dos instrumentos para a execução da política urbana.

32. (Cespe/PGM/Belo_Horizonte/Procurador/2017) Tendo como referência as disposições constitucionais relativas ao direito urbanístico, assinale a opção correta:

a) A usucapião pró-moradia não será reconhecida ao mesmo possuidor mais de uma vez nem é admissível em relação a imóvel público.

b) O plano diretor é obrigatório para todas as cidades brasileiras, uma vez que a propriedade urbana cumpre sua função social somente quando atende às regras nele estabelecidas.

c) Compete concorrentemente ao município, ao estado e à União a promoção do adequado ordenamento territorial.

d) Proprietário de solo urbano que, descumprindo o planejamento urbanístico, não promover seu adequado aproveitamento, poderá ser penalizado, sucessivamente, com: IPTU progressivo, parcelamento ou edificação em caráter compulsório e desapropriação-sanção.

33. (Cespe/PGM/Salvador/Procurador/2015) O município de Salvador – BA pretende promover a regularização fundiária de um assentamento informal de baixa renda constituído entre os anos de 2005 e 2006 e inserido em área urbana consolidada. No início da elaboração do projeto urbanístico, verificou-se que parte das ocupações está localizada em área de proteção permanente. Com relação a essa situação hipotética, assinale a opção correta:

a) A implantação do sistema viário e da infraestrutura básica do loteamento dependerá de iniciativa dos moradores ou dos responsáveis pela implantação informal do assentamento.

b) O licenciamento urbanístico do loteamento é da competência do município, ao passo que o licenciamento ambiental é de competência exclusiva do estado.

c) O projeto urbanístico deverá conter todas as áreas destinadas ao uso público, sob pena de inviabilização do seu registro cartorário.

d) As ocupações em área de proteção permanente poderão ser preservadas se ficar comprovado, por meio de estudo técnico, que a regularização trará melhoria das condições ambientais em relação à situação anterior.

e) Como o assentamento é ocupado por pessoas de baixa renda, sua regularização fundiária deverá ser enquadrada no conceito de regularização fundiária de interesse específico.

34. (Cespe/PGM/Salvador/Procurador/2015) Luís é proprietário de um imóvel que está em processo de tombamento pelo município de Salvador – BA. Há no imóvel uma casa, na qual Luís reside, e uma grande área livre, que ele explora comercialmente como estacionamento de veículos particulares. Há poucos meses, o coeficiente único de construção da zona na qual se localiza o imóvel foi ampliado pelo plano diretor do município e, por isso, Luís cogita aumentar a área construída do imóvel. Nessa situação hipotética, de acordo com as disposições do Estatuto da Cidade:

a) os proprietários dos prédios vizinhos ao imóvel tombado que tiverem seu direito de construir afetado poderão se beneficiar do instituto da transferência do direito de construir, desde que haja lei municipal autorizativa.

b) caberá indenização a Luís em razão da desvalorização econômica do imóvel decorrente de eventual tombamento, independentemente da comprovação de prejuízos sofridos.

c) se houver lei municipal que autorize a transferência do direito de construir para imóvel em outro local, Luís poderá alienar esse direito a terceiros.

d) Luís poderá utilizar-se do direito de construir até o tombamento definitivo do imóvel.

e) caso o imóvel venha a ser tombado, Luís não poderá gravá-lo com hipoteca sem prévia autorização do município.

35. (Cespe/PGM/Salvador/Procurador/2015) Com relação ao regime constitucional de uso e ocupação do solo, assinale a opção correta:

a) O plano diretor, instrumento básico da política de desenvolvimento e expansão urbana, é instituído mediante decreto do Poder Executivo.

b) O plano diretor é o instrumento de ordenamento territorial da área urbana e rural do município.

c) A competência para legislar sobre direito urbanístico é da União, dos estados e do DF.

d) A CF admite a usucapião de imóvel público por usucapião extraordinária com base na função social da propriedade, desde que comprovado relevante interesse social.

e) A propriedade urbana cumpre sua função social quando atende ao princípio da livre concorrência.

36. **(Cespe/PGM/Salvador/Procurador/2015)** Assinale a opção correta acerca da política de desenvolvimento urbano e seu perfil constitucional:

a) A desapropriação de imóvel urbano deve ser precedida de prévia e justa indenização em dinheiro, razão pela qual a imissão provisória na posse pela administração somente poderá acontecer após o pagamento integral da indenização.

b) É inadmissível usucapião de domínio útil de imóvel cujo domínio direto pertença ao município.

c) A política de desenvolvimento urbano, executada pelo município, deve obedecer às diretrizes gerais fixadas em lei nacional, sem prejuízo da competência das câmaras municipais para editar o plano diretor do município.

d) Admite-se a contagem do tempo de posse anterior à CF para fins de usucapião especial quinquenal de imóvel urbano de até 250 m2 utilizado para a moradia do adquirente ou de sua família.

e) Será considerada inconstitucional lei municipal que estabeleça distância mínima entre postos de revenda de combustíveis por motivo de segurança: essa determinação infringe o princípio da livre concorrência.

4. DIREITOS HUMANOS

4.1. Declaração Universal dos Direitos Humanos

✱ QUESTÕES OBJETIVAS

37. **(Cespe/PC/GO/Agente/2016)** A Declaração Universal dos Direitos Humanos:

a) não apresenta força jurídica vinculante, entretanto consagra a ideia de que, para ser titular de direitos, a pessoa deve ser nacional de um Estado-membro da ONU.

b) não prevê expressamente instrumentos ou órgãos próprios para sua aplicação compulsória.

c) prevê expressamente a proteção ao meio ambiente como um direito de todas as gerações, bem como repudia o trabalho escravo, determinando sanções econômicas aos Estados que não o combaterem.

d) é uma declaração de direitos que deve ser respeitada pelos Estados signatários, mas, devido ao fato de não ter a forma de tratado ou convenção, não implica vinculação desses Estados.

e) inovou a concepção dos direitos humanos, porque universalizou os direitos civis, políticos, econômicos, sociais e culturais, privilegiando os direitos civis e políticos em relação aos demais.

4.2. Sistema Interamericano de Direitos Humanos

✱ QUESTÕES DISCURSIVAS

02. **(Cespe/DPU/Defensor/2017)** Constituição Federal de 1988: "(...) Art. 5º (...) XLII – a prática de racismo constitui crime inafiançável e imprescritível, sujeito à pena de reclusão, nos termos da lei; (...) XLIV – constitui crime inafiançável e imprescritível a ação de grupos armados, civis ou militares, contra a ordem constitucional e o Estado Democrático; (...)." Corte Interamericana de Direitos Humanos – Ponto 41 da sentença de 14.3.2001, Caso Barrios Altos versus Peru: "Esta Corte considera que são inadmissíveis as disposições de anistia, as disposições de prescrição e o estabelecimento de excludentes de responsabilidade que pretendam impedir a investigação e a punição dos responsáveis por graves violações de direitos humanos, tais como tortura, execuções sumárias, extralegais ou arbitrárias e desaparecimentos forçados, todas elas proibidas por violar direitos inderrogáveis reconhecidos pelo Direito Internacional dos Direitos Humanos". Situação hipotética: Sentença criminal que condenou à pena de prisão réu que cometeu crime que consiste em grave violação a direito humano, afastou expressamente a prescrição da pretensão punitiva que, em tese, incidiria no caso, invocando a necessidade de evitar violação ao direito à verdade da vítima. O réu apelou contra a condenação, alegando que a prescrição da pretensão punitiva é um direito fundamental e que não se trata de ponderação de valores, dada a completa falta de suporte constitucional do direito à verdade. Baseando sua argumentação nos trechos transcritos da CF e da jurisprudência da Corte Interamericana de Direitos Humanos, contradite as duas alegações formuladas na apelação mencionada na situação hipotética apresentada.

03. **(Cespe/DP/DF/Defensor/2013)** Segundo a Convenção Americana de Direitos Humanos, em que circunstância poderá ser concedido asilo em relação aos crimes comuns?

04. **(Cespe/DP/DF/Defensor/2013)** Considerando que o Brasil tenha sido condenado pela Corte Interamericana de Direitos Humanos a indenizar cidadão brasileiro torturado durante ação da polícia militar de determinado estado da Federação, responda, de forma fundamentada, às seguintes indagações. (i) Qual é o juízo competente para adotar as providências necessárias ao efetivo cumprimento da execução da sentença condenatória? (ii) Que normas devem ser aplicadas para a execução da indenização compensatória de acordo com a Convenção Interamericana de Direitos Humanos? (iii) A expedição e o pagamento por meio de precatórios da indenização prevista na sentença proferida pela Corte devem observar algum procedimento específico?

05. **(Cespe/DP/DF/Defensor/2013)** De que forma a morosidade no processamento dos crimes domésticos contra a mulher e a ausência de medidas protetivas à vítima podem representar um ilícito no âmbito do sistema americano de direitos humanos?

✱ QUESTÕES OBJETIVAS

38. **(Cespe/DPE/PE/Defensor/2015)** No ano de 1993, João foi preso no Brasil durante uma manifestação popular motivada por reivindicações diversas. Na delegacia policial, sofreu maus tratos por parte dos policiais e foi encarcerado na condição de preso provisório. Durante o período de encarceramento, ele foi torturado e submetido a abuso sexual por algumas autoridades policiais para que informasse quem eram os líderes daquele movimento, informação essa não conhecida por João. No julgamento pela participação na manifestação, o tempo de sua condenação foi inferior ao tempo que ele já havia cumprido como preso provisório. Logo após sua libertação, João aceitou convite de uma organização não governamental francesa para residir em Paris, obteve cidadania francesa e passou a visitar o Brasil eventualmente para relatar essa experiência. Em uma dessas visitas, já em 2001, ele identificou e localizou um de seus torturadores. Nesse mesmo ano, por intermédio de um conhecido, já que não tinha condições financeiras para custear os honorários de um advogado, João ingressou com pedido judicial em que requereu indenização contra a unidade federativa onde foi preso em razão dos danos decorrentes da tortura e dos maus tratos sofridos no período de encarceramento. Esse processo ainda não foi julgado e encontra-se atualmente na primeira instância. João procura a Defensoria para passar a representá-lo. A DP deverá propor ação penal contra os responsáveis pela tortura de João, visto que já houve condenação do Brasil na Corte Interamericana de Direitos Humanos nesse sentido, em caso semelhante.

39. **(Cespe/DPE/PE/Defensor/2015)** A Corte Interamericana de Direitos Humanos é competente para rever, em grau de recurso, julgamentos realizados em primeira instância pelo STF – em casos de foro privilegiado –, a fim de que se atenda ao princípio constitucional do duplo grau de jurisdição.

40. **(Cespe/DPE/PE/Defensor/2015)** No ano de 1993, João foi preso no Brasil durante uma manifestação popular motivada por reivindicações diversas. Na delegacia policial, sofreu maus tratos por parte dos policiais e foi encarcerado na condição de preso provisório. Durante o período de encarceramento, ele foi torturado e submetido a abuso sexual por algumas autoridades policiais para que informasse quem eram os líderes daquele movimento, informação essa não conhecida por João. No julgamento pela participação na manifestação, o tempo de sua condenação foi inferior ao tempo que ele já havia cumprido como preso provisório. Logo após sua libertação, João aceitou convite de uma organização não governamental francesa para residir em Paris, obteve cidadania francesa e passou a visitar o Brasil eventualmente para relatar essa experiência. Em uma dessas visitas, já em 2001, ele identificou e localizou um de seus torturadores. Nesse mesmo ano, por intermédio de um conhecido, já que não tinha condições financeiras para custear os honorários de um advogado, João ingressou com pedido judicial em que requereu indenização contra a unidade federativa onde foi preso em razão dos danos decorrentes da tortura e dos maus tratos sofridos no período de encarceramento. Esse processo ainda não foi julgado e encontra-se atualmente na primeira instância. João procura a Defensoria para passar a representá-lo. Instâncias internacionais, como a Comissão Interamericana de Direitos Humanos e a Corte Interamericana de Direitos Humanos, poderão apreciar o caso de João mesmo antes do término da ação judicial em apreço, em razão da demora excessiva para a conclusão do julgamento no Brasil.

41. **(Cespe/DPU/Defensor/2017)** Nos termos da Lei Complementar n. 80/1994 e da Resolução n. 127/2016 do Conselho Superior da DPU, o defensor nacional de direitos humanos concorre com os demais DPs federais no que tange à representação de violação à Comissão Interamericana de Direitos Humanos, mas só o defensor nacional de direitos humanos pode postular perante a CIDH.

42. **(Cespe/DPU/Defensor/2017)** Em razão do princípio da autonomia institucional da DP, a CIDH não tem ingerência na designação de DP interamericano para assistir suposta vítima, sem representação legal, em processo que tramite naquele órgão judicante.

43. **(Cespe/DPU/Defensor/2017)** É cabível a atuação concorrente do DP interamericano nos processos em que a representação legal da vítima na CIDH estiver a cargo – mediante o devido credenciamento – do defensor nacional de direitos humanos.

44. **(Cespe/AGU/Advogado/2015)** Sem prejuízo do direito de os Estados-partes da Convenção Americana sobre Direitos Humanos submeterem-se voluntariamente à Corte Interamericana de Direitos Humanos, nos termos da cláusula facultativa de jurisdição obrigatória constante do Pacto de San José da Costa Rica, o referido tribunal internacional tem a faculdade, inerente às suas atribuições, de determinar o alcance de sua própria competência ("compétence de la compétence").

45. **(Cespe/AGU/Advogado/2015)** As sentenças prolatadas pela Corte Interamericana de Direitos Humanos podem, após homologação pelo STJ, ser regularmente executadas em território brasileiro.

46. **(Cespe/AGU/Advogado/2015)** A Comissão Interamericana de Direitos Humanos – órgão autônomo da Organização dos Estados Americanos encarregado de promover e proteger os direitos humanos no continente americano – detém, juntamente com os Estados-partes do Pacto de San José da Costa Rica, competência exclusiva para a propositura de ações perante a Corte Interamericana de Direitos Humanos.

47. **(Cespe/DPE/AC/Defensor/2017)** Assinale a opção correta, com base na Convenção Americana de Direitos Humanos e no entendimento da Comissão e da Corte Interamericana de Direitos Humanos:

a) Conduta estatal que viole obrigação internacional poderá ser tolerada, caso obedeça às exigências do direito interno desse Estado.

b) A regra de esgotamento dos recursos de direito interno, embora mais processual que substantiva, se estende também a reformas de ordem constitucional ou legislativa.

c) Modificações no ordenamento jurídico de determinado Estado voltadas a adequá-lo às normas do direito internacional dos direitos humanos não são consideradas formas de reparação.

d) A Corte decidiu que, embora a Convenção Americana de Direitos Humanos proteja a vida em geral, os embriões não podem ser considerados pessoas.

e) Embora de difícil efetivação, em razão das frequentes crises migratórias, o direito a migrar está previsto na Convenção Americana de Direitos Humanos.

48. **(Cespe/PC/MT/Delegado/2017)** Considere as seguintes disposições.

I. Todo indivíduo tem direito à liberdade e à segurança pessoais.

II. As finalidades essenciais das penas privativas da liberdade incluem a compensação, a retribuição, a reforma e a readaptação social dos condenados.

III. Todas as pessoas têm o direito de associar-se livremente com fins ideológicos, religiosos, políticos, econômicos, trabalhistas, sociais, culturais e desportivos.

IV. É proibida a expulsão coletiva de estrangeiros.

Decorrem da Convenção Americana sobre Direitos Humanos (Pacto de São José e Decreto n. 678/1992) apenas as disposições contidas nos itens:

a) I e II.

b) II e III.

c) III e IV.

d) I, II e IV.

e) I, III e IV.

4.3. Convenções e Pactos Internacionais

✱ QUESTÕES OBJETIVAS

49. **(Cespe/DPE/PE/Defensor/2018)** A Declaração de Pequim, adotada pela Quarta Conferência Mundial sobre Mulheres, em 1995, e a Plataforma de Ação de Beijing, de 2015, apresentam eixos abrangentes e norteadores para a alteração da situação das mulheres na sociedade. Tendo como referência esses documentos, julgue os itens a seguir.

I. A erradicação da pobreza baseada no crescimento econômico sustentado, no desenvolvimento social, na proteção do meio ambiente e na justiça social requer a participação das mulheres no desenvolvimento econômico e social, a igualdade de oportunidades e a plena e equânime participação de mulheres e homens como agentes beneficiários de um desenvolvimento sustentado, centrado na pessoa.

II. Advoga-se a avaliação e o monitoramento da mídia para que os meios de comunicação se tornem agentes de desconstrução de estereótipos discriminatórios em relação à condição feminina.

III. O papel do Estado é determinante na construção da igualdade, de modo que são incentivadas diretrizes estratégicas para a atuação feminina majoritária na política e nas ciências exatas.

IV. Os referidos documentos defendem a normalização do acesso a armas em zonas de conflitos, para fins estritos de proteção e resguardo das mulheres e de seus filhos.

Estão certos apenas os itens

a) I e II.

b) I e IV.

c) II e III.

d) I, III e IV.

e) II, III e IV.

50. **(Cespe/DPE/PE/Defensor/2018)** Acerca da pena de morte e da tortura, assinale a opção correta.

a) Apesar de se perceber uma tendência favorável dos Estados americanos em abolir a pena de morte, a maioria deles ainda mantém, em seus ordenamentos jurídicos, a possibilidade de pena de morte em casos de crimes comuns.

b) Indivíduo que se considerar ameaçado em qualquer de seus direitos arrolados no Pacto Internacional sobre Direitos Civis e Políticos poderá, a qualquer tempo, apresentar apelação à Comissão de Direitos Humanos, para que seja revista a decisão interna da corte nacional.

c) O Segundo Protocolo Facultativo ao Pacto Internacional dos Direitos Civis e Políticos com vistas à Abolição da Pena de Morte prevê reserva à aplicação da pena de morte em tempo de guerra em virtude de condenação por infração penal de natureza militar de gravidade extrema.

d) A pena de morte para crimes comuns tornou-se proibida no Brasil somente a partir da Constituição de 1946, que instituiu a proibição das penas de morte, de banimento, de confisco e de caráter perpétuo.

e) De acordo com a Convenção Interamericana para Prevenir e Punir a Tortura, a extradição requerida por Estado-parte será autorizada ainda que sejam adotados métodos tendentes a diminuir a capacidade física ou mental da pessoa extraditada.

51. **(Cespe/DPE/PE/Defensor/2015)** No ano de 1993, João foi preso no Brasil durante uma manifestação popular motivada por reivindicações diversas. Na delegacia policial, sofreu maus tratos por parte dos policiais e foi encarcerado na condição de preso provisório. Durante o período de encarceramento, ele foi torturado e submetido a abuso sexual por algumas autoridades policiais para que informasse quem eram os líderes daquele movimento, informação essa não conhecida por João. No julgamento pela participação na manifestação, o tempo de sua condenação foi inferior ao tempo que ele já havia cumprido como preso provisório. Logo após sua libertação, João aceitou convite de uma organização não governamental francesa para residir em Paris, obteve cidadania francesa e passou a visitar o Brasil eventualmente para relatar essa experiência. Em uma dessas visitas, já em 2001, ele identificou e localizou um de seus torturadores. Nesse mesmo ano, por intermédio de um conhecido, já que não tinha condições financeiras para custear os honorários de um advogado, João ingressou com pedido judicial em que requereu indenização contra a unidade federativa onde foi preso em razão dos danos decorrentes da tortura e dos maus tratos sofridos no período de encarceramento. Esse processo ainda não foi julgado e encontra-se atualmente na primeira instância. João procura a Defensoria para passar a representá-lo. É correto afirmar que já havia em 1993 um entendimento na comunidade internacional a respeito da gravidade das práticas de maus tratos e tortura. Ainda que o crime não fosse tipificado no Brasil, havia o consenso global de que nenhum cidadão poderia ser submetido a tortura em nenhuma circunstância.

52. **(Cespe/DPE/PE/Defensor/2015)** A tortura é um crime que viola o direito internacional, porém, em circunstâncias excepcionais, como em casos de segurança nacional, se comprovada grave ameaça à segurança pública, pode ser exercida com limites.

53. **(Cespe/DPE/RN/Defensor/2015)** Quanto ao tratamento dispensado a crianças e adolescentes no âmbito das normas internacionais, assinale a opção correta:

a) A Convenção sobre os Aspectos Civis do Sequestro Internacional de Crianças aplica-se à criança que tenha residência habitual em um Estado contratante até que ela complete dezoito anos de idade.

b) Embora a Convenção dos Direitos da Criança contemple direitos relativos à proteção da saúde da criança, tais como assistência médica e cuidados sanitários, ela é silente quanto aos direitos inerentes à previdência social, que são objeto de convenção internacional específica.

c) As normas da Convenção Relativa à Proteção das Crianças e à Cooperação em Matéria de Adoção Internacional incorporadas pelo ECA permitem a adoção de criança brasileira por estrangeiros residentes no exterior, ainda que não se tenham esgotado as possibilidades de colocação dessa criança em família substituta brasileira.

d) Segundo o STJ, a Convenção sobre os Aspectos Civis do Sequestro Internacional de Crianças não objetiva discutir o direito de guarda de criança, mas sim as questões vinculadas à retirada ilegal de criança de seu país e(ou) a retenção indevida de criança em local que não o de sua residência habitual.

e) Segundo as Regras de Beijing, a sanção aplicável ao jovem que cometer ato infracional deverá ser específica e única, princípio que torna inadmissível a aplicação simultânea de uma medida de liberdade assistida e uma de prestação de serviços à comunidade.

54. **(Cespe/DPE/RN/Defensor/2015)** Assinale a opção correta relativamente às Regras Mínimas para o Tratamento do Preso, da ONU:

a) As conferências entre o preso não julgado e o seu advogado podem ser vigiadas visualmente por um policial ou por um funcionário do estabelecimento prisional, mas a conversação entre eles não poderá ser ouvida.

b) O preso pode ser submetido à realização de serviços que lhe sejam atribuídos em consequência de medidas disciplinares.

c) Relativamente aos instrumentos de coação, o uso de algemas e correntes é vedado, inclusive como medida de precaução contra fuga durante uma transferência.

d) As celas ou quartos destinados ao isolamento noturno podem, em regra, ser ocupados por até quatro presos.

e) Nos estabelecimentos prisionais para mulheres devem existir instalações especiais para o tratamento de presas grávidas e das que tenham acabado de dar à luz, devendo constar do registro da criança que o seu nascimento ocorreu no estabelecimento prisional.

55. **(Cespe/DPE/AC/Defensor/2017)** Acerca dos direitos humanos da pessoa em situação de prisão, julgue os itens seguintes.

I. O Protocolo Opcional à Convenção contra a Tortura e Outros Tratamentos ou Penas Cruéis, Desumanos ou Degradantes é, formalmente, não vinculante, podendo ser classificado como soft law.

II. Conforme a Convenção contra a Tortura e Outros Tratamentos ou Penas Cruéis, Desumanos ou Degradantes, para que seja classificado como tortura, um ato deve necessariamente envolver, direta ou indiretamente, um agente público.

III. As normas da ONU voltadas especificamente ao tratamento das mulheres presas estão dispostas nas Regras de Bangkok.

Assinale a opção correta:

a) Apenas o item I está certo.

b) Apenas o item II está certo.

c) Apenas os itens I e III estão certos.

d) Apenas os itens II e III estão certos.

e) Todos os itens estão certos.

56. **(Cespe/TRF/1R/Juiz/2015)** Com referência à proteção internacional dos direitos humanos, assinale a opção correta:

a) O III Protocolo Facultativo ao Pacto Internacional de Direitos Civis e Políticos possibilita que um Estado-parte aceite a jurisdição do TPI para casos de graves e sistemáticas violações aos direitos inderrogáveis estabelecidos no pacto.
b) A Declaração Universal dos Direitos Humanos contém direitos de cunho social, como assistência à maternidade e à infância e férias periódicas remuneradas.
c) A Corte Internacional de Justiça já considerou o direito ao desenvolvimento, contido no Pacto Internacional de Direitos Econômicos, Sociais e Culturais, como norma "jus cogens".
d) O Conselho de Direitos Humanos possui a metade de seus membros composta de experts independentes e a outra metade composta por representantes de Estados-membros da ONU.
e) Durante a Conferência de Viena sobre Direitos Humanos de 1993, foi adotado o texto da Convenção Mundial de Direitos Humanos.

57. **(Cespe/TRF/5R/Juiz/2017)** A respeito da responsabilidade internacional do Estado e da proteção aos direitos humanos, assinale a opção correta:

a) Dada a autonomia do Poder Judiciário, não se admite a responsabilidade do Estado por atos judiciais na hipótese de não aplicação de tratado internacional invocado pela parte em juízo.
b) Para a configuração da responsabilidade do Estado por atos praticados por particulares, é irrelevante a obrigação estatal em relação ao direito internacional.
c) Não se admite a responsabilidade internacional do Estado quando seu agente age funcionalmente exorbitando, de forma inequívoca, dos poderes previstos no próprio direito interno.
d) Para que ocorra o Incidente de Deslocamento de Competência para a Justiça Federal, é obrigatória a demonstração inequívoca da total incapacidade das instâncias e autoridades locais em oferecer respostas às ocorrências de grave violação aos direitos humanos.
e) Não se admite a responsabilidade do Estado por atos legislativos no caso de emenda constitucional contrariar tratado internacional.

4.4. Teoria dos Direitos Humanos

✱ QUESTÕES DISCURSIVAS

06. **(Cespe/DPU/Defensor/2017)** A comunidade caiçara, formada pela mescla de populações indígenas, colonos portugueses e negros, vive em áreas localizadas nas mais antigas cidades da região Sudeste – Sul do Brasil, fundadas entre o século XVI e XVII por portugueses, sendo sua economia baseada em uma combinação de agricultura de subsistência e pesca artesanal. As grandes demandas jurídicas dessa comunidade tradicional estão relacionadas à manutenção de suas terras – já que, em regra, não possuem títulos de domínio – e à manutenção de seu modo de vida. Tendo as informações apresentadas acima como referência inicial, discorra sobre a teoria das gerações dos direitos humanos, conceituando cada uma das gerações e apresentando um exemplo de cada uma delas – os exemplos de terceira e da quarta geração devem basear-se nos direitos das comunidades e povos tradicionais.

07. **(Cespe/DPE/RR/Defensor/2013)** Redija texto dissertativo acerca da compatibilidade entre relativismo cultural e universalismo dos direitos humanos, abordando, necessariamente, os seguintes aspectos: (i) superação da tensão entre universalismo e relativismo; (ii) relação entre as concepções de dignidade humana e percepção de direitos humanos; (iii) conceitos de dignidade humana; e (iv) percepção da incompletude das culturas.

✱ QUESTÕES OBJETIVAS

58. **(Cespe/DPE/PE/Defensor/2018)** De acordo com as Cem Regras de Brasília, para facilitar o acesso à justiça pelas pessoas em condição de vulnerabilidade, a gestão do sistema judicial deve considerar os princípios da

a) prioridade e da sedimentação.
b) proximidade e do regime privativista.
c) atuação interdisciplinar e da informalidade.
d) agilidade e da coordenação.
e) especialização e dos contratos de gestão.

59. **(Cespe/DPE/PE/Defensor/2018)** Os direitos humanos são concebidos como indivisíveis e universais: basta ser pessoa para ser titular de direitos e dotado de dignidade. Por sua vez, o conceito de cidadania representa ponto fulcral na realização da democracia e na titularidade dos direitos humanos. Na evolução dos direitos humanos, observa-se o desenvolvimento de, pelo menos, três dimensões da cidadania, assim como três gerações de direitos humanos, todos interconectados. Acerca desse assunto, assinale a opção correta.

a) No Brasil, a garantia das três primeiras gerações de direitos humanos deu-se na seguinte ordem sequencial e sucessiva: direitos civis, direitos políticos e direitos sociais.

b) Os direitos civis referem-se à possibilidade de participação do indivíduo no processo eleitoral de sua sociedade.

c) A participação do cidadão no governo é característica dos direitos políticos e o seu exercício consiste na capacidade de fazer demonstrações políticas, de organizar partidos, de votar e de ser votado.

d) Os direitos sociais garantem a liberdade e independem da participação do Estado para sua consecução.

e) Incorporado ao direito ao desenvolvimento e aos bens comuns da humanidade, o direito ao ambiente sadio integra a segunda geração de direitos humanos.

60. **(Cespe/DPE/PE/Defensor/2015)** As três vertentes da proteção internacional da pessoa humana, a saber, os direitos humanos, o direito humanitário e o direito dos refugiados, foram consagradas nas conferências mundiais da última década de 90. Não obstante, a implementação dessas vertentes deve atender às demandas de cada região, mesmo que não haja sistemas regionais de proteção.

61. **(Cespe/DPE/PE/Defensor/2015)** O principal fundamento dos direitos humanos no Brasil refere-se à dignidade da pessoa humana. Por essa razão, além de haver consenso acerca do conteúdo desse princípio, ele é válido somente para os direitos humanos consagrados explicitamente na CF.

62. **(Cespe/DPE/PE/Defensor/2015)** No Brasil, os entes federativos protegem automática e integralmente os chamados direitos humanos de segunda geração, ou direitos sociais, por força de consagração constitucional nesse sentido.

63. **(Cespe/DPE/PE/Defensor/2015)** Na luta pelos direitos humanos, há avanços e retrocessos, decorrendo disso a necessidade de o Estado e a sociedade civil se engajarem para que se realizem ações e políticas públicas que sejam efetivamente de Estado e não de governo.

4.5. Outros Temas

✱ QUESTÕES DISCURSIVAS

08. **(Cespe/DPU/Defensor/2017)** "O intenso fluxo transnacional de pessoas é um dos traços marcantes da pós-modernidade. A chamada migração mista vem exigindo dos países e demais atores internacionais soluções complexas para os diversos grupos e pessoas que deixam para trás seu país de origem ou domicílio pelas mais variadas causas, o que tem feito surgir diferentes sistemas e regimes de proteção. Um exemplo de fluxo transnacional de pessoas decorre da crise humanitária da Venezuela, que, conforme a Human Rights Watch, está se espalhando para além das fronteiras venezuelanas. Milhares de pessoas têm fugido de uma crise humanitária que o governo venezuelano nega existir e não enfrenta adequadamente e muitas delas vieram para o Brasil, principalmente pela fronteira da Venezuela com o estado de Roraima. Em solo brasileiro, essas pessoas têm buscado proteção por meio de diferentes formas de asilo." Considerando o texto acima como referência inicial, diferencie refúgio, visto humanitário e autorização de residência para fins humanitários, relacionando seus conceitos às normas nacionais e aos instrumentos internacionais de proteção aos direitos humanos.

09. **(Cespe/DPU/Defensor/2017)** Os últimos anos têm testemunhado o recrudescimento da intolerância às minorias no Brasil. Não raras vezes, posturas incomplacentes convertem-se em ódio contra grupos que foram historicamente alijados do acesso a direitos pelas elites e pelo próprio Estado. Conquistas alcançadas por meio da luta de indivíduos e de grupos sociais parecem viver contemporaneamente sob a mira de antigas ameaças, como o racismo e o sectarismo religioso. Nesse cenário, saberes e práticas tradicionais são desqualificados e criminalizados por um discurso que afirma sua hegemonia marginalizando ou mesmo negando a diversidade cultural. Considerando o contexto abordado no texto acima, discorra, sob a perspectiva da teoria dos direitos humanos, a respeito do multiculturalismo e do interculturalismo, distinguindo-os, e a respeito de autoidentificação e diferenciação étnica, justificando a possibilidade de coexistência entre essas duas vertentes como dimensões do direito étnico.

10. **(Cespe/AGU/Advogado/2015)** A República Federativa do Brasil e determinado Estado integrante do Mercado Comum do Sul (Mercosul) pretendem firmar um acordo que tem por objeto a prestação de assistência e de cooperação mútua para investigar e esclarecer as graves violações aos direitos humanos praticadas durante as ditaduras que assolaram os dois países em passado recente. O objetivo do acordo, que deverá ser assinado pelos ministros das Relações Exteriores dos dois países, é promover e fomentar a cooperação entre ambas as partes, com o propósito de contribuir para o processo de resgate da verdade e de promoção da memória social. O acordo limita-se ao compartilhamento de documentação relativa ao seu objeto. Considerando essa situação hipotética, redija um texto dissertativo acerca dos tratados internacionais. Ao elaborar seu texto, (i) apresente a classificação dos tratados internacionais quanto ao procedimento para sua conclusão; (ii) discorra sobre as condições para que o referido acordo entre em vigor nos âmbitos interno e internacional, considerando a sua classificação quanto ao procedimento para sua conclusão; (iii) explique se o ministro das Relações Exteriores brasileiro tem legitimidade para assinar o referido acordo.

11. **(Cespe/DPU/Defensor/2017)** Considere os seguintes dados do Levantamento Nacional de Informações Penitenciárias (Infopen Mulheres), de junho de 2014, do Departamento Penitenciário Nacional do Ministério da Justiça (Depen/MJ): (i) No ano 2000, havia 5.601 mulheres no sistema penitenciário brasileiro; em 2014, o número saltou para 37.380 mulheres no mesmo sistema. (ii) Em 2014, 58% das mulheres encarceradas respondiam a investigações, acusações ou condenações por crimes envolvendo drogas. (iii) Em 2014, 30,1% das mulheres encarceradas não tinham contra si condenação criminal. Identifique o quadro criminológico decorrente dos dados acima, abordando a principal causa legislativa e as circunstâncias e consequências sociais desse quadro, bem como a alternativa jurídico-processual positivada, específica e manejável para seu enfrentamento.

✱ QUESTÕES OBJETIVAS

64. **(Cespe/DPE/PE/Defensor/2018)** Considerando o entendimento do Supremo Tribunal Federal (STF) acerca dos tratados internacionais de direitos humanos, julgue os seguintes itens.

I. Os tratados e as convenções sobre direitos humanos aprovados em cada Casa do Congresso Nacional, em dois turnos, por três quintos dos votos, são equivalentes às emendas constitucionais e não podem ser ulteriormente declarados inconstitucionais.

II. O STF entende que a subscrição, pelo Brasil, do Pacto de São José da Costa Rica conduziu à inexistência de balizas a determinados comandos constitucionais, tendo, por isso, indicado a derrogação das normas legais definidoras da custódia de depositário infiel, tornando-se ilegal a sua prisão.

III. Tratados de direitos humanos firmados antes da Emenda Constitucional n. 45/2004 continuam a valer como normas infraconstitucionais e não poderão passar por novo processo legislativo para alterar seu status no ordenamento jurídico.

Assinale a opção correta.

a) Apenas o item I está certo.

b) Apenas o item II está certo.

c) Apenas o item III está certo.

d) Apenas os itens I e II estão certos.

e) Apenas os itens II e III estão certos.

65. **(Cespe/DPE/PE/Defensor/2015)** No ano de 1993, João foi preso no Brasil durante uma manifestação popular motivada por reivindicações diversas. Na delegacia policial, sofreu maus tratos por parte dos policiais e foi encarcerado na condição de preso provisório. Durante o período de encarceramento, ele foi torturado e submetido a abuso sexual por algumas autoridades policiais para que informasse quem eram os líderes daquele movimento, informação essa não conhecida por João. No julgamento pela participação na manifestação, o tempo de sua condenação foi inferior ao tempo que ele já havia cumprido como preso provisório. Logo após sua libertação, João aceitou convite de uma organização não governamental francesa para residir em Paris, obteve cidadania francesa e passou a visitar o Brasil eventualmente para relatar essa experiência. Em uma dessas visitas, já em 2001, ele identificou e localizou um de seus torturadores. Nesse mesmo ano, por intermédio de um conhecido, já que não tinha condições financeiras para custear os honorários de um advogado, João ingressou com pedido judicial em que requereu indenização contra a unidade federativa onde foi preso em razão dos danos decorrentes da tortura e dos maus tratos sofridos no período de encarceramento. Esse processo ainda não foi julgado e encontra-se atualmente na primeira instância. João procura a Defensoria para passar a representá-lo. É correto afirmar que a cidadania francesa de João e o fato de ele não residir mais no Brasil justificam a improcedência da ação por ele proposta.

66. (Cespe/DPU/Defensor/2017) As diretrizes das regras de Bangkok, emanadas da Assembleia-Geral da ONU, restringem o tratamento às mulheres presas adultas; consequentemente, não se incluem em tais regras as adolescentes infratoras.

67. (Cespe/DPE/AC/Defensor/2017) No que se refere à aplicação dos direitos humanos no plano nacional, julgue os itens a seguir.

I. O uso de máscaras em protestos políticos se relaciona com o direito fundamental à liberdade de expressão.

II. Conforme a Relatoria para a Liberdade de Expressão da Comissão Interamericana de Direitos Humanos, o crime de desacato presente nas legislações de diversos Estados americanos está em discordância com a Convenção Americana de Direitos Humanos.

III. Em relação à capacidade civil dos indígenas do Brasil, indivíduos pertencentes a essas comunidades devem ser representados, sempre, pela FUNAI.

Assinale a opção correta:

a) Apenas o item II está certo.
b) Apenas o item III está certo.
c) Apenas os itens I e II estão certos.
d) Apenas os itens I e III estão certos.
e) Todos os itens estão certos.

68. (Cespe/DPE/AC/Defensor/2017) Acerca dos direitos humanos das pessoas em situação de vulnerabilidade, assinale a opção correta:

a) Conforme disposição da OIT, os povos indígenas deverão ser consultados sempre que sejam previstas medidas legislativas ou administrativas capazes de afetá-los diretamente.
b) Como a prática cultural de rodeios e vaquejadas resguarda a segurança e a saúde dos seres humanos, ela não é objeto da disciplina dos direitos humanos.
c) Por ser requisito de funcionamento do estado de direito, a proteção da democracia é objeto do direito interno, não se relacionando à garantia dos direitos humanos positivados.
d) Em caso de grave violação de direitos humanos, o procurador-geral da República poderá suscitar, perante o STJ, deslocamento da justiça federal para o plano estadual.
e) É vedada a imigrantes que não sejam falantes de língua portuguesa a participação em atos de conciliação ou de solução alternativa de conflito.

69. (Cespe/DPE/AC/Defensor/2017) Acerca do direito à igualdade e de sua proteção no âmbito dos direitos humanos, assinale a opção correta:

a) No caso de colisão entre tais direitos, o direito individual dos usuários de drogas à saúde estará sempre em posição hierárquica inferior ao direito humano dos demais cidadãos à segurança pública.
b) Não é possível obrigar os Estados a efetivar o direito ao trabalho, na medida em que se trata de um direito que depende de questões econômicas e não propriamente jurídicas.
c) O conceito de superioridade racial não é discriminatório, devido à existência de evidências científicas que indicam que indivíduos de determinadas raças têm habilidades intelectuais mais desenvolvidas.
d) O movimento feminista é exemplo de movimento social de fundo discriminatório, na medida em que prioriza os direitos da mulher em detrimento dos direitos do homem.
e) Entre os objetivos da Lei Brasileira da Inclusão, inclui-se o de eliminar as barreiras ambientais que dificultem a interação entre as pessoas com deficiência e as estruturas urbanas, promovendo a igualdade.

70. (Cespe/DPE/AC/Defensor/2017) A respeito da aplicação e da efetividade dos direitos humanos, assinale a opção correta:

a) Proibição, decorrente de protestos de grupos religiosos, de exibição de peça teatral que trate de diversidade de gênero não será caso de conflito de direitos humanos, pois envolverá apenas o direito à liberdade de crença.
b) Conforme entendimento do STF, é inconstitucional a resolução do CNJ que determina que toda pessoa, ao ser presa, deverá ser apresentada à autoridade judicial em até vinte e quatro horas.
c) A Comissão Nacional da Verdade teve por objetivo reconstruir a verdade histórica acerca tanto do governo ditatorial de Getúlio Vargas quanto da ditadura militar de 1964 a 1985.
d) O Conselho Nacional de Direitos Humanos é composto por representantes de órgãos públicos e representantes da sociedade civil com prerrogativas administrativas e poder de sanção.

e) O índice de desenvolvimento humano deve, obrigatoriamente, ser utilizado pelos estados brasileiros no desenho de suas políticas públicas de direitos humanos.

71. **(Cespe/TRF/5R/Juiz/2015)** Após a Segunda Grande Guerra (1939-1945), em virtude das atrocidades cometidas contra milhares de seres humanos, diversos debates na sociedade internacional passaram a questionar a necessidade de uma instância penal internacional para processar e punir aqueles que tivessem cometido crimes contra a humanidade. Acerca dessa temática, assinale a opção correta:

a) Uma das principais características do funcionamento dos tribunais "ad hoc" remonta à garantia básica do direito penal de exigência de um juiz previamente constituído ao cometimento do crime.
b) Caso uma organização internacional não governamental, regularmente criada e em funcionamento de acordo com a legislação brasileira, pratique atos conducentes à perseguição de determinado grupo religioso, o TPI, criado pelo Estatuto de Roma, possui competência para julgar essa organização.
c) Configura-se crime contra a humanidade a perseguição de um grupo ou coletividade que possa ser identificado por motivos de gênero, sendo por este termo abrangidos os sexos masculino e feminino, dentro do contexto da sociedade, não lhe devendo ser atribuído qualquer outro significado.
d) A imunidade de jurisdição penal dos agentes diplomáticos prevista na Convenção de Viena sobre Relações Diplomáticas, de 1961, é extensiva ao TPI.
e) Na hipótese de haver conflito positivo entre a jurisdição penal do Estado brasileiro e a do TPI, a competência para decidir sobre o conflito passará a ser da CIJ.

72. **(Cespe/DPE/AC/Defensor/2017)** Acerca dos múltiplos aspectos relacionados à pobreza e ao direito ao desenvolvimento, assinale a opção correta:

a) Programas de transferência de renda com condicionalidades não podem ser considerados formas de garantia do direito ao desenvolvimento.
b) Não há, na legislação internacional voltada aos direitos humanos, marco jurídico que ofereça proteção a indivíduos em situação de pobreza.
c) A ONU não dispõe de instrumentos que assegurem como inalienável o direito ao desenvolvimento.
d) A referência na CF à justiça social dirige-se apenas ao Poder Legislativo e o obriga à positivação de políticas públicas com base na igualdade.
e) A escassez de renda não é o único critério para se definir o conceito de pobreza, a qual pode ser entendida, também, como a privação de capacidades básicas.

5. ESTATUTO DA PESSOA COM DEFICIÊNCIA (LEI 13.146/15)

⊙ ATENÇÃO: ESTE TEMA É MUITO EXIGIDO NOS CONCURSOS!

✱ QUESTÕES OBJETIVAS

73. **(Cespe/STM/Analista/2018)** É considerada pessoa com deficiência aquela que tem impedimento de curto ou longo prazo, de natureza física, mental, intelectual ou sensorial, o qual possa obstruir sua participação plena na sociedade em igualdade de condições com as demais pessoas.

74. **(Cespe/STM/Analista/2018)** O Poder Judiciário poderá impor custos indiretos ao usuário com deficiência, a fim de se implantarem, da forma mais adequada possível, melhorias à sua acessibilidade ao serviço público.

75. **(Cespe/STM/Técnico/2018)** Nos serviços de emergência, o direito da pessoa com deficiência a receber atendimento prioritário será condicionado aos protocolos de atendimento médico.

76. **(Cespe/STM/Técnico/2018)** A colocação competitiva da pessoa com deficiência em igualdade de oportunidade com as demais pessoas no seu local de trabalho constitui uma forma de discriminação e exclusão.

77. **(Cespe/STM/Técnico/2018)** Os serviços de saúde pública destinados a pessoas com deficiência devem assegurar atendimento psicológico, inclusive para os seus familiares.

78. **(Cespe/STM/Técnico/2018)** A deficiência afeta a plena capacidade civil da pessoa, inclusive para o exercício do direito à adoção.

79. **(Cespe/STM/Técnico/2018)** Os serviços notariais e de registro podem criar condições diferenciadas para a prestação de serviços em razão de deficiência do solicitante.

80. **(Cespe/INSS/Analista/2016)** A pessoa com deficiência tem o direito de receber cobranças de tributos de forma acessível, independentemente de solicitação.

81. **(Cespe/INSS/Analista/2016)** As escolas particulares podem cobrar dos estudantes com deficiência mensalidades com valores maiores que os das mensalidades cobradas de estudantes sem deficiência.

82. **(Cespe/TRE/PE/Analista/2017)** A respeito dos direitos das pessoas com deficiência e dos conceitos estabelecidos pela legislação de regência, assinale a opção correta:

a) A prioridade na aquisição de imóvel de programa habitacional público é deferida à pessoa com deficiência sempre que signifique melhora de moradia, sem limite de vezes.

b) O serventuário da justiça que, no exercício de suas funções, tomar conhecimento de violação aos direitos de pessoa com deficiência deve remeter peças ao Ministério Público para as providências cabíveis.

c) O conceito de atendente pessoal abarca a prestação, por enfermeiro, de serviço de enfermagem a pessoas com deficiência.

d) As ações e os serviços de saúde pública destinados à pessoa com deficiência devem assegurar atendimento psicológico também a seus familiares.

e) A isenção do imposto de renda é um dos benefícios reservados à pessoa com deficiência, não se estendendo a seu acompanhante.

83. **(Cespe/TRE/PE/Analista/2017)** Considerando a legislação relativa à pessoa com deficiência, assinale a opção correta:

a) Pessoas com deficiência têm direito a planos de saúde específicos, que podem ter redução de cobertura em relação aos demais clientes, desde que haja redução proporcional do preço.

b) Os hotéis construídos antes da edição da Lei n. 13.146/2015 têm o prazo de até dez anos para adotar todos os meios de acessibilidade estabelecidos na lei.

c) O princípio do desenho universal não é aplicável a serviços, mas apenas a produtos e ambientes.

d) A acessibilidade deve ser entendida não só como direito, mas também como princípio e garantia para o pleno exercício de demais direitos.

e) Havendo vagas decorrentes de ação afirmativa, a pessoa com deficiência deverá, necessariamente, concorrer pelas cotas.

84. **(Cespe/TRE/PE/Analista/2017)** Considerando o disposto na Lei n. 13.146/2015 – Estatuto da Pessoa com Deficiência (EPD) –, assinale a opção correta:

a) Os planos e seguros privados de saúde podem cobrar valores diferenciados das pessoas com deficiência em razão da sua deficiência.

b) Com a edição do EPD a incapacidade absoluta prevista no Código Civil restringe-se aos menores de dezesseis anos de idade.

c) É assegurado à pessoa com deficiência o direito de votar e de ser votada, salvo na hipótese de curatela.

d) O EPD revogou a Lei n. 7.853/1989, que dispunha sobre o apoio às pessoas com deficiência.

e) A deficiência não afeta a plena capacidade civil da pessoa, salvo a condição de adotante em processo de adoção.

85. **(Cespe/TRE/PE/Analista/2017)** Com relação aos crimes, às infrações administrativas e às disposições finais e transitórias previstos no EPD, assinale a opção correta:

a) O sujeito passivo dos crimes previstos no EPD é sempre a pessoa com deficiência.

b) Para a consumação do crime de desviar bens da pessoa com deficiência, exige-se o efetivo lucro do agente.

c) Admitem-se tanto a modalidade dolosa quanto a culposa no caso do delito de abandono da pessoa com deficiência, que é crime permanente.

d) Constitui crime a conduta de obstar o acesso da pessoa com deficiência a cargo ou emprego público, ainda que com base em critério restritivo e objetivo previamente definido em lei.

e) Na tipificação da conduta de praticar, induzir ou incitar discriminação de pessoa em razão da deficiência, é admitida a tentativa.

86. **(Cespe/TRF/1R/Técnico/2017)** De acordo com a legislação, será considerada pessoa portadora de deficiência aquela cuja dificuldade de movimentar-se gere, permanentemente, redução efetiva da mobilidade, da flexibilidade, da coordenação motora e da percepção.

87. **(Cespe/TRF/1R/Técnico/2017)** Nos termos da Convenção sobre os Direitos das Pessoas com Deficiência, os Estados-partes se comprometem a adotar medidas para modificar costumes que constituírem discriminação contra pessoas com deficiência.

88. **(Cespe/TRF/1R/Técnico/2017)** Sendo previsto tratamento especial nos casos de deficiência grave ou severa, constitui finalidade da política de emprego a incorporação da pessoa com deficiência ao sistema produtivo, mediante regime especial de trabalho protegido.

89. **(Cespe/TRF/1R/Técnico/2017)** Os componentes de obra de urbanização, tais como os relativos aos serviços de comunicação, são definidos pela legislação como acessibilidade.

90. **(Cespe/TRF/1R/Analista/2017)** O Ministério Público exige que os semáforos nas vias públicas sejam equipados com mecanismo que emita sinal sonoro ou outro alternativo como guia ou orientação para a travessia de pessoas portadoras de deficiência visual, independentemente da intensidade do fluxo de veículos e a periculosidade da via.

91. **(Cespe/TRF/1R/Analista/2017)** É dever estatal, explícito na Constituição Federal, a instituição de programas de prevenção e atendimento especializado para portadores de deficiência física, sensorial ou mental.

92. **(Cespe/TRF/1R/Analista/2017)** No caso de uma família imediata declarar não possuir condições de cuidar de uma de suas crianças por ser portadora de deficiência, as autoridades brasileiras deverão encaminhar a criança a uma família substituta na comunidade, como prevê a Convenção sobre os Direitos das Pessoas com Deficiência da qual o Brasil é signatário.

93. **(Cespe/TRF/1R/Analista/2017)** Ainda que tenha como objeto instruir ação civil para a defesa de direitos difusos de pessoa portadora de deficiência, o poder público poderá se recusar a fornecer certidão requerida pelo interessado.

94. **(Cespe/TRF/1R/Analista/2017)** Ainda que a carta de habite-se tenha sido emitida antes de as exigências de acessibilidade constarem na legislação específica, a sua renovação dependerá de serem observadas e certificadas as normas técnicas de acessibilidade da ABNT.

95. **(Cespe/TRF/1R/Analista/2017)** No caso de uma família imediata declarar não possuir condições de cuidar de uma de suas crianças por ser portadora de deficiência, as autoridades brasileiras deverão encaminhar a criança a uma família substituta na comunidade, como prevê a Convenção sobre os Direitos das Pessoas com Deficiência da qual o Brasil é signatário.

96. **(Cespe/DPU/Defensor/2015)** Manuel, deficiente mental que não se encontrava em situação que indicasse risco de morte ao ser internado em hospital psiquiátrico privado que opera no âmbito do SUS, faleceu quatro dias após a internação. A família de Manuel, sob a alegação de que sua morte decorrera de maus tratos por ele recebidos no hospital, incluindo-se a administração forçada de medicação, e de que esses maus tratos se deveram ao fato de ele ser negro e pobre, deseja representar contra o Brasil tanto perante a justiça brasileira quanto perante órgãos internacionais de controle. Com base no disposto na Convenção Interamericana de Direitos Humanos e na Convenção sobre os Direitos das Pessoas com Deficiência, nessa situação, dada a condição mental do paciente, não era necessária sua autorização para a administração da medicação.

97. **(Cespe/TRF/5R/Juiz/2017)** Lei determina que a acessibilidade deve ser garantida às pessoas com deficiência ou com mobilidade reduzida para que possam viver de forma independente e exercer seus direitos de cidadania e de participação social. A respeito desse assunto, julgue os itens a seguir.

I. O poder público tem o dever de assegurar a adaptação e a produção de artigos científicos em formato acessível, inclusive em Libras.

II. Durante a execução, as obras de engenharia em via pública constituem exceção à livre circulação e acessibilidade das pessoas.

III. Caso o desenho universal – regra de caráter geral de concepção e implantação de projetos de infraestrutura nas diversas áreas do cotidiano das pessoas – não possa ser empreendido em instalações abertas ao público, poderá ser adotada adaptação, desde que razoável.

IV. Nas edificações, a cobrança ao comprador, pela construtora, de valores adicionais para a aquisição de unidades internamente acessíveis e de uso privado é vedada: deve-se assegurar percentual mínimo de unidades internas com atendimento aos preceitos de acessibilidade.

Estão certos apenas os itens:

a) I e II.
b) I e IV.
c) III e IV.
d) I, II e III.
e) II, III e IV.

98. **(Cespe/TRF/5R/Juiz/2017)** Os postes de sinalização colocados em via pública para promover a acessibilidade das pessoas com mobilidade reduzida são considerados, de acordo com a lei:

a) elementos de urbanização.
b) tecnologia assistiva.
c) tecnologia funcional.
d) equipamentos urbanos.
e) mobiliários urbanos.

99. **(Cespe/TRT/7R/Técnico/2017)** Para a integração da pessoa com deficiência de acordo com o Decreto n. 3.298/1999, os órgãos e as entidades da administração pública federal direta e indireta que atuem no âmbito da educação tornarão viável para a pessoa com deficiência:

a) o acesso a benefícios como material escolar, transporte, merenda escolar, bolsas de estudo.
b) a matrícula facultativa em cursos regulares de estabelecimentos particulares, desde que a pessoa seja capaz de se integrar à rede regular de ensino.
c) a matrícula compulsória em cursos regulares de estabelecimentos públicos, qualquer que seja a condição da pessoa.
d) a educação especial facultativa caso o educando esteja internado em unidade hospitalar por mais de um ano.

100. **(Cespe/TRT/7R/Técnico/2017)** A respeito das disposições sobre inclusão de pessoas com deficiência no serviço público previstas na Resolução CNJ n. 230/2016, julgue os itens a seguir.

I. Os editais de concurso público para ingresso nos Poderes Executivo, Judiciário e Legislativo devem ter como objeto de avaliação disciplina que abarque os direitos da pessoa com deficiência.
II. Um terceirizado com deficiência, imediatamente após ser contratado como terceirizado por um tribunal regional do trabalho, deve ser informado pelo órgão contratante sobre os seus direitos e a existência da Resolução CNJ n. 230/2016.
III. A administração poderá, por prazo determinado, exigir de uma pessoa com deficiência, recém-empossada como servidora de um tribunal regional do trabalho, que utilize o sistema home office a fim de evitar custos para a promoção de sua acessibilidade.
IV. Cada órgão do Poder Judiciário deve manter um cadastro que especifique as deficiências e as necessidades particulares de cada servidor terceirizado ou serventuário extrajudicial com deficiência que trabalha no seu quadro.

Estão certos apenas os itens:

a) I e II.
b) I e III.
c) II e IV.
d) III e IV.

101. **(Cespe/TRT/7R/Técnico/2017)** De acordo com a Lei n. 13.146/2015, dois indivíduos que pretendam atuar como tradutores e intérpretes da Libras na educação básica e em cursos de graduação e pós-graduação deverão possuir, no mínimo:

a) nível superior, com habilitação exclusivamente em tradução e interpretação da Libras para atuar em todas as áreas.
b) ensino médio completo e certificação de proficiência na Libras para atuar na graduação.
c) ensino médio completo e certificação de proficiência na Libras para atuar na educação básica.
d) nível superior, com habilitação prioritariamente em tradução e interpretação da Libras para atuar na educação básica.

102. **(Cespe/TRT/7R/Técnico/2017)** O atendente que, sem justo motivo, retarde o atendimento ambulatorial de um deficiente físico de dezessete anos de idade que tenha procurado o hospital poderá responder por crime, sujeito à pena de:

a) detenção, agravada pelo fato de o atendimento ser ambulatorial.
b) detenção, agravada pelo fato de a vítima ser deficiente.
c) reclusão, agravada pela idade da vítima.
d) prisão simples, agravada pelo fato de o atendimento ser ambulatorial.

103. (Cespe/TRT/7R/Técnico/2017) De acordo com a Lei n. 10.098/2000, na construção, ampliação ou reforma de edifícios públicos ou privados, destinados ao uso coletivo, deve ser observado o seguinte requisito de acessibilidade:

a) nas áreas externas para o estacionamento do edifício, devem ser reservadas vagas para veículos de pessoas com dificuldade de locomoção temporária.

b) todos os itinerários do edifício que se comuniquem horizontal e verticalmente entre si e com o exterior devem estar livres de barreira arquitetônica.

c) nas áreas internas para a garagem do edifício, devem ser reservadas vagas para veículos de pessoas com dificuldade de locomoção temporária.

d) deve haver disponível no edifício pelo menos um banheiro cujos equipamentos e acessórios se distribuam de forma acessível para utilização por pessoas com deficiência ou com mobilidade reduzida.

104. (Cespe/TRT/7R/Técnico/2017) Paula é hemiplégica, Dário tem nanismo, Eliane possui deformidade estética, e José é cego. Nessas situações, nos termos do Decreto n. 5.296/2004, somente se incluem na categoria de pessoas portadoras de deficiência física:

a) Eliane e José.

b) Eliane e Paula.

c) Dário e José.

d) Paula e Dário.

105. (Cespe/TRT/7R/Técnico/2017) Se um indivíduo de vinte e um anos de idade sofrer acidente que lhe cause deficiência física e o leve a ser submetido à curatela, nos termos da Lei n. 13.146/2015, a curatela alcançará os atos de natureza:

a) trabalhista.

b) matrimonial.

c) educacional.

d) negocial.

106. (Cespe/TRT/7R/Analista/2017) Pedro e Caio são pessoas com deficiência física. Lucas é acompanhante de Pedro, e Fernando é atendente pessoal de Caio. Considerando-se a Resolução n. 230/2016 do Conselho Nacional de Justiça, nessa situação hipotética, Pedro, Caio, Lucas e Fernando terão direito a receber atendimento prioritário nos casos em que a finalidade for obter:

a) proteção e socorro, em quaisquer circunstâncias, nos procedimentos administrativos em que forem interessados.

b) atendimento em todos os serviços destinados ao público, bem como acesso a recursos de comunicação acessíveis.

c) acesso a recursos tecnológicos que garantam igualdade de atendimento e primazia na tramitação processual.

d) acesso a recursos humanos que garantam a igualdade de atendimento nos procedimentos judiciais em que forem parte.

107. (Cespe/TRT/7R/Analista/2017) Nos termos do Decreto n. 5.296/2004, as edificações destinadas a atividades de natureza hoteleira, a habitação multifamiliar e aquelas administradas por entidade da administração pública indireta são consideradas de uso, respectivamente:

a) privado, coletivo e público.

b) coletivo, privado e público.

c) coletivo, público e privado.

d) privado, público e coletivo.

108. (Cespe/TRT/7R/Analista/2017) Estão em um ônibus público André, que é obeso, mas não tem mobilidade reduzida; Mariana, que está acompanhada por uma criança de oito anos; Lúcia, que está grávida; e Alessandra, que é lactante. Nessa situação hipotética, considerando-se a Lei n. 10.048/2000, a empresa concessionária de transporte coletivo deverá garantir assentos, devidamente identificados, somente para:

a) Lúcia e Alessandra.

b) André e Lúcia.

c) Mariana e Alessandra.

d) André e Mariana.

109. (Cespe/DPE/AC/Defensor/2017) A respeito dos múltiplos aspectos relativos à saúde e às deficiências físicas, assinale a opção correta:

a) Diferentemente do que se observa na CF, a saúde é considerada, na Declaração Universal de Direitos Humanos, um valor a ser protegido, mas não um direito.

b) A expressão judicialização da saúde refere-se a situações em que o Poder Judiciário é convocado a decidir questões de desenho de política pública, mas não de direitos humanos.

c) A Convenção sobre os Direitos da Pessoa com Deficiência adota o modelo biomédico de deficiência.

d) A Associação Nacional dos Defensores Públicos propôs ação direta de inconstitucionalidade requerendo a garantia do direito ao aborto a gestantes infectadas pelo vírus da zika.

e) O movimento sanitarista seguia a doutrina higienista, o que se observa no texto da CF, cujas disposições acerca do direito à saúde foram fortemente influenciadas por esse movimento.

110. **(Cespe/DPU/Defensor/2015)** Manuel, deficiente mental que não se encontrava em situação que indicasse risco de morte ao ser internado em hospital psiquiátrico privado que opera no âmbito do SUS, faleceu quatro dias após a internação. A família de Manuel, sob a alegação de que sua morte decorrera de maus tratos por ele recebidos no hospital, incluindo-se a administração forçada de medicação, e de que esses maus tratos se deveram ao fato de ele ser negro e pobre, deseja representar contra o Brasil tanto perante a justiça brasileira quanto perante órgãos internacionais de controle. Com base no disposto na Convenção Interamericana de Direitos Humanos e na Convenção sobre os Direitos das Pessoas com Deficiência, nesse caso, a responsabilidade do Estado é objetiva, inclusive perante órgãos internacionais de controle, já que a internação de Manuel ocorreu no âmbito do SUS.

6. ESTATUTO DO IDOSO (LEI 10.741/03)

* INOVAÇÕES LEGISLATIVAS

▲ Estatuto do Idoso (Lei 10.741/03)

▲ Título I – Disposições Preliminares

▲ Art. 3º. § 1º A garantia de prioridade compreende: (...). § 2º Dentre os idosos, é assegurada prioridade especial aos maiores de oitenta anos, atendendo-se suas necessidades sempre preferencialmente em relação aos demais idosos. (Modificações: Lei 13.466/17)

▲ Título II – Dos Direitos Fundamentais, Capítulo IV – Do Direito à Saúde

▲ Art. 15. § 7º Em todo atendimento de saúde, os maiores de oitenta anos terão preferência especial sobre os demais idosos, exceto em caso de emergência. (Modificações: Lei 13.466/17).

▲ Título II – Dos Direitos Fundamentais, Capítulo V – Da Educação, Cultura, Esporte e Lazer

▲ Art. 25. As instituições de educação superior ofertarão às pessoas idosas, na perspectiva da educação ao longo da vida, cursos e programas de extensão, presenciais ou a distância, constituídos por atividades formais e não formais. Parágrafo único. O poder público apoiará a criação de universidade aberta para as pessoas idosas e incentivará a publicação de livros e periódicos, de conteúdo e padrão editorial adequados ao idoso, que facilitem a leitura, considerada a natural redução da capacidade visual. (Modificações: Lei 13.535/17)

▲ Título V – Do Acesso à Justiça, Capítulo I – Disposições Gerais

▲ Art. 71. § 5º Dentre os processos de idosos, dar-se-á prioridade especial aos maiores de oitenta anos. (Modificações: Lei 13.466/17).

* QUESTÕES OBJETIVAS

111. **(Cespe/INSS/Analista/2016)** O Poder Judiciário pode, de ofício, determinar medida de proteção ao idoso na hipótese de ação ou omissão estatal que viole direito que lhe seja reconhecido no Estatuto do Idoso.

112. **(Cespe/TJ/AM/Juiz/2016)** No que se refere aos estatutos do idoso e da criança e do adolescente, assinale a opção correta:

a) A obrigação de prestar alimentos ao idoso é recíproca e conjunta em relação a todos os coobrigados.

b) O princípio da proteção integral e a aplicação de medidas de proteção à criança e ao adolescente, previstas no ECA, justificam a imperatividade na obediência à ordem cronológica do registro de pessoas interessadas na adoção.

c) A prática de ato infracional análogo ao delito de tráfico de entorpecentes permite a aplicação de medida de internação do adolescente infrator.

d) A superveniência da maioridade civil é causa de extinção da medida socioeducativa imposta ao adolescente infrator.

e) No âmbito dos direitos fundamentais da pessoa idosa, o respeito abrange a preservação do direito às ideias e crenças.

113. **(Cespe/DPE/PE/Defensor/2015)** A carência de recursos financeiros próprios do idoso ou da família deste não é suficiente para justificar a internação desse idoso na modalidade asilar.

114. (Cespe/DPE/PE/Defensor/2015) Em cada veículo, comboio ferroviário ou embarcação do serviço convencional de transporte interestadual de passageiros, serão reservadas duas vagas gratuitas, que poderão ser usadas por idosos, independentemente da condição financeira destes.

115. (Cespe/DPE/PE/Defensor/2015) As competências do Conselho Nacional dos Direitos do Idoso incluem a promoção de cooperação entre governos da União, dos estados, do DF e dos municípios e a sociedade civil organizada na formulação e execução da política nacional de atendimento dos direitos do idoso.

116. (Cespe/DPE/PE/Defensor/2015) A coordenação da Política Nacional do Idoso está a cargo da Secretaria Especial dos Direitos Humanos.

117. (Cespe/DPE/PE/Defensor/2015) Se uma ação ajuizada por idoso, na qual se vise o cumprimento de contrato de compra e venda de um veículo, for processada sem a participação do MP na qualidade de "custos legis", a sentença que eventualmente for proferida nesse processo deverá ser anulada.

118. (Cespe/PC/GO/Agente/2016) De acordo com o que prevê o Estatuto do Idoso – Lei n. 10.741/2003 –, constitui infração administrativa:

a) induzir pessoa idosa sem discernimento de seus atos a outorgar procuração para fins de administração de bens ou de deles dispor livremente.
b) deixar o profissional de saúde de comunicar à autoridade competente os casos de crimes contra idoso dos quais tiver conhecimento.
c) lavrar ato notarial que envolva pessoa idosa sem discernimento de seus atos, sem a devida representação legal.
d) coagir, de qualquer modo, o idoso a outorgar procuração.
e) negar o acolhimento do idoso, como abrigado, por recusa deste em outorgar procuração à entidade de atendimento.

119. (Cespe/DPU/Defensor/2017) O STJ entende que, em decorrência do mandamento constitucional de proteção ao idoso e do princípio da solidariedade entre gerações, são irregulares os contratos de plano de saúde que preveem reajustes de mensalidade em razão da mudança de faixa etária do beneficiário.

120. (Cespe/DPE/AL/Defensor/2017) Se o idoso não tiver condições econômicas de prover seu próprio sustento, os alimentos serão:

a) providos pelo poder público, desde que o idoso tenha mais de setenta anos.
b) divididos entre os parentes, respeitada a ordem legal.
c) prestados subsidiariamente pelos netos, se houver.
d) prestados solidariamente, podendo o idoso optar entre os prestadores.
e) obtidos mediante transação, desde que homologada por um juiz.

121. (Cespe/TRF/5R/Juiz/2017) Um idoso ajuizou ação em face de entidade não governamental de atendimento à pessoa idosa, visando apurar irregularidades praticadas por essa entidade. Considerando essa situação hipotética, assinale a opção correta:

a) Depois de apresentada a defesa, o juiz poderá designar audiência de instrução e julgamento.
b) Antes de citar o réu, o juiz deverá intimar o Ministério Público para firmar acordo visando eliminar as irregularidades.
c) Recebida a petição inicial, deverá ser marcada audiência de conciliação, na qual o dirigente da entidade deverá apresentar defesa escrita.
d) Havendo motivo grave, poderá o juiz, antes de ouvir o Ministério Público, decretar liminarmente o afastamento provisório do dirigente da entidade.
e) Caso, ao final do processo, seja aplicada pena de multa, esta deverá ser imposta à entidade.

122. (Cespe/DPE/AC/Defensor/2017) Com o objetivo de implementar a política nacional do idoso, no que se refere à área de promoção e assistência social, cabe aos órgãos e entidades públicas, entre outras ações:

a) garantir ao idoso acesso a eventos culturais mediante políticas de incentivo.
b) promover seminários, simpósios e encontros voltados a essa área.
c) garantir ao idoso atendimento médico pelo SUS.
d) desenvolver programas para informar a população sobre o processo de envelhecimento.
e) promover projetos que viabilizem a participação do idoso, sem discriminação, no mercado de trabalho.

123. **(Cespe/DPE/AC/Defensor/2017)** Vera, com sessenta e oito anos de idade, aposentada e com renda mensal de dois salários mínimos, pretende viajar de ônibus de Rio Branco - AC para o Rio de Janeiro - RJ, usufruindo de seu direito à gratuidade da passagem, mas, chegando ao guichê para requerer sua passagem, foi informada de que as vagas gratuitas, na data e horário em que ela desejava embarcar, já estavam ocupadas. Nessa situação hipotética, de acordo com a legislação, Vera:

a) poderá pleitear desconto do valor da passagem em um dos demais assentos do veículo no horário desejado, caso haja vagas.
b) terá direito a desconto da passagem apenas no ônibus seguinte ao pretendido, se neste não houver vaga gratuita, desde que parta até vinte e quatro horas após o primeiro horário desejado.
c) poderá comprar a passagem para o horário desejado e pleitear reembolso do valor pago, caso não haja vaga gratuita em ônibus que parta nas quarenta e oito horas seguintes.
d) poderá pleitear a gratuidade da passagem no horário desejado, em vaga não reservada a idosos, caso ainda haja assentos vagos.
e) terá direito à gratuidade da passagem, em vaga não reservada, no ônibus seguinte ao pretendido, caso também não haja para ele vagas gratuitas.

124. **(Cespe/DPE/AC/Defensor/2017)** O local destinado à permanência diurna do idoso onde são desenvolvidas atividades físicas, laborativas, recreativas, culturais e associativas, bem como atividades de educação para a cidadania, é denominado, pela legislação pertinente:

a) centro de convivência.
b) casa-lar.
c) oficina abrigada.
d) casa de atendimento assistencial.
e) centro de cuidados.

125. **(Cespe/DPE/AC/Defensor/2017)** Com relação à política nacional do idoso e de acordo com a legislação pertinente, compete ao Conselho Municipal do Idoso, no âmbito político-administrativo:

a) promover as articulações necessárias à implementação dessa política.
b) emitir parecer acerca de proposta orçamentária referente a promoção e assistência social do idoso.
c) supervisionar, acompanhar, fiscalizar e avaliar essa política.
d) coordenar as ações relativas a essa política.
e) participar da formulação e avaliação de tal política.

126. **(Cespe/DPE/AC/Defensor/2017)** Um idoso, que tem filhos maiores e capazes, vive em condições precárias, sem recursos para prover seus próprios alimentos. Nessa situação hipotética:

a) se comprovado que os filhos não têm condições econômicas para prover alimentos, caberá à previdência social provê-los.
b) caso ocorra transação relativa a alimentos, esta poderá ser celebrada perante promotor público ou DP.
c) a obrigação alimentar ao idoso será solidária, cabendo ao filho com melhores condições econômicas ser o prestador.
d) a obrigação alimentar ao idoso será solidária, cabendo ao filho mais velho, se tiver condições econômicas, ser o prestador.
e) caso se determine que os filhos prestem alimentos, esse provimento se dará na forma especial prevista no Estatuto do Idoso.

7. TUTELA DA EDUCAÇÃO

* SÚMULAS

STF Súm. 643. O Ministério Público tem legitimidade para promover ação civil pública cujo fundamento seja a ilegalidade de reajuste de mensalidades escolares.

* QUESTÕES OBJETIVAS

127. **(Cespe/DPE/RN/Defensor/2015)** De acordo com a jurisprudência do STJ, assinale a opção correta quanto aos comandos previstos na LDB:

a) O procedimento de revalidação dos diplomas estrangeiros foi regulado pela LDB, que atribui ao Ministério da Educação a competência para verificar a equivalência entre os estudos realizados no exterior e os correspondentes nacionais.
b) A forma de implementação de ações afirmativas no âmbito das universidades e o estabelecimento de normas objetivas de acesso a vagas destinadas à política pública de cotas não integram a autonomia universitária estabelecida pela LDB, pois são políticas de escopo nacional.

c) Segundo a LDB, os denominados cursos sequenciais por campo de saber não integram a educação superior.

d) É vedada a extinção antecipada de curso superior objeto de contrato de prestação de serviços educacionais firmado com instituição privada de ensino, já que a possibilidade de extinção não se insere no âmbito da autonomia universitária prevista na LDB.

e) Os estados dispõem de atribuição para realizar programas de capacitação para professores em exercício custeados com recursos da educação a distância, porém não podem, para tanto, credenciar instituições privadas para promoverem cursos nessa modalidade.

GABARITOS

1. DIREITO ADMINISTRATIVO									
1-E	2-C	3-C	4-E	5-E	6-C	7-E	8-C	9-C	10-A
11-E	12-A	13-C	14-C	15-E	16-E	17-C	18-E	19-E	20-A
21-C	22-C	23-C	24-B	25-E	26-D	27-C	28-C	29-E	30-C
31-E	32-C	33-E	34-E	35-E	36-B	37-E	38-E	39-A	40-C
41-E	42-E	43-E	44-E	45-E	46-E	47-B	48-E	49-C	50-C
51-C	52-E	53-C	54-E	55-E	56-E	57-C	58-D	59-B	60-C
61-E	62-E	63-E	64-D	65-E	66-C	67-C	68-E	69-C	70-C
71-D	72-E	73-C	74-E	75-E	76-C	77-E	78-E	79-E	80-C
81-C	82-C	83-D	84-D	85-B	86-E	87-C	88-E	89-E	90-C
91-E	92-C	93-B	94-B	95-E	96-E	97-C	98-E	99-A	100-E
101-E	102-E	103-E	104-C	105-C	106-C	107-E	108-E	109-E	110-C
111-A	112-D	113-C	114-E	115-A	116-C	117-B	118-E	119-E	120-C
121-E	122-E	123-C	124-E	125-C	126-C	127-E	128-C	129-E	130-D
131-E	132-A	133-C	134-E	135-C	136-C	137-B	138-E	139-C	140-C
141-E	142-C	143-C	144-E	145-C	146-D	147-C	148-E	149-C	150-C
151-D	152-B	153-C	154-E	155-C	156-A	157-C	158-E	159-B	160-C
161-B	162-B	163-E	164-C	165-D	166-C	167-E	168-C	169-C	170-B
171-E	172-D	173-E	174-C	175-B	176-E	177-E	178-E	179-E	180-D
181-E	182-A	183-C	184-B	185-E	186-A	187-C	188-B	189-E	190-E
191-E	192-E	193-C	194-A	195-E	196-A	197-E	198-D	199-C	200-E
201-E	202-C	203-E	204-E	205-C	206-B	207-C	208-B	209-E	210-B
211-E	212-B	213-E	214-E	215-C	216-E	217-E	218-D	219-B	220-A
221-C	222-E	223-C	224-B	225-C	226-B	227-C	228-A	229-A	230-A
231-E	232-D	233-D	234-B	235-E	236-C	237-E	238-C	239-E	240-B
241-C	242-E	243-E	244-C	245-C	246-C	247-E	248-E	249-E	250-E
251-C	252-C	253-C	254-C	255-E	256-C	257-E	258-B	259-A	260-E
261-C	262-C	263-E	264-D	265-C	266-E	267-C	268-E	269-C	270-C
271-E	272-E	273-B	274-A	275-C	276-E	277-E	278-D	279-B	280-D
281-C	282-C	283-B	284-E	285-C	286-C	287-C	288-E	289-E	290-D
291-B	292-A	293-E	294-E	295-C	296-E	297-E	298-C	299-E	300-E
301-E	302-C	303-D	304-C	305-C	306-C	307-D	308-B	309-C	310-B
311-C	312-E	313-C	314-E	315-E	316-C	317-C	318-D	319-C	320-B
321-C	322-E	323-C	324-C	325-E	326-B	327-A	328-D	329-D	330-E
331-C	332-E	333-C	334-A	335-C	336-E	337-A	338-E	339-C	340-E
341-E	342-C	343-E	344-C	345-C	346-C	347-D	348-E	349-D	350-C
351-D	352-E	353-A	354-A	355-A	356-C	357-E	358-E	359-E	360-C
361-E	362-E	363-B	364-C	365-E	366-B	367-E	368-C	369-E	370-E
371-E	372-B	373-E	374-E	375-C	376-C	377-C	378-D	379-E	380-E
381-C	382-E	383-E	384-C	385-E	386-E	387-C	388-B	389-E	390-B
391-C	392-A	393-C	394-B	395-E	396-E	397-C	398-B	399-E	400-D
401-C	402-E	403-A	404-A	405-C	406-C	407-D	408-A	409-C	410-C
411-B	412-C	413-C	414-E	415-C	416-C	417-E	418-E	419-C	420-E
421-C	422-A	423-C	424-A	425-E	426-E	427-E	428-C	429-C	430-E
431-B	432-C	433-C	434-A	435-E	436-C	437-E	438-E	439-C	440-E
441-D	442-C	443-C	444-D	445-E	446-A	447-C	448-E	449-C	450-C

451-C	452-C	453-C	454-E	455-A	456-E	457-E	458-C	459-C	460-B
461-E	462-A	463-C	464-E	465-C	466-C	467-A	468-E	469-E	470-C
471-C	472-E	473-C	474-C	475-E	476-C	477-C	478-E	479-E	480-E
481-C	482-A	483-D	484-C	485-D	486-C	487-C	488-E	489-C	490-A
491-C	492-C								

2. DIREITO AMBIENTAL

1-D	2-E	3-A	4-C	5-C	6-C	7-C	8-E	9-C	10-E
11-C	12-C	13-C	14-E	15-E	16-E	17-E	18-C	19-E	20-C
21-E	22-C	23-B	24-C	25-B	26-B	27-E	28-C	29-E	30-A
31-E	32-C	33-B	34-C	35-B	36-C	37-E	38-E	39-C	40-E
41-E	42-E	43-C	44-C	45-C	46-A	47-A	48-E	49-A	50-E
51-D	52-C	53-B	54-C	55-A	56-C	57-E	58-E	59-B	60-A
61-C	62-E	63-E	64-C	65-C	66-C	67-C	68-E	69-C	70-C
71-C	72-C	73-C	74-E	75-C	76-B	77-E	78-D	79-C	80-B
81-C	82-D	83-E	84-D	85-C	86-C	87-B	88-E	89-C	90-B
91-A	92-B	93-C	94-C	95-E	96-C	97-B	98-C	99-E	100-E
101-C	102-D	103-D	104-E	105-B	106-C	107-C	108-E	109-B	110-B
111-C	112-B	113-A	114-E	115-E	116-C	117-A	118-E	119-D	120-A
121-C	122-A	123-E	124-A	125-E	126-E	127-C	128-D	129-E	130-E
131-E	132-E	133-E							

3. DIREITO CIVIL

1-C	2-A	3-E	4-E	5-E	6-E	7-D	8-C	9-C	10-E
11-E	12-D	13-E	14-E	15-D	16-E	17-E	18-C	19-C	20-E
21-C	22-E	23-D	24-E	25-C	26-C	27-C	28-E	29-D	30-E
31-E	32-E	33-E	34-E	35-C	36-E	37-E	38-C	39-E	40-C
41-E	42-A	43-C	44-E	45-C	46-B	47-D	48-D	49-E	50-C
51-E	52-E	53-E	54-E	55-C	56-C	57-A	58-C	59-A	60-B
61-D	62-E	63-B	64-C	65-C	66-B	67-E	68-C	69-A	70-C
71-E	72-B	73-B	74-E	75-C	76-E	77-A	78-C	79-C	80-C
81-C	82-D	83-E	84-C	85-C	86-E	87-E	88-E	89-E	90-C
91-C	92-C	93-C	94-E	95-D	96-E	97-C	98-E	99-A	100-C
101-C	102-E	103-C	104-E	105-E	106-E	107-C	108-A	109-A	110-C
111-C	112-C	113-E	114-C	115-D	116-C	117-C	118-E	119-C	120-B
121-C	122-B	123-B	124-D	125-E	126-E	127-E	128-E	129-C	130-E
131-C	132-C	133-E	134-A	135-E	136-B	137-C	138-E	139-C	140-B
141-D	142-C	143-B	144-C	145-E	146-C	147-E	148-E	149-E	150-D
151-C	152-C	153-E	154-D	155-D	156-C	157-B	158-C	159-C	160-C
161-E	162-D	163-C	164-B	165-D	166-E	167-A	168-B	169-D	170-E
171-C	172-C	173-D	174-A	175-A	176-D	177-C	178-C	179-A	180-D
181-E	182-E	183-E	184-C	185-A	186-C	187-E	188-E	189-C	190-E
191-A	192-B	193-D	194-C	195-C	196-C	197-C	198-A	199-C	200-D
201-B	202-A	203-A	204-E	205-E	206-C	207-C	208-C	209-E	210-C
211-B	212-D	213-E	214-C	215-C	216-C	217-C	218-B	219-B	220-E
221-C	222-D	223-D	224-C	225-C	226-E	227-E	228-A	229-D	230-E
231-C	232-E	233-E	234-E	235-C	236-C	237-C	238-C	239-B	240-E
241-B	242-E	243-B	244-D	245-A	246-C	247-C	248-D	249-A	250-C
251-A	252-E	253-C	254-C	255-B	256-E	257-E	258-D	259-A	260-E
261-B	262-C	263-E	264-B	265-E	266-C	267-C	268-E	269-D	270-D
271-C	272-B	273-D	274-C	275-B	276-C	277-B	278-C	279-C	280-D

281-A	282-E	283-B	284-B	285-E	286-A	287-E	288-D	289-C	290-A
291-E	292-C	293-E	294-E	295-C	296-E	297-D	298-C	299-E	300-A
301-E	302-E	303-C	304-A	305-E	306-E	307-E	308-E	309-E	310-C
311-C	312-E	313-A	314-C	315-C	316-E	317-C	318-D	319-B	320-B
321-B	322-D	323-C	324-A	325-E	326-E	327-C	328-B	329-E	330-C
331-B	332-C	333-A	334-C	335-D					

4. DIREITO CONSTITUCIONAL

1-C	2-C	3-E	4-C	5-C	6-B	7-C	8-E	9-A	10-E
11-C	12-D	13-E	14-E	15-E	16-E	17-C	18-C	19-E	20-C
21-C	22-C	23-C	24-C	25-C	26-D	27-E	28-E	29-D	30-D
31-A	32-D	33-A	34-A	35-C	36-E	37-E	38-E	39-C	40-E
41-E	42-E	43-E	44-A	45-C	46-E	47-E	48-E	49-D	50-A
51-C	52-C	53-D	54-C	55-C	56-E	57-A	58-C	59-B	60-C
61-E	62-B	63-C	64-E	65-C	66-C	67-C	68-E	69-C	70-C
71-C	72-C	73-B	74-C	75-E	76-C	77-D	78-B	79-E	80-E
81-C	82-D	83-C	84-C	85-E	86-A	87-C	88-C	89-C	90-C
91-E	92-B	93-E	94-B	95-C	96-E	97-C	98-E	99-C	100-E
101-E	102-A	103-A	104-D	105-D	106-E	107-E	108-D	109-C	110-B
111-E	112-C	113-D	114-D	115-E	116-D	117-C	118-B	119-E	120-C
121-E	122-C	123-E	124-E	125-E	126-E	127-E	128-A	129-A	130-C
131-C	132-E	133-A	134-E	135-E	136-C	137-E	138-E	139-E	140-C
141-E	142-E	143-E	144-B	145-E	146-C	147-E	148-C	149-D	150-D
151-C	152-D	153-C	154-C	155-E	156-C	157-D	158-B	159-A	160-E
161-D	162-C	163-E	164-E	165-C	166-C	167-C	168-E	169-B	170-E
171-E	172-C	173-D	174-D	175-A	176-E	177-C	178-E	179-E	180-A
181-C	182-E	183-E	184-E	185-C	186-C	187-B	188-E	189-A	190-C
191-E	192-B	193-E	194-B	195-C	196-C	197-E	198-E	199-C	200-E
201-E	202-E	203-C	204-E	205-E	206-C	207-A	208-A	209-C	210-B
211-E	212-D	213-A	214-B	215-C	216-E	217-C	218-C	219-B	220-C
221-A	222-D	223-E	224-C	225-E	226-E	227-C	228-E	229-E	230-E
231-C	232-E	233-E	234-C	235-E	236-D	237-C	238-D	239-E	240-C
241-E	242-C	243-C	244-E	245-E	246-E	247-B	248-C	249-C	250-C
251-E	252-B	253-E	254-C	255-C	256-E	257-E	258-E	259-E	260-C
261-A	262-E	263-E	264-E	265-E	266-E	267-E	268-E	269-E	270-C
271-E	272-E	273-C	274-D	275-D	276-E	277-D	278-E	279-C	280-A
281-C	282-E	283-D	284-B	285-E	286-E	287-E	288-C	289-C	290-C
291-B	292-E	293-D	294-D	295-A	296-E	297-A	298-C	299-E	300-C
301-E	302-D	303-C	304-E	305-E	306-C	307-E	308-C	309-C	310-C
311-C	312-E	313-D	314-B	315-A	316-E	317-D	318-E	319-E	320-C
321-E	322-C	323-C	324-D	325-E	326-E	327-C	328-E	329-C	330-E
331-C	332-C	333-C	334-C	335-B	336-E	337-C	338-E	339-E	340-E
341-C	342-C	343-E	344-C	345-A	346-C	347-B	348-C	349-D	350-C
351-D	352-B	353-E	354-A	355-D	356-E	357-E	358-C	359-C	360-A
361-D	362-E	363-C	364-D	365-C	366-C	367-D	368-A	369-B	370-E
371-E	372-D	373-A	374-E	375-C	376-A	377-A	378-C	379-E	380-C
381-A	382-E	383-C	384-E	385-C	386-C	387-A	388-C	389-C	390-C
391-A	392-E	393-A	394-E	395-A	396-A	397-C	398-E	399-C	400-E
401-C	402-E	403-E	404-D	405-E	406-A	407-D	408-C	409-D	410-E
411-D	412-B	413-A	414-D	415-C	416-E	417-C	418-C	419-E	420-C
421-A	422-E	423-A	424-D	425-B	426-A	427-B	428-C	429-E	430-A
431-A	432-A	433-C	434-B	435-A	436-A	437-B	438-E	439-E	440-B

441-C	442-C	443-C	444-C	445-D	446-C	447-A	448-C	449-C	450-A
451-A	452-A	453-C	454-E	455-E	456-B	457-A	458-E	459-E	460-C
461-D	462-D	463-C	464-E	465-C	466-E	467-C	468-E	469-B	470-B
471-E	472-A	473-C	474-E	475-C	476-C	477-E	478-C	479-E	

5. DIREITO DA CRIANÇA E DO ADOLESCENTE

1-D	2-C	3-C	4-C	5-E	6-E	7-E	8-E	9-E	10-E
11-B	12-D	13-D	14-B	15-E	16-B	17-C	18-D	19-E	20-E
21-E	22-C	23-C	24-D	25-D	26-E	27-B	28-E	29-C	30-E
31-E	32-B	33-C	34-C	35-D	36-A	37-B	38-E	39-A	40-C
41-E	42-A	43-B	44-E	45-A	46-B	47-E	48-C	49-E	50-E
51-A	52-D	53-C	54-A	55-A	56-B	57-E	58-C	59-B	

6. DIREITO DO CONSUMIDOR

1-C	2-E	3-B	4-E	5-A	6-B	7-D	8-E	9-E	10-E
11-B	12-A	13-C	14-E	15-D	16-C	17-E	18-C	19-E	20-B
21-E	22-A	23-D	24-D	25-E	26-E	27-C	28-A	29-D	30-E
31-B	32-E	33-C	34-A	35-E	36-E	37-D	38-B	39-E	40-C
41-C	42-E	43-C	44-B	45-A	46-C	47-D	48-C	49-B	50-C
51-E	52-C	53-D	54-A	55-A	56-E	57-E	58-E	59-E	60-C
61-C	62-A	63-A	64-C	65-A	66-B	67-B	68-C	69-D	70-E
71-C	72-C	73-B	74-A	75-C	76-A	77-C	78-C	79-E	80-D
81-C									

7. DIREITO DO TRABALHO

1-B	2-E	3-B	4-C	5-E	6-E	7-A	8-B	9-B	10-E
11-E	12-C	13-C	14-C	15-A	16-D	17-C	18-D	19-C	20-E
21-D	22-E	23-E	24-C	25-D	26-A	27-E	28-E	29-C	30-C
31-E	32-D	33-E	34-E	35-C	36-C	37-B	38-C	39-C	40-E
41-E	42-B	43-B	44-B	45-D	46-C	47-A	48-C	49-D	50-C
51-C	52-E	53-C	54-E	55-E	56-C	57-C	58-E	59-C	60-C
61-B	62-C	63-C	64-B	65-C	66-D	67-E	68-C	69-C	70-C
71-C	72-C	73-C	74-C	75-E	76-C	77-E	78-E	79-E	80-E
81-C	82-C	83-E	84-C	85-C	86-C	87-E	88-E	89-C	90-C
91-E	92-C	93-D	94-A	95-B	96-B	97-C	98-C	99-E	100-E
101-A	102-E	103-C	104-E	105-C	106-E	107-B	108-C	109-C	110-E
111-C	112-C	113-C	114-D	115-C	116-A	117-A	118-C	119-C	120-C
121-A	122-E	123-C	124-C	125-C	126-C	127-E	128-C	129-A	130-C
131-E	132-C	133-D	134-B	135-C	136-C	137-E	138-E		

8. DIREITO ELEITORAL

1-E	2-C	3-C	4-E	5-A	6-D	7-C	8-B	9-A	10-E
11-A	12-E	13-B	14-C	15-E	16-B	17-C	18-D	19-D	20-B
21-C	22-E	23-E	24-C	25-E	26-C	27-C	28-B	29-B	30-A
31-C	32-C	33-D	34-D	35-E	36-C	37-E	38-C	39-A	40-C
41-C	42-C	43-A	44-C	45-E	46-E	47-B	48-A	49-D	50-C
51-D	52-E	53-A	54-A	55-B	56-A	57-C	58-B	59-B	60-A
61-E	62-C	63-E	64-E	65-B	66-E	67-E	68-B	69-B	70-C
71-D	72-E	73-C	74-E	75-C	76-C	77-C	78-B	79-A	80-D
81-C	82-B	83-A	84-E	85-E	86-B	87-C			

9. DIREITO EMPRESARIAL									
1-E	2-E	3-C	4-E	5-C	6-C	7-B	8-E	9-D	10-D
11-C	12-E	13-C	14-C	15-E	16-E	17-C	18-C	19-D	20-C
21-C	22-C	23-E	24-C	25-C	26-B	27-B	28-A	29-E	30-B
31-D	32-D	33-E	34-C	35-E	36-A	37-E	38-D	39-E	40-E
41-E	42-B	43-A	44-E	45-E	46-E	47-A	48-C	49-E	50-C
51-D	52-C	53-E	54-C	55-E	56-E	57-E	58-E	59-E	60-C
61-E	62-E	63-C	64-E	65-C	66-E	67-C	68-E	69-C	70-C
71-E	72-E	73-D	74-E	75-C	76-E	77-B	78-D	79-B	80-D
81-C	82-E	83-B	84-D	85-A	86-A	87-E	88-C	89-C	90-E
91-C	92-E	93-A	94-B	95-E	96-E	97-E	98-E	99-A	100-C
101-E	102-E	103-E	104-A	105-D	106-E	107-C	108-D	109-C	110-E
111-E	112-A	113-B	114-B	115-A	116-E	117-E	118-B	119-C	120-C
121-E	122-C	123-D	124-E	125-C	126-E	127-A	128-A	129-C	130-C
131-C	132-C	133-B	134-C	135-D	136-E	137-E	138-E	139-E	140-E

10. DIREITO FINANCEIRO									
1-C	2-C	3-E	4-E	5-C	6-C	7-E	8-C	9-E	10-C
11-B	12-E	13-C	14-D	15-E	16-E	17-E	18-C	19-C	20-C
21-C	22-E	23-C	24-B	25-D	26-B	27-E	28-E	29-C	30-E
31-E	32-E	33-E	34-C	35-C	36-E	37-E	38-E	39-C	40-C
41-C	42-E	43-C	44-E	45-C	46-E	47-E	48-C	49-C	50-E
51-E	52-E	53-E	54-E	55-C	56-E	57-C	58-E	59-C	60-E
61-C	62-C	63-E	64-C	65-E	66-C	67-E	68-C	69-E	70-E
71-C	72-E	73-E	74-E	75-C	76-C	77-C	78-E	79-E	80-E
81-E	82-E	83-C	84-E	85-E	86-B	87-E	88-E	89-C	90-E
91-C	92-B	93-E	94-A	95-C	96-E	97-C	98-D	99-E	100-C
101-C	102-C	103-E	104-E	105-E	106-C	107-C	108-C	109-C	110-E
111-C	112-E	113-C	114-C	115-C	116-C	117-E	118-E	119-C	120-C
121-B	122-E	123-E	124-C	125-B	126-E	127-E	128-E	129-C	130-E
131-C	132-E	133-E	134-C	135-B	136-E	137-C	138-C	139-C	140-B
141-B	142-D	143-C	144-C	145-E	146-A	147-D	148-E	149-C	150-E
151-C	152-E	153-C	154-E	155-C	156-C	157-C	158-E	159-E	160-C
161-E	162-C	163-C	164-E	165-E	166-E	167-C	168-E	169-E	170-D
171-C	172-A	173-B	174-E	175-C	176-E	177-E	178-A	179-E	180-E
181-E	182-B	183-E	184-D	185-C	186-C	187-C	188-E	189-C	190-C
191-E	192-E	193-C	194-E	195-C	196-C	197-E	198-E	199-E	200-A
201-C	202-C	203-E	204-E	205-C	206-E	207-E	208-C	209-E	210-C
211-C	212-E	213-A	214-C	215-E	216-E	217-E	218-E	219-C	220-C
221-C	222-A	223-C	224-C	225-E	226-E	227-E	228-E	229-C	230-C
231-C	232-D	233-C	234-E	235-E	236-E	237-E	238-C	239-C	240-E
241-E	242-C	243-A	244-E	245-E	246-E	247-D	248-A	249-C	250-C
251-A	252-E	253-E	254-E	255-C	256-C	257-C	258-C	259-C	260-A
261-E	262-E	263-C	264-C	265-C	266-E	267-A	268-D	269-E	270-E
271-D	272-C	273-E	274-D	275-E	276-C	277-A	278-C	279-C	280-C
281-C	282-A	283-E	284-D	285-E	286-C	287-E	288-E	289-C	290-C
291-E	292-B	293-E	294-C	295-C	296-A	297-C	298-E	299-E	300-C
301-C	302-E	303-C	304-E	305-E	306-C	307-E	308-E	309-A	310-A
311-C	312-E	313-C	314-C	315-E	316-E	317-C	318-E	319-E	320-C
321-E	322-E	323-C	324-D	325-E	326-E	327-C	328-E	329-E	330-C
331-C	332-C	333-C	334-E	335-C	336-E	337-E	338-C	339-E	340-C

341-C	342-E	343-C	344-E	345-E	346-C	347-E	348-C	349-C	350-E
351-C	352-C	353-C	354-C	355-E	356-D	357-C	358-E	359-D	360-E
361-C	362-E	363-E	364-E	365-C	366-B	367-E	368-E	369-C	370-E
371-E	372-D	373-E	374-C	375-E	376-C	377-E			

11. DIREITO INTERNACIONAL

1-C	2-E	3-E	4-C	5-C	6-E	7-E	8-E	9-D	10-E
11-B	12-E	13-C	14-D	15-D	16-A	17-E	18-C	19-C	20-E
21-E	22-C	23-C	24-C	25-E	26-A	27-C	28-E	29-B	30-B
31-E	32-C	33-E	34-B	35-C	36-C	37-C	38-C	39-E	40-C
41-E	42-C	43-C	44-E	45-A	46-A	47-A	48-A	49-E	50-E
51-C	52-C	53-E	54-C	55-E	56-E	57-E			

12. DIREITO PENAL

1-B	2-B	3-A	4-A	5-A	6-C	7-D	8-C	9-C	10-E
11-C	12-C	13-E	14-E	15-D	16-E	17-C	18-E	19-D	20-C
21-A	22-E	23-E	24-D	25-A	26-C	27-C	28-C	29-E	30-B
31-B	32-C	33-E	34-E	35-E	36-C	37-E	38-C	39-E	40-E
41-C	42-C	43-A	44-C	45-E	46-A	47-A	48-A	49-E	50-E
51-E	52-C	53-E	54-C	55-A	56-B	57-C	58-E	59-D	60-E
61-D	62-E	63-B	64-E	65-E	66-E	67-A	68-C	69-A	70-E
71-E	72-B	73-A	74-C	75-B	76-A	77-D	78-A	79-B	80-E
81-B	82-A	83-C	84-D	85-E	86-E	87-B	88-E	89-E	90-E
91-D	92-D	93-C	94-C	95-C	96-C	97-E	98-D	99-D	100-C
101-E	102-E	103-B	104-B	105-B	106-A	107-E	108-C	109-A	110-D
111-D	112-E	113-E	114-D	115-A	116-E	117-D	118-C	119-A	120-C
121-A	122-C	123-C	124-C	125-E	126-C	127-E	128-E	129-C	130-B
131-E	132-E	133-D	134-D	135-C	136-E	137-A	138-A	139-E	140-A
141-A	142-E	143-C	144-A	145-D	146-C	147-D	148-C	149-D	150-A
151-C	152-E	153-C	154-E	155-D	156-C	157-C	158-C	159-A	160-C
161-B	162-C	163-B	164-E	165-A	166-A	167-E	168-B	169-E	170-D
171-C	172-D	173-E	174-E	175-C	176-A	177-B	178-A	179-C	180-E
181-A	182-E	183-E	184-C	185-E	186-E	187-D	188-D	189-E	190-D
191-A	192-E	193-E	194-C	195-A	196-D	197-C	198-E	199-C	200-A
201-C	202-B	203-A	204-E	205-E	206-E	207-E	208-C	209-C	210-E
211-E	212-E	213-C	214-D	215-C	216-E	217-D	218-C	219-A	220-C
221-B	222-C	223-E	224-C	225-E	226-C	227-C	228-A	229-C	230-D
231-E	232-C	233-E	234-E	235-E	236-C	237-C	238-D	239-D	240-D
241-A	242-B	243-B	244-E	245-E	246-E	247-C	248-A	249-D	250-C
251-C	252-C	253-A	254-E	255-A	256-C	257-B	258-E	259-E	260-C
261-B	262-E	263-B	264-E	265-A	266-E	267-D	268-C	269-C	270-E
271-D	272-E	273-D	274-D	275-D	276-A	277-B	278-C	279-B	280-B
281-C	282-E	283-C	284-E	285-C	286-C	287-D	288-E	289-E	290-A
291-C	292-E	293-C	294-E	295-C	296-C	297-E	298-C	299-C	300-C
301-C	302-E	303-E	304-C	305-E	306-C	307-D	308-C	309-E	310-A
311-B	312-B	313-E	314-E	315-C	316-B	317-E	318-C	319-B	320-E
321-E	322-B	323-E	324-E	325-C	326-E	327-E	328-D	329-A	330-C
331-C	332-A	333-E	334-E	335-C	336-B	337-C	338-D	339-C	340-C
341-C	342-C	343-C	344-C	345-E	346-B	347-D	348-D	349-D	350-A
351-D	352-D	353-C	354-C	355-E	356-C	357-E	358-C	359-E	360-D
361-D	362-D	363-B	364-A	365-D	366-E	367-E	368-B	369-D	370-A

371-E	372-B	373-C	374-C	375-E	376-C	377-E	378-C	379-C	380-B
381-A	382-B	383-C	384-C	385-B	386-C	387-A	388-C	389-A	390-B
391-D	392-C	393-C	394-C	395-C	396-C	397-E	398-B	399-A	400-E
401-E	402-D	403-B	404-B	405-B	406-C	407-D	408-A	409-E	410-D
411-A	412-D	413-C	414-D	415-B					

13. DIREITO PREVIDENCIÁRIO

1-E	2-E	3-E	4-C	5-C	6-E	7-B	8-E	9-E	10-C
11-C	12-C	13-E	14-C	15-D	16-B	17-C	18-C	19-E	20-E
21-E	22-C	23-A	24-E	25-E	26-E	27-C	28-E	29-E	30-C
31-C	32-C	33-E	34-D	35-B	36-E	37-C	38-C	39-E	40-C
41-A	42-D	43-C	44-C	45-C	46-A	47-E	48-E	49-E	50-E
51-C	52-C	53-E	54-C	55-E	56-E	57-E	58-C	59-E	60-E
61-E	62-E	63-C	64-C	65-E	66-C	67-E	68-D	69-D	70-E
71-C	72-C	73-C	74-C	75-D	76-E	77-A	78-B	79-A	80-C
81-E	82-C	83-D	84-E	85-C	86-C	87-E	88-E	89-C	90-C
91-C	92-E	93-C	94-C	95-E	96-E	97-E	98-C	99-C	100-E
101-E	102-E	103-E	104-C	105-B	106-D	107-B	108-C	109-C	110-E
111-E	112-D	113-C	114-D	115-C	116-E	117-E	118-E	119-E	120-C
121-B	122-E	123-E	124-C	125-E	126-C	127-C	128-A	129-E	130-B
131-E	132-E	133-E	134-C	135-C	136-E	137-C	138-D	139-C	140-C
141-E	142-C	143-C	144-A	145-D	146-C	147-C	148-C	149-B	150-C
151-C	152-C	153-E	154-E	155-C	156-E	157-C	158-D	159-E	160-E
161-C	162-E	163-C	164-C	165-E	166-E	167-C	168-E	169-E	170-E
171-E	172-C	173-E	174-C	175-C	176-E	177-D	178-C	179-C	180-E
181-E	182-C	183-E	184-E	185-E	186-C	187-C	188-E	189-E	190-C
191-C	192-E	193-A	194-C	195-E	196-E	197-E	198-C	199-E	200-E
201-B	202-E	203-C	204-E	205-C	206-E	207-B	208-E	209-E	210-C
211-C	212-C	213-C	214-C	215-E	216-B	217-E	218-D	219-A	220-E
221-E	222-E	223-C	224-C	225-E	226-C	227-E	228-E	229-A	230-D
231-C	232-D	233-D	234-A	235-A	236-E	237-E	238-B	239-E	240-C
241-C	242-D	243-E	244-E	245-C	246-C	247-D	248-C	249-E	250-B
251-C	252-C	253-C							

14. DIREITO PROCESSUAL CIVIL

1-C	2-E	3-C	4-C	5-E	6-C	7-E	8-C	9-E	10-E
11-C	12-E	13-C	14-E	15-B	16-E	17-D	18-B	19-A	20-C
21-B	22-C	23-E	24-C	25-C	26-E	27-C	28-C	29-C	30-E
31-C	32-B	33-E	34-D	35-D	36-D	37-C	38-A	39-E	40-E
41-C	42-B	43-C	44-E	45-C	46-D	47-E	48-C	49-D	50-E
51-E	52-E	53-C	54-A	55-C	56-C	57-E	58-B	59-E	60-A
61-C	62-C	63-A	64-E	65-D	66-C	67-B	68-B	69-A	70-B
71-A	72-C	73-E	74-E	75-C	76-C	77-B	78-A	79-C	80-E
81-E	82-E	83-C	84-C	85-C	86-E	87-C	88-C	89-E	90-B
91-D	92-A	93-D	94-C	95-D	96-A	97-C	98-E	99-C	100-C
101-C	102-B	103-E	104-A	105-C	106-E	107-C	108-C	109-E	110-E
111-B	112-E	113-D	114-E	115-E	116-C	117-A	118-C	119-C	120-C
121-E	122-C	123-C	124-C	125-E	126-E	127-C	128-E	129-B	130-E
131-E	132-E	133-E	134-D	135-D	136-C	137-E	138-E	139-A	140-E
141-D	142-C	143-E	144-E	145-C	146-C	147-C	148-C	149-C	150-E
151-C	152-B	153-E	154-E	155-C	156-B	157-A	158-B	159-D	160-E

161-C	162-A	163-B	164-C	165-B	166-D	167-C	168-C	169-B	170-E
171-C	172-C	173-C	174-E	175-E	176-B	177-C	178-B	179-D	180-C
181-E	182-B	183-E	184-C	185-C	186-D	187-E	188-E	189-D	190-E
191-C	192-C	193-A	194-C	195-C	196-E	197-C	198-E	199-D	200-E
201-C	202-A	203-E	204-C	205-C	206-E	207-B	208-B	209-E	210-E
211-E	212-A	213-E	214-E	215-E	216-A	217-E	218-C	219-E	220-E
221-E	222-B	223-E	224-B	225-D	226-A	227-C	228-C	229-B	230-C
231-D	232-E	233-C	234-E	235-E	236-B	237-C	238-A	239-E	240-E
241-B	242-E	243-A	244-C	245-D	246-B	247-A	248-E	249-A	250-B
251-A	252-B	253-C	254-D	255-D	256-E	257-E	258-B	259-E	260-E
261-E	262-E	263-E	264-E	265-C	266-C	267-E	268-C	269-A	270-A
271-E	272-E	273-E	274-C	275-C	276-D	277-D	278-E	279-A	280-B
281-C	282-C	283-C	284-C	285-E	286-E	287-E	288-D	289-C	290-D
291-D	292-A	293-C	294-D	295-E	296-E	297-E	298-B	299-B	300-C
301-C	302-B	303-B	304-D	305-C	306-C	307-C	308-E	309-C	310-E
311-C	312-C	313-E	314-E	315-C	316-E	317-C	318-C	319-C	320-C
321-C	322-C	323-E	324-E	325-B	326-C				

15. DIREITO PROCESSUAL CONSTITUCIONAL

1-B	2-C	3-E	4-E	5-A	6-C	7-E	8-C	9-C	10-E
11-A	12-B	13-A	14-D	15-A	16-B	17-E	18-C	19-C	20-E
21-A	22-C	23-E	24-E	25-E	26-A	27-E	28-E	29-A	30-A
31-C	32-C	33-D	34-C	35-C	36-A	37-E	38-D	39-B	40-C
41-D	42-A	43-C	44-E	45-C	46-C	47-B	48-B	49-E	50-E
51-C	52-C	53-C	54-E	55-E	56-E	57-A	58-C	59-B	60-D
61-E	62-C	63-C	64-E	65-E	66-E	67-C	68-D	69-C	70-C
71-E	72-E	73-C	74-C	75-A	76-E	77-B	78-E	79-B	80-E
81-C	82-C	83-C	84-D	85-B	86-C	87-B	88-E	89-E	90-C
91-E	92-E	93-D	94-D	95-C	96-C	97-C	98-C	99-C	100-A
101-E	102-C	103-C	104-C	105-C	106-A	107-E	108-D	109-C	110-E
111-E	112-A	113-E	114-E	115-C	116-C	117-C	118-B	119-C	120-E
121-C	122-E	123-C	124-E	125-E	126-E	127-D	128-A	129-C	130-E
131-D	132-D	133-E	134-D	135-D	136-C				

16. DIREITO PROCESSUAL DO TRABALHO

1-E	2-B	3-C	4-E	5-C	6-E	7-D	8-C	9-D	10-D
11-C	12-C	13-D	14-C	15-D	16-E	17-E	18-C	19-E	20-E
21-E	22-C	23-E	24-E	25-E	26-D	27-A	28-C	29-B	30-A
31-D	32-D	33-C	34-E	35-A	36-C	37-E	38-E	39-C	40-A
41-C	42-B	43-B	44-B	45-E	46-D	47-C	48-D	49-E	50-E
51-E	52-E	53-B	54-A	55-C	56-E	57-C	58-C	59-C	60-E
61-E	62-C	63-C	64-E	65-C	66-B	67-E	68-C	69-A	70-C
71-C	72-E	73-A	74-C	75-E	76-C	77-E	78-E	79-C	80-E
81-C	82-E	83-C	84-E	85-C	86-E	87-C	88-E	89-D	90-D
91-B	92-B	93-D	94-D	95-C	96-C	97-C	98-B	99-C	100-E
101-C	102-C	103-E	104-C	105-C	106-A	107-D	108-E		

17. DIREITO PROCESSUAL PENAL

1-A	2-E	3-B	4-C	5-D	6-D	7-E	8-C	9-B	10-C
11-D	12-C	13-B	14-A	15-C	16-C	17-D	18-C	19-A	20-C

21-C	22-C	23-D	24-C	25-E	26-E	27-E	28-E	29-C	30-C
31-C	32-E	33-C	34-E	35-E	36-E	37-C	38-C	39-E	40-E
41-E	42-A	43-E	44-C	45-A	46-E	47-B	48-C	49-E	50-C
51-E	52-E	53-D	54-C	55-C	56-C	57-B	58-E	59-C	60-C
61-C	62-D	63-A	64-B	65-B	66-E	67-B	68-E	69-D	70-C
71-A	72-E	73-E	74-E	75-C	76-C	77-A	78-B	79-C	80-C
81-E	82-D	83-E	84-E	85-D	86-E	87-C	88-E	89-B	90-C
91-D	92-E	93-E	94-C	95-D	96-C	97-C	98-C	99-C	100-B
101-B	102-A	103-B	104-B	105-A	106-E	107-A	108-C	109-D	110-C
111-D	112-E	113-C	114-A	115-B	116-B	117-C	118-D	119-A	120-B
121-A	122-A	123-D	124-E	125-E	126-D	127-C	128-C	129-D	130-E
131-D	132-B	133-E	134-D	135-E	136-B	137-D	138-C	139-C	140-A
141-C	142-E	143-A	144-A	145-B	146-B	147-C	148-A	149-C	150-E
151-D	152-E	153-B	154-C	155-E	156-E	157-C	158-E	159-C	160-A
161-C	162-C	163-C	164-C	165-C	166-E	167-C	168-E	169-B	170-E
171-E	172-C	173-E	174-B	175-B	176-B	177-E	178-C	179-A	180-E
181-B	182-D	183-D	184-A	185-B	186-E	187-A	188-D	189-E	190-A
191-E	192-E	193-C	194-D	195-B	196-E	197-C	198-C	199-D	200-E
201-C	202-E	203-E	204-C	205-E	206-E	207-C	208-A	209-A	210-E
211-E	212-E	213-C	214-C	215-C	216-C	217-C	218-E	219-E	220-C
221-E	222-C	223-E	224-C	225-E	226-E	227-C	228-C	229-C	230-E
231-E	232-E	233-E	234-E	235-E	236-C	237-E	238-E	239-E	240-E
241-C	242-E	243-C	244-C	245-E	246-C	247-C	248-B	249-D	250-D
251-D	252-E	253-B	254-B	255-E	256-C	257-A	258-D	259-C	260-B
261-B	262-C	263-B	264-B	265-E	266-C	267-A	268-E	269-D	270-E
271-B	272-B	273-E	274-C	275-C	276-D	277-D	278-B	279-D	280-B
281-C	282-D	283-E	284-B	285-E	286-C	287-E	288-E	289-C	290-E
291-C	292-E	293-E	294-C	295-A	296-D	297-C	298-C	299-A	300-A
301-B	302-C	303-C	304-C	305-E	306-C	307-E	308-E	309-A	310-B
311-B	312-A	313-E	314-A	315-A	316-D	317-C	318-B	319-C	320-A
321-D	322-C	323-E	324-D	325-B	326-C	327-B	328-C	329-A	330-A
331-D	332-E	333-E	334-C	335-E	336-E	337-A	338-C	339-C	340-A
341-C	342-C	343-E	344-E	345-C	346-B	347-D	348-E	349-C	350-E
351-E	352-C	353-C	354-B	355-A	356-E	357-B	358-C		

18. DIREITO TRIBUTÁRIO

1-C	2-B	3-D	4-C	5-E	6-C	7-C	8-C	9-B	10-D
11-E	12-E	13-E	14-A	15-A	16-C	17-E	18-C	19-C	20-E
21-E	22-C	23-C	24-A	25-D	26-C	27-C	28-B	29-C	30-E
31-E	32-B	33-C	34-D	35-E	36-A	37-D	38-A	39-E	40-C
41-C	42-C	43-E	44-C	45-B	46-E	47-D	48-A	49-B	50-E
51-D	52-B	53-E	54-C	55-B	56-D	57-E	58-C	59-C	60-E
61-C	62-D	63-B	64-C	65-C	66-B	67-D	68-C	69-E	70-C
71-A	72-C	73-C	74-C	75-C	76-C	77-D	78-C	79-C	80-E
81-E	82-E	83-C	84-A	85-A	86-E	87-C	88-E	89-E	90-C
91-E	92-C	93-A	94-C	95-E	96-B	97-A	98-A	99-E	100-A
101-C	102-E	103-E	104-E	105-E	106-E	107-E	108-E	109-C	110-E
111-D	112-D	113-C	114-E	115-E	116-C	117-C	118-D	119-C	120-C
121-C	122-C	123-E	124-E	125-C	126-C	127-B	128-B	129-D	130-C
131-E	132-C	133-E	134-D	135-A	136-C	137-C	138-E	139-C	140-C
141-E	142-E	143-E	144-C	145-E	146-C	147-C	148-C	149-B	150-E
151-D	152-E	153-C	154-D	155-A	156-D	157-C	158-C	159-E	160-C

161-D	162-D	163-E	164-B	165-E	166-C	167-C	168-C	169-C	170-C
171-C	172-E	173-C	174-C	175-C	176-C	177-E	178-E	179-D	180-D
181-C	182-A	183-A	184-B	185-C	186-C	187-A	188-D	189-A	190-E
191-C	192-C	193-E	194-B	195-C	196-C	197-E	198-C	199-C	200-E
201-E	202-E	203-E	204-C	205-B	206-E	207-E	208-A	209-C	210-E
211-B	212-D	213-E	214-E	215-A	216-D	217-A	218-C	219-C	220-E
221-C	222-C	223-E	224-B						

19. DIREITOS DIFUSOS E COLETIVOS

1-E	2-A	3-C	4-E	5-C	6-E	7-C	8-C	9-E	10-E
11-C	12-C	13-C	14-E	15-A	16-D	17-C	18-E	19-C	20-E
21-C	22-C	23-E	24-C	25-C	26-E	27-C	28-C	29-C	30-A
31-A	32-A	33-D	34-C	35-C	36-C	37-B	38-E	39-E	40-C
41-C	42-E	43-E	44-C	45-E	46-C	47-D	48-E	49-A	50-C
51-C	52-E	53-D	54-A	55-D	56-B	57-D	58-D	59-C	60-C
61-E	62-E	63-C	64-B	65-E	66-E	67-C	68-A	69-E	70-D
71-C	72-E	73-E	74-E	75-C	76-E	77-C	78-E	79-E	80-E
81-E	82-D	83-D	84-B	85-A	86-E	87-C	88-C	89-E	90-E
91-C	92-E	93-C	94-C	95-E	96-E	97-C	98-E	99-A	100-C
101-C	102-C	103-D	104-D	105-D	106-B	107-B	108-A	109-D	110-C
111-E	112-E	113-E	114-E	115-C	116-C	117-E	118-B	119-E	120-D
121-A	122-B	123-A	124-A	125-C	126-B	127-E			

EDITORA
JusPODIVM
www.editorajuspodivm.com.br

Impressão e Acabamento
Gráfica Santa Marta